中国人权研究会 编

中国人权年鉴

（二〇〇六——二〇一〇年）

湖南大学出版社

图书在版编目（CIP）数据

中国人权年鉴（2006—2010年）/中国人权研究会编.
—长沙：湖南大学出版社，2012.11

ISBN 978-7-5667-0271-5

Ⅰ.①中…　Ⅱ.①中…　Ⅲ.①人权—中国—年鉴—2006~2010　Ⅳ.①D621.5-54

中国版本图书馆CIP数据核字（2012）第285806号

中国人权年鉴（2006—2010年）

ZHONGGUO RENQUAN NIANJIAN（2006—2010NIAN）

作　　者：中国人权研究会　**编**
责任编辑：邹　彬　谌鹏飞　**责任校对：**全　健　**责任印制：**陈　燕
印　　装：湖南天闻新华印务有限公司
开　　本：880×1230　16开　**印张：**124.5　**字数：**3 598千
版　　次：2012年12月第1版　**印次：**2012年12月第1次印刷
书　　号：ISBN 978-7-5667-0271-5/D·143
定　　价：498.00元

出 版 人：雷　鸣
出版发行：湖南大学出版社
社　　址：湖南·长沙·岳麓山　　**邮　　编：**410082
电　　话：0731-88822559(发行部),88821691(编辑室),
88821006(出版部)
传　　真：0731-88649312(发行部),88822264(总编室)
网　　址：http://www.hnupress.com
电子邮箱：presszoub@hnu.edu.cn

《中国人权年鉴》(2006—2010年)

书名题字：钱其琛

总　顾　问：王　晨

主　　　编：罗豪才　董云虎

执行主编：陈振功　杨松才

执行副主编：陈佑武　任丹红

撰　　　稿：广州大学人权教育与研究中心
（国家人权教育与培训基地）

代序

中国人权事业取得重大进展

国务院新闻办公室主任　王　晨

2009 年 4 月，国务院授权国务院新闻办公室发布了《国家人权行动计划（2009—2010 年）》（以下简称《行动计划》）。这是中国政府制定的第一个以人权为主题的国家规划，是全面推进中国人权事业发展的阶段性政策文件，是中国政府落实国家尊重和保障人权这一宪法原则，积极推动科学发展，促进社会和谐的重大举措，是中国政府在人权领域做出的庄严承诺。总体上看，到 2010 年底，《行动计划》规定的各项措施得到了有效实施，预定的各项目标如期实现，各项指标均已完成。其中有约 35 % 的约束性指标、50 % 以上的涉民生指标超额或提前完成。《行动计划》得到了全面落实。通过制订实施《行动计划》，全国人民的人权意识显著提高，总体生活伴随着国民经济和社会发展水平的提高得到明显改善，经济、社会和文化权利保障得到全面加强，公民权利和政治权利的保障更加有效，少数民族、妇女、儿童、老年人和残疾人的权利得到有力保障，国际人权领域交流与合作进一步深入开展，伴随着中国特色社会主义法律体系的形成，全国各领域人权保障的总体水平在制度化、法律化的轨道上全面推进。《行动计划》各项目标任务的如期完成，标志着中国人权事业的发展进入了一个新的阶段。

2009—2010 年是进入新世纪以来中国经济发展最困难的两年，是历史罕见的国际金融危机持续蔓延，给中国的经济社会发展带来巨大冲击，对人民生活和人权保障构成严重威胁的两年，也是我国重大自然灾害频发，抗灾救援和灾后重建任务十分艰巨，人民生命财产安全面临巨大挑战的两年。中国政府坚持将应对国际金融危机巨大冲击和重大自然灾害的严峻挑战、保持经济社会平稳较快发展与落实《行动计划》、促进人权事业发展结合起来，将保障人权与坚持改革开放、推动科学发展、促进社会和谐结合起来，积极稳妥地推进政治体制改革，全力保障和改善民生，切实加强民主法治建设，确保了《行动计划》关于人权事业发展目标的全面实现。

一是人民的生存权、发展权与经济、社会、文化权利保障得到全面加强。两年来，中国国内生产总值年平均增长 9. 77 %；2010 年，城镇居民人均可支配收入增长 11. 3 %，扣除价格因素实际增长 7. 8 %，农村居民人均纯收入增长 14. 9 %，实际增长 10. 9 %。城镇新增就业 2270 万人。2010 年末，城镇登记失业率为 4. 1 %，比上年末下降 0. 2 个百分点，是 2008 年金融危机以来最好的一年。农村贫困人口大幅减少到 2688 万人，比 2008 年末减少 1319 万人，农村生产生活条件明显改善。覆盖城镇的社会保障体系逐步健全。截至 2010 年底，全国城镇基本养老保险比 2008 年末增加 0. 38 亿人，达到 2. 5 亿多人。职工基本医疗保险和城镇居民基本医疗保险参保人数 4. 3 亿人，新型农村合作医疗参合人数8.36亿人，总覆盖人数超过12.6亿人，90%以上的城乡人口有了基本医疗保障，全民医保的大格局初步形成。公民受教育权得到充分保障。2010年，国家免除了全国约1.3亿农村义务教育学生学杂费和教科书费，为约1224万名家庭经济困难寄宿生补助了生活费。到2010年底，普及九年义务教育人口覆盖率达100%，小学五年巩固率达到99%，初中毛入学率达到100%。全国文盲率（15岁及以上不识字人口占总人口比重）下降至4.08%。

四川汶川灾后恢复重建三年任务已基本完成，受灾群众基本生活条件和灾区经济发展水平达到或超过灾前水平，实现了家家有房住、户户有就业、人人有保障。玉树强烈地震和舟曲特大山洪泥石流恢复重建有序推进，有效地保证了灾区人民的人权。

二是公民权利和政治权利的保障更加有效。两年来，中国坚持党的领导、人民当家做主和依法治国的统一，将落实《行动计划》贯穿于民主法治建设各个环节之中，积极稳妥地推进政治体制改革，不断加强民主政治建设，坚持和完善人民代表大会制度和中国共产党领导的多党合作和政治协商制度、民族区域自治制度以及基层群众自治制度，扩大公民有序政治参与，深入推进政务公开，不断增强决策透明度，着力保障公民的知情权、参与权、表达权和监督权。特别是2010年3月，十一届全国人大第三次会议通过《选举法》修正案，规定城乡按照相同人口比例选举人大代表，扩大了人大代表的广泛性，进一步完善了选举机构、选举程序等规定，彰显了对公民平等选举权的保障，是中国民主政治发展史上的一个重大进步。两年来，国家出台《刑法修正案（八）》、《社会保险法》、《侵权责任法》，对《劳动法》、《教育法》、《农业法》、《母婴保健法》等多项法律进行了修改。特别是2011年2月，全国人大常委会审议通过《刑法修正案（八）》，取消了13个经济性非暴力犯罪的死刑，死刑罪名削减幅度近1/5，并对审判时已满75周岁的人犯罪适用死刑作了限制性规定，凸显了对生命的尊重和对人权的保障。截至2010年底，中国已制定宪法和现行有效法律236件，行政法规690多件，地方性法规8600多件，中国特色社会主义法律体系已经形成，国家在经济、政治、文化、社会生活各个领域和人权保障多个方面实现了有法可依。

与此同时，行政执法和司法中的人权保障得到进一步强化。预防和救济措施进一步完善，刑讯逼供、执法人员非法拘禁行为被严格禁止，执法、司法监督机制更加完善，诉讼当事人特别是受刑事指控者获得公正审判的权利依法得到保障。

三是少数民族、妇女、儿童、老年人和残疾人的权利得到全面保障。两年来，与少数民族相关的立法和配套规定不断完善，少数民族依法管理民族自治地方事务和参与管理国家事务的权利得到充分保障。民族地区经济快速发展，少数民族的生活水平显著提高。两年来，国家投入少数民族发展资金27.79亿元，超额完成了《行动计划》目标。少数民族的宗教信仰传统和宗教文化遗产得到进一步保护。适应各民族语言环境与教育条件的双语教学模式基本建立，初步形成了以大力培养民汉兼通的少数民族人才为目标的双语教育体系。

妇女的平等地位与合法权益得到全面保障。两年来，妇女参与管理国家和社会事务的水平进一步提高。国家制定和完善了《社会保险法》、《女职工劳动保护规定》等涉及女职工权益的法律法规，全国人大开展了《妇女权益保障法》的执法检查，各级工会积极向女职工提供法律援助。

儿童的合法权益得到有效保护。截至2010年底，全国已有18个省（自治区、直辖市）完成了《未成年人保护法》地方性配套法规的修订工作，5个省（自治区、直辖市）制定了预防青少年违法犯罪的地方性法规。儿童教育权、健康权得到有效保障。全国地级以上城市都拥有儿童福利机构，初步形成儿童福利机构服务网络。国家加大了对雇用童工、拐卖儿童犯罪的预防和打击力度，司法中的未成年人权利保护得到进一步强化。

老年人服务体系建设更加完善，各项合法权益得到保障。国家修订《老年人权益保障法》，研究制定《社会福利机构安全管理规范》等国家标准，推动各地广泛开展养老机构落实相关标准专项检查活动。2011年，企业退休人员基本养老金在2005—2009年连续增加的基础上，月人均增加140元，建设了一批种类多样、社会急需的养老机构。

残疾人保障的法律法规政策进一步完善。《精神卫生法》已列入全国人大常委会立法工作计划。有关部门联合下发《关于加快残疾人社会保障体系和服务体系建设的指导意见》，全面部署加快推进残疾人社会保障体系和服务体系建设的政策措施，残疾人社会保障和服务体系建设进一步加强。2010年，全国有残疾人法律援助机构中心3592个，有5.4万多名残疾人接受了法律援助和服务。

四是人权教育广泛开展，全国人民的人权意识显著提高。两年来，国家结合普法活动，积极依托现有的教育体系和国家机关内的培训机构以及广播等多种媒体，有计划地开展形式多样的人权教育，普及和传播法律知识和人权知识，公民的人权意识和维权能力明显提高。中国人权研究会编写出版了《中国人权在行动》、《中国人权建设60年》等书籍。《人权》杂志、中国人权网等媒体积极促进人权知识的普及。目前，全国高校和科研院所成立的人权研究机构将近30个，数十所高校开设了人权法和人权教育课程。2011年4月，教育部在南开大学、中国政法大学和广州大学设立国家人权教育与培训基地。

五是国际人权领域的合作进一步深化。两年来，中国认真履行已参加的国际人权条约义务，并向有关机构提交了《经济、社会和文化权利国际公约》、《儿童权利公约》、《联合国反腐败公约》等国际人权条约的履约报告。两年来，中国多次派代表团出席联合国有关会议，并于2009年首次接受了联合国人权理事会国别审查。同时，中国重视联合国人权特别机制和联合国人权高专办公室在促进和保护人权方面的作用，并与之保持了良好的合作关系。

中国倡导并积极参与国际人权领域的交流与合作。两年来，中国与欧盟、美国、英国、荷兰、德国、澳大利亚等有关国家分别举行了人权对话或磋商，积极参与亚太地区、次区域框架下的人权交流活动。中国非政府组织积极开展国际人权领域的交流与合作。中国人权研究会两次举办“北京人权论坛”，先后与40多个国家和地区的官员、学者以及有关国际组织进行了交流，为推动国际人权事业的健康发展作出了新的努力，落实了《行动计划》的要求。

总之，《行动计划》的全面实施和中国人权事业取得的重大进展，是中国政府深入贯彻落实以人为本的科学发展观，妥善应对国际金融危机巨大冲击和各种重大自然灾害严峻挑战，推动经济社会发展和人民生活水平提高取得的重大成果；是中国落实“国家尊重和保障人权”的宪法原则，坚持将人权的普遍性原则同中国具体国情相结合，坚定不移地推进中国人权事业取得的重大进展。可以说，《行动计划》的全面落实来之不易，取得的经验弥足珍贵。

一是必须坚持立足国情，坚持走中国特色社会主义道路，坚持中国特色社会主义制度。中国是一个发展中国家，人口多，人均资源少，经济社会发展水平不高，发展不够平衡、不够协调，是中国解决一切问题必须面对的基本国情。促进中国人权必须立足国情，实事求是，正确处理改革、发展、稳定与人权保障的关系，将人权的普遍性原则与中国的具体国情相结合，将保障人民的生存权、发展权放在人权发展的首位，坚持经济、社会、文化权利保障与公民权利、政治权利保障的平衡、协调发展。

二是必须坚持以人为本的科学发展观，有效保障全体社会成员平等参与、平等发展的权利。要将促进人权发展贯穿于构建和谐社会的全过程，始终解决好人民最关心最直接最现实的权利和利益问题，坚持发展为了人民，发展依靠人民，发展成果由人民共享，更加注重保障和改善民生，不断提高人民的生活水平和幸福水平。

三是必须坚持依法治国，推动人权在法治的轨道上发展。法治是实现人权的保障，要全面落实依法治国基本方略，加强民主法治建设，完善促进和保护人权的各项法律法规，严格执法，公正司法，以法治促人权，以法治保人权，不断提高人权的法治化保障水平。

四是必须健全机制，坚持政府主导，统筹社会各界力量共同参与，推进人权事业发展。国家人权行动计划联席会议机制通过组织召开会议、组织调研和检查工作等形式，对各部门落实《行动计划》的情况进行统筹协调监督并组织评估，对《行动计划》的实施发挥了重要作用。要继续坚持和完善联席会议机制，努力发挥机制优势，并不断建立健全和创新机制，发挥协同效用，整体推进人权发展。

当然，我们也清醒地认识到，中国是一个发展中国家，中国的人权事业也在发展过程中。发展中不平衡、不协调的问题依然突出，如经济增长的资源环境约束强化，收入分配差距较大，物价上涨压力加大，部分城市房价涨幅过高，食品安全问题比较突出，优质教育、医疗资源总量不足、分布不均，城乡区域发展不协调，违法征地拆迁等引发的社会矛盾增多。同时，还应看到，我国在保障人民民主权利方面还存在不足。受自然、历史、文化、经济社会发展水平的影响和制约，中国人权事业发展仍面临许多困难和挑战，实现享有充分人权的崇高目标仍然任重道远。

我们要继续坚定不移地走中国特色社会主义道路，坚持以人为本，进一步健全人权的法律保障体系，全面提升全社会尊重和保护人权的意识，全面推进中国人权事业的发展，依法保障人民群众经济、政治、文化、社会等各项权益，使每一个社会成员生活得更有保障、更有尊严、更加幸福。

（本文系王晨同志于2011年7月12日在《国家人权行动计划（2009—2010年）》评估总结会议上的讲话摘要）

目录

第一部分 法律法规

第二部分　重要文献资料

第三部分　理论研究

一、论文

（一）人权基本理论

二、图书

第四部分　国际交流

2009年

2010 年

二、中国与外国及国际组织签订的涉及人权内容的国际文件和相关政策性文件

2006 年

2007 年

2008 年

第五部分　国家人权教育基地与国内人权研究机构

第六部分　中国人权大事记

第一部分

法律法规

一、公民权利和政治权利

中华人民共和国护照法

（中华人民共和国主席令第50号，2006年4月29日第十届全国人民代表大会常务委员会第二十一次会议通过）

第一条 为了规范中华人民共和国护照的申请、签发和管理，保障中华人民共和国公民出入中华人民共和国国境的权益，促进对外交往，制定本法。

第二条 中华人民共和国护照是中华人民共和国公民出入国境和在国外证明国籍和身份的证件。

任何组织或者个人不得伪造、变造、转让、故意损毁或者非法扣押护照。

第三条 护照分为普通护照、外交护照和公务护照。

护照由外交部通过外交途径向外国政府推介。

第四条 普通护照由公安部出入境管理机构或者公安部委托的县级以上地方人民政府公安机关出入境管理机构以及中华人民共和国驻外使馆、领馆和外交部委托的其他驻外机构签发。

外交护照由外交部签发。

公务护照由外交部、中华人民共和国驻外使馆、领馆或者外交部委托的其他驻外机构以及外交部委托的省、自治区、直辖市和设区的市人民政府外事部门签发。

第五条 公民因前往外国定居、探亲、学习、就业、旅行、从事商务活动等非公务原因出国的，由本人向户籍所在地的县级以上地方人民政府公安机关出入境管理机构申请普通护照。

第六条 公民申请普通护照，应当提交本人的居民身份证、户口簿、近期免冠照片以及申请事由的相关材料。国家工作人员因本法第五条规定的原因出境申请普通护照的，还应当按照国家有关规定提交相关证明文件。

公安机关出入境管理机构应当自收到申请材料之日起十五日内签发普通护照；对不符合规定不予签发的，应当书面说明理由，并告知申请人享有依法申请行政复议或者提起行政诉讼的权利。

在偏远地区或者交通不便的地区或者因特殊情况，不能按期签发护照的，经护照签发机关负责人批准，签发时间可以延长至三十日。

公民因合理紧急事由请求加急办理的，公安机关出入境管理机构应当及时办理。

第七条 普通护照的登记项目包括：护照持有人的姓名、性别、出生日期、出生地，护照的签发日期、有效期、签发地点和签发机关。

普通护照的有效期为：护照持有人未满十六周岁的五年，十六周岁以上的十年。

普通护照的具体签发办法，由公安部规定。

第八条 外交官员、领事官员及其随行配偶、未成年子女和外交信使持用外交护照。

在中华人民共和国驻外使馆、领馆或者联合国、联合国专门机构以及其他政府间国际组织中工作的中国政府派出的职员及其随行配偶、未成年子女持用公务护照。

前两款规定之外的公民出国执行公务的，由其工作单位依照本法第四条第二款、第三款的规定向外交部门提出申请，由外交部门根据需要签发外交护照或者公务护照。

第九条 外交护照、公务护照的登记项目包括：护照持有人的姓名、性别、出生日期、出生地，护照的签发日期、有效期和签发机关。

外交护照、公务护照的签发范围、签发办法、有效期以及公务护照的具体类别，由外交部规定。

第十条 护照持有人所持护照的登记事项发生变更时，应当持相关证明材料，向护照签发机关申请护照变更加注。

第十一条 有下列情形之一的，护照持有人可以按照规定申请换发或者补发护照：

（一）护照有效期即将届满的；

（二）护照签证页即将使用完毕的；

（三）护照损毁不能使用的；

（四）护照遗失或者被盗的；

（五）有正当理由需要换发或者补发护照的其他情形。

护照持有人申请换发或者补发普通护照，在国内，由本人向户籍所在地的县级以上地方人民政府公安机关出入境管理机构提出；在国外，由本人向中华人民共和国驻外使馆、领馆或者外交部委托的其他驻外机构提出。定居国外的中国公民回国后申请换发或者补发普通护照的，由本人向暂住地的县级以上地方人民政府公安机关出入境管理机构提出。

外交护照、公务护照的换发或者补发，按照外交部的有关规定办理。

第十二条 护照具备视读与机读两种功能。

护照的防伪性能参照国际技术标准制定。

护照签发机关及其工作人员对因制作、签发护照而知悉的公民个人信息，应当予以保密。

第十三条 申请人有下列情形之一的，护照签发机关不予签发护照：

（一）不具有中华人民共和国国籍的；

（二）无法证明身份的；

（三）在申请过程中弄虚作假的；

（四）被判处刑罚正在服刑的；

（五）人民法院通知有未了结的民事案件不能出境的；

（六）属于刑事案件被告人或者犯罪嫌疑人的；

（七）国务院有关主管部门认为出境后将对国家安全造成危害或者对国家利益造成重大损失的。

第十四条 申请人有下列情形之一的，护照签发机关自其刑罚执行完毕或者被遣返回国之日起六个月至三年以内不予签发护照：

（一）因妨害国（边）境管理受到刑事处罚的；

（二）因非法出境、非法居留、非法就业被遣返回国的。

第十五条 人民法院、人民检察院、公安机关、国家安全机关、行政监察机关因办理案件需要，可以依法扣押案件当事人的护照。

案件当事人拒不交出护照的，前款规定的国家机关可以提请护照签发机关宣布案件当事人的护照作废。

第十六条 护照持有人丧失中华人民共和国国籍，或者护照遗失、被盗等情形，由护照签发机关宣布该护照作废。

伪造、变造、骗取或者被签发机关宣布作废的护照无效。

第十七条 弄虚作假骗取护照的，由护照签发机关收缴护照或者宣布护照作废；由公安机关处二千元以上五千元以下罚款；构成犯罪的，依法追究刑事责任。

第十八条 为他人提供伪造、变造的护照，或者出售护照的，依法追究刑事责任；尚不够刑事处罚的，由公安机关没收违法所得，处十日以上十五日以下拘留，并处二千元以上五千元以下罚款；非法护照及其印制设备由公安机关收缴。

第十九条 持用伪造或者变造的护照或者冒用他人护照出入国（边）境的，由公安机关依照出境入境管理的法律规定予以处罚；非法护照由公安机关收缴。

第二十条 护照签发机关工作人员在办理护照过程中有下列行为之一的，依法给予行政处分；构成犯罪的，依法追究刑事责任：

（一）应当受理而不予受理的；

（二）无正当理由不在法定期限内签发的；

（三）超出国家规定标准收取费用的；

（四）向申请人索取或者收受贿赂的；

（五）泄露因制作、签发护照而知悉的公民个人信息，侵害公民合法权益的；

（六）滥用职权、玩忽职守、徇私舞弊的其他行为。

第二十一条 普通护照由公安部规定式样并监制；外交护照、公务护照由外交部规定式样并监制。

第二十二条 护照签发机关可以收取护照的工本费、加注费。收取的工本费和加注费上缴国库。

护照工本费和加注费的标准由国务院价格行政部门会同国务院财政部门规定、公布。

第二十三条 短期出国的公民在国外发生护照遗失、被盗或者损毁不能使用等情形，应当向中华人民共和国驻外使馆、领馆或者外交部委托的其他驻外机构申请中华人民共和国旅行证。

第二十四条 公民从事边境贸易、边境旅游服务或者参加边境旅游等情形，可以向公安部委托的县级以上地方人民政府公安机关出入境管理机构申请中华人民共和国出入境通行证。

第二十五条 公民以海员身份出入国境和在国外船舶上从事工作的，应当向交通部委托的海事管理机构申请中华人民共和国海员证。

第二十六条 本法自2007年1月1日起施行。本法施行前签发的护照在有效期内继续有效。

中华人民共和国民事诉讼法（2007年修正）

（中华人民共和国主席令第75号，1991年4月9日第七届全国人民代表大会第四次会议通过，根据2007年10月28日第十届全国人民代表大会常务委员会第三十次会议《关于修改〈中华人民共和国民事诉讼法〉的决定》修正）

目 录

第一编　总　则

第一章　任务、适用范围和基本原则

第一条　中华人民共和国民事诉讼法以宪法为根据，结合我国民事审判工作的经验和实际情况制定。

第二条　中华人民共和国民事诉讼法的任务，是保护当事人行使诉讼权利，保证人民法院查明事实，分清是非，正确适用法律，及时审理民事案件，确认民事权利义务关系，制裁民事违法行为，保护当事人的合法权益，教育公民自觉遵守法律，维护社会秩序、经济秩序，保障社会主义建设事业顺利进行。

第三条　人民法院受理公民之间、法人之间、其他组织之间以及他们相互之间因财产关系和人身关系提起的民事诉讼，适用本法的规定。

第四条　凡在中华人民共和国领域内进行民事诉讼，必须遵守本法。

第五条　外国人、无国籍人、外国企业和组织在人民法院起诉、应诉，同中华人民共和国公民、法人和其他组织有同等的诉讼权利义务。

外国法院对中华人民共和国公民、法人和其他组织的民事诉讼权利加以限制的，中华人民共和国人民法院对该国公民、企业和组织的民事诉讼权利，实行对等原则。

第六条　民事案件的审判权由人民法院行使。

人民法院依照法律规定对民事案件独立进行审判，不受行政机关、社会团体和个人的干涉。

第七条　人民法院审理民事案件，必须以事实为根据，以法律为准绳。

第八条　民事诉讼当事人有平等的诉讼权利。人民法院审理民事案件，应当保障和便利当事人行使诉讼权利，对当事人在适用法律上一律平等。

第九条　人民法院审理民事案件，应当根据自愿和合法的原则进行调解；调解不成的，应当及时判决。

第十条　人民法院审理民事案件，依照法律规定实行合议、回避、公开审判和两审终审制度。

第十一条　各民族公民都有用本民族语言、文字进行民事诉讼的权利。

在少数民族聚居或者多民族共同居住的地区，人民法院应当用当地民族通用的语言、文字进行审理和发布法律文书。

人民法院应当对不通晓当地民族通用的语言、文字的诉讼参与人提供翻译。

第十二条　人民法院审理民事案件时，当事人有权进行辩论。

第十三条　当事人有权在法律规定的范围内处分自己的民事权利和诉讼权利。

第十四条　人民检察院有权对民事审判活动实行法律监督。

第十五条　机关、社会团体、企业事业单位对损害国家、集体或者个人民事权益的行为，可以支持受损害的单位或者个人向人民法院起诉。

第十六条　人民调解委员会是在基层人民政府和基层人民法院指导下，调解民间纠纷的群众性组织。

人民调解委员会依照法律规定，根据自愿原则进行调解。当事人对调解达成的协议应当履行；不愿调解、调解不成或者反悔的，可以向人民法院起诉。

人民调解委员会调解民间纠纷，如有违背

法律的，人民法院应当予以纠正。

第十七条 民族自治地方的人民代表大会根据宪法和本法的原则，结合当地民族的具体情况，可以制定变通或者补充的规定。自治区的规定，报全国人民代表大会常务委员会批准。自治州、自治县的规定，报省或者自治区的人民代表大会常务委员会批准，并报全国人民代表大会常务委员会备案。

第二章 管 辖

第一节 级别管辖

第十八条 基层人民法院管辖第一审民事案件，但本法另有规定的除外。

第十九条 中级人民法院管辖下列第一审民事案件：

（一）重大涉外案件；

（二）在本辖区有重大影响的案件；

（三）最高人民法院确定由中级人民法院管辖的案件。

第二十条 高级人民法院管辖在本辖区有重大影响的第一审民事案件。

第二十一条 最高人民法院管辖下列第一审民事案件：

（一）在全国有重大影响的案件；

（二）认为应当由本院审理的案件。

第二节 地域管辖

第二十二条 对公民提起的民事诉讼，由被告住所地人民法院管辖；被告住所地与经常居住地不一致的，由经常居住地人民法院管辖。

对法人或者其他组织提起的民事诉讼，由被告住所地人民法院管辖。

同一诉讼的几个被告住所地、经常居住地在两个以上人民法院辖区的，各该人民法院都有管辖权。

第二十三条 下列民事诉讼，由原告住所地人民法院管辖；原告住所地与经常居住地不一致的，由原告经常居住地人民法院管辖：

（一）对不在中华人民共和国领域内居住的人提起的有关身份关系的诉讼；

（二）对下落不明或者宣告失踪的人提起的有关身份关系的诉讼；

（三）对被劳动教养的人提起的诉讼；

（四）对被监禁的人提起的诉讼。

第二十四条 因合同纠纷提起的诉讼，由被告住所地或者合同履行地人民法院管辖。

第二十五条 合同的双方当事人可以在书面合同中协议选择被告住所地、合同履行地、合同签订地、原告住所地、标的物所在地人民法院管辖，但不得违反本法对级别管辖和专属管辖的规定。

第二十六条 因保险合同纠纷提起的诉讼，由被告住所地或者保险标的物所在地人民法院管辖。

第二十七条 因票据纠纷提起的诉讼，由票据支付地或者被告住所地人民法院管辖。

第二十八条 因铁路、公路、水上、航空运输和联合运输合同纠纷提起的诉讼，由运输始发地、目的地或者被告住所地人民法院管辖。

第二十九条 因侵权行为提起的诉讼，由侵权行为地或者被告住所地人民法院管辖。

第三十条 因铁路、公路、水上和航空事故请求损害赔偿提起的诉讼，由事故发生地或者车辆、船舶最先到达地、航空器最先降落地或者被告住所地人民法院管辖。

第三十一条 因船舶碰撞或者其他海事损害事故请求损害赔偿提起的诉讼，由碰撞发生地、碰撞船舶最先到达地、加害船舶被扣留地或者被告住所地人民法院管辖。

第三十二条 因海难救助费用提起的诉讼，由救助地或者被救助船舶最先到达地人民法院管辖。

第三十三条 因共同海损提起的诉讼，由船舶最先到达地、共同海损理算地或者航程终止地的人民法院管辖。

第三十四条 下列案件，由本条规定的人民法院专属管辖：

（一）因不动产纠纷提起的诉讼，由不动产所在地人民法院管辖；

（二）因港口作业中发生纠纷提起的诉讼，由港口所在地人民法院管辖；

（三）因继承遗产纠纷提起的诉讼，由被继承人死亡时住所地或者主要遗产所在地人民法院管辖。

第三十五条 两个以上人民法院都有管辖权的诉讼，原告可以向其中一个人民法院起诉；原告向两个以上有管辖权的人民法院起诉的，由最先立案的人民法院管辖。

第三节 移送管辖和指定管辖

第三十六条 人民法院发现受理的案件不属于本院管辖的，应当移送有管辖权的人民法院，受移送的人民法院应当受理。受移送的人民法院认为受移送的案件依照规定不属于本院管辖的，应当报请上级人民法院指定管辖，不得再自行移送。

第三十七条 有管辖权的人民法院由于特殊原因，不能行使管辖权的，由上级人民法院指定管辖。

人民法院之间因管辖权发生争议，由争议双方协商解决；协商解决不了的，报请它们的共同上级人民法院指定管辖。

第三十八条 人民法院受理案件后，当事人对管辖权有异议的，应当在提交答辩状期间提出。人民法院对当事人提出的异议，应当审查。异议成立的，裁定将案件移送有管辖权的人民法院；异议不成立的，裁定驳回。

第三十九条 上级人民法院有权审理下级人民法院管辖的第一审民事案件，也可以把本院管辖的第一审民事案件交下级人民法院审理。

下级人民法院对它所管辖的第一审民事案件，认为需要由上级人民法院审理的，可以报请上级人民法院审理。

第三章 审判组织

第四十条 人民法院审理第一审民事案件，由审判员、陪审员共同组成合议庭或者由审判员组成合议庭。合议庭的成员人数，必须是单数。

适用简易程序审理的民事案件，由审判员一人独任审理。

陪审员在执行陪审职务时，与审判员有同等的权利义务。

第四十一条 人民法院审理第二审民事案件，由审判员组成合议庭。合议庭的成员人数，必须是单数。

发回重审的案件，原审人民法院应当按照第一审程序另行组成合议庭。

审理再审案件，原来是第一审的，按照第一审程序另行组成合议庭；原来是第二审的或者是上级人民法院提审的，按照第二审程序另行组成合议庭。

第四十二条 合议庭的审判长由院长或者庭长指定审判员一人担任；院长或者庭长参加审判的，由院长或者庭长担任。

第四十三条 合议庭评议案件，实行少数服从多数的原则。评议应当制作笔录，由合议庭成员签名。评议中的不同意见，必须如实记入笔录。

第四十四条 审判人员应当依法秉公办案。

审判人员不得接受当事人及其诉讼代理人请客送礼。

审判人员有贪污受贿，徇私舞弊，枉法裁判行为的，应当追究法律责任；构成犯罪的，依法追究刑事责任。

第四章 回 避

第四十五条 审判人员有下列情形之一的，必须回避，当事人有权用口头或者书面方式申请他们回避：

（一）是本案当事人或者当事人、诉讼代理人的近亲属；

（二）与本案有利害关系；

（三）与本案当事人有其他关系，可能影响对案件公正审理的。

前款规定，适用于书记员、翻译人员、鉴定人、勘验人。

第四十六条 当事人提出回避申请，应当说明理由，在案件开始审理时提出；回避事由在案件开始审理后知道的，也可以在法庭辩论终结前提出。

被申请回避的人员在人民法院作出是否回避的决定前，应当暂停参与本案的工作，但案件需要采取紧急措施的除外。

第四十七条 院长担任审判长时的回避，由审判委员会决定；审判人员的回避，由院长决定；其他人员的回避，由审判长决定。

第四十八条 人民法院对当事人提出的回避申请，应当在申请提出的三日内，以口头或者书面形式作出决定。申请人对决定不服的，可以在接到决定时申请复议一次。复议期间，被申请回避的人员，不停止参与本案的工作。人民法院对复议申请，应当在三日内作出复议决定，并通知复议申请人。

第五章 诉讼参加人

第一节 当事人

第四十九条 公民、法人和其他组织可以作为民事诉讼的当事人。

法人由其法定代表人进行诉讼。其他组织由其主要负责人进行诉讼。

第五十条 当事人有权委托代理人，提出回避申请，收集、提供证据，进行辩论，请求调解，提起上诉，申请执行。

当事人可以查阅本案有关材料，并可以复制本案有关材料和法律文书。查阅、复制本案有关材料的范围和办法由最高人民法院规定。

当事人必须依法行使诉讼权利，遵守诉讼秩序，履行发生法律效力的判决书、裁定书和调解书。

第五十一条 双方当事人可以自行和解。

第五十二条 原告可以放弃或者变更诉讼请求。被告可以承认或者反驳诉讼请求，有权提起反诉。

第五十三条 当事人一方或者双方为二人以上，其诉讼标的是共同的，或者诉讼标的是同一种类、人民法院认为可以合并审理并经当事人同意的，为共同诉讼。

共同诉讼的一方当事人对诉讼标的有共同权利义务的，其中一人的诉讼行为经其他共同诉讼人承认，对其他共同诉讼人发生效力；对诉讼标的没有共同权利义务的，其中一人的诉讼行为对其他共同诉讼人不发生效力。

第五十四条 当事人一方人数众多的共同诉讼，可以由当事人推选代表人进行诉讼。代表人的诉讼行为对其所代表的当事人发生效力，但代表人变更、放弃诉讼请求或者承认对方当事人的诉讼请求，进行和解，必须经被代表的当事人同意。

第五十五条 诉讼标的是同一种类、当事人一方人数众多在起诉时人数尚未确定的，人民法院可以发出公告，说明案件情况和诉讼请求，通知权利人在一定期间向人民法院登记。

向人民法院登记的权利人可以推选代表人进行诉讼；推选不出代表人的，人民法院可以与参加登记的权利人商定代表人。

代表人的诉讼行为对其所代表的当事人发生效力，但代表人变更、放弃诉讼请求或者承认对方当事人的诉讼请求，进行和解，必须经被代表的当事人同意。

人民法院作出的判决、裁定，对参加登记的全体权利人发生效力。未参加登记的权利人在诉讼时效期间提起诉讼的，适用该判决、裁定。

第五十六条 对当事人双方的诉讼标的，第三人认为有独立请求权的，有权提起诉讼。

对当事人双方的诉讼标的，第三人虽然没有独立请求权，但案件处理结果同他有法律上的利害关系的，可以申请参加诉讼，或者由人民法院通知他参加诉讼。人民法院判决承担民事责任的第三人，有当事人的诉讼权利义务。

第二节 诉讼代理人

第五十七条 无诉讼行为能力人由他的监护人作为法定代理人代为诉讼。法定代理人之间互相推诿代理责任的，由人民法院指定其中一人代为诉讼。

第五十八条 当事人、法定代理人可以委托一至二人作为诉讼代理人。

律师、当事人的近亲属、有关的社会团体或者所在单位推荐的人、经人民法院许可的其他公民，都可以被委托为诉讼代理人。

第五十九条 委托他人代为诉讼，必须向人民法院提交由委托人签名或者盖章的授权委托书。

授权委托书必须记明委托事项和权限。诉讼代理人代为承认、放弃、变更诉讼请求，进行和解，提起反诉或者上诉，必须有委托人的特别授权。

侨居在国外的中华人民共和国公民从国外

寄交或者托交的授权委托书，必须经中华人民共和国驻该国的使领馆证明；没有使领馆的，由与中华人民共和国有外交关系的第三国驻该国的使领馆证明，再转由中华人民共和国驻该第三国使领馆证明，或者由当地的爱国华侨团体证明。

第六十条 诉讼代理人的权限如果变更或者解除，当事人应当书面告知人民法院，并由人民法院通知对方当事人。

第六十一条 代理诉讼的律师和其他诉讼代理人有权调查收集证据，可以查阅本案有关材料。查阅本案有关材料的范围和办法由最高人民法院规定。

第六十二条 离婚案件有诉讼代理人的，本人除不能表达意志的以外，仍应出庭；确因特殊情况无法出庭的，必须向人民法院提交书面意见。

第六章 证 据

第六十三条 证据有下列几种：

（一）书证；

（二）物证；

（三）视听资料；

（四）证人证言；

（五）当事人的陈述；

（六）鉴定结论；

（七）勘验笔录。

以上证据必须查证属实，才能作为认定事实的根据。

第六十四条 当事人对自己提出的主张，有责任提供证据。

当事人及其诉讼代理人因客观原因不能自行收集的证据，或者人民法院认为审理案件需要的证据，人民法院应当调查收集。

人民法院应当按照法定程序，全面地、客观地审查核实证据。

第六十五条 人民法院有权向有关单位和个人调查取证，有关单位和个人不得拒绝。

人民法院对有关单位和个人提出的证明文书，应当辨别真伪，审查确定其效力。

第六十六条 证据应当在法庭上出示，并由当事人互相质证。对涉及国家秘密、商业秘密和个人隐私的证据应当保密，需要在法庭出示的，不得在公开开庭时出示。

第六十七条 经过法定程序公证证明的法律行为、法律事实和文书，人民法院应当作为认定事实的根据。但有相反证据足以推翻公证证明的除外。

第六十八条 书证应当提交原件。物证应当提交原物。提交原件或者原物确有困难的，可以提交复制品、照片、副本、节录本。

提交外文书证，必须附有中文译本。

第六十九条 人民法院对视听资料，应当辨别真伪，并结合本案的其他证据，审查确定能否作为认定事实的根据。

第七十条 凡是知道案件情况的单位和个人，都有义务出庭作证。有关单位的负责人应当支持证人作证。证人确有困难不能出庭的，经人民法院许可，可以提交书面证言。

不能正确表达意志的人，不能作证。

第七十一条 人民法院对当事人的陈述，应当结合本案的其他证据，审查确定能否作为认定事实的根据。

当事人拒绝陈述的，不影响人民法院根据证据认定案件事实。

第七十二条 人民法院对专门性问题认为需要鉴定的，应当交由法定鉴定部门鉴定；没有法定鉴定部门的，由人民法院指定的鉴定部门鉴定。

鉴定部门及其指定的鉴定人有权了解进行鉴定所需要的案件材料，必要时可以询问当事人、证人。

鉴定部门和鉴定人应当提出书面鉴定结论，在鉴定书上签名或者盖章。鉴定人鉴定的，应当由鉴定人所在单位加盖印章，证明鉴定人身份。

第七十三条 勘验物证或者现场，勘验人必须出示人民法院的证件，并邀请当地基层组织或者当事人所在单位派人参加。当事人或者当事人的成年家属应当到场，拒不到场的，不影响勘验的进行。

有关单位和个人根据人民法院的通知，有义务保护现场，协助勘验工作。

勘验人应当将勘验情况和结果制作笔录，

由勘验人、当事人和被邀参加人签名或者盖章。

第七十四条 在证据可能灭失或者以后难以取得的情况下，诉讼参加人可以向人民法院申请保全证据，人民法院也可以主动采取保全措施。

第七章 期间、送达

第一节 期 间

第七十五条 期间包括法定期间和人民法院指定的期间。

期间以时、日、月、年计算。期间开始的时和日，不计算在期间内。

期间届满的最后一日是节假日的，以节假日后的第一日为期间届满的日期。

期间不包括在途时间，诉讼文书在期满前交邮的，不算过期。

第七十六条 当事人因不可抗拒的事由或者其他正当理由耽误期限的，在障碍消除后的十日内，可以申请顺延期限，是否准许，由人民法院决定。

第二节 送 达

第七十七条 送达诉讼文书必须有送达回证，由受送达人在送达回证上记明收到日期，签名或者盖章。

受送达人在送达回证上的签收日期为送达日期。

第七十八条 送达诉讼文书，应当直接送交受送达人。受送达人是公民的，本人不在交他的同住成年家属签收；受送达人是法人或者其他组织的，应当由法人的法定代表人、其他组织的主要负责人或者该法人、组织负责收件的人签收；受送达人有诉讼代理人的，可以送交其代理人签收；受送达人已向人民法院指定代收人的，送交代收人签收。

受送达人的同住成年家属，法人或者其他组织的负责收件的人，诉讼代理人或者代收人在送达回证上签收的日期为送达日期。

第七十九条 受送达人或者他的同住成年家属拒绝接收诉讼文书的，送达人应当邀请有关基层组织或者所在单位的代表到场，说明情况，在送达回证上记明拒收事由和日期，由送达人、见证人签名或者盖章，把诉讼文书留在受送达人的住所，即视为送达。

第八十条 直接送达诉讼文书有困难的，可以委托其他人民法院代为送达，或者邮寄送达。邮寄送达的，以回执上注明的收件日期为送达日期。

第八十一条 受送达人是军人的，通过其所在部队团以上单位的政治机关转交。

第八十二条 受送达人是被监禁的，通过其所在监所或者劳动改造单位转交。

受送达人是被劳动教养的，通过其所在劳动教养单位转交。

第八十三条 代为转交的机关、单位收到诉讼文书后，必须立即交受送达人签收，以在送达回证上的签收日期，为送达日期。

第八十四条 受送达人下落不明，或者用本节规定的其他方式无法送达的，公告送达。自发出公告之日起，经过六十日，即视为送达。

公告送达，应当在案卷中记明原因和经过。

第八章 调 解

第八十五条 人民法院审理民事案件，根据当事人自愿的原则，在事实清楚的基础上，分清是非，进行调解。

第八十六条 人民法院进行调解，可以由审判员一人主持，也可以由合议庭主持，并尽可能就地进行。

人民法院进行调解，可以用简便方式通知当事人、证人到庭。

第八十七条 人民法院进行调解，可以邀请有关单位和个人协助。被邀请的单位和个人，应当协助人民法院进行调解。

第八十八条 调解达成协议，必须双方自愿，不得强迫。调解协议的内容不得违反法律规定。

第八十九条 调解达成协议，人民法院应当制作调解书。调解书应当写明诉讼请求、案件的事实和调解结果。

调解书由审判人员、书记员署名，加盖人民法院印章，送达双方当事人。

调解书经双方当事人签收后，即具有法律

效力。

第九十条 下列案件调解达成协议，人民法院可以不制作调解书：

（一）调解和好的离婚案件；

（二）调解维持收养关系的案件；

（三）能够即时履行的案件；

（四）其他不需要制作调解书的案件。

对不需要制作调解书的协议，应当记入笔录，由双方当事人、审判人员、书记员签名或者盖章后，即具有法律效力。

第九十一条 调解未达成协议或者调解书送达前一方反悔的，人民法院应当及时判决。

第九章 财产保全和先予执行

第九十二条 人民法院对于可能因当事人一方的行为或者其他原因，使判决不能执行或者难以执行的案件，可以根据对方当事人的申请，作出财产保全的裁定；当事人没有提出申请的，人民法院在必要时也可以裁定采取财产保全措施。

人民法院采取财产保全措施，可以责令申请人提供担保；申请人不提供担保的，驳回申请。

人民法院接受申请后，对情况紧急的，必须在四十八小时内作出裁定；裁定采取财产保全措施的，应当立即开始执行。

第九十三条 利害关系人因情况紧急，不立即申请财产保全将会使其合法权益受到难以弥补的损害的，可以在起诉前向人民法院申请采取财产保全措施。申请人应当提供担保，不提供担保的，驳回申请。

人民法院接受申请后，必须在四十八小时内作出裁定；裁定采取财产保全措施的，应当立即开始执行。

申请人在人民法院采取保全措施后十五日内不起诉的，人民法院应当解除财产保全。

第九十四条 财产保全限于请求的范围，或者与本案有关的财物。

财产保全采取查封、扣押、冻结或者法律规定的其他方法。

人民法院冻结财产后，应当立即通知被冻结财产的人。

财产已被查封、冻结的，不得重复查封、冻结。

第九十五条 被申请人提供担保的，人民法院应当解除财产保全。

第九十六条 申请有错误的，申请人应当赔偿被申请人因财产保全所遭受的损失。

第九十七条 人民法院对下列案件，根据当事人的申请，可以裁定先予执行：

（一）追索赡养费、扶养费、抚育费、抚恤金、医疗费用的；

（二）追索劳动报酬的；

（三）因情况紧急需要先予执行的。

第九十八条 人民法院裁定先予执行的，应当符合下列条件：

（一）当事人之间权利义务关系明确，不先予执行将严重影响申请人的生活或者生产经营的；

（二）被申请人有履行能力。

人民法院可以责令申请人提供担保，申请人不提供担保的，驳回申请。申请人败诉的，应当赔偿被申请人因先予执行遭受的财产损失。

第九十九条 当事人对财产保全或者先予执行的裁定不服的，可以申请复议一次。复议期间不停止裁定的执行。

第十章 对妨害民事诉讼的强制措施

第一百条 人民法院对必须到庭的被告，经两次传票传唤，无正当理由拒不到庭的，可以拘传。

第一百零一条 诉讼参与人和其他人应当遵守法庭规则。

人民法院对违反法庭规则的人，可以予以训诫，责令退出法庭或者予以罚款、拘留。

人民法院对哄闹、冲击法庭，侮辱、诽谤、威胁、殴打审判人员，严重扰乱法庭秩序的人，依法追究刑事责任；情节较轻的，予以罚款、拘留。

第一百零二条 诉讼参与人或者其他人有下列行为之一的，人民法院可以根据情节轻重予以罚款、拘留；构成犯罪的，依法追究刑事责任：

（一）伪造、毁灭重要证据，妨碍人民法

院审理案件的；

（二）以暴力、威胁、贿买方法阻止证人作证或者指使、贿买、胁迫他人作伪证的；

（三）隐藏、转移、变卖、毁损已被查封、扣押的财产，或者已被清点并责令其保管的财产，转移已被冻结的财产的；

（四）对司法工作人员、诉讼参加人、证人、翻译人员、鉴定人、勘验人、协助执行的人，进行侮辱、诽谤、诬陷、殴打或者打击报复的；

（五）以暴力、威胁或者其他方法阻碍司法工作人员执行职务的；

（六）拒不履行人民法院已经发生法律效力的判决、裁定的。

人民法院对有前款规定的行为之一的单位，可以对其主要负责人或者直接责任人员予以罚款、拘留；构成犯罪的，依法追究刑事责任。

第一百零三条 有义务协助调查、执行的单位有下列行为之一的，人民法院除责令其履行协助义务外，并可以予以罚款：

（一）有关单位拒绝或者妨碍人民法院调查取证的；

（二）银行、信用合作社和其他有储蓄业务的单位接到人民法院协助执行通知书后，拒不协助查询、冻结或者划拨存款的；

（三）有关单位接到人民法院协助执行通知书后，拒不协助扣留被执行人的收入、办理有关财产权证照转移手续、转交有关票证、证照或者其他财产的；

（四）其他拒绝协助执行的。

人民法院对有前款规定的行为之一的单位，可以对其主要负责人或者直接责任人员予以罚款；对仍不履行协助义务的，可以予以拘留；并可以向监察机关或者有关机关提出予以纪律处分的司法建议。

第一百零四条 对个人的罚款金额，为人民币一万元以下。对单位的罚款金额，为人民币一万元以上三十万元以下。

拘留的期限，为十五日以下。

被拘留的人，由人民法院交公安机关看管。在拘留期间，被拘留人承认并改正错误的，人民法院可以决定提前解除拘留。

第一百零五条 拘传、罚款、拘留必须经院长批准。

拘传应当发拘传票。

罚款、拘留应当用决定书。对决定不服的，可以向上一级人民法院申请复议一次。复议期间不停止执行。

第一百零六条 采取对妨害民事诉讼的强制措施必须由人民法院决定。任何单位和个人采取非法拘禁他人或者非法私自扣押他人财产追索债务的，应当依法追究刑事责任，或者予以拘留、罚款。

第十一章　诉讼费用

第一百零七条 当事人进行民事诉讼，应当按照规定交纳案件受理费。财产案件除交纳案件受理费外，并按照规定交纳其他诉讼费用。

当事人交纳诉讼费用确有困难的，可以按照规定向人民法院申请缓交、减交或者免交。

收取诉讼费用的办法另行制定。

第二编　审判程序

第十二章　第一审普通程序

第一节　起诉和受理

第一百零八条 起诉必须符合下列条件：

（一）原告是与本案有直接利害关系的公民、法人和其他组织；

（二）有明确的被告；

（三）有具体的诉讼请求和事实、理由；

（四）属于人民法院受理民事诉讼的范围和受诉人民法院管辖。

第一百零九条 起诉应当向人民法院递交起诉状，并按照被告人数提出副本。

书写起诉状确有困难的，可以口头起诉，由人民法院记入笔录，并告知对方当事人。

第一百一十条 起诉状应当记明下列事项：

（一）当事人的姓名、性别、年龄、民族、职业、工作单位和住所，法人或者其他组织的名称、住所和法定代表人或者主要负责人的姓名、职务；

（二）诉讼请求和所根据的事实与理由；

（三）证据和证据来源，证人姓名和住所。

第一百一十一条 人民法院对符合本法第一百零八条的起诉，必须受理；对下列起诉，分别情形，予以处理：

（一）依照行政诉讼法的规定，属于行政诉讼受案范围的，告知原告提起行政诉讼；

（二）依照法律规定，双方当事人对合同纠纷自愿达成书面仲裁协议向仲裁机构申请仲裁、不得向人民法院起诉的，告知原告向仲裁机构申请仲裁；

（三）依照法律规定，应当由其他机关处理的争议，告知原告向有关机关申请解决；

（四）对不属于本院管辖的案件，告知原告向有管辖权的人民法院起诉；

（五）对判决、裁定已经发生法律效力的案件，当事人又起诉的，告知原告按照申诉处理，但人民法院准许撤诉的裁定除外；

（六）依照法律规定，在一定期限内不得起诉的案件，在不得起诉的期限内起诉的，不予受理；

（七）判决不准离婚和调解和好的离婚案件，判决、调解维持收养关系的案件，没有新情况、新理由，原告在六个月内又起诉的，不予受理。

第一百一十二条 人民法院收到起诉状或者口头起诉，经审查，认为符合起诉条件的，应当在七日内立案，并通知当事人；认为不符合起诉条件的，应当在七日内裁定不予受理；原告对裁定不服的，可以提起上诉。

第二节 审理前的准备

第一百一十三条 人民法院应当在立案之日起五日内将起诉状副本发送被告，被告在收到之日起十五日内提出答辩状。

被告提出答辩状的，人民法院应当在收到之日起五日内将答辩状副本发送原告。被告不提出答辩状的，不影响人民法院审理。

第一百一十四条 人民法院对决定受理的案件，应当在受理案件通知书和应诉通知书中向当事人告知有关的诉讼权利义务，或者口头告知。

第一百一十五条 合议庭组成人员确定后，应当在三日内告知当事人。

第一百一十六条 审判人员必须认真审核诉讼材料，调查收集必要的证据。

第一百一十七条 人民法院派出人员进行调查时，应当向被调查人出示证件。

调查笔录经被调查人校阅后，由被调查人、调查人签名或者盖章。

第一百一十八条 人民法院在必要时可以委托外地人民法院调查。

委托调查，必须提出明确的项目和要求。受委托人民法院可以主动补充调查。

受委托人民法院收到委托书后，应当在三十日内完成调查。因故不能完成的，应当在上述期限内函告委托人民法院。

第一百一十九条 必须共同进行诉讼的当事人没有参加诉讼的，人民法院应当通知其参加诉讼。

第三节 开庭审理

第一百二十条 人民法院审理民事案件，除涉及国家秘密、个人隐私或者法律另有规定的以外，应当公开进行。

离婚案件，涉及商业秘密的案件，当事人申请不公开审理的，可以不公开审理。

第一百二十一条 人民法院审理民事案件，根据需要进行巡回审理，就地办案。

第一百二十二条 人民法院审理民事案件，应当在开庭三日前通知当事人和其他诉讼参与人。公开审理的，应当公告当事人姓名、案由和开庭的时间、地点。

第一百二十三条 开庭审理前，书记员应当查明当事人和其他诉讼参与人是否到庭，宣布法庭纪律。

开庭审理时，由审判长核对当事人，宣布案由，宣布审判人员、书记员名单，告知当事人有关的诉讼权利义务，询问当事人是否提出回避申请。

第一百二十四条 法庭调查按照下列顺序进行：

（一）当事人陈述；

（二）告知证人的权利义务，证人作证，宣读未到庭的证人证言；

（三）出示书证、物证和视听资料；

（四）宣读鉴定结论；

（五）宣读勘验笔录。

第一百二十五条 当事人在法庭上可以提出新的证据。

当事人经法庭许可，可以向证人、鉴定人、勘验人发问。

当事人要求重新进行调查、鉴定或者勘验的，是否准许，由人民法院决定。

第一百二十六条 原告增加诉讼请求，被告提出反诉，第三人提出与本案有关的诉讼请求，可以合并审理。

第一百二十七条 法庭辩论按照下列顺序进行：

（一）原告及其诉讼代理人发言；

（二）被告及其诉讼代理人答辩；

（三）第三人及其诉讼代理人发言或者答辩；

（四）互相辩论。

法庭辩论终结，由审判长按照原告、被告、第三人的先后顺序征询各方最后意见。

第一百二十八条 法庭辩论终结，应当依法作出判决。判决前能够调解的，还可以进行调解，调解不成的，应当及时判决。

第一百二十九条 原告经传票传唤，无正当理由拒不到庭的，或者未经法庭许可中途退庭的，可以按撤诉处理；被告反诉的，可以缺席判决。

第一百三十条 被告经传票传唤，无正当理由拒不到庭的，或者未经法庭许可中途退庭的，可以缺席判决。

第一百三十一条 宣判前，原告申请撤诉的，是否准许，由人民法院裁定。

人民法院裁定不准许撤诉的，原告经传票传唤，无正当理由拒不到庭的，可以缺席判决。

第一百三十二条 有下列情形之一的，可以延期开庭审理：

（一）必须到庭的当事人和其他诉讼参与人有正当理由没有到庭的；

（二）当事人临时提出回避申请的；

（三）需要通知新的证人到庭，调取新的证据，重新鉴定、勘验，或者需要补充调查的；

（四）其他应当延期的情形。

第一百三十三条 书记员应当将法庭审理的全部活动记入笔录，由审判人员和书记员签名。

法庭笔录应当当庭宣读，也可以告知当事人和其他诉讼参与人当庭或者在五日内阅读。当事人和其他诉讼参与人认为对自己的陈述记录有遗漏或者差错的，有权申请补正。如果不予补正，应当将申请记录在案。

法庭笔录由当事人和其他诉讼参与人签名或者盖章。拒绝签名盖章的，记明情况附卷。

第一百三十四条 人民法院对公开审理或者不公开审理的案件，一律公开宣告判决。

当庭宣判的，应当在十日内发送判决书；定期宣判的，宣判后立即发给判决书。

宣告判决时，必须告知当事人上诉权利、上诉期限和上诉的法院。

宣告离婚判决，必须告知当事人在判决发生法律效力前不得另行结婚。

第一百三十五条 人民法院适用普通程序审理的案件，应当在立案之日起六个月内审结。有特殊情况需要延长的，由本院院长批准，可以延长六个月；还需要延长的，报请上级人民法院批准。

第四节 诉讼中止和终结

第一百三十六条 有下列情形之一的，中止诉讼：

（一）一方当事人死亡，需要等待继承人表明是否参加诉讼的；

（二）一方当事人丧失诉讼行为能力，尚未确定法定代理人的；

（三）作为一方当事人的法人或者其他组织终止，尚未确定权利义务承受人的；

（四）一方当事人因不可抗拒的事由，不能参加诉讼的；

（五）本案必须以另一案的审理结果为依据，而另一案尚未审结的；

（六）其他应当中止诉讼的情形。

中止诉讼的原因消除后，恢复诉讼。

第一百三十七条 有下列情形之一的，终结诉讼：

（一）原告死亡，没有继承人，或者继承人放弃诉讼权利的；

（二）被告死亡，没有遗产，也没有应当承担义务的人的；

（三）离婚案件一方当事人死亡的；

（四）追索赡养费、扶养费、抚育费以及解除收养关系案件的一方当事人死亡的。

第五节 判决和裁定

第一百三十八条 判决书应当写明：

（一）案由、诉讼请求、争议的事实和理由；

（二）判决认定的事实、理由和适用的法律依据；

（三）判决结果和诉讼费用的负担；

（四）上诉期间和上诉的法院。

判决书由审判人员、书记员署名，加盖人民法院印章。

第一百三十九条 人民法院审理案件，其中一部分事实已经清楚，可以就该部分先行判决。

第一百四十条 裁定适用于下列范围：

（一）不予受理；

（二）对管辖权有异议的；

（三）驳回起诉；

（四）财产保全和先予执行；

（五）准许或者不准许撤诉；

（六）中止或者终结诉讼；

（七）补正判决书中的笔误；

（八）中止或者终结执行；

（九）不予执行仲裁裁决；

（十）不予执行公证机关赋予强制执行效力的债权文书；

（十一）其他需要裁定解决的事项。

对前款第（一）、（二）、（三）项裁定，可以上诉。

裁定书由审判人员、书记员署名，加盖人民法院印章。口头裁定的，记入笔录。

第一百四十一条 最高人民法院的判决、裁定，以及依法不准上诉或者超过上诉期没有上诉的判决、裁定，是发生法律效力的判决、裁定。

第十三章 简易程序

第一百四十二条 基层人民法院和它派出的法庭审理事实清楚、权利义务关系明确、争议不大的简单的民事案件，适用本章规定。

第一百四十三条 对简单的民事案件，原告可以口头起诉。

当事人双方可以同时到基层人民法院或者它派出的法庭，请求解决纠纷。基层人民法院或者它派出的法庭可以当即审理，也可以另定日期审理。

第一百四十四条 基层人民法院和它派出的法庭审理简单的民事案件，可以用简便方式随时传唤当事人、证人。

第一百四十五条 简单的民事案件由审判员一人独任审理，并不受本法第一百二十二条、第一百二十四条、第一百二十七条规定的限制。

第一百四十六条 人民法院适用简易程序审理案件，应当在立案之日起三个月内审结。

第十四章 第二审程序

第一百四十七条 当事人不服地方人民法院第一审判决的，有权在判决书送达之日起十五日内向上一级人民法院提起上诉。

当事人不服地方人民法院第一审裁定的，有权在裁定书送达之日起十日内向上一级人民法院提起上诉。

第一百四十八条 上诉应当递交上诉状。上诉状的内容，应当包括当事人的姓名，法人的名称及其法定代表人的姓名或者其他组织的名称及其主要负责人的姓名；原审人民法院名称、案件的编号和案由；上诉的请求和理由。

第一百四十九条 上诉状应当通过原审人民法院提出，并按照对方当事人或者代表人的人数提出副本。

当事人直接向第二审人民法院上诉的，第二审人民法院应当在五日内将上诉状移交原审人民法院。

第一百五十条 原审人民法院收到上诉状，应当在五日内将上诉状副本送达对方当事人，对方当事人在收到之日起十五日内提出答辩状。人民法院应当在收到答辩状之日起五日内将副本送达上诉人。对方当事人不提出答辩状的，不影响人民法院审理。

原审人民法院收到上诉状、答辩状，应当在五日内连同全部案卷和证据，报送第二审人民法院。

第一百五十一条 第二审人民法院应当对上诉请求的有关事实和适用法律进行审查。

第一百五十二条 第二审人民法院对上诉案件，应当组成合议庭，开庭审理。经过阅卷和调查，询问当事人，在事实核对清楚后，合议庭认为不需要开庭审理的，也可以径行判决、裁定。

第二审人民法院审理上诉案件，可以在本院进行，也可以到案件发生地或者原审人民法院所在地进行。

第一百五十三条 第二审人民法院对上诉案件，经过审理，按照下列情形，分别处理：

（一）原判决认定事实清楚，适用法律正确的，判决驳回上诉，维持原判决；

（二）原判决适用法律错误的，依法改判；

（三）原判决认定事实错误，或者原判决认定事实不清，证据不足，裁定撤销原判决，发回原审人民法院重审，或者查清事实后改判；

（四）原判决违反法定程序，可能影响案件正确判决的，裁定撤销原判决，发回原审人民法院重审。

当事人对重审案件的判决、裁定，可以上诉。

第一百五十四条 第二审人民法院对不服第一审人民法院裁定的上诉案件的处理，一律使用裁定。

第一百五十五条 第二审人民法院审理上诉案件，可以进行调解。调解达成协议，应当制作调解书，由审判人员、书记员署名，加盖人民法院印章。调解书送达后，原审人民法院的判决即视为撤销。

第一百五十六条 第二审人民法院判决宣告前，上诉人申请撤回上诉的，是否准许，由第二审人民法院裁定。

第一百五十七条 第二审人民法院审理上诉案件，除依照本章规定外，适用第一审普通程序。

第一百五十八条 第二审人民法院的判决、裁定，是终审的判决、裁定。

第一百五十九条 人民法院审理对判决的上诉案件，应当在第二审立案之日起三个月内审结。有特殊情况需要延长的，由本院院长批准。

人民法院审理对裁定的上诉案件，应当在第二审立案之日起三十日内作出终审裁定。

第十五章 特别程序

第一节 一般规定

第一百六十条 人民法院审理选民资格案件、宣告失踪或者宣告死亡案件、认定公民无民事行为能力或者限制民事行为能力案件和认定财产无主案件，适用本章规定。本章没有规定的，适用本法和其他法律的有关规定。

第一百六十一条 依照本章程序审理的案件，实行一审终审。选民资格案件或者重大、疑难的案件，由审判员组成合议庭审理；其他案件由审判员一人独任审理。

第一百六十二条 人民法院在依照本章程序审理案件的过程中，发现本案属于民事权益争议的，应当裁定终结特别程序，并告知利害关系人可以另行起诉。

第一百六十三条 人民法院适用特别程序审理的案件，应当在立案之日起三十日内或者公告期满后三十日内审结。有特殊情况需要延长的，由本院院长批准。但审理选民资格的案件除外。

第二节 选民资格案件

第一百六十四条 公民不服选举委员会对选民资格的申诉所作的处理决定，可以在选举日的五日以前向选区所在地基层人民法院起诉。

第一百六十五条 人民法院受理选民资格案件后，必须在选举日前审结。

审理时，起诉人、选举委员会的代表和有关公民必须参加。

人民法院的判决书，应当在选举日前送达选举委员会和起诉人，并通知有关公民。

第三节　宣告失踪、宣告死亡案件

第一百六十六条　公民下落不明满二年，利害关系人申请宣告其失踪的，向下落不明人住所地基层人民法院提出。

申请书应当写明失踪的事实、时间和请求，并附有公安机关或者其他有关机关关于该公民下落不明的书面证明。

第一百六十七条　公民下落不明满四年，或者因意外事故下落不明满二年，或者因意外事故下落不明，经有关机关证明该公民不可能生存，利害关系人申请宣告其死亡的，向下落不明人住所地基层人民法院提出。

申请书应当写明下落不明的事实、时间和请求，并附有公安机关或者其他有关机关关于该公民下落不明的书面证明。

第一百六十八条　人民法院受理宣告失踪、宣告死亡案件后，应当发出寻找下落不明人的公告。宣告失踪的公告期间为三个月，宣告死亡的公告期间为一年。因意外事故下落不明，经有关机关证明该公民不可能生存的，宣告死亡的公告期间为三个月。

公告期间届满，人民法院应当根据被宣告失踪、宣告死亡的事实是否得到确认，作出宣告失踪、宣告死亡的判决或者驳回申请的判决。

第一百六十九条　被宣告失踪、宣告死亡的公民重新出现，经本人或者利害关系人申请，人民法院应当作出新判决，撤销原判决。

第四节　认定公民无民事行为能力、限制民事行为能力案件

第一百七十条　申请认定公民无民事行为能力或者限制民事行为能力，由其近亲属或者其他利害关系人向该公民住所地基层人民法院提出。

申请书应当写明该公民无民事行为能力或者限制民事行为能力的事实和根据。

第一百七十一条　人民法院受理申请后，必要时应当对被请求认定为无民事行为能力或者限制民事行为能力的公民进行鉴定。申请人已提供鉴定结论的，应当对鉴定结论进行审查。

第一百七十二条　人民法院审理认定公民无民事行为能力或者限制民事行为能力的案件，应当由该公民的近亲属为代理人，但申请人除外。近亲属互相推诿的，由人民法院指定其中一人为代理人。该公民健康情况许可的，还应当询问本人的意见。

人民法院经审理认定申请有事实根据的，判决该公民为无民事行为能力或者限制民事行为能力人；认定申请没有事实根据的，应当判决予以驳回。

第一百七十三条　人民法院根据被认定为无民事行为能力人、限制民事行为能力人或者他的监护人的申请，证实该公民无民事行为能力或者限制民事行为能力的原因已经消除的，应当作出新判决，撤销原判决。

第五节　认定财产无主案件

第一百七十四条　申请认定财产无主，由公民、法人或者其他组织向财产所在地基层人民法院提出。

申请书应当写明财产的种类、数量以及要求认定财产无主的根据。

第一百七十五条　人民法院受理申请后，经审查核实，应当发出财产认领公告。公告满一年无人认领的，判决认定财产无主，收归国家或者集体所有。

第一百七十六条　判决认定财产无主后，原财产所有人或者继承人出现，在民法通则规定的诉讼时效期间可以对财产提出请求，人民法院审查属实后，应当作出新判决，撤销原判决。

第十六章　审判监督程序

第一百七十七条　各级人民法院院长对本院已经发生法律效力的判决、裁定，发现确有错误，认为需要再审的，应当提交审判委员会讨论决定。

最高人民法院对地方各级人民法院已经发生法律效力的判决、裁定，上级人民法院对下级人民法院已经发生法律效力的判决、裁定，发现确有错误的，有权提审或者指令下级人民法院再审。

第一百七十八条　当事人对已经发生法律

效力的判决、裁定，认为有错误的，可以向上一级人民法院申请再审，但不停止判决、裁定的执行。

第一百七十九条 当事人的申请符合下列情形之一的，人民法院应当再审：

（一）有新的证据，足以推翻原判决、裁定的；

（二）原判决、裁定认定的基本事实缺乏证据证明的；

（三）原判决、裁定认定事实的主要证据是伪造的；

（四）原判决、裁定认定事实的主要证据未经质证的；

（五）对审理案件需要的证据，当事人因客观原因不能自行收集，书面申请人民法院调查收集，人民法院未调查收集的；

（六）原判决、裁定适用法律确有错误的；

（七）违反法律规定，管辖错误的；

（八）审判组织的组成不合法或者依法应当回避的审判人员没有回避的；

（九）无诉讼行为能力人未经法定代理人代为诉讼或者应当参加诉讼的当事人，因不能归责于本人或者其诉讼代理人的事由，未参加诉讼的；

（十）违反法律规定，剥夺当事人辩论权利的；

（十一）未经传票传唤，缺席判决的；

（十二）原判决、裁定遗漏或者超出诉讼请求的；

（十三）据以作出原判决、裁定的法律文书被撤销或者变更的。

对违反法定程序可能影响案件正确判决、裁定的情形，或者审判人员在审理该案件时有贪污受贿，徇私舞弊，枉法裁判行为的，人民法院应当再审。

第一百八十条 当事人申请再审的，应当提交再审申请书等材料。人民法院应当自收到再审申请书之日起五日内将再审申请书副本发送对方当事人。对方当事人应当自收到再审申请书副本之日起十五日内提交书面意见；不提交书面意见的，不影响人民法院审查。人民法院可以要求申请人和对方当事人补充有关材料，询问有关事项。

第一百八十一条 人民法院应当自收到再审申请书之日起三个月内审查，符合本法第一百七十九条规定情形之一的，裁定再审；不符合本法第一百七十九条规定的，裁定驳回申请。有特殊情况需要延长的，由本院院长批准。

因当事人申请裁定再审的案件由中级人民法院以上的人民法院审理。最高人民法院、高级人民法院裁定再审的案件，由本院再审或者交其他人民法院再审，也可以交原审人民法院再审。

第一百八十二条 当事人对已经发生法律效力的调解书，提出证据证明调解违反自愿原则或者调解协议的内容违反法律的，可以申请再审。经人民法院审查属实的，应当再审。

第一百八十三条 当事人对已经发生法律效力的解除婚姻关系的判决，不得申请再审。

第一百八十四条 当事人申请再审，应当在判决、裁定发生法律效力后二年内提出；二年后据以作出原判决、裁定的法律文书被撤销或者变更，以及发现审判人员在审理该案件时有贪污受贿，徇私舞弊，枉法裁判行为的，自知道或者应当知道之日起三个月内提出。

第一百八十五条 按照审判监督程序决定再审的案件，裁定中止原判决的执行。裁定由院长署名，加盖人民法院印章。

第一百八十六条 人民法院按照审判监督程序再审的案件，发生法律效力的判决、裁定是由第一审法院作出的，按照第一审程序审理，所作的判决、裁定，当事人可以上诉；发生法律效力的判决、裁定是由第二审法院作出的，按照第二审程序审理，所作的判决、裁定，是发生法律效力的判决、裁定；上级人民法院按照审判监督程序提审的，按照第二审程序审理，所作的判决、裁定是发生法律效力的判决、裁定。

人民法院审理再审案件，应当另行组成合议庭。

第一百八十七条 最高人民检察院对各级人民法院已经发生法律效力的判决、裁定，上级人民检察院对下级人民法院已经发生法律效力的判决、裁定，发现有本法第一百七十九条规定情形之一的，应当提出抗诉。

地方各级人民检察院对同级人民法院已经发生法律效力的判决、裁定，发现有本法第一百七十九条规定情形之一的，应当提请上级人民检察院向同级人民法院提出抗诉。

第一百八十八条 人民检察院提出抗诉的案件，接受抗诉的人民法院应当自收到抗诉书之日起三十日内作出再审的裁定；有本法第一百七十九条第一款第（一）项至第（五）项规定情形之一的，可以交下一级人民法院再审。

第一百八十九条 人民检察院决定对人民法院的判决、裁定提出抗诉的，应当制作抗诉书。

第一百九十条 人民检察院提出抗诉的案件，人民法院再审时，应当通知人民检察院派员出席法庭。

第十七章 督促程序

第一百九十一条 债权人请求债务人给付金钱、有价证券，符合下列条件的，可以向有管辖权的基层人民法院申请支付令：

（一）债权人与债务人没有其他债务纠纷的；

（二）支付令能够送达债务人的。

申请书应当写明请求给付金钱或者有价证券的数量和所根据的事实、证据。

第一百九十二条 债权人提出申请后，人民法院应当在五日内通知债权人是否受理。

第一百九十三条 人民法院受理申请后，经审查债权人提供的事实、证据，对债权债务关系明确、合法的，应当在受理之日起十五日内向债务人发出支付令；申请不成立的，裁定予以驳回。

债务人应当自收到支付令之日起十五日内清偿债务，或者向人民法院提出书面异议。

债务人在前款规定的期间不提出异议又不履行支付令的，债权人可以向人民法院申请执行。

第一百九十四条 人民法院收到债务人提出的书面异议后，应当裁定终结督促程序，支付令自行失效，债权人可以起诉。

第十八章 公示催告程序

第一百九十五条 按照规定可以背书转让的票据持有人，因票据被盗、遗失或者灭失，可以向票据支付地的基层人民法院申请公示催告。依照法律规定可以申请公示催告的其他事项，适用本章规定。

申请人应当向人民法院递交申请书，写明票面金额、发票人、持票人、背书人等票据主要内容和申请的理由、事实。

第一百九十六条 人民法院决定受理申请，应当同时通知支付人停止支付，并在三日内发出公告，催促利害关系人申报权利。公示催告的期间，由人民法院根据情况决定，但不得少于六十日。

第一百九十七条 支付人收到人民法院停止支付的通知，应当停止支付，至公示催告程序终结。

公示催告期间，转让票据权利的行为无效。

第一百九十八条 利害关系人应当在公示催告期间向人民法院申报。

人民法院收到利害关系人的申报后，应当裁定终结公示催告程序，并通知申请人和支付人。

申请人或者申报人可以向人民法院起诉。

第一百九十九条 没有人申报的，人民法院应当根据申请人的申请，作出判决，宣告票据无效。判决应当公告，并通知支付人。自判决公告之日起，申请人有权向支付人请求支付。

第二百条 利害关系人因正当理由不能在判决前向人民法院申报的，自知道或者应当知道判决公告之日起一年内，可以向作出判决的人民法院起诉。

第三编 执行程序

第十九章 一般规定

第二百零一条 发生法律效力的民事判决、裁定，以及刑事判决、裁定中的财产部分，由第一审人民法院或者与第一审人民法院同级的被执行的财产所在地人民法院执行。

法律规定由人民法院执行的其他法律文书，

由被执行人住所地或者被执行的财产所在地人民法院执行。

第二百零二条 当事人、利害关系人认为执行行为违反法律规定的，可以向负责执行的人民法院提出书面异议。当事人、利害关系人提出书面异议的，人民法院应当自收到书面异议之日起十五日内审查，理由成立的，裁定撤销或者改正；理由不成立的，裁定驳回。当事人、利害关系人对裁定不服的，可以自裁定送达之日起十日内向上一级人民法院申请复议。

第二百零三条 人民法院自收到申请执行书之日起超过六个月未执行的，申请执行人可以向上一级人民法院申请执行。上一级人民法院经审查，可以责令原人民法院在一定期限内执行，也可以决定由本院执行或者指令其他人民法院执行。

第二百零四条 执行过程中，案外人对执行标的提出书面异议的，人民法院应当自收到书面异议之日起十五日内审查，理由成立的，裁定中止对该标的的执行；理由不成立的，裁定驳回。案外人、当事人对裁定不服，认为原判决、裁定错误的，依照审判监督程序办理；与原判决、裁定无关的，可以自裁定送达之日起十五日内向人民法院提起诉讼。

第二百零五条 执行工作由执行员进行。

采取强制执行措施时，执行员应当出示证件。执行完毕后，应当将执行情况制作笔录，由在场的有关人员签名或者盖章。

人民法院根据需要可以设立执行机构。

第二百零六条 被执行人或者被执行的财产在外地的，可以委托当地人民法院代为执行。受委托人民法院收到委托函件后，必须在十五日内开始执行，不得拒绝。执行完毕后，应当将执行结果及时函复委托人民法院；在三十日内如果还未执行完毕，也应当将执行情况函告委托人民法院。

受委托人民法院自收到委托函件之日起十五日内不执行的，委托人民法院可以请求受委托人民法院的上级人民法院指令受委托人民法院执行。

第二百零七条 在执行中，双方当事人自行和解达成协议的，执行员应当将协议内容记入笔录，由双方当事人签名或者盖章。

一方当事人不履行和解协议的，人民法院可以根据对方当事人的申请，恢复对原生效法律文书的执行。

第二百零八条 在执行中，被执行人向人民法院提供担保，并经申请执行人同意的，人民法院可以决定暂缓执行及暂缓执行的期限。被执行人逾期仍不履行的，人民法院有权执行被执行人的担保财产或者担保人的财产。

第二百零九条 作为被执行人的公民死亡的，以其遗产偿还债务。作为被执行人的法人或者其他组织终止的，由其权利义务承受人履行义务。

第二百一十条 执行完毕后，据以执行的判决、裁定和其他法律文书确有错误，被人民法院撤销的，对已被执行的财产，人民法院应当作出裁定，责令取得财产的人返还；拒不返还的，强制执行。

第二百一十一条 人民法院制作的调解书的执行，适用本编的规定。

第二十章 执行的申请和移送

第二百一十二条 发生法律效力的民事判决、裁定，当事人必须履行。一方拒绝履行的，对方当事人可以向人民法院申请执行，也可以由审判员移送执行员执行。

调解书和其他应当由人民法院执行的法律文书，当事人必须履行。一方拒绝履行的，对方当事人可以向人民法院申请执行。

第二百一十三条 对依法设立的仲裁机构的裁决，一方当事人不履行的，对方当事人可以向有管辖权的人民法院申请执行。受申请的人民法院应当执行。

被申请人提出证据证明仲裁裁决有下列情形之一的，经人民法院组成合议庭审查核实，裁定不予执行：

（一）当事人在合同中没有订有仲裁条款或者事后没有达成书面仲裁协议的；

（二）裁决的事项不属于仲裁协议的范围或者仲裁机构无权仲裁的；

（三）仲裁庭的组成或者仲裁的程序违反法定程序的；

（四）认定事实的主要证据不足的；

（五）适用法律确有错误的；

（六）仲裁员在仲裁该案时有贪污受贿，徇私舞弊，枉法裁决行为的。

人民法院认定执行该裁决违背社会公共利益的，裁定不予执行。

裁定书应当送达双方当事人和仲裁机构。

仲裁裁决被人民法院裁定不予执行的，当事人可以根据双方达成的书面仲裁协议重新申请仲裁，也可以向人民法院起诉。

第二百一十四条 对公证机关依法赋予强制执行效力的债权文书，一方当事人不履行的，对方当事人可以向有管辖权的人民法院申请执行，受申请的人民法院应当执行。

公证债权文书确有错误的，人民法院裁定不予执行，并将裁定书送达双方当事人和公证机关。

第二百一十五条 申请执行的期间为二年。申请执行时效的中止、中断，适用法律有关诉讼时效中止、中断的规定。

前款规定的期间，从法律文书规定履行期间的最后一日起计算；法律文书规定分期履行的，从规定的每次履行期间的最后一日起计算；法律文书未规定履行期间的，从法律文书生效之日起计算。

第二百一十六条 执行员接到申请执行书或者移交执行书，应当向被执行人发出执行通知，责令其在指定的期间履行，逾期不履行的，强制执行。

被执行人不履行法律文书确定的义务，并有可能隐匿、转移财产的，执行员可以立即采取强制执行措施。

第二十一章 执行措施

第二百一十七条 被执行人未按执行通知履行法律文书确定的义务，应当报告当前以及收到执行通知之日前一年的财产情况。被执行人拒绝报告或者虚假报告的，人民法院可以根据情节轻重对被执行人或者其法定代理人、有关单位的主要负责人或者直接责任人员予以罚款、拘留。

第二百一十八条 被执行人未按执行通知履行法律文书确定的义务，人民法院有权向银行、信用合作社和其他有储蓄业务的单位查询被执行人的存款情况，有权冻结、划拨被执行人的存款，但查询、冻结、划拨存款不得超出被执行人应当履行义务的范围。

人民法院决定冻结、划拨存款，应当作出裁定，并发出协助执行通知书，银行、信用合作社和其他有储蓄业务的单位必须办理。

第二百一十九条 被执行人未按执行通知履行法律文书确定的义务，人民法院有权扣留、提取被执行人应当履行义务部分的收入。但应当保留被执行人及其所扶养家属的生活必需费用。

人民法院扣留、提取收入时，应当作出裁定，并发出协助执行通知书，被执行人所在单位、银行、信用合作社和其他有储蓄业务的单位必须办理。

第二百二十条 被执行人未按执行通知履行法律文书确定的义务，人民法院有权查封、扣押、冻结、拍卖、变卖被执行人应当履行义务部分的财产。但应当保留被执行人及其所扶养家属的生活必需品。

采取前款措施，人民法院应当作出裁定。

第二百二十一条 人民法院查封、扣押财产时，被执行人是公民的，应当通知被执行人或者他的成年家属到场；被执行人是法人或者其他组织的，应当通知其法定代表人或者主要负责人到场。拒不到场的，不影响执行。被执行人是公民的，其工作单位或者财产所在地的基层组织应当派人参加。

对被查封、扣押的财产，执行员必须造具清单，由在场人签名或者盖章后，交被执行人一份。被执行人是公民的，也可以交他的成年家属一份。

第二百二十二条 被查封的财产，执行员可以指定被执行人负责保管。因被执行人的过错造成的损失，由被执行人承担。

第二百二十三条 财产被查封、扣押后，执行员应当责令被执行人在指定期间履行法律文书确定的义务。被执行人逾期不履行的，人民法院可以按照规定交有关单位拍卖或者变卖被查封、扣押的财产。国家禁止自由买卖的物品，交有关单位按照国家规定的价格收购。

第二百二十四条 被执行人不履行法律文书确定的义务，并隐匿财产的，人民法院有权发出搜查令，对被执行人及其住所或者财产隐匿地进行搜查。

采取前款措施，由院长签发搜查令。

第二百二十五条 法律文书指定交付的财物或者票证，由执行员传唤双方当事人当面交付，或者由执行员转交，并由被交付人签收。

有关单位持有该项财物或者票证的，应当根据人民法院的协助执行通知书转交，并由被交付人签收。

有关公民持有该项财物或者票证的，人民法院通知其交出。拒不交出的，强制执行。

第二百二十六条 强制迁出房屋或者强制退出土地，由院长签发公告，责令被执行人在指定期间履行。被执行人逾期不履行的，由执行员强制执行。

强制执行时，被执行人是公民的，应当通知被执行人或者他的成年家属到场；被执行人是法人或者其他组织的，应当通知其法定代表人或者主要负责人到场。拒不到场的，不影响执行。被执行人是公民的，其工作单位或者房屋、土地所在地的基层组织应当派人参加。执行员应当将强制执行情况记入笔录，由在场人签名或者盖章。

强制迁出房屋被搬出的财物，由人民法院派人运至指定处所，交给被执行人。被执行人是公民的，也可以交给他的成年家属。因拒绝接收而造成的损失，由被执行人承担。

第二百二十七条 在执行中，需要办理有关财产权证照转移手续的，人民法院可以向有关单位发出协助执行通知书，有关单位必须办理。

第二百二十八条 对判决、裁定和其他法律文书指定的行为，被执行人未按执行通知履行的，人民法院可以强制执行或者委托有关单位或者其他人完成，费用由被执行人承担。

第二百二十九条 被执行人未按判决、裁定和其他法律文书指定的期间履行给付金钱义务的，应当加倍支付迟延履行期间的债务利息。被执行人未按判决、裁定和其他法律文书指定的期间履行其他义务的，应当支付迟延履行金。

第二百三十条 人民法院采取本法第二百一十八条、第二百一十九条、第二百二十条规定的执行措施后，被执行人仍不能偿还债务的，应当继续履行义务。债权人发现被执行人有其他财产的，可以随时请求人民法院执行。

第二百三十一条 被执行人不履行法律文书确定的义务的，人民法院可以对其采取或者通知有关单位协助采取限制出境，在征信系统记录、通过媒体公布不履行义务信息以及法律规定的其他措施。

第二十二章 执行中止和终结

第二百三十二条 有下列情形之一的，人民法院应当裁定中止执行：

（一）申请人表示可以延期执行的；

（二）案外人对执行标的提出确有理由的异议的；

（三）作为一方当事人的公民死亡，需要等待继承人继承权利或者承担义务的；

（四）作为一方当事人的法人或者其他组织终止，尚未确定权利义务承受人的；

（五）人民法院认为应当中止执行的其他情形。

中止的情形消失后，恢复执行。

第二百三十三条 有下列情形之一的，人民法院裁定终结执行：

（一）申请人撤销申请的；

（二）据以执行的法律文书被撤销的；

（三）作为被执行人的公民死亡，无遗产可供执行，又无义务承担人的；

（四）追索赡养费、扶养费、抚育费案件的权利人死亡的；

（五）作为被执行人的公民因生活困难无力偿还借款，无收入来源，又丧失劳动能力的；

（六）人民法院认为应当终结执行的其他情形。

第二百三十四条 中止和终结执行的裁定，送达当事人后立即生效。

第四编　涉外民事诉讼程序的特别规定

第二十三章　一般原则

第二百三十五条　在中华人民共和国领域内进行涉外民事诉讼，适用本编规定。本编没有规定的，适用本法其他有关规定。

第二百三十六条　中华人民共和国缔结或者参加的国际条约同本法有不同规定的，适用该国际条约的规定，但中华人民共和国声明保留的条款除外。

第二百三十七条　对享有外交特权与豁免的外国人、外国组织或者国际组织提起的民事诉讼，应当依照中华人民共和国有关法律和中华人民共和国缔结或者参加的国际条约的规定办理。

第二百三十八条　人民法院审理涉外民事案件，应当使用中华人民共和国通用的语言、文字。当事人要求提供翻译的，可以提供，费用由当事人承担。

第二百三十九条　外国人、无国籍人、外国企业和组织在人民法院起诉、应诉，需要委托律师代理诉讼的，必须委托中华人民共和国的律师。

第二百四十条　在中华人民共和国领域内没有住所的外国人、无国籍人、外国企业和组织委托中华人民共和国律师或者其他人代理诉讼，从中华人民共和国领域外寄交或者托交的授权委托书，应当经所在国公证机关证明，并经中华人民共和国驻该国使领馆认证，或者履行中华人民共和国与该所在国订立的有关条约中规定的证明手续后，才具有效力。

第二十四章　管　辖

第二百四十一条　因合同纠纷或者其他财产权益纠纷，对在中华人民共和国领域内没有住所的被告提起的诉讼，如果合同在中华人民共和国领域内签订或者履行，或者诉讼标的物在中华人民共和国领域内，或者被告在中华人民共和国领域内有可供扣押的财产，或者被告在中华人民共和国领域内设有代表机构，可以由合同签订地、合同履行地、诉讼标的物所在地、可供扣押财产所在地、侵权行为地或者代表机构住所地人民法院管辖。

第二百四十二条　涉外合同或者涉外财产权益纠纷的当事人，可以用书面协议选择与争议有实际联系的地点的法院管辖。选择中华人民共和国人民法院管辖的，不得违反本法关于级别管辖和专属管辖的规定。

第二百四十三条　涉外民事诉讼的被告对人民法院管辖不提出异议，并应诉答辩的，视为承认该人民法院为有管辖权的法院。

第二百四十四条　因在中华人民共和国履行中外合资经营企业合同、中外合作经营企业合同、中外合作勘探开发自然资源合同发生纠纷提起的诉讼，由中华人民共和国人民法院管辖。

第二十五章　送达、期间

第二百四十五条　人民法院对在中华人民共和国领域内没有住所的当事人送达诉讼文书，可以采用下列方式：

（一）依照受送达人所在国与中华人民共和国缔结或者共同参加的国际条约中规定的方式送达；

（二）通过外交途径送达；

（三）对具有中华人民共和国国籍的受送达人，可以委托中华人民共和国驻受送达人所在国的使领馆代为送达；

（四）向受送达人委托的有权代其接受送达的诉讼代理人送达；

（五）向受送达人在中华人民共和国领域内设立的代表机构或者有权接受送达的分支机构、业务代办人送达；

（六）受送达人所在国的法律允许邮寄送达的，可以邮寄送达，自邮寄之日起满六个月，送达回证没有退回，但根据各种情况足以认定已经送达的，期间届满之日视为送达；

（七）不能用上述方式送达的，公告送达，自公告之日起满六个月，即视为送达。

第二百四十六条　被告在中华人民共和国领域内没有住所的，人民法院应当将起诉状副本送达被告，并通知被告在收到起诉状副本后三十日内提出答辩状。被告申请延期的，是否准许，由人民法院决定。

第二百四十七条 在中华人民共和国领域内没有住所的当事人，不服第一审人民法院判决、裁定的，有权在判决书、裁定书送达之日起三十日内提起上诉。被上诉人在收到上诉状副本后，应当在三十日内提出答辩状。当事人不能在法定期间提起上诉或者提出答辩状，申请延期的，是否准许，由人民法院决定。

第二百四十八条 人民法院审理涉外民事案件的期间，不受本法第一百三十五条、第一百五十九条规定的限制。

第二十六章 财产保全

第二百四十九条 当事人依照本法第九十二条的规定可以向人民法院申请财产保全。

利害关系人依照本法第九十三条的规定可以在起诉前向人民法院申请财产保全。

第二百五十条 人民法院裁定准许诉前财产保全后，申请人应当在三十日内提起诉讼。逾期不起诉的，人民法院应当解除财产保全。

第二百五十一条 人民法院裁定准许财产保全后，被申请人提供担保的，人民法院应当解除财产保全。

第二百五十二条 申请有错误的，申请人应当赔偿被申请人因财产保全所遭受的损失。

第二百五十三条 人民法院决定保全的财产需要监督的，应当通知有关单位负责监督，费用由被申请人承担。

第二百五十四条 人民法院解除保全的命令由执行员执行。

第二十七章 仲 裁

第二百五十五条 涉外经济贸易、运输和海事中发生的纠纷，当事人在合同中订有仲裁条款或者事后达成书面仲裁协议，提交中华人民共和国涉外仲裁机构或者其他仲裁机构仲裁的，当事人不得向人民法院起诉。

当事人在合同中没有订有仲裁条款或者事后没有达成书面仲裁协议的，可以向人民法院起诉。

第二百五十六条 当事人申请采取财产保全的，中华人民共和国的涉外仲裁机构应当将当事人的申请，提交被申请人住所地或者财产所在地的中级人民法院裁定。

第二百五十七条 经中华人民共和国涉外仲裁机构裁决的，当事人不得向人民法院起诉。一方当事人不履行仲裁裁决的，对方当事人可以向被申请人住所地或者财产所在地的中级人民法院申请执行。

第二百五十八条 对中华人民共和国涉外仲裁机构作出的裁决，被申请人提出证据证明仲裁裁决有下列情形之一的，经人民法院组成合议庭审查核实，裁定不予执行：

（一）当事人在合同中没有订有仲裁条款或者事后没有达成书面仲裁协议的；

（二）被申请人没有得到指定仲裁员或者进行仲裁程序的通知，或者由于其他不属于被申请人负责的原因未能陈述意见的；

（三）仲裁庭的组成或者仲裁的程序与仲裁规则不符的；

（四）裁决的事项不属于仲裁协议的范围或者仲裁机构无权仲裁的。

人民法院认定执行该裁决违背社会公共利益的，裁定不予执行。

第二百五十九条 仲裁裁决被人民法院裁定不予执行的，当事人可以根据双方达成的书面仲裁协议重新申请仲裁，也可以向人民法院起诉。

第二十八章 司法协助

第二百六十条 根据中华人民共和国缔结或者参加的国际条约，或者按照互惠原则，人民法院和外国法院可以相互请求，代为送达文书、调查取证以及进行其他诉讼行为。

外国法院请求协助的事项有损于中华人民共和国的主权、安全或者社会公共利益的，人民法院不予执行。

第二百六十一条 请求和提供司法协助，应当依照中华人民共和国缔结或者参加的国际条约所规定的途径进行；没有条约关系的，通过外交途径进行。

外国驻中华人民共和国的使领馆可以向该国公民送达文书和调查取证，但不得违反中华人民共和国的法律，并不得采取强制措施。

除前款规定的情况外，未经中华人民共和国主管机关准许，任何外国机关或者个人不得在中华人民共和国领域内送达文书、调查取证。

第二百六十二条 外国法院请求人民法院提供司法协助的请求书及其所附文件，应当附有中文译本或者国际条约规定的其他文字文本。

人民法院请求外国法院提供司法协助的请求书及其所附文件，应当附有该国文字译本或者国际条约规定的其他文字文本。

第二百六十三条 人民法院提供司法协助，依照中华人民共和国法律规定的程序进行。外国法院请求采用特殊方式的，也可以按照其请求的特殊方式进行，但请求采用的特殊方式不得违反中华人民共和国法律。

第二百六十四条 人民法院作出的发生法律效力的判决、裁定，如果被执行人或者其财产不在中华人民共和国领域内，当事人请求执行的，可以由当事人直接向有管辖权的外国法院申请承认和执行，也可以由人民法院依照中华人民共和国缔结或者参加的国际条约的规定，或者按照互惠原则，请求外国法院承认和执行。

中华人民共和国涉外仲裁机构作出的发生法律效力的仲裁裁决，当事人请求执行的，如果被执行人或者其财产不在中华人民共和国领域内，应当由当事人直接向有管辖权的外国法院申请承认和执行。

第二百六十五条 外国法院作出的发生法律效力的判决、裁定，需要中华人民共和国人民法院承认和执行的，可以由当事人直接向中华人民共和国有管辖权的中级人民法院申请承认和执行，也可以由外国法院依照该国与中华人民共和国缔结或者参加的国际条约的规定，或者按照互惠原则，请求人民法院承认和执行。

第二百六十六条 人民法院对申请或者请求承认和执行的外国法院作出的发生法律效力的判决、裁定，依照中华人民共和国缔结或者参加的国际条约，或者按照互惠原则进行审查后，认为不违反中华人民共和国法律的基本原则或者国家主权、安全、社会公共利益的，裁定承认其效力，需要执行的，发出执行令，依照本法的有关规定执行。违反中华人民共和国法律的基本原则或者国家主权、安全、社会公共利益的，不予承认和执行。

第二百六十七条 国外仲裁机构的裁决，需要中华人民共和国人民法院承认和执行的，应当由当事人直接向被执行人住所地或者其财产所在地的中级人民法院申请，人民法院应当依照中华人民共和国缔结或者参加的国际条约，或者按照互惠原则办理。

第二百六十八条 本法自公布之日起施行，《中华人民共和国民事诉讼法（试行）》同时废止。

中华人民共和国律师法（2007年修正）

（中华人民共和国主席令第76号，1996年5月15日第八届全国人民代表大会常务委员会第十九次会议通过，根据2001年12月29日第九届全国人民代表大会常务委员会第二十五次会议《关于修改〈中华人民共和国律师法〉的决定》修正，2007年10月28日第十届全国人民代表大会常务委员会第三十次会议修订）

目　录

第七章 附 则

第一章 总 则

第一条 为了完善律师制度，规范律师执业行为，保障律师依法执业，发挥律师在社会主义法制建设中的作用，制定本法。

第二条 本法所称律师，是指依法取得律师执业证书，接受委托或者指定，为当事人提供法律服务的执业人员。

律师应当维护当事人合法权益，维护法律正确实施，维护社会公平和正义。

第三条 律师执业必须遵守宪法和法律，恪守律师职业道德和执业纪律。

律师执业必须以事实为根据，以法律为准绳。

律师执业应当接受国家、社会和当事人的监督。

律师依法执业受法律保护，任何组织和个人不得侵害律师的合法权益。

第四条 司法行政部门依照本法对律师、律师事务所和律师协会进行监督、指导。

第二章 律师执业许可

第五条 申请律师执业，应当具备下列条件：

（一）拥护中华人民共和国宪法；

（二）通过国家统一司法考试；

（三）在律师事务所实习满一年；

（四）品行良好。

实行国家统一司法考试前取得的律师资格凭证，在申请律师执业时，与国家统一司法考试合格证书具有同等效力。

第六条 申请律师执业，应当向设区的市级或者直辖市的区人民政府司法行政部门提出申请，并提交下列材料：

（一）国家统一司法考试合格证书；

（二）律师协会出具的申请人实习考核合格的材料；

（三）申请人的身份证明；

（四）律师事务所出具的同意接收申请人的证明。

申请兼职律师执业的，还应当提交所在单位同意申请人兼职从事律师职业的证明。

受理申请的部门应当自受理之日起二十日内予以审查，并将审查意见和全部申请材料报送省、自治区、直辖市人民政府司法行政部门。省、自治区、直辖市人民政府司法行政部门应当自收到报送材料之日起十日内予以审核，作出是否准予执业的决定。准予执业的，向申请人颁发律师执业证书；不准予执业的，向申请人书面说明理由。

第七条 申请人有下列情形之一的，不予颁发律师执业证书：

（一）无民事行为能力或者限制民事行为能力的；

（二）受过刑事处罚的，但过失犯罪的除外；

（三）被开除公职或者被吊销律师执业证书的。

第八条 具有高等院校本科以上学历，在法律服务人员紧缺领域从事专业工作满十五年，具有高级职称或者同等专业水平并具有相应的专业法律知识的人员，申请专职律师执业的，经国务院司法行政部门考核合格，准予执业。具体办法由国务院规定。

第九条 有下列情形之一的，由省、自治区、直辖市人民政府司法行政部门撤销准予执业的决定，并注销被准予执业人员的律师执业证书：

（一）申请人以欺诈、贿赂等不正当手段取得律师执业证书的；

（二）对不符合本法规定条件的申请人准予执业的。

第十条 律师只能在一个律师事务所执业。律师变更执业机构的，应当申请换发律师执业证书。

律师执业不受地域限制。

第十一条 公务员不得兼任执业律师。

律师担任各级人民代表大会常务委员会组成人员的，任职期间不得从事诉讼代理或者辩护业务。

第十二条 高等院校、科研机构中从事法学教育、研究工作的人员，符合本法第五条规定条件的，经所在单位同意，依照本法第六条规定的程序，可以申请兼职律师执业。

第十三条 没有取得律师执业证书的人员，不得以律师名义从事法律服务业务；除法律另有规定外，不得从事诉讼代理或者辩护业务。

第三章 律师事务所

第十四条 律师事务所是律师的执业机构。设立律师事务所应当具备下列条件：

（一）有自己的名称、住所和章程；

（二）有符合本法规定的律师；

（三）设立人应当是具有一定的执业经历，且三年内未受过停止执业处罚的律师；

（四）有符合国务院司法行政部门规定数额的资产。

第十五条 设立合伙律师事务所，除应当符合本法第十四条规定的条件外，还应当有三名以上合伙人，设立人应当是具有三年以上执业经历的律师。

合伙律师事务所可以采用普通合伙或者特殊的普通合伙形式设立。合伙律师事务所的合伙人按照合伙形式对该律师事务所的债务依法承担责任。

第十六条 设立个人律师事务所，除应当符合本法第十四条规定的条件外，设立人还应当是具有五年以上执业经历的律师。设立人对律师事务所的债务承担无限责任。

第十七条 申请设立律师事务所，应当提交下列材料：

（一）申请书；

（二）律师事务所的名称、章程；

（三）律师的名单、简历、身份证明、律师执业证书；

（四）住所证明；

（五）资产证明。

设立合伙律师事务所，还应当提交合伙协议。

第十八条 设立律师事务所，应当向设区的市级或者直辖市的区人民政府司法行政部门提出申请，受理申请的部门应当自受理之日起二十日内予以审查，并将审查意见和全部申请材料报送省、自治区、直辖市人民政府司法行政部门。省、自治区、直辖市人民政府司法行政部门应当自收到报送材料之日起十日内予以审核，作出是否准予设立的决定。准予设立的，向申请人颁发律师事务所执业证书；不准予设立的，向申请人书面说明理由。

第十九条 成立三年以上并具有二十名以上执业律师的合伙律师事务所，可以设立分所。设立分所，须经拟设立分所所在地的省、自治区、直辖市人民政府司法行政部门审核。申请设立分所的，依照本法第十八条规定的程序办理。

合伙律师事务所对其分所的债务承担责任。

第二十条 国家出资设立的律师事务所，依法自主开展律师业务，以该律师事务所的全部资产对其债务承担责任。

第二十一条 律师事务所变更名称、负责人、章程、合伙协议的，应当报原审核部门批准。

律师事务所变更住所、合伙人的，应当自变更之日起十五日内报原审核部门备案。

第二十二条 律师事务所有下列情形之一的，应当终止：

（一）不能保持法定设立条件，经限期整改仍不符合条件的；

（二）律师事务所执业证书被依法吊销的；

（三）自行决定解散的；

（四）法律、行政法规规定应当终止的其他情形。

律师事务所终止的，由颁发执业证书的部门注销该律师事务所的执业证书。

第二十三条 律师事务所应当建立健全执业管理、利益冲突审查、收费与财务管理、投诉查处、年度考核、档案管理等制度，对律师在执业活动中遵守职业道德、执业纪律的情况进行监督。

第二十四条 律师事务所应当于每年的年度考核后，向设区的市级或者直辖市的区人民政府司法行政部门提交本所的年度执业情况报告和律师执业考核结果。

第二十五条 律师承办业务，由律师事务所统一接受委托，与委托人签订书面委托合同，按照国家规定统一收取费用并如实入账。

律师事务所和律师应当依法纳税。

第二十六条 律师事务所和律师不得以诋毁其他律师事务所、律师或者支付介绍费等不正当手段承揽业务。

第二十七条 律师事务所不得从事法律服务以外的经营活动。

第四章 律师的业务和权利、义务

第二十八条 律师可以从事下列业务：

（一）接受自然人、法人或者其他组织的委托，担任法律顾问；

（二）接受民事案件、行政案件当事人的委托，担任代理人，参加诉讼；

（三）接受刑事案件犯罪嫌疑人的委托，为其提供法律咨询，代理申诉、控告，为被逮捕的犯罪嫌疑人申请取保候审，接受犯罪嫌疑人、被告人的委托或者人民法院的指定，担任辩护人，接受自诉案件自诉人、公诉案件被害人或者其近亲属的委托，担任代理人，参加诉讼；

（四）接受委托，代理各类诉讼案件的申诉；

（五）接受委托，参加调解、仲裁活动；

（六）接受委托，提供非诉讼法律服务；

（七）解答有关法律的询问、代写诉讼文书和有关法律事务的其他文书。

第二十九条 律师担任法律顾问的，应当按照约定为委托人就有关法律问题提供意见，草拟、审查法律文书，代理参加诉讼、调解或者仲裁活动，办理委托的其他法律事务，维护委托人的合法权益。

第三十条 律师担任诉讼法律事务代理人或者非诉讼法律事务代理人的，应当在受委托的权限内，维护委托人的合法权益。

第三十一条 律师担任辩护人的，应当根据事实和法律，提出犯罪嫌疑人、被告人无罪、罪轻或者减轻、免除其刑事责任的材料和意见，维护犯罪嫌疑人、被告人的合法权益。

第三十二条 委托人可以拒绝已委托的律师为其继续辩护或者代理，同时可以另行委托律师担任辩护人或者代理人。

律师接受委托后，无正当理由的，不得拒绝辩护或者代理。但是，委托事项违法、委托人利用律师提供的服务从事违法活动或者委托人故意隐瞒与案件有关的重要事实的，律师有权拒绝辩护或者代理。

第三十三条 犯罪嫌疑人被侦查机关第一次讯问或者采取强制措施之日起，受委托的律师凭律师执业证书、律师事务所证明和委托书或者法律援助公函，有权会见犯罪嫌疑人、被告人并了解有关案件情况。律师会见犯罪嫌疑人、被告人，不被监听。

第三十四条 受委托的律师自案件审查起诉之日起，有权查阅、摘抄和复制与案件有关的诉讼文书及案卷材料。受委托的律师自案件被人民法院受理之日起，有权查阅、摘抄和复制与案件有关的所有材料。

第三十五条 受委托的律师根据案情的需要，可以申请人民检察院、人民法院收集、调取证据或者申请人民法院通知证人出庭作证。

律师自行调查取证的，凭律师执业证书和律师事务所证明，可以向有关单位或者个人调查与承办法律事务有关的情况。

第三十六条 律师担任诉讼代理人或者辩护人的，其辩论或者辩护的权利依法受到保障。

第三十七条 律师在执业活动中的人身权利不受侵犯。

律师在法庭上发表的代理、辩护意见不受法律追究。但是，发表危害国家安全、恶意诽谤他人、严重扰乱法庭秩序的言论除外。

律师在参与诉讼活动中因涉嫌犯罪被依法拘留、逮捕的，拘留、逮捕机关应当在拘留、逮捕实施后的二十四小时内通知该律师的家属、所在的律师事务所以及所属的律师协会。

第三十八条 律师应当保守在执业活动中知悉的国家秘密、商业秘密，不得泄露当事人的隐私。

律师对在执业活动中知悉的委托人和其他人不愿泄露的情况和信息，应当予以保密。但是，委托人或者其他人准备或者正在实施的危害国家安全、公共安全以及其他严重危害他人人身、财产安全的犯罪事实和信息除外。

第三十九条 律师不得在同一案件中为双方当事人担任代理人，不得代理与本人或者其近亲属有利益冲突的法律事务。

第四十条 律师在执业活动中不得有下列行为：

（一）私自接受委托、收取费用，接受委托人的财物或者其他利益；

（二）利用提供法律服务的便利牟取当事人争议的权益；

（三）接受对方当事人的财物或者其他利益，与对方当事人或者第三人恶意串通，侵害委托人的权益；

（四）违反规定会见法官、检察官、仲裁员以及其他有关工作人员；

（五）向法官、检察官、仲裁员以及其他有关工作人员行贿，介绍贿赂或者指使、诱导当事人行贿，或者以其他不正当方式影响法官、检察官、仲裁员以及其他有关工作人员依法办理案件；

（六）故意提供虚假证据或者威胁、利诱他人提供虚假证据，妨碍对方当事人合法取得证据；

（七）煽动、教唆当事人采取扰乱公共秩序、危害公共安全等非法手段解决争议；

（八）扰乱法庭、仲裁庭秩序，干扰诉讼、仲裁活动的正常进行。

第四十一条 曾经担任法官、检察官的律师，从人民法院、人民检察院离任后二年内，不得担任诉讼代理人或者辩护人。

第四十二条 律师、律师事务所应当按照国家规定履行法律援助义务，为受援人提供符合标准的法律服务，维护受援人的合法权益。

第五章　律师协会

第四十三条 律师协会是社会团体法人，是律师的自律性组织。

全国设立中华全国律师协会，省、自治区、直辖市设立地方律师协会，设区的市根据需要可以设立地方律师协会。

第四十四条 全国律师协会章程由全国会员代表大会制定，报国务院司法行政部门备案。

地方律师协会章程由地方会员代表大会制定，报同级司法行政部门备案。地方律师协会章程不得与全国律师协会章程相抵触。

第四十五条 律师、律师事务所应当加入所在地的地方律师协会。加入地方律师协会的律师、律师事务所，同时是全国律师协会的会员。

律师协会会员享有律师协会章程规定的权利，履行律师协会章程规定的义务。

第四十六条 律师协会应当履行下列职责：

（一）保障律师依法执业，维护律师的合法权益；

（二）总结、交流律师工作经验；

（三）制定行业规范和惩戒规则；

（四）组织律师业务培训和职业道德、执业纪律教育，对律师的执业活动进行考核；

（五）组织管理申请律师执业人员的实习活动，对实习人员进行考核；

（六）对律师、律师事务所实施奖励和惩戒；

（七）受理对律师的投诉或者举报，调解律师执业活动中发生的纠纷，受理律师的申诉；

（八）法律、行政法规、规章以及律师协会章程规定的其他职责。

律师协会制定的行业规范和惩戒规则，不得与有关法律、行政法规、规章相抵触。

第六章　法律责任

第四十七条 律师有下列行为之一的，由设区的市级或者直辖市的区人民政府司法行政部门给予警告，可以处五千元以下的罚款；有违法所得的，没收违法所得；情节严重的，给予停止执业三个月以下的处罚：

（一）同时在两个以上律师事务所执业的；

（二）以不正当手段承揽业务的；

（三）在同一案件中为双方当事人担任代理人，或者代理与本人及其近亲属有利益冲突的法律事务的；

（四）从人民法院、人民检察院离任后二年内担任诉讼代理人或者辩护人的；

（五）拒绝履行法律援助义务的。

第四十八条 律师有下列行为之一的，由设区的市级或者直辖市的区人民政府司法行政部门给予警告，可以处一万元以下的罚款；有违法所得的，没收违法所得；情节严重的，给予停止执业三个月以上六个月以下的处罚：

（一）私自接受委托、收取费用，接受委托人财物或者其他利益的；

（二）接受委托后，无正当理由，拒绝辩护或者代理，不按时出庭参加诉讼或者仲裁的；

（三）利用提供法律服务的便利牟取当事人争议的权益的；

（四）泄露商业秘密或者个人隐私的。

第四十九条 律师有下列行为之一的，由设区的市级或者直辖市的区人民政府司法行政部门给予停止执业六个月以上一年以下的处罚，可以处五万元以下的罚款；有违法所得的，没收违法所得；情节严重的，由省、自治区、直辖市人民政府司法行政部门吊销其律师执业证书；构成犯罪的，依法追究刑事责任：

（一）违反规定会见法官、检察官、仲裁员以及其他有关工作人员，或者以其他不正当方式影响依法办理案件的；

（二）向法官、检察官、仲裁员以及其他有关工作人员行贿，介绍贿赂或者指使、诱导当事人行贿的；

（三）向司法行政部门提供虚假材料或者有其他弄虚作假行为的；

（四）故意提供虚假证据或者威胁、利诱他人提供虚假证据，妨碍对方当事人合法取得证据的；

（五）接受对方当事人财物或者其他利益，与对方当事人或者第三人恶意串通，侵害委托人权益的；

（六）扰乱法庭、仲裁庭秩序，干扰诉讼、仲裁活动的正常进行的；

（七）煽动、教唆当事人采取扰乱公共秩序、危害公共安全等非法手段解决争议的；

（八）发表危害国家安全、恶意诽谤他人、严重扰乱法庭秩序的言论的；

（九）泄露国家秘密的。

律师因故意犯罪受到刑事处罚的，由省、自治区、直辖市人民政府司法行政部门吊销其律师执业证书。

第五十条 律师事务所有下列行为之一的，由设区的市级或者直辖市的区人民政府司法行政部门视其情节给予警告、停业整顿一个月以上六个月以下的处罚，可以处十万元以下的罚款；有违法所得的，没收违法所得；情节特别严重的，由省、自治区、直辖市人民政府司法行政部门吊销律师事务所执业证书：

（一）违反规定接受委托、收取费用的；

（二）违反法定程序办理变更名称、负责人、章程、合伙协议、住所、合伙人等重大事项的；

（三）从事法律服务以外的经营活动的；

（四）以诋毁其他律师事务所、律师或者支付介绍费等不正当手段承揽业务的；

（五）违反规定接受有利益冲突的案件的；

（六）拒绝履行法律援助义务的；

（七）向司法行政部门提供虚假材料或者有其他弄虚作假行为的；

（八）对本所律师疏于管理，造成严重后果的。

律师事务所因前款违法行为受到处罚的，对其负责人视情节轻重，给予警告或者处二万元以下的罚款。

第五十一条 律师因违反本法规定，在受到警告处罚后一年内又发生应当给予警告处罚情形的，由设区的市级或者直辖市的区人民政府司法行政部门给予停止执业三个月以上一年以下的处罚；在受到停止执业处罚期满后二年内又发生应当给予停止执业处罚情形的，由省、自治区、直辖市人民政府司法行政部门吊销其律师执业证书。

律师事务所因违反本法规定，在受到停业整顿处罚期满后二年内又发生应当给予停业整顿处罚情形的，由省、自治区、直辖市人民政府司法行政部门吊销律师事务所执业证书。

第五十二条 县级人民政府司法行政部门对律师和律师事务所的执业活动实施日常监督管理，对检查发现的问题，责令改正；对当事人的投诉，应当及时进行调查。县级人民政府司法行政部门认为律师和律师事务所的违法行为应当给予行政处罚的，应当向上级司法行政部门提出处罚建议。

第五十三条 受到六个月以上停止执业处罚的律师，处罚期满未逾三年的，不得担任合伙人。

第五十四条 律师违法执业或者因过错给

当事人造成损失的，由其所在的律师事务所承担赔偿责任。律师事务所赔偿后，可以向有故意或者重大过失行为的律师追偿。

第五十五条 没有取得律师执业证书的人员以律师名义从事法律服务业务的，由所在地的县级以上地方人民政府司法行政部门责令停止非法执业，没收违法所得，处违法所得一倍以上五倍以下的罚款。

第五十六条 司法行政部门工作人员违反本法规定，滥用职权、玩忽职守，构成犯罪的，依法追究刑事责任；尚不构成犯罪的，依法给予处分。

第七章 附 则

第五十七条 为军队提供法律服务的军队律师，其律师资格的取得和权利、义务及行为准则，适用本法规定。军队律师的具体管理办法，由国务院和中央军事委员会制定。

第五十八条 外国律师事务所在中华人民共和国境内设立机构从事法律服务活动的管理办法，由国务院制定。

第五十九条 律师收费办法，由国务院价格主管部门会同国务院司法行政部门制定。

第六十条 本法自2008年6月1日起施行。

中华人民共和国全国人民代表大会和地方各级人民代表大会选举法（2010年修正）

（中华人民共和国主席令第27号，1979年7月1日第五届全国人民代表大会第二次会议通过，根据1982年12月10日第五届全国人民代表大会第五次会议《关于修改〈中华人民共和国全国人民代表大会和地方各级人民代表大会选举法〉的若干规定的决议》第一次修正，根据1986年12月2日第六届全国人民代表大会常务委员会第十八次会议《关于修改〈中华人民共和国全国人民代表大会和地方各级人民代表大会选举法〉的决定》第二次修正，根据1995年2月28日第八届全国人民代表大会常务委员会第十二次会议《关于修改〈中华人民共和国全国人民代表大会和地方各级人民代表大会选举法〉的决定》第三次修正，根据2004年10月27日第十届全国人民代表大会常务委员会第十二次会议《关于修改〈中华人民共和国全国人民代表大会和地方各级人民代表大会选举法〉的决定》第四次修正，根据2010年3月14日第十一届全国人民代表大会第三次会议《关于修改〈中华人民共和国全国人民代表大会和地方各级人民代表大会选举法〉的决定》第五次修正）

目 录

第一章 总 则

第一条 根据中华人民共和国宪法，制定全国人民代表大会和地方各级人民代表大会选举法。

第二条 全国人民代表大会的代表，省、自治区、直辖市、设区的市、自治州的人民代表大会的代表，由下一级人民代表大会选举。

不设区的市、市辖区、县、自治县、乡、民族乡、镇的人民代表大会的代表，由选民直接选举。

第三条 中华人民共和国年满十八周岁的公民，不分民族、种族、性别、职业、家庭出身、宗教信仰、教育程度、财产状况和居住期限，都有选举权和被选举权。

依照法律被剥夺政治权利的人没有选举权和被选举权。

第四条 每一选民在一次选举中只有一个投票权。

第五条 人民解放军单独进行选举，选举办法另订。

第六条 全国人民代表大会和地方各级人民代表大会的代表应当具有广泛的代表性，应当有适当数量的基层代表，特别是工人、农民和知识分子代表；应当有适当数量的妇女代表，并逐步提高妇女代表的比例。

全国人民代表大会和归侨人数较多地区的地方人民代表大会，应当有适当名额的归侨代表。

旅居国外的中华人民共和国公民在县级以下人民代表大会代表选举期间在国内的，可以参加原籍地或者出国前居住地的选举。

第七条 全国人民代表大会和地方各级人民代表大会的选举经费，列入财政预算，由国库开支。

第二章 选举机构

第八条 全国人民代表大会常务委员会主持全国人民代表大会代表的选举。省、自治区、直辖市、设区的市、自治州的人民代表大会常务委员会主持本级人民代表大会代表的选举。

不设区的市、市辖区、县、自治县、乡、民族乡、镇设立选举委员会，主持本级人民代表大会代表的选举。不设区的市、市辖区、县、自治县的选举委员会受本级人民代表大会常务委员会的领导。乡、民族乡、镇的选举委员会受不设区的市、市辖区、县、自治县的人民代表大会常务委员会的领导。

省、自治区、直辖市、设区的市、自治州的人民代表大会常务委员会指导本行政区域内县级以下人民代表大会代表的选举工作。

第九条 不设区的市、市辖区、县、自治县的选举委员会的组成人员由本级人民代表大会常务委员会任命。乡、民族乡、镇的选举委员会的组成人员由不设区的市、市辖区、县、自治县的人民代表大会常务委员会任命。

选举委员会的组成人员为代表候选人的，应当辞去选举委员会的职务。

第十条 选举委员会履行下列职责：

（一）划分选举本级人民代表大会代表的选区，分配各选区应选代表的名额；

（二）进行选民登记，审查选民资格，公布选民名单；受理对于选民名单不同意见的申诉，并作出决定；

（三）确定选举日期；

（四）了解核实并组织介绍代表候选人的情况；根据较多数选民的意见，确定和公布正式代表候选人名单；

（五）主持投票选举；

（六）确定选举结果是否有效，公布当选代表名单；

（七）法律规定的其他职责。

选举委员会应当及时公布选举信息。

第三章 地方各级人民代表大会代表名额

第十一条 地方各级人民代表大会的代表名额，按照下列规定确定：

（一）省、自治区、直辖市的代表名额基数为三百五十名，省、自治区每十五万人可以增加一名代表，直辖市每二万五千人可以增加一名代表；但是，代表总名额不得超过一千名；

（二）设区的市、自治州的代表名额基数为二百四十名，每二万五千人可以增加一名代表；人口超过一千万的，代表总名额不得超过六百五十名；

（三）不设区的市、市辖区、县、自治县的代表名额基数为一百二十名，每五千人可以增加一名代表；人口超过一百六十五万的，代表总名额不得超过四百五十名；人口不足五万的，代表总名额可以少于一百二十名；

（四）乡、民族乡、镇的代表名额基数为四十名，每一千五百人可以增加一名代表；但是，代表总名额不得超过一百六十名；人口不足二千的，代表总名额可以少于四十名。

按照前款规定的地方各级人民代表大会的代表名额基数与按人口数增加的代表数相加，即为地方各级人民代表大会的代表总名额。

自治区、聚居的少数民族多的省，经全国人民代表大会常务委员会决定，代表名额可以另加百分之五。聚居的少数民族多或者人口居住分散的县、自治县、乡、民族乡，经省、自治区、直辖市的人民代表大会常务委员会决定，代表名额可以另加百分之五。

第十二条 省、自治区、直辖市的人民代表大会代表的具体名额，由全国人民代表大会常务委员会依照本法确定。设区的市、自治州和县级的人民代表大会代表的具体名额，由省、自治区、直辖市的人民代表大会常务委员会依照本法确定，报全国人民代表大会常务委员会备案。乡级的人民代表大会代表的具体名额，由县级的人民代表大会常务委员会依照本法确定，报上一级人民代表大会常务委员会备案。

第十三条 地方各级人民代表大会的代表总名额经确定后，不再变动。如果由于行政区划变动或者由于重大工程建设等原因造成人口较大变动的，该级人民代表大会的代表总名额依照本法的规定重新确定。

第十四条 地方各级人民代表大会代表名额，由本级人民代表大会常务委员会或者本级选举委员会根据本行政区域所辖的下一级各行政区域或者各选区的人口数，按照每一代表所代表的城乡人口数相同的原则，以及保证各地区、各民族、各方面都有适当数量代表的要求进行分配。在县、自治县的人民代表大会中，人口特少的乡、民族乡、镇，至少应有代表一人。

地方各级人民代表大会代表名额的分配办法，由省、自治区、直辖市人民代表大会常务委员会参照全国人民代表大会代表名额分配的办法，结合本地区的具体情况规定。

第四章　全国人民代表大会代表名额

第十五条 全国人民代表大会的代表，由省、自治区、直辖市的人民代表大会和人民解放军选举产生。

全国人民代表大会代表的名额不超过三千人。

香港特别行政区、澳门特别行政区应选全国人民代表大会代表的名额和代表产生办法，由全国人民代表大会另行规定。

第十六条 全国人民代表大会代表名额，由全国人民代表大会常务委员会根据各省、自治区、直辖市的人口数，按照每一代表所代表的城乡人口数相同的原则，以及保证各地区、各民族、各方面都有适当数量代表的要求进行分配。

省、自治区、直辖市应选全国人民代表大会代表名额，由根据人口数计算确定的名额数、相同的地区基本名额数和其他应选名额数构成。

全国人民代表大会代表名额的具体分配，由全国人民代表大会常务委员会决定。

第十七条 全国少数民族应选全国人民代表大会代表，由全国人民代表大会常务委员会参照各少数民族的人口数和分布等情况，分配给各省、自治区、直辖市的人民代表大会选出。人口特少的民族，至少应有代表一人。

第五章　各少数民族的选举

第十八条 有少数民族聚居的地方，每一聚居的少数民族都应有代表参加当地的人民代表大会。

聚居境内同一少数民族的总人口数占境内总人口数百分之三十以上的，每一代表所代表的人口数应相当于当地人民代表大会每一代表所代表的人口数。

聚居境内同一少数民族的总人口数不足境内总人口数百分之十五的，每一代表所代表的人口数可以适当少于当地人民代表大会每一代表所代表的人口数，但不得少于二分之一；实行区域自治的民族人口特少的自治县，经省、自治区的人民代表大会常务委员会决定，可以少于二分之一。人口特少的其他聚居民族，至少应有代表一人。

聚居境内同一少数民族的总人口数占境内总人口数百分之十五以上、不足百分之三十的，每一代表所代表的人口数，可以适当少于当地人民代表大会每一代表所代表的人口数，但分配给该少数民族的应选代表名额不得超过代表总名额的百分之三十。

第十九条 自治区、自治州、自治县和有少数民族聚居的乡、民族乡、镇的人民代表大会，对于聚居在境内的其他少数民族和汉族代表的选举，适用本法第十八条的规定。

第二十条 散居的少数民族应选当地人民代表大会的代表，每一代表所代表的人口数可以少于当地人民代表大会每一代表所代表的人口数。

自治区、自治州、自治县和有少数民族聚居的乡、民族乡、镇的人民代表大会，对于散居的其他少数民族和汉族代表的选举，适用前款的规定。

第二十一条 有少数民族聚居的不设区的市、市辖区、县、乡、民族乡、镇的人民代表大会代表的产生，按照当地的民族关系和居住状况，各少数民族选民可以单独选举或者联合选举。

自治县和有少数民族聚居的乡、民族乡、镇的人民代表大会，对于居住在境内的其他少数民族和汉族代表的选举办法，适用前款的规定。

第二十二条 自治区、自治州、自治县制定或者公布的选举文件、选民名单、选民证、代表候选人名单、代表当选证书和选举委员会的印章等，都应当同时使用当地通用的民族文字。

第二十三条 少数民族选举的其他事项，参照本法有关各条的规定办理。

第六章 选区划分

第二十四条 不设区的市、市辖区、县、自治县、乡、民族乡、镇的人民代表大会的代表名额分配到选区，按选区进行选举。选区可以按居住状况划分，也可以按生产单位、事业单位、工作单位划分。

选区的大小，按照每一选区选一名至三名代表划分。

第二十五条 本行政区域内各选区每一代表所代表的人口数应当大体相等。

第七章 选民登记

第二十六条 选民登记按选区进行，经登记确认的选民资格长期有效。每次选举前对上次选民登记以后新满十八周岁的、被剥夺政治权利期满后恢复政治权利的选民，予以登记。对选民经登记后迁出原选区的，列入新迁入的选区的选民名单；对死亡的和依照法律被剥夺政治权利的人，从选民名单上除名。

精神病患者不能行使选举权利的，经选举委员会确认，不列入选民名单。

第二十七条 选民名单应在选举日的二十日以前公布，实行凭选民证参加投票选举的，并应当发给选民证。

第二十八条 对于公布的选民名单有不同意见的，可以在选民名单公布之日起五日内向选举委员会提出申诉。选举委员会对申诉意见，应在三日内作出处理决定。申诉人如果对处理决定不服，可以在选举日的五日以前向人民法院起诉，人民法院应在选举日以前作出判决。人民法院的判决为最后决定。

第八章 代表候选人的提出

第二十九条 全国和地方各级人民代表大会的代表候选人，按选区或者选举单位提名产生。

各政党、各人民团体，可以联合或者单独推荐代表候选人。选民或者代表，十人以上联名，也可以推荐代表候选人。推荐者应向选举委员会或者大会主席团介绍代表候选人的情况。接受推荐的代表候选人应当向选举委员会或者大会主席团如实提供个人身份、简历等基本情况。提供的基本情况不实的，选举委员会或者大会主席团应当向选民或者代表通报。

各政党、各人民团体联合或者单独推荐的代表候选人的人数，每一选民或者代表参加联名推荐的代表候选人的人数，均不得超过本选区或者选举单位应选代表的名额。

第三十条　全国和地方各级人民代表大会代表实行差额选举，代表候选人的人数应多于应选代表的名额。

由选民直接选举人民代表大会代表的，代表候选人的人数应多于应选代表名额三分之一至一倍；由县级以上的地方各级人民代表大会选举上一级人民代表大会代表的，代表候选人的人数应多于应选代表名额五分之一至二分之一。

第三十一条　由选民直接选举人民代表大会代表的，代表候选人由各选区选民和各政党、各人民团体提名推荐。选举委员会汇总后，将代表候选人名单及代表候选人的基本情况在选举日的十五日以前公布，并交各该选区的选民小组讨论、协商，确定正式代表候选人名单。如果所提代表候选人的人数超过本法第三十条规定的最高差额比例，由选举委员会交各该选区的选民小组讨论、协商，根据较多数选民的意见，确定正式代表候选人名单；对正式代表候选人不能形成较为一致意见的，进行预选，根据预选时得票多少的顺序，确定正式代表候选人名单。正式代表候选人名单及代表候选人的基本情况应当在选举日的七日以前公布。

县级以上的地方各级人民代表大会在选举上一级人民代表大会代表时，提名、酝酿代表候选人的时间不得少于两天。各该级人民代表大会主席团将依法提出的代表候选人名单及代表候选人的基本情况印发全体代表，由全体代表酝酿、讨论。如果所提代表候选人的人数符合本法第三十条规定的差额比例，直接进行投票选举。如果所提代表候选人的人数超过本法第三十条规定的最高差额比例，进行预选，根据预选时得票多少的顺序，按照本级人民代表大会的选举办法根据本法确定的具体差额比例，确定正式代表候选人名单，进行投票选举。

第三十二条　县级以上的地方各级人民代表大会在选举上一级人民代表大会代表时，代表候选人不限于各该级人民代表大会的代表。

第三十三条　选举委员会或者人民代表大会主席团应当向选民或者代表介绍代表候选人的情况。推荐代表候选人的政党、人民团体和选民、代表可以在选民小组或者代表小组会议上介绍所推荐的代表候选人的情况。选举委员会根据选民的要求，应当组织代表候选人与选民见面，由代表候选人介绍本人的情况，回答选民的问题。但是，在选举日必须停止代表候选人的介绍。

第九章　选举程序

第三十四条　全国人民代表大会和地方各级人民代表大会代表的选举，应当严格依照法定程序进行，并接受监督。任何组织或者个人都不得以任何方式干预选民或者代表自由行使选举权。

第三十五条　在选民直接选举人民代表大会代表时，选民根据选举委员会的规定，凭身份证或者选民证领取选票。

第三十六条　选举委员会应当根据各选区选民分布状况，按照方便选民投票的原则设立投票站，进行选举。选民居住比较集中的，可以召开选举大会，进行选举；因患有疾病等原因行动不便或者居住分散并且交通不便的选民，可以在流动票箱投票。

第三十七条　县级以上的地方各级人民代表大会在选举上一级人民代表大会代表时，由各该级人民代表大会主席团主持。

第三十八条　全国和地方各级人民代表大会代表的选举，一律采用无记名投票的方法。选举时应当设有秘密写票处。

选民如果是文盲或者因残疾不能写选票的，可以委托他信任的人代写。

第三十九条　选举人对于代表候选人可以投赞成票，可以投反对票，可以另选其他任何选民，也可以弃权。

第四十条　选民如果在选举期间外出，经选举委员会同意，可以书面委托其他选民代为投票。每一选民接受的委托不得超过三人，并应当按照委托人的意愿代为投票。

第四十一条　投票结束后，由选民或者代表推选的监票、计票人员和选举委员会或者人民代表大会主席团的人员将投票人数和票数加以核对，作出记录，并由监票人签字。

代表候选人的近亲属不得担任监票人、计票人。

第四十二条 每次选举所投的票数，多于投票人数的无效，等于或者少于投票人数的有效。

每一选票所选的人数，多于规定应选代表人数的作废，等于或者少于规定应选代表人数的有效。

第四十三条 在选民直接选举人民代表大会代表时，选区全体选民的过半数参加投票，选举有效。代表候选人获得参加投票的选民过半数的选票时，始得当选。

县级以上的地方各级人民代表大会在选举上一级人民代表大会代表时，代表候选人获得全体代表过半数的选票时，始得当选。

获得过半数选票的代表候选人的人数超过应选代表名额时，以得票多的当选。如遇票数相等不能确定当选人时，应当就票数相等的候选人再次投票，以得票多的当选。

获得过半数选票的当选代表的人数少于应选代表的名额时，不足的名额另行选举。另行选举时，根据在第一次投票时得票多少的顺序，按照本法第三十条规定的差额比例，确定候选人名单。如果只选一人，候选人应为二人。

依照前款规定另行选举县级和乡级的人民代表大会代表时，代表候选人以得票多的当选，但是得票数不得少于选票的三分之一；县级以上的地方各级人民代表大会在另行选举上一级人民代表大会代表时，代表候选人获得全体代表过半数的选票，始得当选。

第四十四条 选举结果由选举委员会或者人民代表大会主席团根据本法确定是否有效，并予以宣布。

第四十五条 公民不得同时担任两个以上无隶属关系的行政区域的人民代表大会代表。

第十章 对代表的监督和罢免、辞职、补选

第四十六条 全国和地方各级人民代表大会的代表，受选民和原选举单位的监督。选民或者选举单位都有权罢免自己选出的代表。

第四十七条 对于县级的人民代表大会代表，原选区选民五十人以上联名，对于乡级的人民代表大会代表，原选区选民三十人以上联名，可以向县级的人民代表大会常务委员会书面提出罢免要求。

罢免要求应当写明罢免理由。被提出罢免的代表有权在选民会议上提出申辩意见，也可以书面提出申辩意见。

县级的人民代表大会常务委员会应当将罢免要求和被提出罢免的代表的书面申辩意见印发原选区选民。

表决罢免要求，由县级的人民代表大会常务委员会派有关负责人员主持。

第四十八条 县级以上的地方各级人民代表大会举行会议的时候，主席团或者十分之一以上代表联名，可以提出对由该级人民代表大会选出的上一级人民代表大会代表的罢免案。在人民代表大会闭会期间，县级以上的地方各级人民代表大会常务委员会主任会议或者常务委员会五分之一以上组成人员联名，可以向常务委员会提出对由该级人民代表大会选出的上一级人民代表大会代表的罢免案。罢免案应当写明罢免理由。

县级以上的地方各级人民代表大会举行会议的时候，被提出罢免的代表有权在主席团会议和大会全体会议上提出申辩意见，或者书面提出申辩意见，由主席团印发会议。罢免案经会议审议后，由主席团提请全体会议表决。

县级以上的地方各级人民代表大会常务委员会举行会议的时候，被提出罢免的代表有权在主任会议和常务委员会全体会议上提出申辩意见，或者书面提出申辩意见，由主任会议印发会议。罢免案经会议审议后，由主任会议提请全体会议表决。

第四十九条 罢免代表采用无记名的表决方式。

第五十条 罢免县级和乡级的人民代表大会代表，须经原选区过半数的选民通过。

罢免由县级以上的地方各级人民代表大会选出的代表，须经各该级人民代表大会过半数的代表通过；在代表大会闭会期间，须经常务委员会组成人员的过半数通过。罢免的决议，

须报送上一级人民代表大会常务委员会备案、公告。

第五十一条 县级以上的各级人民代表大会常务委员会组成人员，全国人民代表大会和省、自治区、直辖市、设区的市、自治州的人民代表大会专门委员会成员的代表职务被罢免的，其常务委员会组成人员或者专门委员会成员的职务相应撤销，由主席团或者常务委员会予以公告。

乡、民族乡、镇的人民代表大会主席、副主席的代表职务被罢免的，其主席、副主席的职务相应撤销，由主席团予以公告。

第五十二条 全国人民代表大会代表，省、自治区、直辖市、设区的市、自治州的人民代表大会代表，可以向选举他的人民代表大会的常务委员会书面提出辞职。常务委员会接受辞职，须经常务委员会组成人员的过半数通过。接受辞职的决议，须报送上一级人民代表大会常务委员会备案、公告。

县级的人民代表大会代表可以向本级人民代表大会常务委员会书面提出辞职，乡级的人民代表大会代表可以向本级人民代表大会书面提出辞职。县级的人民代表大会常务委员会接受辞职，须经常务委员会组成人员的过半数通过。乡级的人民代表大会接受辞职，须经人民代表大会过半数的代表通过。接受辞职的，应当予以公告。

第五十三条 县级以上的各级人民代表大会常务委员会组成人员，全国人民代表大会和省、自治区、直辖市、设区的市、自治州的人民代表大会的专门委员会成员，辞去代表职务的请求被接受的，其常务委员会组成人员、专门委员会成员的职务相应终止，由常务委员会予以公告。

乡、民族乡、镇的人民代表大会主席、副主席，辞去代表职务的请求被接受的，其主席、副主席的职务相应终止，由主席团予以公告。

第五十四条 代表在任期内，因故出缺，由原选区或者原选举单位补选。

地方各级人民代表大会代表在任期内调离或者迁出本行政区域的，其代表资格自行终止，缺额另行补选。

县级以上的地方各级人民代表大会闭会期间，可以由本级人民代表大会常务委员会补选上一级人民代表大会代表。

补选出缺的代表时，代表候选人的名额可以多于应选代表的名额，也可以同应选代表的名额相等。补选的具体办法，由省、自治区、直辖市的人民代表大会常务委员会规定。

第十一章 对破坏选举的制裁

第五十五条 为保障选民和代表自由行使选举权和被选举权，对有下列行为之一，破坏选举，违反治安管理规定的，依法给予治安管理处罚；构成犯罪的，依法追究刑事责任：

（一）以金钱或者其他财物贿赂选民或者代表，妨害选民和代表自由行使选举权和被选举权的；

（二）以暴力、威胁、欺骗或者其他非法手段妨害选民和代表自由行使选举权和被选举权的；

（三）伪造选举文件、虚报选举票数或者有其他违法行为的；

（四）对于控告、检举选举中违法行为的人，或者对于提出要求罢免代表的人进行压制、报复的。

国家工作人员有前款所列行为的，还应当依法给予行政处分。

以本条第一款所列违法行为当选的，其当选无效。

第五十六条 主持选举的机构发现有破坏选举的行为或者收到对破坏选举行为的举报，应当及时依法调查处理；需要追究法律责任的，及时移送有关机关予以处理。

第十二章 附 则

第五十七条 省、自治区、直辖市的人民代表大会及其常务委员会根据本法可以制定选举实施细则，报全国人民代表大会常务委员会备案。

中华人民共和国国家赔偿法（2010年修正）

（中华人民共和国主席令第29号，1994年5月12日第八届全国人民代表大会常务委员会第七次会议通过，根据2010年4月29日第十一届全国人民代表大会常务委员会第十四次会议《关于修改〈中华人民共和国国家赔偿法〉的决定》修正）

目　录

第一章　总　则

第一条　为保障公民、法人和其他组织享有依法取得国家赔偿的权利，促进国家机关依法行使职权，根据宪法，制定本法。

第二条　国家机关和国家机关工作人员行使职权，有本法规定的侵犯公民、法人和其他组织合法权益的情形，造成损害的，受害人有依照本法取得国家赔偿的权利。

本法规定的赔偿义务机关，应当依照本法及时履行赔偿义务。

第二章　行政赔偿

第一节　赔偿范围

第三条　行政机关及其工作人员在行使行政职权时有下列侵犯人身权情形之一的，受害人有取得赔偿的权利：

（一）违法拘留或者违法采取限制公民人身自由的行政强制措施的；

（二）非法拘禁或者以其他方法非法剥夺公民人身自由的；

（三）以殴打、虐待等行为或者唆使、放纵他人以殴打、虐待等行为造成公民身体伤害或者死亡的；

（四）违法使用武器、警械造成公民身体伤害或者死亡的；

（五）造成公民身体伤害或者死亡的其他违法行为。

第四条　行政机关及其工作人员在行使行政职权时有下列侵犯财产权情形之一的，受害人有取得赔偿的权利：

（一）违法实施罚款、吊销许可证和执照、责令停产停业、没收财物等行政处罚的；

（二）违法对财产采取查封、扣押、冻结等行政强制措施的；

（三）违法征收、征用财产的；

（四）造成财产损害的其他违法行为。

第五条　属于下列情形之一的，国家不承担赔偿责任：

（一）行政机关工作人员与行使职权无关的个人行为；

（二）因公民、法人和其他组织自己的行为致使损害发生的；

（三）法律规定的其他情形。

第二节　赔偿请求人和赔偿义务机关

第六条　受害的公民、法人和其他组织有权要求赔偿。

受害的公民死亡，其继承人和其他有扶养关系的亲属有权要求赔偿。

受害的法人或者其他组织终止的，其权利

承受人有权要求赔偿。

第七条 行政机关及其工作人员行使行政职权侵犯公民、法人和其他组织的合法权益造成损害的，该行政机关为赔偿义务机关。

两个以上行政机关共同行使行政职权时侵犯公民、法人和其他组织的合法权益造成损害的，共同行使行政职权的行政机关为共同赔偿义务机关。

法律、法规授权的组织在行使授予的行政权力时侵犯公民、法人和其他组织的合法权益造成损害的，被授权的组织为赔偿义务机关。

受行政机关委托的组织或者个人在行使受委托的行政权力时侵犯公民、法人和其他组织的合法权益造成损害的，委托的行政机关为赔偿义务机关。

赔偿义务机关被撤销的，继续行使其职权的行政机关为赔偿义务机关；没有继续行使其职权的行政机关的，撤销该赔偿义务机关的行政机关为赔偿义务机关。

第八条 经复议机关复议的，最初造成侵权行为的行政机关为赔偿义务机关，但复议机关的复议决定加重损害的，复议机关对加重的部分履行赔偿义务。

第三节 赔偿程序

第九条 赔偿义务机关有本法第三条、第四条规定情形之一的，应当给予赔偿。

赔偿请求人要求赔偿，应当先向赔偿义务机关提出，也可以在申请行政复议或者提起行政诉讼时一并提出。

第十条 赔偿请求人可以向共同赔偿义务机关中的任何一个赔偿义务机关要求赔偿，该赔偿义务机关应当先予赔偿。

第十一条 赔偿请求人根据受到的不同损害，可以同时提出数项赔偿要求。

第十二条 要求赔偿应当递交申请书，申请书应当载明下列事项：

（一）受害人的姓名、性别、年龄、工作单位和住所，法人或者其他组织的名称、住所和法定代表人或者主要负责人的姓名、职务；

（二）具体的要求、事实根据和理由；

（三）申请的年、月、日。

赔偿请求人书写申请书确有困难的，可以委托他人代书；也可以口头申请，由赔偿义务机关记入笔录。

赔偿请求人不是受害人本人的，应当说明与受害人的关系，并提供相应证明。

赔偿请求人当面递交申请书的，赔偿义务机关应当当场出具加盖本行政机关专用印章并注明收讫日期的书面凭证。申请材料不齐全的，赔偿义务机关应当当场或者在五日内一次性告知赔偿请求人需要补正的全部内容。

第十三条 赔偿义务机关应当自收到申请之日起两个月内，作出是否赔偿的决定。赔偿义务机关作出赔偿决定，应当充分听取赔偿请求人的意见，并可以与赔偿请求人就赔偿方式、赔偿项目和赔偿数额依照本法第四章的规定进行协商。

赔偿义务机关决定赔偿的，应当制作赔偿决定书，并自作出决定之日起十日内送达赔偿请求人。

赔偿义务机关决定不予赔偿的，应当自作出决定之日起十日内书面通知赔偿请求人，并说明不予赔偿的理由。

第十四条 赔偿义务机关在规定期限内未作出是否赔偿的决定，赔偿请求人可以自期限届满之日起三个月内，向人民法院提起诉讼。

赔偿请求人对赔偿的方式、项目、数额有异议的，或者赔偿义务机关作出不予赔偿决定的，赔偿请求人可以自赔偿义务机关作出赔偿或者不予赔偿决定之日起三个月内，向人民法院提起诉讼。

第十五条 人民法院审理行政赔偿案件，赔偿请求人和赔偿义务机关对自己提出的主张，应当提供证据。

赔偿义务机关采取行政拘留或者限制人身自由的强制措施期间，被限制人身自由的人死亡或者丧失行为能力的，赔偿义务机关的行为与被限制人身自由的人的死亡或者丧失行为能力是否存在因果关系，赔偿义务机关应当提供证据。

第十六条 赔偿义务机关赔偿损失后，应当责令有故意或者重大过失的工作人员或者受委托的组织或者个人承担部分或者全部赔偿费用。

对有故意或者重大过失的责任人员，有关机关应当依法给予处分；构成犯罪的，应当依法追究刑事责任。

第三章 刑事赔偿

第一节 赔偿范围

第十七条 行使侦查、检察、审判职权的机关以及看守所、监狱管理机关及其工作人员在行使职权时有下列侵犯人身权情形之一的，受害人有取得赔偿的权利：

（一）违反刑事诉讼法的规定对公民采取拘留措施的，或者依照刑事诉讼法规定的条件和程序对公民采取拘留措施，但是拘留时间超过刑事诉讼法规定的时限，其后决定撤销案件、不起诉或者判决宣告无罪终止追究刑事责任的；

（二）对公民采取逮捕措施后，决定撤销案件、不起诉或者判决宣告无罪终止追究刑事责任的；

（三）依照审判监督程序再审改判无罪，原判刑罚已经执行的；

（四）刑讯逼供或者以殴打、虐待等行为或者唆使、放纵他人以殴打、虐待等行为造成公民身体伤害或者死亡的；

（五）违法使用武器、警械造成公民身体伤害或者死亡的。

第十八条 行使侦查、检察、审判职权的机关以及看守所、监狱管理机关及其工作人员在行使职权时有下列侵犯财产权情形之一的，受害人有取得赔偿的权利：

（一）违法对财产采取查封、扣押、冻结、追缴等措施的；

（二）依照审判监督程序再审改判无罪，原判罚金、没收财产已经执行的。

第十九条 属于下列情形之一的，国家不承担赔偿责任：

（一）因公民自己故意作虚伪供述，或者伪造其他有罪证据被羁押或者被判处刑罚的；

（二）依照刑法第十七条、第十八条规定不负刑事责任的人被羁押的；

（三）依照刑事诉讼法第十五条、第一百四十二条第二款规定不追究刑事责任的人被羁押的；

（四）行使侦查、检察、审判职权的机关以及看守所、监狱管理机关的工作人员与行使职权无关的个人行为；

（五）因公民自伤、自残等故意行为致使损害发生的；

（六）法律规定的其他情形。

第二节 赔偿请求人和赔偿义务机关

第二十条 赔偿请求人的确定依照本法第六条的规定。

第二十一条 行使侦查、检察、审判职权的机关以及看守所、监狱管理机关及其工作人员在行使职权时侵犯公民、法人和其他组织的合法权益造成损害的，该机关为赔偿义务机关。

对公民采取拘留措施，依照本法的规定应当给予国家赔偿的，作出拘留决定的机关为赔偿义务机关。

对公民采取逮捕措施后决定撤销案件、不起诉或者判决宣告无罪的，作出逮捕决定的机关为赔偿义务机关。

再审改判无罪的，作出原生效判决的人民法院为赔偿义务机关。二审改判无罪，以及二审发回重审后作无罪处理的，作出一审有罪判决的人民法院为赔偿义务机关。

第三节 赔偿程序

第二十二条 赔偿义务机关有本法第十七条、第十八条规定情形之一的，应当给予赔偿。

赔偿请求人要求赔偿，应当先向赔偿义务机关提出。

赔偿请求人提出赔偿请求，适用本法第十一条、第十二条的规定。

第二十三条 赔偿义务机关应当自收到申请之日起两个月内，作出是否赔偿的决定。赔偿义务机关作出赔偿决定，应当充分听取赔偿请求人的意见，并可以与赔偿请求人就赔偿方式、赔偿项目和赔偿数额依照本法第四章的规定进行协商。

赔偿义务机关决定赔偿的，应当制作赔偿决定书，并自作出决定之日起十日内送达赔偿请求人。

赔偿义务机关决定不予赔偿的，应当自作出决定之日起十日内书面通知赔偿请求人，并说明不予赔偿的理由。

第二十四条 赔偿义务机关在规定期限内未作出是否赔偿的决定，赔偿请求人可以自期限届满之日起三十日内向赔偿义务机关的上一级机关申请复议。

赔偿请求人对赔偿的方式、项目、数额有异议的，或者赔偿义务机关作出不予赔偿决定的，赔偿请求人可以自赔偿义务机关作出赔偿或者不予赔偿决定之日起三十日内，向赔偿义务机关的上一级机关申请复议。

赔偿义务机关是人民法院的，赔偿请求人可以依照本条规定向其上一级人民法院赔偿委员会申请作出赔偿决定。

第二十五条 复议机关应当自收到申请之日起两个月内作出决定。

赔偿请求人不服复议决定的，可以在收到复议决定之日起三十日内向复议机关所在地的同级人民法院赔偿委员会申请作出赔偿决定；复议机关逾期不作决定的，赔偿请求人可以自期限届满之日起三十日内向复议机关所在地的同级人民法院赔偿委员会申请作出赔偿决定。

第二十六条 人民法院赔偿委员会处理赔偿请求，赔偿请求人和赔偿义务机关对自己提出的主张，应当提供证据。

被羁押人在羁押期间死亡或者丧失行为能力的，赔偿义务机关的行为与被羁押人的死亡或者丧失行为能力是否存在因果关系，赔偿义务机关应当提供证据。

第二十七条 人民法院赔偿委员会处理赔偿请求，采取书面审查的办法。必要时，可以向有关单位和人员调查情况、收集证据。赔偿请求人与赔偿义务机关对损害事实及因果关系有争议的，赔偿委员会可以听取赔偿请求人和赔偿义务机关的陈述和申辩，并可以进行质证。

第二十八条 人民法院赔偿委员会应当自收到赔偿申请之日起三个月内作出决定；属于疑难、复杂、重大案件的，经本院院长批准，可以延长三个月。

第二十九条 中级以上的人民法院设立赔偿委员会，由人民法院三名以上审判员组成，组成人员的人数应当为单数。

赔偿委员会作赔偿决定，实行少数服从多数的原则。

赔偿委员会作出的赔偿决定，是发生法律效力的决定，必须执行。

第三十条 赔偿请求人或者赔偿义务机关对赔偿委员会作出的决定，认为确有错误的，可以向上一级人民法院赔偿委员会提出申诉。

赔偿委员会作出的赔偿决定生效后，如发现赔偿决定违反本法规定的，经本院院长决定或者上级人民法院指令，赔偿委员会应当在两个月内重新审查并依法作出决定，上一级人民法院赔偿委员会也可以直接审查并作出决定。

最高人民检察院对各级人民法院赔偿委员会作出的决定，上级人民检察院对下级人民法院赔偿委员会作出的决定，发现违反本法规定的，应当向同级人民法院赔偿委员会提出意见，同级人民法院赔偿委员会应当在两个月内重新审查并依法作出决定。

第三十一条 赔偿义务机关赔偿后，应当向有下列情形之一的工作人员追偿部分或者全部赔偿费用：

（一）有本法第十七条第四项、第五项规定情形的；

（二）在处理案件中有贪污受贿，徇私舞弊，枉法裁判行为的。

对有前款规定情形的责任人员，有关机关应当依法给予处分；构成犯罪的，应当依法追究刑事责任。

第四章 赔偿方式和计算标准

第三十二条 国家赔偿以支付赔偿金为主要方式。

能够返还财产或者恢复原状的，予以返还财产或者恢复原状。

第三十三条 侵犯公民人身自由的，每日赔偿金按照国家上年度职工日平均工资计算。

第三十四条 侵犯公民生命健康权的，赔偿金按照下列规定计算：

（一）造成身体伤害的，应当支付医疗费、护理费，以及赔偿因误工减少的收入。减少的收入每日的赔偿金按照国家上年度职工日平均工资计算，最高额为国家上年度职工年平均工资的五倍；

（二）造成部分或者全部丧失劳动能力的，应当支付医疗费、护理费、残疾生活辅助具费、康复费等因残疾而增加的必要支出和继续治疗所必需的费用，以及残疾赔偿金。残疾赔偿金根据丧失劳动能力的程度，按照国家规定的伤残等级确定，最高不超过国家上年度职工年平均工资的二十倍。造成全部丧失劳动能力的，对其扶养的无劳动能力的人，还应当支付生活费；

（三）造成死亡的，应当支付死亡赔偿金、丧葬费，总额为国家上年度职工年平均工资的二十倍。对死者生前扶养的无劳动能力的人，还应当支付生活费。

前款第二项、第三项规定的生活费的发放标准，参照当地最低生活保障标准执行。被扶养的人是未成年人的，生活费给付至十八周岁止；其他无劳动能力的人，生活费给付至死亡时止。

第三十五条 有本法第三条或者第十七条规定情形之一，致人精神损害的，应当在侵权行为影响的范围内，为受害人消除影响，恢复名誉，赔礼道歉；造成严重后果的，应当支付相应的精神损害抚慰金。

第三十六条 侵犯公民、法人和其他组织的财产权造成损害的，按照下列规定处理：

（一）处罚款、罚金、追缴、没收财产或者违法征收、征用财产的，返还财产；

（二）查封、扣押、冻结财产的，解除对财产的查封、扣押、冻结，造成财产损坏或者灭失的，依照本条第三项、第四项的规定赔偿；

（三）应当返还的财产损坏的，能够恢复原状的恢复原状，不能恢复原状的，按照损害程度给付相应的赔偿金；

（四）应当返还的财产灭失的，给付相应的赔偿金；

（五）财产已经拍卖或者变卖的，给付拍卖或者变卖所得的价款；变卖的价款明显低于财产价值的，应当支付相应的赔偿金；

（六）吊销许可证和执照、责令停产停业的，赔偿停产停业期间必要的经常性费用开支；

（七）返还执行的罚款或者罚金、追缴或者没收的金钱，解除冻结的存款或者汇款的，应当支付银行同期存款利息；

（八）对财产权造成其他损害的，按照直接损失给予赔偿。

第三十七条 赔偿费用列入各级财政预算。

赔偿请求人凭生效的判决书、复议决定书、赔偿决定书或者调解书，向赔偿义务机关申请支付赔偿金。

赔偿义务机关应当自收到支付赔偿金申请之日起七日内，依照预算管理权限向有关的财政部门提出支付申请。财政部门应当自收到支付申请之日起十五日内支付赔偿金。

赔偿费用预算与支付管理的具体办法由国务院规定。

第五章　其他规定

第三十八条 人民法院在民事诉讼、行政诉讼过程中，违法采取对妨害诉讼的强制措施、保全措施或者对判决、裁定及其他生效法律文书执行错误，造成损害的，赔偿请求人要求赔偿的程序，适用本法刑事赔偿程序的规定。

第三十九条 赔偿请求人请求国家赔偿的时效为两年，自其知道或者应当知道国家机关及其工作人员行使职权时的行为侵犯其人身权、财产权之日起计算，但被羁押等限制人身自由期间不计算在内。在申请行政复议或者提起行政诉讼时一并提出赔偿请求的，适用行政复议法、行政诉讼法有关时效的规定。

赔偿请求人在赔偿请求时效的最后六个月内，因不可抗力或者其他障碍不能行使请求权的，时效中止。从中止时效的原因消除之日起，赔偿请求时效期间继续计算。

第四十条 外国人、外国企业和组织在中华人民共和国领域内要求中华人民共和国国家赔偿的，适用本法。

外国人、外国企业和组织的所属国对中华人民共和国公民、法人和其他组织要求该国国家赔偿的权利不予保护或者限制的，中华人民共和国与该外国人、外国企业和组织的所属国实行对等原则。

第六章　附　则

第四十一条　赔偿请求人要求国家赔偿的，赔偿义务机关、复议机关和人民法院不得向赔偿请求人收取任何费用。

对赔偿请求人取得的赔偿金不予征税。

第四十二条　本法自1995年1月1日起施行。

中华人民共和国道路交通安全法（2007年修正部分）

（中华人民共和国主席令第81号，2003年10月28日第十届全国人民代表大会常务委员会第五次会议通过，根据2007年12月29日第十届全国人民代表大会常务委员会第三十一次会议《关于修改〈中华人民共和国道路交通安全法〉的决定》修正）

第十届全国人民代表大会常务委员会第三十一次会议决定对《中华人民共和国道路交通安全法》作如下修改：

第七十六条修改为："机动车发生交通事故造成人身伤亡、财产损失的，由保险公司在机动车第三者责任强制保险责任限额范围内予以赔偿；不足的部分，按照下列规定承担赔偿责任：

"（一）机动车之间发生交通事故的，由有过错的一方承担赔偿责任；双方都有过错的，按照各自过错的比例分担责任。

"（二）机动车与非机动车驾驶人、行人之间发生交通事故，非机动车驾驶人、行人没有过错的，由机动车一方承担赔偿责任；有证据证明非机动车驾驶人、行人有过错的，根据过错程度适当减轻机动车一方的赔偿责任；机动车一方没有过错的，承担不超过百分之十的赔偿责任。

"交通事故的损失是由非机动车驾驶人、行人故意碰撞机动车造成的，机动车一方不承担赔偿责任。"

本决定自2008年5月1日起施行。

《中华人民共和国道路交通安全法》根据本决定作相应修改，重新公布。

中华人民共和国禁毒法

（中华人民共和国主席令第79号，2007年12月29日第十届全国人民代表大会常务委员会第三十一次会议通过）

目　录

第一章　总　则

第一条　为了预防和惩治毒品违法犯罪行

为，保护公民身心健康，维护社会秩序，制定本法。

第二条 本法所称毒品，是指鸦片、海洛因、甲基苯丙胺（冰毒）、吗啡、大麻、可卡因，以及国家规定管制的其他能够使人形成瘾癖的麻醉药品和精神药品。

根据医疗、教学、科研的需要，依法可以生产、经营、使用、储存、运输麻醉药品和精神药品。

第三条 禁毒是全社会的共同责任。国家机关、社会团体、企业事业单位以及其他组织和公民，应当依照本法和有关法律的规定，履行禁毒职责或者义务。

第四条 禁毒工作实行预防为主，综合治理，禁种、禁制、禁贩、禁吸并举的方针。

禁毒工作实行政府统一领导，有关部门各负其责，社会广泛参与的工作机制。

第五条 国务院设立国家禁毒委员会，负责组织、协调、指导全国的禁毒工作。

县级以上地方各级人民政府根据禁毒工作的需要，可以设立禁毒委员会，负责组织、协调、指导本行政区域内的禁毒工作。

第六条 县级以上各级人民政府应当将禁毒工作纳入国民经济和社会发展规划，并将禁毒经费列入本级财政预算。

第七条 国家鼓励对禁毒工作的社会捐赠，并依法给予税收优惠。

第八条 国家鼓励开展禁毒科学技术研究，推广先进的缉毒技术、装备和戒毒方法。

第九条 国家鼓励公民举报毒品违法犯罪行为。各级人民政府和有关部门应当对举报人予以保护，对举报有功人员以及在禁毒工作中有突出贡献的单位和个人，给予表彰和奖励。

第十条 国家鼓励志愿人员参与禁毒宣传教育和戒毒社会服务工作。地方各级人民政府应当对志愿人员进行指导、培训，并提供必要的工作条件。

第二章 禁毒宣传教育

第十一条 国家采取各种形式开展全民禁毒宣传教育，普及毒品预防知识，增强公民的禁毒意识，提高公民自觉抵制毒品的能力。

国家鼓励公民、组织开展公益性的禁毒宣传活动。

第十二条 各级人民政府应当经常组织开展多种形式的禁毒宣传教育。

工会、共产主义青年团、妇女联合会应当结合各自工作对象的特点，组织开展禁毒宣传教育。

第十三条 教育行政部门、学校应当将禁毒知识纳入教育、教学内容，对学生进行禁毒宣传教育。公安机关、司法行政部门和卫生行政部门应当予以协助。

第十四条 新闻、出版、文化、广播、电影、电视等有关单位，应当有针对性地面向社会进行禁毒宣传教育。

第十五条 飞机场、火车站、长途汽车站、码头以及旅店、娱乐场所等公共场所的经营者、管理者，负责本场所的禁毒宣传教育，落实禁毒防范措施，预防毒品违法犯罪行为在本场所内发生。

第十六条 国家机关、社会团体、企业事业单位以及其他组织，应当加强对本单位人员的禁毒宣传教育。

第十七条 居民委员会、村民委员会应当协助人民政府以及公安机关等部门，加强禁毒宣传教育，落实禁毒防范措施。

第十八条 未成年人的父母或者其他监护人应当对未成年人进行毒品危害的教育，防止其吸食、注射毒品或者进行其他毒品违法犯罪活动。

第三章 毒品管制

第十九条 国家对麻醉药品药用原植物种植实行管制。禁止非法种植罂粟、古柯植物、大麻植物以及国家规定管制的可以用于提炼加工毒品的其他原植物。禁止走私或者非法买卖、运输、携带、持有未经灭活的毒品原植物种子或者幼苗。

地方各级人民政府发现非法种植毒品原植物的，应当立即采取措施予以制止、铲除。村民委员会、居民委员会发现非法种植毒品原植物的，应当及时予以制止、铲除，并向当地公安机关报告。

第二十条 国家确定的麻醉药品药用原植物种植企业，必须按照国家有关规定种植麻醉药品药用原植物。

国家确定的麻醉药品药用原植物种植企业的提取加工场所，以及国家设立的麻醉药品储存仓库，列为国家重点警戒目标。

未经许可，擅自进入国家确定的麻醉药品药用原植物种植企业的提取加工场所或者国家设立的麻醉药品储存仓库等警戒区域的，由警戒人员责令其立即离开；拒不离开的，强行带离现场。

第二十一条 国家对麻醉药品和精神药品实行管制，对麻醉药品和精神药品的实验研究、生产、经营、使用、储存、运输实行许可和查验制度。

国家对易制毒化学品的生产、经营、购买、运输实行许可制度。

禁止非法生产、买卖、运输、储存、提供、持有、使用麻醉药品、精神药品和易制毒化学品。

第二十二条 国家对麻醉药品、精神药品和易制毒化学品的进口、出口实行许可制度。国务院有关部门应当按照规定的职责，对进口、出口麻醉药品、精神药品和易制毒化学品依法进行管理。禁止走私麻醉药品、精神药品和易制毒化学品。

第二十三条 发生麻醉药品、精神药品和易制毒化学品被盗、被抢、丢失或者其他流入非法渠道的情形，案发单位应当立即采取必要的控制措施，并立即向公安机关报告，同时依照规定向有关主管部门报告。

公安机关接到报告后，或者有证据证明麻醉药品、精神药品和易制毒化学品可能流入非法渠道的，应当及时开展调查，并可以对相关单位采取必要的控制措施。药品监督管理部门、卫生行政部门以及其他有关部门应当配合公安机关开展工作。

第二十四条 禁止非法传授麻醉药品、精神药品和易制毒化学品的制造方法。公安机关接到举报或者发现非法传授麻醉药品、精神药品和易制毒化学品制造方法的，应当及时依法查处。

第二十五条 麻醉药品、精神药品和易制毒化学品管理的具体办法，由国务院规定。

第二十六条 公安机关根据查缉毒品的需要，可以在边境地区、交通要道、口岸以及飞机场、火车站、长途汽车站、码头对来往人员、物品、货物以及交通工具进行毒品和易制毒化学品检查，民航、铁路、交通部门应当予以配合。

海关应当依法加强对进出口岸的人员、物品、货物和运输工具的检查，防止走私毒品和易制毒化学品。

邮政企业应当依法加强对邮件的检查，防止邮寄毒品和非法邮寄易制毒化学品。

第二十七条 娱乐场所应当建立巡查制度，发现娱乐场所内有毒品违法犯罪活动的，应当立即向公安机关报告。

第二十八条 对依法查获的毒品，吸食、注射毒品的用具，毒品违法犯罪的非法所得及其收益，以及直接用于实施毒品违法犯罪行为的本人所有的工具、设备、资金，应当收缴，依照规定处理。

第二十九条 反洗钱行政主管部门应当依法加强对可疑毒品犯罪资金的监测。反洗钱行政主管部门和其他依法负有反洗钱监督管理职责的部门、机构发现涉嫌毒品犯罪的资金流动情况，应当及时向侦查机关报告，并配合侦查机关做好侦查、调查工作。

第三十条 国家建立健全毒品监测和禁毒信息系统，开展毒品监测和禁毒信息的收集、分析、使用、交流工作。

第四章　戒毒措施

第三十一条 国家采取各种措施帮助吸毒人员戒除毒瘾，教育和挽救吸毒人员。

吸毒成瘾人员应当进行戒毒治疗。

吸毒成瘾的认定办法，由国务院卫生行政部门、药品监督管理部门、公安部门规定。

第三十二条 公安机关可以对涉嫌吸毒的人员进行必要的检测，被检测人员应当予以配合；对拒绝接受检测的，经县级以上人民政府公安机关或者其派出机构负责人批准，可以强制检测。

公安机关应当对吸毒人员进行登记。

第三十三条 对吸毒成瘾人员，公安机关可以责令其接受社区戒毒，同时通知吸毒人员户籍所在地或者现居住地的城市街道办事处、乡镇人民政府。社区戒毒的期限为三年。

戒毒人员应当在户籍所在地接受社区戒毒；在户籍所在地以外的现居住地有固定住所的，可以在现居住地接受社区戒毒。

第三十四条 城市街道办事处、乡镇人民政府负责社区戒毒工作。城市街道办事处、乡镇人民政府可以指定有关基层组织，根据戒毒人员本人和家庭情况，与戒毒人员签订社区戒毒协议，落实有针对性的社区戒毒措施。公安机关和司法行政、卫生行政、民政等部门应当对社区戒毒工作提供指导和协助。

城市街道办事处、乡镇人民政府，以及县级人民政府劳动行政部门对无职业且缺乏就业能力的戒毒人员，应当提供必要的职业技能培训、就业指导和就业援助。

第三十五条 接受社区戒毒的戒毒人员应当遵守法律、法规，自觉履行社区戒毒协议，并根据公安机关的要求，定期接受检测。

对违反社区戒毒协议的戒毒人员，参与社区戒毒的工作人员应当进行批评、教育；对严重违反社区戒毒协议或者在社区戒毒期间又吸食、注射毒品的，应当及时向公安机关报告。

第三十六条 吸毒人员可以自行到具有戒毒治疗资质的医疗机构接受戒毒治疗。

设置戒毒医疗机构或者医疗机构从事戒毒治疗业务的，应当符合国务院卫生行政部门规定的条件，报所在地的省、自治区、直辖市人民政府卫生行政部门批准，并报同级公安机关备案。戒毒治疗应当遵守国务院卫生行政部门制定的戒毒治疗规范，接受卫生行政部门的监督检查。

戒毒治疗不得以营利为目的。戒毒治疗的药品、医疗器械和治疗方法不得做广告。戒毒治疗收取费用的，应当按照省、自治区、直辖市人民政府价格主管部门会同卫生行政部门制定的收费标准执行。

第三十七条 医疗机构根据戒毒治疗的需要，可以对接受戒毒治疗的戒毒人员进行身体和所携带物品的检查；对在治疗期间有人身危险的，可以采取必要的临时保护性约束措施。

发现接受戒毒治疗的戒毒人员在治疗期间吸食、注射毒品的，医疗机构应当及时向公安机关报告。

第三十八条 吸毒成瘾人员有下列情形之一的，由县级以上人民政府公安机关作出强制隔离戒毒的决定：

（一）拒绝接受社区戒毒的；

（二）在社区戒毒期间吸食、注射毒品的；

（三）严重违反社区戒毒协议的；

（四）经社区戒毒、强制隔离戒毒后再次吸食、注射毒品的。

对于吸毒成瘾严重，通过社区戒毒难以戒除毒瘾的人员，公安机关可以直接作出强制隔离戒毒的决定。

吸毒成瘾人员自愿接受强制隔离戒毒的，经公安机关同意，可以进入强制隔离戒毒场所戒毒。

第三十九条 怀孕或者正在哺乳自己不满一周岁婴儿的妇女吸毒成瘾的，不适用强制隔离戒毒。不满十六周岁的未成年人吸毒成瘾的，可以不适用强制隔离戒毒。

对依照前款规定不适用强制隔离戒毒的吸毒成瘾人员，依照本法规定进行社区戒毒，由负责社区戒毒工作的城市街道办事处、乡镇人民政府加强帮助、教育和监督，督促落实社区戒毒措施。

第四十条 公安机关对吸毒成瘾人员决定予以强制隔离戒毒的，应当制作强制隔离戒毒决定书，在执行强制隔离戒毒前送达被决定人，并在送达后二十四小时以内通知被决定人的家属、所在单位和户籍所在地公安派出所；被决定人不讲真实姓名、住址，身份不明的，公安机关应当自查清其身份后通知。

被决定人对公安机关作出的强制隔离戒毒决定不服的，可以依法申请行政复议或者提起行政诉讼。

第四十一条 对被决定予以强制隔离戒毒的人员，由作出决定的公安机关送强制隔离戒毒场所执行。

强制隔离戒毒场所的设置、管理体制和经

费保障，由国务院规定。

第四十二条 戒毒人员进入强制隔离戒毒场所戒毒时，应当接受对其身体和所携带物品的检查。

第四十三条 强制隔离戒毒场所应当根据戒毒人员吸食、注射毒品的种类及成瘾程度等，对戒毒人员进行有针对性的生理、心理治疗和身体康复训练。

根据戒毒的需要，强制隔离戒毒场所可以组织戒毒人员参加必要的生产劳动，对戒毒人员进行职业技能培训。组织戒毒人员参加生产劳动的，应当支付劳动报酬。

第四十四条 强制隔离戒毒场所应当根据戒毒人员的性别、年龄、患病等情况，对戒毒人员实行分别管理。

强制隔离戒毒场所对有严重残疾或者疾病的戒毒人员，应当给予必要的看护和治疗；对患有传染病的戒毒人员，应当依法采取必要的隔离、治疗措施；对可能发生自伤、自残等情形的戒毒人员，可以采取相应的保护性约束措施。

强制隔离戒毒场所管理人员不得体罚、虐待或者侮辱戒毒人员。

第四十五条 强制隔离戒毒场所应当根据戒毒治疗的需要配备执业医师。强制隔离戒毒场所的执业医师具有麻醉药品和精神药品处方权的，可以按照有关技术规范对戒毒人员使用麻醉药品、精神药品。

卫生行政部门应当加强对强制隔离戒毒场所执业医师的业务指导和监督管理。

第四十六条 戒毒人员的亲属和所在单位或者就读学校的工作人员，可以按照有关规定探访戒毒人员。戒毒人员经强制隔离戒毒场所批准，可以外出探视配偶、直系亲属。

强制隔离戒毒场所管理人员应当对强制隔离戒毒场所以外的人员交给戒毒人员的物品和邮件进行检查，防止夹带毒品。在检查邮件时，应当依法保护戒毒人员的通信自由和通信秘密。

第四十七条 强制隔离戒毒的期限为二年。

执行强制隔离戒毒一年后，经诊断评估，对于戒毒情况良好的戒毒人员，强制隔离戒毒场所可以提出提前解除强制隔离戒毒的意见，报强制隔离戒毒的决定机关批准。

强制隔离戒毒期满前，经诊断评估，对于需要延长戒毒期限的戒毒人员，由强制隔离戒毒场所提出延长戒毒期限的意见，报强制隔离戒毒的决定机关批准。强制隔离戒毒的期限最长可以延长一年。

第四十八条 对于被解除强制隔离戒毒的人员，强制隔离戒毒的决定机关可以责令其接受不超过三年的社区康复。

社区康复参照本法关于社区戒毒的规定实施。

第四十九条 县级以上地方各级人民政府根据戒毒工作的需要，可以开办戒毒康复场所；对社会力量依法开办的公益性戒毒康复场所应当给予扶持，提供必要的便利和帮助。

戒毒人员可以自愿在戒毒康复场所生活、劳动。戒毒康复场所组织戒毒人员参加生产劳动的，应当参照国家劳动用工制度的规定支付劳动报酬。

第五十条 公安机关、司法行政部门对被依法拘留、逮捕、收监执行刑罚以及被依法采取强制性教育措施的吸毒人员，应当给予必要的戒毒治疗。

第五十一条 省、自治区、直辖市人民政府卫生行政部门会同公安机关、药品监督管理部门依照国家有关规定，根据巩固戒毒成果的需要和本行政区域艾滋病流行情况，可以组织开展戒毒药物维持治疗工作。

第五十二条 戒毒人员在入学、就业、享受社会保障等方面不受歧视。有关部门、组织和人员应当在入学、就业、享受社会保障等方面对戒毒人员给予必要的指导和帮助。

第五章 禁毒国际合作

第五十三条 中华人民共和国根据缔结或者参加的国际条约或者按照对等原则，开展禁毒国际合作。

第五十四条 国家禁毒委员会根据国务院授权，负责组织开展禁毒国际合作，履行国际禁毒公约义务。

第五十五条 涉及追究毒品犯罪的司法协助，由司法机关依照有关法律的规定办理。

第五十六条 国务院有关部门应当按照各自职责，加强与有关国家或者地区执法机关以及国际组织的禁毒情报信息交流，依法开展禁毒执法合作。

经国务院公安部门批准，边境地区县级以上人民政府公安机关可以与有关国家或者地区的执法机关开展执法合作。

第五十七条 通过禁毒国际合作破获毒品犯罪案件的，中华人民共和国政府可以与有关国家分享查获的非法所得、由非法所得获得的收益以及供毒品犯罪使用的财物或者财物变卖所得的款项。

第五十八条 国务院有关部门根据国务院授权，可以通过对外援助等渠道，支持有关国家实施毒品原植物替代种植、发展替代产业。

第六章 法律责任

第五十九条 有下列行为之一，构成犯罪的，依法追究刑事责任；尚不构成犯罪的，依法给予治安管理处罚：

（一）走私、贩卖、运输、制造毒品的；

（二）非法持有毒品的；

（三）非法种植毒品原植物的；

（四）非法买卖、运输、携带、持有未经灭活的毒品原植物种子或者幼苗的；

（五）非法传授麻醉药品、精神药品或者易制毒化学品制造方法的；

（六）强迫、引诱、教唆、欺骗他人吸食、注射毒品的；

（七）向他人提供毒品的。

第六十条 有下列行为之一，构成犯罪的，依法追究刑事责任；尚不构成犯罪的，依法给予治安管理处罚：

（一）包庇走私、贩卖、运输、制造毒品的犯罪分子，以及为犯罪分子窝藏、转移、隐瞒毒品或者犯罪所得财物的；

（二）在公安机关查处毒品违法犯罪活动时为违法犯罪行为人通风报信的；

（三）阻碍依法进行毒品检查的；

（四）隐藏、转移、变卖或者损毁司法机关、行政执法机关依法扣押、查封、冻结的涉及毒品违法犯罪活动的财物的。

第六十一条 容留他人吸食、注射毒品或者介绍买卖毒品，构成犯罪的，依法追究刑事责任；尚不构成犯罪的，由公安机关处十日以上十五日以下拘留，可以并处三千元以下罚款；情节较轻的，处五日以下拘留或者五百元以下罚款。

第六十二条 吸食、注射毒品的，依法给予治安管理处罚。吸毒人员主动到公安机关登记或者到有资质的医疗机构接受戒毒治疗的，不予处罚。

第六十三条 在麻醉药品、精神药品的实验研究、生产、经营、使用、储存、运输、进口、出口以及麻醉药品药用原植物种植活动中，违反国家规定，致使麻醉药品、精神药品或者麻醉药品药用原植物流入非法渠道，构成犯罪的，依法追究刑事责任；尚不构成犯罪的，依照有关法律、行政法规的规定给予处罚。

第六十四条 在易制毒化学品的生产、经营、购买、运输或者进口、出口活动中，违反国家规定，致使易制毒化学品流入非法渠道，构成犯罪的，依法追究刑事责任；尚不构成犯罪的，依照有关法律、行政法规的规定给予处罚。

第六十五条 娱乐场所及其从业人员实施毒品违法犯罪行为，或者为进入娱乐场所的人员实施毒品违法犯罪行为提供条件，构成犯罪的，依法追究刑事责任；尚不构成犯罪的，依照有关法律、行政法规的规定给予处罚。

娱乐场所经营管理人员明知场所内发生聚众吸食、注射毒品或者贩毒活动，不向公安机关报告的，依照前款的规定给予处罚。

第六十六条 未经批准，擅自从事戒毒治疗业务的，由卫生行政部门责令停止违法业务活动，没收违法所得和使用的药品、医疗器械等物品；构成犯罪的，依法追究刑事责任。

第六十七条 戒毒医疗机构发现接受戒毒治疗的戒毒人员在治疗期间吸食、注射毒品，不向公安机关报告的，由卫生行政部门责令改正；情节严重的，责令停业整顿。

第六十八条 强制隔离戒毒场所、医疗机构、医师违反规定使用麻醉药品、精神药品，构成犯罪的，依法追究刑事责任；尚不构成犯罪的，依照有关法律、行政法规的规定给予处罚。

第六十九条 公安机关、司法行政部门或者其他有关主管部门的工作人员在禁毒工作中有下列行为之一，构成犯罪的，依法追究刑事责任；尚不构成犯罪的，依法给予处分：

（一）包庇、纵容毒品违法犯罪人员的；

（二）对戒毒人员有体罚、虐待、侮辱等行为的；

（三）挪用、截留、克扣禁毒经费的；

（四）擅自处分查获的毒品和扣押、查封、冻结的涉及毒品违法犯罪活动的财物的。

第七十条 有关单位及其工作人员在入学、就业、享受社会保障等方面歧视戒毒人员的，由教育行政部门、劳动行政部门责令改正；给当事人造成损失的，依法承担赔偿责任。

第七章 附 则

第七十一条 本法自2008年6月1日起施行。《全国人民代表大会常务委员会关于禁毒的决定》同时废止。

中华人民共和国村民委员会组织法（2010年修正）

（中华人民共和国主席令第37号，1998年11月4日第九届全国人民代表大会常务委员会第五次会议通过，2010年10月28日第十一届全国人民代表大会常务委员会第十七次会议修订）

目 录

第一章 总 则

第一条 为了保障农村村民实行自治，由村民依法办理自己的事情，发展农村基层民主，维护村民的合法权益，促进社会主义新农村建设，根据宪法，制定本法。

第二条 村民委员会是村民自我管理、自我教育、自我服务的基层群众性自治组织，实行民主选举、民主决策、民主管理、民主监督。

村民委员会办理本村的公共事务和公益事业，调解民间纠纷，协助维护社会治安，向人民政府反映村民的意见、要求和提出建议。

村民委员会向村民会议、村民代表会议负责并报告工作。

第三条 村民委员会根据村民居住状况、人口多少，按照便于群众自治，有利于经济发展和社会管理的原则设立。

村民委员会的设立、撤销、范围调整，由乡、民族乡、镇的人民政府提出，经村民会议讨论同意，报县级人民政府批准。

村民委员会可以根据村民居住状况、集体土地所有权关系等分设若干村民小组。

第四条 中国共产党在农村的基层组织，按照中国共产党章程进行工作，发挥领导核心作用，领导和支持村民委员会行使职权；依照宪法和法律，支持和保障村民开展自治活动、直接行使民主权利。

第五条 乡、民族乡、镇的人民政府对村民委员会的工作给予指导、支持和帮助，但是不得干预依法属于村民自治范围内的事项。

村民委员会协助乡、民族乡、镇的人民政府开展工作。

第二章 村民委员会的组成和职责

第六条 村民委员会由主任、副主任和委员共三至七人组成。

村民委员会成员中，应当有妇女成员，多民族村民居住的村应当有人数较少的民族的成员。

对村民委员会成员，根据工作情况，给予适当补贴。

第七条 村民委员会根据需要设人民调解、治安保卫、公共卫生与计划生育等委员会。村民委员会成员可以兼任下属委员会的成员。人口少的村的村民委员会可以不设下属委员会，由村民委员会成员分工负责人民调解、治安保卫、公共卫生与计划生育等工作。

第八条 村民委员会应当支持和组织村民依法发展各种形式的合作经济和其他经济，承担本村生产的服务和协调工作，促进农村生产建设和经济发展。

村民委员会依照法律规定，管理本村属于村农民集体所有的土地和其他财产，引导村民合理利用自然资源，保护和改善生态环境。

村民委员会应当尊重并支持集体经济组织依法独立进行经济活动的自主权，维护以家庭承包经营为基础、统分结合的双层经营体制，保障集体经济组织和村民、承包经营户、联户或者合伙的合法财产权和其他合法权益。

第九条 村民委员会应当宣传宪法、法律、法规和国家的政策，教育和推动村民履行法律规定的义务、爱护公共财产，维护村民的合法权益，发展文化教育，普及科技知识，促进男女平等，做好计划生育工作，促进村与村之间的团结、互助，开展多种形式的社会主义精神文明建设活动。

村民委员会应当支持服务性、公益性、互助性社会组织依法开展活动，推动农村社区建设。

多民族村民居住的村，村民委员会应当教育和引导各民族村民增进团结、互相尊重、互相帮助。

第十条 村民委员会及其成员应当遵守宪法、法律、法规和国家的政策，遵守并组织实施村民自治章程、村规民约，执行村民会议、村民代表会议的决定、决议，办事公道，廉洁奉公，热心为村民服务，接受村民监督。

第三章 村民委员会的选举

第十一条 村民委员会主任、副主任和委员，由村民直接选举产生。任何组织或者个人不得指定、委派或者撤换村民委员会成员。

村民委员会每届任期三年，届满应当及时举行换届选举。村民委员会成员可以连选连任。

第十二条 村民委员会的选举，由村民选举委员会主持。

村民选举委员会由主任和委员组成，由村民会议、村民代表会议或者各村民小组会议推选产生。

村民选举委员会成员被提名为村民委员会成员候选人，应当退出村民选举委员会。

村民选举委员会成员退出村民选举委员会或者因其他原因出缺的，按照原推选结果依次递补，也可以另行推选。

第十三条 年满十八周岁的村民，不分民族、种族、性别、职业、家庭出身、宗教信仰、教育程度、财产状况、居住期限，都有选举权和被选举权；但是，依照法律被剥夺政治权利的人除外。

村民委员会选举前，应当对下列人员进行登记，列入参加选举的村民名单：

（一）户籍在本村并且在本村居住的村民；

（二）户籍在本村，不在本村居住，本人表示参加选举的村民；

（三）户籍不在本村，在本村居住一年以上，本人申请参加选举，并且经村民会议或者村民代表会议同意参加选举的公民。

已在户籍所在村或者居住村登记参加选举的村民，不得再参加其他地方村民委员会的选举。

第十四条 登记参加选举的村民名单应当在选举日的二十日前由村民选举委员会公布。

对登记参加选举的村民名单有异议的，应当自名单公布之日起五日内向村民选举委员会申诉，村民选举委员会应当自收到申诉之日起三日内作出处理决定，并公布处理结果。

第十五条 选举村民委员会，由登记参加选举的村民直接提名候选人。村民提名候选人，应当从全体村民利益出发，推荐奉公守法、品行良好、公道正派、热心公益、具有一定文化水平和工作能力的村民为候选人。候选人的名额应当多于应选名额。村民选举委员会应当组织候选人与村民见面，由候选人介绍履行职责的设想，回答村民提出的问题。

选举村民委员会，有登记参加选举的村民过半数投票，选举有效；候选人获得参加投票的村民过半数的选票，始得当选。当选人数不足应选名额的，不足的名额另行选举。另行选举的，第一次投票未当选的人员得票多的为候选人，候选人以得票多的当选，但是所得票数不得少于已投选票总数的三分之一。

选举实行无记名投票、公开计票的方法，选举结果应当当场公布。选举时，应当设立秘密写票处。

登记参加选举的村民，选举期间外出不能参加投票的，可以书面委托本村有选举权的近亲属代为投票。村民选举委员会应当公布委托人和受委托人的名单。

具体选举办法由省、自治区、直辖市的人民代表大会常务委员会规定。

第十六条　本村五分之一以上有选举权的村民或者三分之一以上的村民代表联名，可以提出罢免村民委员会成员的要求，并说明要求罢免的理由。被提出罢免的村民委员会成员有权提出申辩意见。

罢免村民委员会成员，须有登记参加选举的村民过半数投票，并须经投票的村民过半数通过。

第十七条　以暴力、威胁、欺骗、贿赂、伪造选票、虚报选举票数等不正当手段当选村民委员会成员的，当选无效。

对以暴力、威胁、欺骗、贿赂、伪造选票、虚报选举票数等不正当手段，妨害村民行使选举权、被选举权，破坏村民委员会选举的行为，村民有权向乡、民族乡、镇的人民代表大会和人民政府或者县级人民代表大会常务委员会和人民政府及其有关主管部门举报，由乡级或者县级人民政府负责调查并依法处理。

第十八条　村民委员会成员丧失行为能力或者被判处刑罚的，其职务自行终止。

第十九条　村民委员会成员出缺，可以由村民会议或者村民代表会议进行补选。补选程序参照本法第十五条的规定办理。补选的村民委员会成员的任期到本届村民委员会任期届满时止。

第二十条　村民委员会应当自新一届村民委员会产生之日起十日内完成工作移交。工作移交由村民选举委员会主持，由乡、民族乡、镇的人民政府监督。

第四章　村民会议和村民代表会议

第二十一条　村民会议由本村十八周岁以上的村民组成。

村民会议由村民委员会召集。有十分之一以上的村民或者三分之一以上的村民代表提议，应当召集村民会议。召集村民会议，应当提前十天通知村民。

第二十二条　召开村民会议，应当有本村十八周岁以上村民的过半数，或者本村三分之二以上的户的代表参加，村民会议所作决定应当经到会人员的过半数通过。法律对召开村民会议及作出决定另有规定的，依照其规定。

召开村民会议，根据需要可以邀请驻本村的企业、事业单位和群众组织派代表列席。

第二十三条　村民会议审议村民委员会的年度工作报告，评议村民委员会成员的工作；有权撤销或者变更村民委员会不适当的决定；有权撤销或者变更村民代表会议不适当的决定。

村民会议可以授权村民代表会议审议村民委员会的年度工作报告，评议村民委员会成员的工作，撤销或者变更村民委员会不适当的决定。

第二十四条　涉及村民利益的下列事项，经村民会议讨论决定方可办理：

（一）本村享受误工补贴的人员及补贴标准；

（二）从村集体经济所得收益的使用；

（三）本村公益事业的兴办和筹资筹劳方案及建设承包方案；

（四）土地承包经营方案；

（五）村集体经济项目的立项、承包方案；

（六）宅基地的使用方案；

（七）征地补偿费的使用、分配方案；

（八）以借贷、租赁或者其他方式处分村集体财产；

（九）村民会议认为应当由村民会议讨论决定的涉及村民利益的其他事项。

村民会议可以授权村民代表会议讨论决定前款规定的事项。

法律对讨论决定村集体经济组织财产和成员权益的事项另有规定的，依照其规定。

第二十五条 人数较多或者居住分散的村，可以设立村民代表会议，讨论决定村民会议授权的事项。村民代表会议由村民委员会成员和村民代表组成，村民代表应当占村民代表会议组成人员的五分之四以上，妇女村民代表应当占村民代表会议组成人员的三分之一以上。

村民代表由村民按每五户至十五户推选一人，或者由各村民小组推选若干人。村民代表的任期与村民委员会的任期相同。村民代表可以连选连任。

村民代表应当向其推选户或者村民小组负责，接受村民监督。

第二十六条 村民代表会议由村民委员会召集。村民代表会议每季度召开一次。有五分之一以上的村民代表提议，应当召集村民代表会议。

村民代表会议有三分之二以上的组成人员参加方可召开，所作决定应当经到会人员的过半数同意。

第二十七条 村民会议可以制定和修改村民自治章程、村规民约，并报乡、民族乡、镇的人民政府备案。

村民自治章程、村规民约以及村民会议或者村民代表会议的决定不得与宪法、法律、法规和国家的政策相抵触，不得有侵犯村民的人身权利、民主权利和合法财产权利的内容。

村民自治章程、村规民约以及村民会议或者村民代表会议的决定违反前款规定的，由乡、民族乡、镇的人民政府责令改正。

第二十八条 召开村民小组会议，应当有本村民小组十八周岁以上的村民三分之二以上，或者本村民小组三分之二以上的户的代表参加，所作决定应当经到会人员的过半数同意。

村民小组组长由村民小组会议推选。村民小组组长任期与村民委员会的任期相同，可以连选连任。

属于村民小组的集体所有的土地、企业和其他财产的经营管理以及公益事项的办理，由村民小组会议依照有关法律的规定讨论决定，所作决定及实施情况应当及时向本村民小组的村民公布。

第五章 民主管理和民主监督

第二十九条 村民委员会应当实行少数服从多数的民主决策机制和公开透明的工作原则，建立健全各种工作制度。

第三十条 村民委员会实行村务公开制度。

村民委员会应当及时公布下列事项，接受村民的监督：

（一）本法第二十三条、第二十四条规定的由村民会议、村民代表会议讨论决定的事项及其实施情况；

（二）国家计划生育政策的落实方案；

（三）政府拨付和接受社会捐赠的救灾救助、补贴补助等资金、物资的管理使用情况；

（四）村民委员会协助人民政府开展工作的情况；

（五）涉及本村村民利益，村民普遍关心的其他事项。

前款规定事项中，一般事项至少每季度公布一次；集体财务往来较多的，财务收支情况应当每月公布一次；涉及村民利益的重大事项应当随时公布。

村民委员会应当保证所公布事项的真实性，并接受村民的查询。

第三十一条 村民委员会不及时公布应当公布的事项或者公布的事项不真实的，村民有权向乡、民族乡、镇的人民政府或者县级人民政府及其有关主管部门反映，有关人民政府或者主管部门应当负责调查核实，责令依法公布；经查证确有违法行为的，有关人员应当依法承担责任。

第三十二条 村应当建立村务监督委员会或者其他形式的村务监督机构，负责村民民主理财，监督村务公开等制度的落实，其成员由村民会议或者村民代表会议在村民中推选产生，其中应有具备财会、管理知识的人员。村民委员会成员及其近亲属不得担任村务监督机构成员。村务监督机构成员向村民会议和村民代表会议负责，可以列席村民委员会会议。

第三十三条 村民委员会成员以及由村民或者村集体承担误工补贴的聘用人员，应当接受村民会议或者村民代表会议对其履行职责情况的民主评议。民主评议每年至少进行一次，由村务监督机构主持。

村民委员会成员连续两次被评议不称职的，其职务终止。

第三十四条 村民委员会和村务监督机构应当建立村务档案。村务档案包括：选举文件和选票，会议记录，土地发包方案和承包合同，经济合同，集体财务账目，集体资产登记文件，公益设施基本资料，基本建设资料，宅基地使用方案，征地补偿费使用及分配方案等。村务档案应当真实、准确、完整、规范。

第三十五条 村民委员会成员实行任期和离任经济责任审计，审计包括下列事项：

（一）本村财务收支情况；

（二）本村债权债务情况；

（三）政府拨付和接受社会捐赠的资金、物资管理使用情况；

（四）本村生产经营和建设项目的发包管理以及公益事业建设项目招标投标情况；

（五）本村资金管理使用以及本村集体资产、资源的承包、租赁、担保、出让情况，征地补偿费的使用、分配情况；

（六）本村五分之一以上的村民要求审计的其他事项。

村民委员会成员的任期和离任经济责任审计，由县级人民政府农业部门、财政部门或者乡、民族乡、镇的人民政府负责组织，审计结果应当公布，其中离任经济责任审计结果应当在下一届村民委员会选举之前公布。

第三十六条 村民委员会或者村民委员会成员作出的决定侵害村民合法权益的，受侵害的村民可以申请人民法院予以撤销，责任人依法承担法律责任。

村民委员会不依照法律、法规的规定履行法定义务的，由乡、民族乡、镇的人民政府责令改正。

乡、民族乡、镇的人民政府干预依法属于村民自治范围事项的，由上一级人民政府责令改正。

第六章 附 则

第三十七条 人民政府对村民委员会协助政府开展工作应当提供必要的条件；人民政府有关部门委托村民委员会开展工作需要经费的，由委托部门承担。

村民委员会办理本村公益事业所需的经费，由村民会议通过筹资筹劳解决；经费确有困难的，由地方人民政府给予适当支持。

第三十八条 驻在农村的机关、团体、部队、国有及国有控股企业、事业单位及其人员不参加村民委员会组织，但应当通过多种形式参与农村社区建设，并遵守有关村规民约。

村民委员会、村民会议或者村民代表会议讨论决定与前款规定的单位有关的事项，应当与其协商。

第三十九条 地方各级人民代表大会和县级以上地方各级人民代表大会常务委员会在本行政区域内保证本法的实施，保障村民依法行使自治权利。

第四十条 省、自治区、直辖市的人民代表大会常务委员会根据本法，结合本行政区域的实际情况，制定实施办法。

第四十一条 本法自公布之日起施行。

中华人民共和国全国人民代表大会和地方各级人民代表大会代表法（2010年修正）

（中华人民共和国主席令第38号，1992年4月3日第七届全国人民代表大会第五次会议通过，根据2009年8月27日第十一届全国人民代表大会常务委员会第十次会议《关于修改部分法律的决定》第一次修正，根据2010年10月28日第十一届全国人民代表大会常务委员会第十七次会议《关于修改〈中华人民共和国全国人民代表大会和地方各级人民代表大会代表法〉的决定》第二次修正）

目 录

第一章 总 则

第一条 为保证全国人民代表大会和地方各级人民代表大会代表依法行使代表的职权，履行代表的义务，发挥代表作用，根据宪法，制定本法。

第二条 全国人民代表大会和地方各级人民代表大会代表依照法律规定选举产生。

全国人民代表大会代表是最高国家权力机关组成人员，地方各级人民代表大会代表是地方各级国家权力机关组成人员。

全国人民代表大会和地方各级人民代表大会代表，代表人民的利益和意志，依照宪法和法律赋予本级人民代表大会的各项职权，参加行使国家权力。

第三条 代表享有下列权利：

（一）出席本级人民代表大会会议，参加审议各项议案、报告和其他议题，发表意见；

（二）依法联名提出议案、质询案、罢免案等；

（三）提出对各方面工作的建议、批评和意见；

（四）参加本级人民代表大会的各项选举；

（五）参加本级人民代表大会的各项表决；

（六）获得依法执行代表职务所需的信息和各项保障；

（七）法律规定的其他权利。

第四条 代表应当履行下列义务：

（一）模范地遵守宪法和法律，保守国家秘密，在自己参加的生产、工作和社会活动中，协助宪法和法律的实施；

（二）按时出席本级人民代表大会会议，认真审议各项议案、报告和其他议题，发表意见，做好会议期间的各项工作；

（三）积极参加统一组织的视察、专题调研、执法检查等履职活动；

（四）加强履职学习和调查研究，不断提高执行代表职务的能力；

（五）与原选区选民或者原选举单位和人民群众保持密切联系，听取和反映他们的意见和要求，努力为人民服务；

（六）自觉遵守社会公德，廉洁自律，公道正派，勤勉尽责；

（七）法律规定的其他义务。

第五条 代表依照本法的规定在本级人民代表大会会议期间的工作和在本级人民代表大会闭会期间的活动，都是执行代表职务。

国家和社会为代表执行代表职务提供保障。

代表不脱离各自的生产和工作。代表出席本级人民代表大会会议，参加闭会期间统一组织的履职活动，应当安排好本人的生产和工作，优先执行代表职务。

第六条 代表受原选区选民或者原选举单位的监督。

第二章 代表在本级人民代表大会会议期间的工作

第七条 代表应当按时出席本级人民代表大会会议。代表因健康等特殊原因不能出席会议的，应当按照规定请假。

代表在出席本级人民代表大会会议前，应当听取人民群众的意见和建议，为会议期间执行代表职务做好准备。

第八条 代表参加大会全体会议、代表团全体会议、小组会议，审议列入会议议程的各项议案和报告。

代表可以被推选或者受邀请列席主席团会议、专门委员会会议，发表意见。

代表应当围绕会议议题发表意见，遵守议事规则。

第九条 代表有权依照法律规定的程序向本级人民代表大会提出属于本级人民代表大会职权范围内的议案。议案应当有案由、案据和方案。

代表依法提出的议案，由本级人民代表大会主席团决定是否列入会议议程，或者先交有关的专门委员会审议、提出是否列入会议议程的意见，再决定是否列入会议议程。

列入会议议程的议案，在交付大会表决前，提出议案的代表要求撤回的，经主席团同意，会议对该项议案的审议即行终止。

第十条 全国人民代表大会代表，有权依照宪法规定的程序向全国人民代表大会提出修改宪法的议案。

第十一条 代表参加本级人民代表大会的各项选举。

全国人民代表大会代表有权对主席团提名的全国人民代表大会常务委员会组成人员的人选，中华人民共和国主席、副主席的人选，中央军事委员会主席的人选，最高人民法院院长和最高人民检察院检察长的人选，全国人民代表大会各专门委员会的人选，提出意见。

县级以上的地方各级人民代表大会代表有权依照法律规定的程序提出本级人民代表大会常务委员会的组成人员，人民政府领导人员，人民法院院长，人民检察院检察长以及上一级人民代表大会代表的人选，并有权对本级人民代表大会主席团和代表依法提出的上述人员的人选提出意见。

乡、民族乡、镇的人民代表大会代表有权依照法律规定的程序提出本级人民代表大会主席、副主席和人民政府领导人员的人选，并有权对本级人民代表大会主席团和代表依法提出的上述人员的人选提出意见。

各级人民代表大会代表有权对本级人民代表大会主席团的人选，提出意见。

代表对确定的候选人，可以投赞成票，可以投反对票，可以另选他人，也可以弃权。

第十二条 全国人民代表大会代表参加决定国务院组成人员和中央军事委员会副主席、委员的人选。

全国人民代表大会和省、自治区、直辖市、自治州、设区的市的人民代表大会代表参加表决通过本级人民代表大会各专门委员会组成人员的人选。

第十三条 代表在审议议案和报告时，可以向本级有关国家机关提出询问。有关国家机关应当派负责人或者负责人员回答询问。

第十四条 全国人民代表大会会议期间，一个代表团或者三十名以上的代表联名，有权书面提出对国务院和国务院各部、各委员会，最高人民法院，最高人民检察院的质询案。

县级以上的地方各级人民代表大会代表有权依照法律规定的程序提出对本级人民政府及其所属各部门，人民法院，人民检察院的质询案。

乡、民族乡、镇的人民代表大会代表有权依照法律规定的程序提出对本级人民政府的质询案。

质询案应当写明质询对象、质询的问题和内容。

质询案按照主席团的决定由受质询机关答复。提出质询案的代表半数以上对答复不满意的，可以要求受质询机关再作答复。

第十五条 全国人民代表大会代表有权依照法律规定的程序提出对全国人民代表大会常

务委员会组成人员，中华人民共和国主席、副主席，国务院组成人员，中央军事委员会组成人员，最高人民法院院长，最高人民检察院检察长的罢免案。

县级以上的地方各级人民代表大会代表有权依照法律规定的程序提出对本级人民代表大会常务委员会组成人员，人民政府组成人员，人民法院院长，人民检察院检察长的罢免案。

乡、民族乡、镇的人民代表大会代表有权依照法律规定的程序提出对本级人民代表大会主席、副主席和人民政府领导人员的罢免案。

罢免案应当写明罢免的理由。

第十六条 县级以上的各级人民代表大会代表有权依法提议组织关于特定问题的调查委员会。

第十七条 代表参加本级人民代表大会表决，可以投赞成票，可以投反对票，也可以弃权。

第十八条 代表有权向本级人民代表大会提出对各方面工作的建议、批评和意见。建议、批评和意见应当明确具体，注重反映实际情况和问题。

第三章 代表在本级人民代表大会闭会期间的活动

第十九条 县级以上的各级人民代表大会常务委员会组织本级人民代表大会代表开展闭会期间的活动。

县级以上的地方各级人民代表大会常务委员会受上一级人民代表大会常务委员会的委托，组织本级人民代表大会选举产生的上一级人民代表大会代表开展闭会期间的活动。

乡、民族乡、镇的人民代表大会主席、副主席负责组织本级人民代表大会代表开展闭会期间的活动。

第二十条 代表在闭会期间的活动以集体活动为主，以代表小组活动为基本形式。代表可以通过多种方式听取、反映原选区选民或者原选举单位的意见和要求。

第二十一条 县级以上的各级人民代表大会代表，在本级或者下级人民代表大会常务委员会协助下，可以按照便于组织和开展活动的原则组成代表小组。

县级以上的各级人民代表大会代表，可以参加下级人民代表大会代表的代表小组活动。

第二十二条 县级以上的各级人民代表大会代表根据本级人民代表大会常务委员会的统一安排，对本级或者下级国家机关和有关单位的工作进行视察。

代表按前款规定进行视察，可以提出约见本级或者下级有关国家机关负责人。被约见的有关国家机关负责人或者由他委托的负责人员应当听取代表的建议、批评和意见。

代表可以持代表证就地进行视察。县级以上的地方各级人民代表大会常务委员会根据代表的要求，联系安排本级或者上级的代表持代表证就地进行视察。

代表视察时，可以向被视察单位提出建议、批评和意见，但不直接处理问题。

第二十三条 县级以上的各级人民代表大会代表根据安排，围绕经济社会发展和关系人民群众切身利益、社会普遍关注的重大问题，开展专题调研。

第二十四条 代表参加视察、专题调研活动形成的报告，由本级人民代表大会常务委员会办事机构转交有关机关、组织。对报告中提出的意见和建议的研究处理情况应当向代表反馈。

第二十五条 代表有权依照法律规定的程序提议临时召集本级人民代表大会会议。

第二十六条 县级以上的各级人民代表大会代表可以应邀列席本级人民代表大会常务委员会会议，参加本级人民代表大会常务委员会组织的执法检查和其他活动。全国人民代表大会代表，省、自治区、直辖市、自治州、设区的市的人民代表大会代表可以应邀列席本级人民代表大会各专门委员会会议。

第二十七条 全国人民代表大会代表，省、自治区、直辖市、自治州、设区的市的人民代表大会代表可以列席原选举单位的人民代表大会会议，并可以应邀列席原选举单位的人民代表大会常务委员会会议。

第二十八条 县级以上的各级人民代表大会代表根据本级人民代表大会或者本级人民代

表大会常务委员会的决定，参加关于特定问题的调查委员会。

第二十九条 县级以上的各级人民代表大会代表在本级人民代表大会闭会期间，有权向本级人民代表大会常务委员会提出对各方面工作的建议、批评和意见。建议、批评和意见应当明确具体，注重反映实际情况和问题。

第三十条 乡、民族乡、镇的人民代表大会代表在本级人民代表大会闭会期间，根据统一安排，开展调研等活动；组成代表小组，分工联系选民，反映人民群众的意见和要求。

第四章 代表执行职务的保障

第三十一条 代表在人民代表大会各种会议上的发言和表决，不受法律追究。

第三十二条 县级以上的各级人民代表大会代表，非经本级人民代表大会主席团许可，在本级人民代表大会闭会期间，非经本级人民代表大会常务委员会许可，不受逮捕或者刑事审判。如果因为是现行犯被拘留，执行拘留的机关应当立即向该级人民代表大会主席团或者人民代表大会常务委员会报告。

对县级以上的各级人民代表大会代表，如果采取法律规定的其他限制人身自由的措施，应当经该级人民代表大会主席团或者人民代表大会常务委员会许可。

人民代表大会主席团或者常务委员会受理有关机关依照本条规定提请许可的申请，应当审查是否存在对代表在人民代表大会各种会议上的发言和表决进行法律追究，或者对代表提出建议、批评和意见等其他执行职务行为打击报复的情形，并据此作出决定。

乡、民族乡、镇的人民代表大会代表，如果被逮捕、受刑事审判、或者被采取法律规定的其他限制人身自由的措施，执行机关应当立即报告乡、民族乡、镇的人民代表大会。

第三十三条 代表在本级人民代表大会闭会期间，参加由本级人民代表大会或者其常务委员会安排的代表活动，代表所在单位必须给予时间保障。

第三十四条 代表按照本法第三十三条的规定执行代表职务，其所在单位按正常出勤对待，享受所在单位的工资和其他待遇。

无固定工资收入的代表执行代表职务，根据实际情况由本级财政给予适当补贴。

第三十五条 代表的活动经费，应当列入本级财政预算予以保障，专款专用。

第三十六条 县级以上的各级人民代表大会常务委员会应当采取多种方式同本级人民代表大会代表保持联系，扩大代表对本级人民代表大会常务委员会活动的参与。

第三十七条 县级以上的地方各级人民代表大会常务委员会，应当为本行政区域内的代表执行代表职务提供必要的条件。

第三十八条 县级以上的各级人民代表大会常务委员会，各级人民政府和人民法院、人民检察院，应当及时向本级人民代表大会代表通报工作情况，提供信息资料，保障代表的知情权。

第三十九条 县级以上的各级人民代表大会常务委员会应当有计划地组织代表参加履职学习，协助代表全面熟悉人民代表大会制度、掌握履行代表职务所需的法律知识和其他专业知识。

乡、民族乡、镇的人民代表大会代表可以参加上级人民代表大会常务委员会组织的代表履职学习。

第四十条 县级以上的各级人民代表大会常务委员会的办事机构和工作机构是代表执行代表职务的集体服务机构，为代表执行代表职务提供服务保障。

第四十一条 为了便于代表执行代表职务，各级人民代表大会可以为本级人民代表大会代表制发代表证。

第四十二条 有关机关、组织应当认真研究办理代表建议、批评和意见，并自交办之日起三个月内答复。涉及面广、处理难度大的建议、批评和意见，应当自交办之日起六个月内答复。

有关机关、组织在研究办理代表建议、批评和意见的过程中，应当与代表联系沟通，充分听取意见。

代表建议、批评和意见的办理情况，应当向本级人民代表大会常务委员会报告，并印发下一次人民代表大会会议。

第四十三条 少数民族代表执行代表职务时，有关部门应当在语言文字、生活习惯等方面给予必要的帮助和照顾。

第四十四条 一切组织和个人都必须尊重代表的权利，支持代表执行代表职务。

有义务协助代表执行代表职务而拒绝履行义务的，有关单位应当予以批评教育，直至给予行政处分。

阻碍代表依法执行代表职务的，根据情节，由所在单位或者上级机关给予行政处分，或者适用《中华人民共和国治安管理处罚法》第五十条的处罚规定；以暴力、威胁方法阻碍代表依法执行代表职务的，依照刑法有关规定追究刑事责任。

对代表依法执行代表职务进行打击报复的，由所在单位或者上级机关责令改正或者给予行政处分；国家工作人员进行打击报复构成犯罪的，依照刑法有关规定追究刑事责任。

第五章 对代表的监督

第四十五条 代表应当采取多种方式经常听取人民群众对代表履职的意见，回答原选区选民或者原选举单位对代表工作和代表活动的询问，接受监督。

由选民直接选举的代表应当以多种方式向选民报告履职情况。

第四十六条 代表应当正确处理从事个人职业活动与执行代表职务的关系，不得利用执行代表职务干涉具体司法案件或者招标投标等经济活动牟取个人利益。

第四十七条 选民或者选举单位有权依法罢免自己选出的代表。被提出罢免的代表有权出席罢免该代表的会议提出申辩意见，或者书面提出申辩意见。

第四十八条 代表有下列情形之一的，暂时停止执行代表职务，由代表资格审查委员会向本级人民代表大会常务委员会或者乡、民族乡、镇的人民代表大会报告：

（一）因刑事案件被羁押正在受侦查、起诉、审判的；

（二）被依法判处管制、拘役或者有期徒刑而没有附加剥夺政治权利，正在服刑的。

前款所列情形在代表任期内消失后，恢复其执行代表职务，但代表资格终止者除外。

第四十九条 代表有下列情形之一的，其代表资格终止：

（一）地方各级人民代表大会代表迁出或者调离本行政区域的；

（二）辞职被接受的；

（三）未经批准两次不出席本级人民代表大会会议的；

（四）被罢免的；

（五）丧失中华人民共和国国籍的；

（六）依照法律被剥夺政治权利的；

（七）丧失行为能力的。

第五十条 县级以上的各级人民代表大会代表资格的终止，由代表资格审查委员会报本级人民代表大会常务委员会，由本级人民代表大会常务委员会予以公告。

乡、民族乡、镇的人民代表大会代表资格的终止，由代表资格审查委员会报本级人民代表大会，由本级人民代表大会予以公告。

第六章 附 则

第五十一条 省、自治区、直辖市的人民代表大会及其常务委员会可以根据本法和本行政区域的实际情况，制定实施办法。

第五十二条 本法自公布之日起施行。

中华人民共和国人民调解法

（2010年8月28日第十一届全国人民代表大会常务委员会第十六次会议通过）

目　录

第一章　总　则

第一条　为了完善人民调解制度，规范人民调解活动，及时解决民间纠纷，维护社会和谐稳定，根据宪法，制定本法。

第二条　本法所称人民调解，是指人民调解委员会通过说服、疏导等方法，促使当事人在平等协商基础上自愿达成调解协议，解决民间纠纷的活动。

第三条　人民调解委员会调解民间纠纷，应当遵循下列原则：

（一）在当事人自愿、平等的基础上进行调解；

（二）不违背法律、法规和国家政策；

（三）尊重当事人的权利，不得因调解而阻止当事人依法通过仲裁、行政、司法等途径维护自己的权利。

第四条　人民调解委员会调解民间纠纷，不收取任何费用。

第五条　国务院司法行政部门负责指导全国的人民调解工作，县级以上地方人民政府司法行政部门负责指导本行政区域的人民调解工作。

基层人民法院对人民调解委员会调解民间纠纷进行业务指导。

第六条　国家鼓励和支持人民调解工作。县级以上地方人民政府对人民调解工作所需经费应当给予必要的支持和保障，对有突出贡献的人民调解委员会和人民调解员按照国家规定给予表彰奖励。

第二章　人民调解委员会

第七条　人民调解委员会是依法设立的调解民间纠纷的群众性组织。

第八条　村民委员会、居民委员会设立人民调解委员会。企业事业单位根据需要设立人民调解委员会。

人民调解委员会由委员三至九人组成，设主任一人，必要时，可以设副主任若干人。

人民调解委员会应当有妇女成员，多民族居住的地区应当有人数较少民族的成员。

第九条　村民委员会、居民委员会的人民调解委员会委员由村民会议或者村民代表会议、居民会议推选产生；企业事业单位设立的人民调解委员会委员由职工大会、职工代表大会或者工会组织推选产生。

人民调解委员会委员每届任期三年，可以连选连任。

第十条　县级人民政府司法行政部门应当对本行政区域内人民调解委员会的设立情况进行统计，并且将人民调解委员会以及人员组成和调整情况及时通报所在地基层人民法院。

第十一条　人民调解委员会应当建立健全各项调解工作制度，听取群众意见，接受群众监督。

第十二条　村民委员会、居民委员会和企业事业单位应当为人民调解委员会开展工作提供办公条件和必要的工作经费。

第三章　人民调解员

第十三条　人民调解员由人民调解委员会委员和人民调解委员会聘任的人员担任。

第十四条 人民调解员应当由公道正派、热心人民调解工作，并具有一定文化水平、政策水平和法律知识的成年公民担任。

县级人民政府司法行政部门应当定期对人民调解员进行业务培训。

第十五条 人民调解员在调解工作中有下列行为之一的，由其所在的人民调解委员会给予批评教育、责令改正，情节严重的，由推选或者聘任单位予以罢免或者解聘：

（一）偏袒一方当事人的；

（二）侮辱当事人的；

（三）索取、收受财物或者牟取其他不正当利益的；

（四）泄露当事人的个人隐私、商业秘密的。

第十六条 人民调解员从事调解工作，应当给予适当的误工补贴；因从事调解工作致伤致残，生活发生困难的，当地人民政府应当提供必要的医疗、生活救助；在人民调解工作岗位上牺牲的人民调解员，其配偶、子女按照国家规定享受抚恤和优待。

第四章 调解程序

第十七条 当事人可以向人民调解委员会申请调解；人民调解委员会也可以主动调解。当事人一方明确拒绝调解的，不得调解。

第十八条 基层人民法院、公安机关对适宜通过人民调解方式解决的纠纷，可以在受理前告知当事人向人民调解委员会申请调解。

第十九条 人民调解委员会根据调解纠纷的需要，可以指定一名或者数名人民调解员进行调解，也可以由当事人选择一名或者数名人民调解员进行调解。

第二十条 人民调解员根据调解纠纷的需要，在征得当事人的同意后，可以邀请当事人的亲属、邻里、同事等参与调解，也可以邀请具有专门知识、特定经验的人员或者有关社会组织的人员参与调解。

人民调解委员会支持当地公道正派、热心调解、群众认可的社会人士参与调解。

第二十一条 人民调解员调解民间纠纷，应当坚持原则，明法析理，主持公道。

调解民间纠纷，应当及时、就地进行，防止矛盾激化。

第二十二条 人民调解员根据纠纷的不同情况，可以采取多种方式调解民间纠纷，充分听取当事人的陈述，讲解有关法律、法规和国家政策，耐心疏导，在当事人平等协商、互谅互让的基础上提出纠纷解决方案，帮助当事人自愿达成调解协议。

第二十三条 当事人在人民调解活动中享有下列权利：

（一）选择或者接受人民调解员；

（二）接受调解、拒绝调解或者要求终止调解；

（三）要求调解公开进行或者不公开进行；

（四）自主表达意愿、自愿达成调解协议。

第二十四条 当事人在人民调解活动中履行下列义务：

（一）如实陈述纠纷事实；

（二）遵守调解现场秩序，尊重人民调解员；

（三）尊重对方当事人行使权利。

第二十五条 人民调解员在调解纠纷过程中，发现纠纷有可能激化的，应当采取有针对性的预防措施；对有可能引起治安案件、刑事案件的纠纷，应当及时向当地公安机关或者其他有关部门报告。

第二十六条 人民调解员调解纠纷，调解不成的，应当终止调解，并依据有关法律、法规的规定，告知当事人可以依法通过仲裁、行政、司法等途径维护自己的权利。

第二十七条 人民调解员应当记录调解情况。人民调解委员会应当建立调解工作档案，将调解登记、调解工作记录、调解协议书等材料立卷归档。

第五章 调解协议

第二十八条 经人民调解委员会调解达成调解协议的，可以制作调解协议书。当事人认为无需制作调解协议书的，可以采取口头协议方式，人民调解员应当记录协议内容。

第二十九条 调解协议书可以载明下列事项：

（一）当事人的基本情况；

（二）纠纷的主要事实、争议事项以及各方当事人的责任；

（三）当事人达成调解协议的内容，履行的方式、期限。

调解协议书自各方当事人签名、盖章或者按指印，人民调解员签名并加盖人民调解委员会印章之日起生效。调解协议书由当事人各执一份，人民调解委员会留存一份。

第三十条 口头调解协议自各方当事人达成协议之日起生效。

第三十一条 经人民调解委员会调解达成的调解协议，具有法律约束力，当事人应当按照约定履行。

人民调解委员会应当对调解协议的履行情况进行监督，督促当事人履行约定的义务。

第三十二条 经人民调解委员会调解达成调解协议后，当事人之间就调解协议的履行或者调解协议的内容发生争议的，一方当事人可以向人民法院提起诉讼。

第三十三条 经人民调解委员会调解达成调解协议后，双方当事人认为有必要的，可以自调解协议生效之日起三十日内共同向人民法院申请司法确认，人民法院应当及时对调解协议进行审查，依法确认调解协议的效力。

人民法院依法确认调解协议有效，一方当事人拒绝履行或者未全部履行的，对方当事人可以向人民法院申请强制执行。

人民法院依法确认调解协议无效的，当事人可以通过人民调解方式变更原调解协议或者达成新的调解协议，也可以向人民法院提起诉讼。

第六章 附 则

第三十四条 乡镇、街道以及社会团体或者其他组织根据需要可以参照本法有关规定设立人民调解委员会，调解民间纠纷。

第三十五条 本法自2011年1月1日起施行。

中华人民共和国劳动争议调解仲裁法

（2007年12月29日第十届全国人民代表大会常务委员会第三十一次会议通过）

目 录

第一章 总 则

第一条 为了公正及时解决劳动争议，保护当事人合法权益，促进劳动关系和谐稳定，制定本法。

第二条 中华人民共和国境内的用人单位与劳动者发生的下列劳动争议，适用本法：

（一）因确认劳动关系发生的争议；

（二）因订立、履行、变更、解除和终止劳动合同发生的争议；

（三）因除名、辞退和辞职、离职发生的争议；

（四）因工作时间、休息休假、社会保险、福利、培训以及劳动保护发生的争议；

（五）因劳动报酬、工伤医疗费、经济补偿或者赔偿金等发生的争议；

（六）法律、法规规定的其他劳动争议。

第三条 解决劳动争议，应当根据事实，遵循合法、公正、及时、着重调解的原则，依法保护当事人的合法权益。

第四条 发生劳动争议，劳动者可以与用人单位协商，也可以请工会或者第三方共同与用人单位协商，达成和解协议。

第五条　发生劳动争议，当事人不愿协商、协商不成或者达成和解协议后不履行的，可以向调解组织申请调解；不愿调解、调解不成或者达成调解协议后不履行的，可以向劳动争议仲裁委员会申请仲裁；对仲裁裁决不服的，除本法另有规定的外，可以向人民法院提起诉讼。

第六条　发生劳动争议，当事人对自己提出的主张，有责任提供证据。与争议事项有关的证据属于用人单位掌握管理的，用人单位应当提供；用人单位不提供的，应当承担不利后果。

第七条　发生劳动争议的劳动者一方在十人以上，并有共同请求的，可以推举代表参加调解、仲裁或者诉讼活动。

第八条　县级以上人民政府劳动行政部门会同工会和企业方面代表建立协调劳动关系三方机制，共同研究解决劳动争议的重大问题。

第九条　用人单位违反国家规定，拖欠或者未足额支付劳动报酬，或者拖欠工伤医疗费、经济补偿或者赔偿金的，劳动者可以向劳动行政部门投诉，劳动行政部门应当依法处理。

第二章　调　解

第十条　发生劳动争议，当事人可以到下列调解组织申请调解：

（一）企业劳动争议调解委员会；

（二）依法设立的基层人民调解组织；

（三）在乡镇、街道设立的具有劳动争议调解职能的组织。

企业劳动争议调解委员会由职工代表和企业代表组成。职工代表由工会成员担任或者由全体职工推举产生，企业代表由企业负责人指定。企业劳动争议调解委员会主任由工会成员或者双方推举的人员担任。

第十一条　劳动争议调解组织的调解员应当由公道正派、联系群众、热心调解工作，并具有一定法律知识、政策水平和文化水平的成年公民担任。

第十二条　当事人申请劳动争议调解可以书面申请，也可以口头申请。口头申请的，调解组织应当当场记录申请人基本情况、申请调解的争议事项、理由和时间。

第十三条　调解劳动争议，应当充分听取双方当事人对事实和理由的陈述，耐心疏导，帮助其达成协议。

第十四条　经调解达成协议的，应当制作调解协议书。

调解协议书由双方当事人签名或者盖章，经调解员签名并加盖调解组织印章后生效，对双方当事人具有约束力，当事人应当履行。

自劳动争议调解组织收到调解申请之日起十五日内未达成调解协议的，当事人可以依法申请仲裁。

第十五条　达成调解协议后，一方当事人在协议约定期限内不履行调解协议的，另一方当事人可以依法申请仲裁。

第十六条　因支付拖欠劳动报酬、工伤医疗费、经济补偿或者赔偿金事项达成调解协议，用人单位在协议约定期限内不履行的，劳动者可以持调解协议书依法向人民法院申请支付令。人民法院应当依法发出支付令。

第三章　仲　裁

第一节　一般规定

第十七条　劳动争议仲裁委员会按照统筹规划、合理布局和适应实际需要的原则设立。省、自治区人民政府可以决定在市、县设立；直辖市人民政府可以决定在区、县设立。直辖市、设区的市也可以设立一个或者若干个劳动争议仲裁委员会。劳动争议仲裁委员会不按行政区划层层设立。

第十八条　国务院劳动行政部门依照本法有关规定制定仲裁规则。省、自治区、直辖市人民政府劳动行政部门对本行政区域的劳动争议仲裁工作进行指导。

第十九条　劳动争议仲裁委员会由劳动行政部门代表、工会代表和企业方面代表组成。劳动争议仲裁委员会组成人员应当是单数。

劳动争议仲裁委员会依法履行下列职责：

（一）聘任、解聘专职或者兼职仲裁员；

（二）受理劳动争议案件；

（三）讨论重大或者疑难的劳动争议案件；

（四）对仲裁活动进行监督。

劳动争议仲裁委员会下设办事机构，负责办理劳动争议仲裁委员会的日常工作。

第二十条 劳动争议仲裁委员会应当设仲裁员名册。

仲裁员应当公道正派并符合下列条件之一：

（一）曾任审判员的；

（二）从事法律研究、教学工作并具有中级以上职称的；

（三）具有法律知识、从事人力资源管理或者工会等专业工作满五年的；

（四）律师执业满三年的。

第二十一条 劳动争议仲裁委员会负责管辖本区域内发生的劳动争议。

劳动争议由劳动合同履行地或者用人单位所在地的劳动争议仲裁委员会管辖。双方当事人分别向劳动合同履行地和用人单位所在地的劳动争议仲裁委员会申请仲裁的，由劳动合同履行地的劳动争议仲裁委员会管辖。

第二十二条 发生劳动争议的劳动者和用人单位为劳动争议仲裁案件的双方当事人。

劳务派遣单位或者用工单位与劳动者发生劳动争议的，劳务派遣单位和用工单位为共同当事人。

第二十三条 与劳动争议案件的处理结果有利害关系的第三人，可以申请参加仲裁活动或者由劳动争议仲裁委员会通知其参加仲裁活动。

第二十四条 当事人可以委托代理人参加仲裁活动。委托他人参加仲裁活动，应当向劳动争议仲裁委员会提交有委托人签名或者盖章的委托书，委托书应当载明委托事项和权限。

第二十五条 丧失或者部分丧失民事行为能力的劳动者，由其法定代理人代为参加仲裁活动；无法定代理人的，由劳动争议仲裁委员会为其指定代理人。劳动者死亡的，由其近亲属或者代理人参加仲裁活动。

第二十六条 劳动争议仲裁公开进行，但当事人协议不公开进行或者涉及国家秘密、商业秘密和个人隐私的除外。

第二节 申请和受理

第二十七条 劳动争议申请仲裁的时效期间为一年。仲裁时效期间从当事人知道或者应当知道其权利被侵害之日起计算。

前款规定的仲裁时效，因当事人一方向对方当事人主张权利，或者向有关部门请求权利救济，或者对方当事人同意履行义务而中断。从中断时起，仲裁时效期间重新计算。

因不可抗力或者有其他正当理由，当事人不能在本条第一款规定的仲裁时效期间申请仲裁的，仲裁时效中止。从中止时效的原因消除之日起，仲裁时效期间继续计算。

劳动关系存续期间因拖欠劳动报酬发生争议的，劳动者申请仲裁不受本条第一款规定的仲裁时效期间的限制；但是，劳动关系终止的，应当自劳动关系终止之日起一年内提出。

第二十八条 申请人申请仲裁应当提交书面仲裁申请，并按照被申请人人数提交副本。

仲裁申请书应当载明下列事项：

（一）劳动者的姓名、性别、年龄、职业、工作单位和住所，用人单位的名称、住所和法定代表人或者主要负责人的姓名、职务；

（二）仲裁请求和所根据的事实、理由；

（三）证据和证据来源、证人姓名和住所。

书写仲裁申请确有困难的，可以口头申请，由劳动争议仲裁委员会记入笔录，并告知对方当事人。

第二十九条 劳动争议仲裁委员会收到仲裁申请之日起五日内，认为符合受理条件的，应当受理，并通知申请人；认为不符合受理条件的，应当书面通知申请人不予受理，并说明理由。对劳动争议仲裁委员会不予受理或者逾期未作出决定的，申请人可以就该劳动争议事项向人民法院提起诉讼。

第三十条 劳动争议仲裁委员会受理仲裁申请后，应当在五日内将仲裁申请书副本送达被申请人。

被申请人收到仲裁申请书副本后，应当在十日内向劳动争议仲裁委员会提交答辩书。劳动争议仲裁委员会收到答辩书后，应当在五日内将答辩书副本送达申请人。被申请人未提交答辩书的，不影响仲裁程序的进行。

第三节 开庭和裁决

第三十一条 劳动争议仲裁委员会裁决劳动争议案件实行仲裁庭制。仲裁庭由三名仲裁员组成，设首席仲裁员。简单劳动争议案件可以由一名仲裁员独任仲裁。

第三十二条 劳动争议仲裁委员会应当在受理仲裁申请之日起五日内将仲裁庭的组成情况书面通知当事人。

第三十三条 仲裁员有下列情形之一，应当回避，当事人也有权以口头或者书面方式提出回避申请：

（一）是本案当事人或者当事人、代理人的近亲属的；

（二）与本案有利害关系的；

（三）与本案当事人、代理人有其他关系，可能影响公正裁决的；

（四）私自会见当事人、代理人，或者接受当事人、代理人的请客送礼的。

劳动争议仲裁委员会对回避申请应当及时作出决定，并以口头或者书面方式通知当事人。

第三十四条 仲裁员有本法第三十三条第四项规定情形，或者有索贿受贿、徇私舞弊、枉法裁决行为的，应当依法承担法律责任。劳动争议仲裁委员会应当将其解聘。

第三十五条 仲裁庭应当在开庭五日前，将开庭日期、地点书面通知双方当事人。当事人有正当理由的，可以在开庭三日前请求延期开庭。是否延期，由劳动争议仲裁委员会决定。

第三十六条 申请人收到书面通知，无正当理由拒不到庭或者未经仲裁庭同意中途退庭的，可以视为撤回仲裁申请。

被申请人收到书面通知，无正当理由拒不到庭或者未经仲裁庭同意中途退庭的，可以缺席裁决。

第三十七条 仲裁庭对专门性问题认为需要鉴定的，可以交由当事人约定的鉴定机构鉴定；当事人没有约定或者无法达成约定的，由仲裁庭指定的鉴定机构鉴定。

根据当事人的请求或者仲裁庭的要求，鉴定机构应当派鉴定人参加开庭。当事人经仲裁庭许可，可以向鉴定人提问。

第三十八条 当事人在仲裁过程中有权进行质证和辩论。质证和辩论终结时，首席仲裁员或者独任仲裁员应当征询当事人的最后意见。

第三十九条 当事人提供的证据经查证属实的，仲裁庭应当将其作为认定事实的根据。

劳动者无法提供由用人单位掌握管理的与仲裁请求有关的证据，仲裁庭可以要求用人单位在指定期限内提供。用人单位在指定期限内不提供的，应当承担不利后果。

第四十条 仲裁庭应当将开庭情况记入笔录。当事人和其他仲裁参加人认为对自己陈述的记录有遗漏或者差错的，有权申请补正。如果不予补正，应当记录该申请。

笔录由仲裁员、记录人员、当事人和其他仲裁参加人签名或者盖章。

第四十一条 当事人申请劳动争议仲裁后，可以自行和解。达成和解协议的，可以撤回仲裁申请。

第四十二条 仲裁庭在作出裁决前，应当先行调解。

调解达成协议的，仲裁庭应当制作调解书。

调解书应当写明仲裁请求和当事人协议的结果。调解书由仲裁员签名，加盖劳动争议仲裁委员会印章，送达双方当事人。调解书经双方当事人签收后，发生法律效力。

调解不成或者调解书送达前，一方当事人反悔的，仲裁庭应当及时作出裁决。

第四十三条 仲裁庭裁决劳动争议案件，应当自劳动争议仲裁委员会受理仲裁申请之日起四十五日内结束。案情复杂需要延期的，经劳动争议仲裁委员会主任批准，可以延期并书面通知当事人，但是延长期限不得超过十五日。逾期未作出仲裁裁决的，当事人可以就该劳动争议事项向人民法院提起诉讼。

仲裁庭裁决劳动争议案件时，其中一部分事实已经清楚，可以就该部分先行裁决。

第四十四条 仲裁庭对追索劳动报酬、工伤医疗费、经济补偿或者赔偿金的案件，根据当事人的申请，可以裁决先予执行，移送人民法院执行。

仲裁庭裁决先予执行的，应当符合下列

条件：

（一）当事人之间权利义务关系明确；

（二）不先予执行将严重影响申请人的生活。

劳动者申请先予执行的，可以不提供担保。

第四十五条 裁决应当按照多数仲裁员的意见作出，少数仲裁员的不同意见应当记入笔录。仲裁庭不能形成多数意见时，裁决应当按照首席仲裁员的意见作出。

第四十六条 裁决书应当载明仲裁请求、争议事实、裁决理由、裁决结果和裁决日期。裁决书由仲裁员签名，加盖劳动争议仲裁委员会印章。对裁决持不同意见的仲裁员，可以签名，也可以不签名。

第四十七条 下列劳动争议，除本法另有规定的外，仲裁裁决为终局裁决，裁决书自作出之日起发生法律效力：

（一）追索劳动报酬、工伤医疗费、经济补偿或者赔偿金，不超过当地月最低工资标准十二个月金额的争议；

（二）因执行国家的劳动标准在工作时间、休息休假、社会保险等方面发生的争议。

第四十八条 劳动者对本法第四十七条规定的仲裁裁决不服的，可以自收到仲裁裁决书之日起十五日内向人民法院提起诉讼。

第四十九条 用人单位有证据证明本法第四十七条规定的仲裁裁决有下列情形之一，可以自收到仲裁裁决书之日起三十日内向劳动争议仲裁委员会所在地的中级人民法院申请撤销裁决：

（一）适用法律、法规确有错误的；

（二）劳动争议仲裁委员会无管辖权的；

（三）违反法定程序的；

（四）裁决所根据的证据是伪造的；

（五）对方当事人隐瞒了足以影响公正裁决的证据的；

（六）仲裁员在仲裁该案时有索贿受贿、徇私舞弊、枉法裁决行为的。

人民法院经组成合议庭审查核实裁决有前款规定情形之一的，应当裁定撤销。

仲裁裁决被人民法院裁定撤销的，当事人可以自收到裁定书之日起十五日内就该劳动争议事项向人民法院提起诉讼。

第五十条 当事人对本法第四十七条规定以外的其他劳动争议案件的仲裁裁决不服的，可以自收到仲裁裁决书之日起十五日内向人民法院提起诉讼；期满不起诉的，裁决书发生法律效力。

第五十一条 当事人对发生法律效力的调解书、裁决书，应当依照规定的期限履行。一方当事人逾期不履行的，另一方当事人可以依照民事诉讼法的有关规定向人民法院申请执行。受理申请的人民法院应当依法执行。

第四章 附 则

第五十二条 事业单位实行聘用制的工作人员与本单位发生劳动争议的，依照本法执行；法律、行政法规或者国务院另有规定的，依照其规定。

第五十三条 劳动争议仲裁不收费。劳动争议仲裁委员会的经费由财政予以保障。

第五十四条 本法自 2008 年 5 月 1 日起施行。

中华人民共和国农村土地承包经营纠纷调解仲裁法

（2009年6月27日第十一届全国人民代表大会常务委员会第九次会议通过）

目 录

第一章 总 则

第一条 为了公正、及时解决农村土地承包经营纠纷，维护当事人的合法权益，促进农村经济发展和社会稳定，制定本法。

第二条 农村土地承包经营纠纷调解和仲裁，适用本法。

农村土地承包经营纠纷包括：

（一）因订立、履行、变更、解除和终止农村土地承包合同发生的纠纷；

（二）因农村土地承包经营权转包、出租、互换、转让、入股等流转发生的纠纷；

（三）因收回、调整承包地发生的纠纷；

（四）因确认农村土地承包经营权发生的纠纷；

（五）因侵害农村土地承包经营权发生的纠纷；

（六）法律、法规规定的其他农村土地承包经营纠纷。

因征收集体所有的土地及其补偿发生的纠纷，不属于农村土地承包仲裁委员会的受理范围，可以通过行政复议或者诉讼等方式解决。

第三条 发生农村土地承包经营纠纷的，当事人可以自行和解，也可以请求村民委员会、乡（镇）人民政府等调解。

第四条 当事人和解、调解不成或者不愿和解、调解的，可以向农村土地承包仲裁委员会申请仲裁，也可以直接向人民法院起诉。

第五条 农村土地承包经营纠纷调解和仲裁，应当公开、公平、公正，便民高效，根据事实，符合法律，尊重社会公德。

第六条 县级以上人民政府应当加强对农村土地承包经营纠纷调解和仲裁工作的指导。

县级以上人民政府农村土地承包管理部门及其他有关部门应当依照职责分工，支持有关调解组织和农村土地承包仲裁委员会依法开展工作。

第二章 调 解

第七条 村民委员会、乡（镇）人民政府应当加强农村土地承包经营纠纷的调解工作，帮助当事人达成协议解决纠纷。

第八条 当事人申请农村土地承包经营纠纷调解可以书面申请，也可以口头申请。口头申请的，由村民委员会或者乡（镇）人民政府当场记录申请人的基本情况、申请调解的纠纷事项、理由和时间。

第九条 调解农村土地承包经营纠纷，村民委员会或者乡（镇）人民政府应当充分听取当事人对事实和理由的陈述，讲解有关法律以及国家政策，耐心疏导，帮助当事人达成协议。

第十条 经调解达成协议的，村民委员会或者乡（镇）人民政府应当制作调解协议书。

调解协议书由双方当事人签名、盖章或者按指印，经调解人员签名并加盖调解组织印章后生效。

第十一条 仲裁庭对农村土地承包经营纠纷应当进行调解。调解达成协议的，仲裁庭应当制作调解书；调解不成的，应当及时作出裁决。

调解书应当写明仲裁请求和当事人协议的结果。调解书由仲裁员签名，加盖农村土地承包仲裁委员会印章，送达双方当事人。

调解书经双方当事人签收后，即发生法律效力。在调解书签收前当事人反悔的，仲裁庭应当及时作出裁决。

第三章　仲　裁

第一节　仲裁委员会和仲裁员

第十二条　农村土地承包仲裁委员会，根据解决农村土地承包经营纠纷的实际需要设立。农村土地承包仲裁委员会可以在县和不设区的市设立，也可以在设区的市或者其市辖区设立。

农村土地承包仲裁委员会在当地人民政府指导下设立。设立农村土地承包仲裁委员会的，其日常工作由当地农村土地承包管理部门承担。

第十三条　农村土地承包仲裁委员会由当地人民政府及其有关部门代表、有关人民团体代表、农村集体经济组织代表、农民代表和法律、经济等相关专业人员兼任组成，其中农民代表和法律、经济等相关专业人员不得少于组成人员的二分之一。

农村土地承包仲裁委员会设主任一人、副主任一至二人和委员若干人。主任、副主任由全体组成人员选举产生。

第十四条　农村土地承包仲裁委员会依法履行下列职责：

（一）聘任、解聘仲裁员；

（二）受理仲裁申请；

（三）监督仲裁活动。

农村土地承包仲裁委员会应当依照本法制定章程，对其组成人员的产生方式及任期、议事规则等作出规定。

第十五条　农村土地承包仲裁委员会应当从公道正派的人员中聘任仲裁员。

仲裁员应当符合下列条件之一：

（一）从事农村土地承包管理工作满五年；

（二）从事法律工作或者人民调解工作满五年；

（三）在当地威信较高，并熟悉农村土地承包法律以及国家政策的居民。

第十六条　农村土地承包仲裁委员会应当对仲裁员进行农村土地承包法律以及国家政策的培训。

省、自治区、直辖市人民政府农村土地承包管理部门应当制定仲裁员培训计划，加强对仲裁员培训工作的组织和指导。

第十七条　农村土地承包仲裁委员会组成人员、仲裁员应当依法履行职责，遵守农村土地承包仲裁委员会章程和仲裁规则，不得索贿受贿、徇私舞弊，不得侵害当事人的合法权益。

仲裁员有索贿受贿、徇私舞弊、枉法裁决以及接受当事人请客送礼等违法违纪行为的，农村土地承包仲裁委员会应当将其除名；构成犯罪的，依法追究刑事责任。

县级以上地方人民政府及有关部门应当受理对农村土地承包仲裁委员会组成人员、仲裁员违法违纪行为的投诉和举报，并依法组织查处。

第二节　申请和受理

第十八条　农村土地承包经营纠纷申请仲裁的时效期间为二年，自当事人知道或者应当知道其权利被侵害之日起计算。

第十九条　农村土地承包经营纠纷仲裁的申请人、被申请人为当事人。家庭承包的，可以由农户代表人参加仲裁。当事人一方人数众多的，可以推选代表人参加仲裁。

与案件处理结果有利害关系的，可以申请作为第三人参加仲裁，或者由农村土地承包仲裁委员会通知其参加仲裁。

当事人、第三人可以委托代理人参加仲裁。

第二十条　申请农村土地承包经营纠纷仲裁应当符合下列条件：

（一）申请人与纠纷有直接的利害关系；

（二）有明确的被申请人；

（三）有具体的仲裁请求和事实、理由；

（四）属于农村土地承包仲裁委员会的受理范围。

第二十一条　当事人申请仲裁，应当向纠纷涉及的土地所在地的农村土地承包仲裁委员会递交仲裁申请书。仲裁申请书可以邮寄或者委托他人代交。仲裁申请书应当载明申请人和被申请人的基本情况，仲裁请求和所根据的事实、理由，并提供相应的证据和证据来源。

书面申请确有困难的，可以口头申请，由农村土地承包仲裁委员会记入笔录，经申请人核实后由其签名、盖章或者按指印。

第二十二条 农村土地承包仲裁委员会应当对仲裁申请予以审查，认为符合本法第二十条规定的，应当受理。有下列情形之一的，不予受理；已受理的，终止仲裁程序：

（一）不符合申请条件；

（二）人民法院已受理该纠纷；

（三）法律规定该纠纷应当由其他机构处理；

（四）对该纠纷已有生效的判决、裁定、仲裁裁决、行政处理决定等。

第二十三条 农村土地承包仲裁委员会决定受理的，应当自收到仲裁申请之日起五个工作日内，将受理通知书、仲裁规则和仲裁员名册送达申请人；决定不予受理或者终止仲裁程序的，应当自收到仲裁申请或者发现终止仲裁程序情形之日起五个工作日内书面通知申请人，并说明理由。

第二十四条 农村土地承包仲裁委员会应当自受理仲裁申请之日起五个工作日内，将受理通知书、仲裁申请书副本、仲裁规则和仲裁员名册送达被申请人。

第二十五条 被申请人应当自收到仲裁申请书副本之日起十日内向农村土地承包仲裁委员会提交答辩书；书面答辩确有困难的，可以口头答辩，由农村土地承包仲裁委员会记入笔录，经被申请人核实后由其签名、盖章或者按指印。农村土地承包仲裁委员会应当自收到答辩书之日起五个工作日内将答辩书副本送达申请人。被申请人未答辩的，不影响仲裁程序的进行。

第二十六条 一方当事人因另一方当事人的行为或者其他原因，可能使裁决不能执行或者难以执行的，可以申请财产保全。

当事人申请财产保全的，农村土地承包仲裁委员会应当将当事人的申请提交被申请人住所地或者财产所在地的基层人民法院。

申请有错误的，申请人应当赔偿被申请人因财产保全所遭受的损失。

第三节 仲裁庭的组成

第二十七条 仲裁庭由三名仲裁员组成，首席仲裁员由当事人共同选定，其他二名仲裁员由当事人各自选定；当事人不能选定的，由农村土地承包仲裁委员会主任指定。

事实清楚、权利义务关系明确、争议不大的农村土地承包经营纠纷，经双方当事人同意，可以由一名仲裁员仲裁。仲裁员由当事人共同选定或者由农村土地承包仲裁委员会主任指定。

农村土地承包仲裁委员会应当自仲裁庭组成之日起二个工作日内将仲裁庭组成情况通知当事人。

第二十八条 仲裁员有下列情形之一的，必须回避，当事人也有权以口头或者书面方式申请其回避：

（一）是本案当事人或者当事人、代理人的近亲属；

（二）与本案有利害关系；

（三）与本案当事人、代理人有其他关系，可能影响公正仲裁；

（四）私自会见当事人、代理人，或者接受当事人、代理人的请客送礼。

当事人提出回避申请，应当说明理由，在首次开庭前提出。回避事由在首次开庭后知道的，可以在最后一次开庭终结前提出。

第二十九条 农村土地承包仲裁委员会对回避申请应当及时作出决定，以口头或者书面方式通知当事人，并说明理由。

仲裁员是否回避，由农村土地承包仲裁委员会主任决定；农村土地承包仲裁委员会主任担任仲裁员时，由农村土地承包仲裁委员会集体决定。

仲裁员因回避或者其他原因不能履行职责的，应当依照本法规定重新选定或者指定仲裁员。

第四节 开庭和裁决

第三十条 农村土地承包经营纠纷仲裁应当开庭进行。

开庭可以在纠纷涉及的土地所在地的乡

（镇）或者村进行，也可以在农村土地承包仲裁委员会所在地进行。当事人双方要求在乡（镇）或者村开庭的，应当在该乡（镇）或者村开庭。

开庭应当公开，但涉及国家秘密、商业秘密和个人隐私以及当事人约定不公开的除外。

第三十一条 仲裁庭应当在开庭五个工作日前将开庭的时间、地点通知当事人和其他仲裁参与人。

当事人有正当理由的，可以向仲裁庭请求变更开庭的时间、地点。是否变更，由仲裁庭决定。

第三十二条 当事人申请仲裁后，可以自行和解。达成和解协议的，可以请求仲裁庭根据和解协议作出裁决书，也可以撤回仲裁申请。

第三十三条 申请人可以放弃或者变更仲裁请求。被申请人可以承认或者反驳仲裁请求，有权提出反请求。

第三十四条 仲裁庭作出裁决前，申请人撤回仲裁申请的，除被申请人提出反请求的外，仲裁庭应当终止仲裁。

第三十五条 申请人经书面通知，无正当理由不到庭或者未经仲裁庭许可中途退庭的，可以视为撤回仲裁申请。

被申请人经书面通知，无正当理由不到庭或者未经仲裁庭许可中途退庭的，可以缺席裁决。

第三十六条 当事人在开庭过程中有权发表意见、陈述事实和理由、提供证据、进行质证和辩论。对不通晓当地通用语言文字的当事人，农村土地承包仲裁委员会应当为其提供翻译。

第三十七条 当事人应当对自己的主张提供证据。与纠纷有关的证据由作为当事人一方的发包方等掌握管理的，该当事人应当在仲裁庭指定的期限内提供，逾期不提供的，应当承担不利后果。

第三十八条 仲裁庭认为有必要收集的证据，可以自行收集。

第三十九条 仲裁庭对专门性问题认为需要鉴定的，可以交由当事人约定的鉴定机构鉴定；当事人没有约定的，由仲裁庭指定的鉴定机构鉴定。

根据当事人的请求或者仲裁庭的要求，鉴定机构应当派鉴定人参加开庭。当事人经仲裁庭许可，可以向鉴定人提问。

第四十条 证据应当在开庭时出示，但涉及国家秘密、商业秘密和个人隐私的证据不得在公开开庭时出示。

仲裁庭应当依照仲裁规则的规定开庭，给予双方当事人平等陈述、辩论的机会，并组织当事人进行质证。

经仲裁庭查证属实的证据，应当作为认定事实的根据。

第四十一条 在证据可能灭失或者以后难以取得的情况下，当事人可以申请证据保全。当事人申请证据保全的，农村土地承包仲裁委员会应当将当事人的申请提交证据所在地的基层人民法院。

第四十二条 对权利义务关系明确的纠纷，经当事人申请，仲裁庭可以先行裁定维持现状、恢复农业生产以及停止取土、占地等行为。

一方当事人不履行先行裁定的，另一方当事人可以向人民法院申请执行，但应当提供相应的担保。

第四十三条 仲裁庭应当将开庭情况记入笔录，由仲裁员、记录人员、当事人和其他仲裁参与人签名、盖章或者按指印。

当事人和其他仲裁参与人认为对自己陈述的记录有遗漏或者差错的，有权申请补正。如果不予补正，应当记录该申请。

第四十四条 仲裁庭应当根据认定的事实和法律以及国家政策作出裁决并制作裁决书。

裁决应当按照多数仲裁员的意见作出，少数仲裁员的不同意见可以记入笔录。仲裁庭不能形成多数意见时，裁决应当按照首席仲裁员的意见作出。

第四十五条 裁决书应当写明仲裁请求、争议事实、裁决理由、裁决结果、裁决日期以及当事人不服仲裁裁决的起诉权利、期限，由仲裁员签名，加盖农村土地承包仲裁委员会印章。

农村土地承包仲裁委员会应当在裁决作出之日起三个工作日内将裁决书送达当事人，并告知当事人不服仲裁裁决的起诉权利、期限。

第四十六条 仲裁庭依法独立履行职责，不受行政机关、社会团体和个人的干涉。

第四十七条 仲裁农村土地承包经营纠纷，应当自受理仲裁申请之日起六十日内结束；案情复杂需要延长的，经农村土地承包仲裁委员会主任批准可以延长，并书面通知当事人，但延长期限不得超过三十日。

第四十八条 当事人不服仲裁裁决的，可以自收到裁决书之日起三十日内向人民法院起诉。逾期不起诉的，裁决书即发生法律效力。

第四十九条 当事人对发生法律效力的调解书、裁决书，应当依照规定的期限履行。一方当事人逾期不履行的，另一方当事人可以向被申请人住所地或者财产所在地的基层人民法院申请执行。受理申请的人民法院应当依法执行。

第四章 附 则

第五十条 本法所称农村土地，是指农民集体所有和国家所有依法由农民集体使用的耕地、林地、草地，以及其他依法用于农业的土地。

第五十一条 农村土地承包经营纠纷仲裁规则和农村土地承包仲裁委员会示范章程，由国务院农业、林业行政主管部门依照本法规定共同制定。

第五十二条 农村土地承包经营纠纷仲裁不得向当事人收取费用，仲裁工作经费纳入财政预算予以保障。

第五十三条 本法自2010年1月1日起施行。

最高人民法院关于适用《中华人民共和国仲裁法》若干问题的解释

（2005年12月26日由最高人民法院审判委员会第1375次会议通过，2006年8月23日公布，自2006年9月8日起施行）

根据《中华人民共和国仲裁法》和《中华人民共和国民事诉讼法》等法律规定，对人民法院审理涉及仲裁案件适用法律的若干问题作如下解释：

第一条 仲裁法第十六条规定的“其他书面形式”的仲裁协议，包括以合同书、信件和数据电文（包括电报、电传、传真、电子数据交换和电子邮件）等形式达成的请求仲裁的协议。

第二条 当事人概括约定仲裁事项为合同争议的，基于合同成立、效力、变更、转让、履行、违约责任、解释、解除等产生的纠纷都可以认定为仲裁事项。

第三条 仲裁协议约定的仲裁机构名称不准确，但能够确定具体的仲裁机构的，应当认定选定了仲裁机构。

第四条 仲裁协议仅约定纠纷适用的仲裁规则的，视为未约定仲裁机构，但当事人达成补充协议或者按照约定的仲裁规则能够确定仲裁机构的除外。

第五条 仲裁协议约定两个以上仲裁机构的，当事人可以协议选择其中的一个仲裁机构申请仲裁；当事人不能就仲裁机构选择达成一致的，仲裁协议无效。

第六条 仲裁协议约定由某地的仲裁机构仲裁且该地仅有一个仲裁机构的，该仲裁机构视为约定的仲裁机构。该地有两个以上仲裁机构的，当事人可以协议选择其中的一个仲裁机构申请仲裁；当事人不能就仲裁机构选择达成一致的，仲裁协议无效。

第七条 当事人约定争议可以向仲裁机构申请仲裁也可以向人民法院起诉的，仲裁协议无效。但一方向仲裁机构申请仲裁，另一方未在仲裁法第二十条第二款规定期间内提出异议的除外。

第八条 当事人订立仲裁协议后合并、分立的，仲裁协议对其权利义务的继受人有效。

当事人订立仲裁协议后死亡的，仲裁协议对承继其仲裁事项中的权利义务的继承人有效。

前两款规定情形，当事人订立仲裁协议时另有约定的除外。

第九条 债权债务全部或者部分转让的，仲裁协议对受让人有效，但当事人另有约定、在受让债权债务时受让人明确反对或者不知有单独仲裁协议的除外。

第十条 合同成立后未生效或者被撤销的，仲裁协议效力的认定适用仲裁法第十九条第一款的规定。

当事人在订立合同时就争议达成仲裁协议的，合同未成立不影响仲裁协议的效力。

第十一条 合同约定解决争议适用其他合同、文件中的有效仲裁条款的，发生合同争议时，当事人应当按照该仲裁条款提请仲裁。

涉外合同应当适用的有关国际条约中有仲裁规定的，发生合同争议时，当事人应当按照国际条约中的仲裁规定提请仲裁。

第十二条 当事人向人民法院申请确认仲裁协议效力的案件，由仲裁协议约定的仲裁机构所在地的中级人民法院管辖；仲裁协议约定的仲裁机构不明确的，由仲裁协议签订地或者被申请人住所地的中级人民法院管辖。

申请确认涉外仲裁协议效力的案件，由仲裁协议约定的仲裁机构所在地、仲裁协议签订地、申请人或者被申请人住所地的中级人民法院管辖。

涉及海事海商纠纷仲裁协议效力的案件，由仲裁协议约定的仲裁机构所在地、仲裁协议签订地、申请人或者被申请人住所地的海事法院管辖；上述地点没有海事法院的，由就近的海事法院管辖。

第十三条 依照仲裁法第二十条第二款的规定，当事人在仲裁庭首次开庭前没有对仲裁协议的效力提出异议，而后向人民法院申请确认仲裁协议无效的，人民法院不予受理。

仲裁机构对仲裁协议的效力作出决定后，当事人向人民法院申请确认仲裁协议效力或者申请撤销仲裁机构的决定的，人民法院不予受理。

第十四条 仲裁法第二十六条规定的“首次开庭”是指答辩期满后人民法院组织的第一次开庭审理，不包括审前程序中的各项活动。

第十五条 人民法院审理仲裁协议效力确认案件，应当组成合议庭进行审查，并询问当事人。

第十六条 对涉外仲裁协议的效力审查，适用当事人约定的法律；当事人没有约定适用的法律但约定了仲裁地的，适用仲裁地法律；没有约定适用的法律也没有约定仲裁地或者仲裁地约定不明的，适用法院地法律。

第十七条 当事人以不属于仲裁法第五十八条或者民事诉讼法第二百六十条规定的事由申请撤销仲裁裁决的，人民法院不予支持。

第十八条 仲裁法第五十八条第一款第一项规定的“没有仲裁协议”是指当事人没有达成仲裁协议。仲裁协议被认定无效或者被撤销的，视为没有仲裁协议。

第十九条 当事人以仲裁裁决事项超出仲裁协议范围为由申请撤销仲裁裁决，经审查属实的，人民法院应当撤销仲裁裁决中的超裁部分。但超裁部分与其他裁决事项不可分的，人民法院应当撤销仲裁裁决。

第二十条 仲裁法第五十八条规定的“违反法定程序”，是指违反仲裁法规定的仲裁程序和当事人选择的仲裁规则可能影响案件正确裁决的情形。

第二十一条 当事人申请撤销国内仲裁裁决的案件属于下列情形之一的，人民法院可以依照仲裁法第六十一条的规定通知仲裁庭在一定期限内重新仲裁：

（一）仲裁裁决所根据的证据是伪造的；

（二）对方当事人隐瞒了足以影响公正裁决的证据的。

人民法院应当在通知中说明要求重新仲裁的具体理由。

第二十二条 仲裁庭在人民法院指定的期限内开始重新仲裁的，人民法院应当裁定终结撤销程序；未开始重新仲裁的，人民法院应当裁定恢复撤销程序。

第二十三条 当事人对重新仲裁裁决不服的，可以在重新仲裁裁决书送达之日起六个月内依据仲裁法第五十八条规定向人民法院申请撤销。

第二十四条 当事人申请撤销仲裁裁决的案件，人民法院应当组成合议庭审理，并询问当事人。

第二十五条 人民法院受理当事人撤销仲裁裁决的申请后，另一方当事人申请执行同一仲裁裁决的，受理执行申请的人民法院应当在受理后裁定中止执行。

第二十六条 当事人向人民法院申请撤销仲裁裁决被驳回后，又在执行程序中以相同理由提出不予执行抗辩的，人民法院不予支持。

第二十七条 当事人在仲裁程序中未对仲裁协议的效力提出异议，在仲裁裁决作出后以仲裁协议无效为由主张撤销仲裁裁决或者提出不予执行抗辩的，人民法院不予支持。

当事人在仲裁程序中对仲裁协议的效力提出异议，在仲裁裁决作出后又以此为由主张撤销仲裁裁决或者提出不予执行抗辩，经审查符合仲裁法第五十八条或者民事诉讼法第二百一十七条、第二百六十条规定的，人民法院应予支持。

第二十八条 当事人请求不予执行仲裁调解书或者根据当事人之间的和解协议作出的仲裁裁决书的，人民法院不予支持。

第二十九条 当事人申请执行仲裁裁决案件，由被执行人住所地或者被执行的财产所在地的中级人民法院管辖。

第三十条 根据审理撤销、执行仲裁裁决案件的实际需要，人民法院可以要求仲裁机构作出说明或者向相关仲裁机构调阅仲裁案卷。

人民法院在办理涉及仲裁的案件过程中作出的裁定，可以送相关的仲裁机构。

第三十一条 本解释自公布之日起实施。

本院以前发布的司法解释与本解释不一致的，以本解释为准。

最高人民法院关于依法做好抗震救灾恢复重建期间民事审判和执行工作的通知

（最高人民法院 2008 年 6 月 6 日公布）

各省、自治区、直辖市高级人民法院，解放军军事法院，新疆维吾尔自治区高级人民法院生产建设兵团分院：

四川汶川特大地震是新中国成立以来破坏性最强、波及范围最广的一次地震，造成了灾区人民群众生命财产的巨大损失。中共中央政治局常务委员会于2008 年6 月5 日专门研究部署汶川地震灾后恢复重建对口支援工作。灾后恢复重建是一项十分艰巨的任务，为加快灾后恢复重建，必须充分发挥社会主义制度的政治优势，举全国之力。各级人民法院要紧紧围绕全党全国工作大局，要把人民利益放在高于一切的位置，真正做到想灾区人民之所想、急灾区人民之所急，充分认识灾后恢复重建任务的艰巨性，充分发挥人民法院的审判职能作用，依法维护人民群众的生命财产安全，维护正常的社会秩序，维护人民群众的根本利益。

为依法做好灾区民事审判和执行工作，保障灾区人民群众合法权益，维护灾区社会稳定，为抗震救灾和灾后重建提供有力的司法保障，特通知如下：

一、各级人民法院特别是灾区人民法院一定要在党委领导下，积极支持当地政府把恢复重建工作纳入法制轨道，充分发挥人民法院在依法解决各种类型民事纠纷中的职能作用，扎扎实实做好民事案件的审判和执行工作。要在严格执法的前提下，正确认识和把握人民法院工作法律效果和社会效果的统一。灾区人民法院受理、审理和执行民事案件一定要从大局出发，要有利于维护灾区社会稳定，有利于维护灾区广大人民的根本利益，有利于巩固抗震救灾的成果和灾后恢复重建工作的顺利进行。

二、人民法院要积极支持和协助政府部门进行行政安置、抚慰、补助、救助等项工作，对于在工作中产生的矛盾和纠纷，人民法院要从法律的角度主动研究，主动提出如何依法行政、解决纠纷的建议和对策。特别是要在当地党委的统一领导下，充分发挥行政调解、诉讼调解、人民调解的作用，形成三位一体的综合性的纠纷解决体制，从源头上化解矛盾，减少纠纷。

三、在灾后重建期间，对于当事人起诉到人民法院的案件，符合立案条件的起诉，尤其是宣告失踪、宣告死亡以及对灾区输出农民工追讨劳动报酬等纠纷，应当及时立案，切实保障当事人诉权的实现。对于灾民被异地安置、投亲靠友后，因纠纷起诉到人民法院的，由于目前居住地发生了变化，在管辖问题上，由相关高级人民法院依照民事诉讼法等有关法律规定，从方便灾民、有利稳定的原则出发，统筹安排。对属于人民法院收案范围的纠纷，人民法院受理案件后，要切实加强涉灾民事案件的诉讼指导和法律释明，注重对当事人进行诉讼风险的提示；对不属于或不宜由人民法院处理的纠纷，应认真做好群众思想疏导工作，引导当事人选择其他有效途径和方式解决争议。

四、当事人因四川汶川特大地震不可抗力不能及时主张权利的，依照民法通则的规定诉讼时效中止，从中止时效的原因消除之日起，诉讼时效期间继续计算。人民法院对当事人因抗震救灾、灾后重建而不能参加诉讼活动的，要依法延期或中止审理；延期或中止的原因消除后，及时恢复审理。

五、对于宣告失踪、宣告死亡案件，人民法院要依法积极受理，以便尽快明确身份关系和财产关系。由于四川汶川特大地震后，“下落不明人住所地基层人民法院”受到严重破坏，难以开展审判工作，不能行使管辖权的，上级人民法院可以依照民事诉讼法第三十七条第一款的规定，指定其他基层人民法院管辖。

对灾区输出农民工追讨劳动报酬等纠纷案件，必须做到快立、快审，切实加强诉讼指导和法律释明，必要时可以先予执行。对因灾区输出农民工返乡参加抗震救灾，用人单位请求解除劳动关系的，人民法院应慎重处理。

对于起诉到人民法院的民事案件，当事人提出证据保全申请的，有关法院要依法采取保全措施。对于因地震毁损和灭失相关证据，带来当事人举证困难的，可以放宽举证期限，并加强依职权调查取证。要主动推出便民利民措施，为灾区当事人诉讼提供便利。要加大缓、减、免诉讼费用的力度，保证灾区群众不因缴不起诉讼费用而无法打官司。

六、人民法院在执行工作中，应当慎用强制执行措施。特别是对明确专用于抗震救灾的资金和物资，一律不得采取查封、扣押、冻结、划拨等财产保全措施和强制执行措施。

七、灾区人民法院要根据当地民事纠纷的实际情况和特点，积极向有关部门提出注意保护人民群众合法民事权益的司法建议，为有关部门有序、依法采取有效措施出谋划策。

各高级人民法院，特别是地震灾区的高级人民法院，要加强对房地产、储蓄存款合同、保险合同、借款合同纠纷等有关案件审判、执行工作的调研。受理或者审判的重要、敏感案件及相关情况、问题，应当及时报告最高人民法院。

最高人民法院关于人民法院执行公开的若干规定

（最高人民法院2006年12月31日公布）

为进一步规范人民法院执行行为，增强执行工作的透明度，保障当事人的知情权和监督权，进一步加强对执行工作的监督，确保执行公正，根据《中华人民共和国民事诉讼法》和有关司法解释等规定，结合执行工作实际，制定本规定。

第一条 本规定所称的执行公开，是指人民法院将案件执行过程和执行程序予以公开。

第二条 人民法院应当通过通知、公告或者法院网络、新闻媒体等方式，依法公开案件执行各个环节和有关信息，但涉及国家秘密、商业秘密等法律禁止公开的信息除外。

第三条 人民法院应当向社会公开执行案件的立案标准和启动程序。

人民法院对当事人的强制执行申请立案受理后，应当及时将立案的有关情况、当事人在执行程序中的权利和义务以及可能存在的执行风险书面告知当事人；不予立案的，应当制作裁定书送达申请人，裁定书应当载明不予立案的法律依据和理由。

第四条 人民法院应当向社会公开执行费用的收费标准和根据，公开执行费减、缓、免交的基本条件和程序。

第五条 人民法院受理执行案件后，应当及时将案件承办人或合议庭成员及联系方式告知双方当事人。

第六条 人民法院在执行过程中，申请执行人要求了解案件执行进展情况的，执行人员应当如实告知。

第七条 人民法院对申请执行人提供的财产线索进行调查后，应当及时将调查结果告知申请执行人；对依职权调查的被执行人财产状况和被执行人申报的财产状况，应当主动告知申请执行人。

第八条 人民法院采取查封、扣押、冻结、划拨等执行措施的，应当依法制作裁定书送达被执行人，并在实施执行措施后将有关情况及时告知双方当事人，或者以方便当事人查询的方式予以公开。

第九条 人民法院采取拘留、罚款、拘传等强制措施的，应当依法向被采取强制措施的人出示有关手续，并说明对其采取强制措施的理由和法律依据。采取强制措施后，应当将情况告知其他当事人。

采取拘留或罚款措施的，应当在决定书中告知被拘留或者被罚款的人享有向上级人民法院申请复议的权利。

第十条 人民法院拟委托评估、拍卖或者变卖被执行人财产的，应当及时告知双方当事人及其他利害关系人，并严格按照《中华人民共和国民事诉讼法》和最高人民法院《关于人民法院民事执行中拍卖、变卖财产的规定》等有关规定，采取公开的方式选定评估机构和拍卖机构，并依法公开进行拍卖、变卖。

评估结束后，人民法院应当及时向双方当事人及其他利害关系人送达评估报告；拍卖、变卖结束后，应当及时将结果告知双方当事人及其他利害关系人。

第十一条 人民法院在办理参与分配的执行案件时，应当将被执行人财产的处理方案、分配原则和分配方案以及相关法律规定告知申请参与分配的债权人。必要时，应当组织各方当事人举行听证会。

第十二条 人民法院对案外人异议、不予执行的申请以及变更、追加被执行主体等重大执行事项，一般应当公开听证进行审查；案情简单，事实清楚，没有必要听证的，人民法院可以直接审查。审查结果应当依法制作裁定书送达各方当事人。

第十三条 人民法院依职权对案件中止执

行的，应当制作裁定书并送达当事人。裁定书应当说明中止执行的理由，并明确援引相应的法律依据。

对已经中止执行的案件，人民法院应当告知当事人中止执行案件的管理制度、申请恢复执行或者人民法院依职权恢复执行的条件和程序。

第十四条 人民法院依职权对据以执行的生效法律文书终结执行的，应当公开听证，但申请执行人没有异议的除外。

终结执行应当制作裁定书并送达双方当事人。裁定书应当充分说明终结执行的理由，并明确援引相应的法律依据。

第十五条 人民法院未能按照最高人民法院《关于人民法院办理执行案件若干期限的规定》中规定的期限完成执行行为的，应当及时向申请执行人说明原因。

第十六条 人民法院对执行过程中形成的各种法律文书和相关材料，除涉及国家秘密、商业秘密等不宜公开的文书材料外，其他一般都应当予以公开。

当事人及其委托代理人申请查阅执行卷宗的，经人民法院许可，可以按照有关规定查阅、抄录、复制执行卷宗正卷中的有关材料。

第十七条 对违反本规定不公开或不及时公开案件执行信息的，视情节轻重，依有关规定追究相应的责任。

第十八条 各高级人民法院在实施本规定过程中，可以根据实际需要制定实施细则。

第十九条 本规定自2007年1月1日起施行。

最高人民法院关于加强和改进行政审判工作的意见

（最高人民法院2007年4月24日颁布）

为切实贯彻党的十六届六中全会精神，落实中共中央办公厅、国务院办公厅《关于预防和化解行政争议健全行政争议解决机制的意见》及第五次全国行政审判工作会议精神，适应新时期我国社会发展的需要，加强和改进行政审判工作，充分发挥行政审判的职能作用，为构建社会主义和谐社会提供更加有力的司法保障，特提出如下意见。

一、全面加强行政审判工作的重要性和紧迫性

1. 实现构建社会主义和谐社会的目标和任务，要求行政审判工作提供更加有力的司法保障。充分发挥行政审判的职能作用，对于妥善处理人民内部矛盾，维护行政管理秩序和社会和谐稳定，都具有极其重要的意义。特别是在当前行政争议数量日益增多，群体性行政争议较为突出的新形势下，行政审判化解行政争议、保护公民权益、维护社会稳定和促进社会和谐的任务更加艰巨。

2. 人民群众日益增长的司法需求，要求行政审判更加注重公正与效率。行政争议呈现增多的趋势，不仅反映社会利益格局日益多元化和复杂化，也反映了人民群众依法维权意识的不断提高和对司法救济期待的不断增强。随着形势的发展和法治建设步伐的加快，人民群众通过诉讼渠道解决行政争议的情况将会越来越多，对人民法院依法提供有效司法救济的要求也将越来越高。人民法院必须坚持“公正司法，一心为民”的指导方针，通过依法审理行政案件，妥善化解行政争议，以及时的救济保护民权，以优质的服务减轻民负，以快捷的审判解除民忧，以公正的裁判保障民利，以有力的执行实现民愿，切实解决行政诉讼“告状难”的问题，为人民群众提供公正及时的司法保护。

3. 加强党的执政能力建设，要求进一步提高行政审判能力。《中共中央关于加强党的执政能力建设的决定》，把科学执政、民主执政、依

法执政作为加强党的执政能力建设的总体目标之一。党依法执政的方式，主要是通过立法、行政和司法活动加以实现。重视加强行政审判工作，是提高党的执政能力的必然要求，也是提高党的执政能力的重要保障。各级人民法院和全体行政审判人员，必须从加强党的执政能力建设的战略高度，不断增强行政审判能力，以适应新时期化解行政争议、解决人民内部矛盾的迫切需要。

4. 推进法治政府建设，要求进一步发挥行政审判监督、维护和促进依法行政的积极作用。依法治国、建设社会主义法治国家，不仅是党领导人民治理国家的基本方略，也是一项重要的宪法原则。依法行政是依法治国的核心内容，实现依法治国，必须首先实现依法行政。在建设法治政府，实现政府职能转变和管理方式创新过程中，人民法院通过依法审理行政案件，监督、促进行政机关遵守法律程序，纠正越权和滥用职权行为，对于落实“有权必有责、用权受监督、侵权要赔偿”的依法行政要求，具有积极的、不可替代的重要作用。同时，人民法院对于合法适当的行政行为依法予以维持，通过司法程序确认行政行为的效力，也是对行政机关各项经济社会管理职能得以有效发挥的司法保障。

5. 加入世界贸易组织，要求人民法院承担司法审查的新职责。世贸组织协定对成员方的司法审查制度提出了明确要求，我国加入世贸组织议定书也将司法审查作为确保贸易制度实施的重要措施，作出了明确承诺，并且按照世贸组织规则的要求，修改和制定了大量的法律法规。最高人民法院也制定发布了相应的司法解释，建立和完善了相应的司法审查制度。近年来，涉及执行世贸组织规则的行政案件已经开始出现，特别是涉外知识产权行政案件大幅增加。新形势和新任务不仅扩展了行政审判的领域，还对我国行政审判的司法观念、司法水平提出了更高的要求。

6. 按照新形势和新任务的要求，当前行政审判工作还存在一些不相适应的问题和薄弱环节：一是有些法院的领导对行政审判工作重要性的认识还不够高，没有摆到应有的工作议事日程上来，导致少数法院行政审判机构不健全，审判力量不足，队伍不够稳定，审判人员整体素质不高；二是有的认为行政审判难度大、风险大，怕得罪政府或有关行政机关，不敢行使司法监督权，或是明知行政行为违法，却违心裁判，矛盾上交。也有些法院热衷于办理非诉行政执行案件，不愿受理和审理行政诉讼案件；三是有些行政案件的质量还不高，个别案件久拖不结，影响了当事人合法权益的实现；四是非法干预行政审判的现象在一些地方还不同程度地存在，对当事人诉权加以限制的“土政策”还没有彻底清除；五是对行政审判领域出现的新情况、新问题调查研究不够，等等。这些问题影响了行政诉讼法的贯彻实施，损害了司法权威和公正形象，制约了行政审判职能作用的发挥，必须引起高度重视，切实加以解决。

二、行政审判工作的基本经验和主要任务

7. 多年来，各级人民法院总结积累了许多行政审判方面的宝贵经验，主要是：依法保护行政相对人合法权益，是行政审判的首要任务；正确处理监督与维护的关系，是全面发挥行政审判职能的重要原则；坚持公正与效率相结合，是行政审判工作健康发展的重要保障；坚持法律效果与社会效果的统一，是开展行政审判工作的基本要求；不断改善和优化司法环境，是行政审判健康发展的必要条件；积极探索妥善处理行政争议的新方法，是行政审判工作不断取得新成绩、新发展的重要保证；坚持党的领导、自觉接受人大和社会各界的监督，是搞好行政审判工作的根本保障。

8. 当前和今后一个时期，人民法院行政审判工作的主要任务是：以邓小平理论和“三个代表”重要思想为指导，全面落实科学发展观，紧紧围绕“公正司法，一心为民”的指导方针，牢固树立社会主义司法理念，努力建设公正高效权威的行政审判制度，按照“保护合法权益，促进依法行政，优化司法环境，化解行政争议”的要求，充分发挥行政审判职能作用，为构建社会主义和谐社会提供有力的司法保障。

三、切实保护公民合法权益，促进依法行政

9. 各级人民法院要始终坚持“公正与效率”主题，坚持审判实践中的成功经验和有效做法，切实保证和不断提高行政审判的质量和效率。要全面理解和正确执行行政诉讼法和相关司法解释的规定，加大相对人诉权的保护力度，依法受理涉及公民人身权、财产权的行政案件，依法受理与人身权、财产权密切相关的其他经济社会权利的行政案件。要切实解决行政案件应当受理而不受理，或者不依法及时受理，导致行政相对人“告状难”的问题；切实解决应当撤销违法行政行为而违心迁就、违法办案，损害当事人利益的问题；切实解决一些案件审判效率不高，审判周期过长，久拖不结的问题。上级法院要加大对下级法院审理行政案件的监督力度，对不履行行政审判职责和违法办案的行为，要坚决依法予以纠正，对于造成恶劣影响的典型案件要给予通报和严肃处理。

10. 各级人民法院在依法保护行政相对人合法权益，监督行政机关依法行政的同时，对于行政机关依法实施的行政管理活动及合法行政行为，要给予及时有力的支持。要依法正确受理和及时执行非诉行政执行案件，支持行政机关依法行政。对于各级行政机关依法实施经济调控、市场监管、公共服务、社会管理职能，要积极提供有效的司法保障。要坚决依法支持各级政府和相关行政部门打击制裁土地违法行为、金融证券领域的违法违规行为、侵犯知识产权的违法行为、危害食品药品安全的违法行为、破坏自然资源和环境保护的违法行为、损害农民合法权益的违法行为等专项执法活动，维护正常的行政管理秩序、经济秩序和社会秩序，维护各级政府和行政部门的权威和良好形象。

四、努力营造良好的司法环境

11. 当前影响行政审判工作发展的因素中，司法环境仍然是一个比较突出的问题。各级人民法院要紧紧依靠党委和人大的领导、监督和支持，切实解决以言代法、以权压法和非法干预行政审判的问题，克服行政审判中的地方和部门保护主义。对于干预、阻碍人民法院受理、审判和执行行政案件的行为，要及时向各级纪检监察机关通报情况，取得支持。

12. 要积极推进行政案件管辖制度的改革和完善，通过加大指定管辖、异地审理的力度，防止和排除地方非法干预，为人民法院依法独立公正审理行政案件提供制度保障。

13. 探索管辖制度改革应当正确处理好以下问题：一是要以确保司法公正为目标。无论是指定管辖还是提级管辖，其目的都在于防止和排除不当干预，保证人民法院依法公正处理行政案件。对于由当地基层法院管辖可能会影响公正审理的案件，中级人民法院可以根据当事人的申请，决定指定管辖或者提级管辖，以确保案件审理的公正性。二是当事人选择和法院决定相结合。当事人可以向被告所在地基层人民法院起诉，也可以申请中级人民法院管辖，或者请求中级人民法院指定本辖区其他基层人民法院管辖，是否准许由中级人民法院决定。三是方便诉讼与案件平衡相兼顾。指定管辖应当考虑当事人的困难和负担，尽可能以就近为原则。同时可以通过指定管辖均衡各基层法院承办行政案件的数量。四是立案和审判机构相配合。在决定指定管辖或者提级管辖时，立案庭和行政庭要加强沟通与配合，如何确定管辖法院可以由行政庭提出意见。五是以解决基层法院公正司法为重点，尽可能把行政争议解决在基层。中级以上人民法院案件的管辖问题，应当按照现行法律和司法解释的规定执行。

五、积极探索行政案件处理新机制

14. 行政争议属于人民内部矛盾，行政争议产生和形成的原因往往比较复杂，每一起行政案件的情况也有所不同。因此，行政争议的解决必须采取多种方式和手段。人民法院在审理行政案件过程中，要按照“坚持合法审查，促进执法完善，依法规范撤诉，力求案结事了”的要求，积极探索行政案件处理新机制。

15. 人民法院在查清事实，分清是非，不损害国家利益、公共利益和他人合法权益的前提下，可以建议由行政机关完善或改变行政行为，补偿行政相对人的损失，人民法院可以裁

定准许行政相对人自愿撤诉。特别是对因农村土地征收、城市房屋拆迁、企业改制、劳动和社会保障、资源环保等社会热点问题引发的群体性行政争议，更要注意最大限度地采取协调方式处理。既要有娴熟的司法审查能力，又要具备高超的沟通协调能力和群众工作能力；既要依法保护群众的切身利益，又要善于引导当事人正当合法行使权利；既要保证个案处理的公正性，又要注意社会效益的最大化；既要全力做好本职工作，又要善于取得和依靠党委、政府的支持。要防止和避免因工作方法不当导致矛盾激化和转化，力争将案件处理的负面影响减少到最低限度。

16. 探索和完善协调机制应当正确处理好以下关系：一是合法性审查与协调的关系。人民法院要在查明事实、分清是非，不损害国家利益、公共利益和他人合法权益的前提下，协调处理行政争议。二是自愿撤诉与积极协调的关系。原告申请撤诉必须建立在自愿的基础上，不得代替当事人表达意愿，更不能强迫当事人接受某种条件。三是协调与裁判的关系。当事人不同意撤诉或者和解后又反悔的，应当及时恢复审理、做出裁判，不得片面追求撤诉率而当判不判，久拖不结。四是撤诉与执行的关系。在确认当事人协议效力的同时，对按约应即时履行没有履行的，不能急于送达裁定；对于约定到期履行的，应对义务方履行协议情况进行监督，防止因毁约或者失信而导致循环诉讼。

17. 要认清当前群体性行政争议日趋增多的严峻形势，不断提高依法妥善处理好群体性行政案件的司法能力，要按照最高人民法院下发的《关于妥善处理群体性行政案件的通知》的要求，对本辖区群体性行政案件的情况进行调查分析，制定相应的工作方案和措施，并认真抓好各项工作措施的落实，在党委的统一协调和政府的配合支持下，充分发挥人民法院在维护社会和谐稳定中的积极作用。

六、准确适用法律规范，维护法制统一

18. 要严格规范法律适用问题请示程序。各级人民法院在审理行政案件中遇到法律适用的疑难问题，可以向上级法院请示。上报请示应当严格执行最高人民法院关于请示问题的规定，请示的内容应当限于法律和司法解释的适用问题，不得就案件的事实认定问题、定性问题或者实体处理问题进行请示，更不得全案请示。法律适用问题请示应当逐级上报，不得越级请示。请示法院应当对请示问题的事实负责，并且经过审判委员会讨论提出倾向性意见。

19. 正确处理行政诉讼案件和民事诉讼案件交叉的问题。要区别责任发生的时间、法律对责任实现顺序是否有专门规定，以及是否涉及国家利益、公共利益，审慎解决民事责任和行政责任的冲突。要立足我国社会主义初级阶段的国情，既重视保障民事受害人的及时有效救济，也要兼顾行政与民事两种赔偿责任承担的基本公平。对选择民事或行政救济途径法律规定不明确的，要加强法院内部的沟通协商，不轻易否定起诉人的行政诉权或民事诉权。如争议的民事法律关系是行政行为合法的基础性前提性事实和主要构成要件的，应当先行中止行政诉讼，等候民事诉讼的判决结果。反之则可以行政诉讼先行。不同审判庭或者法院之间应当主动加强沟通协调，不得各行其是。

20. 充分尊重生效裁判的既判力，防止对同一事实或者同一法律问题作出不同裁判。无论是行政案件还是民事案件，在裁判发生法律效力后未经法定程序改判之前，对当事人、司法机关以及其他主体都具有拘束力，其他法院均不得作出与生效裁判不一致的裁判。即使生效裁判确有错误，也必须通过法定程序依法予以纠正，不得无视生效裁判的存在。

21. 高度重视“以罚代刑”的问题。当前在行政程序中，“以罚代刑”的现象比较突出。各级人民法院在行政审判中发现违法行为已经构成犯罪的，应当及时移送刑事侦查机关处理；对于行政机关可能存在“以罚代刑”、放纵犯罪问题的，要向行政机关或者有关部门及时提出司法建议。

七、建立司法与行政良性互动机制

22. 人民法院要采取多种方式加强同政府有关部门和复议机构沟通联系，交流行政审判和行政执法的情况和信息，增加相互之间的了

解和共识；分析行政执法存在的问题并提出司法建议，协助行政机关总结经验教训，完善行政程序制度；协助行政机关加强对行政执法人员的教育和培训，提高其法治意识和执法水平；邀请行政复议和行政执法人员旁听典型案件的开庭审理，增强依法行政观念和依法应诉能力；对于重视和支持行政审判的经验和做法要予以宣传和推广；对非法干扰行政审判、妨碍行政诉讼的典型进行通报或者曝光，维护诉讼秩序和法律尊严。

23. 人民法院在与政府有关部门和复议机构沟通交流中，应当处理好司法权与行政权的关系，人民法院不得参与行政机关对具体行政案件的处理，不得参加行政机关组织的具体执法活动，以保持司法的中立性和公信力。

24. 人民法院要肯定和支持行政领导出庭应诉。地方政府和行政部门领导出庭，是对行政审判工作的重视、支持和尊重，也是国家法治水平提升、社会文明进步的可喜现象，对于增强行政机关的诉讼意识和应诉能力、提高审判质量与效率、妥善解决行政争议、提高执法水平等，都有重要的作用和意义。

25. 人民法院对行政机关法定代表人出庭应诉不宜提出刚性要求和作出强制性规定，但是可以向行政机关或者有关部门提出建议，做好宣传工作，推动这项工作的健康发展。行政机关的主要领导出庭应诉，可以选择一些案情重大、社会普遍关注、具有规范和教育意义的案件；人民法院也可以根据案件具体情况和审判工作的需要，向行政机关提出建议。

八、重视加强对行政审判工作的领导

26. 要进一步提高对行政审判工作重要性的认识。各级人民法院领导务必站在讲政治、讲大局、加强宪政建设的高度，站在依法行政和民主执政一致性的高度，进一步提高对行政审判工作重要性的认识，把加强和改进行政审判工作摆在更加重要的位置。要纠正行政审判可有可无，甚至认为行政审判惹是生非的错误认识，敢于坚持维护宪法和法律的权威，敢于履行宪法和法律赋予人民法院的监督职责，敢于为行政审判人员撑腰打气，敢于出面抵制非法干扰。要通过我们卓有成效的工作，营造出一个守法拥政、政通人和的良好环境。

27. 要加强对行政审判工作的领导。要全面了解和掌握本院和本辖区行政审判工作的状况，学习借鉴有关法院开展行政审判工作的经验，研究制定开展行政审判工作的规划、目标和措施，并认真抓好各项措施的落实。要及时了解和认真解决行政审判实践中存在的问题和困难，对于工作中遇到的行政庭和分管副院长难以解决的问题，院长要亲自出面做好工作。要关心、爱护行政审判人员，支持他们依法履行职责，保障行政审判法官的职业安全。各级人民法院的院长、分管副院长每年可以争取办几件行政案件，亲自担任审判长开庭审理，提高业务能力和领导水平。要结合本地的实际，对行政审判工作提出量化考核的标准或要求，作为目标管理和考评的重要内容，并认真抓好督促、检查、落实和通报。

九、进一步加强行政审判队伍建设

28. 要加强思想政治建设和廉政建设。要继续深入开展社会主义法治理念教育和实践活动，进一步明确司法指导思想，端正司法理念，规范司法行为，改进审判作风，确保司法廉洁。要认真开展廉政建设和反腐败工作，严肃查处少数贪赃枉法、徇私舞弊、“权权交易”的人员，坚决纠正损害群众利益的不正之风。进一步健全和完善违法办案责任追究制度、案件质量评查制度、评比奖惩和通报等制度。同时，要保障法官的职业安全，预防和制止一切对法官打击报复、诬告伤害的行为，依法维护法官的人身安全和合法权益。

29. 加大行政审判人员的培训力度，进一步提高行政审判人员的素质。要大力加强行政审判人员业务培训，既要重视行政法理论知识的学习和培训，又要注重审判实务和实际操作技能的培训，既要注重行政诉讼知识和审判业务能力的提高，又要注意加强相关行政管理领域专业知识的学习。切实增强行政审判法官服务大局的能力、沟通协调的能力、驾驭庭审活动的能力、群众工作的能力、裁判文书制作的能力和调查研究的能力。最高人民法院和高级人民法院每年要对行政审判人员的业务培训制定计划，认真组织实施，抓好落实。对于新颁布的法律法规和新出台的司法解释，要及时组织培训。要认真总结和坚持在加强法院业务建设、提高法官司法能力方面的成功经验和有效做法，采取多种形式提高行政审判人员的业务素质。

30. 健全行政审判机构、配备审判力量，稳定审判队伍。要进一步健全行政审判机构，配备足够的行政审判人员。除个别地方法院确因编制太少难以达到要求外，基层法院必须保证组成一个合议庭，中级以上法院两个以上合议庭。这项工作要抓紧落实，力争在今年年底前完成。要充分考虑行政审判工作的特点，选配能够胜任和适合行政审判工作的人员充实到行政审判庭。认真解决行政审判庭庭长进审判委员会的问题，法院的专职审判委员会委员中也应当考虑有熟悉行政审判业务的人员。要保留一批具有行政审判经验、经过系统培训的业务骨干和资深法官，除提拔重用外不能轻易调整和调离，以保证行政审判队伍的相对稳定性。要建立符合行政审判工作特点的考核和激励机制，不能以案件数量多少作为衡量审判工作重要性和评判行政审判法官工作业绩的依据。

最高人民法院关于审理民事案件适用诉讼时效制度若干问题的规定

（2008 年 8 月 11 日由最高人民法院审判委员会第 1450 次会议通过，2008 年 8 月 21 日公布，自 2008 年 9 月 1 日起施行）

为正确适用法律关于诉讼时效制度的规定，保护当事人的合法权益，依照《中华人民共和国民法通则》、《中华人民共和国物权法》、《中华人民共和国合同法》、《中华人民共和国民事诉讼法》等法律的规定，结合审判实践，制定本规定。

第一条 当事人可以对债权请求权提出诉讼时效抗辩，但对下列债权请求权提出诉讼时效抗辩的，人民法院不予支持：

（一）支付存款本金及利息请求权；

（二）兑付国债、金融债券以及向不特定对象发行的企业债券本息请求权；

（三）基于投资关系产生的缴付出资请求权；

（四）其他依法不适用诉讼时效规定的债权请求权。

第二条 当事人违反法律规定，约定延长或者缩短诉讼时效期间、预先放弃诉讼时效利益的，人民法院不予认可。

第三条 当事人未提出诉讼时效抗辩，人民法院不应对诉讼时效问题进行释明及主动适用诉讼时效的规定进行裁判。

第四条 当事人在一审期间未提出诉讼时效抗辩，在二审期间提出的，人民法院不予支持，但其基于新的证据能够证明对方当事人的请求权已过诉讼时效期间的情形除外。

当事人未按照前款规定提出诉讼时效抗辩，以诉讼时效期间届满为由申请再审或者提出再审抗辩的，人民法院不予支持。

第五条 当事人约定同一债务分期履行的，诉讼时效期间从最后一期履行期限届满之日起计算。

第六条 未约定履行期限的合同，依照合同法第六十一条、第六十二条的规定，可以确定履行期限的，诉讼时效期间从履行期限届满之日起计算；不能确定履行期限的，诉讼时效期间从债权人要求债务人履行义务的宽限期届满之日起计算，但债务人在债权人第一次向其主张权利之时明确表示不履行义务的，诉讼时效期间从债务人明确表示不履行义务之日起计算。

第七条 享有撤销权的当事人一方请求撤销合同的，应适用合同法第五十五条关于一年除斥期间的规定。对方当事人对撤销合同请求权提出诉讼时效抗辩的，人民法院不予支持。

合同被撤销，返还财产、赔偿损失请求权的诉讼时效期间从合同被撤销之日起计算。

第八条 返还不当得利请求权的诉讼时效期间，从当事人一方知道或者应当知道不当得利事实及对方当事人之日起计算。

第九条 管理人因无因管理行为产生的给付必要管理费用、赔偿损失请求权的诉讼时效期间，从无因管理行为结束并且管理人知道或者应当知道本人之日起计算。

本人因不当无因管理行为产生的赔偿损失请求权的诉讼时效期间，从其知道或者应当知道管理人及损害事实之日起计算。

第十条 具有下列情形之一的，应当认定为民法通则第一百四十条规定的"当事人一方提出要求"，产生诉讼时效中断的效力：

（一）当事人一方直接向对方当事人送交主张权利文书，对方当事人在文书上签字、盖章或者虽未签字、盖章但能够以其他方式证明该文书到达对方当事人的；

（二）当事人一方以发送信件或者数据电文方式主张权利，信件或者数据电文到达或者应当到达对方当事人的；

（三）当事人一方为金融机构，依照法律规定或者当事人约定从对方当事人账户中扣收欠款本息的；

（四）当事人一方下落不明，对方当事人在国家级或者下落不明的当事人一方住所地的省级有影响的媒体上刊登具有主张权利内容的公告的，但法律和司法解释另有特别规定的，适用其规定。

前款第（一）项情形中，对方当事人为法人或者其他组织的，签收人可以是其法定代表人、主要负责人、负责收发信件的部门或者被授权主体；对方当事人为自然人的，签收人可以是自然人本人、同住的具有完全行为能力的亲属或者被授权主体。

第十一条 权利人对同一债权中的部分债权主张权利，诉讼时效中断的效力及于剩余债权，但权利人明确表示放弃剩余债权的情形除外。

第十二条 当事人一方向人民法院提交起诉状或者口头起诉的，诉讼时效从提交起诉状或者口头起诉之日起中断。

第十三条 下列事项之一，人民法院应当认定与提起诉讼具有同等诉讼时效中断的效力：

（一）申请仲裁；

（二）申请支付令；

（三）申请破产、申报破产债权；

（四）为主张权利而申请宣告义务人失踪或死亡；

（五）申请诉前财产保全、诉前临时禁令等诉前措施；

（六）申请强制执行；

（七）申请追加当事人或者被通知参加诉讼；

（八）在诉讼中主张抵销；

（九）其他与提起诉讼具有同等诉讼时效中断效力的事项。

第十四条 权利人向人民调解委员会以及其他依法有权解决相关民事纠纷的国家机关、事业单位、社会团体等社会组织提出保护相应民事权利的请求，诉讼时效从提出请求之日起中断。

第十五条 权利人向公安机关、人民检察院、人民法院报案或者控告，请求保护其民事权利的，诉讼时效从其报案或者控告之日起中断。

上述机关决定不立案、撤销案件、不起诉的，诉讼时效期间从权利人知道或者应当知道不立案、撤销案件或者不起诉之日起重新计算；刑事案件进入审理阶段，诉讼时效期间从刑事裁判文书生效之日起重新计算。

第十六条 义务人作出分期履行、部分履行、提供担保、请求延期履行、制定清偿债务计划等承诺或者行为的，应当认定为民法通则第一百四十条规定的当事人一方"同意履行义务"。

第十七条 对于连带债权人中的一人发生诉讼时效中断效力的事由，应当认定对其他连带债权人也发生诉讼时效中断的效力。

对于连带债务人中的一人发生诉讼时效中断效力的事由，应当认定对其他连带债务人也发生诉讼时效中断的效力。

第十八条 债权人提起代位权诉讼的，应当认定对债权人的债权和债务人的债权均发生诉讼时效中断的效力。

第十九条 债权转让的，应当认定诉讼时效从债权转让通知到达债务人之日起中断。

债务承担情形下，构成原债务人对债务承认的，应当认定诉讼时效从债务承担意思表示到达债权人之日起中断。

第二十条 有下列情形之一的，应当认定为民法通则第一百三十九条规定的“其他障碍”，诉讼时效中止：

（一）权利被侵害的无民事行为能力人、限制民事行为能力人没有法定代理人，或者法定代理人死亡、丧失代理权、丧失行为能力；

（二）继承开始后未确定继承人或者遗产管理人；

（三）权利人被义务人或者其他人控制无法主张权利；

（四）其他导致权利人不能主张权利的客观情形。

第二十一条 主债务诉讼时效期间届满，保证人享有主债务人的诉讼时效抗辩权。

保证人未主张前述诉讼时效抗辩权，承担保证责任后向主债务人行使追偿权的，人民法院不予支持，但主债务人同意给付的情形除外。

第二十二条 诉讼时效期间届满，当事人一方向对方当事人作出同意履行义务的意思表示或者自愿履行义务后，又以诉讼时效期间届满为由进行抗辩的，人民法院不予支持。

第二十三条 本规定施行后，案件尚在一审或者二审阶段的，适用本规定；本规定施行前已经终审的案件，人民法院进行再审时，不适用本规定。

第二十四条 本规定施行前本院作出的有关司法解释与本规定相抵触的，以本规定为准。

最高人民法院关于适用《关于民事诉讼证据的若干规定》中有关举证时限规定的通知

（中华人民共和国最高人民法院2008年12月11日公布）

全国地方各级人民法院、各级军事法院、各铁路运输中级法院和基层法院、各海事法院，新疆生产建设兵团各级法院：

《最高人民法院关于民事诉讼证据的若干规定》（以下简称《证据规定》）自2002年4月1日施行以来，对于指导和规范人民法院的审判活动，提高诉讼当事人的证据意识，促进民事审判活动公正有序地开展，起到了积极的作用。但随着新情况、新问题的出现，一些地方对《证据规定》中的个别条款，特别是有关举证时限的规定理解不统一。为切实保障当事人诉讼权利的充分行使，保障人民法院公正高效行使审判权，现将适用《证据规定》中举证时限规定等有关问题通知如下：

一、关于第三十三条第三款规定的举证期限问题。《证据规定》第三十三条第三款规定的举证期限是指在适用一审普通程序审理民事案件时，人民法院指定当事人提供证据证明其主张的基础事实的期限，该期限不得少于三十日。但是人民法院在征得双方当事人同意后，指定的举证期限可以少于三十日。前述规定的举证期限届满后，针对某一特定事实或特定证据或者基于特定原因，人民法院可以根据案件的具体情况，酌情指定当事人提供证据或者反证的期限，该期限不受“不得少于三十日”的限制。

二、关于适用简易程序审理案件的举证期限问题。适用简易程序审理的案件，人民法院指定的举证期限不受《证据规定》第三十三条第三款规定的限制，可以少于三十日。简易程序转为普通程序审理，人民法院指定的举证期限少于三十日的，人民法院应当为当事人补足不少于三十日的举证期限。但在征得当事人同意后，人民法院指定的举证期限可以少于三十日。

三、关于当事人提出管辖权异议后的举证期限问题。当事人在一审答辩期内提出管辖权异议的，人民法院应当在驳回当事人管辖权异议的裁定生效后，依照《证据规定》第三十三条第三款的规定，重新指定不少于三十日的举证期限。但在征得当事人同意后，人民法院可以指定少于三十日的举证期限。

四、关于对人民法院依职权调查收集的证据提出相反证据的举证期限问题。人民法院依照《证据规定》第十五条调查收集的证据在庭审中出示后，当事人要求提供相反证据的，人民法院可以酌情确定相应的举证期限。

五、关于增加当事人时的举证期限问题。人民法院在追加当事人或者有独立请求权的第三人参加诉讼的情况下，应当依照《证据规定》第三十三条第三款的规定，为新参加诉讼的当事人指定举证期限。该举证期限适用于其他当事人。

六、关于当事人申请延长举证期限的问题。当事人申请延长举证期限经人民法院准许的，为平等保护双方当事人的诉讼权利，延长的举证期限适用于其他当事人。

七、关于增加、变更诉讼请求以及提出反诉时的举证期限问题。当事人在一审举证期限内增加、变更诉讼请求或者提出反诉，或者人民法院依照《证据规定》第三十五条的规定告知当事人可以变更诉讼请求后，当事人变更诉讼请求的，人民法院应当根据案件的具体情况重新指定举证期限。当事人对举证期限有约定的，依照《证据规定》第三十三条第二款的规定处理。

八、关于二审新的证据举证期限的问题。在第二审人民法院审理中，当事人申请提供新的证据的，人民法院指定的举证期限，不受“不得少于三十日”的限制。

九、关于发回重审案件举证期限问题。发回重审的案件，第一审人民法院在重新审理时，可以结合案件的具体情况和发回重审的原因等情况，酌情确定举证期限。如果案件是因违反法定程序被发回重审的，人民法院在征求当事人的意见后，可以不再指定举证期限或者酌情指定举证期限。但案件因遗漏当事人被发回重审的，按照本通知第五条处理。如果案件是因认定事实不清、证据不足发回重审的，人民法院可以要求当事人协商确定举证期限，或者酌情指定举证期限。上述举证期限不受“不得少于三十日”的限制。

十、关于新的证据的认定问题。人民法院对于“新的证据”，应当依照《证据规定》第四十一条、第四十二条、第四十三条、第四十四条的规定，结合以下因素综合认定：

（一）证据是否在举证期限或者《证据规定》第四十一条、第四十四条规定的其他期限内已经客观存在；

（二）当事人未在举证期限或者司法解释规定的其他期限内提供证据，是否存在故意或者重大过失的情形。

最高人民法院关于进一步加强司法便民工作的若干意见

（最高人民法院2009年2月13日公布）

在新的历史条件下，通过扎实有效的工作更好地满足人民群众对法院工作的新要求、新期待，是人民法院落实"党的事业至上、人民利益至上、宪法法律至上"指导思想，深入贯彻落实科学发展观，努力解决司法为民中的具体问题的必然要求，是人民法院一切工作的根本出发点和落脚点。为进一步加强和规范人民法院的司法便民工作，适应新形势的要求，特制定本意见。

一、人民法院应当设立立案大厅或诉讼服务中心，配备必要的工作人员，认真做好信访接待、诉讼引导、案件查询、办案人员联系、诉讼材料接转、诉讼疑问解答、判后答疑、引导当事人合理选择纠纷解决方式等方面的工作，并应配置必需的服务设施。

二、人民法院应当根据需要建立非工作日立案和信访接待制度。人民法庭可以在授权的范围内直接受理案件。基层人民法院可以采用电话、网络等方式预约立案，可以为行动不便的伤病患者、残疾人、老年人等提供上门立案等便民服务，方便当事人诉讼。

三、人民法院应当做好诉讼风险提示工作，在接待立案时向当事人提供诉讼风险提示书和诉讼权利义务告知书，帮助当事人了解诉讼风险、诉讼权利和义务。

四、基层人民法院应当建立健全案件繁简分流和速裁工作机制，着重以调解方式解决纠纷，快速化解矛盾，提高诉讼效率。

五、基层人民法院应当严格执行法律关于适用简易程序审理案件的规定。根据当事人的申请，并经对方当事人同意，人民法院可以依法进一步简化简易程序的相关环节，充分发挥简易程序的效率优势。

适用普通程序审理的案件，经当事人申请并经各方当事人同意，人民法院可以依法简化程序审理。

六、基层人民法院应当根据本地实际情况，积极开展巡回审判。人民法庭对于边远地区或者纠纷集中地区，应当定期不定期进行巡回办案，就地立案，就地审判，当即调解，当即结案，就地执行。应当事人请求，基层人民法院和人民法庭可以按照当事人协商一致的合理时间开庭。

七、当事人申请人民法院调查取证，符合法律规定条件的，人民法院应当及时调查取证；不符合法律规定条件的，人民法院应当及时告知并指导当事人依法自行调查取证。对于确实没有能力调查取证的当事人，人民法院根据当事人的请求和审理案件的需要，可以调查收集证据。

八、人民法院可以邀请人大代表、政协委员、基层人民群众做诉讼协助工作，协助人民法院调解和执行案件；经当事人同意，人民法院可以将案件委托人民调解委员会、有关行政部门、社会团体或者基层人民组织主持调解，调解达成协议的，由人民法院依法确认。

九、完善人民群众旁听案件庭审制度。人民法院决定公开审理的案件应当严格依法公告开庭信息，方便人民群众旁听案件庭审。对于符合旁听条件的申请人，应当发放旁听证或允许凭身份证直接参加旁听。人民法院应当定期邀请人大代表、政协委员旁听案件庭审。

十、人民法院应当逐步建立裁判文书和诉讼档案公开查询制度。有条件的人民法院可以在网上依法公开案件裁判文书和执行案件信息。

十一、人民法院在执行、再审审查、减刑假释、国家赔偿等案件处理中可以推行公开听证制度，自觉接受当事人、社会公众对法院工作的监督。

十二、人民法院应当加强审判管理，实行

审限监督制度，严格案件延期条件，提高审限内结案率和执结率。做好一审、二审和再审案卷移交工作，明确移交期限，统一移交方式，落实移交责任，解决案卷移交难的问题。

十三、人民法院的裁判文书用语要力求通俗、简洁、易懂，让当事人能看得明白；要力求论证充分、说理透彻、适用法律适当，让当事人信服。要做好判后答疑工作，增加当事人对裁判的理解和认同。要重视裁判文书制作校对工作，坚决避免发生写错名称、写错或遗漏裁判内容、搞错责任承担主体等错误。

十四、人民法院应当建立科学的司法统计指标评价体系。人民法院不得因为提高结案率而在年底拒收当事人申请立案的请求。对符合立案条件的，不得延期立案。当事人对人民法院因此拒收案件或延期立案的，可以向上级人民法院反映，上级人民法院应当核查；对情况属实的，在辖区内应予通报批评。对于为提高结案率而动员当事人撤诉、擅自中止案件诉讼、执行程序的，当事人可以向上级人民法院反映，上级人民法院应当核查；对情况属实的，在辖区内应予通报批评，对相关人员要追究责任。

十五、人民法院应当积极协调有关部门推进建立司法救助基金，严格依法做好诉讼费减缓免工作，加大对加害人无力赔偿、被执行人无财产可供执行的各类案件受害人以及其他涉诉困难群众的社会救助力度。

十六、人民法院建立案件监督卡制度，案件审结时由当事人自愿填写对办案人员工作的评价意见。当事人对办案人员诉讼活动的评价意见，纳入审判和执行工作考评范围。

十七、人民法院应当指定专门机构和人员负责信访事务，认真做好日常信访工作；进一步完善院长、庭长接访制度，定期接待来访群众；进一步强化信访督办制度，落实信访责任，认真治理重信重访，及时向来信来访群众反馈处理结果。

最高人民法院关于进一步加强民意沟通工作的意见

（最高人民法院2009年4月13日公布）

加强民意沟通工作，是坚持实事求是和群众路线的具体体现，是深入贯彻落实科学发展观的必然要求，是畅通司法民主渠道的重要举措。为进一步推进司法决策民主化、科学化，更好地接受民主监督，深化司法公开、促进司法公正、提高司法公信，不断满足人民群众对人民法院工作的新要求、新期待，现就进一步加强民意沟通工作提出如下意见。

一、充分认识进一步加强民意沟通工作的重大意义

（一）进一步加强民意沟通工作是践行司法为民、推进司法民主的关键环节。审判执行工作涉及社会生活的方方面面，与广大人民群众的切身利益密切相关。依法维护人民权益，是人民法院的职责所在，也是人民法院工作的本质要求。要更好地实践“为大局服务，为人民司法”的工作主题，维护好、保障好人民群众的知情权、参与权、表达权和监督权等合法权益，就必须坚持以人为本，广泛深入地倾听民意、了解民情、关注民生，以实际行动尊重群众意见，发扬司法民主，充分体现中国特色社会主义司法制度的人民性优势。

（二）进一步加强民意沟通工作是发挥好审判执行职能、完善司法公开、优化司法决策、实现案结事了的重要保障。执法办案是人民法院的第一要务，要切实做好审判执行工作，促进办案的社会效果和法律效果的统一，就必须采取多种方式，联系实际、深入群众，大力弘扬人民司法优良传统，努力开拓创新，积极推

行审判公开制度，积极改进各种便民利民的诉讼措施，在审判执行的各个环节中充分听取人民群众和社会各界的意见和建议，促进司法决策的科学化，不断满足人民群众对司法工作的新要求、新期待。

（三）进一步加强民意沟通工作是促进司法廉洁、增强队伍素质、提高司法公信力的有效途径。通过加强民意沟通工作，动员社会力量，积极接受外部监督，有助于促进人民法院的队伍建设，提高法官办案水平和群众工作能力，不断改进纪律作风，树立司法公正、高效、为民、廉洁的良好形象，不断提高司法的公信力，推进社会主义民主法制建设，推动人民法院自身科学发展、更好地服务经济社会科学发展。

二、进一步加强民意沟通工作的基本要求

（一）着力构建与广大人民群众、社会各界沟通交流的长效机制。各级人民法院要按照科学、畅通、务实、有效、便捷的要求，不断改进和创新工作机制，拓宽民意沟通渠道，最大限度地了解和把握社情民意，最大限度地方便人民群众行使权利、表达意见、监督司法，使民意成为司法决策的重要参考依据和检验工作成效的重要标准，使各项决策顺应群众要求，符合司法规律。

（二）大力扩展民意沟通的对象范围。各级人民法院在确定工作思路、完善便民措施、评价司法效果等工作中，应根据需要采取多种途径和方式，广泛征求人大代表、政协委员、民主党派、社会团体、专家学者、其他法律工作者、基层群众等社会各界的意见和建议。特别要注重深入企业、社区、乡村，及时了解最广大基层群众的意见和呼声。

（三）改进和完善与人大代表、政协委员的联络工作机制。充分发挥人民法院人民监督办公室的职能作用，改进和完善联络的方式方法，在联络工作经常化的基础上，根据每年确定的工作重点，采取各种灵活有效的方式向人大代表和政协委员通报工作情况，征求意见和建议。

（四）改进和完善与各民主党派、工商联、无党派人士以及社团组织的沟通协调机制。按照“积极主动、及时沟通、充分协商、务实有效”原则，制定相关工作规则，指定专门机构和人员负责与各民主党派、工商联和无党派人士的沟通协调工作，通过建立定期联络制度、联合调研制度等方式通报工作、听取意见和建议，共同研究解决问题；通过加强日常交流、设立联络员等方式，开展与工青妇等社团组织经常性的工作沟通。

（五）改进和完善特邀咨询员制度。最高人民法院要认真执行《最高人民法院特邀咨询员工作条例》，扩大选任特邀咨询员的代表领域的广泛性，进一步加强与特邀咨询员经常性的沟通联络，注重听取他们对法院工作的意见和建议，并通过适当方式及时转化为司法决策意见。同时，大力支持、积极配合特邀咨询员开展工作，努力为加强特邀咨询员与基层群众沟通联系创造条件，提供方便。

（六）改进和完善人民陪审员制度。要切实执行《全国人民代表大会常务委员会关于完善人民陪审员制度的决定》、《最高人民法院、司法部关于人民陪审员选任、培训、考核工作的实施意见》、《最高人民法院关于人民陪审员管理办法（试行）》等规定，改进和完善人民陪审员选任方式和管理机制，加大调整、充实人民陪审员力度，中级和基层人民法院每年至少应当组织两次座谈会专门听取人民陪审员的意见和建议，进一步发挥其桥梁纽带作用，发挥来自群众、贴近群众、服务群众的优势，通过他们了解民情、宣传法律，实现人民陪审员制度沟通民意功能的最大化。

（七）健全和创新法院领导干部深入基层倾听民意机制。建立法院领导干部基层联系点制度，最高人民法院和各高级人民法院领导干部要定期深入基层联系点开展调研。进一步推进法官进企业、进乡村、进社区活动，大法官和高级法官要深入基层倾听民意，了解民情，及时准确地把握人民群众对司法工作的新要求、新期待。

（八）健全和创新司法决策征求意见机制。进一步促进制定司法解释、司法指导意见等过程中征求民意工作的制度化、规范化；探索设立法院开放日，邀请公众参观法院，旁听审判，积极开展普法宣传；探索建立基层司法服务网络，聘请乡村、社区一些德高望重、热心服务、能力较强的群众担任司法协理员，协助人民法院化解矛盾，代表人民群众反映意见；选任基层干部群众担任特邀调解员、执行联络员，使司法工作更加贴近群众、方便群众；加强网络民意收集制度，抓好机关网站建设，丰富网上信息发布、网上民意调查等栏目，方便群众发表意见和建议。

（九）改进和完善网络民意沟通机制。积极推行审判、执行信息网络公开制度；加大庭审网络直播力度；各级人民法院主要领导每年至少应参加 1 次与网民直接交流、沟通、互动活动，广泛听取网民意见；对于了解的民意、听到的反映，可通过在线解答、个别沟通的方式，让群众了解信息，感受人民法院对民意的尊重；完善通过网络及其他各种途径受理群众举报的工作制度，有条件的法院可开设专门的电子信箱，收集群众的意见、建议。

（十）改进和完善人民法院与新闻媒体沟通协调机制。通过报刊、广播、电视等媒体，发布人民法院工作报告、重大司法决策及案件审判信息，加大宣传工作力度，为人民群众提供及时准确的司法信息服务。进一步加强与新闻媒体的沟通交流，认真执行《人民法院新闻发布制度》以及《关于进一步完善最高人民法院新闻发布制度的补充规定》，完善新闻发布会制度；重视新闻媒体的舆论导向，积极收集舆情，了解民意，宣传法律；最高人民法院和各高级人民法院每年至少要组织 2 次会议专门讨论和分析各种舆情，把握司法工作动态。

（十一）健全和创新民意转化机制。要实现民意转化的制度化，及时对收集到的意见和建议进行汇总、筛选、分类、分析，把合理的意见和建议转化为工作整改的内容。意见和建议涉及立法修改事项的，向国家权力机关提出；涉及政策制定事项的，向有关决策部门提出；涉及制定或修改司法解释事项的，逐级向最高人民法院提出。要把民意吸收、转化情况作为评价工作的重要指标，开展经常性的民意调查、意见征询活动，切实解决存在的问题。

（十二）健全和创新工作整改情况向群众反馈机制。出台重大司法决策时，可在新闻发布等环节就决策过程中听取和吸收民意情况作出专门说明；对于其他具体事项的整改情况，可以通过媒体发布、信函回复、实地回访、组织座谈等方式向群众反馈，争取理解和支持，增强司法公信力。

三、切实加强组织领导，务求取得实效

（一）各级人民法院要高度重视民意沟通工作，将加强该项工作列入重要议事日程，认真研究和解决实践中出现的各种问题，注重工作实效。各级人民法院领导干部要带头做好此项工作，摆正位置、以身作则，切实抓好各项制度、措施的落实，切实将社情民意及时转化为司法决策的重要指导和参考依据。

（二）各级人民法院要积极抓好民意沟通工作具体措施的组织实施和综合协调工作，层层抓好落实，确保措施到位、责任到位、工作到位。各级人民法院要明确专门机构、专门人员负责组织协调此项工作。要认真积累经验，及时总结各种好的做法，注重做好新闻宣传工作，让更多的人民群众依法了解、参与、监督司法决策。

（三）上级人民法院要加强对下级人民法院的指导，组织经常性的监督检查，及时通报督查结果。最高人民法院和各高级人民法院在积极改进和完善自身民意沟通工作的同时，应及时总结各地人民法院的典型经验，推进民意沟通工作不断取得新进展。

最高人民法院关于司法公开的六项规定

（最高人民法院 2009 年 12 月 8 日公布）

为进一步落实公开审判的宪法原则，扩大司法公开范围，拓宽司法公开渠道，保障人民群众对人民法院工作的知情权、参与权、表达权和监督权，维护当事人的合法权益，提高司法民主水平，规范司法行为，促进司法公正，根据有关诉讼法的规定和人民法院的工作实际，按照依法公开、及时公开、全面公开的原则，制定本规定。

一、立案公开

立案阶段的相关信息应当通过便捷、有效的方式向当事人公开。各类案件的立案条件、立案流程、法律文书样式、诉讼费用标准、缓减免交诉讼费程序、当事人重要权利义务、诉讼和执行风险提示以及可选择的诉讼外纠纷解决方式等内容，应当通过适当的形式向社会和当事人公开。人民法院应当及时将案件受理情况通知当事人。对于不予受理的，应当将不予受理裁定书、不予受理再审申请通知书、驳回再审申请裁定书等相关法律文件依法及时送达当事人，并说明理由，告知当事人诉讼权利。

二、庭审公开

建立健全有序开放、有效管理的旁听和报道庭审的规则，消除公众和媒体知情监督的障碍。依法公开审理的案件，旁听人员应当经过安全检查进入法庭旁听。因审判场所等客观因素所限，人民法院可以发放旁听证或者通过庭审视频、直播录播等方式满足公众和媒体了解庭审实况的需要。所有证据应当在法庭上公开，能够当庭认证的，应当当庭认证。除法律、司法解释规定可以不出庭的情形外，人民法院应当通知证人、鉴定人出庭作证。独任审判员、合议庭成员、审判委员会委员的基本情况应当公开，当事人依法有权申请回避。案件延长审限的情况应当告知当事人。人民法院对公开审理或者不公开审理的案件，一律在法庭内或者通过其他公开的方式公开宣告判决。

三、执行公开

执行的依据、标准、规范、程序以及执行全过程应当向社会和当事人公开，但涉及国家秘密、商业秘密、个人隐私等法律禁止公开的信息除外。进一步健全和完善执行信息查询系统，扩大查询范围，为当事人查询执行案件信息提供方便。人民法院采取查封、扣押、冻结、划拨等执行措施后应及时告知双方当事人。人民法院选择鉴定、评估、拍卖等机构的过程和结果向当事人公开。执行款项的收取发放、执行标的物的保管、评估、拍卖、变卖的程序和结果等重点环节和重点事项应当及时告知当事人。执行中的重大进展应当通知当事人和利害关系人。

四、听证公开

人民法院对开庭审理程序之外的涉及当事人或者案外人重大权益的案件实行听证的，应当公开进行。人民法院对申请再审案件、涉法涉诉信访疑难案件、司法赔偿案件、执行异议案件以及对职务犯罪案件和有重大影响案件被告人的减刑、假释案件等，按照有关规定实行公开听证的，应当向社会发布听证公告。听证公开的范围、方式、程序等参照庭审公开的有关规定。

五、文书公开

裁判文书应当充分表述当事人的诉辩意见、证据的采信理由、事实的认定、适用法律的推理与解释过程，做到说理公开。人民法院可以根据法制宣传、法学研究、案例指导、统一裁判标准的需要，集中编印、刊登各类裁判文书。除涉及国家秘密、未成年人犯罪、个人隐私以及其他不适宜公开的案件和调解结案的案件外，人民法院的裁判文书可以在互联网上公开发布。当事人对于在互联网上公开裁判文书提出异议并有正当理由的，人民法院可以决定不在互联网上发布。为保护裁判文书所涉及的公民、法人和其他组织的正当权利，可以对拟公开发布的裁判文书中的相关信息进行必要的技术处理。人民法院应当注意收集社会各界对裁判文书的意见和建议，作为改进工作的参考。

六、审务公开

人民法院的审判管理工作以及与审判工作有关的其他管理活动应当向社会公开。各级人民法院应当逐步建立和完善互联网站和其他信息公开平台。探索建立各类案件运转流程的网络查询系统，方便当事人及时查询案件进展情况。通过便捷、有效的方式及时向社会公开关于法院工作的方针政策、各种规范性文件和审判指导意见以及非涉密司法统计数据及分析报告，公开重大案件的审判情况、重要研究成果、活动部署等。建立健全过问案件登记、说情干扰警示、监督情况通报等制度，向社会和当事人公开违反规定程序过问案件的情况和人民法院接受监督的情况，切实保护公众的知情监督权和当事人的诉讼权利。

全国各级人民法院要切实解放思想，更新观念，大胆创新，把积极主动地采取公开透明的措施与不折不扣地实现当事人的诉讼权利结合起来，把司法公开的实现程度当作衡量司法民主水平、评价法院工作的重要指标。最高人民法院将进一步研究制定司法公开制度落实情况的考评标准，并将其纳入人民法院工作考评体系，完善司法公开的考核评价机制。上级人民法院要加强对下级人民法院司法公开工作的指导，定期组织专项检查，通报检查结果，完善司法公开的督促检查机制。各级人民法院要加大对司法公开工作在资金、设施、人力、技术方面的投入，建立司法公开的物质保障机制。要疏通渠道，设立平台，认真收集、听取和处理群众关于司法公开制度落实情况的举报投诉或意见建议，建立健全司法公开的情况反馈机制。要细化和分解落实司法公开的职责，明确责任，对于在诉讼过程中违反审判公开原则或者在法院其他工作中违反司法公开相关规定的，要追究相应责任，同时要注意树立先进典型，表彰先进个人和单位，推广先进经验，建立健全司法公开的问责表彰机制。

本规定自公布之日起实施。本院以前发布的相关规定与本规定不一致的，以本规定为准。

最高人民法院关于适用《中华人民共和国民事诉讼法》审判监督程序若干问题的解释

（2008年11月10日由最高人民法院审判委员会第1453次会议通过，2008年11月25日颁布，自2008年12月1日起施行）

为了保障当事人申请再审权利，规范审判监督程序，维护各方当事人的合法权益，根据2007年10月28日修正的《中华人民共和国民事诉讼法》，结合审判实践，对审判监督程序中适用法律的若干问题作出如下解释：

第一条　当事人在民事诉讼法第一百八十四条规定的期限内，以民事诉讼法第一百七十九条所列明的再审事由，向原审人民法院的上一级人民法院申请再审的，上一级人民法院应当依法受理。

第二条 民事诉讼法第一百八十四条规定的申请再审期间不适用中止、中断和延长的规定。

第三条 当事人申请再审，应当向人民法院提交再审申请书，并按照对方当事人人数提出副本。

人民法院应当审查再审申请书是否载明下列事项：

（一）申请再审人与对方当事人的姓名、住所及有效联系方式等基本情况；法人或其他组织的名称、住所和法定代表人或主要负责人的姓名、职务及有效联系方式等基本情况；

（二）原审人民法院的名称，原判决、裁定、调解文书案号；

（三）申请再审的法定情形及具体事实、理由；

（四）具体的再审请求。

第四条 当事人申请再审，应当向人民法院提交已经发生法律效力的判决书、裁定书、调解书，身份证明及相关证据材料。

第五条 案外人对原判决、裁定、调解书确定的执行标的物主张权利，且无法提起新的诉讼解决争议的，可以在判决、裁定、调解书发生法律效力后二年内，或者自知道或应当知道利益被损害之日起三个月内，向作出原判决、裁定、调解书的人民法院的上一级人民法院申请再审。

在执行过程中，案外人对执行标的提出书面异议的，按照民事诉讼法第二百零四条的规定处理。

第六条 申请再审人提交的再审申请书或者其他材料不符合本解释第三条、第四条的规定，或者有人身攻击等内容，可能引起矛盾激化的，人民法院应当要求申请再审人补充或改正。

第七条 人民法院应当自收到符合条件的再审申请书等材料后五日内完成向申请再审人发送受理通知书等受理登记手续，并向对方当事人发送受理通知书及再审申请书副本。

第八条 人民法院受理再审申请后，应当组成合议庭予以审查。

第九条 人民法院对再审申请的审查，应当围绕再审事由是否成立进行。

第十条 申请再审人提交下列证据之一的，人民法院可以认定为民事诉讼法第一百七十九条第一款第（一）项规定的“新的证据”：

（一）原审庭审结束前已客观存在庭审结束后新发现的证据；

（二）原审庭审结束前已经发现，但因客观原因无法取得或在规定的期限内不能提供的证据；

（三）原审庭审结束后原作出鉴定结论、勘验笔录者重新鉴定、勘验，推翻原结论的证据。

当事人在原审中提供的主要证据，原审未予质证、认证，但足以推翻原判决、裁定的，应当视为新的证据。

第十一条 对原判决、裁定的结果有实质影响、用以确定当事人主体资格、案件性质、具体权利义务和民事责任等主要内容所依据的事实，人民法院应当认定为民事诉讼法第一百七十九条第一款第（二）项规定的“基本事实”。

第十二条 民事诉讼法第一百七十九条第一款第（五）项规定的“对审理案件需要的证据”，是指人民法院认定案件基本事实所必须的证据。

第十三条 原判决、裁定适用法律、法规或司法解释有下列情形之一的，人民法院应当认定为民事诉讼法第一百七十九条第一款第（六）项规定的“适用法律确有错误”：

（一）适用的法律与案件性质明显不符的；

（二）确定民事责任明显违背当事人约定或者法律规定的；

（三）适用已经失效或尚未施行的法律的；

（四）违反法律溯及力规定的；

（五）违反法律适用规则的；

（六）明显违背立法本意的。

第十四条 违反专属管辖、专门管辖规定以及其他严重违法行使管辖权的，人民法院应当认定为民事诉讼法第一百七十九条第一款第（七）项规定的“管辖错误”。

第十五条 原审开庭过程中审判人员不允许当事人行使辩论权利，或者以不送达起诉状副本或上诉状副本等其他方式，致使当事人无法行使辩论权利的，人民法院应当认定为民事诉讼法第一百七十九条第一款第（十）项规定的“剥夺当事人辩论权利”。但依法缺席审理，依法径行判决、裁定的除外。

第十六条 原判决、裁定对基本事实和案件性质的认定系根据其他法律文书作出，而上述其他法律文书被撤销或变更的，人民法院可以认定为民事诉讼法第一百七十九条第一款第（十三）项规定的情形。

第十七条 民事诉讼法第一百七十九条第二款规定的“违反法定程序可能影响案件正确判决、裁定的情形”，是指除民事诉讼法第一百七十九条第一款第（四）项以及第（七）项至第（十二）项之外的其他违反法定程序，可能导致案件裁判结果错误的情形。

第十八条 民事诉讼法第一百七十九条第二款规定的“审判人员在审理该案件时有贪污受贿，徇私舞弊，枉法裁判行为”，是指该行为已经相关刑事法律文书或者纪律处分决定确认的情形。

第十九条 人民法院经审查再审申请书等材料，认为申请再审事由成立的，应当径行裁定再审。

当事人申请再审超过民事诉讼法第一百八十四条规定的期限，或者超出民事诉讼法第一百七十九条所列明的再审事由范围的，人民法院应当裁定驳回再审申请。

第二十条 人民法院认为仅审查再审申请书等材料难以作出裁定的，应当调阅原审卷宗予以审查。

第二十一条 人民法院可以根据案情需要决定是否询问当事人。

以有新的证据足以推翻原判决、裁定为由申请再审的，人民法院应当询问当事人。

第二十二条 在审查再审申请过程中，对方当事人也申请再审的，人民法院应当将其列为申请再审人，对其提出的再审申请一并审查。

第二十三条 申请再审人在案件审查期间申请撤回再审申请的，是否准许，由人民法院裁定。

申请再审人经传票传唤，无正当理由拒不接受询问，可以裁定按撤回再审申请处理。

第二十四条 人民法院经审查认为申请再审事由不成立的，应当裁定驳回再审申请。

驳回再审申请的裁定一经送达，即发生法律效力。

第二十五条 有下列情形之一的，人民法院可以裁定终结审查：

（一）申请再审人死亡或者终止，无权利义务承受人或者权利义务承受人声明放弃再审申请的；

（二）在给付之诉中，负有给付义务的被申请人死亡或者终止，无可供执行的财产，也没有应当承担义务的人的；

（三）当事人达成执行和解协议且已履行完毕的，但当事人在执行和解协议中声明不放弃申请再审权利的除外；

（四）当事人之间的争议可以另案解决的。

第二十六条 人民法院审查再审申请期间，人民检察院对该案提出抗诉的，人民法院应依照民事诉讼法第一百八十八条的规定裁定再审。申请再审人提出的具体再审请求应纳入审理范围。

第二十七条 上一级人民法院经审查认为申请再审事由成立的，一般由本院提审。最高人民法院、高级人民法院也可以指定与原审人民法院同级的其他人民法院再审，或者指令原审人民法院再审。

第二十八条 上一级人民法院可以根据案件的影响程度以及案件参与人等情况，决定是否指定再审。需要指定再审的，应当考虑便利当事人行使诉讼权利以及便利人民法院审理等因素。

接受指定再审的人民法院，应当按照民事诉讼法第一百八十六条第一款规定的程序审理。

第二十九条 有下列情形之一的，不得指令原审人民法院再审：

（一）原审人民法院对该案无管辖权的；

（二）审判人员在审理该案件时有贪污受贿，徇私舞弊，枉法裁判行为的；

（三）原判决、裁定系经原审人民法院审判委员会讨论作出的；

（四）其他不宜指令原审人民法院再审的。

第三十条　当事人未申请再审、人民检察院未抗诉的案件，人民法院发现原判决、裁定、调解协议有损害国家利益、社会公共利益等确有错误情形的，应当依照民事诉讼法第一百七十七条的规定提起再审。

第三十一条　人民法院应当依照民事诉讼法第一百八十六条的规定，按照第一审程序或者第二审程序审理再审案件。

人民法院审理再审案件应当开庭审理。但按照第二审程序审理的，双方当事人已经其他方式充分表达意见，且书面同意不开庭审理的除外。

第三十二条　人民法院开庭审理再审案件，应分别不同情形进行：

（一）因当事人申请裁定再审的，先由申请再审人陈述再审请求及理由，后由被申请人答辩及其他原审当事人发表意见；

（二）因人民检察院抗诉裁定再审的，先由抗诉机关宣读抗诉书，再由申请抗诉的当事人陈述，后由被申请人答辩及其他原审当事人发表意见；

（三）人民法院依职权裁定再审的，当事人按照其在原审中的诉讼地位依次发表意见。

第三十三条　人民法院应当在具体的再审请求范围内或在抗诉支持当事人请求的范围内审理再审案件。当事人超出原审范围增加、变更诉讼请求的，不属于再审审理范围。但涉及国家利益、社会公共利益，或者当事人在原审诉讼中已经依法要求增加、变更诉讼请求，原审未予审理且客观上不能形成其他诉讼的除外。

经再审裁定撤销原判决，发回重审后，当事人增加诉讼请求的，人民法院依照民事诉讼法第一百二十六条的规定处理。

第三十四条　申请再审人在再审期间撤回再审申请的，是否准许由人民法院裁定。裁定准许的，应终结再审程序。申请再审人经传票传唤，无正当理由拒不到庭的，或者未经法庭许可中途退庭的，可以裁定按自动撤回再审申请处理。

人民检察院抗诉再审的案件，申请抗诉的当事人有前款规定的情形，且不损害国家利益、社会公共利益或第三人利益的，人民法院应当裁定终结再审程序；人民检察院撤回抗诉的，应当准予。

终结再审程序的，恢复原判决的执行。

第三十五条　按照第一审程序审理再审案件时，一审原告申请撤回起诉的，是否准许由人民法院裁定。裁定准许的，应当同时裁定撤销原判决、裁定、调解书。

第三十六条　当事人在再审审理中经调解达成协议的，人民法院应当制作调解书。调解书经各方当事人签收后，即具有法律效力，原判决、裁定视为被撤销。

第三十七条　人民法院经再审审理认为，原判决、裁定认定事实清楚、适用法律正确的，应予维持；原判决、裁定在认定事实、适用法律、阐述理由方面虽有瑕疵，但裁判结果正确的，人民法院应在再审判决、裁定中纠正上述瑕疵后予以维持。

第三十八条　人民法院按照第二审程序审理再审案件，发现原判决认定事实错误或者认定事实不清的，应当在查清事实后改判。但原审人民法院便于查清事实，化解纠纷的，可以裁定撤销原判决，发回重审；原审程序遗漏必须参加诉讼的当事人且无法达成调解协议，以及其他违反法定程序不宜在再审程序中直接作出实体处理的，应当裁定撤销原判决，发回重审。

第三十九条　新的证据证明原判决、裁定确有错误的，人民法院应予改判。

申请再审人或者申请抗诉的当事人提出新的证据致使再审改判，被申请人等当事人因申请再审人或者申请抗诉的当事人的过错未能在原审程序中及时举证，请求补偿其增加的差旅、误工等诉讼费用的，人民法院应当支持；请求赔偿其由此扩大的直接损失，可以另行提起诉讼解决。

第四十条　人民法院以调解方式审结的案件裁定再审后，经审理发现申请再审人提出的调解违反自愿原则的事由不成立，且调解协议的内容不违反法律强制性规定的，应当裁定驳回再审申请，并恢复原调解书的执行。

第四十一条　民事再审案件的当事人应为原审案件的当事人。原审案件当事人死亡或者终止的，其权利义务承受人可以申请再审并参加再审诉讼。

第四十二条 因案外人申请人民法院裁定再审的，人民法院经审理认为案外人应为必要的共同诉讼当事人，在按第一审程序再审时，应追加其为当事人，作出新的判决；在按第二审程序再审时，经调解不能达成协议的，应撤销原判，发回重审，重审时应追加案外人为当事人。

案外人不是必要的共同诉讼当事人的，仅审理其对原判决提出异议部分的合法性，并应根据审理情况作出撤销原判决相关判项或者驳回再审请求的判决；撤销原判决相关判项的，应当告知案外人以及原审当事人可以提起新的诉讼解决相关争议。

第四十三条 本院以前发布的司法解释与本解释不一致的，以本解释为准。本解释未作规定的，按照以前的规定执行。

关于贯彻宽严相济刑事政策的若干意见

（最高人民法院2010年2月8日公布）

宽严相济刑事政策是我国的基本刑事政策，贯穿于刑事立法、刑事司法和刑罚执行的全过程，是惩办与宽大相结合政策在新时期的继承、发展和完善，是司法机关惩罚犯罪，预防犯罪，保护人民，保障人权，正确实施国家法律的指南。为了在刑事审判工作中切实贯彻执行这一政策，特制定本意见。

一、贯彻宽严相济刑事政策的总体要求

1. 贯彻宽严相济刑事政策，要根据犯罪的具体情况，实行区别对待，做到该宽则宽，当严则严，宽严相济，罚当其罪，打击和孤立极少数，教育、感化和挽救大多数，最大限度地减少社会对立面，促进社会和谐稳定，维护国家长治久安。

2. 要正确把握宽与严的关系，切实做到宽严并用。既要注意克服重刑主义思想影响，防止片面从严，也要避免受轻刑化思想影响，一味从宽。

3. 贯彻宽严相济刑事政策，必须坚持严格依法办案，切实贯彻落实罪刑法定原则、罪刑相适应原则和法律面前人人平等原则，依照法律规定准确定罪量刑。从宽和从严都必须依照法律规定进行，做到宽严有据，罚当其罪。

4. 要根据经济社会的发展和治安形势的变化，尤其要根据犯罪情况的变化，在法律规定的范围内，适时调整从宽和从严的对象、范围和力度。要全面、客观把握不同时期不同地区的经济社会状况和社会治安形势，充分考虑人民群众的安全感以及惩治犯罪的实际需要，注重从严打击严重危害国家安全、社会治安和人民群众利益的犯罪。对于犯罪性质尚不严重，情节较轻和社会危害性较小的犯罪，以及被告人认罪、悔罪，从宽处罚更有利于社会和谐稳定的，依法可以从宽处理。

5. 贯彻宽严相济刑事政策，必须严格依法进行，维护法律的统一和权威，确保良好的法律效果。同时，必须充分考虑案件的处理是否有利于赢得广大人民群众的支持和社会稳定，是否有利于瓦解犯罪，化解矛盾，是否有利于罪犯的教育改造和回归社会，是否有利于减少社会对抗，促进社会和谐，争取更好的社会效果。要注意在裁判文书中充分说明裁判理由，尤其是从宽或从严的理由，促使被告人认罪伏法，注重教育群众，实现案件裁判法律效果和社会效果的有机统一。

二、准确把握和正确适用依法从“严”的政策要求

6. 宽严相济刑事政策中的从“严”，主要

是指对于罪行十分严重、社会危害性极大，依法应当判处重刑或死刑的，要坚决地判处重刑或死刑；对于社会危害大或者具有法定、酌定从重处罚情节，以及主观恶性深、人身危险性大的被告人，要依法从严惩处。在审判活动中通过体现依法从"严"的政策要求，有效震慑犯罪分子和社会不稳定分子，达到有效遏制犯罪、预防犯罪的目的。

7. 贯彻宽严相济刑事政策，必须毫不动摇地坚持依法严惩严重刑事犯罪的方针。对于危害国家安全犯罪、恐怖组织犯罪、邪教组织犯罪、黑社会性质组织犯罪、恶势力犯罪、故意危害公共安全犯罪等严重危害国家政权稳固和社会治安的犯罪，故意杀人、故意伤害致人死亡、强奸、绑架、拐卖妇女儿童、抢劫、重大抢夺、重大盗窃等严重暴力犯罪和严重影响人民群众安全感的犯罪，走私、贩卖、运输、制造毒品等毒害人民健康的犯罪，要作为严惩的重点，依法从重处罚。尤其对于极端仇视国家和社会，以不特定人为侵害对象，所犯罪行特别严重的犯罪分子，该重判的要坚决依法重判，该判处死刑的要坚决依法判处死刑。

8. 对于国家工作人员贪污贿赂、滥用职权、失职渎职的严重犯罪，黑恶势力犯罪、重大安全责任事故、制售伪劣食品药品所涉及的国家工作人员职务犯罪，发生在社会保障、征地拆迁、灾后重建、企业改制、医疗、教育、就业等领域严重损害群众利益、社会影响恶劣、群众反映强烈的国家工作人员职务犯罪，发生在经济社会建设重点领域、重点行业的严重商业贿赂犯罪等，要依法从严惩处。

对于国家工作人员职务犯罪和商业贿赂犯罪中性质恶劣、情节严重、涉案范围广、影响面大的，或者案发后隐瞒犯罪事实、毁灭证据、订立攻守同盟、负案潜逃等拒不认罪悔罪的，要坚决依法从严惩处。

对于被告人犯罪所得数额不大，但对国家财产和人民群众利益造成重大损失、社会影响极其恶劣的职务犯罪和商业贿赂犯罪案件，也应依法从严惩处。

要严格掌握职务犯罪法定减轻处罚情节的认定标准与减轻处罚的幅度，严格控制依法减轻处罚后判处三年以下有期徒刑适用缓刑的范围，切实规范职务犯罪缓刑、免予刑事处罚的适用。

9. 当前和今后一段时期，对于集资诈骗、贷款诈骗、制贩假币以及扰乱、操纵证券、期货市场等严重危害金融秩序的犯罪，生产、销售假药、劣药、有毒有害食品等严重危害食品药品安全的犯罪，走私等严重侵害国家经济利益的犯罪，造成严重后果的重大安全责任事故犯罪，重大环境污染、非法采矿、盗伐林木等各种严重破坏环境资源的犯罪等，要依法从严惩处，维护国家的经济秩序，保护广大人民群众的生命健康安全。

10. 严惩严重刑事犯罪，必须充分考虑被告人的主观恶性和人身危险性。对于事先精心预谋、策划犯罪的被告人，具有惯犯、职业犯等情节的被告人，或者因故意犯罪受过刑事处罚、在缓刑、假释考验期内又犯罪的被告人，要依法严惩，以实现刑罚特殊预防的功能。

11. 要依法从严惩处累犯和毒品再犯。凡是依法构成累犯和毒品再犯的，即使犯罪情节较轻，也要体现从严惩处的精神。尤其是对于前罪为暴力犯罪或被判处重刑的累犯，更要依法从严惩处。

12. 要注重综合运用多种刑罚手段，特别是要重视依法适用财产刑，有效惩治犯罪。对于法律规定有附加财产刑的，要依法适用。对于侵财型和贪利型犯罪，更要注重通过依法适用财产刑使犯罪分子受到经济上的惩罚，剥夺其重新犯罪的能力和条件。要切实加大财产刑的执行力度，确保刑罚的严厉性和惩罚功能得以实现。被告人非法占有、处置被害人财产不能退赃的，在决定刑罚时，应作为重要情节予以考虑，体现从严处罚的精神。

13. 对于刑事案件被告人，要严格依法追究刑事责任，切实做到不枉不纵。要在确保司法公正的前提下，努力提高司法效率。特别是对于那些严重危害社会治安，引起社会关注的刑事案件，要在确保案件质量的前提下，抓紧审理，及时宣判。

三、准确把握和正确适用依法从“宽”的政策要求

14. 宽严相济刑事政策中的从“宽”，主要是指对于情节较轻、社会危害性较小的犯罪，或者罪行虽然严重，但具有法定、酌定从宽处罚情节，以及主观恶性相对较小、人身危险性不大的被告人，可以依法从轻、减轻或者免除处罚；对于具有一定社会危害性，但情节显著轻微危害不大的行为，不作为犯罪处理；对于依法可不监禁的，尽量适用缓刑或者判处管制、单处罚金等非监禁刑。

15. 被告人的行为已经构成犯罪，但犯罪情节轻微，或者未成年人、在校学生实施的较轻犯罪，或者被告人具有犯罪预备、犯罪中止、从犯、胁从犯、防卫过当、避险过当等情节，依法不需要判处刑罚的，可以免予刑事处罚。对免予刑事处罚的，应当根据刑法第三十七条规定，做好善后、帮教工作或者交由有关部门进行处理，争取更好的社会效果。

16. 对于所犯罪行不重、主观恶性不深、人身危险性较小、有悔改表现、不致再危害社会的犯罪分子，要依法从宽处理。对于其中具备条件的，应当依法适用缓刑或者管制、单处罚金等非监禁刑。同时配合做好社区矫正，加强教育、感化、帮教、挽救工作。

17. 对于自首的被告人，除了罪行极其严重、主观恶性极深、人身危险性极大，或者恶意地利用自首规避法律制裁者以外，一般均应当依法从宽处罚。

对于亲属以不同形式送被告人归案或协助司法机关抓获被告人而认定为自首的，原则上都应当依法从宽处罚；有的虽然不能认定为自首，但考虑到被告人亲属支持司法机关工作，促使被告人到案、认罪、悔罪，在决定对被告人具体处罚时，也应当予以充分考虑。

18. 对于被告人检举揭发他人犯罪构成立功的，一般均应当依法从宽处罚。对于犯罪情节不是十分恶劣，犯罪后果不是十分严重的被告人立功的，从宽处罚的幅度应当更大。

19. 对于较轻犯罪的初犯、偶犯，应当综合考虑其犯罪的动机、手段、情节、后果和犯罪时的主观状态，酌情予以从宽处罚。对于犯罪情节轻微的初犯、偶犯，可以免予刑事处罚；依法应当予以刑事处罚的，也应当尽量适用缓刑或者判处管制、单处罚金等非监禁刑。

20. 对于未成年人犯罪，在具体考虑其实施犯罪的动机和目的、犯罪性质、情节和社会危害程度的同时，还要充分考虑其是否属于初犯，归案后是否悔罪，以及个人成长经历和一贯表现等因素，坚持“教育为主、惩罚为辅”的原则和“教育、感化、挽救”的方针进行处理。对于偶尔盗窃、抢夺、诈骗，数额刚达到较大的标准，案发后能如实交代并积极退赃的，可以认定为情节显著轻微，不作为犯罪处理。对于罪行较轻的，可以依法适当多适用缓刑或者判处管制、单处罚金等非监禁刑；依法可免予刑事处罚的，应当免予刑事处罚。对于犯罪情节严重的未成年人，也应当依照刑法第十七条第三款的规定予以从轻或者减轻处罚。对于已满十四周岁不满十六周岁的未成年犯罪人，一般不判处无期徒刑。

21. 对于老年人犯罪，要充分考虑其犯罪的动机、目的、情节、后果以及悔罪表现等，并结合其人身危险性和再犯可能性，酌情予以从宽处罚。

22. 对于因恋爱、婚姻、家庭、邻里纠纷等民间矛盾激化引发的犯罪，因劳动纠纷、管理失当等原因引发、犯罪动机不属恶劣的犯罪，因被害方过错或者基于义愤引发的或者具有防卫因素的突发性犯罪，应酌情从宽处罚。

23. 被告人案发后对被害人积极进行赔偿，并认罪、悔罪的，依法可以作为酌定量刑情节予以考虑。因婚姻家庭等民间纠纷激化引发的犯罪，被害人及其家属对被告人表示谅解的，应当作为酌定量刑情节予以考虑。犯罪情节轻微，取得被害人谅解的，可以依法从宽处理，不需判处刑罚的，可以免予刑事处罚。

24. 对于刑事被告人，如果采取取保候审、监视居住等非羁押性强制措施足以防止发生社会危险性，且不影响刑事诉讼正常进行的，一般可不采取羁押措施。对人民检察院提起公诉而被告人未被采取逮捕措施的，除存在被告人逃跑、串供、重新犯罪等具有人身危险性或者

可能影响刑事诉讼正常进行的情形外，人民法院一般可不决定逮捕被告人。

四、准确把握和正确适用宽严“相济”的政策要求

25. 宽严相济刑事政策中的“相济”，主要是指在对各类犯罪依法处罚时，要善于综合运用宽和严两种手段，对不同的犯罪和犯罪分子区别对待，做到严中有宽、宽以济严；宽中有严、严以济宽。

26. 在对严重刑事犯罪依法从严惩处的同时，对被告人具有自首、立功、从犯等法定或酌定从宽处罚情节的，还要注意宽以济严，根据犯罪的具体情况，依法应当或可以从宽的，都应当在量刑上予以充分考虑。

27. 在对较轻刑事犯罪依法从轻处罚的同时，要注意严以济宽，充分考虑被告人是否具有屡教不改、严重滋扰社会、群众反映强烈等酌定从严处罚的情况，对于不从严不足以有效惩戒者，也应当在量刑上有所体现，做到济之以严，使犯罪分子受到应有处罚，切实增强改造效果。

28. 对于被告人同时具有法定、酌定从严和法定、酌定从宽处罚情节的案件，要在全面考察犯罪的事实、性质、情节和对社会危害程度的基础上，结合被告人的主观恶性、人身危险性、社会治安状况等因素，综合作出分析判断，总体从严，或者总体从宽。

29. 要准确理解和严格执行“保留死刑，严格控制和慎重适用死刑”的政策。对于罪行极其严重的犯罪分子，论罪应当判处死刑的，要坚决依法判处死刑。要依法严格控制死刑的适用，统一死刑案件的裁判标准，确保死刑只适用于极少数罪行极其严重的犯罪分子。拟判处死刑的具体案件定罪或者量刑的证据必须确实、充分，得出唯一结论。对于罪行极其严重，但只要是依法可不立即执行的，就不应当判处死刑立即执行。

30. 对于恐怖组织犯罪、邪教组织犯罪、黑社会性质组织犯罪和进行走私、诈骗、贩毒等犯罪活动的犯罪集团，在处理时要分别情况，区别对待：对犯罪组织或集团中的为首组织、指挥、策划者和骨干分子，要依法从严惩处，该判处重刑或死刑的要坚决判处重刑或死刑；对受欺骗、胁迫参加犯罪组织、犯罪集团或只是一般参加者，在犯罪中起次要、辅助作用的从犯，依法应当从轻或减轻处罚，符合缓刑条件的，可以适用缓刑。

对于群体性事件中发生的杀人、放火、抢劫、伤害等犯罪案件，要注意重点打击其中的组织、指挥、策划者和直接实施犯罪行为的积极参与者；对因被煽动、欺骗、裹胁而参加，情节较轻，经教育确有悔改表现的，应当依法从宽处理。

31. 对于一般共同犯罪案件，应当充分考虑各被告人在共同犯罪中的地位和作用，以及在主观恶性和人身危险性方面的不同，根据事实和证据能分清主从犯的，都应当认定主从犯。有多名主犯的，应在主犯中进一步区分出罪行最为严重者。对于多名被告人共同致死一名被害人的案件，要进一步分清各被告人的作用，准确确定各被告人的罪责，以做到区别对待；不能以分不清主次为由，简单地一律判处重刑。

32. 对于过失犯罪，如安全责任事故犯罪等，主要应当根据犯罪造成危害后果的严重程度、被告人主观罪过的大小以及被告人案发后的表现等，综合掌握处罚的宽严尺度。对于过失犯罪后积极抢救、挽回损失或者有效防止损失进一步扩大的，要依法从宽。对于造成的危害后果虽然不是特别严重，但情节特别恶劣或案发后故意隐瞒案情，甚至逃逸，给及时查明事故原因和迅速组织抢救造成贻误的，则要依法从重处罚。

33. 在共同犯罪案件中，对于主犯或首要分子检举、揭发同案地位、作用较次犯罪分子构成立功的，从轻或者减轻处罚应当从严掌握，如果从轻处罚可能导致全案量刑失衡的，一般不予从轻处罚；如果检举、揭发的是其他犯罪案件中罪行同样严重的犯罪分子，或者协助抓获的是同案中的其他主犯、首要分子的，原则上应予依法从轻或者减轻处罚。对于从犯或犯罪集团中的一般成员立功，特别是协助抓获主犯、首要分子的，应当充分体现政策，依法从轻、减轻或者免除处罚。

34. 对于危害国家安全犯罪、故意危害公共安全犯罪、严重暴力犯罪、涉众型经济犯罪等严重犯罪；恐怖组织犯罪、邪教组织犯罪、黑恶势力犯罪等有组织犯罪的领导者、组织者和骨干分子；毒品犯罪再犯的严重犯罪者；确有执行能力而拒不依法积极主动缴付财产执行财产刑或确有履行能力而不积极主动履行附带民事赔偿责任的，在依法减刑、假释时，应当从严掌握。对累犯减刑时，应当从严掌握。拒不交代真实身份或对减刑、假释材料弄虚作假，不符合减刑、假释条件的，不得减刑、假释。

对于因犯故意杀人、爆炸、抢劫、强奸、绑架等暴力犯罪，致人死亡或严重残疾而被判处死刑缓期二年执行或无期徒刑的罪犯，要严格控制减刑的频度和每次减刑的幅度，要保证其相对较长的实际服刑期限，维护公平正义，确保改造效果。

对于未成年犯、老年犯、残疾罪犯、过失犯、中止犯、胁从犯、积极主动缴付财产执行财产刑或履行民事赔偿责任的罪犯、因防卫过当或避险过当而判处徒刑的罪犯以及其他主观恶性不深、人身危险性不大的罪犯，在依法减刑、假释时，应当根据悔改表现予以从宽掌握。对认罪伏法，遵守监规，积极参加学习、劳动，确有悔改表现的，依法予以减刑，减刑的幅度可以适当放宽，间隔的时间可以相应缩短。符合刑法第八十一条第一款规定的假释条件的，应当依法多适用假释。

五、完善贯彻宽严相济刑事政策的工作机制

35. 要注意总结审判经验，积极稳妥地推进量刑规范化工作。要规范法官的自由裁量权，逐步把量刑纳入法庭审理程序，增强量刑的公开性和透明度，充分实现量刑的公正和均衡，不断提高审理刑事案件的质量和效率。

36. 最高人民法院将继续通过总结审判经验，制发典型案例，加强审判指导，并制定关于案例指导制度的规范性文件，推进对贯彻宽严相济刑事政策案例指导制度的不断健全和完善。

37. 要积极探索人民法庭受理轻微刑事案件的工作机制，充分发挥人民法庭便民、利民和受案、审理快捷的优势，进一步促进轻微刑事案件及时审判，确保法律效果和社会效果的有机统一。

38. 要充分发挥刑事简易程序节约司法资源、提高审判效率、促进司法公正的功能，进一步强化简易程序的适用。对于被告人对被指控的基本犯罪事实无异议，并自愿认罪的第一审公诉案件，要依法进一步强化普通程序简化审的适用力度，以保障符合条件的案件都能得到及时高效的审理。

39. 要建立健全符合未成年人特点的刑事案件审理机制，寓教于审，惩教结合，通过科学、人性化的审理方式，更好地实现“教育、感化、挽救”的目的，促使未成年犯罪人早日回归社会。要积极推动有利于未成年犯罪人改造和管理的各项制度建设。对公安部门针对未成年人在缓刑、假释期间违法犯罪情况报送的拟撤销未成年犯罪人的缓刑或假释的报告，要及时审查，并在法定期限内及时做出决定，以真正形成合力，共同做好未成年人犯罪的惩戒和预防工作。

40. 对于刑事自诉案件，要尽可能多做化解矛盾的调解工作，促进双方自行和解。对于经过司法机关做工作，被告人认罪悔过，愿意赔偿被害人损失，取得被害人谅解，从而达成和解协议的，可以由自诉人撤回起诉，或者对被告人依法从轻或免予刑事处罚。对于可公诉、也可自诉的刑事案件，检察机关提起公诉的，人民法院应当依法进行审理，依法定罪处罚。对民间纠纷引发的轻伤害等轻微刑事案件，诉至法院后当事人自行和解的，应当予以准许并记录在案。人民法院也可以在不违反法律规定的前提下，对此类案件尝试做一些促进和解的工作。

41. 要尽可能把握一切有利于附带民事诉讼调解结案的积极因素，多做促进当事人双方和解的辨法析理工作，以更好地落实宽严相济刑事政策，努力做到案结事了。要充分发挥被告人、被害人所在单位、社区基层组织、辩护人、诉讼代理人和近亲属在附带民事诉讼调解工作中的积极作用，协调各方共同做好促进调解工作，尽可能通过调解达成民事赔偿协议并

以此取得被害人及其家属对被告人的谅解，化解矛盾，促进社会和谐。

42. 对于因受到犯罪行为侵害、无法及时获得有效赔偿、存在特殊生活困难的被害人及其亲属，由有关方面给予适当的资金救助，有利于化解矛盾纠纷，促进社会和谐稳定。各地法院要结合当地实际，在党委、政府的统筹协调和具体指导下，落实好、执行好刑事被害人救助制度，确保此项工作顺利开展，取得实效。

43. 对减刑、假释案件，要采取开庭审理与书面审理相结合的方式。对于职务犯罪案件，尤其是原为县处级以上领导干部罪犯的减刑、假释案件，要一律开庭审理。对于故意杀人、抢劫、故意伤害等严重危害社会治安的暴力犯罪分子，有组织犯罪案件中的首要分子和其他主犯以及其他重大、有影响案件罪犯的减刑、假释，原则上也要开庭审理。书面审理的案件，拟裁定减刑、假释的，要在羁押场所公示拟减刑、假释人员名单，接受其他在押罪犯的广泛监督。

44. 要完善对刑事审判人员贯彻宽严相济刑事政策的监督机制，防止宽严失当、枉法裁判、以权谋私。要改进审判考核考评指标体系，完善错案认定标准和错案责任追究制度，完善法官考核机制。要切实改变单纯以改判率、发回重审率的高低来衡量刑事审判工作质量和法官业绩的做法。要探索建立既能体现审判规律、符合法官职业特点，又能准确反映法官综合素质和司法能力的考评体制，对法官审理刑事案件质量，落实宽严相济刑事政策，实现刑事审判法律效果和社会效果有机统一进行全面、科学的考核。

45. 各级人民法院要加强与公安机关、国家安全机关、人民检察院、司法行政机关等部门的联系和协调，建立经常性的工作协调机制，共同研究贯彻宽严相济刑事政策的工作措施，及时解决工作中出现的具体问题。要根据“分工负责、相互配合、相互制约”的法律原则，加强与公安机关、人民检察院的工作联系，既各司其职，又进一步形成合力，不断提高司法公信，维护司法权威。要在律师辩护代理、法律援助、监狱提请减刑假释、开展社区矫正等方面加强与司法行政机关的沟通和协调，促进宽严相济刑事政策的有效实施。

关于庭审活动录音录像的若干规定

（最高人民法院2010年8月16日公布　法发［2010］33号）

为加强审判管理，完善法庭记录方式，保护当事人的诉讼权利，促进司法公正，根据有关诉讼法规定，结合人民法院工作实际，现就庭审活动录音录像问题作如下规定：

一、人民法院开庭审理第一审普通程序和第二审程序刑事、民事和行政案件，应当对庭审活动全程同步录音或者录像；简易程序及其他程序案件，应当根据需要对庭审活动录音或者录像。

对于巡回审判等不在审判法庭进行的庭审活动，不具备录音录像条件的，可以不录音录像。

二、人民法院应当在审判法庭安装录音设备；有条件的应当安装录像设备。人民法庭可以根据实际需要在部分审判法庭安装录音或者录像设备。

三、庭审录音录像应当由书记员或者其他工作人员自案件开庭时开始录制，并告知诉讼参与人，至闭庭时结束。除休庭和不宜录音录像的调解活动外，录音录像不得间断。

书记员应当将庭审录音录像的起始、结束时间及有无间断等情况记入法庭笔录。

四、当事人和其他诉讼参与人对法庭笔录有异议并申请补正的，书记员应当播放录音录像进行核对、补正。如果不予补正，应当将申请记录在案。

五、人民法院应当使用专门设备存储庭审录音录像，并将其作为案件材料以光盘等方式存入案件卷宗；具备当事人、辩护人、代理人等在人民法院查阅条件的，应当将其存入案件卷宗的正卷。未经人民法院许可，任何人不得复制、拍录、传播庭审录音录像。

庭审录音录像的保存期限与案件卷宗的保存期限相同。

六、人民法院应当采取叠加同步录制时间或者其他措施保证庭审录音录像的真实性、完整性。对于毁损庭审录音录像或者篡改其内容的，追究行为人相应的行政或者法律责任。

因设备、技术等原因导致庭审录音录像内容不完整或者不存在的，负责录制的人员应当做出书面说明，经审判长或者庭长审核签字后附卷；内容不完整的庭审录音录像仍应存储并入卷。

七、在庭审中，诉讼参与人或者旁听人员违反法庭纪律或者有关法律规定，破坏法庭秩序、妨碍诉讼活动顺利进行的，庭审录音录像可以作为追究其法律责任的证据。

八、当事人和其他诉讼参与人认为庭审活动不规范或者存在违法现象的，人民法院应当结合庭审录音录像进行调查核实。

九、人民法院院长、庭长或者纪检监察部门，可以根据工作需要调阅庭审录音录像。调阅不公开审理案件的庭审录音录像，应当遵守有关保密规定。

十、高级人民法院可以结合当地实际，在庭审录音录像的技术、管理、应用等方面制定本规定的实施细则。

十一、人民法院进行其他审判、执行、听证、接访等活动，需要录音录像的，参照本规定执行。

关于大力推广巡回审判方便人民群众诉讼的意见

（最高人民法院2010年12月22日公布）

巡回审判是人民法院基层基础工作的重要组成部分，是立足现有司法资源充分发挥审判职能作用的重要途径。为全面提高巡回审判工作质效，现就大力推广巡回审判，方便人民群众诉讼有关问题，提出以下意见。

一、充分认识大力推广巡回审判方便人民群众诉讼的重要意义

1. 推广巡回审判是深入推进三项重点工作的重要举措。在大力推广巡回审判方便人民群众诉讼过程中，最大限度快捷有效处理当事人的矛盾纠纷，最大限度发现和解决社会管理中存在的问题，最大限度将人民法院特别是基层人民法院、人民法庭各项工作置于人民群众监督之下，对于深入推进社会矛盾化解、社会管理创新以及公正廉洁执法具有重要意义。

2. 推广巡回审判是坚持为大局服务的具体实践。服务党和国家工作大局，是人民法院的历史责任和实现自身发展的必然要求。大力推广巡回审判，无论是对于着力提高服务大局的针对性，切实解决经济社会发展过程中的突出问题，还是对于增强审判工作辐射效应，争取人民法院工作取得最佳的法律效果和社会效果，都将产生积极作用。

3. 推广巡回审判是深入开展“人民法官为人民”主题实践活动的重要切入点。以大力推广巡回审判方便人民群众诉讼为抓手，深入开展“人民法官为人民”主题实践活动，强化落实各项便民利民措施，可以最大程度上彰显人民司法的人文关怀，让广大人民群众切实感受到人民法院深入开展“人民法官为人民”主题实践活动的成果，同时也是新时期继承和发扬

"马锡五审判方式"所蕴含的深入群众、方便群众和服务群众精神的具体体现。

二、立足本地实际，切实增强大力推广巡回审判方便人民群众诉讼的针对性

4. 西部边远地区、少数民族地区以及其他群众诉讼不便地区的基层人民法院，特别是人民法庭，应当逐步确立以巡回审判为主的工作机制。通过大力推广巡回审判，全面提高巡回审判工作质效，切实解决当前在一定程度上存在的司法权不能切实覆盖、人民群众日益增长的司法需求难以得到有效满足的问题。

5. 经济发达和较为发达地区的基层人民法院和人民法庭，要以着力化解经济社会发展中的矛盾纠纷，着力解决影响社会稳定的突出问题，着力提供更加便捷有效的司法服务为出发点开展巡回审判工作。通过大力推广巡回审判，力争做到审判工作优质高效开展与服务当地经济社会又好又快发展两不误、两促进。

三、明确原则目标，坚持制度化、规范化，努力追求巡回审判的高质量和高效率

6. 巡回审判要遵循"面向农村、面向基层、面向群众"和"方便人民群众诉讼，方便人民法院依法独立、公正、高效行使审判权"原则，弘扬公正、廉洁、为民的司法核心价值观，以最大限度满足人民群众日益增长的司法服务需求和化解矛盾、定纷止争为目的，实现法律效果和社会效果的有机统一。注重发挥以案施教、法制宣传的社会功能，凸显司法为民、司法效益的价值追求。

7. 注意发挥人民法庭在大力推广巡回审判工作中的重要作用，确有必要的，基层人民法院也可根据需要组织专门力量开展巡回审判工作。继续贯彻最高人民法院《关于全面加强人民法庭工作的决定》有关人民法庭可以直接立案的规定精神，切实解决人民群众"告状难"问题。按照有利于消除当事人对抗心理和充分实现巡回审判功能要求选择巡回审判地点，针对可能引发的突发事件，还应做好应急预案，维护巡回审判的顺利进行。

8. 建立基层人民法院特别是人民法庭与人民调解组织、村民自治组织、基层司法所等的联系网络，切实增强巡回审判的针对性，防止有限司法资源的浪费。进一步切实贯彻"调解优先、调判结合"司法原则，最大限度地实现诉讼与非诉讼纠纷解决方式的衔接。

9. 加大巡回审判点的建设力度，切实解决巡回审判场所不足的问题。根据当地具体情况，加强与公安、司法行政部门的沟通和联系，在派出人民法庭覆盖不到的地方，充分利用派出所、司法所等现有资源建立相对固定、规范的巡回审判点。

10. 科学合理地确定人员编制，争取编制管理部门的支持，利用新增政法专项编制，倾斜、充实基层一线，合理配置人力资源，为大力推广巡回审判新机制提供编制组织保障。在西部边远、少数民族地区，要立足当地，积极培养和录取精通双语的少数民族法官和工作人员，为适应西部边远、少数民族地区巡回审判工作打下坚实基础。

11. 尽快解决人民法庭恢复或新建、物质装备和经费保障问题。做好边远地区、少数民族地区及其他群众诉讼不便地区人民法庭恢复或新建工作，解决巡回半径过大的实际问题。根据辖区或者覆盖区域的人口分布、交通条件等情况，配备能够满足巡回审判工作的特种车辆、活动板房（帐篷）、移动办公设备和通讯工具，构建信息共享的网络系统以及必要的网络终端工具，扩大电子签章的使用等，并将维修、养护、油料、巡回审判补助等费用以及折旧、报废等问题纳入法院预算经费范围，确保巡回审判工作的顺利开展。

四、加强监督指导和调查研究

12. 切实加强对本地区巡回审判工作的指导力度。各地要根据本意见要求尽快制定符合本地实际情况的具体指导意见和专门的庭审程序规范，着力做好有利于大力推广巡回审判工作的制度建设。

13. 尽快完善巡回审判工作量的统计工作，采取科学方法，客观反映大力推广巡回审判方便人民群众诉讼的实际情况。强化监督检查工作，避免脱离实际片面追求巡回审判案件数量的错误做法。

14. 对贯彻落实本意见过程中出现的新情况、新问题，要注意认真研究分析成因和对策。积极主动寻求当地党委的领导和人大的支持，加强与政府及相关部门的沟通联系，对本地区难以解决的问题和困难，要及时向上级人民法院报告，必要时应层报我院。

关于规范量刑程序若干问题的意见（试行）

为进一步规范量刑活动，促进量刑公开和公正，根据刑事诉讼法和司法解释的有关规定，结合刑事司法工作实际，制定本意见。

第一条 人民法院审理刑事案件，应当保障量刑活动的相对独立性。

第二条 侦查机关、人民检察院应当依照法定程序，收集能够证实犯罪嫌疑人、被告人犯罪情节轻重以及其他与量刑有关的各种证据。

人民检察院提起公诉的案件，对于量刑证据材料的移送，依照有关规定进行。

第三条 对于公诉案件，人民检察院可以提出量刑建议。量刑建议一般应当具有一定的幅度。

人民检察院提出量刑建议，一般应当制作量刑建议书，与起诉书一并移送人民法院；根据案件的具体情况，人民检察院也可以在公诉意见书中提出量刑建议。对于人民检察院不派员出席法庭的简易程序案件，应当制作量刑建议书，与起诉书一并移送人民法院。

量刑建议书中一般应当载明人民检察院建议对被告人处以刑罚的种类、刑罚幅度、刑罚执行方式及其理由和依据。

第四条 在诉讼过程中，当事人和辩护人、诉讼代理人可以提出量刑意见，并说明理由。

第五条 人民检察院以量刑建议书方式提出量刑建议的，人民法院在送达起诉书副本时，将量刑建议书一并送达被告人。

第六条 对于公诉案件，特别是被告人不认罪或者对量刑建议有争议的案件，被告人因经济困难或者其他原因没有委托辩护人的，人民法院可以通过法律援助机构指派律师为其提供辩护。

第七条 适用简易程序审理的案件，在确定被告人对起诉书指控的犯罪事实和罪名没有异议，自愿认罪且知悉认罪的法律后果后，法庭审理可以直接围绕量刑问题进行。

第八条 对于适用普通程序审理的被告人认罪案件，在确认被告人了解起诉书指控的犯罪事实和罪名，自愿认罪且知悉认罪的法律后果后，法庭审理主要围绕量刑和其他有争议的问题进行。

第九条 对于被告人不认罪或者辩护人做无罪辩护的案件，在法庭调查阶段，应当查明有关的量刑事实。在法庭辩论阶段，审判人员引导控辩双方先辩论定罪问题。在定罪辩论结束后，审判人员告知控辩双方可以围绕量刑问题进行辩论，发表量刑建议或意见，并说明理由和依据。

第十条 在法庭调查过程中，人民法院应当查明对被告人适用特定法定刑幅度以及其他从重、从轻、减轻或免除处罚的法定或者酌定量刑情节。

第十一条 人民法院、人民检察院、侦查机关或者辩护人委托有关方面制作涉及未成年人的社会调查报告的，调查报告应当在法庭上宣读，并接受质证。

第十二条 在法庭审理过程中，审判人员对量刑证据有疑问的，可以宣布休庭，对证据进行调查核实，必要时也可以要求人民检察院补充调查核实。人民检察院应当补充调查核实有关证据，必要时可以要求侦查机关提供协助。

第十三条 当事人和辩护人、诉讼代理人申请人民法院调取在侦查、审查起诉中收集的量刑证据材料，人民法院认为确有必要的，应当依法调取。人民法院认为不需要调取有关量刑证据材料的，应当说明理由。

第十四条 量刑辩论活动按照以下顺序进行：

（一）公诉人、自诉人及其诉讼代理人发表量刑建议或意见；

（二）被害人（或者附带民事诉讼原告人）及其诉讼代理人发表量刑意见；

（三）被告人及其辩护人进行答辩并发表量刑意见。

第十五条 在法庭辩论过程中，出现新的量刑事实，需要进一步调查的，应当恢复法庭调查，待事实查清后继续法庭辩论。

第十六条 人民法院的刑事裁判文书中应当说明量刑理由。量刑理由主要包括：

（一）已经查明的量刑事实及其对量刑的作用；

（二）是否采纳公诉人、当事人和辩护人、诉讼代理人发表的量刑建议、意见的理由；

（三）人民法院量刑的理由和法律依据。

第十七条 对于开庭审理的二审、再审案件的量刑活动，依照有关法律规定进行。法律没有规定的，参照本意见进行。

对于不开庭审理的二审、再审案件，审判人员在阅卷、讯问被告人、听取其他当事人、辩护人、诉讼代理人的意见时，应当注意审查量刑事实和证据。

第十八条 本意见自2010年10月1日起试行。

关于处理涉及汶川地震相关案件适用法律问题的意见（一）

（最高人民法院2008年7月14日公布）

为依法做好灾区审判和执行工作，保障灾区人民群众合法权益，维护灾区社会稳定，为抗震救灾和灾后恢复重建提供有力的司法保障，最高人民法院分别于5月27日和6月6日发布了《最高人民法院关于依法做好抗震救灾期间审判工作切实维护灾区社会稳定的通知》（法［2008］152号）和《最高人民法院关于依法做好抗震救灾恢复重建期间民事审判和执行工作的通知》（法［2008］164号），上述两个《通知》对涉灾案件审判和执行工作的基本原则和一些具体法律适用问题做出了规定，各级人民法院要严格执行。根据灾后恢复重建的实际情况，为尽快恢复灾区正常的经济、社会秩序，现对涉及四川汶川地震灾害相关案件适用法律的有关问题进一步提出以下意见：

一、对于涉及灾区群众人身、财产关系的婚姻家庭、继承、宣告死亡、宣告失踪等案件，人民法院要依法积极受理，尽快解决因地震造成相关人身和财产权利义务关系变化而带来的问题。

二、灾区群众安置地与原住所地、经常居住地不在同一行政区的，对于异地安置以后发生的诉讼，可以将安置地视为当事人的居住地依法确定管辖。

三、农村承包地因地震灾害导致不能耕种、边界不明，当事人起诉要求进行调整。边界划定或重新确权的，人民法院应当告知当事人向有关政府行政主管部门申请解决。

四、案件承办法官因遇难或者其他原因无法履行职责的，人民法院可依据《最高人民法院关于人民法院合议庭工作的若干规定》（法释［2002］25号）的程序更换办案人员继续审理。案件被移送或者被指定管辖的，由受移送或者指定管辖的人民法院继续审理。

五、人民法院正在审理的刑事案件、民事案件、行政案件以及执行案件中，当事人死亡或失踪的，要依法分别处理。刑事案件被告人死亡的，终止审理。民事案件、行政案件和执行案件当事人死亡或者失踪的，裁定中止审理、执行，待灾区安置及恢复重建工作进行到一定阶段，经法定程序对涉案人身、财产关系明确后，人民法院依法决定是否恢复审理、执行，或者按撤诉处理、终结诉讼、终结执行，或者变更主体等。

六、当事人在诉讼中提交给法院的证据如系原件，在未经质证的情况下在地震中灭失，待证事实或者损毁灭失的证据内容又不能通过其他证明办法正面的，人民法院应当通过调解等办法妥善处理。

七、对民法通则第一百三十九条规定的“中止时效的原因消除”、民事诉讼法第七十六条规定的“障碍消除”、第一百三十六条规定的“中止诉讼的原因消除”以及第二百三十二条规定的“中止的情形消失”，《最高人民法院关于执行〈中华人民共和国行政诉讼法〉若干问题的解释》第五十一条规定的“中止诉讼的原因消除”之日的确定，要区别灾区不同情况，坚持从宽掌握的原则，结合个案具体情况具体分析。

人民法院在确定时可以考虑以下因素：1. 人民法院恢复正常工作的情况；2. 当地恢复重建进展的情况；3. 失踪当事人重新出现、财产代管人经依法确定、被有关部门确定死亡或被人民法院宣告死亡明确继承人的情况；4. 作为法人或其他组织的当事人恢复经营能力或者已经确立权利义务承受人的情况。

八、正在审理中的案件当事人在地震灾害中下落不明的，人民法院在核实当事人的身份、下落等有关情况后可以公告送达法律文书。

利害关系人申请宣告下落不明人失踪的，人民法院作出宣告失踪判决后，应当变更财产代管人为当事人，相关法律文书向财产代管人送达。

九、在诉讼过程中，因地震造成已查封、扣押的财产损毁、灭失的，应当参照最高人民法院《关于人民法院民事执行中查封、扣押、冻结财产的规定》第二十四条的规定处理；申请人提供其他财产线索申请查封、扣押的，可不再交纳申请费。

对于已评估过的财产，因地震造成损毁或价值贬损的，可以根据申请人的申请重新评估，评估费用按照《诉讼费用交纳办法》第十二条的规定确定。

十、申请执行人为非灾区企业或者公民，被执行人为灾区企业或者公民，财产无法确定或者缺无财产可供执行的，应当中止执行；被执行人遭受灾害后有财产可供执行的，执行机关应尽力促成和解结案；申请执行人要求继续执行，但执行该财产将严重影响恢复重建工作顺利进行的，可以中止执行。中止执行的情形消失后，应当及时恢复执行。

灾区受灾企业或者公民申请强制执行，被执行人为非灾区企业或者公民的，人民法院应当加大执行力度，依法及时执行，以利于灾区企业和公民更好地恢复生产、重建家园。

最高人民法院关于处理涉及汶川地震相关案件适用法律问题的意见（二）

为依法做好灾区审判和执行工作，保障灾区人民群众合法权益，维护灾区社会稳定，根据《中华人民共和国民法通则》、《中华人民共和国合同法》、《中华人民共和国物权法》和《中华人民共和国民事诉讼法》等法律的规定，结合灾后恢复重建的实际情况，现对涉及四川汶川地震灾害相关案件适用法律的有关问题进一步提出以下意见：

一、买受人要求出卖人按照房屋买卖合同的约定继续履行交房义务的，人民法院应予支持，但是因地震不能实际履行或者实际履行费用过高的除外；因地震造成房屋不能交付或者不符合约定的交付条件，买受人要求解除房屋买卖合同的，人民法院应予支持。

二、出卖人通过认购、订购、预订等方式向买受人收受定金作为订立商品房买卖合同担保的，如果因当事人一方原因未能订立商品房买卖合同，应当按照法律关于定金的规定处理；因地震导致商品房买卖合同未能订立的，出卖人应当将定金返还买受人。

三、对房屋的转移占有，视为房屋的交付使用，但当事人另有约定的除外。房屋毁损、灭失的风险，在交付使用前由出卖人承担，交付使用后由买受人承担；买受人接到出卖人的书面交房通知，无正当理由拒绝接收的，房屋毁损、灭失的风险自书面交房通知确定的交付使用之日起由买受人承担，但法律另有规定或者当事人另有约定的除外。

四、因地震灾害致使在合理期限内出卖人迟延交付房屋或者买受人迟延支付购房款，当事人一方请求解除合同的，人民法院不予支持，但当事人另有约定的除外。

五、商品房买卖合同约定买受人以担保贷款方式付款，因地震导致未能订立商品房担保贷款合同并致使商品房买卖合同不能继续履行的，当事人可以请求解除合同，出卖人应当将收受的购房款本金及其利息或者定金返还买受人。

六、出租人因自住房垮塌或者经鉴定成为危房无法居住，起诉到人民法院要求解除房屋租赁合同收回自住的，人民法院应予支持，但要给承租人合理期限腾退房屋。

七、承租人因承租房已经垮塌或者经鉴定成为危房需加固或拆除，导致房屋无法正常使用，起诉要求解除租赁合同的，人民法院应予支持。

八、因地震灾害引起房屋垮塌、建筑物或者其他设施以及建筑物上的搁置物、悬挂物发生倒塌、脱落、坠落造成他人损害的，所有人或者管理人不承担民事责任。

九、因地震灾害致使堆放物品倒塌、滚落、滑落或者树木倾倒、折断或者果实坠落致人损害的，所有人或者管理人不承担赔偿责任。

十、因抗震救灾需要采取的排险、抢修、拆除等紧急避险行为造成公民人身或者公民、法人财产损害的，行为人不承担民事责任或者承担适当的民事责任。

十一、租赁经营期间，因地震灾害造成租赁经营的厂房、设备以及经营场所严重受损无法恢复正常经营，当事人起诉要求解除租赁经营合同的，人民法院应予支持。

十二、当事人以地震造成所处地域的消费水平降低、经济不景气等经营环境改变为理由，主张预期经营目的不能实现，承租人要求减少租金的，人民法院可以根据案件具体情况，适用公平原则处理。要求解除租赁合同的，人民法院不予支持。

十三、地震期间，劳动者因履行职务受到伤害，符合《工伤保险条例》第十四条、第十五条规定情形之一的，应当认定为工伤或者视同工伤，享受工伤待遇。依法应当参加工伤保险统筹的用人单位的劳动者，在地震中遭受人身损害，劳动者或者其近亲属向人民法院起诉请求用人单位承担民事赔偿责任的，告知其按《工伤保险条例》的规定处理。

十四、地震期间，用人单位为维护国家利益和公共利益的需要，在恢复交通、通信、供电、供水、排水、供气，抢修道路，保障食品、饮用水、燃料等基本生活必需品的供应，组织营救和救治受害人员等过程中，临时雇用员工受到伤害的，可参照《工伤保险条例》的规定进行处理。

十五、地震期间，对于行政机关基于应对突发事件的需要做出的行政处罚、行政强制措施等行为，当事人不服向人民法院提起诉讼的，人民法院应当依法受理。在审理中，应当依据《中华人民共和国突发事件应对法》的规定和精神审查衡量被诉行政行为的合法性；对于行政机关在抗震救灾和灾后重建过程中依法行使职权、维护灾区行政管理秩序和社会秩序的行为，人民法院应当依法予以支持。

十六、公民、法人或者其他组织就有关人民政府及其部门依照突发事件应对法作出的行政征用行为提起诉讼的，人民法院应当依法受理，并可判决或者建议有关人民政府及其部门在使用完毕或者突发事件应急处置工作结束后，及时返还被征用的财产。对于财产被征用或者征用后毁损、灭失的，应当给予补偿。

人民法院监察工作条例

（最高人民法院2008年6月5日公布　法发［2008］17号　自公布之日起施行）

第一章　总　则

第一条　为了加强人民法院监察工作，严肃人民法院纪律，促进廉政建设，维护司法公正，根据《中华人民共和国公务员法》、《中华人民共和国法官法》等法律，参照《中华人民共和国行政监察法》制订本条例。

第二条　人民法院监察部门，是人民法院行使监察职能的专门机构，依照法律和本条例对人民法院及其法官和其他工作人员实施监察。

第三条　人民法院监察部门依照法律和本条例行使职权，不受行政机关、社会团体、个人及人民法院内设其他部门的干涉。

第四条　人民法院监察工作必须坚持实事求是，重证据，重调查研究，在适用法律和纪律上人人平等。

第五条　人民法院监察工作应当实行教育与惩处相结合，严格执行纪律与维护法官和其他工作人员合法权益相结合，监督检查与完善制度、改进工作相结合。

第六条　人民法院监察工作应当坚持依靠群众，监察部门建立举报制度，公民、法人和其他组织对于人民法院及其法官和其他工作人员的违纪违法行为，有权向监察部门提出控告或者检举。

第二章　监察部门和监察人员

第七条　最高人民法院，高、中级人民法院设立监察室。

基层人民法院设立监察室或者专职监察员。

第八条　最高人民法院监察室在最高人民法院院长的领导下主管全国法院的监察工作。

地方各级人民法院监察室、基层人民法院专职监察员在本院院长和上级法院监察部门的领导下进行工作，监察业务以上级法院监察部门领导为主。

第九条　监察室设主任一名，按照有关规定设副主任若干名。

各级人民法院监察室主任、副主任一般应当从法官或者具有法官任职资格的人员中选任。

地方各级人民法院监察室主任、副主任、基层人民法院专职监察员的任免，在提请决定前，需经上一级人民法院监察部门同意。

第十条　最高人民法院和高级人民法院监察室根据工作需要设立内设机构，负责信访举报、案件查处、监督检查、综合调研等工作。中级以下人民法院可根据实际情况参照设立。

第十一条　最高人民法院监察室、高级人民法院以及副省级城市中级人民法院监察室设监察专员和监察员，中级人民法院和基层人民法院监察室设监察员。

各级人民法院应当尽可能选派法官或者具有法官任职资格的人员担任监察专员和监察员。

人民法院可以在本院监察部门以外的其他部门选任兼职监察员，其从事的兼职监察工作由所在法院监察部门领导。

第十二条　监察人员必须忠于职守，秉公执纪，遵纪守法，保守秘密。

第十三条　监察人员滥用职权、徇私舞弊、玩忽职守、泄露秘密的，应当给予纪律处分；

构成犯罪的，移送有关机关依法处理。

第三章 监察部门的职责

第十四条 人民法院监察部门的主要职责是：

（一）检查人民法院及其法官和其他工作人员遵守和执行国家法律、法规的情况；

（二）制定和完善人民法院廉政制度，检查人民法院及其法官和其他工作人员执行廉政制度的情况；

（三）受理对人民法院及其法官和其他工作人员违纪违法行为的控告、检举；

（四）调查处理人民法院及其法官和其他工作人员违反审判纪律、执行纪律及其他纪律的行为；

（五）受理法官和其他工作人员不服纪律处分的复议和申诉；

（六）组织协调、检查指导纠正审判工作、执行工作和法院其他工作中损害群众利益的不正之风；

（七）组织协调、检查指导预防腐败工作，开展对法官和其他工作人员司法廉洁和遵纪守法的教育。

第十五条 最高人民法院监察室对下列单位、部门和人员实施监察：

（一）本院各部门及其法官和其他工作人员；

（二）省、自治区、直辖市高级人民法院及其院长、副院长、副院级领导干部、监察室主任。

第十六条 省、自治区、直辖市高级人民法院和中级人民法院监察室对下列单位、部门和人员实施监察：

（一）本院各部门及其法官和其他工作人员；

（二）下一级人民法院及其院长、副院长、副院级领导干部、监察室主任、专职监察员。

第十七条 基层人民法院监察室或者专职监察员对本院各部门及其法官和其他工作人员实施监察。

第十八条 上级人民法院监察部门可以办理下一级人民法院监察部门管辖范围内的监察事项；必要时可以办理所辖各级人民法院监察部门管辖范围内的监察事项。

第四章 监察部门的权限

第十九条 监察部门履行职责，有权要求被监察的单位、部门和人员提供与监察事项有关的文件、资料、案卷材料、财务账目及其他有关材料，进行查阅或者复制；有权要求被监察的单位、部门和人员就监察事项涉及的问题作出解释或者说明；有权责令被监察的单位、部门和人员停止违反法律、法规和纪律的行为。

第二十条 监察部门在调查违反法律、法规和纪律的行为时，可以根据实际情况采取下列措施：

（一）暂予扣留、封存案件涉嫌的有关单位、部门和人员可以证明违反法律、法规和纪律行为的文件、资料、财务账目、案件材料及其他有关材料；

（二）责令案件涉嫌的有关单位、部门和人员在调查期间不得变卖、转移、毁损与案件有关的财物；

（三）经上一级人民法院监察部门批准，可以责令有违反纪律嫌疑的人员在指定的时间、地点就调查事项涉及的问题作出解释和说明，但是不得对其实行拘禁或者变相拘禁；

（四）建议暂停有严重违纪嫌疑的人员执行公务；

（五）经批准，查询案件涉嫌单位和涉嫌人员在银行或者其他金融机构的存款，必要时可以依法采取保全措施，冻结涉嫌人员在银行或者其他金融机构的存款；

（六）向监察事项涉及的单位、部门和人员进行查询；

（七）列席被监察单位、部门与监察事项有关的会议。

采取前款（一）、（二）、（三）、（四）、（五）项措施时，应当制作监察通知书送达有关单位、部门和人员，并对有关财物开列清单。

第二十一条 监察部门根据检查、调查结果，遇有下列情形之一的，可以提出监察建议：

（一）拒不执行法律、法规或者违反法律、法规以及人民法院纪律，应当予以纠正的；

（二）违反人民法院纪律，应当给予警告、记过、记大过、降级、撤职、开除处分的；

（三）录用、任免、奖惩决定明显不适当，应当予以纠正的；

（四）需要完善制度、堵塞漏洞的；

（五）其他需要提出监察建议的。

第二十二条 监察建议应当以人民法院名义下达，并书面送达有关单位、部门和人员。

重要的监察建议，应当报上一级人民法院监察部门备案。

监察建议，有关单位、部门和人员无正当理由的，应当采纳；对监察建议有异议的，应当自收到监察建议之日起三十日内书面向作出监察建议的人民法院提出。监察部门应当自收到异议之日起三十日内回复。

第二十三条 根据检查、调查结果，对于违反人民法院纪律，应当给予违纪人员纪律处分的，监察部门应当依照纪律处分程序提出纪律处分意见或者提出监察建议。

第五章 监察程序

第二十四条 监察部门按照下列程序进行检查：

（一）根据本院院长或者上级人民法院监察部门的指示或者要求，确定检查事项；

（二）制定检查方案并组织实施，必要时，可组织本院有关部门或者下级人民法院参加检查；

（三）向本院院长或者上级人民法院监察部门报告检查情况；

（四）根据检查结果，提出纪律处分意见或者监察建议。

第二十五条 监察部门按照管辖范围，根据检查发现的问题，或者控告检举的违纪线索，或者有关机关、部门移送的违纪线索，经初步核实，认为有关人员构成违纪应当给予纪律处分的，应当报本院院长批准后立案并组织调查。

重要案件的立案，应当报上一级人民法院监察部门备案。

第二十六条 人民法院监察部门在查办违纪案件时，应当组成案件调查组和审理组，分别进行案件调查和案件审理。参加案件调查的人员，不得参加案件审理。

监察部门人员不足以组成案件调查组和审理组的，可以由监察部门报经本院院长同意指定本院兼职监察员参加案件调查和案件审理。

第二十七条 监察部门对违纪案件调查时，应当全面收集证据，听取被调查人的陈述和辩解。

第二十八条 监察人员与所办理的监察事项有利害关系，或者有其他关系可能影响公正处理案件的，该监察人员应当回避。

第二十九条 监察部门立案调查的案件，应当自立案之日起六个月内结案，因特殊原因需要延长期限的，可以适当延长，但应当报上一级人民法院监察部门备案，说明情况和原因。

第三十条 对于立案调查的案件，经调查认定违纪事实不存在，或者情节轻微、不需要给予纪律处分的，应当按照批准立案的程序予以销案，并告知被调查人。

第三十一条 对于可能给予纪律处分的案件，调查组结束调查后应当交由审理组审理。

第三十二条 审理案件采取听证或者书面审理的方式进行。书面审理案件，应当询问被调查人、听取其陈述和辩解，必要时，也可以与证人核对证言。

第三十三条 对违纪人员的纪律处分按照下列规定进行：

（一）对本院审判委员会委员、庭长、副庭长、审判员、助理审判员和其他工作人员，下一级人民法院院长、副院长、副院级领导干部、监察室主任、专职监察员，拟给予警告、记过、记大过处分的，由监察部门提出处分意见，报本院院长批准后下达纪律处分决定；拟给予降级、撤职、开除处分的，由监察部门提出处分意见，经本院院长办公会议批准后下达纪律处分决定。纪律处分决定以人民法院名义下达，加盖人民法院印章。

（二）给予违纪人员撤职、开除处分，需要先由本院或者下一级人民法院提请同级人民代表大会罢免职务，或者提请同级人民代表大会常务委员会免去职务或者撤销职务的，应由人民代表大会或者其常委会罢免、免职或者撤销职务后，再执行处分决定。

第三十四条　对违反纪律的人员作出纪律处分后，有关法院人事部门应当办理处分手续，纪律处分决定等有关材料应当归人受处分人员的档案。

第三十五条　对纪律处分决定不服的，受处分人员自收到纪律处分决定之日起三十日内可以向作出纪律处分决定的人民法院申请复议，复议的人民法院应当在三十日内作出复议决定；对复议决定仍不服的，可以在接到复议决定三十日内向作出复议决定的上一级人民法院申诉，上一级人民法院应当在六十日内作出处理决定。

复议和申诉期间，不停止原决定的执行。

第三十六条　上一级人民法院对不服纪律处分决定的申诉，经复查认为原决定不当的，可以建议作出原纪律处分决定的人民法院予以变更或者撤销；也可以按照纪律处分程序直接作出变更或者撤销的决定。

上一级人民法院对申诉的处理决定为最终决定。

第三十七条　对法官纪律处分的权限和程序另有规定的，按照有关规定办理。

第三十八条　对于举报人故意捏造事实，诬告陷害法院工作人员的，建议有关单位给予处理；构成犯罪的，依法移送有关机关追究刑事责任。

第三十九条　被监察的单位、部门和人员违反本条例，有下列行为之一的，由监察部门责令改正，拒不改正的，对责任人依纪给予纪律处分：

（一）隐瞒事实真相，出具伪证或者隐匿、转移、篡改、毁灭证据的；

（二）故意拖延或者拒绝提供与监察事项有关的文件、资料、财务账目及其他有关材料和其他必要情况的；

（三）在调查期间变卖、转移涉嫌财物的；

（四）拒绝就监察部门所提问题作出解释或者说明的；

（五）拒不执行纪律处分决定或者无正当理由拒不采纳监察建议的；

（六）有其他违反本条例规定的行为，情节严重的。

第六章　附　则

第四十条　本条例所称“副院级领导干部”是指地方各级人民法院的政治部主任（政治处处长、政工科科长）、或者属于领导职务的专职审判委员会委员、执行局长等人员。

第四十一条　本条例由最高人民法院负责解释。

第四十二条　本条例自印发之日起施行，《人民法院监察工作暂行规定》同时废止。

最高人民法院、最高人民检察院关于死刑第二审案件开庭审理程序若干问题的规定（试行）

（最高人民法院审判委员会第1398次会议、2006年9月11日由最高人民检察院第十届检察委员会第60次会议通过）

为依法准确惩罚犯罪，加强刑事司法领域的人权保障，确保死刑案件的办案质量，根据《中华人民共和国刑事诉讼法》的有关规定，现对死刑第二审案件开庭审理程序的有关问题规定如下：

第一条　第二审人民法院审理第一审判处死刑立即执行的被告人上诉、人民检察院抗诉的案件，应当依照法律和有关规定开庭审理。

第二条　第二审人民法院审理第一审判处死刑缓期二年执行的被告人上诉的案件，有下列情形之一的，应当开庭审理：

（一）被告人或者辩护人提出影响定罪量刑的新证据，需要开庭审理的；

（二）具有刑事诉讼法第一百八十七条规定的开庭审理情形的。

人民检察院对第一审人民法院判处死刑缓期二年执行提出抗诉的案件，第二审人民法院应当开庭审理。

第三条 被判处死刑的被告人提出上诉的案件，原审人民法院应当在上诉期满后三日以内将上诉状连同案卷、证据移送上一级人民法院，同时将上诉状副本送交同级人民检察院和当事人。收到上诉状副本的人民检察院应当在三日以内将上诉状副本及有关材料报送上一级人民检察院。

对第一审的死刑判决抗诉的案件，提出抗诉的人民检察院向原审人民法院提交抗诉书后，应当在三日以内将抗诉书副本及有关材料报送上一级人民检察院。原审人民法院应当在抗诉期满后三日以内将抗诉书连同案卷、证据移送上一级人民法院，并将抗诉书副本送交当事人。

第四条 对死刑判决提出上诉的被告人，在上诉期满后第二审开庭前要求撤回上诉的，第二审人民法院应当进行审查。合议庭经过阅卷、讯问被告人、听取其他当事人、辩护人、诉讼代理人的意见后，认为原判决事实清楚，适用法律正确，量刑适当的，不再开庭审理，裁定准许被告人撤回上诉；认为原判决事实不清，证据不足或者无罪判为有罪，轻罪重判的，应当不准许撤回上诉，按照第二审程序开庭审理。

第五条 第二审人民法院开庭审理死刑上诉、抗诉案件，合议庭应当在开庭前对案卷材料进行全面审查，重点审查下列内容：

（一）上诉、抗诉的理由及是否提出了新的事实和证据；

（二）被告人供述、辩解的情况；

（三）辩护人的意见以及原审人民法院采纳的情况；

（四）原审判决认定的事实是否清楚，证据是否确实、充分；

（五）原审判决适用法律是否正确，量刑是否适当；

（六）在侦查、起诉及审判中，有无违反法律规定的诉讼程序的情形；

（七）原审人民法院合议庭、审判委员会讨论的意见；

（八）其他对定罪量刑有影响的内容。

第六条 第二审人民法院应当及时查明被判处死刑立即执行的被告人是否委托了辩护人。没有委托辩护人的，应当告知被告人可以自行委托辩护人或者通知法律援助机构指定承担法律援助义务的律师为其提供辩护。

被告人拒绝人民法院指定的辩护人为其辩护，有正当理由的，人民法院应当准许，被告人可以另行委托辩护人。被告人没有委托辩护人的，人民法院应当为其另行指定辩护人。

第七条 第二审人民法院开庭审理死刑上诉、抗诉案件，应当在开庭十日以前通知人民检察院查阅案卷。

第八条 人民检察院办理死刑上诉、抗诉案件，应当在开庭前对案卷材料进行全面审查，重点围绕抗诉或者上诉的理由，审查第一审判决认定案件事实、适用法律是否正确，证据是否确实、充分，量刑是否适当，审判活动是否合法，并进行下列工作；

（一）应当讯问被告人，听取被告人的上诉理由或者辩解；

（二）必要时听取辩护人的意见；

（三）核查主要证据，必要时询问证人；

（四）对鉴定结论有疑问的，可以重新鉴定或者补充鉴定；

（五）根据案件情况，可以听取被害人的意见。

第九条 第二审人民法院开庭审理的死刑上诉、抗诉案件，同级人民检察院应当派员出庭。

第十条 第二审人民法院开庭审理死刑上诉，抗诉案件，人民检察院应当在开庭前拟定庭审中的讯问、询问、举证、质证、答辩提纲和出庭意见书等。

第十一条 第二审人民法院开庭审理死刑上诉、抗诉案件，应当由审判员三人至五人组成合议庭，对于疑难、复杂、重大的死刑案件，应当由院长或者庭长担任审判长。

第十二条 合议庭应当在开庭前查明有关情况并做好以下准备工作：

（一）在第一审判决宣判后，被告人是否有检举、揭发行为需要查证核实的；

（二）是否存在可能导致延期审理的情形；

（三）必要时应当讯问被告人；

（四）拟定庭审提纲，确定需要开庭审理的内容；

（五）将开庭的时间、地点在开庭三日以前通知人民检察院；

（六）通知人民检察院、被告人及其辩护人在开庭五日以前提供出庭作证的证人、鉴定人名单；

（七）将传唤当事人和通知辩护人、证人、鉴定人和翻译人员的传票和通知书，在开庭三日以前送达；

（八）人民检察院向第二审人民法院提交新证据的，第二审人民法院应当通知被告人的辩护律师或者经许可的其他辩护人在开庭前到人民法院查阅；被告人及其辩护人向第二审人民法院提交新证据的，第二审人民法院应当通知人民检察院在开庭前到人民法院查阅；

（九）人民检察院在审查期间进行重新鉴定或者补充鉴定的，作出的鉴定应当及时提交人民法院，人民法院应当在开庭三日以前将鉴定结论告知当事人及其诉讼代理人、辩护人；被害人及其诉讼代理人或者被告人及其辩护人提出重新鉴定、补充鉴定要求并经第二审人民法院同意的，作出的鉴定应当及时提交人民法院，人民法院应当在开庭三日以前将鉴定结论告知对方当事人及其诉讼代理人、辩护人并通知人民检察院；

（十）公开审判的案件，在开庭三日以前先期公布案由、被告人姓名、开庭时间和地点；

（十一）其他准备工作。

上述活动情形应当写入笔录，由审判人员和书记员签名。

第十三条 第二审人民法院开庭审理死刑上诉、抗诉案件，具有下列情形之一的，应当通知证人、鉴定人、被害人出庭作证：

（一）人民检察院、被告人及其辩护人对鉴定结论有异议、鉴定程序违反规定或者鉴定结论明显存在疑点的；

（二）人民检察院、被告人及其辩护人对证人证言、被害人陈述有异议，该证人证言或者被害人陈述对定罪量刑有重大影响的；

（三）合议庭认为其他必要出庭作证的。

第十四条 第二审人民法院应当全面审理死刑上诉、抗诉案件。但在开庭时，可以根据具体情况围绕人民检察院、被告人及其辩护人提出争议的问题和人民法院认为需要重点审查的问题进行：

（一）审判长宣布开庭后，可以宣读原审判决书，也可以只宣读案由、主要事实、证据和判决主文等判决书的主要内容。法庭调查时，上诉案件由上诉人或者辩护人先宣读上诉状或者陈述上诉理由，抗诉案件由检察人员先宣读抗诉书；对于既有上诉又有抗诉的案件，先由检察人员宣读抗诉书，后由上诉人或者辩护人宣读上诉状或者陈述上诉理由。

（二）法庭调查的重点是，对原审判决提出异议的事实、证据以及提交的新的证据等。对于人民检察院、被告人及其辩护人没有异议的事实、证据和情节，可以不在庭审时调查。

（三）人民检察院、被告人及其辩护人对原审判决采纳的证据没有异议的，可以不再举证和质证。

（四）法庭辩论时，抗诉的案件，由检察人员先发言；上诉的案件，由上诉人、辩护人先发言；既有抗诉又有上诉的案件，由检察人员先发言，并依次进行辩论。

（五）对共同犯罪中没有判处死刑且没有提出上诉的被告人，人民检察院和辩护人在开庭前表示不需要进行讯问和质证的，可以不再传唤到庭。对没有被判处死刑的其他被告人的罪行，事实清楚的，可以不在庭审时审理。

（六）对被告人所犯数罪中判处其他刑罚的犯罪，事实清楚且人民检察院、被告人及其辩护人没有异议的，可以不在庭审时审理。

第十五条 在第二审程序中，检察人员或者辩护人发现证据出现重大变化，可能影响案件定罪量刑的，可以建议延期审理。

第十六条 第二审人民法院应当在裁判文

书中写明人民检察院的意见、被告人的辩解和辩护人的意见，以及是否采纳的情况并说明理由。

第十七条 第二审人民法院作出判决、裁定后，当庭宣判的，应当在五日以内将判决书或者裁定书送达当事人、辩护人和同级人民检察院；定期宣判的，应当在宣判后立即送达。

第二审人民法院可以委托第一审人民法院代为宣判，并向当事人送达第二审判决书或者裁定书。

第十八条 在第二审程序中，出席法庭的检察人员发现法庭审判活动违反法律规定的诉讼程序，休庭后由人民检察院向人民法院提出纠正意见。

第十九条 死刑第二审案件开庭审理程序的其他事项，依照刑事诉讼法、司法解释和有关规定执行。

第二十条 本规定自发布之日起施行。本规定发布前的司法解释和有关规定，与本规定相抵触的，以本规定为准。

最高人民检察院关于依法快速办理轻微刑事案件的意见

（2006年12月28日最高人民检察院第十届检察委员会第六十八次会议通过）

为了全面贯彻落实宽严相济的刑事司法政策，提高诉讼效率，节约司法资源，及时化解社会矛盾，实现办案的法律效果和社会效果的有机统一，为构建社会主义和谐社会服务，根据刑事诉讼法的有关规定，结合检察工作实际，现就人民检察院依法快速办理轻微刑事案件提出如下意见：

一、依法快速办理轻微刑事案件，是对于案情简单、事实清楚、证据确实充分、犯罪嫌疑人、被告人认罪的轻微刑事案件，在遵循法定程序和期限、确保办案质量的前提下，简化工作流程、缩短办案期限的工作机制。

二、依法快速办理轻微刑事案件，应当坚持以下原则：

（一）严格依法原则。快速办理轻微刑事案件，必须严格执行法律规定的程序。快速办理可以简化内部工作流程，缩短各个环节的办案期限，但不能省略法定的办案程序。

（二）公正与效率相统一原则。快速办理轻微刑事案件，必须把公正与效率相统一原则贯彻始终，保证既好又快地办理轻微刑事案件。

（三）充分保障诉讼参与人诉讼权利原则。在快速办理轻微刑事案件过程中，必须充分保障法律规定的诉讼参与人特别是犯罪嫌疑人、被告人、被害人的诉讼权利；对于法律规定的诉讼参与人行使诉讼权利的期限，不能缩短。绝不能为了追求快速办理而忽视对诉讼参与人诉讼权利的保护。

（四）及时化解社会矛盾原则。把办理轻微刑事案件同解决社会矛盾紧密结合起来，通过建立快速办案机制，提高化解社会矛盾的效率。

三、适用快速办理机制的轻微刑事案件，应当同时符合以下条件：

（一）案情简单，事实清楚，证据确实、充分；

（二）可能判处三年以下有期徒刑、拘役、管制或者单处罚金；

（三）犯罪嫌疑人、被告人承认实施了被指控的犯罪；

（四）适用法律无争议。

四、对于符合第三条规定的条件的下列案件，应当依法快速办理：

（一）未成年人或者在校学生涉嫌犯罪的案件；

（二）七十岁以上的老年人涉嫌犯罪的案件；

（三）盲聋哑人、严重疾病患者或者怀孕、

哺乳自己未满一周岁婴儿的妇女涉嫌犯罪的案件；

（四）主观恶性较小的初犯、过失犯；

（五）因亲友、邻里等之间的纠纷引发的刑事案件；

（六）当事人双方已经就民事赔偿、化解矛盾等达成和解的刑事案件；

（七）具有中止、未遂、自首、立功等法定从轻、减轻或者免除处罚情节的案件；

（八）其他轻微刑事案件。

五、对于危害国家安全犯罪的案件、涉外刑事案件、故意实施的职务犯罪案件以及其他疑难、复杂的刑事案件，不适用快速办理机制。对于严重刑事犯罪案件，应当贯彻依法从重从快方针，集中力量及时办理，不适用本意见规定的快速办理机制。

六、对于符合第三条和第四条规定的条件和范围的轻微刑事案件，应当在法定期限内，缩短办案期限，提高诉讼效率。

审查批捕时，犯罪嫌疑人已被拘留的，应当在三日内作出是否批准逮捕的决定；未被拘留的，应当在五日内作出是否批准逮捕的决定。

审查起诉时，应当在二十日内作出是否提起公诉的决定；办案任务重、案多人少矛盾突出的，应当在三十日内作出决定，不得延长办理期限。

七、对于适用快速办理机制的轻微刑事案件，应当简化制作审查逮捕意见书和审查起诉终结报告。认定事实与侦查机关一致的，应当予以简要说明，不必重复叙述；可以简单列明证据的出处及其所能证明的案件事实，不必详细抄录；应当重点阐述认定犯罪事实的理由和处理意见。

八、对于侦查机关提请批准逮捕的轻微刑事案件，经审查认为符合快速办理条件的，在作出批准逮捕或者因无逮捕必要而作出不批准逮捕决定时，可以填写《快速移送审查起诉建议书》，建议侦查机关及时移送审查起诉；认为证据有所欠缺的，可以建议侦查机关补充证据后及时移送审查起诉。

《快速移送审查起诉建议书》应当同时抄送本院公诉部门。

九、对于符合适用简易程序的轻微刑事案件，应当建议人民法院适用简易程序审理。对于适用普通程序审理的被告人认罪的轻微刑事案件，应当建议人民法院简化审理。

十、要根据案情的繁简程度，对刑事案件实行繁简分流，分工办理，指定人员专门办理轻微刑事案件，具备条件的可以在侦查监督部门和公诉部门成立相应的办案组。

对于具体案件是否适用快速办理机制，由承办部门的负责人决定。确定为快速办理的案件，办案人员经审查发现不符合快速办理条件的，应当及时报告部门负责人决定，转为按普通审查方式办理。

十一、要把快速办理轻微刑事案件情况，作为年度考核有关检察人员工作实绩的内容，建立起激励机制。

十二、各地检察机关要加强与公安机关、人民法院的联系与配合，共同建立依法快速办理轻微刑事案件的工作机制。有条件的，可以与当地公安机关、人民法院等部门联合制定快速办案机制的规范性文件，以实现对轻微刑事案件在侦查、批捕、起诉、审判各个诉讼环节依法快速办理。

最高人民检察院关于办理服刑人员刑事申诉案件有关问题的通知

（最高人民检察院2007年9月5日公布　高检发刑申字［2007］3号）

各省、自治区、直辖市人民检察院，军事检察院，新疆生产建设兵团人民检察院：

为贯彻落实《最高人民检察院关于加强和改进监所检察工作的决定》，进一步规范检察机关办理服刑人员及其法定代理人、近亲属刑事申诉案件工作，根据《人民检察院复查刑事申诉案件规定》和有关规定，现就办理服刑人员刑事申诉案件的有关问题通知如下：

一、人民检察院监所检察部门及派出检察院接到服刑人员及其法定代理人、近亲属提出的刑事申诉后，应当认真审查，提出审查意见，并分别情况予以处理：

（一）原审判决或者裁定正确，申诉理由不成立的，应当将审查结果答复申诉人，并做好息诉工作；

（二）原审判决或者裁定有错误可能，需要人民检察院立案复查的，应当将申诉材料及审查意见一并移送作出原生效判决或者裁定的人民法院的同级人民检察院，由刑事申诉检察部门办理；

（三）对于反映违法扣押当事人款物不还、刑期折抵有误以及不服刑罚执行变更决定的申诉，由监所检察部门依法处理。

二、接受移送的人民检察院刑事申诉检察部门对于本院管辖的服刑人员申诉，应当受理和办理，并在结案后十日内将审查或者复查结果通知移送的人民检察院。因案情复杂，在三个月内未办结的，应将审查或者复查情况通知移送的人民检察院。

在申诉案件办理过程中，接受移送的人民检察院刑事申诉检察部门需要进行提审服刑人员等调查活动的，移送的人民检察院应当予以协助配合。

三、移送的人民检察院收到审查或者复查结果后，应当及时答复申诉人。

四、本通知下发前派出检察院正在办理的服刑人员刑事申诉案件，由派出检察院办结。

五、本通知自发布之日起施行。本通知发布前有关服刑人员申诉案件管辖的规定，与本通知不一致的，以本通知为准。

人民检察院监狱检察办法

（人民检察院2008年3月23日公布　高检发监字［2008］1号）

第一章　总　则

第一条　为规范监狱检察工作，根据《中华人民共和国刑事诉讼法》、《中华人民共和国监狱法》等法律规定，结合监狱检察工作实际，制定本办法。

第二条　人民检察院监狱检察的任务是：保证国家法律法规在刑罚执行活动中的正确实施，维护罪犯合法权益，维护监狱监管秩序稳定，保障惩罚与改造罪犯工作的顺利进行。

第三条 人民检察院监狱检察的职责是：

（一）对监狱执行刑罚活动是否合法实行监督；

（二）对人民法院裁定减刑、假释活动是否合法实行监督；

（三）对监狱管理机关批准暂予监外执行活动是否合法实行监督；

（四）对刑罚执行和监管活动中发生的职务犯罪案件进行侦查，开展职务犯罪预防工作；

（五）对监狱侦查的罪犯又犯罪案件审查逮捕、审查起诉和出庭支持公诉，对监狱的立案、侦查活动和人民法院的审判活动是否合法实行监督；

（六）受理罪犯及其法定代理人、近亲属的控告、举报和申诉；

（七）其他依法应当行使的监督职责。

第四条 人民检察院在监狱检察工作中，应当依法独立行使检察权，应当以事实为根据、以法律为准绳。

监狱检察人员履行法律监督职责，应当严格遵守法律，恪守检察职业道德，忠于职守，清正廉洁；应当坚持原则，讲究方法，注重实效。

第二章 收监、出监检察

第一节 收监检察

第五条 收监检察的内容：

（一）监狱对罪犯的收监管理活动是否符合有关法律规定。

（二）监狱收押罪犯有无相关凭证：

1. 收监交付执行的罪犯，是否具备人民检察院的起诉书副本和人民法院的刑事判决（裁定）书、执行通知书、结案登记表；

2. 收监监外执行的罪犯，是否具备撤销假释裁定书、撤销缓刑裁定书或者撤销暂予监外执行的收监执行决定书；

3. 从其他监狱调入罪犯，是否具备审批手续。

（三）监狱是否收押了依法不应当收押的人员。

第六条 收监检察的方法：

（一）对个别收监罪犯，实行逐人检察；

（二）对集体收监罪犯，实行重点检察；

（三）对新收罪犯监区，实行巡视检察。

第七条 发现监狱在收监管理活动中有下列情形的，应当及时提出纠正意见：

（一）没有收监凭证或者收监凭证不齐全而收监的；

（二）收监罪犯与收监凭证不符的；

（三）应当收监而拒绝收监的；

（四）不应当收监而收监的；

（五）罪犯收监后未按时通知其家属的；

（六）其他违反收监规定的。

第二节 出监检察

第八条 出监检察的内容：

（一）监狱对罪犯的出监管理活动是否符合有关法律规定。

（二）罪犯出监有无相关凭证：

1. 刑满释放罪犯，是否具备刑满释放证明书；

2. 假释罪犯，是否具备假释裁定书、执行通知书、假释证明书；

3. 暂予监外执行罪犯，是否具备暂予监外执行审批表、暂予监外执行决定书；

4. 离监探亲和特许离监罪犯，是否具备离监探亲审批表、离监探亲证明；

5. 临时离监罪犯，是否具备临时离监解回再审的审批手续；

6. 调监罪犯，是否具备调监的审批手续。

第九条 出监检察的方法：

（一）查阅罪犯出监登记和出监凭证；

（二）与出监罪犯进行个别谈话，了解情况。

第十条 发现监狱在出监管理活动中有下列情形的，应当及时提出纠正意见：

（一）没有出监凭证或者出监凭证不齐全而出监的；

（二）出监罪犯与出监凭证不符的；

（三）应当释放而没有释放或者不应当释放而释放的；

（四）罪犯没有监狱人民警察或者办案人

员押解而特许离监、临时离监或者调监的；

（五）没有派员押送暂予监外执行罪犯到达执行地公安机关的；

（六）没有向假释罪犯、暂予监外执行罪犯、刑满释放仍需执行附加剥夺政治权利罪犯的执行地公安机关送达有关法律文书的；

（七）没有向刑满释放人员居住地公安机关送达释放通知书的；

（八）其他违反出监规定的。

第十一条 假释罪犯、暂予监外执行罪犯、刑满释放仍需执行附加剥夺政治权利罪犯出监时，派驻检察机构应当填写《监外执行罪犯出监告知表》，寄送执行地人民检察院监所检察部门。

第三章 刑罚变更执行检察

第一节 减刑、假释检察

第十二条 对监狱提请减刑、假释活动检察的内容：

（一）提请减刑、假释罪犯是否符合法律规定条件；

（二）提请减刑、假释的程序是否符合法律和有关规定；

（三）对依法应当减刑、假释的罪犯，监狱是否提请减刑、假释。

第十三条 对监狱提请减刑、假释活动检察的方法：

（一）查阅被提请减刑、假释罪犯的案卷材料；

（二）查阅监区集体评议减刑、假释会议记录，罪犯计分考核原始凭证，刑罚执行（狱政管理）部门审查意见；

（三）列席监狱审核拟提请罪犯减刑、假释的会议；

（四）向有关人员了解被提请减刑、假释罪犯的表现等情况。

第十四条 发现监狱在提请减刑、假释活动中有下列情形的，应当及时提出纠正意见：

（一）对没有悔改表现或者立功表现的罪犯，提请减刑的；

（二）对没有悔改表现，假释后可能再危害社会的罪犯，提请假释的；

（三）对累犯以及因杀人、爆炸、抢劫、强奸、绑架等暴力性犯罪被判处十年以上有期徒刑、无期徒刑的罪犯，提请假释的；

（四）对依法应当减刑、假释的罪犯没有提请减刑、假释的；

（五）提请对罪犯减刑的起始时间、间隔时间和减刑后又假释的间隔时间不符合有关规定的；

（六）被提请减刑、假释的罪犯被减刑后实际执行的刑期或者假释考验期不符合有关规定的；

（七）提请减刑、假释没有完备的合法手续的；

（八）其他违反提请减刑、假释规定的。

第十五条 派驻检察机构收到监狱移送的提请减刑材料的，应当及时审查并签署意见。认为提请减刑不当的，应当提出纠正意见，填写《监狱提请减刑不当情况登记表》。所提纠正意见未被采纳的，可以报经本院检察长批准，向受理本案的人民法院的同级人民检察院报送。

第十六条 派驻检察机构收到监狱移送的提请假释材料的，应当及时审查并签署意见，填写《监狱提请假释情况登记表》，向受理本案的人民法院的同级人民检察院报送。认为提请假释不当的，应当提出纠正意见，将意见以及监狱采纳情况一并填入《监狱提请假释情况登记表》。

第十七条 人民检察院收到人民法院减刑、假释裁定书副本后，应当及时审查。认为减刑、假释裁定不当的，应当在收到裁定书副本后二十日内，向作出减刑、假释裁定的人民法院提出书面纠正意见。

第十八条 人民检察院对人民法院减刑、假释的裁定提出纠正意见后，应当监督人民法院是否在收到纠正意见后一个月内重新组成合议庭进行审理。

第十九条 对人民法院减刑、假释裁定的纠正意见，由作出减刑、假释裁定的人民法院的同级人民检察院书面提出。

下级人民检察院发现人民法院减刑、假释裁定不当的，应当立即向作出减刑、假释裁定的人民法院的同级人民检察院报告。

第二十条 对人民法院采取听证或者庭审方式审理减刑、假释案件的，同级人民检察院应当派员参加，发表检察意见并对听证或者庭审过程是否合法进行监督。

第二节 暂予监外执行检察

第二十一条 对监狱呈报暂予监外执行活动检察的内容：

（一）呈报暂予监外执行罪犯是否符合法律规定条件；

（二）呈报暂予监外执行的程序是否符合法律和有关规定。

第二十二条 对监狱呈报暂予监外执行活动检察的方法：

（一）审查被呈报暂予监外执行罪犯的病残鉴定和病历资料；

（二）列席监狱审核拟呈报罪犯暂予监外执行的会议；

（三）向有关人员了解被呈报暂予监外执行罪犯的患病及表现等情况。

第二十三条 发现监狱在呈报暂予监外执行活动中有下列情形的，应当及时提出纠正意见：

（一）呈报保外就医罪犯所患疾病不属于《罪犯保外就医疾病伤残范围》的；

（二）呈报保外就医罪犯属于因患严重慢性疾病长期医治无效情形，执行原判刑期未达三分之一以上的；

（三）呈报保外就医罪犯属于自伤自残的；

（四）呈报保外就医罪犯没有省级人民政府指定医院开具的相关证明文件的；

（五）对适用暂予监外执行可能有社会危险性的罪犯呈报暂予监外执行的；

（六）对罪犯呈报暂予监外执行没有完备的合法手续的；

（七）其他违反暂予监外执行规定的。

第二十四条 派驻检察机构收到监狱抄送的呈报罪犯暂予监外执行的材料后，应当及时审查并签署意见。认为呈报暂予监外执行不当的，应当提出纠正意见。审查情况应当填入《监狱呈报暂予监外执行情况登记表》，层报省级人民检察院监所检察部门。

省级人民检察院监所检察部门审查认为监狱呈报暂予监外执行不当的，应当及时将审查意见告知省级监狱管理机关。

第二十五条 省级人民检察院收到省级监狱管理机关批准暂予监外执行的通知后，应当及时审查。认为暂予监外执行不当的，应当自接到通知之日起一个月内向省级监狱管理机关提出书面纠正意见。

省级人民检察院应当监督省级监狱管理机关是否在收到书面纠正意见后一个月内进行重新核查和核查决定是否符合法律规定。

第二十六条 下级人民检察院发现暂予监外执行不当的，应当立即层报省级人民检察院。

第四章 监管活动检察

第一节 禁闭检察

第二十七条 禁闭检察的内容：

（一）适用禁闭是否符合规定条件；

（二）适用禁闭的程序是否符合有关规定；

（三）执行禁闭是否符合有关规定。

第二十八条 禁闭检察的方法：

（一）对禁闭室进行现场检察；

（二）查阅禁闭登记和审批手续；

（三）听取被禁闭人和有关人员的意见。

第二十九条 发现监狱在适用禁闭活动中有下列情形的，应当及时提出纠正意见：

（一）对罪犯适用禁闭不符合规定条件的；

（二）禁闭的审批手续不完备的；

（三）超期限禁闭的；

（四）使用戒具不符合有关规定的；

（五）其他违反禁闭规定的。

第二节 事故检察

第三十条 事故检察的内容：

（一）罪犯脱逃；

（二）罪犯破坏监管秩序；

（三）罪犯群体病疫；

（四）罪犯伤残；

（五）罪犯非正常死亡；

（六）其他事故。

第三十一条 事故检察的方法：

（一）派驻检察机构接到监狱关于罪犯脱逃、破坏监管秩序、群体病疫、伤残、死亡等事故报告，应当立即派员赴现场了解情况，并及时报告本院检察长；

（二）认为可能存在违法犯罪问题的，派驻检察人员应当深入事故现场，调查取证；

（三）派驻检察机构与监狱共同剖析事故原因，研究对策，完善监管措施。

第三十二条 罪犯在服刑期间因病死亡，其家属对监狱提供的医疗鉴定有疑义向人民检察院提出的，人民检察院应当受理。经审查认为医疗鉴定有错误的，可以重新对死亡原因作出鉴定。

罪犯非正常死亡的，人民检察院接到监狱通知后，原则上应在二十四小时内对尸体进行检验，对死亡原因进行鉴定，并根据鉴定结论依法及时处理。

第三十三条 对于监狱发生的重大事故，派驻检察机构应当及时填写《重大事故登记表》，报送上一级人民检察院，同时对监狱是否存在执法过错责任进行检察。

辖区内监狱发生重大事故的，省级人民检察院应当检查派驻检察机构是否存在不履行或者不认真履行监督职责的问题。

第三节 狱政管理、教育改造活动检察

第三十四条 狱政管理、教育改造活动检察的内容：

（一）监狱的狱政管理、教育改造活动是否符合有关法律规定；

（二）罪犯的合法权益是否得到保障。

第三十五条 狱政管理、教育改造活动检察的方法：

（一）对罪犯生活、学习、劳动现场和会见室进行实地检察和巡视检察；

（二）查阅罪犯名册、伙食账簿、会见登记和会见手续；

（三）向罪犯及其亲属和监狱人民警察了解情况，听取意见；

（四）在法定节日、重大活动之前或者期间，督促监狱进行安全防范和生活卫生检查。

第三十六条 发现监狱在狱政管理、教育改造活动中有下列情形的，应当及时提出纠正意见：

（一）监狱人民警察体罚、虐待或者变相体罚、虐待罪犯的；

（二）没有按照规定对罪犯进行分押分管的；

（三）监狱人民警察没有对罪犯实行直接管理的；

（四）安全防范警戒设施不完备的；

（五）监狱人民警察违法使用戒具的；

（六）没有按照规定安排罪犯与其亲属会见的；

（七）对伤病罪犯没有及时治疗的；

（八）没有执行罪犯生活标准规定的；

（九）没有按照规定时间安排罪犯劳动，存在罪犯超时间、超体力劳动情况的；

（十）其他违反狱政管理、教育改造规定的。

第三十七条 派驻检察机构参加监狱狱情分析会，应当针对罪犯思想动态、监管秩序等方面存在的问题，提出意见和建议，与监狱共同研究对策，制定措施。

第三十八条 派驻检察机构应当与监狱建立联席会议制度，及时了解监狱发生的重大情况，共同分析监管执法和检察监督中存在的问题，研究改进工作的措施。联席会议每半年召开一次，必要时可以随时召开。

第三十九条 派驻检察机构每半年协助监狱对罪犯进行一次集体法制宣传教育。

派驻检察人员应当每周至少选择一名罪犯进行个别谈话，并及时与要求约见的罪犯谈话，听取情况反映，提供法律咨询，接收递交的材料等。

第五章 办理罪犯又犯罪案件

第四十条 人民检察院监所检察部门负责监狱侦查的罪犯又犯罪案件的审查逮捕、审查起诉和出庭支持公诉，以及立案监督、侦查监督、审判监督、死刑临场监督等工作。

第四十一条 办理罪犯又犯罪案件期间该罪犯原判刑期届满的，在侦查阶段由监狱提请

人民检察院审查批准逮捕，在审查起诉阶段由人民检察院决定逮捕。

第四十二条 发现罪犯在判决宣告前还有其他罪行没有判决的，应当分别情形作出处理：

（一）适宜于服刑地人民法院审理的，依照本办法第四十条、第四十一条的规定办理；

（二）适宜于原审地或者犯罪地人民法院审理的，转交当地人民检察院办理；

（三）属于职务犯罪的，交由原提起公诉的人民检察院办理。

第六章 受理控告、举报和申诉

第四十三条 派驻检察机构应当受理罪犯及其法定代理人、近亲属向检察机关提出的控告、举报和申诉，根据罪犯反映的情况，及时审查处理，并填写《控告、举报和申诉登记表》。

第四十四条 派驻检察机构应当在监区或者分监区设立检察官信箱，接收罪犯控告、举报和申诉材料。信箱应当每周开启。

派驻检察人员应当每月定期接待罪犯近亲属、监护人来访，受理控告、举报和申诉，提供法律咨询。

第四十五条 派驻检察机构对罪犯向检察机关提交的自首、检举和揭发犯罪线索等材料，依照本办法第四十三条的规定办理，并检察兑现政策情况。

第四十六条 派驻检察机构办理控告、举报案件，对控告人、举报人要求回复处理结果的，应当将调查核实情况反馈控告人、举报人。

第四十七条 人民检察院监所检察部门审查刑事申诉，认为原判决、裁定正确、申诉理由不成立的，应当将审查结果答复申诉人并做好息诉工作；认为原判决、裁定有错误可能，需要立案复查的，应当移送刑事申诉检察部门办理。

第七章 纠正违法和检察建议

第四十八条 纠正违法的程序：

（一）派驻检察人员发现轻微违法情况，可以当场提出口头纠正意见，并及时向派驻检察机构负责人报告，填写《检察纠正违法情况登记表》；

（二）派驻检察机构发现严重违法情况，或者在提出口头纠正意见后被监督单位七日内未予纠正且不说明理由的，应当报经本院检察长批准，及时发出《纠正违法通知书》；

（三）人民检察院发出《纠正违法通知书》后十五日内，被监督单位仍未纠正或者回复意见的，应当及时向上一级人民检察院报告。

对严重违法情况，派驻检察机构应当填写《严重违法情况登记表》，向上一级人民检察院监所检察部门报送并续报检察纠正情况。

第四十九条 被监督单位对人民检察院的纠正违法意见书面提出异议的，人民检察院应当复议。被监督单位对于复议结论仍然提出异议的，由上一级人民检察院复核。

第五十条 发现刑罚执行活动中存在执法不规范等可能导致执法不公和重大事故等苗头性、倾向性问题的，应当报经本院检察长批准，向有关单位提出检察建议。

第八章 其他规定

第五十一条 派驻检察人员每月派驻监狱检察时间不得少于十六个工作日，遇有突发事件时应当及时检察。

派驻检察人员应当将罪犯每日变动情况、开展检察工作情况和其他有关情况，全面、及时、准确地填入《监狱检察日志》。

第五十二条 派驻检察机构应当实行检务公开。对收监交付执行的罪犯，应当及时告知其权利和义务。

第五十三条 派驻检察人员在工作中，故意违反法律和有关规定，或者严重不负责任，造成严重后果的，应当追究法律责任、纪律责任。

第五十四条 人民检察院监狱检察工作实行“一志八表”的检察业务登记制度。“一志八表”是指《监狱检察日志》、《监外执行罪犯出监告知表》、《监狱提请减刑不当情况登记表》、《监狱提请假释情况登记表》、《监狱呈报暂予监外执行情况登记表》、《重大事故登记表》、《控告、举报和申诉登记表》、《检察纠正违法情况登记表》和《严重违法情况登记表》。

派驻检察机构登记“一志八表”，应当按照“微机联网、动态监督”的要求，实行办公自动化管理。

第九章　附　则

第五十五条　本办法与《人民检察院监狱检察工作图示》配套使用。

第五十六条　本办法由最高人民检察院负责解释。

第五十七条　本办法自印发之日起施行。1994年11月25日最高人民检察院监所检察厅印发的《监狱检察工作一志十一表（式样）》停止使用。

人民检察院鉴定规则（试行）

（最高人民检察院2006年11月30日公布，高检发办字［2006］33号）

第一章　总　则

第一条　为规范人民检察院鉴定工作，根据《中华人民共和国刑事诉讼法》和《全国人民代表大会常务委员会关于司法鉴定管理问题的决定》等有关规定，结合检察工作实际，制定本规则。

第二条　本规则所称鉴定，是指人民检察院鉴定机构及其鉴定人运用科学技术或者专门知识，就案件中某些专门性问题进行鉴别和判断并出具鉴定意见的活动。

第三条　鉴定工作应当遵循依法、科学、客观、公正、独立的原则。

第二章　鉴定机构、鉴定人

第四条　本规则所称鉴定机构，是指在人民检察院设立的，取得鉴定机构资格并开展鉴定工作的部门。

第五条　本规则所称鉴定人，是指取得鉴定人资格，在人民检察院鉴定机构中从事法医类、物证类、声像资料、司法会计鉴定以及心理测试等工作的专业技术人员。

第六条　鉴定人享有下列权利：

（一）了解与鉴定有关的案件情况，要求委托单位提供鉴定所需的材料；

（二）进行必要的勘验、检查；

（三）查阅与鉴定有关的案件材料，询问与鉴定事项有关的人员；

（四）对违反法律规定委托的案件、不具备鉴定条件或者提供虚假鉴定材料的案件，有权拒绝鉴定；

（五）对与鉴定无关问题的询问，有权拒绝回答；

（六）与其他鉴定人意见不一致时，有权保留意见；

（七）法律、法规规定的其他权利。

第七条　鉴定人应当履行下列义务：

（一）严格遵守法律、法规和鉴定工作规章制度；

（二）保守案件秘密；

（三）妥善保管送检的检材、样本和资料；

（四）接受委托单位与鉴定有关问题的咨询；

（五）出庭接受质证；

（六）法律、法规规定的其他义务。

第八条　鉴定人有下列情形之一的，应当自行回避，委托单位也有权要求鉴定人回避：

（一）是本案的当事人或者是当事人的近亲属的；

（二）本人或者其近亲属和本案有利害关系的；

（三）担任过本案的证人或者诉讼代理人的；

（四）重新鉴定时，是本案原鉴定人的；

（五）其他可能影响鉴定客观、公正的情形。

鉴定人自行提出回避的，应当说明理由，由所在鉴定机构负责人决定是否回避。

委托单位要求鉴定人回避的，应当提出书面申请，由检察长决定是否回避。

第三章 委托与受理

第九条 鉴定机构可以受理人民检察院、人民法院和公安机关以及其他侦查机关委托的鉴定。

第十条 人民检察院内部委托的鉴定实行逐级受理制度，对其他机关委托的鉴定实行同级受理制度。

第十一条 人民检察院各业务部门向上级人民检察院或者对外委托鉴定时，应当通过本院或者上级人民检察院检察技术部门统一协助办理。

第十二条 委托鉴定应当以书面委托为依据，客观反映案件基本情况、送检材料和鉴定要求等内容。鉴定机构受理鉴定时，应当制作委托受理登记表。

第十三条 鉴定机构对不符合法律规定、办案程序和不具备鉴定条件的委托，应当拒绝受理。

第四章 鉴 定

第十四条 鉴定机构接受鉴定委托后，应当指派两名以上鉴定人共同进行鉴定。根据鉴定需要可以聘请其他鉴定机构的鉴定人参与鉴定。

第十五条 具备鉴定条件的，一般应当在受理后十五个工作日以内完成鉴定；特殊情况不能完成的，经检察长批准，可以适当延长，并告知委托单位。

第十六条 鉴定应当严格执行技术标准和操作规程。需要进行实验的，应当记录实验时间、条件、方法、过程、结果等，并由实验人签名，存档备查。

第十七条 具有下列情形之一的，鉴定机构可以接受案件承办单位的委托，进行重新鉴定：

（一）鉴定意见与案件中其他证据相矛盾的；

（二）有证据证明鉴定意见确有错误的；

（三）送检材料不真实的；

（四）鉴定程序不符合法律规定的；

（五）鉴定人应当回避而未回避的；

（六）鉴定人或者鉴定机构不具备鉴定资格的；

（七）其他可能影响鉴定客观、公正情形的。

重新鉴定时，应当另行指派或者聘请鉴定人。

第十八条 鉴定事项有遗漏或者发现新的相关重要鉴定材料的，鉴定机构可以接受委托，进行补充鉴定。

第十九条 遇有重大、疑难、复杂的专门性问题时，经检察长批准，鉴定机构可以组织会检鉴定。

会检鉴定人可以由本鉴定机构的鉴定人与聘请的其他鉴定机构的鉴定人共同组成；也可以全部由聘请的其他鉴定机构的鉴定人组成。

会检鉴定人应当不少于三名，采取鉴定人分别独立检验，集体讨论的方式进行。

会检鉴定应当出具鉴定意见。鉴定人意见有分歧的，应当在鉴定意见中写明分歧的内容和理由，并分别签名或者盖章。

第五章 鉴定文书

第二十条 鉴定完成后，应当制作鉴定文书。鉴定文书包括鉴定书、检验报告等。

第二十一条 鉴定文书应当语言规范，内容完整，描述准确，论证严谨，结论科学。

鉴定文书应当由鉴定人签名，有专业技术职称的，应当注明，并加盖鉴定专用章。

第二十二条 鉴定文书包括正本和副本，正本交委托单位，副本由鉴定机构存档备查。

第二十三条 鉴定文书的归档管理，依照人民检察院立卷归档管理的相关规定执行。

第六章 出 庭

第二十四条 鉴定人接到人民法院的出庭通知后，应当出庭。因特殊情况不能出庭的，应当向法庭说明原因。

第二十五条 鉴定人在出庭前，应当准备出庭需要的相关材料。

鉴定人出庭时，应当遵守法庭规则，依法接受法庭质证，回答与鉴定有关的询问。

第七章 附 则

第二十六条 本规则自2007年1月1日起实施，最高人民检察院此前有关规定与本规则不一致的，以本规则为准。

第二十七条 本规则由最高人民检察院负责解释。

人民检察院信访工作规定

（2007年3月2日最高人民检察院第十届检察委员会第七十三次会议通过）

第一章 总 则

第一条 为了规范人民检察院信访工作，保护信访人的合法权益，维护信访秩序，保持与人民群众的密切联系，根据国家有关法律规定，结合检察工作实际，制定本规定。

第二条 本规定所称信访，是指信访人采用书信、电子邮件、传真、电话、走访等形式，向人民检察院反映情况，提出建议、意见或者控告、举报和申诉，依法由人民检察院处理的活动。

本规定所称信访人，是指采用前款规定的形式，反映情况，提出建议、意见或者控告、举报和申诉的公民、法人或者其他组织。

第三条 人民检察院依法处理下列信访事项：

（一）反映国家工作人员职务犯罪的举报；

（二）不服人民检察院处理决定的申诉；

（三）反映公安机关侦查活动存在违法行为的控告；

（四）不服人民法院生效判决、裁定的申诉；

（五）反映刑事案件判决、裁定的执行和监狱、看守所、劳动教养机关的活动存在违法行为的控告；

（六）反映人民检察院工作人员违法违纪行为的控告；

（七）加强、改进检察工作和队伍建设的建议和意见；

（八）其他依法应当由人民检察院处理的信访事项。

第四条 人民检察院信访工作应当遵循立检为公、执法为民的宗旨，坚持化解社会矛盾、促进社会和谐的原则，畅通信访渠道，依法处理人民群众的建议、意见和控告、举报、申诉，接受人民群众的监督，维护人民群众的合法权益。

第五条 人民检察院信访工作应当坚持属地管理、分级负责，谁主管、谁负责，依法、及时、就地解决问题与教育疏导相结合的原则，把矛盾纠纷化解在基层，解决在当地。

第六条 人民检察院信访工作实行首办责任制，按照部门职能分工，明确责任，及时将信访事项解决在首次办理环节。

第七条 办理信访事项的人民检察院工作人员与信访事项或者信访人有利害关系的，应当回避。

第八条 各级人民检察院应当建立由本院检察长和有关内设部门负责人组成的信访工作领导小组，强化内部配合、制约机制，充分发挥各职能部门的作用，形成统一领导、部门协调，各负其责、齐抓共管的信访工作格局。

第九条 各级人民检察院应当建立重大信访信息报告制度，不得隐瞒、谎报、缓报重大信访信息；下列重大信访信息应当及时向检察长报告：

（一）受理信访事项的综合和分类数据；

（二）群众反映强烈的突出问题；

（三）重大、紧急的信访事项；

（四）转送、催办和交办、督办情况；

（五）重大信访事项办结后，进行调查研究，查找执法环节和检察队伍建设、制度落实等方面存在的突出问题，提出改进检察工作的建议。

第十条 人民检察院应当将信访工作纳入干部考核体系和执法质量考评体系，将信访事项是否解决在本院、解决在当地，作为考核的重要依据。对在信访工作中做出优异成绩的单位和个人，应当给予表彰奖励。

第十一条 人民检察院开展文明接待室创建评比活动，每三年评比、命名一次文明接待室和优秀接待员。

第二章 信访工作机构及职责

第十二条 各级人民检察院应当设立控告申诉检察部门负责信访工作。人员较少的县级人民检察院应当确定负责信访工作的机构或者专职人员。

第十三条 控告申诉检察部门在信访工作中的主要职责：

（一）统一受理来信，接待来访；

（二）对所受理的信访事项按照职责分工转送有关部门办理，或者根据有关规定自行办理；

（三）向下级人民检察院转送或者交办信访事项，并进行督办，对下级人民检察院提交的办结报告进行审查；

（四）根据有关规定对信访事项进行初步调查；

（五）对上级机关交办的信访事项进行转办和催办，或者根据有关规定自行办理，并将办理情况报告上级机关；

（六）对信访事项的办理情况书面答复或者告知信访人；

（七）依据有关规定做好化解矛盾、教育疏导工作及相关善后工作；

（八）在信访工作中发现检察人员有违法违纪行为的，及时移送有关部门调查处理；

（九）研究、分析信访情况，开展调查研究，及时提出加强、改进检察工作和队伍建设的建议；

（十）宣传法制，提供有关法律咨询；

（十一）指导下级人民检察院的信访工作。

第十四条 人民检察院应当设立专门的信访接待场所，并在信访接待场所公布与信访工作有关的法律规定和信访事项的处理程序，以及其他相关事项。

第十五条 人民检察院控告申诉检察部门应当向社会公布通信地址、邮政编码、电子信箱、举报电话、举报网址、接待时间和地点、查询信访事项处理进展情况及结果的方式等相关事项。

第十六条 人民检察院应当加强信访信息化建设，建立和完善信访信息系统，逐步实现各级人民检察院之间、人民检察院与其他国家机关之间信访信息的互联互通，方便人民群众提出诉求，查询办理进度和结果，提高信访工作效率和信访管理水平。

第三章 信访事项的管辖

第十七条 各级人民检察院受理应当由本院管辖的控告、举报和申诉，以及信访人提出的建议和意见。

第十八条 上级人民检察院受理信访人不服下级人民检察院信访事项处理意见提出的复查请求。

第十九条 人民检察院各部门均有按职能分工承办信访事项的职责，对控告申诉检察部门转送的信访事项，应当指定承办人及时办理，并在规定时限内书面回复办理结果。

第二十条 信访事项涉及检察业务工作的，由业务主管部门办理；涉及法律适用问题研究的，由法律政策研究部门办理；涉及组织人事工作的，由政工部门办理；涉及检察人员违法违纪的，由纪检监察部门办理；涉及多个部门工作的，由本院检察长组织协调，明确相关部门牵头办理。

第二十一条 上级人民检察院认为有必要时，可以直接受理由下级人民检察院管辖的信访事项，也可以将本院管辖的信访事项在受理后交由下级人民检察院办理。

第二十二条 信访事项涉及多个地区的，由所涉及地区的人民检察院协商管辖。对于管辖权有争议的，由其共同的上一级人民检察院指定管辖。

第四章 信访事项的受理

第二十三条 信访人采用走访形式提出信访事项的，负责接待的工作人员应当制作笔录，载明信访人的姓名或者名称、单位、住址和信访事项的具体内容，经宣读或者交信访人阅读无误后，由信访人和负责接待的工作人员签名或者盖章。对信访人提供的控告、举报、申诉材料认为内容不清的，应当要求信访人补充。

多人采用走访形式提出同一信访事项的，应当要求信访人推选代表，代表人数不超过五人。

接受控告、举报线索的工作人员，应当告知信访人须对其控告、举报内容的真实性负责，不得捏造、歪曲事实，不得诬告陷害、诽谤他人，以及诬告陷害、诽谤他人应负的法律责任。

第二十四条 信访人采用书信形式提出信访事项的，负责处理来信的工作人员应当及时拆阅。启封时，应当注意保持邮票、邮戳、邮编、地址和信封内材料的完整。启封后，按照主件、附件顺序装订整齐，在来信首页右上角空白处加盖本院收信专用章。

第二十五条 对信访人采用电子邮件、电话、传真等形式提出的信访事项，应当参照本规定第二十三条、第二十四条相关规定办理。

第二十六条 人民检察院实行检察长和业务部门负责人接待人民群众来访制度。接待时间和地点应当向社会公布。

地市级和县级人民检察院检察长和业务部门负责人接待的时间，每年应当不少于十二次，每次不少于半天。

省级以上人民检察院检察长和业务部门负责人每年应当根据情况不定期安排接待时间，或者深入基层组织开展联合接访活动。

第二十七条 检察长和业务部门负责人接待来访群众，可以定期接待，也可以预约接待。

第二十八条 县级人民检察院应当实行带案下访、定期巡访制度，在乡镇、社区设立联络点，聘请联络员，及时掌握信访信息，化解社会矛盾。

第二十九条 信访事项应当逐件摘要录入计算机，在受理后七日内按照管辖和部门职能分工转送下级人民检察院或者本院有关部门办理。对于转送本院有关部门办理的控告、举报、申诉，应当逐件附《控告、申诉首办流程登记表》。

对于重要信访事项应当提出意见，经部门负责人审核后报检察长阅批。

对于告急信访事项应当在接收当日依法处理。

第三十条 对于性质不明难以归口、群众多次举报未查处和检察长交办的举报线索，控告申诉检察部门应当依法进行初查。

第三十一条 各级人民检察院应当依法保护控告人、举报人的合法权益。严禁把控告、举报材料及有关情况泄露给被控告人、被举报人。

第三十二条 属于本院管辖的信访事项，能够当场答复是否受理的，应当当场书面答复；不能当场答复的，应当自收到信访事项之日起十五日内书面告知信访人，但是信访人的姓名（名称）、住址不清的除外。

不属于本院管辖的信访事项，应当转送有关主管机关处理，并告知信访人。

第五章 信访事项的办理

第三十三条 人民检察院办理信访事项，应当听取信访人陈述事实和理由，必要时可以要求信访人、有关组织和人员说明情况，需要进一步核实情况的，可以向其他组织和人员调查了解。

办理重大、复杂、疑难信访事项，应当由检察长组织专门力量调查处理。

第三十四条 人民检察院办理信访事项，经调查核实，应当依法作出处理，并答复信访人：

（一）事实清楚，符合法律政策规定的，应当支持；

（二）信访人提出的建议和意见，有利于改进工作的，应当研究论证并予以采纳；

（三）缺乏事实根据或者不符合法律政策规定的，不予支持，并向信访人做好解释疏导工作。

第三十五条 承办部门应当在收到本院控告申诉检察部门转送的信访事项之日起六十日内办结；情况复杂，逾期不能办结的，报经分管检察长批准后，可适当延长办理期限，并通知控告申诉检察部门。延长期限不得超过三十日。法律、法规另有规定的，从其规定。

第三十六条 控告申诉检察部门对转送本院有关部门办理的信访事项，应当每月清理一次。对即将到期的应当发催办函进行催办；超过一个月未办结的，应当报分管检察长，并向有关部门负责人通报。

第三十七条 上级人民检察院应当每季度向下一级人民检察院通报转交信访事项情况；下级人民检察院应当每季度向上一级人民检察院报告转交信访事项的办理情况。

第三十八条 承办部门应当向控告申诉检察部门书面回复办理结果。书面回复文书应当具有说理性，主要包括下列内容：

（一）信访人反映的主要问题；

（二）办理的过程；

（三）认定的事实和证据；

（四）处理情况和法律依据；

（五）开展化解矛盾、教育疏导工作及相关善后工作的情况。

第三十九条 信访事项办理结果的答复由承办该信访事项的人民检察院控告申诉检察部门负责，除因通讯地址不详等情况无法答复的以外，原则上应当书面答复信访人。

重大、复杂、疑难信访事项的答复应当由承办部门和控告申诉检察部门共同负责，必要时可以举行公开听证，通过答询、辩论、评议、合议等方式，辩明事实，分清责任，做好化解矛盾、教育疏导工作。

举报答复应当注意保密，依法保护举报人的合法权益。需要以邮寄方式书面答复署名举报人的，应当挂号邮寄并不得使用有人民检察院字样的信封。

第四十条 信访人对人民检察院处理意见不服的，可以依照有关规定提出复查请求。人民检察院收到复查请求后应当进行审查，符合立案复查规定的应当立案复查，不符合立案复查规定的应当书面答复信访人。

第四十一条 人民检察院信访接待人员应当告知信访人依照国家有关规定到指定地点反映诉求，做到依法有序信访。对于信访人的下列行为，应当进行劝阻、批评或者教育；对于劝阻、批评或者教育无效的，应当移送公安机关依法处理：

（一）在人民检察院办公场所周围非法聚集，围堵、冲击人民检察院，拦截公务车辆，堵塞、阻断交通，影响正常办公秩序的；

（二）携带危险物品、管制器具的；

（三）侮辱、殴打、威胁检察人员，或者非法限制检察人员人身自由的；

（四）在信访接待场所滞留、滋事，故意破坏信访接待场所设施，或者将生活不能自理的人弃留在信访接待场所的；

（五）煽动、串联、胁迫、以财物诱使、幕后操纵他人信访或者以信访为名借机敛财的。

第四十二条 对于信访人捏造歪曲事实，诬告陷害、诽谤他人，构成犯罪的，应当依法追究刑事责任；尚不构成犯罪的，应当移送主管机关处理。

第六章 信访事项的交办和督办

第四十三条 上级人民检察院控告申诉检察部门可以代表本院向下级人民检察院交办下列重要信访事项：

（一）群众反映强烈，社会影响较大的；

（二）举报内容较详实，案情重大，多次举报未查处的；

（三）不服人民检察院处理决定，多次申诉未得到依法处理的；

（四）检察长批办的。

第四十四条 控告申诉检察部门负责管理上级人民检察院控告申诉检察部门交办的信访

事项。登记后提出办理意见，报分管检察长审批。

第四十五条 对上级人民检察院交办的信访事项应当及时办理，一般应当在三个月内办结；情况复杂，确需延长办结期限的，需经检察长批准，延长期限不得超过三个月。延期办理的，应当向上级人民检察院报告进展情况，并说明理由。

第四十六条 对于上级人民检察院交办的信访事项，承办部门应当将办理情况和结果报经检察长审批后，制作《交办信访事项处理情况报告》，连同有关材料移送控告申诉检察部门，由控告申诉检察部门以本院名义报上一级人民检察院控告申诉检察部门。

第四十七条 《交办信访事项处理情况报告》应当包括下列内容：

（一）信访事项来源；

（二）信访人反映的主要问题；

（三）办理的过程；

（四）认定的事实和证据；

（五）处理情况和法律依据；

（六）开展化解矛盾、教育疏导工作及相关善后工作的情况。

第四十八条 上级人民检察院收到下级人民检察院上报的《交办信访事项处理情况报告》后，应当认真审查，对事实清楚、处理适当的，应当结案；对事实不清、证据不足、定性不准、处理不当的，应当提出意见，退回下级人民检察院重新办理。

对确有错误，下级人民检察院坚持不予纠正的，上级人民检察院经检察长或者检察委员会决定，可以撤销下级人民检察院的原处理决定，并作出新的决定。

第四十九条 上级人民检察院控告申诉检察部门对下级人民检察院在处理信访事项中有下列情形之一的，应当及时予以监督纠正：

（一）应当受理而拒不受理的；

（二）未按规定程序办理的；

（三）未按规定的办理期限办结的；

（四）未按规定反馈办理结果的；

（五）不执行信访处理意见的；

（六）其他需要监督纠正的事项。

第五十条 上级人民检察院控告申诉检察部门对所督办事项应当提出改进建议。下级人民检察院收到改进建议后应当及时改进并反馈情况。建议未被采纳的，控告申诉检察部门可报经检察长审批后，责成被督办单位执行。

第七章 责任追究

第五十一条 控告申诉检察部门在处理信访事项工作中，发现检察人员有违法违纪行为的，应当提出建议，连同有关材料移送政工部门或者纪检监察部门处理。

第五十二条 具有下列情形之一导致信访事项发生，造成严重后果的，对直接负责的主管人员和其他直接责任人员，依照《人民检察院错案责任追究条例（试行）》和《检察人员纪律处分条例（试行）》等有关规定给予纪律处分；构成犯罪的，依法追究刑事责任：

（一）超越或者滥用职权，侵害信访人合法权益的；

（二）应当作为而不作为，致使信访人合法权益受到侵害的；

（三）因故意或者重大过失，造成案件定性处理错误，侵害信访人合法权益的；

（四）其他因故意或者重大过失导致信访事项发生，造成严重后果的。

第五十三条 在处理信访事项过程中违反本规定，具有下列情形之一，造成严重后果的，对责任单位、责任部门和直接责任人予以批评教育；情节较重的，给予纪律处分；构成犯罪的，依法追究刑事责任：

（一）无故推诿、敷衍，应当受理而不予受理的；

（二）无故拖延，未在规定期限内办结的；

（三）对事实清楚，符合法律、法规或者其他有关规定的信访请求未予支持的；

（四）作风粗暴，方法简单，激化矛盾的；

（五）玩忽职守、徇私舞弊，打击报复信访人，或者把控告、举报材料及有关情况泄露给被控告人、被举报人的；

（六）拒不执行信访处理意见的。

第五十四条 隐瞒、谎报、缓报重大信访信息，造成严重后果的，对直接负责的主管人员和其他直接责任人员给予批评教育；情节较重的，给予纪律处分。

第八章 附 则

第五十五条 本规定由最高人民检察院负责解释。

第五十六条 本规定自公布之日起实施，此前有关人民检察院信访工作的规定与本规定不一致的，适用本规定。

人民检察院扣押、冻结涉案款物工作规定

（2010年4月7日最高人民检察院第十一届检察委员会第三十三次会议通过，2010年5月9日颁布）

第一章 总 则

第一条 为了规范人民检察院扣押、冻结涉案款物工作，提高执法水平和办案质量，保护公民、法人和其他组织合法权益，根据刑法、刑事诉讼法及其他有关规定，制定本规定。

第二条 本规定所称扣押、冻结的涉案款物，是指人民检察院在依法行使检察职权过程中扣押、冻结的违法所得、与犯罪有关的款物、作案工具和非法持有的违禁品等。

犯罪嫌疑人、被告人实施违法犯罪行为所取得的财物及其孳息属于违法所得。

第三条 违法所得的一切财物，应当予以追缴或者责令退赔。对被害人的合法财产，应当依法及时返还。违禁品和供犯罪所用的财物，应当予以扣押、冻结，并依法处理。

第四条 人民检察院扣押、冻结、保管、处理涉案款物，必须严格依法进行。严禁以虚假立案或者其他非法方式扣押、冻结款物。对涉案单位私设账外资金但与案件无关的，不得扣押、冻结，可以通知有关主管机关或者其上级单位处理。严禁扣押、冻结与案件无关的合法财产。

第五条 严禁在立案之前扣押、冻结款物。立案之前发现涉嫌犯罪的款物，如果符合立案条件的，应当及时立案，并采取扣押、冻结措施，以保全证据和防止涉案款物转移。

个人或者单位在立案之前向人民检察院自首时携带涉案款物的，人民检察院可以先行接收，并向自首人开具接收凭证，根据立案和侦查情况决定是否扣押、冻结。

人民检察院扣押、冻结涉案款物后，应当对案件及时进行侦查，不得在无法定理由情况下撤销案件或者停止对案件的侦查。

第六条 人民检察院扣押、冻结犯罪嫌疑人、被告人的涉案款物，应当为犯罪嫌疑人、被告人及其所扶养的家属保留必需的生活费用和物品。

扣押、冻结单位的涉案款物，应当尽量不影响该单位正常的办公、生产、经营等活动。

第七条 人民检察院实行扣押、冻结款物与保管款物相分离的原则，账实必须相符。

第八条 人民检察院扣押、冻结、保管、处理涉案款物，实行办案部门和保管部门分工负责、相互制约的原则，并接受侦查监督、公诉、控告申诉、纪检监察等部门的监督。

第九条 人民检察院扣押、冻结、保管、处理涉案款物，应当书面告知当事人或者其近亲属有权按照有关规定进行投诉。

当事人、其他直接利害关系人或者其近亲属认为人民检察院扣押、冻结、保管、处理涉案款物侵犯自身合法权益或者有违法情形的，可以向该人民检察院投诉，也可以直接向其上一级人民检察院投诉。接到投诉的人民检察院应当按照有关规定及时进行审查并作出处理和答复。

刑事诉讼程序终结后，当事人认为人民检察院违法扣押、冻结涉案款物而申请刑事赔偿的，尚未办结的投诉程序应当终止，负责办理投诉的部门应当将相关材料移交刑事赔偿工作部门。

第十条 人民检察院扣押、冻结、保管、处理涉案款物，应当按照有关规定接受人民监督员的监督。

第十一条 人民检察院扣押、冻结、处理涉案款物应当使用最高人民检察院统一制定的法律文书，填写必须规范、完备，文书存根必须完整。

禁止使用“没收决定书”、“罚款决定书”等不符合规定的文书扣押、冻结、处理涉案款物。

第十二条 扣押、冻结、保管、处理涉及国家秘密、商业秘密、个人隐私的款物，应当严格遵守有关保密规定。

第二章 扣押、冻结涉案款物的程序

第十三条 扣押、冻结涉案款物，应当报经检察长批准，由两名以上检察人员执行。

第十四条 在现场勘查、搜查、拘留、逮捕过程中发现的可用以证明犯罪嫌疑人有罪或者无罪的各种物品，非法持有的违禁品，可能属于违法所得的款项，应当扣押；与案件无关的，不得扣押。不能立即查明是否与案件有关的可疑款物，可以先行扣押并按照本规定第二十一条审查处理。

需要扣押犯罪嫌疑人到案时随身携带的物品的，按照前款规定办理。对于与案件无关的个人用品，逐件登记，随人移交或者退还其家属。

第十五条 需要扣押、冻结的涉案款物不在本辖区的，办理案件的人民检察院应当依照有关法律及本规定，持相关法律文书及简要案情等材料，商请被扣押、冻结款物所在地的人民检察院协助执行，被请求的人民检察院应当协助执行。

被请求协助的人民检察院有异议的，可以向办理案件的人民检察院提出。双方达不成一致意见的，应当逐级报请上级人民检察院进行协商；必要时，报请共同的上级人民检察院决定。

第十六条 对于扣押的款物，检察人员应当会同在场见证人和被扣押款物持有人查点清楚，经拍照或者录像后予以扣押，并当场开列扣押清单一式四份，注明扣押物品的名称、型号、规格、数量、质量、颜色、新旧程度、包装等主要特征，由检察人员、见证人和持有人签名或者盖章。持有人拒绝签名、盖章或者不在场的，应当在清单上注明。

扣押、冻结市场价格波动较大的股票、债券、基金、权证、期货、仓单、黄金等，应当书面告知当事人或者其近亲属有权按照本规定第三十二条第二款的规定申请出售。

第十七条 对于应当扣押但不便提取或者不必提取的不动产、生产设备或者其他财物，应当扣押其权利证书，经拍照或者录像后原地封存，或者交持有人或者其近亲属保管，并开列扣押（原地封存）清单一式四份，注明相关物品的详细地址和相关特征，同时注明已经拍照或者录像以及其权利证书已被扣押，由检察人员、见证人和持有人签名或者盖章。启封时应当有见证人、持有人在场并签名或者盖章。持有人拒绝签名、盖章或者不在场的，应当在清单上注明。

被扣押的财物交持有人或者其近亲属保管的，检察人员应当书面告知保管人对被扣押的财物必须妥善保管，不得转移、变卖、毁损、出租、抵押、赠予等。

第十八条 办案部门扣押、冻结下列款物，应当进行相应的处理：

（一）扣押外币、金银珠宝、文物、字画以及其他不易辨别真伪的贵重物品，应当开列清单注明特征经拍照或者录像后当场密封，由检察人员、见证人和被扣押物品持有人在密封材料上签名或者盖章。根据办案需要及时委托具有资质的部门出具鉴定报告。启封时应当有见证人或者持有人在场并签名或者盖章；

（二）对存折、存单、信用卡、股票、债券、基金、权证、期货、其他有价证券以及具有一定特征能够证明案情的现金或者实物，应当注明特征、编号、种类、面值、张数、金额等，经拍照或者录像后作为实物进行封存，由检察人员、见证人和被扣押物品持有人在密封材料上签名或者盖章，并且冻结相应的账户。启封时应当有见证人或者持有人在场并签名或者盖章；

（三）对录音带、录像带、磁盘、光盘、优盘、移动硬盘等磁质、电子存储介质，应当注明案由、内容、规格、类别、应用长度、文件格式、制作或者提取时间、制作人或者提取人等；

（四）对易损毁、灭失、变质以及其他不宜长期保存的物品，应当采取笔录、绘图、拍照、录像等方法加以保全后进行封存；

（五）按照本规定第十七条原地封存或者交持有人或者其近亲属保管的财物，应当将扣押决定书复印件送达当地不动产或者生产设备等财物的登记、管理部门，告知其在解除扣押之前，禁止办理出售、转让、抵押等；

（六）对单位的涉密电子设备、文件等物品，应当在拍照或者录像后当场密封，由检察人员、见证人、单位有关负责人在密封材料上签名或者盖章。启封时应当有见证人、单位有关负责人在场并签名或者盖章。

对于有关人员拒绝按照前款有关规定签名或者盖章的，人民检察院应当在相关文书上注明。

第十九条 对犯罪嫌疑人用违法所得与合法收入共同购置的不可分割的财产，可以先行扣押、冻结，并按照本规定第二十一条审查处理。对无法分开退还的财产，应当在案件办结后予以拍卖、变卖，对不属于违法所得的部分予以退还。

第二十条 犯罪嫌疑人被拘留、逮捕后，其亲友受犯罪嫌疑人委托或者主动代为向检察机关上交或退赔涉案款物的，参照本规定第十六条、第十七条办理，由检察人员、代为上交款物人员、见证人在扣押清单上签名或者盖章。

代为上交款物人员应当在清单上注明系受犯罪嫌疑人委托或者主动代替犯罪嫌疑人上交或者退赔。

第二十一条 对扣押、冻结的款物，办案部门应当及时进行审查。经查明确实与案件无关的，应当在三日内作出解除或者退还决定，并通知有关当事人或者其近亲属办理相关手续。

第二十二条 人民检察院侦查监督、公诉部门发现侦查部门有违法扣押、冻结、处理涉案款物情形的，可以依法提出纠正意见。

第三章 扣押、冻结涉案款物的保管

第二十三条 人民检察院对于扣押、冻结的涉案款物及其孳息，应当如实登记，妥善保管。

第二十四条 人民检察院负责财务装备的部门是扣押款物的管理部门，负责对扣押款物统一管理。法律和有关规定另有规定的除外。

第二十五条 办案部门扣押款物后，应当在三日内移交管理部门，并附扣押清单复印件。由于特殊原因不能按时移交的，经检察长批准，可以由办案部门暂时保管，在原因消除后及时移交。

第二十六条 下列扣押款物可以不移交本院管理部门，由办案部门拍照或者录像后及时按照有关规定处理：

（一）对不便提取或者不必提取的不动产、生产设备或者其他财物，可以按照本规定第十七条的规定交持有人或者其近亲属保管；

（二）对珍贵文物、珍贵动物及其制品、珍稀植物及其制品，按照国家有关规定移送主管机关；

（三）对毒品、淫秽物品等违禁品，及时移送有关主管机关，或者根据办案需要严格封存，不得使用或者扩散；

（四）对爆炸性、易燃性、放射性、毒害性、腐蚀性等危险品，及时移送有关部门或者根据办案需要委托有关主管机关妥善保管；

（五）对易损毁、灭失、变质以及其他不宜长期保存的物品，可以经检察长批准后及时委托有关部门拍卖、变卖；

（六）对单位的涉密电子设备、文件等物品，可以在密封后交被扣押物品的单位保管。

第二十七条 办案部门向管理部门移交扣押的款物时，应当列明物品的名称、规格、特征、质量、数量或者现金的数额等，出具本规定第十八条要求的手续。管理部门应当当场审验，对不符合规定的，应当要求办案部门立即补正；符合规定的，应当在移交清单上签名并向办案部门开具收据。

第二十八条 对扣押款应当逐案设立明细账，并及时存入指定银行的专用账户，严格收付手续。

第二十九条 对扣押的实物应当建账设卡，一案一账，一物一卡。

办案部门对于细小物品，可以根据物品种类分袋、分件、分箱设卡。

第三十条 对扣押物品应当设立符合防火、防盗、防潮、防尘等安全要求的专用保管场所，并配备必要的计量和存储设备。严格封存登记和出入库手续。管理人员应当定期对扣押款物进行检查，防止挪用、丢失、损毁等。

第三十一条 为了核实证据，需要临时调用扣押款物时，应当经检察长批准。加封的款物启封时，办案部门和管理部门应当同时派员在场，并应当有见证人或者持有人在场，当面查验。归还时，应当重新封存，由管理人员清点验收。管理部门应当对调用和归还情况进行登记。

第三十二条 扣押、冻结的款物，除依法应当返还被害人或者经查明确实与案件无关的以外，不得在诉讼程序终结之前处理。法律和有关规定另有规定的除外。

权利人申请出售被扣押、冻结的股票、债券、基金、权证、期货、仓单、黄金等，不损害国家利益、被害人利益，不影响诉讼正常进行的，经检察长批准或者检察委员会决定，在案件终结前可以依法出售，所得价款由管理部门保管。

扣押、冻结汇票、本票、支票的，应当在有效期限内作出处理。经检察长批准或者检察委员会决定，在案件终结前依法变现的，所得价款由管理部门保管，并及时书面告知当事人或者其近亲属。

第三十三条 处理扣押、冻结的涉案款物，应当由办案部门提出意见，报请检察长决定。负责保管扣押、冻结涉案款物的管理部门会同办案部门办理相关的处理手续。

人民检察院向其他机关移送的案件需要随案移送扣押、冻结的涉案款物的，按照前款的规定办理。

第三十四条 决定撤销案件的，侦查部门应当在撤销案件决定书中写明对扣押、冻结的涉案款物的处理结果。扣押的违法所得需要没收的，应当提出检察意见，移送有关主管机关处理。需要返还原主或者被害人的，应当解除扣押、冻结，直接返还。

因犯罪嫌疑人死亡而撤销案件，被冻结的存款、汇款应当依法予以没收或者返还被害人的，可以申请人民法院裁定通知冻结犯罪嫌疑人存款、汇款的金融机构上缴国库或者返还被害人；因其他原因撤销案件的，直接通知冻结机构上缴国库或者返还被害人。需要返还犯罪嫌疑人的，应当解除冻结并返还犯罪嫌疑人或者其合法继承人。

第三十五条 侦查部门移送审查起诉时，应当在侦查终结报告、移送审查起诉意见书中提出对扣押、冻结的涉案款物的处理意见，并列明款物去向存入案卷。

公诉部门审查案件时，应当对随案移送的扣押、冻结涉案款物清单、处理意见进行审查。对账实不符的，应当要求侦查部门进行核实、更正。经审查认为不应当扣押、冻结的，公诉部门应当提出处理意见，报检察长批准后解除扣押、冻结，返还原主或者被害人。

第三十六条 决定不起诉的案件，公诉部门应当在不起诉决定书中写明对扣押、冻结的涉案款物的处理结果。需要没收被不起诉人违法所得的，应当提出检察意见，连同不起诉决定书一并移送有关主管机关处理。需要返还原主或者被害人的，应当解除扣押、冻结，直接返还。

第三十七条 提起公诉的案件，公诉部门应当在起诉书中写明对扣押、冻结的涉案款物的处理情况。对作为证据使用的扣押物品，应当随案移送。对不宜移送的，应当将其清单、照片或者其他证明文件随案移送。

人民检察院冻结的犯罪嫌疑人存在金融机构的款项，应当向人民法院随案移送该金融机构出具的证明文件。

扣押的涉案款物，对依法不移送的，应当

待人民法院作出生效判决后，按照人民法院的通知上缴国库。

人民检察院应当严格按照人民法院的生效判决、裁定处理扣押、冻结的款物。对于起诉书中未认定的扣押、冻结款物以及起诉书中已经认定、但人民法院判决、裁定中未认定的扣押、冻结款物，参照本规定第三十六条、第四十条的规定处理。

第三十八条 犯罪嫌疑人在审查起诉中死亡，对其被冻结的存款、汇款应当依法予以没收或者返还被害人的，可以申请人民法院裁定通知冻结犯罪嫌疑人存款、汇款的金融机构上缴国库或者返还被害人。需要返还犯罪嫌疑人的，应当解除冻结并返还其合法继承人。

第三十九条 人民检察院作出撤销案件决定书、不起诉决定书或者收到人民法院生效判决、裁定书后，应当在三十日以内对扣押、冻结的款物依法作出处理，并制作扣押、冻结款物的处理报告，详细列明每一项款物的来源、去向并附有关法律文书复印件，报检察长审核后存入案卷。情况特殊的，经检察长决定，可以延长三十日。

第四十条 扣押、冻结的涉案款物，经审查属于被害人的合法财产，不需要在法庭出示的，人民检察院应当及时返还。诉讼程序终结后，经查明属于犯罪嫌疑人、被不起诉人以及被告人的合法财产的，应当及时返还。领取人应当在返还款物清单上签名或者盖章。返还清单、物品照片应当附入卷宗。

第四十一条 对于应当返还被害人的扣押、冻结款物，无人认领的，应当公告通知。公告满一年无人认领的，依法上缴国库。

无人认领的款物在上缴国库后有人认领，经查证属实的，人民检察院应当向人民政府财政部门申请退库或者返还。原物已经拍卖、变卖的，应当退回价款。

第四十二条 对于贪污、挪用公款犯罪案件中扣押、冻结的涉案款物，除法院判决上缴国库的以外，应当归还原单位。原单位已不存在或者虽然存在但对被贪污、挪用的款项已经作为损失核销的，应当上缴国库。

第四十三条 人民检察院处理扣押、冻结的款物，应当制作扣押、冻结款物处理决定书并送达当事人或者其近亲属，由当事人或者其近亲属在处理清单上签名或者盖章。当事人或者其近亲属不签名的，应当在处理清单上注明。处理扣押、冻结的单位款物，应当由单位有关负责人签名并加盖公章，单位负责人不签名的，应当在处理清单上注明。

第四十四条 扣押、冻结的涉案款物应当依法上缴国库或者返还有关单位和个人的，如果有孳息，应当一并上缴或者返还。

第四十五条 人民检察院纪检监察部门应当会同本院其他有关部门对本院的扣押、冻结、保管、处理涉案款物工作进行定期检查。每年至少检查一次。

人民检察院扣押、冻结、保管、处理涉案款物的相关法律文书送达或者制作完成后，办案部门应当在五日内将法律文书复印件送本院纪检监察部门。纪检监察部门应当及时进行审查，认为违法的，及时提出纠正意见；必要时报请检察长处理或者向上一级人民检察院纪检监察部门报告。

上级人民检察院纪检监察部门应当对下级人民检察院的扣押、冻结、保管、处理涉案款物工作进行监督，并适时会同有关部门进行检查。

第四十六条 人民检察院负有扣押、冻结、保管、处理涉案款物权限、职责的人员岗位变动时，其所在部门应当会同本院纪检监察、财务装备等部门对扣押、冻结的有关款物进行检查并办理工作交接手续。

第四十七条 人民检察院工作人员在扣押、冻结、保管、处理涉案款物工作中违反本规定的，应当区别情形，按照检察人员纪律处分规定追究责任；构成犯罪的，依法追究刑事责任。

因违反规定导致国家赔偿的，应当依照国家赔偿法的规定向有关责任人员追偿部分或者全部赔偿费用。

第四十八条 其他机关随案移送人民检察院的涉案款物的扣押、冻结、保管、处理，依照本规定执行。

第四十九条 对扣押、冻结款物的保管、鉴定、估价、公告等支付的费用，列入人民检察院办案经费，不得向当事人收取。

第五十条 设立案件管理部门的人民检察院，可以根据有关规定确定案件管理部门、纪检监察部门、财务装备部门在扣押、冻结款物的保管、处理、监督工作中的职责与分工。

第五十一条 本规定所称犯罪嫌疑人、被告人、被害人，包括自然人、单位。

第五十二条 本规定所称有关主管机关，是指对犯罪嫌疑人违反法律、法规的行为以及对有关违禁品、危险品具有行政管理、行政处罚、行政处分权限的机关和纪检监察部门。

第五十三条 本规定由最高人民检察院解释。

第五十四条 本规定自发布之日起施行。最高人民检察院2006年3月27日发布的《人民检察院扣押、冻结款物工作规定》同时废止。

关于办理死刑案件审查判断证据若干问题的规定

为依法、公正、准确、慎重地办理死刑案件，惩罚犯罪，保障人权，根据《中华人民共和国刑事诉讼法》等有关法律规定，结合司法实际，制定本规定。

一、一般规定

第一条 办理死刑案件，必须严格执行刑法和刑事诉讼法，切实做到事实清楚，证据确实、充分，程序合法，适用法律正确，确保案件质量。

第二条 认定案件事实，必须以证据为根据。

第三条 侦查人员、检察人员、审判人员应当严格遵守法定程序，全面、客观地收集、审查、核实和认定证据。

第四条 经过当庭出示、辨认、质证等法庭调查程序查证属实的证据，才能作为定罪量刑的根据。

第五条 办理死刑案件，对被告人犯罪事实的认定，必须达到证据确实、充分。

证据确实、充分是指：

（一）定罪量刑的事实都有证据证明；

（二）每一个定案的证据均已经法定程序查证属实；

（三）证据与证据之间、证据与案件事实之间不存在矛盾或者矛盾得以合理排除；

（四）共同犯罪案件中，被告人的地位、作用均已查清；

（五）根据证据认定案件事实的过程符合逻辑和经验规则，由证据得出的结论为唯一结论。

办理死刑案件，对于以下事实的证明必须达到证据确实、充分：

（一）被指控的犯罪事实的发生；

（二）被告人实施了犯罪行为与被告人实施犯罪行为的时间、地点、手段、后果以及其他情节；

（三）影响被告人定罪的身份情况；

（四）被告人有刑事责任能力；

（五）被告人的罪过；

（六）是否共同犯罪及被告人在共同犯罪中的地位、作用；

（七）对被告人从重处罚的事实。

二、证据的分类审查与认定

1. 物证、书证

第六条 对物证、书证应当着重审查以下内容：

（一）物证、书证是否为原物、原件，物证的照片、录像或者复制品及书证的副本、复制件与原物、原件是否相符；物证、书证是否经过辨认、鉴定；物证的照片、录像或者复制品和书证的副本、复制件是否由二人以上制作，有无制作人关于制作过程及原件、原物存放于何处的文字说明及签名。

（二）物证、书证的收集程序、方式是否符合法律及有关规定；经勘验、检查、搜查提取、扣押的物证、书证，是否附有相关笔录或者清单；笔录或者清单是否有侦查人员、物品持有人、见证人签名，没有物品持有人签名的，是否注明原因；对物品的特征、数量、质量、名称等注明是否清楚。

（三）物证、书证在收集、保管及鉴定过程中是否受到破坏或者改变。

（四）物证、书证与案件事实有无关联。对现场遗留与犯罪有关的具备检验鉴定条件的血迹、指纹、毛发、体液等生物物证、痕迹、物品，是否通过DNA鉴定、指纹鉴定等鉴定方式与被告人或者被害人的相应生物检材、生物特征、物品等作同一认定。

（五）与案件事实有关联的物证、书证是否全面收集。

第七条　对在勘验、检查、搜查中发现与案件事实可能有关联的血迹、指纹、足迹、字迹、毛发、体液、人体组织等痕迹和物品应当提取而没有提取，应当检验而没有检验，导致案件事实存疑的，人民法院应当向人民检察院说明情况，人民检察院依法可以补充收集、调取证据，作出合理的说明或者退回侦查机关补充侦查，调取有关证据。

第八条　据以定案的物证应当是原物。只有在原物不便搬运、不易保存或者依法应当由有关部门保管、处理或者依法应当返还时，才可以拍摄或者制作足以反映原物外形或者内容的照片、录像或者复制品。物证的照片、录像或者复制品，经与原物核实无误或者经鉴定证明为真实的，或者以其他方式确能证明其真实的，可以作为定案的根据。原物的照片、录像或者复制品，不能反映原物的外形和特征的，不能作为定案的根据。

据以定案的书证应当是原件。只有在取得原件确有困难时，才可以使用副本或者复制件。书证的副本、复制件，经与原件核实无误或者经鉴定证明为真实的，或者以其他方式确能证明其真实的，可以作为定案的根据。书证有更改或者更改迹象不能作出合理解释的，书证的副本、复制件不能反映书证原件及其内容的，不能作为定案的根据。

第九条　经勘验、检查、搜查提取、扣押的物证、书证，未附有勘验、检查笔录，搜查笔录，提取笔录，扣押清单，不能证明物证、书证来源的，不能作为定案的根据。

物证、书证的收集程序、方式存在下列瑕疵，通过有关办案人员的补正或者作出合理解释的，可以采用：

（一）收集调取的物证、书证，在勘验、检查笔录，搜查笔录，提取笔录，扣押清单上没有侦查人员、物品持有人、见证人签名或者物品特征、数量、质量、名称等注明不详的；

（二）收集调取物证照片、录像或者复制品，书证的副本、复制件未注明与原件核对无异，无复制时间、无被收集、调取人（单位）签名（盖章）的；

（三）物证照片、录像或者复制品，书证的副本、复制件没有制作人关于制作过程及原物、原件存放于何处的说明或者说明中无签名的；

（四）物证、书证的收集程序、方式存在其他瑕疵的。

对物证、书证的来源及收集过程有疑问，不能作出合理解释的，该物证、书证不能作为定案的根据。

第十条　具备辨认条件的物证、书证应当交由当事人或者证人进行辨认，必要时应当进行鉴定。

2. 证人证言

第十一条　对证人证言应当着重审查以下内容：

（一）证言的内容是否为证人直接感知。

（二）证人作证时的年龄、认知水平、记忆能力和表达能力，生理上和精神上的状态是否影响作证。

（三）证人与案件当事人、案件处理结果有无利害关系。

（四）证言的取得程序、方式是否符合法律及有关规定：有无使用暴力、威胁、引诱、欺骗以及其他非法手段取证的情形；有无违反询问证人应当个别进行的规定；笔录是否经证人核对确认并签名（盖章）、捺指印；询问未成年证人，是否通知了其法定代理人到场，其法定代理人是否在场等。

（五）证人证言之间以及与其他证据之间能否相互印证，有无矛盾。

第十二条 以暴力、威胁等非法手段取得的证人证言，不能作为定案的根据。

处于明显醉酒、麻醉品中毒或者精神药物麻醉状态，以致不能正确表达的证人所提供的证言，不能作为定案的根据。

证人的猜测性、评论性、推断性的证言，不能作为证据使用，但根据一般生活经验判断符合事实的除外。

第十三条 具有下列情形之一的证人证言，不能作为定案的根据：

（一）询问证人没有个别进行而取得的证言；

（二）没有经证人核对确认并签名（盖章）、捺指印的书面证言；

（三）询问聋哑人或者不通晓当地通用语言、文字的少数民族人员、外国人，应当提供翻译而未提供的。

第十四条 证人证言的收集程序和方式有下列瑕疵，通过有关办案人员的补正或者作出合理解释的，可以采用：

（一）没有填写询问人、记录人、法定代理人姓名或者询问的起止时间、地点的；

（二）询问证人的地点不符合规定的；

（三）询问笔录没有记录告知证人应当如实提供证言和有意作伪证或者隐匿罪证要负法律责任内容的；

（四）询问笔录反映出在同一时间段内，同一询问人员询问不同证人的。

第十五条 具有下列情形的证人，人民法院应当通知出庭作证；经依法通知不出庭作证证人的书面证言经质证无法确认的，不能作为定案的根据：

（一）人民检察院、被告人及其辩护人对证人证言有异议，该证人证言对定罪量刑有重大影响的；

（二）人民法院认为其他应当出庭作证的。

证人在法庭上的证言与其庭前证言相互矛盾，如果证人当庭能够对其翻证作出合理解释，并有相关证据印证的，应当采信庭审证言。

对未出庭作证证人的书面证言，应当听取出庭检察人员、被告人及其辩护人的意见，并结合其他证据综合判断。未出庭作证证人的书面证言出现矛盾，不能排除矛盾且无证据印证的，不能作为定案的根据。

第十六条 证人作证，涉及国家秘密或者个人隐私的，应当保守秘密。

证人出庭作证，必要时，人民法院可以采取限制公开证人信息、限制询问、遮蔽容貌、改变声音等保护性措施。

3. 被害人陈述

第十七条 对被害人陈述的审查与认定适用前述关于证人证言的有关规定。

4. 被告人供述和辩解

第十八条 对被告人供述和辩解应当着重审查以下内容：

（一）讯问的时间、地点、讯问人的身份等是否符合法律及有关规定，讯问被告人的侦查人员是否不少于二人，讯问被告人是否个别进行等。

（二）讯问笔录的制作、修改是否符合法律及有关规定，讯问笔录是否注明讯问的起止时间和讯问地点，首次讯问时是否告知被告人申请回避、聘请律师等诉讼权利，被告人是否核对确认并签名（盖章）、捺指印，是否有不少于二人的讯问人签名等。

（三）讯问聋哑人、少数民族人员、外国人时是否提供了通晓聋、哑手势的人员或者翻译人员，讯问未成年同案犯时，是否通知了其法定代理人到场，其法定代理人是否在场。

（四）被告人的供述有无以刑讯逼供等非法手段获取的情形，必要时可以调取被告人进出看守所的健康检查记录、笔录。

（五）被告人的供述是否前后一致，有无反复以及出现反复的原因；被告人的所有供述和辩解是否均已收集入卷；应当入卷的供述和辩解没有入卷的，是否出具了相关说明。

（六）被告人的辩解内容是否符合案情和常理，有无矛盾。

（七）被告人的供述和辩解与同案犯的供述和辩解以及其他证据能否相互印证，有无矛盾。

对于上述内容，侦查机关随案移送有录音录像资料的，应当结合相关录音录像资料进行审查。

第十九条 采用刑讯逼供等非法手段取得的被告人供述，不能作为定案的根据。

第二十条 具有下列情形之一的被告人供述，不能作为定案的根据：

（一）讯问笔录没有经被告人核对确认并签名（盖章）、捺指印的；

（二）讯问聋哑人、不通晓当地通用语言、文字的人员时，应当提供通晓聋、哑手势的人员或者翻译人员而未提供的。

第二十一条 讯问笔录有下列瑕疵，通过有关办案人员的补正或者作出合理解释的，可以采用：

（一）笔录填写的讯问时间、讯问人、记录人、法定代理人等有误或者存在矛盾的；

（二）讯问人没有签名的；

（三）首次讯问笔录没有记录告知被讯问人诉讼权利内容的。

第二十二条 对被告人供述和辩解的审查，应当结合控辩双方提供的所有证据以及被告人本人的全部供述和辩解进行。

被告人庭前供述一致，庭审中翻供，但被告人不能合理说明翻供理由或者其辩解与全案证据相矛盾，而庭前供述与其他证据能够相互印证的，可以采信被告人庭前供述。

被告人庭前供述和辩解出现反复，但庭审中供认的，且庭审中的供述与其他证据能够印证的，可以采信庭审中的供述；被告人庭前供述和辩解出现反复，庭审中不供认，且无其他证据与庭前供述印证的，不能采信庭前供述。

5. 鉴定意见

第二十三条 对鉴定意见应当着重审查以下内容：

（一）鉴定人是否存在应当回避而未回避的情形。

（二）鉴定机构和鉴定人是否具有合法的资质。

（三）鉴定程序是否符合法律及有关规定。

（四）检材的来源、取得、保管、送检是否符合法律及有关规定，与相关提取笔录、扣押物品清单等记载的内容是否相符，检材是否充足、可靠。

（五）鉴定的程序、方法、分析过程是否符合本专业的检验鉴定规程和技术方法要求。

（六）鉴定意见的形式要件是否完备，是否注明提起鉴定的事由、鉴定委托人、鉴定机构、鉴定要求、鉴定过程、检验方法、鉴定文书的日期等相关内容，是否由鉴定机构加盖鉴定专用章并由鉴定人签名盖章。

（七）鉴定意见是否明确。

（八）鉴定意见与案件待证事实有无关联。

（九）鉴定意见与其他证据之间是否有矛盾，鉴定意见与检验笔录及相关照片是否有矛盾。

（十）鉴定意见是否依法及时告知相关人员，当事人对鉴定意见是否有异议。

第二十四条 鉴定意见具有下列情形之一的，不能作为定案的根据：

（一）鉴定机构不具备法定的资格和条件，或者鉴定事项超出本鉴定机构项目范围或者鉴定能力的；

（二）鉴定人不具备法定的资格和条件、鉴定人不具有相关专业技术或者职称、鉴定人违反回避规定的；

（三）鉴定程序、方法有错误的；

（四）鉴定意见与证明对象没有关联的；

（五）鉴定对象与送检材料、样本不一致的；

（六）送检材料、样本来源不明或者确实被污染且不具备鉴定条件的；

（七）违反有关鉴定特定标准的；

（八）鉴定文书缺少签名、盖章的；

（九）其他违反有关规定的情形。

对鉴定意见有疑问的，人民法院应当依法通知鉴定人出庭作证或者由其出具相关说明，也可以依法补充鉴定或者重新鉴定。

6. 勘验、检查笔录

第二十五条 对勘验、检查笔录应当着重审查以下内容：

（一）勘验、检查是否依法进行，笔录的制作是否符合法律及有关规定的要求，勘验、检查人员和见证人是否签名或者盖章等。

（二）勘验、检查笔录的内容是否全面、详细、准确、规范：是否准确记录了提起勘验、检查的事由，勘验、检查的时间、地点，在场人员、现场方位、周围环境等情况；是否准确记载了现场、物品、人身、尸体等的位置、特征等详细情况以及勘验、检查、搜查的过程；文字记载与实物或者绘图、录像、照片是否相符；固定证据的形式、方法是否科学、规范；现场、物品、痕迹等是否被破坏或者伪造，是否是原始现场；人身特征、伤害情况、生理状况有无伪装或者变化等。

（三）补充进行勘验、检查的，前后勘验、检查的情况是否有矛盾，是否说明了再次勘验、检查的原由。

（四）勘验、检查笔录中记载的情况与被告人供述、被害人陈述、鉴定意见等其他证据能否印证，有无矛盾。

第二十六条 勘验、检查笔录存在明显不符合法律及有关规定的情形，并且不能作出合理解释或者说明的，不能作为证据使用。

勘验、检查笔录存在勘验、检查没有见证人的，勘验、检查人员和见证人没有签名、盖章的，勘验、检查人员违反回避规定的等情形，应当结合案件其他证据，审查其真实性和关联性。

7. 视听资料

第二十七条 对视听资料应当着重审查以下内容：

（一）视听资料的来源是否合法，制作过程中当事人有无受到威胁、引诱等违反法律及有关规定的情形；

（二）是否载明制作人或者持有人的身份，制作的时间、地点和条件以及制作方法；

（三）是否为原件，有无复制及复制份数；调取的视听资料是复制件的，是否附有无法调取原件的原因、制作过程和原件存放地点的说明，是否有制作人和原视听资料持有人签名或者盖章；

（四）内容和制作过程是否真实，有无经过剪辑、增加、删改、编辑等伪造、变造情形；

（五）内容与案件事实有无关联性。

对视听资料有疑问的，应当进行鉴定。

对视听资料，应当结合案件其他证据，审查其真实性和关联性。

第二十八条 具有下列情形之一的视听资料，不能作为定案的根据：

（一）视听资料经审查或者鉴定无法确定真伪的；

（二）对视听资料的制作和取得的时间、地点、方式等有异议，不能作出合理解释或者提供必要证明的。

8. 其他规定

第二十九条 对于电子邮件、电子数据交换、网上聊天记录、网络博客、手机短信、电子签名、域名等电子证据，应当主要审查以下内容：

（一）该电子证据存储磁盘、存储光盘等可移动存储介质是否与打印件一并提交；

（二）是否载明该电子证据形成的时间、地点、对象、制作人、制作过程及设备情况等；

（三）制作、储存、传递、获得、收集、出示等程序和环节是否合法，取证人、制作人、持有人、见证人等是否签名或者盖章；

（四）内容是否真实，有无剪裁、拼凑、篡改、添加等伪造、变造情形；

（五）该电子证据与案件事实有无关联性。

对电子证据有疑问的，应当进行鉴定。

对电子证据，应当结合案件其他证据，审查其真实性和关联性。

第三十条 侦查机关组织的辨认，存在下列情形之一的，应当严格审查，不能确定其真实性的，辨认结果不能作为定案的根据：

（一）辨认不是在侦查人员主持下进行的；

（二）辨认前使辨认人见到辨认对象的；

（三）辨认人的辨认活动没有个别进行的；

（四）辨认对象没有混杂在具有类似特征的其他对象中，或者供辨认的对象数量不符合规定的；尸体、场所等特定辨认对象除外。

（五）辨认中给辨认人明显暗示或者明显有指认嫌疑的。

有下列情形之一的，通过有关办案人员的补正或者作出合理解释的，辨认结果可以作为证据使用：

（一）主持辨认的侦查人员少于二人的；

（二）没有向辨认人详细询问辨认对象的具体特征的；

（三）对辨认经过和结果没有制作专门的规范的辨认笔录，或者辨认笔录没有侦查人员、辨认人、见证人的签名或者盖章的；

（四）辨认记录过于简单，只有结果没有过程的；

（五）案卷中只有辨认笔录，没有被辨认对象的照片、录像等资料，无法获悉辨认的真实情况的。

第三十一条 对侦查机关出具的破案经过等材料，应当审查是否有出具该说明材料的办案人、办案机关的签字或者盖章。

对破案经过有疑问，或者对确定被告人有重大嫌疑的根据有疑问的，应当要求侦查机关补充说明。

三、证据的综合审查和运用

第三十二条 对证据的证明力，应当结合案件的具体情况，从各证据与待证事实的关联程度、各证据之间的联系等方面进行审查判断。

证据之间具有内在的联系，共同指向同一待证事实，且能合理排除矛盾的，才能作为定案的根据。

第三十三条 没有直接证据证明犯罪行为系被告人实施，但同时符合下列条件的可以认定被告人有罪：

（一）据以定案的间接证据已经查证属实；

（二）据以定案的间接证据之间相互印证，不存在无法排除的矛盾和无法解释的疑问；

（三）据以定案的间接证据已经形成完整的证明体系；

（四）依据间接证据认定的案件事实，结论是唯一的，足以排除一切合理怀疑；

（五）运用间接证据进行的推理符合逻辑和经验判断。

根据间接证据定案的，判处死刑应当特别慎重。

第三十四条 根据被告人的供述、指认提取到了隐蔽性很强的物证、书证，且与其他证明犯罪事实发生的证据互相印证，并排除串供、逼供、诱供等可能性的，可以认定有罪。

第三十五条 侦查机关依照有关规定采用特殊侦查措施所收集的物证、书证及其他证据材料，经法庭查证属实，可以作为定案的根据。

法庭依法不公开特殊侦查措施的过程及方法。

第三十六条 在对被告人作出有罪认定后，人民法院认定被告人的量刑事实，除审查法定情节外，还应审查以下影响量刑的情节：

（一）案件起因；

（二）被害人有无过错及过错程度，是否对矛盾激化负有责任及责任大小；

（三）被告人的近亲属是否协助抓获被告人；

（四）被告人平时表现及有无悔罪态度；

（五）被害人附带民事诉讼赔偿情况，被告人是否取得被害人或者被害人近亲属谅解；

（六）其他影响量刑的情节。

既有从轻、减轻处罚等情节，又有从重处罚等情节的，应当依法综合相关情节予以考虑。

不能排除被告人具有从轻、减轻处罚等量刑情节的，判处死刑应当特别慎重。

第三十七条 对于有下列情形的证据应当慎重使用，有其他证据印证的，可以采信：

（一）生理上、精神上有缺陷的被害人、证人和被告人，在对案件事实的认知和表达上存在一定困难，但尚未丧失正确认知、正确表达能力而作的陈述、证言和供述；

（二）与被告人有亲属关系或者其他密切关系的证人所作的对该被告人有利的证言，或者与被告人有利害冲突的证人所作的对该被告人不利的证言。

第三十八条 法庭对证据有疑问的，可以告知出庭检察人员、被告人及其辩护人补充证据或者作出说明；确有核实必要的，可以宣布休庭，对证据进行调查核实。法庭进行庭外调查时，必要时，可以通知出庭检察人员、辩护人到场。出庭检察人员、辩护人一方或者双方不到场的，法庭记录在案。

人民检察院、辩护人补充的和法庭庭外调查核实取得的证据，法庭可以庭外征求出庭检察人员、辩护人的意见。双方意见不一致，有一方要求人民法院开庭进行调查的，人民法院应当开庭。

第三十九条 被告人及其辩护人提出有自首的事实及理由，有关机关未予认定的，应当要求有关机关提供证明材料或者要求相关人员作证，并结合其他证据判断自首是否成立。

被告人是否协助或者如何协助抓获同案犯的证明材料不全，导致无法认定被告人构成立功的，应当要求有关机关提供证明材料或者要求相关人员作证，并结合其他证据判断立功是否成立。

被告人有检举揭发他人犯罪情形的，应当审查是否已经查证属实；尚未查证的，应当及时查证。

被告人累犯的证明材料不全，应当要求有关机关提供证明材料。

第四十条 审查被告人实施犯罪时是否已满十八周岁，一般应当以户籍证明为依据；对户籍证明有异议，并有经查证属实的出生证明文件、无利害关系人的证言等证据证明被告人不满十八周岁的，应认定被告人不满十八周岁；没有户籍证明以及出生证明文件的，应当根据人口普查登记、无利害关系人的证言等证据综合进行判断，必要时，可以进行骨龄鉴定，并将结果作为判断被告人年龄的参考。

未排除证据之间的矛盾，无充分证据证明被告人实施被指控的犯罪时已满十八周岁且确实无法查明的，不能认定其已满十八周岁。

第四十一条 本规定自二〇一〇年七月一日起施行。

关于办理刑事案件排除非法证据若干问题的规定

为规范司法行为，促进司法公正，根据刑事诉讼法和相关司法解释，结合人民法院、人民检察院、公安机关、国家安全机关和司法行政机关办理刑事案件工作实际，制定本规定。

第一条 采用刑讯逼供等非法手段取得的犯罪嫌疑人、被告人供述和采用暴力、威胁等非法手段取得的证人证言、被害人陈述，属于非法言词证据。

第二条 经依法确认的非法言词证据，应当予以排除，不能作为定案的根据。

第三条 人民检察院在审查批准逮捕、审查起诉中，对于非法言词证据应当依法予以排除，不能作为批准逮捕、提起公诉的根据。

第四条 起诉书副本送达后开庭审判前，被告人提出其审判前供述是非法取得的，应当向人民法院提交书面意见。被告人书写确有困难的，可以口头告诉，由人民法院工作人员或者其辩护人作出笔录，并由被告人签名或者捺指印。

人民法院应当将被告人的书面意见或者告诉笔录复印件在开庭前交人民检察院。

第五条 被告人及其辩护人在开庭审理前或者庭审中，提出被告人审判前供述是非法取得的，法庭在公诉人宣读起诉书之后，应当先行当庭调查。

法庭辩论结束前，被告人及其辩护人提出被告人审判前供述是非法取得的，法庭也应当进行调查。

第六条 被告人及其辩护人提出被告人审判前供述是非法取得的，法庭应当要求其提供涉嫌非法取证的人员、时间、地点、方式、内容等相关线索或者证据。

第七条 经审查，法庭对被告人审判前供述取得的合法性有疑问的，公诉人应当向法庭提供讯问笔录、原始的讯问过程录音录像或者其他证据，提请法庭通知讯问时其他在场人员或者其他证人出庭作证，仍不能排除刑讯逼供嫌疑的，提请法庭通知讯问人员出庭作证，对该供述取得的合法性予以证明。公诉人当庭不能举证的，可以根据刑事诉讼法第一百六十五条的规定，建议法庭延期审理。

经依法通知，讯问人员或者其他人员应当出庭作证。

公诉人提交加盖公章的说明材料，未经有关讯问人员签名或者盖章的，不能作为证明取证合法性的证据。

控辩双方可以就被告人审判前供述取得的合法性问题进行质证、辩论。

第八条 法庭对于控辩双方提供的证据有疑问的，可以宣布休庭，对证据进行调查核实。必要时，可以通知检察人员、辩护人到场。

第九条 庭审中，公诉人为提供新的证据需要补充侦查，建议延期审理的，法庭应当同意。

被告人及其辩护人申请通知讯问人员、讯问时其他在场人员或者其他证人到庭，法庭认为有必要的，可以宣布延期审理。

第十条 经法庭审查，具有下列情形之一的，被告人审判前供述可以当庭宣读、质证：

（一）被告人及其辩护人未提供非法取证的相关线索或者证据的；

（二）被告人及其辩护人已提供非法取证的相关线索或者证据，法庭对被告人审判前供述取得的合法性没有疑问的；

（三）公诉人提供的证据确实、充分，能够排除被告人审判前供述属非法取得的。

对于当庭宣读的被告人审判前供述，应当结合被告人当庭供述以及其他证据确定能否作为定案的根据。

第十一条 对被告人审判前供述的合法性，公诉人不提供证据加以证明，或者已提供的证据不够确实、充分的，该供述不能作为定案的根据。

第十二条 对于被告人及其辩护人提出的被告人审判前供述是非法取得的意见，第一审人民法院没有审查，并以被告人审判前供述作为定案根据的，第二审人民法院应当对被告人审判前供述取得的合法性进行审查。检察人员不提供证据加以证明，或者已提供的证据不够确实、充分的，被告人该供述不能作为定案的根据。

第十三条 庭审中，检察人员、被告人及其辩护人提出未到庭证人的书面证言、未到庭被害人的书面陈述是非法取得的，举证方应当对其取证的合法性予以证明。

对前款所述证据，法庭应当参照本规定有关规定进行调查。

第十四条 物证、书证的取得明显违反法律规定，可能影响公正审判的，应当予以补正或者作出合理解释，否则，该物证、书证不能作为定案的根据。

第十五条 本规定自二〇一〇年七月一日起施行。

信息网络传播权保护条例

（中华人民共和国国务院令第468号，2006年5月10日国务院第135次常务会议通过，自2006年7月1日起施行）

第一条 为保护著作权人、表演者、录音录像制作者（以下统称权利人）的信息网络传播权，鼓励有益于社会主义精神文明、物质文明建设的作品的创作和传播，根据《中华人民共和国著作权法》（以下简称著作权法），制定本条例。

第二条 权利人享有的信息网络传播权受著作权法和本条例保护。除法律、行政法规另有规定的外，任何组织或者个人将他人的作品、表演、录音录像制品通过信息网络向公众提供，应当取得权利人许可，并支付报酬。

第三条 依法禁止提供的作品、表演、录音录像制品，不受本条例保护。

权利人行使信息网络传播权，不得违反宪法和法律、行政法规，不得损害公共利益。

第四条 为了保护信息网络传播权，权利人可以采取技术措施。

任何组织或者个人不得故意避开或者破坏技术措施，不得故意制造、进口或者向公众提供主要用于避开或者破坏技术措施的装置或者部件，不得故意为他人避开或者破坏技术措施提供技术服务。但是，法律、行政法规规定可以避开的除外。

第五条 未经权利人许可，任何组织或者个人不得进行下列行为：

（一）故意删除或者改变通过信息网络向公众提供的作品、表演、录音录像制品的权利管理电子信息，但由于技术上的原因无法避免删除或者改变的除外；

（二）通过信息网络向公众提供明知或者应知未经权利人许可被删除或者改变权利管理电子信息的作品、表演、录音录像制品。

第六条 通过信息网络提供他人作品，属于下列情形的，可以不经著作权人许可，不向其支付报酬：

（一）为介绍、评论某一作品或者说明某一问题，在向公众提供的作品中适当引用已经发表的作品；

（二）为报道时事新闻，在向公众提供的作品中不可避免地再现或者引用已经发表的作品；

（三）为学校课堂教学或者科学研究，向少数教学、科研人员提供少量已经发表的作品；

（四）国家机关为执行公务，在合理范围内向公众提供已经发表的作品；

（五）将中国公民、法人或者其他组织已经发表的、以汉语言文字创作的作品翻译成的少数民族语言文字作品，向中国境内少数民族提供；

（六）不以营利为目的，以盲人能够感知的独特方式向盲人提供已经发表的文字作品；

（七）向公众提供在信息网络上已经发表的关于政治、经济问题的时事性文章；

（八）向公众提供在公众集会上发表的讲话。

第七条 图书馆、档案馆、纪念馆、博物馆、美术馆等可以不经著作权人许可，通过信息网络向本馆馆舍内服务对象提供本馆收藏的合法出版的数字作品和依法为陈列或者保存版本的需要以数字化形式复制的作品，不向其支付报酬，但不得直接或者间接获得经济利益。当事人另有约定的除外。

前款规定的为陈列或者保存版本需要以数字化形式复制的作品，应当是已经损毁或者濒临损毁、丢失或者失窃，或者其存储格式已经过时，并且在市场上无法购买或者只能以明显高于标定的价格购买的作品。

第八条 为通过信息网络实施九年制义务

教育或者国家教育规划，可以不经著作权人许可，使用其已经发表作品的片断或者短小的文字作品、音乐作品或者单幅的美术作品、摄影作品制作课件，由制作课件或者依法取得课件的远程教育机构通过信息网络向注册学生提供，但应当向著作权人支付报酬。

第九条 为扶助贫困，通过信息网络向农村地区的公众免费提供中国公民、法人或者其他组织已经发表的种植养殖、防病治病、防灾减灾等与扶助贫困有关的作品和适应基本文化需求的作品，网络服务提供者应当在提供前公告拟提供的作品及其作者、拟支付报酬的标准。自公告之日起30日内，著作权人不同意提供的，网络服务提供者不得提供其作品；自公告之日起满30日，著作权人没有异议的，网络服务提供者可以提供其作品，并按照公告的标准向著作权人支付报酬。网络服务提供者提供著作权人的作品后，著作权人不同意提供的，网络服务提供者应当立即删除著作权人的作品，并按照公告的标准向著作权人支付提供作品期间的报酬。

依照前款规定提供作品的，不得直接或者间接获得经济利益。

第十条 依照本条例规定不经著作权人许可、通过信息网络向公众提供其作品的，还应当遵守下列规定：

（一）除本条例第六条第（一）项至第（六）项、第七条规定的情形外，不得提供作者事先声明不许提供的作品；

（二）指明作品的名称和作者的姓名（名称）；

（三）依照本条例规定支付报酬；

（四）采取技术措施，防止本条例第七条、第八条、第九条规定的服务对象以外的其他人获得著作权人的作品，并防止本条例第七条规定的服务对象的复制行为对著作权人利益造成实质性损害；

（五）不得侵犯著作权人依法享有的其他权利。

第十一条 通过信息网络提供他人表演、录音录像制品的，应当遵守本条例第六条至第十条的规定。

第十二条 属于下列情形的，可以避开技术措施，但不得向他人提供避开技术措施的技术、装置或者部件，不得侵犯权利人依法享有的其他权利：

（一）为学校课堂教学或者科学研究，通过信息网络向少数教学、科研人员提供已经发表的作品、表演、录音录像制品，而该作品、表演、录音录像制品只能通过信息网络获取；

（二）不以营利为目的，通过信息网络以盲人能够感知的独特方式向盲人提供已经发表的文字作品，而该作品只能通过信息网络获取；

（三）国家机关依照行政、司法程序执行公务；

（四）在信息网络上对计算机及其系统或者网络的安全性能进行测试。

第十三条 著作权行政管理部门为了查处侵犯信息网络传播权的行为，可以要求网络服务提供者提供涉嫌侵权的服务对象的姓名（名称）、联系方式、网络地址等资料。

第十四条 对提供信息存储空间或者提供搜索、链接服务的网络服务提供者，权利人认为其服务所涉及的作品、表演、录音录像制品，侵犯自己的信息网络传播权或者被删除、改变了自己的权利管理电子信息的，可以向该网络服务提供者提交书面通知，要求网络服务提供者删除该作品、表演、录音录像制品，或者断开与该作品、表演、录音录像制品的链接。通知书应当包含下列内容：

（一）权利人的姓名（名称）、联系方式和地址；

（二）要求删除或者断开链接的侵权作品、表演、录音录像制品的名称和网络地址；

（三）构成侵权的初步证明材料。

权利人应当对通知书的真实性负责。

第十五条 网络服务提供者接到权利人的通知书后，应当立即删除涉嫌侵权的作品、表演、录音录像制品，或者断开与涉嫌侵权的作品、表演、录音录像制品的链接，并同时将通知书转送提供作品、表演、录音录像制品的服务对象；服务对象网络地址不明、无法转送的，应当将通知书的内容同时在信息网络上公告。

第十六条 服务对象接到网络服务提供者

转送的通知书后，认为其提供的作品、表演、录音录像制品未侵犯他人权利的，可以向网络服务提供者提交书面说明，要求恢复被删除的作品、表演、录音录像制品，或者恢复与被断开的作品、表演、录音录像制品的链接。书面说明应当包含下列内容：

（一）服务对象的姓名（名称）、联系方式和地址；

（二）要求恢复的作品、表演、录音录像制品的名称和网络地址；

（三）不构成侵权的初步证明材料。

服务对象应当对书面说明的真实性负责。

第十七条 网络服务提供者接到服务对象的书面说明后，应当立即恢复被删除的作品、表演、录音录像制品，或者可以恢复与被断开的作品、表演、录音录像制品的链接，同时将服务对象的书面说明转送权利人。权利人不得再通知网络服务提供者删除该作品、表演、录音录像制品，或者断开与该作品、表演、录音录像制品的链接。

第十八条 违反本条例规定，有下列侵权行为之一的，根据情况承担停止侵害、消除影响、赔礼道歉、赔偿损失等民事责任；同时损害公共利益的，可以由著作权行政管理部门责令停止侵权行为，没收违法所得，并可处以10万元以下的罚款；情节严重的，著作权行政管理部门可以没收主要用于提供网络服务的计算机等设备；构成犯罪的，依法追究刑事责任：

（一）通过信息网络擅自向公众提供他人的作品、表演、录音录像制品的；

（二）故意避开或者破坏技术措施的；

（三）故意删除或者改变通过信息网络向公众提供的作品、表演、录音录像制品的权利管理电子信息，或者通过信息网络向公众提供明知或者应知未经权利人许可而被删除或者改变权利管理电子信息的作品、表演、录音录像制品的；

（四）为扶助贫困通过信息网络向农村地区提供作品、表演、录音录像制品超过规定范围，或者未按照公告的标准支付报酬，或者在权利人不同意提供其作品、表演、录音录像制品后未立即删除的；

（五）通过信息网络提供他人的作品、表演、录音录像制品，未指明作品、表演、录音录像制品的名称或者作者、表演者、录音录像制作者的姓名（名称），或者未支付报酬，或者未依照本条例规定采取技术措施防止服务对象以外的其他人获得他人的作品、表演、录音录像制品，或者未防止服务对象的复制行为对权利人利益造成实质性损害的。

第十九条 违反本条例规定，有下列行为之一的，由著作权行政管理部门予以警告，没收违法所得，没收主要用于避开、破坏技术措施的装置或者部件；情节严重的，可以没收主要用于提供网络服务的计算机等设备，并可处以10万元以下的罚款；构成犯罪的，依法追究刑事责任：

（一）故意制造、进口或者向他人提供主要用于避开、破坏技术措施的装置或者部件，或者故意为他人避开或者破坏技术措施提供技术服务的；

（二）通过信息网络提供他人的作品、表演、录音录像制品，获得经济利益的；

（三）为扶助贫困通过信息网络向农村地区提供作品、表演、录音录像制品，未在提供前公告作品、表演、录音录像制品的名称和作者、表演者、录音录像制作者的姓名（名称）以及报酬标准的。

第二十条 网络服务提供者根据服务对象的指令提供网络自动接入服务，或者对服务对象提供的作品、表演、录音录像制品提供自动传输服务，并具备下列条件的，不承担赔偿责任：

（一）未选择并且未改变所传输的作品、表演、录音录像制品；

（二）向指定的服务对象提供该作品、表演、录音录像制品，并防止指定的服务对象以外的其他人获得。

第二十一条 网络服务提供者为提高网络传输效率，自动存储从其他网络服务提供者获得的作品、表演、录音录像制品，根据技术安排自动向服务对象提供，并具备下列条件的，不承担赔偿责任：

（一）未改变自动存储的作品、表演、录

音录像制品；

（二）不影响提供作品、表演、录音录像制品的原网络服务提供者掌握服务对象获取该作品、表演、录音录像制品的情况；

（三）在原网络服务提供者修改、删除或者屏蔽该作品、表演、录音录像制品时，根据技术安排自动予以修改、删除或者屏蔽。

第二十二条 网络服务提供者为服务对象提供信息存储空间，供服务对象通过信息网络向公众提供作品、表演、录音录像制品，并具备下列条件的，不承担赔偿责任：

（一）明确标示该信息存储空间是为服务对象所提供，并公开网络服务提供者的名称、联系人、网络地址；

（二）未改变服务对象所提供的作品、表演、录音录像制品；

（三）不知道也没有合理的理由应当知道服务对象提供的作品、表演、录音录像制品侵权；

（四）未从服务对象提供作品、表演、录音录像制品中直接获得经济利益；

（五）在接到权利人的通知书后，根据本条例规定删除权利人认为侵权的作品、表演、录音录像制品。

第二十三条 网络服务提供者为服务对象提供搜索或者链接服务，在接到权利人的通知书后，根据本条例规定断开与侵权的作品、表演、录音录像制品的链接的，不承担赔偿责任；但是，明知或者应知所链接的作品、表演、录音录像制品侵权的，应当承担共同侵权责任。

第二十四条 因权利人的通知导致网络服务提供者错误删除作品、表演、录音录像制品，或者错误断开与作品、表演、录音录像制品的链接，给服务对象造成损失的，权利人应当承担赔偿责任。

第二十五条 网络服务提供者无正当理由拒绝提供或者拖延提供涉嫌侵权的服务对象的姓名（名称）、联系方式、网络地址等资料的，由著作权行政管理部门予以警告；情节严重的，没收主要用于提供网络服务的计算机等设备。

第二十六条 本条例下列用语的含义：

信息网络传播权，是指以有线或者无线方式向公众提供作品、表演或者录音录像制品，使公众可以在其个人选定的时间和地点获得作品、表演或者录音录像制品的权利。

技术措施，是指用于防止、限制未经权利人许可浏览、欣赏作品、表演、录音录像制品的或者通过信息网络向公众提供作品、表演、录音录像制品的有效技术、装置或者部件。

权利管理电子信息，是指说明作品及其作者、表演及其表演者、录音录像制品及其制作者的信息，作品、表演、录音录像制品权利人的信息和使用条件的信息，以及表示上述信息的数字或者代码。

第二十七条 本条例自2006年7月1日起施行。

人体器官移植条例

（中华人民共和国国务院令第491号，2007年3月31日颁布）

第一章 总 则

第一条 为了规范人体器官移植，保证医疗质量，保障人体健康，维护公民的合法权益，制定本条例。

第二条 在中华人民共和国境内从事人体器官移植，适用本条例；从事人体细胞和角膜、骨髓等人体组织移植，不适用本条例。

本条例所称人体器官移植，是指摘取人体器官捐献人具有特定功能的心脏、肺脏、肝脏、肾脏或者胰腺等器官的全部或者部分，将其植入接受人身体以代替其病损器官的过程。

第三条 任何组织或者个人不得以任何形式买卖人体器官，不得从事与买卖人体器官有关的活动。

第四条 国务院卫生主管部门负责全国人体器官移植的监督管理工作。县级以上地方人民政府卫生主管部门负责本行政区域人体器官移植的监督管理工作。

各级红十字会依法参与人体器官捐献的宣传等工作。

第五条 任何组织或者个人对违反本条例规定的行为，有权向卫生主管部门和其他有关部门举报；对卫生主管部门和其他有关部门未依法履行监督管理职责的行为，有权向本级人民政府、上级人民政府有关部门举报。接到举报的人民政府、卫生主管部门和其他有关部门对举报应当及时核实、处理，并将处理结果向举报人通报。

第六条 国家通过建立人体器官移植工作体系，开展人体器官捐献的宣传、推动工作，确定人体器官移植预约者名单，组织协调人体器官的使用。

第二章 人体器官的捐献

第七条 人体器官捐献应当遵循自愿、无偿的原则。

公民享有捐献或者不捐献其人体器官的权利；任何组织或者个人不得强迫、欺骗或者利诱他人捐献人体器官。

第八条 捐献人体器官的公民应当具有完全民事行为能力。公民捐献其人体器官应当有书面形式的捐献意愿，对已经表示捐献其人体器官的意愿，有权予以撤销。

公民生前表示不同意捐献其人体器官的，任何组织或者个人不得捐献、摘取该公民的人体器官；公民生前未表示不同意捐献其人体器官的，该公民死亡后，其配偶、成年子女、父母可以以书面形式共同表示同意捐献该公民人体器官的意愿。

第九条 任何组织或者个人不得摘取未满18周岁公民的活体器官用于移植。

第十条 活体器官的接受人限于活体器官捐献人的配偶、直系血亲或者三代以内旁系血亲，或者有证据证明与活体器官捐献人存在因帮扶等形成亲情关系的人员。

第三章 人体器官的移植

第十一条 医疗机构从事人体器官移植，应当依照《医疗机构管理条例》的规定，向所在地省、自治区、直辖市人民政府卫生主管部门申请办理人体器官移植诊疗科目登记。

医疗机构从事人体器官移植，应当具备下列条件：

（一）有与从事人体器官移植相适应的执业医师和其他医务人员；

（二）有满足人体器官移植所需要的设备、设施；

（三）有由医学、法学、伦理学等方面专家组成的人体器官移植技术临床应用与伦理委员会，该委员会中从事人体器官移植的医学专家不超过委员人数的1/4；

（四）有完善的人体器官移植质量监控等管理制度。

第十二条 省、自治区、直辖市人民政府卫生主管部门进行人体器官移植诊疗科目登记，除依据本条例第十一条规定的条件外，还应当考虑本行政区域人体器官移植的医疗需求和合法的人体器官来源情况。

省、自治区、直辖市人民政府卫生主管部门应当及时公布已经办理人体器官移植诊疗科目登记的医疗机构名单。

第十三条 已经办理人体器官移植诊疗科目登记的医疗机构不再具备本条例第十一条规定条件的，应当停止从事人体器官移植，并向原登记部门报告。原登记部门应当自收到报告之日起2日内注销该医疗机构的人体器官移植诊疗科目登记，并予以公布。

第十四条 省级以上人民政府卫生主管部门应当定期组织专家根据人体器官移植手术成功率、植入的人体器官和术后患者的长期存活率，对医疗机构的人体器官移植临床应用能力进行评估，并及时公布评估结果；对评估不合格的，由原登记部门撤销人体器官移植诊疗科目登记。具体办法由国务院卫生主管部门制订。

第十五条 医疗机构及其医务人员从事人体器官移植，应当遵守伦理原则和人体器官移植技术管理规范。

第十六条 实施人体器官移植手术的医疗机构及其医务人员应当对人体器官捐献人进行医学检查，对接受人因人体器官移植感染疾病的风险进行评估，并采取措施，降低风险。

第十七条 在摘取活体器官前或者尸体器官捐献人死亡前，负责人体器官移植的执业医师应当向所在医疗机构的人体器官移植技术临床应用与伦理委员会提出摘取人体器官审查申请。

人体器官移植技术临床应用与伦理委员会不同意摘取人体器官的，医疗机构不得做出摘取人体器官的决定，医务人员不得摘取人体器官。

第十八条 人体器官移植技术临床应用与伦理委员会收到摘取人体器官审查申请后，应当对下列事项进行审查，并出具同意或者不同意的书面意见：

（一）人体器官捐献人的捐献意愿是否真实；

（二）有无买卖或者变相买卖人体器官的情形；

（三）人体器官的配型和接受人的适应症是否符合伦理原则和人体器官移植技术管理规范。

经2/3以上委员同意，人体器官移植技术临床应用与伦理委员会方可出具同意摘取人体器官的书面意见。

第十九条 从事人体器官移植的医疗机构及其医务人员摘取活体器官前，应当履行下列义务：

（一）向活体器官捐献人说明器官摘取手术的风险、术后注意事项、可能发生的并发症及其预防措施等，并与活体器官捐献人签署知情同意书；

（二）查验活体器官捐献人同意捐献其器官的书面意愿、活体器官捐献人与接受人存在本条例第十条规定关系的证明材料；

（三）确认除摘取器官产生的直接后果外不会损害活体器官捐献人其他正常的生理功能。

从事人体器官移植的医疗机构应当保存活体器官捐献人的医学资料，并进行随访。

第二十条 摘取尸体器官，应当在依法判定尸体器官捐献人死亡后进行。从事人体器官移植的医务人员不得参与捐献人的死亡判定。

从事人体器官移植的医疗机构及其医务人员应当尊重死者的尊严；对摘取器官完毕的尸体，应当进行符合伦理原则的医学处理，除用于移植的器官以外，应当恢复尸体原貌。

第二十一条 从事人体器官移植的医疗机构实施人体器官移植手术，除向接受人收取下列费用外，不得收取或者变相收取所移植人体器官的费用：

（一）摘取和植入人体器官的手术费；

（二）保存和运送人体器官的费用；

（三）摘取、植入人体器官所发生的药费、检验费、医用耗材费。

前款规定费用的收取标准，依照有关法律、行政法规的规定确定并予以公布。

第二十二条 申请人体器官移植手术患者的排序，应当符合医疗需要，遵循公平、公正和公开的原则。具体办法由国务院卫生主管部门制订。

第二十三条 从事人体器官移植的医务人员应当对人体器官捐献人、接受人和申请人体器官移植手术的患者的个人资料保密。

第二十四条 从事人体器官移植的医疗机构应当定期将实施人体器官移植的情况向所在地省、自治区、直辖市人民政府卫生主管部门报告。具体办法由国务院卫生主管部门制订。

第四章 法律责任

第二十五条 违反本条例规定，有下列情形之一，构成犯罪的，依法追究刑事责任：

（一）未经公民本人同意摘取其活体器官的；

（二）公民生前表示不同意捐献其人体器官而摘取其尸体器官的；

（三）摘取未满18周岁公民的活体器官的。

第二十六条 违反本条例规定，买卖人体器官或者从事与买卖人体器官有关活动的，由设区的市级以上地方人民政府卫生主管部门依照职责分工没收违法所得，并处交易额8倍以上10倍以下的罚款；医疗机构参与上述活动的，还应当对负有责任的主管人员和其他直接责任人员依法给予处分，并由原登记部门撤销该医疗机构人体器官移植诊疗科目登记，该医疗机构3年内不得再申请人体器官移植诊疗科目登记；医务人员参与上述活动的，由原发证部门吊销其执业证书。

国家工作人员参与买卖人体器官或者从事与买卖人体器官有关活动的，由有关国家机关依据职权依法给予撤职、开除的处分。

第二十七条 医疗机构未办理人体器官移植诊疗科目登记，擅自从事人体器官移植的，依照《医疗机构管理条例》的规定予以处罚。

实施人体器官移植手术的医疗机构及其医务人员违反本条例规定，未对人体器官捐献人进行医学检查或者未采取措施，导致接受人因人体器官移植手术感染疾病的，依照《医疗事故处理条例》的规定予以处罚。

从事人体器官移植的医务人员违反本条例规定，泄露人体器官捐献人、接受人或者申请人体器官移植手术患者个人资料的，依照《执业医师法》或者国家有关护士管理的规定予以处罚。

违反本条例规定，给他人造成损害的，应当依法承担民事责任。

违反本条例第二十一条规定收取费用的，依照价格管理的法律、行政法规的规定予以处罚。

第二十八条 医务人员有下列情形之一的，依法给予处分；情节严重的，由县级以上地方人民政府卫生主管部门依照职责分工暂停其6个月以上1年以下执业活动；情节特别严重的，由原发证部门吊销其执业证书：

（一）未经人体器官移植技术临床应用与伦理委员会审查同意摘取人体器官的；

（二）摘取活体器官前未依照本条例第十九条的规定履行说明、查验、确认义务的；

（三）对摘取器官完毕的尸体未进行符合伦理原则的医学处理，恢复尸体原貌的。

第二十九条 医疗机构有下列情形之一的，对负有责任的主管人员和其他直接责任人员依法给予处分；情节严重的，由原登记部门撤销该医疗机构人体器官移植诊疗科目登记，该医疗机构3年内不得再申请人体器官移植诊疗科目登记：

（一）不再具备本条例第十一条规定条件，仍从事人体器官移植的；

（二）未经人体器官移植技术临床应用与伦理委员会审查同意，做出摘取人体器官的决定，或者胁迫医务人员违反本条例规定摘取人体器官的；

（三）有本条例第二十八条第（二）项、第（三）项列举的情形的。

医疗机构未定期将实施人体器官移植的情况向所在地省、自治区、直辖市人民政府卫生主管部门报告的，由所在地省、自治区、直辖市人民政府卫生主管部门责令限期改正；逾期不改正的，对负有责任的主管人员和其他直接责任人员依法给予处分。

第三十条 从事人体器官移植的医务人员参与尸体器官捐献人的死亡判定的，由县级以上地方人民政府卫生主管部门依照职责分工暂停其6个月以上1年以下执业活动；情节严重的，由原发证部门吊销其执业证书。

第三十一条 国家机关工作人员在人体器官移植监督管理工作中滥用职权、玩忽职守、徇私舞弊，构成犯罪的，依法追究刑事责任；尚不构成犯罪的，依法给予处分。

第五章 附 则

第三十二条 本条例自2007年5月1日起施行。

大型群众性活动安全管理条例

（中华人民共和国国务院令第505号，2007年8月29日国务院第190次常务会议通过，自2007年10月1日起施行）

第一章 总 则

第一条 为了加强对大型群众性活动的安全管理，保护公民生命和财产安全，维护社会治安秩序和公共安全，制定本条例。

第二条 本条例所称大型群众性活动，是指法人或者其他组织面向社会公众举办的每场次预计参加人数达到1000人以上的下列活动：

（一）体育比赛活动；

（二）演唱会、音乐会等文艺演出活动；

（三）展览、展销等活动；

（四）游园、灯会、庙会、花会、焰火晚会等活动；

（五）人才招聘会、现场开奖的彩票销售等活动。

影剧院、音乐厅、公园、娱乐场所等在其日常业务范围内举办的活动，不适用本条例的规定。

第三条 大型群众性活动的安全管理应当遵循安全第一、预防为主的方针，坚持承办者负责、政府监管的原则。

第四条 县级以上人民政府公安机关负责大型群众性活动的安全管理工作。

县级以上人民政府其他有关主管部门按照各自的职责，负责大型群众性活动的有关安全工作。

第二章 安全责任

第五条 大型群众性活动的承办者（以下简称承办者）对其承办活动的安全负责，承办者的主要负责人为大型群众性活动的安全责任人。

第六条 举办大型群众性活动，承办者应当制订大型群众性活动安全工作方案。

大型群众性活动安全工作方案包括下列内容：

（一）活动的时间、地点、内容及组织方式；

（二）安全工作人员的数量、任务分配和识别标志；

（三）活动场所消防安全措施；

（四）活动场所可容纳的人员数量以及活动预计参加人数；

（五）治安缓冲区域的设定及其标识；

（六）入场人员的票证查验和安全检查措施；

（七）车辆停放、疏导措施；

（八）现场秩序维护、人员疏导措施；

（九）应急救援预案。

第七条 承办者具体负责下列安全事项：

（一）落实大型群众性活动安全工作方案和安全责任制度，明确安全措施、安全工作人员岗位职责，开展大型群众性活动安全宣传教育；

（二）保障临时搭建的设施、建筑物的安全，消除安全隐患；

（三）按照负责许可的公安机关的要求，配备必要的安全检查设备，对参加大型群众性活动的人员进行安全检查，对拒不接受安全检查的，承办者有权拒绝其进入；

（四）按照核准的活动场所容纳人员数量、划定的区域发放或者出售门票；

（五）落实医疗救护、灭火、应急疏散等应急救援措施并组织演练；

（六）对妨碍大型群众性活动安全的行为及时予以制止，发现违法犯罪行为及时向公安机关报告；

（七）配备与大型群众性活动安全工作需

要相适应的专业保安人员以及其他安全工作人员；

（八）为大型群众性活动的安全工作提供必要的保障。

第八条　大型群众性活动的场所管理者具体负责下列安全事项：

（一）保障活动场所、设施符合国家安全标准和安全规定；

（二）保障疏散通道、安全出口、消防车通道、应急广播、应急照明、疏散指示标志符合法律、法规、技术标准的规定；

（三）保障监控设备和消防设施、器材配置齐全、完好有效；

（四）提供必要的停车场地，并维护安全秩序。

第九条　参加大型群众性活动的人员应当遵守下列规定：

（一）遵守法律、法规和社会公德，不得妨碍社会治安、影响社会秩序；

（二）遵守大型群众性活动场所治安、消防等管理制度，接受安全检查，不得携带爆炸性、易燃性、放射性、毒害性、腐蚀性等危险物质或者非法携带枪支、弹药、管制器具；

（三）服从安全管理，不得展示侮辱性标语、条幅等物品，不得围攻裁判员、运动员或者其他工作人员，不得投掷杂物。

第十条　公安机关应当履行下列职责：

（一）审核承办者提交的大型群众性活动申请材料，实施安全许可；

（二）制订大型群众性活动安全监督方案和突发事件处置预案；

（三）指导对安全工作人员的教育培训；

（四）在大型群众性活动举办前，对活动场所组织安全检查，发现安全隐患及时责令改正；

（五）在大型群众性活动举办过程中，对安全工作的落实情况实施监督检查，发现安全隐患及时责令改正；

（六）依法查处大型群众性活动中的违法犯罪行为，处置危害公共安全的突发事件。

第三章　安全管理

第十一条　公安机关对大型群众性活动实行安全许可制度。《营业性演出管理条例》对演出活动的安全管理另有规定的，从其规定。

举办大型群众性活动应当符合下列条件：

（一）承办者是依照法定程序成立的法人或者其他组织；

（二）大型群众性活动的内容不得违反宪法、法律、法规的规定，不得违反社会公德；

（三）具有符合本条例规定的安全工作方案，安全责任明确、措施有效；

（四）活动场所、设施符合安全要求。

第十二条　大型群众性活动的预计参加人数在1000人以上5000人以下的，由活动所在地县级人民政府公安机关实施安全许可；预计参加人数在5000人以上的，由活动所在地设区的市级人民政府公安机关或者直辖市人民政府公安机关实施安全许可；跨省、自治区、直辖市举办大型群众性活动的，由国务院公安部门实施安全许可。

第十三条　承办者应当在活动举办日的20日前提出安全许可申请，申请时，应当提交下列材料：

（一）承办者合法成立的证明以及安全责任人的身份证明；

（二）大型群众性活动方案及其说明，2个或者2个以上承办者共同承办大型群众性活动的，还应当提交联合承办的协议；

（三）大型群众性活动安全工作方案；

（四）活动场所管理者同意提供活动场所的证明。

依照法律、行政法规的规定，有关主管部门对大型群众性活动的承办者有资质、资格要求的，还应当提交有关资质、资格证明。

第十四条　公安机关收到申请材料应当依法做出受理或者不予受理的决定。对受理的申请，应当自受理之日起7日内进行审查，对活动场所进行查验，对符合安全条件的，做出许可的决定；对不符合安全条件的，做出不予许可的决定，并书面说明理由。

第十五条　对经安全许可的大型群众性活

动，承办者不得擅自变更活动的时间、地点、内容或者扩大大型群众性活动的举办规模。

承办者变更大型群众性活动时间的，应当在原定举办活动时间之前向做出许可决定的公安机关申请变更，经公安机关同意方可变更。

承办者变更大型群众性活动地点、内容以及扩大大型群众性活动举办规模的，应当依照本条例的规定重新申请安全许可。

承办者取消举办大型群众性活动的，应当在原定举办活动时间之前书面告知做出安全许可决定的公安机关，并交回公安机关颁发的准予举办大型群众性活动的安全许可证件。

第十六条　对经安全许可的大型群众性活动，公安机关根据安全需要组织相应警力，维持活动现场周边的治安、交通秩序，预防和处置突发治安事件，查处违法犯罪活动。

第十七条　在大型群众性活动现场负责执行安全管理任务的公安机关工作人员，凭值勤证件进入大型群众性活动现场，依法履行安全管理职责。

公安机关和其他有关主管部门及其工作人员不得向承办者索取门票。

第十八条　承办者发现进入活动场所的人员达到核准数量时，应当立即停止验票；发现持有划定区域以外的门票或者持假票的人员，应当拒绝其入场并向活动现场的公安机关工作人员报告。

第十九条　在大型群众性活动举办过程中发生公共安全事故、治安案件的，安全责任人应当立即启动应急救援预案，并立即报告公安机关。

第四章　法律责任

第二十条　承办者擅自变更大型群众性活动的时间、地点、内容或者擅自扩大大型群众性活动的举办规模的，由公安机关处1万元以上5万元以下罚款；有违法所得的，没收违法所得。

未经公安机关安全许可的大型群众性活动由公安机关予以取缔，对承办者处10万元以上30万元以下罚款。

第二十一条　承办者或者大型群众性活动场所管理者违反本条例规定致使发生重大伤亡事故、治安案件或者造成其他严重后果构成犯罪的，依法追究刑事责任；尚不构成犯罪的，对安全责任人和其他直接责任人员依法给予处分、治安管理处罚，对单位处1万元以上5万元以下罚款。

第二十二条　在大型群众性活动举办过程中发生公共安全事故，安全责任人不立即启动应急救援预案或者不立即向公安机关报告的，由公安机关对安全责任人和其他直接责任人员处5000元以上5万元以下罚款。

第二十三条　参加大型群众性活动的人员有违反本条例第九条规定行为的，由公安机关给予批评教育；有危害社会治安秩序、威胁公共安全行为的，公安机关可以将其强行带离现场，依法给予治安管理处罚；构成犯罪的，依法追究刑事责任。

第二十四条　有关主管部门的工作人员和直接负责的主管人员在履行大型群众性活动安全管理职责中，有滥用职权、玩忽职守、徇私舞弊行为的，依法给予处分；构成犯罪的，依法追究刑事责任。

第五章　附　则

第二十五条　县级以上各级人民政府、国务院部门直接举办的大型群众性活动的安全保卫工作，由举办活动的人民政府、国务院部门负责，不实行安全许可制度，但应当按照本条例的有关规定，责成或者会同有关公安机关制订更加严格的安全保卫工作方案，并组织实施。

第二十六条　本条例自2007年10月1日起施行。

二、经济、社会和文化权利

中华人民共和国农产品质量安全法

（中华人民共和国主席令第49号，2006年4月29日第十届全国人民代表大会常务委员会第二十一次会议通过）

目　录

第一章　总　则

第一条　为保障农产品质量安全，维护公众健康，促进农业和农村经济发展，制定本法。

第二条　本法所称农产品，是指来源于农业的初级产品，即在农业活动中获得的植物、动物、微生物及其产品。

本法所称农产品质量安全，是指农产品质量符合保障人的健康、安全的要求。

第三条　县级以上人民政府农业行政主管部门负责农产品质量安全的监督管理工作；县级以上人民政府有关部门按照职责分工，负责农产品质量安全的有关工作。

第四条　县级以上人民政府应当将农产品质量安全管理工作纳入本级国民经济和社会发展规划，并安排农产品质量安全经费，用于开展农产品质量安全工作。

第五条　县级以上地方人民政府统一领导、协调本行政区域内的农产品质量安全工作，并采取措施，建立健全农产品质量安全服务体系，提高农产品质量安全水平。

第六条　国务院农业行政主管部门应当设立由有关方面专家组成的农产品质量安全风险评估专家委员会，对可能影响农产品质量安全的潜在危害进行风险分析和评估。

国务院农业行政主管部门应当根据农产品质量安全风险评估结果采取相应的管理措施，并将农产品质量安全风险评估结果及时通报国务院有关部门。

第七条　国务院农业行政主管部门和省、自治区、直辖市人民政府农业行政主管部门应当按照职责权限，发布有关农产品质量安全状况信息。

第八条　国家引导、推广农产品标准化生产，鼓励和支持生产优质农产品，禁止生产、销售不符合国家规定的农产品质量安全标准的农产品。

第九条　国家支持农产品质量安全科学技术研究，推行科学的质量安全管理方法，推广先进安全的生产技术。

第十条　各级人民政府及有关部门应当加强农产品质量安全知识的宣传，提高公众的农产品质量安全意识，引导农产品生产者、销售者加强质量安全管理，保障农产品消费安全。

第二章　农产品质量安全标准

第十一条　国家建立健全农产品质量安全标准体系。农产品质量安全标准是强制性的技术规范。

农产品质量安全标准的制定和发布，依照

有关法律、行政法规的规定执行。

第十二条 制定农产品质量安全标准应当充分考虑农产品质量安全风险评估结果，并听取农产品生产者、销售者和消费者的意见，保障消费安全。

第十三条 农产品质量安全标准应当根据科学技术发展水平以及农产品质量安全的需要，及时修订。

第十四条 农产品质量安全标准由农业行政主管部门商有关部门组织实施。

第三章 农产品产地

第十五条 县级以上地方人民政府农业行政主管部门按照保障农产品质量安全的要求，根据农产品品种特性和生产区域大气、土壤、水体中有毒有害物质状况等因素，认为不适宜特定农产品生产的，提出禁止生产的区域，报本级人民政府批准后公布。具体办法由国务院农业行政主管部门商国务院环境保护行政主管部门制定。

农产品禁止生产区域的调整，依照前款规定的程序办理。

第十六条 县级以上人民政府应当采取措施，加强农产品基地建设，改善农产品的生产条件。

县级以上人民政府农业行政主管部门应当采取措施，推进保障农产品质量安全的标准化生产综合示范区、示范农场、养殖小区和无规定动植物疫病区的建设。

第十七条 禁止在有毒有害物质超过规定标准的区域生产、捕捞、采集食用农产品和建立农产品生产基地。

第十八条 禁止违反法律、法规的规定向农产品产地排放或者倾倒废水、废气、固体废物或者其他有毒有害物质。

农业生产用水和用作肥料的固体废物，应当符合国家规定的标准。

第十九条 农产品生产者应当合理使用化肥、农药、兽药、农用薄膜等化工产品，防止对农产品产地造成污染。

第四章 农产品生产

第二十条 国务院农业行政主管部门和省、自治区、直辖市人民政府农业行政主管部门应当制定保障农产品质量安全的生产技术要求和操作规程。县级以上人民政府农业行政主管部门应当加强对农产品生产的指导。

第二十一条 对可能影响农产品质量安全的农药、兽药、饲料和饲料添加剂、肥料、兽医器械，依照有关法律、行政法规的规定实行许可制度。

国务院农业行政主管部门和省、自治区、直辖市人民政府农业行政主管部门应当定期对可能危及农产品质量安全的农药、兽药、饲料和饲料添加剂、肥料等农业投入品进行监督抽查，并公布抽查结果。

第二十二条 县级以上人民政府农业行政主管部门应当加强对农业投入品使用的管理和指导，建立健全农业投入品的安全使用制度。

第二十三条 农业科研教育机构和农业技术推广机构应当加强对农产品生产者质量安全知识和技能的培训。

第二十四条 农产品生产企业和农民专业合作经济组织应当建立农产品生产记录，如实记载下列事项：

（一）使用农业投入品的名称、来源、用法、用量和使用、停用的日期；

（二）动物疫病、植物病虫草害的发生和防治情况；

（三）收获、屠宰或者捕捞的日期。

农产品生产记录应当保存二年。禁止伪造农产品生产记录。

国家鼓励其他农产品生产者建立农产品生产记录。

第二十五条 农产品生产者应当按照法律、行政法规和国务院农业行政主管部门的规定，合理使用农业投入品，严格执行农业投入品使用安全间隔期或者休药期的规定，防止危及农产品质量安全。

禁止在农产品生产过程中使用国家明令禁止使用的农业投入品。

第二十六条 农产品生产企业和农民专业

合作经济组织，应当自行或者委托检测机构对农产品质量安全状况进行检测；经检测不符合农产品质量安全标准的农产品，不得销售。

第二十七条 农民专业合作经济组织和农产品行业协会对其成员应当及时提供生产技术服务，建立农产品质量安全管理制度，健全农产品质量安全控制体系，加强自律管理。

第五章 农产品包装和标识

第二十八条 农产品生产企业、农民专业合作经济组织以及从事农产品收购的单位或者个人销售的农产品，按照规定应当包装或者附加标识的，须经包装或者附加标识后方可销售。包装物或者标识上应当按照规定标明产品的品名、产地、生产者、生产日期、保质期、产品质量等级等内容；使用添加剂的，还应当按照规定标明添加剂的名称。具体办法由国务院农业行政主管部门制定。

第二十九条 农产品在包装、保鲜、贮存、运输中所使用的保鲜剂、防腐剂、添加剂等材料，应当符合国家有关强制性的技术规范。

第三十条 属于农业转基因生物的农产品，应当按照农业转基因生物安全管理的有关规定进行标识。

第三十一条 依法需要实施检疫的动植物及其产品，应当附具检疫合格标志、检疫合格证明。

第三十二条 销售的农产品必须符合农产品质量安全标准，生产者可以申请使用无公害农产品标志。农产品质量符合国家规定的有关优质农产品标准的，生产者可以申请使用相应的农产品质量标志。

禁止冒用前款规定的农产品质量标志。

第六章 监督检查

第三十三条 有下列情形之一的农产品，不得销售：

（一）含有国家禁止使用的农药、兽药或者其他化学物质的；

（二）农药、兽药等化学物质残留或者含有的重金属等有毒有害物质不符合农产品质量安全标准的；

（三）含有的致病性寄生虫、微生物或者生物毒素不符合农产品质量安全标准的；

（四）使用的保鲜剂、防腐剂、添加剂等材料不符合国家有关强制性的技术规范的；

（五）其他不符合农产品质量安全标准的。

第三十四条 国家建立农产品质量安全监测制度。县级以上人民政府农业行政主管部门应当按照保障农产品质量安全的要求，制定并组织实施农产品质量安全监测计划，对生产中或者市场上销售的农产品进行监督抽查。监督抽查结果由国务院农业行政主管部门或者省、自治区、直辖市人民政府农业行政主管部门按照权限予以公布。

监督抽查检测应当委托符合本法第三十五条规定条件的农产品质量安全检测机构进行，不得向被抽查人收取费用，抽取的样品不得超过国务院农业行政主管部门规定的数量。上级农业行政主管部门监督抽查的农产品，下级农业行政主管部门不得另行重复抽查。

第三十五条 农产品质量安全检测应当充分利用现有的符合条件的检测机构。

从事农产品质量安全检测的机构，必须具备相应的检测条件和能力，由省级以上人民政府农业行政主管部门或者其授权的部门考核合格。具体办法由国务院农业行政主管部门制定。

农产品质量安全检测机构应当依法经计量认证合格。

第三十六条 农产品生产者、销售者对监督抽查检测结果有异议的，可以自收到检测结果之日起五日内，向组织实施农产品质量安全监督抽查的农业行政主管部门或者其上级农业行政主管部门申请复检。

采用国务院农业行政主管部门会同有关部门认定的快速检测方法进行农产品质量安全监督抽查检测，被抽查人对检测结果有异议的，可以自收到检测结果时起四小时内申请复检。复检不得采用快速检测方法。

因检测结果错误给当事人造成损害的，依法承担赔偿责任。

第三十七条 农产品批发市场应当设立或者委托农产品质量安全检测机构，对进场销售的农产品质量安全状况进行抽查检测；发现不符合农产品质量安全标准的，应当要求销售者立即停止销售，并向农业行政主管部门报告。

农产品销售企业对其销售的农产品，应当建立健全进货检查验收制度；经查验不符合农产品质量安全标准的，不得销售。

第三十八条 国家鼓励单位和个人对农产品质量安全进行社会监督。任何单位和个人都有权对违反本法的行为进行检举、揭发和控告。有关部门收到相关的检举、揭发和控告后，应当及时处理。

第三十九条 县级以上人民政府农业行政主管部门在农产品质量安全监督检查中，可以对生产、销售的农产品进行现场检查，调查了解农产品质量安全的有关情况，查阅、复制与农产品质量安全有关的记录和其他资料；对经检测不符合农产品质量安全标准的农产品，有权查封、扣押。

第四十条 发生农产品质量安全事故时，有关单位和个人应当采取控制措施，及时向所在地乡级人民政府和县级人民政府农业行政主管部门报告；收到报告的机关应当及时处理并报上一级人民政府和有关部门。发生重大农产品质量安全事故时，农业行政主管部门应当及时通报同级食品药品监督管理部门。

第四十一条 县级以上人民政府农业行政主管部门在农产品质量安全监督管理中，发现有本法第三十三条所列情形之一的农产品，应当按照农产品质量安全责任追究制度的要求，查明责任人，依法予以处理或者提出处理建议。

第四十二条 进口的农产品必须按照国家规定的农产品质量安全标准进行检验；尚未制定有关农产品质量安全标准的，应当依法及时制定，未制定之前，可以参照国家有关部门指定的国外有关标准进行检验。

第七章 法律责任

第四十三条 农产品质量安全监督管理人员不依法履行监督职责，或者滥用职权的，依法给予行政处分。

第四十四条 农产品质量安全检测机构伪造检测结果的，责令改正，没收违法所得，并处五万元以上十万元以下罚款，对直接负责的主管人员和其他直接责任人员处一万元以上五万元以下罚款；情节严重的，撤销其检测资格；造成损害的，依法承担赔偿责任。

农产品质量安全检测机构出具检测结果不实，造成损害的，依法承担赔偿责任；造成重大损害的，并撤销其检测资格。

第四十五条 违反法律、法规规定，向农产品产地排放或者倾倒废水、废气、固体废物或者其他有毒有害物质的，依照有关环境保护法律、法规的规定处罚；造成损害的，依法承担赔偿责任。

第四十六条 使用农业投入品违反法律、行政法规和国务院农业行政主管部门的规定的，依照有关法律、行政法规的规定处罚。

第四十七条 农产品生产企业、农民专业合作经济组织未建立或者未按照规定保存农产品生产记录的，或者伪造农产品生产记录的，责令限期改正；逾期不改正的，可以处二千元以下罚款。

第四十八条 违反本法第二十八条规定，销售的农产品未按照规定进行包装、标识的，责令限期改正；逾期不改正的，可以处二千元以下罚款。

第四十九条 有本法第三十三条第四项规定情形，使用的保鲜剂、防腐剂、添加剂等材料不符合国家有关强制性的技术规范的，责令停止销售，对被污染的农产品进行无害化处理，对不能进行无害化处理的予以监督销毁；没收违法所得，并处二千元以上二万元以下罚款。

第五十条 农产品生产企业、农民专业合作经济组织销售的农产品有本法第三十三条第一项至第三项或者第五项所列情形之一的，责令停止销售，追回已经销售的农产品，对违法销售的农产品进行无害化处理或者予以监督销毁；没收违法所得，并处二千元以上二万元以下罚款。

农产品销售企业销售的农产品有前款所列情形的，依照前款规定处理、处罚。

农产品批发市场中销售的农产品有第一款所列情形的，对违法销售的农产品依照第一款规定处理，对农产品销售者依照第一款规定处罚。

农产品批发市场违反本法第三十七条第一款规定的，责令改正，处二千元以上二万元以下罚款。

第五十一条 违反本法第三十二条规定，冒用农产品质量标志的，责令改正，没收违法所得，并处二千元以上二万元以下罚款。

第五十二条 本法第四十四条、第四十七条至第四十九条、第五十条第一款、第四款和第五十一条规定的处理、处罚，由县级以上人民政府农业行政主管部门决定；第五十条第二款、第三款规定的处理、处罚，由工商行政管理部门决定。

法律对行政处罚及处罚机关有其他规定的，从其规定。但是，对同一违法行为不得重复处罚。

第五十三条 违反本法规定，构成犯罪的，依法追究刑事责任。

第五十四条 生产、销售本法第三十三条所列农产品，给消费者造成损害的，依法承担赔偿责任。

农产品批发市场中销售的农产品有前款规定情形的，消费者可以向农产品批发市场要求赔偿；属于生产者、销售者责任的，农产品批发市场有权追偿。消费者也可以直接向农产品生产者、销售者要求赔偿。

第八章 附 则

第五十五条 生猪屠宰的管理按照国家有关规定执行。

第五十六条 本法自2006年11月1日起施行。

中华人民共和国义务教育法（2006年修正）

（中华人民共和国主席令第52号，1986年4月12日第六届全国人民代表大会第四次会议通过，2006年6月29日第十届全国人民代表大会常务委员会第二十二次会议修订）

目 录

第一章 总 则

第一条 为了保障适龄儿童、少年接受义务教育的权利，保证义务教育的实施，提高全民族素质，根据宪法和教育法，制定本法。

第二条 国家实行九年义务教育制度。

义务教育是国家统一实施的所有适龄儿童、少年必须接受的教育，是国家必须予以保障的公益性事业。

实施义务教育，不收学费、杂费。

国家建立义务教育经费保障机制，保证义务教育制度实施。

第三条 义务教育必须贯彻国家的教育方针，实施素质教育，提高教育质量，使适龄儿童、少年在品德、智力、体质等方面全面发展，为培养有理想、有道德、有文化、有纪律的社会主义建设者和接班人奠定基础。

第四条 凡具有中华人民共和国国籍的适龄儿童、少年，不分性别、民族、种族、家庭财产状况、宗教信仰等，依法享有平等接受义务教育的权利，并履行接受义务教育的义务。

第五条 各级人民政府及其有关部门应当履行本法规定的各项职责，保障适龄儿童、少年接受义务教育的权利。

适龄儿童、少年的父母或者其他法定监护人应当依法保证其按时入学接受并完成义务教育。

依法实施义务教育的学校应当按照规定标准完成教育教学任务，保证教育教学质量。

社会组织和个人应当为适龄儿童、少年接受义务教育创造良好的环境。

第六条 国务院和县级以上地方人民政府应当合理配置教育资源，促进义务教育均衡发展，改善薄弱学校的办学条件，并采取措施，保障农村地区、民族地区实施义务教育，保障家庭经济困难的和残疾的适龄儿童、少年接受义务教育。

国家组织和鼓励经济发达地区支援经济欠发达地区实施义务教育。

第七条 义务教育实行国务院领导，省、自治区、直辖市人民政府统筹规划实施，县级人民政府为主管理的体制。

县级以上人民政府教育行政部门具体负责义务教育实施工作；县级以上人民政府其他有关部门在各自的职责范围内负责义务教育实施工作。

第八条 人民政府教育督导机构对义务教育工作执行法律法规情况、教育教学质量以及义务教育均衡发展状况等进行督导，督导报告向社会公布。

第九条 任何社会组织或者个人有权对违反本法的行为向有关国家机关提出检举或者控告。

发生违反本法的重大事件，妨碍义务教育实施，造成重大社会影响的，负有领导责任的人民政府或者人民政府教育行政部门负责人应当引咎辞职。

第十条 对在义务教育实施工作中做出突出贡献的社会组织和个人，各级人民政府及其有关部门按照有关规定给予表彰、奖励。

第二章 学 生

第十一条 凡年满六周岁的儿童，其父母或者其他法定监护人应当送其入学接受并完成义务教育；条件不具备的地区的儿童，可以推迟到七周岁。

适龄儿童、少年因身体状况需要延缓入学或者休学的，其父母或者其他法定监护人应当提出申请，由当地乡镇人民政府或者县级人民政府教育行政部门批准。

第十二条 适龄儿童、少年免试入学。地方各级人民政府应当保障适龄儿童、少年在户籍所在地学校就近入学。

父母或者其他法定监护人在非户籍所在地工作或者居住的适龄儿童、少年，在其父母或者其他法定监护人工作或者居住地接受义务教育的，当地人民政府应当为其提供平等接受义务教育的条件。具体办法由省、自治区、直辖市规定。

县级人民政府教育行政部门对本行政区域内的军人子女接受义务教育予以保障。

第十三条 县级人民政府教育行政部门和乡镇人民政府组织和督促适龄儿童、少年入学，帮助解决适龄儿童、少年接受义务教育的困难，采取措施防止适龄儿童、少年辍学。

居民委员会和村民委员会协助政府做好工作，督促适龄儿童、少年入学。

第十四条 禁止用人单位招用应当接受义务教育的适龄儿童、少年。

根据国家有关规定经批准招收适龄儿童、少年进行文艺、体育等专业训练的社会组织，应当保证所招收的适龄儿童、少年接受义务教育；自行实施义务教育的，应当经县级人民政府教育行政部门批准。

第三章 学 校

第十五条 县级以上地方人民政府根据本行政区域内居住的适龄儿童、少年的数量和分布状况等因素，按照国家有关规定，制定、调整学校设置规划。新建居民区需要设置学校的，应当与居民区的建设同步进行。

第十六条 学校建设，应当符合国家规定的办学标准，适应教育教学需要；应当符合国家规定的选址要求和建设标准，确保学生和教职工安全。

第十七条 县级人民政府根据需要设置寄宿制学校，保障居住分散的适龄儿童、少年入学接受义务教育。

第十八条 国务院教育行政部门和省、自治区、直辖市人民政府根据需要，在经济发达地区设置接收少数民族适龄儿童、少年的学校（班）。

第十九条 县级以上地方人民政府根据需要设置相应的实施特殊教育的学校（班），对视力残疾、听力语言残疾和智力残疾的适龄儿童、少年实施义务教育。特殊教育学校（班）应当具备适应残疾儿童、少年学习、康复、生活特点的场所和设施。

普通学校应当接收具有接受普通教育能力的残疾适龄儿童、少年随班就读，并为其学习、康复提供帮助。

第二十条 县级以上地方人民政府根据需要，为具有预防未成年人犯罪法规定的严重不良行为的适龄少年设置专门的学校实施义务教育。

第二十一条 对未完成义务教育的未成年犯和被采取强制性教育措施的未成年人应当进行义务教育，所需经费由人民政府予以保障。

第二十二条 县级以上人民政府及其教育行政部门应当促进学校均衡发展，缩小学校之间办学条件的差距，不得将学校分为重点学校和非重点学校。学校不得分设重点班和非重点班。

县级以上人民政府及其教育行政部门不得以任何名义改变或者变相改变公办学校的性质。

第二十三条 各级人民政府及其有关部门依法维护学校周边秩序，保护学生、教师、学校的合法权益，为学校提供安全保障。

第二十四条 学校应当建立、健全安全制度和应急机制，对学生进行安全教育，加强管理，及时消除隐患，预防发生事故。

县级以上地方人民政府定期对学校校舍安全进行检查；对需要维修、改造的，及时予以维修、改造。

学校不得聘用曾经因故意犯罪被依法剥夺政治权利或者其他不适合从事义务教育工作的人担任工作人员。

第二十五条 学校不得违反国家规定收取费用，不得以向学生推销或者变相推销商品、服务等方式谋取利益。

第二十六条 学校实行校长负责制。校长应当符合国家规定的任职条件。校长由县级人民政府教育行政部门依法聘任。

第二十七条 对违反学校管理制度的学生，学校应当予以批评教育，不得开除。

第四章 教 师

第二十八条 教师享有法律规定的权利，履行法律规定的义务，应当为人师表，忠诚于人民的教育事业。

全社会应当尊重教师。

第二十九条 教师在教育教学中应当平等对待学生，关注学生的个体差异，因材施教，促进学生的充分发展。

教师应当尊重学生的人格，不得歧视学生，不得对学生实施体罚、变相体罚或者其他侮辱人格尊严的行为，不得侵犯学生合法权益。

第三十条 教师应当取得国家规定的教师资格。

国家建立统一的义务教育教师职务制度。教师职务分为初级职务、中级职务和高级职务。

第三十一条 各级人民政府保障教师工资福利和社会保险待遇，改善教师工作和生活条件；完善农村教师工资经费保障机制。

教师的平均工资水平应当不低于当地公务员的平均工资水平。

特殊教育教师享有特殊岗位补助津贴。在民族地区和边远贫困地区工作的教师享有艰苦贫困地区补助津贴。

第三十二条 县级以上人民政府应当加强教师培养工作，采取措施发展教师教育。

县级人民政府教育行政部门应当均衡配置本行政区域内学校师资力量，组织校长、教师的培训和流动，加强对薄弱学校的建设。

第三十三条 国务院和地方各级人民政府鼓励和支持城市学校教师和高等学校毕业生到农村地区、民族地区从事义务教育工作。

国家鼓励高等学校毕业生以志愿者的方式到农村地区、民族地区缺乏教师的学校任教。县级人民政府教育行政部门依法认定其教师资格，其任教时间计入工龄。

第五章 教育教学

第三十四条 教育教学工作应当符合教育规律和学生身心发展特点，面向全体学生，教书育人，将德育、智育、体育、美育等有机统一在教育教学活动中，注重培养学生独立思考能力、创新能力和实践能力，促进学生全面发展。

第三十五条 国务院教育行政部门根据适龄儿童、少年身心发展的状况和实际情况，确定教学制度、教育教学内容和课程设置，改革考试制度，并改进高级中等学校招生办法，推进实施素质教育。

学校和教师按照确定的教育教学内容和课程设置开展教育教学活动，保证达到国家规定的基本质量要求。

国家鼓励学校和教师采用启发式教育等教育教学方法，提高教育教学质量。

第三十六条 学校应当把德育放在首位，寓德育于教育教学之中，开展与学生年龄相适应的社会实践活动，形成学校、家庭、社会相互配合的思想道德教育体系，促进学生养成良好的思想品德和行为习惯。

第三十七条 学校应当保证学生的课外活动时间，组织开展文化娱乐等课外活动。社会公共文化体育设施应当为学校开展课外活动提供便利。

第三十八条 教科书根据国家教育方针和课程标准编写，内容力求精简，精选必备的基础知识、基本技能，经济实用，保证质量。

国家机关工作人员和教科书审查人员，不得参与或者变相参与教科书的编写工作。

第三十九条 国家实行教科书审定制度。教科书的审定办法由国务院教育行政部门规定。

未经审定的教科书，不得出版、选用。

第四十条 教科书由国务院价格行政部门会同出版行政部门按照微利原则确定基准价。省、自治区、直辖市人民政府价格行政部门会同出版行政部门按照基准价确定零售价。

第四十一条 国家鼓励教科书循环使用。

第六章 经费保障

第四十二条 国家将义务教育全面纳入财政保障范围，义务教育经费由国务院和地方各级人民政府依照本法规定予以保障。

国务院和地方各级人民政府将义务教育经费纳入财政预算，按照教职工编制标准、工资标准和学校建设标准、学生人均公用经费标准等，及时足额拨付义务教育经费，确保学校的正常运转和校舍安全，确保教职工工资按照规定发放。

国务院和地方各级人民政府用于实施义务教育财政拨款的增长比例应当高于财政经常性收入的增长比例，保证按照在校学生人数平均的义务教育费用逐步增长，保证教职工工资和学生人均公用经费逐步增长。

第四十三条 学校的学生人均公用经费基本标准由国务院财政部门会同教育行政部门制定，并根据经济和社会发展状况适时调整。制定、调整学生人均公用经费基本标准，应当满足教育教学基本需要。

省、自治区、直辖市人民政府可以根据本行政区域的实际情况，制定不低于国家标准的学校学生人均公用经费标准。

特殊教育学校（班）学生人均公用经费标准应当高于普通学校学生人均公用经费标准。

第四十四条 义务教育经费投入实行国务院和地方各级人民政府根据职责共同负担，省、自治区、直辖市人民政府负责统筹落实的体制。农村义务教育所需经费，由各级人民政府根据国务院的规定分项目、按比例分担。

各级人民政府对家庭经济困难的适龄儿童、少年免费提供教科书并补助寄宿生生活费。

义务教育经费保障的具体办法由国务院规定。

第四十五条 地方各级人民政府在财政预算中将义务教育经费单列。

县级人民政府编制预算，除向农村地区学校和薄弱学校倾斜外，应当均衡安排义务教育经费。

第四十六条 国务院和省、自治区、直辖市人民政府规范财政转移支付制度，加大一般性转移支付规模和规范义务教育专项转移支付，支持和引导地方各级人民政府增加对义务教育的投入。地方各级人民政府确保将上级人民政府的义务教育转移支付资金按照规定用于义务教育。

第四十七条 国务院和县级以上地方人民政府根据实际需要，设立专项资金，扶持农村地区、民族地区实施义务教育。

第四十八条 国家鼓励社会组织和个人向义务教育捐赠，鼓励按照国家有关基金会管理的规定设立义务教育基金。

第四十九条 义务教育经费严格按照预算规定用于义务教育；任何组织和个人不得侵占、挪用义务教育经费，不得向学校非法收取或者摊派费用。

第五十条 县级以上人民政府建立健全义务教育经费的审计监督和统计公告制度。

第七章 法律责任

第五十一条 国务院有关部门和地方各级人民政府违反本法第六章的规定，未履行对义务教育经费保障职责的，由国务院或者上级地方人民政府责令限期改正；情节严重的，对直接负责的主管人员和其他直接责任人员依法给予行政处分。

第五十二条 县级以上地方人民政府有下列情形之一的，由上级人民政府责令限期改正；情节严重的，对直接负责的主管人员和其他直接责任人员依法给予行政处分：

（一）未按照国家有关规定制定、调整学校的设置规划的；

（二）学校建设不符合国家规定的办学标准、选址要求和建设标准的；

（三）未定期对学校校舍安全进行检查，并及时维修、改造的；

（四）未依照本法规定均衡安排义务教育经费的。

第五十三条 县级以上人民政府或者其教育行政部门有下列情形之一的，由上级人民政府或者其教育行政部门责令限期改正、通报批评；情节严重的，对直接负责的主管人员和其他直接责任人员依法给予行政处分：

（一）将学校分为重点学校和非重点学校的；

（二）改变或者变相改变公办学校性质的。

县级人民政府教育行政部门或者乡镇人民政府未采取措施组织适龄儿童、少年入学或者防止辍学的，依照前款规定追究法律责任。

第五十四条 有下列情形之一的，由上级人民政府或者上级人民政府教育行政部门、财政部门、价格行政部门和审计机关根据职责分工责令限期改正；情节严重的，对直接负责的主管人员和其他直接责任人员依法给予处分：

（一）侵占、挪用义务教育经费的；

（二）向学校非法收取或者摊派费用的。

第五十五条 学校或者教师在义务教育工作中违反教育法、教师法规定的，依照教育法、教师法的有关规定处罚。

第五十六条 学校违反国家规定收取费用的，由县级人民政府教育行政部门责令退还所收费用；对直接负责的主管人员和其他直接责任人员依法给予处分。

学校以向学生推销或者变相推销商品、服务等方式谋取利益的，由县级人民政府教育行政部门给予通报批评；有违法所得的，没收违法所得；对直接负责的主管人员和其他直接责任人员依法给予处分。

国家机关工作人员和教科书审查人员参与或者变相参与教科书编写的，由县级以上人民政府或者其教育行政部门根据职责权限责令限期改正，依法给予行政处分；有违法所得的，没收违法所得。

第五十七条 学校有下列情形之一的，由县级人民政府教育行政部门责令限期改正；情节严重的，对直接负责的主管人员和其他直接责任人员依法给予处分：

（一）拒绝接收具有接受普通教育能力的残疾适龄儿童、少年随班就读的；

（二）分设重点班和非重点班的；

（三）违反本法规定开除学生的；

（四）选用未经审定的教科书的。

第五十八条 适龄儿童、少年的父母或者其他法定监护人无正当理由未依照本法规定送适龄儿童、少年入学接受义务教育的，由当地乡镇人民政府或者县级人民政府教育行政部门给予批评教育，责令限期改正。

第五十九条 有下列情形之一的，依照有关法律、行政法规的规定予以处罚：

（一）胁迫或者诱骗应当接受义务教育的适龄儿童、少年失学、辍学的；

（二）非法招用应当接受义务教育的适龄儿童、少年的；

（三）出版未经依法审定的教科书的。

第六十条 违反本法规定，构成犯罪的，依法追究刑事责任。

第八章 附 则

第六十一条 对接受义务教育的适龄儿童、少年不收杂费的实施步骤，由国务院规定。

第六十二条 社会组织或者个人依法举办的民办学校实施义务教育的，依照民办教育促进法有关规定执行；民办教育促进法未作规定的，适用本法。

第六十三条 本法自2006年9月1日起施行。

中华人民共和国劳动合同法

（中华人民共和国主席令第65号，2007年6月29日第十届全国人民代表大会常务委员会第二十八次会议通过）

目 录

第一章 总 则

第一条 为了完善劳动合同制度，明确劳动合同双方当事人的权利和义务，保护劳动者的合法权益，构建和发展和谐稳定的劳动关系，制定本法。

第二条 中华人民共和国境内的企业、个体经济组织、民办非企业单位等组织（以下称用人单位）与劳动者建立劳动关系，订立、履行、变更、解除或者终止劳动合同，适用本法。

国家机关、事业单位、社会团体和与其建立劳动关系的劳动者，订立、履行、变更、解除或者终止劳动合同，依照本法执行。

第三条 订立劳动合同，应当遵循合法、公平、平等自愿、协商一致、诚实信用的原则。

依法订立的劳动合同具有约束力，用人单位与劳动者应当履行劳动合同约定的义务。

第四条 用人单位应当依法建立和完善劳动规章制度，保障劳动者享有劳动权利、履行劳动义务。

用人单位在制定、修改或者决定有关劳动报酬、工作时间、休息休假、劳动安全卫生、保险福利、职工培训、劳动纪律以及劳动定额管理等直接涉及劳动者切身利益的规章制度或者重大事项时，应当经职工代表大会或者全体职工讨论，提出方案和意见，与工会或者职工代表平等协商确定。

在规章制度和重大事项决定实施过程中，工会或者职工认为不适当的，有权向用人单位提出，通过协商予以修改完善。

用人单位应当将直接涉及劳动者切身利益

的规章制度和重大事项决定公示，或者告知劳动者。

第五条 县级以上人民政府劳动行政部门会同工会和企业方面代表，建立健全协调劳动关系三方机制，共同研究解决有关劳动关系的重大问题。

第六条 工会应当帮助、指导劳动者与用人单位依法订立和履行劳动合同，并与用人单位建立集体协商机制，维护劳动者的合法权益。

第二章 劳动合同的订立

第七条 用人单位自用工之日起即与劳动者建立劳动关系。用人单位应当建立职工名册备查。

第八条 用人单位招用劳动者时，应当如实告知劳动者工作内容、工作条件、工作地点、职业危害、安全生产状况、劳动报酬，以及劳动者要求了解的其他情况；用人单位有权了解劳动者与劳动合同直接相关的基本情况，劳动者应当如实说明。

第九条 用人单位招用劳动者，不得扣押劳动者的居民身份证和其他证件，不得要求劳动者提供担保或者以其他名义向劳动者收取财物。

第十条 建立劳动关系，应当订立书面劳动合同。

已建立劳动关系，未同时订立书面劳动合同的，应当自用工之日起一个月内订立书面劳动合同。

用人单位与劳动者在用工前订立劳动合同的，劳动关系自用工之日起建立。

第十一条 用人单位未在用工的同时订立书面劳动合同，与劳动者约定的劳动报酬不明确的，新招用的劳动者的劳动报酬按照集体合同规定的标准执行；没有集体合同或者集体合同未规定的，实行同工同酬。

第十二条 劳动合同分为固定期限劳动合同、无固定期限劳动合同和以完成一定工作任务为期限的劳动合同。

第十三条 固定期限劳动合同，是指用人单位与劳动者约定合同终止时间的劳动合同。

用人单位与劳动者协商一致，可以订立固定期限劳动合同。

第十四条 无固定期限劳动合同，是指用人单位与劳动者约定无确定终止时间的劳动合同。

用人单位与劳动者协商一致，可以订立无固定期限劳动合同。有下列情形之一，劳动者提出或者同意续订、订立劳动合同的，除劳动者提出订立固定期限劳动合同外，应当订立无固定期限劳动合同：

（一）劳动者在该用人单位连续工作满十年的；

（二）用人单位初次实行劳动合同制度或者国有企业改制重新订立劳动合同时，劳动者在该用人单位连续工作满十年且距法定退休年龄不足十年的；

（三）连续订立二次固定期限劳动合同，且劳动者没有本法第三十九条和第四十条第一项、第二项规定的情形，续订劳动合同的。

用人单位自用工之日起满一年不与劳动者订立书面劳动合同的，视为用人单位与劳动者已订立无固定期限劳动合同。

第十五条 以完成一定工作任务为期限的劳动合同，是指用人单位与劳动者约定以某项工作的完成为合同期限的劳动合同。

用人单位与劳动者协商一致，可以订立以完成一定工作任务为期限的劳动合同。

第十六条 劳动合同由用人单位与劳动者协商一致，并经用人单位与劳动者在劳动合同文本上签字或者盖章生效。

劳动合同文本由用人单位和劳动者各执一份。

第十七条 劳动合同应当具备以下条款：

（一）用人单位的名称、住所和法定代表人或者主要负责人；

（二）劳动者的姓名、住址和居民身份证或者其他有效身份证件号码；

（三）劳动合同期限；

（四）工作内容和工作地点；

（五）工作时间和休息休假；

（六）劳动报酬；

（七）社会保险；

（八）劳动保护、劳动条件和职业危害

防护；

（九）法律、法规规定应当纳入劳动合同的其他事项。

劳动合同除前款规定的必备条款外，用人单位与劳动者可以约定试用期、培训、保守秘密、补充保险和福利待遇等其他事项。

第十八条 劳动合同对劳动报酬和劳动条件等标准约定不明确，引发争议的，用人单位与劳动者可以重新协商；协商不成的，适用集体合同规定；没有集体合同或者集体合同未规定劳动报酬的，实行同工同酬；没有集体合同或者集体合同未规定劳动条件等标准的，适用国家有关规定。

第十九条 劳动合同期限三个月以上不满一年的，试用期不得超过一个月；劳动合同期限一年以上不满三年的，试用期不得超过二个月；三年以上固定期限和无固定期限的劳动合同，试用期不得超过六个月。

同一用人单位与同一劳动者只能约定一次试用期。

以完成一定工作任务为期限的劳动合同或者劳动合同期限不满三个月的，不得约定试用期。

试用期包含在劳动合同期限内。劳动合同仅约定试用期的，试用期不成立，该期限为劳动合同期限。

第二十条 劳动者在试用期的工资不得低于本单位相同岗位最低档工资或者劳动合同约定工资的百分之八十，并不得低于用人单位所在地的最低工资标准。

第二十一条 在试用期中，除劳动者有本法第三十九条和第四十条第一项、第二项规定的情形外，用人单位不得解除劳动合同。用人单位在试用期解除劳动合同的，应当向劳动者说明理由。

第二十二条 用人单位为劳动者提供专项培训费用，对其进行专业技术培训的，可以与该劳动者订立协议，约定服务期。

劳动者违反服务期约定的，应当按照约定向用人单位支付违约金。违约金的数额不得超过用人单位提供的培训费用。用人单位要求劳动者支付的违约金不得超过服务期尚未履行部分所应分摊的培训费用。

用人单位与劳动者约定服务期的，不影响按照正常的工资调整机制提高劳动者在服务期期间的劳动报酬。

第二十三条 用人单位与劳动者可以在劳动合同中约定保守用人单位的商业秘密和与知识产权相关的保密事项。

对负有保密义务的劳动者，用人单位可以在劳动合同或者保密协议中与劳动者约定竞业限制条款，并约定在解除或者终止劳动合同后，在竞业限制期限内按月给予劳动者经济补偿。劳动者违反竞业限制约定的，应当按照约定向用人单位支付违约金。

第二十四条 竞业限制的人员限于用人单位的高级管理人员、高级技术人员和其他负有保密义务的人员。竞业限制的范围、地域、期限由用人单位与劳动者约定，竞业限制的约定不得违反法律、法规的规定。

在解除或者终止劳动合同后，前款规定的人员到与本单位生产或者经营同类产品、从事同类业务的有竞争关系的其他用人单位，或者自己开业生产或者经营同类产品、从事同类业务的竞业限制期限，不得超过二年。

第二十五条 除本法第二十二条和第二十三条规定的情形外，用人单位不得与劳动者约定由劳动者承担违约金。

第二十六条 下列劳动合同无效或者部分无效：

（一）以欺诈、胁迫的手段或者乘人之危，使对方在违背真实意思的情况下订立或者变更劳动合同的；

（二）用人单位免除自己的法定责任、排除劳动者权利的；

（三）违反法律、行政法规强制性规定的。

对劳动合同的无效或者部分无效有争议的，由劳动争议仲裁机构或者人民法院确认。

第二十七条 劳动合同部分无效，不影响其他部分效力的，其他部分仍然有效。

第二十八条 劳动合同被确认无效，劳动者已付出劳动的，用人单位应当向劳动者支付劳动报酬。劳动报酬的数额，参照本单位相同或者相近岗位劳动者的劳动报酬确定。

第三章　劳动合同的履行和变更

第二十九条　用人单位与劳动者应当按照劳动合同的约定，全面履行各自的义务。

第三十条　用人单位应当按照劳动合同约定和国家规定，向劳动者及时足额支付劳动报酬。

用人单位拖欠或者未足额支付劳动报酬的，劳动者可以依法向当地人民法院申请支付令，人民法院应当依法发出支付令。

第三十一条　用人单位应当严格执行劳动定额标准，不得强迫或者变相强迫劳动者加班。用人单位安排加班的，应当按照国家有关规定向劳动者支付加班费。

第三十二条　劳动者拒绝用人单位管理人员违章指挥、强令冒险作业的，不视为违反劳动合同。

劳动者对危害生命安全和身体健康的劳动条件，有权对用人单位提出批评、检举和控告。

第三十三条　用人单位变更名称、法定代表人、主要负责人或者投资人等事项，不影响劳动合同的履行。

第三十四条　用人单位发生合并或者分立等情况，原劳动合同继续有效，劳动合同由承继其权利和义务的用人单位继续履行。

第三十五条　用人单位与劳动者协商一致，可以变更劳动合同约定的内容。变更劳动合同，应当采用书面形式。

变更后的劳动合同文本由用人单位和劳动者各执一份。

第四章　劳动合同的解除和终止

第三十六条　用人单位与劳动者协商一致，可以解除劳动合同。

第三十七条　劳动者提前三十日以书面形式通知用人单位，可以解除劳动合同。劳动者在试用期内提前三日通知用人单位，可以解除劳动合同。

第三十八条　用人单位有下列情形之一的，劳动者可以解除劳动合同：

（一）未按照劳动合同约定提供劳动保护或者劳动条件的；

（二）未及时足额支付劳动报酬的；

（三）未依法为劳动者缴纳社会保险费的；

（四）用人单位的规章制度违反法律、法规的规定，损害劳动者权益的；

（五）因本法第二十六条第一款规定的情形致使劳动合同无效的；

（六）法律、行政法规规定劳动者可以解除劳动合同的其他情形。

用人单位以暴力、威胁或者非法限制人身自由的手段强迫劳动者劳动的，或者用人单位违章指挥、强令冒险作业危及劳动者人身安全的，劳动者可以立即解除劳动合同，不需事先告知用人单位。

第三十九条　劳动者有下列情形之一的，用人单位可以解除劳动合同：

（一）在试用期间被证明不符合录用条件的；

（二）严重违反用人单位的规章制度的；

（三）严重失职，营私舞弊，给用人单位造成重大损害的；

（四）劳动者同时与其他用人单位建立劳动关系，对完成本单位的工作任务造成严重影响，或者经用人单位提出，拒不改正的；

（五）因本法第二十六条第一款第一项规定的情形致使劳动合同无效的；

（六）被依法追究刑事责任的。

第四十条　有下列情形之一的，用人单位提前三十日以书面形式通知劳动者本人或者额外支付劳动者一个月工资后，可以解除劳动合同：

（一）劳动者患病或者非因工负伤，在规定的医疗期满后不能从事原工作，也不能从事由用人单位另行安排的工作的；

（二）劳动者不能胜任工作，经过培训或者调整工作岗位，仍不能胜任工作的；

（三）劳动合同订立时所依据的客观情况发生重大变化，致使劳动合同无法履行，经用人单位与劳动者协商，未能就变更劳动合同内容达成协议的。

第四十一条　有下列情形之一，需要裁减人员二十人以上或者裁减不足二十人但占企业职工总数百分之十以上的，用人单位提前三十日向工会或者全体职工说明情况，听取工会或者职工的意见后，裁减人员方案经向劳动行政部门报告，可以裁减人员：

（一）依照企业破产法规定进行重整的；

（二）生产经营发生严重困难的；

（三）企业转产、重大技术革新或者经营方式调整，经变更劳动合同后，仍需裁减人员的；

（四）其他因劳动合同订立时所依据的客观经济情况发生重大变化，致使劳动合同无法履行的。

裁减人员时，应当优先留用下列人员：

（一）与本单位订立较长期限的固定期限劳动合同的；

（二）与本单位订立无固定期限劳动合同的；

（三）家庭无其他就业人员，有需要扶养的老人或者未成年人的。

用人单位依照本条第一款规定裁减人员，在六个月内重新招用人员的，应当通知被裁减的人员，并在同等条件下优先招用被裁减的人员。

第四十二条 劳动者有下列情形之一的，用人单位不得依照本法第四十条、第四十一条的规定解除劳动合同：

（一）从事接触职业病危害作业的劳动者未进行离岗前职业健康检查，或者疑似职业病病人在诊断或者医学观察期间的；

（二）在本单位患职业病或者因工负伤并被确认丧失或者部分丧失劳动能力的；

（三）患病或者非因工负伤，在规定的医疗期内的；

（四）女职工在孕期、产期、哺乳期的；

（五）在本单位连续工作满十五年，且距法定退休年龄不足五年的；

（六）法律、行政法规规定的其他情形。

第四十三条 用人单位单方解除劳动合同，应当事先将理由通知工会。用人单位违反法律、行政法规规定或者劳动合同约定的，工会有权要求用人单位纠正。用人单位应当研究工会的意见，并将处理结果书面通知工会。

第四十四条 有下列情形之一的，劳动合同终止：

（一）劳动合同期满的；

（二）劳动者开始依法享受基本养老保险待遇的；

（三）劳动者死亡，或者被人民法院宣告死亡或者宣告失踪的；

（四）用人单位被依法宣告破产的；

（五）用人单位被吊销营业执照、责令关闭、撤销或者用人单位决定提前解散的；

（六）法律、行政法规规定的其他情形。

第四十五条 劳动合同期满，有本法第四十二条规定情形之一的，劳动合同应当续延至相应的情形消失时终止。但是，本法第四十二条第二项规定丧失或者部分丧失劳动能力劳动者的劳动合同的终止，按照国家有关工伤保险的规定执行。

第四十六条 有下列情形之一的，用人单位应当向劳动者支付经济补偿：

（一）劳动者依照本法第三十八条规定解除劳动合同的；

（二）用人单位依照本法第三十六条规定向劳动者提出解除劳动合同并与劳动者协商一致解除劳动合同的；

（三）用人单位依照本法第四十条规定解除劳动合同的；

（四）用人单位依照本法第四十一条第一款规定解除劳动合同的；

（五）除用人单位维持或者提高劳动合同约定条件续订劳动合同，劳动者不同意续订的情形外，依照本法第四十四条第一项规定终止固定期限劳动合同的；

（六）依照本法第四十四条第四项、第五项规定终止劳动合同的；

（七）法律、行政法规规定的其他情形。

第四十七条 经济补偿按劳动者在本单位工作的年限，每满一年支付一个月工资的标准向劳动者支付。六个月以上不满一年的，按一年计算；不满六个月的，向劳动者支付半个月工资的经济补偿。

劳动者月工资高于用人单位所在直辖市、设区的市级人民政府公布的本地区上年度职工月平均工资三倍的，向其支付经济补偿的标准按职工月平均工资三倍的数额支付，向其支付经济补偿的年限最高不超过十二年。

本条所称月工资是指劳动者在劳动合同解除或者终止前十二个月的平均工资。

第四十八条 用人单位违反本法规定解除或者终止劳动合同，劳动者要求继续履行劳动合同的，用人单位应当继续履行；劳动者不要求继续履行劳动合同或者劳动合同已经不能继续履行的，用人单位应当依照本法第八十七条规定支付赔偿金。

第四十九条 国家采取措施，建立健全劳动者社会保险关系跨地区转移接续制度。

第五十条 用人单位应当在解除或者终止劳动合同时出具解除或者终止劳动合同的证明，并在十五日内为劳动者办理档案和社会保险关系转移手续。

劳动者应当按照双方约定，办理工作交接。用人单位依照本法有关规定应当向劳动者支付经济补偿的，在办结工作交接时支付。

用人单位对已经解除或者终止的劳动合同的文本，至少保存二年备查。

第五章 特别规定

第一节 集体合同

第五十一条 企业职工一方与用人单位通过平等协商，可以就劳动报酬、工作时间、休息休假、劳动安全卫生、保险福利等事项订立集体合同。集体合同草案应当提交职工代表大会或者全体职工讨论通过。

集体合同由工会代表企业职工一方与用人单位订立；尚未建立工会的用人单位，由上级工会指导劳动者推举的代表与用人单位订立。

第五十二条 企业职工一方与用人单位可以订立劳动安全卫生、女职工权益保护、工资调整机制等专项集体合同。

第五十三条 在县级以下区域内，建筑业、采矿业、餐饮服务业等行业可以由工会与企业方面代表订立行业性集体合同，或者订立区域性集体合同。

第五十四条 集体合同订立后，应当报送劳动行政部门；劳动行政部门自收到集体合同文本之日起十五日内未提出异议的，集体合同即行生效。

依法订立的集体合同对用人单位和劳动者具有约束力。行业性、区域性集体合同对当地本行业、本区域的用人单位和劳动者具有约束力。

第五十五条 集体合同中劳动报酬和劳动条件等标准不得低于当地人民政府规定的最低标准；用人单位与劳动者订立的劳动合同中劳动报酬和劳动条件等标准不得低于集体合同规定的标准。

第五十六条 用人单位违反集体合同，侵犯职工劳动权益的，工会可以依法要求用人单位承担责任；因履行集体合同发生争议，经协商解决不成的，工会可以依法申请仲裁、提起诉讼。

第二节 劳务派遣

第五十七条 劳务派遣单位应当依照公司法的有关规定设立，注册资本不得少于五十万元。

第五十八条 劳务派遣单位是本法所称用人单位，应当履行用人单位对劳动者的义务。劳务派遣单位与被派遣劳动者订立的劳动合同，除应当载明本法第十七条规定的事项外，还应当载明被派遣劳动者的用工单位以及派遣期限、工作岗位等情况。

劳务派遣单位应当与被派遣劳动者订立二年以上的固定期限劳动合同，按月支付劳动报酬；被派遣劳动者在无工作期间，劳务派遣单位应当按照所在地人民政府规定的最低工资标准，向其按月支付报酬。

第五十九条 劳务派遣单位派遣劳动者应当与接受以劳务派遣形式用工的单位（以下称用工单位）订立劳务派遣协议。劳务派遣协议应当约定派遣岗位和人员数量、派遣期限、劳动报酬和社会保险费的数额与支付方式以及违反协议的责任。

用工单位应当根据工作岗位的实际需要与劳务派遣单位确定派遣期限，不得将连续用工期限分割订立数个短期劳务派遣协议。

第六十条 劳务派遣单位应当将劳务派遣

协议的内容告知被派遣劳动者。

劳务派遣单位不得克扣用工单位按照劳务派遣协议支付给被派遣劳动者的劳动报酬。

劳务派遣单位和用工单位不得向被派遣劳动者收取费用。

第六十一条 劳务派遣单位跨地区派遣劳动者的，被派遣劳动者享有的劳动报酬和劳动条件，按照用工单位所在地的标准执行。

第六十二条 用工单位应当履行下列义务：

（一）执行国家劳动标准，提供相应的劳动条件和劳动保护；

（二）告知被派遣劳动者的工作要求和劳动报酬；

（三）支付加班费、绩效奖金，提供与工作岗位相关的福利待遇；

（四）对在岗被派遣劳动者进行工作岗位所必需的培训；

（五）连续用工的，实行正常的工资调整机制。

用工单位不得将被派遣劳动者再派遣到其他用人单位。

第六十三条 被派遣劳动者享有与用工单位的劳动者同工同酬的权利。用工单位无同类岗位劳动者的，参照用工单位所在地相同或者相近岗位劳动者的劳动报酬确定。

第六十四条 被派遣劳动者有权在劳务派遣单位或者用工单位依法参加或者组织工会，维护自身的合法权益。

第六十五条 被派遣劳动者可以依照本法第三十六条、第三十八条的规定与劳务派遣单位解除劳动合同。

被派遣劳动者有本法第三十九条和第四十条第一项、第二项规定情形的，用工单位可以将劳动者退回劳务派遣单位，劳务派遣单位依照本法有关规定，可以与劳动者解除劳动合同。

第六十六条 劳务派遣一般在临时性、辅助性或者替代性的工作岗位上实施。

第六十七条 用人单位不得设立劳务派遣单位向本单位或者所属单位派遣劳动者。

第三节 非全日制用工

第六十八条 非全日制用工，是指以小时计酬为主，劳动者在同一用人单位一般平均每日工作时间不超过四小时，每周工作时间累计不超过二十四小时的用工形式。

第六十九条 非全日制用工双方当事人可以订立口头协议。

从事非全日制用工的劳动者可以与一个或者一个以上用人单位订立劳动合同；但是，后订立的劳动合同不得影响先订立的劳动合同的履行。

第七十条 非全日制用工双方当事人不得约定试用期。

第七十一条 非全日制用工双方当事人任何一方都可以随时通知对方终止用工。终止用工，用人单位不向劳动者支付经济补偿。

第七十二条 非全日制用工小时计酬标准不得低于用人单位所在地人民政府规定的最低小时工资标准。

非全日制用工劳动报酬结算支付周期最长不得超过十五日。

第六章 监督检查

第七十三条 国务院劳动行政部门负责全国劳动合同制度实施的监督管理。

县级以上地方人民政府劳动行政部门负责本行政区域内劳动合同制度实施的监督管理。

县级以上各级人民政府劳动行政部门在劳动合同制度实施的监督管理工作中，应当听取工会、企业方面代表以及有关行业主管部门的意见。

第七十四条 县级以上地方人民政府劳动行政部门依法对下列实施劳动合同制度的情况进行监督检查：

（一）用人单位制定直接涉及劳动者切身利益的规章制度及其执行的情况；

（二）用人单位与劳动者订立和解除劳动合同的情况；

（三）劳务派遣单位和用工单位遵守劳务派遣有关规定的情况；

（四）用人单位遵守国家关于劳动者工作时间和休息休假规定的情况；

（五）用人单位支付劳动合同约定的劳动报酬和执行最低工资标准的情况；

（六）用人单位参加各项社会保险和缴纳社会保险费的情况；

（七）法律、法规规定的其他劳动监察事项。

第七十五条 县级以上地方人民政府劳动行政部门实施监督检查时，有权查阅与劳动合同、集体合同有关的材料，有权对劳动场所进行实地检查，用人单位和劳动者都应当如实提供有关情况和材料。

劳动行政部门的工作人员进行监督检查，应当出示证件，依法行使职权，文明执法。

第七十六条 县级以上人民政府建设、卫生、安全生产监督管理等有关主管部门在各自职责范围内，对用人单位执行劳动合同制度的情况进行监督管理。

第七十七条 劳动者合法权益受到侵害的，有权要求有关部门依法处理，或者依法申请仲裁、提起诉讼。

第七十八条 工会依法维护劳动者的合法权益，对用人单位履行劳动合同、集体合同的情况进行监督。用人单位违反劳动法律、法规和劳动合同、集体合同的，工会有权提出意见或者要求纠正；劳动者申请仲裁、提起诉讼的，工会依法给予支持和帮助。

第七十九条 任何组织或者个人对违反本法的行为都有权举报，县级以上人民政府劳动行政部门应当及时核实、处理，并对举报有功人员给予奖励。

第七章 法律责任

第八十条 用人单位直接涉及劳动者切身利益的规章制度违反法律、法规规定的，由劳动行政部门责令改正，给予警告；给劳动者造成损害的，应当承担赔偿责任。

第八十一条 用人单位提供的劳动合同文本未载明本法规定的劳动合同必备条款或者用人单位未将劳动合同文本交付劳动者的，由劳动行政部门责令改正；给劳动者造成损害的，应当承担赔偿责任。

第八十二条 用人单位自用工之日起超过一个月不满一年未与劳动者订立书面劳动合同的，应当向劳动者每月支付二倍的工资。

用人单位违反本法规定不与劳动者订立无固定期限劳动合同的，自应当订立无固定期限劳动合同之日起向劳动者每月支付二倍的工资。

第八十三条 用人单位违反本法规定与劳动者约定试用期的，由劳动行政部门责令改正；违法约定的试用期已经履行的，由用人单位以劳动者试用期满月工资为标准，按已经履行的超过法定试用期的期间向劳动者支付赔偿金。

第八十四条 用人单位违反本法规定，扣押劳动者居民身份证等证件的，由劳动行政部门责令限期退还劳动者本人，并依照有关法律规定给予处罚。

用人单位违反本法规定，以担保或者其他名义向劳动者收取财物的，由劳动行政部门责令限期退还劳动者本人，并以每人五百元以上二千元以下的标准处以罚款；给劳动者造成损害的，应当承担赔偿责任。

劳动者依法解除或者终止劳动合同，用人单位扣押劳动者档案或者其他物品的，依照前款规定处罚。

第八十五条 用人单位有下列情形之一的，由劳动行政部门责令限期支付劳动报酬、加班费或者经济补偿；劳动报酬低于当地最低工资标准的，应当支付其差额部分；逾期不支付的，责令用人单位按应付金额百分之五十以上百分之一百以下的标准向劳动者加付赔偿金：

（一）未按照劳动合同的约定或者国家规定及时足额支付劳动者劳动报酬的；

（二）低于当地最低工资标准支付劳动者工资的；

（三）安排加班不支付加班费的；

（四）解除或者终止劳动合同，未依照本法规定向劳动者支付经济补偿的。

第八十六条 劳动合同依照本法第二十六条规定被确认无效，给对方造成损害的，有过错的一方应当承担赔偿责任。

第八十七条 用人单位违反本法规定解除或者终止劳动合同的，应当依照本法第四十七条规定的经济补偿标准的二倍向劳动者支付赔偿金。

第八十八条 用人单位有下列情形之一的，依法给予行政处罚；构成犯罪的，依法追究刑事责任；给劳动者造成损害的，应当承担赔偿责任：

（一）以暴力、威胁或者非法限制人身自由的手段强迫劳动的；

（二）违章指挥或者强令冒险作业危及劳动者人身安全的；

（三）侮辱、体罚、殴打、非法搜查或者拘禁劳动者的；

（四）劳动条件恶劣、环境污染严重，给劳动者身心健康造成严重损害的。

第八十九条　用人单位违反本法规定未向劳动者出具解除或者终止劳动合同的书面证明，由劳动行政部门责令改正；给劳动者造成损害的，应当承担赔偿责任。

第九十条　劳动者违反本法规定解除劳动合同，或者违反劳动合同中约定的保密义务或者竞业限制，给用人单位造成损失的，应当承担赔偿责任。

第九十一条　用人单位招用与其他用人单位尚未解除或者终止劳动合同的劳动者，给其他用人单位造成损失的，应当承担连带赔偿责任。

第九十二条　劳务派遣单位违反本法规定的，由劳动行政部门和其他有关主管部门责令改正；情节严重的，以每人一千元以上五千元以下的标准处以罚款，并由工商行政管理部门吊销营业执照；给被派遣劳动者造成损害的，劳务派遣单位与用工单位承担连带赔偿责任。

第九十三条　对不具备合法经营资格的用人单位的违法犯罪行为，依法追究法律责任；劳动者已经付出劳动的，该单位或者其出资人应当依照本法有关规定向劳动者支付劳动报酬、经济补偿、赔偿金；给劳动者造成损害的，应当承担赔偿责任。

第九十四条　个人承包经营违反本法规定招用劳动者，给劳动者造成损害的，发包的组织与个人承包经营者承担连带赔偿责任。

第九十五条　劳动行政部门和其他有关主管部门及其工作人员玩忽职守、不履行法定职责，或者违法行使职权，给劳动者或者用人单位造成损害的，应当承担赔偿责任；对直接负责的主管人员和其他直接责任人员，依法给予行政处分；构成犯罪的，依法追究刑事责任。

第八章　附　则

第九十六条　事业单位与实行聘用制的工作人员订立、履行、变更、解除或者终止劳动合同，法律、行政法规或者国务院另有规定的，依照其规定；未作规定的，依照本法有关规定执行。

第九十七条　本法施行前已依法订立且在本法施行之日存续的劳动合同，继续履行；本法第十四条第二款第三项规定连续订立固定期限劳动合同的次数，自本法施行后续订固定期限劳动合同时开始计算。

本法施行前已建立劳动关系，尚未订立书面劳动合同的，应当自本法施行之日起一个月内订立。

本法施行之日存续的劳动合同在本法施行后解除或者终止，依照本法第四十六条规定应当支付经济补偿的，经济补偿年限自本法施行之日起计算；本法施行前按照当时有关规定，用人单位应当向劳动者支付经济补偿的，按照当时有关规定执行。

第九十八条　本法自 2008 年 1 月 1 日起施行。

中华人民共和国就业促进法

（中华人民共和国主席令第70号，2007年8月30日第十届全国人民代表大会常务委员会第二十九次会议通过）

目 录

第一章 总 则

第一条 为了促进就业，促进经济发展与扩大就业相协调，促进社会和谐稳定，制定本法。

第二条 国家把扩大就业放在经济社会发展的突出位置，实施积极的就业政策，坚持劳动者自主择业、市场调节就业、政府促进就业的方针，多渠道扩大就业。

第三条 劳动者依法享有平等就业和自主择业的权利。

劳动者就业，不因民族、种族、性别、宗教信仰等不同而受歧视。

第四条 县级以上人民政府把扩大就业作为经济和社会发展的重要目标，纳入国民经济和社会发展规划，并制定促进就业的中长期规划和年度工作计划。

第五条 县级以上人民政府通过发展经济和调整产业结构、规范人力资源市场、完善就业服务、加强职业教育和培训、提供就业援助等措施，创造就业条件，扩大就业。

第六条 国务院建立全国促进就业工作协调机制，研究就业工作中的重大问题，协调推动全国的促进就业工作。国务院劳动行政部门具体负责全国的促进就业工作。

省、自治区、直辖市人民政府根据促进就业工作的需要，建立促进就业工作协调机制，协调解决本行政区域就业工作中的重大问题。

县级以上人民政府有关部门按照各自的职责分工，共同做好促进就业工作。

第七条 国家倡导劳动者树立正确的择业观念，提高就业能力和创业能力；鼓励劳动者自主创业、自谋职业。

各级人民政府和有关部门应当简化程序，提高效率，为劳动者自主创业、自谋职业提供便利。

第八条 用人单位依法享有自主用人的权利。

用人单位应当依照本法以及其他法律、法规的规定，保障劳动者的合法权益。

第九条 工会、共产主义青年团、妇女联合会、残疾人联合会以及其他社会组织，协助人民政府开展促进就业工作，依法维护劳动者的劳动权利。

第十条 各级人民政府和有关部门对在促进就业工作中作出显著成绩的单位和个人，给予表彰和奖励。

第二章 政策支持

第十一条 县级以上人民政府应当把扩大就业作为重要职责，统筹协调产业政策与就业政策。

第十二条 国家鼓励各类企业在法律、法规规定的范围内，通过兴办产业或者拓展经营，增加就业岗位。

国家鼓励发展劳动密集型产业、服务业，扶持中小企业，多渠道、多方式增加就业岗位。

国家鼓励、支持、引导非公有制经济发展，扩大就业，增加就业岗位。

第十三条 国家发展国内外贸易和国际经济合作，拓宽就业渠道。

第十四条 县级以上人民政府在安排政府投资和确定重大建设项目时，应当发挥投资和重大建设项目带动就业的作用，增加就业岗位。

第十五条 国家实行有利于促进就业的财政政策，加大资金投入，改善就业环境，扩大就业。

县级以上人民政府应当根据就业状况和就业工作目标，在财政预算中安排就业专项资金用于促进就业工作。

就业专项资金用于职业介绍、职业培训、公益性岗位、职业技能鉴定、特定就业政策和社会保险等的补贴，小额贷款担保基金和微利项目的小额担保贷款贴息，以及扶持公共就业服务等。就业专项资金的使用管理办法由国务院财政部门和劳动行政部门规定。

第十六条 国家建立健全失业保险制度，依法确保失业人员的基本生活，并促进其实现就业。

第十七条 国家鼓励企业增加就业岗位，扶持失业人员和残疾人就业，对下列企业、人员依法给予税收优惠：

（一）吸纳符合国家规定条件的失业人员达到规定要求的企业；

（二）失业人员创办的中小企业；

（三）安置残疾人员达到规定比例或者集中使用残疾人的企业；

（四）从事个体经营的符合国家规定条件的失业人员；

（五）从事个体经营的残疾人；

（六）国务院规定给予税收优惠的其他企业、人员。

第十八条 对本法第十七条第四项、第五项规定的人员，有关部门应当在经营场地等方面给予照顾，免除行政事业性收费。

第十九条 国家实行有利于促进就业的金融政策，增加中小企业的融资渠道；鼓励金融机构改进金融服务，加大对中小企业的信贷支持，并对自主创业人员在一定期限内给予小额信贷等扶持。

第二十条 国家实行城乡统筹的就业政策，建立健全城乡劳动者平等就业的制度，引导农业富余劳动力有序转移就业。

县级以上地方人民政府推进小城镇建设和加快县域经济发展，引导农业富余劳动力就地就近转移就业；在制定小城镇规划时，将本地区农业富余劳动力转移就业作为重要内容。

县级以上地方人民政府引导农业富余劳动力有序向城市异地转移就业；劳动力输出地和输入地人民政府应当互相配合，改善农村劳动者进城就业的环境和条件。

第二十一条 国家支持区域经济发展，鼓励区域协作，统筹协调不同地区就业的均衡增长。

国家支持民族地区发展经济，扩大就业。

第二十二条 各级人民政府统筹做好城镇新增劳动力就业、农业富余劳动力转移就业和失业人员就业工作。

第二十三条 各级人民政府采取措施，逐步完善和实施与非全日制用工等灵活就业相适应的劳动和社会保险政策，为灵活就业人员提供帮助和服务。

第二十四条 地方各级人民政府和有关部门应当加强对失业人员从事个体经营的指导，提供政策咨询、就业培训和开业指导等服务。

第三章 公平就业

第二十五条 各级人民政府创造公平就业的环境，消除就业歧视，制定政策并采取措施对就业困难人员给予扶持和援助。

第二十六条 用人单位招用人员、职业中介机构从事职业中介活动，应当向劳动者提供平等的就业机会和公平的就业条件，不得实施就业歧视。

第二十七条 国家保障妇女享有与男子平等的劳动权利。

用人单位招用人员，除国家规定的不适合妇女的工种或者岗位外，不得以性别为由拒绝录用妇女或者提高对妇女的录用标准。

用人单位录用女职工，不得在劳动合同中规定限制女职工结婚、生育的内容。

第二十八条 各民族劳动者享有平等的劳动权利。

用人单位招用人员，应当依法对少数民族劳动者给予适当照顾。

第二十九条 国家保障残疾人的劳动权利。

各级人民政府应当对残疾人就业统筹规划，为残疾人创造就业条件。

用人单位招用人员，不得歧视残疾人。

第三十条 用人单位招用人员，不得以是传染病病原携带者为由拒绝录用。但是，经医学鉴定传染病病原携带者在治愈前或者排除传染嫌疑前，不得从事法律、行政法规和国务院卫生行政部门规定禁止从事的易使传染病扩散的工作。

第三十一条 农村劳动者进城就业享有与城镇劳动者平等的劳动权利，不得对农村劳动者进城就业设置歧视性限制。

第四章 就业服务和管理

第三十二条 县级以上人民政府培育和完善统一开放、竞争有序的人力资源市场，为劳动者就业提供服务。

第三十三条 县级以上人民政府鼓励社会各方面依法开展就业服务活动，加强对公共就业服务和职业中介服务的指导和监督，逐步完善覆盖城乡的就业服务体系。

第三十四条 县级以上人民政府加强人力资源市场信息网络及相关设施建设，建立健全人力资源市场信息服务体系，完善市场信息发布制度。

第三十五条 县级以上人民政府建立健全公共就业服务体系，设立公共就业服务机构，为劳动者免费提供下列服务：

（一）就业政策法规咨询；

（二）职业供求信息、市场工资指导价位信息和职业培训信息发布；

（三）职业指导和职业介绍；

（四）对就业困难人员实施就业援助；

（五）办理就业登记、失业登记等事务；

（六）其他公共就业服务。

公共就业服务机构应当不断提高服务的质量和效率，不得从事经营性活动。

公共就业服务经费纳入同级财政预算。

第三十六条 县级以上地方人民政府对职业中介机构提供公益性就业服务的，按照规定给予补贴。

国家鼓励社会各界为公益性就业服务提供捐赠、资助。

第三十七条 地方各级人民政府和有关部门不得举办或者与他人联合举办经营性的职业中介机构。

地方各级人民政府和有关部门、公共就业服务机构举办的招聘会，不得向劳动者收取费用。

第三十八条 县级以上人民政府和有关部门加强对职业中介机构的管理，鼓励其提高服务质量，发挥其在促进就业中的作用。

第三十九条 从事职业中介活动，应当遵循合法、诚实信用、公平、公开的原则。

用人单位通过职业中介机构招用人员，应当如实向职业中介机构提供岗位需求信息。禁止任何组织或者个人利用职业中介活动侵害劳动者的合法权益。

第四十条 设立职业中介机构应当具备下列条件：

（一）有明确的章程和管理制度；

（二）有开展业务必备的固定场所、办公设施和一定数额的开办资金；

（三）有一定数量具备相应职业资格的专职工作人员；

（四）法律、法规规定的其他条件。

设立职业中介机构，应当依法办理行政许可。经许可的职业中介机构，应当向工商行政部门办理登记。

未经依法许可和登记的机构，不得从事职业中介活动。

国家对外商投资职业中介机构和向劳动者提供境外就业服务的职业中介机构另有规定的，依照其规定。

第四十一条 职业中介机构不得有下列行为：

（一）提供虚假就业信息；

（二）为无合法证照的用人单位提供职业中介服务；

（三）伪造、涂改、转让职业中介许可证；

（四）扣押劳动者的居民身份证和其他证件，或者向劳动者收取押金；

（五）其他违反法律、法规规定的行为。

第四十二条 县级以上人民政府建立失业预警制度，对可能出现的较大规模的失业，实施预防、调节和控制。

第四十三条 国家建立劳动力调查统计制度和就业登记、失业登记制度，开展劳动力资源和就业、失业状况调查统计，并公布调查统计结果。

统计部门和劳动行政部门进行劳动力调查统计和就业、失业登记时，用人单位和个人应当如实提供调查统计和登记所需要的情况。

第五章 职业教育和培训

第四十四条 国家依法发展职业教育，鼓励开展职业培训，促进劳动者提高职业技能，增强就业能力和创业能力。

第四十五条 县级以上人民政府根据经济社会发展和市场需求，制定并实施职业能力开发计划。

第四十六条 县级以上人民政府加强统筹协调，鼓励和支持各类职业院校、职业技能培训机构和用人单位依法开展就业前培训、在职培训、再就业培训和创业培训；鼓励劳动者参加各种形式的培训。

第四十七条 县级以上地方人民政府和有关部门根据市场需求和产业发展方向，鼓励、指导企业加强职业教育和培训。

职业院校、职业技能培训机构与企业应当密切联系，实行产教结合，为经济建设服务，培养实用人才和熟练劳动者。

企业应当按照国家有关规定提取职工教育经费，对劳动者进行职业技能培训和继续教育培训。

第四十八条 国家采取措施建立健全劳动预备制度，县级以上地方人民政府对有就业要求的初高中毕业生实行一定期限的职业教育和培训，使其取得相应的职业资格或者掌握一定的职业技能。

第四十九条 地方各级人民政府鼓励和支持开展就业培训，帮助失业人员提高职业技能，增强其就业能力和创业能力。失业人员参加就业培训的，按照有关规定享受政府培训补贴。

第五十条 地方各级人民政府采取有效措施，组织和引导进城就业的农村劳动者参加技能培训，鼓励各类培训机构为进城就业的农村劳动者提供技能培训，增强其就业能力和创业能力。

第五十一条 国家对从事涉及公共安全、人身健康、生命财产安全等特殊工种的劳动者，实行职业资格证书制度，具体办法由国务院规定。

第六章 就业援助

第五十二条 各级人民政府建立健全就业援助制度，采取税费减免、贷款贴息、社会保险补贴、岗位补贴等办法，通过公益性岗位安置等途径，对就业困难人员实行优先扶持和重点帮助。

就业困难人员是指因身体状况、技能水平、家庭因素、失去土地等原因难以实现就业，以及连续失业一定时间仍未能实现就业的人员。就业困难人员的具体范围，由省、自治区、直辖市人民政府根据本行政区域的实际情况规定。

第五十三条 政府投资开发的公益性岗位，应当优先安排符合岗位要求的就业困难人员。被安排在公益性岗位工作的，按照国家规定给予岗位补贴。

第五十四条 地方各级人民政府加强基层就业援助服务工作，对就业困难人员实施重点帮助，提供有针对性的就业服务和公益性岗位援助。

地方各级人民政府鼓励和支持社会各方面为就业困难人员提供技能培训、岗位信息等服务。

第五十五条 各级人民政府采取特别扶助措施，促进残疾人就业。

用人单位应当按照国家规定安排残疾人就业，具体办法由国务院规定。

第五十六条 县级以上地方人民政府采取多种就业形式，拓宽公益性岗位范围，开发就业岗位，确保城市有就业需求的家庭至少有一人实现就业。

法定劳动年龄内的家庭人员均处于失业状况的城市居民家庭，可以向住所地街道、社区公共就业服务机构申请就业援助。街道、社区公共就业服务机构经确认属实的，应当为该家庭中至少一人提供适当的就业岗位。

第五十七条 国家鼓励资源开采型城市和独立工矿区发展与市场需求相适应的产业，引导劳动者转移就业。

对因资源枯竭或者经济结构调整等原因造成就业困难人员集中的地区，上级人民政府应当给予必要的扶持和帮助。

第七章 监督检查

第五十八条 各级人民政府和有关部门应当建立促进就业的目标责任制度。县级以上人民政府按照促进就业目标责任制的要求，对所属的有关部门和下一级人民政府进行考核和监督。

第五十九条 审计机关、财政部门应当依法对就业专项资金的管理和使用情况进行监督检查。

第六十条 劳动行政部门应当对本法实施情况进行监督检查，建立举报制度，受理对违反本法行为的举报，并及时予以核实处理。

第八章 法律责任

第六十一条 违反本法规定，劳动行政等有关部门及其工作人员滥用职权、玩忽职守、徇私舞弊的，对直接负责的主管人员和其他直接责任人员依法给予处分。

第六十二条 违反本法规定，实施就业歧视的，劳动者可以向人民法院提起诉讼。

第六十三条 违反本法规定，地方各级人民政府和有关部门、公共就业服务机构举办经营性的职业中介机构，从事经营性职业中介活动，向劳动者收取费用的，由上级主管机关责令限期改正，将违法收取的费用退还劳动者，并对直接负责的主管人员和其他直接责任人员依法给予处分。

第六十四条 违反本法规定，未经许可和登记，擅自从事职业中介活动的，由劳动行政部门或者其他主管部门依法予以关闭；有违法所得的，没收违法所得，并处一万元以上五万元以下的罚款。

第六十五条 违反本法规定，职业中介机构提供虚假就业信息，为无合法证照的用人单位提供职业中介服务，伪造、涂改、转让职业中介许可证的，由劳动行政部门或者其他主管部门责令改正；有违法所得的，没收违法所得，并处一万元以上五万元以下的罚款；情节严重的，吊销职业中介许可证。

第六十六条 违反本法规定，职业中介机构扣押劳动者居民身份证等证件的，由劳动行政部门责令限期退还劳动者，并依照有关法律规定给予处罚。

违反本法规定，职业中介机构向劳动者收取押金的，由劳动行政部门责令限期退还劳动者，并以每人五百元以上二千元以下的标准处以罚款。

第六十七条 违反本法规定，企业未按照国家规定提取职工教育经费，或者挪用职工教育经费的，由劳动行政部门责令改正，并依法给予处罚。

第六十八条 违反本法规定，侵害劳动者合法权益，造成财产损失或者其他损害的，依法承担民事责任；构成犯罪的，依法追究刑事责任。

第九章 附 则

第六十九条 本法自 2008 年 1 月 1 日起施行。

中华人民共和国国境卫生检疫法（2007年修正）

（中华人民共和国主席令第83号，1986年12月2日第六届全国人民代表大会常务委员会第十八次会议通过，根据2007年12月29日第十届全国人民代表大会常务委员会第三十一次会议《关于修改〈中华人民共和国国境卫生检疫法〉的决定》修正）

目　录

第一章　总　则

第一条　为了防止传染病由国外传入或者由国内传出，实施国境卫生检疫，保护人体健康，制定本法。

第二条　在中华人民共和国国际通航的港口、机场以及陆地边境和国界江河的口岸（以下简称国境口岸），设立国境卫生检疫机关，依照本法规定实施传染病检疫、监测和卫生监督。

国务院卫生行政部门主管全国国境卫生检疫工作。

第三条　本法规定的传染病是指检疫传染病和监测传染病。

检疫传染病，是指鼠疫、霍乱、黄热病以及国务院确定和公布的其他传染病。

监测传染病，由国务院卫生行政部门确定和公布。

第四条　入境、出境的人员、交通工具、运输设备以及可能传播检疫传染病的行李、货物、邮包等物品，都应当接受检疫，经国境卫生检疫机关许可，方准入境或者出境。具体办法由本法实施细则规定。

第五条　国境卫生检疫机关发现检疫传染病或者疑似检疫传染病时，除采取必要措施外，必须立即通知当地卫生行政部门，同时用最快的方法报告国务院卫生行政部门，最迟不得超过二十四小时。邮电部门对疫情报告应当优先传送。

中华人民共和国与外国之间的传染病疫情通报，由国务院卫生行政部门会同有关部门办理。

第六条　在国外或者国内有检疫传染病大流行的时候，国务院可以下令封锁有关的国境或者采取其他紧急措施。

第二章　检　疫

第七条　入境的交通工具和人员，必须在最先到达的国境口岸的指定地点接受检疫。除引航员外，未经国境卫生检疫机关许可，任何人不准上下交通工具，不准装卸行李、货物、邮包等物品。具体办法由本法实施细则规定。

第八条　出境的交通工具和人员，必须在最后离开的国境口岸接受检疫。

第九条　来自国外的船舶、航空器因故停泊、降落在中国境内非口岸地点的时候，船舶、航空器的负责人应当立即向就近的国境卫生检疫机关或者当地卫生行政部门报告。除紧急情况外，未经国境卫生检疫机关或者当地卫生行政部门许可，任何人不准上下船舶、航空器，不准装卸行李、货物、邮包等物品。

第十条　在国境口岸发现检疫传染病、疑似检疫传染病，或者有人非因意外伤害而死亡并死因不明的，国境口岸有关单位和交通工具的负责人，应当立即向国境卫生检疫机关报告，并申请临时检疫。

第十一条　国境卫生检疫机关依据检疫医师提供的检疫结果，对未染有检疫传染病或者已实施卫生处理的交通工具，签发入境检疫证或者出境检疫证。

第十二条 国境卫生检疫机关对检疫传染病染疫人必须立即将其隔离，隔离期限根据医学检查结果确定；对检疫传染病染疫嫌疑人应当将其留验，留验期限根据该传染病的潜伏期确定。

因患检疫传染病而死亡的尸体，必须就近火化。

第十三条 接受入境检疫的交通工具有下列情形之一的，应当实施消毒、除鼠、除虫或者其他卫生处理：

（一）来自检疫传染病疫区的；

（二）被检疫传染病污染的；

（三）发现有与人类健康有关的啮齿动物或者病媒昆虫的。

如果外国交通工具的负责人拒绝接受卫生处理，除有特殊情况外，准许该交通工具在国境卫生检疫机关的监督下，立即离开中华人民共和国国境。

第十四条 国境卫生检疫机关对来自疫区的、被检疫传染病污染的或者可能成为检疫传染病传播媒介的行李、货物、邮包等物品，应当进行卫生检查，实施消毒、除鼠、除虫或者其他卫生处理。

入境、出境的尸体、骸骨的托运人或者其代理人，必须向国境卫生检疫机关申报，经卫生检查合格后，方准运进或者运出。

第三章 传染病监测

第十五条 国境卫生检疫机关对入境、出境的人员实施传染病监测，并且采取必要的预防、控制措施。

第十六条 国境卫生检疫机关有权要求入境、出境的人员填写健康申明卡，出示某种传染病的预防接种证书、健康证明或者其他有关证件。

第十七条 对患有监测传染病的人、来自国外监测传染病流行区的人或者与监测传染病人密切接触的人，国境卫生检疫机关应当区别情况，发给就诊方便卡，实施留验或者采取其他预防、控制措施，并及时通知当地卫生行政部门。各地医疗单位对持有就诊方便卡的人员，应当优先诊治。

第四章 卫生监督

第十八条 国境卫生检疫机关根据国家规定的卫生标准，对国境口岸的卫生状况和停留在国境口岸的入境、出境的交通工具的卫生状况实施卫生监督：

（一）监督和指导有关人员对啮齿动物、病媒昆虫的防除；

（二）检查和检验食品、饮用水及其储存、供应、运输设施；

（三）监督从事食品、饮用水供应的从业人员的健康状况，检查其健康证明书；

（四）监督和检查垃圾、废物、污水、粪便、压舱水的处理。

第十九条 国境卫生检疫机关设立国境口岸卫生监督员，执行国境卫生检疫机关交给的任务。

国境口岸卫生监督员在执行任务时，有权对国境口岸和入境、出境的交通工具进行卫生监督和技术指导，对卫生状况不良和可能引起传染病传播的因素提出改进意见，协同有关部门采取必要的措施，进行卫生处理。

第五章 法律责任

第二十条 对违反本法规定，有下列行为之一的单位或者个人，国境卫生检疫机关可以根据情节轻重，给予警告或者罚款：

（一）逃避检疫，向国境卫生检疫机关隐瞒真实情况的；

（二）入境的人员未经国境卫生检疫机关许可，擅自上下交通工具，或者装卸行李、货物、邮包等物品，不听劝阻的。

罚款全部上缴国库。

第二十一条 当事人对国境卫生检疫机关给予的罚款决定不服的，可以在接到通知之日起十五日内，向当地人民法院起诉。逾期不起诉又不履行的，国境卫生检疫机关可以申请人民法院强制执行。

第二十二条 违反本法规定，引起检疫传染病传播或者有引起检疫传染病传播严重危险的，依照《中华人民共和国刑法》第一百七十八条的规定追究刑事责任。

第二十三条 国境卫生检疫机关工作人员，应当秉公执法，忠于职守，对入境、出境的交通工具和人员，及时进行检疫；违法失职的，给予行政处分，情节严重构成犯罪的，依法追究刑事责任。

第六章 附 则

第二十四条 中华人民共和国缔结或者参加的有关卫生检疫的国际条约同本法有不同规定的，适用该国际条约的规定。但是，中华人民共和国声明保留的条款除外。

第二十五条 中华人民共和国边防机关与邻国边防机关之间在边境地区的往来，居住在两国边境接壤地区的居民在边境指定地区的临时往来，双方的交通工具和人员的入境、出境检疫，依照双方协议办理，没有协议的，依照中国政府的有关规定办理。

第二十六条 国境卫生检疫机关实施卫生检疫，按照国家规定收取费用。

第二十七条 国务院卫生行政部门根据本法制定实施细则，报国务院批准后施行。

第二十八条 本法自 1987 年 5 月 1 日起施行。1957 年 12 月 23 日公布的《中华人民共和国国境卫生检疫条例》同时废止。

中华人民共和国水污染防治法（2008 年修正）

（中华人民共和国主席令第 87 号，1984 年 5 月 11 日第六届全国人民代表大会常务委员会第五次会议通过，根据 1996 年 5 月 15 日第八届全国人民代表大会常务委员会第十九次会议《关于修改〈中华人民共和国水污染防治法〉的决定》修正，2008 年 2 月 28 日第十届全国人民代表大会常务委员会第三十二次会议修订）

目 录

第一章 总 则

第一条 为了防治水污染，保护和改善环境，保障饮用水安全，促进经济社会全面协调可持续发展，制定本法。

第二条 本法适用于中华人民共和国领域内的江河、湖泊、运河、渠道、水库等地表水体以及地下水体的污染防治。

海洋污染防治适用《中华人民共和国海洋环境保护法》。

第三条 水污染防治应当坚持预防为主、防治结合、综合治理的原则，优先保护饮用水水源，严格控制工业污染、城镇生活污染，防治农业面源污染，积极推进生态治理工程建设，预防、控制和减少水环境污染和生态破坏。

第四条 县级以上人民政府应当将水环境保护工作纳入国民经济和社会发展规划。

县级以上地方人民政府应当采取防治水污染的对策和措施，对本行政区域的水环境质量负责。

第五条 国家实行水环境保护目标责任制

和考核评价制度，将水环境保护目标完成情况作为对地方人民政府及其负责人考核评价的内容。

第六条 国家鼓励、支持水污染防治的科学技术研究和先进适用技术的推广应用，加强水环境保护的宣传教育。

第七条 国家通过财政转移支付等方式，建立健全对位于饮用水水源保护区区域和江河、湖泊、水库上游地区的水环境生态保护补偿机制。

第八条 县级以上人民政府环境保护主管部门对水污染防治实施统一监督管理。

交通主管部门的海事管理机构对船舶污染水域的防治实施监督管理。

县级以上人民政府水行政、国土资源、卫生、建设、农业、渔业等部门以及重要江河、湖泊的流域水资源保护机构，在各自的职责范围内，对有关水污染防治实施监督管理。

第九条 排放水污染物，不得超过国家或者地方规定的水污染物排放标准和重点水污染物排放总量控制指标。

第十条 任何单位和个人都有义务保护水环境，并有权对污染损害水环境的行为进行检举。

县级以上人民政府及其有关主管部门对在水污染防治工作中做出显著成绩的单位和个人给予表彰和奖励。

第二章 水污染防治的标准和规划

第十一条 国务院环境保护主管部门制定国家水环境质量标准。

省、自治区、直辖市人民政府可以对国家水环境质量标准中未作规定的项目，制定地方标准，并报国务院环境保护主管部门备案。

第十二条 国务院环境保护主管部门会同国务院水行政主管部门和有关省、自治区、直辖市人民政府，可以根据国家确定的重要江河、湖泊流域水体的使用功能以及有关地区的经济、技术条件，确定该重要江河、湖泊流域的省界水体适用的水环境质量标准，报国务院批准后施行。

第十三条 国务院环境保护主管部门根据国家水环境质量标准和国家经济、技术条件，制定国家水污染物排放标准。

省、自治区、直辖市人民政府对国家水污染物排放标准中未作规定的项目，可以制定地方水污染物排放标准；对国家水污染物排放标准中已作规定的项目，可以制定严于国家水污染物排放标准的地方水污染物排放标准。地方水污染物排放标准须报国务院环境保护主管部门备案。

向已有地方水污染物排放标准的水体排放污染物的，应当执行地方水污染物排放标准。

第十四条 国务院环境保护主管部门和省、自治区、直辖市人民政府，应当根据水污染防治的要求和国家或者地方的经济、技术条件，适时修订水环境质量标准和水污染物排放标准。

第十五条 防治水污染应当按流域或者按区域进行统一规划。国家确定的重要江河、湖泊的流域水污染防治规划，由国务院环境保护主管部门会同国务院经济综合宏观调控、水行政等部门和有关省、自治区、直辖市人民政府编制，报国务院批准。

前款规定外的其他跨省、自治区、直辖市江河、湖泊的流域水污染防治规划，根据国家确定的重要江河、湖泊的流域水污染防治规划和本地实际情况，由有关省、自治区、直辖市人民政府环境保护主管部门会同同级水行政等部门和有关市、县人民政府编制，经有关省、自治区、直辖市人民政府审核，报国务院批准。

省、自治区、直辖市内跨县江河、湖泊的流域水污染防治规划，根据国家确定的重要江河、湖泊的流域水污染防治规划和本地实际情况，由省、自治区、直辖市人民政府环境保护主管部门会同同级水行政等部门编制，报省、自治区、直辖市人民政府批准，并报国务院备案。

经批准的水污染防治规划是防治水污染的基本依据，规划的修订须经原批准机关批准。

县级以上地方人民政府应当根据依法批准的江河、湖泊的流域水污染防治规划，组织制定本行政区域的水污染防治规划。

第十六条 国务院有关部门和县级以上地方人民政府开发、利用和调节、调度水资源时，应当统筹兼顾，维持江河的合理流量和湖泊、水库以及地下水体的合理水位，维护水体的生态功能。

第三章 水污染防治的监督管理

第十七条 新建、改建、扩建直接或者间接向水体排放污染物的建设项目和其他水上设施，应当依法进行环境影响评价。

建设单位在江河、湖泊新建、改建、扩建排污口的，应当取得水行政主管部门或者流域管理机构同意；涉及通航、渔业水域的，环境保护主管部门在审批环境影响评价文件时，应当征求交通、渔业主管部门的意见。

建设项目的水污染防治设施，应当与主体工程同时设计、同时施工、同时投入使用。水污染防治设施应当经过环境保护主管部门验收，验收不合格的，该建设项目不得投入生产或者使用。

第十八条 国家对重点水污染物排放实施总量控制制度。

省、自治区、直辖市人民政府应当按照国务院的规定削减和控制本行政区域的重点水污染物排放总量，并将重点水污染物排放总量控制指标分解落实到市、县人民政府。市、县人民政府根据本行政区域重点水污染物排放总量控制指标的要求，将重点水污染物排放总量控制指标分解落实到排污单位。具体办法和实施步骤由国务院规定。

省、自治区、直辖市人民政府可以根据本行政区域水环境质量状况和水污染防治工作的需要，确定本行政区域实施总量削减和控制的重点水污染物。

对超过重点水污染物排放总量控制指标的地区，有关人民政府环境保护主管部门应当暂停审批新增重点水污染物排放总量的建设项目的环境影响评价文件。

第十九条 国务院环境保护主管部门对未按照要求完成重点水污染物排放总量控制指标的省、自治区、直辖市予以公布。省、自治区、直辖市人民政府环境保护主管部门对未按照要求完成重点水污染物排放总量控制指标的市、县予以公布。

县级以上人民政府环境保护主管部门对违反本法规定、严重污染水环境的企业予以公布。

第二十条 国家实行排污许可制度。

直接或者间接向水体排放工业废水和医疗污水以及其他按照规定应当取得排污许可证方可排放的废水、污水的企业事业单位，应当取得排污许可证；城镇污水集中处理设施的运营单位，也应当取得排污许可证。排污许可的具体办法和实施步骤由国务院规定。

禁止企业事业单位无排污许可证或者违反排污许可证的规定向水体排放前款规定的废水、污水。

第二十一条 直接或者间接向水体排放污染物的企业事业单位和个体工商户，应当按照国务院环境保护主管部门的规定，向县级以上地方人民政府环境保护主管部门申报登记拥有的水污染物排放设施、处理设施和在正常作业条件下排放水污染物的种类、数量和浓度，并提供防治水污染方面的有关技术资料。

企业事业单位和个体工商户排放水污染物的种类、数量和浓度有重大改变的，应当及时申报登记；其水污染物处理设施应当保持正常使用；拆除或者闲置水污染物处理设施的，应当事先报县级以上地方人民政府环境保护主管部门批准。

第二十二条 向水体排放污染物的企业事业单位和个体工商户，应当按照法律、行政法规和国务院环境保护主管部门的规定设置排污口；在江河、湖泊设置排污口的，还应当遵守国务院水行政主管部门的规定。

禁止私设暗管或者采取其他规避监管的方式排放水污染物。

第二十三条 重点排污单位应当安装水污染物排放自动监测设备，与环境保护主管部门的监控设备联网，并保证监测设备正常运行。排放工业废水的企业，应当对其所排放的工业废水进行监测，并保存原始监测记录。具体办法由国务院环境保护主管部门规定。

应当安装水污染物排放自动监测设备的重点排污单位名录，由设区的市级以上地方人民政府环境保护主管部门根据本行政区域的环境容量、重点水污染物排放总量控制指标的要求以及排污单位排放水污染物的种类、数量和浓度等因素，商同级有关部门确定。

第二十四条 直接向水体排放污染物的企业事业单位和个体工商户，应当按照排放水污染物的种类、数量和排污费征收标准缴纳排污费。

排污费应当用于污染的防治，不得挪作他用。

第二十五条 国家建立水环境质量监测和水污染物排放监测制度。国务院环境保护主管部门负责制定水环境监测规范，统一发布国家水环境状况信息，会同国务院水行政等部门组织监测网络。

第二十六条 国家确定的重要江河、湖泊流域的水资源保护工作机构负责监测其所在流域的省界水体的水环境质量状况，并将监测结果及时报国务院环境保护主管部门和国务院水行政主管部门；有经国务院批准成立的流域水资源保护领导机构的，应当将监测结果及时报告流域水资源保护领导机构。

第二十七条 环境保护主管部门和其他依照本法规定行使监督管理权的部门，有权对管辖范围内的排污单位进行现场检查，被检查的单位应当如实反映情况，提供必要的资料。检查机关有义务为被检查的单位保守在检查中获取的商业秘密。

第二十八条 跨行政区域的水污染纠纷，由有关地方人民政府协商解决，或者由其共同的上级人民政府协调解决。

第四章 水污染防治措施

第一节 一般规定

第二十九条 禁止向水体排放油类、酸液、碱液或者剧毒废液。

禁止在水体清洗装贮过油类或者有毒污染物的车辆和容器。

第三十条 禁止向水体排放、倾倒放射性固体废物或者含有高放射性和中放射性物质的废水。

向水体排放含低放射性物质的废水，应当符合国家有关放射性污染防治的规定和标准。

第三十一条 向水体排放含热废水，应当采取措施，保证水体的水温符合水环境质量标准。

第三十二条 含病原体的污水应当经过消毒处理；符合国家有关标准后，方可排放。

第三十三条 禁止向水体排放、倾倒工业废渣、城镇垃圾和其他废弃物。

禁止将含有汞、镉、砷、铬、铅、氰化物、黄磷等的可溶性剧毒废渣向水体排放、倾倒或者直接埋入地下。

存放可溶性剧毒废渣的场所，应当采取防水、防渗漏、防流失的措施。

第三十四条 禁止在江河、湖泊、运河、渠道、水库最高水位线以下的滩地和岸坡堆放、存贮固体废弃物和其他污染物。

第三十五条 禁止利用渗井、渗坑、裂隙和溶洞排放、倾倒含有毒污染物的废水、含病原体的污水和其他废弃物。

第三十六条 禁止利用无防渗漏措施的沟渠、坑塘等输送或者存贮含有毒污染物的废水、含病原体的污水和其他废弃物。

第三十七条 多层地下水的含水层水质差异大的，应当分层开采；对已受污染的潜水和承压水，不得混合开采。

第三十八条 兴建地下工程设施或者进行地下勘探、采矿等活动，应当采取防护性措施，防止地下水污染。

第三十九条 人工回灌补给地下水，不得恶化地下水质。

第二节 工业水污染防治

第四十条 国务院有关部门和县级以上地方人民政府应当合理规划工业布局，要求造成水污染的企业进行技术改造，采取综合防治措施，提高水的重复利用率，减少废水和污染物排放量。

第四十一条 国家对严重污染水环境的落后工艺和设备实行淘汰制度。

国务院经济综合宏观调控部门会同国务院有关部门，公布限期禁止采用的严重污染水环境的工艺名录和限期禁止生产、销售、进口、使用的严重污染水环境的设备名录。

生产者、销售者、进口者或者使用者应当在规定的期限内停止生产、销售、进口或者使用列入前款规定的设备名录中的设备。工艺的采用者应当在规定的期限内停止采用列入前款规定的工艺名录中的工艺。

依照本条第二款、第三款规定被淘汰的设备，不得转让给他人使用。

第四十二条 国家禁止新建不符合国家产业政策的小型造纸、制革、印染、染料、炼焦、炼硫、炼砷、炼汞、炼油、电镀、农药、石棉、水泥、玻璃、钢铁、火电以及其他严重污染水环境的生产项目。

第四十三条 企业应当采用原材料利用效率高、污染物排放量少的清洁工艺，并加强管理，减少水污染物的产生。

第三节 城镇水污染防治

第四十四条 城镇污水应当集中处理。

县级以上地方人民政府应当通过财政预算和其他渠道筹集资金，统筹安排建设城镇污水集中处理设施及配套管网，提高本行政区域城镇污水的收集率和处理率。

国务院建设主管部门应当会同国务院经济综合宏观调控、环境保护主管部门，根据城乡规划和水污染防治规划，组织编制全国城镇污水处理设施建设规划。县级以上地方人民政府组织建设、经济综合宏观调控、环境保护、水行政等部门编制本行政区域的城镇污水处理设施建设规划。县级以上地方人民政府建设主管部门应当按照城镇污水处理设施建设规划，组织建设城镇污水集中处理设施及配套管网，并加强对城镇污水集中处理设施运营的监督管理。

城镇污水集中处理设施的运营单位按照国家规定向排污者提供污水处理的有偿服务，收取污水处理费用，保证污水集中处理设施的正常运行。向城镇污水集中处理设施排放污水、缴纳污水处理费用的，不再缴纳排污费。收取的污水处理费用应当用于城镇污水集中处理设施的建设和运行，不得挪作他用。

城镇污水集中处理设施的污水处理收费、管理以及使用的具体办法，由国务院规定。

第四十五条 向城镇污水集中处理设施排放水污染物，应当符合国家或者地方规定的水污染物排放标准。

城镇污水集中处理设施的出水水质达到国家或者地方规定的水污染物排放标准的，可以按照国家有关规定免缴排污费。

城镇污水集中处理设施的运营单位，应当对城镇污水集中处理设施的出水水质负责。

环境保护主管部门应当对城镇污水集中处理设施的出水水质和水量进行监督检查。

第四十六条 建设生活垃圾填埋场，应当采取防渗漏等措施，防止造成水污染。

第四节 农业和农村水污染防治

第四十七条 使用农药，应当符合国家有关农药安全使用的规定和标准。

运输、存贮农药和处置过期失效农药，应当加强管理，防止造成水污染。

第四十八条 县级以上地方人民政府农业主管部门和其他有关部门，应当采取措施，指导农业生产者科学、合理地施用化肥和农药，控制化肥和农药的过量使用，防止造成水污染。

第四十九条 国家支持畜禽养殖场、养殖小区建设畜禽粪便、废水的综合利用或者无害化处理设施。

畜禽养殖场、养殖小区应当保证其畜禽粪便、废水的综合利用或者无害化处理设施正常运转，保证污水达标排放，防止污染水环境。

第五十条 从事水产养殖应当保护水域生态环境，科学确定养殖密度，合理投饵和使用药物，防止污染水环境。

第五十一条 向农田灌溉渠道排放工业废水和城镇污水，应当保证其下游最近的灌溉取水点的水质符合农田灌溉水质标准。

利用工业废水和城镇污水进行灌溉，应当防止污染土壤、地下水和农产品。

第五节 船舶水污染防治

第五十二条 船舶排放含油污水、生活污水，应当符合船舶污染物排放标准。从事海洋航运的船舶进入内河和港口的，应当遵守内河的船舶污染物排放标准。

船舶的残油、废油应当回收，禁止排入

水体。

禁止向水体倾倒船舶垃圾。

船舶装载运输油类或者有毒货物，应当采取防止溢流和渗漏的措施，防止货物落水造成水污染。

第五十三条 船舶应当按照国家有关规定配置相应的防污设备和器材，并持有合法有效的防止水域环境污染的证书与文书。

船舶进行涉及污染物排放的作业，应当严格遵守操作规程，并在相应的记录簿上如实记载。

第五十四条 港口、码头、装卸站和船舶修造厂应当备有足够的船舶污染物、废弃物的接收设施。从事船舶污染物、废弃物接收作业，或者从事装载油类、污染危害性货物船舱清洗作业的单位，应当具备与其运营规模相适应的接收处理能力。

第五十五条 船舶进行下列活动，应当编制作业方案，采取有效的安全和防污染措施，并报作业地海事管理机构批准：

（一）进行残油、含油污水、污染危害性货物残留物的接收作业，或者进行装载油类、污染危害性货物船舱的清洗作业；

（二）进行散装液体污染危害性货物的过驳作业；

（三）进行船舶水上拆解、打捞或者其他水上、水下船舶施工作业。

在渔港水域进行渔业船舶水上拆解活动，应当报作业地渔业主管部门批准。

第五章　饮用水水源和其他特殊水体保护

第五十六条 国家建立饮用水水源保护区制度。饮用水水源保护区分为一级保护区和二级保护区；必要时，可以在饮用水水源保护区外围划定一定的区域作为准保护区。

饮用水水源保护区的划定，由有关市、县人民政府提出划定方案，报省、自治区、直辖市人民政府批准；跨市、县饮用水水源保护区的划定，由有关市、县人民政府协商提出划定方案，报省、自治区、直辖市人民政府批准；协商不成的，由省、自治区、直辖市人民政府环境保护主管部门会同同级水行政、国土资源、卫生、建设等部门提出划定方案，征求同级有关部门的意见后，报省、自治区、直辖市人民政府批准。

跨省、自治区、直辖市的饮用水水源保护区，由有关省、自治区、直辖市人民政府商有关流域管理机构划定；协商不成的，由国务院环境保护主管部门会同同级水行政、国土资源、卫生、建设等部门提出划定方案，征求国务院有关部门的意见后，报国务院批准。

国务院和省、自治区、直辖市人民政府可以根据保护饮用水水源的实际需要，调整饮用水水源保护区的范围，确保饮用水安全。有关地方人民政府应当在饮用水水源保护区的边界设立明确的地理界标和明显的警示标志。

第五十七条 在饮用水水源保护区内，禁止设置排污口。

第五十八条 禁止在饮用水水源一级保护区内新建、改建、扩建与供水设施和保护水源无关的建设项目；已建成的与供水设施和保护水源无关的建设项目，由县级以上人民政府责令拆除或者关闭。

禁止在饮用水水源一级保护区内从事网箱养殖、旅游、游泳、垂钓或者其他可能污染饮用水水体的活动。

第五十九条 禁止在饮用水水源二级保护区内新建、改建、扩建排放污染物的建设项目；已建成的排放污染物的建设项目，由县级以上人民政府责令拆除或者关闭。

在饮用水水源二级保护区内从事网箱养殖、旅游等活动的，应当按照规定采取措施，防止污染饮用水水体。

第六十条 禁止在饮用水水源准保护区内新建、扩建对水体污染严重的建设项目；改建建设项目，不得增加排污量。

第六十一条 县级以上地方人民政府应当根据保护饮用水水源的实际需要，在准保护区内采取工程措施或者建造湿地、水源涵养林等生态保护措施，防止水污染物直接排入饮用水水体，确保饮用水安全。

第六十二条 饮用水水源受到污染可能威胁供水安全的，环境保护主管部门应当责令有关企业事业单位采取停止或者减少排放水污染物等措施。

第六十三条 国务院和省、自治区、直辖市人民政府根据水环境保护的需要，可以规定在饮用水水源保护区内，采取禁止或者限制使用含磷洗涤剂、化肥、农药以及限制种植养殖等措施。

第六十四条 县级以上人民政府可以对风景名胜区水体、重要渔业水体和其他具有特殊经济文化价值的水体划定保护区，并采取措施，保证保护区的水质符合规定用途的水环境质量标准。

第六十五条 在风景名胜区水体、重要渔业水体和其他具有特殊经济文化价值的水体的保护区内，不得新建排污口。在保护区附近新建排污口，应当保证保护区水体不受污染。

第六章 水污染事故处置

第六十六条 各级人民政府及其有关部门，可能发生水污染事故的企业事业单位，应当依照《中华人民共和国突发事件应对法》的规定，做好突发水污染事故的应急准备、应急处置和事后恢复等工作。

第六十七条 可能发生水污染事故的企业事业单位，应当制定有关水污染事故的应急方案，做好应急准备，并定期进行演练。

生产、储存危险化学品的企业事业单位，应当采取措施，防止在处理安全生产事故过程中产生的可能严重污染水体的消防废水、废液直接排入水体。

第六十八条 企业事业单位发生事故或者其他突发性事件，造成或者可能造成水污染事故的，应当立即启动本单位的应急方案，采取应急措施，并向事故发生地的县级以上地方人民政府或者环境保护主管部门报告。环境保护主管部门接到报告后，应当及时向本级人民政府报告，并抄送有关部门。

造成渔业污染事故或者渔业船舶造成水污染事故的，应当向事故发生地的渔业主管部门报告，接受调查处理。其他船舶造成水污染事故的，应当向事故发生地的海事管理机构报告，接受调查处理；给渔业造成损害的，海事管理机构应当通知渔业主管部门参与调查处理。

第七章 法律责任

第六十九条 环境保护主管部门或者其他依照本法规定行使监督管理权的部门，不依法作出行政许可或者办理批准文件的，发现违法行为或者接到对违法行为的举报后不予查处的，或者有其他未依照本法规定履行职责的行为的，对直接负责的主管人员和其他直接责任人员依法给予处分。

第七十条 拒绝环境保护主管部门或者其他依照本法规定行使监督管理权的部门的监督检查，或者在接受监督检查时弄虚作假的，由县级以上人民政府环境保护主管部门或者其他依照本法规定行使监督管理权的部门责令改正，处一万元以上十万元以下的罚款。

第七十一条 违反本法规定，建设项目的水污染防治设施未建成、未经验收或者验收不合格，主体工程即投入生产或者使用的，由县级以上人民政府环境保护主管部门责令停止生产或者使用，直至验收合格，处五万元以上五十万元以下的罚款。

第七十二条 违反本法规定，有下列行为之一的，由县级以上人民政府环境保护主管部门责令限期改正；逾期不改正的，处一万元以上十万元以下的罚款：

（一）拒报或者谎报国务院环境保护主管部门规定的有关水污染物排放申报登记事项的；

（二）未按照规定安装水污染物排放自动监测设备或者未按照规定与环境保护主管部门的监控设备联网，并保证监测设备正常运行的；

（三）未按照规定对所排放的工业废水进行监测并保存原始监测记录的。

第七十三条 违反本法规定，不正常使用水污染物处理设施，或者未经环境保护主管部门批准拆除、闲置水污染物处理设施的，由县级以上人民政府环境保护主管部门责令限期改正，处应缴纳排污费数额一倍以上三倍以下的罚款。

第七十四条 违反本法规定，排放水污染物超过国家或者地方规定的水污染物排放标准，或者超过重点水污染物排放总量控制指标的，由县级以上人民政府环境保护主管部门按照权限责令限期治理，处应缴纳排污费数额二倍以上五倍以下的罚款。

限期治理期间，由环境保护主管部门责令限制生产、限制排放或者停产整治。限期治理的期限最长不超过一年；逾期未完成治理任务的，报经有批准权的人民政府批准，责令关闭。

第七十五条 在饮用水水源保护区内设置排污口的，由县级以上地方人民政府责令限期拆除，处十万元以上五十万元以下的罚款；逾期不拆除的，强制拆除，所需费用由违法者承担，处五十万元以上一百万元以下的罚款，并可以责令停产整顿。

除前款规定外，违反法律、行政法规和国务院环境保护主管部门的规定设置排污口或者私设暗管的，由县级以上地方人民政府环境保护主管部门责令限期拆除，处二万元以上十万元以下的罚款；逾期不拆除的，强制拆除，所需费用由违法者承担，处十万元以上五十万元以下的罚款；私设暗管或者有其他严重情节的，县级以上地方人民政府环境保护主管部门可以提请县级以上地方人民政府责令停产整顿。

未经水行政主管部门或者流域管理机构同意，在江河、湖泊新建、改建、扩建排污口的，由县级以上人民政府水行政主管部门或者流域管理机构依据职权，依照前款规定采取措施、给予处罚。

第七十六条 有下列行为之一的，由县级以上地方人民政府环境保护主管部门责令停止违法行为，限期采取治理措施，消除污染，处以罚款；逾期不采取治理措施的，环境保护主管部门可以指定有治理能力的单位代为治理，所需费用由违法者承担：

（一）向水体排放油类、酸液、碱液的；

（二）向水体排放剧毒废液，或者将含有汞、镉、砷、铬、铅、氰化物、黄磷等的可溶性剧毒废渣向水体排放、倾倒或者直接埋入地下的；

（三）在水体清洗装贮过油类、有毒污染物的车辆或者容器的；

（四）向水体排放、倾倒工业废渣、城镇垃圾或者其他废弃物，或者在江河、湖泊、运河、渠道、水库最高水位线以下的滩地、岸坡堆放、存贮固体废弃物或者其他污染物的；

（五）向水体排放、倾倒放射性固体废物或者含有高放射性、中放射性物质的废水的；

（六）违反国家有关规定或者标准，向水体排放含低放射性物质的废水、热废水或者含病原体的污水的；

（七）利用渗井、渗坑、裂隙或者溶洞排放、倾倒含有毒污染物的废水、含病原体的污水或者其他废弃物的；

（八）利用无防渗漏措施的沟渠、坑塘等输送或者存贮含有毒污染物的废水、含病原体的污水或者其他废弃物的。

有前款第三项、第六项行为之一的，处一万元以上十万元以下的罚款；有前款第一项、第四项、第八项行为之一的，处二万元以上二十万元以下的罚款；有前款第二项、第五项、第七项行为之一的，处五万元以上五十万元以下的罚款。

第七十七条 违反本法规定，生产、销售、进口或者使用列入禁止生产、销售、进口、使用的严重污染水环境的设备名录中的设备，或者采用列入禁止采用的严重污染水环境的工艺名录中的工艺的，由县级以上人民政府经济综合宏观调控部门责令改正，处五万元以上二十万元以下的罚款；情节严重的，由县级以上人民政府经济综合宏观调控部门提出意见，报请本级人民政府责令停业、关闭。

第七十八条 违反本法规定，建设不符合国家产业政策的小型造纸、制革、印染、染料、炼焦、炼硫、炼砷、炼汞、炼油、电镀、农药、石棉、水泥、玻璃、钢铁、火电以及其他严重污染水环境的生产项目的，由所在地的市、县人民政府责令关闭。

第七十九条 船舶未配置相应的防污染设备和器材，或者未持有合法有效的防止水域环境污染的证书与文书的，由海事管理机构、渔业主管部门按照职责分工责令限期改正，处二千元以上二万元以下的罚款；逾期不改正的，责令船舶临时停航。

船舶进行涉及污染物排放的作业，未遵守操作规程或者未在相应的记录簿上如实记载的，由海事管理机构、渔业主管部门按照职责分工责令改正，处二千元以上二万元以下的罚款。

第八十条 违反本法规定，有下列行为之一的，由海事管理机构、渔业主管部门按照职责分工责令停止违法行为，处以罚款；造成水污染的，责令限期采取治理措施，消除污染；逾期不采取治理措施的，海事管理机构、渔业主管部门按照职责分工可以指定有治理能力的单位代为治理，所需费用由船舶承担：

（一）向水体倾倒船舶垃圾或者排放船舶的残油、废油的；

（二）未经作业地海事管理机构批准，船舶进行残油、含油污水、污染危害性货物残留物的接收作业，或者进行装载油类、污染危害性货物船舱的清洗作业，或者进行散装液体污染危害性货物的过驳作业的；

（三）未经作业地海事管理机构批准，进行船舶水上拆解、打捞或者其他水上、水下船舶施工作业的；

（四）未经作业地渔业主管部门批准，在渔港水域进行渔业船舶水上拆解的。

有前款第一项、第二项、第四项行为之一的，处五千元以上五万元以下的罚款；有前款第三项行为的，处一万元以上十万元以下的罚款。

第八十一条 有下列行为之一的，由县级以上地方人民政府环境保护主管部门责令停止违法行为，处十万元以上五十万元以下的罚款；并报经有批准权的人民政府批准，责令拆除或者关闭：

（一）在饮用水水源一级保护区内新建、改建、扩建与供水设施和保护水源无关的建设项目的；

（二）在饮用水水源二级保护区内新建、改建、扩建排放污染物的建设项目的；

（三）在饮用水水源准保护区内新建、扩建对水体污染严重的建设项目，或者改建建设项目增加排污量的。

在饮用水水源一级保护区内从事网箱养殖或者组织进行旅游、垂钓或者其他可能污染饮用水水体的活动的，由县级以上地方人民政府环境保护主管部门责令停止违法行为，处二万元以上十万元以下的罚款。个人在饮用水水源一级保护区内游泳、垂钓或者从事其他可能污染饮用水水体的活动的，由县级以上地方人民政府环境保护主管部门责令停止违法行为，可以处五百元以下的罚款。

第八十二条 企业事业单位有下列行为之一的，由县级以上人民政府环境保护主管部门责令改正；情节严重的，处二万元以上十万元以下的罚款：

（一）不按照规定制定水污染事故的应急方案的；

（二）水污染事故发生后，未及时启动水污染事故的应急方案，采取有关应急措施的。

第八十三条 企业事业单位违反本法规定，造成水污染事故的，由县级以上人民政府环境保护主管部门依照本条第二款的规定处以罚款，责令限期采取治理措施，消除污染；不按要求采取治理措施或者不具备治理能力的，由环境保护主管部门指定有治理能力的单位代为治理，所需费用由违法者承担；对造成重大或者特大水污染事故的，可以报经有批准权的人民政府批准，责令关闭；对直接负责的主管人员和其他直接责任人员可以处上一年度从本单位取得的收入百分之五十以下的罚款。

对造成一般或者较大水污染事故的，按照水污染事故造成的直接损失的百分之二十计算罚款；对造成重大或者特大水污染事故的，按照水污染事故造成的直接损失的百分之三十计算罚款。

造成渔业污染事故或者渔业船舶造成水污染事故的，由渔业主管部门进行处罚；其他船舶造成水污染事故的，由海事管理机构进行处罚。

第八十四条 当事人对行政处罚决定不服的，可以申请行政复议，也可以在收到通知之日起十五日内向人民法院起诉；期满不申请行政复议或者起诉，又不履行行政处罚决定的，由作出行政处罚决定的机关申请人民法院强制执行。

第八十五条 因水污染受到损害的当事人，有权要求排污方排除危害和赔偿损失。

由于不可抗力造成水污染损害的，排污方不承担赔偿责任；法律另有规定的除外。

水污染损害是由受害人故意造成的，排污方不承担赔偿责任。水污染损害是由受害人重大过失造成的，可以减轻排污方的赔偿责任。

水污染损害是由第三人造成的，排污方承担赔偿责任后，有权向第三人追偿。

第八十六条 因水污染引起的损害赔偿责任和赔偿金额的纠纷，可以根据当事人的请求，由环境保护主管部门或者海事管理机构、渔业主管部门按照职责分工调解处理；调解不成的，当事人可以向人民法院提起诉讼。当事人也可以直接向人民法院提起诉讼。

第八十七条 因水污染引起的损害赔偿诉讼，由排污方就法律规定的免责事由及其行为与损害结果之间不存在因果关系承担举证责任。

第八十八条 因水污染受到损害的当事人人数众多的，可以依法由当事人推选代表人进行共同诉讼。

环境保护主管部门和有关社会团体可以依法支持因水污染受到损害的当事人向人民法院提起诉讼。

国家鼓励法律服务机构和律师为水污染损害诉讼中的受害人提供法律援助。

第八十九条 因水污染引起的损害赔偿责任和赔偿金额的纠纷，当事人可以委托环境监测机构提供监测数据。环境监测机构应当接受委托，如实提供有关监测数据。

第九十条 违反本法规定，构成违反治安管理行为的，依法给予治安管理处罚；构成犯罪的，依法追究刑事责任。

第八章 附 则

第九十一条 本法中下列用语的含义：

（一）水污染，是指水体因某种物质的介入，而导致其化学、物理、生物或者放射性等方面特性的改变，从而影响水的有效利用，危害人体健康或者破坏生态环境，造成水质恶化的现象。

（二）水污染物，是指直接或者间接向水体排放的，能导致水体污染的物质。

（三）有毒污染物，是指那些直接或者间接被生物摄入体内后，可能导致该生物或者其后代发病、行为反常、遗传异变、生理机能失常、机体变形或者死亡的污染物。

（四）渔业水体，是指划定的鱼虾类的产卵场、索饵场、越冬场、洄游通道和鱼虾贝藻类的养殖场的水体。

第九十二条 本法自2008年6月1日起施行。

中华人民共和国循环经济促进法

（中华人民共和国主席令第4号，2008年8月29日第十一届全国人民代表大会常务委员会第四次会议通过）

目 录

第一章 总 则

第一条 为了促进循环经济发展，提高资源利用效率，保护和改善环境，实现可持续发展，制定本法。

第二条 本法所称循环经济，是指在生产、流通和消费等过程中进行的减量化、再利用、资源化活动的总称。

本法所称减量化，是指在生产、流通和消费等过程中减少资源消耗和废物产生。

本法所称再利用，是指将废物直接作为产品或者经修复、翻新、再制造后继续作为产品使用，或者将废物的全部或者部分作为其他产品的部件予以使用。

本法所称资源化，是指将废物直接作为原料进行利用或者对废物进行再生利用。

第三条 发展循环经济是国家经济社会发展的一项重大战略，应当遵循统筹规划、合理布局，因地制宜、注重实效，政府推动、市场引导，企业实施、公众参与的方针。

第四条 发展循环经济应当在技术可行、经济合理和有利于节约资源、保护环境的前提下，按照减量化优先的原则实施。

在废物再利用和资源化过程中，应当保障生产安全，保证产品质量符合国家规定的标准，并防止产生再次污染。

第五条 国务院循环经济发展综合管理部门负责组织协调、监督管理全国循环经济发展工作；国务院环境保护等有关主管部门按照各自的职责负责有关循环经济的监督管理工作。

县级以上地方人民政府循环经济发展综合管理部门负责组织协调、监督管理本行政区域的循环经济发展工作；县级以上地方人民政府环境保护等有关主管部门按照各自的职责负责有关循环经济的监督管理工作。

第六条 国家制定产业政策，应当符合发展循环经济的要求。

县级以上人民政府编制国民经济和社会发展规划及年度计划，县级以上人民政府有关部门编制环境保护、科学技术等规划，应当包括发展循环经济的内容。

第七条 国家鼓励和支持开展循环经济科学技术的研究、开发和推广，鼓励开展循环经济宣传、教育、科学知识普及和国际合作。

第八条 县级以上人民政府应当建立发展循环经济的目标责任制，采取规划、财政、投资、政府采购等措施，促进循环经济发展。

第九条 企业事业单位应当建立健全管理制度，采取措施，降低资源消耗，减少废物的产生量和排放量，提高废物的再利用和资源化水平。

第十条 公民应当增强节约资源和保护环境意识，合理消费，节约资源。

国家鼓励和引导公民使用节能、节水、节材和有利于保护环境的产品及再生产品，减少废物的产生量和排放量。

公民有权举报浪费资源、破坏环境的行为，有权了解政府发展循环经济的信息并提出意见和建议。

第十一条 国家鼓励和支持行业协会在循环经济发展中发挥技术指导和服务作用。县级以上人民政府可以委托有条件的行业协会等社会组织开展促进循环经济发展的公共服务。

国家鼓励和支持中介机构、学会和其他社会组织开展循环经济宣传、技术推广和咨询服务，促进循环经济发展。

第二章 基本管理制度

第十二条 国务院循环经济发展综合管理部门会同国务院环境保护等有关主管部门编制全国循环经济发展规划，报国务院批准后公布施行。设区的市级以上地方人民政府循环经济发展综合管理部门会同本级人民政府环境保护等有关主管部门编制本行政区域循环经济发展规划，报本级人民政府批准后公布施行。

循环经济发展规划应当包括规划目标、适用范围、主要内容、重点任务和保障措施等，并规定资源产出率、废物再利用和资源化率等指标。

第十三条 县级以上地方人民政府应当依据上级人民政府下达的本行政区域主要污染物排放、建设用地和用水总量控制指标，规划和调整本行政区域的产业结构，促进循环经济发展。

新建、改建、扩建建设项目，必须符合本行政区域主要污染物排放、建设用地和用水总量控制指标的要求。

第十四条 国务院循环经济发展综合管理部门会同国务院统计、环境保护等有关主管部门建立和完善循环经济评价指标体系。

上级人民政府根据前款规定的循环经济主要评价指标，对下级人民政府发展循环经济的状况定期进行考核，并将主要评价指标完成情况作为对地方人民政府及其负责人考核评价的内容。

第十五条 生产列入强制回收名录的产品或者包装物的企业，必须对废弃的产品或者包装物负责回收；对其中可以利用的，由各该生产企业负责利用；对因不具备技术经济条件而不适合利用的，由各该生产企业负责无害化处置。

对前款规定的废弃产品或者包装物，生产者委托销售者或者其他组织进行回收的，或者委托废物利用或者处置企业进行利用或者处置的，受托方应当依照有关法律、行政法规的规定和合同的约定负责回收或者利用、处置。

对列入强制回收名录的产品和包装物，消费者应当将废弃的产品或者包装物交给生产者或者其委托回收的销售者或者其他组织。

强制回收的产品和包装物的名录及管理办法，由国务院循环经济发展综合管理部门规定。

第十六条 国家对钢铁、有色金属、煤炭、电力、石油加工、化工、建材、建筑、造纸、印染等行业年综合能源消费量、用水量超过国家规定总量的重点企业，实行能耗、水耗的重点监督管理制度。

重点能源消费单位的节能监督管理，依照《中华人民共和国节约能源法》的规定执行。

重点用水单位的监督管理办法，由国务院循环经济发展综合管理部门会同国务院有关部门规定。

第十七条 国家建立健全循环经济统计制度，加强资源消耗、综合利用和废物产生的统计管理，并将主要统计指标定期向社会公布。

国务院标准化主管部门会同国务院循环经济发展综合管理和环境保护等有关主管部门建立健全循环经济标准体系，制定和完善节能、节水、节材和废物再利用、资源化等标准。

国家建立健全能源效率标识等产品资源消耗标识制度。

第三章 减量化

第十八条 国务院循环经济发展综合管理部门会同国务院环境保护等有关主管部门，定期发布鼓励、限制和淘汰的技术、工艺、设备、材料和产品名录。

禁止生产、进口、销售列入淘汰名录的设备、材料和产品，禁止使用列入淘汰名录的技术、工艺、设备和材料。

第十九条 从事工艺、设备、产品及包装物设计，应当按照减少资源消耗和废物产生的要求，优先选择采用易回收、易拆解、易降解、无毒无害或者低毒低害的材料和设计方案，并应当符合有关国家标准的强制性要求。

对在拆解和处置过程中可能造成环境污染的电器电子等产品，不得设计使用国家禁止使用的有毒有害物质。禁止在电器电子等产品中使用的有毒有害物质名录，由国务院循环经济发展综合管理部门会同国务院环境保护等有关主管部门制定。

设计产品包装物应当执行产品包装标准，防止过度包装造成资源浪费和环境污染。

第二十条 工业企业应当采用先进或者适用的节水技术、工艺和设备，制定并实施节水计划，加强节水管理，对生产用水进行全过程控制。

工业企业应当加强用水计量管理，配备和使用合格的用水计量器具，建立水耗统计和用水状况分析制度。

新建、改建、扩建建设项目，应当配套建设节水设施。节水设施应当与主体工程同时设计、同时施工、同时投产使用。

国家鼓励和支持沿海地区进行海水淡化和海水直接利用，节约淡水资源。

第二十一条 国家鼓励和支持企业使用高效节油产品。

电力、石油加工、化工、钢铁、有色金属和建材等企业，必须在国家规定的范围和期限内，以洁净煤、石油焦、天然气等清洁能源替代燃料油，停止使用不符合国家规定的燃油发电机组和燃油锅炉。

内燃机和机动车制造企业应当按照国家规定的内燃机和机动车燃油经济性标准，采用节油技术，减少石油产品消耗量。

第二十二条 开采矿产资源，应当统筹规划，制定合理的开发利用方案，采用合理的开采顺序、方法和选矿工艺。采矿许可证颁发机关应当对申请人提交的开发利用方案中的开采回采率、采矿贫化率、选矿回收率、矿山水循环利用率和土地复垦率等指标依法进行审查；审查不合格的，不予颁发采矿许可证。采矿许可证颁发机关应当依法加强对开采矿产资源的监督管理。

矿山企业在开采主要矿种的同时，应当对具有工业价值的共生和伴生矿实行综合开采、合理利用；对必须同时采出而暂时不能利用的矿产以及含有有用组分的尾矿，应当采取保护措施，防止资源损失和生态破坏。

第二十三条 建筑设计、建设、施工等单位应当按照国家有关规定和标准，对其设计、建设、施工的建筑物及构筑物采用节能、节水、节地、节材的技术工艺和小型、轻型、再生产品。有条件的地区，应当充分利用太阳能、地热能、风能等可再生能源。

国家鼓励利用无毒无害的固体废物生产建筑材料，鼓励使用散装水泥，推广使用预拌混凝土和预拌砂浆。

禁止损毁耕地烧砖。在国务院或者省、自治区、直辖市人民政府规定的期限和区域内，禁止生产、销售和使用粘土砖。

第二十四条 县级以上人民政府及其农业等主管部门应当推进土地集约利用，鼓励和支持农业生产者采用节水、节肥、节药的先进种植、养殖和灌溉技术，推动农业机械节能，优先发展生态农业。

在缺水地区，应当调整种植结构，优先发展节水型农业，推进雨水集蓄利用，建设和管护节水灌溉设施，提高用水效率，减少水的蒸发和漏失。

第二十五条 国家机关及使用财政性资金的其他组织应当厉行节约、杜绝浪费，带头使用节能、节水、节地、节材和有利于保护环境的产品、设备和设施，节约使用办公用品。国务院和县级以上地方人民政府管理机关事务工作的机构会同本级人民政府有关部门制定本级国家机关等机构的用能、用水定额指标，财政部门根据该定额指标制定支出标准。

城市人民政府和建筑物的所有者或者使用者，应当采取措施，加强建筑物维护管理，延长建筑物使用寿命。对符合城市规划和工程建设标准，在合理使用寿命内的建筑物，除为了公共利益的需要外，城市人民政府不得决定拆除。

第二十六条 餐饮、娱乐、宾馆等服务性企业，应当采用节能、节水、节材和有利于保护环境的产品，减少使用或者不使用浪费资源、污染环境的产品。

本法施行后新建的餐饮、娱乐、宾馆等服务性企业，应当采用节能、节水、节材和有利于保护环境的技术、设备和设施。

第二十七条 国家鼓励和支持使用再生水。在有条件使用再生水的地区，限制或者禁止将自来水作为城市道路清扫、城市绿化和景观用水使用。

第二十八条 国家在保障产品安全和卫生的前提下，限制一次性消费品的生产和销售。具体名录由国务院循环经济发展综合管理部门会同国务院财政、环境保护等有关主管部门制定。

对列入前款规定名录中的一次性消费品的生产和销售，由国务院财政、税务和对外贸易等主管部门制定限制性的税收和出口等措施。

第四章 再利用和资源化

第二十九条 县级以上人民政府应当统筹规划区域经济布局，合理调整产业结构，促进企业在资源综合利用等领域进行合作，实现资源的高效利用和循环使用。

各类产业园区应当组织区内企业进行资源综合利用，促进循环经济发展。

国家鼓励各类产业园区的企业进行废物交换利用、能量梯级利用、土地集约利用、水的分类利用和循环使用，共同使用基础设施和其他有关设施。

新建和改造各类产业园区应当依法进行环境影响评价，并采取生态保护和污染控制措施，确保本区域的环境质量达到规定的标准。

第三十条 企业应当按照国家规定，对生产过程中产生的粉煤灰、煤矸石、尾矿、废石、废料、废气等工业废物进行综合利用。

第三十一条 企业应当发展串联用水系统和循环用水系统，提高水的重复利用率。

企业应当采用先进技术、工艺和设备，对生产过程中产生的废水进行再生利用。

第三十二条 企业应当采用先进或者适用的回收技术、工艺和设备，对生产过程中产生的余热、余压等进行综合利用。

建设利用余热、余压、煤层气以及煤矸石、煤泥、垃圾等低热值燃料的并网发电项目，应当依照法律和国务院的规定取得行政许可或者报送备案。电网企业应当按照国家规定，与综合利用资源发电的企业签订并网协议，提供上网服务，并全额收购并网发电项目的上网电量。

第三十三条 建设单位应当对工程施工中产生的建筑废物进行综合利用；不具备综合利用条件的，应当委托具备条件的生产经营者进行综合利用或者无害化处置。

第三十四条 国家鼓励和支持农业生产者和相关企业采用先进或者适用技术，对农作物秸秆、畜禽粪便、农产品加工业副产品、废农用薄膜等进行综合利用，开发利用沼气等生物质能源。

第三十五条 县级以上人民政府及其林业主管部门应当积极发展生态林业，鼓励和支持林业生产者和相关企业采用木材节约和代用技术，开展林业废弃物和次小薪材、沙生灌木等综合利用，提高木材综合利用率。

第三十六条 国家支持生产经营者建立产业废物交换信息系统，促进企业交流产业废物信息。

企业对生产过程中产生的废物不具备综合利用条件的，应当提供给具备条件的生产经营者进行综合利用。

第三十七条 国家鼓励和推进废物回收体系建设。

地方人民政府应当按照城乡规划，合理布局废物回收网点和交易市场，支持废物回收企业和其他组织开展废物的收集、储存、运输及信息交流。

废物回收交易市场应当符合国家环境保护、安全和消防等规定。

第三十八条 对废电器电子产品、报废机动车船、废轮胎、废铅酸电池等特定产品进行拆解或者再利用，应当符合有关法律、行政法规的规定。

第三十九条 回收的电器电子产品，经过修复后销售的，必须符合再利用产品标准，并在显著位置标识为再利用产品。

回收的电器电子产品，需要拆解和再生利用的，应当交售给具备条件的拆解企业。

第四十条 国家支持企业开展机动车零部件、工程机械、机床等产品的再制造和轮胎翻新。

销售的再制造产品和翻新产品的质量必须符合国家规定的标准，并在显著位置标识为再制造产品或者翻新产品。

第四十一条 县级以上人民政府应当统筹规划建设城乡生活垃圾分类收集和资源化利用设施，建立和完善分类收集和资源化利用体系，提高生活垃圾资源化率。

县级以上人民政府应当支持企业建设污泥资源化利用和处置设施，提高污泥综合利用水平，防止产生再次污染。

第五章　激励措施

第四十二条 国务院和省、自治区、直辖市人民政府设立发展循环经济的有关专项资金，支持循环经济的科技研究开发、循环经济技术和产品的示范与推广、重大循环经济项目的实施、发展循环经济的信息服务等。具体办法由国务院财政部门会同国务院循环经济发展综合管理等有关主管部门制定。

第四十三条 国务院和省、自治区、直辖市人民政府及其有关部门应当将循环经济重大科技攻关项目的自主创新研究、应用示范和产业化发展列入国家或者省级科技发展规划和高技术产业发展规划，并安排财政性资金予以支持。

利用财政性资金引进循环经济重大技术、装备的，应当制定消化、吸收和创新方案，报有关主管部门审批并由其监督实施；有关主管部门应当根据实际需要建立协调机制，对重大技术、装备的引进和消化、吸收、创新实行统筹协调，并给予资金支持。

第四十四条 国家对促进循环经济发展的产业活动给予税收优惠，并运用税收等措施鼓励进口先进的节能、节水、节材等技术、设备和产品，限制在生产过程中耗能高、污染重的产品的出口。具体办法由国务院财政、税务主管部门制定。

企业使用或者生产列入国家清洁生产、资源综合利用等鼓励名录的技术、工艺、设备或者产品的，按照国家有关规定享受税收优惠。

第四十五条 县级以上人民政府循环经济发展综合管理部门在制定和实施投资计划时，应当将节能、节水、节地、节材、资源综合利用等项目列为重点投资领域。

对符合国家产业政策的节能、节水、节地、节材、资源综合利用等项目，金融机构应当给予优先贷款等信贷支持，并积极提供配套金融服务。

对生产、进口、销售或者使用列入淘汰名录的技术、工艺、设备、材料或者产品的企业，金融机构不得提供任何形式的授信支持。

第四十六条 国家实行有利于资源节约和合理利用的价格政策，引导单位和个人节约和合理使用水、电、气等资源性产品。

国务院和省、自治区、直辖市人民政府的价格主管部门应当按照国家产业政策，对资源高消耗行业中的限制类项目，实行限制性的价格政策。

对利用余热、余压、煤层气以及煤矸石、煤泥、垃圾等低热值燃料的并网发电项目，价格主管部门按照有利于资源综合利用的原则确定其上网电价。

省、自治区、直辖市人民政府可以根据本行政区域经济社会发展状况，实行垃圾排放收费制度。收取的费用专项用于垃圾分类、收集、运输、贮存、利用和处置，不得挪作他用。

国家鼓励通过以旧换新、押金等方式回收废物。

第四十七条 国家实行有利于循环经济发展的政府采购政策。使用财政性资金进行采购的，应当优先采购节能、节水、节材和有利于保护环境的产品及再生产品。

第四十八条 县级以上人民政府及其有关部门应当对在循环经济管理、科学技术研究、产品开发、示范和推广工作中做出显著成绩的单位和个人给予表彰和奖励。

企业事业单位应当对在循环经济发展中做出突出贡献的集体和个人给予表彰和奖励。

第六章　法律责任

第四十九条 县级以上人民政府循环经济发展综合管理部门或者其他有关主管部门发现违反本法的行为或者接到对违法行为的举报后不予查处，或者有其他不依法履行监督管理职责行为的，由本级人民政府或者上一级人民政府有关主管部门责令改正，对直接负责的主管人员和其他直接责任人员依法给予处分。

第五十条 生产、销售列入淘汰名录的产品、设备的，依照《中华人民共和国产品质量法》的规定处罚。

使用列入淘汰名录的技术、工艺、设备、材料的，由县级以上地方人民政府循环经济发展综合管理部门责令停止使用，没收违法使用的设备、材料，并处五万元以上二十万元以下的罚款；情节严重的，由县级以上人民政府循环经济发展综合管理部门提出意见，报请本级人民政府按照国务院规定的权限责令停业或者关闭。

违反本法规定，进口列入淘汰名录的设备、材料或者产品的，由海关责令退运，可以处十万元以上一百万元以下的罚款。进口者不明的，由承运人承担退运责任，或者承担有关处置费用。

第五十一条 违反本法规定，对在拆解或者处置过程中可能造成环境污染的电器电子等产品，设计使用列入国家禁止使用名录的有毒有害物质的，由县级以上地方人民政府产品质量监督部门责令限期改正；逾期不改正的，处二万元以上二十万元以下的罚款；情节严重的，由县级以上地方人民政府产品质量监督部门向本级工商行政管理部门通报有关情况，由工商行政管理部门依法吊销营业执照。

第五十二条 违反本法规定，电力、石油加工、化工、钢铁、有色金属和建材等企业未在规定的范围或者期限内停止使用不符合国家规定的燃油发电机组或者燃油锅炉的，由县级以上地方人民政府循环经济发展综合管理部门责令限期改正；逾期不改正的，责令拆除该燃油发电机组或者燃油锅炉，并处五万元以上五十万元以下的罚款。

第五十三条 违反本法规定，矿山企业未达到经依法审查确定的开采回采率、采矿贫化率、选矿回收率、矿山水循环利用率和土地复垦率等指标的，由县级以上人民政府地质矿产主管部门责令限期改正，处五万元以上五十万元以下的罚款；逾期不改正的，由采矿许可证颁发机关依法吊销采矿许可证。

第五十四条 违反本法规定，在国务院或者省、自治区、直辖市人民政府规定禁止生产、销售、使用粘土砖的期限或者区域内生产、销售或者使用粘土砖的，由县级以上地方人民政府指定的部门责令限期改正；有违法所得的，没收违法所得；逾期继续生产、销售的，由地方人民政府工商行政管理部门依法吊销营业执照。

第五十五条 违反本法规定，电网企业拒不收购企业利用余热、余压、煤层气以及煤矸石、煤泥、垃圾等低热值燃料生产的电力的，由国家电力监管机构责令限期改正；造成企业损失的，依法承担赔偿责任。

第五十六条 违反本法规定，有下列行为之一的，由地方人民政府工商行政管理部门责令限期改正，可以处五千元以上五万元以下的罚款；逾期不改正的，依法吊销营业执照；造成损失的，依法承担赔偿责任：

（一）销售没有再利用产品标识的再利用电器电子产品的；

（二）销售没有再制造或者翻新产品标识的再制造或者翻新产品的。

第五十七条 违反本法规定，构成犯罪的，依法追究刑事责任。

第七章 附 则

第五十八条 本法自2009年1月1日起施行。

中华人民共和国防震减灾法（2008年修正）

（中华人民共和国主席令第7号，1997年12月29日第八届全国人民代表大会常务委员会第二十九次会议通过，2008年12月27日第十一届全国人民代表大会常务委员会第六次会议修订）

目 录

第一章 总 则

第一条 为了防御和减轻地震灾害，保护人民生命和财产安全，促进经济社会的可持续发展，制定本法。

第二条 在中华人民共和国领域和中华人民共和国管辖的其他海域从事地震监测预报、地震灾害预防、地震应急救援、地震灾后过渡性安置和恢复重建等防震减灾活动，适用本法。

第三条 防震减灾工作，实行预防为主、防御与救助相结合的方针。

第四条 县级以上人民政府应当加强对防震减灾工作的领导，将防震减灾工作纳入本级国民经济和社会发展规划，所需经费列入财政预算。

第五条 在国务院的领导下，国务院地震工作主管部门和国务院经济综合宏观调控、建设、民政、卫生、公安以及其他有关部门，按照职责分工，各负其责，密切配合，共同做好防震减灾工作。

县级以上地方人民政府负责管理地震工作的部门或者机构和其他有关部门在本级人民政府领导下，按照职责分工，各负其责，密切配合，共同做好本行政区域的防震减灾工作。

第六条 国务院抗震救灾指挥机构负责统一领导、指挥和协调全国抗震救灾工作。县级以上地方人民政府抗震救灾指挥机构负责统一领导、指挥和协调本行政区域的抗震救灾工作。

国务院地震工作主管部门和县级以上地方人民政府负责管理地震工作的部门或者机构，承担本级人民政府抗震救灾指挥机构的日常工作。

第七条 各级人民政府应当组织开展防震减灾知识的宣传教育，增强公民的防震减灾意识，提高全社会的防震减灾能力。

第八条 任何单位和个人都有依法参加防震减灾活动的义务。

国家鼓励、引导社会组织和个人开展地震群测群防活动，对地震进行监测和预防。

国家鼓励、引导志愿者参加防震减灾活动。

第九条 中国人民解放军、中国人民武装警察部队和民兵组织，依照本法以及其他有关法律、行政法规、军事法规的规定和国务院、中央军事委员会的命令，执行抗震救灾任务，保护人民生命和财产安全。

第十条 从事防震减灾活动，应当遵守国家有关防震减灾标准。

第十一条 国家鼓励、支持防震减灾的科学技术研究，逐步提高防震减灾科学技术研究经费投入，推广先进的科学研究成果，加强国际合作与交流，提高防震减灾工作水平。

对在防震减灾工作中做出突出贡献的单位和个人，按照国家有关规定给予表彰和奖励。

第二章　防震减灾规划

第十二条 国务院地震工作主管部门会同国务院有关部门组织编制国家防震减灾规划，报国务院批准后组织实施。

县级以上地方人民政府负责管理地震工作的部门或者机构会同同级有关部门，根据上一级防震减灾规划和本行政区域的实际情况，组织编制本行政区域的防震减灾规划，报本级人民政府批准后组织实施，并报上一级人民政府负责管理地震工作的部门或者机构备案。

第十三条 编制防震减灾规划，应当遵循统筹安排、突出重点、合理布局、全面预防的原则，以震情和震害预测结果为依据，并充分考虑人民生命和财产安全及经济社会发展、资源环境保护等需要。

县级以上地方人民政府有关部门应当根据编制防震减灾规划的需要，及时提供有关资料。

第十四条 防震减灾规划的内容应当包括：震情形势和防震减灾总体目标，地震监测台网建设布局，地震灾害预防措施，地震应急救援措施，以及防震减灾技术、信息、资金、物资等保障措施。

编制防震减灾规划，应当对地震重点监视防御区的地震监测台网建设、震情跟踪、地震灾害预防措施、地震应急准备、防震减灾知识宣传教育等作出具体安排。

第十五条 防震减灾规划报送审批前，组织编制机关应当征求有关部门、单位、专家和公众的意见。

防震减灾规划报送审批文件中应当附具意见采纳情况及理由。

第十六条 防震减灾规划一经批准公布，应当严格执行；因震情形势变化和经济社会发展的需要确需修改的，应当按照原审批程序报送审批。

第三章　地震监测预报

第十七条 国家加强地震监测预报工作，建立多学科地震监测系统，逐步提高地震监测预报水平。

第十八条 国家对地震监测台网实行统一

规划，分级、分类管理。

国务院地震工作主管部门和县级以上地方人民政府负责管理地震工作的部门或者机构，按照国务院有关规定，制定地震监测台网规划。

全国地震监测台网由国家级地震监测台网、省级地震监测台网和市、县级地震监测台网组成，其建设资金和运行经费列入财政预算。

第十九条 水库、油田、核电站等重大建设工程的建设单位，应当按照国务院有关规定，建设专用地震监测台网或者强震动监测设施，其建设资金和运行经费由建设单位承担。

第二十条 地震监测台网的建设，应当遵守法律、法规和国家有关标准，保证建设质量。

第二十一条 地震监测台网不得擅自中止或者终止运行。

检测、传递、分析、处理、存贮、报送地震监测信息的单位，应当保证地震监测信息的质量和安全。

县级以上地方人民政府应当组织相关单位为地震监测台网的运行提供通信、交通、电力等保障条件。

第二十二条 沿海县级以上地方人民政府负责管理地震工作的部门或者机构，应当加强海域地震活动监测预测工作。海域地震发生后，县级以上地方人民政府负责管理地震工作的部门或者机构，应当及时向海洋主管部门和当地海事管理机构等通报情况。

火山所在地的县级以上地方人民政府负责管理地震工作的部门或者机构，应当利用地震监测设施和技术手段，加强火山活动监测预测工作。

第二十三条 国家依法保护地震监测设施和地震观测环境。

任何单位和个人不得侵占、毁损、拆除或者擅自移动地震监测设施。地震监测设施遭到破坏的，县级以上地方人民政府负责管理地震工作的部门或者机构应当采取紧急措施组织修复，确保地震监测设施正常运行。

任何单位和个人不得危害地震观测环境。国务院地震工作主管部门和县级以上地方人民政府负责管理地震工作的部门或者机构会同同级有关部门，按照国务院有关规定划定地震观测环境保护范围，并纳入土地利用总体规划和城乡规划。

第二十四条 新建、扩建、改建建设工程，应当避免对地震监测设施和地震观测环境造成危害。建设国家重点工程，确实无法避免对地震监测设施和地震观测环境造成危害的，建设单位应当按照县级以上地方人民政府负责管理地震工作的部门或者机构的要求，增建抗干扰设施；不能增建抗干扰设施的，应当新建地震监测设施。

对地震观测环境保护范围内的建设工程项目，城乡规划主管部门在依法核发选址意见书时，应当征求负责管理地震工作的部门或者机构的意见；不需要核发选址意见书的，城乡规划主管部门在依法核发建设用地规划许可证或者乡村建设规划许可证时，应当征求负责管理地震工作的部门或者机构的意见。

第二十五条 国务院地震工作主管部门建立健全地震监测信息共享平台，为社会提供服务。

县级以上地方人民政府负责管理地震工作的部门或者机构，应当将地震监测信息及时报送上一级人民政府负责管理地震工作的部门或者机构。

专用地震监测台网和强震动监测设施的管理单位，应当将地震监测信息及时报送所在地省、自治区、直辖市人民政府负责管理地震工作的部门或者机构。

第二十六条 国务院地震工作主管部门和县级以上地方人民政府负责管理地震工作的部门或者机构，根据地震监测信息研究结果，对可能发生地震的地点、时间和震级作出预测。

其他单位和个人通过研究提出的地震预测意见，应当向所在地或者所预测地的县级以上地方人民政府负责管理地震工作的部门或者机构书面报告，或者直接向国务院地震工作主管部门书面报告。收到书面报告的部门或者机构应当进行登记并出具接收凭证。

第二十七条 观测到可能与地震有关的异常现象的单位和个人，可以向所在地县级以上地方人民政府负责管理地震工作的部门或者机构报告，也可以直接向国务院地震工作主管部门报告。

国务院地震工作主管部门和县级以上地方人民政府负责管理地震工作的部门或者机构接到报告后，应当进行登记并及时组织调查核实。

第二十八条 国务院地震工作主管部门和省、自治区、直辖市人民政府负责管理地震工作的部门或者机构，应当组织召开震情会商会，必要时邀请有关部门、专家和其他有关人员参加，对地震预测意见和可能与地震有关的异常现象进行综合分析研究，形成震情会商意见，报本级人民政府；经震情会商形成地震预报意见的，在报本级人民政府前，应当进行评审，作出评审结果，并提出对策建议。

第二十九条 国家对地震预报意见实行统一发布制度。

全国范围内的地震长期和中期预报意见，由国务院发布。省、自治区、直辖市行政区域内的地震预报意见，由省、自治区、直辖市人民政府按照国务院规定的程序发布。

除发表本人或者本单位对长期、中期地震活动趋势的研究成果及进行相关学术交流外，任何单位和个人不得向社会散布地震预测意见。任何单位和个人不得向社会散布地震预报意见及其评审结果。

第三十条 国务院地震工作主管部门根据地震活动趋势和震害预测结果，提出确定地震重点监视防御区的意见，报国务院批准。

国务院地震工作主管部门应当加强地震重点监视防御区的震情跟踪，对地震活动趋势进行分析评估，提出年度防震减灾工作意见，报国务院批准后实施。

地震重点监视防御区的县级以上地方人民政府应当根据年度防震减灾工作意见和当地的地震活动趋势，组织有关部门加强防震减灾工作。

地震重点监视防御区的县级以上地方人民政府负责管理地震工作的部门或者机构，应当增加地震监测台网密度，组织做好震情跟踪、流动观测和可能与地震有关的异常现象观测以及群测群防工作，并及时将有关情况报上一级人民政府负责管理地震工作的部门或者机构。

第三十一条 国家支持全国地震烈度速报系统的建设。

地震灾害发生后，国务院地震工作主管部门应当通过全国地震烈度速报系统快速判断致灾程度，为指挥抗震救灾工作提供依据。

第三十二条 国务院地震工作主管部门和县级以上地方人民政府负责管理地震工作的部门或者机构，应当对发生地震灾害的区域加强地震监测，在地震现场设立流动观测点，根据震情的发展变化，及时对地震活动趋势作出分析、判定，为余震防范工作提供依据。

国务院地震工作主管部门和县级以上地方人民政府负责管理地震工作的部门或者机构、地震监测台网的管理单位，应当及时收集、保存有关地震的资料和信息，并建立完整的档案。

第三十三条 外国的组织或者个人在中华人民共和国领域和中华人民共和国管辖的其他海域从事地震监测活动，必须经国务院地震工作主管部门会同有关部门批准，并采取与中华人民共和国有关部门或者单位合作的形式进行。

第四章 地震灾害预防

第三十四条 国务院地震工作主管部门负责制定全国地震烈度区划图或者地震动参数区划图。

国务院地震工作主管部门和省、自治区、直辖市人民政府负责管理地震工作的部门或者机构，负责审定建设工程的地震安全性评价报告，确定抗震设防要求。

第三十五条 新建、扩建、改建建设工程，应当达到抗震设防要求。

重大建设工程和可能发生严重次生灾害的建设工程，应当按照国务院有关规定进行地震安全性评价，并按照经审定的地震安全性评价报告所确定的抗震设防要求进行抗震设防。建设工程的地震安全性评价单位应当按照国家有关标准进行地震安全性评价，并对地震安全性评价报告的质量负责。

前款规定以外的建设工程，应当按照地震烈度区划图或者地震动参数区划图所确定的抗震设防要求进行抗震设防；对学校、医院等人员密集场所的建设工程，应当按照高于当地房屋建筑的抗震设防要求进行设计和施工，采取有效措施，增强抗震设防能力。

第三十六条 有关建设工程的强制性标准，应当与抗震设防要求相衔接。

第三十七条 国家鼓励城市人民政府组织制定地震小区划图。地震小区划图由国务院地震工作主管部门负责审定。

第三十八条 建设单位对建设工程的抗震设计、施工的全过程负责。

设计单位应当按照抗震设防要求和工程建设强制性标准进行抗震设计，并对抗震设计的质量以及出具的施工图设计文件的准确性负责。

施工单位应当按照施工图设计文件和工程建设强制性标准进行施工，并对施工质量负责。

建设单位、施工单位应当选用符合施工图设计文件和国家有关标准规定的材料、构配件和设备。

工程监理单位应当按照施工图设计文件和工程建设强制性标准实施监理，并对施工质量承担监理责任。

第三十九条 已经建成的下列建设工程，未采取抗震设防措施或者抗震设防措施未达到抗震设防要求的，应当按照国家有关规定进行抗震性能鉴定，并采取必要的抗震加固措施：

（一）重大建设工程；

（二）可能发生严重次生灾害的建设工程；

（三）具有重大历史、科学、艺术价值或者重要纪念意义的建设工程；

（四）学校、医院等人员密集场所的建设工程；

（五）地震重点监视防御区内的建设工程。

第四十条 县级以上地方人民政府应当加强对农村村民住宅和乡村公共设施抗震设防的管理，组织开展农村实用抗震技术的研究和开发，推广达到抗震设防要求、经济适用、具有当地特色的建筑设计和施工技术，培训相关技术人员，建设示范工程，逐步提高农村村民住宅和乡村公共设施的抗震设防水平。

国家对需要抗震设防的农村村民住宅和乡村公共设施给予必要支持。

第四十一条 城乡规划应当根据地震应急避难的需要，合理确定应急疏散通道和应急避难场所，统筹安排地震应急避难所必需的交通、供水、供电、排污等基础设施建设。

第四十二条 地震重点监视防御区的县级以上地方人民政府应当根据实际需要，在本级财政预算和物资储备中安排抗震救灾资金、物资。

第四十三条 国家鼓励、支持研究开发和推广使用符合抗震设防要求、经济实用的新技术、新工艺、新材料。

第四十四条 县级人民政府及其有关部门和乡、镇人民政府、城市街道办事处等基层组织，应当组织开展地震应急知识的宣传普及活动和必要的地震应急救援演练，提高公民在地震灾害中自救互救的能力。

机关、团体、企业、事业等单位，应当按照所在地人民政府的要求，结合各自实际情况，加强对本单位人员的地震应急知识宣传教育，开展地震应急救援演练。

学校应当进行地震应急知识教育，组织开展必要的地震应急救援演练，培养学生的安全意识和自救互救能力。

新闻媒体应当开展地震灾害预防和应急、自救互救知识的公益宣传。

国务院地震工作主管部门和县级以上地方人民政府负责管理地震工作的部门或者机构，应当指导、协助、督促有关单位做好防震减灾知识的宣传教育和地震应急救援演练等工作。

第四十五条 国家发展有财政支持的地震灾害保险事业，鼓励单位和个人参加地震灾害保险。

第五章　地震应急救援

第四十六条 国务院地震工作主管部门会同国务院有关部门制定国家地震应急预案，报国务院批准。国务院有关部门根据国家地震应急预案，制定本部门的地震应急预案，报国务院地震工作主管部门备案。

县级以上地方人民政府及其有关部门和乡、镇人民政府，应当根据有关法律、法规、规章、上级人民政府及其有关部门的地震应急预案和本行政区域的实际情况，制定本行政区域的地震应急预案和本部门的地震应急预案。省、自治区、直辖市和较大的市的地震应急预案，应当报国务院地震工作主管部门备案。

交通、铁路、水利、电力、通信等基础设施和学校、医院等人员密集场所的经营管理单位，以及可能发生次生灾害的核电、矿山、危险物品等生产经营单位，应当制定地震应急预案，并报所在地的县级人民政府负责管理地震工作的部门或者机构备案。

第四十七条　地震应急预案的内容应当包括：组织指挥体系及其职责，预防和预警机制，处置程序，应急响应和应急保障措施等。

地震应急预案应当根据实际情况适时修订。

第四十八条　地震预报意见发布后，有关省、自治区、直辖市人民政府根据预报的震情可以宣布有关区域进入临震应急期；有关地方人民政府应当按照地震应急预案，组织有关部门做好应急防范和抗震救灾准备工作。

第四十九条　按照社会危害程度、影响范围等因素，地震灾害分为一般、较大、重大和特别重大四级。具体分级标准按照国务院规定执行。

一般或者较大地震灾害发生后，地震发生地的市、县人民政府负责组织有关部门启动地震应急预案；重大地震灾害发生后，地震发生地的省、自治区、直辖市人民政府负责组织有关部门启动地震应急预案；特别重大地震灾害发生后，国务院负责组织有关部门启动地震应急预案。

第五十条　地震灾害发生后，抗震救灾指挥机构应当立即组织有关部门和单位迅速查清受灾情况，提出地震应急救援力量的配置方案，并采取以下紧急措施：

（一）迅速组织抢救被压埋人员，并组织有关单位和人员开展自救互救；

（二）迅速组织实施紧急医疗救护，协调伤员转移和接收与救治；

（三）迅速组织抢修毁损的交通、铁路、水利、电力、通信等基础设施；

（四）启用应急避难场所或者设置临时避难场所，设置救济物资供应点，提供救济物品、简易住所和临时住所，及时转移和安置受灾群众，确保饮用水消毒和水质安全，积极开展卫生防疫，妥善安排受灾群众生活；

（五）迅速控制危险源，封锁危险场所，做好次生灾害的排查与监测预警工作，防范地震可能引发的火灾、水灾、爆炸、山体滑坡和崩塌、泥石流、地面塌陷，或者剧毒、强腐蚀性、放射性物质大量泄漏等次生灾害以及传染病疫情的发生；

（六）依法采取维持社会秩序、维护社会治安的必要措施。

第五十一条　特别重大地震灾害发生后，国务院抗震救灾指挥机构在地震灾区成立现场指挥机构，并根据需要设立相应的工作组，统一组织领导、指挥和协调抗震救灾工作。

各级人民政府及有关部门和单位、中国人民解放军、中国人民武装警察部队和民兵组织，应当按照统一部署，分工负责，密切配合，共同做好地震应急救援工作。

第五十二条　地震灾区的县级以上地方人民政府应当及时将地震震情和灾情等信息向上一级人民政府报告，必要时可以越级上报，不得迟报、谎报、瞒报。

地震震情、灾情和抗震救灾等信息按照国务院有关规定实行归口管理，统一、准确、及时发布。

第五十三条　国家鼓励、扶持地震应急救援新技术和装备的研究开发，调运和储备必要的应急救援设施、装备，提高应急救援水平。

第五十四条　国务院建立国家地震灾害紧急救援队伍。

省、自治区、直辖市人民政府和地震重点监视防御区的市、县人民政府可以根据实际需要，充分利用消防等现有队伍，按照一队多用、专职与兼职相结合的原则，建立地震灾害紧急救援队伍。

地震灾害紧急救援队伍应当配备相应的装备、器材，开展培训和演练，提高地震灾害紧急救援能力。

地震灾害紧急救援队伍在实施救援时，应当首先对倒塌建筑物、构筑物压埋人员进行紧急救援。

第五十五条　县级以上人民政府有关部门应当按照职责分工，协调配合，采取有效措施，保障地震灾害紧急救援队伍和医疗救治队伍快速、高效地开展地震灾害紧急救援活动。

第五十六条 县级以上地方人民政府及其有关部门可以建立地震灾害救援志愿者队伍，并组织开展地震应急救援知识培训和演练，使志愿者掌握必要的地震应急救援技能，增强地震灾害应急救援能力。

第五十七条 国务院地震工作主管部门会同有关部门和单位，组织协调外国救援队和医疗队在中华人民共和国开展地震灾害紧急救援活动。

国务院抗震救灾指挥机构负责外国救援队和医疗队的统筹调度，并根据其专业特长，科学、合理地安排紧急救援任务。

地震灾区的地方各级人民政府，应当对外国救援队和医疗队开展紧急救援活动予以支持和配合。

第六章 地震灾后过渡性安置和恢复重建

第五十八条 国务院或者地震灾区的省、自治区、直辖市人民政府应当及时组织对地震灾害损失进行调查评估，为地震应急救援、灾后过渡性安置和恢复重建提供依据。

地震灾害损失调查评估的具体工作，由国务院地震工作主管部门或者地震灾区的省、自治区、直辖市人民政府负责管理地震工作的部门或者机构和财政、建设、民政等有关部门按照国务院的规定承担。

第五十九条 地震灾区受灾群众需要过渡性安置的，应当根据地震灾区的实际情况，在确保安全的前提下，采取灵活多样的方式进行安置。

第六十条 过渡性安置点应当设置在交通条件便利、方便受灾群众恢复生产和生活的区域，并避开地震活动断层和可能发生严重次生灾害的区域。

过渡性安置点的规模应当适度，并采取相应的防灾、防疫措施，配套建设必要的基础设施和公共服务设施，确保受灾群众的安全和基本生活需要。

第六十一条 实施过渡性安置应当尽量保护农用地，并避免对自然保护区、饮用水水源保护区以及生态脆弱区域造成破坏。

过渡性安置用地按照临时用地安排，可以先行使用，事后依法办理有关用地手续；到期未转为永久性用地的，应当复垦后交还原土地使用者。

第六十二条 过渡性安置点所在地的县级人民政府，应当组织有关部门加强对次生灾害、饮用水水质、食品卫生、疫情等的监测，开展流行病学调查，整治环境卫生，避免对土壤、水环境等造成污染。

过渡性安置点所在地的公安机关，应当加强治安管理，依法打击各种违法犯罪行为，维护正常的社会秩序。

第六十三条 地震灾区的县级以上地方人民政府及其有关部门和乡、镇人民政府，应当及时组织修复毁损的农业生产设施，提供农业生产技术指导，尽快恢复农业生产；优先恢复供电、供水、供气等企业的生产，并对大型骨干企业恢复生产提供支持，为全面恢复农业、工业、服务业生产经营提供条件。

第六十四条 各级人民政府应当加强对地震灾后恢复重建工作的领导、组织和协调。

县级以上人民政府有关部门应当在本级人民政府领导下，按照职责分工，密切配合，采取有效措施，共同做好地震灾后恢复重建工作。

第六十五条 国务院有关部门应当组织有关专家开展地震活动对相关建设工程破坏机理的调查评估，为修订完善有关建设工程的强制性标准、采取抗震设防措施提供科学依据。

第六十六条 特别重大地震灾害发生后，国务院经济综合宏观调控部门会同国务院有关部门与地震灾区的省、自治区、直辖市人民政府共同组织编制地震灾后恢复重建规划，报国务院批准后组织实施；重大、较大、一般地震灾害发生后，由地震灾区的省、自治区、直辖市人民政府根据实际需要组织编制地震灾后恢复重建规划。

地震灾害损失调查评估获得的地质、勘察、测绘、土地、气象、水文、环境等基础资料和经国务院地震工作主管部门复核的地震动参数区划图，应当作为编制地震灾后恢复重建规划的依据。

编制地震灾后恢复重建规划，应当征求有

关部门、单位、专家和公众特别是地震灾区受灾群众的意见；重大事项应当组织有关专家进行专题论证。

第六十七条 地震灾后恢复重建规划应当根据地质条件和地震活动断层分布以及资源环境承载能力，重点对城镇和乡村的布局、基础设施和公共服务设施的建设、防灾减灾和生态环境以及自然资源和历史文化遗产保护等作出安排。

地震灾区内需要异地新建的城镇和乡村的选址以及地震灾后重建工程的选址，应当符合地震灾后恢复重建规划和抗震设防、防灾减灾要求，避开地震活动断层或者生态脆弱和可能发生洪水、山体滑坡和崩塌、泥石流、地面塌陷等灾害的区域以及传染病自然疫源地。

第六十八条 地震灾区的地方各级人民政府应当根据地震灾后恢复重建规划和当地经济社会发展水平，有计划、分步骤地组织实施地震灾后恢复重建。

第六十九条 地震灾区的县级以上地方人民政府应当组织有关部门和专家，根据地震灾害损失调查评估结果，制定清理保护方案，明确典型地震遗址、遗迹和文物保护单位以及具有历史价值与民族特色的建筑物、构筑物的保护范围和措施。

对地震灾害现场的清理，按照清理保护方案分区、分类进行，并依照法律、行政法规和国家有关规定，妥善清理、转运和处置有关放射性物质、危险废物和有毒化学品，开展防疫工作，防止传染病和重大动物疫情的发生。

第七十条 地震灾后恢复重建，应当统筹安排交通、铁路、水利、电力、通信、供水、供电等基础设施和市政公用设施，学校、医院、文化、商贸服务、防灾减灾、环境保护等公共服务设施，以及住房和无障碍设施的建设，合理确定建设规模和时序。

乡村的地震灾后恢复重建，应当尊重村民意愿，发挥村民自治组织的作用，以群众自建为主，政府补助、社会帮扶、对口支援，因地制宜，节约和集约利用土地，保护耕地。

少数民族聚居的地方的地震灾后恢复重建，应当尊重当地群众的意愿。

第七十一条 地震灾区的县级以上地方人民政府应当组织有关部门和单位，抢救、保护与收集整理有关档案、资料，对因地震灾害遗失、毁损的档案、资料，及时补充和恢复。

第七十二条 地震灾后恢复重建应当坚持政府主导、社会参与和市场运作相结合的原则。

地震灾区的地方各级人民政府应当组织受灾群众和企业开展生产自救，自力更生、艰苦奋斗、勤俭节约，尽快恢复生产。

国家对地震灾后恢复重建给予财政支持、税收优惠和金融扶持，并提供物资、技术和人力等支持。

第七十三条 地震灾区的地方各级人民政府应当组织做好救助、救治、康复、补偿、抚慰、抚恤、安置、心理援助、法律服务、公共文化服务等工作。

各级人民政府及有关部门应当做好受灾群众的就业工作，鼓励企业、事业单位优先吸纳符合条件的受灾群众就业。

第七十四条 对地震灾后恢复重建中需要办理行政审批手续的事项，有审批权的人民政府及有关部门应当按照方便群众、简化手续、提高效率的原则，依法及时予以办理。

第七章 监督管理

第七十五条 县级以上人民政府依法加强对防震减灾规划和地震应急预案的编制与实施、地震应急避难场所的设置与管理、地震灾害紧急救援队伍的培训、防震减灾知识宣传教育和地震应急救援演练等工作的监督检查。

县级以上人民政府有关部门应当加强对地震应急救援、地震灾后过渡性安置和恢复重建的物资的质量安全的监督检查。

第七十六条 县级以上人民政府建设、交通、铁路、水利、电力、地震等有关部门应当按照职责分工，加强对工程建设强制性标准、抗震设防要求执行情况和地震安全性评价工作的监督检查。

第七十七条 禁止侵占、截留、挪用地震应急救援、地震灾后过渡性安置和恢复重建的资金、物资。

县级以上人民政府有关部门对地震应急救

援、地震灾后过渡性安置和恢复重建的资金、物资以及社会捐赠款物的使用情况，依法加强管理和监督，予以公布，并对资金、物资的筹集、分配、拨付、使用情况登记造册，建立健全档案。

第七十八条 地震灾区的地方人民政府应当定期公布地震应急救援、地震灾后过渡性安置和恢复重建的资金、物资以及社会捐赠款物的来源、数量、发放和使用情况，接受社会监督。

第七十九条 审计机关应当加强对地震应急救援、地震灾后过渡性安置和恢复重建的资金、物资的筹集、分配、拨付、使用的审计，并及时公布审计结果。

第八十条 监察机关应当加强对参与防震减灾工作的国家行政机关和法律、法规授权的具有管理公共事务职能的组织及其工作人员的监察。

第八十一条 任何单位和个人对防震减灾活动中的违法行为，有权进行举报。

接到举报的人民政府或者有关部门应当进行调查，依法处理，并为举报人保密。

第八章 法律责任

第八十二条 国务院地震工作主管部门、县级以上地方人民政府负责管理地震工作的部门或者机构，以及其他依照本法规定行使监督管理权的部门，不依法作出行政许可或者办理批准文件的，发现违法行为或者接到对违法行为的举报后不予查处的，或者有其他未依照本法规定履行职责的行为的，对直接负责的主管人员和其他直接责任人员，依法给予处分。

第八十三条 未按照法律、法规和国家有关标准进行地震监测台网建设的，由国务院地震工作主管部门或者县级以上地方人民政府负责管理地震工作的部门或者机构责令改正，采取相应的补救措施；对直接负责的主管人员和其他直接责任人员，依法给予处分。

第八十四条 违反本法规定，有下列行为之一的，由国务院地震工作主管部门或者县级以上地方人民政府负责管理地震工作的部门或者机构责令停止违法行为，恢复原状或者采取其他补救措施；造成损失的，依法承担赔偿责任：

（一）侵占、毁损、拆除或者擅自移动地震监测设施的；

（二）危害地震观测环境的；

（三）破坏典型地震遗址、遗迹的。

单位有前款所列违法行为，情节严重的，处二万元以上二十万元以下的罚款；个人有前款所列违法行为，情节严重的，处二千元以下的罚款。构成违反治安管理行为的，由公安机关依法给予处罚。

第八十五条 违反本法规定，未按照要求增建抗干扰设施或者新建地震监测设施的，由国务院地震工作主管部门或者县级以上地方人民政府负责管理地震工作的部门或者机构责令限期改正；逾期不改正的，处二万元以上二十万元以下的罚款；造成损失的，依法承担赔偿责任。

第八十六条 违反本法规定，外国的组织或者个人未经批准，在中华人民共和国领域和中华人民共和国管辖的其他海域从事地震监测活动的，由国务院地震工作主管部门责令停止违法行为，没收监测成果和监测设施，并处一万元以上十万元以下的罚款；情节严重的，并处十万元以上五十万元以下的罚款。

外国人有前款规定行为的，除依照前款规定处罚外，还应当依照外国人入境出境管理法律的规定缩短其在中华人民共和国停留的期限或者取消其在中华人民共和国居留的资格；情节严重的，限期出境或者驱逐出境。

第八十七条 未依法进行地震安全性评价，或者未按照地震安全性评价报告所确定的抗震设防要求进行抗震设防的，由国务院地震工作主管部门或者县级以上地方人民政府负责管理地震工作的部门或者机构责令限期改正；逾期不改正的，处三万元以上三十万元以下的罚款。

第八十八条 违反本法规定，向社会散布地震预测意见、地震预报意见及其评审结果，或者在地震灾后过渡性安置、地震灾后恢复重建中扰乱社会秩序，构成违反治安管理行为的，由公安机关依法给予处罚。

第八十九条 地震灾区的县级以上地方人

民政府迟报、谎报、瞒报地震震情、灾情等信息的，由上级人民政府责令改正；对直接负责的主管人员和其他直接责任人员，依法给予处分。

第九十条 侵占、截留、挪用地震应急救援、地震灾后过渡性安置或者地震灾后恢复重建的资金、物资的，由财政部门、审计机关在各自职责范围内，责令改正，追回被侵占、截留、挪用的资金、物资；有违法所得的，没收违法所得；对单位给予警告或者通报批评；对直接负责的主管人员和其他直接责任人员，依法给予处分。

第九十一条 违反本法规定，构成犯罪的，依法追究刑事责任。

第九章 附 则

第九十二条 本法下列用语的含义：

（一）地震监测设施，是指用于地震信息检测、传输和处理的设备、仪器和装置以及配套的监测场地。

（二）地震观测环境，是指按照国家有关标准划定的保障地震监测设施不受干扰、能够正常发挥工作效能的空间范围。

（三）重大建设工程，是指对社会有重大价值或者有重大影响的工程。

（四）可能发生严重次生灾害的建设工程，是指受地震破坏后可能引发水灾、火灾、爆炸，或者剧毒、强腐蚀性、放射性物质大量泄漏，以及其他严重次生灾害的建设工程，包括水库大坝和贮油、贮气设施，贮存易燃易爆或者剧毒、强腐蚀性、放射性物质的设施，以及其他可能发生严重次生灾害的建设工程。

（五）地震烈度区划图，是指以地震烈度（以等级表示的地震影响强弱程度）为指标，将全国划分为不同抗震设防要求区域的图件。

（六）地震动参数区划图，是指以地震动参数（以加速度表示地震作用强弱程度）为指标，将全国划分为不同抗震设防要求区域的图件。

（七）地震小区划图，是指根据某一区域的具体场地条件，对该区域的抗震设防要求进行详细划分的图件。

第九十三条 本法自2009年5月1日起施行。

中华人民共和国专利法（2008年修正）

（中华人民共和国主席令第8号，1984年3月12日第六届全国人民代表大会常务委员会第四次会议通过，根据1992年9月4日第七届全国人民代表大会常务委员会第二十七次会议《关于修改〈中华人民共和国专利法〉的决定》第一次修正，根据2000年8月25日第九届全国人民代表大会常务委员会第十七次会议《关于修改〈中华人民共和国专利法〉的决定》第二次修正，根据2008年12月27日第十一届全国人民代表大会常务委员会第六次会议《关于修改〈中华人民共和国专利法〉的决定》第三次修正）

目 录

第一章 总 则

第一条 为了保护专利权人的合法权益，鼓励发明创造，推动发明创造的应用，提高创新能力，促进科学技术进步和经济社会发展，制定本法。

第二条 本法所称的发明创造是指发明、实用新型和外观设计。

发明，是指对产品、方法或者其改进所提出的新的技术方案。

实用新型，是指对产品的形状、构造或者其结合所提出的适于实用的新的技术方案。

外观设计，是指对产品的形状、图案或者其结合以及色彩与形状、图案的结合所作出的富有美感并适于工业应用的新设计。

第三条 国务院专利行政部门负责管理全国的专利工作；统一受理和审查专利申请，依法授予专利权。

省、自治区、直辖市人民政府管理专利工作的部门负责本行政区域内的专利管理工作。

第四条 申请专利的发明创造涉及国家安全或者重大利益需要保密的，按照国家有关规定办理。

第五条 对违反法律、社会公德或者妨害公共利益的发明创造，不授予专利权。

对违反法律、行政法规的规定获取或者利用遗传资源，并依赖该遗传资源完成的发明创造，不授予专利权。

第六条 执行本单位的任务或者主要是利用本单位的物质技术条件所完成的发明创造为职务发明创造。职务发明创造申请专利的权利属于该单位；申请被批准后，该单位为专利权人。

非职务发明创造，申请专利的权利属于发明人或者设计人；申请被批准后，该发明人或者设计人为专利权人。

利用本单位的物质技术条件所完成的发明创造，单位与发明人或者设计人订有合同，对申请专利的权利和专利权的归属作出约定的，从其约定。

第七条 对发明人或者设计人的非职务发明创造专利申请，任何单位或者个人不得压制。

第八条 两个以上单位或者个人合作完成的发明创造、一个单位或者个人接受其他单位或者个人委托所完成的发明创造，除另有协议的以外，申请专利的权利属于完成或者共同完成的单位或者个人；申请被批准后，申请的单位或者个人为专利权人。

第九条 同样的发明创造只能授予一项专利权。但是，同一申请人同日对同样的发明创造既申请实用新型专利又申请发明专利，先获得的实用新型专利权尚未终止，且申请人声明放弃该实用新型专利权的，可以授予发明专利权。

两个以上的申请人分别就同样的发明创造申请专利的，专利权授予最先申请的人。

第十条 专利申请权和专利权可以转让。

中国单位或者个人向外国人、外国企业或者外国其他组织转让专利申请权或者专利权的，应当依照有关法律、行政法规的规定办理手续。

转让专利申请权或者专利权的，当事人应当订立书面合同，并向国务院专利行政部门登记，由国务院专利行政部门予以公告。专利申请权或者专利权的转让自登记之日起生效。

第十一条 发明和实用新型专利权被授予后，除本法另有规定的以外，任何单位或者个人未经专利权人许可，都不得实施其专利，即不得为生产经营目的制造、使用、许诺销售、销售、进口其专利产品，或者使用其专利方法以及使用、许诺销售、销售、进口依照该专利方法直接获得的产品。

外观设计专利权被授予后，任何单位或者个人未经专利权人许可，都不得实施其专利，即不得为生产经营目的制造、许诺销售、销售、进口其外观设计专利产品。

第十二条 任何单位或者个人实施他人专利的，应当与专利权人订立实施许可合同，向专利权人支付专利使用费。被许可人无权允许合同规定以外的任何单位或者个人实施该专利。

第十三条 发明专利申请公布后，申请人可以要求实施其发明的单位或者个人支付适当的费用。

第十四条 国有企业事业单位的发明专利，对国家利益或者公共利益具有重大意义的，国务院有关主管部门和省、自治区、直辖市人民政府报经国务院批准，可以决定在批准的范围内推广应用，允许指定的单位实施，由实施单位按照国家规定向专利权人支付使用费。

第十五条 专利申请权或者专利权的共有人对权利的行使有约定的，从其约定。没有约定的，共有人可以单独实施或者以普通许可方式许可他人实施该专利；许可他人实施该专利的，收取的使用费应当在共有人之间分配。

除前款规定的情形外，行使共有的专利申请权或者专利权应当取得全体共有人的同意。

第十六条 被授予专利权的单位应当对职务发明创造的发明人或者设计人给予奖励；发明创造专利实施后，根据其推广应用的范围和取得的经济效益，对发明人或者设计人给予合理的报酬。

第十七条 发明人或者设计人有权在专利文件中写明自己是发明人或者设计人。

专利权人有权在其专利产品或者该产品的包装上标明专利标识。

第十八条 在中国没有经常居所或者营业所的外国人、外国企业或者外国其他组织在中国申请专利的，依照其所属国同中国签订的协议或者共同参加的国际条约，或者依照互惠原则，根据本法办理。

第十九条 在中国没有经常居所或者营业所的外国人、外国企业或者外国其他组织在中国申请专利和办理其他专利事务的，应当委托依法设立的专利代理机构办理。

中国单位或者个人在国内申请专利和办理其他专利事务的，可以委托依法设立的专利代理机构办理。

专利代理机构应当遵守法律、行政法规，按照被代理人的委托办理专利申请或者其他专利事务；对被代理人发明创造的内容，除专利申请已经公布或者公告的以外，负有保密责任。专利代理机构的具体管理办法由国务院规定。

第二十条 任何单位或者个人将在中国完成的发明或者实用新型向外国申请专利的，应当事先报经国务院专利行政部门进行保密审查。保密审查的程序、期限等按照国务院的规定执行。

中国单位或者个人可以根据中华人民共和国参加的有关国际条约提出专利国际申请。申请人提出专利国际申请的，应当遵守前款规定。

国务院专利行政部门依照中华人民共和国参加的有关国际条约、本法和国务院有关规定处理专利国际申请。

对违反本条第一款规定向外国申请专利的发明或者实用新型，在中国申请专利的，不授予专利权。

第二十一条 国务院专利行政部门及其专利复审委员会应当按照客观、公正、准确、及时的要求，依法处理有关专利的申请和请求。

国务院专利行政部门应当完整、准确、及时发布专利信息，定期出版专利公报。

在专利申请公布或者公告前，国务院专利行政部门的工作人员及有关人员对其内容负有保密责任。

第二章　授予专利权的条件

第二十二条 授予专利权的发明和实用新型，应当具备新颖性、创造性和实用性。

新颖性，是指该发明或者实用新型不属于现有技术；也没有任何单位或者个人就同样的发明或者实用新型在申请日以前向国务院专利行政部门提出过申请，并记载在申请日以后公布的专利申请文件或者公告的专利文件中。

创造性，是指与现有技术相比，该发明具有突出的实质性特点和显著的进步，该实用新型具有实质性特点和进步。

实用性，是指该发明或者实用新型能够制造或者使用，并且能够产生积极效果。

本法所称现有技术，是指申请日以前在国内外为公众所知的技术。

第二十三条 授予专利权的外观设计，应当不属于现有设计；也没有任何单位或者个人就同样的外观设计在申请日以前向国务院专利行政部门提出过申请，并记载在申请日以后公告的专利文件中。

授予专利权的外观设计与现有设计或者现有设计特征的组合相比，应当具有明显区别。

授予专利权的外观设计不得与他人在申请日以前已经取得的合法权利相冲突。

本法所称现有设计，是指申请日以前在国内外为公众所知的设计。

第二十四条 申请专利的发明创造在申请日以前六个月内，有下列情形之一的，不丧失新颖性：

（一）在中国政府主办或者承认的国际展览会上首次展出的；

（二）在规定的学术会议或者技术会议上首次发表的；

（三）他人未经申请人同意而泄露其内容的。

第二十五条 对下列各项，不授予专利权：

（一）科学发现；

（二）智力活动的规则和方法；

（三）疾病的诊断和治疗方法；

（四）动物和植物品种；

（五）用原子核变换方法获得的物质；

（六）对平面印刷品的图案、色彩或者二者的结合作出的主要起标识作用的设计。

对前款第（四）项所列产品的生产方法，可以依照本法规定授予专利权。

第三章 专利的申请

第二十六条 申请发明或者实用新型专利的，应当提交请求书、说明书及其摘要和权利要求书等文件。

请求书应当写明发明或者实用新型的名称，发明人的姓名，申请人姓名或者名称、地址，以及其他事项。

说明书应当对发明或者实用新型作出清楚、完整的说明，以所属技术领域的技术人员能够实现为准；必要的时候，应当有附图。摘要应当简要说明发明或者实用新型的技术要点。

权利要求书应当以说明书为依据，清楚、简要地限定要求专利保护的范围。

依赖遗传资源完成的发明创造，申请人应当在专利申请文件中说明该遗传资源的直接来源和原始来源；申请人无法说明原始来源的，应当陈述理由。

第二十七条 申请外观设计专利的，应当提交请求书、该外观设计的图片或者照片以及对该外观设计的简要说明等文件。

申请人提交的有关图片或者照片应当清楚地显示要求专利保护的产品的外观设计。

第二十八条 国务院专利行政部门收到专利申请文件之日为申请日。如果申请文件是邮寄的，以寄出的邮戳日为申请日。

第二十九条 申请人自发明或者实用新型在外国第一次提出专利申请之日起十二个月内，或者自外观设计在外国第一次提出专利申请之日起六个月内，又在中国就相同主题提出专利申请的，依照该外国同中国签订的协议或者共同参加的国际条约，或者依照相互承认优先权的原则，可以享有优先权。

申请人自发明或者实用新型在中国第一次提出专利申请之日起十二个月内，又向国务院专利行政部门就相同主题提出专利申请的，可以享有优先权。

第三十条 申请人要求优先权的，应当在申请的时候提出书面声明，并且在三个月内提交第一次提出的专利申请文件的副本；未提出书面声明或者逾期未提交专利申请文件副本的，视为未要求优先权。

第三十一条 一件发明或者实用新型专利申请应当限于一项发明或者实用新型。属于一个总的发明构思的两项以上的发明或者实用新型，可以作为一件申请提出。

一件外观设计专利申请应当限于一项外观设计。同一产品两项以上的相似外观设计，或者用于同一类别并且成套出售或者使用的产品的两项以上外观设计，可以作为一件申请提出。

第三十二条 申请人可以在被授予专利权之前随时撤回其专利申请。

第三十三条 申请人可以对其专利申请文件进行修改，但是，对发明和实用新型专利申请文件的修改不得超出原说明书和权利要求书记载的范围，对外观设计专利申请文件的修改不得超出原图片或者照片表示的范围。

第四章 专利申请的审查和批准

第三十四条 国务院专利行政部门收到发明专利申请后，经初步审查认为符合本法要求的，自申请日起满十八个月，即行公布。国务院专利行政部门可以根据申请人的请求早日公布其申请。

第三十五条 发明专利申请自申请日起三年内，国务院专利行政部门可以根据申请人随时提出的请求，对其申请进行实质审查；申请人无正当理由逾期不请求实质审查的，该申请即被视为撤回。

国务院专利行政部门认为必要的时候，可以自行对发明专利申请进行实质审查。

第三十六条 发明专利的申请人请求实质审查的时候，应当提交在申请日前与其发明有关的参考资料。

发明专利已经在外国提出过申请的，国务院专利行政部门可以要求申请人在指定期限内提交该国为审查其申请进行检索的资料或者审查结果的资料；无正当理由逾期不提交的，该申请即被视为撤回。

第三十七条 国务院专利行政部门对发明专利申请进行实质审查后，认为不符合本法规定的，应当通知申请人，要求其在指定的期限内陈述意见，或者对其申请进行修改；无正当理由逾期不答复的，该申请即被视为撤回。

第三十八条 发明专利申请经申请人陈述意见或者进行修改后，国务院专利行政部门仍然认为不符合本法规定的，应当予以驳回。

第三十九条 发明专利申请经实质审查没有发现驳回理由的，由国务院专利行政部门作出授予发明专利权的决定，发给发明专利证书，同时予以登记和公告。发明专利权自公告之日起生效。

第四十条 实用新型和外观设计专利申请经初步审查没有发现驳回理由的，由国务院专利行政部门作出授予实用新型专利权或者外观设计专利权的决定，发给相应的专利证书，同时予以登记和公告。实用新型专利权和外观设计专利权自公告之日起生效。

第四十一条 国务院专利行政部门设立专利复审委员会。专利申请人对国务院专利行政部门驳回申请的决定不服的，可以自收到通知之日起三个月内，向专利复审委员会请求复审。专利复审委员会复审后，作出决定，并通知专利申请人。

专利申请人对专利复审委员会的复审决定不服的，可以自收到通知之日起三个月内向人民法院起诉。

第五章 专利权的期限、终止和无效

第四十二条 发明专利权的期限为二十年，实用新型专利权和外观设计专利权的期限为十年，均自申请日起计算。

第四十三条 专利权人应当自被授予专利权的当年开始缴纳年费。

第四十四条 有下列情形之一的，专利权在期限届满前终止：

（一）没有按照规定缴纳年费的；

（二）专利权人以书面声明放弃其专利权的。

专利权在期限届满前终止的，由国务院专利行政部门登记和公告。

第四十五条 自国务院专利行政部门公告授予专利权之日起，任何单位或者个人认为该专利权的授予不符合本法有关规定的，可以请求专利复审委员会宣告该专利权无效。

第四十六条 专利复审委员会对宣告专利权无效的请求应当及时审查和作出决定，并通知请求人和专利权人。宣告专利权无效的决定，由国务院专利行政部门登记和公告。

对专利复审委员会宣告专利权无效或者维持专利权的决定不服的，可以自收到通知之日起三个月内向人民法院起诉。人民法院应当通知无效宣告请求程序的对方当事人作为第三人参加诉讼。

第四十七条 宣告无效的专利权视为自始即不存在。

宣告专利权无效的决定，对在宣告专利权无效前人民法院作出并已执行的专利侵权的判决、调解书，已经履行或者强制执行的专利侵权纠纷处理决定，以及已经履行的专利实施许可合同和专利权转让合同，不具有追溯力。但是因专利权人的恶意给他人造成的损失，应当给予赔偿。

依照前款规定不返还专利侵权赔偿金、专利使用费、专利权转让费，明显违反公平原则的，应当全部或者部分返还。

第六章 专利实施的强制许可

第四十八条 有下列情形之一的，国务院专利行政部门根据具备实施条件的单位或者个人的申请，可以给予实施发明专利或者实用新型专利的强制许可：

（一）专利权人自专利权被授予之日起满三年，且自提出专利申请之日起满四年，无正当理由未实施或者未充分实施其专利的；

（二）专利权人行使专利权的行为被依法认定为垄断行为，为消除或者减少该行为对竞争产生的不利影响的。

第四十九条 在国家出现紧急状态或者非常情况时，或者为了公共利益的目的，国务院专利行政部门可以给予实施发明专利或者实用新型专利的强制许可。

第五十条 为了公共健康目的，对取得专利权的药品，国务院专利行政部门可以给予制造并将其出口到符合中华人民共和国参加的有关国际条约规定的国家或者地区的强制许可。

第五十一条 一项取得专利权的发明或者实用新型比前已经取得专利权的发明或者实用新型具有显著经济意义的重大技术进步，其实施又有赖于前一发明或者实用新型的实施的，国务院专利行政部门根据后一专利权人的申请，可以给予实施前一发明或者实用新型的强制许可。

在依照前款规定给予实施强制许可的情形下，国务院专利行政部门根据前一专利权人的申请，也可以给予实施后一发明或者实用新型的强制许可。

第五十二条 强制许可涉及的发明创造为半导体技术的，其实施限于公共利益的目的和本法第四十八条第（二）项规定的情形。

第五十三条 除依照本法第四十八条第（二）项、第五十条规定给予的强制许可外，强制许可的实施应当主要为了供应国内市场。

第五十四条 依照本法第四十八条第（一）项、第五十一条规定申请强制许可的单位或者个人应当提供证据，证明其以合理的条件请求专利权人许可其实施专利，但未能在合理的时间内获得许可。

第五十五条 国务院专利行政部门作出的给予实施强制许可的决定，应当及时通知专利权人，并予以登记和公告。

给予实施强制许可的决定，应当根据强制许可的理由规定实施的范围和时间。强制许可的理由消除并不再发生时，国务院专利行政部门应当根据专利权人的请求，经审查后作出终止实施强制许可的决定。

第五十六条 取得实施强制许可的单位或者个人不享有独占的实施权，并且无权允许他人实施。

第五十七条 取得实施强制许可的单位或者个人应当付给专利权人合理的使用费，或者依照中华人民共和国参加的有关国际条约的规定处理使用费问题。付给使用费的，其数额由双方协商；双方不能达成协议的，由国务院专利行政部门裁决。

第五十八条 专利权人对国务院专利行政部门关于实施强制许可的决定不服的，专利权人和取得实施强制许可的单位或者个人对国务院专利行政部门关于实施强制许可的使用费的裁决不服的，可以自收到通知之日起三个月内向人民法院起诉。

第七章 专利权的保护

第五十九条 发明或者实用新型专利权的保护范围以其权利要求的内容为准，说明书及附图可以用于解释权利要求的内容。

外观设计专利权的保护范围以表示在图片或者照片中的该产品的外观设计为准，简要说明可以用于解释图片或者照片所表示的该产品的外观设计。

第六十条 未经专利权人许可，实施其专利，即侵犯其专利权，引起纠纷的，由当事人协商解决；不愿协商或者协商不成的，专利权人或者利害关系人可以向人民法院起诉，也可以请求管理专利工作的部门处理。管理专利工作的部门处理时，认定侵权行为成立的，可以责令侵权人立即停止侵权行为，当事人不服的，可以自收到处理通知之日起十五日内依照《中华人民共和国行政诉讼法》向人民法院起诉；侵权人期满不起诉又不停止侵权行为的，管理专利工作的部门可以申请人民法院强制执行。进行处理的管理专利工作的部门应当事人的请求，可以就侵犯专利权的赔偿数额进行调解；调解不成的，当事人可以依照《中华人民共和国民事诉讼法》向人民法院起诉。

第六十一条 专利侵权纠纷涉及新产品制造方法的发明专利的，制造同样产品的单位或者个人应当提供其产品制造方法不同于专利方法的证明。

专利侵权纠纷涉及实用新型专利或者外观设计专利的，人民法院或者管理专利工作的部门可以要求专利权人或者利害关系人出具由国务院专利行政部门对相关实用新型或者外观设计进行检索、分析和评价后作出的专利权评价报告，作为审理、处理专利侵权纠纷的证据。

第六十二条 在专利侵权纠纷中，被控侵权人有证据证明其实施的技术或者设计属于现有技术或者现有设计的，不构成侵犯专利权。

第六十三条 假冒专利的，除依法承担民事责任外，由管理专利工作的部门责令改正并予公告，没收违法所得，可以并处违法所得四倍以下的罚款；没有违法所得的，可以处二十万元以下的罚款；构成犯罪的，依法追究刑事责任。

第六十四条 管理专利工作的部门根据已经取得的证据，对涉嫌假冒专利行为进行查处时，可以询问有关当事人，调查与涉嫌违法行为有关的情况；对当事人涉嫌违法行为的场所实施现场检查；查阅、复制与涉嫌违法行为有关的合同、发票、账簿以及其他有关资料；检查与涉嫌违法行为有关的产品，对有证据证明是假冒专利的产品，可以查封或者扣押。

管理专利工作的部门依法行使前款规定的职权时，当事人应当予以协助、配合，不得拒绝、阻挠。

第六十五条 侵犯专利权的赔偿数额按照权利人因被侵权所受到的实际损失确定；实际损失难以确定的，可以按照侵权人因侵权所获得的利益确定。权利人的损失或者侵权人获得的利益难以确定的，参照该专利许可使用费的倍数合理确定。赔偿数额还应当包括权利人为制止侵权行为所支付的合理开支。

权利人的损失、侵权人获得的利益和专利许可使用费均难以确定的，人民法院可以根据专利权的类型、侵权行为的性质和情节等因素，确定给予一万元以上一百万元以下的赔偿。

第六十六条 专利权人或者利害关系人有证据证明他人正在实施或者即将实施侵犯专利权的行为，如不及时制止将会使其合法权益受到难以弥补的损害的，可以在起诉前向人民法院申请采取责令停止有关行为的措施。

申请人提出申请时，应当提供担保；不提供担保的，驳回申请。

人民法院应当自接受申请之时起四十八小时内作出裁定；有特殊情况需要延长的，可以延长四十八小时。裁定责令停止有关行为的，应当立即执行。当事人对裁定不服的，可以申请复议一次；复议期间不停止裁定的执行。

申请人自人民法院采取责令停止有关行为的措施之日起十五日内不起诉的，人民法院应当解除该措施。

申请有错误的，申请人应当赔偿被申请人因停止有关行为所遭受的损失。

第六十七条 为了制止专利侵权行为，在证据可能灭失或者以后难以取得的情况下，专利权人或者利害关系人可以在起诉前向人民法院申请保全证据。

人民法院采取保全措施，可以责令申请人提供担保；申请人不提供担保的，驳回申请。

人民法院应当自接受申请之时起四十八小时内作出裁定；裁定采取保全措施的，应当立即执行。

申请人自人民法院采取保全措施之日起十五日内不起诉的，人民法院应当解除该措施。

第六十八条 侵犯专利权的诉讼时效为二年，自专利权人或者利害关系人得知或者应当得知侵权行为之日起计算。

发明专利申请公布后至专利权授予前使用该发明未支付适当使用费的，专利权人要求支付使用费的诉讼时效为二年，自专利权人得知或者应当得知他人使用其发明之日起计算，但是，专利权人于专利权授予之日前即已得知或者应当得知的，自专利权授予之日起计算。

第六十九条 有下列情形之一的，不视为侵犯专利权：

（一）专利产品或者依照专利方法直接获得的产品，由专利权人或者经其许可的单位、个人售出后，使用、许诺销售、销售、进口该产品的；

（二）在专利申请日前已经制造相同产品、使用相同方法或者已经作好制造、使用的必要准备，并且仅在原有范围内继续制造、使用的；

（三）临时通过中国领陆、领水、领空的外国运输工具，依照其所属国同中国签订的协议或者共同参加的国际条约，或者依照互惠原则，为运输工具自身需要而在其装置和设备中使用有关专利的；

（四）专为科学研究和实验而使用有关专利的；

（五）为提供行政审批所需要的信息，制造、使用、进口专利药品或者专利医疗器械的，以及专门为其制造、进口专利药品或者专利医疗器械的。

第七十条 为生产经营目的使用、许诺销售或者销售不知道是未经专利权人许可而制造并售出的专利侵权产品，能证明该产品合法来源的，不承担赔偿责任。

第七十一条 违反本法第二十条规定向外国申请专利，泄露国家秘密的，由所在单位或者上级主管机关给予行政处分；构成犯罪的，依法追究刑事责任。

第七十二条 侵夺发明人或者设计人的非职务发明创造专利申请权和本法规定的其他权益的，由所在单位或者上级主管机关给予行政处分。

第七十三条 管理专利工作的部门不得参与向社会推荐专利产品等经营活动。

管理专利工作的部门违反前款规定的，由其上级机关或者监察机关责令改正，消除影响，有违法收入的予以没收；情节严重的，对直接负责的主管人员和其他直接责任人员依法给予行政处分。

第七十四条 从事专利管理工作的国家机关工作人员以及其他有关国家机关工作人员玩忽职守、滥用职权、徇私舞弊，构成犯罪的，依法追究刑事责任；尚不构成犯罪的，依法给予行政处分。

第八章　附　则

第七十五条 向国务院专利行政部门申请专利和办理其他手续，应当按照规定缴纳费用。

第七十六条 本法自 1985 年 4 月 1 日起施行。

中华人民共和国食品安全法

（中华人民共和国主席令第 9 号，2009 年 2 月 28 日中华人民共和国第十一届全国人民代表大会常务委员会第七次会议通过，自 2009 年 6 月 1 日起施行）

目　录

第一章 总则

第一条 为保证食品安全，保障公众身体健康和生命安全，制定本法。

第二条 在中华人民共和国境内从事下列活动，应当遵守本法：

（一）食品生产和加工（以下称食品生产），食品流通和餐饮服务（以下称食品经营）；

（二）食品添加剂的生产经营；

（三）用于食品的包装材料、容器、洗涤剂、消毒剂和用于食品生产经营的工具、设备（以下称食品相关产品）的生产经营；

（四）食品生产经营者使用食品添加剂、食品相关产品；

（五）对食品、食品添加剂和食品相关产品的安全管理。

供食用的源于农业的初级产品（以下称食用农产品）的质量安全管理，遵守《中华人民共和国农产品质量安全法》的规定。但是，制定有关食用农产品的质量安全标准、公布食用农产品安全有关信息，应当遵守本法的有关规定。

第三条 食品生产经营者应当依照法律、法规和食品安全标准从事生产经营活动，对社会和公众负责，保证食品安全，接受社会监督，承担社会责任。

第四条 国务院设立食品安全委员会，其工作职责由国务院规定。

国务院卫生行政部门承担食品安全综合协调职责，负责食品安全风险评估、食品安全标准制定、食品安全信息公布、食品检验机构的资质认定条件和检验规范的制定，组织查处食品安全重大事故。

国务院质量监督、工商行政管理和国家食品药品监督管理部门依照本法和国务院规定的职责，分别对食品生产、食品流通、餐饮服务活动实施监督管理。

第五条 县级以上地方人民政府统一负责、领导、组织、协调本行政区域的食品安全监督管理工作，建立健全食品安全全程监督管理的工作机制；统一领导、指挥食品安全突发事件应对工作；完善、落实食品安全监督管理责任制，对食品安全监督管理部门进行评议、考核。

县级以上地方人民政府依照本法和国务院的规定确定本级卫生行政、农业行政、质量监督、工商行政管理、食品药品监督管理部门的食品安全监督管理职责。有关部门在各自职责范围内负责本行政区域的食品安全监督管理工作。

上级人民政府所属部门在下级行政区域设置的机构应当在所在地人民政府的统一组织、协调下，依法做好食品安全监督管理工作。

第六条 县级以上卫生行政、农业行政、质量监督、工商行政管理、食品药品监督管理部门应当加强沟通、密切配合，按照各自职责分工，依法行使职权，承担责任。

第七条 食品行业协会应当加强行业自律，引导食品生产经营者依法生产经营，推动行业诚信建设，宣传、普及食品安全知识。

第八条 国家鼓励社会团体、基层群众性自治组织开展食品安全法律、法规以及食品安全标准和知识的普及工作，倡导健康的饮食方式，增强消费者食品安全意识和自我保护能力。

新闻媒体应当开展食品安全法律、法规以及食品安全标准和知识的公益宣传，并对违反本法的行为进行舆论监督。

第九条 国家鼓励和支持开展与食品安全有关的基础研究和应用研究，鼓励和支持食品生产经营者为提高食品安全水平采用先进技术和先进管理规范。

第十条 任何组织或者个人有权举报食品生产经营中违反本法的行为，有权向有关部门了解食品安全信息，对食品安全监督管理工作提出意见和建议。

第二章 食品安全风险监测和评估

第十一条 国家建立食品安全风险监测制度，对食源性疾病、食品污染以及食品中的有害因素进行监测。

国务院卫生行政部门会同国务院有关部门制定、实施国家食品安全风险监测计划。省、自治区、直辖市人民政府卫生行政部门根据国家食品安全风险监测计划，结合本行政区域的具体情况，组织制定、实施本行政区域的食品安全风险监测方案。

第十二条 国务院农业行政、质量监督、工商行政管理和国家食品药品监督管理等有关部门获知有关食品安全风险信息后，应当立即向国务院卫生行政部门通报。国务院卫生行政部门会同有关部门对信息核实后，应当及时调整食品安全风险监测计划。

第十三条 国家建立食品安全风险评估制度，对食品、食品添加剂中生物性、化学性和物理性危害进行风险评估。

国务院卫生行政部门负责组织食品安全风险评估工作，成立由医学、农业、食品、营养等方面的专家组成的食品安全风险评估专家委员会进行食品安全风险评估。

对农药、肥料、生长调节剂、兽药、饲料和饲料添加剂等的安全性评估，应当有食品安全风险评估专家委员会的专家参加。

食品安全风险评估应当运用科学方法，根据食品安全风险监测信息、科学数据以及其他有关信息进行。

第十四条 国务院卫生行政部门通过食品安全风险监测或者接到举报发现食品可能存在安全隐患的，应当立即组织进行检验和食品安全风险评估。

第十五条 国务院农业行政、质量监督、工商行政管理和国家食品药品监督管理等有关部门应当向国务院卫生行政部门提出食品安全风险评估的建议，并提供有关信息和资料。

国务院卫生行政部门应当及时向国务院有关部门通报食品安全风险评估的结果。

第十六条 食品安全风险评估结果是制定、修订食品安全标准和对食品安全实施监督管理的科学依据。

食品安全风险评估结果得出食品不安全结论的，国务院质量监督、工商行政管理和国家食品药品监督管理部门应当依据各自职责立即采取相应措施，确保该食品停止生产经营，并告知消费者停止食用；需要制定、修订相关食品安全国家标准的，国务院卫生行政部门应当立即制定、修订。

第十七条 国务院卫生行政部门应当会同国务院有关部门，根据食品安全风险评估结果、食品安全监督管理信息，对食品安全状况进行综合分析。对经综合分析表明可能具有较高程度安全风险的食品，国务院卫生行政部门应当及时提出食品安全风险警示，并予以公布。

第三章 食品安全标准

第十八条 制定食品安全标准，应当以保障公众身体健康为宗旨，做到科学合理、安全可靠。

第十九条 食品安全标准是强制执行的标准。除食品安全标准外，不得制定其他的食品强制性标准。

第二十条 食品安全标准应当包括下列内容：

（一）食品、食品相关产品中的致病性微生物、农药残留、兽药残留、重金属、污染物质以及其他危害人体健康物质的限量规定；

（二）食品添加剂的品种、使用范围、用量；

（三）专供婴幼儿和其他特定人群的主辅食品的营养成分要求；

（四）对与食品安全、营养有关的标签、标识、说明书的要求；

（五）食品生产经营过程的卫生要求；

（六）与食品安全有关的质量要求；

（七）食品检验方法与规程；

（八）其他需要制定为食品安全标准的内容。

第二十一条 食品安全国家标准由国务院卫生行政部门负责制定、公布，国务院标准化行政部门提供国家标准编号。

食品中农药残留、兽药残留的限量规定及其检验方法与规程由国务院卫生行政部门、国务院农业行政部门制定。

屠宰畜、禽的检验规程由国务院有关主管部门会同国务院卫生行政部门制定。

有关产品国家标准涉及食品安全国家标准规定内容的，应当与食品安全国家标准相一致。

第二十二条 国务院卫生行政部门应当对现行的食用农产品质量安全标准、食品卫生标准、食品质量标准和有关食品的行业标准中强制执行的标准予以整合，统一公布为食品安全国家标准。

本法规定的食品安全国家标准公布前，食品生产经营者应当按照现行食用农产品质量安全标准、食品卫生标准、食品质量标准和有关食品的行业标准生产经营食品。

第二十三条 食品安全国家标准应当经食品安全国家标准审评委员会审查通过。食品安全国家标准审评委员会由医学、农业、食品、营养等方面的专家以及国务院有关部门的代表组成。

制定食品安全国家标准，应当依据食品安全风险评估结果并充分考虑食用农产品质量安全风险评估结果，参照相关的国际标准和国际食品安全风险评估结果，并广泛听取食品生产经营者和消费者的意见。

第二十四条 没有食品安全国家标准的，可以制定食品安全地方标准。

省、自治区、直辖市人民政府卫生行政部门组织制定食品安全地方标准，应当参照执行本法有关食品安全国家标准制定的规定，并报国务院卫生行政部门备案。

第二十五条 企业生产的食品没有食品安全国家标准或者地方标准的，应当制定企业标准，作为组织生产的依据。国家鼓励食品生产企业制定严于食品安全国家标准或者地方标准的企业标准。企业标准应当报省级卫生行政部门备案，在本企业内部适用。

第二十六条 食品安全标准应当供公众免费查阅。

第四章 食品生产经营

第二十七条 食品生产经营应当符合食品安全标准，并符合下列要求：

（一）具有与生产经营的食品品种、数量相适应的食品原料处理和食品加工、包装、贮存等场所，保持该场所环境整洁，并与有毒、有害场所以及其他污染源保持规定的距离；

（二）具有与生产经营的食品品种、数量相适应的生产经营设备或者设施，有相应的消毒、更衣、盥洗、采光、照明、通风、防腐、防尘、防蝇、防鼠、防虫、洗涤以及处理废水、存放垃圾和废弃物的设备或者设施；

（三）有食品安全专业技术人员、管理人员和保证食品安全的规章制度；

（四）具有合理的设备布局和工艺流程，防止待加工食品与直接入口食品、原料与成品交叉污染，避免食品接触有毒物、不洁物；

（五）餐具、饮具和盛放直接入口食品的容器，使用前应当洗净、消毒，炊具、用具用后应当洗净，保持清洁；

（六）贮存、运输和装卸食品的容器、工具和设备应当安全、无害，保持清洁，防止食品污染，并符合保证食品安全所需的温度等特殊要求，不得将食品与有毒、有害物品一同运输；

（七）直接入口的食品应当有小包装或者使用无毒、清洁的包装材料、餐具；

（八）食品生产经营人员应当保持个人卫生，生产经营食品时，应当将手洗净，穿戴清洁的工作衣、帽；销售无包装的直接入口食品时，应当使用无毒、清洁的售货工具；

（九）用水应当符合国家规定的生活饮用水卫生标准；

（十）使用的洗涤剂、消毒剂应当对人体安全、无害；

（十一）法律、法规规定的其他要求。

第二十八条 禁止生产经营下列食品：

（一）用非食品原料生产的食品或者添加食品添加剂以外的化学物质和其他可能危害人体健康物质的食品，或者用回收食品作为原料生产的食品；

（二）致病性微生物、农药残留、兽药残留、重金属、污染物质以及其他危害人体健康的物质含量超过食品安全标准限量的食品；

（三）营养成分不符合食品安全标准的专供婴幼儿和其他特定人群的主辅食品；

（四）腐败变质、油脂酸败、霉变生虫、污秽不洁、混有异物、掺假掺杂或者感官性状异常的食品；

（五）病死、毒死或者死因不明的禽、畜、兽、水产动物肉类及其制品；

（六）未经动物卫生监督机构检疫或者检疫不合格的肉类，或者未经检验或者检验不合格的肉类制品；

（七）被包装材料、容器、运输工具等污染的食品；

（八）超过保质期的食品；

（九）无标签的预包装食品；

（十）国家为防病等特殊需要明令禁止生产经营的食品；

（十一）其他不符合食品安全标准或者要求的食品。

第二十九条 国家对食品生产经营实行许可制度。从事食品生产、食品流通、餐饮服务，应当依法取得食品生产许可、食品流通许可、餐饮服务许可。

取得食品生产许可的食品生产者在其生产场所销售其生产的食品，不需要取得食品流通的许可；取得餐饮服务许可的餐饮服务提供者在其餐饮服务场所出售其制作加工的食品，不需要取得食品生产和流通的许可；农民个人销售其自产的食用农产品，不需要取得食品流通的许可。

食品生产加工小作坊和食品摊贩从事食品生产经营活动，应当符合本法规定的与其生产经营规模、条件相适应的食品安全要求，保证所生产经营的食品卫生、无毒、无害，有关部门应当对其加强监督管理，具体管理办法由省、自治区、直辖市人民代表大会常务委员会依照本法制定。

第三十条 县级以上地方人民政府鼓励食品生产加工小作坊改进生产条件；鼓励食品摊贩进入集中交易市场、店铺等固定场所经营。

第三十一条 县级以上质量监督、工商行政管理、食品药品监督管理部门应当依照《中华人民共和国行政许可法》的规定，审核申请人提交的本法第二十七条第一项至第四项规定要求的相关资料，必要时对申请人的生产经营场所进行现场核查；对符合规定条件的，决定准予许可；对不符合规定条件的，决定不予许可并书面说明理由。

第三十二条 食品生产经营企业应当建立健全本单位的食品安全管理制度，加强对职工食品安全知识的培训，配备专职或者兼职食品安全管理人员，做好对所生产经营食品的检验工作，依法从事食品生产经营活动。

第三十三条 国家鼓励食品生产经营企业符合良好生产规范要求，实施危害分析与关键控制点体系，提高食品安全管理水平。

对通过良好生产规范、危害分析与关键控制点体系认证的食品生产经营企业，认证机构应当依法实施跟踪调查；对不再符合认证要求的企业，应当依法撤销认证，及时向有关质量监督、工商行政管理、食品药品监督管理部门通报，并向社会公布。认证机构实施跟踪调查不收取任何费用。

第三十四条 食品生产经营者应当建立并执行从业人员健康管理制度。患有痢疾、伤寒、病毒性肝炎等消化道传染病的人员，以及患有活动性肺结核、化脓性或者渗出性皮肤病等有碍食品安全的疾病的人员，不得从事接触直接入口食品的工作。

食品生产经营人员每年应当进行健康检查，取得健康证明后方可参加工作。

第三十五条 食用农产品生产者应当依照食品安全标准和国家有关规定使用农药、肥料、生长调节剂、兽药、饲料和饲料添加剂等农业投入品。食用农产品的生产企业和农民专业合作经济组织应当建立食用农产品生产记录制度。

县级以上农业行政部门应当加强对农业投入品使用的管理和指导，建立健全农业投入品的安全使用制度。

第三十六条 食品生产者采购食品原料、食品添加剂、食品相关产品，应当查验供货者的许可证和产品合格证明文件；对无法提供合格证明文件的食品原料，应当依照食品安全标准进行检验；不得采购或者使用不符合食品安全标准的食品原料、食品添加剂、食品相关产品。

食品生产企业应当建立食品原料、食品添加剂、食品相关产品进货查验记录制度，如实记录食品原料、食品添加剂、食品相关产品的名称、规格、数量、供货者名称及联系方式、进货日期等内容。

食品原料、食品添加剂、食品相关产品进货查验记录应当真实，保存期限不得少于二年。

第三十七条 食品生产企业应当建立食品

出厂检验记录制度，查验出厂食品的检验合格证和安全状况，并如实记录食品的名称、规格、数量、生产日期、生产批号、检验合格证号、购货者名称及联系方式、销售日期等内容。

食品出厂检验记录应当真实，保存期限不得少于二年。

第三十八条 食品、食品添加剂和食品相关产品的生产者，应当依照食品安全标准对所生产的食品、食品添加剂和食品相关产品进行检验，检验合格后方可出厂或者销售。

第三十九条 食品经营者采购食品，应当查验供货者的许可证和食品合格的证明文件。

食品经营企业应当建立食品进货查验记录制度，如实记录食品的名称、规格、数量、生产批号、保质期、供货者名称及联系方式、进货日期等内容。

食品进货查验记录应当真实，保存期限不得少于二年。

实行统一配送经营方式的食品经营企业，可以由企业总部统一查验供货者的许可证和食品合格的证明文件，进行食品进货查验记录。

第四十条 食品经营者应当按照保证食品安全的要求贮存食品，定期检查库存食品，及时清理变质或者超过保质期的食品。

第四十一条 食品经营者贮存散装食品，应当在贮存位置标明食品的名称、生产日期、保质期、生产者名称及联系方式等内容。

食品经营者销售散装食品，应当在散装食品的容器、外包装上标明食品的名称、生产日期、保质期、生产经营者名称及联系方式等内容。

第四十二条 预包装食品的包装上应当有标签。标签应当标明下列事项：

（一）名称、规格、净含量、生产日期；

（二）成分或者配料表；

（三）生产者的名称、地址、联系方式；

（四）保质期；

（五）产品标准代号；

（六）贮存条件；

（七）所使用的食品添加剂在国家标准中的通用名称；

（八）生产许可证编号；

（九）法律、法规或者食品安全标准规定必须标明的其他事项。

专供婴幼儿和其他特定人群的主辅食品，其标签还应当标明主要营养成分及其含量。

第四十三条 国家对食品添加剂的生产实行许可制度。申请食品添加剂生产许可的条件、程序，按照国家有关工业产品生产许可证管理的规定执行。

第四十四条 申请利用新的食品原料从事食品生产或者从事食品添加剂新品种、食品相关产品新品种生产活动的单位或者个人，应当向国务院卫生行政部门提交相关产品的安全性评估材料。国务院卫生行政部门应当自收到申请之日起六十日内组织对相关产品的安全性评估材料进行审查；对符合食品安全要求的，依法决定准予许可并予以公布；对不符合食品安全要求的，决定不予许可并书面说明理由。

第四十五条 食品添加剂应当在技术上确有必要且经过风险评估证明安全可靠，方可列入允许使用的范围。国务院卫生行政部门应当根据技术必要性和食品安全风险评估结果，及时对食品添加剂的品种、使用范围、用量的标准进行修订。

第四十六条 食品生产者应当依照食品安全标准关于食品添加剂的品种、使用范围、用量的规定使用食品添加剂；不得在食品生产中使用食品添加剂以外的化学物质和其他可能危害人体健康的物质。

第四十七条 食品添加剂应当有标签、说明书和包装。标签、说明书应当载明本法第四十二条第一款第一项至第六项、第八项、第九项规定的事项，以及食品添加剂的使用范围、用量、使用方法，并在标签上载明“食品添加剂”字样。

第四十八条 食品和食品添加剂的标签、说明书，不得含有虚假、夸大的内容，不得涉及疾病预防、治疗功能。生产者对标签、说明书上所载明的内容负责。

食品和食品添加剂的标签、说明书应当清楚、明显，容易辨识。

食品和食品添加剂与其标签、说明书所载明的内容不符的，不得上市销售。

第四十九条 食品经营者应当按照食品标签标示的警示标志、警示说明或者注意事项的要求，销售预包装食品。

第五十条 生产经营的食品中不得添加药品，但是可以添加按照传统既是食品又是中药材的物质。按照传统既是食品又是中药材的物质的目录由国务院卫生行政部门制定、公布。

第五十一条 国家对声称具有特定保健功能的食品实行严格监管。有关监督管理部门应当依法履职，承担责任。具体管理办法由国务院规定。

声称具有特定保健功能的食品不得对人体产生急性、亚急性或者慢性危害，其标签、说明书不得涉及疾病预防、治疗功能，内容必须真实，应当载明适宜人群、不适宜人群、功效成分或者标志性成分及其含量等；产品的功能和成分必须与标签、说明书相一致。

第五十二条 集中交易市场的开办者、柜台出租者和展销会举办者，应当审查入场食品经营者的许可证，明确入场食品经营者的食品安全管理责任，定期对入场食品经营者的经营环境和条件进行检查，发现食品经营者有违反本法规定的行为的，应当及时制止并立即报告所在地县级工商行政管理部门或者食品药品监督管理部门。

集中交易市场的开办者、柜台出租者和展销会举办者未履行前款规定义务，本市场发生食品安全事故的，应当承担连带责任。

第五十三条 国家建立食品召回制度。食品生产者发现其生产的食品不符合食品安全标准，应当立即停止生产，召回已经上市销售的食品，通知相关生产经营者和消费者，并记录召回和通知情况。

食品经营者发现其经营的食品不符合食品安全标准，应当立即停止经营，通知相关生产经营者和消费者，并记录停止经营和通知情况。食品生产者认为应当召回的，应当立即召回。

食品生产者应当对召回的食品采取补救、无害化处理、销毁等措施，并将食品召回和处理情况向县级以上质量监督部门报告。

食品生产经营者未依照本条规定召回或者停止经营不符合食品安全标准的食品的，县级以上质量监督、工商行政管理、食品药品监督管理部门可以责令其召回或者停止经营。

第五十四条 食品广告的内容应当真实合法，不得含有虚假、夸大的内容，不得涉及疾病预防、治疗功能。

食品安全监督管理部门或者承担食品检验职责的机构、食品行业协会、消费者协会不得以广告或者其他形式向消费者推荐食品。

第五十五条 社会团体或者其他组织、个人在虚假广告中向消费者推荐食品，使消费者的合法权益受到损害的，与食品生产经营者承担连带责任。

第五十六条 地方各级人民政府鼓励食品规模化生产和连锁经营、配送。

第五章 食品检验

第五十七条 食品检验机构按照国家有关认证认可的规定取得资质认定后，方可从事食品检验活动。但是，法律另有规定的除外。

食品检验机构的资质认定条件和检验规范，由国务院卫生行政部门规定。

本法施行前经国务院有关主管部门批准设立或者经依法认定的食品检验机构，可以依照本法继续从事食品检验活动。

第五十八条 食品检验由食品检验机构指定的检验人独立进行。

检验人应当依照有关法律、法规的规定，并依照食品安全标准和检验规范对食品进行检验，尊重科学，恪守职业道德，保证出具的检验数据和结论客观、公正，不得出具虚假的检验报告。

第五十九条 食品检验实行食品检验机构与检验人负责制。食品检验报告应当加盖食品检验机构公章，并有检验人的签名或者盖章。食品检验机构和检验人对出具的食品检验报告负责。

第六十条 食品安全监督管理部门对食品不得实施免检。

县级以上质量监督、工商行政管理、食品药品监督管理部门应当对食品进行定期或者不定期的抽样检验。进行抽样检验，应当购买抽取的样品，不收取检验费和其他任何费用。

县级以上质量监督、工商行政管理、食品药品监督管理部门在执法工作中需要对食品进行检验的，应当委托符合本法规定的食品检验机构进行，并支付相关费用。对检验结论有异议的，可以依法进行复检。

第六十一条　食品生产经营企业可以自行对所生产的食品进行检验，也可以委托符合本法规定的食品检验机构进行检验。

食品行业协会等组织、消费者需要委托食品检验机构对食品进行检验的，应当委托符合本法规定的食品检验机构进行。

第六章　食品进出口

第六十二条　进口的食品、食品添加剂以及食品相关产品应当符合我国食品安全国家标准。

进口的食品应当经出入境检验检疫机构检验合格后，海关凭出入境检验检疫机构签发的通关证明放行。

第六十三条　进口尚无食品安全国家标准的食品，或者首次进口食品添加剂新品种、食品相关产品新品种，进口商应当向国务院卫生行政部门提出申请并提交相关的安全性评估材料。国务院卫生行政部门依照本法第四十四条的规定作出是否准予许可的决定，并及时制定相应的食品安全国家标准。

第六十四条　境外发生的食品安全事件可能对我国境内造成影响，或者在进口食品中发现严重食品安全问题的，国家出入境检验检疫部门应当及时采取风险预警或者控制措施，并向国务院卫生行政、农业行政、工商行政管理和国家食品药品监督管理部门通报。接到通报的部门应当及时采取相应措施。

第六十五条　向我国境内出口食品的出口商或者代理商应当向国家出入境检验检疫部门备案。向我国境内出口食品的境外食品生产企业应当经国家出入境检验检疫部门注册。

国家出入境检验检疫部门应当定期公布已经备案的出口商、代理商和已经注册的境外食品生产企业名单。

第六十六条　进口的预包装食品应当有中文标签、中文说明书。标签、说明书应当符合本法以及我国其他有关法律、行政法规的规定和食品安全国家标准的要求，载明食品的原产地以及境内代理商的名称、地址、联系方式。预包装食品没有中文标签、中文说明书或者标签、说明书不符合本条规定的，不得进口。

第六十七条　进口商应当建立食品进口和销售记录制度，如实记录食品的名称、规格、数量、生产日期、生产或者进口批号、保质期、出口商和购货者名称及联系方式、交货日期等内容。

食品进口和销售记录应当真实，保存期限不得少于二年。

第六十八条　出口的食品由出入境检验检疫机构进行监督、抽检，海关凭出入境检验检疫机构签发的通关证明放行。

出口食品生产企业和出口食品原料种植、养殖场应当向国家出入境检验检疫部门备案。

第六十九条　国家出入境检验检疫部门应当收集、汇总进出口食品安全信息，并及时通报相关部门、机构和企业。

国家出入境检验检疫部门应当建立进出口食品的进口商、出口商和出口食品生产企业的信誉记录，并予以公布。对有不良记录的进口商、出口商和出口食品生产企业，应当加强对其进出口食品的检验检疫。

第七章　食品安全事故处置

第七十条　国务院组织制定国家食品安全事故应急预案。

县级以上地方人民政府应当根据有关法律、法规的规定和上级人民政府的食品安全事故应急预案以及本地区的实际情况，制定本行政区域的食品安全事故应急预案，并报上一级人民政府备案。

食品生产经营企业应当制定食品安全事故处置方案，定期检查本企业各项食品安全防范措施的落实情况，及时消除食品安全事故隐患。

第七十一条　发生食品安全事故的单位应当立即予以处置，防止事故扩大。事故发生单位和接收病人进行治疗的单位应当及时向事故发生地县级卫生行政部门报告。

农业行政、质量监督、工商行政管理、食

品药品监督管理部门在日常监督管理中发现食品安全事故，或者接到有关食品安全事故的举报，应当立即向卫生行政部门通报。

发生重大食品安全事故的，接到报告的县级卫生行政部门应当按照规定向本级人民政府和上级人民政府卫生行政部门报告。县级人民政府和上级人民政府卫生行政部门应当按照规定上报。

任何单位或者个人不得对食品安全事故隐瞒、谎报、缓报，不得毁灭有关证据。

第七十二条 县级以上卫生行政部门接到食品安全事故的报告后，应当立即会同有关农业行政、质量监督、工商行政管理、食品药品监督管理部门进行调查处理，并采取下列措施，防止或者减轻社会危害：

（一）开展应急救援工作，对因食品安全事故导致人身伤害的人员，卫生行政部门应当立即组织救治；

（二）封存可能导致食品安全事故的食品及其原料，并立即进行检验；对确认属于被污染的食品及其原料，责令食品生产经营者依照本法第五十三条的规定予以召回、停止经营并销毁；

（三）封存被污染的食品用工具及用具，并责令进行清洗消毒；

（四）做好信息发布工作，依法对食品安全事故及其处理情况进行发布，并对可能产生的危害加以解释、说明。

发生重大食品安全事故的，县级以上人民政府应当立即成立食品安全事故处置指挥机构，启动应急预案，依照前款规定进行处置。

第七十三条 发生重大食品安全事故，设区的市级以上人民政府卫生行政部门应当立即会同有关部门进行事故责任调查，督促有关部门履行职责，向本级人民政府提出事故责任调查处理报告。

重大食品安全事故涉及两个以上省、自治区、直辖市的，由国务院卫生行政部门依照前款规定组织事故责任调查。

第七十四条 发生食品安全事故，县级以上疾病预防控制机构应当协助卫生行政部门和有关部门对事故现场进行卫生处理，并对与食品安全事故有关的因素开展流行病学调查。

第七十五条 调查食品安全事故，除了查明事故单位的责任，还应当查明负有监督管理和认证职责的监督管理部门、认证机构的工作人员失职、渎职情况。

第八章 监督管理

第七十六条 县级以上地方人民政府组织本级卫生行政、农业行政、质量监督、工商行政管理、食品药品监督管理部门制定本行政区域的食品安全年度监督管理计划，并按照年度计划组织开展工作。

第七十七条 县级以上质量监督、工商行政管理、食品药品监督管理部门履行各自食品安全监督管理职责，有权采取下列措施：

（一）进入生产经营场所实施现场检查；

（二）对生产经营的食品进行抽样检验；

（三）查阅、复制有关合同、票据、账簿以及其他有关资料；

（四）查封、扣押有证据证明不符合食品安全标准的食品，违法使用的食品原料、食品添加剂、食品相关产品，以及用于违法生产经营或者被污染的工具、设备；

（五）查封违法从事食品生产经营活动的场所。

县级以上农业行政部门应当依照《中华人民共和国农产品质量安全法》规定的职责，对食用农产品进行监督管理。

第七十八条 县级以上质量监督、工商行政管理、食品药品监督管理部门对食品生产经营者进行监督检查，应当记录监督检查的情况和处理结果。监督检查记录经监督检查人员和食品生产经营者签字后归档。

第七十九条 县级以上质量监督、工商行政管理、食品药品监督管理部门应当建立食品生产经营者食品安全信用档案，记录许可颁发、日常监督检查结果、违法行为查处等情况；根据食品安全信用档案的记录，对有不良信用记录的食品生产经营者增加监督检查频次。

第八十条 县级以上卫生行政、质量监督、工商行政管理、食品药品监督管理部门接到咨询、投诉、举报，对属于本部门职责的，应当受理，并及时进行答复、核实、处理；对不属于本部门职责的，应当书面通知并移交有权处理的部门处理。有权处理的部门应当及时处理，不得推诿；属于食品安全事故的，依照本法第七章有关规定进行处置。

第八十一条 县级以上卫生行政、质量监督、工商行政管理、食品药品监督管理部门应当按照法定权限和程序履行食品安全监督管理职责；对生产经营者的同一违法行为，不得给予二次以上罚款的行政处罚；涉嫌犯罪的，应当依法向公安机关移送。

第八十二条 国家建立食品安全信息统一公布制度。下列信息由国务院卫生行政部门统一公布：

（一）国家食品安全总体情况；

（二）食品安全风险评估信息和食品安全风险警示信息；

（三）重大食品安全事故及其处理信息；

（四）其他重要的食品安全信息和国务院确定的需要统一公布的信息。

前款第二项、第三项规定的信息，其影响限于特定区域的，也可以由有关省、自治区、直辖市人民政府卫生行政部门公布。县级以上农业行政、质量监督、工商行政管理、食品药品监督管理部门依据各自职责公布食品安全日常监督管理信息。

食品安全监督管理部门公布信息，应当做到准确、及时、客观。

第八十三条 县级以上地方卫生行政、农业行政、质量监督、工商行政管理、食品药品监督管理部门获知本法第八十二条第一款规定的需要统一公布的信息，应当向上级主管部门报告，由上级主管部门立即报告国务院卫生行政部门；必要时，可以直接向国务院卫生行政部门报告。

县级以上卫生行政、农业行政、质量监督、工商行政管理、食品药品监督管理部门应当相互通报获知的食品安全信息。

第九章 法律责任

第八十四条 违反本法规定，未经许可从事食品生产经营活动，或者未经许可生产食品添加剂的，由有关主管部门按照各自职责分工，没收违法所得、违法生产经营的食品、食品添加剂和用于违法生产经营的工具、设备、原料等物品；违法生产经营的食品、食品添加剂货值金额不足一万元的，并处二千元以上五万元以下罚款；货值金额一万元以上的，并处货值金额五倍以上十倍以下罚款。

第八十五条 违反本法规定，有下列情形之一的，由有关主管部门按照各自职责分工，没收违法所得、违法生产经营的食品和用于违法生产经营的工具、设备、原料等物品；违法生产经营的食品货值金额不足一万元的，并处二千元以上五万元以下罚款；货值金额一万元以上的，并处货值金额五倍以上十倍以下罚款；情节严重的，吊销许可证：

（一）用非食品原料生产食品或者在食品中添加食品添加剂以外的化学物质和其他可能危害人体健康的物质，或者用回收食品作为原料生产食品；

（二）生产经营致病性微生物、农药残留、兽药残留、重金属、污染物质以及其他危害人体健康的物质含量超过食品安全标准限量的食品；

（三）生产经营营养成分不符合食品安全标准的专供婴幼儿和其他特定人群的主辅食品；

（四）经营腐败变质、油脂酸败、霉变生虫、污秽不洁、混有异物、掺假掺杂或者感官性状异常的食品；

（五）经营病死、毒死或者死因不明的禽、畜、兽、水产动物肉类，或者生产经营病死、毒死或者死因不明的禽、畜、兽、水产动物肉类的制品；

（六）经营未经动物卫生监督机构检疫或者检疫不合格的肉类，或者生产经营未经检验或者检验不合格的肉类制品；

（七）经营超过保质期的食品；

（八）生产经营国家为防病等特殊需要明令禁止生产经营的食品；

（九）利用新的食品原料从事食品生产或者从事食品添加剂新品种、食品相关产品新品种生产，未经过安全性评估；

（十）食品生产经营者在有关主管部门责

令其召回或者停止经营不符合食品安全标准的食品后，仍拒不召回或者停止经营的。

第八十六条 违反本法规定，有下列情形之一的，由有关主管部门按照各自职责分工，没收违法所得、违法生产经营的食品和用于违法生产经营的工具、设备、原料等物品；违法生产经营的食品货值金额不足一万元的，并处二千元以上五万元以下罚款；货值金额一万元以上的，并处货值金额二倍以上五倍以下罚款；情节严重的，责令停产停业，直至吊销许可证：

（一）经营被包装材料、容器、运输工具等污染的食品；

（二）生产经营无标签的预包装食品、食品添加剂或者标签、说明书不符合本法规定的食品、食品添加剂；

（三）食品生产者采购、使用不符合食品安全标准的食品原料、食品添加剂、食品相关产品；

（四）食品生产经营者在食品中添加药品。

第八十七条 违反本法规定，有下列情形之一的，由有关主管部门按照各自职责分工，责令改正，给予警告；拒不改正的，处二千元以上二万元以下罚款；情节严重的，责令停产停业，直至吊销许可证：

（一）未对采购的食品原料和生产的食品、食品添加剂、食品相关产品进行检验；

（二）未建立并遵守查验记录制度、出厂检验记录制度；

（三）制定食品安全企业标准未依照本法规定备案；

（四）未按规定要求贮存、销售食品或者清理库存食品；

（五）进货时未查验许可证和相关证明文件；

（六）生产的食品、食品添加剂的标签、说明书涉及疾病预防、治疗功能；

（七）安排患有本法第三十四条所列疾病的人员从事接触直接入口食品的工作。

第八十八条 违反本法规定，事故单位在发生食品安全事故后未进行处置、报告的，由有关主管部门按照各自职责分工，责令改正，给予警告；毁灭有关证据的，责令停产停业，并处二千元以上十万元以下罚款；造成严重后果的，由原发证部门吊销许可证。

第八十九条 违反本法规定，有下列情形之一的，依照本法第八十五条的规定给予处罚：

（一）进口不符合我国食品安全国家标准的食品；

（二）进口尚无食品安全国家标准的食品，或者首次进口食品添加剂新品种、食品相关产品新品种，未经过安全性评估；

（三）出口商未遵守本法的规定出口食品。

违反本法规定，进口商未建立并遵守食品进口和销售记录制度的，依照本法第八十七条的规定给予处罚。

第九十条 违反本法规定，集中交易市场的开办者、柜台出租者、展销会的举办者允许未取得许可的食品经营者进入市场销售食品，或者未履行检查、报告等义务的，由有关主管部门按照各自职责分工，处二千元以上五万元以下罚款；造成严重后果的，责令停业，由原发证部门吊销许可证。

第九十一条 违反本法规定，未按照要求进行食品运输的，由有关主管部门按照各自职责分工，责令改正，给予警告；拒不改正的，责令停产停业，并处二千元以上五万元以下罚款；情节严重的，由原发证部门吊销许可证。

第九十二条 被吊销食品生产、流通或者餐饮服务许可证的单位，其直接负责的主管人员自处罚决定作出之日起五年内不得从事食品生产经营管理工作。

食品生产经营者聘用不得从事食品生产经营管理工作的人员从事管理工作的，由原发证部门吊销许可证。

第九十三条 违反本法规定，食品检验机构、食品检验人员出具虚假检验报告的，由授予其资质的主管部门或者机构撤销该检验机构的检验资格；依法对检验机构直接负责的主管人员和食品检验人员给予撤职或者开除的处分。

违反本法规定，受到刑事处罚或者开除处分的食品检验机构人员，自刑罚执行完毕或者处分决定作出之日起十年内不得从事食品检验工作。食品检验机构聘用不得从事食品检验工作的人员的，由授予其资质的主管部门或者机构撤销该检验机构的检验资格。

第九十四条 违反本法规定，在广告中对食品质量作虚假宣传，欺骗消费者的，依照《中华人民共和国广告法》的规定给予处罚。

违反本法规定，食品安全监督管理部门或者承担食品检验职责的机构、食品行业协会、消费者协会以广告或者其他形式向消费者推荐食品的，由有关主管部门没收违法所得，依法对直接负责的主管人员和其他直接责任人员给予记大过、降级或者撤职的处分。

第九十五条 违反本法规定，县级以上地方人民政府在食品安全监督管理中未履行职责，本行政区域出现重大食品安全事故、造成严重社会影响的，依法对直接负责的主管人员和其他直接责任人员给予记大过、降级、撤职或者开除的处分。

违反本法规定，县级以上卫生行政、农业行政、质量监督、工商行政管理、食品药品监督管理部门或者其他有关行政部门不履行本法规定的职责或者滥用职权、玩忽职守、徇私舞弊的，依法对直接负责的主管人员和其他直接责任人员给予记大过或者降级的处分；造成严重后果的，给予撤职或者开除的处分；其主要负责人应当引咎辞职。

第九十六条 违反本法规定，造成人身、财产或者其他损害的，依法承担赔偿责任。

生产不符合食品安全标准的食品或者销售明知是不符合食品安全标准的食品，消费者除要求赔偿损失外，还可以向生产者或者销售者要求支付价款十倍的赔偿金。

第九十七条 违反本法规定，应当承担民事赔偿责任和缴纳罚款、罚金，其财产不足以同时支付时，先承担民事赔偿责任。

第九十八条 违反本法规定，构成犯罪的，依法追究刑事责任。

第十章 附 则

第九十九条 本法下列用语的含义：

食品，指各种供人食用或者饮用的成品和原料以及按照传统既是食品又是药品的物品，但是不包括以治疗为目的的物品。

食品安全，指食品无毒、无害，符合应当有的营养要求，对人体健康不造成任何急性、亚急性或者慢性危害。

预包装食品，指预先定量包装或者制作在包装材料和容器中的食品。

食品添加剂，指为改善食品品质和色、香、味以及为防腐、保鲜和加工工艺的需要而加入食品中的人工合成或者天然物质。

用于食品的包装材料和容器，指包装、盛放食品或者食品添加剂用的纸、竹、木、金属、搪瓷、陶瓷、塑料、橡胶、天然纤维、化学纤维、玻璃等制品和直接接触食品或者食品添加剂的涂料。

用于食品生产经营的工具、设备，指在食品或者食品添加剂生产、流通、使用过程中直接接触食品或者食品添加剂的机械、管道、传送带、容器、用具、餐具等。

用于食品的洗涤剂、消毒剂，指直接用于洗涤或者消毒食品、餐饮具以及直接接触食品的工具、设备或者食品包装材料和容器的物质。

保质期，指预包装食品在标签指明的贮存条件下保持品质的期限。

食源性疾病，指食品中致病因素进入人体引起的感染性、中毒性等疾病。

食物中毒，指食用了被有毒有害物质污染的食品或者食用了含有毒有害物质的食品后出现的急性、亚急性疾病。

食品安全事故，指食物中毒、食源性疾病、食品污染等源于食品，对人体健康有危害或者可能有危害的事故。

第一百条 食品生产经营者在本法施行前已经取得相应许可证的，该许可证继续有效。

第一百零一条 乳品、转基因食品、生猪屠宰、酒类和食盐的食品安全管理，适用本法；法律、行政法规另有规定的，依照其规定。

第一百零二条 铁路运营中食品安全的管理办法由国务院卫生行政部门会同国务院有关部门依照本法制定。

军队专用食品和自供食品的食品安全管理办法由中央军事委员会依照本法制定。

第一百零三条 国务院根据实际需要，可以对食品安全监督管理体制作出调整。

第一百零四条 本法自 2009 年 6 月 1 日起

施行。《中华人民共和国食品卫生法》同时废止。

中华人民共和国侵权责任法

（中华人民共和国主席令第21号，2009年12月26日第十一届全国人民代表大会常务委员会第十二次会议通过）

目　录

第一章　一般规定

第一条　为保护民事主体的合法权益，明确侵权责任，预防并制裁侵权行为，促进社会和谐稳定，制定本法。

第二条　侵害民事权益，应当依照本法承担侵权责任。

本法所称民事权益，包括生命权、健康权、姓名权、名誉权、荣誉权、肖像权、隐私权、婚姻自主权、监护权、所有权、用益物权、担保物权、著作权、专利权、商标专用权、发现权、股权、继承权等人身、财产权益。

第三条　被侵权人有权请求侵权人承担侵权责任。

第四条　侵权人因同一行为应当承担行政责任或者刑事责任的，不影响依法承担侵权责任。

因同一行为应当承担侵权责任和行政责任、刑事责任，侵权人的财产不足以支付的，先承担侵权责任。

第五条　其他法律对侵权责任另有特别规定的，依照其规定。

第二章　责任构成和责任方式

第六条　行为人因过错侵害他人民事权益，应当承担侵权责任。

根据法律规定推定行为人有过错，行为人不能证明自己没有过错的，应当承担侵权责任。

第七条　行为人损害他人民事权益，不论行为人有无过错，法律规定应当承担侵权责任的，依照其规定。

第八条　二人以上共同实施侵权行为，造成他人损害的，应当承担连带责任。

第九条　教唆、帮助他人实施侵权行为的，应当与行为人承担连带责任。

教唆、帮助无民事行为能力人、限制民事行为能力人实施侵权行为的，应当承担侵权责任；该无民事行为能力人、限制民事行为能力人的监护人未尽到监护责任的，应当承担相应的责任。

第十条　二人以上实施危及他人人身、财产安全的行为，其中一人或者数人的行为造成他人损害，能够确定具体侵权人的，由侵权人承担责任；不能确定具体侵权人的，行为人承担连带责任。

第十一条　二人以上分别实施侵权行为造成同一损害，每个人的侵权行为都足以造成全部损害的，行为人承担连带责任。

第十二条　二人以上分别实施侵权行为造成同一损害，能够确定责任大小的，各自承担相应的责任；难以确定责任大小的，平均承担赔偿责任。

第十三条 法律规定承担连带责任的，被侵权人有权请求部分或者全部连带责任人承担责任。

第十四条 连带责任人根据各自责任大小确定相应的赔偿数额；难以确定责任大小的，平均承担赔偿责任。

支付超出自己赔偿数额的连带责任人，有权向其他连带责任人追偿。

第十五条 承担侵权责任的方式主要有：

（一）停止侵害；

（二）排除妨碍；

（三）消除危险；

（四）返还财产；

（五）恢复原状；

（六）赔偿损失；

（七）赔礼道歉；

（八）消除影响、恢复名誉。

以上承担侵权责任的方式，可以单独适用，也可以合并适用。

第十六条 侵害他人造成人身损害的，应当赔偿医疗费、护理费、交通费等为治疗和康复支出的合理费用，以及因误工减少的收入。造成残疾的，还应当赔偿残疾生活辅助具费和残疾赔偿金。造成死亡的，还应当赔偿丧葬费和死亡赔偿金。

第十七条 因同一侵权行为造成多人死亡的，可以以相同数额确定死亡赔偿金。

第十八条 被侵权人死亡的，其近亲属有权请求侵权人承担侵权责任。被侵权人为单位，该单位分立、合并的，承继权利的单位有权请求侵权人承担侵权责任。

被侵权人死亡的，支付被侵权人医疗费、丧葬费等合理费用的人有权请求侵权人赔偿费用，但侵权人已支付该费用的除外。

第十九条 侵害他人财产的，财产损失按照损失发生时的市场价格或者其他方式计算。

第二十条 侵害他人人身权益造成财产损失的，按照被侵权人因此受到的损失赔偿；被侵权人的损失难以确定，侵权人因此获得利益的，按照其获得的利益赔偿；侵权人因此获得的利益难以确定，被侵权人和侵权人就赔偿数额协商不一致，向人民法院提起诉讼的，由人民法院根据实际情况确定赔偿数额。

第二十一条 侵权行为危及他人人身、财产安全的，被侵权人可以请求侵权人承担停止侵害、排除妨碍、消除危险等侵权责任。

第二十二条 侵害他人人身权益，造成他人严重精神损害的，被侵权人可以请求精神损害赔偿。

第二十三条 因防止、制止他人民事权益被侵害而使自己受到损害的，由侵权人承担责任。侵权人逃逸或者无力承担责任，被侵权人请求补偿的，受益人应当给予适当补偿。

第二十四条 受害人和行为人对损害的发生都没有过错的，可以根据实际情况，由双方分担损失。

第二十五条 损害发生后，当事人可以协商赔偿费用的支付方式。协商不一致的，赔偿费用应当一次性支付；一次性支付确有困难的，可以分期支付，但应当提供相应的担保。

第三章 不承担责任和减轻责任的情形

第二十六条 被侵权人对损害的发生也有过错的，可以减轻侵权人的责任。

第二十七条 损害是因受害人故意造成的，行为人不承担责任。

第二十八条 损害是因第三人造成的，第三人应当承担侵权责任。

第二十九条 因不可抗力造成他人损害的，不承担责任。法律另有规定的，依照其规定。

第三十条 因正当防卫造成损害的，不承担责任。正当防卫超过必要的限度，造成不应有的损害的，正当防卫人应当承担适当的责任。

第三十一条 因紧急避险造成损害的，由引起险情发生的人承担责任。如果危险是由自然原因引起的，紧急避险人不承担责任或者给予适当补偿。紧急避险采取措施不当或者超过必要的限度，造成不应有的损害的，紧急避险人应当承担适当的责任。

第四章 关于责任主体的特殊规定

第三十二条 无民事行为能力人、限制民事行为能力人造成他人损害的，由监护人承担侵权责任。监护人尽到监护责任的，可以减轻其侵权责任。

有财产的无民事行为能力人、限制民事行为能力人造成他人损害的，从本人财产中支付赔偿费用。不足部分，由监护人赔偿。

第三十三条 完全民事行为能力人对自己的行为暂时没有意识或者失去控制造成他人损害有过错的，应当承担侵权责任；没有过错的，根据行为人的经济状况对受害人适当补偿。

完全民事行为能力人因醉酒、滥用麻醉药品或者精神药品对自己的行为暂时没有意识或者失去控制造成他人损害的，应当承担侵权责任。

第三十四条 用人单位的工作人员因执行工作任务造成他人损害的，由用人单位承担侵权责任。

劳务派遣期间，被派遣的工作人员因执行工作任务造成他人损害的，由接受劳务派遣的用工单位承担侵权责任；劳务派遣单位有过错的，承担相应的补充责任。

第三十五条 个人之间形成劳务关系，提供劳务一方因劳务造成他人损害的，由接受劳务一方承担侵权责任。提供劳务一方因劳务自己受到损害的，根据双方各自的过错承担相应的责任。

第三十六条 网络用户、网络服务提供者利用网络侵害他人民事权益的，应当承担侵权责任。

网络用户利用网络服务实施侵权行为的，被侵权人有权通知网络服务提供者采取删除、屏蔽、断开链接等必要措施。网络服务提供者接到通知后未及时采取必要措施的，对损害的扩大部分与该网络用户承担连带责任。

网络服务提供者知道网络用户利用其网络服务侵害他人民事权益，未采取必要措施的，与该网络用户承担连带责任。

第三十七条 宾馆、商场、银行、车站、娱乐场所等公共场所的管理人或者群众性活动的组织者，未尽到安全保障义务，造成他人损害的，应当承担侵权责任。

因第三人的行为造成他人损害的，由第三人承担侵权责任；管理人或者组织者未尽到安全保障义务的，承担相应的补充责任。

第三十八条 无民事行为能力人在幼儿园、学校或者其他教育机构学习、生活期间受到人身损害的，幼儿园、学校或者其他教育机构应当承担责任，但能够证明尽到教育、管理职责的，不承担责任。

第三十九条 限制民事行为能力人在学校或者其他教育机构学习、生活期间受到人身损害，学校或者其他教育机构未尽到教育、管理职责的，应当承担责任。

第四十条 无民事行为能力人或者限制民事行为能力人在幼儿园、学校或者其他教育机构学习、生活期间，受到幼儿园、学校或者其他教育机构以外的人员人身损害的，由侵权人承担侵权责任；幼儿园、学校或者其他教育机构未尽到管理职责的，承担相应的补充责任。

第五章　产品责任

第四十一条 因产品存在缺陷造成他人损害的，生产者应当承担侵权责任。

第四十二条 因销售者的过错使产品存在缺陷，造成他人损害的，销售者应当承担侵权责任。

销售者不能指明缺陷产品的生产者也不能指明缺陷产品的供货者的，销售者应当承担侵权责任。

第四十三条 因产品存在缺陷造成损害的，被侵权人可以向产品的生产者请求赔偿，也可以向产品的销售者请求赔偿。

产品缺陷由生产者造成的，销售者赔偿后，有权向生产者追偿。

因销售者的过错使产品存在缺陷的，生产者赔偿后，有权向销售者追偿。

第四十四条 因运输者、仓储者等第三人的过错使产品存在缺陷，造成他人损害的，产品的生产者、销售者赔偿后，有权向第三人追偿。

第四十五条 因产品缺陷危及他人人身、财产安全的，被侵权人有权请求生产者、销售者承担排除妨碍、消除危险等侵权责任。

第四十六条 产品投入流通后发现存在缺

陷的，生产者、销售者应当及时采取警示、召回等补救措施。未及时采取补救措施或者补救措施不力造成损害的，应当承担侵权责任。

第四十七条 明知产品存在缺陷仍然生产、销售，造成他人死亡或者健康严重损害的，被侵权人有权请求相应的惩罚性赔偿。

第六章 机动车交通事故责任

第四十八条 机动车发生交通事故造成损害的，依照道路交通安全法的有关规定承担赔偿责任。

第四十九条 因租赁、借用等情形机动车所有人与使用人不是同一人时，发生交通事故后属于该机动车一方责任的，由保险公司在机动车强制保险责任限额范围内予以赔偿。不足部分，由机动车使用人承担赔偿责任；机动车所有人对损害的发生有过错的，承担相应的赔偿责任。

第五十条 当事人之间已经以买卖等方式转让并交付机动车但未办理所有权转移登记，发生交通事故后属于该机动车一方责任的，由保险公司在机动车强制保险责任限额范围内予以赔偿。不足部分，由受让人承担赔偿责任。

第五十一条 以买卖等方式转让拼装或者已达到报废标准的机动车，发生交通事故造成损害的，由转让人和受让人承担连带责任。

第五十二条 盗窃、抢劫或者抢夺的机动车发生交通事故造成损害的，由盗窃人、抢劫人或者抢夺人承担赔偿责任。保险公司在机动车强制保险责任限额范围内垫付抢救费用的，有权向交通事故责任人追偿。

第五十三条 机动车驾驶人发生交通事故后逃逸，该机动车参加强制保险的，由保险公司在机动车强制保险责任限额范围内予以赔偿；机动车不明或者该机动车未参加强制保险，需要支付被侵权人人身伤亡的抢救、丧葬等费用的，由道路交通事故社会救助基金垫付。道路交通事故社会救助基金垫付后，其管理机构有权向交通事故责任人追偿。

第七章 医疗损害责任

第五十四条 患者在诊疗活动中受到损害，医疗机构及其医务人员有过错的，由医疗机构承担赔偿责任。

第五十五条 医务人员在诊疗活动中应当向患者说明病情和医疗措施。需要实施手术、特殊检查、特殊治疗的，医务人员应当及时向患者说明医疗风险、替代医疗方案等情况，并取得其书面同意；不宜向患者说明的，应当向患者的近亲属说明，并取得其书面同意。

医务人员未尽到前款义务，造成患者损害的，医疗机构应当承担赔偿责任。

第五十六条 因抢救生命垂危的患者等紧急情况，不能取得患者或者其近亲属意见的，经医疗机构负责人或者授权的负责人批准，可以立即实施相应的医疗措施。

第五十七条 医务人员在诊疗活动中未尽到与当时的医疗水平相应的诊疗义务，造成患者损害的，医疗机构应当承担赔偿责任。

第五十八条 患者有损害，因下列情形之一的，推定医疗机构有过错：

（一）违反法律、行政法规、规章以及其他有关诊疗规范的规定；

（二）隐匿或者拒绝提供与纠纷有关的病历资料；

（三）伪造、篡改或者销毁病历资料。

第五十九条 因药品、消毒药剂、医疗器械的缺陷，或者输入不合格的血液造成患者损害的，患者可以向生产者或者血液提供机构请求赔偿，也可以向医疗机构请求赔偿。患者向医疗机构请求赔偿的，医疗机构赔偿后，有权向负有责任的生产者或者血液提供机构追偿。

第六十条 患者有损害，因下列情形之一的，医疗机构不承担赔偿责任：

（一）患者或者其近亲属不配合医疗机构进行符合诊疗规范的诊疗；

（二）医务人员在抢救生命垂危的患者等紧急情况下已经尽到合理诊疗义务；

（三）限于当时的医疗水平难以诊疗。

前款第一项情形中，医疗机构及其医务人员也有过错的，应当承担相应的赔偿责任。

第六十一条 医疗机构及其医务人员应当按照规定填写并妥善保管住院志、医嘱单、检验报告、手术及麻醉记录、病理资料、护理记录、医疗费用等病历资料。

患者要求查阅、复制前款规定的病历资料的，医疗机构应当提供。

第六十二条 医疗机构及其医务人员应当对患者的隐私保密。泄露患者隐私或者未经患者同意公开其病历资料，造成患者损害的，应当承担侵权责任。

第六十三条 医疗机构及其医务人员不得违反诊疗规范实施不必要的检查。

第六十四条 医疗机构及其医务人员的合法权益受法律保护。干扰医疗秩序，妨害医务人员工作、生活的，应当依法承担法律责任。

第八章 环境污染责任

第六十五条 因污染环境造成损害的，污染者应当承担侵权责任。

第六十六条 因污染环境发生纠纷，污染者应当就法律规定的不承担责任或者减轻责任的情形及其行为与损害之间不存在因果关系承担举证责任。

第六十七条 两个以上污染者污染环境，污染者承担责任的大小，根据污染物的种类、排放量等因素确定。

第六十八条 因第三人的过错污染环境造成损害的，被侵权人可以向污染者请求赔偿，也可以向第三人请求赔偿。污染者赔偿后，有权向第三人追偿。

第九章 高度危险责任

第六十九条 从事高度危险作业造成他人损害的，应当承担侵权责任。

第七十条 民用核设施发生核事故造成他人损害的，民用核设施的经营者应当承担侵权责任，但能够证明损害是因战争等情形或者受害人故意造成的，不承担责任。

第七十一条 民用航空器造成他人损害的，民用航空器的经营者应当承担侵权责任，但能够证明损害是因受害人故意造成的，不承担责任。

第七十二条 占有或者使用易燃、易爆、剧毒、放射性等高度危险物造成他人损害的，占有人或者使用人应当承担侵权责任，但能够证明损害是因受害人故意或者不可抗力造成的，不承担责任。被侵权人对损害的发生有重大过失的，可以减轻占有人或者使用人的责任。

第七十三条 从事高空、高压、地下挖掘活动或者使用高速轨道运输工具造成他人损害的，经营者应当承担侵权责任，但能够证明损害是因受害人故意或者不可抗力造成的，不承担责任。被侵权人对损害的发生有过失的，可以减轻经营者的责任。

第七十四条 遗失、抛弃高度危险物造成他人损害的，由所有人承担侵权责任。所有人将高度危险物交由他人管理的，由管理人承担侵权责任；所有人有过错的，与管理人承担连带责任。

第七十五条 非法占有高度危险物造成他人损害的，由非法占有人承担侵权责任。所有人、管理人不能证明对防止他人非法占有尽到高度注意义务的，与非法占有人承担连带责任。

第七十六条 未经许可进入高度危险活动区域或者高度危险物存放区域受到损害，管理人已经采取安全措施并尽到警示义务的，可以减轻或者不承担责任。

第七十七条 承担高度危险责任，法律规定赔偿限额的，依照其规定。

第十章 饲养动物损害责任

第七十八条 饲养的动物造成他人损害的，动物饲养人或者管理人应当承担侵权责任，但能够证明损害是因被侵权人故意或者重大过失造成的，可以不承担或者减轻责任。

第七十九条 违反管理规定，未对动物采取安全措施造成他人损害的，动物饲养人或者管理人应当承担侵权责任。

第八十条 禁止饲养的烈性犬等危险动物造成他人损害的，动物饲养人或者管理人应当承担侵权责任。

第八十一条 动物园的动物造成他人损害的，动物园应当承担侵权责任，但能够证明尽到管理职责的，不承担责任。

第八十二条 遗弃、逃逸的动物在遗弃、逃逸期间造成他人损害的，由原动物饲养人或者管理人承担侵权责任。

第八十三条 因第三人的过错致使动物造成他人损害的，被侵权人可以向动物饲养人或者管理人请求赔偿，也可以向第三人请求赔偿。动物饲养人或者管理人赔偿后，有权向第三人追偿。

第八十四条 饲养动物应当遵守法律，尊重社会公德，不得妨害他人生活。

第十一章 物件损害责任

第八十五条 建筑物、构筑物或者其他设施及其搁置物、悬挂物发生脱落、坠落造成他人损害，所有人、管理人或者使用人不能证明自己没有过错的，应当承担侵权责任。所有人、管理人或者使用人赔偿后，有其他责任人的，有权向其他责任人追偿。

第八十六条 建筑物、构筑物或者其他设施倒塌造成他人损害的，由建设单位与施工单位承担连带责任。建设单位、施工单位赔偿后，有其他责任人的，有权向其他责任人追偿。

因其他责任人的原因，建筑物、构筑物或者其他设施倒塌造成他人损害的，由其他责任人承担侵权责任。

第八十七条 从建筑物中抛掷物品或者从建筑物上坠落的物品造成他人损害，难以确定具体侵权人的，除能够证明自己不是侵权人的外，由可能加害的建筑物使用人给予补偿。

第八十八条 堆放物倒塌造成他人损害，堆放人不能证明自己没有过错的，应当承担侵权责任。

第八十九条 在公共道路上堆放、倾倒、遗撒妨碍通行的物品造成他人损害的，有关单位或者个人应当承担侵权责任。

第九十条 因林木折断造成他人损害，林木的所有人或者管理人不能证明自己没有过错的，应当承担侵权责任。

第九十一条 在公共场所或者道路上挖坑、修缮安装地下设施等，没有设置明显标志和采取安全措施造成他人损害的，施工人应当承担侵权责任。

窨井等地下设施造成他人损害，管理人不能证明尽到管理职责的，应当承担侵权责任。

第十二章 附 则

第九十二条 本法自2010年7月1日起施行。

中华人民共和国著作权法（2010年修正部分）

（中华人民共和国主席令第26号，1990年9月7日第七届全国人民代表大会常务委员会第十五次会议通过，根据2010年2月26日第十一届全国人民代表大会常务委员会第十三次会议《关于修改〈中华人民共和国著作权法〉的决定》第二次修正）

第十一届全国人民代表大会常务委员会第十三次会议决定对《中华人民共和国著作权法》作如下修改：

一、将第四条修改为：“著作权人行使著作权，不得违反宪法和法律，不得损害公共利益。国家对作品的出版、传播依法进行监督管理。”

二、增加一条，作为第二十六条：“以著作权出质的，由出质人和质权人向国务院著作权行政管理部门办理出质登记。”

本决定自2010年4月1日起施行。

《中华人民共和国著作权法》根据本决定作修改并对条款顺序作调整后，重新公布。

中华人民共和国社会保险法

（中华人民共和国主席令第35号，2010年10月28日第十一届全国人民代表大会常务委员会第十七次会议通过）

目　录

第一章　总　则

第一条　为了规范社会保险关系，维护公民参加社会保险和享受社会保险待遇的合法权益，使公民共享发展成果，促进社会和谐稳定，根据宪法，制定本法。

第二条　国家建立基本养老保险、基本医疗保险、工伤保险、失业保险、生育保险等社会保险制度，保障公民在年老、疾病、工伤、失业、生育等情况下依法从国家和社会获得物质帮助的权利。

第三条　社会保险制度坚持广覆盖、保基本、多层次、可持续的方针，社会保险水平应当与经济社会发展水平相适应。

第四条　中华人民共和国境内的用人单位和个人依法缴纳社会保险费，有权查询缴费记录、个人权益记录，要求社会保险经办机构提供社会保险咨询等相关服务。

个人依法享受社会保险待遇，有权监督本单位为其缴费情况。

第五条　县级以上人民政府将社会保险事业纳入国民经济和社会发展规划。

国家多渠道筹集社会保险资金。县级以上人民政府对社会保险事业给予必要的经费支持。

国家通过税收优惠政策支持社会保险事业。

第六条　国家对社会保险基金实行严格监管。

国务院和省、自治区、直辖市人民政府建立健全社会保险基金监督管理制度，保障社会保险基金安全、有效运行。

县级以上人民政府采取措施，鼓励和支持社会各方面参与社会保险基金的监督。

第七条　国务院社会保险行政部门负责全国的社会保险管理工作，国务院其他有关部门在各自的职责范围内负责有关的社会保险工作。

县级以上地方人民政府社会保险行政部门负责本行政区域的社会保险管理工作，县级以上地方人民政府其他有关部门在各自的职责范围内负责有关的社会保险工作。

第八条　社会保险经办机构提供社会保险服务，负责社会保险登记、个人权益记录、社会保险待遇支付等工作。

第九条　工会依法维护职工的合法权益，有权参与社会保险重大事项的研究，参加社会保险监督委员会，对与职工社会保险权益有关的事项进行监督。

第二章　基本养老保险

第十条　职工应当参加基本养老保险，由用人单位和职工共同缴纳基本养老保险费。

无雇工的个体工商户、未在用人单位参加基本养老保险的非全日制从业人员以及其他灵活就业人员可以参加基本养老保险，由个人缴纳基本养老保险费。

公务员和参照公务员法管理的工作人员养老保险的办法由国务院规定。

第十一条 基本养老保险实行社会统筹与个人账户相结合。

基本养老保险基金由用人单位和个人缴费以及政府补贴等组成。

第十二条 用人单位应当按照国家规定的本单位职工工资总额的比例缴纳基本养老保险费，记入基本养老保险统筹基金。

职工应当按照国家规定的本人工资的比例缴纳基本养老保险费，记入个人账户。

无雇工的个体工商户、未在用人单位参加基本养老保险的非全日制从业人员以及其他灵活就业人员参加基本养老保险的，应当按照国家规定缴纳基本养老保险费，分别记入基本养老保险统筹基金和个人账户。

第十三条 国有企业、事业单位职工参加基本养老保险前，视同缴费年限期间应当缴纳的基本养老保险费由政府承担。

基本养老保险基金出现支付不足时，政府给予补贴。

第十四条 个人账户不得提前支取，记账利率不得低于银行定期存款利率，免征利息税。个人死亡的，个人账户余额可以继承。

第十五条 基本养老金由统筹养老金和个人账户养老金组成。

基本养老金根据个人累计缴费年限、缴费工资、当地职工平均工资、个人账户金额、城镇人口平均预期寿命等因素确定。

第十六条 参加基本养老保险的个人，达到法定退休年龄时累计缴费满十五年的，按月领取基本养老金。

参加基本养老保险的个人，达到法定退休年龄时累计缴费不足十五年的，可以缴费至满十五年，按月领取基本养老金；也可以转入新型农村社会养老保险或者城镇居民社会养老保险，按照国务院规定享受相应的养老保险待遇。

第十七条 参加基本养老保险的个人，因病或者非因工死亡的，其遗属可以领取丧葬补助金和抚恤金；在未达到法定退休年龄时因病或者非因工致残完全丧失劳动能力的，可以领取病残津贴。所需资金从基本养老保险基金中支付。

第十八条 国家建立基本养老金正常调整机制。根据职工平均工资增长、物价上涨情况，适时提高基本养老保险待遇水平。

第十九条 个人跨统筹地区就业的，其基本养老保险关系随本人转移，缴费年限累计计算。个人达到法定退休年龄时，基本养老金分段计算、统一支付。具体办法由国务院规定。

第二十条 国家建立和完善新型农村社会养老保险制度。

新型农村社会养老保险实行个人缴费、集体补助和政府补贴相结合。

第二十一条 新型农村社会养老保险待遇由基础养老金和个人账户养老金组成。

参加新型农村社会养老保险的农村居民，符合国家规定条件的，按月领取新型农村社会养老保险待遇。

第二十二条 国家建立和完善城镇居民社会养老保险制度。

省、自治区、直辖市人民政府根据实际情况，可以将城镇居民社会养老保险和新型农村社会养老保险合并实施。

第三章 基本医疗保险

第二十三条 职工应当参加职工基本医疗保险，由用人单位和职工按照国家规定共同缴纳基本医疗保险费。

无雇工的个体工商户、未在用人单位参加职工基本医疗保险的非全日制从业人员以及其他灵活就业人员可以参加职工基本医疗保险，由个人按照国家规定缴纳基本医疗保险费。

第二十四条 国家建立和完善新型农村合作医疗制度。

新型农村合作医疗的管理办法，由国务院规定。

第二十五条 国家建立和完善城镇居民基本医疗保险制度。

城镇居民基本医疗保险实行个人缴费和政府补贴相结合。

享受最低生活保障的人、丧失劳动能力的残疾人、低收入家庭六十周岁以上的老年人和未成年人等所需个人缴费部分，由政府给予补贴。

第二十六条 职工基本医疗保险、新型农村合作医疗和城镇居民基本医疗保险的待遇标准按照国家规定执行。

第二十七条 参加职工基本医疗保险的个人，达到法定退休年龄时累计缴费达到国家规定年限的，退休后不再缴纳基本医疗保险费，按照国家规定享受基本医疗保险待遇；未达到国家规定年限的，可以缴费至国家规定年限。

第二十八条 符合基本医疗保险药品目录、诊疗项目、医疗服务设施标准以及急诊、抢救的医疗费用，按照国家规定从基本医疗保险基金中支付。

第二十九条 参保人员医疗费用中应当由基本医疗保险基金支付的部分，由社会保险经办机构与医疗机构、药品经营单位直接结算。

社会保险行政部门和卫生行政部门应当建立异地就医医疗费用结算制度，方便参保人员享受基本医疗保险待遇。

第三十条 下列医疗费用不纳入基本医疗保险基金支付范围：

（一）应当从工伤保险基金中支付的；

（二）应当由第三人负担的；

（三）应当由公共卫生负担的；

（四）在境外就医的。

医疗费用依法应当由第三人负担，第三人不支付或者无法确定第三人的，由基本医疗保险基金先行支付。基本医疗保险基金先行支付后，有权向第三人追偿。

第三十一条 社会保险经办机构根据管理服务的需要，可以与医疗机构、药品经营单位签订服务协议，规范医疗服务行为。

医疗机构应当为参保人员提供合理、必要的医疗服务。

第三十二条 个人跨统筹地区就业的，其基本医疗保险关系随本人转移，缴费年限累计计算。

第四章 工伤保险

第三十三条 职工应当参加工伤保险，由用人单位缴纳工伤保险费，职工不缴纳工伤保险费。

第三十四条 国家根据不同行业的工伤风险程度确定行业的差别费率，并根据使用工伤保险基金、工伤发生率等情况在每个行业内确定费率档次。行业差别费率和行业内费率档次由国务院社会保险行政部门制定，报国务院批准后公布施行。

社会保险经办机构根据用人单位使用工伤保险基金、工伤发生率和所属行业费率档次等情况，确定用人单位缴费费率。

第三十五条 用人单位应当按照本单位职工工资总额，根据社会保险经办机构确定的费率缴纳工伤保险费。

第三十六条 职工因工作原因受到事故伤害或者患职业病，且经工伤认定的，享受工伤保险待遇；其中，经劳动能力鉴定丧失劳动能力的，享受伤残待遇。

工伤认定和劳动能力鉴定应当简捷、方便。

第三十七条 职工因下列情形之一导致本人在工作中伤亡的，不认定为工伤：

（一）故意犯罪；

（二）醉酒或者吸毒；

（三）自残或者自杀；

（四）法律、行政法规规定的其他情形。

第三十八条 因工伤发生的下列费用，按照国家规定从工伤保险基金中支付：

（一）治疗工伤的医疗费用和康复费用；

（二）住院伙食补助费；

（三）到统筹地区以外就医的交通食宿费；

（四）安装配置伤残辅助器具所需费用；

（五）生活不能自理的，经劳动能力鉴定委员会确认的生活护理费；

（六）一次性伤残补助金和一至四级伤残职工按月领取的伤残津贴；

（七）终止或者解除劳动合同时，应当享受的一次性医疗补助金；

（八）因工死亡的，其遗属领取的丧葬补助金、供养亲属抚恤金和因工死亡补助金；

（九）劳动能力鉴定费。

第三十九条 因工伤发生的下列费用，按照国家规定由用人单位支付：

（一）治疗工伤期间的工资福利；

（二）五级、六级伤残职工按月领取的伤

残津贴；

（三）终止或者解除劳动合同时，应当享受的一次性伤残就业补助金。

第四十条 工伤职工符合领取基本养老金条件的，停发伤残津贴，享受基本养老保险待遇。基本养老保险待遇低于伤残津贴的，从工伤保险基金中补足差额。

第四十一条 职工所在用人单位未依法缴纳工伤保险费，发生工伤事故的，由用人单位支付工伤保险待遇。用人单位不支付的，从工伤保险基金中先行支付。

从工伤保险基金中先行支付的工伤保险待遇应当由用人单位偿还。用人单位不偿还的，社会保险经办机构可以依照本法第六十三条的规定追偿。

第四十二条 由于第三人的原因造成工伤，第三人不支付工伤医疗费用或者无法确定第三人的，由工伤保险基金先行支付。工伤保险基金先行支付后，有权向第三人追偿。

第四十三条 工伤职工有下列情形之一的，停止享受工伤保险待遇：

（一）丧失享受待遇条件的；

（二）拒不接受劳动能力鉴定的；

（三）拒绝治疗的。

第五章 失业保险

第四十四条 职工应当参加失业保险，由用人单位和职工按照国家规定共同缴纳失业保险费。

第四十五条 失业人员符合下列条件的，从失业保险基金中领取失业保险金：

（一）失业前用人单位和本人已经缴纳失业保险费满一年的；

（二）非因本人意愿中断就业的；

（三）已经进行失业登记，并有求职要求的。

第四十六条 失业人员失业前用人单位和本人累计缴费满一年不足五年的，领取失业保险金的期限最长为十二个月；累计缴费满五年不足十年的，领取失业保险金的期限最长为十八个月；累计缴费十年以上的，领取失业保险金的期限最长为二十四个月。重新就业后，再次失业的，缴费时间重新计算，领取失业保险金的期限与前次失业应当领取而尚未领取的失业保险金的期限合并计算，最长不超过二十四个月。

第四十七条 失业保险金的标准，由省、自治区、直辖市人民政府确定，不得低于城市居民最低生活保障标准。

第四十八条 失业人员在领取失业保险金期间，参加职工基本医疗保险，享受基本医疗保险待遇。

失业人员应当缴纳的基本医疗保险费从失业保险基金中支付，个人不缴纳基本医疗保险费。

第四十九条 失业人员在领取失业保险金期间死亡的，参照当地对在职职工死亡的规定，向其遗属发给一次性丧葬补助金和抚恤金。所需资金从失业保险基金中支付。

个人死亡同时符合领取基本养老保险丧葬补助金、工伤保险丧葬补助金和失业保险丧葬补助金条件的，其遗属只能选择领取其中的一项。

第五十条 用人单位应当及时为失业人员出具终止或者解除劳动关系的证明，并将失业人员的名单自终止或者解除劳动关系之日起十五日内告知社会保险经办机构。

失业人员应当持本单位为其出具的终止或者解除劳动关系的证明，及时到指定的公共就业服务机构办理失业登记。

失业人员凭失业登记证明和个人身份证明，到社会保险经办机构办理领取失业保险金的手续。失业保险金领取期限自办理失业登记之日起计算。

第五十一条 失业人员在领取失业保险金期间有下列情形之一的，停止领取失业保险金，并同时停止享受其他失业保险待遇：

（一）重新就业的；

（二）应征服兵役的；

（三）移居境外的；

（四）享受基本养老保险待遇的；

（五）无正当理由，拒不接受当地人民政府指定部门或者机构介绍的适当工作或者提供的培训的。

第五十二条　职工跨统筹地区就业的，其失业保险关系随本人转移，缴费年限累计计算。

第六章　生育保险

第五十三条　职工应当参加生育保险，由用人单位按照国家规定缴纳生育保险费，职工不缴纳生育保险费。

第五十四条　用人单位已经缴纳生育保险费的，其职工享受生育保险待遇；职工未就业配偶按照国家规定享受生育医疗费用待遇。所需资金从生育保险基金中支付。

生育保险待遇包括生育医疗费用和生育津贴。

第五十五条　生育医疗费用包括下列各项：

（一）生育的医疗费用；

（二）计划生育的医疗费用；

（三）法律、法规规定的其他项目费用。

第五十六条　职工有下列情形之一的，可以按照国家规定享受生育津贴：

（一）女职工生育享受产假；

（二）享受计划生育手术休假；

（三）法律、法规规定的其他情形。

生育津贴按照职工所在用人单位上年度职工月平均工资计发。

第七章　社会保险费征缴

第五十七条　用人单位应当自成立之日起三十日内凭营业执照、登记证书或者单位印章，向当地社会保险经办机构申请办理社会保险登记。社会保险经办机构应当自收到申请之日起十五日内予以审核，发给社会保险登记证件。

用人单位的社会保险登记事项发生变更或者用人单位依法终止的，应当自变更或者终止之日起三十日内，到社会保险经办机构办理变更或者注销社会保险登记。

工商行政管理部门、民政部门和机构编制管理机关应当及时向社会保险经办机构通报用人单位的成立、终止情况，公安机关应当及时向社会保险经办机构通报个人的出生、死亡以及户口登记、迁移、注销等情况。

第五十八条　用人单位应当自用工之日起三十日内为其职工向社会保险经办机构申请办理社会保险登记。未办理社会保险登记的，由社会保险经办机构核定其应当缴纳的社会保险费。

自愿参加社会保险的无雇工的个体工商户、未在用人单位参加社会保险的非全日制从业人员以及其他灵活就业人员，应当向社会保险经办机构申请办理社会保险登记。

国家建立全国统一的个人社会保障号码。个人社会保障号码为公民身份号码。

第五十九条　县级以上人民政府加强社会保险费的征收工作。

社会保险费实行统一征收，实施步骤和具体办法由国务院规定。

第六十条　用人单位应当自行申报、按时足额缴纳社会保险费，非因不可抗力等法定事由不得缓缴、减免。职工应当缴纳的社会保险费由用人单位代扣代缴，用人单位应当按月将缴纳社会保险费的明细情况告知本人。

无雇工的个体工商户、未在用人单位参加社会保险的非全日制从业人员以及其他灵活就业人员，可以直接向社会保险费征收机构缴纳社会保险费。

第六十一条　社会保险费征收机构应当依法按时足额征收社会保险费，并将缴费情况定期告知用人单位和个人。

第六十二条　用人单位未按规定申报应当缴纳的社会保险费数额的，按照该单位上月缴费额的百分之一百一十确定应当缴纳数额；缴费单位补办申报手续后，由社会保险费征收机构按照规定结算。

第六十三条　用人单位未按时足额缴纳社会保险费的，由社会保险费征收机构责令其限期缴纳或者补足。

用人单位逾期仍未缴纳或者补足社会保险费的，社会保险费征收机构可以向银行和其他金融机构查询其存款账户；并可以申请县级以上有关行政部门作出划拨社会保险费的决定，书面通知其开户银行或者其他金融机构划拨社会保险费。用人单位账户余额少于应当缴纳的社会保险费的，社会保险费征收机构可以要求该用人单位提供担保，签订延期缴费协议。

用人单位未足额缴纳社会保险费且未提供

担保的，社会保险费征收机构可以申请人民法院扣押、查封、拍卖其价值相当于应当缴纳社会保险费的财产，以拍卖所得抵缴社会保险费。

第八章 社会保险基金

第六十四条 社会保险基金包括基本养老保险基金、基本医疗保险基金、工伤保险基金、失业保险基金和生育保险基金。各项社会保险基金按照社会保险险种分别建账，分账核算，执行国家统一的会计制度。

社会保险基金专款专用，任何组织和个人不得侵占或者挪用。

基本养老保险基金逐步实行全国统筹，其他社会保险基金逐步实行省级统筹，具体时间、步骤由国务院规定。

第六十五条 社会保险基金通过预算实现收支平衡。

县级以上人民政府在社会保险基金出现支付不足时，给予补贴。

第六十六条 社会保险基金按照统筹层次设立预算。社会保险基金预算按照社会保险项目分别编制。

第六十七条 社会保险基金预算、决算草案的编制、审核和批准，依照法律和国务院规定执行。

第六十八条 社会保险基金存入财政专户，具体管理办法由国务院规定。

第六十九条 社会保险基金在保证安全的前提下，按照国务院规定投资运营实现保值增值。

社会保险基金不得违规投资运营，不得用于平衡其他政府预算，不得用于兴建、改建办公场所和支付人员经费、运行费用、管理费用，或者违反法律、行政法规规定挪作其他用途。

第七十条 社会保险经办机构应当定期向社会公布参加社会保险情况以及社会保险基金的收入、支出、结余和收益情况。

第七十一条 国家设立全国社会保障基金，由中央财政预算拨款以及国务院批准的其他方式筹集的资金构成，用于社会保障支出的补充、调剂。全国社会保障基金由全国社会保障基金管理运营机构负责管理运营，在保证安全的前提下实现保值增值。

全国社会保障基金应当定期向社会公布收支、管理和投资运营的情况。国务院财政部门、社会保险行政部门、审计机关对全国社会保障基金的收支、管理和投资运营情况实施监督。

第九章 社会保险经办

第七十二条 统筹地区设立社会保险经办机构。社会保险经办机构根据工作需要，经所在地的社会保险行政部门和机构编制管理机关批准，可以在本统筹地区设立分支机构和服务网点。

社会保险经办机构的人员经费和经办社会保险发生的基本运行费用、管理费用，由同级财政按照国家规定予以保障。

第七十三条 社会保险经办机构应当建立健全业务、财务、安全和风险管理制度。

社会保险经办机构应当按时足额支付社会保险待遇。

第七十四条 社会保险经办机构通过业务经办、统计、调查获取社会保险工作所需的数据，有关单位和个人应当及时、如实提供。

社会保险经办机构应当及时为用人单位建立档案，完整、准确地记录参加社会保险的人员、缴费等社会保险数据，妥善保管登记、申报的原始凭证和支付结算的会计凭证。

社会保险经办机构应当及时、完整、准确地记录参加社会保险的个人缴费和用人单位为其缴费，以及享受社会保险待遇等个人权益记录，定期将个人权益记录单免费寄送本人。

用人单位和个人可以免费向社会保险经办机构查询、核对其缴费和享受社会保险待遇记录，要求社会保险经办机构提供社会保险咨询等相关服务。

第七十五条 全国社会保险信息系统按照国家统一规划，由县级以上人民政府按照分级负责的原则共同建设。

第十章 社会保险监督

第七十六条 各级人民代表大会常务委员会听取和审议本级人民政府对社会保险基金的收支、管理、投资运营以及监督检查情况的专项工作报告，组织对本法实施情况的执法检查等，依法行使监督职权。

第七十七条 县级以上人民政府社会保险行政部门应当加强对用人单位和个人遵守社会保险法律、法规情况的监督检查。

社会保险行政部门实施监督检查时，被检查的用人单位和个人应当如实提供与社会保险有关的资料，不得拒绝检查或者谎报、瞒报。

第七十八条 财政部门、审计机关按照各自职责，对社会保险基金的收支、管理和投资运营情况实施监督。

第七十九条 社会保险行政部门对社会保险基金的收支、管理和投资运营情况进行监督检查，发现存在问题的，应当提出整改建议，依法作出处理决定或者向有关行政部门提出处理建议。社会保险基金检查结果应当定期向社会公布。

社会保险行政部门对社会保险基金实施监督检查，有权采取下列措施：

（一）查阅、记录、复制与社会保险基金收支、管理和投资运营相关的资料，对可能被转移、隐匿或者灭失的资料予以封存；

（二）询问与调查事项有关的单位和个人，要求其对与调查事项有关的问题作出说明、提供有关证明材料；

（三）对隐匿、转移、侵占、挪用社会保险基金的行为予以制止并责令改正。

第八十条 统筹地区人民政府成立由用人单位代表、参保人员代表，以及工会代表、专家等组成的社会保险监督委员会，掌握、分析社会保险基金的收支、管理和投资运营情况，对社会保险工作提出咨询意见和建议，实施社会监督。

社会保险经办机构应当定期向社会保险监督委员会汇报社会保险基金的收支、管理和投资运营情况。社会保险监督委员会可以聘请会计师事务所对社会保险基金的收支、管理和投资运营情况进行年度审计和专项审计。审计结果应当向社会公开。

社会保险监督委员会发现社会保险基金收支、管理和投资运营中存在问题的，有权提出改正建议；对社会保险经办机构及其工作人员的违法行为，有权向有关部门提出依法处理建议。

第八十一条 社会保险行政部门和其他有关行政部门、社会保险经办机构、社会保险费征收机构及其工作人员，应当依法为用人单位和个人的信息保密，不得以任何形式泄露。

第八十二条 任何组织或者个人有权对违反社会保险法律、法规的行为进行举报、投诉。

社会保险行政部门、卫生行政部门、社会保险经办机构、社会保险费征收机构和财政部门、审计机关对属于本部门、本机构职责范围的举报、投诉，应当依法处理；对不属于本部门、本机构职责范围的，应当书面通知并移交有权处理的部门、机构处理。有权处理的部门、机构应当及时处理，不得推诿。

第八十三条 用人单位或者个人认为社会保险费征收机构的行为侵害自己合法权益的，可以依法申请行政复议或者提起行政诉讼。

用人单位或者个人对社会保险经办机构不依法办理社会保险登记、核定社会保险费、支付社会保险待遇、办理社会保险转移接续手续或者侵害其他社会保险权益的行为，可以依法申请行政复议或者提起行政诉讼。

个人与所在用人单位发生社会保险争议的，可以依法申请调解、仲裁，提起诉讼。用人单位侵害个人社会保险权益的，个人也可以要求社会保险行政部门或者社会保险费征收机构依法处理。

第十一章 法律责任

第八十四条 用人单位不办理社会保险登记的，由社会保险行政部门责令限期改正；逾期不改正的，对用人单位处应缴社会保险费数额一倍以上三倍以下的罚款，对其直接负责的主管人员和其他直接责任人员处五百元以上三千元以下的罚款。

第八十五条 用人单位拒不出具终止或者解除劳动关系证明的，依照《中华人民共和国劳动合同法》的规定处理。

第八十六条 用人单位未按时足额缴纳社会保险费的，由社会保险费征收机构责令限期缴纳或者补足，并自欠缴之日起，按日加收万分之五的滞纳金；逾期仍不缴纳的，由有关行政部门处欠缴数额一倍以上三倍以下的罚款。

第八十七条 社会保险经办机构以及医疗机构、药品经营单位等社会保险服务机构以欺诈、伪造证明材料或者其他手段骗取社会保险基金支出的，由社会保险行政部门责令退回骗取的社会保险金，处骗取金额二倍以上五倍以下的罚款；属于社会保险服务机构的，解除服务协议；直接负责的主管人员和其他直接责任人员有执业资格的，依法吊销其执业资格。

第八十八条 以欺诈、伪造证明材料或者其他手段骗取社会保险待遇的，由社会保险行政部门责令退回骗取的社会保险金，处骗取金额二倍以上五倍以下的罚款。

第八十九条 社会保险经办机构及其工作人员有下列行为之一的，由社会保险行政部门责令改正；给社会保险基金、用人单位或者个人造成损失的，依法承担赔偿责任；对直接负责的主管人员和其他直接责任人员依法给予处分：

（一）未履行社会保险法定职责的；

（二）未将社会保险基金存入财政专户的；

（三）克扣或者拒不按时支付社会保险待遇的；

（四）丢失或者篡改缴费记录、享受社会保险待遇记录等社会保险数据、个人权益记录的；

（五）有违反社会保险法律、法规的其他行为的。

第九十条 社会保险费征收机构擅自更改社会保险费缴费基数、费率，导致少收或者多收社会保险费的，由有关行政部门责令其追缴应当缴纳的社会保险费或者退还不应当缴纳的社会保险费；对直接负责的主管人员和其他直接责任人员依法给予处分。

第九十一条 违反本法规定，隐匿、转移、侵占、挪用社会保险基金或者违规投资运营的，由社会保险行政部门、财政部门、审计机关责令追回；有违法所得的，没收违法所得；对直接负责的主管人员和其他直接责任人员依法给予处分。

第九十二条 社会保险行政部门和其他有关行政部门、社会保险经办机构、社会保险费征收机构及其工作人员泄露用人单位和个人信息的，对直接负责的主管人员和其他直接责任人员依法给予处分；给用人单位或者个人造成损失的，应当承担赔偿责任。

第九十三条 国家工作人员在社会保险管理、监督工作中滥用职权、玩忽职守、徇私舞弊的，依法给予处分。

第九十四条 违反本法规定，构成犯罪的，依法追究刑事责任。

第十二章 附 则

第九十五条 进城务工的农村居民依照本法规定参加社会保险。

第九十六条 征收农村集体所有的土地，应当足额安排被征地农民的社会保险费，按照国务院规定将被征地农民纳入相应的社会保险制度。

第九十七条 外国人在中国境内就业的，参照本法规定参加社会保险。

第九十八条 本法自 2011 年 7 月 1 日起施行。

中华人民共和国水土保持法（2010年修正）

（中华人民共和国主席令第39号，1991年6月29日第七届全国人民代表大会常务委员会第二十次会议通过，2010年12月25日第十一届全国人民代表大会常务委员会第十八次会议修订）

目　录

第一章　总　则

第一条　为了预防和治理水土流失，保护和合理利用水土资源，减轻水、旱、风沙灾害，改善生态环境，保障经济社会可持续发展，制定本法。

第二条　在中华人民共和国境内从事水土保持活动，应当遵守本法。

本法所称水土保持，是指对自然因素和人为活动造成水土流失所采取的预防和治理措施。

第三条　水土保持工作实行预防为主、保护优先、全面规划、综合治理、因地制宜、突出重点、科学管理、注重效益的方针。

第四条　县级以上人民政府应当加强对水土保持工作的统一领导，将水土保持工作纳入本级国民经济和社会发展规划，对水土保持规划确定的任务，安排专项资金，并组织实施。

国家在水土流失重点预防区和重点治理区，实行地方各级人民政府水土保持目标责任制和考核奖惩制度。

第五条　国务院水行政主管部门主管全国的水土保持工作。

国务院水行政主管部门在国家确定的重要江河、湖泊设立的流域管理机构（以下简称流域管理机构），在所管辖范围内依法承担水土保持监督管理职责。

县级以上地方人民政府水行政主管部门主管本行政区域的水土保持工作。

县级以上人民政府林业、农业、国土资源等有关部门按照各自职责，做好有关的水土流失预防和治理工作。

第六条　各级人民政府及其有关部门应当加强水土保持宣传和教育工作，普及水土保持科学知识，增强公众的水土保持意识。

第七条　国家鼓励和支持水土保持科学技术研究，提高水土保持科学技术水平，推广先进的水土保持技术，培养水土保持科学技术人才。

第八条　任何单位和个人都有保护水土资源、预防和治理水土流失的义务，并有权对破坏水土资源、造成水土流失的行为进行举报。

第九条　国家鼓励和支持社会力量参与水土保持工作。

对水土保持工作中成绩显著的单位和个人，由县级以上人民政府给予表彰和奖励。

第二章　规　划

第十条　水土保持规划应当在水土流失调查结果及水土流失重点预防区和重点治理区划定的基础上，遵循统筹协调、分类指导的原则编制。

第十一条　国务院水行政主管部门应当定期组织全国水土流失调查并公告调查结果。

省、自治区、直辖市人民政府水行政主管部门负责本行政区域的水土流失调查并公告调查结果，公告前应当将调查结果报国务院水行政主管部门备案。

第十二条　县级以上人民政府应当依据水土流失调查结果划定并公告水土流失重点预防

区和重点治理区。

对水土流失潜在危险较大的区域，应当划定为水土流失重点预防区；对水土流失严重的区域，应当划定为水土流失重点治理区。

第十三条 水土保持规划的内容应当包括水土流失状况、水土流失类型区划分、水土流失防治目标、任务和措施等。

水土保持规划包括对流域或者区域预防和治理水土流失、保护和合理利用水土资源作出的整体部署，以及根据整体部署对水土保持专项工作或者特定区域预防和治理水土流失作出的专项部署。

水土保持规划应当与土地利用总体规划、水资源规划、城乡规划和环境保护规划等相协调。

编制水土保持规划，应当征求专家和公众的意见。

第十四条 县级以上人民政府水行政主管部门会同同级人民政府有关部门编制水土保持规划，报本级人民政府或者其授权的部门批准后，由水行政主管部门组织实施。

水土保持规划一经批准，应当严格执行；经批准的规划根据实际情况需要修改的，应当按照规划编制程序报原批准机关批准。

第十五条 有关基础设施建设、矿产资源开发、城镇建设、公共服务设施建设等方面的规划，在实施过程中可能造成水土流失的，规划的组织编制机关应当在规划中提出水土流失预防和治理的对策和措施，并在规划报请审批前征求本级人民政府水行政主管部门的意见。

第三章 预 防

第十六条 地方各级人民政府应当按照水土保持规划，采取封育保护、自然修复等措施，组织单位和个人植树种草，扩大林草覆盖面积，涵养水源，预防和减轻水土流失。

第十七条 地方各级人民政府应当加强对取土、挖砂、采石等活动的管理，预防和减轻水土流失。

禁止在崩塌、滑坡危险区和泥石流易发区从事取土、挖砂、采石等可能造成水土流失的活动。崩塌、滑坡危险区和泥石流易发区的范围，由县级以上地方人民政府划定并公告。崩塌、滑坡危险区和泥石流易发区的划定，应当与地质灾害防治规划确定的地质灾害易发区、重点防治区相衔接。

第十八条 水土流失严重、生态脆弱的地区，应当限制或者禁止可能造成水土流失的生产建设活动，严格保护植物、沙壳、结皮、地衣等。

在侵蚀沟的沟坡和沟岸、河流的两岸以及湖泊和水库的周边，土地所有权人、使用权人或者有关管理单位应当营造植物保护带。禁止开垦、开发植物保护带。

第十九条 水土保持设施的所有权人或者使用权人应当加强对水土保持设施的管理与维护，落实管护责任，保障其功能正常发挥。

第二十条 禁止在二十五度以上陡坡地开垦种植农作物。在二十五度以上陡坡地种植经济林的，应当科学选择树种，合理确定规模，采取水土保持措施，防止造成水土流失。

省、自治区、直辖市根据本行政区域的实际情况，可以规定小于二十五度的禁止开垦坡度。禁止开垦的陡坡地的范围由当地县级人民政府划定并公告。

第二十一条 禁止毁林、毁草开垦和采集发菜。禁止在水土流失重点预防区和重点治理区铲草皮、挖树兜或者滥挖虫草、甘草、麻黄等。

第二十二条 林木采伐应当采用合理方式，严格控制皆伐；对水源涵养林、水土保持林、防风固沙林等防护林只能进行抚育和更新性质的采伐；对采伐区和集材道应当采取防止水土流失的措施，并在采伐后及时更新造林。

在林区采伐林木的，采伐方案中应当有水土保持措施。采伐方案经林业主管部门批准后，由林业主管部门和水行政主管部门监督实施。

第二十三条 在五度以上坡地植树造林、抚育幼林、种植中药材等，应当采取水土保持措施。

在禁止开垦坡度以下、五度以上的荒坡地开垦种植农作物，应当采取水土保持措施。具体办法由省、自治区、直辖市根据本行政区域的实际情况规定。

第二十四条 生产建设项目选址、选线应当避让水土流失重点预防区和重点治理区；无法避让的，应当提高防治标准，优化施工工艺，减少地表扰动和植被损坏范围，有效控制可能造成的水土流失。

第二十五条 在山区、丘陵区、风沙区以及水土保持规划确定的容易发生水土流失的其他区域开办可能造成水土流失的生产建设项目，生产建设单位应当编制水土保持方案，报县级以上人民政府水行政主管部门审批，并按照经批准的水土保持方案，采取水土流失预防和治理措施。没有能力编制水土保持方案的，应当委托具备相应技术条件的机构编制。

水土保持方案应当包括水土流失预防和治理的范围、目标、措施和投资等内容。

水土保持方案经批准后，生产建设项目的地点、规模发生重大变化的，应当补充或者修改水土保持方案并报原审批机关批准。水土保持方案实施过程中，水土保持措施需要作出重大变更的，应当经原审批机关批准。

生产建设项目水土保持方案的编制和审批办法，由国务院水行政主管部门制定。

第二十六条 依法应当编制水土保持方案的生产建设项目，生产建设单位未编制水土保持方案或者水土保持方案未经水行政主管部门批准的，生产建设项目不得开工建设。

第二十七条 依法应当编制水土保持方案的生产建设项目中的水土保持设施，应当与主体工程同时设计、同时施工、同时投产使用；生产建设项目竣工验收，应当验收水土保持设施；水土保持设施未经验收或者验收不合格的，生产建设项目不得投产使用。

第二十八条 依法应当编制水土保持方案的生产建设项目，其生产建设活动中排弃的砂、石、土、矸石、尾矿、废渣等应当综合利用；不能综合利用，确需废弃的，应当堆放在水土保持方案确定的专门存放地，并采取措施保证不产生新的危害。

第二十九条 县级以上人民政府水行政主管部门、流域管理机构，应当对生产建设项目水土保持方案的实施情况进行跟踪检查，发现问题及时处理。

第四章　治　理

第三十条 国家加强水土流失重点预防区和重点治理区的坡耕地改梯田、淤地坝等水土保持重点工程建设，加大生态修复力度。

县级以上人民政府水行政主管部门应当加强对水土保持重点工程的建设管理，建立和完善运行管护制度。

第三十一条 国家加强江河源头区、饮用水水源保护区和水源涵养区水土流失的预防和治理工作，多渠道筹集资金，将水土保持生态效益补偿纳入国家建立的生态效益补偿制度。

第三十二条 开办生产建设项目或者从事其他生产建设活动造成水土流失的，应当进行治理。

在山区、丘陵区、风沙区以及水土保持规划确定的容易发生水土流失的其他区域开办生产建设项目或者从事其他生产建设活动，损坏水土保持设施、地貌植被，不能恢复原有水土保持功能的，应当缴纳水土保持补偿费，专项用于水土流失预防和治理。专项水土流失预防和治理由水行政主管部门负责组织实施。水土保持补偿费的收取使用管理办法由国务院财政部门、国务院价格主管部门会同国务院水行政主管部门制定。

生产建设项目在建设过程中和生产过程中发生的水土保持费用，按照国家统一的财务会计制度处理。

第三十三条 国家鼓励单位和个人按照水土保持规划参与水土流失治理，并在资金、技术、税收等方面予以扶持。

第三十四条 国家鼓励和支持承包治理荒山、荒沟、荒丘、荒滩，防治水土流失，保护和改善生态环境，促进土地资源的合理开发和可持续利用，并依法保护土地承包合同当事人的合法权益。

承包治理荒山、荒沟、荒丘、荒滩和承包水土流失严重地区农村土地的，在依法签订的土地承包合同中应当包括预防和治理水土流失责任的内容。

第三十五条 在水力侵蚀地区，地方各级人民政府及其有关部门应当组织单位和个人，以天然沟壑及其两侧山坡地形成的小流域为单元，因地制宜地采取工程措施、植物措施和保护性耕作等措施，进行坡耕地和沟道水土流失综合治理。

在风力侵蚀地区，地方各级人民政府及其有关部门应当组织单位和个人，因地制宜地采取轮封轮牧、植树种草、设置人工沙障和网格林带等措施，建立防风固沙防护体系。

在重力侵蚀地区，地方各级人民政府及其有关部门应当组织单位和个人，采取监测、径流排导、削坡减载、支挡固坡、修建拦挡工程等措施，建立监测、预报、预警体系。

第三十六条 在饮用水水源保护区，地方各级人民政府及其有关部门应当组织单位和个人，采取预防保护、自然修复和综合治理措施，配套建设植物过滤带，积极推广沼气，开展清洁小流域建设，严格控制化肥和农药的使用，减少水土流失引起的面源污染，保护饮用水水源。

第三十七条 已在禁止开垦的陡坡地上开垦种植农作物的，应当按照国家有关规定退耕，植树种草；耕地短缺、退耕确有困难的，应当修建梯田或者采取其他水土保持措施。

在禁止开垦坡度以下的坡耕地上开垦种植农作物的，应当根据不同情况，采取修建梯田、坡面水系整治、蓄水保土耕作或者退耕等措施。

第三十八条 对生产建设活动所占用土地的地表土应当进行分层剥离、保存和利用，做到土石方挖填平衡，减少地表扰动范围；对废弃的砂、石、土、矸石、尾矿、废渣等存放地，应当采取拦挡、坡面防护、防洪排导等措施。生产建设活动结束后，应当及时在取土场、开挖面和存放地的裸露土地上植树种草、恢复植被，对闭库的尾矿库进行复垦。

在干旱缺水地区从事生产建设活动，应当采取防止风力侵蚀措施，设置降水蓄渗设施，充分利用降水资源。

第三十九条 国家鼓励和支持在山区、丘陵区、风沙区以及容易发生水土流失的其他区域，采取下列有利于水土保持的措施：

（一）免耕、等高耕作、轮耕轮作、草田轮作、间作套种等；

（二）封禁抚育、轮封轮牧、舍饲圈养；

（三）发展沼气、节柴灶，利用太阳能、风能和水能，以煤、电、气代替薪柴等；

（四）从生态脆弱地区向外移民；

（五）其他有利于水土保持的措施。

第五章 监测和监督

第四十条 县级以上人民政府水行政主管部门应当加强水土保持监测工作，发挥水土保持监测工作在政府决策、经济社会发展和社会公众服务中的作用。县级以上人民政府应当保障水土保持监测工作经费。

国务院水行政主管部门应当完善全国水土保持监测网络，对全国水土流失进行动态监测。

第四十一条 对可能造成严重水土流失的大中型生产建设项目，生产建设单位应当自行或者委托具备水土保持监测资质的机构，对生产建设活动造成的水土流失进行监测，并将监测情况定期上报当地水行政主管部门。

从事水土保持监测活动应当遵守国家有关技术标准、规范和规程，保证监测质量。

第四十二条 国务院水行政主管部门和省、自治区、直辖市人民政府水行政主管部门应当根据水土保持监测情况，定期对下列事项进行公告：

（一）水土流失类型、面积、强度、分布状况和变化趋势；

（二）水土流失造成的危害；

（三）水土流失预防和治理情况。

第四十三条 县级以上人民政府水行政主管部门负责对水土保持情况进行监督检查。流域管理机构在其管辖范围内可以行使国务院水行政主管部门的监督检查职权。

第四十四条 水政监督检查人员依法履行监督检查职责时，有权采取下列措施：

（一）要求被检查单位或者个人提供有关文件、证照、资料；

（二）要求被检查单位或者个人就预防和治理水土流失的有关情况作出说明；

（三）进入现场进行调查、取证。

被检查单位或者个人拒不停止违法行为，造成严重水土流失的，报经水行政主管部门批准，可以查封、扣押实施违法行为的工具及施工机械、设备等。

第四十五条 水政监督检查人员依法履行监督检查职责时，应当出示执法证件。被检查单位或者个人对水土保持监督检查工作应当给予配合，如实报告情况，提供有关文件、证照、资料；不得拒绝或者阻碍水政监督检查人员依法执行公务。

第四十六条 不同行政区域之间发生水土流失纠纷应当协商解决；协商不成的，由共同的上一级人民政府裁决。

第六章 法律责任

第四十七条 水行政主管部门或者其他依照本法规定行使监督管理权的部门，不依法作出行政许可决定或者办理批准文件的，发现违法行为或者接到对违法行为的举报不予查处的，或者有其他未依照本法规定履行职责的行为的，对直接负责的主管人员和其他直接责任人员依法给予处分。

第四十八条 违反本法规定，在崩塌、滑坡危险区或者泥石流易发区从事取土、挖砂、采石等可能造成水土流失的活动的，由县级以上地方人民政府水行政主管部门责令停止违法行为，没收违法所得，对个人处一千元以上一万元以下的罚款，对单位处二万元以上二十万元以下的罚款。

第四十九条 违反本法规定，在禁止开垦坡度以上陡坡地开垦种植农作物，或者在禁止开垦、开发的植物保护带内开垦、开发的，由县级以上地方人民政府水行政主管部门责令停止违法行为，采取退耕、恢复植被等补救措施；按照开垦或者开发面积，可以对个人处每平方米二元以下的罚款、对单位处每平方米十元以下的罚款。

第五十条 违反本法规定，毁林、毁草开垦的，依照《中华人民共和国森林法》、《中华人民共和国草原法》的有关规定处罚。

第五十一条 违反本法规定，采集发菜，或者在水土流失重点预防区和重点治理区铲草皮、挖树兜、滥挖虫草、甘草、麻黄等的，由县级以上地方人民政府水行政主管部门责令停止违法行为，采取补救措施，没收违法所得，并处违法所得一倍以上五倍以下的罚款；没有违法所得的，可以处五万元以下的罚款。

在草原地区有前款规定违法行为的，依照《中华人民共和国草原法》的有关规定处罚。

第五十二条 在林区采伐林木不依法采取防止水土流失措施的，由县级以上地方人民政府林业主管部门、水行政主管部门责令限期改正，采取补救措施；造成水土流失的，由水行政主管部门按照造成水土流失的面积处每平方米二元以上十元以下的罚款。

第五十三条 违反本法规定，有下列行为之一的，由县级以上人民政府水行政主管部门责令停止违法行为，限期补办手续；逾期不补办手续的，处五万元以上五十万元以下的罚款；对生产建设单位直接负责的主管人员和其他直接责任人员依法给予处分：

（一）依法应当编制水土保持方案的生产建设项目，未编制水土保持方案或者编制的水土保持方案未经批准而开工建设的；

（二）生产建设项目的地点、规模发生重大变化，未补充、修改水土保持方案或者补充、修改的水土保持方案未经原审批机关批准的；

（三）水土保持方案实施过程中，未经原审批机关批准，对水土保持措施作出重大变更的。

第五十四条 违反本法规定，水土保持设施未经验收或者验收不合格将生产建设项目投产使用的，由县级以上人民政府水行政主管部门责令停止生产或者使用，直至验收合格，并处五万元以上五十万元以下的罚款。

第五十五条 违反本法规定，在水土保持方案确定的专门存放地以外的区域倾倒砂、石、土、矸石、尾矿、废渣等的，由县级以上地方人民政府水行政主管部门责令停止违法行为，限期清理，按照倾倒数量处每立方米十元以上二十元以下的罚款；逾期仍不清理的，县级以上地方人民政府水行政主管部门可以指定有清理能力的单位代为清理，所需费用由违法行为人承担。

第五十六条 违反本法规定，开办生产建设项目或者从事其他生产建设活动造成水土流失，不进行治理的，由县级以上人民政府水行政主管部门责令限期治理；逾期仍不治理的，县级以上人民政府水行政主管部门可以指定有治理能力的单位代为治理，所需费用由违法行为人承担。

第五十七条 违反本法规定，拒不缴纳水土保持补偿费的，由县级以上人民政府水行政主管部门责令限期缴纳；逾期不缴纳的，自滞纳之日起按日加收滞纳部分万分之五的滞纳金，可以处应缴水土保持补偿费三倍以下的罚款。

第五十八条 违反本法规定，造成水土流失危害的，依法承担民事责任；构成违反治安管理行为的，由公安机关依法给予治安管理处罚；构成犯罪的，依法追究刑事责任。

第七章 附 则

第五十九条 县级以上地方人民政府根据当地实际情况确定的负责水土保持工作的机构，行使本法规定的水行政主管部门水土保持工作的职责。

第六十条 本法自2011年3月1日起施行。

最高人民法院关于进一步清理拖欠工程款和农民工工资案件的通知

（最高人民法院2006年7月24日公布 法［2006］158号）

各省、自治区、直辖市高级人民法院，解放军军事法院，新疆维吾尔自治区高级人民法院生产建设兵团分院：

目前，国务院“清欠”工作已进入关键阶段。为确保国务院提出的三年“清欠”工作目标的实现，今年7月7日，国务院组织召开全国清理拖欠工程款电视电话会议，对两年多来“清欠”工作取得的成效和经验进行了总结，对当前“清欠”工作中面临的主要问题进行了分析，并提出了具体的对策和措施。为充分发挥各级法院的司法职能作用，配合国务院下一阶段“清欠”工作的开展，现通知如下：

一、各级人民法院要在继续贯彻落实《最高人民法院关于集中清理拖欠工程款和农民工工资案件的紧急通知》（法［2004］259号）的基础上，本着政府“清欠”、法院配合的工作原则，积极、主动地与有关地方政府、有关部门进行沟通、协商，为下一阶段的“清欠”工作提供充分的司法保障。

二、接到本通知后，各级人民法院要对本院负责清理的拖欠工程款和农民工工资案件进行一次全面清查。对于已经受理、尚未审结的拖欠工程款和农民工工资的诉讼案件，要加快审理进度，及时审结；对于已经受理、尚未执结的拖欠工程款和农民工工资执行案件，要采取切实有效的措施，限期执结。

三、在清理拖欠工程款执行案件过程中，对于属各级地方政府投资建设项目拖欠的工程款，按照国务院确立的解决拖欠工程款和农民工工资问题有效工作机制，由各级人民法院分别转有关地方政府负责清理后，各级法院要积极督促有关地方政府及时清理，并适时提供必要的法律帮助。

对于转有关地方政府负责清理和协助法院执行的拖欠工程款执行案件，各高级人民法院将有关案件通报给省级政府后，要及时了解有关案件的清理情况，并配合政府有关部门依法采取相应措施，确保“清欠”工作落到实处。

对不属于人民法院主管、应当由有关地方政府负责解决的拖欠工程款和农民工工资问题，各级法院要将有关情况及时通报给有关地方政府由其负责处理。

四、各级人民法院要按照“司法为民”的要求，特别重视对农民工等社会弱势群体的保护。对涉及农民工追索劳动报酬案件，要按照快立案、快审理、快执行的原则处理；对追索劳动报酬确有困难的农民工，要按照《最高人民法院关于对经济确有困难的当事人提供司法救助的规定》（法发［2005］6号），提供必要的司法救助。

五、在执行拖欠工程款和农民工工资案件过程中，各级法院要重视发挥新闻媒体的舆论监督作用，督促作为被执行人的有关单位和个人主动履行义务。对主动履行、积极履行的有关单位和个人，要选择典型事例通过新闻媒体予以公开报道、表扬；对有履行能力而拒不履行，或者有意、恶意拖欠工程款和农民工工资的有关单位和个人，要在依法给予必要的法律制裁的同时，选择其中的典型案例适时通过新闻媒体予以曝光。

六、要加强调查研究，注意发现问题，总结经验。各级人民法院要进一步发挥司法职能作用，对彻底解决拖欠工程款和农民工工资问题适时提出司法建议；要从长效机制的制度建设上对减少和杜绝拖欠工程款和农民工工资问题提出建议。

七、各高级人民法院要负责对辖区内法院下一阶段“清欠”工作的监督指导。遇有重大、疑难问题，下级法院要及时向上级法院报告；上级法院要帮助下级法院排除执行障碍和阻力，切实解决下级法院“清欠”工作中遇到的困难和问题。

最高人民法院关于进一步加强拖欠农民工工资纠纷案件审判工作的紧急通知

（最高人民法院2010年2月8日公布）

各省、自治区、直辖市高级人民法院，解放军军事法院，新疆维吾尔自治区高级人民法院生产建设兵团分院：

近期，因拖欠农民工工资引发的事件不断发生，有的甚至演变成群体性事件，严重影响社会稳定。为充分发挥审判职能作用，依法维护农民工合法权益，维护社会稳定大局，现就进一步加强拖欠农民工工资纠纷案件审判工作紧急通知如下：

一、深刻认识做好拖欠农民工工资纠纷案件审判工作的重要意义

1.《中共中央国务院关于加大统筹城乡发展力度进一步夯实农业农村发展基础的若干意见》将做好农民工工作纳入了农业农村工作全局，并作出了相应战略部署。着眼改善农村民生和推进城镇化发展，进一步加强拖欠农民工工资纠纷案件审判工作，是人民法院坚持“三个至上”工作指导思想，全面提升“为大局服务，为人民司法”工作质效的重要体现。各级人民法院要把此项工作与切实贯彻落实全国政法工作电视电话会议精神紧密结合起来，作为推进三项重点工作的重要内容，下大气力，妥善处理好相关案件。

二、全面落实有关法律、行政法规和司法解释的相关规定，充分及时保护农民工的合法权益

2. 对案件事实清楚、法律关系明确的拖欠农民工工资或者劳务报酬纠纷，以及有财产给付内容的涉及农民工的劳动争议纠纷，要着力提高司法保护的效率，在确保公正的前提下，务必做到快立、快审、快结。符合先予执行法定条件的，应当及时裁定先予执行。

3. 对农民工请求法院调查取证的申请，符合法定条件的，依法积极进行调查。同时根据双方当事人举证能力的强弱和距离证据的远近，根据诚实信用、公平原则合理分配举证责任，使农民工特别是弱势群体的合法权益得到应有的保护。

4. 强化措施，集中开展拖欠工程款和农民工工资案件执行活动。对已经进入执行程序的案件，人民法院应当优先安排人力、物力，加大执行力度，强化执行措施，依法尽快执行。认真研究工作策略，积极探索灵活多样的方式、方法，提高执行效率，增强执行效果，坚决防止因工作失误、方法不当而引发矛盾激化、群体上访等问题。严格落实执行款、物管理的有关规定，对于执行到位的款项和物品，应当及时交付申请执行人，不得截留或挪作他用。

三、继续加大司法救助力度和提高司法效率，切实方便农民工当事人诉讼

5. 认真贯彻《诉讼费用交纳办法》，对追索工资的农民工当事人所提出的申请，符合法定条件的，要积极为其办理诉讼费和执行费用的减、免、缓手续，确保其能够有机会获得司法救济，行使诉讼权利。充分发挥民事简易程序及时、简便、快捷解决纠纷的功能，依法扩大简易程序的适用范围，实现案件的繁简分流，加快研究和探索速裁程序制度，尝试小额诉讼案件的快速处理机制，降低诉讼成本、提高诉讼效率，及时保护农民工合法权益。

四、认真贯彻调解优先、调判结合的原则

6. 牢固树立调解也是执法的观念，对矛盾激化可能性大的案件，尤其是群体性、敏感性案件，要着眼化解社会矛盾和维护社会稳定，尽可能多地适用调解、和解等方式，努力实现案结事了的目标。对不宜调解、调解不成的案件，要注意发挥调判结合优势，及时作出裁判，避免因案件久拖不决影响农民工当事人的基本生计。

五、加强组织领导，确保拖欠工程款和农民工工资案件执行工作取得实效

7. 要切实加强组织领导和对下检查督促，充分发挥职能作用，搞好案件的调度和指导工作，确保把当事人的合法权益落到实处，维护安定团结的社会局面。

8. 对于各地在执行拖欠工程款和农民工工资工作中的典型做法或案例，要及时予以总结，巩固和扩大工作成效，要加强正面引导和宣传，扩大声势，营造良好的舆论环境。对发现的有关问题，要认真总结分析，需要有关部门予以解决的，要通过司法建议等方式，及时向有关部门提出。进一步完善信访处理工作制度，确保在发生集体上访或者突发事件时，提前化解、及时处理、及时解决。

六、紧紧依靠党委领导，加强与政府及相关部门的沟通联系

9. 支持政府在化解重大风险方面的主导地位，建立多层次、全方位的协同联动化解机制，形成合力，避免风险扩散和失控。建立畅通的预警机制，及时发现重大涉诉信息；完善指导机制，强化对重大案件的审判指导；健全应急预案，妥善化解敏感性和群体性纠纷。

春节已经到来，全国“两会”也即将召开，各级人民法院要按照本通知的要求，部署和开展好相关工作。对审判和执行工作中出现的新情况、新问题，要及时认真研究，尽早提出对策，必要时及时层报我院。

最高人民法院关于审理劳动争议案件适用法律若干问题的解释（二）

（2006年7月10日由最高人民法院审判委员会第1393次会议通过，2006年8月14日公布，自2006年10月1日起施行）

为正确审理劳动争议案件，根据《中华人民共和国劳动法》、《中华人民共和国民事诉讼法》等相关法律规定，结合民事审判实践，对人民法院审理劳动争议案件适用法律的若干问题补充解释如下：

第一条　人民法院审理劳动争议案件，对下列情形，视为劳动法第八十二条规定的“劳动争议发生之日”：

（一）在劳动关系存续期间产生的支付工资争议，用人单位能够证明已经书面通知劳动者拒付工资的，书面通知送达之日为劳动争议发生之日。用人单位不能证明的，劳动者主张权利之日为劳动争议发生之日。

（二）因解除或者终止劳动关系产生的争议，用人单位不能证明劳动者收到解除或者终止劳动关系书面通知时间的，劳动者主张权利之日为劳动争议发生之日。

（三）劳动关系解除或者终止后产生的支付工资、经济补偿金、福利待遇等争议，劳动者能够证明用人单位承诺支付的时间为解除或者终止劳动关系后的具体日期的，用人单位承诺支付之日为劳动争议发生之日。劳动者不能证明的，解除或者终止劳动关系之日为劳动争议发生之日。

第二条　拖欠工资争议，劳动者申请仲裁时劳动关系仍然存续，用人单位以劳动者申请仲裁超过六十日为由主张不再支付的，人民法院不予支持。但用人单位能够证明劳动者已经收到拒付工资的书面通知的除外。

第三条　劳动者以用人单位的工资欠条为证据直接向人民法院起诉，诉讼请求不涉及劳动关系其他争议的，视为拖欠劳动报酬争议，按照普通民事纠纷受理。

第四条　用人单位和劳动者因劳动关系是否已经解除或者终止，以及应否支付解除或终止劳动关系经济补偿金产生的争议，经劳动争议仲裁委员会仲裁后，当事人依法起诉的，人民法院应予受理。

第五条　劳动者与用人单位解除或者终止劳动关系后，请求用人单位返还其收取的劳动合同定金、保证金、抵押金、抵押物产生的争议，或者办理劳动者的人事档案、社会保险关系等移转手续产生的争议，经劳动争议仲裁委员会仲裁后，当事人依法起诉的，人民法院应予受理。

第六条　劳动者因为工伤、职业病，请求用人单位依法承担给予工伤保险待遇的争议，经劳动争议仲裁委员会仲裁后，当事人依法起诉的，人民法院应予受理。

第七条　下列纠纷不属于劳动争议：

（一）劳动者请求社会保险经办机构发放社会保险金的纠纷；

（二）劳动者与用人单位因住房制度改革产生的公有住房转让纠纷；

（三）劳动者对劳动能力鉴定委员会的伤残等级鉴定结论或者对职业病诊断鉴定委员会的职业病诊断鉴定结论的异议纠纷；

（四）家庭或者个人与家政服务人员之间的纠纷；

（五）个体工匠与帮工、学徒之间的纠纷；

（六）农村承包经营户与受雇人之间的纠纷。

第八条　当事人不服劳动争议仲裁委员会作出的预先支付劳动者部分工资或者医疗费用的裁决，向人民法院起诉的，人民法院不予受理。

用人单位不履行上述裁决中的给付义务，劳动者依法向人民法院申请强制执行的，人民法院应予受理。

第九条 劳动者与起有字号的个体工商户产生的劳动争议诉讼，人民法院应当以营业执照上登记的字号为当事人，但应同时注明该字号业主的自然情况。

第十条 劳动者因履行劳动力派遣合同产生劳动争议而起诉，以派遣单位为被告；争议内容涉及接受单位的，以派遣单位和接受单位为共同被告。

第十一条 劳动者和用人单位均不服劳动争议仲裁委员会的同一裁决，向同一人民法院起诉的，人民法院应当并案审理，双方当事人互为原告和被告。在诉讼过程中，一方当事人撤诉的，人民法院应当根据另一方当事人的诉讼请求继续审理。

第十二条 当事人能够证明在申请仲裁期间内因不可抗力或者其他客观原因无法申请仲裁的，人民法院应当认定申请仲裁期间中止，从中止的原因消灭之次日起，申请仲裁期间连续计算。

第十三条 当事人能够证明在申请仲裁期间内具有下列情形之一的，人民法院应当认定申请仲裁期间中断：

（一）向对方当事人主张权利；

（二）向有关部门请求权利救济；

（三）对方当事人同意履行义务。

申请仲裁期间中断的，从对方当事人明确拒绝履行义务，或者有关部门作出处理决定或明确表示不予处理时起，申请仲裁期间重新计算。

第十四条 在诉讼过程中，劳动者向人民法院申请采取财产保全措施，人民法院经审查认为申请人经济确有困难，或有证据证明用人单位存在欠薪逃匿可能的，应当减轻或者免除劳动者提供担保的义务，及时采取保全措施。

第十五条 人民法院作出的财产保全裁定中，应当告知当事人在劳动仲裁机构的裁决书或者在人民法院的裁判文书生效后三个月内申请强制执行。逾期不申请的，人民法院应当裁定解除保全措施。

第十六条 用人单位制定的内部规章制度与集体合同或者劳动合同约定的内容不一致，劳动者请求优先适用合同约定的，人民法院应予支持。

第十七条 当事人在劳动争议调解委员会主持下达成的具有劳动权利义务内容的调解协议，具有劳动合同的约束力，可以作为人民法院裁判的根据。

当事人在劳动争议调解委员会主持下仅就劳动报酬争议达成调解协议，用人单位不履行调解协议确定的给付义务，劳动者直接向人民法院起诉的，人民法院可以按照普通民事纠纷受理。

第十八条 本解释自二〇〇六年十月一日起施行。本解释施行前本院颁布的有关司法解释与本解释规定不一致的，以本解释的规定为准。

本解释施行后，人民法院尚未审结的一审、二审案件适用本解释。本解释施行前已经审结的案件，不得适用本解释的规定进行再审。

最高人民法院关于审理劳动争议案件适用法律若干问题的解释（三）

（最高人民法院2010年9月13日公布）

为正确审理劳动争议案件，根据《中华人民共和国劳动法》、《中华人民共和国劳动合同法》、《中华人民共和国劳动争议调解仲裁法》、《中华人民共和国民事诉讼法》等相关法律规定，结合民事审判实践，特作如下解释。

第一条 劳动者以用人单位未为其办理社会保险手续，且社会保险经办机构不能补办导致其无法享受社会保险待遇为由，要求用人单位赔偿损失而发生争议的，人民法院应予受理。

第二条 因企业自主进行改制引发的争议，人民法院应予受理。

第三条 劳动者依据劳动合同法第八十五条规定，向人民法院提起诉讼，要求用人单位支付加付赔偿金的，人民法院应予受理。

第四条 劳动者与未办理营业执照、营业执照被吊销或者营业期限届满仍继续经营的用人单位发生争议的，应当将用人单位或者其出资人列为当事人。

第五条 未办理营业执照、营业执照被吊销或者营业期限届满仍继续经营的用人单位，以挂靠等方式借用他人营业执照经营的，应当将用人单位和营业执照出借方列为当事人。

第六条 当事人不服劳动人事争议仲裁委员会作出的仲裁裁决，依法向人民法院提起诉讼，人民法院审查认为仲裁裁决遗漏了必须共同参加仲裁的当事人的，应当依法追加遗漏的人为诉讼当事人。

被追加的当事人应当承担责任的，人民法院应当一并处理。

第七条 用人单位与其招用的已经依法享受养老保险待遇或领取退休金的人员发生用工争议，向人民法院提起诉讼的，人民法院应当按劳务关系处理。

第八条 企业停薪留职人员、未达到法定退休年龄的内退人员、下岗待岗人员以及企业经营性停产放长假人员，因与新的用人单位发生用工争议，依法向人民法院提起诉讼的，人民法院应当按劳动关系处理。

第九条 劳动者主张加班费的，应当就加班事实的存在承担举证责任。但劳动者有证据证明用人单位掌握加班事实存在的证据，用人单位不提供的，由用人单位承担不利后果。

第十条 劳动者与用人单位就解除或者终止劳动合同办理相关手续、支付工资报酬、加班费、经济补偿或者赔偿金等达成的协议，不违反法律、行政法规的强制性规定，且不存在欺诈、胁迫或者乘人之危情形的，应当认定有效。

前款协议存在重大误解或者显失公平情形，当事人请求撤销的，人民法院应予支持。

第十一条 劳动人事争议仲裁委员会作出的调解书已经发生法律效力，一方当事人反悔提起诉讼的，人民法院不予受理；已经受理的，裁定驳回起诉。

第十二条 劳动人事争议仲裁委员会逾期未作出受理决定或仲裁裁决，当事人直接提起诉讼的，人民法院应予受理，但申请仲裁的案件存在下列事由的除外：

（一）移送管辖的；

（二）正在送达或送达延误的；

（三）等待另案诉讼结果、评残结论的；

（四）正在等待劳动人事争议仲裁委员会开庭的；

（五）启动鉴定程序或者委托其他部门调查取证的；

（六）其他正当事由。

当事人以劳动人事争议仲裁委员会逾期未作出仲裁裁决为由提起诉讼的，应当提交劳动人事争议仲裁委员会出具的受理通知书或者其他已接受仲裁申请的凭证或证明。

第十三条 劳动者依据调解仲裁法第四十七条第（一）项规定，追索劳动报酬、工伤医疗费、经济补偿或者赔偿金，如果仲裁裁决涉及数项，每项确定的数额均不超过当地月最低工资标准十二个月金额的，应当按照终局裁决处理。

第十四条 劳动人事争议仲裁委员会作出的同一仲裁裁决同时包含终局裁决事项和非终局裁决事项，当事人不服该仲裁裁决向人民法院提起诉讼的，应当按照非终局裁决处理。

第十五条 劳动者依据调解仲裁法第四十八条规定向基层人民法院提起诉讼，用人单位依据调解仲裁法第四十九条规定向劳动人事争议仲裁委员会所在地的中级人民法院申请撤销仲裁裁决的，中级人民法院应不予受理；已经受理的，应当裁定驳回申请。

被人民法院驳回起诉或者劳动者撤诉的，用人单位可以自收到裁定书之日起三十日内，向劳动人事争议仲裁委员会所在地的中级人民法院申请撤销仲裁裁决。

第十六条 用人单位依照调解仲裁法第四十九条规定向中级人民法院申请撤销仲裁裁决，中级人民法院作出的驳回申请或者撤销仲裁裁决的裁定为终审裁定。

第十七条 劳动者依据劳动合同法第三十条第二款和调解仲裁法第十六条规定向人民法院申请支付令，符合民事诉讼法第十七章督促程序规定的，人民法院应予受理。

依据劳动合同法第三十条第二款规定申请支付令被人民法院裁定终结督促程序后，劳动者就劳动争议事项直接向人民法院起诉的，人民法院应当告知其先向劳动人事争议仲裁委员会申请仲裁。

依据调解仲裁法第十六条规定申请支付令被人民法院裁定终结督促程序后，劳动者依据调解协议直接向人民法院提起诉讼的，人民法院应予受理。

第十八条 劳动人事争议仲裁委员会作出终局裁决，劳动者向人民法院申请执行，用人单位向劳动人事争议仲裁委员会所在地的中级人民法院申请撤销的，人民法院应当裁定中止执行。

用人单位撤回撤销终局裁决申请或者其申请被驳回的，人民法院应当裁定恢复执行。仲裁裁决被撤销的，人民法院应当裁定终结执行。

用人单位向人民法院申请撤销仲裁裁决被驳回后，又在执行程序中以相同理由提出不予执行抗辩的，人民法院不予支持。

最高人民法院关于审理涉及计算机网络著作权纠纷案件适用法律若干问题的解释（2006年修正）

（2000年11月22日最高人民法院审判委员会第1144次会议通过，根据2003年12月23日最高人民法院审判委员会第1302次会议《关于修改〈最高人民法院关于审理涉及计算机网络著作权纠纷案件适用法律若干问题的解释〉的决定》第一次修正，根据2006年11月20日最高人民法院审判委员会第1406次会议《关于修改〈最高人民法院关于审理涉及计算机网络著作权纠纷案件适用法律若干问题的解释〉的决定（二）》第二次修正）

为了正确审理涉及计算机网络著作权纠纷案件，根据民法通则、著作权法和民事诉讼法等法律的规定，对这类案件适用法律的若干问题解释如下：

第一条 网络著作权侵权纠纷案件由侵权行为地或者被告住所地人民法院管辖。侵权行为地包括实施被诉侵权行为的网络服务器、计算机终端等设备所在地。对难以确定侵权行为地和被告住所地的，原告发现侵权内容的计算机终端等设备所在地可以视为侵权行为地。

第二条 受著作权法保护的作品，包括著作权法第三条规定的各类作品的数字化形式。在网络环境下无法归于著作权法第三条列举的作品范围，但在文学、艺术和科学领域内具有独创性并能以某种有形形式复制的其他智力创作成果，人民法院应当予以保护。

第三条 网络服务提供者通过网络参与他人侵犯著作权行为，或者通过网络教唆、帮助他人实施侵犯著作权行为的，人民法院应当根据民法通则第一百三十条的规定，追究其与其他行为人或者直接实施侵权行为人的共同侵权责任。

第四条 提供内容服务的网络服务提供者，明知网络用户通过网络实施侵犯他人著作权的行为，或者经著作权人提出确有证据的警告，但仍不采取移除侵权内容等措施以消除侵权后果的，人民法院应当根据民法通则第一百三十条的规定，追究其与该网络用户的共同侵权责任。

第五条 提供内容服务的网络服务提供者，对著作权人要求其提供侵权行为人在其网络的注册资料以追究行为人的侵权责任，无正当理由拒绝提供的，人民法院应当根据民法通则第一百零六条的规定，追究其相应的侵权责任。

第六条 网络服务提供者明知专门用于故意避开或者破坏他人著作权技术保护措施的方法、设备或者材料，而上载、传播、提供的，人民法院应当根据当事人的诉讼请求和具体案情，依照著作权法第四十七条第（六）项的规定，追究网络服务提供者的民事侵权责任。

第七条 著作权人发现侵权信息向网络服务提供者提出警告或者索要侵权行为人网络注册资料时，不能出示身份证明、著作权权属证明及侵权情况证明的，视为未提出警告或者未提出索要请求。

著作权人出示上述证明后网络服务提供者仍不采取措施的，著作权人可以依照著作权法第四十九条、第五十条的规定在诉前申请人民法院作出停止有关行为和财产保全、证据保全的裁定，也可以在提起诉讼时申请人民法院先行裁定停止侵害、排除妨碍、消除影响，人民法院应予准许。

第八条 网络服务提供者经著作权人提出确有证据的警告而采取移除被控侵权内容等措施，被控侵权人要求网络服务提供者承担违约责任的，人民法院不予支持。

著作权人指控侵权不实，被控侵权人因网络服务提供者采取措施遭受损失而请求赔偿的，人民法院应当判令由提出警告的人承担赔偿责任。

中华人民共和国食品安全法实施条例

（中华人民共和国国务院令第557号，2009年7月20日颁布）

第一章　总　则

第一条 根据《中华人民共和国食品安全法》（以下简称食品安全法），制定本条例。

第二条 县级以上地方人民政府应当履行食品安全法规定的职责；加强食品安全监督管理能力建设，为食品安全监督管理工作提供保障；建立健全食品安全监督管理部门的协调配合机制，整合、完善食品安全信息网络，实现食品安全信息共享和食品检验等技术资源的共享。

第三条 食品生产经营者应当依照法律、法规和食品安全标准从事生产经营活动，建立健全食品安全管理制度，采取有效管理措施，保证食品安全。

食品生产经营者对其生产经营的食品安全负责，对社会和公众负责，承担社会责任。

第四条 食品安全监督管理部门应当依照食品安全法和本条例的规定公布食品安全信息，为公众咨询、投诉、举报提供方便；任何组织和个人有权向有关部门了解食品安全信息。

第二章　食品安全风险监测和评估

第五条 食品安全法第十一条规定的国家食品安全风险监测计划，由国务院卫生行政部门会同国务院质量监督、工商行政管理和国家食品药品监督管理以及国务院商务、工业和信息化等部门，根据食品安全风险评估、食品安全标准制定与修订、食品安全监督管理等工作的需要制定。

第六条 省、自治区、直辖市人民政府卫生行政部门应当组织同级质量监督、工商行政管理、食品药品监督管理、商务、工业和信息化等部门，依照食品安全法第十一条的规定，制定本行政区域的食品安全风险监测方案，报国务院卫生行政部门备案。

国务院卫生行政部门应当将备案情况向国务院质量监督、工商行政管理和国家食品药品监督管理以及国务院商务、工业和信息化等部门通报。

第七条 国务院卫生行政部门会同有关部门除依照食品安全法第十二条的规定对国家食品安全风险监测计划作出调整外，必要时，还应当依据医疗机构报告的有关疾病信息调整国家食品安全风险监测计划。

国家食品安全风险监测计划作出调整后，省、自治区、直辖市人民政府卫生行政部门应当结合本行政区域的具体情况，对本行政区域的食品安全风险监测方案作出相应调整。

第八条 医疗机构发现其接收的病人属于食源性疾病病人、食物中毒病人，或者疑似食源性疾病病人、疑似食物中毒病人的，应当及时向所在地县级人民政府卫生行政部门报告有关疾病信息。

接到报告的卫生行政部门应当汇总、分析有关疾病信息，及时向本级人民政府报告，同时报告上级卫生行政部门；必要时，可以直接向国务院卫生行政部门报告，同时报告本级人民政府和上级卫生行政部门。

第九条 食品安全风险监测工作由省级以上人民政府卫生行政部门会同同级质量监督、工商行政管理、食品药品监督管理等部门确定的技术机构承担。

承担食品安全风险监测工作的技术机构应当根据食品安全风险监测计划和监测方案开展监测工作，保证监测数据真实、准确，并按照食品安全风险监测计划和监测方案的要求，将监测数据和分析结果报送省级以上人民政府卫生行政部门和下达监测任务的部门。

食品安全风险监测工作人员采集样品、收集相关数据，可以进入相关食用农产品种植养殖、食品生产、食品流通或者餐饮服务场所。采集样品，应当按照市场价格支付费用。

第十条 食品安全风险监测分析结果表明可能存在食品安全隐患的，省、自治区、直辖市人民政府卫生行政部门应当及时将相关信息通报本行政区域设区的市级和县级人民政府及其卫生行政部门。

第十一条 国务院卫生行政部门应当收集、汇总食品安全风险监测数据和分析结果，并向国务院质量监督、工商行政管理和国家食品药品监督管理以及国务院商务、工业和信息化等部门通报。

第十二条 有下列情形之一的，国务院卫生行政部门应当组织食品安全风险评估工作：

（一）为制定或者修订食品安全国家标准提供科学依据需要进行风险评估的；

（二）为确定监督管理的重点领域、重点品种需要进行风险评估的；

（三）发现新的可能危害食品安全的因素的；

（四）需要判断某一因素是否构成食品安全隐患的；

（五）国务院卫生行政部门认为需要进行风险评估的其他情形。

第十三条 国务院农业行政、质量监督、工商行政管理和国家食品药品监督管理等有关部门依照食品安全法第十五条规定向国务院卫生行政部门提出食品安全风险评估建议，应当提供下列信息和资料：

（一）风险的来源和性质；

（二）相关检验数据和结论；

（三）风险涉及范围；

（四）其他有关信息和资料。

县级以上地方农业行政、质量监督、工商行政管理、食品药品监督管理等有关部门应当协助收集前款规定的食品安全风险评估信息和资料。

第十四条 省级以上人民政府卫生行政、农业行政部门应当及时相互通报食品安全风险监测和食用农产品质量安全风险监测的相关信息。

国务院卫生行政、农业行政部门应当及时相互通报食品安全风险评估结果和食用农产品质量安全风险评估结果等相关信息。

第三章 食品安全标准

第十五条 国务院卫生行政部门会同国务

院农业行政、质量监督、工商行政管理和国家食品药品监督管理以及国务院商务、工业和信息化等部门制定食品安全国家标准规划及其实施计划。制定食品安全国家标准规划及其实施计划，应当公开征求意见。

第十六条 国务院卫生行政部门应当选择具备相应技术能力的单位起草食品安全国家标准草案。提倡由研究机构、教育机构、学术团体、行业协会等单位，共同起草食品安全国家标准草案。

国务院卫生行政部门应当将食品安全国家标准草案向社会公布，公开征求意见。

第十七条 食品安全法第二十三条规定的食品安全国家标准审评委员会由国务院卫生行政部门负责组织。

食品安全国家标准审评委员会负责审查食品安全国家标准草案的科学性和实用性等内容。

第十八条 省、自治区、直辖市人民政府卫生行政部门应当将企业依照食品安全法第二十五条规定报送备案的企业标准，向同级农业行政、质量监督、工商行政管理、食品药品监督管理、商务、工业和信息化等部门通报。

第十九条 国务院卫生行政部门和省、自治区、直辖市人民政府卫生行政部门应当会同同级农业行政、质量监督、工商行政管理、食品药品监督管理、商务、工业和信息化等部门，对食品安全国家标准和食品安全地方标准的执行情况分别进行跟踪评价，并应当根据评价结果适时组织修订食品安全标准。

国务院和省、自治区、直辖市人民政府的农业行政、质量监督、工商行政管理、食品药品监督管理、商务、工业和信息化等部门应当收集、汇总食品安全标准在执行过程中存在的问题，并及时向同级卫生行政部门通报。

食品生产经营者、食品行业协会发现食品安全标准在执行过程中存在问题的，应当立即向食品安全监督管理部门报告。

第四章　食品生产经营

第二十条 设立食品生产企业，应当预先核准企业名称，依照食品安全法的规定取得食品生产许可后，办理工商登记。县级以上质量监督管理部门依照有关法律、行政法规规定审核相关资料、核查生产场所、检验相关产品；对相关资料、场所符合规定要求以及相关产品符合食品安全标准或者要求的，应当作出准予许可的决定。

其他食品生产经营者应当在依法取得相应的食品生产许可、食品流通许可、餐饮服务许可后，办理工商登记。法律、法规对食品生产加工小作坊和食品摊贩另有规定的，依照其规定。

食品生产许可、食品流通许可和餐饮服务许可的有效期为3年。

第二十一条 食品生产经营者的生产经营条件发生变化，不符合食品生产经营要求的，食品生产经营者应当立即采取整改措施；有发生食品安全事故的潜在风险的，应当立即停止食品生产经营活动，并向所在地县级质量监督、工商行政管理或者食品药品监督管理部门报告；需要重新办理许可手续的，应当依法办理。

县级以上质量监督、工商行政管理、食品药品监督管理部门应当加强对食品生产经营者生产经营活动的日常监督检查；发现不符合食品生产经营要求情形的，应当责令立即纠正，并依法予以处理；不再符合生产经营许可条件的，应当依法撤销相关许可。

第二十二条 食品生产经营企业应当依照食品安全法第三十二条的规定组织职工参加食品安全知识培训，学习食品安全法律、法规、规章、标准和其他食品安全知识，并建立培训档案。

第二十三条 食品生产经营者应当依照食品安全法第三十四条的规定建立并执行从业人员健康检查制度和健康档案制度。从事接触直接入口食品工作的人员患有痢疾、伤寒、甲型病毒性肝炎、戊型病毒性肝炎等消化道传染病，以及患有活动性肺结核、化脓性或者渗出性皮肤病等有碍食品安全的疾病的，食品生产经营者应当将其调整到其他不影响食品安全的工作岗位。

食品生产经营人员依照食品安全法第三十四条第二款规定进行健康检查，其检查项目等事项应当符合所在地省、自治区、直辖市的规定。

第二十四条 食品生产经营企业应当依照食品安全法第三十六条第二款、第三十七条第一款、第三十九条第二款的规定建立进货查验记录制度、食品出厂检验记录制度，如实记录法律规定记录的事项，或者保留载有相关信息的进货或者销售票据。记录、票据的保存期限不得少于2年。

第二十五条 实行集中统一采购原料的集团性食品生产企业，可以由企业总部统一查验供货者的许可证和产品合格证明文件，进行进货查验记录；对无法提供合格证明文件的食品原料，应当依照食品安全标准进行检验。

第二十六条 食品生产企业应当建立并执行原料验收、生产过程安全管理、贮存管理、设备管理、不合格产品管理等食品安全管理制度，不断完善食品安全保障体系，保证食品安全。

第二十七条 食品生产企业应当就下列事项制定并实施控制要求，保证出厂的食品符合食品安全标准：

（一）原料采购、原料验收、投料等原料控制；

（二）生产工序、设备、贮存、包装等生产关键环节控制；

（三）原料检验、半成品检验、成品出厂检验等检验控制；

（四）运输、交付控制。

食品生产过程中有不符合控制要求情形的，食品生产企业应当立即查明原因并采取整改措施。

第二十八条 食品生产企业除依照食品安全法第三十六条、第三十七条规定进行进货查验记录和食品出厂检验记录外，还应当如实记录食品生产过程的安全管理情况。记录的保存期限不得少于2年。

第二十九条 从事食品批发业务的经营企业销售食品，应当如实记录批发食品的名称、规格、数量、生产批号、保质期、购货者名称及联系方式、销售日期等内容，或者保留载有相关信息的销售票据。记录、票据的保存期限不得少于2年。

第三十条 国家鼓励食品生产经营者采用先进技术手段，记录食品安全法和本条例要求记录的事项。

第三十一条 餐饮服务提供者应当制定并实施原料采购控制要求，确保所购原料符合食品安全标准。

餐饮服务提供者在制作加工过程中应当检查待加工的食品及原料，发现有腐败变质或者其他感官性状异常的，不得加工或者使用。

第三十二条 餐饮服务提供企业应当定期维护食品加工、贮存、陈列等设施、设备；定期清洗、校验保温设施及冷藏、冷冻设施。

餐饮服务提供者应当按照要求对餐具、饮具进行清洗、消毒，不得使用未经清洗和消毒的餐具、饮具。

第三十三条 对依照食品安全法第五十三条规定被召回的食品，食品生产者应当进行无害化处理或者予以销毁，防止其再次流入市场。对因标签、标识或者说明书不符合食品安全标准而被召回的食品，食品生产者在采取补救措施且能保证食品安全的情况下可以继续销售；销售时应当向消费者明示补救措施。

县级以上质量监督、工商行政管理、食品药品监督管理部门应当将食品生产者召回不符合食品安全标准的食品的情况，以及食品经营者停止经营不符合食品安全标准的食品的情况，记入食品生产经营者食品安全信用档案。

第五章 食品检验

第三十四条 申请人依照食品安全法第六十条第三款规定向承担复检工作的食品检验机构（以下称复检机构）申请复检，应当说明理由。

复检机构名录由国务院认证认可监督管理、卫生行政、农业行政等部门共同公布。复检机构出具的复检结论为最终检验结论。

复检机构由复检申请人自行选择。复检机构与初检机构不得为同一机构。

第三十五条 食品生产经营者对依照食品安全法第六十条规定进行的抽样检验结论有异议申请复检，复检结论表明食品合格的，复检费用由抽样检验的部门承担；复检结论表明食品不合格的，复检费用由食品生产经营者承担。

第六章　食品进出口

第三十六条　进口食品的进口商应当持合同、发票、装箱单、提单等必要的凭证和相关批准文件，向海关报关地的出入境检验检疫机构报检。进口食品应当经出入境检验检疫机构检验合格。海关凭出入境检验检疫机构签发的通关证明放行。

第三十七条　进口尚无食品安全国家标准的食品，或者首次进口食品添加剂新品种、食品相关产品新品种，进口商应当向出入境检验检疫机构提交依照食品安全法第六十三条规定取得的许可证明文件，出入境检验检疫机构应当按照国务院卫生行政部门的要求进行检验。

第三十八条　国家出入境检验检疫部门在进口食品中发现食品安全国家标准未规定且可能危害人体健康的物质，应当按照食品安全法第十二条的规定向国务院卫生行政部门通报。

第三十九条　向我国境内出口食品的境外食品生产企业依照食品安全法第六十五条规定进行注册，其注册有效期为4年。已经注册的境外食品生产企业提供虚假材料，或者因境外食品生产企业的原因致使相关进口食品发生重大食品安全事故的，国家出入境检验检疫部门应当撤销注册，并予以公告。

第四十条　进口的食品添加剂应当有中文标签、中文说明书。标签、说明书应当符合食品安全法和我国其他有关法律、行政法规的规定以及食品安全国家标准的要求，载明食品添加剂的原产地和境内代理商的名称、地址、联系方式。食品添加剂没有中文标签、中文说明书或者标签、说明书不符合本条规定的，不得进口。

第四十一条　出入境检验检疫机构依照食品安全法第六十二条规定对进口食品实施检验，依照食品安全法第六十八条规定对出口食品实施监督、抽检，具体办法由国家出入境检验检疫部门制定。

第四十二条　国家出入境检验检疫部门应当建立信息收集网络，依照食品安全法第六十九条的规定，收集、汇总、通报下列信息：

（一）出入境检验检疫机构对进出口食品实施检验检疫发现的食品安全信息；

（二）行业协会、消费者反映的进口食品安全信息；

（三）国际组织、境外政府机构发布的食品安全信息、风险预警信息，以及境外行业协会等组织、消费者反映的食品安全信息；

（四）其他食品安全信息。

接到通报的部门必要时应当采取相应处理措施。

食品安全监督管理部门应当及时将获知的涉及进出口食品安全的信息向国家出入境检验检疫部门通报。

第七章　食品安全事故处置

第四十三条　发生食品安全事故的单位对导致或者可能导致食品安全事故的食品及原料、工具、设备等，应当立即采取封存等控制措施，并自事故发生之时起2小时内向所在地县级人民政府卫生行政部门报告。

第四十四条　调查食品安全事故，应当坚持实事求是、尊重科学的原则，及时、准确查清事故性质和原因，认定事故责任，提出整改措施。

参与食品安全事故调查的部门应当在卫生行政部门的统一组织协调下分工协作、相互配合，提高事故调查处理的工作效率。

食品安全事故的调查处理办法由国务院卫生行政部门会同国务院有关部门制定。

第四十五条　参与食品安全事故调查的部门有权向有关单位和个人了解与事故有关的情况，并要求提供相关资料和样品。

有关单位和个人应当配合食品安全事故调查处理工作，按照要求提供相关资料和样品，不得拒绝。

第四十六条　任何单位或者个人不得阻挠、干涉食品安全事故的调查处理。

第八章　监督管理

第四十七条　县级以上地方人民政府依照食品安全法第七十六条规定制定的食品安全年度监督管理计划，应当包含食品抽样检验的内容。对专供婴幼儿、老年人、病人等特定人群的主辅食品，应当重点加强抽样检验。

县级以上农业行政、质量监督、工商行政管理、食品药品监督管理部门应当按照食品安全年度监督管理计划进行抽样检验。抽样检验购买样品所需费用和检验费等，由同级财政列支。

第四十八条 县级人民政府应当统一组织、协调本级卫生行政、农业行政、质量监督、工商行政管理、食品药品监督管理部门，依法对本行政区域内的食品生产经营者进行监督管理；对发生食品安全事故风险较高的食品生产经营者，应当重点加强监督管理。

在国务院卫生行政部门公布食品安全风险警示信息，或者接到所在地省、自治区、直辖市人民政府卫生行政部门依照本条例第十条规定通报的食品安全风险监测信息后，设区的市级和县级人民政府应当立即组织本级卫生行政、农业行政、质量监督、工商行政管理、食品药品监督管理部门采取有针对性的措施，防止发生食品安全事故。

第四十九条 国务院卫生行政部门应当根据疾病信息和监督管理信息等，对发现的添加或者可能添加到食品中的非食品用化学物质和其他可能危害人体健康的物质的名录及检测方法予以公布；国务院质量监督、工商行政管理和国家食品药品监督管理部门应当采取相应的监督管理措施。

第五十条 质量监督、工商行政管理、食品药品监督管理部门在食品安全监督管理工作中可以采用国务院质量监督、工商行政管理和国家食品药品监督管理部门认定的快速检测方法对食品进行初步筛查；对初步筛查结果表明可能不符合食品安全标准的食品，应当依照食品安全法第六十条第三款的规定进行检验。初步筛查结果不得作为执法依据。

第五十一条 食品安全法第八十二条第二款规定的食品安全日常监督管理信息包括：

（一）依照食品安全法实施行政许可的情况；

（二）责令停止生产经营的食品、食品添加剂、食品相关产品的名录；

（三）查处食品生产经营违法行为的情况；

（四）专项检查整治工作情况；

（五）法律、行政法规规定的其他食品安全日常监督管理信息。

前款规定的信息涉及两个以上食品安全监督管理部门职责的，由相关部门联合公布。

第五十二条 食品安全监督管理部门依照食品安全法第八十二条规定公布信息，应当同时对有关食品可能产生的危害进行解释、说明。

第五十三条 卫生行政、农业行政、质量监督、工商行政管理、食品药品监督管理等部门应当公布本单位的电子邮件地址或者电话，接受咨询、投诉、举报；对接到的咨询、投诉、举报，应当依照食品安全法第八十条的规定进行答复、核实、处理，并对咨询、投诉、举报和答复、核实、处理的情况予以记录、保存。

第五十四条 国务院工业和信息化、商务等部门依据职责制定食品行业的发展规划和产业政策，采取措施推进产业结构优化，加强对食品行业诚信体系建设的指导，促进食品行业健康发展。

第九章 法律责任

第五十五条 食品生产经营者的生产经营条件发生变化，未依照本条例第二十一条规定处理的，由有关主管部门责令改正，给予警告；造成严重后果的，依照食品安全法第八十五条的规定给予处罚。

第五十六条 餐饮服务提供者未依照本条例第三十一条第一款规定制定、实施原料采购控制要求的，依照食品安全法第八十六条的规定给予处罚。

餐饮服务提供者未依照本条例第三十一条第二款规定检查待加工的食品及原料，或者发现有腐败变质或者其他感官性状异常仍加工、使用的，依照食品安全法第八十五条的规定给予处罚。

第五十七条 有下列情形之一的，依照食品安全法第八十七条的规定给予处罚：

（一）食品生产企业未依照本条例第二十六条规定建立、执行食品安全管理制度的；

（二）食品生产企业未依照本条例第二十

七条规定制定、实施生产过程控制要求，或者食品生产过程中有不符合控制要求的情形未依照规定采取整改措施的；

（三）食品生产企业未依照本条例第二十八条规定记录食品生产过程的安全管理情况并保存相关记录的；

（四）从事食品批发业务的经营企业未依照本条例第二十九条规定记录、保存销售信息或者保留销售票据的；

（五）餐饮服务提供企业未依照本条例第三十二条第一款规定定期维护、清洗、校验设施、设备的；

（六）餐饮服务提供者未依照本条例第三十二条第二款规定对餐具、饮具进行清洗、消毒，或者使用未经清洗和消毒的餐具、饮具的。

第五十八条 进口不符合本条例第四十条规定的食品添加剂的，由出入境检验检疫机构没收违法进口的食品添加剂；违法进口的食品添加剂货值金额不足1万元的，并处2000元以上5万元以下罚款；货值金额1万元以上的，并处货值金额2倍以上5倍以下罚款。

第五十九条 医疗机构未依照本条例第八条规定报告有关疾病信息的，由卫生行政部门责令改正，给予警告。

第六十条 发生食品安全事故的单位未依照本条例第四十三条规定采取措施并报告的，依照食品安全法第八十八条的规定给予处罚。

第六十一条 县级以上地方人民政府不履行食品安全监督管理法定职责，本行政区域出现重大食品安全事故、造成严重社会影响的，依法对直接负责的主管人员和其他直接责任人员给予记大过、降级、撤职或者开除的处分。

县级以上卫生行政、农业行政、质量监督、工商行政管理、食品药品监督管理部门或者其他有关行政部门不履行食品安全监督管理法定职责、日常监督检查不到位或者滥用职权、玩忽职守、徇私舞弊的，依法对直接负责的主管人员和其他直接责任人员给予记大过或者降级的处分；造成严重后果的，给予撤职或者开除的处分；其主要负责人应当引咎辞职。

第十章 附 则

第六十二条 本条例下列用语的含义：

食品安全风险评估，指对食品、食品添加剂中生物性、化学性和物理性危害对人体健康可能造成的不良影响所进行的科学评估，包括危害识别、危害特征描述、暴露评估、风险特征描述等。

餐饮服务，指通过即时制作加工、商业销售和服务性劳动等，向消费者提供食品和消费场所及设施的服务活动。

第六十三条 食用农产品质量安全风险监测和风险评估由县级以上人民政府农业行政部门依照《中华人民共和国农产品质量安全法》的规定进行。

国境口岸食品的监督管理由出入境检验检疫机构依照食品安全法和本条例以及有关法律、行政法规的规定实施。

食品药品监督管理部门对声称具有特定保健功能的食品实行严格监管，具体办法由国务院另行制定。

第六十四条 本条例自公布之日起施行。

中华人民共和国劳动合同法实施条例

（中华人民共和国国务院令第535号，2008年9月3日国务院第25次常务会议通过，自公布之日起施行）

第一章 总 则

第一条 为了贯彻实施《中华人民共和国劳动合同法》（以下简称劳动合同法），制定本条例。

第二条 各级人民政府和县级以上人民政府劳动行政等有关部门以及工会等组织，应当采取措施，推动劳动合同法的贯彻实施，促进劳动关系的和谐。

第三条 依法成立的会计师事务所、律师事务所等合伙组织和基金会，属于劳动合同法规定的用人单位。

第二章 劳动合同的订立

第四条 劳动合同法规定的用人单位设立的分支机构，依法取得营业执照或者登记证书的，可以作为用人单位与劳动者订立劳动合同；未依法取得营业执照或者登记证书的，受用人单位委托可以与劳动者订立劳动合同。

第五条 自用工之日起一个月内，经用人单位书面通知后，劳动者不与用人单位订立书面劳动合同的，用人单位应当书面通知劳动者终止劳动关系，无需向劳动者支付经济补偿，但是应当依法向劳动者支付其实际工作时间的劳动报酬。

第六条 用人单位自用工之日起超过一个月不满一年未与劳动者订立书面劳动合同的，应当依照劳动合同法第八十二条的规定向劳动者每月支付两倍的工资，并与劳动者补订书面劳动合同；劳动者不与用人单位订立书面劳动合同的，用人单位应当书面通知劳动者终止劳动关系，并依照劳动合同法第四十七条的规定支付经济补偿。

前款规定的用人单位向劳动者每月支付两倍工资的起算时间为用工之日起满一个月的次日，截止时间为补订书面劳动合同的前一日。

第七条 用人单位自用工之日起满一年未与劳动者订立书面劳动合同的，自用工之日起满一个月的次日至满一年的前一日应当依照劳动合同法第八十二条的规定向劳动者每月支付两倍的工资，并视为自用工之日起满一年的当日已经与劳动者订立无固定期限劳动合同，应当立即与劳动者补订书面劳动合同。

第八条 劳动合同法第七条规定的职工名册，应当包括劳动者姓名、性别、公民身份号码、户籍地址及现住址、联系方式、用工形式、用工起始时间、劳动合同期限等内容。

第九条 劳动合同法第十四条第二款规定的连续工作满10年的起始时间，应当自用人单位用工之日起计算，包括劳动合同法施行前的工作年限。

第十条 劳动者非因本人原因从原用人单位被安排到新用人单位工作的，劳动者在原用人单位的工作年限合并计算为新用人单位的工作年限。原用人单位已经向劳动者支付经济补偿的，新用人单位在依法解除、终止劳动合同计算支付经济补偿的工作年限时，不再计算劳动者在原用人单位的工作年限。

第十一条 除劳动者与用人单位协商一致的情形外，劳动者依照劳动合同法第十四条第二款的规定，提出订立无固定期限劳动合同的，用人单位应当与其订立无固定期限劳动合同。对劳动合同的内容，双方应当按照合法、公平、平等自愿、协商一致、诚实信用的原则协商确定；对协商不一致的内容，依照劳动合同法第十八条的规定执行。

第十二条 地方各级人民政府及县级以上

地方人民政府有关部门为安置就业困难人员提供的给予岗位补贴和社会保险补贴的公益性岗位，其劳动合同不适用劳动合同法有关无固定期限劳动合同的规定以及支付经济补偿的规定。

第十三条 用人单位与劳动者不得在劳动合同法第四十四条规定的劳动合同终止情形之外约定其他的劳动合同终止条件。

第十四条 劳动合同履行地与用人单位注册地不一致的，有关劳动者的最低工资标准、劳动保护、劳动条件、职业危害防护和本地区上年度职工月平均工资标准等事项，按照劳动合同履行地的有关规定执行；用人单位注册地的有关标准高于劳动合同履行地的有关标准，且用人单位与劳动者约定按照用人单位注册地的有关规定执行的，从其约定。

第十五条 劳动者在试用期的工资不得低于本单位相同岗位最低档工资的80％或者不得低于劳动合同约定工资的80％，并不得低于用人单位所在地的最低工资标准。

第十六条 劳动合同法第二十二条第二款规定的培训费用，包括用人单位为了对劳动者进行专业技术培训而支付的有凭证的培训费用、培训期间的差旅费用以及因培训产生的用于该劳动者的其他直接费用。

第十七条 劳动合同期满，但是用人单位与劳动者依照劳动合同法第二十二条的规定约定的服务期尚未到期的，劳动合同应当续延至服务期满；双方另有约定的，从其约定。

第三章 劳动合同的解除和终止

第十八条 有下列情形之一的，依照劳动合同法规定的条件、程序，劳动者可以与用人单位解除固定期限劳动合同、无固定期限劳动合同或者以完成一定工作任务为期限的劳动合同：

（一）劳动者与用人单位协商一致的；

（二）劳动者提前30日以书面形式通知用人单位的；

（三）劳动者在试用期内提前3日通知用人单位的；

（四）用人单位未按照劳动合同约定提供劳动保护或者劳动条件的；

（五）用人单位未及时足额支付劳动报酬的；

（六）用人单位未依法为劳动者缴纳社会保险费的；

（七）用人单位的规章制度违反法律、法规的规定，损害劳动者权益的；

（八）用人单位以欺诈、胁迫的手段或者乘人之危，使劳动者在违背真实意思的情况下订立或者变更劳动合同的；

（九）用人单位在劳动合同中免除自己的法定责任、排除劳动者权利的；

（十）用人单位违反法律、行政法规强制性规定的；

（十一）用人单位以暴力、威胁或者非法限制人身自由的手段强迫劳动者劳动的；

（十二）用人单位违章指挥、强令冒险作业危及劳动者人身安全的；

（十三）法律、行政法规规定劳动者可以解除劳动合同的其他情形。

第十九条 有下列情形之一的，依照劳动合同法规定的条件、程序，用人单位可以与劳动者解除固定期限劳动合同、无固定期限劳动合同或者以完成一定工作任务为期限的劳动合同：

（一）用人单位与劳动者协商一致的；

（二）劳动者在试用期间被证明不符合录用条件的；

（三）劳动者严重违反用人单位的规章制度的；

（四）劳动者严重失职，营私舞弊，给用人单位造成重大损害的；

（五）劳动者同时与其他用人单位建立劳动关系，对完成本单位的工作任务造成严重影响，或者经用人单位提出，拒不改正的；

（六）劳动者以欺诈、胁迫的手段或者乘人之危，使用人单位在违背真实意思的情况下订立或者变更劳动合同的；

（七）劳动者被依法追究刑事责任的；

（八）劳动者患病或者非因工负伤，在规定的医疗期满后不能从事原工作，也不能从事由用人单位另行安排的工作的；

（九）劳动者不能胜任工作，经过培训或

者调整工作岗位，仍不能胜任工作的；

（十）劳动合同订立时所依据的客观情况发生重大变化，致使劳动合同无法履行，经用人单位与劳动者协商，未能就变更劳动合同内容达成协议的；

（十一）用人单位依照企业破产法规定进行重整的；

（十二）用人单位生产经营发生严重困难的；

（十三）企业转产、重大技术革新或者经营方式调整，经变更劳动合同后，仍需裁减人员的；

（十四）其他因劳动合同订立时所依据的客观经济情况发生重大变化，致使劳动合同无法履行的。

第二十条 用人单位依照劳动合同法第四十条的规定，选择额外支付劳动者一个月工资解除劳动合同的，其额外支付的工资应当按照该劳动者上一个月的工资标准确定。

第二十一条 劳动者达到法定退休年龄的，劳动合同终止。

第二十二条 以完成一定工作任务为期限的劳动合同因任务完成而终止的，用人单位应当依照劳动合同法第四十七条的规定向劳动者支付经济补偿。

第二十三条 用人单位依法终止工伤职工的劳动合同的，除依照劳动合同法第四十七条的规定支付经济补偿外，还应当依照国家有关工伤保险的规定支付一次性工伤医疗补助金和伤残就业补助金。

第二十四条 用人单位出具的解除、终止劳动合同的证明，应当写明劳动合同期限、解除或者终止劳动合同的日期、工作岗位、在本单位的工作年限。

第二十五条 用人单位违反劳动合同法的规定解除或者终止劳动合同，依照劳动合同法第八十七条的规定支付了赔偿金的，不再支付经济补偿。赔偿金的计算年限自用工之日起计算。

第二十六条 用人单位与劳动者约定了服务期，劳动者依照劳动合同法第三十八条的规定解除劳动合同的，不属于违反服务期的约定，用人单位不得要求劳动者支付违约金。

有下列情形之一，用人单位与劳动者解除约定服务期的劳动合同的，劳动者应当按照劳动合同的约定向用人单位支付违约金：

（一）劳动者严重违反用人单位的规章制度的；

（二）劳动者严重失职，营私舞弊，给用人单位造成重大损害的；

（三）劳动者同时与其他用人单位建立劳动关系，对完成本单位的工作任务造成严重影响，或者经用人单位提出，拒不改正的；

（四）劳动者以欺诈、胁迫的手段或者乘人之危，使用人单位在违背真实意思的情况下订立或者变更劳动合同的；

（五）劳动者被依法追究刑事责任的。

第二十七条 劳动合同法第四十七条规定的经济补偿的月工资按照劳动者应得工资计算，包括计时工资或者计件工资以及奖金、津贴和补贴等货币性收入。劳动者在劳动合同解除或者终止前12个月的平均工资低于当地最低工资标准的，按照当地最低工资标准计算。劳动者工作不满12个月的，按照实际工作的月数计算平均工资。

第四章 劳务派遣特别规定

第二十八条 用人单位或者其所属单位出资或者合伙设立的劳务派遣单位，向本单位或者所属单位派遣劳动者的，属于劳动合同法第六十七条规定的不得设立的劳务派遣单位。

第二十九条 用工单位应当履行劳动合同法第六十二条规定的义务，维护被派遣劳动者的合法权益。

第三十条 劳务派遣单位不得以非全日制用工形式招用被派遣劳动者。

第三十一条 劳务派遣单位或者被派遣劳动者依法解除、终止劳动合同的经济补偿，依照劳动合同法第四十六条、第四十七条的规定执行。

第三十二条 劳务派遣单位违法解除或者终止被派遣劳动者的劳动合同的，依照劳动合同法第四十八条的规定执行。

第五章　法律责任

第三十三条　用人单位违反劳动合同法有关建立职工名册规定的，由劳动行政部门责令限期改正；逾期不改正的，由劳动行政部门处2000元以上2万元以下的罚款。

第三十四条　用人单位依照劳动合同法的规定应当向劳动者每月支付两倍的工资或者应当向劳动者支付赔偿金而未支付的，劳动行政部门应当责令用人单位支付。

第三十五条　用工单位违反劳动合同法和本条例有关劳务派遣规定的，由劳动行政部门和其他有关主管部门责令改正；情节严重的，以每位被派遣劳动者1000元以上5000元以下的标准处以罚款；给被派遣劳动者造成损害的，劳务派遣单位和用工单位承担连带赔偿责任。

第六章　附　则

第三十六条　对违反劳动合同法和本条例的行为的投诉、举报，县级以上地方人民政府劳动行政部门依照《劳动保障监察条例》的规定处理。

第三十七条　劳动者与用人单位因订立、履行、变更、解除或者终止劳动合同发生争议的，依照《中华人民共和国劳动争议调解仲裁法》的规定处理。

第三十八条　本条例自公布之日起施行。

中华人民共和国国境卫生检疫法实施细则

（中华人民共和国国务院令第574号，2010年4月24日颁布）

第一章　一般规定

第一条　根据《中华人民共和国国境卫生检疫法》（以下称《国境卫生检疫法》）的规定，制定本细则。

第二条　《国境卫生检疫法》和本细则所称：

“查验”指国境卫生检疫机关（以下称卫生检疫机关）实施的医学检查和卫生检查。

“染疫人”指正在患检疫传染病的人，或者经卫生检疫机关初步诊断，认为已经感染检疫传染病或者已经处于检疫传染病潜伏期的人。

“染疫嫌疑人”指接触过检疫传染病的感染环境，并且可能传播检疫传染病的人。

“隔离”指将染疫人收留在指定的处所，限制其活动并进行治疗，直到消除传染病传播的危险。

“留验”指将染疫嫌疑人收留在指定的处所进行诊察和检验。

“就地诊验”指一个人在卫生检疫机关指定的期间，到就近的卫生检疫机关或者其他医疗卫生单位去接受诊察和检验；或者卫生检疫机关、其他医疗卫生单位到该人员的居留地，对其进行诊察和检验。

“运输设备”指货物集装箱。

“卫生处理”指隔离、留验和就地诊验等医学措施，以及消毒、除鼠、除虫等卫生措施。

“传染病监测”指对特定环境、人群进行流行病学、血清学、病原学、临床症状以及其他有关影响因素的调查研究，预测有关传染病的发生、发展和流行。

“卫生监督”指执行卫生法规和卫生标准所进行的卫生检查、卫生鉴定、卫生评价和采样检验。

“交通工具”指船舶、航空器、列车和其他车辆。

“国境口岸”指国际通航的港口、机场、车站、陆地边境和国界江河的关口。

第三条　卫生检疫机关在国境口岸工作的范围，是指为国境口岸服务的涉外宾馆、饭店、俱乐部，为入境、出境交通工具提供饮食、服务的单位和对入境、出境人员、交通工具、集装箱和货物实施检疫、监测、卫生监督的场所。

第四条 入境、出境的人员、交通工具和集装箱，以及可能传播检疫传染病的行李、货物、邮包等，均应当按照本细则的规定接受检疫，经卫生检疫机关许可，方准入境或者出境。

第五条 卫生检疫机关发现染疫人时，应当立即将其隔离，防止任何人遭受感染，并按照本细则第八章的规定处理。

卫生检疫机关发现染疫嫌疑人时，应当按照本细则第八章的规定处理。但对第八章规定以外的其他病种染疫嫌疑人，可以从该人员离开感染环境的时候算起，实施不超过该传染病最长潜伏期的就地诊验或者留验以及其他的卫生处理。

第六条 卫生检疫机关应当阻止染疫人、染疫嫌疑人出境，但是对来自国外并且在到达时受就地诊验的人，本人要求出境的，可以准许出境；如果乘交通工具出境，检疫医师应当将这种情况在出境检疫证上签注，同时通知交通工具负责人采取必要的预防措施。

第七条 在国境口岸以及停留在该场所的入境、出境交通工具上，所有非因意外伤害而死亡并死因不明的尸体，必须经卫生检疫机关查验，并签发尸体移运许可证后，方准移运。

第八条 来自国内疫区的交通工具，或者在国内航行中发现检疫传染病、疑似检疫传染病，或者有人非因意外伤害而死亡并死因不明的，交通工具负责人应当向到达的国境口岸卫生检疫机关报告，接受临时检疫。

第九条 在国内或者国外检疫传染病大流行的时候，国务院卫生行政部门应当立即报请国务院决定采取下列检疫措施的一部或者全部：

（一）下令封锁陆地边境、国界江河的有关区域；

（二）指定某些物品必须经过消毒、除虫，方准由国外运进或者由国内运出；

（三）禁止某些物品由国外运进或者由国内运出；

（四）指定第一入境港口、降落机场。对来自国外疫区的船舶、航空器，除因遇险或者其他特殊原因外，没有经第一入境港口、机场检疫的，不准进入其他港口和机场。

第十条 入境、出境的集装箱、货物、废旧物等物品在到达口岸的时候，承运人、代理人或者货主，必须向卫生检疫机关申报并接受卫生检疫。对来自疫区的、被传染病污染的以及可能传播检疫传染病或者发现与人类健康有关的啮齿动物和病媒昆虫的集装箱、货物、废旧物等物品，应当实施消毒、除鼠、除虫或者其他必要的卫生处理。

集装箱、货物、废旧物等物品的货主要求在其他地方实施卫生检疫、卫生处理的，卫生检疫机关可以给予方便，并按规定办理。

海关凭卫生检疫机关签发的卫生处理证明放行。

第十一条 入境、出境的微生物、人体组织、生物制品、血液及其制品等特殊物品的携带人、托运人或者邮递人，必须向卫生检疫机关申报并接受卫生检疫，未经卫生检疫机关许可，不准入境、出境。

海关凭卫生检疫机关签发的特殊物品审批单放行。

第十二条 入境、出境的旅客、员工个人携带或者托运可能传播传染病的行李和物品，应当接受卫生检查。卫生检疫机关对来自疫区或者被传染病污染的各种食品、饮料、水产品等应当实施卫生处理或者销毁，并签发卫生处理证明。

海关凭卫生检疫机关签发的卫生处理证明放行。

第十三条 卫生检疫机关对应当实施卫生检疫的邮包进行卫生检查和必要的卫生处理时，邮政部门应予配合。未经卫生检疫机关许可，邮政部门不得运递。

第十四条 卫生检疫单、证的种类、式样和签发办法，由国务院卫生行政部门规定。

第二章 疫情通报

第十五条 在国境口岸以及停留在国境口岸的交通工具上，发现检疫传染病、疑似检疫传染病，或者有人非因意外伤害而死亡并死因不明时，国境口岸有关单位以及交通工具的负责人，应当立即向卫生检疫机关报告。

第十六条 卫生检疫机关发现检疫传染病、监测传染病、疑似检疫传染病时，应当向当地卫生行政部门和卫生防疫机构通报；发现检疫传染病时，还应当用最快的办法向国务院卫生行政部门报告。

当地卫生防疫机构发现检疫传染病、监测传染病时，应当向卫生检疫机关通报。

第十七条 在国内或者国外某一地区发生检疫传染病流行时，国务院卫生行政部门可以宣布该地区为疫区。

第三章 卫生检疫机关

第十八条 卫生检疫机关根据工作需要，可以设立派出机构。卫生检疫机关的设立、合并或者撤销，由国务院卫生行政部门决定。

第十九条 卫生检疫机关的职责：

（一）执行《国境卫生检疫法》及其实施细则和国家有关卫生法规；

（二）收集、整理、报告国际和国境口岸传染病的发生、流行和终息情况；

（三）对国境口岸的卫生状况实施卫生监督；对入境、出境的交通工具、人员、集装箱、尸体、骸骨以及可能传播检疫传染病的行李、货物、邮包等实施检疫查验、传染病监测、卫生监督和卫生处理；

（四）对入境、出境的微生物、生物制品、人体组织、血液及其制品等特殊物品以及能传播人类传染病的动物，实施卫生检疫；

（五）对入境、出境人员进行预防接种、健康检查、医疗服务、国际旅行健康咨询和卫生宣传；

（六）签发卫生检疫证件；

（七）进行流行病学调查研究，开展科学实验；

（八）执行国务院卫生行政部门指定的其他工作。

第二十条 国境口岸卫生监督员的职责：

（一）对国境口岸和停留在国境口岸的入境、出境交通工具进行卫生监督和卫生宣传；

（二）在消毒、除鼠、除虫等卫生处理方面进行技术指导；

（三）对造成传染病传播、啮齿动物和病媒昆虫扩散、食物中毒、食物污染等事故进行调查，并提出控制措施。

第二十一条 卫生检疫机关工作人员、国境口岸卫生监督员在执行任务时，应当穿着检疫制服，佩戴检疫标志；卫生检疫机关的交通工具在执行任务期间，应当悬挂检疫旗帜。

检疫制服、标志、旗帜的式样和使用办法由国务院卫生行政部门会同有关部门制定，报国务院审批。

第四章 海港检疫

第二十二条 船舶的入境检疫，必须在港口的检疫锚地或者经卫生检疫机关同意的指定地点实施。

检疫锚地由港务监督机关和卫生检疫机关会商确定，报国务院交通和卫生行政部门备案。

第二十三条 船舶代理应当在受入境检疫的船舶到达以前，尽早向卫生检疫机关通知下列事项：

（一）船名、国籍、预定到达检疫锚地的日期和时间；

（二）发航港、最后寄港；

（三）船员和旅客人数；

（四）货物种类。

港务监督机关应当将船舶确定到达检疫锚地的日期和时间尽早通知卫生检疫机关。

第二十四条 受入境检疫的船舶，在航行中，发现检疫传染病、疑似检疫传染病，或者有人非因意外伤害而死亡并死因不明的，船长必须立即向实施检疫港口的卫生检疫机关报告下列事项：

（一）船名、国籍、预定到达检疫锚地的日期和时间；

（二）发航港、最后寄港；

（三）船员和旅客人数；

（四）货物种类；

（五）病名或者主要症状、患病人数、死亡人数；

（六）船上有无船医。

第二十五条 受入境检疫的船舶，必须按照下列规定悬挂检疫信号等候查验，在卫生检疫机关发给入境检疫证前，不得降下检疫信号。

昼间在明显处所悬挂国际通语信号旗：

（一）“Q”字旗表示：本船没有染疫，请发给入境检疫证；

（二）“QQ”字旗表示：本船有染疫或者染疫嫌疑，请即刻实施检疫。

夜间在明显处所垂直悬挂灯号：

（一）红灯三盏表示：本船没有染疫，请发给入境检疫证；

（二）红、红、白、红灯四盏表示：本船有染疫或者染疫嫌疑，请即刻实施检疫。

第二十六条 悬挂检疫信号的船舶，除引航员和经卫生检疫机关许可的人员外，其他人员不准上船，不准装卸行李、货物、邮包等物品，其他船舶不准靠近；船上的人员，除因船舶遇险外，未经卫生检疫机关许可，不准离船；引航员不得将船引离检疫锚地。

第二十七条 申请电讯检疫的船舶，首先向卫生检疫机关申请卫生检查，合格者发给卫生证书。该证书自签发之日起12个月内可以申请电讯检疫。

第二十八条 持有效卫生证书的船舶在入境前24小时，应当向卫生检疫机关报告下列事项：

（一）船名、国籍、预定到达检疫锚地的日期和时间；

（二）发航港、最后寄港；

（三）船员和旅客人数及健康状况；

（四）货物种类；

（五）船舶卫生证书的签发日期和编号、除鼠证书或者免予除鼠证书的签发日期和签发港，以及其他卫生证件。

经卫生检疫机关对上述报告答复同意后，即可进港。

第二十九条 对船舶的入境检疫，在日出后到日落前的时间内实施；凡具备船舶夜航条件，夜间可靠离码头和装卸作业的港口口岸，应实行24小时检疫。对来自疫区的船舶，不实行夜间检疫。

第三十条 受入境检疫船舶的船长，在检疫医师到达船上时，必须提交由船长签字或者有船医附签的航海健康申报书、船员名单、旅客名单、载货申报单，并出示除鼠证书或者免予除鼠证书。

在查验中，检疫医师有权查阅航海日志和其他有关证件；需要进一步了解船舶航行中卫生情况时，检疫医师可以向船长、船医提出询问，船长、船医必须如实回答。用书面回答时，须经船长签字和船医附签。

第三十一条 船舶实施入境查验完毕以后，对没有染疫的船舶，检疫医师应当立即签发入境检疫证；如果该船有受卫生处理或者限制的事项，应当在入境检疫证上签注，并按照签注事项办理。对染疫船舶、染疫嫌疑船舶，除通知港务监督机关外，对该船舶还应当发给卫生处理通知书，该船舶上的引航员和经卫生检疫机关许可上船的人员应当视同员工接受有关卫生处理，在卫生处理完毕以后，再发给入境检疫证。

船舶领到卫生检疫机关签发的入境检疫证后，可以降下检疫信号。

第三十二条 船舶代理应当在受出境检疫的船舶启航以前，尽早向卫生检疫机关通知下列事项：

（一）船名、国籍、预定开航的日期和时间；

（二）目的港、最初寄港；

（三）船员名单和旅客名单；

（四）货物种类。

港务监督机关应当将船舶确定开航的日期和时间尽早通知卫生检疫机关。

船舶的入境、出境检疫在同一港口实施时，如果船员、旅客没有变动，可以免报船员名单和旅客名单；有变动的，报变动船员、旅客名单。

第三十三条 受出境检疫的船舶，船长应当向卫生检疫机关出示除鼠证书或者免予除鼠证书和其他有关检疫证件。检疫医师可以向船长、船医提出有关船员、旅客健康情况和船上卫生情况的询问，船长、船医对上述询问应当如实回答。

第三十四条 对船舶实施出境检疫完毕以后，检疫医师应当按照检疫结果立即签发出境检疫证，如果因卫生处理不能按原定时间启航，应当及时通知港务监督机关。

第三十五条 对船舶实施出境检疫完毕以后，除引航员和经卫生检疫机关许可的人员外，其他人员不准上船，不准装卸行李、货物、邮包等物品。如果违反上述规定，该船舶必须重新实施出境检疫。

第五章 航空检疫

第三十六条 航空器在飞行中，不得向下投掷或者任其坠下能传播传染病的任何物品。

第三十七条 实施卫生检疫机场的航空站，应当在受入境检疫的航空器到达以前，尽早向卫生检疫机关通知下列事项：

（一）航空器的国籍、机型、号码、识别标志、预定到达时间；

（二）出发站、经停站；

（三）机组和旅客人数。

第三十八条 受入境检疫的航空器，如果在飞行中发现检疫传染病、疑似检疫传染病，或者有人非因意外伤害而死亡并死因不明时，机长应当立即通知到达机场的航空站，向卫生检疫机关报告下列事项：

（一）航空器的国籍、机型、号码、识别标志、预定到达时间；

（二）出发站、经停站；

（三）机组和旅客人数；

（四）病名或者主要症状、患病人数、死亡人数。

第三十九条 受入境检疫的航空器到达机场以后，检疫医师首先登机。机长或者其授权的代理人，必须向卫生检疫机关提交总申报单、旅客名单、货物仓单和有效的灭蚊证书，以及其他有关检疫证件；对检疫医师提出的有关航空器上卫生状况的询问，机长或者其授权的代理人应当如实回答。在检疫没有结束之前，除经卫生检疫机关许可外，任何人不得上下航空器，不准装卸行李、货物、邮包等物品。

第四十条 入境旅客必须在指定的地点，接受入境查验，同时用书面或者口头回答检疫医师提出的有关询问。在此期间，入境旅客不得离开查验场所。

第四十一条 对入境航空器查验完毕以后，根据查验结果，对没有染疫的航空器，检疫医师应当签发入境检疫证；如果该航空器有受卫生处理或者限制的事项，应当在入境检疫证上签注，由机长或者其授权的代理人负责执行；对染疫或者有染疫嫌疑的航空器，除通知航空站外，对该航空器应当发给卫生处理通知单，在规定的卫生处理完毕以后，再发给入境检疫证。

第四十二条 实施卫生检疫机场的航空站，应当在受出境检疫的航空器起飞以前，尽早向卫生检疫机关提交总申报单、货物仓单和其他有关检疫证件，并通知下列事项：

（一）航空器的国籍、机型、号码、识别标志、预定起飞时间；

（二）经停站、目的站；

（三）机组和旅客人数。

第四十三条 对出境航空器查验完毕以后，如果没有染疫，检疫医师应当签发出境检疫证或者在必要的卫生处理完毕以后，再发给出境检疫证；如果该航空器因卫生处理不能按原定时间起飞，应当及时通知航空站。

第六章 陆地边境检疫

第四十四条 实施卫生检疫的车站，应当在受入境检疫的列车到达之前，尽早向卫生检疫机关通知下列事项：

（一）列车的车次，预定到达的时间；

（二）始发站；

（三）列车编组情况。

第四十五条 受入境检疫的列车和其他车辆到达车站、关口后，检疫医师首先登车，列车长或者其他车辆负责人，应当口头或者书面向卫生检疫机关申报该列车或者其他车辆上人员的健康情况，对检疫医师提出有关卫生状况和人员健康的询问，应当如实回答。

第四十六条 受入境检疫的列车和其他车辆到达车站、关口，在实施入境检疫而未取得入境检疫证以前，未经卫生检疫机关许可，任何人不准上下列车或者其他车辆，不准装卸行李、货物、邮包等物品。

第四十七条 实施卫生检疫的车站，应当在受出境检疫列车发车以前，尽早向卫生检疫机关通知下列事项：

（一）列车的车次，预定发车的时间；

（二）终到站；

（三）列车编组情况。

第四十八条 应当受入境、出境检疫的列车和其他车辆，如果在行程中发现检疫传染病、疑似检疫传染病，或者有人非因意外伤害而死亡并死因不明的，列车或者其他车辆到达车站、关口时，列车长或者其他车辆负责人应当向卫生检疫机关报告。

第四十九条 受入境、出境检疫的列车，在查验中发现检疫传染病或者疑似检疫传染病，或者因受卫生处理不能按原定时间发车，卫生检疫机关应当及时通知车站的站长。如果列车在原停车地点不宜实施卫生处理，站长可以选择站内其他地点实施卫生处理。在处理完毕之前，未经卫生检疫机关许可，任何人不准上下列车，不准装卸行李、货物、邮包等物品。

为了保证入境直通列车的正常运输，卫生检疫机关可以派员随车实施检疫，列车长应当提供方便。

第五十条 对列车或者其他车辆实施入境、出境检疫完毕后，检疫医师应当根据检疫结果分别签发入境、出境检疫证，或者在必要的卫生处理完毕后，再分别签发入境、出境检疫证。

第五十一条 徒步入境、出境的人员，必须首先在指定的场所接受入境、出境查验，未经卫生检疫机关许可，不准离开指定的场所。

第五十二条 受入境、出境检疫的列车以及其他车辆，载有来自疫区、有染疫或者染疫嫌疑或者夹带能传播传染病的病媒昆虫和啮齿动物的货物，应当接受卫生检查和必要的卫生处理。

第七章 卫生处理

第五十三条 卫生检疫机关的工作人员在实施卫生处理时，必须注意下列事项：

（一）防止对任何人的健康造成危害；

（二）防止对交通工具的结构和设备造成损害；

（三）防止发生火灾；

（四）防止对行李、货物造成损害。

第五十四条 入境、出境的集装箱、行李、货物、邮包等物品需要卫生处理的，由卫生检疫机关实施。

入境、出境的交通工具有下列情形之一的，应当由卫生检疫机关实施消毒、除鼠、除虫或者其他卫生处理：

（一）来自检疫传染病疫区的；

（二）被检疫传染病污染的；

（三）发现有与人类健康有关的啮齿动物或者病媒昆虫，超过国家卫生标准的。

第五十五条 由国外起运经过中华人民共和国境内的货物，如果不在境内换装，除发生在流行病学上有重要意义的事件，需要实施卫生处理外，在一般情况下不实施卫生处理。

第五十六条 卫生检疫机关对入境、出境的废旧物品和曾行驶于境外港口的废旧交通工具，根据污染程度，分别实施消毒、除鼠、除虫，对污染严重的实施销毁。

第五十七条 入境、出境的尸体、骸骨托运人或者代理人应当申请卫生检疫，并出示死亡证明或者其他有关证件，对不符合卫生要求的，必须接受卫生检疫机关实施的卫生处理。经卫生检疫机关签发尸体、骸骨入境、出境许可证后，方准运进或者运出。

对因患检疫传染病而死亡的病人尸体，必须就近火化，不准移运。

第五十八条 卫生检疫机关对已在到达本口岸前的其他口岸实施卫生处理的交通工具不再重复实施卫生处理。但有下列情形之一的，仍需实施卫生处理：

（一）在原实施卫生处理的口岸或者该交通工具上，发生流行病学上有重要意义的事件，需要进一步实施卫生处理的；

（二）在到达本口岸前的其他口岸实施的卫生处理没有实际效果的。

第五十九条 在国境口岸或者交通工具上发现啮齿动物有反常死亡或者死因不明的，国境口岸有关单位或者交通工具的负责人，必须立即向卫生检疫机关报告，迅速查明原因，实施卫生处理。

第六十条 国际航行船舶的船长，必须每隔6个月向卫生检疫机关申请一次鼠患检查，卫生检疫机关根据检查结果实施除鼠或者免予除鼠，并且分别发给除鼠证书或者免予除鼠证书。该证书自签发之日起6个月内有效。

第六十一条 卫生检疫机关只有在下列之一情况下，经检查确认船舶无鼠害的，方可签发免予除鼠证书：

（一）空舱；

（二）舱内虽然装有压舱物品或者其他物品，但是这些物品不引诱鼠类，放置情况又不妨碍实施鼠患检查。

对油轮在实舱时进行检查，可以签发免予除鼠证书。

第六十二条 对船舶的鼠患检查或者除鼠，应当尽量在船舶空舱的时候进行。如果船舶因故不宜按期进行鼠患检查或者蒸熏除鼠，并且该船又开往便于实施鼠患检查或者蒸熏除鼠的港口，可以准许该船原有的除鼠证书或者免予除鼠证书的有效期延长1个月，并签发延长证明。

第六十三条 对国际航行的船舶，按照国家规定的标准，应当用蒸熏的方法除鼠时，如果该船的除鼠证书或者免予除鼠证书尚未失效，除该船染有鼠疫或者鼠疫嫌疑外，卫生检疫机关应当将除鼠理由通知船长。船长应当按照要求执行。

第六十四条 船舶在港口停靠期间，船长应当负责采取下列的措施：

（一）缆绳上必须使用有效的防鼠板，或者其他防鼠装置；

（二）夜间放置扶梯、桥板时，应当用强光照射；

（三）在船上发现死鼠或者捕获到鼠类时，应当向卫生检疫机关报告。

第六十五条 在国境口岸停留的国内航行的船舶如果存在鼠患，船方应当进行除鼠。根据船方申请，也可由卫生检疫机关实施除鼠。

第六十六条 国务院卫生行政部门认为必要时，可以要求来自国外或者国外某些地区的人员在入境时，向卫生检疫机关出示有效的某种预防接种证书或者健康证明。

第六十七条 预防接种的有效期如下：

（一）黄热病疫苗自接种后第10日起，10年内有效。如果前次接种不满10年又经复种，自复种的当日起，10年内有效；

（二）其他预防接种的有效期，按照有关规定执行。

第八章 检疫传染病管理

第一节 鼠疫

第六十八条 鼠疫的潜伏期为6日。

第六十九条 船舶、航空器在到达时，有下列情形之一的，为染有鼠疫：

（一）船舶、航空器上有鼠疫病例的；

（二）船舶、航空器上发现有感染鼠疫的啮齿动物的；

（三）船舶上曾经有人在上船6日以后患鼠疫的。

第七十条 船舶在到达时，有下列情形之一的，为染有鼠疫嫌疑：

（一）船舶上没有鼠疫病例，但曾经有人在上船后6日以内患鼠疫的；

（二）船上啮齿动物有反常死亡，并且死因不明的。

第七十一条 对染有鼠疫的船舶、航空器应当实施下列卫生处理：

（一）对染疫人实施隔离；

（二）对染疫嫌疑人实施除虫，并且从到达时算起，实施不超过6日的就地诊验或者留验。在此期间，船上的船员除因工作需要并且经卫生检疫机关许可外，不准上岸；

（三）对染疫人、染疫嫌疑人的行李、使用过的其他物品和卫生检疫机关认为有污染嫌疑的物品，实施除虫，必要时实施消毒；

（四）对染疫人占用过的部位和卫生检疫机关认为有污染嫌疑的部位，实施除虫，必要时实施消毒；

（五）船舶、航空器上有感染鼠疫的啮齿动物，卫生检疫机关必须实施除鼠。如果船舶上发现只有未感染鼠疫的啮齿动物，卫生检疫机关也可以实施除鼠。实施除鼠可以在隔离的情况下进行。对船舶的除鼠应当在卸货以前进行；

（六）卸货应当在卫生检疫机关的监督下

进行，并且防止卸货的工作人员遭受感染，必要时，对卸货的工作人员从卸货完毕时算起，实施不超过6日的就地诊验或者留验。

第七十二条 对染有鼠疫嫌疑的船舶，应当实施本细则第七十一条第（二）至第（六）项规定的卫生处理。

第七十三条 对没有染疫的船舶、航空器，如果来自鼠疫疫区，卫生检疫机关认为必要时，可以实施下列卫生处理：

（一）对离船、离航空器的染疫嫌疑人，从船舶、航空器离开疫区的时候算起，实施不超过6日的就地诊验或者留验；

（二）在特殊情况下，对船舶、航空器实施除鼠。

第七十四条 对到达的时候载有鼠疫病例的列车和其他车辆，应当实施下列卫生处理：

（一）本细则第七十一条第（一）、第（三）、第（四）、第（六）项规定的卫生处理；

（二）对染疫嫌疑人实施除虫，并且从到达时算起，实施不超过6日的就地诊验或者留验；

（三）必要时，对列车和其他车辆实施除鼠。

第二节 霍 乱

第七十五条 霍乱潜伏期为5日。

第七十六条 船舶在到达的时候载有霍乱病例，或者在到达前5日以内，船上曾经有霍乱病例发生，为染有霍乱。

船舶在航行中曾经有霍乱病例发生，但是在到达前5日以内，没有发生新病例，为染有霍乱嫌疑。

第七十七条 航空器在到达的时候载有霍乱病例，为染有霍乱。

航空器在航行中曾经有霍乱病例发生，但在到达以前该病员已经离去，为染有霍乱嫌疑。

第七十八条 对染有霍乱的船舶、航空器，应当实施下列卫生处理：

（一）对染疫人实施隔离；

（二）对离船、离航空器的员工、旅客，从卫生处理完毕时算起，实施不超过5日的就地诊验或者留验；从船舶到达时算起5日内，船上的船员除因工作需要，并且经卫生检疫机关许可外，不准上岸；

（三）对染疫人、染疫嫌疑人的行李，使用过的其他物品和有污染嫌疑的物品、食品实施消毒；

（四）对染疫人占用的部位，污染嫌疑部位，实施消毒；

（五）对污染或者有污染嫌疑的饮用水，应当实施消毒后排放，并在储水容器消毒后再换清洁饮用水；

（六）人的排泄物、垃圾、废水、废物和装自霍乱疫区的压舱水，未经消毒，不准排放和移下；

（七）卸货必须在卫生检疫机关监督下进行，并且防止工作人员遭受感染，必要时，对卸货工作人员从卸货完毕时算起，实施不超过5日的就地诊验或者留验。

第七十九条 对染有霍乱嫌疑的船舶、航空器应当实施下列卫生处理：

（一）本细则第七十八条第（二）至第（七）项规定的卫生处理；

（二）对离船、离航空器的员工、旅客从到达时算起，实施不超过5日的就地诊验或者留验。在此期间，船上的船员除因工作需要，并经卫生检疫机关许可外，不准离开口岸区域；或者对离船、离航空器的员工、旅客，从离开疫区时算起，实施不超过5日的就地诊验或者留验。

第八十条 对没有染疫的船舶、航空器，如果来自霍乱疫区，卫生检疫机关认为必要时，可以实施下列卫生处理：

（一）本细则第七十八条第（五）、第（六）项规定的卫生处理；

（二）对离船、离航空器的员工、旅客，从离开疫区时算起，实施不超过5日的就地诊验或者留验。

第八十一条 对到达时载有霍乱病例的列车和其他车辆应当实施下列卫生处理：

（一）按本细则第七十八条第（一）、第（三）、第（四）、第（五）、第（七）项规定的卫生处理；

（二）对染疫嫌疑人从到达时算起，实施

不超过5日的就地诊验或者留验。

第八十二条 对来自霍乱疫区的或者染有霍乱嫌疑的交通工具，卫生检疫机关认为必要时，可以实施除虫、消毒；如果交通工具载有水产品、水果、蔬菜、饮料及其他食品，除装在密封容器内没有被污染外，未经卫生检疫机关许可，不准卸下，必要时可以实施卫生处理。

第八十三条 对来自霍乱疫区的水产品、水果、蔬菜、饮料以及装有这些制品的邮包，卫生检疫机关在查验时，为了判明是否被污染，可以抽样检验，必要时可以实施卫生处理。

第三节 黄热病

第八十四条 黄热病的潜伏期为6日。

第八十五条 来自黄热病疫区的人员，在入境时，必须向卫生检疫机关出示有效的黄热病预防接种证书。

对无有效的黄热病预防接种证书的人员，卫生检疫机关可以从该人员离开感染环境的时候算起，实施6日的留验，或者实施预防接种并留验到黄热病预防接种证书生效时为止。

第八十六条 航空器到达时载有黄热病病例，为染有黄热病。

第八十七条 来自黄热病疫区的航空器，应当出示在疫区起飞前的灭蚊证书；如果在到达时不出示灭蚊证书，或者卫生检疫机关认为出示的灭蚊证书不符合要求，并且在航空器上发现活蚊，为染有黄热病嫌疑。

第八十八条 船舶在到达时载有黄热病病例，或者在航行中曾经有黄热病病例发生，为染有黄热病。

船舶在到达时，如果离开黄热病疫区没有满6日，或者没有满30日并且在船上发现埃及伊蚊或者其他黄热病媒介，为染有黄热病嫌疑。

第八十九条 对染有黄热病的船舶、航空器，应当实施下列卫生处理：

（一）对染疫人实施隔离；

（二）对离船、离航空器又无有效的黄热病预防接种证书的员工、旅客，实施本细则第八十五条规定的卫生处理；

（三）彻底杀灭船舶、航空器上的埃及伊蚊及其虫卵、幼虫和其他黄热病媒介，并且在没有完成灭蚊以前限制该船与陆地和其他船舶的距离不少于400米；

（四）卸货应当在灭蚊以后进行，如果在灭蚊以前卸货，应当在卫生检疫机关监督下进行，并且采取预防措施，使卸货的工作人员免受感染，必要时，对卸货的工作人员，从卸货完毕时算起，实施6日的就地诊验或者留验。

第九十条 对染有黄热病嫌疑的船舶、航空器，应当实施本细则第八十九条第（二）至第（四）项规定的卫生处理。

第九十一条 对没有染疫的船舶、航空器，如果来自黄热病疫区，卫生检疫机关认为必要时，可以实施本细则第八十九条第（三）项规定的卫生处理。

第九十二条 对到达的时候载有黄热病病例的列车和其他车辆，或者来自黄热病疫区的列车和其他车辆，应当实施本细则第八十九条第（一）、第（四）项规定的卫生处理；对列车、车辆彻底杀灭成蚊及其虫卵、幼虫；对无有效黄热病预防接种证书的员工、旅客，应当实施本细则第八十五条规定的卫生处理。

第四节 就地诊验、留验和隔离

第九十三条 卫生检疫机关对受就地诊验的人员，应当发给就地诊验记录簿，必要的时候，可以在该人员出具履行就地诊验的保证书以后，再发给其就地诊验记录簿。

受就地诊验的人员应当携带就地诊验记录簿，按照卫生检疫机关指定的期间、地点，接受医学检查；如果就地诊验的结果没有染疫，就地诊验期满的时候，受就地诊验的人员应当将就地诊验记录簿退还卫生检疫机关。

第九十四条 卫生检疫机关应当将受就地诊验人员的情况，用最快的方法通知受就地诊验人员的旅行停留地的卫生检疫机关或者其他医疗卫生单位。

卫生检疫机关、医疗卫生单位遇有受就地诊验的人员请求医学检查时，应当视同急诊给予医学检查，并将检查结果在就地诊验记录簿上签注；如果发现其患检疫传染病或者监测传染病、疑似检疫传染病或者疑似监测传染病时，应当立即采取必要的卫生措施，将其就地诊验记录簿收回存查，并且报告当地卫生防疫机构和签发就地诊验记录簿的卫生检疫机关。

第九十五条 受留验的人员必须在卫生检疫机关指定的场所接受留验；但是有下列情形之一的，经卫生检疫机关同意，可以在船上留验：

（一）船长请求船员在船上留验的；

（二）旅客请求在船上留验，经船长同意，并且船上有船医和医疗、消毒设备的。

第九十六条 受留验的人员在留验期间如果出现检疫传染病的症状，卫生检疫机关应当立即对该人员实施隔离，对与其接触的其他受留验的人员，应当实施必要的卫生处理，并且从卫生处理完毕时算起，重新计算留验时间。

第九章 传染病监测

第九十七条 入境、出境的交通工具、人员、食品、饮用水和其他物品以及病媒昆虫、动物，均为传染病监测的对象。

第九十八条 传染病监测内容是：

（一）首发病例的个案调查；

（二）暴发流行的流行病学调查；

（三）传染源调查；

（四）国境口岸内监测传染病的回顾性调查；

（五）病原体的分离、鉴定，人群、有关动物血清学调查以及流行病学调查；

（六）有关动物、病媒昆虫、食品、饮用水和环境因素的调查；

（七）消毒、除鼠、除虫的效果观察与评价；

（八）国境口岸以及国内外监测传染病疫情的收集、整理、分析和传递；

（九）对监测对象开展健康检查和对监测传染病病人、疑似病人、密切接触人员的管理。

第九十九条 卫生检疫机关应当阻止患有严重精神病、传染性肺结核病或者有可能对公共卫生造成重大危害的其他传染病的外国人入境。

第一百条 受入境、出境检疫的人员，必须根据检疫医师的要求，如实填报健康申明卡，出示某种有效的传染病预防接种证书、健康证明或者其他有关证件。

第一百零一条 卫生检疫机关对国境口岸的涉外宾馆、饭店内居住的入境、出境人员及工作人员实施传染病监测，并区别情况采取必要的预防、控制措施。

对来自检疫传染病和监测传染病疫区的人员，检疫医师可以根据流行病学和医学检查结果，发给就诊方便卡。

卫生检疫机关、医疗卫生单位遇到持有就诊方便卡的人员请求医学检查时，应当视同急诊给予医学检查；如果发现其患检疫传染病或者监测传染病，疑似检疫传染病或者疑似监测传染病，应当立即实施必要的卫生措施，并且将情况报告当地卫生防疫机构和签发就诊方便卡的卫生检疫机关。

第一百零二条 凡申请出境居住1年以上的中国籍人员，必须持有卫生检疫机关签发的健康证明。中国公民出境、入境管理机关凭卫生检疫机关签发的健康证明办理出境手续。

凡在境外居住1年以上的中国籍人员，入境时必须向卫生检疫机关申报健康情况，并在入境后1个月内到就近的卫生检疫机关或者县级以上的医院进行健康检查。公安机关凭健康证明办理有关手续。健康证明的副本应当寄送到原入境口岸的卫生检疫机关备案。

国际通行交通工具上的中国籍员工，应当持有卫生检疫机关或者县级以上医院出具的健康证明。健康证明的项目、格式由国务院卫生行政部门统一规定，有效期为12个月。

第一百零三条 卫生检疫机关在国境口岸内设立传染病监测点时，有关单位应当给予协助并提供方便。

第十章 卫生监督

第一百零四条 卫生检疫机关依照《国境卫生检疫法》第十八条、第十九条规定的内容，对国境口岸和交通工具实施卫生监督。

第一百零五条 对国境口岸的卫生要求是：

（一）国境口岸和国境口岸内涉外的宾馆、生活服务单位以及候船、候车、候机厅（室）应当有健全的卫生制度和必要的卫生设施，并保持室内外环境整洁、通风良好；

（二）国境口岸有关部门应当采取切实可行的措施，控制啮齿动物、病媒昆虫，使其数量降低到不足为害的程度。仓库、货场必须具有防鼠设施；

（三）国境口岸的垃圾、废物、污水、粪便必须进行无害化处理，保持国境口岸环境整洁卫生。

第一百零六条 对交通工具的卫生要求是：

（一）交通工具上的宿舱、车厢必须保持清洁卫生，通风良好；

（二）交通工具上必须备有足够的消毒、除鼠、除虫药物及器械，并备有防鼠装置；

（三）交通工具上的货舱、行李舱、货车车厢在装货前或者卸货后应当进行彻底清扫，有毒物品和食品不得混装，防止污染；

（四）对不符合卫生要求的入境、出境交通工具，必须接受卫生检疫机关的督导立即进行改进。

第一百零七条 对饮用水、食品及从业人员的卫生要求是：

（一）国境口岸和交通工具上的食品、饮用水必须符合有关的卫生标准；

（二）国境口岸内的涉外宾馆，以及向入境、出境的交通工具提供饮食服务的部门，营业前必须向卫生检疫机关申请卫生许可证；

（三）国境口岸内涉外的宾馆和入境、出境交通工具上的食品、饮用水从业人员应当持有卫生检疫机关签发的健康证书。该证书自签发之日起12个月内有效。

第一百零八条 国境口岸有关单位和交通工具负责人应当遵守下列事项：

（一）遵守《国境卫生检疫法》和本细则及有关卫生法规的规定；

（二）接受卫生监督员的监督和检查，并为其工作提供方便；

（三）按照卫生监督员的建议，对国境口岸和交通工具的卫生状况及时采取改进措施。

第十一章　罚　则

第一百零九条 《国境卫生检疫法》和本细则所规定的应当受行政处罚的行为是指：

（一）应当受入境检疫的船舶，不悬挂检疫信号的；

（二）入境、出境的交通工具，在入境检疫之前或者在出境检疫之后，擅自上下人员，装卸行李、货物、邮包等物品的；

（三）拒绝接受检疫或者抵制卫生监督，拒不接受卫生处理的；

（四）伪造或者涂改检疫单、证、不如实申报疫情的；

（五）瞒报携带禁止进口的微生物、人体组织、生物制品、血液及其制品或者其他可能引起传染病传播的动物和物品的；

（六）未经检疫的入境、出境交通工具，擅自离开检疫地点，逃避查验的；

（七）隐瞒疫情或者伪造情节的；

（八）未经卫生检疫机关实施卫生处理，擅自排放压舱水，移下垃圾、污物等控制的物品的；

（九）未经卫生检疫机关实施卫生处理，擅自移运尸体、骸骨的；

（十）废旧物品、废旧交通工具，未向卫生检疫机关申报，未经卫生检疫机关实施卫生处理和签发卫生检疫证书而擅自入境、出境或者使用、拆卸的；

（十一）未经卫生检疫机关检查，从交通工具上移下传染病病人造成传染病传播危险的。

第一百一十条 具有本细则第一百零九条所列第（一）至第（五）项行为的，处以警告或者100元以上5000元以下的罚款；

具有本细则第一百零九条所列第（六）至第（九）项行为的，处以1000元以上1万元以下的罚款；

具有本细则第一百零九条所列第（十）、第（十一）项行为的，处以5000元以上3万元以下的罚款。

第一百一十一条 卫生检疫机关在收取罚款时，应当出具正式的罚款收据。罚款全部上交国库。

第十二章　附　则

第一百一十二条 国境卫生检疫机关实施卫生检疫的收费标准，由国务院卫生行政部门会同国务院财政、物价部门共同制定。

第一百一十三条 本细则由国务院卫生行政部门负责解释。

第一百一十四条 本细则自发布之日起施行。

中华人民共和国专利法实施细则（2010年修正）

（中华人民共和国国务院令第569号，根据2002年12月28日《国务院关于修改〈中华人民共和国专利法实施细则〉的决定》第一次修订，根据2010年1月9日《国务院关于修改〈中华人民共和国专利法实施细则〉的决定》第二次修订）

第一章 总 则

第一条 根据《中华人民共和国专利法》（以下简称专利法），制定本细则。

第二条 专利法和本细则规定的各种手续，应当以书面形式或者国务院专利行政部门规定的其他形式办理。

第三条 依照专利法和本细则规定提交的各种文件应当使用中文；国家有统一规定的科技术语的，应当采用规范词；外国人名、地名和科技术语没有统一中文译文的，应当注明原文。

依照专利法和本细则规定提交的各种证件和证明文件是外文的，国务院专利行政部门认为必要时，可以要求当事人在指定期限内附送中文译文；期满未附送的，视为未提交该证件和证明文件。

第四条 向国务院专利行政部门邮寄的各种文件，以寄出的邮戳日为递交日；邮戳日不清晰的，除当事人能够提出证明外，以国务院专利行政部门收到日为递交日。

国务院专利行政部门的各种文件，可以通过邮寄、直接送交或者其他方式送达当事人。当事人委托专利代理机构的，文件送交专利代理机构；未委托专利代理机构的，文件送交请求书中指明的联系人。

国务院专利行政部门邮寄的各种文件，自文件发出之日起满15日，推定为当事人收到文件之日。

根据国务院专利行政部门规定应当直接送交的文件，以交付日为送达日。

文件送交地址不清，无法邮寄的，可以通过公告的方式送达当事人。自公告之日起满1个月，该文件视为已经送达。

第五条 专利法和本细则规定的各种期限的第一日不计算在期限内。期限以年或者月计算的，以其最后一月的相应日为期限届满日；该月无相应日的，以该月最后一日为期限届满日；期限届满日是法定休假日的，以休假日后的第一个工作日为期限届满日。

第六条 当事人因不可抗拒的事由而延误专利法或者本细则规定的期限或者国务院专利行政部门指定的期限，导致其权利丧失的，自障碍消除之日起2个月内，最迟自期限届满之日起2年内，可以向国务院专利行政部门请求恢复权利。

除前款规定的情形外，当事人因其他正当理由延误专利法或者本细则规定的期限或者国务院专利行政部门指定的期限，导致其权利丧失的，可以自收到国务院专利行政部门的通知之日起2个月内向国务院专利行政部门请求恢复权利。

当事人依照本条第一款或者第二款的规定请求恢复权利的，应当提交恢复权利请求书，说明理由，必要时附具有关证明文件，并办理权利丧失前应当办理的相应手续；依照本条第二款的规定请求恢复权利的，还应当缴纳恢复权利请求费。

当事人请求延长国务院专利行政部门指定的期限的，应当在期限届满前，向国务院专利行政部门说明理由并办理有关手续。

本条第一款和第二款的规定不适用专利法第二十四条、第二十九条、第四十二条、第六十八条规定的期限。

第七条 专利申请涉及国防利益需要保密的，由国防专利机构受理并进行审查；国务院专利行政部门受理的专利申请涉及国防利益需要保密的，应当及时移交国防专利机构进行审查。经国防专利机构审查没有发现驳回理由的，由国务院专利行政部门作出授予国防专利权的决定。

国务院专利行政部门认为其受理的发明或者实用新型专利申请涉及国防利益以外的国家安全或者重大利益需要保密的，应当及时作出按照保密专利申请处理的决定，并通知申请人。保密专利申请的审查、复审以及保密专利权无效宣告的特殊程序，由国务院专利行政部门规定。

第八条 专利法第二十条所称在中国完成的发明或者实用新型，是指技术方案的实质性内容在中国境内完成的发明或者实用新型。

任何单位或者个人将在中国完成的发明或者实用新型向外国申请专利的，应当按照下列方式之一请求国务院专利行政部门进行保密审查：

（一）直接向外国申请专利或者向有关国外机构提交专利国际申请的，应当事先向国务院专利行政部门提出请求，并详细说明其技术方案；

（二）向国务院专利行政部门申请专利后拟向外国申请专利或者向有关国外机构提交专利国际申请的，应当在向外国申请专利或者向有关国外机构提交专利国际申请前向国务院专利行政部门提出请求。

向国务院专利行政部门提交专利国际申请的，视为同时提出了保密审查请求。

第九条 国务院专利行政部门收到依照本细则第八条规定递交的请求后，经过审查认为该发明或者实用新型可能涉及国家安全或者重大利益需要保密的，应当及时向申请人发出保密审查通知；申请人未在其请求递交日起4个月内收到保密审查通知的，可以就该发明或者实用新型向外国申请专利或者向有关国外机构提交专利国际申请。

国务院专利行政部门依照前款规定通知进行保密审查的，应当及时作出是否需要保密的决定，并通知申请人。申请人未在其请求递交日起6个月内收到需要保密的决定的，可以就该发明或者实用新型向外国申请专利或者向有关国外机构提交专利国际申请。

第十条 专利法第五条所称违反法律的发明创造，不包括仅其实施为法律所禁止的发明创造。

第十一条 除专利法第二十八条和第四十二条规定的情形外，专利法所称申请日，有优先权的，指优先权日。

本细则所称申请日，除另有规定的外，是指专利法第二十八条规定的申请日。

第十二条 专利法第六条所称执行本单位的任务所完成的职务发明创造，是指：

（一）在本职工作中作出的发明创造；

（二）履行本单位交付的本职工作之外的任务所作出的发明创造；

（三）退休、调离原单位后或者劳动、人事关系终止后1年内作出的，与其在原单位承担的本职工作或者原单位分配的任务有关的发明创造。

专利法第六条所称本单位，包括临时工作单位；专利法第六条所称本单位的物质技术条件，是指本单位的资金、设备、零部件、原材料或者不对外公开的技术资料等。

第十三条 专利法所称发明人或者设计人，是指对发明创造的实质性特点作出创造性贡献的人。在完成发明创造过程中，只负责组织工作的人、为物质技术条件的利用提供方便的人或者从事其他辅助工作的人，不是发明人或者设计人。

第十四条 除依照专利法第十条规定转让专利权外，专利权因其他事由发生转移的，当事人应当凭有关证明文件或者法律文书向国务院专利行政部门办理专利权转移手续。

专利权人与他人订立的专利实施许可合同，应当自合同生效之日起3个月内向国务院专利行政部门备案。

以专利权出质的，由出质人和质权人共同向国务院专利行政部门办理出质登记。

第二章 专利的申请

第十五条 以书面形式申请专利的，应当向国务院专利行政部门提交申请文件一式两份。

以国务院专利行政部门规定的其他形式申请专利的，应当符合规定的要求。

申请人委托专利代理机构向国务院专利行政部门申请专利和办理其他专利事务的，应当同时提交委托书，写明委托权限。

申请人有2人以上且未委托专利代理机构的，除请求书中另有声明的外，以请求书中指明的第一申请人为代表人。

第十六条 发明、实用新型或者外观设计专利申请的请求书应当写明下列事项：

（一）发明、实用新型或者外观设计的名称；

（二）申请人是中国单位或者个人的，其名称或者姓名、地址、邮政编码、组织机构代码或者居民身份证件号码；申请人是外国人、外国企业或者外国其他组织的，其姓名或者名称、国籍或者注册的国家或者地区；

（三）发明人或者设计人的姓名；

（四）申请人委托专利代理机构的，受托机构的名称、机构代码以及该机构指定的专利代理人的姓名、执业证号码、联系电话；

（五）要求优先权的，申请人第一次提出专利申请（以下简称在先申请）的申请日、申请号以及原受理机构的名称；

（六）申请人或者专利代理机构的签字或者盖章；

（七）申请文件清单；

（八）附加文件清单；

（九）其他需要写明的有关事项。

第十七条 发明或者实用新型专利申请的说明书应当写明发明或者实用新型的名称，该名称应当与请求书中的名称一致。说明书应当包括下列内容：

（一）技术领域：写明要求保护的技术方案所属的技术领域；

（二）背景技术：写明对发明或者实用新型的理解、检索、审查有用的背景技术；有可能的，并引证反映这些背景技术的文件；

（三）发明内容：写明发明或者实用新型所要解决的技术问题以及解决其技术问题采用的技术方案，并对照现有技术写明发明或者实用新型的有益效果；

（四）附图说明：说明书有附图的，对各幅附图作简略说明；

（五）具体实施方式：详细写明申请人认为实现发明或者实用新型的优选方式；必要时，举例说明；有附图的，对照附图。

发明或者实用新型专利申请人应当按照前款规定的方式和顺序撰写说明书，并在说明书每一部分前面写明标题，除非其发明或者实用新型的性质用其他方式或者顺序撰写能节约说明书的篇幅并使他人能够准确理解其发明或者实用新型。

发明或者实用新型说明书应当用词规范、语句清楚，并不得使用“如权利要求……所述的……”一类的引用语，也不得使用商业性宣传用语。

发明专利申请包含一个或者多个核苷酸或者氨基酸序列的，说明书应当包括符合国务院专利行政部门规定的序列表。申请人应当将该序列表作为说明书的一个单独部分提交，并按照国务院专利行政部门的规定提交该序列表的计算机可读形式的副本。

实用新型专利申请说明书应当有表示要求保护的产品的形状、构造或者其结合的附图。

第十八条 发明或者实用新型的几幅附图应当按照“图1，图2，……”顺序编号排列。

发明或者实用新型说明书文字部分中未提及的附图标记不得在附图中出现，附图中未出现的附图标记不得在说明书文字部分中提及。申请文件中表示同一组成部分的附图标记应当一致。

附图中除必需的词语外，不应当含有其他注释。

第十九条 权利要求书应当记载发明或者实用新型的技术特征。

权利要求书有几项权利要求的，应当用阿拉伯数字顺序编号。

权利要求书中使用的科技术语应当与说明书中使用的科技术语一致，可以有化学式或者数学式，但是不得有插图。除绝对必要的外，不得使用“如说明书……部分所述”或者“如图……所示”的用语。

权利要求中的技术特征可以引用说明书附图中相应的标记，该标记应当放在相应的技术特征后并置于括号内，便于理解权利要求。附图标记不得解释为对权利要求的限制。

第二十条 权利要求书应当有独立权利要求，也可以有从属权利要求。

独立权利要求应当从整体上反映发明或者实用新型的技术方案，记载解决技术问题的必要技术特征。

从属权利要求应当用附加的技术特征，对引用的权利要求作进一步限定。

第二十一条 发明或者实用新型的独立权利要求应当包括前序部分和特征部分，按照下列规定撰写：

（一）前序部分：写明要求保护的发明或者实用新型技术方案的主题名称和发明或者实用新型主题与最接近的现有技术共有的必要技术特征；

（二）特征部分：使用“其特征是……”或者类似的用语，写明发明或者实用新型区别于最接近的现有技术的技术特征。这些特征和前序部分写明的特征合在一起，限定发明或者实用新型要求保护的范围。

发明或者实用新型的性质不适于用前款方式表达的，独立权利要求可以用其他方式撰写。

一项发明或者实用新型应当只有一个独立权利要求，并写在同一发明或者实用新型的从属权利要求之前。

第二十二条 发明或者实用新型的从属权利要求应当包括引用部分和限定部分，按照下列规定撰写：

（一）引用部分：写明引用的权利要求的编号及其主题名称；

（二）限定部分：写明发明或者实用新型附加的技术特征。

从属权利要求只能引用在前的权利要求。引用两项以上权利要求的多项从属权利要求，只能以择一方式引用在前的权利要求，并不得作为另一项多项从属权利要求的基础。

第二十三条 说明书摘要应当写明发明或者实用新型专利申请所公开内容的概要，即写明发明或者实用新型的名称和所属技术领域，并清楚地反映所要解决的技术问题、解决该问题的技术方案的要点以及主要用途。

说明书摘要可以包含最能说明发明的化学式；有附图的专利申请，还应当提供一幅最能说明该发明或者实用新型技术特征的附图。附图的大小及清晰度应当保证在该图缩小到4厘米×6厘米时，仍能清晰地分辨出图中的各个细节。摘要文字部分不得超过300个字。摘要中不得使用商业性宣传用语。

第二十四条 申请专利的发明涉及新的生物材料，该生物材料公众不能得到，并且对该生物材料的说明不足以使所属领域的技术人员实施其发明的，除应当符合专利法和本细则的有关规定外，申请人还应当办理下列手续：

（一）在申请日前或者最迟在申请日（有优先权的，指优先权日），将该生物材料的样品提交国务院专利行政部门认可的保藏单位保藏，并在申请时或者最迟自申请日起4个月内提交保藏单位出具的保藏证明和存活证明；期满未提交证明的，该样品视为未提交保藏；

（二）在申请文件中，提供有关该生物材料特征的资料；

（三）涉及生物材料样品保藏的专利申请应当在请求书和说明书中写明该生物材料的分类命名（注明拉丁文名称）、保藏该生物材料样品的单位名称、地址、保藏日期和保藏编号；申请时未写明的，应当自申请日起4个月内补正；期满未补正的，视为未提交保藏。

第二十五条 发明专利申请人依照本细则第二十四条的规定保藏生物材料样品的，在发明专利申请公布后，任何单位或者个人需要将该专利申请所涉及的生物材料作为实验目的使用的，应当向国务院专利行政部门提出请求，并写明下列事项：

（一）请求人的姓名或者名称和地址；

（二）不向其他任何人提供该生物材料的保证；

（三）在授予专利权前，只作为实验目的使用的保证。

第二十六条 专利法所称遗传资源，是指取自人体、动物、植物或者微生物等含有遗传功能单位并具有实际或者潜在价值的材料；专利法所称依赖遗传资源完成的发明创造，是指利用了遗传资源的遗传功能完成的发明创造。

就依赖遗传资源完成的发明创造申请专利的，申请人应当在请求书中予以说明，并填写国务院专利行政部门制定的表格。

第二十七条 申请人请求保护色彩的，应当提交彩色图片或者照片。

申请人应当就每件外观设计产品所需要保护的内容提交有关图片或者照片。

第二十八条 外观设计的简要说明应当写明外观设计产品的名称、用途，外观设计的设计要点，并指定一幅最能表明设计要点的图片或者照片。省略视图或者请求保护色彩的，应当在简要说明中写明。

对同一产品的多项相似外观设计提出一件外观设计专利申请的，应当在简要说明中指定其中一项作为基本设计。

简要说明不得使用商业性宣传用语，也不能用来说明产品的性能。

第二十九条 国务院专利行政部门认为必要时，可以要求外观设计专利申请人提交使用外观设计的产品样品或者模型。样品或者模型的体积不得超过 30 厘米 ×30 厘米 ×30 厘米，重量不得超过 15 公斤。易腐、易损或者危险品不得作为样品或者模型提交。

第三十条 专利法第二十四条第（一）项所称中国政府承认的国际展览会，是指国际展览会公约规定的在国际展览局注册或者由其认可的国际展览会。

专利法第二十四条第（二）项所称学术会议或者技术会议，是指国务院有关主管部门或者全国性学术团体组织召开的学术会议或者技术会议。

申请专利的发明创造有专利法第二十四条第（一）项或者第（二）项所列情形的，申请人应当在提出专利申请时声明，并自申请日起 2 个月内提交有关国际展览会或者学术会议、技术会议的组织单位出具的有关发明创造已经展出或者发表，以及展出或者发表日期的证明文件。

申请专利的发明创造有专利法第二十四条第（三）项所列情形的，国务院专利行政部门认为必要时，可以要求申请人在指定期限内提交证明文件。

申请人未依照本条第三款的规定提出声明和提交证明文件的，或者未依照本条第四款的规定在指定期限内提交证明文件的，其申请不适用专利法第二十四条的规定。

第三十一条 申请人依照专利法第三十条的规定要求外国优先权的，申请人提交的在先申请文件副本应当经原受理机构证明。依照国务院专利行政部门与该受理机构签订的协议，国务院专利行政部门通过电子交换等途径获得在先申请文件副本的，视为申请人提交了经该受理机构证明的在先申请文件副本。要求本国优先权，申请人在请求书中写明在先申请的申请日和申请号的，视为提交了在先申请文件副本。

要求优先权，但请求书中漏写或者错写在先申请的申请日、申请号和原受理机构名称中的一项或者两项内容的，国务院专利行政部门应当通知申请人在指定期限内补正；期满未补正的，视为未要求优先权。

要求优先权的申请人的姓名或者名称与在先申请文件副本中记载的申请人姓名或者名称不一致的，应当提交优先权转让证明材料，未提交该证明材料的，视为未要求优先权。

外观设计专利申请的申请人要求外国优先权，其在先申请未包括对外观设计的简要说明，申请人按照本细则第二十八条规定提交的简要说明未超出在先申请文件的图片或者照片表示的范围的，不影响其享有优先权。

第三十二条 申请人在一件专利申请中，可以要求一项或者多项优先权；要求多项优先权的，该申请的优先权期限从最早的优先权日起计算。

申请人要求本国优先权，在先申请是发明专利申请的，可以就相同主题提出发明或者实用新型专利申请；在先申请是实用新型专利申请的，可以就相同主题提出实用新型或者发明专利申请。但是，提出后一申请时，在先申请的主题有下列情形之一的，不得作为要求本国优先权的基础：

（一）已经要求外国优先权或者本国优先权的；

（二）已经被授予专利权的；

（三）属于按照规定提出的分案申请的。

申请人要求本国优先权的，其在先申请自后一申请提出之日起即视为撤回。

第三十三条 在中国没有经常居所或者营业所的申请人，申请专利或者要求外国优先权的，国务院专利行政部门认为必要时，可以要求其提供下列文件：

（一）申请人是个人的，其国籍证明；

（二）申请人是企业或者其他组织的，其注册的国家或者地区的证明文件；

（三）申请人的所属国，承认中国单位和个人可以按照该国国民的同等条件，在该国享有专利权、优先权和其他与专利有关的权利的证明文件。

第三十四条 依照专利法第三十一条第一款规定，可以作为一件专利申请提出的属于一个总的发明构思的两项以上的发明或者实用新型，应当在技术上相互关联，包含一个或者多个相同或者相应的特定技术特征，其中特定技术特征是指每一项发明或者实用新型作为整体，对现有技术作出贡献的技术特征。

第三十五条 依照专利法第三十一条第二款规定，将同一产品的多项相似外观设计作为一件申请提出的，对该产品的其他设计应当与简要说明中指定的基本设计相似。一件外观设计专利申请中的相似外观设计不得超过10项。

专利法第三十一条第二款所称同一类别并且成套出售或者使用的产品的两项以上外观设计，是指各产品属于分类表中同一大类，习惯上同时出售或者同时使用，而且各产品的外观设计具有相同的设计构思。

将两项以上外观设计作为一件申请提出的，应当将各项外观设计的顺序编号标注在每件外观设计产品各幅图片或者照片的名称之前。

第三十六条 申请人撤回专利申请的，应当向国务院专利行政部门提出声明，写明发明创造的名称、申请号和申请日。

撤回专利申请的声明在国务院专利行政部门作好公布专利申请文件的印刷准备工作后提出的，申请文件仍予公布；但是，撤回专利申请的声明应当在以后出版的专利公报上予以公告。

第三章 专利申请的审查和批准

第三十七条 在初步审查、实质审查、复审和无效宣告程序中，实施审查和审理的人员有下列情形之一的，应当自行回避，当事人或者其他利害关系人可以要求其回避：

（一）是当事人或者其代理人的近亲属的；

（二）与专利申请或者专利权有利害关系的；

（三）与当事人或者其代理人有其他关系，可能影响公正审查和审理的；

（四）专利复审委员会成员曾参与原申请的审查的。

第三十八条 国务院专利行政部门收到发明或者实用新型专利申请的请求书、说明书（实用新型必须包括附图）和权利要求书，或者外观设计专利申请的请求书、外观设计的图片或者照片和简要说明后，应当明确申请日、给予申请号，并通知申请人。

第三十九条 专利申请文件有下列情形之一的，国务院专利行政部门不予受理，并通知申请人：

（一）发明或者实用新型专利申请缺少请求书、说明书（实用新型无附图）或者权利要求书的，或者外观设计专利申请缺少请求书、图片或者照片、简要说明的；

（二）未使用中文的；

（三）不符合本细则第一百二十一条第一款规定的；

（四）请求书中缺少申请人姓名或者名称，或者缺少地址的；

（五）明显不符合专利法第十八条或者第十九条第一款的规定的；

（六）专利申请类别（发明、实用新型或者外观设计）不明确或者难以确定的。

第四十条 说明书中写有对附图的说明但无附图或者缺少部分附图的，申请人应当在国务院专利行政部门指定的期限内补交附图或者声明取消对附图的说明。申请人补交附图的，以向国务院专利行政部门提交或者邮寄附图之日为申请日；取消对附图的说明的，保留原申请日。

第四十一条 两个以上的申请人同日（指申请日；有优先权的，指优先权日）分别就同样的发明创造申请专利的，应当在收到国务院专利行政部门的通知后自行协商确定申请人。

同一申请人在同日（指申请日）对同样的发明创造既申请实用新型专利又申请发明专利的，应当在申请时分别说明对同样的发明创造已申请了另一专利；未作说明的，依照专利法第九条第一款关于同样的发明创造只能授予一项专利权的规定处理。

国务院专利行政部门公告授予实用新型专利权，应当公告申请人已依照本条第二款的规定同时申请了发明专利的说明。

发明专利申请经审查没有发现驳回理由，国务院专利行政部门应当通知申请人在规定期限内声明放弃实用新型专利权。申请人声明放弃的，国务院专利行政部门应当作出授予发明专利权的决定，并在公告授予发明专利权时一并公告申请人放弃实用新型专利权声明。申请人不同意放弃的，国务院专利行政部门应当驳回该发明专利申请；申请人期满未答复的，视为撤回该发明专利申请。

实用新型专利权自公告授予发明专利权之日起终止。

第四十二条 一件专利申请包括两项以上发明、实用新型或者外观设计的，申请人可以在本细则第五十四条第一款规定的期限届满前，向国务院专利行政部门提出分案申请；但是，专利申请已经被驳回、撤回或者视为撤回的，不能提出分案申请。

国务院专利行政部门认为一件专利申请不符合专利法第三十一条和本细则第三十四条或者第三十五条的规定的，应当通知申请人在指定期限内对其申请进行修改；申请人期满未答复的，该申请视为撤回。

分案的申请不得改变原申请的类别。

第四十三条 依照本细则第四十二条规定提出的分案申请，可以保留原申请日，享有优先权的，可以保留优先权日，但是不得超出原申请记载的范围。

分案申请应当依照专利法及本细则的规定办理有关手续。

分案申请的请求书中应当写明原申请的申请号和申请日。提交分案申请时，申请人应当提交原申请文件副本；原申请享有优先权的，并应当提交原申请的优先权文件副本。

第四十四条 专利法第三十四条和第四十条所称初步审查，是指审查专利申请是否具备专利法第二十六条或者第二十七条规定的文件和其他必要的文件，这些文件是否符合规定的格式，并审查下列各项：

（一）发明专利申请是否明显属于专利法第五条、第二十五条规定的情形，是否不符合专利法第十八条、第十九条第一款、第二十条第一款或者本细则第十六条、第二十六条第二款的规定，是否明显不符合专利法第二条第二款、第二十六条第五款、第三十一条第一款、第三十三条或者本细则第十七条至第二十一条的规定；

（二）实用新型专利申请是否明显属于专利法第五条、第二十五条规定的情形，是否不符合专利法第十八条、第十九条第一款、第二十条第一款或者本细则第十六条至第十九条、第二十一条至第二十三条的规定，是否明显不符合专利法第二条第三款、第二十二条第二款、第四款、第二十六条第三款、第四款、第三十一条第一款、第三十三条或者本细则第二十条、第四十三条第一款的规定，是否依照专利法第九条规定不能取得专利权；

（三）外观设计专利申请是否明显属于专利法第五条、第二十五条第一款第（六）项规定的情形，是否不符合专利法第十八条、第十九条第一款或者本细则第十六条、第二十七条、第二十八条的规定，是否明显不符合专利法第二条第四款、第二十三条第一款、第二十七条第二款、第三十一条第二款、第三十三条或者本细则第四十三条第一款的规定，是否依照专利法第九条规定不能取得专利权；

（四）申请文件是否符合本细则第二条、第三条第一款的规定。

国务院专利行政部门应当将审查意见通知申请人，要求其在指定期限内陈述意见或者补正；申请人期满未答复的，其申请视为撤回。申请人陈述意见或者补正后，国务院专利行政部门仍然认为不符合前款所列各项规定的，应当予以驳回。

第四十五条 除专利申请文件外，申请人向国务院专利行政部门提交的与专利申请有关的其他文件有下列情形之一的，视为未提交：

（一）未使用规定的格式或者填写不符合规定的；

（二）未按照规定提交证明材料的。

国务院专利行政部门应当将视为未提交的审查意见通知申请人。

第四十六条 申请人请求早日公布其发明专利申请的，应当向国务院专利行政部门声明。国务院专利行政部门对该申请进行初步审查后，除予以驳回的外，应当立即将申请予以公布。

第四十七条 申请人写明使用外观设计的产品及其所属类别的，应当使用国务院专利行政部门公布的外观设计产品分类表。未写明使用外观设计的产品所属类别或者所写的类别不确切的，国务院专利行政部门可以予以补充或者修改。

第四十八条 自发明专利申请公布之日起至公告授予专利权之日止，任何人均可以对不符合专利法规定的专利申请向国务院专利行政部门提出意见，并说明理由。

第四十九条 发明专利申请人因有正当理由无法提交专利法第三十六条规定的检索资料或者审查结果资料的，应当向国务院专利行政部门声明，并在得到有关资料后补交。

第五十条 国务院专利行政部门依照专利法第三十五条第二款的规定对专利申请自行进行审查时，应当通知申请人。

第五十一条 发明专利申请人在提出实质审查请求时以及在收到国务院专利行政部门发出的发明专利申请进入实质审查阶段通知书之日起的3个月内，可以对发明专利申请主动提出修改。

实用新型或者外观设计专利申请人自申请日起2个月内，可以对实用新型或者外观设计专利申请主动提出修改。

申请人在收到国务院专利行政部门发出的审查意见通知书后对专利申请文件进行修改的，应当针对通知书指出的缺陷进行修改。

国务院专利行政部门可以自行修改专利申请文件中文字和符号的明显错误。国务院专利行政部门自行修改的，应当通知申请人。

第五十二条 发明或者实用新型专利申请的说明书或者权利要求书的修改部分，除个别文字修改或者增删外，应当按照规定格式提交替换页。外观设计专利申请的图片或者照片的修改，应当按照规定提交替换页。

第五十三条 依照专利法第三十八条的规定，发明专利申请经实质审查应当予以驳回的情形是指：

（一）申请属于专利法第五条、第二十五条规定的情形，或者依照专利法第九条规定不能取得专利权的；

（二）申请不符合专利法第二条第二款、第二十条第一款、第二十二条、第二十六条第三款、第四款、第五款、第三十一条第一款或者本细则第二十条第二款规定的；

（三）申请的修改不符合专利法第三十三条规定，或者分案的申请不符合本细则第四十三条第一款的规定的。

第五十四条 国务院专利行政部门发出授予专利权的通知后，申请人应当自收到通知之日起2个月内办理登记手续。申请人按期办理登记手续的，国务院专利行政部门应当授予专利权，颁发专利证书，并予以公告。

期满未办理登记手续的，视为放弃取得专利权的权利。

第五十五条 保密专利申请经审查没有发现驳回理由的，国务院专利行政部门应当作出授予保密专利权的决定，颁发保密专利证书，登记保密专利权的有关事项。

第五十六条 授予实用新型或者外观设计专利权的决定公告后，专利法第六十条规定的专利权人或者利害关系人可以请求国务院专利行政部门作出专利权评价报告。

请求作出专利权评价报告的，应当提交专利权评价报告请求书，写明专利号。每项请求应当限于一项专利权。

专利权评价报告请求书不符合规定的，国务院专利行政部门应当通知请求人在指定期限内补正；请求人期满未补正的，视为未提出请求。

第五十七条 国务院专利行政部门应当自收到专利权评价报告请求书后2个月内作出专利权评价报告。对同一项实用新型或者外观设计专利权，有多个请求人请求作出专利权评价报告的，国务院专利行政部门仅作出一份专利权评价报告。任何单位或者个人可以查阅或者复制该专利权评价报告。

第五十八条 国务院专利行政部门对专利公告、专利单行本中出现的错误，一经发现，应当及时更正，并对所作更正予以公告。

第四章 专利申请的复审与专利权的无效宣告

第五十九条 专利复审委员会由国务院专利行政部门指定的技术专家和法律专家组成，主任委员由国务院专利行政部门负责人兼任。

第六十条 依照专利法第四十一条的规定向专利复审委员会请求复审的，应当提交复审请求书，说明理由，必要时还应当附具有关证据。

复审请求不符合专利法第十九条第一款或者第四十一条第一款规定的，专利复审委员会不予受理，书面通知复审请求人并说明理由。

复审请求书不符合规定格式的，复审请求人应当在专利复审委员会指定的期限内补正；期满未补正的，该复审请求视为未提出。

第六十一条 请求人在提出复审请求或者在对专利复审委员会的复审通知书作出答复时，可以修改专利申请文件；但是，修改应当仅限于消除驳回决定或者复审通知书指出的缺陷。

修改的专利申请文件应当提交一式两份。

第六十二条 专利复审委员会应当将受理的复审请求书转交国务院专利行政部门原审查部门进行审查。原审查部门根据复审请求人的请求，同意撤销原决定的，专利复审委员会应当据此作出复审决定，并通知复审请求人。

第六十三条 专利复审委员会进行复审后，认为复审请求不符合专利法和本细则有关规定的，应当通知复审请求人，要求其在指定期限内陈述意见。期满未答复的，该复审请求视为撤回；经陈述意见或者进行修改后，专利复审委员会认为仍不符合专利法和本细则有关规定的，应当作出维持原驳回决定的复审决定。

专利复审委员会进行复审后，认为原驳回决定不符合专利法和本细则有关规定的，或者认为经过修改的专利申请文件消除了原驳回决定指出的缺陷的，应当撤销原驳回决定，由原审查部门继续进行审查程序。

第六十四条 复审请求人在专利复审委员会作出决定前，可以撤回其复审请求。

复审请求人在专利复审委员会作出决定前撤回其复审请求的，复审程序终止。

第六十五条 依照专利法第四十五条的规定，请求宣告专利权无效或者部分无效的，应当向专利复审委员会提交专利权无效宣告请求书和必要的证据一式两份。无效宣告请求书应当结合提交的所有证据，具体说明无效宣告请求的理由，并指明每项理由所依据的证据。

前款所称无效宣告请求的理由，是指被授予专利的发明创造不符合专利法第二条、第二十条第一款、第二十二条、第二十三条、第二十六条第三款、第四款、第二十七条第二款、第三十三条或者本细则第二十条第二款、第四十三条第一款的规定，或者属于专利法第五条、第二十五条的规定，或者依照专利法第九条规定不能取得专利权。

第六十六条 专利权无效宣告请求不符合专利法第十九条第一款或者本细则第六十五条规定的，专利复审委员会不予受理。

在专利复审委员会就无效宣告请求作出决定之后，又以同样的理由和证据请求无效宣告的，专利复审委员会不予受理。

以不符合专利法第二十三条第三款的规定为理由请求宣告外观设计专利权无效，但是未提交证明权利冲突的证据的，专利复审委员会不予受理。

专利权无效宣告请求书不符合规定格式的，

无效宣告请求人应当在专利复审委员会指定的期限内补正；期满未补正的，该无效宣告请求视为未提出。

第六十七条 在专利复审委员会受理无效宣告请求后，请求人可以在提出无效宣告请求之日起1个月内增加理由或者补充证据。逾期增加理由或者补充证据的，专利复审委员会可以不予考虑。

第六十八条 专利复审委员会应当将专利权无效宣告请求书和有关文件的副本送交专利权人，要求其在指定的期限内陈述意见。

专利权人和无效宣告请求人应当在指定期限内答复专利复审委员会发出的转送文件通知书或者无效宣告请求审查通知书；期满未答复的，不影响专利复审委员会审理。

第六十九条 在无效宣告请求的审查过程中，发明或者实用新型专利的专利权人可以修改其权利要求书，但是不得扩大原专利的保护范围。

发明或者实用新型专利的专利权人不得修改专利说明书和附图，外观设计专利的专利权人不得修改图片、照片和简要说明。

第七十条 专利复审委员会根据当事人的请求或者案情需要，可以决定对无效宣告请求进行口头审理。

专利复审委员会决定对无效宣告请求进行口头审理的，应当向当事人发出口头审理通知书，告知举行口头审理的日期和地点。当事人应当在通知书指定的期限内作出答复。

无效宣告请求人对专利复审委员会发出的口头审理通知书在指定的期限内未作答复，并且不参加口头审理的，其无效宣告请求视为撤回；专利权人不参加口头审理的，可以缺席审理。

第七十一条 在无效宣告请求审查程序中，专利复审委员会指定的期限不得延长。

第七十二条 专利复审委员会对无效宣告的请求作出决定前，无效宣告请求人可以撤回其请求。

专利复审委员会作出决定之前，无效宣告请求人撤回其请求或者其无效宣告请求被视为撤回的，无效宣告请求审查程序终止。但是，专利复审委员会认为根据已进行的审查工作能够作出宣告专利权无效或者部分无效的决定的，不终止审查程序。

第五章 专利实施的强制许可

第七十三条 专利法第四十八条第（一）项所称未充分实施其专利，是指专利权人及其被许可人实施其专利的方式或者规模不能满足国内对专利产品或者专利方法的需求。

专利法第五十条所称取得专利权的药品，是指解决公共健康问题所需的医药领域中的任何专利产品或者依照专利方法直接获得的产品，包括取得专利权的制造该产品所需的活性成分以及使用该产品所需的诊断用品。

第七十四条 请求给予强制许可的，应当向国务院专利行政部门提交强制许可请求书，说明理由并附具有关证明文件。

国务院专利行政部门应当将强制许可请求书的副本送交专利权人，专利权人应当在国务院专利行政部门指定的期限内陈述意见；期满未答复的，不影响国务院专利行政部门作出决定。

国务院专利行政部门在作出驳回强制许可请求的决定或者给予强制许可的决定前，应当通知请求人和专利权人拟作出的决定及其理由。

国务院专利行政部门依照专利法第五十条的规定作出给予强制许可的决定，应当同时符合中国缔结或者参加的有关国际条约关于为了解决公共健康问题而给予强制许可的规定，但中国作出保留的除外。

第七十五条 依照专利法第五十七条的规定，请求国务院专利行政部门裁决使用费数额的，当事人应当提出裁决请求书，并附具双方不能达成协议的证明文件。国务院专利行政部门应当自收到请求书之日起3个月内作出裁决，并通知当事人。

第六章 对职务发明创造的发明人或者设计人的奖励和报酬

第七十六条 被授予专利权的单位可以与发明人、设计人约定或者在其依法制定的规章制度中规定专利法第十六条规定的奖励、报酬的方式和数额。

企业、事业单位给予发明人或者设计人的奖励、报酬，按照国家有关财务、会计制度的规定进行处理。

第七十七条 被授予专利权的单位未与发明人、设计人约定也未在其依法制定的规章制度中规定专利法第十六条规定的奖励的方式和数额的，应当自专利权公告之日起3个月内发给发明人或者设计人奖金。一项发明专利的奖金最低不少于3000元；一项实用新型专利或者外观设计专利的奖金最低不少于1000元。

由于发明人或者设计人的建议被其所属单位采纳而完成的发明创造，被授予专利权的单位应当从优发给奖金。

第七十八条 被授予专利权的单位未与发明人、设计人约定也未在其依法制定的规章制度中规定专利法第十六条规定的报酬的方式和数额的，在专利权有效期限内，实施发明创造专利后，每年应当从实施该项发明或者实用新型专利的营业利润中提取不低于2％或者从实施该项外观设计专利的营业利润中提取不低于0.2％，作为报酬给予发明人或者设计人，或者参照上述比例，给予发明人或者设计人一次性报酬；被授予专利权的单位许可其他单位或者个人实施其专利的，应当从收取的使用费中提取不低于10％，作为报酬给予发明人或者设计人。

第七章 专利权的保护

第七十九条 专利法和本细则所称管理专利工作的部门，是指由省、自治区、直辖市人民政府以及专利管理工作量大又有实际处理能力的设区的市人民政府设立的管理专利工作的部门。

第八十条 国务院专利行政部门应当对管理专利工作的部门处理专利侵权纠纷、查处假冒专利行为、调解专利纠纷进行业务指导。

第八十一条 当事人请求处理专利侵权纠纷或者调解专利纠纷的，由被请求人所在地或者侵权行为地的管理专利工作的部门管辖。

两个以上管理专利工作的部门都有管辖权的专利纠纷，当事人可以向其中一个管理专利工作的部门提出请求；当事人向两个以上有管辖权的管理专利工作的部门提出请求的，由最先受理的管理专利工作的部门管辖。

管理专利工作的部门对管辖权发生争议的，由其共同的上级人民政府管理专利工作的部门指定管辖；无共同上级人民政府管理专利工作的部门的，由国务院专利行政部门指定管辖。

第八十二条 在处理专利侵权纠纷过程中，被请求人提出无效宣告请求并被专利复审委员会受理的，可以请求管理专利工作的部门中止处理。

管理专利工作的部门认为被请求人提出的中止理由明显不能成立的，可以不中止处理。

第八十三条 专利权人依照专利法第十七条的规定，在其专利产品或者该产品的包装上标明专利标识的，应当按照国务院专利行政部门规定的方式予以标明。

专利标识不符合前款规定的，由管理专利工作的部门责令改正。

第八十四条 下列行为属于专利法第六十三条规定的假冒专利的行为：

（一）在未被授予专利权的产品或者其包装上标注专利标识，专利权被宣告无效后或者终止后继续在产品或者其包装上标注专利标识，或者未经许可在产品或者产品包装上标注他人的专利号；

（二）销售第（一）项所述产品；

（三）在产品说明书等材料中将未被授予专利权的技术或者设计称为专利技术或者专利设计，将专利申请称为专利，或者未经许可使用他人的专利号，使公众将所涉及的技术或者设计误认为是专利技术或者专利设计；

（四）伪造或者变造专利证书、专利文件或者专利申请文件；

（五）其他使公众混淆，将未被授予专利权的技术或者设计误认为是专利技术或者专利设计的行为。

专利权终止前依法在专利产品、依照专利方法直接获得的产品或者其包装上标注专利标识，在专利权终止后许诺销售、销售该产品的，不属于假冒专利行为。

销售不知道是假冒专利的产品，并且能够

证明该产品合法来源的，由管理专利工作的部门责令停止销售，但免除罚款的处罚。

第八十五条 除专利法第六十条规定的外，管理专利工作的部门应当事人请求，可以对下列专利纠纷进行调解：

（一）专利申请权和专利权归属纠纷；

（二）发明人、设计人资格纠纷；

（三）职务发明创造的发明人、设计人的奖励和报酬纠纷；

（四）在发明专利申请公布后专利权授予前使用发明而未支付适当费用的纠纷；

（五）其他专利纠纷。

对于前款第（四）项所列的纠纷，当事人请求管理专利工作的部门调解的，应当在专利权被授予之后提出。

第八十六条 当事人因专利申请权或者专利权的归属发生纠纷，已请求管理专利工作的部门调解或者向人民法院起诉的，可以请求国务院专利行政部门中止有关程序。

依照前款规定请求中止有关程序的，应当向国务院专利行政部门提交请求书，并附具管理专利工作的部门或者人民法院的写明申请号或者专利号的有关受理文件副本。

管理专利工作的部门作出的调解书或者人民法院作出的判决生效后，当事人应当向国务院专利行政部门办理恢复有关程序的手续。自请求中止之日起1年内，有关专利申请权或者专利权归属的纠纷未能结案，需要继续中止有关程序的，请求人应当在该期限内请求延长中止。期满未请求延长的，国务院专利行政部门自行恢复有关程序。

第八十七条 人民法院在审理民事案件中裁定对专利申请权或者专利权采取保全措施的，国务院专利行政部门应当在收到写明申请号或者专利号的裁定书和协助执行通知书之日中止被保全的专利申请权或者专利权的有关程序。保全期限届满，人民法院没有裁定继续采取保全措施的，国务院专利行政部门自行恢复有关程序。

第八十八条 国务院专利行政部门根据本细则第八十六条和第八十七条规定中止有关程序，是指暂停专利申请的初步审查、实质审查、复审程序，授予专利权程序和专利权无效宣告程序；暂停办理放弃、变更、转移专利权或者专利申请权手续，专利权质押手续以及专利权期限届满前的终止手续等。

第八章　专利登记和专利公报

第八十九条 国务院专利行政部门设置专利登记簿，登记下列与专利申请和专利权有关的事项：

（一）专利权的授予；

（二）专利申请权、专利权的转移；

（三）专利权的质押、保全及其解除；

（四）专利实施许可合同的备案；

（五）专利权的无效宣告；

（六）专利权的终止；

（七）专利权的恢复；

（八）专利实施的强制许可；

（九）专利权人的姓名或者名称、国籍和地址的变更。

第九十条 国务院专利行政部门定期出版专利公报，公布或者公告下列内容：

（一）发明专利申请的著录事项和说明书摘要；

（二）发明专利申请的实质审查请求和国务院专利行政部门对发明专利申请自行进行实质审查的决定；

（三）发明专利申请公布后的驳回、撤回、视为撤回、视为放弃、恢复和转移；

（四）专利权的授予以及专利权的著录事项；

（五）发明或者实用新型专利的说明书摘要，外观设计专利的一幅图片或者照片；

（六）国防专利、保密专利的解密；

（七）专利权的无效宣告；

（八）专利权的终止、恢复；

（九）专利权的转移；

（十）专利实施许可合同的备案；

（十一）专利权的质押、保全及其解除；

（十二）专利实施的强制许可的给予；

（十三）专利权人的姓名或者名称、地址的变更；

（十四）文件的公告送达；

（十五）国务院专利行政部门作出的更正；

（十六）其他有关事项。

第九十一条 国务院专利行政部门应当提供专利公报、发明专利申请单行本以及发明专利、实用新型专利、外观设计专利单行本，供公众免费查阅。

第九十二条 国务院专利行政部门负责按照互惠原则与其他国家、地区的专利机关或者区域性专利组织交换专利文献。

第九章 费 用

第九十三条 向国务院专利行政部门申请专利和办理其他手续时，应当缴纳下列费用：

（一）申请费、申请附加费、公布印刷费、优先权要求费；

（二）发明专利申请实质审查费、复审费；

（三）专利登记费、公告印刷费、年费；

（四）恢复权利请求费、延长期限请求费；

（五）著录事项变更费、专利权评价报告请求费、无效宣告请求费。

前款所列各种费用的缴纳标准，由国务院价格管理部门、财政部门会同国务院专利行政部门规定。

第九十四条 专利法和本细则规定的各种费用，可以直接向国务院专利行政部门缴纳，也可以通过邮局或者银行汇付，或者以国务院专利行政部门规定的其他方式缴纳。

通过邮局或者银行汇付的，应当在送交国务院专利行政部门的汇单上写明正确的申请号或者专利号以及缴纳的费用名称。不符合本款规定的，视为未办理缴费手续。

直接向国务院专利行政部门缴纳费用的，以缴纳当日为缴费日；以邮局汇付方式缴纳费用的，以邮局汇出的邮戳日为缴费日；以银行汇付方式缴纳费用的，以银行实际汇出日为缴费日。

多缴、重缴、错缴专利费用的，当事人可以自缴费日起3年内，向国务院专利行政部门提出退款请求，国务院专利行政部门应当予以退还。

第九十五条 申请人应当自申请日起2个月内或者在收到受理通知书之日起15日内缴纳申请费、公布印刷费和必要的申请附加费；期满未缴纳或者未缴足的，其申请视为撤回。

申请人要求优先权的，应当在缴纳申请费的同时缴纳优先权要求费；期满未缴纳或者未缴足的，视为未要求优先权。

第九十六条 当事人请求实质审查或者复审的，应当在专利法及本细则规定的相关期限内缴纳费用；期满未缴纳或者未缴足的，视为未提出请求。

第九十七条 申请人办理登记手续时，应当缴纳专利登记费、公告印刷费和授予专利权当年的年费；期满未缴纳或者未缴足的，视为未办理登记手续。

第九十八条 授予专利权当年以后的年费应当在上一年度期满前缴纳。专利权人未缴纳或者未缴足的，国务院专利行政部门应当通知专利权人自应当缴纳年费期满之日起6个月内补缴，同时缴纳滞纳金；滞纳金的金额按照每超过规定的缴费时间1个月，加收当年全额年费的5%计算；期满未缴纳的，专利权自应当缴纳年费期满之日起终止。

第九十九条 恢复权利请求费应当在本细则规定的相关期限内缴纳；期满未缴纳或者未缴足的，视为未提出请求。

延长期限请求费应当在相应期限届满之日前缴纳；期满未缴纳或者未缴足的，视为未提出请求。

著录事项变更费、专利权评价报告请求费、无效宣告请求费应当自提出请求之日起1个月内缴纳；期满未缴纳或者未缴足的，视为未提出请求。

第一百条 申请人或者专利权人缴纳本细则规定的各种费用有困难的，可以按照规定向国务院专利行政部门提出减缴或者缓缴的请求。减缴或者缓缴的办法由国务院财政部门会同国务院价格管理部门、国务院专利行政部门规定。

第十章 关于国际申请的特别规定

第一百零一条 国务院专利行政部门根据专利法第二十条规定，受理按照专利合作条约提出的专利国际申请。

按照专利合作条约提出并指定中国的专利

国际申请（以下简称国际申请）进入国务院专利行政部门处理阶段（以下称进入中国国家阶段）的条件和程序适用本章的规定；本章没有规定的，适用专利法及本细则其他各章的有关规定。

第一百零二条 按照专利合作条约已确定国际申请日并指定中国的国际申请，视为向国务院专利行政部门提出的专利申请，该国际申请日视为专利法第二十八条所称的申请日。

第一百零三条 国际申请的申请人应当在专利合作条约第二条所称的优先权日（本章简称优先权日）起30个月内，向国务院专利行政部门办理进入中国国家阶段的手续；申请人未在该期限内办理该手续的，在缴纳宽限费后，可以在自优先权日起32个月内办理进入中国国家阶段的手续。

第一百零四条 申请人依照本细则第一百零三条的规定办理进入中国国家阶段的手续的，应当符合下列要求：

（一）以中文提交进入中国国家阶段的书面声明，写明国际申请号和要求获得的专利权类型；

（二）缴纳本细则第九十三条第一款规定的申请费、公布印刷费，必要时缴纳本细则第一百零三条规定的宽限费；

（三）国际申请以外文提出的，提交原始国际申请的说明书和权利要求书的中文译文；

（四）在进入中国国家阶段的书面声明中写明发明创造的名称，申请人姓名或者名称、地址和发明人的姓名，上述内容应当与世界知识产权组织国际局（以下简称国际局）的记录一致；国际申请中未写明发明人的，在上述声明中写明发明人的姓名；

（五）国际申请以外文提出的，提交摘要的中文译文，有附图和摘要附图的，提交附图副本和摘要附图副本，附图中有文字的，将其替换为对应的中文文字；国际申请以中文提出的，提交国际公布文件中的摘要和摘要附图副本；

（六）在国际阶段向国际局已办理申请人变更手续的，提供变更后的申请人享有申请权的证明材料；

（七）必要时缴纳本细则第九十三条第一款规定的申请附加费。

符合本条第一款第（一）项至第（三）项要求的，国务院专利行政部门应当给予申请号，明确国际申请进入中国国家阶段的日期（以下简称进入日），并通知申请人其国际申请已进入中国国家阶段。

国际申请已进入中国国家阶段，但不符合本条第一款第（四）项至第（七）项要求的，国务院专利行政部门应当通知申请人在指定期限内补正；期满未补正的，其申请视为撤回。

第一百零五条 国际申请有下列情形之一的，其在中国的效力终止：

（一）在国际阶段，国际申请被撤回或者被视为撤回，或者国际申请对中国的指定被撤回的；

（二）申请人未在优先权日起32个月内按照本细则第一百零三条规定办理进入中国国家阶段手续的；

（三）申请人办理进入中国国家阶段的手续，但自优先权日起32个月期限届满仍不符合本细则第一百零四条第（一）项至第（三）项要求的。

依照前款第（一）项的规定，国际申请在中国的效力终止的，不适用本细则第六条的规定；依照前款第（二）项、第（三）项的规定，国际申请在中国的效力终止的，不适用本细则第六条第二款的规定。

第一百零六条 国际申请在国际阶段作过修改，申请人要求以经修改的申请文件为基础进行审查的，应当自进入日起2个月内提交修改部分的中文译文。在该期间内未提交中文译文的，对申请人在国际阶段提出的修改，国务院专利行政部门不予考虑。

第一百零七条 国际申请涉及的发明创造有专利法第二十四条第（一）项或者第（二）项所列情形之一，在提出国际申请时作过声明的，申请人应当在进入中国国家阶段的书面声明中予以说明，并自进入日起2个月内提交本细则第三十条第三款规定的有关证明文件；未予说明或者期满未提交证明文件的，其申请不适用专利法第二十四条的规定。

第一百零八条　申请人按照专利合作条约的规定，对生物材料样品的保藏已作出说明的，视为已经满足了本细则第二十四条第（三）项的要求。申请人应当在进入中国国家阶段声明中指明记载生物材料样品保藏事项的文件以及在该文件中的具体记载位置。

申请人在原始提交的国际申请的说明书中已记载生物材料样品保藏事项，但是没有在进入中国国家阶段声明中指明的，应当自进入日起4个月内补正。期满未补正的，该生物材料视为未提交保藏。

申请人自进入日起4个月内向国务院专利行政部门提交生物材料样品保藏证明和存活证明的，视为在本细则第二十四条第（一）项规定的期限内提交。

第一百零九条　国际申请涉及的发明创造依赖遗传资源完成的，申请人应当在国际申请进入中国国家阶段的书面声明中予以说明，并填写国务院专利行政部门制定的表格。

第一百一十条　申请人在国际阶段已要求一项或者多项优先权，在进入中国国家阶段时该优先权要求继续有效的，视为已经依照专利法第三十条的规定提出了书面声明。

申请人应当自进入日起2个月内缴纳优先权要求费；期满未缴纳或者未缴足的，视为未要求该优先权。

申请人在国际阶段已依照专利合作条约的规定，提交过在先申请文件副本的，办理进入中国国家阶段手续时不需要向国务院专利行政部门提交在先申请文件副本。申请人在国际阶段未提交在先申请文件副本的，国务院专利行政部门认为必要时，可以通知申请人在指定期限内补交；申请人期满未补交的，其优先权要求视为未提出。

第一百一十一条　在优先权日起30个月期满前要求国务院专利行政部门提前处理和审查国际申请的，申请人除应当办理进入中国国家阶段手续外，还应当依照专利合作条约第二十三条第二款规定提出请求。国际局尚未向国务院专利行政部门传送国际申请的，申请人应当提交经确认的国际申请副本。

第一百一十二条　要求获得实用新型专利权的国际申请，申请人可以自进入日起2个月内对专利申请文件主动提出修改。

要求获得发明专利权的国际申请，适用本细则第五十一条第一款的规定。

第一百一十三条　申请人发现提交的说明书、权利要求书或者附图中的文字的中文译文存在错误的，可以在下列规定期限内依照原始国际申请文本提出改正：

（一）在国务院专利行政部门作好公布发明专利申请或者公告实用新型专利权的准备工作之前；

（二）在收到国务院专利行政部门发出的发明专利申请进入实质审查阶段通知书之日起3个月内。

申请人改正译文错误的，应当提出书面请求并缴纳规定的译文改正费。

申请人按照国务院专利行政部门的通知书的要求改正译文的，应当在指定期限内办理本条第二款规定的手续；期满未办理规定手续的，该申请视为撤回。

第一百一十四条　对要求获得发明专利权的国际申请，国务院专利行政部门经初步审查认为符合专利法和本细则有关规定的，应当在专利公报上予以公布；国际申请以中文以外的文字提出的，应当公布申请文件的中文译文。

要求获得发明专利权的国际申请，由国际局以中文进行国际公布的，自国际公布日起适用专利法第十三条的规定；由国际局以中文以外的文字进行国际公布的，自国务院专利行政部门公布之日起适用专利法第十三条的规定。

对国际申请，专利法第二十一条和第二十二条中所称的公布是指本条第一款所规定的公布。

第一百一十五条　国际申请包含两项以上发明或者实用新型的，申请人可以自进入日起，依照本细则第四十二条第一款的规定提出分案申请。

在国际阶段，国际检索单位或者国际初步审查单位认为国际申请不符合专利合作条约规定的单一性要求时，申请人未按照规定缴纳附加费，导致国际申请某些部分未经国际检索或者未经国际初步审查，在进入中国国家阶段时，申请人要求将所述部分作为审查基础，国务院专利行政部门认为国际检索单位或者国际初步审查单位对发明单一性的判断正确的，应当通知申请人在指定期限内缴纳单一性恢复费。期满未缴纳或者未足额缴纳的，国际申请中未经检索或者未经国际初步审查的部分视为撤回。

第一百一十六条 国际申请在国际阶段被有关国际单位拒绝给予国际申请日或者宣布视为撤回的，申请人在收到通知之日起2个月内，可以请求国际局将国际申请档案中任何文件的副本转交国务院专利行政部门，并在该期限内向国务院专利行政部门办理本细则第一百零三条规定的手续，国务院专利行政部门应当在接到国际局传送的文件后，对国际单位作出的决定是否正确进行复查。

第一百一十七条 基于国际申请授予的专利权，由于译文错误，致使依照专利法第五十九条规定确定的保护范围超出国际申请的原文所表达的范围的，以依据原文限制后的保护范围为准；致使保护范围小于国际申请的原文所表达的范围的，以授权时的保护范围为准。

第十一章 附 则

第一百一十八条 经国务院专利行政部门同意，任何人均可以查阅或者复制已经公布或者公告的专利申请的案卷和专利登记簿，并可以请求国务院专利行政部门出具专利登记簿副本。

已视为撤回、驳回和主动撤回的专利申请的案卷，自该专利申请失效之日起满2年后不予保存。

已放弃、宣告全部无效和终止的专利权的案卷，自该专利权失效之日起满3年后不予保存。

第一百一十九条 向国务院专利行政部门提交申请文件或者办理各种手续，应当由申请人、专利权人、其他利害关系人或者其代表人签字或者盖章；委托专利代理机构的，由专利代理机构盖章。

请求变更发明人姓名、专利申请人和专利权人的姓名或者名称、国籍和地址、专利代理机构的名称、地址和代理人姓名的，应当向国务院专利行政部门办理著录事项变更手续，并附具变更理由的证明材料。

第一百二十条 向国务院专利行政部门邮寄有关申请或者专利权的文件，应当使用挂号信函，不得使用包裹。

除首次提交专利申请文件外，向国务院专利行政部门提交各种文件、办理各种手续的，应当标明申请号或者专利号、发明创造名称和申请人或者专利权人姓名或者名称。

一件信函中应当只包含同一申请的文件。

第一百二十一条 各类申请文件应当打字或者印刷，字迹呈黑色，整齐清晰，并不得涂改。附图应当用制图工具和黑色墨水绘制，线条应当均匀清晰，并不得涂改。

请求书、说明书、权利要求书、附图和摘要应当分别用阿拉伯数字顺序编号。

申请文件的文字部分应当横向书写。纸张限于单面使用。

第一百二十二条 国务院专利行政部门根据专利法和本细则制定专利审查指南。

第一百二十三条 本细则自2001年7月1日起施行。1992年12月12日国务院批准修订、1992年12月21日中国专利局发布的《中华人民共和国专利法实施细则》同时废止。

农村五保供养工作条例

（中华人民共和国国务院令第456号，2006年1月11日国务院第121次常务会议通过，自2006年3月1日起施行）

第一章 总 则

第一条 为了做好农村五保供养工作，保障农村五保供养对象的正常生活，促进农村社会保障制度的发展，制定本条例。

第二条 本条例所称农村五保供养，是指依照本条例规定，在吃、穿、住、医、葬方面给予村民的生活照顾和物质帮助。

第三条 国务院民政部门主管全国的农村五保供养工作；县级以上地方各级人民政府民政部门主管本行政区域内的农村五保供养工作。

乡、民族乡、镇人民政府管理本行政区域内的农村五保供养工作。

村民委员会协助乡、民族乡、镇人民政府开展农村五保供养工作。

第四条 国家鼓励社会组织和个人为农村五保供养对象和农村五保供养工作提供捐助和服务。

第五条 国家对在农村五保供养工作中做出显著成绩的单位和个人，给予表彰和奖励。

第二章 供养对象

第六条 老年、残疾或者未满16周岁的村民，无劳动能力、无生活来源又无法定赡养、抚养、扶养义务人，或者其法定赡养、抚养、扶养义务人无赡养、抚养、扶养能力的，享受农村五保供养待遇。

第七条 享受农村五保供养待遇，应当由村民本人向村民委员会提出申请；因年幼或者智力残疾无法表达意愿的，由村民小组或者其他村民代为提出申请。经村民委员会民主评议，对符合本条例第六条规定条件的，在本村范围内公告；无重大异议的，由村民委员会将评议意见和有关材料报送乡、民族乡、镇人民政府审核。

乡、民族乡、镇人民政府应当自收到评议意见之日起20日内提出审核意见，并将审核意见和有关材料报送县级人民政府民政部门审批。县级人民政府民政部门应当自收到审核意见和有关材料之日起20日内作出审批决定。对批准给予农村五保供养待遇的，发给《农村五保供养证书》；对不符合条件不予批准的，应当书面说明理由。

乡、民族乡、镇人民政府应当对申请人的家庭状况和经济条件进行调查核实；必要时，县级人民政府民政部门可以进行复核。申请人、有关组织或者个人应当配合、接受调查，如实提供有关情况。

第八条 农村五保供养对象不再符合本条例第六条规定条件的，村民委员会或者敬老院等农村五保供养服务机构（以下简称农村五保供养服务机构）应当向乡、民族乡、镇人民政府报告，由乡、民族乡、镇人民政府审核并报县级人民政府民政部门核准后，核销其《农村五保供养证书》。

农村五保供养对象死亡，丧葬事宜办理完毕后，村民委员会或者农村五保供养服务机构应当向乡、民族乡、镇人民政府报告，由乡、民族乡、镇人民政府报县级人民政府民政部门核准后，核销其《农村五保供养证书》。

第三章 供养内容

第九条 农村五保供养包括下列供养内容：

（一）供给粮油、副食品和生活用燃料；

（二）供给服装、被褥等生活用品和零用钱；

（三）提供符合基本居住条件的住房；

（四）提供疾病治疗，对生活不能自理的

给予照料；

（五）办理丧葬事宜。

农村五保供养对象未满16周岁或者已满16周岁仍在接受义务教育的，应当保障他们依法接受义务教育所需费用。

农村五保供养对象的疾病治疗，应当与当地农村合作医疗和农村医疗救助制度相衔接。

第十条 农村五保供养标准不得低于当地村民的平均生活水平，并根据当地村民平均生活水平的提高适时调整。

农村五保供养标准，可以由省、自治区、直辖市人民政府制定，在本行政区域内公布执行，也可以由设区的市级或者县级人民政府制定，报所在的省、自治区、直辖市人民政府备案后公布执行。

国务院民政部门、国务院财政部门应当加强对农村五保供养标准制定工作的指导。

第十一条 农村五保供养资金，在地方人民政府财政预算中安排。有农村集体经营等收入的地方，可以从农村集体经营等收入中安排资金，用于补助和改善农村五保供养对象的生活。农村五保供养对象将承包土地交由他人代耕的，其收益归该农村五保供养对象所有。具体办法由省、自治区、直辖市人民政府规定。

中央财政对财政困难地区的农村五保供养，在资金上给予适当补助。

农村五保供养资金，应当专门用于农村五保供养对象的生活，任何组织或者个人不得贪污、挪用、截留或者私分。

第四章 供养形式

第十二条 农村五保供养对象可以在当地的农村五保供养服务机构集中供养，也可以在家分散供养。农村五保供养对象可以自行选择供养形式。

第十三条 集中供养的农村五保供养对象，由农村五保供养服务机构提供供养服务；分散供养的农村五保供养对象，可以由村民委员会提供照料，也可以由农村五保供养服务机构提供有关供养服务。

第十四条 各级人民政府应当把农村五保供养服务机构建设纳入经济社会发展规划。

县级人民政府和乡、民族乡、镇人民政府应当为农村五保供养服务机构提供必要的设备、管理资金，并配备必要的工作人员。

第十五条 农村五保供养服务机构应当建立健全内部民主管理和服务管理制度。

农村五保供养服务机构工作人员应当经过必要的培训。

第十六条 农村五保供养服务机构可以开展以改善农村五保供养对象生活条件为目的的农副业生产。地方各级人民政府及其有关部门应当对农村五保供养服务机构开展农副业生产给予必要的扶持。

第十七条 乡、民族乡、镇人民政府应当与村民委员会或者农村五保供养服务机构签订供养服务协议，保证农村五保供养对象享受符合要求的供养。

村民委员会可以委托村民对分散供养的农村五保供养对象提供照料。

第五章 监督管理

第十八条 县级以上人民政府应当依法加强对农村五保供养工作的监督管理。县级以上地方各级人民政府民政部门和乡、民族乡、镇人民政府应当制定农村五保供养工作的管理制度，并负责督促实施。

第十九条 财政部门应当按时足额拨付农村五保供养资金，确保资金到位，并加强对资金使用情况的监督管理。

审计机关应当依法加强对农村五保供养资金使用情况的审计。

第二十条 农村五保供养待遇的申请条件、程序、民主评议情况以及农村五保供养的标准和资金使用情况等，应当向社会公告，接受社会监督。

第二十一条 农村五保供养服务机构应当遵守治安、消防、卫生、财务会计等方面的法律、法规和国家有关规定，向农村五保供养对象提供符合要求的供养服务，并接受地方人民政府及其有关部门的监督管理。

第六章 法律责任

第二十二条 违反本条例规定，有关行政机关及其工作人员有下列行为之一的，对直接负责的主管人员以及其他直接责任人员依法给予行政处分；构成犯罪的，依法追究刑事责任：

（一）对符合农村五保供养条件的村民不予批准享受农村五保供养待遇的，或者对不符合农村五保供养条件的村民批准其享受农村五保供养待遇的；

（二）贪污、挪用、截留、私分农村五保供养款物的；

（三）有其他滥用职权、玩忽职守、徇私舞弊行为的。

第二十三条 违反本条例规定，村民委员会组成人员贪污、挪用、截留农村五保供养款物的，依法予以罢免；构成犯罪的，依法追究刑事责任。

违反本条例规定，农村五保供养服务机构工作人员私分、挪用、截留农村五保供养款物的，予以辞退；构成犯罪的，依法追究刑事责任。

第二十四条 违反本条例规定，村民委员会或者农村五保供养服务机构对农村五保供养对象提供的供养服务不符合要求的，由乡、民族乡、镇人民政府责令限期改正；逾期不改正的，乡、民族乡、镇人民政府有权终止供养服务协议；造成损失的，依法承担赔偿责任。

第七章 附 则

第二十五条 《农村五保供养证书》由国务院民政部门规定式样，由省、自治区、直辖市人民政府民政部门监制。

第二十六条 本条例自2006年3月1日起施行。1994年1月23日国务院发布的《农村五保供养工作条例》同时废止。

烟花爆竹安全管理条例

（中华人民共和国国务院令第455号，2006年1月11日国务院第121次常务会议通过，自公布之日起施行）

第一章 总 则

第一条 为了加强烟花爆竹安全管理，预防爆炸事故发生，保障公共安全和人身、财产的安全，制定本条例。

第二条 烟花爆竹的生产、经营、运输和燃放，适用本条例。

本条例所称烟花爆竹，是指烟花爆竹制品和用于生产烟花爆竹的民用黑火药、烟火药、引火线等物品。

第三条 国家对烟花爆竹的生产、经营、运输和举办焰火晚会以及其他大型焰火燃放活动，实行许可证制度。

未经许可，任何单位或者个人不得生产、经营、运输烟花爆竹，不得举办焰火晚会以及其他大型焰火燃放活动。

第四条 安全生产监督管理部门负责烟花爆竹的安全生产监督管理；公安部门负责烟花爆竹的公共安全管理；质量监督检验部门负责烟花爆竹的质量监督和进出口检验。

第五条 公安部门、安全生产监督管理部门、质量监督检验部门、工商行政管理部门应当按照职责分工，组织查处非法生产、经营、储存、运输、邮寄烟花爆竹以及非法燃放烟花爆竹的行为。

第六条 烟花爆竹生产、经营、运输企业和焰火晚会以及其他大型焰火燃放活动主办单位的主要负责人，对本单位的烟花爆竹安全工作负责。

烟花爆竹生产、经营、运输企业和焰火晚会以及其他大型焰火燃放活动主办单位应当建立健全安全责任制，制定各项安全管理制度和操作规程，并对从业人员定期进行安全教育、法制教育和岗位技术培训。

中华全国供销合作总社应当加强对本系统企业烟花爆竹经营活动的管理。

第七条 国家鼓励烟花爆竹生产企业采用提高安全程度和提升行业整体水平的新工艺、新配方和新技术。

第二章 生产安全

第八条 生产烟花爆竹的企业，应当具备下列条件：

（一）符合当地产业结构规划；

（二）基本建设项目经过批准；

（三）选址符合城乡规划，并与周边建筑、设施保持必要的安全距离；

（四）厂房和仓库的设计、结构和材料以及防火、防爆、防雷、防静电等安全设备、设施符合国家有关标准和规范；

（五）生产设备、工艺符合安全标准；

（六）产品品种、规格、质量符合国家标准；

（七）有健全的安全生产责任制；

（八）有安全生产管理机构和专职安全生产管理人员；

（九）依法进行了安全评价；

（十）有事故应急救援预案、应急救援组织和人员，并配备必要的应急救援器材、设备；

（十一）法律、法规规定的其他条件。

第九条 生产烟花爆竹的企业，应当在投入生产前向所在地设区的市人民政府安全生产监督管理部门提出安全审查申请，并提交能够证明符合本条例第八条规定条件的有关材料。设区的市人民政府安全生产监督管理部门应当自收到材料之日起20日内提出安全审查初步意见，报省、自治区、直辖市人民政府安全生产监督管理部门审查。省、自治区、直辖市人民政府安全生产监督管理部门应当自受理申请之日起45日内进行安全审查，对符合条件的，核发《烟花爆竹安全生产许可证》；对不符合条件的，应当说明理由。

第十条 生产烟花爆竹的企业为扩大生产能力进行基本建设或者技术改造的，应当依照本条例的规定申请办理安全生产许可证。

生产烟花爆竹的企业，持《烟花爆竹安全生产许可证》到工商行政管理部门办理登记手续后，方可从事烟花爆竹生产活动。

第十一条 生产烟花爆竹的企业，应当按照安全生产许可证核定的产品种类进行生产，生产工序和生产作业应当执行有关国家标准和行业标准。

第十二条 生产烟花爆竹的企业，应当对生产作业人员进行安全生产知识教育，对从事药物混合、造粒、筛选、装药、筑药、压药、切引、搬运等危险工序的作业人员进行专业技术培训。从事危险工序的作业人员经设区的市人民政府安全生产监督管理部门考核合格，方可上岗作业。

第十三条 生产烟花爆竹使用的原料，应当符合国家标准的规定。生产烟花爆竹使用的原料，国家标准有用量限制的，不得超过规定的用量。不得使用国家标准规定禁止使用或者禁忌配伍的物质生产烟花爆竹。

第十四条 生产烟花爆竹的企业，应当按照国家标准的规定，在烟花爆竹产品上标注燃放说明，并在烟花爆竹包装物上印制易燃易爆危险物品警示标志。

第十五条 生产烟花爆竹的企业，应当对黑火药、烟火药、引火线的保管采取必要的安全技术措施，建立购买、领用、销售登记制度，防止黑火药、烟火药、引火线丢失。黑火药、烟火药、引火线丢失的，企业应当立即向当地安全生产监督管理部门和公安部门报告。

第三章 经营安全

第十六条 烟花爆竹的经营分为批发和零售。

从事烟花爆竹批发的企业和零售经营者的经营布点，应当经安全生产监督管理部门审批。

禁止在城市市区布设烟花爆竹批发场所；城市市区的烟花爆竹零售网点，应当按照严格控制的原则合理布设。

第十七条 从事烟花爆竹批发的企业，应当具备下列条件：

（一）具有企业法人条件；

（二）经营场所与周边建筑、设施保持必要的安全距离；

（三）有符合国家标准的经营场所和储存仓库；

（四）有保管员、仓库守护员；

（五）依法进行了安全评价；

（六）有事故应急救援预案、应急救援组织和人员，并配备必要的应急救援器材、设备；

（七）法律、法规规定的其他条件。

第十八条 烟花爆竹零售经营者，应当具备下列条件：

（一）主要负责人经过安全知识教育；

（二）实行专店或者专柜销售，设专人负责安全管理；

（三）经营场所配备必要的消防器材，张贴明显的安全警示标志；

（四）法律、法规规定的其他条件。

第十九条 申请从事烟花爆竹批发的企业，应当向所在地省、自治区、直辖市人民政府安全生产监督管理部门或者其委托的设区的市人民政府安全生产监督管理部门提出申请，并提供能够证明符合本条例第十七条规定条件的有关材料。受理申请的安全生产监督管理部门应当自受理申请之日起30日内对提交的有关材料和经营场所进行审查，对符合条件的，核发《烟花爆竹经营（批发）许可证》；对不符合条件的，应当说明理由。

申请从事烟花爆竹零售的经营者，应当向所在地县级人民政府安全生产监督管理部门提出申请，并提供能够证明符合本条例第十八条规定条件的有关材料。受理申请的安全生产监督管理部门应当自受理申请之日起20日内对提交的有关材料和经营场所进行审查，对符合条件的，核发《烟花爆竹经营（零售）许可证》；对不符合条件的，应当说明理由。

《烟花爆竹经营（零售）许可证》，应当载明经营负责人、经营场所地址、经营期限、烟花爆竹种类和限制存放量。

烟花爆竹的批发企业、零售经营者，持烟花爆竹经营许可证到工商行政管理部门办理登记手续后，方可从事烟花爆竹经营活动。

第二十条 从事烟花爆竹批发的企业，应当向生产烟花爆竹的企业采购烟花爆竹，向从事烟花爆竹零售的经营者供应烟花爆竹。从事烟花爆竹零售的经营者，应当向从事烟花爆竹批发的企业采购烟花爆竹。

从事烟花爆竹批发的企业、零售经营者不得采购和销售非法生产、经营的烟花爆竹。

从事烟花爆竹批发的企业，不得向从事烟花爆竹零售的经营者供应按照国家标准规定应由专业燃放人员燃放的烟花爆竹。从事烟花爆竹零售的经营者，不得销售按照国家标准规定应由专业燃放人员燃放的烟花爆竹。

第二十一条 生产、经营黑火药、烟火药、引火线的企业，不得向未取得烟花爆竹安全生产许可的任何单位或者个人销售黑火药、烟火药和引火线。

第四章 运输安全

第二十二条 经由道路运输烟花爆竹的，应当经公安部门许可。

经由铁路、水路、航空运输烟花爆竹的，依照铁路、水路、航空运输安全管理的有关法律、法规、规章的规定执行。

第二十三条 经由道路运输烟花爆竹的，托运人应当向运达地县级人民政府公安部门提出申请，并提交下列有关材料：

（一）承运人从事危险货物运输的资质证明；

（二）驾驶员、押运员从事危险货物运输的资格证明；

（三）危险货物运输车辆的道路运输证明；

（四）托运人从事烟花爆竹生产、经营的资质证明；

（五）烟花爆竹的购销合同及运输烟花爆竹的种类、规格、数量；

（六）烟花爆竹的产品质量和包装合格证明；

（七）运输车辆牌号、运输时间、起始地点、行驶路线、经停地点。

第二十四条 受理申请的公安部门应当自受理申请之日起3日内对提交的有关材料进行审查，对符合条件的，核发《烟花爆竹道路运输许可证》；对不符合条件的，应当说明理由。

《烟花爆竹道路运输许可证》应当载明托运人、承运人、一次性运输有效期限、起始地点、行驶路线、经停地点、烟花爆竹的种类、规格和数量。

第二十五条 经由道路运输烟花爆竹的，除应当遵守《中华人民共和国道路交通安全法》外，还应当遵守下列规定：

（一）随车携带《烟花爆竹道路运输许可证》；

（二）不得违反运输许可事项；

（三）运输车辆悬挂或者安装符合国家标准的易燃易爆危险物品警示标志；

（四）烟花爆竹的装载符合国家有关标准和规范；

（五）装载烟花爆竹的车厢不得载人；

（六）运输车辆限速行驶，途中经停必须有专人看守；

（七）出现危险情况立即采取必要的措施，并报告当地公安部门。

第二十六条 烟花爆竹运达目的地后，收货人应当在3日内将《烟花爆竹道路运输许可证》交回发证机关核销。

第二十七条 禁止携带烟花爆竹搭乘公共交通工具。

禁止邮寄烟花爆竹，禁止在托运的行李、包裹、邮件中夹带烟花爆竹。

第五章 燃放安全

第二十八条 燃放烟花爆竹，应当遵守有关法律、法规和规章的规定。县级以上地方人民政府可以根据本行政区域的实际情况，确定限制或者禁止燃放烟花爆竹的时间、地点和种类。

第二十九条 各级人民政府和政府有关部门应当开展社会宣传活动，教育公民遵守有关法律、法规和规章，安全燃放烟花爆竹。

广播、电视、报刊等新闻媒体，应当做好安全燃放烟花爆竹的宣传、教育工作。

未成年人的监护人应当对未成年人进行安全燃放烟花爆竹的教育。

第三十条 禁止在下列地点燃放烟花爆竹：

（一）文物保护单位；

（二）车站、码头、飞机场等交通枢纽以及铁路线路安全保护区内；

（三）易燃易爆物品生产、储存单位；

（四）输变电设施安全保护区内；

（五）医疗机构、幼儿园、中小学校、敬老院；

（六）山林、草原等重点防火区；

（七）县级以上地方人民政府规定的禁止燃放烟花爆竹的其他地点。

第三十一条 燃放烟花爆竹，应当按照燃放说明燃放，不得以危害公共安全和人身、财产安全的方式燃放烟花爆竹。

第三十二条 举办焰火晚会以及其他大型焰火燃放活动，应当按照举办的时间、地点、环境、活动性质、规模以及燃放烟花爆竹的种类、规格和数量，确定危险等级，实行分级管理。分级管理的具体办法，由国务院公安部门规定。

第三十三条 申请举办焰火晚会以及其他大型焰火燃放活动，主办单位应当按照分级管理的规定，向有关人民政府公安部门提出申请，并提交下列有关材料：

（一）举办焰火晚会以及其他大型焰火燃放活动的时间、地点、环境、活动性质、规模；

（二）燃放烟花爆竹的种类、规格、数量；

（三）燃放作业方案；

（四）燃放作业单位、作业人员符合行业标准规定条件的证明。

受理申请的公安部门应当自受理申请之日起20日内对提交的有关材料进行审查，对符合条件的，核发《焰火燃放许可证》；对不符合条件的，应当说明理由。

第三十四条 焰火晚会以及其他大型焰火燃放活动燃放作业单位和作业人员，应当按照焰火燃放安全规程和经许可的燃放作业方案进行燃放作业。

第三十五条 公安部门应当加强对危险等级较高的焰火晚会以及其他大型焰火燃放活动的监督检查。

第六章 法律责任

第三十六条 对未经许可生产、经营烟花爆竹制品，或者向未取得烟花爆竹安全生产许可的单位或者个人销售黑火药、烟火药、引火线的，由安全生产监督管理部门责令停止非法生产、经营活动，处2万元以上10万元以下的罚款，并没收非法生产、经营的物品及违法所得。

对未经许可经由道路运输烟花爆竹的，由公安部门责令停止非法运输活动，处1万元以上5万元以下的罚款，并没收非法运输的物品及违法所得。

非法生产、经营、运输烟花爆竹，构成违反治安管理行为的，依法给予治安管理处罚；构成犯罪的，依法追究刑事责任。

第三十七条 生产烟花爆竹的企业有下列行为之一的，由安全生产监督管理部门责令限期改正，处1万元以上5万元以下的罚款；逾期不改正的，责令停产停业整顿，情节严重的，吊销安全生产许可证：

（一）未按照安全生产许可证核定的产品种类进行生产的；

（二）生产工序或者生产作业不符合有关国家标准、行业标准的；

（三）雇佣未经设区的市人民政府安全生产监督管理部门考核合格的人员从事危险工序作业的；

（四）生产烟花爆竹使用的原料不符合国家标准规定的，或者使用的原料超过国家标准规定的用量限制的；

（五）使用按照国家标准规定禁止使用或者禁忌配伍的物质生产烟花爆竹的；

（六）未按照国家标准的规定在烟花爆竹产品上标注燃放说明，或者未在烟花爆竹的包装物上印制易燃易爆危险物品警示标志的。

第三十八条 从事烟花爆竹批发的企业向从事烟花爆竹零售的经营者供应非法生产、经营的烟花爆竹，或者供应按照国家标准规定应由专业燃放人员燃放的烟花爆竹的，由安全生产监督管理部门责令停止违法行为，处2万元以上10万元以下的罚款，并没收非法经营的物品及违法所得；情节严重的，吊销烟花爆竹经营许可证。

从事烟花爆竹零售的经营者销售非法生产、经营的烟花爆竹，或者销售按照国家标准规定应由专业燃放人员燃放的烟花爆竹的，由安全生产监督管理部门责令停止违法行为，处1000元以上5000元以下的罚款，并没收非法经营的物品及违法所得；情节严重的，吊销烟花爆竹经营许可证。

第三十九条 生产、经营、使用黑火药、烟火药、引火线的企业，丢失黑火药、烟火药、引火线未及时向当地安全生产监督管理部门和公安部门报告的，由公安部门对企业主要负责人处5000元以上2万元以下的罚款，对丢失的物品予以追缴。

第四十条 经由道路运输烟花爆竹，有下列行为之一的，由公安部门责令改正，处200元以上2000元以下的罚款：

（一）违反运输许可事项的；

（二）未随车携带《烟花爆竹道路运输许可证》的；

（三）运输车辆没有悬挂或者安装符合国家标准的易燃易爆危险物品警示标志的；

（四）烟花爆竹的装载不符合国家有关标准和规范的；

（五）装载烟花爆竹的车厢载人的；

（六）超过危险物品运输车辆规定时速行驶的；

（七）运输车辆途中经停没有专人看守的；

（八）运达目的地后，未按规定时间将《烟花爆竹道路运输许可证》交回发证机关核销的。

第四十一条 对携带烟花爆竹搭乘公共交通工具，或者邮寄烟花爆竹以及在托运的行李、包裹、邮件中夹带烟花爆竹的，由公安部门没收非法携带、邮寄、夹带的烟花爆竹，可以并处200元以上1000元以下的罚款。

第四十二条 对未经许可举办焰火晚会以及其他大型焰火燃放活动，或者焰火晚会以及其他大型焰火燃放活动燃放作业单位和作业人员违反焰火燃放安全规程、燃放作业方案进行燃放作业的，由公安部门责令停止燃放，对责任单位处1万元以上5万元以下的罚款。

在禁止燃放烟花爆竹的时间、地点燃放烟花爆竹，或者以危害公共安全和人身、财产安全的方式燃放烟花爆竹的，由公安部门责令停止燃放，处100元以上500元以下的罚款；构成违反治安管理行为的，依法给予治安管理处罚。

第四十三条 对没收的非法烟花爆竹以及生产、经营企业弃置的废旧烟花爆竹，应当就地封存，并由公安部门组织销毁、处置。

第四十四条 安全生产监督管理部门、公安部门、质量监督检验部门、工商行政管理部门的工作人员，在烟花爆竹安全监管工作中滥用职权、玩忽职守、徇私舞弊，构成犯罪的，依法追究刑事责任；尚不构成犯罪的，依法给予行政处分。

第七章 附 则

第四十五条 《烟花爆竹安全生产许可证》、《烟花爆竹经营（批发）许可证》、《烟花爆竹经营（零售）许可证》，由国务院安全生产监督管理部门规定式样；《烟花爆竹道路运输许可证》、《焰火燃放许可证》，由国务院公安部门规定式样。

第四十六条 本条例自公布之日起施行。

艾滋病防治条例

（中华人民共和国国务院令第457号，2006年1月29日颁布）

第一章 总 则

第一条 为了预防、控制艾滋病的发生与流行，保障人体健康和公共卫生，根据传染病防治法，制定本条例。

第二条 艾滋病防治工作坚持预防为主、防治结合的方针，建立政府组织领导、部门各负其责、全社会共同参与的机制，加强宣传教育，采取行为干预和关怀救助等措施，实行综合防治。

第三条 任何单位和个人不得歧视艾滋病病毒感染者、艾滋病病人及其家属。艾滋病病毒感染者、艾滋病病人及其家属享有的婚姻、就业、就医、入学等合法权益受法律保护。

第四条 县级以上人民政府统一领导艾滋病防治工作，建立健全艾滋病防治工作协调机制和工作责任制，对有关部门承担的艾滋病防治工作进行考核、监督。

县级以上人民政府有关部门按照职责分工负责艾滋病防治及其监督管理工作。

第五条 国务院卫生主管部门会同国务院其他有关部门制定国家艾滋病防治规划；县级以上地方人民政府依照本条例规定和国家艾滋病防治规划，制定并组织实施本行政区域的艾滋病防治行动计划。

第六条 国家鼓励和支持工会、共产主义青年团、妇女联合会、红十字会等团体协助各级人民政府开展艾滋病防治工作。

居民委员会和村民委员会应当协助地方各级人民政府和政府有关部门开展有关艾滋病防治的法律、法规、政策和知识的宣传教育，发展有关艾滋病防治的公益事业，做好艾滋病防治工作。

第七条 各级人民政府和政府有关部门应当采取措施，鼓励和支持有关组织和个人依照本条例规定以及国家艾滋病防治规划和艾滋病防治行动计划的要求，参与艾滋病防治工作，对艾滋病防治工作提供捐赠，对有易感染艾滋病病毒危险行为的人群进行行为干预，对艾滋病病毒感染者、艾滋病病人及其家属提供关怀和救助。

第八条 国家鼓励和支持开展与艾滋病预防、诊断、治疗等有关的科学研究，提高艾滋病防治的科学技术水平；鼓励和支持开展传统医药以及传统医药与现代医药相结合防治艾滋病的临床治疗与研究。

国家鼓励和支持开展艾滋病防治工作的国际合作与交流。

第九条 县级以上人民政府和政府有关部门对在艾滋病防治工作中做出显著成绩和贡献的单位和个人，给予表彰和奖励。

对因参与艾滋病防治工作或者因执行公务感染艾滋病病毒，以及因此致病、丧失劳动能力或者死亡的人员，按照有关规定给予补助、抚恤。

第二章 宣传教育

第十条 地方各级人民政府和政府有关部门应当组织开展艾滋病防治以及关怀和不歧视艾滋病病毒感染者、艾滋病病人及其家属的宣传教育，提倡健康文明的生活方式，营造良好的艾滋病防治的社会环境。

第十一条 地方各级人民政府和政府有关部门应当在车站、码头、机场、公园等公共场所以及旅客列车和从事旅客运输的船舶等公共交通工具显著位置，设置固定的艾滋病防治广告牌或者张贴艾滋病防治公益广告，组织发放艾滋病防治宣传材料。

第十二条 县级以上人民政府卫生主管部门应当加强艾滋病防治的宣传教育工作，对有关部门、组织和个人开展艾滋病防治的宣传教育工作提供技术支持。

医疗卫生机构应当组织工作人员学习有关艾滋病防治的法律、法规、政策和知识；医务人员在开展艾滋病、性病等相关疾病咨询、诊断和治疗过程中，应当对就诊者进行艾滋病防治的宣传教育。

第十三条 县级以上人民政府教育主管部门应当指导、督促高等院校、中等职业学校和普通中学将艾滋病防治知识纳入有关课程，开展有关课外教育活动。

高等院校、中等职业学校和普通中学应当组织学生学习艾滋病防治知识。

第十四条 县级以上人民政府人口和计划生育主管部门应当利用计划生育宣传和技术服务网络，组织开展艾滋病防治的宣传教育。

计划生育技术服务机构向育龄人群提供计划生育技术服务和生殖健康服务时，应当开展艾滋病防治的宣传教育。

第十五条 县级以上人民政府有关部门和从事劳务中介服务的机构，应当对进城务工人员加强艾滋病防治的宣传教育。

第十六条 出入境检验检疫机构应当在出入境口岸加强艾滋病防治的宣传教育工作，对出入境人员有针对性地提供艾滋病防治咨询和指导。

第十七条 国家鼓励和支持妇女联合会、红十字会开展艾滋病防治的宣传教育，将艾滋病防治的宣传教育纳入妇女儿童工作内容，提高妇女预防艾滋病的意识和能力，组织红十字会会员和红十字会志愿者开展艾滋病防治的宣传教育。

第十八条 地方各级人民政府和政府有关部门应当采取措施，鼓励和支持有关组织和个人对有易感染艾滋病病毒危险行为的人群开展艾滋病防治的咨询、指导和宣传教育。

第十九条 广播、电视、报刊、互联网等新闻媒体应当开展艾滋病防治的公益宣传。

第二十条 机关、团体、企业事业单位、个体经济组织应当组织本单位从业人员学习有关艾滋病防治的法律、法规、政策和知识，支持本单位从业人员参与艾滋病防治的宣传教育活动。

第二十一条 县级以上地方人民政府应当在医疗卫生机构开通艾滋病防治咨询服务电话，向公众提供艾滋病防治咨询服务和指导。

第三章 预防与控制

第二十二条 国家建立健全艾滋病监测网络。

国务院卫生主管部门制定国家艾滋病监测规划和方案。省、自治区、直辖市人民政府卫生主管部门根据国家艾滋病监测规划和方案，制定本行政区域的艾滋病监测计划和工作方案，组织开展艾滋病监测和专题调查，掌握艾滋病疫情变化情况和流行趋势。

疾病预防控制机构负责对艾滋病发生、流行以及影响其发生、流行的因素开展监测活动。

出入境检验检疫机构负责对出入境人员进行艾滋病监测，并将监测结果及时向卫生主管部门报告。

第二十三条 国家实行艾滋病自愿咨询和自愿检测制度。

县级以上地方人民政府卫生主管部门指定的医疗卫生机构，应当按照国务院卫生主管部门会同国务院其他有关部门制定的艾滋病自愿咨询和检测办法，为自愿接受艾滋病咨询、检测的人员免费提供咨询和初筛检测。

第二十四条 国务院卫生主管部门会同国务院其他有关部门根据预防、控制艾滋病的需要，可以规定应当进行艾滋病检测的情形。

第二十五条 省级以上人民政府卫生主管部门根据医疗卫生机构布局和艾滋病流行情况，按照国家有关规定确定承担艾滋病检测工作的实验室。

国家出入境检验检疫机构按照国务院卫生主管部门规定的标准和规范，确定承担出入境人员艾滋病检测工作的实验室。

第二十六条 县级以上地方人民政府和政府有关部门应当依照本条例规定，根据本行政区域艾滋病的流行情况，制定措施，鼓励和支持居民委员会、村民委员会以及其他有关组织和个人推广预防艾滋病的行为干预措施，帮助有易感染艾滋病病毒危险行为的人群改变行为。

有关组织和个人对有易感染艾滋病病毒危险行为的人群实施行为干预措施，应当符合本条例的规定以及国家艾滋病防治规划和艾滋病防治行动计划的要求。

第二十七条 县级以上人民政府应当建立艾滋病防治工作与禁毒工作的协调机制，组织有关部门落实针对吸毒人群的艾滋病防治措施。

省、自治区、直辖市人民政府卫生、公安和药品监督管理部门应当互相配合，根据本行政区域艾滋病流行和吸毒者的情况，积极稳妥地开展对吸毒成瘾者的药物维持治疗工作，并有计划地实施其他干预措施。

第二十八条 县级以上人民政府卫生、人口和计划生育、工商、药品监督管理、质量监督检验检疫、广播电影电视等部门应当组织推广使用安全套，建立和完善安全套供应网络。

第二十九条 省、自治区、直辖市人民政府确定的公共场所的经营者应当在公共场所内放置安全套或者设置安全套发售设施。

第三十条 公共场所的服务人员应当依照《公共场所卫生管理条例》的规定，定期进行相关健康检查，取得健康合格证明；经营者应当查验其健康合格证明，不得允许未取得健康合格证明的人员从事服务工作。

第三十一条 公安、司法行政机关对被依法逮捕、拘留和在监狱中执行刑罚以及被依法收容教育、强制戒毒和劳动教养的艾滋病病毒感染者和艾滋病病人，应当采取相应的防治措施，防止艾滋病传播。

对公安、司法行政机关依照前款规定采取的防治措施，县级以上地方人民政府应当给予经费保障，疾病预防控制机构应当予以技术指导和配合。

第三十二条 对卫生技术人员和在执行公务中可能感染艾滋病病毒的人员，县级以上人民政府卫生主管部门和其他有关部门应当组织开展艾滋病防治知识和专业技能的培训，有关单位应当采取有效的卫生防护措施和医疗保健措施。

第三十三条 医疗卫生机构和出入境检验检疫机构应当按照国务院卫生主管部门的规定，遵守标准防护原则，严格执行操作规程和消毒管理制度，防止发生艾滋病医院感染和医源性感染。

第三十四条 疾病预防控制机构应当按照属地管理的原则，对艾滋病病毒感染者和艾滋病病人进行医学随访。

第三十五条 血站、单采血浆站应当对采集的人体血液、血浆进行艾滋病检测；不得向医疗机构和血液制品生产单位供应未经艾滋病检测或者艾滋病检测阳性的人体血液、血浆。

血液制品生产单位应当在原料血浆投料生产前对每一份血浆进行艾滋病检测；未经艾滋病检测或者艾滋病检测阳性的血浆，不得作为原料血浆投料生产。

医疗机构应当对因应急用血而临时采集的血液进行艾滋病检测，对临床用血艾滋病检测结果进行核查；对未经艾滋病检测、核查或者艾滋病检测阳性的血液，不得采集或者使用。

第三十六条 采集或者使用人体组织、器官、细胞、骨髓等的，应当进行艾滋病检测；未经艾滋病检测或者艾滋病检测阳性的，不得采集或者使用。但是，用于艾滋病防治科研、教学的除外。

第三十七条 进口人体血液、血浆、组织、器官、细胞、骨髓等，应当经国务院卫生主管部门批准；进口人体血液制品，应当依照药品管理法的规定，经国务院药品监督管理部门批准，取得进口药品注册证书。

经国务院卫生主管部门批准进口的人体血液、血浆、组织、器官、细胞、骨髓等，应当依照国境卫生检疫法律、行政法规的有关规定，接受出入境检验检疫机构的检疫。未经检疫或者检疫不合格的，不得进口。

第三十八条 艾滋病病毒感染者和艾滋病病人应当履行下列义务：

（一）接受疾病预防控制机构或者出入境检验检疫机构的流行病学调查和指导；

（二）将感染或者发病的事实及时告知与其有性关系者；

（三）就医时，将感染或者发病的事实如实告知接诊医生；

（四）采取必要的防护措施，防止感染他人。

艾滋病病毒感染者和艾滋病病人不得以任何方式故意传播艾滋病。

第三十九条 疾病预防控制机构和出入境检验检疫机构进行艾滋病流行病学调查时，被调查单位和个人应当如实提供有关情况。

未经本人或者其监护人同意，任何单位或者个人不得公开艾滋病病毒感染者、艾滋病病人及其家属的姓名、住址、工作单位、肖像、病史资料以及其他可能推断出其具体身份的信息。

第四十条 县级以上人民政府卫生主管部门和出入境检验检疫机构可以封存有证据证明可能被艾滋病病毒污染的物品，并予以检验或者进行消毒。经检验，属于被艾滋病病毒污染的物品，应当进行卫生处理或者予以销毁；对未被艾滋病病毒污染的物品或者经消毒后可以使用的物品，应当及时解除封存。

第四章　治疗与救助

第四十一条 医疗机构应当为艾滋病病毒感染者和艾滋病病人提供艾滋病防治咨询、诊断和治疗服务。

医疗机构不得因就诊的病人是艾滋病病毒感染者或者艾滋病病人，推诿或者拒绝对其其他疾病进行治疗。

第四十二条 对确诊的艾滋病病毒感染者和艾滋病病人，医疗卫生机构的工作人员应当将其感染或者发病的事实告知本人；本人为无行为能力人或者限制行为能力人的，应当告知其监护人。

第四十三条 医疗卫生机构应当按照国务院卫生主管部门制定的预防艾滋病母婴传播技术指导方案的规定，对孕产妇提供艾滋病防治咨询和检测，对感染艾滋病病毒的孕产妇及其婴儿，提供预防艾滋病母婴传播的咨询、产前指导、阻断、治疗、产后访视、婴儿随访和检测等服务。

第四十四条 县级以上人民政府应当采取下列艾滋病防治关怀、救助措施：

（一）向农村艾滋病病人和城镇经济困难的艾滋病病人免费提供抗艾滋病病毒治疗药品；

（二）对农村和城镇经济困难的艾滋病病毒感染者、艾滋病病人适当减免抗机会性感染治疗药品的费用；

（三）向接受艾滋病咨询、检测的人员免费提供咨询和初筛检测；

（四）向感染艾滋病病毒的孕产妇免费提供预防艾滋病母婴传播的治疗和咨询。

第四十五条 生活困难的艾滋病病人遗留的孤儿和感染艾滋病病毒的未成年人接受义务教育的，应当免收杂费、书本费；接受学前教育和高中阶段教育的，应当减免学费等相关费用。

第四十六条 县级以上地方人民政府应当对生活困难并符合社会救助条件的艾滋病病毒感染者、艾滋病病人及其家属给予生活救助。

第四十七条 县级以上地方人民政府有关部门应当创造条件，扶持有劳动能力的艾滋病病毒感染者和艾滋病病人，从事力所能及的生产和工作。

第五章　保障措施

第四十八条　县级以上人民政府应当将艾滋病防治工作纳入国民经济和社会发展规划，加强和完善艾滋病预防、检测、控制、治疗和救助服务网络的建设，建立健全艾滋病防治专业队伍。

各级人民政府应当根据艾滋病防治工作需要，将艾滋病防治经费列入本级财政预算。

第四十九条　县级以上地方人民政府按照本级政府的职责，负责艾滋病预防、控制、监督工作所需经费。

国务院卫生主管部门会同国务院其他有关部门，根据艾滋病流行趋势，确定全国与艾滋病防治相关的宣传、培训、监测、检测、流行病学调查、医疗救治、应急处置以及监督检查等项目。中央财政对在艾滋病流行严重地区和贫困地区实施的艾滋病防治重大项目给予补助。

省、自治区、直辖市人民政府根据本行政区域的艾滋病防治工作需要和艾滋病流行趋势，确定与艾滋病防治相关的项目，并保障项目的实施经费。

第五十条　县级以上人民政府应当根据艾滋病防治工作需要和艾滋病流行趋势，储备抗艾滋病病毒治疗药品、检测试剂和其他物资。

第五十一条　地方各级人民政府应当制定扶持措施，对有关组织和个人开展艾滋病防治活动提供必要的资金支持和便利条件。有关组织和个人参与艾滋病防治公益事业，依法享受税收优惠。

第六章　法律责任

第五十二条　地方各级人民政府未依照本条例规定履行组织、领导、保障艾滋病防治工作职责，或者未采取艾滋病防治和救助措施的，由上级人民政府责令改正，通报批评；造成艾滋病传播、流行或者其他严重后果的，对负有责任的主管人员依法给予行政处分；构成犯罪的，依法追究刑事责任。

第五十三条　县级以上人民政府卫生主管部门违反本条例规定，有下列情形之一的，由本级人民政府或者上级人民政府卫生主管部门责令改正，通报批评；造成艾滋病传播、流行或者其他严重后果的，对负有责任的主管人员和其他直接责任人员依法给予行政处分；构成犯罪的，依法追究刑事责任：

（一）未履行艾滋病防治宣传教育职责的；

（二）对有证据证明可能被艾滋病病毒污染的物品，未采取控制措施的；

（三）其他有关失职、渎职行为。

出入境检验检疫机构有前款规定情形的，由其上级主管部门依照本条规定予以处罚。

第五十四条　县级以上人民政府有关部门未依照本条例规定履行宣传教育、预防控制职责的，由本级人民政府或者上级人民政府有关部门责令改正，通报批评；造成艾滋病传播、流行或者其他严重后果的，对负有责任的主管人员和其他直接责任人员依法给予行政处分；构成犯罪的，依法追究刑事责任。

第五十五条　医疗卫生机构未依照本条例规定履行职责，有下列情形之一的，由县级以上人民政府卫生主管部门责令限期改正，通报批评，给予警告；造成艾滋病传播、流行或者其他严重后果的，对负有责任的主管人员和其他直接责任人员依法给予降级、撤职、开除的处分，并可以依法吊销有关机构或者责任人员的执业许可证件；构成犯罪的，依法追究刑事责任：

（一）未履行艾滋病监测职责的；

（二）未按照规定免费提供咨询和初筛检测的；

（三）对临时应急采集的血液未进行艾滋病检测，对临床用血艾滋病检测结果未进行核查，或者将艾滋病检测阳性的血液用于临床的；

（四）未遵守标准防护原则，或者未执行操作规程和消毒管理制度，发生艾滋病医院感染或者医源性感染的；

（五）未采取有效的卫生防护措施和医疗保健措施的；

（六）推诿、拒绝治疗艾滋病病毒感染者或者艾滋病病人的其他疾病，或者对艾滋病病毒感染者、艾滋病病人未提供咨询、诊断和治疗服务的；

（七）未对艾滋病病毒感染者或者艾滋病病人进行医学随访的；

（八）未按照规定对感染艾滋病病毒的孕产妇及其婴儿提供预防艾滋病母婴传播技术指导的。

出入境检验检疫机构有前款第（一）项、第（四）项、第（五）项规定情形的，由其上级主管部门依照前款规定予以处罚。

第五十六条 医疗卫生机构违反本条例第三十九条第二款规定，公开艾滋病病毒感染者、艾滋病病人或者其家属的信息的，依照传染病防治法的规定予以处罚。

出入境检验检疫机构、计划生育技术服务机构或者其他单位、个人违反本条例第三十九条第二款规定，公开艾滋病病毒感染者、艾滋病病人或者其家属的信息的，由其上级主管部门责令改正，通报批评，给予警告，对负有责任的主管人员和其他直接责任人员依法给予处分；情节严重的，由原发证部门吊销有关机构或者责任人员的执业许可证件。

第五十七条 血站、单采血浆站违反本条例规定，有下列情形之一，构成犯罪的，依法追究刑事责任；尚不构成犯罪的，由县级以上人民政府卫生主管部门依照献血法和《血液制品管理条例》的规定予以处罚；造成艾滋病传播、流行或者其他严重后果的，对负有责任的主管人员和其他直接责任人员依法给予降级、撤职、开除的处分，并可以依法吊销血站、单采血浆站的执业许可证：

（一）对采集的人体血液、血浆未进行艾滋病检测，或者发现艾滋病检测阳性的人体血液、血浆仍然采集的；

（二）将未经艾滋病检测的人体血液、血浆，或者艾滋病检测阳性的人体血液、血浆供应给医疗机构和血液制品生产单位的。

第五十八条 违反本条例第三十六条规定采集或者使用人体组织、器官、细胞、骨髓等的，由县级人民政府卫生主管部门责令改正，通报批评，给予警告；情节严重的，责令停业整顿，有执业许可证件的，由原发证部门暂扣或者吊销其执业许可证件。

第五十九条 未经国务院卫生主管部门批准进口的人体血液、血浆、组织、器官、细胞、骨髓等，进口口岸出入境检验检疫机构应当禁止入境或者监督销毁。提供、使用未经出入境检验检疫机构检疫的进口人体血液、血浆、组织、器官、细胞、骨髓等的，由县级以上人民政府卫生主管部门没收违法物品以及违法所得，并处违法物品货值金额3倍以上5倍以下的罚款；对负有责任的主管人员和其他直接责任人员由其所在单位或者上级主管部门依法给予处分。

未经国务院药品监督管理部门批准，进口血液制品的，依照药品管理法的规定予以处罚。

第六十条 血站、单采血浆站、医疗卫生机构和血液制品生产单位违反法律、行政法规的规定，造成他人感染艾滋病病毒的，应当依法承担民事赔偿责任。

第六十一条 公共场所的经营者未查验服务人员的健康合格证明或者允许未取得健康合格证明的人员从事服务工作，省、自治区、直辖市人民政府确定的公共场所的经营者未在公共场所内放置安全套或者设置安全套发售设施的，由县级以上人民政府卫生主管部门责令限期改正，给予警告，可以并处500元以上5000元以下的罚款；逾期不改正的，责令停业整顿；情节严重的，由原发证部门依法吊销其执业许可证件。

第六十二条 艾滋病病毒感染者或者艾滋病病人故意传播艾滋病的，依法承担民事赔偿责任；构成犯罪的，依法追究刑事责任。

第七章 附 则

第六十三条 本条例下列用语的含义：

艾滋病，是指人类免疫缺陷病毒（艾滋病病毒）引起的获得性免疫缺陷综合征。

对吸毒成瘾者的药物维持治疗，是指在批准开办戒毒治疗业务的医疗卫生机构中，选用合适的药物，对吸毒成瘾者进行维持治疗，以减轻对毒品的依赖，减少注射吸毒引起艾滋病病毒的感染和扩散，减少毒品成瘾引起的疾病、死亡和引发的犯罪。

标准防护原则，是指医务人员将所有病人的血液、其他体液以及被血液、其他体液污染的物品均视为具有传染性的病原物质，医务人员在接触这些物质时，必须采取防护措施。

有易感染艾滋病病毒危险行为的人群，是指有卖淫、嫖娼、多性伴、男性同性性行为、注射吸毒等危险行为的人群。

艾滋病监测，是指连续、系统地收集各类人群中艾滋病（或者艾滋病病毒感染）及其相关因素的分布资料，对这些资料综合分析，为有关部门制定预防控制策略和措施提供及时可靠的信息和依据，并对预防控制措施进行效果评价。

艾滋病检测，是指采用实验室方法对人体血液、其他体液、组织器官、血液衍生物等进行艾滋病病毒、艾滋病病毒抗体及相关免疫指标检测，包括监测、检验检疫、自愿咨询检测、临床诊断、血液及血液制品筛查工作中的艾滋病检测。

行为干预措施，是指能够有效减少艾滋病传播的各种措施，包括：针对经注射吸毒传播艾滋病的美沙酮维持治疗等措施；针对经性传播艾滋病的安全套推广使用措施，以及规范、方便的性病诊疗措施；针对母婴传播艾滋病的抗病毒药物预防和人工代乳品喂养等措施；早期发现感染者和有助于危险行为改变的自愿咨询检测措施；健康教育措施；提高个人规范意识以及减少危险行为的针对性同伴教育措施。

第六十四条 本条例自2006年3月1日起施行。1987年12月26日经国务院批准，1988年1月14日由卫生部、外交部、公安部、原国家教育委员会、国家旅游局、原中国民用航空局、国家外国专家局发布的《艾滋病监测管理的若干规定》同时废止。

机动车交通事故责任强制保险条例

（中华人民共和国国务院令第462号，2006年3月21日颁布）

第一章　总　则

第一条 为了保障机动车道路交通事故受害人依法得到赔偿，促进道路交通安全，根据《中华人民共和国道路交通安全法》、《中华人民共和国保险法》，制定本条例。

第二条 在中华人民共和国境内道路上行驶的机动车的所有人或者管理人，应当依照《中华人民共和国道路交通安全法》的规定投保机动车交通事故责任强制保险。

机动车交通事故责任强制保险的投保、赔偿和监督管理，适用本条例。

第三条 本条例所称机动车交通事故责任强制保险，是指由保险公司对被保险机动车发生道路交通事故造成本车人员、被保险人以外的受害人的人身伤亡、财产损失，在责任限额内予以赔偿的强制性责任保险。

第四条 国务院保险监督管理机构（以下称保监会）依法对保险公司的机动车交通事故责任强制保险业务实施监督管理。

公安机关交通管理部门、农业（农业机械）主管部门（以下统称机动车管理部门）应当依法对机动车参加机动车交通事故责任强制保险的情况实施监督检查。对未参加机动车交通事故责任强制保险的机动车，机动车管理部门不得予以登记，机动车安全技术检验机构不得予以检验。

公安机关交通管理部门及其交通警察在调查处理道路交通安全违法行为和道路交通事故时，应当依法检查机动车交通事故责任强制保险的保险标志。

第二章　投　保

第五条 中资保险公司（以下称保险公司）经保监会批准，可以从事机动车交通事故责任强制保险业务。

为了保证机动车交通事故责任强制保险制度的实行，保监会有权要求保险公司从事机动车交通事故责任强制保险业务。

未经保监会批准，任何单位或者个人不得从事机动车交通事故责任强制保险业务。

第六条 机动车交通事故责任强制保险实行统一的保险条款和基础保险费率。保监会按照机动车交通事故责任强制保险业务总体上不盈利不亏损的原则审批保险费率。

保监会在审批保险费率时，可以聘请有关专业机构进行评估，可以举行听证会听取公众意见。

第七条 保险公司的机动车交通事故责任强制保险业务，应当与其他保险业务分开管理，单独核算。

保监会应当每年对保险公司的机动车交通事故责任强制保险业务情况进行核查，并向社会公布；根据保险公司机动车交通事故责任强制保险业务的总体盈利或者亏损情况，可以要求或者允许保险公司相应调整保险费率。

调整保险费率的幅度较大的，保监会应当进行听证。

第八条 被保险机动车没有发生道路交通安全违法行为和道路交通事故的，保险公司应当在下一年度降低其保险费率。在此后的年度内，被保险机动车仍然没有发生道路交通安全违法行为和道路交通事故的，保险公司应当继续降低其保险费率，直至最低标准。被保险机动车发生道路交通安全违法行为或者道路交通事故的，保险公司应当在下一年度提高其保险费率。多次发生道路交通安全违法行为、道路交通事故，或者发生重大道路交通事故的，保险公司应当加大提高其保险费率的幅度。在道路交通事故中被保险人没有过错的，不提高其保险费率。降低或者提高保险费率的标准，由保监会会同国务院公安部门制定。

第九条 保监会、国务院公安部门、国务院农业主管部门以及其他有关部门应当逐步建立有关机动车交通事故责任强制保险、道路交通安全违法行为和道路交通事故的信息共享机制。

第十条 投保人在投保时应当选择具备从事机动车交通事故责任强制保险业务资格的保险公司，被选择的保险公司不得拒绝或者拖延承保。

保监会应当将具备从事机动车交通事故责任强制保险业务资格的保险公司向社会公示。

第十一条 投保人投保时，应当向保险公司如实告知重要事项。

重要事项包括机动车的种类、厂牌型号、识别代码、牌照号码、使用性质和机动车所有人或者管理人的姓名（名称）、性别、年龄、住所、身份证或者驾驶证号码（组织机构代码）、续保前该机动车发生事故的情况以及保监会规定的其他事项。

第十二条 签订机动车交通事故责任强制保险合同时，投保人应当一次支付全部保险费；保险公司应当向投保人签发保险单、保险标志。保险单、保险标志应当注明保险单号码、车牌号码、保险期限、保险公司的名称、地址和理赔电话号码。

被保险人应当在被保险机动车上放置保险标志。

保险标志式样全国统一。保险单、保险标志由保监会监制。任何单位或者个人不得伪造、变造或者使用伪造、变造的保险单、保险标志。

第十三条 签订机动车交通事故责任强制保险合同时，投保人不得在保险条款和保险费率之外，向保险公司提出附加其他条件的要求。

签订机动车交通事故责任强制保险合同时，保险公司不得强制投保人订立商业保险合同以及提出附加其他条件的要求。

第十四条 保险公司不得解除机动车交通事故责任强制保险合同；但是，投保人对重要事项未履行如实告知义务的除外。

投保人对重要事项未履行如实告知义务，保险公司解除合同前，应当书面通知投保人，投保人应当自收到通知之日起5日内履行如实告知义务；投保人在上述期限内履行如实告知义务的，保险公司不得解除合同。

第十五条 保险公司解除机动车交通事故责任强制保险合同的，应当收回保险单和保险标志，并书面通知机动车管理部门。

第十六条 投保人不得解除机动车交通事

故责任强制保险合同，但有下列情形之一的除外：

（一）被保险机动车被依法注销登记的；

（二）被保险机动车办理停驶的；

（三）被保险机动车经公安机关证实丢失的。

第十七条 机动车交通事故责任强制保险合同解除前，保险公司应当按照合同承担保险责任。

合同解除时，保险公司可以收取自保险责任开始之日起至合同解除之日止的保险费，剩余部分的保险费退还投保人。

第十八条 被保险机动车所有权转移的，应当办理机动车交通事故责任强制保险合同变更手续。

第十九条 机动车交通事故责任强制保险合同期满，投保人应当及时续保，并提供上一年度的保险单。

第二十条 机动车交通事故责任强制保险的保险期间为1年，但有下列情形之一的，投保人可以投保短期机动车交通事故责任强制保险：

（一）境外机动车临时入境的；

（二）机动车临时上道路行驶的；

（三）机动车距规定的报废期限不足1年的；

（四）保监会规定的其他情形。

第三章 赔 偿

第二十一条 被保险机动车发生道路交通事故造成本车人员、被保险人以外的受害人人身伤亡、财产损失的，由保险公司依法在机动车交通事故责任强制保险责任限额范围内予以赔偿。

道路交通事故的损失是由受害人故意造成的，保险公司不予赔偿。

第二十二条 有下列情形之一的，保险公司在机动车交通事故责任强制保险责任限额范围内垫付抢救费用，并有权向致害人追偿：

（一）驾驶人未取得驾驶资格或者醉酒的；

（二）被保险机动车被盗抢期间肇事的；

（三）被保险人故意制造道路交通事故的。

有前款所列情形之一，发生道路交通事故的，造成受害人的财产损失，保险公司不承担赔偿责任。

第二十三条 机动车交通事故责任强制保险在全国范围内实行统一的责任限额。责任限额分为死亡伤残赔偿限额、医疗费用赔偿限额、财产损失赔偿限额以及被保险人在道路交通事故中无责任的赔偿限额。

机动车交通事故责任强制保险责任限额由保监会会同国务院公安部门、国务院卫生主管部门、国务院农业主管部门规定。

第二十四条 国家设立道路交通事故社会救助基金（以下简称救助基金）。有下列情形之一时，道路交通事故中受害人人身伤亡的丧葬费用、部分或者全部抢救费用，由救助基金先行垫付，救助基金管理机构有权向道路交通事故责任人追偿：

（一）抢救费用超过机动车交通事故责任强制保险责任限额的；

（二）肇事机动车未参加机动车交通事故责任强制保险的；

（三）机动车肇事后逃逸的。

第二十五条 救助基金的来源包括：

（一）按照机动车交通事故责任强制保险的保险费的一定比例提取的资金；

（二）对未按照规定投保机动车交通事故责任强制保险的机动车的所有人、管理人的罚款；

（三）救助基金管理机构依法向道路交通事故责任人追偿的资金；

（四）救助基金孳息；

（五）其他资金。

第二十六条 救助基金的具体管理办法，由国务院财政部门会同保监会、国务院公安部门、国务院卫生主管部门、国务院农业主管部门制定试行。

第二十七条 被保险机动车发生道路交通事故，被保险人或者受害人通知保险公司的，保险公司应当立即给予答复，告知被保险人或者受害人具体的赔偿程序等有关事项。

第二十八条 被保险机动车发生道路交通事故的，由被保险人向保险公司申请赔偿保险金。保险公司应当自收到赔偿申请之日起1日内，书面告知被保险人需要向保险公司提供的与赔偿有关的证明和资料。

第二十九条 保险公司应当自收到被保险人提供的证明和资料之日起5日内，对是否属于保险责任作出核定，并将结果通知被保险人；对不属于保险责任的，应当书面说明理由；对属于保险责任的，在与被保险人达成赔偿保险金的协议后10日内，赔偿保险金。

第三十条 被保险人与保险公司对赔偿有争议的，可以依法申请仲裁或者向人民法院提起诉讼。

第三十一条 保险公司可以向被保险人赔偿保险金，也可以直接向受害人赔偿保险金。但是，因抢救受伤人员需要保险公司支付或者垫付抢救费用的，保险公司在接到公安机关交通管理部门通知后，经核对应当及时向医疗机构支付或者垫付抢救费用。

因抢救受伤人员需要救助基金管理机构垫付抢救费用的，救助基金管理机构在接到公安机关交通管理部门通知后，经核对应当及时向医疗机构垫付抢救费用。

第三十二条 医疗机构应当参照国务院卫生主管部门组织制定的有关临床诊疗指南，抢救、治疗道路交通事故中的受伤人员。

第三十三条 保险公司赔偿保险金或者垫付抢救费用，救助基金管理机构垫付抢救费用，需要向有关部门、医疗机构核实有关情况的，有关部门、医疗机构应当予以配合。

第三十四条 保险公司、救助基金管理机构的工作人员对当事人的个人隐私应当保密。

第三十五条 道路交通事故损害赔偿项目和标准依照有关法律的规定执行。

第四章 罚 则

第三十六条 未经保监会批准，非法从事机动车交通事故责任强制保险业务的，由保监会予以取缔；构成犯罪的，依法追究刑事责任；尚不构成犯罪的，由保监会没收违法所得，违法所得20万元以上的，并处违法所得1倍以上5倍以下罚款；没有违法所得或者违法所得不足20万元的，处20万元以上100万元以下罚款。

第三十七条 保险公司未经保监会批准从事机动车交通事故责任强制保险业务的，由保监会责令改正，责令退还收取的保险费，没收违法所得，违法所得10万元以上的，并处违法所得1倍以上5倍以下罚款；没有违法所得或者违法所得不足10万元的，处10万元以上50万元以下罚款；逾期不改正或者造成严重后果的，责令停业整顿或者吊销经营保险业务许可证。

第三十八条 保险公司违反本条例规定，有下列行为之一的，由保监会责令改正，处5万元以上30万元以下罚款；情节严重的，可以限制业务范围、责令停止接受新业务或者吊销经营保险业务许可证：

（一）拒绝或者拖延承保机动车交通事故责任强制保险的；

（二）未按照统一的保险条款和基础保险费率从事机动车交通事故责任强制保险业务的；

（三）未将机动车交通事故责任强制保险业务和其他保险业务分开管理，单独核算的；

（四）强制投保人订立商业保险合同的；

（五）违反规定解除机动车交通事故责任强制保险合同的；

（六）拒不履行约定的赔偿保险金义务的；

（七）未按照规定及时支付或者垫付抢救费用的。

第三十九条 机动车所有人、管理人未按照规定投保机动车交通事故责任强制保险的，由公安机关交通管理部门扣留机动车，通知机动车所有人、管理人依照规定投保，处依照规定投保最低责任限额应缴纳的保险费的2倍罚款。

机动车所有人、管理人依照规定补办机动车交通事故责任强制保险的，应当及时退还机动车。

第四十条 上道路行驶的机动车未放置保险标志的，公安机关交通管理部门应当扣留机动车，通知当事人提供保险标志或者补办相应手续，可以处警告或者20元以上200元以下罚款。

当事人提供保险标志或者补办相应手续的，

应当及时退还机动车。

第四十一条 伪造、变造或者使用伪造、变造的保险标志，或者使用其他机动车的保险标志，由公安机关交通管理部门予以收缴，扣留该机动车，处200元以上2000元以下罚款；构成犯罪的，依法追究刑事责任。

当事人提供相应的合法证明或者补办相应手续的，应当及时退还机动车。

第五章 附 则

第四十二条 本条例下列用语的含义：

（一）投保人，是指与保险公司订立机动车交通事故责任强制保险合同，并按照合同负有支付保险费义务的机动车的所有人、管理人。

（二）被保险人，是指投保人及其允许的合法驾驶人。

（三）抢救费用，是指机动车发生道路交通事故导致人员受伤时，医疗机构参照国务院卫生主管部门组织制定的有关临床诊疗指南，对生命体征不平稳和虽然生命体征平稳但如果不采取处理措施会产生生命危险，或者导致残疾、器官功能障碍，或者导致病程明显延长的受伤人员，采取必要的处理措施所发生的医疗费用。

第四十三条 机动车在道路以外的地方通行时发生事故，造成人身伤亡、财产损失的赔偿，比照适用本条例。

第四十四条 中国人民解放军和中国人民武装警察部队在编机动车参加机动车交通事故责任强制保险的办法，由中国人民解放军和中国人民武装警察部队另行规定。

第四十五条 机动车所有人、管理人自本条例施行之日起3个月内投保机动车交通事故责任强制保险；本条例施行前已经投保商业性机动车第三者责任保险的，保险期满，应当投保机动车交通事故责任强制保险。

第四十六条 本条例自2006年7月1日起施行。

血吸虫病防治条例

（中华人民共和国国务院令第463号，2006年4月1日颁布）

第一章 总 则

第一条 为了预防、控制和消灭血吸虫病，保障人体健康、动物健康和公共卫生，促进经济社会发展，根据传染病防治法、动物防疫法，制定本条例。

第二条 国家对血吸虫病防治实行预防为主的方针，坚持防治结合、分类管理、综合治理、联防联控，人与家畜同步防治，重点加强对传染源的管理。

第三条 国务院卫生主管部门会同国务院有关部门制定全国血吸虫病防治规划并组织实施。国务院卫生、农业、水利、林业主管部门依照本条例规定的职责和全国血吸虫病防治规划，制定血吸虫病防治专项工作计划并组织实施。

有血吸虫病防治任务的地区（以下称血吸虫病防治地区）县级以上地方人民政府卫生、农业或者兽医、水利、林业主管部门依照本条例规定的职责，负责本行政区域内的血吸虫病防治及其监督管理工作。

第四条 血吸虫病防治地区县级以上地方人民政府统一领导本行政区域内的血吸虫病防治工作；根据全国血吸虫病防治规划，制定本行政区域的血吸虫病防治计划并组织实施；建立健全血吸虫病防治工作协调机制和工作责任制，对有关部门承担的血吸虫病防治工作进行综合协调和考核、监督。

第五条 血吸虫病防治地区村民委员会、居民委员会应当协助地方各级人民政府及其有关部门开展血吸虫病防治的宣传教育，组织村民、居民参与血吸虫病防治工作。

第六条 国家鼓励血吸虫病防治地区的村民、居民积极参与血吸虫病防治的有关活动；鼓励共产主义青年团等社会组织动员青年团员等积极参与血吸虫病防治的有关活动。

血吸虫病防治地区地方各级人民政府及其有关部门应当完善有关制度，方便单位和个人参与血吸虫病防治的宣传教育、捐赠等活动。

第七条 国务院有关部门、血吸虫病防治地区县级以上地方人民政府及其有关部门对在血吸虫病防治工作中做出显著成绩的单位和个人，给予表彰或者奖励。

第二章 预 防

第八条 血吸虫病防治地区根据血吸虫病预防控制标准，划分为重点防治地区和一般防治地区。具体办法由国务院卫生主管部门会同国务院农业主管部门制定。

第九条 血吸虫病防治地区县级以上地方人民政府及其有关部门应当组织各类新闻媒体开展公益性血吸虫病防治宣传教育。各类新闻媒体应当开展公益性血吸虫病防治宣传教育。

血吸虫病防治地区县级以上地方人民政府教育主管部门应当组织各级各类学校对学生开展血吸虫病防治知识教育。各级各类学校应当对学生开展血吸虫病防治知识教育。

血吸虫病防治地区的机关、团体、企业事业单位、个体经济组织应当组织本单位人员学习血吸虫病防治知识。

第十条 处于同一水系或者同一相对独立地理环境的血吸虫病防治地区各地方人民政府应当开展血吸虫病联防联控，组织有关部门和机构同步实施下列血吸虫病防治措施：

（一）在农业、兽医、水利、林业等工程项目中采取与血吸虫病防治有关的工程措施；

（二）进行人和家畜的血吸虫病筛查、治疗和管理；

（三）开展流行病学调查和疫情监测；

（四）调查钉螺分布，实施药物杀灭钉螺；

（五）防止未经无害化处理的粪便直接进入水体；

（六）其他防治措施。

第十一条 血吸虫病防治地区县级人民政府应当制定本行政区域的血吸虫病联防联控方案，组织乡（镇）人民政府同步实施。

血吸虫病防治地区两个以上的县、不设区的市、市辖区或者两个以上设区的市需要同步实施血吸虫病防治措施的，其共同的上一级人民政府应当制定血吸虫病联防联控方案，并组织实施。

血吸虫病防治地区两个以上的省、自治区、直辖市需要同步实施血吸虫病防治措施的，有关省、自治区、直辖市人民政府应当共同制定血吸虫病联防联控方案，报国务院卫生、农业主管部门备案，由省、自治区、直辖市人民政府组织实施。

第十二条 在血吸虫病防治地区实施农业、兽医、水利、林业等工程项目以及开展人、家畜血吸虫病防治工作，应当符合相关血吸虫病防治技术规范的要求。相关血吸虫病防治技术规范由国务院卫生、农业、水利、林业主管部门分别制定。

第十三条 血吸虫病重点防治地区县级以上地方人民政府应当在渔船集中停靠地设点发放抗血吸虫基本预防药物；按照无害化要求和血吸虫病防治技术规范修建公共厕所；推行在渔船和水上运输工具上安装和使用粪便收集容器，并采取措施，对所收集的粪便进行集中无害化处理。

第十四条 县级以上地方人民政府及其有关部门在血吸虫病重点防治地区，应当安排并组织实施农业机械化推广、农村改厕、沼气池建设以及人、家畜饮用水设施建设等项目。

国务院有关主管部门安排农业机械化推广、农村改厕、沼气池建设以及人、家畜饮用水设施建设等项目，应当优先安排血吸虫病重点防治地区的有关项目。

第十五条 血吸虫病防治地区县级以上地方人民政府卫生、农业主管部门组织实施农村改厕、沼气池建设项目，应当按照无害化要求和血吸虫病防治技术规范，保证厕所和沼气池具备杀灭粪便中血吸虫卵的功能。

血吸虫病防治地区的公共厕所应当具备杀

灭粪便中血吸虫卵的功能。

第十六条 县级以上人民政府农业主管部门在血吸虫病重点防治地区应当适应血吸虫病防治工作的需要，引导和扶持农业种植结构的调整，推行以机械化耕作代替牲畜耕作的措施。

县级以上人民政府农业或者兽医主管部门在血吸虫病重点防治地区应当引导和扶持养殖结构的调整，推行对牛、羊、猪等家畜的舍饲圈养，加强对圈养家畜粪便的无害化处理，开展对家畜的血吸虫病检查和对感染血吸虫的家畜的治疗、处理。

第十七条 禁止在血吸虫病防治地区施用未经无害化处理的粪便。

第十八条 县级以上人民政府水利主管部门在血吸虫病防治地区进行水利建设项目，应当同步建设血吸虫病防治设施；结合血吸虫病防治地区的江河、湖泊治理工程和人畜饮水、灌区改造等水利工程项目，改善水环境，防止钉螺孳生。

第十九条 县级以上人民政府林业主管部门在血吸虫病防治地区应当结合退耕还林、长江防护林建设、野生动物植物保护、湿地保护以及自然保护区建设等林业工程，开展血吸虫病综合防治。

县级以上人民政府交通主管部门在血吸虫病防治地区应当结合航道工程建设，开展血吸虫病综合防治。

第二十条 国务院卫生主管部门应当根据血吸虫病流行病学资料、钉螺分布以及孳生环境的特点、药物特性，制定药物杀灭钉螺工作规范。

血吸虫病防治地区县级人民政府及其卫生主管部门应当根据药物杀灭钉螺工作规范，组织实施本行政区域内的药物杀灭钉螺工作。

血吸虫病防治地区乡（镇）人民政府应当在实施药物杀灭钉螺7日前，公告施药的时间、地点、种类、方法、影响范围和注意事项。有关单位和个人应当予以配合。

杀灭钉螺严禁使用国家明令禁止使用的药物。

第二十一条 血吸虫病防治地区县级人民政府卫生主管部门会同同级人民政府农业或者兽医、水利、林业主管部门，根据血吸虫病监测等流行病学资料，划定、变更有钉螺地带，并报本级人民政府批准。县级人民政府应当及时公告有钉螺地带。

禁止在有钉螺地带放养牛、羊、猪等家畜，禁止引种在有钉螺地带培育的芦苇等植物和农作物的种子、种苗等繁殖材料。

乡（镇）人民政府应当在有钉螺地带设立警示标志，并在县级人民政府作出解除有钉螺地带决定后予以撤销。警示标志由乡（镇）人民政府负责保护，所在地村民委员会、居民委员会应当予以协助。任何单位或者个人不得损坏或者擅自移动警示标志。

在有钉螺地带完成杀灭钉螺后，由原批准机关决定并公告解除本条第二款规定的禁止行为。

第二十二条 医疗机构、疾病预防控制机构、动物防疫监督机构和植物检疫机构应当根据血吸虫病防治技术规范，在各自的职责范围内，开展血吸虫病的监测、筛查、预测、流行病学调查、疫情报告和处理工作，开展杀灭钉螺、血吸虫病防治技术指导以及其他防治工作。

血吸虫病防治地区的医疗机构、疾病预防控制机构、动物防疫监督机构和植物检疫机构应当定期对其工作人员进行血吸虫病防治知识、技能的培训和考核。

第二十三条 建设单位在血吸虫病防治地区兴建水利、交通、旅游、能源等大型建设项目，应当事先提请省级以上疾病预防控制机构对施工环境进行卫生调查，并根据疾病预防控制机构的意见，采取必要的血吸虫病预防、控制措施。施工期间，建设单位应当设专人负责工地上的血吸虫病防治工作；工程竣工后，应当告知当地县级疾病预防控制机构，由其对该地区的血吸虫病进行监测。

第三章　疫情控制

第二十四条 血吸虫病防治地区县级以上地方人民政府应当根据有关法律、行政法规和国家有关规定，结合本地实际，制定血吸虫病应急预案。

第二十五条 急性血吸虫病暴发、流行时，县级以上地方人民政府应当根据控制急性血吸虫病暴发、流行的需要，依照传染病防治法和其他有关法律的规定采取紧急措施，进行下列应急处理：

（一）组织医疗机构救治急性血吸虫病病人；

（二）组织疾病预防控制机构和动物防疫监督机构分别对接触疫水的人和家畜实施预防性服药；

（三）组织有关部门和单位杀灭钉螺和处理疫水；

（四）组织乡（镇）人民政府在有钉螺地带设置警示标志，禁止人和家畜接触疫水。

第二十六条 疾病预防控制机构发现急性血吸虫病疫情或者接到急性血吸虫病暴发、流行报告时，应当及时采取下列措施：

（一）进行现场流行病学调查；

（二）提出疫情控制方案，明确有钉螺地带范围、预防性服药的人和家畜范围，以及采取杀灭钉螺和处理疫水的措施；

（三）指导医疗机构和下级疾病预防控制机构处理疫情；

（四）卫生主管部门要求采取的其他措施。

第二十七条 有关单位对因生产、工作必须接触疫水的人员应当按照疾病预防控制机构的要求采取防护措施，并定期组织进行血吸虫病的专项体检。

血吸虫病防治地区地方各级人民政府及其有关部门对因防汛、抗洪抢险必须接触疫水的人员，应当按照疾病预防控制机构的要求采取防护措施。血吸虫病防治地区县级人民政府对参加防汛、抗洪抢险的人员，应当及时组织有关部门和机构进行血吸虫病的专项体检。

第二十八条 血吸虫病防治地区县级以上地方人民政府卫生、农业或者兽医主管部门应当根据血吸虫病防治技术规范，组织开展对本地村民、居民和流动人口血吸虫病以及家畜血吸虫病的筛查、治疗和预防性服药工作。

血吸虫病防治地区省、自治区、直辖市人民政府应当采取措施，组织对晚期血吸虫病病人的治疗。

第二十九条 血吸虫病防治地区的动物防疫监督机构、植物检疫机构应当加强对本行政区域内的家畜和植物的血吸虫病检疫工作。动物防疫监督机构对经检疫发现的患血吸虫病的家畜，应当实施药物治疗；植物检疫机构对发现的携带钉螺的植物，应当实施杀灭钉螺。

凡患血吸虫病的家畜、携带钉螺的植物，在血吸虫病防治地区未经检疫的家畜、植物，一律不得出售、外运。

第三十条 血吸虫病疫情的报告、通报和公布，依照传染病防治法和动物防疫法的有关规定执行。

第四章 保障措施

第三十一条 血吸虫病防治地区县级以上地方人民政府应当根据血吸虫病防治规划、计划，安排血吸虫病防治经费和基本建设投资，纳入同级财政预算。

省、自治区、直辖市人民政府和设区的市级人民政府根据血吸虫病防治工作需要，对经济困难的县级人民政府开展血吸虫病防治工作给予适当补助。

国家对经济困难地区的血吸虫病防治经费、血吸虫病重大疫情应急处理经费给予适当补助，对承担血吸虫病防治任务的机构的基本建设和跨地区的血吸虫病防治重大工程项目给予必要支持。

第三十二条 血吸虫病防治地区县级以上地方人民政府编制或者审批血吸虫病防治地区的农业、兽医、水利、林业等工程项目，应当将有关血吸虫病防治的工程措施纳入项目统筹安排。

第三十三条 国家对农民免费提供抗血吸虫基本预防药物，对经济困难农民的血吸虫病治疗费用予以减免。

因工作原因感染血吸虫病的，依照《工伤保险条例》的规定，享受工伤待遇。参加城镇职工基本医疗保险的血吸虫病病人，不属于工伤的，按照国家规定享受医疗保险待遇。对未参加工伤保险、医疗保险的人员因防汛、抗洪抢险患血吸虫病的，按照县级以上地方人民政府的规定解决所需的检查、治疗费用。

第三十四条 血吸虫病防治地区县级以上

地方人民政府民政部门对符合救助条件的血吸虫病病人进行救助。

第三十五条 国家对家畜免费实施血吸虫病检查和治疗，免费提供抗血吸虫基本预防药物。

第三十六条 血吸虫病防治地区县级以上地方人民政府应当根据血吸虫病防治工作需要和血吸虫病流行趋势，储备血吸虫病防治药物、杀灭钉螺药物和有关防护用品。

第三十七条 血吸虫病防治地区县级以上地方人民政府应当加强血吸虫病防治网络建设，将承担血吸虫病防治任务的机构所需基本建设投资列入基本建设计划。

第三十八条 血吸虫病防治地区省、自治区、直辖市人民政府在制定和实施本行政区域的血吸虫病防治计划时，应当统筹协调血吸虫病防治项目和资金，确保实现血吸虫病防治项目的综合效益。

血吸虫病防治经费应当专款专用，严禁截留或者挪作他用。严禁倒买倒卖、挪用国家免费供应的防治血吸虫病药品和其他物品。有关单位使用血吸虫病防治经费应当依法接受审计机关的审计监督。

第五章 监督管理

第三十九条 县级以上人民政府卫生主管部门负责血吸虫病监测、预防、控制、治疗和疫情的管理工作，对杀灭钉螺药物的使用情况进行监督检查。

第四十条 县级以上人民政府农业或者兽医主管部门对下列事项进行监督检查：

（一）本条例第十六条规定的血吸虫病防治措施的实施情况；

（二）家畜血吸虫病监测、预防、控制、治疗和疫情管理工作情况；

（三）治疗家畜血吸虫病药物的管理、使用情况；

（四）农业工程项目中执行血吸虫病防治技术规范情况。

第四十一条 县级以上人民政府水利主管部门对本条例第十八条规定的血吸虫病防治措施的实施情况和水利工程项目中执行血吸虫病防治技术规范情况进行监督检查。

第四十二条 县级以上人民政府林业主管部门对血吸虫病防治地区的林业工程项目的实施情况和林业工程项目中执行血吸虫病防治技术规范情况进行监督检查。

第四十三条 县级以上人民政府卫生、农业或者兽医、水利、林业主管部门在监督检查过程中，发现违反或者不执行本条例规定的，应当责令有关单位和个人及时改正并依法予以处理；属于其他部门职责范围的，应当移送有监督管理职责的部门依法处理；涉及多个部门职责的，应当共同处理。

第四十四条 县级以上人民政府卫生、农业或者兽医、水利、林业主管部门在履行血吸虫病防治监督检查职责时，有权进入被检查单位和血吸虫病疫情发生现场调查取证，查阅、复制有关资料和采集样本。被检查单位应当予以配合，不得拒绝、阻挠。

第四十五条 血吸虫病防治地区县级以上动物防疫监督机构对在有钉螺地带放养的牛、羊、猪等家畜，有权予以暂扣并进行强制检疫。

第四十六条 上级主管部门发现下级主管部门未及时依照本条例的规定处理职责范围内的事项，应当责令纠正，或者直接处理下级主管部门未及时处理的事项。

第六章 法律责任

第四十七条 县级以上地方各级人民政府有下列情形之一的，由上级人民政府责令改正，通报批评；造成血吸虫病传播、流行或者其他严重后果的，对负有责任的主管人员，依法给予行政处分；负有责任的主管人员构成犯罪的，依法追究刑事责任：

（一）未依照本条例的规定开展血吸虫病联防联控的；

（二）急性血吸虫病暴发、流行时，未依照本条例的规定采取紧急措施、进行应急处理的；

（三）未履行血吸虫病防治组织、领导、保障职责的；

（四）未依照本条例的规定采取其他血吸虫病防治措施的。

乡（镇）人民政府未依照本条例的规定采取血吸虫病防治措施的，由上级人民政府责令改正，通报批评；造成血吸虫病传播、流行或者其他严重后果的，对负有责任的主管人员，依法给予行政处分；负有责任的主管人员构成犯罪的，依法追究刑事责任。

第四十八条 县级以上人民政府有关主管部门违反本条例规定，有下列情形之一的，由本级人民政府或者上级人民政府有关主管部门责令改正，通报批评；造成血吸虫病传播、流行或者其他严重后果的，对负有责任的主管人员和其他直接责任人员依法给予行政处分；负有责任的主管人员和其他直接责任人员构成犯罪的，依法追究刑事责任：

（一）在组织实施农村改厕、沼气池建设项目时，未按照无害化要求和血吸虫病防治技术规范，保证厕所或者沼气池具备杀灭粪便中血吸虫卵功能的；

（二）在血吸虫病重点防治地区未开展家畜血吸虫病检查，或者未对感染血吸虫的家畜进行治疗、处理的；

（三）在血吸虫病防治地区进行水利建设项目，未同步建设血吸虫病防治设施，或者未结合血吸虫病防治地区的江河、湖泊治理工程和人畜饮水、灌区改造等水利工程项目，改善水环境，导致钉螺孳生的；

（四）在血吸虫病防治地区未结合退耕还林、长江防护林建设、野生动物植物保护、湿地保护以及自然保护区建设等林业工程，开展血吸虫病综合防治的；

（五）未制定药物杀灭钉螺规范，或者未组织实施本行政区域内药物杀灭钉螺工作的；

（六）未组织开展血吸虫病筛查、治疗和预防性服药工作的；

（七）未依照本条例规定履行监督管理职责，或者发现违法行为不及时查处的；

（八）有违反本条例规定的其他失职、渎职行为的。

第四十九条 医疗机构、疾病预防控制机构、动物防疫监督机构或者植物检疫机构违反本条例规定，有下列情形之一的，由县级以上人民政府卫生主管部门、农业或者兽医主管部门依据各自职责责令限期改正，通报批评，给予警告；逾期不改正，造成血吸虫病传播、流行或者其他严重后果的，对负有责任的主管人员和其他直接责任人员依法给予降级、撤职、开除的处分，并可以依法吊销有关责任人员的执业证书；负有责任的主管人员和其他直接责任人员构成犯罪的，依法追究刑事责任：

（一）未依照本条例规定开展血吸虫病防治工作的；

（二）未定期对其工作人员进行血吸虫病防治知识、技能培训和考核的；

（三）发现急性血吸虫病疫情或者接到急性血吸虫病暴发、流行报告时，未及时采取措施的；

（四）未对本行政区域内出售、外运的家畜或者植物进行血吸虫病检疫的；

（五）未对经检疫发现的患血吸虫病的家畜实施药物治疗，或者未对发现的携带钉螺的植物实施杀灭钉螺的。

第五十条 建设单位在血吸虫病防治地区兴建水利、交通、旅游、能源等大型建设项目，未事先提请省级以上疾病预防控制机构进行卫生调查，或者未根据疾病预防控制机构的意见，采取必要的血吸虫病预防、控制措施的，由县级以上人民政府卫生主管部门责令限期改正，给予警告，处5000元以上3万元以下的罚款；逾期不改正的，处3万元以上10万元以下的罚款，并可以提请有关人民政府依据职责权限，责令停建、关闭；造成血吸虫病疫情扩散或者其他严重后果的，对负有责任的主管人员和其他直接责任人员依法给予处分。

第五十一条 单位和个人损坏或者擅自移动有钉螺地带警示标志的，由乡（镇）人民政府责令修复或者赔偿损失，给予警告；情节严重的，对单位处1000元以上3000元以下的罚款，对个人处50元以上200元以下的罚款。

第五十二条 违反本条例规定，有下列情形之一的，由县级以上人民政府卫生、农业或者兽医、水利、林业主管部门依据各自职责责令改正，给予警告，对单位处1000元以上1万元以下的罚款，对个人处50元以上500元以下的罚款，并没收用于违法活动的工具和物品；

造成血吸虫病疫情扩散或者其他严重后果的，对负有责任的主管人员和其他直接责任人员依法给予处分：

（一）单位未依照本条例的规定对因生产、工作必须接触疫水的人员采取防护措施，或者未定期组织进行血吸虫病的专项体检的；

（二）对政府有关部门采取的预防、控制措施不予配合的；

（三）使用国家明令禁止使用的药物杀灭钉螺的；

（四）引种在有钉螺地带培育的芦苇等植物或者农作物的种子、种苗等繁殖材料的；

（五）在血吸虫病防治地区施用未经无害化处理粪便的。

第七章　附　则

第五十三条　本条例下列用语的含义：

血吸虫病，是血吸虫寄生于人体或者哺乳动物体内，导致其发病的一种寄生虫病。

疫水，是指含有血吸虫尾蚴的水体。

第五十四条　本条例自2006年5月1日起施行。

民用爆炸物品安全管理条例

（中华人民共和国国务院令第466号，2006年5月10日颁布）

第一章　总　则

第一条　为了加强对民用爆炸物品的安全管理，预防爆炸事故发生，保障公民生命、财产安全和公共安全，制定本条例。

第二条　民用爆炸物品的生产、销售、购买、进出口、运输、爆破作业和储存以及硝酸铵的销售、购买，适用本条例。

本条例所称民用爆炸物品，是指用于非军事目的、列入民用爆炸物品品名表的各类火药、炸药及其制品和雷管、导火索等点火、起爆器材。

民用爆炸物品品名表，由国务院国防科技工业主管部门会同国务院公安部门制订、公布。

第三条　国家对民用爆炸物品的生产、销售、购买、运输和爆破作业实行许可证制度。

未经许可，任何单位或者个人不得生产、销售、购买、运输民用爆炸物品，不得从事爆破作业。

严禁转让、出借、转借、抵押、赠送、私藏或者非法持有民用爆炸物品。

第四条　国防科技工业主管部门负责民用爆炸物品生产、销售的安全监督管理。

公安机关负责民用爆炸物品公共安全管理和民用爆炸物品购买、运输、爆破作业的安全监督管理，监控民用爆炸物品流向。

安全生产监督、铁路、交通、民用航空主管部门依照法律、行政法规的规定，负责做好民用爆炸物品的有关安全监督管理工作。

国防科技工业主管部门、公安机关、工商行政管理部门按照职责分工，负责组织查处非法生产、销售、购买、储存、运输、邮寄、使用民用爆炸物品的行为。

第五条　民用爆炸物品生产、销售、购买、运输和爆破作业单位（以下称民用爆炸物品从业单位）的主要负责人是本单位民用爆炸物品安全管理责任人，对本单位的民用爆炸物品安全管理工作全面负责。

民用爆炸物品从业单位是治安保卫工作的重点单位，应当依法设置治安保卫机构或者配备治安保卫人员，设置技术防范设施，防止民用爆炸物品丢失、被盗、被抢。

民用爆炸物品从业单位应当建立安全管理制度、岗位安全责任制度，制订安全防范措施和事故应急预案，设置安全管理机构或者配备专职安全管理人员。

第六条 无民事行为能力人、限制民事行为能力人或者曾因犯罪受过刑事处罚的人，不得从事民用爆炸物品的生产、销售、购买、运输和爆破作业。

民用爆炸物品从业单位应当加强对本单位从业人员的安全教育、法制教育和岗位技术培训，从业人员经考核合格的，方可上岗作业；对有资格要求的岗位，应当配备具有相应资格的人员。

第七条 国家建立民用爆炸物品信息管理系统，对民用爆炸物品实行标识管理，监控民用爆炸物品流向。

民用爆炸物品生产企业、销售企业和爆破作业单位应当建立民用爆炸物品登记制度，如实将本单位生产、销售、购买、运输、储存、使用民用爆炸物品的品种、数量和流向信息输入计算机系统。

第八条 任何单位或者个人都有权举报违反民用爆炸物品安全管理规定的行为；接到举报的主管部门、公安机关应当立即查处，并为举报人员保密，对举报有功人员给予奖励。

第九条 国家鼓励民用爆炸物品从业单位采用提高民用爆炸物品安全性能的新技术，鼓励发展民用爆炸物品生产、配送、爆破作业一体化的经营模式。

第二章 生 产

第十条 设立民用爆炸物品生产企业，应当遵循统筹规划、合理布局的原则。

第十一条 申请从事民用爆炸物品生产的企业，应当具备下列条件：

（一）符合国家产业结构规划和产业技术标准；

（二）厂房和专用仓库的设计、结构、建筑材料、安全距离以及防火、防爆、防雷、防静电等安全设备、设施符合国家有关标准和规范；

（三）生产设备、工艺符合有关安全生产的技术标准和规程；

（四）有具备相应资格的专业技术人员、安全生产管理人员和生产岗位人员；

（五）有健全的安全管理制度、岗位安全责任制度；

（六）法律、行政法规规定的其他条件。

第十二条 申请从事民用爆炸物品生产的企业，应当向国务院国防科技工业主管部门提交申请书、可行性研究报告以及能够证明其符合本条例第十一条规定条件的有关材料。国务院国防科技工业主管部门应当自受理申请之日起45日内进行审查，对符合条件的，核发《民用爆炸物品生产许可证》；对不符合条件的，不予核发《民用爆炸物品生产许可证》，书面向申请人说明理由。

民用爆炸物品生产企业为调整生产能力及品种进行改建、扩建的，应当依照前款规定申请办理《民用爆炸物品生产许可证》。

第十三条 取得《民用爆炸物品生产许可证》的企业应当在基本建设完成后，向国务院国防科技工业主管部门申请安全生产许可。国务院国防科技工业主管部门应当依照《安全生产许可证条例》的规定对其进行查验，对符合条件的，在《民用爆炸物品生产许可证》上标注安全生产许可。民用爆炸物品生产企业持经标注安全生产许可的《民用爆炸物品生产许可证》到工商行政管理部门办理工商登记后，方可生产民用爆炸物品。

民用爆炸物品生产企业应当在办理工商登记后3日内，向所在地县级人民政府公安机关备案。

第十四条 民用爆炸物品生产企业应当严格按照《民用爆炸物品生产许可证》核定的品种和产量进行生产，生产作业应当严格执行安全技术规程的规定。

第十五条 民用爆炸物品生产企业应当对民用爆炸物品做出警示标识、登记标识，对雷管编码打号。民用爆炸物品警示标识、登记标识和雷管编码规则，由国务院公安部门会同国务院国防科技工业主管部门规定。

第十六条 民用爆炸物品生产企业应当建立健全产品检验制度，保证民用爆炸物品的质量符合相关标准。民用爆炸物品的包装，应当符合法律、行政法规的规定以及相关标准。

第十七条 试验或者试制民用爆炸物品，必须在专门场地或者专门的试验室进行。严禁在生产车间或者仓库内试验或者试制民用爆炸物品。

第三章 销售和购买

第十八条 申请从事民用爆炸物品销售的企业，应当具备下列条件：

（一）符合对民用爆炸物品销售企业规划的要求；

（二）销售场所和专用仓库符合国家有关标准和规范；

（三）有具备相应资格的安全管理人员、仓库管理人员；

（四）有健全的安全管理制度、岗位安全责任制度；

（五）法律、行政法规规定的其他条件。

第十九条 申请从事民用爆炸物品销售的企业，应当向所在地省、自治区、直辖市人民政府国防科技工业主管部门提交申请书、可行性研究报告以及能够证明其符合本条例第十八条规定条件的有关材料。省、自治区、直辖市人民政府国防科技工业主管部门应当自受理申请之日起30日内进行审查，并对申请单位的销售场所和专用仓库等经营设施进行查验，对符合条件的，核发《民用爆炸物品销售许可证》；对不符合条件的，不予核发《民用爆炸物品销售许可证》，书面向申请人说明理由。

民用爆炸物品销售企业持《民用爆炸物品销售许可证》到工商行政管理部门办理工商登记后，方可销售民用爆炸物品。

民用爆炸物品销售企业应当在办理工商登记后3日内，向所在地县级人民政府公安机关备案。

第二十条 民用爆炸物品生产企业凭《民用爆炸物品生产许可证》，可以销售本企业生产的民用爆炸物品。

民用爆炸物品生产企业销售本企业生产的民用爆炸物品，不得超出核定的品种、产量。

第二十一条 民用爆炸物品使用单位申请购买民用爆炸物品的，应当向所在地县级人民政府公安机关提出购买申请，并提交下列有关材料：

（一）工商营业执照或者事业单位法人证书；

（二）《爆破作业单位许可证》或者其他合法使用的证明；

（三）购买单位的名称、地址、银行账户；

（四）购买的品种、数量和用途说明。

受理申请的公安机关应当自受理申请之日起5日内对提交的有关材料进行审查，对符合条件的，核发《民用爆炸物品购买许可证》；对不符合条件的，不予核发《民用爆炸物品购买许可证》，书面向申请人说明理由。

《民用爆炸物品购买许可证》应当载明许可购买的品种、数量、购买单位以及许可的有效期限。

第二十二条 民用爆炸物品生产企业凭《民用爆炸物品生产许可证》购买属于民用爆炸物品的原料，民用爆炸物品销售企业凭《民用爆炸物品销售许可证》向民用爆炸物品生产企业购买民用爆炸物品，民用爆炸物品使用单位凭《民用爆炸物品购买许可证》购买民用爆炸物品，还应当提供经办人的身份证明。

销售民用爆炸物品的企业，应当查验前款规定的许可证和经办人的身份证明；对持《民用爆炸物品购买许可证》购买的，应当按照许可的品种、数量销售。

第二十三条 销售、购买民用爆炸物品，应当通过银行账户进行交易，不得使用现金或者实物进行交易。

销售民用爆炸物品的企业，应当将购买单位的许可证、银行账户转账凭证、经办人的身份证明复印件保存2年备查。

第二十四条 销售民用爆炸物品的企业，应当自民用爆炸物品买卖成交之日起3日内，将销售的品种、数量和购买单位向所在地省、自治区、直辖市人民政府国防科技工业主管部门和所在地县级人民政府公安机关备案。

购买民用爆炸物品的单位，应当自民用爆炸物品买卖成交之日起3日内，将购买的品种、数量向所在地县级人民政府公安机关备案。

第二十五条 进出口民用爆炸物品，应当经国务院国防科技工业主管部门审批。进出口民用爆炸物品审批办法，由国务院国防科技工业主管部门会同国务院公安部门、海关总署规定。

进出口单位应当将进出口的民用爆炸物品的品种、数量向收货地或者出境口岸所在地县级人民政府公安机关备案。

第四章 运 输

第二十六条 运输民用爆炸物品，收货单位应当向运达地县级人民政府公安机关提出申请，并提交包括下列内容的材料：

（一）民用爆炸物品生产企业、销售企业、使用单位以及进出口单位分别提供的《民用爆炸物品生产许可证》、《民用爆炸物品销售许可证》、《民用爆炸物品购买许可证》或者进出口批准证明；

（二）运输民用爆炸物品的品种、数量、包装材料和包装方式；

（三）运输民用爆炸物品的特性、出现险情的应急处置方法；

（四）运输时间、起始地点、运输路线、经停地点。

受理申请的公安机关应当自受理申请之日起3日内对提交的有关材料进行审查，对符合条件的，核发《民用爆炸物品运输许可证》；对不符合条件的，不予核发《民用爆炸物品运输许可证》，书面向申请人说明理由。

《民用爆炸物品运输许可证》应当载明收货单位、销售企业、承运人，一次性运输有效期限、起始地点、运输路线、经停地点，民用爆炸物品的品种、数量。

第二十七条 运输民用爆炸物品的，应当凭《民用爆炸物品运输许可证》，按照许可的品种、数量运输。

第二十八条 经由道路运输民用爆炸物品的，应当遵守下列规定：

（一）携带《民用爆炸物品运输许可证》；

（二）民用爆炸物品的装载符合国家有关标准和规范，车厢内不得载人；

（三）运输车辆安全技术状况应当符合国家有关安全技术标准的要求，并按照规定悬挂或者安装符合国家标准的易燃易爆危险物品警示标志；

（四）运输民用爆炸物品的车辆应当保持安全车速；

（五）按照规定的路线行驶，途中经停应当有专人看守，并远离建筑设施和人口稠密的地方，不得在许可以外的地点经停；

（六）按照安全操作规程装卸民用爆炸物品，并在装卸现场设置警戒，禁止无关人员进入；

（七）出现危险情况立即采取必要的应急处置措施，并报告当地公安机关。

第二十九条 民用爆炸物品运达目的地，收货单位应当进行验收后在《民用爆炸物品运输许可证》上签注，并在3日内将《民用爆炸物品运输许可证》交回发证机关核销。

第三十条 禁止携带民用爆炸物品搭乘公共交通工具或者进入公共场所。

禁止邮寄民用爆炸物品，禁止在托运的货物、行李、包裹、邮件中夹带民用爆炸物品。

第五章 爆破作业

第三十一条 申请从事爆破作业的单位，应当具备下列条件：

（一）爆破作业属于合法的生产活动；

（二）有符合国家有关标准和规范的民用爆炸物品专用仓库；

（三）有具备相应资格的安全管理人员、仓库管理人员和具备国家规定执业资格的爆破作业人员；

（四）有健全的安全管理制度、岗位安全责任制度；

（五）有符合国家标准、行业标准的爆破作业专用设备；

（六）法律、行政法规规定的其他条件。

第三十二条 申请从事爆破作业的单位，应当按照国务院公安部门的规定，向有关人民政府公安机关提出申请，并提供能够证明其符合本条例第三十一条规定条件的有关材料。受理申请的公安机关应当自受理申请之日起20日内进行审查，对符合条件的，核发《爆破作业单位许可证》；对不符合条件的，不予核发《爆破作业单位许可证》，书面向申请人说明理由。

营业性爆破作业单位持《爆破作业单位许可证》到工商行政管理部门办理工商登记后，方可从事营业性爆破作业活动。

爆破作业单位应当在办理工商登记后3日内，向所在地县级人民政府公安机关备案。

第三十三条 爆破作业单位应当对本单位的爆破作业人员、安全管理人员、仓库管理人员进行专业技术培训。爆破作业人员应当经设区的市级人民政府公安机关考核合格，取得《爆破作业人员许可证》后，方可从事爆破作业。

第三十四条 爆破作业单位应当按照其资质等级承接爆破作业项目，爆破作业人员应当按照其资格等级从事爆破作业。爆破作业的分级管理办法由国务院公安部门规定。

第三十五条 在城市、风景名胜区和重要工程设施附近实施爆破作业的，应当向爆破作业所在地设区的市级人民政府公安机关提出申请，提交《爆破作业单位许可证》和具有相应资质的安全评估企业出具的爆破设计、施工方案评估报告。受理申请的公安机关应当自受理申请之日起20日内对提交的有关材料进行审查，对符合条件的，作出批准的决定；对不符合条件的，作出不予批准的决定，并书面向申请人说明理由。

实施前款规定的爆破作业，应当由具有相应资质的安全监理企业进行监理，由爆破作业所在地县级人民政府公安机关负责组织实施安全警戒。

第三十六条 爆破作业单位跨省、自治区、直辖市行政区域从事爆破作业的，应当事先将爆破作业项目的有关情况向爆破作业所在地县级人民政府公安机关报告。

第三十七条 爆破作业单位应当如实记载领取、发放民用爆炸物品的品种、数量、编号以及领取、发放人员姓名。领取民用爆炸物品的数量不得超过当班用量，作业后剩余的民用爆炸物品必须当班清退回库。

爆破作业单位应当将领取、发放民用爆炸物品的原始记录保存2年备查。

第三十八条 实施爆破作业，应当遵守国家有关标准和规范，在安全距离以外设置警示标志并安排警戒人员，防止无关人员进入；爆破作业结束后应当及时检查、排除未引爆的民用爆炸物品。

第三十九条 爆破作业单位不再使用民用爆炸物品时，应当将剩余的民用爆炸物品登记造册，报所在地县级人民政府公安机关组织监督销毁。

发现、拣拾无主民用爆炸物品的，应当立即报告当地公安机关。

第六章 储 存

第四十条 民用爆炸物品应当储存在专用仓库内，并按照国家规定设置技术防范设施。

第四十一条 储存民用爆炸物品应当遵守下列规定：

（一）建立出入库检查、登记制度，收存和发放民用爆炸物品必须进行登记，做到账目清楚，账物相符；

（二）储存的民用爆炸物品数量不得超过储存设计容量，对性质相抵触的民用爆炸物品必须分库储存，严禁在库房内存放其他物品；

（三）专用仓库应当指定专人管理、看护，严禁无关人员进入仓库区内，严禁在仓库区内吸烟和用火，严禁把其他容易引起燃烧、爆炸的物品带入仓库区内，严禁在库房内住宿和进行其他活动；

（四）民用爆炸物品丢失、被盗、被抢，应当立即报告当地公安机关。

第四十二条 在爆破作业现场临时存放民用爆炸物品的，应当具备临时存放民用爆炸物品的条件，并设专人管理、看护，不得在不具备安全存放条件的场所存放民用爆炸物品。

第四十三条 民用爆炸物品变质和过期失效的，应当及时清理出库，并予以销毁。销毁前应当登记造册，提出销毁实施方案，报省、自治区、直辖市人民政府国防科技工业主管部门、所在地县级人民政府公安机关组织监督销毁。

第七章 法律责任

第四十四条 非法制造、买卖、运输、储存民用爆炸物品，构成犯罪的，依法追究刑事责任；尚不构成犯罪，有违反治安管理行为的，依法给予治安管理处罚。

违反本条例规定，在生产、储存、运输、使用民用爆炸物品中发生重大事故，造成严重后果或者后果特别严重，构成犯罪的，依法追究刑事责任。

违反本条例规定，未经许可生产、销售民用爆炸物品的，由国防科技工业主管部门责令停止非法生产、销售活动，处10万元以上50万元以下的罚款，并没收非法生产、销售的民用爆炸物品及其违法所得。

违反本条例规定，未经许可购买、运输民用爆炸物品或者从事爆破作业的，由公安机关责令停止非法购买、运输、爆破作业活动，处5万元以上20万元以下的罚款，并没收非法购买、运输以及从事爆破作业使用的民用爆炸物品及其违法所得。

国防科技工业主管部门、公安机关对没收的非法民用爆炸物品，应当组织销毁。

第四十五条 违反本条例规定，生产、销售民用爆炸物品的企业有下列行为之一的，由国防科技工业主管部门责令限期改正，处10万元以上50万元以下的罚款；逾期不改正的，责令停产停业整顿；情节严重的，吊销《民用爆炸物品生产许可证》或者《民用爆炸物品销售许可证》：

（一）超出生产许可的品种、产量进行生产、销售的；

（二）违反安全技术规程生产作业的；

（三）民用爆炸物品的质量不符合相关标准的；

（四）民用爆炸物品的包装不符合法律、行政法规的规定以及相关标准的；

（五）超出购买许可的品种、数量销售民用爆炸物品的；

（六）向没有《民用爆炸物品生产许可证》、《民用爆炸物品销售许可证》、《民用爆炸物品购买许可证》的单位销售民用爆炸物品的；

（七）民用爆炸物品生产企业销售本企业生产的民用爆炸物品未按照规定向国防科技工业主管部门备案的；

（八）未经审批进出口民用爆炸物品的。

第四十六条 违反本条例规定，有下列情形之一的，由公安机关责令限期改正，处5万元以上20万元以下的罚款；逾期不改正的，责令停产停业整顿：

（一）未按照规定对民用爆炸物品做出警示标识、登记标识或者未对雷管编码打号的；

（二）超出购买许可的品种、数量购买民用爆炸物品的；

（三）使用现金或者实物进行民用爆炸物品交易的；

（四）未按照规定保存购买单位的许可证、银行账户转账凭证、经办人的身份证明复印件的；

（五）销售、购买、进出口民用爆炸物品，未按照规定向公安机关备案的；

（六）未按照规定建立民用爆炸物品登记制度，如实将本单位生产、销售、购买、运输、储存、使用民用爆炸物品的品种、数量和流向信息输入计算机系统的；

（七）未按照规定将《民用爆炸物品运输许可证》交回发证机关核销的。

第四十七条 违反本条例规定，经由道路运输民用爆炸物品，有下列情形之一的，由公安机关责令改正，处5万元以上20万元以下的罚款：

（一）违反运输许可事项的；

（二）未携带《民用爆炸物品运输许可证》的；

（三）违反有关标准和规范混装民用爆炸物品的；

（四）运输车辆未按照规定悬挂或者安装符合国家标准的易燃易爆危险物品警示标志的；

（五）未按照规定的路线行驶，途中经停没有专人看守或者在许可以外的地点经停的；

（六）装载民用爆炸物品的车厢载人的；

（七）出现危险情况未立即采取必要的应急处置措施、报告当地公安机关的。

第四十八条 违反本条例规定，从事爆破作业的单位有下列情形之一的，由公安机关责令停止违法行为或者限期改正，处10万元以上50万元以下的罚款；逾期不改正的，责令停产停业整顿；情节严重的，吊销《爆破作业单位许可证》：

（一）爆破作业单位未按照其资质等级从事爆破作业的；

（二）营业性爆破作业单位跨省、自治区、直辖市行政区域实施爆破作业，未按照规定事先向爆破作业所在地的县级人民政府公安机关报告的；

（三）爆破作业单位未按照规定建立民用爆炸物品领取登记制度、保存领取登记记录的；

（四）违反国家有关标准和规范实施爆破作业的。

爆破作业人员违反国家有关标准和规范的规定实施爆破作业的，由公安机关责令限期改正，情节严重的，吊销《爆破作业人员许可证》。

第四十九条　违反本条例规定，有下列情形之一的，由国防科技工业主管部门、公安机关按照职责责令限期改正，可以并处5万元以上20万元以下的罚款；逾期不改正的，责令停产停业整顿；情节严重的，吊销许可证：

（一）未按照规定在专用仓库设置技术防范设施的；

（二）未按照规定建立出入库检查、登记制度或者收存和发放民用爆炸物品，致使账物不符的；

（三）超量储存、在非专用仓库储存或者违反储存标准和规范储存民用爆炸物品的；

（四）有本条例规定的其他违反民用爆炸物品储存管理规定行为的。

第五十条　违反本条例规定，民用爆炸物品从业单位有下列情形之一的，由公安机关处2万元以上10万元以下的罚款；情节严重的，吊销其许可证；有违反治安管理行为的，依法给予治安管理处罚：

（一）违反安全管理制度，致使民用爆炸物品丢失、被盗、被抢的；

（二）民用爆炸物品丢失、被盗、被抢，未按照规定向当地公安机关报告或者故意隐瞒不报的；

（三）转让、出借、转借、抵押、赠送民用爆炸物品的。

第五十一条　违反本条例规定，携带民用爆炸物品搭乘公共交通工具或者进入公共场所，邮寄或者在托运的货物、行李、包裹、邮件中夹带民用爆炸物品，构成犯罪的，依法追究刑事责任；尚不构成犯罪的，由公安机关依法给予治安管理处罚，没收非法的民用爆炸物品，处1000元以上1万元以下的罚款。

第五十二条　民用爆炸物品从业单位的主要负责人未履行本条例规定的安全管理责任，导致发生重大伤亡事故或者造成其他严重后果，构成犯罪的，依法追究刑事责任；尚不构成犯罪的，对主要负责人给予撤职处分，对个人经营的投资人处2万元以上20万元以下的罚款。

第五十三条　国防科技工业主管部门、公安机关、工商行政管理部门的工作人员，在民用爆炸物品安全监督管理工作中滥用职权、玩忽职守或者徇私舞弊，构成犯罪的，依法追究刑事责任；尚不构成犯罪的，依法给予行政处分。

第八章　附　则

第五十四条　《民用爆炸物品生产许可证》、《民用爆炸物品销售许可证》，由国务院国防科技工业主管部门规定式样；《民用爆炸物品购买许可证》、《民用爆炸物品运输许可证》、《爆破作业单位许可证》、《爆破作业人员许可证》，由国务院公安部门规定式样。

第五十五条　本条例自2006年9月1日起施行。1984年1月6日国务院发布的《中华人民共和国民用爆炸物品管理条例》同时废止。

防治海洋工程建设项目污染损害海洋环境管理条例

（中华人民共和国国务院令第475号，2006年9月19日颁布）

第一章 总 则

第一条 为了防治和减轻海洋工程建设项目（以下简称海洋工程）污染损害海洋环境，维护海洋生态平衡，保护海洋资源，根据《中华人民共和国海洋环境保护法》，制定本条例。

第二条 在中华人民共和国管辖海域内从事海洋工程污染损害海洋环境防治活动，适用本条例。

第三条 本条例所称海洋工程，是指以开发、利用、保护、恢复海洋资源为目的，并且工程主体位于海岸线向海一侧的新建、改建、扩建工程。具体包括：

（一）围填海、海上堤坝工程；

（二）人工岛、海上和海底物资储藏设施、跨海桥梁、海底隧道工程；

（三）海底管道、海底电（光）缆工程；

（四）海洋矿产资源勘探开发及其附属工程；

（五）海上潮汐电站、波浪电站、温差电站等海洋能源开发利用工程；

（六）大型海水养殖场、人工鱼礁工程；

（七）盐田、海水淡化等海水综合利用工程；

（八）海上娱乐及运动、景观开发工程；

（九）国家海洋主管部门会同国务院环境保护主管部门规定的其他海洋工程。

第四条 国家海洋主管部门负责全国海洋工程环境保护工作的监督管理，并接受国务院环境保护主管部门的指导、协调和监督。沿海县级以上地方人民政府海洋主管部门负责本行政区域毗邻海域海洋工程环境保护工作的监督管理。

第五条 海洋工程的选址和建设应当符合海洋功能区划、海洋环境保护规划和国家有关环境保护标准，不得影响海洋功能区的环境质量或者损害相邻海域的功能。

第六条 国家海洋主管部门根据国家重点海域污染物排海总量控制指标，分配重点海域海洋工程污染物排海控制数量。

第七条 任何单位和个人对海洋工程污染损害海洋环境、破坏海洋生态等违法行为，都有权向海洋主管部门进行举报。

接到举报的海洋主管部门应当依法进行调查处理，并为举报人保密。

第二章 环境影响评价

第八条 国家实行海洋工程环境影响评价制度。

海洋工程的环境影响评价，应当以工程对海洋环境和海洋资源的影响为重点进行综合分析、预测和评估，并提出相应的生态保护措施，预防、控制或者减轻工程对海洋环境和海洋资源造成的影响和破坏。

海洋工程环境影响报告书应当依据海洋工程环境影响评价技术标准及其他相关环境保护标准编制。编制环境影响报告书应当使用符合国家海洋主管部门要求的调查、监测资料。

第九条 海洋工程环境影响报告书应当包括下列内容：

（一）工程概况；

（二）工程所在海域环境现状和相邻海域开发利用情况；

（三）工程对海洋环境和海洋资源可能造成影响的分析、预测和评估；

（四）工程对相邻海域功能和其他开发利用活动影响的分析及预测；

（五）工程对海洋环境影响的经济损益分析和环境风险分析；

（六）拟采取的环境保护措施及其经济、

技术论证；

（七）公众参与情况；

（八）环境影响评价结论。海洋工程可能对海岸生态环境产生破坏的，其环境影响报告书中应当增加工程对近岸自然保护区等陆地生态系统影响的分析和评价。

第十条 新建、改建、扩建海洋工程的建设单位，应当委托具有相应环境影响评价资质的单位编制环境影响报告书，报有核准权的海洋主管部门核准。

海洋主管部门在核准海洋工程环境影响报告书前，应当征求海事、渔业主管部门和军队环境保护部门的意见；必要时，可以举行听证会。其中，围填海工程必须举行听证会。

海洋主管部门在核准海洋工程环境影响报告书后，应当将核准后的环境影响报告书报同级环境保护主管部门备案，接受环境保护主管部门的监督。

海洋工程建设单位在办理项目审批、核准、备案手续时，应当提交经海洋主管部门核准的海洋工程环境影响报告书。

第十一条 下列海洋工程的环境影响报告书，由国家海洋主管部门核准：

（一）涉及国家海洋权益、国防安全等特殊性质的工程；

（二）海洋矿产资源勘探开发及其附属工程；

（三）50公顷以上的填海工程，100公顷以上的围海工程；

（四）潮汐电站、波浪电站、温差电站等海洋能源开发利用工程；

（五）由国务院或者国务院有关部门审批的海洋工程。

前款规定以外的海洋工程的环境影响报告书，由沿海县级以上地方人民政府海洋主管部门根据沿海省、自治区、直辖市人民政府规定的权限核准。

海洋工程可能造成跨区域环境影响并且有关海洋主管部门对环境影响评价结论有争议的，该工程的环境影响报告书由其共同的上一级海洋主管部门核准。

第十二条 海洋主管部门应当自收到海洋工程环境影响报告书之日起60个工作日内，作出是否核准的决定，书面通知建设单位。

需要补充材料的，应当及时通知建设单位，核准期限从材料补齐之日起重新计算。

第十三条 海洋工程环境影响报告书核准后，工程的性质、规模、地点、生产工艺或者拟采取的环境保护措施等发生重大改变的，建设单位应当委托具有相应环境影响评价资质的单位重新编制环境影响报告书，报原核准该工程环境影响报告书的海洋主管部门核准；海洋工程自环境影响报告书核准之日起超过5年方开工建设的，应当在工程开工建设前，将该工程的环境影响报告书报原核准该工程环境影响报告书的海洋主管部门重新核准。

海洋主管部门在重新核准海洋工程环境影响报告书后，应当将重新核准后的环境影响报告书报同级环境保护主管部门备案。

第十四条 建设单位可以采取招标方式确定海洋工程的环境影响评价单位。其他任何单位和个人不得为海洋工程指定环境影响评价单位。

第十五条 从事海洋工程环境影响评价的单位和有关技术人员，应当按照国务院环境保护主管部门的规定，取得相应的资质证书和资格证书。

国务院环境保护主管部门在颁发海洋工程环境影响评价单位的资质证书前，应当征求国家海洋主管部门的意见。

第三章 海洋工程的污染防治

第十六条 海洋工程的环境保护设施应当与主体工程同时设计、同时施工、同时投产使用。

第十七条 海洋工程的初步设计，应当按照环境保护设计规范和经核准的环境影响报告书的要求，编制环境保护篇章，落实环境保护措施和环境保护投资概算。

第十八条 建设单位应当在海洋工程投入运行之日30个工作日前，向原核准该工程环境影响报告书的海洋主管部门申请环境保护设施的验收；海洋工程投入试运行的，应当自该工程投入试运行之日起60个工作日内，向原核准该工程环境影响报告书的海洋主管部门申请环境保护设施的验收。

分期建设、分期投入运行的海洋工程，其相应的环境保护设施应当分期验收。

第十九条 海洋主管部门应当自收到环境保护设施验收申请之日起30个工作日内完成验收；验收不合格的，应当限期整改。

海洋工程需要配套建设的环境保护设施未经海洋主管部门验收或者经验收不合格的，该工程不得投入运行。

建设单位不得擅自拆除或者闲置海洋工程的环境保护设施。

第二十条 海洋工程在建设、运行过程中产生不符合经核准的环境影响报告书的情形的，建设单位应当自该情形出现之日起20个工作日内组织环境影响的后评价，根据后评价结论采取改进措施，并将后评价结论和采取的改进措施报原核准该工程环境影响报告书的海洋主管部门备案；原核准该工程环境影响报告书的海洋主管部门也可以责成建设单位进行环境影响的后评价，采取改进措施。

第二十一条 严格控制围填海工程。禁止在经济生物的自然产卵场、繁殖场、索饵场和鸟类栖息地进行围填海活动。

围填海工程使用的填充材料应当符合有关环境保护标准。

第二十二条 建设海洋工程，不得造成领海基点及其周围环境的侵蚀、淤积和损害，危及领海基点的稳定。

进行海上堤坝、跨海桥梁、海上娱乐及运动、景观开发工程建设的，应当采取有效措施防止对海岸的侵蚀或者淤积。

第二十三条 污水离岸排放工程排污口的设置应当符合海洋功能区划和海洋环境保护规划，不得损害相邻海域的功能。

污水离岸排放不得超过国家或者地方规定的排放标准。在实行污染物排海总量控制的海域，不得超过污染物排海总量控制指标。

第二十四条 从事海水养殖的养殖者，应当采取科学的养殖方式，减少养殖饵料对海洋环境的污染。因养殖污染海域或者严重破坏海洋景观的，养殖者应当予以恢复和整治。

第二十五条 建设单位在海洋固体矿产资源勘探开发工程的建设、运行过程中，应当采取有效措施，防止污染物大范围悬浮扩散，破坏海洋环境。

第二十六条 海洋油气矿产资源勘探开发作业中应当配备油水分离设施、含油污水处理设备、排油监控装置、残油和废油回收设施、垃圾粉碎设备。

海洋油气矿产资源勘探开发作业中所使用的固定式平台、移动式平台、浮式储油装置、输油管线及其他辅助设施，应当符合防渗、防漏、防腐蚀的要求；作业单位应当经常检查，防止发生漏油事故。

前款所称固定式平台和移动式平台，是指海洋油气矿产资源勘探开发作业中所使用的钻井船、钻井平台、采油平台和其他平台。

第二十七条 海洋油气矿产资源勘探开发单位应当办理有关污染损害民事责任保险。

第二十八条 海洋工程建设过程中需要进行海上爆破作业的，建设单位应当在爆破作业前报告海洋主管部门，海洋主管部门应当及时通报海事、渔业等有关部门。

进行海上爆破作业，应当设置明显的标志、信号，并采取有效措施保护海洋资源。在重要渔业水域进行炸药爆破作业或者进行其他可能对渔业资源造成损害的作业活动的，应当避开主要经济类鱼虾的产卵期。

第二十九条 海洋工程需要拆除或者改作他用的，应当报原核准该工程环境影响报告书的海洋主管部门批准。拆除或者改变用途后可能产生重大环境影响的，应当进行环境影响评价。

海洋工程需要在海上弃置的，应当拆除可能造成海洋环境污染损害或者影响海洋资源开发利用的部分，并按照有关海洋倾倒废弃物管理的规定进行。

海洋工程拆除时，施工单位应当编制拆除的环境保护方案，采取必要的措施，防止对海洋环境造成污染和损害。

第四章 污染物排放管理

第三十条 海洋油气矿产资源勘探开发作

业中产生的污染物的处置，应当遵守下列规定：

（一）含油污水不得直接或者经稀释排放入海，应当经处理符合国家有关排放标准后再排放；

（二）塑料制品、残油、废油、油基泥浆、含油垃圾和其他有毒有害残液残渣，不得直接排放或者弃置入海，应当集中储存在专门容器中，运回陆地处理。

第三十一条 严格控制向水基泥浆中添加油类，确需添加的，应当如实记录并向原核准该工程环境影响报告书的海洋主管部门报告添加油的种类和数量。禁止向海域排放含油量超过国家规定标准的水基泥浆和钻屑。

第三十二条 建设单位在海洋工程试运行或者正式投入运行后，应当如实记录污染物排放设施、处理设备的运转情况及其污染物的排放、处置情况，并按照国家海洋主管部门的规定，定期向原核准该工程环境影响报告书的海洋主管部门报告。

第三十三条 县级以上人民政府海洋主管部门，应当按照各自的权限核定海洋工程排放污染物的种类、数量，根据国务院价格主管部门和财政部门制定的收费标准确定排污者应当缴纳的排污费数额。

排污者应当到指定的商业银行缴纳排污费。

第三十四条 海洋油气矿产资源勘探开发作业中应当安装污染物流量自动监控仪器，对生产污水、机舱污水和生活污水的排放进行计量。

第三十五条 禁止向海域排放油类、酸液、碱液、剧毒废液和高、中水平放射性废水；严格限制向海域排放低水平放射性废水，确需排放的，应当符合国家放射性污染防治标准。

严格限制向大气排放含有毒物质的气体，确需排放的，应当经过净化处理，并不得超过国家或者地方规定的排放标准；向大气排放含放射性物质的气体，应当符合国家放射性污染防治标准。

严格控制向海域排放含有不易降解的有机物和重金属的废水；其他污染物的排放应当符合国家或者地方标准。

第三十六条 海洋工程排污费全额纳入财政预算，实行“收支两条线”管理，并全部专项用于海洋环境污染防治。具体办法由国务院财政部门会同国家海洋主管部门制定。

第五章 污染事故的预防和处理

第三十七条 建设单位应当在海洋工程正式投入运行前制定防治海洋工程污染损害海洋环境的应急预案，报原核准该工程环境影响报告书的海洋主管部门和有关主管部门备案。

第三十八条 防治海洋工程污染损害海洋环境的应急预案应当包括以下内容：

（一）工程及其相邻海域的环境、资源状况；

（二）污染事故风险分析；

（三）应急设施的配备；

（四）污染事故的处理方案。

第三十九条 海洋工程在建设、运行期间，由于发生事故或者其他突发性事件，造成或者可能造成海洋环境污染事故时，建设单位应当立即向可能受到污染的沿海县级以上地方人民政府海洋主管部门或者其他有关主管部门报告，并采取有效措施，减轻或者消除污染，同时通报可能受到危害的单位和个人。

沿海县级以上地方人民政府海洋主管部门或者其他有关主管部门接到报告后，应当按照污染事故分级规定及时向县级以上人民政府和上级有关主管部门报告。县级以上人民政府和有关主管部门应当按照各自的职责，立即派人赶赴现场，采取有效措施，消除或者减轻危害，对污染事故进行调查处理。

第四十条 在海洋自然保护区内进行海洋工程建设活动，应当按照国家有关海洋自然保护区的规定执行。

第六章 监督检查

第四十一条 县级以上人民政府海洋主管部门负责海洋工程污染损害海洋环境防治的监督检查，对违反海洋污染防治法律、法规的行为进行查处。

县级以上人民政府海洋主管部门的监督检查人员应当严格按照法律、法规规定的程序和权限进行监督检查。

第四十二条 县级以上人民政府海洋主管部门依法对海洋工程进行现场检查时，有权采取下列措施：

（一）要求被检查单位或者个人提供与环境保护有关的文件、证件、数据以及技术资料等，进行查阅或者复制；

（二）要求被检查单位负责人或者相关人员就有关问题作出说明；

（三）进入被检查单位的工作现场进行监测、勘查、取样检验、拍照、摄像；

（四）检查各项环境保护设施、设备和器材的安装、运行情况；

（五）责令违法者停止违法活动，接受调查处理；

（六）要求违法者采取有效措施，防止污染事态扩大。

第四十三条 县级以上人民政府海洋主管部门的监督检查人员进行现场执法检查时，应当出示规定的执法证件。用于执法检查、巡航监视的公务飞机、船舶和车辆应当有明显的执法标志。

第四十四条 被检查单位和个人应当如实提供材料，不得拒绝或者阻碍监督检查人员依法执行公务。

有关单位和个人对海洋主管部门的监督检查工作应当予以配合。

第四十五条 县级以上人民政府海洋主管部门对违反海洋污染防治法律、法规的行为，应当依法作出行政处理决定；有关海洋主管部门不依法作出行政处理决定的，上级海洋主管部门有权责令其依法作出行政处理决定或者直接作出行政处理决定。

第七章 法律责任

第四十六条 建设单位违反本条例规定，有下列行为之一的，由负责核准该工程环境影响报告书的海洋主管部门责令停止建设、运行，限期补办手续，并处5万元以上20万元以下的罚款：

（一）环境影响报告书未经核准，擅自开工建设的；

（二）海洋工程环境保护设施未申请验收或者经验收不合格即投入运行的。

第四十七条 建设单位违反本条例规定，有下列行为之一的，由原核准该工程环境影响报告书的海洋主管部门责令停止建设、运行，限期补办手续，并处5万元以上20万元以下的罚款：

（一）海洋工程的性质、规模、地点、生产工艺或者拟采取的环境保护措施发生重大改变，未重新编制环境影响报告书报原核准该工程环境影响报告书的海洋主管部门核准的；

（二）自环境影响报告书核准之日起超过5年，海洋工程方开工建设，其环境影响报告书未重新报原核准该工程环境影响报告书的海洋主管部门核准的；

（三）海洋工程需要拆除或者改作他用时，未报原核准该工程环境影响报告书的海洋主管部门批准或者未按要求进行环境影响评价的。

第四十八条 建设单位违反本条例规定，有下列行为之一的，由原核准该工程环境影响报告书的海洋主管部门责令限期改正；逾期不改正的，责令停止运行，并处1万元以上10万元以下的罚款：

（一）擅自拆除或者闲置环境保护设施的；

（二）未在规定时间内进行环境影响后评价或者未按要求采取整改措施的。

第四十九条 建设单位违反本条例规定，有下列行为之一的，由县级以上人民政府海洋主管部门责令停止建设、运行，限期恢复原状；逾期未恢复原状的，海洋主管部门可以指定具有相应资质的单位代为恢复原状，所需费用由建设单位承担，并处恢复原状所需费用1倍以上2倍以下的罚款：

（一）造成领海基点及其周围环境被侵蚀、淤积或者损害的；

（二）违反规定在海洋自然保护区内进行海洋工程建设活动的。

第五十条 建设单位违反本条例规定，在围填海工程中使用的填充材料不符合有关环境保护标准的，由县级以上人民政府海洋主管部门责令限期改正；逾期不改正的，责令停止建设、运行，并处5万元以上20万元以下的罚款；造成海洋环境污染事故，直接负责的主管人员和其他直接责任人员构成犯罪的，依法追究刑事责任。

第五十一条 建设单位违反本条例规定，有下列行为之一的，由原核准该工程环境影响报告书的海洋主管部门责令限期改正；逾期不改正的，处1万元以上5万元以下的罚款：

（一）未按规定报告污染物排放设施、处理设备的运转情况或者污染物的排放、处置情况的；

（二）未按规定报告其向水基泥浆中添加油的种类和数量的；

（三）未按规定将防治海洋工程污染损害海洋环境的应急预案备案的；

（四）在海上爆破作业前未按规定报告海洋主管部门的；

（五）进行海上爆破作业时，未按规定设置明显标志、信号的。

第五十二条 建设单位违反本条例规定，进行海上爆破作业时未采取有效措施保护海洋资源的，由县级以上人民政府海洋主管部门责令限期改正；逾期未改正的，处1万元以上10万元以下的罚款。

建设单位违反本条例规定，在重要渔业水域进行炸药爆破或者进行其他可能对渔业资源造成损害的作业，未避开主要经济类鱼虾产卵期的，由县级以上人民政府海洋主管部门予以警告、责令停止作业，并处5万元以上20万元以下的罚款。

第五十三条 海洋油气矿产资源勘探开发单位违反本条例规定向海洋排放含油污水，或者将塑料制品、残油、废油、油基泥浆、含油垃圾和其他有毒有害残液残渣直接排放或者弃置入海的，由国家海洋主管部门或者其派出机构责令限期清理，并处2万元以上20万元以下的罚款；逾期未清理的，国家海洋主管部门或者其派出机构可以指定有相应资质的单位代为清理，所需费用由海洋油气矿产资源勘探开发单位承担；造成海洋环境污染事故，直接负责的主管人员和其他直接责任人员构成犯罪的，依法追究刑事责任。

第五十四条 海水养殖者未按规定采取科学的养殖方式，对海洋环境造成污染或者严重影响海洋景观的，由县级以上人民政府海洋主管部门责令限期改正；逾期不改正的，责令停止养殖活动，并处清理污染或者恢复海洋景观所需费用1倍以上2倍以下的罚款。

第五十五条 建设单位未按本条例规定缴纳排污费的，由县级以上人民政府海洋主管部门责令限期缴纳；逾期拒不缴纳的，处应缴纳排污费数额2倍以上3倍以下的罚款。

第五十六条 违反本条例规定，造成海洋环境污染损害的，责任者应当排除危害，赔偿损失。完全由于第三者的故意或者过失造成海洋环境污染损害的，由第三者排除危害，承担赔偿责任。

违反本条例规定，造成海洋环境污染事故，直接负责的主管人员和其他直接责任人员构成犯罪的，依法追究刑事责任。

第五十七条 海洋主管部门的工作人员违反本条例规定，有下列情形之一的，依法给予行政处分；构成犯罪的，依法追究刑事责任：

（一）未按规定核准海洋工程环境影响报告书的；

（二）未按规定验收环境保护设施的；

（三）未按规定对海洋环境污染事故进行报告和调查处理的；

（四）未按规定征收排污费的；

（五）未按规定进行监督检查的。

第八章 附 则

第五十八条 船舶污染的防治按照国家有关法律、行政法规的规定执行。

第五十九条 本条例自2006年11月1日起施行。

生产安全事故报告和调查处理条例

（中华人民共和国国务院令第493号，2007年4月9日颁布）

第一章 总 则

第一条 为了规范生产安全事故的报告和调查处理，落实生产安全事故责任追究制度，防止和减少生产安全事故，根据《中华人民共和国安全生产法》和有关法律，制定本条例。

第二条 生产经营活动中发生的造成人身伤亡或者直接经济损失的生产安全事故的报告和调查处理，适用本条例；环境污染事故、核设施事故、国防科研生产事故的报告和调查处理不适用本条例。

第三条 根据生产安全事故（以下简称事故）造成的人员伤亡或者直接经济损失，事故一般分为以下等级：

（一）特别重大事故，是指造成30人以上死亡，或者100人以上重伤（包括急性工业中毒，下同），或者1亿元以上直接经济损失的事故；

（二）重大事故，是指造成10人以上30人以下死亡，或者50人以上100人以下重伤，或者5000万元以上1亿元以下直接经济损失的事故；

（三）较大事故，是指造成3人以上10人以下死亡，或者10人以上50人以下重伤，或者1000万元以上5000万元以下直接经济损失的事故；

（四）一般事故，是指造成3人以下死亡，或者10人以下重伤，或者1000万元以下直接经济损失的事故。

国务院安全生产监督管理部门可以会同国务院有关部门，制定事故等级划分的补充性规定。

本条第一款所称的“以上”包括本数，所称的“以下”不包括本数。

第四条 事故报告应当及时、准确、完整，任何单位和个人对事故不得迟报、漏报、谎报或者瞒报。

事故调查处理应当坚持实事求是、尊重科学的原则，及时、准确地查清事故经过、事故原因和事故损失，查明事故性质，认定事故责任，总结事故教训，提出整改措施，并对事故责任者依法追究责任。

第五条 县级以上人民政府应当依照本条例的规定，严格履行职责，及时、准确地完成事故调查处理工作。

事故发生地有关地方人民政府应当支持、配合上级人民政府或者有关部门的事故调查处理工作，并提供必要的便利条件。

参加事故调查处理的部门和单位应当互相配合，提高事故调查处理工作的效率。

第六条 工会依法参加事故调查处理，有权向有关部门提出处理意见。

第七条 任何单位和个人不得阻挠和干涉对事故的报告和依法调查处理。

第八条 对事故报告和调查处理中的违法行为，任何单位和个人有权向安全生产监督管理部门、监察机关或者其他有关部门举报，接到举报的部门应当依法及时处理。

第二章 事故报告

第九条 事故发生后，事故现场有关人员应当立即向本单位负责人报告；单位负责人接到报告后，应当于1小时内向事故发生地县级以上人民政府安全生产监督管理部门和负有安全生产监督管理职责的有关部门报告。

情况紧急时，事故现场有关人员可以直接向事故发生地县级以上人民政府安全生产监督管理部门和负有安全生产监督管理职责的有关部门报告。

第十条 安全生产监督管理部门和负有安

全生产监督管理职责的有关部门接到事故报告后，应当依照下列规定上报事故情况，并通知公安机关、劳动保障行政部门、工会和人民检察院：

（一）特别重大事故、重大事故逐级上报至国务院安全生产监督管理部门和负有安全生产监督管理职责的有关部门；

（二）较大事故逐级上报至省、自治区、直辖市人民政府安全生产监督管理部门和负有安全生产监督管理职责的有关部门；

（三）一般事故上报至设区的市级人民政府安全生产监督管理部门和负有安全生产监督管理职责的有关部门。

安全生产监督管理部门和负有安全生产监督管理职责的有关部门依照前款规定上报事故情况，应当同时报告本级人民政府。国务院安全生产监督管理部门和负有安全生产监督管理职责的有关部门以及省级人民政府接到发生特别重大事故、重大事故的报告后，应当立即报告国务院。

必要时，安全生产监督管理部门和负有安全生产监督管理职责的有关部门可以越级上报事故情况。

第十一条 安全生产监督管理部门和负有安全生产监督管理职责的有关部门逐级上报事故情况，每级上报的时间不得超过2小时。

第十二条 报告事故应当包括下列内容：

（一）事故发生单位概况；

（二）事故发生的时间、地点以及事故现场情况；

（三）事故的简要经过；

（四）事故已经造成或者可能造成的伤亡人数（包括下落不明的人数）和初步估计的直接经济损失；

（五）已经采取的措施；

（六）其他应当报告的情况。

第十三条 事故报告后出现新情况的，应当及时补报。

自事故发生之日起30日内，事故造成的伤亡人数发生变化的，应当及时补报。道路交通事故、火灾事故自发生之日起7日内，事故造成的伤亡人数发生变化的，应当及时补报。

第十四条 事故发生单位负责人接到事故报告后，应当立即启动事故相应应急预案，或者采取有效措施，组织抢救，防止事故扩大，减少人员伤亡和财产损失。

第十五条 事故发生地有关地方人民政府、安全生产监督管理部门和负有安全生产监督管理职责的有关部门接到事故报告后，其负责人应当立即赶赴事故现场，组织事故救援。

第十六条 事故发生后，有关单位和人员应当妥善保护事故现场以及相关证据，任何单位和个人不得破坏事故现场、毁灭相关证据。

因抢救人员、防止事故扩大以及疏通交通等原因，需要移动事故现场物件的，应当做出标志，绘制现场简图并做出书面记录，妥善保存现场重要痕迹、物证。

第十七条 事故发生地公安机关根据事故的情况，对涉嫌犯罪的，应当依法立案侦查，采取强制措施和侦查措施。犯罪嫌疑人逃匿的，公安机关应当迅速追捕归案。

第十八条 安全生产监督管理部门和负有安全生产监督管理职责的有关部门应当建立值班制度，并向社会公布值班电话，受理事故报告和举报。

第三章 事故调查

第十九条 特别重大事故由国务院或者国务院授权有关部门组织事故调查组进行调查。

重大事故、较大事故、一般事故分别由事故发生地省级人民政府、设区的市级人民政府、县级人民政府负责调查。省级人民政府、设区的市级人民政府、县级人民政府可以直接组织事故调查组进行调查，也可以授权或者委托有关部门组织事故调查组进行调查。

未造成人员伤亡的一般事故，县级人民政府也可以委托事故发生单位组织事故调查组进行调查。

第二十条 上级人民政府认为必要时，可以调查由下级人民政府负责调查的事故。

自事故发生之日起30日内（道路交通事故、火灾事故自发生之日起7日内），因事故伤亡人数变化导致事故等级发生变化，依照本条例规定应当由上级人民政府负责调查的，上级人民政府可以另行组织事故调查组进行调查。

第二十一条 特别重大事故以下等级事故，事故发生地与事故发生单位不在同一个县级以上行政区域的，由事故发生地人民政府负责调查，事故发生单位所在地人民政府应当派人参加。

第二十二条 事故调查组的组成应当遵循精简、效能的原则。

根据事故的具体情况，事故调查组由有关人民政府、安全生产监督管理部门、负有安全生产监督管理职责的有关部门、监察机关、公安机关以及工会派人组成，并应当邀请人民检察院派人参加。

事故调查组可以聘请有关专家参与调查。

第二十三条 事故调查组成员应当具有事故调查所需要的知识和专长，并与所调查的事故没有直接利害关系。

第二十四条 事故调查组组长由负责事故调查的人民政府指定。事故调查组组长主持事故调查组的工作。

第二十五条 事故调查组履行下列职责：

（一）查明事故发生的经过、原因、人员伤亡情况及直接经济损失；

（二）认定事故的性质和事故责任；

（三）提出对事故责任者的处理建议；

（四）总结事故教训，提出防范和整改措施；

（五）提交事故调查报告。

第二十六条 事故调查组有权向有关单位和个人了解与事故有关的情况，并要求其提供相关文件、资料，有关单位和个人不得拒绝。

事故发生单位的负责人和有关人员在事故调查期间不得擅离职守，并应当随时接受事故调查组的询问，如实提供有关情况。

事故调查中发现涉嫌犯罪的，事故调查组应当及时将有关材料或者其复印件移交司法机关处理。

第二十七条 事故调查中需要进行技术鉴定的，事故调查组应当委托具有国家规定资质的单位进行技术鉴定。必要时，事故调查组可以直接组织专家进行技术鉴定。技术鉴定所需时间不计入事故调查期限。

第二十八条 事故调查组成员在事故调查工作中应当诚信公正、恪尽职守，遵守事故调查组的纪律，保守事故调查的秘密。

未经事故调查组组长允许，事故调查组成员不得擅自发布有关事故的信息。

第二十九条 事故调查组应当自事故发生之日起60日内提交事故调查报告；特殊情况下，经负责事故调查的人民政府批准，提交事故调查报告的期限可以适当延长，但延长的期限最长不超过60日。

第三十条 事故调查报告应当包括下列内容：

（一）事故发生单位概况；

（二）事故发生经过和事故救援情况；

（三）事故造成的人员伤亡和直接经济损失；

（四）事故发生的原因和事故性质；

（五）事故责任的认定以及对事故责任者的处理建议；

（六）事故防范和整改措施。

事故调查报告应当附具有关证据材料。事故调查组成员应当在事故调查报告上签名。

第三十一条 事故调查报告报送负责事故调查的人民政府后，事故调查工作即告结束。事故调查的有关资料应当归档保存。

第四章　事故处理

第三十二条 重大事故、较大事故、一般事故，负责事故调查的人民政府应当自收到事故调查报告之日起15日内做出批复；特别重大事故，30日内做出批复，特殊情况下，批复时间可以适当延长，但延长的时间最长不超过30日。

有关机关应当按照人民政府的批复，依照法律、行政法规规定的权限和程序，对事故发生单位和有关人员进行行政处罚，对负有事故责任的国家工作人员进行处分。

事故发生单位应当按照负责事故调查的人民政府的批复，对本单位负有事故责任的人员进行处理。

负有事故责任的人员涉嫌犯罪的，依法追究刑事责任。

第三十三条 事故发生单位应当认真吸取事故教训，落实防范和整改措施，防止事故再次发生。防范和整改措施的落实情况应当接受工会和职工的监督。

安全生产监督管理部门和负有安全生产监督管理职责的有关部门应当对事故发生单位落实防范和整改措施的情况进行监督检查。

第三十四条 事故处理的情况由负责事故调查的人民政府或者其授权的有关部门、机构向社会公布，依法应当保密的除外。

第五章 法律责任

第三十五条 事故发生单位主要负责人有下列行为之一的，处上一年年收入 40 % 至 80 % 的罚款；属于国家工作人员的，并依法给予处分；构成犯罪的，依法追究刑事责任：

（一）不立即组织事故抢救的；

（二）迟报或者漏报事故的；

（三）在事故调查处理期间擅离职守的。

第三十六条 事故发生单位及其有关人员有下列行为之一的，对事故发生单位处 100 万元以上 500 万元以下的罚款；对主要负责人、直接负责的主管人员和其他直接责任人员处上一年年收入 60 % 至 100 % 的罚款；属于国家工作人员的，并依法给予处分；构成违反治安管理行为的，由公安机关依法给予治安管理处罚；构成犯罪的，依法追究刑事责任：

（一）谎报或者瞒报事故的；

（二）伪造或者故意破坏事故现场的；

（三）转移、隐匿资金、财产，或者销毁有关证据、资料的；

（四）拒绝接受调查或者拒绝提供有关情况和资料的；

（五）在事故调查中作伪证或者指使他人作伪证的；

（六）事故发生后逃匿的。

第三十七条 事故发生单位对事故发生负有责任的，依照下列规定处以罚款：

（一）发生一般事故的，处 10 万元以上 20 万元以下的罚款；

（二）发生较大事故的，处 20 万元以上 50 万元以下的罚款；

（三）发生重大事故的，处 50 万元以上 200 万元以下的罚款；

（四）发生特别重大事故的，处 200 万元以上 500 万元以下的罚款。

第三十八条 事故发生单位主要负责人未依法履行安全生产管理职责，导致事故发生的，依照下列规定处以罚款；属于国家工作人员的，并依法给予处分；构成犯罪的，依法追究刑事责任：

（一）发生一般事故的，处上一年年收入 30 % 的罚款；

（二）发生较大事故的，处上一年年收入 40 % 的罚款；

（三）发生重大事故的，处上一年年收入 60 % 的罚款；

（四）发生特别重大事故的，处上一年年收入 80 % 的罚款。

第三十九条 有关地方人民政府、安全生产监督管理部门和负有安全生产监督管理职责的有关部门有下列行为之一的，对直接负责的主管人员和其他直接责任人员依法给予处分；构成犯罪的，依法追究刑事责任：

（一）不立即组织事故抢救的；

（二）迟报、漏报、谎报或者瞒报事故的；

（三）阻碍、干涉事故调查工作的；

（四）在事故调查中作伪证或者指使他人作伪证的。

第四十条 事故发生单位对事故发生负有责任的，由有关部门依法暂扣或者吊销其有关证照；对事故发生单位负有事故责任的有关人员，依法暂停或者撤销其与安全生产有关的执业资格、岗位证书；事故发生单位主要负责人受到刑事处罚或者撤职处分的，自刑罚执行完毕或者受处分之日起，5 年内不得担任任何生产经营单位的主要负责人。

为发生事故的单位提供虚假证明的中介机构，由有关部门依法暂扣或者吊销其有关证照及其相关人员的执业资格；构成犯罪的，依法追究刑事责任。

第四十一条 参与事故调查的人员在事故调查中有下列行为之一的，依法给予处分；构成犯罪的，依法追究刑事责任：

（一）对事故调查工作不负责任，致使事故调查工作有重大疏漏的；

（二）包庇、袒护负有事故责任的人员或者借机打击报复的。

第四十二条 违反本条例规定，有关地方人民政府或者有关部门故意拖延或者拒绝落实经批复的对事故责任人的处理意见的，由监察机关对有关责任人员依法给予处分。

第四十三条 本条例规定的罚款的行政处罚，由安全生产监督管理部门决定。

法律、行政法规对行政处罚的种类、幅度和决定机关另有规定的，依照其规定。

第六章 附 则

第四十四条 没有造成人员伤亡，但是社会影响恶劣的事故，国务院或者有关地方人民政府认为需要调查处理的，依照本条例的有关规定执行。

国家机关、事业单位、人民团体发生的事故的报告和调查处理，参照本条例的规定执行。

第四十五条 特别重大事故以下等级事故的报告和调查处理，有关法律、行政法规或者国务院另有规定的，依照其规定。

第四十六条 本条例自2007年6月1日起施行。国务院1989年3月29日公布的《特别重大事故调查程序暂行规定》和1991年2月22日公布的《企业职工伤亡事故报告和处理规定》同时废止。

铁路交通事故应急救援和调查处理条例

（中华人民共和国国务院令第501号，2007年6月27日国务院第182次常务会议通过，2007年7月11日颁布，自2007年9月1日起施行）

第一章 总 则

第一条 为了加强铁路交通事故的应急救援工作，规范铁路交通事故调查处理，减少人员伤亡和财产损失，保障铁路运输安全和畅通，根据《中华人民共和国铁路法》和其他有关法律的规定，制定本条例。

第二条 铁路机车车辆在运行过程中与行人、机动车、非机动车、牲畜及其他障碍物相撞，或者铁路机车车辆发生冲突、脱轨、火灾、爆炸等影响铁路正常行车的铁路交通事故（以下简称事故）的应急救援和调查处理，适用本条例。

第三条 国务院铁路主管部门应当加强铁路运输安全监督管理，建立健全事故应急救援和调查处理的各项制度，按照国家规定的权限和程序，负责组织、指挥、协调事故的应急救援和调查处理工作。

第四条 铁路管理机构应当加强日常的铁路运输安全监督检查，指导、督促铁路运输企业落实事故应急救援的各项规定，按照规定的权限和程序，组织、参与、协调本辖区内事故的应急救援和调查处理工作。

第五条 国务院其他有关部门和有关地方人民政府应当按照各自的职责和分工，组织、参与事故的应急救援和调查处理工作。

第六条 铁路运输企业和其他有关单位、个人应当遵守铁路运输安全管理的各项规定，防止和避免事故的发生。

事故发生后，铁路运输企业和其他有关单位应当及时、准确地报告事故情况，积极开展应急救援工作，减少人员伤亡和财产损失，尽快恢复铁路正常行车。

第七条 任何单位和个人不得干扰、阻碍事故应急救援、铁路线路开通、列车运行和事故调查处理。

第二章　事故等级

第八条　根据事故造成的人员伤亡、直接经济损失、列车脱轨辆数、中断铁路行车时间等情形，事故等级分为特别重大事故、重大事故、较大事故和一般事故。

第九条　有下列情形之一的，为特别重大事故：

（一）造成30人以上死亡，或者100人以上重伤（包括急性工业中毒，下同），或者1亿元以上直接经济损失的；

（二）繁忙干线客运列车脱轨18辆以上并中断铁路行车48小时以上的；

（三）繁忙干线货运列车脱轨60辆以上并中断铁路行车48小时以上的。

第十条　有下列情形之一的，为重大事故：

（一）造成10人以上30人以下死亡，或者50人以上100人以下重伤，或者5000万元以上1亿元以下直接经济损失的；

（二）客运列车脱轨18辆以上的；

（三）货运列车脱轨60辆以上的；

（四）客运列车脱轨2辆以上18辆以下，并中断繁忙干线铁路行车24小时以上或者中断其他线路铁路行车48小时以上的；

（五）货运列车脱轨6辆以上60辆以下，并中断繁忙干线铁路行车24小时以上或者中断其他线路铁路行车48小时以上的。

第十一条　有下列情形之一的，为较大事故：

（一）造成3人以上10人以下死亡，或者10人以上50人以下重伤，或者1000万元以上5000万元以下直接经济损失的；

（二）客运列车脱轨2辆以上18辆以下的；

（三）货运列车脱轨6辆以上60辆以下的；

（四）中断繁忙干线铁路行车6小时以上的；

（五）中断其他线路铁路行车10小时以上的。

第十二条　造成3人以下死亡，或者10人以下重伤，或者1000万元以下直接经济损失的，为一般事故。

除前款规定外，国务院铁路主管部门可以对一般事故的其他情形作出补充规定。

第十三条　本章所称的“以上”包括本数，所称的“以下”不包括本数。

第三章　事故报告

第十四条　事故发生后，事故现场的铁路运输企业工作人员或者其他人员应当立即报告邻近铁路车站、列车调度员或者公安机关。有关单位和人员接到报告后，应当立即将事故情况报告事故发生地铁路管理机构。

第十五条　铁路管理机构接到事故报告，应当尽快核实有关情况，并立即报告国务院铁路主管部门；对特别重大事故、重大事故，国务院铁路主管部门应当立即报告国务院并通报国家安全生产监督管理等有关部门。

发生特别重大事故、重大事故、较大事故或者有人员伤亡的一般事故，铁路管理机构还应当通报事故发生地县级以上地方人民政府及其安全生产监督管理部门。

第十六条　事故报告应当包括下列内容：

（一）事故发生的时间、地点、区间（线名、公里、米）、事故相关单位和人员；

（二）发生事故的列车种类、车次、部位、计长、机车型号、牵引辆数、吨数；

（三）承运旅客人数或者货物品名、装载情况；

（四）人员伤亡情况，机车车辆、线路设施、道路车辆的损坏情况，对铁路行车的影响情况；

（五）事故原因的初步判断；

（六）事故发生后采取的措施及事故控制情况；

（七）具体救援请求。

事故报告后出现新情况的，应当及时补报。

第十七条　国务院铁路主管部门、铁路管理机构和铁路运输企业应当向社会公布事故报告值班电话，受理事故报告和举报。

第四章　事故应急救援

第十八条　事故发生后，列车司机或者运转车长应当立即停车，采取紧急处置措施；对无法处置的，应当立即报告邻近铁路车站、列车调度员进行处置。

为保障铁路旅客安全或者因特殊运输需要不宜停车的，可以不停车；但是，列车司机或者运转车长应当立即将事故情况报告邻近铁路车站、列车调度员，接到报告的邻近铁路车站、列车调度员应当立即进行处置。

第十九条 事故造成中断铁路行车的，铁路运输企业应当立即组织抢修，尽快恢复铁路正常行车；必要时，铁路运输调度指挥部门应当调整运输径路，减少事故影响。

第二十条 事故发生后，国务院铁路主管部门、铁路管理机构、事故发生地县级以上地方人民政府或者铁路运输企业应当根据事故等级启动相应的应急预案；必要时，成立现场应急救援机构。

第二十一条 现场应急救援机构根据事故应急救援工作的实际需要，可以借用有关单位和个人的设施、设备和其他物资。借用单位使用完毕应当及时归还，并支付适当费用；造成损失的，应当赔偿。

有关单位和个人应当积极支持、配合救援工作。

第二十二条 事故造成重大人员伤亡或者需要紧急转移、安置铁路旅客和沿线居民的，事故发生地县级以上地方人民政府应当及时组织开展救治和转移、安置工作。

第二十三条 国务院铁路主管部门、铁路管理机构或者事故发生地县级以上地方人民政府根据事故救援的实际需要，可以请求当地驻军、武装警察部队参与事故救援。

第二十四条 有关单位和个人应当妥善保护事故现场以及相关证据，并在事故调查组成立后将相关证据移交事故调查组。因事故救援、尽快恢复铁路正常行车需要改变事故现场的，应当做出标记、绘制现场示意图、制作现场视听资料，并做出书面记录。

任何单位和个人不得破坏事故现场，不得伪造、隐匿或者毁灭相关证据。

第二十五条 事故中死亡人员的尸体经法定机构鉴定后，应当及时通知死者家属认领；无法查找死者家属的，按照国家有关规定处理。

第五章 事故调查处理

第二十六条 特别重大事故由国务院或者国务院授权的部门组织事故调查组进行调查。

重大事故由国务院铁路主管部门组织事故调查组进行调查。

较大事故和一般事故由事故发生地铁路管理机构组织事故调查组进行调查；国务院铁路主管部门认为必要时，可以组织事故调查组对较大事故和一般事故进行调查。

根据事故的具体情况，事故调查组由有关人民政府、公安机关、安全生产监督管理部门、监察机关等单位派人组成，并应当邀请人民检察院派人参加。事故调查组认为必要时，可以聘请有关专家参与事故调查。

第二十七条 事故调查组应当按照国家有关规定开展事故调查，并在下列调查期限内向组织事故调查组的机关或者铁路管理机构提交事故调查报告：

（一）特别重大事故的调查期限为60日；

（二）重大事故的调查期限为30日；

（三）较大事故的调查期限为20日；

（四）一般事故的调查期限为10日。

事故调查期限自事故发生之日起计算。

第二十八条 事故调查处理，需要委托有关机构进行技术鉴定或者对铁路设备、设施及其他财产损失状况以及中断铁路行车造成的直接经济损失进行评估的，事故调查组应当委托具有国家规定资质的机构进行技术鉴定或者评估。技术鉴定或者评估所需时间不计入事故调查期限。

第二十九条 事故调查报告形成后，报经组织事故调查组的机关或者铁路管理机构同意，事故调查组工作即告结束。组织事故调查组的机关或者铁路管理机构应当自事故调查组工作结束之日起15日内，根据事故调查报告，制作事故认定书。

事故认定书是事故赔偿、事故处理以及事故责任追究的依据。

第三十条 事故责任单位和有关人员应当认真吸取事故教训，落实防范和整改措施，防止事故再次发生。

国务院铁路主管部门、铁路管理机构以及其他有关行政机关应当对事故责任单位和有关人员落实防范和整改措施的情况进行监督检查。

第三十一条 事故的处理情况，除依法应当保密的外，应当由组织事故调查组的机关或者铁路管理机构向社会公布。

第六章 事故赔偿

第三十二条 事故造成人身伤亡的，铁路运输企业应当承担赔偿责任；但是人身伤亡是不可抗力或者受害人自身原因造成的，铁路运输企业不承担赔偿责任。

违章通过平交道口或者人行过道，或者在铁路线路上行走、坐卧造成的人身伤亡，属于受害人自身的原因造成的人身伤亡。

第三十三条 事故造成铁路旅客人身伤亡和自带行李损失的，铁路运输企业对每名铁路旅客人身伤亡的赔偿责任限额为人民币 15 万元，对每名铁路旅客自带行李损失的赔偿责任限额为人民币 2000 元。

铁路运输企业与铁路旅客可以书面约定高于前款规定的赔偿责任限额。

第三十四条 事故造成铁路运输企业承运的货物、包裹、行李损失的，铁路运输企业应当依照《中华人民共和国铁路法》的规定承担赔偿责任。

第三十五条 除本条例第三十三条、第三十四条的规定外，事故造成其他人身伤亡或者财产损失的，依照国家有关法律、行政法规的规定赔偿。

第三十六条 事故当事人对事故损害赔偿有争议的，可以通过协商解决，或者请求组织事故调查组的机关或者铁路管理机构组织调解，也可以直接向人民法院提起民事诉讼。

第七章 法律责任

第三十七条 铁路运输企业及其职工违反法律、行政法规的规定，造成事故的，由国务院铁路主管部门或者铁路管理机构依法追究行政责任。

第三十八条 违反本条例的规定，铁路运输企业及其职工不立即组织救援，或者迟报、漏报、瞒报、谎报事故的，对单位，由国务院铁路主管部门或者铁路管理机构处 10 万元以上 50 万元以下的罚款；对个人，由国务院铁路主管部门或者铁路管理机构处 4000 元以上 2 万元以下的罚款；属于国家工作人员的，依法给予处分；构成犯罪的，依法追究刑事责任。

第三十九条 违反本条例的规定，国务院铁路主管部门、铁路管理机构以及其他行政机关未立即启动应急预案，或者迟报、漏报、瞒报、谎报事故的，对直接负责的主管人员和其他直接责任人员依法给予处分；构成犯罪的，依法追究刑事责任。

第四十条 违反本条例的规定，干扰、阻碍事故救援、铁路线路开通、列车运行和事故调查处理的，对单位，由国务院铁路主管部门或者铁路管理机构处 4 万元以上 20 万元以下的罚款；对个人，由国务院铁路主管部门或者铁路管理机构处 2000 元以上 1 万元以下的罚款；情节严重的，对单位，由国务院铁路主管部门或者铁路管理机构处 20 万元以上 100 万元以下的罚款；对个人，由国务院铁路主管部门或者铁路管理机构处 1 万元以上 5 万元以下的罚款；属于国家工作人员的，依法给予处分；构成违反治安管理行为的，由公安机关依法给予治安管理处罚；构成犯罪的，依法追究刑事责任。

第八章 附 则

第四十一条 本条例于 2007 年 9 月 1 日起施行。1979 年 7 月 16 日国务院批准发布的《火车与其他车辆碰撞和铁路路外人员伤亡事故处理暂行规定》和 1994 年 8 月 13 日国务院批准发布的《铁路旅客运输损害赔偿规定》同时废止。

民用核安全设备监督管理条例

（中华人民共和国国务院令第500号，2007年7月11日颁布）

第一章 总 则

第一条 为了加强对民用核安全设备的监督管理，保证民用核设施的安全运行，预防核事故，保障工作人员和公众的健康，保护环境，促进核能事业的顺利发展，制定本条例。

第二条 本条例所称民用核安全设备，是指在民用核设施中使用的执行核安全功能的设备，包括核安全机械设备和核安全电气设备。

民用核安全设备目录由国务院核安全监管部门商国务院有关部门制定并发布。

第三条 民用核安全设备设计、制造、安装和无损检验活动适用本条例。

民用核安全设备运离民用核设施现场进行的维修活动，适用民用核安全设备制造活动的有关规定。

第四条 国务院核安全监管部门对民用核安全设备设计、制造、安装和无损检验活动实施监督管理。

国务院核行业主管部门和其他有关部门依照本条例和国务院规定的职责分工负责有关工作。

第五条 民用核安全设备设计、制造、安装和无损检验单位，应当建立健全责任制度，加强质量管理，并对其所从事的民用核安全设备设计、制造、安装和无损检验活动承担全面责任。

民用核设施营运单位，应当对在役的民用核安全设备进行检查、试验、检验和维修，并对民用核安全设备的使用和运行安全承担全面责任。

第六条 民用核安全设备设计、制造、安装和无损检验活动应当符合国家有关产业政策。

国家鼓励民用核安全设备设计、制造、安装和无损检验的科学技术研究，提高安全水平。

第七条 任何单位和个人对违反本条例规定的行为，有权向国务院核安全监管部门举报。国务院核安全监管部门接到举报，应当及时调查处理，并为举报人保密。

第二章 标 准

第八条 民用核安全设备标准是从事民用核安全设备设计、制造、安装和无损检验活动的技术依据。

第九条 国家建立健全民用核安全设备标准体系。制定民用核安全设备标准，应当充分考虑民用核安全设备的技术发展和使用要求，结合我国的工业基础和技术水平，做到安全可靠、技术成熟、经济合理。

民用核安全设备标准包括国家标准、行业标准和企业标准。

第十条 涉及核安全基本原则和技术要求的民用核安全设备国家标准，由国务院核安全监管部门组织拟定，由国务院标准化主管部门和国务院核安全监管部门联合发布；其他的民用核安全设备国家标准，由国务院核行业主管部门组织拟定，经国务院核安全监管部门认可，由国务院标准化主管部门发布。

民用核安全设备行业标准，由国务院核行业主管部门组织拟定，经国务院核安全监管部门认可，由国务院核行业主管部门发布，并报国务院标准化主管部门备案。

制定民用核安全设备国家标准和行业标准，应当充分听取有关部门和专家的意见。

第十一条 尚未制定相应国家标准和行业标准的，民用核安全设备设计、制造、安装和无损检验单位应当采用经国务院核安全监管部门认可的标准。

第三章　许　可

第十二条　民用核安全设备设计、制造、安装和无损检验单位应当依照本条例规定申请领取许可证。

第十三条　申请领取民用核安全设备设计、制造、安装或者无损检验许可证的单位，应当具备下列条件：

（一）具有法人资格；

（二）有与拟从事活动相关或者相近的工作业绩，并且满5年以上；

（三）有与拟从事活动相适应的、经考核合格的专业技术人员，其中从事民用核安全设备焊接和无损检验活动的专业技术人员应当取得相应的资格证书；

（四）有与拟从事活动相适应的工作场所、设施和装备；

（五）有健全的管理制度和完善的质量保证体系，以及符合核安全监督管理规定的质量保证大纲。

申请领取民用核安全设备制造许可证或者安装许可证的单位，还应当制作有代表性的模拟件。

第十四条　申请领取民用核安全设备设计、制造、安装或者无损检验许可证的单位，应当向国务院核安全监管部门提出书面申请，并提交符合本条例第十三条规定条件的证明材料。

第十五条　国务院核安全监管部门应当自受理申请之日起45个工作日内完成审查，并对符合条件的颁发许可证，予以公告；对不符合条件的，书面通知申请单位并说明理由。

国务院核安全监管部门在审查过程中，应当组织专家进行技术评审，并征求国务院核行业主管部门和其他有关部门的意见。技术评审所需时间不计算在前款规定的期限内。

第十六条　民用核安全设备设计、制造、安装和无损检验许可证应当载明下列内容：

（一）单位名称、地址和法定代表人；

（二）准予从事的活动种类和范围；

（三）有效期限；

（四）发证机关、发证日期和证书编号。

第十七条　民用核安全设备设计、制造、安装和无损检验单位变更单位名称、地址或者法定代表人的，应当自变更工商登记之日起20日内，向国务院核安全监管部门申请办理许可证变更手续。

民用核安全设备设计、制造、安装和无损检验单位变更许可证规定的活动种类或者范围的，应当按照原申请程序向国务院核安全监管部门重新申请领取许可证。

第十八条　民用核安全设备设计、制造、安装和无损检验许可证有效期为5年。

许可证有效期届满，民用核安全设备设计、制造、安装和无损检验单位需要继续从事相关活动的，应当于许可证有效期届满6个月前，向国务院核安全监管部门提出延续申请。

国务院核安全监管部门应当在许可证有效期届满前作出是否准予延续的决定；逾期未作决定的，视为准予延续。

第十九条　禁止无许可证擅自从事或者不按照许可证规定的活动种类和范围从事民用核安全设备设计、制造、安装和无损检验活动。

禁止委托未取得相应许可证的单位进行民用核安全设备设计、制造、安装和无损检验活动。

禁止伪造、变造、转让许可证。

第四章　设计、制造、安装和无损检验

第二十条　民用核安全设备设计、制造、安装和无损检验单位，应当提高核安全意识，建立完善的质量保证体系，确保民用核安全设备的质量和可靠性。

民用核设施营运单位，应当对民用核安全设备设计、制造、安装和无损检验活动进行质量管理和过程控制，做好监造和验收工作。

第二十一条　民用核安全设备设计、制造、安装和无损检验单位，应当根据其质量保证大纲和民用核设施营运单位的要求，在民用核安全设备设计、制造、安装和无损检验活动开始前编制项目质量保证分大纲，并经民用核设施营运单位审查同意。

第二十二条　民用核安全设备设计单位，应当在设计活动开始30日前，将下列文件报国务院核安全监管部门备案：

（一）项目设计质量保证分大纲和程序清单；

（二）设计内容和设计进度计划；

（三）设计遵循的标准和规范目录清单，设计中使用的计算机软件清单；

（四）设计验证活动清单。

第二十三条 民用核安全设备制造、安装单位，应当在制造、安装活动开始30日前，将下列文件报国务院核安全监管部门备案：

（一）项目制造、安装质量保证分大纲和程序清单；

（二）制造、安装技术规格书；

（三）分包项目清单；

（四）制造、安装质量计划。

第二十四条 民用核安全设备设计、制造、安装和无损检验单位，不得将国务院核安全监管部门确定的关键工艺环节分包给其他单位。

第二十五条 民用核安全设备制造、安装、无损检验单位和民用核设施营运单位，应当聘用取得民用核安全设备焊工、焊接操作工和无损检验人员资格证书的人员进行民用核安全设备焊接和无损检验活动。

民用核安全设备焊工、焊接操作工由国务院核安全监管部门核准颁发资格证书。民用核安全设备无损检验人员由国务院核行业主管部门按照国务院核安全监管部门的规定统一组织考核，经国务院核安全监管部门核准，由国务院核行业主管部门颁发资格证书。

民用核安全设备焊工、焊接操作工和无损检验人员在民用核安全设备焊接和无损检验活动中，应当严格遵守操作规程。

第二十六条 民用核安全设备无损检验单位应当客观、准确地出具无损检验结果报告。无损检验结果报告经取得相应资格证书的无损检验人员签字方为有效。

民用核安全设备无损检验单位和无损检验人员对无损检验结果报告负责。

第二十七条 民用核安全设备设计单位应当对其设计进行设计验证。设计验证由未参与原设计的专业人员进行。

设计验证可以采用设计评审、鉴定试验或者不同于设计中使用的计算方法的其他计算方法等形式。

第二十八条 民用核安全设备制造、安装单位应当对民用核安全设备的制造、安装质量进行检验。未经检验或者经检验不合格的，不得交付验收。

第二十九条 民用核设施营运单位应当对民用核安全设备质量进行验收。有下列情形之一的，不得验收通过：

（一）不能按照质量保证要求证明质量受控的；

（二）出现重大质量问题未处理完毕的。

第三十条 民用核安全设备设计、制造、安装和无损检验单位，应当对本单位所从事的民用核安全设备设计、制造、安装和无损检验活动进行年度评估，并于每年4月1日前向国务院核安全监管部门提交上一年度的评估报告。

评估报告应当包括本单位工作场所、设施、装备和人员等变动情况，质量保证体系实施情况，重大质量问题处理情况以及国务院核安全监管部门和民用核设施营运单位提出的整改要求落实情况等内容。

民用核安全设备设计、制造、安装和无损检验单位对本单位在民用核安全设备设计、制造、安装和无损检验活动中出现的重大质量问题，应当立即采取处理措施，并向国务院核安全监管部门报告。

第五章 进出口

第三十一条 为中华人民共和国境内民用核设施进行民用核安全设备设计、制造、安装和无损检验活动的境外单位，应当具备下列条件：

（一）遵守中华人民共和国的法律、行政法规和核安全监督管理规定；

（二）已取得所在国核安全监管部门规定的相应资质；

（三）使用的民用核安全设备设计、制造、安装和无损检验技术是成熟的或者经过验证的；

（四）采用中华人民共和国的民用核安全设备国家标准、行业标准或者国务院核安全监管部门认可的标准。

第三十二条 为中华人民共和国境内民用

核设施进行民用核安全设备设计、制造、安装和无损检验活动的境外单位，应当事先到国务院核安全监管部门办理注册登记手续。国务院核安全监管部门应当将境外单位注册登记情况抄送国务院核行业主管部门和其他有关部门。

注册登记的具体办法由国务院核安全监管部门制定。

第三十三条 国务院核安全监管部门及其所属的检验机构应当依法对进口的民用核安全设备进行安全检验。

进口的民用核安全设备在安全检验合格后，由出入境检验机构进行商品检验。

第三十四条 国务院核安全监管部门根据需要，可以对境外单位为中华人民共和国境内民用核设施进行的民用核安全设备设计、制造、安装和无损检验活动实施核安全监督检查。

第三十五条 民用核设施营运单位应当在对外贸易合同中约定有关民用核安全设备监造、装运前检验和监装等方面的要求。

第三十六条 民用核安全设备的出口管理依照有关法律、行政法规的规定执行。

第六章 监督检查

第三十七条 国务院核安全监管部门及其派出机构，依照本条例规定对民用核安全设备设计、制造、安装和无损检验活动进行监督检查。监督检查分为例行检查和非例行检查。

第三十八条 国务院核安全监管部门及其派出机构在进行监督检查时，有权采取下列措施：

（一）向被检查单位的法定代表人和其他有关人员调查、了解情况；

（二）进入被检查单位进行现场调查或者核查；

（三）查阅、复制相关文件、记录以及其他有关资料；

（四）要求被检查单位提交有关情况说明或者后续处理报告；

（五）对有证据表明可能存在重大质量问题的民用核安全设备或者其主要部件，予以暂时封存。

被检查单位应当予以配合，如实反映情况，提供必要资料，不得拒绝和阻碍。

第三十九条 国务院核安全监管部门及其派出机构在进行监督检查时，应当对检查的内容、发现的问题以及处理情况作出记录，并由监督检查人员和被检查单位的有关负责人签字确认。被检查单位的有关负责人拒绝签字的，监督检查人员应当将有关情况记录在案。

第四十条 民用核安全设备监督检查人员在进行监督检查时，应当出示证件，并为被检查单位保守技术秘密和业务秘密。

民用核安全设备监督检查人员不得滥用职权侵犯企业的合法权益，或者利用职务上的便利索取、收受财物。

民用核安全设备监督检查人员不得从事或者参与民用核安全设备经营活动。

第四十一条 国务院核安全监管部门发现民用核安全设备设计、制造、安装和无损检验单位有不符合发证条件的情形的，应当责令其限期整改。

第四十二条 国务院核行业主管部门应当加强对本行业民用核设施营运单位的管理，督促本行业民用核设施营运单位遵守法律、行政法规和核安全监督管理规定。

第七章 法律责任

第四十三条 国务院核安全监管部门及其民用核安全设备监督检查人员有下列行为之一的，对直接负责的主管人员和其他直接责任人员，依法给予处分；直接负责的主管人员和其他直接责任人员构成犯罪的，依法追究刑事责任：

（一）不依照本条例规定颁发许可证的；

（二）发现违反本条例规定的行为不予查处，或者接到举报后不依法处理的；

（三）滥用职权侵犯企业的合法权益，或者利用职务上的便利索取、收受财物的；

（四）从事或者参与民用核安全设备经营活动的；

（五）在民用核安全设备监督管理工作中有其他违法行为的。

第四十四条 无许可证擅自从事民用核安全设备设计、制造、安装和无损检验活动的，由国务院核安全监管部门责令停止违法行为，处50万元以上100万元以下的罚款；有违法所得的，没收违法所得；对直接负责的主管人员和其他直接责任人员，处2万元以上10万元以下的罚款。

第四十五条 民用核安全设备设计、制造、安装和无损检验单位不按照许可证规定的活动种类和范围从事民用核安全设备设计、制造、安装和无损检验活动的，由国务院核安全监管部门责令停止违法行为，限期改正，处10万元以上50万元以下的罚款；有违法所得的，没收违法所得；逾期不改正的，暂扣或者吊销许可证，对直接负责的主管人员和其他直接责任人员，处2万元以上10万元以下的罚款。

第四十六条 民用核安全设备设计、制造、安装和无损检验单位变更单位名称、地址或者法定代表人，未依法办理许可证变更手续的，由国务院核安全监管部门责令限期改正；逾期不改正的，暂扣或者吊销许可证。

第四十七条 单位伪造、变造、转让许可证的，由国务院核安全监管部门收缴伪造、变造的许可证或者吊销许可证，处10万元以上50万元以下的罚款；有违法所得的，没收违法所得；对直接负责的主管人员和其他直接责任人员，处2万元以上10万元以下的罚款；构成违反治安管理行为的，由公安机关依法予以治安处罚；构成犯罪的，依法追究刑事责任。

第四十八条 民用核安全设备设计、制造、安装和无损检验单位未按照民用核安全设备标准进行民用核安全设备设计、制造、安装和无损检验活动的，由国务院核安全监管部门责令停止违法行为，限期改正，禁止使用相关设计、设备，处10万元以上50万元以下的罚款；有违法所得的，没收违法所得；逾期不改正的，暂扣或者吊销许可证，对直接负责的主管人员和其他直接责任人员，处2万元以上10万元以下的罚款。

第四十九条 民用核安全设备设计、制造、安装和无损检验单位有下列行为之一的，由国务院核安全监管部门责令停止违法行为，限期改正，处10万元以上50万元以下的罚款；逾期不改正的，暂扣或者吊销许可证，对直接负责的主管人员和其他直接责任人员，处2万元以上10万元以下的罚款：

（一）委托未取得相应许可证的单位进行民用核安全设备设计、制造、安装和无损检验活动的；

（二）聘用未取得相应资格证书的人员进行民用核安全设备焊接和无损检验活动的；

（三）将国务院核安全监管部门确定的关键工艺环节分包给其他单位的。

第五十条 民用核安全设备设计、制造、安装和无损检验单位对本单位在民用核安全设备设计、制造、安装和无损检验活动中出现的重大质量问题，未按照规定采取处理措施并向国务院核安全监管部门报告的，由国务院核安全监管部门责令停止民用核安全设备设计、制造、安装和无损检验活动，限期改正，处5万元以上20万元以下的罚款；逾期不改正的，暂扣或者吊销许可证，对直接负责的主管人员和其他直接责任人员，处2万元以上10万元以下的罚款。

第五十一条 民用核安全设备设计、制造、安装和无损检验单位有下列行为之一的，由国务院核安全监管部门责令停止民用核安全设备设计、制造、安装和无损检验活动，限期改正；逾期不改正的，处5万元以上20万元以下的罚款，暂扣或者吊销许可证：

（一）未按照规定编制项目质量保证分大纲并经民用核设施营运单位审查同意的；

（二）在民用核安全设备设计、制造和安装活动开始前，未按照规定将有关文件报国务院核安全监管部门备案的；

（三）未按照规定进行年度评估并向国务院核安全监管部门提交评估报告的。

第五十二条 民用核安全设备无损检验单位出具虚假无损检验结果报告的，由国务院核安全监管部门处10万元以上50万元以下的罚款，吊销许可证；有违法所得的，没收违法所得；对直接负责的主管人员和其他直接责任人员，处2万元以上10万元以下的罚款；构成犯罪的，依法追究刑事责任。

第五十三条 民用核安全设备焊工、焊接操作工违反操作规程导致严重焊接质量问题的，由国务院核安全监管部门吊销其资格证书。

第五十四条 民用核安全设备无损检验人员违反操作规程导致无损检验结果报告严重错误的，由国务院核行业主管部门吊销其资格证书，或者由国务院核安全监管部门责令其停止民用核安全设备无损检验活动并提请国务院核行业主管部门吊销其资格证书。

第五十五条 民用核安全设备设计单位未按照规定进行设计验证，或者民用核安全设备制造、安装单位未按照规定进行质量检验以及经检验不合格即交付验收的，由国务院核安全监管部门责令限期改正，处10万元以上50万元以下的罚款；有违法所得的，没收违法所得；逾期不改正的，吊销许可证，对直接负责的主管人员和其他直接责任人员，处2万元以上10万元以下的罚款。

第五十六条 民用核设施营运单位有下列行为之一的，由国务院核安全监管部门责令限期改正，处100万元以上500万元以下的罚款；逾期不改正的，吊销其核设施建造许可证或者核设施运行许可证，对直接负责的主管人员和其他直接责任人员，处2万元以上10万元以下的罚款：

（一）委托未取得相应许可证的单位进行民用核安全设备设计、制造、安装和无损检验活动的；

（二）对不能按照质量保证要求证明质量受控，或者出现重大质量问题未处理完毕的民用核安全设备予以验收通过的。

第五十七条 民用核安全设备设计、制造、安装和无损检验单位被责令限期整改，逾期不整改或者经整改仍不符合发证条件的，由国务院核安全监管部门暂扣或者吊销许可证。

第五十八条 拒绝或者阻碍国务院核安全监管部门及其派出机构监督检查的，由国务院核安全监管部门责令限期改正；逾期不改正或者在接受监督检查时弄虚作假的，暂扣或者吊销许可证。

第五十九条 违反本条例规定，被依法吊销许可证的单位，自吊销许可证之日起1年内不得重新申请领取许可证。

第八章 附 则

第六十条 申请领取民用核安全设备设计、制造、安装或者无损检验许可证的单位，应当按照国家有关规定缴纳技术评审的费用。

第六十一条 本条例下列用语的含义：

（一）核安全机械设备，包括执行核安全功能的压力容器、钢制安全壳（钢衬里）、储罐、热交换器、泵、风机和压缩机、阀门、闸门、管道（含热交换器传热管）和管配件、膨胀节、波纹管、法兰、堆内构件、控制棒驱动机构、支承件、机械贯穿件以及上述设备的铸锻件等。

（二）核安全电气设备，包括执行核安全功能的传感器（包括探测器和变送器）、电缆、机柜（包括机箱和机架）、控制台屏、显示仪表、应急柴油发电机组、蓄电池（组）、电动机、阀门驱动装置、电气贯穿件等。

第六十二条 本条例自2008年1月1日起施行。

国务院关于加强食品等产品安全监督管理的特别规定

（中华人民共和国国务院令第503号，2007年7月26日颁布）

第一条 为了加强食品等产品安全监督管理，进一步明确生产经营者、监督管理部门和地方人民政府的责任，加强各监督管理部门的协调、配合，保障人体健康和生命安全，制定本规定。

第二条 本规定所称产品除食品外，还包括食用农产品、药品等与人体健康和生命安全有关的产品。

对产品安全监督管理，法律有规定的，适用法律规定；法律没有规定或者规定不明确的，适用本规定。

第三条 生产经营者应当对其生产、销售的产品安全负责，不得生产、销售不符合法定要求的产品。

依照法律、行政法规规定生产、销售产品需要取得许可证照或者需要经过认证的，应当按照法定条件、要求从事生产经营活动。不按照法定条件、要求从事生产经营活动或者生产、销售不符合法定要求产品的，由农业、卫生、质检、商务、工商、药品等监督管理部门依据各自职责，没收违法所得、产品和用于违法生产的工具、设备、原材料等物品，货值金额不足5000元的，并处5万元罚款；货值金额5000元以上不足1万元的，并处10万元罚款；货值金额1万元以上的，并处货值金额10倍以上20倍以下的罚款；造成严重后果的，由原发证部门吊销许可证照；构成非法经营罪或者生产、销售伪劣商品罪等犯罪的，依法追究刑事责任。

生产经营者不再符合法定条件、要求，继续从事生产经营活动的，由原发证部门吊销许可证照，并在当地主要媒体上公告被吊销许可证照的生产经营者名单；构成非法经营罪或者生产、销售伪劣商品罪等犯罪的，依法追究刑事责任。

依法应当取得许可证照而未取得许可证照从事生产经营活动的，由农业、卫生、质检、商务、工商、药品等监督管理部门依据各自职责，没收违法所得、产品和用于违法生产的工具、设备、原材料等物品，货值金额不足1万元的，并处10万元罚款；货值金额1万元以上的，并处货值金额10倍以上20倍以下的罚款；构成非法经营罪的，依法追究刑事责任。

有关行业协会应当加强行业自律，监督生产经营者的生产经营活动；加强公众健康知识的普及、宣传，引导消费者选择合法生产经营者生产、销售的产品以及有合法标识的产品。

第四条 生产者生产产品所使用的原料、辅料、添加剂、农业投入品，应当符合法律、行政法规的规定和国家强制性标准。

违反前款规定，违法使用原料、辅料、添加剂、农业投入品的，由农业、卫生、质检、商务、药品等监督管理部门依据各自职责没收违法所得，货值金额不足5000元的，并处2万元罚款；货值金额5000元以上不足1万元的，并处5万元罚款；货值金额1万元以上的，并处货值金额5倍以上10倍以下的罚款；造成严重后果的，由原发证部门吊销许可证照；构成生产、销售伪劣商品罪的，依法追究刑事责任。

第五条 销售者必须建立并执行进货检查验收制度，审验供货商的经营资格，验明产品合格证明和产品标识，并建立产品进货台账，如实记录产品名称、规格、数量、供货商及其联系方式、进货时间等内容。从事产品批发业务的销售企业应当建立产品销售台账，如实记录批发的产品品种、规格、数量、流向等内容。在产品集中交易场所销售自制产品的生产企业应当比照从事产品批发业务的销售企业的规定，履行建立产品销售台账的义务。进货台账和销售台账保存期限不得少于2年。销售者应当向供货商按照产品生产批次索要符合法定条件的检验机构出具的检验报告或者由供货商签字或者盖章的检验报告复印件；不能提供检验报告或者检验报告复印件的产品，不得销售。

违反前款规定的，由工商、药品监督管理部门依据各自职责责令停止销售；不能提供检验报告或者检验报告复印件销售产品的，没收违法所得和违法销售的产品，并处货值金额3倍的罚款；造成严重后果的，由原发证部门吊销许可证照。

第六条 产品集中交易市场的开办企业、产品经营柜台出租企业、产品展销会的举办企业，应当审查入场销售者的经营资格，明确入场销售者的产品安全管理责任，定期对入场销售者的经营环境、条件、内部安全管理制度和经营产品是否符合法定要求进行检查，发现销售不符合法定要求产品或者其他违法行为的，应当及时制止并立即报告所在地工商行政管理部门。

违反前款规定的，由工商行政管理部门处以1000元以上5万元以下的罚款；情节严重的，责令停业整顿；造成严重后果的，吊销营业执照。

第七条 出口产品的生产经营者应当保证其出口产品符合进口国（地区）的标准或者合同要求。法律规定产品必须经过检验方可出口的，应当经符合法律规定的机构检验合格。

出口产品检验人员应当依照法律、行政法规规定和有关标准、程序、方法进行检验，对其出具的检验证单等负责。

出入境检验检疫机构和商务、药品等监督管理部门应当建立出口产品的生产经营者良好记录和不良记录，并予以公布。对有良好记录的出口产品的生产经营者，简化检验检疫手续。

出口产品的生产经营者逃避产品检验或者弄虚作假的，由出入境检验检疫机构和药品监督管理部门依据各自职责，没收违法所得和产品，并处货值金额3倍的罚款；构成犯罪的，依法追究刑事责任。

第八条 进口产品应当符合我国国家技术规范的强制性要求以及我国与出口国（地区）签订的协议规定的检验要求。

质检、药品监督管理部门依据生产经营者的诚信度和质量管理水平以及进口产品风险评估的结果，对进口产品实施分类管理，并对进口产品的收货人实施备案管理。进口产品的收货人应当如实记录进口产品流向。记录保存期限不得少于2年。

质检、药品监督管理部门发现不符合法定要求产品时，可以将不符合法定要求产品的进货人、报检人、代理人列入不良记录名单。进口产品的进货人、销售者弄虚作假的，由质检、药品监督管理部门依据各自职责，没收违法所得和产品，并处货值金额3倍的罚款；构成犯罪的，依法追究刑事责任。进口产品的报检人、代理人弄虚作假的，取消报检资格，并处货值金额等值的罚款。

第九条 生产企业发现其生产的产品存在安全隐患，可能对人体健康和生命安全造成损害的，应当向社会公布有关信息，通知销售者停止销售，告知消费者停止使用，主动召回产品，并向有关监督管理部门报告；销售者应当立即停止销售该产品。销售者发现其销售的产品存在安全隐患，可能对人体健康和生命安全造成损害的，应当立即停止销售该产品，通知生产企业或者供货商，并向有关监督管理部门报告。

生产企业和销售者不履行前款规定义务的，由农业、卫生、质检、商务、工商、药品等监督管理部门依据各自职责，责令生产企业召回产品、销售者停止销售，对生产企业并处货值金额3倍的罚款，对销售者并处1000元以上5万元以下的罚款；造成严重后果的，由原发证部门吊销许可证照。

第十条 县级以上地方人民政府应当将产品安全监督管理纳入政府工作考核目标，对本行政区域内的产品安全监督管理负总责，统一领导、协调本行政区域内的监督管理工作，建立健全监督管理协调机制，加强对行政执法的协调、监督；统一领导、指挥产品安全突发事件应对工作，依法组织查处产品安全事故；建立监督管理责任制，对各监督管理部门进行评议、考核。质检、工商和药品等监督管理部门应当在所在地同级人民政府的统一协调下，依法做好产品安全监督管理工作。

县级以上地方人民政府不履行产品安全监督管理的领导、协调职责，本行政区域内一年多次出现产品安全事故、造成严重社会影响的，由监察机关或者任免机关对政府的主要负责人和直接负责的主管人员给予记大过、降级或者撤职的处分。

第十一条 国务院质检、卫生、农业等主管部门在各自职责范围内尽快制定、修改或者起草相关国家标准，加快建立统一管理、协调配套、符合实际、科学合理的产品标准体系。

第十二条 县级以上人民政府及其部门对产品安全实施监督管理，应当按照法定权限和程序履行职责，做到公开、公平、公正。对生产经营者同一违法行为，不得给予2次以上罚款的行政处罚；对涉嫌构成犯罪、依法需要追究刑事责任的，应当依照《行政执法机关移送涉嫌犯罪案件的规定》，向公安机关移送。

农业、卫生、质检、商务、工商、药品等

监督管理部门应当依据各自职责对生产经营者进行监督检查，并对其遵守强制性标准、法定要求的情况予以记录，由监督检查人员签字后归档。监督检查记录应当作为其直接负责主管人员定期考核的内容。公众有权查阅监督检查记录。

第十三条 生产经营者有下列情形之一的，农业、卫生、质检、商务、工商、药品等监督管理部门应当依据各自职责采取措施，纠正违法行为，防止或者减少危害发生，并依照本规定予以处罚：

（一）依法应当取得许可证照而未取得许可证照从事生产经营活动的；

（二）取得许可证照或者经过认证后，不按照法定条件、要求从事生产经营活动或者生产、销售不符合法定要求产品的；

（三）生产经营者不再符合法定条件、要求继续从事生产经营活动的；

（四）生产者生产产品不按照法律、行政法规的规定和国家强制性标准使用原料、辅料、添加剂、农业投入品的；

（五）销售者没有建立并执行进货检查验收制度，并建立产品进货台账的；

（六）生产企业和销售者发现其生产、销售的产品存在安全隐患，可能对人体健康和生命安全造成损害，不履行本规定的义务的；

（七）生产经营者违反法律、行政法规和本规定的其他有关规定的。

农业、卫生、质检、商务、工商、药品等监督管理部门不履行前款规定职责、造成后果的，由监察机关或者任免机关对其主要负责人、直接负责的主管人员和其他直接责任人员给予记大过或者降级的处分；造成严重后果的，给予其主要负责人、直接负责的主管人员和其他直接责任人员撤职或者开除的处分；其主要负责人、直接负责的主管人员和其他直接责任人员构成渎职罪的，依法追究刑事责任。

违反本规定，滥用职权或者有其他渎职行为的，由监察机关或者任免机关对其主要负责人、直接负责的主管人员和其他直接责任人员给予记过或者记大过的处分；造成严重后果的，给予其主要负责人、直接负责的主管人员和其他直接责任人员降级或者撤职的处分；其主要负责人、直接负责的主管人员和其他直接责任人员构成渎职罪的，依法追究刑事责任。

第十四条 农业、卫生、质检、商务、工商、药品等监督管理部门发现违反本规定的行为，属于其他监督管理部门职责的，应当立即书面通知并移交有权处理的监督管理部门处理。有权处理的部门应当立即处理，不得推诿；因不立即处理或者推诿造成后果的，由监察机关或者任免机关对其主要负责人、直接负责的主管人员和其他直接责任人员给予记大过或者降级的处分。

第十五条 农业、卫生、质检、商务、工商、药品等监督管理部门履行各自产品安全监督管理职责，有下列职权：

（一）进入生产经营场所实施现场检查；

（二）查阅、复制、查封、扣押有关合同、票据、账簿以及其他有关资料；

（三）查封、扣押不符合法定要求的产品，违法使用的原料、辅料、添加剂、农业投入品以及用于违法生产的工具、设备；

（四）查封存在危害人体健康和生命安全重大隐患的生产经营场所。

第十六条 农业、卫生、质检、商务、工商、药品等监督管理部门应当建立生产经营者违法行为记录制度，对违法行为的情况予以记录并公布；对有多次违法行为记录的生产经营者，吊销许可证照。

第十七条 检验检测机构出具虚假检验报告，造成严重后果的，由授予其资质的部门吊销其检验检测资质；构成犯罪的，对直接负责的主管人员和其他直接责任人员依法追究刑事责任。

第十八条 发生产品安全事故或者其他对社会造成严重影响的产品安全事件时，农业、卫生、质检、商务、工商、药品等监督管理部门必须在各自职责范围内及时作出反应，采取措施，控制事态发展，减少损失，依照国务院规定发布信息，做好有关善后工作。

第十九条 任何组织或者个人对违反本规定的行为有权举报。接到举报的部门应当为举报人保密。举报经调查属实的，受理举报的部门应当给予举报人奖励。

农业、卫生、质检、商务、工商、药品等监督管理部门应当公布本单位的电子邮件地址或者举报电话；对接到的举报，应当及时、完整地进行记录并妥善保存。举报的事项属于本部门职责的，应当受理，并依法进行核实、处理、答复；不属于本部门职责的，应当转交有权处理的部门，并告知举报人。

第二十条 本规定自公布之日起施行。

物业管理条例（2007年修正部分）

（中华人民共和国国务院令第504号，根据2007年8月26日《国务院关于修改〈物业管理条例〉的决定》修订）

根据《中华人民共和国物权法》的有关规定，国务院决定对《物业管理条例》作如下修改：

一、将第十条第一款修改为："同一个物业管理区域内的业主，应当在物业所在地的区、县人民政府房地产行政主管部门或者街道办事处、乡镇人民政府的指导下成立业主大会，并选举产生业主委员会。但是，只有一个业主的，或者业主人数较少且经全体业主一致同意，决定不成立业主大会的，由业主共同履行业主大会、业主委员会职责。"

删除第十条第二款。

二、将第十一条修改为："下列事项由业主共同决定：

（一）制定和修改业主大会议事规则；

（二）制定和修改管理规约；

（三）选举业主委员会或者更换业主委员会成员；

（四）选聘和解聘物业服务企业；

（五）筹集和使用专项维修资金；

（六）改建、重建建筑物及其附属设施；

（七）有关共有和共同管理权利的其他重大事项。"

三、将第十二条修改为："业主大会会议可以采用集体讨论的形式，也可以采用书面征求意见的形式；但是，应当有物业管理区域内专有部分占建筑物总面积过半数的业主且占总人数过半数的业主参加。

业主可以委托代理人参加业主大会会议。

业主大会决定本条例第十一条第（五）项和第（六）项规定的事项，应当经专有部分占建筑物总面积2/3以上的业主且占总人数2/3以上的业主同意；决定本条例第十一条规定的其他事项，应当经专有部分占建筑物总面积过半数的业主且占总人数过半数的业主同意。

业主大会或者业主委员会的决定，对业主具有约束力。

业主大会或者业主委员会作出的决定侵害业主合法权益的，受侵害的业主可以请求人民法院予以撤销。"

四、将第十九条第二款修改为："业主大会、业主委员会作出的决定违反法律、法规的，物业所在地的区、县人民政府房地产行政主管部门或者街道办事处、乡镇人民政府，应当责令限期改正或者撤销其决定，并通告全体业主。"

此外，根据《中华人民共和国物权法》的有关规定，将"物业管理企业"修改为"物业服务企业"，将"业主公约"修改为"管理规约"，将"业主临时公约"修改为"临时管理规约"，并对个别条文的文字作了修改。

本决定自2007年10月1日起施行。

《物业管理条例》根据本决定作相应的修订，重新公布。

全国污染源普查条例

（中华人民共和国国务院令第508号，2007年10月9日颁布）

第一章 总 则

第一条 为了科学、有效地组织实施全国污染源普查，保障污染源普查数据的准确性和及时性，根据《中华人民共和国统计法》和《中华人民共和国环境保护法》，制定本条例。

第二条 污染源普查的任务是，掌握各类污染源的数量、行业和地区分布情况，了解主要污染物的产生、排放和处理情况，建立健全重点污染源档案、污染源信息数据库和环境统计平台，为制定经济社会发展和环境保护政策、规划提供依据。

第三条 本条例所称污染源，是指因生产、生活和其他活动向环境排放污染物或者对环境产生不良影响的场所、设施、装置以及其他污染发生源。

第四条 污染源普查按照全国统一领导、部门分工协作、地方分级负责、各方共同参与的原则组织实施。

第五条 污染源普查所需经费，由中央和地方各级人民政府共同负担，并列入相应年度的财政预算，按时拨付，确保足额到位。

污染源普查经费应当统一管理，专款专用，严格控制支出。

第六条 全国污染源普查每10年进行1次，标准时点为普查年份的12月31日。

第七条 报刊、广播、电视和互联网等新闻媒体，应当及时开展污染源普查工作的宣传报道。

第二章 污染源普查的对象、范围、内容和方法

第八条 污染源普查的对象是中华人民共和国境内有污染源的单位和个体经营户。

第九条 污染源普查对象有义务接受污染源普查领导小组办公室、普查人员依法进行的调查，并如实反映情况，提供有关资料，按照要求填报污染源普查表。

污染源普查对象不得迟报、虚报、瞒报和拒报普查数据；不得推诿、拒绝和阻挠调查；不得转移、隐匿、篡改、毁弃原材料消耗记录、生产记录、污染物治理设施运行记录、污染物排放监测记录以及其他与污染物产生和排放有关的原始资料。

第十条 污染源普查范围包括：工业污染源，农业污染源，生活污染源，集中式污染治理设施和其他产生、排放污染物的设施。

第十一条 工业污染源普查的主要内容包括：企业基本登记信息，原材料消耗情况，产品生产情况，产生污染的设施情况，各类污染物产生、治理、排放和综合利用情况，各类污染防治设施建设、运行情况等。

农业污染源普查的主要内容包括：农业生产规模，用水、排水情况，化肥、农药、饲料和饲料添加剂以及农用薄膜等农业投入品使用情况，秸秆等种植业剩余物处理情况以及养殖业污染物产生、治理情况等。

生活污染源普查的主要内容包括：从事第三产业的单位的基本情况和污染物的产生、排放、治理情况，机动车污染物排放情况，城镇生活能源结构和能源消费量，生活用水量、排水量以及污染物排放情况等。

集中式污染治理设施普查的主要内容包括：设施基本情况和运行状况，污染物的处理处置情况，渗滤液、污泥、焚烧残渣和废气的产生、处置以及利用情况等。

第十二条 每次污染源普查的具体范围和内容，由国务院批准的普查方案确定。

第十三条 污染源普查采用全面调查的方法，必要时可以采用抽样调查的方法。

污染源普查采用全国统一的标准和技术要求。

第三章　污染源普查的组织实施

第十四条　全国污染源普查领导小组负责领导和协调全国污染源普查工作。

全国污染源普查领导小组办公室设在国务院环境保护主管部门，负责全国污染源普查日常工作。

第十五条　县级以上地方人民政府污染源普查领导小组，按照全国污染源普查领导小组的统一规定和要求，领导和协调本行政区域的污染源普查工作。

县级以上地方人民政府污染源普查领导小组办公室设在同级环境保护主管部门，负责本行政区域的污染源普查日常工作。

乡（镇）人民政府、街道办事处和村（居）民委员会应当广泛动员和组织社会力量积极参与并认真做好污染源普查工作。

第十六条　县级以上人民政府环境保护主管部门和其他有关部门，按照职责分工和污染源普查领导小组的统一要求，做好污染源普查相关工作。

第十七条　全国污染源普查方案由全国污染源普查领导小组办公室拟订，经全国污染源普查领导小组审核同意，报国务院批准。

全国污染源普查方案应当包括：普查的具体范围和内容、普查的主要污染物、普查方法、普查的组织实施以及经费预算等。

拟订全国污染源普查方案，应当充分听取有关部门和专家的意见。

第十八条　全国污染源普查领导小组办公室根据全国污染源普查方案拟订污染源普查表，报国家统计局审定。

省、自治区、直辖市人民政府污染源普查领导小组办公室，可以根据需要增设本行政区域污染源普查附表，报全国污染源普查领导小组办公室批准后使用。

第十九条　在普查启动阶段，污染源普查领导小组办公室应当进行单位清查。

县级以上人民政府机构编制、民政、工商、质检以及其他具有设立审批、登记职能的部门，应当向同级污染源普查领导小组办公室提供其审批或者登记的单位资料，并协助做好单位清查工作。

污染源普查领导小组办公室应当以本行政区域现有的基本单位名录库为基础，按照全国污染源普查方案确定的污染源普查的具体范围，结合有关部门提供的单位资料，对污染源逐一核实清查，形成污染源普查单位名录。

第二十条　列入污染源普查范围的大、中型工业企业，应当明确相关机构负责本企业污染源普查表的填报工作，其他单位应当指定人员负责本单位污染源普查表的填报工作。

第二十一条　污染源普查领导小组办公室可以根据工作需要，聘用或者从有关单位借调人员从事污染源普查工作。

污染源普查领导小组办公室应当与聘用人员依法签订劳动合同，支付劳动报酬，并为其办理社会保险。借调人员的工资由原单位支付，其福利待遇保持不变。

第二十二条　普查人员应当坚持实事求是，恪守职业道德，具有执行普查任务所需要的专业知识。

污染源普查领导小组办公室应当对普查人员进行业务培训，对考核合格的颁发全国统一的普查员工作证。

第二十三条　普查人员依法独立行使调查、报告、监督和检查的职权，有权查阅普查对象的原材料消耗记录、生产记录、污染物治理设施运行记录、污染物排放监测记录以及其他与污染物产生和排放有关的原始资料，并有权要求普查对象改正其填报的污染源普查表中不真实、不完整的内容。

第二十四条　普查人员应当严格执行全国污染源普查方案，不得伪造、篡改普查资料，不得强令、授意普查对象提供虚假普查资料。

普查人员执行污染源调查任务，不得少于2人，并应当出示普查员工作证；未出示普查员工作证的，普查对象可以拒绝接受调查。

第二十五条　普查人员应当依法直接访问普查对象，指导普查对象填报污染源普查表。污染源普查表填写完成后，应当由普查对象签字或者盖章确认。普查对象应当对其签字或者盖章的普查资料的真实性负责。

污染源普查领导小组办公室对其登记、录入的普查资料与普查对象填报的普查资料的一致性负责，并对其加工、整理的普查资料的准确性负责。

污染源普查领导小组办公室在登记、录入、加工和整理普查资料过程中，对普查资料有疑义的，应当向普查对象核实，普查对象应当如实说明或者改正。

第二十六条 各地方、各部门、各单位的负责人不得擅自修改污染源普查领导小组办公室、普查人员依法取得的污染源普查资料；不得强令或者授意污染源普查领导小组办公室、普查人员伪造或者篡改普查资料；不得对拒绝、抵制伪造或者篡改普查资料的普查人员打击报复。

第四章 数据处理和质量控制

第二十七条 污染源普查领导小组办公室应当按照全国污染源普查方案和有关标准、技术要求进行数据处理，并按时上报普查数据。

第二十八条 污染源普查领导小组办公室应当做好污染源普查数据备份和数据入库工作，建立健全污染源信息数据库，并加强日常管理和维护更新。

第二十九条 污染源普查领导小组办公室应当按照全国污染源普查方案，建立污染源普查数据质量控制岗位责任制，并对普查中的每个环节进行质量控制和检查验收。

污染源普查数据不符合全国污染源普查方案或者有关标准、技术要求的，上一级污染源普查领导小组办公室可以要求下一级污染源普查领导小组办公室重新调查，确保普查数据的一致性、真实性和有效性。

第三十条 全国污染源普查领导小组办公室统一组织对污染源普查数据的质量核查。核查结果作为评估全国或者各省、自治区、直辖市污染源普查数据质量的重要依据。

污染源普查数据的质量达不到规定要求的，有关污染源普查领导小组办公室应当在全国污染源普查领导小组办公室规定的时间内重新进行污染源普查。

第五章 数据发布、资料管理和开发应用

第三十一条 全国污染源普查公报，根据全国污染源普查领导小组的决定发布。

地方污染源普查公报，经上一级污染源普查领导小组办公室核准发布。

第三十二条 普查对象提供的资料和污染源普查领导小组办公室加工、整理的资料属于国家秘密的，应当注明秘密的等级，并按照国家有关保密规定处理。

污染源普查领导小组办公室、普查人员对在污染源普查中知悉的普查对象的商业秘密，负有保密义务。

第三十三条 污染源普查领导小组办公室应当建立污染源普查资料档案管理制度。污染源普查资料档案的保管、调用和移交应当遵守国家有关档案管理规定。

第三十四条 国家建立污染源普查资料信息共享制度。

污染源普查领导小组办公室应当在污染源信息数据库的基础上，建立污染源普查资料信息共享平台，促进普查成果的开发和应用。

第三十五条 污染源普查取得的单个普查对象的资料严格限定用于污染源普查目的，不得作为考核普查对象是否完成污染物总量削减计划的依据，不得作为依照其他法律、行政法规对普查对象实施行政处罚和征收排污费的依据。

第六章 表彰和处罚

第三十六条 对在污染源普查工作中做出突出贡献的集体和个人，应当给予表彰和奖励。

第三十七条 地方、部门、单位的负责人有下列行为之一的，依法给予处分，并由县级以上人民政府统计机构予以通报批评；构成犯罪的，依法追究刑事责任：

（一）擅自修改污染源普查资料的；

（二）强令、授意污染源普查领导小组办公室、普查人员伪造或者篡改普查资料的；

（三）对拒绝、抵制伪造或者篡改普查资料的普查人员打击报复的。

第三十八条 普查人员不执行普查方案，

或者伪造、篡改普查资料，或者强令、授意普查对象提供虚假普查资料的，依法给予处分。

污染源普查领导小组办公室、普查人员泄露在普查中知悉的普查对象商业秘密的，对直接负责的主管人员和其他直接责任人员依法给予处分；对普查对象造成损害的，应当依法承担民事责任。

第三十九条 污染源普查对象有下列行为之一的，污染源普查领导小组办公室应当及时向同级人民政府统计机构通报有关情况，提出处理意见，由县级以上人民政府统计机构责令改正，予以通报批评；情节严重的，可以建议对直接负责的主管人员和其他直接责任人员依法给予处分：

（一）迟报、虚报、瞒报或者拒报污染源普查数据的；

（二）推诿、拒绝或者阻挠普查人员依法进行调查的；

（三）转移、隐匿、篡改、毁弃原材料消耗记录、生产记录、污染物治理设施运行记录、污染物排放监测记录以及其他与污染物产生和排放有关的原始资料的。

单位有本条第一款所列行为之一的，由县级以上人民政府统计机构予以警告，可以处5万元以下的罚款。

个体经营户有本条第一款所列行为之一的，由县级以上人民政府统计机构予以警告，可以处1万元以下的罚款。

第四十条 污染源普查领导小组办公室应当设立举报电话和信箱，接受社会各界对污染源普查工作的监督和对违法行为的检举，并对检举有功的人员依法给予奖励，对检举的违法行为，依法予以查处。

第七章 附 则

第四十一条 军队、武装警察部队的污染源普查工作，由中国人民解放军总后勤部按照国家统一规定和要求组织实施。

新疆生产建设兵团的污染源普查工作，由新疆生产建设兵团按照国家统一规定和要求组织实施。

第四十二条 本条例自公布之日起施行。

职工带薪年休假条例

（中华人民共和国国务院令第514号，2007年12月7日国务院第198次常务会议通过，自2008年1月1日起施行）

第一条 为了维护职工休息休假权利，调动职工工作积极性，根据劳动法和公务员法，制定本条例。

第二条 机关、团体、企业、事业单位、民办非企业单位、有雇工的个体工商户等单位的职工连续工作1年以上的，享受带薪年休假（以下简称年休假）。单位应当保证职工享受年休假。职工在年休假期间享受与正常工作期间相同的工资收入。

第三条 职工累计工作已满1年不满10年的，年休假5天；已满10年不满20年的，年休假10天；已满20年的，年休假15天。

国家法定休假日、休息日不计入年休假的假期。

第四条 职工有下列情形之一的，不享受当年的年休假：

（一）职工依法享受寒暑假，其休假天数多于年休假天数的；

（二）职工请事假累计20天以上且单位按照规定不扣工资的；

（三）累计工作满1年不满10年的职工，请病假累计2个月以上的；

（四）累计工作满10年不满20年的职工，请病假累计3个月以上的；

（五）累计工作满20年以上的职工，请病假累计4个月以上的。

第五条 单位根据生产、工作的具体情况，并考虑职工本人意愿，统筹安排职工年休假。

年休假在1个年度内可以集中安排，也可以分段安排，一般不跨年度安排。单位因生产、工作特点确有必要跨年度安排职工年休假的，可以跨1个年度安排。

单位确因工作需要不能安排职工休年休假的，经职工本人同意，可以不安排职工休年休假。对职工应休未休的年休假天数，单位应当按照该职工日工资收入的300％支付年休假工资报酬。

第六条 县级以上地方人民政府人事部门、劳动保障部门应当依据职权对单位执行本条例的情况主动进行监督检查。

工会组织依法维护职工的年休假权利。

第七条 单位不安排职工休年休假又不依照本条例规定给予年休假工资报酬的，由县级以上地方人民政府人事部门或者劳动保障部门依据职权责令限期改正；对逾期不改正的，除责令该单位支付年休假工资报酬外，单位还应当按照年休假工资报酬的数额向职工加付赔偿金；对拒不支付年休假工资报酬、赔偿金的，属于公务员和参照公务员法管理的人员所在单位的，对直接负责的主管人员以及其他直接责任人员依法给予处分；属于其他单位的，由劳动保障部门、人事部门或者职工申请人民法院强制执行。

第八条 职工与单位因年休假发生的争议，依照国家有关法律、行政法规的规定处理。

第九条 国务院人事部门、国务院劳动保障部门依据职权，分别制定本条例的实施办法。

第十条 本条例自2008年1月1日起施行。

全国年节及纪念日放假办法（2007年修正）

（中华人民共和国国务院令第513号，根据1999年9月18日《国务院关于修改〈全国年节及纪念日放假办法〉的决定》第一次修订，根据2007年12月14日《国务院关于修改〈全国年节及纪念日放假办法〉的决定》第二次修订）

第一条 为统一全国年节及纪念日的假期，制定本办法。

第二条 全体公民放假的节日：

（一）新年，放假1天（1月1日）；

（二）春节，放假3天（农历除夕、正月初一、初二）；

（三）清明节，放假1天（农历清明当日）；

（四）劳动节，放假1天（5月1日）；

（五）端午节，放假1天（农历端午当日）；

（六）中秋节，放假1天（农历中秋当日）；

（七）国庆节，放假3天（10月1日、2日、3日）。

第三条 部分公民放假的节日及纪念日：

（一）妇女节（3月8日），妇女放假半天；

（二）青年节（5月4日），14周岁以上的青年放假半天；

（三）儿童节（6月1日），不满14周岁的少年儿童放假1天；

（四）中国人民解放军建军纪念日（8月1日），现役军人放假半天。

第四条 少数民族习惯的节日，由各少数民族聚居地区的地方人民政府，按照各该民族习惯，规定放假日期。

第五条 二七纪念日、五卅纪念日、七七抗战纪念日、九三抗战胜利纪念日、九一八纪念日、教师节、护士节、记者节、植树节等其他节日、纪念日，均不放假。

第六条 全体公民放假的假日，如果适逢星期六、星期日，应当在工作日补假。部分公民放假的假日，如果适逢星期六、星期日，则不补假。

第七条 本办法自公布之日起施行。

乳品质量安全监督管理条例

（中华人民共和国国务院令第536号，2008年10月9日颁布）

第一章 总 则

第一条 为了加强乳品质量安全监督管理，保证乳品质量安全，保障公众身体健康和生命安全，促进奶业健康发展，制定本条例。

第二条 本条例所称乳品，是指生鲜乳和乳制品。

乳品质量安全监督管理适用本条例；法律对乳品质量安全监督管理另有规定的，从其规定。

第三条 奶畜养殖者、生鲜乳收购者、乳制品生产企业和销售者对其生产、收购、运输、销售的乳品质量安全负责，是乳品质量安全的第一责任者。

第四条 县级以上地方人民政府对本行政区域内的乳品质量安全监督管理负总责。

县级以上人民政府畜牧兽医主管部门负责奶畜饲养以及生鲜乳生产环节、收购环节的监督管理。县级以上质量监督检验检疫部门负责乳制品生产环节和乳品进出口环节的监督管理。县级以上工商行政管理部门负责乳制品销售环节的监督管理。县级以上食品药品监督部门负责乳制品餐饮服务环节的监督管理。县级以上人民政府卫生主管部门依照职权负责乳品质量安全监督管理的综合协调、组织查处食品安全重大事故。县级以上人民政府其他有关部门在各自职责范围内负责乳品质量安全监督管理的其他工作。

第五条 发生乳品质量安全事故，应当依照有关法律、行政法规的规定及时报告、处理；造成严重后果或者恶劣影响的，对有关人民政府、有关部门负有领导责任的负责人依法追究责任。

第六条 生鲜乳和乳制品应当符合乳品质量安全国家标准。乳品质量安全国家标准由国务院卫生主管部门组织制定，并根据风险监测和风险评估的结果及时组织修订。

乳品质量安全国家标准应当包括乳品中的致病性微生物、农药残留、兽药残留、重金属以及其他危害人体健康物质的限量规定，乳品生产经营过程的卫生要求，通用的乳品检验方法与规程，与乳品安全有关的质量要求，以及其他需要制定为乳品质量安全国家标准的内容。

制定婴幼儿奶粉的质量安全国家标准应当充分考虑婴幼儿身体特点和生长发育需要，保证婴幼儿生长发育所需的营养成分。

国务院卫生主管部门应当根据疾病信息和监督管理部门的监督管理信息等，对发现添加或者可能添加到乳品中的非食品用化学物质和其他可能危害人体健康的物质，立即组织进行风险评估，采取相应的监测、检测和监督措施。

第七条 禁止在生鲜乳生产、收购、贮存、运输、销售过程中添加任何物质。

禁止在乳制品生产过程中添加非食品用化学物质或者其他可能危害人体健康的物质。

第八条 国务院畜牧兽医主管部门会同国务院发展改革部门、工业和信息化部门、商务部门，制定全国奶业发展规划，加强奶源基地建设，完善服务体系，促进奶业健康发展。

县级以上地方人民政府应当根据全国奶业

发展规划，合理确定本行政区域内奶畜养殖规模，科学安排生鲜乳的生产、收购布局。

第九条 有关行业协会应当加强行业自律，推动行业诚信建设，引导、规范奶畜养殖者、生鲜乳收购者、乳制品生产企业和销售者依法生产经营。

第二章 奶畜养殖

第十条 国家采取有效措施，鼓励、引导、扶持奶畜养殖者提高生鲜乳质量安全水平。省级以上人民政府应当在本级财政预算内安排支持奶业发展资金，并鼓励对奶畜养殖者、奶农专业生产合作社等给予信贷支持。

国家建立奶畜政策性保险制度，对参保奶畜养殖者给予保费补助。

第十一条 畜牧兽医技术推广机构应当向奶畜养殖者提供养殖技术培训、良种推广、疫病防治等服务。

国家鼓励乳制品生产企业和其他相关生产经营者为奶畜养殖者提供所需的服务。

第十二条 设立奶畜养殖场、养殖小区应当具备下列条件：

（一）符合所在地人民政府确定的本行政区域奶畜养殖规模；

（二）有与其养殖规模相适应的场所和配套设施；

（三）有为其服务的畜牧兽医技术人员；

（四）具备法律、行政法规和国务院畜牧兽医主管部门规定的防疫条件；

（五）有对奶畜粪便、废水和其他固体废物进行综合利用的沼气池等设施或者其他无害化处理设施；

（六）有生鲜乳生产、销售、运输管理制度；

（七）法律、行政法规规定的其他条件。

奶畜养殖场、养殖小区开办者应当将养殖场、养殖小区的名称、养殖地址、奶畜品种和养殖规模向养殖场、养殖小区所在地县级人民政府畜牧兽医主管部门备案。

第十三条 奶畜养殖场应当建立养殖档案，载明以下内容：

（一）奶畜的品种、数量、繁殖记录、标识情况、来源和进出场日期；

（二）饲料、饲料添加剂、兽药等投入品的来源、名称、使用对象、时间和用量；

（三）检疫、免疫、消毒情况；

（四）奶畜发病、死亡和无害化处理情况；

（五）生鲜乳生产、检测、销售情况；

（六）国务院畜牧兽医主管部门规定的其他内容。

奶畜养殖小区开办者应当逐步建立养殖档案。

第十四条 从事奶畜养殖，不得使用国家禁用的饲料、饲料添加剂、兽药以及其他对动物和人体具有直接或者潜在危害的物质。

禁止销售在规定用药期和休药期内的奶畜产的生鲜乳。

第十五条 奶畜养殖者应当确保奶畜符合国务院畜牧兽医主管部门规定的健康标准，并确保奶畜接受强制免疫。

动物疫病预防控制机构应当对奶畜的健康情况进行定期检测；经检测不符合健康标准的，应当立即隔离、治疗或者做无害化处理。

第十六条 奶畜养殖者应当做好奶畜和养殖场所的动物防疫工作，发现奶畜染疫或者疑似染疫的，应当立即报告，停止生鲜乳生产，并采取隔离等控制措施，防止疫病扩散。

奶畜养殖者对奶畜养殖过程中的排泄物、废弃物应当及时清运、处理。

第十七条 奶畜养殖者应当遵守国务院畜牧兽医主管部门制定的生鲜乳生产技术规程。直接从事挤奶工作的人员应当持有有效的健康证明。

奶畜养殖者对挤奶设施、生鲜乳贮存设施等应当及时清洗、消毒，避免对生鲜乳造成污染。

第十八条 生鲜乳应当冷藏。超过2小时未冷藏的生鲜乳，不得销售。

第三章 生鲜乳收购

第十九条 省、自治区、直辖市人民政府畜牧兽医主管部门应当根据当地奶源分布情况，按照方便奶畜养殖者、促进规模化养殖的原则，对生鲜乳收购站的建设进行科学规划和合理布局。必要时，可以实行生鲜乳集中定点收购。

国家鼓励乳制品生产企业按照规划布局，自行建设生鲜乳收购站或者收购原有生鲜乳收购站。

第二十条 生鲜乳收购站应当由取得工商登记的乳制品生产企业、奶畜养殖场、奶农专业生产合作社开办，并具备下列条件，取得所在地县级人民政府畜牧兽医主管部门颁发的生鲜乳收购许可证：

（一）符合生鲜乳收购站建设规划布局；

（二）有符合环保和卫生要求的收购场所；

（三）有与收奶量相适应的冷却、冷藏、保鲜设施和低温运输设备；

（四）有与检测项目相适应的化验、计量、检测仪器设备；

（五）有经培训合格并持有有效健康证明的从业人员；

（六）有卫生管理和质量安全保障制度。

生鲜乳收购许可证有效期2年；生鲜乳收购站不再办理工商登记。

禁止其他单位或者个人开办生鲜乳收购站。禁止其他单位或者个人收购生鲜乳。

国家对生鲜乳收购站给予扶持和补贴，提高其机械化挤奶和生鲜乳冷藏运输能力。

第二十一条 生鲜乳收购站应当及时对挤奶设施、生鲜乳贮存运输设施等进行清洗、消毒，避免对生鲜乳造成污染。

生鲜乳收购站应当按照乳品质量安全国家标准对收购的生鲜乳进行常规检测。检测费用不得向奶畜养殖者收取。

生鲜乳收购站应当保持生鲜乳的质量。

第二十二条 生鲜乳收购站应当建立生鲜乳收购、销售和检测记录。生鲜乳收购、销售和检测记录应当包括畜主姓名、单次收购量、生鲜乳检测结果、销售去向等内容，并保存2年。

第二十三条 县级以上地方人民政府价格主管部门应当加强对生鲜乳价格的监控和通报，及时发布市场供求信息和价格信息。必要时，县级以上地方人民政府建立由价格、畜牧兽医等部门以及行业协会、乳制品生产企业、生鲜乳收购者、奶畜养殖者代表组成的生鲜乳价格协调委员会，确定生鲜乳交易参考价格，供购销双方签订合同时参考。

生鲜乳购销双方应当签订书面合同。生鲜乳购销合同示范文本由国务院畜牧兽医主管部门会同国务院工商行政管理部门制定并公布。

第二十四条 禁止收购下列生鲜乳：

（一）经检测不符合健康标准或者未经检疫合格的奶畜产的；

（二）奶畜产犊7日内的初乳，但以初乳为原料从事乳制品生产的除外；

（三）在规定用药期和休药期内的奶畜产的；

（四）其他不符合乳品质量安全国家标准的。

对前款规定的生鲜乳，经检测无误后，应当予以销毁或者采取其他无害化处理措施。

第二十五条 贮存生鲜乳的容器，应当符合国家有关卫生标准，在挤奶后2小时内应当降温至0～4℃。

生鲜乳运输车辆应当取得所在地县级人民政府畜牧兽医主管部门核发的生鲜乳准运证明，并随车携带生鲜乳交接单。交接单应当载明生鲜乳收购站的名称、生鲜乳数量、交接时间，并由生鲜乳收购站经手人、押运员、司机、收奶员签字。

生鲜乳交接单一式两份，分别由生鲜乳收购站和乳品生产者保存，保存时间2年。准运证明和交接单式样由省、自治区、直辖市人民政府畜牧兽医主管部门制定。

第二十六条 县级以上人民政府应当加强生鲜乳质量安全监测体系建设，配备相应的人员和设备，确保监测能力与监测任务相适应。

第二十七条 县级以上人民政府畜牧兽医主管部门应当加强生鲜乳质量安全监测工作，制定并组织实施生鲜乳质量安全监测计划，对生鲜乳进行监督抽查，并按照法定权限及时公布监督抽查结果。

监测抽查不得向被抽查人收取任何费用，所需费用由同级财政列支。

第四章　乳制品生产

第二十八条 从事乳制品生产活动，应当具备下列条件，取得所在地质量监督部门颁发的食品生产许可证：

（一）符合国家奶业产业政策；

（二）厂房的选址和设计符合国家有关规定；

（三）有与所生产的乳制品品种和数量相适应的生产、包装和检测设备；

（四）有相应的专业技术人员和质量检验人员；

（五）有符合环保要求的废水、废气、垃圾等污染物的处理设施；

（六）有经培训合格并持有有效健康证明的从业人员；

（七）法律、行政法规规定的其他条件。

质量监督部门对乳制品生产企业颁发食品生产许可证，应当征求所在地工业行业管理部门的意见。

未取得食品生产许可证的任何单位和个人，不得从事乳制品生产。

第二十九条 乳制品生产企业应当建立质量管理制度，采取质量安全管理措施，对乳制品生产实施从原料进厂到成品出厂的全过程质量控制，保证产品质量安全。

第三十条 乳制品生产企业应当符合良好生产规范要求。国家鼓励乳制品生产企业实施危害分析与关键控制点体系，提高乳制品安全管理水平。生产婴幼儿奶粉的企业应当实施危害分析与关键控制点体系。

对通过良好生产规范、危害分析与关键控制点体系认证的乳制品生产企业，认证机构应当依法实施跟踪调查；对不再符合认证要求的企业，应当依法撤销认证，并及时向有关主管部门报告。

第三十一条 乳制品生产企业应当建立生鲜乳进货查验制度，逐批检测收购的生鲜乳，如实记录质量检测情况、供货者的名称以及联系方式、进货日期等内容，并查验运输车辆生鲜乳交接单。查验记录和生鲜乳交接单应当保存2年。乳制品生产企业不得向未取得生鲜乳收购许可证的单位和个人购进生鲜乳。

乳制品生产企业不得购进兽药等化学物质残留超标，或者含有重金属等有毒有害物质、致病性的寄生虫和微生物、生物毒素以及其他不符合乳品质量安全国家标准的生鲜乳。

第三十二条 生产乳制品使用的生鲜乳、辅料、添加剂等，应当符合法律、行政法规的规定和乳品质量安全国家标准。

生产的乳制品应当经过巴氏杀菌、高温杀菌、超高温杀菌或者其他有效方式杀菌。

生产发酵乳制品的菌种应当纯良、无害，定期鉴定，防止杂菌污染。

生产婴幼儿奶粉应当保证婴幼儿生长发育所需的营养成分，不得添加任何可能危害婴幼儿身体健康和生长发育的物质。

第三十三条 乳制品的包装应当有标签。标签应当如实标明产品名称、规格、净含量、生产日期，成分或者配料表，生产企业的名称、地址、联系方式，保质期，产品标准代号，贮存条件，所使用的食品添加剂的化学通用名称，食品生产许可证编号，法律、行政法规或者乳品质量安全国家标准规定必须标明的其他事项。

使用奶粉、黄油、乳清粉等原料加工的液态奶，应当在包装上注明；使用复原乳作为原料生产液态奶的，应当标明“复原乳”字样，并在产品配料中如实标明复原乳所含原料及比例。

婴幼儿奶粉标签还应当标明主要营养成分及其含量，详细说明使用方法和注意事项。

第三十四条 出厂的乳制品应当符合乳品质量安全国家标准。

乳制品生产企业应当对出厂的乳制品逐批检验，并保存检验报告，留取样品。检验内容应当包括乳制品的感官指标、理化指标、卫生指标和乳制品中使用的添加剂、稳定剂以及酸奶中使用的菌种等；婴幼儿奶粉在出厂前还应当检测营养成分。对检验合格的乳制品应当标识检验合格证号；检验不合格的不得出厂。检验报告应当保存2年。

第三十五条 乳制品生产企业应当如实记录销售的乳制品名称、数量、生产日期、生产批号、检验合格证号、购货者名称及其联系方式、销售日期等。

第三十六条 乳制品生产企业发现其生产的乳制品不符合乳品质量安全国家标准、存在危害人体健康和生命安全危险或者可能危害婴幼儿身体健康或者生长发育的，应当立即停止生产，报告有关主管部门，告知销售者、消费者，召回已经出厂、上市销售的乳制品，并记录召回情况。

乳制品生产企业对召回的乳制品应当采取销毁、无害化处理等措施，防止其再次流入市场。

第五章　乳制品销售

第三十七条　从事乳制品销售应当按照食品安全监督管理的有关规定，依法向工商行政管理部门申请领取有关证照。

第三十八条　乳制品销售者应当建立并执行进货查验制度，审验供货商的经营资格，验明乳制品合格证明和产品标识，并建立乳制品进货台账，如实记录乳制品的名称、规格、数量、供货商及其联系方式、进货时间等内容。从事乳制品批发业务的销售企业应当建立乳制品销售台账，如实记录批发的乳制品的品种、规格、数量、流向等内容。进货台账和销售台账保存期限不得少于2年。

第三十九条　乳制品销售者应当采取措施，保持所销售乳制品的质量。

销售需要低温保存的乳制品的，应当配备冷藏设备或者采取冷藏措施。

第四十条　禁止购进、销售无质量合格证明、无标签或者标签残缺不清的乳制品。

禁止购进、销售过期、变质或者不符合乳品质量安全国家标准的乳制品。

第四十一条　乳制品销售者不得伪造产地，不得伪造或者冒用他人的厂名、厂址，不得伪造或者冒用认证标志等质量标志。

第四十二条　对不符合乳品质量安全国家标准、存在危害人体健康和生命安全或者可能危害婴幼儿身体健康和生长发育的乳制品，销售者应当立即停止销售，追回已经售出的乳制品，并记录追回情况。

乳制品销售者自行发现其销售的乳制品有前款规定情况的，还应当立即报告所在地工商行政管理等有关部门，通知乳制品生产企业。

第四十三条　乳制品销售者应当向消费者提供购货凭证，履行不合格乳制品的更换、退货等义务。

乳制品销售者依照前款规定履行更换、退货等义务后，属于乳制品生产企业或者供货商的责任的，销售者可以向乳制品生产企业或者供货商追偿。

第四十四条　进口的乳品应当按照乳品质量安全国家标准进行检验；尚未制定乳品质量安全国家标准的，可以参照国家有关部门指定的国外有关标准进行检验。

第四十五条　出口乳品的生产者、销售者应当保证其出口乳品符合乳品质量安全国家标准的同时还符合进口国家（地区）的标准或者合同要求。

第六章　监督检查

第四十六条　县级以上人民政府畜牧兽医主管部门应当加强对奶畜饲养以及生鲜乳生产环节、收购环节的监督检查。县级以上质量监督检验检疫部门应当加强对乳制品生产环节和乳品进出口环节的监督检查。县级以上工商行政管理部门应当加强对乳制品销售环节的监督检查。县级以上食品药品监督部门应当加强对乳制品餐饮服务环节的监督管理。监督检查部门之间，监督检查部门与其他有关部门之间，应当及时通报乳品质量安全监督管理信息。

畜牧兽医、质量监督、工商行政管理等部门应当定期开展监督抽查，并记录监督抽查的情况和处理结果。需要对乳品进行抽样检查的，不得收取任何费用，所需费用由同级财政列支。

第四十七条　畜牧兽医、质量监督、工商行政管理等部门在依据各自职责进行监督检查时，行使下列职权：

（一）实施现场检查；

（二）向有关人员调查、了解有关情况；

（三）查阅、复制有关合同、票据、账簿、检验报告等资料；

（四）查封、扣押有证据证明不符合乳品质量安全国家标准的乳品以及违法使用的生鲜乳、辅料、添加剂；

（五）查封涉嫌违法从事乳品生产经营活动的场所，扣押用于违法生产经营的工具、设备；

（六）法律、行政法规规定的其他职权。

第四十八条 县级以上质量监督部门、工商行政管理部门在监督检查中，对不符合乳品质量安全国家标准、存在危害人体健康和生命安全危险或者可能危害婴幼儿身体健康和生长发育的乳制品，责令并监督生产企业召回、销售者停止销售。

第四十九条 县级以上人民政府价格主管部门应当加强对生鲜乳购销过程中压级压价、价格欺诈、价格串通等不正当价格行为的监督检查。

第五十条 畜牧兽医主管部门、质量监督部门、工商行政管理部门应当建立乳品生产经营者违法行为记录，及时提供给中国人民银行，由中国人民银行纳入企业信用信息基础数据库。

第五十一条 省级以上人民政府畜牧兽医主管部门、质量监督部门、工商行政管理部门依据各自职责，公布乳品质量安全监督管理信息。有关监督管理部门应当及时向同级卫生主管部门通报乳品质量安全事故信息；乳品质量安全重大事故信息由省级以上人民政府卫生主管部门公布。

第五十二条 有关监督管理部门发现奶畜养殖者、生鲜乳收购者、乳制品生产企业和销售者涉嫌犯罪的，应当及时移送公安机关立案侦查。

第五十三条 任何单位和个人有权向畜牧兽医、卫生、质量监督、工商行政管理、食品药品监督等部门举报乳品生产经营中的违法行为。畜牧兽医、卫生、质量监督、工商行政管理、食品药品监督等部门应当公布本单位的电子邮件地址和举报电话；对接到的举报，应当完整地记录、保存。

接到举报的部门对属于本部门职责范围内的事项，应当及时依法处理，对于实名举报，应当及时答复；对不属于本部门职责范围内的事项，应当及时移交有权处理的部门，有权处理的部门应当立即处理，不得推诿。

第七章 法律责任

第五十四条 生鲜乳收购者、乳制品生产企业在生鲜乳收购、乳制品生产过程中，加入非食品用化学物质或者其他可能危害人体健康的物质，依照刑法第一百四十四条的规定，构成犯罪的，依法追究刑事责任，并由发证机关吊销许可证照；尚不构成犯罪的，由畜牧兽医主管部门、质量监督部门依据各自职责没收违法所得和违法生产的乳品，以及相关的工具、设备等物品，并处违法乳品货值金额15倍以上30倍以下罚款，由发证机关吊销许可证照。

第五十五条 生产、销售不符合乳品质量安全国家标准的乳品，依照刑法第一百四十三条的规定，构成犯罪的，依法追究刑事责任，并由发证机关吊销许可证照；尚不构成犯罪的，由畜牧兽医主管部门、质量监督部门、工商行政管理部门依据各自职责没收违法所得、违法乳品和相关的工具、设备等物品，并处违法乳品货值金额10倍以上20倍以下罚款，由发证机关吊销许可证照。

第五十六条 乳制品生产企业违反本条例第三十六条的规定，对不符合乳品质量安全国家标准、存在危害人体健康和生命安全或者可能危害婴幼儿身体健康和生长发育的乳制品，不停止生产、不召回的，由质量监督部门责令停止生产、召回；拒不停止生产、拒不召回的，没收其违法所得、违法乳制品和相关的工具、设备等物品，并处违法乳制品货值金额15倍以上30倍以下罚款，由发证机关吊销许可证照。

第五十七条 乳制品销售者违反本条例第四十二条的规定，对不符合乳品质量安全国家标准、存在危害人体健康和生命安全或者可能危害婴幼儿身体健康和生长发育的乳制品，不停止销售、不追回的，由工商行政管理部门责令停止销售、追回；拒不停止销售、拒不追回的，没收其违法所得、违法乳制品和相关的工具、设备等物品，并处违法乳制品货值金额15倍以上30倍以下罚款，由发证机关吊销许可证照。

第五十八条 违反本条例规定，在婴幼儿奶粉生产过程中，加入非食品用化学物质或其他可能危害人体健康的物质的，或者生产、销售的婴幼儿奶粉营养成分不足、不符合乳品质量安全国家标准的，依照本条例规定，从重处罚。

第五十九条 奶畜养殖者、生鲜乳收购者、乳制品生产企业和销售者在发生乳品质量安全事故后未报告、处置的，由畜牧兽医、质量监督、工商行政管理、食品药品监督等部门依据各自职责，责令改正，给予警告；毁灭有关证据的，责令停产停业，并处10万元以上20万元以下罚款；造成严重后果的，由发证机关吊销许可证照；构成犯罪的，依法追究刑事责任。

第六十条 有下列情形之一的，由县级以上地方人民政府畜牧兽医主管部门没收违法所得、违法收购的生鲜乳和相关的设备、设施等物品，并处违法乳品货值金额5倍以上10倍以下罚款；有许可证照的，由发证机关吊销许可证照：

（一）未取得生鲜乳收购许可证收购生鲜乳的；

（二）生鲜乳收购站取得生鲜乳收购许可证后，不再符合许可条件继续从事生鲜乳收购的；

（三）生鲜乳收购站收购本条例第二十四条规定禁止收购的生鲜乳的。

第六十一条 乳制品生产企业和销售者未取得许可证，或者取得许可证后不按照法定条件、法定要求从事生产销售活动的，由县级以上地方质量监督部门、工商行政管理部门依照《国务院关于加强食品等产品安全监督管理的特别规定》等法律、行政法规的规定处罚。

第六十二条 畜牧兽医、卫生、质量监督、工商行政管理等部门，不履行本条例规定职责、造成后果的，或者滥用职权、有其他渎职行为的，由监察机关或者任免机关对其主要负责人、直接负责的主管人员和其他直接责任人员给予记大过或者降级的处分；造成严重后果的，给予撤职或者开除的处分；构成犯罪的，依法追究刑事责任。

第八章 附 则

第六十三条 草原牧区放牧饲养的奶畜所产的生鲜乳收购办法，由所在省、自治区、直辖市人民政府参照本条例另行制定。

第六十四条 本条例自公布之日起施行。

草原防火条例

（中华人民共和国国务院令第542号，2008年11月29日颁布）

第一章 总 则

第一条 为了加强草原防火工作，积极预防和扑救草原火灾，保护草原，保障人民生命和财产安全，根据《中华人民共和国草原法》，制定本条例。

第二条 本条例适用于中华人民共和国境内草原火灾的预防和扑救。但是，林区和城市市区的除外。

第三条 草原防火工作实行预防为主、防消结合的方针。

第四条 县级以上人民政府应当加强草原防火工作的组织领导，将草原防火所需经费纳入本级财政预算，保障草原火灾预防和扑救工作的开展。

草原防火工作实行地方各级人民政府行政首长负责制和部门、单位领导负责制。

第五条 国务院草原行政主管部门主管全国草原防火工作。

县级以上地方人民政府确定的草原防火主管部门主管本行政区域内的草原防火工作。

县级以上人民政府其他有关部门在各自的职责范围内做好草原防火工作。

第六条 草原的经营使用单位和个人，在其经营使用范围内承担草原防火责任。

第七条 草原防火工作涉及两个以上行政

区域或者涉及森林防火、城市消防的，有关地方人民政府及有关部门应当建立联防制度，确定联防区域，制定联防措施，加强信息沟通和监督检查。

第八条 各级人民政府或者有关部门应当加强草原防火宣传教育活动，提高公民的草原防火意识。

第九条 国家鼓励和支持草原火灾预防和扑救的科学技术研究，推广先进的草原火灾预防和扑救技术。

第十条 对在草原火灾预防和扑救工作中有突出贡献或者成绩显著的单位、个人，按照国家有关规定给予表彰和奖励。

第二章 草原火灾的预防

第十一条 国务院草原行政主管部门根据草原火灾发生的危险程度和影响范围等，将全国草原划分为极高、高、中、低四个等级的草原火险区。

第十二条 国务院草原行政主管部门根据草原火险区划和草原防火工作的实际需要，编制全国草原防火规划，报国务院或者国务院授权的部门批准后组织实施。

县级以上地方人民政府草原防火主管部门根据全国草原防火规划，结合本地实际，编制本行政区域的草原防火规划，报本级人民政府批准后组织实施。

第十三条 草原防火规划应当主要包括下列内容：

（一）草原防火规划制定的依据；

（二）草原防火组织体系建设；

（三）草原防火基础设施和装备建设；

（四）草原防火物资储备；

（五）保障措施。

第十四条 县级以上人民政府应当组织有关部门和单位，按照草原防火规划，加强草原火情瞭望和监测设施、防火隔离带、防火道路、防火物资储备库（站）等基础设施建设，配备草原防火交通工具、灭火器械、观察和通信器材等装备，储存必要的防火物资，建立和完善草原防火指挥信息系统。

第十五条 国务院草原行政主管部门负责制订全国草原火灾应急预案，报国务院批准后组织实施。

县级以上地方人民政府草原防火主管部门负责制订本行政区域的草原火灾应急预案，报本级人民政府批准后组织实施。

第十六条 草原火灾应急预案应当主要包括下列内容：

（一）草原火灾应急组织机构及其职责；

（二）草原火灾预警与预防机制；

（三）草原火灾报告程序；

（四）不同等级草原火灾的应急处置措施；

（五）扑救草原火灾所需物资、资金和队伍的应急保障；

（六）人员财产撤离、医疗救治、疾病控制等应急方案。

草原火灾根据受害草原面积、伤亡人数、受灾牲畜数量以及对城乡居民点、重要设施、名胜古迹、自然保护区的威胁程度等，分为特别重大、重大、较大、一般四个等级。具体划分标准由国务院草原行政主管部门制定。

第十七条 县级以上地方人民政府应当根据草原火灾发生规律，确定本行政区域的草原防火期，并向社会公布。

第十八条 在草原防火期内，因生产活动需要在草原上野外用火的，应当经县级人民政府草原防火主管部门批准。用火单位或者个人应当采取防火措施，防止失火。

在草原防火期内，因生活需要在草原上用火的，应当选择安全地点，采取防火措施，用火后彻底熄灭余火。

除本条第一款、第二款规定的情形外，在草原防火期内，禁止在草原上野外用火。

第十九条 在草原防火期内，禁止在草原上使用枪械狩猎。

在草原防火期内，在草原上进行爆破、勘察和施工等活动的，应当经县级以上地方人民政府草原防火主管部门批准，并采取防火措施，防止失火。

在草原防火期内，部队在草原上进行实弹演习、处置突发性事件和执行其他任务，应当采取必要的防火措施。

第二十条 在草原防火期内，在草原上作业或者行驶的机动车辆，应当安装防火装置，严防漏火、喷火和闸瓦脱落引起火灾。在草原上行驶的公共交通工具上的司机和乘务人员，应当对旅客进行草原防火宣传。司机、乘务人员和旅客不得丢弃火种。

在草原防火期内，对草原上从事野外作业的机械设备，应当采取防火措施；作业人员应当遵守防火安全操作规程，防止失火。

第二十一条 在草原防火期内，经本级人民政府批准，草原防火主管部门应当对进入草原、存在火灾隐患的车辆以及可能引发草原火灾的野外作业活动进行草原防火安全检查。发现存在火灾隐患的，应当告知有关责任人员采取措施消除火灾隐患；拒不采取措施消除火灾隐患的，禁止进入草原或者在草原上从事野外作业活动。

第二十二条 在草原防火期内，出现高温、干旱、大风等高火险天气时，县级以上地方人民政府应当将极高草原火险区、高草原火险区以及一旦发生草原火灾可能造成人身重大伤亡或者财产重大损失的区域划为草原防火管制区，规定管制期限，及时向社会公布，并报上一级人民政府备案。

在草原防火管制区内，禁止一切野外用火。对可能引起草原火灾的非野外用火，县级以上地方人民政府或者草原防火主管部门应当按照管制要求，严格管理。

进入草原防火管制区的车辆，应当取得县级以上地方人民政府草原防火主管部门颁发的草原防火通行证，并服从防火管制。

第二十三条 草原上的农（牧）场、工矿企业和其他生产经营单位，以及驻军单位、自然保护区管理单位和农村集体经济组织等，应当在县级以上地方人民政府的领导和草原防火主管部门的指导下，落实草原防火责任制，加强火源管理，消除火灾隐患，做好本单位的草原防火工作。

铁路、公路、电力和电信线路以及石油天然气管道等的经营单位，应当在其草原防火责任区内，落实防火措施，防止发生草原火灾。

承包经营草原的个人对其承包经营的草原，应当加强火源管理，消除火灾隐患，履行草原防火义务。

第二十四条 省、自治区、直辖市人民政府可以根据本地的实际情况划定重点草原防火区，报国务院草原行政主管部门备案。

重点草原防火区的县级以上地方人民政府和自然保护区管理单位，应当根据需要建立专业扑火队；有关乡（镇）、村应当建立群众扑火队。扑火队应当进行专业培训，并接受县级以上地方人民政府的指挥、调动。

第二十五条 县级以上人民政府草原防火主管部门和气象主管机构，应当联合建立草原火险预报预警制度。气象主管机构应当根据草原防火的实际需要，做好草原火险气象等级预报和发布工作；新闻媒体应当及时播报草原火险气象等级预报。

第三章 草原火灾的扑救

第二十六条 从事草原火情监测以及在草原上从事生产经营活动的单位和个人，发现草原火情的，应当采取必要措施，并及时向当地人民政府或者草原防火主管部门报告。其他发现草原火情的单位和个人，也应当及时向当地人民政府或者草原防火主管部门报告。

当地人民政府或者草原防火主管部门接到报告后，应当立即组织人员赶赴现场，核实火情，采取控制和扑救措施，防止草原火灾扩大。

第二十七条 当地人民政府或者草原防火主管部门应当及时将草原火灾发生时间、地点、估测过火面积、火情发展趋势等情况报上级人民政府及其草原防火主管部门；境外草原火灾威胁到我国草原安全的，还应当报告境外草原火灾距我国边境距离、沿边境蔓延长度以及对我国草原的威胁程度等情况。

禁止瞒报、谎报或者授意他人瞒报、谎报草原火灾。

第二十八条 县级以上地方人民政府应当根据草原火灾发生情况确定火灾等级，并及时启动草原火灾应急预案。特别重大、重大草原火灾以及境外草原火灾威胁到我国草原安全的，国务院草原行政主管部门应当及时启动草原火灾应急预案。

第二十九条 草原火灾应急预案启动后，

有关地方人民政府应当按照草原火灾应急预案的要求，立即组织、指挥草原火灾的扑救工作。

扑救草原火灾应当首先保障人民群众的生命安全，有关地方人民政府应当及时动员受到草原火灾威胁的居民以及其他人员转移到安全地带，并予以妥善安置；情况紧急时，可以强行组织避灾疏散。

第三十条 县级以上人民政府有关部门应当按照草原火灾应急预案的分工，做好相应的草原火灾应急工作。

气象主管机构应当做好气象监测和预报工作，及时向当地人民政府提供气象信息，并根据天气条件适时实施人工增雨。

民政部门应当及时设置避难场所和救济物资供应点，开展受灾群众救助工作。

卫生主管部门应当做好医疗救护、卫生防疫工作。

铁路、交通、航空等部门应当优先运送救灾物资、设备、药物、食品。

通信主管部门应当组织提供应急通信保障。

公安部门应当及时查处草原火灾案件，做好社会治安维护工作。

第三十一条 扑救草原火灾应当组织和动员专业扑火队和受过专业培训的群众扑火队；接到扑救命令的单位和个人，必须迅速赶赴指定地点，投入扑救工作。

扑救草原火灾，不得动员残疾人、孕妇、未成年人和老年人参加。

需要中国人民解放军和中国人民武装警察部队参加草原火灾扑救的，依照《军队参加抢险救灾条例》的有关规定执行。

第三十二条 根据扑救草原火灾的需要，有关地方人民政府可以紧急征用物资、交通工具和相关的设施、设备；必要时，可以采取清除障碍物、建设隔离带、应急取水、局部交通管制等应急管理措施。

因救灾需要，紧急征用单位和个人的物资、交通工具、设施、设备或者占用其房屋、土地的，事后应当及时返还，并依照有关法律规定给予补偿。

第三十三条 发生特别重大、重大草原火灾的，国务院草原行政主管部门应当立即派员赶赴火灾现场，组织、协调、督导火灾扑救，并做好跨省、自治区、直辖市草原防火物资的调用工作。

发生威胁林区安全的草原火灾的，有关草原防火主管部门应当及时通知有关林业主管部门。

境外草原火灾威胁到我国草原安全的，国务院草原行政主管部门应当立即派员赶赴有关现场，组织、协调、督导火灾预防，并及时将有关情况通知外交部。

第三十四条 国家实行草原火灾信息统一发布制度。特别重大、重大草原火灾以及威胁到我国草原安全的境外草原火灾信息，由国务院草原行政主管部门发布；其他草原火灾信息，由省、自治区、直辖市人民政府草原防火主管部门发布。

第三十五条 重点草原防火区的县级以上地方人民政府可以根据草原火灾应急预案的规定，成立草原防火指挥部，行使本章规定的本级人民政府在草原火灾扑救中的职责。

第四章 灾后处置

第三十六条 草原火灾扑灭后，有关地方人民政府草原防火主管部门或者其指定的单位应当对火灾现场进行全面检查，清除余火，并留有足够的人员看守火场。经草原防火主管部门检查验收合格，看守人员方可撤出。

第三十七条 草原火灾扑灭后，有关地方人民政府应当组织有关部门及时做好灾民安置和救助工作，保障灾民的基本生活条件，做好卫生防疫工作，防止传染病的发生和传播。

第三十八条 草原火灾扑灭后，有关地方人民政府应当组织有关部门及时制定草原恢复计划，组织实施补播草籽和人工种草等技术措施，恢复草场植被，并做好畜禽检疫工作，防止动物疫病的发生。

第三十九条 草原火灾扑灭后，有关地方人民政府草原防火主管部门应当及时会同公安等有关部门，对火灾发生时间、地点、原因以及肇事人等进行调查并提出处理意见。

草原防火主管部门应当对受灾草原面积、受灾畜禽种类和数量、受灾珍稀野生动植物种类和数量、人员伤亡以及物资消耗和其他经济损失等情况进行统计，对草原火灾给城乡居民生活、工农业生产、生态环境造成的影响进行评估，并按照国务院草原行政主管部门的规定上报。

第四十条 有关地方人民政府草原防火主管部门应当严格按照草原火灾统计报表的要求，进行草原火灾统计，向上一级人民政府草原防火主管部门报告，并抄送同级公安部门、统计机构。草原火灾统计报表由国务院草原行政主管部门会同国务院公安部门制定，报国家统计部门备案。

第四十一条 对因参加草原火灾扑救受伤、致残或者死亡的人员，按照国家有关规定给予医疗、抚恤。

第五章 法律责任

第四十二条 违反本条例规定，县级以上人民政府草原防火主管部门或者其他有关部门及其工作人员，有下列行为之一的，由其上级行政机关或者监察机关责令改正；情节严重的，对直接负责的主管人员和其他直接责任人员依法给予处分；构成犯罪的，依法追究刑事责任：

（一）未按照规定制订草原火灾应急预案的；

（二）对不符合草原防火要求的野外用火或者爆破、勘察和施工等活动予以批准的；

（三）对不符合条件的车辆发放草原防火通行证的；

（四）瞒报、谎报或者授意他人瞒报、谎报草原火灾的；

（五）未及时采取草原火灾扑救措施的；

（六）不依法履行职责的其他行为。

第四十三条 截留、挪用草原防火资金或者侵占、挪用草原防火物资的，依照有关财政违法行为处罚处分的法律、法规进行处理；构成犯罪的，依法追究刑事责任。

第四十四条 违反本条例规定，有下列行为之一的，由县级以上地方人民政府草原防火主管部门责令停止违法行为，采取防火措施，并限期补办有关手续，对有关责任人员处2000元以上5000元以下罚款，对有关责任单位处5000元以上2万元以下罚款：

（一）未经批准在草原上野外用火或者进行爆破、勘察和施工等活动的；

（二）未取得草原防火通行证进入草原防火管制区的。

第四十五条 违反本条例规定，有下列行为之一的，由县级以上地方人民政府草原防火主管部门责令停止违法行为，采取防火措施，消除火灾隐患，并对有关责任人员处200元以上2000元以下罚款，对有关责任单位处2000元以上2万元以下罚款；拒不采取防火措施、消除火灾隐患的，由县级以上地方人民政府草原防火主管部门代为采取防火措施、消除火灾隐患，所需费用由违法单位或者个人承担：

（一）在草原防火期内，经批准的野外用火未采取防火措施的；

（二）在草原上作业和行驶的机动车辆未安装防火装置或者存在火灾隐患的；

（三）在草原上行驶的公共交通工具上的司机、乘务人员或者旅客丢弃火种的；

（四）在草原上从事野外作业的机械设备作业人员不遵守防火安全操作规程或者对野外作业的机械设备未采取防火措施的；

（五）在草原防火管制区内未按照规定用火的。

第四十六条 违反本条例规定，草原上的生产经营等单位未建立或者未落实草原防火责任制的，由县级以上地方人民政府草原防火主管部门责令改正，对有关责任单位处5000元以上2万元以下罚款。

第四十七条 违反本条例规定，故意或者过失引发草原火灾，构成犯罪的，依法追究刑事责任。

第六章 附 则

第四十八条 草原消防车辆应当按照规定喷涂标志图案，安装警报器、标志灯具。

第四十九条 本条例自2009年1月1日起施行。

森林防火条例

（中华人民共和国国务院令第541号，2008年12月1日颁布）

第一章 总 则

第一条 为了有效预防和扑救森林火灾，保障人民生命财产安全，保护森林资源，维护生态安全，根据《中华人民共和国森林法》，制定本条例。

第二条 本条例适用于中华人民共和国境内森林火灾的预防和扑救。但是，城市市区的除外。

第三条 森林防火工作实行预防为主、积极消灭的方针。

第四条 国家森林防火指挥机构负责组织、协调和指导全国的森林防火工作。

国务院林业主管部门负责全国森林防火的监督和管理工作，承担国家森林防火指挥机构的日常工作。

国务院其他有关部门按照职责分工，负责有关的森林防火工作。

第五条 森林防火工作实行地方各级人民政府行政首长负责制。

县级以上地方人民政府根据实际需要设立的森林防火指挥机构，负责组织、协调和指导本行政区域的森林防火工作。

县级以上地方人民政府林业主管部门负责本行政区域森林防火的监督和管理工作，承担本级人民政府森林防火指挥机构的日常工作。

县级以上地方人民政府其他有关部门按照职责分工，负责有关的森林防火工作。

第六条 森林、林木、林地的经营单位和个人，在其经营范围内承担森林防火责任。

第七条 森林防火工作涉及两个以上行政区域的，有关地方人民政府应当建立森林防火联防机制，确定联防区域，建立联防制度，实行信息共享，并加强监督检查。

第八条 县级以上人民政府应当将森林防火基础设施建设纳入国民经济和社会发展规划，将森林防火经费纳入本级财政预算。

第九条 国家支持森林防火科学研究，推广和应用先进的科学技术，提高森林防火科技水平。

第十条 各级人民政府、有关部门应当组织经常性的森林防火宣传活动，普及森林防火知识，做好森林火灾预防工作。

第十一条 国家鼓励通过保险形式转移森林火灾风险，提高林业防灾减灾能力和灾后自我救助能力。

第十二条 对在森林防火工作中作出突出成绩的单位和个人，按照国家有关规定，给予表彰和奖励。

对在扑救重大、特别重大森林火灾中表现突出的单位和个人，可以由森林防火指挥机构当场给予表彰和奖励。

第二章 森林火灾的预防

第十三条 省、自治区、直辖市人民政府林业主管部门应当按照国务院林业主管部门制定的森林火险区划等级标准，以县为单位确定本行政区域的森林火险区划等级，向社会公布，并报国务院林业主管部门备案。

第十四条 国务院林业主管部门应当根据全国森林火险区划等级和实际工作需要，编制全国森林防火规划，报国务院或者国务院授权的部门批准后组织实施。

县级以上地方人民政府林业主管部门根据全国森林防火规划，结合本地实际，编制本行政区域的森林防火规划，报本级人民政府批准后组织实施。

第十五条 国务院有关部门和县级以上地方人民政府应当按照森林防火规划，加强森林防火基础设施建设，储备必要的森林防火物资，根据实际需要整合、完善森林防火指挥信息系统。

国务院和省、自治区、直辖市人民政府根据森林防火实际需要，充分利用卫星遥感技术和现有军用、民用航空基础设施，建立相关单位参与的航空护林协作机制，完善航空护林基础设施，并保障航空护林所需经费。

第十六条 国务院林业主管部门应当按照有关规定编制国家重大、特别重大森林火灾应急预案，报国务院批准。

县级以上地方人民政府林业主管部门应当按照有关规定编制森林火灾应急预案，报本级人民政府批准，并报上一级人民政府林业主管部门备案。

县级人民政府应当组织乡（镇）人民政府根据森林火灾应急预案制定森林火灾应急处置办法；村民委员会应当按照森林火灾应急预案和森林火灾应急处置办法的规定，协助做好森林火灾应急处置工作。

县级以上人民政府及其有关部门应当组织开展必要的森林火灾应急预案的演练。

第十七条 森林火灾应急预案应当包括下列内容：

（一）森林火灾应急组织指挥机构及其职责；

（二）森林火灾的预警、监测、信息报告和处理；

（三）森林火灾的应急响应机制和措施；

（四）资金、物资和技术等保障措施；

（五）灾后处置。

第十八条 在林区依法开办工矿企业、设立旅游区或者新建开发区的，其森林防火设施应当与该建设项目同步规划、同步设计、同步施工、同步验收；在林区成片造林的，应当同时配套建设森林防火设施。

第十九条 铁路的经营单位应当负责本单位所属林地的防火工作，并配合县级以上地方人民政府做好铁路沿线森林火灾危险地段的防火工作。

电力、电信线路和石油天然气管道的森林防火责任单位，应当在森林火灾危险地段开设防火隔离带，并组织人员进行巡护。

第二十条 森林、林木、林地的经营单位和个人应当按照林业主管部门的规定，建立森林防火责任制，划定森林防火责任区，确定森林防火责任人，并配备森林防火设施和设备。

第二十一条 地方各级人民政府和国有林业企业、事业单位应当根据实际需要，成立森林火灾专业扑救队伍；县级以上地方人民政府应当指导森林经营单位和林区的居民委员会、村民委员会、企业、事业单位建立森林火灾群众扑救队伍。专业的和群众的火灾扑救队伍应当定期进行培训和演练。

第二十二条 森林、林木、林地的经营单位配备的兼职或者专职护林员负责巡护森林，管理野外用火，及时报告火情，协助有关机关调查森林火灾案件。

第二十三条 县级以上地方人民政府应当根据本行政区域内森林资源分布状况和森林火灾发生规律，划定森林防火区，规定森林防火期，并向社会公布。

森林防火期内，各级人民政府森林防火指挥机构和森林、林木、林地的经营单位和个人，应当根据森林火险预报，采取相应的预防和应急准备措施。

第二十四条 县级以上人民政府森林防火指挥机构，应当组织有关部门对森林防火区内有关单位的森林防火组织建设、森林防火责任制落实、森林防火设施建设等情况进行检查；对检查中发现的森林火灾隐患，县级以上地方人民政府林业主管部门应当及时向有关单位下达森林火灾隐患整改通知书，责令限期整改，消除隐患。

被检查单位应当积极配合，不得阻挠、妨碍检查活动。

第二十五条 森林防火期内，禁止在森林防火区野外用火。因防治病虫鼠害、冻害等特殊情况确需野外用火的，应当经县级人民政府批准，并按照要求采取防火措施，严防失火；需要进入森林防火区进行实弹演习、爆破等活动的，应当经省、自治区、直辖市人民政府林业主管部门批准，并采取必要的防火措施；中国人民解放军和中国人民武装警察部队因处置突发事件和执行其他紧急任务需要进入森林防火区的，应当经其上级主管部门批准，并采取必要的防火措施。

第二十六条 森林防火期内，森林、林木、林地的经营单位应当设置森林防火警示宣传标志，并对进入其经营范围的人员进行森林防火安全宣传。

森林防火期内，进入森林防火区的各种机动车辆应当按照规定安装防火装置，配备灭火器材。

第二十七条 森林防火期内，经省、自治区、直辖市人民政府批准，林业主管部门、国务院确定的重点国有林区的管理机构可以设立临时性的森林防火检查站，对进入森林防火区的车辆和人员进行森林防火检查。

第二十八条 森林防火期内，预报有高温、干旱、大风等高火险天气的，县级以上地方人民政府应当划定森林高火险区，规定森林高火险期。必要时，县级以上地方人民政府可以根据需要发布命令，严禁一切野外用火；对可能引起森林火灾的居民生活用火应当严格管理。

第二十九条 森林高火险期内，进入森林高火险区的，应当经县级以上地方人民政府批准，严格按照批准的时间、地点、范围活动，并接受县级以上地方人民政府林业主管部门的监督管理。

第三十条 县级以上人民政府林业主管部门和气象主管机构应当根据森林防火需要，建设森林火险监测和预报台站，建立联合会商机制，及时制作发布森林火险预警预报信息。

气象主管机构应当无偿提供森林火险天气预报服务。广播、电视、报纸、互联网等媒体应当及时播发或者刊登森林火险天气预报。

第三章 森林火灾的扑救

第三十一条 县级以上地方人民政府应当公布森林火警电话，建立森林防火值班制度。

任何单位和个人发现森林火灾，应当立即报告。接到报告的当地人民政府或者森林防火指挥机构应当立即派人赶赴现场，调查核实，采取相应的扑救措施，并按照有关规定逐级报上级人民政府和森林防火指挥机构。

第三十二条 发生下列森林火灾，省、自治区、直辖市人民政府森林防火指挥机构应当立即报告国家森林防火指挥机构，由国家森林防火指挥机构按照规定报告国务院，并及时通报国务院有关部门：

（一）国界附近的森林火灾；

（二）重大、特别重大森林火灾；

（三）造成3人以上死亡或者10人以上重伤的森林火灾；

（四）威胁居民区或者重要设施的森林火灾；

（五）24小时尚未扑灭明火的森林火灾；

（六）未开发原始林区的森林火灾；

（七）省、自治区、直辖市交界地区危险性大的森林火灾；

（八）需要国家支援扑救的森林火灾。

本条第一款所称“以上”包括本数。

第三十三条 发生森林火灾，县级以上地方人民政府森林防火指挥机构应当按照规定立即启动森林火灾应急预案；发生重大、特别重大森林火灾，国家森林防火指挥机构应当立即启动重大、特别重大森林火灾应急预案。

森林火灾应急预案启动后，有关森林防火指挥机构应当在核实火灾准确位置、范围以及风力、风向、火势的基础上，根据火灾现场天气、地理条件，合理确定扑救方案，划分扑救地段，确定扑救责任人，并指定负责人及时到达森林火灾现场具体指挥森林火灾的扑救。

第三十四条 森林防火指挥机构应当按照森林火灾应急预案，统一组织和指挥森林火灾的扑救。

扑救森林火灾，应当坚持以人为本、科学扑救，及时疏散、撤离受火灾威胁的群众，并做好火灾扑救人员的安全防护，尽最大可能避免人员伤亡。

第三十五条 扑救森林火灾应当以专业火灾扑救队伍为主要力量；组织群众扑救队伍扑救森林火灾的，不得动员残疾人、孕妇和未成年人以及其他不适宜参加森林火灾扑救的人员参加。

第三十六条 武装警察森林部队负责执行国家赋予的森林防火任务。武装警察森林部队执行森林火灾扑救任务，应当接受火灾发生地县级以上地方人民政府森林防火指挥机构的统一指挥；执行跨省、自治区、直辖市森林火灾扑救任务的，应当接受国家森林防火指挥机构的统一指挥。

中国人民解放军执行森林火灾扑救任务的，依照《军队参加抢险救灾条例》的有关规定执行。

第三十七条 发生森林火灾，有关部门应当按照森林火灾应急预案和森林防火指挥机构的统一指挥，做好扑救森林火灾的有关工作。

气象主管机构应当及时提供火灾地区天气预报和相关信息，并根据天气条件适时开展人工增雨作业。

交通运输主管部门应当优先组织运送森林火灾扑救人员和扑救物资。

通信主管部门应当组织提供应急通信保障。

民政部门应当及时设置避难场所和救灾物资供应点，紧急转移并妥善安置灾民，开展受灾群众救助工作。

公安机关应当维护治安秩序，加强治安管理。

商务、卫生等主管部门应当做好物资供应、医疗救护和卫生防疫等工作。

第三十八条 因扑救森林火灾的需要，县级以上人民政府森林防火指挥机构可以决定采取开设防火隔离带、清除障碍物、应急取水、局部交通管制等应急措施。

因扑救森林火灾需要征用物资、设备、交通运输工具的，由县级以上人民政府决定。扑火工作结束后，应当及时返还被征用的物资、设备和交通工具，并依照有关法律规定给予补偿。

第三十九条 森林火灾扑灭后，火灾扑救队伍应当对火灾现场进行全面检查，清理余火，并留有足够人员看守火场，经当地人民政府森林防火指挥机构检查验收合格，方可撤出看守人员。

第四章　灾后处置

第四十条 按照受害森林面积和伤亡人数，森林火灾分为一般森林火灾、较大森林火灾、重大森林火灾和特别重大森林火灾：

（一）一般森林火灾：受害森林面积在1公顷以下或者其他林地起火的，或者死亡1人以上3人以下的，或者重伤1人以上10人以下的；

（二）较大森林火灾：受害森林面积在1公顷以上100公顷以下的，或者死亡3人以上10人以下的，或者重伤10人以上50人以下的；

（三）重大森林火灾：受害森林面积在100公顷以上1000公顷以下的，或者死亡10人以上30人以下的，或者重伤50人以上100人以下的；

（四）特别重大森林火灾：受害森林面积在1000公顷以上的，或者死亡30人以上的，或者重伤100人以上的。

本条第一款所称“以上”包括本数，“以下”不包括本数。

第四十一条 县级以上人民政府林业主管部门应当会同有关部门及时对森林火灾发生原因、肇事者、受害森林面积和蓄积、人员伤亡、其他经济损失等情况进行调查和评估，向当地人民政府提出调查报告；当地人民政府应当根据调查报告，确定森林火灾责任单位和责任人，并依法处理。

森林火灾损失评估标准，由国务院林业主管部门会同有关部门制定。

第四十二条 县级以上地方人民政府林业主管部门应当按照有关要求对森林火灾情况进行统计，报上级人民政府林业主管部门和本级人民政府统计机构，并及时通报本级人民政府有关部门。

森林火灾统计报告表由国务院林业主管部门制定，报国家统计局备案。

第四十三条 森林火灾信息由县级以上人民政府森林防火指挥机构或者林业主管部门向社会发布。重大、特别重大森林火灾信息由国务院林业主管部门发布。

第四十四条 对因扑救森林火灾负伤、致残或者死亡的人员，按照国家有关规定给予医疗、抚恤。

第四十五条 参加森林火灾扑救的人员的误工补贴和生活补助以及扑救森林火灾所发生的其他费用，按照省、自治区、直辖市人民政府规定的标准，由火灾肇事单位或者个人支付；起火原因不清的，由起火单位支付；火灾肇事单位、个人或者起火单位确实无力支付的部分，由当地人民政府支付。误工补贴和生活补助以及扑救森林火灾所发生的其他费用，可以由当地人民政府先行支付。

第四十六条 森林火灾发生后，森林、林木、林地的经营单位和个人应当及时采取更新造林措施，恢复火烧迹地森林植被。

第五章 法律责任

第四十七条 违反本条例规定，县级以上地方人民政府及其森林防火指挥机构、县级以上人民政府林业主管部门或者其他有关部门及其工作人员，有下列行为之一的，由其上级行政机关或者监察机关责令改正；情节严重的，对直接负责的主管人员和其他直接责任人员依法给予处分；构成犯罪的，依法追究刑事责任：

（一）未按照有关规定编制森林火灾应急预案的；

（二）发现森林火灾隐患未及时下达森林火灾隐患整改通知书的；

（三）对不符合森林防火要求的野外用火或者实弹演习、爆破等活动予以批准的；

（四）瞒报、谎报或者故意拖延报告森林火灾的；

（五）未及时采取森林火灾扑救措施的；

（六）不依法履行职责的其他行为。

第四十八条 违反本条例规定，森林、林木、林地的经营单位或者个人未履行森林防火责任的，由县级以上地方人民政府林业主管部门责令改正，对个人处500元以上5000元以下罚款，对单位处1万元以上5万元以下罚款。

第四十九条 违反本条例规定，森林防火区内的有关单位或者个人拒绝接受森林防火检查或者接到森林火灾隐患整改通知书逾期不消除火灾隐患的，由县级以上地方人民政府林业主管部门责令改正，给予警告，对个人并处200元以上2000元以下罚款，对单位并处5000元以上1万元以下罚款。

第五十条 违反本条例规定，森林防火期内未经批准擅自在森林防火区内野外用火的，由县级以上地方人民政府林业主管部门责令停止违法行为，给予警告，对个人并处200元以上3000元以下罚款，对单位并处1万元以上5万元以下罚款。

第五十一条 违反本条例规定，森林防火期内未经批准在森林防火区内进行实弹演习、爆破等活动的，由县级以上地方人民政府林业主管部门责令停止违法行为，给予警告，并处5万元以上10万元以下罚款。

第五十二条 违反本条例规定，有下列行为之一的，由县级以上地方人民政府林业主管部门责令改正，给予警告，对个人并处200元以上2000元以下罚款，对单位并处2000元以上5000元以下罚款：

（一）森林防火期内，森林、林木、林地的经营单位未设置森林防火警示宣传标志的；

（二）森林防火期内，进入森林防火区的机动车辆未安装森林防火装置的；

（三）森林高火险期内，未经批准擅自进入森林高火险区活动的。

第五十三条 违反本条例规定，造成森林火灾，构成犯罪的，依法追究刑事责任；尚不构成犯罪的，除依照本条例第四十八条、第四十九条、第五十条、第五十一条、第五十二条的规定追究法律责任外，县级以上地方人民政府林业主管部门可以责令责任人补种树木。

第六章 附 则

第五十四条 森林消防专用车辆应当按照规定喷涂标志图案，安装警报器、标志灯具。

第五十五条 在中华人民共和国边境地区发生的森林火灾，按照中华人民共和国政府与有关国家政府签订的有关协定开展扑救工作；没有协定的，由中华人民共和国政府和有关国家政府协商办理。

第五十六条 本条例自2009年1月1日起施行。

中华人民共和国抗旱条例

（中华人民共和国国务院令第552号，2009年2月6日颁布）

第一章 总 则

第一条 为了预防和减轻干旱灾害及其造成的损失，保障生活用水，协调生产、生态用水，促进经济社会全面、协调、可持续发展，根据《中华人民共和国水法》，制定本条例。

第二条 在中华人民共和国境内从事预防和减轻干旱灾害的活动，应当遵守本条例。

本条例所称干旱灾害，是指由于降水减少、水工程供水不足引起的用水短缺，并对生活、生产和生态造成危害的事件。

第三条 抗旱工作坚持以人为本、预防为主、防抗结合和因地制宜、统筹兼顾、局部利益服从全局利益的原则。

第四条 县级以上人民政府应当将抗旱工作纳入本级国民经济和社会发展规划，所需经费纳入本级财政预算，保障抗旱工作的正常开展。

第五条 抗旱工作实行各级人民政府行政首长负责制，统一指挥、部门协作、分级负责。

第六条 国家防汛抗旱总指挥部负责组织、领导全国的抗旱工作。

国务院水行政主管部门负责全国抗旱的指导、监督、管理工作，承担国家防汛抗旱总指挥部的具体工作。国家防汛抗旱总指挥部的其他成员单位按照各自职责，负责有关抗旱工作。

第七条 国家确定的重要江河、湖泊的防汛抗旱指挥机构，由有关省、自治区、直辖市人民政府和该江河、湖泊的流域管理机构组成，负责协调所辖范围内的抗旱工作；流域管理机构承担流域防汛抗旱指挥机构的具体工作。

第八条 县级以上地方人民政府防汛抗旱指挥机构，在上级防汛抗旱指挥机构和本级人民政府的领导下，负责组织、指挥本行政区域内的抗旱工作。

县级以上地方人民政府水行政主管部门负责本行政区域内抗旱的指导、监督、管理工作，承担本级人民政府防汛抗旱指挥机构的具体工作。县级以上地方人民政府防汛抗旱指挥机构的其他成员单位按照各自职责，负责有关抗旱工作。

第九条 县级以上人民政府应当加强水利基础设施建设，完善抗旱工程体系，提高抗旱减灾能力。

第十条 各级人民政府、有关部门应当开展抗旱宣传教育活动，增强全社会抗旱减灾意识，鼓励和支持各种抗旱科学技术研究及其成果的推广应用。

第十一条 任何单位和个人都有保护抗旱设施和依法参加抗旱的义务。

第十二条 对在抗旱工作中做出突出贡献的单位和个人，按照国家有关规定给予表彰和奖励。

第二章 旱灾预防

第十三条 县级以上地方人民政府水行政主管部门会同同级有关部门编制本行政区域的抗旱规划，报本级人民政府批准后实施，并抄送上一级人民政府水行政主管部门。

第十四条 编制抗旱规划应当充分考虑本行政区域的国民经济和社会发展水平、水资源综合开发利用情况、干旱规律和特点、可供水资源量和抗旱能力以及城乡居民生活用水、工农业生产和生态用水的需求。

抗旱规划应当与水资源开发利用等规划相衔接。

下级抗旱规划应当与上一级的抗旱规划相协调。

第十五条 抗旱规划应当主要包括抗旱组织体系建设、抗旱应急水源建设、抗旱应急设施建设、抗旱物资储备、抗旱服务组织建设、旱情监测网络建设以及保障措施等。

第十六条 县级以上人民政府应当加强农田水利基础设施建设和农村饮水工程建设，组织做好抗旱应急工程及其配套设施建设和节水改造，提高抗旱供水能力和水资源利用效率。

县级以上人民政府水行政主管部门应当组织做好农田水利基础设施和农村饮水工程的管理和维护，确保其正常运行。

干旱缺水地区的地方人民政府及有关集体经济组织应当因地制宜修建中小微型蓄水、引水、提水工程和雨水集蓄利用工程。

第十七条 国家鼓励和扶持研发、使用抗旱节水机械和装备，推广农田节水技术，支持旱作地区修建抗旱设施，发展旱作节水农业。

国家鼓励、引导、扶持社会组织和个人建设、经营抗旱设施，并保护其合法权益。

第十八条 县级以上地方人民政府应当做好干旱期城乡居民生活供水的应急水源贮备保障工作。

第十九条 干旱灾害频繁发生地区的县级以上地方人民政府，应当根据抗旱工作需要储备必要的抗旱物资，并加强日常管理。

第二十条 县级以上人民政府应当根据水资源和水环境的承载能力，调整、优化经济结构和产业布局，合理配置水资源。

第二十一条 各级人民政府应当开展节约用水宣传教育，推行节约用水措施，推广节约用水新技术、新工艺，建设节水型社会。

第二十二条 县级以上人民政府水行政主管部门应当做好水资源的分配、调度和保护工作，组织建设抗旱应急水源工程和集雨设施。

县级以上人民政府水行政主管部门和其他有关部门应当及时向人民政府防汛抗旱指挥机构提供水情、雨情和墒情信息。

第二十三条 各级气象主管机构应当加强气象科学技术研究，提高气象监测和预报水平，及时向人民政府防汛抗旱指挥机构提供气象干旱及其他与抗旱有关的气象信息。

第二十四条 县级以上人民政府农业主管部门应当做好农用抗旱物资的储备和管理工作，指导干旱地区农业种植结构的调整，培育和推广应用耐旱品种，及时向人民政府防汛抗旱指挥机构提供农业旱情信息。

第二十五条 供水管理部门应当组织有关单位，加强供水管网的建设和维护，提高供水能力，保障居民生活用水，及时向人民政府防汛抗旱指挥机构提供供水、用水信息。

第二十六条 县级以上人民政府应当组织有关部门，充分利用现有资源，建设完善旱情监测网络，加强对干旱灾害的监测。

县级以上人民政府防汛抗旱指挥机构应当组织完善抗旱信息系统，实现成员单位之间的信息共享，为抗旱指挥决策提供依据。

第二十七条 国家防汛抗旱总指挥部组织其成员单位编制国家防汛抗旱预案，经国务院批准后实施。

县级以上地方人民政府防汛抗旱指挥机构组织其成员单位编制抗旱预案，经上一级人民政府防汛抗旱指挥机构审查同意，报本级人民政府批准后实施。

经批准的抗旱预案，有关部门和单位必须执行。修改抗旱预案，应当按照原批准程序报原批准机关批准。

第二十八条 抗旱预案应当包括预案的执行机构以及有关部门的职责、干旱灾害预警、干旱等级划分和按不同等级采取的应急措施、旱情紧急情况下水量调度预案和保障措施等内容。

干旱灾害按照区域耕地和作物受旱的面积与程度以及因干旱导致饮水困难人口的数量，分为轻度干旱、中度干旱、严重干旱、特大干旱四级。

第二十九条 县级人民政府和乡镇人民政府根据抗旱工作的需要，加强抗旱服务组织的建设。县级以上地方各级人民政府应当加强对抗旱服务组织的扶持。

国家鼓励社会组织和个人兴办抗旱服务组织。

第三十条 各级人民政府应当对抗旱责任制落实、抗旱预案编制、抗旱设施建设和维护、抗旱物资储备等情况加强监督检查，发现问题应当及时处理或者责成有关部门和单位限期处理。

第三十一条 水工程管理单位应当定期对管护范围内的抗旱设施进行检查和维护。

第三十二条 禁止非法引水、截水和侵占、破坏、污染水源。

禁止破坏、侵占、毁损抗旱设施。

第三章 抗旱减灾

第三十三条 发生干旱灾害，县级以上人民政府防汛抗旱指挥机构应当按照抗旱预案规定的权限，启动抗旱预案，组织开展抗旱减灾工作。

第三十四条 发生轻度干旱和中度干旱，县级以上地方人民政府防汛抗旱指挥机构应当按照抗旱预案的规定，采取下列措施：

（一）启用应急备用水源或者应急打井、挖泉；

（二）设置临时抽水泵站，开挖输水渠道或者临时在江河沟渠内截水；

（三）使用再生水、微咸水、海水等非常规水源，组织实施人工增雨；

（四）组织向人畜饮水困难地区送水。

采取前款规定的措施，涉及其他行政区域的，应当报共同的上一级人民政府防汛抗旱指挥机构或者流域防汛抗旱指挥机构批准；涉及其他有关部门的，应当提前通知有关部门。旱情解除后，应当及时拆除临时取水和截水设施，并及时通报有关部门。

第三十五条 发生严重干旱和特大干旱，国家防汛抗旱总指挥部应当启动国家防汛抗旱预案，总指挥部各成员单位应当按照防汛抗旱预案的分工，做好相关工作。

严重干旱和特大干旱发生地的县级以上地方人民政府在防汛抗旱指挥机构采取本条例第三十四条规定的措施外，还可以采取下列措施：

（一）压减供水指标；

（二）限制或者暂停高耗水行业用水；

（三）限制或者暂停排放工业污水；

（四）缩小农业供水范围或者减少农业供水量；

（五）限时或者限量供应城镇居民生活用水。

第三十六条 发生干旱灾害，县级以上地方人民政府应当按照统一调度、保证重点、兼顾一般的原则对水源进行调配，优先保障城乡居民生活用水，合理安排生产和生态用水。

第三十七条 发生干旱灾害，县级以上人民政府防汛抗旱指挥机构或者流域防汛抗旱指挥机构可以按照批准的抗旱预案，制订应急水量调度实施方案，统一调度辖区内的水库、水电站、闸坝、湖泊等所蓄的水量。有关地方人民政府、单位和个人必须服从统一调度和指挥，严格执行调度指令。

第三十八条 发生干旱灾害，县级以上地方人民政府防汛抗旱指挥机构应当及时组织抗旱服务组织，解决农村人畜饮水困难，提供抗旱技术咨询等方面的服务。

第三十九条 发生干旱灾害，各级气象主管机构应当做好气象干旱监测和预报工作，并适时实施人工增雨作业。

第四十条 发生干旱灾害，县级以上人民政府卫生主管部门应当做好干旱灾害发生地区疾病预防控制、医疗救护和卫生监督执法工作，监督、检测饮用水水源卫生状况，确保饮水卫生安全，防止干旱灾害导致重大传染病疫情的发生。

第四十一条 发生干旱灾害，县级以上人民政府民政部门应当做好干旱灾害的救助工作，妥善安排受灾地区群众基本生活。

第四十二条 干旱灾害发生地区的乡镇人民政府、街道办事处、村民委员会、居民委员会应当组织力量，向村民、居民宣传节水抗旱知识，协助做好抗旱措施的落实工作。

第四十三条 发生干旱灾害，供水企事业单位应当加强对供水、水源和抗旱设施的管理与维护，按要求启用应急备用水源，确保城乡供水安全。

第四十四条 干旱灾害发生地区的单位和个人应当自觉节约用水，服从当地人民政府发布的决定，配合落实人民政府采取的抗旱措施，积极参加抗旱减灾活动。

第四十五条 发生特大干旱，严重危及城乡居民生活、生产用水安全，可能影响社会稳定的，有关省、自治区、直辖市人民政府防汛抗旱指挥机构经本级人民政府批准，可以宣布本辖区内的相关行政区域进入紧急抗旱期，并及时报告国家防汛抗旱总指挥部。

特大干旱旱情缓解后，有关省、自治区、直辖市人民政府防汛抗旱指挥机构应当宣布结束紧急抗旱期，并及时报告国家防汛抗旱总指挥部。

第四十六条 在紧急抗旱期，有关地方人民政府防汛抗旱指挥机构应当组织动员本行政区域内各有关单位和个人投入抗旱工作。所有单位和个人必须服从指挥，承担人民政府防汛抗旱指挥机构分配的抗旱工作任务。

第四十七条 在紧急抗旱期，有关地方人民政府防汛抗旱指挥机构根据抗旱工作的需要，有权在其管辖范围内征用物资、设备、交通运输工具。

第四十八条 县级以上地方人民政府防汛抗旱指挥机构应当组织有关部门，按照干旱灾害统计报表的要求，及时核实和统计所管辖范围内的旱情、干旱灾害和抗旱情况等信息，报上一级人民政府防汛抗旱指挥机构和本级人民政府。

第四十九条 国家建立抗旱信息统一发布制度。旱情由县级以上人民政府防汛抗旱指挥机构统一审核、发布；旱灾由县级以上人民政府水行政主管部门会同同级民政部门审核、发布；农业灾情由县级以上人民政府农业主管部门发布；与抗旱有关的气象信息由气象主管机构发布。

报刊、广播、电视和互联网等媒体，应当及时刊播抗旱信息并标明发布机构名称和发布时间。

第五十条 各级人民政府应当建立和完善与经济社会发展水平以及抗旱减灾要求相适应的资金投入机制，在本级财政预算中安排必要的资金，保障抗旱减灾投入。

第五十一条 因抗旱发生的水事纠纷，依照《中华人民共和国水法》的有关规定处理。

第四章 灾后恢复

第五十二条 旱情缓解后，各级人民政府、有关主管部门应当帮助受灾群众恢复生产和灾后自救。

第五十三条 旱情缓解后，县级以上人民政府水行政主管部门应当对水利工程进行检查评估，并及时组织修复遭受干旱灾害损坏的水利工程；县级以上人民政府有关主管部门应当将遭受干旱灾害损坏的水利工程，优先列入年度修复建设计划。

第五十四条 旱情缓解后，有关地方人民政府防汛抗旱指挥机构应当及时归还紧急抗旱期征用的物资、设备、交通运输工具等，并按照有关法律规定给予补偿。

第五十五条 旱情缓解后，县级以上人民政府防汛抗旱指挥机构应当及时组织有关部门对干旱灾害影响、损失情况以及抗旱工作效果进行分析和评估；有关部门和单位应当予以配合，主动向本级人民政府防汛抗旱指挥机构报告相关情况，不得虚报、瞒报。

县级以上人民政府防汛抗旱指挥机构也可以委托具有灾害评估专业资质的单位进行分析和评估。

第五十六条 抗旱经费和抗旱物资必须专项使用，任何单位和个人不得截留、挤占、挪用和私分。

各级财政和审计部门应当加强对抗旱经费和物资管理的监督、检查和审计。

第五十七条 国家鼓励在易旱地区逐步建立和推行旱灾保险制度。

第五章 法律责任

第五十八条 违反本条例规定，有下列行为之一的，由所在单位或者上级主管机关、监察机关责令改正；对直接负责的主管人员和其他直接责任人员依法给予处分；构成犯罪的，依法追究刑事责任：

（一）拒不承担抗旱救灾任务的；

（二）擅自向社会发布抗旱信息的；

（三）虚报、瞒报旱情、灾情的；

（四）拒不执行抗旱预案或者旱情紧急情况下的水量调度预案以及应急水量调度实施方案的；

（五）旱情解除后，拒不拆除临时取水和截水设施的；

（六）滥用职权、徇私舞弊、玩忽职守的

其他行为。

第五十九条 截留、挤占、挪用、私分抗旱经费的，依照有关财政违法行为处罚处分等法律、行政法规的规定处罚；构成犯罪的，依法追究刑事责任。

第六十条 违反本条例规定，水库、水电站、拦河闸坝等工程的管理单位以及其他经营工程设施的经营者拒不服从统一调度和指挥的，由县级以上人民政府水行政主管部门或者流域管理机构责令改正，给予警告；拒不改正的，强制执行，处1万元以上5万元以下的罚款。

第六十一条 违反本条例规定，侵占、破坏水源和抗旱设施的，由县级以上人民政府水行政主管部门或者流域管理机构责令停止违法行为，采取补救措施，处1万元以上5万元以下的罚款；造成损坏的，依法承担民事责任；构成违反治安管理行为的，依照《中华人民共和国治安管理处罚法》的规定处罚；构成犯罪的，依法追究刑事责任。

第六十二条 违反本条例规定，抢水、非法引水、截水或者哄抢抗旱物资的，由县级以上人民政府水行政主管部门或者流域管理机构责令停止违法行为，予以警告；构成违反治安管理行为的，依照《中华人民共和国治安管理处罚法》的规定处罚；构成犯罪的，依法追究刑事责任。

第六十三条 违反本条例规定，阻碍、威胁防汛抗旱指挥机构、水行政主管部门或者流域管理机构的工作人员依法执行职务的，由县级以上人民政府水行政主管部门或者流域管理机构责令改正，予以警告；构成违反治安管理行为的，依照《中华人民共和国治安管理处罚法》的规定处罚；构成犯罪的，依法追究刑事责任。

第六章 附 则

第六十四条 中国人民解放军和中国人民武装警察部队参加抗旱救灾，依照《军队参加抢险救灾条例》的有关规定执行。

第六十五条 本条例自公布之日起施行。

全民健身条例

（中华人民共和国国务院令第560号，2009年8月30日颁布）

第一章 总 则

第一条 为了促进全民健身活动的开展，保障公民在全民健身活动中的合法权益，提高公民身体素质，制定本条例。

第二条 县级以上地方人民政府应当将全民健身事业纳入本级国民经济和社会发展规划，有计划地建设公共体育设施，加大对农村地区和城市社区等基层公共体育设施建设的投入，促进全民健身事业均衡协调发展。

国家支持、鼓励、推动与人民群众生活水平相适应的体育消费以及体育产业的发展。

第三条 国家推动基层文化体育组织建设，鼓励体育类社会团体、体育类民办非企业单位等群众性体育组织开展全民健身活动。

第四条 公民有依法参加全民健身活动的权利。

地方各级人民政府应当依法保障公民参加全民健身活动的权利。

第五条 国务院体育主管部门负责全国的全民健身工作，国务院其他有关部门在各自职责范围内负责有关的全民健身工作。

县级以上地方人民政府主管体育工作的部门（以下简称体育主管部门）负责本行政区域内的全民健身工作，县级以上地方人民政府其他有关部门在各自职责范围内负责有关的全民健身工作。

第六条 国家鼓励对全民健身事业提供捐

赠和赞助。

自然人、法人或者其他组织对全民健身事业提供捐赠的，依法享受税收优惠。

第七条 对在发展全民健身事业中做出突出贡献的组织和个人，按照国家有关规定给予表彰、奖励。

第二章 全民健身计划

第八条 国务院制定全民健身计划，明确全民健身工作的目标、任务、措施、保障等内容。

县级以上地方人民政府根据本地区的实际情况制定本行政区域的全民健身实施计划。

制定全民健身计划和全民健身实施计划，应当充分考虑学生、老年人、残疾人和农村居民的特殊需求。

第九条 国家定期开展公民体质监测和全民健身活动状况调查。

公民体质监测由国务院体育主管部门会同有关部门组织实施；其中，对学生的体质监测由国务院教育主管部门组织实施。

全民健身活动状况调查由国务院体育主管部门组织实施。

第十条 国务院根据公民体质监测结果和全民健身活动状况调查结果，修订全民健身计划。

县级以上地方人民政府根据公民体质监测结果和全民健身活动状况调查结果，修订全民健身实施计划。

第十一条 全民健身计划由县级以上人民政府体育主管部门会同有关部门组织实施。县级以上地方人民政府应当加强组织和协调，对本行政区域全民健身计划实施情况负责。

县级以上人民政府体育主管部门应当在本级人民政府任期届满时会同有关部门对全民健身计划实施情况进行评估，并将评估结果向本级人民政府报告。

第三章 全民健身活动

第十二条 每年8月8日为全民健身日。县级以上人民政府及其有关部门应当在全民健身日加强全民健身宣传。

国家机关、企业事业单位和其他组织应当在全民健身日结合自身条件组织本单位人员开展全民健身活动。

县级以上人民政府体育主管部门应当在全民健身日组织开展免费健身指导服务。

公共体育设施应当在全民健身日向公众免费开放；国家鼓励其他各类体育设施在全民健身日向公众免费开放。

第十三条 国务院体育主管部门应当定期举办全国性群众体育比赛活动；国务院其他有关部门、全国性社会团体等，可以根据需要举办相应的全国性群众体育比赛活动。

地方人民政府应当定期举办本行政区域的群众体育比赛活动。

第十四条 县级人民政府体育主管部门应当在传统节日和农闲季节组织开展与农村生产劳动和文化生活相适应的全民健身活动。

第十五条 国家机关、企业事业单位和其他组织应当组织本单位人员开展工间（前）操和业余健身活动；有条件的，可以举办运动会，开展体育锻炼测验、体质测定等活动。

第十六条 工会、共青团、妇联、残联等社会团体应当结合自身特点，组织成员开展全民健身活动。

单项体育协会应当将普及推广体育项目和组织开展全民健身活动列入工作计划，并对全民健身活动给予指导和支持。

第十七条 基层文化体育组织、居民委员会和村民委员会应当组织居民开展全民健身活动，协助政府做好相关工作。

第十八条 鼓励全民健身活动站点、体育俱乐部等群众性体育组织开展全民健身活动，宣传科学健身知识；县级以上人民政府体育主管部门和其他有关部门应当给予支持。

第十九条 对于依法举办的群众体育比赛等全民健身活动，任何组织或者个人不得非法设置审批和收取审批费用。

第二十条 广播电台、电视台、报刊和互联网站等应当加强对全民健身活动的宣传报道，普及科学健身知识，增强公民健身意识。

第二十一条 学校应当按照《中华人民共和国体育法》和《学校体育工作条例》的规

定，根据学生的年龄、性别和体质状况，组织实施体育课教学，开展广播体操、眼保健操等体育活动，指导学生的体育锻炼，提高学生的身体素质。

学校应当保证学生在校期间每天参加1小时的体育活动。

第二十二条 学校每学年至少举办一次全校性的运动会；有条件的，还可以有计划地组织学生参加远足、野营、体育夏（冬）令营等活动。

第二十三条 基层文化体育组织、学校、家庭应当加强合作，支持和引导学生参加校外体育活动。

青少年活动中心、少年宫、妇女儿童中心等应当为学生开展体育活动提供便利。

第二十四条 组织大型全民健身活动，应当按照国家有关大型群众性活动安全管理的规定，做好安全工作。

第二十五条 任何组织或者个人不得利用健身活动从事宣扬封建迷信、违背社会公德、扰乱公共秩序、损害公民身心健康的行为。

第四章　全民健身保障

第二十六条 县级以上人民政府应当将全民健身工作所需经费列入本级财政预算，并随着国民经济的发展逐步增加对全民健身的投入。

按照国家有关彩票公益金的分配政策由体育主管部门分配使用的彩票公益金，应当根据国家有关规定用于全民健身事业。

第二十七条 公共体育设施的规划、建设、使用、管理、保护和公共体育设施管理单位提供服务，应当遵守《公共文化体育设施条例》的规定。

公共体育设施的规划、建设应当与当地经济发展水平相适应，方便群众就近参加健身活动；农村地区公共体育设施的规划、建设还应当考虑农村生产劳动和文化生活习惯。

第二十八条 学校应当在课余时间和节假日向学生开放体育设施。公办学校应当积极创造条件向公众开放体育设施；国家鼓励民办学校向公众开放体育设施。

县级人民政府对向公众开放体育设施的学校给予支持，为向公众开放体育设施的学校办理有关责任保险。

学校可以根据维持设施运营的需要向使用体育设施的公众收取必要的费用。

第二十九条 公园、绿地等公共场所的管理单位，应当根据自身条件安排全民健身活动场地。县级以上地方人民政府体育主管部门根据实际情况免费提供健身器材。

居民住宅区的设计应当安排健身活动场地。

第三十条 公园、绿地、广场等公共场所和居民住宅区的管理单位，应当对该公共场所和居民住宅区配置的全民健身器材明确管理和维护责任人。

第三十一条 国家加强社会体育指导人员队伍建设，对全民健身活动进行科学指导。

国家对不以收取报酬为目的向公众提供传授健身技能、组织健身活动、宣传科学健身知识等服务的社会体育指导人员实行技术等级制度。县级以上地方人民政府体育主管部门应当免费为其提供相关知识和技能培训，并建立档案。

国家对以健身指导为职业的社会体育指导人员实行职业资格证书制度。以对高危险性体育项目进行健身指导为职业的社会体育指导人员，应当依照国家有关规定取得职业资格证书。

第三十二条 经营高危险性体育项目的，应当符合下列条件，并向县级以上人民政府体育主管部门提出申请：

（一）相关体育设施符合国家标准；

（二）具有达到规定数量的取得国家职业资格证书的社会体育指导人员和救助人员；

（三）具有相应的安全保障制度和措施。

县级以上人民政府体育主管部门应当自收到申请之日起30日内进行实地核查，做出批准或者不予批准的决定。批准的，应当发给许可证；不予批准的，应当书面通知申请人并说明理由。

申请经营高危险性体育项目的，应当持县级以上人民政府体育主管部门的批准文件，到工商行政管理部门依法办理相关登记手续。

国务院体育主管部门应当会同有关部门制定、调整高危险性体育项目目录，经国务院批准后予以公布。

第三十三条 国家鼓励全民健身活动组织者和健身场所管理者依法投保有关责任保险。

国家鼓励参加全民健身活动的公民依法投保意外伤害保险。

第三十四条 县级以上地方人民政府体育主管部门对高危险性体育项目经营活动，应当依法履行监督检查职责。

第五章 法律责任

第三十五条 学校违反本条例规定的，由县级以上人民政府教育主管部门按照管理权限责令改正；拒不改正的，对负有责任的主管人员和其他直接责任人员依法给予处分。

第三十六条 未经批准，擅自经营高危险性体育项目的，由县级以上地方人民政府体育主管部门按照管理权限责令改正；有违法所得的，没收违法所得；违法所得不足 3 万元或者没有违法所得的，并处 3 万元以上 10 万元以下的罚款；违法所得 3 万元以上的，并处违法所得 2 倍以上 5 倍以下的罚款。

第三十七条 高危险性体育项目经营者取得许可证后，不再符合本条例规定条件仍经营该体育项目的，由县级以上地方人民政府体育主管部门按照管理权限责令改正；有违法所得的，没收违法所得；违法所得不足 3 万元或者没有违法所得的，并处 3 万元以上 10 万元以下的罚款；违法所得 3 万元以上的，并处违法所得 2 倍以上 5 倍以下的罚款；拒不改正的，由原发证机关吊销许可证。

第三十八条 利用健身活动从事宣扬封建迷信、违背社会公德、扰乱公共秩序、损害公民身心健康的行为的，由公安机关依照《中华人民共和国治安管理处罚法》的规定给予处罚；构成犯罪的，依法追究刑事责任。

第三十九条 县级以上人民政府及其有关部门的工作人员在全民健身工作中玩忽职守、滥用职权、徇私舞弊的，依法给予处分；构成犯罪的，依法追究刑事责任。

第六章 附 则

第四十条 本条例自 2009 年 10 月 1 日起施行。

防治船舶污染海洋环境管理条例

（中华人民共和国国务院令第 561 号，2009 年 9 月 2 日颁布）

第一章 总 则

第一条 为了防治船舶及其有关作业活动污染海洋环境，根据《中华人民共和国海洋环境保护法》，制定本条例。

第二条 防治船舶及其有关作业活动污染中华人民共和国管辖海域适用本条例。

第三条 防治船舶及其有关作业活动污染海洋环境，实行预防为主、防治结合的原则。

第四条 国务院交通运输主管部门主管所辖港区水域内非军事船舶和港区水域外非渔业、非军事船舶污染海洋环境的防治工作。

海事管理机构依照本条例规定具体负责防治船舶及其有关作业活动污染海洋环境的监督管理。

第五条 国务院交通运输主管部门应当根据防治船舶及其有关作业活动污染海洋环境的需要，组织编制防治船舶及其有关作业活动污染海洋环境应急能力建设规划，报国务院批准后公布实施。

沿海设区的市级以上地方人民政府应当按照国务院批准的防治船舶及其有关作业活动污染海洋环境应急能力建设规划，并根据本地区的实际情况，组织编制相应的防治船舶及其有关作业活动污染海洋环境应急能力建设规划。

第六条 国务院交通运输主管部门、沿海设区的市级以上地方人民政府应当建立健全防治船舶及其有关作业活动污染海洋环境应急反应机制，并制定防治船舶及其有关作业活动污染海洋环境应急预案。

第七条 海事管理机构应当根据防治船舶及其有关作业活动污染海洋环境的需要，会同海洋主管部门建立健全船舶及其有关作业活动污染海洋环境的监测、监视机制，加强对船舶及其有关作业活动污染海洋环境的监测、监视。

第八条 国务院交通运输主管部门、沿海设区的市级以上地方人民政府应当按照防治船舶及其有关作业活动污染海洋环境应急能力建设规划，建立专业应急队伍和应急设备库，配备专用的设施、设备和器材。

第九条 任何单位和个人发现船舶及其有关作业活动造成或者可能造成海洋环境污染的，应当立即就近向海事管理机构报告。

第二章 防治船舶及其有关作业活动污染海洋环境的一般规定

第十条 船舶的结构、设备、器材应当符合国家有关防治船舶污染海洋环境的技术规范以及中华人民共和国缔结或者参加的国际条约的要求。

船舶应当依照法律、行政法规、国务院交通运输主管部门的规定以及中华人民共和国缔结或者参加的国际条约的要求，取得并随船携带相应的防治船舶污染海洋环境的证书、文书。

第十一条 中国籍船舶的所有人、经营人或者管理人应当按照国务院交通运输主管部门的规定，建立健全安全营运和防治船舶污染管理体系。

海事管理机构应当对安全营运和防治船舶污染管理体系进行审核，审核合格的，发给符合证明和相应的船舶安全管理证书。

第十二条 港口、码头、装卸站以及从事船舶修造的单位应当配备与其装卸货物种类和吞吐能力或者修造船舶能力相适应的污染监视设施和污染物接收设施，并使其处于良好状态。

第十三条 港口、码头、装卸站以及从事船舶修造、打捞、拆解等作业活动的单位应当制定有关安全营运和防治污染的管理制度，按照国家有关防治船舶及其有关作业活动污染海洋环境的规范和标准，配备相应的防治污染设备和器材，并通过海事管理机构的专项验收。

港口、码头、装卸站以及从事船舶修造、打捞、拆解等作业活动的单位，应当定期检查、维护配备的防治污染设备和器材，确保防治污染设备和器材符合防治船舶及其有关作业活动污染海洋环境的要求。

第十四条 船舶所有人、经营人或者管理人以及有关作业单位应当制定防治船舶及其有关作业活动污染海洋环境的应急预案，并报海事管理机构批准。

港口、码头、装卸站的经营人应当制定防治船舶及其有关作业活动污染海洋环境的应急预案，并报海事管理机构备案。

船舶、港口、码头、装卸站以及其他有关作业单位应当按照应急预案，定期组织演练，并做好相应记录。

第三章 船舶污染物的排放和接收

第十五条 船舶在中华人民共和国管辖海域向海洋排放的船舶垃圾、生活污水、含油污水、含有毒有害物质污水、废气等污染物以及压载水，应当符合法律、行政法规、中华人民共和国缔结或者参加的国际条约以及相关标准的要求。

船舶应当将不符合前款规定的排放要求的污染物排入港口接收设施或者由船舶污染物接收单位接收。

船舶不得向依法划定的海洋自然保护区、海滨风景名胜区、重要渔业水域以及其他需要特别保护的海域排放船舶污染物。

第十六条 船舶处置污染物，应当在相应的记录簿内如实记录。

船舶应当将使用完毕的船舶垃圾记录簿在船舶上保留 2 年；将使用完毕的含油污水、含有毒有害物质污水记录簿在船舶上保留 3 年。

第十七条 船舶污染物接收单位从事船舶垃圾、残油、含油污水、含有毒有害物质污水接收作业，应当依法经海事管理机构批准。

第十八条　船舶污染物接收单位接收船舶污染物，应当向船舶出具污染物接收单证，并由船长签字确认。

船舶凭污染物接收单证向海事管理机构办理污染物接收证明，并将污染物接收证明保存在相应的记录簿中。

第十九条　船舶污染物接收单位应当按照国家有关污染物处理的规定处理接收的船舶污染物，并每月将船舶污染物的接收和处理情况报海事管理机构备案。

第四章　船舶有关作业活动的污染防治

第二十条　从事船舶清舱、洗舱、油料供受、装卸、过驳、修造、打捞、拆解，污染危害性货物装箱、充罐，污染清除作业以及利用船舶进行水上水下施工等作业活动的，应当遵守相关操作规程，并采取必要的安全和防治污染的措施。

从事前款规定的作业活动的人员，应当具备相关安全和防治污染的专业知识和技能。

第二十一条　船舶不符合污染危害性货物适载要求的，不得载运污染危害性货物，码头、装卸站不得为其进行装载作业。

污染危害性货物的名录由国家海事管理机构公布。

第二十二条　载运污染危害性货物进出港口的船舶，其承运人、货物所有人或者代理人，应当向海事管理机构提出申请，经批准方可进出港口、过境停留或者进行装卸作业。

第二十三条　载运污染危害性货物的船舶，应当在海事管理机构公布的具有相应安全装卸和污染物处理能力的码头、装卸站进行装卸作业。

第二十四条　货物所有人或者代理人交付船舶载运污染危害性货物，应当确保货物的包装与标志等符合有关安全和防治污染的规定，并在运输单证上准确注明货物的技术名称、编号、类别（性质）、数量、注意事项和应急措施等内容。

货物所有人或者代理人交付船舶载运污染危害性不明的货物，应当由国家海事管理机构认定的评估机构进行危害性评估，明确货物的危害性质以及有关安全和防治污染要求，方可交付船舶载运。

第二十五条　海事管理机构认为交付船舶载运的污染危害性货物应当申报而未申报，或者申报的内容不符合实际情况的，可以按照国务院交通运输主管部门的规定采取开箱等方式查验。

海事管理机构查验污染危害性货物，货物所有人或者代理人应当到场，并负责搬移货物，开拆和重封货物的包装。海事管理机构认为必要的，可以径行查验、复验或者提取货样，有关单位和个人应当配合。

第二十六条　进行散装液体污染危害性货物过驳作业的船舶，其承运人、货物所有人或者代理人应当向海事管理机构提出申请，告知作业地点，并附送过驳作业方案、作业程序、防治污染措施等材料。

海事管理机构应当自受理申请之日起2个工作日内作出许可或者不予许可的决定。2个工作日内无法作出决定的，经海事管理机构负责人批准，可以延长5个工作日。

第二十七条　依法获得船舶油料供受作业资质的单位，应当向海事管理机构备案。海事管理机构应当对船舶油料供受作业进行监督检查，发现不符合安全和防治污染要求的，应当予以制止。

第二十八条　船舶燃油供给单位应当如实填写燃油供受单证，并向船舶提供船舶燃油供受单证和燃油样品。

船舶和船舶燃油供给单位应当将燃油供受单证保存3年，并将燃油样品妥善保存1年。

第二十九条　船舶修造、水上拆解的地点应当符合环境功能区划和海洋功能区划，并由海事管理机构征求当地环境保护主管部门和海洋主管部门意见后确定并公布。

第三十条　从事船舶拆解的单位在船舶拆解作业前，应当对船舶上的残余物和废弃物进行处置，将油舱（柜）中的存油驳出，进行船舶清舱、洗舱、测爆等工作，并经海事管理机构检查合格，方可进行船舶拆解作业。

从事船舶拆解的单位应当及时清理船舶拆解现场，并按照国家有关规定处理船舶拆解产生的污染物。

禁止采取冲滩方式进行船舶拆解作业。

第三十一条 禁止船舶经过中华人民共和国内水、领海转移危险废物。

经过中华人民共和国管辖的其他海域转移危险废物的，应当事先取得国务院环境保护主管部门的书面同意，并按照海事管理机构指定的航线航行，定时报告船舶所处的位置。

第三十二条 使用船舶向海洋倾倒废弃物的，应当向驶出港所在地的海事管理机构提交海洋主管部门的批准文件，经核实方可办理船舶出港签证。

船舶向海洋倾倒废弃物，应当如实记录倾倒情况。返港后，应当向驶出港所在地的海事管理机构提交书面报告。

第三十三条 载运散装液体污染危害性货物的船舶和1万总吨以上的其他船舶，其经营人应当在作业前或者进出港口前与取得污染清除作业资质的单位签订污染清除作业协议，明确双方在发生船舶污染事故后污染清除的权利和义务。

与船舶经营人签订污染清除作业协议的污染清除作业单位应当在发生船舶污染事故后，按照污染清除作业协议及时进行污染清除作业。

第三十四条 申请取得污染清除作业资质的单位应当向海事管理机构提出书面申请，并提交其符合下列条件的材料：

（一）配备的污染清除设施、设备、器材和作业人员符合国务院交通运输主管部门的规定；

（二）制定的污染清除作业方案符合防治船舶及其有关作业活动污染海洋环境的要求；

（三）污染物处理方案符合国家有关防治污染的规定。

海事管理机构应当自受理申请之日起30个工作日内完成审查，并对符合条件的单位颁发资质证书；对不符合条件的，书面通知申请单位并说明理由。

第五章 船舶污染事故应急处置

第三十五条 本条例所称船舶污染事故，是指船舶及其有关作业活动发生油类、油性混合物和其他有毒有害物质泄漏造成的海洋环境污染事故。

第三十六条 船舶污染事故分为以下等级：

（一）特别重大船舶污染事故，是指船舶溢油1000吨以上，或者造成直接经济损失2亿元以上的船舶污染事故；

（二）重大船舶污染事故，是指船舶溢油500吨以上不足1000吨，或者造成直接经济损失1亿元以上不足2亿元的船舶污染事故；

（三）较大船舶污染事故，是指船舶溢油100吨以上不足500吨，或者造成直接经济损失5000万元以上不足1亿元的船舶污染事故；

（四）一般船舶污染事故，是指船舶溢油不足100吨，或者造成直接经济损失不足5000万元的船舶污染事故。

第三十七条 船舶在中华人民共和国管辖海域发生污染事故，或者在中华人民共和国管辖海域外发生污染事故造成或者可能造成中华人民共和国管辖海域污染的，应当立即启动相应的应急预案，采取措施控制和消除污染，并就近向有关海事管理机构报告。

发现船舶及其有关作业活动可能对海洋环境造成污染的，船舶、码头、装卸站应当立即采取相应的应急处置措施，并就近向有关海事管理机构报告。

接到报告的海事管理机构应当立即核实有关情况，并向上级海事管理机构或者国务院交通运输主管部门报告，同时报告有关沿海设区的市级以上地方人民政府。

第三十八条 船舶污染事故报告应当包括下列内容：

（一）船舶的名称、国籍、呼号或者编号；

（二）船舶所有人、经营人或者管理人的名称、地址；

（三）发生事故的时间、地点以及相关气象和水文情况；

（四）事故原因或者事故原因的初步判断；

（五）船舶上污染物的种类、数量、装载位置等概况；

（六）污染程度；

（七）已经采取或者准备采取的污染控制、清除措施和污染控制情况以及救助要求；

（八）国务院交通运输主管部门规定应当报告的其他事项。

作出船舶污染事故报告后出现新情况的，船舶、有关单位应当及时补报。

第三十九条 发生特别重大船舶污染事故，国务院或者国务院授权国务院交通运输主管部门成立事故应急指挥机构。

发生重大船舶污染事故，有关省、自治区、直辖市人民政府应当会同海事管理机构成立事故应急指挥机构。

发生较大船舶污染事故和一般船舶污染事故，有关设区的市级人民政府应当会同海事管理机构成立事故应急指挥机构。

有关部门、单位应当在事故应急指挥机构统一组织和指挥下，按照应急预案的分工，开展相应的应急处置工作。

第四十条 船舶发生事故有沉没危险，船员离船前，应当尽可能关闭所有货舱（柜）、油舱（柜）管系的阀门，堵塞货舱（柜）、油舱（柜）通气孔。

船舶沉没的，船舶所有人、经营人或者管理人应当及时向海事管理机构报告船舶燃油、污染危害性货物以及其他污染物的性质、数量、种类、装载位置等情况，并及时采取措施予以清除。

第四十一条 发生船舶污染事故或者船舶沉没，可能造成中华人民共和国管辖海域污染的，有关沿海设区的市级以上地方人民政府、海事管理机构根据应急处置的需要，可以征用有关单位或者个人的船舶和防治污染设施、设备、器材以及其他物资，有关单位和个人应当予以配合。

被征用的船舶和防治污染设施、设备、器材以及其他物资使用完毕或者应急处置工作结束，应当及时返还。船舶和防治污染设施、设备、器材以及其他物资被征用或者征用后毁损、灭失的，应当给予补偿。

第四十二条 发生船舶污染事故，海事管理机构可以采取清除、打捞、拖航、引航、过驳等必要措施，减轻污染损害。相关费用由造成海洋环境污染的船舶、有关作业单位承担。

需要承担前款规定费用的船舶，应当在开航前缴清相关费用或者提供相应的财务担保。

第四十三条 处置船舶污染事故使用的消油剂，应当符合国家有关标准。

海事管理机构应当及时将符合国家有关标准的消油剂名录向社会公布。

船舶、有关单位使用消油剂处置船舶污染事故的，应当依照《中华人民共和国海洋环境保护法》有关规定执行。

第六章 船舶污染事故调查处理

第四十四条 船舶污染事故的调查处理依照下列规定进行：

（一）特别重大船舶污染事故由国务院或者国务院授权国务院交通运输主管部门等部门组织事故调查处理；

（二）重大船舶污染事故由国家海事管理机构组织事故调查处理；

（三）较大船舶污染事故和一般船舶污染事故由事故发生地的海事管理机构组织事故调查处理。

船舶污染事故给渔业造成损害的，应当吸收渔业主管部门参与调查处理；给军事港口水域造成损害的，应当吸收军队有关主管部门参与调查处理。

第四十五条 发生船舶污染事故，组织事故调查处理的机关或者海事管理机构应当及时、客观、公正地开展事故调查，勘验事故现场，检查相关船舶，询问相关人员，收集证据，查明事故原因。

第四十六条 组织事故调查处理的机关或者海事管理机构根据事故调查处理的需要，可以暂扣相应的证书、文书、资料；必要时，可以禁止船舶驶离港口或者责令停航、改航、停止作业直至暂扣船舶。

第四十七条 事故调查处理需要委托有关机构进行技术鉴定或者检验、检测的，应当委托国务院交通运输主管部门认定的机构进行。

第四十八条 组织事故调查处理的机关或者海事管理机构开展事故调查时，船舶污染事故的当事人和其他有关人员应当如实反映情况和提供资料，不得伪造、隐匿、毁灭证据或者以其他方式妨碍调查取证。

第四十九条　组织事故调查处理的机关或者海事管理机构应当自事故调查结束之日起20个工作日内制作事故认定书，并送达当事人。

事故认定书应当载明事故基本情况、事故原因和事故责任。

第七章　船舶污染事故损害赔偿

第五十条　造成海洋环境污染损害的责任者，应当排除危害，并赔偿损失；完全由于第三者的故意或者过失，造成海洋环境污染损害的，由第三者排除危害，并承担赔偿责任。

第五十一条　完全属于下列情形之一，经过及时采取合理措施，仍然不能避免对海洋环境造成污染损害的，免予承担责任：

（一）战争；

（二）不可抗拒的自然灾害；

（三）负责灯塔或者其他助航设备的主管部门，在执行职责时的疏忽，或者其他过失行为。

第五十二条　船舶污染事故的赔偿限额依照《中华人民共和国海商法》关于海事赔偿责任限制的规定执行。但是，船舶载运的散装持久性油类物质造成中华人民共和国管辖海域污染的，赔偿限额依照中华人民共和国缔结或者参加的有关国际条约的规定执行。

前款所称持久性油类物质，是指任何持久性烃类矿物油。

第五十三条　在中华人民共和国管辖海域内航行的船舶，其所有人应当按照国务院交通运输主管部门的规定，投保船舶油污损害民事责任保险或者取得相应的财务担保。但是，1000总吨以下载运非油类物质的船舶除外。

船舶所有人投保船舶油污损害民事责任保险或者取得的财务担保的额度应当不低于《中华人民共和国海商法》、中华人民共和国缔结或者参加的有关国际条约规定的油污赔偿限额。

承担船舶油污损害民事责任保险的商业性保险机构和互助性保险机构，由国家海事管理机构征求国务院保险监督管理机构意见后确定并公布。

第五十四条　已依照本条例第五十三条的规定投保船舶油污损害民事责任保险或者取得财务担保的中国籍船舶，其所有人应当持船舶国籍证书、船舶油污损害民事责任保险合同或者财务担保证明，向船籍港的海事管理机构申请办理船舶油污损害民事责任保险证书或者财务保证证书。

第五十五条　发生船舶油污事故，国家组织有关单位进行应急处置、清除污染所发生的必要费用，应当在船舶油污损害赔偿中优先受偿。

第五十六条　在中华人民共和国管辖水域接收海上运输的持久性油类物质货物的货物所有人或者代理人应当缴纳船舶油污损害赔偿基金。

船舶油污损害赔偿基金征收、使用和管理的具体办法由国务院财政部门会同国务院交通运输主管部门制定。

国家设立船舶油污损害赔偿基金管理委员会，负责处理船舶油污损害赔偿基金的赔偿等事务。船舶油污损害赔偿基金管理委员会由有关行政机关和缴纳船舶油污损害赔偿基金的主要货主组成。

第五十七条　对船舶污染事故损害赔偿的争议，当事人可以请求海事管理机构调解，也可以向仲裁机构申请仲裁或者向人民法院提起民事诉讼。

第八章　法律责任

第五十八条　船舶、有关作业单位违反本条例规定的，海事管理机构应当责令改正；拒不改正的，海事管理机构可以责令停止作业、强制卸载，禁止船舶进出港口、靠泊、过境停留，或者责令停航、改航、离境、驶向指定地点。

第五十九条　违反本条例的规定，船舶的结构不符合国家有关防治船舶污染海洋环境的技术规范或者有关国际条约要求的，由海事管理机构处10万元以上30万元以下的罚款。

第六十条　违反本条例的规定，有下列情形之一的，由海事管理机构依照《中华人民共和国海洋环境保护法》有关规定予以处罚：

（一）船舶未取得并随船携带防治船舶污染海洋环境的证书、文书的；

（二）船舶、港口、码头、装卸站未配备防治污染设备、器材的；

（三）船舶向海域排放本条例禁止排放的污染物的；

（四）船舶未如实记录污染物处置情况的；

（五）船舶超过标准向海域排放污染物的；

（六）从事船舶水上拆解作业，造成海洋环境污染损害的。

第六十一条 违反本条例的规定，船舶未按照规定在船舶上留存船舶污染物处置记录，或者船舶污染物处置记录与船舶运行过程中产生的污染物数量不符合的，由海事管理机构处2万元以上10万元以下的罚款。

第六十二条 违反本条例的规定，船舶污染物接收单位未经海事管理机构批准，擅自从事船舶垃圾、残油、含油污水、含有毒有害物质污水接收作业的，由海事管理机构处1万元以上5万元以下的罚款；造成海洋环境污染的，处5万元以上25万元以下的罚款。

第六十三条 违反本条例的规定，船舶未按照规定办理污染物接收证明，或者船舶污染物接收单位未按照规定将船舶污染物的接收和处理情况报海事管理机构备案的，由海事管理机构处2万元以下的罚款。

第六十四条 违反本条例的规定，有下列情形之一的，由海事管理机构处2000元以上1万元以下的罚款：

（一）船舶未按照规定保存污染物接收证明的；

（二）船舶燃油供给单位未如实填写燃油供受单证的；

（三）船舶燃油供给单位未按照规定向船舶提供燃油供受单证和燃油样品的；

（四）船舶和船舶燃油供给单位未按照规定保存燃油供受单证和燃油样品的。

第六十五条 违反本条例的规定，有下列情形之一的，由海事管理机构处2万元以上10万元以下的罚款：

（一）载运污染危害性货物的船舶不符合污染危害性货物适载要求的；

（二）载运污染危害性货物的船舶未在具有相应安全装卸和污染物处理能力的码头、装卸站进行装卸作业的；

（三）货物所有人或者代理人未按照规定对污染危害性不明的货物进行危害性评估的。

第六十六条 违反本条例的规定，未经海事管理机构批准，船舶载运污染危害性货物进出港口、过境停留、进行装卸或者过驳作业的，由海事管理机构处1万元以上5万元以下的罚款。

第六十七条 违反本条例的规定，有下列情形之一的，由海事管理机构处2万元以上10万元以下的罚款：

（一）船舶发生事故沉没，船舶所有人或者经营人未及时向海事管理机构报告船舶燃油、污染危害性货物以及其他污染物的性质、数量、种类、装载位置等情况的；

（二）船舶发生事故沉没，船舶所有人或者经营人未及时采取措施清除船舶燃油、污染危害性货物以及其他污染物的。

第六十八条 违反本条例的规定，有下列情形之一的，由海事管理机构处1万元以上5万元以下的罚款：

（一）载运散装液体污染危害性货物的船舶和1万总吨以上的其他船舶，其经营人未按照规定签订污染清除作业协议的；

（二）未取得污染清除作业资质的单位擅自签订污染清除作业协议并从事污染清除作业的。

第六十九条 违反本条例的规定，发生船舶污染事故，船舶、有关作业单位未立即启动应急预案的，对船舶、有关作业单位，由海事管理机构处2万元以上10万元以下的罚款；对直接负责的主管人员和其他直接责任人员，由海事管理机构处1万元以上2万元以下的罚款。直接负责的主管人员和其他直接责任人员属于船员的，并处给予暂扣适任证书或者其他有关证件1个月至3个月的处罚。

第七十条 违反本条例的规定，发生船舶污染事故，船舶、有关作业单位迟报、漏报事故的，对船舶、有关作业单位，由海事管理机构处5万元以上25万元以下的罚款；对直接负责的主管人员和其他直接责任人员，由海事管理机构处1万元以上5万元以下的罚款。直接负责的主管人员和其他直接责任人员属于船员的，并处给予暂扣适任证书或者其他有关证件3个月至6个月的处罚。瞒报、谎报事故的，对船舶、有关作业单位，由海事管理机构处25万元以上50万元以下的罚款；对直接负责的主管人员和其他直接责任人员，由海事管理机构处5万元以上10万元以下的罚款。直接负责的主管人员和其他直接责任人员属于船员的，并处给予吊销适任证书或者其他有关证件的处罚。

第七十一条 违反本条例的规定，未经海事管理机构批准使用消油剂的，由海事管理机构对船舶或者使用单位处1万元以上5万元以下的罚款。

第七十二条 违反本条例的规定，船舶污染事故的当事人和其他有关人员，未如实向组织事故调查处理的机关或者海事管理机构反映情况和提供资料，伪造、隐匿、毁灭证据或者以其他方式妨碍调查取证的，由海事管理机构处1万元以上5万元以下的罚款。

第七十三条 违反本条例的规定，船舶所有人有下列情形之一的，由海事管理机构责令改正，可以处5万元以下的罚款；拒不改正的，处5万元以上25万元以下的罚款：

（一）在中华人民共和国管辖海域内航行的船舶，其所有人未按照规定投保船舶油污损害民事责任保险或者取得相应的财务担保的；

（二）船舶所有人投保船舶油污损害民事责任保险或者取得的财务担保的额度低于《中华人民共和国海商法》、中华人民共和国缔结或者参加的有关国际条约规定的油污赔偿限额的。

第七十四条 违反本条例的规定，在中华人民共和国管辖水域接收海上运输的持久性油类物质货物的货物所有人或者代理人，未按照规定缴纳船舶油污损害赔偿基金的，由海事管理机构责令改正；拒不改正的，可以停止其接收的持久性油类物质货物在中华人民共和国管辖水域进行装卸、过驳作业。

货物所有人或者代理人逾期未缴纳船舶油污损害赔偿基金的，应当自应缴之日起按日加缴未缴额的万分之五的滞纳金。

第九章 附 则

第七十五条 中华人民共和国缔结或者参加的国际条约对防治船舶及其有关作业活动污染海洋环境有规定的，适用国际条约的规定。但是，中华人民共和国声明保留的条款除外。

第七十六条 县级以上人民政府渔业主管部门负责渔港水域内非军事船舶和渔港水域外渔业船舶污染海洋环境的监督管理，负责保护渔业水域生态环境工作，负责调查处理《中华人民共和国海洋环境保护法》第五条第四款规定的渔业污染事故。

第七十七条 军队环境保护部门负责军事船舶污染海洋环境的监督管理及污染事故的调查处理。

第七十八条 本条例自2010年3月1日起施行。1983年12月29日国务院发布的《中华人民共和国防止船舶污染海域管理条例》同时废止。

放射性物品运输安全管理条例

（中华人民共和国国务院令第562号，2009年9月14日颁布）

第一章 总 则

第一条 为了加强对放射性物品运输的安全管理，保障人体健康，保护环境，促进核能、核技术的开发与和平利用，根据《中华人民共和国放射性污染防治法》，制定本条例。

第二条 放射性物品的运输和放射性物品运输容器的设计、制造等活动，适用本条例。

本条例所称放射性物品，是指含有放射性核素，并且其活度和比活度均高于国家规定的豁免值的物品。

第三条 根据放射性物品的特性及其对人体健康和环境的潜在危害程度，将放射性物品分为一类、二类和三类。

一类放射性物品，是指Ⅰ类放射源、高水平放射性废物、乏燃料等释放到环境后对人体健康和环境产生重大辐射影响的放射性物品。

二类放射性物品，是指Ⅱ类和Ⅲ类放射源、中等水平放射性废物等释放到环境后对人体健康和环境产生一般辐射影响的放射性物品。

三类放射性物品，是指Ⅳ类和Ⅴ类放射源、低水平放射性废物、放射性药品等释放到环境后对人体健康和环境产生较小辐射影响的放射性物品。

放射性物品的具体分类和名录，由国务院核安全监管部门会同国务院公安、卫生、海关、交通运输、铁路、民航、核工业行业主管部门制定。

第四条 国务院核安全监管部门对放射性物品运输的核与辐射安全实施监督管理。

国务院公安、交通运输、铁路、民航等有关主管部门依照本条例规定和各自的职责，负责放射性物品运输安全的有关监督管理工作。

县级以上地方人民政府环境保护主管部门和公安、交通运输等有关主管部门，依照本条例规定和各自的职责，负责本行政区域放射性物品运输安全的有关监督管理工作。

第五条 运输放射性物品，应当使用专用的放射性物品运输包装容器（以下简称运输容器）。

放射性物品的运输和放射性物品运输容器的设计、制造，应当符合国家放射性物品运输安全标准。

国家放射性物品运输安全标准，由国务院核安全监管部门制定，由国务院核安全监管部门和国务院标准化主管部门联合发布。国务院核安全监管部门制定国家放射性物品运输安全标准，应当征求国务院公安、卫生、交通运输、铁路、民航、核工业行业主管部门的意见。

第六条 放射性物品运输容器的设计、制造单位应当建立健全责任制度，加强质量管理，并对所从事的放射性物品运输容器的设计、制造活动负责。

放射性物品的托运人（以下简称托运人）应当制定核与辐射事故应急方案，在放射性物品运输中采取有效的辐射防护和安全保卫措施，并对放射性物品运输中的核与辐射安全负责。

第七条 任何单位和个人对违反本条例规定的行为，有权向国务院核安全监管部门或者其他依法履行放射性物品运输安全监督管理职责的部门举报。

接到举报的部门应当依法调查处理，并为举报人保密。

第二章 放射性物品运输容器的设计

第八条 放射性物品运输容器设计单位应当建立健全和有效实施质量保证体系，按照国家放射性物品运输安全标准进行设计，并通过试验验证或者分析论证等方式，对设计的放射性物品运输容器的安全性能进行评价。

第九条 放射性物品运输容器设计单位应当建立健全档案制度，按照质量保证体系的要求，如实记录放射性物品运输容器的设计和安全性能评价过程。

进行一类放射性物品运输容器设计，应当编制设计安全评价报告书；进行二类放射性物品运输容器设计，应当编制设计安全评价报告表。

第十条 一类放射性物品运输容器的设计，应当在首次用于制造前报国务院核安全监管部门审查批准。

申请批准一类放射性物品运输容器的设计，设计单位应当向国务院核安全监管部门提出书面申请，并提交下列材料：

（一）设计总图及其设计说明书；

（二）设计安全评价报告书；

（三）质量保证大纲。

第十一条 国务院核安全监管部门应当自受理申请之日起45个工作日内完成审查，对符合国家放射性物品运输安全标准的，颁发一类放射性物品运输容器设计批准书，并公告批准文号；对不符合国家放射性物品运输安全标准的，书面通知申请单位并说明理由。

第十二条 设计单位修改已批准的一类放射性物品运输容器设计中有关安全内容的，应当按照原申请程序向国务院核安全监管部门重新申请领取一类放射性物品运输容器设计批准书。

第十三条 二类放射性物品运输容器的设计，设计单位应当在首次用于制造前，将设计总图及其设计说明书、设计安全评价报告表报国务院核安全监管部门备案。

第十四条 三类放射性物品运输容器的设计，设计单位应当编制设计符合国家放射性物品运输安全标准的证明文件并存档备查。

第三章 放射性物品运输容器的制造与使用

第十五条 放射性物品运输容器制造单位，应当按照设计要求和国家放射性物品运输安全标准，对制造的放射性物品运输容器进行质量检验，编制质量检验报告。

未经质量检验或者经检验不合格的放射性物品运输容器，不得交付使用。

第十六条 从事一类放射性物品运输容器制造活动的单位，应当具备下列条件：

（一）有与所从事的制造活动相适应的专业技术人员；

（二）有与所从事的制造活动相适应的生产条件和检测手段；

（三）有健全的管理制度和完善的质量保证体系。

第十七条 从事一类放射性物品运输容器制造活动的单位，应当申请领取一类放射性物品运输容器制造许可证（以下简称制造许可证）。

申请领取制造许可证的单位，应当向国务院核安全监管部门提出书面申请，并提交其符合本条例第十六条规定条件的证明材料和申请制造的运输容器型号。

禁止无制造许可证或者超出制造许可证规定的范围从事一类放射性物品运输容器的制造活动。

第十八条 国务院核安全监管部门应当自受理申请之日起45个工作日内完成审查，对符合条件的，颁发制造许可证，并予以公告；对不符合条件的，书面通知申请单位并说明理由。

第十九条 制造许可证应当载明下列内容：

（一）制造单位名称、住所和法定代表人；

（二）许可制造的运输容器的型号；

（三）有效期限；

（四）发证机关、发证日期和证书编号。

第二十条 一类放射性物品运输容器制造单位变更单位名称、住所或者法定代表人的，应当自工商变更登记之日起20日内，向国务院核安全监管部门办理制造许可证变更手续。

一类放射性物品运输容器制造单位变更制造的运输容器型号的，应当按照原申请程序向国务院核安全监管部门重新申请领取制造许可证。

第二十一条 制造许可证有效期为5年。

制造许可证有效期届满，需要延续的，一类放射性物品运输容器制造单位应当于制造许可证有效期届满6个月前，向国务院核安全监管部门提出延续申请。

国务院核安全监管部门应当在制造许可证有效期届满前作出是否准予延续的决定。

第二十二条 从事二类放射性物品运输容器制造活动的单位，应当在首次制造活动开始30日前，将其具备与所从事的制造活动相适应的专业技术人员、生产条件、检测手段，以及具有健全的管理制度和完善的质量保证体系的证明材料，报国务院核安全监管部门备案。

第二十三条 一类、二类放射性物品运输容器制造单位，应当按照国务院核安全监管部门制定的编码规则，对其制造的一类、二类放射性物品运输容器统一编码，并于每年1月31日前将上一年度的运输容器编码清单报国务院核安全监管部门备案。

第二十四条 从事三类放射性物品运输容器制造活动的单位，应当于每年1月31日前将上一年度制造的运输容器的型号和数量报国务院核安全监管部门备案。

第二十五条 放射性物品运输容器使用单位应当对其使用的放射性物品运输容器定期进

行保养和维护，并建立保养和维护档案；放射性物品运输容器达到设计使用年限，或者发现放射性物品运输容器存在安全隐患的，应当停止使用，进行处理。

一类放射性物品运输容器使用单位还应当对其使用的一类放射性物品运输容器每两年进行一次安全性能评价，并将评价结果报国务院核安全监管部门备案。

第二十六条 使用境外单位制造的一类放射性物品运输容器的，应当在首次使用前报国务院核安全监管部门审查批准。

申请使用境外单位制造的一类放射性物品运输容器的单位，应当向国务院核安全监管部门提出书面申请，并提交下列材料：

（一）设计单位所在国核安全监管部门颁发的设计批准文件的复印件；

（二）设计安全评价报告书；

（三）制造单位相关业绩的证明材料；

（四）质量合格证明；

（五）符合中华人民共和国法律、行政法规规定，以及国家放射性物品运输安全标准或者经国务院核安全监管部门认可的标准的说明材料。

国务院核安全监管部门应当自受理申请之日起45个工作日内完成审查，对符合国家放射性物品运输安全标准的，颁发使用批准书；对不符合国家放射性物品运输安全标准的，书面通知申请单位并说明理由。

第二十七条 使用境外单位制造的二类放射性物品运输容器的，应当在首次使用前将运输容器质量合格证明和符合中华人民共和国法律、行政法规规定，以及国家放射性物品运输安全标准或者经国务院核安全监管部门认可的标准的说明材料，报国务院核安全监管部门备案。

第二十八条 国务院核安全监管部门办理使用境外单位制造的一类、二类放射性物品运输容器审查批准和备案手续，应当同时为运输容器确定编码。

第四章 放射性物品的运输

第二十九条 托运放射性物品的，托运人应当持有生产、销售、使用或者处置放射性物品的有效证明，使用与所托运的放射性物品类别相适应的运输容器进行包装，配备必要的辐射监测设备、防护用品和防盗、防破坏设备，并编制运输说明书、核与辐射事故应急响应指南、装卸作业方法、安全防护指南。

运输说明书应当包括放射性物品的品名、数量、物理化学形态、危害风险等内容。

第三十条 托运一类放射性物品的，托运人应当委托有资质的辐射监测机构对其表面污染和辐射水平实施监测，辐射监测机构应当出具辐射监测报告。

托运二类、三类放射性物品的，托运人应当对其表面污染和辐射水平实施监测，并编制辐射监测报告。

监测结果不符合国家放射性物品运输安全标准的，不得托运。

第三十一条 承运放射性物品应当取得国家规定的运输资质。承运人的资质管理，依照有关法律、行政法规和国务院交通运输、铁路、民航、邮政主管部门的规定执行。

第三十二条 托运人和承运人应当对直接从事放射性物品运输的工作人员进行运输安全和应急响应知识的培训，并进行考核；考核不合格的，不得从事相关工作。

托运人和承运人应当按照国家放射性物品运输安全标准和国家有关规定，在放射性物品运输容器和运输工具上设置警示标志。

国家利用卫星定位系统对一类、二类放射性物品运输工具的运输过程实行在线监控。具体办法由国务院核安全监管部门会同国务院有关部门制定。

第三十三条 托运人和承运人应当按照国家职业病防治的有关规定，对直接从事放射性物品运输的工作人员进行个人剂量监测，建立个人剂量档案和职业健康监护档案。

第三十四条 托运人应当向承运人提交运输说明书、辐射监测报告、核与辐射事故应急响应指南、装卸作业方法、安全防护指南，承运人应当查验、收存。托运人提交文件不齐全的，承运人不得承运。

第三十五条 托运一类放射性物品的，托运人应当编制放射性物品运输的核与辐射安全分析报告书，报国务院核安全监管部门审查批准。

放射性物品运输的核与辐射安全分析报告书应当包括放射性物品的品名、数量、运输容器型号、运输方式、辐射防护措施、应急措施等内容。

国务院核安全监管部门应当自受理申请之日起45个工作日内完成审查，对符合国家放射性物品运输安全标准的，颁发核与辐射安全分析报告批准书；对不符合国家放射性物品运输安全标准的，书面通知申请单位并说明理由。

第三十六条 放射性物品运输的核与辐射安全分析报告批准书应当载明下列主要内容：

（一）托运人的名称、地址、法定代表人；

（二）运输放射性物品的品名、数量；

（三）运输放射性物品的运输容器型号和运输方式；

（四）批准日期和有效期限。

第三十七条 一类放射性物品启运前，托运人应当将放射性物品运输的核与辐射安全分析报告批准书、辐射监测报告，报启运地的省、自治区、直辖市人民政府环境保护主管部门备案。

收到备案材料的环境保护主管部门应当及时将有关情况通报放射性物品运输的途经地和抵达地的省、自治区、直辖市人民政府环境保护主管部门。

第三十八条 通过道路运输放射性物品的，应当经公安机关批准，按照指定的时间、路线、速度行驶，并悬挂警示标志，配备押运人员，使放射性物品处于押运人员的监管之下。

通过道路运输核反应堆乏燃料的，托运人应当报国务院公安部门批准。通过道路运输其他放射性物品的，托运人应当报启运地县级以上人民政府公安机关批准。具体办法由国务院公安部门商国务院核安全监管部门制定。

第三十九条 通过水路运输放射性物品的，按照水路危险货物运输的法律、行政法规和规章的有关规定执行。

通过铁路、航空运输放射性物品的，按照国务院铁路、民航主管部门的有关规定执行。

禁止邮寄一类、二类放射性物品。邮寄三类放射性物品的，按照国务院邮政管理部门的有关规定执行。

第四十条 生产、销售、使用或者处置放射性物品的单位，可以依照《中华人民共和国道路运输条例》的规定，向设区的市级人民政府道路运输管理机构申请非营业性道路危险货物运输资质，运输本单位的放射性物品，并承担本条例规定的托运人和承运人的义务。

申请放射性物品非营业性道路危险货物运输资质的单位，应当具备下列条件：

（一）持有生产、销售、使用或者处置放射性物品的有效证明；

（二）有符合本条例规定要求的放射性物品运输容器；

（三）有具备辐射防护与安全防护知识的专业技术人员和经考试合格的驾驶人员；

（四）有符合放射性物品运输安全防护要求，并经检测合格的运输工具、设施和设备；

（五）配备必要的防护用品和依法经定期检定合格的监测仪器；

（六）有运输安全和辐射防护管理规章制度以及核与辐射事故应急措施。

放射性物品非营业性道路危险货物运输资质的具体条件，由国务院交通运输主管部门会同国务院核安全监管部门制定。

第四十一条 一类放射性物品从境外运抵中华人民共和国境内，或者途经中华人民共和国境内运输的，托运人应当编制放射性物品运输的核与辐射安全分析报告书，报国务院核安全监管部门审查批准。审查批准程序依照本条例第三十五条第三款的规定执行。

二类、三类放射性物品从境外运抵中华人民共和国境内，或者途经中华人民共和国境内运输的，托运人应当编制放射性物品运输的辐射监测报告，报国务院核安全监管部门备案。

托运人、承运人或者其代理人向海关办理有关手续，应当提交国务院核安全监管部门颁发的放射性物品运输的核与辐射安全分析报告批准书或者放射性物品运输的辐射监测报告备案证明。

第四十二条 县级以上人民政府组织编制

的突发环境事件应急预案，应当包括放射性物品运输中可能发生的核与辐射事故应急响应的内容。

第四十三条 放射性物品运输中发生核与辐射事故的，承运人、托运人应当按照核与辐射事故应急响应指南的要求，做好事故应急工作，并立即报告事故发生地的县级以上人民政府环境保护主管部门。接到报告的环境保护主管部门应当立即派人赶赴现场，进行现场调查，采取有效措施控制事故影响，并及时向本级人民政府报告，通报同级公安、卫生、交通运输等有关主管部门。

接到报告的县级以上人民政府及其有关主管部门应当按照应急预案做好应急工作，并按照国家突发事件分级报告的规定及时上报核与辐射事故信息。

核反应堆乏燃料运输的核事故应急准备与响应，还应当遵守国家核应急的有关规定。

第五章 监督检查

第四十四条 国务院核安全监管部门和其他依法履行放射性物品运输安全监督管理职责的部门，应当依据各自职责对放射性物品运输安全实施监督检查。

国务院核安全监管部门应当将其已批准或者备案的一类、二类、三类放射性物品运输容器的设计、制造情况和放射性物品运输情况通报设计、制造单位所在地和运输途经地的省、自治区、直辖市人民政府环境保护主管部门。省、自治区、直辖市人民政府环境保护主管部门应当加强对本行政区域放射性物品运输安全的监督检查和监督性监测。

被检查单位应当予以配合，如实反映情况，提供必要的资料，不得拒绝和阻碍。

第四十五条 国务院核安全监管部门和省、自治区、直辖市人民政府环境保护主管部门以及其他依法履行放射性物品运输安全监督管理职责的部门进行监督检查，监督检查人员不得少于2人，并应当出示有效的行政执法证件。

国务院核安全监管部门和省、自治区、直辖市人民政府环境保护主管部门以及其他依法履行放射性物品运输安全监督管理职责的部门的工作人员，对监督检查中知悉的商业秘密负有保密义务。

第四十六条 监督检查中发现经批准的一类放射性物品运输容器设计确有重大设计安全缺陷的，由国务院核安全监管部门责令停止该型号运输容器的制造或者使用，撤销一类放射性物品运输容器设计批准书。

第四十七条 监督检查中发现放射性物品运输活动有不符合国家放射性物品运输安全标准情形的，或者一类放射性物品运输容器制造单位有不符合制造许可证规定条件情形的，应当责令限期整改；发现放射性物品运输活动可能对人体健康和环境造成核与辐射危害的，应当责令停止运输。

第四十八条 国务院核安全监管部门和省、自治区、直辖市人民政府环境保护主管部门以及其他依法履行放射性物品运输安全监督管理职责的部门，对放射性物品运输活动实施监测，不得收取监测费用。

国务院核安全监管部门和省、自治区、直辖市人民政府环境保护主管部门以及其他依法履行放射性物品运输安全监督管理职责的部门，应当加强对监督管理人员辐射防护与安全防护知识的培训。

第六章 法律责任

第四十九条 国务院核安全监管部门和省、自治区、直辖市人民政府环境保护主管部门或者其他依法履行放射性物品运输安全监督管理职责的部门有下列行为之一的，对直接负责的主管人员和其他直接责任人员依法给予处分；直接负责的主管人员和其他直接责任人员构成犯罪的，依法追究刑事责任：

（一）未依照本条例规定作出行政许可或者办理批准文件的；

（二）发现违反本条例规定的行为不予查处，或者接到举报不依法处理的；

（三）未依法履行放射性物品运输核与辐射事故应急职责的；

（四）对放射性物品运输活动实施监测收取监测费用的；

（五）其他不依法履行监督管理职责的

行为。

第五十条 放射性物品运输容器设计、制造单位有下列行为之一的，由国务院核安全监管部门责令停止违法行为，处50万元以上100万元以下的罚款；有违法所得的，没收违法所得：

（一）将未取得设计批准书的一类放射性物品运输容器设计用于制造的；

（二）修改已批准的一类放射性物品运输容器设计中有关安全内容，未重新取得设计批准书即用于制造的。

第五十一条 放射性物品运输容器设计、制造单位有下列行为之一的，由国务院核安全监管部门责令停止违法行为，处5万元以上10万元以下的罚款；有违法所得的，没收违法所得：

（一）将不符合国家放射性物品运输安全标准的二类、三类放射性物品运输容器设计用于制造的；

（二）将未备案的二类放射性物品运输容器设计用于制造的。

第五十二条 放射性物品运输容器设计单位有下列行为之一的，由国务院核安全监管部门责令限期改正；逾期不改正的，处1万元以上5万元以下的罚款：

（一）未对二类、三类放射性物品运输容器的设计进行安全性能评价的；

（二）未如实记录二类、三类放射性物品运输容器设计和安全性能评价过程的；

（三）未编制三类放射性物品运输容器设计符合国家放射性物品运输安全标准的证明文件并存档备查的。

第五十三条 放射性物品运输容器制造单位有下列行为之一的，由国务院核安全监管部门责令停止违法行为，处50万元以上100万元以下的罚款；有违法所得的，没收违法所得：

（一）未取得制造许可证从事一类放射性物品运输容器制造活动的；

（二）制造许可证有效期届满，未按照规定办理延续手续，继续从事一类放射性物品运输容器制造活动的；

（三）超出制造许可证规定的范围从事一类放射性物品运输容器制造活动的；

（四）变更制造的一类放射性物品运输容器型号，未按照规定重新领取制造许可证的；

（五）将未经质量检验或者经检验不合格的一类放射性物品运输容器交付使用的。

有前款第（三）项、第（四）项和第（五）项行为之一，情节严重的，吊销制造许可证。

第五十四条 一类放射性物品运输容器制造单位变更单位名称、住所或者法定代表人，未依法办理制造许可证变更手续的，由国务院核安全监管部门责令限期改正；逾期不改正的，处2万元的罚款。

第五十五条 放射性物品运输容器制造单位有下列行为之一的，由国务院核安全监管部门责令停止违法行为，处5万元以上10万元以下的罚款；有违法所得的，没收违法所得：

（一）在二类放射性物品运输容器首次制造活动开始前，未按照规定将有关证明材料报国务院核安全监管部门备案的；

（二）将未经质量检验或者经检验不合格的二类、三类放射性物品运输容器交付使用的。

第五十六条 放射性物品运输容器制造单位有下列行为之一的，由国务院核安全监管部门责令限期改正；逾期不改正的，处1万元以上5万元以下的罚款：

（一）未按照规定对制造的一类、二类放射性物品运输容器统一编码的；

（二）未按照规定将制造的一类、二类放射性物品运输容器编码清单报国务院核安全监管部门备案的；

（三）未按照规定将制造的三类放射性物品运输容器的型号和数量报国务院核安全监管部门备案的。

第五十七条 放射性物品运输容器使用单位未按照规定对使用的一类放射性物品运输容器进行安全性能评价，或者未将评价结果报国务院核安全监管部门备案的，由国务院核安全监管部门责令限期改正；逾期不改正的，处1万元以上5万元以下的罚款。

第五十八条 未按照规定取得使用批准书使用境外单位制造的一类放射性物品运输容器

的，由国务院核安全监管部门责令停止违法行为，处50万元以上100万元以下的罚款。

未按照规定办理备案手续使用境外单位制造的二类放射性物品运输容器的，由国务院核安全监管部门责令停止违法行为，处5万元以上10万元以下的罚款。

第五十九条 托运人未按照规定编制放射性物品运输说明书、核与辐射事故应急响应指南、装卸作业方法、安全防护指南的，由国务院核安全监管部门责令限期改正；逾期不改正的，处1万元以上5万元以下的罚款。

托运人未按照规定将放射性物品运输的核与辐射安全分析报告批准书、辐射监测报告备案的，由启运地的省、自治区、直辖市人民政府环境保护主管部门责令限期改正；逾期不改正的，处1万元以上5万元以下的罚款。

第六十条 托运人或者承运人在放射性物品运输活动中，有违反有关法律、行政法规关于危险货物运输管理规定行为的，由交通运输、铁路、民航等有关主管部门依法予以处罚。

违反有关法律、行政法规规定邮寄放射性物品的，由公安机关和邮政管理部门依法予以处罚。在邮寄进境物品中发现放射性物品的，由海关依照有关法律、行政法规的规定处理。

第六十一条 托运人未取得放射性物品运输的核与辐射安全分析报告批准书托运一类放射性物品的，由国务院核安全监管部门责令停止违法行为，处50万元以上100万元以下的罚款。

第六十二条 通过道路运输放射性物品，有下列行为之一的，由公安机关责令限期改正，处2万元以上10万元以下的罚款；构成犯罪的，依法追究刑事责任：

（一）未经公安机关批准通过道路运输放射性物品的；

（二）运输车辆未按照指定的时间、路线、速度行驶或者未悬挂警示标志的；

（三）未配备押运人员或者放射性物品脱离押运人员监管的。

第六十三条 托运人有下列行为之一的，由启运地的省、自治区、直辖市人民政府环境保护主管部门责令停止违法行为，处5万元以上20万元以下的罚款：

（一）未按照规定对托运的放射性物品表面污染和辐射水平实施监测的；

（二）将经监测不符合国家放射性物品运输安全标准的放射性物品交付托运的；

（三）出具虚假辐射监测报告的。

第六十四条 未取得放射性物品运输的核与辐射安全分析报告批准书或者放射性物品运输的辐射监测报告备案证明，将境外的放射性物品运抵中华人民共和国境内，或者途经中华人民共和国境内运输的，由海关责令托运人退运该放射性物品，并依照海关法律、行政法规给予处罚；构成犯罪的，依法追究刑事责任。托运人不明的，由承运人承担退运该放射性物品的责任，或者承担该放射性物品的处置费用。

第六十五条 违反本条例规定，在放射性物品运输中造成核与辐射事故的，由县级以上地方人民政府环境保护主管部门处以罚款，罚款数额按照核与辐射事故造成的直接损失的20％计算；构成犯罪的，依法追究刑事责任。

托运人、承运人未按照核与辐射事故应急响应指南的要求，做好事故应急工作并报告事故的，由县级以上地方人民政府环境保护主管部门处5万元以上20万元以下的罚款。

因核与辐射事故造成他人损害的，依法承担民事责任。

第六十六条 拒绝、阻碍国务院核安全监管部门或者其他依法履行放射性物品运输安全监督管理职责的部门进行监督检查，或者在接受监督检查时弄虚作假的，由监督检查部门责令改正，处1万元以上2万元以下的罚款；构成违反治安管理行为的，由公安机关依法给予治安管理处罚；构成犯罪的，依法追究刑事责任。

第七章　附　则

第六十七条 军用放射性物品运输安全的监督管理，依照《中华人民共和国放射性污染防治法》第六十条的规定执行。

第六十八条 本条例自2010年1月1日起施行。

农业机械安全监督管理条例

（中华人民共和国国务院令第563号，2009年9月17日颁布）

第一章　总　则

第一条　为了加强农业机械安全监督管理，预防和减少农业机械事故，保障人民生命和财产安全，制定本条例。

第二条　在中华人民共和国境内从事农业机械的生产、销售、维修、使用操作以及安全监督管理等活动，应当遵守本条例。

本条例所称农业机械，是指用于农业生产及其产品初加工等相关农事活动的机械、设备。

第三条　农业机械安全监督管理应当遵循以人为本、预防事故、保障安全、促进发展的原则。

第四条　县级以上人民政府应当加强对农业机械安全监督管理工作的领导，完善农业机械安全监督管理体系，增加对农民购买农业机械的补贴，保障农业机械安全的财政投入，建立健全农业机械安全生产责任制。

第五条　国务院有关部门和地方各级人民政府、有关部门应当加强农业机械安全法律、法规、标准和知识的宣传教育。

农业生产经营组织、农业机械所有人应当对农业机械操作人员及相关人员进行农业机械安全使用教育，提高其安全意识。

第六条　国家鼓励和支持开发、生产、推广、应用先进适用、安全可靠、节能环保的农业机械，建立健全农业机械安全技术标准和安全操作规程。

第七条　国家鼓励农业机械操作人员、维修技术人员参加职业技能培训和依法成立安全互助组织，提高农业机械安全操作水平。

第八条　国家建立落后农业机械淘汰制度和危及人身财产安全的农业机械报废制度，并对淘汰和报废的农业机械依法实行回收。

第九条　国务院农业机械化主管部门、工业主管部门、质量监督部门和工商行政管理部门等有关部门依照本条例和国务院规定的职责，负责农业机械安全监督管理工作。

县级以上地方人民政府农业机械化主管部门、工业主管部门和县级以上地方质量监督部门、工商行政管理部门等有关部门按照各自职责，负责本行政区域的农业机械安全监督管理工作。

第二章　生产、销售和维修

第十条　国务院工业主管部门负责制定并组织实施农业机械工业产业政策和有关规划。

国务院标准化主管部门负责制定发布农业机械安全技术国家标准，并根据实际情况及时修订。农业机械安全技术标准是强制执行的标准。

第十一条　农业机械生产者应当依据农业机械工业产业政策和有关规划，按照农业机械安全技术标准组织生产，并建立健全质量保障控制体系。

对依法实行工业产品生产许可证管理的农业机械，其生产者应当取得相应资质，并按照许可的范围和条件组织生产。

第十二条　农业机械生产者应当按照农业机械安全技术标准对生产的农业机械进行检验；农业机械经检验合格并附具详尽的安全操作说明书和标注安全警示标志后，方可出厂销售；依法必须进行认证的农业机械，在出厂前应当标注认证标志。

上道路行驶的拖拉机，依法必须经过认证的，在出厂前应当标注认证标志，并符合机动车国家安全技术标准。

农业机械生产者应当建立产品出厂记录制

度，如实记录农业机械的名称、规格、数量、生产日期、生产批号、检验合格证号、购货者名称及联系方式、销售日期等内容。出厂记录保存期限不得少于3年。

第十三条 进口的农业机械应当符合我国农业机械安全技术标准，并依法由出入境检验检疫机构检验合格。依法必须进行认证的农业机械，还应当由出入境检验检疫机构进行入境验证。

第十四条 农业机械销售者对购进的农业机械应当查验产品合格证明。对依法实行工业产品生产许可证管理、依法必须进行认证的农业机械，还应当验明相应的证明文件或者标志。

农业机械销售者应当建立销售记录制度，如实记录农业机械的名称、规格、生产批号、供货者名称及联系方式、销售流向等内容。销售记录保存期限不得少于3年。

农业机械销售者应当向购买者说明农业机械操作方法和安全注意事项，并依法开具销售发票。

第十五条 农业机械生产者、销售者应当建立健全农业机械销售服务体系，依法承担产品质量责任。

第十六条 农业机械生产者、销售者发现其生产、销售的农业机械存在设计、制造等缺陷，可能对人身财产安全造成损害的，应当立即停止生产、销售，及时报告当地质量监督部门、工商行政管理部门，通知农业机械使用者停止使用。农业机械生产者应当及时召回存在设计、制造等缺陷的农业机械。

农业机械生产者、销售者不履行本条第一款义务的，质量监督部门、工商行政管理部门可以责令生产者召回农业机械，责令销售者停止销售农业机械。

第十七条 禁止生产、销售下列农业机械：

（一）不符合农业机械安全技术标准的；

（二）依法实行工业产品生产许可证管理而未取得许可证的；

（三）依法必须进行认证而未经认证的；

（四）利用残次零配件或者报废农业机械的发动机、方向机、变速器、车架等部件拼装的；

（五）国家明令淘汰的。

第十八条 从事农业机械维修经营，应当有必要的维修场地，有必要的维修设施、设备和检测仪器，有相应的维修技术人员，有安全防护和环境保护措施，取得相应的维修技术合格证书，并依法办理工商登记手续。

申请农业机械维修技术合格证书，应当向当地县级人民政府农业机械化主管部门提交下列材料：

（一）农业机械维修业务申请表；

（二）申请人身份证明、企业名称预先核准通知书；

（三）维修场所使用证明；

（四）主要维修设施、设备和检测仪器清单；

（五）主要维修技术人员的国家职业资格证书。

农业机械化主管部门应当自收到申请之日起20个工作日内，对符合条件的，核发维修技术合格证书；对不符合条件的，书面通知申请人并说明理由。

维修技术合格证书有效期为3年；有效期满需要继续从事农业机械维修的，应当在有效期满前申请续展。

第十九条 农业机械维修经营者应当遵守国家有关维修质量安全技术规范和维修质量保证期的规定，确保维修质量。

从事农业机械维修不得有下列行为：

（一）使用不符合农业机械安全技术标准的零配件；

（二）拼装、改装农业机械整机；

（三）承揽维修已经达到报废条件的农业机械；

（四）法律、法规和国务院农业机械化主管部门规定的其他禁止性行为。

第三章 使用操作

第二十条 农业机械操作人员可以参加农业机械操作人员的技能培训，可以向有关农业机械化主管部门、人力资源和社会保障部门申请职业技能鉴定，获取相应等级的国家职业资格证书。

第二十一条 拖拉机、联合收割机投入使用前，其所有人应当按照国务院农业机械化主管部门的规定，持本人身份证明和机具来源证明，向所在地县级人民政府农业机械化主管部门申请登记。拖拉机、联合收割机经安全检验合格的，农业机械化主管部门应当在2个工作日内予以登记并核发相应的证书和牌照。

拖拉机、联合收割机使用期间登记事项发生变更的，其所有人应当按照国务院农业机械化主管部门的规定申请变更登记。

第二十二条 拖拉机、联合收割机操作人员经过培训后，应当按照国务院农业机械化主管部门的规定，参加县级人民政府农业机械化主管部门组织的考试。考试合格的，农业机械化主管部门应当在2个工作日内核发相应的操作证件。

拖拉机、联合收割机操作证件有效期为6年；有效期满，拖拉机、联合收割机操作人员可以向原发证机关申请续展。未满18周岁不得操作拖拉机、联合收割机。操作人员年满70周岁的，县级人民政府农业机械化主管部门应当注销其操作证件。

第二十三条 拖拉机、联合收割机应当悬挂牌照。拖拉机上道路行驶，联合收割机因转场作业、维修、安全检验等需要转移的，其操作人员应当携带操作证件。

拖拉机、联合收割机操作人员不得有下列行为：

（一）操作与本人操作证件规定不相符的拖拉机、联合收割机；

（二）操作未按照规定登记、检验或者检验不合格、安全设施不全、机件失效的拖拉机、联合收割机；

（三）使用国家管制的精神药品、麻醉品后操作拖拉机、联合收割机；

（四）患有妨碍安全操作的疾病操作拖拉机、联合收割机；

（五）国务院农业机械化主管部门规定的其他禁止行为。

禁止使用拖拉机、联合收割机违反规定载人。

第二十四条 农业机械操作人员作业前，应当对农业机械进行安全查验；作业时，应当遵守国务院农业机械化主管部门和省、自治区、直辖市人民政府农业机械化主管部门制定的安全操作规程。

第四章 事故处理

第二十五条 县级以上地方人民政府农业机械化主管部门负责农业机械事故责任的认定和调解处理。

本条例所称农业机械事故，是指农业机械在作业或者转移等过程中造成人身伤亡、财产损失的事件。

农业机械在道路上发生的交通事故，由公安机关交通管理部门依照道路交通安全法律、法规处理；拖拉机在道路以外通行时发生的事故，公安机关交通管理部门接到报案的，参照道路交通安全法律、法规处理。农业机械事故造成公路及其附属设施损坏的，由交通主管部门依照公路法律、法规处理。

第二十六条 在道路以外发生的农业机械事故，操作人员和现场其他人员应当立即停止作业或者停止农业机械的转移，保护现场，造成人员伤害的，应当向事故发生地农业机械化主管部门报告；造成人员死亡的，还应当向事故发生地公安机关报告。造成人身伤害的，应当立即采取措施，抢救受伤人员。因抢救受伤人员变动现场的，应当标明位置。

接到报告的农业机械化主管部门和公安机关应当立即派人赶赴现场进行勘验、检查，收集证据，组织抢救受伤人员，尽快恢复正常的生产秩序。

第二十七条 对经过现场勘验、检查的农业机械事故，农业机械化主管部门应当在10个工作日内制作完成农业机械事故认定书；需要进行农业机械鉴定的，应当自收到农业机械鉴定机构出具的鉴定结论之日起5个工作日内制作农业机械事故认定书。

农业机械事故认定书应当载明农业机械事故的基本事实、成因和当事人的责任，并在制作完成农业机械事故认定书之日起3个工作日内送达当事人。

第二十八条 当事人对农业机械事故损害

赔偿有争议，请求调解的，应当自收到事故认定书之日起10个工作日内向农业机械化主管部门书面提出调解申请。

调解达成协议的，农业机械化主管部门应当制作调解书送交各方当事人。调解书经各方当事人共同签字后生效。调解不能达成协议或者当事人向人民法院提起诉讼的，农业机械化主管部门应当终止调解并书面通知当事人。调解达成协议后当事人反悔的，可以向人民法院提起诉讼。

第二十九条 农业机械化主管部门应当为当事人处理农业机械事故损害赔偿等后续事宜提供帮助和便利。因农业机械产品质量原因导致事故的，农业机械化主管部门应当依法出具有关证明材料。

农业机械化主管部门应当定期将农业机械事故统计情况及说明材料报送上级农业机械化主管部门并抄送同级安全生产监督管理部门。

农业机械事故构成生产安全事故的，应当依照相关法律、行政法规的规定调查处理并追究责任。

第五章 服务与监督

第三十条 县级以上地方人民政府农业机械化主管部门应当定期对危及人身财产安全的农业机械进行免费实地安全检验。但是道路交通安全法律对拖拉机的安全检验另有规定的，从其规定。

拖拉机、联合收割机的安全检验为每年1次。

实施安全技术检验的机构应当对检验结果承担法律责任。

第三十一条 农业机械化主管部门在安全检验中发现农业机械存在事故隐患的，应当告知其所有人停止使用并及时排除隐患。

实施安全检验的农业机械化主管部门应当对安全检验情况进行汇总，建立农业机械安全监督管理档案。

第三十二条 联合收割机跨行政区域作业前，当地县级人民政府农业机械化主管部门应当会同有关部门，对跨行政区域作业的联合收割机进行必要的安全检查，并对操作人员进行安全教育。

第三十三条 国务院农业机械化主管部门应当定期对农业机械安全使用状况进行分析评估，发布相关信息。

第三十四条 国务院工业主管部门应当定期对农业机械生产行业运行态势进行监测和分析，并按照先进适用、安全可靠、节能环保的要求，会同国务院农业机械化主管部门、质量监督部门等有关部门制定、公布国家明令淘汰的农业机械产品目录。

第三十五条 危及人身财产安全的农业机械达到报废条件的，应当停止使用，予以报废。农业机械的报废条件由国务院农业机械化主管部门会同国务院质量监督部门、工业主管部门规定。

县级人民政府农业机械化主管部门对达到报废条件的危及人身财产安全的农业机械，应当书面告知其所有人。

第三十六条 国家对达到报废条件或者正在使用的国家已经明令淘汰的农业机械实行回收。农业机械回收办法由国务院农业机械化主管部门会同国务院财政部门、商务主管部门制定。

第三十七条 回收的农业机械由县级人民政府农业机械化主管部门监督回收单位进行解体或者销毁。

第三十八条 使用操作过程中发现农业机械存在产品质量、维修质量问题的，当事人可以向县级以上地方人民政府农业机械化主管部门或者县级以上地方质量监督部门、工商行政管理部门投诉。接到投诉的部门对属于职责范围内的事项，应当依法及时处理；对不属于职责范围内的事项，应当及时移交有权处理的部门，有权处理的部门应当立即处理，不得推诿。

县级以上地方人民政府农业机械化主管部门和县级以上地方质量监督部门、工商行政管理部门应当定期汇总农业机械产品质量、维修质量投诉情况并逐级上报。

第三十九条 国务院农业机械化主管部门和省、自治区、直辖市人民政府农业机械化主管部门应当根据投诉情况和农业安全生产需要，组织开展在用的特定种类农业机械的安全鉴定和重点检查，并公布结果。

第四十条 农业机械安全监督管理执法人员在农田、场院等场所进行农业机械安全监督检查时，可以采取下列措施：

（一）向有关单位和个人了解情况，查阅、复制有关资料；

（二）查验拖拉机、联合收割机证书、牌照及有关操作证件；

（三）检查危及人身财产安全的农业机械的安全状况，对存在重大事故隐患的农业机械，责令当事人立即停止作业或者停止农业机械的转移，并进行维修；

（四）责令农业机械操作人员改正违规操作行为。

第四十一条 发生农业机械事故后企图逃逸的、拒不停止存在重大事故隐患农业机械的作业或者转移的，县级以上地方人民政府农业机械化主管部门可以扣押有关农业机械及证书、牌照、操作证件。案件处理完毕或者农业机械事故肇事方提供担保的，县级以上地方人民政府农业机械化主管部门应当及时退还被扣押的农业机械及证书、牌照、操作证件。存在重大事故隐患的农业机械，其所有人或者使用人排除隐患前不得继续使用。

第四十二条 农业机械安全监督管理执法人员进行安全监督检查时，应当佩戴统一标志，出示行政执法证件。农业机械安全监督检查、事故勘察车辆应当在车身喷涂统一标识。

第四十三条 农业机械化主管部门不得为农业机械指定维修经营者。

第四十四条 农业机械化主管部门应当定期向同级公安机关交通管理部门通报拖拉机登记、检验以及有关证书、牌照、操作证件发放情况。公安机关交通管理部门应当定期向同级农业机械化主管部门通报农业机械在道路上发生的交通事故及处理情况。

第六章 法律责任

第四十五条 县级以上地方人民政府农业机械化主管部门、工业主管部门、质量监督部门和工商行政管理部门及其工作人员有下列行为之一的，对直接负责的主管人员和其他直接责任人员，依法给予处分，构成犯罪的，依法追究刑事责任：

（一）不依法对拖拉机、联合收割机实施安全检验、登记，或者不依法核发拖拉机、联合收割机证书、牌照的；

（二）对未经考试合格者核发拖拉机、联合收割机操作证件，或者对经考试合格者拒不核发拖拉机、联合收割机操作证件的；

（三）对不符合条件者核发农业机械维修技术合格证书，或者对符合条件者拒不核发农业机械维修技术合格证书的；

（四）不依法处理农业机械事故，或者不依法出具农业机械事故认定书和其他证明材料的；

（五）在农业机械生产、销售等过程中不依法履行监督管理职责的；

（六）其他未依照本条例的规定履行职责的行为。

第四十六条 生产、销售利用残次零配件或者报废农业机械的发动机、方向机、变速器、车架等部件拼装的农业机械的，由县级以上质量监督部门、工商行政管理部门按照职责权限责令停止生产、销售，没收违法所得和违法生产、销售的农业机械，并处违法产品货值金额1倍以上3倍以下罚款；情节严重的，吊销营业执照。

农业机械生产者、销售者违反工业产品生产许可证管理、认证认可管理、安全技术标准管理以及产品质量管理的，依照有关法律、行政法规处罚。

第四十七条 农业机械销售者未依照本条例的规定建立、保存销售记录的，由县级以上工商行政管理部门责令改正，给予警告；拒不改正的，处1000元以上1万元以下罚款，并责令停业整顿；情节严重的，吊销营业执照。

第四十八条 未取得维修技术合格证书或者使用伪造、变造、过期的维修技术合格证书从事维修经营的，由县级以上地方人民政府农业机械化主管部门收缴伪造、变造、过期的维修技术合格证书，限期补办有关手续，没收违法所得，并处违法经营额1倍以上2倍以下罚款；逾期不补办的，处违法经营额2倍以上5

倍以下罚款，并通知工商行政管理部门依法处理。

第四十九条 农业机械维修经营者使用不符合农业机械安全技术标准的配件维修农业机械，或者拼装、改装农业机械整机，或者承揽维修已经达到报废条件的农业机械的，由县级以上地方人民政府农业机械化主管部门责令改正，没收违法所得，并处违法经营额1倍以上2倍以下罚款；拒不改正的，处违法经营额2倍以上5倍以下罚款；情节严重的，吊销维修技术合格证。

第五十条 未按照规定办理登记手续并取得相应的证书和牌照，擅自将拖拉机、联合收割机投入使用，或者未按照规定办理变更登记手续的，由县级以上地方人民政府农业机械化主管部门责令限期补办相关手续；逾期不补办的，责令停止使用；拒不停止使用的，扣押拖拉机、联合收割机，并处200元以上2000元以下罚款。

当事人补办相关手续的，应当及时退还扣押的拖拉机、联合收割机。

第五十一条 伪造、变造或者使用伪造、变造的拖拉机、联合收割机证书和牌照的，或者使用其他拖拉机、联合收割机的证书和牌照的，由县级以上地方人民政府农业机械化主管部门收缴伪造、变造或者使用的证书和牌照，对违法行为人予以批评教育，并处200元以上2000元以下罚款。

第五十二条 未取得拖拉机、联合收割机操作证件而操作拖拉机、联合收割机的，由县级以上地方人民政府农业机械化主管部门责令改正，处100元以上500元以下罚款。

第五十三条 拖拉机、联合收割机操作人员操作与本人操作证件规定不相符的拖拉机、联合收割机，或者操作未按照规定登记、检验或者检验不合格、安全设施不全、机件失效的拖拉机、联合收割机，或者使用国家管制的精神药品、麻醉品后操作拖拉机、联合收割机，或者患有妨碍安全操作的疾病操作拖拉机、联合收割机的，由县级以上地方人民政府农业机械化主管部门对违法行为人予以批评教育，责令改正；拒不改正的，处100元以上500元以下罚款；情节严重的，吊销有关人员的操作证件。

第五十四条 使用拖拉机、联合收割机违反规定载人的，由县级以上地方人民政府农业机械化主管部门对违法行为人予以批评教育，责令改正；拒不改正的，扣押拖拉机、联合收割机的证书、牌照；情节严重的，吊销有关人员的操作证件。非法从事经营性道路旅客运输的，由交通主管部门依照道路运输管理法律、行政法规处罚。

当事人改正违法行为的，应当及时退还扣押的拖拉机、联合收割机的证书、牌照。

第五十五条 经检验、检查发现农业机械存在事故隐患，经农业机械化主管部门告知拒不排除并继续使用的，由县级以上地方人民政府农业机械化主管部门对违法行为人予以批评教育，责令改正；拒不改正的，责令停止使用；拒不停止使用的，扣押存在事故隐患的农业机械。

事故隐患排除后，应当及时退还扣押的农业机械。

第五十六条 违反本条例规定，造成他人人身伤亡或者财产损失的，依法承担民事责任；构成违反治安管理行为的，依法给予治安管理处罚；构成犯罪的，依法追究刑事责任。

第七章 附 则

第五十七条 本条例所称危及人身财产安全的农业机械，是指对人身财产安全可能造成损害的农业机械，包括拖拉机、联合收割机、机动植保机械、机动脱粒机、饲料粉碎机、插秧机、铡草机等。

第五十八条 本条例规定的农业机械证书、牌照、操作证件和维修技术合格证，由国务院农业机械化主管部门会同国务院有关部门统一规定式样，由国务院农业机械化主管部门监制。

第五十九条 拖拉机操作证件考试收费、安全技术检验收费和牌证的工本费，应当严格执行国务院价格主管部门核定的收费标准。

第六十条 本条例自2009年11月1日起施行。

中华人民共和国知识产权海关保护条例

（中华人民共和国国务院令第572号，根据2010年3月24日《国务院关于修改〈中华人民共和国知识产权海关保护条例〉的决定》修订）

第一章　总　则

第一条　为了实施知识产权海关保护，促进对外经济贸易和科技文化交往，维护公共利益，根据《中华人民共和国海关法》，制定本条例。

第二条　本条例所称知识产权海关保护，是指海关对与进出口货物有关并受中华人民共和国法律、行政法规保护的商标专用权、著作权和与著作权有关的权利、专利权（以下统称知识产权）实施的保护。

第三条　国家禁止侵犯知识产权的货物进出口。

海关依照有关法律和本条例的规定实施知识产权保护，行使《中华人民共和国海关法》规定的有关权力。

第四条　知识产权权利人请求海关实施知识产权保护的，应当向海关提出采取保护措施的申请。

第五条　进口货物的收货人或者其代理人、出口货物的发货人或者其代理人应当按照国家规定，向海关如实申报与进出口货物有关的知识产权状况，并提交有关证明文件。

第六条　海关实施知识产权保护时，应当保守有关当事人的商业秘密。

第二章　知识产权的备案

第七条　知识产权权利人可以依照本条例的规定，将其知识产权向海关总署申请备案；申请备案的，应当提交申请书。申请书应当包括下列内容：

（一）知识产权权利人的名称或者姓名、注册地或者国籍等；

（二）知识产权的名称、内容及其相关信息；

（三）知识产权许可行使状况；

（四）知识产权权利人合法行使知识产权的货物的名称、产地、进出境地海关、进出口商、主要特征、价格等；

（五）已知的侵犯知识产权货物的制造商、进出口商、进出境地海关、主要特征、价格等。

前款规定的申请书内容有证明文件的，知识产权权利人应当附送证明文件。

第八条　海关总署应当自收到全部申请文件之日起30个工作日内作出是否准予备案的决定，并书面通知申请人；不予备案的，应当说明理由。

有下列情形之一的，海关总署不予备案：

（一）申请文件不齐全或者无效的；

（二）申请人不是知识产权权利人的；

（三）知识产权不再受法律、行政法规保护的。

第九条　海关发现知识产权权利人申请知识产权备案未如实提供有关情况或者文件的，海关总署可以撤销其备案。

第十条　知识产权海关保护备案自海关总署准予备案之日起生效，有效期为10年。

知识产权有效的，知识产权权利人可以在知识产权海关保护备案有效期届满前6个月内，向海关总署申请续展备案。每次续展备案的有效期为10年。

知识产权海关保护备案有效期届满而不申请续展或者知识产权不再受法律、行政法规保护的，知识产权海关保护备案随即失效。

第十一条　知识产权备案情况发生改变的，知识产权权利人应当自发生改变之日起30个工作日内，向海关总署办理备案变更或者注销手续。

知识产权权利人未依照前款规定办理变更或者注销手续，给他人合法进出口或者海关依法履行监管职责造成严重影响的，海关总署可以根据有关利害关系人的申请撤销有关备案，也可以主动撤销有关备案。

第三章　扣留侵权嫌疑货物的申请及其处理

第十二条　知识产权权利人发现侵权嫌疑货物即将进出口的，可以向货物进出境地海关提出扣留侵权嫌疑货物的申请。

第十三条　知识产权权利人请求海关扣留侵权嫌疑货物的，应当提交申请书及相关证明文件，并提供足以证明侵权事实明显存在的证据。

申请书应当包括下列主要内容：

（一）知识产权权利人的名称或者姓名、注册地或者国籍等；

（二）知识产权的名称、内容及其相关信息；

（三）侵权嫌疑货物收货人和发货人的名称；

（四）侵权嫌疑货物名称、规格等；

（五）侵权嫌疑货物可能进出境的口岸、时间、运输工具等。

侵权嫌疑货物涉嫌侵犯备案知识产权的，申请书还应当包括海关备案号。

第十四条　知识产权权利人请求海关扣留侵权嫌疑货物的，应当向海关提供不超过货物等值的担保，用于赔偿可能因申请不当给收货人、发货人造成的损失，以及支付货物由海关扣留后的仓储、保管和处置等费用；知识产权权利人直接向仓储商支付仓储、保管费用的，从担保中扣除。具体办法由海关总署制定。

第十五条　知识产权权利人申请扣留侵权嫌疑货物，符合本条例第十三条的规定，并依照本条例第十四条的规定提供担保的，海关应当扣留侵权嫌疑货物，书面通知知识产权权利人，并将海关扣留凭单送达收货人或者发货人。

知识产权权利人申请扣留侵权嫌疑货物，不符合本条例第十三条的规定，或者未依照本条例第十四条的规定提供担保的，海关应当驳回申请，并书面通知知识产权权利人。

第十六条　海关发现进出口货物有侵犯备案知识产权嫌疑的，应当立即书面通知知识产权权利人。知识产权权利人自通知送达之日起3个工作日内依照本条例第十三条的规定提出申请，并依照本条例第十四条的规定提供担保的，海关应当扣留侵权嫌疑货物，书面通知知识产权权利人，并将海关扣留凭单送达收货人或者发货人。知识产权权利人逾期未提出申请或者未提供担保的，海关不得扣留货物。

第十七条　经海关同意，知识产权权利人和收货人或者发货人可以查看有关货物。

第十八条　收货人或者发货人认为其货物未侵犯知识产权权利人的知识产权的，应当向海关提出书面说明并附送相关证据。

第十九条　涉嫌侵犯专利权货物的收货人或者发货人认为其进出口货物未侵犯专利权的，可以在向海关提供货物等值的担保金后，请求海关放行其货物。知识产权权利人未能在合理期限内向人民法院起诉的，海关应当退还担保金。

第二十条　海关发现进出口货物有侵犯备案知识产权嫌疑并通知知识产权权利人后，知识产权权利人请求海关扣留侵权嫌疑货物的，海关应当自扣留之日起30个工作日内对被扣留的侵权嫌疑货物是否侵犯知识产权进行调查、认定；不能认定的，应当立即书面通知知识产权权利人。

第二十一条　海关对被扣留的侵权嫌疑货物进行调查，请求知识产权主管部门提供协助的，有关知识产权主管部门应当予以协助。

知识产权主管部门处理涉及进出口货物的侵权案件请求海关提供协助的，海关应当予以协助。

第二十二条　海关对被扣留的侵权嫌疑货物及有关情况进行调查时，知识产权权利人和收货人或者发货人应当予以配合。

第二十三条　知识产权权利人在向海关提出采取保护措施的申请后，可以依照《中华人民共和国商标法》、《中华人民共和国著作权法》、《中华人民共和国专利法》或者其他有关法律的规定，就被扣留的侵权嫌疑货物向人民法院申请采取责令停止侵权行为或者财产保全的措施。

海关收到人民法院有关责令停止侵权行为或者财产保全的协助执行通知的，应当予以协助。

第二十四条 有下列情形之一的，海关应当放行被扣留的侵权嫌疑货物：

（一）海关依照本条例第十五条的规定扣留侵权嫌疑货物，自扣留之日起20个工作日内未收到人民法院协助执行通知的；

（二）海关依照本条例第十六条的规定扣留侵权嫌疑货物，自扣留之日起50个工作日内未收到人民法院协助执行通知，并且经调查不能认定被扣留的侵权嫌疑货物侵犯知识产权的；

（三）涉嫌侵犯专利权货物的收货人或者发货人在向海关提供与货物等值的担保金后，请求海关放行其货物的；

（四）海关认为收货人或者发货人有充分的证据证明其货物未侵犯知识产权权利人的知识产权的；

（五）在海关认定被扣留的侵权嫌疑货物为侵权货物之前，知识产权权利人撤回扣留侵权嫌疑货物的申请的。

第二十五条 海关依照本条例的规定扣留侵权嫌疑货物，知识产权权利人应当支付有关仓储、保管和处置等费用。知识产权权利人未支付有关费用的，海关可以从其向海关提供的担保金中予以扣除，或者要求担保人履行有关担保责任。

侵权嫌疑货物被认定为侵犯知识产权的，知识产权权利人可以将其支付的有关仓储、保管和处置等费用计入其为制止侵权行为所支付的合理开支。

第二十六条 海关实施知识产权保护发现涉嫌犯罪案件的，应当将案件依法移送公安机关处理。

第四章　法律责任

第二十七条 被扣留的侵权嫌疑货物，经海关调查后认定侵犯知识产权的，由海关予以没收。

海关没收侵犯知识产权货物后，应当将侵犯知识产权货物的有关情况书面通知知识产权权利人。

被没收的侵犯知识产权货物可以用于社会公益事业的，海关应当转交给有关公益机构用于社会公益事业；知识产权权利人有收购意愿的，海关可以有偿转让给知识产权权利人。被没收的侵犯知识产权货物无法用于社会公益事业且知识产权权利人无收购意愿的，海关可以在消除侵权特征后依法拍卖，但对进口假冒商标货物，除特殊情况外，不能仅清除货物上的商标标识即允许其进入商业渠道；侵权特征无法消除的，海关应当予以销毁。

第二十八条 海关接受知识产权保护备案和采取知识产权保护措施的申请后，因知识产权权利人未提供确切情况而未能发现侵权货物、未能及时采取保护措施或者采取保护措施不力的，由知识产权权利人自行承担责任。

知识产权权利人请求海关扣留侵权嫌疑货物后，海关不能认定被扣留的侵权嫌疑货物侵犯知识产权权利人的知识产权，或者人民法院判定不侵犯知识产权权利人的知识产权的，知识产权权利人应当依法承担赔偿责任。

第二十九条 进口或者出口侵犯知识产权货物，构成犯罪的，依法追究刑事责任。

第三十条 海关工作人员在实施知识产权保护时，玩忽职守、滥用职权、徇私舞弊，构成犯罪的，依法追究刑事责任；尚不构成犯罪的，依法给予行政处分。

第五章　附　则

第三十一条 个人携带或者邮寄进出境的物品，超出自用、合理数量，并侵犯本条例第二条规定的知识产权的，按照侵权货物处理。

第三十二条 知识产权权利人将其知识产权向海关总署备案的，应当按照国家有关规定缴纳备案费。

第三十三条 本条例自2004年3月1日起施行。1995年7月5日国务院发布的《中华人民共和国知识产权海关保护条例》同时废止。

自然灾害救助条例

（中华人民共和国国务院令第577号，2010年7月8日颁布）

第一章 总 则

第一条 为了规范自然灾害救助工作，保障受灾人员基本生活，制定本条例。

第二条 自然灾害救助工作遵循以人为本、政府主导、分级管理、社会互助、灾民自救的原则。

第三条 自然灾害救助工作实行各级人民政府行政领导负责制。

国家减灾委员会负责组织、领导全国的自然灾害救助工作，协调开展重大自然灾害救助活动。国务院民政部门负责全国的自然灾害救助工作，承担国家减灾委员会的具体工作。国务院有关部门按照各自职责做好全国的自然灾害救助相关工作。

县级以上地方人民政府或者人民政府的自然灾害救助应急综合协调机构，组织、协调本行政区域的自然灾害救助工作。县级以上地方人民政府民政部门负责本行政区域的自然灾害救助工作。县级以上地方人民政府有关部门按照各自职责做好本行政区域的自然灾害救助相关工作。

第四条 县级以上人民政府应当将自然灾害救助工作纳入国民经济和社会发展规划，建立健全与自然灾害救助需求相适应的资金、物资保障机制，将人民政府安排的自然灾害救助资金和自然灾害救助工作经费纳入财政预算。

第五条 村民委员会、居民委员会以及红十字会、慈善会和公募基金会等社会组织，依法协助人民政府开展自然灾害救助工作。

国家鼓励和引导单位和个人参与自然灾害救助捐赠、志愿服务等活动。

第六条 各级人民政府应当加强防灾减灾宣传教育，提高公民的防灾避险意识和自救互救能力。

村民委员会、居民委员会、企业事业单位应当根据所在地人民政府的要求，结合各自的实际情况，开展防灾减灾应急知识的宣传普及活动。

第七条 对在自然灾害救助中作出突出贡献的单位和个人，按照国家有关规定给予表彰和奖励。

第二章 救助准备

第八条 县级以上地方人民政府及其有关部门应当根据有关法律、法规、规章，上级人民政府及其有关部门的应急预案以及本行政区域的自然灾害风险调查情况，制定相应的自然灾害救助应急预案。

自然灾害救助应急预案应当包括下列内容：

（一）自然灾害救助应急组织指挥体系及其职责；

（二）自然灾害救助应急队伍；

（三）自然灾害救助应急资金、物资、设备；

（四）自然灾害的预警预报和灾情信息的报告、处理；

（五）自然灾害救助应急响应的等级和相应措施；

（六）灾后应急救助和居民住房恢复重建措施。

第九条 县级以上人民政府应当建立健全自然灾害救助应急指挥技术支撑系统，并为自然灾害救助工作提供必要的交通、通信等装备。

第十条 国家建立自然灾害救助物资储备制度，由国务院民政部门分别会同国务院财政部门、发展改革部门制定全国自然灾害救助物资储备规划和储备库规划，并组织实施。

设区的市级以上人民政府和自然灾害多发、易发地区的县级人民政府应当根据自然灾害特点、居民人口数量和分布等情况，按照布局合理、规模适度的原则，设立自然灾害救助物资储备库。

第十一条 县级以上地方人民政府应当根据当地居民人口数量和分布等情况，利用公园、广场、体育场馆等公共设施，统筹规划设立应急避难场所，并设置明显标志。

启动自然灾害预警响应或者应急响应，需要告知居民前往应急避难场所的，县级以上地方人民政府或者人民政府的自然灾害救助应急综合协调机构应当通过广播、电视、手机短信、电子显示屏、互联网等方式，及时公告应急避难场所的具体地址和到达路径。

第十二条 县级以上地方人民政府应当加强自然灾害救助人员的队伍建设和业务培训，村民委员会、居民委员会和企业事业单位应当设立专职或者兼职的自然灾害信息员。

第三章 应急救助

第十三条 县级以上人民政府或者人民政府的自然灾害救助应急综合协调机构应当根据自然灾害预警预报启动预警响应，采取下列一项或者多项措施：

（一）向社会发布规避自然灾害风险的警告，宣传避险常识和技能，提示公众做好自救互救准备；

（二）开放应急避难场所，疏散、转移易受自然灾害危害的人员和财产，情况紧急时，实行有组织的避险转移；

（三）加强对易受自然灾害危害的乡村、社区以及公共场所的安全保障；

（四）责成民政等部门做好基本生活救助的准备。

第十四条 自然灾害发生并达到自然灾害救助应急预案启动条件的，县级以上人民政府或者人民政府的自然灾害救助应急综合协调机构应当及时启动自然灾害救助应急响应，采取下列一项或者多项措施：

（一）立即向社会发布政府应对措施和公众防范措施；

（二）紧急转移安置受灾人员；

（三）紧急调拨、运输自然灾害救助应急资金和物资，及时向受灾人员提供食品、饮用水、衣被、取暖、临时住所、医疗防疫等应急救助，保障受灾人员基本生活；

（四）抚慰受灾人员，处理遇难人员善后事宜；

（五）组织受灾人员开展自救互救；

（六）分析评估灾情趋势和灾区需求，采取相应的自然灾害救助措施；

（七）组织自然灾害救助捐赠活动。

对应急救助物资，各交通运输主管部门应当组织优先运输。

第十五条 在自然灾害救助应急期间，县级以上地方人民政府或者人民政府的自然灾害救助应急综合协调机构可以在本行政区域内紧急征用物资、设备、交通运输工具和场地，自然灾害救助应急工作结束后应当及时归还，并按照国家有关规定给予补偿。

第十六条 自然灾害造成人员伤亡或者较大财产损失的，受灾地区县级人民政府民政部门应当立即向本级人民政府和上一级人民政府民政部门报告。

自然灾害造成特别重大或者重大人员伤亡、财产损失的，受灾地区县级人民政府民政部门应当按照有关法律、行政法规和国务院应急预案规定的程序及时报告，必要时可以直接报告国务院。

第十七条 灾情稳定前，受灾地区人民政府民政部门应当每日逐级上报自然灾害造成的人员伤亡、财产损失和自然灾害救助工作动态等情况，并及时向社会发布。

灾情稳定后，受灾地区县级以上人民政府或者人民政府的自然灾害救助应急综合协调机构应当评估、核定并发布自然灾害损失情况。

第四章 灾后救助

第十八条 受灾地区人民政府应当在确保安全的前提下，采取就地安置与异地安置、政府安置与自行安置相结合的方式，对受灾人员进行过渡性安置。

就地安置应当选择在交通便利、便于恢复生产和生活的地点，并避开可能发生次生自然灾害的区域，尽量不占用或者少占用耕地。

受灾地区人民政府应当鼓励并组织受灾群众自救互救，恢复重建。

第十九条 自然灾害危险消除后，受灾地区人民政府应当统筹研究制订居民住房恢复重建规划和优惠政策，组织重建或者修缮因灾损毁的居民住房，对恢复重建确有困难的家庭予以重点帮扶。

居民住房恢复重建应当因地制宜、经济实用，确保房屋建设质量符合防灾减灾要求。

受灾地区人民政府民政等部门应当向经审核确认的居民住房恢复重建补助对象发放补助资金和物资，住房城乡建设等部门应当为受灾人员重建或者修缮因灾损毁的居民住房提供必要的技术支持。

第二十条 居民住房恢复重建补助对象由受灾人员本人申请或者由村民小组、居民小组提名。经村民委员会、居民委员会民主评议，符合救助条件的，在自然村、社区范围内公示；无异议或者经村民委员会、居民委员会民主评议异议不成立的，由村民委员会、居民委员会将评议意见和有关材料提交乡镇人民政府、街道办事处审核，报县级人民政府民政等部门审批。

第二十一条 自然灾害发生后的当年冬季、次年春季，受灾地区人民政府应当为生活困难的受灾人员提供基本生活救助。

受灾地区县级人民政府民政部门应当在每年10月底前统计、评估本行政区域受灾人员当年冬季、次年春季的基本生活困难和需求，核实救助对象，编制工作台账，制定救助工作方案，经本级人民政府批准后组织实施，并报上一级人民政府民政部门备案。

第五章 救助款物管理

第二十二条 县级以上人民政府财政部门、民政部门负责自然灾害救助资金的分配、管理并监督使用情况。

县级以上人民政府民政部门负责调拨、分配、管理自然灾害救助物资。

第二十三条 人民政府采购用于自然灾害救助准备和灾后恢复重建的货物、工程和服务，依照有关政府采购和招标投标的法律规定组织实施。自然灾害应急救助和灾后恢复重建中涉及紧急抢救、紧急转移安置和临时性救助的紧急采购活动，按照国家有关规定执行。

第二十四条 自然灾害救助款物专款（物）专用，无偿使用。

定向捐赠的款物，应当按照捐赠人的意愿使用。政府部门接受的捐赠人无指定意向的款物，由县级以上人民政府民政部门统筹安排用于自然灾害救助；社会组织接受的捐赠人无指定意向的款物，由社会组织按照有关规定用于自然灾害救助。

第二十五条 自然灾害救助款物应当用于受灾人员的紧急转移安置，基本生活救助，医疗救助，教育、医疗等公共服务设施和住房的恢复重建，自然灾害救助物资的采购、储存和运输，以及因灾遇难人员亲属的抚慰等项支出。

第二十六条 受灾地区人民政府民政、财政等部门和有关社会组织应当通过报刊、广播、电视、互联网，主动向社会公开所接受的自然灾害救助款物和捐赠款物的来源、数量及其使用情况。

受灾地区村民委员会、居民委员会应当公布救助对象及其接受救助款物数额和使用情况。

第二十七条 各级人民政府应当建立健全自然灾害救助款物和捐赠款物的监督检查制度，并及时受理投诉和举报。

第二十八条 县级以上人民政府监察机关、审计机关应当依法对自然灾害救助款物和捐赠款物的管理使用情况进行监督检查，民政、财政等部门和有关社会组织应当予以配合。

第六章 法律责任

第二十九条 行政机关工作人员违反本条例规定，有下列行为之一的，由任免机关或者监察机关依照法律法规给予处分；构成犯罪的，依法追究刑事责任：

（一）迟报、谎报、瞒报自然灾害损失情况，造成后果的；

（二）未及时组织受灾人员转移安置，或者在提供基本生活救助、组织恢复重建过程中工作不力，造成后果的；

（三）截留、挪用、私分自然灾害救助款

物或者捐赠款物的；

（四）不及时归还征用的财产，或者不按照规定给予补偿的；

（五）有滥用职权、玩忽职守、徇私舞弊的其他行为的。

第三十条 采取虚报、隐瞒、伪造等手段，骗取自然灾害救助款物或者捐赠款物的，由县级以上人民政府民政部门责令限期退回违法所得的款物；构成犯罪的，依法追究刑事责任。

第三十一条 抢夺或者聚众哄抢自然灾害救助款物或者捐赠款物的，由县级以上人民政府民政部门责令停止违法行为；构成违反治安管理行为的，由公安机关依法给予治安管理处罚；构成犯罪的，依法追究刑事责任。

第三十二条 以暴力、威胁方法阻碍自然灾害救助工作人员依法执行职务，构成违反治安管理行为的，由公安机关依法给予治安管理处罚；构成犯罪的，依法追究刑事责任。

第七章 附 则

第三十三条 发生事故灾难、公共卫生事件、社会安全事件等突发事件，需要由县级以上人民政府民政部门开展生活救助的，参照本条例执行。

第三十四条 法律、行政法规对防灾、抗灾、救灾另有规定的，从其规定。

第三十五条 本条例自2010年9月1日起施行。

工伤保险条例（2010年修正部分）

（中华人民共和国国务院令第586号，根据2010年12月20日《国务院关于修改〈工伤保险条例〉的决定》修订）

国务院决定对《工伤保险条例》作如下修改：

一、第二条修改为：“中华人民共和国境内的企业、事业单位、社会团体、民办非企业单位、基金会、律师事务所、会计师事务所等组织和有雇工的个体工商户（以下称用人单位）应当依照本条例规定参加工伤保险，为本单位全部职工或者雇工（以下称职工）缴纳工伤保险费。

中华人民共和国境内的企业、事业单位、社会团体、民办非企业单位、基金会、律师事务所、会计师事务所等组织的职工和个体工商户的雇工，均有依照本条例的规定享受工伤保险待遇的权利。”

二、第八条第二款修改为：“国家根据不同行业的工伤风险程度确定行业的差别费率，并根据工伤保险费使用、工伤发生率等情况在每个行业内确定若干费率档次。行业差别费率及行业内费率档次由国务院社会保险行政部门制定，报国务院批准后公布施行。”

三、第九条修改为：“国务院社会保险行政部门应当定期了解全国各统筹地区工伤保险基金收支情况，及时提出调整行业差别费率及行业内费率档次的方案，报国务院批准后公布施行。”

四、第十条增加一款，作为第三款：“对难以按照工资总额缴纳工伤保险费的行业，其缴纳工伤保险费的具体方式，由国务院社会保险行政部门规定。”

五、第十一条第一款修改为：“工伤保险基金逐步实行省级统筹。”

六、第十二条修改为：“工伤保险基金存入社会保障基金财政专户，用于本条例规定的工伤保险待遇，劳动能力鉴定，工伤预防的宣传、培训等费用，以及法律、法规规定的用于工伤保险的其他费用的支付。

工伤预防费用的提取比例、使用和管理的具体办法，由国务院社会保险行政部门会同国务院财政、卫生行政、安全生产监督管理等部门规定。

任何单位或者个人不得将工伤保险基金用于投资运营、兴建或者改建办公场所、发放奖金，或者挪作其他用途。”

七、第十四条第（六）项修改为：“在上下班途中，受到非本人主要责任的交通事故或者城市轨道交通、客运轮渡、火车事故伤害的；”

八、第十六条修改为：“职工符合本条例第十四条、第十五条的规定，但是有下列情形之一的，不得认定为工伤或者视同工伤：

（一）故意犯罪的；

（二）醉酒或者吸毒的；

（三）自残或者自杀的。”

九、第二十条修改为：“社会保险行政部门应当自受理工伤认定申请之日起60日内作出工伤认定的决定，并书面通知申请工伤认定的职工或者其近亲属和该职工所在单位。

社会保险行政部门对受理的事实清楚、权利义务明确的工伤认定申请，应当在15日内作出工伤认定的决定。

作出工伤认定决定需要以司法机关或者有关行政主管部门的结论为依据的，在司法机关或者有关行政主管部门尚未作出结论期间，作出工伤认定决定的时限中止。

社会保险行政部门工作人员与工伤认定申请人有利害关系的，应当回避。”

十、增加一条，作为第二十九条：“劳动能力鉴定委员会依照本条例第二十六条和第二十八条的规定进行再次鉴定和复查鉴定的期限，依照本条例第二十五条第二款的规定执行。”

十一、第二十九条改为第三十条，第四款修改为：“职工住院治疗工伤的伙食补助费，以及经医疗机构出具证明，报经办机构同意，工伤职工到统筹地区以外就医所需的交通、食宿费用从工伤保险基金支付，基金支付的具体标准由统筹地区人民政府规定。”

第六款修改为：“工伤职工到签订服务协议的医疗机构进行工伤康复的费用，符合规定的，从工伤保险基金支付。”

十二、增加一条，作为第三十一条：“社会保险行政部门作出认定为工伤的决定后发生行政复议、行政诉讼的，行政复议和行政诉讼期间不停止支付工伤职工治疗工伤的医疗费用。”

十三、第三十三条改为第三十五条，第一款第（一）项修改为：“从工伤保险基金按伤残等级支付一次性伤残补助金，标准为：一级伤残为27个月的本人工资，二级伤残为25个月的本人工资，三级伤残为23个月的本人工资，四级伤残为21个月的本人工资；”

第一款第（三）项修改为：“工伤职工达到退休年龄并办理退休手续后，停发伤残津贴，按照国家有关规定享受基本养老保险待遇。基本养老保险待遇低于伤残津贴的，由工伤保险基金补足差额。”

十四、第三十四条改为第三十六条，第一款第（一）项修改为：“从工伤保险基金按伤残等级支付一次性伤残补助金，标准为：五级伤残为18个月的本人工资，六级伤残为16个月的本人工资；”

第二款修改为：“经工伤职工本人提出，该职工可以与用人单位解除或者终止劳动关系，由工伤保险基金支付一次性工伤医疗补助金，由用人单位支付一次性伤残就业补助金。一次性工伤医疗补助金和一次性伤残就业补助金的具体标准由省、自治区、直辖市人民政府规定。”

十五、第三十五条改为第三十七条，修改为：“职工因工致残被鉴定为七级至十级伤残的，享受以下待遇：

（一）从工伤保险基金按伤残等级支付一次性伤残补助金，标准为：七级伤残为13个月的本人工资，八级伤残为11个月的本人工资，九级伤残为9个月的本人工资，十级伤残为7个月的本人工资；

（二）劳动、聘用合同期满终止，或者职工本人提出解除劳动、聘用合同的，由工伤保险基金支付一次性工伤医疗补助金，由用人单位支付一次性伤残就业补助金。一次性工伤医疗补助金和一次性伤残就业补助金的具体标准由省、自治区、直辖市人民政府规定。”

十六、第三十七条改为第三十九条，第一款第（三）项修改为：“一次性工亡补助金标准为上一年度全国城镇居民人均可支配收入的20倍。”

十七、第四十条改为第四十二条，删去第（四）项。

十八、第四十一条改为第四十三条，第四款修改为：“企业破产的，在破产清算时依法拨付应当由单位支付的工伤保险待遇费用。”

十九、第五十三条改为第五十五条，修改为：“有下列情形之一的，有关单位或者个人可以依法申请行政复议，也可以依法向人民法院提起行政诉讼：

（一）申请工伤认定的职工或者其近亲属、该职工所在单位对工伤认定申请不予受理的决定不服的；

（二）申请工伤认定的职工或者其近亲属、该职工所在单位对工伤认定结论不服的；

（三）用人单位对经办机构确定的单位缴费费率不服的；

（四）签订服务协议的医疗机构、辅助器具配置机构认为经办机构未履行有关协议或者规定的；

（五）工伤职工或者其近亲属对经办机构核定的工伤保险待遇有异议的。”

二十、第五十八条改为第六十条，修改为：“用人单位、工伤职工或者其近亲属骗取工伤保险待遇，医疗机构、辅助器具配置机构骗取工伤保险基金支出的，由社会保险行政部门责令退还，处骗取金额2倍以上5倍以下的罚款；情节严重，构成犯罪的，依法追究刑事责任。”

二十一、第六十条改为第六十二条，修改为：“用人单位依照本条例规定应当参加工伤保险而未参加的，由社会保险行政部门责令限期参加，补缴应当缴纳的工伤保险费，并自欠缴之日起，按日加收万分之五的滞纳金；逾期仍不缴纳的，处欠缴数额1倍以上3倍以下的罚款。

依照本条例规定应当参加工伤保险而未参加工伤保险的用人单位职工发生工伤的，由该用人单位按照本条例规定的工伤保险待遇项目和标准支付费用。

用人单位参加工伤保险并补缴应当缴纳的工伤保险费、滞纳金后，由工伤保险基金和用人单位依照本条例的规定支付新发生的费用。”

二十二、增加一条，作为第六十三条：“用人单位违反本条例第十九条的规定，拒不协助社会保险行政部门对事故进行调查核实的，由社会保险行政部门责令改正，处2000元以上2万元以下的罚款。”

二十三、第六十一条改为第六十四条，删去第一款。

二十四、第六十二条改为第六十五条，修改为：“公务员和参照公务员法管理的事业单位、社会团体的工作人员因工作遭受事故伤害或者患职业病的，由所在单位支付费用。具体办法由国务院社会保险行政部门会同国务院财政部门规定。”

此外，对条文的个别文字作了修改，对条文的顺序作了相应调整。

本决定自2011年1月1日起施行。

《工伤保险条例》根据本决定作相应的修改，重新公布。本条例施行后本决定施行前受到事故伤害或者患职业病的职工尚未完成工伤认定的，依照本决定的规定执行。

国有土地上房屋征收与补偿条例

（中华人民共和国国务院令第590号，2011年1月21日颁布）

第一章 总 则

第一条 为了规范国有土地上房屋征收与补偿活动，维护公共利益，保障被征收房屋所有权人的合法权益，制定本条例。

第二条 为了公共利益的需要，征收国有土地上单位、个人的房屋，应当对被征收房屋所有权人（以下称被征收人）给予公平补偿。

第三条 房屋征收与补偿应当遵循决策民主、程序正当、结果公开的原则。

第四条 市、县级人民政府负责本行政区域的房屋征收与补偿工作。

市、县级人民政府确定的房屋征收部门（以下称房屋征收部门）组织实施本行政区域的房屋征收与补偿工作。

市、县级人民政府有关部门应当依照本条例的规定和本级人民政府规定的职责分工，互相配合，保障房屋征收与补偿工作的顺利进行。

第五条 房屋征收部门可以委托房屋征收实施单位，承担房屋征收与补偿的具体工作。房屋征收实施单位不得以营利为目的。

房屋征收部门对房屋征收实施单位在委托范围内实施的房屋征收与补偿行为负责监督，并对其行为后果承担法律责任。

第六条 上级人民政府应当加强对下级人民政府房屋征收与补偿工作的监督。

国务院住房城乡建设主管部门和省、自治区、直辖市人民政府住房城乡建设主管部门应当会同同级财政、国土资源、发展改革等有关部门，加强对房屋征收与补偿实施工作的指导。

第七条 任何组织和个人对违反本条例规定的行为，都有权向有关人民政府、房屋征收部门和其他有关部门举报。接到举报的有关人民政府、房屋征收部门和其他有关部门对举报应当及时核实、处理。

监察机关应当加强对参与房屋征收与补偿工作的政府和有关部门或者单位及其工作人员的监察。

第二章 征收决定

第八条 为了保障国家安全、促进国民经济和社会发展等公共利益的需要，有下列情形之一，确需征收房屋的，由市、县级人民政府作出房屋征收决定：

（一）国防和外交的需要；

（二）由政府组织实施的能源、交通、水利等基础设施建设的需要；

（三）由政府组织实施的科技、教育、文化、卫生、体育、环境和资源保护、防灾减灾、文物保护、社会福利、市政公用等公共事业的需要；

（四）由政府组织实施的保障性安居工程建设的需要；

（五）由政府依照城乡规划法有关规定组织实施的对危房集中、基础设施落后等地段进行旧城区改建的需要；

（六）法律、行政法规规定的其他公共利益的需要。

第九条 依照本条例第八条规定，确需征收房屋的各项建设活动，应当符合国民经济和社会发展规划、土地利用总体规划、城乡规划和专项规划。保障性安居工程建设、旧城区改建，应当纳入市、县级国民经济和社会发展年度计划。

制定国民经济和社会发展规划、土地利用总体规划、城乡规划和专项规划，应当广泛征求社会公众意见，经过科学论证。

第十条 房屋征收部门拟定征收补偿方案，报市、县级人民政府。

市、县级人民政府应当组织有关部门对征

收补偿方案进行论证并予以公布，征求公众意见。征求意见期限不得少于30日。

第十一条 市、县级人民政府应当将征求意见情况和根据公众意见修改的情况及时公布。

因旧城区改建需要征收房屋，多数被征收人认为征收补偿方案不符合本条例规定的，市、县级人民政府应当组织由被征收人和公众代表参加的听证会，并根据听证会情况修改方案。

第十二条 市、县级人民政府作出房屋征收决定前，应当按照有关规定进行社会稳定风险评估；房屋征收决定涉及被征收人数量较多的，应当经政府常务会议讨论决定。

作出房屋征收决定前，征收补偿费用应当足额到位、专户存储、专款专用。

第十三条 市、县级人民政府作出房屋征收决定后应当及时公告。公告应当载明征收补偿方案和行政复议、行政诉讼权利等事项。

市、县级人民政府及房屋征收部门应当做好房屋征收与补偿的宣传、解释工作。

房屋被依法征收的，国有土地使用权同时收回。

第十四条 被征收人对市、县级人民政府作出的房屋征收决定不服的，可以依法申请行政复议，也可以依法提起行政诉讼。

第十五条 房屋征收部门应当对房屋征收范围内房屋的权属、区位、用途、建筑面积等情况组织调查登记，被征收人应当予以配合。调查结果应当在房屋征收范围内向被征收人公布。

第十六条 房屋征收范围确定后，不得在房屋征收范围内实施新建、扩建、改建房屋和改变房屋用途等不当增加补偿费用的行为；违反规定实施的，不予补偿。

房屋征收部门应当将前款所列事项书面通知有关部门暂停办理相关手续。暂停办理相关手续的书面通知应当载明暂停期限。暂停期限最长不得超过1年。

第三章 补 偿

第十七条 作出房屋征收决定的市、县级人民政府对被征收人给予的补偿包括：

（一）被征收房屋价值的补偿；

（二）因征收房屋造成的搬迁、临时安置的补偿；

（三）因征收房屋造成的停产停业损失的补偿。

市、县级人民政府应当制定补助和奖励办法，对被征收人给予补助和奖励。

第十八条 征收个人住宅，被征收人符合住房保障条件的，作出房屋征收决定的市、县级人民政府应当优先给予住房保障。具体办法由省、自治区、直辖市制定。

第十九条 对被征收房屋价值的补偿，不得低于房屋征收决定公告之日被征收房屋类似房地产的市场价格。被征收房屋的价值，由具有相应资质的房地产价格评估机构按照房屋征收评估办法评估确定。

对评估确定的被征收房屋价值有异议的，可以向房地产价格评估机构申请复核评估。对复核结果有异议的，可以向房地产价格评估专家委员会申请鉴定。

房屋征收评估办法由国务院住房城乡建设主管部门制定，制定过程中，应当向社会公开征求意见。

第二十条 房地产价格评估机构由被征收人协商选定；协商不成的，通过多数决定、随机选定等方式确定，具体办法由省、自治区、直辖市制定。

房地产价格评估机构应当独立、客观、公正地开展房屋征收评估工作，任何单位和个人不得干预。

第二十一条 被征收人可以选择货币补偿，也可以选择房屋产权调换。

被征收人选择房屋产权调换的，市、县级人民政府应当提供用于产权调换的房屋，并与被征收人计算、结清被征收房屋价值与用于产权调换房屋价值的差价。

因旧城区改建征收个人住宅，被征收人选择在改建地段进行房屋产权调换的，作出房屋征收决定的市、县级人民政府应当提供改建地段或者就近地段的房屋。

第二十二条 因征收房屋造成搬迁的，房屋征收部门应当向被征收人支付搬迁费；选择房屋产权调换的，产权调换房屋交付前，房屋征收部门应当向被征收人支付临时安置费或者提供周转用房。

第二十三条 对因征收房屋造成停产停业损失的补偿，根据房屋被征收前的效益、停产停业期限等因素确定。具体办法由省、自治区、直辖市制定。

第二十四条 市、县级人民政府及其有关部门应当依法加强对建设活动的监督管理，对违反城乡规划进行建设的，依法予以处理。

市、县级人民政府作出房屋征收决定前，应当组织有关部门依法对征收范围内未经登记的建筑进行调查、认定和处理。对认定为合法建筑和未超过批准期限的临时建筑的，应当给予补偿；对认定为违法建筑和超过批准期限的临时建筑的，不予补偿。

第二十五条 房屋征收部门与被征收人依照本条例的规定，就补偿方式、补偿金额和支付期限、用于产权调换房屋的地点和面积、搬迁费、临时安置费或者周转用房、停产停业损失、搬迁期限、过渡方式和过渡期限等事项，订立补偿协议。

补偿协议订立后，一方当事人不履行补偿协议约定的义务的，另一方当事人可以依法提起诉讼。

第二十六条 房屋征收部门与被征收人在征收补偿方案确定的签约期限内达不成补偿协议，或者被征收房屋所有权人不明确的，由房屋征收部门报请作出房屋征收决定的市、县级人民政府依照本条例的规定，按照征收补偿方案作出补偿决定，并在房屋征收范围内予以公告。

补偿决定应当公平，包括本条例第二十五条第一款规定的有关补偿协议的事项。

被征收人对补偿决定不服的，可以依法申请行政复议，也可以依法提起行政诉讼。

第二十七条 实施房屋征收应当先补偿、后搬迁。

作出房屋征收决定的市、县级人民政府对被征收人给予补偿后，被征收人应当在补偿协议约定或者补偿决定确定的搬迁期限内完成搬迁。

任何单位和个人不得采取暴力、威胁或者违反规定中断供水、供热、供气、供电和道路通行等非法方式迫使被征收人搬迁。禁止建设单位参与搬迁活动。

第二十八条 被征收人在法定期限内不申请行政复议或者不提起行政诉讼，在补偿决定规定的期限内又不搬迁的，由作出房屋征收决定的市、县级人民政府依法申请人民法院强制执行。

强制执行申请书应当附具补偿金额和专户存储账号、产权调换房屋和周转用房的地点和面积等材料。

第二十九条 房屋征收部门应当依法建立房屋征收补偿档案，并将分户补偿情况在房屋征收范围内向被征收人公布。

审计机关应当加强对征收补偿费用管理和使用情况的监督，并公布审计结果。

第四章 法律责任

第三十条 市、县级人民政府及房屋征收部门的工作人员在房屋征收与补偿工作中不履行本条例规定的职责，或者滥用职权、玩忽职守、徇私舞弊的，由上级人民政府或者本级人民政府责令改正，通报批评；造成损失的，依法承担赔偿责任；对直接负责的主管人员和其他直接责任人员，依法给予处分；构成犯罪的，依法追究刑事责任。

第三十一条 采取暴力、威胁或者违反规定中断供水、供热、供气、供电和道路通行等非法方式迫使被征收人搬迁，造成损失的，依法承担赔偿责任；对直接负责的主管人员和其他直接责任人员，构成犯罪的，依法追究刑事责任；尚不构成犯罪的，依法给予处分；构成违反治安管理行为的，依法给予治安管理处罚。

第三十二条 采取暴力、威胁等方法阻碍依法进行的房屋征收与补偿工作，构成犯罪的，依法追究刑事责任；构成违反治安管理行为的，依法给予治安管理处罚。

第三十三条 贪污、挪用、私分、截留、拖欠征收补偿费用的，责令改正，追回有关款项，限期退还违法所得，对有关责任单位通报批评、给予警告；造成损失的，依法承担赔偿责任；对直接负责的主管人员和其他直接责任人员，构成犯罪的，依法追究刑事责任；尚不构成犯罪的，依法给予处分。

第三十四条 房地产价格评估机构或者房地产估价师出具虚假或者有重大差错的评估报告的，由发证机关责令限期改正，给予警告，对房地产价格评估机构并处5万元以上20万元以下罚款，对房地产估价师并处1万元以上3万元以下罚款，并记入信用档案；情节严重的，吊销资质证书、注册证书；造成损失的，依法承担赔偿责任；构成犯罪的，依法追究刑事责任。

第五章 附 则

第三十五条 本条例自公布之日起施行。2001年6月13日国务院公布的《城市房屋拆迁管理条例》同时废止。本条例施行前已依法取得房屋拆迁许可证的项目，继续沿用原有的规定办理，但政府不得责成有关部门强制拆迁。

汶川地震灾后恢复重建条例

第一章 总 则

第一条 为了保障汶川地震灾后恢复重建工作有力、有序、有效地开展，积极、稳妥恢复灾区群众正常的生活、生产、学习、工作条件，促进灾区经济社会的恢复和发展，根据《中华人民共和国突发事件应对法》和《中华人民共和国防震减灾法》，制定本条例。

第二条 地震灾后恢复重建应当坚持以人为本、科学规划、统筹兼顾、分步实施、自力更生、国家支持、社会帮扶的方针。

第三条 地震灾后恢复重建应当遵循以下原则：

（一）受灾地区自力更生、生产自救与国家支持、对口支援相结合；

（二）政府主导与社会参与相结合；

（三）就地恢复重建与异地新建相结合；

（四）确保质量与注重效率相结合；

（五）立足当前与兼顾长远相结合；

（六）经济社会发展与生态环境资源保护相结合。

第四条 各级人民政府应当加强对地震灾后恢复重建工作的领导、组织和协调，必要时成立地震灾后恢复重建协调机构，组织协调地震灾后恢复重建工作。

县级以上人民政府有关部门应当在本级人民政府的统一领导下，按照职责分工，密切配合，采取有效措施，共同做好地震灾后恢复重建工作。

第五条 地震灾区的各级人民政府应当自力更生、艰苦奋斗、勤俭节约，多种渠道筹集资金、物资，开展地震灾后恢复重建。

国家对地震灾后恢复重建给予财政支持、税收优惠和金融扶持，并积极提供物资、技术和人力等方面的支持。

国家鼓励公民、法人和其他组织积极参与地震灾后恢复重建工作，支持在地震灾后恢复重建中采用先进的技术、设备和材料。

国家接受外国政府和国际组织提供的符合地震灾后恢复重建需要的援助。

第六条 对在地震灾后恢复重建工作中做出突出贡献的单位和个人，按照国家有关规定给予表彰和奖励。

第二章 过渡性安置

第七条 对地震灾区的受灾群众进行过渡性安置，应当根据地震灾区的实际情况，采取就地安置与异地安置，集中安置与分散安置，政府安置与投亲靠友、自行安置相结合的方式。

政府对投亲靠友和采取其他方式自行安置的受灾群众给予适当补助。具体办法由省级人民政府制定。

第八条 过渡性安置地点应当选在交通条件便利、方便受灾群众恢复生产和生活的区域，并避开地震活动断层和可能发生洪灾、山体滑坡和崩塌、泥石流、地面塌陷、雷击等灾害的区域以及生产、储存易燃易爆危险品的工厂、仓库。

实施过渡性安置应当占用废弃地、空旷地，尽量不占用或者少占用农田，并避免对自然保护区、饮用水水源保护区以及生态脆弱区域造成破坏。

第九条 地震灾区的各级人民政府根据实际条件，因地制宜，为灾区群众安排临时住所。临时住所可以采用帐篷、篷布房，有条件的也可以采用简易住房、活动板房。安排临时住所确实存在困难的，可以将学校操场和经安全鉴定的体育场馆等作为临时避难场所。

国家鼓励地震灾区农村居民自行筹建符合安全要求的临时住所，并予以补助。具体办法由省级人民政府制定。

第十条 用于过渡性安置的物资应当保证质量安全。生产单位应当确保帐篷、篷布房的产品质量。建设单位、生产单位应当采用质量合格的建筑材料，确保简易住房、活动板房的安全质量和抗震性能。

第十一条 过渡性安置地点应当配套建设水、电、道路等基础设施，并按比例配备学校、医疗点、集中供水点、公共卫生间、垃圾收集点、日常用品供应点、少数民族特需品供应点以及必要的文化宣传设施等配套公共服务设施，确保受灾群众的基本生活需要。

过渡性安置地点的规模应当适度，并安装必要的防雷设施和预留必要的消防应急通道，配备相应的消防设施，防范火灾和雷击灾害发生。

第十二条 临时住所应当具备防火、防风、防雨等功能。

第十三条 活动板房应当优先用于重灾区和需要异地安置的受灾群众，倒塌房屋在短期内难以恢复重建的重灾户特别是遇难者家庭、孕妇、婴幼儿、孤儿、孤老、残疾人员以及学校、医疗点等公共服务设施。

第十四条 临时住所、过渡性安置资金和物资的分配和使用，应当公开透明，定期公布，接受有关部门和社会监督。具体办法由省级人民政府制定。

第十五条 过渡性安置用地按临时用地安排，可以先行使用，事后再依法办理有关用地手续；到期未转为永久性用地的，应当复垦后交还原土地使用者。

第十六条 过渡性安置地点所在地的县级人民政府，应当组织有关部门加强次生灾害、饮用水水质、食品卫生、疫情的监测和流行病学调查以及环境卫生整治。使用的消毒剂、清洗剂应当符合环境保护要求，避免对土壤、水资源、环境等造成污染。

过渡性安置地点所在地的公安机关，应当加强治安管理，及时惩处违法行为，维护正常的社会秩序。

受灾群众应当在过渡性安置地点所在地的县、乡（镇）人民政府组织下，建立治安、消防联队，开展治安、消防巡查等自防自救工作。

第十七条 地震灾区的各级人民政府，应当组织受灾群众和企业开展生产自救，积极恢复生产，并做好受灾群众的心理援助工作。

第十八条 地震灾区的各级人民政府及政府农业行政主管部门应当及时组织修复毁损的农业生产设施，开展抢种抢收，提供农业生产技术指导，保障农业投入品和农业机械设备的供应。

第十九条 地震灾区的各级人民政府及政府有关部门应当优先组织供电、供水、供气等企业恢复生产，并对大型骨干企业恢复生产提供支持，为全面恢复工业、服务业生产经营提供条件。

第三章 调查评估

第二十条 国务院有关部门应当组织开展地震灾害调查评估工作，为编制地震灾后恢复重建规划提供依据。

第二十一条 地震灾害调查评估应当包括下列事项：

（一）城镇和乡村受损程度和数量；

（二）人员伤亡情况，房屋破坏程度和数量，基础设施、公共服务设施、工农业生产设施与商贸流通设施受损程度和数量，农用地毁损程度和数量等；

（三）需要安置人口的数量，需要救助的伤残人员数量，需要帮助的孤寡老人及未成年人的数量，需要提供的房屋数量，需要恢复重建的基础设施和公共服务设施，需要恢复重建的生产设施，需要整理和复垦的农用地等；

（四）环境污染、生态损害以及自然和历史文化遗产毁损等情况；

（五）资源环境承载能力以及地质灾害、地震次生灾害和隐患等情况；

（六）水文地质、工程地质、环境地质、地形地貌以及河势和水文情势、重大水利水电工程的受影响情况；

（七）突发公共卫生事件及其隐患；

（八）编制地震灾后恢复重建规划需要调查评估的其他事项。

第二十二条 县级以上人民政府应当依据各自职责分工组织有关部门和专家，对毁损严重的水利、道路、电力等基础设施，学校等公共服务设施以及其他建设工程进行工程质量和抗震性能鉴定，保存有关资料和样本，并开展地震活动对相关建设工程破坏机理的调查评估，为改进建设工程抗震设计规范和工程建设标准，采取抗震设防措施提供科学依据。

第二十三条 地震灾害调查评估应当采用全面调查评估、实地调查评估、综合评估的方法，确保数据资料的真实性、准确性、及时性和评估结论的可靠性。

地震部门、地震监测台网应当收集、保存地震前、地震中、地震后的所有资料和信息，并建立完整的档案。

开展地震灾害调查评估工作，应当遵守国家法律、法规以及有关技术标准和要求。

第二十四条 地震灾害调查评估报告应当及时上报国务院。

第四章　恢复重建规划

第二十五条 国务院发展改革部门会同国务院有关部门与地震灾区的省级人民政府共同组织编制地震灾后恢复重建规划，报国务院批准后组织实施。

地震灾后恢复重建规划应当包括地震灾后恢复重建总体规划和城镇体系规划、农村建设规划、城乡住房建设规划、基础设施建设规划、公共服务设施建设规划、生产力布局和产业调整规划、市场服务体系规划、防灾减灾和生态修复规划、土地利用规划等专项规划。

第二十六条 地震灾区的市、县人民政府应当在省级人民政府的指导下，组织编制本行政区域的地震灾后恢复重建实施规划。

第二十七条 编制地震灾后恢复重建规划，应当全面贯彻落实科学发展观，坚持以人为本，优先恢复重建受灾群众基本生活和公共服务设施；尊重科学、尊重自然，充分考虑资源环境承载能力；统筹兼顾，与推进工业化、城镇化、新农村建设、主体功能区建设、产业结构优化升级相结合，并坚持统一部署、分工负责，区分缓急、突出重点，相互衔接、上下协调，规范有序、依法推进的原则。

编制地震灾后恢复重建规划，应当遵守法律、法规和国家有关标准。

第二十八条 地震灾后调查评估获得的地质、勘察、测绘、水文、环境等基础资料，应当作为编制地震灾后恢复重建规划的依据。

地震工作主管部门应当根据地震地质、地震活动特性的研究成果和地震烈度分布情况，对地震动参数区划图进行复核，为编制地震灾后恢复重建规划和进行建设工程抗震设防提供依据。

第二十九条 地震灾后恢复重建规划应当包括地震灾害状况和区域分析，恢复重建原则和目标，恢复重建区域范围，恢复重建空间布局，恢复重建任务和政策措施，有科学价值的地震遗址、遗迹保护，受损文物和具有历史价值与少数民族特色的建筑物、构筑物的修复，实施步骤和阶段等主要内容。

地震灾后恢复重建规划应当重点对城镇和乡村的布局、住房建设、基础设施建设、公共服务设施建设、农业生产设施建设、工业生产设施建设、防灾减灾和生态环境以及自然资源和历史文化遗产保护、土地整理和复垦等做出安排。

第三十条 地震灾区的中央所属企业生产、

生活等设施的恢复重建，纳入地震灾后恢复重建规划统筹安排。

第三十一条 编制地震灾后恢复重建规划，应当吸收有关部门、专家参加，并充分听取地震灾区受灾群众的意见；重大事项应当组织有关方面专家进行专题论证。

第三十二条 地震灾区内的城镇和乡村完全毁损，存在重大安全隐患或者人口规模超出环境承载能力，需要异地新建的，重新选址时，应当避开地震活动断层或者生态脆弱和可能发生洪灾、山体滑坡、崩塌、泥石流、地面塌陷等灾害的区域以及传染病自然疫源地。

地震灾区的县级以上地方人民政府应当组织有关部门、专家对新址进行论证，听取公众意见，并报上一级人民政府批准。

第三十三条 国务院批准的地震灾后恢复重建规划，是地震灾后恢复重建的基本依据，应当及时公布。任何单位和个人都应当遵守经依法批准公布的地震灾后恢复重建规划，服从规划管理。

地震灾后恢复重建规划所依据的基础资料修改、其他客观条件发生变化需要修改的，或者因恢复重建工作需要修改的，由规划组织编制机关提出修改意见，报国务院批准。

第五章 恢复重建的实施

第三十四条 地震灾区的省级人民政府，应当根据地震灾后恢复重建规划和当地经济社会发展水平，有计划、分步骤地组织实施地震灾后恢复重建。

国务院有关部门应当支持、协助、指导地震灾区的恢复重建工作。

城镇恢复重建应当充分考虑原有城市、镇总体规划，注重体现原有少数民族建筑风格，合理确定城镇的建设规模和标准，并达到抗震设防要求。

第三十五条 发展改革部门具体负责灾后恢复重建的统筹规划、政策建议、投资计划、组织协调和重大建设项目的安排。

财政部门会同有关部门负责提出资金安排和政策建议，并具体负责灾后恢复重建财政资金的拨付和管理。

交通运输、水利、铁路、电力、通信、广播影视等部门按照职责分工，具体组织实施有关基础设施的灾后恢复重建。

建设部门具体组织实施房屋和市政公用设施的灾后恢复重建。

民政部门具体组织实施受灾群众的临时基本生活保障、生活困难救助、农村毁损房屋恢复重建补助、社会福利设施恢复重建以及对孤儿、孤老、残疾人员的安置、补助、心理援助和伤残康复。

教育、科技、文化、卫生、广播影视、体育、人力资源社会保障、商务、工商等部门按照职责分工，具体组织实施公共服务设施的灾后恢复重建、卫生防疫和医疗救治、就业服务和社会保障、重要生活必需品供应以及维护市场秩序。高等学校、科学技术研究开发机构应当加强对有关问题的专题研究，为地震灾后恢复重建提供科学技术支撑。

农业、林业、水利、国土资源、商务、工业等部门按照职责分工，具体组织实施动物疫情监测、农业生产设施恢复重建和农业生产条件恢复，地震灾后恢复重建用地安排、土地整理和复垦、地质灾害防治，商贸流通、工业生产设施等恢复重建。

环保、林业、民政、水利、科技、安全生产、地震、气象、测绘等部门按照职责分工，具体负责生态环境保护和防灾减灾、安全生产的技术保障及公共服务设施恢复重建。

中国人民银行和银行、证券、保险监督管理机构按照职责分工，具体负责地震灾后恢复重建金融支持和服务政策的制定与落实。

公安部门具体负责维护和稳定地震灾区社会秩序。

海关、出入境检验检疫部门按照职责分工，依法组织实施进口恢复重建物资、境外捐赠物资的验放、检验检疫。

外交部会同有关部门按照职责分工，协调开展地震灾后恢复重建的涉外工作。

第三十六条 国务院地震工作主管部门应当会同文物等有关部门组织专家对地震废墟进行现场调查，对具有典型性、代表性、科学价值和纪念意义的地震遗址、遗迹划定范围，建立地震遗址博物馆。

第三十七条 地震灾区的省级人民政府应当组织民族事务、建设、环保、地震、文物等部门和专家，根据地震灾害调查评估结果，制定清理保护方案，明确地震遗址、遗迹和文物保护单位以及具有历史价值与少数民族特色的建筑物、构筑物等保护对象及其区域范围，报国务院批准后实施。

第三十八条 地震灾害现场的清理保护，应当在确定无人类生命迹象和无重大疫情的情况下，按照统一组织、科学规划、统筹兼顾、注重保护的原则实施。发现地震灾害现场有人类生命迹象的，应当立即实施救援。

第三十九条 对清理保护方案确定的地震遗址、遗迹应当在保护范围内采取有效措施进行保护，抢救、收集具有科学研究价值的技术资料和实物资料，并在不影响整体风貌的情况下，对有倒塌危险的建筑物、构筑物进行必要的加固，对废墟中有毒、有害的废弃物、残留物进行必要的清理。

对文物保护单位应当实施原址保护。对尚可保留的不可移动文物和具有历史价值与少数民族特色的建筑物、构筑物以及历史建筑，应当采取加固等保护措施；对无法保留但将来可能恢复重建的，应当收集整理影像资料。

对馆藏文物、民间收藏文物等可移动文物和非物质文化遗产的物质载体，应当及时抢救、整理、登记，并将清理出的可移动文物和非物质文化遗产的物质载体，运送到安全地点妥善保管。

第四十条 对地震灾害现场的清理，应当按照清理保护方案分区、分类进行。清理出的遇难者遗体处理，应当尊重当地少数民族传统习惯；清理出的财物，应当对其种类、特征、数量、清理时间、地点等情况详细登记造册，妥善保存。有条件的，可以通知遇难者家属和所有权人到场。

对清理出的废弃危险化学品和其他废弃物、残留物，应当实行分类处理，并遵守国家有关规定。

第四十一条 地震灾区的各级人民政府应当做好地震灾区的动物疫情防控工作。对清理出的动物尸体，应当采取消毒、销毁等无害化处理措施，防止重大动物疫情的发生。

第四十二条 对现场清理过程中拆除或者拆解的废旧建筑材料以及过渡安置期结束后不再使用的活动板房等，能回收利用的，应当回收利用。

第四十三条 地震灾后恢复重建，应当统筹安排交通、铁路、通信、供水、供电、住房、学校、医院、社会福利、文化、广播电视、金融等基础设施和公共服务设施建设。

城镇的地震灾后恢复重建，应当统筹安排市政公用设施、公共服务设施和其他设施，合理确定建设规模和时序。

乡村的地震灾后恢复重建，应当尊重农民意愿，发挥村民自治组织的作用，以群众自建为主，政府补助、社会帮扶、对口支援，因地制宜，节约和集约利用土地，保护耕地。

地震灾区的县级人民政府应当组织有关部门对村民住宅建设的选址予以指导，并提供能够符合当地实际的多种村民住宅设计图，供村民选择。村民住宅应当达到抗震设防要求，体现原有地方特色、民族特色和传统风貌。

第四十四条 经批准的地震灾后恢复重建项目可以根据土地利用总体规划，先行安排使用土地，实行边建设边报批，并按照有关规定办理用地手续。对因地震灾害毁损的耕地、农田道路、抢险救灾应急用地、过渡性安置用地、废弃的城镇、村庄和工矿旧址，应当依法进行土地整理和复垦，并治理地质灾害。

第四十五条 国务院有关部门应当组织对地震灾区地震动参数、抗震设防要求、工程建设标准进行复审；确有必要修订的，应当及时组织修订。

地震灾区的抗震设防要求和有关工程建设标准应当根据修订后的地震灾区地震动参数，进行相应修订。

第四十六条 对地震灾区尚可使用的建筑物、构筑物和设施，应当按照地震灾区的抗震设防要求进行抗震性能鉴定，并根据鉴定结果采取加固、改造等措施。

第四十七条 地震灾后重建工程的选址，应当符合地震灾后恢复重建规划和抗震设防、防灾减灾要求，避开地震活动断层、生态脆弱地区、可能发生重大灾害的区域和传染病自然疫源地。

第四十八条 设计单位应当严格按照抗震设防要求和工程建设强制性标准进行抗震设计，并对抗震设计的质量以及出具的施工图的准确性负责。

施工单位应当按照施工图设计文件和工程建设强制性标准进行施工，并对施工质量负责。

建设单位、施工单位应当选用施工图设计文件和国家有关标准规定的材料、构配件和设备。

工程监理单位应当依照施工图设计文件和工程建设强制性标准实施监理，并对施工质量承担监理责任。

第四十九条 按照国家有关规定对地震灾后恢复重建工程进行竣工验收时，应当重点对工程是否符合抗震设防要求进行查验；对不符合抗震设防要求的，不得出具竣工验收报告。

第五十条 对学校、医院、体育场馆、博物馆、文化馆、图书馆、影剧院、商场、交通枢纽等人员密集的公共服务设施，应当按照高于当地房屋建筑的抗震设防要求进行设计，增强抗震设防能力。

第五十一条 地震灾后恢复重建中涉及文物保护、自然保护区、野生动植物保护和地震遗址、遗迹保护的，依照国家有关法律、法规的规定执行。

第五十二条 地震灾后恢复重建中，货物、工程和服务的政府采购活动，应当严格依照《中华人民共和国政府采购法》的有关规定执行。

第六章 资金筹集与政策扶持

第五十三条 县级以上人民政府应当通过政府投入、对口支援、社会募集、市场运作等方式筹集地震灾后恢复重建资金。

第五十四条 国家根据地震的强度和损失的实际情况等因素建立地震灾后恢复重建基金，专项用于地震灾后恢复重建。

地震灾后恢复重建基金由预算资金以及其他财政资金构成。

地震灾后恢复重建基金筹集使用管理办法，由国务院财政部门制定。

第五十五条 国家鼓励公民、法人和其他组织为地震灾后恢复重建捐赠款物。捐赠款物的使用应当尊重捐赠人的意愿，并纳入地震灾后恢复重建规划。

县级以上人民政府及其部门作为受赠人的，应当将捐赠款物用于地震灾后恢复重建。公益性社会团体、公益性非营利的事业单位作为受赠人的，应当公开接受捐赠的情况和受赠财产的使用、管理情况，接受政府有关部门、捐赠人和社会的监督。

县级以上人民政府及其部门、公益性社会团体、公益性非营利的事业单位接受捐赠的，应当向捐赠人出具由省级以上财政部门统一印制的捐赠票据。

外国政府和国际组织提供的地震灾后恢复重建资金、物资和人员服务以及安排实施的多双边地震灾后恢复重建项目等，依照国家有关规定执行。

第五十六条 国家鼓励公民、法人和其他组织依法投资地震灾区基础设施和公共服务设施的恢复重建。

第五十七条 国家对地震灾后恢复重建依法实行税收优惠。具体办法由国务院财政部门、国务院税务部门制定。

地震灾区灾后恢复重建期间，县级以上地方人民政府依法实施地方税收优惠措施。

第五十八条 地震灾区的各项行政事业性收费可以适当减免。具体办法由有关主管部门制定。

第五十九条 国家向地震灾区的房屋贷款和公共服务设施恢复重建贷款、工业和服务业恢复生产经营贷款、农业恢复生产贷款等提供财政贴息。具体办法由国务院财政部门会同其他有关部门制定。

第六十条 国家在安排建设资金时，应当优先考虑地震灾区的交通、铁路、能源、农业、水利、通信、金融、市政公用、教育、卫生、文化、广播电视、防灾减灾、环境保护等基础设施和公共服务设施以及关系国家安全的重点工程设施建设。

测绘、气象、地震、水文等设施因地震遭受破坏的，地震灾区的人民政府应当采取紧急措施，组织力量修复，确保正常运行。

第六十一条 各级人民政府及政府有关部门应当加强对受灾群众的职业技能培训、就业服务和就业援助，鼓励企业、事业单位优先吸纳符合条件的受灾群众就业；可以采取以工代赈的方式组织受灾群众参加地震灾后恢复重建。

第六十二条 地震灾区接受义务教育的学生，其监护人因地震灾害死亡或者丧失劳动能力或者因地震灾害导致家庭经济困难的，由国家给予生活费补贴；地震灾区的其他学生，其父母因地震灾害死亡或者丧失劳动能力或者因地震灾害导致家庭经济困难的，在同等情况下其所在的学校可以优先将其纳入国家资助政策体系予以资助。

第六十三条 非地震灾区的县级以上地方人民政府及其有关部门应当按照国家和当地人民政府的安排，采取对口支援等多种形式支持地震灾区恢复重建。

国家鼓励非地震灾区的企业、事业单位通过援建等多种形式支持地震灾区恢复重建。

第六十四条 对地震灾后恢复重建中需要办理行政审批手续的事项，有审批权的人民政府及有关部门应当按照方便群众、简化手续、提高效率的原则，依法及时予以办理。

第七章 监督管理

第六十五条 县级以上人民政府应当加强对下级人民政府地震灾后恢复重建工作的监督检查。

县级以上人民政府有关部门应当加强对地震灾后恢复重建建设工程质量和安全以及产品质量的监督。

第六十六条 地震灾区的各级人民政府在确定地震灾后恢复重建资金和物资分配方案、房屋分配方案前，应当先行调查，经民主评议后予以公布。

第六十七条 地震灾区的各级人民政府应当定期公布地震灾后恢复重建资金和物资的来源、数量、发放和使用情况，接受社会监督。

第六十八条 财政部门应当加强对地震灾后恢复重建资金的拨付和使用的监督管理。

发展改革、建设、交通运输、水利、电力、铁路、工业和信息化等部门按照职责分工，组织开展对地震灾后恢复重建项目的监督检查。国务院发展改革部门组织开展对地震灾后恢复重建的重大建设项目的稽察。

第六十九条 审计机关应当加强对地震灾后恢复重建资金和物资的筹集、分配、拨付、使用和效果的全过程跟踪审计，定期公布地震灾后恢复重建资金和物资使用情况，并在审计结束后公布最终的审计结果。

第七十条 地震灾区的各级人民政府及有关部门和单位，应当对建设项目以及地震灾后恢复重建资金和物资的筹集、分配、拨付、使用情况登记造册，建立、健全档案，并在建设工程竣工验收和地震灾后恢复重建结束后，及时向建设主管部门或者其他有关部门移交档案。

第七十一条 监察机关应当加强对参与地震灾后恢复重建工作的国家机关和法律、法规授权的具有管理公共事务职能的组织及其工作人员的监察。

第七十二条 任何单位和个人对地震灾后恢复重建中的违法违纪行为，都有权进行举报。

接到举报的人民政府或者有关部门应当立即调查，依法处理，并为举报人保密。实名举报的，应当将处理结果反馈举报人。社会影响较大的违法违纪行为，处理结果应当向社会公布。

第八章 法律责任

第七十三条 有关地方人民政府及政府部门侵占、截留、挪用地震灾后恢复重建资金或者物资的，由财政部门、审计机关在各自职责范围内，责令改正，追回被侵占、截留、挪用的地震灾后恢复重建资金或者物资，没收违法所得，对单位给予警告或者通报批评；对直接负责的主管人员和其他直接责任人员，由任免机关或者监察机关按照人事管理权限依法给予降级、撤职直至开除的处分；构成犯罪的，依法追究刑事责任。

第七十四条 在地震灾后恢复重建中，有关地方人民政府及政府有关部门拖欠施工单位工程款，或者明示、暗示设计单位、施工单位违反抗震设防要求和工程建设强制性标准，降低建设工程质量，造成重大安全事故，构成犯罪的，依法追究刑事责任；尚不构成犯罪的，对直接负责的主管人员和其他直接责任人员，由任免机关或者监察机关按照人事管理权限依法给予降级、撤职直至开除的处分。

第七十五条 在地震灾后恢复重建中，建设单位、勘察单位、设计单位、施工单位或者工程监理单位，降低建设工程质量，造成重大安全事故，构成犯罪的，依法追究刑事责任；尚不构成犯罪的，由县级以上地方人民政府建设主管部门或者其他有关部门依照《建设工程质量管理条例》的有关规定给予处罚。

第七十六条 对毁损严重的基础设施、公共服务设施和其他建设工程，在调查评估中经鉴定确认工程质量存在重大问题，构成犯罪的，对负有责任的建设单位、设计单位、施工单位、工程监理单位的直接责任人员，依法追究刑事责任；尚不构成犯罪的，由县级以上地方人民政府建设主管部门或者其他有关部门依照《建设工程质量管理条例》的有关规定给予处罚。涉嫌行贿、受贿的，依法追究刑事责任。

第七十七条 在地震灾后恢复重建中，扰乱社会公共秩序，构成违反治安管理行为的，由公安机关依法给予处罚。

第七十八条 国家工作人员在地震灾后恢复重建工作中滥用职权、玩忽职守、徇私舞弊的，依法给予处分；构成犯罪的，依法追究刑事责任。

第九章 附 则

第七十九条 地震灾后恢复重建中的其他有关法律的适用和有关政策，由国务院依法另行制定，或者由国务院有关部门、省级人民政府在各自职权范围内做出规定。

第八十条 本条例自公布之日起施行。

三、少数民族、妇女、儿童、老年人及残疾人的权利

国务院关于进一步繁荣发展少数民族文化事业的若干意见

（国务院2009年7月5日　国发［2009］29号）

各省、自治区、直辖市人民政府，国务院各部委、各直属机构：

为全面贯彻党的十七大精神，深入贯彻落实科学发展观，进一步繁荣发展少数民族文化事业，推动社会主义文化大发展大繁荣，促进各民族共同团结奋斗、共同繁荣发展，现提出如下意见。

一、繁荣发展少数民族文化事业具有重要意义

（一）文化是民族的重要特征，是民族生命力、凝聚力和创造力的重要源泉。少数民族文化是中华文化的重要组成部分，是中华民族的共有精神财富。在长期的历史发展过程中，我国各民族创造了各具特色、丰富多彩的民族文化。各民族文化相互影响、相互交融，增强了中华文化的生命力和创造力，不断丰富和发展着中华文化的内涵，提高了中华民族的文化认同感和向心力。各民族都为中华文化的发展进步做出了自己的贡献。

（二）党和国家历来高度重视和关心少数民族文化事业。新中国成立以来特别是改革开放以来，少数民族文化事业取得了历史性的重大成就。少数民族文化工作体系不断完善，少数民族语言文字得到保护和发展，少数民族优秀传统文化得到传承和弘扬，少数民族文学艺术日益繁荣，少数民族和民族地区文化产业初具规模，文化体制改革不断深化，对外交流不断加强。少数民族文化事业的发展在提高各族群众文明素质，促进民族地区经济社会发展，推动民族团结进步事业，繁荣社会主义先进文化方面，发挥了重要作用。

（三）繁荣发展少数民族文化事业，是一项长期而重大的战略任务。在少数民族文化事业取得巨大进步的同时，也必须充分认识存在的一些亟待解决的突出困难和特殊问题。文化基础设施条件相对落后，公共文化服务体系比较薄弱，文化机构不够健全，人才相对缺乏，文化产品和服务供给能力不强，文化遗产损毁、流失、失传等现象比较突出，境外敌对势力加紧进行文化渗透等。因此，必须从贯彻落实科学发展观、巩固民族团结、兴起社会主义文化建设新高潮、推动社会主义文化大发展大繁荣的高度，深刻认识繁荣发展少数民族文化事业的特殊重要性和紧迫性，把繁荣发展少数民族文化事业作为一项重大的战略任务，采取更加切实、更加有效的政策措施，着力加以推进。

二、繁荣发展少数民族文化事业的指导思想、基本原则和目标任务

（四）指导思想。全面贯彻党的十七大精神，高举中国特色社会主义伟大旗帜，以邓小平理论和“三个代表”重要思想为指导，深入贯彻落实科学发展观，牢牢把握社会主义先进文化的前进方向，紧紧围绕共同团结奋斗、共同繁荣发展的民族工作主题，以建设社会主义核心价值体系为主线，以完善公共文化服务体系为重点，以加强基础设施建设为手段，以推

动文化创新为动力，以改革体制机制为保障，以满足各族群众日益增长的精神文化需求为出发点和落脚点，促进少数民族文化建设与全国文化建设、与民族地区经济社会建设、与民族地区教育事业协调发展，促进民族团结、实现共同进步，更加自觉、更加主动地为推动社会主义文化大发展大繁荣做贡献。

（五）基本原则。坚持为人民服务、为社会主义服务的方向和百花齐放、百家争鸣的方针，尊重差异、包容多样，既要继承、保护、弘扬少数民族文化，又要推动各民族文化相互借鉴、加强交流、和谐发展。坚持面向现代化、面向世界、面向未来，把握规律性，保持民族性，体现时代性，推动少数民族文化的改革创新，不断解放和发展少数民族文化生产力。坚持贴近实际、贴近生活、贴近群众，生产更多各族群众喜闻乐见的优秀精神文化产品。坚持社会效益和经济效益相统一，把社会效益放在首位，充分发挥政府和市场的作用，促进少数民族文化事业和文化产业协调发展。坚持基本公共服务均等化，优先发展少数民族和民族地区文化事业，保障少数民族和民族地区各族群众的基本文化权益。坚持因地制宜、分类指导，不断完善扶持少数民族文化事业发展的政策措施。

（六）目标任务。到2020年，民族地区文化基础设施相对完备，覆盖少数民族和民族地区的公共文化服务体系基本建立，主要指标接近或达到全国平均水平，少数民族群众读书看报难、收听收看广播影视难、开展文化活动难等问题得到较好解决，少数民族优秀传统文化得到有效保护、传承和弘扬。实施一批重大文化项目和工程，推出一批体现民族特色、反映时代精神、具有很高艺术水准的文化艺术精品，创作生产更多更好适应各族群众需求的优秀文化产品。文化工作体制机制创新取得重大突破，科学有效的宏观管理体制和微观服务运行机制基本形成，政策法规更臻完备，政府文化管理和服务职能显著增强。文化市场体系更加健全，以公有制为主体、多种所有制共同发展的少数民族文化产业格局更加合理。少数民族文化对外交流迈出重大步伐，国际影响力和竞争力进一步提高。

三、繁荣发展少数民族文化事业的政策措施

（七）加快少数民族和民族地区公共文化基础设施建设。大力推进民族地区县级图书馆文化馆、乡镇综合文化站和村文化室、广播电视村村通工程、农村电影放映工程、农家书屋工程、文化信息资源共享工程等建设，保障民族地区基层文化设施有效运转。地广人稀的民族地区配备流动文化服务车和相关设备，建设和完善流动服务网络。大力推进数字和网络技术等现代科技手段的应用和普及，形成实用、便捷、高效的公共文化服务体系。国家实施各项重大文化工程时，切实加大对少数民族和民族地区的倾斜力度。

（八）繁荣发展少数民族新闻出版事业。加大对民族类新闻媒体的扶持力度，加快设备和技术的更新改造，提高信息化水平和传播能力，扩大覆盖面和受益面。对涉及少数民族事务的重大宣传报道活动、少数民族文字重大出版项目，给予重点扶持。逐步实现向少数民族群众和民族地区基层单位免费赠阅宣传党和国家大政方针、传播社会主义核心价值体系、普及科学文化技术知识的图书、报刊和音像制品等出版物。加强少数民族语文翻译出版工作，逐步提高优秀汉文、外文出版物和优秀少数民族文字出版物双向翻译出版的数量和质量。扶持民族类重点新闻网站建设，支持少数民族文字网站和新兴传播载体有序发展，加强管理和引导。少数民族出版事业属公益性文化事业，中央和地方财政要加大对纳入公益性出版单位的少数民族出版社的资金投入力度，逐步增加对少数民族文字出版的财政补贴。

（九）大力发展少数民族广播影视事业。巩固广播电视村村通工程、农村电影放映工程建设成果，扩大民族地区广播影视覆盖面，对设施维护进行适当补助，确保长期通、安全通。提高少数民族语言广播影视节目制作能力，加强优秀广播影视作品少数民族语言译制工作。提高民族地区电台、电视台少数民族语言节目自办率，改善民族地区尤其是边远农牧区电影放映条件，增加播放内容和时间。推出内容更

加新颖、形式更加多样、数量更加丰富的少数民族广播影视作品，更好地满足各族群众多层次、多方面、多样化精神文化需求。

（十）加大对少数民族文艺院团和博物馆建设扶持力度。重点扶持体现民族特色和国家水准的少数民族文艺院团建设，积极鼓励少数民族文艺院团发展。扶持民族自治地方重点民族博物馆或民俗博物馆建设，鼓励社会力量兴办各类民族博物馆。民族自治地方的综合博物馆要突出少数民族特色，适当设立少数民族文物展览室、陈列室。加强少数民族文物征集工作，改善馆藏少数民族文物保存条件，做好少数民族文物鉴定、定级工作，提升管理、研究和展示服务水平。

（十一）大力开展群众性少数民族文化活动。鼓励举办具有民族特色的文化展演和体育活动，支持基层开展丰富多彩的群众性少数民族传统节庆、文化活动，加强指导和管理。尊重群众首创精神，发挥各族群众在文化建设中的主体作用，努力探索保护和传承少数民族优秀传统文化的有效途径。进一步办好全国少数民族文艺会演和全国少数民族传统体育运动会。

（十二）加强对少数民族文化遗产的挖掘和保护。结合第三次全国文物普查和非物质文化遗产普查，开展少数民族文化遗产调查登记工作，对濒危少数民族重要文化遗产进行抢救性保护。加大现代科技手段运用力度，加快少数民族文化资源数字化建设进程。进一步加强人口较少民族文化遗产保护。扶持少数民族古籍抢救、搜集、保管、整理、翻译、出版和研究工作，逐步实现少数民族古籍的科学管理和有效保护。加强少数民族非物质文化遗产发掘和保护工作，对少数民族和民族地区非物质文化遗产保护予以重点倾斜，推进少数民族非物质文化遗产申报联合国教科文组织“人类非物质文化遗产代表作名录”和国家级非物质文化遗产名录，加大对列入名录的非物质文化遗产项目保护力度。积极开展少数民族文化生态保护工作，有计划地进行整体性动态保护。加强保护具有浓郁传统文化特色的少数民族建筑、村寨。

（十三）尊重、继承和弘扬少数民族优秀传统文化。加强宣传引导，营造尊重和弘扬少数民族优秀传统文化的社会氛围。国家保障各民族使用和发展本民族语言文字的自由，鼓励各民族公民互相尊重、互相学习语言文字。尊重语言文字发展规律，推进少数民族语言文字的规范化、标准化和信息处理工作。在有利于社会发展和民族进步前提下，使各民族饮食习惯、衣着服饰、建筑风格、生产方式、技术技艺、文学艺术、宗教信仰、节日风俗等，得到切实尊重、保护和传承。加强对工业化、信息化、城镇化、市场化、国际化深入发展形势下少数民族文化发展特点和规律研究，不断开辟传承和弘扬少数民族优秀传统文化的有效途径，推进和谐文化和中华民族共有精神家园建设。

（十四）大力推动少数民族文化创新。促进现代技术和手段在少数民族文化发展中的应用，鼓励具有民族特色和时代气息的优秀文化作品创作，提高少数民族文化产品数量和质量。加大对少数民族艺术精品创作扶持力度，打造一批有影响的少数民族文学、戏曲、影视、音乐等文化艺术品牌。国家舞台艺术精品工程要进一步向少数民族和民族地区倾斜。国家各级各类文化奖项，少数民族文化作品获奖应占合理比重，对优秀少数民族文化作品及有突出贡献的文化工作者给予奖励和表彰，进一步激发少数民族文化创作的积极性、主动性和创造性。

（十五）积极促进少数民族文化产业发展。把握少数民族文化发展特点和规律，建设统一、开放、竞争、有序的文化市场体系，培育文化产品市场和要素市场，形成富有效率的文化生产和服务运行机制。充分发挥少数民族文化资源优势，鼓励少数民族文化产业多样化发展，促进文化产业与教育、科技、信息、体育、旅游、休闲等领域联动发展。确定重点发展的文化产业门类，推出一批具有战略性、引导性和带动性的重大文化产业项目，建设一批少数民族文化产业园区和基地，在重点领域取得跨越式发展。

（十六）加强边疆民族地区文化建设。支持边疆地区少数民族语言文字新闻出版业发展，增加公共文化产品特别是少数民族语言文字文化产品有效供给。进一步提高边疆民族地区广播电视覆盖率和影响力。发挥边疆少数民族人文优势，加强与周边国家文化交流，促进和谐周边环境建设。加强边疆民族地区文化产品进出口市场监管，清除各类非法印刷品，加强卫星接收设施监督管理工作，防止非法盗版、接收、传播境外广播电视节目，有效防范境外敌对势力文化渗透活动，维护边疆地区文化安全。

（十七）努力推进少数民族文化对外交流。切实增加少数民族文化在国家对外文化交流中的比重。每年安排一定数量的少数民族文化活动参与中外互办文化年和在国外举办的中国文化节、文化周、艺术周、电影周、电视周、文物展、博览会以及各类演出、展览等，促进形成全方位、多层次、宽领域的对外文化交流格局。打造一批少数民族文化对外交流精品，巩固少数民族文化对外交流已有品牌，进一步提升少数民族文化国际影响力。大力推动少数民族文化与海外华人华侨、台湾同胞、港澳同胞的交流，增强中华文化的认同感，为促进国家和平统一服务。

四、完善少数民族文化事业发展的体制机制

（十八）完善少数民族文化事业发展政策法规。加强少数民族文化立法工作，适时研究制订有关少数民族文化保护和发展的法律法规和政策措施。加快制定和完善从事少数民族文化工作的专业（技术）人员职称评定政策和资质认证、机构和团体建设等方面的相关标准和办法。研究、制定或修订有关文化事业和文化产业政策法规时，要充分考虑少数民族文化的特殊性，增加专条专款加以明确。推动国家扶持与市场运作相结合，从制度上更好发挥市场在少数民族文化资源配置中的基础性作用，引导社会力量参与少数民族文化建设，形成有利于科学发展的宏观调控体系。

（十九）深化少数民族和民族地区文化事业单位体制机制改革。实行公益性事业与经营性业务分类管理，对公益性事业单位实行聘用制度、岗位管理制度和岗位绩效工资制度。引入竞争机制，采取政府招标、项目补贴、定向资助等形式，对重要少数民族文化产品、重大公共文化项目和公益性文化活动给予扶持。支持少数民族文化单位按照有关规定转企改制，在一定期限内给予财政、税收等方面的优惠政策，做好劳动人事、社会保障的政策衔接，按照新人新办法、老人老办法的原则制定相关政策。

（二十）加强少数民族文化事业发展经费保障，加大政府对少数民族文化事业的投入。中央和省级财政在安排促进民族地区发展和宣传文化发展相关经费时，逐步加大对少数民族文化事业的支持力度。继续实行相关税收优惠政策，鼓励和扶持少数民族和民族地区文化事业和文化产业发展。

（二十一）加大少数民族文化人才队伍建设力度。努力造就一支数量充足、素质较高的少数民族文化工作者队伍，营造有利于优秀人才脱颖而出的体制机制和社会环境，着力培养一大批艺术拔尖人才、经营管理人才、专业技术人才。积极保护和扶持少数民族优秀民间艺人和濒危文化项目传承人，对为传承非物质文化遗产做出突出贡献的传承人，按照国家有关规定给予表彰。支持高等院校和科研机构参与抢救濒危文化，推动相关学科建设，培养濒危文化传承人。

五、加强对少数民族文化工作的领导

（二十二）切实把少数民族文化工作摆上更加重要的位置。各地区、各部门要进一步提高对少数民族文化工作重要性的认识，增强责任感和紧迫感，切实把少数民族文化工作纳入重要议事日程，纳入当地经济社会发展总体规划，纳入科学发展考评体系。加强对少数民族文化工作的调查研究，定期听取工作汇报，做出部署，狠抓落实。关心支持少数民族和民族地区文化工作部门和单位的建设，及时研究解决存在的突出困难和特殊问题，充分调动和有效保护少数民族文化工作者的积极性、主动性、创造性。

（二十三）推动形成分工协作、齐抓共管的良好局面。在党委统一领导下，建立健全政府统筹协调、业务部门主管、有关部门密切配合、社会各界广泛参与的少数民族文化工作格局。各有关部门编制规划、部署工作，要把少

数民族文化工作作为重要内容，加大支持力度，确保目标任务完成。加强舆论宣传，营造有利于少数民族文化事业发展的社会氛围。充分发挥各方面的积极作用，不断开创少数民族文化工作的新局面。

各地区、各部门要按照本意见的精神，结合实际，制定贯彻实施的具体措施和办法。有关部门要加强对本意见贯彻执行情况的督促检查。

第十一届全国人民代表大会少数民族代表名额分配方案

（2007年4月27日颁布）

根据第十届全国人民代表大会第五次会议通过的《关于第十一届全国人民代表大会代表名额和选举问题的决定》，第十一届全国人民代表大会少数民族代表名额为360名左右，与第十届相同。具体分配方案如下：

一、各省、自治区、直辖市应选少数民族代表320名，其中：

1. 蒙古族　24名

内蒙古自治区17名

辽宁省3名

吉林省1名

黑龙江省1名

青海省1名

新疆维吾尔自治区1名

2. 回族　37名

北京市1名

天津市1名

河北省3名

辽宁省1名

上海市1名

江苏省1名

安徽省2名

山东省3名

河南省5名

云南省2名

陕西省1名

甘肃省4名

青海省2名

宁夏回族自治区8名

新疆维吾尔自治区2名

3. 藏族　26名

四川省6名

云南省2名

西藏自治区12名

甘肃省2名

青海省4名

4. 维吾尔族　22名

新疆维吾尔自治区22名

5. 苗族　21名

湖北省1名

湖南省5名

广西壮族自治区2名

海南省1名

重庆市2名

贵州省8名

云南省2名

6. 彝族　20名

四川省7名

贵州省2名

云南省11名

7. 壮族　44名

广东省1名

广西壮族自治区41名

云南省2名

8. 布依族　7名

贵州省7名

9. 朝鲜族　9名

辽宁省1名

吉林省6名
黑龙江省2名
10. 满族 20名
北京市1名
河北省2名
内蒙古自治区1名
辽宁省10名
吉林省2名
黑龙江省4名
11. 侗族 6名
湖南省1名
广西壮族自治区1名
贵州省4名
12. 瑶族 6名
湖南省1名
广东省1名
广西壮族自治区3名
云南省1名
13. 白族 4名
云南省4名
14. 土家族 15名
湖北省6名
湖南省5名
重庆市2名
贵州省2名
15. 哈尼族 4名
云南省4名
16. 哈萨克族 5名
新疆维吾尔自治区5名
17. 傣族 5名
云南省5名
18. 黎族 5名
海南省5名
19. 傈僳族 2名
云南省2名
20. 佤族 1名
云南省1名
21. 畲族 2名
浙江省1名
福建省1名
22. 高山族 2名
福建省1名
台湾省1名
23. 拉祜族 1名
云南省1名
24. 水族 1名
贵州省1名
25. 东乡族 1名
甘肃省1名
26. 纳西族 1名
云南省1名
27. 景颇族 1名
云南省1名
28. 柯尔克孜族 1名
新疆维吾尔自治区1名
29. 土族 1名
青海省1名
30. 达斡尔族 1名
内蒙古自治区1名
31. 仫佬族 1名
广西壮族自治区1名
32. 羌族 1名
四川省1名
33. 布朗族 1名
云南省1名
34. 撒拉族 1名
青海省1名
35. 毛南族 1名
广西壮族自治区1名
36. 仡佬族 1名
贵州省1名
37. 锡伯族 1名
新疆维吾尔自治区1名
38. 阿昌族 1名
云南省1名
39. 普米族 1名
云南省1名
40. 塔吉克族 1名
新疆维吾尔自治区1名
41. 怒族 1名
云南省1名
42. 乌孜别克族 1名
新疆维吾尔自治区1名
43. 俄罗斯族 1名

新疆维吾尔自治区1名
44. 鄂温克族　1名
内蒙古自治区1名
45. 德昂族　1名
云南省1名
46. 保安族　1名
甘肃省1名
47. 裕固族　1名
甘肃省1名
48. 京族　1名
广西壮族自治区1名
49. 塔塔尔族　1名
新疆维吾尔自治区1名
50. 独龙族　1名
云南省1名
51. 鄂伦春族　1名
内蒙古自治区1名
52. 赫哲族　1名
黑龙江省1名
53. 门巴族　1名
西藏自治区1名
54. 珞巴族　1名
西藏自治区1名
55. 基诺族　1名
云南省1名

二、中国人民解放军应选少数民族代表14名。

三、其余26名少数民族代表名额由全国人民代表大会常务委员会依据法律另行分配。

中华人民共和国未成年人保护法（2006年修正）

（中华人民共和国主席令第60号，1991年9月4日第七届全国人民代表大会常务委员会第二十一次会议通过，2006年12月29日第十届全国人民代表大会常务委员会第二十五次会议修订）

目　录

第一章　总　则

第一条　为了保护未成年人的身心健康，保障未成年人的合法权益，促进未成年人在品德、智力、体质等方面全面发展，培养有理想、有道德、有文化、有纪律的社会主义建设者和接班人，根据宪法，制定本法。

第二条　本法所称未成年人是指未满十八周岁的公民。

第三条　未成年人享有生存权、发展权、受保护权、参与权等权利，国家根据未成年人身心发展特点给予特殊、优先保护，保障未成年人的合法权益不受侵犯。

未成年人享有受教育权，国家、社会、学校和家庭尊重和保障未成年人的受教育权。

未成年人不分性别、民族、种族、家庭财产状况、宗教信仰等，依法平等地享有权利。

第四条　国家、社会、学校和家庭对未成年人进行理想教育、道德教育、文化教育、纪律和法制教育，进行爱国主义、集体主义和社会主义的教育，提倡爱祖国、爱人民、爱劳动、爱科学、爱社会主义的公德，反对资本主义的、封建主义的和其他的腐朽思想的侵蚀。

第五条　保护未成年人的工作，应当遵循下列原则：

（一）尊重未成年人的人格尊严；

（二）适应未成年人身心发展的规律和

特点；

（三）教育与保护相结合。

第六条 保护未成年人，是国家机关、武装力量、政党、社会团体、企业事业组织、城乡基层群众性自治组织、未成年人的监护人和其他成年公民的共同责任。

对侵犯未成年人合法权益的行为，任何组织和个人都有权予以劝阻、制止或者向有关部门提出检举或者控告。

国家、社会、学校和家庭应当教育和帮助未成年人维护自己的合法权益，增强自我保护的意识和能力，增强社会责任感。

第七条 中央和地方各级国家机关应当在各自的职责范围内做好未成年人保护工作。

国务院和地方各级人民政府领导有关部门做好未成年人保护工作；将未成年人保护工作纳入国民经济和社会发展规划以及年度计划，相关经费纳入本级政府预算。

国务院和省、自治区、直辖市人民政府采取组织措施，协调有关部门做好未成年人保护工作。具体机构由国务院和省、自治区、直辖市人民政府规定。

第八条 共产主义青年团、妇女联合会、工会、青年联合会、学生联合会、少年先锋队以及其他有关社会团体，协助各级人民政府做好未成年人保护工作，维护未成年人的合法权益。

第九条 各级人民政府和有关部门对保护未成年人有显著成绩的组织和个人，给予表彰和奖励。

第二章 家庭保护

第十条 父母或者其他监护人应当创造良好、和睦的家庭环境，依法履行对未成年人的监护职责和抚养义务。

禁止对未成年人实施家庭暴力，禁止虐待、遗弃未成年人，禁止溺婴和其他残害婴儿的行为，不得歧视女性未成年人或者有残疾的未成年人。

第十一条 父母或者其他监护人应当关注未成年人的生理、心理状况和行为习惯，以健康的思想、良好的品行和适当的方法教育和影响未成年人，引导未成年人进行有益身心健康的活动，预防和制止未成年人吸烟、酗酒、流浪、沉迷网络以及赌博、吸毒、卖淫等行为。

第十二条 父母或者其他监护人应当学习家庭教育知识，正确履行监护职责，抚养教育未成年人。

有关国家机关和社会组织应当为未成年人的父母或者其他监护人提供家庭教育指导。

第十三条 父母或者其他监护人应当尊重未成年人受教育的权利，必须使适龄未成年人依法入学接受并完成义务教育，不得使接受义务教育的未成年人辍学。

第十四条 父母或者其他监护人应当根据未成年人的年龄和智力发展状况，在作出与未成年人权益有关的决定时告知其本人，并听取他们的意见。

第十五条 父母或者其他监护人不得允许或者迫使未成年人结婚，不得为未成年人订立婚约。

第十六条 父母因外出务工或者其他原因不能履行对未成年人监护职责的，应当委托有监护能力的其他成年人代为监护。

第三章 学校保护

第十七条 学校应当全面贯彻国家的教育方针，实施素质教育，提高教育质量，注重培养未成年学生独立思考能力、创新能力和实践能力，促进未成年学生全面发展。

第十八条 学校应当尊重未成年学生受教育的权利，关心、爱护学生，对品行有缺点、学习有困难的学生，应当耐心教育、帮助，不得歧视，不得违反法律和国家规定开除未成年学生。

第十九条 学校应当根据未成年学生身心发展的特点，对他们进行社会生活指导、心理健康辅导和青春期教育。

第二十条 学校应当与未成年学生的父母或者其他监护人互相配合，保证未成年学生的睡眠、娱乐和体育锻炼时间，不得加重其学习负担。

第二十一条 学校、幼儿园、托儿所的教职员工应当尊重未成年人的人格尊严，不得对未成年人实施体罚、变相体罚或者其他侮辱人格尊严的行为。

第二十二条 学校、幼儿园、托儿所应当建立安全制度，加强对未成年人的安全教育，采取措施保障未成年人的人身安全。

学校、幼儿园、托儿所不得在危及未成年人人身安全、健康的校舍和其他设施、场所中进行教育教学活动。

学校、幼儿园安排未成年人参加集会、文化娱乐、社会实践等集体活动，应当有利于未成年人的健康成长，防止发生人身安全事故。

第二十三条 教育行政等部门和学校、幼儿园、托儿所应当根据需要，制定应对各种灾害、传染性疾病、食物中毒、意外伤害等突发事件的预案，配备相应设施并进行必要的演练，增强未成年人的自我保护意识和能力。

第二十四条 学校对未成年学生在校内或者本校组织的校外活动中发生人身伤害事故的，应当及时救护，妥善处理，并及时向有关主管部门报告。

第二十五条 对于在学校接受教育的有严重不良行为的未成年学生，学校和父母或者其他监护人应当互相配合加以管教；无力管教或者管教无效的，可以按照有关规定将其送专门学校继续接受教育。

依法设置专门学校的地方人民政府应当保障专门学校的办学条件，教育行政部门应当加强对专门学校的管理和指导，有关部门应当给予协助和配合。

专门学校应当对在校就读的未成年学生进行思想教育、文化教育、纪律和法制教育、劳动技术教育和职业教育。

专门学校的教职员工应当关心、爱护、尊重学生，不得歧视、厌弃。

第二十六条 幼儿园应当做好保育、教育工作，促进幼儿在体质、智力、品德等方面和谐发展。

第四章 社会保护

第二十七条 全社会应当树立尊重、保护、教育未成年人的良好风尚，关心、爱护未成年人。

国家鼓励社会团体、企业事业组织以及其他组织和个人，开展多种形式的有利于未成年人健康成长的社会活动。

第二十八条 各级人民政府应当保障未成年人受教育的权利，并采取措施保障家庭经济困难的、残疾的和流动人口中的未成年人等接受义务教育。

第二十九条 各级人民政府应当建立和改善适合未成年人文化生活需要的活动场所和设施，鼓励社会力量兴办适合未成年人的活动场所，并加强管理。

第三十条 爱国主义教育基地、图书馆、青少年宫、儿童活动中心应当对未成年人免费开放；博物馆、纪念馆、科技馆、展览馆、美术馆、文化馆以及影剧院、体育场馆、动物园、公园等场所，应当按照有关规定对未成年人免费或者优惠开放。

第三十一条 县级以上人民政府及其教育行政部门应当采取措施，鼓励和支持中小学校在节假日期间将文化体育设施对未成年人免费或者优惠开放。

社区中的公益性互联网上网服务设施，应当对未成年人免费或者优惠开放，为未成年人提供安全、健康的上网服务。

第三十二条 国家鼓励新闻、出版、信息产业、广播、电影、电视、文艺等单位和作家、艺术家、科学家以及其他公民，创作或者提供有利于未成年人健康成长的作品。出版、制作和传播专门以未成年人为对象的内容健康的图书、报刊、音像制品、电子出版物以及网络信息等，国家给予扶持。

国家鼓励科研机构和科技团体对未成年人开展科学知识普及活动。

第三十三条 国家采取措施，预防未成年人沉迷网络。

国家鼓励研究开发有利于未成年人健康成长的网络产品，推广用于阻止未成年人沉迷网络的新技术。

第三十四条 禁止任何组织、个人制作或者向未成年人出售、出租或者以其他方式传播淫秽、暴力、凶杀、恐怖、赌博等毒害未成年人的图书、报刊、音像制品、电子出版物以及网络信息等。

第三十五条 生产、销售用于未成年人的食品、药品、玩具、用具和游乐设施等，应当符合国家标准或者行业标准，不得有害于未成年人的安全和健康；需要标明注意事项的，应当在显著位置标明。

第三十六条 中小学校园周边不得设置营业性歌舞娱乐场所、互联网上网服务营业场所等不适宜未成年人活动的场所。

营业性歌舞娱乐场所、互联网上网服务营业场所等不适宜未成年人活动的场所，不得允许未成年人进入，经营者应当在显著位置设置未成年人禁入标志；对难以判明是否已成年的，应当要求其出示身份证件。

第三十七条 禁止向未成年人出售烟酒，经营者应当在显著位置设置不向未成年人出售烟酒的标志；对难以判明是否已成年的，应当要求其出示身份证件。

任何人不得在中小学校、幼儿园、托儿所的教室、寝室、活动室和其他未成年人集中活动的场所吸烟、饮酒。

第三十八条 任何组织或者个人不得招用未满十六周岁的未成年人，国家另有规定的除外。

任何组织或者个人按照国家有关规定招用已满十六周岁未满十八周岁的未成年人的，应当执行国家在工种、劳动时间、劳动强度和保护措施等方面的规定，不得安排其从事过重、有毒、有害等危害未成年人身心健康的劳动或者危险作业。

第三十九条 任何组织或者个人不得披露未成年人的个人隐私。

对未成年人的信件、日记、电子邮件，任何组织或者个人不得隐匿、毁弃；除因追查犯罪的需要，由公安机关或者人民检察院依法进行检查，或者对无行为能力的未成年人的信件、日记、电子邮件由其父母或者其他监护人代为开拆、查阅外，任何组织或者个人不得开拆、查阅。

第四十条 学校、幼儿园、托儿所和公共场所发生突发事件时，应当优先救护未成年人。

第四十一条 禁止拐卖、绑架、虐待未成年人，禁止对未成年人实施性侵害。

禁止胁迫、诱骗、利用未成年人乞讨或者组织未成年人进行有害其身心健康的表演等活动。

第四十二条 公安机关应当采取有力措施，依法维护校园周边的治安和交通秩序，预防和制止侵害未成年人合法权益的违法犯罪行为。

任何组织或者个人不得扰乱教学秩序，不得侵占、破坏学校、幼儿园、托儿所的场地、房屋和设施。

第四十三条 县级以上人民政府及其民政部门应当根据需要设立救助场所，对流浪乞讨等生活无着未成年人实施救助，承担临时监护责任；公安部门或者其他有关部门应当护送流浪乞讨或者离家出走的未成年人到救助场所，由救助场所予以救助和妥善照顾，并及时通知其父母或者其他监护人领回。

对孤儿、无法查明其父母或者其他监护人的以及其他生活无着的未成年人，由民政部门设立的儿童福利机构收留抚养。

未成年人救助机构、儿童福利机构及其工作人员应当依法履行职责，不得虐待、歧视未成年人；不得在办理收留抚养工作中牟取利益。

第四十四条 卫生部门和学校应当对未成年人进行卫生保健和营养指导，提供必要的卫生保健条件，做好疾病预防工作。

卫生部门应当做好对儿童的预防接种工作，国家免疫规划项目的预防接种实行免费；积极防治儿童常见病、多发病，加强对传染病防治工作的监督管理，加强对幼儿园、托儿所卫生保健的业务指导和监督检查。

第四十五条 地方各级人民政府应当积极发展托幼事业，办好托儿所、幼儿园，支持社会组织和个人依法兴办哺乳室、托儿所、幼儿园。

各级人民政府和有关部门应当采取多种形式，培养和训练幼儿园、托儿所的保教人员，提高其职业道德素质和业务能力。

第四十六条 国家依法保护未成年人的智力成果和荣誉权不受侵犯。

第四十七条 未成年人已经完成规定年限的义务教育不再升学的，政府有关部门和社会团体、企业事业组织应当根据实际情况，对他们进行职业教育，为他们创造劳动就业条件。

第四十八条 居民委员会、村民委员会应当协助有关部门教育和挽救违法犯罪的未成年人，预防和制止侵害未成年人合法权益的违法犯罪行为。

第四十九条 未成年人的合法权益受到侵害的，被侵害人及其监护人或者其他组织和个人有权向有关部门投诉，有关部门应当依法及时处理。

第五章 司法保护

第五十条 公安机关、人民检察院、人民法院以及司法行政部门，应当依法履行职责，在司法活动中保护未成年人的合法权益。

第五十一条 未成年人的合法权益受到侵害，依法向人民法院提起诉讼的，人民法院应当依法及时审理，并适应未成年人生理、心理特点和健康成长的需要，保障未成年人的合法权益。

在司法活动中对需要法律援助或者司法救助的未成年人，法律援助机构或者人民法院应当给予帮助，依法为其提供法律援助或者司法救助。

第五十二条 人民法院审理继承案件，应当依法保护未成年人的继承权和受遗赠权。

人民法院审理离婚案件，涉及未成年子女抚养问题的，应当听取有表达意愿能力的未成年子女的意见，根据保障子女权益的原则和双方具体情况依法处理。

第五十三条 父母或者其他监护人不履行监护职责或者侵害被监护的未成年人的合法权益，经教育不改的，人民法院可以根据有关人员或者有关单位的申请，撤销其监护人的资格，依法另行指定监护人。被撤销监护资格的父母应当依法继续负担抚养费用。

第五十四条 对违法犯罪的未成年人，实行教育、感化、挽救的方针，坚持教育为主、惩罚为辅的原则。

对违法犯罪的未成年人，应当依法从轻、减轻或者免除处罚。

第五十五条 公安机关、人民检察院、人民法院办理未成年人犯罪案件和涉及未成年人权益保护案件，应当照顾未成年人身心发展特点，尊重他们的人格尊严，保障他们的合法权益，并根据需要设立专门机构或者指定专人办理。

第五十六条 公安机关、人民检察院讯问未成年犯罪嫌疑人，询问未成年证人、被害人，应当通知监护人到场。

公安机关、人民检察院、人民法院办理未成年人遭受性侵害的刑事案件，应当保护被害人的名誉。

第五十七条 对羁押、服刑的未成年人，应当与成年人分别关押。

羁押、服刑的未成年人没有完成义务教育的，应当对其进行义务教育。

解除羁押、服刑期满的未成年人的复学、升学、就业不受歧视。

第五十八条 对未成年人犯罪案件，新闻报道、影视节目、公开出版物、网络等不得披露该未成年人的姓名、住所、照片、图像以及可能推断出该未成年人的资料。

第五十九条 对未成年人严重不良行为的矫治与犯罪行为的预防，依照预防未成年人犯罪法的规定执行。

第六章 法律责任

第六十条 违反本法规定，侵害未成年人的合法权益，其他法律、法规已规定行政处罚的，从其规定；造成人身财产损失或者其他损害的，依法承担民事责任；构成犯罪的，依法追究刑事责任。

第六十一条 国家机关及其工作人员不依法履行保护未成年人合法权益的责任，或者侵害未成年人合法权益，或者对提出申诉、控告、检举的人进行打击报复的，由其所在单位或者上级机关责令改正，对直接负责的主管人员和其他直接责任人员依法给予行政处分。

第六十二条 父母或者其他监护人不依法履行监护职责，或者侵害未成年人合法权益的，由其所在单位或者居民委员会、村民委员会予以劝诫、制止；构成违反治安管理行为的，由公安机关依法给予行政处罚。

第六十三条 学校、幼儿园、托儿所侵害未成年人合法权益的，由教育行政部门或者其他有关部门责令改正；情节严重的，对直接负责的主管人员和其他直接责任人员依法给予处分。

学校、幼儿园、托儿所教职员工对未成年人实施体罚、变相体罚或者其他侮辱人格行为的，由其所在单位或者上级机关责令改正；情节严重的，依法给予处分。

第六十四条 制作或者向未成年人出售、出租或者以其他方式传播淫秽、暴力、凶杀、恐怖、赌博等图书、报刊、音像制品、电子出版物以及网络信息等的，由主管部门责令改正，依法给予行政处罚。

第六十五条 生产、销售用于未成年人的食品、药品、玩具、用具和游乐设施不符合国家标准或者行业标准，或者没有在显著位置标明注意事项的，由主管部门责令改正，依法给予行政处罚。

第六十六条 在中小学校园周边设置营业性歌舞娱乐场所、互联网上网服务营业场所等不适宜未成年人活动的场所的，由主管部门予以关闭，依法给予行政处罚。

营业性歌舞娱乐场所、互联网上网服务营业场所等不适宜未成年人活动的场所允许未成年人进入，或者没有在显著位置设置未成年人禁入标志的，由主管部门责令改正，依法给予行政处罚。

第六十七条 向未成年人出售烟酒，或者没有在显著位置设置不向未成年人出售烟酒标志的，由主管部门责令改正，依法给予行政处罚。

第六十八条 非法招用未满十六周岁的未成年人，或者招用已满十六周岁的未成年人从事过重、有毒、有害等危害未成年人身心健康的劳动或者危险作业的，由劳动保障部门责令改正，处以罚款；情节严重的，由工商行政管理部门吊销营业执照。

第六十九条 侵犯未成年人隐私，构成违反治安管理行为的，由公安机关依法给予行政处罚。

第七十条 未成年人救助机构、儿童福利机构及其工作人员不依法履行对未成年人的救助保护职责，或者虐待、歧视未成年人，或者在办理收留抚养工作中牟取利益的，由主管部门责令改正，依法给予行政处分。

第七十一条 胁迫、诱骗、利用未成年人乞讨或者组织未成年人进行有害其身心健康的表演等活动的，由公安机关依法给予行政处罚。

第七章 附 则

第七十二条 本法自2007年6月1日起施行。

最高人民法院关于审理未成年人刑事案件具体应用法律若干问题的解释

（2005年12月12日由最高人民法院审判委员会第1373次会议通过，2006年1月11日颁布，自2006年1月23日起施行）

为正确审理未成年人刑事案件，贯彻“教育为主，惩罚为辅”的原则，根据刑法等有关法律的规定，现就审理未成年人刑事案件具体应用法律的若干问题解释如下：

第一条 本解释所称未成年人刑事案件，是指被告人实施被指控的犯罪时已满十四周岁不满十八周岁的案件。

第二条 刑法第十七条规定的“周岁”，

按照公历的年、月、日计算，从周岁生日的第二天起算。

第三条 审理未成年人刑事案件，应当查明被告人实施被指控的犯罪时的年龄。裁判文书中应当写明被告人出生的年、月、日。

第四条 对于没有充分证据证明被告人实施被指控的犯罪时已经达到法定刑事责任年龄且确实无法查明的，应当推定其没有达到相应法定刑事责任年龄。

相关证据足以证明被告人实施被指控的犯罪时已经达到法定刑事责任年龄，但是无法准确查明被告人具体出生日期的，应当认定其达到相应法定刑事责任年龄。

第五条 已满十四周岁不满十六周岁的人实施刑法第十七条第二款规定以外的行为，如果同时触犯了刑法第十七条第二款规定的，应当依照刑法第十七条第二款的规定确定罪名，定罪处罚。

第六条 已满十四周岁不满十六周岁的人偶尔与幼女发生性行为，情节轻微、未造成严重后果的，不认为是犯罪。

第七条 已满十四周岁不满十六周岁的人使用轻微暴力或者威胁，强行索要其他未成年人随身携带的生活、学习用品或者钱财数量不大，且未造成被害人轻微伤以上或者不敢正常到校学习、生活等危害后果的，不认为是犯罪。

已满十六周岁不满十八周岁的人具有前款规定情形的，一般也不认为是犯罪。

第八条 已满十六周岁不满十八周岁的人出于以大欺小、以强凌弱或者寻求精神刺激，随意殴打其他未成年人、多次对其他未成年人强拿硬要或者任意损毁公私财物，扰乱学校及其他公共场所秩序，情节严重的，以寻衅滋事罪定罪处罚。

第九条 已满十六周岁不满十八周岁的人实施盗窃行为未超过三次，盗窃数额虽已达到“数额较大”标准，但案发后能如实供述全部盗窃事实并积极退赃，且具有下列情形之一的，可以认定为“情节显著轻微危害不大”，不认为是犯罪：

（一）系又聋又哑的人或者盲人；

（二）在共同盗窃中起次要或者辅助作用，或者被胁迫；

（三）具有其他轻微情节的。

已满十六周岁不满十八周岁的人盗窃未遂或者中止的，可不认为是犯罪。

已满十六周岁不满十八周岁的人盗窃自己家庭或者近亲属财物，或者盗窃其他亲属财物但其他亲属要求不予追究的，可不按犯罪处理。

第十条 已满十四周岁不满十六周岁的人盗窃、诈骗、抢夺他人财物，为窝藏赃物、抗拒抓捕或者毁灭罪证，当场使用暴力，故意伤害致人重伤或者死亡，或者故意杀人的，应当分别以故意伤害罪或者故意杀人罪定罪处罚。

已满十六周岁不满十八周岁的人犯盗窃、诈骗、抢夺罪，为窝藏赃物、抗拒抓捕或者毁灭罪证而当场使用暴力或者以暴力相威胁的，应当依照刑法第二百六十九条的规定定罪处罚；情节轻微的，可不以抢劫罪定罪处罚。

第十一条 对未成年罪犯适用刑罚，应当充分考虑是否有利于未成年罪犯的教育和矫正。

对未成年罪犯量刑应当依照刑法第六十一条的规定，并充分考虑未成年人实施犯罪行为的动机和目的、犯罪时的年龄、是否初次犯罪、犯罪后的悔罪表现、个人成长经历和一贯表现等因素。对符合管制、缓刑、单处罚金或者免予刑事处罚适用条件的未成年罪犯，应当依法适用管制、缓刑、单处罚金或者免予刑事处罚。

第十二条 行为人在达到法定刑事责任年龄前后均实施了犯罪行为，只能依法追究其达到法定刑事责任年龄后实施的犯罪行为的刑事责任。

行为人在年满十八周岁前后实施了不同种犯罪行为，对其年满十八周岁以前实施的犯罪应当依法从轻或者减轻处罚。行为人在年满十八周岁前后实施了同种犯罪行为，在量刑时应当考虑对年满十八周岁以前实施的犯罪，适当给予从轻或者减轻处罚。

第十三条 未成年人犯罪只有罪行极其严重的，才可以适用无期徒刑。对已满十四周岁不满十六周岁的人犯罪一般不判处无期徒刑。

第十四条 除刑法规定“应当”附加剥夺政治权利外，对未成年罪犯一般不判处附加剥夺政治权利。

如果对未成年罪犯判处附加剥夺政治权利的，应当依法从轻判处。

对实施被指控犯罪时未成年、审判时已成年的罪犯判处附加剥夺政治权利，适用前款的规定。

第十五条 对未成年罪犯实施刑法规定的“并处”没收财产或者罚金的犯罪，应当依法判处相应的财产刑；对未成年罪犯实施刑法规定的“可以并处”没收财产或者罚金的犯罪，一般不判处财产刑。

对未成年罪犯判处罚金刑时，应当依法从轻或者减轻判处，并根据犯罪情节，综合考虑其缴纳罚金的能力，确定罚金数额。但罚金的最低数额不得少于五百元人民币。

对被判处罚金刑的未成年罪犯，其监护人或者其他人自愿代为垫付罚金的，人民法院应当允许。

第十六条 对未成年罪犯符合刑法第七十二条第一款规定的，可以宣告缓刑。如果同时具有下列情形之一，对其适用缓刑确实不致再危害社会的，应当宣告缓刑：

（一）初次犯罪；

（二）积极退赃或赔偿被害人经济损失；

（三）具备监护、帮教条件。

第十七条 未成年罪犯根据其所犯罪行，可能被判处拘役、三年以下有期徒刑，如果悔罪表现好，并具有下列情形之一的，应当依照刑法第三十七条的规定免予刑事处罚：

（一）系又聋又哑的人或者盲人；

（二）防卫过当或者避险过当；

（三）犯罪预备、中止或者未遂；

（四）共同犯罪中从犯、胁从犯；

（五）犯罪后自首或者有立功表现；

（六）其他犯罪情节轻微不需要判处刑罚的。

第十八条 对未成年罪犯的减刑、假释，在掌握标准上可以比照成年罪犯依法适度放宽。

未成年罪犯能认罪伏法，遵守监规，积极参加学习、劳动的，即可视为“确有悔改表现”予以减刑，其减刑的幅度可以适当放宽，间隔的时间可以相应缩短。符合刑法第八十一条第一款规定的，可以假释。

未成年罪犯在服刑期间已经成年的，对其减刑、假释可以适用上述规定。

第十九条 刑事附带民事案件的未成年被告人有个人财产的，应当由本人承担民事赔偿责任，不足部分由监护人予以赔偿，但单位担任监护人的除外。

被告人对被害人物质损失的赔偿情况，可以作为量刑情节予以考虑。

第二十条 本解释自公布之日起施行。

《最高人民法院关于办理未成年人刑事案件适用法律的若干问题的解释》（法发［1995］9号）自本解释公布之日起不再执行。

最高人民法院关于充分发挥审判职能作用切实维护学校、幼儿园及周边安全的通知

（最高人民法院2010年5月10日公布）

各省、自治区、直辖市高级人民法院，解放军军事法院，新疆维吾尔自治区高级人民法院生产建设兵团分院：

近期，福建南平、广西北海、广东湛江、江苏泰州、山东潍坊等地先后发生暴力伤害中小学生、幼儿园儿童的恶性案件，给师生、家庭带来无尽痛苦，造成恶劣社会影响。中央领导同志对此高度重视，相继作出重要批示。胡锦涛总书记指出：“此类案件社会危害极大，必须高度重视。对犯罪分子要依法严肃处理。对

受伤人员要精心治疗。对校园安全检查防范要切实加强。严防此类案件再次发生。”中央还专门召开会议研究部署该项工作。为落实中央领导同志的重要指示精神和中央的安排部署，现就有关工作通知如下：

一、要提高认识，切实增强维护校园、幼儿园及周边地区安全的责任感。当前，社会稳定工作面临的形势依然严峻复杂，福建南平等五地接连发生的五起针对小学生、幼儿园儿童和老师的恶性案件，严重破坏了学校教育秩序，严重影响了社会安全稳定。各级人民法院必须深刻领会中央的重要指示精神，充分认识加强学校、幼儿园安全的极端重要性和现实紧迫性，充分发挥审判职能作用，切实肩负起维护学校、幼儿园安全的政治责任，要把维护学校、幼儿园及周边安全作为深入推进社会矛盾化解、社会管理创新、公正廉洁执法三项重点工作的具体措施，认真抓好落实。

二、要妥善审理、执行好各类案件。全国各级人民法院要按照“为大局服务，为人民司法”的要求，充分发挥人民法院化解矛盾纠纷、维护社会稳定的职能作用，依法公正高效审理各类案件。要严惩各类严重刑事犯罪，加大对人民群众反映强烈的黑社会性质组织犯罪、毒品犯罪和侵犯财产类犯罪的打击力度，增强人民群众的安全感。坚持“调解优先、调判结合”，在案结事了上下功夫，将调解工作贯穿于立案、审判、执行、申诉、信访等各个环节，全面加强刑事附带民事调解、轻微刑事案件和解、民事案件调解、行政案件协调、执行案件和解等工作，提高调解效率，注重调解质量，预防和避免矛盾纠纷激化。要妥善办理涉及校园人身损害赔偿、未成年人犯罪、学校、幼儿园教育设施建设等与教育和未成年人有关的案件，切实保护未成年人身心健康，维护良好的教育秩序。

三、要依法严厉打击侵害师生安全的违法犯罪活动。对于已经发生的侵害师生安全的恶性刑事案件，人民法院要提前介入，尽快熟悉案件情况。案件进入诉讼程序后，人民法院要严格遵守刑法、刑事诉讼法等法律及司法解释的规定，严把程序关、证据关、事实关和法律适用关，依法快审、快判，以震慑犯罪，安定人心。同时，要深挖作案动机，深入分析此类案件发生的原因和安全防范上存在的薄弱环节，及时向地方政府和有关教育行政部门提出司法建议，提高防范工作的针对性、实效性。

四、要积极参与社会治安综合治理。积极依托审判工作，从各类案件的审判、执行中，深入排查社会矛盾，及时发现可能影响社会稳定的苗头性、倾向性问题，依法妥善处理。坚持做好对被判处缓管免人员以及刑释解教人员的跟踪帮教工作，防止重新犯罪。积极配合有关部门解决刑释解教人员的实际困难。加强和规范监外执行工作，深入推进社区矫正试点工作，充分发挥社区矫正在教育改造罪犯、预防重新犯罪方面的重要作用。各级人民法院要深刻分析发生在学校、幼儿园恶性事件的成因和教训，认真总结规律和特点，要根据需要，深入到学校、幼儿园开展法制教育，增强安全防范意识、自我保护能力和法制意识。要积极参与党委、政府组织的社会稳定风险评估活动，加强自身工作的稳定风险评估机制建设，出台司法政策，审判、执行涉及多数群众利益案件，事先要进行风险评估，防止因工作不当引发影响社会稳定的问题。

五、要畅通民意沟通渠道。要通过各种行之有效的方式，广泛听取、认真分析各方面对人民法院工作的意见和建议，及时制定落实整改措施。要不断完善保障司法民主的机制和制度，拓宽民意沟通渠道、范围和方式，有序扩大公众对司法活动的参与。倡导法官进街道、社区、学校、厂矿等活动，认真倾听人民群众的诉求，及时掌握社情民意，对诉求合理合法的要尽快解决到位，对诉求不符合法律和政策规定的要耐心做好解释工作，对生活确有困难的要积极协助帮助解决，对有思想情绪的要注意教育疏导，坚决杜绝因工作态度、工作方法不当激化矛盾而酿成极端事件。

六、要加强组织领导。各级人民法院要认真贯彻落实科学发展观，正确处理改革发展稳定的关系，通过严格公正的审判活动为维护学校、幼儿园正常的教学秩序提供法制保障。各级人民法院的院长要切实承当起领导责任，强化责任分工，完善工作预案，依法认真处理好涉及学校、幼儿园及周边安全稳定的各类案件。对于因工作不重视、组织不得力、保障不到位，导致发生危及学校、幼儿园等重大恶性案件的，要追究相关领导和有关人员的责任。

本通知执行过程中有何问题，请及时报告我院。

关于进一步加强少年法庭工作的意见

（最高人民法院2010年7月23日公布）

为正确贯彻《中华人民共和国未成年人保护法》、《中华人民共和国预防未成年人犯罪法》，切实执行对违法犯罪未成年人“教育、感化、挽救”的方针和“教育为主、惩罚为辅”的原则，努力实现少年司法审判制度改革的工作目标，积极促进少年法庭工作的规范发展，大力推动中国特色社会主义少年司法制度的建立和完善，现对今后一个时期加强少年法庭工作提出如下意见。

一、提高思想认识，高度重视少年法庭工作

1. 未成年人是国家和民族的未来与希望，党和国家历来高度重视未成年人的保护工作，始终把这项工作作为党和国家事业的重要组成部分。维护未成年人合法权益，预防、矫治未成年人犯罪，保障未成年人健康成长，是人民法院的重要职责之一。少年法庭工作是人民法院开展未成年人司法维权、积极参与社会治安综合治理的重要平台。当前和今后一个时期，少年法庭工作只能加强，不能削弱。

2. 各级法院应当从实践“三个至上”工作指导思想、落实科学发展观、构建和谐社会的高度，充分认识加强少年法庭工作的重要性和必要性，切实贯彻好“坚持、完善、改革、发展”的工作指导方针，把少年法庭工作摆到重要位置。

二、加强组织领导，建立健全少年法庭机构

3. 各级法院应当进一步加强对少年法庭工作的组织领导和业务指导，切实关心和支持少年法庭机构建设，为少年法庭工作全面、健康发展创造良好条件。

4. 最高人民法院设“少年法庭指导小组”，并在研究室设“少年法庭工作办公室”，负责全国法院少年法庭的日常指导工作。

5. 高级人民法院设“少年法庭指导小组”，组长由副院长担任，小组成员应当包括涉及未成年人案件的各相关审判庭和行政部门负责人。高级人民法院少年法庭指导小组下设“少年法庭工作办公室”，负责本辖区内少年法庭的日常指导工作。“少年法庭工作办公室”设在研究室或者审判庭内。高级人民法院可以在刑事审判庭和民事审判庭内分别设立未成年人案件合议庭。暂未设立合议庭的，应当指定专职办理未成年人案件的法官。

6. 中级人民法院应当根据未成年人案件的审判需要，逐步完善未成年人案件审判机构建设。有条件的中级人民法院可以设独立建制的未成年人案件综合审判庭（以下简称少年审判庭）。暂未设独立建制少年审判庭的中级人民法院，应当在刑事审判庭和民事审判庭内分别设立未成年人案件合议庭，或者指定专职办理未成年人案件的法官。

7. 有条件的基层人民法院可以设独立建制的少年审判庭，也可以根据中级人民法院指定管辖的要求，设立统一受理未成年人案件的审判庭。未设独立建制少年审判庭或者未设立统一受理未成年人案件审判庭的基层人民法院，应当在刑事审判庭和民事审判庭内分别设立未成年人案件合议庭，或者指定专职办理未成年

人案件的法官。

8. 高级人民法院少年法庭指导小组、少年法庭工作办公室及未成年人案件合议庭的设立、变更情况，应当报告最高人民法院少年法庭工作办公室。中级人民法院和基层人民法院未成年人案件审判机构的设立、变更情况，应当逐级报告高级人民法院少年法庭工作办公室。

三、注重队伍建设，提升少年法庭法官的整体素质

9. 各级法院应当高度重视少年法庭法官队伍建设，着重选拔政治素质高、业务能力强，熟悉未成年人身心特点，热爱未成年人权益保护工作和善于做未成年人思想教育工作的法官，负责审理未成年人案件。

10. 各级法院应当从共青团、妇联、工会、学校等组织的工作人员中选任审理未成年人案件的人民陪审员。审理未成年人案件的人民陪审员应当熟悉未成年人身心特点，具备一定的青少年教育学、心理学知识，并经过必要的培训。

11. 各级法院应当加强少年法庭法官的培训工作，不断提升少年法庭法官队伍的整体素质。最高人民法院、高级人民法院每年至少组织一次少年法庭法官业务培训。中级人民法院和基层人民法院也应当以多种形式定期开展少年法庭法官的业务培训。

四、完善工作制度，强化少年法庭的职能作用

12. 各级法院应当总结完善审判实践中行之有效的特色工作制度，强化少年法庭的职能作用，提高工作的实效性。

13. 有条件的人民法院在审理未成年人刑事案件时，对有关组织或者个人调查形成的反映未成年人性格特点、家庭情况、社会交往、成长经历以及实施被指控犯罪前后的表现等情况的调查报告，应当进行庭审质证，认真听取控辩双方对调查报告的意见，量刑时予以综合考虑。必要时人民法院也可以委托有关社会组织就上述情况进行调查或者自行调查。

人民法院应当在总结少年审判工作经验的基础上，结合实际情况，积极规范、完善社会调查报告制度，切实解决有关社会调查人员主体资格、调查报告内容及工作程序等方面的问题，充分发挥社会调查报告在审判中的作用。

14. 人民法院对未成年人与成年人共同犯罪案件，一般应当分案审理。对应当分案起诉而未分案起诉的案件，人民法院可以向检察机关提出建议。

15. 人民法院根据未成年人身心特点，对未成年被告人轻微犯罪或者过失犯罪案件、未成年人为一方当事人的民事和行政案件，可以采取圆桌审判方式。

16. 人民法院审理未成年人刑事案件，应当注重对未成年被告人的法庭教育。法庭教育的主要内容包括对相关法律法规的理解，未成年人实施被指控行为的原因剖析，应当吸取的教训，犯罪行为对社会、家庭、个人的危害和是否应当受刑罚处罚，如何正确对待人民法院裁判以及接受社区矫正或者在监管场所服刑应当注意的问题等。人民法院可以邀请有利于教育、感化、挽救未成年罪犯的人员参加法庭教育。

人民法院审理未成年人民事和行政案件，应当注意从有利于未成年人权益保护及解决矛盾纠纷的角度对当事人进行有针对性的教育和引导。

17. 对犯罪情节轻微，或者系初犯、偶犯的未成年罪犯，符合适用非监禁刑条件的，应当依法适用非监禁刑。对非本地户籍的未成年罪犯，人民法院应当加强与本辖区社区矫正部门的联系，或者通过未成年罪犯户籍地的人民法院与当地社区矫正部门联系，确保非监禁刑的依法适用。

18. 对判决、裁定已经发生法律效力的未成年罪犯，人民法院在向执行机关移送执行的法律文书时，应当同时附送社会调查报告、案件审理中的表现等材料。对正在未成年犯管教所服刑或者接受社区矫正的未成年罪犯，人民法院应当协助未成年犯管教所或者社区矫正部门做好帮教工作。

人民法院应当做好未成年人民事和行政案件判后回访工作，努力为未成年人的健康成长创造良好环境。

人民法院应当对判后跟踪帮教和回访情况作出记录或者写出报告，记录或者报告存入卷宗。

五、深化改革探索，推动少年法庭工作有序发展

19. 各级法院应当积极开展少年司法理论成果和工作经验的交流活动，进一步深化少年司法改革。

20. 各级法院应当从维护未成年人的合法权益，预防、矫治和减少未成年人犯罪的实际需要出发，积极探索异地社会调查、心理评估干预、刑事案件和解、量刑规范化、社区矫正与司法救助、轻罪犯罪记录封存等适合未成年人案件特点的审理、执行方式。

21. 各级法院应当坚持“特殊、优先”保护原则，大胆探索实践社会观护、圆桌审判、诉讼教育引导等未成年人民事和行政案件特色审判制度，不断开拓未成年人民事和行政案件审判的新思路、新方法。

六、积极协调配合，构建少年法庭工作配套机制

22. 各级法院应当在党委政法委的领导、协调下，加强与同级公安、检察、司法行政等部门的工作沟通，积极建立和完善“政法一条龙”工作机制，形成有效预防、矫治和减少未成年人违法犯罪的合力。

23. 各级法院应当加强与有关职能部门、社会组织和团体的协调合作，积极建立和完善“社会一条龙”工作机制，努力调动社会力量，推动未成年罪犯的安置、帮教措施的落实，确保未成年人民事和行政案件得到妥善处理，推动涉诉未成年人救助制度的建立和完善。

24. 各级法院应当加强未成年人保护的法制宣传教育工作，促进全社会树立尊重、保护、教育未成年人的良好风尚，教育和帮助未成年人维护自己的合法权益，增强自我保护的意识和能力。

25. 各级法院应当在党委政法委的领导、协调下，积极与有关部门协商，推动制定本地区关于未成年人社会调查、司法救助、复学安置等问题的规范性文件，切实解决相关问题。

七、完善考核保障，夯实少年法庭工作基础

26. 各级法院应当根据本地区少年法庭工作实际，将庭审以外的延伸帮教、参与社会治安综合治理等工作作为绩效考核指标，纳入绩效考察的范围。

27. 各级法院应当针对未成年人案件审判特点，加大少年法庭在经费、装备和人员编制方面的投入，为少年法庭开展庭审以外的延伸帮教、法制宣传教育工作以及参与社会治安综合治理工作提供必要保障。

人民检察院办理未成年人刑事案件的规定

（2006 年 12 月 28 日最高人民检察院第十届检察委员会第六十八次会议通过，2007 年 1 月 9 日颁布）

第一章　总　则

第一条　为切实保障未成年犯罪嫌疑人、被告人和未成年罪犯的合法权益，正确履行检察职责，根据刑法、刑事诉讼法、未成年人保护法、预防未成年人犯罪法等有关法律的规定，结合人民检察院办理未成年人刑事案件工作实际，制定本规定。

第二条　人民检察院办理未成年人刑事案件，实行教育、感化、挽救的方针，坚持教育为主、惩罚为辅的原则。

第三条 人民检察院要加强同政府有关部门、共青团、妇联、工会等人民团体以及学校和未成年人保护组织的联系和配合，加强对违法犯罪的未成年人的教育和挽救，共同做好未成年人犯罪预防工作。

人民检察院办理未成年人刑事案件，可以应犯罪嫌疑人家属、被害人及其家属的要求，告知其审查逮捕、审查起诉的进展情况，并对有关情况予以说明和解释。

第四条 人民检察院办理未成年人刑事案件，应当依法保护涉案未成年人的名誉，尊重其人格尊严，不得公开或者传播涉案未成年人的姓名、住所、照片、图像及可能推断出该未成年人的资料。

人民检察院办理刑事案件，应当依法保护未成年被害人、证人以及其他与案件有关的未成年人的合法权益。

第五条 人民检察院一般应当设立专门工作机构或者专门工作小组办理未成年人刑事案件，不具备条件的应当指定专人办理。

未成年人刑事案件一般应当由熟悉未成年人身心发展特点，善于做未成年人思想教育工作的检察人员承办。

第六条 人民检察院办理未成年人刑事案件，应当考虑未成年人的生理和心理特点，根据其平时表现、家庭情况、犯罪原因、悔罪态度等，实施针对性教育。

第七条 未成年人刑事案件的法律文书和工作文书，应当注明未成年人的出生年月日。

对未成年犯罪嫌疑人、被告人、未成年罪犯的有关情况和办案人员开展教育感化工作的情况，应当记录在卷，随案移送。

第二章 未成年人刑事案件的审查批准逮捕

第八条 审查批准逮捕未成年犯罪嫌疑人，应当把是否已满十四、十六、十八周岁的临界年龄，作为重要事实予以查清。对难以判断犯罪嫌疑人实际年龄，影响案件认定的，应当作出不批准逮捕的决定，需要补充侦查的，同时通知公安机关。

第九条 审查批准逮捕未成年犯罪嫌疑人，应当注意是否有被胁迫情节，是否存在成年人教唆犯罪、传授犯罪方法或者利用未成年人实施犯罪的情况。

第十条 人民检察院审查批准逮捕未成年人犯罪案件，应当讯问未成年犯罪嫌疑人。

讯问未成年犯罪嫌疑人，应当根据该未成年人的特点和案件情况，制定详细的讯问提纲，采取适宜该未成年人的方式进行，讯问用语应当准确易懂。

讯问未成年犯罪嫌疑人，应当告知其依法享有的诉讼权利，告知其如实供述案件事实的法律规定和意义，核实其是否有自首、立功、检举揭发等表现，听取其有罪的供述或者无罪、罪轻的辩解。

讯问未成年犯罪嫌疑人，应当通知法定代理人到场，告知法定代理人依法享有的诉讼权利和应当履行的义务。

讯问女性未成年犯罪嫌疑人，应当有女检察人员参加。

第十一条 讯问未成年犯罪嫌疑人一般不得使用戒具。对于确有人身危险性，必须使用戒具的，在现实危险消除后，应当立即停止使用。

第十二条 人民检察院审查批准逮捕未成年犯罪嫌疑人，应当根据未成年犯罪嫌疑人涉嫌犯罪的事实、主观恶性、有无监护与社会帮教条件等，综合衡量其社会危险性，确定是否有逮捕必要，慎用逮捕措施，可捕可不捕的不捕。

第十三条 对于罪行较轻，具备有效监护条件或者社会帮教措施，没有社会危险性或者社会危险性较小，不会妨害诉讼正常进行的未成年犯罪嫌疑人，一般不予批准逮捕。

对于罪行比较严重，但主观恶性不大，有悔罪表现，具备有效监护条件或者社会帮教措施，不具有社会危险性，不会妨害诉讼正常进行，并具有下列情形之一的未成年犯罪嫌疑人，也可以依法不予批准逮捕：

（一）初次犯罪、过失犯罪的；

（二）犯罪预备、中止、未遂的；

（三）有自首或者立功表现的；

（四）犯罪后能够如实交待罪行，认识自

己行为的危害性、违法性，积极退赃，尽力减少和赔偿损失，得到被害人谅解的；

（五）不是共同犯罪的主犯或者集团犯罪中的首要分子的；

（六）属于已满十四周岁不满十六周岁的未成年人或者系在校学生的；

（七）其他没有逮捕必要的情形。

第十四条 适用本规定第十三条的规定，在作出不批准逮捕决定前，应当审查其监护情况，参考其法定代理人、学校、居住地公安派出所及居民委员会、村民委员会的意见，并在《审查逮捕意见书》中对未成年犯罪嫌疑人是否具备有效监护条件或者社会帮教措施进行具体说明。

第十五条 未成年犯罪嫌疑人及其法定代理人因经济困难等原因没有聘请律师的，人民检察院应当告知其可以申请法律援助。

第三章 未成年人刑事案件的审查起诉与出庭支持公诉

第十六条 人民检察院审查起诉未成年人刑事案件，自收到移送审查起诉的案件材料之日起三日以内，应当告知该未成年犯罪嫌疑人及其法定代理人有权委托辩护人，告知被害人及其法定代理人有权委托诉讼代理人，告知附带民事诉讼的当事人及其法定代理人有权委托诉讼代理人。

对未成年犯罪嫌疑人、未成年被害人或者其法定代理人提出聘请律师意向，但因经济困难或者其他原因没有委托辩护人、诉讼代理人的，应当帮助其申请法律援助。

未成年犯罪嫌疑人被羁押的，人民检察院应当审查是否有必要继续羁押。

审查起诉未成年犯罪嫌疑人，应当听取其父母或者其他法定代理人、辩护人、未成年被害人及其法定代理人的意见。可以结合社会调查，通过学校、社区、家庭等有关组织和人员，了解未成年犯罪嫌疑人的成长经历、家庭环境、个性特点、社会活动等情况，为办案提供参考。

第十七条 人民检察院审查起诉未成年人刑事案件，应当讯问未成年犯罪嫌疑人。讯问未成年犯罪嫌疑人适用本规定第十条、第十一条的规定。

第十八条 移送审查起诉的案件具备以下条件的，检察人员可以安排在押的未成年犯罪嫌疑人与其法定代理人、近亲属等进行会见、通话：

（一）案件事实已基本查清，主要证据确实、充分，安排会见、通话不会影响诉讼活动正常进行；

（二）未成年犯罪嫌疑人有认罪、悔罪表现，或者虽尚未认罪、悔罪，但通过会见、通话有可能促使其转化，或者通过会见、通话有利于社会、家庭稳定；

（三）未成年犯罪嫌疑人的法定代理人、近亲属对其犯罪原因、社会危害性以及后果有一定的认识，并能配合公安司法机关进行教育。

第十九条 在押的未成年犯罪嫌疑人同其法定代理人、近亲属等进行会见、通话时，检察人员应当告知其会见、通话不得有串供或者其他妨碍诉讼的内容。会见、通话时检察人员可以在场。会见、通话结束后，检察人员应当将有关内容及时整理并记录在案。

第二十条 对于犯罪情节轻微，并具有下列情形之一，依照刑法规定不需要判处刑罚或者免除刑罚的未成年犯罪嫌疑人，一般应当依法作出不起诉决定：

（一）被胁迫参与犯罪的；

（二）犯罪预备、中止的；

（三）在共同犯罪中起次要或者辅助作用的；

（四）是又聋又哑的人或者盲人的；

（五）因防卫过当或者紧急避险过当构成犯罪的；

（六）有自首或者重大立功表现的；

（七）其他依照刑法规定不需要判处刑罚或者免除刑罚的情形。

第二十一条 对于未成年人实施的轻伤害案件、初次犯罪、过失犯罪、犯罪未遂的案件以及被诱骗或者被教唆实施的犯罪案件等，情节轻微，犯罪嫌疑人确有悔罪表现，当事人双方自愿就民事赔偿达成协议并切实履行，符合刑法第三十七条规定的，人民检察院可以依照刑事诉讼法第一百四十二条第二款的规定作出不起诉的决定，并可以根据案件的不同情况，予以训诫或者责令具结悔过、赔礼道歉。

第二十二条 不起诉决定书应当向被不起诉的未成年人及其法定代理人公开宣布，并阐明不起诉的理由和法律依据。

不起诉决定书应当送达被不起诉的未成年人及其法定代理人，并告知其依法享有的权利。

第二十三条 人民检察院审查未成年人与成年人共同犯罪案件，一般应当将未成年人与成年人分案起诉。但是具有下列情形之一的，可以不分案起诉：

（一）未成年人系犯罪集团的组织者或者其他共同犯罪中的主犯的；

（二）案件重大、疑难、复杂，分案起诉可能妨碍案件审理的；

（三）涉及刑事附带民事诉讼，分案起诉妨碍附带民事诉讼部分审理的；

（四）具有其他不宜分案起诉情形的。

第二十四条 对于分案起诉的未成年人与成年人共同犯罪案件，一般应当同时移送人民法院。对于需要补充侦查的，如果补充侦查事项不涉及未成年犯罪嫌疑人所参与的犯罪事实，不影响对未成年犯罪嫌疑人提起公诉的，应当对未成年犯罪嫌疑人先予提起公诉。

第二十五条 对于分案起诉的未成年人与成年人共同犯罪案件，在审查起诉过程中可以根据全案情况制作一个审结报告，起诉书以及出庭预案等应当分别制作。

第二十六条 人民检察院对未成年人与成年人共同犯罪案件分别提起公诉后，在诉讼过程中出现不宜分案起诉情形的，可以及时建议人民法院并案审理。

第二十七条 对未成年被告人提起公诉，应当将有效证明该未成年人年龄的材料作为主要证据复印件之一移送人民法院。

第二十八条 对提起公诉的未成年人刑事案件，应当认真做好下列出席法庭的准备工作：

（一）掌握未成年被告人的心理状态，并对其进行接受审判的教育，必要时，可以再次讯问被告人；

（二）与未成年被告人的辩护人交换意见，共同做好教育、感化工作；

（三）进一步熟悉案情，深入研究本案的有关法律政策问题，根据案件和未成年被告人的特点，拟定讯问提纲，询问被害人、证人、鉴定人提纲，答辩提纲，公诉意见书和针对未成年被告人进行法制教育的书面材料。

第二十九条 公诉人出席未成年人刑事审判法庭，应当遵守公诉人出庭行为规范要求，发言时应当语调温和，并注意用语文明、准确，通俗易懂。

公诉人一般不提请未成年证人、被害人出庭作证。

第三十条 在法庭审理过程中，公诉人的讯问、询问、辩论等活动，应当注意未成年人的身心特点。对于未成年被告人情绪严重不稳定，不宜继续接受审判的，公诉人可以建议法庭休庭。

第三十一条 对于具有下列情形之一，依法可能判处拘役、三年以下有期徒刑，悔罪态度较好，具备有效监护条件或者社会帮教措施、适用缓刑确实不致再危害社会的未成年被告人，人民检察院可以建议人民法院适用缓刑：

（一）犯罪情节较轻，未造成严重后果的；

（二）主观恶性不大的初犯或者胁从犯、从犯；

（三）被害人同意和解或者被害人有明显过错的；

（四）其他可以适用缓刑的情节。

人民检察院提出对未成年被告人适用缓刑建议的，应当将未成年被告人能够获得有效监护、帮教的书面材料一并于判决前移送人民法院。

第三十二条 公诉人在依法指控犯罪的同时，要剖析未成年被告人犯罪的原因、社会危害性，适时进行法制教育及人生观教育，促使其深刻反省，吸取教训。

第三十三条 对于符合适用简易程序审理条件的未成年人刑事案件，人民检察院应当向人民法院提出适用简易程序的建议。

第三十四条 适用简易程序审理的未成年人刑事案件，人民检察院可以派员出席法庭或者在开庭前通过移送对未成年被告人的社会调查材料等方式，协助人民法院进行法庭教育工作。

第三十五条 人民检察院派员出席未成年人刑事案件二审法庭适用本章的相关规定。

第四章 未成年人刑事案件的法律监督

第三十六条 人民检察院审查批准逮捕、审查起诉未成年犯罪嫌疑人，应当同时审查公安机关的侦查活动是否合法，发现有下列违法行为的，应当提出纠正意见；构成犯罪的，依法追究刑事责任：

（一）违法对未成年犯罪嫌疑人采取强制措施或者采取强制措施不当的；

（二）未依法实行对未成年犯罪嫌疑人与成年犯罪嫌疑人分管、分押的；

（三）对未成年犯罪嫌疑人采取刑事拘留、逮捕措施后，在法定时限内未进行讯问，或者未通知其法定代理人或者近亲属的；

（四）对未成年犯罪嫌疑人威胁、体罚、侮辱人格、游行示众，或者刑讯逼供、指供、诱供的；

（五）利用未成年人认知能力低而故意制造冤、假、错案的；

（六）对未成年被害人、证人以诱骗等非法手段收集证据或者侵害未成年被害人、证人的人格尊严及隐私权等合法权益的；

（七）违反羁押和办案期限规定的；

（八）已作出不批准逮捕、不起诉决定，公安机关不立即释放犯罪嫌疑人的；

（九）在侦查中有其他侵害未成年人合法权益行为的。

第三十七条 对依法不应当公开审理的未成年人刑事案件公开审理的，人民检察院应当在开庭前提出纠正意见。

公诉人出庭支持公诉时，发现法庭审判有下列违反法律规定的诉讼程序的情形之一的，应当在休庭后及时向本院检察长报告，由人民检察院向人民法院提出纠正意见：

（一）开庭或者宣告判决时未通知未成年被告人的法定代理人到庭的；

（二）人民法院没有给聋哑或者不通晓当地通用的语言文字的未成年被告人聘请或者指定翻译人员的；

（三）未成年被告人在审判时没有辩护人的；对未成年被告人及其法定代理人依照法律规定拒绝辩护人为其辩护，合议庭未另行指定辩护律师的；

（四）法庭未告知未成年被告人及其法定代理人依法享有的申请回避、辩护、提出新的证据、申请重新鉴定或者勘验、最后陈述、提出上诉等诉讼权利的；

（五）其他违反法律规定的诉讼程序的情形。

第三十八条 人民检察院依法对未成年犯管教所实行驻所检察。在刑罚执行监督中，发现关押成年罪犯的监狱收押未成年罪犯的，或者对年满十八周岁后余刑在二年以上的罪犯没有转送监狱的，应当依法提出纠正意见。

第三十九条 人民检察院在看守所检察中，发现没有对未成年犯罪嫌疑人、被告人与成年犯罪嫌疑人、被告人分管、分押或者对未成年罪犯留所服刑的，应当依法提出纠正意见。

第四十条 人民检察院应当加强对未成年犯管教所、看守所监管未成年罪犯活动的监督，保障未成年罪犯的合法权益，维护监管改造秩序和教学、劳动、生活秩序。

人民检察院配合未成年犯管教所、看守所加强对未成年罪犯的政治、法律、文化教育，促进依法、科学、文明监管。

第四十一条 人民检察院依法对未成年犯的减刑、假释、暂予监外执行等活动实行监督。对符合减刑、假释、暂予监外执行法定条件的，应当建议执行机关向人民法院、监狱管理机关提请；发现提请或者裁定、决定不当的，应当依法提出纠正意见；对徇私舞弊减刑、假释、暂予监外执行等构成犯罪的，依法追究刑事责任。

人民检察院发现有关机关对判处管制、缓刑或者裁定、决定假释、暂予监外执行等在社会上执行的未成年罪犯脱管、漏管或者没有落实帮教措施的，应当依法提出纠正意见。

第五章 未成年人案件的刑事申诉检察

第四十二条 人民检察院依法受理未成年人及其法定代理人提出的刑事申诉案件和刑事

赔偿案件。

人民检察院对未成年人刑事申诉案件和刑事赔偿案件，应当指定专人及时办理。

第四十三条 人民检察院复查未成年人刑事申诉案件，应当直接听取未成年人及其法定代理人的陈述或者辩解，认真审核、查证与案件有关的证据和线索，查清案件事实，依法作出处理。

案件复查终结作出处理决定后，应当向未成年人当面送达法律文书，做好法律宣传、说服教育工作。

第四十四条 对已复查纠正的未成年人刑事申诉案件，应当配合有关部门做好善后工作。

第四十五条 人民检察院办理未成年人刑事赔偿案件，应当充分听取未成年人及其法定代理人的意见，对于依法应当赔偿的案件，应当及时作出和执行赔偿决定。

第六章 附 则

第四十六条 本规定所称未成年人刑事案件，是指犯罪嫌疑人、被告人实施涉嫌犯罪行为时已满十四周岁、未满十八周岁的刑事案件，但在有关未成年人诉讼权利和体现对未成年人程序上特殊保护的条文中所称的未成年人，是指在诉讼过程中已满十四周岁、未满十八周岁的人。

第四十七条 实施犯罪行为的年龄，一律按公历的年、月、日计算。从周岁生日的第二天起，为已满××周岁。

第四十八条 本规定由最高人民检察院负责解释。

第四十九条 本规定自发布之日起施行，最高人民检察院2002年4月22日发布的《人民检察院办理未成年人刑事案件的规定》同时废止。

中华人民共和国残疾人保障法（2008年修正）

（1990年12月28日第七届全国人民代表大会常务委员会第十七次会议通过，2008年4月24日第十一届全国人民代表大会常务委员会第二次会议修订）

第一章 总 则

第一条 为了维护残疾人的合法权益，发展残疾人事业，保障残疾人平等地充分参与社会生活，共享社会物质文化成果，根据宪法，制定本法。

第二条 残疾人是指在心理、生理、人体结构上，某种组织、功能丧失或者不正常，全部或者部分丧失以正常方式从事某种活动能力的人。

残疾人包括视力残疾、听力残疾、言语残疾、肢体残疾、智力残疾、精神残疾、多重残疾和其他残疾的人。

残疾标准由国务院规定。

第三条 残疾人在政治、经济、文化、社会和家庭生活等方面享有同其他公民平等的权利。

残疾人的公民权利和人格尊严受法律保护。

禁止基于残疾的歧视。禁止侮辱、侵害残疾人。禁止通过大众传播媒介或者其他方式贬低损害残疾人人格。

第四条 国家采取辅助方法和扶持措施，对残疾人给予特别扶助，减轻或者消除残疾影响和外界障碍，保障残疾人权利的实现。

第五条 县级以上人民政府应当将残疾人事业纳入国民经济和社会发展规划，加强领导，综合协调，并将残疾人事业经费列入财政预算，建立稳定的经费保障机制。

国务院制定中国残疾人事业发展纲要，县级以上地方人民政府根据中国残疾人事业发展纲要，制定本行政区域的残疾人事业发展规划和年度计划，使残疾人事业与经济、社会协调发展。

县级以上人民政府负责残疾人工作的机构，负责组织、协调、指导、督促有关部门做好残疾人事业的工作。

各级人民政府和有关部门，应当密切联系残疾人，听取残疾人的意见，按照各自的职责，做好残疾人工作。

第六条 国家采取措施，保障残疾人依照法律规定，通过各种途径和形式，管理国家事务，管理经济和文化事业，管理社会事务。

制定法律、法规、规章和公共政策，对涉及残疾人权益和残疾人事业的重大问题，应当听取残疾人和残疾人组织的意见。

残疾人和残疾人组织有权向各级国家机关提出残疾人权益保障、残疾人事业发展等方面的意见和建议。

第七条 全社会应当发扬人道主义精神，理解、尊重、关心、帮助残疾人，支持残疾人事业。

国家鼓励社会组织和个人为残疾人提供捐助和服务。

国家机关、社会团体、企业事业单位和城乡基层群众性自治组织，应当做好所属范围内的残疾人工作。

从事残疾人工作的国家工作人员和其他人员，应当依法履行职责，努力为残疾人服务。

第八条 中国残疾人联合会及其地方组织，代表残疾人的共同利益，维护残疾人的合法权益，团结教育残疾人，为残疾人服务。

中国残疾人联合会及其地方组织依照法律、法规、章程或者接受政府委托，开展残疾人工作，动员社会力量，发展残疾人事业。

第九条 残疾人的扶养人必须对残疾人履行扶养义务。

残疾人的监护人必须履行监护职责，尊重被监护人的意愿，维护被监护人的合法权益。

残疾人的亲属、监护人应当鼓励和帮助残疾人增强自立能力。

禁止对残疾人实施家庭暴力，禁止虐待、遗弃残疾人。

第十条 国家鼓励残疾人自尊、自信、自强、自立，为社会主义建设贡献力量。

残疾人应当遵守法律、法规，履行应尽的义务，遵守公共秩序，尊重社会公德。

第十一条 国家有计划地开展残疾预防工作，加强对残疾预防工作的领导，宣传、普及母婴保健和预防残疾的知识，建立健全出生缺陷预防和早期发现、早期治疗机制，针对遗传、疾病、药物、事故、灾害、环境污染和其他致残因素，组织和动员社会力量，采取措施，预防残疾的发生，减轻残疾程度。

国家建立健全残疾人统计调查制度，开展残疾人状况的统计调查和分析。

第十二条 国家和社会对残疾军人、因公致残人员以及其他为维护国家和人民利益致残的人员实行特别保障，给予抚恤和优待。

第十三条 对在社会主义建设中做出显著成绩的残疾人，对维护残疾人合法权益、发展残疾人事业、为残疾人服务做出显著成绩的单位和个人，各级人民政府和有关部门给予表彰和奖励。

第十四条 每年5月的第三个星期日为全国助残日。

第二章 康 复

第十五条 国家保障残疾人享有康复服务的权利。

各级人民政府和有关部门应当采取措施，为残疾人康复创造条件，建立和完善残疾人康复服务体系，并分阶段实施重点康复项目，帮助残疾人恢复或者补偿功能，增强其参与社会生活的能力。

第十六条 康复工作应当从实际出发，将现代康复技术与我国传统康复技术相结合；以社区康复为基础，康复机构为骨干，残疾人家庭为依托；以实用、易行、受益广的康复内容为重点，优先开展残疾儿童抢救性治疗和康复；发展符合康复要求的科学技术，鼓励自主创新，加强康复新技术的研究、开发和应用，为残疾人提供有效的康复服务。

第十七条 各级人民政府鼓励和扶持社会力量兴办残疾人康复机构。

地方各级人民政府和有关部门，应当组织和指导城乡社区服务组织、医疗预防保健机构、残疾人组织、残疾人家庭和其他社会力量，开展社区康复工作。

残疾人教育机构、福利性单位和其他为残疾人服务的机构，应当创造条件，开展康复训练活动。

残疾人在专业人员的指导和有关工作人员、志愿工作者及亲属的帮助下，应当努力进行功能、自理能力和劳动技能的训练。

第十八条 地方各级人民政府和有关部门应当根据需要有计划地在医疗机构设立康复医学科室，举办残疾人康复机构，开展康复医疗与训练、人员培训、技术指导、科学研究等工作。

第十九条 医学院校和其他有关院校应当有计划地开设康复课程，设置相关专业，培养各类康复专业人才。

政府和社会采取多种形式对从事康复工作的人员进行技术培训；向残疾人、残疾人亲属、有关工作人员和志愿工作者普及康复知识，传授康复方法。

第二十条 政府有关部门应当组织和扶持残疾人康复器械、辅助器具的研制、生产、供应、维修服务。

第三章 教 育

第二十一条 国家保障残疾人享有平等接受教育的权利。

各级人民政府应当将残疾人教育作为国家教育事业的组成部分，统一规划，加强领导，为残疾人接受教育创造条件。

政府、社会、学校应当采取有效措施，解决残疾儿童、少年就学存在的实际困难，帮助其完成义务教育。

各级人民政府对接受义务教育的残疾学生、贫困残疾人家庭的学生提供免费教科书，并给予寄宿生活费等费用补助；对接受义务教育以外其他教育的残疾学生、贫困残疾人家庭的学生按照国家有关规定给予资助。

第二十二条 残疾人教育，实行普及与提高相结合、以普及为重点的方针，保障义务教育，着重发展职业教育，积极开展学前教育，逐步发展高级中等以上教育。

第二十三条 残疾人教育应当根据残疾人的身心特性和需要，按照下列要求实施：

（一）在进行思想教育、文化教育的同时，加强身心补偿和职业教育；

（二）依据残疾类别和接受能力，采取普通教育方式或者特殊教育方式；

（三）特殊教育的课程设置、教材、教学方法、入学和在校年龄，可以有适度弹性。

第二十四条 县级以上人民政府应当根据残疾人的数量、分布状况和残疾类别等因素，合理设置残疾人教育机构，并鼓励社会力量办学、捐资助学。

第二十五条 普通教育机构对具有接受普通教育能力的残疾人实施教育，并为其学习提供便利和帮助。

普通小学、初级中等学校，必须招收能适应其学习生活的残疾儿童、少年入学；普通高级中等学校、中等职业学校和高等学校，必须招收符合国家规定的录取要求的残疾考生入学，不得因其残疾而拒绝招收；拒绝招收的，当事人或者其亲属、监护人可以要求有关部门处理，有关部门应当责令该学校招收。

普通幼儿教育机构应当接收能适应其生活的残疾幼儿。

第二十六条 残疾幼儿教育机构、普通幼儿教育机构附设的残疾儿童班、特殊教育机构的学前班、残疾儿童福利机构、残疾儿童家庭，对残疾儿童实施学前教育。

初级中等以下特殊教育机构和普通教育机构附设的特殊教育班，对不具有接受普通教育能力的残疾儿童、少年实施义务教育。

高级中等以上特殊教育机构、普通教育机构附设的特殊教育班和残疾人职业教育机构，对符合条件的残疾人实施高级中等以上文化教育、职业教育。

提供特殊教育的机构应当具备适合残疾人

学习、康复、生活特点的场所和设施。

第二十七条 政府有关部门、残疾人所在单位和有关社会组织应当对残疾人开展扫除文盲、职业培训、创业培训和其他成人教育，鼓励残疾人自学成才。

第二十八条 国家有计划地举办各级各类特殊教育师范院校、专业，在普通师范院校附设特殊教育班，培养、培训特殊教育师资。普通师范院校开设特殊教育课程或者讲授有关内容，使普通教师掌握必要的特殊教育知识。

特殊教育教师和手语翻译，享受特殊教育津贴。

第二十九条 政府有关部门应当组织和扶持盲文、手语的研究和应用，特殊教育教材的编写和出版，特殊教育教学用具及其他辅助用品的研制、生产和供应。

第四章 劳动就业

第三十条 国家保障残疾人劳动的权利。

各级人民政府应当对残疾人劳动就业统筹规划，为残疾人创造劳动就业条件。

第三十一条 残疾人劳动就业，实行集中与分散相结合的方针，采取优惠政策和扶持保护措施，通过多渠道、多层次、多种形式，使残疾人劳动就业逐步普及、稳定、合理。

第三十二条 政府和社会举办残疾人福利企业、盲人按摩机构和其他福利性单位，集中安排残疾人就业。

第三十三条 国家实行按比例安排残疾人就业制度。

国家机关、社会团体、企业事业单位、民办非企业单位应当按照规定的比例安排残疾人就业，并为其选择适当的工种和岗位。达不到规定比例的，按照国家有关规定履行保障残疾人就业义务。国家鼓励用人单位超过规定比例安排残疾人就业。

残疾人就业的具体办法由国务院规定。

第三十四条 国家鼓励和扶持残疾人自主择业、自主创业。

第三十五条 地方各级人民政府和农村基层组织，应当组织和扶持农村残疾人从事种植业、养殖业、手工业和其他形式的生产劳动。

第三十六条 国家对安排残疾人就业达到、超过规定比例或者集中安排残疾人就业的用人单位和从事个体经营的残疾人，依法给予税收优惠，并在生产、经营、技术、资金、物资、场地等方面给予扶持。国家对从事个体经营的残疾人，免除行政事业性收费。

县级以上地方人民政府及其有关部门应当确定适合残疾人生产、经营的产品、项目，优先安排残疾人福利性单位生产或者经营，并根据残疾人福利性单位的生产特点确定某些产品由其专产。

政府采购，在同等条件下应当优先购买残疾人福利性单位的产品或者服务。

地方各级人民政府应当开发适合残疾人就业的公益性岗位。

对申请从事个体经营的残疾人，有关部门应当优先核发营业执照。

对从事各类生产劳动的农村残疾人，有关部门应当在生产服务、技术指导、农用物资供应、农副产品购销和信贷等方面，给予帮助。

第三十七条 政府有关部门设立的公共就业服务机构，应当为残疾人免费提供就业服务。

残疾人联合会举办的残疾人就业服务机构，应当组织开展免费的职业指导、职业介绍和职业培训，为残疾人就业和用人单位招用残疾人提供服务和帮助。

第三十八条 国家保护残疾人福利性单位的财产所有权和经营自主权，其合法权益不受侵犯。

在职工的招用、转正、晋级、职称评定、劳动报酬、生活福利、休息休假、社会保险等方面，不得歧视残疾人。

残疾职工所在单位应当根据残疾职工的特点，提供适当的劳动条件和劳动保护，并根据实际需要对劳动场所、劳动设备和生活设施进行改造。

国家采取措施，保障盲人保健和医疗按摩人员从业的合法权益。

第三十九条 残疾职工所在单位应当对残疾职工进行岗位技术培训，提高其劳动技能和技术水平。

第四十条 任何单位和个人不得以暴力、

威胁或者非法限制人身自由的手段强迫残疾人劳动。

第五章　文化生活

第四十一条　国家保障残疾人享有平等参与文化生活的权利。

各级人民政府和有关部门鼓励、帮助残疾人参加各种文化、体育、娱乐活动，积极创造条件，丰富残疾人精神文化生活。

第四十二条　残疾人文化、体育、娱乐活动应当面向基层，融于社会公共文化生活，适应各类残疾人的不同特点和需要，使残疾人广泛参与。

第四十三条　政府和社会采取下列措施，丰富残疾人的精神文化生活：

（一）通过广播、电影、电视、报刊、图书、网络等形式，及时宣传报道残疾人的工作、生活等情况，为残疾人服务；

（二）组织和扶持盲文读物、盲人有声读物及其他残疾人读物的编写和出版，根据盲人的实际需要，在公共图书馆设立盲文读物、盲人有声读物图书室；

（三）开办电视手语节目，开办残疾人专题广播栏目，推进电视栏目、影视作品加配字幕、解说；

（四）组织和扶持残疾人开展群众性文化、体育、娱乐活动，举办特殊艺术演出和残疾人体育运动会，参加国际性比赛和交流；

（五）文化、体育、娱乐和其他公共活动场所，为残疾人提供方便和照顾。有计划地兴办残疾人活动场所。

第四十四条　政府和社会鼓励、帮助残疾人从事文学、艺术、教育、科学、技术和其他有益于人民的创造性劳动。

第四十五条　政府和社会促进残疾人与其他公民之间的相互理解和交流，宣传残疾人事业和扶助残疾人的事迹，弘扬残疾人自强不息的精神，倡导团结、友爱、互助的社会风尚。

第六章　社会保障

第四十六条　国家保障残疾人享有各项社会保障的权利。

政府和社会采取措施，完善对残疾人的社会保障，保障和改善残疾人的生活。

第四十七条　残疾人及其所在单位应当按照国家有关规定参加社会保险。

残疾人所在城乡基层群众性自治组织、残疾人家庭，应当鼓励、帮助残疾人参加社会保险。

对生活确有困难的残疾人，按照国家有关规定给予社会保险补贴。

第四十八条　各级人民政府对生活确有困难的残疾人，通过多种渠道给予生活、教育、住房和其他社会救助。

县级以上地方人民政府对享受最低生活保障待遇后生活仍有特别困难的残疾人家庭，应当采取其他措施保障其基本生活。

各级人民政府对贫困残疾人的基本医疗、康复服务、必要的辅助器具的配置和更换，应当按照规定给予救助。

对生活不能自理的残疾人，地方各级人民政府应当根据情况给予护理补贴。

第四十九条　地方各级人民政府对无劳动能力、无扶养人或者扶养人不具有扶养能力、无生活来源的残疾人，按照规定予以供养。

国家鼓励和扶持社会力量举办残疾人供养、托养机构。

残疾人供养、托养机构及其工作人员不得侮辱、虐待、遗弃残疾人。

第五十条　县级以上人民政府对残疾人搭乘公共交通工具，应当根据实际情况给予便利和优惠。残疾人可以免费携带随身必备的辅助器具。

盲人持有效证件免费乘坐市内公共汽车、电车、地铁、渡船等公共交通工具。盲人读物邮件免费寄递。

国家鼓励和支持提供电信、广播电视服务的单位对盲人、听力残疾人、言语残疾人给予优惠。

各级人民政府应当逐步增加对残疾人的其他照顾和扶助。

第五十一条　政府有关部门和残疾人组织应当建立和完善社会各界为残疾人捐助和服务的渠道，鼓励和支持发展残疾人慈善事业，开展志愿者助残等公益活动。

第七章 无障碍环境

第五十二条 国家和社会应当采取措施，逐步完善无障碍设施，推进信息交流无障碍，为残疾人平等参与社会生活创造无障碍环境。

各级人民政府应当对无障碍环境建设进行统筹规划，综合协调，加强监督管理。

第五十三条 无障碍设施的建设和改造，应当符合残疾人的实际需要。

新建、改建和扩建建筑物、道路、交通设施等，应当符合国家有关无障碍设施工程建设标准。

各级人民政府和有关部门应当按照国家无障碍设施工程建设规定，逐步推进已建成设施的改造，优先推进与残疾人日常工作、生活密切相关的公共服务设施的改造。

对无障碍设施应当及时维修和保护。

第五十四条 国家采取措施，为残疾人信息交流无障碍创造条件。

各级人民政府和有关部门应当采取措施，为残疾人获取公共信息提供便利。

国家和社会研制、开发适合残疾人使用的信息交流技术和产品。

国家举办的各类升学考试、职业资格考试和任职考试，有盲人参加的，应当为盲人提供盲文试卷、电子试卷或者由专门的工作人员予以协助。

第五十五条 公共服务机构和公共场所应当创造条件，为残疾人提供语音和文字提示、手语、盲文等信息交流服务，并提供优先服务和辅助性服务。

公共交通工具应当逐步达到无障碍设施的要求。有条件的公共停车场应当为残疾人设置专用停车位。

第五十六条 组织选举的部门应当为残疾人参加选举提供便利；有条件的，应当为盲人提供盲文选票。

第五十七条 国家鼓励和扶持无障碍辅助设备、无障碍交通工具的研制和开发。

第五十八条 盲人携带导盲犬出入公共场所，应当遵守国家有关规定。

第八章 法律责任

第五十九条 残疾人的合法权益受到侵害的，可以向残疾人组织投诉，残疾人组织应当维护残疾人的合法权益，有权要求有关部门或者单位查处。有关部门或者单位应当依法查处，并予以答复。

残疾人组织对残疾人通过诉讼维护其合法权益需要帮助的，应当给予支持。

残疾人组织对侵害特定残疾人群体利益的行为，有权要求有关部门依法查处。

第六十条 残疾人的合法权益受到侵害的，有权要求有关部门依法处理，或者依法向仲裁机构申请仲裁，或者依法向人民法院提起诉讼。

对有经济困难或者其他原因确需法律援助或者司法救助的残疾人，当地法律援助机构或者人民法院应当给予帮助，依法为其提供法律援助或者司法救助。

第六十一条 违反本法规定，对侵害残疾人权益行为的申诉、控告、检举，推诿、拖延、压制不予查处，或者对提出申诉、控告、检举的人进行打击报复的，由其所在单位、主管部门或者上级机关责令改正，并依法对直接负责的主管人员和其他直接责任人员给予处分。

国家工作人员未依法履行职责，对侵害残疾人权益的行为未及时制止或者未给予受害残疾人必要帮助，造成严重后果的，由其所在单位或者上级机关依法对直接负责的主管人员和其他直接责任人员给予处分。

第六十二条 违反本法规定，通过大众传播媒介或者其他方式贬低损害残疾人人格的，由文化、广播电影电视、新闻出版或者其他有关主管部门依据各自的职权责令改正，并依法给予行政处罚。

第六十三条 违反本法规定，有关教育机构拒不接收残疾学生入学，或者在国家规定的录取要求以外附加条件限制残疾学生就学的，由有关主管部门责令改正，并依法对直接负责的主管人员和其他直接责任人员给予处分。

第六十四条 违反本法规定，在职工的招用等方面歧视残疾人的，由有关主管部门责令改正；残疾人劳动者可以依法向人民法院提起诉讼。

第六十五条 违反本法规定，供养、托养机构及其工作人员侮辱、虐待、遗弃残疾人的，对直接负责的主管人员和其他直接责任人员依法给予处分；构成违反治安管理行为的，依法给予行政处罚。

第六十六条 违反本法规定，新建、改建和扩建建筑物、道路、交通设施，不符合国家有关无障碍设施工程建设标准，或者对无障碍设施未进行及时维修和保护造成后果的，由有关主管部门依法处理。

第六十七条 违反本法规定，侵害残疾人的合法权益，其他法律、法规规定行政处罚的，从其规定；造成财产损失或者其他损害的，依法承担民事责任；构成犯罪的，依法追究刑事责任。

第九章 附 则

第六十八条 本法自2008年7月1日起施行。

残疾人就业条例

（中华人民共和国国务院令第488号，2007年2月14日国务院第169次常务会议通过，现予公布，自2007年5月1日起施行）

第一章 总 则

第一条 为了促进残疾人就业，保障残疾人的劳动权利，根据《中华人民共和国残疾人保障法》和其他有关法律，制定本条例。

第二条 国家对残疾人就业实行集中就业与分散就业相结合的方针，促进残疾人就业。

县级以上人民政府应当将残疾人就业纳入国民经济和社会发展规划，并制定优惠政策和具体扶持保护措施，为残疾人就业创造条件。

第三条 机关、团体、企业、事业单位和民办非企业单位（以下统称用人单位）应当依照有关法律、本条例和其他有关行政法规的规定，履行扶持残疾人就业的责任和义务。

第四条 国家鼓励社会组织和个人通过多种渠道、多种形式，帮助、支持残疾人就业，鼓励残疾人通过应聘等多种形式就业。禁止在就业中歧视残疾人。

残疾人应当提高自身素质，增强就业能力。

第五条 各级人民政府应当加强对残疾人就业工作的统筹规划，综合协调。县级以上人民政府负责残疾人工作的机构，负责组织、协调、指导、督促有关部门做好残疾人就业工作。

县级以上人民政府劳动保障、民政等有关部门在各自的职责范围内，做好残疾人就业工作。

第六条 中国残疾人联合会及其地方组织依照法律、法规或者接受政府委托，负责残疾人就业工作的具体组织实施与监督。

工会、共产主义青年团、妇女联合会，应当在各自的工作范围内，做好残疾人就业工作。

第七条 各级人民政府对在残疾人就业工作中做出显著成绩的单位和个人，给予表彰和奖励。

第二章 用人单位的责任

第八条 用人单位应当按照一定比例安排残疾人就业，并为其提供适当的工种、岗位。

用人单位安排残疾人就业的比例不得低于本单位在职职工总数的1.5%。具体比例由省、自治区、直辖市人民政府根据本地区的实际情况规定。

用人单位跨地区招用残疾人的，应当计入所安排的残疾人职工人数之内。

第九条 用人单位安排残疾人就业达不到其所在地省、自治区、直辖市人民政府规定比例的，应当缴纳残疾人就业保障金。

第十条 政府和社会依法兴办的残疾人福利企业、盲人按摩机构和其他福利性单位（以下统称集中使用残疾人的用人单位），应当集中安排残疾人就业。

集中使用残疾人的用人单位的资格认定，按照国家有关规定执行。

第十一条 集中使用残疾人的用人单位中从事全日制工作的残疾人职工，应当占本单位在职职工总数的25％以上。

第十二条 用人单位招用残疾人职工，应当依法与其签订劳动合同或者服务协议。

第十三条 用人单位应当为残疾人职工提供适合其身体状况的劳动条件和劳动保护，不得在晋职、晋级、评定职称、报酬、社会保险、生活福利等方面歧视残疾人职工。

第十四条 用人单位应当根据本单位残疾人职工的实际情况，对残疾人职工进行上岗、在岗、转岗等培训。

第三章 保障措施

第十五条 县级以上人民政府应当采取措施，拓宽残疾人就业渠道，开发适合残疾人就业的公益性岗位，保障残疾人就业。

县级以上地方人民政府发展社区服务事业，应当优先考虑残疾人就业。

第十六条 依法征收的残疾人就业保障金应当纳入财政预算，专项用于残疾人职业培训以及为残疾人提供就业服务和就业援助，任何组织或者个人不得贪污、挪用、截留或者私分。残疾人就业保障金征收、使用、管理的具体办法，由国务院财政部门会同国务院有关部门规定。

财政部门和审计机关应当依法加强对残疾人就业保障金使用情况的监督检查。

第十七条 国家对集中使用残疾人的用人单位依法给予税收优惠，并在生产、经营、技术、资金、物资、场地使用等方面给予扶持。

第十八条 县级以上地方人民政府及其有关部门应当确定适合残疾人生产、经营的产品、项目，优先安排集中使用残疾人的用人单位生产或者经营，并根据集中使用残疾人的用人单位的生产特点确定某些产品由其专产。

政府采购，在同等条件下，应当优先购买集中使用残疾人的用人单位的产品或者服务。

第十九条 国家鼓励扶持残疾人自主择业、自主创业。对残疾人从事个体经营的，应当依法给予税收优惠，有关部门应当在经营场地等方面给予照顾，并按照规定免收管理类、登记类和证照类的行政事业性收费。

国家对自主择业、自主创业的残疾人在一定期限内给予小额信贷等扶持。

第二十条 地方各级人民政府应当多方面筹集资金，组织和扶持农村残疾人从事种植业、养殖业、手工业和其他形式的生产劳动。

有关部门对从事农业生产劳动的农村残疾人，应当在生产服务、技术指导、农用物资供应、农副产品收购和信贷等方面给予帮助。

第四章 就业服务

第二十一条 各级人民政府和有关部门应当为就业困难的残疾人提供有针对性的就业援助服务，鼓励和扶持职业培训机构为残疾人提供职业培训，并组织残疾人定期开展职业技能竞赛。

第二十二条 中国残疾人联合会及其地方组织所属的残疾人就业服务机构应当免费为残疾人就业提供下列服务：

（一）发布残疾人就业信息；

（二）组织开展残疾人职业培训；

（三）为残疾人提供职业心理咨询、职业适应评估、职业康复训练、求职定向指导、职业介绍等服务；

（四）为残疾人自主择业提供必要的帮助；

（五）为用人单位安排残疾人就业提供必要的支持。

国家鼓励其他就业服务机构为残疾人就业提供免费服务。

第二十三条 受劳动保障部门的委托，残疾人就业服务机构可以进行残疾人失业登记、残疾人就业与失业统计；经所在地劳动保障部门批准，残疾人就业服务机构还可以进行残疾人职业技能鉴定。

第二十四条 残疾人职工与用人单位发生

争议的，当地法律援助机构应当依法为其提供法律援助，各级残疾人联合会应当给予支持和帮助。

第五章　法律责任

第二十五条　违反本条例规定，有关行政主管部门及其工作人员滥用职权、玩忽职守、徇私舞弊，构成犯罪的，依法追究刑事责任；尚不构成犯罪的，依法给予处分。

第二十六条　违反本条例规定，贪污、挪用、截留、私分残疾人就业保障金，构成犯罪的，依法追究刑事责任；尚不构成犯罪的，对有关责任单位、直接负责的主管人员和其他直接责任人员依法给予处分或者处罚。

第二十七条　违反本条例规定，用人单位未按照规定缴纳残疾人就业保障金的，由财政部门给予警告，责令限期缴纳；逾期仍不缴纳的，除补缴欠缴数额外，还应当自欠缴之日起，按日加收5‰的滞纳金。

第二十八条　违反本条例规定，用人单位弄虚作假，虚报安排残疾人就业人数，骗取集中使用残疾人的用人单位享受的税收优惠待遇的，由税务机关依法处理。

第六章　附　则

第二十九条　本条例所称残疾人就业，是指符合法定就业年龄有就业要求的残疾人从事有报酬的劳动。

第三十条　本条例自2007年5月1日起施行。

第二部分

重要文献资料

一、中共中央总书记、国家主席胡锦涛致中国人权研究会的信

中国人权研究会：

你们在《世界人权宣言》发表60周年之际召开纪念会很有意义。我向全体与会同志致以诚挚的问候！并向为我国人权事业发展做出贡献的同志们表示衷心的感谢！

联合国在60年前发表的《世界人权宣言》，表达了世界各国人民对推进世界人权事业的共同愿望，对世界人权事业发展产生了重要影响。

新中国成立以来，中国社会取得了举世公认的巨大进步，中国人民的命运发生了翻天覆地的巨大变化，中国人权事业也实现了历史性发展。特别是改革开放30年来，党和政府把尊重和保障人权作为治国理政的重要原则，庄严载入中国共产党章程和中华人民共和国宪法，并采取切实有效的措施促进人权事业发展，使广大人民群众物质文化生活水平得到显著提高，政治、经济、文化、社会权益得到切实保障，谱写了中国人权事业发展的新篇章。

在全面建设小康社会、加快推进社会主义现代化的进程中，我们要一如既往地坚持以人为本，既尊重人权普遍性原则，又从基本国情出发，切实把保障人民的生存权、发展权放在保障人权的首要位置，在推动经济社会又好又快发展的基础上，依法保证全体社会成员平等参与、平等发展的权利。中国人民将一如既往地加强国际人权合作，同世界各国人民一道，共同为推动世界人权事业健康发展，为建设持久和平、共同繁荣的和谐世界作出应有的贡献。

预祝会议取得圆满成功！

胡锦涛

2008年12月10日

二、政府白皮书

2009年中国人权事业的进展

中华人民共和国国务院新闻办公室

（2010年9月）

前　言

2009年是进入新世纪以来中国经济发展最为困难的一年。在这一年里，面对国际金融危机的巨大冲击和严峻复杂的经济形势，中国政府坚持以人为本的科学发展观，把妥善应对国际金融危机、保持经济平稳较快发展与促进人权事业发展有机结合起来，全面实施保增长、调结构、促改革、惠民生的一系列政策措施，有效遏制经济增长明显下滑的态势，在全球率先实现经济回升向好，同时推动中国人权事业取得了新的重大进展。

在这一年里，中国政府颁布实施了《国家人权行动计划（2009—2010年）》。这是中国政府制定的第一个以人权为主题的国家规划，是指导和推动中国人权事业全面发展的纲领性文件。计划将尊重和保障人权的宪法原则贯彻到政治、经济、文化和社会建设各个领域，贯穿于立法、执法、司法和执政、行政各个环节，明确规定了中国政府促进和保护人权的工作目标和具体措施。一年多来，《国家人权行动计划（2009—2010年）》得到全面有效的实施，公民人权意识得到普遍提高，人权事业得到全面推进。

中国是一个拥有13亿人口的发展中大国。由于发展不足和发展不平衡，中国的人权状况还存在着一些不尽如人意的地方。中国政府正在采取有力措施推动科学发展、促进社会和谐，为实现社会更加公正和谐，人民生活更有尊严、更加幸福而努力。

为增进国际社会对中国人权状况的了解，现将2009年中国人权事业进展情况公布如下。

一、人民的生存权和发展权

2009年，中国政府为应对国际金融危机的冲击，投入4万亿元，着力促民生、保增长、调结构，促进社会经济平稳较快发展，取得显著成效。据统计，2009年，国内生产总值达到34万多亿元，比上年增长9.1％。粮食产量5.31亿吨，再创历史新高，实现连续第六年增产。中国人民的生活水平在经济社会发展的基础上有了进一步的提高。

居民生活条件继续得到改善。2009年，中国农村居民人均纯收入为5153元，城镇居民人均可支配收入为17175元，分别比上年实际增长8.5％和9.8％。农村居民家庭恩格尔系数（即居民家庭食品消费支出占消费总支出的比重）为41％，城镇居民家庭恩格尔系数为36.5％。2009年，国家安排专项建设资金550.56亿元，基本建成各类保障性住房200万套，改造国有林区、垦区、煤矿棚户区和部分城市棚户区住房130万套，居民住房条件得到改善。到2009年底，全国民用轿车保有量3136万辆，比上年增长28.6％，其中私人轿车2605万辆，增长33.8％。全国固定及移动电话用户总数达到106107万户，比上年末增加7947万户，电话普及率达到每百人79.9部。全年国内出游人数达19亿人次，比上年增长11.1％。国内居民出境人数达4766万人次，增长4％。

国家加大扶持力度，促进农业发展、农村

建设和农民增收。2009年，国家先后出台《关于2009年促进农业稳定发展农民持续增收的若干意见》和《关于当前稳定农业发展促进农民增收的意见》，中央财政投入资金7253亿元，比上年增长21.8%，有力地促进了农民生活条件的改善。2009年，80万户农村危房得到改造，9.2万户游牧民实现了定居，6069万农村人口饮水安全问题得到解决。2000年至2009年全国累计解决2.25亿农村人口的饮水安全问题，提前6年实现了联合国提出的"2015年前无法可持续获得安全饮水人口比例减半"的发展目标。

国家高度重视改善贫困人口的生产生活条件。2009年，国家投入扶贫资金197.3亿元，比上年增加30亿元，通过财政贴息调动信贷扶贫资金投入252亿元。2009年，国家将农村扶贫标准提高到每人每年1196元，扶贫开发对象覆盖4007万人。到2009年底，农村贫困人口减少到3597.1万人，占农村人口的3.8%。国家扶贫开发工作重点县农民人均纯收入从2008年的2611元增加到2842元，增幅高于全国农村平均水平。

国家完善公共卫生体系，提高人民的健康水平。2009年，全国卫生总费用达17204.81亿元，人均卫生费用1192元，卫生总费用占国内生产总值比重达4.96%。国家安排基层医疗服务体系建设资金217亿多元，支持986个县级医院（含中医院）、3549个中心乡镇卫生院、1154个社区卫生服务中心建设，另拨付基层医疗卫生机构设备购置补助资金17.3亿元。全年共为农村1126万名孕产妇住院分娩实施补助，为1186万左右农村生育妇女孕前3个月和孕早期3个月免费补服叶酸，为200万农村妇女进行宫颈癌检查，为2800多万15岁以下人群补种乙肝疫苗。2009年，全国"百万贫困白内障患者复明工程"项目完成21万余例次手术，对3万处农村饮水安全集中供水工程进行水质卫生监测。到2009年底，全国艾滋病抗病毒治疗工作已覆盖31个省（自治区、直辖市），累计治疗艾滋病病人79946例、艾滋病患儿1793人。2009年，国家迅速启动应急响应机制，有效防止甲型H1N1流感的传播。据统计，目前全国共有卫生机构28.9万个，卫生技术人员522万人，医院和卫生院床位396万张，乡镇卫生院床位91万张。中国居民人均期望寿命73岁，全国孕产妇死亡率为31.9/10万，婴儿死亡率为13.8‰。

国家加强安全生产法制建设和监管工作。2009年，国家颁布了《作业场所职业健康监督管理暂行规定》等12个部门规章，制定修改了53项安全生产标准和煤炭行业标准，进一步强化了对从业人员工作环境的安全防护。2009年，全国18个省（自治区、直辖市）建立了专门的安全生产执法队伍，所有地市级政府和97%的县级政府成立了安全监管机构，75%的乡镇（街道）设立了专职或兼职安全生产工作机构。煤矿安全监察系统增设了5个监察分局，全年全国生产安全事故责任追究处理29880人。2009年，全国安全事故总起数、死亡人数同比减少34930起、7980人，分别下降8.4%和8.8%。特别重大事故起数和死亡人数同比分别下降50%和56.1%。亿元国内生产总值生产安全事故死亡人数为0.248人，同比下降16.7%。在2010年3月28日的山西王家岭矿难中，有153名矿工被困井下，经过8天8夜的救援，成功救出115名矿工，创造了中国矿山事故抢险救援史上的奇迹。

二、公民权利和政治权利

2009年，中国政府继续把保障公民权利和政治权利贯穿于政治文明建设之中，进一步加强民主法治建设，努力扩大公民有序的政治参与，保证人民当家做主的权利。

在中国，人民行使国家权力的机关是全国人民代表大会和地方各级人民代表大会。全国人民代表大会及其常委会行使国家立法权。2009年1月至2010年3月，全国人大及其常委会共审议了25件法律和有关法律问题的决定草案，通过了18件，修改了选举法、邮政法等8部法律，进一步加强了人权的立法保障。其中，新通过的食品安全法全方位构筑起食品安全法律屏障，为保证食品安全、保障人民身体健康和生命安全提供了新的法律依据。侵权责任法明确规定了侵害公民权益应承担侵权责任的基本原则和责任方式，进一步完善了公民人身权和财产权的法律保护制度。特别是2009年3月第十一届全国人民代表大会第三次会议作出的关于修改选举法的决定，明确规定城乡按相同人口比例选举人大代表，增加了人大代表的广泛性，更好地体现了人人平等、地区平等和民族平等，进一步完善了选举制度，扩大了人民民主权利。截至目前，中国现行有效的法律234件、行政法规690多件、地方性法规8800多件，已基本形成了以宪法为核心的法律体系和人权保障法律制度。

全国人大及其常委会有效行使监督权，监督实效进一步增强。2009年，全国人大常委会就应对气候变化工作情况、促进就业和再就业、加强民事执行工作、加强渎职侵权检察等工作听取和审议了国务院、最高人民法院、最高人民检察院14个报告；对食品安全法、工会法等3部法律的实施情况进行了检查；开展包括保障性住房建设、教育卫生等民生工程在内的部分中央重大公共投资项目实施情况专题调研，督促有关部门依法行政，公正司法，解决好关系人民切身利益和社会普遍关注的问题。

中国共产党领导的多党合作和政治协商制度是中国的一项基本政治制度，是符合中国国情、具有鲜明中国特色的新型政党制度，在国家政治生活中发挥着重要作用。人民政协通过提案、委员视察、专题协商、专题调研、反映社情民意等方式，开展议政建言活动，履行政治协商、民主监督、参政议政职能。2009年，全国政协共提出提案5820件，经审查立案5218件；编报社情民意信息267期，反映民生方面的意见和建议1435条；提交关于中小企业发展、民族地区经济社会发展等方面的视察报告和考察报告12份，并与有关部委就视察成果的采纳和落实情况进行交流，在反馈环节上探索建立健全制度。全国政协还就“着力扩大国内需求，保持经济平稳较快发展”、“加快发展方式转变和结构调整，提高可持续发展能力”、“保障和改善民生，促进社会和谐”等重大经济与民生问题召开专题议政性常委会和专题协商会。2009年，全国政协有关专门委员会积极为立法、执法工作建言献策，如，围绕民族区域自治法的贯彻实施深入考察调研，建议建立健全与民族区域自治法相配套的法律体系及相关政策，推动其贯彻落实；建议完善相关法律法规，明确非正常上访的法律概念以及责任主体，将信访工作纳入法制化轨道。另外，还就国务院法制办等单位送来的多部社会建设方面的法律法规草案提出了修改意见。

基层群众自治制度是保障人民群众直接行使民主权利的一项基本政治制度。2009年，国务院出台了《关于加强和改进村民委员会选举工作的通知》，就选举前准备工作、选举程序、选举后续工作、加强组织领导等方面提出了规范性要求，对维护村民委员会选举的公正有序、保障村民依法直接行使民主权利、发展农村基层民主具有重要意义。2009年，全国12个省份村委会和16个省份居委会完成了换届选举工作。目前，全国农村有村委会60.4万个，依法民主选举产生的村委会成员230多万人。国家开展村务公开，民主管理“难点村”专项治理，解决农村征地拆迁、土地承包等过程中存在的损害农民合法权益的问题。完善城乡社区服务体系，不断提高城乡社区建设的整体水平。

中国政府积极推进政务公开、健全新闻发言人制度和相关信息公开制度，依法促进公民享有更多的知情权、监督权和参与公共事务的权利。2004年《全面推进依法行政实施纲要》颁布实施以来，依法行政工作取得重大进展。中国政府更加注重有关社会管理和公共服务的立法，更加注重公众参与和专家论证，行政决策的科学化、民主化、法治化水平不断提高。进一步规范执法行为，大力推进行政执法责任制。2009年，各级人民政府部门认真贯彻落实《政府信息公开条例》，进一步丰富行政机关的政府信息公开平台。各级政府新闻发布会制度进一步健全。2009年，国务院新闻办公室、各部委各部门以及各省（自治区、直辖市）举办了1646场新闻发布会。中国媒体与网民积极参与公共政策讨论并对政府行为进行监督与批评。2010年3月，财政部等8个中央单位先后在各自网站上公布了本年度财政预算，改变了传统上行政部门财政的运作方式，公众对此反响热烈，认为这一举措是中国向政治文明迈进的重要一步。

中国政府支持企事业单位完善以职工代表大会为基本形式的企事业单位民主管理制度，推进厂务公开，支持职工参与管理，维护职工合法权益。截至2009年底，全国已有22个省（自治区、直辖市）颁布了27个厂务公开、民主管理方面的地方性法规。截至2009年9月底，已建工会、实行厂务公开制度的企事业单位有175.2万个，覆盖职工12751.2万人；实行职工代表大会制度的企事业单位183.9万个，覆盖职工13338.7万人。全国基层工会组织达到184.5万个，覆盖企事业单位395.9万家；全国工会会员总数达到2.263亿人。最近五年，全国工会会员数平均每年净增1500万人以上，工会组建和发展会员工作创造了历史最高水平。

中国公民在互联网上的言论自由受法律保护，可以通过各种形式在网上发表言论。互联网得到广泛普及和运用，已成为人们获取各类信息和发表言论的重要途径。截至2009年底，中国网民人数达到3.84亿，互联网普及率达到28.9%，超过世界平均水平。中国境内网站达323万个。网站十分注重为网民提供发表言论的服务，约80%的网站提供电子公告服务。中国现有上百万个论坛，2.2亿个博客用户。据抽样统计，每天人们通过论坛、新闻评论、博客等渠道发表的言论达300多万条，超过66%的中国网民经常在网上发表言论，就各种话题进行讨论，充分表达思想观点和利益诉求。通过互联网了解民情、汇聚民智，成为中国政府执政为民、改进工作的新渠道。中国领导人经常上网了解公众意愿，有时直接在网上与网民交流，讨论国家大事，回答网民的问题。各级政府出台重大政策前，通过互联网征求意见已成为普遍做法。近三年来，每年通过互联网征求到的建议多达几百万条，为完善政府工作提供了有益参考。

中国政府十分重视互联网的监督作用，对人们通过互联网反映的问题，要求各级政府及时调查解决，并向公众反馈处理结果。绝大多数政府网站都公布了电子邮箱、电话号码，以便于公众反映政府工作中存在的问题，一大批通过互联网反映出来的问题得到了解决。为便于公众举报贪污腐败等问题，中央纪检监察机构和最高人民法院、最高人民检察院等开设了举报网站。

公民依法享有批评、建议、申诉、检举和控告的权利。中国政府通过开展绿色邮政、专线电话、网上信访、信访代理等多种渠道，为人民群众反映问题、表达诉求、提出意见建议提供便利。坚持实行党政领导干部阅批群众来信、定期接待群众来访、领导包案和责任追究等制度，切实维护人民群众的合法权益。2009年，中共中央办公厅、国务院办公厅转发《关于领导干部定期接待群众来访的意见》、《关于中央和国家机关定期组织干部下访的意见》和《关于把矛盾纠纷排查化解工作制度化的意见》三个文件，将定期接待群众来访的主体从县委书记层拓宽到各级各部门领导干部，将组织中央和国家机关干部下访规范化，把矛盾纠纷排查化解工作制度化，进一步完善信访工作法规制度体系。2009年，全国信访总量同比下降2.7%，连续5年保持了下降的态势。

三、人权的司法保障

2009年，中国进一步完善人权的司法保障体系，执法、司法中的人权保障得到进一步加强。

中国依法惩治犯罪，保障公民的生命财产安全和其他各项人权不受侵犯。2009年，检察机关共批准逮捕各类刑事犯罪嫌疑人941091人，提起公诉1134380人。各级人民法院审结一审刑事案件76.7万件，判处罪犯99.7万人，执结各类积案340.7万件，依法维护了被害人的合法权益。

公安机关坚持执法为民，出台便民利民措施进一步规范执法。2009年10月，公安部制定《公安机关执法细则》，明确规定公安机关办理行政、刑事案件的具体操作规范，为防止公安机关滥用职权侵犯公民权利提供了制度保障。各地公安机关也结合实际出台了执法规范，对执法活动中的人权保护提出了明确要求。2009年12月，公安部发布《关于修改〈机动车驾驶证申领和使用规定〉的决定》，进一步放宽对下肢残疾、手指残缺和听力障碍人员驾驶机动车的身体条件规定，满足了部分残疾人驾车出行的需求。2010年6月1日起施行的《公安机关人民警察纪律条令》，是中国第一部系统规范公安机关及人民警察违纪行为的纪律处分的部门规章。其中，对体罚、虐待违法犯罪嫌疑人、被监管人员或其他工作对象的行为规定了明确的处分措施。

检察机关履行法律监督职责，切实保护公民的权利。2009年，检察机关督促侦查机关立案19466件，督促撤案6742件，决定追加逮捕21232人、追加起诉18954人，决定不批准逮捕123235人、不起诉33048人。对侦查活动中的违法情况提出纠正意见25664件次。检察机关对认为确有错误的刑事裁判提出抗诉3963件，对刑事审判活动中的违法情况提出纠正意见4035件次。坚决查办侵犯人权的职务犯罪，立案侦查涉嫌利用职权实施非法拘禁、破坏选举、报复陷害等侵犯人权的国家机关工作人员478人。

司法透明度进一步增加。2009年，最高人民法院发布《最高人民法院关于司法公开的六项规定》，将审判公开落实到审判和执行的各个环节，进一步规范裁判文书上网和庭审直播，将司法的过程和结果公开，实行新闻发布例会制度，拓展司法公开的广度和深度。颁布《人民法院工作人员处分条例》，全年共查处违纪违法人员795人，其中，移送司法机关处理137人。全年共办理群众信访30.3万件次，接待群众来访105.5万人次。

法律援助工作成效显著，有效维护困难群众合法权益。司法部于2009年6月部署开展“法律援助便民服务”主题活动，在全国推行十项便民措施。各地进一步扩大法律援助覆盖面，普遍将就医、就业、就学、劳动报酬、社会保障等与民生紧密相关的权益保护事项纳入法律援助补充事项范围。越来越多的地方将经济困难指标调整至最低生活保障线的1.5至2倍，努力使法律援助惠及更多困难群众。法律援助网络建设不断加强，截至2009年底，全国共建立省市县三级政府法律援助机构3274个，设立法律援助工作站58031个，方便了困难群众就近申请和获得法律援助。2009年共办理法律援助案件64万多件，提供法律咨询484万多人次，有效维护了困难群众合法权益。

律师在人权的司法保护中的作用不断增强。2009年，国家制定有关规章和规范性文件，细化了律师法的相关规定，促进律师法关于律师会见权、阅卷权、调查取证权有关规定的贯彻落实，推动律师诉讼业务的发展，为保障律师依法履行职责、在司法程序中发挥更大的作用提供有力的法律保障。据统计，2009年，全国律师共代理各类诉讼案件196万余件，有效维护了当事人的合法权益，促进了司法公正。

在押人员的合法权益依法受到保护。2009年，司法部制定实施《监狱教育改造罪犯工作目标考评办法》，全面推进教育改造各项工作考核；开展“规范执法行为、提高执法水平”专题教育实践活动，着力解决执法工作中存在的问题。监狱推广罪犯每周5天劳动教育、1天课堂学习教育、1天休息的“5+1+1”的改造模式；采取措施，确保罪犯的生活水平和医疗水平与社会经济同步发展。2009年，检察机关对超期羁押提出纠正意见337人次，对监管活动中的其他违法情况提出纠正意见22268件次；会同公安机关开展全国看守所监管执法专项检查，清理发现有“牢头狱霸”行为的在押人员2207人，对其中涉嫌犯罪的123人依法提起公诉；与司法部联合开展了“清查事故隐患，促进安全监管”专项活动，着力解决安全措施、监管工作不到位等问题，切实保护了罪犯的合法权益。

人民调解制度建设进一步加强。到2009年底，全国共建立人民调解委员会82.3万多个，共有人民调解员493.8万多人。全年共调解各类纠纷767.6万余件，防止民间纠纷转化为刑事案件4.8万多件，防止民间纠纷引起自杀1.8万多人。

四、经济、社会和文化权利

2009年，中国政府将保障人民的经济、社会和文化权利贯穿于促进经济社会平稳较快发展的全过程中，采取有效的措施积极应对国际金融危机，着力解决就业、医疗、社会保障、教育等关系人民群众切身利益的问题，取得显著成效。

劳动者的就业权受到保护。2009年，国家安排就业资金420亿元，比上年增长66.7%。全国城镇新增就业1102万人，下岗失业人员实现再就业514万人，城镇登记失业率4.3%，应届高校毕业生就业率达到87.4%。外出农民工总量1.45亿人，比上年增加492万人。国家直接帮助汶川灾区劳动者实现就业18.6万人，实现了灾区零就业家庭至少一人就业的目标。

发展职业培训，提高劳动者就业能力。2009年，国家出台《关于实施特别职业培训计划的通知》，决定从2009年至2010年实施特别职业培训计划，重点围绕受金融危机影响的各类劳动者的就业需求，开展针对困难企业在职职工、失去工作返乡的农民工、城镇失业人员和新成长劳动力等四类群体的技能培训。2009年共组织开展职业培训2160多万人次，其中包括困难企业职工培训260多万人次、农村劳动力转移就业培训1100万人次、城镇失业人员再就业培训450万人次、劳动预备制培训240万人次以及创业培训110万人次。

劳动者合法权益依法受到保护。2009年，国家制定《关于应对当前经济形势稳定劳动关系的指导意见》，积极发挥劳动关系三方机制在保企业、保就业、保稳定中的作用。2009年，全国劳动保障监察机构共主动检查用人单位175万家，涉及劳动者9029.8万人，查处各类劳动保障违法案件43.9万件，督促用人单位为1073.7万名劳动者补签劳动合同，为593.1万名劳动者追回工资等待遇89.2亿元，督促用人单位补缴社会保险费46.4亿元。各级劳动争议仲裁机构共立案受理劳动争议案件68.4万件，案外调解17.8万件。当期审结案件比上年增加10.8%，有效维护了劳动关系的和谐。

社会保障制度进一步健全。2009年，中央财政安排社会保障基金2906亿元，比上年增长16.6%。截至2009年底，全国参加失业保险人数为12715万人，比2008年底增加315万人；领取失业保险金的人数为235万人，比2008年末减少26万人。2009年，全国基本医疗保险总参保人数已超过12亿人，总体覆盖率达到90%以上。城镇职工医保、居民医保参保人数增加8325万人，参保人数超过4亿人。新型农村合作医疗参保人数增加1630万人，参合人口达到8.33亿人。城镇职工医保、居民医保和新农合最高支付限额基本达到当地职工平均工资、城镇居民可支配收入和农民人均纯收入的6倍左右，医疗费用报销比例进一步提高。国家2008年、2009年共安排509亿元解决关闭破产国有企业退休人员医疗保险问题。2009年，全国基本养老保险参保人数为23550万人，比2008年底增加1659万人，同比增长7.6%。新型农村社会养老保险试点在全国27个省、自治区的320个县（市、区、旗）和4个直辖市正式启动，试点覆盖面为11.8%，覆盖农村居民约1.3亿人，其中60周岁以上的约1530万人。2009年底，全国已有超过半数省份实现了工伤保险市级统筹，绝大多数省份已建立了工伤保险储备金制度。全国工伤保险参保人数已达14896万人，其中农民工参保人数5587万人，分别比2008年末增加1109万人和645万人。2009年生育保险参保人数达到10876万人，比上年底新增1622万人，全年享受生育保险待遇达174万人次。

公民受教育权得到保障。到2009年底，全国普及九年义务教育人口覆盖率达99.7%，普及九年义务教育的县数占全国县数的99.5%。城市小学新生中接受学前教育的比例达96.64%，农村小学新生中接受学前教育的达88.55%。小学学龄儿童净入学率达99.4%，小学五年巩固率达到99.31%，初中毛入学率达到99%，初中三年巩固率达到94%，高中阶段毛入学率达79.2%。普通高校招生639.5万人，比上一年增加31.8万人，研究生招生51.1万人，比上一年增加6.5万人。

国家高度重视发展农村教育。2009年，中央财政下达农村义务教育保障机制专项基金587亿元，其中公用经费资金357亿元、免费教科书资金138亿元、校舍维修改造资金51亿元、补助家庭经济困难寄宿生生活费资金41亿元。免除了全国约1.3亿名农村义务教育学生学杂费和教科书费，按照小学每年500元、初中每年750元的标准，对中西部地区约1100万名农村家庭经济困难寄宿生补助了生活费。全国所有省份农村中小学预算内公用经费都达到了小学每生每年300元、初中每生每年500元的基准定额。到2009年底，已完成中西部地区农村初中校舍改造工程6063多所，完工校舍面积1281多万平方米。完成农村学校远程教育网络工程投资110亿元，为中西部地区的23个省份以及新疆生产建设兵团配备教学光盘播放设备40.2万套、卫星教学收视系统27.9万套、计算机教室和多媒体设备4.5万套，覆盖中西部地区36万所农村中小学。

国家健全家庭经济困难学生资助体系。2009年，中央财政下达中等职业学校国家助学金资金预算92.8亿元，资助学生约1200万人，占中等职业学校一、二年级学生总数的近90％；下达中等职业学校农村家庭经济困难学生和涉农专业学生秋季学期免学费资金24亿元，约440万名学生享受免学费政策。下达中央专项彩票公益金教育助学项目资金6亿元，资助60万名普通高中学校的家庭经济困难学生。中央财政下达70.5亿元高校国家奖助学金资金预算，全国普通高等学校有469.43万人次获得国家奖助学金。全国有24个省份启动了生源地信用助学贷款，22个省份发放了贷款，当年新增贷款学生人数约为60万人。2009年秋季学期开学时，全国普通高校有53.25万名家庭经济困难新生通过"绿色通道"顺利入学，占特困新生的95.5％，占家庭经济困难新生的36.1％，占当年入学新生的9.1％。

人民文化生活日益丰富。到2009年底，中国出版各类报纸437亿份，各类期刊31亿册，图书70亿册。全国共有艺术表演团体2478个、广播电台251座、电视台272座、广播电视台2087座、教育台44个。全国共有有线电视用户17398万户、有线数字电视用户6200万户。广播节目综合人口覆盖率达96.3％，电视节目综合人口覆盖率为97.2％。全年生产故事片456部，科教、纪录、动画和特种影片102部。全国共有档案馆4035个，已开放各类档案7991万卷（件）。

覆盖城乡的公共文化服务体系加快建立，服务能力和水平明显提高。2009年，全国共有县级以上公共图书馆2850个，县级以上群艺馆和文化馆3223个，文化站38736个。2009年，已有1749个公共博物馆实现免费开放。国家图书馆从2009年2月7日开始全面减免收费项目。

文化信息资源共享工程将中华优秀文化进行数字化加工整合，通过互联网、卫星、电视、手机等进行传播，实现了先进数字文化在全国范围的共建共享。到2009年，全国已建成各级文化共享服务网点75.7万个。目前实现共享的数字资源总量为90TB，包括视频资源70132小时，电子图书52691种，电子期刊3604种。其中，少数民族语言视频资源1510小时、电子图书1250种，涉及藏语、蒙古语、维吾尔语、哈萨克语、朝鲜语5种语言。到2009年底，文化共享工程累计服务约7亿人次。

2009年，国家投入资金4.07亿元援建各类全民健身工程。国家颁布的《全民健身条例》是中国第一部全面、系统规范全民健身事业发展的专门性行政法规，对全民健身管理机制，全民健身计划、活动等方面作了系统规范。条例首次在国家法规中明确规定"公民有依法参加全民健身活动的权利"。

五、少数民族的平等权利和特殊保护

在中国，各民族公民平等地享有宪法和法律规定的全部公民权利。同时，少数民族公民又依法享有少数民族特有的权利。

国家依法保障各少数民族平等参与管理国家事务和地方事务的权利。目前，55个少数民族都有本民族的全国人民代表大会代表和全国政治协商会议委员；人口超过100万的少数民族都有本民族的全国人民代表大会常务委员会委员。历届全国人民代表大会中，少数民族代表人数占全国人民代表大会代表总人数的比例均高于同期少数民族人口占全国总人口的比例。155个民族自治地方的人民代表大会常务委员会中均有实行区域自治的民族的公民担任主任或者副主任；民族自治地方政府的主席、州长、县长或旗长均由实行区域自治的民族的公民担任。截至2009年，全国共有290多万少数民族干部，约占干部总数的7.4％。全国公务员队伍中，少数民族约占9.6％。

国家加大对少数民族地区发展的支持力度，少数民族人民的生活水平不断提高。近年来，国家相继制定《关于进一步促进新疆经济社会发展的若干意见》、《关于近期支持西藏经济社会发展的意见》、《关于进一步促进宁夏经济社会发展的若干意见》和《广西北部湾经济区发展规划》，有力地促进了少数民族和民族地区经济社会发展。2009 年，国家投入 12.4 亿元少数民族发展资金加快促进少数民族地区经济社会发展。2009 年，国家投入各类资金 7.8 亿元，累计有 80 % 以上人口较少的民族聚居村率先达到了《扶持人口较少民族发展规划（2005—2010 年)》确定的目标任务。加大兴边富民行动力度，扶持范围扩大到 136 个边境县和新疆生产建设兵团。2009 年，国家实行新的扶贫标准，扩大覆盖范围，对民族地区农村低收入人口全面实施扶贫政策，民族地区的农村绝对贫困人口由 2004 年的 1245 万减少到 2008 年的 770 多万。2009 年，民族地区基本实现了具备条件的特困村通路、通电、通电话、通广播电视；有学校、有卫生室、有安全的人畜饮用水、有安居房、有稳定解决温饱的基本农田或草场，人均粮食占有量、人均纯收入等达到国家扶贫开发纲要要求。

民族地区的公共卫生体系建设进一步加快。2004 年至 2009 年，国家对民族地区的公共卫生体系建设、重点疾病防治、计划免疫、妇幼卫生、人才培养、农村合作医疗和民族医药等投入的资金累计达到 47 亿元。截至 2008 年底，民族自治地方 699 个县中有 681 个县实行了这个新制度，5 个自治区及云南、贵州、青海等 8 个民族省区实现了全面覆盖，民族地区的推进速度超过了全国总体水平。

少数民族的受教育水平不断提高。目前，民族地方已形成从幼儿教育到高等教育的完整教育体系，少数民族人口的受教育年限显著提高。少数民族地区适龄儿童入学率达到 98 %。截至 2009 年底，民族自治地方的 699 个县中已有 686 个基本实现了普及九年制义务教育，基本扫除青壮年文盲的目标，剩余的 13 个县计划在 2010 年全部完成。截至 2009 年，全国共有各类民族院校 15 所，全日制在校生超过 20 万人，其中少数民族学生比例超过 60 %。2009 年举办民族预科班和民族班的高校超过 300 所，招生人数达到 3.1 万人。

少数民族文化得到保护、繁荣和发展。2009 年 6 月，国务院召开“全国少数民族文化工作会议”，出台了《国务院关于进一步繁荣发展少数民族文化事业的若干意见》，全面部署了当前和今后一个时期的主要任务、目标举措和保障措施，为繁荣发展少数民族文化事业提供了有力保障。民族地区文化设施建设不断加强。“十一五”期间，国家计划通过实施乡镇综合文化站建设规划，补助中西部地区约 38.57 亿元，建设 2.34 万个乡镇综合文化站，其中补助民族 8 省区和新疆生产建设兵团 9.13 亿元左右。国家资助更新改造一大批少数民族语广播影视译制设备，先后在内蒙古、西藏、新疆等省区扶持建立 10 个少数民族语电影译制中心，并研发出电影译制数字化新技术。国家加大对民族地区重点文物保护单位维修保护项目和珍贵文物征集经费的支持力度。安排 4 亿元专项经费，用于“十一五”期间新疆 20 余处全国重点文物保护单位、古遗址的保护。目前，民族地区的全国重点文物保护单位已达 366 处，布达拉宫、丽江古城等被联合国公布为世界文化遗产。新疆维吾尔木卡姆艺术、蒙古族长调民歌、贵州侗族大歌、《格萨尔》史诗、青海热贡艺术、藏戏、新疆《玛纳斯》、蒙古族呼麦、甘肃花儿、朝鲜族农乐舞等入选联合国教科文组织“人类口头与非物质遗产代表作”。目前国家设立的 4 个文化生态保护实验区中有 2 个少数民族文化保护试验区。国家出台《关于做好少数民族特色村寨保护与发展试点工作的指导意见》，开展少数民族特色村寨保护与发展的试点工作。2009 年，共投入 5000 万元资金专门用于 121 个少数民族特色村寨保护与发展的试点工作。

少数民族学习、使用和发展本民族语言文字的权利得到保障。国家切实保障少数民族语言文字在行政司法、新闻出版、广播影视、文化教育等各领域的使用，在普通高等学校招生入学考试中允许使用少数民族语言文字答卷。国家在民族地区推行双语教学。目前，全国共有1万多所学校使用21个民族的29种文字开展双语教学，在校生达600多万人。

六、残疾人权益

中国大力发展残疾人事业，注重解决残疾人面临的突出困难，保障残疾人各项合法权利。

国家积极完善保障残疾人权益的法律法规。2008年4月24日修订的残疾人保障法进一步强化了残疾人权益的法律保障。2009年，国家发布《残疾人航空运输办法》，为保障残疾人航空运输权利规定了具体措施。目前正在加快制定《无障碍建设条例》、《残疾预防和残疾人康复条例》和国家残疾分类标准。2009年12月，国家修订了《机动车驾驶证申领和使用规定》，放宽了申请驾驶证的身体条件，为残疾人驾驶汽车提供了便利。2009年，全国成立了首批56个残疾人法律救助工作站，直接为残疾人提供法律救助服务。

残疾人社会保障体系和服务体系得到完善。2009年，国家制定《关于加快推进残疾人社会保障体系和服务体系建设的指导意见》，全国30个省、自治区、直辖市出台了加快建设残疾人社会保障体系和服务体系的实施意见。2009年，国家新型农村社会养老保险开始试点，明确要求地方政府为农村重度残疾人等缴费困难群体代缴部分或全部最低标准的养老保险费。

残疾人康复事业得到发展。2009年，620万残疾人得到不同程度康复，2376个市辖区、县（市）开展社区康复工作，984.4万残疾人得到社区康复服务。为残疾人提供辅助器具112.2万件，其中为贫困残疾人免费发放59.8万件。国家投入贫困残疾儿童抢救性康复项目资金7.11亿元，近6万残疾儿童受益。实施“康复人才培养百千万工程”，培训康复管理和技术人员2200多人、社区康复协调员近13万名。

残疾人教育事业不断发展。2009年，中国政府出台《关于进一步加快特殊教育事业发展的意见》，明确提出加快发展特殊教育，特别是加快发展以职业教育为主的残疾人高中阶段教育和高等教育，拓展了残疾人义务教育范围，针对特殊教育薄弱环节，提出完善特教经费保障机制、加强师资队伍建设、提高随班就读质量、多种形式扫除青壮年文盲等一系列措施。残疾少年儿童义务教育普及水平稳步提高。国家为78.5万人次残疾人提供职业技术培训。普通高等院校录取残疾人考生7782人。

残疾人公共服务得到加强。2009年已建立托养机构3474个，托养残疾人11万人。国家扶持108.5万农村贫困残疾人脱贫，为10.2万户农村贫困残疾人家庭实施危房改造，受益残疾人口14万人。自2009年至2011年，国家每年安排2亿元专项资金，用于补助各地开展就业年龄段智力、精神和重度残疾人托养服务工作。2009年新安排35万城镇残疾人就业，城镇残疾人就业人数达到443.4万，农村残疾人就业人数达到1757万。

残疾人文化体育生活不断丰富。2009年，国家举办了第七届全国残疾人艺术汇演，逐级选拔选手3万人，直接参加汇演的演职员4000人。2009年，国家颁布《全民健身条例》，明确规定保障残疾人参加健身活动和参与体育的权利。中国残疾运动员先后参加第二十一届世界听障奥运会、第九届世界冬季特奥会、英国残奥世界杯、东京亚洲青年残疾人运动会、世界轮椅和肢残人运动会等19项国际赛事，共夺得金牌158枚。举办14项全国残疾人体育赛事，5000名运动员参与。特奥运动稳步发展，特奥运动员达到90万人。

残疾人参与社会生活的环境不断改善。中央人民政府门户网站设立“残疾人服务”专栏，创建国家级盲人数字图书馆。无障碍建设取得新进展，100个城市开展创建全国无障碍建设城市工作，积极推进主要街道和商场、医院、宾馆、影剧院、博物馆、机场、车站等公共建筑物及居民住宅无障碍建设和改造，为残疾人走出家门，充分参与社会生活创造了条件。政府和社会各界大力弘扬人道主义，倡导理解、尊重、关心、帮助残疾人的良好社会风尚。

七、人权领域的对外交流与合作

中国积极开展国际人权交流与合作，努力推动国际人权事业健康发展。

中国积极参与联合国人权机构工作，发挥

建设性作用，推动各国以公正、客观和非选择性方式处理人权问题。

2009年2月，中国首次接受人权理事会国别人权审查。在审议中，中国以严肃和高度负责的态度全面介绍中国人权事业的发展、面临的挑战和努力目标，与各国进行了开放、坦诚的对话。中国在人权领域作出的努力和取得的进步受到许多国家的肯定，人权理事会全会于2009年6月核可了审议中国的报告。2009年，中国代表团出席了第六十四届联合国大会第三委员会会议、联合国人权理事会第十、十一、十二次会议，参与了人权理事会第四、五、六轮国别人权审查。中国专家出席了人权理事会咨询委员会第二、三次会议和人权理事会来文工作组第四、五次会议。中国积极参与了2009年4月召开的联合国反对种族主义世界大会审议会议。在上述机构和会议中，中国维护《联合国宪章》的宗旨和原则，认真履行职责，积极参加有关人权议题的审议和讨论。

中国政府高度重视国际人权文书在促进和保护人权方面发挥的重要作用，已加入包括《经济、社会及文化权利国际公约》在内的25项国际人权公约，并积极为批准《公民权利和政治权利国际公约》创造条件。中国政府采取措施履行已参加的国际人权条约的义务。2009年，中国着手撰写《经济、社会及文化权利国际公约》第二次履约报告、《儿童权利公约》第三、四次合并报告及《儿童权利公约关于儿童卷入武装冲突问题的任择议定书》、《残疾人权利公约》的首次报告。2009年8月，中国接受联合国消除种族歧视委员会对中国履行《消除一切形式种族歧视国际公约》第十至十三次合并报告的审议，委员会审议结论肯定了中国政府在发展民族地区经济、扶持人口较少民族发展、提高人民生活水平、促进医疗卫生和教育事业、保护少数民族文化等方面的政策、举措和成就。

中国政府积极参与国际人权文书的制定工作。2009年，中国政府派团参加了《儿童权利公约》来文申诉机制任择议定书制定工作组会议，中国积极推荐专家参与人权条约机构的工作。2009年，中国专家当选首届联合国残疾人权利委员会副主席，连任联合国禁止酷刑委员会委员。

中国积极开展人权领域的国际合作。中国重视与联合国人权事务高级专员办公室开展技术合作，自2000年中国与高专办签署《合作谅解备忘录》以来，双方在相互尊重的基础上，开展了一系列人权合作项目。中国积极支持高专办的工作，2009年再次向高专办捐款2万美元。中国重视联合国人权特别机制在国际人权领域的重要作用，与其保持着良好的合作关系。中国政府本着负责任的态度答复联合国人权特别机制的每一封来函。中国政府已向人权理事会粮食权特别报告员发出访华邀请。中国继续与联合国儿童基金会驻华代表处就联合国儿童权利委员会审议中国报告结论后续工作开展合作，2009年举办了“《儿童权利公约》及其国内实施”国际研讨会和“《儿童权利公约》履约报告”研讨会。

中国坚持在平等和相互尊重的基础上与有关国家开展双边人权对话与交流。2009年，中国分别与欧盟、英国、荷兰、澳大利亚、挪威等举行了人权对话或磋商，与俄罗斯、老挝等国家进行了交流。通过对话与交流，增进了中国与其他国家在人权问题上的相互了解，减少了分歧，扩大了共识。

充分实现人权是中国全面建设小康社会、构建社会主义和谐社会的重要目标。中国将与国际社会一道，一如既往地为促进中国人权事业的不断进步和国际人权事业的健康发展，为建设持久和平、共同繁荣的和谐世界作出不懈的努力和贡献。

中国的法治建设

中华人民共和国国务院新闻办公室
（2008 年 2 月）

目 录

前 言

法治是政治文明发展到一定历史阶段的标志，凝结着人类智慧，为各国人民所向往和追求。

中国人民为争取民主、自由、平等，建设法治国家，进行了长期不懈的奋斗，深知法治的意义与价值，倍加珍惜自己的法治建设成果。

一国的法治总是由一国的国情和社会制度决定并与其相适应。依法治国，建设社会主义法治国家，是中国人民的主张、理念，也是中国人民的实践。

中国共产党领导中国人民成功地开辟了中国特色社会主义道路。在这条道路上，中国适应经济建设、政治建设、文化建设、社会建设不断发展的客观要求，坚持党的领导、人民当家做主和依法治国有机统一，坚持以人为本，弘扬法治精神，树立民主法治、自由平等、公平正义理念，建立和完善中国特色社会主义法律体系，全面实施依法行政，深化司法体制改革，完善权力制约和监督机制，保障公民的合法权益，维护社会和谐稳定，不断推进各项工作法治化。

中国人民正在全面落实依法治国基本方略，加快建设社会主义法治国家。这是一场由中国共产党领导的、13 亿中国人民共同参与的、史无前例的伟大社会实践。有着悠久历史和灿烂文明的中华民族，正在民主与法治的道路上阔步前进，努力开创人类政治文明发展的新境界。

一、建设社会主义法治国家的历史进程

中国是一个具有五千年文明史的古国，中华法系源远流长。早在公元前 21 世纪，中国就已经产生了奴隶制的习惯法。春秋战国时期（公元前 770 年—公元前 221 年），中国开始制定成文法，出现了自成体系的成文法典。唐朝（618 年—907 年）时，中国形成了较为完备的封建法典，并为以后历代封建王朝所传承和发展。中华法系成为世界独树一帜的法系，古老的中国为人类法制文明作出了重要贡献。

1840 年鸦片战争后，中国逐渐沦为半殖民地半封建的社会。为了改变国家和民族的苦难命运，一些仁人志士试图将近代西方国家的法治模式移植到中国，以实现变法图强的梦想。但由于各种历史原因，他们的努力最终归于失败。

在中国共产党的领导下，中国人民经过革命、建设、改革和发展，逐步走上了建设社会主义法治国家的道路。

1949 年中华人民共和国的建立，开启了中国法治建设的新纪元。从 1949 年到 20 世纪 50 年代中期，是中国社会主义法制的初创时期。这一时期中国制定了具有临时宪法性质的《中国人民政治协商会议共同纲领》和其他一系列法律、法令，对巩固新生的共和国政权，维护社会秩序和恢复国民经济，起到了重要作用。

1954年第一届全国人民代表大会第一次会议制定的《中华人民共和国宪法》，以及随后制定的有关法律，规定了国家的政治制度、经济制度和公民的权利与自由，规范了国家机关的组织和职权，确立了国家法制的基本原则，初步奠定了中国法治建设的基础。20世纪50年代后期以后，特别是“文化大革命”十年（1966年—1976年）动乱，中国社会主义法制遭到严重破坏。

20世纪70年代末，中国共产党总结历史经验，特别是汲取“文化大革命”的惨痛教训，作出把国家工作中心转移到社会主义现代化建设上来的重大决策，实行改革开放政策，并明确了一定要靠法制治理国家的原则。为了保障人民民主，必须加强社会主义法制，使民主制度化、法律化，使这种制度和法律具有稳定性、连续性和权威性，使之不因领导人的改变而改变，不因领导人的看法和注意力的改变而改变，做到有法可依，有法必依，执法必严，违法必究，成为改革开放新时期法治建设的基本理念。在发展社会主义民主、健全社会主义法制的基本方针指引下，现行宪法以及《刑法》、《刑事诉讼法》、《民事诉讼法》、《民法通则》、《行政诉讼法》等一批基本法律出台，中国的法治建设进入了全新发展阶段。

20世纪90年代，中国开始全面推进社会主义市场经济建设，由此进一步奠定了法治建设的经济基础，也对法治建设提出了更高的要求。1997年召开的中国共产党第十五次全国代表大会，将“依法治国”确立为治国基本方略，将“建设社会主义法治国家”确定为社会主义现代化的重要目标，并提出了建设中国特色社会主义法律体系的重大任务。1999年，将“中华人民共和国实行依法治国，建设社会主义法治国家”载入宪法。中国的法治建设揭开了新篇章。

进入21世纪，中国的法治建设继续向前推进。2002年召开的中国共产党第十六次全国代表大会，将社会主义民主更加完善，社会主义法制更加完备，依法治国基本方略得到全面落实，作为全面建设小康社会的重要目标。2004年，将“国家尊重和保障人权”载入宪法。2007年召开的中国共产党第十七次全国代表大会，明确提出全面落实依法治国基本方略，加快建设社会主义法治国家，并对加强社会主义法治建设作出了全面部署。

中华人民共和国成立近60年来，特别是改革开放30年来，在建设中国特色社会主义的伟大实践中，中国的法治建设取得了巨大成就。

——确立了依法治国基本方略。实行依法治国，建设社会主义法治国家，成为国家基本方略和全社会共识。以依法治国为核心内容、以执法为民为本质要求、以公平正义为价值追求、以服务大局为重要使命、以中国共产党的领导为根本保证的社会主义法治理念逐步确立。全社会法律意识和法治观念普遍增强，自觉学法守法用法的社会氛围正在形成。

——中国共产党依法执政能力显著增强。中国共产党不断增强科学执政、民主执政、依法执政的自觉性和坚定性。中国共产党领导人民制定宪法和法律，同时以宪法为根本的活动准则，在宪法和法律的范围内活动，坚持宪法和法律至上，带头维护宪法和法律的权威，最广泛地动员和组织人民依法管理国家事务和社会事务、管理经济和文化事业。通过领导立法、带头守法、保证执法，中国共产党执政地位不断巩固。

——以宪法为核心的中国特色社会主义法律体系基本形成。在现行宪法基础上，制定并完善了一大批法律、行政法规、地方性法规、自治条例和单行条例，法律体系日趋完备，国家经济、政治、文化和社会生活的各个方面基本实现了有法可依。立法的科学化、民主化水平和立法质量不断提高，法律在促进经济社会发展、维护社会公平正义、保障人民各项权利、确保国家权力正确行使等方面的作用不断增强。

——人权得到可靠的法制保障。在通过经济社会发展改善人民的生存权和发展权的同时，国家高度重视通过宪法和法律保障公民的基本权利和自由。依法保证全体社会成员平等参与、平等发展的权利。随着法律规定、司法体制、维护权益机制的不断完善，人权在立法、执法、司法等各个环节得到了更加充分的保障，人权事业全面发展，公民的政治、经济、社会、文化权利得到切实尊重和全面保障。

——促进经济发展与社会和谐的法治环境不断改善。按照建立社会主义市场经济的要求，加强经济立法，完善宏观调控，依法禁止任何组织或个人扰乱社会经济秩序。中国建立健全了一系列促进经济发展、维护市场秩序、实现社会公平正义的法律和制度，初步建立了社会主义市场经济的法律制度，以社会保险、社会救助、社会福利为基础，以基本养老、基本医疗、最低生活保障制度为重点，以慈善事业、商业保险为补充的社会保障体系不断完善。

——依法行政和公正司法水平不断提高。通过建立健全行政执法和司法的组织法制和工作机制，保证了行政和司法机关按照法定权限和程序行使权力、履行职责。行政立法和制度建设进一步加强，各类公开办事制度不断完善，法治政府建设不断推进。公安机关依法履行职责，维护国家安全和社会治安秩序，保障人民安居乐业。审判机关和检察机关依法独立行使审判权、检察权，坚持以事实为依据、以法律为准绳，坚持公民在法律面前一律平等，维护和实现司法公正和权威。

——对权力的制约和监督得到加强。不断建立健全决策权、执行权、监督权既相互制约又相互协调的权力结构和运行机制，已建立起比较完善的监督体系和监督制度，监督合力和实效不断增强。各级人民代表大会及其常委会依法对本级人民政府和人民法院、人民检察院进行监督。人民政协充分发挥民主监督作用，监督行为逐步制度化、规范化。公众和新闻舆论对政府及司法工作的监督渠道不断拓宽。质询、问责、经济责任审计、引咎辞职、罢免等制度的日益健全，保证了对国家公务人员的监督有力有效。

二、中国特色的立法体制和法律体系

中华人民共和国是统一的、多民族的、单一制的社会主义国家。为维护国家法制统一，体现全体人民的共同意志和整体利益，中国实行统一而又分层次的立法体制。

中国《宪法》规定，国家立法权由全国人民代表大会及其常务委员会行使。全国人民代表大会制定和修改刑事法律、民事法律、国家机构组织法和其他基本法律。全国人民代表大会常务委员会制定和修改除应当由全国人民代表大会制定的法律以外的其他法律，并可以对全国人民代表大会制定的法律进行部分补充和修改，但是补充和修改不得同该法律的基本原则相抵触。

中国《立法法》规定，涉及国家主权的事项，国家机构的产生、组织和职权，民族区域自治制度、特别行政区制度、基层群众自治制度，犯罪和刑罚，对公民政治权利的剥夺、限制人身自由的强制措施和处罚，对非国有财产的征收，民事基本制度，基本经济制度，财政、税收、海关、金融和外贸的基本制度，以及诉讼和仲裁制度等事项，属于全国人民代表大会及其常务委员会的专属立法权。

中国幅员辽阔，情况复杂，各地发展不平衡。为维护国家法制统一，同时又适应各地不同情况，《宪法》和《立法法》规定，除全国人民代表大会及其常务委员会制定法律外，国务院根据宪法和法律，可以制定行政法规；省、自治区、直辖市的人民代表大会及其常务委员会在不同宪法和法律、行政法规相抵触的前提下，可以制定地方性法规，批准较大的市的人民代表大会及其常务委员会制定的地方性法规；民族自治地方的人民代表大会有权依照当地民族的政治、经济和文化的特点，制定自治条例和单行条例。此外，国务院各部门和具有行政管理职能的直属机构根据法律和行政法规，可以在其职权范围内制定部门规章；省、自治区、直辖市和较大的市的人民政府，根据法律、行政法规和本省、自治区、直辖市的地方性法规，可以依法制定规章。

为使法律符合公众的根本利益和国家的整体利益，同时又兼顾各方面的具体利益，保证立法的科学性和民主性，中国法律规定了全国人民代表大会及其常务委员会的立法程序，以及国务院制定行政法规、地方人民代表大会及其常务委员会制定地方性法规的程序。全国人民代表大会常务委员会审议法律案一般实行“三审制”，即法律案一般应当经过三次常务委员会会议审议后再交付表决，对重大的、意见分歧较大的法律草案，审议的次数可以超过三次，如物权法草案经过全国人民代表大会常务委员会七次审议后，才提请第十届全国人民代表大会第五次会议审议通过。提请全国人民代表大会审议的法律草案，要经过代表大会会议、代表团全体会议、代表小组会议的反复审议；提请全国人民代表大会常务委员会审议的法律草案，要经过常务委员会全体会议、分组会议的反复审议。每部法律的出台，都要经过反复审议，充分讨论，基本达成一致意见后，再提请全国人民代表大会或者全国人民代表大会常务委员会的全体会议表决。这种多次审议的过程，就是通过协商以求充分表达各种利益诉求，并力求把各种利益关系调整好、平衡好的过程。经过充分协商再提请表决的程序民主，体现了中国人民代表大会制度的鲜明特点。

在立法过程中，坚持发扬民主，集中民智，反映民意。在提出法律草案和行政法规草案、地方性法规草案时，通过召开座谈会、论证会、听证会等多种形式，广泛听取各方面意见，增强立法的透明度和公众参与度。关系公众切身利益或者涉及需要设立普遍的公民义务的法律、法规草案，还要在新闻媒体上全文公布，征求全体人民的意见。法律、法规通过后，及时在各级人大及政府公报、政府网站、公众媒体上公开刊登。近年来，全国人民代表大会常务委员会和国务院分别将物权法、劳动合同法、就业促进法、物业管理条例等多部法律草案和行政法规草案向社会公布，广泛征求各方面意见。全国人民代表大会常务委员会还就修改文物保护法、个人所得税法等，召开论证会和听证会。

为保证国家法制统一和法律规范之间的协调，中国法律规定了不同层级法律规范的效力：宪法具有最高的法律效力，一切法律、行政法规、地方性法规、自治条例和单行条例、规章都不得与宪法相抵触；法律的效力高于行政法规、地方性法规、规章；行政法规的效力高于地方性法规、规章；地方性法规的效力高于本级和下级地方政府规章。法律规定了法规和规章的备案审查制度：行政法规报全国人民代表大会常务委员会备案；地方性法规报全国人民代表大会常务委员会和国务院备案；部门规章和地方政府规章报国务院备案。全国人民代表大会有权改变或者撤销全国人民代表大会常务委员会制定的不适当的法律；全国人民代表大会常务委员会有权撤销同宪法和法律相抵触的行政法规，有权撤销同宪法、法律和行政法规相抵触的地方性法规等；国务院有权改变或者撤销不适当的部门规章和地方政府规章。全国人民代表大会授权香港、澳门特别行政区依照特别行政区基本法的规定享有立法权；特别行政区的任何法律，均不得同特别行政区基本法相抵触。

中国法律还规定了对行政法规、地方性法规、自治条例和单行条例的合宪性和合法性审查的程序：国务院、中央军事委员会、最高人民法院、最高人民检察院和各省、自治区、直辖市的人民代表大会常务委员会认为行政法规、地方性法规、自治条例和单行条例同宪法或者法律相抵触的，可以向全国人民代表大会常务委员会书面提出进行审查的要求；其他国家机关和社会团体、企业事业组织以及公民也可以向全国人民代表大会常务委员会书面提出进行审查的建议。

有法可依是建设社会主义法治国家的前提。经过多年不懈的努力，以宪法为核心的中国特色社会主义法律体系基本形成。当代中国的法律体系，部门齐全、层次分明、结构协调、体例科学，主要由七个法律部门和三个不同层级的法律规范构成。七个法律部门是：宪法及宪法相关法，民法商法，行政法，经济法，社会法，刑法，诉讼与非诉讼程序法。三个不同层级的法律规范是：法律，行政法规，地方性法规、自治条例和单行条例。目前，全国人民代表大会及其常务委员会已经制定了229件现行有效的法律，涵盖了全部七个法律部门；各法律部门中，对形成中国特色社会主义法律体系起支架作用的基本的法律，以及改革、发展、稳定急需的法律，大多已经制定出来。与法律相配套，国务院制定了近600件现行有效的行政法规，地方人民代表大会及其常务委员会制定了7000多件现行有效的地方性法规，民族自治地方的人民代表大会制定了600多件现行有效的自治条例和单行条例。国务院有关部门以及省、自治区、直辖市和较大的市的人民政府还制定了大量规章。

在中国特色社会主义法律体系中，宪法居于核心和统帅地位。中国现行宪法是在1954年宪法的基础上，经过全民讨论，于1982年由第五届全国人民代表大会第五次会议通过的。宪法是国家的根本大法，具有最高的法律效力。在中国，各族人民、一切国家机关和武装力量、各政党和各社会团体、各企业事业组织，都必须以宪法为根本的活动准则，并负有维护宪法尊严、保证宪法实施的职责。实行依法治国基本方略，首先要全面贯彻实施宪法。

中国现行宪法总结历史经验并汲取“文化大革命”教训，不仅对公民的各项基本权利作出规定，而且对公民的人格尊严不受侵犯、公民的人身自由和宗教信仰自由等，都有具体规定。现行宪法根据国家机构实行民主集中制的原则和中华人民共和国成立以后政权建设的经验，对国家机构作了全面规定，包括：加强作为中国根本政治制度的人民代表大会制度，将全国人民代表大会的一部分职权交由它的常务委员会行使；设立国家主席和副主席；国家设立中央军事委员会，领导全国的武装力量；在中央的统一领导下，加强地方政权建设，县级以上的地方各级人民代表大会设立常务委员会；规定国家主席、副主席，全国人民代表大会常务委员会委员长、副委员长，国务院总理、副总理、国务委员，最高人民法院院长，最高人民检察院检察长等国家领导人连续任职不得超过两届等。现行宪法还规定，各少数民族聚居的地方实行区域自治，设立自治机关，行使自治权；在城市和农村实行基层自治；国家在必要时得设立特别行政区，在特别行政区内实行的制度按照具体情况由全国人民代表大会以法律规定。

现行宪法通过后，为与中国社会发生的变革相适应，全国人民代表大会又先后四次对宪法的部分内容和条款作了修改。1988年的宪法修正案规定，国家允许私营经济在法律规定的范围内存在和发展；土地的使用权可以依照法律的规定转让。1993年的宪法修正案规定，国家实行社会主义市场经济；中国共产党领导的多党合作和政治协商制度将长期存在和发展。1999年的宪法修正案规定，国家实行依法治国，建设社会主义法治国家；国家在社会主义初级阶段，坚持公有制为主体、多种所有制经济共同发展的基本经济制度，坚持按劳分配为主体、多种分配方式并存的分配制度。2004年的宪法修正案规定，国家鼓励、支持和引导非公有制经济的发展，并对非公有制经济依法实行监督和管理；公民的合法的私有财产不受侵犯，国家依照法律规定保护公民的私有财产权和继承权；国家尊重和保障人权等。

中国的法律体系，既与人类政治文明发展的普遍性原则相一致，又与中国社会主义初级阶段的基本国情相适应，与社会主义的根本任务相协调，具有鲜明的中国特色。这一法律体系的本质是以人为本，反映人民的共同意志，保障人民的根本利益。这一法律体系与国家经济发展和社会进步相适应，为国家的科学发展、和谐发展、和平发展提供法律保障。

中国特色社会主义法律体系是开放的和发展的。中国正处在社会转型期，法律体系具有阶段性和前瞻性特点，今后仍将继续制定新的法律和修改原有的法律，使法律体系不断发展和完善。

三、尊重和保障人权的法律制度

中国把消灭贫穷落后，让每个人享有充分的人权，建设富强民主文明和谐的社会主义现代化国家，作为不懈的奋斗目标。中国发展人权事业的基本立场是：坚持生存权、发展权的首要地位，把发展作为第一要务，同时不断发展公民的政治、经济、社会、文化权利，努力实现人的全面发展。

以宪法为根本依据，中国制定和完善了一系列保障人权的法律制度，人权保障事业不断法律化、制度化。

——生命权的法律保障。中国重视对公民生命权的保障。《宪法》、《刑法》、《民法通则》等法律对保障公民生命权作了基本规定。《安全生产法》、《职业病防治法》等法律法规，对保护劳动者的生命安全和身体健康作出规定。根据本国情况，中国在法律上保留了死刑，但坚持“少杀、慎杀”的政策，严格控制和慎重适用死刑，确保死刑仅适用于极少数罪行极其严重的犯罪分子。犯罪的时候不满18周岁的人和审判的时候怀孕的妇女，不适用死刑。中国《刑法》还规定了有利于严格控制死刑适用的死刑缓期二年执行的制度，以减少实际执行死刑的人数。

——人身自由、人格尊严的法律保障。《宪法》规定，公民的人身自由不受侵犯。任何公民，非经人民检察院批准或者决定或者人民法院决定，并由公安机关执行，不受逮捕。禁止非法拘禁和以其他方法非法剥夺或者限制公民的人身自由。公民的住宅不受侵犯，禁止非法搜查或者非法侵入公民的住宅。公民的通信自由和通信秘密受法律保护，禁止非法检查公民的通信。《刑事诉讼法》明确禁止刑讯逼供，对于拘留、逮捕、搜查取证等涉及人身自由和安全的强制方法和手段，规定了严格的法律程序。《刑法》对于司法人员的刑讯逼供罪也专门作了规定。《立法法》和《行政处罚法》还规定，行政法规和地方性法规均不得设定限制人身自由的处罚；限制人身自由的强制措施和处罚，只能由法律设定。国务院于2003年颁布《城市生活无着的流浪乞讨人员救助管理办法》，同时废止了《城市流浪乞讨人员收容遣送办法》。《宪法》规定公民的人格尊严不受侵犯，禁止用任何方法对公民进行侮辱、诽谤和诬告陷害。《民法通则》规定了公民的姓名权、名誉权、肖像权等各种人格权。

——平等权的法律保障。中国宪法确立了公民在法律面前一律平等的原则。任何公民都平等地享有宪法和法律规定的权利，同时平等地履行宪法和法律规定的义务；在适用法律时，对于任何人的保护或者惩罚，都是平等的，不因人而异；任何组织或者个人都不得有超越宪法和法律的特权，一切违反宪法和法律的行为都必须予以追究。《宪法》和《民族区域自治法》规定，各民族一律平等，国家保障各少数民族的合法权利和利益，禁止对任何民族的歧视和压迫。各民族都有使用和发展自己的语言文字的自由，都有保持或者改革自己的风俗习惯的自由。《宪法》和《妇女权益保障法》等法律规定，妇女在政治的、经济的、文化的、社会的和家庭的生活等方面享有同男子平等的权利。

——政治权利的法律保障。《宪法》规定，国家的一切权力属于人民。《立法法》规定，只有法律才能设定对公民政治权利的剥夺。选举权是公民重要的政治权利。宪法和法律规定，年满18周岁的中国公民，除依法被剥夺政治权利外，不分民族、种族、性别、职业、家庭出身、宗教信仰、教育程度、财产状况、居住期限，都有选举权和被选举权。根据《选举法》和《地方各级人民代表大会和地方各级人民政府组织法》的规定，选民或者代表10人以上联名，可以推荐代表候选人，并与政党、社会团体推荐的代表候选人具有同等法律地位；各级人民代表大会代表、地方各级人民代表大会常务委员会副主任和人民政府副职领导人员，一律由差额选举产生。地方各级人民代表大会常务委员会主任、人民政府正职领导人员、法院院长和检察院检察长也由差额选举产生；如果提名的候选人只有一人，也可以等额选举。宪法和法律还保障公民言论、出版、集会、结社、游行、示威的自由。《选举法》、《集会游行示威法》等法律以及有关出版、社团登记管理方面的行政法规，为公民的政治权利和自由提供了法制保障。国务院颁布的《信访条例》，通过强化政府信访工作责任来依法保障公民的批评、建议、申诉、控告、检举权利。

——宗教信仰自由的法律保障。《宪法》规定，公民有宗教信仰自由，任何国家机关、社会团体和个人不得强制公民信仰宗教或者不信仰宗教，不得歧视信仰宗教的公民和不信仰宗教的公民。国家保护正常的宗教活动。任何人不得利用宗教进行破坏社会秩序、损害公民身体健康、妨碍国家教育制度的活动。宗教团体和宗教事务不受外国势力的支配。国务院颁布的《宗教事务条例》，依法保护宗教团体、宗教活动场所和信教公民的合法权益和正常的宗教活动。改革开放以来，中国公民的宗教信仰自由得到了充分尊重和保障。为了尊重在中国境内的外国人的宗教信仰自由，依法保护和管理境内外国人的宗教活动，依法保护境内外国人在宗教方面同中国宗教界进行的友好往来和文化学术交流活动，1994年国务院还颁布了《境内外国人宗教活动管理规定》。

——劳动者权益的法律保障。《劳动法》、《劳动合同法》、《劳动争议调解仲裁法》、《就业促进法》和《职工带薪年休假条例》、《劳动保障监察条例》等法律法规，规范和促进了就业，合理界定了用人单位和劳动者的权利和义务，维护了劳动者的合法权益。《工伤保险条例》、《失业保险条例》、《社会保险费征缴暂行条例》以及《企业职工生育保险试行办法》等法规、规章，保证了劳动者在养老、失业、患病、工伤和生育等情况下能够享有必要的物质帮助。《残疾人就业条例》、《女职工劳动保护规定》、《禁止使用童工规定》等法规和规章，对不同类型弱势群体的身心健康和合法权益给予特别保护。

——经济、社会、文化和其他权利的法律保障。《宪法》规定，公民的合法的私有财产不受侵犯。《物权法》规定，国家、集体、私人的物权和其他权利人的物权受法律保护，任何单位和个人不得侵犯。《老年人权益保障法》、《母婴保健法》、《未成年人保护法》、《残疾人保障法》等法律，加强对特殊群体的保护。《城市居民最低生活保障条例》、《农村五保供养工作条例》等法规，规定对城市贫困人口和农村无劳动能力、无收入来源又无人赡养、抚养、扶养的农民提供基本生活保障。《军人抚恤优待条例》和《退伍义务兵安置条例》等法规，规定了国家对退役和伤亡军人及家属的抚恤优待制度。公民受教育的权利受宪法和法律保护。《义务教育法》强化了国家保障义务教育实施的责任，将义务教育全面纳入财政保障范围，保障所有适龄儿童、少年平等接受义务教育的权利。《宪法》还规定，公民有进行科学研究、文学艺术创作和其他文化活动的自由。

中国参加了22项国际人权公约，其中包括《消除一切形式种族歧视国际公约》、《消除对妇女一切形式歧视公约》、《禁止酷刑和其他残忍、不人道或有辱人格的待遇或处罚公约》、《儿童权利公约》、《经济、社会及文化权利国际公约》等核心国际人权公约。中国政府认真履行所承担的相关义务，积极提交履约报告，充分发挥国际人权公约在促进和保护本国人权方面的积极作用。

四、规范市场经济秩序的法律制度

改革开放以来，在从计划经济体制向市场经济体制转变过程中，中国不断加强经济立法和相关立法，符合社会主义市场经济要求的法律制度已基本形成。

——民事法律制度。与建立社会主义市场经济体制相适应，中国把财产权的确认、变更、行使、流转、消灭和保护规则作为民事法律制度的核心。《民法通则》、《合同法》、《担保法》和《物权法》等一系列法律，建立健全了债权制度和包括所有权、用益物权、担保物权的物权制度，确立了合同自由原则以及国家、集体、私人的物权和其他权利人的物权受法律平等保护的原则，形成了各种所有制经济合法共存、平等竞争、相互促进新格局。

——市场主体的法律制度。中国市场主体法律制度经历了以所有制为导向向以组织和责任形式为导向的立法的转变，适应了市场经济对市场主体的基本要求。《公司法》、《合伙企业法》、《个人独资企业法》、《商业银行法》和《农民专业合作社法》等法律，确认各类市场主体的合法地位，保障其公平参与市场竞争。《公司法》确立了有限责任公司和股份有限公司等基本制度，完善了公司治理结构，为建立现代企业制度、保障公司投资者和利益相关人的合法权益奠定了制度基础。《企业破产法》建立了规范市场主体退出的破产制度。中国还建立了法律、财务、信息咨询等大批市场服务组织，完善了市场中介组织法律制度。

——市场管理的法律制度。《反垄断法》、《反不正当竞争法》规范了市场竞争行为，促进了垄断行业的改革，加强了政府监管和社会监督，并相应地确立了民事赔偿和行政赔偿并存的法律救济制度。《消费者权益保护法》、《产品质量法》建立了保护消费者利益和保证产品质量的法律制度。《城市房地产管理法》建立了有利于城市房地产的管理，维护房地产市场秩序，保障房地产权利人合法权益的制度。

《保险法》、《证券法》、《银行业监督管理法》和《外汇管理条例》等法律法规，确立了以公开、公平、公正为价值取向的行业监督管理制度，以有效防范和化解金融风险。《直销管理条例》、《商业特许经营管理条例》等法规也有效规范了市场行为。

——宏观调控的法律制度。运用法律手段对经济进行宏观调控是中国社会主义市场经济的一大特点。在充分发挥市场机制优化资源配置作用的同时，为促进国民经济又好又快地发展，《预算法》、《审计法》、《政府采购法》、《价格法》、《个人所得税法》、《企业所得税法》、《税收征收管理法》和《中小企业促进法》等法律，对相关领域进行宏观调控依法作出规定。《中国人民银行法》等法律，为保持币值稳定、化解金融风险、保证金融安全提供了制度保障。《统计法》为国民经济和社会发展的科学决策提供了法律基础。宏观调控法律制度建设，有效地发挥了国家发展规划和产业政策在宏观调控中的导向作用，提高了宏观调控水平。

——知识产权保护的法律制度。通过制定《专利法》、《商标法》、《著作权法》和《反不正当竞争法》等法律，以及出台《计算机软件保护条例》、《集成电路布图设计保护条例》、《著作权集体管理条例》、《信息网络传播权保护条例》、《知识产权海关保护条例》、《植物新品种保护条例》等一批行政法规，建立起比较完善的保护专利权、商标权、著作权、集成电路布图设计权、植物新品种权等知识产权法律制度。中国采取了司法审判与行政执法“两条途径，协调运作”的知识产权执法保护机制。司法审判在知识产权执法保护中居于基础地位，发挥主导作用。执法机关依法主动查处和依当事人请求居间处理相结合，为当事人提供了可选择的途径。最高人民法院、最高人民检察院制定了《关于办理侵犯知识产权刑事案件具体应用法律若干问题的解释》、《关于办理侵犯知识产权刑事案件具体应用法律若干问题的解释(二)》，依法打击侵犯知识产权的犯罪行为。

——资源节约和环境保护的法律制度。中国将资源节约和环境保护确立为基本国策，不断加强环境与资源保护法制建设。制定了《环境保护法》、《环境影响评价法》、《大气污染防治法》、《水污染防治法》、《环境噪声污染防治法》、《固体废物污染环境防治法》和《放射性污染防治法》等9部环境保护方面的法律，以及《可再生能源法》、《节约能源法》、《土地管理法》、《水法》、《森林法》、《草原法》、《矿产资源法》、《煤炭法》、《电力法》和《清洁生产促进法》等17部资源节约和保护方面的法律。出台了与环境和资源保护相关的行政法规50余件，地方性法规、部门规章和政府规章660余项，国家标准800多项。建立健全了环境影响评价、“三同时”、排污申报登记、排污收费、限期治理、总量控制和排污许可制度，以及自然资源的规划、权属、许可、有偿使用、能源节约评估等方面的法律制度。中国十分重视资源节约和环境保护领域的国际合作，缔结或参加了《联合国气候变化框架条约》、《京都议定书》、《生物多样性公约》、《联合国防治荒漠化公约》等30多项国际环境与资源保护条约，并积极履行所承担的条约义务。

——对外经贸合作的法律制度。《中外合资经营企业法》、《中外合作经营企业法》、《外资企业法》和《对外贸易法》等一系列法律，为外国投资者在中国投资提供了多种模式或组织形式，充分保障了外国投资者在中国投资、开展经贸活动的合法权益。2001年加入世界贸易组织后，中国通过修订《对外贸易法》，进一步规范对外贸易经营者的权利和义务，健全货物进出口、技术进出口和国际服务贸易管理制度，建立起符合中国特色的对外贸易调查制度和对外贸易促进体制，并根据世界贸易组织规则完善贸易救济制度，完善海关监管和进出口商品检验检疫制度，确立统一、透明的对外贸易制度。按照发展社会主义市场经济的要求和入世承诺，中国对利用外资的有关法律法规进行了全面清理。六年来，共对887件对外经贸领域内的部门规章和其他规范性文件进行了清理。

五、依法行政与建设法治政府

依法行政，建设法治政府，是全面落实依

法治国基本方略的重要内容，成为中国政府施政的基本准则。多年来，中国政府采取一系列措施切实推进依法行政，建设法治政府。继1999年颁布《关于全面推进依法行政的决定》后，2004年中国政府又发布《全面推进依法行政实施纲要》，明确了建设法治政府的目标，提出了此后10年全面推进依法行政的指导思想和具体目标、基本原则和要求、主要任务和措施。目前，中国各级人民政府的行政权力已逐步纳入法制化轨道，规范政府权力取得和运行的法律制度基本形成，依法行政取得了重要进展。

——行政主体法律制度。按照《宪法》、《国务院组织法》和《地方各级人民代表大会和地方各级人民政府组织法》的规定，中国实行五级政府管理体制，分别是：国务院；省、自治区、直辖市人民政府；设区的市、自治州人民政府；县、自治县、不设区的市、市辖区人民政府；乡、民族乡、镇人民政府。《宪法》规定，国务院即中央人民政府，是全国人民代表大会的执行机关，是最高国家行政机关；地方各级人民政府是地方各级人民代表大会的执行机关，是地方各级国家行政机关。地方各级人民政府都是国务院统一领导下的国家行政机关，都服从于国务院。

——行政行为法律制度。一是行政许可制度。《行政许可法》对行政许可设定的事项和程序等作了严格限制和规定：凡是公民、法人或者其他组织能够自主决定的，市场竞争机制能够有效调节的，行业组织或者中介机构能够自律管理的，行政机关采用事后监督等其他行政管理方式能够解决的事项，一般不设定行政许可。《行政许可法》还规定，行政机关实施行政许可必须合法、公开、公正、便民，遵循不得擅自改变已经生效的行政许可的信赖保护原则。二是行政征收、征用制度。按照《宪法》和《物权法》的规定，国家为了公共利益的需要，依照法律规定的权限和程序，可以征收集体所有的土地和单位、个人的房屋及其他不动产。征收集体所有的土地，应当依法足额支付土地补偿费、安置补助费、地上附着物和青苗的补偿费等费用，安排被征地农民的社会保障费用，保障被征地农民的生活，维护被征地农民的合法权益。征收单位、个人的房屋及其他不动产，应当依法给予拆迁补偿，维护被征收人的合法权益；征收个人住宅的，还应当保障被征收人的居住条件。三是行政处罚制度。《行政处罚法》规定，对违反行政管理秩序的行为，应当给予行政处罚的，只能由法律、法规或者规章设定，并由行政机关依照该法规定的程序实施。没有法定依据或者不遵守法定程序的，行政处罚一律无效。行政机关发现公民、法人或者其他组织有依法应当给予行政处罚的行为的，必须全面、客观、公正地调查，收集有关证据。行政处罚决定作出后，当事人有权申请行政复议、提起行政诉讼或者依法提出赔偿要求。

——行政监督、救济法律制度。一是行政复议制度。《行政复议法》规定，公民、法人或者其他组织认为具体行政行为侵犯其合法权益的，可以向行政机关申请行政复议。行政复议机关经过审理，可以依法决定撤销、变更或者确认该具体行政行为违法，可以责令行政机关在一定期限内履行法定职责或者重新作出具体行政行为。二是行政诉讼制度。《行政诉讼法》规定，公民、法人或者其他组织对行政机关和行政工作人员作出的具体行政行为不服的，有权依法向人民法院提起诉讼。人民法院经过审理，对具体行政行为存在主要证据不足、适用法律法规错误、违反法定程序、超越职权、滥用职权等情形的，可以判决撤销或者部分撤销，并可以判决被告重新作出具体行政行为。三是行政赔偿制度。《国家赔偿法》规定，行政机关及其工作人员违法行使行政职权侵犯人身权和财产权的，受害人有获得赔偿的权利，并对行政赔偿请求人和行政赔偿义务机关、赔偿程序、赔偿方式和计算标准等作了规定。四是行政监察和审计制度。《行政监察法》规定，由监察机关对行政机关在遵守和执行法律、法规和人民政府的决定、命令中的问题进行监察。《审计法》规定，由审计机关对国务院各部门和地方各级政府的财政收支，国有金融机构和企业事业组织的财务收支等进行审计监督。

——国家公务员法律制度。公务员是行政行为的主要实施者。《公务员法》和《行政机关公务员处分条例》，规定了公务员的任职条件、义务与权利、职务与级别、录用、考核、职务任免与升降、奖惩、培训、交流与回避、工资福利保障、辞职与辞退、退休、申诉控告、职位聘任以及法律责任等，确立了公务员分类管理制度和职位聘用制度，并确定了行政机关公务员处分制度。

近年来，中国政府通过切实加强自身建设，进一步转变职能，加快建设法治政府步伐。一是加快建立突发事件应急机制，提高政府应对公共危机的能力，努力建设服务政府。全国人民代表大会常务委员会制定了《突发事件应对法》，国务院发布了《国家突发公共事件总体应急预案》。国家有关部门制定了25件专项预案、80件部门预案，31个省、自治区、直辖市制定了本地区的总体预案，初步形成了全国应急预案体系。二是进一步做好政府信息公开工作，努力建设“阳光”政府。国务院公布了《政府信息公开条例》。中央政府门户网站于2006年正式开通，目前全国80%县级以上政府和政府部门建立了门户网站。74个国务院部门和单位，31个省、自治区、直辖市人民政府建立了新闻发布和发言人制度。三是加大行政问责力度，努力建设责任政府。各级政府及其工作部门逐步推行行政问责制，按照“谁决策、谁负责”的原则，对超越权限、违反程序决策造成重大损失的，严肃追究决策者责任。

推进行政执法责任制，不断提高行政执法水平，是建设法治政府的必然要求。中国政府高度重视行政执法体制改革，要求各级行政机关严格按照法定权限和程序行使职权，全面推行行政执法责任制，严格执法责任。按照国务院办公厅2005年7月印发的《关于推行行政执法责任制的若干意见》的要求，各地区、各部门围绕推行行政执法责任制，依法界定执法职责，科学设定执法岗位，规范执法程序，明确行政执法主体和行政执法职权，清理不合法的行政执法主体。据不完全统计，自推行行政执法责任制以来，全国各级行政机关共追究行政执法责任28万多人次。

在建设法治政府进程中，中国政府不断加强行政监督责任，积极解决行政争议。加强对制定法规、规章和规范性文件等抽象行政行为的监督。2008年1月15日，国务院总理签署国务院令，公布《国务院关于废止部分行政法规的决定》，对截至2006年底现行行政法规共655件进行了全面清理，对主要内容被新的法律或者行政法规所代替的49件行政法规予以废止；对适用期已过或者调整对象已经消失，实际上已经失效的43件行政法规，宣布失效。国务院在加强法规、规章备案审查的基础上，进一步健全省、市、县、乡“四级政府、三级备案”的规章、规范性文件备案体制，促进地方各级政府依法行政。2003年3月至2007年底，国务院对有立法权的地方和国务院部门报送备案的8402件地方性法规、自治条例和单行条例、地方政府规章和国务院部门规章进行了审查，对存在问题的323件法规、规章依法进行了处理。国务院制定了《行政复议法实施条例》，并积极探索行政复议体制改革，加强各级行政复议工作人员能力建设。自1999年行政复议法实施以来，全国平均每年通过行政复议解决8万多起行政争议。

六、司法制度与公正司法

人民法院是中国的审判机关。人民检察院是中国的法律监督机关。人民法院和人民检察院依照《宪法》、《人民法院组织法》、《人民检察院组织法》、《民事诉讼法》、《行政诉讼法》和《刑事诉讼法》的规定，分别独立行使审判权和检察权，不受行政机关、社会团体和个人的干涉。

中国审判机关包括最高人民法院、地方各级人民法院和军事法院等专门人民法院。地方各级人民法院分为基层人民法院、中级人民法院、高级人民法院。最高人民法院是最高审判机关，监督地方各级人民法院和专门人民法院的审判工作，上级人民法院监督下级人民法院的审判工作。

中国建立健全了审判制度，完善了民事、行政和刑事三大审判体系，形成了符合建设社会主义法治国家要求的现代司法制度，努力维护司法公正和社会正义。

——公开审判制度。人民法院审判案件实

行依法公开、及时公开的原则。离婚案件和涉及商业秘密的民事诉讼案件，当事人申请不公开审理的，可以不公开审理。其他的案件，除涉及国家秘密、个人隐私和未成年人犯罪外，人民法院审理案件一律公开进行。对公开开庭审理的案件预先公告，允许公民和新闻媒体记者旁听审理过程。人民法院还主动邀请人大代表和政协委员旁听案件的审理，在审理过程中公开举证、质证，公开审判，在法定时限内快速完整地公开与保护当事人权利有关的立案、审判、执行工作各重要环节的有效信息。

——合议制度。人民法院审判第一审案件，除简单的民事案件、轻微的刑事案件和法律另有规定的案件可以适用简易程序由审判员一人独任审判外，由审判员组成合议庭或者由审判员和人民陪审员组成合议庭进行；审判上诉和抗诉案件，由审判员组成合议庭进行。合议庭的成员人数，必须是单数。

——人民陪审员制度。为保障公民依法参加审判活动，促进司法公正，除适用简易程序审理的案件和法律另有规定的案件外，人民法院审理社会影响较大的民事、行政和刑事诉讼案件，以及刑事案件被告人、民事案件原告或者被告、行政案件原告申请由人民陪审员参加的一审案件，由人民陪审员和法官组成合议庭进行。人民陪审员依法参加合议庭审判案件，除不得担任审判长外，与合议庭其他成员享有同等的权利，承担同等的义务，并共同对事实认定、法律适用独立行使表决权。

——辩护制度。为了保障犯罪嫌疑人、被告人的人权，确保刑事诉讼程序正义，刑事案件的犯罪嫌疑人、被告人依法享有辩护权，人民法院有义务保证被告人获得辩护。犯罪嫌疑人、被告人除自己行使辩护权外，还可以委托一至二人作为辩护人。辩护人依据事实和法律提出犯罪嫌疑人、被告人无罪、罪轻或者减轻、免除其刑事责任的材料和意见，维护犯罪嫌疑人、被告人的合法权益。

——诉讼代理制度。在民事、行政诉讼活动中，无诉讼行为能力人由其监护人作为法定代理人代为诉讼，法定代理人之间相互推诿代理责任的，由人民法院指定其中一人代为诉讼。当事人、法定代理人可以委托一至二人作为诉讼代理人。在刑事诉讼活动中，公诉案件的被害人及其法定代理人或者近亲属、自诉案件的自诉人及其法定代理人、附带民事诉讼的当事人及其法定代理人均有权委托诉讼代理人。律师、当事人的近亲属、有关的社会团体或者所在单位推荐的人，经人民法院许可的其他公民，都可以被委托为诉讼代理人。诉讼代理人以当事人的名义参加诉讼活动，实现和维护当事人的合法权益。

——回避制度。案件当事人如果认为审判人员与本案有利害关系或者与本案当事人有其他关系，可能影响对案件公正审理的，有权申请审判人员回避。审判人员如果是案件当事人、诉讼代理人的近亲属，或者认为自己与案件有利害关系或者其他关系的，必须回避。

——司法调解制度。人民法院审理民事案件，依照“能调则调，当判则判，调判结合，案结事了”的原则，根据自愿、合法、民主的要求，在审判人员的主持下，采取调解的方式，促使双方当事人达成和解，解决民事权益的争议。2006 年全国民事一审案件的调解撤诉率约为 56 %。

——司法救助制度。对于经济确有困难的当事人，为维护自己合法权益而向人民法院提起民事、行政诉讼的，人民法院实行缓交、减交、免交诉讼费用的救助制度。最高人民法院制定的《关于对经济确有困难的当事人提供司法救助的规定》，依法保障弱势群体的诉讼权利。

——两审终审的审级制度。地方各级人民法院第一审案件的判决或者裁定，在法定期限内，当事人可以依法向上一级人民法院上诉；当事人不上诉的，法定期满即发生法律效力。对上诉、抗诉的案件的判决和裁定，上一级人民法院作出的判决和裁定，除死刑案件需要最高人民法院复核外，都是终审判决和裁定。最高人民法院审判的第一审案件的判决和裁定，是终审判决和裁定。

——死刑复核制度。死刑复核制度是独立于两审终审的审级制度以外的、对判处死刑的案件进行复查核准的重要制度。死刑除了依法由最高人民法院判决的以外，都应当报请最高人民法院核准。最高人民法院制定了《关于复核死刑案件若干问题的决定》，严格掌握和统一死刑适用的标准、统一死刑案件的证据标准，严格规范死刑复核程序，确保死刑案件的慎重与公正。从2006年下半年起，所有死刑二审案件全部开庭审理。

中国检察机关包括最高人民检察院、地方各级人民检察院和军事检察院等专门人民检察院。最高人民检察院是最高检察机关，领导地方各级人民检察院和专门人民检察院的工作，上级人民检察院领导下级人民检察院的工作。

人民检察院的职责是维护司法公正和法律的正确实施。法律规定，人民检察院对叛国案、分裂国家案以及严重破坏国家的政策、法律、政令统一实施的重大犯罪案件，行使检察权；对国家工作人员利用职务贪污受贿、渎职侵权等直接受理的刑事案件，进行侦查；对公安机关提请批准逮捕的案件，依法决定是否批准逮捕；对公安机关移送起诉的案件，进行审查后，依法作出起诉或者不起诉的决定；对刑事案件提起公诉或支持公诉等。法律还规定，检察机关对人民法院的审判活动，公安机关和国家安全机关的侦查活动，监狱的执法活动的合法性进行监督。各级人民检察院设立检察委员会，在检察长的主持下，讨论决定重大案件和其他重大问题。

中国制定了《仲裁法》、《律师法》、《公证法》、《劳动争议调解仲裁法》等法律，建立了仲裁制度、律师制度、公证制度、法律援助制度和司法考试制度等制度。

《仲裁法》规定，根据自愿原则，公民、法人和其他组织之间发生的合同纠纷和其他财产权益纠纷，可以仲裁；婚姻、收养、监护、扶养、继承纠纷和应当由行政机关处理的行政争议不能仲裁。中国实行一裁终局的制度。除非人民法院依法裁定撤销或者不予执行，当事人不能就同一纠纷再次申请仲裁或者向人民法院起诉。《劳动争议调解仲裁法》规定，用人单位与劳动者发生争议，当事人不愿协商、协商不成或者达成和解协议后不履行的，可以向调解组织申请调解；不愿调解、调解不成或者达成调解协议后不履行的，可以向劳动争议仲裁委员会申请仲裁；对仲裁裁决不服的，除法律另有规定外，可以向人民法院提起诉讼。

《律师法》规定，通过国家统一司法考试的人员申请律师执业，必须拥护宪法，在律师事务所实习满一年，品行良好，才能取得律师执业证书。律师可以接受聘请担任法律顾问，可以接受委托担任诉讼代理人，可以为刑事案件的犯罪嫌疑人提供法律帮助，担任刑事案件犯罪嫌疑人、被告人的辩护人。律师依法执业受法律保护。截至2006年底，全国共有律师事务所13000多个，执业律师130000多人。中国的律师事务所可以由律师合伙或者个人设立，也可以由国家出资设立。

《公证法》规定，担任公证员必须通过国家司法考试取得执业资格。根据当事人的申请，公证机构可以对民事法律行为、有法律意义的事实和文书的真实性、合法性予以证明。公证文书具有法定的效力，主要包括证据效力、强制执行效力、法律行为要件效力、公示及对抗第三人效力、不可撤销效力等。近年来，全国公证机构年办证量均在1000万件左右，其中涉外公证300多万件，发往100多个国家和地区使用。截至2006年底，全国共有公证机构3000多家，执业公证员近12000人。

中国自1994年起开始建立法律援助制度。公民因经济困难没有委托代理人，依法请求国家赔偿，请求给予社会保险待遇或者最低生活保障待遇，请求发给抚恤金、救济金，请求给付赡养费、抚养费、扶养费，请求支付劳动报酬，主张因见义勇为行为产生的民事权益的，可以按照国家规定申请法律援助。在刑事诉讼中，公民因经济困难没有聘请律师、委托诉讼代理人或者辩护人的，可以按照国家规定申请法律援助；对于被告人是盲、聋、哑或者未成年人而没有委托辩护人的，或者被告人可能被判处死刑而没有委托辩护人的，人民法院应当指定承担法律援助义务的律师为其提供辩护。各级政府建立了法律援助机构，设置了法律援助专职工作人员。

国家对初任法官、检察官和取得律师资格实行统一的司法考试制度，初任法官、检察官必须从通过国家司法考试人员中择优录用。中国从1986年开始实行全国统一的律师资格考试。为了建立和规范国家统一司法考试制度，《国家司法考试实施办法（试行）》专门对考试内容、考试方式、考试组织、报名条件和授予资格等作了规定。2002年至2007年，中国连续举行了六次全国统一司法考试，推动了法官、检察官、律师、公证员的职业化建设。

近年来，中国加快了深化司法体制改革的步伐。中国的司法体制改革坚持从国情出发，注意借鉴国外有益做法，以维护司法公正为目标，从人民不满意的问题入手，以加强权力制约和监督为重点，优化司法职权配置，规范司法行为，推进司法民主和司法公开，努力建设公正高效权威的社会主义司法制度，保证审判机关、检察机关依法独立公正地行使审判权、检察权。

——通过加强对司法权的监督制约，一些影响司法公正的突出问题得到有效解决。不断完善审判公开、检务公开、警务公开、狱（所）务公开等司法公开制度，公众的参与权、知情权、诉讼权有了更好的保障；对诉讼活动的检察监督机制，特别是对司法工作人员渎职行为的监督机制进一步健全。人民监督员试点工作平稳推进，重点对不服逮捕、拟撤销、拟不起诉案件实施监督。涉及检察人员办案不文明、不规范的投诉明显减少。

——通过完善刑事司法制度，在尊重和保障人权方面取得新进展。死刑案件办理程序进一步完善。未成年人司法制度进一步完善，适合未成年人特点的侦查、批捕、起诉和审判方式逐步建立。超期羁押人数明显下降，刑罚执行的法律监督更加规范。监狱体制改革试点稳步推进，教育改造质量进一步提高，依法维护了在押罪犯的合法权益，罪犯脱逃率和狱内发案率大幅度下降。社区矫正试点和人民监督员制度试点取得良好效果，全国25个省、自治区、直辖市积极推进社区矫正试点工作，社区服刑人员重新犯罪率不足1％。

——通过改革和完善工作机制，司法效率进一步提高。目前，法院适用简易程序审理刑事案件已达38.87％，运用简易程序审理民商事案件达到71.26％。全国绝大多数人民法院实现了直接立案。人民调解、行政调解、司法调解的多元化矛盾调解机制进一步健全，2006年全国各类调解组织共调解民间纠纷400多万件，95％以上的矛盾纠纷得到及时化解。为理顺和规范司法鉴定管理体制，全国人大常委会通过《关于司法鉴定管理问题的决定》。通过开辟网上立案、远程立案，建设“数字法庭”，提高了工作效率。

——通过加大司法救助和法律援助力度，诉讼难、执行难问题得到有效缓解。新颁布的《诉讼费用交纳办法》平均降低诉讼费用60％。新实施的《律师服务收费管理办法》，严格收费程序，严惩违法违规收费行为。近年来，国家对法律援助经费的投入逐年加大，中央财政和部分省级财政对贫困地区法律援助的转移支付制度已经建立。2006年全国各地共办理各类法律援助案件318514件，为3193801人（次）提供了法律咨询服务，同比分别增长25.6％、19.9％。

——通过改革和完善干部管理体制和经费保证机制，司法公正得到更充分保障。进一步完善了司法行政工作与审判、检察业务相分离的管理制度，制定完善了公开招考、竞争上岗、干部交流等制度。近年来，国家和地方财政对司法的投入大幅增加，为司法部门履行职能提供了更多的物质保障。

七、普法和法学教育

中国积极推动在全体公民中树立法治观念。多年来，国家坚持不懈地开展法制宣传教育，弘扬法治精神，加强公民意识教育，努力使全社会形成学法守法用法的良好风尚。

从1985年起，全国人民代表大会常务委员会先后通过了五个在全民中普及法律知识的决定，并已连续实施了四个五年的普法规划。“一五”（1986年—1990年）普法期间，有7亿多公民学习了相关的初级法律知识；“二五”（1991年—1995年）普法期间，有96个行业制定了普法规划，组织学习专业法律法规200多部；“三五”（1996年—2000年）普法期间，30个省、自治区、直辖市结合普法活动开展了依法治理工作，95 % 的地级市、87 % 的县（区、市）、75 % 的基层单位开展依法治理工作。“四五”（2001 年—2005 年）普法期间，有 8.5 亿公民接受了各种形式的法治教育。目前，“五五”普法正在蓬勃开展。

普及法律知识的对象是全体公民，重点是国家公务人员。对普通公民，普及法律知识的目的不仅是要让每个公民知法守法，更重要的是让广大公民学会运用法律的武器维护自己的合法权益；对国家公务人员，则是要求他们牢固树立法治观念，更加自觉地依法办事。中国始终强调普及法律知识与依法治理相结合，广泛开展“依法治省”、“依法治市”等活动，使法治建设融入各地方、各部门、各单位的日常工作和公民的生产生活之中，努力提高全社会的法治水平，实现学法和用法的结合。

当今中国，普及法律知识已经成为全社会共同参与的行动。中国共产党第十六次全国代表大会召开以来，中共中央政治局先后组织了 20 多次有关法治的集体学习，对推动全社会特别是国家公务人员学习法律知识、树立法治观念，起到良好示范作用。全国人民代表大会常务委员会、国务院常务会议、全国政协常务委员会组成人员举行了一系列法治学习，各级党组织和国家机关集体学习法律知识已形成制度。国家组织开展各种形式的法治宣传教育活动。每年的 12 月 4 日即现行宪法颁布日被确定为中国的法制宣传日。3 月 15 日国际消费者权益保护日、6 月 5 日世界环境日、6 月 26 日国际禁毒日，以及重要法律颁布实施纪念日等，都把法治作为宣传教育的重要内容。各级各类学校把法治教育纳入必修课程，广播、电视、报刊、网络等新闻媒体加强了法治宣传，目前已有 300 多家省级、市级电视台开设了法治栏目，一些地方还开办了法治宣传教育网站。

国家高度重视发展法学教育。中华人民共和国成立初期，由中央人民政府统一规划，在全国各地建立了北京政法学院、华东政法学院、中南政法学院、西南政法学院、西北政法学院，在中国人民大学、东北人民大学、北京大学、复旦大学等综合性大学设立了法律系，使中国的法学教育初具规模。改革开放以来，中国的法学教育进入了一个快速发展时期。截至 2006 年底，设立法学本科专业的高等院校已达 603 所，在校的法律专业本科生接近 30 万人。有法学硕士学位授予权的高等院校和科研机构达 333 所，有法学博士学位授予权的高等院校和科研机构 29 个，有 13 个法学教育机构设有法学博士后科研流动站。经过近 30 年的恢复、重建、改革和发展，一个以法学学士、硕士、博士教育为主体，法学专业教育与法律职业教育相结合的法学教育体系已经形成，基本适应了建设社会主义现代化国家的需要。

八、法治建设的国际交流与合作

中国坚持从国情出发开展法治实践，同时也注意借鉴和吸收国外法制建设的有益经验和人类共同创造的法治文明成果，丰富和完善中国特色社会主义法治文明。

中国注意参考和借鉴国外的立法经验。在民商法领域，民法通则、物权法、合同法等法律，兼采普通法系和大陆法系国家的诸多基本制度，吸收了国际通行的私法精神与立法原则，确认契约自由、意思自治与主体平等，保障公共财产和公民私人合法财产。在行政法领域，吸收了现代行政法治中通行的比例原则、信赖保护等原则。在刑事法领域，刑法和刑事诉讼法借鉴和吸收了国外罪刑法定和公开审判等现代刑事法治的基本原则和精神。近年来，针对刑事犯罪中出现的新情况，参照国外刑事立法经验，在刑事法律中规定了资助恐怖活动罪、洗钱罪、内幕交易罪、操纵证券期货交易价格罪、妨害信用卡管理罪等新罪名。中国在知识产权保护和环境保护的立法方面，也吸收了不少国外的立法经验。

中国与许多国家和国际组织建立了平等互惠的司法合作关系，接受和采纳国际上通行的司法合作规则。截至 2007 年 10 月，中国分别与 53 个国家签署了涉及国际司法合作的双边条约和协定 98 项。除签署双边条约和协定外，中国还加入了 20 余项包含司法合作内容的多边国际公约。2001 年，中国与上海合作组织其他成员国签署了《打击恐怖主义、分裂主义和极端主义上海公约》，中国还分别于 2003 年和 2005

年加入了《联合国打击跨国有组织犯罪公约》和《联合国反腐败公约》，加强了在打击有关犯罪方面的司法合作。中国还通过国际会议等多种形式开展法治领域的国际交流。1990 年、2005 年，中国相继举办了第十四届和第二十二届世界法律大会。2006 年，国际反贪大会在中国召开。

中国重视通过国内立法，将国际司法合作落实为具体的操作规则。《民事诉讼法》规定，人民法院在审理涉外民事案件时，国内法律规定与中国缔结或参加的国际条约不一致的，优先适用国际条约的规定。该法还规定了涉外案件司法管辖和司法协助的原则、条件和程序。《刑事诉讼法》将国际条约关系和互惠原则确立为中国司法机关对外开展刑事司法协助的基础。《引渡法》吸收国际上通行的引渡合作规则，规定了中国与外国开展引渡合作的具体准则、条件和程序。目前，中国主管机关依据有关双边条约或多边公约处理的司法协助事务呈逐年上升趋势。大量的民商事司法协助请求获得有效执行，维护了中外诉讼当事人的权益。在刑事诉讼领域，国际司法合作发挥了越来越重要的作用。在最近 10 年中，中国与一些国家和国际组织针对涉及杀人、贪污、贿赂、恐怖犯罪、侵犯知识产权、洗钱等犯罪的案件，开展了有效的刑事司法合作，相互协助调取证据材料，冻结扣押并追回被非法转移的犯罪所得，引渡或者遣返在逃的犯罪嫌疑人，有效地维护了司法公正。

近年来，中国与联合国、国际人权组织和世界贸易组织开展经常性法治对话，启动了与欧盟、东盟、阿盟、上海合作组织，以及美国、英国、德国、法国、澳大利亚等国家的多边与双边法治交流机制，促进了相互理解和信任。

结束语

中国是世界上最大的发展中国家，处于并将长期处于社会主义初级阶段。中国的法治建设仍面临一些问题：民主法治建设与经济社会发展的要求还不完全适应；法律体系呈现一定的阶段性特点，有待进一步完善；有法不依、执法不严、违法不究的现象在一些地方和部门依然存在；地方保护主义、部门保护主义和执行难的问题时有发生；有的公职人员贪赃枉法、执法犯法、以言代法、以权压法，对社会主义法治造成损害；加强法治教育，提高全社会的法律意识和法治观念，仍是一项艰巨任务。

社会主义法治建设的伟大实践使中国人民深刻认识到，全面贯彻落实依法治国基本方略必须遵循以下原则：坚持中国共产党的领导、人民当家做主、依法治国有机统一，保证中国共产党在法治建设中始终发挥总揽全局、协调各方的领导核心作用，保障广大人民群众依照宪法和法律的规定实现当家做主的权利，保证国家各项工作都依法进行；坚持一手抓建设、一手抓法治，紧密结合经济社会发展的客观需要，不断健全和完善法律制度，使法治建设为经济社会发展和构建和谐社会服务；坚持把法治建设植根于中国社会的实际，既注意借鉴国外的有益经验，又立足于中国国情，不照搬别国的法律制度和政治体制；坚持把法治建设的基础放在制度建设和增强全社会的法治观念上，不断提高全社会法治文明水平。

在新世纪新阶段，中国将坚持科学发展观，从完善立法、严格执法、公正司法、自觉守法等方面扎实推进，全面落实依法治国基本方略，加快建设社会主义法治国家。通过加强和改进立法工作，进一步提高立法质量，尽快形成更加完备的中国特色社会主义法律体系；通过加强宪法和法律实施，维护人民合法权益和社会公平正义，维护社会主义法制的统一、尊严、权威；通过加强对执法活动的监督，确保权力正确行使，真正做到有权必有责、用权受监督、违法要追究；通过深入开展法治宣传教育，进一步提高全社会的法律意识和法治观念，形成自觉学法守法用法的社会氛围。

中国人民正在全面建设小康社会的征程上奋勇前进。随着经济社会的又好又快发展，中国人民的各项权益必将得到更好的保障，社会主义法治国家建设必将取得更加丰硕的成果，中国必将对人类社会发展进步事业作出新的更大贡献。

附 录

中华人民共和国现行有效法律分类目录（229件）

（一）宪法及宪法相关法（39件）

1. 中华人民共和国宪法（1982年）

中华人民共和国宪法修正案（1988年）

中华人民共和国宪法修正案（1993年）

中华人民共和国宪法修正案（1999年）

中华人民共和国宪法修正案（2004年）

2. 城市街道办事处组织条例（1954年）

3. 中华人民共和国地方各级人民代表大会和地方各级人民政府组织法（1979年，1982年修正、1986年修正、1995年修正、2004年修正）

4. 中华人民共和国全国人民代表大会和地方各级人民代表大会选举法（1979年，1982年修正、1986年修正、1995年修正、2004年修正）

5. 中华人民共和国人民法院组织法（1979年，1983年修正、1986年修正、2006年修正）

6. 中华人民共和国人民检察院组织法（1979年，1983年修正、1986年修正）

7. 中华人民共和国国籍法（1980年）

8. 中华人民共和国全国人民代表大会组织法（1982年）

9. 中华人民共和国国务院组织法（1982年）

10. 全国人民代表大会常务委员会关于县级以下人民代表大会代表直接选举的若干规定（1983年）

11. 中华人民共和国民族区域自治法（1984年，2001年修正）

12. 全国人民代表大会常务委员会关于在沿海港口城市设立海事法院的决定（1984年）

13. 中华人民共和国外交特权与豁免条例（1986年）

14. 中华人民共和国全国人民代表大会常务委员会议事规则（1987年）

15. 全国人民代表大会常务委员会关于批准中央军事委员会《关于授予军队离休干部中国人民解放军功勋荣誉章的规定》的决定（1988年）

附：关于授予军队离休干部中国人民解放军功勋荣誉章的规定

16. 中华人民共和国全国人民代表大会议事规则（1989年）

17. 中华人民共和国集会游行示威法（1989年）

18. 中华人民共和国城市居民委员会组织法（1989年）

19. 中华人民共和国香港特别行政区基本法（1990年）

附件一 香港特别行政区行政长官的产生办法

附件二 香港特别行政区立法会的产生办法和表决程序

附件三 在香港特别行政区实施的全国性法律

20. 中华人民共和国国旗法（1990年）

21. 中华人民共和国领事特权与豁免条例（1990年）

22. 中华人民共和国缔结条约程序法（1990年）

23. 中华人民共和国国徽法（1991年）

24. 中华人民共和国领海及毗连区法（1992年）

25. 中华人民共和国全国人民代表大会和地方各级人民代表大会代表法（1992年）

26. 中华人民共和国澳门特别行政区基本法（1993年）

附件一 澳门特别行政区行政长官的产生办法

附件二 澳门特别行政区立法会的产生办法

附件三 在澳门特别行政区实施的全国性法律

27. 中华人民共和国国家赔偿法（1994年）

28. 中华人民共和国法官法（1995年，2001年修正）

29. 中华人民共和国检察官法（1995年，2001年修正）

30. 中华人民共和国戒严法（1996年）

31. 中国人民解放军选举全国人民代表大会和县级以上地方各级人民代表大会代表的办法（1981年，1996年修订，修改为现名称）

32. 中华人民共和国香港特别行政区驻军法（1996年）

33. 中华人民共和国专属经济区和大陆架法（1998年）

34. 中华人民共和国村民委员会组织法（1998年）

35. 中华人民共和国澳门特别行政区驻军法（1999年）

36. 中华人民共和国立法法（2000年）

37. 反分裂国家法（2005年）

38. 中华人民共和国外国中央银行财产司法强制措施豁免法（2005年）

39. 中华人民共和国各级人民代表大会常务委员会监督法（2006年）

（二）民法商法（32件）

1. 中华人民共和国中外合资经营企业法（1979年，1990年修正、2001年修正）

2. 中华人民共和国婚姻法（1980年，2001年修正）

3. 中华人民共和国商标法（1982年，1993年修正、2001年修正）

4. 中华人民共和国专利法（1984年，1992年修正、2000年修正）

5. 中华人民共和国继承法（1985年）

6. 中华人民共和国民法通则（1986年）

7. 中华人民共和国外资企业法（1986年，2000年修正）

8. 中华人民共和国全民所有制工业企业法（1988年）

9. 中华人民共和国中外合作经营企业法（1988年，2000年修正）

10. 中华人民共和国著作权法（1990年，2001年修正）

11. 中华人民共和国收养法（1991年，1998年修正）

12. 中华人民共和国海商法（1992年）

13. 中华人民共和国反不正当竞争法（1993年）

14. 中华人民共和国消费者权益保护法（1993年）

15. 中华人民共和国公司法（1993年，1999年修正、2004年修正、2005年修订）

16. 中华人民共和国商业银行法（1995年，2003年修正）

17. 中华人民共和国票据法（1995年，2004年修正）

18. 中华人民共和国担保法（1995年）

19. 中华人民共和国保险法（1995年，2002年修正）

20. 中华人民共和国拍卖法（1996年，2004年修正）

21. 中华人民共和国合伙企业法（1997年，2006年修订）

22. 中华人民共和国证券法（1998年，2004年修正、2005年修订）

23. 中华人民共和国合同法（1999年）

24. 中华人民共和国个人独资企业法（1999年）

25. 中华人民共和国招标投标法（1999年）

26. 中华人民共和国信托法（2001年）

27. 中华人民共和国农村土地承包法（2002年）

28. 中华人民共和国证券投资基金法（2003年）

29. 中华人民共和国电子签名法（2004年）

30. 中华人民共和国企业破产法（2006年）

31. 中华人民共和国农民专业合作社法（2006年）

32. 中华人民共和国物权法（2007年）

（三）行政法（79件）

1. 公安派出所组织条例（1954年）

2. 全国人民代表大会常务委员会批准国务院关于劳动教养问题的决定的决议（1957年）

附：国务院关于劳动教养问题的决定

3. 全国人民代表大会常务委员会批准国务院关于华侨捐资兴办学校办法的决议（1957年）

附：华侨捐资兴办学校办法

4. 中华人民共和国户口登记条例（1958

年）

5. 全国人民代表大会常务委员会关于批准《国务院关于安置老弱病残干部的暂行办法》的决议（1978年）

附：国务院关于安置老弱病残干部的暂行办法

6. 全国人民代表大会常务委员会批准《国务院关于劳动教养的补充规定》的决议（1979年）

附：国务院关于劳动教养的补充规定

7. 中华人民共和国学位条例（1980年，2004年修正）

8. 全国人民代表大会常务委员会关于批准《国务院关于老干部离职休养的暂行规定》的决议（1980年）

附：国务院关于老干部离职休养的暂行规定

9. 中华人民共和国海洋环境保护法（1982年，1999年修订）

10. 中华人民共和国文物保护法（1982年，1991年修正、2002年修订、2007年修正）

11. 中华人民共和国水污染防治法（1984年，1996年修正、2008年修订）

12. 中华人民共和国兵役法（1984年，1998年修正）

13. 中华人民共和国药品管理法（1984年，2001年修订）

14. 中华人民共和国外国人入境出境管理法（1985年）

15. 中华人民共和国公民出境入境管理法（1985年）

16. 中华人民共和国义务教育法（1986年，2006年修订）

17. 中华人民共和国国境卫生检疫法（1986年，2007年修正）

18. 中华人民共和国海关法（1987年，2000年修正）

19. 中华人民共和国大气污染防治法（1987年，1995年修正、2000年修订）

20. 中华人民共和国档案法（1987年，1996年修正）

21. 中国人民解放军军官军衔条例（1988年，1994年修正）

22. 中华人民共和国保守国家秘密法（1988年）

23. 中华人民共和国野生动物保护法（1988年，2004年修正）

24. 中华人民共和国传染病防治法（1989年，2004年修订）

25. 中华人民共和国环境保护法（1989年）

26. 中华人民共和国军事设施保护法（1990年）

27. 中华人民共和国归侨侨眷权益保护法（1990年，2000年修正）

28. 中华人民共和国人民警察警衔条例（1992年）

29. 中华人民共和国测绘法（1992年，2002年修订）

30. 中华人民共和国国家安全法（1993年）

31. 中华人民共和国科学技术进步法（1993年，2007年修订）

32. 中华人民共和国教师法（1993年）

33. 中华人民共和国城市房地产管理法（1994年，2007年修正）

34. 中华人民共和国母婴保健法（1994年）

35. 中华人民共和国监狱法（1994年）

36. 中华人民共和国人民警察法（1995年）

37. 中华人民共和国教育法（1995年）

38. 中华人民共和国预备役军官法（1995年）

39. 中华人民共和国体育法（1995年）

40. 中华人民共和国固体废物污染环境防治法（1995年，2004年修订）

41. 中华人民共和国食品卫生法（1995年）

42. 中华人民共和国行政处罚法（1996年）

43. 中华人民共和国律师法（1996年，2001年修正、2007年修订）

44. 中华人民共和国促进科技成果转化法（1996年）

45. 中华人民共和国职业教育法（1996年）

46. 中华人民共和国枪支管理法（1996年）

47. 中华人民共和国环境噪声污染防治法（1996年）

48. 中华人民共和国人民防空法（1996年）

49. 中华人民共和国国防法（1997年）

50. 中华人民共和国行政监察法（1997年）

51. 中华人民共和国建筑法（1997年）

52. 中华人民共和国献血法（1997年）

53. 中华人民共和国防震减灾法（1997年）

54. 中华人民共和国消防法（1998年）

55. 中华人民共和国执业医师法（1998年）

56. 中华人民共和国高等教育法（1998年）

57. 中华人民共和国行政复议法（1999年）

58. 中华人民共和国气象法（1999年）

59. 中华人民共和国国家通用语言文字法（2000年）

60. 中华人民共和国现役军官法（1988年，1994年修正、2000年修正，修改为现名称）

61. 中华人民共和国国防教育法（2001年）

62. 中华人民共和国防沙治沙法（2001年）

63. 中华人民共和国人口与计划生育法（2001年）

64. 中华人民共和国科学技术普及法（2002年）

65. 中华人民共和国清洁生产促进法（2002年）

66. 中华人民共和国环境影响评价法（2002年）

67. 中华人民共和国民办教育促进法（2002年）

68. 中华人民共和国海关关衔条例（2003年）

69. 中华人民共和国居民身份证法（2003年）

70. 中华人民共和国放射性污染防治法（2003年）

71. 中华人民共和国行政许可法（2003年）

72. 中华人民共和国道路交通安全法（2003年，2007年修正）

73. 中华人民共和国公务员法（2005年）

74. 中华人民共和国治安管理处罚法（2005年）

75. 中华人民共和国公证法（2005年）

76. 中华人民共和国护照法（2006年）

77. 中华人民共和国突发事件应对法（2007年）

78. 中华人民共和国城乡规划法（2007年）

79. 中华人民共和国禁毒法（2007年）

（四）经济法（54件）

1. 华侨申请使用国有的荒山荒地条例（1955年）

2. 全国人民代表大会常务委员会关于批准《广东省经济特区条例》的决议（1980年）

附：广东省经济特区条例

3. 中华人民共和国个人所得税法（1980年，1993年修正、1999年修正、2005年修正、2007年两次修正）

4. 中华人民共和国海上交通安全法（1983年）

5. 中华人民共和国统计法（1983年，1996年修正）

6. 中华人民共和国森林法（1984年，1998年修正）

7. 中华人民共和国会计法（1985年，1993年修正、1999年修订）

8. 中华人民共和国草原法（1985年，2002年修订）

9. 中华人民共和国计量法（1985年）

10. 中华人民共和国渔业法（1986年，2000年修正、2004年修正）

11. 中华人民共和国矿产资源法（1986年，1996年修正）

12. 中华人民共和国土地管理法（1986年，1988年修正、1998年修订、2004年修正）

13. 中华人民共和国邮政法（1986年）

14. 中华人民共和国水法（1988年，2002年修订）

15. 中华人民共和国标准化法（1988年）

16. 中华人民共和国进出口商品检验法（1989年，2002年修正）

17. 中华人民共和国铁路法（1990年）

18. 中华人民共和国烟草专卖法（1991年）

19. 中华人民共和国水土保持法（1991年）

20. 中华人民共和国进出境动植物检疫法（1991年）

21. 中华人民共和国税收征收管理法（1992年，1995年修正、2001年修订）

22. 中华人民共和国产品质量法（1993年，2000年修正）

23. 中华人民共和国农业技术推广法（1993年）

24. 中华人民共和国农业法（1993年，2002年修订）

25. 中华人民共和国注册会计师法（1993年）

26. 全国人民代表大会常务委员会关于外商投资企业和外国企业适用增值税、消费税、营业税等税收暂行条例的决定（1993年）

27. 中华人民共和国台湾同胞投资保护法（1994年）

28. 中华人民共和国预算法（1994年）

29. 中华人民共和国对外贸易法（1994年，2004年修订）

30. 中华人民共和国审计法（1994年，2006年修正）

31. 中华人民共和国广告法（1994年）

32. 中华人民共和国中国人民银行法（1995年，2003年修正）

33. 中华人民共和国民用航空法（1995年）

34. 中华人民共和国电力法（1995年）

35. 中华人民共和国煤炭法（1996年）

36. 中华人民共和国乡镇企业法（1996年）

37. 中华人民共和国公路法（1997年，1999年修正、2004年修正）

38. 中华人民共和国动物防疫法（1997年，2007年修订）

39. 中华人民共和国防洪法（1997年）

40. 中华人民共和国节约能源法（1997年，2007年修订）

41. 中华人民共和国价格法（1997年）

42. 中华人民共和国种子法（2000年，2004年修正）

43. 中华人民共和国海域使用管理法（2001年）

44. 中华人民共和国政府采购法（2002年）

45. 中华人民共和国中小企业促进法（2002年）

46. 中华人民共和国港口法（2003年）

47. 中华人民共和国银行业监督管理法（2003年，2006年修正）

48. 中华人民共和国农业机械化促进法（2004年）

49. 中华人民共和国可再生能源法（2005年）

50. 中华人民共和国畜牧法（2005年）

51. 中华人民共和国农产品质量安全法（2006年）

52. 中华人民共和国反洗钱法（2006年）

53. 中华人民共和国企业所得税法（2007年）

54. 中华人民共和国反垄断法（2007年）

（五）社会法（17件）

1. 全国人民代表大会常务委员会关于批准《国务院关于工人退休、退职的暂行办法》的决议（1978年）

附：国务院关于工人退休、退职的暂行办法

2. 全国人民代表大会常务委员会关于批准《国务院关于职工探亲待遇的规定》的决议（1981年）

附：国务院关于职工探亲待遇的规定

3. 中华人民共和国残疾人保障法（1990年）

4. 中华人民共和国未成年人保护法（1991年，2006年修订）

5. 中华人民共和国工会法（1992年，2001年修正）

6. 中华人民共和国妇女权益保障法（1992年，2005年修正）

7. 中华人民共和国矿山安全法（1992年）

8. 中华人民共和国红十字会法（1993年）

9. 中华人民共和国劳动法（1994年）

10. 中华人民共和国老年人权益保障法（1996年）

11. 中华人民共和国预防未成年人犯罪法（1999年）

12. 中华人民共和国公益事业捐赠法（1999年）

13. 中华人民共和国职业病防治法（2001年）

14. 中华人民共和国安全生产法（2002 年）

15. 中华人民共和国劳动合同法（2007 年）

16. 中华人民共和国就业促进法（2007 年）

17. 中华人民共和国劳动争议调解仲裁法（2007 年）

（六）刑法（1 件）

中华人民共和国刑法（1979 年，1997 年修订）

全国人民代表大会常务委员会关于惩治骗购外汇、逃汇和非法买卖外汇犯罪的决定（1998 年）

中华人民共和国刑法修正案（1999 年）

中华人民共和国刑法修正案（二）（2001 年）

中华人民共和国刑法修正案（三）（2001 年）

中华人民共和国刑法修正案（四）（2002 年）

中华人民共和国刑法修正案（五）（2005 年）

中华人民共和国刑法修正案（六）（2006 年）

（七）诉讼与非诉讼程序法（7 件）

1. 中华人民共和国刑事诉讼法（1979 年，1996 年修正）

2. 全国人民代表大会常务委员会关于对中华人民共和国缔结或者参加的国际条约所规定的罪行行使刑事管辖权的决定（1987 年）

3. 中华人民共和国行政诉讼法（1989 年）

4. 中华人民共和国民事诉讼法（1991 年，2007 年修正）

5. 中华人民共和国仲裁法（1994 年）

6. 中华人民共和国海事诉讼特别程序法（1999 年）

7. 中华人民共和国引渡法（2000 年）

中国的政党制度

中华人民共和国国务院新闻办公室

（2007 年 11 月）

前　言

政党制度是现代民主政治的重要组成部分。一个国家实行什么样的政党制度，由该国国情、国家性质和社会发展状况所决定。各国政党制度的不同体现了人类文明发展的多样性。

中国实行的政党制度是中国共产党领导的多党合作和政治协商制度（以下简称中国多党合作制度），它既不同于西方国家的两党或多党竞争制，也有别于有的国家实行的一党制。这一制度在中国长期的革命、建设、改革实践中形成和发展起来，是适合中国国情的一项基本政治制度，是具有中国特色的社会主义政党制度，是中国社会主义民主政治的重要组成部分。《中华人民共和国宪法》明确规定：中国共产党领导的多党合作和政治协商制度将长期存在和发展。在中国，中国共产党和各民主党派都必须以宪法为根本活动准则，维护宪法尊严，保证宪法实施。

中国多党合作制度中包括中国共产党和八个民主党派。八个民主党派是中国国民党革命委员会、中国民主同盟、中国民主建国会、中国民主促进会、中国农工民主党、中国致公党、九三学社、台湾民主自治同盟。中国人民政治协商会议（以下简称人民政协）是中国共产党领导的多党合作和政治协商的重要机构。在中国多党合作制度中，中国共产党与各民主党派长期共存、互相监督、肝胆相照、荣辱与共，共同致力于建设中国特色社会主义，形成了“共产党领导、多党派合作，共产党执政、多党派参政”的基本特征。中国多党合作制度在中国的政治和社会生活中显示出独特的政治优势和强大的生命力，发挥了不可替代的重大作用。

一、中国社会历史发展的必然选择

中国经历过漫长的封建社会。1840 年后，由于西方资本主义列强的野蛮入侵和封建统治集团的腐朽衰败，中国逐渐沦为半殖民地半封建社会。在将近 110 年的时间里，中华民族危难深重，人民根本没有民主权利。

为改变国家和民族的悲惨命运，一代又一代中国人奋起抗争，努力寻求救国救民的真理。20 世纪初，中国民主革命的先行者孙中山先生，向西方寻求救国救民的道路，发动和领导了具有资产阶级民主革命性质的辛亥革命，推翻了延续几千年的君主专制制度，建立了中华民国，并效仿西方国家实行议会政治和多党制。尽管相对于君主专制制度这是一个历史性的进步，但它很快就在中外各种反动势力的冲击下归于失败，无法实现中国人民要求独立、民主的迫切愿望。正如孙中山先生所总结的，中国的社会既然和欧美不同，管理社会的政治自然也不能完全仿效欧美。

1927 年至 1949 年新中国成立前，国民党蒋介石集团实行一党专制，独揽国家一切权力，打击和迫害民主进步力量，违背民主政治发展潮流和人民愿望，最终被历史所抛弃。

近代中国政治的发展呼唤适应中国国情的新的政党制度。这一历史责任由中国共产党和各民主党派共同承担了起来。

1921 年成立的中国共产党，把马克思列宁主义与中国实际相结合，提出了新民主主义革命纲领，团结全国各革命阶级为实现民族独立、人民解放和国家富强、人民幸福而奋斗。主要在抗日战争时期（1937—1945 年）和解放战争时期（1945—1949 年）成立的各民主党派，其社会基础是民族资产阶级、城市小资产阶级以及同这些阶级相联系的知识分子和其他爱国分子，有着反帝、爱国、民主的政治要求，是中国社会的进步力量。中国共产党与各民主党派建立了亲密的合作关系，并在严酷斗争中不断加强这种关系，为实现中国的和平、民主而共同奋斗。在抗日战争时期，民主党派积极参加中国共产党领导的抗日民族统一战线，广泛开展抗日民主运动，同中国共产党一道，共同为坚持抗战、团结、进步而努力，反对国民党顽固派的投降、分裂、倒退行径；抗日战争胜利后，民主党派同中国共产党一道，反对国民党蒋介石集团的内战、独裁政策。

中国共产党在领导新民主主义革命走向胜利的伟大斗争中，确立了在中国各种革命力量中的核心领导地位。各民主党派、无党派民主人士在长期实践中经过比较，自觉地、郑重地选择了中国共产党的领导。1948 年 4 月，中国共产党提出召开新政治协商会议、成立民主联合政府的主张，得到各民主党派和无党派民主人士热烈响应。他们公开表示，愿意在中国共产党的领导下，共同为建立新中国而奋斗。1949 年 9 月中国人民政治协商会议的召开，标志着中国共产党领导的多党合作和政治协商制度的正式确立，中国共产党与各民主党派和无党派民主人士共同参加新中国国家政权建设。

中华人民共和国成立后，中国共产党在执政条件下进一步加强同各民主党派的团结合作，不断推进多党合作的理论创新和实践发展。1956 年社会主义改造基本完成后，根据中国阶级状况发生的深刻变化，中国共产党提出了“长期共存、互相监督”的八字方针，明确共产党存在多久，民主党派就存在多久，共产党可以监督民主党派，民主党派也可以监督共产党；由于共产党居于领导、执政地位，主要是民主党派监督共产党。社会主义条件下中国多党合作的基本格局由此确立。1957年后特别是“文化大革命”（1966—1976年）期间，中国多党合作制度遭受严重挫折。

1978年实行改革开放以来，根据形势和任务的变化，中国共产党明确多党合作是中国政治制度的一个特点和优势，确立了中国共产党与各民主党派“长期共存、互相监督、肝胆相照、荣辱与共”的十六字方针，提出了一整套关于多党合作和政治协商的理论和政策，使坚持和完善多党合作制度成为中国特色社会主义理论和实践的重要组成部分。1989年中国共产党制定了坚持和完善中国共产党领导的多党合作和政治协商制度的意见，多党合作和政治协商走上了制度化轨道。1993年召开的第八届全国人民代表大会第一次会议，将“中国共产党领导的多党合作和政治协商制度将长期存在和发展”载入宪法，中国多党合作制度有了明确的宪法依据。2002年中共十六大后，从建设社会主义政治文明的高度，中国共产党先后制定了进一步加强中国共产党领导的多党合作和政治协商制度建设的意见和加强人民政协工作的意见，使多党合作制度进一步规范化和程序化。新中国成立以来，中国多党合作制度不断巩固和发展，在国家政治和社会生活中发挥着重要作用。

中国近现代政治发展的历史和实践证明：中国的民主政治建设，必须从中国的基本国情出发，盲目照搬别国政治制度和政党制度模式，是不可能成功的；实行专制独裁统治，违背历史发展规律和人民意志，也必然要归于失败。中国多党合作制度的形成和发展，是中国近现代历史发展的必然选择，是马克思列宁主义与中国实际相结合的产物，是中国共产党和各民主党派智慧的结晶，符合中国国情和中国革命、建设、改革的实际，符合社会主义民主政治的本质要求，体现了中华民族和而不同、兼容并蓄的优秀文化传统，具有鲜明的中国特色。这项制度，既合乎时代发展潮流，又体现了中国社会发展的内在要求。

二、中国的一项基本政治制度

中国宪法规定：中华人民共和国是工人阶级领导的、以工农联盟为基础的人民民主专政的社会主义国家。与这种国体相适应的政权组织形式是人民代表大会制度，与这种国体相适应的政党制度是中国共产党领导的多党合作和政治协商制度。人民代表大会制度、中国共产党领导的多党合作和政治协商制度、民族区域自治制度以及基层群众自治制度，构成了中国政治制度的核心内容和基本框架，是社会主义民主政治的集中体现。

作为国家的一项基本政治制度，中国多党合作制度规定了中国共产党和各民主党派在国家政治生活中的地位、作用和相互关系。

——中国共产党处于领导和执政地位。中国共产党的领导地位是在长期革命、建设、改革实践中形成并巩固起来的，是历史的选择、人民的选择。在80多年的奋斗历程中，中国共产党领导中国人民完成了新民主主义革命的任务，实现了民族独立和人民解放；建立了人民当家做主的国家政权，维护了国家统一和各民族团结；建立了社会主义制度，实现了中国历史上最广泛最深刻的社会变革；开创了中国特色社会主义事业，为实现国家富强和人民幸福探索出了一条正确道路。中国是一个有着960万平方公里国土、13亿人口、56个民族的发展中大国。在这样一个幅员辽阔、人口众多的多民族国家进行现代化建设，必须有一个坚强的领导核心。中国共产党代表中国先进生产力的发展要求，代表中国先进文化的前进方向，代表中国最广大人民的根本利益。中国共产党的坚强领导是中国实现社会主义现代化的根本保证，是维护中国国家统一、社会和谐稳定的根本保证，是把亿万人民团结起来、共同建设美好未来的根本保证。这是中国各族人民在长期革命、建设、改革实践中形成的政治共识。

——各民主党派是中国的参政党。中国人民民主专政的内在要求和各民主党派在中国政治生活中的实际作用，决定了民主党派的参政党地位。各民主党派作为各自所联系的一部分社会主义劳动者、社会主义事业建设者和拥护社会主义爱国者的政治联盟，属于人民的范畴，他们在中国共产党的领导下参政，是人民民主的重要体现。民主党派参政的基本点是：参加国家政权，参与国家大政方针和国家领导人选的协商，参与国家事务的管理，参与国家方针政策、法律法规的制定和执行。参政党的地位和参政权利受到宪法和法律的保护。

——中国共产党与各民主党派形成了团结合作的新型政党关系。中国共产党与各民主党派在长期的共同奋斗中，形成了亲密的友党关系。中国共产党的基本理论、基本路线、基本纲领、基本经验得到各民主党派的认同，建设中国特色社会主义成为中国各政党的共同目标。在保持宽松稳定、团结和谐的政治环境中，中国共产党与各民主党派实行广泛的政治合作，照顾同盟者的政治利益和物质利益，团结他们一道前进。

——中国共产党与各民主党派的合作具有丰富的内容。第一，中国共产党就重大方针政策和重要事务同各民主党派进行政治协商，实行相互监督。第二，各民主党派成员在国家权力机关中占有适当数量，依法履行职权。第三，各民主党派成员担任国家及地方人民政府和司法机关的领导职务；各级人民政府通过多种形式与民主党派联系，发挥他们的参政议政作用。第四，各民主党派通过人民政协参加国家重大事务的协商。第五，中国共产党支持民主党派参加改革开放和社会主义现代化建设。为经济社会发展服务，是各民主党派履行参政党职能的重要内容，是中国多党合作制度的一大特色。

——中国共产党与各民主党派互相监督。这种监督是通过提出意见、批评、建议的方式进行的政治监督。由于中国共产党处于领导和执政地位，更需要来自民主党派的监督。民主党派民主监督的内容是：国家宪法和法律法规的实施情况；中国共产党和政府重要方针政策的制定和贯彻执行情况；中国共产党各级党委的工作和中共党员领导干部履行职责、为政清廉等方面的情况。民主党派的监督，对于加强和改善中国共产党的领导，健全社会主义监督体系，有着重要而独特的作用。

中国多党合作制度创立了一种新型的政党制度形式，在世界政党制度中独具特色。中国共产党同各民主党派既亲密合作又互相监督，而不是互相反对。中国共产党依法执政，各民主党派依法参政，而不是轮流执政。这一制度与人民代表大会制度相适应，实现人民当家做主，而不是少数人的民主。

三、社会主义民主的重要体现

没有民主就没有社会主义，就没有社会主义现代化。实现和发展人民民主是中国共产党和各民主党派始终不渝的奋斗目标。中国多党合作制度以其独特的结构功能和运行机制，体现了社会主义民主的本质要求，保障人民民主权利的充分行使，是实现社会主义民主的重要形式。

中国共产党的领导和充分发扬社会主义民主，是中国多党合作制度的本质要求。中国共产党以全心全意为人民服务为宗旨，代表中国最广大人民的根本利益。中国共产党的领导和执政，就是领导和支持人民当家做主，最广泛地动员和组织人民群众依法管理国家和社会事务，管理经济和文化事业，维护和实现人民群众的根本利益。中国多党合作制度既坚持中国共产党的坚强领导，又体现广泛民主；既保持一致性，又体现多样性；既规范有序，又充满活力。

选举民主与协商民主相结合，是中国社会主义民主的一大特点。在中国，人民代表大会制度与中国共产党领导的多党合作和政治协商制度，有着相辅相成的作用。人民通过选举、投票行使权利和人民内部各方面在作出重大决策之前进行充分协商，尽可能取得一致意见，是社会主义民主的两种重要形式。选举民主与协商民主相结合，拓展了社会主义民主的深度和广度。经过充分的政治协商，既尊重了多数人的意愿，又照顾了少数人的合理要求，保障最大限度地实现人民民主，促进社会和谐发展。

中国多党合作制度的价值和功能主要体现在以下方面：

——政治参与。中国多党合作制度为各民主党派的政治参与开辟了制度化渠道，把各种社会力量纳入政治体制，巩固和扩大人民民主专政国家政权的基础；调动各方面积极性，广集民智，广求良策，推动执政党和政府决策的科学化、民主化；在保持社会稳定的前提下，推进社会主义民主积极稳步发展。

——利益表达。中国是一个人口众多的大国，存在不同的阶级、阶层和社会群体。人民内部在根本利益一致的基础上存在着具体利益的差别和矛盾。特别是随着社会主义市场经济的发展，经济体制深刻变革，社会结构深刻变动，利益格局深刻调整，思想观念深刻变化。中国多党合作制度能够有效反映社会各方面的利益、愿望和诉求，畅通和拓宽社会利益表达渠道，协调利益关系，照顾同盟者利益，从而保持社会和谐稳定。

——社会整合。中国现代化建设的艰巨性和复杂性，要求政治制度具备高度的社会整合功能。中国多党合作制度以中国共产党的坚强领导为前提，又有各民主党派的广泛合作，从而形成强大的社会整合力。在建设中国特色社会主义大目标下，中国共产党紧密团结民主党派，形成高度的政治认同，促进政治资源的优化配置，调动各方面的积极性，引导和组织社会沿着现代化的方向不断前进。

——民主监督。中国共产党与各民主党派互相监督，有利于强化体制内的监督功能，避免由于缺乏监督而导致的种种弊端。各民主党派反映和代表着各自所联系群众的具体利益和要求，能够反映社会上多方面的意见和建议，能够提供一种中国共产党自身监督之外更多方面的监督，有利于执政党决策的科学化、民主化，更加自觉地抵制和克服官僚主义和各种消极腐败现象，加强和改进执政党的工作。

——维护稳定。中国多党合作制度以合作、协商代替对立、争斗，避免了政党互相倾轧造成的政局不稳和政权频繁更迭，最大限度地减少社会内耗，维护安定团结的社会政治局面。这一制度既有中国共产党的坚强领导，又有各民主党派的广泛参与，能够有效化解各种社会矛盾和冲突，保持政治稳定和社会和谐。

中国多党合作制度，反映了人民当家做主的社会主义民主的本质要求，体现了中国政治制度的特点和优势。在新的历史条件下，发展社会主义民主政治，其中一个重要方面就是坚持和完善中国共产党领导的多党合作和政治协商制度，扩大公民有序的政治参与，拓宽社会利益表达渠道，促进社会和谐发展。

四、多党合作制度中的政治协商

政治协商是中国多党合作制度的重要内容。中国共产党就国家重大方针政策和重要事务在决策前和决策执行过程中与各民主党派、无党派人士进行协商，是实行科学决策、民主决策的重要环节，是中国共产党提高执政能力的重要途径。经过多年的实践，中国多党合作制度中的政治协商形成了两种基本方式：一种是中国共产党同各民主党派的协商；一种是中国共产党在人民政协同各民主党派和各界代表人士的协商。

中共中央同各民主党派中央政治协商的内容主要包括：中国共产党全国代表大会、中央委员会的重要文件；宪法和重要法律的修改建议；国家领导人的建议人选；关于推进改革开放的重要决定；国民经济和社会发展的中长期规划；关系国家全局的一些重大问题；通报重要文件和重要情况并听取意见，以及其他需要协商的重要问题等。

中共中央同各民主党派中央政治协商的主要形式是：中共中央邀请各民主党派领导人举行民主协商会，就中共中央将要提出的大政方针进行协商；中共中央主要领导人根据形势需要，不定期邀请民主党派领导人举行高层次、小范围的谈心活动，沟通思想，交换意见；中共中央或中共中央委托有关方面召开民主党派和无党派代表人士座谈会，通报或交流重要情况，听取民主党派提出的政策性建议，或讨论某些专题；除会议协商外，民主党派中央还可就国家大政方针及其他重大问题向中共中央提出书面建议。

中共中央同各民主党派中央政治协商的主要程序是：中共中央根据年度工作重点，研究提出全年政治协商规划；协商的议题提前通知各民主党派中央、无党派人士，并提供相关材料；各民主党派中央组织相关人员阅读文件，调查研究，对协商议题进行集体研究后，提出意见和建议；在协商过程中充分发扬民主，广泛听取意见，求同存异；中共中央认真研究民主党派中央、无党派人士提出的意见和建议，对重要意见和建议的采纳情况及时进行反馈。

20世纪90年代以来，中共中央加强同各民主党派的协商，内容不断充实，程序逐步规范。1990年至2006年底，中共中央、国务院及委托有关部门召开的协商会、座谈会、情况通报会达230多次，其中中共中央总书记主持召开74次。近三年来，各民主党派、无党派人士在协商中就《中共中央关于加强党的执政能力建设的决定》、《中共中央关于构建社会主义和谐社会若干重大问题的决定》、《中共中央关于进一步加强中国共产党领导的多党合作和政治协商制度建设的意见》等许多重要文件的征求意见稿，全国人大、全国政协领导人选，宪法修改以及立法法、反分裂国家法、监督法、物权法等多部法律文件草案，《中华人民共和国国民经济和社会发展第十一个五年规划纲要》等国民经济和社会发展的中长期规划，社会主义新农村建设、国家金融体制改革、卫生体制改革和教育体制改革等关系国计民生的重大问题，提出意见和建议，其中许多被中共中央、国务院及有关部门所采纳。

此外，各民主党派中央、无党派代表人士还向中共中央提出重大的书面意见建议200多项，内容涵盖了经济、政治、社会、教育、科技、文化、卫生、国防、外交、港澳台侨等诸多方面，如长江三角洲地区、环渤海地区、海峡西岸经济区、北部湾地区等区域经济社会发展问题，三江（长江、黄河、澜沧江）源地区、欠发达地区资源开发补偿机制改革等问题，深化文化体制改革、弘扬中国传统文化等问题。这些意见建议得到中共中央、国务院的重视和采纳，并产生了良好的社会效果。

中国共产党各级地方党委就地方重大问题同地方各级民主党派组织负责人进行协商，也已形成制度。中国共产党各级党委同民主党派广泛的协商，有力地推进了决策的科学化、民主化。

中国共产党在人民政协同各民主党派、无党派人士和各界代表人士的协商，是政治协商的另一重要方式。人民政协由34个界别组成，包括中国共产党、各民主党派、无党派人士以及各界代表人士。加强人民政协的政治协商，是发展社会主义民主政治、建设社会主义政治文明的重要内容。进一步发挥人民政协的作用，有利于体现和发挥中国社会主义政治制度和政党制度的特点和优势，巩固和发展民主团结、生动活泼、安定和谐的政治局面。

五、多党合作制度与国家政权建设

中国共产党是执政党，坚持科学执政、民主执政、依法执政；各民主党派是参政党，参加国家政权。中国共产党同各民主党派在国家政权中团结合作，支持他们发挥参政党作用，履行参政议政、民主监督职能，推动国家政权建设。

人民代表大会是中国人民行使国家权力的机关，也是民主党派成员发挥作用的重要机构。民主党派成员在各级人大代表、人大常委会委员及专门委员会委员中，均占有一定数量。2003年第十届全国人民代表大会第一次会议以来，民主党派成员、无党派人士共有17.7万人当选各级人大代表。其中，全国人大常委会副委员长7人，全国人大常委会委员50人；省级人大常委会副主任41人，省级人大常委会委员462人；市级人大常委会副主任357人，市级人大常委会委员2084人。他们履行人民代表的职责，参与宪法、法律和地方性法规的制定和修改，参与选举、决定和罢免国家和政府领导人，参与审查和批准国民经济和社会发展计划和计划执行情况的报告、国家预算和预算执行情况的报告，反映人民意愿，提出议案和质询案，参与视察和执法检查工作，发挥了重要作用。

民主党派成员担任政府和司法机关领导职务，是实现中国共产党领导的多党合作的一项重要内容。截至2006年底，担任县处级以上职务的民主党派成员、无党派人士共有3.1万人，他们对分管的工作享有行政管理的指挥权、处理问题的决定权和人事任免的建议权。其中最高人民法院、最高人民检察院和国务院部委办、直属局担任领导职务副职18人；全国31个省、自治区、直辖市中，有副省长、副主席、副市长24人；全国397个市（州、盟、区）人民政府中有356人担任副市（州、盟、区）长；有35人担任省级法院副院长和检察院副检察长，有141人担任地市级法院副院长和检察院副检察长。还有许多民主党派成员、无党派人士在高等院校、人民团体、科研院所和国有企业中担任领导职务，如中国科学院所属93个研究所中有69人，教育部直属72所高等院校中有38人。2007年，民主党派成员、无党派人士2人分别担任国务院科技部、卫生部部长职务。

国务院和地方各级人民政府重视加强与民主党派的联系，为民主党派发挥参政议政作用开辟了新渠道。联系的方式主要是：国务院召开有民主党派负责人参加的座谈会，就拟提交全国人民代表大会审议的政府工作报告、有关重大政策措施征求意见，通报国民经济和社会发展的有关情况；根据需要邀请民主党派负责人列席政府全体会议和有关会议；政府组织有关廉政建设、社会治安综合治理和规范市场经济秩序等检查工作，邀请民主党派成员参加；政府有关部门根据工作业务范围同相关民主党派建立和加强联系，重要专业性会议和重要政策、规划的制定，根据需要邀请相关的民主党派负责人参加。目前，各民主党派根据各自特点，与国务院有关部门建立了联系，就推进素质教育、建设“星火”科技产业带、发展现代农业、推广生态家园富民计划、加强海洋资源保护与开发、完善鼓励科技自主创新的财税政策、改革科技奖励制度、实施国家知识产权战略、解决水资源短缺等课题进行合作和共同研究。国务院和各级地方政府还聘请民主党派成员、无党派人士767人担任政府参事室参事，1393人担任中央和地方文史馆馆员。

民主党派成员担任特约人员的领域进一步扩大。政府有关部门和司法机关聘请民主党派成员担任特约人员，是发挥民主党派民主监督作用的一项重要举措和制度安排。目前，最高人民检察院、教育部、监察部、国土资源部、审计署、税务总局共聘请民主党派成员、无党派人士87人担任特约检察员、教育督导员、特约监察员、特约国土资源监察专员、特约审计员、特约税务监察员。地方各级政府部门也聘请民主党派成员、无党派人士1.7万人担任特约人员。特约人员参加有关执法检查和执法监督工作，参与有关法律法规制定的研究，参加对重大案情的调查，发挥参谋咨询作用和联系人民群众的桥梁纽带作用，充分履行民主监督职责。如审计署组织特约审计员直接参与中央预算执行、三峡库区移民资金、农业综合开发资金、投资项目资金、世界银行贷款资金、全国粮食挂账资金等重大项目的审计工作和调研。近五年来，全国各级监察机关特约监察员共转呈群众来信13600余件次，接待群众来访23800余人次，在监察机关加强同人民群众的联系中发挥了独特作用。

民主党派参加重要外事、内事活动制度进一步规范，作用进一步发挥。近年来，民主党派中央领导人参加重要外事活动150多次、率团出访60多次。中共中央和国家领导人会见外宾时，邀请民主党派中央领导人参加；出席重要庆典、慰问、纪念活动，邀请民主党派中央领导人参加。

六、多党合作制度与人民政协

人民政协是中国人民爱国统一战线的组织，是中国共产党领导的多党合作和政治协商的重要机构，是中国发扬社会主义民主的重要形式。

民主党派是人民政协的重要界别。在人民政协的组织构成中，民主党派成员在各级政协委员、常务委员和政协领导成员中占有较大比例，在政协各专门委员会负责人和委员中，在政协机关中，均占有一定数量。如全国政协十届一次会议时，民主党派成员、无党派人士担任政协委员的有1343人，占委员总数的60%；担任政协常委的有195人，占常委总数的65.2%；担任全国政协副主席的有13人，占副主席总数的54.2%。在省、市、县各级人民政协中，共有33.6万名民主党派成员、无党派人士担任政协委员。各民主党派在政协的各种会议上以本党派名义发表意见，开展视察、提出提案、举报、反映社情民意以及参与调查和检查活动的权利得到充分尊重和保障。民主党派在人民政协中发挥作用，主要表现在：

——积极参与政治协商。各民主党派充分运用人民政协的各种协商方式，对国家和地方的大政方针以及政治、经济、文化和社会生活中的重要问题，对各民主党派参加人民政协工作的共同性事务、政协内部的重要事务以及有关爱国统一战线的其他重要问题，进行协商讨论，提出意见和建议。中共中央主要领导人每年元旦和全国政协全体会议期间都要同各民主党派共商国是；担任政协委员的民主党派成员与其他政协委员一起列席人民代表大会的主要会议，参加国家重大问题的协商讨论，就事关国计民生的大政方针和重大问题提出意见建议；政协的常务委员会会议、主席会议、秘书长会议、专门委员会会议内容不断丰富，为各民主党派更加广泛地参与政治协商创造了条件。近年来，围绕经济社会发展中的重要问题，各民主党派积极参加人民政协同政府有关部门进行的专题协商会，如2006年先后参加了以进一步推进西部大开发战略、落实国家中长期科学和技术发展规划纲要为主要议题的专题协商会，广开言路，集思广益，有力地促进了政府相关工作的开展。

——认真开展民主监督。各民主党派运用政协视察、大会发言或以其他形式对国家宪法、法律和法规的实施，重大方针政策的贯彻执行、国家机关及其工作人员的工作，通过建议和批评进行监督。政协委员中的民主党派成员还通过参加中共党委和政府有关部门组织的调查和检查活动或应邀担任司法机关和政府部门特邀监督人员等开展民主监督。1997年至2006年，各民主党派中央在全国政协会议上作大会发言（包括书面发言）370余次（份），内容涉及改革、发展、稳定等一系列重大问题，如加快产业结构优化升级、大力推行循环经济发展、重视灾害的社会管理和加紧应急体系建设、维护和保障农民工的合法权益、完善社会保障体系、加强农村文化建设、保障教育特别是基础教育的投入、积极推进民办教育、加强公共卫生体系建设、坚决反对分裂和促进祖国统一、发展两岸经贸交流等。民主党派在人民政协的大会发言，充分体现了集体力量和智慧，他们运用政协大会的政治讲坛，纵论国是，许多意见建议被采纳。

——深入参政议政。参加人民政协的各民主党派成员对政治、经济、文化、社会生活中重要问题以及人民群众普遍关心的问题开展调查研究，反映社情民意，通过调研报告、提案、建议案或其他形式向中国共产党和国家机关提出了大量的意见和建议。1990年至2006年，各民主党派和民主党派成员的政协委员，在全国政协会议上共提交提案2400余件，如尽快就反分裂国家行为立法、农村税费改革、大力营造非公有制经济良好发展环境、建立社保基金监督机制、创建中国农村社会保障体系等，其中许多提案得到采纳实施，或促成了相关法律的制定，或成为制定政策的重要参考依据。

七、多党合作制度与现代化建设

各民主党派坚持把促进发展作为团结奋斗的第一要务，紧紧围绕国家的中心工作，认真履行参政议政、民主监督的职能，积极推进社会主义经济建设、政治建设、文化建设、社会建设。

——深入调查研究，积极建言献策。各民主党派积极参与国家方针政策的制定和实施，就国家政治、经济、社会生活中的全局性、战略性、前瞻性重大问题开展考察调研，提出政策性建议。这些年来，先后就三峡工程、耕地保护、两岸“三通”、西部大开发、中部崛起、东北地区等老工业基地振兴、建设社会主义新农村、青藏铁路沿线发展、国家级综合配套改革试验区、实施可持续发展战略、制定和实施“十一五”规划等问题进行考察调研，向中共中央、国务院提出意见建议，受到高度重视，许多意见和建议被采纳。各民主党派地方组织也围绕地方经济社会发展问题开展考察调研；一些地方还采取了“中共党委出题、民主党派调研、政府采纳、部门落实”的形式，有效地发挥了民主党派的政策咨询和智力咨询作用。

——开展扶贫开发，兴办公益事业。各民主党派充分发挥人才荟萃、智力密集的优势，为促进国家经济社会、城乡区域协调发展积极开展活动，大力推动和实施智力支边、光彩事业和“温暖工程”等活动，开展职业培训、兴教办学、捐资救灾、扶危济困等公益事业，产生了良好的经济效益和社会效益。在2003年抗击非典斗争中，许多民主党派成员奋战在第一线。由民主党派倡导并发起的扶助贫困群体的

“温暖工程”实施十多年来，已在全国27个省（自治区、直辖市）开展公益性培训，近100万人次的农民受益，30多万下岗失业人员、残疾人员得到了帮助；号召民主党派成员回报社会的“思源工程”，2005年启动以来捐资达3165万元。2006年，各民主党派中央组织有关部门负责人和各类专家1270人次就智力支边扶贫工作进行考察，为贫困地区发展提出政策性建议144条，帮助落实扶贫经济项目101个，引进各类项目资金和捐款近5亿元，培训各类技能型人才2.5万人，建立希望小学210所。这些行动赢得了社会各界的广泛赞誉。

——反映社情民意，维护安定团结。各民主党派充分发挥协调关系、化解矛盾的重要作用，努力做好反映社情民意工作，为中国共产党各级党委和各级政府的科学决策、民主决策服务。围绕人民群众普遍关注的解决收入分配不公、缩小贫富差距，建立健全医保体系、解决看病难，推动国企改革、防止国有资产流失，打击假冒伪劣、建设社会诚信，解决城市住房困难、抑制房价过快上涨，维护公平正义、扶持贫困群众等重点、难点和热点问题，开展调查研究，举行专题研讨，找出问题症结，提出解决和改进的办法。努力推进民主监督，积极参加中国共产党各级党委和各级政府组织的反腐倡廉、财税、物价、环保以及社会治安综合治理的检查工作。本着肝胆相照的精神，认真调查分析，对中国共产党各级党委和各级政府存在的问题知无不言、言无不尽，不断提高监督的质量和水平。深入实际、深入基层，积极反映涉及各界群众切身利益的问题，加强对各自成员和所联系群众的思想引导，做好沟通思想、理顺情绪的工作，及时消除影响社会稳定的各种因素，为促进社会和谐发挥了积极作用。

——加强对外联系，开展交流交往。各民主党派发挥联系广泛的重要特点，积极拓展与广大港澳同胞、台湾同胞、海外侨胞和国际友人的联系，推进经济、科技、文化、卫生、体育等领域的交流合作和人员往来，引进资金、技术、人才和管理经验；帮助和支持有条件的企业“走出去”，利用国内国际两个市场、两种资源，更好地参与国际经济技术合作和竞争。不断扩大交流规模，不断拓宽交流领域，不断丰富交流内涵，通过学术交流、出访、接待来访等形式，加强与海外的交流联系。

中国共产党在与民主党派团结奋斗的同时，也与无党派人士建立了亲密的合作关系。无党派人士是在中国革命的具体历史条件下形成发展的，是指没有参加任何党派、对社会有积极贡献和一定影响的人士，其主体是知识分子。无党派人士是中国政治生活中的一支重要力量，是中国共产党领导的多党合作和政治协商制度的重要组成部分，是人民政协的重要界别，在中国革命、建设和改革的各个历史时期都发挥了重要作用。中共中央召开的历次民主协商会、党外人士座谈会都有无党派人士参加。长期以来，无党派人士围绕中心、服务大局，切实履行参政议政、民主监督的职能，深入开展考察调研，积极向中国共产党和政府建言献策，提出了许多重要的意见和建议。中国共产党支持无党派人士在各级人大、政府、政协、司法机关中积极发挥作用。

民主党派成员、无党派人士涌现出了一大批优秀人物，其中7142人次获全国性、国际性荣誉称号和奖励，九三学社中央原副主席、中国计算机汉字激光照排技术的创始人王选就是其中杰出代表。“杂交水稻”之父、无党派代表人士袁隆平首创了杂交水稻，为解决中国粮食自给作出了重大贡献。民主党派成员、无党派人士是发展先进生产力、推进社会主义民主政治、弘扬社会主义先进文化、构建社会主义和谐社会的一支重要力量，在全面建设小康社会、加快推进社会主义现代化进程中具有不可替代的作用。

结束语

中国多党合作制度走过了58年的光辉历程。实践证明，作为国家的一项基本政治制度，中国多党合作制度具有历史的必然性、伟大的创造性和巨大的优越性。

当前，中国人民正满怀信心地为全面建设小康社会而奋斗，努力建设一个富强民主文明和谐的社会主义现代化国家。坚持和完善中国多党合作制度，有利于促进社会生产力持续发展，实现社会全面进步；有利于更好地实现和发展人民民主，推进社会主义政治文明建设；有利于发展社会主义文化，建设社会主义精神文明；有利于保持国家政局稳定和社会安定团结，推进社会主义和谐社会建设。

随着中国政治体制改革的不断推进和社会主义民主政治的日益发展，中国多党合作制度也将不断发展。坚持和完善这项基本政治制度，必须坚定不移地走中国特色社会主义政治发展道路，同时要积极借鉴人类政治文明发展的有益成果，但绝不能照搬照抄别国政党制度模式。在建设中国特色社会主义事业的伟大进程中，中国共产党和各民主党派一道创建和发展的中国多党合作制度，将不断巩固完善并发挥越来越重要的作用。

附录：中国各民主党派和无党派人士简介

中国国民党革命委员会（简称民革）

1947年11月，中国国民党民主派和其他爱国民主人士第一次联合会议在香港举行。1948年1月1日，会议宣布中国国民党革命委员会正式成立。

民革以同原中国国民党有关系的人士、同民革有历史联系和社会联系的人士、同台湾各界有联系的人士以及其他人士为对象，着重吸收其中有代表性的中上层人士和中高级知识分子。

民革历任主席为李济深、何香凝、朱蕴山、王昆仑、屈武、朱学范、李沛瑶。现任主席何鲁丽。

目前，民革在30个省、自治区、直辖市建立了组织，现有党员81000多人。

中国民主同盟（简称民盟）

1941年3月19日在重庆秘密成立，当时名称是中国民主政团同盟。11月16日，张澜在重庆公开宣布中国民主政团同盟成立。1944年9月，中国民主政团同盟在重庆召开全国代表会议，决定将中国民主政团同盟改为中国民主同盟。

民盟主要由从事文化教育以及科学技术工作的高中级知识分子组成。

民盟历届主席为黄炎培、张澜、沈钧儒、杨明轩、史良、楚图南、费孝通、丁石孙。现任主席蒋树声。

目前，民盟在30个省、自治区、直辖市建立了组织，现有盟员181000多人。

中国民主建国会（简称民建）

1945年12月16日，由爱国的民族工商业者和有联系的知识分子发起，在重庆成立。

民建主要由经济界人士组成。

民建历届领导人和主席为黄炎培、胡厥文、孙起孟。现任主席成思危。

目前，民建在30个省、自治区、直辖市建立了组织，现有成员108000多人。

中国民主促进会（简称民进）

1945年12月30日，以文化教育出版界知识分子为主，还有一部分工商界爱国人士，在上海正式宣告成立。

民进主要由从事教育文化出版工作的高中级知识分子组成。

民进历届主席为马叙伦、周建人、叶圣陶、雷洁琼。现任主席许嘉璐。

目前，民进在29个省、自治区、直辖市建立了组织，现有会员103000多人。

中国农工民主党（简称农工党）

1930年8月9日，国民党左派领导人邓演达在上海主持召开了第一次全国干部会议，成立中国国民党临时行动委员会，1935年11月10日改名为中华民族解放行动委员会，1947年2月3日改名为中国农工民主党。

农工党主要由医药卫生界高中级知识分子组成。

农工党历届领导人和主席为邓演达、黄琪翔、章伯钧、季方、周谷城、卢嘉锡。现任主席蒋正华。

目前，农工民主党在30个省、自治区、直辖市建立了组织，有成员99000多人。

中国致公党（简称致公党）

1925年10月，由华侨社团发起，在美国旧金山成立。1947年5月，致公党在香港举行第三次代表大会，进行改组，成为一个新民主主义的政党。

致公党主要由归侨侨眷中的中上层人士组成。

致公党历任主席为陈其尤、黄鼎臣、董寅初。现任主席罗豪才。

目前，致公党在19个省、自治区、直辖市建立了组织，有党员28000多人。

九三学社

1944年底，一批进步学者为争取抗战胜利和政治民主，继承和发扬五四运动的反帝爱国与民主科学精神，在重庆组织了民主科学座谈会。为纪念1945年9月3日抗日战争和世界反法西斯战争的伟大胜利，改建为九三学社。1946年5月4日，在重庆正式召开九三学社成立大会。

九三学社主要由科学技术界高中级知识分子组成。

九三学社历任主席为许德珩、周培源、吴阶平。现任主席韩启德。

目前，九三学社在30个省、自治区、直辖市建立了组织，现有成员105000多人。

台湾民主自治同盟（简称台盟）

在台湾人民"二·二八"起义以后，由一部分从事爱国主义运动的台湾省人士于1947年11月12日在香港成立。

台盟由台湾省人士组成。

台盟历届主席为谢雪红、蔡啸、苏子蘅、蔡子民、张克辉。现任主席林文漪。1987年至1992年，台盟第四届中央委员会实行主席团制，主席团执行主席林盛中（1987—1988年）、蔡子民（1988—1992年）。

目前，台盟在13个省、直辖市建立了组织，现有成员2100多人。

无党派人士

在新民主主义革命时期，一般称无党无派的知名人士为社会贤达。1949年中国人民政治协商会议成立后，专门设立了无党派民主人士界别。目前，把没有参加任何党派、对社会有积极贡献和一定影响的人士称为无党派人士，其主体是知识分子。

无党派代表人士主要有郭沫若、马寅初、巴金、缪云台、程思远等。

中国的环境保护（1996—2005）

中华人民共和国国务院新闻办公室

（2006年6月）

目　录

前　言

中国是世界上人口最多的发展中国家。20世纪70年代末期以来，随着中国经济持续快速发展，发达国家上百年工业化过程中分阶段出现的环境问题在中国集中出现，环境与发展的矛盾日益突出。资源相对短缺、生态环境脆弱、环境容量不足，逐渐成为中国发展中的重大问题。

中国政府高度重视保护环境，认为保护环境关系到国家现代化建设的全局和长远发展，是造福当代、惠及子孙的事业。多年来，中国政府将环境保护确立为一项基本国策，把可持续发展作为一项重大战略，坚持走新型工业化道路，在推进经济发展的同时，采取一系列措施加强环境保护。特别是近年来，中国政府坚持以科学发展观统领环境保护事业，坚持预防为主、综合治理，全面推进、重点突破，着力解决危害人民群众健康的突出环境问题；坚持创新体制机制，依靠科技进步，强化环境法治，发挥社会各方面的积极性。经过努力，在资源消耗和污染物产生量大幅度增加的情况下，环境污染和生态破坏加剧的趋势减缓，部分流域污染治理初见成效，部分城市和地区环境质量有所改善，工业产品的污染排放强度有所下降，全社会环境保护意识进一步增强。

值此世界环境日之际，为使世人更全面地了解中国的环境保护情况，这里对过去十年间中国为保护环境而进行的不懈努力作一系统介绍。

一、环境保护法制和体制

中国宪法明确规定："国家保护和改善生活环境和生态环境，防治污染和其他公害。"自1949年新中国成立以来，全国人民代表大会及其常务委员会制定了环境保护法律9部、自然资源保护法律15部。1996年以来，国家制定或修订了包括水污染防治、海洋环境保护、大气污染防治、环境噪声污染防治、固体废物污染环境防治、环境影响评价、放射性污染防治等环境保护法律，以及水、清洁生产、可再生能源、农业、草原和畜牧等与环境保护关系密切的法律；国务院制定或修订了《建设项目环境保护管理条例》、《水污染防治法实施细则》、《危险化学品安全管理条例》、《排污费征收使用管理条例》、《危险废物经营许可证管理办法》、《野生植物保护条例》、《农业转基因生物安全管理条例》等50余项行政法规；发布了《关于落实科学发展观加强环境保护的决定》、《关于加快发展循环经济的若干意见》、《关于做好建设资源节约型社会近期工作的通知》等法规性文件。国务院有关部门、地方人民代表大会和地方人民政府依照职权，为实施国家环境保护法律和行政法规，制定和颁布了规章和地方法规660余件。

中国已建立国家和地方环境保护标准体系。国家环境保护标准包括国家环境质量标准、国家污染物排放（控制）标准、国家环境标准样品标准及其他国家环境保护标准；地方环境保护标准包括地方环境质量标准和地方污染物排放标准。截至2005年底，国家颁布了800余项国家环境保护标准，北京、上海、山东、河南等省（市）共制定了30余项环境保护地方标准。

中国不断加强环境执法检查和行政执法。近年来，国家连续对环境保护、大气污染防治、水污染防治、固体废物污染环境防治等法律实施情况进行检查，推动重点地区污染治理。中国刑法还对破坏环境资源罪有专门规定。国家颁布《环境保护违法违纪行为处分暂行规定》，建立起环境保护行政执法责任制度，并连续三年开展整治违法排污企业、保障公民健康环保专项行动，依法查处7.5万多起环境违法案件，取缔关闭违法排污企业1.6万家，对1万多个环境污染问题实行挂牌督办。国家还开展矿山生态环境保护和海洋环境保护专项执法检查，依法处理多起违法行为。

中国实行各级政府对当地环境质量负责，环境保护行政主管部门统一监督管理，各有关部门依照法律规定实施监督管理的环境管理体制。1998年中国政府将原国家环境保护局升格为国家环境保护总局（正部级），作为国务院主管环境保护工作的直属机构，负责对中国环境保护工作实施统一监管。国家建立了全国环境保护部际联席会议制度，并建立了区域环境督查派出机构，以加强部门和地区间的协调与合作。各省（自治区、直辖市）、市、县级政府设置了环境保护议事协调机构。目前，全国有各级环保行政主管部门3226个，从事环境行政管理、监测、科学研究、宣传教育等工作的总人数达16.7万人；有各级环境监察执法机构3854个，总人数达5万多人。各级政府综合部门和资源管理部门以及多数大中型企业也设有环保机构，负责本部门和企业的环境保护工作，目前从业人员达30多万。

二、工业污染防治

工业污染防治是中国环境保护工作的重点。与过去相比，中国工业污染防治战略目前正在发生重大变化，逐步从末端治理向源头和全过程控制转变，从浓度控制向总量和浓度控制相结合转变，从点源治理向流域和区域综合治理转变，从简单的企业治理向调整产业结构、清洁生产和发展循环经济转变。与1995年相比，2004年全国单位国内生产总值（GDP）工业废水、工业化学需氧量、工业二氧化硫、工业烟尘和工业粉尘排放量分别下降了58％、72％、42％、55％和39％。与1990年相比，2004年全国每万元人民币GDP能耗下降45％，累计节约和少用能源7亿吨标准煤；火电供电煤耗、吨钢可比能耗、水泥综合能耗分别降低11.2％、29.6％和21.9％。

——淘汰和关闭一批技术落后、污染严重、浪费资源的企业。“九五”（1996—2000年）期间，国家关闭8.4万家严重浪费资源、污染环境的小企业。2001—2004年，连续三次发布淘汰落后生产能力、工艺和产品的目录，淘汰3万多家浪费资源、污染严重的企业，并对资源消耗大、环境污染重的钢铁、水泥、电解铝、铁合金、电石、炼焦、皂素、铬盐等八个重污染行业进行集中整顿，停建、缓建项目1900多个。2005年，关停污染严重、不符合产业政策的钢铁、水泥、铁合金、炼焦、造纸、纺织印染等企业2600多家，并对水泥、电力、钢铁、造纸、化工等重污染行业积极开展综合治理和技术改造，使这些行业在产量逐年增加的情况下，主要污染物排放强度呈持续下降趋势。

——开展循环经济实践。一是实行清洁生产，在企业生产的源头和全过程充分利用资源，使废物最小化、资源化、无害化，逐步建立生产者责任延伸制度，促进产品生态设计。目前，化工、轻工、电力、煤炭、机械、建材等行业5000多家企业通过了清洁生产审核，全国已有12000多家企业获得了ISO14000环境管理体系认证，800多个企业、18000多种规格型号产品获得环境标志认证，年产值约600亿元人民币。二是在工业集中地区积极发展生态工业，使上游企业的废物成为下游企业的原料，延长生产链条，做到废物产生量最小，实现“零排放”，并建设生态工业区，实现区域或企业群的资源最有效利用。目前，中国已建立了17个不同类型的生态工业园。三是统筹规划工业与农业、生产与消费、城市与农村的发展，大力发展资源循环利用产业，实行可持续生产和消费。国家在重点行业、重点领域、产业园区和有关省市选择82家单位开展第一批循环经济试点工作。在北京、上海等24个城市开展了再生资源回收体系建设试点工作。海南、吉林、黑龙江等9省积极开展生态省建设，全国150个县市开展了生态县（市）创建工作。

——积极防范突发环境事件。2005年中国政府制定了《国家突发环境事件应急预案》，对突发环境事件信息接收、报告、处理、统计分析，以及预警信息监控、信息发布等提出明确要求。国家制定和完善了涉及重点流域敏感水域水环境应急预案、大气环境应急预案、危险化学品（废弃化学品）应急预案、核与辐射应急预案等九个相关环境应急预案，以及《黄河流域敏感河段水环境应急预案》、《处置化学恐怖袭击事件应急预案》、《处置核与辐射恐怖袭击事件应急预案》、《农业环境污染突发事件应急预案》、《农业重大有害生物及外来生物入侵突发事件应急预案》等突发环境事件应急预案。近年来，中国对127个分布在全国江河湖海沿岸、人口稠密区、自然保护区等环境敏感区附近的重点化工石化类项目进行了环境风险排查；对近5万家重点企业进行了全面、拉网式检查。

——对工业危险废物实行全过程管理制度。2003 年，国家开始实施《全国危险废物和医疗废物处置设施建设规划》，强化了工业危险废物转移联单、经营许可证等各项制度。2005 年，工业危险废物处置量由 1998 年的 131 万吨增至 339 万吨。全国 31 个省、自治区、直辖市建立了固体废物管理中心。

——实行严格的核与辐射环境安全管理。中国共有运行的核电厂 5 座（9 台核电机组）、研究堆 18 座；在建的核电厂 2 座（4 台核电机组）、研究堆 1 座，没有出现重大核安全问题，实现了“保护工作人员、公众和环境不遭受超过国家规定限值的辐射照射和污染”的目标。中国严格遵守国际原子能机构发布的《放射源安全与保安行为准则》，实行许可证制度，规定放射源进出口必须依法履行审批等有关手续。

三、重点地区污染治理

近年来，中国政府把“三河”（淮河、辽河、海河）、“三湖”（太湖、滇池、巢湖）、国家重点工程（三峡工程、南水北调工程）、“两控区”（二氧化硫控制区和酸雨控制区）、“一市”（北京市）、“一海”（渤海）作为全国污染防治的重点地区，取得明显成效。

——重点流域水污染防治。“三河”、“三湖”流域面积达 81 万平方公里，跨越全国 14 个省（市），居住人口 3.6 亿。国家制定并实施重点流域“九五”、“十五”（2001—2005 年）水污染防治计划，实行污染物总量控制制度，将总量削减指标落实到排污单位，逐步完善排污许可证管理方式，并建设了一批重点治理工程项目。截至 2005 年底，列入重点流域水污染防治“十五”计划的 2130 个项目中，已完成 1378 项，占项目总数的 65 %。“三河”、“三湖”流域已经建成和正在建设的污水处理厂达 416 个，日处理能力 2093 万吨；流域内的 5000 多家重点污染企业，已有 80 % 以上实现了达标排放。目前，流域水污染物大幅度削减，水环境恶化趋势基本得到控制，一些河段和湖体水质有明显的改善。国家投入 181.67 亿元人民币在三峡库区及其上游建设了一批城镇污水、垃圾处理设施，清理了库底固体废物，确保库区水质安全。

——“两控区”污染防治。1998 年中国政府批准划定了酸雨控制区和二氧化硫控制区，涉及 27 个省、自治区、直辖市的 175 个城市、地区，总面积约为 109 万平方公里。国家在“两控区”内进行能源结构调整，推广清洁燃料和低硫煤，大中城市禁止民用炉灶燃用散煤。与 1998 年相比，2005 年二氧化硫控制区内二氧化硫年均浓度达标城市比例由 32.8 % 增加到 45.2 %；2005 年酸雨控制区内二氧化硫年均浓度超过国家三级标准的城市比例由 15.7 % 下降到 4.5 %。

——北京市大气污染治理。自 1998 年以来，北京市连续实施了大气污染控制措施。天然气、电采暖、地源热泵、建筑节能等清洁能源利用技术和节能技术进一步推广，到 2005 年，北京市天然气用量达到 32 亿立方米，城市热网集中供热面积超过 1 亿平方米；严格机动车排放管理，对在用机动车实施了环保标志管理，对高排放黄标车采取限行措施，并淘汰老旧机动车 30 多万辆，发展天然气公交车 2800 辆，2005 年提前实施了国家第三阶段排放标准（相当于欧洲三号标准）；修订完善了施工现场环境保护标准，加大建筑工地管理，加强对道路机械清扫、冲刷和喷雾压尘工作的监督检查，并对市区 100 多家污染企业实施关停搬迁，全市水泥立窑生产线全部关停。经过积极治理，北京市大气环境质量二级和好于二级的天数从 1998 年的 100 天增加到 2005 年的 234 天，各种大气污染物浓度普遍下降，空气质量明显改善。

——渤海污染治理。2001 年中国政府批复《渤海碧海行动计划》。截至 2005 年底，已完成各类渤海污染治理环境保护工程项目 166 个，在建项目 70 个，投资达 175 亿元人民币，其中新建城市污水处理厂 44 个，形成污水日处理能力 355.3 万吨，新建城市垃圾处理场 18 个，形成垃圾日处理能力 7000 多吨，新建生态农业、生态养殖项目 89 个，新建船舶港口和溢油反应项目 9 项，初步遏制了渤海海域环境继续恶化的趋势。

四、城市环境保护

中国城市化率已从1995年的29.04％提高到2004年的41.76％。针对城市化快速发展中的环境问题，中国政府采取一系列综合措施，使城市环境逐步改善，部分城市环境质量有明显改善。与1996年相比，2005年空气质量达到国家二级标准的城市比例增加了31个百分点，空气质量劣于国家三级标准的城市比例下降了39个百分点。

从城市环境容量和资源保证能力出发，中国的许多城市制定和实施城市总体规划和城市环境质量按功能区全面达标规划，测算大气和水环境容量，合理确定城市规模和发展方向，调整城市产业结构和空间布局，逐步优化城市的功能分区。许多大中城市在城区发展中实行“退二进三”的策略，即退出第二产业进入第三产业，关闭了一批污染严重的企业，利用地价杠杆把一些污染企业迁出城区，按照“工业入园、集中治污染”的原则，实行技术改造和污染集中控制。一些城市把旧城改造与调整城市布局相结合，解决老城区脏乱差的问题，改善居民生活环境；大力调整城市能源结构，积极推广清洁能源和集中供热，减轻燃煤污染。在城市建设工程中推行使用预拌混凝土，对直辖市、省辖市、部分大中城市、旅游城市禁止在城市城区现场搅拌混凝土，减少建筑工地的粉尘污染。

中国各级政府把城市环境基础设施建设作为财政投资的重点，促进了城市污水、垃圾处理设施建设。截至2004年底，城市污水处理率达46％，城市生活垃圾无害化处理率达52％，城区清洁能源使用率达40％。近年来，机动车排放标准从国家第Ⅰ阶段标准提高到国家第Ⅱ阶段标准，并制定了国家第Ⅲ阶段标准。一些城市开展清洁汽车行动，积极推行低污染的天然气、液化石油气清洁燃料汽车。自2000年7月起，全国停止销售、使用含铅汽油，每年可减少排铅1500吨。

全国500多个城市开展城市环境综合整治定量考核，对城市环境质量、污染防治工作和城市环境基础设施建设情况进行量化，综合评价城市政府的环保工作。从1997年起，按照经济发展、社会进步、设施完善、环境改善的要求，开展创建环境保护模范城市活动。目前，全国共有100多个城市（区）在创建环保模范城市，其中56个城市和直辖市的5个城区已创建成功。国家环境保护模范城市空气质量达到二级或好于二级的天数均大于80％，城市生活污水处理率大于70％，生活垃圾无害化处理率大于80％，城市绿化覆盖率大于35％，都高于全国平均水平，“蓝天、碧水、绿地、宁静、和谐”已成为环境保护模范城市环境的重要标志。

近年来，国家大力开展城市园林绿化工作，建设国家园林城市，改善人居环境。到2004年底，全国城市绿化覆盖率为31.66％，绿地率为27.72％，人均公共绿地面积为7.39平方米，分别比2000年增长3.51％、4.05％和3.7平方米，其中人均公共绿地面积翻了一番。目前，全国已命名国家园林城市83个、园林城区4个，国家园林县城10个，并有12个城市获得了“中国人居环境范例奖”。

五、农村环境保护

中国是一个农业大国，农村人口占绝大多数。防治农业环境污染、改善农村环境是中国环境保护的重要任务。

——农村环境综合整治。近年来，中国政府在广大农村地区开展环境优美乡镇、生态文明村等创建活动，推动农村环境综合整治。目前，全国有178个乡镇获得“全国环境优美乡镇”称号。国家重点在“三湖”地区和长江三角洲、珠江三角洲、黄河三角洲地区，开展畜禽渔养殖污染、面源污染的综合防治示范。一些省市加大村庄环境整治力度，完善农村基础设施，在农村生活污水、垃圾和农业面源污染治理方面取得了一定进展。近年来，国家兴建各类农村饮水工程80多万处，解决了6700多万农村人口的饮水困难和不安全问题。开展全国土壤污染调查和污染防治示范，建立农产品安全检测和监管体系；加强农药和化肥环境安全管理，推广高效、低毒和低残留化学农药，禁止在蔬菜、水果、粮食、茶叶和中药材生产中使用高毒、高残留农药；防止不合理使用化肥、农药、农膜和污灌带来的面源污染，保证农产品安全；开发生产新型安全优质高效饲料，提高饲料吸收利用率，减少养殖产品药物残留和有害物质的排放；推广畜禽粪便综合利用和处理技术，鼓励建设养殖业和种植业紧密结合的生态农业工程。

——生态农业和生态示范区建设。中国政府把生态农业建设作为促进农村经济和生态环境全面协调发展的重要举措。目前，全国生态农业建设县达到400多个，开展示范区建设县市达500多个，其中国家级生态农业县102个，国家级生态示范区233个。近年来，有机食品相关的管理和发展机制不断完善，出台了《有机食品认证管理办法》、《有机食品国家标准》；出台了良好农业规范国家标准和认证实施规则，开展源头治理；开展国家有机食品生产基地创建工作，已命名43个国家级有机食品生产基地，推动有机食品的产业化发展。全国有机认证面积超过300万公顷。

——发展旱作节水农业。截至2005年，国家投入7亿多元人民币，在水资源匮乏的干旱区、半干旱区建设了460多个旱作节水农业示范基地，综合运用农艺、生物和工程措施及旱作农业技术，充分利用天然降水，提高水资源利用效率和农业生产能力，控制水土流失。国家积极推广保护性耕作，启动了以秸秆覆盖、免耕播种、深松和除草技术为主要内容的保护性耕作项目，重点在环京津区和西北风沙源头区建立了两条保护性耕作带。截至2005年底，共建立示范县100个。

——农村新能源建设。开发与推广农村新能源是保护和改善农村生态环境的重要手段。“十五”期间，国家先后投入35亿元人民币，重点推广以沼气建设为纽带的能源生态模式。到2005年底，全国沼气用户已达1700多万户，年生产沼气65亿立方米。国家大力发展畜禽养殖废弃物沼气工程，已建成2200多处，年处理畜禽粪便6000多万吨；建成生活污水净化沼气池13.7万处，秸秆气化集中供气工程500多处；推广省柴灶1.89亿户，太阳能热水器2850万平方米。同时，还积极推广使用太阳灶、风能、地热等可再生能源。

六、生态保护与建设

经过长期不懈努力，中国一些地区生态环境开始得到改善。

——造林绿化。中国政府确立以生态建设为主的林业发展指导方针，开展大规模植树造林，加强森林资源管理，启动森林生态效益补偿制度，营造林面积自2002年以来连续四年超过667万公顷。近年来，森林面积和森林蓄积量迅速增加，林龄结构、林相结构趋于合理，森林质量趋于提高，实现了由持续下降到逐步上升的历史性转折。目前，全国森林面积达1.75亿公顷，森林覆盖率达18.21%，森林蓄积量达124.56亿立方米。国家重视林业生态工程建设。从1998年起，中国开展了天然林资源保护工程、退耕还林工程、“三北”（东北、华北、西北）及长江流域等防护林体系建设工程、京津风沙源治理工程、野生动植物保护及自然保护区建设工程和重点地区速生丰产用材林基地建设工程等。“十五”期间，天然林资源保护工程共营造生态公益林800万公顷，9333万公顷森林资源得到休养生息；退耕还林工程共完成造林2133万公顷，其中生态退耕538万公顷，荒山荒地造林1200万公顷，封山育林133万公顷；京津风沙源治理工程共完成各项治理任务达667万公顷；“三北”和长江流域等重点防护林工程造林341万公顷，新封山育林346万公顷。

——草原保护。为加强草原的生态建设和规划管理，草原工作战略重点实现由经济目标为主向“生态、经济、社会目标并重，生态优先”的转变，草原植被得到有效恢复，草原生态环境逐步好转。国家对草原保护建设的投入持续增加，2000—2005年中央财政共投入资金90多亿元人民币，实施了天然草原植被恢复与建设、草原围栏、牧草种子基地、退牧还草、京津风沙源治理工程草原生态建设等项目，取得了良好的生态、经济和社会效益。截至2005年底，全国人工种草累计保留面积达到1300万公顷，草原改良面积1400万公顷，草原围栏3300万公顷，有20%的可利用草原实施了禁牧、休牧和划区轮牧。

——土地保护、开发与整治。中国政府把保护耕地作为一项基本国策，实行严格的耕地保护政策。国家划定基本农田保护区，为确保粮食安全提供重要基础。同时，建立土地用途管制制度，严格控制建设用地总量和结构，使乱占耕地现象得到抑制。2004 年各项建设占用耕地较上年下降 37 %，总体实现数量上的占补平衡。国家还加大土地开发整理力度，建立土地开发整理项目管理制度，组织实施国家投资土地开发整理项目，保持耕地总量动态平衡，改善生态环境。“十五”期间，通过对农村及城镇土地、灾毁土地、工矿区废弃土地等进行科学的土地开发，整理复垦，复垦土地 7.6 万公顷，建成了一批布局规整、生态环境良好的新农村，部分资源枯竭型城市和重点矿区生态环境得到进一步的治理和恢复。

——水土保持。国家实施京津风沙源治理、首都水资源可持续利用水土保持、黄土高原地区水土保持淤地坝、东北黑土区和珠江上游南北盘江石灰岩地区水土流失综合防治等多个专项工程，水土流失重点防治范围由长江、黄河上中游拓展到东北黑土区、珠江上游和环京津等地区。国家开展示范区和示范工程建设，已建成面积在 200 平方公里以上的水土保持工程 300 多个，水土保持生态建设示范县 190 个，示范小流域 1398 条，并开始实施第一批 62 个面积不少于 300 平方公里的示范区和 50 多个水土保持科技示范园建设。在全国 188 个县开展水土保持生态修复试点工程，所有国家水土保持重点工程区全面实施封育保护，封育保护面积达 12.6 万平方公里，并在“三江源区”实施水土流失预防保护工程。目前，已有 25 个省（自治区、直辖市）980 个县全部或部分实施了封山禁牧，封禁范围 60 多万平方公里，封禁区内的植被得到了较快的恢复。“十五”期间，全国综合治理水土流失面积 24.02 万平方公里，综合整治小流域 11500 多条，建设基本农田 406 万公顷，营造水土保持林、经果林和水源涵养林 1533 万公顷，建设拦沙坝、坡面水系等小型水土保持工程 350 多万座（处），淤地坝 7000 座。

——防沙治沙。中国政府将防止土地荒漠化、沙化作为改善生态环境，拓展生存和发展空间，促进经济社会协调和可持续发展的战略举措，颁布实施了《防沙治沙法》，批复了《全国防沙治沙规划（2005—2010 年）》，颁发了《关于进一步加强防沙治沙工作的决定》，实施一批防沙治沙重点工程，使荒漠化和沙化土地面积同时出现净减少。截至 2004 年底，全国荒漠化土地为 263.62 万平方公里，沙化土地面积为 173.97 万平方公里，与 1999 年相比，五年间全国荒漠化土地面积净减少 37924 平方公里，沙化土地面积净减少 6416 平方公里；土地荒漠化和沙化程度有所减轻，重、极重度荒漠化面积减少 24.59 万平方公里。荒漠化和沙化整体扩展的趋势得到初步抑制。

——海洋环境保护。中国已经基本形成了海洋环境保护的法律体系和行政执法体系，构建了海洋环境监测网络，制定和实施了海洋功能区划、近岸海域环境功能区划，合理开发和保护海洋资源，防止海洋污染和生态破坏，促进海洋经济可持续发展。中国政府积极实施主要入海河流的污染防治计划和重点海域的环境保护计划，继渤海之后，中国政府于 2005 年启动了长江口及毗邻海域、珠江口及毗邻海域的污染治理工作，在长江口和珠江口及其毗邻海域开展了河海统筹、陆海兼顾的陆域、海域同步的环境监测和调查工作。中国政府严格执行海洋工程和海上倾废的审批制度，强化对倾倒活动的执法监视，加强海洋环境监测。国家批准了《赤潮灾害应急预案》和《海洋石油勘探开发重大溢油应急计划》，并纳入国家灾害应急管理体系，初步建立了海洋灾害应急机制。加强了船舶污染防治和危险品运输管理，积极推进海上船舶溢油应急体系建设。截至 2004 年底，中国已建立各级海洋自然保护区 120 个，一批海洋珍稀物种得到保护，珊瑚礁、红树林及海草床等重要生境得以保护。通过采取控制渔业捕捞强度、压缩捕捞渔船、完善休渔制度、建立渔业资源保护区、实施海洋捕捞产量“零增长”等措施，保护和恢复海洋渔业资源。

——自然保护区、生态功能保护区、风景名胜区建设。中国政府把建立自然保护区作为保护生态环境的重要措施。截至2005年底，全国共建立各级各类自然保护区2349处，面积达150万平方公里，约占陆地国土面积的15%，初步形成了类型比较齐全、布局比较合理的全国自然保护区网络；全国85%的陆地生态系统类型，85%的野生动物种群和65%的天然植物群落类型都得到保护。国家在江河源头区、重要水源涵养区、江河洪水调蓄区、防风固沙区以及其他具有重要生态功能的区域开展生态功能保护区建设，在东江源、洞庭湖、秦岭山地等18个典型区域开展国家级生态功能保护区试点。内蒙古、黑龙江、江西、湖北、湖南、甘肃、青海等省（自治区）开展了地方级生态功能保护区建设。目前，经中国政府审定命名的风景名胜区有677个，其中国家重点风景名胜区187个。泰山、黄山、峨眉山—乐山、武夷山、庐山、武陵源、九寨沟、黄龙、青城山—都江堰、三江并流等国家重点风景名胜区和一批自然保护区，分别列入联合国教科文组织《世界遗产名录》或《国际人与生物圈保护区网络》、《国际重要湿地名录》。全国建有各类森林公园数量超过1900处，其中国家森林公园627处。全国共有85个国家地质公园，其中安徽黄山、江西庐山、河南云台山、云南石林、广东丹霞山、湖南张家界、黑龙江五大连池和河南嵩山等八家地质公园首批进入世界地质公园网络名录。

——生物多样性保护。中国是一个生物多样性非常丰富的国家，国家制定了《中国生物多样性保护行动计划》，编写了《中国生物多样性国情研究报告》，编制了《生物物种资源保护与利用规划》。目前，全国共建立野生动物拯救繁殖基地250处，野生植物种质资源保育或基因保存中心400多处，使200多种珍稀濒危野生动物、上千种野生植物建立了稳定的人工种群。同时，开展了国家重点保护野生植物资源的调查和抢救性收集，建立了67个农业野生植物原生境保护区。开展了全国外来入侵物种调查，针对危害较大的主要外来入侵生物开展了“十省百县”灭毒除害行动，提高了公众防止外来入侵生物的意识和能力。全国野生植物资源调查的189种野生植物中有71%的野外种群达到稳定生存发展的标准；全国野生动物调查的252种野生动物中有55.7%的种群稳中有升，扬子鳄、朱鹮等珍稀濒危野生动物种群成倍增加，野生大熊猫数量达到1596只，人工圈养数量达到183只。一些物种的分布区逐步扩展，黑嘴鸥、黑脸琵鹭等物种的新记录、新繁殖地或越冬地被不断发现。一百多年未见踪迹、已被国际自然保护联盟宣布为世界极危物种崖柏被重新发现。

——湿地保护。中国政府颁布了《中国湿地保护行动计划》，编制实施《全国湿地保护工程规划（2002—2030年）》、《全国湿地保护工程实施规划（2005—2010年）》。目前，全国共有湿地自然保护区473处，总面积达4346万公顷。全国纳入自然保护区得到有效保护的自然湿地近45%，洞庭湖、鄱阳湖、扎龙等30块湿地列入国际重要湿地名录，面积达346万公顷。一批重要湿地面积得到稳定和扩展，生态功能得到恢复和改善，湿地面积快速减少的趋势得到有效遏制。城市湿地资源保护得到重视和加强，国家批准了10个城市湿地公园。

七、环境经济政策和投入

近十年是中国环保投入增幅最大的时期，经过努力，已初步建立起以政府为主导的多元环保投融资体制。

——加大环境保护财政投入。“十五”期间，中央财政安排环境保护资金1119亿元人民币，其中，国债资金安排1083亿元人民币，主要用于京津风沙源治理、天然林保护工程、退耕还林（草）工程、三峡库区及其上游地区水污染治理、“三河三湖”污染治理、污水、垃圾产业化及中水回用工程等。1998年以来，国家把环境基础设施建设作为国债投资的重点，带动了大量社会资金投入环保。1996—2004年，中国环境污染治理投入达到9522.7亿元人民币，占同期GDP的1.0%。2006年，环境保护支出科目被正式纳入国家财政预算。

——完善环境收费政策。加强排污费征收和管理，排污费的征收使用严格实行“收支两条线”管理，排污费收入专项用于环境污染防治。扩大二氧化硫排污费征收范围，即对所有排放二氧化硫的企、事业单位和个体经营者均征收二氧化硫排污费，并提高二氧化硫排污费标准，由每公斤二氧化硫0.2元人民币提高到0.63元人民币。实行城市污水、垃圾、危险废物处理收费政策，引导社会资金以多种方式投入环保设施建设和运营，积极推动污染治理市场化、产业化进程。建立并推行城市污水、垃圾处理特许经营制度。一些地方对已有污水处理厂和垃圾处理等政府建设设施，通过招投标，以合同方式交给企业运营，加强了政府监管，提高了环保资金投入的效益。

——制定有利于环保的价格税收政策。建立可再生能源费用分摊机制。可再生能源发电项目上网电价高于当地脱硫燃煤机组标杆上网电价的部分，国家投资或补贴建设的公共可再生能源独立电力系统运行维护费用高于当地省级电网平均销售电价的部分，以及可再生能源发电项目接网费用等，通过向电力用户征收电价附加的方式解决。分批调低和取消钢铁、电解铝、铁合金等产品的出口退税政策。制定有利于汽车产业升级、减轻汽车污染的税收政策，对提前达到低污染排放标准的汽车生产企业减征30％的消费税。对再生资源回收及资源综合利用，生产环保产业设备的企业，利用废水、废气、废渣等废弃物为主要原料进行生产的企业，给予减免税收的优惠政策。严格执行耕地占用税政策，合理利用土地资源，加强土地管理，保护农用耕地。陆续提高煤炭、原油、天然气等矿产品的资源税税额标准，进一步保护矿产资源，促进资源的合理开发利用。

八、环境影响评价制度

环境影响评价制度是源头控制环境污染和生态破坏的法律手段。1998年，中国政府颁布实施《建设项目环境保护管理条例》，明确提出环境影响评价制度，以及建设项目环境保护设施同时设计、同时施工、同时投产使用的“三同时”制度。2003年开始实施的《中华人民共和国环境影响评价法》，将环境影响评价制度从建设项目扩展到各类开发建设规划。国家实行环境影响评价工程师职业资格制度，建立了由专业技术人员组成的评估队伍。

全国共有146万多个建设项目执行了环境影响评价制度，63万多个新建项目执行了“三同时”制度，环评执行和“三同时”执行率分别达到99.3％和96.4％，“三同时”合格率达到95.7％。1996年以来，全国建设项目投资总额为269980亿元人民币，环保投资总额达12306亿元人民币，并呈逐年上升趋势。通过执行环境影响评价制度，工业类项目实现了“增产不增污”或“增产减污”；涉及重要环境敏感问题生态类项目，通过调整选址、选线和工程方案等，有效避免了新的生态破坏。2005年公开叫停30个总投资额达1179.4亿元人民币的违法建设项目。2006年2月，对10个投资约290亿元人民币的违反“三同时”制度的建设项目进行了查处。

国家环保部门将内蒙古、新疆、广西及大连市、武汉市等五个行政区，铁路和石油化工行业，以及宁夏宁东煤炭化工基地规划和上海市城市轨道交通网络规划列为首批规划环境影响评价试点；完成了《全国林纸一体化工程建设专项规划》环境影响评价工作；开展了塔里木河流域、澜沧江中下游、四川大渡河、雅砻江上游、沅水流域等流域开发利用规划的环境影响评价。其中，怒江流域水电开发规划环境影响评价比较了不同梯级开发方案在开发布局、规模、方式和开发时序等方面的环境影响程度，为该规划的实施提出了预防和减缓环境影响的措施；大渡河流域水电梯级开发规划的环境影响评价充分考虑了环境与发展协调性，提出了流域资源开发环境保护整体性安排，减少梯度淹没39公里，减少耕地淹没1867公顷，减少淹没县城2座，减少移民人口8.5万人。国家积极推动水电建设的有序发展，将能源发展战略和电力发展方针由积极开发水电调整为在保护生态基础上有序开发水电。

九、环保科技、产业和公众参与

中国重视并不断提高科技对环境保护的支撑能力，积极推动环保产业化进程，并采取各种措施促进公众对环境保护的参与。

——环境保护科学研究。“十五”期间，组织实施了国家重大科技专项“水污染控制技术与治理工程”，开展了湖泊污染治理与生态修复、城市水环境质量改善、饮用水安全保障、新型废水处理等水污染控制技术的研发与示范，为中国水污染防治提供了切实可行的技术方案与配套技术体系。研制了一批环境监测技术与设备，多种技术与设备实现了业务化应用。开展了机动车排气净化、燃煤锅炉烟气脱硫、固体废弃物处理、重点行业清洁生产等关键技术研发与工程示范，开发了一批具有自主知识产权的高新技术与设备。在国家科技攻关计划中设立“重大环境问题对策与关键支撑技术研究”项目，在环境保护战略和技术政策、循环经济理论与生态工业技术、化学品控制技术、污染场地修复技术等方面开展研究，初步建立了中国绿色GDP核算体系框架。组织了西部生态系统综合评估、生态功能区划、脆弱生态区恢复与重建等研究，形成了多种西部生态脆弱区治理技术模式，实现了规模化示范推广。完成了全国外来入侵物种调查，建立起中国生物多样性数据库。制定了《国家环境与健康行动计划》，开展部分重点地区环境健康调查工作。积极开展全球环境变化研究工作，组织编制了《气候变化国家评估报告》，为国家制定应对全球环境变化政策和参加有关国际公约谈判提供了科学依据。

——环保产业。经过多年实践，中国已形成产业门类基本齐全，具有一定经济规模的环境保护产业体系，环境保护产品生产领域和服务业取得较大进展，资源综合利用和洁净技术产品领域快速发展。到2004年底，全国有环保产业年销售（经营）收入达200万元人民币规模以上的从业单位11623家，从业人员有159.5万人，全行业年收入达4572.1亿元人民币，实现利润393.9亿元人民币。

——公众参与。中国政府努力创造条件，鼓励公众参与环境保护工作。环境影响评价法对公众参与作出制度性规定，要求对可能造成不良影响的规划或建设项目，应通过举行论证会、听证会或采取其他形式，征求有关单位、专家和公众对环境影响评价报告书的意见。2006年2月，国家环保部门颁布了《环境影响评价公众参与暂行办法》，详细规定公众参与环境影响评价的范围、程序、组织形式等内容。民间组织和环保志愿者是环境保护公众参与的重要力量，中国目前有非政府环保组织1000余家。

——宣传教育。为加强环保宣传教育，国家制定《全国环境宣传教育行动纲要（1996—2010年）》和《2001—2005年全国环境宣传教育工作纲要》。2001年开始实施的第四个五年普法规划，把环境保护法律法规的宣传教育作为全民法制宣传教育的重要内容，并把环境保护法律法规纳入年度法制教育计划。在一年一度的“6·5”世界环境日开展全国性环境宣传教育活动。开展了绿色社区、绿色学校、绿色家庭创建活动，目前全国有2348个社区参加了绿色社区创建活动，25000多所中小学校、中等职业学校及幼儿园参加了绿色学校创建活动，100个绿色家庭受到表彰；通过“保护母亲河”、“绿色承诺”、“天天环保”、“生态监护”等实践活动，对广大青少年进行生态环境道德教育，增强他们的环境保护意识；举办绿色中国论坛、中国环境文化节等活动，进行环境知识培训，引导公众参与讨论环境问题，形成“人人参与、共创绿色家园”的社会氛围。

——环境信息公开。到2005年底，全国所有地级以上城市实现了城市空气质量自动监测，并发布空气质量日报；组织开展重点流域水质监测，发布十大流域水质月报和水质自动监测周报；定期开展南水北调东线水质监测工作；113个环保重点城市开展集中式饮用水源地水质监测月报；建立环境质量季度分析制度，及时发布环境质量信息。各级政府和环保部门通过定期或不定期召开新闻发布会，及时通报环境状况、重要政策措施、突发环境事件、违法违规案例等，保障社会各界对环境保护的知情权，促进公众对环境保护的参与。

——公众环境权益维护。截至2005年底，全国有4个直辖市、312个地级市、374个县级市、677个县开通了环保举报投诉热线电话，覆盖了全国69.4％的县级以上行政区。2003年以来，全国各级环保部门通过环保热线共受理环境污染投诉114.8万件，结案率在97％左右，主要城市环境投诉满意率在80％左右。随着公众环境意识和对环境质量的要求不断提高，反映环境权益被侵害的来信来访数量逐年增加。2001—2005年，各级政府环保部门共受理群众来信253万余封，群众来访43万余批次、59.7万余人次，受理全国人大代表建议673件，全国政协委员提案521件。

十、国际环境保护合作

中国重视环境保护领域里的国际合作，积极参与联合国等国际组织开展的环境事务。多年来，中国派高级代表团参与联合国可持续发展委员会历次会议、可持续发展世界首脑会议及其系列筹备活动。中国与联合国环境规划署在荒漠化防治、生物多样性保护、臭氧层保护、清洁生产、循环经济、环境教育和培训、长江中上游洪水防治、区域海行动计划和防止陆源污染保护海洋全球行动计划等领域开展了卓有成效的合作。中国与联合国开发计划署、世界银行、亚洲开发银行等国际组织建立了有效的合作模式。中国积极参与亚太经合组织框架下的各项环境保护和可持续发展活动，出席历次亚太经合组织环境部长会议。中国在环境保护领域的努力得到国际社会的承认和赞誉。联合国环境规划署、世界银行、全球环境基金先后将“联合国环境规划署笹川环境奖”、“绿色环境特别奖”、“全球环境领导奖”授予中国环保部门负责人，联合国环境规划署还将“地球卫士奖”授予中华青年联合会负责人。截至2005年底，中国共有22个单位和6名个人被联合国环境规划署授予“全球500佳”称号。

中国参加了《联合国气候变化框架公约》及其《京都议定书》、《关于消耗臭氧层物质的蒙特利尔议定书》、《关于在国际贸易中对某些危险化学品和农药采用事先知情同意程序的鹿特丹公约》、《关于持久性有机污染物的斯德哥尔摩公约》、《生物多样性公约》、《生物多样性公约〈卡塔赫纳生物安全议定书〉》和《联合国防治荒漠化公约》等50多项涉及环境保护的国际条约，并积极履行这些条约规定的义务。

中国政府编写了《中华人民共和国可持续发展国家报告》，编制了《中国21世纪可持续发展行动纲要》，确定了21世纪初中国可持续发展的重点领域和行动计划。中国政府批准了《中国逐步淘汰消耗臭氧层物质的国家方案》，相继颁布了100多项有关保护臭氧层的政策和措施，建立了消耗臭氧层物质替代品和其他环保相关产品的开发和生产基地，顺利完成了《蒙特利尔议定书》规定的阶段性削减指标。据世界银行估计，中国淘汰消耗臭氧层物质占所有发展中国家淘汰总量的50%。中国政府在北京举办了《保护臭氧层维也纳公约》缔约方大会第五次会议和《蒙特利尔议定书》缔约方大会第十一次会议，通过了《北京宣言》和《北京修正案》。

中国加强和推动与周边国家或相关地区的合作，积极参与区域合作机制化建设。建立中日韩三国环境部长会议机制，定期进行政策交流，讨论共同关心的环境问题。大湄公河次区域环境合作机制开始启动，并于2005年成功举办第一届大湄公河次区域环境部长会议，提出了次区域生物多样性保护走廊计划等合作项目。东盟与中国（10+1）和东盟与中日韩（10+3）机制下的环境合作开始起步。在中国政府的倡议下，2002年召开了第一届亚欧环境部长会议，通过了《亚欧环境部长会议主席声明》，就开展亚欧环境合作的基础、潜力及合作原则等方面达成基本共识，确定了亚欧环境合作的关键领域和重点。近年来，建立了中欧环境政策部长级对话机制和中欧环境联络员会议机制，并于2006年2月召开了中国—阿拉伯国家首次环境合作会议。

中国积极开展环境保护领域的双边合作，先后与美国、日本、加拿大、俄罗斯等42个国家签署双边环境保护合作协议或谅解备忘录，与11个国家签署核安全合作双边协定或谅解备忘录。在环境政策法规、污染防治、生物多样性保护、气候变化、可持续生产与消费、能力建设、示范工程、环境技术和环保产业等方面广泛进行交流与合作，取得一批重要成果。中国还与欧盟、日本、德国、加拿大等13个国家和国际组织在双边无偿援助项下开展了多项环保领域的合作。中国积极开展与发展中国家的环境合作与交流。为配合中非合作论坛的后续行动，中国举办“面向非洲的中国环保”主题活动，推动中非在环保领域的交流与合作。2005年中国与联合国环境规划署共同举办了中非环保合作会议。中国政府还举办了“非洲国家水污染和水资源管理研修班”，帮助非洲国家开展环境培训。

结束语

中国政府和中国人民为保护环境付出了巨大努力。但是，中国政府清醒地看到，由于中国正处于工业化和城市化加速发展的阶段，也正处于经济增长和环境保护矛盾十分突出的时期，环境形势依然十分严峻。一些地区环境污染和生态恶化还相当严重，主要污染物排放量超过环境承载能力，水、土地、土壤等污染严重，固体废物、汽车尾气、持久性有机物等污染增加。新世纪头二十年，中国人口将继续增加，经济总量将比2000年再翻两番，经济社会发展对资源的需求不断增加，环境保护面临的压力越来越大。

针对资源环境压力日益增大的突出问题，中国政府明确提出以科学发展观统领经济社会发展全局，加快建设资源节约型、环境友好型社会，促进人与自然和谐发展。在制定发展目标时，中国政府把能源节约和环境保护摆上了重要战略位置。中国“十一五”经济社会发展规划明确提出了今后五年环境保护的主要目标：到2010年，在保持国民经济平稳较快增长的同时，使重点地区和城市的环境质量得到改善，生态环境恶化趋势基本遏制。单位国内生产总值能源消耗比“十五”期末降低20％左右；主要污染物排放总量减少10％；森林覆盖率由18.2％提高到20％。

实现这一目标，中国政府将切实落实水污染和大气污染防治任务，加强城市、农村和生态环境保护，确保核与辐射环境安全，以及实施国家环保工程等重点任务，全面推进环保工作。中国政府将集中力量解决严重危害人民群众健康的污染问题，把保障人民群众的饮水安全作为污染防治的首要任务，采取最为严格的措施，有效化解危害饮用水水源水质的污染隐患。

实现这一目标，中国政府将积极加快实现“三个转变”：一是从重经济增长轻环境保护转变为保护环境与经济增长并重；二是从环境保护滞后于经济发展转变为环境保护和经济发展同步；三是从主要用行政办法保护环境转变为综合运用法律、经济、技术和必要的行政办法解决环境问题。建立经济稳定增长、环境资源代价最小、环境意识较高的经济、社会、文化体系；在空间布局上，将经济发展与环境承载能力相统一，形成各具特色的发展格局。按照优化开发、重点开发、限制开发和禁止开发的不同要求，明确不同区域的功能定位，制定不同的发展方向和环保目标。中国政府将在发展中落实保护，在保护中促进发展，坚持节约发展、安全发展、清洁发展，实现可持续发展。

实现这一目标，中国政府将坚持全面推进重点突破方针，坚持预防为主、综合治理的原则，继续完善环境保护的政策法规，并严格监督执行，依法加强环境管理，强化地方政府对环境质量负责的法律责任；严格环境准入，加强规划和重大决策的环境影响评价，从源头防治环境污染和生态破坏；加大重点流域水域城市海域专项整治，切实改善环境质量；完善政府、企业、社会多元化环保投融资机制，加大环保投入；推动公众参与环境保护，加强社会监督；建立先进的环境监测预警体系和完备的环境执法监督体系，切实提高对突发性环境事件的预警能力，全面提高环境监管能力。

保护全球环境，已经成为人类社会的共识。作为一个负责任的发展中大国，解决好环境问题，符合中国发展目标，是13亿中国人民的福祉所在，也是人类共同利益的重要体现。中国政府和人民将与世界各国政府和人民一道，共同保护美丽的地球家园。

中国应对气候变化的政策与行动

中华人民共和国国务院新闻办公室

（2008 年 10 月）

目　录

前　言

全球气候变化及其不利影响是人类共同关心的问题。工业革命以来的人类活动，尤其是发达国家在工业化过程中大量消耗能源资源，导致大气中温室气体浓度增加，引起全球气候近 50 年来以变暖为主要特征的显著变化，对全球自然生态系统产生了明显影响，对人类社会的生存和发展带来严重挑战。

中国是一个发展中国家，人口众多、经济发展水平低、气候条件复杂、生态环境脆弱，易受气候变化的不利影响。气候变化对中国自然生态系统和经济社会发展带来了现实的威胁，主要体现在农牧业、林业、自然生态系统、水资源等领域以及沿海和生态脆弱地区，适应气候变化已成为中国的迫切任务。同时，中国正处于经济快速发展阶段，面临着发展经济、消除贫困和减缓温室气体排放的多重压力，应对气候变化的形势严峻，任务繁重。

作为一个负责任的发展中国家，中国高度重视应对气候变化。中国充分认识应对气候变化的重要性和紧迫性，按照科学发展观的要求，统筹考虑经济发展和生态建设、国内与国际、当前与长远，制定并实施应对气候变化国家方案，采取了一系列应对气候变化的政策和措施。中国把应对气候变化与实施可持续发展战略，加快建设资源节约型、环境友好型社会，建设创新型国家结合起来，以发展经济为核心，以节约能源、优化能源结构、加强生态保护和建设为重点，以科技进步为支撑，努力控制和减缓温室气体排放，不断提高适应气候变化能力。

中国积极参与国际社会应对气候变化进程，认真履行《联合国气候变化框架公约》（以下简称《气候公约》）和《京都议定书》（以下简称《议定书》），在国际合作中发挥着积极的建设性作用。

一、气候变化与中国国情

最新科学研究成果表明：全球地表平均温度近百年来（1906—2005 年）升高了 0.74℃，预计到 21 世纪末仍将上升 1.1 ~ 6.4℃。20 世纪中叶以来全球平均温度的升高，主要是由化石燃料燃烧和土地利用变化等人类活动排放的温室气体（主要包括二氧化碳、甲烷和氧化亚氮等）导致大气中温室气体浓度增加所引起的。

中国气候变暖趋势与全球的总趋势基本一致。据中国气象局发布的最新观测结果显示，中国近百年来（1908—2007 年）地表平均气温升高了 1.1℃，自 1986 年以来经历了 21 个暖冬，2007 年是自 1951 年有系统气象观测以来最暖的一年。近 50 年来中国降水分布格局发生了明显变化，西部和华南地区降水增加，而华北和东北大部分地区降水减少。高温、干旱、强降水等极端气候事件有频率增加、强度增大的趋势。夏季高温热浪增多，局部地区特别是华北地区干旱加剧，南方地区强降水增多，西部地区雪灾发生的几率增加。近30年来，中国沿海海表温度上升了0.9℃，沿海海平面上升了90毫米。

据科学家的研究，中国未来的气候变暖趋势将进一步加剧；极端天气气候事件发生频率可能增加；降水分布不均现象更加明显，强降水事件发生频率增加；干旱区范围可能扩大；海平面上升趋势进一步加剧。

中国的基本国情决定了中国在应对气候变化领域面临巨大挑战。

——中国气候条件复杂，生态环境脆弱，适应任务艰巨。中国主要属于大陆性季风气候，大部分地区的气温季节变化幅度要比同纬度其他陆地地区相对剧烈，很多地方冬冷夏热，夏季全国普遍高温。中国降水时空分布不均，多集中在汛期，且地区分布不均衡，年降水量从东南沿海向西北内陆递减。中国生态环境比较脆弱，水土流失和荒漠化严重，森林覆盖率18.21%，仅相当于世界平均水平的62%。自然湿地面积相对较少，草地大多是高寒草原和荒漠草原，北方温带草地受干旱、生态环境恶化等影响，正面临退化和沙化的危机。中国大陆海岸线长达1.8万多公里，易受海平面上升带来的不利影响。

——中国人口众多，经济发展水平较低，发展任务艰巨。2007年底中国大陆人口（不包括香港、澳门、台湾）达到13.21亿，约占世界人口总数的20%。中国城镇化水平比较低，2007年城镇化比例只有44.9%，低于世界平均水平。庞大的人口基数，也使中国面临巨大的劳动力就业压力，每年有1000万以上新增城镇劳动力需要就业，同时随着城镇化进程的推进，目前每年有上千万的农村劳动力向城镇转移。据国际货币基金组织统计，2007年中国人均国内生产总值为2461美元，在181个国家和地区中位居第106位，仍为中下收入国家。中国区域经济发展不均衡，城乡居民之间的收入差距较大。中国仍然被贫困所困扰，目前全国农村没有解决温饱的贫困人口1479万人，刚刚越过温饱线但还不稳定的低收入人口有3000多万人。中国科技发展水平较低，自主创新能力弱。发展经济和改善人民生活水平是中国当前面临的紧迫任务。

——中国处于工业化发展阶段，能源结构以煤为主，控制温室气体排放任务艰巨。中国温室气体历史排放量很低，根据国际有关研究机构数据，1904—2004年中国化石燃料燃烧二氧化碳累计排放量约占世界同期的8%，人均累计排放量居世界第92位。2004年中国能源消费排放的二氧化碳排放量约为50.7亿吨。中国作为发展中国家，工业化、城市化、现代化进程远未实现，为进一步实现发展目标，未来能源需求将合理增长，这也是所有发展中国家实现发展的基本条件。同时中国以煤为主的能源结构在未来相当长的时期内难以根本改变，控制温室气体排放的难度很大，任务艰巨。

二、气候变化对中国的影响

中国是最易受气候变化不利影响的国家之一，其影响主要体现在农牧业、森林与自然生态系统、水资源和海岸带等。

对农牧业的影响

气候变化对中国农牧业生产的负面影响已经显现，农业生产不稳定性增加；局部干旱高温危害严重；因气候变暖引起农作物发育期提前而加大早春冻害；草原产量和质量有所下降；气象灾害造成的农牧业损失增大。

未来气候变化对农牧业的影响仍以负面影响为主。小麦、水稻和玉米三大作物均可能以减产为主。农业生产布局和结构将出现变化；土壤有机质分解加快；农作物病虫害出现的范围可能扩大；草地潜在荒漠化趋势加剧；原火灾发生频率将呈增加趋势；畜禽生产和繁殖能力可能受到影响，畜禽疫情发生风险加大。

对森林和其他自然生态系统的影响

气候变化对中国森林和其他生态系统的影响主要表现在：东部亚热带、温带北界北移，物候期提前；部分地区林带下限上升；山地冻土海拔下限升高，冻土面积减少；全国动植物病虫害发生频率上升，且分布变化显著；西北冰川面积减少，呈全面退缩的趋势，冰川和积雪的加速融化使绿洲生态系统受到威胁。

未来气候变化将使生态系统脆弱性进一步增加；主要造林树种和一些珍稀树种分布区缩小，森林病虫害的爆发范围扩大，森林火灾发生频率和受灾面积增加；内陆湖泊将进一步萎缩，湿地资源减少且功能退化；冰川和冻土面积加速缩减，青藏高原生态系统多年冻土空间分布格局将发生较大变化；生物多样性减少。

对水资源的影响

气候变化已经引起了中国水资源分布的变化。近20年来，北方黄河、淮河、海河、辽河水资源总量明显减少，南方河流水资源总量略有增加。洪涝灾害更加频繁，干旱灾害更加严重，极端气候现象明显增多。

预计未来气候变化将对中国水资源时空分布产生较大的影响，加大水资源年内和年际变化，增加洪涝和干旱等极端自然灾害发生的概率，特别是气候变暖将导致西部地区的冰川加速融化，冰川面积和冰储量将进一步减少，对以冰川融水为主要来源的河川径流将产生较大影响。气候变暖可能将增加北方地区干旱化趋势，进一步加剧水资源短缺形势和水资源供需矛盾。

对海岸带的影响

近30年来，中国海平面上升趋势加剧。海平面上升引发海水入侵、土壤盐渍化、海岸侵蚀，损害了滨海湿地、红树林和珊瑚礁等典型生态系统，降低了海岸带生态系统的服务功能和海岸带生物多样性；气候变化引起的海温升高、海水酸化使局部海域形成贫氧区，海洋渔业资源和珍稀濒危生物资源衰退。

据预测，未来中国沿海海平面将继续升高。海平面上升还将造成沿海城市市政排水工程的排水能力降低，港口功能减弱。

对社会经济等其他领域的影响

气候变化对社会经济等其他领域也将产生深远影响，给国民经济带来巨大损失，应对气候变化需要付出相应的经济和社会成本。气候变化将增加疾病发生和传播的机会，危害人类健康；增加地质灾害和气象灾害的形成概率，对重大工程的安全造成威胁；影响自然保护区和国家公园的生态环境和物种多样性，对自然和人文旅游资源产生影响；增加对公众生命财产的威胁，影响社会正常生活秩序和安定。

三、应对气候变化的战略和目标

中国应对气候变化的指导思想是：全面贯彻落实科学发展观，坚持节约资源和保护环境的基本国策，以控制温室气体排放、增强可持续发展能力为目标，以保障经济发展为核心，加快经济发展方式转变，以节约能源、优化能源结构、加强生态保护和建设为重点，以科学技术进步为支撑，增进国际合作，不断提高应对气候变化的能力，为保护全球气候作出新的贡献。

中国应对气候变化坚持如下原则：

——在可持续发展的框架下应对气候变化。气候变化是在发展中产生的，也必须在发展过程中解决。要在应对气候变化过程中促进可持续发展，努力实现发展经济和应对气候变化的双赢。

——“共同但有区别的责任”的原则。这是《气候公约》的核心原则。不论发达国家还是发展中国家都有采取减缓和适应气候变化措施的责任，但是由于各国历史责任、发展水平、发展阶段、能力大小和贡献方式不同，发达国家要对其历史累计排放和当前高人均排放承担责任，率先减少排放，同时要向发展中国家提供资金、转让技术；发展中国家要在发展经济、消除贫困的过程中，采取积极的适应和减缓措施，尽可能少排放，为共同应对气候变化作出贡献。

——减缓和适应并重。减缓和适应气候变化是应对气候变化的两个有机组成部分。减缓是一项相对长期、艰巨的任务，而适应则更为现实、紧迫，对发展中国家尤为重要。减缓与适应必须统筹兼顾、协调平衡、同举并重。

——公约和议定书是应对气候变化的主渠道。《气候公约》和《议定书》奠定了应对气候变化国际合作的法律基础，凝聚了国际社会的共识，是目前最具权威性、普遍性、全面性的应对气候变化国际框架。应当坚定不移地维护《气候公约》和《议定书》作为应对气候变化核心机制和主渠道的地位。其他多边和双边的合作，都应该是《气候公约》和《议定书》的补充和辅助。

——依靠科技创新和技术转让。应对气候变化要靠技术，技术创新和技术转让是应对气候变化的基础和支撑。发达国家有义务在推动本国开发和应用先进技术的同时，促进国际技术合作与转让，切实履行向发展中国家提供资金和转让技术的承诺，使发展中国家拿得到所需资金，用得上气候友好技术，提高减缓和适应气候变化能力。

——全民参与和广泛国际合作。应对气候变化需要转变传统生产方式和消费方式，需要全社会的广泛参与。中国努力建设资源节约型、环境友好型社会，营造政府引导、企业参加和公众自愿行动的社会氛围，增强企业的社会责任感和公众的全球环境意识。气候变化是全球共同面临的挑战，必须通过全球的广泛合作和共同努力才能解决，中国将一如既往地积极开展和参与一切有利于应对气候变化的国际合作。

2007 年 6 月中国政府发布《应对气候变化国家方案》，提出了到 2010 年中国应对气候变化的总体目标，即：控制温室气体排放政策措施取得明显成效，适应气候变化的能力不断增强，气候变化相关研究水平不断提高，气候变化科学研究取得新的进展，公众的气候变化意识得到较大提高，应对气候变化领域的体制机制进一步加强。

控制温室气体排放

——通过加快转变经济发展方式，强化能源节约和高效利用的政策导向，加大依法实施节能管理的力度，加快节能技术开发、示范和推广，充分发挥以市场为基础的节能新机制，提高全社会的节能意识，加快建设资源节约型社会，努力减缓温室气体排放。到 2010 年，实现单位国内生产总值能源消耗比 2005 年降低 20 % 左右，相应减缓二氧化碳排放。

——通过大力发展可再生能源，积极推进核电建设，加快煤层气开发利用等措施，优化能源消费结构。到 2010 年，力争使可再生能源开发利用总量（包括大水电）在一次能源消费结构中的比重提高到 10 % 左右，煤层气抽采量达到 100 亿立方米。

——通过强化冶金、建材、化工等产业政策，发展循环经济，提高资源利用率，加强氧化亚氮排放治理等措施，控制工业生产过程的温室气体排放。到 2010 年，力争使工业生产过程的氧化亚氮排放稳定在 2005 年的水平。

——通过继续推广低排放的高产水稻品种和半旱式栽培技术，采用科学灌溉和测土配方施肥技术，研究开发优良反刍动物品种技术和规模化饲养管理技术等措施，加强对动物粪便、废水和固体废弃物的管理，加大沼气利用力度，努力控制甲烷排放。

——通过继续实施植树造林、退耕还林还草、天然林资源保护、农田基本建设等重点工程和政策措施，到 2010 年，力争森林覆盖率达到 20 %，实现年碳汇数量比 2005 年增加约 0.5 亿吨二氧化碳。

增强适应气候变化能力

——通过完善多灾种的监测预警应急机制、多部门参与的决策协调机制、全社会广泛参与的行动机制，加强极端气象灾害监测预报能力建设。到 2010 年，建成一批对经济社会具有基础性、全局性、关键性作用的气象灾害防御工程，提高应对极端气象灾害的综合监测预警能力、抵御能力和减灾能力。

——通过加强农田基本建设、调整种植制度、选育抗逆品种、开发生物技术等适应性措施，到 2010 年，力争新增改良草地 2400 万公顷，治理退化、沙化和碱化草地 5200 万公顷，农业灌溉用水有效利用系数提高到 0.5。

——通过加强天然林资源保护和自然保护区的监管，继续开展生态保护重点工程建设，建立重要生态功能区，促进自然生态恢复等措施，到 2010 年，力争实现 90 % 左右的典型森林生态系统和国家重点野生动植物得到有效保护，自然保护区面积占国土总面积的比重达到 16 % 左右，综合治理水土流失面积 25 万平方公里，实施生态修复面积 30 万平方公里，治理荒漠化土地面积 2200 万公顷。

——通过合理开发和优化配置水资源、完善农田水利基本建设新机制、强化节水和加强水文监测等措施，到2010年，力争减少水资源系统对气候变化的脆弱性，节水型社会建设迈出实质性步伐，基本建成大江大河综合防洪除涝减灾体系，全面提高农田抗旱标准。

——通过加强对海平面变化趋势的科学监测以及对海洋和海岸带生态系统的监管，合理利用海岸线，保护滨海湿地，建设沿海防护林体系，不断加强红树林保护和恢复等措施，到2010年，力争实现全面恢复红树林区，提高沿海地区抵御海洋灾害的能力。

加强科学研究与技术开发

——通过加强气候变化领域的基础研究，进一步开发和完善研究分析方法，加强对相关专业与管理人才的培养等措施，到2010年，力争使气候变化研究部分领域达到国际先进水平，为有效制定应对气候变化战略和政策，积极参与应对气候变化国际合作提供科学依据。

——通过加强自主创新能力，积极推进国际合作与技术转让等措施，到2010年，力争在能源开发、节能和清洁能源技术等方面取得较大进展，加快先进技术产业化步伐，提高农业、水利、林业等部门适应气候变化的技术水平，为有效应对气候变化提供有力的科技支撑。

增强公众意识与管理水平

——通过利用现代信息传播技术和手段，加强气候变化方面的宣传、教育和培训，鼓励公众参与等措施，到2010年，力争在全社会基本普及气候变化方面的相关知识，提高全民保护气候意识，为有效应对气候变化创造良好的社会氛围。

——通过完善多部门参与的决策协调机制，建立企业、公众广泛参与应对气候变化的行动机制等措施，逐步形成与应对气候变化工作相适应的、高效的组织机构和管理体系。

四、减缓气候变化的政策与行动

中国积极推进减缓气候变化的政策和行动，在调整经济结构，转变发展方式，大力节约能源、提高能源利用效率、优化能源结构，植树造林等方面采取了一系列政策措施，取得了显著成效。

调整经济结构，促进产业结构优化升级

中国政府注重经济结构的调整和经济发展方式的转变，制定和实施了一系列产业政策和专项规划，将降低资源和能源消耗作为产业政策的重要组成部分，推动产业结构的优化升级，努力形成“低投入、低消耗、低排放、高效率”的经济发展方式。

——促进服务业加快发展。2007年发布《关于加快发展服务业的若干意见》，提出到2010年服务业增加值占GDP的比重比2005年提高3个百分点，明确了支持服务业关键领域、薄弱环节和新兴行业发展的政策。旅游、金融、物流等现代服务业蓬勃发展。

——做强做大高技术产业。2007年发布高技术产业、电子商务和信息产业等领域的“十一五”(2006—2010年)规划，提出到2010年高技术产业增加值占工业增加值的比重比2005年提高5个百分点。完善促进数字电视、软件和集成电路、生物产业等高技术产业发展的政策措施，加快培育符合节能减排要求的新兴产业。信息、生物、航空航天、新能源、新材料、海洋等高新技术产业加快发展，振兴装备制造业成效显著，基础设施基础产业建设取得长足进展。

——加快淘汰落后产能。2007年发布13个行业“十一五”淘汰落后产能分地区、分年度计划。2007年关停小火电机组1438万千瓦，淘汰落后炼铁产能4659万吨、落后炼钢产能3747万吨、落后水泥5200万吨，关闭了2000多家不符合产业政策、污染严重的造纸企业和一批污染严重的化工、印染企业，累计关闭各类小煤矿1.12万处。

——遏制高耗能、高排放行业过快增长。出台新开工项目管理的相关政策规定，相继制定发布了高耗能行业市场准入标准，提高节能环保准入门槛，采取调整出口退税、关税等措施，抑制“两高一资”(高耗能、高排放、资源型)产品出口。高耗能行业增速呈逐步回落趋势。

大力节约能源，提高能源利用效率

中国政府高度重视能源节约问题，把节约资源作为基本国策，长期坚持开发与节约并举，节约优先的方针。中国第十一个五年规划《纲要》（2006—2010年）把建设资源节约型、环境友好型社会作为一项重大的战略任务，提出到2010年单位GDP能耗比2005年降低20％左右，并作为重要的约束性指标。

——把节能减排放在更加突出的位置。国务院成立了节能减排工作领导小组，印发了《节能减排综合性工作方案》，全面部署节能减排工作。

——建立节能减排目标责任制。国务院印发了《节能减排统计监测及考核实施方案和办法》，明确对各省（自治区、直辖市）和重点企业能耗及主要污染物减排目标完成情况进行考核，实行严格的问责制。

——加快实施重点节能工程。2006年国家利用国债和中央预算内投资支持节能重点项目111个，形成1010万吨标准煤的节能能力。2007年国家利用国债和中央预算内投资以及中央财政资金，支持重点节能工程项目681个，形成2550万吨标准煤的节能能力；各级地方政府引导的企业节能技术改造形成6000多万吨标准煤的节能能力。2006—2010年，通过实施十大重点节能工程可形成约2.4亿吨标准煤的节能能力。采用财政补贴推广使用节能灯5000万只的任务已在各地组织实施，近三年将推广使用节能灯1.5亿只以上。

——推动重点领域节能减排。开展千家企业节能行动，推动企业开展能源审计、编制节能规划，公告企业能源利用状况，启动重点耗能企业能效水平对标活动。积极推广节能省地环保型建筑和绿色建筑，新建建筑严格执行强制性节能标准，加快既有建筑节能改造，1.5亿平方米供热计量和节能改造任务分解到了各地区，在24个省市启动国家机关办公建筑和大型公共建筑节能监管体系试点工作。继续完善和严格执行机动车燃料消耗量限值标准。中央国家机关开展了空调、照明、锅炉系统节能诊断和改造，完成了办公区所有非节能灯具的改造。

——提高能源开发转换效率。电力、煤炭领域推广使用高效节能设备，加快淘汰小火电、小煤矿。2007年，6000千瓦及以上火电机组供电煤耗由1980年的每千瓦时448克标准煤下降到370克标准煤；单位原煤产量能耗比上年下降5.9％，电耗下降了5.1％。

——实施有利于节能的经济政策。调整部分矿产品资源税，适时调整成品油、天然气价格，实行节能发电调度的政策，下调小火电上网电价，加大差别电价实施的力度，出台支持企业节能技术改造、高效照明产品推广、建筑供热计量及节能改造等资金管理办法。出台鼓励节能环保小排量汽车、限制塑料购物袋等政策。建立政府强制采购节能产品制度。

——加强法制建设。修订《节约能源法》。国务院办公厅下发《关于严格执行公共建筑空调温度控制标准的通知》。2007年来，发布火电、烧碱等22项高耗能产品能耗限额强制性国家标准。安排电动机、节能灯等16类终端用能产品的监督抽查。各地节能主管部门和节能监察机构依法开展节能行政执法。

经过全社会的共同努力，2006年和2007年全国单位GDP能耗分别下降1.79％和3.66％。2007年电力、钢铁、建材、化工等行业年耗能1万吨标准煤以上重点企业35种主要产品单位综合能耗指标中，下降的有33项，上升的只有2项，节能3830万吨标准煤。2006年和2007年累计节能1.47亿吨标准煤。

发展可再生能源，优化能源结构

2005年颁布《可再生能源法》，制定可再生能源优先上电网、全额收购、价格优惠及社会分摊的政策，建立可再生能源发展专项资金，支持资源评价与调查、技术研发、试点示范工程建设和农村可再生能源开发利用。截至2007年底，中国水电装机容量达到1.45亿千瓦，年发电量4829亿千瓦时，电力装机和发电量均居世界第一位，其中2006年、2007年两年平均新增装机2600万千瓦，年均增长12％。风电规模成倍增长，装机容量超过600万千瓦，居世界第五位，其中2006年、2007年新增装机305万千瓦，年均增长148%。太阳能热水器集热面积达到1.1亿平方米，多年位居世界第一。生物质发电装机容量约为300万千瓦，生物燃料乙醇年生产能力超过120万吨。核电装机906万千瓦，比2006年增长30.5%。煤炭在一次能源消费中的比重由1980年的72.2%下降到2007年的69.4%，水电、风电和核电的比重由4%提高到7.2%。可再生能源总利用量约为2.2亿吨标准煤（包括大水电）。

根据国家《可再生能源中长期发展规划》和《核电中长期发展规划》，中国将继续积极推进水电流域梯级综合开发，在做好环境保护和移民安置工作的前提下，加快大型水电建设，因地制宜开发中小型水电。加快风电发展速度，以规模化带动产业化，提高风电设备研发和制造能力，努力建设若干百万千瓦级的风电场和千万千瓦级的风电基地。以生物质发电、沼气、生物质固体成型燃料和液体燃料为重点，大力推进生物质能源的开发和利用。积极发展太阳能发电和太阳能热利用，加强新能源和替代能源的研发与应用。不断加强对煤层气和矿井瓦斯的利用，发展以煤层气为燃料的小型分散电源。中国积极发展核电，推进核电体制改革和机制创新，努力建立以市场为导向的核电发展机制；加强核电设备研发和制造能力，提高引进消化吸收及再创新能力；加强核电运行与技术服务体系建设，加快人才培训；实施促进核电发展的税收优惠和投资优惠政策；完善核电安全保障体系，加快法律法规建设。中国还将进一步推进煤炭清洁利用，发展大型联合循环机组和多联产等高效、洁净发电技术，研究二氧化碳捕获与封存技术。

发展循环经济，减少温室气体排放

中国政府高度重视发展循环经济，积极推进资源利用减量化、再利用、资源化，从源头和生产过程减少温室气体排放。近年来，循环经济从理念变为行动，在全国范围内得到迅速发展。国家制定《清洁生产促进法》、《固体废物污染环境防治法》、《循环经济促进法》、《城市生活垃圾管理办法》等法律法规，发布《关于加快发展循环经济的若干意见》，提出发展循环经济的总体思路、近期目标、基本途径和政策措施，并发布循环经济评价指标体系。《废弃电子电器回收处理管理条例》即将颁布。

迄今已实施了两批国家循环经济示范试点，初步探索形成企业、企业间或园区、社会三个层面的循环经济发展模式，废旧家电回收处理和汽车零部件再制造试点取得积极进展。完善废弃物综合利用和再生资源回收利用的税收优惠政策，加大国债和中央预算内投资对发展循环经济重点项目的支持力度。通过引进、消化、吸收和自主创新，形成了一批具有自主知识产权的先进技术，特别是开发、示范和推广了一批对行业有重大带动作用的共性和关键技术。纯低温余热发电、干法熄焦、高炉炉顶压差发电、电石渣干法制水泥、高炉和回转窑消纳社会废物等一批适用技术得到广泛应用。2005年，中国钢、有色金属、纸浆等产品近三分之一左右的原料来自再生资源，水泥原料的20%、墙体材料的40%来自于工业固体废物。半导体制造、封装过程降低温室气体排放也取得明显成效，电子信息产品制造过程温室气体排放处于较低水平。

制定促进填埋气体回收利用的激励政策，发布《城市生活垃圾处理及污染防治技术政策》以及《生活垃圾卫生填埋技术规范》等行业标准，推动垃圾填埋气体的收集利用，减少甲烷等温室气体的排放。研究推广先进的垃圾焚烧、垃圾填埋气体回收利用技术，发布相关技术规范，完善垃圾收运体系，开展生活垃圾分类收集，提高垃圾的资源综合利用率，推动垃圾处理产业化发展，加强垃圾处理企业运行监管，垃圾无害化处理率由1990年的2.3%提高到2006年的52%。

减少农业、农村温室气体排放

近年来，中国在减少农业和农村温室气体排放方面取得积极进展。迄今已在全国1200个县开展了测土配方施肥行动，引导农民科学施肥，减少农田氧化亚氮排放；推广以秸秆覆盖、免耕等为主要内容的保护性耕作，发展秸秆养畜、过腹还田，增加土壤有机碳含量；建立了草原生态补偿机制，落实草畜平衡、禁牧休牧轮牧制度，控制草原载畜量，避免草场退化。同时，大力发展农村沼气，推广太阳能、省柴节煤炉灶等农村可再生能源技术。截至2007年底，全国户用沼气达到2650多万户，每年可以替代近1600万吨标准煤，相当于减排二氧化碳4400万吨。全国已建养殖场沼气工程2.66万处，推广农村太阳能热水器4286万平方米、太阳房1468万平方米、太阳灶112万台、小型风力发电机20多万台，建成一批秸秆气化、固化示范点，累计推广省柴节煤炉灶1.51亿户、节能炉3471万户。

推动植树造林，增强碳汇能力

自20世纪80年代以来，中国政府通过持续不断地加大投资，平均每年植树造林400万公顷。同时，国家还积极动员适龄公民参加全民义务植树。截至2007年底，全国共有109.8亿人次参加义务植树，植树515.4亿株。近几年，通过集体林权制度改革等措施，调动了广大农民参与植树造林、保护森林的积极性。目前，全国人工林面积达到了0.54亿公顷，蓄积量15.05亿立方米，森林覆盖率由20世纪80年代初期的12％提高到目前的18.21％。2006年中国城市园林绿地面积达到132万公顷，绿化覆盖率为35.1％。据估算，1980—2005年中国造林活动累计净吸收约30.6亿吨二氧化碳，森林管理累计净吸收16.2亿吨二氧化碳，减少毁林排放4.3亿吨二氧化碳，有效增强了温室气体吸收汇的能力。

加大研发力度，科学应对气候变化

——将应对气候变化纳入科学发展规划之中。2006年颁布《国家中长期科学和技术发展规划纲要》，把能源和环境确定为科学技术发展的重点领域，把全球环境变化监测与对策明确列为环境领域的优先主题之一。2007年制定《中国应对气候变化科技专项行动》，提出了应对气候变化科技工作在“十一五”期间的阶段性目标和到2020年的远期目标，对气候变化的科学问题、控制温室气体排放的技术研发、适应气候变化的技术和措施、应对气候变化的重大战略与政策等方面进行了重点部署。

——加强人才与基地建设。经过近20年的努力，中国在气候变化领域初步形成了一支跨领域、跨学科的从事基础研究和应用研究的专家团队，取得一批开创性的研究成果，为中国应对气候变化提供了重要的科技支撑。建成一批国家级科研基地，基本建成国家气候监测网等大型观测网络体系。加强应对气候变化先进技术的研发和示范，产学研结合加快了先进技术产业化步伐。

——不断加大对气候变化相关科技工作的资金投入。建立了相对稳定的政府资金渠道，并多渠道筹措资金，吸引社会资金投入气候变化的科技研发领域。“十五”（2001—2005年）期间，中国通过攻关计划、863计划和973计划等国家科技计划投入应对气候变化科技经费逾25亿元。截至2007年底，“十一五”国家科技计划（2006—2010年）已安排节能减排和气候变化科技经费逾70亿元。此外，还通过其他渠道投入大量资金用于气候变化的科技研发。

——科技研发重点领域。中国已确定将重点研究的减缓温室气体排放技术包括：节能和提高能效技术，可再生能源和新能源技术，主要行业二氧化碳和甲烷等温室气体的排放控制与处置利用技术，生物与工程固碳技术，煤炭、石油和天然气清洁、高效开发和利用技术，先进煤电、核电等重大能源装备制造技术，二氧化碳捕集、利用与封存技术，农业和土地利用方式控制温室气体排放技术等。

五、适应气候变化的政策与行动

中国在农业、森林与其他自然生态系统、水资源等领域，以及海岸带及沿海地区等脆弱区，积极实施适应气候变化的政策和行动，取得了积极成效。

农业

国家制定并实施《农业法》、《草原法》、《渔业法》、《土地管理法》、《突发重大动物疫情应急条例》、《草原防火条例》等法律法规，努力建立和完善农业领域适应气候变化的政策法规体系。加强农业基础设施建设，开展了农田水利基本建设，扩大农业灌溉面积、提高灌溉效率和农田整体排灌能力，推广旱作节水技术，增强农业防灾抗灾减灾和综合生产能力。实施“种子工程”，培育产量高、品质优良的抗旱、抗涝、抗高温、抗病虫害等抗逆品种。

中国将进一步加大优良品种推广力度，提高良种覆盖度。强化重大动物疫病防控，建立和完善动物防疫体系，加强动物疫病监测预警，提高动物疫病的预防和控制能力。开展草原退牧还草，草场围栏，人工草场建设，加强草原防火基础设施建设，保护和改善草原生态环境。开展水生生物养护行动，保护水生生物资源和水生生态环境。

森林等自然生态系统

多年来，中国通过制定并实施《森林法》、《野生动物保护法》、《水土保持法》、《防沙治沙法》和《退耕还林条例》、《森林防火条例》、《森林病虫害防治条例》等相关法律法规，努力保护森林和其他自然生态系统。国家正在积极制定自然保护区、湿地、天然林保护等相关法律法规，推动全面实施全国生态环境建设和保护规划。

中国将进一步加强林地、林木、野生动植物资源保护管理，继续推进天然林保护、退耕还林还草、野生动植物自然保护区、湿地保护工程，推进森林可持续经营和管理，开展水土保持生态建设。建立健全国家森林资源与生态状况综合监测体系。完善和强化森林火灾、病虫害评估体系和应急预案以及专业队伍建设，实施全国森林防火、病虫害防治中长期规划，提高森林火灾、病虫害的预防和控制能力。改善、恢复和扩大物种种群和栖息地，加强对濒危物种及其赖以生存的生态系统保护。加强生态脆弱区域、生态系统功能的恢复与重建。

水资源

中国制定并实施《水法》、《防洪法》、《河道管理条例》等法律法规，编制完成了全国重要江河流域的防洪规划等水利规划，初步建立起适合国情的水利政策法规体系和水利规划体系，初步建成了大江大河流域防洪减灾体系、水资源合理配置体系和水资源保护体系。同时，大力推进水土流失综合治理，截至2007年底，全国累计初步治理水土面积约100万平方公里，有效保护水土资源，改善了生态环境。

中国将加快全国水资源综合规划、流域综合规划等规划的编制工作，制订主要江河流域水量分配方案，加快实施南水北调等跨流域调水工程，优化水资源配置格局，提高特殊干旱情况下应急供水保障能力。加强水资源统一管理和统一调度，建立国家初始水权分配制度、水权转让制度以及水资源节约和保护制度。加强大江大河防洪工程建设和山洪灾害防治体系建设，基本建成以水库、河道、堤防、蓄滞洪区为主的大江大河防洪减灾工程体系和以管理措施为主的山洪灾害防治体系，进一步完善国家防汛抗旱指挥系统，建立洪水风险管理制度，提高抵御洪涝灾害的能力。对于生态严重恶化的流域，实施地下水限采，努力控制地下水超采，采取积极措施予以修复和保护。进一步加强气候变化对中国水资源的影响研究，加强大气水、地表水、土壤水和地下水的转化机制和优化配置技术研究，加强污水再生利用技术、海水淡化技术的研究、开发与推广。

海岸带及沿海地区

依据《海洋环境保护法》、《海域使用管理法》，以及《海气相互作用业务体系发展规划（纲要）》等，国家确定了海洋领域应对气候变化业务体系的建设目标和内容，建立了综合管理的决策机制和协调机制，努力减缓与适应气候变化的不利影响。加强海岸带和沿海地区适应气候变化的能力建设。开展海气相互作用调查研究，深化海气相互作用的认识，初步建成海洋环境立体化观测网络，提高了海洋灾害防御能力。

中国将进一步建立健全海洋灾害应急预案体系和响应机制，全面提高沿海地区防御海洋灾害能力。建设完善海洋领域应对气候变化观测和服务网络，开展海洋领域对气候变化的分析评估和预测。建立海平面监测预测分析评估系统，进一步做好海平面变化分析评估和影响评价。提高近海和海岸带生态系统抵御和适应气候变化的能力，推进海洋生态系统的保护和恢复技术研发以及推广力度，强化海洋保护区的建设与管理，开展沿海湿地和海洋生态环境修复工作，建立典型海洋生态恢复示范区，大力营造沿海防护林等。加强海岸带管理，提高沿海城市和重大工程设施的防护标准，控制沿海地区地下水超采和地面沉降，采取陆地河流与水库调水、以淡压咸等措施，应对河口海水倒灌和咸潮上溯。

其他领域

中国加强了对极端天气气候事件的监测预警能力建设，基本建立相应的气象及其衍生和次生灾害应急处置机制。强台风和区域性暴雨洪涝等极端天气气候事件的防御取得重大进展，初步建立起气候与气候变化综合观测系统。

针对气候变化可能导致流行病疫区的扩大，国家将进一步加强监测、监控网络，建立和完善健康保障体系。编制城市防洪排涝计划，提高城市防洪工程设计规范的标准。在重大工程的设计、建设和运行中考虑气候变化的因素，相应制定新的标准，适应未来气候变化的影响。

六、提高全社会应对气候变化意识

中国一直重视环境与气候变化领域的教育、宣传和公众参与。近年来，国家通过提出贯彻落实科学发展观、建设和谐社会和坚持走可持续发展道路等先进理念，不断引导全社会提高应对气候变化意识，树立人与自然和谐发展思想。中共中央政治局专门就全球气候变化和加强应对气候变化能力建设组织集体学习，强调大力提高全社会参与应对气候变化的意识和能力，营造全民应对气候变化的良好环境。国家把建设资源节约型和环境友好型社会作为学校教育和新闻宣传的重要内容，利用各种手段普及气候变化方面的相关知识，提高全社会的全球环境意识。

中国已出版大量与气候变化相关的出版物、影视和音像作品，创办中国气象电视频道，建立了资料信息库，利用大众传媒进行气候变化方面的知识普及，举办“气候变化与科技创新国际论坛”，召开“气候变化与生态环境”、“生物多样性与气候变化”等大型国际研讨会。从1992年开始，连续举办18届全国节能宣传周活动。2007年国家发布了《节能减排全民行动实施方案》，在全国范围内组织开展“节能减排全民行动”，包括家庭社区行动、青少年行动、企业行动、学校行动、军营行动、政府机构行动、科技行动、科普行动、媒体行动等九个专项行动，形成政府推动、企业实施、全社会共同参与的节能减排的工作机制。通过创建“节约型政府机构”等行动，发挥政府机构和政府工作人员节能导向作用。实施企业节能减排宣传教育活动，发动职工参与企业节能减排管理。通过重塑家庭生活消费新模式，搭建节能减排社区平台，积极鼓励公民及社会团体自愿参与植树造林，采取全民限制和有偿使用塑料袋等活动，增强公民的节能减排意识。积极开展以节能减排为内容的学校主题教育和社会实践活动，培养学生树立节能环保意识。近年来，一些社会团体和非政府组织也以多种形式加入全民节能减排行动，发挥了积极作用。

循环经济代表着未来经济的发展方向。国家把发展循环经济作为重要选择，在全社会大力提倡。近年来，围绕大力发展循环经济主题，开展了形式多样的系列宣传教育活动，使循环经济理念逐步深入人心，社会氛围更加浓厚。

中国将进一步加强应对气候变化相关的教育和培训。在基础教育、高等教育、成人教育中纳入气候变化的内容，重点引导青少年树立应对气候变化意识，积极参与气候变化的相关活动；举办针对政府部门、企业界、咨询机构和科研人员以及社区的气候变化培训和研讨班等，提高其对应对气候变化重要性和紧迫性的认识，促使其积极承担社会责任。

七、加强气候变化领域国际合作

中国本着“互利共赢、务实有效”的原则积极参加和推动应对气候变化的国际合作，发挥了建设性作用。近年来，中国国家主席和国务院总理分别在八国集团同发展中国家领导人对话会议、亚太经合组织会议、东亚峰会、博鳌亚洲论坛等多边场合以及双边交往中，阐述了中国对于气候变化国际合作的立场，积极推动应对气候变化的全球行动。

中国长期以来积极参加和支持《气候公约》和《议定书》框架下的活动，努力促进《气候公约》和《议定书》的有效实施。中国专家积极参加政府间气候变化专门委员会的工作，为相关报告的编写作出了贡献。中国认真履行本国在《气候公约》和《议定书》下的义务，于2004年提交了《中华人民共和国气候变化初始国家信息通报》，并于2007年6月发布《应对气候变化国家方案》和《中国应对气候变化科技专项行动》。

在多边合作方面，中国是碳收集领导人论坛、甲烷市场化伙伴计划、亚太清洁发展和气候伙伴计划的正式成员，是八国集团和五个主要发展中国家气候变化对话以及主要经济体能源安全和气候变化会议的参与者。在亚太经合组织会议上，中国提出了“亚太森林恢复与可持续管理网络”倡议，并举办了“气候变化与科技创新国际论坛”。中国努力推动气候变化领域中国际社会的交流与互信，促进形成公平、有效的全球应对气候变化机制。

在双边方面，中国与欧盟、印度、巴西、南非、日本、美国、加拿大、英国、澳大利亚等国家和地区建立了气候变化对话与合作机制，并将气候变化作为双方合作的重要内容。中国一直在力所能及的范围内，帮助非洲和小岛屿发展中国家提高应对气候变化的能力。《中国对非洲政策文件》明确提出，积极推动中非在气候变化等领域的合作。中国政府分别举办了两期针对非洲和亚洲发展中国家政府官员的清洁发展机制项目研修班，提高了这些国家开展清洁发展机制项目的能力。

中国积极与外国政府、国际组织、国外研究机构开展应对气候变化领域的合作研究，内容涉及气候变化的科学问题、减缓和适应、应对政策与措施等方面，包括中国气候变化的趋势、气候变化对中国的影响、中国农林部门的适应措施与行动、中国水资源管理、中国海岸带和海洋生态系统综合管理、中国的温室气体减排成本和潜力、中国应对气候变化的法律法规和政策研究，以及若干低碳能源技术的研发和示范等。中国积极参与相关国际科技合作计划，如地球科学系统联盟（ESSP）框架下的世界气候研究计划（WCRP）、国际地圈—生物圈计划（IGBP）、国际全球变化人文因素计划（IHDP）、全球对地观测政府间协调组织（GEO）、全球气候系统观测计划（GCOS）、全球海洋观测系统（GOOS）、国际地转海洋学实时观测阵计划（ARGO）、国际极地年计划等，并加强与相关国际组织和机构的信息沟通和资源共享。

中国积极推动和参与《气候公约》框架下的技术转让，努力创建有利于国际技术转让的国内环境，并提交了技术需求清单。中国认为，《气候公约》框架下的技术转让不应单纯依靠市场，关键在于发达国家政府应努力减少和消除技术转让障碍，采取引导和激励政策与措施，在推动技术转让过程中发挥作用。对于尚在研发之中的应对气候变化的关键技术，应依靠国际社会广大成员国的合力，抓紧取得突破性进展，并为世界各国所共享。

中国重视清洁发展机制在促进本国可持续发展中的积极作用，愿意通过参与清洁发展机制项目合作为国际温室气体减排作出贡献。通过国际合作，中国进行了清洁发展机制方面的系统研究，为国际规则和国内政策措施的制定提供了科学基础，为各利益相关方提供了有益信息；进行了大量的能力建设活动，提高政府部门、企业界、学术机构、咨询服务机构、金融机构等推动清洁发展机制项目开发的能力。完善了相关的国内制度，制定和颁布《清洁发展机制项目运行管理办法》。到2008年7月20日，中国在联合国已经成功注册的清洁发展机制合作项目达到244个，这些项目预期的年减排量为1.13亿吨二氧化碳当量。清洁发展机制项目有效促进了中国可再生能源的发展，推动了能源效率的提高，极大加强了相关政府部门、企业、组织和个人的气候变化意识。中国认为，清洁发展机制作为一种比较有效和成功的合作机制，在2012年后应该继续得到实施，但应进一步促进项目实施中的公平、透明、简化、确定性和环境完整性，并促进先进技术向发展中国家转移，东道国应该在清洁发展机制项目开发中扮演更加重要的角色。

八、应对气候变化的体制机制建设

中国政府于1990年成立了应对气候变化相关机构，1998年建立了国家气候变化对策协调小组。为进一步加强对应对气候变化工作的领导，2007年成立国家应对气候变化领导小组，由国务院总理担任组长，负责制定国家应对气候变化的重大战略、方针和对策，协调解决应对气候变化工作中的重大问题。2008年在机构改革中，进一步加强了对应对气候变化工作的领导，国家应对气候变化领导小组的成员单位由原来的18个扩大到20个，具体工作由国家发展和改革委员会承担，领导小组办公室设在国家发展和改革委员会，并在国家发展和改革委员会成立专门机构，专门负责全国应对气候变化工作的组织协调。为提高应对气候变化决策的科学性，成立了气候变化专家委员会，在支持政府决策、促进国际合作和开展民间活动方面做了大量工作。

2007年国务院要求各地区、各部门结合本地区、本部门实际，认真贯彻执行《应对气候变化国家方案》。建立健全应对气候变化的管理体系、协调机制和专门机构，建立地方气候变化专家队伍，根据各地区在地理环境、气候条件、经济发展水平等方面的具体情况，因地制宜地制定应对气候变化的相关政策措施，建立与气候变化相关的统计和监测体系，组织和协调本地区应对气候变化的行动。

为推动《应对气候变化国家方案》的实施，各级政府机构进一步完善产业政策、财税政策、信贷政策和投资政策，充分发挥价格杠杆的作用，形成有利于减缓温室气体排放的体制机制，增加应对气候变化工作的财政投入。完善有利于减缓和适应气候变化的相关法规，依法推进应对气候变化工作。

结束语

中国正处在全面建设小康社会的关键时期，也处于工业化、城镇化加快发展的重要阶段，发展经济和改善民生的任务十分艰巨，在应对气候变化领域面临着比发达国家更为严峻的挑战。

中国将继续以科学发展观为指导，坚定不移地走可持续发展道路，采取更加有力的政策措施，全面加强应对气候变化能力建设。

气候变化问题是国际社会共同面临的挑战，解决气候变化问题需要世界各国和国际社会的通力合作。中国愿与世界各国一道，为实现全球可持续发展事业进行不懈努力，为保护人类共有的气候系统不断作出新贡献。

中国的减灾行动

中华人民共和国国务院新闻办公室

（2009年5月）

目　录

前　言

近年来，全球频发的自然灾害给人类社会造成了巨大的生命和财产损失，自然灾害成为各国面临的共同挑战。

中国是世界上自然灾害最为严重的国家之一。伴随着全球气候变化以及中国经济快速发展和城市化进程不断加快，中国的资源、环境和生态压力加剧，自然灾害防范应对形势更加严峻复杂。

中国政府坚持以人为本，始终把保护公众的生命财产安全放在第一位，把减灾纳入经济和社会发展规划，作为实现可持续发展的重要保障。近年来，中国全面贯彻落实科学发展观，进一步加强减灾的法制和体制、机制建设，努力推进减灾各项能力建设，大力倡导减灾的社会参与，积极开展减灾领域的国际合作，不断推进减灾事业发展。

2008年5月12日发生的四川汶川特大地震，造成重大人员伤亡和财产损失，给中国人民带来巨大伤痛。中国政府决定，自2009年开始，每年的5月12日为国家“防灾减灾日”。值此四川汶川特大地震发生一周年和首个“防灾减灾日”之际，对中国减灾事业的发展状况做一介绍，使世人更全面地了解中国政府和中国人民为减灾所做的巨大努力。

一、自然灾害状况

中国的自然灾害具有以下几个主要特点：

（一）灾害种类多。中国的自然灾害主要有气象灾害、地震灾害、地质灾害、海洋灾害、生物灾害和森林草原火灾。除现代火山活动外，几乎所有自然灾害都在中国出现过。

（二）分布地域广。中国各省（自治区、直辖市）均不同程度受到自然灾害影响，70％以上的城市、50％以上的人口分布在气象、地震、地质、海洋等自然灾害严重的地区。三分之二以上的国土面积受到洪涝灾害威胁。东部、南部沿海地区以及部分内陆省份经常遭受热带气旋侵袭。东北、西北、华北等地区旱灾频发，西南、华南等地的严重干旱时有发生。各省（自治区、直辖市）均发生过5级以上的破坏性地震。约占国土面积69％的山地、高原区域因地质构造复杂，滑坡、泥石流、山体崩塌等地质灾害频繁发生。

（三）发生频率高。中国受季风气候影响十分强烈，气象灾害频繁，局地性或区域性干旱灾害几乎每年都会出现，东部沿海地区平均每年约有7个热带气旋登陆。中国位于欧亚、太平洋及印度洋三大板块交汇地带，新构造运动活跃，地震活动十分频繁，大陆地震占全球陆地破坏性地震的三分之一，是世界上大陆地震最多的国家。森林和草原火灾时有发生。

（四）造成损失重。1990—2008年19年间，平均每年因各类自然灾害造成约3亿人次受灾，倒塌房屋300多万间，紧急转移安置人口900多万人次，直接经济损失2000多亿元人民币。特别是1998年发生在长江、松花江和嫩江流域的特大洪涝，2006年发生在四川、重庆的特大干旱，2007年发生在淮河流域的特大洪涝，2008年发生在中国南方地区的特大低温雨雪冰冻灾害，以及2008年5月12日发生在四川、甘肃、陕西等地的汶川特大地震灾害等，均造成重大损失。

当前和今后一个时期，在全球气候变化背景下，极端天气气候事件发生的几率进一步增大，降水分布不均衡、气温异常变化等因素导致的洪涝、干旱、高温热浪、低温雨雪冰冻、森林草原火灾、农林病虫害等灾害可能增多，出现超强台风、强台风以及风暴潮等灾害的可能性加大，局部强降雨引发的山洪、滑坡和泥石流等地质灾害防范任务更加繁重。随着地壳运动的变化，地震灾害的风险有所增加。

二、减灾战略目标和任务

近年来，中国政府在《国家综合减灾“十一五”规划》等文件中明确提出“十一五”期间（2006—2010年）及中长期国家综合减灾战略目标，即：建立比较完善的减灾工作管理体制和运行机制，灾害监测预警、防灾备灾、应急处置、灾害救助、恢复重建能力大幅提升，公民减灾意识和技能显著增强，人员伤亡和自然灾害造成的直接经济损失明显减少。

中国减灾的主要任务是：

——加强自然灾害风险隐患和信息管理能力建设。全面查明重点区域主要自然灾害风险隐患，基本摸清减灾能力底数，建立自然灾害风险隐患数据库，编制全国灾害高风险区及重点区域灾害风险图。建立自然灾害灾情统计体系，建成国家、省、市、县四级灾情上报系统，健全灾情信息快报、核报工作机制和灾害信息沟通、会商、通报制度，建设灾害信息共享及发布平台，加强对灾害信息的分析、评估和应用。

——加强自然灾害监测预警预报能力建设。在完善现有监测站网的基础上，适当增加监测密度，建设卫星遥感灾害监测系统，构建自然灾害立体监测体系。推进监测预警基础设施的综合运用与集成开发，完善灾害预警预报决策支持系统。注重加强频发易发灾害和极端天气气候事件的监测预警预报能力建设。建立健全灾害风险预警信息发布机制，充分利用各类传播方式，准确、及时发布灾害预警预报信息。

——加强自然灾害综合防范防御能力建设。全面落实各项减灾专项规划，建设好各类减灾骨干工程，提高大中型工业基地、交通干线、通信枢纽和生命线工程的防灾抗灾能力。按照土地利用总体规划要求和节约集约利用土地原则，统筹做好农业和农村减灾、工业和城市减灾以及重点地区的防灾减灾专项规划编制与减灾工程建设，全面提高灾害综合防御能力。

——加强国家自然灾害应急抢险救援能力建设。建立健全统一指挥、综合协调、分类管理、分级负责、属地管理为主的灾害应急管理体制，形成协调有序、运转高效的运行机制。基本形成纵向到底、横向到边的自然灾害救助应急预案体系。加强中央和地方抗灾救灾物资储备网络建设，提升救灾物资运输保障能力，加强各类骨干抢险救援队伍和专业救援队伍建设，改善减灾救灾装备。建立完善社会动员机制，充分发挥民间组织、基层自治组织和志愿者队伍在综合减灾工作中的作用。

——加强流域防洪减灾体系建设。坚持全面规划、统筹兼顾、标本兼治、综合治理的原则，逐步建成以堤防为基础、干支流控制性水利枢纽、蓄滞洪区、河道整治相配合，结合干垸行洪、退田还湖、水土保持等工程措施及防汛抗旱指挥系统和防洪调度管理、洪水风险管理等非工程措施建设，构建较为完善的流域防洪减灾体系，保障流域防洪安全。

——加强巨灾综合应对能力建设。加强对巨灾发生机理、活动规律及次生灾害相互关系研究，开展重大自然变异模拟和巨灾应急仿真实验。建立健全应对巨灾风险的体制、机制、政策措施和应对方案，开展应对巨灾的演练。推进农业、林业保险试点，探索建立适合中国国情的巨灾保险和再保险体系。加强巨灾防御工程建设。建立亚洲区域巨灾研究中心。

——加强城乡社区减灾能力建设。完善城乡社区灾害应急预案，组织社区居民演练。完善城乡社区减灾基础设施，创建全国综合减灾示范社区。全面开展城乡民居减灾安居工程建设。在多灾易灾的城乡社区建设避难场所。建立灾害信息员队伍。加强城乡社区居民家庭防灾减灾准备，建立应急状态下社区弱势群体保护机制。

——加强减灾科技支撑能力建设。加强减灾关键技术研发，研究制定国家综合减灾中长期科技发展战略。加快遥感、地理信息系统、全球定位系统和网络通讯技术的应用。加大综合减灾科技资金投入。加强减灾学科建设和人才培养，建设综合减灾的人才培养基地。建设综合减灾的技术标准体系，提高综合减灾的标准化水平。

——加强减灾科普宣传教育能力建设。强化地方各级人民政府的减灾责任意识。将减灾知识普及纳入学校教育内容，纳入文化、科技、卫生“三下乡”活动，开展减灾普及教育和专业教育，加强减灾科普教育基地建设。建设国家减灾科普教育支撑网络平台。编制减灾科普读物、挂图或音像制品，推广地方减灾经验、宣传成功减灾案例和减灾知识，提高公民防灾减灾意识和技能。

三、减灾法制和体制机制建设

中国注重减灾的法制建设，颁布实施一系列减灾法律、法规，逐步把减灾工作纳入法制化轨道。20 世纪 80 年代以来，颁布了《中华人民共和国突发事件应对法》、《中华人民共和国水土保持法》、《中华人民共和国防震减灾法》、《中华人民共和国水法》、《中华人民共和国防洪法》、《中华人民共和国防沙治沙法》、

《中华人民共和国气象法》、《中华人民共和国森林法》、《中华人民共和国草原法》、《中华人民共和国水污染防治法》、《中华人民共和国环境噪声污染防治法》、《中华人民共和国固体废物污染环境防治法》、《中华人民共和国海洋环境保护法》、《中华人民共和国消防法》和《中华人民共和国抗旱条例》、《中华人民共和国水文条例》、《中华人民共和国防汛条例》、《森林防火条例》、《草原防火条例》、《重大动物疫情应急条例》、《森林病虫害防治条例》、《地质灾害防治条例》、《破坏性地震应急条例》、《水库大坝安全管理条例》、《人工影响天气条例》等30多部防灾减灾或与防灾减灾密切相关的法律、法规。中国将根据减灾工作的实际需要，进一步加强减灾的法制建设。

多年来，中国政府坚持把减灾纳入国家和地方可持续发展战略。1994年3月，中国政府颁布《中国21世纪议程》，从国家层面明确减灾与生态环境保护的关系，把提高对自然灾害的管理水平、加强防灾减灾体系建设以及减少人为因素诱发和加重自然灾害作为议程的重要内容。1998年4月，国家颁布《中华人民共和国减灾规划（1998—2010年）》，第一次以专项规划的形式提出了国家减灾的指导方针、发展目标、主要任务和具体措施。2006年10月，中国政府颁布《国家“十一五”科学技术发展规划》，把建立国家公共安全应急技术体系、提升国家应对公共安全灾害事故与突发公共事件能力作为未来发展的重点任务之一。2007年8月，中国政府颁布《国家综合减灾“十一五”规划》，明确要求地方政府将减灾纳入当地经济社会发展规划。

中国实行政府统一领导，部门分工负责，灾害分级管理，属地管理为主的减灾救灾领导体制。在国务院统一领导下，中央层面设立国家减灾委员会、国家防汛抗旱总指挥部、国务院抗震救灾指挥部、国家森林防火指挥部和全国抗灾救灾综合协调办公室等机构，负责减灾救灾的协调和组织工作。各级地方政府成立职能相近的减灾救灾协调机构。在减灾救灾过程中，注重发挥中国人民解放军、武警部队、民兵组织和公安民警的主力军和突击队作用，注重发挥人民团体、社会组织及志愿者的作用。

在长期的减灾救灾实践中，中国建立了符合国情、具有中国特色的减灾救灾工作机制。中央政府构建了灾害应急响应机制、灾害信息发布机制、救灾应急物资储备机制、灾情预警会商和信息共享机制、重大灾害抢险救灾联动协调机制和灾害应急社会动员机制。各级地方政府建立相应的减灾工作机制。

——灾害应急响应机制。中央政府应对突发性自然灾害预案体系分为三个层次，即：国家总体应急预案、国家专项应急预案和部门应急预案。政府各部门根据自然灾害专项应急预案和部门职责，制定更具操作性的预案实施办法和应急工作规程。重大自然灾害发生后，在国务院统一领导下，相关部门各司其职，密切配合，及时启动应急预案，按照预案做好各项抗灾救灾工作。灾区各级政府在第一时间启动应急响应，成立由当地政府负责人担任指挥、有关部门作为成员的灾害应急指挥机构，负责统一制定灾害应对策略和措施，组织开展现场应急处置工作，及时向上级政府和有关部门报告灾情和抗灾救灾工作情况。

——灾害信息发布机制。按照及时准确、公开透明的原则，中央和地方各级政府认真做好自然灾害等各类突发事件的应急管理信息发布工作，采取授权发布、发布新闻稿、组织记者采访、举办新闻发布会等多种方式，及时向公众发布灾害发生发展情况、应对处置工作进展和防灾避险知识等相关信息，保障公众知情权和监督权。

——救灾应急物资储备机制。已经建立以物资储备仓库为依托的救灾物资储备网络，国家应急物资储备体系逐步完善。目前，全国设立了10个中央级生活类救灾物资储备仓库，并不断建设完善中央级救灾物资、防汛物资、森林防火物资等物资储备库。部分省、市、县建立了地方救灾物资储备仓库，抗灾救灾物资储备体系初步形成。通过与生产厂家签订救灾物资紧急购销协议、建立救灾物资生产厂家名录等方式，进一步完善应急救灾物资保障机制。

——灾情预警会商和信息共享机制。建立由民政、国土资源、水利、农业、林业、统计、地震、海洋、气象等主要涉灾部门参加的灾情预警会商和信息共享机制，开展灾害信息数据库建设，启动国家地理信息公共服务平台，建立灾情信息共享与发布系统，建设国家综合减灾和风险管理信息平台，及时为中央和地方各部门灾害应急决策提供有效支持。

——重大灾害抢险救灾联动协调机制。重大灾害发生后，各有关部门发挥职能作用，及时向灾区派出由相关部委组成的工作组，了解灾情和指导抗灾救灾工作，并根据国务院要求，及时协调有关部门提出救灾意见，帮助灾区开展救助工作，防范次生、衍生灾害的发生。

——灾害应急社会动员机制。国家已初步建立以抢险动员、搜救动员、救护动员、救助动员、救灾捐赠动员为主要内容的社会应急动员机制。注重发挥人民团体、红十字会等民间组织、基层自治组织和志愿者在灾害防御、紧急救援、救灾捐赠、医疗救助、卫生防疫、恢复重建、灾后心理支持等方面的作用。

四、减灾能力建设

中国政府重视减灾的能力建设，在减灾工程、灾害预警、应急处置、科技支撑、人才培养和社区减灾等方面做了大量工作。

（一）实施减灾工程，提高灾害综合防范防御能力

近年来，国家实施防汛抗旱、防震抗灾、防风防潮、防沙治沙、生态建设等一系列重大减灾工程。

——大江大河治理工程。国家通过实施积极的财政政策、发行国债等，大幅增加江河治理投入，加快大江大河大湖治理步伐。目前，长江中下游干堤全部修完修好，黄河下游标准化堤防建设全面展开，治淮19项骨干工程基本建成，长江三峡、黄河小浪底、淮河临淮岗等枢纽工程全面发挥效益。中国大江大河防洪能力进一步提高，部分主要河段已基本具备防御100年一遇洪水能力。中小河流防洪能力不断提高，重点海堤设防标准提高到防御50年一遇洪水能力。

——农村困难群众危房改造工程。国家注重提高农村居民住房抗灾能力建设。在灾后倒房重建工作中加强房屋选址设计、施工验收等环节的技术指导和质量监督，结合扶贫开发工作推进减灾安居工程建设。自2005年以来，全国各地共投入资金175.35亿元人民币，完成改造、新建农村困难群众住房580.16万间，使180.51万户、649.65万人受益。

——中小学危房改造工程。从2001年开始，国家实施对全国中小学危房改造工程。截至2005年，中央财政安排专项资金90亿元人民币，全国纳入农村中小学危房改造规划的项目学校共4万多所。从2006年起，将全国农村义务教育阶段中小学校舍维修改造纳入农村义务教育经费保障机制。

——中小学校舍安全工程。从2009年起，国家将用三年时间，在全国中小学开展抗震加固、提高综合防灾能力建设，使学校校舍达到重点设防类抗震设防标准，并符合对山体滑坡、岩崩、泥石流、热带气旋、火灾等灾害的防灾避险安全要求。

——病险水库除险加固工程。2008年3月，国家颁布《全国病险水库除险加固专项规划》，提出在三年内完成现有大中型和重点小型病险水库除险加固。2008年，全国即安排专项规划内病险水库除险加固工程项目4035个，占规划内全部6240座病险水库的65%。

——农村饮水安全工程。“十五”期间（2000—2005年），国家共投入资金223亿元人民币，解决了6700万人的饮水问题，基本结束了农村严重缺乏饮用水的历史。从2006年开始，农村饮水工作进入以保障饮水安全为中心的新阶段。从2006年到2008年，安排中央投资238亿元人民币，地方自筹配套资金226亿元人民币，累计解决1.09亿农村人口的饮水安全问题。

——水土流失重点防治工程。20世纪80年代，国家开始在黄河、长江等水土流失严重地区实施水土流失重点防治工程。进入“九五”（1996—2000年）末期，开始加大投入力度并扩大治理规模，水土流失重点防治工程覆盖了全国七大江河（长江、黄河、淮河、海河、松辽、珠江、太湖）的上中游地区。截至2008

年，重点防治工程共治理水土流失面积26万平方公里，已实施重点区域治理的水土流失治理程度达到70％，减沙率达40％以上。长江上游嘉陵江流域土壤侵蚀量减少三分之一，黄河流域每年减少入黄河泥沙3亿吨左右。

——农田灌排工程。自“九五”以来，国家加大投入，开展以大型灌区续建配套与节水改造为重点的农田灌排工程设施建设，农田灌排能力明显提高，抗御干旱、洪涝灾害能力得到加强。

——生态建设和环境治理工程。21世纪初，国家开始实施天然林资源保护、退耕还林、三北（东北、华北、西北）防护林建设、长江中下游重点防护林建设、京津风沙源治理、岩溶地区石漠化综合治理、野生动植物保护以及自然保护区建设、沿海防护林建设、退牧还草等重点生态建设工程，抑制荒漠化扩张速度，缓解极端气候的危害程度。开展生态补偿试点工作，确定山西省煤炭资源开发等6个生态环境补偿试点。组织开展生态省、市、县和环境优美乡镇、生态村建设，推进建设103个重点生态环境工程示范县。

——建筑和工程设施的设防工程。国家出台《市政公用设施抗灾设防管理规定》，发布《城市抗震防灾规划标准》、《镇（乡）、村建筑抗震设计规程》。发布国家标准《中国地震动参数区划图》，完善重大建设工程地震安全性评价管理制度，推进全国农村民居地震安全工程的实施，完成约245万户抗震安居房的建设和改造加固。四川汶川特大地震后，修订《建筑工程抗震设防分类标准》、《建筑抗震设计规范》。

——公路灾害防治工程。从2006年起，结合公路水毁震毁等灾害发生情况，国家开始实施公路灾害防治工程。截至2008年，全国各地共投入资金15.4亿元人民币，以增设和完善山岭重丘区公路的灾害防护设施为重点，对公路边坡、路基、桥梁构造物和排（防）水设施进行综合处治，普通公路防灾能力全面提高。

（二）构建立体监测体系，提高监测预警预报能力

建立包括地面监测、海洋海底观测和天—空—地观测在内的自然灾害立体监测体系，灾害监测预警预报体系初步形成。

——灾害遥感监测业务体系。成功发射环境减灾小卫星星座A、B星，卫星减灾应用业务系统初具规模，为灾害遥感监测、评估和决策提供先进技术支持。

——气象预警预报体系。成功发射“风云”系列气象卫星，建成146部新一代天气雷达、91个高空气象探测站L波段探空系统，建设25420个区域气象观测站。初步建立全国大气成分、酸雨、沙尘暴、雷电、农业气象、交通气象等专业气象观测网。基本建成比较完整的数值预报预测业务系统，开展灾害性天气短时临近预警业务，建成包括广播、电视、报纸、手机、网络等覆盖城乡社区的气象预警信息发布平台。

——水文和洪水监测预警预报体系。建成由3171个水文站、1244个水位站、14602个雨量站、61个水文实验站和12683眼地下水测井组成的水文监测网。构建洪水预警预报系统、地下水监测系统、水资源管理系统和水文水资源数据系统。

——地震监测预报体系。建成固定测震台站937个，流动台1000多个，实现了中国三级以上地震的准实时监测。建立地震前兆观测固定台点1300个，各类前兆流动观测网4000余测点。初步建成国家和省级地震预测预报分析会商平台，建成由700个信息节点构成的高速地震数据信息网，开通地震速报信息手机短信服务平台。

——地质灾害监测系统。从2003年起，开展地质灾害气象预警预报工作，已建立群测群防制度的地质灾害隐患点12万多处。三峡库区滑坡崩塌专业监测网和上海、北京、天津等市地面沉降专业监测网络基本建成。

——环境监测预警体系。组织开展环境质量监测、污染物监测、环境预警监测、突发环境事件应急监测等，客观反映全国地表水、地

下水、海洋、空气、噪声、固体废物、辐射等环境质量状况。新建成环境一号A、B星，大范围、快速和动态地开展生态环境宏观监测及评价，初步形成环境监测天地一体化格局。目前，全国共有2399个环境监测站、49335名环境监测技术人员。

——野生动物疫源疫病监测预警系统。建立全国野生动物疫源疫病监测总站，已在候鸟等野生动物重要聚集分布区设立350处国家级监测站、768处省级监测站、1400多处地县级监测站，初步形成国家、省、地县三级野生动物疫源疫病监测预警网络。

——病虫害监测预报系统。建立由3000多个站组成的农作物和病虫害测报网，240多个台（点）组成的草原虫鼠害监测预报网。全国性系统监测预报的农作物有害生物种类由20世纪90年代初的15种增加到目前的26种，重大病虫害由旬报制缩短为周报制。建立国家、县、乡（镇）三级2500多个站点组成的森林病虫害监测预报网络，主测对象35个种（类），涵盖最具危险性的和常发的森林病虫害种（类）。

——海洋灾害预报系统。对原有海洋观测仪器、设备和设施进行更新改造，大力发展离岸观测能力，海上浮标观测能力和断面调查能力进入整体提升阶段。新建改造一批海洋观测站点，对一些中心站进行实时通讯系统改造。建设海气相互作用—海洋气候变化观测及评价业务化体系，积极开展对海平面上升、海岸侵蚀、海水入侵、咸潮等与气候变化密切相关的海洋灾害的业务化监测。

——森林和草原火灾预警监测系统。完善卫星遥感、飞机巡护、视频监控、瞭望观察和地面巡视的立体式监测森林和草原火灾体系，初步建立森林火险分级预警响应和森林火灾风险评估技术体系。

——沙尘暴灾害监测与评估体系。建立沙尘暴卫星遥感监测评估系统和手机短信平台，在北方重点区域布设沙尘暴灾害地面监测站，组成国家、省、市、县四级队伍，初步形成覆盖中国北方区域的沙尘暴灾害监测网络。

（三）建立抢险救灾应急体系，提高应急处置能力

以应急救援队伍、应急响应机制和应急资金拨付机制为主要内容的救灾应急体系初步建立，应急救援、运输保障、生活救助、卫生防疫等应急处置能力大大增强。

——应急救援队伍体系。以公安、武警、军队为骨干和突击力量，以抗洪抢险、抗震救灾、森林消防、海上搜救、矿山救护、医疗救护等专业队伍为基本力量，以企事业单位专兼职队伍和应急志愿者队伍为辅助力量的应急救援队伍体系初步建立。国家陆地、空中搜寻与救护基地建设加快推进。应急救援装备得到进一步改善。

——应急救助响应机制。根据灾情大小，将中央应对突发自然灾害划分为四个响应等级，明确各级响应的具体工作措施，将救灾工作纳入规范的管理工作流程。灾害应急救助响应机制的建立，基本保障了受灾群众在灾后24小时内能够得到救助，基本实现“有饭吃、有衣穿、有干净水喝、有临时住所、有病能医、学生有学上”的“六有”目标。

——救灾应急资金拨付机制。包括自然灾害生活救助资金、特大防汛抗旱补助资金、水毁公路补助资金、内河航道应急抢通资金、卫生救灾补助资金、文教行政救灾补助资金、农业救灾资金、林业救灾资金在内的中央抗灾救灾补助资金拨付机制已经建立。积极推进救灾分级管理、救灾资金分级负担的救灾工作管理体制，保障地方救灾投入，有效保障受灾群众的基本生活。

（四）建立减灾科技支撑体系，提高减灾科技水平

注重科技在防灾减灾中的重要作用，通过制定专门的防灾减灾科技发展规划、建立科技应急机制、实施科技项目等措施，不断提高防灾减灾的科技水平。

——组织制定《国家防灾减灾科技发展规划》。针对自然灾害预警预报、应急响应、恢复重建、减灾救灾、信息平台等各个环节存在的

问题，加强顶层设计，统筹布局，强化薄弱环节，逐步建立和完善防灾减灾国家科技支撑体系。

——加强科技应急机制建设。建立国家突发公共事件科技应急机制，明确科技应急体系的建设、科技支撑能力建设、应急技术应用与示范等环节的工作机制和部署安排。

——启动一批防灾减灾科技项目。在国家科技项目、863 计划和国家自然科学基金重大项目中安排实施一批气象、地震、地质、海洋、水利、农林、雷电等方面的科技项目。资助一批关于防灾减灾的基础研究项目，深入揭示各类自然灾害的形成机理和演变规律，以及综合风险防范的模式等。开展亚洲巨灾综合风险评估技术及应用研究、中国巨灾应急救援信息集成系统与示范、中国重大自然灾害风险等级综合评估技术研究，以及“汶川地震断裂带科学钻探”（WFSD）等项目。

——加强科研技术机构建设。分别于 2003 年、2007 年、2009 年成立民政部国家减灾中心、国际减轻旱灾风险中心和民政部卫星减灾应用中心，2006 年成立民政部和教育部减灾与应急管理研究院。

（五）建立人才培养体系，提高减灾工作人员素质

将防灾减灾人才队伍建设纳入国家人才队伍建设发展规划，减灾的国民教育体系和减灾的培训平台逐步建立。

——把减灾纳入国民教育体系。加强人才培养教育，充分利用高校的减灾研究与学科优势培养多层次防灾减灾人才。加强防灾减灾学科体系建设，按照现有的财政管理体制支持防灾减灾技术类本专科院校，以及开设防灾减灾管理和技术专业的院校，提高人才培养质量。

——把防灾减灾纳入干部培训规划。全国各级行政学院、干部学院根据人才队伍建设的需要，开设防灾减灾和应急管理的专门培训课程。筹建国家应急管理人员培训基地，对政府中高级公务员、各类企事业单位高层管理人员、高层次理论研究人员开展防灾减灾和应急管理培训。国家地震灾害紧急救援培训基地已经建立并投入使用。

——开展领导干部灾害应急管理专题培训。举办“省级干部灾害应急管理专题研究班”和“省部级干部突发事件应急管理研讨班”，各省（自治区、直辖市）和国务院有关部门分管防灾减灾及应急管理工作的负责人参加了专题研讨。2005 年以来，积极开展公务员灾害应急管理专题培训活动，有效提高各级灾害应急管理人员防范处置自然灾害及各类突发事件的综合素质和能力。2005—2006 年，连续举办四期地市级干部灾害应急管理专题培训班，自 2006 年起连续举办四期地市级防汛抗旱行政首长培训班。

——对各类企业和应急救援队伍开展应急救援能力培训。各级政府会同有关部门采取集中培训和自主培训相结合的办法，组织开展对企业负责人、管理人员和各类应急救援队伍的防灾减灾和应急管理培训工作，提高他们在灾害突发情况下实施救援、自身防护和协同处置的能力。

（六）开展社区减灾工作，提高社区防灾减灾能力

社区减灾能力建设工作全面展开，基层社区抵御灾害风险的能力和水平逐步提高。

——推动社区建立减灾工作机制。在各级政府的推动下，全国社区逐步建立健全负责社区减灾工作的组织，制定规范的减灾工作制度，组织减灾志愿者队伍，制定突发灾害发生时保护儿童、老年人、病患者、残疾人等弱势群体的对策，建立起有效的减灾工作机制。

——指导社区制定灾害应急救助预案并定期演练。基层政府根据《国家突发公共事件总体应急预案》、《国家自然灾害救助应急预案》以及地方政府制定的应急预案，结合社区所在区域环境、灾害发生规律和社区居民特点，指导社区制定社区灾害应急救助预案，明确应急工作程序、管理职责和协调联动机制。社区在政府有关部门的支持、配合下，经常组织社区居民开展形式多样的预案演练活动。

——加强社区减灾公共设施和器材装备建设。通过政府财政支持和社会积极参与，社区

利用公园、绿地、广场、体育场、停车场、学校操场或其他空地建立应急避难场所，设置明显的安全应急标识或指示牌，建立减灾宣传教育场所（社区减灾教室、社区图书室、老年人活动室）及设施（宣传栏、宣传橱窗等），配备必需的消防、安全和应对灾害的器材或救生设施工具，使减灾公共设施和装备得到健全和完善。

——组织社区开展减灾宣传教育活动。社区结合人文、地域等特点，定期开展形式多样的社区居民减灾教育活动，在社区宣传教育场所经常张贴减灾宣传材料，制订结合社区实际情况的减灾教育计划，社区居民的防灾减灾意识和社区综合减灾能力得到提高。

——开展减灾示范社区创建活动。2007年，国家开展了减灾示范社区创建活动。截至2008年，国家共授予284个社区为“全国综合减灾示范社区”称号。

五、减灾的社会参与

中国重视社会力量在防灾减灾工作中的地位和作用，积极支持和推动社会力量参与减灾事业，提高全社会防灾减灾的意识和能力。中国政府及时发布灾情和灾区需求信息，加强引导，规范管理，提供保障服务，不断完善社会动员机制，统筹安排政府资源和社会力量，形成优势互补、协同配合的抗灾救灾格局。每遇大灾，社会各界积极参与抗灾救灾，香港同胞、澳门同胞、台湾同胞以及海外华侨华人踊跃为灾区提供援助。四川汶川特大地震中，中国接收境内外各类救灾捐赠款物近760亿元人民币。社会力量还开展有效的心理抚慰等个性化服务，帮助灾区群众树立战胜灾害的信心。

慈善事业在减灾中发挥重要作用，国家采取措施支持慈善事业发展。在鼓励捐赠的税收优惠制度上，2008年1月起施行的《中华人民共和国企业所得税法》，将企业公益性捐赠的税前扣除标准由年度应纳税所得额3%以内统一规定为企业年度利润总额12%以内。四川汶川特大地震发生后，国家规定企业、个人通过公益性社会团体、县级以上人民政府及其部门向受灾地区的捐赠，允许在当年企业所得税前和当年个人所得税前全额扣除。2008年12月，政府有关部门发布通知，明确公益捐赠事业范围、公益性社会团体捐赠税前扣除资格以及捐赠税前扣除资格的认定权限和程序等问题。国家鼓励基金会的正常发展，截至2008年，中国共有各类基金会1531家，比上年增加162家。近年来，国家推进慈善组织社会公信力建设，推广基金会年度检查办法和评级制度。

国家积极推动捐助活动日常化和社会化，鼓励并引导志愿者参与减灾行动。近年来，以捐助活动经常化、募集主体民间化、参与捐助自愿化为特点的经常性社会捐助活动在中国全面展开。截至2008年，在大中城市和有条件的小城市设立接收社会捐助站点和慈善超市3.4万个，初步形成全国经常性社会捐助服务网络。随着国家现代化建设不断取得新成就和人民生活水平的日益提高，减灾志愿者队伍快速发展。截至2008年，中国社区志愿者组织数达到43万个，志愿者队伍规模近亿人，其中仅共青团、民政、红十字会三大系统就比上年增加志愿者1472万人，年增长率达31.8%。四川汶川特大地震发生后，中国公众、企业和社会组织参与紧急救援，深入灾区的国内外志愿者队伍达300万人以上，在后方参与抗震救灾的志愿者人数达1000万以上。

中国政府重视防灾减灾的宣传教育。在每年10月的“国际减灾日”，国家举办内容丰富的减灾宣传教育活动。有关部门和地方政府在公共场所设置减灾宣传专栏，在报纸、杂志、电台、电视台、互联网门户网站等开设减灾知识宣传栏目，制作公益广告，向公众宣传灾害预防避险的实用技能。在中小学开设防灾减灾课程，开展多种演练活动。开发一系列减灾宣传教育产品，编制系列减灾科普读物、挂图、音像制品和宣传案例教材。红十字会等社会团体积极开展急救培训，普及急救知识和技术，在提高全社会防灾减灾意识和能力方面发挥重要作用。

国家重视对灾害保险业防灾减灾作用的政策研究和试点工作。不断总结并完善农业、林业自然灾害保险与财政补贴相结合的农业、林业风险防范与救助机制，统筹考虑农业、林业巨灾风险分散机制，逐步加大保险对灾害损失的经济补偿和转移分担功能。

六、减灾的国际合作

中国本着开放合作的态度，积极参与减灾领域的国际合作，建立和完善国际减灾合作机制，加强国际减灾能力建设，在重大灾害中相互援助。

中国在减灾领域与联合国开发计划署、联合国国际减灾战略、联合国人道主义援助事务协调办公室、联合国亚太经社理事会、联合国世界粮食计划署、联合国粮农组织和联合国外空委等机构建立紧密型合作伙伴关系，积极参与联合国框架下的减灾合作。2006 年 3 月，向联合国成立的“中央紧急应对基金”认捐 100 万美元。2006 年 11 月，与联合国驻华机构共同举办印度洋海啸紧急援助回顾研讨会，回顾中国多边援助使用情况。与联合国国际减灾战略共建国际减轻旱灾风险中心，参与联合国灾害管理与应急反应天基信息平台（UN-SPIDER），积极筹建北京办公室。派遣专家参与联合国灾害评估队，多次执行灾害评估任务，积极参与联合国搜索与救援咨询国活动，积极推进全球灾害应急救援领域的合作，举办 2006 年联合国亚太地区地震应急演练。

中国积极推动建立亚洲国家间的减灾对话与交流平台。2005 年 9 月，中国政府在北京主办第一届亚洲部长级减灾大会，会议通过了《亚洲减少灾害风险北京行动计划》，为亚洲各国进一步加强减灾合作奠定基础。中国政府积极参与第二届、第三届亚洲部长级会议，共同推动《2007 亚洲减少灾害风险德里宣言》、《2008 亚洲减少灾害风险吉隆坡宣言》的形成。2008 年 12 月举办了加强亚洲国家应对巨灾能力建设研讨会。

中国重视与东盟和南亚国家讨论签署双边或多边减灾救灾协定，注重开展减灾人力资源开发合作。2005 年 5 月，中国为印度洋地震海啸受灾国举办了防灾减灾人力资源培训班，2006 年 5 月在北京召开了中国—东盟框架下的防灾减灾研讨会。2007 年先后举办了东盟和亚洲国家应急和救助研讨会、灾害风险管理研修班和灾后恢复重建管理研修班。中国积极参与东盟灾害管理各项活动，出席东盟举办的各类研讨会，观摩灾害应急演练，积极探讨中国—东盟合作协议和行动计划。

中国努力推动上海合作组织成员国政府间救灾协作。2002 年 4 月，上海合作组织成员国紧急救灾部门领导人在俄罗斯圣彼得堡举行首次会晤。2003 年 4 月，上海合作组织在北京举行救灾部门专家级会议，对《上海合作组织成员国政府间救灾互助协定》进行磋商。2005 年 10 月，《上海合作组织成员国政府间救灾互助协定》在莫斯科签署。2006 年 11 月，第二次上海合作组织成员国紧急救灾部门领导人会议在北京召开，通过《上海合作组织成员国 2007—2008 年救灾合作行动方案》，为上海合作组织成员国在救灾联络、信息交流、边境区域救灾、人员研修和技术交流等方面开展活动奠定行动框架。2007 年 9 月，成员国紧急救灾部门领导人第三次会议在比什凯克举行，研究落实救灾合作协定，深化救灾领域合作等问题。成员国商定将建立上海合作组织救灾中心。2008 年 9 月下旬，中方在乌鲁木齐主办了上海合作组织成员国边境地区领导人首次会议。会议就开展成员国边境地区救灾合作，推动建立边境地区联合救灾行动机制，以及开展有关信息交流、人员培训等问题达成共识。

在应对重大自然灾害中，中国和国际社会相互支持，相互援助。2004 年 12 月印度洋海啸发生后，中国向各有关受灾国政府及联合国有关机构提供了中国有史以来最大规模的紧急救援，救灾援助总额达 68763 万元人民币，并在第一时间派出中国国际救援队和医疗救援队赴印尼开展紧急救援。2005 年 8 月 29 日，美国南部地区遭受“卡特里娜”飓风袭击，中国政府向美国提供 500 万美元救灾援款，并另提供一批救灾急需物资。2005 年 10 月 8 日巴基斯坦发生 7.8 级大地震后，中国政府先后四次向巴提供总价值 2673 万美元的紧急人道主义援助，自 10 月 9 日至 11 月 29 日，共向巴空运 26 批次救灾物资，并派出中国国际救援队、医疗救援队，深入灾区一线，帮助巴方开展救灾行动。2008 年，缅甸发生“纳吉斯”热带风暴，中国政府先后提供价值 100 万美元的紧急援助物资、3000 万元人民币援助款和 1000 万美元援助，并派出医疗救援队救治伤员。

2008 年 5 月四川汶川特大地震发生后，中国得到国际社会的大力援助。先后有 170 多个国家和地区、20 多个国际组织向中国提供了资金或物资援助。国际社会向中国地震灾区提供了现金援助 44 亿多元人民币以及大批救灾物资。俄罗斯、日本、韩国、新加坡还派出专业救援队伍，参与地震灾区的紧急救援工作。来自英国、日本、俄罗斯、意大利、法国、古巴、印度尼西亚、巴基斯坦政府和德国红十字会的九支医疗队共 223 名医疗技术人员参与四川和甘肃两省地震灾区的伤员救治工作。在重灾区之一的四川省北川县，美国、英国和墨西哥等国家的 16 名志愿者立即投入救援行动。10 名英国搜救小组的志愿者到震区开展救灾活动。来自日本 ALOS、意大利 COSMO-SkyMed、美国 LandSat 等多颗卫星向中国提供了灾区遥感影像。中国政府和中国人民对此深怀感激，深表感谢。

结束语

中国正处于全面建设小康社会的重要历史时期，经济社会发展的任务繁重而艰巨。面对日益严峻的自然灾害风险，中国的减灾工作任重道远。

中国政府为减灾事业付出了巨大努力，但也清醒地认识到，中国的减灾工作还存在一些亟待加强的薄弱环节：减灾综合协调机制尚不健全、减灾综合性法律法规和相关配套政策不够完善、灾害监测体系还有待健全、防灾减灾基础设施建设亟待加强、社会公众减灾意识仍需提高。中国政府将始终坚持以人为本的理念，以提高全社会的综合减灾能力为核心，以提升城乡基层社区的综合减灾能力为重点，以提高全社会民众的防灾减灾意识和避灾自救水平为基础，全面提高综合防范防御自然灾害的能力和水平。

自然灾害是人类面临的共同挑战，减灾是全球的共同行动。中国愿与世界各国一道，为减轻灾害风险和灾害损失，为促进人类社会的发展进步作出不懈努力。

中国的食品质量安全状况

中华人民共和国国务院新闻办公室

（2007 年 8 月）

目 录

食品质量安全状况是一个国家经济发展水平和人民生活质量的重要标志。中国政府坚持以人为本，高度重视食品安全，一直把加强食品质量安全摆在重要的位置。多年来，中国立足从源头抓质量的工作方针，建立健全食品安全监管体系和制度，全面加强食品安全立法和标准体系建设，对食品实行严格的质量安全监管，积极推行食品安全的国际交流与合作，全社会的食品安全意识明显提高。经过努力，中国食品质量总体水平稳步提高，食品安全状况不断改善，食品生产经营秩序显著好转。

一、食品生产和质量概况

（一）加工食品质量和安全水平稳步提高

1. 食品加工业快速健康发展

近年来，中国食品工业持续快速健康发展，经济效益稳步提高。按照食品的原料和加工工艺不同，食品分为：粮食加工品，食用油、油脂及制品，调味品，肉制品，乳制品，饮料，方便食品，饼干，罐头，冷冻饮品，速冻食品，薯类和膨化食品，糖果制品（含巧克力及制品），茶叶，酒类，蔬菜制品，水果制品，炒货食品及坚果制品，蛋制品，可可及焙烤咖啡产品，食糖，水产制品，淀粉及淀粉制品，糕点，豆制品，蜂产品，特殊膳食食品及其他食品共28大类525种。目前，全国共有食品生产加工企业44.8万家。其中规模以上企业2.6万家，产品市场占有率为72％，产量和销售收入占主导地位；规模以下、10人以上企业6.9万家，产品市场占有率为18.7％；10人以下小企业小作坊35.3万家，产品市场占有率为9.3％。

据统计，2006年全国规模以上食品工业企业实现总产值21586.95亿元人民币（不含烟草），占全国工业总产值的6.8％，同比增长23.5％。其中，粮油加工、肉类加工、乳制品加工等行业的工业增加值和利润增长率均超过20％。2006年，中国食品工业主要产品的产量分别达到：小麦粉5193万吨、食用植物油1985.5万吨、鲜冷藏冻肉1112.5万吨、乳制品1459.6万吨、啤酒3515.2万千升、软饮料4219.8万吨，同比分别增长28.2％、17.5％、24.0％、23.5％、14.7％和21.5％。2007年1月至6月，食品工业总产值累计12816.2亿元人民币，同比增长29.9％。啤酒、食用油、饮料、味精等食品的总产量位居世界前列。

当前，中国食品工业的发展呈现出以下特点：一是部分食品企业加工技术和装备接近或达到国际领先水平。肉制品、乳制品、饮料、啤酒等行业的大型企业普遍拥有世界一流水平的生产设备和检验设备，产品质量得到了保证。膜分离、物性修饰、无菌冷灌装、浓缩、冷加工等加工关键技术的开发和应用，缩短了中国食品加工技术和装备与国际先进水平的差距。二是企业质量管理更加科学规范。共有10.7万家食品生产企业获得质量安全市场准入资格，2675家食品生产企业获得了危害分析与关键控制点（HACCP）认证。三是产品结构趋于优化，有效满足了消费者日益增长的多层次需求。精深加工食品的比重均有不同程度的上升，如液体乳产量占到乳制品总量的85％以上；软饮料制造业打破过去一直以碳酸饮料为主的局面，形成了包装饮用水、碳酸饮料、果蔬饮料、茶饮料等多元化发展的态势；粮油行业中，特制二等以上的精制小麦粉占小麦粉总产量的65％；标准一等米以上的精米占大米总产量的88％，特等大米在大米中所占比重达到33.9％；一级油、二级油（分别相当于原国家标准中的色拉油和高级烹调油）在食用植物油中所占比重合计达到58.5％。

2. 食品质量不断提高

一是食品总体合格率稳步提升。2006年全国食品国家监督抽查合格率达到77.9％。2007年上半年，食品专项国家监督抽查合格率达到了85.1％。食品质量安全水平保持稳定，并呈上升态势。

二是全国各省、自治区、直辖市食品质量呈共同提高的格局。2007年上半年全国31个省、自治区、直辖市食品质量平均合格率为89.2％，其中有14个省达到90％以上。

三是重点行业的食品质量达到较高水平。经过对食品生产加工企业的专项整顿，中国28大类525种食品质量安全水平都有不同程度的提高，特别是日常大量消费的重点行业的食品质量提高显著。据统计，中国消费量最大的前10类食品分别为：食用油、油脂及制品，酒类，水产制品，粮食加工品，饮料，肉制品，乳制品，调味品，淀粉及淀粉制品，食糖。2007年上半年，除水产制品抽样合格率为85％外，其余9类食品专项抽查合格率均在90％以上，肉制品抽样合格率达到97.6%。

3. 优质食品成为市场主导产品

随着食品产业的发展，食品企业规模不断扩大，生产集中度不断提高，大中型企业产品质量优良。2006年，销售收入排名前100家的食品企业销售总额占全行业比重达24.9%；乳制品行业10强企业销售收入占全行业的54.7%；饮料行业10强企业产量占全行业的39.5%；制糖行业10强企业产量占全行业的43.6%；肉制品50强企业的生产能力和销售量占整个行业的70%；啤酒行业中100万千升以上的8家企业集团产量占全国总产量的57%；葡萄酒产量前10位的企业占全国葡萄酒产量的62.1%；方便面行业中最大的3家中国名牌企业占据中国国内市场份额的76%。

（二）农产品质量安全稳步提高

1. 安全优质的品牌农产品快速发展

优质品牌农产品市场占有率稳步提高。农业标准化能力显著提高，促进了农民增收和农业生产方式的转变。无公害、绿色、有机等品牌农产品已成为出口农产品的主体，占到出口农产品的90%。近5年来，绿色食品出口以年均40%以上的速度增长，已得到40多个贸易国的认可。截至目前，全国有无公害农产品28600个，认定无公害农产品产地24600个，面积2107万公顷；有5315家企业使用绿色食品标志，产品14339个，实物总量7200万吨，认证产地面积1000万公顷；经认证的有机食品标志使用企业600家，产品总数2647个，实物总量1956万吨，认证面积311万公顷；有国家级农业标准化示范区539个，农业标准化示范县（场）100个，省级标准化示范区近3500个，带动种植面积超过3333万公顷。

2. 农产品质量合格率持续上升

根据2007年上半年的监测结果，蔬菜中农药残留平均合格率为93.6%；畜产品中“瘦肉精”污染和磺胺类药物残留监测平均合格率分别为98.8%和99.0%；水产品中氯霉素污染的平均合格率为99.6%，硝基呋喃类代谢物污染监测合格率为91.4%，产地药残抽检合格率稳定在95%以上。

（三）进出口食品质量保持高水平

中国是食品进出口大国，多年来食品进出口不断增长。2006年，食品进出口贸易总额为404.48亿美元（不包括小麦、玉米、大豆等农产品，下同），同比增长了21.45%。

1. 出口食品安全得到保障

2006年，中国出口食品2417.3万吨，货值266.59亿美元，同比分别增长了13.29%和16.0%；出口食品货值列前10位的品种分别为：水产品、水产制品、蔬菜、罐头、果汁及饮料、粮食制品、调味料、禽肉制品、酒、畜肉及杂碎。

中国食品出口到200多个国家和地区，按贸易额排序前10位的国家和地区依次是：日本、美国、韩国、香港、俄罗斯、德国、马来西亚、荷兰、印度尼西亚、英国。

多年来，中国出口食品合格率一直保持在99%以上。据统计，2006年和2007年上半年，出口到美国的食品分别为9.4万批和5.5万批，被美国检出的不合格食品分别为752批和477批，合格率分别为99.2%和99.1%；出口到欧盟的食品分别为9.1万批和6.2万批，被欧盟检出的不合格食品分别为91批和135批，合格率分别为99.9%和99.8%。日本是中国最大的食品进口国，2007年7月20日，日本厚生劳动省公布的日本2006年进口食品监控统计报告显示，日本对中国食品的抽检率最高，达15.7%，但中国输日食品的抽检合格率也最高，达99.42%；其次是欧盟（99.38%）；第三是美国（98.69%）。中国香港特别行政区的食品主要来自内地。香港特区食物环境卫生署2007年上半年两次大规模食品抽样检测表明，香港地区食品整体合格率分别为99.2%和99.6%。

2. 进口食品质量安全水平保持稳定

2006年，中国进口食品2027.3万吨，货值

133.96亿美元，同比分别增长了7.94％和25.11％。进口食品货值列前10位的品种分别是：植物油、水产品、谷物、食糖、乳制品、酒、烟草及制品、禽肉及杂碎、油料作物、粮食制品。

中国的进口食品来自世界上143个国家和地区，向中国出口食品货值列前10位的国家分别为：马来西亚、俄罗斯、美国、印度尼西亚、阿根廷、泰国、澳大利亚、新西兰、巴西、法国。

多年来，中国进口食品的质量总体平稳，没有发生过因进口食品质量安全引起的严重质量安全事故。2004年、2005年、2006年和2007年上半年，进口食品口岸检验检疫合格率分别为99.29％、99.46％、99.11％和99.29％。

二、食品监管体制和监管工作

为保障食品安全，中国政府树立了全程监管的理念，坚持预防为主、源头治理的工作思路，形成了“全国统一领导，地方政府负责，部门指导协调，各方联合行动”的监管工作格局。根据中国国情，2004年国务院发布了《国务院关于进一步加强食品安全监管工作的决定》，按照一个监管环节由一个部门监管的分工原则，采取分段监管为主、品种监管为辅的方式，进一步理顺了有关食品安全监管部门的职能，明确了责任。该决定将食品安全监管分为四个环节，分别由农业、质检、工商、卫生等四个部门实施。其中初级农产品生产环节的监管由农业部门负责，食品生产加工环节的质量监督和日常卫生监管由质检部门负责，食品流通环节的监管由工商部门负责，餐饮业和食堂等消费环节的监管由卫生部门负责，食品安全的综合监督、组织协调和依法组织查处重大事故由食品药品监管部门负责，进出口农产品和食品监管由质检部门负责。各食品安全监管部门分工明确，密切配合，相互衔接，形成了严密、完整的监管体系。

加强食品安全监管是一项长期艰巨的任务，必须立足当前，规划长远，标本兼治，着力治本，建立健全监管制度和长效机制。中国政府坚持从源头狠抓食品质量安全，完善食品监管的各项基本制度，强化食品安全监管。

（一）强化农产品质量安全工作

2001年中国启动实施了“无公害食品行动计划”，以蔬菜中高毒农药残留和畜产品中“瘦肉精”污染控制为重点，着力解决人民最为关心的高毒农药、兽药违规使用和残留超标问题；以农业投入品、农产品生产、市场准入三个环节管理为关键点，推动从农田到市场的全程监管；以开展例行监测为抓手，推动各地增强质量安全意识，落实管理责任；以推进标准化为载体，提高农产品质量安全生产和管理水平。目前，农产品质量安全保障体系日益完善，监管能力逐步增强，农业标准化水平显著提高，以确保农产品质量安全为目标的服务、管理、监督、处罚、应急五位一体的工作机制逐步形成。

（二）建立并严格实施食品质量安全市场准入制度

中国政府于2001年建立了食品质量安全市场准入制度。这项制度主要包括三项内容：一是生产许可制度，即要求食品生产加工企业具备原材料进厂把关、生产设备、工艺流程、产品标准、检验设备与能力、环境条件、质量管理、储存运输、包装标识、生产人员等保证食品质量安全的必备条件，取得食品生产许可证后，方可生产销售食品；二是强制检验制度，即要求企业履行食品必须经检验合格方能出厂销售的法律义务；三是市场准入标志制度，即要求企业对合格食品加贴QS（质量安全）标志，对食品质量安全进行承诺。按照分步实施的原则，截止到2007年上半年，共向生产企业颁发了10.7万张食品生产许可证，获证企业食品的市场占有率达到同类食品的90％以上。同时，加强对获得食品生产许可证企业的监管。截止到2007年6月底，共撤回、撤销、吊销和注销了1276张达不到标准的食品生产许可证。根据食品生产企业取得生产许可证的进度，国家质检总局分批公布了获证产品的生产企业名单，分期公告了未获证和无QS标志食品不得进入市场销售，警示消费者不要使用。

（三）加大食品质量国家监督抽查力度

中国政府对食品实行以抽查为主要方式的监督检查制度。这项制度自1985年建立以来，不断加大力度，突出重点，提高有效性。近年来，重点抽查了乳制品、肉制品、茶叶、饮料、粮油等日常消费的主要食品，重点对食品生产集中地的企业、小作坊进行了抽查，重点检验了食品的微生物、添加剂、重金属等卫生指标，并对质量不稳定的小企业重点进行了跟踪抽查。通过加大抽查频次，扩大抽查覆盖面，基本实现了抽查一类产品、整顿一个行业的目标。2006年至2007年上半年，共对7880家企业的11104批次食品进行了国家监督抽查。同时，对抽查中发现有问题的产品和生产企业，加大了整改、处罚的力度。一是严格执行公告制度。对抽查中发现质量问题严重的355家企业355批次产品公开曝光，同时，积极宣传“优秀企业、优质产品、优良品牌”，240家获得“中国名牌”和548家获得“国家免检”称号的产品得到消费者的普遍赞誉。二是严格执行整改制度。对不合格产品的生产企业，督促严格整改，按时复查，复查不合格的，责令停产整顿，整顿期满后再次复查仍不合格的，吊销营业执照。三是严格实行处罚制度。对在食品中掺杂、掺假、以假充真、以次充好的，责令停止生产，没收违法生产的食品，情节严重的移送司法机关追究法律责任。

（四）加强对食品小作坊的专项整治力度

中国存在的地区差异、城乡差异等决定了对食品生产加工小作坊的监管是一项长期、艰巨的工作。目前，10人以下的食品生产加工小作坊是食品质量安全监管的重点和难点。对从事传统、低风险食品加工的小作坊，中国坚持“监管、规范、引导、便民”的工作原则，一方面通过关停并转等方式，让小作坊尽快达到市场准入条件；另一方面强化监管措施，防止食品安全事故发生。近年来对小企业小作坊重点实施了四个方面的监管：一是基本条件改造，达不到要求的不得生产；二是限制销售范围，小作坊生产加工的食品销售范围不得超出乡镇行政区域，不准进入商场、超市销售；三是严格限制预包装，小作坊生产的食品在获得市场准入资格之前不得使用相应包装，防止其乔装打扮混入市场；四是公开承诺，小作坊必须向社会公开承诺不使用非食品原料，不滥用添加剂，不使用回收食品做原料，产品不进入商场、超市销售，不超出承诺区域销售，确保食品达到最基本的安全卫生要求。经过整治，2006年食品小作坊的平均抽样合格率提高到70.4%；截至2007年6月底，已取缔5631家，强制停产8814家，5385家整改后达到准入要求。

（五）推行食品安全区域监管责任制

建立并实施了以“三员四定、三进四图、两书一报告”为主要内容的食品安全区域监管责任制。“三员四定”即按照定人、定责、定区域、定企业的方式，确定质检部门食品安全监管员到乡镇（办事处）负责食品生产加工企业的具体监管工作，乡镇政府协管员协助开展食品质量安全监管工作，社会信息员收集提供各种食品质量安全违法信息。“三进四图”即进村、进户、进企业，调查摸底，建立食品生产加工企业档案，制定企业变化动态图、食品行业分布图、监管责任落实图、食品安全警示图，实施动态监管。“两书一报告”即政府签订责任书，企业签订承诺书，质检部门定期写出食品安全报告。截至2007年6月底，全国31个省、自治区、直辖市共建立食品安全监管责任区16030个，确定食品安全专职监督员25346人，聘请政府协管员72474人，聘请社会信息员106573人。2006年，各级质检部门共对食品生产加工企业进行了90万次巡查。

（六）加强食品流通领域的监管

深入实施以“提倡绿色消费、培育绿色市场、开辟绿色通道”为主要内容的“三绿工程”，倡导现代流通组织方式和经营方式，大力发展连锁经营和物流配送；推进经销企业落实进货检查验收、索证索票、购销台账和质量承诺制度，以及市场开办者质量责任制；全面落实市场巡查制度，完善食品质量监测制度，严格实行不合格食品的退市、召回、销毁、公布制度；加强畜禽屠宰行业管理；打破地方封锁，鼓励质量优、信誉好、品牌知名度高的食品在全国流通；健全社区食品加工流通服务体系；强化食品安全标识和包装管理，集中力量整治食品假包装、假标识、假商标印制品。

（七）加大餐饮等消费环节的食品安全监管力度

餐饮卫生是食品安全的重要环节。中国政府在餐饮业卫生监管方面所做的主要工作包括，一是加大对餐饮卫生的监管力度，制定并落实《餐饮业和集体用餐配送单位卫生规范》，实施食品卫生监督量化分级管理制度，加强餐饮环节监管。二是推进餐饮业、食堂全面实施食品卫生监督量化分级管理制度，完善和加强食品污染物监测和食源性疾病监测体系建设。三是加大对违法犯罪行为的打击力度，查处大案要案，并及时向社会通报。据不完全统计，2006年全年，卫生部门检查各类餐饮单位和学校集体食堂204万余户次，查处涉嫌非法生产经营食品案件4.5万余件，取缔无卫生许可证生产经营单位2.5万余户。四是加强学校卫生工作，部署开展全国学校食品卫生、饮用水卫生、传染病防治专项检查工作，预防食物中毒和肠道传染病。五是开展食品危险性评估，科学发布食品安全预警和评估信息。

（八）全面开展食品质量安全专项整治

为解决一些地区、一些食品的假冒伪劣问题，全面开展了食品质量安全区域整治。组织实施了“百千万工程”，围绕确定的重点区域、重点加工点、重点加工户及加工的食品，采取构建食品安全监管网络、加强标准和检测等技术力量建设、加强对企业的技术服务、推动组建食品行业协会、加大执法打假力度等措施，解决了一批区域性制售假冒伪劣问题。同时，工商、质检部门不断加大食品执法打假工作力度，以食品质量安全为主线，突出生产加工源头，部署开展专项执法打假行动，严厉打击使用非食品原料生产加工食品和滥用食品添加剂的违法行为，严厉打击证照皆无的制假制劣黑窝点。2006年，质检部门立案查处食品违法案件4.9万起，查获假冒伪劣食品货值金额4.5亿元人民币。工商部门在食品安全专项整治中，共出动执法人员560万人次，检查重点食品市场1.6万个，检查食品经营主体1040万户次，取缔无照经营15.18万户，吊销营业执照4629户，查处制售假冒伪劣食品案件6.8万件，移送司法机关处理案件48件，对1.55万吨不合格食品实施了退市。

（九）强化风险预警和应急反应机制建设

建立了全国食品安全风险快速预警与快速反应系统，积极开展食品生产加工、流通、消费环节风险监控，通过动态收集和分析食品安全信息，初步实现了对食品安全问题的早发现、早预警、早控制和早处理。建立了一套行之有效的快速反应机制，包括风险信息的收集、分析、预警和快速反应，做到立即报告、迅速介入、科学判断、妥善处置。

（十）建立健全食品召回制度

这项制度分为主动召回和责令召回两种形式，规定食品生产加工企业是食品召回的责任主体，要求食品生产者如果确认其生产的食品存在安全危害，应当立即停止生产和销售，主动实施召回；对于故意隐瞒食品安全危害、不履行召回义务或生产者过错造成食品安全危害扩大或再度发生的，将责令生产者召回产品。近年来，国家质检总局在开展食品监督抽查和执法检查中，对发现存在致病菌、化学性污染、使用非食品原料等重大安全隐患的食品加大了召回力度，对于造成严重后果的，吊销了生产企业的食品生产许可证，降低了不安全食品可能带来的危害，切实维护了广大消费者的健康安全。

（十一）加强食品安全诚信体系建设

中国政府重视食品质量安全诚信体系建设，初步建立了企业食品安全诚信档案，建立了食品生产加工企业红黑榜制度，并充分发挥各类商会、协会的作用，促进食品行业的自律。大力实施扶优扶强措施，采取政策、行政、经济的手段，对重信誉、讲诚信的企业给予激励，努力营造食品安全的诚信环境，创造食品安全诚信文化，增强全社会食品安全诚信意识。逐步完善食品安全诚信运行机制，全面发挥食品安全诚信体系对食品安全工作的规范、引导、督促功能。加强企业食品安全诚信档案建设，推行食品安全诚信分类监管，重点建立食品生产经营主体登记档案信息系统和食品生产经营主体诚信分类数据库，广泛收集食品生产经营主体准入信息、食品安全监管信息、消费者申诉举报信息，做到掌握情况，监管有效。近年来，采用最新网络技术，对食品质量安全实施电子监管网终端查询，及时、方便、快捷、有效地辨别食品真伪，维护了消费者利益，打击了假冒伪劣行为，促进了企业诚信建设。

多年来，中国食品生产种类不断增加，数量不断扩大，质量不断提高，保障了人民日益增长的消费需求，提高了人民的生活水平，促进了国民经济的发展。同时中国政府也清楚地看到由于受发展水平的制约，中国食品安全仍存在一些问题，今后将重点打击生产加工中偷工减料，掺杂使假，以假充真，以非食品原料、发霉变质原料加工食品，不按标准生产，滥用添加剂等违法行为，不断提高食品质量安全保障水平。

三、进出口食品的监管

（一）进口食品的监管

经过多年的探索与实践，中国建立了一整套进口食品质量安全监管制度和保障措施，确保了进口食品的安全。

——科学的风险管理制度。按照 WTO/SPS 协定及国际通行做法，中国政府对肉类、蔬菜等高风险进口食品实行基于风险管理的检验检疫准入制度，包括：对出口国申请向中国出口的高风险食品开展风险分析，对风险可接受的食品与出口国主管部门签署检验检疫议定书，对国外生产企业实施卫生注册，对动植物源性食品实施进境检疫审批等。如果出口国发生了动植物疫情疫病或严重的食品安全卫生问题，及时采取相应的风险管理措施，包括暂停可能受到影响的食品进口等。

——严格的检验检疫制度。进口食品到达口岸后，中国出入境检验检疫机构依法实施检验检疫，只有经检验检疫合格后方允许进口。入境地海关凭检验检疫机构签发的入境货物通关单办理进口食品的验放手续，之后在中国市场上销售。在检验检疫时如发现质量安全和卫生问题，立即对存在问题的食品依法采取相应的处理措施。2006 年，出入境检验检疫机构在进口口岸共检出不合格进口食品 2458 批。2007 年上半年，共检出 896 批，均依法作出退货、销毁或改作他用处理，确保进入中国市场的进口食品质量安全。

——完善的质量安全监控制度。在依法对进口食品实施检验检疫的同时，对风险较高的食品以及在口岸检验中发现问题较多的食品和项目实行重点监控。对发现严重问题或多次发现同一问题的进口食品及时发出风险预警，采取包括提高抽样比例、增加检测项目、暂停进口在内的严格管制措施。

——严厉的打击非法进口制度。中国国家质检总局与海关总署建立了关检合作机制，联合打击非法进口食品行为。2006 年与欧盟委员会签署了《中欧联合打击非法进出口食品行为合作安排》，明确了双方将通过开展信息通报、技术合作、专家互访和联合专项打击行动措施等，共同打击欺诈、夹带、非法转口、走私等非法进出口食品行为。2006 年至 2007 年上半年，仅非法进口肉类就查获 12292 吨。

（二）出口食品的监管

中国政府按照“预防为主、源头监管、全过程控制”的原则，建立健全了以“一个模式，十项制度”为主要内容的出口食品安全管理体系。

一个模式，就是出口食品“公司 + 基地 + 标准化”生产管理模式。这个生产管理模式符合中国的国情，符合出口食品的实际，是出口食品质量的重要保障，也是企业走规模化、集约化和国际化发展的必由之路。经过多年的不懈努力，中国的主要出口食品，特别是肉类、水产、蔬菜等高风险食品基本实现了“公司 +

基地+标准化”。

十项制度，包括源头监管三项：对种植养殖基地实施检验检疫备案管理制度、疫情疫病监测制度和农兽药残留监控制度；工厂监管三项：严格实施卫生注册制度，全面实行企业分类管理制度，稳步推行高风险食品大型出口生产企业驻厂检验检疫官制度；产品监管三项：对出口食品的法定检验检疫制度、质量追溯与不合格品召回制度、风险预警与快速反应制度；诚信建设一项：对出口食品企业实施红黑名单制度。

——加强种植养殖源头监管。为有效控制动植物疫情疫病风险和农兽药残留，从源头保障食品的质量安全和可追溯性，出入境检验检疫机构对存在疫情疫病和农兽药残留风险的出口食品原料基地实行检验检疫备案管理。只有获准备案的种植、养殖场的原料才可用于加工出口食品，所有获准备案的原料基地在国家质检总局网站上公布。截至目前获准备案的养殖场6031个，种植基地38万公顷。对备案基地加强疫情疫病的监测和防控，加强农业投入品的管理，实行严格的农兽药残留监控制度，使备案基地的疫情疫病问题和农兽药残留问题均得到了有效控制。近几年，全球范围内禽流感疫情高发，中国实施备案管理的养殖场无一发生疫情。

——加强食品生产企业监管。中国对所有出口食品生产企业实施卫生注册登记管理制度，只有获准卫生注册登记的企业方可从事出口食品生产加工。截至目前，获准卫生注册登记的企业共12714家，其中有3698家企业的HACCP体系通过出入境检验检疫机构验证。对获准卫生注册的生产加工企业，由各地出入境检验检疫机构统一实施日常监督管理，确保原料来自备案种植、养殖基地，确保生产加工活动符合要求。对肉类等高风险食品大型出口生产企业，出入境检验检疫机构根据需要派驻检验检疫官，实行驻厂监督管理。出口食品的包装上还要加贴符合要求的具有可追溯性的标签或标识，确保产品的可追溯性和对问题产品的召回。

——加强食品出口前检验检疫。中国法律规定，所有出口食品只有经过检验检疫机构检验检疫合格后方可出口，出境地海关凭检验检疫机构签发的出境货物通关单办理出口食品的验放手续。对经检验检疫合格的出口食品，如进口国有要求，出入境检验检疫机构还要出具卫生证书，证明该批食品已经出入境检验检疫机构检验检疫合格，并注明生产企业名称、地址、卫生注册号、生产日期、出口日期、启运口岸、到达口岸等追溯信息。货物到达离境口岸后，口岸检验检疫机构还要对出口货物进行查验，检查货物是否完好，货证是否相符，确保货物的可追溯性。

——加强出口企业诚信体系建设。全面实行出口企业质量承诺和红黑名单制度，着力强化企业产品质量第一责任人的意识，促进企业形成自我管理、自我约束、自觉诚信经营的良好机制。对自控体系健全有效、诚信度好、产品安全风险能够得到有效控制、在进口国享有良好声誉的企业，列入“优良企业名单”，给予优惠和鼓励政策；对于被进口国家或地区通报发生严重质量违规问题或逃避检验检疫，以及有欺骗检验检疫机构行为的出口企业，在依法处罚的同时，列入“违规企业名单”上网公布，促进出口企业增强自律意识。截至目前，列入“违规企业名单”的企业共55家。

多年来，质检、商务、海关、工商、税务等部门密切协作，促进了中国出口食品质量安全水平不断提高，以质优、味美、价廉的食品满足了国内外众多消费者对美食的追求。但也存在着少数企业无视中国和进口国的法律法规和标准规定，采取弄虚作假、偷梁换柱的手法，逃避检验检疫监管，通过非正常渠道出口的情况，致使有些掺杂使假、假冒伪劣不合格食品流入国外市场。中国政府将进一步加大打击的力度，坚决不让不合格食品流出国门。

四、食品安全法律法规和技术保障体系

（一）食品安全法律法规体系日趋完善

目前，中国已建立了一套完整的食品安全法律法规体系，为保障食品安全、提升质量水平、规范进出口食品贸易秩序提供了坚实的基础和良好的环境。

法律包括《中华人民共和国产品质量法》、《中华人民共和国标准化法》、《中华人民共和国计量法》、《中华人民共和国消费者权益保护法》、《中华人民共和国农产品质量安全法》、《中华人民共和国刑法》、《中华人民共和国食品卫生法》、《中华人民共和国进出口商品检验法》、《中华人民共和国进出境动植物检疫法》、《中华人民共和国国境卫生检疫法》和《中华人民共和国动物防疫法》等。

行政法规包括《国务院关于加强食品等产品安全监督管理的特别规定》、《中华人民共和国工业产品生产许可证管理条例》、《中华人民共和国认证认可条例》、《中华人民共和国进出口商品检验法实施条例》、《中华人民共和国进出境动植物检疫法实施条例》、《中华人民共和国兽药管理条例》、《中华人民共和国农药管理条例》、《中华人民共和国出口货物原产地规则》、《中华人民共和国标准化法实施条例》、《无照经营查处取缔办法》、《饲料和饲料添加剂管理条例》、《农业转基因生物安全管理条例》和《中华人民共和国濒危野生动植物进出口管理条例》等。

部门规章包括《食品生产加工企业质量安全监督管理实施细则（试行）》、《中华人民共和国工业产品生产许可证管理条例实施办法》、《食品卫生许可证管理办法》、《食品添加剂卫生管理办法》、《进出境肉类产品检验检疫管理办法》、《进出境水产品检验检疫管理办法》、《流通领域食品安全管理办法》、《农产品产地安全管理办法》、《农产品包装和标识管理办法》和《出口食品生产企业卫生注册登记管理规定》等。

（二）食品质量安全标准体系建设逐步加强

国家标准化管理委员会统一管理中国食品标准化工作，国务院有关行政主管部门分工管理本部门、本行业的食品标准化工作。食品安全国家标准由各相关部门负责草拟，国家标准化管理委员会统一立项、统一审查、统一编号、统一批准发布。目前，中国已初步形成了门类齐全、结构相对合理、具有一定配套性和完整性的食品质量安全标准体系。食品安全标准包括了农产品产地环境，灌溉水质，农业投入品合理使用准则，动植物检疫规程，良好农业操作规范，食品中农药、兽药、污染物、有害微生物等限量标准，食品添加剂及使用标准，食品包装材料卫生标准，特殊膳食食品标准，食品标签标识标准，食品安全生产过程管理和控制标准，以及食品检测方法标准等方面，涉及粮食、油料、水果蔬菜及制品、乳与乳制品、肉禽蛋及制品、水产品、饮料酒、调味品、婴幼儿食品等可食用农产品和加工食品，基本涵盖了从食品生产、加工、流通到最终消费的各个环节。目前，中国已发布涉及食品安全的国家标准1800余项，食品行业标准2900余项，其中强制性国家标准634项。

为解决食品安全标准之间存在的交叉重复、层次不清等问题，共对1800余项国家标准、2500余项行业标准、7000余项地方标准及14万多项企业标准进行了清理，废止了530多项国标和行标。与此同时，加快了标准制修订工作，对2460余项国家和行业标准组织开展了修订，新制定了200多项国家标准，下达了280余项国家标准制定计划。加大标准的宣传、推行力度，促进食品生产企业严格执行标准。

（三）食品认证认可体系基本建立

中国国家认证认可监督管理委员会统一管理、监督和综合协调全国的认证认可工作，加强认证市场整顿，规范认证行为，现已基本形成了统一管理、规范运作、共同实施的食品、农产品认证认可工作局面，基本建立了“从农田到餐桌”全过程的食品、农产品认证认可体系。认证类别包括饲料产品认证、良好农业规范（GAP）认证、无公害农产品认证、有机产品认证、食品质量认证、HACCP管理体系认证、绿色市场认证等。目前，中国有机产品认证面积达203万公顷，已进入世界前10位；与国际接轨的GAP认证已在18个试点省286家出口企业及农业标准化示范基地开展认证试点工作；2675家食品生产企业获得了HACCP认证；28600个初级农产品获得无公害农产品认证；饲料产品认证、酒类产品质量等级认证、绿色市场认证等工作不断取得进展。国家不断加强对认证产品和企业的监管，提高认证工作的权威性、有效性。

（四）食品安全检验检测体系框架基本形成

在国内食品监管方面，建立了一批具有资质的食品检验检测机构，初步形成了“国家级检验机构为龙头，省级和部门食品检验机构为主体，市、县级食品检验机构为补充”的食品安全检验检测体系。检测能力和水平不断提高，能够满足对产地环境、生产投入品、生产加工、储藏、流通、消费全过程实施质量安全检测的需要，基本能够满足国家标准、行业标准和相关国际标准对食品安全参数的检测要求。中国对食品实验室实行了与国际通行做法一致的认可管理，加强国际互认、信息共享、科技攻关，保证了检测结果的科学、公正。中国认定了一批食品检验检测机构的资质，共有3913家食品类检测实验室通过了实验室资质认定（计量认证），其中食品类国家产品质检中心48家，重点食品类实验室35家，这些实验室的检测能力和检测水平达到了国际较先进水平。在进出口食品监管方面，形成了以35家“国家级重点实验室”为龙头的进出口食品安全技术支持体系，全国共有进出口食品检验检疫实验室163个，拥有各类大型精密仪器10000多台（套）。全国各进出口食品检验检疫实验室直接从事进出口食品实验室检测的专业技术人员有1189人，年龄结构、专业配置合理。各实验室可检测各类食品中的农兽药残留、添加剂、重金属含量等786个安全卫生项目以及各种食源性致病菌。截至2006年，已经建设国家级（部级）农产品质检中心323个、省地县级农产品检测机构1780个，初步形成了部、省、县相互配套、互为补充的农产品质量安全检验检测体系，为加强农产品质量安全监管提供了技术支撑。

五、食品安全的国际交流与合作

中国政府重视发展同其他国家、地区和有关国际组织在食品安全领域的友好合作关系，注重借鉴国际先进管理经验和检测技术，促进本国食品质量总体水平的提高。

（一）加强食品安全技术交流与合作

中国积极创造条件，鼓励和支持技术专家参与各类食品安全技术培训、研讨、交流和水平比对等活动，并欢迎国外技术专家来访、学习和培训。除积极参与世界卫生组织的相关活动外，自2001年以来，先后同美国、欧盟、意大利、加拿大、德国、英国、瑞士、丹麦、澳大利亚、新西兰和泰国等国家开展了一系列食品安全和实施卫生与植物卫生措施协定（SPS）领域的技术培训与交流项目。2006年8月，为14个南太平洋国家的专家代表举行了食品安全培训。为了及时了解国外食品相关法规要求，保障出口食品安全，组织编译了美国、欧盟、俄罗斯、韩国等国家和地区的食品安全卫生法规和要求，并先后邀请美国、欧盟、日本的专家来华举行HACCP指南及应用、贝类卫生控制计划、残留监控、肯定列表制度等专题培训。进出口食品检验检疫实验室还多次参与英国食品分析能力测试（FAPAS）等国际比对实验，定期参加亚太实验室认可合作组织（APLAC）、澳大利亚国家测试认可委员会（NATA）等知名认可机构组织的国际间能力验证活动。国家级和十几个省级疾病预防控制中心参加并通过了世界卫生组织的食品安全检测能力考核。截至2006年11月，共有22家检测机构获得韩国“国外公认检测机关”的认可，经过上述22家检测机关检测的输韩食品，入境时韩国予以免检。日本承认中国国家质检总局垂直管理的35个直属检验检疫局所属实验室的检测结果。其中许多实验室是开放性实验室，多次接待了美国、加拿大、英国、法国、意大利、德国、瑞士、澳大利亚、新西兰、日本、韩国、新加坡、香港等国家和地区的专家团组访问和考察。

（二）积极参与国际食品安全活动

中国政府一贯倡导并积极参加各类国际食品安全组织活动，包括派团参加各类国际食品法典委员会（CAC）、国际植物保护公约（IPPC）会议以及其他相关国际性会议，并在亚太经济合作组织（APEC）会议上正式倡导开展区域性食品安全合作，得到了澳大利亚、新西兰和东南亚等国家的积极呼应，成立了 APEC 食品安全合作论坛，由中国和澳大利亚共同主持。中国积极参与食品安全国际标准化活动，是国际标准化组织（ISO）技术管理局和合格评定委员会成员。2007 年 5 月，中国正式加入世界动物卫生组织（OIE）。2007 年 10 月 20 日至 21 日，中国政府将在广西南宁同东南亚国家召开“中国—东盟质检部长会议”，会议的主题为“强化食品安全管理与合作保护消费者权益”，目的是研究建立中国与东盟食品安全合作机制，增进中国与东盟和各成员国食品安全主管部门间的交流与合作，确保相互进出口食品的质量、安全和卫生。

（三）注重发展国际食品安全合作

截至目前，中国国家质检总局同日本、韩国、澳大利亚、新西兰、新加坡、挪威、俄罗斯、香港等国家和地区定期、不定期地举行研讨会或专家互访。中国国家质检总局同美国、欧盟、俄罗斯、日本、韩国、新加坡、泰国、蒙古国、越南、菲律宾、丹麦、法国、荷兰、爱尔兰、匈牙利、波兰、意大利、挪威、瑞士、加拿大、巴西、阿根廷、智利、墨西哥、乌拉圭、澳大利亚、新西兰、南非、香港、澳门等 30 个国家和地区签署了 33 个涉及食品安全领域的合作协议或备忘录，签署了 48 个进出口食品检验检疫卫生议定书，从而确立了中国与有关进出口食品贸易伙伴国家或地区的长效合作机制。在此基础上，中国国家质检总局与许多国家和地区在食品安全合作机制下建立了年会制度。其中，规格为正部级的第二次中欧食品和消费品安全合作会议将于 2007 年 9 月 12 日在北京召开；规格为副部级的第三次中美食品安全会议将于 2007 年 9 月 11 日至 12 日在美国召开。

（四）推动食品贸易发展

中国与有关国家建立的食品安全合作机制在促进双边和多边食品安全合作，保证进出口食品安全、解决各方关注的食品安全问题方面发挥了积极作用。如中日合作机制为保证中国输日食品安全发挥了重要作用。日本“肯定列表制度”出台后，中国政府一方面加强同日方的沟通与磋商，使日方接受中方的合理化建议，调整了一些项目；一方面与日方合作，举办了 3 期说明会和 8 期专题培训班，帮助出口食品生产企业进一步规范农兽药使用管理，完善质量追溯体系，有效地保证了对日本出口食品的质量安全。中美食品安全合作机制同样发挥了良好的作用，如 2005 年年底以来，中国出入境检验检疫机构不断从美国输华肉类产品中检出禁用药物残留、环境污染物超标和致病微生物等安全卫生问题，由于中方及时向美方通报相关信息，帮助美方掌握和了解中国的食品安全法规要求，不仅有效地保护了中国消费者的健康安全，也保障了美国肉类产品输华贸易的健康发展。2004 年至 2005 年，中美还在该合作机制下完成了对中国出口熟制禽肉安全卫生体系的等效评估。同样，中欧食品安全合作机制也有力地促进了双方关注问题的解决。一方面通过及时沟通信息，在风险评估的基础上，中方解决了欧盟个别成员国受二恶英问题影响的可食用猪产品输华问题；另一方面，中方在不断完善食品安全管理，加强疫情疫病防控的基础上，积极配合欧方的卫生体系考察和风险评估工作，帮助欧方树立了对中国熟制禽肉产品的质量安全信心，欧方已经制定了时间表，将于 2007 年内恢复进口中国的熟制禽肉产品。

民以食为天。食品是人类最直接、最重要的消费品。中国是一个负责任的国家，中国政府是为人民谋利益的政府，多年来为提高食品质量、确保食品安全作出了积极的努力，维护了中国人民和各国消费者的利益。但同时必须看到，中国还是一个发展中国家，食品安全的总体水平，包括标准水平和食品生产的工业化水平，与发达国家相比还有一定的差距，提高食品质量任重道远。实现食品质量安全是人类共同的追求，也是国际社会共同的责任，作为进出口贸易大国，中国愿与世界各国一道，加强交流与合作，在食品安全控制和促进全球食品贸易健康发展方面继续作出不懈的努力。

中国的药品安全监管状况

中华人民共和国国务院新闻办公室
（2008年7月）

药品是人类用于预防、治疗、诊断疾病的特殊商品，对药品实施有效监管，关系到广大消费者的用药安全，关系到公众生命健康权益的维护和保障。中国政府一贯高度重视药品安全监管，多年来以强化药品安全监管、保障公众用药安全为目标，逐步建立健全药品安全监管体制与法制，不断完善药品供应体系，稳步提高药品质量安全保障水平，积极维护公众用药权益，努力提高公众的健康水平。

一、药品供应和质量安全概况

中国政府为医药产业发展积极创造开放公平的市场环境，大力推动医药产业实现持续快速健康发展。经过新中国成立近60年特别是改革开放30年来的不懈努力，中国不仅改变了缺医少药的局面，而且药品质量安全保障水平得到了明显提高。

目前，中国可生产原料药1500种，且多个药物品种产量位居世界第一，如青霉素、维生素C等。一批植物药和天然药物，如抗感染的黄连素、抗肿瘤的秋水仙碱等，已经在国内大量生产和广泛应用。抗生素、维生素、激素、解热镇痛药、氨基酸、生物碱等产品在国际医药市场上占有相当的份额。中国生产的青蒿素产品，在国际上被广泛使用，为防治疟疾作出了重要贡献。现今中国可以生产预防26种病毒、病菌感染的41种疫苗，年产量超过10亿个剂量单位，其中，用于预防乙肝、脊髓灰质炎、麻疹、百日咳、白喉、破伤风等常见传染病的疫苗产量达5亿人份。国产疫苗在满足国内居民防病需求的同时，已开始向世界卫生组织提供，用于其他国家的疾病预防。在医疗器械方面，中国可生产3000多个品种，其中，数字X光机、磁共振、超声、CT等技术含量高的诊断治疗类产品在市场上占据了一定份额。截至2007年底，中国共有药品生产企业（含中药饮片和医用氧生产企业）6913家，其中原料药和制剂生产企业4682家；医疗器械生产企业12591家。

近年来，中国医药工业总产值和医药贸易大幅度增加。按照中成药、中药饮片、化学原料药、化学药品制剂、生物制品、医疗器械、卫生材料等七大类统计，中国医药工业总产值由1998年的1371亿元人民币上升到2007年的6679亿元人民币。医药贸易出口额1998年为34亿美元，2007年为246亿美元；进口额1998年为15亿美元，2007年为140亿美元。

为防止仿制药无偿利用新药开发研究数据，损害新药开发的原动力，中国认真履行加入世界贸易组织的承诺，实施药品数据保护制度。2002年，修订《中华人民共和国药品管理法实施条例》，规定对获得生产或者销售含有新型化学成分药品许可的生产者或者销售者提交的自行取得且未披露的试验数据和其他数据，给予6年保护期限。

国家实施特别审评审批程序，鼓励创制新药和研发治疗疑难危重疾病的新药。适用特别程序的新药包括：未在国内上市销售的从植物、动物、矿物等物质中提取的有效成分及其制剂；新发现的药材及其制剂；未在国内外获准上市的化学原料药及其制剂、生物制品；治疗艾滋病、恶性肿瘤、罕见病等疾病且具有明显临床治疗优势的新药；治疗尚无有效治疗手段的疾病的新药。从1998年到2007年底，共有78个一类新药获得批准。制药企业的技术水平与生产工艺有了大幅度改进，首创了一批新工艺、新技术、新方法，如维生素C二步发酵、黄连素合成、高纯度尿激酶生产方法和装置等。青霉素孢子高单位菌种选育和相应发酵、头孢菌素C发酵等新工艺达到世界先进水平。中国不仅能够生产供出口的中型医疗设备，在可穿载技术、生物医学材料和组织工程等方面的研究，也正逐步进入世界前列。

国家加快了现代医药物流和连锁药店建设，有效保障公众用药的可获得性。截至2007年底，全国共有药品批发企业1.3万家，药品零售企业和门店经营企业34.1万家，农村药品供应网点55.4万个，极大地方便了广大公众的用药需求。随着生活水平的不断提高，中国人均药品消费水平稳步增长，2006年达到人均332元人民币。

中国建立了药品不良反应报告和监测网络。1998年，中国正式加入世界卫生组织国际药品监测合作中心。2004年，国家发布《药品不良反应报告和监测管理办法》，明确实行药品不良反应报告和监测制度。到2002年底，全国31个省、自治区、直辖市都建立了省级药品不良反应监测机构，建立了200多个省级以下的药品不良反应监测中心或监测站，国家药品不良反应监测信息网络覆盖全国，实现了电子报告和在线实时报告。自2000年以来，中国药品不良反应报告工作取得明显进展，2007年的药品不良反应病例报告数量为每百万人口400多份，接近发达国家的监测报告率，表明中国药品不良反应监测和预警能力有了较大提高。药品监管部门及时汇总、评价和发布药品不良反应报告信息，截至2008年6月底已发布药品不良反应信息通报13期，涉及44个品种。

药品监管部门积极探索推进药品再评价工作，对部分上市后品种开展安全性观察试验试点和回顾性分析调查。通过评价分析，修改了葛根素注射液、穿琥宁注射液、莲必治注射液等品种的说明书，取消了关木通药用标准，取消了乙双吗啉的生产许可，对一些品种采取了暂停销售使用的措施。

国家积极推进建立医疗器械不良事件监测和再评价体系。2004年，在全国推行医疗器械不良事件监测工作。截至2006年底，全国31个省、自治区、直辖市建立了省级医疗器械不良事件监测机构，初步建立了医疗器械不良事件监测组织框架。依据不良事件监测和再评价结果，药品监管部门分别对聚丙烯酰胺水凝胶、体外循环管道、透析粉等产品采取了撤销产品注册证、责令召回、重新注册等措施。

国家不断加大对已上市药品的质量监督抽验力度，促进药品质量安全水平稳步提高。2007年，国家对中成药、化学药品、生物制品等开展了评价性抽验，共抽验13595批次，总体合格率为98.0%。其中，化学药品抽验7398批次，合格率为98.0%；抗生素抽验2586批次，合格率为98.1%；中成药抽验3611批次，合格率为97.6%。流感疫苗的抽验合格率，连续两年为100%。对抽验不合格的药品、医疗器械，药品监管部门采取了责令召回、撤市以及行政控制等措施，依法进行处理。同时，国家采取一系列措施严厉打击制售假冒伪劣药品行为，确保公众用药安全。

二、药品安全监管的体制与法制

多年来，中国政府不断建立健全药品安全监管体制，完善药品安全监管技术支撑体系和药品安全监管法律法规体系，为药品安全监管提供体制和法制保障。

1998年中国组建了国家药品监督管理局，并于2003年成立国家食品药品监督管理局，负责对药品（包括中药材、中药饮片、中成药、化学原料药及其制剂、抗生素、生化药品、放射性药品、血清、疫苗、血液制品和诊断药品等）以及医疗器械的研究、生产、流通、使用进行行政监督和技术监督。目前，中国已建成了中央政府统一领导、省以下垂直管理的药品监管行政机构。截至2007年底，全国有药品监管行政机构2692个，其中，省级药品监管行政机构31个，市（地）级药品监管行政机构339个，县（市）级（含直辖市区县）药品监管行政机构2321个。建立药品监管技术监督机构1000余个。全国共有监管人员6.4万人。在广大农村地区，通过聘请药品安全协管员、信息员，维护农村药品安全，推进药品安全监督网建设。截至2007年底，全国共聘请农村药品安全协管员9.7万余人、信息员51.4万余人，建立农村药品监督网点达57.8万个。

国家不断加大药品安全监管的财政投入，重点提高药品安全检验检测能力和水平，为药品安全监管工作提供技术支撑。国家级药品技术监督机构主要包括：国家食品药品监督管理局下属的中国药品生物制品检定所、国家药典委员会、药品审评中心、药品认证管理中心、国家中药品种保护审评委员会、药品评价中心、国家药品不良反应监测中心、医疗器械技术审评中心等。这些机构重点承担日常检验检测、检验技术方法研究、实验动物保种、标准化研究、注册申请技术审评、药品不良反应监测等工作。此外，还有19个国家口岸药检所承担进口药品的注册检验和口岸检验，33个省级药品检验所负责辖区内药品抽验、复验、委托检验、药品注册复核检验、国家计划抽验以及国家药品标准起草等工作，325个地市药品检验机构负责辖区内药品抽验和委托检验。

在医疗器械监管方面，初步建立起由国家和省两级机构组成的医疗器械技术检测体系。其中，国家级医疗器械质量监督检验中心有10个，主要承担境内第三类医疗器械、进口医疗器械产品注册检验和国家医疗器械产品质量抽验；省级医疗器械检验机构有30个，主要承担辖区内医疗器械监督抽验和部分医疗器械产品注册检验；具有专业特长的高等院校、科研机构设立的医疗器械检测机构有9个，作为医疗器械检测能力的补充。还有22个不同专业的医疗器械专业标准化技术委员会，负责不同专业范围的医疗器械标准化工作。

中国重视药品安全监管的法律法规体系建设。1984年，全国人大常委会审议通过《中华人民共和国药品管理法》，第一次以法律的形式对药品研制、生产、经营和使用环节进行规定，明确了生产、销售假劣药品的法律责任，标志着中国药品监管工作进入了法制化轨道。该法于2001年进行修订，修订的主要内容包括：统一药品标准，取消了地方标准；加重了生产、销售假劣药品的法律责任；将药品生产、经营质量管理规范作为法定要求予以明确。《中华人民共和国药品管理法》以及相关法律法规，为加强药品监管，保证药品质量，维护人民群众用药权益提供了法律保障。

截至目前，国务院共颁布了17部与药品相关的行政法规，主要包括《关于加强食品等产品安全监督管理的特别规定》、《中华人民共和国药品管理法实施条例》、《麻醉药品和精神药品管理条例》、《放射性药品管理办法》、《血液制品管理条例》、《疫苗流通和预防接种管理条例》、《反兴奋剂条例》、《易制毒化学品管理条例》、《中药品种保护条例》等。

根据《中华人民共和国药品管理法》，国家药品监管部门制定了29个规章，主要包括《药品召回管理办法》、《药品注册管理办法》、《药物非临床研究质量管理规范》、《药物临床试验质量管理规范》、《药品生产监督管理办法》、《药品经营许可证管理办法》、《药品流通监督管理办法》等。药品监管部门还与卫生、工商、海关等部门联合发布了《药品不良反应报告和监测管理办法》、《药品广告审查发布标准》、《药品广告审查办法》、《药品进口管理办法》、《蛋白同化制剂、肽类激素进出口管理办法（暂行）》等规章。

中国政府重视医疗器械管理法规的制定。2000年，国务院颁布《医疗器械监督管理条例》。根据该条例，国家药品监管部门制定了10个规章，主要包括《医疗器械注册管理办法》、《医疗器械的分类规则》、《医疗器械标准管理办法》、《医疗器械临床试验规定》、《医疗器械生产监督管理办法》、《医疗器械生产企业质量体系考核办法》、《医疗器械说明书、标签和包装标识管理规定》等。药品监管部门还与工商部门联合发布了《医疗器械广告审查标准》、《医疗器械广告审查办法》。

目前中国已形成了以《中华人民共和国药典》和局颁标准为核心的国家药品标准体系。药品标准和部分医疗器械质量标准属于国家强制性标准。中国现有国家药品标准总计1.5万余种；医疗器械标准686项，其中，国家标准155项，行业标准531项。

早在1953年，中国政府有关部门就编印发行了《中华人民共和国药典》，截至目前，共颁布了8版，现行版为2005年版。2005年版药典收载的品种较以往有较大幅度增加，并且扩大了现代分析技术的应用，更加重视药品安全性指标，对制剂通则、分析检验方法和指导原则等进行了增修订。2005年版药典一部收载中药材及饮片、植物油脂和提取物、成方和单味制剂等，共1146种；2005年版药典二部收载化学药品、抗生素、生化药品、放射性药品以及药用辅料等，共1967种；2005年版药典三部收载生物制品，共101种。

中国重视国家药品标准的提高和规范，鼓励企业制订和执行高于国家标准的注册标准。政府有关部门正在分期分批对现行国家药品标准进行规范和提高，使国家药品标准的检测技术逐步达到国际先进水平。

三、药品安全监管的政策措施

中国从国情出发，借鉴国际先进经验，围绕提高药品安全性、有效性和质量可控性，制定政策措施，建立了涵盖药品研究、生产、流通、使用各环节的重要监管制度。

药品市场准入制度

为了从源头保障药品质量安全，国家对药品品种、药品生产经营企业以及相关涉药人员实行审批和资格认证制度。

——实行药品注册。对上市的新药、仿制药和进口药品，实行严格的技术审评和行政审批。在中国境内，只有取得药品批准文号或进口药品注册证书（医药产品注册证）的，方可生产或销售。根据各类药品申请的研究内容和技术要求特点，国家药品监管部门陆续制定并颁布实施了54项药品研究技术指导原则，基本建立了符合中国实际的药品注册技术审评体系。

——实行药品企业市场准入。对所有申请生产、经营药品的企业进行审核，重点审核人员资质、厂房环境、设备设施、营业场所、仓储条件、质量管理机构等，符合条件的发放生产或经营许可证。自药品生产、经营许可证制度实施以来，药品监管部门通过定期检查、换证工作，对药品生产经营企业进行清理。对原料药生产企业同样实行许可管理，只有获得许可的企业，才能生产经营原料药。

——实行生物制品批签发管理。国家对规定范围内的每批生物制品在出厂上市或者进口时进行强制性检验、审核，检验不合格或者审核不被批准者，不得上市或者进口。从2001年开始，国家分阶段对疫苗、血液制品、用于血源筛查的体外诊断试剂等生物制品实施国家批签发。2006年1月1日起，对所有预防用疫苗类制品实施批签发。2008年1月1日起，对所有血液制品实施批签发。生物制品批签发制度的实施，在控制艾滋病等传染性疾病传播，保障公众健康等方面发挥了重要作用。

——实行药品包装材料、标签和说明书审批管理。包装、标签、说明书是公众获取药品信息的重要渠道。在中国，直接接触药品的包装容器和材料必须符合药用标准，同时，药品包装也必须印有或者贴有标签并附有说明书。药品监管部门按照《药品说明书和标签的管理规定》，对药品包装、标签和说明书进行备案审核。

——实行执业药师资格认证。对企业药学专业技术人员实行资格考试、注册管理和继续教育的岗位准入控制，以保证药品质量和药学服务质量。自执业药师资格制度实施以来，药品监管部门逐步组建了考试、注册管理机构，规范了继续教育，形成了比较完善的组织工作体系。截至2007年底，全国15万余人取得执业药师资格。

药品质量管理规范

国家对药品研究、生产、流通等环节实行质量管理规范认证制度，从全过程加强药品质量安全控制。

——推行药物非临床研究质量管理规范（简称药物GLP）认证。为了提高药物非临床研究的质量，确保实验资料真实、完整、可靠，1999年国家颁布了《药物非临床研究质量管理规范》，并从2007年4月起实施药物GLP认证。目前共有27家药物非临床研究机构通过了药物GLP认证。自2007年1月1日起，未在国内上市销售的化学原料药及其制剂、生物制品，未在国内上市销售的从植物、动物、矿物等物质中提取的有效成分、有效部位及其制剂，从中药、天然药物中提取的有效成分及其制剂，以及中药注射剂的新药非临床安全性评价研究，都必须在通过药物 GLP 认证的实验室进行。

——推行药物临床试验质量管理规范（简称药物 GCP）资格认定。为了保障药物临床试验中受试者权益和临床试验结果的科学性、可靠性，1999 年国家颁布了《药品临床试验质量管理规范》，并从 2004 年 3 月 1 日起实施药物 GCP 资格认定。截至 2007 年底，通过药物 GCP 资格认定的临床试验机构共计 178 家。药物 GCP 资格认定工作推动了中国药物临床试验质量大幅度提高，越来越多的国际多中心临床试验在中国开展。

——实行药品生产质量管理规范（简称药品 GMP）认证。为保证药品生产质量可控，改革开放之初，中国引进药品 GMP 的概念，1988 年颁布了药品 GMP 并于 1995 年开始受理认证申请，现行药品 GMP 是 1998 年的修订版。结合国情，国家按药品剂型类别分步实施药品 GMP。1998 年完成对血液制品生产企业的药品 GMP 认证；2000 年完成对粉针剂、冻干粉针剂、大容量注射剂和基因工程产品生产企业的药品 GMP 认证；2002 年完成对小容量注射剂生产企业的药品 GMP 认证。2004 年实现化学原料药和全部药品制剂在符合药品 GMP 的条件下组织生产的目标，未通过认证的企业全部强制停产。从 2006 年 1 月 1 日起，分阶段实现了体外生物诊断试剂、医用气体、中药饮片在符合药品 GMP 条件下组织生产的目标。通过全面实施药品 GMP 认证，淘汰了不达标的企业，促进了企业质量管理水平提升和医药产业结构调整。

——实行药品经营质量管理规范（简称药品 GSP）认证。为了控制药品在流通环节可能发生质量事故的因素，消除质量事故隐患，2000 年国家颁布了《药品经营质量管理规范》。药品 GSP 认证工作经过了 2001 年认证试点、2002 年正式受理以及 2003 年各省（自治区、直辖市）药品监管部门组织辖区内药品经营企业认证等三个阶段。通过实施药品 GSP 认证，中国药品经营企业的整体水平有了较大提高，经营条件得到了很大改善，一批不规范经营的企业被淘汰。

药品分类管理制度

从 1995 年起，中国开始探索药品分类管理工作。1999 年，颁布了《处方药与非处方药分类管理办法（试行）》，逐步对处方药与非处方药进行分类管理。遴选和审批非处方药品种，开展处方药与非处方药的转换工作，先后公布了 4610 种非处方药（含中成药）。规范非处方药管理，制定非处方药说明书范本和说明书规范细则，公布了非处方药专有标识。药品监管部门将药品分类管理与药品零售企业 GSP 认证工作紧密结合，出台了处方药与非处方药分柜摆放、处方药不得开架自选销售、零售药店分类管理等规定。近年来，国家不断加大处方药监管力度，逐步加强处方药广告管理，停止了处方药在大众媒介的广告发布。稳步推行处方药凭处方销售管理制度，先后出台注射剂、抗菌药、激素等 11 类处方药必须凭处方销售的强制性规定。通过开展宣传和培训，提高公众对药品分类管理必要性的认识和理解。

特殊管理药品监管制度

中国政府历来重视麻醉药品、精神药品等特殊管理药品和易制毒化学品、兴奋剂等的监管工作，严防流入非法渠道。作为《1961 年麻醉品单一公约》、《1971 年精神药物公约》、《联合国禁止非法贩运麻醉药品和精神药物公约》和《反对在体育运动中使用兴奋剂国际公约》的缔约国，国家制定了麻醉药品、精神药品、易制毒化学品、兴奋剂等的管理法规和相应规章，并且制定和完善管理目录，建立了各部门协作的全面监管体系，积极强化特殊管理药品的监管。多年来，国家规范麻醉药品、精神药品和易制毒化学品的生产、流通秩序；建立监控信息网络，对特殊管理药品流向和数量实施动态监控；建立健全药物滥用监测网络，对药物滥用情况及其变化趋势进行监测，对麻醉药品和精神药品安全管理突发事件进行预警。针对近年出现的咖啡因贩毒案件、冰毒案件、氯胺酮滥用案件等，国家组织对咖啡因市场进行专项检查，加强冰毒前体麻黄素的监管，调整麻醉药品、精神药品目录，将有关物质纳入目录管理范围。

医疗器械监管制度

2000年中国发布实施《医疗器械监督管理条例》，初步建立了以产品上市前审批、上市后监督和警戒以及对生产企业监管为核心的医疗器械监管体系。其中，警戒主要包括不良事件监测、再评价和预警召回等制度；对生产企业监管的主要手段包括质量监督抽验、日常监管、专项检查和生产质量管理体系检查等。国家对医疗器械实施注册管理，注册审查包括产品检测、临床试验、生产质量管理体系现场审查等内容。根据风险程度的不同，将医疗器械产品分为一类、二类、三类，其中，三类医疗器械是指植入人体，用于支持、维持生命，对人体具有潜在危险，对其安全性、有效性必须严格控制的医疗器械。境内三类医疗器械和境外医疗器械产品的注册技术审评工作，由国家级医疗器械技术审评机构完成。境内一类和二类医疗器械的注册技术审评工作，由省级医疗器械技术审评机构完成。现行的《医疗器械分类目录》中，按照一类管理的医疗器械有108种，按照二类管理的医疗器械有127种，按照三类管理的医疗器械有71种。

国家基本药物制度

中国把基本药物制度作为保证“人人享有初级卫生保健”的重要基础，积极建立并完善国家基本药物制度，先后两次系统地遴选基本药物，四次调整基本药物目录。中国的基本药物目录涵盖了西药和中药。2006年7月，国家启动城市社区和农村基本用药工作，陆续公布了“首批城市社区、农村基本用药目录”、第一批基本用药定点生产企业名单、第一批定点生产的基本用药品种，并对定点生产的药品品种实行单独定价，引导药品生产企业为城市社区、农村医疗机构提供最常用的廉价药品。基本药物制度相关工作的开展，对满足广大人民群众基本用药需求，引导公众合理用药发挥了积极作用。

四、中药和民族药的监管

中药和民族药是中国医学科学的特色与优势，是中华民族优秀文化的重要组成部分。目前，国家批准上市的中成药共有9000多种，约计5.8万个批准文号。2007年，中药工业总产值达1772亿元人民币，占整个医药工业总产值的26.53%。中国政府高度重视中药在医疗预防保健中的作用，制定一系列行政法规和政策，不断完善中药监管，推动中药质量水平的稳步提高。

不断完善国家中药标准体系。现行的中药国家标准有7014个。其中，2005年版《中华人民共和国药典》收载中药材、中药饮片、油脂及提取物582个，中成药564个；部局颁标准收载中药材、中药饮片438个，中成药4690个，民族药材308个，民族成药432个。为确保中药注射剂的安全性和有效性，建立有效的质量控制方法，国家加强了中药注射剂标准化工作，2000年启动“已批准生产的中药注射剂质量标准的提高完善及指纹图谱工作”，发布了《中药注射剂指纹图谱研究技术要求》。目前，国家正在全面提高123种已上市中药注射剂的安全性与质量控制方法和指标，督促中药注射剂生产必须固定药材产地，严格控制原料药材、中间体和成品质量，实现对生产加工的全程质量控制。

实行中药品种保护制度。1992年，国家颁布实施《中药品种保护条例》，鼓励研制开发临床有效的中药品种，对质量稳定、疗效确切的中药品种实行分级保护。中药品种保护制度推动了中药整体质量水平的提高和科技进步，提高了中药生产的集约化水平。截至2007年底，先后公布2469个国家中药保护品种。

加强中药材管理。中药材直接影响中药饮片和中成药的质量。国家采取综合措施加强中药材管理，保护中药种质和遗传资源，加强优选优育和中药种源研究，从源头提升中药质量。目前，初步建立起中药数据库和种质资源库，并开展了珍稀濒危中药资源保护研究，全面禁止犀角、虎骨等珍稀濒危动物入药使用，限制天然麝香、天然牛黄等珍稀中药资源的使用范围，开展珍稀濒危中药资源的替代品研究。中药饮片、中成药的主要原料药材已实现人工栽培，正在逐步发展规范化种植和产业化生产。2002 年，国家颁布实施《中药材生产质量管理规范（试行）》（简称中药材 GAP），目前已在全国范围内试行中药材 GAP 认证。药品监管部门对提出认证申请的企业进行了现场检查，截至 2007 年底，有 48 家企业通过了中药材 GAP 认证。

提高中药饮片生产规范水平。中药饮片炮制是中药生产的特色工艺，具有地域差异性。中药饮片质量标准包括《中华人民共和国药典》、《全国中药材炮制规范》和地方中药材炮制规范。从 2004 年开始，国家推行中药饮片 GMP 认证，促进中药饮片现代化。截至 2007 年底，已有 343 家企业通过了中药饮片 GMP 认证。自 2008 年 1 月 1 日起，所有中药饮片生产企业必须在符合 GMP 的条件下生产。

五、药品安全监管的国际交流与合作

中国高度重视并积极参与各类国际药品安全活动，不断拓宽对外交流合作的渠道和领域，并认真履行国际义务，为维护世界各国消费者用药安全发挥积极作用。

中国药品监管部门积极开展国家间的交流与合作，已同美国、加拿大、法国、英国、欧盟、意大利、澳大利亚、古巴、巴西、韩国、新加坡、泰国等国家和地区的药品监管当局签署了合作协议或备忘录。2007 年，中国与美国就药品、医疗器械安全合作签署了合作协议，包括建立两国药品监管部门高层领导人会晤机制、加强对原料药（活性药物成分）的进出口监管等重要内容，为国家间合作解决进出口药品和医疗器械质量安全问题提供了有效途径。中国与美国、加拿大、法国、欧盟、意大利、澳大利亚、新加坡、泰国等国家和地区在传统药物等领域的合作取得重要成果，20 个中药材品种进入法国植物药用药手册目录，7 个中药材标准进入法国药典，4 个中药材标准由法国推荐进入了欧洲药典。中国与日本合作实施中日友好药物安全评价监测中心合作项目，建成了基本符合国际 GLP 规范的“国家新药安全评价监测中心”。中国与英国、俄罗斯等国家利用经贸合作联委会机制，在进出口药品和市场准入等方面进行了交流合作，促进了药品贸易的正常开展。

中国积极巩固和发展与世界卫生组织的合作关系。中国先后执行了基本药物制度建立、打击假药、监控抗生素的使用、提高药物可获得性、药品法规比较研究、生物制品安全性、信息建设等世界卫生组织计划内项目，以及药品不良反应（ADR）监测、GCP、疫苗 GMP 检查员培训等计划外项目。积极参加世界卫生组织在药品领域组织的各类重要活动，在质量标准等方面进行了广泛交流。中国积极承办各种国际会议，通过与国际组织的合作与交流，进一步了解国际药品监管现状和动向，汲取先进经验，为提升监管水平和参与国际协调发挥了积极作用。

近年来，中国与其他国家和地区在药品领域的非官方交流与合作日益活跃。中国药品生物制品检定所和国家药典委员会分别与美国药典会、欧洲药典会签署了合作备忘录，与英国国家生物制品检定所签署了合作协议。中国医药国际交流中心先后与 20 多个国家和地区的民间团体、学术组织等建立合作关系。中国药学会每年派团参加世界药学大会，并与美国药师协会、日本药学会等建立了日常工作联系。中国还积极开展与国际行业协会、学会、驻华商会的交流，推动中外医药界的广泛交流与合作。中国医药保健品进出口商会与日本、韩国、俄罗斯等 20 多个国家和地区的政府机构、行业组织建立了协作关系，促进药品知识产权保护，倡导药品进出口企业自律经营。

通过多年持续不懈地努力，中国的药品安全监管工作取得了显著进展。但是，作为世界上最大的发展中国家，中国的药品安全监管还面临着许多困难和问题。在医药产业结构调整和增长方式的转变、药品安全监管体制的改革、药品研制和创新能力的提升、药品安全风险的防控等方面，还有许多工作要做。今后，中国政府将深入贯彻落实科学发展观，坚持以人为本，进一步加强药品安全监管工作，努力促进广大公众健康水平的不断提高。中国将继续加强药品领域的国际交流与合作，同世界各国一道，为各国消费者提供安全、有效、质量可控的药品，为人类健康事业作出贡献。

中国老龄事业的发展

中华人民共和国国务院新闻办公室
（2006年12月）

目 录

前 言

二十世纪末，中国60岁以上老年人口占总人口的比例超过10％。按照国际通行标准，中国人口年龄结构已开始进入老龄化阶段。进入新世纪后，中国人口老龄化速度加快。2005年底，中国60岁以上老年人口近1.44亿，占总人口的比例达11％。

中国作为世界上最大的发展中国家，如何在老年人口基数增大、人口老龄化加快而且发展不平衡的条件下，保障老年人的合法权益，促进老龄事业的发展，是社会发展中面临的重大问题。

中国政府历来关心和重视老龄事业。多年来，国家大力弘扬中华民族敬老养老的文化传统，采取切实有效措施，积极探索适合中国国情的老龄事业发展模式。特别是近年来，中国政府全面贯彻落实科学发展观，积极应对人口老龄化挑战，把发展老龄事业作为经济社会统筹发展和构建社会主义和谐社会的重要内容，综合运用经济、法律和行政手段，不断推动老龄事业发展。

一、老龄事业国家机制

“老有所养、老有所医、老有所教、老有所学、老有所为、老有所乐”是中国老龄事业的发展目标。近年来，中国政府围绕这一目标，加强老龄法律法规政策建设，制定老龄事业发展规划，健全老龄工作体制，鼓励社会广泛参与老龄事业发展，开展国际交流与合作。

中华人民共和国成立以来，国家颁布一系列包括老年社会保障、老年福利与服务、老年卫生、老年文化教育和体育、老年人权益保障以及老龄产业等多方面内容的法律法规和政策。近二十年来，全国人大及其常委会、国务院及其有关部门颁布的老龄法律、法规、规章及有关政策达200余件，初步形成以《中华人民共和国宪法》为基础，《中华人民共和国老年人权益保障法》为主体，包括有关法律、行政法规、地方性法规、国务院部门规章、地方政府规章和有关政策在内的老龄法律法规政策体系框架。

中国政府先后颁布实施《中国老龄工作七年发展纲要（1994—2000年）》、《中国老龄事业发展“十五”计划纲要（2001—2005年）》和《中国老龄事业发展“十一五”规划》。国务院有关部门和地方各级人民政府，分别制定本部门老龄工作行动计划和本地方老龄事业发展规划。国家建立督查和评估制度，对规划的实施情况进行期中和期末检查，推动规划的落实。同时，建立老龄事业统计指标体系和老龄统计工作制度，为制定规划和完善督查评估工作提供基础数据。上世纪八十年代以来，先后三次进行全国范围的老年人口状况调查，为老龄事业的科学决策提供了重要依据。

国务院成立全国老龄工作委员会，统筹规划和协调指导全国的老龄工作，研究、制定老龄事业发展战略和重大政策，协调和推动有关部门实施老龄事业发展规划，指导、督促和检查各地老龄工作。全国老龄工作委员会主任由国务院副总理担任，成员单位由国家26个部门组成，委员由各成员单位一位副部长级领导担任。委员会下设办公室，负责日常工作。目前，全国已基本建立起省（自治区、直辖市）、地（市、州、盟）、县（市、区、旗）、乡镇（街道）各级老龄工作委员会及其办事机构，村（居）民委员会有专人负责老龄工作，初步形成从中央到地方的工作网络。

国家通过政策和舆论引导等多种形式，积极营造发展老龄事业的社会环境，引导全社会关心、支持和参与老龄事业的发展。充分利用市场机制，引导和扶持企事业单位为老年人提供多样化的产品和服务。广泛动员社会力量，推动全国和地方性涉老社团筹措老龄事业发展基金、组织大型文体活动、开展老龄科研、发展老年教育。推动各地基层群众组织、志愿者队伍丰富老年人精神文化生活，开展各种为老服务。

中国政府先后派出高级别代表团参加联合国召开的第一、第二次世界老龄大会以及有关国际性和地区性老龄会议，成功承办联合国第二次世界老龄大会亚太地区后续行动会议以及一系列国际和地区性老龄会议，参与制定并积极履行国际老龄行动计划及亚太地区老龄行动计划。积极开展老龄领域全球性及区域性的多边和双边交流与合作，加入6个国际老龄组织，与90多个国家和地区的老龄组织建立业务联系。与联合国有关组织、欧盟以及一些国家的政府和非政府组织在老龄科研、老年扶贫以及老年教育等领域开展项目合作。

二、养老保障体系

建立与经济社会发展和人口老龄化水平相适应的养老保障制度，是中国发展老龄事业的重要任务和优先领域。近年来，中国逐步建立健全政府、社会、家庭和个人相结合的养老保障体系，努力保障老年人基本生活。

建立城镇养老保险体系

近年来，中国政府逐步建立覆盖城镇各类企业职工、个体工商户和灵活就业人员的统一的城镇企业职工基本养老保险制度。截至2005年底，全国基本养老保险参保人数达1.75亿人，其中4367万离退休人员享受养老保险待遇，当年养老保险基金支出达4040亿元人民币。国家建立基本养老金正常调整机制，根据职工工资增长和物价变动情况适时调整企业退休人员基本养老金水平。建立国家机关和事业单位工作人员离退休制度，由国家财政或单位按国家规定标准支付离退休费。

国家多渠道筹集基本养老保险基金，努力增加应对人口老龄化的资金储备，确保企业离退休人员基本养老金的按时足额发放。加强基本养老保险基金征缴，截至2005年底，全国基本养老保险基金累计结余达4041亿元人民币，当年征缴收入总额达4312亿元人民币。加大财政补助力度，2005年各级财政补助基本养老保险基金651亿元人民币。建立全国社会保障基金，到2005年底，全国社会保障基金积累资金达2010亿元人民币。

国家积极发展补充性养老保险，引导和扶持有条件的企业为职工建立企业年金，由企业和职工共同缴费，实行基金完全积累，个人账户管理。2005年底，全国已有2.4万家企业建立企业年金，参加职工达924万人。国家还鼓励开展个人储蓄性养老保险，多渠道加强老年人的生活保障。

探索建立农村养老保障体系

中国老年人口近60%分布在农村。中国政府立足农村经济社会发展水平，积极发挥土地保障和家庭赡养功能，探索建立农村社会养老保障制度，努力保障广大农村老年人的基本生活。

发挥土地养老的保障作用，保护包括广大老年人在内的农民土地承包经营权。《中华人民共和国老年人权益保障法》规定，赡养人有义务耕种老年人承包的田地，照管老年人的林木和牲畜等，收益归老年人所有，以保障老年人的基本生活来源。提倡签订“家庭赡养协议”，规范赡养内容和标准，由村（居）民委员会或有关组织监督协议的履行，以保证老年人享受赡养扶助的权利。目前，中国农村普遍开展了“家庭赡养协议”签订工作，到2005年底，已签订“家庭赡养协议”1300多万份。

探索建立农村社会养老保险制度。2005年底，全国已有31个省（自治区、直辖市）约1900个县（市、区、旗）开展了农村社会养老保险工作，5400多万农民参保，积累保险基金约310亿元人民币，300多万参保农民领取养老金，当年支付养老保险金21.3亿元人民币。

积极发展多种形式的保障制度，把农村特殊老年群体优先纳入社会保障范围。对无劳动能力、无生活来源、无法定赡养人、扶养人，或者其法定赡养人、扶养人确无赡养、扶养能力的农村老年人，由国家实施在吃、穿、住、医、葬方面给予生活照顾和物质帮助的“五保”供养制度。目前，全国享受“五保”供养的老年人达460多万人。对执行计划生育政策的农村独生子女或两女户夫妇，在年满60周岁以后，由中央或地方财政安排专项资金，实施计划生育家庭奖励扶助制度。2005年底，享受该奖励扶助的人群达到135万人。中国政府重视城镇化过程中被征地农民的养老问题，确保被征地农民基本生活和长远生计，逐步将被征地农民纳入社会保障体系。目前已有15个省（自治区、直辖市）出台了被征地农民社会保障办法，约600万人被纳入社会保障范围，筹集资金约500亿元人民币。

建立贫困老年人救助制度

中国政府把缓解和消除老年贫困纳入国家反贫困战略和老龄事业发展规划。国家建立城市居民最低生活保障制度，对人均收入低于当地最低生活保障标准的家庭按标准给予补助。2005年，包括贫困老年人在内的2233万城市贫困人口领取了最低生活保障金，基本实现应保尽保。在农村，国家实施特困户定期定量救助和临时性生活救助制度，在有条件的地区积极探索建立农村最低生活保障制度。目前已有865万农村人口被纳入农村特困户定期定量救助，985万农村人口被纳入农村最低生活保障，其中包括不符合“五保”条件的贫困老年人。国家鼓励有条件的地方建立养老基地，发放养老补贴和高龄津贴，积极改善老年人的生活。地方政府积极组织实施开发式扶贫，扶持低龄、健康、有劳动能力的贫困老年人从事种植、养殖和加工等项目，增强贫困老年人的生产自助能力。积极发挥社会力量在老年贫困救助中的作用，推动各地老年基金会等社会团体、企事业单位和个人开展慈善救助和社会互助，创造结对帮扶、认养助养、志愿服务、走访慰问等多种救助形式，普遍为贫困老年人提供多样化扶助。

三、老年医疗保健

加强老年医疗保障和卫生服务，增进老年期健康，是提高老龄社会全民健康和生命质量的重要内容。中国政府重视加强城乡老年人的医疗保障，加大老年卫生工作力度，发展老年医疗卫生服务，努力保障老年人的基本医疗需求，增进老年人的身心健康。

加强城乡老年人医疗保障

国家建立社会统筹与个人账户相结合的城镇职工基本医疗保险制度，规定退休人员个人不缴纳基本医疗保险费，对个人账户计入金额和个人负担医疗费的比例给予适当照顾。各地普遍将老年常见病、慢性病等大额医疗费用纳入社会统筹基金支付范围，减少退休人员个人的支付比例。2005年底，全国参加基本医疗保险的退休人员达3761万人。

国家积极采取多种补充性医疗保障措施，努力减轻老年人的医疗费负担。实行公务员医疗补助办法，由财政为包括退休人员在内的国家公务员提供医疗费用补助。政府推动各地建立大额医疗费用补助办法，由个人或企业缴费筹资，为患大病、重病以及长期慢性病的职工及退休人员解决超过统筹基金最高支付限额以上的医疗费用。有条件的企业建立了补充医疗保险，解决基本医疗保险待遇以外的医疗费用。中国政府积极探索建立城市社会医疗救助制度，通过财政拨款、彩票公益金和社会捐助等多种渠道筹集医疗救助基金，对困难群众就医给予补助。到2005年底，医疗救助试点县（市、区、旗）达1119个，全年累计救助163.3万人次。

从2003年起，国家开始进行个人缴费、集体扶持和政府资助相结合的新型农村合作医疗制度试点工作。到2006年6月底，全国新型农村合作医疗试点县（市、区、旗）扩大到1399个，覆盖农业人口4.95亿，3.96亿农民参加新型农村合作医疗，试点地区老年人参加新型农村合作医疗的比例超过73％；全国共补偿参加新型合作医疗的农民2.82亿人次，补偿资金支出144.12亿元人民币。国家要求各地为70岁以上农村老年人参加新型合作医疗给予适当政策优惠，照顾老年人的特殊需求。积极建立农村医疗救助制度，采取政府拨款和社会捐助相结合筹集救助资金，资助农村“五保”老年人和困难群众参加新型农村合作医疗，对因患大病个人医疗费负担过高、影响家庭基本生活的贫困农民给予适当补助，在一定程度上缓解了老年人基本医疗困难。目前31个省（自治区、直辖市）全部建立了农村医疗救助制度，2005年农村实施医疗救助达1112万人次，救助资金总支出10.8亿元人民币。

中国积极开展针对老年人的专项医疗救助和康复救助活动。通过实施国家残疾人事业发展纲要，开展以西部地区为重点的“让老年人重见光明行动”项目等，为约600万名老年白内障患者实施复明手术，并为边远贫困地区的老年缺肢者、听力障碍者免费装配假肢、验配助听器，帮助贫困、残疾老年人恢复或补偿功能。

发展老年医疗卫生服务

国家加强对老年医疗卫生工作的规划和领导。制定实施《老年医疗保健“八五”规划（1991—1995年）》，两次颁发加强老年卫生工作的政策性文件，把老年医疗保健工作纳入《全国健康教育与健康促进工作规划纲要（2005—2010年）》、《中国护理事业发展规划纲要（2005—2010年）》、《中国精神卫生工作规划（2002—2010年）》等一系列卫生工作发展规划。成立全国老年卫生工作领导小组和老年卫生工作专家咨询委员会，加强对全国老年卫生工作的指导协调和科学决策。

国家鼓励有条件的大中型医疗机构开设老年病专科或老年病门诊，积极为老年人提供专项服务。根据区域卫生规划，建立能够提供老年病防治、老年康复和临终关怀等服务的医疗卫生服务机构。各地医疗机构普遍为70岁以上老年人提供了挂号、就诊、取药、住院等方面的优先优惠服务。2006年，国家颁布实施《国民经济和社会发展“十一五”规划纲要》，把实施爱心护理工程，加快发展面向高龄病残老年人的护理服务设施纳入规划重点。

加快建设城市社区卫生服务体系，推动各地把老年医疗保健纳入社区卫生工作重点，努力为老年人提供安全、有效、便捷、经济的卫生服务。各地积极引导基层医疗卫生机构向社区卫生服务机构转型，开展老年保健、医疗护理和康复等服务。截至2005年底，全国城市已设立社区卫生服务中心（站）1.5万多个，95％的地级以上城市、86％的市辖区和一批县级市开展了城市社区卫生服务。基层医疗机构根据老年人的特殊需求，提供家庭出诊、家庭护理、日间观察、临终关怀等服务。老年人的部分基本健康问题在社区得到解决。

国家针对老年人健康特点，积极开展卫生保健宣传。利用广播、电视、报刊、社区宣传栏等多种形式宣传普及老年期养生和保健常识。各级医院常年面向所在社区开办健康讲座，为慢性病患者开健康处方。国家制定健康老年人标准，开展全国健康老年人评选活动，积极推广科学、健康的生活方式。加强心脑血管病、糖尿病等慢性疾病的三级预防工作，制定高血压、糖尿病的防治指南和管理方案并逐步推广，促进老年慢性疾病的早期发现、早期诊断和早期治疗。从1991年起，中国政府开始把老年病防治研究工作纳入国家科技计划。目前，全国从事老年病防治研究的机构达50多家。

推动老年群众性体育健身活动

中国政府大力推动老年群众性体育健身活

动，努力增强老年人体质，提高健康水平。2005年底，全国县以上各级行政区划、70％的城市社区和50％的农村乡镇建立了老年人体育协会，加强对老年群众体育活动的组织和指导。近年来，国家实施“全民健身工程”，加强公益性体育健身场地和设施建设，为老年人开展体育健身活动提供场所。目前，全民健身工程（点）已建成3万多个。从2001年起，中国组织实施了“亿万老年人健身活动”，吸引更多老年人参加到体育健身行列中来。目前，全国参加经常性体育健身活动的老年人达5800多万人。

四、为老社会服务

加快为老社会服务体系建设，是保障老年人不断增长的社会服务需求的重要举措。近年来，中国政府大力发展社区为老服务，不断改善老年人居家养老的支持环境。同时，积极推进机构养老服务，努力满足老年人多样化的为老社会服务需求，初步形成以居家养老为基础、社区服务为依托、机构养老为补充的为老社会服务体系。

国家颁布《关于在全国推进城市社区建设的意见》、《关于加强和改进社区服务工作的意见》等一系列政策文件，采取积极措施，加大投入力度，加强社区建设与服务工作，为包括广大老年人的社区居民提供多种便民利民服务，使老年人居家养老的服务环境不断改善。2005年底，全国城市社区服务设施达到19.5万处，综合性社区服务中心8479个。各地采取上门服务、定点服务和巡回服务等方式，为老年人提供生活照料、家政服务、紧急救援以及其他便利老年人的无偿、低偿服务项目。从2001年起，中国政府连续三年实施建设社区老年福利服务设施的“星光计划”，总投资134亿元人民币，建成“星光老年之家”3.2万个，涵盖老年人入户服务、紧急援助、日间照料、保健康复和文体娱乐等多种功能，受益老年人超过3000万。2005年，全国平均每个街道有1.32个城市老年福利机构，每9.8个社区居委会有1个城市老年福利机构。

近年来，国家加大资金投入，在城镇建立面向“三无”老人（无劳动能力、无生活来源、无法定赡养人、扶养人，或者其法定赡养人、扶养人确无赡养、扶养能力的城市老年人）的社会福利院，大力发展老年公寓、养老院和老年护理院，为不同经济状况和生活能力的老年人，特别是高龄病残人群提供机构养老服务；在农村加强敬老院建设，为“五保”老人提供集中供养场所和生活服务。颁布《关于加快实现社会福利社会化的意见》、《关于加快发展养老服务业的意见》等政策文件，鼓励和调动社会力量，采取公建民营、民办公助、政府补贴、购买服务等多种形式，推动养老机构较快发展。2005年底，全国城乡有社会福利院、敬老院、养老院、老年公寓和老年护理院等养老服务机构39546个，总床位149.7万张，其中农村乡镇敬老院29681个，总床位89.5万张。国家加强对养老服务机构的规范化管理，先后颁布了《国家级福利院评定标准》、《社会福利机构基本规范》等规范性文件，努力提高机构养老服务质量和水平。

国家通过学校教育、在职教育和岗位培训等形式，培养为老服务需要的管理和服务人才。国家颁布《社会工作者职业水平评价制度暂行规定》和《社会工作者职业水平考试实施办法》，鼓励和吸引专业社会工作者和高等院校社工专业毕业生到福利服务机构工作。政府发布养老护理员职业目录，颁布实施国家职业标准，加强养老服务队伍的专业化和规范化建设。2005年底，取得养老护理员资格的为老服务人员近2万人。发展志愿者组织，在全国范围开展志愿者为老服务“金晖行动”，组织动员广大青少年和其他社会公众加入为老服务志愿者行列，通过与养老机构和居家老年人结对帮扶等形式，为老年人提供生活照料、医疗保健、法律援助等多方面服务。截至目前，全国共有1300万人次的志愿者为280多万名老人提供了超过6.3亿小时的志愿服务，建立志愿者为老服务站6万多个。

五、老年文化教育

发展老年文化教育是提高老年人精神文化生活水平的要求。中国重视发展老年文化教育事业，丰富老年人的精神文化生活，不断满足老年人精神文化需求。

中国政府在大中城市逐步建立设施完备、功能齐全的综合性老年活动中心，在县（市、区、旗）建立老年文化活动中心，乡（镇）、街道设立老年活动站（点），基层村（社区）开设老年活动室。到2005年底，城乡老年文体活动设施达67万多个。各级政府在原有或新建的公益性文化设施中开辟老年人活动场所，有关部门管辖的文化活动场所也积极向老年人开放。国家财政支持的图书馆、文化馆、美术馆、博物馆、科技馆等公共文化服务设施以及公园、园林、旅游景点等公共文化场所向老年人免费或优惠开放。老年人社会文化生活的条件不断改善。

国家积极提供符合老年人特点的精神文化产品。中央和省级广播电台、电视台开办老年节目或老年栏目。2005年底，全国共出版老年类报纸24种，期发行量280万份；老年类期刊23种，期发行量305.8万册。文艺、影视、戏剧和出版界创作了大量老年人喜闻乐见的文艺作品。各级文化部门积极组织文艺团体深入基层，创作和表演深受老年人欢迎的文艺节目。大力提倡和扶持各种有益于老年人身心健康的文化娱乐活动，国家财政每年拨专款支持举办全国老年文艺演出、中国老年合唱节等大型活动，开展国际间老年文化艺术交流。各地经常组织开展形式多样、健康向上的社区老年文化活动。群艺馆、文化馆、文化站等公共文化机构加强对老年文化活动的指导，培养了大批老年业余文艺骨干，在活跃和丰富广大老年人精神文化生活中发挥了重要作用。城乡老年群众文艺活动组织迅速发展，成为老年群众性文化活动的中坚力量。

国家重视保障老年人受教育权利，加大投入，积极扶持，推动老年教育事业迅速发展。各级政府、有关部门和企事业单位创办了一批示范性老年大学，同时依托省、市、县各级现有群众文化设施多渠道、多层次发展老年教育，努力实现“县县有老年大学”的目标，并逐步向社区、乡镇延伸。一些地方充分运用现代传媒手段，开办面向老年人的电视和网络学校，扩大老年教育覆盖面。目前已初步形成多层次、多形式、多学制、多学科的老年教育体系。老年人通过学习达到了增长知识、丰富生活、陶冶情操、增进健康、服务社会的目的。2005年底，中国的老年大学（学校）已发展到2.6万多所，在校学员230多万人。

六、老年人参与社会发展

国家重视和珍惜老年人的知识、经验和技能，尊重他们的优良品德，积极创造条件，发挥老年人的专长和作用，鼓励和支持老年人融入社会，继续参与社会发展。

《中华人民共和国老年人权益保障法》设专章保障老年人参与社会发展的权益。中国颁布的老龄事业发展计划或规划都把鼓励老年人参与社会发展作为重要内容，并为发挥离退休高级专家和专业技术人员作用制定专项政策。在城镇，各级政府根据经济、社会和科技发展需要，引导老年人参与教育培训、技术咨询、医疗卫生、科技应用开发以及关心教育下一代等活动。在农村，鼓励低龄健康老年人从事种植、养殖和加工业。据有关统计，在老年人口中，城市曾参加社会公益活动的老年人占38.7%，继续从事有收入工作的老年人占5.2%；农村老年人从事农业劳动的占36.4%。从2003年起，国家开始组织以老年知识分子发挥科技知识和业务专长援助西部地区和本地欠发达地区为主要内容的“银龄行动”，目前已在24个省（自治区、直辖市）为受援地群众治病20多万人次，培训医务骨干和中小学教师3.8万人。在全国范围内实施“爱心助成长”志愿服务计划，以健康低龄老年人为主体组成志愿者队伍，广泛开展德育行动、宣讲行动、监察行动、护苗行动和关爱行动，帮助青少年解决学习、生活、心理等问题，目前该计划已在全国100多个城市展开。

在政府的引导和扶持下，中国老教授协会、老科技工作者协会、老年法律工作者协会等全国性老年社会团体已发展到13家，分会遍及全国各地。中国老教授协会和老科技工作者协会的个体会员数量超过65万人。各地成立了退休工程师协会、老教育工作者协会、离退休医务工作者协会等一批以老年知识分子为主体的社会团体，组织老年知识分子继续为社会经济发展作贡献。各地重视城乡基层老年群众组织建设，2005 年底，城市社区和农村老年人协会发展到 31.7 万个，在组织广大老年人参与基层社区建设、社会公益活动和维护老年人自身权益等方面发挥了积极作用。

近年来，国家颁布《城市道路和建筑物无障碍设计规范》，制定《无障碍设施建设工作“十五”实施方案》以及《民用机场旅客航站区无障碍设施设备配置标准》、《铁路车站及枢纽设计规范》、《铁路旅客车站建筑设计规范》、《铁路站场客货运设备设计规范》等一系列标准规范，大中城市道路、车站、机场、商场、公交站点、住宅居住区和其他公共建筑的无障碍设施建设发展较快，老年人安居和参与社会生活的设施环境不断改善。开展了创建全国无障碍设施建设示范城（区）活动，北京、上海、天津等 12 个城市被确定为首批全国无障碍设施建设示范城（区）创建城市。

七、老年人合法权益保障

国家尊重和保护老年人合法权益，充分运用法律和道德等手段，加强老年人权益保障工作，促进老年人各项合法权益的实现。

《中华人民共和国宪法》规定：“中华人民共和国公民在年老、疾病或者丧失劳动能力的情况下，有从国家和社会获得物质帮助的权利”；“成年子女有赡养扶助父母的义务”；“禁止虐待老人、妇女和儿童”。《中华人民共和国老年人权益保障法》、《中华人民共和国民法通则》、《中华人民共和国继承法》、《中华人民共和国婚姻法》、《中华人民共和国刑法》、《中华人民共和国治安管理处罚法》等基本法律，都明确了老年人的权利以及侵害老年人权利应承担的法律责任。目前，全国已有 30 个省（自治区、直辖市）制定实施了保护老年人合法权益的专项地方性法规。国家在社会生活中充分尊重和照顾老年人。2005 年发布的《关于加强老年人优待工作的意见》，在经济供养、医疗保健、生活服务、文体休闲和维权服务等方面提出了对老年人实行优先优惠服务和照顾的要求。目前，各省（自治区、直辖市）都制定了对老年人实行优待的政策，使老年人充分享受到社会的尊重和关爱。

人民法院认真审理虐待、遗弃、伤害老年人的刑事案件，依法制裁侵犯老年人人身和财产权利的犯罪行为。对老年人因养老、医疗等纠纷提起的诉讼，予以优先立案、优先审理和优先执行。部分基层人民法院设立了专门处理涉老民事纠纷案件的“老年法庭”，建立了涉老案件陪审员制度。最高人民法院制定有关司法救助的规定，对贫困老年人的诉讼费用实行缓交、减交和免交。2005 年，3 万多老年人获得司法救助。公安机关依法严厉打击各种侵害老年人合法权益的违法犯罪活动，有力保护老年人的人身和财产安全。司法行政部门积极做好老年法律援助和法律服务工作。各地法律援助和法律服务机构为老年人提供优先或优惠服务。遍布城乡的基层人民调解组织在调解涉老纠纷、保护老年人权益方面发挥了重要作用。2001 年至 2005 年，法律服务机构平均每年为老年人提供法律援助 4 万多件，代理诉讼和非诉讼法律服务 40 多万件，调解涉老纠纷 40 多万件。

各级人大常委会定期或不定期开展执法检查，推动政府有关部门依法履行职责，落实老年人的各项合法权益。2001 年至 2005 年，全国县级以上人大常委会开展老龄法律法规的执法检查达 3000 余次。各级人民政协履行民主监督职能，为政府改进老年人权益保障工作建言献策。2001 年至 2005 年，全国政协委员提出涉老提案近 1000 件。各级政府部门加强信访工作，畅通群众监督的渠道。老年人通过信访主张自己的权利，反映意见和建议。2005 年，全国老龄工作机构共受理老年人来信来访近 40 万件（次）。新闻媒体围绕老年人权益保障问题开展多种形式的舆论监督。

中国政府重视老龄法律法规政策的宣传普及工作，把《中华人民共和国老年人权益保障法》纳入“三五”（1996—2000 年）、“四五”（2001—2005 年）和“五五”（2006—2010 年）普法计划，开展了形式多样的宣传学习活动，强化全社会维护老年人合法权益的法律意识和老年人的自我保护意识。各级政府采取多种形式，大力弘扬中华民族敬老养老的优良传统，提高社会的敬老意识和水平。各地普遍设立老人节或敬老日，在每年中国传统节日重阳节和本地敬老节日期间，政府有关部门积极组织大型宣传教育活动和敬老活动。各地把青少年作为宣传教育的重点，将敬老教育内容纳入中小学教学课程，在青少年中开展"敬老爱老助老主题教育活动"，弘扬敬老养老的社会风尚。

中国的老龄事业取得的成就有目共睹。但是，作为有着13亿人口的发展中国家，中国的老龄事业还存在着问题和不足。例如，老龄法律法规还不够健全，侵害老年人合法权益的现象时有发生；社会保障制度尚需完善，一些城镇生活困难老年人的保障水平较低，部分农村老年人口的贫困问题还比较突出；全社会尊老敬老的社会氛围有待于进一步形成，等等。在中国，解决好老龄问题，促进老龄事业不断发展，任务十分艰巨。当前，中国老年人口正以年均约3%的速度增长，面对日益严峻的人口老龄化挑战，中国政府将积极采取更加有效的战略措施，努力推动老龄事业与经济社会协调发展，促进老年人共享经济社会发展成果。

中国的人力资源状况

中华人民共和国国务院新闻办公室

（2010年9月）

目　录

前　言

中国是世界上人口最多的发展中国家，13亿人口中蕴涵着极其丰富的人力资源。积极开发人力资源，充分发挥每个人的潜能和价值，促进人的全面发展，为国家现代化建设提供强大的人力和智力支撑，实现由人力资源大国向人力资源强国的转变，是中国政府始终面临的重大课题和不懈推进的重大事业。

新中国成立后特别是20世纪70年代末实行改革开放以来，中国政府坚持以人为本的理念，积极贯彻"尊重劳动、尊重知识、尊重人才、尊重创造"的方针，制定了一系列解决就业问题和发展教育、科技、文化、卫生、社会保障事业的政策措施，努力为实现人的全面发展创造良好的环境和条件。当前，中国就业形势保持总体稳定，国民受教育程度和健康水平显著提高，一大批国家建设急需的各类人才脱颖而出，为推动中国经济社会各项事业发展发挥了重要作用。

按照建立社会主义市场经济体制的要求，为推动科学发展，促进社会和谐，中国政府注重发挥市场配置人力资源的基础性作用，大力推进经济、科技、教育等体制改革，不断深化干部人事制度改革，实施科教兴国战略、人才强国战略和积极的就业政策，建立和完善人力资源培养、吸引、使用和保障机制，加快人力资源法制建设，走出了一条适合中国国情的人力资源开发道路。

一、中国人力资源的基本状况

人口众多、劳动力资源丰富是中国的基本

国情。多年来，中国政府采取积极有效的政策措施，大力加强人力资源的开发利用，使中国的人力资源状况发生了显著变化。

人力资源规模不断扩大。截至 2009 年底，中国总人口达到 133474 万人（不含香港、澳门特别行政区和台湾省），其中，劳动力资源 106969 万人，比 2000 年增加 11267 万人；就业人员 77995 万人，其中，城镇就业人员 31120 万人，分别比 2000 年增加 5910 万人和 7969 万人。

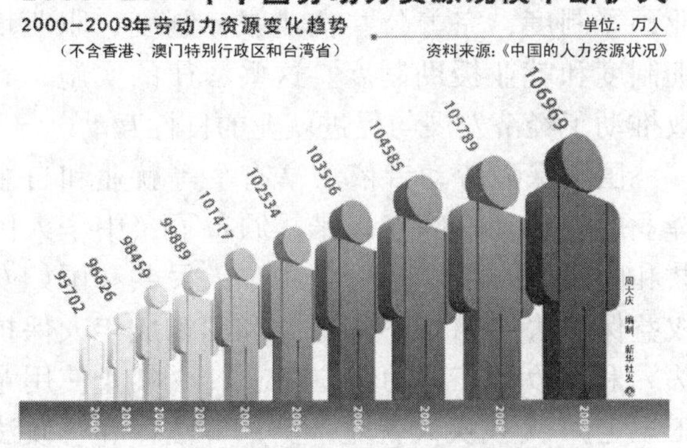

2000—2009 年中国劳动力资源规模不断扩大

（新华社发）

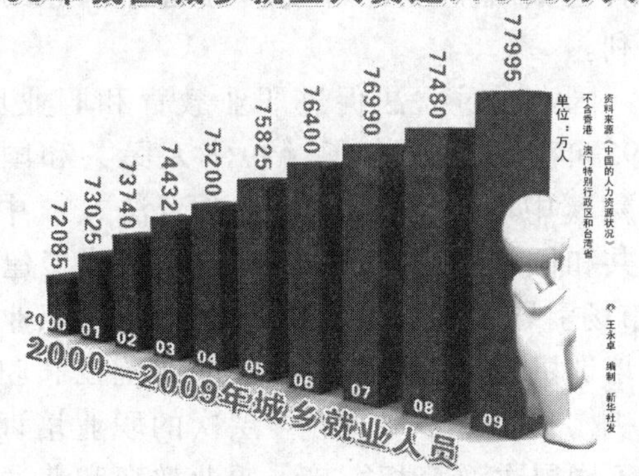

2009 年我国城乡就业人员达 77995 万人

（新华社发）

国民受教育水平明显提高。中国实行教育优先的发展战略，建成了比较完善的现代国民教育体系。2000 年实现了基本普及九年制义务教育和基本扫除青壮年文盲的目标。高中阶段教育普及率大幅提升，职业教育得到重点加强，高等教育进入大众化阶段。2009 年，全国普通高中在校生 2434.28 万人，各类中等职业教育在校生 2195.16 万人；普通高等教育本专科在校生 2144.66 万人，在学研究生 140.49 万人。教育事业的发展，使就业人员的受教育水平显著提高。截至 2009 年底，全国 15 岁以上人口平均受教育年限接近 8.9 年；主要劳动年龄人口平均受教育年限为 9.5 年，其中受过高等教育的比例为 9.9 %；新增劳动力平均受教育年限达到 12.4 年。

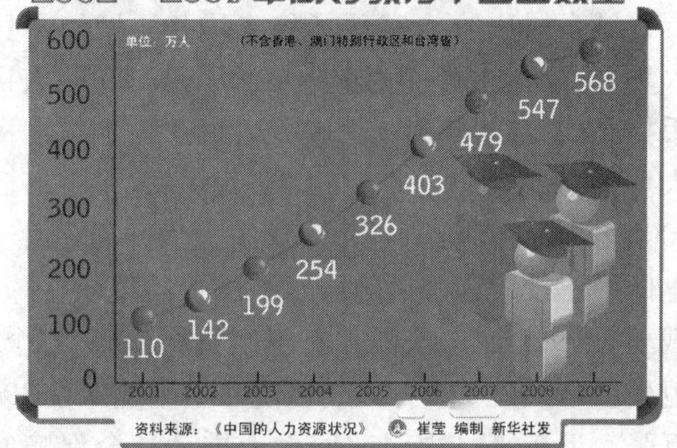

2001—2009 年高等教育毕业生数量

（新华社发）

就业人员产业布局日趋优化。随着中国经济发展和产业结构调整，第一产业就业人员比例大幅下降，第三产业就业人员比例有较大提高。2009 年，第一、二、三产业就业人员的比例由 2000 年的 50.0：22.5：27.5 改变为 38.1：27.8：34.1。

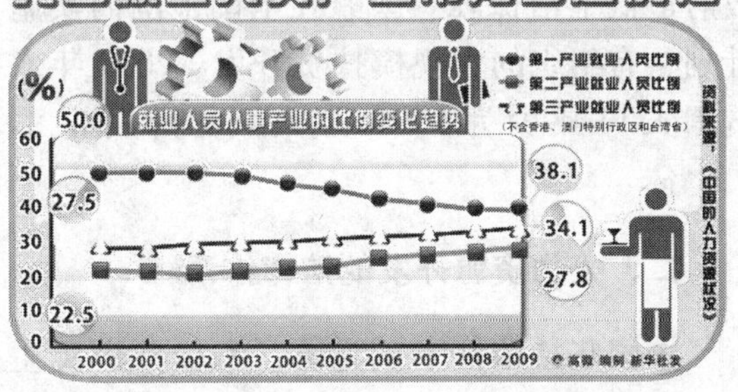

我国就业人员产业布局日趋优化

（新华社发）

人才资源开发取得积极进展。人才是指具有一定的专业知识或专门技能，进行创造性劳动并对社会作出贡献的人，是人力资源中能力和素质较高的劳动者。中国政府制定和实施一系列重大方针政策，统筹推进党政人才、企业经营管理人才、专业技术人才、高技能人才、农村实用人才和社会工作人才等各类人才队伍建设。经过多年努力，人才资源总量不断增加，人才素质明显提高，人才结构进一步优化，人才使用效能逐渐提高。截至2008年底，全国人才资源总量达到1.14亿人。

收入、卫生、社会保障等人力资源发展的保障条件逐步改善。随着社会经济持续快速发展，城乡居民收入实现了稳步增长。城镇居民人均可支配收入，由1949年的不足100元人民币提高到2008年的15781元人民币；农村居民人均纯收入由1949年的44元人民币提高到2008年的4761元人民币。国家大力开展公共卫生体系建设，为国民健康水平的提高提供保障，截至2009年底，全国共有卫生机构28.9万个、卫生技术人员522万人、医院和卫生院床位396万张。近年来，中国政府大力推动社会保障制度建设，加快建立覆盖城乡居民的社会保障体系，努力实现人人享有基本生活保障。2009年，城镇基本养老保险参保人数达23550万人；城镇职工基本医疗保险、城镇居民基本医疗保险和新型农村合作医疗保险参保人数合计超过12亿人；失业、工伤和生育保险参保人数分别达到12715万人、14896万人和10876万人。中国实行最低生活保障制度，截至2009年底，有2347.7万城镇居民和4759.3万农村居民享受了政府最低生活保障。国家在全国范围内实施有计划、有组织的大规模扶贫开发，2009年农村贫困人口减少为3597万人，贫困发生率为3.6%。

二、人力资源开发的法律体系

中国坚持依法治国方略，积极推进民主立法、科学立法，为人人享有公正平等的发展权利，为科学开发人力资源提供法制保障。经过多年发展，中国逐步形成以宪法为根本依据，以劳动法、公务员法为基础，以劳动合同法、就业促进法、劳动争议调解仲裁法为主体，其他单项法律和行政法规为重要组成部分的人力资源开发法律体系。

促进就业的法律制度

为实现扩大和稳定就业的发展目标，1994年中国颁布《中华人民共和国劳动法》，明确提出国家通过促进经济和社会发展，创造就业条件，扩大就业机会。2007年颁布《中华人民共和国就业促进法》，确立了国家执行“劳动者自主择业、市场调节就业、政府促进就业”的方针，建立促进就业的政府责任体系，实施有利于促进就业的产业、投资、财税政策，统筹城乡、区域和不同社会群体的就业，建立失业预警制度，完善公共就业服务制度、职业培训制度和就业援助制度。这些法律的实施，有效推动了经济发展与促进就业的良性互动。

国家保障劳动者依法享有平等就业和自主择业的权利。1988年以来，颁布了《中华人民共和国残疾人保障法》、《中华人民共和国妇女权益保障法》、《中华人民共和国未成年人保护法》和《女职工劳动保护规定》、《禁止使用童工规定》、《残疾人就业条例》等法律和行政法规。《就业促进法》专门设立了“公平就业”章，规定劳动者就业不因民族、种族、性别、宗教信仰等不同而受歧视，并特别指出农村劳动者进城就业享有与城镇劳动者平等的劳动权利。

国家通过立法促进职业教育和职业培训。1995年以来，颁布了《中华人民共和国教育法》、《中华人民共和国职业教育法》、《中华人民共和国民办教育促进法》等法律，建立了“市场引导培训、培训促进就业”的职业教育与培训机制。依托各级各类职业院校和职业培训机构，完善多形式、多层次的职业培训，形成不同层次教育相衔接、职业教育和普通教育相沟通的职业教育和职业培训制度。

国家积极规范专业技术人员的管理。1993年至今，中国颁布了《中华人民共和国教师法》、《中华人民共和国执业医师法》、《中华人民共和国律师法》、《中华人民共和国注册会计师法》、《中华人民共和国注册建筑师条例》等法律法规，对专业技术人员的资质条件、职业资格标准、接受继续教育权利以及职业道德规范作出明确规定，规范了专业技术人员的职业准入，提高了专业服务质量。

公共人力资源管理的法律制度

1993 年，中国颁布《国家公务员暂行条例》，实行公务员制度。2006 年开始施行《中华人民共和国公务员法》，并陆续出台了公务员录用、培训、考核、奖励、职务任免与升降、调任、处分、申诉、辞去公职、辞退、录用考试违纪违规行为处理、新录用公务员任职定级等一系列配套规章。在机关与事业单位工资福利、事业单位人事管理、人才流动管理、人力资源宏观调控等方面，国家制定规范性文件 1000 多件，涵盖了公共人力资源管理的主要环节。

人力资源权益保护的法律制度

20 世纪 80 年代中期，中国开始试行劳动合同制度。到 90 年代，《中华人民共和国劳动法》正式确立了劳动合同制度。2007 年颁布的《中华人民共和国劳动合同法》及此后出台的《中华人民共和国劳动合同法实施条例》，进一步完善了劳动合同制度，明确用人单位和劳动者的权利和义务，对劳动合同的订立、履行、变更、解除或者终止以及相应的法律责任作出了明确规定，同时针对劳动用工形式多样化的发展趋势，对劳务派遣和非全日制用工等行为专门进行了规范。

中国积极发挥集体协商和集体合同制度的作用。《中华人民共和国劳动法》和《中华人民共和国劳动合同法》相继对集体合同制度作出了规定。鼓励企业积极开展集体协商，签订集体合同。逐步形成以企业集体协商为主体、以区域性和行业性集体协商为补充的集体合同制度框架。近年来，集体合同制度覆盖面不断扩大，实效性逐步增强，初步建立了以工会或职工代表与企业或企业组织平等协商为特征的集体劳动关系调整机制。

为公正、及时解决劳动争议，中国 2007 年颁布了《中华人民共和国劳动争议调解仲裁法》，明确劳动争议调解和仲裁的范围、程序、组织机构、人员和处理机制。建立由政府部门、工会组织、企业组织共同协调劳动关系的三方机制，强化调解、完善仲裁、加强司法救济，及时妥善处理劳动争议，维护当事人合法权益。颁布实施《劳动保障监察条例》，明确了劳动保障监察的职责、实施、法律责任，为维护劳动者的合法权益提供重要法律保障。

三、履行政府公共管理服务职责

近年来，中国政府积极发挥人力资源公共管理与服务的职能作用，加快职能转变，健全政府责任体系，努力为劳动者的体面劳动和优秀人才的脱颖而出，创造良好的政策环境与社会环境。

实施积极的就业政策

长期以来，中国面临着劳动力供大于求的总量性矛盾，稳定和扩大就业的任务十分繁重。中国政府始终把促进就业作为经济社会发展的优先目标，以充分开发和合理利用人力资源为出发点，实施扩大就业的发展战略和积极的就业政策，促进城乡劳动者提高整体素质，逐步实现更加充分的社会就业。不断强化各级政府在促进就业方面的责任，持续加大公共投入，促进平等就业。通过加强就业援助，开展职业技能培训，帮助就业困难人员和零就业家庭实现就业。建设城乡统一的人力资源市场，为城乡劳动者提供平等的就业机会和服务。通过政策扶持和市场导向，解决了国有企业 3000 多万下岗职工再就业问题，实现下岗职工基本生活保障向失业保险的并轨。2005 年至 2009 年，全国城镇新增就业 5000 多万人，农业富余劳动力向非农产业转移就业近 4500 万人。2009 年末，城镇登记失业人数 921 万人，城镇登记失业率 4.3％。

2008 年国际金融危机爆发后，为应对国际金融危机的冲击，中国政府实施更加积极的就业政策。实施困难企业缓缴社会保险费或降低部分社会保险费率、相关税收减免等政策，鼓励企业稳定和增加就业。实施特别职业培训计划，开展就业服务系列活动，多渠道开辟就业岗位。以高校毕业生就业为重点，大力促进高校毕业生到城乡基层、到中小企业和非公有制企业就业。2009 年全年城镇新增就业超过 1100

万人，高校毕业生就业率达到87.4%，下岗失业人员再就业超过500万人，困难群体再就业超过150万人。

实施人才强国战略

人才是经济社会发展的第一资源，在国家现代化建设中发挥着越来越重要的作用。中国历来重视人才工作，进入新世纪作出实施人才强国战略的重大决策，努力造就数以亿计的高素质劳动者、数以千万计的专门人才和一大批拔尖创新人才，建设规模宏大、结构合理、素质较高的人才队伍。2001年，中国政府将实施人才战略纳入国民经济和社会发展五年规划。2006年以来，加强对人才资源开发的顶层设计和系统规划，先后制定《国家中长期科学和技术发展规划纲要（2006—2020年）》、《国家中长期人才发展规划纲要（2010—2020年）》和《国家中长期教育改革和发展规划纲要（2010—2020年）》等三个国家中长期发展规划纲要，确立在经济社会发展中人才优先发展的战略布局，统筹城乡、区域、产业、行业和不同所有制人才资源开发，促进人人平等享受人才政策和平等参与人才开发，努力实现各类人才队伍协调发展。

为适应建设创新型国家的需要，中国政府设立“863计划”、“973计划”、国家科技支撑计划、自然科学基金等国家科技计划（基金），建设国家工程研究中心和国家工程实验室，实施“百千万人才工程”、“长江学者奖励计划”等重大人才项目，不断增加科技投入，实施专业技术人才知识更新工程，培养造就了一支具有较大规模和较高水平的科技人才队伍，引进了一批海外高层次人才。2008年，全国研究与发展（R&D）折合全时人员达196.54万人年，其中科学家和工程师159.34万人年，分别是1991年的2.9倍和3.4倍；全国设立博士后科研流动站2146个、博士后科研工作站1642个，博士后研究人员达7万多人。

为适应走新型工业化道路和产业结构优化升级的需要，中国政府实施国家技能人才振兴计划，建立公共实训基地和国家高技能人才培养示范基地，努力培养造就一支门类齐全、技艺精湛的技能人才队伍。国家大力培养农村实用人才队伍，实施农村实用人才素质提升计划和新农村实用人才培训工程，全面提高农村实用人才的科技素质、职业技能和经营能力，大力培养教师、医生、农业技术人员等农村发展急需人才，鼓励和引导各类人才向农村流动。

促进教育公平

全面实现城乡免费义务教育。从2006年开始，中国政府改革并逐步调整完善了农村义务教育经费保障机制，并从2008年开始，免除城市义务教育阶段学生学杂费，将九年义务教育全面纳入国家财政保障范围。

积极推进义务教育均衡发展。坚持公共教育资源向农村地区、边远贫困地区和民族地区倾斜，实施国家贫困地区义务教育工程、西部地区农村寄宿制学校建设工程、农村中小学现代远程教育工程、中西部农村初中改造工程、中西部地区特殊教育建设规划等扶持计划，努力缩小城乡和区域差距，保障困难群体接受教育。

健全国家助学体系。中国政府在普通高校、职业学校实行国家奖学金、助学金和国家助学贷款等制度，加大资助力度，保障家庭经济困难学生不因贫困而失学。2009年底，中等职业学校学生受助面达到90%，高等学校学生受助面超过20%，资助学生4306万人次。从2009年开始，国家对中等职业学校农村家庭经济困难学生和涉农专业学生免除学费。

加强人力资源培训

国家把干部教育培训摆在突出位置，制定颁布了《干部教育培训工作条例（试行）》、《2006—2010年全国干部教育培训规划》和《关于2008—2012年大规模培训干部工作的实施意见》。围绕政府中心工作以及职位要求，对公务员进行初任培训、任职培训、专门业务培训和在职培训，实施对口培训计划，促进学历培训，实行挂职锻炼，有效开发公务员人力资源，促进公务员职业的发展。

国家对专业技术人员实施专业技术人才知识更新工程，有计划、有步骤地在经济社会发展和科技发展的重要领域，对中高层专业技术人才，开展新理论、新知识、新技术、新方法的专项培训，2005年至2009年，共培训300万名中高级专业人才。构建分层分类的专业技术人才继续教育体系，充分发挥各方面积极性，逐步形成以需求为导向，政府主导与单位自主相结合，个人履行义务与自觉自愿学习相结合的继续教育运行机制。2009年，全国专业技术人员参加继续教育达3000万人次。为加强西部地区人才开发，中国政府制定《关于进一步加强西部地区人才队伍建设的意见》，实施新疆、西藏少数民族科技骨干和青海三江源地区专业技术人才培养计划。2009年共培养2888名少数民族科技骨干人才和急需专业技术人才。

针对不同群体就业需要和劳动者职业生涯发展不同阶段需要，国家开展相应的职业培训，建立了以技工学校为骨干、职业培训机构为补充的职业培训体系，并充分发挥工会、共青团、妇联等人民团体和社会组织在职业培训等方面的作用。截至2009年底，全国共有技工学校和就业训练中心6000多所、民办职业培训机构2万多所；建立巾帼科技示范基地26万多个，为1.2亿人次妇女提供各类教育培训，增强了妇女的自我发展能力。针对城乡未能继续升学的初高中毕业生，实施劳动预备制培训，帮助其掌握一门职业技能或取得相应职业资格证书后再进入劳动力市场。针对失业人员开展再就业培训，加强培训的针对性、实用性和有效性，提高失业人员的再就业能力。针对有创业愿望并具备一定创业条件的城乡劳动者开展创业能力培训，提高其创办小企业的能力。针对拟向非农产业和城镇转移的农村富余劳动力开展职业技能培训，实施“阳光工程”、“农村劳动力转移培训计划”、“星火科技培训”、“雨露计划”等专项培训，提高其转移就业能力。

为全面提高劳动者素质，增强劳动者的就业能力和工作能力，1994年以来，国家建立职业资格证书制度。截至2009年底，全国累计有1843.3万人取得各类专业技术人员职业资格证书；累计有超过1亿人次取得不同等级技能人员职业资格证书。

完善人力资源公共服务

逐步增加公共投入。2008年，中国人力资本投资占GDP比例达到10.75%。2009年，中央财政用于教育支出1981.39亿元人民币，比2007年增长84.1%；用于医疗卫生支出1273.21亿元人民币，比2007年增长91.66%；用于就业和社会保障支出3296.67亿元人民币，比2007年增长43.2%；用于科学技术领域的支出1512.02亿元人民币，比2007年增长51.2%。

完善公共就业和人才服务体系。建立县区以上综合性服务机构，街道（乡、镇）社区服务窗口以及就业训练、创业服务等服务实体，形成了覆盖省、市、县（区）、街道（乡、镇）、社区（行政村）的五级服务网络。截至2009年底，全国共有县（区）以上公共就业和人才服务机构1万多个；街道、乡、镇服务窗口共3.7万个，覆盖了97%的街道和89%的乡、镇。公共就业和人才服务职能不断增强，免费开展政策咨询、市场供求信息发布、职业介绍、职业指导、就业援助、创业服务，承担就业登记、失业登记管理，提供人力资源社会保障事务代理、档案管理、考试认证、专家服务等服务项目。

提高人力资源服务的信息化程度。实施“金保工程”，初步建立以中央、省、市三级网络为依托，覆盖全国的统一的劳动和社会保障电子政务系统。通过发行社会保障卡，开通12333专用公益服务电话号码、短信平台和建立政府服务网站等形式，为政策咨询、信息获取、业务办理、个人账户查询等提供便捷的信息化服务。

深化干部人事制度改革

改革开放以来，中国不断深化干部人事制度改革，先后颁布《深化干部人事制度改革纲要》和《2010—2020年深化干部人事制度改革规划纲要》，针对党政机关、事业单位和国有企业的不同特点实行分类管理，逐步形成广纳群贤、人尽其才、能上能下、公平公正、充满活力的干部人事制度。

党政机关推行公务员制度。从进入队伍到职务晋升引进竞争机制，普遍推行公开选拔、竞争上岗等竞争性选拔干部方式，促进了优秀人才脱颖而出。2006年至2009年，全国通过考试共录用公务员52.8万余人。2003年至2009年，全国共公开选拔党政领导干部4万人，各级党政机关通过竞争上岗走上领导岗位的干部共33.9万人。在干部选拔任用、考核评价、管理监督等环节充分发扬民主，民主推荐成为干部选拔任用的必经程序，民意调查、民主测评得到广泛运用，干部工作民主化程度进一步提高。干部交流力度不断加大，重点部门、关键岗位领导干部交流形成制度，围绕国家经济社会发展战略和人才战略、地方经济社会发展布局和支柱产业及重大项目的建设，加强了市、县和中央国家机关、省级党政机关之间领导干部的相互交流，从中央国家机关和东部发达地区选拔大批干部到西部地区挂职、任职。2003年至2009年，全国机关干部共交流230.2万人。完善职务任期、退休和辞退、辞职等制度，推进干部能上能下，形成正常的更新交替机制。实行国家统一的职务与级别相结合的公务员工资制度，合理体现了工作职责大小与工资高低的关系。

事业单位推行人员聘用制度。通过签订聘用合同，规范单位和职工的人事关系。建立岗位设置、公开招聘、竞争上岗、考核奖罚、辞职辞退等制度，逐步形成权责清晰、分类科学、机制灵活、监管有力的事业单位人事管理制度。截至2009年底，全国事业单位签订聘用合同的人员达到80％。2009年，22个省（区、市）事业单位新进人员中，采用公开招聘方式的占总数80％以上。事业单位实行岗位绩效工资制度，初步建立了与工作人员岗位职责、工作业绩、实际贡献紧密联系和鼓励创新创造的分配激励机制，调动了事业单位各类人力资源的积极性和创造性。

国有企业人事制度不断健全完善。按照现代企业制度要求，国有企业推进规范董事会的建设，为企业持续快速健康发展提供了体制保障。建立健全企业经营管理人才选拔任用、业绩考核、激励监督等管理制度。建立市场机制调节、企业自主分配、职工民主参与、政府监控指导的工资分配制度，促进了企业的发展和职工工资水平的提高。注重发挥市场配置人才的基础性作用，初步建立起市场化选人用人机制，2003年至2009年通过公开招聘、竞争上岗等方式选聘的经营管理人才，从33.4万人增加到52.1万人。

建立国家荣誉和表彰奖励制度

中国政府坚持精神奖励与物质奖励相结合、以精神奖励为主的原则，建立健全国家荣誉和奖励制度。

国家设立“全国劳动模范”和“全国先进工作者”荣誉称号，授予在国家建设事业中作出重大贡献的劳动者。1989年以来，中国政府一般每五年召开一次全国劳动模范和先进工作者表彰大会，对全国各行各业涌现出的先进人物予以表彰，其中授予工人、农民、企业管理人员等“全国劳动模范”荣誉称号，授予机关事业单位工作人员“全国先进工作者”荣誉称号。截至目前共表彰“全国劳动模范”和“全国先进工作者”14578人。

国家设立科学技术奖，奖励在科学技术工作中作出突出贡献的公民、组织。自2000年以来，共有27772人获得国家科学技术奖。其中有16名杰出科学家获得国家最高科学技术奖。国家设立科学院和工程院院士称号，中国科学院院士和中国工程院院士是国家在科学技术领域和工程科技领域设立的最高学术称号，截至2009年底，共评选产生中国科学院院士1143人、中国工程院院士861人。自1990年起，中国政府实行政府特殊津贴制度，向作出突出贡献的专家、学者、技术人员和高技能人才颁发荣誉证书，发放政府特殊津贴。到2009年，全国共有15.8万人享受政府特殊津贴。建立全国优秀专业技术人才表彰制度，自1999年以来共有200人获得“全国杰出专业技术人才”称号。建立中华技能大奖和全国技术能手评选表彰制度，自1995年以来已有120人荣获“中华技能大奖”称号，2976人荣获“全国技术能手”称号，树立了一批中国高技能人才楷模人物。建立全国农村优秀人才表彰制度，自2000年以来已表彰了160名全国农村优秀人才。

四、发挥市场配置的基础性作用

随着社会主义市场经济体制在中国的逐步建立，中国政府遵循人力资源开发的客观规律，以市场配置人力资源为改革取向，尊重劳动者的自主择业权，努力培育和发展人力资源市场，逐步实现人力资源从计划配置到市场配置的转变。

人力资源市场配置机制基本形成

20世纪80年代以来，以公有制为主体，多种所有制形式共同发展，逐步形成了多元化的市场用人主体。1998年至2009年，在城镇从业人员中，国有单位就业人员从9058万人下降到6420万人，占城镇就业人员总数的比例从41.9%下降到20.6%；有限责任公司和股份有限公司就业人员从894万人上升到3389万人，占城镇就业人员总数的比例从4.1%上升到10.9%；私营单位和个体经济就业人员从3232万人上升到9789万人，占城镇就业人员总数的比例从15.0%提高到31.5%。

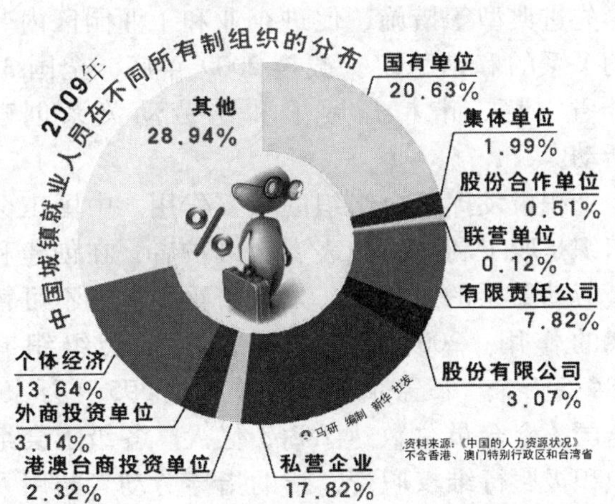

2009年中国城镇就业人员在不同所有制组织的分布（新华社发）

20世纪80年代中期以来，中国逐步改革计划经济体制下“统包统配”的固定工制度，落实单位用工自主权和劳动者自主择业权，以双向选择、自主协商、订立劳动合同作为确立劳动关系的基本方式，增强了人力资源市场的活力和效率。为适应建立社会主义市场经济体制的要求，中国政府改革社会保障制度、户籍制度、高校毕业生分配制度，不断破除劳动者自由流动的体制性障碍，劳动者跨地区、跨部门、跨行业流动日趋活跃。2009年，在各类人力资源服务机构登记求职的劳动者达到9700万人次，成功实现就业和转换工作的达到3600万人次，分别比2000年增加7700万人次和2600万人次。同年，全国外出就业和本地非农从业6个月以上的农村劳动力总数达到22978万人，其中外出农民工达到14533万人，就近到二、三产业实现就业的本地农民工达到8445万人。

人力资源服务业发展迅速

20世纪80年代以来，中国人力资源服务业发展规模和水平不断提升。服务领域和内容日益多元化，从最初的招聘服务、人事代理发展到包括培训服务、劳务派遣、就业指导、人才测评、管理咨询和人力资源服务外包等多种业务，形成较为完善的服务产业链。2008年，全国各类人力资源服务机构达4.9万余家，基本形成由公共就业和人才服务机构、民营人力资源服务机构、中外合资人力资源服务机构共同组成的多层次、多元化的人力资源市场服务体系。

中国加入世界贸易组织以来，积极履行承诺，使进入中国市场的外资人力资源服务机构逐步增加。2009年，中国境内的中外合资人才服务机构从2003年的30家增加到160家。

五、加强对劳动者权益的保护

尊重人的劳动权利，注重劳动者的权益保护，实现人的体面劳动，促进人的全面发展，是中国政府一贯坚持的发展理念。中国政府采取一系列政策措施加强劳动者权益保护，有效促进人力资源的良性发展。

保障平等就业

近年来，中国政府加强统一规范的人力资源市场的建设与管理，努力打破历史原因造成的城乡分割、身份分割和地区分割等问题，消除人力资源市场的体制性障碍，形成城乡劳动者平等就业的制度。国家有关部门通过完善市场监管体系，开展人力资源市场执法检查活动，清理整顿市场不法行为，有力维护了求职者等市场主体的合法权益。

国家高度重视并保障妇女享有与男子平等的劳动权利，努力消除阻碍妇女平等就业的壁垒。动员和组织社会力量拓宽吸纳女性劳动力就业的渠道，制定和执行扶持妇女自主创业的政策。充分发挥各级妇联组织在反映妇女诉求、促进平等就业和同工同酬、提供维权服务等方面的积极作用。到2008年，全国就业人口中女性超过45.4％。

中国政府加强对残疾人就业的统筹规划，实行集中就业与分散就业相结合的方针，保障残疾人的劳动权利。制定和实施促进残疾人就业政策，规定用人单位安排残疾人就业的比例不得低于1.5％，对安置残疾人员达到职工总数25％比例的集中使用残疾人的用人单位给予税收优惠，指导和帮助残疾人组织兴办残疾人福利企业，鼓励和支持残疾人通过多种形式灵活就业。中国各级残疾人联合会努力维护残疾人合法权益，帮助残疾人平等参与社会生活。建立省、市、县级残疾人就业服务机构3043个，专门为残疾人提供就业援助服务。截至2009年底，全国城镇实际在业残疾人数443.4万，农村残疾人有1757万实现了稳定就业。

国家高度重视保障农民工权益。农民工是中国改革开放和工业化、城镇化进程中出现的特殊劳动群体，为国家经济和社会发展作出了重要贡献。2006年，国务院建立农民工工作联席会议制度，统筹协调和指导全国农民工工作。取消各种针对农民进城就业的不合理限制，加强劳动安全卫生培训，扩大农民工参加社会保险覆盖面，建立养老保险接续转移制度，实施“春暖行动”、“春风行动”等专项扶持计划。截至2009年底，有8014.82万农民工成为工会会员，近80％的农民工随迁子女在城镇公办中小学免费接受义务教育，全国参加工伤保险、医疗保险、城镇企业职工基本养老保险、失业保险的农民工分别达到5587万人、4335万人、2647万人和1643万人。

建立劳动关系协调机制

全面推进劳动合同制度的实施。截至2009年底，全国规模以上企业劳动合同签订率达到96.5％；劳动合同内容趋于规范，劳动合同履行情况良好。积极推进集体协商和集体合同制度，增进劳动者与用人单位之间的相互理解和信任，推动劳动关系双方互利共赢。截至2009年底，全国当期有效集体合同达到70.3万份，覆盖职工9400多万人。

充分发挥协调劳动关系三方机制的作用。2009年，全国地级以上城市和26个省份的县（市）区建立了由政府、工会和企业方面代表组成的协调劳动关系三方机制，各级协调劳动关系三方机制组织共计1.4万多家。协调劳动关系三方机制围绕劳动关系的重大问题，积极沟通，加强合作，消除分歧，在促进劳动关系和谐稳定中发挥了重要作用。

大力推动和谐劳动关系创建活动。2006年，中国开始开展“创建劳动关系和谐企业与工业园区”活动，通过制定、实施和谐劳动关系创建标准、推动建立劳动关系协调机制、表彰先进典型等措施，促进企业和工业园区内劳动关系的和谐稳定。截至2009年底，全国31个省（区、市）开展了和谐劳动关系创建活动。

积极发挥工会组织的重要作用。中国工会组织是职工利益的代表者和维护者，在创建和谐劳动关系的过程中，发挥着重要的、不可替代的作用。2009年，全国基层工会组织有184.5万个，覆盖企事业机关单位395.9万家，全国工会会员总数达2.263亿人。各级工会组织积极履行维权职责，帮助指导劳动者与用人单位依法订立劳动合同，代表职工与企业开展集体协商和签订集体合同，组织职工参与本单位民主决策、民主管理和民主监督，参与劳动人事争议调解仲裁，为职工提供法律服务，督促用人单位遵守国家法律法规。

加强对企业职工的人文关怀。近年来，针对个别企业用工方面存在的问题，中国各级政府采取积极措施，督促、倡导企业切实加强对职工的人文关怀，改善职工生产生活条件，完善职工诉求表达机制，建立职工交流互助平台，开展职工心理健康咨询服务。同时积极引导社会舆论，努力形成共建和谐劳动关系的良好社会氛围。

公正及时解决劳动人事争议

通过调解仲裁解决劳动人事争议，是一项具有中国特色的权益救济和保障制度。仲裁委员会由政府行政主管部门代表、工会代表和用人单位代表三个方面组成，以保证争议案件审理过程的透明度和公正性。截至2009年底，中国共有仲裁办案机构4800多个、仲裁员3.3万人。

劳动人事调解仲裁工作遵循公正原则，鼓励协商，先行调解，及时妥善处理劳动人事争议，维护当事人合法权益。2009年，全国各级劳动人事争议仲裁机构共处理劳动人事争议案件87.5万件；立案受理劳动争议案件68.4万件，比上年下降1.3%；涉及劳动者101.7万人，比上年下降16.3%。依据中国法律，当事人对劳动人事争议仲裁裁决不服的，可以向人民法院提起诉讼。2009年，中国各级人民法院审结劳动争议案件31.7万件，有效维护了当事人双方合法权益。

加大劳动保障监察力度

劳动保障监察执法是维护劳动者合法权益的重要途径。劳动保障监察机构的主要职责是，积极宣传劳动保障法律法规，接受并依法查处劳动者投诉举报案件，并主动对用人单位守法情况进行监督检查。截至2009年底，中国共建立劳动保障监察机构3291个，配备专职监察员2.3万名。

近年来，劳动保障监察机构开展专项检查，对违反劳动保障法律法规的突出问题进行集中整治；加强对社会反映强烈的重大违法案件的专项督办工作，及时组织查处。通过监察执法，保障了劳动者在职业介绍、劳动合同签订、工作时间、工资支付、社会保险、特殊劳动保护等方面权益的落实。2009年，全国劳动保障监察机构共主动检查用人单位175.1万户，涉及劳动者9029.8万人，查处各类劳动保障违法案件43.9万件，督促用人单位为1073.7万名劳动者补签劳动合同。

从2009年起，中国政府在全国60个城市开展了劳动保障监察网格化、网络化管理工作试点，对用人单位进行全面动态监管，实现对劳动纠纷的早期预防和及时介入。试点工作取得良好成效，即将在全国范围逐步推行。

六、积极开展国际交流与合作

中国政府高度重视人力资源领域的国际交流与合作，认真履行国际义务，不断拓宽渠道和领域，推动形成全方位、多层次的交流与合作格局。

中国尊重《联合国宪章》促进人权和基本自由的宗旨与原则，致力于维护人的生存权和发展权，合理确定、依法颁布和逐步完善劳动标准。中国政府结合本国经济社会发展实际，先后批准了《男女同工同酬公约》、《准予就业最低年龄公约》、《消除最恶劣形式童工公约》、《消除就业和职业歧视公约》等25个国际劳工公约，并积极实施有关公约。中国不断完善本国人力资源开发的法律法规，推动包括国际劳工组织核心劳工公约的批准进程。

中国政府高度重视与国际劳工组织、联合国开发计划署、亚太经合组织、世界银行、亚洲开发银行等国际组织或机构建立人力资源领域的合作关系，积极发展与其他国家或地区双边或多边的人力资源交流与合作。中国政府自1983年正式恢复在国际劳工组织的活动以来，积极参加国际劳工事务，在促进就业、完善社会保障制度、建立和谐劳动关系以及制定劳动法律法规方面开展了一系列国际合作。2004年和2007年，中国与国际劳工组织共同举办了“中国就业论坛”和“亚洲就业论坛”。自1992年以来，中国政府积极参与亚太经合组织人力资源开发领域的合作并发挥出重要作用。2001年，中国成功举办亚太经合组织人力资源能力建设高峰会议，通过了《北京倡议》。2010年9月，第五届亚太经合组织人力资源开发部长级会议在北京举行，为亚太各经济体讨论金融危机后的就业、人力资源开发等提供重要平台。中国1994年加入国际社会保障协会成为正式会员。2004年第28届国际社会保障协会全球大会在北京召开，通过了《北京宣言》。截至2009年底，中国政府人力资源和社会保障部门已经与80多个国家和一些重要的国际组织建立了合作伙伴关系。为便利人员流动，中国先后与德国、韩国签署了社会保险互免协定。

改革开放以来，中国实施更加开放的人才政策。中国政府坚持“支持留学、鼓励回国、来去自由”的留学方针，努力拓宽留学渠道，积极吸引人才回国，为留学人员回国工作、为国服务、回国创业提供支持，创造良好的生活和工作环境。从1978年至2009年底，中国各类出国留学人员总数达162.07万人，留学回国人员总数达49.74万人。实施“中国留学人员回国创业启动支持计划”和“海外赤子为国服务行动计划”，鼓励和吸引海外留学人员回国工作、创业。中国重视和支持外国公民来华留学，从1978年至2009年，中国接受的来华留学人员累计达到169万人次，辐射190个国家和地区。中国积极利用国际教育培训资源培养人才，实施领导干部经济管理培训项目、高级公务员海外培训项目等培训计划，2009年共选派5.02万人出国（境）培训。中国积极协助联合国在华举行“国家竞争考试”，推荐优秀人才到国际组织任职，截至2009年底，共有1002名中国国际职员在各类国际组织中任职。中国政府积极引进国外智力，2009年来中国大陆工作的境外专家约48万人次。2009年末持外国人就业证在中国工作的外国人共22.3万人。截至2009年底，中国累计授予1099名外国专家“友谊奖”，授予43名外国专家“国际科学技术合作奖”。

结束语

伴随着中国经济社会的发展和人民生活水平的提高，中国的人力资源事业有了长足进步。但中国作为一个发展中国家，仍然面临着就业压力大、人力资源结构性矛盾突出、高层次创新型人才匮乏等问题。中国人力资源发展面临的机遇和挑战前所未有。

在新的历史起点上，中国政府将坚持以人为本，关心人的全面发展，鼓励和支持人人都作贡献，人人都能成才；坚持以促进教育公平为重点，以提高教育质量为核心，构建完备的终身教育体系，让全体人民学有所教、学有所成、学有所用；坚持就业是民生之本，更好地实施扩大就业的发展战略和更加积极的就业政策，促进以创业带动就业；坚持人才优先，更好地实施人才强国战略，突出培养创新型科技人才，大力开发国民经济社会发展重点领域急需紧缺专门人才，统筹推进各类人才建设；坚持管理创新，通过不断深化改革，扩大开放，破除不合时宜的体制机制障碍，营造充满活力、富有效率、更加开放的社会环境。

在未来的岁月里，中国人民的智慧与力量一定会更好地迸发出来，国家的发展与进步一定会有更加坚实的人力与人才资源基础。

中国的反腐败和廉政建设

中华人民共和国国务院新闻办公室

（2010年12月）

目　录

前　言

腐败是一种社会历史现象，是一个世界性的痼疾，也是社会公众十分关注的问题。反对腐败，加强廉政建设，是中国共产党和中国政府的坚定立场。

1949 年 10 月 1 日中华人民共和国成立后，中国共产党和中国政府始终以坚决的态度反对腐败，加强廉政建设。改革开放特别是进入 21 世纪以来，中国的社会生产力快速发展，综合国力大幅提升，人民生活明显改善，国际地位和影响力显著提高，社会主义经济建设、政治建设、文化建设、社会建设以及生态文明建设取得重大成就。在反腐败和廉政建设方面，中国坚持标本兼治、综合治理、惩防并举、注重预防的方针，建立健全惩治和预防腐败体系，在坚决惩治腐败的同时，更加注重治本，更加注重预防，更加注重制度建设，拓展从源头上防治腐败工作领域，逐步形成拒腐防变教育长效机制、反腐倡廉制度体系、权力运行监控机制，走出了一条适合中国国情、具有中国特色的反腐倡廉道路。

当前，中国的反腐败和廉政建设已经取得明显成效，呈现出系统治理、整体推进的良好态势。通过深入开展反腐败和廉政建设，国家利益、公共利益和公民个人利益得到有效维护，改革发展稳定的局面不断巩固，建设富强民主文明和谐的社会主义现代化国家迈出重要步伐。

由于中国的经济体制、社会结构、利益格局和人们的思想观念正在发生深刻变化，各种社会矛盾凸显，各方面体制机制还不完善，一些领域的腐败现象仍然易发多发，有的案件涉案金额巨大，违法违纪行为趋于隐蔽化、智能化、复杂化。反腐败的形势依然严峻，任务依然繁重。

中国共产党和中国政府对反腐败和廉政建设的长期性、复杂性、艰巨性始终保持着清醒的认识，并将继续按照建立健全惩治和预防腐败体系的总体部署，以更加坚定的决心和更加有力的举措，坚决惩治腐败，有效预防腐败，以反腐败和廉政建设的实际成效取信于民。

一、坚定不移地推进反腐败和廉政建设

反腐败和廉政建设关系国家发展全局、关系最广大人民根本利益、关系社会公平正义与和谐稳定。坚决惩治腐败和有效预防腐败，大力加强廉政建设，是中国共产党和中国政府的一贯主张。

新中国成立之初，先后设立国家检察机关、政府监察机关和中国共产党的纪律检查机关，颁布了《中华人民共和国宪法》、《中华人民共和国惩治贪污条例》等法律法规，反腐败和廉政建设体制机制初步建立。为保持新生人民政权的纯洁性，中国开展了反贪污、反浪费、反官僚主义的“三反”运动和反对行贿、反对偷税漏税、反对盗骗国家财产、反对偷工减料和反对盗窃经济情报的“五反”运动。通过这些措施，坚决打击贪污腐败行为，惩处一批腐败分子，形成了风清气正、蓬勃向上的良好局面。

20 世纪 70 年代末，中国开始实行改革开放政策。改革开放是一个从高度集中的计划经济体制到充满活力的社会主义市场经济体制、从封闭半封闭到全方位开放的社会大变革的过程，极大地解放了生产力，激发了社会活力。同时，在这个过程中也出现了一些消极腐败现象。面对新的考验和挑战，中国坚持一手抓发展经济，一手抓惩治腐败，开展以打击走私、套汇、贪污受贿等严重经济犯罪活动为重点的专项斗争，设立审计机关，制定《中华人民共和国刑法》、《中华人民共和国刑事诉讼法》等一批法律法规，进一步完善反腐败和廉政建设制度，探索在改革开放新形势下依法有序开展反腐败的途径和办法。

20 世纪 90 年代，中国开始建立社会主义市场经济体制。面对新旧体制转换过程中腐败现象滋生蔓延的情况，中国作出加大反腐败斗争力度的决策，确立领导干部廉洁自律、查办

违法违纪案件、纠正部门和行业不正之风的反腐败三项工作格局。明确提出坚持标本兼治，教育是基础，法制是保证，监督是关键；通过深化改革，不断铲除腐败现象滋生蔓延的土壤。制定了一系列加强反腐败和廉政建设的法律法规，不断完善反腐败制度体系。在检察机关设立反贪污贿赂部门、反渎职侵权部门和职务犯罪预防部门。作出军队、武警部队、政法机关一律不得经商等重大决策。推进行政审批、财政管理、干部人事等体制机制制度改革，实行政务公开、厂务公开和村务公开等制度。反腐败和廉政建设走上标本兼治、综合治理、逐步加大治本力度的轨道。

进入21世纪，中国把反腐败和廉政建设放在更加突出的位置，确立标本兼治、综合治理、惩防并举、注重预防的方针，制定建立健全惩治和预防腐败体系这一反腐败国家战略，整体推进反腐败和廉政建设。在工作部署上，强调要严肃查处违法违纪案件，认真解决涉及领导干部廉洁自律的突出问题，坚决纠正损害群众利益的不正之风，制定完善反腐败和廉政建设法规制度，扎实推进重点领域和关键环节的改革。成立国家预防腐败局，统筹各方面的预防腐败工作。加强公民道德建设和廉政文化建设，推动社会公众树立崇尚廉洁的价值理念。推进农村、企业、学校、公用事业单位和城市社区廉政建设，推行廉政风险防控机制建设。中国的反腐败和廉政建设方向更加明确、思路更加清晰、措施更加有力，总体呈现出良好发展的态势。

经过坚持不懈的探索，中国在反腐败和廉政建设上认识不断深化，实践不断发展，积累了丰富经验，促进了经济较快发展和社会稳定。中国国家统计局的民意调查结果显示，2003年至2010年，中国公众对反腐败和廉政建设成效的满意度平稳上升，从51.9％提高到70.6％；公众认为消极腐败现象得到不同程度遏制的比例，从68.1％上升到83.8％。国际社会也给予积极评价。

二、反腐败和廉政建设领导体制与工作机制

中国的反腐败和廉政建设领导体制与工作机制，是由中国的国体和政体决定的。在反腐败和廉政建设实践中，中国探索形成了党委统一领导、党政齐抓共管、纪委组织协调、部门各负其责、依靠群众支持和参与的具有中国特色的反腐败领导体制和工作机制。

中国共产党是执政党，中国的反腐败和廉政建设在中国共产党领导下进行。中国共产党坚持科学执政、民主执政、依法执政，在宪法和法律的范围内活动。

中国共产党在革命、建设、改革的历史进程中，始终高度自觉地把反腐败和廉政建设摆在十分重要的位置。特别是改革开放以来，中共中央制定了一系列反腐败和廉政建设工作战略、方针和政策。自1993年以来，中共中央每年通过中央纪委全会向全党全国部署反腐倡廉工作。国务院每年都召开廉政工作会议，对政府系统的反腐败和廉政建设作出部署。中共中央、国务院还先后颁布和修订了《关于实行党风廉政建设责任制的规定》，明确要求各级领导班子和领导干部按照“谁主管、谁负责”的原则，在抓好业务工作的同时，抓好职责范围内的反腐败和廉政建设，对违反规定的，进行责任追究。全国各地区各部门按照中央要求，把反腐败和廉政建设纳入经济社会发展总体规划、寓于各项改革和重要政策措施之中，同改革发展工作一起部署、一起落实、一起检查、一起考核，保证了反腐败和廉政建设扎实有效地向前推进。

人民群众的支持和参与是反腐败和廉政建设取得成功的重要基础。各社会团体、新闻媒体和广大人民群众，在建言献策、参与监督、揭露腐败等方面发挥着重要作用。

在中国，反腐败和廉政建设的职能机构，主要有中国共产党纪律检查机关、国家司法机关、政府监察机关和审计机关以及国家预防腐败局。

中国共产党的各级纪律检查委员会是依据《中国共产党章程》设立的党内监督的专门机关，由同级党的代表大会选举产生，是开展反腐败和廉政建设的重要机构。其主要任务是：维护党的章程和其他党内法规，检查党的路线、方针、政策和决议的执行情况，协助党的委员

会加强党风建设和组织协调反腐败工作；其经常性工作是：对党员进行遵守纪律的教育，对党员领导干部行使权力进行监督，查处违犯党纪的案件，受理党员的控告和申诉，保障党员的权利。党的中央纪律检查委员会在党的中央委员会领导下进行工作。地方各级纪律检查委员会和基层纪律检查委员会在同级党的委员会和上级纪律检查委员会双重领导下进行工作。

人民法院和人民检察院是依据中国宪法设立的司法机关，分别依法独立行使审判权和检察权，不受行政机关、社会团体和个人的干涉。人民法院是国家的审判机关，依法承担包括贪污贿赂渎职等腐败犯罪在内的各类刑事案件的审判工作，及时、公正地对检察机关提起公诉的贪污贿赂渎职等案件作出判决，依法惩治腐败犯罪。人民检察院是国家的法律监督机关，担负着依法追究刑事犯罪、侦查国家工作人员贪污贿赂和渎职侵权等职务犯罪、预防职务犯罪、代表国家向人民法院提起公诉等职能。最高人民法院、最高人民检察院还通过司法解释等方式，对贪污贿赂渎职等腐败案件的审判、检察工作进行指导。人民检察院、人民法院对侦查、审判案件过程中发现引发职务犯罪的重要问题，及时向有关部门和单位提出检察建议和司法建议。

政府监察机关是依据中国宪法设立的行使监察职能的机关，依法对国家行政机关及其公务员和国家行政机关任命的其他人员，对法律、法规授权的具有公共事务管理职能的组织及其从事公务的人员，对国家行政机关依法委托从事公共事务管理活动的组织及其从事公务的人员执法、廉政、效能情况进行监察。

审计机关是依据中国宪法设立的审计监督机构，依法对国务院各部门和地方各级人民政府及其各部门的财政收支、国有金融机构和国有企业事业单位的财务收支等进行审计监督。中国还建立了经济责任审计制度，对国家机关和依法属于审计对象的其他单位主要负责人进行审计监督。

国家预防腐败局是中国政府为统筹预防腐败工作而专门设置的机构。其主要职责是：负责全国预防腐败工作的组织协调、综合规划、政策制定、检查指导，协调指导企业、事业单位、社会团体、中介机构和其他社会组织的防治腐败工作，负责预防腐败的国际合作和技术援助。

公安、金融等其他有关部门和机构，也在自身职责范围内依法承担反腐败和廉政建设的相关工作。

上述具有不同职能的机构，在反腐倡廉各项工作中既相对独立、各司其职，又相互协调、密切配合。中国共产党的纪律检查机关在掌握党员违纪线索之后，经调查认定为违犯党纪的，对其作出相应的党纪处分；对其中涉嫌犯罪的，移送司法机关处理。政府监察机关对于违反政纪的监察对象，作出相应政纪处分；涉嫌犯罪的，移送司法机关处理。公安、审计、行政执法机关在履行职责过程中发现有违法违纪行为的，根据具体情况分别移送司法机关或党的纪律检查机关、政府监察机关处理。人民法院、人民检察院在履行职责过程中发现犯罪嫌疑人涉嫌违犯党纪或政纪的，将有关证据材料移送党的纪律检查机关或政府监察机关处理。

中国从事反腐败工作的机构承担着开展反腐败和廉政建设、维护社会公平正义的重大责任。近年来，这些机构采取一系列措施，对执法执纪干部队伍严格要求、严格教育、严格管理、严格监督，切实加强自身建设。通过加强内部管理和制度建设，完善制约监督机制，督促执法执纪人员秉公用权、严格自律；通过推行权力公开透明运行、廉政监督员等制度，督促执法执纪人员牢固树立接受监督意识、自觉接受各方面监督，不断提高执法执纪能力和水平，为中国的反腐败和廉政建设提供组织保证。

三、反腐败和廉政建设法律法规制度体系

中国坚持依法治国基本方略，重视发挥法律法规制度的规范和保障作用，不断推进反腐败和廉政建设法制化、规范化。以中国宪法为依据，制定了一系列反腐倡廉法律法规；以中国共产党章程为依据，制定了一系列中国共产党党内制度规定，逐步形成内容科学、程序严密、配套完备、有效管用的反腐败和廉政建设法律法规制度体系。

为规范领导干部廉洁从政行为，中国共产党制定了一系列党员领导干部廉洁从政的行为准则和道德规范，建立健全防止利益冲突制度。1997年开始试行、2010年修订实施的《中国共产党党员领导干部廉洁从政若干准则》，明确提出严禁党员领导干部违反规定私自从事营利性活动、利用职权和职务上的影响谋取不正当利益等，比较全面地规范了社会主义市场经济条件下党员领导干部的廉洁从政行为，成为规范党员领导干部从政行为的基础性党内法规。针对权钱交易案件中出现的新情况新问题，2007年颁布《中共中央纪委关于严格禁止利用职务上的便利谋取不正当利益的若干规定》，明确了对党员干部在经济和社会交往中可能出现以权谋私等8种行为的处理办法；2009年颁布《国有企业领导人员廉洁从业若干规定（试行）》，明确提出严禁国有企业领导人员利用职权为本人或特定关系人谋取利益以及损害企业权益等行为。为规范领导干部廉洁从政行为，颁布了《关于对党和国家机关工作人员在国内交往中收受礼品实行登记制度的规定》，明确要求党和国家机关工作人员不得收受可能影响公正执行公务的礼品馈赠；制定了《关于领导干部报告个人有关事项的规定》，要求领导干部如实报告本人收入，本人及配偶、共同生活的子女房产、投资，以及配偶子女从业等情况；制定了《关于对配偶子女均已移居国（境）外的国家工作人员加强管理的暂行规定》。这些规定，对维护国家利益、依法依纪加强对党员和国家工作人员的管理，提高领导干部廉洁从政意识，具有重要作用。

为确保公共权力的正确行使，中国制定了一系列法律法规制度，以加强对领导干部行使权力的制约和监督。2007年施行的《中华人民共和国各级人民代表大会常务委员会监督法》，以法律形式对各级人民代表大会常务委员会加强对同级人民政府、人民法院和人民检察院行政权、审判权、检察权的监督作出规定。还制定了《中华人民共和国行政监察法》、《中华人民共和国审计法》、《中华人民共和国行政复议法》、《中华人民共和国行政诉讼法》等法律，建立了行政监察、审计监督、行政复议和行政诉讼制度，加强对行政机关及其工作人员的监督。中共中央制定《中国共产党党内监督条例（试行）》及《中国共产党巡视工作条例（试行）》、《关于对党员领导干部进行诫勉谈话和函询的暂行办法》、《关于党员领导干部述职述廉的暂行规定》等一系列规定，对党内监督的各项具体工作进行规范和完善。

为依法依纪惩治腐败，中国制定并不断完善包括刑事处罚、党纪处分和政纪处分在内的惩处违法违纪行为的实体性法律法规。在刑事处罚方面，通过制定和修订《中华人民共和国刑法》，规定了贪污罪、受贿罪、行贿罪、失职渎职罪、巨额财产来源不明罪等腐败犯罪的刑事责任，最高人民法院、最高人民检察院发布了相关司法解释，使之成为惩治腐败犯罪的重要法律依据。在党纪处分方面，中国共产党颁布《中国共产党纪律处分条例》及其配套规定，具体规定党员违反廉洁自律规定行为、贪污贿赂行为、违反财经纪律行为等违犯党纪行为及其量纪标准，明确警告、严重警告、撤销党内职务、留党察看和开除党籍5种党纪处分。在政纪处分方面，国家颁布《行政机关公务员处分条例》，具体规定政纪处分原则、权限以及各类违纪行为及其量纪标准，明确警告、记过、记大过、降级、撤职、开除6种政纪处分。

为保证以上实体性法律法规的执行，中国注重程序性法律法规建设。国家立法机关、司法机关和有关部门制定了《中华人民共和国刑事诉讼法》、《人民检察院刑事诉讼规则》、《监察机关调查处理政纪案件办法》等法律法规，中国共产党颁布《中国共产党纪律检查机关案件检查工作条例》等规定，对违法案件和违纪案件的受理、调查、审理和申诉工作予以规范，并建立证人和举报人保护制度、案件移送和协调配合制度以及被告人和受处分人权利保障制度。

中国还制定了一批与预防腐败密切相关的法律法规。制定《中华人民共和国行政许可法》，规范行政许可的设定和实施，保障和监督行政机关有效实施行政管理。制定《中华人民共和国公务员法》，规范公务员的管理，加强对公务员的监督，促进勤政廉政。制定《中华人民共和国政府采购法》、《中华人民共和国反垄断法》、《中华人民共和国招标投标法》，规范行政自由裁量权，发挥市场在资源配置中的基础性作用，有效防止腐败行为的发生。制定《中华人民共和国法官法》、《中华人民共和国检察官法》、《中华人民共和国人民警察法》，明确规定司法工作人员的任职条件、管理方式和监督措施，强化了廉洁司法的要求。中国各地区各部门也依据宪法和国家法律，制定了与反腐败相关的地方性法规、地方政府规章和部门规章，完善了中国的反腐败和廉政建设法律法规制度体系。

中国今后将更加注重法律法规制度的贯彻实施，并根据形势发展的需要继续制定新的、修订原有的反腐败和廉政建设法律法规制度，使之不断发展和完善。

四、权力制约和监督体系

中国按照结构合理、配置科学、程序严密、制约有效的原则，逐步建立健全决策权、执行权、监督权既相互制约又相互协调的权力结构和运行机制，推进权力运行程序化和公开透明，加强对权力的制约和监督。目前，已形成了由中国共产党党内监督、人大监督、政府内部监督、政协民主监督、司法监督、公民监督和舆论监督组成的具有中国特色的监督体系。各监督主体既相对独立，又密切配合，形成了整体合力。

中国共产党党内监督是党的各级组织和广大党员依据党章和其他党内法规以及国家法律，重点对党的各级领导机关和领导干部特别是各级领导班子主要负责人进行的监督。中国共产党不断探索加强党内监督的措施和办法，进一步完善集体领导和分工负责、重要情况通报和报告、民主生活会、询问和质询等党内监督10项制度。中共中央和省级党委都建立巡视机构，对下级党组织领导班子及其成员贯彻执行党的路线方针政策和决议、决定，执行党风廉政建设责任制和自身廉政勤政等情况进行巡视监督。党的纪律检查机关对派驻机构实行统一管理，加强对驻在部门领导班子特别是主要领导干部的监督。大力发展党内民主，为加强党内监督创造有利条件。健全和完善党的代表大会制度，发挥党的委员会全体会议对重大问题的决策作用，推行和完善党委常委会向全委会定期报告工作并接受监督制度。改革和完善党内选举制度，规定差额推荐和差额选举的范围和比例，逐步扩大基层党组织领导班子成员直接选举范围。颁布实施《中国共产党党员权利保障条例》，明确党员行使权利的程序和参与党内监督的各项权利。

人大监督是国家权力机关代表国家和人民对国家行政机关、司法机关和国家法律实施情况进行的监督。中国宪法规定，国家的一切权力属于人民。人民代表大会是人民行使国家权力的机关，国家行政机关、审判机关、检察机关都由它产生，对它负责，受它监督。人民代表大会行使法律赋予的各种监督职权，通过询问、质询、执法检查、听取和审议有关部门工作报告以及预算审查等手段，加强对政府、法院、检察院及其工作人员的监督，促进依法行政、公正司法，预防和制止各种腐败现象。

政府内部监督包括层级监督和监察、审计等专门机关的监督。各级政府、政府各部门的上级对下级、政府对部门、行政首长对工作人员的行政行为进行层级监督。监察机关全面履行法定职责，开展执法监察、廉政监察和效能监察，依法对监察对象行使职权、履行职责、勤政廉政等情况实施监督。审计机关依法对政府的预算执行情况和决算以及其他财政财务收支情况进行监督。这些监督形式对于规范行政执法、促进依法行政、建设法治政府，发挥了重要作用。

政协民主监督是具有中国特色的监督形式。中国人民政治协商会议是中国共产党领导的多党合作和政治协商的重要机构。人民政协主要通过召开会议、提交提案、组织委员视察、开展民主评议等形式，对宪法和法律法规的实施、重大方针政策的贯彻执行、国家机关和国家工作人员履行职责和遵纪守法等方面的情况进行监督。中国共产党各级委员会和中国各级人民政府在作出重大决策、出台重要规定前，都要征求同级人民政协和各民主党派的意见和建议。

司法监督包括人民法院的监督和人民检察

院的监督。人民法院的监督是指上级法院对下级法院、最高人民法院对全国法院审判工作是否合法、公正的监督。人民法院还通过审理行政案件，对政府具体行政行为的合法性进行审查。人民检察院的监督，包括依法对诉讼活动的法律监督和对国家工作人员职务犯罪行为的监督。人民检察院通过对立案、侦查、审判、刑罚执行和监管活动的监督，实施对诉讼活动全过程的监督；通过查办贪污贿赂、渎职侵权等职务犯罪案件，对国家工作人员职务行为进行监督。

公民对国家机关和国家工作人员提出批评、建议、申诉、控告或者检举，是宪法赋予公民的监督权利。在中国，公民通过检举、控告参与反腐败的渠道是畅通的。中国政府设有专门的信访机构，受理公民提出的检举控告和意见建议。中国共产党各级纪律检查机关、国家检察机关、政府监察机关和审计机关等都建立了举报制度，开通了举报电话，设立了举报网站，受理公民的检举和控告。对受理的举报线索，相关部门依法依纪进行调查或转送有关部门处理。在鼓励公民举报腐败案件的同时，国家重视维护举报人的合法权益。中国的刑法、刑事诉讼法、行政监察法等法律法规和中国共产党党内法规都对保护举报人作了明确规定，对举报人的有关情况予以保密，严禁泄露举报人身份或者将举报材料、举报人情况透露给被举报单位、被举报人，对打击报复举报人的行为进行惩处。

中国重视发挥舆论监督的作用。依法保护报刊、电视、广播等新闻媒体的采访权和舆论监督权，支持新闻媒体披露各种不正之风和党政机关及其工作人员中的违法违纪问题。政府有关部门高度关注新闻媒体反映的问题，积极回应社会关切，及时提出解决办法，改进工作。近年来，随着互联网的快速发展和广泛普及，网络监督日益成为一种反应快、影响大、参与面广的新兴舆论监督方式。中国高度重视互联网在加强监督方面的积极作用，切实加强反腐倡廉舆情网络信息收集、研判和处置工作，完善举报网站法规制度建设，健全举报网站受理机制及线索运用和反馈制度，为公民利用网络行使监督权利提供便捷畅通的渠道。与此同时，加强舆论监督的管理、引导和规范，维护舆论监督的正常秩序，使舆论监督在法制轨道上运行。

阳光是最好的防腐剂，公开是对权力最好的监督。从20世纪80年代开始，中国政府积极推行政务公开、厂务公开、村务公开和公共企事业单位办事公开等制度。颁布《中华人民共和国政府信息公开条例》等重要法规文件，规定按照公开是原则、不公开是例外的要求，及时、准确地公开除涉及国家秘密、商业秘密和个人隐私以外的政府信息，依法保障公民的知情权、参与权、表达权和监督权。中央和国家机关、各省（自治区、直辖市）普遍建立了新闻发布和新闻发言人制度，绝大多数县级以上政府建立了政府网站。国家司法机关推进审判公开、检务公开、警务公开、狱务公开等司法公开制度，为加强对司法活动的监督提供了有力保证。中国共产党积极推进党务公开，发布实施《关于党的基层组织实行党务公开的意见》，健全党内情况通报制度，及时公布党内事务特别是党组织重大决策、干部选拔任用、党员领导干部执行廉洁自律规定等情况，拓宽党员了解党内事务和表达个人意见的渠道。

五、通过体制改革和制度创新防治腐败

改革开放特别是进入21世纪以来，中国坚持用发展的思路和改革的办法预防和治理腐败。针对容易滋生腐败的重点领域和关键环节，大力推进体制改革和制度创新，建立适合时代发展要求的新体制新机制，努力从源头上防治腐败。

深化行政审批制度改革。中国政府全面推行行政审批制度改革，加快推进政企分开、政资分开、政事分开、政府与市场中介组织分开，促进政府转变职能。在全面清理审核的基础上，国家对行政审批事项进行了大幅度削减和调整。2001年推行行政审批制度改革以来，国务院各部门共取消和调整行政审批项目2000多项，地方各级政府取消和调整77000多项，占原有项目总数的一半以上。对于保留的行政审批项目，通过广泛设立行政服务中心公开审批，建立行

政审批电子监察系统及时监控，完善行政审批责任追究制度和信息反馈机制，提高工作效率，减少权力寻租的机会。

推进干部人事制度改革。中国坚持民主、公开、竞争、择优，建立健全科学的干部选拔任用和管理监督机制，提高选人用人公信度，从源头上防治用人腐败。中国共产党先后发布《深化干部人事制度改革纲要》、《党政领导干部选拔任用工作条例》、《党政领导干部选拔任用工作监督检查办法（试行）》、《党政领导干部选拔任用工作责任追究办法（试行）》等，对干部人事制度改革进行全面规划，对干部选拔任用的基本原则、标准、程序、方法等作出严密规定，对干部选拔任用工作加强监督。坚持德才兼备、以德为先的用人标准，全面推行民主推荐、民主测评、民意调查、考察预告、任前公示，以及干部交流、任职回避等制度，大力推进公开选拔和竞争上岗，推行和完善地方党委任用重要干部票决制。

深化司法体制和工作机制改革。中国坚持以维护司法公正为目标，按照科学配置侦查权、检察权、审判权和执行权的原则，建立公正高效权威的社会主义司法制度。建立警务督察制度，推行人民陪审员、人民监督员制度，扩大司法民主，推进司法公开。加强对司法活动的监督，规范司法人员对自由裁量权的行使。健全执法过错、违法违纪责任追究制度，保证司法公正。

推进财政管理体制改革。1998 年以来，中国政府提出建立公共财政的目标，积极推进财政管理体制改革，深化部门预算公开、国库集中支付、“收支两条线”管理、政府采购、规范转移支付等改革。目前已将行政事业性收费、政府性基金、国有资源有偿使用收入、国有资本经营收益等纳入预算或“收支两条线”管理的范围，并将逐步实现全部缴入国库的目标。国家已初步建立起适合中国国情的部门预算基本框架，初步实现预算内外资金统筹使用、“一个部门一本预算”的改革目标。推进公务用车、公务接待等职务消费制度改革，规范党政领导干部职务消费行为。这些措施规范了政府理财行为，增强了财政管理的透明度，有效抑制了财政资金管理和使用中的腐败行为。

加快投资体制改革。为防止投资领域腐败现象的产生，中国政府着力建立市场引导投资、企业自主决策、银行独立审贷、融资方式多样、中介服务规范、宏观调控有效的新型投资体制，减少行政干预。2004 年，国务院发布《关于投资体制改革的决定》，对深化投资体制改革作出全面部署。经过改革，企业投资主体地位逐步确立。国家不断建立和完善政府投资监管体系，完善政府重大投资项目公示制和责任追究制，加强对投资中介机构的监管。对中央预算内投资项目实行代建制试点，目前已有三分之二以上的省级政府开展代建工作。

推动金融体制改革。中国实行中央银行与商业银行分离、政策性金融与商业性金融分离、银行与证券及保险业分业经营。不断加强和改进金融宏观调控，建立和完善银行业、证券业、保险业分业金融监管体制，加强金融监管，金融市场秩序逐步规范。建立并完善信息披露、信用评级制度，推动金融市场快速健康发展。推进国有商业银行股份制改革、证券公司重组、保险公司注资改制等一系列重大金融体制改革，进一步完善法人治理结构，全面清理和处置历史积累的金融风险，初步建立投资者保护制度。积极推动支付体系建设，推广使用非现金支付工具，完善金融账户实名制，有效防止和严厉惩处利用银行账户、证券市场和资本运作等手段进行腐败活动。建立覆盖全国的企业和个人信用信息基础数据库，加快建设金融业统一征信平台。建立金融机构的客户识别、大额和可疑交易报告、记录保存等制度，加强反洗钱监管。这些改革措施促进了金融业的规范健康发展，也有利于防范金融风险和金融腐败。

建立市场配置资源制度。中国政府注重完善制度，强化监管，防止在公共资源配置、公共资产交易、公共产品生产领域出现腐败问题。在工程建设方面，加快建立统一规范的有形市场，完善招标投标法律制度，规范招标投标活动。在土地使用权出让方面，实施公开竞争出让建设用地使用权制度，对经营性用地通过招标、拍卖、挂牌的方式出让。2001 年至 2009 年，招标拍卖挂牌出让国有土地面积占总出让面积比例由7.3％上升到85.3％。在产权交易方面，规定必须遵循等价有偿和公开、公平、公正、竞争的原则。在政府采购方面，实行以公开招标为主要方式的采购运行机制，2002年至2009年累计节约财政资金3000多亿元。在矿产资源开发方面，严格执行探矿权、采矿权招标拍卖挂牌出让规定，严肃查处矿产资源开发中的违法违纪行为。

六、依法依纪查处腐败案件

依法依纪查处腐败案件，是惩治腐败最直接最有效的手段。中国共产党和中国政府坚持在法律和纪律面前人人平等，严肃查处党员干部和国家工作人员中的腐败行为，保持惩治腐败的强劲势头。

中国针对不同时期腐败现象发生的特点，确定查办案件的重点。20世纪80年代，重点打击严重经济犯罪活动和利用价格“双轨制”非法倒买倒卖行为。20世纪90年代，以查办党政领导机关、行政执法机关、司法机关、经济管理部门和县（处）级以上领导干部的违法违纪案件为重点，着重查处贪污贿赂、挪用公款、失职渎职、贪赃枉法、腐化堕落等方面的案件，加大对金融、房地产、工程建设等领域案件的查处力度。进入21世纪，在继续坚持查处以上重点案件的同时，着重查办领导干部利用人事权、司法权、行政审批权、行政执法权等搞官商勾结、权钱交易、索贿受贿的案件，为黑恶势力充当“保护伞”的案件，严重侵害群众利益的案件，群体性事件和重大责任事故背后的腐败案件。

中国共产党纪律检查机关和政府监察机关始终坚持依法依纪查办腐败案件，做到事实清楚、证据确凿、定性准确、处理恰当、手续完备、程序合法。严格规范举报、受理、初核、立案、调查、审理、处分、执行、案件监督管理等各个环节，坚持文明规范办案，保障被调查人员的人身权、财产权、申辩权、申诉权和知情权等合法权益。

人民检察院依法对贪污贿赂、渎职侵权等国家工作人员职务犯罪直接立案侦查，并代表国家向人民法院提起公诉。检察机关接受贪污贿赂、渎职侵权犯罪的举报和有关部门移送的案件后，及时对举报线索和案件材料进行审查和初步调查，有犯罪事实并需要追究刑事责任的，依照程序对案件立案侦查，依法查明犯罪嫌疑人的犯罪事实。案件侦查终结后，根据查明的事实和证据，依法作出处理，其中对犯罪事实已经查清，证据确实、充分，依法应当追究刑事责任的，由人民检察院反贪污贿赂、反渎职侵权部门移送公诉部门审查后向人民法院提起公诉。2003年至2009年，各级人民检察院共立案侦查贪污贿赂、渎职侵权案件24万多件。在惩治受贿犯罪的同时，中国完善行贿犯罪档案查询系统，加大惩治和预防行贿犯罪力度。2009年，对3194名行贿人依法追究了刑事责任。

人民法院作为国家审判机关，依法独立行使审判权。在中国，未经人民法院依法判决，对任何人都不得确定有罪。对于检察机关依法提起公诉的贪污贿赂渎职等腐败犯罪案件，人民法院依法进行审理，按照罪刑法定、法律面前人人平等、罪责刑相适应的原则定罪量刑。除涉及国家秘密、商业秘密、个人隐私和未成年人犯罪外，人民法院审判案件一律公开进行，并保障诉讼参与人依法享有诉讼权利，保证被告人充分行使辩护权。在审判腐败犯罪案件的过程中，人民法院坚持对任何人犯罪在适用法律上一律平等的原则，不论腐败分子现任或曾任职务多高，只要构成犯罪就依法定罪处罚，既不允许其有超越法律的特权，也不因为其特殊身份和社会压力就加重处罚。

为准确适用法律、统一司法尺度，最高人民法院和最高人民检察院在总结贪污贿赂渎职等腐败犯罪案件审判和公诉经验的基础上，依法适时制定相关的司法解释，及时解决审判和公诉工作中出现的新问题，对指导各级人民法院和人民检察院正确审理、公诉案件，起到了重要作用。

中国集中开展治理商业贿赂专项工作。近年来，重点查处工程建设、土地使用权和探矿采矿权出让、产权交易、医药购销、政府采购、资源开发和经销等6大领域以及银行信贷、证券期货、商业保险、出版发行、体育、电信、电力、质检和环保等方面的商业贿赂行为，依法依纪打击跨国（境）商业贿赂行为。自2005年集中开展治理商业贿赂工作以来至2009年，全国共查处商业贿赂案件69200多件，涉案金额165.9亿元。

中国政府把纠正损害群众利益的不正之风作为反腐败的重要内容。针对一些地方和部门存在的乱涨价、乱收费、乱罚款、乱摊派等损害群众利益的行为，采取了专项治理措施。针对农村土地征收、城镇房屋拆迁、国有企业重组改制、医药购销和医疗服务中出现的损害群众利益，以及拖欠农民工工资等突出问题，采取专项检查等措施予以纠正。国家加快改革步伐，相继取消农业税和义务教育阶段收费，推行教育、医药卫生体制改革等一系列改革措施，为纠正损害群众利益的不正之风创造了条件。

中国政府逐步加大以行政首长为重点的行政问责力度，纠正执法不公、违法行政和有令不行、有禁不止、行政不作为乱作为等行为，对给国家利益、公共利益和公民合法权益造成严重损害的，依法依纪严肃追究责任。2009年发布《关于实行党政领导干部问责的暂行规定》，明确规定有决策严重失误、工作失职、管理监督不力等造成重大损失或恶劣影响的7种行为的，必须进行问责。2009年，共对7036名领导干部进行了问责。

七、廉政教育和廉政文化建设

教育是反腐败和廉政建设的一项基础性工作。多年来，中国坚持不懈地在国家工作人员中开展廉洁从政教育，在全社会加强廉政文化建设，促使国家工作人员增强廉洁自律意识，推动全社会形成崇尚廉洁的良好风尚。

中国把对党员和国家工作人员进行国家法律法规和党纪政纪教育作为廉洁从政教育的一项经常性工作。中共中央政治局经常组织有关法制的集体学习，对推动全社会特别是党员和国家工作人员提高法律意识起到良好的带动作用。目前，中国共产党的各级组织和国家机关集体学习已形成制度。中国政府积极开展全民普法教育，从1986年起，在全体公民特别是国家工作人员中连续实施了5个五年普及法律知识教育，共有8亿多人次接受了各种形式的法制教育，增强了公众的法治观念和对国家机关、国家工作人员廉洁从政的监督意识。

中国重视对国家工作人员的廉政教育培训，筑牢拒腐防变的思想道德防线。制定《干部教育培训工作条例（试行）》和全国干部教育培训规划，把廉洁从政教育作为干部教育培训的重要内容。中国共产党的各级党校、政府的各级行政学院和其他干部培训机构，把廉洁从政教育纳入教学计划，作为各级领导干部的必修课程。建立50个全国廉政教育基地，编写廉洁从政教育读本，有针对性地开展岗位廉政教育和培训。对于新任领导干部和新录用的国家工作人员，进行任职和上岗前的廉政培训，建立廉政培训档案。一些省（自治区、直辖市）在领导干部选拔前进行廉政法律法规考试，并将考试合格作为重要的任职条件。在领导干部任职前进行廉政谈话，做到防范在先。

中国注重开展示范教育和警示教育。通过新闻媒体报道、召开先进事迹报告会、拍摄影视作品等形式，宣传党员干部和国家工作人员中的先进典型和他们的事迹。通过编写典型案例教材、拍摄警示教育片、建设警示教育基地、举办警示教育展览以及涉案人员现身说法等灵活多样的形式，教育广大党员干部和国家工作人员引以为戒，发挥典型案件的教育作用，达到惩处一个、教育一片的目的。

中国大力开展廉政文化建设，弘扬以廉为荣、以贪为耻的社会风尚。制定《关于加强廉政文化建设的意见》，推动廉政文化进机关、社区、家庭、学校、企业和农村。注重继承和发扬中华优秀传统中的廉政文化精华，以文学艺术、影视作品、书画展览和公益广告等形式表现廉政文化的丰富内涵，推出一批主题昂扬向上、时代特色鲜明、体现人文关怀的优秀廉政作品。通过这些内容丰富、形式多样、喜闻乐见的廉政文化活动，歌颂了中华民族崇尚廉洁的优良传统，展示了廉政建设的丰硕成果，推进了廉政文化建设深入开展。

中国重视对青少年进行廉洁教育。许多小学、中学和大学专门开设廉洁教育课程，编写相关教材，有的还配备专门师资力量。同时，充分利用中小学生的夏令营、冬令营，以及大学生社会实践和校园文化建设等课外活动开展廉洁教育，培养青少年廉洁、诚信、守法的良好道德意识和法治观念。

八、反腐败国际交流与合作

随着经济全球化的快速发展，腐败行为呈现出有组织、跨国境的趋势。加强反腐败国际交流与合作成为世界各国、各地区的共识。中国重视反腐败领域的国际交流与合作，主张在尊重主权、平等互利、尊重差异、注重实效的原则下，与世界各国、各地区和有关国际组织加强合作，互相借鉴，共同打击腐败行为。

中国加强同世界各国、各地区及有关国际组织的反腐败交流与合作，已经成为国际反腐败的重要力量。截至目前，中国已与68个国家和地区签订了106项各类司法协助条约。与美国建立了中美执法合作联合联络小组，并设立反腐败专家组；与加拿大建立了司法和执法合作磋商机制。中共中央纪律检查委员会和中华人民共和国监察部同80多个国家和地区的反腐败机构开展了友好交往，与俄罗斯等8个国家的相关机构签署了合作协议；与联合国、欧盟、世界银行、亚洲开发银行、经合组织等国际组织开展了多领域的交流与合作，积极参与二十国集团、亚太经合组织等框架内的反腐败合作机制。最高人民检察院先后与80多个国家和地区的相关机构签署了检察合作协议。公安部与44个国家和地区的相关机构建立了65条24小时联络热线，同59个国家和地区的内政警察部门签署了213份合作文件。

为推动反腐败国际交流与合作，中国于2005年批准加入了《联合国反腐败公约》。为履行公约规定的各项义务，中国成立了由24个机关和部门组成的部际协调小组，具体承担国内履约的组织协调工作，做好有关国内法与公约的衔接工作。2006年颁布《中华人民共和国反洗钱法》，以预防、遏制洗钱犯罪及相关犯罪。先后批准加入4个与反洗钱相关的国际公约，并成为金融行动特别工作组、欧亚反洗钱和反恐融资组织、亚太反洗钱组织的成员。2007年成立国家预防腐败局，开展预防腐败的国际合作和技术援助。

中国还积极加入相关反腐败国际组织，参加和举办反腐败国际会议。1996年中国和巴基斯坦等国发起成立亚洲监察专员协会。2003年批准加入《联合国打击跨国有组织犯罪公约》，这是第一个针对跨国有组织犯罪的全球性公约。2005年加入亚太经合组织反腐败与提高透明度工作组、亚洲开发银行/经合组织亚太地区反腐败行动计划。2006年中国最高人民检察院发起成立国际反贪局联合会，这是世界上首个以各国、各地区反贪机构为成员的国际组织。近年来，中国还成功举办第七届国际反贪污大会、亚洲监察专员协会第七次会议、第五次亚太地区反腐败会议、国际反贪局联合会首届年会、亚太经合组织反腐败研讨会等国际会议，多次参加全球反腐倡廉论坛、政府改革全球论坛、国际反贪污大会等国际性反腐败会议。

引渡和遣返外逃腐败犯罪嫌疑人是反腐败国际合作的重要内容。1984年，中国加入国际刑警组织，加强了抓捕外逃腐败犯罪嫌疑人方面的国际合作。2000年颁布了《中华人民共和国引渡法》，为中国与外国加强引渡合作提供了法律基础。目前，中国已与35个国家缔结了双边引渡条约，加入含有司法协助、引渡等内容的28项多边公约。中国还可以依据联合国反腐败公约、联合国打击跨国有组织犯罪公约等国际公约，与世界100多个国家开展包括引渡在内的国际司法合作。

结束语

为反对腐败，加强廉政建设，中国共产党和中国政府作出了巨大努力，取得了明显成效。几十年来的实践证明，中国特色反腐倡廉道路是符合中国社会主义初级阶段基本国情的，是符合中国各族人民意愿的，是符合反腐败和廉政建设规律的。我们坚信，随着中国社会主义市场经济体制的不断完善，社会主义民主政治的不断发展和法律制度体系的逐步完备，以及社会、文化等各方面事业的不断进步，中国共产党和中国政府完全能够依靠自身力量和广大人民群众的支持，把腐败现象减少到最低程度。中国反腐败和廉政建设的前景是光明的。

反对腐败、建设廉洁政治是全人类的共同愿望，也是世界各国政府和政党面临的共同课题。加强反腐败国际交流与合作是中国政府的既定政策。中国将在国际和地区性反腐败交流与合作中发挥积极作用，与世界各国一道，为建设一个公正廉洁、和谐美好的世界而努力奋斗。

西藏文化的保护与发展

中华人民共和国国务院新闻办公室
（2008 年 9 月）

目 录

前 言

中国是一个统一的多民族国家，西藏是中国不可分割的一部分，藏族是中华民族大家庭中的重要一员。藏民族具有悠久的历史、灿烂的文化。西藏文化是中华文化中的一颗璀璨明珠，也是世界文化中的一份宝贵财富。

藏民族世代生活在青藏高原，面对独特的自然条件和艰苦的生存环境，表现出顽强的生命力和对美好生活的不懈追求。在对自然、社会和自身的认知、适应、改造、发展的漫长历史进程中，在与汉族等中国其他民族以及南亚、西亚一些民族的文化交流、融合和借鉴过程中，藏族人民创造了内容丰富、特色鲜明、形态多样的文化，其中包括语言文字、哲学宗教、藏医藏药、天文历算、音乐舞蹈、戏剧曲艺、建筑美学、雕塑绘画、工艺美术等。西藏文化是藏民族世代繁衍、生生不息的精神支柱，也是在同其他文化特别是汉文化的相互影响和不断交融中得到发展的。

历史上，西藏曾经历了比欧洲中世纪还要黑暗的政教合一的封建农奴制社会，这种状况一直延续到上世纪中叶。在1959 年之前，十四世达赖喇嘛作为藏传佛教首领和西藏地方政府首脑，集政教大权于一身。占总人口不足 5 % 的农奴主占有着西藏全部生产资料和文化教育资源，垄断着西藏的物质精神财富，而占人口 95 % 以上的农奴和奴隶没有生产资料和人身自由，遭受着极其残酷的压迫和剥削，民生凋敝，根本谈不上享受文化教育的权利。长期政教合一的封建农奴制统治窒息了西藏社会的生机和活力，使西藏文化日益走向没落和衰败。

中华人民共和国的成立，给西藏文化的保护和发展带来了希望。1951 年西藏实现和平解放，摆脱了帝国主义的侵略和羁绊，打破了长期封闭和停滞不前的局面，为西藏文化与全国一起实现共同进步与繁荣发展创造了基本前提。和平解放后，中央人民政府积极帮助西藏保护和发掘传统文化，发展现代文化教育和卫生事业，开启了西藏文化发展的崭新进程。1959 年，西藏实行民主改革，彻底废除了政教合一的封建农奴制度，结束了少数上层封建贵族、僧侣垄断文化教育的历史，广大农奴和奴隶在政治、经济和精神上获得了翻身解放，成为保护、发展和享受西藏文化的真正主人，使西藏文化成为人民的文化，并为西藏文化的发展开辟了广阔的前景。

半个世纪以来，特别是改革开放以来，中国政府高度重视西藏文化的保护与发展，根据《中华人民共和国宪法》和《民族区域自治法》

的规定，以极大的热情和高度负责的态度，投入大量人力、物力、财力，倾力保护和弘扬西藏优秀传统文化，同时，大力发展现代科学教育文化事业，使西藏文化得到了前所未有的保护与发展。

为增进国际社会对西藏文化保护与发展状况的了解，用事实戳穿达赖集团编造的“西藏文化灭绝”的谎言，揭露达赖集团所谓“西藏文化自治”的实质，同时也为进一步推动西藏文化的保护与发展，特发表本白皮书。

一、藏语言文字的学习、使用和发展

藏语文属汉藏语系，千百年来一直是西藏人民的重要交际工具，是西藏文化的重要标志和载体，在中华民族多元语言文化中占有独特地位。半个多世纪以来，中国政府高度重视保障西藏人民学习使用藏语言文字的权利，为促进藏语文的学习、使用和发展作出了巨大努力，取得了重大进展。

藏语言文字的学习、使用受到法律保障。中国《宪法》和《民族区域自治法》均明确规定，保障少数民族使用和发展自己语言文字的自由。西藏自治区还先后于1987年和1988年颁布实施《西藏自治区学习、使用和发展藏语文的若干规定（试行）》和《西藏自治区学习、使用和发展藏语文的若干规定（试行）的实施细则》，明确规定在西藏实行藏、汉语文并重，以藏语文为主；2002年，西藏自治区将原来试行的有关规定修订为《西藏自治区学习、使用和发展藏语文的规定》，从而使藏语文的学习、使用和发展获得了可靠的法律保障。为促进这项工作的开展，1988年西藏专门成立自治区藏语文工作指导委员会，现更名为西藏自治区藏语文工作委员会。各地（市）、县相继成立了藏语文编译机构。目前，西藏有100多个藏语文翻译机构，专门从事各类翻译和藏语文工作的人员有近1000人。

藏语言文字得到广泛学习和传承。旧西藏，学习藏语文是上层贵族和少数僧侣的特权，占总人口95％以上的广大农奴和奴隶根本没有学习藏语文的权利。中央人民政府从西藏和平解放之日起就十分重视藏语文的学习和推广，对进藏人员学习使用和推广藏语文提出明确要求，并于20世纪50年代先后在昌都、拉萨、日喀则等地开办藏语文短期训练班、青年训练班、社会教育班、农业技术训练班、财会训练班和电影技术训练班等，积极鼓励、支持和组织各族群众学习藏语文和科学技术。西藏自治区成立后，明确规定各级各类学校要重视藏语文的学习和使用，加强藏语文的教学。西藏教育系统全面推行以藏语文授课为主的双语教育体系。目前，所有农牧区和部分城镇小学实行藏汉语文同步教学，主要课程用藏语授课。中学阶段也同时用藏语和汉语授课，并在内地西藏中学开设藏语文课。在高校和中等专业学校的招生考试中，藏语文作为考试科目，成绩计入总分。西藏现有双语教师15523人，各级各类学校有藏语专任教师10927人。西藏自治区已编译完成从小学到高中共16门学科的181种课本、122种教学参考书和16种教学大纲。藏语文在西藏所有学校都得到了空前的普及。

藏语言文字在西藏得到广泛使用。西藏自治区成立以来，各级人民代表大会通过的决议、法规，西藏各级人民政府及所属部门下达的正式文件和发布的公告都使用藏、汉两种文字。在司法诉讼程序中，对藏族诉讼参与人都使用藏语文审理案件，法律文书也使用藏文。各单位的公章、证件、表格、信封、信笺、稿纸、标识以及机关、厂矿、学校、车站、机场、商店、宾馆、餐馆、剧场、旅游景点、体育场馆、图书馆等的标牌和街道、交通路标等，均使用藏、汉两种文字。

西藏人民广播电台自1959年建台以来，始终以办好藏语广播为重点，共开办有42个藏语（包括康巴语）节目（栏目），藏语新闻综合频率每天播音达21小时；康巴语广播频率每天播音18小时。藏语节目年译制能力由1996年的1200小时增加到2007年的9235小时。西藏电视台藏语卫视频道于1999年正式开播，每天播出大量的藏语专栏节目和藏语影视译制片，现有藏语电视栏目21个，深受西藏各族人民的喜爱。自2007年10月1日起，藏语卫视实现了24小时滚动播出。西藏电视台2007年藏语影视剧译制量达500小时（639集），译制电影拷贝

564个，译制节目35个。每年保证有25部新译制的藏语电影在农牧区和基层群众中放映，广大农牧区实现了电影藏语化。

藏文图书报刊发展很快。全国有中国藏学出版社、民族出版社、西藏人民出版社、西藏古籍出版社等9家出版社出版藏文图书，每年出版藏文图书上千种。许多古代藏文秘本、孤本，经专家整理后出版发行。目前，西藏有14种藏文杂志、10种藏文报纸。全国有20多种杂志有藏文版。《西藏日报》藏文版2002年7月扩版后，每周从28个版增加到36个版，日发行达2.5万份。《西藏科技报》、《西藏科技信息报》、《致富之友》等藏文报刊，成为广大农牧民学习科技知识、掌握致富经验和方法的必读物。

西藏自治区现有文艺工作者4000余人，其中藏族占90％以上，专业艺术团体10个、少儿艺术团体4个、民间艺术团18个、乡村业余文艺队500多个、藏戏队160个。这些文艺团体经常深入农牧区，用藏文创编节目，用藏语表演，深受广大群众的欢迎。

藏语言文字得到全面发展。1984年开发出了与汉英兼容的藏文处理系统，实现了藏文精密照排。藏文编码国际标准于1997年获得国际标准组织通过，成为中国少数民族文字中第一个具有国际标准的文字。目前，西藏已全面建立面向机器自动处理的藏语语法框架和语法体系，正在实现藏语文本的机器自动分词和组块识别。完成了大型藏汉双语机载词典（12万条），建立了为藏、汉、英机器翻译所需的藏语语法属性电子词典以及大规模藏语真实文本数据，为西藏文化在信息化时代的传承、传播和弘扬奠定了坚实的基础。

计算机技术的运用和互联网的普及，为藏语文的学习、使用和发展提供了新的平台。国内自主开发的先进藏文编辑系统、激光照排系统、电子出版系统已经在西藏新闻出版领域得到广泛应用。通过互联网和手机的藏语文平台浏览阅读、收听、收看国内外新闻和各类资讯，满足了广大藏族群众的信息需求。西藏邮电业务广泛使用藏语文，开辟了藏文电报、藏语寻呼以及藏文手机短信等服务项目。藏文文档识别系统的问世，拉开了藏文识别应用于藏文数字化建设的序幕。

藏语文规范化、标准化工作取得重大进展。2005年，审议制定了《新词术语翻译和借词使用规则》的原则，共审定统一了3500余条有关市场经济和中小学教育等方面的藏文术语，审定了近6万条科技术语，翻译审定了8000多条计算机界面术语。多年来，各级出版社陆续出版了《格西曲扎藏文辞典》、《藏文大词典》、《藏汉口语词典》、《汉藏对照词汇》、《藏汉词汇》、《藏汉词典》、《市场经济藏汉文对照词典》、《藏汉对照法律词典》等多部藏文辞书。现已完成《制定藏语标准语方案》的起草工作和《藏族人名汉字音译转写规范手册》的搜集整理工作。

二、文化遗产的继承、保护和弘扬

西藏文化遗产是中国文化遗产的重要组成部分。中央人民政府高度重视保护和发展西藏的传统文化，投入巨大的人力、财力、物力，运用法律、经济和行政等多种手段，使西藏优秀传统文化在有效保护的基础上得到了继承、弘扬和发展。

文物古迹得到有效保护。民主改革以后，中央人民政府高度重视西藏文物保护工作，从政策、人才、资金、技术等方面给予大力支持，西藏的文物管理机构逐步健全，文物保护队伍不断壮大，文物保护体系渐趋完善，文物研究和保护的能力不断提高。西藏自治区颁布了《文物保护条例》、《寺庙文物管理暂行条例》、《文物单位消防安全管理办法》、《流散文物管理暂行规定》、《布达拉宫保护管理办法》等十几个法规，使文物保护工作走上了法制化、规范化轨道。

国家先后在西藏进行过两次文物普查（目前正在进行第三次文物普查），并对青藏铁路西藏段沿线的文物进行了详尽调查，较为全面地掌握了各类文物古迹和遗址的分布、数量和现存状况，对处于濒危状态的文物古迹进行了抢救性发掘、整理和修缮，使流散于社会的2万余件文物被博物馆征集收藏。截至2006年底，西藏已登记在册的各类文物保护点2330余处，有各级文物保护单位329处。其中，国家级重点文物保护单位35处，自治区级112处，市（县）级182处。布达拉宫被列入世界文化遗产，大昭寺、罗布林卡被列入其扩展项目。拉萨市、日喀则市和江孜镇被列为全国历史文化名城。全区现有馆藏文物数十万件，其中国家级文物1万余件。

上世纪80年代以来，国家投入巨额资金，对西藏重要文物古迹进行保护维修，恢复开放了一大批重点文物保护单位。其中，80—90年代，中央人民政府共投资3亿多元人民币，帮助西藏修复开放了1400多座寺庙，对昌都卡若、拉萨曲贡、山南昌果沟等新石器时代遗址进行了科学发掘，填补了西藏史前考古的空白。对扎什伦布寺、萨迦寺、桑耶寺、大昭寺、强巴林寺、夏鲁寺、江孜宗山抗英遗址、罗布林卡、白居寺等古建筑、古遗址进行了重点维修保护。特别是1989年到1994年，国家拨出5500万元人民币和大量黄金、白银等珍贵物资对布达拉宫进行了一次大规模维修。2001年起，又拨专款3.3亿元人民币，用于维修布达拉宫和罗布林卡、萨迦寺三大文物古迹。2006—2010年，中央人民政府将再次拨出5.7亿元人民币，对西藏22处重点文物保护单位进行维修保护。如此巨额投入和大规模维修在中国文物保护史上是空前的。近年来，中国西藏文化保护与发展协会等非政府组织相继成立，在促进西藏文化的保护和发展方面发挥了积极作用。

非物质文化遗产得到有效保护、传承和发展。上世纪70年代以来，西藏自治区及各地市成立了专门的民族文化遗产抢救、整理和研究机构，对全区民间文化艺术遗产进行全面普查，将流传于民间的戏剧、舞蹈、音乐、曲艺、民歌、谚语、故事等文学艺术资料搜集起来，加以整理、研究，先后采录整理藏汉文资料3000多万字，发表有关藏族传统文化的学术论文1000多篇，出版发行文艺研究专著30多部。2003年以来，中央人民政府和西藏自治区人民政府启动实施非物质文化遗产保护工程。西藏自治区和各地市政府成立了非物质文化遗产保护工作领导小组和专门的工作机构，对全区非物质文化遗产情况进行了更大范围和更深层次的普查，对濒临失传的遗产进行有效保护。全区命名的自治区级民间艺术之乡19个，120个项目被列为自治区级非物质文化遗产代表作名录，61个项目被列入国家非物质文化遗产代表作名录，31位传承人入选国家级非物质文化遗产项目代表性传承人名录。大批藏文文献典籍得到及时抢救。编辑出版了中国戏曲志、中国民间歌谣集成、民族民间舞蹈集成、谚语集成、曲艺集成、民族民间歌曲集成、戏曲音乐集成、民间故事集成等十大文艺集成志书西藏卷，结束了西藏文化艺术缺乏文字记载的历史，使大量重要文化遗产得到及时抢救和有效保护。《格萨尔王传》是一部大型口头说唱英雄史诗，长期以来仅靠师徒相承。国家将收集、整理、出版《格萨尔王传》作为重点科研项目，设立专门机构、拨出专门经费，现已录制艺人说唱磁带5000小时，搜集300余部，整理出版藏文版120部，蒙古文版25部，汉译本20多部，学术专著20部，并有多部被译成英、日、法等文种出版。

西藏文艺创作进入历史上最好的发展时期。藏族传统艺术在与现代艺术相结合的过程中不断创新和发展。西藏和平解放后，各族文艺工作者深入生活，发掘继承优秀的民族文艺传统，创作出一大批诗歌、小说、歌舞、音乐、美术、电影、摄影等作品，不断完善西藏的艺术门类，丰富文艺形式，提高艺术水平。近年来，先后推出了大型乐舞《珠穆朗玛》，大型歌舞《金色岁月》、《多彩哈达》、《天上西藏》、《和谐颂》，话剧《穿越巅峰》，新编藏戏《朵雄的春天》，以及融京剧和藏戏于一体的新编历史剧《文成公主》等一大批文艺作品。这些作品题材新颖，民族特色突出，时代气息强烈，提升了西藏的整体艺术水平，极大地丰富和活跃了各族群众的文化生活。其中，《文成公主》入选“国家舞台艺术精品工程”十大精品剧目。近5年来，自治区直属的3个专业文艺团体新编剧目34台，7个地市专业文艺团体新编剧（节）目300多个，演出3000多场（次），观众500多万人次，获国家级奖40多个，自治区奖270多个。西藏文化的对外交流蓬勃开展。

近30年来，西藏先后派出文化艺术团（组）360个，访问了美国、加拿大、俄罗斯等50多个国家和地区，出访人员达4320人（次）；先后接待30多个国家和地区的200余名艺术家前来演出交流。

旧西藏没有面向普通百姓的文化设施，如今，西藏已基本形成比较完整的公共文化设施网络。西藏现有大型现代图书馆12座，博物馆2座，多功能群众艺术馆6座，县级综合文化活动中心37座，文化信息资源共享工程卫星站点22个，乡级文化站175座，村级文化室550余个。文化产业发展迅速，西藏现有文化娱乐场所2596家，从业人员达18350人，各类文化旅行社、艺术广告装潢社、画廊、度假村、休闲林卡等3000余家。这些公共文化设施建设和文化产业的发展，对于丰富群众文化生活，弘扬西藏文化发挥着越来越重要的作用。

藏医藏药事业加速发展。藏医藏药是藏族传统文化的一朵奇葩。然而，在旧西藏，仅有拉萨门孜康即藏医星算学院和药王山医学利众院以及日喀则“仙人聚集堂”三所规模极小的官办医疗机构，从业人员不足百人，主要为达官、贵族和上层僧侣服务，广大劳动人民有病得不到医治。民主改革后，国家投入巨资，大力发展藏医药事业，保障人民健康。截至2007年底，西藏有藏医院18所，所有县都设立了藏医科等医疗机构。目前，西藏有藏医病床650张，藏医医疗机构从业人员1484人，乡村及民间藏医678人。2007年全区藏医诊疗病人达48.9万人次，其中住院治疗7340人次。藏药生产由手工作坊向现代工业化大生产迈进，藏药加工迈入标准化、规范化、规模化和科学化管理的轨道。西藏现有藏药生产企业18家，生产藏药360多个品种。西藏所有藏药品种均列入国家医保目录。2007年藏药产值达6.6亿元人民币，销售收入4.5亿元人民币，一些藏药产品销往全国各地和其他国家。

藏医药科学研究和教学工作成果丰硕。西藏自治区藏医药研究院和各级藏医机构积极开展藏医药科学研究，搜集、整理、编著和出版了《中国医学百科全书·西藏分卷》、《藏传天文历算大全》、《甘露本草明镜》、《四部医典》（藏汉文版）、《四部医典八十幅彩色唐卡系列挂图全集》、《晶镜本草》、《藏医诊断学》、《藏药方剂大全》等一批具有很高学术价值的著作。1989年西藏藏医学院的成立，使传统的藏医药教育教学模式逐步迈入了现代高等医学教育的轨道。截至2007年，西藏藏医学院共培养了1200多名藏医药大中专毕业生、56名硕士博士研究生，现有在校生1194人、硕士研究生54人。藏医药学这门传统民族医药学正焕发出勃勃生机，为提高西藏人民的健康水平，造福人类，发挥着重要的作用。

三、宗教信仰和民族习俗得到尊重

藏传佛教是西藏大多数群众信奉的宗教，是西藏传统文化的重要组成部分。西藏人民在漫长的历史进程中形成了独特的民俗民风和生活习惯。西藏和平解放以来，中国政府高度重视并充分尊重西藏各族人民的宗教信仰自由和民族风俗习惯。

旧西藏实行的是与欧洲中世纪类似的政教合一的宗教制度。以达赖为总代表的上层势力操纵政治、经济和文化命脉，把持信众进入天国的“入场券”，对广大信教群众实行神权统治和宗教专制，根本谈不上宗教信仰自由。这种体制成为窒息社会活力、束缚人们思想的沉重枷锁。1959年的民主改革，彻底推翻了腐朽落后的政教合一制度和以达赖为首的寺庙活佛的教权统治，实现了政教完全分离和寺庙公共事务管理的民主化，为实现宗教信仰自由提供了制度保障。

国家把藏传佛教作为藏民族传统文化给予有效保护。为了满足信教群众宗教信仰的需要，国家采取有力措施，妥善保护宗教寺庙和文物古迹，不仅把布达拉宫、大昭寺、哲蚌寺、色拉寺、甘丹寺、扎什伦布寺、萨迦寺等众多宗教活动场所列入全国和自治区重点文物保护单位，而且每年拨出大量专款进行维修。上世纪80年代以来，中央和西藏地方财政先后拨款7亿多元人民币和大量黄金、白银等物资，修缮了一大批宗教场所。目前，西藏有各类宗教活动场所1700多座，住寺僧尼4.6万余人。寺院的壁画、雕刻、塑像、唐卡、经卷、法器、佛龛等宗教文化载体，受到保护和修缮。大量宗教文献典籍得到抢救、整理、出版。各寺庙的传统印经院得到继承和发展，现有木如寺印经院、布达拉宫印经院等大型传统印经院近60家，年印经卷6.3万种，民间经书销售摊点20家。1984年西藏自治区政府将藏文大藏经《甘珠尔》拉萨版赠送给中国佛教协会西藏分会，并资助拉萨印经院刻制提供给区内外寺庙使用。1990年，又拨专款50万元人民币在拉萨木如寺资助刻制藏文大藏经《丹珠尔》新木版，已刻制的160卷帙正在印刷之中，这是西藏有史以来《丹珠尔》第一次在拉萨刻制、印刷。国家还投入4000多万元人民币，组织上百名藏文专家，历时20余年，完成了对藏文大藏经《甘珠尔》、《丹珠尔》的对勘出版，现已出齐124部《丹珠尔》，108部《甘珠尔》预计2008年内出齐。迄今已印出大藏经《甘珠尔》1490部，并印行藏传佛教的仪轨、传记、论著等经典单行本。1998年，西藏藏文古籍出版社和西藏人民出版社分别整理出版了《苯教甘珠尔》和《苯教丹珠尔》（大藏经）。一大批有关佛教的专著，如《贝叶经的整理研究》、《西藏苯教寺庙志》等相继问世。

正常的宗教活动和宗教信仰依法受到保护。西藏自治区和7个地市均设有佛教协会。中国佛协西藏分会办有西藏佛学院、藏文印经院和藏文会刊《西藏佛教》。国家创办了中国藏语系高级佛学院，专门培养藏传佛教高级人才，西藏已有100余名活佛、高僧进入该院深造。寺庙学经、辩经、晋升学位、受戒、灌顶、修行等传统宗教活动正常进行。活佛转世作为藏传佛教特有的传承方式得到国家的尊重，已有40多位新转世活佛按宗教仪轨和历史定制得到认定。

西藏的宗教活动内容丰富，形式多样。上世纪80年代以来，西藏陆续恢复了各种类型宗教节日40余个。信教群众每年自由参加萨噶达瓦节、雪顿节等各种各样的宗教活动。西藏随处可见悬挂的经幡、刻有佛教经文的玛尼堆以及从事宗教活动的信教群众。信教群众家中普遍设有经堂或佛龛，经常进行转经、朝佛、请寺庙僧尼做法事等宗教活动。

西藏人民的风俗习惯得到尊重和保护。和平解放后，中国政府特别注意尊重和保护藏族及其他各民族的传统风俗习惯，尊重和保障他们按照自己意愿从事宗教和民俗活动的自由。50多年来，西藏的藏族和其他少数民族保持着本民族的服饰、饮食、住房等传统风格，每年如期举行各种传统节庆活动。与此同时，一些与封建农奴制相伴随的腐朽、落后、蔑视劳动群众的旧习俗，随着社会的进步与发展而被群众所摒弃，代之以现代、文明、健康的新风尚。西藏每年举行的各种节庆集会，既有大量传统节日和宗教节日如藏历新年、沐浴节、望果节、酥油灯节、达玛节、煨桑节、噶尔恰钦节、赛马会等，又有国庆节、国际劳动妇女节、五一国际劳动节等全国性和世界性的节庆活动，还创立了山南雅砻艺术节、昌都的康巴艺术节、日喀则的珠峰艺术节、林芝的杜鹃花节等现代民族节日。藏族传统的优秀文化与现代文明的新思想、新文化相结合，为西藏民俗文化增添了新的风采。

四、现代科学教育和新闻事业全面发展

西藏和平解放以来，随着现代化的发展，不仅藏族传统优秀文化得到了继承、保护和弘扬，现代科学教育和新闻文化也得到全面发展。

教育事业实现了历史性飞跃。旧西藏没有一所现代意义上的学校，能接受文化教育的均为贵族子弟，广大劳动人民根本没有受教育的机会。和平解放后，国家采取有力措施，发展西藏教育事业。1952年至2007年，国家累计投资225.62亿元人民币（其中近5年就投入139.89亿元人民币），各省市也对西藏教育事业在人力、物力、财力上给予有力支援，迄今全国已选派7000余名教师援藏，帮助发展西藏教育。从1985年开始，国家对西藏义务教育阶段的农牧民子女采取“包吃、包住和包学习费用”的措施，2007年又全部免除中小学生学杂费，使西藏成为全国第一个实现免费义务教育的地方。近年来，国家加大投入改善学校设施和办学条件，2000年至2006年投入18.5亿元人民币新建和改扩建校舍150万平方米；2004年至2007年建成计算机教室133个，卫星收视

点983个，教育资源系统1763个，使西藏大多数中小学拥有了现代化教学手段。西藏现已形成包括幼儿教育、中小学义务教育、中等教育、高等教育和职业教育、成人教育、远程教育、函授教育和特殊教育等在内的比较完备的现代教育体系。

教育水平和文化素质得到显著提高。西藏现有小学884所、初中94所、教育点1237个，在校学生54.7万人。文盲率从旧西藏的95％以上降至目前的4.76％。适龄儿童入学率从旧西藏的2％上升到现在的98.2％，初中入学率达90.97％，已基本普及九年制义务教育。有高级中学14所，完全中学9所，高中阶段入学率为42.96％；中等职业学校7所，2007年在校学生1.9万人；高等院校6所，在校生达2.7万人，入学率17.4％。现有大、中、小学在校专任教师30652人，其中藏族和其他少数民族占80％以上。全国有33所学校办有西藏班，其中初中19所、高中12所、师范2所，招收西藏插班生的内地重点高中53所。到2008年6月底，已招收藏族学生34650人，在校生达17100人。内地西藏班学生的高考合格率和升学率达90％以上。与此同时，内地有90余所高校招收西藏学生，已毕业1.5万人，在校5200余人。一大批博士、硕士、科学家、工程师等人才脱颖而出，成为推动西藏发展的生力军。

现代科学技术从无到有，迅速发展。国家制定多项政策法规，投入大量资金，促进西藏科技发展。目前，西藏有科研机构42所，各类学术团体56个，农牧业技术推广机构140多个，科技示范基地和示范点37个，重点实验室5个，工程技术研究中心3个。现有各类专业技术人员42525人，其中藏族和其他少数民族技术人员占74.04％。仅2000年至2007年，西藏就完成了613个重点科研项目，其中国家级重点项目148项。特别是在宇宙射线观测、高原大气研究、青藏高原深部探测、泥石流等地质灾害防治、地热和太阳能等清洁能源开发利用、高原医学研究等领域，西藏的科研成果相当卓著，部分成果在全国乃至世界居于领先地位。到2007年，西藏科技对农牧业经济增长的贡献率达36％，农牧民已成为科技发展的巨大受益者。

藏学研究事业空前发展。在旧西藏，藏学研究的范畴主要是大五明（即工巧明、医方明、声明、因明、内明）、小五明（诗词、辞藻、韵律、戏曲、历算），关注的领域主要是宗教，服务的对象是占总人口极少数的贵族和上层僧侣。如今，藏学研究已成为国家社会科学研究的一个重要学科，研究领域涉及藏族及其社会各个方面，成为服务于国家和西藏全体人民的一项重要事业。全国现有中国藏学研究中心等50多个藏学研究机构，近3000名藏学专家学者。藏学研究形成了较为完备的学科体系，在国际藏学界享有十分重要的地位。据不完全统计，国内已编写出版《西藏通史——松石宝串》、《历史造就的统一体》、《敦煌吐蕃历史文书》、《元代汉藏艺术交流》等研究著作数百部，编辑出版《新旧唐书·藏文史料》、《明实录·藏族史料》、《清实录·藏族史料》等藏事汉文文献丛书400多种，整理出版了《萨班·贡嘎坚赞全集》、《敦巴西饶全集》等70多部藏文古籍文献，在各类报刊发表藏学研究论文2.4万多篇。

新闻传播事业蓬勃发展。旧西藏没有现代意义上的出版业，只有数量有限的几所印刷经书的木刻印经院。目前，西藏有2家图书出版社、2家音像出版社，初步形成了遍及全区的出版发行体系。现已出版各类藏汉图书11300余种2.5亿册，其中藏文图书3000多种，《四部医典要注》、《新编藏医药学》、《西藏百科全书》等200多种图书获得全国性奖励。藏文图书连续5年保持20％的增速。西藏音像出版社1989年成立以来，先后出版发行《今日西藏》、《朗玛堆谐》、《西藏轻音乐》、《藏西极地》等各种音像电子出版物100多种，销售发行音像制品33万多盘。近5年音像电子出版连续保持13％的发展速度。目前，西藏有各类印刷厂35个，电子排版、平版胶印、电子分色、多色印刷等新技术得到广泛应用。图书发行网络覆盖全区，仅2002年至2007年，投资1008万元人民币新建、改扩建了35个新华书店，使新华书店总数达到67个；发行单位272家，年发行图书20多万种，发行量4000多万册。投资1800

多万元人民币新建自治区出版物物流配送中心，日配送图书、报刊、音像、电子出版物5万多种56万册（盘）。

旧西藏仅有清朝末年在拉萨创刊的石印藏文《西藏白话报》，印量不足百份。目前，西藏公开发行的报刊已达57种，其中报纸23种、期刊34种；7个地市都有藏汉文两种报纸。2007年，西藏出版报纸5550万份，期刊267万册，均连续5年保持两位数增长。《西藏研究》、《西藏旅游》等期刊多次获国家期刊奖提名奖、重点社科期刊奖等奖项。

广播影视业在旧西藏处于空白状态。西藏和平解放50多年来，中央和西藏地方财政用于西藏广播影视发展的资金达12亿元人民币，中央有关部门和其他兄弟省市在技术人员和物资器材等方面提供了大力援助，并为西藏培养了大批专业人员。到2007年，西藏有广播电视台9座，中波转播发射台39座，100瓦以上调频广播转播发射台76座，50瓦以上电视转播发射台80座，县级以上有线电视转播发射台76座，乡村级广播电视站9111座，广播、电视人口覆盖率分别达到87.8％和88.9％，实现了行政村村村通广播电视。目前，西藏人民广播电台有4套节目，日播出79小时55分钟。西藏电视台有3个频道，日播出59小时30分钟。西藏有线网络传输中心可接收传送50套模拟信号有线电视节目、90套数字电视节目、11套广播节目。各地市和部分县（市）也相继建成了有线电视网络，覆盖全区的广播电视网初步形成。西藏现有电影放映机构559个，管理机构82个，农牧区放映队472个，放映点7918个，电影放映已覆盖98％的行政村，全区农牧民每月人均看电影1.6场。

网络文化建设方兴未艾。互联网和手机等新媒体异军突起，普及率和应用水平不断提高。西藏互联网始于1997年，1999年实现宽带上网，2000年创办第一家网站“西藏之窗”。2007年底，西藏已有互联网站760家，互联网用户82858户，网民约20万，占总人口的6％。西藏的移动电话业务始于1993年8月，当时交换机容量仅为4500户，移动基站只有1个，如今移动基站已达8300多个，手机用户达到80万户。新媒体已成为西藏人民了解新闻、获取信息和知识、休闲娱乐的重要渠道，丰富了群众精神文化生活，拉近了西藏与世界的距离。

结束语

事实表明，半个多世纪来，西藏文化不仅没有灭绝，恰恰相反，具有民族特色的传统文化得到了合理的继承、有效的保护和大力的弘扬，面向现代化、面向未来、面向世界的现代文化随着西藏经济社会的发展在开放中得到迅速、全面的发展。西藏文化在新时代焕发出了新的生机和活力，以其丰富的内涵和创新的形态，深刻地影响着当代西藏人民的生活和西藏现代化的发展，并以其独特的魅力吸引着国内外的目光，丰富着中华民族的多元一体文化，影响着世界文化。可以毫不夸张地说，今天西藏文化的保护、繁荣与发展状况是西藏过去任何一个历史时期都无法比拟的，也是任何一个尊重事实的人士都不会否认的。

达赖集团无视客观事实，在国际上散布“西藏文化灭绝论”是发人深思的。众所周知，十四世达赖喇嘛及其政治集团是旧西藏落后的封建农奴制的总代表，是旧西藏政教合一的神权文化和宗教专制文化的总代表，是旧西藏政治、经济和文化资源的垄断者和既得利益者。西藏民主改革以来，推翻了封建农奴制度，从根本上改变了由极少数封建农奴主垄断西藏文化的不合理的文化占有和分配制度，改变了政教合一、宗教支配社会政治生活的宗教专制主义文化特性，剔除了旧西藏腐朽、落后、阻碍社会进步与发展的文化糟粕，实现了西藏文化的民主化、现代化，解放了西藏文化生产力，使西藏文化作为全体西藏人民的共同精神财富在继承、保护中实现了与时俱进和繁荣发展。事实证明，达赖集团是旧西藏落后文化的代表者和维护者，中国中央人民政府和西藏自治区人民政府是西藏文化的真正保护者和发展者。

十四世达赖喇嘛及其政治集团出逃国外近半个世纪，从未对西藏文化的保护和发展出过一点力、作过一点贡献，却俨然以“西藏文化保护者”自居，显然是荒诞可笑的。达赖集团之所以颠倒黑白，大叫“西藏文化灭绝”，不是因为别的，正是因为西藏文化不可阻挡的发展使他们曾经拥有的文化统治权及其所代表的文化制度不可挽回地遭到了“灭绝”，使他们的文化特权和既得利益不可挽回地遭到了“灭绝”。达赖集团提出什么“西藏文化自治”的主张，其实质是妄图借“文化自治”之名，恢复其对西藏和其他藏区的神权文化统治，进而实现“大藏区独立”的政治图谋。这种开历史倒车的图谋是绝不可能得逞的。

时代要前进，社会要进步，文化要发展，这是不可抗拒的历史潮流。当前，世界正处于全球化、信息化深入发展的时代。现代化潮流浩浩荡荡，顺之者昌，逆之者亡。无论哪个民族、哪种文化，只有顺应现代化潮流，与时俱进，在继承中创新，在保护中弘扬，在开放中发展，才能保持民族特色和旺盛的生命力。达赖集团和一些西方反华势力自己享受着现代文明和文化的成果，却以“保护西藏文化”为名，要求藏民族和西藏文化永远停留在中世纪状态，成为活化石，这显然是别有用心，是包括西藏人民在内的中国各族人民不会答应的。

中国的民族政策与各民族共同繁荣发展

中华人民共和国国务院新闻办公室

（2009 年 9 月）

前　言

我们生活的地球，是一个民族的世界。当今世界，约有 3000 个民族，分布在 200 多个国家和地区，绝大多数国家由多民族组成。

中国是全国各族人民共同缔造的统一的多民族国家。在漫长的历史进程中，中国各族人民密切交往、相互依存、交流融合、休戚与共，形成了中华民族多元一体的格局，共同开发了祖国的大好河山，共同推动了国家发展和社会进步。

新中国成立以来，中国共产党和中国政府牢牢把握各民族共同团结奋斗、共同繁荣发展的主题，坚持从本国国情出发，总结历史经验，借鉴世界其他国家的有益做法，开创了具有中国特色的解决民族问题的正确道路，确立并实施了以民族平等、民族团结、民族区域自治和各民族共同繁荣为基本内容的民族政策，形成了比较完备的民族政策体系。

符合国情的正确的民族政策，促进了中国各族人民同心同德、和睦相处、和衷共济，开创了经济发展、政治安定、文化繁荣、社会和谐的良好局面，少数民族的面貌、民族地区的面貌、民族关系的面貌发生了历史性巨大变化。

一、统一的多民族国家和中华民族的多元一体

1949 年中华人民共和国成立以来，通过识别并经中央政府确认，中国共有民族 56 个，即汉、蒙古、回、藏、维吾尔、苗、彝、壮、布依、朝鲜、满、侗、瑶、白、土家、哈尼、哈萨克、傣、黎、傈僳、佤、畲、高山、拉祜、水、东乡、纳西、景颇、柯尔克孜、土、达斡

尔、仫佬、羌、布朗、撒拉、毛南、仡佬、锡伯、阿昌、普米、塔吉克、怒、乌孜别克、俄罗斯、鄂温克、德昂、保安、裕固、京、塔塔尔、独龙、鄂伦春、赫哲、门巴、珞巴和基诺族。其中，汉族人口占绝大多数，其他55个民族人口相对较少，习惯上称为“少数民族”。

60年来，中国的少数民族人口持续增加，占全国人口比重呈上升之势。根据已经进行的五次全国人口普查，少数民族人口1953年为3532万人，占全国总人口的6.06％；1964年为4002万人，占5.76％；1982年为6730万人，占6.68％；1990年为9120万人，占8.04％；2000年为10643万人，占8.41％。各少数民族人口数量相差较大，如壮族有1700万人，而赫哲族只有4000多人。

中国各民族的人口分布呈现大散居、小聚居、交错杂居的特点。汉族地区有少数民族聚居，民族地区也有汉族居住，你中有我、我中有你；许多少数民族既有一块或几块聚居区，又散居全国各地。西南和西北是少数民族分布最集中的两个区域。西部12个省、自治区、直辖市居住着全国近70％的少数民族人口，边疆9个省、自治区居住着全国近60％的少数民族人口。随着中国经济社会的发展，少数民族人口分布范围进一步扩大，目前全国散居地区少数民族人口已超过3000万。

中国少数民族聚居区大都地广人稀，资源富集。民族地区的草原面积，森林和水力资源蕴藏量，以及天然气等基础储量，均超过或接近全国的一半。全国2.2万多公里陆地边界线中的1.9万公里在民族地区。全国的国家级自然保护区面积中民族地区占到85％以上，是国家的重要生态屏障。

中国各民族的起源和发展有着本土性、多元性、多样性的特点。距今四五千年前，中华大地上就形成了华夏、东夷、南蛮、西戎、北狄五大民族集团。各民族在发展中互相吸收，经过不断的迁徙、杂居、通婚和交流，逐步融合为一体，又不断产生新的民族。其结果是有存有亡，有的民族延续至今，有的却由于融合、战争以及生态环境恶化和改换名称等原因而消失在历史的长河中，包括显赫一时的匈奴、月氏、鲜卑、柔然、吐谷浑、突厥、党项、契丹和塞种人等。

中国各民族形成和发展的情况虽然各不相同，但总的方向是发展成为统一的多民族国家，汇聚成为统一稳固的中华民族。今天中国的疆域和版图，是中华大家庭中各民族在长期的历史发展中共同开发形成的。汉族的祖先最先开发了黄河流域和中原地区，藏、羌族最先开发了青藏高原，彝、白等民族最先开发了西南地区，满、锡伯、鄂温克、鄂伦春等民族的祖先最先开发了东北地区，匈奴、突厥、蒙古等民族先后开发了蒙古草原，黎族最先开发了海南岛，台湾少数民族的先民最先开发了台湾岛。

早在先秦时期，中国先民的“天下”观念和“大一统”理念便已形成。公元前221年，秦朝实现了中国历史上第一次大统一，在全国设郡县加以统治，今天广西、云南等少数民族较为集中的区域都纳入秦朝管辖之下。汉朝（公元前206年—公元220年）进一步发展了统一的局面，在今新疆地区设置西域都护府，管辖包括新疆地区在内的广大地区，并增设17郡统辖四周各民族，形成了包括今天新疆各族人民先民在内的疆域宽广的国家。秦汉开创了中国统一的多民族国家基本格局。

汉朝以后的历代中央政权发展和巩固了统一的多民族国家的格局。唐朝（618—907年）设安西和北庭两大都护府，管辖包括今天新疆在内的西域地区，设道、府、州或羁縻府、州，管辖中南和西南各少数民族。蒙古族建立的元朝（1206—1368年），在南方部分少数民族聚居的府、州设土官（以少数民族首领充任并世袭的地方行政长官），在中央设宣政院统辖西藏事务，在西藏分设三路宣慰司都元帅府，西藏从此处于中央政府有效行政管理之下，并设澎湖巡检司管理澎湖列岛和台湾。元朝的民族成分包括现今中国绝大多数民族。满族建立的清朝（1644—1911年），在西域设伊犁将军并建新疆行省，在西藏设驻藏大臣，确立由中央政府册封达赖、班禅两大活佛的历史定制，在西南一些少数民族地区实行废除土司制度、选派官员统一管理的“改土归流”（少数民族地方行政长官由中央政府委派）政治改革，最终确定了今天中国的版图。

中国历史上虽然出现过短暂的割据局面和局部分裂，但国家统一始终是主流和方向。无论是汉族还是少数民族，都以自己建立的中央政权为中华正统，都把实现多民族国家的统一作为最高政治目标。广袤的疆域是各民族共同开拓的，悠久灿烂的中华文化是各民族共同发展的，统一的多民族国家是各民族共同缔造的。

统一多民族国家的长期延续，极大地促进了各民族之间的经济、政治和文化交流，增进了各民族对中央政权的向心力和对中华文化的认同感，增强了中华民族的凝聚力、生命力和创造力，促进形成了中华文明的统一性和多样性。历史上，占中国人口多数的汉族主要生活聚居在黄河、长江中下游的中原地区。这里气候温和、土地平坦且肥沃，宜于农耕。而少数民族，大多分布于周边地区，这些地区多草原、沙漠、森林、高原、高山、丘陵、湖泊等，宜于牧业、狩猎、渔业。周边少数民族与中原地区通过“茶马互市”、“绢马互市”等，既满足了中原农业、交通和军事对马匹的需求，也满足了少数民族的日常生活所需，促进了经济互补和共同发展。少数民族建立的辽、金、西夏、大理等政权，在制度建立、疆土治理方面，明显吸收了汉族中原政权的统治经验，融入了中原文化的很多元素。塞北、西域优美的曲调和乐器不断传入中原，对中原音乐的丰富和发展产生了重大影响。随着各民族之间交往和融合程度的加深，交错杂居、共生互补的格局逐步形成，相互依存、共同发展的关系日趋稳固。

1840年鸦片战争之后的100多年间，中国屡遭西方列强的侵略、欺凌，亡国灭种的危机把中国各民族的命运更加紧密地联结在一起。在国家面临被列强瓜分、民族生死存亡的危急关头，各族人民奋起反抗、共赴国难。19世纪，新疆各族人民支持清朝军队消灭了中亚浩罕国阿古柏的入侵势力，挫败了英、俄侵略者企图分裂中国的阴谋。西藏军民在1888年的隆吐山战役和1904年的江孜战役中，重创英国侵略者。自1931年“九·一八”事件后，在反抗日本帝国主义侵略的抗日战争中，中国各族人民同仇敌忾、浴血奋战，其中的回民支队、内蒙古大青山抗日游击队等许多以少数民族为主的抗日力量，为抗战胜利作出了不可磨灭的贡献。各族人民在反抗外来侵略的同时，针对一小撮民族分裂分子在外部势力扶持下策划、制造的“西藏独立”、“东突厥斯坦”、伪“满洲国”等分裂行径，进行了坚决的斗争，捍卫了国家统一和领土完整。

在近代反侵略、反分裂的伟大斗争中，各民族在历史上形成的不可分离的关系变得更加牢固，各民族福祸与共、休戚相关的命运共同体的特征更加凸显，各族人民作为中国历史主人的责任感得到了进一步激发和增强，中国各民族共同的文化和心理特征更趋成熟。今天，中华民族已经成为各民族普遍认同的统称和归属。

二、坚持各民族一律平等

民族平等，是中国民族政策的基石。

实行民族平等是中国的宪法原则。《中华人民共和国宪法》（以下简称《宪法》）规定：“中华人民共和国各民族一律平等。”根据这一原则精神，《中华人民共和国民族区域自治法》（以下简称《民族区域自治法》）等法律法规对民族平等进行了具体而明确的规定。

在中国，各民族一律平等包括三层含义：一是各民族不论人口多少，历史长短，居住地域大小，经济发展程度如何，语言文字、宗教信仰和风俗习惯是否相同，政治地位一律平等；二是各民族不仅在政治、法律上平等，而且在经济、文化、社会生活等所有领域平等；三是各民族公民在法律面前一律平等，享有相同的权利，承担相同的义务。

经过60年的不懈努力，中国已经基本形成了一个具有中国特色的保障民族平等的法律规范体系，各民族平等权利依法得到保障。

——人身自由和人身权利不受侵犯。根据宪法和法律规定，国家尊重和保障人权。各民族公民的人身自由不受侵犯，禁止非法拘禁和以其他方法非法剥夺或者限制公民的人身自由。各民族公民人格尊严不受侵犯，其名誉权、姓名权、肖像权等受法律保护。禁止用任何方法对公民进行侮辱、诽谤和诬告陷害。新中国成立前，四川等地的彝族地区大约100万人口保留着奴隶制度，西藏、云南西双版纳等地区大约有400万人口保留着封建农奴制度。这些地区的少数民族群众大都附属于封建领主、大贵族、寺庙或奴隶主，可以被任意买卖或当作礼物赠送，没有人身自由。如，在旧西藏，形成于17世纪并沿用了300多年的法律——《十三法典》、《十六法典》，将人严格划分为三等九级。《法典》规定："上等上级人"的命价为与其尸体等重的黄金，"下等下级人"的命价仅为一根草绳，而"下等人"占西藏总人口的95%以上。新中国为了保障人权，于20世纪50年代对这些地区进行了民主改革，废除了奴隶制和封建农奴制，昔日广大农奴和奴隶获得了人身自由，成为新社会的主人。

——法律面前一律平等。在中国，任何公民既一律平等地享有宪法和法律规定的权利，又一律平等地履行宪法和法律所规定的义务；公民的合法权益一律受到平等的保护，对违法行为和任何人犯罪都依法予以追究，在适用法律上一律平等，不允许任何人有超越法律的特权。为了保障少数民族使用本民族语言文字进行诉讼的权利，《中华人民共和国民事诉讼法》第十一条规定："各民族公民都有用本民族语言、文字进行民事诉讼的权利。在少数民族聚居或者多民族共同居住的地区，人民法院应当用当地民族通用的语言、文字进行审理和发布法律文书。人民法院应当对不通晓当地民族通用的语言、文字的诉讼参与人提供翻译。"《中华人民共和国刑事诉讼法》、《中华人民共和国行政诉讼法》和《中华人民共和国人民法院组织法》均作了类似的规定。

——平等地享有管理国家事务的权利。在中国，各少数民族与汉族以平等的地位参与国家事务和地方事务的管理。《宪法》第三十四条规定："中华人民共和国年满十八周岁的公民，不分民族、种族、性别、职业、家庭出身、宗教信仰、教育程度、财产状况、居住期限，都有选举权和被选举权。"不仅如此，法律还为少数民族的政治参与给予了特殊保障。全国人民代表大会和地方各级人民代表大会，是中国各族人民行使国家权力的机关。《中华人民共和国全国人民代表大会和地方各级人民代表大会选举法》规定：在同一少数民族人口不到当地总人口15%时，少数民族每一代表所代表的人口数可以适当少于当地人民代表大会每一代表所代表的人口数，人口特别少的民族至少也应有一名代表。历届全国人民代表大会中，少数民族代表人数占全国人民代表大会代表总人数的比例，均高于同期少数民族人口占全国总人口的比例。第十一届全国人民代表大会常务委员会161名委员中，有少数民族人士25名，占15.53%。

——平等地享有宗教信仰自由。在中国，宗教信仰自由，指每个公民既有信仰宗教的自由，也有不信仰宗教的自由；有信仰这种宗教的自由，也有信仰那种宗教的自由，有过去不信教而现在信教的自由，也有过去信教而现在不信教的自由。《宪法》第三十六条规定："中华人民共和国公民有宗教信仰自由。任何国家机关、社会团体和个人不得强制公民信仰宗教或者不信仰宗教，不得歧视信仰宗教的公民和不信仰宗教的公民。"为了贯彻宪法原则，国务院颁布了《宗教事务条例》。在中国，少数民族信教群众的正常宗教活动都受到法律的保护，宗教活动场所分布各地，基本满足了信教群众宗教生活的需要。如，在新疆，有清真寺2.43万座，伊斯兰教教职人员2.8万多人。在西藏，有藏传佛教各类宗教活动场所1700多处，住寺僧尼4.6万多人，学经、辩经、受戒、灌顶、修行等传统宗教活动和寺庙学经考核晋升学位活动正常进行，到处都可以看到经幡、麻尼堆以及从事宗教活动的信教群众。此外，中国政府还帮助宗教团体建立宗教院校，培养少数民族宗教教职人员，并对少数民族地区部分宗教活动场所维修给予资助，对生活困难的少数民族宗教界人士给予补贴。

——享有使用和发展本民族语言文字的权利。《宪法》规定："各民族都有使用和发展自己的语言文字的自由。"在国家政治生活中，全国人民代表大会、中国人民政治协商会议等重要会议，都提供蒙古、藏、维吾尔、哈萨克、朝鲜、彝、壮等民族语言文字的文件或语言翻译。中国人民币主币除使用汉字之外，还使用了蒙古、藏、维吾尔、壮四种少数民族文字。民族自治地方的自治机关在执行公务时，都使用当地通用的一种或几种文字。同时，少数民族语言文字在教育、新闻出版、广播影视、网络电信等诸多领域，都得到了广泛的应用和发展。

——享有保持或改革本民族风俗习惯的自由。《宪法》规定：各民族“都有保持或者改革自己的风俗习惯的自由”。对少数民族服饰、饮食、居住、婚姻、节庆、礼仪、丧葬等风俗习惯，国家给予了充分尊重和切实保障。如，为了保障一些少数民族饮食清真食品的习惯，北京、江苏、新疆等16个省（自治区、直辖市）以及广州、昆明、成都等多个中心城市，都有专门立法保障清真食品的供应和管理，其他地方在综合性的法规中也对清真食品的管理进行了规范。为了保障少数民族欢度本民族节日的权利，国家法律规定民族自治地方人民政府可以按照有关少数民族的习惯制定放假办法；少数民族职工参加本民族重大节日活动，可以按照国家有关规定放假，并照发工资。为了防止发生侵犯少数民族风俗习惯的问题，国家法律法规对新闻、出版、文艺、学术研究等有关单位和从业人员提出明确要求。刑法专门设有“非法侵犯少数民族风俗习惯罪”，对侵犯少数民族风俗习惯的违法行为依法进行追究。

鉴于少数民族在经济社会发展等方面与汉族相比有一定差距，中国的少数民族公民不仅平等地享有宪法和法律规定的所有公民权利，还依法享有一些特殊的权益保障。

国家坚决反对任何形式的民族歧视和压迫。在中国，任何煽动民族仇视和歧视、破坏民族平等团结的言行都是违法的。少数民族如遭受歧视、压迫或侮辱，有向司法机关控告的权利。中国加入了《消除一切形式种族歧视国际公约》，与国际社会一道，认真履行公约义务，为建立一个没有民族和种族歧视的世界进行着不懈的努力。

三、巩固和发展全国各族人民的大团结

民族团结，是中国处理民族问题的根本原则，也是中国民族政策的核心内容。

在中国这样一个多民族国家，维护民族团结有着特别重要的意义：其一，民族团结是国家统一的重要保证。只有实现了民族团结，才能维护国家统一。没有民族团结，必然是民族矛盾、冲突不断，导致国家四分五裂、一盘散沙。其二，民族团结是社会稳定的重要前提。只有实现了民族团结，社会才能安定和谐，人民才能安居乐业，国家才能长治久安。其三，民族团结是各项社会事业发展的重要保障。各民族只有团结一心，才能聚精会神搞建设，一心一意谋发展，使经济社会取得长足进步、各族人民生活不断得到改善。

中国政府和中国人民高度重视民族团结，视民族团结为全体中国人民的最高利益，是实现各民族共同繁荣发展的根本保证。多年来，中国各族人民牢固树立“汉族离不开少数民族，少数民族离不开汉族，各少数民族之间也相互离不开”的思想观念。在中国，每一个公民的命运都和国家的命运紧密连接，每一个公民都有坚决履行维护国家统一和全国各民族团结的义务，坚定自觉地反对民族分裂，坚定自觉地为建设国家贡献力量。中国政府和中国人民坚信，各民族团结友爱是中华民族的生命所在、力量所在、希望所在。

在中国，民族团结包括汉族和少数民族之间的团结，各少数民族之间的团结，以及同一少数民族内部成员之间的团结。维护民族团结，就是要求在统一的祖国大家庭里，在一律平等的基础上，各民族互相尊重、互相信任、互相学习、互助合作，同呼吸、共命运、心连心，推动各民族和睦相处、和衷共济、和谐发展，不断巩固和发展平等团结互助和谐的民族关系，共同致力于社会主义现代化建设，实现国家富强、民族振兴、人民幸福。

多年来，国家采取各种措施，努力消除一切不利于民族团结的因素，坚定不移地维护民族团结，努力实现各民族共同团结奋斗、共同繁荣发展。

——国家保障各少数民族的合法权利和利益。国家采取法律、经济、行政等手段，着力消除历史遗留下来的民族歧视和民族隔阂，促进各民族团结发展。国家禁止对任何民族的歧视和压迫，禁止破坏民族团结和制造民族分裂的行为。在维护民族团结的实践中，国家既反对大民族主义，主要是大汉族主义，也反对地方民族主义。中国政府多次开展全国范围的民族政策执行情况大检查，推动民族政策的全面贯彻落实。随着经济社会的发展，中国的少数民族人口流动更加频繁，城市化、散居化趋势日益明显。为保障城市和散居地区少数民族的合法权益，国家制定实施《城市民族工作条例》、《民族乡行政工作条例》等法律法规，切实加强服务与管理，重点帮助他们发展生产、改善生活，满足他们在节庆、饮食、丧葬等方面的特殊需要。

——国家坚持和完善民族区域自治制度。中国从自己的国情和实际出发，实行民族区域自治制度。民族区域自治制度把国家的集中统一与少数民族聚居地区的区域自治有机结合起来，是解决中国民族问题的一大创造。实行民族区域自治制度，对于保障少数民族当家做主，巩固和发展各民族平等团结互助和谐关系，产生了巨大作用。多年来，国家充分保证民族自治地方依法行使自治权，切实尊重和保障少数民族的合法权益。

——国家坚持把加快少数民族和民族地区经济社会发展作为解决中国民族问题的根本途径。解决民族地区的困难和问题归根结底要靠发展。多年来，国家从战略高度重视少数民族和民族地区发展，在不同时期针对少数民族和民族地区发展的实际，提出工作方针，作出战略部署，从政策、资金、人才、技术等多方面支持少数民族和民族地区发展。国家始终把提高各族人民生活水平作为一切工作的根本出发点和落脚点，千方百计加快发展，切实抓好发展这个第一要务，努力实现各民族共同繁荣发展。经过不懈努力，少数民族和民族地区人民群众的生产生活条件明显改善，思想道德素质、科学文化素质和健康水平大幅提高。

——国家不断加强民族团结的宣传教育。国家把民族团结教育纳入公民道德教育的全过程，纳入社会主义精神文明建设的全过程。坚持不懈地在各族干部群众中进行民族理论、民族政策、民族法律法规和民族知识的教育，注重增强教育的针对性和实效性。不仅教育群众，更注重教育干部；不仅教育少数民族干部，更注重教育汉族干部；不仅教育一般干部，更注重教育领导干部。国家特别重视在青少年中进行民族团结教育，要求民族团结教育进学校、进课堂、进教材，使民族大团结的优良传统代代相传。2008年国家颁行了《学校民族团结教育指导纲要（试行）》。2009年，国家将民族团结教育纳入全国小学阶段考查和中考、高考及中等职业教育毕业考试范畴。国家注重对新闻媒体、出版从业人员进行相关培训，引导、鼓励他们准确理解、积极宣传民族政策、民族法律法规和民族基本知识，又好又多地推出宣传民族团结和祖国统一的作品。同时，注意加强对出版物、广播影视作品和互联网的管理，防止出现伤害民族感情、损害民族团结的内容。

——国家积极开展民族团结进步创建和表彰活动。1988年以来，国家先后召开了四次全国民族团结进步表彰大会，共表彰56个民族的民族团结进步模范4993个，其中模范集体2474个、模范个人2519名，在全社会产生了广泛影响。各级地方政府采取“民族团结宣传教育月”等形式开展民族团结进步创建活动，制定实施民族团结进步创建表彰办法，在全社会树立典型，弘扬正气，推动形成了以维护民族团结为荣、以损害民族团结为耻的社会风尚。如新疆维吾尔自治区将每年五月、内蒙古自治区将每年九月、吉林延边朝鲜族自治州将每年九月、贵州黔东南苗族侗族自治州将每年七月定为“民族团结月”。

——国家妥善处置影响民族团结的矛盾和问题。国家坚持团结、教育、疏导、化解为主的方针，具体问题具体分析，是什么问题就解决什么问题，避免事态扩大和矛盾激化。国家维护法律尊严，维护人民利益，凡属违法犯罪的，不论涉及哪个民族、信仰何种宗教，都依法处理。近年来，中央和地方各级政府都建立了处理影响民族团结问题的长效机制和应急预案，及时妥善地处置了各种影响民族团结的矛盾纠纷和事件，维护了民族团结和社会大局稳定。

中国的民族问题是中国的内部事务。中国政府坚决反对和抵制一切外部势力打着“民族”、“宗教”、“人权”的旗号插手、干预中国的民族问题，严密防范和依法打击境内外各种恐怖主义势力、分裂主义势力、极端主义势力对中国的渗透、破坏、颠覆活动。历史和现实表明，民族团结友爱，则政通人和、百业兴旺；民族冲突纷争，则社会动荡、人民遭殃。

四、坚持和完善民族区域自治制度

民族区域自治，是中国解决民族问题的基本政策，也是中国的一项基本政治制度。

中国的民族区域自治，是指在国家的统一领导下，各少数民族聚居地方实行区域自治，设立自治机关，行使自治权。

中国民族自治地方的设立是根据当地民族关系、经济发展等条件，并参酌历史情况而确定的。目前，中国的民族自治地方依据少数民族聚居区人口的多少、区域面积的大小，分为自治区、自治州、自治县三级，行政地位分别相当于省、设区的市和县。民族自治地方的人民代表大会和人民政府既是自治机关，也是国家的一级地方政权机关，根据本地方的实际贯彻执行国家的法律政策。民族区域自治是在国家统一领导下的自治，各民族自治地方都是国家不可分离的部分，各民族自治地方的自治机关都必须服从中央的领导。

中国实行民族区域自治，是尊重历史、合乎国情、顺应民心的必然选择。第一，从历史传统来说，统一多民族国家的长期存在，是实行民族区域自治的历史渊源。第二，从民族关系来说，在中华民族多元一体格局中，各民族之间密切而广泛的联系，是实行民族区域自治的经济文化基础。第三，从民族分布来说，中国各民族的大杂居、小聚居的状况，以及自然、经济、文化的多样性和互补性，是实行民族区域自治的现实条件。

实行民族区域自治，有利于把国家的集中、统一与各民族的自主、平等结合起来，有利于把国家的法律政策与民族自治地方的具体实际、特殊情况结合起来，有利于把国家的富强民主文明和谐与各民族的团结进步繁荣发展结合起来，有利于把各族人民热爱祖国的感情与热爱自己民族的感情结合起来。在统一的祖国大家庭里，中国各民族既和睦相处、和衷共济、和谐发展，又各得其所、各尽其能、各展所长。

多年来，中国政府一以贯之地坚持民族区域自治，与时俱进地完善民族区域自治，取得了显著成就。

民族自治地方普遍建立。早在新中国成立之前的1947年，在中国共产党领导下，中国就建立第一个省级民族自治地方——内蒙古自治区。中华人民共和国成立后，根据宪法和法律的规定，中国政府开始在少数民族聚居的地方全面推行民族区域自治。1955年10月，新疆维吾尔自治区成立；1958年3月，广西壮族自治区成立；1958年10月，宁夏回族自治区成立；1965年9月，西藏自治区成立。截至2008年底，全国共建立了155个民族自治地方，包括5个自治区、30个自治州、120个自治县（旗）。2000年第五次全国人口普查表明，55个少数民族中，有44个建立了自治地方，实行区域自治的少数民族人口占少数民族总人口的71%，民族自治地方的面积占全国国土面积的64%。此外，中国还建立了1100多个民族乡，作为民族区域自治制度的补充。

民族区域自治法律制度不断完善。1949年中国人民政治协商会议通过的具有临时宪法作用的《中国人民政治协商会议共同纲领》，将民族区域自治确定为新中国的一项基本政策。1952年中央人民政府颁布《民族区域自治实施纲要》，对民族自治地方的建立、自治机关的组成、自治机关的自治权利等重要事项作出明确规定。1954年全国人民代表大会通过的《宪法》，以根本法形式确认了这一制度，并一直坚持实行这一制度。1984年，在总结民族区域自治历史经验的基础上，第六届全国人民代表大会第二次会议通过《民族区域自治法》，至此，中国的民族区域自治实现了政策、制度、法律的三位一体。《民族区域自治法》是实施宪法规定的民族区域自治制度的基本法律，规范了中央和民族自治地方的关系以及民族自治地方各民族之间的关系，其法律效力不只限于民族自治地方，全国各族人民和一切国家机关都必须遵守、执行这项法律。2001年，根据社会主义市场经济体制建立的实际，全国人大常委会对《民族区域自治法》进行修改。2005年，国务院发布《国务院实施〈中华人民共和国民族区域自治法〉若干规定》，明确规定上级人民政府支持和帮助民族自治地方的职责。

民族自治地方有效行使自治权。民族自治地方的自治机关是自治区、自治州、自治县的人民代表大会和人民政府。民族自治地方的自治机关依法行使以下权力：

——自主管理本民族、本地区的内部事务。民族自治地方各民族人民行使宪法和法律赋予的选举权和被选举权，通过选举出人民代表大会代表，组成自治机关，行使管理本民族、本地区内部事务的权利。目前，中国155个民族自治地方的人民代表大会常务委员会中都有实行区域自治的民族的公民担任主任或者副主任。自治区主席、自治州州长、自治县县长全部由实行区域自治的民族的公民担任。同时，民族自治地方人民政府的其他组成人员，也合理配备了实行区域自治的民族和其他少数民族的人员。自治机关所属工作部门的干部中，同样合理配备实行区域自治的民族和其他少数民族的人员。

——享有制定自治条例和单行条例的权力。中国《民族区域自治法》规定：民族自治地方的人民代表大会除享有地方国家权力机关的权力外，还有权依照当地民族的政治、经济和文化的特点，制定自治条例和单行条例。《中华人民共和国立法法》还规定：自治条例和单行条例可以依照当地民族的特点，对法律和行政法规的规定作出变通规定。截至2008年底，民族自治地方共制定了637件自治条例、单行条例及对有关法律的变通或补充规定。民族自治地方根据本地实际，对国家颁布的婚姻法、继承法、选举法、土地法、草原法等多项法律作出变通和补充规定。

——自主安排、管理、发展经济建设事业。民族自治地方的自治机关根据法律规定和本地方经济发展的实际，合理调整生产关系和经济结构，自主地管理隶属于本地方的企业、事业单位。民族自治地方的自治机关依照法律规定管理和保护本地方的自然资源，有管理地方财政的自治权。在国家计划或规划的指导下，民族自治地方的自治机关根据本地条件，自主地制定经济社会发展计划、规划或目标，安排地方基本建设项目。民族自治地方依照国家规定，经国务院批准，可以开辟对外贸易口岸，民族自治地方的自治机关在对外经济贸易活动中，享受国家的优惠政策。

——自主发展各项文化社会事业。民族自治地方的自治机关根据国家教育方针，依照法律的规定，决定本地方的教育规划，各级各类学校的设置、学制、办学形式、教学内容和招生办法。民族自治地方的自治机关自主地发展具有民族形式和民族特点的文学、艺术、新闻、出版、广播、电影、电视等民族文化产业。民族自治地方的自治机关组织、支持有关方面搜集、整理、翻译和出版民族历史文化书籍，保护名胜古迹、珍贵文物和其他重要历史文化遗产，继承和发展优秀民族传统文化。

五、加快少数民族和民族地区经济社会发展

坚持各民族共同繁荣发展，是中国民族政策的根本立场。

《宪法》规定：“国家尽一切努力，促进全国各民族的共同繁荣。”《民族区域自治法》进一步把支持和帮助民族地区加快发展，规定为上级国家机关的法律义务。多年来，国家把支持少数民族和民族地区加快经济社会发展作为国家发展建设的重要内容，不断出台政策措施支持少数民族和民族地区发展。

新中国成立前，绝大多数民族地区生产力水平极度低下，经济社会发展相当落后，基础设施建设很差。当时的新疆没有一寸铁路，西藏没有一条公路，云南山区的一些少数民族出行或运输靠赶马帮、乘大象、架溜索。少数民族群众主要从事传统的农牧业，一些地区还处在“刀耕火种”的原始状态，部分地区铁器尚未得到普遍使用，有的地方甚至还在使用木器、石器。少数民族群众的生活十分困苦，特别是广大山区和荒漠地区的少数民族，普遍缺吃少穿，几乎年年都有几个月断粮，吃野果充饥，披蓑衣御寒。少数民族发展受到严重阻碍，有的民族甚至濒临灭绝，新中国成立之初赫哲族只有300多人。新中国的少数民族和民族地区经济社会建设，就在这样极端落后的基础上开

始起步。

中国共产党和中央政府始终坚持支持少数民族和民族地区加快发展。新中国成立伊始，中国政府即把使各族人民摆脱贫困，生活一天天好起来，作为一项根本任务。20世纪70年代末实行改革开放政策以来，国家坚持以经济建设为中心，把发展作为第一要务，不断加大工作力度，采取多项重大措施加快少数民族和民族地区发展。多年来，少数民族和民族地区始终发扬自力更生、艰苦奋斗的精神，坚持把国家支持、发达地区支援同自身努力结合起来，把国家的优惠政策同发挥自身优势结合起来，奋发图强，用自己的双手建设美好家园。经过全国各族人民的共同团结奋斗，少数民族和民族地区经济社会发展不断跃上新台阶，彻底摆脱了一穷二白的落后面貌，人民生活进入了历史上最好的时期。

优先安排建设项目，不断夯实发展基础

新中国成立初期，国家把民族地区的基础设施建设摆上了十分突出的位置。1952年，中央政府颁布《关于少数民族地区的五年建设计划的若干原则性意见》，规划在一些民族地区修筑铁路，建设公路干线，修补道路和桥梁，建立邮政、电报、电话、通讯系统。在“一五”计划（1953—1957年）期间，国家新建8条铁路干线，其中有5条建在民族地区或直接与民族地区相联结，包括兰新铁路、包兰铁路等。闻名世界的康（川）藏公路和青藏公路，同时在1954年建成通车。60年代，修建了成昆铁路、湘黔铁路、枝柳铁路及滇藏公路等。1962年，兰新铁路铺轨到乌鲁木齐，结束了新疆没有铁路的历史。改革开放以后，陆续建成了南昆铁路、内昆铁路、南疆铁路、拉萨机场、兰（州）西（宁）拉（萨）光缆工程、宁夏扬黄灌溉工程等一大批重点工程，极大改善了民族地区交通、通信等基础设施和生产生活条件。

国家把开发优势资源，发展现代工业，作为支持少数民族和民族地区加快发展的重大举措。在“一五”计划期间，国家把156个大型建设项目中的40个项目安排在了民族地区，如内蒙古包头钢铁基地、新疆克拉玛依油田、云南个旧锡业公司等。在20世纪60年代，国家把沿海和内地的一批大型工业企业搬迁到民族地区，为民族地区发展现代工业奠定了基础。改革开放以来，国家又在民族地区优先安排了一大批重大工程项目，如新疆塔里木油田、广西平果铝厂、青海钾肥工程、内蒙古大型煤电基地等，从而使民族地区形成了若干重要的资源开发和深加工产业基地，初步走出了一条立足资源优势、具有自身特色的工业化道路。

2000年实施西部大开发战略以来，国家把支持少数民族和民族地区加快发展作为西部大开发的首要任务。为了让少数民族和民族地区在西部大开发中得到切实的利益，国家采取了许多照顾措施，包括优先在民族地区安排资源开发和深加工项目、对输出自然资源的民族自治地方给予一定的利益补偿、引导和鼓励经济较为发达地区的企业到民族地区投资、加大对民族地区的财政投入和金融支持等，支持民族地区发展经济，壮大实力。目前，5个自治区、30个自治州、120个自治县全部纳入西部大开发范围或者参照享受西部大开发的有关优惠政策。西部大开发为民族地区带来了看得见、摸得着的实惠。截至2008年，西部大开发以来民族地区固定资产投资累计达到77899亿元。其中，2008年达18453亿元，比2000年增长5倍，年均增长23.7％。建成了“西气东输”、“西电东送”等一批重点工程，修建了一批机场、高速公路、水利枢纽等基础设施项目。2007年，青藏铁路铺轨到拉萨，结束了西藏没有铁路的历史。青藏铁路的建成，从根本上改变了西藏交通落后的状况，使西藏与内地之间有了一条经济、快速、全天候、大能力的运输通道，为西藏经济腾飞插上了翅膀。

中国政府规定，在民族地区安排基础设施建设项目时，要适当减免地方配套资金；在民族地区开发资源、建设企业时，要照顾当地的利益，照顾少数民族的生产和生活；对输出自然资源和为国家生态平衡、环境保护作出贡献的民族地区，要给予一定的利益补偿。1994年，国家将中央与自治区对矿产资源补偿费的分成比例调整为4：6，其他省市为5：5。2004年，国家开始建立生态建设和环境保护补偿机制。在开发新疆丰富的石油、天然气资源时，注重带动当地发展，仅“西气东输”项目，每年可为新疆增加10多亿元的财政收入。

突出解决贫困问题，着力保障和改善民生

多年来，国家采取一系列政策措施解决少数民族群众的贫困问题。20世纪50年代，国家对一些地区的少数民族贫困群众免费治病，发放贷款和农具，创办公费学校，进行社会救济。1983年，国务院召开全国少数民族地区生产生活会议，提出要在较短时期内基本解决部分群众的温饱问题、住房问题和饮水问题。1990年起，国家设立“少数民族贫困地区温饱基金”，重点扶持141个少数民族贫困县。1994年，实施《国家八七扶贫攻坚计划》，通过放宽标准而使享受优惠政策的少数民族贫困县增加了116个。2001年，实施《中国农村扶贫开发纲要》，又为民族地区增加了10个国家扶贫开发工作重点县，同时将西藏作为特殊片区整体列入重点扶持范围。2005年，国家优先将少数民族贫困村纳入整村推进的扶贫开发规划。2007年，国家制定《少数民族事业“十一五”规划》，规划建设11项重点工程。2009年，国家实行新的扶贫标准，扩大覆盖范围，对民族地区农村低收入人口全面实施扶贫政策。此外，国家通过实施以工代赈、易地扶贫、游牧民定居、农村危房改造、农村安全饮用水工程以及城乡最低生活保障制度，不断加大对民族地区的支持力度。经过不懈努力，民族地区的贫困人口已由1985年的4000多万人减少到2008年的770多万人。

由于历史文化不同以及风俗习惯、宗教信仰的差异，中国的一些少数民族在生产和生活方面有一些特殊的需要。如，藏、蒙古、维吾尔、哈萨克等民族的牧民需要马鞍子、马靴和砖茶（边销茶）；信仰伊斯兰教的穆斯林群众需要清真食品等。为尊重和满足这些特殊需要，国家实行优惠的民族贸易和民族特需商品生产供应政策。国家从1963年开始对民族贸易企业实行利润留成、自有资金、价格补贴“三项照顾”政策。1997年，国家出台了新的优惠政策，设立专项贴息贷款，免除部分企业增值税，惠及全国1760多家少数民族特需商品定点生产企业。1991年，建立砖茶（边销茶）国家储备制度，保证稳定供应。2007年，国家设立用于扶持少数民族特需商品生产企业技术改造、推广、培训的“民族特需商品生产补助资金”。

对少数民族和民族地区的医疗卫生事业，国家注重政策倾斜，给予优先安排，促进少数民族和民族地区卫生事业的快速发展，民族地区城镇医疗卫生水平有了很大提高，农牧区的医疗条件得到明显改善，少数民族群众看病难问题得到切实缓解，各族人民的健康水平显著提高。改革开放以来，国家在民族地区配套建设和改造了乡镇卫生院，建立了县级卫生防疫站和妇幼保健所，使民族地区卫生服务体系得到较大改善。西藏自治区80%以上的县设立了防疫站。国家不断加大对民族地区地方病和传染病的防治工作，使过去流行的克山病、结核病和大骨节病等基本得到控制。国家通过多种途径培养少数民族卫生人才，不断壮大少数民族卫生专业队伍。新疆维吾尔自治区少数民族卫生技术人员已占全区卫生技术人员的三分之一。

大力支持牧区、边疆地区建设，促进协调发展

中国的主要牧区都在少数民族地区，畜牧业是蒙古、藏、哈萨克等十几个少数民族的大部或一部分群众世代经营并赖以生存和发展的基础产业。从1953年开始，国家对牧区实行轻于农业区和城市的税收政策、保护牧场、提倡定居等特殊政策措施。改革开放后，国家对牧区实行了牲畜归户、草场承包、自主经营的政策。1987年，国务院召开全国牧区工作会议，确定27个国家重点扶持的牧区贫困县，设立牧区扶贫专项贴息贷款。1999年，中国政府强调，要把草原建设摆到与农田基本建设同等重要的位置，促进畜牧业与农业的协调发展。2005年，国家全面取消农牧业税。经过几十年的不懈努力，民族地区已成为中国重要的农畜产品生产基地。内蒙古的牛奶产量占全国的五分之一，居全国第一。新疆的羊毛、羊绒产量居全国第二。

中国边疆绝大部分地区是少数民族聚居区。1979年，国家制定实施《边疆建设规划（草案）》，提出在8年内安排边疆建设资金400亿元。1992年，国家实施沿边开放战略，确立13个对外开放城市和241个一类开放口岸，设立14个边境技术合作区。1996年，国务院制定促进边境贸易发展和对外经济合作的优惠政策。1999年，国家实施旨在振兴边境、富裕边民的兴边富民行动。2005年，国家制定并实施《兴边富民行动"十一五"规划》。2009年，国家决定推进兴边富民行动覆盖全国所有边境县和新疆生产建设兵团边境团场。截至目前，中央政府累计投入兴边富民行动专项资金14.46亿元，兴建项目2万多个。

多年来，国家重视民族地区生态环境的保护和建设。特别是实施西部大开发战略以来，出台一系列政策措施，包括在大江大河上游禁止森林采伐，实行退耕还林还草、封山绿化以及以粮代赈等。国家妥善解决生态建设补偿问题，对退耕还林还草的农牧民国家给予粮食补助，对因禁止森林采伐而减少财政收入的地方国家给予财政补助。

近年来，中国政府对人口较少且比较困难的民族聚居地区加大了扶持力度。2005年，国家制定实施《扶持人口较少民族发展规划（2005—2010年）》，重点扶持640个人口较少民族聚居村。截至目前，中央政府已投入扶持资金12.53亿元。

不断加大财政支持力度，积极组织对口支援

60年来，中央和地方各级政府逐步加大对民族地区的财政转移支付力度。从20世纪50年代开始，国家对民族地区实行"统收统支、不足补助"、提高预备费的设置比例（比一般地区高2个百分点）等优惠财政政策。1980年至1988年，中央财政对5个自治区和少数民族较为集中的贵州、云南、青海等省实行年递增10％的定额补助制度。1994年，国家进行分税制改革，对民族地区实行政策性转移支付。2000年起，除按照相关规定拨付一般性转移支付和专项转移支付外，还设立民族地区转移支付。据统计，1978年至2008年，中央财政向民族地区的财政转移支付累计达20889.40亿元，年均增长15.6％。其中，2008年为4253亿元，占全国转移支付总额的23.8％。

据不完全统计，从实行民主改革的1959年到2008年，中央给予西藏的财政补助累计达2019亿元，年均增长近12％；从自治区成立的1955年到2008年，中央给予新疆的财政补助累计达3752.02亿元，年均增长11％，其中2008年达685.6亿元。

此外，国家还通过设立各种专项资金帮助解决特殊困难，支持民族地区加快发展。比如，1951年设立少数民族发展教育补助费，1955年设立民族地区补助费，1964年设立民族自治地方机动金，1977年设立边境建设事业补助费，1980年设立支援经济不发达地区发展资金，1992年设立少数民族发展资金，等等。

国家大力组织实施经济发达地区对欠发达民族地区开展对口支援。1979年，国家确定由北京支援内蒙古、河北支援贵州、江苏支援广西和新疆、山东支援青海、上海支援云南和宁夏、全国支援西藏。1996年，国务院确定由15个东部发达省市对口帮扶西部11个省（自治区、直辖市），同时动员中央各部门对口帮扶贫困地区。为促进西藏的发展，中央先后四次召开西藏工作座谈会，逐步加大对口支援力度。据统计，1994年以来，国家先后安排60多个中央国家机关、全国18个省（直辖市）和17个中央企业对口支援西藏，截至2008年底，累计投入对口援藏资金达111.28亿元，安排6050个对口援藏项目。

近年来，国家坚持以科学发展观为指导，进一步加大对少数民族和民族地区的扶持力度。2005年，中共中央、国务院作出《关于进一步加强民族工作加快少数民族和民族地区经济社会发展的决定》，明确将发展作为解决民族地区困难和问题的关键，强调随着国家综合实力不断增强，中央将继续加强对少数民族和民族地区经济社会发展的扶持，完善与民族区域自治制度相适应的政策性转移支付制度，帮助民族地区建设一批对带动当地经济社会发展起重大作用的基础设施项目，优先安排同各族群众生

产生活密切相关的中小型公益性项目。2007年，国务院出台《关于进一步促进新疆经济社会发展的若干意见》，对加快新疆经济社会发展，进一步提高新疆各族人民生活水平，提出要求，作出部署。2008年以来，国家又陆续制定出台了促进宁夏、青海等省（自治区）藏区、云南边疆地区经济社会发展的一系列优惠政策措施，增加投入，加强基础设施建设，发展特色优势产业，推动社会事业发展，促进少数民族和民族地区经济社会加快发展。

在中央政府的领导下，在全国各地的大力支持下，经过民族地区各族人民的艰苦努力和团结奋斗，民族地区经济社会发展取得了巨大成就，人民生活水平显著提高。2008年，民族地区经济总量由1952年的57.9亿元增加到30626.2亿元，按可比价格计算，增长了92.5倍；城镇居民人均可支配收入由1978年的307元增加到13170元，增长了30多倍；农牧民人均纯收入由1978年的138元增加到3389元，增长了19倍。内蒙古经济发展速度连续7年居全国之首，新疆经济发展速度连续6年保持两位数增长。西藏生产总值达到395.91亿元，比1959年增长65倍。

民族地区经济社会的快速发展，为促进各民族繁荣发展奠定了坚实的物质基础。据2000年全国人口普查，有13个少数民族的人均预期寿命高于全国71.40岁的平均水平，7个高于汉族73.34岁的平均水平。赫哲族已由新中国成立之初的300多人增加到4000多人。新疆被国际自然医学会列为世界上4个长寿地区之一，每百万人口百岁老人数居全国之冠。西藏人均预期寿命由1951年和平解放时的35.5岁增加到67岁，有80岁至99岁的老人13581人，有百岁以上老人62人，成为中国人均百岁老人最多的省区之一。

六、保护和发展少数民族文化

文化是民族的重要特征，是民族生命力、创造力和凝聚力的重要源泉。少数民族文化是中华文化的重要组成部分，是中华民族的共有精神财富。

中国《宪法》规定，国家根据少数民族的特点和需要，帮助少数民族加快各项文化事业的发展。中国政府通过各种政策措施，尊重和保护少数民族文化，支持少数民族文化的传承、发展和创新，鼓励各民族加强文化交流，繁荣发展少数民族文化事业。

保护和发展少数民族语言文字

20世纪50年代，国家开展少数民族语言文字调查，在摸清情况的基础上建立民族语文工作和研究机构，帮助创制或改进民族文字。中国55个少数民族中，除回族和满族通用汉语文外，其他53个民族都有本民族语言，有22个民族共使用28种文字，其中壮、布依、苗等12个民族使用的16种文字是由政府帮助创制或改进的。目前，中国少数民族约有6000万人使用本民族语言，占少数民族总人口的60%以上，约有3000万人使用本民族文字。民族自治地方有使用民族语言的广播电视机构154个，中央和地方电台每天用21种民族语言进行广播。民族出版社从1978年的17家发展到目前的38家，分布在北京等14个省（自治区、直辖市），出版的少数民族文字种类由5种发展到26种，2008年出版少数民族文字图书5561种、6444万册，分别比1978年增长6.41倍和6.37倍。内蒙古、新疆、西藏等民族自治区，制定和实施了使用和发展本民族语言文字的有关规定和实施细则。

为了使少数民族群众共享信息化时代的成果，国家采取各种措施促进少数民族语言文字规范化、标准化和信息处理工作的健康发展。目前，国家已制定了蒙古文、藏文、维吾尔文（哈萨克文、柯尔克孜文）、朝鲜文、彝文和傣文等文字编码字符集、键盘、字模的国家标准。在国际标准的最新版本中，正式收入了中国提交的蒙古文、藏文、维吾尔文（哈萨克文、柯尔克孜文）、朝鲜文、彝文和傣文等文字编码字符集。开发出多种电子出版系统和办公自动化系统，建成了一些少数民族文种的网站或网页，有些软件已经可以在Windows上运行。

支持和帮助少数民族发展教育事业

中国政府历来重视民族地区教育事业的发

展。新中国成立后，多次召开工作会议研究部署少数民族教育工作。在《宪法》、《民族区域自治法》和《中华人民共和国义务教育法》中，都明确规定了支持和帮助少数民族发展教育的条款；在中央和地方各级政府教育行政部门中专门设立了民族教育行政管理机构，负责贯彻执行国家的民族教育方针政策，研究处理特殊问题；在中央和地方设置民族教育专项补助经费，以解决民族教育中因民族、地域特点在经费开支上的需要。特别是改革开放以来，民族地区在基础教育、职业教育、高等教育以及师资培养、“双语”教学和民族团结教育等各方面得到了前所未有的发展。2002 年，国务院作出《关于深化改革加快发展民族教育的决定》，进一步明确了加快民族教育改革发展的方针、政策，对民族教育事业的发展作出了全面部署。2005 年，《国家教育事业发展“十一五”规划纲要》明确提出，坚持分区规划、分类指导的原则，强调公共教育资源向农村、中西部、贫困地区、边疆地区和民族地区倾斜。

近年来，国家先后实施贫困地区义务教育工程、农村中小学危房改造工程、西部地区“两基”（基本普及九年制义务教育、基本扫除青壮年文盲）攻坚计划等工程，中央财政先后投入 290 多亿元，极大地改善了民族地区办学条件。目前，全国建有民族小学 20906 所、民族中学 3536 所。其他各级各类学校也全部面向少数民族招生并实行一定优惠。2004 年，国家从西部农村地区开始实行“两免一补”（免杂费、免费提供教科书，补助寄宿生生活）政策，惠及绝大部分少数民族学生。2006 年起，率先在西部实施农村义务教育经费保障机制改革。国家对特别困难的民族和地区，安排专项资金进行补助。如，每年安排 1.2 亿元资金，对西藏农牧区中小学实行“三包”（包吃、包住、包学习费用）。截至 2008 年底，民族地区实现“两基”目标的县已有 674 个，占总数的 96.6 %。

为增进各民族间的了解和沟通，发展平等团结互助和谐的民族关系，促进各民族共同发展，多年来中国政府致力于在民族地区开展“双语”（民族语言和汉语）教学，并取得了良好效果。截至 2007 年，全国共有 1 万多所学校使用 21 个民族的 29 种文字开展“双语”教学，在校学生达 600 多万人。

国家通过开展对口支援西部高校、与地方合作共建民族地区高校、加强特色学科建设和学位建设、扩大招生规模等措施，支持民族地区发展高等教育。目前，民族地区已有普通高等院校 167 所，高等学校专任教师 7.7 万人，在校生 123.5 万人。国家大力扶持民族地区发展职业教育。2008 年，中央政府向 5 个自治区投入 8.27 亿元，支持建设了 83 所县级职教中心和示范性中等职业学校，以及 145 个职业学校的实训基地和 10 所国家示范性高等职业学校；下达给 5 个自治区中等职业学校学生的国家助学金达 9.74 亿元，资助 83 万多人，占在校生的 90 %。

经过 60 年的努力，民族地区教育事业得到了长足发展。截至 2008 年底，全国各级各类学校少数民族在校学生总数为 2199.6 万人。其中，普通小学少数民族在校生数为 1070.8 万人，占学生总数的 10.4 %；普通中学少数民族在校生数为 680.2 万人，占学生总数的 8.5 %；普通高等学校少数民族在校生数为 133.9 万人，占学生总数的 6.2 %。少数民族群众的整体文化素质明显提高。2000 年第五次全国人口普查表明，朝鲜、满、蒙古、哈萨克等 14 个少数民族的受教育年限高于全国平均水平。目前，55 个少数民族都有自己的大学生，维吾尔、回、朝鲜、纳西等十几个少数民族每万人平均拥有的大学生人数已超过全国平均水平。

抢救和保护少数民族文化遗产

国家成立了全国少数民族古籍整理出版规划小组和办公室，对少数民族古籍进行挖掘、整理、保护。截至 2008 年底，已搜集少数民族古籍数百万种，整理 11 万余种。《国家珍贵古籍名录》第一、二批已收录少数民族古籍 377 种，中国民族图书馆等 5 个单位列入第一、二批全国古籍重点保护单位。其中，纳西族东巴古籍文献已列入联合国教科文组织“世界记忆遗产名录”。中国政府设立少数民族三大英雄史诗《格萨尔》（藏族）、《江格尔》（蒙古族）、

《玛纳斯》（柯尔克孜族）专门工作机构，收集、整理、翻译和研究取得重大成果。近年来，国家拨付巨资支持校勘出版《中华大藏经》计150部。

从20世纪50年代开始，国家组织3000多名专家学者，历时30多年完成了中国少数民族、少数民族简史丛书、民族语言简志丛书、民族自治地方概况丛书和少数民族社会历史调查资料丛刊等五种少数民族丛书的调查、编纂和出版，合计403册，1亿多字，发行50多万册。近年来，国家又组织对这五种少数民族丛书进行了修订再版。自20世纪50年代至今，国家组织开展了三次大规模的民族民间文艺资源的普查、挖掘、抢救整理工作，并组织动员10余万人，历时30年，完成了国家哲学社会科学规划重大课题《十部民族民间文艺集成志书》，出版298卷，全部450册，约5亿字。此外，组织完成了国家艺术学少数民族各类艺术理论著作108种，约2500万字。

20世纪80年代以来，国家投入巨资对西藏拉萨的哲蚌寺、色拉寺、甘丹寺，青海的塔尔寺，新疆的克孜尔千佛洞等大批全国重点文物保护单位进行维修。1989年到1994年，国家拨出5500万元和1000公斤黄金、大量白银等珍贵物资对布达拉宫进行维修。2001年起，拨专款3.8亿元，用于维修布达拉宫、罗布林卡、萨迦寺。“十一五”时期，国家将安排专项资金5.7亿元用于西藏22处重点文物的维修保护。自2005年以来，国家安排专项经费4亿元，用于“十一五”期间新疆20余处全国重点文物保护单位、古遗址的保护。目前，民族自治地方全国重点文物保护单位有366个，世界文化遗产有拉萨布达拉宫历史建筑群、丽江古城等2个，世界自然遗产有九寨沟、黄龙风景名胜区和“三江并流”自然景观等3个。

国家重视保护少数民族非物质文化遗产。自2002年至今，中央财政累计投入非物质文化遗产保护经费达3.86亿元，约有四分之一用于民族地区。国务院公布的两批国家级非物质文化遗产名录1028项中，少数民族项目有367项，占35.7％。55个少数民族都有项目列入。国家公布的三批共1488名国家级非物质文化遗产项目代表性传承人中，少数民族项目代表性传承人有393名，占26.4％。新疆维吾尔木卡姆艺术和蒙古族长调民歌被列入联合国教科文组织第三批“人类口头和非物质遗产代表作”名录。

繁荣发展少数民族文化艺术事业

20世纪50年代初，国家建立了由各民族演员组成的中央民族歌舞团。近年来，国家通过实施万里边疆文化长廊建设，县级图书馆文化馆和乡镇文化站、村文化室建设，以及广播电视村村通、文化信息资源共享工程等，大力完善民族地区公共文化服务体系，丰富和改善少数民族群众文化生活。到2008年底，全国民族文化事业机构达10282个，其中艺术表演团体651个，艺术表演场所191处，图书馆604个，群众艺术馆80个，文化馆643个，文化站6859个，博物馆240个。目前，民族地区每10万人拥有的文化单位数已经超过全国平均水平。

国家积极保护少数民族优秀传统文化。已有500多年历史的藏戏得到保护和发扬，在每年的雪顿节期间与其他歌舞、话剧相映生辉，使雪顿节成为藏族欢乐喜庆的综合艺术节。蒙古族的“那达慕”，回、维吾尔等民族的开斋节、古尔邦节，壮族等的“三月三”，傣族的泼水节，彝族的火把节等传统节庆活动得到大力传承和弘扬。民族传统体育项目已挖掘、搜集、整理出290多个，各项活动得到蓬勃发展。藏族壁画艺术不断充实，唐卡艺术得到保护，维吾尔族、蒙古族的地毯、壁挂行销全国，布依、苗、瑶、仡佬等民族的蜡染，土家、壮、傣、黎、侗等民族的织锦技艺，图案、花样、品种都有很大发展，少数民族传统技艺重新焕发生机。

少数民族文艺人才辈出，文学艺术创作日益繁荣。全国5个自治区和云南、贵州、吉林等省建立了24所高等和中等艺术院校，专门培养少数民族艺术人才。中国作家协会少数民族会员比例已超过10％，人数近600人。一大批优秀少数民族文艺人才，少数民族题材的优秀电影和少数民族文化歌舞品牌脱颖而出，少数民族歌舞传遍大江南北，在国内外产生了广泛影响。国家用法规的形式规定每四年举办一次全国少数民族文艺会演，已举办三届；每五年举办一次全国少数民族传统体育运动会，已举办八届。定期举办少数民族题材电影、电视、文学“骏马奖”评选，开展各种类型的少数民族歌舞比赛，在中央电视台春节联欢晚会等推出少数民族文艺节目，推动了少数民族文化艺术精品的创作和各民族文化的交流。

扶持民族医药事业发展

民族医药是中华医药学宝库的重要组成部分。经过发掘、整理和研究推广，中国55个少数民族中有35个民族发掘整理本民族医学资料，民族医药得到广泛开发和应用。1992年，国家确定了蒙药、藏药、维吾尔药的制剂中心，将传统医药与现代研制技术相结合，已生产十几种剂型，上百种藏药、蒙药、维吾尔药品种。全国共有县级以上民族医药科研机构35所，科研人员近1500人。国家组织《中华本草》藏、蒙、维、傣4种民族药卷的编纂，收入藏药396种、蒙药422种、维吾尔药423种、傣药400种，具有较高的科学性和权威性。

国家大力扶持民族医药机构建设。截至2008年底，15个民族设有本民族医药的医院，全国共有民族医医院191所，床位8694张。其中藏医院70所，蒙医院51所，维医院39所，傣、朝、壮、苗、瑶等民族医医院31所。从2006年开始，国家重点建设包括藏、蒙、维、傣、朝、壮、苗、土家8种民族医药在内的10所民族医医院，努力推动民族医整体诊疗水平的提高。

国家在14所教育机构开展民族医药专业教育，大力培养民族医人才。其中高等民族医药院校5所，中等民族医药院校4所，设有民族医药专业的非民族医药院校5所。目前，全国民族医药院校在校生约1.7万人，毕业生3964人。藏、蒙、维、傣、朝、壮等6种民族医纳入国家医师资格考试，民族医药专业人员达1万多人，为各族群众健康素质的不断提高提供了重要保证。

七、加强少数民族干部和人才队伍建设

少数民族干部和人才是少数民族中的优秀分子。他们熟悉本民族的语言、历史、传统和风俗习惯，熟悉当地政治、经济、文化的特点，是政府联系少数民族群众的重要桥梁和纽带。少数民族干部和人才的状况，是衡量少数民族发展进步的重要标志。长期以来，国家把加强少数民族干部队伍和人才队伍建设，作为促进各民族繁荣发展、搞好民族地区工作、解决民族问题的关键，作为管长远、管根本的大事，不断采取有力措施，加大培养选拔力度。

《宪法》规定，国家帮助民族自治地方从当地民族中大量培养各级干部、各种专业人才和技术工人；全国人民代表大会常务委员会组成人员中，应当有适当名额的少数民族代表。《民族区域自治法》规定，自治区主席、自治州州长、自治县县长由实行区域自治的民族的公民担任；民族自治地方的自治机关所属工作部门的干部中，应当合理配备实行区域自治的民族和其他少数民族的人员。《中华人民共和国公务员法》规定，民族自治地方录用公务员时，要对少数民族考生予以适当照顾。

新中国成立伊始，国家就提出要普遍而大量地培养少数民族干部。为此，国家专门创办了培养少数民族干部的民族院校。20世纪50年代建立了中央民族学院、西北民族学院、西南民族学院、中南民族学院、广西民族学院等10所民族学院。改革开放以来，国家又陆续创办了湖北民族学院、北方民族大学、大连民族学院等。随着时代的发展，这些民族学院大部分改扩建成民族大学，办学规模和水平不断提高。截至目前，全国已有15所民族普通高等院校。此外，国家还先后开办许多少数民族干部训练班、干部学校，并在普通高校举办民族班，不断加大少数民族干部的培养力度。

国家十分重视培养和选拔少数民族干部，民族区域自治地方少数民族干部配备均达到一定比例，一大批优秀的少数民族干部走上了各级领导岗位。在公开选拔、竞争上岗配备领导班子时，可以划出相应的名额和岗位，定向选拔少数民族干部。国家在招录公务员时，对少

数民族考生适当放宽条件，通过划定比例、定向招考、适当加分等优惠政策，确保一定数量的少数民族考生进入公务员队伍。

国家不断加强对少数民族干部的教育培训工作。定期选送少数民族干部到各级党校和各类院校培训学习，有计划地组织少数民族干部到沿海发达地区参观考察，不断提高少数民族干部队伍的素质。自2003年起，国家有关部门实施“西部之光”访问学者培养工作，先后从西部地区选拔1416名西部地区急需的高层次专业技术人才到国内著名高校、科研院所、医疗卫生机构进行为期一年的学习研修，为西部少数民族地区培养了一批留得住、用得上的高层次专业技术人才。其中，为少数民族地区培养了553人，占总人数的39.1%。

国家还有计划地组织开展干部交流、岗位轮换，选派大批少数民族干部到内地、基层、上级领导机关任职或挂职锻炼，让少数民族干部在实践中增长才干。从1990年起，国家开始选派西部地区和其他少数民族地区干部到中央国家机关和经济相对发达地区挂职锻炼。20年来共有5000多名干部参加挂职锻炼，为民族地区培养了一大批党政领导干部和科技、经济管理人才，有力地推动了民族地区领导班子建设和干部队伍建设，促进了民族地区经济社会又好又快地发展。

经过几十年的不懈努力，少数民族干部队伍不断发展壮大。截至2008年，少数民族干部已达290多万人，比1978年增长了3倍多。全国公务员队伍中，少数民族占9.6%，其中县处级以上的少数民族干部占同级干部总数的7.7%。在中央和地方国家权力机关、行政机关、审判机关和检察机关都有相当数量的少数民族干部。目前，在13位现任全国人大常委会副委员长中，有少数民族2名；在9位现任国务院副总理、国务委员中，有少数民族2名；在25位现任全国政协副主席中，有少数民族5名。

国家高度重视培养民族地区现代化建设需要的各级各类人才。国家规定，高等学校和中等专业学校招收新生的时候，对少数民族考生适当放宽录取标准和条件，对人口较少的少数民族考生给予特殊照顾。每年都有成千上万的少数民族考生迈进高校的门槛。为加快民族地区人才培养步伐，国家在内地重点高校举办少数民族预科班、民族班，目前每年招生规模达3万人。1984年，国家决定在北京、天津、成都等内地大中城市举办内地西藏班（校），20多年来已累计招收初中、高中和大学学生7万余人。2000年，国家决定在北京、上海等12个内地大中城市13所学校举办内地新疆高中班，截至2008年，新疆高中班扩大到12个省（直辖市）28个城市的50所学校，目前累计完成9届2.4万人的招生任务。2003年，国家帮助在乌鲁木齐等新疆8个城市开办区内初中班，在所招学生中少数民族农牧民子女占80%以上。国家从2006年开始实施“少数民族高层次骨干人才培养计划”。这项计划专门在民族地区招收硕士、博士研究生进行培养。截至目前，该计划已实现年招生4700人、在校生总数达到7900多人。

国家鼓励引导高校毕业生到民族地区工作。自1999年起，国家有关部门开展“博士服务团”选派工作，先后从中央国家机关有关部委和东部相对发达省市选派了1195名取得博士学位的优秀青年科技人才到西部地区、革命老区和少数民族地区服务锻炼，为西部地区提供人才和智力支持。其中，派往西部少数民族地区的有403人，占总人数的33.7%。

多年来，国家不断加大向西藏、新疆等民族地区选派干部和人才的工作力度。这些支边干部和人才艰苦创业、无私奉献，对促进民族地区发展发挥了重要作用。

结束语

新中国60年的实践充分证明，中国的民族政策适合中国国情，符合各族人民的根本利益，得到各族人民的拥护，是正确和行之有效的。在这一政策指引下，中国各族人民维护了国家统一，维护了社会稳定，维护了民族团结，开辟了一条实现各民族共同繁荣发展的光明大道。

中国是一个拥有56个民族、13亿人口的发展中大国，特殊的国情决定了中国的发展有其不平衡的一面。中国处于并将长期处于社会主义初级阶段，实现各民族共同繁荣发展，还有很长的路要走，还需要付出艰苦的努力。

当前，中国各族人民在中国共产党的领导下，高举各民族大团结的旗帜，倍加珍惜来之不易的大好局面，坚持聚精会神搞建设，一心一意谋发展，加快实现全面建设小康社会和社会主义现代化建设的宏伟目标。国家的发展，社会的进步，必将使中国的民族政策更加完善，包括各族人民在内的中华民族必将迎来更加美好的明天。

新疆的发展与进步

中华人民共和国国务院新闻办公室

（2009 年 9 月）

目　录

前　言

在中华人民共和国版图的西北部，有一片占陆地国土面积约六分之一的广阔疆域，这就是新疆维吾尔自治区。

新疆历史上曾是欧亚大陆交通和文明交往的通道，连接古代东西方文明的著名的“丝绸之路”从这里经过。特定的地理区位，使新疆历史发展呈现出鲜明的多民族并存与融合、多种文化兼容与并蓄的特色。自公元前 1 世纪起，新疆地区就是中国的重要组成部分，并在中国统一多民族国家构建和发展中发挥了重要作用。

60 年前，在新中国开国大典的前夕，新疆迎来了和平解放，饱经磨难的新疆各族人民同全国人民一道，成为国家的主人。从此，新疆的发展进入了新时代。

60 年来，在中国共产党和中央政府的领导和关心下，在全国各族人民的大力帮助和支援下，新疆各族人民艰苦奋斗，锐意进取，建设美好家园，创造幸福生活，使新疆一穷二白的面貌得到彻底改变，天山南北发生了翻天覆地的变化，实现了社会发展的历史性跨越。

新疆的发展与进步，是新疆各族人民高举民族团结大旗共同奋斗的结果，也是中国民族政策的成功实践。

一、经济快速发展

1949 年新中国成立前，新疆经济是以农牧业为主体的自然经济，生产力水平低下，生产方式落后，发展处于停滞状态。当时的新疆，没有一寸铁路，没有农场和成规模的良田，工业企业几乎全是私营小作坊，人民生活贫困不堪。

新中国成立以来，特别是 20 世纪 70 年代末实行改革开放政策以来，新疆进入了经济社会快速发展、综合实力明显增强、各族群众得到实惠最多的时期。中国政府从国家发展战略和各族人民根本利益出发，高度重视新疆的发展和建设，始终把帮助边疆地区发展经济、实现共同富裕作为一项基本政策，适时作出一系列推动和促进新疆发展的重大战略决策。2000 年国家开始实施西部大开发战略，把促进新疆发展摆在更加突出的位置。多年来，新疆充分发挥自身比较优势，着力调整经济结构和转变经济增长方式，着力加强基础设施建设和生态环境保护，着力改善民生和提高基本公共服务水平，努力实现新疆发展与全国发展相协调、南疆发展与北疆发展良性互动的发展新格局。

——综合实力明显增强。按不变价格计算，2008年新疆地区生产总值达4203亿元人民币，比新疆维吾尔自治区成立（1955年）前的1952年增长了86.4倍，年均递增8.3%；比1978年改革开放初期增长了19.6倍，年均递增10.4%；比2000年西部大开发开始实施时增长了2.2倍，年均递增10.6%。2008年新疆地方财政收入达361.06亿元人民币，是2000年的4.56倍，1978年的50.57倍，1955年的208.71倍。

——经济结构逐渐优化。近年来，新疆工业、农业和第三产业均保持快速发展。工业化进程加快，工业取代农业成为主要产业。第三产业在经济发展中的作用突出，批发、零售贸易和餐饮业发展迅速，邮电通信网络快速普及，房地产、金融等新兴行业快速发展。2008年，一、二、三产业占地区生产总值的比重分别为16.4%、49.7%、33.9%。

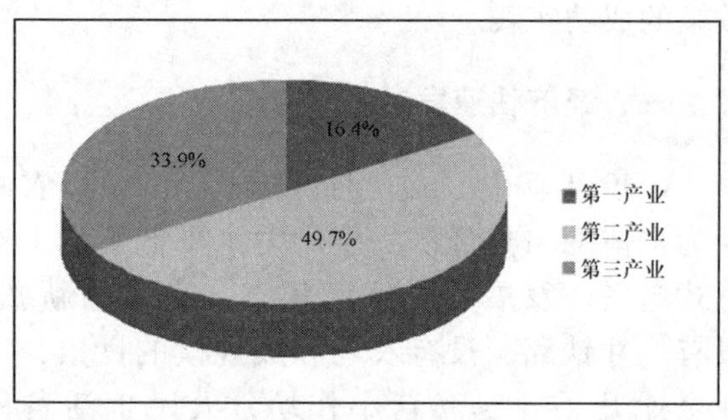

图表1：新疆产业结构 （新华社发）

——基础设施建设不断加强。新疆根据“绿洲生态、灌溉农业”的特点，建成了以阿克苏克孜尔水库、和田乌鲁瓦提水利枢纽等为代表的一批现代大型水利工程和大批干支渠及其防渗工程，全区的引水量、水库库容和有效灌溉面积迅速增加。投资100多亿元人民币的塔里木河综合治理项目2008年完成，结束了塔河下游300多公里河道断流30年的历史。全面推进三北（东北、华北、西北）防护林、平原绿化、退耕还林、退牧还草等生态工程建设，改善农业生产条件。建成喷灌、滴灌等高效节水农田近80万公顷，年节水50亿立方米以上。2008年底，新疆已有国道主干线8条、省道66条、县级公路600多条，通车总里程达到14.7万公里，基本形成以乌鲁木齐为中心，以国道干线为主骨架，环绕两大盆地（准噶尔盆地、塔里木盆地）、穿越两大沙漠（古尔班通古特沙漠、塔克拉玛干沙漠），横贯天山、连接南北疆的干支线公路运输网络。相继建成南疆铁路、北疆铁路以及兰新铁路复线等工程，2008年新疆铁路营运里程达3000多公里。航空事业发展迅速，已形成以乌鲁木齐为中心，联结国内外近70个大中城市和区内12个地州市，拥有114条国内外航线的空运网，通航里程达到16万多公里，成为国内拥有航站最多、航线最长的省区。邮电通信业快速发展，基本形成程控交换、光纤通信、数字微波、卫星通信、移动通信等完整的现代化通信体系，光缆、数字微波和卫星通信等现代化传输网络已覆盖全疆。

——农业综合生产能力显著增强。新疆的农业资源十分丰富。近年来，围绕粮食、棉花、特色林果、优质畜牧业基地和设施农业建设，新疆农业产业化经营加快发展，优势特色农产品产业带逐步形成，农业基础地位、农业综合生产能力进一步加强和提高，农产品有效供给成倍增长。2008年农业增加值达691亿元人民币，比2000年增长了1.4倍。2008年粮食总产量达1022.85万吨，保持了自治区内供需平衡，并且略有节余。新疆是中国重要的商品棉基地，2008年棉花总产量达301.55万吨，棉花总产、单产和人均占有量均位居中国首位。现代畜牧业加快发展，已占农业总产值的27%，2008年肉类产量达175.49万吨，比2000年增长了95%。特色林果业发展迅速，2008年林果总面积突破100万公顷，林果总产量400多万吨，总产值超过60亿元人民币。截至2008年，新疆有各类农产品加工企业1059家，并成为中国最大的番茄制品加工出口基地。乳品日加工能力在短短几年里从不足1000吨提高到近3000吨，是全国增长最快的省区之一。甜菜糖生产能力达到60万吨，成为全国最大的甜菜糖生产基地。葡萄酿酒业发展迅猛。农产品加工企业使新疆50%以上的种植面积实现了订单生产，辐射带动了新疆65％的农户。

——现代工业体系逐步形成。新疆的工业经历了从无到有、从小到大的发展过程。近年来，通过实施优势资源转换、大企业大集团战略和中小企业成长工程，新疆的新型工业化进程加快，主要工业产品产量成倍增长，逐渐形成了包括石油、煤炭、钢铁、化工、电力、建材、纺织等门类比较齐全的现代工业体系，形成了天山北坡经济带、乌昌（乌鲁木齐和昌吉回族自治州）一体化经济区、库尔勒—库车石化工业带等工业聚集区，建成了32个国家和自治区级工业园区。2008年，工业对国民经济增长的贡献率达52.3％，工业增加值达1790.7亿元人民币，比1952年增长274倍，比1978年增长16.6倍，比2000年增长3.98倍，成为推动新疆经济快速增长的重要因素。重点行业和领域的信息技术应用不断加强，主要污染物排放总量得到初步控制，节能减排工作取得成效。

——矿产资源有效开发。新疆是中国的石油、天然气、煤炭等矿产资源最为丰富的地区之一。国家坚持对新疆油气大勘探、大开发和大投入的方针，努力将资源优势转化为经济优势，通过资源开发带动新疆经济快速发展，造福新疆各族人民。2008年，新疆原油产量达2722万吨，成为国家第二大原油产区；天然气产量240亿立方米，居全国第一位。随着新疆石油、天然气的开发以及中国与西亚国家在相关领域的合作，新疆的管道运输建设快速发展，2008年新疆拥有各类油气输送管道4000多公里，基本形成了北疆、南疆、东疆油气管网的框架。近年来，依托煤炭资源进行的煤电煤化工产业在新疆快速兴起。能源及化工业的快速发展，不仅满足了新疆经济发展对能源和石化产品的需求，而且有力带动了相关产业的发展，刺激了服务业的增长，对促进区域经济结构的形成和升级、解决就业以及推动城市化进程等发挥了重要作用。

——开放水平不断提高。新疆是中国向西开放的重要门户，也是新亚欧大陆桥的重要通道。新疆与蒙古、俄罗斯、哈萨克斯坦、吉尔吉斯斯坦、塔吉克斯坦、阿富汗、巴基斯坦、印度8个国家接壤，是中国陆地边境线最长的省区。改革开放以来，新疆实现了由封闭、半封闭向全方位开放的历史性转变。目前，新疆有国家批准的一类口岸17个、自治区批准的二类口岸12个，辐射周边十几个国家。截至2008年底，新疆已与167个国家和地区开展了经济贸易合作和科技文化交流。2008年，新疆外贸进出口总额达222.17亿美元，居全国第12位（中西部省区市第2位）；非金融类对外直接投资1.64亿美元，居全国第13位；对外承包工程业务完成营业额7.95亿美元，居全国第14位；对外劳务合作业务派出各类劳务人员8548人，居全国第13位。

——旅游业快速发展。近年来，新疆旅游业快速发展，成为新的经济增长点。截至2008年，新疆共有景区（点）近500处，形成了以“丝绸之路”为主线，以喀纳斯湖生态旅游区，天池、赛里木湖和博斯腾湖风景旅游区，吐鲁番、库车古文化遗址旅游区，喀什民俗风情旅游区，伊犁塞外江南风光旅游区为重点的发展格局。2008年新疆接待国内外入境游客达2231.32万人次，当年旅游总收入近200亿元人民币。

——区域经济协调发展。国家和新疆维吾尔自治区积极支持有优势有条件地区率先发展，并采取特殊政策措施，促进南疆三地州（喀什地区、和田地区、克孜勒苏柯尔克孜自治州）以及牧区和边境地区加快发展，推动形成南北协调互动、区域竞相互促、城乡统筹互进的发展新格局。加快天山北坡经济带主动承接东部沿海地区产业转移，构建新型工业化发展高地。加快乌昌一体化进程，加快国家级出口加工区、开发区和工业园区建设，积极发展现代服务业。推进天山南坡吐哈（吐鲁番、哈密）地区石化产业带发展，以石油天然气、煤电煤化工为依托，发挥大型项目的聚集效应，形成连环配套的产业集群。大力促进南疆三地州经济社会发展，抓好抗震安居工程、喀什老城区改造工程、农村基础设施建设、地下水开发、盐碱地改造、饮水安全、农村沼气等一批事关长远发展和民生改善工程。抓紧改善牧区和边境地区生产生活条件，采取特殊扶持政策，促进牧区和边境地区加快发展。

新疆经济发展取得的巨大成就是新疆各族人民团结奋斗的结果，也是在中央政府和全国人民长期支持帮助下实现的。多年来，中央政府在制定国民经济和社会发展计划或规划时，始终把新疆基础设施项目、农业基础发展项目、现代工业体系建设项目等列为国家重点项目，给予政策资金支持。1950年至2008年，中央政府在新疆的投资达3862.3亿元人民币，占同期新疆总投资的25.7%。从新疆维吾尔自治区成立的1955年到2008年，中央政府给新疆的财政补助累计达3752.02亿元人民币。特别是2000年以来，随着西部大开发战略的实施，中央政府给新疆的财政补助逐年增长，年均递增24.4%，2008年达685.6亿元人民币。中央政府还通过利用国际金融组织和外国政府贷款等多种途径加大对新疆的资金投入和支持。近年来，为优化新疆产业结构布局，中央政府把东南沿海较发达地区的一些企业、工厂搬迁至新疆，从内地调进工程技术人员充实到新疆初建的骨干企业中去，并选送大量少数民族工人到内地企业进修实习，在很短的时间内为新疆培养了一支工程技术骨干队伍。全国其他省市还以对口的形式向新疆提供了大量的资金、技术和人才支援，在新疆的发展中发挥了重要作用。一方面，发达地区派技术人员、教师、医生、企业管理人员等各类专业人才作为援疆干部，到新疆地（州）县挂职，传播并示范先进的技术和观念；另一方面，新疆党政机关工作人员、经济管理部门工作人员和各类专业技术人员则分批到内地对口支援省市挂职学习。近年来，根据中央政府的要求，由北京、浙江、天津、山东、辽宁、江西、上海、河南等8个省市和15个国有骨干企业，对南疆33个县（市）进行经济、科技、文化全方位对口支援。

二、人民生活水平显著提高

在经历了消除贫困、解决温饱发展阶段后，目前新疆各族人民生活正在向小康迈进，生活质量大幅提高。2008年，新疆农民人均纯收入达3503元人民币，比改革开放初期的1978年增长28倍，比西部大开发初期的2000年增长1.2倍；城镇居民人均可支配收入11432元人民币，比1978年增长35倍，比2001年增长1倍。城乡居民人均储蓄存款余额1955年为14元人民币、1978年为52元人民币、2000年为4913元人民币，2008年为11972元人民币。居民人均消费水平1952年为122元人民币、1978年为181元人民币、2000年为2662元人民币，2007年为4890元人民币。

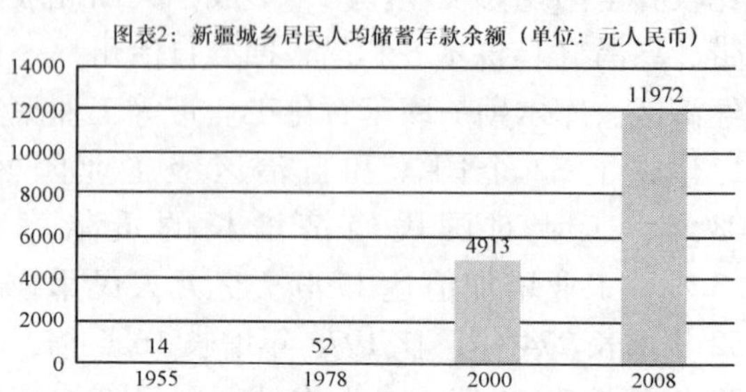

图表2：新疆城乡居民人均储蓄存款余额

（新华社发）

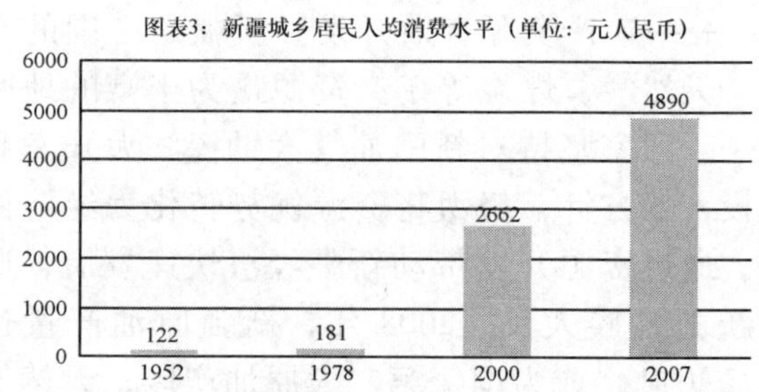

图表3：新疆城乡居民人均消费水平

（新华社发）

城乡居民收入增长呈多元化特点。在农村，除粮食和棉花等传统农作物外，林果等产业成为农牧民增收的新渠道。2008年农牧民人均从林果业获得收入340元人民币。在一些林果业发展较早的县市，林果收入已经占到农牧民收入的40%以上。外出务工特别是到东部地区务工成为农牧民增收的又一新途径。2008年外出务工的新疆农牧民达150万人次以上，全疆农牧民人均劳务增收150元人民币。旅游业的发展带动了民族旅游产品的开发销售，也带动了民族手工业的发展，直接或间接带动了几十万人就业，增加了居民的家庭收入。

城乡居民的消费总量不断提高。人均粮食占有量从1949年的195.62公斤、1978年的

300.09 公斤，增长到 2008 年的 426.60 公斤；人均棉花占有量由 1949 年的 1.18 公斤、1978 年的 4.46 公斤，增长到 2008 年的 141.52 公斤；人均肉类占有量由 1949 年的 11.68 公斤、1978 年的 7.83 公斤，增长到 2008 年的 53.85 公斤。

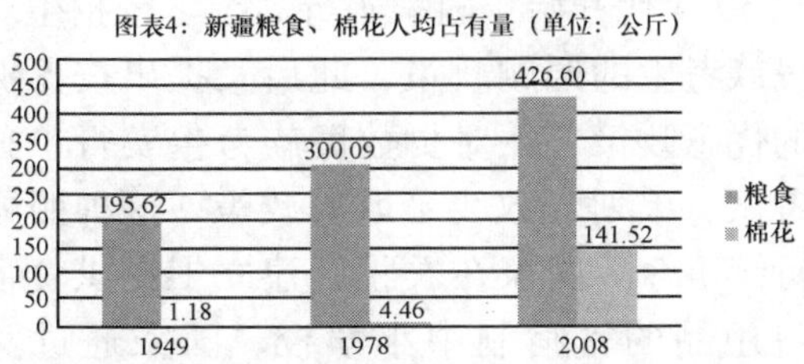

图表 4：新疆粮食、棉花人均占有量　（新华社发）

居民消费结构发生变化。农村居民 1978 年恩格尔系数（食品消费比重）为 60.8 %，2001 年为 50.0 %，2008 年为 42.5 %；城镇居民 1980 年恩格尔系数为 57.3 %，2001 年为 36.4 %，2008 年为 37.3 %。消费层次已从一般家庭消费向服务、文化、教育、旅游、保健、信贷、信息、小轿车和高档住房消费发展。消费结构正从温饱型农产品消费向小康型电子产品消费转变。食品消费从主食型向追求多种营养成分合理摄取的副食型转变。衣着消费向成衣化、时装化、名牌化、个性化发展。耐用消费品经历了从自行车、缝纫机、手表和收音机等，到彩电、冰箱、洗衣机、照相机等，再到电脑、摄像机、钢琴、健身器材等的发展变化，小轿车正逐渐走入百姓家中。

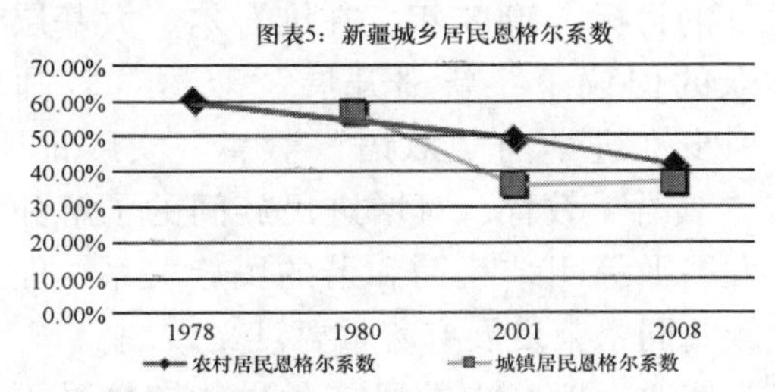

图表 5：新疆城乡居民恩格尔系数　（新华社发）

城乡居民家庭耐用消费品数量不断增长。农村居民家庭每百户拥有洗衣机数量从 1990 年的 12.58 台、2000 年的 20.87 台，增长到 2008 年的 38.00 台；冰箱数量从 1990 年的 0.40 台、2000 年的 9.93 台，增长到 2008 年的 30.32 台；摩托车数量从 1990 年的 1.37 辆、2000 年的 18.33 辆，增长到 2008 年的 50.77 辆；移动电话数量从 2000 年的 0.33 部，增长到 2008 年的 54.00 部。城镇居民家庭每百户拥有空调器从 2000 年的 2.78 台增长到 2008 年的 11.18 台；移动电话从 2000 年的 4.81 部增长到 2008 年的 144.40 部；家用电脑从 2000 年的 5.68 台增长到 2008 年的 41.32 台；家庭汽车从 2000 年的 0.82 辆增长到 2008 年的 4.62 辆。

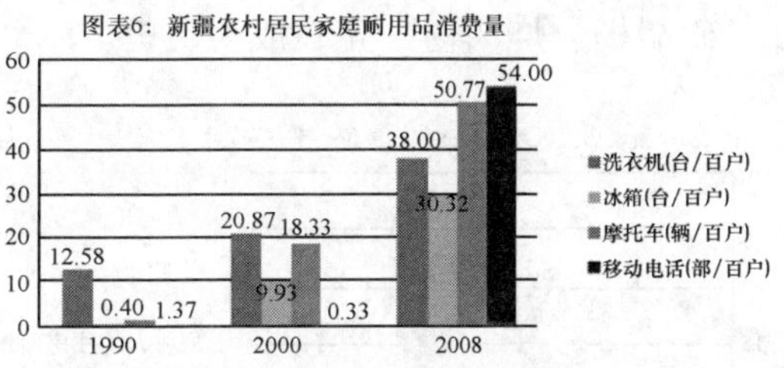

图表 6：新疆农村居民家庭耐用品消费量

（新华社发）

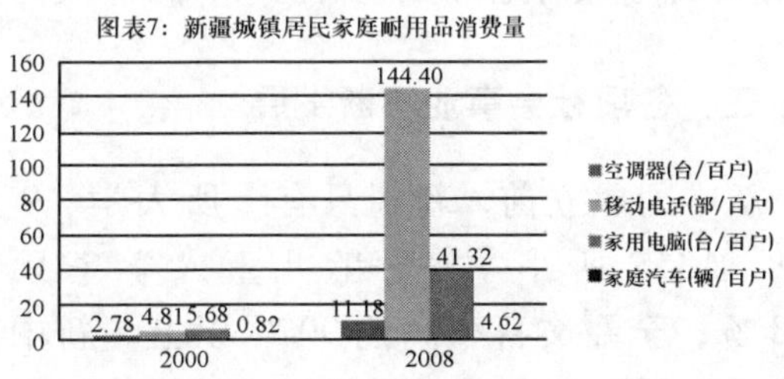

图表 7：新疆城镇居民家庭耐用品消费量

（新华社发）

人民群众生活条件不断改善。交通工具多样化使人们出行更加方便快捷，改革开放初期从乌鲁木齐到北京乘火车需耗时近一周，现今乘飞机仅需 3 个多小时。城市每万人拥有铺装道路由 1978 年的 1.6 公里、2000 年的 4.5 公里，增长到 2008 年的 15.7 公里；城市每万人拥有公共汽车数量从 1978 年的 3.1 标台，增加到 2008 年的 13.2 标台。住房条件得到极大改善。农村人均住房面积从 1983 年的 10.20 平方米、2000 年的 17.25 平方米，增长到 2008 年的

22.79 平方米；城镇人均住房面积从 1983 年的 11.90 平方米、2000 年的 20.06 平方米，增长到 2008 年的 27.30 平方米。目前，全疆设市城市自来水普及率为 97.86％，县城为 87.18％；城镇集中供热普及率为 51.2％，污水处理率为 68％，生活垃圾无害化处理率为 16％；城市燃气普及率为 89.33％，县城为 66.67％；城市绿化覆盖率为 30.49％，绿地率为 26.19％，人均公共绿地面积为 6.94 平方米。近年来，南疆库尔勒、和田、喀什、阿图什、阿克苏、墨玉、洛浦、疏勒等 23 个县市的 30 多万户各族群众用上了清洁且价格优惠的天然气。目前，南疆地区天然气新用户以每月上千户的规模增长，“砍胡杨、烧胡杨”正在成为历史。

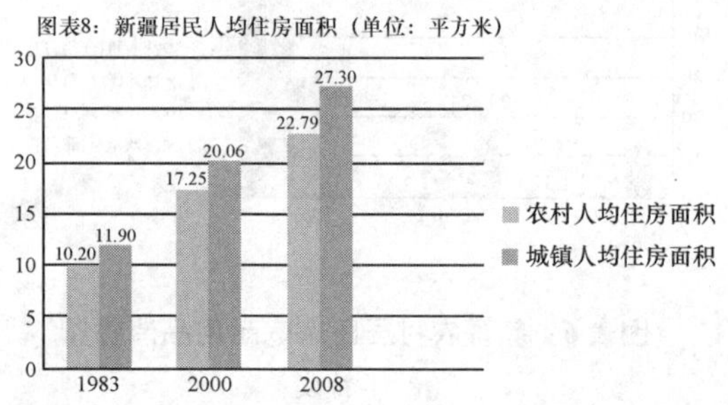

图表 8：新疆居民人均住房面积　（新华社发）

三、各项社会事业不断发展

新中国成立前，新疆只有 1 所大学、9 所中学、1355 所小学，学龄儿童入学率只有 19.8％，全疆文盲率高达 90％以上。新中国成立后，新疆教育事业取得历史性进步，目前义务教育实现了基本普及九年制和基本扫除青壮年文盲，各类成人教育、职业教育从无到有，稳步发展。2006 年，随着新的农村义务教育经费保障机制的推行，新疆所有农村中小学生实现了免费教育。2008 年，贫困寄宿生全部享受生活补助，城市义务教育阶段学生全部免除学杂费。从 2007 年开始，国家每年投入 1.29 亿元人民币用于资助 5.1 万名普通高校和 9.5 万名高、中等职业学校特困生，其中 70％为少数民族学生。2008 年，全疆共安排支持教育资金 187.7 亿元人民币，比上年增长 32.3％。2008 年，新疆共有小学 4159 所、在校学生 201.2 万人，小学学龄儿童入学率达 99.6％以上；中等学校 1973 所，在校学生 172.2 万人；普通高等学校 32 所，在校学生 24.1 万人，在校研究生 1.03 万人。

国家坚持优先发展少数民族教育，通过实施特殊扶持政策，推动少数民族教育事业发展。为确保少数民族考生能够接受高等教育，从 20 世纪 50 年代开始，国家实行高等学校招生对少数民族考生的照顾政策，此后又提出按比例录取的优惠政策，并对少数民族考生实行单独命题考试、单划分数线录取等政策，这种照顾一直持续至今。国家在农牧区建立了提供食宿和学习用品的寄宿制中小学校。国家通过实施“新疆少数民族科技人才特培”工程、“少数民族高层次骨干人才计划”，以及公派少数民族留学生等，对少数民族高层次人才进行培养。在发展少数民族教育中，国家坚持用本民族语言文字进行教学。在新疆，凡有文字的民族，均使用本民族的语言文字教学。多年来，国家拨付专款，专门用于编印维吾尔、哈萨克、蒙古、锡伯、柯尔克孜等 5 种少数民族文字教材，满足了少数民族学校主课教材的需要。一年一度的全国高等学校招生考试中，新疆使用维吾尔、汉、哈萨克、蒙古等多种文字的试卷。随着经济社会的发展，各民族间交流日益频繁，越来越多的少数民族群众要求掌握汉语。针对全疆 1000 多万少数民族人口中约 70％尚未掌握或根本不懂汉语文字，对少数民族和自治区发展造成不利影响的情况，自治区政府于 2004 年作出在少数民族学生中大力推进“双语”教学的决定，要求少数民族学生高中毕业达到“民汉兼通”的目标。2008 年，在维吾尔广大基层干部群众的倡议下，新疆开展“双语”教师培训，稳步推进学前“双语”教育。实践证明，实施“双语”教育，对增进民族间的了解和沟通，发展平等团结互助和谐的民族关系，促进各民族共同繁荣发展有着重要意义。

为使边远地区少数民族学生能够接受更高水平的基础教育，从 2000 年起，国家在北京、上海等 12 个经济发达省市的 13 所中学开设新疆高中班。截至 2008 年，新疆高中班扩大到 12 个省（直辖市）28 个城市的 50 所学校，招生规模从最初的1000人扩大到5000人，目前累计完成9届2.4万人的招生任务，毕业生中90%以上顺利升入内地高校进行学习，其中85%的毕业生考取重点院校。从2003年开始，新疆维吾尔自治区人民政府参照内地新疆班形式，在乌鲁木齐、石河子等新疆8个城市开办区内初中班，目前每年招生5000人。初中班主要招收农牧区乡（镇）、村小学或贫困、边境县城市小学的应届毕业生，其中少数民族农牧民子女占80%以上。

1949年以前，新疆科技事业尚属空白。经过60年的努力，新疆已建立起专业比较配套、布局比较合理，并具有区域特征的科学研究和开发体系，培养了一支学术造诣较深的多民族科研队伍。2007年底，地方人才总量达197.2万人。截至2008年底，共取得重大科技成果6000余项，获得国家级奖励近200项，申请专利达20多万件。科技型企业创新能力不断增强，涌现出“金风科技”、“特变电工”等一批国际知名品牌。

新中国成立前，新疆没有一个专业文艺团体，更无艺术研究机构。60年来，在国家的大力扶持下，新疆各类文化设施逐步建立并形成规模，各族群众文艺活动丰富多彩。截至2008年，全区共有艺术表演团体119个、文艺科研机构2个、艺术创作机构2个、群众艺术馆15个、文化馆94个、乡镇文化站1034个，从事专业表演创作的各族文化工作者达4355人；共有公共图书馆93个、博物馆47个；共有自治区级广播电台6座、电视台8座，广播和电视综合人口覆盖率均达到93.5%，有线电视用户达163.89万户，有线数字电视用户达32.42万户。实施西部大开发战略以来，国家投入24.84亿元人民币的专项经费，加强新疆文化建设。近年来，新疆各地广泛开展“百日广场文化活动”、“乡村百日文体活动竞赛”和文化、科技、卫生“三下乡”活动，先后实施了“百县千乡宣传文化工程”、“民族民间文化保护工程”、“丝绸之路边疆文化长廊建设”、“万村书库”工程、广播电视“西新工程”、图书出版“东风工程”、“文化信息资源共享工程”等文化建设重点工程，有力地推动了新疆文化事业的发展。

新中国成立前，新疆医疗卫生水平极其低下，地方病、传染病频发，人口死亡率达20.82‰，婴儿死亡率高达420‰至600‰，人口平均预期寿命不到30岁。1949年，新疆仅有医疗机构54个、病床696张，每万人只有1.6张病床、0.19名医生，且卫生机构都分布在少数城市（镇）。60年来，政府不断加大医疗卫生投资，2008年新疆拥有各类卫生机构7238个，其中有各类医院1629所、病床位9.36万张、医生4.38万人，平均每万人拥有医院床位36张、医生21人。卫生防疫机构从无到有，形成了较为完善的城乡卫生防疫体系，防病、灭病水平和能力显著提高，消灭了天花病等一些地方病，各类地方病和传染病发病率大幅度下降。自20世纪70年代中期起，新疆开始试行计划免疫，纳入计划免疫的各类疫苗接种率逐年提高。医疗卫生水平的不断提高使人民健康状况得到极大改善，人口质量显著提高。2008年人口死亡率为4.88‰，婴儿死亡率为29.76‰，人口平均预期寿命提高到72岁。广大农牧区医疗条件明显改善，形成了县、乡、村三级医疗预防保健网。2003年，新疆开始实施农村新型合作医疗制度，到2008年已经开展新型农村合作医疗工作的县（市）达89个，覆盖农牧业人口1005.90万人，实际参加农村合作医疗的农牧民达950.30万人，覆盖率和参合率分别达到94.6%和94.5%。

就业是民生之本。多年来新疆坚持实施积极的就业政策，以经济持续较快发展促进就业增长，采取多种措施增加就业岗位，扩大就业规模。2008年，新疆就业人数达847.58万人，城镇登记失业率为3.7%。西部大开发战略实施以来，新疆每年有30万以上的人实现就业再就业。新疆的人力资源市场从无到有、从小到大，市场机制在人力资源配置中的基础性作用基本确立，初步形成了由县区以上综合性服务机构、街道（乡镇）社区基层服务窗口以及各类服务实体共同组成的公共就业服务体系。2008年，新疆居民服务和其他服务业机构达107家，从业人员3944人。

近年来，劳务输出成为新疆扩大就业的新

途径。为了解决南疆等偏远农牧区农民非农业收入比重低、脱贫致富难的问题，从2006年起，劳务输出从南疆伽师县逐步向全疆推广。通过自愿报名和职业技能培训选拔，新疆农牧民工可以从有需求的内地企业中选择自己的务工单位，由政府出资选派带队工作人员和新疆清真厨师陪同前往。伽师县从2006年至今，已向内地企业输出劳动力1.9万人次，劳务创收近2亿元人民币，年人均纯收入超过7000元人民币，比2008年新疆农牧民人均纯收入高出1倍。政府加强对农民工的培训，每年仅支付农民工外出就业培训费就达3亿~4亿元人民币。

改革开放以来，新疆的社会保障从无到有、渐成体系，各族群众基本生活得到保障。2008年，新疆拥有城镇各种社区服务设施799个，基本养老保险、失业保险、医疗保险、工伤保险、生育保险等五大保险参保人数达964.57万人，城镇居民中有63.80万人得到政府最低生活保障救助。各类收养性社会福利单位拥有床位1.90万张，收养各类人员1.40万人。从2007年7月起，新疆全面启动农村最低生活保障工作，确定对人均年收入低于700元人民币的农牧民给予补助，农村居民最低生活保障制度开始建立，2008年新疆有131万名特困农牧民群众享受到了低保待遇。新疆医疗救助工作发展迅速，到2007年底全疆所有县（市、区）都建立了城乡医疗救助制度。2008年，全区共救助216.4万人次，其中资助参保参合122.6万人，直接救助93.8万人次，支出资金3.1亿元人民币。

新疆地域辽阔，各地经济发展不平衡。从20世纪80年代中期起，新疆开展了以解决农村贫困人口温饱问题为主要目标、以改变贫困地区经济文化落后状态为重点的大规模扶贫开发，并经历了由单纯的救济式扶贫向有组织、有计划、有目标的开发式扶贫的转变。从1978年到2008年，新疆的贫困人口由532万人减少到253万人，贫困人口生产生活条件明显改善。近年来，国家不断加大对贫困状况严重的南疆三地州扶贫力度。2001年至2007年，中央和自治区用于扶贫的财政资金、以工代赈资金和信贷贴息资金中，有78％投到了南疆三地州，全部扶贫项目的70％以上安排在南疆三地州。从2004年起，新疆开始在地震高发、多发地区实施抗震安居工程，计划用6年时间，让多震、易震地区的群众全部住上抗震房。截至2008年底，已累计投入城乡抗震安居工程建设资金412亿元人民币，新建和改造抗震安居房189.5万户，其中南疆三地州农村共有74.23万户贫困农牧民入住抗震安居房。

四、民族文化得到保护

历史上，新疆各族人民创造了丰富多彩的文化，为中华文化的发展作出了独特贡献。由于历史上地处“丝绸之路”的要冲，使新疆文化具有明显的地域性和民族性特征。新疆各地区、各民族的文化积淀深厚、文化形态多样、民间文艺丰富多彩。多年来，国家有计划有组织地对各少数民族文化遗产进行搜集、整理、翻译和出版，保护少数民族名胜古迹、珍贵文化和其他重要历史文化遗产，形成了政府主导、学术支持、社会参与的保护格局，使各民族优秀文化遗产得到了继承和发扬。

少数民族音乐舞蹈在新疆民族文化中占有十分重要的地位。新中国成立以来，新疆通过建立各级艺术表演团体，成立艺术院校、艺术研究所等机构，抢救、搜集、整理、保护了一大批民间音乐舞蹈作品，通过培养一代又一代各类艺术人才，使传统的民间音乐舞蹈后继有人，并且不断发扬光大。20世纪90年代，先后编纂出版了《中国民族民间器乐曲集成·新疆卷》、《中国戏曲音乐集成·新疆卷》、《中国民间歌曲集成·新疆卷》、《中国民族民间舞蹈集成·新疆卷》等集成系列丛书，使新疆各民族优秀传统乐舞艺术的各个门类以音、谱、图、文、像的形式全面集中保存下来。

维吾尔“十二木卡姆”是集歌、舞、乐于一体的维吾尔古典音乐套曲，被誉为维吾尔族“音乐之母”，也是中华民族音乐文化瑰宝。新中国成立前夕，“十二木卡姆”已濒临失传。新中国成立不久，当时的新疆省人民政府即于1951年8月将“十二木卡姆”列为重点抢救的艺术品，组织力量对木卡姆艺术进行了较为全面的普查、搜集和整理工作，并于1955年完成了录音、记谱和歌词整理工作，于1960年出版“十二木卡姆”乐谱。从此，“十二木卡姆”完成了由口头传承向文本传承的转折。20世纪80年代以来，自治区成立了新疆木卡姆研究机构和艺术团，专门搜集、整理、研究和表演以木卡姆为主的维吾尔古典音乐和民间歌舞，进一步推进了木卡姆抢救、保护和弘扬工作。2003年，新疆维吾尔木卡姆被列为“中国民族民间文化保护工程”首批试点项目。2005年“中国新疆维吾尔木卡姆艺术”被联合国教科文组织批准为“人类口头和非物质文化遗产代表作”。“六十二阔恩尔”（意为六十二套优美的乐曲），是一种以“篑”（器乐曲）为主的配以民歌、舞蹈、弹唱等多种艺术表演形式于一体的综合艺术，是哈萨克族最具代表性的民族民间优秀传统文化。自20世纪90年代以来，国家成立专门机构，搜集、整理、出版了《阿克鹄阔恩尔》（即白天鹅套曲）。

新疆民族民间文学资源丰富。多年来，在国家的大力支持下，自治区政府有组织、有计划地抢救、保护民族民间文学作品，先后搜集、整理、翻译、出版了维吾尔、哈萨克、蒙古、柯尔克孜、塔吉克、锡伯和乌孜别克等民族大量的民歌歌词、神话传说、民间笑话、民间故事、寓言、谚语等丰富多彩的民间文学遗产。《玛纳斯》、《江格尔》、《格斯尔》（在藏族地区称《格萨尔》）等著名少数民族英雄史诗的搜集、整理、翻译、出版和研究取得重要成果。《突厥语大词典》等一批少数民族优秀历史文化遗产得到有效保护。维吾尔族古典文学《热比亚与赛丁》、《帕尔哈特与西琳》，哈萨克族民间长诗《萨里哈与萨曼》等先后被整理，并翻译汉文出版。《中国民间文学集成》（新疆卷）的编纂工作已经完成。

新疆少数民族古籍文种语种多、分布广泛，是中华民族传统文化遗产的重要组成部分。20世纪80年代初期，成立了自治区少数民族古籍搜集、整理和出版规划领导小组及办公室，全区有4个自治州、8个地区和1个地级市及部分县也相继成立了有关机构。此后在全区范围内开展抢救、搜集、整理和出版少数民族古籍的工作。截至2008年，自治区少数民族古籍整理办公室已累计搜集、登记造册的少数民族古籍达20518册（件）；已整理出版少数民族古籍上百种，其中包括维吾尔族不朽名著《福乐智慧》的三种抄本影印本，哈萨克族医学名著《医药志》，以及锡伯族萨满教经典《萨满神歌》等。

为了更好地抢救、整理、研究、保护新疆的非物质文化遗产，自治区成立了“新疆非物质文化遗传保护研究中心”，并制定颁布非物质文化遗产保护工程管理办法和非物质文化遗产代表作申报评定暂行办法。2006年、2008年，柯尔克孜族史诗《玛纳斯》、蒙古族史诗《江格尔》和哈萨克族的《阿依特斯》等63项新疆非物质文化遗产项目分别列入第一、二批国家级非物质文化遗产名录。

新疆文物古迹遗址十分丰富。截至2008年，新疆已发现的文物点有4000多处，其中全国重点文物保护单位58处。国家重视对新疆文物古迹的保护和修缮，文物保护立法、考古调查发掘、文物维修保护、博物陈列等取得重要进展。在“保护为主、抢救第一”的方针指导下，自治区对重点文物进行了较大规模的抢救维修，其中包括克孜尔千佛洞、库木吐拉千佛洞、森姆赛木千佛洞、柏孜克里克千佛洞、高昌故城、哈密回王坟、伊犁将军府等。一批代表维吾尔、蒙古、回、锡伯等少数民族优秀历史文化遗产的著名建筑，如喀什阿帕克和卓麻扎、霍城秃黑鲁·帖木尔汗麻扎、昭苏喇嘛庙、和静蒙古王爷府、且末托乎拉克庄园等，得到了妥善维修和保护。2009年，自治区启动“丝绸之路（新疆段）重点文物抢救保护工程”，集中必要的财力物力，对新疆古代“丝绸之路”主干道上的大型遗址保护区和重点文物保护单位实行区域性、综合性抢救和保护。

近年来，国家对喀什等历史文化名城的保护取得重要进展。喀什历史上曾是“丝绸之路”重镇，城市风貌和地域文化具有浓郁的民族特色。但喀什处于地震多发区，老城区房屋大都简陋、陈旧，抗震及防火能力极差。为保障人民生命财产安全，改善居民的居住条件，加强喀什老城区房屋的抗震性能，同时也为了更好地保护喀什古城文化风貌，2009年2月国家正式对喀什老城区危旧房改造综合治理计划立项，预计投入30亿元人民币，按照国家历史文化名城的要求对其进行保护性修缮。古城改造重视对原有风貌的保护，改造后的建筑形式将保留原有建筑特征和文化特色。

各民族文化艺术在继承基础上得到发展。维吾尔族“麦西来甫”、哈萨克族“阿依特斯”、柯尔克孜族“库姆孜弹唱会”、蒙古族“那达慕大会”、锡伯族“西迁节”、汉族“元宵灯会”等民族传统文艺活动广泛开展。一批反映时代巨变的具有浓郁民族特色、地域特点的优秀剧节目，如话剧《蕴倩姆》、维吾尔剧《艾里甫与赛乃姆》，杂技《达瓦孜》，哈萨克族的《阿依特斯》、柯尔克孜族“玛纳斯奇”弹唱《玛纳斯》等剧节目相继搬上艺术舞台。进入新世纪后，大型民族歌舞《我们新疆好地方》、《天山欢歌》、《喀什噶尔》等20多台优秀剧节目先后荣获国家级奖励。

为使各少数民族语言跟进时代发展，国家建立“新疆维吾尔自治区民族语言文字工作委员会”和各级民族语言文字研究机构，负责少数民族语言文字的规范化、标准化和科学化研究管理。在政府的支持下，已研发出“博格达维哈柯文排版系统”、“锡伯文、满文文字处理和轻印刷系统”、“新疆2000”多文种图文排版系统、“阿拉伯文及多文种排版系统”等软件，通过制定标准和软件研制方式，为各类民族文字软件的代码、键盘布局、输入法等提供规范。

五、坚持各民族平等团结

新疆民族众多。据2000年全国第五次人口普查，新疆共生活着维吾尔、汉、哈萨克等55个民族。2008年，新疆总人口为2130.8万人，其中汉族以外的其他民族1294.5万人，占全疆人口的60.8%。截至2007年，百万以上人口的民族有3个：维吾尔族（965.1万）、汉族（823.9万）、哈萨克族（148.4万）；10万~100万人口的民族有3个：回族（94.3万）、柯尔克孜族（18.2万）、蒙古族（17.7万）；1万~10万人口的民族有6个：塔吉克族（4.5万）、锡伯族（4.2万）、满族（2.6万）、乌孜别克族（1.6万）、俄罗斯族（1.2万）以及东乡族。其余民族人口不到万人。

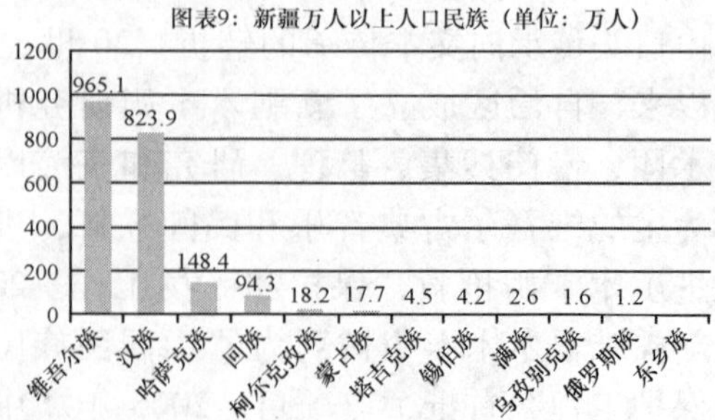

图表9：新疆万人以上人口民族 （新华社发）

新疆自古以来就是多民族聚居地区，今天生活在新疆的各民族都是在历史上先后移居而来的。据史载，公元前101年，汉朝（公元前206年—公元220年）军队开始在轮台、渠犁等地屯田，后来扩大到全疆各地。公元前60年汉朝中央政府设立西域都护府以后，或为官、或从军、或经商，进入新疆的汉人连续不断。至汉朝末年，汉人在新疆各地已经形成大分散和各屯田点小集中的分布格局。汉族是较早进入新疆地区的民族之一。清朝统一新疆（1759年）后，为了移民戍边和开发新疆，清政府组织满、蒙古（察哈尔）、锡伯、达斡尔（索伦）、汉、回官兵移驻新疆，并鼓励南疆的维吾尔人到北疆伊犁，内地汉族、回族民众到新疆，发展生产。19世纪后期至20世纪前期，有许多俄罗斯人、乌孜别克人和塔塔尔人进入新疆并留居下来。1949年中华人民共和国成立时，新疆共有13个民族成分，呈现以维吾尔族为主体，各民族“大杂居、小聚居、混杂居住”的特点。南疆以维吾尔族为主，北疆以汉族和哈萨克族为主，柯尔克孜、锡伯、塔吉克和达斡尔等民族分布比较集中，其他民族大多为杂居。

新中国成立后，新疆的人口自由流动日益增多，多民族混居状况更为明显。特别是改革开放以来，受市场导向作用影响，以上学、工作、经商、务工为主要目的的自发、自愿人口流动，在新疆城乡之间、北疆和南疆之间、新疆和内地之间频繁增加。2008年，新疆约有24万富余劳动力前往沿海经济发达地区务工。另外，每年还有大量的季节性流动人口在新疆境内和新疆与内地之间流动。每年8月下旬至11

月的棉花收获期间，都有来自其他省市的数十万人到新疆从事棉花采摘工作。

经济和社会发展带来的人口频繁流动，导致新疆的民族构成及分布格局发生了变化。一是民族成分增加。2000 年，除基诺族外，中国的其他 55 个民族都有成员在新疆定居生活。二是各民族人口数量普遍增加。1978 年到 2007 年，全疆人口最多的维吾尔、汉、哈萨克、回等 4 个民族人口分别增长了 74 %、61 %、81 % 和 78 %。三是各民族传统居住地的本民族人口比重不断下降。南疆喀什、和田和阿克苏三地的维吾尔族人口占全疆同族人口的比例，由 1944 年的 84.6 % 下降到 2007 年的 71.5 %；伊犁哈萨克自治州的哈萨克族人口占全疆同族人口的比例由 1944 年的 83.4 % 下降为 2007 年的 76.8 %。四是城镇多民族混居状况更为明显。城市中的少数民族人口比例增加。乌鲁木齐市有 52 个民族成分，少数民族占全市人口总数的比例由 1978 年的 18 % 增长至 2007 年的 27 %。

新疆各族人民在长期共同生活中结下了深厚情谊。60 年来，新疆各族人民相互尊重，相互信任，相互帮助，共同进步，形成、发展和巩固了平等团结互助和谐的民族关系，这既是新疆发展进步的重要内容，也是新疆发展进步的根本保证。

承认中国各民族的存在并保障其各方面的平等权利，是中国政府解决民族问题的基本原则和根本政策，也是中国各项民族政策的基础。《中华人民共和国宪法》规定："中华人民共和国各民族一律平等。国家保障各少数民族的合法的权利和利益，维护和发展各民族的平等、团结、互助关系。禁止对任何民族的歧视和压迫，禁止破坏民族团结和制造民族分裂的行为。"在新疆，各民族公民广泛享有宪法和法律赋予公民的各项平等权利，包括选举权与被选举权、平等参与国家事务管理的权利、宗教信仰自由的权利、接受教育的权利、使用和发展本民族语言文字的权利、保护和发展本民族传统文化的权利等。

60 年来，为切实保障新疆各民族享有平等的政治权利和社会地位，实现各民族共同发展、共同繁荣，中央和自治区各级政府做了大量工作。新中国成立前，南疆部分地区尚存在农奴制残余，个别地区农奴制甚至完整保存。20 世纪 50 年代，新疆进行了民主改革，废除了旧制度，使世代受压迫的少数民族人民得到了基本人权。少数民族参与行使国家权力的权利受到特殊保障。历届全国人民代表大会，新疆各少数民族都有适当名额的代表。出席第十一届全国人民代表大会的新疆代表共计 60 名，由 11 个民族成分组成，其中 60 % 是少数民族代表。目前，全国人大常委会和全国政协的领导成员中，都有来自新疆的少数民族人士。自治区地方人民代表大会，当地每一少数民族聚居区都有代表参加。自治区第九届人民代表大会共有代表 542 名，有 13 个民族代表，其中少数民族代表占到 65.5 %，比少数民族人口在新疆总人口中的比重高出 4 个百分点。

在新疆，各民族间政治地位的平等主要通过民族区域自治制度得以实现。在国家统一领导下，在少数民族聚居地区实行民族区域自治，使少数民族自己管理本自治地方的内部事务，是中国解决民族问题的一项基本政策，也是中国的一项重要政治制度。成立于 1955 年的新疆维吾尔自治区，是以维吾尔族为主体的民族自治地方。在维吾尔族以外的新疆其他少数民族聚居地区，还成立了哈萨克、回、柯尔克孜、蒙古等 4 个民族的 5 个自治州，以及哈萨克、回、蒙古、塔吉克、锡伯等 5 个民族的 6 个自治县，还有 43 个民族乡。新疆是全国唯一的三级（区、州、县）自治地方俱全的自治区。各级自治机关在历届人民代表大会代表组成以及干部配备上，坚持各民族平等参与、共同管理的原则，保证各民族共同当家做主。各级自治机关根据本地实际制定并实施自治法规、地方性法规和具有法律效力的决议，依法保障民族自治地方的自治权利。截至 2008 年底，自治区人大及其常委会制定的现行有效的地方性法规 127 件，通过法规性决议、决定 28 件，批准乌鲁木齐市地方性法规，各自治州、自治县单行条例 100 件。

国家和自治区一直把选拔、培养和使用少数民族干部作为实行民族区域自治政策的关键，通过送去学习、加强培训、基层锻炼、异地交流、挂职轮换等多种形式，培养和造就了一大批优秀少数民族干部，少数民族干部队伍的人数和素质大幅提高，并保证各级各类少数民族干部的相应比例。1955 年，全疆有少数民族干部 4.6 万人，1965 年为 6.7 万人，1975 年为 9.3 万人，1985 年为 20.2 万人，1995 年为 27.2 万人，2005 年为 34.0 万人，2008 年为 36.3 万人，占全疆干部总数的 51.25％。目前，自治区的政府主席、各自治州的州长、自治县的县长以及相应的人大常委会主任、人民法院院长、人民检察院检察长都由实行民族区域自治的民族的公民担任，绝大多数的地、州、市的专员、州长和市长以及县长、区长由少数民族干部担任。

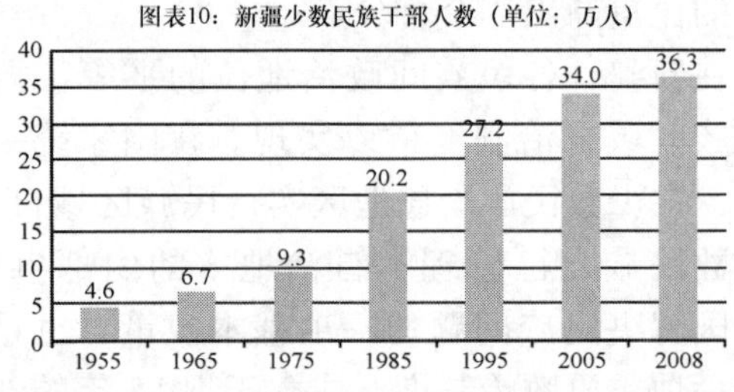

图表 10：新疆少数民族干部人数 （新华社发）

自治区政府采取各种特殊政策措施，努力使各民族一律平等的权利在社会生活和政府行为中得到落实和保障。1993 年颁布、2002 年修改的《新疆维吾尔自治区语言文字工作条例》，从法律上保障各民族语言文字平等的权利，提倡和鼓励各民族互相学习语言文字。1996 年颁布的《新疆维吾尔自治区实施〈中华人民共和国消费者权益保护法〉办法》中规定，在自治区境内生产并销售的商品，其包装和说明书上应有少数民族文和汉文；经营者在其经营场所悬挂和在食品包装、装潢上标注“清真”字样或标记，必须经县级以上人民政府民族事务管理部门批准。

国家坚持各民族语言文字一律平等的原则，反对任何形式的语言特权。自治区政府根据新疆的具体情况，于 1988 年和 1993 年相继颁布了《新疆维吾尔自治区民族语言使用管理暂行规定》和《新疆维吾尔自治区语言文字工作条例》，从制度上保障少数民族使用本民族语言文字的自由和权利。新疆目前 13 个世居民族使用 10 种语言和文字。自治区及各自治州、自治县机关执行公务时，同时使用自治民族和汉语两种语言文字。新闻、出版、广播、电影、电视等都广泛使用少数民族语言文字。《新疆日报》用维吾尔、汉、哈萨克、蒙古四种文字发行。新疆电视台用维吾尔、汉、哈萨克、蒙古四种语言播放节目。新疆人民出版社用维吾尔、汉、哈萨克、蒙古、柯尔克孜、锡伯六种文字出版各类图书。新疆各出版社出版的图书与音像制品中使用少数民族语文的占到 70％以上。

尊重少数民族风俗习惯，是保护各民族平等权利的一项重要内容。国家和自治区各级政府在承认各民族都有保持或改革本民族风俗习惯自由的基础上，制定一系列政策、法规，尊重和照顾少数民族饮食、衣饰、年节、婚姻、丧葬等方面的习俗。自治区政府每年都要对少数民族生活必需的肉食和副食品的生产和供应作出专项安排，保证各民族特需食品的生产和供应，特别注意照顾 10 个普遍信仰伊斯兰教的民族。在新疆，每年的肉孜节和古尔邦节，信仰伊斯兰教的各族人民都可以享受节日的假期，俄罗斯族在圣诞节、复活节也有法定假期。

民族团结，是促进各民族真正平等的保障。国家保障各少数民族的合法权利和利益，反对民族之间的隔阂、歧视、仇恨和冲突，反对大民族主义，主要是大汉族主义，也反对地方民族主义。在新疆，加强各民族间的团结有着特别重要的意义，是做好新疆一切工作的重要保证。多年来，自治区政府大力倡导“人人都有民族团结思想，人人都讲民族团结，人人都懂民族政策，人人都做民族团结的好事”。新疆各族人民在实践中提出了“汉族离不开少数民族，少数民族离不开汉族，各少数民族之间也相互离不开”的“三个离不开”思想。1982 年新疆在全国各省区市中率先开展民族团结进步表彰活动，至今已召开五次民族团结进步表彰大会，共有 862 个民族团结进步模范单位和 1520 名模范个人受到自治区的表彰。1983 年开始在每年 5 月开展民族团结教育月活动，集中、广泛地进行民族平等团结的宣传教育，至今已坚持 27

年。新疆的小学至大学各类学校教育中均设置民族团结及民族知识教育的课程。通过坚持不懈的民族团结教育，各民族平等团结的观念和“三个离不开”的思想不断深入人心，各民族间互帮互助、互敬互爱蔚然成风。

在新疆，平等团结互助和谐的民族关系表现在社会生活的各个方面。受传统生产生活方式影响，维吾尔族人与回族人在经商和餐饮业方面，汉族人在种植蔬菜方面，哈萨克族人在放马牧羊方面各有所长，统一的市场和相同的生产目的，使各民族相互协作，共同发展。共同的社会制度、共同的政治经济组织、共同的社区生活使不同民族成员结成同志、同事、邻居和朋友这样一些稳定的合作关系，彼此间的了解和友谊大大增强。据2004年、2005年在新疆10余个县（市）进行的一项问卷调查，城镇维吾尔族居民和汉族居民中，有两个以上异族朋友的分别占65％和61％，没有异族朋友的人分别占30％和29％。近年来，不同民族成员通婚的现象逐渐增多。在乌鲁木齐市，1980年婚姻登记中2.1％为族际婚姻（218对），2003年上升为5.9％（811对）；在塔城市，婚姻登记总数中族际婚姻的比例，1995年为5.5％，2003年增至39.5％。据1987年对伊宁市一个4个民族共居的街巷的调查，在具有语言能力的141人中，会2种语言的48人，会3种语言的16人，会4种语言的6人，会5种语言的1人。每逢维吾尔、哈萨克、回等普遍信仰伊斯兰教的民族欢度古尔邦节和肉孜节，汉、蒙古等民族欢度春节，各民族友邻、同事都问好祝福，共享喜庆。

六、保护公民宗教信仰自由权利

新疆历史上就是多种宗教并存的地区，且一直持续至今。目前新疆主要有伊斯兰教、佛教、基督教、天主教、道教等。中国政府实行宗教信仰自由政策，新疆全面贯彻执行这一政策，依法保护公民宗教信仰自由权利，保障宗教界的合法权益，促进宗教事业健康有序发展。

宗教信仰自由是中国宪法赋予公民的一项基本权利。《中华人民共和国宪法》规定：“中华人民共和国公民有宗教信仰自由。”“任何国家机关、社会团体和个人不得强制公民信仰宗教或者不信仰宗教，不得歧视信仰宗教的公民和不信仰宗教的公民。”“国家保护正常的宗教活动。”国务院颁布的《宗教事务条例》规定：“公民有宗教信仰自由。任何组织或者个人不得强制公民信仰宗教或者不信仰宗教，不得歧视信仰宗教的公民或者不信仰宗教的公民。信教公民和不信教公民、信仰不同宗教的公民应当相互尊重、和睦相处。”中国的其他相关法律法规，对保障公民宗教信仰自由也有具体规定。国家强调在法律面前人人平等，公民有信教自由，也有不信教的自由，公民宗教信仰自由的权利与承担相应的义务相一致。侵犯公民宗教信仰权利要承担法律责任，无论是否信仰宗教，违反法律规定同样要承担法律责任。

在新疆，各族人民充分享有宗教信仰自由的权利，信教或不信教完全由公民自由选择，受法律的保护，任何机关、团体和个人不得干涉。截至2008年，全区有清真寺、教堂、佛道教寺庙等宗教活动场所约2.48万座、宗教教职人员2.9万多人、宗教团体91个、宗教院校2所。20世纪80年代以来，新疆赴沙特朝觐的人数已累计超过5万人，近年朝觐人数保持在每年2700人左右。截至2008年，新疆宗教界人士在各级人民代表大会、政治协商会议担任职务的有1800多人，他们代表信教群众积极参政议政，并对政府贯彻宗教信仰自由政策进行监督。

国家和自治区依照法律法规对宗教事务进行管理，依法保护宗教团体、宗教活动场所和信教公民的合法权益。多年来，国务院颁布了《宗教事务条例》，自治区人大常委会制定颁布了《新疆维吾尔自治区宗教事务管理条例》，自治区人民政府制定了《新疆维吾尔自治区宗教活动场所管理暂行规则》、《新疆维吾尔自治区宗教教职人员管理暂行规定》、《新疆维吾尔自治区宗教活动管理暂行规定》等三个政府规章。这些法规和规章进一步明确公民有宗教信仰自由权利，国家依法保护正常的宗教活动，维护宗教团体、宗教活动场所和信教公民的合法权益；宗教团体、宗教活动场所和信教公民应当遵守宪法、法律、法规和规章，维护国家统一、民族团结和社会稳定；任何组织或者个人不得利用宗教进行破坏社会秩序、损害公民身体健康、妨碍国家教育制度，以及其他损害国家利益、社会公共利益和公民合法权益的活动，不得利用宗教干预国家行政、司法等国家职能的实施等基本原则。

自治区依照相关法律、法规和规章，保护在宗教活动场所内以及按宗教习惯在信徒自己家里进行的一切正常的宗教活动，拜佛、诵经、烧香、礼拜、祈祷、讲经、讲道、弥撒、受洗、受戒、封斋、过宗教节日、终傅、追思等，都由宗教组织和信徒自理，受法律保护，任何人不得加以干涉。依法制止利用宗教干预国家行政、司法、教育、婚姻、民事诉讼等活动。

在新疆，宗教事业正常有序发展。目前已发行了维吾尔、汉、哈萨克、柯尔克孜等文字的《古兰经》、《布哈里圣训实录精华》、《古兰经》注释、《卧尔兹选编》等宗教经典、宗教书籍和汉、维吾尔文版的《新编卧尔兹演讲集》系列及《中国穆斯林》杂志，数量达到100多万册。新疆大量的清真寺被列入国家、自治区、县级重点文物保护单位。1999年中央政府就拨款760万元人民币用于重修乌鲁木齐的洋行大寺、伊宁拜图拉清真寺、和田加麦大寺。喀什艾提尕尔清真寺、香妃墓（阿帕克和卓麻扎）和吐鲁番苏公塔，多次由政府拨款修缮。仅2008年国家就拨款3300万元人民币，用于艾提尕尔清真寺和香妃墓的修缮。

新疆现有10个少数民族的大多数群众信仰伊斯兰教，人口1130多万。伊斯兰教清真寺由改革开放之初的2000多座发展到现在的约2.43万座，教职人员由3000多人增加到2.8万多人。新疆伊斯兰教经学院成立以来，使用维吾尔语等少数民族语言授课，为全疆各地培养了489名伊玛目、哈提甫或宗教学校教师，现有在校生161人。2001—2008年，新疆伊斯兰教经文学校培训宗教教职人员达2万多人次。由各地（州、市）伊斯兰教协会举办的经文学校、经文班和宗教人士带培的塔里甫有3133名，毕业塔里甫1518名，已有803名担任宗教教职。从2001年开始，为了培养高层次的伊斯兰教教职人员，新疆先后选派47人赴埃及、巴基斯坦等伊斯兰国家的伊斯兰教高等学府留学深造。

历史上，新疆地区不同宗教之间、同一宗教的不同教派之间发生过很多冲突。10世纪中叶，信仰伊斯兰教的喀喇汗王朝和信仰佛教的于阗王国进行了40余年的宗教战争；明清时期，伊斯兰教内部进行了几百年的争斗。这些宗教之间的战争和宗教内部的争斗，严重影响了各宗教和教派之间的团结、社会的和谐与稳定。新中国成立以来，宗教信仰自由政策的贯彻实施和对宗教事务的依法管理，促进了新疆各宗教的和睦相处，信教和不信教公民以及不同宗教信仰公民的相互尊重和理解，各族群众没有因为宗教信仰的不同和教派的不同而产生矛盾和冲突。

七、维护国家统一和社会稳定

新疆的发展与进步，是在中华人民共和国这个统一的多民族国家中实现的，是在稳定的社会环境中实现的，也是各族人民共同团结奋斗的结果。离开了国家统一，离开了社会稳定，离开了民族团结，新疆的一切都无从谈起。多年来，境内外“东突”势力不顾新疆各族人民福祉，鼓吹民族分裂主义，在新疆策划组织实施了一系列暴力恐怖活动，危害国家统一、社会稳定和民族团结，严重干扰和破坏了新疆的发展与进步。

长期以来，“东突”势力不断制造分裂活动。“东突”为“东突厥斯坦”简称，“东突厥斯坦”一词出现于19世纪末期。20世纪初，部分狂热的新疆分裂分子与宗教极端势力，将“东突”一词进一步政治化，编造了一套“东突厥斯坦独立”的“思想理论体系”。新疆形形色色的分裂分子打着“东突”的旗号，形成“东突”势力，企图建立所谓“东突厥斯坦国”分裂政权。20世纪30年代初和40年代中期，“东突”势力在外国势力的怂恿、支持下，公然打出“杀汉灭回”和“反汉排汉”等口号，制造动乱、滥杀无辜，企图分裂祖国，建立非法政权，遭到了各族人民的坚决反对。

新中国成立后，新疆形成了民族团结和社会稳定的大好局面，但是从旧中国延续下来的

"东突"势力依旧存在，潜流涌动。在境外一些势力的支持下，境内外"东突"势力一再制造骚乱和武装暴乱，企图分裂国家。20世纪90年代以来，受恐怖主义、分裂主义、极端主义的影响，境内外"东突"势力转向以实施暴力恐怖为主要手段进行分裂活动，"东突"势力的恐怖性质逐步为全世界所认识。2002年，"东突厥斯坦伊斯兰运动"（简称"东伊运"）被联合国安理会列入恐怖主义制裁名单。近年来，"东突"势力为逃避打击，打着"民主"、"人权"、"自由"的幌子，极力洗刷恐怖罪名，变换手法继续从事反华分裂活动。2004年，"东突"势力在境外拼凑成立了"世界维吾尔代表大会"（简称"世维会"）。此后，"东突"势力一直在密谋策划分裂和暴力破坏活动。"东突"势力一方面加紧向意识形态领域渗透，鼓吹分裂思想，宣扬"圣战"；另一方面加紧制造暴力恐怖活动，组织、唆使中国境内的一些人出境接受宗教极端思想、分裂思想和暴力恐怖技能的培训，公开号召中国境内的极端分子通过爆炸、投毒等手段，针对幼儿园、学校、政府等目标制造恐怖事件或袭击中国武装力量和政府部门。

2008年以来"东突"势力开始新一轮的破坏活动，针对北京奥运会先后制造了多起暴力恐怖事件。特别是2009年7月5日发生的新疆维吾尔自治区乌鲁木齐市打砸抢烧严重暴力犯罪事件，是由境内外恐怖主义势力、分裂主义势力、极端主义势力精心策划组织的，给各族群众生命财产造成重大损失，给当地正常秩序和社会稳定造成严重破坏。事件发生后，中央政府和自治区政府、中央和国家机关有关部门、军队和武警部队，紧紧依靠各族干部群众，坚决维护社会稳定、维护社会主义法制、维护人民群众根本利益，采取果断有力措施，依法坚决制止暴力犯罪行为，迅速平息事态，恢复了乌鲁木齐社会稳定。

"东突"势力对新疆的发展稳定构成严重威胁。

"东突"势力严重侵害新疆各族人民生存和发展的基本人权。20世纪90年代以来，"东突"势力大量组织实施暴力恐怖活动，严重侵害新疆各族人民的生命财产安全。据不完全统计，1990年至2001年，境内外"东突"势力采取爆炸、暗杀、投毒、纵火、袭击、骚乱及暴乱等方式，在中国新疆境内制造了200余起暴力恐怖事件，造成各民族群众、基层干部、宗教人士等162人丧生，440多人受伤。2002年后，又先后在新疆境内制造多起暴力恐怖事件。乌鲁木齐"7·5"事件给各族人民的生命和财产造成了巨大损失。截至2009年7月17日，造成197人死亡（其中绝大部分是无辜群众）、1700多人受伤，331个店铺和1325辆汽车被砸烧，众多市政公共设施被损毁。

"东突"势力严重干扰破坏新疆的经济发展。一是投资环境遭到严重破坏，外地对新疆的投资大幅减少。在1997—1998年暴力恐怖犯罪的高发期里，新疆经济发展明显减缓，尤其是引进投资呈现下滑趋势，许多外商纷纷撤资，使新疆失去不少发展机会。1997年伊宁"2·5"事件后，伊犁地区经济在一段时间内呈大滑坡态势，房地产市场萧条，税收大幅下降，许多投资者对伊宁投资环境产生疑问，刚刚发展起来的伊宁经济技术开发区一度陷入半瘫痪状态，经济状况严重恶化。二是直接冲击新疆旅游业。旅游业是新疆的重要产业。乌鲁木齐"7·5"事件给新疆旅游业带来了较大的冲击，一时间游客骤然减少，收入大幅下降。三是分散了宝贵资源。为维护国家安全和社会稳定，大量人力、物力和财力被投入到防范和打击暴力恐怖犯罪上。四是破坏了新疆的对外交往。新疆的国际通道建设、对外贸易等受到严重影响。

"东突"势力还对地区安全与稳定构成了威胁。以"东伊运"为代表的多个"东突"恐怖组织长期在中亚、南亚等地活动，在这些地区制造了多起暗杀、纵火及袭警等暴力恐怖事件，而且还秘密参与国际恐怖组织的恐怖活动，对有关国家的和平稳定造成威胁。

"东突"势力对新疆各族人民实施的暴力恐怖活动，是对中国宪法和法律的公开挑战，是严重的反社会、反人类的暴力犯罪行为。国家统一是新疆各族人民根本利益之所在，社会稳定是新疆发展进步的前提和保障，民族团结是新疆各族人民的生命线。民族团结是各族人民之福，民族分裂是各族人民之祸。中国政府依法打击“东突”势力的破坏活动，为新疆的发展进步创造一个安定、祥和的社会环境，符合新疆各族人民的共同心愿，得到了各族人民的衷心拥护和大力支持。

结束语

新疆的发展与进步有目共睹。

今天，新疆各族人民更加清醒地认识到，国家统一，民族团结，社会稳定，各族人民休戚与共、和睦相处、和谐发展，是新疆发展与进步的生命线。新疆各族人民十分珍惜来之不易的大好局面，坚持以经济建设为中心不动摇，坚持维护社会大局稳定不动摇，坚持各民族共同团结奋斗、共同繁荣发展不动摇，同呼吸、共命运、心连心，巩固和发展平等团结互助和谐的社会主义民族关系，不断推进新疆的发展与进步。

美丽而富饶的新疆在中国人民心中的地位是崇高的，守护与建设这片土地的新疆各族人民是伟大而光荣的。当前，中国人民正在为建设一个富强、民主、文明、和谐的社会主义现代化国家而奋斗。有中国共产党和中央政府的关怀和支持，有新疆各族人民团结一心、共同奋斗，伴随国家的发展与进步，新疆的明天一定会更加美好。

西藏民主改革50年

中华人民共和国国务院新闻办公室

（2009年3月）

目　录

前　言

西藏自古以来就是中国不可分割的一部分。和平解放西藏、驱逐帝国主义侵略势力出西藏，实行民主改革、废除西藏政教合一的封建农奴制度，是近代以来中国人民反帝反封建的民族民主革命的重要组成部分，也是中华人民共和国成立后中国政府面临的重大历史任务。

1959年之前的西藏是一个比欧洲中世纪还要黑暗、落后的政教合一的封建农奴制社会。十四世达赖喇嘛作为藏传佛教格鲁派首领，也是西藏地方政府首脑，集政教大权于一身，是西藏封建农奴主阶级的总代表。占西藏总人口不足5％的农奴主占有着西藏绝大部分生产资料，垄断着西藏的物质精神财富，而占人口95％以上的农奴和奴隶没有生产资料和人身自由，遭受着极其残酷的压迫和剥削，挣扎在极端贫困的悲惨境地中，根本谈不上做人的权利。长期政教合一的封建农奴制统治窒息了西藏社会的生机和活力，使西藏社会日益走向没落和衰败。

1951年，中央人民政府与西藏地方政府签订《关于和平解放西藏办法的协议》（简称《十七条协议》），西藏摆脱了帝国主义侵略势力的羁绊，实现和平解放，为西藏与全国一起实现共同进步与发展创造了基本前提。

《十七条协议》肯定了改革西藏社会制度的必要性，强调“西藏地方政府应自动进行改革”，但是，考虑到西藏的特殊情况，中央人民政府对改革采取了十分慎重的态度，以极大的耐心、宽容和诚意，劝说、等待西藏地方上层统治集团主动进行改革。但是，在帝国主义势力策动支持下，西藏上层统治集团的一些人面对人民日益高涨的民主改革要求，根本反对改革，顽固坚持“长期不改，永远不改”，企图永远保持政教合一的封建农奴制度，于1959年3月10日公开撕毁《十七条协议》，悍然发动了全面武装叛乱。在这种情况下，为维护国家的统一和西藏人民的根本利益，中央人民政府与西藏人民一道坚决平息了武装叛乱。与此同时，在西藏掀起了一场轰轰烈烈的群众性民主改革运动，废除了政教合一的封建农奴制度，解放了百万农奴和奴隶，开创了西藏人民当家做主的新时代。这是西藏发展史上最广泛、最深刻、最伟大的社会变革，是西藏社会发展和人权进步的划时代的重大历史事件，也是人类文明发展史和世界人权史上具有重大意义的巨大进步。

半个世纪以来，获得解放的西藏各族人民在中央人民政府的关心和全国人民的支援下，以主人翁的姿态和空前的热情投身建设新社会、创造新生活的伟大进程，创造了一个又一个西藏历史上亘古未有的奇迹。西藏的社会制度实现了跨越式发展，现代化建设日新月异、突飞猛进，社会面貌发生了翻天覆地的历史性变化，人权事业取得了举世瞩目的重大进展。

今年是西藏实行民主改革50周年。回顾西藏实行民主改革这一波澜壮阔的历史进程和50年来西藏广泛深刻的历史巨变，揭示西藏社会发展的规律，用事实揭穿达赖集团在“西藏问题”上散布的各种谎言和十四世达赖喇嘛的本来面目，有助于澄清历史是非，让世人更好地了解一个真实的西藏、发展变化的西藏。

一、旧西藏政教合一的封建农奴制社会

1959年民主改革前，西藏处于政教合一的封建农奴制统治之下，由官家、贵族和寺院上层僧侣三大领主组成的农奴主阶级对广大农奴和奴隶进行极其残酷的政治压迫和经济剥削，西藏人民灾难深重、生存维艰，西藏社会陷入极度贫穷落后和封闭萎缩的状态。

——政教合一的中世纪式社会形态。关于旧西藏的社会形态，1904年到过拉萨的英国随军记者埃德蒙·坎德勒在《拉萨真面目》中有详细的记载。他说，当时的西藏，“人民还停留在中世纪的年代，不仅仅是在他们的政体、宗教方面，在他们的严厉惩罚、巫术、灵童转世以及要经受烈火与沸油的折磨方面是如此，而且在他们日常生活的所有方面也都不例外”。（注1）旧西藏社会制度的最显著特征是政教合一，宗教上层和寺庙势力庞大，既是西藏的主要政治统治者，也是最大的农奴主之一，拥有众多的政治、经济特权，支配着人们的物质和精神生活。埃德蒙·坎德勒在《拉萨真面目》中说，“这个地方实行的是封建制度。喇嘛是太上皇，农民是他们的奴隶”。“强大的僧侣势力掌管一切。即使是佛陀本人，没有僧侣也无能为力”。（注2）据统计，民主改革前，西藏共有寺庙2676座，僧众114925人，其中大小活佛等上层僧侣约500人，掌握经济实权的僧侣共4000余人。当时西藏大约有四分之一的男子出家为僧。哲蚌、色拉、甘丹三大寺僧人人数一度超过1.6万人，共占有庄园321个、土地14.7万多克（1克相当于1亩）、牧场450个、牲畜11万头，占有农牧奴6万多人。宗教势力在政教合一制度下得到恶性膨胀，消耗了西藏大量人力资源和绝大部分物质财富，禁锢着人们的思想，成为妨碍生产力发展的沉重枷锁。20世纪20年代曾作为英国商务代表留驻拉萨多年的查尔斯·贝尔在《十三世达赖喇嘛传》中说，达赖喇嘛之所以能随心所欲地进行赏罚，就在于他的政教合一地位，他既掌握着农奴今生的生杀予夺大权，又掌握着他们“来世”的命运，并以此作要挟。（注3）美国藏学家梅·戈尔斯坦深刻地指出，“在西藏，社会和政府奠基于宗教目标与行为凌驾一切的价值系统之上”。“宗教的权力和特权及大寺院在阻挠进步方面扮演了主要角色”。还说，宗教和寺院集团是“西藏社会进步的沉重桎梏”，“正是由于全民族信教和宗教首领执掌政教大权这一因素，导致西藏丧失了适应不断变化的环境和形势的能力”。（注4）

——三大领主占有绝大部分生产资料。旧西藏的全部耕地、牧场、森林、山川、河流、河滩以及大部分牲畜，都由约占人口5%的官家、贵族、寺庙上层僧侣三大领主及其代理人占有。占西藏人口90%左右的“差巴”（领种

份地，向农奴主支差役的人）、“堆穷”（意为冒烟的小户）是农奴，他们没有生产资料和人身自由，靠耕种份地维持生计。另有约5％的“朗生”是世代奴隶，被当成“会说话的工具”。据17世纪清朝初年统计，当时西藏约有耕地300万克，其中30.9％为封建地方政府占有，29.6％为贵族占有，39.5％为寺院和上层僧侣占有。此后，三大领主垄断生产资料的状况基本没有改变。据统计，民主改革前，十四世达赖喇嘛家族在西藏占有27座庄园、30个牧场，拥有农牧奴6000多人。每年在农奴身上榨取的青稞33000多克（1克相当于14公斤），酥油2500多克，藏银200多万两，牛羊300头，氆氇175卷。1959年，十四世达赖喇嘛本人手上有黄金16万两，白银9500万两，珠宝玉器2万多件，有各种绸缎、珍贵裘皮衣服1万多件，其中价值数万元的镶有珍珠宝石的斗篷100多件。

——三大领主占有农奴的人身。旧西藏地方政府规定，农奴只能固定在所属领主的庄园土地上，不得擅自离开，绝对禁止逃亡。农奴世世代代依附领主，被束缚在庄园的土地上。凡是人力和畜力能种地的，一律得种差地，并支乌拉差役。农奴一旦丧失劳动能力，就被收回牲畜、农具、差地，沦落为奴隶。农奴主占有农奴的人身，把农奴当作自己的私有财产支配，可随意用于赌博、买卖、转让、赠送、抵债和交换。1943年，大贵族车门·罗布旺杰把100名农奴卖给止贡地区噶珠康萨的僧官洛桑楚成，每个农奴的价钱是60两藏银（15两藏银约合一块银元），另外，他还把400名农奴送给功德林寺，抵3000品藏银（1品约合50两藏银）债。农奴主掌握着农奴的生、死、婚、嫁大权。正如当时的民谚所说：“生命虽由父母所生，身体却为官家占有。纵有生命和身体，却没有做主的权利。”农奴的婚姻必须取得领主的同意，不同领主的农奴婚嫁要缴纳“赎身费”。农奴生小孩要到领主那里缴纳出生税，登记入册，农奴的子女一出生就注定了终身为农奴的命运。

——森严的等级制度。旧西藏通行了几百年的《十三法典》和《十六法典》，将人分成三等九级，明确规定人们在法律上的地位不平等。《法典》规定：“人分上中下三等，每一等人又分上中下三级。此上中下三等，系就其血统贵贱、职位高低而定。”上等人是为数极少的大贵族、大活佛和高级官员；中等人是一般僧俗官员、下级军官以及三大领主的代理人；下等人是占西藏总人口95％的农奴和奴隶。《法典》杀人赔偿命价律中规定：“人有等级之分，因此命价也有高低。”上等上级的人如王子、大活佛，其命价为与其尸体等重的黄金；而下等下级的人如妇女、屠夫、猎户、匠人等，其命价仅为草绳一根。西藏自治区档案馆保存的《不准收留铁匠后裔的报告》记载：1953年，堆龙德庆县一个铁匠的后裔在十四世达赖喇嘛身边做事。当十四世达赖喇嘛发现他是铁匠的后代后立即将其赶走，并命令凡是出身金银铁匠、屠夫等家庭的人均是下等下级人，不能在政府里做事，不能和其他等级家庭通婚。美国纽约州立大学藏学家谭·戈伦夫在《现代西藏的诞生》中指出，人类平等是佛教教义中的一个要素。但是，不幸的是这未能阻止西藏人建立自己的等级制度。

——残酷的政治压迫和刑罚。当时的西藏地方法典规定：农奴如果“触犯”了三大领主的利益，“按其情节不同挖其眼睛，削其腿肉，割舌，截手，推坠悬崖，抛入水中，或杀戮之，惩戒将来，以儆效尤”。农奴“向王宫喊冤，不合体统，应逮捕械击之；不受主人约束者拘捕之；侦探主人要事者拘捕之；百姓碰撞官长者拘捕之”。不同等级的人触犯同一刑律，其量刑标准和处置方法也大不相同。当时西藏的法典规定：凡仆人反抗主人，而主人受伤较重的，要砍掉仆人手和脚；如果主人打伤仆人，医疗即可；如打伤活佛，则犯了重罪，要挖眼、剁脚、断手或处以各种各样的极刑。20世纪初到过拉萨的俄国人崔比科夫在《佛教香客在圣地西藏》一书中写道：“在拉萨，每天都可以看到因贪图别人的财产而受到惩罚的人，他们被割掉了手指和鼻子，更多的是弄瞎了眼睛的、从事乞讨的盲人。其次，西藏还习惯于让罪犯终生脖套圆形小木枷，脚戴镣铐，流放到边远地区和送给贵族或各宗长官为奴。最重的处罚自然是死刑，办法是将人沉入河中淹死（在拉萨如此）或从悬崖上抛下去（在日喀则如此）”。（注5）英国人大卫·麦唐纳在《西藏之写真》中写道，“西藏最严重的刑罚为死刑，而喇嘛复造灵魂不能转生之臆说，于是最重之死刑外，又加之以解体干颅之惨状。其最普通的刑法，凡遇死罪，将犯人缝于皮袋之内，而掷于河中，以俟其死而下沉，皮袋在河面之上，约5分钟开始下降，后视其犹有生息，则再掷沉之，迨其已死，于是将其尸体由皮袋取出而肢解之，以四肢和躯体投之河中，随流而去……断肢之外，又有一种剜眼之凶刑，或用凹形之煨铁，置于眼内，或用滚油，或开水，倒于眼内，均足使其眼球失去视力，然后将其眼球用铁钩攫出”。（注6）

寺庙和贵族都有监狱或私牢，可以自备刑具，私设公堂，惩罚农奴和奴隶，甘丹寺就有许多手铐、脚镣、棍棒和用来剜目、抽筋等残酷的刑具。十四世达赖喇嘛的副经师赤江在德庆宗设立的私人寺庙管理机构赤江拉让就曾经打死打伤农奴和贫苦僧人500多人，有121人被关进监狱，89人被流放，538人被逼迫当奴隶，1025人被逼迫逃亡，有72人被拆散婚姻，484名妇女被强奸。

现存的20世纪50年代初西藏地方政府有关部门致热布典头目的一封信件内称：“为达赖喇嘛念经祝寿，下密院全体人员需要念忿怒十五施食回遮法。为切实完成此次佛事，需于当日抛食，急需湿肠一副、头颅两个、多种血、人皮一整张，望立即送来。”为达赖念经做法事要用人血、人头骨和人皮，旧西藏政教合一封建农奴制度的残忍和血腥由此可见一斑。

——沉重的赋税和乌拉剥削。农奴主对农奴剥削的主要形式是包括徭役、赋税、地（畜）租在内的乌拉差役。仅西藏地方政府征收的差税就达200多种。农奴为地方政府和庄园领主所支的差，一般要占农奴户劳动量的50％以上，有的高达70％至80％。在封建庄园内，农奴主将土地分成两个部分：一大部分相对肥沃的土地，留作庄园的自营地；另一部分贫瘠的、边远的土地则是以奴役性的条件分给农奴使用的份地，农奴为了使用份地，必须自带农具、口粮，在庄园的自营地上进行无偿劳动，剩余的时间才能在自己的份地上劳动。在农忙或农奴主有事时，还要出人畜力无偿地为农奴主搬运物资、修建房屋，或做其他杂役劳动。除了庄园内差外，农奴还得给西藏地方政府及其下属机构支差，其中负担最重的是运输差，西藏地广人稀，交通不便，各种物资的运输全靠人背畜驮。

据民主改革前调查，属于十四世达赖的摄政达扎的达隆绛庄园共有土地1445克，全劳力和半劳力农奴81人，全年共支差21266天，折合劳动量为67.3人全年服劳役，即83％的农奴全年无偿地为农奴主支差服役。位于山南地区乃东县雅砻河畔的克松庄园，是大贵族索康·旺清格勒的庄园之一。民主改革前，该庄园有农奴59户302人，土地1200克。每年庄园主索康及其代理人摊派的税收18项、差役14项，占劳动日26800天；西藏地方政府摊派的税收9项，差役10项，占劳动日2700多天；热乌曲林寺摊派的税收7项、差役3项，占劳动日900多天；平均每个劳动力每年要给三大领主服210多天的无偿劳役，提供和缴纳1600多斤粮食、100两藏银。

——惊人的高利贷盘剥。历代达赖喇嘛设有专管自己放债的机构“孜布”和“孜穷”，把每年对达赖的部分“供养”收入作为高利贷放给群众，牟取暴利。据1950年这两个放债机构账本的不完全记载，共放高利贷藏银3038581两，年收利息303858两。西藏各级地方政府设有为数不少的放债机构，放债、收息成为各级官员的行政职责。根据1959年的调查，拉萨哲蚌寺、色拉寺、甘丹寺三大寺共放债粮45451644斤，年收利息798728斤；放藏银57105895两，年收利息1402380两。高利贷盘剥的收入占三大寺总收入的25％至30％。贵族绝大多数也放高利贷，债息在其家庭收入中一般要占15％至20％。农奴为了活命不得不举债，欠债的农奴占农奴总户数的90％以上。法国旅行家亚历山大·达维·尼尔在《古老的西藏面对新生的中国》中说：“在西藏，所有农民都是终身负债的农奴，在他们中间很难找到一个已经还清了债务的人。”农奴所负的债务有新债、子孙债、连保债、集体摊派债等等，其中三分之一以上是祖祖辈辈欠下的、永远还不清的子孙债。墨竹工卡县仁庆里乡农奴次仁贡布的祖父曾向色拉寺借粮债50克，祖父、父亲和他三代人还利息达77年，共付利息粮3000多克，可是债主说他还欠10万克粮食。东嘎宗农奴丹增1941年借了农奴主1克青稞，到1951年，农奴主要他还600克。丹增还不起债，只得逃往他乡，妻子被逼死，7岁的儿子被抓去抵债。

——社会停滞不前、濒临崩溃。政教合一的封建农奴制度的残酷压迫和剥削，严重窒息了社会的生机和活力，使得西藏长期处于停滞状态。直到20世纪中叶，西藏社会仍然处于极度封闭落后的状态，现代工商业和现代科技、教育、文化、卫生事业几乎是空白，农业生产长期采用原始的耕作方式，牧业生产基本采取自然游牧方式，农牧品种单一退化，劳动工具得不到改进，生产力水平和整个社会的发展水平极其低下。广大农奴饥寒交迫，生存维艰，因饥寒贫病而死者不计其数。拉萨、日喀则、昌都、那曲等城镇中，乞丐成群，到处可见满街要饭的老人、妇女和儿童。美国藏学家谭·戈伦夫指出，虽然有人声称1959年以前一般西藏人的生活中有喝不完的奶茶、大量的肉食和各种蔬菜，但是1940年对藏东地区的一项调查表明：38 % 的家庭从来没有茶喝，51 % 的家庭吃不起酥油，75 % 的家庭有时不得不吃和牛骨头一起煮的、与燕麦面或豆面搀和在一起的野草。“没有证据证明西藏是一个乌托邦理想的世外桃源。”

大量事实证明，到20世纪中叶，政教合一的封建农奴制度在西藏已经走到了尽头。西藏社会矛盾重重、危机四伏，广大农奴为摆脱绝境不断发动请愿、逃亡、抗租抗差和武装反抗。曾任旧西藏地方政府噶伦的阿沛·阿旺晋美曾指出：“大家均认为照老样子下去，用不了多久，农奴死光了，贵族也活不成，整个社会就得毁灭。”（注7）

二、波澜壮阔的西藏民主改革

实行民主改革，废除政教合一的封建农奴制度，是人类社会进步发展的必然要求，是中国共产党领导的人民民主革命的重要任务，更是西藏社会发展的唯一出路和广大西藏人民的迫切愿望。1959年，中央人民政府在西藏实行民主改革，废除了极端腐朽、黑暗的封建农奴制度，完成了西藏历史上划时代的伟大变革，深刻地改变了西藏人民的命运。

1949年，在中国人民解放战争取得决定性胜利的背景下，中华人民共和国宣告成立，北平、湖南、云南、新疆、西康等省市在此前后相继以和平方式实现解放。中央人民政府根据西藏的实际情况，决定对西藏也采取和平解放的方针，并于1950年1月正式通知西藏地方当局“派出代表到北京谈判西藏和平解放”。1951年2月，十四世达赖喇嘛任命阿沛·阿旺晋美为首席全权代表，凯墨·索安旺堆、土丹旦达、土登列门和桑颇·登增顿珠等四人为代表，赴北京全权处理和中央人民政府谈判事宜。1951年5月23日，中央人民政府和西藏地方政府的代表签订了关于和平解放西藏办法的《十七条协议》，西藏实现和平解放。和平解放使西藏摆脱了帝国主义侵略势力的羁绊，打破了西藏社会长期封闭、停滞的局面，为西藏的民主改革和发展进步创造了条件。

《十七条协议》得到西藏各族人民的赞成和拥护。1951年9月26日至29日，西藏地方政府召开有全体僧俗官员、三大寺代表参加的大会，对《十七条协议》进行专门讨论，认为该协议“对于达赖之宏业，西藏之佛法、政治、经济诸方面，大有裨益，无与伦比，理当遵照执行”。十四世达赖喇嘛于10月24日致电毛泽东主席，表示“双方代表在友好基础上，已于1951年5月23日签订了关于和平解放西藏办法的协议。西藏地方政府及藏族僧俗人民一致拥护，并在毛主席及中央人民政府的领导下，积极协助人民解放军进藏部队，巩固国防，驱逐帝国主义势力出西藏，保护祖国领土主权的统一”。1954年，十四世达赖、十世班禅联袂赴北京参加第一届全国人民代表大会，并分别当选为全国人大常委会副委员长和全国人大常委会委员。十四世达赖喇嘛在会上发言，充分肯定三年多来执行《十七条协议》取得的成绩，对民族区域自治的原则和规定表示热烈拥护。1956年4月22日，十四世达赖喇嘛就任西藏自治区筹备委员会主任委员，他在筹委会成立大会上致词时再次肯定《十七条协议》使西藏人民“充分享受到民族平等的一切权利，开始走上了自由幸福的光明大道”。

改革西藏社会制度是贯彻执行《十七条协议》的应有之义。《十七条协议》第十一条明确规定：“有关西藏的各项改革事宜，中央不加强迫；西藏地方政府应自动进行改革，人民提出改革要求时，得采取与西藏领导人员协商的方法解决之。”西藏和平解放后，西藏广大人民要求改革的呼声日益高涨，西藏许多上中层的开明人士也认识到，如不改革旧制度，西藏民族断无繁荣昌盛的可能。但是，考虑到西藏历史和现实的特殊情况，中央人民政府对西藏社会制度的改革采取了十分慎重的态度和极为宽容的政策，耐心劝说和等待西藏地方上层统治集团主动进行改革，并给他们以充分的时间。1956年，中央人民政府根据西藏实际，又作出“六年不改”的决定，等待西藏上层的觉悟。1957年1月，国务院总理周恩来访问印度期间向达赖、班禅及随行的西藏地方政府主要官员转交了毛泽东主席的信，传达了中央的决定，强调六年不改，六年之后是否改革，仍然由西藏根据那时的情况和条件决定。1957年2月27日，毛泽东在《关于正确处理人民内部矛盾的问题》中进一步明确指出：“按照中央和西藏地方政府的十七条协议，社会制度的改革必须实行，但是何时实行，要待西藏大多数人民群众和领袖人物认为可行的时候，才能作出决定，不能性急。现在已决定在第二个五年计划（1958—1962年）期间不进行改革。在第三个五年计划（1963—1967年）期内是否进行改革，要到那时看情况才能决定。”可以说，中央人民政府对西藏上层统治集团仁至义尽，作出了最大让步。

但是，西藏上层统治集团中的一些人为维护农奴主阶级的既得利益和特权，根本反对改革，企图永远保持封建农奴制。他们蓄意违背和破坏《十七条协议》，变本加厉地策划了一系列分裂祖国的活动，直至发动武装叛乱。1952年三四月间，西藏地方政府的司曹鲁康娃和洛桑扎西暗中支持非法组织“人民会议”在拉萨骚乱闹事，公开反对《十七条协议》，要求人民解放军“撤出西藏”。1955年5月，十四世达赖由内地返藏途经四川省，随行的西藏地方政府噶伦索康、达赖副经师赤江借口佛事活动，分别走北路经甘孜、德格，走南路经乡城、理塘，沿途会见当地土司和寺院住持，策动武力对抗民主改革。西藏“人民会议”领导人阿乐群则一行5人以迎接达赖回藏为名，专程赴西康省雅安、康定等地，协同赤江，与理塘寺住持、反动头人及长期潜伏在理塘寺的国民党特务歃血盟誓，组织策划武装叛乱。1957年，洛桑三旦（达赖的三哥）授意昌都江达宗头人齐美贡布按“达赖的指令”，纠合叛乱武装发动局部叛乱。1957年5月在西藏地方政府噶伦柳霞·土登塔巴、先喀·居美多吉的支持下，成立了“四水六岗”叛乱组织，稍后又成立号称“卫教军”的叛乱武装，公开打出“西藏独立”和反对改革的口号，叛乱活动愈演愈烈。武装叛乱分子窜扰昌都、丁青、黑河、山南等地区，破坏交通，袭击中央派驻当地的机关、部队，到处抢掠财物，杀戮干部，残害人民，奸淫妇女。

对此，中央人民政府一再严正责成西藏地方政府负责惩办叛乱分子，维护社会治安。但是，西藏上层反动集团错误判断形势，把中央的耐心等待和忍让看作是软弱可欺。他们宣称：“九年来，汉人动也不敢动我们最美妙最神圣的制度；我们打他们，他们只有招架之功，并无还手之力；只要我们从外地调一大批武装到拉萨，一打汉人准跑；如果不跑，我们就把达赖佛爷逼往山南，聚集力量，举行反攻，夺回拉萨；最后不行，就跑印度。”

在国外反华势力的支持下，1959年3月10日，西藏上层反动集团在拉萨经过精心策划，挑起了全面武装叛乱。2月7日，十四世达赖喇嘛主动向西藏军区副司令员邓少东等提出：“听说西藏军区文工团在内地学习回来后演出的节目很好，我想看一次，请你们给安排一下。”邓少东等当即表示欢迎，并请达赖确定演出时间、地点，同时将达赖的这一愿望告诉了西藏地方政府的索康等噶伦和达赖的副官长帕拉·土登为登等人。3月8日，达赖确定3月10日下午3时到西藏军区礼堂看演出。3月9日晚，拉萨米本（管理拉萨老城区治安的官员，相当于现在拉萨市城关区公安局长）却煽动市民说：达赖喇嘛明天要去军区赴宴、看戏，汉人准备了飞机，要把达赖喇嘛劫往北京；每家都要派人到达赖喇嘛驻地罗布林卡请愿，请求他不要去军区看戏。次日晨，叛乱分子胁迫2000多人去罗布林卡，散布“军区要毒死达赖喇嘛”的谣言，呼喊“西藏独立”、“赶走汉人”的口号。叛乱分子还打伤西藏地方政府卸任噶伦、时任西藏军区副司令员的桑颇·才旺仁增，用石头将爱国进步人士、自治区筹委会委员堪穷帕巴拉·索朗降措活活打死，并拴在马尾上拖尸到市中心示众。随后，叛乱头目连续召开所谓“人民代表会议”、“西藏独立国人民会议”，公开撕毁《十七条协议》，宣布“西藏独立”，全面发动武装叛乱。

虽然罗布林卡受到叛乱分子控制，同达赖喇嘛的联系十分困难，中央驻西藏代理代表谭冠三仍设法通过爱国人士先后于3月10日、11日和15日给达赖喇嘛三封信。谭冠三在信中表示体谅达赖喇嘛的处境，关心他的安全，并指出叛乱分子猖獗地进行军事挑衅，要求西藏地方政府立即予以制止。达赖喇嘛亦于3月11日、12日和16日先后给谭冠三复信三封。信中说：“反动的坏分子们正借口保护我的安全而进行危害我的活动，对此我正设法平息。”“反动集团的违法行为，使我无限忧伤……以保护我的安全为名而制造的严重离间中央与地方关系的事件，我正尽一切可能设法处理。”在16日的信中，他还表示，已对地方政府官员等进行了“教育”和“严厉地指责”，并表示几天后还可能到军区去。但是，3月17日夜，达赖喇嘛与噶伦索康、柳霞、夏苏等叛乱头目一起逃离拉萨，前往叛乱武装的“根据地”山南。叛乱失败后，又逃往印度。

达赖喇嘛离开拉萨后，叛乱分子调集约7000人，于3月20日凌晨向在拉萨的党政军机关发动全面进攻。人民解放军驻拉萨部队在忍无可忍、让无可让的情况下，于当日上午10时奉命进行反击。在西藏各族人民的支持下，只有1000余人的解放军，仅用两天时间，便一举歼灭了集结在拉萨地区的叛乱武装，平息了拉萨的叛乱。之后，又继续迅速平息了西藏其他地区的叛乱活动。

正如毛泽东主席指出的：“达赖要叛乱的阴谋从1955年由北京回去后就开始了。1957年初他从印度回来，到1958年布置了两年。”1959年逃亡国外后，十四世达赖及其政治集团更是公然成立所谓“西藏流亡政府”，公开宣布“西藏独立”，重新组建叛乱武装，在中国边境进行多年的军事袭扰，在国际上长期从事反华活动，在西藏和其他藏区策动多起骚乱事件，在分裂祖国的道路上越走越远。

西藏的武装叛乱，从一开始就得到国外反华势力的支持。据西方某媒体1971年1月26日报道，1957年2月，某国情报机构在太平洋某岛训练了“四水六岗”叛乱分子。从1956年到1957年，该情报机构先后遴选了170多名叛乱分子到该国的“康巴游击队员训练基地”受训。接受训练后的数百名藏人被空投回西藏，随身配备了手提机枪，脖子上还挂着装有达赖相片的小金盒。该情报机构共训练了2000名西藏人游击队。1958年7月和1959年2月，该情报机构向“四水六岗”叛乱武装进行了两次武器空投，包括403支步枪、20挺轻机枪和60箱手榴弹，以及几口袋印度卢比。1958年11月，该情报机构通过所谓“麦克马洪线”以南印度占领区，向山南叛军运送了226驮武器装备。次年1月，又通过尼泊尔运入40驮物资，经协噶尔运给山南叛乱武装。该情报机构先后对康区叛军进行了30多次空投，投下的物资多达250吨，包括近万支M—1步枪、冲锋枪等枪械以及轻便的57无后坐力炮和高射机枪。据另一西方媒体1999年8月16日的文章说：1957年至1960年，西方某国给西藏游击队空投了400多吨物资。该国“每年在西藏行动中共花费资金高达170万美元”。

在达赖出逃途中，上述情报机构改装一架飞机沿途空投物资，以无线电与叛乱武装及附近各情报站联络，并将全部逃亡过程记录在案。香港一媒体1974年2月11日的报道透露：据参与这次行动的人员说，达赖喇嘛离开他的首府是西方某情报机构策划的。该国的间谍飞机曾飞入西藏数百英里，对达赖集团进行空中掩护，空投食品、地图、收音机和金钱，还扫射中国的阵地，并为这次行动拍摄了影片。

鉴于西藏上层反动统治集团已经完全走上叛国的道路，1959 年 3 月 28 日，周恩来总理发布国务院命令，决定解散西藏地方政府，由西藏自治区筹备委员会行使地方政府职权，由十世班禅额尔德尼代理主任委员职务。与此同时，中央人民政府提出“边平叛边改革”的方针，领导西藏人民掀起了波澜壮阔的民主改革运动，彻底摧毁了政教合一的封建农奴制度，实现了百万农奴和奴隶梦寐以求的当家做主的权利。

——废除封建农奴制的压迫和剥削，解放百万农奴和奴隶。1959 年中央政府下令平息西藏叛乱后，立即解散了压迫西藏人民数百年的噶厦政权及其所属的军队、法庭和监狱，废止了旧西藏法典及其野蛮刑罚。紧接着，有计划、有步骤地在农区开展了反对叛乱、反对乌拉差役制度、反对奴役和进行减租减息的“三反双减”运动，在牧区开展了反叛乱、反乌拉、反奴役和牧工牧主两利的“三反两利”运动，在寺庙开展了反叛乱、反封建特权、反封建剥削和算政治迫害账、算等级压迫账、算经济剥削账的“三反三算”运动，在城镇开展了反叛乱、反封建制度、反封建剥削、反封建特权和减租减息的“四反双减”运动，并分期分批地对边境地区进行民主改革，彻底废除了农奴、奴隶对农奴主的人身依附关系，废除了封建制度、封建剥削和封建特权，废除了乌拉差役和高利贷债务。

西藏百万农奴和奴隶从此获得翻身解放，成为国家的主人和西藏的主人。他们的生命安全和人身自由从此获得中华人民共和国宪法和法律的保障，不再遭受农奴主的政治压迫、强迫劳动和非人待遇，不再遭受沉重的差税和高利贷剥削。在民主改革中当选为西藏第一个农民协会主任的尼玛次仁，曾经是西藏地方政府噶伦索康·旺青格勒溪卡的农奴。旺青格勒曾说：“尼玛次仁是我的财产，我愿意把他揉成团装在口袋里，随我；我高兴把他拉成条围在腰上也由我。”民主改革后，尼玛次仁说：“现在有法律保障我的人身自由，我再也不是谁的私人财产，活得心里真敞亮。”次仁拉姆曾做过 30 多年的农奴，1959 年民主改革以后，她在山南地区乃东县结巴乡组织了第一个“朗生互助组”，后来她担任了西藏自治区人大常委会副主任。

——实行土地改革，废除封建农奴主的土地所有制，使农奴和奴隶成为土地的主人。1959 年 9 月 21 日，西藏自治区筹备委员会通过《关于废除封建农奴主土地所有制实行农民的土地所有制的决议》，决定对参加叛乱的农奴主的土地和其他生产资料一律没收，分配给农奴和奴隶；对未参加叛乱的农奴主的土地和其他生产资料由国家出钱赎买后，分配给农奴和奴隶。据统计，在民主改革中，国家共支付 4500 多万元对 1300 多户未参加叛乱的农奴主和代理人的 90 万亩土地和 82 万多头牲畜进行赎买。共没收和赎买农奴主土地 280 多万亩，分给 20 万户、80 万农奴和奴隶，农奴和奴隶人均分得土地 3.5 亩多。世代为奴的劳动人民站在属于自己的土地上彻夜狂欢，他们欢呼：“达赖的太阳照在贵族身上，毛主席的太阳照在我们穷人的身上。现在达赖的太阳下山了，我们的太阳升起来了。”

西藏百万农奴和奴隶第一次成为土地和其他生产资料的主人，焕发出了空前的生产和生活热情，迅速改变了西藏的社会面貌和生活条件。据统计，土改基本完成的 1960 年，西藏全区的粮食总产比 1959 年增长 12.6 %，比土改前的 1958 年增长 17.5 %。牲畜存栏头数 1960 年比 1959 年增长 10 %。在民主改革中，西藏建立起第一个供销社、第一个农村信用社、第一所民办小学、第一所夜校、第一个识字班、第一个电影放映队、第一个医疗卫生机构。1959 年底，拉萨市区建立居民委员会 28 个，先后安置 8700 多名贫苦游民和乞丐就业，救济 8500 多名生活困难的贫民，收容 120 多名孤、老、病、残者。1960 年，纳金水电站建成发电，拉萨普通市民首次用上了电灯。1959 年至 1960 年两年内，西藏建立起几十个现代化小型工厂，培养了 2 万多名藏族工人。90 % 的县通了公路，公路全长达到1.25万多公里。

——废除政教合一制度，实行政教分离和宗教信仰自由。民主改革对参加叛乱的寺庙的土地、耕畜等生产资料一律没收，对没有参加叛乱的寺庙的生产资料实行赎买政策。在民主改革中，一方面，明令规定切实保护宗教信仰自由和爱国守法的寺庙，保护人民有当僧尼的自由和僧尼还俗的自由，保护正常的宗教活动不受干涉，保护有历史意义的寺庙和文物古迹。另一方面，实行“政治统一，信教自由，政教分离”的方针，废除寺庙在经济、政治上的一切封建特权，废除寺庙的封建占有、封建剥削、人身奴役以及寺庙内部的封建管理和等级制度，保障各教派在政治上一律平等；寺庙内的公共资金和财产实行民主管理，作为生产基金和供给寺内僧尼的生活与正常宗教活动之用；寺庙的僧尼按劳动力情况分得的土地，由寺庙管理委员会统一管理，组织生产；寺庙内收入不够正当开支时，由政府予以补助。通过民主改革，西藏所有寺庙均选出了管理委员会，实行民主管理。民主改革去掉了宗教被封建农奴制玷污了的东西，恢复了宗教的本来面目，有效保障了西藏人民宗教信仰的自由，也为西藏实行人民民主的政治制度奠定了基础。

——建立人民民主政权，保障人民行使当家做主的权利。废除封建农奴制度后，翻身解放的西藏各族人民建立起人民民主政权。到1960年底，西藏成立了1009个乡级政权、283个区级政权，78个县（包括县级区）和8个专区（市）建立了人民政权。藏族和其他少数民族干部达到1万多人，其中乡级干部全是藏族，区级干部90％以上是藏族，300多名藏族干部担任了县以上领导职务。4400多名翻身农奴和奴隶成长为基层干部。1961年，西藏各地开始实行普选。昔日的农奴和奴隶破天荒第一次获得当家做主的权利。百万翻身农奴和奴隶穿着节日盛装，手捧哈达，兴高采烈地参加投票，以极大的政治热情和高度负责的精神行使民主权利，选举产生了基层各级权力机关和政府。1965年8月，西藏乡县选举工作完成，有1359个乡、镇进行了基层选举，有567个乡、镇召开了人民代表会议，西藏约92％的地方建立了以翻身农奴和奴隶为主的乡人民政权，54个县召开了第一届人民代表会议，选出了正副县长，建立了县人民委员会。1965年9月，西藏自治区第一届人民代表大会成功召开，西藏自治区正式宣告成立。出席大会的301名代表中，藏族和其他少数民族代表占80％以上，西藏上层爱国人士和宗教界人士占11％多，藏族代表中绝大多数是翻身农奴和奴隶。人民民主政权的建立为西藏人民行使当家做主的权利提供了有力的政治保障。

通过波澜壮阔的民主改革，仅用了短短几年的时间，就消灭了在西藏延续数个世纪的封建农奴制度，迅速荡涤了旧社会遗留下来的污泥浊水，使百万农奴和奴隶在政治、经济和社会生活各方面获得了解放，使西藏社会的面貌焕然一新，开创了西藏发展的新纪元。这是西藏社会进步和人权发展史上划时代的重大变革，为西藏社会的跨越式发展确立了崭新的起点。

三、半个世纪西藏的历史性巨变

民主改革50年来，在中央人民政府的关怀和全国人民的支援下，西藏各族人民以主人翁的姿态迸发出创造美好生活的巨大热情，推动西藏经济社会实现了跨越式发展，各项事业取得了举世瞩目的历史性成就。

——社会制度实现了历史性跨越，西藏人民当家做主权利有了制度保障。1965年，西藏自治区成立，标志着民族区域自治制度在西藏全面确立，实现了西藏社会制度从政教合一的封建农奴制度向人民民主的社会主义制度的历史性跨越，西藏人民从此进入了当家做主的新时代。昔日的农奴和奴隶从此享有了平等参与管理国家事务和自主管理本地区和本民族事务的政治权利。西藏人民与全国各族人民一样，享有了国家宪法和法律规定的所有权利。他们依法直接选举县、区、乡、镇人民代表大会代表，并由这些代表选举出席全国和自治区、市人民代表大会的代表，依法通过各级人民代表大会行使参与管理国家和地方事务的权力。2007年，在西藏的自治区、地（市）、县、乡（镇）四级换届选举中，参选率达到96.4％，有些地方参选率达到100％。经过直接和间接选举产生的34000多名四级人大代表中，藏族和其他少数民族占94%以上。目前，在全国人大代表中，西藏自治区有20名代表，其中12名为藏族公民，门巴族、珞巴族公民各1名。

西藏人民自主管理本民族本地区事务的权利受到保障。1965年以来，西藏自治区历任人民代表大会常务委员会主任和人民政府主席都由藏族公民担任，各级人大常委会和政府的主要领导都是藏族公民。西藏自治区各级检察院和法院的主要负责人也均由藏族公民担任。目前，在自治区、地（市）、县三级国家机关组成人员中，藏族和其他少数民族公民占77.97%。

西藏自治区不仅享有省级国家机关制定地方性法规的权力，而且有权根据本地的政治、经济和文化的特点，决定本地的事务，制定自治条例和单行条例；上级国家机关的决议、决定、命令、指示，如有不适合西藏地方实际情况的，西藏自治机关可以报请批准变通执行或停止执行。据统计，自治区人大常委会自1965年以来，共制定了250余件地方性法规和具有法规性质的决议、决定，内容涉及政权建设、经济发展、文化教育、语言文字、司法、文物保护、野生动植物和自然资源保护等许多方面，有效地维护了西藏人民在政治、经济和社会生活各方面的特殊权益，促进了西藏各项事业的发展。

——经济建设实现跨越式发展，社会面貌日新月异。50年来，中央政府为促进西藏经济社会发展，对西藏实施了一系列优惠政策，在财力、物力、人力等方面给予强有力的支持。据统计，仅在基础设施建设方面，1951年至2008年，国家就累计投入1000多亿元。1959年至2008年，中央财政向西藏的财政转移支付累计达到2019多亿元，年均增长近12%。其中，2001年至2008年累计达1541多亿元。1994年以来，中央先后安排60多个中央国家机关、全国18个省市和17个中央企业对口支援西藏经济建设，截至2008年底，已累计投入对口援藏资金达111.28亿元，安排6056个对口援藏项目，选派3747名援藏干部进藏工作。在中央的关怀和全国的支援下，西藏经济社会发展突飞猛进。据统计，1959年至2008年，西藏生产总值由1.74亿元增长到395.91亿元，按可比价格计算，增长65倍，年均增长8.9%。1994年以来，西藏生产总值年均增长达到12.8%，高于全国同期年均增长水平。1959年至2008年，西藏人均生产总值由142元提高到13861元，增加13719元。

旧西藏没有一条公路，如今，以公路建设为重点，航空、铁路、管道运输协调发展，形成了以拉萨为中心的四通八达的交通运输网络。2008年，西藏基本实现了县县通公路，公路通车里程达到5.13万公里，比1959年的0.73万公里增加4.4万公里；客运量比1959年增加近107倍；货运量比1959年增加11倍以上。以水电为主，地热、风能、太阳能等多能互补、点多面广的能源体系逐步建成。1959年至2008年，西藏发电量年均增长16.8%，目前已有近210万人用上了电，占总人口的73%。在农村推广清洁能源，4.3万户农牧民用上了沼气。通讯事业快速发展，基本实现了县县通光缆、乡乡通电话。固定及移动电话用户总数达到156.2万户，电话普及率达到每百人55部。

旧西藏农牧业基本靠天吃饭、靠天养畜，而今，农牧业现代化程度大幅提高，防灾抗灾能力显著增强，科技贡献率达到36%。粮食产量由1959年的18.29万吨增加到2008年的95万吨；粮食平均亩产由1959年的91公斤提高到2008年的近370公斤；年末牲畜存栏数由1959年的956万头（只）增加到2008年的2400余万头（只）。旧西藏没有现代工业，如今，西藏已初步形成了以优势矿产业、建材业、民族手工业、藏医药业为支柱，包括电力、农畜产品加工、饮食品加工制造等在内的富有西藏特色的现代工业体系。2008年，西藏工业增加值已从1959年的0.15亿元增加到29.68亿元。现代商业、旅游、饮食服务、文化娱乐等在旧西藏闻所未闻的新兴产业飞速发展，成为西藏第一大产业。

——人民生活水平大幅度提高，生存和发展状况得到极大改善。民主改革前，西藏农牧民没有生产资料，几乎终身负债，根本谈不上纯收入，2008年西藏农牧民人均纯收入达到

3176元，1978年以来年均增长10.1%，2003年以来年均增长达到13.1%。2008年，西藏城镇居民人均可支配收入达到12482元，比1978年的565元增长21倍。民主改革前，西藏90%以上的人没有自己的住房，农牧民居住条件极差，城镇居民人均不足3平方米。当时的拉萨城区仅有2万人，而城周围居住在破烂帐篷里的贫民和乞丐就有近千户人。而今，西藏人民的居住条件得到了巨大改善。通过推进新农村建设、实施安居工程，已有20万户、百万农牧民住进了安全适用的新房。2008年，农村居民人均居住面积达到22.83平方米，城镇居民人均居住面积达到33.00平方米。目前，从城市到农村都已初步建立起社会保障体系。2008年西藏“五保户”的供养标准达到1600元。2006年西藏人均收入低于800元的农牧民全部纳入最低生活保障，在全国率先建立了农牧区最低生活保障制度。

和平解放前，西藏没有一所现代医疗卫生机构，只有3所设备简陋、规模很小的官办藏医机构和少量私人诊所，从医人员不足百人，加上农牧区的近300名民间藏医，全区平均每千人不到0.4名医务人员。天花、霍乱、性病、斑疹伤寒、猩红热、破伤风等疾病时常流行。和平解放后特别是民主改革后，中国政府采取各种措施预防疾病，很快就使一些严重危害人民健康的疾病基本得到控制。从20世纪60年代开始，西藏消灭了天花，各类传染病、地方病发病率大幅度下降。现在，西藏在全国率先实现了城镇居民医疗保险全覆盖，并逐步建立了以免费医疗为基础的农牧区医疗制度，农牧民免费医疗补助人均达到140元。2008年，西藏共有卫生机构1339个，比1959年增加1277个；实有病床床位7127张，比1959年增加6647张；卫生技术人员9098人，比1959年增加8307人；每千人病床数和卫生技术人员数分别达到了2.50张和3.05人，比1959年分别增加2.11张和2.41人。随着医疗卫生条件的改善，西藏的人均预期寿命由和平解放时的35.5岁增加到67岁。据2000年第五次全国人口普查，西藏有80岁至99岁的老人13581人、百岁以上的老人62人，是中国人均百岁老人最多的省区之一。西藏总人口由1959年的122.8万人增加到2008年的287.08万人，其中藏族和其他少数民族人口占95%以上。近50年是几个世纪以来西藏人口增长最快的时期。

——传统民族文化得到保护和弘扬，宗教信仰自由受到充分尊重。政府采取有力措施，促进藏语文的学习、使用和发展。西藏实行藏、汉语文并重，以藏语文为主。目前，所有农牧区和部分城镇小学实行藏汉文同步教学，主要课程用藏语授课。中学阶段也同时实行用藏语和汉语授课，并坚持在内地西藏中学开设藏语文课。在高校和中等专业学校的招生考试中，藏语文作为考试科目，成绩计入总分。西藏自治区成立以来，各级人民代表大会通过的决议、法规，西藏各级政府包括政府所属部门下达的正式文件和发布的公告都使用藏、汉两种文字。在司法诉讼程序中，对藏族诉讼参与人，都使用藏语文审理案件，法律文书也使用藏文。各单位的公章、证件、标识以及机关、厂矿、学校、车站、机场、商店、宾馆、餐馆、剧场、旅游景点和体育场馆、图书馆等的标牌和街道、交通路标等均使用藏、汉两种文字。西藏人民广播电台自1959年建台以来，始终以办好藏语广播为重点，目前共开办有42个藏语（包括康巴语）节目（栏目），藏语新闻综合频率每天播音达21小时15分钟，康巴语广播频率每天播音17小时50分钟。西藏电视台卫视频道开播后，专门开设藏语频道。2007年10月1日藏语卫视实现了24小时滚动播出。目前，西藏有14种藏文杂志、10种藏文报纸。藏文于1984年实现了信息化处理，并开发出与汉英兼容的藏文软件操作系统。藏文编码国际标准于1997年获得通过，成为中国少数民族文字中第一个具有国际标准的文字。

传统民族文化遗产得到有效保护、传承和发展。国家组织编辑出版了中国戏曲志、中国民间歌谣集成、民族民间舞蹈集成、谚语集成、曲艺集成、民族民间歌曲集成、戏曲音乐集成、民间故事集成等十大文艺集成志书西藏卷，及时抢救和有效保护了西藏大量重要文化遗产。国家将整理出版大型口头说唱英雄史诗《格萨尔王传》作为重点科研项目予以资助，现已搜集300余部，整理出版藏文版62部、汉译本20多部，并有多部被译成英、日、法文出版。民主改革后，布达拉宫、大昭寺、哲蚌寺、色拉寺、甘丹寺、扎什伦布寺、萨迦寺等均被列为国家级重点文物保护单位。20世纪80年代以来，中央和西藏地方财政先后安排7亿多元，用于修复开放一批国家级文物保护单位和各教派的重点寺庙。1989年到1994年，国家拨出5500万元和大量黄金、白银等珍贵物资对布达拉宫进行了一次大的维修。2001年起，又拨专款3.3亿元，用于维修布达拉宫、罗布林卡、萨迦寺三大文物古迹。2007年，中央政府再次拨出5.7亿元，用于“十一五”时期（2006—2010年）对西藏22处重点文物保护单位进行全面维修保护。这在中国文物保护史上是空前的。

西藏人民的宗教信仰自由和正常的宗教活动受到保护。目前，西藏共有1700多处各类宗教活动场所，住寺僧尼约4.6万人，充分满足了信教群众的需求。寺庙学经、辩经、受戒、灌顶、修行等传统宗教活动和寺庙学经考核晋升学位活动正常进行。据不完全统计，西藏现有60余座学经班，学经僧人约6000人。活佛转世作为藏传佛教特有的传承方式得到国家的尊重。西藏的宗教活动多种多样，宗教节日频繁举行。20世纪80年代以来，西藏陆续恢复了各教派各类型宗教节日40余个。僧俗信教群众每年都组织和参加萨噶达瓦节、雪顿节等各种各样的宗教和传统活动。

——现代教育和新闻文化事业全面发展，人民的文化教育水平不断提高。旧西藏没有一所现代意义上的学校，适龄儿童入学率不足2%，文盲率高达95%。50年来，国家投入大量资金发展西藏教育事业，使西藏在全国率先实现了城乡免费义务教育。从1985年开始，在农牧区实行以寄宿制为主的中小学校办学模式，并对义务教育阶段的农牧民子女实行包吃、包住、包学习费用的“三包”政策。2008年，西藏73个县（市、区）已全部实现普及六年义务教育和基本扫除文盲，其中70个县完成普及九年义务教育，文盲率下降到2.4%。小学学龄儿童入学率达到98.5%，初中入学率达到92.2%，高中入学率达到51.2%。据统计，西藏现有小学884所、普通中学117所、教学点1237个。2008年，西藏人均受教育年限已达6.3年。2008年，西藏有本专科院校6所，在校学生近3万人，高等教育入学率已达19.7%。还有中等专（职）业学校10所，在校生2.1万人。20多年来，全国先后有20个省、直辖市的28所学校开办内地西藏班（校），有53所内地重点高中、90多所高等学校招收西藏班学生，累计招收初中生36727人，高中（中专）生30370人，高校本专科生1.2万余人，为西藏培养输送了1.8万余名各级各类建设人才。目前，内地西藏班在校生总数18640人。现代科学技术迅速发展，科技队伍不断壮大，2007年各类专业技术人员达到46508人，其中，以藏族为主的少数民族技术人员达31487人。一批博士、硕士、科学家、工程师等高级人才脱颖而出，成为推动西藏发展的生力军。

现代新闻文化事业从无到有，迅速发展。西藏现有2家图书出版社、2家音像出版社，有各类印刷厂35个，有公开发行的报纸23种、期刊34种，全区7个地市都有藏汉两种文字的报纸。西藏有广播电视台9座，中波广播转播台39座，县级以上调频广播转播台76座，县级以上（含口岸）电视转播台80座，有线电视转播台76座，乡（镇）广播电视“村村通”站9111座。广播、电视人口综合覆盖率分别从1978年的18%和2%上升到2008年的88.8%和89.9%，实现了全区乡（镇）、行政村通广播电视的目标。西藏现有电影放映机构564个，管理机构82个，农牧区放映队478个，放映点7697个，电影放映已覆盖到98%的行政村，全区农牧民每月人均看电影1.64场。目前，西藏共有各级群众艺术馆、文化馆（站）257个，各类专业文艺演出团体10个，民间艺术团18个，群众性业余演出团体660个。新闻文化事业的发展为人民群众了解新闻、获取信息和休闲娱乐创造了条件，丰富了西藏人民的精神文化生活。

结束语

50年沧桑巨变，西藏经历了从黑暗走向光

明、从落后走向进步、从贫穷走向富裕、从专制走向民主、从封闭走向开放的光辉历程。当前，西藏经济发展、社会进步、文化繁荣、民生改善、民族团结、政通人和，正处于历史上最好的发展时期。

历史雄辩地证明，在120多万平方公里的土地上实行民主改革，废除延续了几个世纪的政教合一的封建农奴制，使百万农奴和奴隶站起来，这不仅是中国人权发展史上一个十分重要的篇章，而且在国际禁奴史上写下了浓墨重彩的一笔，无疑是人类走向文明进步的历程中彪炳千秋的一个伟大壮举。没有民主改革，就没有占西藏人口95％的广大劳动人民的翻身解放，就没有西藏社会的跨越式发展，就没有西藏人权事业的发展进步，就没有西藏各族人民今天的美好生活。

历史雄辩地证明，十四世达赖及其政治集团是旧西藏政教合一的封建农奴制度和极少数农奴主阶级的总代表，是旧西藏政治、经济和文化资源的垄断者和既得利益者。他们与占西藏人口绝大多数的广大劳动人民存在着根本的利害冲突，与西藏社会发展进步的要求和人类社会的发展规律存在着不可调和的深刻矛盾。这就决定了达赖集团顽固反对民主改革的必然性，决定了他们绝不会自动退出历史舞台，绝不会自动放弃自己的特权，也绝不会甘心自己的失败。50年前，为了维护政教合一的封建农奴制及其特权“永远不改”，达赖集团不惜发动以分裂祖国为目的的武装叛乱。叛逃国外50年来，他们也从来没有放弃过恢复政教合一的封建农奴制的图谋。他们在境外建立和维持着以十四世达赖为政教首脑的政教合一的所谓“西藏流亡政府”，在西方反华势力的支持下，一刻也没有停止过破坏西藏发展稳定和分裂国家的活动。他们在国际上颠倒黑白，大造舆论，把自己装扮成“西藏人民”的代言人，把旧西藏政教合一的封建农奴制社会美化为天堂式的“香格里拉”，把实行民主改革、推动西藏发展进步指责为“灭绝文化”、“毁灭宗教”、“侵犯人权”。这说明，十四世达赖及其政治集团是多么不愿意看到政教合一封建农奴制的覆灭和西藏各族人民在人民民主的社会主义制度下实现当家做主，多么不愿意看到农奴主阶级特权的丧失和西藏各族人民过上幸福安康的生活，又是多么希望复辟已被扫进历史垃圾堆的政教合一的封建农奴制度，多么希望恢复他们失去的封建农奴主阶级统治的“天堂”。这也说明，我们与达赖集团之间分歧和斗争的实质，根本不是自治与不自治的问题，而始终是进步与倒退、统一与分裂的斗争。

历史雄辩地证明，废除农奴制、解放农奴和奴隶，维护国家统一、反对民族分裂，是维护人权和国家主权的进步与正义的事业。历史上，美国政府曾经为了反南部分裂主义和奴隶制度，解放黑奴，不惜发动长达4年之久的大规模国内战争，耗费150多亿美元的战争费用，造成110多万人员伤亡和不可估量的各种损失。领导这场战争的林肯总统因此而名垂青史，至今仍为美国人民和世界人民所称颂。达赖集团为维护政教合一的封建农奴制，悍然发动分裂祖国的大规模武装叛乱，中国政府采取措施平息叛乱，维护国家统一，解放百万农奴和奴隶，其在人类历史上的进步意义与美国国内战争和解放黑奴相比毫不逊色。然而，一些西方反华势力却无视客观事实，颠倒是非，将政教合一的封建农奴制度的总代表、西藏封建农奴主的总代表十四世达赖吹捧为“人权卫士”、“和平使者”、“精神领袖”，而将废除封建农奴制、解放百万农奴和奴隶的中国政府指责为“侵犯人权”。这是十分荒谬的，也是发人深思的。事实上，所谓“西藏问题”从一开始就是帝国主义妄图瓜分中国的产物，是近代帝国主义列强妄图变中国为其殖民地、半殖民地图谋的一部分。1959年，达赖集团发动分裂国家的武装叛乱就是在帝国主义势力支持和策动下发生的。达赖集团叛逃国外以后，西方反华势力也从来没有停止过对达赖集团“藏独”分裂活动的怂恿、支持和训练。这说明，所谓“西藏问题”根本不是什么民族问题、宗教问题和人权问题，而是西方反华势力企图遏制中国、分裂中国、妖魔化中国的问题。

历史也雄辩地证明，复辟没有出路，分裂没有前途。时代要前进，社会要进步，这是不可阻挡的历史潮流。包括西藏人民在内的中国各族人民维护国家统一和主权的意志不可动摇，坚持中国共产党领导、坚持中国特色社会主义道路、坚持民族区域自治制度的意志不可动摇，推动西藏实现现代化、建设团结民主富裕文明和谐的新西藏的意志不可动摇。达赖集团搞“西藏独立”没有出路，打着“高度自治”旗号谋求半独立、变相独立也没有出路。达赖集团不论以什么借口，妄图在西藏开历史倒车，恢复封建农奴制统治，这是饱尝封建农奴制之苦、亲历新西藏之福的西藏各族人民坚决不会答应的，也是注定要失败的。十四世达赖喇嘛只有真正放弃“西藏独立”的主张，放弃任何复辟旧制度的图谋，承认西藏是中国不可分割的一部分，解散所谓“西藏流亡政府”，停止一切分裂国家的活动，才是唯一的出路。十四世达赖喇嘛必须对自己的政治主张和行为进行彻底的反思和根本的改正。中央政府对十四世达赖喇嘛回到爱国立场的大门始终是敞开的，今后也是敞开的。

注解

① 埃德蒙·坎德勒：《拉萨真面目》（尹建新、苏平译，西藏人民出版社，1989 年）。

② 埃德蒙·坎德勒：《拉萨真面目》（尹建新、苏平译，西藏人民出版社，1989 年）。

③ 查尔斯·贝尔：《十三世达赖喇嘛传》（冯其友等译，西藏社会科学院印，1985 年）。

④ 梅·戈尔斯坦：《西藏现代史（1913—1951）——喇嘛王国的覆灭》（杜永彬译，时事出版社，1995 年 8 月第 3 次印刷）。

⑤ 崔比科夫：《佛教香客在圣地西藏》（王献军译，西藏人民出版社，1993 年）。

⑥ 大卫·麦唐纳：《西藏之写真》（郑宝善译，南京：作者自刊，1935 年）。

⑦ 阿沛·阿旺晋美：《西藏历史发展的伟大转折》，载《中国藏学》1991 年第 1 期。

中国互联网状况

中华人民共和国国务院新闻办公室

（2010 年 6 月）

目 录

前 言

互联网是人类智慧的结晶，20 世纪的重大科技发明，当代先进生产力的重要标志。互联网深刻影响着世界经济、政治、文化和社会的发展，促进了社会生产生活和信息传播的变革。

中国政府充分认识到互联网对于加快国民经济发展、推动科学技术进步和加速社会服务信息化进程的不可替代作用，高度重视并积极促进互联网的发展与运用。中国政府把发展互联网作为推进国家信息化建设、实现经济社会科学发展、提高科技创新能力和人们生活质量的重要手段；积极营造有利于互联网发展的政策、法规和市场环境；通过完善国家信息网络基础设施、建设国家重点信息网络工程、鼓励相关科技研发、大力培养信息技术人才、培育多元化信息通信服务市场主体等举措，不断推动中国互联网持续健康快速发展，满足人们日益增长的信息消费需求。

中国政府大力倡导和积极推动互联网在中

国的发展和广泛应用。随着互联网在中国的快速发展与普及，人们的生产、工作、学习和生活方式已经开始并将继续发生深刻的变化。目前中国已成为世界上互联网使用人口最多的国家。

建设好、利用好、管理好互联网，关系国家经济繁荣和发展，关系国家安全与社会和谐，关系国家主权、尊严和人民根本利益。积极利用、科学发展、依法管理、确保安全是中国政府的基本互联网政策。中国政府始终坚持依法管理互联网，致力于营造健康和谐的互联网环境，构建更加可信、更加有用、更加有益于经济社会发展的互联网。

中国政府将不断完善互联网发展与管理政策，使其更加符合互联网发展与管理的内在规律及客观需要。在实践中，中国政府十分注重借鉴各国发展与管理互联网的有益经验，并愿与世界各国一道共同促进世界互联网的繁荣发展。

发表《中国互联网状况》白皮书，旨在介绍中国互联网发展的基本情况，说明中国政府关于互联网的基本政策以及对相关问题的基本观点，帮助公众和国际社会全面了解中国互联网发展与管理的真实状况。

一、推进互联网发展与普及

中国政府和人民以积极的姿态迎接互联网时代的到来。在20世纪80年代中后期，中国的科研人员和学者就在国外同行的帮助下，积极尝试利用互联网。在1992年、1993年国际互联网年会等场合，中国计算机界的专家学者曾多次提出接入国际互联网的要求，并得到国际同行们的理解与支持。1994年4月，在美国华盛顿召开中美科技合作联委会会议期间，中国代表与美国国家科学基金会最终就中国接入国际互联网达成一致意见。1994年4月20日，北京中关村地区教育与科研示范网接入国际互联网的64K专线开通，实现了与国际互联网的全功能连接，这标志着中国正式接入国际互联网。

中国把发展互联网作为推进改革开放和现代化建设事业的重大机遇。中国政府先后制定了一系列政策，规划互联网发展，明确互联网阶段性发展重点，推进社会信息化进程。1993年，中国成立国家经济信息化联席会议，负责领导国家公用经济信息通信网建设。1997年，制定《国家信息化“九五”规划和2010年远景目标》，将互联网列入国家信息基础设施建设，提出通过大力发展互联网产业，推进国民经济信息化进程。2002年，颁布《国民经济和社会发展第十个五年计划信息化专项规划》，确定中国信息化发展的重点包括推行电子政务、振兴软件产业、加强信息资源开发利用、加快发展电子商务等。2002年11月，中国共产党第十六次全国代表大会提出，以信息化带动工业化，以工业化促进信息化，走出一条新型工业化路子。2005年11月，制定了《国家信息化发展战略（2006—2020年）》，进一步明确了互联网发展的重点，提出围绕调整经济结构和转变经济增长方式，推进国民经济信息化；围绕提高治国理政能力，推行电子政务；围绕构建和谐社会，推进社会信息化等。2006年3月，全国人民代表大会审议通过《国民经济和社会发展第十一个五年规划纲要》，提出推进电信网、广播电视网和互联网三网融合，构建下一代互联网，加快商业化应用。2007年4月，中国共产党中央政治局会议提出大力发展网络文化产业，发展网络文化信息装备制造业。2007年10月，中国共产党第十七次全国代表大会确立“发展现代产业体系，大力推进信息化与工业化融合，促进工业由大变强”的发展战略。2010年1月，国务院决定加快推进电信网、广播电视网和互联网三网融合，促进信息和文化产业发展。在中国政府的积极推动及明确的政策引导下，中国互联网逐步走上全面、持续、快速发展之路。

中国投入大量资金建设互联网基础设施。1997年至2009年，全国共完成互联网基础设施建设投资4.3万亿元人民币，建成辐射全国的通信光缆网络，总长度达826.7万公里，其中长途光缆线路84万公里。到2009年底，中国基础电信企业互联网宽带接入端口已达1.36亿个，互联网国际出口带宽达866，367Mbps，拥有7条登陆海缆、20条陆缆，总容量超过1600Gb。中国99.3％的乡镇和91.5％的行政村接通了互联网，96.0％的乡镇接通了宽带。2009年1月，中国政府开始发放第三代移动通信（3G）牌照，目前3G网络已基本覆盖全国。移动互联网正快速发展，互联网将惠及更广泛的人群。

互联网基础设施的建设和完善促进了互联网的普及和应用。截至2009年底，中国网民人数达到3.84亿，比1997年增长了618倍，年均增长3195万人，互联网普及率达到28.9％，超过世界平均水平。中国境内网站达323万个，比1997年增长了2152倍。中国拥有IPv4地址约2.3亿个，已成为世界第二大IPv4地址拥有国。中国使用宽带上网的网民达到3.46亿人，使用手机上网的网民达到2.33亿人。中国网民上网方式已从最初以拨号上网为主，发展到以宽带和手机上网为主。中国互联网发展与普及水平居发展中国家前列。

中国政府积极推动下一代互联网研发。20世纪90年代后期，中国开始下一代互联网的研发，实施“新一代高可信网络”等一系列科技重大项目。2001年，中国第一个下一代互联网地区试验网（NFCNET）在北京建成。2003年，“中国下一代互联网示范工程”（CNGI）正式启动，标志着中国进入下一代互联网的大规模研发和建设阶段，现已建成世界上最大的IPv6示范网络，试验网所用的中小容量IPv6路由器技术、真实IPv6源地址认证技术和下一代互联网过渡技术等处于国际先进水平。中国提出的有关域名国际化、IPv6源地址认证、IPv4—IPv6过渡技术等技术方案，获得互联网工程任务组（IETF）的认可，成为互联网国际标准、协议的组成部分。

中国互联网发展、普及和应用存在区域和城乡发展不平衡问题。受经济发展、教育和社会整体信息化水平等因素的制约，中国互联网呈现东部发展快、西部发展慢，城市普及率高、乡村普及率低的特点。截至2009年底，东部地区互联网普及率为40.0％，西部地区为21.5％；城市网民占网民总数的72.2％，农村网民占27.8％。弥合地区之间、城乡之间的“数字鸿沟”，中国还需要付出艰苦努力。

中国互联网是在改革开放的大潮中发展起来的，它顺应了中国改革开放的要求，推进了改革开放的进程。随着中国经济社会的快速发展以及人们精神文化需求的日益增长，互联网在中国将更加普及，人们对互联网应用水平的要求将会更高。中国政府将继续致力于推动互联网的发展和普及，努力在未来5年使中国互联网的普及率达到45％，使更多人从互联网受益。

二、促进互联网广泛应用

互联网推进了中国经济社会发展。在经济领域，互联网加速向传统产业渗透，产业边界日益交融，新型商务模式和服务经济加速兴起，衍生了新的业态。互联网在促进经济结构调整、转变经济发展方式等方面发挥着越来越重要的作用。互联网也日益成为人们生活、工作、学习不可或缺的工具，正对社会生活的方方面面产生着深刻影响。

互联网成为推动中国经济发展的重要引擎。包括互联网在内的信息技术与产业，对中国经济高速增长作出了重要贡献。过去16年，中国信息产业增加值年均增速超过26.6％，占国内生产总值的比重由不足1％增加到10％左右。互联网与实体经济不断融合，利用互联网改造和提升传统产业，带动了传统产业结构调整和经济发展方式的转变。中国的工业设计研发信息化、生产装备数字化、生产过程智能化和经营管理网络化水平迅速提高。互联网发展与运用还催生了一批新兴产业，工业咨询、软件服务、外包服务等工业服务业蓬勃兴起。信息技术在加快自主创新和节能降耗，推动减排治污等方面的作用日益凸显，互联网已经成为中国发展低碳经济的新型战略性产业。2008年，中国互联网产业规模达到6500亿元人民币，其中互联网制造业销售规模接近5000亿元人民币，相当于国内生产总值的1/60，占全球互联网制造业销售总额的1/10；软件运营服务市场规模达198.4亿元人民币，比2007年增长了26％。

中国电子商务快速发展。大型企业电子商务正在从网上信息发布、采购、销售等基础性应用向上下游企业间网上设计、制造、计划管理等全方位协同方向发展。中小企业电子商务应用意识普遍提高，应用电子商务的中小企业数量保持较高的增长速度。网上零售规模增长迅速，市场逐步规范。据调查，建立了电子商务系统的大型企业已超过50％，通过互联网寻找供应商的中小企业超过30％，通过互联网从事营销推广的中小企业达24％，中国网络购物用户已超过1亿人。2009年，中国电子商务交易额超过3.6万亿元人民币。电子商务专业化服务体系正在形成，数字认证、电子支付、物流配送等电子商务应用支撑体系正在逐步形成。

互联网促进了文化产业发展。网络游戏、网络动漫、网络音乐、网络影视等产业迅速崛起，大大增强了中国文化产业的总体实力。过去5年，中国网络广告市场始终保持约30％的年均增长速度，2009年市场规模达到200多亿元人民币。2009年中国网络游戏市场规模为258亿元人民币，同比2008年增长39.5％，居世界前列。中国网络文学、网络音乐、网络广播、网络电视等均呈快速发展态势。持续扩张的网络文化消费催生了一批新型产业，同时直接带动电信业务收入的增长。截至2010年3月，中国已有各种经营模式的上市互联网企业30多家，分别在美国、香港和中国内地上市。网络文化产业已成为中国文化产业的重要组成部分。中国政府大力推动优秀民族文化的网络化传播，实施了一系列文化资源共享工程，全国在线数据库总量达到30多万个，初步构建起具有一定规模的文化信息资源库群，有效满足了人们多样化的精神文化需求。

互联网促进了政府信息公开。20世纪90年代中期，中国政府全面启动“政府上网工程”。截至2009年底，中国已建立政府门户网站4.5万多个，75个中央和国家机关、32个省级政府、333个地级市政府和80％以上的县级政府都建立了电子政务网站，提供便于人们工作和生活的各类在线服务。中国电子政务建设有效提高了各级政府工作效率和政务公开水平。2008年颁布实施的《中华人民共和国政府信息公开条例》第十五条规定，“行政机关应当将主动公开的政府信息，通过政府公报、政府网站、新闻发布会以及报刊、广播、电视等便于公众知晓的方式公开”。中央政府要求各级政府建立相应制度，针对公众关注的问题，及时作出解答。各级政府正不断完善新闻发言人制度，通过包括互联网在内的各类媒体及时发布权威信息，向公众介绍相关政策的执行情况，以及自然灾害、公共卫生和社会突发事件等的处置进展。互联网在满足公众知情要求等方面的作用日益凸显。

互联网成为人们社会生活的重要工具。据抽样调查统计，2009年，中国约有2.3亿人经常使用搜索引擎查询各类信息，约2.4亿人经常利用即时通信工具进行沟通交流，约4600万人利用互联网学习和接受教育，约3500万人利用互联网进行证券交易，约1500万人通过互联网求职，约1400万人通过互联网安排旅行。在中国，越来越多的人通过互联网获取信息、丰富知识；越来越多的人通过互联网创业，实现自己的理想；越来越多的人通过互联网交流沟通，密切相互间的关系。在四川汶川地震、青海玉树地震、西南地区旱灾等重大自然灾害发生后，中国网民充分利用互联网传递救灾信息，发起救助行动，表达同情关爱，充分展示了互联网不可替代的作用。互联网正在成为一种新的工作和生活方式。

中国政府鼓励发展有利于促进经济社会发展、提升公共服务水平、便利人们工作生活的互联网应用，努力构建结构合理、发展均衡的互联网应用格局，提高互联网整体发展和应用水平。中国政府将大力推动电子商务类、教育类网站发展，积极推进电子政务建设，支持发展网络广播、网络电视等新兴媒体，倡导提供形式多样、内容丰富的互联网信息服务，以满足人们多样化、多层次的信息消费需求。

三、保障公民互联网言论自由

互联网在中国新闻信息传播领域得到充分应用。中国政府鼓励和支持发展网络新闻传播事业，为人们提供了丰富的新闻信息，同时依法保障公民在互联网上的言论自由，保障公众的知情权、参与权、表达权和监督权。

互联网成为人们获取新闻信息的重要途径。自从互联网进入中国，人们就充分运用互联网传播新闻信息。中国的通讯社、报社、广播电台、电视台等利用资源优势和品牌优势开展网络新闻传播，满足人们的新闻信息需求，已形成人民网、新华网、央视网、中国广播网等一批综合新闻信息服务网站，不仅扩大了权威新闻信息传播的广度，而且为传统媒体自身发展拓展了新的空间。一批著名的商业网站也成为人们获取新闻信息的重要渠道。据统计，80％以上的网民主要依靠互联网获取新闻信息。网络媒体的发展不仅提高了新闻传播的时效性、有效性，而且在报道重要新闻事件中发挥了独特作用，充分满足了人们的信息需求。网络媒体直播中国共产党全国代表大会、全国人民代表大会和中国人民政治协商会议等已成为惯例。

公民依法享有互联网上充分的言论自由。《中华人民共和国宪法》赋予公民言论自由的权利。中国公民在互联网上的言论自由受法律保护，可以通过各种形式在网上发表言论。网上交流活跃是中国互联网发展的一大特点，论坛帖文、博客文章数量之巨大，在世界各国都是难以想象的。中国的网站十分注重为网民提供发表言论的服务，约80％的网站提供电子公告服务。中国现有上百万个论坛，2.2亿个博客用户，据抽样统计，每天人们通过论坛、新闻评论、博客等渠道发表的言论达300多万条，超过66％的中国网民经常在网上发表言论，就各种话题进行讨论，充分表达思想观点和利益诉求。互联网新应用新服务为人们表达意见提供了更广阔的空间。博客、微博客、视频分享、社交网站等新兴网络服务在中国发展迅速，为中国公民通过互联网进行交流提供了更便捷的条件。网民踊跃参与网上信息传播、参与网上内容创造，大大丰富了互联网上信息内容。

充分发挥互联网的监督作用。中国政府积极创造条件让人民监督政府，十分重视互联网的监督作用，对人们通过互联网反映的问题，要求各级政府及时调查解决，并向公众反馈处理结果。绝大多数政府网站都公布了电子邮箱、电话号码，以便于公众反映政府工作中存在的问题。近几年，一大批通过互联网反映出来的问题得到了解决。为便于公众举报贪污腐败等问题，中央纪检监察机构和最高人民法院、最高人民检察院等开设了举报网站。中央纪委监察部举报网站、国家预防腐败局网站等开通后，为惩治和预防贪污腐败发挥了重要作用。据抽样调查，超过60％的网民对政府发挥互联网的监督作用予以积极评价，认为这是中国社会民主与进步的体现。

高度重视互联网上反映的社情民意。互联网在政府与公众之间架起了直接沟通的桥梁。通过互联网了解民情、汇聚民智，成为中国政府执政为民、改进工作的新渠道，互联网上的公众言论正受到前所未有的关注。中国领导人经常上网了解公众意愿，有时直接在网上与网民交流，讨论国家大事，回答网民的问题。各级政府出台重大政策前，通过互联网征求意见已成为普遍做法。每年全国人民代表大会和中国人民政治协商会议期间，都通过互联网征求公众意见。近三年来，每年通过互联网征求到的建议多达几百万条，为完善政府工作提供了有益参考。

互联网为人们享有知情权、参与权、表达权和监督权提供了前所未有的便利条件和直接渠道，为政府了解人民意愿，满足人民需要，维护人民利益发挥了日益重要的作用。中国政府将坚定不移地维护公民依法享有的互联网上言论自由。

四、管理互联网的基本原则与实践

中国坚持依法管理、科学管理和有效管理互联网，努力完善法律规范、行政监管、行业自律、技术保障、公众监督和社会教育相结合的互联网管理体系。中国管理互联网的基本目标是，促进互联网的普遍、无障碍接入和持续健康发展，依法保障公民网上言论自由，规范互联网信息传播秩序，推动互联网积极有效应用，创造有利于公平竞争的市场环境，保障宪法和法律赋予的公民权益，保障网络信息安全和国家安全。

中国依法管理互联网。1994年以来，中国颁布了一系列与互联网管理相关的法律法规，主要包括《全国人民代表大会常务委员会关于维护互联网安全的决定》、《中华人民共和国电子签名法》、《中华人民共和国电信条例》、《互联网信息服务管理办法》、《中华人民共和国计算机信息系统安全保护条例》、《信息网络传播权保护条例》、《外商投资电信企业管理规定》、《计算机信息网络国际联网安全保护管理办法》、《互联网新闻信息服务管理规定》、《互联网电子公告服务管理规定》等。《中华人民共和国刑法》、《中华人民共和国民法通则》、《中华人民共和国著作权法》、《中华人民共和国未成年人保护法》、《中华人民共和国治安管理处罚法》等法律的相关条款适用于互联网管理。中国坚持审慎立法、科学立法，为互联网发展预留空间。相关法律法规涉及互联网基础资源管理、信息传播规范、信息安全保障等主要方面，对基础电信业务经营者、互联网接入服务提供者、互联网信息服务提供者、政府管理部门及互联网用户等行为主体的责任与义务作出了规定。法律保障公民的通信自由和通信秘密，同时规定，公民在行使自由和权利的时候，不得损害国家、社会、集体的利益和其他公民的合法的自由和权利，任何组织或个人不得利用电信网络从事危害国家安全、社会公共利益或者他人合法权益的活动。

政府在互联网管理中发挥主导作用。政府有关部门根据法定职责，依法维护公民权益、公共利益和国家安全。国家通信管理部门负责互联网行业管理，包括对中国境内互联网域名、IP 地址等互联网基础资源的管理。依据《互联网信息服务管理办法》，中国对经营性互联网信息服务实行许可制度，对非经营性互联网信息服务实行备案制度。国家新闻、出版、教育、卫生等部门依据《互联网信息服务管理办法》，对“从事新闻、出版、教育、医疗保健、药品和医疗器械等互联网信息服务”实行许可制度。公安机关等国家执法部门负责互联网安全监督管理，依法查处打击各类网络违法犯罪活动。

积极倡导行业自律和公众监督。2001 年 5 月，中国互联网协会成立，这是全国性互联网行业组织，其宗旨是服务于互联网行业发展、网民和政府的决策。该协会先后制定并发布了《中国互联网行业自律公约》、《互联网站禁止传播淫秽色情等不良信息自律规范》、《抵制恶意软件自律公约》、《博客服务自律公约》、《反网络病毒自律公约》、《中国互联网行业版权自律宣言》等一系列自律规范，促进了互联网的健康发展。中国互联网协会为治理垃圾邮件作出了不懈努力，使中国的垃圾邮件占全球垃圾邮件的比例从 2002 年的 23 % 下降到 2009 年的 4. 1 %。为加强公众对互联网服务的监督，2004 年以来，中国先后成立了互联网违法和不良信息举报中心、网络违法犯罪举报网站、12321 网络不良与垃圾信息举报受理中心、12390 扫黄打非新闻出版版权联合举报中心等公众举报受理机构，并于 2010 年 1 月发布了《举报互联网和手机媒体淫秽色情及低俗信息奖励办法》。中国政府将进一步支持互联网行业组织的工作，为行业组织发挥作用提供服务，并依法保障公众举报网上违法信息和行为的正当权利。

主张合理运用技术手段遏制互联网上违法信息传播。根据互联网的特性，从有效管理互联网的实际需要出发，中国政府主张依据相关法律法规，参照国际通行做法，发挥技术手段的防范作用，遏制违法信息对国家安全、社会公共利益和未成年人的危害。《全国人民代表大会常务委员会关于维护互联网安全的决定》、《中华人民共和国电信条例》、《互联网信息服务管理办法》、《计算机信息网络国际联网安全保护管理办法》等法律法规明确规定，严禁传播含有颠覆国家政权、破坏国家统一、损害国家荣誉和利益、煽动民族仇恨、破坏民族团结、宣扬邪教以及淫秽色情、暴力、恐怖及侵害他人合法权益等内容的信息。根据这些法律法规，基础电信业务经营者、互联网信息服务提供者等应建立互联网安全管理制度，采取技术措施，阻止各类违法信息的传播。

主张加强互联网法制和道德教育。全社会的法制和道德素养关系互联网环境建设。中国政府支持开展互联网法制和道德教育工作，鼓励各类媒体和社会组织积极参与，积极推动把互联网法制和道德教育纳入中小学日常教学内容。中国政府十分重视青年组织、妇女组织等在提高全民网络素养中的作用，鼓励相关组织开展有利于普及互联网知识和正确使用互联网的公益活动。

确保未成年人上网安全。未成年人已成为

中国网民的最大群体，截至2009年底，中国3.84亿网民中，未成年人约占1/3，互联网对未成年人成长的影响越来越大。同时，网络淫秽色情等违法和有害信息严重危害青少年的身心健康，成为社会普遍关注的突出问题。中国政府高度重视依法保护未成年人上网安全，始终把保护未成年人放在维护互联网信息安全的优先地位。《中华人民共和国未成年人保护法》规定，国家采取措施，预防未成年人沉迷网络；禁止任何组织、个人制作或者向未成年人出售、出租或者以其他方式传播淫秽、暴力、凶杀、恐怖、赌博等毒害未成年人的电子出版物以及网络信息等。国家鼓励研究开发有利于保护未成年人上网安全的网络工具，鼓励提供适合未成年人的网络产品和服务。保护未成年人上网安全，家庭、学校和社会各界应共同努力，营造有利于未成年人健康成长的网络环境。中国政府将积极推进“母亲教育计划”，帮助家长引导未成年人正确使用互联网。

积极保护数字知识产权。2000年以来，中国修订了《中华人民共和国著作权法》，制定了《互联网著作权行政保护办法》，以及审理涉及计算机网络著作权纠纷案件的相关司法解释，为保护数字知识产权提供了基本法律依据。国家著作权行政管理部门负责查处互联网侵权盗版行为。针对反复侵权、群体性侵权以及大规模假冒、盗版等行为，政府有关部门联合开展了一系列管理行动。中国将继续探索互联网环境下的知识产权保护工作，努力实现保障公共利益和促进创新之间的平衡。

依法保护公民网上隐私。保护互联网上的个人隐私关系到人们对互联网的安全感和信心。中国政府积极推动健全相关立法和互联网企业服务规范，不断完善公民网上个人隐私保护体系。《全国人民代表大会常务委员会关于维护互联网安全的决定》规定，非法截获、篡改、删除他人邮件或其他数据资料，侵犯公民通信自由和通信秘密，构成犯罪的，依照刑法有关规定追究刑事责任。依据互联网行业自律规范，互联网服务提供者有责任保护用户隐私，在提供服务时应公布相关隐私保护承诺，提供侵害隐私举报受理渠道，采取有效措施保护个人隐私。

中国政府积极探索依法管理、科学管理、有效管理互联网的途径和方法，已初步形成符合中国国情、符合国际通行做法的互联网管理模式。互联网管理是一个不断实践的过程，中国政府将在实践中进一步完善互联网管理。

五、维护互联网安全

维护互联网安全是互联网健康发展和有效运用的前提。当前，互联网安全问题日益突出，成为各国普遍关切的问题，中国也面临着严重的网络安全威胁。有效维护互联网安全是中国互联网管理的重要范畴，是保障国家安全、维护社会公共利益的必然要求。中国政府认为，互联网是国家重要基础设施，中华人民共和国境内的互联网属于中国主权管辖范围，中国的互联网主权应受到尊重和维护。中华人民共和国公民及在中华人民共和国境内的外国公民、法人和其他组织在享有使用互联网权利和自由的同时，应当遵守中国法律法规、自觉维护互联网安全。

依法维护互联网安全。为维护互联网安全，《中华人民共和国刑法》、《全国人民代表大会常务委员会关于维护互联网安全的决定》、《中华人民共和国治安管理处罚法》、《中华人民共和国电信条例》、《计算机信息系统安全保护条例》、《互联网信息服务管理办法》、《计算机信息网络国际联网安全保护管理办法》等法律法规作出了相关规定，以促进中国互联网的健康发展，维护国家安全和社会公共利益，保护个人、法人和其他组织的合法权益。《中华人民共和国电信条例》第六条规定，“电信网络和信息的安全受法律保护。任何组织或者个人不得利用电信网络从事危害国家安全、社会公共利益或者他人合法权益的活动”。

维护互联网信息的安全流动。互联网信息的自由流动与安全流动是相互依存的整体，应在保障互联网信息安全流动的前提下，实现互联网信息的自由流动。中国政府高度重视维护互联网信息的安全流动，积极引导人们依法办网、文明上网、正确用网。《全国人民代表大会常务委员会关于维护互联网安全的决定》、《中华人民共和国电信条例》、《互联网信息服务管理办法》明确规定，任何组织或者个人不得利用互联网等电信网络制作、复制、发布、传播含有下列内容的信息：反对宪法所确定的基本原则的；危害国家安全，泄露国家秘密，颠覆国家政权，破坏国家统一的；损害国家荣誉和利益的；煽动民族仇恨、民族歧视，破坏民族团结的；破坏国家宗教政策，宣扬邪教和封建迷信的；散布谣言，扰乱社会秩序，破坏社会稳定的；散布淫秽、色情、赌博、暴力、凶杀、恐怖或者教唆犯罪的；侮辱或者诽谤他人，侵害他人合法权益的；含有法律、行政法规禁止的其他内容的。上述法律法规是维护中华人民共和国境内互联网信息安全的基本法律依据，所有中国公民和在中华人民共和国境内的外国公民、法人和其他组织都必须遵守。

依法打击网络犯罪。近年来，中国的网络犯罪呈上升趋势，各种传统犯罪与网络犯罪结合的趋势日益明显，网络诈骗、网络盗窃等侵害他人财产的犯罪增长迅速，制作传播计算机病毒、入侵和攻击计算机与网络的犯罪日趋增多，利用互联网传播淫秽色情及从事赌博等犯罪活动仍然突出。据统计，1998 年公安机关办理各类网络犯罪案件 142 起，2007 年增长到 2.9 万起，2008 年为 3.5 万起，2009 年为 4.8 万起。为有效打击网络违法犯罪活动，中国法律规定，对利用互联网和针对互联网的犯罪行为，依照《中华人民共和国刑法》的相关规定追究刑事责任；对不构成犯罪的，依照《中华人民共和国治安管理处罚法》、《计算机信息网络国际联网安全保护管理办法》等法律法规予以行政处罚。

反对任何形式的网络黑客攻击行为。中国同世界其他国家一样，面临黑客攻击、网络病毒等违法犯罪活动的严重威胁。中国是世界上黑客攻击的主要受害国之一。据不完全统计，2009 年中国被境外控制的计算机 IP 地址达 100 多万个；被黑客篡改的网站达 4.2 万个；被“飞客”蠕虫网络病毒感染的计算机每月达 1800 万台，约占全球感染主机数量的 30 %。中国法律禁止任何形式的网络黑客行为。《全国人民代表大会常务委员会关于维护互联网安全的决定》明确规定，对“故意制作、传播计算机病毒等破坏性程序，攻击计算机系统及通信网络，致使计算机系统及通信网络遭受损害”等破坏网络安全的行为，构成犯罪的，依照刑法有关规定追究刑事责任。《中华人民共和国刑法》第二百八十五条、二百八十六条对非法获取计算机信息系统中存储、处理或者传输的数据，对提供专门用于侵入、非法控制计算机信息系统的程序、工具等违法行为的刑事处罚作出了具体规定。

各国国情和文化传统不同，对互联网安全的关切也有差异，应充分尊重各国对互联网安全的不同关切，在差异中求和谐，在交流中促发展，共同维护国际互联网安全。

六、积极开展国际交流与合作

各国互联网彼此相联，同时又分属不同主权范围，这决定了加强国际交流与合作的必要性。中国主张，各国在平等互利的基础上，积极开展互联网领域的交流与合作，共同承担维护全球互联网安全的责任，促进互联网健康有序发展，分享互联网发展的机遇和成果。

中国政府始终支持并积极开展互联网领域的国际交流与合作。中国派代表参加了历届信息社会世界峰会（WSIS）及与互联网相关的其他重要国际或区域性会议。中国高度重视在维护互联网安全方面的区域合作，2009 年分别与东盟和上合组织成员国签订了《中国—东盟电信监管理事会关于网络安全问题的合作框架》和《上合组织成员国保障国际信息安全政府间合作协定》。在打击网络犯罪领域，中国公安机关参加了国际刑警组织亚洲及南太平洋地区信息技术犯罪工作组（The Interpol Asia-South Pacific Working Party on IT Crime）、中美执法合作联合联络小组（JLG）等国际合作，并先后与美国、英国、德国、意大利、香港等国家或地区举行双边或多边会谈，就打击网络犯罪进行磋商。2006 年以来，中国公安机关共办理了来自 40 多个国家和地区有关网络犯罪的协查函件 500 余件，涉及黑客攻击、儿童色情、网络诈骗等多种案件类型。中国积极推动建立互联网领域的双边对话交流机制，2007 年以来先后与美国、英国举办了“中美互联网论坛”和“中英互联网圆桌会议”。为学习借鉴其他国家互联网发展与管理的有益经验，2000 年以来中国政府先后组织数十个代表团，访问了亚洲、欧洲、北美、南美、非洲等40 多个国家，将相关国家的成功经验应用到中国互联网发展与管理的实践之中。

中国主张发挥联合国在国际互联网管理中的作用。中国支持建立一个在联合国框架下的、全球范围内经过民主程序产生的、权威的、公正的互联网国际管理机构。互联网基础资源关系到互联网的发展与安全。中国认为，各国都有参与国际互联网基础资源管理的平等权利，应在现有管理模式的基础上，建立一个多边的、透明的国际互联网基础资源分配体系，合理分配互联网基础资源，促进全球互联网均衡发展。

各国应在平等互利的基础上开展多形式、多渠道、多层次的交流与合作。各国政府可建立双边交流机制，就互联网政策、互联网立法、互联网安全等问题交流观点、经验和做法，平等协商解决分歧。各国政府应支持互联网行业组织开展国际交流活动，鼓励互联网行业组织通过交流增进共识，共同解决互联网业界面临的问题。互联网的发展带来了一系列新的科学和伦理问题，应鼓励各国专家学者开展学术交流，分享研究成果。面对日益突出的跨国网络犯罪问题，各国执法机构应加强共同防止和打击网络犯罪的侦查协作，建立多边或双边的合作机制。

中国愿与世界各国分享中国互联网发展机遇。中国将坚定不移地实行对外开放政策，始终依法开放中国互联网市场，欢迎各国企业依据《外商投资电信企业管理规定》进入中国互联网市场，分享中国互联网发展机遇。中国恪守世界贸易组织成员应履行的普遍性义务和具体承诺义务，依法保护外资企业在华合法权益，并积极为在华外资企业依法开展与互联网相关的经营业务提供良好的服务。

结束语

中国互联网的快速发展，得益于中国的改革开放政策，得益于中国经济的持续发展，也得益于国际先进技术和经验。中国互联网的发展极大地促进了中国科技、经济、政治、社会、文化的发展，促进了中国社会文明进步和人民生活水平的提高。中国政府将一如既往地促进互联网发展，鼓励运用新技术提供新服务，满足人们不断增长的多样化需求。

中国互联网仍在快速发展过程中，新情况、新问题不断出现，中国政府将坚持依法管理互联网的基本原则，坚持立足本国国情，努力遵循互联网自身特点和发展规律，以有效管理促进科学发展，为世界互联网的繁荣发展作出贡献。

三、国家人权行动计划

国家人权行动计划（2009—2010年）

国务院新闻办公室
（2009年4月）

目　录

导　言

实现充分的人权是人类长期追求的理想，也是中国人民和中国政府长期为之奋斗的目标。

中华人民共和国成立以来，在中国共产党的领导下，中国政府将人权的普遍性原则与中国的具体国情相结合，为促进和保障人权做出了不懈的努力，中国人民的命运发生了翻天覆地的变化，中国人权事业实现了历史性发展。特别是改革开放以来，中国把尊重和保障人权作为治国理政的重要原则，庄严载入《中华人民共和国宪法》，采取切实有效的措施促进人权事业发展，使中国人民的物质文化生活水平得到大幅提高，政治、经济、文化、社会权利得到切实保障，谱写了中国人权事业发展的新篇章。

中国是一个拥有13亿人口、人均资源占有率很低、生产力欠发达、经济文化发展不平衡的发展中国家。当前，中国正处于全面建设小康社会、加快推进社会主义现代化的新阶段，改革发展稳定的任务十分繁重。受自然、历史、文化和经济社会发展水平等因素的影响和制约，中国的人权发展还面临诸多挑战，不断推进人权事业发展任重道远。

中国政府坚持以人为本，落实“国家尊重

和保障人权”的宪法原则，既尊重人权普遍性原则，又从基本国情出发，切实把保障人民的生存权、发展权放在保障人权的首要位置，在推动经济社会又好又快发展的基础上，依法保证全体社会成员平等参与、平等发展的权利。中国政府在治国理政中坚持发展为了人民，发展依靠人民，发展成果由人民共享，着力解决好人民最关心、最直接、最现实的利益问题，促进社会公平正义，努力使全体人民学有所教、劳有所得、病有所医、老有所养、住有所居；坚持以保证人民当家做主为根本，从各个层次、各个领域扩大公民有序政治参与，健全民主制度，丰富民主形式，拓宽民主渠道，依法实行民主选举、民主决策、民主管理、民主监督，着力保障人民的知情权、参与权、表达权、监督权。与此同时，中国政府主张加强国际人权交流、对话与合作，同世界各国一道，共同致力于推动世界人权事业健康发展，为建设持久和平、共同繁荣的和谐世界做出应有的贡献。

中国政府坚定不移地推进中国的人权事业，并响应联合国关于制定国家人权行动计划的倡议，在认真总结经验、客观分析当前实际情况的基础上，制定《国家人权行动计划（2009—2010年）》，明确未来两年中国政府在促进和保护人权方面的工作目标和具体措施。

制定本行动计划的基本原则是：第一，根据中国宪法的基本原则，遵循《世界人权宣言》和国际人权条约的基本精神，完善保障人权的各项法律法规，依法推进中国人权事业的发展；第二，坚持各类人权相互依赖与不可分割的原则，平衡推进经济、社会和文化权利与公民权利和政治权利的协调发展，促进个人人权和集体人权的均衡发展；第三，从中国的国情出发，本着务实的精神，确保设定的目标和措施切实可行，科学推进中国人权事业的发展。

《国家人权行动计划（2009—2010年）》是在中国政府各有关部门和社会各界广泛参与下制定的。为制定好本行动计划，中国政府专门设立了国家人权行动计划联席会议机制。联席会议机制的牵头单位为国务院新闻办公室和外交部，成员包括全国人大常委会法制工作委员会、全国政协社会和法制委员会、最高人民法院、最高人民检察院、国家发展和改革委员会、教育部、国家民族事务委员会、民政部、司法部、人力资源和社会保障部、卫生部、中国残疾人联合会、中国人权研究会等53家单位。同时，邀请了来自南开大学、上海社会科学院、山东大学、中国政法大学、中国社会科学院、北京大学、武汉大学、中国人民大学、中央党校等高校和研究机构的专家组成专家小组参与本计划的起草制定工作。在计划起草制定过程中，多次召开联席会议，与政府各有关部门进行反复研究；多次召开座谈会，邀请中国法学会、中华全国律师协会、中国法律援助基金会、中华环境保护基金会、中国教育学会、中国妇女发展基金会、中国扶贫基金会、中国残疾人福利基金会、中国人权发展基金会等20多个单位参加，广泛征求各社会团体、非政府组织、高等院校、研究机构以及社会各界的意见，反复讨论和修订。

《国家人权行动计划（2009—2010年）》是中国政府促进和保障人权的阶段性政策文件，其内容覆盖政治、经济、社会、文化等各个领域。各级政府以及政府各部门将依照“各司其职、分工负责”的原则，将本行动计划纳入本地区和本部门的工作职责积极认真地予以落实。各类企事业单位、社会团体、非政府组织、新闻媒体和社会公众积极参与本行动计划的宣传，参与推动本行动计划的落实。由国务院新闻办公室和外交部牵头、立法和司法机关以及国务院相关职能部门组成的国家人权行动计划联席会议机制，负责统筹协调本行动计划的执行、监督与评估工作。

本计划业经国务院批准，授权国务院新闻办公室予以公布。

一、经济、社会和文化权利保障

2009—2010年，国家将采取积极有效的措施，努力克服国际金融危机带来的消极影响，切实保障全体社会成员的经济、社会和文化权利。

（一）工作权利

大力促进就业和再就业，保障劳动者的合

法权益。

——落实就业促进法，实现城乡就业统筹，促进就业增长。2009—2010年，新增1800万城镇就业人口，转移1800万农业劳动人口，城镇登记失业率控制在5%以内，重点解决高校毕业生和农民工就业问题。

——落实劳动合同法，普遍推行劳动合同制度，大力推广集体合同制度，健全劳动关系三方协调机制，全面落实最低工资制度，促进职工工资水平稳步增长。

——扩大职业培训，全国技能劳动者总数达到1.1亿，其中技师和高级技师占技能劳动者总数的5%，高级工占20%。

——落实安全生产法，坚持“安全第一、预防为主、综合治理”的方针，加强劳动保护，改善生产条件，亿元国内生产总值生产安全事故死亡率比2005年降低35%，工矿商贸就业人员10万人生产安全事故死亡率比2005年降低25%。

——落实劳动争议调解仲裁法，公正及时解决劳动争议，促进劳动关系和谐稳定。推广工资支付监控和工资保证金制度，依法追究恶意拖欠工资行为的法律责任。

（二）基本生活水准权利

继续采取有效措施，促进城乡居民特别是中低收入居民收入的逐步增长，完善最低生活保障等制度，努力维护城乡居民获得基本生活水准的权利。

——努力提高国民收入水平，城镇居民年人均可支配收入达到人民币15781元以上，农村居民年人均纯收入在2008年的4761元的基础上，每年实际增长6%左右。

——加大扶贫工作力度，尽快稳定解决扶贫对象温饱问题，并逐步提高其收入水平，实现脱贫致富。加大“雨露计划”（注1）实施力度，每年完成对100万贫困劳动者的转移技能培训和对1000万劳动者的实用技术培训。

——发展普通商品住房和经济适用住房，改善城市中低收入家庭住房条件；健全廉租房制度，加快解决城市低收入家庭住房困难；严格执行拆迁的许可、资金监管、协议、评估、项目转让审批、住房保障、补偿救济和听证等制度，保障被拆迁人的合法权益。

——完善最低生活保障制度。修订《城市居民最低生活保障条例》，研究制定《城市低保标准测算与调整办法》、《城市低保家庭收入核算办法》和《城市低保分类施保实施办法》。推进《农村最低生活保障条例》的制定工作，规范农村最低保障标准、对象审核、分类分档救助等环节，实现应保尽保，逐步提高保障水平。

（三）社会保障权利

完善和落实基本养老和基本医疗、失业、工伤、生育保险制度和社会救助制度，提高社会保障水平。

——抓紧起草制定与社会保障有关的法律法规的配套规定，建立健全相关制度，加强对社会保险基金的管理、使用和监督，促进社会保险基金法规政策的贯彻落实，确保社会保险基金安全完整。

——扩大各类社会保险覆盖面。到2010年，城镇基本养老保险参保人数超过2.23亿，基本医疗保险参保人数超过4亿，失业保险参保人数超过1.2亿，工伤保险参保人数超过1.4亿，生育保险参保人数超过1亿。参加农村社会养老保险和企业年金的人数逐年增长。

——提高社会保险统筹层次。基本实现基本养老保险省级统筹，推进医疗、失业和工伤保险市（地）级统筹，完善工伤保险储备金制度。

——完善农村“五保”供养制度（注2）。制定《农村五保供养服务机构管理办法》、《农村五保供养服务标准》和《农村五保供养服务设施建设专项规划》，继续实施“霞光计划”（注3），切实保证农村五保对象达到当地村民平均生活水平。

——完善城市流浪乞讨人员的救助制度。修订《城市生活无着的流浪乞讨人员救助管理办法》，制定《流浪未成年人救助保护条例》、《救助管理站服务标准》、《流浪未成年人救助保护机构服务标准》等行政法规和规范性文件。在市（地）级以上城市和重点县区建设一批设施比较完善的流浪未成年人救助保护中心。

（四）健康权利

初步建立覆盖全国城乡居民的基本医疗卫生制度框架，使中国进入实施全民基本卫生保健国家行列。

——2010年预定达到的主要健康指标是：人口平均预期寿命达到73岁，婴儿死亡率控制在14.9‰以内，5岁以下儿童死亡率控制在17.7‰以内，孕产妇死亡率控制在40/10万以内，儿童国家免疫规划疫苗接种率城市和农村分别达到95％以上和90％以上。

——加快推进基本医疗保障制度建设。到2010年，各级财政对城镇居民医疗保险和新型农村合作医疗的补助标准提高到每人每年120元。到2011年，城镇职工基本医疗保险、城镇居民基本医疗保险和新型农村合作医疗覆盖城乡全体居民，参保（合）率提高到90％以上。逐步提高财政范围内的住院费用报销比例，扩大门诊费用报销范围和比例。

——健全基本医疗卫生服务体系。从2009年起，三年内重点支持约2000所县级医院（含中医院）建设，使每个县至少有1所县级医院基本达到标准化水平；新建、改造3700所城市社区卫生服务中心和1.1万个社区卫生服务站。全面完成中央规划支持的2.9万所乡镇卫生院建设任务，改建扩建5000所中心乡镇卫生院，每个县1~3所。

——促进基本公共卫生服务逐步均等化。从2009年开始，逐步在全国统一建立居民健康档案。定期为65岁以上老年人做健康检查，为3岁以下婴幼儿做生长发育检查，为孕产妇做产前检查和产后访视，为高血压、糖尿病、精神疾病、艾滋病、结核病等人群提供防治指导服务。实施结核病等重大疾病防控、国家免疫规划、农村妇女住院分娩等重大公共卫生项目。开展为15岁以下人群补种乙肝疫苗、消除燃煤型氟中毒危害、贫困白内障患者复明、农村改水改厕以及为预防出生缺陷而进行的农村妇女孕前和孕早期补服叶酸等项目。

——有效控制传染病流行。加大艾滋病防治力度，加强重点传染病的预防控制，县级以上和乡镇医疗卫生机构传染病网络直报覆盖率分别达到100％和80％以上，报告的完整率和及时率达到90％以上。强化计划免疫，保持无脊髓灰质炎状态，麻疹发病率比2007年下降50％，乙脑、狂犬病、出血热等可预防传染病发病率比2007年下降30％。扩大国家免疫规划疫苗种类，落实农村人口和流动人口的预防接种措施，优先保护新生儿和在校生等重点人群，有效遏制乙肝的高流行状态。切实加强对寄生虫病等地方病的防治，力争所有流行县（市、区）都达到控制传播标准。

——制定出台食品安全法，建立健全与食品、药品相关的生产许可、强制检验、市场准入、召回以及进出口检验检疫等制度，并对贯彻实施情况加强检查监督，确保严格执法，保障食品、药品安全。

——在2009年再解决6000万农村人口的饮水安全问题，提前实现联合国确定的“2015年前无法可持续获得安全饮水人口比例减半”的目标。

——加强城乡社区体育设施建设，力争到2010年人均体育场地设施面积达到1.4平方米，城市社区和农村村镇的公共体育设施条件明显改善。广泛开展全民健身运动，健全群众体育组织，完善全民健身体系。

（五）受教育权利

优先发展义务教育、农村教育，大力发展职业教育，提高高等教育质量，进一步推进校外教育，保障公民平等受教育权利。

——制定到2020年的《国家中长期教育改革和发展规划纲要》，明确教育改革与发展的目标、任务、主要措施，提高公民总体受教育水平。

——全面普及九年义务教育。小学净入学率保持在99％以上，初中毛入学率达到98％以上，初中三年保留率达到95％。继续扫除青壮年文盲，青壮年文盲率下降到4％以下。流动人口中的儿童基本能接受九年义务教育，大中城市和经济发达地区适龄儿童基本能接受学前3年教育，农村儿童学前1年受教育率有较大提高。

——积极推进义务教育均衡发展。将义务教育的重点放在办好每一所学校和关注每一个孩子的健康成长上，积极回应联合国教科文组织大力倡导的“全纳教育”理念，关注每一个孩子身心的健康成长，把提高农村学校教育质量和改造城镇薄弱学校放在重要的位置。

——加快发展农村教育事业。落实农村中小学教师工资和办学经费保障机制，实施中西部农村初中校舍改造工程和新农村卫生校园建设工程，基本建成农村学校远程教育网络。实施农村义务教育阶段学校教师特设岗位计划、农村学校教育硕士师资培养计划、大学生志愿服务西部计划。

——加快发展职业教育。建设2000个专业门类齐全、装备水平较高、优质资源共享的职业教育重点专业实训基地，扶持建设一批县级职业教育中心、中等职业学校和100所示范性高等职业院校。

——中央政府投入专项资金实施“高等学校本科教学质量与教学改革工程”。继续实施“211工程”（注4）和“985工程”（注5），加快推进高水平大学建设。

——加快校外教育发展。2009—2010年，中央政府将筹集彩票公益金30亿元，用于支持校外活动场所的建设和运营，力争到2010年实现全国每个县（区）都有一所校外活动场所的目标，保障未成年人享受校外教育的权利。

——进一步建立健全家庭经济困难学生资助体系。加大财政投入，落实各项助学政策，扩大受助学生覆盖面，提高资助水平。

（六）文化权利

采取有力措施，发展繁荣文化事业，保障公民基本文化权益。

——建设公共文化服务体系。基本建成覆盖城乡的公共文化服务设施网络，实现大城市和中心城市有大剧院、公共图书馆、博物馆、美术馆、电影院、群众艺术馆，县（市）有文化馆、图书馆、电影院，行政村有文化活动室，社区有文化中心。在中西部地区新建、改扩建2.67万个综合文化站。每年建设农家书屋7万家左右，到2010年底，全国共建设农家书屋23.7万余家。国家财政投入11.15亿元，建成覆盖城乡的数字文化服务体系。

——实现全国文化信息资源共享工程“十一五”建设目标。到2010年底，实现县县建有支中心、村村建有基层服务点，完成100TB数字资源建设任务。

——全面推进广播影视数字化。构建全国地面数字电视覆盖网、卫星直播及移动多媒体广播系统，推进“三网融合”，构建海量内容资源管理系统和内容集成分发交换平台，建立电影数字节目集成等平台，推进农村流动数字放映进程。

——实施重大文化产业项目带动战略。加快文化产业基地和区域性特色文化产业群建设，培育文化产业骨干企业和战略投资者，鼓励非公有资本进入政策许可的文化产业领域，鼓励民营文艺表演团体发展，依法发展文艺经纪代理、无形资产评估鉴定、信息咨询等中介服务机构。

——鼓励支持文化创造和普及。设立文化发展专项资金和优秀剧节目创作演出专项资金，扶持传统剧种新剧目的创作、人才培养及公益演出，扶持公益性、示范性文化艺术活动。鼓励国有文艺表演团体深入基层演出，2009—2010年，国家财政投入1亿元，为剧团等基层文化机构配备流动舞台车300辆左右，开展流动文化服务，使文化下乡活动小型化、经常化。国家安排资金34亿元，运用卫星直播技术，到2010年底实现71.66万个20户以上已通电自然村通广播电视，基本实现全国农村电影数字化放映，一村一月放映一场。

——继续推动博物馆和爱国主义教育基地向公众免费开放，研究建立有关公益性文化事业保障的法律制度。

——加大知识产权保护力度。依法惩处各种侵权行为，维护知识产权人的合法权益。初步建成服务公众的专利检索与服务平台。

（七）环境权利

坚持人与自然和谐发展的方针，合理开发利用自然资源，积极参与国际合作，创造有益于人类生存和持续发展的环境，努力建设资源节约型、环境友好型社会，保障公众环境权益。

——到2010年，二氧化硫和化学需氧量排放得到控制，重点地区和城市的环境质量有所改善，生态环境恶化趋势基本遏制，确保核与辐射环境安全。2010年，化学需氧量、二氧化硫排放量比2005年下降10％，地表水国控断面劣Ⅴ类水质的比例比2005年下降4.1个百分点，七大水系国控断面好于Ⅲ类的比例提高2个百分点，重点城市空气质量好于Ⅱ级标准的天数超过292天的比例提高5.6个百分点。

——落实《国家环境与健康行动计划(2007—2015年)》，完善环境与健康工作的法律、管理和科技支撑体系，控制有害环境因素及其对健康的影响，减少环境相关性疾病发生，维护公众健康，促进国家"十一五"规划纲要中提出的环保约束性指标和联合国千年发展目标的实现。

——强化环境法治，维护公众环境权益。深入开展整治违法排污企业，保障群众健康专项行动，严厉查处环境违法行为和案件。持续开展环境安全检查，重点排查沿江沿河和人口密集区的石油、化工、冶炼等企业，努力消除环境隐患。加强危险化学品、危险废物、放射性废物监管，防范环境风险。推行政务公开，实行环境保护政策法规、项目审批、案件处理等政务公告公示制度。加强信访工作，充分发挥12369环保热线作用，拓宽和畅通群众举报投诉渠道。

——力争实现2010年单位国内生产总值能耗比2005年降低20％左右。

——发展可再生能源。努力使可再生能源消费到2010年达到全部能源消费的10％。

——落实《应对气候变化国家方案》，减缓温室气体排放，在通过提高能源效率和开发可再生能源以减少二氧化碳排放的同时，力争使工业生产过程的氧化亚氮排放稳定在2005年的水平，森林覆盖率达到20％，年碳汇数量比2005年增加约0.5亿吨二氧化碳。到2010年使改良草地达到4000万公顷，治理退化、沙化和碱化草地达到1.1亿公顷，将农业灌溉用水有效利用系数提高到0.5。努力使90％左右的典型森林生态系统和国家重点野生动植物得到有效保护，自然保护区面积占国土总面积的比重达到16％左右，治理荒漠化土地面积2200万公顷。50％的自然湿地得到有效保护。

——2009—2010年，新增水土流失综合治理面积10万平方公里，实施生态修复面积12万平方公里。黑河、塔里木河、石羊河等部分生态脆弱河流得到初步治理。

（八）农民权益的保障

着力破除城乡二元结构，加快新农村建设，维护农民的合法权益。

——保障农民土地权利。做好农村土地确权、登记、颁证工作，依法保障农民对土地的占有、使用、收益等权利；惩处违反土地管理规定的行为；健全土地承包经营权流转市场，按照依法自愿有偿原则，采取转包、出租、互换、转让、股份合作等多种形式流转土地承包经营权。全面推进集体林权制度改革，确保农民平等享有集体林地承包经营权，确保农民的经营主体地位。

——保障农户宅基地用益物权。适应农民住宅建设的特点，按照严格管理、提高效率、便民利民的原则，进一步加强宅基地管理工作。规范简化宅基地审批程序，通过公开、公示等方式接受村民监督，强化对农村宅基地分配和使用情况监管，提高宅基地的利用效率。

——改革征地制度，严格界定公益性、经营性用地，逐步缩小征地范围，完善征地补偿机制。依法征收农村集体土地，按照同地同价原则及时足额给予农民集体和被征地农民合理补偿，并解决好被征地农民的就业、住房、社会保障问题。在土地利用总体规划确定的城镇建设用地范围外，经批准占用农村集体土地建设的非公益性项目，允许农民依法通过多种方式参与开发经营。

——提高农民收入水平。逐年较大幅度增加农民种粮补贴，完善与农业生产资料价格上涨挂钩的农资综合补贴动态调整机制。完善粮食等主要农产品价格形成机制，健全农产品价格保护制度，完善农产品市场调控体系，稳步提高粮食最低收购价，改善其他主要农产品价格保护办法，保持农产品价格合理水平。

——推进城乡基本公共服务均等化。促进公共资源在城乡之间均衡配置、生产要素自由流动。建立政府扶持、多方参与、市场运作的农村信贷担保机制，加快建立农业再保险和巨灾风险分散机制。加快建立城乡统一的人力资源市场，支持农民外出就业、就近转移就业和返乡创业。

——提高农民健康水平。到2010年，实现新型农村合作医疗制度基本覆盖农村居民。每个乡镇设立1所政府办的卫生院，每个行政村设立1个卫生室。加强农村初级卫生保健工作，以县为单位的初级卫生保健合格率达到80％。2009—2010年全国计划解决1.2亿农村人口饮水问题。使现已查明的中重度氟病区村、砷病区村、血吸虫疫区以及其他涉水重病区村实现安全饮水。完成《全国农村饮水安全工程“2010—2013年”规划》的编制工作。

——加强农民工权益保护。逐步实现农民工在劳动报酬、技能培训等方面与城镇职工享有同等待遇，逐步改善农民工子女就学、公共卫生、住房租购等方面的待遇。改善农民工劳动条件，扩大农民工工伤、医疗、养老保险覆盖面，尽快制定和实施农民工参加基本养老保险办法。推进户籍制度改革，放宽中小城市落户条件。

（九）四川汶川特大地震灾后重建中的人权保障

2008年5月12日发生的四川汶川特大地震，给灾区人民生命财产造成了巨大损失。国务院专门制定了《汶川地震灾后恢复重建条例》和《汶川地震灾后恢复重建总体规划》，决定用三年左右时间完成恢复重建的主要任务，使受灾群众基本生活条件和灾区经济发展水平达到或超过灾前水平，实现家家有房住、户户有就业、人人有保障的目标。

——基本完成因灾倒塌和严重损毁的农房重建，保证受灾群众在2009年12月底前住进新房。

——采取多种措施，解决恢复重建规划区内100万左右劳动力的稳定就业问题，重点帮助零就业家庭实现至少一人就业。城镇居民人均可支配收入和农村居民人均纯收入超过灾前水平，灾区群众普遍享有基本生活保障。

——高质量地恢复重建中小学校，重点恢复、重建县级医院和疾病预防控制、妇幼保健、计划生育服务机构，以及乡镇卫生院、中心乡镇计划生育服务站。

——尊重遇难者，对地震中遇难和失踪人员登记造册并予以公布。

——坚持不懈地做好抗震救灾资金物资监督检查工作，确保救灾资金物资全部用于灾区、用于受灾群众，确保灾后恢复重建顺利进行。建立健全社会捐赠和援建资金管理使用等方面的规章制度，加强对重点领域、重点环节的专项检查，充分发挥人民群众的监督作用，严肃查处贪污私分、截留克扣、挤占挪用救灾款物等违纪违法行为。

——贯彻执行防震减灾法等法律和相关法规，为今后防震减灾提供更为健全的法制保障。普及减灾知识，开展防灾减灾救灾知识的宣传普及活动，将灾害教育纳入国民教育体系，将减灾知识纳入文化、科技、卫生“三下乡”活动中，将应急避难场所等防灾设施建设纳入城乡规划。

二、公民权利与政治权利保障

2009—2010年，国家将继续加强民主法治建设，健全民主制度，丰富民主形式，拓宽民主渠道，强化行政执法和司法中的人权保障，提高公民权利与政治权利的保障水平。

（一）人身权利

完善预防和救济措施，在执法、司法的各个环节，依法保障人身权利。

——严禁刑讯逼供。依照法定程序收集证据，严禁刑讯逼供和以威胁、引诱、欺骗以及其他非法的方法收集证据。对刑讯逼供或者体罚、虐待、侮辱犯罪嫌疑人的，将根据不同情节和后果，分别给予相应的处理；构成犯罪的，依法追究刑事责任。

——严禁执法人员实施非法拘禁行为。收押、换押、延押必须依法进行，防止错误羁押和超期羁押。完善对受害者的经济赔偿、法律救济、恢复名誉等措施，对造成非法拘禁、错误羁押、超期羁押的责任人进行责任追究和处罚。

——严格控制并慎用死刑。慎重判处死刑，完善死刑缓期二年执行制度，在死刑缓期执行期间没有故意犯罪的，不执行死刑并予以减刑。

——严格死刑审判程序，完善死刑复核程序。办理死刑案件，应当严格依照刑法和刑事诉讼法的有关规定，坚持罪刑法定、罪刑相适应、适用刑法人人平等和审判公开、程序法定等基本原则；坚持程序公正和实体公正并重原则，切实保障被告人充分行使辩护权等诉讼权利；坚持死刑二审案件开庭审理，确保死刑案件质量。死刑除依法由最高人民法院判决的以外，一律由最高人民法院核准。人民检察院依法加强对死刑案件的监督。

——建立和完善执法、司法监督机制。严格实施执法责任制、执法质量考核评议制、错案责任追究制、领导责任追究和引咎辞职制度。依法惩处国家机关工作人员利用职权实施的侵犯公民人身权利的违法行为，依法惩处司法工作人员非法取证、暴力取证等侵害公民人身权利的行为。

（二）被羁押者的权利

完善监管立法，采取有效措施，保障被羁押者的权利与人道待遇。

——推动完善被羁押者权利保护与人道待遇方面的法律法规、政策措施。

——严格依法执行收监、减刑、假释、暂予监外执行、释放等主要刑罚执行环节。进一步规范执法程序，保证执法程序严密、细致，各执法环节的法律文书和凭证齐备真实、保存完好、档案规范。

——完善监所执法责任制、执法公示制、执法工作评议考核和执法过错责任追究制，建立监所执法执纪监督制度和权力制约机制，加大对监所执法活动中违法犯罪行为的查处和责任追究的力度。

——采取有效措施，严防对被羁押者实施刑讯逼供或者体罚、虐待、侮辱等行为的发生；所有提讯室实施强制物理隔离；建立并推广提讯前后对被羁押者进行体检的制度。

——进一步完善被羁押者的处遇制度。完善被羁押者通信、会见、生活娱乐、离监探亲等规定；完善被羁押者生活卫生管理制度和医疗保障机制，推行生活卫生标准化管理；加强对被羁押者的个别化教育和矫治，推广和深化心理咨询和心理健康教育；加大对监所的资金投入，改善被羁押者的监管环境和条件，保障监所的给养费、公务费、装备购置消耗费、修缮费及其他费用。

——完善监管执法公开制度，将被羁押者权利以及监所有关执法标准、程序向被羁押者、家属及社会公开，通过举报箱、举报电话、监所领导接待日、聘请执法监督员等方式，对监所执法活动进行有效监督。

——加强人民检察院对监管场所内执法活动的实时检察监督。在监室设置举报箱，方便被羁押者投诉。落实被羁押者约见驻监所检察官制度，被羁押者若认为自己遭受非法待遇，可约见驻监所检察官。

（三）获得公正审判的权利

依法保障诉讼当事人特别是受刑事指控者获得公正审判的权利。

——采取有效措施，保证依法、及时、公正审理各类案件。保证案件审理事实清楚，证据确实充分，审判程序合法。

——全面公开审判信息。对于公开审判的案件，人民法院在开庭三日以前公布案由、被告人姓名、开庭时间和地点；对于不公开审理的案件，须宣布依法不公开审理的理由。

——公开审理时，公开举证、质证、辩论，并公开宣判。公民持有效证件，可以旁听。

——有条件的人民法院对于庭审活动和相关重要审判活动进行录音、录像，建立审判工作的声像档案，当事人可以按规定查阅和复制。

——鼓励各高级人民法院制定通过出版物、局域网、互联网等方式公布生效裁判文书的具体办法，加大生效裁判文书公开的力度。

——切实保障人民陪审员依法参加审判的权利，保证人民陪审员在参加合议庭审判案件时，对事实认定、法律适用独立行使表决权。

——推动修改或废止与律师法规定不一致的各类法规、规章、规范性文件，保障律师会见、通信、阅卷和调查取证等方面的权利，保障律师在执业活动中的人身权、辩护权和辩论权。

——扩大司法救助的对象和范围。按照有关规定，根据案件具体情况，降低诉讼费用的收取标准，依法增加缓、减、免交诉讼费用的范围和数额，简化程序；推动刑事被害人国家救助制度立法工作，明确刑事被害人国家救助的条件、标准、程序等。

——加强法律援助制度建设，落实政府责任。扩大法律援助覆盖面，加大经费保障力度，努力为更多困难群众提供方便、快捷、优质的法律援助。

——推进国家赔偿法的修订，完善对赔偿请求人、赔偿种类和范围、赔偿义务机关、赔偿程序、赔偿方式和计算标准等问题的规定，保障公民、法人和其他组织依法取得国家赔偿。

（四）宗教信仰自由

全面贯彻宗教信仰自由政策，依法管理宗教事务，切实保障公民的宗教信仰自由。

——依法保护正常的宗教活动，维护宗教团体、宗教活动场所和信教公民的合法权益。

——落实《宗教事务条例》，完善相关配套规章，制定相应的地方性法规和规章，保障公民宗教信仰自由权利。

——保护公民不被强制信仰或不信仰宗教、不因宗教信仰而受到歧视，保障宗教信徒的权益。

——尊重少数民族的信仰传统，保护少数民族宗教文化遗产。继续投入必要资金用于维修少数民族地区具有重要历史文化价值的寺庙和宗教设施。

——充分发挥宗教界在促进社会和谐和经济社会发展中的积极作用。鼓励和支持宗教界开展社会公益慈善活动，探索宗教服务社会、服务人群的方法和途径。

（五）知情权

积极推行政务公开，完善相关法律法规，切实保障公民的知情权。

——全面贯彻实施《政府信息公开条例》，对政府及相关部门的信息公开工作进行全面定期考核，检查督促具有公共事务管理职能的组织公开政务信息的情况，依法追究违反该条例的主管人员和直接责任人员的责任。完善地方性政务公开法规。

——逐步形成相对完整的政务公开制度体系。乡镇机构重点公开贯彻落实国家有关农村工作政策，以及财政、财务收支、各类专项资金等情况。县、市政府重点公开本地区发展规划、重大项目审批和实施、政府采购、征地拆迁等事项。省级政府重点公开本地区经济建设和社会发展的相关政策和总体规划、财政预决算报告、产权交易等情况。深入推进电子政务建设，逐步实现所有县级以上政府和政府部门建立政府网站，绝大多数政府机关和公共企事业单位开通热线电话。

——完善政府新闻发布制度和新闻发言人制度，加大对新闻发言人和新闻发布工作人员的培训，积极开展多种形式的新闻发布，提高发布会质量，及时、准确、权威地发布政府信息，增强政府工作的透明度，提高政府的信息服务水平。

——依法、及时、准确发布自然灾害、突发事件和安全生产责任事故信息。及时向社会公布重特大安全生产责任事故的调查、处理结果。

——深入推进村务公开。加强村务公开目录的编制工作，基本实现县级单位制定村务公开目录，推进村务公开规范化。

（六）参与权

从各个层次、各个领域扩大公民有序政治参与，保障公民的参与权。

——完善人民代表大会制度，修改选举法，完善选举制度，逐步实行城乡按相同人口比例选举人大代表，适度提高各级人民代表大会中少数民族、归国华侨、妇女、基层工人、农民与农民工代表的比例，密切人大代表同选民的联系。切实保障人大代表依法行使职权。

——进一步把政治协商纳入决策程序，提

高各民主党派和无党派人士参政议政实效。适当提高民主党派和无党派人士担任政府部门实职、尤其是担任正职干部的比例。尊重各民主党派和无党派委员在政协的各种会议上发表的意见，保障他们开展视察、参与调查和检查活动、提出提案、反映社情民意的权利。

——健全基层群众自治制度，扩大基层群众自治范围，完善民主管理制度。推动修订村民委员会组织法，提高农村村民自治和民主管理水平；进一步扩大城市居民委员会直接选举的覆盖面，到2010年争取达到50％；完善以职工代表大会为基本形式的企事业单位民主管理制度，支持职工参与管理，维护职工合法权益；探索城市社区社会组织参与社区管理和服务的方式和途径，健全城市社区民主听证会、协调会等社会参与形式；探索流动人口参与经常居住地社区居民自治的有效途径。

——推进决策民主化、科学化，增强决策过程中公众的参与度。在制定与群众利益密切相关的法律法规和公共政策时，原则上要公开听取意见。推进重要法律法规的立法听证会、重大政策措施制定公开听取意见、重大决策接受专家咨询或第三方论证的制度化建设。

——保障工会、妇联、青联等人民团体依照法律和各自章程开展工作，积极拓宽渠道，支持各人民团体参与社会管理和公共服务，维护群众合法权益。在制定相关法律法规和公共政策时，认真听取各人民团体的意见。

——加强社会组织建设与管理，增强服务社会功能。修订《社会团体登记管理条例》、《民办非企业单位登记管理暂行条例》和《基金会管理条例》，保障社会组织依照法律和各自章程开展活动。鼓励社会组织参与社会管理和公共服务，在教育、科技、文化、卫生、体育、社会福利等领域兴办民办非企业单位，发挥行业协会、学会、商会等社会团体的社会功能。发展和规范各类基金会，促进公益事业发展。

（七）表达权

采取有力措施，发展新闻、出版事业，畅通各种渠道，保障公民的表达权利。

——加强对新闻机构和新闻记者合法权利的制度保障，维护新闻机构、采编人员和新闻当事人的合法权益，依法保障新闻记者的采访权、批评权、评论权、发表权。继续推动电视台、广播电台、互联网以及报业的改革与发展，到2010年，千人日报拥有量力争达到90份，报纸普及率达到每户0.3份。

——完善治理互联网的法律、法规和规章，促进互联网有序发展和运用，依法保障公民使用互联网的权益。

——完善新闻出版、广播影视方面的法规。启动《出版管理条例》的修改，明确规定各级人民政府保护合法出版物的责任。研究起草《民间文学艺术作品著作权保护条例》。推进完善有关广播电视传输保障和电影的法律制度。

——发挥社会组织在扩大群众参与、反映群众诉求方面的积极作用，增强社会自治功能。在各级政协中，应当增加社会组织代表比例，各级政府在制定重大法律法规和公共政策时，应当听取社会组织的意见和建议，行业协会、商会要收集行业、企业的意见和建议。学会、研究会要研究社会大众的呼声，基金会、公益性组织要反映弱势群体利益诉求和需求，城乡社区社会组织要了解社情民意，引导社会公众合理表达意见，有序参与公共事务。

——进一步拓宽和畅通信访渠道。通过开通绿色邮政、专线电话、网上信访、信访代理等多种渠道，使人民群众以书信、传真、电子邮件等书面形式表达诉求；建设全国信访信息系统，设立国家投诉受理办公室，建立健全人民建议征集制度，为人民群众表达诉求、反映问题、提出意见建议提供便利；坚持党政领导干部阅批群众来信、定期接待群众来访制度，完善党政领导干部和党代会代表、人大代表、政协委员联系信访群众制度，切实维护人民群众的合法权益。

（八）监督权

健全法律法规，探索科学有效的形式，完善制约和监督机制，保障人民的民主监督权利。

——贯彻落实各级人民代表大会常务委员会监督法，把关系改革发展稳定全局、影响社会和谐、人民群众反映强烈的突出问题作为监督重点，加强人大对行政机关、审判机关、检察机关的监督。2009—2010年，全国人大常委会将听取和审议国务院关于农村社会保障体系建设、促进就业和再就业等方面的报告，最高人民法院关于加强民事执行工作情况的报告，最高人民检察院关于加强渎职侵权检查工作情况的报告等专项工作报告；继续加强对国民经济和社会发展计划以及预决算的审查监督；认真组织开展对工会法、畜牧法、食品安全法等法律实施情况的检查工作，做好劳动合同法、义务教育法、未成年人保护法等执法检查报告所提建议的跟踪监督；进一步加强对规范性文件合宪合法性的审查监督。

——完善人民政协的民主监督机制。在知情、沟通、反馈环节上建立健全制度，畅通民主监督的渠道，提高民主监督的质量和成效。切实发挥政协提案、建议案在民主监督方面的作用，有关政府部门要认真办理政协提案和建议案，及时给予正式答复。

——加强人民群众对国家行政机关、审判机关、检察机关等的监督。加大执法监察、廉政监察和效能监察力度，进一步完善特约监察员制度，加强对国家行政机关及其工作人员的监督；探索、试行特约监督员制度，配合其他监督形式，开展对法院工作及审判人员的审判作风、工作作风、职业道德和廉洁自律等方面的监督；探索、试行特约检查员制度，改革和完善人民监督员制度，配合其他监督形式，对检察机关进行监督。

——保障公民对国家机关和国家工作人员提出批评、建议、申诉、控告、检举的权利，发挥人民团体、社会组织和新闻媒体对国家机关和国家工作人员的监督作用。

——严格落实预防和惩治腐败的各项法规制度，认真抓好领导干部廉洁自律各项规定的贯彻落实，切实加强对主要领导干部的监督，确保权力正确行使。充分发挥行政监察职能作用，坚决纠正损害人民群众根本利益的不正之风，解决群众反映强烈的突出问题。

三、少数民族、妇女、儿童、老年人和残疾人的权利保障

2009—2010年，国家将采取措施，进一步保障少数民族、妇女、儿童、老年人和残疾人的权益。

（一）少数民族权利

中国是统一的多民族国家，迄今为止，通过识别并经中央政府确认的民族有56个。除汉族以外的55个少数民族总人口为10643万，占全国总人口的8.41％（注6）。各民族一律平等，国家保障各少数民族的合法权益。

——推进与少数民族相关的立法。推动制定贯彻实施民族区域自治法的配套规定，修订《城市民族工作条例》和《民族乡行政工作条例》。

——保障少数民族依法管理民族自治地方事务和参与管理国家事务的权利。保证55个少数民族都有本民族的全国人大代表，人口特少的民族至少也有一名代表。保证人口超过100万的少数民族都有本民族的全国人大常委会委员。继续保证在民族自治地方的人大常委会中均有实行区域自治的民族的公民担任主任或副主任，民族自治地方政府的主席、州长、县长均由实行区域自治的民族的公民担任。继续保证在中央和地方国家权力机关、行政机关、审判机关和检察机关都有相当数量的少数民族人员，参加国家和地方事务的管理。

——促进少数民族教育事业发展。继续建立和发展各类民族学校，举办民族预科班，实行双语教学，对少数民族考生升学予以照顾，在广大农牧区推行寄宿制教育，在内地设立西藏中学和新疆高中班等。至2010年，民族自治地方普及九年义务教育人口覆盖率达到95％以上。

——加强对少数民族人才的培养，并使各类少数民族人员就业的比重接近少数民族人口在全国总人口中的比重。对地、县级少数民族干部进行轮训，对民族工作系统的干部进行现代管理知识和综合能力培训，选拔县（市、旗、区）、乡镇少数民族中青年干部接受各种形式的

大专以上学历教育，包括选派优秀的少数民族中青年专业技术人员到国外参加培训。

——保障少数民族学习、使用和发展本民族语言文字的权利。培养少数民族语言文字专门人才，保证少数民族语言文字在司法、行政、教育领域中的应用，增加对少数民族语言文字出版物资助，扶持少数民族语言文字图书报刊的出版，提高少数民族语言广播电影电视节目的译制、制作能力，提高边境地区少数民族语言广播电视覆盖率，促进少数民族语言文字的规范化、标准化和信息化。

——促进少数民族文化发展。推出在国内外具有较大影响的少数民族文学、戏曲、音乐、舞蹈、美术、工艺、建筑、风情、服饰、饮食等文化艺术品牌。制作优秀的少数民族题材广播影视作品，扶持对少数民族文化发展具有重大影响的民族出版项目。向少数民族聚居的县（市、旗、区）图书馆和中小学校、农牧区村赠送民族语文和汉语文图书、杂志。保护、发展和培育少数民族特色表演艺术。

——促进民族地区经济发展，提高少数民族的生活水平。加大对民族地区经济社会发展投入的力度。2009—2010 年，国家将投入少数民族发展资金 20 亿元以上，促进经济社会加快发展，其中投入近 10 亿元，用于帮助人口较少民族聚居地区的基础设施建设、茅草房危旧房改造、群众生产生活条件改善、产业发展、群众增收和社会事业发展。继续支持边境地区经济社会发展，重点解决边境地区群众民生方面的特殊困难。优先解决少数民族特困村的贫困问题，基本实现具备条件的特困村通路、通电、通电话、通广播电视，有学校、有卫生室、有安全的人畜饮用水、有安居房、有稳定解决温饱的基本农田或草场的目标。

（二）妇女权利

全面实现《中国妇女发展纲要（2001—2010 年）》规定的目标，促进妇女在各方面享有与男子平等的权利，保障妇女合法权益。

——提高妇女参与管理国家和社会事务的水平。各级人大、政协和人民政府领导成员中都要有 1 名以上的女性。50 % 以上的国家机关部（委）和省（自治区、直辖市）、市（地、州、盟）政府工作部门要有女性领导成员，提高女性在市（地）级以上国家机关中的厅局级、处级公务员中的比例，在省、市、县级后备干部队伍中女性不少于 20 %。提高女性在各级各类国家机关公务员中的比例，在女性比较集中的部门、行业管理层中女性的数量要与女职工比例相适应。在村民委员会、居民委员会成员中要有一定比例的女性成员。

——保障妇女工作权利和获得经济资源的平等权利。在招工、招聘中禁止性别歧视。保证在劳动合同和集体合同中有对女职工的特殊保护条款，健全对女职工的特殊劳动保护措施。城镇职工生育保险覆盖面达到 90 % 以上。保障农村妇女依法享有农村集体经济组织成员资格和各项合法权益，纠正违反法律法规规定、侵犯农村妇女权益的村规民约，保障妇女的土地及其相关财产权益。

——保障女性受教育的权利。小学适龄女童的净入学率达到 99 % 以上，小学 5 年巩固率提高到 95 % 左右，初中女童毛入学率达到 95 % 左右，高中女性毛入学率达到 75 % 左右，高等教育女性毛入学率达到 15 % 左右。成人妇女的识字率要提高到 85 % 以上，其中青壮年妇女识字率提高到 95 % 左右。把社会性别意识教育纳入教师培训课程。

——保障妇女的生育权利，完善生育保健服务。实行计划生育男女平等，提供计划生育、生殖健康的信息和教育，提供避孕节育技术和生殖保健服务，为妇女知情选择安全、有效、适宜的避孕节育措施提供有效服务。到 2010 年，孕产妇保健覆盖率在城市达到 90 % 以上，在农村达到 80 % 以上。普及生殖保健和育龄人口计划生育知识，普及率达到 80 % 以上。农村孕产妇住院分娩率达到 90 % 以上。住院分娩确有困难的边远地区，新法接生率达到 95 % 以上。节育手术并发症发生率控制在 1 ‰ 以下。

——预防和打击拐卖妇女犯罪。出台并落实《中国反对拐卖妇女儿童行动计划（2008—2012 年）》，建立反对拐卖妇女儿童行动工作部际联席会议制度，开展对拐卖犯罪的综合治理，防范、打击拐卖妇女儿童犯罪活动，积极救助、妥善安置被拐卖的妇女儿童。

——禁止针对妇女的一切形式的家庭暴力，探索建立预防、制止、救助一体化的反对家庭暴力的工作机制。

——对被监禁女性采用适用女性特点的管理方式。重视被监禁女性回归社会后生存就业能力的提高，对她们开展有针对性的职业技能培训。

（三）儿童权利

全面实现《中国儿童发展纲要（2001—2010年）》规定的目标，根据儿童最大利益原则，努力保障儿童的生存、发展和参与的权利。

——完善未成年人法律政策体系。推动修订省级未成年人保护法配套法规，推动各地制定预防未成年人犯罪法配套法规。

——保障儿童健康权。以2000年为基数，5岁以下儿童中重度营养不良患病率下降四分之一。儿童保健覆盖率在城市达到90%以上，在农村达到60%以上，中小学生符合《国家体育锻炼标准》的及格率达到90%以上。

——促进儿童参与。根据儿童的身心发展程度，创造空间和机会，扩大儿童在家庭、学校、社区和社会生活中的参与。促进媒体、新闻出版、广播影视等单位保障儿童获取必要信息的权利。

——禁止雇用童工。依法惩治雇佣童工的单位和个人。

——预防和打击拐卖儿童犯罪，建立完善救助机制，帮助被解救儿童顺利回归社会，帮助其解决生活、维权和康复等方面的实际困难和问题。

——强化司法中的未成年人权利保护。人民法院根据需要设立审理未成年人犯罪案件和涉及未成年人权益保护案件的机构，公安机关、人民检察院根据需要设立办理未成年人犯罪案件的工作机构，或者指定专人办理。开展对违法犯罪未成年人的教育挽救和遭受侵害未成年人的身心康复、回归社会工作，积极探索社区矫正新模式。

——保护弱势儿童权利。对孤残儿童，鼓励公民收养，推进家庭寄养，强化亲属监护，提倡社会助养和规范福利机构集中供养，到2010年，主要地级城市均有1所具有养护、康复、教育能力的儿童福利院。在地级以上城市和重点县区建设一批设施比较完善的流浪未成年人救助保护中心。对视力、听力、言语、智力等有残疾的儿童实施特殊教育。

——保护女童权利。禁止非医学需要的胎儿性别鉴定和选择性别人工中止妊娠，惩治溺弃女婴等违法犯罪行为。

（四）老年人权利

逐步完善老年人社会保障制度，推进老年人服务体系建设，保障老年人的各项合法权益。

——推动修订老年人权益保障法，健全对老年人住房、财产、婚姻、医疗、养老等方面的法律保障。

——构建以居家养老为基础、社区照料为依托、机构养老为补充的老年人服务体系。采取公建民营、民办公助和政府购买服务等方式，支持和鼓励社会力量参与老年人服务事业。以社区为平台，通过多种方式，为老年人提供生活照料、精神慰藉和卫生服务。

——推进老龄服务设施建设。农村五保供养服务机构新增供养床位220万张。新增城镇孤老集中供养床位80万张。在大中城市建设一批“老年护理院”。加强农村乡镇敬老院、老年活动中心和综合性老年福利服务中心建设，争取覆盖75%以上的乡镇。

——丰富老年人精神文化生活。积极兴办各类老年大学和老年学校。西部地区的每个县、中东部地区的乡镇至少建1所设施比较齐全的老年活动中心。

——培育为老年人服务的非营利性民间组织，发展志愿者队伍和社工队伍。

（五）残疾人权利

中国有各类残疾人8300多万，占总人口的6.34%。国家大力发展残疾人事业，加强残疾人社会保障和服务体系建设，保障残疾人的合法权益。

——完善促进残疾人事业发展和保障残疾人权利的法律法规体系，推动制定精神卫生法，启动制定残疾人康复条例、无障碍建设条例等行政法规，推动地方修订残疾人保障法实施办法和优惠扶助规定。

——做好残疾预防、康复和服务工作。启动制定国家预防出生缺陷、减少残疾规划，探索建立0～6岁儿童早期筛查、早期康复工作机制。加强劳动安全卫生工作监督，防止和减少因工伤和职业病致残。2009—2010年，在全国80％的市辖区和70％的县开展规范化的社区康复服务，向200万残疾人提供社区康复服务。开展智力、精神及重度残疾人托养服务。鼓励发展残疾人社区服务和居家服务。

——推动无障碍建设。在100个城市开展无障碍城市创建工作。采用盲文、手语、字幕、特殊通讯设备等辅助技术或替代技术，为残疾人接受和传播信息、参与社会生活创造条件。开办电视手语节目，开设广播电台残疾人专题节目，推动影视作品加配字幕工作。

——保障残疾人的受教育权利。保障残疾学生享受国家助学政策，实施好社会扶残助学项目。在中西部地区，新建和改扩建一批特殊教育学校。推动残疾人中职学校骨干课程建设。

——保障残疾人的劳动就业权利。加强对残疾人的就业培训和就业服务网络建设，规范和发展残疾人集中就业，推进残疾人按比例就业。完善税费减免、专产专营等残疾人就业保护制度。落实公益岗位开发、社会保险补贴等措施，到2010年，城镇新增残疾人就业30万人。

——加大对农村贫困残疾人的扶助力度。扶助400万尚未解决温饱的农村残疾人基本解决温饱，帮助中西部地区40万农村贫困残疾人接受实用技术培训，扶持12.8万户农村贫困残疾人进行危房改造。

——保障残疾人的文化体育权利。继续推动公共文化、体育设施对残疾人优惠开放。扶持残疾人文化艺术产品生产和盲人读物出版等公益性文化事业。发展残疾人特殊艺术，培养优秀特殊艺术人才。开展残疾人群众性体育健身活动和残奥、特奥、聋奥运动。

四、人权教育

2009—2010年期间，国家将结合普法活动，积极依托现有的义务教育、中等教育、高等教育、职业教育体系和国家机关内的培训机构以及广播、电视、报刊、网络等多种媒体，有计划地开展形式多样的人权教育，普及和传播法律知识和人权知识。

——在中小学教育中逐步增加法律和人权方面的教学内容。充分利用思想品德课等课程，培养学生的公民意识和权利意识，树立民主法治、自由平等、公平正义理念，形成健康的人际观念、集体观念以及国家和社会观念。

——中小学人权教育根据中小学生的年龄特点，采取灵活多样、生动有趣的方式进行。通过丰富多彩的课外实践活动，使学生在亲身体验中，接受人权教育，养成健全人格。在教学以及学校管理方面，积极推动教学与学校管理方式的改革，倡导教师与学生的民主平等、积极互动关系，鼓励学生参与班级与学校的民主管理，让学生在一种平等、民主关系的体验和实践中，增强民主、法治、人权意识。

——在高级中学，除了进行一般性的人权观念培育外，要在有关课程中，系统开展有关中国宪法“公民的基本权利与义务”教育和国际人权知识的教育。

——继续鼓励高等院校开展人权理论研究与教育。选取若干高等院校进行人权教育的调研，鼓励高校学者开展人权研究，推动制定高等院校人权教育规划。鼓励高等院校面向本科生开设人权公共选修课，面向法学专业本科生开设人权法课程。推进人权法教材的编写以及教学课件的开发。选取若干开展人权教育较早的高等院校作为人权教育与培训基地。

——有重点地开展针对公职人员的人权教育培训，特别是针对公安、检察院、法院、监狱、城管、行政执法机构等特定执法机构和人员的人权教育培训。各执法部门根据自己的工作特点制定人权教育培训计划，加大对人权保护方面的法律法规的宣传教育，推动人权知识教育常态化、经常化、制度化。组织专家编写人权培训专门教材。选取一些有条件的国家机关和城市作为人权教育培训的示范单位，进行跟踪监测。

——有计划地开展面向大众的人权教育活动，普及人权知识，提高全民的人权意识。支持中国人权研究会在全社会组织人权理论研究和实地调查研究，举办人权知识培训班和讲座等形式多样的人权知识教育和普及活动。鼓励开发民众喜闻乐见的人权教育产品，通过灵活多样的形式，寓教于乐，建立起人权教育的长效机制。

——充分利用广播、电视、报刊、网络等大众传播媒体对公众进行人权知识的普及。鼓励中央新闻媒体和地方新闻媒体开设人权专栏、专题。支持《人权》杂志、“中国人权网”和其他民间人权网站的发展，充分利用互联网等新媒体开展人权知识普及教育。

——开展人权教育方面的国际交流与合作。鼓励、支持中国人权研究会、高等院校和社会科学研究院所的人权研究机构，充分利用教学、科研平台，多渠道开展国际交流与合作，努力培养具备国际视野的人权领域高级专门人才。

五、国际人权义务的履行及国际人权领域交流与合作

2009—2010年，国家将继续认真履行已参加的国际人权条约规定的义务，倡导并积极参与国际人权领域的交流与合作。

（一）国际人权义务的履行

国家重视国际人权文书对促进和保护人权的重要作用。截至目前，中国已参加25项国际人权条约。国家将认真履行条约义务，及时向相关条约机构提交履约报告，与条约机构开展建设性对话，并充分考虑条约机构提出的建议与意见，结合中国国情对合理可行的建议加以采纳和落实。

——完成《经济、社会和文化权利国际公约》第二次履约报告的撰写工作，并将报告提交相关条约机构审议。

——完成《消除对妇女一切形式歧视公约》第七、八期合并履约报告的撰写工作，并将报告提交消除对妇女歧视委员会审议。

——完成《儿童权利公约》第三、四期合并履约报告的撰写工作，并将报告提交儿童权利委员会审议。

——完成《儿童权利公约关于儿童卷入武装冲突问题的任择议定书》的首期履约报告的撰写工作，并将报告提交儿童权利委员会审议。

——完成《儿童权利公约关于禁止买卖儿童、儿童卖淫和儿童色情制品的任择议定书》最新履约情况的撰写工作，并纳入执行《儿童权利公约》第三、四期合并报告，一并提交儿童权利委员会审议。

——完成《残疾人权利公约》首期履约报告的撰写工作，并将报告提交残疾人权利委员会审议。

——参加消除种族歧视委员会对中国依照《消除一切形式种族歧视国际公约》提交的第十、十一、十二、十三期合并报告的审议会议。

——中国已签署《公民权利和政治权利国际公约》，将继续进行立法和司法、行政改革，使国内法更好地与公约规定相衔接，为尽早批约创造条件。

——认真履行《联合国反腐败公约》，努力做好《联合国反腐败公约》与中国法律制度相衔接的有关工作。

（二）国际人权领域交流与合作

中国致力于在平等和相互尊重的基础上，开展国际人权交流与合作，推动国际人权事业健康发展。

——深入参与联合国人权理事会工作，推动理事会以公正、客观和非选择方式处理人权问题。

——认真参加人权理事会对中国的首次普遍定期审议，与各方开展建设性对话，落实合理建议。

——继续与联合国人权特别机制合作，答复特别机制的来函，根据接待能力并兼顾各类人权平衡的原则，考虑邀请一位特别报告员访华。

——继续与联合国人权高专办公室开展人权技术合作。

——继续加强与联合国粮农组织、教科文

组织、世界卫生组织、国际劳工组织等专门机构和其他相关国际组织的交流与合作。

——继续在平等和相互尊重的基础上与有关国家开展双边人权对话与交流。

——继续参与亚太地区、次区域框架下的人权活动。

注：

1. 2006年11月，国务院扶贫办公室正式启动“雨露计划”，计划在“十一五”期间通过职业技能培训，促成500万左右经过培训的青壮年贫困农民和30万左右贫困地区复员退伍士兵转移就业。

2. “五保”供养制度指为农村无劳动能力、无生活来源又无法定赡养、抚养、扶养义务人的老年、残疾或者未满16周岁的村民，提供吃、穿、住、医、葬（教）的生活照顾和物质帮助。

3. “霞光计划”指民政部于2007年1月开始启动的“农村五保供养服务设施建设霞光计划”，计划在“十一五”时期，在政府投入的基础上，利用发行福利彩票筹集的彩票公益金，修建、改建一批敬老院等农村五保供养服务机构以及散居五保对象的集中居住点，集中解决各地农村五保供养设施滞后的问题。

4. “211工程”是中国政府在21世纪，重点建设100所左右的高等学校和一批重点学科的建设工程。

5. “985工程”是指教育部1998年5月开始启动的建设若干所世界一流大学和一批具有世界先进水平的知名大学的建设工程。

6. 根据2000年第五次全国人口普查数据。

国家人权行动计划（2009—2010年）评估报告

国务院新闻办公室

（2011年7月）

目　录

前 言

2009年4月，国务院授权国务院新闻办公室发布了《国家人权行动计划（2009—2010年）》（以下简称《行动计划》）。这是中国政府制定的第一份以人权为主题的国家规划，是全面推进中国人权事业发展的阶段性政策文件，是中国政府落实尊重和保障人权这一宪法原则，积极推动科学发展，促进社会和谐的一项重大举措，是中国政府在人权领域作出的庄严承诺。

《行动计划》发布后，中央和国家机关各有关部门、各级地方政府高度重视，依照“各司其职、分工负责”的原则，将《行动计划》纳入本部门、本地区的工作职责，并结合各个领域的中长期工作规划，周密部署，精心组织，采取切实有效的措施积极推动落实。各类企事业单位、社会团体、非政府组织、新闻媒体、学术机构和社会各界积极参与《行动计划》的宣传教育和贯彻落实。在党中央、国务院的领导下，经过各有关部门、单位和全社会的共同努力，如期完成了《行动计划》规定的目标任务。

根据《行动计划》的规定，由国务院新闻办公室和外交部牵头，国家立法和司法机关、国务院相关职能部门以及社会团体、非政府组织等组成的国家人权行动计划联席会议机制，负责统筹协调《行动计划》的执行、监督和评估工作。为保证《行动计划》确定的促进和保护人权的各项目标措施得到落实，联席会议机制先后两次组织对《行动计划》的执行情况进行评估。

2009年底，联席会议机制组织开展了《行动计划》中期评估工作，责成各有关部门和单位对2009年度《行动计划》执行情况作出报告，组织有关单位和专家学者有针对性地进行调查研究，并召开了“《国家人权行动计划（2009—2010年）》执行情况中期评估会议”，对前期的落实情况进行评估检查，对如何完成《行动计划》下一阶段的目标任务提出意见和建议，作出相应部署。中期评估工作有力地推动了《行动计划》的全面落实。

2010年11月，联席会议机制启动了《行动计划》终期评估工作，对计划的完成情况展开全面、科学的评估。终期评估工作分调研、评估、总结三个阶段。2010年11—12月，国务院新闻办公室组织新闻单位、人权专家赴上海、四川等地进行调研，听取各界人士的意见和建议，形成了调研报告。中国人权研究会先后五次组织人权专家和非政府组织代表赴北京、天津、山东、广东、福建、浙江等地，就《行动计划》的落实情况进行实地调研，提出意见和建议。在此基础上，联席会议机制责成各有关部门和单位对各自所涉《行动计划》任务的执行、落实与完成情况进行自我评估，提交了书面评估材料。联席会议机制组织中央国家机关有关部门和单位、人民团体、非政府组织以及南开大学、上海社会科学院、中国社会科学院、中央党校等高校和科研机构的人权专家成立了评估小组，汇集各方面资料，对《行动计划》的执行情况进行认真的评估总结。在评估过程中，联席会议机制和评估小组多次召开工作会议，对照《行动计划》中各项指标，对各部门、各单位的自我评估情况进行逐条核实和研究，并通过信函、通话等多种方式广泛征求联席会议机制成员单位和社会各界的意见和建议，最后形成了《〈国家人权行动计划（2009—2010年）〉评估报告》。

现将《〈国家人权行动计划（2009—2010年）〉评估报告》予以公布。

一、总体执行情况

2009—2010年是进入新世纪以来中国经济发展最困难的两年，也是中国应对各种挑战，全面落实《行动计划》，推动人权事业取得显著进步的两年。中国政府将尊重和保障人权作为治国理政的重要原则，将贯彻落实《行动计划》贯穿于改革发展稳定的各项工作中，妥善应对国际金融危机的巨大冲击，战胜重大自然灾害的严峻挑战，大力推进改革开放和现代化建设，全面完成了《行动计划》确立的目标任务，推动中国人权事业取得了重大进展。

——坚持以人为本，妥善应对国际金融危机的巨大冲击和重大自然灾害的严峻挑战，坚定不移地推进人权事业。

2009—2010年，是历史罕见的国际金融危机持续蔓延，给包括中国在内的世界各国的经济社会发展带来巨大冲击，对人民生活和人权保障构成严重威胁的两年。面对严峻形势，中国政府坚持将应对金融危机冲击、保持经济社会平稳较快发展与落实《行动计划》、促进人权事业发展结合起来，将扩内需、调结构、保增长与保民生结合起来，果断推出一系列应对措施，投入超过4万亿元，加快建设保障性安居工程、农村基础设施、医疗卫生和教育事业等民生工程，加快铁路、公路、机场等基础设施建设，加快生态环境建设，增加城乡居民特别是低收入群众收入，在全球率先实现了经济总体回升向好和人民生活的明显改善，取得了有目共睹的巨大成就。2009年和2010年，国内生产总值分别比上年增长9.2%和10.3%，城镇居民人均可支配收入分别比上年实际增长9.8%和7.8%，农村居民人均纯收入分别比上年实际增长8.5%和10.9%。中国为应对国际金融危机所作的不懈努力，不仅保证了中国经济的平稳较快发展和人权状况的持续改善，并且为世界各国摆脱金融危机、实现经济回升和民生改善作出了重要贡献。

2009—2010年，中国重大自然灾害频发，抗灾救援和灾后重建任务十分艰巨，人民生命财产和人权保障面临巨大挑战。2008年5月12日，四川汶川发生新中国成立以来破坏性最强、波及范围最大的8级特大地震，重创约50万平方公里，直接严重受灾地区达13万平方公里，69227人遇难，17923人失踪，37万多人受伤，直接经济损失8451亿元。2010年4月14日，青海玉树发生7.1级强烈地震，造成2698人遇难，270人失踪。2010年8月7日，甘肃舟曲发生特大山洪泥石流灾害，舟曲县三分之二区域被水淹没，1501人遇难，264人失踪。面对这一系列重大自然灾害，中国政府始终把人民的生命安全放在第一位，迅速组织开展抗震救灾和抢险救援工作，最大限度地挽救了受灾群众的生命，最大限度地降低了灾害造成的损失，谱写了人类历史上伟大的人道主义新篇章。在灾后重建工作中，中国政府坚持以人为本、尊重自然、统筹兼顾、科学重建的原则，迅速出台一系列支援灾区的政策措施，将人权保障融入抗灾救援和灾后重建的政策措施之中，在《行动计划》中专门就四川汶川灾后重建中的人权保障作出规定。两年来，四川汶川灾后恢复重建三年任务已基本完成，受灾群众基本生活条件和灾区经济发展水平达到或超过灾前水平，家家有房住、户户有就业、人人有保障。玉树强烈地震和舟曲特大山洪泥石流恢复重建有序推进，灾区人民的人权切实地得到了保障。

——坚持将尊重和保障人权与推动科学发展、促进社会和谐结合起来，有效保障全体社会成员平等参与、平等发展的权利。

2009—2010年，中国政府坚持科学发展观，将落实《行动计划》贯穿于推动科学发展、促进社会和谐的全过程，贯穿于统筹城乡发展、统筹区域发展、统筹经济社会发展、统筹人与自然和谐发展、统筹国内发展和对外开放各个方面，坚持将保障人民的生存权、发展权摆在保障人权的首位，着力解决好人民最关心、最直接、最现实的权利和利益问题，不断完善保障和改善民生的制度安排，大力促进就业，加快发展多项社会事业，推进基本服务均等化，加大收入分配调节力度，努力使发展成果惠及全体人民，有效地改善了人民的生存权、发展权和经济、社会、文化权利。两年来，人民生活明显改善，城镇居民的人均可支配收入和农村居民的人均纯收入均大幅增长，覆盖城乡的社会保障体系逐步健全，基本医疗卫生服务体系和覆盖全国城乡居民基本医疗卫生制度框架初步建立，教育文化事业不断发展，全体人民学有所教、劳有所得、病有所医、老有所养、住有所居的目标扎实推进，少数民族、妇女、儿童、老年人和残疾人权利保障得到进一步加强。

——坚持将尊重与保障人权与加强民主法治建设结合起来，积极稳妥推进政治体制改革，依法保障公民权利与政治权利。

2009—2010年，中国坚持党的领导、人民当家做主、依法治国有机统一，将落实《行动计划》贯穿于民主法治建设各个环节，积极稳妥推进政治体制改革，扩大公民有序政治参与，健全民主制度，丰富民主形式，拓宽民主渠道，深入推进政务公开，不断增强决策透明度与公众参与度，不断推进决策科学化、民主化，依法实行民主选举、民主决策、民主管理、民主监督，着力保障人民的知情权、参与权、表达权、监督权。特别是经修改的选举法明确规定，实行城乡按照相同人口比例选举人大代表，保障公民平等享有选举权，这是中国民主政治建设中的一个重大进步。中国将尊重和保障人权的原则贯穿于立法、行政和司法各个环节之中，加强对公共权力的制约和监督。两年来，全国人大及其常委会先后审议通过了30件与人权密切相关的法律和有关法律问题的决定。到2010年底，中国已制定现行有效法律236件、行政法规690多件、地方性法规8600多件，中国特色社会主义法律体系已经基本形成，社会生活的各个领域和人权保障的各个方面实现了有法可依。

总之，在党中央、国务院的高度重视和坚强领导下，中央国家机关各部门、各单位、各级政府以及社会各界共同努力，通力合作，砥砺奋进，攻坚克难，认真、全面、坚决地执行落实《行动计划》。到2010年底，《行动计划》规定的各项措施得到了有效实施，预定的各项目标如期实现，各项指标均已完成。其中有约35％的约束性指标、50％以上的涉民生指标提前或超额完成。《行动计划》得到了全面落实。在《行动计划》规定的任务之外，中国政府在各领域、各方面还做了大量的工作。通过《行动计划》的全面落实，中国公民的人权意识显著提高，人民的总体生活状况明显改善，经济、社会和文化权利保障得到全面加强，公民权利与政治权利的保障更加有效，少数民族、妇女、儿童、老年人和残疾人的权利得到有力保障，国际人权领域交流与合作进一步深化，各领域的人权保障在制度化、法治化的轨道上全面推进。《行动计划》各项目标任务的如期完成，标志着中国人权事业的发展进入了一个新的阶段。这是中国政府深入贯彻落实以人为本的科学发展观，妥善应对国际金融危机巨大冲击和各种重大自然灾害严峻挑战，推动经济社会发展和人民生活水平提高取得的重大成果；是中国落实“国家尊重和保障人权”的宪法原则，坚持将人权的普遍性原则同中国具体国情相结合，坚定不移地推进中国人权事业取得的重大进展。

应该看到，中国仍然是一个发展中国家，发展中不平衡、不协调的问题依然突出。如经济增长的资源环境约束强化，收入分配差距较大，城乡区域发展不协调，优质教育、医疗资源总量不足、分布不均，物价上涨压力加大，部分城市房价涨幅过高，违法征地等引发的社会矛盾增多，食品安全问题比较突出。受自然、历史、文化、经济社会发展水平的影响和制约，中国的人权事业发展还面临诸多挑战，实现公民充分享有人权的崇高目标任重道远。

中国将继续坚定不移地坚持中国特色社会主义道路，坚持以人为本，进一步加强和完善党和政府主导的维护群众权益机制，健全保障人权的法律体系，不断提升全社会尊重和保护人权的意识，全面推进中国人权事业的发展，努力使每一个社会成员的各项基本权利得到切实保障，使每一个社会成员生活得更有保障、更有尊严、更加幸福。

二、关于经济、社会和文化权利

两年来，国家采取有效措施，着力改善民生，人民的经济、社会和文化权利保障得到全面加强。《行动计划》规定的经济、社会和文化权利指标绝大多数提前或超额完成。

（一）工作权利

两年来，城镇新增就业2270万人，转移农业劳动力1939万人，分别超出《行动计划》目标的26.1％和7.7％。截至2010年底，城镇登记失业率为4.1％，低于《行动计划》预定的5％。全国规模以上企业劳动合同签订率达到97％，小企业劳动合同签订率达到65％。共查处用人单位不签订劳动合同、拖欠工资、不依法参加社会保险等劳动保障违法案件81.9万件。

国家采取一系列措施，加强劳动保护，保护劳动者生命安全。两年来，国家安全生产监督管理总局开展“安全生产年”活动和安全生产法、《国务院关于进一步加强企业安全生产工作的通知》的宣传教育，强化全民安全意识。先后颁布了《煤矿领导带班下井及安全监督检查规定》和《企业安全生产标准化基本规范》等70多个部门规章，制定修订100多项安全生产标准和煤炭行业标准，集中开展打击非法违法生产经营建设行为专项行动。据不完全统计，截至2010年，全国共查处各类非法违法行为约200万起，依法关闭取缔各类非法生产、经营等单位和项目3.34万余个，共排查各类隐患1356.3万项。

出台人民调解法和《劳动人事争议仲裁组织规则》，推动公正、及时解决劳动争议，促进劳动关系和谐稳定。目前，全国共建立各级协调劳动关系三方组织1.4万多个，建立各类劳动争议调解组织约53.4万个，有调解人员200多万人。

（二）基本生活水准权利

2010年，城镇居民人均可支配收入达到19109元，比《行动计划》预定的15781元高出3328元。全国各省（自治区、直辖市）普遍调高了最低工资标准。

贫困人口生活状况得到改善。2009年初，国家将扶贫标准提高至1196元，新标准覆盖的人口规模为4007万人。截至2010年底，贫困人口减少到2688万人，比2008年底减少了1319万人，贫困发生率从4.2％降至2.8％；全国592个国家扶贫开发工作重点县农民人均纯收入从2611元增至3273元。两年来，对3.78万个重点贫困村实施了整村推进，贫困劳动力转移技能培训264.3万人。

城市居民尤其是中低收入家庭的住房条件不断改善。2008年第四季度到2010年底，全国保障性安居工程建设投资超过1.3万亿元，开工建设保障性住房和棚户区改造住房1300万套，竣工800万套，以实物方式解决了800多万户城镇低收入和中等偏下收入家庭的住房困难。2010年以发放住房租赁补贴的方式，改善了近400万户城镇低收入家庭的住房条件。两年来，国务院颁布实施了《国有土地上房屋征收与补偿条例》和《关于进一步严格征地拆迁管理工作切实维护群众合法权益的紧急通知》等行政法规和政策文件，进一步规范了征收行为和征地拆迁管理工作。2009年，民政部会同财政部下拨100亿元用于农房重建补助。

最低生活保障制度进一步完善。两年来，民政部下发了《关于进一步加强城市低保对象认定工作的通知》、《关于进一步规范农村最低生活保障工作的指导意见》等一系列文件。2010年，中央财政补助城市低保资金365.5亿元，增幅达12.5％；补助农村低保资金269亿元，增幅达24.5％。

（三）社会保障权利

社会保险制度进一步完善。两年来，国家颁布了社会保险法，修订了《工伤保险条例》和《工伤认定办法》。截至2010年底，全国参加城镇基本养老保险、医疗保险、失业保险、工伤保险和生育保险人数分别为2.57亿、4.32亿、1.34亿、1.62亿和1.23亿。参加新型农村社会养老保险的人数达1.4亿。建立工伤保险地市级或相当于地级管理的统筹区269个。

农村五保供养制度得到完善。民政部颁布《农村五保供养服务机构管理办法》，修订《农村敬老院管理暂行办法》。两年来，国家安排中央预算内投资、彩票公益金，支持近1300个农村五保供养服务机构项目建设。目前，农村五保供养对象为556.3万人。全国集中供养平均标准为每人每年2951.4元，分散供养平均标准为每人每年2102.1元。

民政部制定了《救助管理站服务标准》和《流浪未成年人救助保护机构服务标准》。2010年，民政部用彩票公益金3000万元支持40个重点县（市）和大中城市重点社区建设流浪未成年人救助保护中心和全天候救助保护中心。两年来，安排中央预算内投资2.8亿元，直接支持164所流浪未成年人保护机构建设。

（四）健康权利

覆盖全国城乡居民的基本医疗卫生制度框架初步建立，居民的基本卫生保健水平得到提高。目前，中国人口平均预期寿命达到73.5岁，孕产妇死亡率为30/10万，5岁以下儿童死亡率为16.4‰，婴儿死亡率为13.1‰。截至2010年底，职工基本医疗保险和城镇居民基本医疗保险参保人数4.3亿，新型农村合作医疗（以下简称“新农合”）覆盖人数超过8.36亿，总参保人数达到12.6亿，覆盖90%以上的城乡人口。2011年初，各级财政对城镇居民医保和新农合参保补助标准由每人每年不低于40元提高到200元。近几年，中央财政安排509亿元专项资金，解决了800万关闭破产国有企业及其他企业退休人员的医疗保障问题。职工医保、城镇居民医保政策范围内住院费用统筹基金支付比例分别达到75%和59%，大多数地区职工医保、城镇居民医保统筹基金最高支付限额分别达到当地职工年平均工资、居民可支配收入的6倍。

基本医疗卫生服务体系进一步健全。两年来，国家安排投资448.3亿元，支持全国2382所社区卫生服务中心、116所精神卫生机构、1877所县级医院、5169所中心乡镇卫生院和约1.13万所村卫生室改善业务条件。同时，国家分别安排投资11.4亿元和16.9亿元，支持16所国家中医临床研究基地和142所地市级以上重点中医院；为乡镇卫生院招聘执业医师2万余名，培训城市社区和农村基层医务人员近300万人次。每年为中西部乡镇卫生院免费定向培养5000名医学生。

基本公共卫生服务均等化得以逐步推进。2010年，全国人均基本公共卫生服务经费补助标准达到17.4元。城镇、农村居民健康档案累计建档率分别为48.7%和38.1%。两年来，为8449万65岁以上老年人进行健康检查，完成贫困白内障患者复明手术56.1万例。目前，3553.8万高血压病人、918.9万糖尿病人和170.6万重性精神疾病患者纳入慢性病规范管理。农村已建成783.3万个无害化卫生厕所，燃煤型氟中毒改灶143.9万户。

有效控制传染病流行。两年来，完成1.02亿人次的麻疹疫苗强化免疫。白喉等15种传染病报告病例数大幅下降。2010年，全国乙脑、狂犬病、出血热报告发病率分别为0.19/10万人、0.15/10万人、0.17/10万人，分别比2007年下降42%、40%、15%。

食品、药品安全的保障措施进一步完善。2009年2月以来，国家颁布实施了食品安全法、食品安全法实施条例等29件涉及食品安全监管工作的法律法规和其他规范性文件，制定公布了163项国家食品安全标准。建立违法食品添加物的“黑名单”制度，全国质监部门食品执法打假工作共立案查处6.5万多起。

城乡社区公共体育设施条件明显改善。2009年10月，《全民健身条例》开始实施。两年来，国家体育总局共投入资金9.14亿元援建各类全民健身工程。截至2010年底，全国各类体育场地超过100万个，其中，建在农村的体育健身工程23万多个。群众体育活动站点超过25万个。

（五）受教育权利

公民受教育权利进一步得到保障。国家颁布了《国家中长期教育改革和发展规划纲要（2010—2020年）》，确立了到2020年进入人力资源强国行列的战略目标。截至2010年底，普及九年义务教育人口覆盖率达100%，小学学龄儿童净入学率达99.7%，小学五年巩固率达到99%，初中毛入学率达到100%。城市小学新生中接受学前教育的比例达96.6%，农村小学新生中接受学前教育的比例达90.8%。全国15岁以上人口文盲率下降到4.08%。

农村教育事业发展步伐加快。2010年，国家免除了全国约1.3亿名农村义务教育学生学杂费和教科书费，免除了寄宿生住宿费，按照小学每生每年750元、初中每生每年1000元的标准，对约1224万名农村家庭经济困难寄宿生补助了生活费。2009年，中央财政支持的农村义务教育阶段教师特设岗位计划扩大到中部地区国家级贫困县，公开招聘高校毕业生到农村教学任教，截至2010年共为农村学校补充18.5万名特岗教师。

职业教育得到大力推进。两年来，教育部会同财政部确定了960个中央财政支持的职业教育实训基地，285所国家中等职业教育改革发展示范学校项目，229所优质特色中等职业学校建设项目，100所骨干高等职业学校建设项目；新建和改扩建910所中等职业学校的教学实习实训和生活设施523万平方米，购置各种教学实训设备6.2万余台（套）。

实施“高等学校本科教学质量与教学改革工程”。国家共批准3453个本科特色专业建设点，累计建设3863门国家级精品课程，批准120所高校实施大学生创新性实验计划1.6万多个。

校外教育得到大力支持。两年来，中央继续利用专项彩票公益金30亿元建设600所未成年人校外活动场所，对1692个校外活动场所实施补贴，给1092个校外活动场所重置设备和维护经费各60万元，并投入3000万元用于校外活动场所管理人员和骨干教师培训。

家庭经济困难学生资助体系进一步健全。2010年9月，国家将全国普通高校国家助学平均资助标准从原来的每生每年2000元提高到3000元。全国普通高校每年约有50万名家庭经济困难新生通过“绿色通道”入学。全国中等职业学校约有1200万名学生获得每人每年1500元的国家助学金。从2010年秋季学期起，国家设立普通高中国家助学金，下达中央预算22.5亿元，资助学生479万名，平均资助标准为每生每年1500元。

（六）文化权利

公共文化服务体系更加完善。截至2010年底，全国有线广播电视用户达18872万户，农村地区数字电影流动放映设备超过4.2万套，基本实现一村一月放映一场电影的公益目标，全国所有已通电行政村和20户以上已通电自然村基本实现村村通广播电视。截至2010年底，全国共有公共图书馆2885个，群众艺术（文化）馆3264个，博物馆2435个，乡镇（街道）文化站4万多个。截至2010年底，国家累计投入资金70多亿元，建成各类农家书屋30多万家，覆盖50％的行政村。国家投入57.8亿元用于覆盖城乡的全国文化信息资源共享五级网络服务体系建设，工程资源量达到108万亿字节（TB），累计服务超过8.9亿人次。国家财政投入1亿元，为剧团等基层文化机构配备流动舞台车330辆。两年来，中央财政安排免费开放专项经费40亿元，重点补助地方博物馆、纪念馆免费开放所需资金。全国1749家公共博物馆、纪念馆和数千家其他各类博物馆、纪念馆和各级爱国主义教育基地向社会免费开放。

国家制定《文化产业振兴规划》和《关于促进电影产业繁荣发展的指导意见》，推进文化产业发展。2010年，文化产业本外币中长期贷款累计新增276亿元，文化企业上市融资104亿元。

知识产权的保护力度加大。两年来，国家修订了著作权法、专利法和知识产权海关保护条例，颁布了《广播电台电视台播放录音制品支付报酬暂行办法》。2010年，国务院开展了打击侵犯知识产权和制售假冒伪劣商品专项行动；文化部开展了打击网络游戏侵权盗版行为等专项行动；国家版权局持续开展了软件正版化和打击侵权盗版专项行动。两年来，全国共受理专利侵权纠纷案件2014件，查处各类商标违法案件10万余件。文化行政部门和文化市场综合执法机构共出动执法人员约1650万人次，责令经营单位整改约51万家次，7058家被吊销许可证。

（七）环境权利

环境质量进一步改善，公众环境权益得到保障。《应对气候变化国家方案》得到落实。截至2010年底，单位国内生产总值能耗、全国化学需氧量（COD）和二氧化硫的排放量均实现或超过《行动计划》的目标。重点城市空气质量优良天数比例平均为91.5％，95.6％的重点城市空气质量优良天数超过292天。两年来，各地共出动执法人员508万余人次，检查企业204万余家次。开展各类重金属排放企业和造纸企业的专项检查。全面排查沿江沿河化工石化企业，特别是距离饮用水水源地较近的企业存在的环境污染隐患。截至2010年底，全国已有80％的地市级环保部门和70％的县级环保部门开通了“12369”环保举报热线，30％的县级以上环保部门成立了环境投诉受理中心。2009年，国家修订了可再生能源法。到2010年，新增水电装机容量、风电装机容量、太阳能光伏电池产量、太阳能热水器集热面积均居世界第一。

实施《全国林地保护利用规划纲要》。目

前，中国森林面积达29.32亿亩，森林覆盖率从20世纪90年代初期的13.92%提高到20.36%；人工林保存面积达9.26亿亩，居世界首位。截至2010年底，在森林覆盖率、改良草地、治理退化、沙化和碱化草地、灌溉水有效利用、典型森林生态系统和国家重点野生动植物保护、自然湿地保护以及水土流失综合治理等方面均完成或超额完成《行动计划》的目标。

（八）农民权益的保障

农民土地权利得到切实保障。全国人大常委会颁布实施了农村土地承包经营纠纷调解仲裁法，农业部会同有关部门制定了农村土地承包经营纠纷仲裁规则、农村土地承包仲裁委员会示范章程等配套规章和文件。截至2010年底，18个省（自治区、直辖市）制定了征地补偿费在农村集体内部分配使用办法。全国2.29亿承包农户以家庭承包方式承包到了集体耕地；全国土地流转面积达到1.87亿亩，占家庭承包经营耕地面积的14.7%；全国设立农村土地承包仲裁委员会1405个，其中县级设立仲裁委员会1369个，覆盖全国47.9%的县（市）。各地区全面展开集体林权制度改革。截至2010年底，已有18个省（自治区、直辖市）基本完成了明晰产权、承包到户的改革任务；完成林改确权面积24.31亿亩，发放林权证7260万本，3亿农民直接受益。农民宅基地用益物权得到保障。“一户一宅”的基本分配制度得到实行，农村宅基地管理办法不断完善。农村宅基地申请报批程序进一步规范，农村宅基地登记发证工作切实加强。

改革征地制度，被征地农民合法权益得到维护。贯彻实施《征收土地公告办法》和《国土资源听证规定》，在报批拟征地项目的补偿标准和安置方案前，书面告知当事人有要求举行听证的权利。征地程序进一步完善。按照“先安置、后拆迁”的要求，做好征地中农民住房拆迁补偿安置工作，妥善解决好被拆迁农户居住问题。各地公布实施了征地统一年产值标准和征地区片综合地价，补偿水平普遍提高20%至30%，部分地方提高幅度达1倍以上。建立补偿标准动态调整机制，每2~3年对征地补偿标准进行调整；建立被征地农民社会保障制度，全国已有29个省（自治区、直辖市）出台了被征地农民纳入社会保障体系的办法，将被征地农民纳入基本生活或养老保障体系。进一步拓展征地安置途径，采取农业生产安置、异地移民安置等多种方式妥善安排被征地农民的生产和生活，维持其基本的生产条件和收入来源。

国家把促进农民增收和民生改善作为农业和农村工作的中心任务。2009年和2010年，农村居民人均纯收入分别达到5153元和5919元，扣除价格因素，实际增长分别为8.5%和10.9%。农村居民人均纯收入实际增幅连续7年超过6%。国家对种粮农民实行直接补贴和农资综合补贴，扩大良种补贴范围，进一步增加农机具购置补贴，2009和2010年上述四种补贴规模分别为1274.5亿元和1225.9亿元。

农民的健康保障水平进一步提高。新农合覆盖面持续稳定扩大，参合率保持在90%以上。筹资和保障水平进一步提高，人均筹资达到155.3元。60%以上的统筹地区实行门诊统筹。2010年，统筹地区政策范围内住院费用报销比例比上一年提高5个百分点，最高支付限额提高到全国农村居民人均纯收入的6倍左右。两年来，全国共解决1.22亿农村居民的饮水安全问题。

农民工权益得到保障。两年来，有关部门培训农民工逾千万人，农村劳动者创业培训13万人。国家逐步建立农民工工资支付保障制度，最低工资水平大幅提高。截至2010年底，全国已有30个省（自治区、直辖市）调整了最低工资标准，月最低工资标准平均增长幅度为22.8%。全国已有26个省（自治区、直辖市）建立了工资支付监控制度。31个省（自治区、直辖市）全部在建设领域建立了工资保证金制度。

（九）四川汶川特大地震灾后重建中的人权保障

四川汶川地震灾区群众的生活和各项权利得到充分保障。现在，四川、甘肃、陕西三省灾区共维修加固农村住房292万户、城镇住房146万套，重建农村住房191万户、城镇住房近

29万套，城乡居民居住条件比震前明显改善。

灾区劳动者就业得到充分保障。国家采取建立就业援助联席会议制度等措施，投入36.78亿元支持扩大就业和社保事业，直接帮助灾区劳动者实现就业176.5万人，稳定就业13万多人，开发23万个公益性岗位，实现"零就业"家庭至少一人以上就业目标，灾区整体就业状况恢复到震前水平。出台政策措施促进灾区群众增收脱贫致富，加快培育灾区农村产业，拓展农民稳定增收渠道。四川省全部解决纳入国家规划的228.6万人的农村安全饮水问题，纳入国家规划的39个重灾县和极重灾县的城镇居民可支配收入增长12.1%，农民人均现金收入增长13.2%，城乡居民收入超过灾前水平。

灾区中小学和医疗卫生机构的重建工作基本完成。国家规划重建的3972所学校开工99.7%，完工93.8%，灾区学生于2010年春季开学时已全部进入永久性建筑学习。规划重建的3001个医疗卫生机构恢复重建项目已开工99.7%，完工92.2%，基本完成了1108个地震灾区计划生育服务机构的恢复重建工作。灾区建成一批文化市场服务网点、社会福利院、社区服务中心、敬老院、广播电视等配套服务设施。

尊重遇难者，对地震中遇难和失踪人员登记造册并予以公布。四川省本着实事求是、依法办事、分类处理的原则，制定规范的工作方法，核实一批、公布一批。目前，全省98个确认有遇难或失踪人员的县（市、区），绝大部分已完成公布工作。灾区各级政府正继续本着高度负责的精神，郑重稳妥地做好遇难失踪人员的名单公布工作和最终遇难人数的核定工作。

抗震救灾资金物资得到公开透明、规范有序的使用。2009年1月起，国家审计署全面启动跟踪审计工作，到2010年11月，国家审计署和地方审计机关共派出1.9万多人次，组成7137个审计组，对四川、甘肃、陕西三省灾后恢复重建项目开展跟踪审计，审计情况已向社会公告。四川省及其所辖市、县相继成立抗震救灾资金物资监督检查领导小组，监督款物的接收使用，实现了从灾初到恢复重建阶段的全过程监督，确保专款专用。

防震减灾的法制不断健全，公众的防震减灾意识不断提高。四川省出台了《关于加强农村村民住宅抗震设防管理的决定》和《汶川地震灾区城镇受损房屋建筑安全鉴定及修复加固拆除实施意见》等地方性法规；其他受灾地区也制定了相关规范性文件。2009年起，四川省要求各级各类学校安排专门学时实施省级地方课程《生活·生命与安全》，进行应急疏散安全演练，普及防震减灾知识。

三、关于公民权利与政治权利

两年来，中国切实加强民主法治建设，积极稳妥推进政治体制改革，公民权利与政治权利得到更加有效的保障，《行动计划》预定的公民权利与政治权利目标得到实现。

（一）人身权利

司法机关出台关于刑事证据制度的司法指导性文件，依法保障人身权利。2010年6月，最高人民法院、最高人民检察院等下发了《关于办理刑事案件排除非法证据若干问题的规定》，明确规定采用刑讯逼供等非法手段取得的供述和证人证言等，不能作为定案的根据。

严禁执法人员实施非法拘禁的各项措施得到落实。2010年4月，有关部门联合颁布了《公安机关人民警察纪律条令》，严惩非法剥夺、限制他人人身自由行为。检察机关加强对刑事侦查、刑事审判和刑罚执行的法律监督，立案侦查国家机关工作人员利用职权实施非法拘禁、报复陷害、破坏选举等侵犯公民人身权利和民主权利的犯罪1002人。两年来，各级人民法院共审理包括国家机关工作人员利用职权实施的非法拘禁犯罪在内的非法拘禁案件1.86万件。

国家进一步严格控制和慎用死刑。2011年2月，全国人大常委会审议通过《刑法修正案（八）》，取消了票据诈骗罪等13个经济性非暴力犯罪的死刑，死刑罪名削减幅度近五分之一。修改后的刑法还对审判时已满75周岁的人犯罪适用死刑作了限制性规定。2010年6月，有关部门联合发布了《关于办理死刑案件审查判断证据若干问题的规定》，对死刑案件的证据审查判断采用更为严格的标准。人民法院坚持死刑二审案件全部开庭审理的制度，保障死刑被告人的上诉权利。

执法制度建设不断完善。国务院下发《关于加强法治政府建设的意见》，对行政机关公正文明执法作出了严格规范。最高人民检察院、公安部出台了《关于审查逮捕阶段讯问犯罪嫌疑人的规定》，进一步保证刑事案件办案质量，保障犯罪嫌疑人的合法权益。公安部制定了执法细则，对办案的主要环节和步骤作出了具体规定。此外，公安部还出台了《公安机关涉案财物管理若干规定》、《关于建立完善法制员制度的指导意见》、《关于进一步规范和加强公安机关执法信息化建设的指导意见》等30多项部门规章，完善了执法环节、执法岗位等方面的制度。

（二）被羁押者的权利

保护被羁押者权利的法律法规进一步完善。2009年5月，公安部出台《看守所防范和打击"牢头狱霸"十条规定》、《关于对看守所女性在押人员实行集中关押管理的通知》等规范性文件，完善了看守所在押人员分押分管制度、新入所人员过渡管理和收押告知制度、在押人员受虐报警制度等。2009年12月，公安部、卫生部联合发出《关于切实加强和改进公安监管场所医疗卫生工作的通知》，要求加强公安监管场所医疗机构建设。2010年12月施行的《监狱建设标准》，进一步规范了监狱管理和设施建设。监管执法公开制度基本建立，看守所设立接待室、举报箱，并公布民警姓名以及有关的监管执法制度和程序。目前，已有1500多个看守所向社会开放，接受社会监督。最高人民法院、最高人民检察院等颁布了《关于加强和规范监外执行工作的意见》，明确减刑、假释裁定前的公示和听证制度，增强减刑、假释案件审理的透明度。两年来，各级人民法院依法办理减刑100.5万余人、假释6.8万人。

为防止对被羁押者实施刑讯逼供或者体罚、虐待、侮辱等行为，公安部规定，除特殊原因外，提讯在押人员必须在看守所讯问室内进行，讯问室内用金属防护网分隔，分设在押人员和办案人员出入口，避免在押人员与办案人员的人身接触。启动讯问室加装同步录音录像设备工作，借助科技手段防止刑讯逼供等行为。实行在押人员被提讯前、后和被提解出所、送返看守所时体表检查制度。

（三）获得公正审判的权利

诉讼当事人获得公正审判的权利得到保障。最高人民法院制定了《关于庭审活动录音录像的若干规定》，经人民法院许可，当事人可以查阅和复制庭审录音录像。目前，北京、上海、山东等地法院已实现了庭审同步录音录像。2010年9月，最高人民法院公布了《人民法院量刑指导意见（试行）》，会同有关部门联合下发了《关于规范量刑程序若干问题的意见（试行）》。从2010年10月起，全国各级法院全面试行量刑规范化改革，规范刑事自由裁量权，统一了15种常见犯罪的量刑标准，目前这15种常见犯罪案件占基层法院刑事案件总数的90％左右。

审判信息全面公开。两年来，最高人民法院制定了《关于司法公开的六项规定》和《关于人民法院接受新闻媒体舆论监督的若干规定》，保障公民获得审判信息的权利。全国各级人民法院建立了立案大厅，公示开庭信息、司法救助等有关信息；设立导诉台，开通导诉热线；建立审判信息网络查询系统和执行案件信息管理系统，方便诉讼当事人查询。目前，全国大多数高级人民法院、97家中级人民法院和472家基层人民法院开展了裁判文书网上公布工作。

人民陪审员制度进一步健全和完善。两年来，最高人民法院制定了《关于人民陪审员参加审判活动若干问题的规定》和《关于进一步加强和推进人民陪审员工作的若干意见》，人民陪审员参与审判案件154.4万件，占基层法院普通程序案件总数的32.44％。全国各级法院扩大人民陪审员选任范围，人民陪审员数量已近8万人。

律师在执业活动中的权利进一步得到保障。2009年以来，有关部门推动修改或废止与律师法规定不一致的各类规章和规范性文件，先后出台了《律师和律师事务所执业证书管理办法》、《律师执业活动年度考核规则（试行）》等规章和行业规范。司法部会同有关机关正在起草《关于在刑事诉讼活动中依法保障律师执业权利的规定》，着力解决律师会见难、阅卷难、调查取证难等问题。

国家赔偿制度进一步完善。2010 年 4 月，全国人大常委会审议通过了《关于修改〈中华人民共和国国家赔偿法〉的决定》，使赔偿请求渠道进一步畅通，赔偿程序进一步完善，赔偿的范围和标准更加明确，赔偿费用管理和支付机制得到理顺。为保证国家赔偿法的贯彻实施，国家有关部门相继制定、修改了相关行政法规和司法解释。两年来，各级人民法院审结国家赔偿案件 2950 件，其中决定赔偿的 805 件，赔偿金额 7170. 9 万元。2009 年 3 月，最高人民法院、最高人民检察院等联合下发《关于开展刑事被害人救助工作的若干意见》。人民法院扩大司法救助的范围，两年来共批准当事人减、缓、免交诉讼费案件 54. 7 万件。

（四）宗教信仰自由

正常的宗教活动依法得到保护。两年来，国家宗教事务局发布了《藏传佛教寺庙管理办法》、《关于修订〈中华人民共和国境内外国人宗教活动管理规定实施细则〉的决定》，会同有关部门下发了《关于妥善解决宗教教职人员社会保障问题的意见》，制定了《国家宗教事务局办理行政复议案件程序规定》等规章制度。国家支持改善全国性宗教团体和部分宗教院校办公办学条件。截至 2010 年底，中国道教学院和中国道教协会新会所基本竣工。国家投入资金支持伊斯兰教朝觐工作，支持四川天主教神哲学院、中南神哲学院等宗教院校和宗教团体建设以及宗教教职人员培训。投入近 6 亿元用于西藏桑耶寺、昌珠寺、扎什伦布寺和新疆伊犁陕西清真大寺、喀什艾提尕尔清真大寺等重点寺庙的保护和维修。

（五）知情权

积极推行政务公开，公民的知情权得到切实保障。在政府信息公开条例和《国务院办公厅关于施行〈中华人民共和国政府信息公开条例〉若干问题的意见》的基础上，2010 年 10 月国务院发布《关于加强法治政府建设的意见》，基本形成了政务公开制度体系。

截至 2010 年底，75 个中央部门公开了部门预算，18 个省（自治区、直辖市）公开了公共财政预算和政府性基金预算，12 个省（自治区、直辖市）按月或季度公开了预算执行情况。省、市、县、乡、村联动的政务服务体系初步形成，31 个省（自治区、直辖市）共设立政务（行政）服务中心 2842 个，乡镇（街道）便民服务中心约 2. 5 万个。

2010 年 6 月，国务院通过《自然灾害救助条例》，对自然灾害救助中的信息公开问题作出了具体规定。条例规定，在自然灾害发生并达到自然灾害救助应急预案启动条件时，应当立即向社会发布政府应对措施和公众防范措施；通过报刊、广播、电视、互联网，主动向社会公开所接受的自然灾害救助款物和捐赠款物的来源、数量及其使用情况。重特大安全生产事故责任追究联席会议机制定期对瞒报事故的查处进行专项督察和检查。

新闻发布制度和新闻发言人制度进一步完善，建立了党委新闻发言人制度和县级政府新闻发言人制度。2010 年，中共中央出台《关于建立党委新闻发言人制度的意见》，大力推进党中央有关部门和省（自治区、直辖市）党委设立新闻发言人制度的建设。目前，已有 13 个中共中央部门和单位，31 个省（自治区、直辖市）和新疆生产建设兵团的党委设立了新闻发言人，党委新闻发布工作走向制度化、规范化。两年来，各部委各部门以及各省（自治区、直辖市）共举办了 3522 场新闻发布会。

（六）参与权

公民的参与权得到切实保障。2010 年 3 月，全国人大通过了修改选举法的决定，规定城乡按照相同人口比例选举人大代表，人大代表更具有广泛的代表性，进一步完善了关于选举机构、选举程序等规定，更好地体现了人人平等、地区平等和民族平等。两年来，全国政协共立提案 1 万多件，其中 90 % 以上已答复办理。全国政协共组织15个委员视察团和30个委员考察团，并向中央和国务院报送了视察报告和考察报告；收到社情民意信息27333篇，群众来信75119件，并多次召开专题议政性常委会、专题协商会、座谈会和咨询会，积极为经济社会发展建言献策。

健全基层群众自治制度。2010年10月，全国人大常委会通过新修订的村民委员会组织法，提高了农村村民自治和民主管理水平。目前，已有31个省（自治区、直辖市）出台了村委会选举办法，8个省份制定了村务公开条例；约85％的村建立了村民大会或村民代表会议制度，90％以上的村建立了村务公开监督机构。国家发布的《关于加强和改进城市社区居民委员会建设工作的意见》，明确要求进一步规范社区民主选举程序，稳定扩大社区居民委员会直接选举覆盖面。2010年，全国各地普遍进行了城市居民委员会选举。

推进厂务公开，维护职工权益。2010年，国家有关部门联合下发了《关于2010年厂务公开民主管理工作的意见》，加强对国有企业改制重组关闭破产过程中厂务公开民主管理工作的指导。截至2010年9月，在全国已建工会的企事业单位中，211.3万家单独建立了厂务公开制度，比上一年增长20.6％，224.9万家单独建立了职工代表大会制度，增长率为22.3％。

国家支持各人民团体参与社会管理和公共服务，维护群众合法权益。全国总工会参与了社会保险法和《工伤保险条例》等直接关系职工和工会权益的法律、法规的制定与修改；积极推动工会法的修改工作。全国妇联大力推动农村妇女进入村委会；参与全国人大常委会组织的妇女权益保障法执法检查，推动全国31个省（自治区、直辖市）全部完成了妇女权益保障法实施办法的制定和修改。共青团各级委员会开展了“共青团与人大代表、政协委员面对面”活动，建立人大代表关心青少年事务小组，建立“青少年权益使者”工作队伍，开展共青团倾听活动，反映和维护青少年权益。

进一步加强社会组织建设与管理，增强社会服务功能。《基金会管理条例》、《社会团体管理登记条例》和《民办非企业单位登记管理暂行条例》的修订工作已列入国务院立法工作计划。社会组织每年募集资金100多亿元用于减贫济困、救灾防灾等。社会组织尤其是行业协会在规范市场秩序、发展行业自律、制定行业标准、调解贸易纠纷等方面发挥着越来越重要的作用。目前，全国6万多个行业协会联系会员2000多万家（含个体工商户），4万多个学术社团联系专家学者500多万人，各类农村专业经济协会联系农户1000多万个，社会组织提供了超过1000万个专兼职工作岗位。

（七）表达权

公民的言论自由得到充分保障。近年来，互联网成为公民行使表达权利的新渠道。截至2010年底，中国网民人数达到4.57亿，互联网普及率达到34.3％，超过世界平均水平；中国境内现有网站552万个、论坛上百万个，博客用户2.95亿个。据抽样统计，网民每天发表的言论达300多万条，超过66％的中国网民经常在网上发表言论，充分表达思想观点和利益诉求。中国领导人经常上网了解公众意愿，与网民进行在线交流。通过互联网征求意见已成为各级政府的普遍做法，每年通过互联网征求到的建议多达几百万条。

新闻和出版事业进一步发展。两年来，国务院完成了《出版管理条例》和《音像制品管理条例》的修订工作；新闻出版总署发布了《新闻记者证管理办法》和《报刊记者站管理办法》，依法保障新闻媒体和记者的合法权益。两年来，全国出版图书、期刊、报纸总印张数为2701.14亿印张，出版图书33万种，报纸2056种。

（八）监督权

公民的民主监督权利得到进一步保障。全国人大及其常委会充分行使监督宪法和法律实施的职权，全面促进公民各项权利的维护和实现。两年来，常委会听取审议国务院、最高人民法院、最高人民检察院20个专项工作报告；开展了对妇女权益保障法等9部法律实施情况的执法检查；对部分重大公共投资项目实施情况和“十二五”规划编制工作若干重要问题开展专题调研；就中央决算、国家粮食安全和深化医药卫生体制改革三个专项工作报告开展了专题询问；作出了应对气候变化的决议；对3000余件行政法规、地方性法规和司法解释等规范性文件进行了备案审查。人民政协的监督机制渐趋完善，民主监督效果日益显著。

信访渠道进一步拓宽。国家信访局建成互联互通、资源共享的全国信访信息系统，推广和规范了网上信访、专线电话、绿色邮政、视频接访等多种信访形式。人民建议征集制度在全国逐渐推广，各级党政领导干部阅批群众来信、定期接待群众来访成为常态，党政领导干部和党代会代表、人大代表、政协委员联系信访群众制度逐渐完善。

四、关于少数民族、妇女、儿童、老年人和残疾人的权利

两年来，中国少数民族、妇女、儿童、老年人和残疾人权利得到有力保障，实现了《行动计划》确定的目标。

（一）少数民族权利

少数民族的合法权益得到依法保障。目前，中国的55个少数民族都有全国人大代表。在第十一届全国人大代表中，有少数民族代表411名，占代表总数的13.76％，在十一届全国人大常委中有少数民族委员25名，占委员总数的15.53％，均超过少数民族人口占人口总数8.49％的比例。人口超过100万的18个少数民族都有本民族的全国人大常委会委员。截至2010年底，全部155个民族自治地方的人大常委会中均有实行区域自治的民族的公民担任主任或者副主任，自治区主席、自治州州长、自治县县长（或自治旗旗长）也依法全部由实行区域自治的民族的公民担任。全国共有290多万名少数民族干部。

少数民族教育事业迅速发展。民族自治地方普及九年义务教育的人口覆盖率已达到100％。目前，全国共有18所民族院校，全日制在校生总规模超过20万人。民族地区各级各类学校约8.3万所，全国各级各类学校中少数民族在校学生总数为2309.85万人。全国有300多所普通高校举办了民族预科班，每年招生规模达3万余人，累计招收少数民族预科生20余万人。国家累计投资超过20亿元用于新疆、西藏、内蒙古、青海等地推行寄宿制教育。在内地设立的西藏中学和新疆高中班累计招生超过4万人。

少数民族自由、平等地学习、使用和发展本民族语言文字的权利得到保障。目前，适应各民族语言环境与教育条件的双语教学模式基本建立。到2010年，全国1万余所学校开展了双语教学，在校生近500万人；有14种少数民族语言广播，8种少数民族语言电视；在内蒙古、新疆、西藏等10个省、自治区建立了11个少数民族语电影译制中心，覆盖34个少数民族语种或方言，自2009年起已完成466部数字电影的译制和361部少数民族语数字电影译制发行版的制作；7种少数民族语言文字能够在计算机中广泛使用；国家投入1.2亿元，扶持发展少数民族出版事业，36家民族类出版社用23种少数民族文字出版各类图书；国家扶持少数民族文字报纸近百种、期刊192种。

少数民族文化得到保护和发展。国家建立四级非物质文化遗产名录体系和传承人认定制度，加强对少数民族文化的保护。国家设立了热贡文化、羌族文化、土家族苗族文化等少数民族文化生态保护实验区。截至2010年底，国家累计投入3亿元，用于发展新疆少数民族文化事业。两年来，国家推出了一批具有较大影响的少数民族题材影视作品，举办了“中国非物质文化遗产展演——少数民族传统音乐舞蹈专场”、“全国少数民族非物质文化遗产项目调演”等活动。

民族地区经济快速发展，少数民族的生活水平进一步提高。两年来，国家投入少数民族发展资金27.79亿元；安排兴边富民补助资金11.84亿元，其中西藏1.53亿元，新疆2.4亿元。2010年，人口较少民族聚居区行政村农牧民人均纯收入已达2344元，比2005年增长2.6倍。2010年，新疆维吾尔自治区地区生产总值为5418.8亿元，西藏自治区地区生产总值为507.5亿元，分别比2009年增长10.6％和12.3％。截至2010年底，640个人口较少民族聚居村均已基本实现了具备条件的特困村通路、通电、通电话、通广播电视，有学校、有卫生室、有安全的人畜饮用水、有安居房、有稳定解决温饱的基本农田或草场。

（二）妇女权利

妇女平等参与管理国家和社会事务的权利得到保障。十一届全国人大女代表占代表总数的21.3％，全国政协女委员比例为17.7％。各级政府组成人员中女干部的比例也在不断上升。农村妇女参与基层民主管理的水平逐步提高，2009年全国村委会成员、居委会成员中女性比例分别为21.5％和49.7％。

妇女的就业权利和获得经济资源的平等权利得到保障。截至2010年10月，全国共发放妇女小额担保贷款166.05亿元，帮助41.05万名城乡妇女创业。各地妇联开展的来料加工、手工编织项目，带动400多万名妇女就业。“创办你的企业”项目每年培训妇女5万人次。截至2010年9月，全国工会女职工组织已达158.9万个，占已建工会组织的77.61％。女职工专项集体合同签订数已达71.36万份，覆盖企事业124.39万家，覆盖女职工5424.46万人。

国家将人口和计划生育及生殖健康纳入国家发展战略。全国所有县和95％的乡（镇）设立了人口和计划生育信息、咨询与技术服务中心。80％以上的县开展了生殖健康和计划生育优质服务。2010年，接受宫颈癌、乳腺癌检查的农村妇女人数分别为649万和87万，享受住院分娩补助的农村孕产妇人数为884.7万，住院分娩率达96.7％。两年来，共安排中央预算内投资11.6亿元，支持中西部地区县级计划生育服务站和乡（镇）中心服务站的设施建设；安排中央预算内投资3亿元，补助购置1822辆流动服务车，改善了为育龄妇女提供生殖健康优质服务的条件。

反对针对妇女的家庭暴力工作进一步加强。27个省（自治区、直辖市）出台了预防和制止家庭暴力的专门法规，许多地方公安机关在“110”报警网络提供家庭暴力报警服务。有条件的地方法院设立了维权合议庭和反家暴合议庭，部分法院开展了家庭受害者人身保护令试点工作。

（三）儿童权利

保护未成年人的法律体系得到完善。截至2010年，18个省（自治区、直辖市）完成了未成年人保护法地方性配套法规的修订工作，5个省（自治区、直辖市）制定了预防青少年违法犯罪的地方性法规。两年来，有关部门联合发布了《关于进一步建立和完善办理未成年人刑事案件配套工作体系的若干意见》，最高人民法院出台了《关于进一步加强少年法庭工作的若干意见》，《刑法修正案（八）》对未成年人犯罪宣告缓刑、构成累犯以及免除轻罪报告义务等方面作出了明确的规定。目前，全国法院共设少年法庭2219个。

儿童健康权得到有效保障。儿童免疫规划疫苗增加到11种，可预防12种疾病，接种率达90％以上。两年来，国家免费为15岁以下儿童接种乙肝疫苗5762.9万人。农村儿童白血病和先天性心脏病的补偿超过70％，符合民政医疗救助条件的家庭可再获20％的补助。

全国地级以上城市都拥有儿童福利机构，初步形成儿童福利机构服务网络。2010年，国务院办公厅颁布了《关于加强孤儿保障工作的意见》。中央财政安排专项补助资金25亿多元，对东、中、西部地区孤儿分别给予月人均180元、270元、360元的补助。继续实施“安康计划”，为青海等地孤儿赠送儿童重大疾病公益保险11.7万余份。实施《“十一五”儿童福利机构建设规划》，投入15.2亿元，新增孤儿安置床位约5.7万张，每年为10万名左右的孤儿提供服务。

预防和打击拐卖妇女儿童犯罪取得新进展。《中国反对拐卖妇女儿童行动计划（2008—2012年）》得到贯彻落实，有关部门建立了来历不明人员、疑似被拐人员信息通报核查机制。2009年4月起在全国开展“打拐”专项行动，截至2010年底，全国共破获拐卖妇女案件9165起、拐卖儿童案件5900起，解救被拐卖儿童9388人、妇女约1.8万人。打掉犯罪团伙3573个，刑事拘留拐卖犯罪嫌疑人2.25万人。两年来，各级人民法院审结拐卖妇女儿童、组织儿童乞讨等侵害未成年人权益的刑事案件7395起，依法严惩罪犯9596人。2010年，中越双方在两国边境开展打击跨国拐卖妇女儿童犯罪专项行动，并签署《关于加强预防和打击拐卖人口合作的协定》；中缅签署《关于加强打击拐卖人口犯罪合作谅解备忘录》。

（四）老年人权利

老年人权益得到进一步保障。2011年，企业退休人员基本养老金在2005—2009年连续增加的基础上，月人均增加140元。目前，全国已建成养老机构3.8万个，床位266.2万张；社区服务中心17.5万个，城市便民、利民服务网点69.3万个；基层老年文化活动设施70多万个；老年大学（学校）4万多所，在校老年学员超过430万；全国性老年社会团体14家，分会遍及全国各地；老年人协会80多万个，会员超过3500万；老年法律援助中心1.6万多个；老年维权协调组织约9.6万个。

（五）残疾人权利

残疾人社会保障和服务体系建设进一步加强。精神卫生法已列入全国人大常委会立法工作计划。《无障碍环境建设条例（征求意见稿）》已公布，《残疾人残疾分类和分级》国家标准已正式颁布实施。2010年3月，有关部门联合下发了《关于加快残疾人社会保障体系和服务体系建设的指导意见》、《关于加强残疾人法律救助工作的意见》。2010年，全国3592个法律援助机构为5.4万多名残疾人提供了辩护、代理等法律援助服务。

残疾人康复服务水平不断提高。两年来，安排中央预算内投资1.8亿元，支持396所中西部地区残疾人综合服务设施建设。目前，全国有社区康复站约14.5万个，接受社区康复服务的残疾人数累计1268万；残疾人托养服务机构4029个，14.5万名智力、精神和重度残疾人得到机构托养服务；实施“贫困残疾儿童抢救性康复项目”，惠及4万名贫困残疾儿童。

两年来，有关部门出台了《残疾人航空运输办法（试行）》，修订了《民用机场旅客航站区无障碍设施设备配置标准》，修订了《机动车驾驶证申领和使用规定》，使更多残疾人获得申请驾驶证的资格。100个城市开展无障碍城市创建工作，1118个地市、县系统地开展无障碍建设。27个省级电视台开办了手语新闻栏目，341个公共图书馆建立了盲人阅览室。

2009年5月，国务院办公厅转发了《关于进一步加快特殊教育事业发展的意见》，明确了今后一个时期加快发展残疾人教育事业的目标、任务和措施。截至2010年底，全国特教学校共1706所，特教班1.6万多个，在校残疾学生55万人。20多个省（自治区、直辖市）制定了专项资助残疾学生政策。截至2010年，纳入“中西部地区特殊教育学校建设规划”，拟新建或改扩建的1160所特教学校，有80%已经建成。

继续开展“全国就业援助月”、“万人就业工程”等专项残疾人就业援助活动。城镇新安排67.4万残疾人就业，就业人数达到441万；农村1749.7万残疾人实现就业。

贫困残疾人的扶助力度进一步加大。有关部门联合下发了《关于优先解决城乡低收入残疾人家庭住房困难的通知》，帮助22万余户农村贫困残疾人家庭进行了危房改造。城镇残疾人参加社会保险人数达405万；城镇集中供养残疾人和农村五保供养残疾人分别达到10.6万和60.5万；292万城乡残疾人获得临时救济，160.4万城乡残疾人得到定期补助。

为残疾人提供更广泛的机会参加体育文化活动。开展全国特奥日，建设了27个示范性国家全民健身助残工程，参加了美国冬季特奥运动会、温哥华冬季残奥会等四十项国际赛事。到2010年5月，成功举办了首届全国残疾儿童艺术节等重大体育文化活动，在1000个社区开展残疾人文化进社区活动。上海世博会设立“生命阳光馆”，开创了在世博会上设立残疾人馆的先河。

五、关于人权教育

两年来，通过多种形式的人权教育和传播普及人权知识，公民的人权意识和维权能力明显提高，完成了《行动计划》确定的任务。

在九年义务教育中，增加了法律和人权方

面的教学内容。在小学阶段的《品德与生活》课程中，引导儿童热爱生命、热爱生活、熟悉儿童权利。在初中阶段的《思想品德》课程中，介绍了17项关于法律和人权方面的内容以及未成年人保护法等法律法规。在高中阶段的《思想政治》等课程中，介绍了宪法规定的公民权利和义务以及国际人权公约的有关内容。

高等院校深入开展人权理论研究与教育。国际人权法等三部人权法教材入选"普通高等教育'十一五'国家级教材规划"。目前，高校和科研院所成立的人权研究机构近30个，数十所高校开设了人权法和人权教育课程，南开大学、山东大学、中国政法大学等高校招收和培养人权方向的硕士和博士研究生。教育部在南开大学、中国政法大学和广州大学设立国家人权教育与培训基地。

有重点地开展针对公职人员的人权教育培训。两年来，国务院新闻办公室举办了四期人权知识培训班，对各级党政干部和司法系统干部等进行人权知识培训。中央党校和各级党校普遍把人权纳入教学内容，对各级领导干部进行人权知识教育。公安机关开展人民警察核心价值观教育活动，培养民警的法治意识、程序意识、证据意识和人权意识。两年来，全国县级公安局长、监狱长、司法局长分别接受集中培训，强化人权法治意识。

面向大众的人权教育广泛开展。两年来，中国人权研究会等人权研究机构编写出版了《中国人权在行动》、《中国人权建设60年》等书籍。《人权》杂志、中国人权网等媒体积极促进人权知识的普及。

六、关于国际人权义务的履行及国际人权领域的交流与合作

两年来，中国认真履行已参加的国际人权条约规定的义务，倡导并积极参与国际人权领域的交流与合作，为推动国际人权事业的健康发展作出了新的努力，落实了《行动计划》的要求。

中国重视国际人权文书对促进和保护人权的重要作用，认真履行条约义务，及时向相关条约机构提交履约报告，与条约机构开展建设性对话，并充分考虑条约机构提出的建议与意见，结合中国国情对合理可行的建议加以采纳和落实。

两年来，中国政府撰写了《经济、社会和文化权利国际公约》第二次履约报告、《儿童权利公约》第三和第四次合并履约报告（包括履行《〈儿童权利公约〉关于买卖儿童、儿童卖淫和儿童色情制品问题的任择议定书》最新情况）、《〈儿童权利公约〉关于儿童卷入武装冲突问题的任择议定书》首次履约报告和《残疾人权利公约》首次履约报告，广泛征求相关部门、非政府组织、学术机构和社会公众的意见，并分别向联合国提交了上述报告。

2009年，中国政府派团出席联合国消除种族歧视委员会审议中国履行《消除一切形式种族歧视国际公约》第十至十三次合并报告的会议，与委员会进行了建设性对话。8月28日委员会通过并公布审议结论，积极肯定了中国政府在发展民族地区经济、扶持人口较少民族、保护少数民族文化等方面的举措和成就。中国政府高度重视委员会审议结论，于2010年8月就审议结论中的部分建议向委员会提交了反馈材料。

中国政府认真履行《联合国反腐败公约》，积极开展反腐败领域的国际合作。2009年以来，先后派代表团出席了《联合国反腐败公约》第三次缔约国大会及公约框架下履约审议、资产追回和预防腐败工作组历次会议和磋商。

中国正在进行一系列立法、司法改革，目前已完成对律师法和国家赔偿法等法律的修订，为尽早批准《公民权利和政治权利国际公约》创造条件。

中国致力于在平等和相互尊重的基础上，开展国际人权交流与合作，推动国际人权事业健康发展。中国继续深入参与联合国大会第三委员会、联合国人权理事会等机构的工作，派代表团出席人权理事会第四至十轮国别人权审查，推动理事会以公正、客观和非选择性方式处理人权问题。2009年2月，中国首次接受联合国人权理事会国别人权审查。中国代表团在审议会议中全面介绍了中国人权事业的发展、面临的挑战和努力的目标，与各国进行了开放、坦诚的对话。许多国家肯定中国在人权领域所作的努力和取得的进步，并提出了有价值的建议。中国代表团以严肃和高度负责任的态度，认真研究了各国所提的建议，接受了所有符合中国国情、具有可行性的建议共42条。同年6月，人权理事会全会核可了工作组审议中国的报告。

中国与联合国人权特别机制保持了良好的合作关系。2010年12月，中国政府接待了粮食权特别报告员访华。中国继续重视联合国人权事务高级专员办公室在国际人权领域的重要作用，每年均向高专办捐款支持其工作。落实了与高专办签署的人权技术合作《谅解备忘录》。

中国重视并继续加强与联合国粮农组织、教科文组织、世界卫生组织、国际劳工组织等专门机构和其他相关国际组织的交流与合作；继续积极参与亚太地区、次区域框架下的人权交流活动，出席人权理事会雇佣军问题亚洲区域磋商，发挥了建设性作用。

中国继续在平等和相互尊重的基础上与有关国家和区域组织开展双边人权对话与交流。两年来，中国与欧盟、美国、英国、荷兰、德国、澳大利亚等分别举行了人权对话或磋商，并与发展中国家广泛开展了人权交流。

中国的非政府组织积极开展国际人权领域的交流与合作。两年来，中国人权研究会两次举办“北京人权论坛”，先后与40多个国家和地区以及有关国际组织的官员、专家进行了交流。

四、美国的人权纪录

2006年美国的人权纪录

中华人民共和国国务院新闻办公室
（2007年3月8日）

2007年3月6日，美国国务院发表《2006年国别人权报告》，再次对包括中国在内的世界190多个国家和地区的人权状况进行责难，却对自身的人权问题避而不谈。为了让世界人民更好地了解美国的人权纪录，推进国际人权事业，我们特发表《2006年美国的人权纪录》。

一、关于生命、财产和人身安全

美国暴力犯罪极其严重，危及人民的生命、财产和人身安全。据美国司法部2006年9月10日公布的报告，2005年，美国暴力犯罪案件总量为520万起，比上年增加2.5％，增幅达到15年来最高水平。12岁及以上居民共经历了近2300万起犯罪案件，其中每1千人有1人遭强奸或性袭击，1人因受袭击致伤，3人遭抢劫。（注1）2006年上半年美国发生的凶杀、抢劫及其他暴力犯罪比2005年同期上升3.7％，其中抢劫犯罪上升9.7％，在50万至100万人口的大城市，凶杀犯罪增加了8.4％。（注2）波士顿的凶杀案比2005年同期增长了27.5％，孟菲斯（Memphis）增长了43％，辛辛那提增长了19％。纽约州的罗切斯特（Rochester）抢劫犯罪增长了47％，马里兰州的蒙哥马利郡郊区增长了37％，明尼阿波利斯市增长了36.8％。（注3）2006年1月至12月10日，费城有384人遭凶杀，超过了上年被凶杀人数的总和。（注4）截至2006年12月1日，新奥尔良市有147人遭凶杀，凶杀率是每10万居民中73.5人，超过了2005年凶杀案最高的加州康普顿（Compton）的每10万居民中67人的凶杀率。（注5）佛罗里达州仅有20万居民的奥兰多市，到11月1日已有42人被凶杀，比2005年增加了1倍。在首都华盛顿特区，2006年7月曾在13天内连续发生11起凶杀案，造成居民恐慌，华盛顿特区警察局因此宣布全市进入犯罪紧急状态，实行晚上10点宵禁。（注6）另据《华盛顿邮报》2006年12月14日报道，2006年，在马里兰州的蒙哥马利郡发生了抢劫银行案件35起，仅12月13日一天内，就连续发生了3起抢劫银行案。

美国私人拥有枪支数量世界第一，枪支泛滥，枪祸不断。美国司法部2006年公布的报告显示，2005年美国暴力犯罪受害者中有477040人称他们面对的犯罪人持有武器。在2001至2005年华盛顿特区发生的1126起凶杀案件中，大约80％使用了致命性武器，而新奥尔良的比例高达92％。（注7）5月20、21日的周末两天，芝加哥就发生了5起枪杀案，造成5人死亡，3人受伤。（注8）11月16日，在底特律市西区短短十分钟内连续发生5起枪击案，造成2人死亡，3人受伤。（注9）12月16日，密苏里州堪萨斯城一名男子连续杀害5人后举枪自尽。12月24日，在佛罗里达州一家购物中心，一名枪手枪杀一名男子，并向警察开枪射击。（注10）

美国校园枪击案频发。在2006年9月底和10月初的一个星期内，威斯康星州、宾夕法尼亚州和科罗拉多州曾连续发生3起校园枪击案，其中10月2日发生在宾夕法尼亚州的枪击事件造成5名女学生死亡、6人受伤。（注11）

二、关于执法、司法侵权

在美国，执法、司法机关侵犯人权的事件屡见不鲜。警察滥用职权现象相当严重。人权观察2006年12月4日发表的报告指出，“9·11”事件之后，美国联邦调查局滥用重要证人逮捕令，不经指控，逮捕了至少70人。据《华盛顿邮报》2006年12月1日报道，2001至2005年，公民对纽约警察滥用权力的投诉增长了60%。芝加哥大学法律系教授克里格·弗特曼的研究结果表明，过去5年中，芝加哥的13500名警察中，有662名受到10次以上的投诉，但很少有人为此受到惩罚。（注12）2006年9月，芝加哥警察局特别行动组的4名警察因抢劫、绑架等多项罪名被捕。调查显示，警察局在4年前就对此知情，却一直没有采取任何惩治措施。11月，两名曾在库克郡监狱服刑的人提出诉讼，控告该监狱狱警将其中一名叫买加的犯人铐住双手，抓住脖子往墙上撞，在其倒地后，用脚踩踏其头部。虽多次投诉，警方却迟迟不愿调查。（注13）2006年11月17日，加州大学洛杉矶分校的一名23岁的高年级学生英斯塔法·塔巴塔拜加德由于拒绝向校警出示自己的学生证，竟被校警用泰瑟枪（一种发射一束带电镖箭使人不能动的武器）攻击；（注14）11月25日清晨，3名男子开车撞上了一辆没有警察局标志的小型货车，于是纽约警察局5名警员开了50枪，其中21发子弹打中3名男子开的车，造成一死两伤。（注15）12月5日，在洛杉矶的中心区警察局，一台安装在椅子后面的隐蔽摄像机记录下一名洛杉矶的警察肖恩·米德对一名被铐住的16岁少年进行扼颈攻击。（注16）

司法不公现象严重。《纽约时报》记者在经过一年的调查后发现，纽约一些法院的法官滥用职权，有些被告没有认罪甚至没有经过审判就被送进了监狱，还有些人没有经过正常的法律程序就被从家里带到了法庭上。（注17）据美联社2006年3月4日报道，2003年至2005年间，美国国内各类刑事案件中共有5000多名被告的审理记录一直处于秘密状态，即使是联邦法院已对他们的案件作出了判决。审理记录处于秘密状态的被告所占比例由2003年的1.1%上升到2005年的2.7%。“秘密记录”明显违背了美国宪法规定的公众知情权。

冤假错案比比皆是。《洛杉矶时报》2006年6月报道说，美国密歇根大学等有关专家对近17年间的328个有争议的刑事案件进行全面调查和复查，结果发现，这些案件均为冤假错案。专家们照此比例推算，认为今天美国的监狱里关押着数万名无辜公民。芝加哥一名男子上世纪90年代中期被控犯强奸罪入狱，该男子曾多次要求进行DNA测试，警方一直以物证不足为由不进行测试，直到2006年通过DNA测试，才证明其清白无辜。“9·11”事件以来，联邦调查局等政府机构已将6472人以恐怖主义相关的罪名送交检察机构。锡拉丘兹大学下属的一个研究机构调查结果表明，美国有四分之三恐怖嫌犯蒙冤。联邦检察官断定有64%的案件中的嫌疑人不值得起诉，另外还有9%的案件要么被法院驳回，要么被判无罪。（注18）

美国在押犯人数和囚犯比例居全球第一。据美国司法部2006年11月30日公布的报告，到2005年底，全美关押的犯人达到220万人，如果加上缓刑和假释的人，总人数突破700万人，超过全国成年人总数的3%，即32个成年人中，就有1人被关在监狱或处于缓刑、假释中。得克萨斯、密西西比、俄克拉荷马等州的囚犯比率达每10万人中650人，路易斯安那州高达797人，为全美最高。（注19）这使得美国联邦监狱“超员”34%，州监狱有的则“超员”14%。（注20）目前，加州监狱关押了17.3万名犯人，约1.7万名犯人没有正常的居住环境，其中33个监狱关押的犯人超过了最大容量的2倍，达到危机临界点，一些体育馆临时改成犯人的居住点，甚至教堂也被当作犯人临时睡觉场所。（注21）

美国监狱囚犯待遇恶劣，虐待犯人现象十分普遍。美国是世界上唯一在监狱里使用警犬恐吓囚犯的国家。据人权观察公布的调查报告，在美国康涅狄格、特拉华、艾奥瓦、南达科他和犹他5个州的监狱中，使用警犬震慑、攻击甚至撕咬犯人，以迫使其服从。康涅狄格州的监狱，2005年一共发生过20起用警犬对付囚犯的事例；在艾奥瓦州，自2005年3月至2006年3月共发生了63次。2007年1月16日，美国政府公布的一份报告说，全国有5个监狱虐待非法移民，对非法移民绝食或自杀管理不严，向他们提供没做熟的食品。（注22）据报道，美国佛罗里达州州立监狱2000年到2004年分别对该监狱囚犯进行了238次、285次、447次、611次和277次喷射化学制剂的虐待，致使10名囚犯身体被严重灼伤，患上了精神方面的疾病。（注23）在美国有近60个“超级安全监狱”关押着近2000名犯人，犯人被关押在只有6平方米的牢房里，完全隔音，荧光灯和监视器24小时开着，许多人患上了精神疾病。（注24）另外，美国监狱里的犯人还常被无端剥夺一些基本权利。《纽约时报》2006年7月31日发表社论称，在欧洲许多国家，监狱里设有投票箱，犯人可以在监狱中参加选举，而在美国，犯人的这一权利往往被剥夺。

监狱成为疾病和犯罪的滋生地。据美国司法部2006年9月7日公布的报告，美国监狱关押的犯人中一半以上精神健康有问题。其中，全国各州囚犯的56%，看守所犯人的64%和联邦囚犯的45%，曾在2005年接受过严重抑郁症、癫狂、幻觉或错觉等精神疾病的治疗，或者有这些疾病的症状。美国每年有150万名犯人患有对生命有威胁的传染性疾病。（注25）有将近7000名犯人死于美国的监狱和看守所，其中多数人死于未得到治疗的精神紊乱和其他疾病。（注26）据美国司法部2006年11月公布的一项全国性调查，37%的犯人称目前患有非感冒或病毒感染之类的疾病；2004年，美国联邦和各州监狱中确认的艾滋病患者由上年的5944例上升到6027例，比例达到1万人中50例，而美国普通人的比例是1万人中15例，超过了3倍。犯人自杀率持续上升。据《今日美国报》2006年12月28日报道，2006年，加州监狱有41名犯人自杀，得克萨斯州监狱有24人自杀，企图自杀的犯人达到652人，比2005年增加17%。

美国监狱性侵犯事件不断。联合国禁止酷刑委员会2006年5月19日发表报告说，美国监狱至少13%的在押囚犯曾遭受性侵犯，许多人“多次遭受性侵犯”。据此估算，目前在押犯中有近20万曾是或将成为监狱性暴力的受害者，而过去20年里遭受性侵犯的囚犯人数可能超过100万。

三、关于公民和政治权利

近年来，美国人的公民权利受到越来越多的侵犯。“9·11”事件以来，美国政府机关以反恐为名对公民进行大规模秘密监视。据《华盛顿邮报》和美国广播公司（ABC）2006年12月公布的一项调查，66%的美国人认为，美国联邦调查局和其他联邦机构侵犯美国公民的隐私权。据美国司法部2006年4月28日公布的报告，2005年在国家安全调查中，电子监控和搜查令的使用率提升了15%。联邦调查局签发了9000多份国家安全信函，涉及3500多名美国公民以及合法逗留的外国居民。这一数字还不包括为获得某些人的有限信息而发出的数千份其他信件，也不包括有关在美国非法居留的调查对象的信件。国防部一个研究小组正在监视超过5000个网站，每天关注25个至100个据称最具敌意和活跃的网站。（注27）联邦调查局内部的备忘录显示，该机构在搜集反战示威者、环保人士以及给无家可归者提供素食的积极分子的信息。在美国，无数人的电话记录被政府秘密搜集。（注28）据《今日美国报》2006年11月7日报道，越来越多的企业雇主“理直气壮地监视员工”，用全球卫星定位系统跟踪员工，迫使员工同意在身上植入微晶片，雇用私家侦探调查员工上班时间在做些什么。据调查，75%的企业监视员工网络活动，65%的公司封锁一些网站，36%的企业跟踪员工上网内容，一半以上雇主保留和审查员工的电子邮件。

据美联社2007年1月4日报道，美邮政改革法案生效时，美行政当局悄悄加入了一项声明，允许政府无需法院搜查令就有权拆阅公民邮件。据报道，美国国务院官员曾被指控对一些公民批评美国政府的公开讲话和著作进行搜集审查，以决定是否能让这些人到国外演讲，这被认为是政府控制信息流通、压制不同意见的行为。（注29）2006年5月23日，美国一个致力于保障公民隐私的组织“电子边境基金会”起诉美国联邦调查局违反《信息自由法》和隐私法，指控其在“9·11”事件后，建立了“调查数据仓库”，收集了近7亿份个人资料，并允许非联邦调查局内部成员进入这个数据库查看私人信息。（注30）

美国一向将自己标榜为“民主的灯塔”，但是，美国式民主的实质是钱袋的民主。据《今日美国报》2006年10月29日报道，2004年，成功竞选为参议员平均花费是700万美元，而筹资少于100万美元的众议员候选人基本上没有机会赢得竞选。在2006年美国中期选举中，民主党和共和党总共花了约24亿美元，其中美国各大石油公司和烟草公司捐款1.616亿美元。它们是选举的最大捐款者，也是最大获胜者。（注31）在宾夕法尼亚州的竞选中，共和党候选人投入了390万美元做广告，民主党候选人则花了300万美元。（注32）美国有线电视新闻网（CNN）2006年10月18日公布一项调查表明，有近3/4的民众认为国会脱离民众，79％的人认为大企业确实对政府决策产生了过多的影响。

美国政坛腐败现象严重。据美国联邦调查局2006年12月公布的统计，在过去两年内，联邦调查局已确认有1000名以上的政府公职人员犯有腐败罪。2006年因“超级说客”阿布拉莫夫认罪而爆出的“游说门”事件，成为美国政坛数十年涉及权钱交易的最大政治丑闻，（注33）先后有4名国会议员被迫辞职，另外还有十几名议员正接受调查。（注34）一份调查报告显示，在过去5年多来，美国联邦议员共接受了近5000万美元捐款去各地“免费旅行”。2000年1月到2005年6月，国会两院议员及其助手共离开华盛顿去旅行至少2.3万趟，8.1万多天，约合222年。至少去了200次巴黎，150次夏威夷，140次意大利。其中接受旅游资助超过12万美元的有25名议员，接受赞助商给钱最多的有24名议员。（注35）

美国操纵新闻的丑闻不断，新闻自由徒有其名。美国政府为了政治需要，经常炮制假新闻来迷惑国内外民众。美国包括国务院在内的20个联邦机构都在制作和发行这类宣扬政府的视频节目。（注36）据《今日美国报》2006年6月22日报道，近年来，一些记者因为不愿意透露消息来源而遭到美国执法和司法机关的威胁甚至被监禁。两名Rhode Island的电视记者因此被限制行动自由4个月。旧金山一名联邦检察官曾强迫两名《旧金山纪事报》记者透露其消息来源，（注37）在遭拒绝后，两名记者被法庭以藐视法庭罪监禁18个月，另有一名旧金山的自由撰稿人2006年8月因拒绝向陪审团提交其私人录制的有关录像材料而被判藐视法庭罪监禁1年。（注38）

四、关于经济、社会和文化权利

美国是世界头号富国，但是，美国人的经济、社会和文化权利却缺乏应有的保障。贫困人口是美国社会中的“第三世界”。据美国人口普查局2006年8月29日公布的数据，2005年美国有3700万贫困人口，占总人口的12.6％，有770万个家庭生活在贫困线以下，平均每8个美国人就有1个生活在贫困中。克利夫兰市（Cleveland）和底特律市的贫困率分别高达32.4％和31.4％，几乎平均每3人中就有1人生活在贫困线以下。（注39）法新社2007年2月24日的报道说：麦克拉奇报业集团的分析报告发现，根据美国人口调查最新数据，美国有将近1600万人处于“极度贫困”状态，极度贫困人口比2000年增加了26％，赤贫人数达到近30年的最高点。美国经济在2000年至2005年间增长了12％，生产力提高了17％，而同一时期，美国中等收入水平的人的工资只增加了3％，考虑到过去5年12％的增长，他们的实际收入有所下降，低于2000年的水平。（注40）

饥饿、无家可归现象严重。美国农业部2006年11月15日发表的报告显示，2005年美国有3480万人曾因没有足够的钱或其他资源获得足够的食品。“美国市长会议”对包括芝加哥、波士顿、洛杉矶等23个城市进行的调查发现，2006年要求提供食品紧急救助的人比2005年平均增加7％，74％的城市有更多的人要求食品紧急救助；要求提供住所紧急救助的人比2005年平均增加9％，68％的城市有更多的人要求住所紧急救助。（注41）目前，美国约有60万无家可归的人，（注42）其中华盛顿特区有16000多人，（注43）纽约有3800多人，（注44）巴尔的摩市每天晚上都有3000至4000人无家可归。（注45）在夏威夷，约1000个无家可归的人住宿在海岸的帐篷里。（注46）洛杉矶市及其周边社区有多达88345个无家可归者，被称为美国最大的无家可归者之都。（注47）

美国人的平均生活水平高于世界绝大多数国家，但是，美国劳工保护和家庭福利的法律保障却远远落后于世界绝大多数国家。据美国之音2007年2月4日报道，哈佛大学和加拿大麦基尔大学健康与社会政策研究所共同进行的一项调查发现，在世界高、中、低不同收入类型的173个国家中，只有美国与莱索托、利比里亚、斯威士兰、巴布亚新几内亚5个国家对女工带薪产假的福利缺乏法律保障。世界上有137个国家给工人提供带薪年假，而美国则没有这方面联邦法律保障。有145个国家的工人休病假能拿到工资，但美国工人在这方面也无法律保障，完全由雇主决定。美国没有法律规定工人每周最长工作时间限制，也没有法律规定每周加班的最大期限，而134个国家有这方面的法律规定。美国法律不保障哺乳期女工在工作时间享有喂奶时间，而至少有107个国家的女工享有这方面权利。美国法律不保障男性职工在孩子出生前后享受任何假期，而65个国家的男性职工则有此方面福利待遇。

许多美国人无法享受基本医疗保险。据美国人口普查局2006年8月29日公布的报告，2005年美国有4660万人没有医疗保险，占总人口的15.9％，比2004年增加了130万人。在基本医疗保险最好的明尼苏达州也有8.7％的人没有医疗保险，得克萨斯州高达25％的人没有医疗保险。3年来，美国的医疗保险费增长了50％多，从2003年的每月58.70美元，增加到了每月88.50美元，预计到2007年将增长到每月98.20美元。在未来10年中，用于药品福利的花费平均每年将增长11.5％，这是经济增长率的两倍。（注48）据统计，在过去6年里，每个美国家庭每年的医疗费用达到11500美元，这意味着每个人每年要支出近3000美元。由于不堪本国高昂的医疗费用，美国已有越来越多的人开始向海外寻求医疗服务。2005年有50万没有医疗保险的人前往海外就医。（注49）

五、关于种族歧视

种族隔离、种族歧视在美国根深蒂固，黑人和其他有色人种至今仍生活在“另一个美国”。少数族裔处在美国社会的底层。据美国人口普查局的统计，美国白人家庭年平均收入为50622美元，相比之下，西班牙裔家庭年平均收入只有36278美元，黑人家庭只有30940美元，白人比黑人收入高出2/3，比西班牙裔人高40％。美国有75％的白人家庭拥有自己的住房，而黑人家庭的这一比例是46％，拉丁裔家庭是48％。（注50）白人的贫困率是8.3％，而黑人和拉丁裔美国人的贫困率是白人的2到3倍，分别达到24.9％和21.8％。（注51）有将近1/5的西班牙裔美国人无法获得足够的有营养的食物，1/20的人经常忍受饥饿。（注52）黑人占所有美国无家可归者的42％。（注53）有色人种没有医疗保险的比例比白人高出许多。拉丁裔人有32.7％没有医疗保险，非洲裔人有19.6％没有医疗保险，而白人这一比例只有11.3％。（注54）在遭受飓风袭击的南部地区，穷人、黑人生活更是十分艰难。联合国人权事务委员会对美国履行《公民权利和政治权利国际公约》报告的审查意见指出，在“卡特里娜”飓风侵袭美国时，穷人特别是美籍非洲裔，在执行救援和撤出方案时，处于不利地位，在重建计划中继续处于不利地位。（注55）

黑人和其他少数民族在就业和工作方面长期受到歧视。黑人的失业率是白人的两倍多。据美国劳工部2006年12月8日公布的资料，2006年11月，美国黑人的失业率为8.6％，而白人是3.9％。美国平等就业机会委员会（The U. S. Equal Employment Opportunity Commission）每个星期都收到超过500起关于种族歧视的投诉，每年全美有超过26000起种族歧视方面的投诉，2005财年，该委员会收到关于种族歧视的指控26740件。美国一个政策及经济研究机构2006年12月15日公布的一份报告称，政策偏颇和媒体的负面报道限制了美国少数族裔年轻人的发展。白人比非洲裔和拉丁裔人更容易进入管理层。2005年，一名非洲裔雇员对美国最大的零售经纪人公司美林公司（Merrill Lynch & Co）向芝加哥联邦法院提出种族歧视的诉讼。2006年，又有16名该公司在职的和先前的黑人员工准备加入诉讼，共同指控这家公司对全国的非洲裔美国经纪人和实习生在雇佣、提升和报酬等方面存在着系统而普遍的歧视。（注56）2006年11月，美国最大的肉类加工公司泰森食品公司（Tyson Foods）被13名非洲裔员工指控种族歧视。（注57）

有色人种和白人在受教育方面的差距有不断扩大之势。在美国，超过一半的少数族裔男子未能上到高中毕业，67.5 %的拉美裔和53 %的非洲裔人在完成高中学业后停止接受教育。（注58）白人比非洲裔和拉美裔人容易获得大学学历或职业技术证书。（注59）2005年，至少有30 %的成年白人有学士学位，但只有17 %的成年黑人和12 %的成年拉丁裔人有学位。（注60）教育领域事实上存在着严重的种族隔离。据2006年10月在加利福尼亚大学举行的“直面不平等”研讨会披露，在加州洛杉矶学区，67 %的西裔子弟就读于90 %至100 %的非白人学校。洛杉矶各高中种族划分现象更为严重。比佛利高中73 %为白人，8 %为亚裔，6 %为西裔。相反，在罗斯韦尔高中（ROSEWELTHS）的4940名学生中，98.9 %为西裔，1 %为黑人。白人学校与非白人学校条件相当悬殊。

执法、司法领域种族歧视积弊很深。“9·11”事件后，美国的穆斯林一直在执法中备受歧视和困扰。据美联社报道，2006年11月，6名穆斯林宗教人士在参加一次宗教会议后，准备搭美国航空公司班机从明尼阿波利斯市回国，登机后因一名乘客向航空乘务员递了一张便条，他们便被带下飞机，戴上手铐，并被审问。自“9·11”事件后，已经有四家航空公司被指控违反了联邦反歧视法。这些航空公司根据他们对种族或宗教背景的考虑而违法地带走乘客。（注61）另据路透社2006年11月14日报道，在洛杉矶大部分地区，非洲裔和拉丁裔的汽车司机被警察拦截并搜查的比例明显高于白人司机。

在司法实践中，黑人和少数族裔犯罪往往受到比白人更重的刑罚。据“美国城市联盟”（National Urban League）统计，在州法院判决12种罪行时，黑人男子均受到比白人男子更长刑期的处罚。（注62）据美国司法部2006年11月公布的报告，黑人占美国人口的12.1 %，但到2005年底，美国联邦和各州监狱关押的超过1年刑期的犯人中，有40 %是黑人，20 %是拉丁裔美国人。据人权观察2006年12月1日发表的报告，美国黑人和拉丁裔囚犯的比例分别是白人的6.6倍和2.5倍。据统计，每12个黑人男子中就有一人入狱，相比之下，每100个白人男子中只有一人入狱。而贫困、缺少机会、刑事审判体系存在种族歧视，是导致黑人入狱率比例远远高于白人的原因。（注63）

种族隔离和歧视造成仇恨犯罪增加。近5年来，美国极端种族主义和新纳粹主义组织增加了33 %，从2004年的762个增加到2005年的803个。与此同时，仇恨犯罪不断增加。（注64）2005年，美国共发生7163起仇恨犯罪案件，其中54.7 %是与种族偏见有关的犯罪。（注65）纽约市2006年发生230起仇恨犯罪，比上年增加近8 %，其中反亚裔案件增加了一倍以上。

据CNN和观点研究（Opinion Research）2006年12月进行的联合调查，84 %的美国黑人和66 %的美国白人认为，种族主义在美国是一个严重的问题，目前美国社会存在着针对不同群体的不同形式的种族主义。

六、关于妇女、儿童、老人和残疾人的权利

美国妇女、儿童、老年人和残疾人的状况令人担忧。美国妇女不享有与男子同等的参政权利。美国女性人口超过男性，但在目前的第109届美国国会中，女议员只有82名，其中女参议员14名，占总数的14 %，女众议员68名，占总数的15.6 %。到2006年1月，在美国10万人口以上城市的243名市长中，女性只

有35名。截至2006年12月，在美国州一级行政办公室任职的女性有78人，占全部315个职位的24.8%；在州议会中，女议员占全部的22.8%。（注66）

美国妇女与男子同工不同酬，女性收入一直低于男性。根据美国人口普查局2006年发布的统计资料，美国全国女性的平均收入为3.2万美元，男性收入接近4.2万美元，女性收入仅为男性收入的76%。（注67）2006年11月29日，一些花旗集团的女员工向美国地区法院提交了补充诉讼，指控花旗银行在政策设计上偏向于男性经纪人，剥夺了女性经纪人很多机会，导致男性经纪人的收入远远高于女性。（注68）

低收入妇女缺少应有的劳动和社会保障，生活艰难。“社区服务协会”（Community Svervice Society）的一项调查报告显示，在收入低于3.2万美元的三口之家的职业母亲中，超过一半的母亲不享有哪怕是一天的带薪病假；61%的母亲没有带薪假期；80%的母亲和她们的孩子没有获得过雇员健康福利。2005年，有37%的低收入母亲不得不放弃必要的医疗，1/3的低收入母亲不得不停掉她们所使用的电器或电话，43%的低收入母亲不得不依赖免费的食品供给，42%的低收入母亲交不起房屋租金。（注69）单身母亲的贫困率在美国所有人口中最高。据美国人口普查局2006年8月29日发表的报告，2005年，美国有28.7%的单身母亲、约400万人生活在贫困线以下。

女囚犯比例不断上升。自1995年以来，女犯人年均增加4.6%。（注70）现在，美国监狱中女犯比例达到7%。（注71）联合国禁止酷刑委员会2006年5月19日发表报告说，美国监狱女囚待遇急需改善。这项建议依据的是，女性囚犯在美国监狱中受到令人羞耻的待遇，其中包括分娩期间被戴上手铐脚镣。2006年3月，纽约的福建籍妇女陈旭财因销售仿制名牌包被拘捕，在关押期间被查出怀有身孕，但监狱管理人员不仅对其野蛮对待，而且停止提供药品，致使她在狱中流产。（注72）

美国妇女受性侵犯的比例居高不下。据美国联邦调查局2006年9月发布的统计，2005年，美国有93934名女性是强奸犯罪的受害者，每10万名妇女中有62.5人受侵害。妇女在工作场所经常受到性骚扰。据美国平等就业机会委员会2006年公布的数据，2005年该委员会共收到有关性骚扰的指控12679件，其中85.7%是针对女性的骚扰。

儿童是美国社会生活贫困的人群之一。据美国人口普查局2006年8月公布的统计数据，到2005年底，美国有1290万18岁以下的青少年生活在贫困线以下，平均每6个青少年有1人生活在贫困中，占青少年总人口数的17.6%，占美国贫困人口总数（3700万）的35.2%。（注73）低于6岁的孩子中，有20%生活贫困。生活在没有父亲家庭的18岁以下的孩子中，有42.8%的人生活贫困。（注74）而洛杉矶郡120万个有儿童的家庭中，约3/4生活在贫困中。（注75）另据统计，2005年美国18岁以下青少年中没有医疗保险的人从2004年的790万上升到830万，占青少年人口总数的11.2%。（注76）

儿童无家可归者人数众多。据墨西哥《宇宙报》2006年4月10日报道，美国有将近130万名青少年因为离家出走或无家可归而流落街头。在10至18岁的青少年中，每7人就有1人离家出走，每年斗殴、疾病和自杀都会夺去5000名流浪儿童的生命。在拥有100万居民的费尔·法克斯郡（Fairfax），就有2000名无家可归者，其中55%来自有孩子的家庭。（注77）在加利福尼亚州，2005至2006学年中，共有95000名儿童曾无家可归，这些无家可归的孩子中，2/3是小学生。（注78）

儿童失踪数量惊人。据报道，美国司法部每年接到近80万宗儿童失踪或绑架案。美国司法部称，美国每年有将近100件危险状况失踪案，这些危险失踪儿童中有40%最后被杀害。（注79）加布里埃拉·莉蒂西娅失踪时只有14岁，但在4年后的今天仍然音信全无；7岁的马里奥和13岁的哥哥在利文斯顿的一个篮球场上消失。

美国是世界上少数几个对青少年判处死刑的国家之一。据统计，在美国目前关押的可以获知被逮捕时间的2985名死刑犯中，有342人

即11％的人被逮捕时在19岁或以下的年龄。（注80）

青少年深受校园暴力犯罪之害。据统计，在2004年7月1日至2005年6月30日的学年间，美国学校发生了21起凶杀案，28％的12至18岁的学生称自己在过去的6个月内曾受到欺负，24％的学生认为学校存在黑帮团伙。（注81）据报道，芝加哥中学系统在2005至2006学年共有7400名学生因校园犯罪被捕。（注82）

美国老年人状况不容乐观。据美国人口普查局2006年发布的资料，在美国65岁以上的老人中，贫困人口已由2004年的350万增加到2005年的360万，贫困率达到10.1％。全美共有150万老年人住在老人院，但90％的老人院没有足够的工作人员。（注83）在加利福尼亚，2003年立案在册的虐待老人的案件有10万宗，占整个美国50万宗同类案件的20％。而在加州的奥兰治县（Orange County），每年有大约6000个虐待老人的事件被报道。（注84）

美国残疾人的权益得不到有效保障。据美联社2006年4月10日报道，在过去近20年中，工作年龄段的残疾人只有34％有全职或临时工作，而正常人的就业率是78％。残疾人陷于贫困的可能性高出正常人近3倍，26％的残疾人的家庭年收入低于15000美元，而正常人家庭收入低于这个数字的只有9％。根据一项在洛杉矶县进行的调查显示，生活在这里的88345名无家可归者中，49％有身体或智力障碍。（注85）

七、关于侵犯别国人权

美国依仗其军事优势，粗暴侵犯别国主权，践踏别国人权。美国发动伊拉克战争3年多以来，大量伊拉克无辜平民惨遭杀戮。据《华盛顿邮报》2006年10月11日报道，美国约翰斯·霍普金斯大学的研究小组通过对伊拉克全国47个区进行调查走访形成的报告认为，美国发动伊拉克战争造成了65.5万伊拉克人死亡，平均每天死亡500人。（注86）2005年11月19日，在巴格达的哈迪塞镇，一枚路边炸弹炸死一名海军陆战队士兵，美军于是挨家挨户搜查杀人，并对把手举过头顶的人开枪，杀害了24名手无寸铁的无辜平民，其中一位坐在轮椅上的老人身中9枪，还有7名妇女和3岁幼童被杀。（注87）据英国《星期日泰晤士报》2006年3月26日报道，一个伊拉克家庭11口人于2006年3月15日全部死于美军的枪口下，其中包括5个从半岁到5岁不等的婴幼儿和4名妇女。2006年3月12日，4名美国士兵奸杀了一名年仅14岁的伊拉克少女并杀害了她的父母和5岁的妹妹。（注88）2006年5月31日，美军在巴格达以北的一处观察哨附近枪杀了两名正在赶往医院的伊拉克妇女，其中一名为即将临盆的孕妇。另据美国有线电视新闻网（CNN）2006年6月5日报道，美国海军陆战队把一名有残疾的52岁的伊拉克人从家里拖出并射杀，还在那人尸体旁边放了一支AK-47突击步枪，以造成他是恐怖分子的假象。2006年12月8日，美军在巴格达附近的袭击造成20人死亡，伊斯哈格的市长Amir Alwan称，在他的村庄内的10名男子、4名妇女与10名儿童都被杀害。（注89）据美联社报道，2006年5月9日，美军在接近塔尔塔湖的萨拉赫丁省发动了代号为“穆雷目标”（Objective Murray）的军事行动，其中有4名美军士兵先后杀死伊拉克平民3人。而据参与此次行动的Girouard说，他们是奉命“杀害所有达到当兵年龄的男性，‘穆雷目标’的交战规则（ROE）就是杀害所有达到当兵年龄的男性”。

美国公然违反《日内瓦公约》，在伊拉克战争和阿富汗战争中系统地虐待囚犯的暴行早已臭名昭著。据法新社2006年2月21日报道，美国“人权第一”（Human Rights First）组织向英国广播公司《新闻之夜》节目提供的一份报告显示，从2002年8月至今，已有98名囚犯死于美国在伊拉克和阿富汗设立的监狱中。其中34人死于蓄意杀害，11人死亡原因可疑，8～12人被折磨致死。人权观察2006年7月发布报告说，驻伊拉克美军仍对其羁押的嫌犯实施经常性的酷刑及其他非人道刑罚和折磨，包括拷打、痛苦折磨、长时间罚站和不让睡觉、经受骤冷骤热的摧残等。审讯人员被上级告知，为了让羁押犯开口，可以不遵守《日内瓦公约》。伊拉克 CAMPNAMA 中的羁押犯没有按照国际公约在国际红十字会登记，这些人被剥光衣服、严刑拷打。美军还把囚犯当作射击游戏的活靶子。大赦国际2006年5月发表的报告表明，目前，在伊拉克仍有14000人在没有被起诉或审讯的情况下被囚禁。2006年2月15日，澳大利亚特别节目广播事业局（SBS）公布了美军在阿布格里卜监狱的10多张照片和视频剪辑，包括一名男子被割断喉管；一名男子左前臂有烧伤和霰弹射中的痕迹；一间审讯室布满血迹；一名男子身上覆盖着自己的粪便，显然已精神失常。美国陆军“刑事调查部”收集了2003年10月18日至12月30日记录下来的1325张虐囚照片和93段虐囚录像、546张伊拉克囚犯尸体照片等资料。（注90）据《纽约时报》2006年12月报道，一名叫 Donald Vance 的在伊拉克的美退伍海军人员于4月被美军误抓，被关进巴格达的 CAMPCROPPER 拘留所。在被关押的97天中，他常常被蒙上眼睛，戴上手铐、脚镣，严刑逼供，晚上牢房一直开着灯、高声播放音乐，使其难以入睡。拘留所不允许拘押犯与外界通话或找律师申述案情。《纽约时报》披露了美军一个高度机密的拘留中心虐囚的内幕，包括美军精锐特种部队6-26特遣队将巴格达附近一座前萨达姆军事基地改建成一个高度机密的拘留中心，并将原来一间酷刑室改建成名为“黑屋”的审讯室，在这个没有窗户、漆黑一片的房间里，美军用枪托殴打囚犯。

据英国《独立报》报道，美军设在关塔那摩军事基地的监狱关押了约460人，其中有几十名少年，有的只有14岁。据估计，有超过60名被关押者被捕时未满18岁，一名被单独监禁7年的叫做穆罕默德·加拉尼的少年被控参与了“基地”组织1998年在伦敦的阴谋，但他当时只有12岁，2001年被捕时只有14岁。（注91）另据《华盛顿邮报》报道，2006年5月30日，关塔那摩军事基地监狱75名囚犯因美军虐待而集体绝食。2006年6月10日，该监狱3名犯人用床单和衣服拧成绳索上吊自杀。（注92）这次自缢死亡的沙特籍囚犯本·沙曼的家人披露说，被运回的本·沙曼的尸体没有大脑、心脏、肝脏和肾脏，其表兄认为，这些器官被取出，显然是为了掩盖死亡的真正原因。而另一名沙特籍死者的父亲发现儿子的尸体上有很多挫伤痕迹，可能是被绞死，而非自杀。大赦国际发表声明称，自杀事件已经成为对正在恶化的美国人权纪录的控诉。联合国人权专家纷纷谴责美国无限期、无理由拘押众多囚犯缺乏法律依据，其虐囚行为严重违反国际法和有关国际公约。

2006年10月17日生效的“军事委员会法案”，允许对恐怖嫌犯使用更严厉的审讯手段。联合国促进和保护人权及基本自由问题特别报告员 Martin Scheinin 就该法案发表声明称，“军事委员会法案”中的许多条款违反了《日内瓦公约》和《公民权利和政治权利国际公约》中有关公正审判、外国人司法保护等一系列规定。（注93）

美国无视国际公认的人权准则，肆意践踏别国主权和人权的行为受到联合国以及全世界爱好和平和正义的国家和人民的一致谴责。2006年7月，联合国人权事务委员会第87次会议对美国在海外严重侵犯人权的行为表示关切，该委员会对美国的安全政策、秘密拘捕并长时期任意秘密关押行为、残忍虐囚、在反恐战争中未能遵守国际公约等表示关注并提出了审查意见。2006年6月14日，联合国5名独立人权问题特别报告员在日内瓦发表联合声明，再次呼吁美国立即关闭关塔那摩军事基地拘留中心。（注94）

美国打着“维护人权”的旗号公然违反人权的做法严重损害了美国的国际形象。2007年1月23日，英国广播公司对外部公布的一项对18个国家的约1.8万人的民意调查显示，大约73％的受访者不赞成美国政府处理在伊拉克军事行动的做法；49％的受访者认为华盛顿在国际上主要扮演负面角色；认为美国在国际上主要发挥积极作用的人比上年下降7个百分点。加拿大全球舆论调查公司负责人道格·米勒说，虽然调查没有直接说明原因，但是，对美国形象的负面看法主要源自美国对中东事务的干预以及美国所宣扬的价值观和所作所为“言行不一”，比如在关塔那摩基地的虐囚行为。

发表《国别人权报告》对其他国家进行

“点名羞辱”（name and shame），是上世纪下半叶美国政府适应冷战的需要而实施的一项国际战略，是冷战思维的一种典型表现。这种利用人权问题干涉别国内政、制造国际对抗的做法，不仅违反主权平等、不干涉内政等公认的国际法准则，而且与国际社会要和平、谋发展、求合作的大势所趋和人权领域主张对话、反对对抗的时代潮流完全背道而驰。美国将自己凌驾于其他国家之上，对自身存在的严重的人权问题讳疾忌医，而对其他国家的人权状况喋喋不休地进行口诛笔伐，充分暴露了其在人权问题上的双重标准和霸权主义。我们敦促美国政府正视自身的人权问题，改正在人权问题上的错误做法，停止利用人权问题干涉别国内政的霸道行径。

注释：

① Bureau of Justice Statistics Criminal Victimization, in：http：//www. ojp. usdoj. gov/bjs；路透社华盛顿 2006 年 6 月 12 日电。

② FBI：Violent Crime up in 1st Half of 06. MSNBC. com, December 19,2006. in：http：//msnbc. msn. com/id/11497293.

③ Startling New Stats Show Cross-Country Crime Spike. ABC News, October 12, 2006.

④ City Effort Need sto Grow. Editorial，Philadelphia Inquirer，December 12，2006.

⑤ Crime Takes Hold of New Orleans. USA Today，December 1，2006.

⑥ Police Chiefs Cite Youths in Crime Rise，Call for More Federal Funds. The Washington Post，August 31，2006.

⑦［美国］《华盛顿时报》2006 年 11 月 17 日报道。

⑧ Weekend Shootings Kill 5. The Chicago Tribune，May 22，2006.

⑨［美国］《世界日报》转载美联社消息，2006 年 11 月 17 日。

⑩ 美国有线新闻网，2006 年 12 月 24 日。

⑪ Man Shoots 11，Killing 5 Girls，in Amish School. The New York Times，October 3，2006.

⑫［美国］《芝加哥论坛报》2006 年 11 月 29 日报道。

⑬ 2Ex-inmates Charge County Jail Beating. The Chicago Tribune，November 15，2006.

⑭［美国］《洛杉矶时报》2006 年 11 月 17 日报道。

⑮ 美联社 2006 年 11 月 26 日电。

⑯［美国］《洛杉矶时报》2006 年 12 月 8 日报道。

⑰ In Tiny Courtsof N. Y.，Abusesof Lawand Power. The New York Times，September 25，2006.

⑱ 法新社华盛顿 2006 年 9 月 4 日电。

⑲ U. S. Addiction to Incarceration Puts 2. 3 Million in Prison. Human Rights Watch，December 1，2006. in：http：//hrw. org/english/docs/2006/12/01/usdom14728. htm.

⑳ 法新社华盛顿 2006 年 11 月 30 日电。

㉑［美国］《侨报》2006 年 10 月 4 日报道，“狱满为患现紧急状态”。

㉒［美国］《华盛顿邮报》2007 年 1 月 17 日报道，“报告说移民受到虐待”。

㉓ Jeb Bush´s Prison Torture. www. all hat no cattle. net，February 13，2006.

㉔［墨西哥］《万象》月刊 7 月号。

㉕ Rising Prison Problems Beg into Trickleinto Society. USA Today，June 12，2006.

㉖ Prison Death：A National Shame. The Baltimore Sun，December 6，2006.

㉗ Pentagon surfing 5，000 jihadist websites. MSNBC News Services. May 4，2006. in：http：//www. msnbc. msn. com/id/12634238.

㉘［美国］《今日美国报》2006 年 5 月 11 日，“国家安全局有你的电话记录”。

㉙ State Dept. Accused of Screening Speakers. The Washing ton Post，November 2，2006.

㉚ http：//www. eff. org/press/，2006 年 8 月 30 日。

㉛ Deep Pockets Carry the Day. Los Angeles Times，November 9，2006.

㉜ Parties Spend ＄225M on Target Races. The Balti more Sun，November 6，2006.

㉝ Lobbyist admits to kickbacks，fraud. CNN，January 4，2006. in：http：//edition. cnn. com/2006/POLITICS/01/03/abramoff. plea/index. html.

㉞ Poll：Washington Scandals Eating Away Public Trust. USA Today，December 12，2006.

㉟ ＄50 million in trip for Congress. Seattle Times，June 6，2006. in：http：//seattletimes. newsource. com/html/nationworld/2003042150.

㊱ Faked TV News：Wide Spread and Undisclosed. Center for Media and Democracy，April 6，2006；Bush“planted fake new sstories on American TV”. The Independent，May 29，2006.

㊲ Secret Government or a Free Press？USA Today，June 22，2006.

㊳ Journalist jailed for refusing to give up tapes of protest. SF Gate. com，August1，2006.

㊴ Income Climbs，Poverty Stabilizes，Uninsured Rate Increases，Issued by U. S. Census Bureau on August 29，2006. in：http：//www. census. gov.

㊵ Anxious Middle：Why Ordinary Americans Have Missed Out on the Benefits of Growth. Financial Times，November 2，2006.

㊶ U. S. Conference of Mayors-Sodexho，Inc. Release 2006 Hunger and Homelessness Survey，in：http：//www. usmayors. org.

㊷［美国］《纽约时报》2006年10月11日报道。

㊸ Taking the Next Step for the Homeless. The Washington Post，November 19，2006.

㊹ 路透社纽约2006年12月27日电。

㊺ Tackling Homelessness. The Baltimore Sun，November 20，2006.

㊻ Janis L. Magin，For 1000 or More Homeless in Hawaii，Beaches Are the Best Option. The New York Times，December 4，2006. in：http：//www. nytimes. com.

㊼ Problems of Homelessness in Los Angeles and Its Environs Draws Renewed Calls for Attention. The New York Times，January 15，2006.

㊽ Financesof Social Security and Medicare Deteriorate. The New York Times，May 2，2006. in：http：//www. nytimes. com.

㊾ Outsourcing health：Some employers，insurers send Americans abroad for surgery. Eagle-Tribune，November 27，2006. in：http：//www. eagletribune. com/lifestyle/.

㊿ Persistent Race Disparities Found. The Washington Post，November 14，2006.

51 Income Climbs，Poverty Stabilizes，Uninsured Rate Increases，Issued by U. S. Census Bureauon August 29，2006. in：http：//www. census. gov.

52 根据“民族意识全国理事会”（The National Council of La Raza）的拉丁裔倡议团体所做的研究。

53 Homelessness Catches Families Even Amid Affluence. USA Today，December 22，2006.

54 Income Climbs，Poverty Stabilizes，Uninsured Rate Increases，Issued by U. S. Census Bureauon August 29，2006. in：http：//www. census. gov.

55 Human rights committee，Eighty-seventh session，July10-282006，Consideration of Reports Submitted by States Parties Under Article 40 of The Covenant Advance Unedited Version States of America.

56 Jonathan Stempel，Sixteen plaintiffs join Merrill racial bias lawsuit，Reuters，November 7，2006. in：http：//today. reuters. com.

57 路透社2006年11月7日电。

58 多维新闻网，DWNEWS. COM，2006年11月16日。

59 Matthew Bigg，Ethnic economic gaps persist，U. S. census data show. Reuters，November14，2006.

60 据美国人口普查局2006年11月13日公布的美国人口收入、教育水平统计数据。

61 Leslie Miller，Imams stage airport “pray-in” as protest，Associated Press，Nov 28，2006. in：http：//hosted. ap. org/dynamic/stories/.

62 The State of Black America 2006，Issued by National Urban Leagueon March 27，2006. in：http：//www. nul. org.

63［美国］《华盛顿邮报》2006年3月9日，“艾滋病谜团的答案在监狱里”。另据Prisoners in 2005，Issuedby U. S. Department of Justice，November 30，2006，in：http：//www. ojp. usdoj. gov/bjs。

64［阿根廷］《号角报》2006年5月22日，“拉美移民成为美国种族主义组织攻击的新目标”。

65 FBI Releases Its 2005 Statisticson Hate Crime，Issued by FBI on October 16，2006. in：http：//www. fbi. gov/ucr/ucr. htm.

66 Women in Elective Office 2006，Issued by Center for American Women and Politics on December 2，2006. in：http：//www. cawp. rutgers. edu/index. html.

67 U. S. Census Bureau. Income，Poverty，and Health Insurance Coverage in the United States：2005. in：http：//www. census. gov.

68 Jonathan Stempel，Citigroup U. S. gender bias lawsuit expands，Reuters，November 29，2006. in：http：//today. reuters. com.

69 Betsy Gotbaum and Nancy Rankin，The Other Mothers，The New York Times，May 14，2006. in：http：//www. nytimes. com.

70 美国司法部2006年11月公布。

71 Prisoners in 2005，Issued by U. S. Department of Justice，November 30，2006. in：http：//www. ojp. usdoj. gov/bjs.

72［美国］《侨报》2006年3月19日报道。

73 http：//www. census. gov.

74 The Food Research and Action Center，Hunger-intheU. S. in；http：//www. frac. org/html/hunger _ in _ the_ us/poverty. html.

75［美国］《洛杉矶时报》2006年10月19日，洛杉矶郡儿童计划委员会2006年年度报告。

76 Health Insurance Coverage：2005. Issued by

U. S. Census Bureauon August 29, 2006. in: http: //www. census. gov.

⑦ Home lessness Catches Families Even Amid Affluence. USA Today, December 22, 2006.

⑱［美国］《世界》2006年10月31日，加州参议会交通及房屋委员会公布的调查报告，“加州无家可归儿童近十万”。

⑲［墨西哥］《宇宙报》2006年4月10日，“失踪儿童的悲剧”。

⑳ The Number of Death Row Inmates Declined for Fifth Straight During 2005. Issued by U. S. Department of Justice on December 10,2006. in:http://www. ojp. usdoj. gov/bjs.

㉑ Serious Violent Crime at School Continues to Fall. U. S. Department of Justice, December 3, 2006. in: http: //www. ojp. usdoj. gov/bjs.

㉒［美国］《芝加哥论坛报》2006年11月14日报道。

㉓《纽约时报》2006年11月14日报道。

㉔ Jane Gross, Forensic Skills Seek to Uncover Elder Abuse, The New York Times, September 27, 2006. in: http: //www. nytimes. com.

㉕ Problems of Homelessness in Los Angeles and Its Environs Draws Renewed Calls for Attention. The New York Times, January 15, 2006.

㉖ Study: Warblamed for 655, 000 Iraqideaths. CNN, October11,2006. in:http://edition. cnn. com/2006/WORLD/meast/10/11/iraq. deaths/.

㉗ BBC 新闻，2006年11月19日，By David Loyn. in: http: //news. bbc. co. uk；［美国］《华盛顿邮报》网站，2006年6月4日。

㉘［英国］《独立报》网站2006年8月7日。

㉙［美国］《华盛顿邮报》2006年12月9日报道。

㉚［英国］《卫报》，2006年2月16日。

㉛［英国］《独立报》2006年5月28日，“关塔那摩的少年”。

㉜ 美联社2006年6月11日电。

㉝ UN Expert on Human Rights and Counter Terrorism Concerned That Military Commissions Actis Now Lawin United States. Press Release, United Nations, October 27, 2006.

㉞ UN rights experts call for immediate closure of U. S. Guantanamo centre after suicides, UN News Center, June 14, 2006. in: http: //www. un. org/.

2007年美国的人权纪录

中华人民共和国国务院新闻办公室

（2008年3月13日）

2008年3月11日，美国国务院发表《2007年国别人权报告》，再次对包括中国在内的世界190多个国家和地区的人权状况进行指责，却仍然对自身的人权问题只字不提。为了让世界人民了解美国真实的人权状况，敦促美国反思其所作所为，我们特发表《2007年美国的人权纪录》。

一、关于生命、财产和人身安全

美国暴力犯罪上升，严重危及人民的生命、自由和人身安全。据美国联邦调查局2007年9月公布的全美犯罪情况报告统计，2006年，美国全国暴力犯罪为141万起，比2005年增加了1.9％。其中，杀人与过失杀人增加了1.8％，抢劫增加了7.2％。（见注1）美国12岁以上居民共经历了2500万起暴力和盗窃犯罪，其中暴力犯罪的发生率为每千人24.6起，财产犯罪为每千家庭159.5起。男性经历暴力犯罪为每千人26起，女性为每千人23起。黑人为每千人33起，高于白人的每千人23起。（见注2）在美国，每22.2秒发生一起暴力犯罪，其中，每30.9分钟发生一起谋杀案，每5.7分钟发生一起强奸案，每1.2分钟发生一起抢劫案，每36.6秒发生一起恶意袭击案。（见注3）

据美国警察执法研究论坛对全美163个城市2007年上半年暴力犯罪情况进行的调查报告

显示，65％的城市凶杀犯罪增加或无改善，41.9％的城市严重袭击案件增加或无改善，55.6％的城市抢劫犯罪增加或无改善。（见注4）2007年，新奥尔良发生209起谋杀案，比2006年增加30％。（见注5）华盛顿哥伦比亚特区因凶杀致死的已达181人，比2006年增加7％。（见注6）巴尔的摩市全年有282人遭凶杀，（见注7）纽约市到11月已有428人遭凶杀。（见注8）仅1月至9月，芝加哥刑事犯罪案119553件，其中谋杀案341件，抢劫案11097件。（见注9）在洛杉矶，从1月至11月，已有737人死于谋杀，相当于每天超过2人在谋杀中丧生。（见注10）在底特律，因暴力犯罪猖獗，居民纷纷移居他乡，现城市人口已减少近百万。（见注11）

美国枪支泛滥，持枪犯罪频频发生，严重威胁人民的生命财产安全。目前，美国私人拥有枪支达2.5亿支，几乎人手一枪，甚至包括有重罪前科者或未成年人。据美联社2007年1月29日报道，在佛罗里达州，大约41万人得到携带隐藏武器的许可证，由于当局工作出现漏洞和错误，其中1400人有犯罪前科或曾犯有重罪。

在美国，每年约有3万人死于枪击。（见注12）据《今日美国报》2007年12月5日报道，自2002年以来，美国因枪击致死案件总体上升了13％。有25％的暴力犯罪者在行使犯罪时持有武器，其中9％发生了枪击事件。（见注13）据美国司法部2007年12月公布的报告，2005年，在12～18岁的学生中，有150万是校园非致命暴力的受害者。8％的9～12年级的学生在以前的12个月中曾经被持有武器的人所威胁或伤害。从2005年7月1日到2006年6月30日，5～18岁的青少年中有17人死于校园暴力。（见注14）2007年4月16日，弗吉尼亚大学发生了美国历史上最惨重的一起屠杀枪击案，造成33人死亡，30多人受伤。（见注15）2007年2月12日晚上，在盐湖城和费城分别发生两起枪击案，导致8人死亡，多人受伤。（见注16）6月9日，威斯康星州德拉文镇发生枪击事件，造成4名成年人和两名婴儿死亡。（见注17）10月31日万圣节晚上，一名38岁的孕妇带着两个孩子出门到邻居家敲门要糖，不幸遭遇团伙枪战，头部中弹身亡。（见注18）12月5日，在内布拉斯加州奥马哈的一个购物中心，一名男子开枪打死8人，打伤5人后自杀。（见注19）12月7日，在号称美国“最安全城市”的圣何塞市发生了3起枪杀案，不到一个月内，共有4人死于枪击。（见注20）12月9日，在科罗拉多州连续发生两起教堂枪击案，造成5人死亡，5人受伤。（见注21）12月24日和25日两天，纽约市就发生了数起枪击案，造成至少9人伤亡。（见注22）12月26日，在西雅图市东部的一所民宅中有6具被枪杀的尸体。（见注23）

二、关于执法、司法侵权

美国执法、司法部门滥用职权，严重侵犯公民人身自由权利。据美国司法部统计，2001至2007财年，全美执法人员侵犯公民权利的案件增长了25％。（见注24）每年对警察的投诉率平均为9.5％。（见注25）但绝大多数被投诉有粗暴行为的执法人员最终没有受到指控。在2001年5月至2006年6月间，芝加哥有2451名警察受到4至10次投诉，662名警察受到10次以上投诉，最终只有22人受到处罚。更有甚者，有些警察遭到超过50次以上的有关不良行为的投诉却从未受到处罚。（见注26）在芝加哥，2006年8月17日，52岁妇女多洛雷斯·罗巴在横穿马路时因妨碍快速行驶的警车，受到该警车上警察的搜查，她与其理论时，遭到警察毒打。（见注27）12月15日，4名商人在酒吧遭到6名警察莫名攻击。（见注28）2007年8月3日，42岁的黑人热弗雷·约翰逊在家被警察用电击枪虐待致死。8月6日，18岁黑人少年阿龙·哈里森在逃避警察追赶时被警察击中背部身亡。（见注29）5月1日，拉丁裔移民在洛杉矶市中心麦克阿瑟公园举行维护非法移民权益示威游行，警察滥用职权，用棍棒殴打并用橡皮子弹攻击示威群众和记者。（见注30）11月12日，18岁的青年契尔·科宾站在母亲家门口挥舞一把梳子，5名警察误认为他持有一把手枪，向他连开20枪，其中8枪命中。（见注31）据美国司法部2007年10月公布的报告统计，2003年至2005年间，在全美47个州和哥伦比亚特区共有2002人在逮捕过程中死亡，其中有1095人是被州和当地警察开枪打死，占总数的55%。（见注32）

美国是全球最大的监狱，其人均囚犯是全世界最高的。据埃菲社2007年12月5日报道，美国司法统计局的数据显示，最近30年间，美国囚犯人数增加了500%。2006年，监狱共关押了超过226万犯人，比2005年底增加了2.8%，是过去6年来最高的。美国人口仅占全世界人口的5%，而囚犯占全球囚犯总数的25%。平均每10万美国居民中就有751名囚犯，远远高于其他西方国家。（见注33）在囚犯中，有96%的罪犯刑期在1年以上，这意味着每200名美国居民中就有1人在监狱中服刑1年以上。（见注34）“9·11”事件后，美国的重新犯罪率不断上升。据统计，大约有三分之二的囚犯获释后在3年内会重新犯罪，每3个释放犯中就有2名会被重抓，其中40%会重入监狱。

美国监狱的虐囚现象很普遍。据美国司法部2007年12月统计，全美在押犯人中共有60500名罪犯遭遇过性侵犯，占罪犯总数的4.5%。有2.9%的罪犯被管理人员侵犯，0.5%的罪犯遭受其他罪犯和管理人员的双重侵犯，全国大约有0.8%的罪犯因性侵犯而受伤。（见注35）美国政府2007年1月16日发布的报告承认，在全国5个监狱中，被怀疑为非法移民的人受到虐待，这违背了人道原则。（见注36）据《华盛顿时报》2007年12月17日报道，西得克萨斯关押少年犯的监狱对犯人进行性侵犯、殴打，并不给犯人及时医治，揭发其罪行的人受到打击报复。该事件被曝光数月后，监狱状况仍未得以改善。（见注37）2008年1月，佐治亚州7名犯人对狱警和管理人员提出团体诉讼，控告他们在2005年10月至2007年8月间虐待囚犯，用警棍、特制手套殴打犯人，揪住犯人的头撞墙等。报道称，在该州其他监狱还有40多名犯人告发类似案件。狱方把犯人衣服扒光固定在铁床或铁椅上，在48小时之内不给他们食物和水，也不让他们上厕所，已有2名犯人因此丧生。（见注38）美国监狱狱警普遍使用泰瑟枪。大赦国际2007年报告称，自2001年以来，美国已有230人死于泰瑟枪。2006年7月，科罗拉多州加菲尔德县监狱被指控经常用泰瑟枪电击或用胡椒喷雾剂对付犯人，然后把他们绑在椅子上，让他们几个小时保持非常难受的姿势。8月，该州阿拉珀霍县监狱囚犯劳尔·加列戈-雷斯，因敲打牢门并大声叫喊而被狱警绑在椅子上用泰瑟枪反复击打致死。

美国监狱犯人因感染艾滋病、医疗设施不全等致死事件经常发生。据美国司法部2007年9月公布的报告，到2005年底，美国联邦和各州监狱关押的犯人中，有22480名被感染或确认患有艾滋病。其中，大约有5620名罪犯确认患有艾滋病。2005年，州监狱中有176名犯人死于艾滋病，联邦监狱中有27名犯人死于艾滋病。（见注39）据《洛杉矶时报》2007年9月20日报道，加利福尼亚州监狱因存在医疗延误等问题，导致2006年共发生426例死亡事件。其中，18例死亡事件被认为是可以避免的，48例被认为是可能避免的。2007年4月14日，在迈阿密的一所监狱里，41岁的囚犯鲁道夫·拉莫斯因患有糖尿病而大小便失禁，在长达一周的时间里，被自己的粪便包围，狱方明知他的身体状况，却未给予及时治疗，造成其死亡。（见注40）

美国司法的公正性越来越遭到人们的质疑。据统计，自1989年首次引用DNA技术以来，全美已有209人经过DNA技术测试被证明无罪，这些人在宣判无罪之前平均已服刑12年，他们在被判刑时的平均年龄为26岁，其中15人曾被判死刑。（见注41）美联社2008年1月3日报道，得克萨斯州一位名叫查尔斯·查特曼的男子，1981年因恶性性侵犯被判服刑99年。在他被监禁26年后，经过新的DNA测试，被无罪释放。他已成为达拉斯县自2001年以来因DNA测试而被释放的第15名犯人。（见注42）

三、关于公民权利和政治权利

美国公民享有的个人自由和权利正在逐步缩小。2007年8月3日和4日，美国国会参众两院通过了《保护美国法》，允许美国政府不经特别法庭许可，就可以对境内“恐怖嫌疑人”进行窃听，还允许情报机构对经由美国境内设备转接到境外“恐怖嫌疑人”的通信进行窃听。（见注43）据《华盛顿邮报》2007年3月10日报道，在2003年至2005年期间，联邦调查局根据国家安全条款，在没有法院监督的情况下，获取超过52000人的个人信息。美国韦里孙通信公司透露，美国联邦调查局要求通信公司提供顾客信息，不仅包括顾客的电话记录，还包括与该顾客通话的所有人的信息。该公司曾在“紧急情况”下向联邦调查局提供了720次信息，包括网址和电话记录。其间，在联邦机构持有传票或法庭命令的情况下，还提供了9.4万次信息，主要用于包括反恐在内的多种调查。（见注44）2007年8月23日，美国国家情报总监迈克尔·麦康奈尔透露说，目前，美国境内根据对外情报检查法庭授权受到监听的不超过100人，境外有数以千计的人受到监听。（见注45）美国联邦调查局将耗资10亿美元，建立名为“识别下一代”的全球最大的公民特征数据库。届时，联邦调查局将具有空前的能力去识别在美国本土和海外的个人。这引起了美国公民对不必要审查的担心。据统计，政府部门非法电子监视，使上百万人敏感的个人信息处于风险之中。2006年就发现有477起入侵政府数据库的案件。（见注46）2007年，有1.62亿份个人数据被盗或丢失，是2006年的3倍多。（见注47）7月，美国国土安全部开展了监视网计划，拨款400多万美元在圣保罗、麦迪逊（威斯康星州）和匹兹堡等城市架设了175个摄像头。国土安全部还斥资数亿美元，在全国各地同步安装大量的新监视系统。这些加速了美国“监视社会”的形成。（见注48）

工人结社权利受到限制。据报道，2006年美国工会会员数减少了32.6万人，只有12％的雇员为工会会员，比1983年减少了8％。由于雇主百般阻挠使得53％的人不能加入工会。（见注49）据人权观察报告称，沃尔玛公司严重违反劳动法，以惩罚甚至开除相威胁，阻止工人成立工会，并对员工进行非法监视。（见注50）

在美国，金钱是政治的“母乳”，选举是有钱人的“游戏”，凸显美国民主的虚伪性。2008年总统选举充分证明了这一点。参加美国总统选举的“金钱门槛”越来越高。据埃菲社2007年5月18日报道，打算在2008年竞选美国总统的大约20多位政治人士中，至少有10位民主党或者共和党的总统候选人是百万富翁。据法新社2007年1月15日报道，2008年总统选举将成为历史上耗资最多的一次选举。2004年总统选举花费了6.93亿美元，当时曾是历史最高。据估计，今年的总花费可能将达到10亿美元左右，最近《财富》杂志预测花费将提升到30亿美元。民主党一名主要参选人在2007年共筹集到1.15亿美元，该党的另一名主要参选人筹集到1.03亿美元。共和党一名主要参选人拥有1270万竞选资金。该党另一名主要参选人是个富商，他为自己的竞选活动出资1700万美元。在2007年国会选举中，共和党为缩小在筹集竞选经费方面与民主党的差距，决定吸引更多富人参加竞选，一些富有的共和党人已经个人花了10万至100万美元不等的钱支持共和党竞选。据估计，在纽约州第20区竞选的每个候选人至少需要花300万美元。（见注51）

“金钱竞赛”渗透到美国各种竞选活动中。据有关组织统计，在2005年至2006年，全美各州高级法院法官候选人为竞选共筹款3400万美元。2007年，宾夕法尼亚州最高法院竞选两名新法官，候选人破纪录地筹集竞选经费680万美元。（见注52）一些国会议员候选人当选后为给予自己政治捐款的公司争取利益。据《华盛顿邮报》2007年12月10日报道，仅国会多数党领袖单独或与其他议员联名提出的专项拨款议案总金额高达9600万美元，其中一项就达980万美元，许多专项拨款将使曾支持其竞选的特殊利益集团获利。2007年11月，美国国会通过4710亿美元的国防部预算后，来自宾夕法尼亚州的联邦议员为曾给予其竞选捐款的公司赢得了一个800万美元的专项拨款。另外，还有20名新当选国会议员为特殊利益集团获得了专项拨款数额，其中最少的有800多万美元，多的高达1800多万美元。（见注53）

一些公司为获取利益，资助一些美国政要及其他政府公职人员旅行。据统计，2007年前

8个月美国议员接受的资助旅行金额已超过了2006年全年的总数，近190万美元。（见注54）据《今日美国报》2007年8月23日报道，该报审查了近12个月600多份美国联邦政府官员旅行的报告，发现超过200次旅行是由相关公司或贸易协会组织的。美国消费品安全委员会两位主席自2002年以来有近30次旅行全部或部分由相关贸易协会或制造商资助，金额达6万美元。

美国政府操纵新闻。2007年10月23日，美国联邦紧急措施署炮制了一场有关加利福尼亚州火灾假新闻发布会，该署工作人员冒充记者，在15分钟内向主持人提了6个问题，美国各电视台播出了这则消息。在《华盛顿邮报》揭穿了这场闹剧后，该署还为自己制作虚假新闻的行为辩解。（见注55）4月24日，美国陆军女兵杰西卡·林奇和美国陆军特种部队“游骑兵”士兵帕特·蒂尔曼的哥哥一起向国会作证，谴责了五角大楼的欺骗行为，指责五角大楼将她与蒂尔曼的可怕经历杜撰成为虚假的英雄事迹，抨击政府就这件事说谎。（见注56）

四、关于经济、社会和文化权利

美国公民的经济、社会和文化权利没有得到应有的保障。美国贫困人口不断增加。据美国人口普查局2007年8月公布的统计数据，到2006年底，美国贫困人口的比率为12.3％，即有3650万人、770万个家庭生活在贫困中，几乎相当于每8个美国人中就有1人生活在贫困中。密西西比州的贫困率高达21.1％。（见注57）美国主要城市的贫困率为16.1％，都市之外贫困率为15.2％，南部区贫困率为13.8％。华盛顿哥伦比亚特区为19.8％，几乎每5人中就有1人生活在贫困中。（见注58）

美国最富有人的财富近年来迅速膨胀，贫富差距越来越大。据统计，最富有的1％的人占2005年美国全部国民收入的比率由2004年的19％增加到了21.2％，而处于美国下层50％的人占全部国民收入的比率由2004年的13.4％降低到了12.8％。（见注59）2006年美国除自身居住的房产之外的家庭净资产达到500万美元以上的“超级富裕”家庭较前一年增加了23％，由93万个增加到114万个。（见注60）身家超过10亿美元的富翁由1985年的13人增加到1000多人。（见注61）美国大公司老板2006年的平均年收入超过1000万美元，是一般美国人工资的364倍，他们工作一天的收入几乎相当于普通人工作一年的收入。（见注62）

过去5年是美国经济发展相对强劲的年头，却有数百万美国人的境况比以前更糟了。美国人工资支出在国内生产总值中降到自1947年有政府记录以来的最低点。处于工作年龄段家庭的平均收入5年来连续下降，比以前减少了17％。（见注63）据2007年9月对美国人压力状态的一项全国性调查显示，金钱和工作是近四分之三美国人最大的压力来源。在接受调查的1848名成年人中，51％的人担心住房开支。购房是西部61％的居民和东部55％的居民“非常重要或相当重要”的压力来源。（见注64）据美国政府最新的报告显示，1999年至2004年间，年龄在45岁至54岁之间的美国居民的自杀率大约上升了20％，达到了自有统计开始、25年以来的最高点。（见注65）

美国城市饥饿、无家可归者大量增加。据美国农业部2007年11月14日发布的报告，2006年，全美至少有3550万人挨饿，比上年增加39万人，其中有1100万人生活在“极低的食品安全状态”（见注66）。据美国市长会议发布的2007年美国23个城市饥饿和无家可归情况调查，有16个城市要求得到食品紧急救助的申请比上一年增加，平均增长率达到12％，底特律食品紧急救助的申请增加了35％。在13个城市中有15％带小孩家庭的紧急救助要求被拒绝。在接受住房调查的20个城市中，申请紧急收容或临时住房的人数在2007年增加至193183人。巴尔的摩县在2007年向当地政府申请租房补贴的人比上年增长30％。（见注67）据估计，目前全美无家可归者约为75万人。（见注68）洛杉矶县有73000多人无家可归（见注69），菲尼克斯市有7000至1万人无家可归，还有3000人无法得到政府的收容。（见注70）新奥尔良有12000人无家可归。（见注71）加利福尼亚州有近5万退伍军人露宿街头（见注72）。无家可归者的健康状况令人担忧。

研究表明，无家可归者的平均寿命为42岁至52岁，他们中间三分之一到一半的人患有各种慢性疾病。（见注73）在美国许多城市的性犯罪者中，无家可归的人比例很高。波士顿136名高危险的犯罪者中三分之二没有永久住址，纽约市有100多名性犯罪者注册在两个无家可归者中心。（见注74）

美国没有医疗保险的人越来越多。据路透社2007年9月20日报道，美国人口普查局称，2006年全美没有医疗保险的人数为4700万。而美国家庭组织称，实际上，在65岁以下的美国人中，有近9000万人在2006年到2007年之间（或其中某些时间段）没有医疗保险，占总数的34.7%，（见注75）其中19岁至29岁的年轻人有1000多万无医保。（见注76）在得克萨斯州没有医疗保险的比例高达23.8%，亚利桑那州为20.6%，佛罗里达州为19.7%，佐治亚州为19%。（见注77）2006年，美国普通家庭的医疗保险费比2005年上涨了7.7%，达11480美元，在享受医疗保险的人口中，由公司提供保险的只占59.7%，比上一年降低了0.3个百分点。（见注78）同时，家庭收入达不到贫困标准而没钱看病的人口，从1998年的4.2%上升到2006年的5.8%。（见注79）

五、关于种族歧视

种族歧视在美国根深蒂固，一直是美国的一大社会痼疾。黑人和其他少数族裔处于美国社会的底层。据美国人口普查局2007年8月公布的统计数据，2006年，中等收入的美国黑人家庭收入为31969美元，为中等收入白人家庭的61%，西班牙裔中等收入家庭的收入为37781美元，为中等收入白人家庭的72%。（见注80）黑人、西班牙裔生活贫困和没有医疗保险的比例都大大高于白人。2006年，美国黑人的贫困率为24.3%，西班牙裔为20.6%，而白人的贫困率为8.2%。2006年全美黑人没有医疗保险的比例由2005年的19%上升到20.5%，西班牙裔的比例上升到34.1%，总计1530万人，而白人没有医疗保险的比例是10.8%。（见注81）黑人和西班牙裔患艾滋病等各种疾病的比例高。据《华盛顿邮报》报道，在2001至2006年间，华盛顿哥伦比亚特区被确诊的3269名艾滋病患者中，有80.7%是黑人。（见注82）黑人患艾滋病的几率将近白人的7倍。（见注83）一份来自专门从事少数种族研究的机构——政治和经济联合中心的报告揭示：在社会经济地位上升的行列中，白人家庭是黑人家庭的两倍多；反之，在收入下降的行列中，黑人家庭是白人的两倍多。（见注84）

少数民族在就业和工作方面遭到歧视。据美国劳工部统计，2007年11月美国黑人的失业率为8.4%，是白人（4.2%）的两倍，西班牙裔的失业率为5.7%，黑人、西班牙裔的失业率都远高于白人。（见注85）皮尤研究中心2007年的一项抽样调查显示，67%的黑人认为，黑人申请工作会受到歧视。（见注86）据美国就业机会均等委员会统计，2006年该委员会共收到关于平等就业歧视方面的指控75768件，其中27328件涉及种族歧视，占35.9%。（见注87）从2003年开始，4名耐克镇黑人员工控告运动用品生产商耐克，指控店铺经理以种族歧视字眼称呼他们，安排他们做低薪职位，更多次诬告黑人盗窃，又加派保安监视黑人员工及顾客。（见注88）2007年3月的一份起诉书显示，全美最大的药品连锁店沃尔格林公司对数千名黑人雇员有普遍的种族歧视，并以种族来决定雇员的委派和提升。（见注89）

美国教育领域种族歧视严重。据报道，美国公立中小学校的规章制度对黑人学生更严格，黑人学生因不守纪律受处罚的比例比白人学生高出很多。在新泽西州，非洲裔学生因违纪被开除的人数是白人学生的60倍；在明尼苏达州，非洲裔学生被停学的是白人学生的6倍；在艾奥瓦州，非洲裔学生在公立学校中只占5%，却占被停学学生的22%。（见注90）2006年8月2日，耶拿中学的一名黑人学生在一次学生集会上问学校的管理层，黑人是否可以坐在白人经常聚集的树下，他得到了肯定的答复。但是第二天，这棵树上就被3名白人学生挂上了昔日南方种族主义最臭名昭著的标志——绞索。（见注91）据《纽约时报》2007年10月23日报道，在纽约的布鲁克林区，一位黑人高中校长通过邮件收到了一个套索，邮件上写着“白人的永久统治”。一位哥伦比亚大学的黑人教授，被人在办公室门上挂上了套索。美国麦卡莱斯特学院、三一学院和惠特曼学院都出现了学生穿着具有种族歧视意味的服装参加派对的事情。麦卡莱斯特学院的一次派对上一名学生假扮黑人，脖子上套着绞索。（见注92）据美国《世界日报》报道，2007年哥伦比亚大学还出现了针对犹太裔的纳粹标记威胁。

司法领域种族歧视触目惊心。据美国全国都市同盟2007年发布的《2007年美国非裔状况》报告，黑人（尤其是男性）与白人相比，有更高的比例被确认有罪并获更长的刑期。黑人被囚禁的比率是白人的7倍。（见注93）与白人相比，黑人犯非法贩卖毒品罪，即使犯罪情况相同，仍将会比白人大10倍的可能被关进监狱。（见注94）美国人口普查局的数据显示，到2006年底，每10万黑人中有815人被关在监狱，西班牙裔的比例是每10万人口中283人，白人的比例是170人。据美国司法部司法统计局2007年12月公布的统计，到2006年底，在美国各州和联邦监狱服刑的犯人中，黑人达56万多，占总数的37.5%，西班牙裔和拉丁裔30.8万人，占20.5%，其中黑人男子在押犯的比率高达每10万人口3042人，是美国总人口在押犯比率（每10万人口501人）的6倍多，西班牙裔男子在押犯的比率也高达每10万人口1261人。据统计，美国30至34岁的黑人男子中，8%的人被关押在监狱，而同年龄群的白人男子在押犯的比率只有1.2%。（见注95）在美国，终身监禁在不同肤色的青年人中所占比例很不相同，黑人青年人被判处不允许假释的终身监禁的比例是白人青年人的10倍。在加州，这个比例更达到了20倍。（见注96）

司法当局对黑人和白人采取双重标准。据美联社报道，在“耶拿六人案”中，6名黑人青少年因为殴打一名白人同学被捕，其中5名以谋杀未遂罪被起诉，引起了只有大约3000人的耶拿小镇上约2000名大学生的集会抗议。（见注97）而两名白人中小学女教师色诱6名黑人小男生与其发生性关系被曝光，却不约而同地交保释放。（见注98）

少数族裔是仇恨犯罪和暴力凶杀犯罪的最大受害者。据美国联邦调查局2007年11月公布的报告，2006年全美共发生仇恨犯罪7722起，上升接近8%，其中51.8%是基于种族歧视的犯罪，针对穆斯林的仇恨犯罪增加了22%，对西班牙裔的仇恨犯罪增加10%。（见注99）2007年纽约市仇恨犯罪案件较上年更上升20.9%。（见注100）而洛杉矶县2006年发生的512起仇恨犯罪中，68%的起因是种族问题。（见注101）据美国司法部2007年8月公布的报告，黑人占美国人口的13%，但在2005年全美发生的非致命暴力犯罪受害者中，15%是黑人，凶杀案受害者中，49%是黑人。（见注102）

六、关于妇女、儿童的权利

美国的妇女、儿童状况堪忧。美国女性人口占全美总人口的51%，但在目前第110届美国国会中，女议员只有86名，其中参议员16名，占16%；众议员70名，占16.1%。截至2007年12月，在美国州一级行政职位上任职的女性有76人，占24.1%；在州议会中，女性占23.5%。截至2007年9月，在全美3万人口以上的1145个城市中，共有185名女市长，占16.2%。（见注103）

美国妇女在就业方面普遍受到歧视。据美国就业机会均等委员会统计，2006年该委员会共收到基于性别方面的就业歧视的指控23247件，占30.7%。（见注104）据报道，超过160万妇女加入了对美国零售业巨头沃尔玛公司的共同起诉，她们指控该公司在薪酬和职位升迁上存在性别歧视。（见注105）妇女的平均收入低于男性。据美国人口普查局2007年8月公布的统计数字，15岁以上的美国女性2006年的收入为32515美元，男性为42261美元，女性为男性的77%。（见注106）

妇女的贫困率较高。据统计，到2006年底，18岁以上单身女性中，有558万多人生活贫困，占该类人群总数的22.2%；有410万个单亲女性家庭生活贫困，比率达28.3%，均大大高于全国平均水平。（见注107）美国少数族裔妇女贫困交加。美国“再生育权利中心”的一份报告指出，美国产妇死亡率在全世界排第30名，而其中非裔妇女比例是白人的4倍。非裔妇女感染艾滋病和性病的比例分别是白人妇女的23倍和18倍。在贫困妇女人口中，非裔、西裔、印第安裔和亚裔分别占27％、26％、21％和13％，而白人占9％。

美国妇女是家庭暴力的受害者。据美国全国妇女组织的一份报告统计，全美每年约有1400名妇女因其丈夫或男朋友的暴力致死。据估计，每年遭殴打的妇女高达200万~400万。报告称，妇女受攻击的概率是男人的10倍，特别是单身、离异、低收入和少数族裔妇女更易遭攻击或强奸。贫困线以下家庭发生的针对妇女施暴案件是普通家庭的5倍。另据统计，在美国，有37％的妇女曾因遭受家庭暴力而接受急症治疗，30％的怀孕妇女曾遭受丈夫或情侣的暴力，50％的男人经常攻击女人和孩子，74％的工作妇女曾遭受同事的暴力。据美联社报道，美国的家庭暴力蔓延到工作场所。伊薇特·凯德在工作场所被与她分居的丈夫点燃，身体60％的面积严重烧伤。（见注108）

妇女在工作场所和军营里受到性侵犯的事件频繁发生。据统计，2006年美国就业机会均等委员会共收到有关性骚扰方面的指控12025件，其中84.6％的是女性提出来的指控。（见注109）据美国全国妇女组织的一份报告统计，美国每年约有13.2万名妇女报告曾遭强奸或强奸未遂，另有2~6倍的人没有报告。2004年，美国负责调查军队犯罪案件的部门总共收到约1700起性骚扰指控，其中1305起为强奸罪指控。加利福尼亚大学在3000名退伍女兵中进行的调查显示，其中有1/4的人因在军中受到性骚扰而留下后遗症。（见注110）另据《纽约时报》报道，驻伊美军中的大量女兵面临军中性创伤和战斗创伤的“双重打击”。（见注111）斯威夫在伊拉克曾遭到同部队多名军官的强暴，而当她等待上级授权以控告这些军官时，部队却命令她和几个曾经侵犯过她的军官一起转移；（见注112）玛丽塞拉·古斯曼在参加伊利诺伊州一个军事基地的训练时遭到一名军官的强暴，事后她试图揭发时，部队却以其“通过不正当方式对待上司”为由罚她做俯卧撑，她4次揭发，但均无人关注；（见注113）皮克特19岁时随部队到尼加拉瓜，曾遭到上司的性侵犯而不敢报告。（见注114）

美国监狱关押着越来越多的女性犯人，其处境险恶。据美国司法部2007年12月公布的统计数字，2006年之前的5年间，美国联邦和各州监狱关押的女性犯人人数呈加速增长态势，平均每年增加2878人，2006年女性犯人总数达112498人，比2005年增加4.5％。（见注115）据大赦国际2007年报告，美国监狱中男看守可以对女囚进行全身搜查，可以监视女囚洗漱换衣。大多数州允许男看守在没有监督的情况下进入女监。

美国儿童状况不佳。据《休斯敦纪事报》报道，联合国对全球21个富裕国家做的调查显示，美国富裕程度领先，但儿童福利状况却排名最后。在儿童健康和安全方面，美国均排名倒数第一。据统计，到2006年底，全美共有1280万18岁以下的儿童生活在贫困中，占17.4％，儿童占美国全部贫困人口的35.2％，女性单亲家庭的儿童生活贫困的比率更高达42.1％。（见注116）越来越多的儿童没有医疗保险。据统计，到2006年底，全美18岁以下儿童没有医疗保险的人数上升到870万人，比2005年增加11.7％，儿童没有保险的比率达19.3％。（见注117）儿童无家可归者人数增多。据美国市长会议2007年12月发布的2007年美国23个城市的饥饿和无家可归情况调查，在2007年，有孩子的家庭成员占了使用紧急住所人口的23％，10个城市报告有孩子的家庭要求紧急住所救助的增加了。（见注118）据美国联邦疾病控制与预防中心说，2004年美国的婴儿死亡率达千分之七，而其中黑人婴儿死亡率又是白人婴儿的2.5倍。美国婴儿存活率排名远落后于其他发达国家。（见注119）据报道，一个得到72％的民众支持、旨在帮助贫困儿童的“儿童健康保险扩充法案”在2007年被总统否决。（见注120）

美国青少年学生受侵害的现象严重。据美国司法部2007年12月公布的全美学校犯罪情况报告，2005年每千名12岁以上的美国学生中，有57人是暴力和财产犯罪的受害者。2005

年7月1日至2006年6月30日，全美共发生14起与学校相关的涉及学龄儿童的凶杀案。2005年，25％的学生报告说，曾有人在他们接受调查的前12个月内在学校向他们兜售非法毒品；24％的学生报告说，学校存在黑帮团伙。（见注121）据报道，在巴尔的摩市的一些中学，很多学生带刀等武器上学，从2007学年开始到2007年10月，该市的中学共发生216起导致学生被捕的暴力事件。（见注122）性侵犯在美国学校泛滥。据美联社2007年的一份全国性调查，2001年至2005年，有2570名教育工作者因行为不检点和实施性虐待而被处分，其中80％以上的受害者是学生。据美国国会的一项调查，全美5000万名学生中有多达450万人在幼儿园到12年级期间，曾遭学校人员性侵犯，平均每天发生3起性侵犯事件。（见注123）

美国青少年在训练营遭虐待。美国国会发布的一份报告称，美国数千名被送往训练营受训的青少年遭受过可怕的虐待，有些人甚至付出了生命的代价。美国政府调查人员说，虐待青少年的例子很多，包括强迫孩子们吃掉自己的呕吐物，不给饭吃，强迫他们躺在有大小便的地上，毒打或脚踢。有个男孩被迫用自己的牙刷清洗厕所，然后再刷牙。死于溃疡穿孔的16岁的阿伦留下的日记显示，20天里曾有14天没吃东西，却被迫每天远足13到16公里。偶尔给的食物是生扁豆、蜥蜴和蝎子等。阿伦的父亲说，儿子在训练营的这段时间里，从头到脚全身都被打遍了。14岁的马丁·李·安德森在训练营里被卫兵堵住嘴，迫使他吸入氨气而死亡。（见注124）

美国有数以百万计的未成年少女沦为性奴隶。据美国司法部统计，有10万到300万不满18岁的美国青少年被卷入娼妓行业。另据美国联邦调查局的报告，在所有被强迫妓女中，多达40％属于未成年人。

美国儿童得不到司法保护。美国是世界上少数几个对青少年判处死刑的国家之一，且迄今仍有一些州对死刑判决没有最低年龄限制。美国比其他国家有更多的青少年被判终身监禁。据人权观察和大赦国际的共同研究显示，2005年，全美有9400名未成年人被监禁，其中2225人被判处终身监禁。在这些人中，高达16％的人在13岁到15岁之间。（见注125）目前被判处终身监禁且不得假释的青少年达2387人。（见注126）其中，加州监狱里关押着227人，宾夕法尼亚州则为433人。青少年犯罪常常受到与成年人同样的处罚。《华盛顿邮报》报道，据粗略估计，全美每年有约20万青少年犯人被直接移送或转送到成年人系统即刑事法院审判，每天有大约7500名青少年被关押在成年人的监狱里。（见注127）有色人种和贫困家庭的孩子更易遭此厄运。2000年，萨福克大学法学院青年司法中心指出，非裔美国青少年仅占全美青少年人口的15％，被监禁的非裔青少年却占被监禁者的46％，其中52％的人受到的是成人法庭的审判。黑人儿童受监禁的人数是白人的5倍。拉美裔和土著青年被关入教养所的人数是白人的2.5倍。（见注128）许多六七岁的小孩也会因为一些无足轻重的过失而遭罪犯待遇。据报道，7岁的杰勒德仅仅因为在自家门前坐在越野摩托车上而被捕，被手铐铐在一张椅子上两个小时，原因是该市禁止使用这种车辆。（见注129）仅佛罗里达州就有超过4500名11岁以下的儿童受到犯罪指控。该州6岁女孩沃森因攻击一名老师、扰乱学校秩序和抵抗学校保安等罪名被逮捕，并受到指控。（见注130）

七、关于侵犯他国人权

美国在侵犯他国主权、践踏别国人权方面劣迹斑斑。美军入侵伊拉克制造了当今世界最大的人权悲剧和人道主义灾难。据报道，自2003年美军入侵伊拉克以来，已经有66万人丧生，其中伊拉克平民占99％，平均每天死亡450人。而据《洛杉矶时报》统计，目前伊拉克平民死亡人数已超过100万。联合国儿童基金会的一份报告显示，在伊拉克有100多万人流离失所，约一半是儿童，有7.5万名儿童在难民营或临时避难所栖身，76万名小学生缺课。据报道，有美国国务院背景的“黑水”保安公司2007年9月16日在伊拉克无故枪杀17名伊拉克平民，（见注131）而美国务院给予“黑水”公司豁免权（见注132）。另据伊拉克政府调查发现，“黑水”公司在此之前已杀死21名伊拉克人，打伤27人。美国国务院的调查也显示，“黑水”公司2007年在伊拉克卷入了56起枪击事件，而美国国会的调查报告指出，2005年以来该公司在伊拉克卷入了近200起枪击事件，其中84%属乱开枪。据美联社报道，一架美军“阿帕奇”直升机2007年10月23日在巴格达以北的萨迈拉附近向一群被认为埋设路边炸弹的人群开火，打死至少11人，其中包括6名伊拉克平民。但据当地警方和目击者称，共有14位平民被打死。（见注133）美军第501步兵团第1营的军官为了增加狙击手的“杀人”数量，制定了用武器当“诱饵”的计划，让狙击手见到有人捡起武器就开枪，致使许多平民被诱杀。（见注134）

美军还在阿富汗的反恐战争中滥杀无辜。据《华盛顿邮报》2007年5月3日报道，美军曾在一周内造成51名阿富汗平民遇害。（见注135）阿富汗一个人权委员会报告称，美国海军陆战队队员用机枪向一群群的旁观者和车辆开火，一路开枪行进了10英里，造成12名平民死亡，其中包括1名婴儿和3名老人。（见注136）

美国在海外广布秘密监狱，使用非人道手段虐囚，“黑狱”与“虐囚”已成为美国的符号。2007年5月，联合国反恐中的人权保护特别报告员访美后指出，美国出于反恐目的在阿富汗拘留了700人，在伊拉克拘留了1.8万人，并表示了对关塔那摩湾以及其他地点被拘押者的处境、恐怖活动嫌疑人缺乏司法保障和公平审判问题，以及对恐怖分子嫌犯移送的关切，并对美国政府拒绝其访问关塔那摩湾和其他拘留场所表示失望。（见注137）美国除了在关塔那摩湾及其他众所周知的地方设立秘密监狱对被关押人实施惨无人道的酷刑外，在约旦也设置了“黑狱”，被关押人饱受虐待。《华盛顿邮报》2007年12月1日的一篇报道说，自2000年以来的7年间，美国中央情报局曾在约旦首都安曼郊区设置秘密监狱，对被关押人进行威胁、拷打等多种形式的虐待。（见注138）据《华盛顿时报》2007年12月14日报道，美国中央情报局曾使用“水刑”、模拟处决及其他酷刑对付所谓恐怖分子嫌犯。（见注139）据美国广播公司披露，水刑把囚犯头低脚高地绑在一个木板上，脸用塑料纸盖上，然后开始泼水。此时，塑料纸捂住了口鼻，囚犯很快就感到窒息。《纽约时报》2007年12月7日报道说，中央情报局曾在2005年将2002年审讯两名恐怖分子嫌犯的至少两盘录像带秘密销毁。（见注140）舆论普遍认为中央情报局是在销毁罪证。伊拉克女囚饱受侮辱。据报道，很多伊拉克在押女囚成为警察和占领军的猎物。伊拉克人说，从中世纪以来，已知的战争中都没有发生过像伊拉克战争中这么多针对妇女的强奸和暴力罪行。（见注141）

美国在国际人权问题上一贯奉行双重标准。美国动辄向别国施压，要求别国向联合国人权特别报告员发出永久访问邀请，自己却从未发出过邀请。美国一方面要求别国遵守特别访问通行规则，即特别报告员可在不受干涉和监视的情况下访问任何地点，与任何人交谈，自己却不遵守该通行规则，曾拒绝多名特别报告员联合访问关塔那摩湾军事基地的要求。

美国迄今不承认发展权为人权的一部分。美国虽然在1977年签署了《经济、社会和文化权利国际公约》，但至今没有批准该公约。美国宣称重视保护妇女儿童权利，但签署《消除对妇女一切形式歧视公约》已27年却迟迟不批准，是目前联合国成员国中仅存的7个尚未批准该公约的国家之一；签署《儿童权利公约》12年后仍未批准，而该公约现在已有193个缔约国。2007年3月，《残疾人权利公约》开放签署后，世界许多国家对该公约持积极态度，到2007年12月已有118个国家签署、7个国家批准，但美国既不签署也不批准。

尊重和保障人权是人类社会进步的重要成果和现代文明社会的重要标志，是世界各国人民的共同追求和时代进步潮流的一个重要主题。各国都有责任为促进和保护本国的人权作出努力，都应在公认的国际关系准则基础上促成国际合作。任何国家都无权自诩为人权的化身，将人权作为对别国进行干涉、施压和实施自己战略利益的手段。美国将自己凌驾于其他国家之上，年复一年地发表《国别人权报告》对其他国家的人权状况指手画脚，而对其自身存在的严重的人权问题却熟视无睹，这不仅不符合公认的国际关系准则，而且暴露了其在人权问题上的双重标准和虚伪本质，客观上也损害了美国的国际形象。我们奉劝美国政府正视自身的人权问题，停止在人权问题上搞双重标准的不明智做法。

注释：

① FBI Release Its 2006 Crime Statistics, FBI, In: http: //www. fbi. gov.

② Criminal Victimization 2006, U. S. Department of Justice, In: http: //www. ojp. usdoj. gov/bjs.

③ FBI Release Its 2006 Crime Statistics, FBI, In: http: //www. fbi. gov.

④ Survey Shows Shift in Violence, USA Today, October 12, 2007.

⑤ New Orleans Homicides up 30 % over 06 Level, USA Today, January 3, 2008.

⑥ Killings in D. C up after Long Dip, The Washington Post, January 1, 2008.

⑦ City Marks First 08 Slaying, The Baltimore Sun, January 2, 2008.

⑧ City Homicides Still Dropping, to under 500, The New York Times, November 23, 2007.

⑨ Chicago Police Department, In: http: //egov. cityofchicago. org.

⑩《世界日报》，2007 年 12 月 4 日。

⑪ Study: Detroit Most Dangerous City, The Associated Press, November 18, 2007.

⑫ Update 2-Senate Passes Gun Bill in Response to Rampage, Reuters, December 19, 2007.

⑬ Criminal Victimization 2006, U. S. Department of Justice, In: http: //www. ojp. usdoj. gov/bjs.

⑭ Indicators of School Crime and Safety 2007, U. S. Department of Justice, In: http: //www. ojp. usdoj. gov/bjs.

⑮ 法新社，2007 年 4 月 17 日。

⑯ 美联社，2007 年 2 月 13 日。

⑰《芝加哥论坛报》，2007 年 6 月 11 日。

⑱《芝加哥论坛报》，2007 年 11 月 2 日。

⑲ 美联社，2007 年 12 月 5 日。

⑳《明报》，2007 年 12 月 9 日。

㉑ 路透社，2007 年 12 月 9 日。

㉒ 多维新闻网，2007 年 12 月 26 日。

㉓ 多维新闻网，2007 年 12 月 27 日。

㉔ Police Brutality Cases up 25 %: Union Worried over Dip in Hiring Standards, USA Today, December 18, 2007.

㉕ The New York Times, November 14, 2007.

㉖ The Chicago Police Department´s Broken System, University of Chicago, In: http: //www. law. chicago. edu.

㉗《芝加哥论坛报》，2007 年 5 月 1 日。

㉘《芝加哥论坛报》，2007 年 6 月 9 日。

㉙《芝加哥论坛报》，2007 年 8 月 9 日。

㉚《洛杉矶时报》，2007 年 10 月 9 日。

㉛ 纽约《侨报》，2007 年 11 月 19 日。

㉜ Deaths in Custody Statistical Tables, U. S. Department of Justice, In: http: //www. ojp. usdoj. gov/bjs.

㉝ 埃菲社，2007 年 12 月 5 日。

㉞ Prisoners In 2006, U. S. Department of Justice, In: http: //www. ojp. usdoj. gov/bjs.

㉟ Sexual Victimization in State and Federal Prisons Reported by Inmates, U. S. Department of Justice, In: http: //www. ojp. usdoj. gov/bjs.

㊱ The Washington Post, January 1, 2007.

㊲ Dad Dismisses Prison Reform, The Washington Times, December 17, 2007.

㊳《国际先驱导报》，2008 年 1 月 8 日。

㊴ HIV in Prisons 2005, U. S. Department of Justice, In: http: //www. ojp. usdoj. gov/bjs.

㊵ 美联社，2007 年 4 月 27 日。

㊶ Factson Post-Conviction DNA Exonerations, Innocence Project, In: http: //www. . innocenceproject. com.

㊷ Texas Man Exonerated by DN Aafter 26 Years, The Associated Press, January 3, 2008.

㊸ The So-called Protect America Act, August 10, 2007, In: http: //public. findlaw. com.

㊹ The Washington Post, October16, 2007.

㊺ 美联社，2007 年 8 月 23 日。

㊻ FBI Prepares Vast Database of Biometrics, The Washington Post, December 22, 2007.

㊼ USA Today, December 10, 2007.

㊽《波士顿环球报》，2007 年 8 月 12 日。

㊾ Sharp Decline in Union Members in 06, The New York Times, January 26, 2007.

㊿ Report AssailsWal-Mart Over Unions, The New York Times, May 1, 2007.

51 The New York Times, November 26, 2007.

52 Justice for Sale, USA Today, November 5, 2007.

53 “Earmarks” Analysis Shows Money Follows Power,

USA Today，December 12，2007.

㊽ Limits Don't Slow Trip Perks for U. S. Lawmakers，USA Today，October 24，2007.

㊾ FEMA Official Apologizes for Staged Briefing with Fake Reporters，The Washington Post，October 27，2007.

㊿ 英国《泰晤士报》，2007年4月25日。

57 Poverty Dropsas Nation's Income Hits 5-years High，USA Today，August 29，2007.

58 DC's "Two Economies" Headed in Different Directions，Report Finds，DC Fiscal Policy Institute，October24，2007.

59 路透社，2007年10月12日。

60 Richest Households Pass 1 Million Mark，CNN Money. com，April17，2007.

61《观察家报》，2007年7月24日。

62 法新社，2008年1月4日。

63《美国新闻与世界报道》周刊，2007年1月1日。

64 USAToday，October24，2007.

65 美联社，2007年12月14日。

66 Over 30 Million Americans Faced Hungerin 2006，Reuters，November 15，2007.

67 More Seeking U. S. Rent Subsidy，The Baltimore Sun，December 17，2007.

68 Care Critical for Homeless，The Washington Post，October 22，2007.

69 Dying Without Dignity：Homeless Deaths in Los Angeles County，Los Angeles Coalition to End Hunger & Homelessness，December 27，2007.

70《起义报》，2008年1月2日。

71 Katrina's Wrath Lingers for New Orlean's Poor，USA Today，December 13，2007.

72《星岛日报》美西版，2007年11月8日。

73 Care Critical for Homeless，The Washington Post，October 22，2007.

74 Many Sex Offenders Are Often Homeless，USA Today，November 19，2007.

75 路透社，2007年9月20日。

76 路透社，2007年8月8日。

77《明报》美西版，2007年6月26日。

78 Census：Health Benefits Scarcer，USA Today，August 28，2007.

79《明报》美西版，2007年6月26日。

80 Income，Poverty，and Health Insurance Coverage in the United States：2006，Issuedby the U. S. Census Bureauin August 2007，In：http：//www. censusgov.

81 Income，Poverty，and Health Insurance Coverage in the United States：2006，Issuedby the U. S. Census Bureauin August 2007，In：http：//www. censusgov.

82 Study Calls HIV in D. C. A "Modern Epidemic"，The Washington Post，November 26，2007.

83 National Urban League：The State of Black America 2007，In：http：//www. nul. org.

84《华盛顿观察》周刊，2006年11月30日。

85 The Employment Situation：November 2007，Issuedby the U. S. Department of Laboron Decembe 7，2007，In：http：//www. bls. gov.

86 As Black Middle Class Rises，Underclass Falls Still Further，The Baltimore Sun，December 3，2007.

87 Charge Statistics FY 1997 Through FY 2006. In：http：//www. eeoc. gov.

88 ABC News，2007年7月31日。

89 CBS，In：http：//cbs2chicago. com.

90《芝加哥论坛报》，2007年9月25日。

91 美联社美国路易斯安那州耶拿，2007年9月20日。

92 美联社明尼苏达州圣保罗，2007年2月11日。

93 National Urban League：The State of Black America 2007，In：http：//www. nul. org.

94 Study Finds Racial Divide Across U. S. in Drug Arrests，The Washington Post，December 5，2007.

95 Prisonersin 2006，Issued by the U. S. Department of Justiceon December 5，2007，In：http：//www. ojp. usdoj. gov/bjs.

96《洛杉矶时报》，2007年11月19日。

97 美联社美国路易斯安那州耶拿，2007年9月20日。

98 The Associated Press，March 28，2007.

99 FBI：Hate Crimes Escalate 8% in 2006，USA Today，November 20，2007.

100 美国《世界日报》。

101 美国《侨报》，2007年6月8日。

102 Black Victims of Violent Crime，In：http：//www. ojb. usdoj. gov/bjs.

103 Women Servingin the 110th Congress 2007-09，Center For American Women and Politics，In：http：//www. cawp. rutgers. edu.

104 Charge Statistics FY 1997 Through FY 2006，In：http：//www. eeoc. gov/stats/charges. html.

105 路透社美国旧金山，2007年2月6日。

106 Income，Poverty and Health In surance Coveragein the United States：2006，Issued by the U. S. Census Bu-

reauin August 2007, In: http: //www. census. gov.

⑩⑦ Income, Poverty and Health In surance Coveragein the United States: 2006, Issued by the U. S. Census Bureauin August 2007, In: http: //www. census. gov.

⑩⑧ 美联社华盛顿，4月18日。

⑩⑨ Sexual Harrassment Charges EEOC & FEP As Combined: FY 1997-FY 2006, In: http: //www. eeoc. gov.

⑪⓪ 拉美社哈瓦那，2007年2月10日。

⑪① The New York Times, March 18, 2007.

⑪② 拉美社哈瓦那，2007年2月10日。

⑪③ 拉美社哈瓦那，2007年2月10日。

⑪④ The New York Times, March 18, 2007.

⑪⑤ Prisonersin 2006, Issued by The U. S. Department of Justiceon December 5, 2007, In: http: //www. ojp. usdoj. gov/bjs.

⑪⑥ Income, Poverty and Health Insurance Coverage in the United States: 2006, Issued by the U. S. Census Bureauin August 2007, In: http: //www. census. gov.

⑪⑦ Income, Poverty and Health In surance Coveragein the United States: 2006, Issued by the U. S. Census Bureauin August 2007, In: http: //www. census. gov.

⑪⑧ Mayors Examine Causes of Hunger, Homelessness, Press Release by the U. S. Conference of Mayorson December 17, 2007, In: http: //www. usmayors. org.

⑪⑨ 美联社，2007年11月10日。

⑫⓪ Bush Vetoes Kids Health In surance Bill, The Washington Post, December 13, 2007.

⑫① School Crime Rates Stable Children 50 Times More Likely to Be Murdered away from School than at School, Issued by the U. S. Department of Justiceon December 2, 2007, In: http: //www. ojp. usdoj. gov/bjs.

⑫② Weapon Checks OK´dat Schools, The Baltimore Sun, December 11, 2007.

⑫③ 美联社华盛顿，2007年10月21日。

⑫④ 英国《泰晤士报》，2007年10月12日。

⑫⑤ 西班牙《起义报》，2007年4月27日。

⑫⑥《洛杉矶时报》，2007年11月19日。

⑫⑦ States Rethink Charging Kidsas Adults, The Washington Post, December 2, 2007.

⑫⑧ 西班牙《起义报》，2007年4月27日。

⑫⑨ 西班牙《起义报》，2007年4月27日。

⑬⓪ 西班牙《起义报》，2007年4月27日。

⑬① The New York Times, September 21, 2007.

⑬②《侨报》，2007年10月31日。

⑬③ 美联社巴格达，2007年10月23日。

⑬④ Los Angeles Times, October 5, 2007; The Washington Post, September 24, 2007.

⑬⑤ Karzai Says Civilian Toll Is No Longer Acceptable, The Washington Post, May 3, 2007.

⑬⑥ The New York Times, April 15, 2007.

⑬⑦ Preliminary Findings on Visitto United States by Special Rapporteur on Human Rights and Counter-terrorism, May 29, 2007, In: http: //www. unog. ch.

⑬⑧ Jordan´s Spy Agency: Holding Cellf or the CIA, The Washington Post, December 1, 2007.

⑬⑨ House Approves Banon CIAW aterboarding, The Washington Times, December 14, 2007.

⑭⓪ C. I. A Destroyed 2 Tapes Showing Interrogations, The New York Times, December 7, 2007.

⑭① 西班牙《起义报》，2007年5月5日。

2008年美国的人权纪录

中华人民共和国国务院新闻办公室

（2009年2月26日）

2009年2月25日，美国国务院发表了《2008年国别人权报告》，再次对包括中国在内的世界190多个国家和地区的人权状况进行指责，而对自己糟糕的人权纪录只字不提。为了让世界人民全面了解美国人权的实际状况，敦促美国反思其不当作为，我们特发表《2008年美国的人权纪录》。

一、关于生命和人身安全

美国暴力犯罪严重，危及公民的生命、财

产和人身安全。据美国联邦调查局2008年公布的报告，2007年，全美共发生约140万起暴力犯罪，17000多起谋杀案（注1），980万起财产犯罪案件。（注2）其中，抢劫案445125件，比过去5年上升了7.5％。（注3）在人口10万以下5万以上的城市中，谋杀案比2006年上升3.7％。（注4）在人口3万以下1万以上的城市中，暴力犯罪比2006年上升了2.4％。（注5）美国12岁以上公民共经历2300万起暴力和盗窃犯罪，其中暴力犯罪的发生率达每千人20.7起，财产犯罪达每千家庭146.5起。（注6）据统计，在美国暴力和杀人率较高的城市中，新奥尔良每10万居民中的谋杀案为95起，巴尔的摩45起，底特律44起，路易斯40起，费城27.8起，休斯敦16.2起，达拉斯16.1起。（注7）在美国，平均每31分钟发生一起谋杀案，每5.8分钟发生一起强奸案，每14.5秒发生一起入室抢劫案。（注8）

美国枪支泛滥成灾。《基督教科学箴言报》2008年6月27日报道，美国最高法院做出裁决，明确个人有权持有和使用枪支。据统计，美国约有2亿支私人枪支，其中包括6000万至6500万支手枪。有48个州规定公民有权携带枪支，（注9）其中35个州不经过任何背景审查就可以购得枪支。（注10）在田纳西州纳什维尔的一家枪支商店，仅11月5日当天就售出了70支枪。（注11）费城、洛杉矶、旧金山等20多个机场允许有枪支许可的人携带枪支到安检口。（注12）在得克萨斯州北部的学校，校方允许教师携带枪支到校。（注13）《华盛顿邮报》2008年12月5日报道，2007年，西弗吉尼亚、密西西比、南卡罗来纳、弗吉尼亚等10个州提供了其他各州涉枪案件中被缴获枪支的57％。枪支出口率最高的10个州比最低的10个州的枪杀案高出近60％。

枪杀事件频发，威胁公民的生命安全。据美国疾病控制和预防中心2008年10月3日统计，有135万名美国中学生在学校附近遭遇过一次武器威胁或被打伤。（注14）哈佛大学在2006年一项对1200名学生的调查表明，20％的学生曾亲眼目睹过枪击事件，40％的学生认为得到一支枪非常容易，28％的学生表示在乘坐公共汽车、火车时没有安全感。芝加哥公立学校在2007至2008学年，有34名学生遇害身亡。（注15）2008年2月7日起一周之内，美国连续发生7起枪杀事件，导致23人死亡，几十人受伤；3月27日，佐治亚州和肯塔基州共有5人被枪杀（注16）；4月18日晚上2小时内，芝加哥市就发生了9起枪击事件；（注17）11月，巴尔的摩市遭遇了31起枪击案。（注18）12月24日圣诞夜，洛杉矶一名男子装扮成圣诞老人袭击了其前岳父母的住宅，他向屋内正在进行圣诞平安夜聚会的人群开枪，当场造成8人死亡，3人受伤，另有3人失踪。（注19）

二、关于公民和政治权利

在美国，公民权利受到越来越多的限制。据《华盛顿邮报》网站2008年4月4日报道，一项已运用的新监视技术“深度包检测”能够记录用户访问的每一个网页、发出的每一封邮件和进行的每一次搜索。据统计，美国至少有10万名网络用户被跟踪，服务商曾对多达10％的美国网络用户进行过测试。（注20）美国联邦调查局参与了美国政府在国内开展的非法监视活动，通过非正当方式获得成千上万人的电话记录、银行账户及其他个人信息。《西雅图时报》2008年7月15日报道，白宫7月10日签署的新版窃听法是“对美国公民的安全至关重要的标志性立法”。这一法律按照行政当局的要求给予参与窃听项目的电信公司以法律豁免权，同时授权行政当局可以为了反恐需要对通信方在美国境外的国际间通信进行未经法庭允许的窃听活动。美国国土安全部2008年7月宣布，作为过境搜查政策的组成部分，联邦官员可以在旅客没做出任何错事的情况下，把旅客的手提电脑或其他电子设备无限期地带离现场。（注21）《纽约时报》2008年12月8日报道，调查发现美国政府在审理涉嫌参与恐怖袭击被捕入狱的北弗吉尼亚学者阿里·提米米案时，刻意隐瞒了通过对嫌疑人实施非法监听获得的资料，这些资料有可能会成为证明美国政府的监听行为损害公民权利的证据。

警察滥施暴力，侵犯公民权利。据《芝加

哥论坛报》2008年6月25日报道，芝加哥市6月的两周内就发生8起警察枪击事件，其中5起致命。如在6月22日，39岁的清洁工沙佩尔·特雪尔在公寓楼道内被警察打死。（注22）6月24日，芝加哥18岁的路易斯·科隆在餐馆和朋友聚餐时，受到便衣警察例行盘查，科隆因害怕而逃跑，被警察击毙。（注23）8月2日清晨，20岁的达里尔·巴特尔在纽约布鲁克林公寓中被警察打死。10月15日，3名警察在纽约布鲁克林地铁站逮捕迈克尔·米尼奥时，对其进行鸡奸，把警棍捅入其肛门造成体内受伤。（注24）11月13日，在纽约科尼艾兰教堂外的停车场，吉尔伯托·布兰可因向警方挥舞折叠椅，被女警察击毙。（注25）

美国囚犯比例再创新高。据《华盛顿邮报》2008年7月11日报道，美现有230万名在押犯，占世界第一。美国司法部2008年12月11日公布的报告显示，到2007年底，全美共有730多万成年人处于被关押在监狱、看守所或处于缓刑或假释中，占美国成年人的3.2%。（注26）其中，年龄在20至34岁的黑人中，每9人就有1人是在押犯。（注27）在押犯比例超过了美国历史上的任何时期，几乎是全球平均水平（每10万人中125人）的6倍。（注28）据统计，美国犯人的重新犯罪率很高，有一半以上的人在3年内因重新犯罪又被判入狱。

囚犯的基本权利得不到保障。美国司法部8月公布的信息表明，1993年以来美国被法庭判刑入狱的人口比例增加，暴力犯罪人数占监狱总人数的一半以上。加利福尼亚州现有33所监狱只可关押约8万人，但却关押着15.6万犯人，每名犯人平均生活面积仅为6平方英尺。（注29）马里兰州乔治王子县上马尔伯勒监狱是为1330名犯人设计的，目前却关押着1500名犯人。（注30）狱警施暴致死事件不断发生。大赦国际2008年报告称，美国监狱和拘留中心普遍使用泰瑟枪对付被监禁者。自2001年以来，已有300人死于泰瑟枪电击，其中2008年就有69人。据《华盛顿邮报》2008年7月25日报道，马里兰州乔治王子县监狱10多个狱警有被捕记录，在过去的7个月里，至少有6名狱警被停职，另有9名狱警在被指控犯罪后或有暴力行为后仍在监狱工作。2008年1月，一名警察用泰瑟枪击打因被指控贩毒而被捕的巴伦·派克斯9次，导致其死亡。（注31）6月29日，19岁的龙尼·怀特在马里兰州乔治王子县监狱单人房间中被勒死。（注32）据美国司法部2008年6月的最新统计，2001年至2006年，美联邦和各州监狱关押的犯人中有1154人死于艾滋病。（注33）一些监狱甚至成为精神病患者和吸毒者的避难所，每10名犯人中有6人患有精神疾病。（注34）英国《经济学家》周刊2008年5月10日报道，美国是世界上少数几个剥夺重罪犯人权利的国家之一，一些州甚至禁止重罪犯人投票。

三、关于经济、社会和文化权利

美国人的经济、社会和文化权利缺乏应有的保障。美国贫富差距悬殊。据《纽约时报》2008年10月5日报道，在过去30年中，美国收入和工资分配是所有高收入国家中最不平等的。最富有的20%的美国人年均收入达168170美元，几乎是收入最低的20%人口的15倍，后者的年均收入仅为11352美元。纽约市1%最富有的人的收入占纽约市总人口收入的37%，（注35）64名亿万富人拥有财富达3440亿美元，比2年前该城市亿万富人的综合财富高出469%。（注36）联合国2008年10月22日的报告表明，包括纽约、华盛顿、亚特兰大和新奥尔良等美国大城市的贫富差距之悬殊堪比非洲城市，市民收入不均的比例非常高。

贫困、饥饿和无家可归者增多。据美国人口普查局2008年8月公布的统计数字，2007年，美国的贫困率为12.5%，贫困人口3730万人，比2006年3650万人多出80万人，其中生活在贫困线以下的18岁以下儿童达到18%，高于2006年的17.4%，（注37）陷入贫困的家庭占9.8%，达760万户。全年共有156万人年收入只达到贫困线的一半，占贫困人口的41.8%。纽约市有23%的人生活在贫困线以下。（注38）

据《华盛顿邮报》和哈佛大学等机构2008年联合作出的一项全国性调查报告显示，金融危机使80%的低收入工人难以支付燃油或存退休储蓄金，超过60%的人难以负担医疗保险，50%的人难以支付食品和住房费用。路透社报道称，2008年9月，使用政府食物券购买食品的美国人数量创下了纪录，达3150万人，比一年前增加了17%。（注39）2008年，48%以上的纽约市居民在食物开支上遇到困难，比2003年增加了1倍，需要救济的人从2004年的100万增加到了2007年的130万。（注40）68.8%的食品救助站表示已经没有足够的食品来满足需求。（注41）美国200多万户家庭还不起房贷。据2008年11月13日公布的报告显示，2008年10月，全美丧失抵押房产赎回权的屋主比2007年同期增加了25%，全美被银行收回的房产超过84000处。（注42）

美国住房和城市发展部2008年7月29日公布，2007年，露宿街头或住在收容所的长期无家可归者达123822人。2006年10月1日至2007年9月30日，160万人经历过无家可归和寻找收容所。（注43）2008年会计年度寻求紧急收容的人数比2007年度增加了1倍。（注44）路易斯安那州、肯塔基州无家可归的家庭数量增加到931个。在对美国25个城市的调查中发现，有19个城市的无家可归者在过去一年有所增加。（注45）平均每天在华盛顿地区有超过6000人无家可归。其中，有47%的人长期无家可归。（注46）

劳动者权利缺乏保障。美国的失业率居高不下。美国劳工部2009年1月9日公布的数据显示，2008年全年，美国失业率平均达5.8%，远高于2007年的4.6%，是2003年以来的最高点。就业岗位总计减少了260万个，是1945年以来减少幅度最大的一年。其中2008年12月，美国就业岗位减少52.4万个，失业率上升到过去16年来的最高点7.2%。（注47）长期失业人数（失业27周以上）11月达220万人，在过去12个月中增加了82.2万人。（注48）根据2008年12月9日的一个调查，2008年美国人工作时间平均每周46小时，比2007年增加了1小时，4人中有1人增加了工作时间；娱乐时间减少16小时，比2007年减少4小时，是1973年以来最少的。（注49）在25个州，半数非法散工得不到雇主的足额报酬或根本拿不到报酬。（注50）2008年7月，明尼苏达州地方法院判决沃尔玛违反劳动法，未能给予在该州的沃尔玛员工提供充足的休息时间，并要求小时工超时工作。（注51）7月23日，纽约州劳工厅宣布纽约皇后区锦顺衣厂被查出不支付最低工资和加班费，在过去6年欠薪约530万美元。（注52）9月6日，约27000名波音机械师举行罢工，要求提高工资和福利。（注53）10月22日，美国联邦法官判决纽约曼哈顿西贡餐厅向36名工人赔偿最低工资、加班费和违反劳动法的罚款460万美元。（注54）

职工养老金大大缩水。据2008年10月7日美国国会高级预算分析估计，美国的退休账户在过去15个月里缩水了20000亿美元，超过一半的人认为他们需要延长工作年龄。在过去一年，由于经济问题，有20%的45岁以上的美国人就有1个停止将钱存入401（K）、IRA或其他退休账户。（注55）美国打工族的401（K）计划的平均数额由2007年的79000美元减少到2008年10月的68000美元，下降了14%。（注56）

受教育权得不到保障。《美国人类发展报告》显示，14%的美国人（约4000万人）读写能力不足，看不懂报纸文章和物品说明手册。（注57）美国公共政策和高等教育全国中心2008年12月3日的报告表明，1982年至2007年，美国大学学费上涨439%，而同期中等收入家庭的收入只增加了147%。2008年秋，州立大学的学费上涨6.4%。很多州计划在2009年的预算中进一步大幅提高大学学费，佛罗里达和华盛顿州都计划上涨15%至20%。对于最贫困家庭来说，上一所公立大学一年的净开支占到平均收入的55%，而在1999年至2000年这个比例为39%。如果是上社区大学，这部分开支去年占到最贫困家庭平均收入的49%，高于1999至2000年的40%。（注58）最贫困家庭的孩子中仅有11%的人获得了大学学位，与之相比，在收入居前20%的家庭的孩子中，这个数字则为53%。（注59）

享受不到医疗保障的人越来越多。2008年7月发表的《美国人类发展报告》称，美国人每小时在医疗保健方面的花费为2.3亿美元，预期寿命却几乎比其他发达国家都短，排在第42位。每6个美国人就有1人无医疗保险。美国人口普查局2008年8月26日发表报告称，2007年美国没有医疗保险的人数达到4570万人。（注60）而美国19个州已开始制定或提议在2009、2010财政年度削减针对穷人的医疗补助计划开支以及州级儿童医疗保险项目。（注61）由于医疗费上涨，许多公司不为职工购买医疗保险。全国独立经营协会2008年3月的调查显示，只有47％的小公司给员工提供医疗救助。50人规模以下的公司中，只有24％的公司为员工提供医疗救助。许多人因付不起医药费而放弃看病或治疗。

美国吸毒和自杀等社会问题严重。美国使用过大麻和可卡因的人数全球领先。一项对17个国家的5.4万人的调查表明，16％的美国人曾服过可卡因，超过42％的美国人承认曾试吸食过大麻。（注62）美国中年白人自杀率逐年升高。2008年10月21日发布的一项调查显示，在1999年至2005年美国自杀率每年增长0.7％，40岁至64岁白人的自杀率每年增长2.7％。中年白人女性的自杀率上升了3.9％。2007年圣路易斯市全年自杀人数共计138人。截至2008年6月2日，该市共有61人自杀，比2007年同期增加了15人。（注63）巴尔的摩、底特律和新奥尔良市的自杀率都在升高。（注64）美国年轻人患人格障碍症者居多。在美国，几乎有20％的年轻人患有人格障碍症，近一半的年轻人有某种心理问题，并只有不到25％的患有精神问题的年轻人能获得治疗。（注65）

四、关于种族歧视

在美国，种族歧视渗透到社会生活的各个方面。黑人和其他少数族裔遭受不平等待遇和歧视的状况依然存在。黑人和其他少数族裔生活在美国社会的底层。据美国人口普查局2008年8月公布的报告，2007年全美家庭平均年收入为50233美元，其中白人为54920美元，拉美裔为约38679美元，黑人为33916美元，黑人和拉美裔家庭的年收入只相当于白人家庭年收入的62％。其中，拉美裔的贫困率达21.5％，高于2006年的20.6％。（注66）另据美国城市联合会2008年发表的《美国黑人状况》报告，全美近25％的黑人家庭仍然处于贫困线以下，全美约有25％的非洲裔生活在贫困中，这几乎是白人贫困比例的3倍。根据“有工作的贫困家庭项目”组织2008年10月14日发表的报告，2006年，在白人工薪家庭中，低收入家庭占20％，而少数族裔家庭中低收入家庭则占41％。纽约市西裔、亚裔、非洲裔和白人的贫困比例分别为29.7％、25.9％、23.9％和16.3％。（注67）移民住房难。据纽约市移民住房合作与社区发展普拉特中心2008年12月3日发表的报告，约有25％的土生土长的美国人和约31.5％的移民把一半的收入用于支付住房租金，而来自南美洲和墨西哥的移民租金分别达到其收入的71.7％和79.8％。（注68）艾滋病威胁非洲裔美国人生命。据纽约市卫生局2008年8月发布的一份研究报告显示，在该市2006年新感染的艾滋病者中，黑人占到46％，拉美裔占32％。（注69）黑人妇女感染艾滋病的比例比白人妇女高15倍。（注70）目前，美国黑人艾滋病病毒感染者至少有50万。

就业方面种族歧视司空见惯。据美国劳工部统计，2008年第三季度美国平均失业率为6％，其中白人失业率为5.3％，而黑人失业率为10.6％，是白人的两倍。（注71）据美国就业机会均等委员会统计，2007年该委员会共收到关于平等就业歧视方面的指控30510件。（注72）2008年2月11日，一位非洲裔美国人控告美国广播公司及其母公司迪斯尼公司种族歧视，使他肉体遭受摧残、精神遭受折磨。（注73）2008年12月5日，纽约州前州长斯皮策的父亲伯纳德·斯皮策被陪审团裁定犯有职场族裔歧视。伯纳德·斯皮策拥有的一栋公寓大楼的4名前雇员称，只因为他们是黑人，10年前他们被解雇，被肤色较浅的人所取代。（注74）

教育领域种族歧视沉渣泛起。据美国城市联合会2008年发表的《美国黑人状况》报告，在教育方面，黑人的高中毕业率和大学入学率还停留在白人二十到三十年前的水平，非洲裔学生比白人学生更少获得高等教育学位。据报道，美国公立学校的非洲裔学生在学校遭受体罚的可能性比白人学生高很多，非洲裔女孩挨打的可能性是白人女孩的2倍。（注75）校园种族隔离日趋严重。据路透社报道，加州大学民权研究项目小组发表的报告说，美国黑人和拉美裔学生与白人学生的分离达到了自民权运动以来最严重的程度，39％的黑人学生和40％的拉美裔学生越来越多地被孤立于几乎没有种族融合的学校，一所学校里的黑人和拉美裔学生现在近60％来自接近或低于贫困线的家庭。（注76）

司法领域种族歧视触目惊心。据美国司法部统计局2008年6月5日公布的数据，截至2007年6月30日，关押在监狱里的黑人男子是白人男子的6倍，近11％的30至34岁黑人男子被关押在监狱里。人权观察2008年发表报告说，因谋杀罪被捕的非洲裔美国青年被判终身监禁不得假释的可能性至少是犯同样罪行的白人青年的3倍，（注77）在加州近6倍。（注78）据《纽约时报》2008年5月6日报道，虽然白人占使用毒品者的绝大多数，但以毒品罪入狱的黑人却占54％，在16个州，非洲裔美国人因毒品罪入狱的比例是白人的10至42倍。在34个州，对毒品犯罪的指控中，黑人男子的入狱可能性是白人男子的11.8倍，黑人女子是白人女子的4.8倍。（注79）据报道，黑人青年肖恩·贝尔在结婚当日被警察射击50次死亡，但是三名警察却没有因此被判刑。（注80）根据洛杉矶市警察局统计数据，洛杉矶市警员每拦截100多个非洲裔居民和100个拉丁裔居民，仅有1名白人被拦截盘问。非洲裔和拉美裔人还遭遇勒令下车、搜身、推搡及拘留等。过去5年洛杉矶市警局收到将近1200封市民指责警员种族歧视的投诉案件，但没有惩办过一起。（注81）联邦调查局的反恐调查也专挑穆斯林、阿拉伯裔和其他少数族裔为调查对象。（注82）据美联社报道，2009年1月1日凌晨，加利福尼亚州奥克兰的警察把手无寸铁的22岁黑人男子奥斯卡·格兰特摁倒在地，强迫他面冲下趴在地上，然后，一名交通警察开枪打死了他。事件引发民众抗议，数百人7日在奥克兰市区举行示威活动。（注83）

土著人的基本权利受到侵犯。美国在美墨边境修筑18英尺的隔离墙，严重影响边境地区阿帕切土著人的生活，土著妇女深受军队暴力之害。在华雷斯和其他边境城镇，超过4000名土著妇女失踪或被谋杀。土著青年人口不到美国青年人口总数的2％，但在美国被监禁的青年人中，土著青年竟占15％～20％，30％的土著青年被判最高刑期。2008年4月15日，南达科他州扬克顿·苏族土著人因不同意在其土地上建设高污染的养猪场而进行和平示威，70余名县、州及联邦执法官、国土安全官员动用特警队、警犬、狙击手和直升机镇压了该和平示威，包括老人和儿童在内的38人遭逮捕。美军在关岛部署军队，建海军和空军基地，占用了关岛1/3的土地，当地查莫罗土著人深受二战美军遗留武器及美军核试验之害，患鼻咽癌的比例比美国平均水平高出1999％。

移民遭受非人道待遇。纽约市妇女卫理教联盟副秘书长哈丽雅特·奥尔森说，非法移民一旦被捕，往往遭受非人道待遇，很多时候，他们和刑事犯关押在一起，基本人权得不到保障，得不到基本医疗，每年各地都会有数十人死在拘留所。（注84）人权观察2008年6月1日说，美国国土安全部羁押了3万人，由于医疗条件糟糕、监管不足，过去5年，在国土安全部监管中或释放后立即死亡的移民达80多人（注85）。据《纽约时报》报道，1992年从香港来到纽约、成为电脑工程师的吴修瑞，因签证过期，2007年被关进移民拘留中心，在新英格兰的3个州的监狱和拘留中心来回囚禁，脊柱骨折，直到2008年8月死亡时，他的癌症在他被囚禁的数月里从未获得诊断或医疗。（注86）自2007年10月开始，移民局共拘捕超过2900名非法劳工，但只有75名雇主及管理人员面临指控，比例仅占劳工的2％（注87）。

种族仇视日渐抬头。据美国之音报道，美国司法部2005年底公布的一份研究报告显示，美国每年发生的仇恨犯罪案件大约为19.1万起。（注88）美国联邦调查局2008年10月27日公布的报告显示，2007年全美共发生仇恨犯罪7624起，其中50.8％是基于种族歧视的犯罪，62.9％的袭击者是白人。（注89）据《芝加哥论坛报》11月23日报道，2000年美国有602个种族仇视组织，2008年上升到888个。《波士顿环球报》11月23日报道称，根据美国西北大学一位教授的研究，2002年至2007年，黑人男青年被谋杀的比例上升了33%。

五、关于妇女、儿童权利

美国妇女儿童状况令人担忧。美国女性人口占全美总人口的51%，但在目前第110届美国国会中，女议员有88名，其中参议员16名，占16%；众议员72名，占16.6%。截至2007年12月，在美国州一级行政办公室任职的女性有73人，占23.2%；在州议会中，女性占23.7%。截至2008年7月，在全美最大的100个城市中只有11名女市长（注90）。

基于性别的就业歧视相当严重。据美国就业机会均等委员会统计，2007年该委员会共收到基于性别方面的就业歧视的指控24826件，占30.1%（注91）。因为怀孕或者准备怀孕而受到雇主不公平待遇的妇女数量呈上升趋势。（注92）妇女的平均收入低于男性。据美人口普查局2008年8月公布的统计数字，美国全职女性2007年的收入为35102美元，男性为45113美元，女性收入为男性的78%（注93）。妇女失业率居高不下。到2008年11月，全美女性失业率为5.5%（注94）。

美国妇女饱受家庭暴力和性侵犯之害。据统计，去急诊室看病的妇女中有1/3是由于家庭暴力所致。妇女受性侵害严重。据报道，美国强奸发生率是世界上最高的，比英国高13倍，比日本高20倍。（注95）美国针对原住民妇女的性暴力十分普遍。据大赦国际采访的一些原住民妇女们说，她们不知道在她们居住区还有哪个女人没有经历过性暴力。（注96）据统计，2007年美国就业机会均等委员会共收到有关性骚扰方面的指控12510件，其中84%是女性提出来的指控。（注97）据《今日美国报》报道，2008年10月28日的一份研究报告显示，派驻阿富汗和伊拉克的美国女兵中，大约每7个前往老兵事务中心就医的人就有1人在服役时受到性侵害或性骚扰。在这些受侵害女兵中，半数以上患有创伤后精神障碍。（注98）

生活在贫困中的美国儿童越来越多。1/3以上的美国贫困人口是18岁以下的儿童。据统计，到2007年底，全美18%的18岁以下儿童生活在贫困中，高于2006年17.4%的比例，女性单亲家庭的儿童生活贫困的比率更是高达43%。（注99）根据“有工作的贫困家庭项目”组织2008年10月14日发表的报告，2006年，美国1/3儿童居住在低收入的工薪家庭中。纽约市生活在单亲家庭中的儿童，有41.6%处于贫困线以下。越来越多的美国儿童没有医疗保险。据统计，到2007年底，全美18岁以下儿童没有医疗保险的人数达810万人，占11%。

美国学生的状况堪忧。据美国教育部统计，2007年有逾22.3万名学生被体罚，在美国公立学校有20万学生在2006至2007学年挨过打，有13个州每年体罚1000多个学生。（注100）而据美国公民自由联盟和人权观察2008年8月19日联合发表的报告，体罚学生在美国21个州竟然是合法的。校园内酗酒、赌博、吸毒现象严重。1999到2005年间，有157名大学生死于酒精中毒，75万青少年嗜毒成瘾。2008年12月11日发表的由密歇根大学进行的少年吸毒调查报告显示，美国11%的八年级学生、24%的十年级学生、32%的十二年级学生在过去一年中吸过大麻，37%的十二年级学生在过去一年曾吸过毒品，而十年级和八年级的比例分别为27%和14%，比2007年有所增加。（注101）

儿童安全得不到保障。据美“保卫儿童基金”发表的2008年度报告，仅在2005年，就有3006名儿童和青少年被枪杀。另据美国休斯敦大学儿童、法律、政策研究中心的调查，美国每天有8名儿童和青少年死于枪击，这相当于每4天就发生一次弗吉尼亚校园枪杀案，每3个小时就有1名儿童死于枪击。（注102）据报道，美国每年有大约180万儿童失踪的报案，每年有超过300万儿童被报案在身体、性、言辞、情感方面受到伤害、受到忽视、被遗弃甚至死亡，（注103）每年大约1500名儿童死于虐待。（注104）青少年受性侵害现象严重。据报道，在18岁以前，有20%的儿童曾遭受过性虐待。（注105）据美国司法部2008年7月31日的消息，2006年，美国的少年犯管教机构共发生涉及青少年的性侵害案件4072起，相当于每千名在押少年犯就有17起性侵害案件。（注106）得克萨斯州多妻牧场的一些女孩，有的甚至只有12岁就被迫与中年男子结婚。（注107）联邦疾病防控中心研究发现，全美25％少女染性病，人数高达300万人。其中，非洲裔少女患病率最高，近半数染病，白人和拉美裔少女为20％。（注108）

美国是少数对未成年人处以与成年人一样刑罚的国家之一，也是世界上唯一可以判处儿童终身监禁而不能假释或释放的国家，目前全美有2381名这样的囚犯，（注109）其中，有73人在犯罪时年仅13至14岁。在这73人中，有49％的人是非洲裔美国人，且大多数来自贫困家庭，没有获得足够的法律援助。无论这些儿童未来矫治成效如何，他们都无权获得假释，只能老死在监狱中。（注110）联合国儿童权利委员会在2007年4月做出一般性意见，认为对未成年人判处死刑或者没有获释可能的终身监禁违反《儿童权利公约》第37条的规定。联合国人权事务委员会在2006年审议美国履约报告时认定，对未成年人判处没有获释可能的终身监禁违反了《公民权利和政治权利国际公约》第7条和第24条的规定。

法官的贪赃枉法把数以千计的无辜儿童送进监狱。据西班牙《起义报》2009年2月20日报道，美国宾夕法尼亚州有5000名所谓的儿童罪犯，但其中有2000人是因为两名法官的贪赃枉法而无辜入狱的。卢泽恩地方法院法官马克·恰瓦雷拉和迈克尔·科纳汉收受了建筑公司和私人监狱企业主高达260万美元的贿赂，将很多无辜儿童关进监狱，其中大部分儿童都没有机会请律师进行辩护。现年18岁的雅米内·奎因曾在14岁时只因为她和一个朋友吵架、互打了一记耳光而入狱一年。雅米内被带到了一家儿童看守所，后来又先后被转入几家监狱中心。在狱中，雅米内被迫服用一些药物以在监狱中保持“顺从”。雅米内只是成千上万无辜儿童中的一个。

美国非法使用童工现象严重。据美联社报道，2008年9月，衣阿华州一肉类加工厂被控9000多项非法雇佣童工并允许16岁以下的儿童处理危险器械。衣阿华司法办公室说，其中包括32名18岁以下的非法移民童工，7名16岁以下的儿童。（注111）

六、关于侵犯他国人权

美国侵犯他国主权、践踏他国人权的事情时有发生。伊拉克战争造成逾百万平民死亡、逾百万人无家可归以及巨大财产损失。美国的黑水公司和戴恩公司两家公司雇用了6000名私募警卫，伊拉克平民往往成为这些公司活动的受害者。根据2007年10月美国众议院一个监督小组发表的报告，黑水公司的雇员自2005年以来至少已涉及在伊境内196起枪击事件，平均每周1.4次。据报道，84％的事件都是黑水公司雇员首先开枪。美国还广布监狱，虐待被拘禁者。人权观察2008年4月27日称，截至2007年底，美国为首的多国部队在伊拉克拘留了24514人（注112），平均每人被关押300多天，被关押的所有伊拉克人都被剥夺了基本权利。（注113）另据人权观察2008年5月19日发表的报告，自2003年以来，美国在伊拉克拘禁了约2400名儿童，包括年龄小到10岁的儿童。美军还拘留了513名“对安全构成紧急威胁”的伊拉克儿童，被拘留的儿童遭受虐待。（注114）

美国对古巴进行长达近50年的经济、贸易和金融封锁。据古巴外长佩雷斯介绍，美国的封锁给古巴带来的直接经济损失超过930亿美元。每10个古巴人中就有7人从一出生起就经历这种封锁。（注115）2008年10月29日，第63届联大以185票支持，3票反对的压倒性多数第17次通过《必须终止美国对古巴的经济、商业和金融封锁》决议，要求美国立即结束对古巴的封锁。这反映了国际社会对美国违反国际法和《联合国宪章》，严重侵害古巴人民生存权和发展权的强烈不满。

美国是全球最大的军火销售国，其军售深刻加剧了世界各地的不稳定局势，严重侵害了他国人权。根据新美国基金会的报告，美国2007年军售高达320亿美元，比2001年至少增

长了3倍，武器销往全球的174个国家和地区。（注116）

美国不断爆出虐囚丑闻。《华盛顿邮报》2008年9月25日报道，美国国防部解密的一份内部备忘录显示，美国审讯人员对囚犯实施戳、推和打耳光的举动不需负刑事责任。据《华盛顿邮报》2008年4月22日报道，美国在关塔那摩监狱审讯嫌犯时使用酷刑，包括不让嫌犯睡觉、注射药物、严刑逼供。人权观察2008年2月6日发表报告称，在关塔那摩监狱的多个“营地”，270个被拘留者中有185个被关在类似“超最大限度”监狱的场所，他们被剥夺了获得公正审判程序的权利。他们被极端限制与他人接触，一天22小时在小囚室单独度过，仅有一点点或根本没有自然光和新鲜空气。（注117）据美联社报道，自2002年以来，20多个不到18岁的拘留者被带到关塔那摩监狱营地，遭受美军虐待。2008年6月，拘留时不到18岁的穆罕默德·贾瓦德描述了他在2004年5月被转到关塔那摩监狱时被剥夺睡觉的情形：他在14天里被转牢房112次，一个牢房待不到3小时，就被戴上镣铐转到另一个牢房，而且经常在半夜至凌晨2点之间转移，以便最大限度地打断睡眠。（注118）

美国消极对待国际人权公约和国际人权领域的义务。美国于31年前签署《经济、社会和文化权利国际公约》，于28年前签署《消除对妇女一切形式歧视公约》，于14年前签署《儿童权利公约》，但迄今均未批准这些公约。《残疾人权利公约》是联合国在新世纪保护残疾人权利方面取得的最重要成果，各国极为重视，迄今已有136个国家签署、41个国家批准了公约，但美国未签署该公约。美国在联合国和国际上拒不承诺促进和保护土著人权利，不承认土著人享有自决权、土地、自然资源等权利。2007年9月13日，第61届联大表决通过了《土著人民权利宣言》，143个国家赞成，美国是仅有的4个投反对票的国家之一。

美国在国际人权领域一贯顽固坚持双重标准，不履行国际人权义务。2007年，联合国移徙者人权问题特别报告员访问美国，原定访问得克萨斯州哈托和新泽西州蒙茅斯拘留中心，该访问计划事先得到美政府批准，但后来美国政府在没有给出满意解释的情况下取消了这两场活动。2008年，联合国移徙者人权问题特别报告员发表访美报告指出，美国每年拘留23万移徙者，是9年前的3倍多。美国驱逐程序中缺乏有关“非公民”的恰当程序，非公民没有能力质疑其拘留是否合法，是否时间过长。报告员指出：美国未能履行其国际义务，未能采取基于明确国际义务的全面协调的国家政策使生活在美国的3750多万移徙者的人权成为国家的优先事项。

美国向国外提供人道主义援助纪录与其世界头号富国地位极不相称。据西班牙一非营利性组织“发展援助研究机构”发表的报告，美国在向外国提供独立、公正、中立的人道主义援助方面是纪录最糟糕的国家之一。根据该报告，美向其他国家提供人道主义援助时往往与实现其军事或政治目标挂钩。

尊重和保障人权是人类社会文明与进步的重要标志。各国政府都有责任致力于改善自身的人权状况。长期以来，美国将自己凌驾于其他国家之上，年复一年地发表《国别人权报告》对其他国家的人权状况进行指责，对别国进行干涉和丑化，而对其自身存在的严重的人权问题置若罔闻、熟视无睹。这种自己住在玻璃房里还向别人扔石头的做法，充分暴露了美国在人权问题上的双重标准和虚伪本质，损害了美国自身的国际形象。我们奉劝美国政府改弦易辙，正视自身的人权问题，停止在人权问题上搞双重标准的错误做法。

注释：

①《华盛顿时报》，2008年6月10日。

②《世界日报》，2008年9月16日。

③《华盛顿邮报》，2008年9月16日。

④《华盛顿时报》，2008年6月10日。

⑤《华盛顿邮报》，2008年9月16日。

⑥ Criminal Victimization 2007，U. S. Department of Justice，in：http：//www. ojp. usdoj. gov.

⑦ Crime down in U. S. and Phila：but the decline in violent crime here still left the city with the highest numbers among the 10 biggest cities，in：http：//www. lexisnexis. com.

⑧《华盛顿邮报》，2008 年 9 月 16 日。

⑨《侨报》，2008 年 10 月 16 日。

⑩ 合众国际社，2008 年 10 月 3 日。

⑪ In：http：//www. usqiaobao. com.

⑫《侨报》，2008 年 10 月 16 日。

⑬《纽约时报》，2008 年 8 月 29 日。

⑭ 合众国际社，2008 年 10 月 3 日。

⑮《芝加哥论坛报》，2008 年 4 月 2 日。

⑯ 美联社，2008 年 3 月 27 日。

⑰《芝加哥论坛报》，2008 年 4 月 21 日。

⑱《巴尔的摩太阳报》，2008 年 12 月 2 日。

⑲ Other recent mass slayings in social，in：http：//www. nbclosangeles. com.

⑳《华盛顿邮报》，2008 年 4 月 4 日。

㉑《华盛顿邮报》，2008 年 8 月 1 日。

㉒《芝加哥论坛报》，2008 年 6 月 23 日。

㉓《芝加哥论坛报》，2008 年 6 月 25 日。

㉔《纽约时报》，2008 年 12 月 10 日。

㉕《纽约时报》，2008 年 12 月 1 日。

㉖ 合众国际社，2008 年 12 月 11 日。

㉗ 英国《卫报》，2008 年 3 月 1 日。

㉘《纽约时报》，2008 年 4 月 23 日。

㉙ Prison over crowding blamed for health woes，in：http：//www. sfgate. com.

㉚《华盛顿邮报》，2008 年 7 月 25 日。

㉛ 美国 CNN 网站，2008 年 7 月 22 日。

㉜《华盛顿邮报》，2008 年 9 月 23 日。

㉝ Number of state prisoner deaths，by cause of death，2001-2006，in：http：//www. ojp. usdoj. gov.

㉞ Jails bulging with people with mental illnesses，the homeless and people detained for immigration offenses；costing counties billions，in：http：//www. justicepolicy. org.

㉟《纽约时报》，2008 年 4 月 9 日。

㊱《华盛顿邮报》，2008 年 9 月 29 日。

㊲ 路透社，2008 年 8 月 27 日。

㊳《华盛顿邮报》，2008 年 7 月 14 日。

㊴ 路透社，2008 年 12 月 3 日。

㊵《2008 年纽约市饥饿经历报告更新版》。

㊶ Survey shows impact of hunger crisis，in：http：//www. nyccah. org.

㊷《侨报》，2008 年 11 月 14 日。

㊸《纽约时报》，2008 年 7 月 30 日。

㊹《世界日报》，2008 年 10 月 22 日。

㊺ Advocacy Groups Fear New Wave of Homeless，in：http：//ipsnews. net.

㊻《华盛顿邮报》，2008 年 12 月 13 日。

㊼《纽约时报》2009 年 1 月 10 日。

㊽ Employment Summary，in：http：//data. bls. gov.

㊾ 法新社，2008 年 12 月 10 日。

㊿《华盛顿时报》，2008 年 7 月 8 日。

(51)《侨报》，2008 年 12 月 10 日。

(52)《世界日报》，2008 年 7 月 24 日。

(53) In：http：//news. bbc. co. uk/chinese/simp/hi/newsid-7600000.

(54)《侨报》，2008 年 12 月 23 日。

(55)《侨报》，2008 年 10 月 8 日。

(56)《侨报》，2008 年 11 月 25 日。

(57)《侨报》，2008 年 7 月 17 日。

(58)《纽约时报》，2008 年 12 月 3 日。

(59)《纽约时报》，2008 年 2 月 22 日。

(60)《纽约时报》，2008 年 8 月 27 日。

(61)《侨报》，2008 年 12 月 12 日。

(62) WHO global drug survey finds high rates of cocaine，marijuana use in U. S.，in：http：//www. thebostonchannel. com.

(63)《华盛顿邮报》，2008 年 6 月 2 日。

(64)《基督教科学箴言报》，2008 年 1 月 4 日。

(65) 1 in 5 adults has personality disorder，in：http：//www. archgenpsychiatyr. com.

(66) Income，Poverty，and Health Insurance Coverage in the United States：2007，Issued by the U. S. Census Bureau in August 2008，in：http：//www. census. gov.

(67)《世界日报》，2008 年 10 月 14 日。

(68)《侨报》，2008 年 12 月 4 日。

(69)《纽约时报》，2008 年 8 月 28 日。

(70) Hot docs：AIDS inAmerica，criminalizing HIV，obama's national security team，in：http：//www. usnews. com.

(71) The Employment Situation：November 2008，issued by the U. S. Department of Labor，in：http：//www. bls. gov.

(72) Charge Statistics FY 1997 Through FY 2007，in：http：//www. eeoc. gov.

(73) Black worker hits ABC in racism suit，in：http：//www. nydailynews. com.

(74)《侨报》，2008 年 12 月 8 日。

(75) US：End Beating of Children in Public Schools，in：http：//www. nrw. org.

(76) 路透社亚特兰大，2009 年 1 月 14 日。

(77) US：Uphold Treaty Against Racial Discrimination，in：http：//www. hrw. org.

(78) The United States Was Not Forthcoming and Accurate in its Presentation to CERD，in：http：//www. hrw. org.

(79) US：“Drug War” Unjust to African Americans，in：

http：// www. hrw. org.

⑳ National Urban League urges U. S. Justice Department to prosecute acquitted office rsin Sean Bell shooting case，in：http：//www. nul. org.

㉑《侨报》，2008 年 10 月 21 日。

㉒《明报》，2008 年 7 月 3 日。

㉓ 美联社，2009 年 2 月 13 日。

㉔《纽约时报》，2008 年 8 月 12 日。

㉕ US：protect health of immigration，in：http：// www. hrw. org/en/news.

㉖《侨报》，2008 年 8 月 17 日。

㉗《纽约时报》，2008 年 7 月 1 日。

㉘ 美国之音中文网，2008 年 11 月 7 日。

㉙ FBI releases 2007 hate crime statistics，in：http：//www. fbi. gov.

㉚ Women serving in the 110th congress 2007-09. Center forAmerica Women and Politics，in：http：// www. cawp. rutgers. edu.

㉛ Charge statistics FY 1997 Through FY 2007，in：http：//eeoc. gov.

㉜ Mom-to-be claim work bias，in：http：//www. nydailynews. com.

㉝ Current population survey，in：http：//www. census. gov.

㉞ The employment situation：November 2008. issued by the U. S. Department of Labor on December 5，2008，in：http：//www. bls. gov.

㉟ Occurrence of rape，in：http：//www. sa. rochester. edu/masa/stats. php.

㊱ Maze of injustice：the failure to protect indigenous women from sexual violence in the USA，in：http：// www. amnestyusa. org.

㊲ Sexual harassment charges EEOC & FEPA s Combined：FY1997-FY2007，in：http：//www. eeoc. gov.

㊳ 15 % of female veterans tell of sexual trauma，more than half of them experience stress disorder，in：http：// global. factiva. com.

㊴ Income，Poverty，and Health Insurance Coverage in the United States：2007. issued by theU. S. census bureau in august 2008，in：http：//www. census. gov

⑩ US：end beating of children in public schools，in：http：//www. hrw. org.

⑩《侨报》，2008 年 12 月 12 日。

⑩ Children and teen firearm deaths increase for first time since 1994，in：http：//www. children and the lawblog. com.

⑩ Facts you should know about violence against children，in：http：//www. loveourchildrenusa. org.

⑩ Abuse more a risk in non-traditional families，in：http：//usatoday. com.

⑩ Facts you should know about violence against children，in：http：//www. loveourchildrenusa. org.

⑩ In 2005 and 2006 more than 4，000 allegations of sexual violence were reported in juvenile facilities，in：http：// www. ojp. usdoj. gov/bjs.

⑩《侨报》，2008 年 9 月 23 日。

⑩《星岛日报》，2008 年 3 月 12 日。

⑩ The United States was not forthcoming and accurate in its presentation to CERD，in：http：//www. hrw. org.

⑩ 美“公正司法倡议”（Equal Justice Initiztive）组织统计。In：http：//eji. org.

⑪ 美联社，2008 年 9 月 10 日。

⑪ UN：tell us to end illegal detention practices in-Iraq，in：http：//www. hrw. org.

⑪ America's Iraqi prisoners，in：http：//www. hrw. org.

⑪ US：Respect rights of child detainees in Iraq，in：http：//www. hrw. org.

⑪ Overwhelming International Rejection of US Blockade of Cuba at UN，in：www. cubanews. ain. cu.

⑪ Study：US arms sales undermine global human rights，in：http：//sfgate. com.

⑪ New report finds treatment of detainees unnecessarily harsh，in：http：//www. hrw. org.

⑪ The war on teenterror，in：http：//www. hrw. org. B .

2009年美国的人权纪录

中华人民共和国国务院新闻办公室

（2010年3月12日）

2010年3月11日，美国国务院发表《2009年国别人权报告》，再次以“世界人权法官”自居，对包括中国在内的世界190多个国家和地区的人权状况进行指责，而对自身十分糟糕的人权纪录熟视无睹、回避掩饰。为了让世界人民了解真实的美国人权状况，我们发表《2009年美国的人权纪录》。

一、关于生命、财产和人身安全

美国社会暴力犯罪严重，公民的生命、财产和人身安全缺乏应有的保障。美国司法部2009年9月的报告显示，美国12岁以上公民2008年共经历490万起暴力犯罪，1630万起财产犯罪，13.7万起个人盗窃犯罪，其中暴力犯罪的发生率为每千人19.3起。（注1）除交通肇事外，2008年，美国共逮捕了1400多万名犯罪分子，其中每10万人有198.2人因暴力犯罪被捕。（注2）2009年，费城共发生了35起家庭凶杀案，比2008年同比增长67％。（注3）纽约市有记录的谋杀案为461起，平均10万人中的犯罪案为1151起。得克萨斯州的圣安东尼奥市平均10万人中的犯罪案为2538起，被认为是美国25座大城市中最危险的城市。（注4）2008年，人口低于10000人的城镇谋杀案上升了5.5％。（注5）美国每年发生在城市的谋杀案达15000起，主要集中在比较贫困的社区。（注6）

美国私人拥有枪支数量居世界第一。美国联邦调查局及酒、烟和火器局统计显示，美国3.09亿人口拥有近2.5亿支枪，大部分拥有枪支的人都有1支以上的枪。美国人每年购买70亿发子弹，2008年上升到90亿发。（注7）美国法律允许飞机乘客经过申报后携带未装弹药的武器。

在美国，每年约有3万人死于各类枪击事件。（注8）美国联邦调查局的报告显示，2008年，美国共有14180人死于枪杀案。（注9）罪犯在谋杀案、抢劫案和恶性攻击案中使用枪支等武器的分别占66.9％、43.5％和21.4％。（注10）《今日美国报》报道，2009年3月11日，麦克林顿在亚拉巴马州的两个镇杀害包括家属在内的10人后自杀。（注11）3月29日，罗伯特·斯图尔特在北卡罗来纳州穆尔县一所高级疗养院枪杀8人、打伤3人。4月3日，在纽约州宾厄姆顿市一家移民服务中心，42岁的王林发向正在上英语课的师生开枪射击，造成13人死亡，4人受伤。（注12）2009年，不断发生的袭警事件令人震惊。3月21日，加利福尼亚州奥克兰市一名26岁失业男子担心入狱，枪杀4名警员后被警方击毙。（注13）4月4日，波普瓦夫斯基在宾夕法尼亚州匹兹堡市开枪杀害3名警察。11月29日，减刑获释的莫里斯·克莱蒙斯在华盛顿州帕克兰一家咖啡馆枪击4名警察。（注14）

枪击案蔓延到学校且不断升级，校园成为暴力犯罪的重灾区。美国传统基金会的报告表明，2007至2008学年，华盛顿特区11.3％的高中生曾在校园中经历过枪支等武器的威胁；华盛顿特区公校因遭遇暴力犯罪事件拨打急救电话900多次（注15）；新泽西州公校发生17666起暴力事件。（注16）纽约市立大学5所学院2006至2007年间发生恶性犯罪案件达107起。（注17）

二、关于公民权利和政治权利

美国政府限制、侵犯公民权利和政治权利的情况相当严重。美国警察施暴严重。据《芝加哥保卫者报》2009年7月8日报道，纽约市有315名警察因在执法过程中滥施暴力而受内部监管计划的监督。2007年，受监督的警察只有210人。过去两年来，纽约警察局因招致过多民众不满而接受内部审查的警察人数上升了50％。纽约警察局2009年11月17日的报告显示，纽约市警察2007年发射588发子弹，造成10人死亡；2008年发射354发子弹，造成13人死亡。（注18）2009年9月3日，4名警察用警棍、泰瑟枪殴打圣何塞州立大学学生胡方10次以上。（注19）9月22日，一名中国留学生在俄勒冈州尤金市遭一名警员无故殴打。（注20）据大赦国际统计，2009年1至10月，美国警方过度使用泰瑟枪导致45人死亡，死亡者中最小年龄15岁。从2001年到2009年10月，有389人因警方使用泰瑟枪致死。（注21）

美国执法人员滥用职权。2009年7月，联邦调查局调查了首都华盛顿地区4名连续几年从当地毒贩开设的赌场收取保护费的警察。（注22）9月，芝加哥一名休班警察以巴士司机妨碍其自行车道为由对其进行殴打。（注23）同月，芝加哥警察局特别行动组4名前警察被指控以执行公务为名，用多种方式敲诈勒索犯罪嫌疑人近50万美元，并多次行贿上级主管。（注24）11月，乔治王子县一警察局前局长因私自贩卖缴获的盗窃枪支而被控有罪。（注25）在美国大城市，每年有100多万行人在街上被警察叫住盘查、询问、搜身和搜包，这个数字比几年前增长了很多。（注26）

美国监狱人满为患。据美国司法部2009年12月8日报告，到2008年底，美国共有730万人被关押在监狱、看守所或处于缓刑或假释中，比2007年上涨了0.5％。（注27）其中，230万人在监狱服刑，即每198位美国人中就有1人在服刑。从2000至2008年，美国监狱人数平均每年上涨1.8％。（注28）由于加州监狱人满为患的压力和越来越差的财政状况，加利福尼亚州政府拟将上万名非法移民送往墨西哥的监狱。（注29）

囚犯基本权利得不到保障。狱警强暴囚犯的现象普遍存在。美国司法部指出，在93家联邦监狱中，监狱工作人员对罪犯进行性侵犯的事件在过去8年中增加了一倍。在被指控对囚犯进行性虐待的90名监狱工作人员中，有40％的人还被判犯有其他罪行。（注30）据《纽约时报》2009年6月24日报道，通过对63000多名州和联邦监狱囚犯的调查显示，4.5％的囚犯在过去12个月内至少遭受一次性虐待，估计美国至少发生6万起针对囚犯的强暴案。（注31）

监狱管理混乱，疾病蔓延。美国司法部的报告显示，2008年底，美国联邦和各州立监狱中共有20231名男性犯人和1913名女性犯人为艾滋病毒携带者，分别占男女囚犯的1.5％和1.9％。（注32）2007至2008年，加利福尼亚州监狱犯人的艾滋病毒携带者增加了246人，密苏里州增加了169人，佛罗里达州增加了166人。2007年，联邦和各州立监狱共有130多名犯人因艾滋病死亡。（注33）人权观察2009年3月的一份报告指出，纽约州监狱艾滋病毒携带者的人数大大多于其他大部分州，这些人无法得到相应治疗，甚至被分别关押，拒绝提供任何治疗。（注34）

美国一方面在世界上极力兜售“言论自由”、“新闻自由”、“互联网自由”，另一方面却完全按照美国自己的利益和需要，不择手段地监控、限制公民的自由权利。美国公民接受、传播信息的自由受到严格监控。据报道，美国国家安全局早在2001年就在国内安装专门的窃听设备，监听电话、传真和电子邮件，收集国内的通讯信息。这一项目起初只是针对阿拉伯裔美国人，后来逐渐扩大到其他普通公民。在美国的密苏里州的圣何塞、圣地亚哥、西雅图、洛杉矶、芝加哥等地安装的监听设备超过25台。近日，美国国家安全局正耗资15亿美元在犹他州威廉姆斯营建立一个百万平方英尺的数据库，在圣安东尼奥建设另一个海量数据库，作为其新成立的网络司令部的重要组成部分。一位名叫诺基奥的人因拒绝加入该计划而被指控犯有19项内幕交易罪并被判处6年徒刑。（注35）

“9·11”事件后，美国政府打着反恐的旗号，授权情报系统侵入公民的邮件通讯，并通过技术手段全面监控和强制删除网络中威胁美国国家利益的信息。根据美国《爱国者法案》，警察机关有权搜索电话、电子邮件通讯、医疗、财务和其他种类的记录；加强了警察和移民管理单位拘留、驱逐被怀疑与恐怖主义有关的外籍人士的权力。该法案延伸了恐怖主义的定义，扩大了警察机关可管辖的范围。2008 年 7 月 9 日，美国参议院通过的新版窃听法案，给予参与窃听项目的电信公司法律豁免权，同时允许美国政府以反恐为由在未经法庭批准的情况下，可以对通信一方在美国境外的国际间通讯进行窃听。（注 36）据统计，美国联邦调查局在 2002 至 2006 年间，通过邮件、便条和电话等渠道，窃取数千份美国公民的通讯记录。2009 年 9 月，美国设立了负责互联网安全的监管部门，更加重了美国公民对政府会以维护互联网安全为由对私人系统进行干涉和监管的忧虑。美国一位政府官员在 2009 年 4 月接受《纽约时报》采访时承认，美国国家安全局近月来拦截和监听美国公民电子邮件和电话的行为已超越美国国会 2008 年设下的限制范围。除此之外，他们还秘密监听别国政治人物、国际组织官员、知名记者等的电话。（注 37）美国军方也参与实施监控。据美国有线新闻网报道，总部设在弗吉尼亚州的美国军方网络风险评估机构，负责监控官方和非官方的个人博客、官方文件、私人联系信息、武器照片、军营入口以及其他“可能威胁国家安全”的网站。

美国所谓的“新闻自由”，实际上完全服从于美国利益，是美国政府操控下的“自由”。据报道，美国政府和五角大楼曾有意安插一批退伍军官，在美国各大广播电视媒体担任评论员，以“军事专家”的身份，对伊拉克战争和阿富汗战争给出“积极评价”和分析，试图引导舆论，美化战争，让公众认同其“反恐”理念，从而获取支持。（注 38）2009 年底，美国国会通过一项法案，以传播反美内容、煽动暴力为由，对中东地区数家阿拉伯卫星电视频道进行制裁。（注 39）2009 年 9 月，在美国匹兹堡召开 20 国集团领导人会议时，反资本主义抗议者使用“推特”和手机短信组织群众集会，与警方发生几次冲突。41 岁的艾略特·麦迪逊随后被控通过网络帮助抗议者逃避逮捕，警方还搜查了他的住所。（注 40）宾夕法尼亚州美国公民自由联盟负责人维克·瓦尔扎克称，如果同样的事情发生在别的国家，就会被称为侵犯人权，但在美国，却被称为必要的预防犯罪措施。

三、关于经济、社会和文化权利

美国的贫困、失业、无家可归者等问题严重，劳动者的经济、社会、文化权利得不到保障。美国失业率创 26 年新高。受金融危机的影响，美国破产企业和个人数量不断上升。美联社 2009 年 4 月报道，过去 12 个月内美国申请破产保护的企业和个人总数近 120 万。过去一年中，每 1000 个美国人中就有 4 人申请破产，破产率是 2006 年的两倍。（注 41）到 2009 年 12 月 4 日，受金融危机影响，美国共有 130 家银行被迫关闭。（注 42）据美国劳工部 11 月 6 日公布的数据，美国 2009 年 10 月失业率达 10.2 %，有 1600 万人找不到工作，创 1983 年以来最高纪录。（注 43）失业超过半年的有 560 万人，占失业人数的 35.6 %。（注 44）9 月，年轻人的失业率高达 25 %，失业人数约为 160 万，是 1948 年有记录以来的最高水平。（注 45）2009 年 3 月 7 日结束的一周里，美国有 547 万人继续领取失业津贴，高于前一周的 529 万人。（注 46）

贫困人口创 11 年新高。《华盛顿邮报》2009 年 9 月 10 日报道，2008 年底，美国贫困人口达 3980 万人，比 2007 年增加 260 万人，占美国人口的 13.2 %，贫困率是 1998 年以来最高的一年。18 至 64 岁贫困人口上升到 2210 万，比 2007 年增加 17 万人。陷入贫困的家庭占 10.3 %，达 810 万个。（注 47）《纽约时报》2009 年 9 月 29 日报道，2008 年，纽约市贫困率为 18.2 %，近 28 % 的布朗克斯区居民生活在贫困中。（注 48）2008 年 8 月至 2009 年 8 月，超过 9 万户加州贫困家庭被断电断气。密歇根州一名 93 岁的老翁也因断电断气冻死在家中。（注 49）贫困导致美国自杀人数激增。据报道，美国每年约发生 3.2 万起自杀事件，几乎是 1.8 万起谋杀案的两倍。（注 50）洛杉矶验尸官办公室的官员称，由于经济危机导致许多家庭无法负担丧葬费用。2008 年，洛杉矶县

有712具尸体无人认领，比上年增加36％。（注51）

挨饿人口居14年来最高。美国农业部2009年11月16日报告称，2008年，美国有14.6％即1700万个家庭的4910万人在挨饿，比2007年的11.1％即1300万个家庭增加了31％，创1995年开始此项统计以来的最高纪录。（注52）对食物没有安全感的人从2007年的470万上升到2008年的670万。（注53）约15％的家庭还在为温饱而奋斗。（注54）据统计，2009年8月，美国有3650万人领取食物券，占总人口1/8，比2008年增加了710万。但只有2/3符合申请资格的人获得了食物券。（注55）

劳动者权利受到严重侵害。《纽约时报》2009年9月2日报道，根据纽约、洛杉矶和芝加哥学者一项针对4387名低收入工人的调查发现，68％被调查的低收入者被克扣工资。在被迫加班的工人中有76％的人未得到相应的加班报酬，57％被调查者的工资收入没有依法足付证明。仅有8％因公负伤的人要求赔偿。26％的被调查者的工资收入低于全国最低工资标准。在抱怨工资收入及待遇问题的工人当中，43％的工人有被打击报复或被辞退的经历。（注56）《今日美国报》2009年7月20日报道，2007年，美国在工作场所死亡的人数为5657人，每天约有17人在工作中死亡，纽约州每年约有20万人在工作场所受伤或得病。（注57）

没有医疗保险的人数连续8年增加。根据美国人口普查局2009年9月10日公布的数据，2008年，美国有4630万人无法获得医疗保险，占总人口比例的15.4％，比2007年的4570万人增加约60万人，是连续第8年增加。其中，18至64岁无医疗保险的人数从2007年的19.6％增加到2008年的20.3％。（注58）联邦基金的调查显示，2007至2009年，美国31个州18至64岁的成年人医疗保险范围缩小。（注59）成年人无医疗保险人口比率极高的州由1999年的2个增加到2009年的9个。得克萨斯州平均每4人中就有1人无医疗保险，居美国之首。（注60）休斯顿40.1％的居民无医疗保险。（注61）据统计，2008年，有2266名65岁以下的退伍军人因缺乏医疗保险或医疗服务而死亡，全国因无医疗保险死亡的退伍军人比在阿富汗战场上阵亡人数高出14倍。（注62）消费者联盟的一项调查显示，过去一年，34％的年收入5万美元以下家庭和21％的年收入10万美元以上家庭医疗保险丧失或遭到削减；2/3年收入5万美元以下的家庭和1/3年收入10万美元以上的家庭削减了医疗支出。28％的人生病不去就医；25％的人无法支付医疗或药品的费用；22％的人拖延实施医疗程序；20％的人有处方不买药或不做医疗检查；15％的人服用过期药物或为了省钱而不遵医嘱按时服药。（注63）经济合作与发展组织2009年12月8日发布报告称，2007年美国人均寿命仅为78.1岁，在经合组织成员国中居倒数第四位，而该年经合组织成员国的人均寿命为79.1岁。（注64）

无家可归者激增。据统计，截至2008年9月，美国有160万人住进收容所，全家都在收容所的人数从2007年的47.3万增加到2008年的51.7万。（注65）2009年以来，芝加哥地区六个县的无家可归者有所增加，其中麦克亨利县增加最多，比去年增长了125％，这些家庭只能住在棚车等简易场所。（注66）2009年3月，加州州府萨克拉门托市形成了一个帐篷城，数百名无家可归者聚集在此。南加州的圣莫尼卡市不惜动用武力定期将无家可归者驱逐到市外。（注67）10月，底特律市的几千名无家可归者因担心领不到政府的住房补助而大打出手。（注68）12月，纽约市收容所有6975名无家可归的单身成人，这个数字不包括短期住所里的30698人、军队老兵和长期无家可归者。（注69）《休斯顿纪事报》2009年3月16日报道，2008年9月，加尔维斯顿大量房屋在艾克飓风中损毁，有数千灾民无法重返家园，约1700户家庭未得到救助，大都居无定所。（注70）

四、关于种族歧视

种族歧视至今仍是美国社会的一大痼疾。黑人和其他少数族裔是最贫困的美国人。据美国人口普查局公布的报告，2008年美国中等收入水平的家庭平均年收入50303美元，其中白人为55530美元，而拉美裔则为37913美元，相当于白人的68％；黑人仅为34218美元，相当于白人的61.6%。在同等学力和技能下，少数族裔的平均收入仅为多数族裔收入的60%～80%。（注71）据美国人口普查局发布的报告，2008年美国白人的贫困率为8.6%，而黑人、拉美裔人的贫困率分别为24.7%、23.2%，接近白人的3倍（注72），还有1/4的印第安人生活在贫困之中。2008年没有医疗保险的拉美裔人达30.7%，黑人为19.1%，而白人为14.5%。（注73）根据美国住房和城市发展部的报告，截至2008年9月的财政年度内，在该部收到的10552起涉及住房投诉案中，种族歧视占35%。（注74）美国联邦疾病控制和预防中心的报告显示，非洲裔美国人只占美国人口的12%，却每年占美国新增艾滋病病毒感染者和因艾滋病死亡者的近一半。（注75）

对少数民族的就业和职业歧视严重。在美国的失业大军中，少数族裔失业者首当其冲。据报道，2009年10月，美国平均失业率为10.2%，其中，黑人失业率上升到15.7%，西班牙裔人失业率上升到13.1%，而白人失业率为9.5%。（注76）16至24岁的黑人失业率达34.5%，超过美国平均失业率的3倍，创历史最高。有些城市的黑人失业率达到20%（注77），有的印第安人部落失业率高达80%。（注78）据美国劳工统计局的统计，2009年，25岁以上的黑人男性大学毕业生的失业率是8.4%，接近白人男性大学毕业生失业率4.4%的2倍。（注79）据统计，2008年美国95000件职业歧视案中，近1/3为种族歧视案。（注80）据美国平等就业委员会称，已连续接到5起关于休斯顿一家石油天然气公司存在种族歧视行为的投诉。（注81）据报道，截至2009年5月底，黑人和西班牙裔人口各占纽约市人口的27%，但是由于纽约市消防部门不公正地排除有色人种担任消防队员，黑人消防队员仅占3%，西班牙裔消防队员占6%。（注82）

少数民族在受教育方面受到歧视。据美国人口普查局的报告，33%的白人拥有大学学历，但黑人只有20%，拉美裔人只有13%。（注83）据报道，2003至2008年间，在向法学院递交申请的学生中，61%的非洲裔和46%的墨西哥裔学生遭到拒绝，而只有34%的白人学生遭到拒绝。（注84）非洲裔儿童仅占美国公立学校在校生的17%，但是被开除的数量却占被开除总数的32%。据北卡罗来纳大学和密歇根州立大学关于美国黑人少年对种族歧视看法的研究报告，大部分黑人少年认为自己是种族歧视的受害者。（注85）另据一项对休斯顿、洛杉矶和伯明翰5000名儿童的调查显示，20%的黑人儿童认为自己遭遇歧视，拉美裔儿童为15%。研究显示，种族歧视是导致少数族裔儿童精神疾病的重要原因。拉美裔儿童有抑郁症状的数量是其他族裔儿童的3倍，黑人儿童是其他族裔儿童的2倍。（注86）

执法和司法领域的种族歧视非常明显。据美国司法部统计，截至2008年底，美国每10万黑人中有3161名男子和149名妇女被关押在监狱里。（注87）有25个州非洲裔青年被判处无假释终身监禁的比例是白人青年的10倍，在加利福尼亚州达18倍。在美国各大城市，每年有超过100万行人在大街上被警察叫住盘查，近九成是少数族裔男子，其中五成为非洲裔人，三成为拉丁裔人，而被检查的白人只有一成。（注88）纽约市警察局发布的报告显示，2008年纽约市警察针对黑人和拉美裔人开枪的比例分别为75%和22%，而针对白人开枪的比例则为3%。（注89）据人权观察发布的报告，1980至2007年，美国全国范围内黑人因毒品犯罪而被拘捕的比例是白人的2.8到5.5倍。（注90）

“9·11”事件以来，对穆斯林的歧视加剧。一家研究中心发布的一项联合调查显示，58%的美国人认为穆斯林遭受到“很大的”歧视。18至29岁的年轻人中有73%的人认为穆斯林是最受歧视的群体。（注91）

移民境遇悲惨。据大赦国际美国分会发表的报告，美国每年拘留30多万非法移民，平均每天在押的移民超过3万人。（注92）同时，每年有数以百计的合法移民被拘禁、拒绝入境甚至押送出境。（注93）据“宪法项目”研究小组和人权观察联合发布的一份报告，从1999至2008年，有140万名被拘留的移民被转移，原在洛杉矶和费城生活多年的上万名移民被强行移送到遥远的得克萨斯州或路易斯安那州移民监狱。（注94）纽约市律师协会2008年10月接到关押在曼哈顿瓦里克拘留所100名男性移民的求援信，描述了拘留所的拥挤、肮脏、缺医少药、挨饿、每天做工只有1美元报酬的境遇。（注95）一些哺乳期的母亲被关押后因为被拒绝提供吸奶器，导致伤风、乳腺炎和丧失哺乳能力。（注96）2003年10月以来在移民与海关执法局关押中死亡的移民达104人。（注97）

种族仇恨犯罪频发。美国联邦调查局2009年11月23日公布的仇恨犯罪统计显示，2008年，美国共发生仇恨犯罪7783起，其中51.3%是基于种族歧视，19.5%基于宗教偏见，11.5%基于国别歧视。（注98）在种族仇视案件中，70%以上是针对黑人的。2008年，针对黑人的暴力犯罪达每千人26人，针对白人的数字是每千人18人。（注99）2009年6月10日，白人至上主义者和新纳粹分子布伦在华盛顿纳粹大屠杀遇难者纪念馆枪杀黑人保安约翰斯，打伤2人。（注100）据美国南方贫困问题法律中心公布的报告，纽约州萨福克县种族不容忍和民族仇恨的氛围造成过去10年间发生很多起白人攻击拉美裔移民事件。（注101）

五、关于妇女、儿童权利

美国妇女儿童生存状况每况愈下，妇女儿童的权利得不到应有的保障。妇女不享有与男子平等的社会政治地位。美国女性人口占总人口的51%，但是在目前第111届美国国会中，男议员有441名，女议员只有92名，占17%，其中参议员17名，众议员75名。（注102）一项研究表明，少数族群和妇女很少能在美国的大型慈善机构和非营利机构中身居要职，妇女仅占非营利机构首席执行官总人数的18.8%，在世界500强企业中只占3%。在美国400个最大的慈善机构中，所有文化组织、医院、公共事务团体、犹太人联盟或其他宗教组织中没有一个是由妇女领导的。（注103）

妇女就业难、收入低、生活贫困。据美国平等就业委员会统计，2008年该委员会共收到就业方面的指控95402件，比上年提高了15%，其中基于性别方面就业歧视的指控继续占很高比例。（注104）美国人口普查局2009年9月公布，美国全职妇女2008年的年均收入为35745美元，全职男子的年均收入为46367美元，女性收入为男性的77%，低于2007年的78%。（注105）据美联社报道，一名已在沃尔玛工作10年的女药剂师因为要求获得与男同事相同的薪酬于2004年被解雇。（注106）到2008年底，有420万个单亲女性家庭生活贫困，比率达28.7%。（注107）美国有6400万工作年龄的妇女没有医疗保险或医疗保险额太少、支付账单有困难或欠交医疗费甚至放弃治疗，占工作年龄妇女总数的70%。（注108）

妇女频遭暴力和性侵害。据报道，美国强奸发生率比英国高13倍，比日本高20倍，居世界最高。（注109）2009年3月，圣迭戈地区连续发生5起尾随妇女入室抢劫并且对受害人施以性侵害的案件。（注110）据美国国防部发布的一份研究报告，截至2008年财政年度，美军方共接到2900多起军队内部强奸和其他性侵犯案件，比上一年增加9%，而这些案件中只有292起案件被提交到军事法庭。报道称，此类案件的实际数字可能是举报数字的5到10倍。（注111）据路透社报道，根据对40个服役美国女兵的深度采访，其中10人被强奸，5人被性侵犯，还有13人被猥亵。（注112）

美国儿童饥寒交迫。据美国农业部公布的报告，2008年，占美国儿童总数1/4的1670万儿童得不到足够食物。（注113）美国食物救济机构“喂养美国”公布的一份报告称，美国有350万名5岁以下儿童经常挨饿或营养不良，占儿童总数的17%以上，其中有11个州挨饿儿童比例超过20%，路易斯安那州达到24.2%。（注114）美国贫困人口中18岁以下的儿童占1/3以上。据美国人口普查局公布的数据，到2008年底，美国15.7%的18岁以下儿童生活在贫困中，人数从2007年的1330万上升到1410万。（注115）据报道，2005至2006年间，美国每年有150多万儿童无家可归，每50名儿童中就有一人无家可归。在无家可归的儿童中，42%不到6岁，大多数是非洲裔和印第安人。（注116）2008年美国有近1/10的儿童得不到医疗健康保险。据报道，2008年，美国有730万儿童没有医疗保险；占美国儿童的9.9％，内华达州有20.2％的儿童没有保险。（注117）2009年8月13日，加州风险管理医疗保险委员会投票通过决议，从2009年10月起终止6万多名贫困家庭儿童的“健康家庭”医疗保险；到2010年6月底前，将取消67万名贫困家庭儿童的“健康家庭”医疗保险。（注118）霍普金斯医学院儿童中心的一项研究表明，过去20年来，由于缺乏医疗保险，导致约1.7万名美国儿童死亡。（注119）美国疾病控制与预防中心说，自2009年4月甲型H1N1流感爆发至10月间，美国约800万名18岁以下的儿童染病，其中540人死亡。（注120）

儿童生活在暴力和恐惧中。据报道，2008年，美国共有1494名18岁以下的儿童被杀。（注121）纽约市卫生局2009年6月16日公布的一份报告显示，2001至2007年间，美国1至12岁儿童死亡率为10万分之20，其中谋杀死亡率为10万分之1.3。（注122）美国司法部2008年1至5月的一项对4549名17岁以下儿童的调查表明，60％以上的美国儿童在过去一年中直接或间接遭受暴力侵犯，近一半被调查儿童至少受过一次攻击，约6％的儿童受到性侵犯，13％的儿童挨过打。（注123）2002年以来，得克萨斯州至少有1227名儿童因受虐待或照顾不周而死亡。（注124）据美国研究机构和公共卫生媒体的研究报告显示，美国每年有1/3离家出走或者被赶出家门的孩子靠出卖肉体换取食物、药品和居所。司法系统不再把她们当作年幼的受害者，而是把她们当作青少年罪犯。（注125）

农业大量使用童工。据一个儿童权益保护组织披露，美国约有40万儿童从事合法的农业工作。据美国农场工人就业培训计划主席戴维斯·施特劳斯称，数十年以来一直有年龄低于8岁的儿童从事此类工作，而且他们在工作过程中使用的是锋利的劳动工具和危险性极高的农药。该机构领导委员会主席厄尼·弗洛里斯表示，美国因从事农业工作而死亡的人口中有20％是儿童。（注126）美国的一项劳动标准法允许13岁以上儿童在炎炎烈日下长时间进行农业劳动，却不允许他们坐在配有空调的办公室里工作，甚至不准在快餐店里打工。

美国是世界上唯一不对少年犯适用假释的国家。从1985至2002年，被关押的青少年增加44％。很多孩子仅犯有轻微违法行为，却没有得到律师的帮助。许多检察官、公诉人和法官对于发生在少年监狱的虐待视而不见。

六、关于侵犯他国人权

美国凭借强大的军事实力，在国际上推行霸权主义，粗暴侵犯他国主权，肆意践踏他国人权。美国作为全球最大的军火销售国，加剧世界各地不稳定。美国的军费世界第一。据报道，美国军费在2008年又增加了10％，达到6070亿美元，占世界军费的42％。（注127）据美国国会的一份报告显示，在2008年全球武器销量创下4年来新低的时候，美国对外军售总额却从上一年的254亿美元猛增到378亿美元，增长了约50％，占当年全球军售总量的68.4％。（注128）2010年伊始，美国政府不顾中国政府和人民的强烈抗议，宣布对台湾出售总价值近64亿美元的军售计划，严重损害中国国家安全利益，引起中国人民的强烈愤慨。

伊拉克战争和阿富汗战争不仅给美国人民增加了沉重的负担，更给伊拉克和阿富汗两国人民的生命财产造成了巨大损失。伊拉克战争已给伊拉克造成逾百万平民死亡、逾百万人无家可归以及巨大财产损失。在阿富汗，美军滥杀无辜的事件至今仍然不断发生。2009年8月5日，5名正在货车上搬运黄瓜的阿富汗农民在美军发动的空袭中丧生。（注129）美国国防部2009年6月8日表示，美军在2009年5月5日在打击塔利班时，没有遵守适当的方法和程序，造成阿富汗平民死亡。阿富汗官方目前已收集到了147名遇害平民的姓名，其中包括妇女和儿童，而美国指挥官则称死亡人数不超过30人。（注130）

虐囚是近年来美国在人权领域的最大丑闻之一。2009年，联合国人权理事会反恐中保护人权及基本自由问题特别报告员在向人权理事会第10届会议提交的报告中称，美国创造了一套全面的特别递解、长期和秘密拘留以及违反联合国禁止酷刑公约的做法。该报告员在提交第64届联大的报告中指出，美国及其私人承包人对在伊拉克和其他地方关押的男性穆斯林使用了强迫堆叠裸体男囚、强迫与其他被拘留者进行同性性行为、强迫赤身裸体等审讯手段。（注131）美国中央情报局自2002年就开始使用酷刑手法审讯犯人。美国政府2009年3月2日证实，中央情报局自2001年以来销毁的92盘有关审讯恐怖犯罪嫌疑人的录像带中有12盘录像带记录了使用酷刑的画面。（注132）根据近期公布的秘密报告，中央情报局使用手枪和电棒审讯犯人。（注133）根据美国公布的一系列司法部秘密文件，执法者可以将犯人以站立姿势铐住达180小时，十多个中央情报局的犯人被剥夺睡眠最少48小时，有3人被剥夺睡眠超过96小时，其中一人为近8天的时间，另一人被剥夺睡眠11天。（注134）据报道，中央情报局审讯人员曾经对“9·11”事件的主要谋划者哈立德·谢赫·穆罕默德使用了183次水刑，并对“基地”组织的另一名军事领导人阿布·祖贝达使用83次水刑。（注135）关塔那摩监狱如同人间地狱。据被释放的关塔那摩监狱囚犯穆罕默德称，他在美国中央情报局喀布尔秘密监狱和关塔那摩等监狱遭到了“中世纪般的”拷打。（注136）据美国《哈泼斯杂志》和全美广播公司2009年联合进行的调查，2006年6月被指“自杀”的3名关塔那摩监狱囚犯很可能是在同一个晚上接受审讯时窒息而死，当局却对外宣称他们是上吊自杀。（注137）在关塔那摩监狱被关押达8年之久的索马里人穆罕默德·萨莱班·巴雷说：“那里是人间地狱。我的狱友们有的眼睛看不见了，有的胳膊、腿没了，有的精神失常。”（注138）2009年，被关押在关塔那摩监狱的一名31岁的也门人长期绝食后身亡。自2002年起已有5人死亡，其中4人自杀。（注139）美国政府在阿富汗巴格拉姆空军基地关押了600多名囚犯。联合国2009年2月出台的一份报告点名批评巴格拉姆监狱说，有些人在巴格拉姆被关押了5年之久。已经获释的一些关押者声称他们遭受了严刑拷打，甚至性侵犯。一些人还称他们曾经被关在有15至20个人的笼子里，有两名关押者在监禁期间死亡，死因可疑。（注140）另据美国司法部的调查，有2000名塔利班投降士兵被由美军控制的阿富汗武装塞进卡车中窒息死亡。（注141）

美国在世界各地设立军事基地，侵犯当地人民人权的事件屡见不鲜。目前，美国在世界上有900处军事基地，基地中有超过19万名士兵和11.5万名相关工作人员。这些基地给当地造成了巨大的破坏和环境污染，炸弹爆炸产生的有毒物质给当地儿童造成巨大的伤害。据报道，在苏比克和克拉克美军基地，已经有约3000件美军士兵强奸当地妇女的案件被提交，但是都被法院裁定不予受理。（注142）

美国对古巴进行长达近50年的经济、商业和金融封锁，给古巴带来了超过930亿美元的直接经济损失。2009年10月28日，第64届联大以187票支持，3票反对、2票弃权的压倒性多数第18次通过《必须终止美利坚合众国对古巴的经济、商业和金融封锁》决议，要求美国立即结束对古巴的封锁。（注143）

美国打着“互联网自由”的旗号，推行霸权主义。美国垄断着世界互联网的战略资源。互联网自诞生之日起就由美国牢牢掌控，目前全球互联网根服务器有13台，其中唯一的主根服务器在美国，其余12台辅根服务器中有9台在美国。所有根服务器均由美国政府授权的ICANN（国际互联网名称和编号分配公司）统一管理，负责全球互联网根域名服务器、域名体系和IP地址等的管理。世界各国和联合国等国际组织都曾要求打破美国对互联网根服务器的垄断，分享互联网的管理权，但是均遭美国拒绝。美国利用其对互联网资源的垄断地位，通过各种形式干涉别国内政。美国建有专门的黑客部队，并在全球范围内招募黑客精英为其服务。2009年夏天，伊朗发生总统选举骚乱，选举失利的伊朗改革派阵营及其支持者利用“推特”等网络工具发布大量信息。美国国务院要求“推特”运营商推迟系统升级计划，以帮助反对派制造舆论声势。当年5月，某网络公司也曾按照美国政府的授意，切断了古巴等五国的MSN即时通讯服务端口。

美国建立名为“梯队”的窃听系统，对全球进行窃听。欧洲议会的报告书指出，“梯队”

系统作为一个由美国操纵的情报收集分析网络，能够在全球范围内拦截以公众电话交换网络、卫星及微波通讯所传送的电话、传真、电子邮件和其他数字资讯，并监控其中的内容。欧洲议会曾点名批评美国利用“梯队”系统从事犯罪活动，如侵犯一般平民的隐私权或国家性质的商业间谍活动，其中最有名的是沙特阿拉伯60亿美元客机案。（注144）英国王妃戴安娜生前提倡全球反地雷运动，与美国的政策相抵触，她的电话因此被监听了。《华盛顿邮报》报道说，美国政府的这种间谍行动不禁让人想起了当年越战期间美国政府对国内反战派人士进行监视窃听的行为。

美国漠视国际人权公约，消极对待国际人权义务。美国于32年前签署《经济、社会和文化权利国际公约》，于29年前签署《消除对妇女一切形式歧视公约》，但迄今均未批准。美国还没有批准《残疾人权利公约》。2007年9月13日，第61届联大表决通过的《土著人民权利宣言》，是迄今联合国通过的保护土著人民权利的最权威和全面的文件，美国依然拒绝承认该宣言。

以上事实说明，美国不仅国内人权纪录十分糟糕，而且是世界许多人权灾难的主要根源。长期以来，美国将自己凌驾于其他国家之上，充当“世界人权警察”，无视自身存在的严重的人权问题，年复一年地发表《国别人权报告》对别国进行指责，将人权作为干涉别国内政、丑化别国形象和谋取自己战略利益的政治工具，充分暴露了美国在人权问题上的双重标准，理所当然地遭到世界各国人民的坚决反对和强烈谴责。特别是在全世界人民正遭受由美国次贷危机引发的国际金融危机导致的严重人权灾难的时候，美国政府仍不正视自身存在的严重人权问题，而热衷于谴责别国，这是十分令人遗憾的。我们奉劝美国政府汲取历史教训，摆正自己的位置，着力改善自身人权状况，改正在人权领域的所作所为。

注释：

① Criminal Victimization 2008，U. S. Department of Justice，http：//www. ojp. usdoj. gov

② Crime in the United States，2008，http://www. fbi. gov

③《纽约时报》，2009年12月30日。

④《侨报》，2009年12月30日。

⑤ http：//www. usatoday. com，2009年6月1日。

⑥ http：//www. reuters. com，2009年10月7日。

⑦《侨报》，2009年9月25日。

⑧ http：//review. usqiaobao. com，2009 年 4 月 6日。

⑨《今日美国报》，2009年9月15日。

⑩ http：//www. thefreelibrary. com

⑪《今日美国报》，2009年3月11日。

⑫《纽约时报》，2009年4月4日。

⑬ http：//cbs5. com

⑭《纽约时报》，2009年12月1日，2日，3日。

⑮ A Report of The Heritage Center for Data Analysis，School Safety in Washington，D. C.：New Data for the 2007—2008 School Year，http：//www. herigage. org

⑯ 根据新泽西州教育局2009年10月发布的公校系统暴力和故意伤害年度报告，http：//www. state. nj. us

⑰《纽约邮报》，2009年9月22日。

⑱ http：//gothamist. com，2009年11月17日。

⑲ http：//www. mercurynews. com，2009年10月27日。

⑳《俄勒冈人报》，2009年10月23日，http：//blog. oregonlive. com

㉑ http：//theduckshoot. com

㉒《华盛顿邮报》，2009年7月19日。

㉓《芝加哥论坛报》，2009 年 9 月，http：//www. chicagobreakingnews. com

㉔《芝加哥论坛报》，2009年9月19日。

㉕《华盛顿邮报》，2009年11月18日。

㉖ http：//www. huffingtonpost. com，2009 年 10 月 8日。

㉗ http：//www. wsws. org

㉘ http：//mensnewsdaily. com，2010年1月18日。

㉙ http：//news. yahoo. com，2010年1月26日。

㉚《华盛顿邮报》，2009年9月11日。

㉛《纽约时报》，2009年6月24日。

㉜ http：//www. news-medical. net，2009 年 12 月 2日。

㉝ http：//thecrimereport. org，2009年12月2日。

㉞ www. hrw. org，2009年3月24日。

㉟ http：//onlinejournal. com，2009年11月23日。

㊱《纽约时报》，2008 年 7 月 10 日。

㊲《纽约时报》，2009 年 4 月 15 日。

㊳《纽约时报》，2009 年 4 月 20 日。

㊴ http：//blogs. rnw. nl

㊵ http：//www. nytimes. com，2009 年 10 月 5 日。

㊶ http：//www. floridabankruptcyblog. com

㊷《芝加哥论坛报》，2009 年 12 月 4 日。

㊸《纽约时报》，2009 年 11 月 7 日。

㊹《纽约时报》，2009 年 11 月 13 日。

㊺《华盛顿邮报》，2009 年 9 月 7 日。

㊻ http：//247wallst. com，2009 年 3 月 19 日。

㊼《华盛顿邮报》，2009 年 9 月 11 日。

㊽《纽约时报》，2009 年 9 月 29 日。

㊾ http：//www. msnbc. msn. com

㊿ http：//www. time. com

51《洛杉矶时报》，2009 年 7 月 21 日。

52《纽约时报》，2009 年 11 月 17 日；14.6% of Americans Could Not Afford Enough Food in 2008，《大西洋商业频道》。

53 美国生命科学网站，2009 年 11 月 26 日。

54 美联社，2009 年 11 月 27 日。

55 http：//www. associatedcontent. com

56《纽约时报》，2009 年 9 月 2 日。

57《今日美国报》，2009 年 7 月 20 日。

58 http：//www. census. gov

59 路透社，2009 年 10 月 8 日。

60 http：//www. ncpa. org

61 http：//www. msnbc. msn. com

62 法新社，2009 年 11 月 11 日。

63 http：//www. oregonlive. com

64 http：//www. msnbc. msn. com

65《今日美国报》，2009 年 7 月 9 日。

66《芝加哥论坛报》，2009 年 10 月 28 日。

67 http：//www. truthalyzer. com

68《今日美国报》，2009 年 10 月 8 日。

69《纽约时报》，2009 年 12 月 10 日。

70《休斯顿纪事报》，2009 年 3 月 16 日。

71《华尔街日报》，2009 年 9 月 11 日；《今日美国报》，2009 年 9 月 11 日。

72《纽约时报》，2009 年 9 月 29 日。

73 Income，Povorty，and Health Insurance Coverage in the United States：2008，www. Census. gov

74《华盛顿邮报》，2009 年 6 月 10 日。

75《华尔街日报》，2009 年 4 月 8 日；美国联邦疾病控制和预防中心 2009 年发表的报告。

76《今日美国报》，2009 年 11 月 6 日。

77《华盛顿邮报》，2009 年 12 月 10 日。

78《侨报》，2009 年 11 月 6 日。

79《纽约时报》，2009 年 12 月 1 日。

80 美联社，2009 年 4 月 27 日。

81 美联社，2009 年 11 月 18 日。

82《纽约时报》，2009 年 7 月 23 日。

83 美国人口普查局，2009 年 4 月 27 日，http：//www. census. gov

84《纽约时报》，2010 年 1 月 7 日。

85《科学日报》，2009 年 4 月 29 日。

86《今日美国报》，2009 年 5 月 5 日。

87 www. ojp. usdoj. gov

88《侨报》，2009 年 10 月 9 日。

89《纽约时报》，2009 年 11 月 17 日。

90 www. hrw. org，2009 年 3 月 2 日。

91 http：//www. washingtontimes. com，2009 年 9 月 10 日。

92《世界日报》，2009 年 3 月 26 日。

93《星岛日报》，2009 年 4 月 13 日。

94《纽约时报》，2009 年 11 月 2 日。

95《纽约时报》，2009 年 11 月 2 日。

96 www. hrw. org，2009 年 3 月 16 日。

97《华尔街日报》，2009 年 8 月 18 日。

98 www. fbi. gov

99 victim characteristics，2009 年 10 月 21 日，www. fbi. gov

100《华盛顿邮报》，2009 年 6 月 11 日；《华尔街日报》，2009 年 6 月 11 日。

101《纽约时报》，2009 年 9 月 3 日。

102 Members of the 111th United States Congress，维基百科。

103《华盛顿时报》，2009 年 9 月 20 日。

104 www. eeoc. gov，2009 年 11 月 3 日。

105《华尔街日报》，2009 年 9 月 11 日；www. census. gov，2009 年 9 月 10 日。

106 美联社，2009 年 10 月 5 日。

107 www. census. gov，2009 年 9 月 10 日。

108《侨报》，2009 年 5 月 12 日。

109 Occurrence of rape，http：//www. sa. rochester. edu

110《星岛日报》，2009 年 3 月 14 日。

111 美国哥伦比亚广播公司晚间新闻，2009 年 3 月 17 日。

112 路透社，2009 年 4 月 16 日。

113《华盛顿邮报》，《今日美国报》，2009 年 11 月 17 日。

114 www. feedingamerica. org，2009 年 5 月 7 日。

⑮ www. census. gov，《华盛顿邮报》，2009 年 9 月 11 日。

⑯ CNN. com，MSNBUC. com，2009 年 3 月 10 日。

⑰ http：//www. census. gov，《华盛顿邮报》，2009 年 9 月 21 日。

⑱《洛杉矶时报》，《侨报》，2009 年 8 月 14 日。

⑲《公共卫生杂志》，2009 年 10 月 30 日。

⑳《今日美国报》，《华尔街日报》，2009 年 11 月 13 日。

㉑《今日美国报》，2009 年 10 月 8 日。

㉒ http：//www. nyc. gov

㉓ 美联社，2009 年 10 月 7 日。

㉔《休斯敦纪事报》，2009 年 10 月 22 日。

㉕《侨报》，2009 年 10 月 28 日。

㉖ 西班牙《起义报》，2009 年 10 月 14 日。

㉗ 美联社，2009 年 6 月 9 日。

㉘ 路透社，2009 年 9 月 6 日。

㉙ http：//www. rawa. org

㉚《费城问讯报》，2009 年 6 月 9 日。

㉛《华盛顿邮报》，2009 年 4 月 7 日。

㉜《华盛顿邮报》，2009 年 3 月 3 日。

㉝《华盛顿邮报》，2009 年 8 月 22 日。

㉞ http：//www. chron. com

㉟《纽约时报》，2009 年 4 月 20 日。

㊱ 法新社伦敦，2009 年 3 月 7 日电。

㊲ 英国《卫报》网站，2010 年 1 月 18 日。

㊳ 法新社索马里哈尔格萨，2009 年 12 月 21 日电。

㊴《纽约时报》，2009 年 6 月 3 日。

㊵ 美国国际新闻社纽约 2009 年 2 月 25 日电。

㊶ http：//www. yourpolicicsusa. com，2009 年 7 月 16 日。

㊷ http：//www. lexisnexis. com，2009 年 5 月 17 日。

㊸ Overwhelming International Rejection of US Blockade of Cuba at UN，www. cubanews. ain. cu

㊹ 维基百科。

2010 年美国的人权纪录

中华人民共和国国务院新闻办公室

（2011 年 4 月 10 日）

2011 年 4 月 8 日，美国国务院发表《2010 年国别人权报告》，再次对包括中国在内的世界 190 多个国家和地区的人权状况进行歪曲指责，却对自身糟糕的人权状况熟视无睹，很少提及。为了敦促美国正视自身的人权问题，我们特发表《2010 年美国的人权纪录》。

一、关于生命、财产和人身安全

美国是世界上暴力犯罪最严重的国家，公民的生命、财产和人身安全得不到应有的保障。美国每年约有 1/5 的人成为各种犯罪行为的受害者，这一比例居全世界之首。（注 1）美国司法部司法统计局 2010 年 10 月 13 日的报告显示，美国 12 岁以上公民 2009 年共经历 430 万起暴力犯罪、1560 万起财产犯罪和 13.3 万起个人盗窃犯罪，犯罪率为每千人 17.1 起。（注 2）美国多座城市犯罪率激增。密苏里州的圣路易斯市平均每 10 万名居民经历暴力犯罪 2070 多起，成为美国最危险城市。（注 3）底特律市每年发生恶性暴力案件 1.5 万多起，平均每 10 万人经历暴力事件 1600 起。2010 年，美国费城、芝加哥、洛杉矶、纽约四大城市的凶杀案件均比 2009 年增多。（注 4）2010 年 3 月 29 日至 4 月 4 日，洛杉矶郡一周发生 25 起凶杀案；2010 年上半年，洛杉矶郡凶杀死亡人数高达 373 人。（注 5）截至 11 月 11 日，纽约市共发生凶杀案 464 起，较 2009 年同期的 400 起增长 16 %。（注 6）

美国枪支管理松懈，泛滥成灾。路透社 2010 年 11 月 10 日报道，美国是全世界私人拥有枪支最多的国家，在 3 亿人口中，有约 9000 万人共持有 2 亿支枪。2010 年 6 月 28 日，美国联邦最高法院大法官裁定，宪法第二修正案确保个人拥有枪支的权利适用于各州和地方枪支控制法，从而将美国人以自卫目的拥有枪支的权利扩及全国。（注7）田纳西州、亚利桑那州、佐治亚州和弗吉尼亚州允许在酒吧里携带装有弹药的手枪。还有另外18个州允许在提供酒精饮品的饭店里携带武器。（注8）仅田纳西州就有30万人被允许携带手枪。《华盛顿时报》2010年6月7日报道，2008年11月，美国当月购买枪支的人数增长了45万，同比增长10倍。2008年11月至2009年10月，美国购买枪支者增长了250万人。（注9）美国大学枪击案频发是近年来人们关注的焦点。而据英国《每日电讯报》2011年2月21日报道，美国得克萨斯州即将通过一项新法，允许其38所公立学院的学生和老师在校园中带枪。这就意味着，在这些学校中就读的50万名学生可以持枪上学。此前，犹他州已通过类似法律。

枪杀事件高发，血案不断。据统计，美国每年发生1.2万起持枪凶杀事件。（注10）美国司法部2010年10月13日发布的数据显示，2009年，美国暴力犯罪中有22%使用了武器，47%的抢劫犯罪使用了武器。（注11）2010年3月30日，华盛顿特区5名男子驾车向人群扫射，造成4人死亡、5人重伤。（注12）4月，芝加哥在一天内发生6起枪击案，造成16人受伤，其中2人重伤。（注13）4月3日，洛杉矶北好莱坞一家餐厅发生重大枪击事件，导致4人死亡、2人受伤。（注14）5月29日到5月30日，芝加哥发生多起枪杀案，造成21人受伤，1人死亡。（注15）6月，芝加哥一个周末就有52人被枪击中。（注16）5~7月间，接连有3名芝加哥警察被歹徒枪杀。（注17）仅在2010年7月一个月内，芝加哥就有303人遭到枪击，其中33人死亡。11月5日至8日，奥克兰市发生多起枪击案，造成4人死亡、至少5人受伤。（注18）11月30日，威斯康星州马里内特县一名15岁少年持枪闯入自己就读的中学，劫持24名同学和1名教师。（注19）2011年1月8日，美国国会众议员加布里埃尔·吉福兹在亚利桑那州图桑市遭枪击，并造成6人死亡，12人受伤。（注20）

二、关于公民权利和政治权利

美国政府侵犯公民权利和政治权利的情况相当严重。公民隐私遭到侵犯。美国公民自由联盟2010年9月公布的数据显示，2008年10月1日到2010年6月2日，有超过6600名游客在港口过境处遭受电子设备搜查，其中近一半是美国公民。《华尔街日报》2010年9月7日报道说，美国国土安全部因为一项允许在没有一个合理怀疑的情况下，可以搜查和扣押便携式电脑、手机和其他电子设备的政策而被起诉。该政策没有对国土安全部扣留游客电子设备的时间和被搜查、复制和扣押个人信息的范围作任何限制，也没有司法程序和监督方面的规定。2010年7月17日，哥伦比亚记者霍尔曼·莫里斯受邀赴哈佛大学担任一年访问学者遭拒签，理由是根据美国有关禁止支持恐怖分子入境法案而作出的决定。在加利福尼亚州，一位名叫亚瑟阿福的阿拉伯裔美国人发现联邦调查局在他的车上安置跟踪器。2010年8月，美国公民自由联盟、亚洲法律联盟和《旧金山湾区卫报》提起一项诉讼，请求促进联邦调查局公开关于湾区穆斯林组织的调查和监视记录，而旧金山联邦调查局以“调查仍在继续”为借口拒绝对此事作任何评论。（注21）2010年10月底，美国运输安全管理局再次提高美国机场安检级别，对乘客实行全身透视X光扫描，并声称旅客不得以宗教信仰为借口拒绝安检扫描。由于这种全身扫描可使乘客裸体形象在扫描仪上暴露无遗，所以遭到广泛批评。一些民权组织认为安检侵犯了公民的宗教信仰自由权、个人隐私权以及宪法规定的保障公民不受非法搜查的权利。（注22）美国公民自由联盟和美国旅行协会目前已经接到数千例对机场安检的投诉。（注23）

警察滥施暴力和刑讯逼供现象严重。据美联社2010年10月14日报道，在过去10年中，纽约市为解决当地涉警察局投诉而支付的赔偿金达9.64亿美元。其中，一名手无寸铁的男子在自己举办婚礼当天被警察连开50枪打死，涉案警察被判无罪，而纽约警察局只是给钱了事。（注24）由此可见，在标榜“司法公正”的美国，上述遇害者哪有什么公正？2010年6月，陪审团判处芝加哥前警长因涉嫌虐囚犯有伪证罪和妨害司法公正罪，他与同事被控用恐吓、窒息和燃烧嫌疑人的方法获取口供。（注25）《芝加哥论坛报》2010年5月12日报道，芝加哥警察局被控在没有合法授权的情况下对嫌疑人进行逮捕、铐在墙壁或金属长凳、不提供正常三餐、很少休息、不提供床铺浴室等“软酷刑”获取非自愿供述。据报道，2010年3月22日，俄勒冈州波特兰市一名警察开枪打死一名无家可归者。（注26）4月3日，洛杉矶威斯敏斯特警察局两名警察拦车绑架并强奸了一名25岁女子。（注27）4月17日，华盛顿州西雅图市警察在抓捕一名拉丁裔嫌犯时，对其进行殴打，并使用种族歧视语言谩骂。（注28）3月24日，休斯敦8名警察殴打一名涉嫌盗窃的15岁黑人少年查德·霍雷，该少年倒地求饶，但警员继续殴打。最终，只有4名警员受到指控和开除处分。（注29）8月11日，乔治王子县警察在追捕一辆被盗面包车时开枪打伤3人，死者家人质疑警察开枪的合法性，因为车上的人没有开枪。（注30）9月5日，洛杉矶警察开枪将一名危地马拉裔移民打死，引发骚乱，警察向人群发射橡胶子弹，并拘捕22人。（注31）11月5日，洛杉矶法院对在2009年枪杀奥克兰市乘客的湾区捷运警察梅塞尔从轻判处两年有期徒刑，引发民众抗议示威，警方拘捕了150多名示威者。（注32）

美国一向自诩“自由的乐土”，但是美国被剥夺自由的囚犯数量居世界之最。皮尤研究中心2008年报告表明，美国每100个成人中就有一个在监狱服刑，这个数据在1970年为1/400。按目前发展速度，到2011年，美国监狱关押人数将增加13%，达到170万人。囚犯激增，监狱爆满。加州监狱关押着16.4万名囚犯，是监狱容量的2倍。（注33）华盛顿特区一个青少年矫治中心严重暴力犯罪的青少年约有550人，但只有60张床位，很多少年因无法得到有效管制而再次违法或成为暴力犯罪的牺牲品。（注34）监狱管理混乱，囚犯待遇恶劣，时常发生骚乱。《芝加哥论坛报》2010年7月18日报道说，库克郡在押女嫌疑犯向警察局投诉，指控她们在被关押期间分娩时，被戴上手铐或脚镣，致使身心受到严重伤害。2010年10月19日，加州卡利帕特里亚一所监狱发生骚乱，至少有129名囚犯参与群殴，2人被狱警枪毙，另有10余人受伤。（注35）美联社2010年11月30日公布的视频显示，被称为“格斗者学校”的衣阿华州监狱发生了囚犯斗殴，被殴打的囚犯从监狱窗口向看守求救，看守却袖手旁观，直至被打者失去知觉，才将殴打者铐起来。（注36）

美国冤案错案频发。据统计，在过去20年内，美国共有266名含冤入狱的嫌疑犯在经过DNA鉴定后，被无罪释放，其中包括17名已被判死刑的嫌疑犯。（注37）《华盛顿邮报》2010年4月23日报道，华盛顿特区警方承认对一名14岁少年起诉的41项罪名是错误的，其中包括4项一级谋杀罪名，而该少年从来没有承认过这些罪名。伊利诺伊州威尔郡和宰恩市警察局各对一名嫌疑犯进行刑讯逼供，采取各种非法手段逼迫其承认杀害自己女儿，两人已分别在监狱被关押了8个月和5年，后经过DNA鉴定被宣判无罪释放。另一位名叫吉布斯的人被错判杀害一名妓女遭监禁19年，直到2010年6月，纽约市才支付62岁的吉布斯990万美元赔偿。（注38）

美国一向以“民主的灯塔”自居，而实际上，美国的民主是金钱的民主。《华盛顿邮报》2010年10月26日报道，在美国国会中期选举中，参议院和众议院议员候选人募集的资金创历史新高，首次超过了15亿美元。2010年11月举行的美国中期选举共花费39.8亿美元，是美国历史上花费最多的一次选举。此次选举中许多利益集团纷纷捐赠。据统计，利益集团为民主党和共和党共筹集到8000万美元资金，远远高出2006年的1600万美元。其中一个较大的捐助组织爱荷华州的美国未来基金会已向共和党捐助了700万美元。另一个非营利组织60岁以上长者协会在中期选举广告上的投入高达700万美元。美国州、县、市镇雇员联合会仅10月22日至27日，就花费了1.039亿美元。（注39）美国人对选举过程中的巨额开支十分不满，《纽约时报》和哥伦比亚广播公司做的

一次民调显示，80％的美国人认为限制选举开支十分重要。（注40）

美国极力标榜和鼓吹互联网自由，而实际上，美国对互联网的限制相当严格。2010年6月24日，美国国会参议院国家安全与政府事务委员会通过对2002年国土安全法案的修正案《将保护网络作为国家资产法案》。修正案规定联邦政府在紧急状况下，拥有绝对的权力来关闭互联网，再次扩大了联邦政府在紧急状况下的权利。这只是目前美国政府对互联网限制的第一步，第二步是运营网站须经政府许可以及个人身份信息验证。（注41）美国一向在互联网自由问题上对人对己实行双重标准，对外要求别国提供不受限制的“互联网自由”，并以此作为外交施压和谋求霸权的重要工具，对内则对互联网进行严格管制。BBC 2011年2月16日刊文指出，美国政府在鼓动“封闭社会”的人民争取互联网自由并对这些国家政府的新闻管制提出质疑的同时，却在本国设立法律封锁以缓解维基揭秘网发起的挑战。美国政府在国内对电子信息的自由流动非常敏感，但在国外却设法对互联网尤其是社交网络运用外交手腕。美国《外交政策》网站的文章也承认，“美国政府对互联网的态度依然充满问题和矛盾”。（注42）

三、关于经济、社会、文化权利

美国是世界上最富裕的国家，但是，美国人的经济、社会和文化权利保障却每况愈下。

美国失业率居高不下。2007年12月至2010年10月，美国共减少750万个职位。（注43）据美国劳工部2010年12月3日公布的数据，2010年11月，美国失业率为9.8％，有1500万人失业，其中41.9％的人失业27周或更长时间。（注44）加州2010年1月失业率高达12.5％，创加州历史上最高失业纪录，其中8个郡的失业率高达20％。（注45）纽约州2010年10月失业率为8.3％，近80万人失业，约52.7万人领取失业福利。（注46）残疾人的就业状况更加糟糕。据美国劳工部2010年8月25日公布的数据，2009年，残疾工人失业率为14.5％，近1/3的残疾人只做兼职工作，有学士或以上学位的残疾人的失业率为8.3％，高于非残疾的大专院校毕业生的4.5％。（注47）2010年7月，残疾人失业率高达16.4％。（注48）2009年，2.1万多残疾人因遭受就业歧视向美国就业机会均等委员会投诉，比2008年和2007年分别增加10％和20％。（注49）

贫困人口比例创新高。美国人口普查局2010年9月16日公布的数据显示，到2009年底，美国贫困人口达4400万人，比2008年增加400万，贫困率达14.3％，创1994年以来最高。（注50）2009年，密西西比州的贫困率高达23.1％。（注51）佛罗里达州贫困人口达2700万。（注52）纽约市18.7％的人生活在贫困中，比2008年增加4.5万人。（注53）

饥饿人口大幅增加。美国农业部2010年11月发表的报告显示，2009年，美国有14.7％的家庭面临食品短缺，（注54）比2006年增长近30％。（注55）有5000万人生活在没有足够食物的家庭。接受紧急食物援助的家庭从2007年的390万户增加到2009年的560万户。（注56）2007年5月到2010年9月，美国领取食物券人数从2600万人增至4200万人，每8个美国人中有1人在使用食物券。（注57）在过去4年里，31.6％的美国家庭多次经历过至少两个月的贫困时期。（注58）

无家可归者激增。《今日美国报》2010年6月16日报道，2008至2009财政年度，美国无家可归家庭增加了7％，达到170129户。无家可归家庭在政府提供的救助中心借住的时间由2008年的30天增加到2009年的36天，另有大约80万家庭借住在亲友家。美国学校中无家可归的学生数量增加到100万，比之前的两年增加了41％。（注59）2009年，纽约市新增了30％无家可归家庭，（注60）无家可归者增加到3111人，另有约38000人居住在收容所中。（注61）新奥尔良的无家可归者有12000名。（注62）洛杉矶郡有约25.4万人在一年中有过无家可归的经历，约8.2万人常年如此，其中一半是非裔美国人，33％是拉丁裔人，20％是退伍老兵。（注63）美国伊拉克、阿富汗战争的士兵退伍一年半后就可能沦为无家可归者，每年大约有13万退伍老兵成为无家可归者。

（注64）美国全国无家可归者援助联盟的数据显示，从1999年起，有超过1000起针对流浪者的暴力行为，造成291人死亡。（注65）

没有医疗保险的人数连年递增。《今日美国报》2010年9月17日报道，2009年，美国没有医疗保险的人数从2008年的4630万人增加到5070万人，是连续第9年增加，已占到总人口的16.7％。美国平均每天有68名65岁以下的成年人因缺乏医疗保险而死亡。美国疾病防控中心2010年11月的报告显示，美国16至64岁成年人中，无医疗保险的比例高达22％。（注66）加州大学洛杉矶分校公共健康政策研究所公布的一项报告显示，2009年，65岁以下的加州成年人中，24.3％的人没有医疗保险，人数由2007年的640万上升到2009年的820万。没有医保的儿童从2007年的10.2％上升到2009年的13.4％。（注67）

四、关于种族歧视

种族歧视在美国根深蒂固，渗透到社会生活的各个方面。美联社2010年5月20日的一项调查显示，在美国，有61％的受访者认为西裔受到明显歧视，52％的受访者认为黑人受到明显歧视。《纽约时报》2010年10月28日的调查显示，60％以上的美国拉丁裔居民表示，歧视已成为了他们每天面临的主要问题，近3年来这一问题已更加严重。

少数族裔不享有与白人平等的政治地位。在纽约市，非西裔白人仅占人口总数的35％，但70％以上的纽约市政府高官为白人。2009年任命的3位副市长和6位局长都是白人。目前，纽约市政府确认的80位“关键”人员中，白人占79％。在321位市长顾问或向市长直接报告的局长、副局长、总顾问中白人占78％。在必须居住在纽约市并对政府政策和日常运作最具影响力的1114名市政府员工中，白人占74％。（注68）

少数族裔在就业和职业上受到歧视。黑人在升迁、福利、任职等多方面均遭受不公平待遇或排挤。（注69）据报道，有1/3的黑人在工作中遭遇过种族歧视，但其中只有1/16的黑人会因此投诉。《华盛顿邮报》2010年10月15日报道，华盛顿特区消防和急救中心的30名消防员认为，其所在部门存在种族歧视现象，对黑人工作人员实施更为严格的规章制度。一位在农业部工作的非裔女士雪莉·谢拉德因在工作中表现出对白人的不满而被解雇。据悉，农业部因为过去几十年对黑人农民的歧视问题将要赔偿12.5亿美元。（注70）《纽约时报》2010年9月23日报道，截至2009年9月30日，在美国，穆斯林劳动者因在工作中受到严重歧视，已提出了803起诉讼，比2008年上升了20％。

少数族裔失业率高。据美国劳工部统计局报告，2010年7月，在美国16~24岁的年轻人中，白人失业人数为298.7万人，失业率为16.2％；非裔失业人数为99.2万人，失业率为33.4％；亚裔失业人数为16.5万人，失业率为21.6％；西裔和拉美裔失业人数为88.4万人，失业率为22.1％。（注71）联合国非洲人后裔问题专家工作组2010年8月在向联合国人权理事会提交的访问美国报告中称，美国非裔人口的失业率比白人高4倍，纽约市消防队雇佣的1.1万名消防员中，仅有300名非裔，而非裔人口占纽约市人口的27％。（注72）2010年第三季度，纽约有近1/6的黑人失业，38.4万失业者中有14万人是黑人，占36％。（注73）

少数族裔贫困率居高不下。美国人口普查局2010年9月公布的数据显示，2009年，美国黑人贫困率为25.8％，西裔为25.3％，亚裔为12.5％，远高于非西裔白人9.4％的贫困率。黑人、西裔和非西裔白人家庭中位年收入分别为32584美元、38039美元和54461美元。（注74）美国退休人员协会2010年2月23日发布的报告显示，在过去12个月中，45岁以上的黑人有1/3表示不能支付房租或偿还贷款，而44％的黑人买不起例如食物和劳动工具等生活必需品。在被调查的老年人中，有23％的黑人工人失去了由雇主支付的医疗保险，31％的黑人工人缩减了医疗保险开支，26％的黑人提前支取退休金来支付生活费用。45岁到64岁之间的黑人有近20％工作更长时间，而12％的黑人做两份工作。12％的65岁以上老年黑人开始重新工作。（注75）2009年，首都华盛顿特区有3万多名黑人儿童生活在贫困中，比2007年增加7000人，黑人儿童贫困率从2008年的36%增至43%，西裔儿童贫困率为13%，白人儿童贫困率为3%。(注76)

少数族裔在受教育方面存在明显的不平等。美国希望联盟、市政事业研究所和约翰斯·霍普金斯大学普及高中教育研究中心的研究报告显示，2008年，西裔和黑人学生高中毕业率分别为64%和62%，而白人为81%。(注77)2008年，25～34岁白人男子大学毕业率为39%，西裔只有14%；55～64岁白人男子大学毕业率为43%，西裔只有19%。(注78)纽约市获得硕士学位的成年白人比西裔多3倍。(注79)根据萨克拉门托州立大学的调查，该校仅有22%的拉丁裔和26%的黑人学生顺利完成学院2年制学业，而白人学生则达37%。(注80)纽约市教育局2010年1月的报告显示，在2008年至2009学年纽约市公立学校报告的13万多起欺凌、骚扰同学的案件中，有6207件即4.7%是由于族裔、移民来自的国家、性别、性取向等而遭受歧视的案件。(注81)据《今日美国报》2010年10月14日报道，非裔美国籍男生的辍学率是同龄白人男生的两至三倍。特拉华州的基督教学区，在最近的学年中，71%的黑人男生辍学，而只有22%的白人男生辍学。没有残疾的黑人学生被开除的可能性是白人学生的3倍多，而患有残疾黑人学生辍学或被开除的可能性是白人残疾学生的2倍多。(注82)

非裔美国人的健康保障令人担忧。据统计，在美国，近1/3的少数族裔家庭无医疗保险，人均寿命低于正常水平，婴儿死亡率高于正常水平。(注83)非裔儿童死亡率比白人高2至3倍，非裔儿童占艾滋病患儿总数的71%，非裔妇女和男子艾滋病感染率分别比白人高17倍和7倍，癌症发病率高出2倍。

执法和司法领域的种族歧视非常明显。《纽约时报》2010年5月13日报道，2009年，黑人和拉美裔被警察要求接受检查和搜身的人数是白人的9倍。非裔占囚犯总数的41%，服无期徒刑的比白人高10倍。辍学的非裔男子有66%的可能性入狱或接受刑事处罚。(注84)纽约在过去6年里，被拦截搜身的人中有85%是黑人和拉美裔。(注85)密歇根州立大学法学院发表报告称，目前，北卡罗来纳州有159人关在死囚牢房里，其中黑人86人，白人61人，其他族裔12人。在159个死刑案中，被检察官从陪审团名单中去掉的黑人是非黑人的2倍多。据芝加哥警察局统计，在所有凶杀案中，黑人占凶杀案罪犯和受害者比重最大，分别达到76.3%和77.6%。(注86)2007年1月1日至2010年11月14日，洛杉矶凶杀案数目达2329起，在死者中，拉美裔1600人，黑人997人。(注87)

种族仇恨犯罪频发。美国联邦调查局2010年11月22日的报告显示，2009年，美国共发生6604起仇恨犯罪，其中4000起与种族歧视有关，1600起与宗教仇恨有关；仇恨犯罪的受害者有8300人，其中，黑人占种族仇恨犯罪受害者的3/4，犹太人占宗教仇恨犯罪受害者的3/4。在已确认的6225名仇恨犯罪作案者中，2/3为白人。(注88)

移民的应有权利得不到保障。2001年4月，亚利桑那州议会通过反非法移民法案，允许警察对当事人身份有“合理怀疑”时，即使没有逮捕令，也可以对其盘查甚至采取拘捕行动。(注89)亚利桑那州共和党还推出另一法案，拒绝向非法移民子女发放出生证明，使无合法身份的移民很难成为美国公民。(注90)2010年，多个联合国人权问题专家在报告中指出，亚利桑那州移民法是敌视移民的立法活动，该移民法允许在没有逮捕令的情况下逮捕外国人，对非法居留以犯罪论处，对工作的无证移民以及雇用或试图雇用无证移民的人均以犯罪论处，可能导致基于族裔特征对有关人员进行拘留和审讯。墨西哥、拉丁美洲或土著族裔特别有可能成为该法的受害对象。《亚特兰大宪法报》2010年11月19日报道，佐治亚州多个人权组织共同发起抗议活动，声援被拘禁在佐治亚州南部兰普金一家监狱的非法移民。截至2010年9月17日，该监狱共关押了1800多名等待审理的非法移民，每个案件平均处理时间为63天。2010年4月，保护移民权利特别报告员向联合国人权理事会提交的报告指出，移民在被美国当局关押期间未被提供合适的医疗服务，非正规移徙工人往往无家可归，或者住在拥挤、不安全且不卫生的环境中。（注 91）

五、关于妇女和儿童权利

美国的妇女儿童权利状况堪忧。在美国，对妇女的性别歧视广泛存在。据《每日邮报》2010 年 8 月 11 日报道，90 % 的女性在工作单位遭受过性别歧视。美国《财富》500 强企业中，女性首席执行官仅占 3 %。美国大学妇女协会 2010 年 3 月 22 日的报告称，在计算机领域，女博士仅占 21 %，在地球、大气、海洋、化学和数学领域，女博士仅占 1/3。男女同工不同酬的现象非常严重。据《华盛顿邮报》2010 年 9 月 17 日报道，近 50 年来，男女的工资差距仅仅缩小了 18 美分，2010 年 9 月 16 日公布的普查统计显示，妇女的工资收入只有男性工资收入的 77 %。《纽约时报》2010 年 4 月 26 日报道，在美国历史上最大的用工歧视案例中，沃尔玛公司被控制度化地支付给女性雇员比男性雇员更低的工资，给予更小的加薪幅度、更少的晋升机会。65 % 的沃尔玛小时制雇员是女性，仅有 33 % 的公司经理是女性。（注 92）

妇女频遭性侵犯和暴力。据美国司法部 2010 年 10 月公布的数据显示，美国有 2000 万名妇女是强奸罪的受害者。（注 93）每年约有 6 万名女囚被强暴。有 1/5 的在校女大学生曾遭受过性侵犯，60 % 的校园强奸案发生在女大学生的宿舍。（注 94）“人权观察”组织 2010 年 8 月发表报告称，自 2003 年以来，在移民与海关执法局的拘留中心有 50 名性侵犯受害者，其中多数是女性，而包括狱警在内的一些据称是攻击者却未被起诉。得克萨斯州一所拘留中心狱警冒充医生对 5 名妇女进行性侵犯。（注 95）据《时代》周刊 2010 年 3 月 8 日报道，根据美国国防部公布的数据，2008 年，约 3000 名美国女兵遭到性侵犯，比上年增加 9 %；近 1/3 的退役女兵表示曾在服役期间遭到强暴和性侵犯。

女性是家庭暴力的受害者。在美国，每年有 130 万名家庭暴力受害者，女性占 92 %，每 4 名女性中就有 1 人遭受过家庭暴力，每天有 3 个女性因家庭暴力而死亡。（注 96）2008 年，纽约市警察局共接获 23 万多起家庭暴力报案，平均每天超过 600 件。（注 97）在 2009 年所有女性死者和谋杀犯关系已知的命案中，34. 6 % 的女性受害人被自己的丈夫或男友杀害。（注 98）加州圣塔克拉拉郡每年接到家庭暴力投诉案超过 4500 件，700 多名受害妇女和儿童为躲避家庭暴力住在庇护所。（注 99）

妇女的健康权益缺少保障。大赦国际的报告称，美国每天有两名以上的妇女死于孕产并发症。过去 20 年中，美国黑人孕产妇死亡率是白人孕产妇的 4 倍。与白人孕产妇相比，得不到或晚得到产前护理的印第安土著妇女和阿拉斯加土著妇女是 3. 6 倍，非洲裔妇女是 2. 6 倍，拉丁裔妇女是 2. 5 倍。（注 100）

美国儿童生活贫困。《华盛顿邮报》2010 年 11 月 21 日报道，美国农业部公布的数据显示，每 4 个美国儿童中就有一个面临饥饿问题。超过 60 % 的公立学校的教师认为饥饿是学校的一个难题，60 % 的教师自己掏钱为饥饿的学生购买食物。（注 101）美国人口普查局 2010 年 9 月 16 日公布的数据显示，2009 年，美国 18 岁以下儿童贫困率达 20. 7 %，比 2008 年增加了 1. 7 个百分点。（注 102）华盛顿黑人儿童贫困率高达 43 %，（注 103）加州约有 270 万儿童居住在贫困家庭。旧金山湾区 6 个郡的贫困儿童人数增加了 15 % 至 16 %。据统计，2009 年的某些时段，美国至少有 1700 万儿童生活在无法确定拥有或者得到足够食物的家庭。（注 104）

针对儿童的暴力十分严重。美国“关爱我们的儿童”官方网站数据显示，美国每年有超过 300 万的儿童遭受暴力侵害，实际数字比这还多 3 倍；大约有 180 万的儿童遭到绑架；有近 60 万的儿童住在福利院。每天 1/7 的少年儿童在网络上被一些“狩猎者”跟踪，25 % 的儿童受到欺凌，43 % 的少年、97 % 的中学生受到网络欺凌。90 % 的同性恋、双性恋以及变性学生在学校经历过骚扰，约有 16 万学生因为害怕被欺负每天都待在家中。（注 105）《华盛顿邮报》2010 年 10 月 20 日报道，17 % 的学生表示在一个学期内每月至少受到 2 至 3 次欺凌，其中小学三年级最为严重，受欺凌学生占 25 %。

联合国教育权问题特别报告员报告称，美国20个州和数百个学区长期以来允许体罚小学生，残障学生遭受体罚的概率更高。（注106）

儿童身心健康得不到保障。在美国，目前有9.3万多儿童被监禁，大约75％至93％的儿童至少有过一次被性虐待或被忽视等创伤性经历。（注107）纽约市健康和心理卫生局2010年儿童死亡评估小组的报告显示，2001年至2008年，美国1至12岁儿童年均伤害死亡率为10万分之8.9，纽约市为10万分之4.2。（注108）芝加哥一家残障儿童护理院自2000年以来，由于管理松懈等原因导致13名儿童死亡。（注109）美国儿童与青少年精神病学会期刊2010年10月14日公布的研究显示，全国约半数13至19岁的青少年存在情绪、行为、焦虑或吸毒酗酒问题，符合精神障碍的标准，男孩和女孩的比例分别为51％和49％，其中22.2％的青少年障碍症非常严重。（注110）色情内容充斥互联网，美国儿童深受其害。据统计，在美国，每10个儿童中就有7个无意中接触过网上色情，其中1/3的孩子有意在网上搜索色情内容。儿童接触色情内容的年龄平均为11岁，最小的8岁。（注111）据报道，“美国预防青少年怀孕组织”发表的一份调查报告显示，20％的美国青少年在互联网上发送过自己的全裸或半裸照片或视频。（注112）美国至少有500多个由青少年创办、以盈利为目的“裸聊”网站，涉及的色情图片数以万计。

六、关于侵犯他国人权

美国在国际人权领域的纪录劣迹斑斑。美国发动的伊拉克战争和阿富汗战争，造成大量平民伤亡。维基揭秘网站2010年10月22日公布的数据显示，2003年3月至2009年底，在伊拉克战争中，有28.5万人伤亡，至少10.9万人丧生，其中63％为平民。（注113）2007年7月，在巴格达的一次袭击中，一架美军直升机射杀了12人，其中包括路透社的一名摄影记者及其司机。（注114）2011年2月20日，美军在阿富汗东北部地区采取军事行动，造成65名无辜平民死亡，其中包括22名妇女和30多名儿童，这是近几个月来最严重的平民死伤事件。（注115）而据《华盛顿邮报》2010年10月15日报道，伊拉克人权部2009年发布的报告说，2004年1月至2008年10月31日，共有85694名伊拉克人丧生。总部设在英国的“伊拉克尸体计数”组织称，自美军入侵伊拉克以来，共有12.2万名平民丧生。（注116）

在阿富汗和其他地区，美国的军事行动也给当地居民造成了巨大死伤。据麦克拉奇报业集团2010年3月2日报道，2009年，以美国为首的北约部队造成535名阿富汗平民伤亡，其中113名平民被枪杀，比上年增加43％。2009年6月以来，美国军队空袭行动造成至少35名阿富汗平民死亡。2010年1月8日，美国导弹袭击巴基斯坦西北地区，造成4人死亡、3人受伤。（注117）2月12日，在阿富汗，5名无辜平民在“美军特别军事行动”中被打死，其中两名是孕妇。（注118）4月12日，美国军队在阿富汗坎大哈省附近开枪扫射一辆大客车，5名平民被打死，18人受伤。（注119）《华盛顿邮报》2010年9月18日报道，自2010年1月以来，驻阿富汗美国军队第二步兵师第五作战旅的5名士兵组成“杀人小组”，实施了至少三起谋杀，肆意杀害阿富汗平民，行凶后毁尸灭迹。（注120）

美国在反恐战争中不断爆出虐囚丑闻。2010年5月，联合国反恐中保护人权问题特别报告员、酷刑报告员、任意拘留问题工作组等向联合国人权理事会提交的联合研究报告称，美国在反恐战争中抓获的人未经指控和审判就被无限期地关押。美国在关塔那摩湾和世界多地建立拘留中心，秘密关押拘留者。美国中央情报局设立了秘密拘留设施，用来审讯所谓“高价值拘留者”。美国司法部首席助理部长帮办布拉德伯里称，中央情报局关押了94人，在对其中28人进行审讯时，采用了强制体位、极度气温变化、剥夺睡眠以及“水刑”等“强化手段”。（注121）美国以反恐为名，跨境抓人。据美联社2010年12月9日援引维基揭秘网的报道，美国特工曾于2003年将一名德国公民误认为恐怖分子，在马其顿将其绑架，并秘密关押在中央情报局设于阿富汗的监狱5个月。但美国驻柏林大使馆的高级外交官警告德国政府不要对美国中央情报局的特工发布国际逮捕令。

美国严重侵犯古巴人民的生存权和发展权。2010年10月26日，第65届联大以压倒性多数票第19次通过《必须终止美利坚合众国对古巴的经济、商业和金融封锁》决议，只有包括美国在内的2个国家投反对票。根据1948年《防止及惩治灭绝种族罪公约》第2条，美国对古巴的制裁应被视为“种族灭绝”行为。

美国拒绝参加一些重要的国际人权公约和履行国际义务。美国至今仍未批准《经济、社会和文化权利国际公约》和《消除对妇女一切形式歧视公约》。2006年，联合国大会通过了《残疾人权利公约》，目前已有96个国家批准该公约，美国尚未批准该公约。《儿童权利公约》迄今已有193个缔约国，美国是极少数未批准该公约的国家之一。

2010年8月20日，美国政府首次就本国人权状况向联合国人权理事会递交报告。11月5日，在接受联合国普遍定期审议时，近60个国家代表在会上向美国提出改善其人权的建议达到创纪录的228项，主要涉及批准核心国际人权公约、少数族裔和土著人权利、种族歧视和关塔那摩监狱等，美国只接受其中40多项。2011年3月18日，联合国人权理事会通过对美国人权普遍定期审议最后文件，而美国却坚持拒绝审议中提出的大多数建议，受到许多国家的批评。一些国家代表在会上发言，对美国拒绝大量建议表示遗憾和失望，指出美国在人权问题上做得还远远不够，敦促美国正视自身的人权纪录，采取措施解决存在的人权问题。

事实说明，美国自身的人权纪录十分糟糕，没有资格冒充世界“人权法官”，却年复一年地发表国别人权报告对其他国家和地区的人权状况进行评判和责难。美国无视自身存在的严重人权问题，却热衷于推行所谓“人权外交”，将人权作为丑化别国形象和谋取自己战略利益的政治工具，这充分暴露了其在人权问题上实行双重标准的伪善面目和借口人权推行霸权主义的不良图谋。我们奉劝美国政府切实改善自身的人权状况，检点自身在人权问题上的所作所为，停止利用人权问题干涉别国内政的霸道行径。

注释：

① 10 Facts About Crime in the United States that Will Blow Your Mind, Beforitsnews. com

② Criminal Victimization 2009, U. S. Department of Justice, www. ojp. usdoj. gov

③ 美联社，2010年11月22日。

④《今日美国报》，2010年12月5日。

⑤ www. lapdonline. org

⑥《华盛顿邮报》，2010年11月12日。

⑦《华盛顿邮报》，2010年6月29日。

⑧《纽约时报》，2010年10月3日。

⑨《华盛顿时报》，2010年6月7日。

⑩《纽约时报》，2010年9月26日。

⑪ www. ojp. usdoj. gov，2010年10月13日。

⑫《华盛顿邮报》，2010年4月27日。

⑬ www. myfoxchicago. com

⑭ www. nbclosangeles. com，2010年4月4日。

⑮ www. chicagobreakingnews. com，2010年5月30日。

⑯ www. huffingtonpost. com，2010年6月21日。

⑰《芝加哥论坛报》，2010年7月19日。

⑱《世界日报》，2010年11月11日。

⑲ abcNEWS，2010年11月30日。

⑳《洛杉矶时报》，2011年1月9日。

㉑《华盛顿邮报》，2010年10月13日。

㉒ 美联社，2010年11月16日。

㉓《基督教科学箴言报》，2010年11月20日。

㉔《侨报》，2010年10月15日。

㉕《波士顿环球报》，2010年11月5日。

㉖《侨报》，2010年4月1日。

㉗《洛杉矶时报》，2010年4月6日。

㉘《西雅图邮报》，2010年5月10日。

㉙《休斯敦纪事报》，2010年5月4日、2010年6月23日。

㉚《华盛顿邮报》，2010年8月14日。

㉛《纽约时报》，2010年9月8日。

㉜《圣弗朗西斯科纪事报》，2010年11月9日。

㉝《华尔街日报》，2010年12月1日。

㉞《华盛顿邮报》，2010年8月28日。

㉟《侨报》，2010年10月20日。

㊱《侨报》，2010年12月2日。

㊲《芝加哥论坛报》，2010年7月11日。

㊳《纽约时报》，2010年6月4日。

㊴《纽约时报》，2010年11月1日。

㊵《纽约时报》，2010年10月22日。
㊶ Prison planet. com，2010年6月16日。
㊷ 美国《外交政策》网站，2011年2月17日。
㊸《纽约时报》，2010年11月19日。
㊹ data. bls. gov
㊺《洛杉矶时报》，2010年3月11日。
㊻《纽约时报》，2010年11月19日。
㊼《华尔街日报》，2010年8月26日。
㊽《华尔街日报》，2010年8月26日。
㊾《世界日报》，2010年9月25日。
㊿《纽约时报》，2010年9月17日。
51 www. census. gov
52《华盛顿邮报》，2010年11月19日。
53《纽约每日新闻》，2010年9月29日。
54 www. ers. usda. gov
55《华盛顿邮报》，2010年11月21日。
56《侨报》，2010年11月16日。
57 美联社，2010年10月22日。
58《环球邮报》，2010年9月17日。
59《华盛顿邮报》，2010年9月23日；《今日美国报》，2010年7月31日。
60 www. usatoday. com
61《纽约时报》，2010年3月19日。
62《新闻周刊》，2010年8月23日。
63 www. laalmanac. com
64 homepost. kpbs. org
65《纽约时报》，2010年8月18日。
66 路透社，2010年11月10日。
67《侨报》，2010年3月17日。
68《纽约时报》，2010年6月29日。
69《芝加哥论坛报》，2010年3月12日。
70《华盛顿邮报》，2010年7月23日。
71 www. bls. gov/news. release/pdf/youth. pdf
72 联合国文件编号 A/HRC/15/18
73《纽约时报》，2010年10月28日。
74《今日美国报》，2010年9月17日。
75《洛杉矶时报》，2010年2月23日。
76《华盛顿邮报》，2010年9月29日。
77《世界日报》，2010年12月2日。
78《华盛顿邮报》，2010年10月20日。
79《纽约时报》，2010年11月18日。
80《圣何塞信使报》，2010年10月20日。
81《侨报》，2010年1月18日。
82《今日美国报》，2010年3月8日。
83 BBC，the social and economic position of minorities
84 联合国文件编号 A/HRC/15/18
85《华盛顿邮报》，2010年11月4日。
86 portal. chicagopolice. org
87 Projects. latimes. com/homicide/map/
88 法新社，2010年11月22日。
89《洛杉矶时报》，2010年4月13日。
90《世界日报》，2010年6月14日。
91 联合国文件编号 A/HRC/14/30
92《纽约时报》，2010年4月26日。
93 www. justice. gov/opa/pr/2010/october/10-ag-1220. html
94《世界日报》，2010年8月26日。
95《世界日报》，2010年8月26日。
96 CNN，2010年10月21日。
97《侨报》，2010年4月3日。
98 www2. fbi. gov
99《世界日报》，2010年10月15日；《侨报》2010年10月9日。
100 联合国文件编号 A/HRC/14/NGO/13
101《华盛顿邮报》，2010年11月21日。
102 www. census. gov
103《华盛顿邮报》，2010年9月29日。
104《世界日报》，2010年5月8日。
105 www. loveourchildrenusa. org
106 联合国文件编号 A/HRC/14/25/ADD. 1
107《华盛顿邮报》，2010年7月9日。
108《侨报》，2010年7月3日。
109《芝加哥论坛报》，2010年10月10日。
110《世界日报》，2010年10月15日。
111《华盛顿时报》，2010年6月16日。
112 www. co. jefferson. co. us，2010年3月23日。
113《世界日报》，2010年10月23日。
114《纽约时报》，2010年4月5日。
115《华盛顿邮报》，2011年2月20日。
116 news day，2010年10月24日。
117《圣弗朗西斯科纪事报》，2010年1月9日。
118《纽约时报》，2010年4月5日A4版。
119《纽约时报》，2010年4月13日。
120《华盛顿邮报》，2010年9月18日。
121 联合国文件，编号 A/HRC/13/42。

五、政府有关文件和报告

2006年

中华人民共和国国民经济和社会发展第十一个五年规划纲要

目　录

中华人民共和国国民经济和社会发展第十一个五年（2006—2010年）规划纲要根据《中共中央关于制定国民经济和社会发展第十一个五年规划的建议》编制，主要阐明国家战略意图，明确政府工作重点，引导市场主体行为，是未来五年我国经济社会发展的宏伟蓝图，是全国各族人民共同的行动纲领，是政府履行经济调节、市场监管、社会管理和公共服务职责的重要依据。

第一篇 指导原则和发展目标

第一章 全面建设小康社会的关键时期

“十五”时期是不平凡的五年，我国综合国力明显增强，人民生活明显改善，国际地位明显提高。面对复杂多变的国内外形势，在全国各族人民共同努力下，我们有效抑制经济运行中出现的不稳定不健康因素，成功战胜非典疫情和重大自然灾害的挑战，从容应对加入世界贸易组织后的新变化，国民经济持续较快发展，“十五”计划确定的主要发展目标提前实现。工业化、城镇化、市场化、国际化步伐加快，经济体制改革不断深化，对外贸易迈上新台阶，国家财政收入大幅度增加，价格总水平保持基本稳定，城乡面貌和人民生活进一步改善，民族团结不断巩固，各项社会事业取得新进步，国防和军队建设取得新进展，社会主义民主政治和精神文明建设继续加强。更为重要的是，党中央提出了树立科学发展观和构建社会主义和谐社会的重大战略思想。这些都为“十一五”时期的发展奠定了良好基础。面向未来，我们站在一个新的历史起点上。

专栏1 “十五”计划主要指标实现情况

指 标	2000年	“十五”计划目标	2005年	“十五”年均增长（%）
国内生产总值年均增长（%）		7		9.5
五年城镇新增就业（万人）		[4000]		[4200]
五年转移农业劳动力（万人）		[4000]		[4200]
城镇登记失业率（%）	3.1	5	4.2	
价格总水平		基本稳定		1.4
货物进出口总额（亿美元）	4743	6800	14221	24.6
研究与试验发展经费支出占国内生产总值比重（%）	0.9	1.5	1.3	
高等教育毛入学率（%）	11.5	15	21	
高中阶段教育毛入学率（%）	42.8	60	53	
初中毛入学率（%）	88.6	90	95	
全国总人口（万人）	126743	133000	130756	6.3％
主要污染物排放总量减少（%）		[10]		<[10]
城镇居民人均可支配收入年均增长（%）		5		9.6
农村居民人均纯收入年均增长（%）		5		5.3
城镇居民人均住宅建筑面积（平方米）	20.3	22	26	5.1

注：研究与试验发展经费支出占国内生产总值比重按经济普查前数据2005年为1.55％；带［］的为五年累计数。

“十一五”时期是全面建设小康社会的关键时期，具有承前启后的历史地位，既面临难得机遇，也存在严峻挑战。

我国具备保持经济平稳较快发展和社会和谐进步的有利条件。城乡居民消费结构加速升级，将带动产业结构加快调整和城镇化加快发展，市场潜力巨大。劳动力资源丰富，国民储蓄率较高，基础设施不断改善，产业配套能力较强，科技教育具有较好基础，社会政治保持长期稳定。改革向纵深推进，社会主义市场经济体制逐步完善，将进一步激发社会活力和发展动力。和平、发展、合作成为当今时代的潮流，世界政治力量对比有利于保持国际环境的总体稳定，经济全球化趋势深入发展，科技进步日新月异，生产要素流动和产业转移加快，我国与世界经济的相互联系和影响日益加深，国内国际两个市场、两种资源相互补充，外部环境总体上对我国发展有利。

在前进道路上还存在不少困难和问题。我国正处于并将长期处于社会主义初级阶段，生产力还不发达，制约发展的一些长期性深层次矛盾依然存在：耕地、淡水、能源和重要矿产资源相对不足，生态环境比较脆弱，经济结构不合理，解决“三农”问题任务相当艰巨，就业压力较大，科技自主创新能力不强，影响发展的体制机制障碍亟待解决。“十五”时期在快速发展中又出现了一些突出问题：投资和消费关系不协调，部分行业盲目扩张、产能过剩，经济增长方式转变缓慢，能源资源消耗过大，环境污染加剧，城乡、区域发展差距和部分社会成员之间收入差距继续扩大，社会事业发展仍然滞后，影响社会稳定的因素还较多。国际环境复杂多变，影响和平与发展的不稳定不确定因素增多，发达国家在经济科技上占优势的压力将长期存在，世界经济发展不平衡状况加剧，围绕资源、市场、技术、人才的竞争更加激烈，贸易保护主义有新的表现，对我国经济社会发展和安全提出了新的挑战。

在战略机遇与矛盾凸显并存的关键时期，要有高度的历史责任感、强烈的忧患意识和宽广的世界眼光，准确把握我国发展的阶段性特征，立足科学发展，着力自主创新，完善体制机制，促进社会和谐，全面提高我国的综合国力、国际竞争力和抗风险能力，开创社会主义经济建设、政治建设、文化建设、社会建设的新局面，为后十年顺利发展打下坚实基础，奋力把中国特色社会主义事业推向前进。

第二章　全面贯彻落实科学发展观

“十一五”时期促进国民经济持续快速协调健康发展和社会全面进步，要以邓小平理论和“三个代表”重要思想为指导，以科学发展观统领经济社会发展全局。坚持发展是硬道理，坚持抓好发展这个党执政兴国的第一要务，坚持以经济建设为中心，坚持用发展和改革的办法解决前进中的问题。发展必须是科学发展，要坚持以人为本，转变发展观念、创新发展模式、提高发展质量，落实“五个统筹”，把经济社会发展切实转入全面协调可持续发展的轨道。要坚持以下原则：

——必须保持经济平稳较快发展。要进一步扩大国内需求，调整投资和消费的关系，合理控制投资规模，增强消费对经济增长的拉动作用。正确把握经济发展趋势的变化，保持社会供求总量基本平衡，避免经济大起大落，实现又快又好发展。

——必须加快转变经济增长方式。要把节约资源作为基本国策，发展循环经济，保护生态环境，加快建设资源节约型、环境友好型社会，促进经济发展与人口、资源、环境相协调。推进国民经济和社会信息化，切实走新型工业化道路，坚持节约发展、清洁发展、安全发展，实现可持续发展。

——必须提高自主创新能力。要深入实施科教兴国战略和人才强国战略，把增强自主创新能力作为科学技术发展的战略基点和调整产业结构、转变增长方式的中心环节，大力提高原始创新能力、集成创新能力和引进消化吸收再创新能力。

——必须促进城乡区域协调发展。要从社会主义现代化建设全局出发，统筹城乡区域发展。坚持把解决好“三农”问题作为重中之重，实行工业反哺农业、城市支持农村，推进社会主义新农村建设，促进城镇化健康发展。

落实区域发展总体战略，形成东中西优势互补、良性互动的区域协调发展机制。

——必须加强和谐社会建设。要按照以人为本的要求，从解决关系人民群众切身利益的现实问题入手，更加注重经济社会协调发展，千方百计扩大就业，加快发展社会事业，促进人的全面发展；更加注重社会公平，使全体人民共享改革发展成果；更加注重民主法制建设，正确处理改革发展稳定的关系，保持社会安定团结。

——必须不断深化改革开放。要坚持社会主义市场经济的改革方向，完善现代企业制度和现代产权制度，建立反映市场供求状况和资源稀缺程度的价格形成机制，更大程度地发挥市场在资源配置中的基础性作用，提高资源配置效率，切实转变政府职能，健全国家宏观调控体系。统筹国内发展和对外开放，不断提高对外开放水平，增强在扩大开放条件下促进发展的能力。

根据上述指导思想和原则，针对发展中的突出矛盾和问题，要进一步调整推动发展的思路，转变推动发展的方式，明确推动发展的政策导向。

——立足扩大国内需求推动发展，把扩大国内需求特别是消费需求作为基本立足点，促使经济增长由主要依靠投资和出口拉动向消费与投资、内需与外需协调拉动转变。

——立足优化产业结构推动发展，把调整经济结构作为主线，促使经济增长由主要依靠工业带动和数量扩张带动向三次产业协同带动和结构优化升级带动转变。

——立足节约资源保护环境推动发展，把促进经济增长方式根本转变作为着力点，促使经济增长由主要依靠增加资源投入带动向主要依靠提高资源利用效率带动转变。

——立足增强自主创新能力推动发展，把增强自主创新能力作为国家战略，促使经济增长由主要依靠资金和物质要素投入带动向主要依靠科技进步和人力资本带动转变。

——立足深化改革开放推动发展，把改革开放作为动力，促使经济增长由某些领域相当程度上依靠行政干预推动向在国家宏观调控下更大程度发挥市场配置资源基础性作用转变。

——立足以人为本推动发展，把提高人民生活水平作为根本出发点和落脚点，促使发展由偏重于增加物质财富向更加注重促进人的全面发展和经济社会的协调发展转变。

第三章　经济社会发展的主要目标

根据全面建设小康社会的总体要求，“十一五”时期要努力实现以下经济社会发展的主要目标：

——宏观经济平稳运行。国内生产总值年均增长7.5%，实现人均国内生产总值比2000年翻一番。城镇新增就业和转移农业劳动力各4500万人，城镇登记失业率控制在5%。价格总水平基本稳定。国际收支基本平衡。

——产业结构优化升级。产业、产品和企业组织结构更趋合理，服务业增加值占国内生产总值比重和就业人员占全社会就业人员比重分别提高3个和4个百分点。自主创新能力增强，研究与试验发展经费支出占国内生产总值比重增加到2%，形成一批拥有自主知识产权和知名品牌、国际竞争力较强的优势企业。

——资源利用效率显著提高。单位国内生产总值能源消耗降低20%左右，单位工业增加值用水量降低30%，农业灌溉用水有效利用系数提高到0.5，工业固体废物综合利用率提高到60%。

——城乡区域发展趋向协调。社会主义新农村建设取得明显成效，城镇化率提高到47%。各具特色的区域发展格局初步形成，城乡、区域间公共服务、人均收入和生活水平差距扩大的趋势得到遏制。

——基本公共服务明显加强。国民平均受教育年限增加到9年。公共卫生和医疗服务体系比较健全。社会保障覆盖面扩大，城镇基本养老保险覆盖人数达到2.23亿人，新型农村合作医疗覆盖率提高到80%以上。贫困人口继续减少。防灾减灾能力增强，社会治安和安全生产状况进一步好转。

——可持续发展能力增强。全国总人口控制在136000万人。耕地保有量保持1.2亿公顷，淡水、能源和重要矿产资源保障水平提高。

生态环境恶化趋势基本遏制，主要污染物排放总量减少10％，森林覆盖率达到20％，控制温室气体排放取得成效。

——市场经济体制比较完善。行政管理、国有企业、财税、金融、科技、教育、文化、卫生等领域的改革和制度建设取得突破，市场监管能力和社会管理水平明显提高。对外开放与国内发展更加协调，开放型经济达到新水平。

——人民生活水平继续提高。城镇居民人均可支配收入和农村居民人均纯收入分别年均增长5％，城乡居民生活质量普遍提高，居住、交通、教育、文化、卫生和环境等方面的条件有较大改善。

——民主法制建设和精神文明建设取得新进展。法制建设全面推进，形成中国特色社会主义法律体系。思想道德建设进一步加强，构建和谐社会取得新进步。

专栏2　“十一五”时期经济社会发展的主要指标

类别	指　标	2005年	2010年	年均增长（％）	属性
经济增长	国内生产总值（万亿元）	18.2	26.1	7.5	预期性
	人均国内生产总值（元）	13985	19270	6.6	预期性
经济结构	服务业增加值比重（％）	40.3	43.3	［3］	预期性
	服务业就业比重（％）	31.3	35.3	［4］	预期性
	研究与试验发展经费支出占国内生产总值比重（％）	1.3	2	［0.7］	预期性
	城镇比率（％）	43	47	［4］	预期性
人口资源环境	全国总人口（万人）	130756	136000	<8‰	约束性
	单位国内生产总值能源消耗降低（％）			［20］	约束性
	单位工业增加值用水量降低（％）			［30］	约束性
	农业灌溉用水有效利用系数	0.45	0.5	［0.05］	预期性
	工业固体废物综合利用率（％）	55.8	60	［4.2］	预期性
	耕地保有量（亿公顷）	1.22	1.2	-0.3	约束性
	主要污染物排放总量减少（％）			［10］	约束性
	森林覆盖率（％）	18.2	20	［1.8］	约束性
公共服务人民生活	国民平均受教育年限（年）	8.5	9	［0.5］	预期性
	城镇基本养老保险覆盖人数（亿人）	1.74	2.23	5.1	约束性
	新型农村合作医疗覆盖率（％）	23.5	>80	>［56.5］	约束性
	五年城镇新增就业（万人）			［4500］	预期性
	五年转移农业劳动力（万人）			［4500］	预期性
	城镇登记失业率（％）	4.2	5		预期性
	城镇居民人均可支配收入	104943	13390	5	预期性
	农村居民人均纯收入	3255	4150	5	预期性

注：国内生产总值和城乡居民收入为2005年价格；带［］的为五年累计数；主要污染物指二氧化硫和化学需氧量。

专栏3 规划指标的属性

本规划确定的发展目标体现了人民的根本利益和长远利益，是凝聚人民意愿的国家战略意图，其中的量化指标分为预期性和约束性两类。

预期性指标是国家期望的发展目标，主要依靠市场主体的自主行为实现。政府要创造良好的宏观环境、制度环境和市场环境，并适时调整宏观调控方向和力度，综合运用各种政策引导社会资源配置，努力争取实现。

约束性指标是在预期性基础上进一步明确并强化了政府责任的指标，是中央政府在公共服务和涉及公共利益领域对地方政府和中央政府有关部门提出的工作要求。政府要通过合理配置公共资源和有效运用行政力量，确保实现。

第二篇 建设社会主义新农村

坚持统筹城乡经济社会发展的基本方略，在积极稳妥地推进城镇化的同时，按照生产发展、生活宽裕、乡风文明、村容整洁、管理民主的要求，扎实稳步推进新农村建设。

第四章 发展现代农业

坚持把发展农业生产力作为建设社会主义新农村的首要任务，推进农业结构战略性调整，转变农业增长方式，提高农业综合生产能力和增值能力，巩固和加强农业基础地位。

第一节 提高农业综合生产能力

坚持粮食基本自给，稳定发展粮食生产，确保国家粮食安全，粮食综合生产能力达到5亿吨左右。加强粮食主产区生产能力建设，提高粮食单产、品质和生产效益。建立粮食主产区与主销区间利益协调机制。抓好其他区域粮食生产能力建设。

坚持最严格的耕地保护制度，确保基本农田总量不减少、质量不下降。加强以小型水利设施为重点的农田基本建设，改造大型灌区，加快中低产田改造，提高耕地质量和农业防灾减灾能力。

提高农业科技创新和转化能力。加快建设国家农业科技创新基地和区域性农业科研中心。加快农作物和畜禽水产良种繁育、饲料饲养、疫病防治、资源节约、污染治理等技术的研发和推广。培育和推广超级杂交水稻等优良品种。加强物种资源保护和合理开发利用。

改革传统耕作方式，推行农业标准化，发展节约型农业。科学使用化肥、农药和农膜，推广测土配方施肥、平衡施肥、缓释氮肥、生物防治病虫害等适用技术。推广先进适用农机具，提高农业机械化水平。

第二节 推进农业结构调整

优化农业产业结构。在保证粮棉油稳定增产的同时，提高养殖业比重。加快发展畜牧业和奶业，保护天然草场，建设饲草料基地，改进畜禽饲养方式，提高规模化、集约化和标准化水平。因地制宜发展经济林和花卉产业。发展水产养殖和水产品加工，实施休渔、禁渔制度，控制捕捞强度。

优化农业产品结构。发展高产、优质、高效、生态、安全农产品。重点发展优质专用粮食品种、经济效益高的经济作物、节粮型畜产品和名特优新水产品。

优化农业区域布局。提高黄淮海平原、长江中下游平原和东北平原的粮食综合生产能力。在气候条件适宜区域建设经济作物产业带和名特优新稀热带作物产业带。发展农区、农牧交错区畜牧业，在南方草山草坡和西南岩溶地区发展草地畜牧业，恢复和培育传统牧区可持续发展能力。在缺水地区发展旱作节水农业。

第三节 加强农业服务体系建设

健全农业技术推广、农产品质量安全和标准、动物防疫和植物保护、认证认可等服务体系。整合涉农信息资源，加强农村经济信息应用系统建设。推进农业服务组织和机制创新，鼓励和引导农民发展各类专业合作经济组织，提高农业的组织化程度。

第四节 完善农村流通体系

推进农产品批发市场建设和改造，促进农

产品质量等级化、包装规格化。继续实施“万村千乡市场工程”，加快供销合作社经营网络改造和城市商业网点向农村延伸。完善鲜活农产品“绿色通道”网络。发展农资连锁经营，规范农资市场秩序。

第五章 增加农民收入

第一节 挖掘农业增收潜力

积极发展品种优良、特色明显、附加值高的优势农产品。延长农业产业链条，使农民在农业功能拓展中获得更多收益。发展农产品加工、保鲜、储运和其他服务。支持发展农业产业化经营，培育带动力强的龙头企业，健全企业与农户利益共享、风险共担的机制。扩大养殖、园艺等劳动密集型产品和绿色食品生产。鼓励优势农产品出口。发展休闲观光农业。

第二节 增加非农产业收入

推动乡镇企业机制创新和结构调整，引导乡镇企业向有条件的小城镇和县城集中。扶持县域经济发展，注重发展就业容量大的劳动密集型产业和服务业，壮大县域经济。健全就业信息服务体系，引导富余劳动力向非农产业和城镇有序转移，保障进城务工人员合法权益，增加农民务工收入。

第三节 完善增收减负政策

继续实行对农民的直接补贴政策，加大补贴力度，完善补贴方式。促进农产品价格保持在合理水平，稳定农业生产资料价格，建立农业支持保护制度。严格涉农收费管理，禁止向农民乱收费、乱摊派。

第六章 改善农村面貌

统筹规划、分步实施，政府引导、群众自愿，因地制宜、注重实效，改善农民生产生活条件。

第一节 加强农村基础设施建设

着力加强农民最急需的生产生活设施建设。加快实施农村饮水安全工程。加强农村公路建设，基本实现全国所有乡镇通油（水泥）路，东中部地区所有具备条件的建制村通油（水泥）路，西部地区具备条件的建制村通公路，健全农村公路管护体系。积极发展农村沼气、秸秆发电、小水电、太阳能、风能等可再生能源，完善农村电网。建立电信普遍服务基金，加强农村信息网络建设，发展农村邮政和电信，基本实现村村通电话、乡乡能上网。按照节约土地、设施配套、节能环保、突出特色的原则，做好乡村建设规划，引导农民合理建设住宅，保护有特色的农村建筑风貌。

第二节 加强农村环境保护

开展全国土壤污染现状调查，综合治理土壤污染。防治农药、化肥和农膜等面源污染，加强规模化养殖场污染治理。推进农村生活垃圾和污水处理，改善环境卫生和村容村貌。禁止工业固体废物、危险废物、城镇垃圾及其他污染物向农村转移。

第三节 积极发展农村卫生事业

加强以乡镇卫生院为重点的农村卫生基础设施建设，健全农村三级卫生服务和医疗救助体系。培训乡村卫生人员，开展城市医师支援农村活动。建设农村药品供应网和监督网。加强禽流感等人畜共患疾病防治。完善农村计划生育服务体系，实施农村计划生育家庭奖励扶助制度和“少生快富”工程。

第四节 发展农村社会保障

探索建立与农村经济发展水平相适应、与其他保障措施相配套的农村养老保险制度。基本建立新型农村合作医疗制度。有条件的地方要建立农村最低生活保障制度。完善农村“五保户”供养、特困户生活补助、灾民救助等社会救助体系。

第七章 培养新型农民

加快发展农村教育、技能培训和文化事业，培养造就有文化、懂技术、会经营的新型农民。

第一节 加快发展农村义务教育

着力普及和巩固农村九年制义务教育。对农村义务教育阶段学生免收学杂费，对其中的贫困家庭学生免费提供课本和补助寄宿生生活费。按照明确各级责任、中央地方共担、加大财政投入、提高保障水平、分步组织实施的原则，将农村义务教育全面纳入公共财政保障范围，构建农村义务教育经费保障机制。实施农村教师培训计划，使中西部地区 50 % 的农村教师得到一次专业培训。鼓励城市各单位开展智力支农，加大城镇教师支援农村教育的力度。全面实施农村中小学远程教育。

第二节 加强劳动力技能培训

支持新型农民科技培训，提高农民务农技能和科技素质。实施农村劳动力转移培训工程，增强农村劳动力的就业能力。实施农村实用人才培训工程，培养一大批生产能手、能工巧匠、经营能人和科技人员。

第三节 发展农村文化事业

加强农村文化设施建设，扩大广播电视和电影覆盖面。引导文化工作者深入乡村，满足农民群众精神文化需求。扶持农村业余文化队伍，鼓励农民兴办文化产业。推动实施农民体育健身工程。开展“文明村镇”和“文明户”活动，引导农民形成科学文明健康的生活方式。

第八章 增加农业和农村投入

坚持“多予少取放活”的方针，加快建立以工促农、以城带乡的长效机制。调整国民收入分配格局，国家财政支出和预算内固定资产投资，要按照存量适度调整、增量重点倾斜的原则，不断增加对农业和农村的投入。扩大公共财政覆盖农村的范围，确保财政用于“三农”投入的增量高于上年，新增教育、卫生、文化财政支出主要用于农村，中央和地方各级政府基础设施建设投资的重点要放在农业和农村。改革政府支农投资管理方式，整合支农投资，提高资金使用效率。鼓励、支持金融组织增加对农业和农村的投入，积极发展小额信贷，引导社会资金投向农业和农村。

第九章 深化农村改革

稳定并完善以家庭承包经营为基础、统分结合的双层经营体制，有条件的地方可根据自愿、有偿的原则依法流转土地承包经营权，发展多种形式的适度规模经营，搞好土地承包流转中的仲裁服务。巩固农村税费改革成果，全面推进农村综合改革，基本完成乡镇机构、农村义务教育和县乡财政管理体制等改革任务。深化农村金融体制改革，规范发展适合农村特点的金融组织，发挥农村信用社的支农作用，建立健全农村金融体系。稳步推进集体林权改革。加快征地制度改革，健全对被征地农民的合理补偿机制。增强村级集体经济组织的服务功能。

大力推进农村基层组织建设。着重抓好村党组织建设，同步推进村民自治组织和其他村级组织配套建设。积极推进村级组织活动场所建设。加强农村基层干部队伍建设。推进政务公开和民主管理，健全村党组织领导的充满活力的村民自治机制。

专栏4　新农村建设重点工程

大型粮棉油生产基地和优质粮食产业工程◆在粮食主产区集中连片建设高产稳产大型商品粮生产基地，继续建设优质棉基地、优质油料带。在13个粮食主产区的484个粮食主产县（场），建设万亩连片标准粮田，实施良种繁育、病虫害防控和农机装备推进等项目。

沃土工程◆对增产潜力大的中低产田加大耕地质量建设力度，配套建设不同类型的土肥新技术集成转化示范基地，使项目实施区的中低产田耕地基础地力提高一个等级。

植保工程◆完善县（市）级基层站点和省级分中心，建设一批生态和生物控灾示范基地、农药安全测试评价中心和生物技术测试区域中心。

大型灌区续建配套改造和中部四省大型排涝泵站改造◆大型灌区续建配套和节水改造。更新改造湖南、湖北、江西、安徽四省已有大型排涝泵站。

种养业良种工程◆建设农作物种质资源库、农作物改良中心、良种繁育基地，畜禽水产原良种场、水产遗传育种中心、种质资源场及检测中心等。

动物防疫体系◆建设和完善动物疫病监测预警、预防控制、检疫监督、兽药质量监察及残留监控、防疫技术支律、防疫物质保障六大系统。

农产品质量安全检验检测体系◆建设国家级农产品质量标准与检测技术研究中心、农产品质检中心、区域性质检中心，省级综合性农产品质检中心和县级农产品检测站。

农村饮水安全◆解决1亿农村居民饮用高氟水、高砷水、苦咸水、污染水和血吸虫病区、微生物超标等水质不达标及局部地区严重缺水问题。

农村公路◆新建和改造农村公路120万公里，实现所有具备条件的乡镇和行政村通公路。

农村沼气◆建设以沼气池、改圈、改厕、改厨为基本内容的农村户用沼气，以及部分规模化畜禽养殖场和养殖小区大中型沼气工程。

送电到村和绿色能源县工程◆建成50个绿色能源示范县，利用电网延伸、风力发电、小水电、太阳能光伏发电等，解决350万户无电人口用电问题。

农村医疗卫生服务体系◆以中西部地区乡镇卫生院为重点，同步建设县医院、妇幼保健机构、县中医院（民族医院）。

农村计划生育服务体系◆以中西部地区县、乡计划生育技术服务站为重点，建设县级服务站、中心乡镇服务站、流动服务车等。

农村劳动力转移就业◆加强农村劳动力技能培训、就业服务和维权服务能力建设，为外出务工农民免费提供法律政策咨询、就业信息、就业指导和职业介绍。

第三篇　推进工业结构优化升级

按照走新型工业化道路要求，坚持以市场为导向、企业为主体，把增强自主创新能力作为中心环节，继续发挥劳动密集型产业的竞争优势，调整优化产品结构、企业组织结构和产业布局，提升整体技术水平和综合竞争力，促进工业由大变强。

第十章　加快发展高技术产业

按照产业集聚、规模发展和扩大国际合作的要求，加快促进高技术产业从加工装配为主向自主研发制造延伸，推进自主创新成果产业化，引导形成一批具有核心竞争力的先导产业、一批集聚效应突出的产业基地、一批跨国高技术企业和一批具有自主知识产权的知名品牌。

第一节　提升电子信息制造业

根据数字化、网络化、智能化总体趋势，大力发展集成电路、软件和新型元器件等核心产业，重点培育光电通信、无线通信、高性能计算及网络设备等信息产业群，建设软件、微电子、光电子等产业基地，推动形成光电子产业链。开发信息产业关键技术，增强创新能力和竞争力，延伸产业链。

第二节　培育生物产业

发挥我国特有的生物资源优势和技术优势，面向健康、农业、环保、能源和材料等领域的重大需求，重点发展生物医药、生物农业、生物能源、生物制造。实施生物产业专项工程，努力实现生物产业关键技术和重要产品研制的新突破。健全市场准入制度，保护特有生物资源，保障生物安全。

第三节 推进航空航天产业

坚持远近结合、军民结合、自主开发与国际合作结合，发展新支线飞机、大型飞机、直升机和先进发动机、机载设备，扩大转包生产，推进产业化；推进航天产业由试验应用型向业务服务型转变，发展通信、导航、遥感等卫星及其应用，形成空间、地面与终端产品制造、运营服务的航天产业链。

专栏5 高技术产业工程重大专项

集成电路和软件◆建设集成电路研发中心，实现90纳米及以下集成电路工艺技术产业化。发展基础软件、中间件、大型关键应用软件和集成系统。

新一代网络◆建设下一代互联网示范工程、覆盖全国的数字电视网和具有自主知识产权的移动通信示范网。实现新一代网络关键技术、关键设备和关键软件产业化，建成新一代信息网络基础设施。实施数字音视频产品产业化专项。

先进计算◆突破千万亿次高性能计算机系统技术，建设基于网格的先进计算平台，实现万亿次高性能计算机产业化。

生物医药◆建设一批重大疾病防治疫苗和基因工程药物产业化示范工程，完善现代中药体系，提高新药创制能力。

民用飞机◆发展干线、支线、通用飞机和直升机。开发先进发动机。

卫星应用◆研制新型气象、海洋、资源、通信等卫星，开发无毒无污染大推力运载火箭。建设对地观测和导航定位卫星系统、民用卫星地面系统设施及应用示范工程。

新材料◆建设信息、生物、航空航天等行业急需的各类高性能新型材料产业化示范工程。

第四节 发展新材料产业

围绕信息、生物、航空航天、重大装备、新能源等产业发展的需求，重点发展特种功能材料、高性能结构材料、纳米材料、复合材料、环保节能材料等产业群，建立和完善新材料创新体系。

第十一章 振兴装备制造业

第一节 振兴重大技术装备

努力突破核心技术，提高重大技术装备研发设计、核心元器件配套、加工制造和系统集成的整体水平。加强组织协调，强化政策支持，依托重点工程，完善技术标准，在高档数控机床与基础制造装备、高效清洁发电与输变电等领域研制一批对国家经济安全、技术进步、产业升级有重大影响和带动作用的重大技术装备，引导形成一批集研发设计制造于一体、竞争力强的企业。

第二节 提升汽车工业水平

增强汽车工业自主创新能力，加快发展拥有自主知识产权的汽车发动机、汽车电子、关键总成及零部件。发挥骨干企业作用，提高自主品牌乘用车市场占有率。鼓励开发使用节能环保和新型燃料汽车。引导企业在竞争中兼并重组，形成若干产能百万辆的企业。

第三节 壮大船舶工业实力

加强船舶自主设计能力、船用装备配套能力和大型造船设施建设，优化散货船、油船、集装箱船三大主力船型，重点发展高技术、高附加值的新型船舶和海洋工程装备。在环渤海、长江口和珠江口等区域建设造船基地，引导其他地区造船企业合理布局和集聚发展。

专栏6　装备制造业振兴的重点

大型高效清洁发电装备◆百万千瓦级核电机组、超超临界火电机组、燃气—蒸汽联合循环机组、整体煤气化燃气—蒸汽联合循环机组、大型循环流化床锅炉、大型水电机组及抽水蓄能机组、大型空冷机组、大功率风力发电机组等。

超高压输变电设备◆掌握±500千伏直流和750千伏交流输变电关键设备制造技术，开发1000千伏特高压交流和±800千伏直流输变电成套设备。

大型乙烯成套设备◆推进百万吨级大型乙烯成套设备和对二甲苯、对苯二甲酸成套设备的国产化。

大型煤化工成套设备◆煤炭液化和气化、煤制烯烃等设备。

大型冶金设备◆大型薄板冷热连轧成套设备及涂镀层加工成套设备等。

煤矿综合采掘设备◆大型煤炭井下综合采掘、运输提升和洗选设备以及大型露天矿设备。

大型船舶装备◆大型海洋石油工程设备、30万吨矿石和原油运输船、万标箱以上集装箱船、液化天然气运输船等大型、高技术、高附加值船舶及大功率柴油机等配套装备。

轨道交通装备◆掌握时速200公里及以上高速铁路列车、新型地铁车辆等装备核心技术，实现产业化。

环保及资源综合利用装备◆大气污染治理、城市及工业污水处理、固体废物处理等大型环保设备，海水利用、报废汽车处理等资源综合利用设备。

数控机床◆提高大型、精密、高速数控装备和数控系统及功能部件的水平。

第十二章　优化发展能源工业

坚持节约优先、立足国内、煤为基础、多元发展，优化生产和消费结构，构筑稳定、经济、清洁、安全的能源供应体系。

第一节　有序发展煤炭

加强煤炭资源勘探，统筹规划，合理开发，提高回采率，减少煤炭开采对生态环境的影响。建设大型煤炭基地，鼓励煤炭企业联合重组，引导形成若干产能亿吨级的企业。鼓励有优势的煤炭企业实行煤电联营或煤电运一体化经营。调整改造重组中小煤矿，依法关闭不具备安全生产条件、破坏资源和环境的煤矿。

加强煤矿瓦斯综合治理，加快煤层气开发利用。加强煤炭清洁生产和利用，鼓励发展煤炭洗选及低热值煤、煤矸石发电等综合利用，开发推广高效洁净燃烧、烟气脱硫等技术。发展煤化工，开发煤基液体燃料，有序推进煤炭液化示范工程建设，促进煤炭深度加工转化。

第二节　积极发展电力

以大型高效环保机组为重点优化发展火电。建设大型超超临界电站和大型空冷电站。推进洁净煤发电，建设单机60万千瓦级循环流化床电站，启动整体煤气化燃气—蒸汽联合循环电站工程。鼓励发展坑口电站，建设大型煤电基地。适度发展天然气发电。加快淘汰落后的小火电机组。

在保护生态基础上有序开发水电。统筹做好移民安置、环境治理、防洪和航运。建设金沙江、雅砻江、澜沧江、黄河上游等水电基地和溪洛渡、向家坝等大型水电站。适当建设抽水蓄能电站。

积极推进核电建设。重点建设百万千瓦级核电站，逐步实现先进压水堆核电站的设计、制造、建设和运营自主化。加强核燃料资源勘查、开采、加工工艺改造以及核电关键技术开发和核电人才培养。

加强电网建设。建设西电东送三大输电通道和跨区域输变电工程，扩大西电东送规模，继续推进西电东送、南北互济、全国联网。加强区域、省级电网建设，同步发展输配电网络，加强城乡电网建设和改造，完善城乡配电网络，扩大供电范围，确保供电安全。

第三节　加快发展石油天然气

加大石油天然气资源勘探力度。加强油气资源调查评价，扩大勘探范围，重点开拓海域、主要油气盆地和陆地油气新区，开展煤层气、油页岩、油砂、天然气水合物等非常规油气资源调查勘探。推进油气勘探开发主体多元化。

实行油气并举，稳定增加原油产量，提高天然气产量。加强老油田稳产改造，延缓老油田产量递减。加快深海海域和塔里木、准噶尔、鄂尔多斯、柴达木、四川盆地等地区的油气资源开发。坚持平等合作、互利共赢，扩大境外油气资源合作开发。在沿海地区适度建设进口液化天然气项目。扩建和新建国家石油储备基地。

加快油气干线管网和配套设施的规划建设，逐步完善全国油气管线网络。建成西油东送、北油南运成品油管道。适时建设第二条西气东输管道及陆路进口油气管道。

第四节 大力发展可再生能源

实行优惠的财税、投资政策和强制性市场份额政策，鼓励生产与消费可再生能源，提高在一次能源消费中的比重。大力开发风能，建成30个10万千瓦级以上的大型风电项目，在内蒙古、河北、江苏、甘肃等地区形成百万千瓦风电基地。加快开发生物质能，支持发展秸秆、垃圾焚烧和垃圾填埋气发电，建设一批秸秆和林木质电站，扩大生物质固体成型燃料、燃料乙醇和生物柴油生产能力。并网风电装机、生物质发电装机分别达到500万千瓦和550万千瓦。积极开发利用太阳能、地热能和海洋能。

第十三章 调整原材料工业结构和布局

按照控制总量、淘汰落后、加快重组、提升水平的原则，加快调整原材料工业结构和布局，降低消耗，减少污染，提高产品档次、技术含量和产业集中度。

第一节 优化发展冶金工业

坚持内需主导，着力解决产能过剩问题，严格控制新增钢铁生产能力，加速淘汰落后工艺、装备和产品，提高钢铁产品档次和质量。推进钢铁工业发展循环经济，发挥钢铁企业产品制造、能源转换和废物消纳处理功能。鼓励企业跨地区集团化重组，形成若干具有国际竞争力的企业。结合首钢等城市钢铁企业搬迁和淘汰落后生产能力，建设曹妃甸等钢铁基地。积极利用低品位铁矿资源。

控制电解铝总量，适度发展氧化铝，鼓励发展铝深加工和新型合金材料，提高铝工业资源综合利用水平。加大铜铅锌锰矿资源勘查力度，增加后备资源，稳定矿山生产。控制铜铅锌冶炼建设规模，发展深加工产品和新型合金材料。加强稀土和钨锡锑资源保护，推动稀土在高技术产业的应用。

第二节 调整化学工业布局

按照基地化、大型化、一体化方向，调整石化工业布局。在油品消费集中区域以扩建为主适度扩大炼油生产能力，在无炼油工业的油品消费集中区域合理布局新项目，在生产能力相对过剩区域控制炼油规模。关停并转小型低效炼油装置。合理布局大型乙烯项目，形成若干炼化一体化基地，防止一哄而上。

调整化肥、农药、农膜工业布局和结构。在能源产地和粮棉主产区建设百万吨级尿素基地，建设云南、贵州、湖北磷复肥基地和青海、新疆钾肥基地。控制农药总量，提高农药质量，发展高效、低毒、低残留农药。发展和推广可降解农膜。

优化发展基础化工原料，积极发展精细化工，淘汰高污染化工企业。

提高药品自主开发能力，巩固传统化学原料药，开发特色原料药。加强中药资源普查、保护、开发和可持续利用，建设中药资源基地，大力发展中药产业。

第三节 促进建材建筑业健康发展

以节约能源资源、保护生态环境和提高产品质量档次为重点，促进建材工业结构调整和产业升级。在有条件的地区发展日产5000吨及以上的新型干法水泥，逐步淘汰立窑等落后生产能力。提高玻璃等建筑材料质量及加工深度。大力发展节能环保的新型建筑材料、保温材料以及绿色装饰装修材料。

推进建筑业技术进步，完善工程建设标准体系和质量安全监管机制，发展建筑标准件，推进施工机械化，提高建筑质量。

第十四章 提升轻纺工业水平

着力打造自主品牌，提高质量，增加品种，满足多样化需求，扩大高端市场份额，巩固和提高轻纺工业竞争力。

第一节　鼓励轻工业提高制造水平

运用信息、生物、环保等新技术改造轻工业。调整造纸工业原料结构，降低水资源消耗和污染物排放，淘汰落后草浆生产线，在有条件的地区实施林纸一体化工程。大力发展食品工业，提高精深加工水平，保障食品安全。鼓励家用电器、塑料制品和皮革及其他轻工行业开发新产品，提高技术含量和质量。

第二节　鼓励纺织工业增加附加值

提高纺织工业技术含量和自主品牌比重。发展高技术、高性能、差别化、绿色环保纤维和再生纤维，扩大产业用纺织品、丝绸和非棉天然纤维开发利用。推进纺织工业梯度转移。

第十五章　积极推进信息化

坚持以信息化带动工业化，以工业化促进信息化，提高经济社会信息化水平。

第一节　加快制造业信息化

以信息化改造制造业，推进生产设备数字化、生产过程智能化和企业管理信息化，促进制造业研发设计、生产制造、物流库存和市场营销变革。提高机电装备信息化水平，实现精准、高效生产。推广集散控制、现场总线控制、敏捷制造等技术，强化生产过程的在线监测、预警和控制。

第二节　深度开发信息资源

加快国家基础信息库建设，促进基础信息共享。优化信息资源结构。加强生产、流通、科技、人口、资源、生态环境等领域的信息采集，加强信息资源深度开发、及时处理、传播共享和有效利用。

第三节　完善信息基础设施

积极推进“三网融合”。建设和完善宽带通信网，加快发展宽带用户接入网，稳步推进新一代移动通信网络建设。建设集有线、地面、卫星传输于一体的数字电视网络。构建下一代互联网，加快商业化应用。制定和完善网络标准，促进互联互通和资源共享。

第四节　强化信息安全保障

积极防御、综合防范，提高信息安全保障能力。强化安全监控、应急响应、密钥管理、网络信任等信息安全基础设施建设。加强基础信息网络和国家重要信息系统的安全防护。推进信息安全产品产业化。发展咨询、测评、灾备等专业化信息安全服务。健全安全等级保护、风险评估和安全准入制度。

第四篇　加快发展服务业

坚持市场化、产业化、社会化方向，拓宽领域、扩大规模、优化结构、增强功能、规范市场，提高服务业的比重和水平。

第十六章　拓展生产性服务业

大力发展主要面向生产者的服务业，细化深化专业化分工，降低社会交易成本，提高资源配置效率。

第一节　优先发展交通运输业

统筹规划、合理布局交通基础设施，做好各种运输方式相互衔接，发挥组合效率和整体优势，建设便捷、通畅、高效、安全的综合运输体系。

加快发展铁路运输。重点建设客运专线、城际轨道交通、煤运通道，初步形成快速客运和煤炭运输网络。扩展西部地区路网，强化中部地区路网，完善东部地区路网。加强集装箱运输系统和主要客货枢纽建设。建设铁路新线1.7万公里，其中客运专线7000公里。

进一步完善公路网络。重点建设国家高速公路网，基本形成国家高速公路网骨架。继续完善国道、省道干线公路网络，打通省际通道，发挥路网整体效率。公路总里程达到230万公里，其中高速公路6.5万公里。

积极发展水路运输。完善沿海沿江港口布局，重点建设集装箱、煤炭、进口油气和铁矿石中转运输系统，扩大港口吞吐能力。改善出海口航道，提高内河通航条件，建设长江黄金水道和长江三角洲、珠江三角洲高等级航道网。

推进江海联运。

优化民用机场布局。扩充大型机场，完善中型机场，增加小型机场，提高中西部地区和东北地区机场密度。完善航线网络。建设现代化空中交通管理系统。

专栏7 交通基础设施重点工程

铁路◆建设北京至上海、北京至广州至深圳、哈尔滨至大连、郑州至西安、上海至宁波至深圳、南京至武汉至成都等客运专线，北京至天津、上海至南京、上海至杭州、南京至杭州、广州至珠海等城际轨道交通，向塘至湄州湾、兰州至重庆、太原至中卫（银川）铁路和青藏铁路延伸线，大同至秦皇岛、朔州至黄骅铁路扩能改造。

公路◆建设北京至上海、北京至福州、北京至香港（澳门）、北京至昆明、北京至哈尔滨、沈阳至海口、包头至茂名、青岛至银川、南京至洛阳、上海至西安、上海至重庆、上海至昆明、福州至银川、广州至昆明等高速公路。

港口◆建设大连、唐山、天津、青岛、上海、宁波—舟山、福州、厦门、深圳、广州、湛江及防城等沿海港口的煤炭、进口油气、进口铁矿石中转运输系统和集装箱运输系统。适时建设华东、华南地区煤炭中转储存基地。

水运◆建设长江口深水航道治理三期工程、珠江口出海航道工程，长江水系、珠江水系和京杭运河航道整治工程，加快重庆、武汉、南京等内河港口建设。

机场◆扩建北京、上海、广州、杭州、成都、深圳、西安、乌鲁木齐、郑州、武汉等机场，迁建昆明、合肥等机场，在中西部地区和东北地区新建支线机场。

优化运输资源配置。强化枢纽衔接和集疏运配套，促进运输一体化。开发应用高速重载、大型专业化运载、新一代航行系统等高新技术，推广集装箱多式联运和快递服务。应用信息技术提升运输管理水平，推广智能交通运输体系。发展货运代理、客货营销等运输中介服务。建设上海、天津、大连等国际航运中心。

第二节 大力发展现代物流业

推广现代物流管理技术，促进企业内部物流社会化，实现企业物资采购、生产组织、产品销售和再生资源回收的系列化运作。培育专业化物流企业，积极发展第三方物流。建立物流标准化体系，加强物流新技术开发利用，推进物流信息化。加强物流基础设施整合，建设大型物流枢纽，发展区域性物流中心。

第三节 有序发展金融服务业

健全金融体系，完善服务功能，创新服务品种，提高服务质量。规范发展多种所有制形式的中小银行以及证券公司、财务公司、融资租赁公司、基金管理公司等非银行金融机构。鼓励金融创新，稳步发展综合类金融服务，支持发展网上金融服务。积极发展面向中小企业的融资和小额信贷。完善支付结算体系，提高支付清算效率。健全金融市场的登记、托管、交易、清算系统。发展境外金融服务和外汇风险管理、综合理财等，为企业跨境经营提供便利服务和外汇避险工具。

拓宽保险服务领域，发展养老、医疗保险，发挥商业保险在健全社会保障体系中的重要作用。发展农业保险、责任保险，建立国家支持的农业和巨灾再保险体系。拓宽保险资金运用渠道。发展网上保险等新的服务方式。

第四节 积极发展信息服务业

改善邮政和电信基础业务，发展增值业务，开发新兴业务，促进普遍服务。调整电信业务结构，发展互联网产业。

积极发展电子商务。建立健全电子商务基础设施、法律环境、信用和安全认证体系，建设安全、便捷的在线支付服务平台。发展企业间电子商务，推广面向中小企业、重点行业和区域的第三方电子商务交易与服务。

推进电子政务。整合网络资源，建设统一的电子政务网络，构建政务信息网络平台、数据交换中心、数字认证中心，推动部门间信息共享和业务协同。开发基础数据资源和办公资源，完善重点业务系统。健全政府与企业、公众互动的门户网站体系，依法开放政务信息，促进办事程序规范。培育公益性信息服务机构，开发利用公益性信息资源。

加强测绘基础设施建设，丰富和开发利用基础地理信息资源，发展地理信息产业。鼓励教育、文化、出版、广播影视等领域的数字内容产业发展，丰富中文数字内容资源，发展动漫产业。

第五节　规范发展商务服务业

拓展和规范律师、公证、法律援助、司法鉴定、经济仲裁等法律服务。发展项目策划、财务顾问、并购重组、上市等投资与资产管理服务。规范发展会计、审计、税务、资产评估、校准、检测、验货等经济鉴证类服务。支持发展市场调查、工程咨询、管理咨询、资信服务等咨询服务。鼓励发展专业化的工业设计。推动广告业发展。合理规划展馆布局，发展会展业。

第十七章　丰富消费性服务业

适应居民消费结构升级趋势，继续发展主要面向消费者的服务业，扩大短缺服务产品供给，满足多样化的服务需求。

第一节　提升商贸服务业

鼓励发展所有制形式和经营业态多样化、诚信便民的零售、餐饮等商贸服务。积极发展连锁经营、特许经营、物流配送等现代流通方式和组织形式。按照优化城市功能、疏解交通的要求，合理调整城市商业网点结构和布局。

第二节　发展房地产业

调整住房供应结构，重点发展普通商品住房和经济适用住房，严格控制大户型高档商品房。按照保障供给、稳定房价的原则，加强对房地产一、二级市场和租赁市场的调控，促进住房梯次消费。完善房地产开发融资方式，加强资本金管理，规范发展住房消费信贷和保险。规范物业管理行为，提高市场化程度。

第三节　大力发展旅游业

全面发展国内旅游，积极发展入境旅游，规范发展出境旅游。合理开发和保护旅游资源，改善基础设施，推进重点旅游区、旅游线路建设，规范旅游市场秩序。继续发展观光旅游，开发休闲度假以及科普、农业、工业、海洋等专题旅游，完善自助游服务体系。继续推进红色旅游。加快旅游企业整合重组。鼓励开发特色旅游商品。

第四节　加强市政公用事业

优先发展公共交通，完善城市路网结构和公共交通场站，有条件的大城市和城市群地区要把轨道交通作为优先领域，超前规划，适时建设。积极发展出租车业。加强城市供排水、中水管网改造和建设，增强安全供水能力，扩大再生水使用范围。合理规划建设和改造城市集中供热、燃气设施。

第五节　加快发展社区服务业

围绕便民服务，重点发展社区卫生、家政服务、社区保安、养老托幼、食品配送、修理服务和废旧物品回收等。理顺社区管理体制，推进社区服务规范化和网络化建设。

第六节　发展体育事业和体育产业

加强城乡基层和各类学校体育设施建设，开展全民健身活动，提高全民特别是青少年的身体素质。保护发展民族民间体育。深化体育改革，鼓励社会力量兴办体育事业和投资体育产业。规范发展体育健身、竞赛表演、体育彩票、体育用品，以及多种形式的体育组织和经营实体。提高竞技运动水平，办好北京奥运会和广州亚运会。

第十八章　促进服务业发展的政策

打破垄断，放宽准入领域，建立公开、平等、规范的行业准入制度。鼓励社会资金投入服务业，提高非公有制经济比重。公共服务以外的领域，要按照营利性与非营利性分开的原则加快产业化改组。营利性事业单位要改制为企业，并尽快建立现代企业制度。继续推进政府机关和事业单位后勤服务社会化改革。采取积极的财税、土地、价格等政策，支持服务业关键领域、薄弱环节、新兴产业和新型业态的发展。健全服务业标准体系，推进服务业标准化。大城市要把发展服务业放在优先位置，有条件的要逐步形成服务经济为主的产业结构。

第五篇　促进区域协调发展

根据资源环境承载能力、发展基础和潜力，按照发挥比较优势、加强薄弱环节、享受均等化基本公共服务的要求，逐步形成主体功能定位清晰，东中西良性互动，公共服务和人民生活水平差距趋向缩小的区域协调发展格局。

第十九章　实施区域发展总体战略

坚持实施推进西部大开发，振兴东北地区等老工业基地，促进中部地区崛起，鼓励东部地区率先发展的区域发展总体战略，健全区域协调互动机制，形成合理的区域发展格局。

第一节　推进西部大开发

西部地区要加快改革开放步伐，通过国家支持、自身努力和区域合作，增强自我发展能力。坚持以线串点，以点带面，依托中心城市和交通干线，实行重点开发。加强基础设施建设，建设出境、跨区铁路和西煤东运新通道，建成“五纵七横”西部路段和八条省际公路，建设电源基地和西电东送工程。巩固和发展退耕还林成果，继续推进退牧还草、天然林保护等生态工程，加强植被保护，加大荒漠化和石漠化治理力度，加强重点区域水污染防治。加强青藏高原生态安全屏障保护和建设。支持资源优势转化为产业优势，大力发展特色产业，加强清洁能源、优势矿产资源开发及加工，支持发展先进制造业、高技术产业及其他有优势的产业。加强和改善公共服务，优先发展义务教育和职业教育，改善农村医疗卫生条件，推进人才开发和科技创新。建设和完善边境口岸设施，加强与毗邻国家的经济技术合作，发展边境贸易。落实和深化西部大开发政策，加大政策扶持和财政转移支付力度，推动建立长期稳定的西部开发资金渠道。

第二节　振兴东北地区等老工业基地

东北地区要加快产业结构调整和国有企业改革改组改造，在改革开放中实现振兴。发展现代农业，强化粮食基地建设，推进农业规模化、标准化、机械化和产业化经营，提高商品率和附加值。建设先进装备、精品钢材、石化、汽车、船舶和农副产品深加工基地，发展高技术产业。建立资源开发补偿机制和衰退产业援助机制，抓好阜新、大庆、伊春和辽源等资源枯竭型城市经济转型试点，搞好棚户区改造和采煤沉陷区治理。加强东北东部铁路通道和跨省区公路运输通道等基础设施建设，加快市场体系建设，促进区域经济一体化。扩大与毗邻国家的经济技术合作。加强黑土地水土流失和东北西部荒漠化综合治理。支持其他地区老工业基地的振兴。

第三节　促进中部地区崛起

中部地区要依托现有基础，提升产业层次，推进工业化和城镇化，在发挥承东启西和产业发展优势中崛起。加强现代农业特别是粮食主产区建设，加大农业基础设施建设投入，增强粮食等大宗农产品生产能力，促进农产品加工转化增值。支持山西、河南、安徽加强大型煤炭基地建设，发展坑口电站和煤电联营。加快钢铁、化工、有色、建材等优势产业的结构调整，形成精品原材料基地。支持发展矿山机械、汽车、农业机械、机车车辆、输变电设备等装备制造业以及软件、光电子、新材料、生物工程等高技术产业。构建综合交通运输体系，重点建设干线铁路和公路、内河港口、区域性机场。加强物流中心等基础设施建设，完善市场体系。

第四节　鼓励东部地区率先发展

东部地区要率先提高自主创新能力，率先实现经济结构优化升级和增长方式转变，率先完善社会主义市场经济体制，在率先发展和改革中带动帮助中西部地区发展。加快形成一批自主知识产权、核心技术和知名品牌，提高产业素质和竞争力。优先发展先进制造业、高技术产业和服务业，着力发展精加工和高端产品。促进加工贸易升级，积极承接高技术产业和现代服务业转移，提高外向型经济水平，增强国际竞争力。加强耕地保护，发展现代农业。提高资源特别是土地、能源利用效率，加强生态环境保护，增强可持续发展能力。继续发挥经济特区、上海浦东新区的作用，推进天津滨海新区开发开放，支持海峡西岸和其他台商投资相对集中地区的经济发展，带动区域经济发展。

第五节　支持革命老区、民族地区和边疆地区发展

加大财政转移支付力度和财政性投资力度，支持革命老区、民族地区和边疆地区加快发展。保护自然生态，改善基础设施条件。发展学前教育，加快普及义务教育，办好中心城市的民族初中班和高中班，加强民族大学建设和民族地区高等教育。建设少数民族民间传统文化社区，扶持少数民族出版事业，建立双语教学示范区。加强少数民族人才队伍建设，稳定民族地区人才队伍。支持发展民族特色产业、民族特需商品、民族医药产业和其他有优势的产业。优先解决特困少数民族贫困问题，扶持人口较少民族的经济社会发展，推进兴边富民行动。继续实行支持西藏、新疆及新疆生产建设兵团发展的政策。

第六节　健全区域协调互动机制

健全市场机制，打破行政区划的局限，促进生产要素在区域间自由流动，引导产业转移。健全合作机制，鼓励和支持各地区开展多种形式的区域经济协作和技术、人才合作，形成以东带西、东中西共同发展的格局。健全互助机制，发达地区要采取对口支援、社会捐助等方式帮扶欠发达地区。健全扶持机制，按照公共服务均等化原则，加大国家对欠发达地区的支持力度。国家继续在经济政策、资金投入和产业发展等方面，加大对中西部地区的支持。

第二十章　推进形成主体功能区

根据资源环境承载能力、现有开发密度和发展潜力，统筹考虑未来我国人口分布、经济布局、国土利用和城镇化格局，将国土空间划分为优化开发、重点开发、限制开发和禁止开发四类主体功能区，按照主体功能定位调整完善区域政策和绩效评价，规范空间开发秩序，形成合理的空间开发结构。

第一节　优化开发区域的发展方向

优化开发区域是指国土开发密度已经较高、资源环境承载能力开始减弱的区域。要改变依靠大量占用土地、大量消耗资源和大量排放污染实现经济较快增长的模式，把提高增长质量和效益放在首位，提升参与全球分工与竞争的层次，继续成为带动全国经济社会发展的龙头和我国参与经济全球化的主体区域。

第二节　重点开发区域的发展方向

重点开发区域是指资源环境承载能力较强、经济和人口集聚条件较好的区域。要充实基础设施，改善投资创业环境，促进产业集群发展，壮大经济规模，加快工业化和城镇化，承接优化开发区域的产业转移，承接限制开发区域和禁止开发区域的人口转移，逐步成为支撑全国经济发展和人口集聚的重要载体。

第三节　限制开发区域的发展方向

限制开发区域是指资源环境承载能力较弱、大规模集聚经济和人口条件不够好并关系到全国或较大区域范围生态安全的区域。要坚持保护优先、适度开发、点状发展，因地制宜发展资源环境可承载的特色产业，加强生态修复和环境保护，引导超载人口逐步有序转移，逐步成为全国或区域性的重要生态功能区。

专栏8 部分限制开发区域功能定位及发展方向

大小兴安岭森林生态功能区◆禁止非保护性采伐，植树造林，涵养水源，保护野生动物。

长白山森林生态功能区◆禁止林木采伐，植树造林，涵养水源，防止水土流失。

川滇森林生态及生物多样性功能区◆在已明确的保护区域保护生物多样性和多种珍稀动物基因库。

秦巴生物多样性功能区◆适度开发水能，减少林木采伐，保护野生物种。

藏东南高原边缘森林生态功能区◆保护自然生态系统。

新疆阿尔泰山地森林生态功能区◆禁止非保护性采伐，合理更新林地。

青海三江源草原草甸湿地生态功能区◆封育草地，减少载畜量，扩大湿地，涵养水源，防治草原退化，实行生态移民。

新疆塔里木河荒漠生态功能区◆合理利用地表水和地下水，调整农牧业结构，加强药材开发管理。

新疆阿尔金草原荒漠生态功能区◆控制放牧和旅游区域范围，防范盗猎，减少人类活动干扰。

藏西北羌塘高原荒漠生态功能区◆保护荒漠生态系统，防范盗猎，保护野生动物。

东北三江平原湿地生态功能区◆扩大保护范围，降低农业开发和城市建设强度，改善湿地环境。

苏北沿海湿地生态功能区◆停止围垦，扩大湿地保护范围，保护鸟类南北迁徙通道。

四川若尔盖高原湿地生态功能区◆停止开垦，减少过度开发，保持湿地面积，保护珍稀动物。

甘南黄河重要水源补给生态功能区◆加强天然林、湿地和高原野生动植物保护，实行退耕还林还草、牧民定居和生态移民。

川滇干热河谷生态功能区◆退耕还林、还灌、还草，综合整治，防止水土流失，降低人口密度。

内蒙古呼伦贝尔草原沙漠化防治区◆禁止过度开垦、不适当樵采和超载放牧，退牧还草，防治草场退化沙化。

内蒙古科尔沁沙漠化防治区◆根据沙化程度采取针对性强的治理措施。

内蒙古浑善达克沙漠化防治区◆采取植物和工程措施，加强综合治理。

毛乌素沙漠化防治区◆恢复天然植被，防止沙丘活化和沙漠面积扩大。

黄土高原丘陵沟壑水土流失防治区◆控制开发强度，以小流域为单元综合治理水土流失，建设淤地坝。

大别土壤侵蚀防治区◆实行生态移民，降低人口密度，恢复植被。

桂黔滇等喀斯特石漠化防治区◆封山育林育草，种草养畜，实行生态移民，改变耕作方式，发展生态产业和优势非农产业。

第四节　禁止开发区域的发展方向

禁止开发区域是指依法设立的各类自然保护区域。要依据法律法规规定和相关规划实行强制性保护，控制人为因素对自然生态的干扰，严禁不符合主体功能定位的开发活动。

专栏9 禁止开发区域

国家级自然保护区◆共243个，面积8944万公顷。

世界文化自然遗产◆共31处。

国家重点风景名胜区◆共187个，面积927万公顷。

国家森林公园◆共565个，面积1100万公顷。

国家地质公园◆共138个，面积48万公顷。

第五节　实行分类管理的区域政策

财政政策，要增加对限制开发区域、禁止开发区域用于公共服务和生态环境补偿的财政转移支付，逐步使当地居民享有均等化的基本公共服务。投资政策，要重点支持限制开发区域、禁止开发区域公共服务设施建设和生态环境保护，支持重点开发区域基础设施建设。产业政策，要引导优化开发区域转移占地多、消耗高的加工业和劳动密集型产业，提升产业结构层次；引导重点开发区域加强产业配套能力建设；引导限制开发区域发展特色产业，限制不符合主体功能定位的产业扩张。土地政策，要对优化开发区域实行更严格的建设用地增量控制，在保证基本农田不减少的前提下适当扩大重点开发区域建设用地供给，对限制开发区域和禁止开发区域实行严格的土地用途管制，严禁生态用地改变用途。人口管理政策，要鼓励在优化开发区域、重点开发区域有稳定就业和住所的外来人口定居落户，引导限制开发区域和禁止开发区域的人口逐步自愿平稳有序转移。绩效评价和政绩考核，对优化开发区域，要强化经济结构、资源消耗、自主创新等的评价，弱化经济增长的评价；对重点开发区域，要综合评价经济增长、质量效益、工业化和城镇化水平等；对限制开发区域，要突出生态环境保护等的评价，弱化经济增长、工业化和城镇化水平的评价；对禁止开发区域，主要评价生态环境保护。

第二十一章　促进城镇化健康发展

坚持大中小城市和小城镇协调发展，提高城镇综合承载能力，按照循序渐进、节约土地、集约发展、合理布局的原则，积极稳妥地推进城镇化，逐步改变城乡二元结构。

第一节　分类引导人口城镇化

对临时进城务工人员，继续实行亦工亦农、城乡双向流动的政策，在劳动报酬、劳动时间、法定假日和安全保护等方面依法保障其合法权益；对在城市已有稳定职业和住所的进城务工人员，要创造条件使之逐步转为城市居民，依法享有当地居民应有的权利，承担应尽的义务；对因城市建设承包地被征用、完全失去土地的农村人口，要转为城市居民，城市政府要负责提供就业援助、技能培训、失业保险和最低生活保障等。鼓励农村人口进入中小城市和小城镇定居，特大城市要从调整产业结构的源头入手，形成用经济办法等控制人口过快增长的机制。

第二节　形成合理的城镇化空间格局

要把城市群作为推进城镇化的主体形态，逐步形成以沿海及京广京哈线为纵轴，长江及陇海线为横轴，若干城市群为主体，其他城市和小城镇点状分布，永久耕地和生态功能区相间隔，高效协调可持续的城镇化空间格局。

已形成城市群发展格局的京津冀、长江三角洲和珠江三角洲等区域，要继续发挥带动和辐射作用，加强城市群内各城市的分工协作和优势互补，增强城市群的整体竞争力。

具备城市群发展条件的区域，要加强统筹规划，以特大城市和大城市为龙头，发挥中心城市作用，形成若干用地少、就业多、要素集聚能力强、人口分布合理的新城市群。

人口分散、资源条件较差、不具备城市群发展条件的区域，要重点发展现有城市、县城及有条件的建制镇，成为本地区集聚经济、人口和提供公共服务的中心。

第三节　加强城市规划建设管理

规划城市规模与布局，要符合当地水土资源、环境容量、地质构造等自然承载力，并与当地经济发展、就业空间、基础设施和公共服务供给能力相适应。

加强城市水源地保护和供水设施建设。缺水城市要适度控制城市规模，禁止发展高耗水产业和建设高耗水景观。地下水超采城市要控制地下水开采，防止地面沉降。城市道路以及供排水、能源、环保、电信、有线电视等的建设，要破除部门和地方分割，在统一规划基础上协同建设，减少盲目填挖和拆建。加强城市综合防灾减灾和应急管理能力建设。稳步推进城市危旧住房和“城中村”改造，保障拆迁户合法权益。城市规划和建筑设计要延续历史，传承文化，突出特色，保护民族、文化遗产和风景名胜资源。强化城市规划实施的监管，推进城市综合管理，提高城市管理水平。

第四节　健全城镇化发展的体制机制

加快破除城乡分割的体制障碍，建立健全与城镇化健康发展相适应的财税、征地、行政管理和公共服务等制度。完善行政区划设置和管理模式。改革城乡分割的就业管理制度，深化户籍制度改革，逐步建立城乡统一的人口登记制度。

第六篇　建设资源节约型、环境友好型社会

落实节约资源和保护环境基本国策，建设低投入、高产出，低消耗、少排放，能循环、可持续的国民经济体系和资源节约型、环境友好型社会。

第二十二章 发展循环经济

坚持开发节约并重、节约优先，按照减量化、再利用、资源化的原则，在资源开采、生产消耗、废物产生、消费等环节，逐步建立全社会的资源循环利用体系。

第一节 节约能源

强化能源节约和高效利用的政策导向，加大节能力度。通过优化产业结构特别是降低高耗能产业比重，实现结构节能；通过开发推广节能技术，实现技术节能；通过加强能源生产、运输、消费各环节的制度建设和监管，实现管理节能。突出抓好钢铁、有色、煤炭、电力、化工、建材等行业和耗能大户的节能工作。加大汽车燃油经济性标准实施力度，加快淘汰老旧运输设备。制定替代液体燃料标准，积极发展石油替代产品。鼓励生产使用高效节能产品。

专栏10 节能重点工程

低效燃煤工业锅炉（窑炉）改造◆采用循环流化床、粉煤燃烧等技术改造或替代现有中小燃煤锅炉（窑炉）。
区域热电联产◆发展采用热电联产和热电冷联产，将分散式供热小锅炉改造为集中供热。
余热余压利用◆在钢铁、建材等行业开展余热余压利用。
节约和代替石油◆在电力、交通运输等行业实施节油措施，发展煤炭液化、醇醚类燃料等石油替代产品。
电机系统节能◆在煤炭等行业进行电动机拖动风机、水泵系统优化改造。
能量系统优化◆在石化、钢铁等行业实施系统能量优化，使企业综合能耗达到或接近世界先进水平。
建筑节能◆严格执行建筑节能设计标准，推动既有建筑节能改造，推广新型墙体材料和节能产品等。
绿色照明◆在公用设施、宾馆、商厦、写字楼以及住宅中推广高效节电照明系统等。
政府机构节能◆政府机构建筑按照建筑节能标准进行改造，在政府机构推广使用节能产品等。
节能监测和技术服务体系建设◆更新监测设备，加强人员培训等。

第二节 节约用水

发展农业节水，推进雨水集蓄，建设节水灌溉饲草基地，提高水的利用效率，基本实现灌溉用水总量零增长。重点推进火电、冶金等高耗水行业节水技术改造。抓好城市节水工作，强制推广使用节水设备和器具，扩大再生水利用。加强公共建筑和住宅节水设施建设。积极开展海水淡化、海水直接利用和矿井水利用。

第三节 节约土地

落实保护耕地基本国策。管住总量、严控增量、盘活存量，控制农用地转为建设用地的规模。建立健全用地定额标准，推行多层标准厂房。开展农村土地整理，调整居民点布局，控制农村居民点占地，推进废弃土地复垦。控制城市大广场建设，发展节能省地型公共建筑和住宅。到2010年实现所有城市禁用实心粘土砖。

第四节 节约材料

推行产品生态设计，推广节约材料的技术工艺，鼓励采用小型、轻型和再生材料。提高建筑物质量，延长使用寿命，提倡简约实用的建筑装修。推进木材、金属材料、水泥等的节约代用。禁止过度包装。规范并减少一次性用品生产和使用。

第五节 加强资源综合利用

抓好煤炭、黑色和有色金属共伴生矿产资源综合利用。推进粉煤灰、煤矸石、冶金和化工废渣及尾矿等工业废物利用。推进秸秆、农膜、禽畜粪便等循环利用。建立生产者责任延伸制度，推进废纸、废旧金属、废旧轮胎和废弃电子产品等回收利用。加强生活垃圾和污泥资源化利用。

推动钢铁、有色、煤炭、电力、化工、建材、制糖等行业实施循环经济改造，形成一批循环经济示范企业。在重点行业、领域、产业园区和城市开展循环经济试点。发展黄河三角洲、三峡库区等高效生态经济。

专栏11　循环经济示范试点工程

重点行业◆建设济钢、宝钢、鞍本钢、攀钢、中铝、金川公司、江西铜业、鲁北化工等一批循环经济示范企业。

产业园区◆建设资源循环利用产业链及园区集中供热和废物处理中心，建设河北曹妃甸、青海柴达木等若干循环经济产业示范区。

再生资源回收利用◆建设湖南汨罗等再生资源回收利用市场和加工示范基地。

再生金属利用◆建设若干30万吨以上的再生铜、再生铝、再生铅示范企业。

废旧家电回收处理◆建设若干废旧家电回收利用示范基地。

再制造◆建设若干汽车发动机、变速箱、电机和轮胎翻新等再制造示范企业。

第六节　强化促进节约的政策措施

加快循环经济立法。实行单位能耗目标责任和考核制度。完善重点行业能耗和水耗准入标准、主要用能产品和建筑物能效标准、重点行业节能设计规范和取水定额标准。严格执行设计、施工、生产等技术标准和材料消耗核算制度。实行强制淘汰高耗能高耗水落后工艺、技术和设备的制度。推行强制性能效标识制度和节能产品认证制度。加强电力需求侧管理、政府节能采购、合同能源管理。实行有利于资源节约、综合利用和石油替代产品开发的财税、价格、投资政策。增强全社会的资源忧患意识和节约意识。

第二十三章　保护修复自然生态

生态保护和建设的重点要从事后治理向事前保护转变，从人工建设为主向自然恢复为主转变，从源头上扭转生态恶化趋势。

专栏12　生态保护重点工程

天然林资源保护◆对工程区内9418万公顷天然林和其他森林实行全面有效管护，在长江上游、黄河上中游工程区造林579万公顷。

退耕还林还草◆在长江、黄河流域水土流失以及北方风沙地区等继续实施退耕还林还草。

退牧还草◆在内蒙古东部、内蒙古甘肃宁夏西部、青藏高原东部、新疆北部四大片区治理严重退化草地。

京津风沙源治理◆退耕还林34万公顷，在宜林荒山荒沙地区造林29万公顷，人工造林127万公顷，飞播造林145万公顷，封沙育林育草95万公顷，草地治理291万公顷。

防护林体系◆建设“三北”防护林体系四期工程，长江、珠江防护林和太行山绿化、平原绿化及沿海防护林体系工程。推进三峡库区绿化带建设。

湿地保护与修复◆建设222个湿地保护区，其中国家级湿地保护区49个，通过对水资源的合理调配和管理等措施恢复重要湿地。

青海三江源自然保护区生态保护和建设◆退牧还草644万公顷，退耕还林还草0.65万公顷，封山育林、沙漠化土地防治、湿地保护、黑土滩治理80万公顷，鼠害治理209万公顷，水土流失治理5万公顷。

水土保持工程◆新增水土流失治理面积1900万公顷。实施石羊河流域综合治理。

野生动植物保护及自然保护区建设◆建设和完善一批自然保护区，继续实施对极度濒危野生动植物物种的拯救工程。

石漠化地区综合治理◆通过植被保护、退耕还林、封山育林育草、种草养畜、合理开发利用水资源、土地整治和水土保持、改变耕作制度、建设农村沼气、易地扶贫等措施，加大石漠化地区治理力度。

在天然林保护区、重要水源涵养区等限制开发区域建立重要生态功能区，促进自然生态恢复。健全法制、落实主体、分清责任，加强对自然保护区的监管。有效保护生物多样性，防止外来有害物种对我国生态系统的侵害。按照谁开发谁保护、谁受益谁补偿的原则，建立生态补偿机制。

第二十四章　加大环境保护力度

坚持预防为主、综合治理，强化从源头防治污染，坚决改变先污染后治理、边治理边污染的状况。以解决影响经济社会发展特别是严重危害人民健康的突出问题为重点，有效控制污染物排放，尽快改善重点流域、重点区域和重点城市的环境质量。

第一节 加强水污染防治

加大“三河三湖”等重点流域和区域水污染防治力度。科学划定饮用水源保护区，强化对主要河流和湖泊排污的管制，坚决取缔饮用水源地的直接排污口，严禁向江河湖海排放超标污水。加强城市污水处理设施建设，全面开征污水处理费，到2010年城市污水处理率不低于70%。

第二节 加强大气污染防治

加大重点城市大气污染防治力度。加快现有燃煤电厂脱硫设施建设，新建燃煤电厂必须根据排放标准安装脱硫装置，推进钢铁、有色、化工、建材等行业二氧化硫综合治理。在大中城市及其近郊，严格控制新（扩）建除热电联产外的燃煤电厂，禁止新（扩）建钢铁、冶炼等高耗能企业。加大城市烟尘、粉尘、细颗粒物和汽车尾气治理力度。

第三节 加强固体废物污染防治

加快危险废物处理设施建设，妥善处置危险废物和医疗废物。强化对危险化学品的监管，加强重金属污染治理，推进堆存铬渣无害化处置。加强核设施和放射源安全监管，确保核与辐射环境安全。加强城市垃圾处理设施建设，加大城市垃圾处理费征收力度，到2010年城市生活垃圾无害化处理率不低于60%。

专栏13 环境治理重点工程

重点流域水污染治理◆“三河三湖”、三峡库区、长江上游、黄河中上游、松花江、南水北调水源及沿线的水污染治理工程。

燃煤电厂烟气脱硫◆增加现有燃煤电厂脱硫能力，使90%的现有电厂达标排放。

医疗废物及危险废物处置◆建设医疗废物及危险废物集中处置设施，基本实现医疗废物及危险废物的安全处置。

核与辐射安全工程◆加决中低放射性废物处置场建设，解决高放射性废物永久处置问题。

铬渣污染治理◆对堆存铬渣及受污染土壤进行综合治理，实现所有堆存铬渣无害化处置。

第四节 实行强有力的环保措施

各地区要切实承担对所辖地区环境质量的责任，实行严格的环保绩效考核、环境执法责任制和责任追究制。各级政府要将环保投入作为本级财政支出的重点并逐年增加。健全环境监管体制，提高监管能力，加大环保执法力度。实施排放总量控制、排放许可和环境影响评价制度。实行清洁生产审核、环境标识和环境认证制度，严格执行强制淘汰和限期治理制度，建立跨省界河流断面水质考核制度。实行环境质量公告和企业环保信息公开制度，鼓励社会公众参与并监督环保。大力发展环保产业，建立社会化多元化环保投融资机制，运用经济手段加快污染治理市场化进程。积极参与全球环境与发展事务，认真履行环境国际公约。

第二十五章 强化资源管理

实行有限开发、有序开发、有偿开发，加强对各种自然资源的保护和管理。

第一节 加强水资源管理

顺应自然规律，调整治水思路，从单纯的洪水控制向洪水管理、雨洪资源科学利用转变，从注重水资源开发利用向水资源节约、保护和优化配置转变。加强水资源统一管理，统筹生活、生产、生态用水，做好上下游、地表地下水调配，控制地下水开采。完善取水许可和水资源有偿使用制度，实行用水总量控制与定额管理相结合的制度，健全流域管理与区域管理相结合的水资源管理体制，建立国家初始水权分配制度和水权转让制度。完成南水北调东线和中线一期工程，合理规划建设其他水资源调配工程。

第二节　加强土地资源管理

实行最严格的土地管理制度。严格执行法定权限审批土地和占用耕地补偿制度，禁止非法压低地价招商。严格土地利用总体规划、城市总体规划、村庄和集镇规划修编的管理。加强土地利用计划管理、用途管制和项目用地预审管理。加强村镇建设用地管理，改革和完善宅基地审批制度。完善耕地保护责任考核体系，实行土地管理责任追究制。加强土地产权登记和土地资产管理。

第三节　加强矿产资源管理

加强矿产资源勘查开发统一规划管理，严格矿产资源开发准入条件，强化资格认证和许可管理，严格按照法律法规和规划开发。完善矿产资源开发管理体制，依法设置探矿权、采矿权，建立矿业权交易制度，健全矿产资源有偿占用制度和矿山环境恢复补偿机制。完善重要资源储备制度，加强国家重要矿产品储备，调整储备结构和布局。实行国家储备与用户储备相结合，对资源消耗大户实行强制性储备。

第二十六章　合理利用海洋和气候资源

第一节　保护和开发海洋资源

强化海洋意识，维护海洋权益，保护海洋生态，开发海洋资源，实施海洋综合管理，促进海洋经济发展。综合治理重点海域环境，遏制渤海、长江口和珠江口等近岸海域生态恶化趋势。恢复近海海洋生态功能，保护红树林、海滨湿地和珊瑚礁等海洋、海岸带生态系统，加强海岛保护和海洋自然保护区管理。完善海洋功能区划，规范海域使用秩序，严格限制开采海砂。有重点地勘探开发专属经济区、大陆架和国际海底资源。

第二节　开发利用气候资源

加强空中水资源、太阳能、风能等的合理开发利用。发展气象事业，加强气象卫星应用、天气雷达等综合监测，建立先进的气象服务业务系统。增强灾害性天气预警预报能力，提高预报准确率和时效性。增强气象为农业等行业服务的能力。加强人工影响天气、大气成分和气候变化监测、预测、评估工作。

第七篇　实施科教兴国战略和人才强国战略

把科技进步和创新作为经济社会发展的重要推动力，把发展教育和培养德才兼备的高素质人才摆在更加突出的战略位置，深化体制改革，加大投入，加快科技教育发展，努力建设创新型国家和人力资本强国。

第二十七章　加快科学技术创新和跨越

实施国家中长期科学和技术发展规划，按照自主创新、重点跨越、支撑发展、引领未来的方针，加快建设国家创新体系，不断增强企业创新能力，加强科技与经济、教育的紧密结合，全面提高科技整体实力和产业技术水平。

第一节　大力推进自主创新

加强基础研究、前沿技术研究和社会公益性技术研究，在信息、生命、空间、海洋、纳米及新材料等领域超前部署，集中优势力量，加大投入力度，力争取得重要突破。适应国家重大战略需求，启动一批重大科技专项，在能源、资源、环境、农业、信息、健康等领域加强关键技术攻关，实现核心技术集成创新与跨越。实施重大产业技术开发专项，促进引进技术消化吸收再创新。

专栏14　重大科技专项与重大科技基础设施

核心电子器件、高端通用芯片及基础软件◆开发高端电子通用器件和高可信网络化基础软件，信息安全所需芯片和器件等关键技术。

极大规模集成电路制造技术及成套工艺◆开发60纳米至45纳米高速、低功耗芯片和新型硅基集成电路的制造工艺技术，核心集成电路装备技术。

新一代宽带无线移动通信◆开发新一代宽带无线移动通信网络、终端与应用技术。

高档数控机床与基础制造技术◆开发高档数控机床与基础制造成套技术，研究数字化与智能化控制单元。

大型油气田及煤层气开发◆开发特殊地质条件下油气资源工业化开采成套技术。

大型先进压水堆及高温气冷堆核电站◆开发百万千瓦级大型先进压水堆核电设计技术和20万千瓦级模块式高温气冷堆商业化技术。

水体污染控制与治理◆研究典型流域水污染控制、湖泊富营养化防治和水环境生态修复等关键技术。

转基因生物新品种培育◆开发功能基因克隆与验证、规模化转基因操作等核心技术，建立和完善优异种质创新、新品种培育和规模化制种三大技术平台。

重大新药创制◆研制一批具有自主知识产权和市场竞争力的新药，建立具有国际先进水平的研发平台。

艾滋病和病毒性肝炎等重大传染病防治◆构建艾滋病、病毒性肝炎等重大传染病的有效防控技术体系，研制高效特异性诊断试剂、疫苗和药物及检测技术。

大型飞机◆开发大型飞机设计与制造成套技术。

高分辨率对地观测系统◆开发基于卫星、飞机和平流层飞艇的高分辨率先进观测技术，建立对地观测数据中心及重点应用系统。

载人航天与探月工程◆突破航天员出舱活动以及空间飞行器交会对接重大技术，建立具有一定应用规模的短期有人照料、长期在轨自主飞行的空间实验室。开发月球探测关键技术，建立月球探测工程系统。

重大科技基础设施◆建设散裂中子源、强磁场装置、大型天文望远镜、海洋科学综合考察船、航空遥感系统、结冰风洞、大陆构造环境监测网络、重大工程材料服役安全研究评价设施、蛋白质科学研究设施、子午工程、地下资源与地震预测极低频电磁探测网、农业生物安全研究设施等。

坚持哲学社会科学与自然科学并重，繁荣和发展哲学社会科学。实施马克思主义理论研究和建设工程，构建哲学社会科学创新体系，积极推动理论创新，进一步发挥对经济社会发展的重要促进作用。促进自然科学与哲学社会科学的结合。

第二节　加强自主创新能力建设

建设科技支撑体系，全面提升科技自主创新能力。建设国家重大科技基础设施，实施知识创新工程，整合研究实验体系，建设若干世界一流水平的科研机构和研究型大学，构筑高水平科学研究和人才培养基地。实施重大科学工程，加强国家重点实验室建设，构建国家科技基础条件平台，促进科技资源共享。建设一批产业技术研发试验设施，提高产业技术创新能力。加强科普能力建设，实施全民科学素质行动计划。

第三节　强化企业技术创新主体地位

加快建立以企业为主体、市场为导向、产学研相结合的技术创新体系，形成自主创新的基本体制架构。加强国家工程实验室、国家工程中心和企业技术中心建设，建立企业自主创新的基础支撑平台。发展技术咨询、技术转让等技术创新中介服务，形成社会化服务体系。实行支持自主创新的财税、金融和政府采购政策，引导企业增加研发投入。发挥各类企业特别是中小企业的创新活力，鼓励技术革新和发明创造。

第四节　加大知识产权保护力度

加强公民知识产权意识，健全知识产权保护体系，建立知识产权预警机制，依法严厉打击侵犯知识产权行为。加强计量基础研究，完善国家标准体系，及时淘汰落后标准。优先采用具有自主知识产权的技术标准，积极参与制定国际标准。发展专利、商标、版权转让与代理、无形资产评估等知识产权服务。

第五节　深化科技体制改革

整合科技资源，合理配置基础研究、前沿

技术研究和社会公益性研究力量，促进科研机构、大学、企业间科研人员的合理流动与合作，构建科技资源共享机制。深化技术开发类院所企业化转制改革和社会公益类科研机构改革，完善现代科研院所制度，形成开放合作的研究开发体系。完善科技管理体制和运行机制，改革科技评审评估和成果评价奖励等制度。建立多元化、多渠道的科技投入体系，保证科技经费的增长幅度明显高于财政经常性收入的增长幅度，逐步提高国家财政性科技投入占国内生产总值的比例。

第二十八章 优先发展教育

全面实施素质教育，着力完成“普及、发展、提高”三大任务，加快教育结构调整，促进教育全面协调发展，建设学习型社会。

第一节 普及和巩固义务教育

重点加强农村义务教育，努力降低义务教育阶段农村学生特别是女性学生、少数民族学生和贫困家庭学生的辍学率，全国初中三年保留率达到95%。推进城乡、地区间义务教育均衡发展。各地政府要保证进城务工人员子女与当地学生平等接受义务教育。

第二节 大力发展职业教育

重点发展中等职业教育，年招生规模扩大到800万人。发展多种形式的职业技能培训。改革职业教育教学方式，更新教学内容，推行工学结合、校企合作的培养模式，建立弹性学习制度。促进职业教育和普通高中教育协调发展，提高办学水平和质量。

第三节 提高高等教育质量

把高等教育发展的重点放在提高质量和优化结构上，加强研究与实践，培养学生的创新精神和实践能力。稳步提高高等教育大众化水平，稳步发展普通本专科和研究生教育，提高高层次人才培养质量。有重点地加强高水平大学和重点学科建设，推动各类高等院校协调发展。继续发展各类成人教育。

第四节 加大教育投入

保证财政性教育经费的增长幅度明显高于财政经常性收入的增长幅度，逐步使财政性教育经费占国内生产总值的比例达到4%。强化政府对义务教育的保障责任，加大中央和省级政府对财政困难县义务教育经费的转移支付力度。促进教育公平，公共教育资源要向农村、中西部地区、贫困地区、民族地区以及薄弱学校、贫困家庭学生倾斜。各级政府要增加职业教育投入，重点支持面向农村学生的中等职业学校。支持设立资助贫困家庭学生就学的民间慈善基金组织，鼓励社会各界捐资助教。继续实行助学贷款，健全面向各阶段学生的资助制度，完善贫困家庭学生助学体系。扩大彩票公益金收益用于特殊教育的份额。

第五节 深化教育体制改革

明确各级政府提供公共教育职责，制定和完善学校的设置标准，支持民办教育发展，形成公办教育与民办教育共同发展的办学格局。形成多元化的教育投入体制，义务教育由政府负全责，高中阶段教育以政府投入为主，职业教育和高等教育实行政府投入与社会投入相互补充。规范教育收费，建立严格的教育收费公示制度。形成适应素质教育要求的教学体制，改革招生考试制度，推进教学课程改革，减轻中小学生过重的课业负担，健全评价制度。形成权责明确的教育管理体制，在学科、专业和课程设置以及招生规模、人才聘用等方面给学校更多自主权，培育并发挥学校的优势和特色。进一步加强教师队伍建设。

专栏15 教育发展重点工程

西部地区农村寄宿制学校建设◆2004—2007年国家安排资金100亿元，重点支持尚未实现“两基”的西部农村地区，新建和改扩建7700所农村寄宿制学校。

农村中小学现代远程教育◆2003—2007年中央和地方政府共同安排资金100亿元，为中西部地区3.75万所农村初中建设计算机教室、为38.4万所农村小学配备卫星教学接收设备、为11万个小学教学点配备教学光盘播放设备和成套教学光盘。

中西部农村初中改造◆推动未纳入“两基”攻坚计划实施范围的中西部地区农村初中校舍改造，改善办学条件，提高学生巩固率和寄宿率。

职业教育基础能力建设◆支持1000所县级职教中心、1000所中等职业学校和100所示范性高等职业学院改善办学条件，形成一批职业教育骨干基地。

高等教育“211”和“985”工程◆继续加强高水平大学和重点学科建设，形成一批处于学术前沿的新兴和交叉学科，部分学科接近或达到国际先进水平。

第二十九章 推进人才强国战略

坚持党管人才原则，牢固树立科学人才观，壮大人才队伍，提高人才素质，优化人才结构，完善用人机制，发挥人才作用，促进人口大国向人力资本强国转变。

第一节 建设高素质人才队伍

实施党政人才培养工程，完善培训制度，加强理论教育、专业培训和实践锻炼，提高党政人才思想政治素质和执政能力，建设高素质党政领导人才队伍。实施企业家培养工程，培养造就一批富有创新意识和能力、适应经济全球化要求的企业家，推进企业经营管理人才职业化、市场化。实施专业技术人才知识更新工程和战略高技术人才培养工程，重点培养造就一批科技领军人才、学科带头人和战略科学家。实施高技能人才培养工程，建立一批高技能人才培训基地和公共实训基地，建设高技能人才队伍。加强农村实用人才培养。加强中西部地区和东北地区人才资源开发和人才队伍建设。鼓励和引导海外留学人员回国工作、为国服务。积极吸引海外高层次人才。

第二节 创新人才工作机制

推进市场配置人才资源，消除人才市场发展的体制性障碍，规范人才市场管理，营造人才辈出、人尽其才的社会环境。深化干部人事制度改革，完善机关、企业和事业单位干部人事分类管理体制，健全以品德、能力和业绩为重点的人才评价、选拔任用和激励保障机制。建立符合科学发展观要求的干部综合考核评价体系，注重在实践中锻炼培养人才。深化职称制度改革。贯彻实施公务员法，完善公务员制度。各级政府和企事业单位要加大人才资源开发投入，加强人才资源能力建设，形成多元化投入机制。

第八篇 深化体制改革

以转变政府职能和深化企业、财税、金融等改革为重点，加快完善社会主义市场经济体制，形成有利于转变经济增长方式、促进全面协调可持续发展的机制。

第三十章 着力推进行政管理体制改革

按照精简、统一、效能的原则和决策、执行、监督相协调的要求，建立决策科学、权责对等、分工合理、执行顺畅、监督有力的行政管理体制，加快建设服务政府、责任政府、法治政府。

第一节 推进政府职能转变

按照政企分开、政资分开、政事分开以及政府与市场中介组织分开的原则，合理界定政府职责范围，加强各级政府的社会管理和公共服务职能。进一步推进行政审批制度改革，减少和规范行政审批。深化政府机构改革，优化组织结构，减少行政层级，理顺职责分工，提高行政效率，降低行政成本，实现政府职责、机构和编制的科学化、规范化、法定化。合理划分中央与地方及地方各级政府间在经济调节、市场监管、社会管理和公共服务方面的权责。

加快推进事业单位分类改革。

第二节 健全政府决策机制

健全科学民主决策机制，完善重大事项集体决策、专家咨询、社会公示和听证以及决策失误责任追究制度。推行政务公开并逐步实现制度化，完善政府新闻发布制度，提高政府工作透明度，保障公民对政府工作的知情权、参与权、表达权和监督权。全面推进依法行政，行政机关及其工作人员要严格按照法定权限和程序履行职责。实行综合执法，加强对行政执法的监督，建立执法责任追究制。推行政府问责制，完善行政赔偿制度。

第三节 深化投资体制改革

落实企业投资自主权，逐步缩小政府对投资项目的核准范围，健全企业投资项目核准制和备案制。合理界定政府投资范围和中央与地方的投资事权，改进和完善决策规则和程序，提高资金使用效率，建立政府投资项目决策责任追究制。建立和完善投资调控体系。

第三十一章 坚持和完善基本经济制度

坚持公有制为主体、多种所有制经济共同发展的基本经济制度。毫不动摇地巩固和发展公有制经济，毫不动摇地鼓励、支持和引导个体、私营等非公有制经济发展。

第一节 深化国有企业改革

推动国有资本向关系国家安全和国民经济命脉的重要行业和关键领域集中，优化国有经济布局，增强国有经济控制力、影响力和带动力，发挥主导作用。完善国有资本有进有退、合理流动的机制，加快国有大型企业股份制改革，除极少数必须由国家独资经营的企业外，绝大多数国有大型企业改制为多元股东的公司。改善国有企业股本结构，发展混合所有制经济，实现投资主体和产权多元化，建立和完善现代企业制度，形成有效的公司法人治理结构，增强企业活力。发展具有较强竞争力的大公司大企业集团。全心全意依靠职工群众，探索现代企业制度下职工民主管理的有效途径。继续深化集体企业改革，发展多种形式的集体经济。

第二节 健全国有资产监管体制

制定完善经营性国有资产监管体制的法律及配套行政法规，建立健全国有资本经营预算、企业经营业绩考核和企业重大决策失误追究等制度，落实监管责任，实现国有资产保值增值。建立健全国有金融资产、非经营性资产和自然资源资产等监管体制，防止国有资产流失。

第三节 深化垄断行业改革

坚持政企分开、放宽准入、引入竞争、依法监管，推进垄断行业管理体制和产权制度改革。按照形成综合运输体系的要求，推进交通运输业管理体制改革。积极稳妥地推进铁路体制改革，加快铁路投融资体制改革。深化电力体制改革，巩固厂网分开，加快主辅分开，稳步推进输配分开和区域电力市场建设。深化石油、电信、民航、邮政、烟草、盐业和市政公用事业改革，推进国有资产重组，形成竞争性市场格局，建立现代企业制度。

第四节 鼓励非公有制经济发展

大力发展个体、私营等非公有制经济。进一步消除制约非公有制经济发展的体制性障碍和政策性因素，进一步落实鼓励、支持和引导非公有制经济发展的政策措施。允许非公有制经济进入法律法规未禁止的行业和领域，鼓励和支持非公有制经济参与国有企业改革，进入金融服务、公用事业、基础设施等领域。完善金融、税收、信用担保、技术创新等方面的政策，改善行政执法和司法环境，加强和改进对非公有制企业的服务和监管。

第三十二章 推进财政税收体制改革

调整和规范中央与地方、地方各级政府间的收支关系，建立健全与事权相匹配的财税体制。实行有利于促进科技进步、转变增长方式、优化经济结构的财税制度。

第一节 完善财政体制

加快公共财政体系建设，明确界定各级政

府的财政支出责任，合理调整政府间财政收入划分。完善中央和省级政府的财政转移支付制度，理顺省级以下财政管理体制，有条件的地方可实行省级直接对县的管理体制，逐步推进基本公共服务均等化。改革预算编制制度，提高预算的规范性和透明度。继续深化部门预算、国库集中收付、政府采购和收支两条线管理制度改革。建立国库现金管理和国债余额管理制度，推进政府会计改革。加强预算执行审计，提高预算执行的严肃性。建立财政预算绩效评价体系，提高财政资金使用效率。加强政府债务管理，防范政府债务风险。完善非税收入管理制度，规范对土地和探矿权、采矿权出让收入的管理。

第二节　完善税收制度

在全国范围内实现增值税由生产型转为消费型。适当调整消费税征收范围，合理调整部分应税品目税负水平和征缴办法；适时开征燃油税。合理调整营业税征税范围和税目。完善出口退税制度。统一各类企业税收制度。实行综合和分类相结合的个人所得税制度。改革房地产税收制度，稳步推行物业税并相应取消有关收费。改革资源税制度。完善城市维护建设税、耕地占用税、印花税。

第三十三章　加快金融体制改革

第一节　深化金融企业改革

积极推进国有商业银行综合改革，通过加快处置不良资产、充实资本金、股份制改造和上市等途径，完善公司治理结构，健全内控机制，建设具有国际竞争力的现代股份制银行。合理确定政策性银行职能定位，健全自我约束机制、风险调控机制和风险补偿机制。加快其他商业银行、邮政储蓄机构等金融机构改革。稳步发展多种所有制金融企业，鼓励社会资金参与中小金融机构的设立、重组与改造。完善金融机构规范运作的基本制度，稳步推进金融业综合经营试点。推进金融资产管理公司改革。完善保险公司治理结构，深化保险资金运用管理体制改革。

第二节　加快发展直接融资

积极发展股票、债券等资本市场，稳步发展期货市场。推进证券发行、交易、并购等基础性制度建设，促进上市公司、证券经营机构规范运作，建立多层次市场体系，完善市场功能，拓宽资金入市渠道，提高直接融资比重。发展创业投资，做好产业投资基金试点工作。

第三节　健全金融调控机制

加强货币政策与其他宏观政策的相互协调配合，完善金融调控体系。建立健全货币市场、资本市场、保险市场有机结合、协调发展的机制，维护金融稳定和金融安全。稳步发展货币市场，理顺货币政策传导机制，推进利率市场化改革。完善有管理的浮动汇率制度，逐步实现人民币资本项目可兑换。

第四节　完善金融监管体制

建立金融风险识别、预警和控制体系，防范和化解系统性金融风险。规范金融机构市场退出机制，建立相应的存款保险、投资者保护和保险保障制度。提高金融监管水平，加强风险监管和资本充足率约束，建立健全银行、证券、保险监管机构间以及同宏观调控部门的协调机制。

第三十四章　完善现代市场体系

第一节　健全全国统一开放市场

进一步打破行政性垄断和地区封锁，完善商品市场，健全资本、土地、技术和劳动力等要素市场。严格界定公益性用地和经营性用地，经营性基础设施用地实行有偿使用，完善经营性用地招标拍卖挂牌出让和非经营性用地公开供地制度。规范发展产权交易市场。积极发展技术市场。逐步建立城乡统一的劳动力市场。

第二节　完善价格形成机制

积极稳妥地推进资源性产品价格改革。合理调整水利工程供水、城市供水和再生水价格。推进电价改革，逐步建立发电、售电价格由市场竞争形成，输电、配电价格由政府定价的机制。适时推进石油价格改革，建立与替代能源价格挂钩的天然气价格形成机制。扩大市场形成土地价格的范围。

第三节　规范市场秩序

打击各种违法经营活动，规范市场主体行为和市场竞争秩序。清理整顿对企业的乱收费、乱罚款和各种摊派。加强价格监管，禁止价格欺诈、价格操纵等行为。以完善信贷、纳税、合同履约、产品质量的信用记录为重点，加快建设社会信用体系，健全失信惩戒制度。

第九篇　实施互利共赢的开放战略

坚持对外开放基本国策，在更大范围、更广领域、更高层次上参与国际经济技术合作和竞争，更好地促进国内发展与改革，切实维护国家经济安全。

第三十五章　加快转变对外贸易增长方式

按照发挥比较优势、弥补资源不足、扩大发展空间、提高附加价值的要求，积极发展对外贸易，促进对外贸易由数量增加为主向质量提高为主转变。到2010年货物贸易、服务贸易进出口总额分别达到2.3万亿美元和4000亿美元。

第一节　优化出口结构

以自有品牌、自主知识产权和自主营销为重点，引导企业增强综合竞争力。支持自主性高技术产品、机电产品和高附加值劳动密集型产品出口。严格执行劳动、安全、环保标准，规范出口成本构成，控制高耗能、高污染和资源性产品出口。完善加工贸易政策，继续发展加工贸易，着重提高产业层次和加工深度，增强国内配套能力，促进国内产业升级。引导企业构建境外营销网络，增强自主营销能力。积极开拓非传统出口市场，推进市场多元化。加强对出口商品价格、质量、数量的动态监测，构建质量效益导向的外贸促进和调控体系。

第二节　积极扩大进口

实行进出口基本平衡的政策，发挥进口在促进我国经济发展中的作用。完善进口税收政策，扩大先进技术、关键设备及零部件和国内短缺的能源、原材料进口，促进资源进口多元化。

第三节　发展服务贸易

扩大工程承包、设计咨询、技术转让、金融保险、国际运输、教育培训、信息技术、民族文化等服务贸易出口。鼓励外资参与软件开发、跨境外包、物流服务等。建设若干服务业外包基地，有序承接国际服务业转移。积极稳妥扩大服务业开放，建立服务贸易监管体制和促进体系。

第四节　完善公平贸易政策

健全贸易运行监测预警体系和摩擦应对机制，合理运用反倾销、反补贴、保障措施，增强应对贸易争端能力，维护企业合法权益和国家利益。加强国际贸易的多双边对话与合作，实现共同发展。完善贸易法律制度，建立大宗商品进出口协调机制，加强行业自律，规范贸易秩序。有效运用技术性贸易措施，加强进出口检验检疫和疫情监控。

第三十六章　提高利用外资质量

抓住国际产业转移机遇，继续积极有效利用外资，重点通过利用外资引进国外先进技术、管理经验和高素质人才，把利用外资同提升国内产业结构、技术水平结合起来。

第一节　引导外商投资方向

完善法律法规和政策，形成稳定、透明的管理体制和公平、可预见的政策环境。引导外资更多地投向高技术产业、现代服务业、高端制造环节、基础设施和生态环境保护，投向中西部地区和东北地区等老工业基地。鼓励跨国公司在我国设立地区总部、研发中心、采购中心、培训中心。鼓励外资企业技术创新，增强配套能力，延伸产业链。吸引外资能力较强的地区和开发区，要注重提高生产制造层次，并积极向研究开发、现代流通等领域拓展，充分发挥集聚和带动效应。

第二节 促进利用外资方式多样化

引导国内企业同跨国公司开展多种形式的合作，发挥外资的技术溢出效应。在保护国内自主品牌基础上，引导和规范外商参与国内企业改组改造。有效利用境外资本市场，支持国内企业境外上市。完善风险投资退出机制，鼓励外商风险投资公司和风险投资基金来华投资。鼓励具备条件的境外机构参股国内证券公司和基金管理公司。

继续用好国际金融组织和外国政府贷款，重点投向中西部地区和东北地区等老工业基地，用于资源节约、环境保护和基础设施建设。合理、审慎使用国际商业贷款，允许具备条件的金融机构和企业在境外融资。加强对外债的宏观监测和管理，优化债务结构，保持适度的外债规模。

第三十七章 积极开展国际经济合作

完善促进生产要素跨境流动和优化配置的体制和政策，积极发展与周边国家及其他国家的经济技术合作，实现互利共赢。

第一节 实施“走出去”战略

支持有条件的企业对外直接投资和跨国经营。以优势产业为重点，引导企业开展境外加工贸易，促进产品原产地多元化。通过跨国并购、参股、上市、重组联合等方式，培育和发展我国的跨国公司。按照优势互补、平等互利的原则扩大境外资源合作开发。鼓励企业参与境外基础设施建设，提高工程承包水平，稳步发展劳务合作。完善境外投资促进和保障体系，加强对境外投资的统筹协调、风险管理和海外国有资产监管。

第二节 推进国际区域经济合作

统筹规划并稳步推进贸易、投资、交通运输的便利化，积极参与国际区域经济合作机制，加强对话与协商，发展与各国的双边、多边经贸合作。积极参与多边贸易、投资规则制定，推动建立国际经济新秩序。增加我国对其他发展中国家的援助，进一步加强与发展中国家的经济技术合作。

第十篇 推进社会主义和谐社会建设

按照民主法治、公平正义、诚信友爱、充满活力、安定有序、人与自然和谐相处的要求，从解决人民群众最关心、最直接、最现实的切身利益问题入手，扎实推进和谐社会建设。

第三十八章 全面做好人口工作

第一节 稳定人口低生育水平

坚持计划生育基本国策，稳定和完善现行生育政策，落实人口和计划生育工作目标责任制。建立独生子女死亡、伤残家庭扶助制度，完善基本服务项目免费制度。加强计划生育服务管理能力建设。完善以现居住地管理为主的流动人口计划生育服务管理体系。

第二节 改善出生人口素质和结构

普及优生优育知识，实施计划生育生殖健康促进计划，加大出生缺陷干预力度，鼓励婚前和孕前医学检查，预防和控制先天性感染、遗传性因素对出生人口健康的影响。采取综合措施有效治理出生人口性别比升高的问题。

第三节 积极应对人口老龄化

弘扬敬老风尚，营造老有所养、老有所乐、老有所为的社会氛围。积极发展老龄产业，增强全社会的养老服务功能，提高老年人生活质量，保障老年人权益。实施爱心护理工程，加强养老服务、医疗救助、家庭病床等面向老年人的服务设施建设。

第四节 保障妇女儿童权益

落实男女平等基本国策，实施妇女发展纲要，保障妇女平等获得就学、就业、社会保障、婚姻财产和参与社会事务的权利，加强妇女卫生保健、扶贫减贫、劳动保护、法律援助等工作。坚持儿童优先原则，实施儿童发展纲要，依法保障儿童生存权、发展权、受保护权和参与权。改善儿童成长环境，促进儿童身心健康发展。完善孤残儿童手术康复、家庭寄养经费投入和艾滋孤儿救助机制。

第五节 保障残疾人权益

倡导和鼓励社会各界关心、支持和参与残疾人事业。推进无障碍设施建设，加强残疾人康复、贫困残疾人脱贫、残疾少年儿童义务教育、残疾人就业服务和社会保障等工作，创造残疾人平等参与社会生活的条件。

第三十九章 提高人民生活水平

第一节 千方百计扩大就业

把扩大就业摆在经济社会发展更突出的位置，实行积极的就业政策，统筹城乡就业，努力控制失业规模。继续实施和完善鼓励企业增加就业岗位、加强就业培训的财税、信贷等优惠政策。健全就业服务体系，加快建立政府扶助、社会参与的职业技能培训机制。完善对困难地区、困难行业和困难群体的就业援助制度。积极发展就业容量大的劳动密集型产业、服务业和各类所有制的中小企业。鼓励劳动者自主创业和自谋职业，促进多种形式就业。支持并规范发展就业中介服务。全面实行劳动合同制度，积极推行集体合同制度，健全协调劳动关系三方机制，完善劳动争议处理体制。全面建立用人单位守法诚信制度。完善企业裁员机制，避免把富余人员集中推向社会。国有企业要尽可能通过主辅分离、辅业改制等措施安置富余人员。加强劳动力市场监管、劳动保护和劳动执法监察，规范用工行为，切实维护劳动者合法权益。

第二节 加大收入分配调节力度

完善按劳分配为主体、多种分配方式并存的分配制度，坚持各种生产要素按贡献参与分配。加快推进收入分配制度改革，规范个人收入分配秩序，强化对分配结果的监管，努力缓解行业、地区和社会成员间收入分配差距扩大的趋势。更加注重社会公平，特别要关注就学、就业机会和分配过程的公平。着力提高低收入者收入水平，逐步扩大中等收入者比重，有效调节过高收入。严格执行最低工资制度，逐步提高最低工资标准。建立规范的公务员工资制度，规范职务消费，完善国有企事业单位收入分配规则和监管机制。控制和调节垄断性行业的收入，建立健全个人收入申报制，强化个人所得税征管。坚决取缔各种非法收入。

第三节 健全社会保障体系

增加财政社会保障投入，多渠道筹措社会保障基金，合理确定保障标准和方式，建立健全与经济发展水平相适应的分层次、广覆盖的社会保障体系。

扩大城镇基本养老保险覆盖范围，逐步做实个人账户，逐步提高社会统筹层次，增强统筹调剂的能力。推进机关事业单位养老保险制度改革。建立失业保险与促进就业联动机制，完善失业保险制度。扩大基本医疗保险覆盖范围，健全多层次的医疗保障体系。完善和落实工伤保险政策和标准，推进各类用人单位依法参加工伤保险。鼓励有条件的企业建立补充保险。建立健全生育保险制度。认真解决进城务工人员社会保障问题。规范社会保险基金征缴和监管。加强社会保障服务管理能力建设。

完善城市居民最低生活保障制度，逐步提高保障标准。建立城乡医疗救助制度，将城市居民最低生活保障对象、农村特困户和五保供养对象纳入救助范围。完善城市生活无着流浪乞讨人员特别是流浪未成年人的救助制度。鼓励开展社会慈善、社会捐赠、群众互助等社会扶助活动，支持志愿服务活动并实现制度化。

第四节 加大扶贫工作力度

强化各级政府扶贫职责，加大扶贫投入，完善扶贫开发机制，提高扶贫效率。对具备基本生存条件的贫困地区，继续实行就地扶贫，改善基本生产生活条件，开辟增收途径；对生存条件恶劣的贫困地区，实行易地扶贫。对有劳动能力的贫困人口，实行技能培训、技术扶贫和劳务输出扶贫，增强其增收能力；对不具备劳动能力的贫困人口，实行救济和救助。更加注重对贫困家庭子女的扶助，通过寄宿学习、家庭寄养、社会托养、免费职业教育等，改善其成长环境，防止贫困代际传递。采取社会救助和设立专项贷款等措施，防止因灾因病返贫。加大对集中连片贫困地区扶持力度，因地制宜地实行整村推进的扶贫开发方式。继续开展定点帮扶工作，鼓励社会各界积极参与扶贫工作。

第五节　扩大城乡居民消费

提高城乡居民收入水平，增强居民特别是农村居民和城镇低收入者的消费能力。培育消费热点，推进公众营养改善行动，健全普通商品住房与经济适用住房、廉租住房相结合的城镇住房供应体系，继续提高电话、计算机等的普及率，促进文化、健身、旅游、休闲等服务性消费。引导居民消费预期，扩大即期消费。改善消费环境，规范和发展消费信贷。

第四十章　提高人民健康水平

高度关注人民健康，加大政府投入力度，加快发展医疗卫生事业，认真解决群众看病难看病贵问题。

第一节　完善公共卫生和医疗服务体系

建立健全突发公共卫生事件应急机制，提高疾病预防控制和医疗救治能力。改善医疗卫生机构条件，加强专业队伍建设。大力发展社区卫生，加快构建以社区卫生服务为基础，社区卫生服务机构与医院分工协作、双向转诊的城市医疗服务体系。

第二节　加强疾病防治和预防保健

严格控制艾滋病、结核病、乙型肝炎等重大传染病的传播，有效预防和控制血吸虫病等寄生虫病和地方病，加强新发传染病防治和免疫工作，综合防治心脑血管疾病、恶性肿瘤等慢性病和职业病。加强心理健康教育和保健，重视精神卫生及疾病防治。加强妇幼卫生保健，儿童计划免疫接种率达到 90％以上，婴儿死亡率降至 17‰，孕产妇死亡率降至 40/10 万。

第三节　加强中医药和医学科研工作

保护和发展中医药，加强中医临床研究基地和中医医院建设，推进中医药标准化、规范化。整合优势医学科研资源，加强对重大疾病的研究。

第四节　深化医疗卫生体制改革

按照政事分开、管办分开、医药分开、营利性与非营利性分开的方向，坚持政府主导、社会参与、转换机制、加强监管的原则，建立符合国情的医疗卫生体制，为广大群众提供安全方便有效合理的公共卫生和基本医疗服务。按属地化和全行业管理的原则完善分类管理。强化政府在提供公共卫生和基本医疗服务中的责任，建立各级政府间规范的责任分担与资金投入机制，逐步建立投资主体多元化、投资方式多样化的办医体制。完善公立医疗机构运行机制、激励机制和补偿政策。整合医疗卫生资源，大力提高农村、中西部地区和基层公共卫生资源的比重。加强对医疗卫生服务行为、服务质量和药品市场的监管，降低药品虚高价格，控制医疗费用过快上涨。

第四十一章　加强公共安全建设

完成改革和发展的任务，必须保持长期稳定的社会环境。要强化全社会公共安全意识，加强公共安全保障能力建设，提高公共安全保障水平，维护人民生命财产安全，确保社会稳定。

第一节　增强防灾减灾能力

加强防洪减灾薄弱环节建设，重点加强大江大河综合治理、病险水库除险加固、蓄滞洪区建设和城市防洪，增强沿海地区防台风、风暴潮、海啸的能力。加强对滑坡、泥石流和森林、草原火灾的防治。提高防洪减灾预警和指挥能力，建立洪水等灾害风险管理制度和防洪减灾保障制度。加强对三峡库区等重点地区地质灾害的防治。完善大中型水库移民后期扶持政策。加强城市群和大城市地震安全基础工作，加强数字地震台网、震情、灾情信息快速传输系统建设，实行预测、预防、救助综合管理，提高地震综合防御能力。

第二节　提高安全生产水平

坚持安全第一、预防为主、综合治理，落实安全生产责任制，强化企业安全生产主体责任，健全安全生产监管体制，严格执行重大安全生产事故责任追究制度。加强安全生产科研开发、监管监察和支撑体系建设。实施重大危险源普查和监测监控，加大安全设施投入，搞好隐患治理和安全技术改造。严格执行安全生产许可制度，加强煤炭等高危行业和重点领域的安全生产，抓好非煤矿山、特种设备、危险化学品、烟花爆竹、建筑施工、道路交通和人员密集场所消防安全等的专项整治。强化交通、消防基础设施建设和安全监管。培育和规范安全生产中介机构。加强安全生产宣传教育培训。建立安全生产指标考核体系，到2010年单位国内生产总值生产安全事故死亡率下降35％，工矿商贸就业人员生产安全事故死亡率下降25％。

第三节　保障饮食和用药安全

加强食品、药品监管设施建设，完善技术标准体系，创新监管机制，规范监管行为，提升监管能力和水平，依法强化对食品、药品、餐饮卫生等的监管，保障人民群众健康安全。

专栏16　公共服务重点工程

社会救助◆建设救助管理设施、流浪未成年人保护中心、“慈善超市”和社会捐助接收点等。

社会福利◆建设综合福利中心、社区福利设施、农村敬老院、儿童福利机构、残疾人综合服务设施等。

公共卫生◆继续完善疾病预防控制和医疗救治体系，加强中医临床研究基地和重点中医医院建设。

社区服务◆新建和改造社区服务中心、社区服务站，加强和完善社区卫生、社会保险服务。

防洪减灾◆建设治淮骨干工程，加强大江大河及中小河流治理实施主要江河蓄滞洪区安全建设工程。

安全生产应急救援◆建设国家、省、市三级安全生产应急救援指挥中心和国家、区域、骨干专业应急救援体系。

重大事故隐患治理◆治理尾矿库危库、险库和危险性较大的病库，搬迁城区内安全距离不达标的危险化学品生产和储存企业。

国家灾害应急救援◆建设四级灾害应急救助指挥体系。

基层政法基础设施◆新建和改造基层派出所、司法所、人民法庭。

第四节　维护国家安全和社会稳定

依法严厉打击各种犯罪活动，保障人民群众安居乐业。加强社会治安综合治理，推进社会治安防控体系建设，深入开展平安创建活动。改善司法保障条件，加强基层政法机构、案件侦查、禁毒、缉私、边境检查等的基础设施建设。积极应对传统和非传统安全问题。加强公安政法队伍建设。

第五节　强化应急体系建设

建立健全应急管理体系，加强指挥信息系统、应急物资保障、专业救灾抢险队伍、应急标准体系以及运输、现场通信保障等重点领域和重点项目的建设，健全重特大自然灾害发生后的社会动员机制，提高处置突发公共事件能力。

第四十二章　完善社会管理体制

健全党委领导、政府负责、社会协同、公众参与的社会管理格局，推进社会管理体制创新。

第一节　加强基层自治组织建设

推进管理有序、治安良好的和谐社区、和谐村镇建设，倡导人与人和睦相处，增强社会和谐基础。探索新时期城乡基层自治组织建设和管理的有效模式，发挥城乡基层自治组织协调利益、排忧解难的作用。

第二节　规范引导民间组织有序发展

培育发展行业协会、学会、公益慈善和基

层服务性民间组织，发挥提供服务、反映诉求、规范行为的作用。完善民间组织自律机制，加强改进对民间组织的监管。

第三节 正确处理人民内部矛盾

高度重视并维护人民群众根本利益，妥善协调各方面利益关系，从源头上预防和化解人民内部矛盾。改进和完善信访工作，畅通诉求渠道，综合运用教育、协商、调解、法律等方式，依法及时合理地处理群众反映的问题。健全人民调解制度，完善社会矛盾纠纷调处机制。深入做好新时期的群众工作，引导群众以理性合法的形式表达诉求。建立和完善矛盾排查机制、信息预警机制、应急处置机制和责任追究机制，预防和妥善处置群体性、突发性事件，切实解决群众的合理诉求，依法维护社会稳定。

第十一篇 加强社会主义民主政治建设

坚持政治文明和物质文明全面发展，扩大社会主义民主，健全社会主义法制，为现代化建设提供政治保证。

第四十三章 加强社会主义民主政治建设

第一节 发展社会主义民主

坚持和完善人民代表大会制度、中国共产党领导的多党合作和政治协商制度、民族区域自治制度。积极稳妥地继续推进政治体制改革，巩固和发展民主团结、生动活泼、安定和谐的政治局面。

健全民主制度，丰富民主形式，扩大公民有序的政治参与，保证公民依法实行民主选举、民主决策、民主管理、民主监督。加强基层民主建设，坚持和完善政务公开、厂务公开、村务公开，保证公民依法行使选举权、知情权、参与权、监督权。尊重和保障人权，促进人权事业全面发展。

巩固和壮大最广泛的爱国统一战线，健全重大问题决策前协商的制度。发挥人民政协的作用，支持人民政协履行政治协商、民主监督、参政议政的职能。坚持和完善职工代表大会和其他形式的企事业民主管理制度。发挥工会、共青团、妇联等人民团体的桥梁纽带作用。保证民族自治地方依法行使自治权，巩固和发展平等团结互助的社会主义民族关系，促进各民族共同繁荣进步。全面贯彻宗教信仰自由政策，依法管理宗教事务，坚持独立自主自办的原则，引导宗教与社会主义社会相适应。贯彻落实侨务方针政策，做好侨务工作。

第二节 全面推进法制建设

贯彻依法治国基本方略，推进科学立法、民主立法，形成中国特色社会主义法律体系。完善市场主体、市场交易、市场监管、社会管理、可持续发展等方面的法律法规。推进司法体制和工作机制改革，规范司法行为，加强司法监督，促进司法公正，维护社会正义和司法权威。实施“五五”普法规划，开展法制宣传教育，提高全民法律素质，形成遵法守法、依法办事的社会风气。

第三节 加强廉政建设

坚持标本兼治、综合治理、惩防并举、注重预防的方针，建立健全教育、制度、监督并重的惩治和预防腐败体系。加大从源头上预防和治理腐败的力度。推进反腐倡廉体制、机制和制度创新，加强对权力运行的制约和监督，强化政府专门机构和社会监督，保障公民的检举权、控告权、申诉权。严肃查处违纪违法案件，坚决纠正损害群众利益的不正之风。

第十二篇 加强社会主义文化建设

牢牢把握先进文化的前进方向，坚持为人民服务、为社会主义服务的方向和百花齐放、百家争鸣的方针，繁荣社会主义文化，不断满足人民群众日益增长的精神文化需求。

第四十四章 加强社会主义文化建设

第一节 加强思想道德建设

全面落实邓小平理论和“三个代表”重要思想，深入学习贯彻科学发展观，加强马克思主义理论研究和建设，坚持马克思主义在意识形态领域的指导地位，进一步巩固全国各族人民团结奋斗的共同思想基础。坚持正确的舆论导向。加强理想信念教育和思想政治工作，大力弘扬以爱国主义为核心的民族精神和以改革创新为核心的时代精神，加强社会主义思想道德建设，扎实开展群众性精神文明创建活动，在全社会倡导爱国守法、明礼诚信、团结友善、勤俭自强、敬业奉献的基本道德规范，发扬艰苦奋斗的优良传统，进一步增强中华民族的凝聚力和创造力，使全体人民始终保持昂扬向上的精神状态，为全面建设小康社会提供强大的思想保证和精神动力。

第二节　丰富人民群众精神文化生活

积极发展文化事业和文化产业，创造更多更好适应人民群众需求的优秀文化产品。加大政府对文化事业的投入，逐步形成覆盖全社会的比较完备的公共文化服务体系。推进文化创新，实施精品战略，繁荣艺术创作，提高文化艺术产品质量。加强文化自然遗产和民族民间文化保护。扩大广播影视覆盖范围，发展数字广播影视，确保播出安全。繁荣新闻事业。发展现代出版发行业，积极发展数字出版，重视网络媒体建设。大力推广普通话。扩大国际文化交流，积极开拓国际文化市场，推动中华文化走向世界。办好上海世博会。

专栏17　公共文化建设重点工程

村村通广播电视◆全面实现20户以上已通电自然村通广播电视。

农村电影放映◆基本实现全国农村一村一月放映一场电影。

乡镇综合文化站建设◆基本实现全国乡镇均建有综合文化站。

文化信息资源共享◆推进文化资源数字化，以农村为重点促进文化信息资源共享。

重大文化自然遗产保护◆加强世界遗产、国家重点文物保护单位、国家重点风景名胜区、国家历史文化名城（镇、村）等保护和利用设施建设，建设抢救性文物保护设施。

“西新工程”◆加强西藏、新疆等地区广播电视设施建设，扩大覆盖范围，提高收听收看质量，增强播出传输安全保障能力。

重大文化设施建设◆推进国家博物馆、中国美术馆（二期）、国家话剧院等和地方重点文化设施建设。

第三节　深化文化体制改革

建立党委领导、政府管理、行业自律、企事业单位依法运营的文化管理体制和富有活力的文化产品生产经营机制。改进对公共文化单位的扶持方式，促其增强活力、改善服务。推进经营性文化事业单位转制，努力形成一批坚持社会主义先进文化方向，有较强自主创新能力、市场竞争能力的文化企业和企业集团。完善文化产业政策，促进民族文化产业发展，引导和规范非公有制经济进入文化产业，形成以公有制为主体、多种所有制共同发展的文化产业格局和民族文化为主体、吸收外来有益文化的文化市场格局。加强文化市场综合执法和对互联网的管理，坚持扫黄打非，营造扶持健康文化、改造落后文化、抵制腐朽文化的社会环境。积极倡导企业文化建设。

第十三篇　加强国防和军队建设

根据维护国家安全统一和发展利益的要求，加强国防和军队现代化建设，形成国防建设与经济建设协调发展的良好局面。

第四十五章　加强国防和军队建设

第一节　全面加强军队建设

坚持以毛泽东军事思想、邓小平新时期军队建设思想、江泽民国防和军队建设思想为指导，坚持把科学发展观作为加强国防和军队建设的重要指导方针，坚持党对军队的绝对领导，贯彻积极防御的军事战略方针，着眼有效履行新世纪新阶段军队的历史使命，全面加强军队革命化现代化正规化建设，积极推进中国特色军事变革，努力提高部队信息化条件下整体防卫作战能力。始终把思想政治建设摆在各项建设的首位，保持军队建设的正确方向。实施科技强军战略，推进机械化和信息化复合发展。深化体制编制和政策制度调整改革，优化力量结构和部队编成，增强军队建设的活力。创新军事理论，加强部队训练和院校教育，培养新型军事人才，提高官兵素质。发展现代化武器装备，优化体系结构，提高配套水平。推进后勤建设和改革，增强综合保障能力，提高官兵生活水平。加强基层建设，打牢部队建设基础。贯彻依法治军、从严治军方针，强化作风纪律建设，严格部队管理教育，确保部队高度稳定和集中统一。加强武装警察部队建设，着力提高执勤处突反恐的能力。深入开展"双拥"活动，军队要积极参加抢险救灾和支援国家经济建设，国家和社会要做好优抚安置工作，巩固和发展军政军民团结。

第二节 调整优化国防科技工业

坚持军民结合、寓军于民、强化基础、自主创新的方针，加快国防科技工业转型升级，提高科技创新能力，开发军民两用技术和产品。推进数字化军工建设，提高武器装备研发和制造水平，确保武器装备供应。调整优化军品科研生产能力结构，提升总体设计、总装测试和系统集成等核心能力，精干科研生产主体，推进专业化重组和社会化协作。积极稳妥地实施军工科研院所改革。建立面向社会的军品科研生产准入和退出制度，健全军民互动合作的协调机制。以产权制度改革为突破口，分类实施军工企业股份制改造。深化军工投资体制改革，推进投资主体多元化。

第三节 增强国防动员能力

深化国防动员体制和运行机制改革，坚持在经济建设中贯彻国防的要求，逐步建立集中统一、结构合理、反应迅速、权威高效的现代国防动员体系。加强民兵预备役部队质量建设，抓好国民经济动员、人民防空和交通战备等建设，推进国防动员信息化，开展全民国防教育，提高平战转换、快速动员、持续保障和综合防护能力。加强国防基础设施建设，依法保护国防设施。

第十四篇 建立健全规划实施机制

在社会主义市场经济体制初步建立的条件下，实现本规划的目标和任务，主要依靠发挥市场配置资源的基础性作用。同时，政府要正确履行职责，调控引导社会资源，合理配置公共资源，保障规划顺利实施。

第四十六章 建立分类指导的实施机制

本规划提出的农业、工业、服务业等的发展方向，利用外资、对外贸易等的发展重点，是对市场主体的导向，主要依靠市场主体的自主行为实施。各级政府要维护公平竞争，严禁地方分割和部门保护，不得直接干预企业经营活动，不得干预市场机制正常运行。

本规划确定的保持经济平稳较快发展、转变经济增长方式、调整优化经济结构、增强自主创新能力、建设社会主义新农村、促进区域协调发展、促进城镇化健康发展、建设资源节约型和环境友好型社会等重点任务，主要通过完善市场机制和利益导向机制努力实现。政府要通过体制机制创新和完善政策，为激发市场主体的积极性、创造性营造良好的制度和政策环境。国有企事业单位要发挥带头和示范作用。

本规划确定的义务教育、公共卫生、社会保障、社会救助、促进就业、减少贫困、防灾减灾、公共安全、公共文化、基础科学与前沿技术以及社会公益性技术研究、国防等公共服务领域的任务，是政府的承诺，各级政府要切实履行职能，运用公共资源全力完成。

本规划提出的主体功能区划、保护生态环境、资源管理、保护知识产权、调节收入分配、维护市场经济秩序、保障人民合法权益、社会建设和管理等的要求，主要通过健全法律法规、加大执法力度等法律手段，并辅之以经济手段加以落实。

本规划确定的改革任务，是政府的重要职责，必须放在政府工作的重要位置。要加强对改革的总体指导和统筹协调，将改革任务分解落实到有关部门，不失时机地推进，并注重及时把行之有效的改革措施用法律、规章和制度的形式确立下来。

第四十七章　调整和完善经济政策

根据公共财政服从和服务于公共政策的原则，按照公共财政配置的重点要转到为全体人民提供均等化基本公共服务的方向，合理划分政府间事权，合理界定财政支出范围。公共财政预算安排的优先领域是：农村义务教育和公共卫生、农业科技推广、职业教育、农村劳动力培训、促进就业、社会保障、减少贫困、计划生育、防灾减灾、公共安全、公共文化、基础科学与前沿技术以及社会公益性技术研究、能源和重要矿产资源地质勘查、污染防治、生态保护、资源管理和国家安全等。重点支持的区域是：限制开发区域和禁止开发区域，中西部地区特别是革命老区、民族地区、边疆地区、贫困地区，三峡库区，资源枯竭型城市等。

充分发挥税收的调节作用，完善和制定鼓励资源节约型和环境友好型社会建设、促进就业和再就业、促进科技发展和增强自主创新能力、促进文化体制改革，以及振兴装备制造业和其他产业健康发展的税收政策。

按照社会主义集中力量办大事原则，在经济发展和财力增加基础上逐步增加中央政府投资规模。完善政府投资管理体制，整合政府投资，改进投资方式，加强项目监管。

加强和改进产业政策工作，增强对国内产业发展、对外贸易和利用外资的统筹，加强信贷、土地、环保、安全、科技等政策和产业政策的配合，采用经济手段促进产业发展。加强对高技术产业和装备制造业薄弱环节的扶持，重点支持研究开发，培育核心竞争力。按照适度偏紧原则调控高耗能产业规模，控制生产能力盲目扩张。按照引导产业集群发展、减少资源跨区域大规模调动的原则优化产业布局，促进主要使用海路进口资源的产业在沿海地区布局，主要使用国内资源和陆路进口资源的产业在中西部重点开发区域布局。实施品牌战略，支持拥有自主知识产权和知名品牌、竞争力强的大企业发展成为跨国公司。实施中小企业成长工程。依法淘汰落后工艺技术，关闭破坏资源、污染环境和不具备安全生产条件的企业。

专栏18　中央政府投资支持的重点领域

新农村建设◆普及和巩固农村义务教育，农村劳动力转移就业，公共卫生和基本医疗服务体系，饮水安全，农村公路，沼气等可再生能源，农村电网，农村公共文化，优质粮食产业工程，沃土工程，植保工程，灌区建设，动物防疫体系及种养业良种工程等。

公共服务◆义务教育、中等职业教育和劳动力技能培训，重大疾病防治体系，基层公共卫生，社会福利、公共文化和体育设施，公检法司基础设施，就业服务，社区服务，食品药品安全监管设施，安全生产监管、煤矿安全监察设施及支撑体系，防洪、气象、地震等防灾减灾，采煤沉陷区治理，贫困地区以工代赈和易地扶贫，生态移民，民族地区和边疆地区发展等。

资源环境◆能源和重要矿产资源地质勘查，生态环境保护与修复，环境污染治理，节能节水节地，循环经济示范等。

自主创新◆知识创新工程，重大科学工程及科技基础设施，高技术产业化，重大技术装备自主研发及国产化，资源节约技术研发和推广等的示范。

基础设施◆国家铁路、国家高速公路、重要港口和航道、枢纽机场和重要支线机场、空管设施，南水北调、大江大河治理等重大水利工程，信息化和信息安全基础设施，战略物资储备，可再生能源，城市供水管网、燃气和集中供热设施，城镇污水和垃圾处理设施等。

第四十八章　健全规划管理体制

加强统筹协调。继续做好总需求与总供给的平衡，特别要加强制度协调、规划协调和政策协调。统筹协调政策目标和政策手段，搞好财政政策、货币政策、产业政策、区域政策、社会政策和政绩考核间的配合，防止国家政策部门化。统筹协调长期发展与短期发展，近期措施要有利于解决长期性发展难题，改革体制、制定政策、安排投资、确定发展速度，都要充分考虑可持续性，防止急于求成。

改革规划管理体制，健全科学化、民主化

的编制程序，形成以国民经济和社会发展规划为统领，各类规划定位清晰、功能互补、统一衔接的规划体系。做深做实城市规划、土地利用规划、环境保护规划和粮食、能源、交通等专项规划。编制全国主体功能区划规划，明确主体功能区的范围、功能定位、发展方向和区域政策。强化区域规划工作，编制部分主体功能区的区域规划。改革完善地方规划，深化市县规划体制改革。

本规划确定的约束性指标，具有法律效力，要纳入各地区、各部门经济社会发展综合评价和绩效考核。约束性指标要分解落实到有关部门，其中耕地保有量、单位国内生产总值能源消耗降低、主要污染物排放总量减少等指标要分解落实到各省、自治区、直辖市。

国务院有关部门要加强对本规划实施情况的跟踪分析，接受全国人民代表大会及其常务委员会对规划实施情况的监督检查。

在本规划实施的中期阶段，要对规划实施情况进行中期评估。中期评估报告提交全国人民代表大会常务委员会审议。经中期评估需要修订本规划时，报全国人民代表大会常务委员会批准。

保持香港、澳门长期繁荣稳定。坚持“一国两制”、“港人治港”、“澳人治澳”、高度自治的方针，严格按照特别行政区基本法办事，加强和推动内地同港澳在经贸、科教、文化、卫生、体育等领域的交流和合作，继续实施内地与香港、澳门更紧密的经贸关系安排，加强内地和港澳在基础设施建设、产业发展、资源利用、环境保护等方面的合作。支持香港发展金融、物流、旅游、资讯等服务业，保持香港国际金融、贸易、航运等中心的地位。支持澳门发展旅游等服务业，促进澳门经济适度多元发展。

台湾是中华人民共和国不可分割的神圣领土。推进两岸关系发展和祖国统一大业，扩大海峡两岸经济、文化、科技、教育交流与人员往来，维护台湾同胞的正当权益，推动全面、直接、双向“三通”，促进建立稳定的两岸经贸合作机制，促进两岸关系发展，维护台海和平稳定。

“十一五”规划是全面建设小康社会进程中的重要规划。全国各族人民要在中国共产党的领导下，紧密团结在以胡锦涛同志为总书记的党中央周围，高举邓小平理论和“三个代表”重要思想伟大旗帜，全面贯彻落实科学发展观，振奋精神，扎实工作，锐意进取，开拓创新，为实现“十一五”规划和全面建设小康社会的宏伟目标而努力奋斗。

中国残疾人事业“十一五”发展纲要

（2006 年—2010 年）

为推动残疾人事业发展，进一步改善残疾人状况，依据《中华人民共和国国民经济和社会发展第十一个五年规划纲要》，制定《中国残疾人事业“十一五”发展纲要（2006 年—2010 年）》。

一、中国残疾人事业“十五”计划纲要执行情况和残疾人事业面临的任务

《中国残疾人事业“十五”计划纲要（2001 年—2005 年）》实施五年来，各级党委和政府关心残疾人、重视残疾人事业的发展，相关部门各司其职、密切配合，社会各界大力支持，残疾人事业取得显著成绩：

（一）残疾人参与社会生活的环境更加和谐。现代文明社会的残疾人观日益深入人心，人道主义思想得到进一步弘扬；社会各界广泛开展形式多样的扶残助残活动，助残志愿者队伍不断扩大，为满足残疾人基本生活需求和平等参与社会生活解决了大量实际困难；城市道路、建筑物和信息无障碍建设全面推进，为残疾人走出家门、共享社会物质文化成果和公共服务提供了便利，拓展了空间；新闻媒体积极宣传残疾人事业，进一步营造了关爱残疾人的舆论氛围；全社会依法维护残疾人权益的意识不断增强，发展残疾人事业的法治环境进一步改善。

（二）为残疾人服务的综合能力明显增强。地方各级党委、政府和公共服务机构更加重视改善残疾人生活，积极为残疾人服务，不断为残疾人创造“平等·参与·共享”的条件。残疾人特殊教育学校达到1662所、特殊教育班2700多个，残疾人职业培训机构3250个，残疾人就业服务机构3048个，残疾人康复服务机构和场所19000多个，法律维权服务机构2574个，盲人图书馆（室）建设有了新的发展，各级残疾人综合服务设施建设不断加强，改善了为残疾人服务的条件。全国县级以上普遍建立健全了残疾人组织，乡镇（街道）以下基层残疾人组织建设取得明显成绩，残疾人工作者队伍素质明显提高。

（三）残疾人状况进一步改善。642万残疾人得到不同程度的康复；残疾儿童少年义务教育入学率进一步提高，盲、聋、弱智儿童少年入学率平均提高到80％，近60万残疾人接受职业教育；残疾人就业率稳步上升；扶持700万农村贫困残疾人摆脱了贫困；516万城乡特困残疾人基本生活得到保障；残疾人群众性文化体育活动广泛开展，特殊艺术和残疾人体育取得举世瞩目的成就，参加第十二届残疾人奥运会的中国体育代表团取得金牌总数和奖牌总数两个第一的优异成绩；特殊奥林匹克运动得到长足发展。

（四）残疾人素质普遍提高。广大残疾人以珍惜人生、热爱祖国、志在奉献的高尚情怀，锐意进取、自强不息、顽强拼搏，不断提高自身思想道德和科学文化素质，积极参与社会生活，为国家的改革开放和社会主义现代化建设作出了应有的贡献。越来越多的残疾人通过参加生产劳动摆脱了贫困，其中一部分人实现了勤劳致富。各行各业的英雄模范群体中都有残疾人的杰出代表。一批优秀残疾人进入各级人大、政协，参政议政，积极为经济社会发展建言献策。

（五）残疾人事业的国际影响日益扩大。我国政府和残疾人组织积极参与、推进国际残疾人事务。配合国家外交大局，积极推动制定联合国残疾人权利公约，发起和支持第二个“亚太残疾人十年”行动。加强了残疾人事务的国际交往，国际合作领域不断拓展。残疾人事业取得的成就受到国际社会的广泛赞誉，为展示我国保障人权的良好形象和人权事业的发展成就作出了贡献。

残疾人事业“十五”计划纲要各项任务的全面完成，有效改善了广大残疾人的基本生活，为残疾人同全国人民一道实现小康生活打下了基础。但是，由于客观条件和残疾人自身障碍的影响，残疾人总体生活状况与社会平均水平还有较大差距；相当多的残疾人贫困状况没有得到根本改善，基本生活需求难以稳定保障；残疾人在康复、教育、就业等方面存在许多困难；改善残疾人参与社会生活的环境和条件的长效机制还不健全；建设残疾人小康生活的任务尤为繁重。发展残疾人事业，改善残疾人状况，促进残疾人事业与经济社会协调发展，使残疾人实现小康生活，是一项紧迫而艰巨的任务。各地区、各部门要以高度的政治责任感和使命感，进一步加大工作力度，全面推进残疾人事业加快发展。

二、“十一五”发展纲要的总目标和指导原则

“十一五”期间残疾人事业的发展，要坚持以邓小平理论和“三个代表”重要思想为指导，坚持以人为本和全面、协调、可持续的科学发展观，紧紧围绕全面建设小康社会的奋斗目标，进一步缩小残疾人生活状况与社会平均水平的差距，改善残疾人平等参与社会生活的

物质条件和社会环境。

（一）总目标

——残疾人基本生活总体初步达到小康水平。

——全面推进残疾人“人人享有康复服务”工作，通过实施重点工程，使830万残疾人得到不同程度的康复。

——扶助农村贫困残疾人脱贫，并实施残疾人危房改造工程，改善32万户农村贫困残疾人家庭居住条件。

——进一步将残疾人纳入社会保障体系，保障基本生活。

——基本普及残疾儿童少年义务教育，积极开展残疾儿童学前教育，发展残疾人高级中等教育、高等教育和职业教育，切实保障残疾人接受教育的权利。

——有就业需求的残疾人得到职业指导和职业培训，残疾人就业规模进一步扩大，就业水平进一步提高。

——残疾人文化生活水平进一步提高，体育活动得到普及。

——残疾人事业的法制建设及无障碍环境建设进一步加强，残疾人的权益保障状况持续改善。

——残疾人组织体系进一步完善，为残疾人服务的能力进一步增强。

（二）指导原则

——坚持以人为本和全面、协调、可持续的科学发展观。将残疾人事业纳入经济社会发展大局，统筹规划、同步实施、兼顾特点、整体推进、加速发展。

——坚持政府主导的工作模式。地方各级政府要加强对残疾人事业的领导，将残疾人工作纳入公共服务体系，充分发挥残疾人工作委员会的综合协调作用。各有关部门要将有关的残疾人工作纳入职责范围，各司其职、加强配合、密切协作，形成新时期发展残疾人事业的长效工作机制。各级财政要将残疾人事业发展经费列入预算，加大投入，支持残疾人事业加快发展。

——坚持社会化工作方法。大力弘扬人道主义思想，充分开发社会资源，广泛动员社会力量，倡导和鼓励社会各界关心、支持和参与残疾人事业。

——按照“求真务实，持续推进”的工作方针，围绕提高为残疾人综合服务的能力和提高残疾人基本生活水平，扎扎实实为残疾人办实事。

——统筹规划、分类指导。按照国家发展残疾人事业的统一部署和基本要求，东部地区要充分发挥自身优势，创造性地开展工作，率先使残疾人生活实现小康；中部地区和东北地区要抓住中部崛起及振兴东北老工业基地的机遇，加快发展；西部地区要抓住西部大开发的机遇，加大工作力度，努力实现残疾人事业跨越式发展。

——完善维护残疾人权益的政策法规，依法促进残疾人事业发展。

——充分发挥残疾人组织和残疾人的作用。提高残疾人工作者的素质，造就一支恪守“人道·廉洁·服务·奉献”职业道德的工作者队伍。激励广大残疾人发扬“自尊·自信·自强·自立”精神，积极参与社会生活。

三、“十一五”发展纲要的任务指标和主要措施

（一）康复

康复是帮助残疾人恢复和补偿功能，增强生活自理和社会适应能力，平等参与社会生活的基础。

任务指标

——加强社会化康复服务体系建设和康复服务人才培养，提高康复服务能力。城市和发达地区农村残疾人普遍得到康复服务，欠发达地区农村70％以上的残疾人得到康复服务。

——实施一批重点康复工程。完成白内障复明手术300万例、低视力者配用助视器10万名、盲人定向行走训练3万名、肢体残疾矫治手术1万例、装配假肢和矫形器8万例、聋儿听力语言训练8万名、智力残疾儿童系统训练

10万名、肢体残疾人系统训练12万名，帮助480万名重症精神病患者得到综合治疗。组织供应各类辅助器具300万件。

——开展残疾预防，减少残疾发生。

主要措施

1. 以专业康复机构为骨干、社区为基础、家庭为依托，建立和完善社会化康复服务体系。积极推进残疾人康复服务专门机构和康复服务专业人才队伍建设；整合资源，发挥医疗卫生机构、社区服务机构、学校、幼儿园、福利企事业单位、残疾人活动场所等现有机构、设施和人员的作用，大力开展社区康复服务，建立社区康复员队伍，完善适宜的社区康复设施，将社区康复服务纳入社区建设和基层卫生工作。加强社会福利机构、残疾人养护机构、特殊教育机构中的残疾人康复工作。

2. 组织实施白内障复明手术。采取设立定点医疗机构与组派医疗队相结合的方式，实施贫困白内障患者复明手术；推动“白内障无障碍区”建设；完善低视力康复服务网络，组织开发、生产、供应助视器，推广低视力康复技术，对贫困低视力患者实施救治；开展盲人定向行走和生活技能训练服务。

3. 健全聋儿康复网络。加强中国聋儿康复研究中心和省级聋儿康复中心建设，巩固基层聋儿康复机构；办好聋儿家长学校；指导社区、家庭开展康复训练；实施贫困聋儿康复救助；开展听力语言康复教师职称评定工作；逐步推广人工耳蜗植入技术；拓宽听力语言康复服务范围。

4. 完善精神病防治工作机制。全面推行“社会化、综合性、开放式”的精神病防治康复工作模式，在覆盖8亿人口的地区，对480万名重症精神病患者进行治疗康复；对贫困精神病患者实行医疗救助；推动精神病康复托养机构建设；大力开展精神病防治社区康复工作，采用工疗、娱疗、日常照料等多种康复手段，努力提高康复效果。

5. 加强二级以上综合医院康复医学科室建设，推动基层卫生机构开展肢体残疾康复训练与服务；完善中国康复研究中心和省、市（地）级康复中心的功能与条件；组织肢体残疾人在社区和家庭广泛开展康复训练；对麻风畸残人员实施手术矫治或配备辅助用具；做好手术矫治、辅具适配、功能训练的有机衔接；帮助贫困肢体残疾儿童接受手术矫治与康复训练。

6. 发挥社区和家庭的作用，以幼儿园、特殊教育学校、社区服务机构、工疗养护机构为依托，开展智力残疾康复综合服务。调动智力残疾人亲友的积极性，对智力残疾儿童进行生活自理和认知能力与语言交流等训练，对成年智力残疾人进行简单劳动技能、社会适应能力等训练；积极创造条件，建设集教育、康复、娱乐、劳动为一体的智力残疾和重度残疾人的养护机构，提供系统、终身康复服务；对贫困智力残疾儿童实施康复救助。开展早期干预，切实做好特殊人群的补碘宣传教育工作，减少智力残疾发生。

7. 组织研制开发、生产、供应各类残疾人急需的质优价廉的实用型辅助器具。推广、使用康复服务新技术、新产品；对贫困残疾人装配普及型下肢假肢、矫形器等辅助器具实施救助。巩固和完善全国辅助器具供应服务机构；建立国家和区域辅助器具资源中心，加强信息服务，推广评估和适配技术。加强残疾人辅助器具质量监督和管理。

8. 充分利用广播、电视、报刊、网络等媒体开展残疾人康复工作公益宣传服务。普及康复知识，提高残疾人的自我康复意识；广泛开展“爱眼日”、“爱耳日”、“精神卫生日”、“防治碘缺乏病日”、“防治麻风病日”等活动；针对遗传、疾病、中毒、意外伤害、有害环境等主要致残因素，有重点地开展宣传教育，采取干预措施；倡导早期干预和早期康复训练，有效减轻和控制残疾程度。

（二）教育

提高残疾人受教育水平是残疾人全面实现自身价值的基本条件。

任务指标

——基本普及残疾儿童少年义务教育，适

应接受普通教育的残疾儿童少年入学率达到与当地健全儿童少年同等水平，接受特殊教育的视力、听力、语言和智力残疾儿童少年义务教育入学率达到国家要求，大力发展残疾儿童学前教育。

——符合条件的残疾人普遍得到职业教育或培训。

——保障符合国家录取标准的残疾考生接受高级中等以上教育。

——加快高级中等特殊教育发展，积极发展高等特殊教育。

主要措施

1. 继续将残疾儿童少年教育全面纳入国家和各地区义务教育体系，统一规划，统筹安排，同步实施。

2. 继续完善以随班就读和特教班为主体、特殊教育学校为骨干的残疾儿童少年义务教育体系。全面推行随班就读和普通中、小学校设立特教班，30万人口以上且适龄残疾儿童少年较多的县（市）要建立1所九年义务教育特殊教育学校。

3. 将残疾儿童少年入学指标列入义务教育评估验收指标体系，统计义务教育对象必须包括适龄残疾儿童少年。

4. 统筹规划高中阶段特殊教育学校建设，市（地）级以上城市要建立特殊教育高中或设立特殊教育高中班；倡导、鼓励兴办残疾人高等教育，有计划地扶持有条件的普通高等学校开设特殊教育专业和创办特殊教育学院。继续办好长春大学特殊教育学院、天津理工大学聋人工学院、山东滨州医学院、北京联合大学特殊教育学院等特殊教育院校，适当扩大招生规模，增加专业设置，提高办学层次和质量。进一步完善普通高等院校招收残疾考生的政策和考试办法。继续完善学前教育、义务教育、高级中等教育、高等教育相互衔接的残疾人特殊教育体系。

5. 继续将残疾人教育纳入国民教育体系，建立健全助学金制度，将残疾儿童少年接受义务教育切实列入政府优惠政策范围，在同等条件下，接受高级中等以上教育的贫困残疾学生优先享受国家资助政策。

6. 以社会普通职业教育机构为主，充分发挥具有特殊教育手段的残疾人职业教育机构的作用，普遍开展适应劳动力市场需求的残疾人职业教育与培训；城镇与就业相结合，农村与生产和扶贫相结合，开展多层次的职业技能教育和中短期实用技术培训。

7. 加强特殊教育师资人才队伍建设。创造条件办好特殊教育师范院校，在普通师范院校开设特殊教育专业或课程，增加特殊教育师资人才队伍的数量，提高质量。依托有条件的高等院校建立国家级残疾人职业教育师资培训基地。继续办好北京听力语言康复技术学院。加强盲文、手语的研究、完善和推广工作，继续研制专业手语和盲文符号，组织开展盲文、手语特殊教育培训，规范教材的编审和出版工作，为盲人、聋人接受义务教育、高级中等教育和高等教育创造条件。

8. 采取多种形式，扫除残疾青壮年文盲；鼓励自学成才。

（三）就业与社会保障

就业是残疾人改善生活状况，实现自强自立、实现人生价值的主要途径；保障贫困残疾人的基本生活，是健全和完善我国社会保障制度的重要内容。

任务指标

——完善残疾人就业的法律、法规和政策体系。

——城镇新增残疾人就业75万人，农村残疾人稳定就业1800万人。

——残疾人就业服务机构服务能力显著提高，残疾人就业服务需求得到基本满足。

——登记失业、求职的残疾人普遍得到职业指导和职业培训。

——培养、培训盲人按摩人员5万名，其中医疗按摩人员1万名、保健按摩人员4万名，使盲人按摩人员总数达到14万名。

——完善残疾人社会保障政策。促进城镇残疾职工按规定参加社会保险，扩大自谋职业残疾人社会保险覆盖面；按规定将残疾人纳入社会保障体系，实施分类救助，适当提高符合条件的残疾人的社会保障水平。

主要措施

1. 全面推进按比例安排残疾人就业政策的落实。进一步规范残疾人就业保障金征收工作，严格管理残疾人就业保障金，确保专款专用。

2. 鼓励社会力量依法兴办福利企业，集中安排残疾人就业。完善优惠政策和措施，扶持福利企业稳定、健康发展；在有条件的地方开办福利性工疗机构、庇护性工场，为精神病人、智力残疾人就业创造条件。

3. 加强各级残疾人联合会的残疾人就业服务机构建设。残疾人就业服务机构要在劳动保障部门指导下，综合管理残疾人劳动就业服务工作，为残疾人个体开业、集体从业和按比例就业提供职业指导和培训服务；要拓展服务项目，不断提高服务质量和服务效率；大力推进残疾人就业信息网建设；全面开展残疾人失业登记工作，为残疾人就业提供全方位服务。

4. 以市场需求为导向，以社会化培训为重点，大力开展残疾人职业技能培训和农村残疾人实用技术培训，不断提高残疾人参与市场竞争的能力。建立健全残疾人职业技能优秀人才奖励机制，举办2007年第三届全国残疾人职业技能竞赛，选拔优秀人才参加第七届国际残疾人技能竞赛。

5. 发挥中、高等医学院校按摩专业优势，培养残疾人医疗按摩人员；利用残疾人各类职业培训机构，培训残疾人保健按摩人员，加强对在职盲人按摩人员的继续教育，提高其市场竞争力。编写、修订盲人按摩专业教材，建立国家级盲人按摩教研实习基地，加强学术交流与国际交往。各级残疾人联合会要依据国家规定，加强盲人按摩行业管理，规范盲人按摩市场。

6. 切实将残疾人纳入社会保障体系。加强监督、检查，确保城镇残疾职工参加基本养老、基本医疗和失业、工伤、生育保险。落实和完善城镇贫困残疾人个体工商户参加基本养老保险补贴制度，鼓励并组织个体就业残疾人参加社会保险。帮助农村贫困残疾人参加新型农村合作医疗，并按规定给予医疗救助。按规定执行城乡居民最低生活保障政策，及时向符合条件的残疾人家庭提供最低生活保障；帮助农村贫困残疾人参加农村社会养老保险。对不适合参加劳动、无法定扶养义务人或法定扶养义务人无扶养能力、无生活来源的重度残疾人，按照规定予以供养、救济。有条件的地区，可按分类救助原则，适当提高重度残疾、一户多残等贫困残疾人家庭的生活保障水平。

（四）扶贫

做好农村残疾人扶贫工作，扶助农村残疾人摆脱贫困、解决温饱，是全面建设小康社会的重要任务。

任务指标

——扶持1000万农村贫困残疾人基本解决温饱；初步解决温饱的扶助其稳定提高经济收入。

——帮助中西部地区100万名农村适合参加生产劳动的贫困残疾人接受实用技术培训。

——扶持中西部地区25万户农村贫困残疾人家庭进行危房改造，完成32万户农村贫困残疾人家庭危房改造任务。

主要措施

1. 地方各级政府和有关部门要继续将扶持农村贫困残疾人列入扶贫工作规划，统筹安排，同步实施。要针对残疾人特点采取有效措施，加大扶持力度。

2. 国家扶贫开发工作重点县要将残疾人扶贫开发工作纳入整体规划，在“整村推进”扶贫过程中，选择适合残疾人脱贫的项目，帮助有劳动能力的贫困残疾人参加生产劳动，保证各项扶持措施真正落实到残疾人户。经济较发达的地区要将残疾人扶贫开发工作纳入当地经济社会发展规划，重点解决低收入残疾人及其家庭的相对贫困问题，稳定提高经济收入。其他地区要采取措施，保证中央扶贫贷款落实到位，扶助残疾人摆脱贫困。

3. 帮助中西部地区农村贫困残疾人接受实用技术培训，掌握脱贫致富的技能。

4. 加强康复扶贫贷款项目管理，规范运行，量化绩效考核，最大限度地保障残疾人受益。开展农村残疾人扶贫到户贷款贴息方式改革试点，有条件的地方可将中央康复扶贫贷款贴息直接核补给贫困残疾人贷款户。

5. 继续开展农村贫困残疾人危房改造工作，努力解决城镇贫困残疾人住房困难问题。对中西部地区贫困残疾人危房改造给予补助；东部地区要对贫困残疾人住房状况进行摸底调查，安排资金帮助贫困残疾人改善住房条件。

（五）文化、体育

丰富和活跃残疾人文化、体育生活，发展残疾人特殊艺术和竞技体育，展示残疾人的才华，是激励残疾人自强不息的重要形式。

任务指标

——倡导、动员社会公共文化机构为残疾人提供服务，普遍、深入开展群众文化活动。

——发展残疾人特殊艺术，培养优秀艺术人才。

——落实国家《全民健身计划纲要》，组织残疾人开展体育健身活动，增强残疾人体质。

——举办、参加国内外重大残疾人体育赛事，贯彻《奥运争光计划》，提高残疾人竞技运动水平。

主要措施

1. 支持公共文化、体育设施和机构普遍对残疾人开放并提供优惠服务。公共图书馆和街道（镇）、社区、村图书阅览室要为残疾人提供图书借阅服务，有条件的地方要开辟盲文及盲人有声读物场所。

2. 城市社区、农村乡镇的残疾人组织和特殊教育学校、福利企事业单位要根据各类残疾人的特点，开展残健融合、形式多样、有益身心健康的文化、艺术、健身、娱乐活动。

3. 各级残疾人联合会的残疾人综合服务设施要为残疾人开展文化、体育活动设立专门场所，对残疾人开放并提供周到服务。县级以上残疾人联合会要定期举办文化、体育活动，活跃基层残疾人文化、体育生活。

4. 办好残疾人特殊艺术团体，培养特殊艺术人才，展示残疾人特殊艺术才华。组织第七届全国残疾人艺术汇演和盲、聋、弱智学校学生艺术调演。

5. 发展残奥、特奥和聋奥运动。组织动员各类残疾人参加残健融合、康复健身的体育活动。开发、研制适合残疾人的体育器具，开展残疾人体育科学研究，抓好特殊教育学校体育教学和活动；有条件的体育院校、师范院校和各级体校要招收、培养一定数量的优秀残疾人运动员。全民健身路径要充分考虑残疾人参加体育锻炼的要求，适当增加相应的设施。

6. 建立健全各级残疾人体育管理机构。所有公共体育活动场所都应向残疾人免费开放。市（地）级以上地区至少有一处符合残疾人公共体育活动要求的体育综合活动场所，有条件的应设立专门为残疾人服务的体育综合活动场所。建立一支相对稳定的裁判员、分级员队伍；做好国家残疾人集训队的选拔、训练和管理工作；积极解决残疾人运动员等级评定、就学、就业和保险、奖励问题，解除他们的后顾之忧，鼓励他们为国争光。

7. 办好2007年第十二届世界特奥运动会和2008年第十三届残奥会并争取取得优异成绩。办好2006年、2010年第四届、第五届全国特奥运动会和2007年第七届全国残疾人运动会。广泛动员社会力量，进一步增强全社会对残疾人体育事业的关心和支持。

（六）社会环境

大力宣传人道主义思想和现代文明社会的残疾人观，倡导理解、尊重、关心、帮助残疾人的良好社会风尚，营造残疾人平等参与社会生活的社会环境，是发展残疾人事业的重要条件。

任务指标

——弘扬人道主义思想，加大残疾人事业的宣传力度。

——在公众传播媒介中积极推进“字幕工程”，办好手语新闻节目和残疾人专题节目。

——宣传优秀残疾人、先进残疾人工作者

和扶残助残先进典型，激励残疾人自强和残疾人工作者的敬业精神，培养社会助残意识。

主要措施

1. 新闻、出版和教育行政部门要采取有效措施，支持和动员新闻媒体通过不同形式，报道和反映残疾人生活情况，宣传残疾人事业；在中、小学思想道德课程中增加人道主义、自强与助残教育等内容，营造关爱他人、扶助弱者的良好社会环境。

2. 市（地）级以上电视台要开办手语节目，县级以上广播电台要开设残疾人专题节目，积极推进影视作品加配字幕工作。

3. 广泛动员公共媒体宣传残疾人事业的成就和优秀残疾人、残疾人工作者的先进事迹，宣传社会各界扶残助残取得的成效。

4. 继续组织好“全国助残日”活动，广泛开展“志愿者助残”、“红领巾助残”和“文化助残”、“科技助残”、“法律助残”等多种形式的扶残助残活动；举办好“国际残疾人日”等活动。

5. 大力宣传“全国自强模范”、“全国扶残助残先进集体”、“残疾人之家”、“全国扶残助残先进个人”和“全国残联系统先进工作者”的典型事迹，鼓励更多的单位和个人关心、帮助残疾人。

6. 继续组织好全国残疾人事业好新闻作品的评选工作。

（七）维权

依法维护残疾人的合法权益是残疾人工作的主题。

任务指标

——建立残疾人维权工作机制，进一步改善残疾人权益保障状况。

——加强残疾人事业法制建设，推动保障残疾人权益法律法规的修订，加大执法和法制宣传力度，建立残疾人法律救助机制。

——针对残疾人权益保障的需求和面临的突出问题，制定相关政策，维护残疾人权益。加大对侵害残疾人合法权益重大恶性案件的查处力度。

——全面推进无障碍设施建设，在全国100个城市开展无障碍设施建设，积极开展信息交流无障碍工作，增强社会公众无障碍意识。

主要措施

1. 进一步完善残疾人法律、法规体系。修订残疾人保障法，积极制定、修订与残疾人切身利益密切相关的法律、法规，制定残疾人康复条例、完善无障碍建设等方面的法规和规范性文件，适时修订残疾人保障法实施办法，制定、修订残疾人优惠政策及扶助规定。

2. 加强对残疾人法律、法规的宣传，将残疾人保障法等法律、法规纳入国家“五五”全民普法教育规划，制订相应计划，倡导形成全社会尊重、理解、关心、帮助残疾人的良好社会氛围，提高广大残疾人的法律意识，增强残疾人法律工作者的维权能力。

3. 加大残疾人保障法执法力度，积极配合有关方面开展残疾人保障法及相关法规执行情况的检查、视察，依法维护残疾人权益。

4. 建立以各级法院的司法救助、各级司法行政部门的法律服务和法律援助为主导，以各级残疾人联合会和社会力量提供的法律救助为补充的残疾人法律救助体系，解决残疾人的实际困难。

5. 对因企业转制、国家征用土地、城市拆迁等造成残疾人生活困难、权益受损等突出问题，有关部门要按相关政策维护残疾人权益。加大对重大、典型侵害残疾人合法权益案件的查处力度。

6. 认真贯彻《信访条例》，建立相应的工作机制，加强残疾人信访工作；发挥残疾人维权示范岗的作用，听取残疾人意见，了解残疾人需求，解决残疾人困难，为维护残疾人权益和社会稳定大局服务。

7. 严格执行无障碍建设的相关法律、法规和设计规范，制定实施无障碍设施建设行业标准，加快行业无障碍建设；对城市现有道路、建筑物、公共服务设施进行无障碍改造，加大对已建无障碍设施的维护和管理力度；加强无障碍环境建设的宣传，开展全国城市无障碍设施建设工作。

8. 积极开展信息交流无障碍工作。推动信息交流无障碍法律、法规建设，采用盲文、手语、字幕、特殊通讯设备等辅助技术或替代技术，为残疾人接受和传播信息，参与社会生活创造条件。

（八）信息化建设

加强残疾人事业信息化建设是国家政务信息化建设的整体要求，是实现残疾人事业现代化管理和可持续发展的重要措施。

任务指标

——建立健全基层残疾人事业信息化工作管理体系。

——完善残疾人联合会系统网络建设，实现中国残疾人联合会和省级残疾人联合会间的网络互连和信息资源共享。

——整合残疾人事业信息资源，建立和完善全国残疾人联合会综合业务数据和信息管理系统，加强互联网网站建设与信息服务。

——完善残疾人事业统计指标体系，加强基层统计管理。

——推广信息无障碍技术的应用。

主要措施

1. 以省级残疾人联合会信息化专业机构为骨干，以市（地）级以下残疾人联合会为基础，逐步建立完善基层残疾人联合会信息化工作组织体系。

2. 在“十五”残疾人联合会网络建设基础上，实现中国残疾人联合会与省级残疾人联合会局域网的连接，逐步建立全国残疾人联合会系统业务应用平台，实现业务数据、政务信息网上传输。

3. 根据残疾人事业发展需要，规划残疾人联合会系统业务数据库管理体系；统一标准、整合资源，逐步建立和完善全国残疾人联合会综合业务数据管理系统，提高残疾人工作管理水平。

4. 进一步推动残疾人联合会系统公众信息网建设，丰富信息内容，加强社会宣传，促进政务公开，努力为残疾人提供方便快捷的网络信息服务。

5. 做好残疾人事业信息化服务的业务指导、标准规范和政策咨询工作。统一组织和推进面向残疾人的康复、教育、就业等方面的信息服务；制定相关政策，鼓励社会机构积极参与残疾人事业信息化建设。

6. 完善残疾人事业统计指标体系，加强统计制度管理，建立基层统计台账，推进数据统计电子化，提高统计数据的科学性和准确性。

7. 积极推动信息无障碍技术标准的制定，开展信息无障碍项目和产品的研发、推广和实效评估。

（九）残疾人组织建设

加强残疾人组织建设，培养、造就高素质的残疾人工作者队伍，是做好残疾人工作的重要组织保障。

任务指标

——完善残疾人组织机构，全面履行职能。

——提高工作人员素质，增强服务能力。

——健全、完善各类残疾人专门协会，密切联系残疾人。

——动员社会力量支持残疾人工作，组织志愿者扶残、助残。

——加强综合服务设施建设，创造为残疾人服务的条件。

主要措施

1. 县级和乡镇（街道）残疾人联合会按照国务院残疾人工作协调委员会《关于加强基层残联建设的决定》和《进一步加强基层残疾人组织建设的意见》的要求，完善机构、健全机制、加强力量、提高效能。建立健全社区居民委员会、村民委员会和企事业单位的残疾人组织，形成完整的残疾人工作组织体系。

2. 采取多种形式，培养、培训残疾人工作者，认真贯彻《全国残疾人工作者职业道德规范（试行）》，制定“全国残联系统干部教育培训规划（2006 年—2010 年）”，提高残疾人工作者的职业道德水平和综合服务能力，培养思想好、作风硬、能力强、素质高，恪守“人道·廉洁·服务·奉献”职业道德的残疾人工作者队伍。

3. 依照《中国残疾人联合会章程》规定，建立健全各类残疾人专门协会，发挥“代表·服务·维权”作用，密切联系广大残疾人，活跃基层残疾人生活。

4. 广泛动员社会力量，普遍组织志愿者开展文化、科技、法律助残，支持残疾人工作，为残疾人提供志愿服务。

5. 组织第四次“全国自强模范”、“全国扶残助残先进个人”和“全国扶残助残先进集体”、“残疾人之家”、“全国残联系统先进工作者”的评选、表彰活动。

6. 继续做好残疾人证的核发和管理工作。

7. 加强残疾人综合服务设施建设，提高服务能力。已建成投入使用的残疾人综合服务设施要进一步完善功能，充分发挥作用，为残疾人接受康复训练、职业培训、就业指导和开展文化、体育活动提供服务；尚未建设残疾人综合服务设施的地区要创造条件，建设符合要求、规模适度的残疾人综合服务设施。中央有关部门视情对中西部困难地区的残疾人综合服务设施建设给予适当补助。

8. 认真做好第二次全国残疾人抽样调查工作。加强残疾人事业理论研究。继续做好残疾人福利基金会工作，挖掘社会资源支持残疾人事业。加强国际交流与合作，继续积极参与联合国残疾人权利公约制定工作及其他国际残疾人事务和活动；加大对外宣传力度，展示我国人权保障成就。

残疾人事业是文明、进步、崇高的事业，是建设中国特色社会主义和我国人权保障事业的重要组成部分。加快残疾人事业发展是构建社会主义和谐社会的本质要求，是各级政府和全社会义不容辞的责任。为保证本纲要的实施，国务院残疾人工作委员会将组织相关部门制定配套实施方案。各地区要依据本纲要制定本地残疾人事业“十一五”发展纲要和实施方案，采取有力措施，确保完成本纲要规定的各项任务。

劳动和社会保障事业发展“十一五”规划纲要

（2006 年—2010 年）

目　录

序　言

21 世纪头 20 年，我国步入全面建设小康社会、构建社会主义和谐社会、加快推进社会主义现代化新的发展阶段，这一时期是我国经济社会发展向第三步战略目标迈进的关键时期。在这一关键时期，提高劳动者整体素质和就业能力，提高就业质量，稳定就业形势，完善社会保障体系，和谐劳动关系，是促进我国经济社会又快又好发展，向实现社会主义现代化目标稳步迈进的基本条件，也是我国深化经济体制改革，保持社会稳定和国家长治久安的重要任务。按照落实科学发展观的要求，我国将更加关注经济社会的协调发展，劳动和社会保障工作作为构建社会主义和谐社会的重要保障，在保障劳动者基本生活、维护社会稳定和促进经济发展方面将发挥越来越重要的作用。

根据《中华人民共和国国民经济和社会发展第十一个五年规划纲要》，制订《劳动和社会保障事业发展"十一五"规划纲要（2006年—2010年）》（以下简称《纲要》），对"十一五"时期扩大就业、健全社会保障体系、调节劳动关系、维护劳动者权益等作出部署，是提高人民生活水平，推进社会主义和谐社会建设的重要举措，对进一步发挥劳动保障事业在国民经济和社会发展中的作用，推进劳动保障事业的全面协调可持续发展，进而推动国家"十一五"规划目标的全面实现具有十分重要的意义。

本《纲要》规划期为2006年—2010年。

一、"十五"时期主要成就及基本经验

（一）主要成就

"十五"时期，劳动保障事业取得显著成就，为深化改革、促进经济发展、维护社会稳定作出了积极贡献。

1. 就业再就业取得明显成效。实施积极的就业政策，建立了政府促进就业的目标责任体系，确立了"劳动者自主择业、市场调节就业和政府促进就业"的机制。就业总量稳步增长，就业结构进一步优化，就业形势保持基本稳定。到"十五"期末，全国城乡就业人员达到7.6亿人，城镇登记失业率控制在4.2%以内。五年城镇新增就业4200万人，下岗失业人员再就业1800万人；五年转移农业劳动力4000万人。

2. 职业培训取得较大进展。市场化、社会化的职业培训体系初步建立，高技能人才培养力度加大，再就业培训、创业培训和农村劳动力转移培训扎实推进。共培训下岗失业人员2500万人次，在全国100个城市开展了创业培训。职业资格证书制度得到大力推行，初步实现技能人才评价与就业、使用、待遇的衔接，到"十五"期末，全国有6000多万人次取得职业资格证书。

3. 社会保障事业取得长足发展。确保国有企业下岗职工基本生活和企业离退休人员基本养老金按时足额发放成果继续得到巩固，各项保险制度改革稳步推进，国有企业下岗职工基本生活保障制度向失业保险制度并轨基本完成，社会保险覆盖面继续扩大，保障能力明显增强。"十五"期末，全国参加基本养老保险、基本医疗保险、失业保险、工伤保险、生育保险人数分别达到1.75亿人、1.38亿人、1.06亿人和8478万人、5408万人，参加农村社会养老保险的人数达到5442万人。2005年，社会保险基金收入6968亿元，支出5401亿元。企业退休人员社会化管理服务取得积极进展。企业年金制度开始实行。在东北三省开展了完善城镇社会保障体系试点，探索了有益的经验。

4. 劳动关系调整机制初步形成。劳动合同制度和集体合同制度顺利推进，全国地市级以上城市普遍建立了协调劳动关系三方机制。国有企业重组改制和关闭破产劳动关系处理政策逐步完善。劳动争议处理工作得到加强，劳动争议结案率保持在90%以上。适应转轨时期特点的企业工资分配体制初步确立，最低工资制度和工资指导线制度普遍建立，劳动力市场工资指导价位和人工成本信息指导制度建设稳步推进，职工工资水平有较大幅度提高。

5. 劳动保障法制建设取得新进展。将"建立健全同经济发展水平相适应的社会保障制度"写入《宪法》，国务院修订公布了《禁止使用童工规定》、制定公布了《工伤保险条例》和《劳动保障监察条例》，劳动保障部公布了《工伤认定办法》、《最低工资规定》、《集体合同规定》、《企业年金试行办法》等16个部门规章，各地出台110多部地方性劳动保障法规和规章，

适应社会主义市场经济体制的劳动保障法律体系框架初步形成。劳动保障监察机构开展了征缴社会保险费、整顿劳动力市场秩序和建设领域拖欠农民工工资等专项检查，查处大量违法案件，有力地维护了劳动者的合法权益。

（二）基本经验

“十五”时期劳动保障事业的快速发展，为“十一五”时期奠定了良好的基础，也为今后的工作积累了有益的经验。

1. 党中央、国务院的高度重视，是推进劳动保障事业全面协调可持续发展的根本保证。党中央、国务院把劳动保障事业摆在经济社会发展全局更加突出的位置，纳入国民经济和社会发展的总体规划，提出就业是“民生之本，安国之策”，确立经济发展与扩大就业并举的战略，有力地推动了就业再就业工作的开展；进一步明确改革的思路，社会保障体系逐步得到完善。党中央、国务院和地方各级党委、政府的高度重视，各有关部门和有关方面的大力支持，保证了劳动保障工作顺利向前推进。

2. 全面落实科学发展观，是做好劳动保障工作的重要指针。各级劳动保障部门按照统筹协调可持续发展的要求，把劳动保障工作放在党和政府工作的全局中去思考，放到国民经济和社会发展的全局中去把握，从城乡统筹发展的整体上去部署，正确把握改革的力度和节奏，协调处理好劳动保障各项工作之间的关系，在促进经济发展、服务国企改革和维护社会稳定方面发挥了重要作用。

3. 维护劳动者的根本利益，是做好劳动保障工作的出发点和落脚点。始终坚持把维护劳动者的根本利益放在首位，劳动保障工作每一项法规的出台、每一项政策的制定、每一项工作的开展，都能注重各类社会群体利益关系的协调平衡，充分考虑劳动者的经济和心理承受能力，因而得到了广大劳动者的拥护和支持，使劳动保障事业发展有了广泛的群众基础。

4. 坚持依法行政，是做好劳动保障工作的有力保障。一系列劳动保障法律法规和部门规章先后出台，使劳动保障工作更加有法可依、有章可循。各级劳动保障部门依法行政的意识不断增强，更加重视依靠法律手段管理、规范和推进劳动保障工作，劳动保障监察执法和劳动争议处理力度不断加大，劳动者的合法权益得到基本保障。

5. 加强基础能力建设，是做好劳动保障工作的必要条件。职业介绍、职业培训等就业服务功能不断完善，社会保险经办机构和业务流程逐步健全、规范，街道社区劳动保障工作平台初步建立，“金保工程”建设积极推进，干部队伍素质不断提高，劳动保障科研取得可喜成果。基础能力建设的加强，为劳动保障事业发展提供了有力的支撑。

二、“十一五”时期面临的形势

“十一五”时期是我国全面建设小康社会，加快推进社会主义现代化建设的关键时期。在这一时期，劳动保障事业发展既面临着难得的机遇，也面临着严峻的挑战。按照落实科学发展观和构建社会主义和谐社会的要求，我国将更加注重经济社会协调发展，劳动保障工作作为构建和谐社会的重要内容和着力点，在保障劳动者基本生活、维护社会稳定、推动深化改革和促进经济发展等方面将发挥越来越重要的作用。同时，社会主义市场经济体制的不断完善，国民经济的持续快速增长，将为劳动保障事业可持续发展提供强大的内在动力和坚实的经济基础，创造更为有利的条件。但我们也要清醒地看到，在今后一个时期，随着经济形势、社会结构的不断变化，各种社会问题和矛盾不断增多并趋于复杂化、多样化，劳动保障事业发展将面临着许多困难和问题，主要反映在：

（一）就业形势依然严峻

我国人口多，就业压力大，未来五年甚至更长一个时期，劳动力供大于求的矛盾仍将存在。到2010年，我国劳动力总量将达到8.3亿人，城镇新增劳动力供给5000万人，而从需求情况看，劳动力就业岗位预计只能新增4000万个，劳动力供求缺口1000万左右。体制转轨时期遗留的国有、集体企业下岗失业人员再就业问题尚未全部解决，国有企业重组改制和关闭破产过程中职工分流安置的任务繁重，部分困难地区、困难行业和困难群体的就业问题仍然存在。高校毕业生等新成长劳动力就业问题、农村劳动力转移就业问题和被征地农民就业问题凸显出来。劳动者整体技能水平偏低，高技能人才严重缺乏，与加快经济增长方式转变，推进产业结构优化升级的要求不相适应。

（二）社会保障制度亟待完善

我国已进入老龄化社会，养老保险、医疗保险等社会保障基金承载着巨大支付压力。退休人员逐年递增，养老保险个人账户没有做实。企业退休人员基本养老金水平与机关事业单位退休人员退休费水平形成差距，成为影响社会稳定的因素。部分城镇居民医疗保障缺乏制度安排。失业保险促进就业的功能尚未得到充分发挥。安全生产的严峻形势对工伤保险提出了更高的要求。城镇个体劳动者和灵活就业人员、农民工、被征地农民、农村务农人员的社会保障问题突出。社会保险统筹层次不高，部分流动就业人员的保险关系难以转移。这些问题成为全社会关注的焦点，必须引起高度重视。

（三）劳动关系中的矛盾日益突出

随着城镇化、工业化和经济结构调整进程加快，以及经济成分多元化和就业形式多样化，劳动关系将更趋复杂化，协调好利益关系的难度进一步加大。国有企业历史遗留的劳动关系问题亟待解决。工资分配关系不合理、分配秩序不规范的矛盾日益尖锐，适应市场经济要求的企业工资决定机制不健全，部分企业普通职工工资增长缓慢。用人单位安排劳动者超时加班、拖欠和克扣劳动者工资等侵害劳动者合法权益现象比较严重。劳动争议继续呈大幅度上升趋势，劳动争议预防和处理工作仍将面临相当大的压力。

三、“十一五”时期指导思想和基本原则

（一）指导思想

“十一五”期间，劳动保障事业发展要以邓小平理论和“三个代表”重要思想为指导，以科学发展观为统领，着眼于国民经济和社会发展全局，从维护劳动者切身利益入手，将劳动保障事业纳入法制化、科学化轨道，逐步形成扩大就业与改善劳动关系、完善社会保障体系有机联系和相互促进的劳动保障工作新机制，为构建社会主义和谐社会、实现全面建设小康社会的奋斗目标作出新贡献。

（二）基本原则

1. 坚持以人为本，切实维护劳动者合法权益。始终把维护人民群众的根本利益作为工作的出发点和落脚点。在作出决策、制定和实施政策的过程中，从解决人民群众最关心、最直接、最现实的利益问题入手，妥善处理不同利益群体关系，关心和帮助困难群体的生活，千方百计扩大就业，加快完善社会保障体系，努力维护劳动者的合法权益，合理调节收入分配，使广大劳动者享受改革发展的成果，积极促进社会和谐稳定。

2. 坚持统筹兼顾，促进协调发展。从我国基本国情出发，与国民经济和社会发展相适应，统筹考虑城乡各类劳动者需求，协调推进就业、社会保障和劳动关系调整等劳动保障各项事业的发展。在增加就业总量的同时，更加注重提高就业质量；在扩大社会保险覆盖面的同时，更加注重完善制度体系；在全面维护劳动者合法权益的同时，更加注重各类社会群体利益关系的协调平衡；在推进各项制度改革的同时，更加注重法制、规划统计、信息网络、监督、管理和服务体系等基础建设，促进劳动保障事业全面协调可持续发展。

3. 坚持深化改革，创新工作机制。用改革的思路、改革的办法解决劳动保障工作中的深层次矛盾，消除影响劳动保障事业发展的制度性障碍，注重把改革的力度、发展的速度和社会可承受的程度协调起来，每项重要改革方案的制订和实施，都必须充分考虑是否符合大多数人的利益，考虑国家财政、企业和群众的承受能力以及对社会各方面的影响，正确处理好改革、发展、稳定的关系。积极探索建立劳动保障工作的新机制，在工作目标的确定上，要立足当前，着眼长远，实现劳动保障事业的可持续发展；在工作重心的把握上，要在解决当

前突出矛盾的同时，更加注重探索建立长效机制；在工作方式的改进上，更加注重制度完善、机制创新和管理能力提升，坚持典型引路、区域协调、分类指导等行之有效的工作方法。

四、“十一五”时期发展目标和主要任务

（一）发展目标

“十一五”期间，劳动保障事业发展的主要目标是：建立健全与国民经济和社会发展相适应的比较完善的劳动保障制度及运行机制，逐步实现就业比较充分，收入分配比较合理，劳动关系基本和谐稳定，社会保障体系比较完善，管理服务规范高效的发展目标。

1. 就业持续增长。把扩大就业摆在经济社会发展更加突出的位置，继续实施积极的就业政策，在重点解决体制转轨遗留的下岗失业人员再就业问题的同时，努力做好城镇新增劳动力就业和农村富余劳动力转移就业工作，探索建立社会主义市场经济条件下促进就业的长效机制，积极推进城乡统筹就业，逐步建立城乡统一的劳动力市场和公平竞争的就业制度。广开就业门路，增加就业岗位，改善就业结构，提高就业质量。加强失业调控，保持就业形势稳定。“十一五”期间，全国城镇实现新增就业4500万人，城镇登记失业率控制在5％以内，转移农业劳动力4500万人。

2. 劳动者素质不断提高。形成面向市场、运行有序、管理高效、覆盖城乡的职业培训和技能人才评价制度与政策体系，进一步加大对各类劳动者的培训力度，基本建立起规模宏大、专业齐全、梯次合理的技能劳动者队伍。到“十一五”期末，全国技能劳动者总量达到1.1亿人，其中，技师和高级技师占技能劳动者总量的5％，高级工占20％。

3. 社会保障体系比较完善。建立健全社会保障制度和管理服务体系，实现资金来源多渠道、保障方式多层次、管理服务社会化。进一步扩大社会保障覆盖范围，基本实现城镇各类就业人员平等享有社会保障。健全农村社会保障制度。到“十一五”期末，城镇基本养老、基本医疗、失业、工伤和生育保险参保人数分别达到2.23亿人、3亿人、1.2亿人、1.4亿人和8000万人以上，参加农村社会养老保险和企业年金的人数逐步增长。

4. 劳动关系基本保持和谐稳定。劳动关系调整机制进一步完善，逐步实现劳动关系调整的法制化。劳动合同制度普遍实行，集体合同制度继续推进，协调劳动关系三方机制逐步健全，劳动争议处理体制改革取得明显进展。企业工资收入分配秩序比较规范，职工工资水平稳步增长。

5. 劳动保障法制比较健全。加快建立健全劳动保障法律法规体系，进一步完善劳动保障依法行政的制度，基本形成覆盖城乡的劳动保障监察执法网络；通过强化普法工作，使广大劳动者和用人单位的维权意识和守法意识明显增强。

（二）主要任务

1. 实施促进就业的长期战略和政策，千方百计扩大就业。

（1）实施发展经济与促进就业并举的战略，确立有利于扩大就业的经济增长方式。推进经济结构调整，鼓励、支持和引导个体、私营等非公有制经济发展，积极发展就业容量大的劳动密集型产业、服务业和各类所有制的中小企业，改善就业结构，扩大就业容量。加强地区间的协作，推行培训、就业、维权三位一体的工作模式，搞好劳务输出工作，引导和组织农业劳动力向非农产业和城镇有序转移。

（2）继续实施积极的就业政策，促进下岗失业人员再就业。创造良好的就业和创业环境，妥善解决体制转轨遗留的下岗失业人员再就业问题，重点做好国有和集体企业下岗职工、国有企业关闭破产需要安置人员的再就业。引导劳动者转变就业观念，促进多种形式就业，鼓励劳动者自谋职业和自主创业。通过扶持政策引导，鼓励企业吸纳下岗失业人员再就业。加大公益性岗位开发力度，全面落实各项扶持政策，提高就业稳定性。建立就业与失业保险、城市居民最低生活保障工作联动机制，促进和帮助下岗失业人员尽快实现再就业。

（3）不断完善市场就业机制，促进城乡统

筹就业。建立城乡统一、平等竞争的劳动力市场，逐步消除就业歧视。取消农村劳动力进城和跨地区就业的限制，改善农民工进城就业环境。积极推进新成长劳动力特别是高校毕业生就业。加强劳动力市场建设，规范劳动者求职、用人单位招聘和职业中介行为。建立覆盖各类失业人员的失业登记制度，加强对登记失业的高校毕业生的服务和管理，完善用人单位招聘人员录用备案制度和就业登记制度。加强对各类职业中介行为的监管，维护劳动力市场秩序。

（4）建立制度化、专业化、社会化的公共就业服务体系。完善覆盖城乡劳动者的就业管理服务组织体系，建立健全县乡公共就业服务网络，强化政府促进就业的公共服务职能，完善公共就业服务制度。以城市为中心逐步实施公共就业服务统筹管理，完善服务手段，开发服务项目，拓展服务功能，为城乡各类劳动者提供有效服务。完善对困难地区、困难行业和困难群体的就业援助制度。支持并规范发展各类专业性职业中介机构和劳务派遣、职业咨询指导、就业信息服务等社会化服务组织。逐步建立政府购买就业服务成果的机制，充分发挥社会各类就业服务机构的作用。

（5）加强失业调控。妥善安置关闭破产和重组改制国有企业的分流职工；鼓励国有大中型企业通过主辅分离辅业改制分流安置富余人员；规范企业裁员行为，加强对正常生产经营企业裁员的指导；建立失业预警机制，制订预案和相应措施，对失业进行有效调控，减少长期失业人员数量，保持就业形势稳定。

（6）完善境外就业管理体制，健全外国人在我国就业管理制度。建立境外就业突发事件协调处理工作机制，保护境外就业人员合法权益。加强对境外就业中介机构的监管，规范对境外就业人员的服务。加大开拓境外就业市场力度，扩大境外就业规模。加强对外国人在中国就业的管理。

2. 大力发展职业教育和培训，加快提高劳动者技能素质。

（1）加快培养经济社会发展需要的技能劳动者。充分发挥现有教育培训资源的作用，依托大型骨干企业和职业院校、高级技工学校、技师学院等重点职业教育培训机构，建立一批示范性、国家级高技能人才培训基地和区域性公共实训基地，加快高技能人才培养，推进现代职业培训制度模式的建立。加强实用技能培训，提高下岗失业人员再就业能力。开展创业培训，发挥创业带动就业的倍增效应。大力开展农民职业技能培训和引导性培训，提高农民职业技能、转移就业能力和外出适应能力。完善劳动预备制度，使90％以上城乡新成长劳动力在就业前接受必要的职业技能培训。加快形成政府推动、企业主导、行业配合、学校参与、社会支持、个人努力的技能劳动者培养工作新格局。加强技工学校和职业培训机构能力建设，建立校企合作的技能劳动者培养制度。逐步形成结构合理的技能劳动者队伍。

（2）进一步完善职业资格证书制度，形成技能劳动者的评价、选拔、使用和激励机制。完善社会化职业技能鉴定、企业技能劳动者评价、职业院校资格认证和专项职业技能考核的工作体系，发挥职业资格证书在劳动者就业和技能成才过程中的导向作用。鼓励行业、企业和全社会开展各种类型职业技能竞赛和岗位练兵活动。引导企业建立技能劳动者使用与培训考核相结合、待遇与业绩贡献相联系的激励机制。

（3）加强职业教育和培训技术支持和服务体系建设。完善国家职业分类和职业标准体系建设，建立新职业定期发布制度。加快国家题库建设和职业培训教材开发，广泛利用现代培训技术和远程培训手段，加快培训方法、培训模式和培训机构评价方式改革，加强职业培训教师队伍建设。逐步完善高技能人才开发交流工作机制，建立技能人才、技能成果信息库。全国在有条件的地区建设50个面向社会提供实训和技能鉴定服务的公共实训基地，初步形成布局合理的公共培训鉴定服务网络。

3. 加快完善社会保障体系，增强社会保障能力。

（1）完善各项社会保险制度。根据我国现阶段经济社会发展水平，综合考虑不同地区、不同人群之间收入水平差异以及用人单位和个人的实际承受能力，以保障人民群众基本生活和基本医疗需求为重点，进一步完善城镇基本养老和基本医疗、失业、工伤、生育保险制度，认真解决农民工和被征地农民的社会保障问题，研究探索并积极稳妥地推进农村社会养老保险工作。

养老保险。继续确保基本养老金按时足额发放。积极推广东北三省完善城镇社会保障体系试点经验，统一城镇个体工商户和灵活就业人员参保缴费政策，将非公有制企业、城镇个体工商户和灵活就业人员纳入城镇基本养老保险覆盖范围；逐步做实基本养老保险个人账户，改革基本养老金计发办法，建立基本养老金正常调整机制，缩小企业退休人员养老金水平与机关事业单位退休人员退休费水平的差距。鼓励有条件的企业建立企业年金，初步形成基本养老保险、企业年金和个人储蓄养老保险相结合的多层次养老保险体系。推进机关、事业单位养老保险制度改革，实现机关、事业单位与企业养老保险制度的合理衔接。

医疗保险。不断完善城镇基本医疗保障政策和管理，建立健全运行保障机制，加快城镇医疗救助制度建设，进一步规范补充医疗保险，构建以基本医疗保障为主体，以保障大病风险为重点，兼顾多层次需求的医疗保障体系，逐步扩大基本医疗保障覆盖范围。

失业保险。进一步完善失业保险金申领办法，结合失业人员求职和参加职业培训的情况完善申领条件，建立失业保险与促进就业联动机制。积极推动东部地区适当扩大失业保险基金支出范围试点，进一步发挥失业保险制度促进再就业功能。研究灵活就业人员的失业保险问题，做出相应的制度安排。

工伤保险。进一步完善工伤保险政策和标准体系，继续推进各类企业、有雇工的个体工商户参加工伤保险，组织实施事业单位、社会团体和民办非企业单位参加工伤保险，完善工伤认定制度和劳动能力鉴定制度，积极探索工伤补偿与工伤预防、工伤康复相结合的有效途径，建立起预防工伤事故的有效机制，逐步建立适合我国国情的工伤康复制度。

生育保险。进一步扩大生育保险覆盖范围，建立健全生育保险医疗服务管理体系和费用结算办法。

农村社会保险。按照城乡统筹发展的要求，探索建立与农村经济发展水平相适应、与其他保障措施相配套的农村社会养老保险制度。采取适合不同群体特点和需求的方式，着力推进被征地农民社会保险工作，优先解决农民工工伤保险和大病医疗保障问题，抓紧研究低费率、广覆盖、可转移，与现行养老保险制度衔接的农民工养老保险办法。基本建立新型农村合作医疗制度。

提高社会保险统筹层次，不断增强统筹调剂的能力。积极创造条件，基本实现基本养老保险省级统筹；逐步推进失业保险市（地）级统筹；建立和完善工伤保险储备金制度。

（2）多渠道筹措社会保险资金。规范征收流程，强化征收管理，实现各项社会保险费依法统一征收，建立征收激励机制，做到社会保险费应收尽收。建立健全社会保险基金预决算制度，积极探索开辟新的渠道筹措社会保障基金，建立规范的社会保障资金筹集和支出制度，形成稳定的资金来源，确保各项社会保险待遇的支付。妥善解决困难群体医疗保障费用来源问题，将困难企业职工、关闭破产企业退休人员、城镇居民中的困难家庭纳入医疗保障体系。

（3）积极稳妥地探索社会保障基金运营和监督管理机制。完善社会保障基金监管制度和预警监测机制，逐步健全行政监督、专门监督、社会监督、内部控制相结合的监督体系。进一步完善收支两条线办法，制定按基金性质进行分类投资的政策；在确保基金安全的前提下，研究制定养老保险个人账户基金、农村社会养老保险基金投资管理办法；加强全国社会保障基金和企业年金市场化投资运营的监管，实现规范运作和基金的保值增值。规范社会保险待遇支付，严防基金流失，加大对骗领社会保险待遇欺诈行为的查处力度，堵塞基金支付漏洞。

（4）完善参保人员社会保险关系转移、衔接的政策措施。研究解决城镇各类群体之间社会保险制度设计、政策衔接中存在的问题，实现不同群体之间社会保障制度政策的有效衔接，探索解决人员流动时社会保险关系接续问题的有效办法。

（5）建立健全社会化管理服务体系。从制订社会保险经办机构服务标准和规范服务设施建设入手，加强基础管理，整合服务资源，规范服务流程，推进社会保险经办机构服务规范化、信息化、专业化建设。建立激励和约束机制，全面提高社会化管理服务水平，将企业退休人员纳入社会化管理。加快公共老年服务设施和服务网络建设，鼓励有条件的地方兴建退休人员公寓，不断提高退休人员的生活质量。

4. 健全劳动关系调整机制，创建和谐劳动关系。

（1）加快劳动关系协调机制建设。全面实施劳动合同制度，推动各类企业普遍与职工签订并严格履行劳动合同。推进集体合同制度，大力开展区域性、行业性集体协商。加强协调劳动关系三方机制组织建设和制度建设，充分发挥三方机制的作用。继续规范国有企事业单位改革中的劳动关系。

（2）调节企业工资收入分配，规范工资分配秩序。继续推进企业工资决定机制的转变，着力建立工资集体协商制度。健全最低工资制度，根据经济发展水平逐步提高最低工资标准。进一步完善工资指导线、劳动力市场工资指导价位和人工成本信息指导等宏观指导制度。完善国有企业工资收入分配规则和监管机制，加强对高收入国有独资及国有控股企业工资分配的调控。完善企业工资支付制度，建立健全工资支付监控制度和工资支付保障制度。

（3）推进劳动争议处理体制改革，全面加强劳动争议处理工作。改革现行“一调一裁两审”的劳动争议处理制度，探索建立注重预防和调解、突出仲裁优势和作用的劳动争议处理机制。全面推进劳动争议仲裁机构实体化建设，逐步在市（地）级以上城市以及有条件的县（市、区）建立实体性的劳动争议处理机构。积极推进劳动争议仲裁队伍的专业化、职业化建设。加强劳动争议调解工作，在健全企业劳动争议调解委员会的同时，积极推进区域性、行业性劳动争议调解组织建设。

5. 加强劳动保障法制建设，坚持依法行政。

（1）建立健全我国劳动保障法律体系。修改完善劳动法，制定劳动合同法、促进就业法、社会保险法和劳动争议处理法等法律。研究制定残疾人就业、职业技能培训与鉴定、劳动力市场、企业工资、基本养老保险、医疗保险和社会保险基金监督管理等行政法规；修改完善《失业保险条例》，加强对地方劳动保障立法工作的指导。

（2）加强劳动标准的制订修订工作。完善特殊工时审批制度和职工休息休假制度，加强女职工和未成年工的特殊劳动保护。研究完善艰苦岗位津贴制度，开展劳动定员定额国家标准的制订修订工作，指导行业和企业集团开展劳动定员定额行业标准的制订修订。

（3）加强劳动保障监察制度和体制建设。继续推进劳动保障监察制度建设和工作机制创新，进一步加大监察执法力度，全面建立用人单位劳动保障守法诚信制度。进一步规范监察程序，完善监察工作制度，实现劳动保障监察职能、机构、标志和执法文书统一，充实劳动保障执法监察队伍。完善与有关部门共同查处违反劳动保障法律法规行为的综合治理机制。加大对拖欠农民工工资等侵害劳动者合法权益行为的查处力度。

（4）建立较为完备的依法行政与执法监督工作制度。建立和完善劳动保障政务公开制度，依法推进各级劳动保障行政部门和经办机构规范服务行为，依法处理劳动保障事务。规范行政审批和行政许可行为，建立对被许可人的监督检查制度。完善行政复议制度，建立行政过错责任追究制度。

（5）建立健全普法教育工作制度。积极探索有效的劳动保障普法新方式，提高普法工作的针对性和实效性。建立劳动保障系统工作人员普法轮训制度，强化对用人单位和劳动者的普法教育，实施农民工务工前劳动保障法律法规培训，切实增强劳动者依法维护自身劳动保障权益的意识和能力，推进劳动保障普法工作制度化。

五、“十一五”时期保障措施

（一）加大政府投入和政策扶持力度

进一步加大中央和地方财政对劳动保障事业发展的投入力度，重点加大对农村劳动力培训、促进就业、社会保障和劳动监察执法等工作的投入，形成与劳动保障工作目标任务相适应的财政资金投入机制和激励机制。建立政府、企业、社会多渠道筹措资金的高技能人才投入机制；安排财政性资金和政策性贷款，扶持技工学校和公共实训基地和实习基地的建设；对符合条件的参加职业技能培训和职业技能鉴定的下岗失业人员、农民工和被征地农民提供补贴或奖励。逐步提高社会保障支出占国内生产总值的比例，加大中央和地方财政对社会保障工作的资金支持力度，在大力加强社会保险基金征缴和支出监督、全面落实企业和个人责任的基础上，明确各级财政对各项社会保险基金平衡的责任。“十一五”期间要逐步提高社会保障支出占财政总支出的比重，同时在促进就业和完善社会保障制度等方面实行财税、信贷等优惠政策。

（二）实施重大工程项目及制度改革

有步骤地推进城乡统筹就业和培训工程，促进农村劳动力转移就业，加强国家高技能人才培训、再就业培训和劳动力市场与公共就业服务能力建设，搞好城乡统筹劳动保障示范区建设。实施社会保障服务管理能力建设工程，加强社会保险经办管理服务中心建设和工伤预防与职业康复示范建设，完善城镇居民医疗保障制度建设和农村社会养老保险制度建设。实施劳动保障基础能力建设工程，加强劳动保障监察能力建设，劳动争议处理能力建设，搞好“金保工程”二期建设和劳动保障系统工作人员业务培训工作。通过重大项目的实施，促进劳动保障基础设施和管理服务能力的提升。

（三）加强劳动保障信息化建设

按照“完整、正确、统一、及时、安全”的建设要求，大力加强劳动保障信息化建设，强化劳动保障信息化综合管理，提高整体信息化水平，全面促进就业服务、职业培训和技能鉴定、社会保险、劳动关系、劳动保障监察等各项劳动保障业务的信息化。进一步发挥全国信息网络的作用，实现各项劳动保障业务之间的信息共享和协调办理，以及对跨地区业务协作的支持。应用信息技术深化劳动保障统计制度改革，建立就业监测和失业预警体系、薪酬调查系统和社会保险基金监管应用系统，形成包括规划预测、统计分析、监测预警等在内的多层次科学决策支持体系。

（四）加强劳动保障科学技术研究

进一步推动科技创新，为劳动保障事业发展提供系统的理论指导和科技支撑。加快劳动保障科技体制改革步伐，多渠道筹集资金，增加科研经费投入；加强科研人才队伍建设，激励科研人员勇于开拓、不断创新、多出成果；大力推广应用科研成果，促进决策、管理、服务科学化。

（五）加强国际交流与合作

拓展交流合作渠道，争取技术合作项目，为借鉴国际经验深化劳动保障领域改革创造更加良好的条件。巩固和加强与国际劳工组织等国际组织的合作，积极参与国际劳工公约和建议书等国际劳工标准的制订，适时批准适合我国国情的国际劳工公约，扩大在国际劳工领域的影响。

（六）加强劳动保障事业宣传

坚持正确的舆论导向，不断加大劳动保障宣传工作力度，通过各种新闻媒体和开展多种形式的宣传活动，广泛宣传劳动保障法律法规和政策，动员全社会关心、理解和支持劳动保障事业，引导人民群众更新就业观念，强化参保意识，构建和谐劳动关系。加强我国劳动保障经验和成就的对外宣传，不断扩大对外影响。强化宣传职能，加大宣传投入，不断提高宣传工作的针对性和有效性，营造有利于促进劳动保障事业健康发展的舆论环境。

（七）加强劳动保障系统能力建设

健全和规范公共就业服务、社会保险经办、劳动保障监察、劳动争议处理等工作机构，加强街道（乡镇）社区劳动保障工作平台建设。进一步调整和理顺劳动保障工作职能。推动劳动保障系统业务工作的规范化、标准化和科学化，提升信息化水平。完善干部教育培训体系，加大投入力度，大规模培训各级各类干部和专业技术人员，努力建设一支勤政、廉洁、务实、高效的劳动保障干部人才队伍，为劳动保障事业发展提供组织和人才保障。

国务院关于解决农民工问题的若干意见

（2006年3月27日）

农民工是我国改革开放和工业化、城镇化进程中涌现的一支新型劳动大军。他们户籍仍在农村，主要从事非农产业，有的在农闲季节外出务工、亦工亦农，流动性强，有的长期在城市就业，已成为产业工人的重要组成部分。大量农民进城务工或在乡镇企业就业，对我国现代化建设作出了重大贡献。为统筹城乡发展，保障农民工合法权益，改善农民工就业环境，引导农村富余劳动力合理有序转移，推动全面建设小康社会进程，提出如下意见：

一、充分认识解决好农民工问题的重大意义

（一）农民工问题事关我国经济和社会发展全局。农民工分布在国民经济各个行业，在加工制造业、建筑业、采掘业及环卫、家政、餐饮等服务业中已占从业人员半数以上，是推动我国经济社会发展的重要力量。农民外出务工，为城市创造了财富，为农村增加了收入，为城乡发展注入了活力，成为工业带动农业、城市带动农村、发达地区带动落后地区的有效形式，同时促进了市场导向、自主择业、竞争就业机制的形成，为改变城乡二元结构、解决“三农”问题闯出了一条新路。返乡创业的农民工，带回资金、技术和市场经济观念，直接促进社会主义新农村建设。进一步做好农民工工作，对于改革发展稳定的全局和顺利推进工业化、城镇化、现代化都具有重大意义。

（二）维护农民工权益是需要解决的突出问题。近年来，党中央、国务院高度重视农民工问题，制定了一系列保障农民工权益和改善农民工就业环境的政策措施，各地区、各部门做了大量工作，取得了明显成效。但农民工面临的问题仍然十分突出。主要是：工资偏低，被拖欠现象严重；劳动时间长，安全条件差；缺乏社会保障，职业病和工伤事故多；培训就业、子女上学、生活居住等方面也存在诸多困难，经济、政治、文化权益得不到有效保障。这些问题引发了不少社会矛盾和纠纷。解决好这些问题，直接关系到维护社会公平正义，保持社会和谐稳定。

（三）解决农民工问题是建设中国特色社会主义的战略任务。农业劳动力向非农产业和城镇转移，是世界各国工业化、城镇化的普遍趋势，也是农业现代化的必然要求。我国农村劳动力数量众多，在工业化、城镇化加快发展的阶段，越来越多的富余劳动力将逐渐转移出来，大量农民工在城乡之间流动就业的现象在我国将长期存在。必须从我国国情出发，顺应工业化、城镇化的客观规律，引导农村富余劳动力向非农产业和城镇有序转移。我们要站在建设中国特色社会主义事业全局和战略的高度，充分认识解决好农民工问题的重要性、紧迫性和长期性。

二、做好农民工工作的指导思想和基本原则

（四）指导思想。以邓小平理论和“三个

代表”重要思想为指导，按照落实科学发展观和构建社会主义和谐社会的要求，坚持解放思想，实事求是，与时俱进；坚持从我国国情出发，统筹城乡发展；坚持以人为本，认真解决涉及农民工利益的问题。着力完善政策和管理，推进体制改革和制度创新，逐步建立城乡统一的劳动力市场和公平竞争的就业制度，建立保障农民工合法权益的政策体系和执法监督机制，建立惠及农民工的城乡公共服务体制和制度，拓宽农村劳动力转移就业渠道，保护和调动农民工的积极性，促进城乡经济繁荣和社会全面进步，推动社会主义新农村建设和中国特色的工业化、城镇化、现代化健康发展。

（五）基本原则。

——公平对待，一视同仁。尊重和维护农民工的合法权益，消除对农民进城务工的歧视性规定和体制性障碍，使他们和城市职工享有同等的权利和义务。

——强化服务，完善管理。转变政府职能，加强和改善对农民工的公共服务和社会管理，发挥企业、社区和中介组织作用，为农民工生活与劳动创造良好环境和有利条件。

——统筹规划，合理引导。实行农村劳动力异地转移与就地转移相结合。既要积极引导农民进城务工，又要大力发展乡镇企业和县域经济，扩大农村劳动力在当地转移就业。

——因地制宜，分类指导。输出地和输入地都要有针对性地解决农民工面临的各种问题。鼓励各地区从实际出发，探索保护农民工权益、促进农村富余劳动力有序流动的办法。

——立足当前，着眼长远。既要抓紧解决农民工面临的突出问题，又要依靠改革和发展，逐步解决深层次问题，形成从根本上保障农民工权益的体制和制度。

三、抓紧解决农民工工资偏低和拖欠问题

（六）建立农民工工资支付保障制度。严格规范用人单位工资支付行为，确保农民工工资按时足额发放给本人，做到工资发放月清月结或按劳动合同约定执行。建立工资支付监控制度和工资保证金制度，从根本上解决拖欠、克扣农民工工资问题。劳动保障部门要重点监控农民工集中的用人单位工资发放情况。对发生过拖欠工资的用人单位，强制在开户银行按期预存工资保证金，实行专户管理。切实解决政府投资项目拖欠工程款问题。所有建设单位都要按照合同约定及时拨付工程款项，建设资金不落实的，有关部门不得发放施工许可证，不得批准开工报告。对重点监控的建筑施工企业实行工资保证金制度。加大对拖欠农民工工资用人单位的处罚力度，对恶意拖欠、情节严重的，可依法责令停业整顿、降低或取消资质，直至吊销营业执照，并对有关人员依法予以制裁。各地方、各单位都要继续加大工资清欠力度，并确保不发生新的拖欠。

（七）合理确定和提高农民工工资水平。规范农民工工资管理，切实改变农民工工资偏低、同工不同酬的状况。各地要严格执行最低工资制度，合理确定并适时调整最低工资标准，制定和推行小时最低工资标准。制定相关岗位劳动定额的行业参考标准。用人单位不得以实行计件工资为由拒绝执行最低工资制度，不得利用提高劳动定额变相降低工资水平。严格执行国家关于职工休息休假的规定，延长工时和休息日、法定假日工作的，要依法支付加班工资。农民工和其他职工要实行同工同酬。国务院有关部门要加强对地方制定、调整和执行最低工资标准的指导监督。各地要科学确定工资指导线，建立企业工资集体协商制度，促进农民工工资合理增长。

四、依法规范农民工劳动管理

（八）严格执行劳动合同制度。所有用人单位招用农民工都必须依法订立并履行劳动合同，建立权责明确的劳动关系。严格执行国家关于劳动合同试用期的规定，不得滥用试用期侵犯农民工权益。劳动保障部门要制定和推行规范的劳动合同文本，加强对用人单位订立和履行劳动合同的指导和监督。任何单位都不得违反劳动合同约定损害农民工权益。

（九）依法保障农民工职业安全卫生权益。各地要严格执行国家职业安全和劳动保护规程及标准。企业必须按规定配备安全生产和职业病防护设施。强化用人单位职业安全卫生的主

体责任，要向新招用的农民工告知劳动安全、职业危害事项，发放符合要求的劳动防护用品，对从事可能产生职业危害作业的人员定期进行健康检查。加强农民工职业安全、劳动保护教育，增强农民工自我保护能力。从事高危行业和特种作业的农民工要经专门培训、持证上岗。有关部门要切实履行职业安全和劳动保护监管职责。发生重大职业安全事故，除惩处直接责任人和企业负责人外，还要追究政府和有关部门领导的责任。

（十）切实保护女工和未成年工权益，严格禁止使用童工。用人单位要依法保护女工的特殊权益，不得以性别为由拒绝录用女工或提高女工录用标准，不得安排女工从事禁忌劳动范围工作，不得在女工孕期、产期、哺乳期降低其基本工资或单方面解除劳动合同。招用未成年工的用人单位，应当在工种、劳动时间、劳动强度和保护措施等方面严格执行国家有关规定。对介绍和使用童工的违法行为要从严惩处。

五、搞好农民工就业服务和培训

（十一）逐步实行城乡平等的就业制度。统筹城乡就业，改革城乡分割的就业管理体制，建立城乡统一、平等竞争的劳动力市场，逐步形成市场经济条件下促进农村富余劳动力转移就业的机制，为城乡劳动者提供平等的就业机会和服务。各地区、各部门要进一步清理和取消各种针对农民工进城就业的歧视性规定和不合理限制，清理对企业使用农民工的行政审批和行政收费，不得以解决城镇劳动力就业为由清退和排斥农民工。

（十二）进一步做好农民转移就业服务工作。各级人民政府要把促进农村富余劳动力转移就业作为重要任务。要建立健全县乡公共就业服务网络，为农民转移就业提供服务。城市公共职业介绍机构要向农民工开放，免费提供政策咨询、就业信息、就业指导和职业介绍。输出地和输入地要加强协作，开展有组织的就业、创业培训和劳务输出。鼓励发展各类就业服务组织，加强就业服务市场监管。依法规范职业中介、劳务派遣和企业招用工行为。严厉打击以职业介绍或以招工为名坑害农民工的违法犯罪活动。

（十三）加强农民工职业技能培训。各地要适应工业化、城镇化和农村劳动力转移就业的需要，大力开展农民工职业技能培训和引导性培训，提高农民转移就业能力和外出适应能力。扩大农村劳动力转移培训规模，提高培训质量。继续实施好农村劳动力转移培训阳光工程。完善农民工培训补贴办法，对参加培训的农民工给予适当培训费补贴。推广“培训券”等直接补贴的做法。充分利用广播电视和远程教育等现代手段，向农民传授外出就业基本知识。重视抓好贫困地区农村劳动力转移培训工作。支持用人单位建立稳定的劳务培训基地，发展订单式培训。输入地要把提高农民工岗位技能纳入当地职业培训计划。要研究制定鼓励农民工参加职业技能鉴定、获取国家职业资格证书的政策。

（十四）落实农民工培训责任。完善并认真落实全国农民工培训规划。劳动保障、农业、教育、科技、建设、财政、扶贫等部门要按照各自职能，切实做好农民工培训工作。强化用人单位对农民工的岗位培训责任，对不履行培训义务的用人单位，应按国家规定强制提取职工教育培训费，用于政府组织的培训。充分发挥各类教育、培训机构和工青妇组织的作用，多渠道、多层次、多形式开展农民工职业培训。建立由政府、用人单位和个人共同负担的农民工培训投入机制，中央和地方各级财政要加大支持力度。

（十五）大力发展面向农村的职业教育。农村初、高中毕业生是我国产业工人的后备军，要把提高他们的职业技能作为职业教育的重要任务。支持各类职业技术院校扩大农村招生规模，鼓励农村初、高中毕业生接受正规职业技术教育。通过设立助学金、发放助学贷款等方式，帮助家庭困难学生完成学业。加强县级职业教育中心建设。有条件的普通中学可开设职业教育课程。加强农村职业教育师资、教材和实训基地建设。

六、积极稳妥地解决农民工社会保障问题

（十六）高度重视农民工社会保障工作。根据农民工最紧迫的社会保障需求，坚持分类指导、稳步推进，优先解决工伤保险和大病医疗保障问题，逐步解决养老保障问题。农民工的社会保障，要适应流动性大的特点，保险关系和待遇能够转移接续，使农民工在流动就业中的社会保障权益不受损害；要兼顾农民工工资收入偏低的实际情况，实行低标准进入、渐进式过渡，调动用人单位和农民工参保的积极性。

（十七）依法将农民工纳入工伤保险范围。各地要认真贯彻落实《工伤保险条例》。所有用人单位必须及时为农民工办理参加工伤保险手续，并按时足额缴纳工伤保险费。在农民工发生工伤后，要做好工伤认定、劳动能力鉴定和工伤待遇支付工作。未参加工伤保险的农民工发生工伤，由用人单位按照工伤保险规定的标准支付费用。当前，要加快推进农民工较为集中、工伤风险程度较高的建筑行业、煤炭等采掘行业参加工伤保险。建筑施工企业同时应为从事特定高风险作业的职工办理意外伤害保险。

（十八）抓紧解决农民工大病医疗保障问题。各统筹地区要采取建立大病医疗保险统筹基金的办法，重点解决农民工进城务工期间的住院医疗保障问题。根据当地实际合理确定缴费率，主要由用人单位缴费。完善医疗保险结算办法，为患大病后自愿回原籍治疗的参保农民工提供医疗结算服务。有条件的地方，可直接将稳定就业的农民工纳入城镇职工基本医疗保险。农民工也可自愿参加原籍的新型农村合作医疗。

（十九）探索适合农民工特点的养老保险办法。抓紧研究低费率、广覆盖、可转移，并能够与现行的养老保险制度衔接的农民工养老保险办法。有条件的地方，可直接将稳定就业的农民工纳入城镇职工基本养老保险。已经参加城镇职工基本养老保险的农民工，用人单位要继续为其缴费。劳动保障部门要抓紧制定农民工养老保险关系异地转移与接续的办法。

七、切实为农民工提供相关公共服务

（二十）把农民工纳入城市公共服务体系。输入地政府要转变思想观念和管理方式，对农民工实行属地管理。要在编制城市发展规划、制定公共政策、建设公用设施等方面，统筹考虑长期在城市就业、生活和居住的农民工对公共服务的需要，提高城市综合承载能力。要增加公共财政支出，逐步健全覆盖农民工的城市公共服务体系。

（二十一）保障农民工子女平等接受义务教育。输入地政府要承担起农民工同住子女义务教育的责任，将农民工子女义务教育纳入当地教育发展规划，列入教育经费预算，以全日制公办中小学为主接收农民工子女入学，并按照实际在校人数拨付学校公用经费。城市公办学校对农民工子女接受义务教育要与当地学生在收费、管理等方面同等对待，不得违反国家规定向农民工子女加收借读费及其他任何费用。输入地政府对委托承担农民工子女义务教育的民办学校，要在办学经费、师资培训等方面给予支持和指导，提高办学质量。输出地政府要解决好农民工托留在农村子女的教育问题。

（二十二）加强农民工疾病预防控制和适龄儿童免疫工作。输入地要加强农民工疾病预防控制工作，强化对农民工健康教育和聚居地的疾病监测，落实国家关于特定传染病的免费治疗政策。要把农民工子女纳入当地免疫规划，采取有效措施提高国家免疫规划疫苗的接种率。

（二十三）进一步搞好农民工计划生育管理和服务。实行以输入地为主、输出地和输入地协调配合的管理服务体制。输入地政府要把农民工计划生育管理和服务经费纳入地方财政预算，提供国家规定的计划生育、生殖健康等免费服务项目和药具。用人单位要依法履行农民工计划生育相关管理服务责任。输出地要做好农民工计划生育宣传、教育和技术服务工作，免费发放《流动人口婚育证明》，及时向输入地提供农民工婚育信息。加强全国流动人口计划生育信息交换平台建设。

（二十四）多渠道改善农民工居住条件。有关部门要加强监管，保证农民工居住场所符

合基本的卫生和安全条件。招用农民工数量较多的企业，在符合规划的前提下，可在依法取得的企业用地范围内建设农民工集体宿舍。农民工集中的开发区和工业园区，可建设统一管理、供企业租用的员工宿舍，集约利用土地。加强对城乡接合部农民工聚居地区的规划、建设和管理，提高公共基础设施保障能力。各地要把长期在城市就业与生活的农民工居住问题，纳入城市住宅建设发展规划。有条件的地方，城镇单位聘用农民工，用人单位和个人可缴存住房公积金，用于农民工购买或租赁自住住房。

八、健全维护农民工权益的保障机制

（二十五）保障农民工依法享有的民主政治权利。招用农民工的单位，职工代表大会要有农民工代表，保障农民工参与企业民主管理权利。农民工户籍所在地的村民委员会，在组织换届选举或决定涉及农民工权益的重大事务时，应及时通知农民工，并通过适当方式行使民主权利。有关部门和单位在评定技术职称、晋升职务、评选劳动模范和先进工作者等方面，要将农民工与城镇职工同等看待。依法保障农民工人身自由和人格尊严，严禁打骂、侮辱农民工的非法行为。

（二十六）深化户籍管理制度改革。逐步地、有条件地解决长期在城市就业和居住农民工的户籍问题。中小城市和小城镇要适当放宽农民工落户条件；大城市要积极稳妥地解决符合条件的农民工户籍问题，对农民工中的劳动模范、先进工作者和高级技工、技师以及其他有突出贡献者，应优先准予落户。具体落户条件，由各地根据城市规划和实际情况自行制定。改进农民工居住登记管理办法。

（二十七）保护农民工土地承包权益。土地不仅是农民的生产资料，也是他们的生活保障。要坚持农村基本经营制度，稳定和完善农村土地承包关系，保障农民工土地承包权益。不得以农民进城务工为由收回承包地，纠正违法收回农民工承包地的行为。农民外出务工期间，所承包土地无力耕种的，可委托代耕或通过转包、出租、转让等形式流转土地经营权，但不能撂荒。农民工土地承包经营权流转，要坚持依法、自愿、有偿的原则，任何组织和个人不得强制或限制，也不得截留、扣缴或以其他方式侵占土地流转收益。

（二十八）加大维护农民工权益的执法力度。强化劳动保障监察执法，加强劳动保障监察队伍建设，完善日常巡视检查制度和责任制度，依法严厉查处用人单位侵犯农民工权益的违法行为。健全农民工维权举报投诉制度，有关部门要认真受理农民工举报投诉并及时调查处理。加强和改进劳动争议调解、仲裁工作。对农民工申诉的劳动争议案件，要简化程序、加快审理，涉及劳动报酬、工伤待遇的要优先审理。起草、制定和完善维护农民工权益的法律法规。

（二十九）做好对农民工的法律服务和法律援助工作。要把农民工列为法律援助的重点对象。对农民工申请法律援助，要简化程序，快速办理。对申请支付劳动报酬和工伤赔偿法律援助的，不再审查其经济困难条件。有关行政机关和行业协会应引导法律服务机构和从业人员积极参与涉及农民工的诉讼活动、非诉讼协调及调解活动。鼓励和支持律师和相关法律从业人员接受农民工委托，并对经济确有困难而又达不到法律援助条件的农民工适当减少或免除律师费。政府要根据实际情况安排一定的法律援助资金，为农民工获得法律援助提供必要的经费支持。

（三十）强化工会维护农民工权益的作用。用人单位要依法保障农民工参加工会的权利。各级工会要以劳动合同、劳动工资、劳动条件和职业安全卫生为重点，督促用人单位履行法律法规规定的义务，维护农民工合法权益。充分发挥工会劳动保护监督检查的作用，完善群众性劳动保护监督检查制度，加强对安全生产的群众监督。同时，充分发挥共青团、妇联组织在农民工维权工作中的作用。

九、促进农村劳动力就地就近转移就业

（三十一）大力发展乡镇企业和县域经济，扩大当地转移就业容量。这是农民转移就业的重要途径。各地要依据国家产业政策，积极发展就业容量大的劳动密集型产业和服务业，发

展农村二、三产业和特色经济，发展农业产业化经营和农产品加工业；落实发展乡镇企业和非公有制经济的政策措施，吸纳更多的农村富余劳动力在当地转移就业。有关部门要抓紧研究制定扶持县域经济发展的相关政策，增强县域经济活力。

（三十二）引导相关产业向中西部转移，增加农民在当地就业机会。积极引导东部相关产业向中西部转移，有利于促进农村劳动力就地就近转移就业，也有利于形成东中西良性互动、共同发展的格局。要在产业政策上鼓励大中城市、沿海发达地区的劳动密集型产业和资源加工型企业向中西部地区转移。中西部地区要在有利于节约资源和保护环境的前提下，主动承接产业转移，为当地农村劳动力转移就业创造良好环境。

（三十三）大力开展农村基础设施建设，促进农民就业和增收。按照建设社会主义新农村的要求，统筹规划城乡公共设施建设。各级人民政府要切实调整投资结构，把对基础设施建设投入的重点转向农村，改善农村生产生活条件，带动农村经济发展和繁荣。加快形成政府支持引导、社会资金参与、农民劳动积累相结合的农村建设投入机制。农村基础设施建设要重视利用当地原材料和劳动力，注重建设能够增加农民就业机会和促进农民直接增收的中小型项目。

（三十四）积极稳妥地发展小城镇，提高产业集聚和人口吸纳能力。按照循序渐进、节约用地、集约发展、合理布局的原则，搞好小城镇规划和建设。加大对小城镇建设的支持力度，完善公共设施。继续实施小城镇经济综合开发示范项目。发展小城镇经济，引导乡镇企业向小城镇集中。采取优惠政策，鼓励、吸引外出务工农民回到小城镇创业和居住。

十、加强和改进对农民工工作的领导

（三十五）切实把解决农民工问题摆在重要位置。解决好涉及农民工利益的问题，是各级人民政府的重要职责。各级人民政府要切实把妥善解决农民工问题作为一项重要任务，把统筹城乡就业和促进农村劳动力转移纳入国民经济和社会发展中长期规划和年度计划。做好农民工工作的主要责任在地方，各地都要制定明确的工作目标、任务和措施，并认真落实。地方各级人民政府要建立农民工管理和服务工作的经费保障机制，将涉及农民工的劳动就业、计划生育、子女教育、治安管理等有关经费，纳入正常的财政预算支出范围。

（三十六）完善农民工工作协调机制。国务院建立农民工工作联席会议制度，统筹协调和指导全国农民工工作。联席会议由国务院有关部门和工会、共青团、妇联等有关群众团体组成，联席会议办公室设在劳动保障部。各有关部门要各司其职、分工负责，检查督促对农民工的各项政策的落实。地方人民政府也应建立相应的协调机制，切实加强对农民工工作的组织领导。输出地和输入地的基层组织要加强协调沟通，共同做好农民工的教育、引导和管理工作。

（三十七）引导农民工全面提高自身素质。农民工是我国产业大军中的一支重要力量。农民工的政治思想、科学文化和生产技能水平，直接关系到我国产业素质、竞争力和现代化水平，必须把全面提高农民工素质放在重要地位。要引导和组织农民工自觉接受就业和创业培训，接受职业技术教育，提高科学技术文化水平，提高就业、创业能力。要在农民工中开展普法宣传教育，引导他们增强法制观念，知法守法，学会利用法律、通过合法渠道维护自身权益。开展职业道德和社会公德教育，引导他们爱岗敬业、诚实守信，遵守职业行为准则和社会公共道德。开展精神文明创建活动，引导农民工遵守交通规则、爱护公共环境、讲究文明礼貌，培养科学文明健康的生活方式。进城就业的农民工要努力适应城市工作、生活的新要求，遵守城市公共秩序和管理规定，履行应尽义务。

（三十八）发挥社区管理服务的重要作用。要建设开放型、多功能的城市社区，构建以社区为依托的农民工服务和管理平台。鼓励农民工参与社区自治，增强作为社区成员的意识，提高自我管理、自我教育和自我服务能力。发挥社区的社会融合功能，促进农民工融入城市生活，与城市居民和谐相处。完善社区公共服

务和文化设施，城市公共文化设施要向农民工开放，有条件的企业要设立农民工活动场所，开展多种形式的业余文化活动，丰富农民工的精神生活。

（三十九）加强和改进农民工统计管理工作。充分利用和整合统计、公安、人口计生等部门的资源，推进农民工信息网络建设，实现信息共享，为加强农民工管理和服务提供准确、及时的信息。输入地和输出地要搞好农民工统计信息交流和工作衔接。

（四十）在全社会形成关心农民工的良好氛围。社会各方面都要树立理解、尊重、保护农民工的意识，开展多种形式的关心帮助农民工的公益活动。新闻单位要大力宣传党和国家关于农民工的方针政策，宣传农民工在改革开放和现代化建设中的突出贡献和先进典型，加强对保障农民工权益情况的舆论监督。对优秀农民工要给予表彰奖励。总结、推广各地和用人单位关心、善待农民工的好做法、好经验，提高对农民工的服务和管理水平。

各地区、各部门要认真贯彻国家关于解决农民工问题的各项法律法规和政策规定，按照本文件的要求，结合实际抓紧制定和完善配套措施及具体办法，积极研究解决工作中遇到的新问题，确保涉及农民工的各项政策措施落到实处。

流浪未成年人救助保护机构基本规范

民政部

（2006 年 7 月 24 日）

1 总 则

1.1 为加强流浪未成年人救助保护机构规范化建设，促进流浪未成年人救助保护事业健康发展，根据《中华人民共和国未成年人保护法》、《城市生活无着的流浪乞讨人员救助管理办法》和《〈城市生活无着的流浪乞讨人员救助管理办法〉实施细则》的规定，制定本规范。

1.2 本规范适用于县级以上人民政府举办的为流浪未成年人等提供救助、保护、教育的庇护场所和专门机构。

1.3 流浪未成年人救助保护机构应当依法保障流浪未成年人的合法权益，对受助未成年人提供生活帮助和精神关怀，帮助受助未成年人重返家庭、融入社会，促进受助未成年人健康成长。

1.4 流浪未成年人救助保护机构应当帮助受助未成年人树立健康向上的世界观、人生观、价值观，培养受助未成年人爱祖国、爱社会、爱人民的道德情操。

1.5 教育、保护流浪未成年人应当适应其身心特点，以和蔼、文明的方式开展工作，充分尊重和理解受助未成年人的合理愿望和正当要求，严禁殴打、辱骂、恫吓、体罚受助未成年人。

1.6 本规范所列各项条款为最低要求。

2 术 语

2.1 流浪未成年人救助保护机构——指流浪未成年人救助保护中心、流浪未成年人救助保护分中心、街头服务点、社区服务点等。

2.2 流浪未成年人——指 18 周岁以下，脱离监护人有效监护，在街头依靠乞讨、捡拾等方式维持生活的未成年人。

2.3 身体状况——指能够通过初步检视而判明的未成年人的体貌特征及精神状况。包括：(1) 明显外伤、肢体残疾、行动困难等；(2) 严重抑郁、躁动不安等；(3) 智力障碍；(4) 传染病、疑似传染病、精神病、疑似精神病或疑似罹患其他疾病等。

2.4 护送来站救助保护——指有关政府部门、社会组织、公民将流浪未成年人引导、护送进入流浪未成年人救助保护机构接受救助、保护的情形。

2.5 特殊饮食需要——指对于不同年龄段的未成年人、患病未成年人和少数民族未成年人对于饮食习惯、营养搭配等方面的特殊需要。

2.6 正规教育——指由教育部门依法提供的、进入国民教育序列的义务教育。

2.7 非正规教育——指流浪未成年人救助保护机构自行开设的、对不适宜接受正规教育的流浪未成年人开展的分类教育。

2.8 接送离站——指受助未成年人父母或其他监护责任人以及有关单位将其接（送）回的情形。

2.9 安置——指对于在流浪未成年人救助保护机构内长期滞留的无家可归或者无法查明家庭情况的受助未成年人，根据有关规定，报请有关部门将其长期安排在社会福利机构抚养、教育的情形。

2.10 隔离——指对于流浪未成年人救助保护机构内的传染病人、疑似传染病人，根据医疗机构的明确要求，临时安排其单独食宿，与其他未成年人分离开来，防止造成传染的措施。

2.11 定点医院——指有关部门指定为流浪未成年人提供医疗救治服务的医院。

2.12 观察——指流浪未成年人救助保护机构为方便观察受助未成年人身体、心理、精神、智力状况，了解其家庭情况、流浪经历，帮助其尽快适应环境，确定救助、保护、教育工作方案而采取的工作方法。

2.13 观察区——指安排专人24小时值守，定时巡查，随时响应的特殊管理区域。观察区内提供特别的生活照顾和护理。

2.14 跟踪服务——指流浪未成年人救助保护机构通过电话、信函、走访等形式，及时了解离开机构的未成年人的思想和生活状况，有针对性地帮助其解决存在的思想问题和实际困难。

2.15 交接——指与公安、卫生、城管、未成年人监护人和其他救助管理站、流浪未成年人救助保护机构等交接受助未成年人时，流浪未成年人救助保护机构查验、核对接领人或者护送人信息及有关证明材料后，接收或者移交受助未成年人，填写完成《受助未成年人交接表》的情形。

3 服务

3.1 接待

3.1.1 实行24小时接待、服务制。

3.1.2 对于来到机构求助的未成年人，应当仔细查看其身体状况，为其建立《未成年人救助保护情况档案》；对于不满6周岁且随同监护人或亲属求助的，原则上应当帮助其到救助管理站接受救助。

3.1.3 对于能够说明家庭情况的未成年人，联系其父母或者其他监护责任人，安排返家事宜；对于不满6周岁且无法查明家庭情况的未成年人，报请有关部门送社会福利机构安置。

3.1.4 对于危重病人、精神病人，直接送定点医院。

3.1.5 对于传染病人、疑似传染病人，及时向当地卫生防疫部门报告，根据其建议采取隔离或者其他相应措施。

3.1.6 对于吸毒人员及涉嫌违法犯罪人员，联系有关部门处置。

3.1.7 对于求助的境外未成年人，应当首先联系公安机关确认其身份；属于非法入境、居留的，由公安机关处置；属于合法入境、居留的，报请政府有关部门处置。

3.1.8 对于护送前来求助的未成年人，采集核对护送人信息，检查未成年人身体状况并详细记录，经护送人确认后，办理交接手续；护送人拒不签字的，应当详细记录拒绝原因、见证人等情况后登记、备案、存档。

3.1.9 对于跨省接送入站的未成年人，核对受助未成年人及护送人员信息后，办理交接手续。补充填写受助《未成年人救助保护情况档案》。

3.1.10 对于医疗机构收治的流浪未成年人提供救助保护。

3.2 入站

3.2.1 对受助未成年人进行安全检查，发现易燃易爆、有毒、腐蚀等危险物品和管制刀具、违禁出版物，应当予以没收；发现锐（利）器等可能造成人员伤害的物品，应当代为保管；发现违禁药（物）品、放射性物质，应当联系有关部门处置。

3.2.2 为受助未成年人洗澡、洗衣、理发等个人卫生活动提供帮助。

3.2.3 为受助未成年人配备基本的、清洁的个人生活用品。

3.2.4 登记、保管受助未成年人随身携带的物品。

3.2.5 安排受助未成年人进入观察区接受观察。观察区内应当安排专职人员帮助未成年人消除紧张情绪，了解其家庭情况、流浪经历，确定救助、保护、教育工作方案；观察区内应当安排工作人员24小时值守，照顾受助未成年人的生活起居，观察其生（心）理状况，定时巡查，随时响应；受助未成年人在观察区内停留时间不应当超过36小时。

3.3 基本服务

3.3.1 提供适应受助未成年人生长发育需要的安全、卫生、营养的饮食，供应标准应当不低于当地城市居民最低生活保障标准；每周有搭配合理的食谱；实行分餐制。

3.3.2 照顾不同年龄段的未成年人、患病未成年人和少数民族未成年人的特殊饮食需要。

3.3.3 餐具、炊具及时清洗、消毒。

3.3.4 按照性别、年龄、身心状况安排受助未成年人分别居住，单人单床；女性受助未成年人应当由女性工作人员服务和管理。

3.3.5 帮助受助未成年人料理生活，培养其生活自理能力。

3.3.6 与定点医院协商救治工作程序；配备相应的医疗设备及药品；定期组织受助未成年人体检，定期巡诊，及时掌握未成年人健康状况，建立受助未成年人健康档案；做好卫生保健、防疫工作。

3.3.7 经常组织受助未成年人参加有益于身心健康的文体娱乐活动、公益活动和社会实践活动，帮助受助未成年人树立正确的价值观、人生观。

3.3.8 帮助查找受助未成年人的监护人或者联系有关部门，协商接送未成年人返乡事宜；难以查明家庭情况的，发布寻亲公告；确实无法查明监护人的，报请有关部门办理安置事宜。

3.3.9 为社会提供走失未成年人查询及有关服务。

3.3.10 妥善保管受助未成年人存放的物品。

3.4 特殊服务

3.4.1 对于生活不能自理的受助未成年人提供相应的饮食、住宿、洗浴、穿衣、入厕等生活照顾和行动便利条件。

3.4.2 对于突发急重病症、出现精神和行为异常的受助未成年人，及时联系医疗机构处置，根据医疗机构建议采取相应措施；送入医疗机构救治的，应当认真记录有关情况，办理交接手续。

3.4.3 对于传染病人、疑似传染病人，应当立即联系卫生防疫部门处置，根据卫生防疫部门建议采取相应措施，认真记录有关情况。

3.4.4 对于被隔离的受助未成年人，应当保障其基本生活正常；通过劝慰、开导，保持其情绪稳定；采取必要措施防止其自我伤害。

3.4.5 对于受助的残疾未成年人，提供康复服务和生活技能训练。

3.5 教育、培训、就业

3.5.1 对于长期滞留在流浪未成年人救助保护机构内，无法查明家庭情况且身体、智力发育正常的受助未成年人，可以根据其自身情况和主观意愿，分别提供教育、培训服务。

3.5.2 应当根据受助未成年人的知识结构特点、年龄、身体和智力发展水平，分别提供正规教育和有计划的非正规教育。

3.5.3 对于年满14周岁、不满16周岁且不适宜接受正规教育的未成年人，可根据其身体状况和自主意愿，配合劳动部门开展职业技能培训。

3.5.4 对于适宜接受正规教育的受助未成年人，协商当地教育部门，使其接受正规教育。

3.5.5 对于接受非正规教育的受助未成年人，应当合理设置教育科目，制订教学计划，开展思想道德教育、文化知识教育、法制教育、自我保护教育、生理卫生和心理健康教育，定期总结评估教育成效。

3.5.6　对于年满16周岁，具备就业能力的受助未成年人，帮助提供就业信息。

3.6　心理辅导和行为矫治

3.6.1　应当及时与受助未成年人沟通，了解其思想状况，做好谈话记录。

3.6.2　应当定期对受助未成年人进行心理健康状况评估，建立心理健康档案。

3.6.3　对于存在心理和行为偏差的受助未成年人，应当进行有针对性的心理辅导和行为矫治。

3.6.4　对于存在严重心理障碍的受助未成年人，应当联系专业机构进行治疗，做好辅助工作；需要住院治疗的，详细记录有关情况，办理交接手续。

3.7　其他服务

3.7.1　为街头的流浪未成年人提供生活帮助、自我保护技能指导。

3.7.2　根据受助未成年人情况，对离开机构的未成年人提供跟踪服务。

3.7.3　宣传、引导社会公众、社会组织、志愿者帮助和保护流浪未成年人，维护流浪未成年人的合法权益，开展预防未成年人流浪工作。

3.7.4　采取多种途径，开展家庭环境下的受助未成年人养育、教育工作。

3.8　离站

3.8.1　依法采取保护性措施，预防和制止受助未成年人擅自脱离流浪未成年人救助保护机构。

3.8.2　对于监护人前来接领的受助未成年人，或者办理完毕与其他机构交接手续的受助未成年人，可以为其办理离站手续。

3.8.3　办理离站手续的受助未成年人，填写完成《未成年人救助保护情况档案》；涉及人员交接的，办理交接手续。

3.8.4　对于接送离站的受助未成年人，核对接送人信息后，提供受助未成年人有关档案材料，办理交接手续；对于病情稳定的患病未成年人，接送时应当配备途中必需的急救药品、生活用品和辅助器具。

3.8.5　对于司法机关带离的受助未成年人，核对带离人信息和有关证明材料后，办理交接手续。

3.8.6　对于符合安置条件的受助未成年人，协调有关部门办理安置手续。

3.8.7　对于受助期间死亡的未成年人，由司法鉴定机构或者医疗机构出具证明文件，及时通知死者亲属、单位；无法查明死者真实情况的，按照有关规定予以公告并做好善后工作。

4　机构建设

4.1　机构设置

4.1.1　地级以上城市可以根据需要设置流浪未成年人救助保护中心、分中心、街头服务点、社区服务点等。

4.1.2　流浪未成年人救助保护机构应当分布合理、设置在交通便利、远离危险的区域。

4.1.3　由各级政府举办的未成年人救助保护中心，名称前应当冠以所在地省（自治区、直辖市）、市（地、州）、县（县级市、市辖区）行政区划名称；在少数民族自治地区，应当同时标注相应的民族文字。

4.1.4　分中心、街头服务点、社区服务点的名称可以形式多样，体现人性化服务理念。

4.1.5　流浪未成年人救助保护机构应当将机构名称牌匾等标志悬挂在醒目位置。

4.1.6　流浪未成年人救助保护机构的引导标志应当醒目、容易识别，设置在人流量较大的交通要道、繁华地段。

4.2　基本设施、设备

4.2.1　基本设施、设备的配备应当满足流浪未成年人救助保护工作需要。

4.2.2　基本设施应当满足特殊安全要求，防止坠落、跌伤、触电、灼伤、烫伤等意外伤害；设备和用具的外形、高度、重量等应当符合未成年人身体发育特征，便于未成年人安全使用，远离危险区域；基本设施设备应当方便残疾未成年人使用。

4.2.3　接待厅（室）应当配备计算机、桌椅、文具等相应的办公设备；应当配备方便未成年人使用的座椅、饮水设备等服务设备和辅助器具等。

4.2.4 接待厅（室）、走廊、活动室等公共活动区域，应当配备监控及其他安全防护设备。

4.2.5 宿舍人均居住面积不少于4平方米，居室内应当配备单铺床、桌椅、屉柜、窗帘等生活家具；床上用品根据季节配备。

4.2.6 教室应当配备课桌椅、教学用具、教材、文具等。

4.2.7 应当配备开展心理辅导、行为矫治的设施、设备和用具。

4.2.8 餐厅、厨房、食品贮备间等应当符合卫生防疫部门的要求。

4.2.9 洗浴间应当配备热水洗浴设备、防滑垫、扶手和更衣室。

4.2.10 厕所应当配备蹲便器、坐便器等，有残疾人辅助扶手、卫生纸、纸篓等。

4.2.11 洗漱间应当配备洗漱设备。

4.2.12 物品保管室和库房应当配备符合安全需要的物品存放设备。

4.2.13 隔离室应当有防止自我伤害的设施，有独立卫生间、床铺、洗漱用品、紫外线消毒灯等设备。

4.2.14 观察区应当配备独立卫生间、多功能床铺、电视机、玩具等生活、娱乐设施和消毒、医疗、防护器具。

4.2.15 有必要的洗衣、烘干及消毒设备。

4.2.16 有受助未成年人活动室，能够基本满足受助未成年人阅读、学习、娱乐、文体活动的需要，配备相应的图书、报纸杂志、文具、棋牌、玩具、电视、桌椅等物品。

4.2.17 有适当的室外活动场地，配备必要的设备。

4.2.18 有基本符合无障碍设施建设规范要求的坡道、扶手等，方便未成年人使用。

4.2.19 有通讯联系设备。

4.2.20 配备轮椅、拐杖、担架、儿童座椅等辅助器具。

4.2.21 配备满足工作需要的专用车辆。

4.3 基本环境

4.3.1 受助未成年人的生活环境应当安静、清洁、通风、透光、无异味、无危险物品。

4.3.2 保证水、电、暖的供应，确保供水、照明、取暖、降温、排污、消防报警、通讯等设施和生活设备运转正常。

4.3.3 流浪未成年人救助保护机构内禁止吸烟，张贴明显禁烟标志。

4.3.4 室外环境应当绿化美化。

4.3.5 环境卫生应当符合国家有关规定。

5 管理

5.1 人力资源配置

5.1.1 从事流浪未成年人救助保护工作的工作人员，应具备相应的岗位资质标准；暂时不具备的，应当经过培训并考核合格后任职。

5.1.2 行政管理人员应具备大专以上学历；领导班子成员中至少1名应当具备社会工作或者儿童工作专业知识。

5.1.3 应当配备教育、医疗护理、法律事务、社会工作、心理辅导等专业技术岗位，在岗人员应当具备大专以上学历，能够熟练运用专业知识服务未成年人；暂时不具备条件的，可以利用社会力量开展工作。

5.1.4 直接为受助未成年人提供生活照料的服务人员，经培训考核合格后方可上岗。

5.1.5 从事餐饮、水电暖运行维护、机动车驾驶等后勤保障工作的人员，应当具备相应执业资质。

5.2 制度建设

5.2.1 流浪未成年人救助保护机构应当明确岗位职责，建立、完善内部管理制度；应当严格执行外事、财务、人事、捐赠、新闻宣传等方面的规定；应当制定机构中长期发展规划和年度计划，定期进行绩效评估。

5.2.2 流浪未成年人救助保护机构应当与定点医院商定救治工作程序，建立、完善与公安、城管、教育、劳动等有关部门的协作、配合机制。

5.2.3 定期组织工作人员参加业务培训。

5.2.4 定期组织工作人员进行健康检查。

5.2.5 建立对食物中毒、重大人员伤亡事件、群体性事件、人员失踪（逃跑、擅自脱离监护）、紧急情况下的人员疏散等突发事件处置机制，制订应急预案并定期组织演练。

5.2.6　按照政务公开要求，公布工作流程、岗位职责、工作依据、投诉申诉途径，工作人员佩证上岗。

5.2.7　建立并完善宣传、引导、管理社会公众、社会组织、志愿者参与未成年人救助保护工作制度。

6　附　则

6.1《未成年人救助保护情况档案》、《受助未成年人交接表》分别附后。

6.2　本规范由民政部制定并负责解释，自发布之日起施行。

关于农村五保供养服务机构建设的指导意见

民政部
（2006年7月24日）

为贯彻落实《农村五保供养工作条例》和《中华人民共和国国民经济和社会发展第十一个五年规划纲要》，指导和规范全国农村五保供养服务机构建设工作，提出以下意见。

一、总体思路

以邓小平理论和“三个代表”重要思想为指导，全面落实科学发展观，抓住建设社会主义新农村的历史性机遇，以加强五保供养服务机构基础建设和提高供养服务水平为重点，到“十一五”期末，在我国农村基本建成以县、乡人民政府兴办的五保供养服务机构为骨干，社会力量举办的五保供养服务机构为补充，布局合理、设施配套、功能完善、管理规范的五保供养服务机构网络，初步满足农村五保供养对象的供养需要，并逐步开展对农村其他老年人、残疾人和未成年人的供养服务。

二、基本原则

（一）依法管理，规范建设。严格按照《农村五保供养工作条例》、《老年人建筑设计规范》、《老年人社会福利机构基本规范》等法规文件的规定，在选址布局、建筑设计、设施设备等方面，规范规划设计、统一技术标准，认真组织实施，加强工程管理，保证机构建设的科学化、标准化、规范化。

（二）因地制宜，讲求实效。立足当地农村五保供养对象数量和年龄结构及其变动情况，根据当地农村经济社会发展水平，兼顾需求和可行性，科学确定机构建设的区域布局、筹资机制、床位规模和配套设施，合理整合、充分利用乡村闲置基础设施资源，坚持改建、扩建、新建并举，充分发挥建设资金的最大效益。

（三）整体规划，分步实施。将农村五保供养服务机构建设作为一项长期的系统工程，着眼长远，统筹规划，有重点、有选择、分步骤组织实施，不仅要建设机构的基础设施，还要建立保障机构运转的长效机制，不仅要服务农村五保供养对象，还要逐步服务当地农村特殊困难群体以及老年人、残疾人、未成年人等弱势群体。

（四）政府主导，社会参与。各级政府逐年增加对五保服务机构建设的投入，增加福利彩票公益金投入，重点用在支持县乡政府兴建五保供养服务机构，建立政府扶持农村五保供养服务机构建设和发展的长效机制；鼓励农村集体经济组织、社会团体等社会力量捐助或兴办五保供养服务机构，逐步形成与社会主义市场经济体制相协调，多种所有制形式和经营模式共同发展的格局。

三、建设标准

（一）布局。原则上一个乡（镇）应建立一所规模适中，基本满足当地实际需要的五保供养服务机构；也可以根据当地实际，由县级人民政府兴办服务全县或部分乡（镇）的服务机构。具体地点原则上应邻近乡（镇）人民政府驻地或集中居住区，交通便利，环境安全、卫生，并尽量靠近医疗卫生、体育健身、文化娱乐、商业服务等公共服务设施。

（二）建筑。五保供养服务机构的各类建筑应当根据老年人、残疾人和未成年人生活需要进行设计，宜为砖混结构的平房院落或三层以下楼房，室内地面应选用平整、防滑材料，台阶、楼梯、扶手等设计要考虑供养对象生活安全的需要，并且不得采用易燃、易碎、化纤及散发有害有毒气味的建筑、装饰材料。

（三）规模。每所五保供养服务机构床位数原则上不低于40张，具有开展日常工作所必需的居住用房和辅助用房。居住用房使用面积每间不宜小于10平方米，每床位使用面积不应小于5平方米。辅助用房要设置办公室、厨房、餐厅、储藏室、活动室、医疗室、浴室和公厕等，有条件的地区还可以建设用于康体保健、文体娱乐等方面的功能室，配备必要的农副业生产基地。

（四）设备。五保供养服务机构要做到“四通”，即通电、通水、通路、通电话，配备必要的膳食制作、文体娱乐、医疗卫生、洗浴、消防及办公管理等设备，严寒和寒冷地区应当配供暖设备，炎热地区应当配降温设备。居住用房要配备床、桌、椅、柜、被褥等生活必备用品。

四、建设要求

（一）规划计划。五保供养服务机构建设应采取统一规划、逐步推进、分工负责、县乡实施的管理体制，各级政府应将五保供养机构建设纳入当地经济社会发展规划，结合当地实际编制专项建设规划或方案，明确“十一五”时期机构建设的目标任务与总体思路。县级以上各级民政部门要会同发展改革、财政、建设等部门，制订年度建设计划和实施方案，明确工作任务，强化工作措施，加强对县、乡人民政府项目建设单位的指导督促，稳步推进机构建设工作。

（二）项目实施。原则上实行项目管理，县、乡人民政府项目建设单位的法定代表人对项目申报、实施、质量、资金管理负责。投资在100万元以上或建筑面积在1000平方米以上的大型建设项目应当遵循国家基本建设程序实施，小型项目可以根据实际需要适当简化。基本建设程序包括提出项目建议书、编制可行性研究报告、进行初步设计、施工准备、建设实施、竣工验收、后评价等阶段。

（三）资金管理。各级政府安排、筹集的农村五保供养服务机构建设资金，包括中央预算内基本建设资金、中央预算外专项资金、福利彩票公益金，以及地方人民政府和建设单位投入或筹集的项目建设资金，必须专款专用，任何单位、组织和个人不得挤占、挪用、截留。

（四）质量监督。五保供养服务机构建筑质量严格按照国家有关规定执行，建设单位对建设项目的勘察、设计、施工、监理、材料采购都要依法订立合同，明确质量要求、履约担保和违约责任，加强对施工各环节的质量监控，确保工程建设质量。投资在100万元以上或建筑面积在1000平方米以上的大型建设项目，要按照规定通过招标确定施工单位，委托监理单位进行施工监理，建立健全设备材料质量检查制度，督促施工单位和监理机构履行职责。

五、机构管理

（一）单位性质。五保供养服务机构作为主要服务农村五保供养对象的公益性非营利组织，适应社会主义市场经济体制的要求，应当具有法人资格，依法承担独立的法律责任。县、乡人民政府利用国有资产举办的五保供养服务机构，应当根据我国事业单位登记管理的有关规定，办理事业单位法人登记；其他社会组织和个人利用非国有资产举办的五保供养服务机构，应当根据我国民办非企业单位登记管理的有关规定，办理民办非企业单位法人登记。

（二）基本功能。五保供养服务机构应在优先供养生活不能自理的五保供养对象的基础上，吸纳其他有需求的五保供养对象，向他们提供吃、穿、住、医、葬方面的生活照顾和物质帮助。同时，对分散供养的五保供养对象提供必要的供养服务，并逐步开展面向农村老年人、残疾人和未成年人的各项生活服务。

（三）命名原则。根据《农村五保供养工作条例》有关要求和五保供养服务机构服务功能拓展的需要，五保供养服务机构名称原则上由县（市）名+乡（镇）名+农村五保供养服务中心组成，也可以保留“敬老院”等传统名称。

（四）人员配备。五保供养服务机构工作岗位设置应当因事设岗、按需设岗，岗位主要由院长、护理服务、炊事、医疗、会计、出纳、保管等组成，工作人员与机构供养对象比例原则上不低于1∶10。主要管理人员由县、乡人民政府配备；其他服务人员可以面向社会公开招考、招聘，实行合同聘任制管理。县、乡人民政府及农村五保供养服务机构应当严格执行最低工资政策，落实并不断提高工作人员待遇，维护其劳动权益。

全国亿万农民健康促进行动规划（2006—2010年）

卫生部　全国爱卫会　中共中央宣传部　教育部　农业部　国家广电总局　共青团中央　全国妇联　国务院扶贫办

（2006年7月3日）

为适应党的十六大提出全面建设小康社会目标的迫切需要，“十一五”期间，全国亿万农民健康促进行动（以下简称“行动”）按照以人为本、全面协调、可持续发展的科学发展观和建设社会主义新农村的要求，努力普及基本卫生知识，倡导科学文明健康的生产生活方式，不断提高农村居民的健康水平和生活质量。

党和政府历来重视和关心农民的健康问题。2002年，中共中央、国务院下发《关于进一步加强农村卫生工作的决定》和卫生部、农业部、财政部等七部委联合下发《中国农村初级卫生保健发展纲要（2001—2010年）》，都强调要积极推进亿万农民健康促进行动，并将“行动”工作列为农村卫生工作的主要任务之一。《“行动”规划（2001—2005）》及评价指标体系的制定和实施，使“行动”工作走上了科学化和规范化轨道。在过去的5年中，全国“行动”成员部门由七部委扩展到九部委，初步形成了政府主导、多部门参与、可持续发展的工作机制。各省、自治区、直辖市也进一步完善了“行动”组织网络。到2005年底，全国有1191个县（区）成立了“行动”领导小组，1832个县（区）开展了“行动”相关活动，建立了50个全国“行动”示范县（区）。5年间，围绕《“行动”规划》总目标和各项具体目标，开展群众喜闻乐见、形式多样的活动，增加了农民的卫生防病和保健知识，推广了“行动”品牌，促进了人人享有卫生保健与农村生态环境建设，取得了可喜的成绩。据全国“行动”示范县（区）抽样调查显示，农民“行动”核心信息知晓率达到75％以上，相关健康行为形成率达到65％；中小学生健康知识知晓率达到80％以上，健康行为形成率达到70％。“行动”规划为开创农村健康教育工作的新局面，推动“行动”的可持续发展奠定了良好基础。

随着农村工业化、城镇化以及农村居民生产生活方式的改变，农村疾病谱已经转变为老传染病、新发传染病与慢性非传染性疾病、意外伤害、环境与职业危害等并存的疾病模式，严重威胁农村居民的健康和生命安全，也严重影响了农村经济发展和社会稳定，制约了农民脱贫致富奔小康的进程。与此同时，我国大部分地区的农村卫生发展严重滞后，基础设施薄弱，卫生人员专业素质不高，农村居民的健康意识、卫生保健知识水平与自我保健能力亟待提高。

“十一五”期间是全面落实科学发展观，着力解决人民群众所关心问题的重要时期。建设社会主义新农村，提高广大农民的健康水平，是全面建设小康社会和构建社会主义和谐社会的重要内容，是经济社会发展的重要目的，也是每个居民和全社会的责任，更是各级政府的责任。继续深入开展全国亿万农民健康促进行动，对于推动今后五年乃至更长时期的农村健康教育与健康促进工作，提高农民健康素质，改善农村生态环境具有十分重要的意义。

一、指导思想

1. 认真贯彻落实“三个代表”重要思想，坚持以科学发展观统领“行动”全局；坚持以人为本，促进“行动”健康、持续、协调发展。

2. 坚持以政府为主导的原则，加大政府投入力度，健全多部门合作和全社会参与的“行动”长效机制，确保本规划目标的实现。

3. 以满足农村居民基本卫生服务需求为重点，着力解决影响农村居民的重大卫生问题，预防控制农村重大疾病流行，提高农村居民自我保健意识和健康水平。

4. 加强“行动”组织和工作网络的能力建设，确保人员、经费和设施满足工作需求。

二、目标和工作任务

（一）总目标

按照党的十六大全面建设小康社会的奋斗目标和科学发展观的要求，到2010年，要建立健全各级政府领导、多部门合作和全社会参与的“行动”长效工作机制；围绕农村重大卫生问题，进一步普及基本卫生知识，倡导科学文明健康的生产生活方式，提高农村居民的健康素质和生活质量，促进社会主义新农村建设。

（二）主要指标

到2010年：

1. 全国建立“行动”工作网络的县（区）达到80%；

2. 农村自来水普及率提高10%，卫生厕所普及率达到65%，无害化卫生厕所普及率达到35%；

3. 全国农村户用沼气普及率达到16%，适宜农户普及率达到28.8%；

4. 农村中小学健康教育实施率达到80%；中小学生基本卫生知识知晓率达到80%，健康行为形成率达到65%；

5. 农村居民基本卫生知识知晓率在东、中、西部分别达到80%、70%和60%；健康行为形成率分别达到70%、60%和50%；

6. 建成100个全国“行动”示范县（区）。

（三）主要工作任务

1. 加强“行动”工作，扩大“行动”覆盖面。推广全国“行动”示范县（区）经验，进一步扩大“行动”覆盖面，在更多的县和乡镇建立“行动”网络，开展“行动”工作，使更多的农民受益。

2. 做好农村重大疾病防治的健康教育。根据本地区农村卫生与农民健康的主要问题，大力开展农村重大疾病防治的健康教育，包括：艾滋病、结核病、病毒性肝炎、人感染高致病性禽流感等重点传染病；高血压、糖尿病等慢性非传染性疾病；血吸虫、疟疾等寄生虫病；碘缺乏病、地方性氟（砷）中毒等地方病。开展预防和应对突发公共卫生事件的健康教育，增强农村居民对突发公共卫生事件的防范意识和应对能力。提高农民卫生保健知识水平，促进行为生活方式向有利于健康的方向改变。

3. 加强重点人群和重点领域的健康教育。以场所为基础，针对农村妇女、儿童开展健康教育，促进妇幼保健，提高住院分娩率，提高计划免疫接种率，降低婴幼儿营养不良率，降低婴儿死亡率和孕产妇死亡率；加强农村中小学生健康教育，培养青少年良好的健康习惯；针对各类疾病患者、乡镇企业员工的特殊健康问题，加强农村社区、卫生机构和乡镇企业的健康教育；加强流动人口的健康教育，加大针对流出/流入地农民工健康教育需求的研究与干预；加强新型农村合作医疗的政策宣传，提高农民的预防保健意识和互助共济理念，引导农民积极参加合作医疗。

4. 开展环境健康教育。加强农村居民生活、生产环境保护与改造的健康教育，认真落实《国务院办公厅关于加强饮用水安全保障工作的通知》等政策要求，围绕改水改厕、利用清洁能源、绿色生态农业、环境保护等内容促进村容整洁和环境安全，保护农村劳动力，提高农村居民生活质量。

三、策略与主要措施

（一）高度重视，加强领导，建立完善的“行动”运行机制

各级政府要高度重视“行动”工作，加强对“行动”工作的领导，把“行动”工作纳入本地区国民经济和社会发展规划，进一步建立健全包括各级“行动”领导小组、办公室、部门联络员、专业人员和基层骨干在内的“行动”组织网络，扩大“行动”覆盖面，使更多的农村居民在“行动”中获益。

逐步建立稳定的中央投入、地方配套的政府投资机制，对“行动”工作所需经费予以保障，进一步倡导出台有利于农村卫生、农民健康的“行动”相关政策，确保“行动”持续有效地开展。

（二）完善“行动”技术网络，提高健康教育人员素质

建立和完善“行动”专家网络和信息网络。建立由国家、省级疾病预防控制机构和大专院校健康教育专家组成的“行动”专家网络，加强对基层“行动”的技术支持与指导，提高“行动”效果；建立国家、省、市、县“行动”办、各部门“行动”联络员、“行动”专家共享的“行动”信息网络，共享“行动”信息资源，并对信息加以分析利用，使“行动”信息网络成为交流经验、沟通协作的平台，并为政府决策提供科学依据。

加强基层人员的健康教育能力建设。逐步完成基层人员的相关知识与技能的培训，特别是对贫困地区卫生人员的培训，提高健康教育人员社会动员、制定计划、信息传播与行为干预等基本健康教育工作的能力，逐步调整和改善人力资源结构，突出重点、保证效果。结合农村公共卫生服务体系建设，配置基本的农村健康教育工作设备、设施与经费，提高健康教育人员服务能力。

（三）加强多部门合作，实现资源整合，协同行动

立足于各部门工作的内容与特点，将“行动”纳入本部门的工作规划和实施计划；整合各部门与农民健康和农村卫生相关的各种资源，将“行动”工作与各部门职责有机结合，为“行动”提供政策与环境支持，形成长效机制。

1. 卫生部门应发挥“行动”组织和纽带的作用，有效发挥农村卫生机构的作用。各级健康教育人员要因地制宜开展农村健康教育；组织农村健康教育材料的制作与评选活动，不断推出适合农民需要的健康教育材料，并组织印制和下发；为其他成员部门的卫生与健康工作提供技术支持，如培训师资和人员、提供健康教育材料、卫生知识与信息等。

2. 宣传部门和广播电视部门积极开展健康卫生宣传教育。加大力度，增加卫生宣传报道数量，提高节目质量。继续办好健康卫生类栏目和节目，将卫生保健知识送到老、少、边、穷地区，增加农民群众对“行动”的了解与认识，提高农民群众的健康卫生知识水平。

3. 农业部门与爱卫部门继续加强农村沼气等清洁能源建设与发展，深入开展农村改水改厕，改善农村环境卫生面貌，加强人畜粪便无害化处理工作，完善农村饮用水水质卫生监测网络，预防疾病，节约能源，减少环境污染，创建卫生村镇，促进农民健康水平的提高和生活质量的改善。

4. 充分利用农业部门的农民书屋和农业广播电视学校、共青团的农村青年中心、妇联的妇女之家及美德在农家示范点等资源，广泛开展形式多样的健康教育活动，使之成为农村健康教育基地，发挥青年农民、妇女的积极性，参与并带动农村居民接受健康教育，增进健康。

5. 教育部门通过多种形式积极开展农村中小学健康教育，提高健康教育实施率，从小培养农村青少年的健康意识，提高农村青少年的

卫生知识水平，养成有益于健康的行为生活方式，成为健康教育的生力军。

6. 团中央与教育部门倡导大学生志愿者农村卫生服务。联合各级教育部门与共青团，积极培训大学生志愿者，发挥大学生志愿者的知识、技能优势与服务社会的积极性，组织大学生志愿者利用假期开展卫生与健康教育服务及调研。

7. 扶贫部门在开展贫困农户劳动力转移培训过程中，适当安排疾病防治、卫生知识等内容。

（四）开展应用性研究

由“行动”办协调各成员部门确定应用性研究的优先领域，组织各科研机构、大专院校、各省区市健康教育机构及其他有关部门积极开展应用性研究工作。在创建“行动”示范县（区）工作的基础上，继续加强试点建设，摸索适合当地的“行动”经验与方法，解决“行动”的关键技术问题。

四、考核评价

修订完善“行动”评价指标体系，建立示范县（区）申报管理制度，规范对“行动”工作的管理。省、市级“行动”办每年抽取1/3的市、县，依据“行动”评价指标进行自评，上报国家“行动”办；国家“行动”办每年公布各省“行动”工作，不定期对各省“行动”工作进行督导评估，对条件成熟并申报国家级的“行动”示范县（区）组织考核验收，总结和推广各地“行动”工作经验，确保“行动”目标的实现。

关于加强孤儿救助工作的意见

民政部、中央综治办、最高人民法院、发展改革委、教育部、公安部、司法部、财政部、劳动和社会保障部、建设部、农业部、卫生部、人口计生委、共青团中央、全国妇联

（2006年3月29日）

孤儿是社会上最弱小、最困难的群体，党和政府历来关心和重视孤残儿童福利事业。最近，胡锦涛总书记要求应区别情况，完善救助制度，使孤儿都能健康成长。为贯彻落实胡锦涛总书记的指示精神和《中共中央关于制定国民经济和社会发展第十一个五年规划的建议》、《中共中央国务院关于进一步加强和改进未成年人思想道德建设的若干意见》，发展具有中国特色的儿童福利事业，现就加强孤儿救助工作提出以下意见：

一、高度重视孤儿救助工作

据不完全统计，全国现有失去父母和事实上无人抚养的未成年人（以下简称孤儿）57.3万名，他们失去父母，无人抚养，处于生存、发展的困境，是社会福利事业和社会救助工作的重点对象。在全面建设小康社会、构建社会主义和谐社会的新阶段，党和政府坚持“立党为公、执政为民”，树立以人为本的科学发展观，提出了加强社会福利事业建设、完善社会救助体系的目标，为加强孤儿救助工作提出了新的要求，指明了方向。各级政府，特别是地方各级政府要切实加强领导，采取有效措施，完善社会救助制度，提高社会福利水平，为保障孤儿的基本生活和健康成长创造条件。要建立政府领导、民政牵头、部门配合、社会参与的孤儿救助保护工作机制，明确部门责任，制定优惠政策，加大资金投入，广泛动员社会力量，满足孤儿生活、教育、康复、医疗和就业等方面的基本需求，营造保障孤儿合法权益、有利孤儿健康成长的良好社会环境。

二、采取多种形式妥善安置孤儿

各级政府应当按照有利于孤儿成长的原则，区别不同情况，依据有关法律、法规，妥善做好孤儿安置工作。

（一）孤儿的监护人应当依法履行监护职责，维护孤儿的合法权益。监护人不履行监护职责或侵害被监护人的合法权益的，应当承担相应的法律责任。人民法院可以根据有关人员或有关单位的申请，依法撤销监护人的资格。

（二）由孤儿父母生前所在单位或孤儿住所地的村（居）民委员会担任监护人的，可以由监护人委托有抚养意愿和抚养能力的家庭养育孤儿。

（三）由民政部门监护的孤儿，可以在社会（儿童）福利院、敬老院、孤儿学校、SOS儿童村和流浪未成年人救助保护中心等机构集中安置，并可以根据《家庭寄养管理暂行办法》的规定，开展家庭寄养。

（四）要根据《中华人民共和国收养法》的规定，积极开展孤儿收养工作。对“事实收养”问题，要根据不同情况予以解决，符合收养条件的，依法办理登记和相关手续，切实保护被收养儿童的合法权益。

（五）对于暂时查找不到家庭的流浪未成年人，可以根据具体情况延长其在流浪未成年人救助保护机构的救助和教育时间。对于确实无法查明身份的流浪未成年人，可由流浪未成年人救助保护机构和儿童福利机构安置。

（六）对因父母服刑或其他原因暂时失去生活依靠的未成年人，可以依据相关法律规定妥善安置。

三、保障孤儿基本生活和合法权益

各有关部门要认真履行职责，制定和落实优惠政策，密切配合，共同做好孤儿救助工作。

（一）财政部门应当将孤儿救助所需资金纳入城乡社会救助和社会福利事业发展资金需求，统筹考虑，合理安排。通过财政预算安排、民政部门使用福利彩票公益金资助和社会捐赠等多渠道筹集资金，保障孤儿的基本生活不低于当地平均生活水平。中央财政将加大对财政困难地区一般性转移支付力度，增强这些地区的财政保障能力。

（二）发展改革部门应当统筹考虑儿童福利机构和流浪未成年人救助保护机构建设。到2010年，基本达到每个地级市都拥有一所具有养护、医疗康复、教育能力的儿童福利机构。在财力允许的情况下，国家发展改革委在固定资产投资项目安排中，对中西部地区和东北地区的儿童福利机构建设予以适当支持。

（三）政府举办的非营利性医疗机构应当为孤儿提供基本的卫生医疗服务。鼓励、支持医疗机构采用多种形式自愿减免散居孤儿医疗费用。卫生部门对儿童福利机构设置的为所收养的孤儿服务的门诊部、诊所、卫生所（室）要给予指导和支持。

（四）教育部门应当对处于义务教育阶段的孤儿免收杂费，免费提供教科书并补助寄宿生生活费；对被公办普通高中、中等职业学校和高等学校录取的孤儿，应当纳入现有资助政策体系，给予教育救助。孤儿所在学校要优先为其提供勤工俭学机会。教育部门对儿童福利机构和流浪未成年人救助保护机构开办的特教班应当给予指导和支持。

（五）劳动和社会保障部门及有关部门应当对城镇登记失业的适龄孤儿按规定提供职业培训补贴和免费职业介绍，并落实小额担保贷款政策，鼓励和帮助其自谋职业和自主创业；县、乡（镇）政府和村民委员会要积极扶持法定劳动年龄内有劳动能力但未就业的农村孤儿从事农业生产活动，或引导和帮助其进城务工，劳动保障部门要按规定落实相关就业服务政策。

（六）人口和计划生育部门等为收养当事人出具证明材料的部门或机构，应当及时、如实出具证明材料。

（七）公安部门对孤儿安置需办理常住户口登记或者迁移手续的，要依法及时予以办理；对遗弃儿童和利用孤儿从事非法活动的违法犯罪行为要严肃查处，坚决打击。

（八）司法部门应当依法保护孤儿的人身、财产权利。司法行政部门和人民法院应当依法对有需要的孤儿提供法律援助或者司法救助。

（九）因地制宜解决孤儿住房问题。监护

人应当帮助有房产的孤儿做好房屋的维修、保护工作。居住在农村无住房的孤儿成年后，乡（镇）政府和村民委员会要组织动员社会力量和居住地村民帮助其建房。儿童福利机构中的孤儿成年结婚后，符合廉租住房、经济适用住房申请条件的，当地政府和建设（房地产）部门应当给予优先安排。

四、民政部门要积极发挥职能作用

（一）要加强协调指导。作为孤儿救助职能部门，民政部门要在地方党委政府的领导下，与有关部门密切协作，充分发挥牵头作用。要针对孤儿成长过程中遇到的困难，认真研究对策措施，不断完善法规政策，要加强协调，共同落实孤儿救助的各项政策，切实保障孤儿的合法权益。

（二）要全面提高儿童福利机构的管理服务水平。要完善儿童福利机构孤儿、弃婴接收、救治和以岗位责任制为核心的管理制度，健全儿童养育、康复标准，并通过引入社会工作专业制度、聘用专业社会工作者等方式，积极探索适应儿童身心发育要求的养育模式，为孤儿提供规范优质的服务。要及时安排儿童福利机构收养的残疾孤儿进行治疗和康复，并将非定向的社会捐赠资金优先用于残疾孤儿的治疗和康复。

（三）要建立健全孤儿福利服务工作网络。民政部门可以根据需要委托福利院和敬老院，负责孤儿生活费的日常办理工作，加强对孤儿收养、寄养家庭的走访、服务指导、技术培训和监督检查工作。

（四）民政部门要将符合条件的社会散居孤儿纳入城乡医疗救助制度；已经开展新型农村合作医疗试点的地区，要用医疗救助基金资助农村孤儿参加新型农村合作医疗，其救治费用按照当地新型农村合作医疗制度规定报销后仍有困难的，由民政部门在医疗救助基金中解决。

五、广泛动员社会力量关心和帮助孤儿

要利用“六一”儿童节、“助残日”和专项慈善活动等时机，通过各种媒体广泛开展宣传，号召社会各界奉献爱心、帮助孤儿，为孤儿生存、发展创造良好的舆论氛围和社会环境。共青团、妇联等群团组织要协助各级政府开展孤儿权益的保护工作，倡导和组织广大青少年、妇女通过开展志愿者活动等多种形式为孤儿提供及时有效的服务，并对女童和艾滋病致孤儿童给予特殊的关爱。要大力推进社会福利社会化，发展慈善事业，鼓励民间组织、企业事业单位、公民和外资等社会力量支持参与儿童福利事业，进一步推动孤儿救助工作的开展。

发展儿童福利事业，完善孤儿救助制度是贯彻“三个代表”重要思想，树立科学发展观，落实“十一五”规划的一项重要任务；是体现社会公平、维护社会稳定，构建社会主义和谐社会的一项具体措施；是弘扬中华民族扶危济困传统美德，加强社会主义精神文明建设的一个实际行动。各级政府及有关部门要高度重视，狠抓落实，社会各界要大力支持，积极参与，让孤儿分享改革发展的成果，在充满亲情的社会主义大家庭中健康成长。

2007 年

中共中央国务院关于切实加强农业基础建设进一步促进农业发展农民增收的若干意见

（2007 年 12 月 31 日）

党的十七大高举中国特色社会主义伟大旗帜，对继续推进改革开放和社会主义现代化建设、实现全面建设小康社会的宏伟目标作出了全面部署。推动科学发展，促进社会和谐，夺取全面建设小康社会新胜利，必须加强农业基础地位，走中国特色农业现代化道路，建立以工促农、以城带乡长效机制，形成城乡经济社会发展一体化新格局。

党的十六大以来，党中央、国务院顺应时代要求，遵循发展规律，与时俱进加强“三农”工作，作出了一系列意义重大、影响深远的战略部署。坚持把解决好“三农”问题作为全党工作的重中之重，不断强化对农业和农村工作的领导；坚持统筹城乡发展，不断加大工业反哺农业、城市支持农村的力度；坚持多予少取放活，不断完善农业支持保护体系；坚持市场取向改革，不断解放和发展农村生产力；坚持改善民生，不断解决农民生产生活最迫切的实际问题。经过全党全国人民的共同努力，农业和农村发展呈现出难得的好局面。粮食连续 4 年增产，农业生产全面发展。农民收入持续较快增长，生活水平明显提高。农村基础设施加快改善，社会事业发展和扶贫开发迈出重大步伐。农村改革取得历史性突破，发展活力不断增强。农村党群干群关系明显改善，农村社会稳定和谐。农业和农村形势好，为改革发展稳定全局作出了重大贡献。实践证明，中央关于“三农”工作的方针政策是完全正确的。

当前，工业化、信息化、城镇化、市场化、国际化深入发展，农业和农村正经历着深刻变化。农业资源环境和市场约束增强，保障农产品供求平衡难度加大，要求加速转变农业发展方式。农产品贸易竞争加剧，促进优势农产品出口和适时适度调控进口难度加大，要求加快提升农业竞争力。农业比较效益下降，保持粮食稳定发展、农民持续增收难度加大，要求健全农业支持保护体系。农村生产要素外流加剧，缩小城乡差距难度加大，要求加大统筹城乡发展力度。农村社会结构深刻转型，兼顾各方利益和搞好社会管理难度加大，要求进一步完善乡村治理机制。全党必须深刻认识“三农”工作面临的新形势新任务，全面把握新机遇新挑战，增强做好“三农”工作的紧迫感，粮食安全的警钟要始终长鸣，巩固农业基础的弦要始终绷紧，解决好“三农”问题作为全党工作重中之重的要求要始终坚持。

2008 年和今后一个时期，农业和农村工作的总体要求是：全面贯彻党的十七大精神，高举中国特色社会主义伟大旗帜，以邓小平理论和“三个代表”重要思想为指导，深入贯彻落实科学发展观，按照形成城乡经济社会发展一体化新格局的要求，突出加强农业基础建设，积极促进农业稳定发展、农民持续增收，努力保障主要农产品基本供给，切实解决农村民生问题，扎实推进社会主义新农村建设。

一、加快构建强化农业基础的长效机制

在经济社会发展新阶段，农业的多种功能日益凸现，农业的基础作用日益彰显。必须更加自觉地加强农业基础地位，不断加大强农惠农政策力度。

（一）按照统筹城乡发展要求切实加大

"三农"投入力度。强化农业基础，必须引导要素资源合理配置，推动国民收入分配切实向"三农"倾斜，大幅度增加对农业和农村投入。要坚持并落实工业反哺农业、城市支持农村和多予少取放活的方针，坚持做到县级以上各级财政每年对农业总投入增长幅度高于其财政经常性收入增长幅度，坚持把国家基础设施建设和社会事业发展的重点转向农村。2008 年，财政支农投入的增量要明显高于上年，国家固定资产投资用于农村的增量要明显高于上年，政府土地出让收入用于农村建设的增量要明显高于上年。耕地占用税新增收入主要用于"三农"，重点加强农田水利、农业综合开发和农村基础设施建设。完善城市维护建设税政策，各地预算安排的城市维护建设支出要确定部分资金用于乡村规划、基础设施建设和维护。从 2008 年起，国家在国家扶贫开发工作重点县新安排的病险水库除险加固、生态建设等公益性强的基本建设项目，根据不同情况，逐步减少或取消县及县以下配套。加强农业投入管理，提高资金使用效益。加快农业投入立法。

（二）巩固、完善、强化强农惠农政策。按照适合国情、着眼长远、逐步增加、健全机制的原则，坚持和完善农业补贴制度，不断强化对农业的支持保护。继续加大对农民的直接补贴力度，增加粮食直补、良种补贴、农机具购置补贴和农资综合直补。扩大良种补贴范围。增加农机具购置补贴种类，提高补贴标准，将农机具购置补贴覆盖到所有农业县。认真总结各地开展政策性农业保险试点的经验和做法，稳步扩大试点范围，科学确定补贴品种。全面落实对粮食、油料、生猪和奶牛生产的各项扶持政策，加大对生产大县的奖励补助，逐步形成稳定规范的制度。根据保障农产品供给和调动农民积极性的需要，统筹研究重要农产品的补贴政策。强农惠农政策要向重点产区倾斜，向提高生产能力倾斜。继续对重点地区、重点粮食品种实行最低收购价政策。

（三）形成农业增效、农民增收良性互动格局。要通过结构优化增收，继续搞好农产品优势区域布局规划和建设，支持优质农产品生产和特色农业发展，推进农产品精深加工。要通过降低成本增收，大力发展节约型农业，促进秸秆等副产品和生活废弃物资源化利用，提高农业生产效益。要通过非农就业增收，提高乡镇企业、家庭工业和乡村旅游发展水平，增强县域经济发展活力，改善农民工进城就业和返乡创业环境。要通过政策支持增收，加大惠农力度，防止农民负担反弹，合理调控重要农产品和农业生产资料价格。进一步明确农民家庭财产的法律地位，保障农民对集体财产的收益权，创造条件让更多农民获得财产性收入。

（四）探索建立促进城乡一体化发展的体制机制。着眼于改变农村落后面貌，加快破除城乡二元体制，努力形成城乡发展规划、产业布局、基础设施、公共服务、劳动就业和社会管理一体化新格局。健全城乡统一的生产要素市场，引导资金、技术、人才等资源向农业和农村流动，逐步实现城乡基础设施共建共享、产业发展互动互促。切实按照城乡一体化发展的要求，完善各级行政管理机构和职能设置，逐步实现城乡社会统筹管理和基本公共服务均等化。

二、切实保障主要农产品基本供给

确保农产品有效供给是促进经济发展和社会稳定的重要物质基础。必须立足发展国内生产，深入推进农业结构战略性调整，保障农产品供求总量平衡、结构平衡和质量安全。

（一）高度重视发展粮食生产。切实稳定粮食播种面积，优化品种结构，提高单产水平，确保粮食生产稳定发展。积极发展稻谷生产，扩大专用小麦播种面积，合理引导玉米消费。继续实施粮食生产各项工程。根据粮食产销格局的变化，进一步完善粮食风险基金政策，加大对粮食主产区的扶持力度，完善产粮大县奖励政策。实施粮食战略工程，集中力量建设一批基础条件好、生产水平高和调出量大的粮食核心产区；在保护生态前提下，着手开发一批资源有优势、增产有潜力的粮食后备产区。扩大西部退耕地区基本口粮田建设。落实粮食省长负责制，主销区和产销平衡区要稳定粮食自给水平。支持发展主要粮食作物的政策性保险。大力发展油料生产，鼓励优势区域发展棉花、糖料生产，着力提高品质和单产。积极应对全球气候变化，加强防灾减灾工作。支持农垦企业建设大型粮食和农产品生产基地，充分发挥其在现代农业建设中的示范带动作用。

（二）切实抓好“菜篮子”产品生产。继续强化“菜篮子”市长负责制，确保“菜篮子”产品生产稳定发展。积极推动蔬菜等园艺产品的规模化种植。加快转变畜禽养殖方式，对规模养殖实行“以奖代补”，落实规模养殖用地政策，继续实行对畜禽养殖业的各项补贴政策。完善原料奶价格形成机制，严格执行液态奶标识制度。推行水产健康养殖，强化水生生物资源养护，落实禁渔休渔制度，加强渔业安全基础设施建设，支持发展远洋渔业。有条件的地方要积极发展设施农业和精细农业。建立健全生猪、奶牛等政策性保险制度。

（三）加强农业标准化和农产品质量安全工作。加快农业标准修订制定工作。继续实施农业标准化示范项目，扶持龙头企业、农民专业合作组织、科技示范户和种养大户率先实行标准化生产。实施农产品质量安全检验检测体系建设规划，依法开展质量安全监测和检查，巩固农产品质量安全专项整治成果。深入实施无公害农产品行动计划，建立农产品质量安全风险评估机制，健全农产品标识和可追溯制度。强化农业投入品监管，启动实施“放心农资下乡进村”示范工程。积极发展绿色食品和有机食品，培育名牌农产品，加强农产品地理标志保护。

（四）支持农业产业化发展。继续实施农业产业化提升行动，培育壮大一批成长性好、带动力强的龙头企业，支持龙头企业跨区域经营，促进优势产业集群发展。中央和地方财政要增加农业产业化专项资金，支持龙头企业开展技术研发、节能减排和基地建设等。探索采取建立担保基金、担保公司等方式，解决龙头企业融资难问题。抓紧研究完善农产品加工税收政策，促进农产品精深加工健康发展。允许符合条件的龙头企业向社会发行企业债券。龙头企业要增强社会责任，与农民结成更紧密的利益共同体，让农民更多地分享产业化经营成果。健全国家和省级重点龙头企业动态管理机制。引导各类市场主体参与农业产业化经营。鼓励农民专业合作社兴办农产品加工企业或参股龙头企业。支持发展“一村一品”。

（五）加强和改善农产品市场调控。适应生产方式、产销格局和资源环境的变化，统筹利用两个市场、两种资源，保障国内农产品供给和生产发展。兼顾生产者和消费者利益，运用经济杠杆引导农产品价格保持合理水平。加强粮食等重要农产品储备体系建设，完善吞吐调节机制，引导企业建立商业性储备。抓紧建立健全重要农产品供求和价格监测预警体系。鼓励优势农产品出口，推进出口农产品质量追溯体系建设，支持发展农产品出口信贷和信用保险。完善大宗农产品进口管理和贸易救济预警制度。探索采取符合国际惯例的有效手段，调节农产品进出口。驻外机构特别是我驻农产品主要贸易国使领馆要加强国际农产品市场信息服务和农业合作交流。

三、突出抓好农业基础设施建设

加强以农田水利为重点的农业基础设施建设是强化农业基础的紧迫任务。必须切实加大投入力度，加快建设步伐，努力提高农业综合生产能力，尽快改变农业基础设施长期薄弱的局面。

（一）狠抓小型农田水利建设。抓紧编制和完善县级农田水利建设规划，整体推进农田水利工程建设和管理。大幅度增加中央和省级小型农田水利工程建设补助专项资金，将大中型灌区末级渠系改造和小型排涝设施建设纳入补助范围。以雨水集蓄利用为重点，兴建山区小型抗旱水源工程。采取奖励、补助等形式，调动农民建设小型农田水利工程的积极性。推进小型农田水利工程产权制度改革，探索非经营性农村水利工程管理体制改革办法，明确建设主体和管护责任。支持农民用水合作组织发展，提高服务能力。

（二）大力发展节水灌溉。继续把大型灌区节水改造作为农业固定资产投资的重点，力争到2020年基本完成大型灌区续建配套与节水改造任务。农业综合开发要增加中型灌区骨干工程和大中型灌区田间节水改造资金投入。搞好节水灌溉示范，引导农民积极采用节水设备和技术。扩大大型灌溉排水泵站技术改造规模和范围，实施重点涝区治理。对农业灌排用电给予优惠。

（三）抓紧实施病险水库除险加固。大幅度增加病险水库除险加固资金投入，健全责任制，加快完成大中型和重点小型病险水库除险加固任务。各地要加快编制重点地区中小河流治理规划，增加建设投入，中央对中西部地区给予适当补助。引导地方搞好河道疏浚。深化水利工程管理体制改革，进一步落实库区移民政策。加快西南地区中小型水源工程建设。扩大实施山洪灾害防治试点，加强地质灾害防治工作。

（四）加强耕地保护和土壤改良。严格执行土地利用总体规划和年度计划，全面落实耕地保护责任制，建立和完善土地违法违规案件查处协调机制，切实控制建设占用耕地和林地。土地出让收入用于农村的投入，要重点支持基本农田整理、灾毁复垦和耕地质量建设。继续增加投入，加大力度改造中低产田。加快沃土工程实施步伐，扩大测土配方施肥规模。支持农民秸秆还田、种植绿肥、增施有机肥。加快实施旱作农业示范工程，建设一批旱作节水示范区。

（五）加快推进农业机械化。推进农业机械化是转变农业生产方式的迫切需要，也为振兴农机工业提供了重要机遇。加快推进粮食作物生产全程机械化，稳步发展经济作物和养殖业机械化。加强先进适用、生产急需农业机械的研发，重点在粮食主产区、南方丘陵区和血吸虫疫区加快推广应用。完善农业机械化税费优惠政策，对农机作业服务实行减免税，对从事田间作业的拖拉机免征养路费，继续落实农机跨区作业免费通行政策。继续实施保护性耕作项目。扶持发展农机大户、农机合作社和农机专业服务公司。加强农机安全监理工作。

（六）继续加强生态建设。深入实施天然林保护、退耕还林等重点生态工程。建立健全森林、草原和水土保持生态效益补偿制度，多渠道筹集补偿资金，增强生态功能。继续推进山区综合开发，促进林业产业发展。落实草畜平衡制度，推进退牧还草，发展牧区水利，兴建人工草场。加强森林草原火灾监测预警体系和防火基础设施建设。继续搞好长江、黄河、东北黑土区等重点流域、区域水土保持工作。加强荒漠化、石漠化治理，加大坡改梯、黄土高原淤地坝和南方崩岗治理工程建设力度，加强湿地保护，促进生态自我修复。加强农村节能减排工作，鼓励发展循环农业，推进以非粮油作物为主要原料的生物质能源研究和开发。加大农业面源污染防治力度，抓紧制定规划，切实增加投入，落实治理责任，加快重点区域治理步伐。

四、着力强化农业科技和服务体系基本支撑

加强农业科技和服务体系建设是加快发展现代农业的客观需要。必须推动农业科技创新取得新突破，农业社会化服务迈出新步伐，农业素质、效益和竞争力实现新提高。

（一）加快推进农业科技研发和推广应用。切实增加农业科研投入，重点支持公益性农业科研机构和高等学校开展基础性、前沿性研究，加强先进实用技术集成配套。加强产学研密切结合，推进农业科技创新活动。推动现代农业产业技术体系建设，提升农业区域创新能力。启动转基因生物新品种培育科技重大专项，加快实施种子工程和畜禽水产良种工程。继续安排农业科技成果转化资金。深入实施科技入户工程，加大重大技术推广支持力度，继续探索农业科技成果进村入户的有效机制和办法。切实加强公益性农业技术推广服务，对国家政策规定必须确保的各项公益性服务，要抓紧健全相关机构和队伍，确保必要的经费。通过3到5年的建设，力争使基层公益性农技推广机构具备必要的办公场所、仪器设备和试验示范基地。国家可采取委托、招标等形式，调动各方面力量参与农业技术推广，形成多元化农技推广网络。充分发挥气象为农业生产服务的职能和作用。

（二）建立健全动植物疫病防控体系。加快构建网络健全、队伍稳定、保障有力、处置高效的动物疫病防控体系。抓紧落实官方兽医和执业兽医制度，继续加大动物防疫体系建设

投入力度，扩大无规定动物疫病区建设范围。对重大动物疫病实施免费强制免疫，完善重大动物疫病扑杀补偿机制。加快研制高效安全农药、兽药。加强动物疫病防控基础工作，健全村级动物防疫员队伍，并给予必要的经费补助。继续实施植保工程，探索建立专业化防治队伍，推进重大植物病虫害统防统治。

（三）大力培养农村实用人才。组织实施新农村实用人才培训工程，重点培训种养业能手、科技带头人、农村经纪人和专业合作组织领办人等。加快提高农民素质和创业能力，以创业带动就业，实现创业富民、创新强农。继续加大外出务工农民职业技能培训力度。加快构建县域农村职业教育和培训网络，发展城乡一体化的中等职业教育。支持高等学校设置和强化农林水类专业。国家励志奖学金和助学金对在高等学校农林水类专业就读的学生给予倾斜，对毕业后到农村基层从事农林水专业工作达到一定年限的毕业生，实行国家助学贷款代偿政策，落实中等职业教育助学金政策，对农林水类专业学生给予倾斜。

（四）积极发展农民专业合作社和农村服务组织。全面贯彻落实农民专业合作社法，抓紧出台配套法规政策，尽快制定税收优惠办法，清理取消不合理收费。各级财政要继续加大对农民专业合作社的扶持，农民专业合作社可以申请承担国家的有关涉农项目。支持发展农业生产经营服务组织，为农民提供代耕代种、用水管理和仓储运输等服务。鼓励发展农村综合服务组织，具备条件的地方可建立便民利民的农村社区服务中心和公益服务站。

（五）加强农村市场体系建设。建立健全适应现代农业发展要求的大市场、大流通。继续实施“万村千乡”、“双百市场”和“农产品批发市场升级改造”等工程，落实农产品批发市场用地按工业用地对待的政策。加强粮食现代物流体系建设，开展鲜活农产品冷链物流试点。供销合作社要加快组织创新和经营创新，推进新农村现代流通网络工程建设。通过实施财税、信贷、保险等政策，鼓励商贸、邮政、医药、文化等企业在农村发展现代流通业。完善农产品期货市场，积极稳妥发展农产品期货品种。加快落实鲜活农产品绿色通道省内外车辆无差别减免通行费政策。

（六）积极推进农村信息化。按照求实效、重服务、广覆盖、多模式的要求，整合资源，共建平台，健全农村信息服务体系。推进“金农”、“三电合一”、农村信息化示范和农村商务信息服务等工程建设，积极探索信息服务进村入户的途径和办法。在全国推广资费优惠的农业公益性服务电话。健全农业信息收集和发布制度，为农民和企业提供及时有效的信息服务。

五、逐步提高农村基本公共服务水平

推进城乡基本公共服务均等化是构建社会主义和谐社会的必然要求。必须加快发展农村公共事业，提高农村公共产品供给水平。

（一）提高农村义务教育水平。对全部农村义务教育阶段学生免费提供教科书，提高农村义务教育阶段家庭经济困难寄宿生生活费补助标准，扩大覆盖面，提高农村中小学公用经费和校舍维修经费补助标准，加大农村薄弱学校改造力度。加强农村教育经费使用的规范管理。努力提高农村中小学教师素质，实施中西部农村和边疆地区骨干教师远程培训计划，选派和组织城市教师到农村交流任教，鼓励和组织大学毕业生到农村学校任教。

（二）增强农村基本医疗服务能力。2008年在全国普遍建立新型农村合作医疗制度，提高国家补助标准，适当增加农民个人缴费，规范基金管理，完善补偿机制，扩大农民受益面。完善农村医疗救助制度。加强农村卫生服务网络建设和药品监管，规范农村医疗卫生服务。加大农村传染病和地方病防治力度。优先在农村落实扩大免费预防接种范围的政策。

（三）稳定农村低生育水平。推进新农村新家庭计划，继续实施农村计划生育家庭奖励制度、少生快富工程和特别扶助制度。稳定农村人口和计划生育工作队伍，加强农村计划生育服务体系建设。加强农村流动人口的计划生育工作。

（四）繁荣农村公共文化。加强农村精神文明建设，用社会主义荣辱观引领农村社会风

尚。深入实施广播电视“村村通”、农村电影放映、乡镇综合文化站和农民书屋工程，建设文化信息资源共享工程农村基层服务点。大力创作和生产农民喜闻乐见的优秀文化产品，积极开展健康向上的农村群众文化活动，着力丰富偏远地区和进城务工人员的精神文化生活。广泛开展农村体育健身活动。引导和鼓励社会力量投入农村文化建设。

（五）建立健全农村社会保障体系。完善农村最低生活保障制度，在健全政策法规和运行机制基础上，将符合条件的农村贫困家庭全部纳入低保范围。中央和地方各级财政要逐步增加农村低保补助资金，提高保障标准和补助水平。落实农村五保供养政策，保障五保供养对象权益。探索建立农村养老保险制度，鼓励各地开展农村社会养老保险试点。

（六）不断提高扶贫开发水平。继续坚持开发式扶贫的方针，增加扶贫开发投入，逐步提高扶贫标准，加大对农村贫困人口和贫困地区的扶持力度。继续做好整村推进、培训转移和产业化扶贫工作。加大移民扶贫力度。集中力量解决革命老区、民族地区、边疆地区和特殊类型地区贫困问题。动员社会力量参与扶贫开发事业。

（七）大力发展农村公共交通。加大中央和地方财政性资金、国债资金投入力度，继续加强农村公路建设。强化农村公路建设质量监管，推进农村公路管理养护体制改革。加快实施渡改桥及渡口渡船改造等工程。完善扶持农村公共交通发展的政策措施，改善农村公共交通服务，推进农村客运网络化和线路公交化改造，推动城乡客运协调发展。

（八）继续改善农村人居环境。增加农村饮水安全工程建设投入，加快实施进度，加强饮水水源地保护，对供水成本较高的可给予政策优惠或补助，让农民尽快喝上放心水。加强农村水能资源规划和管理，推进水电农村电气化建设，扩大小水电代燃料建设规模。继续实施农村电网改造。增加农村沼气投入，积极发展户用沼气，组织实施大中型沼气工程，加强沼气服务体系建设。支持有条件的农牧区发展太阳能、风能。有序推进村庄治理，继续实施乡村清洁工程，开展创建“绿色家园”行动。完善小城镇规划，加强小城镇基础设施建设。重视解决农村困难群众住房安全问题。

六、稳定完善农村基本经营制度和深化农村改革

以家庭承包经营为基础、统分结合的双层经营体制是农村改革最重要的制度性成果。深化农村改革是强化农业基础、促进城乡一体化发展的动力源泉。必须稳定完善农村基本经营制度，不断深化农村改革，激发亿万农民的创造活力，为农村经济社会发展提供强大动力。

（一）坚持和完善以家庭承包经营为基础、统分结合的双层经营体制。这是宪法规定的农村基本经营制度，必须毫不动摇地长期坚持，在实践中加以完善。各地要切实稳定农村土地承包关系，认真开展延包后续完善工作，确保农村土地承包经营权证到户。加强农村土地承包规范管理，加快建立土地承包经营权登记制度。继续推进农村土地承包纠纷仲裁试点。严格执行土地承包期内不得调整、收回农户承包地的法律规定。按照依法自愿有偿原则，健全土地承包经营权流转市场。农村土地承包合同管理部门要加强土地流转中介服务，完善土地流转合同、登记、备案等制度，在有条件的地方培育发展多种形式适度规模经营的市场环境。坚决防止和纠正强迫农民流转、通过流转改变土地农业用途等问题，依法制止乡、村组织通过“反租倒包”等形式侵犯农户土地承包经营权等行为。稳步推进草原家庭承包经营，稳定渔民的水域滩涂养殖使用权。

（二）切实保障农民土地权益。继续推进征地制度改革试点，规范征地程序，提高补偿标准，健全对被征地农民的社会保障制度，建立征地纠纷调处裁决机制。对未履行征地报批程序、征地补偿标准偏低、补偿不及时足额到位、社会保障不落实的，坚决不予报批用地。对违法违规占地批地的，坚决依法查处。严格农村集体建设用地管理，严禁通过“以租代征”等方式提供建设用地。城镇居民不得到农村购买宅基地、农民住宅或“小产权房”。开展城镇建设用地增加与农村建设用地减少挂钩的试点，必须严格控制在国家批准的范围之内。依法规范农民宅基地整理工作。

（三）积极推进乡镇机构和县乡财政管理体制改革。深化乡镇机构改革，加强基层政权建设。加快转变乡镇政府职能，着力强化公共服务和社会管理，为农村经济社会发展创造有利环境。从不同地区实际出发，明确乡镇工作任务和工作重点，严格控制对乡镇党政领导的“一票否决”事项。完善县乡财政体制，增强基层财政实力，建立健全村级组织运转经费保障机制。探索建立农村公益事业建设新机制，支持建立村级公益事业建设“一事一议”财政奖补制度试点。进一步加强农民负担监管工作，推进减轻农民水费负担综合改革试点，继续开展重点领域农村乱收费专项治理工作。

（四）全面推进集体林权制度改革。在坚持集体林地所有权不变的前提下，将林地使用权和林木所有权落实到户。在不改变林地用途前提下，承包人有权依法处置林地使用权和林木所有权，可依法自主经营商品林。积极推进林木采伐管理、公益林补偿、林权抵押、政策性森林保险等配套改革。切实加强对集体林权制度改革的组织领导，加大财政支持力度，确保集体林权制度改革顺利进行。稳步推进国有林场和重点国有林区林权制度改革试点。

（五）加快农村金融体制改革和创新。加快推进调整放宽农村地区银行业金融机构准入政策试点工作。加大农业发展银行支持“三农”的力度。推进农业银行改革。继续深化农村信用社改革，加大支持力度，完善治理结构，维护和保持县级联社的独立法人地位。邮政储蓄银行要通过多种方式积极扩大涉农业务范围。积极培育小额信贷组织，鼓励发展信用贷款和联保贷款。通过批发或转贷等方式，解决部分农村信用社及新型农村金融机构资金来源不足的问题。加快落实县域内银行业金融机构将一定比例新增存款投放当地的政策。推进农村担保方式创新，扩大有效抵押品范围，探索建立政府支持、企业和银行多方参与的农村信贷担保机制。制定符合农村信贷业务特点的监管制度。加强财税、货币政策的协调和支持，引导各类金融机构到农村开展业务。完善政策性农业保险经营机制和发展模式。建立健全农业再保险体系，逐步形成农业巨灾风险转移分担机制。

（六）妥善处置乡村债务。各地要抓紧清理乡村债务，在锁定旧债、制止新债前提下，分类进行处置。对公益性债务的化解，县级以上各级人民政府要予以支持；对生产经营性债务，应按照市场原则协商解决。当前，要重点推进农村义务教育历史债务化解试点工作，有条件的要以省为单位试点，暂不具备条件的也要进行局部试点。主要通过增加中央和省级财政投入，用3年左右时间，基本化解农村义务教育的历史债务。

（七）全面加强农民工权益保障。建立统一规范的人力资源市场，形成城乡劳动者平等就业的制度。加快大中城市户籍制度改革，探索在城镇有稳定职业和固定居所的农民登记为城市居民的办法。各地和有关部门要切实加强对农民工的就业指导和服务。采取强有力的措施，建立农民工工资正常增长和支付保障机制。健全农民工社会保障制度，加快制定低费率、广覆盖、可转移、与现行制度相衔接的农民工养老保险办法，扩大工伤、医疗保险覆盖范围。鼓励有条件的地方和企业通过多种形式，提供符合农民工特点的低租金房屋，改善农民工居住条件。农民工输入地要坚持以公办学校为主接收农民工子女就学，收费与当地学生平等对待。农民工输出地要为留守儿童创造良好的学习、寄宿和监护条件。深入开展“共享蓝天”关爱农村留守、流动儿童行动。

七、扎实推进农村基层组织建设

农村基层组织是落实农村政策、做好“三农”工作的重要组织基础。必须以改革创新精神全面加强农村基层组织建设，增强基层组织带领群众发展生产、共建和谐的能力。

（一）加强村级党组织建设。巩固和发展保持共产党员先进性教育活动成果，坚持和完善基层组织建设的有效经验和做法，深入推进农村党的建设“三级联创”活动，加强以村党组织为核心的村级组织配套建设，充分发挥基层党组织的战斗堡垒作用。创新农村基层党组织设置和活动方式，加强和改进对流动党员的服务和管理。进一步规范和完善党员推荐、群众推荐、党内选举“两推一选”的办法，选好配齐配强村党组织领导班子。加强村级组织活动场所建设，建立城乡党的基层组织互帮互助机制。广泛开展农村党员设岗定责、依岗承诺等活动，健全农村党员联系和服务群众的工作体系。

（二）完善村民自治制度。健全基层党组织领导的充满活力的基层群众自治制度。进一步规范和完善民主选举，依法保障农民群众的推选权、直接提名权、投票权、罢免权。完善村民民主决策、民主管理、民主监督制度，充分发挥农民群众在村级治理中的主体作用。有条件的地方村党支部书记和村委会主任可交叉任职。坚决制止利用宗教、宗族、家族势力干预基层经济社会事务管理的行为。坚持和完善“一事一议”制度。切实推行村务公开，建立答疑纠错的监督制度。深入开展农村普法教育，增强农村基层干部和群众的法制观念。

（三）加强农村基层干部队伍建设。按照办事公道、作风正派、能带领群众致富的要求，注重从农村知识青年、退伍军人、外出务工返乡农民、农村致富带头人中培养选拔村级组织骨干力量。制定鼓励政策，引导高等学校毕业生和选派县乡年轻干部到乡村任职。继续加大从优秀村干部中考录乡镇公务员、选任乡镇领导干部的工作力度。推广农村基层党组织领导班子成员由党员和群众公开推荐与上级党组织推荐相结合的办法，逐步扩大农村基层党组织领导班子直接选举范围。普遍开展农村党员干部现代远程教育。稳定农村基层干部队伍，探索建立农村基层干部激励保障机制，逐步健全并落实村干部报酬待遇和相应的社会保障制度。

（四）探索乡村有效治理机制。引导共青团、妇联等人民团体更好地发挥党联系群众的桥梁和纽带作用。在党组织领导下，培育和发展服务“三农”的社会组织，发挥在扩大群众参与、反映群众诉求方面的积极作用，实现政府行政管理和基层群众自治有效良性互动。鼓励有条件的村建立与农民生产生活密切相关的公益服务员制度。支持和帮助乡镇企业建立工会基层组织。发挥民兵组织在新农村建设中的作用。不断增强社会自治功能，创新农村社区管理和服务模式，优先在城市郊区开展农村社区建设实验工作，加强农村警务和消防工作，搞好农村社会治安综合治理，努力把农村社区建设成管理有序、服务完善、文明祥和的社会生活共同体。

八、加强和改善党对“三农”工作的领导

做好农业和农村工作，是我们党领导科学发展、促进社会和谐的重大历史任务。必须始终坚持把解决好“三农”问题作为全党工作的重中之重，牢牢把握“三农”工作主动权。

（一）毫不松懈地抓好农业和农村工作。全党同志特别是各级领导干部要站在政治和战略的高度，充分认识新时期“三农”工作的艰巨性和紧迫性，切实增强做好“三农”工作的自觉性和主动性。当前和今后一个时期，各级党委、政府要把发展农业生产、促进农民增收、保障农产品供给、稳定市场物价作为关系全局的大事来抓，认真落实中央各项强农惠农政策，在工作安排、财力分配、干部配备上，切实体现重中之重的要求。充分发挥各级党委农村工作领导机构的协调作用，加强农村工作综合部门。各级领导干部要切实转变工作作风，深入调查研究，努力把握“三农”工作规律，不断提高领导“三农”工作的水平。

（二）统筹规划、突出重点加强农业基础建设。各地和有关部门要站在改革发展新的历史起点，研究谋划关系全局的重大战略问题。2008 年和今后一段时间，要利用财政增收形势较好的有利时机，针对农业发展的薄弱环节，集中力量办成几件大事，力争在农田水利建设、病险水库除险加固、安全饮水、动物疫病防控、农业科技研发推广、农村现代流通体系建设等方面取得重大进展和明显成效。要科学制定规划，明确工作目标，确定时间步骤，建立保障机制，确保如期完成。

（三）努力营造全社会参与支持社会主义新农村建设的氛围。巩固农业基础、加快农村发展是全社会的共同责任。各行各业要结合自身特点，发挥各自优势，积极参与支持社会主

义新农村建设。要采取政策支持、舆论宣传、荣誉激励等形式，引导社会各方面力量对农业和农村进行结对帮扶、捐资捐助和智力支持，营造强农惠农的浓厚社会氛围。

加强农业基础，做好“三农”工作，对稳定经济社会发展大局具有特殊重要的意义。我们要紧密团结在以胡锦涛同志为总书记的党中央周围，高举中国特色社会主义伟大旗帜，以邓小平理论和“三个代表”重要思想为指导，深入贯彻落实科学发展观，开拓进取，锐意创新，扎实工作，为夺取全面建设小康社会新胜利作出新的贡献。

国家教育事业发展“十一五”规划纲要

目　录

为全面落实科学发展观，坚持教育优先发展，充分发挥教育在现代化建设中的基础性、先导性、全局性作用，依据《中华人民共和国国民经济和社会发展第十一个五年规划纲要》，特制定本纲要。

一、教育事业发展面临的形势

（一）“十五”时期教育事业发展取得显著成就

到2005年，全国普及九年义务教育人口覆盖率和初中毛入学率均达到95％以上，进入全面普及的新阶段。西部地区“两基”攻坚取得重大进展，中西部地区农村义务教育普及程度和质量明显提高，农村教育面貌发生深刻变化。高中阶段教育规模继续增加，在校生达4031万人。职业教育在改革中加快发展。高等教育实现历史性跨越，毛入学率达21％，进入大众化发展阶段，高水平大学和重点学科建设取得重大进展，高校科技创新能力增强，成为国家创新体系的重要组成部分。素质教育进一步推进，未成年人思想道德建设和大学生思想政治教育工作得到加强。教师队伍建设取得新进展，教育投入不断增长，办学条件得到改善，教育信息化建设成效明显，教育质量稳步提升，办学效益进一步提高。教育改革不断深化，教育开放进一步扩大，很多方面取得突破性进展。人民群众关心的教育问题得到高度重视并在逐步解决。各级各类教育稳步发展，国民受教育水平显著提升，15岁以上人口平均受教育年限达到8.5年左右。教育发展为我国国民素质提高，为科技创新、经济增长和社会进步做出了重要贡献，也为“十一五”时期的进一步发展奠定了良好基础。

专栏1　教育事业“十五”时期主要成就

	2000年	2005年	2005年比2000年提高
学前教育阶段：			
学前三年毛入园率（%）	37.7	41.4	3.7
义务教育阶段：			
小学毕业生升学率（%）	94.9	98.4	3.5
初中毛入学率（%）	88.6	95	6.4
初中三年保留率（%）	90.1	92.8	2.7
初中毕业生升学率（%）	51.2	69.7	18.5
高中阶段：			
毛入学率（%）	42.8	52.7	9.9
在校生（万人）	2518	4031	1513
其中：普通高中	1201	2409	1208
中等职业教育	1284	1600	316
高等教育：			
毛入学率（%）	12.5	21	8.5
在学总规模（万人）	1230	2300	1070
其中：普通本专科	556	1562	1006
研究生	30	98	68
成人本专科	354	436	82
高校科技创新与服务			
普通高校获得授权的专利数（项）	1952	7399	5447
高校科技成果获国家奖数	53	143	90

（二）全面建设小康社会要求坚持教育优先发展

全面建设小康社会、构建社会主义和谐社会，教育肩负着重要的历史使命。走新型工业化道路，建设创新型国家，必须充分发挥人力资源优势。加快教育发展，是把我国巨大的人口压力转化为人力资源优势的根本途径。建设社会主义新农村，缩小城乡、区域发展差距，改善民生，促进社会公平正义，迫切要求推进教育公平，促进教育协调发展。弘扬社会主义思想道德，传承民族优秀文化，培养合格的社会主义建设者和接班人，迫切要求实施素质教育，促进人的全面发展。城镇化进程加快，城乡居民生活水平不断提高，教育人口的数量和结构发生明显变化，就业压力较大，对多样化、高质量的教育需求日益增长。新形势新任务对教育发展提出了新的更高的要求，也提供了难得的历史机遇。

我们清醒地看到，我国人均受教育水平仍然不高，从业人员平均受教育年限仍低于发达国家平均水平3年以上，创新型人才和高技能人才不足，杰出人才缺乏。城乡、区域、各级各类教育之间发展不平衡。实施素质教育尚未取得根本性突破，教师队伍的素质和水平需要进一步提高，人才培养模式需要进一步改进。教育投入不足，与教育事业持续健康发展的需求有较大差距，一些关系人民群众切身利益的教育问题还没有得到很好解决。

当今世界，知识成为提高综合国力和国际竞争力的决定性因素，人力资源成为推动经济社会发展的战略性资源，各国纷纷把发展教育作为国家发展的战略举措。能否培养和造就数以亿计的高素质劳动者、数以千万计的专门人才和一大批拔尖创新人才，关系到全面建设小康社会宏伟目标的实现，关系到我国社会主义现代化建设的全局，关系到党和国家的兴旺发达，关系到中华民族的前途命运。必须增强使命感、紧迫感和责任感，切实把教育摆在优先发展的战略地位，抓住机遇，振奋精神，以更大的精力、更多的财力，推进教育事业持续协调健康发展。

二、指导思想、发展思路和主要目标

（一）指导思想

“十一五”时期，教育事业的发展要以邓小平理论和“三个代表”重要思想为指导，以科学发展观统领全局，大力实施科教兴国战略和人才强国战略，坚持教育优先发展、促进教育公平，全面贯彻党的教育方针，坚持教育为社会主义现代化建设服务、为人民服务，全面实施素质教育，深化教育改革，提高教育质量，统筹城乡、区域教育，统筹各级各类教育，统筹教育发展的规模、结构、质量、效益，构建现代国民教育体系和终身教育体系，保障人民享有接受良好教育的机会，办好让人民群众满意的教育，为全面建设小康社会、构建社会主义和谐社会、实现建设创新型国家和人力资源强国的奋斗目标做出新的贡献。

（二）发展思路

——以素质教育为主题。坚持育人为本、德育为先，把立德树人作为教育的根本任务，将素质教育贯穿于各级各类教育，贯穿于学校教育、家庭教育和社会教育，努力培养德智体美全面发展的社会主义建设者和接班人。

——以“普及、发展、提高”为主要任务。以中西部农村地区为重点，普及和巩固九年义务教育；以中等职业教育为重点，加快发展职业教育，培养高素质劳动者和高技能人才；以培养学生创新精神和实践能力为重点，着力提高高等教育质量，积极推进高水平大学和重点学科建设，提高高校人才培养、科技创新与服务能力，培养和造就一批杰出人才。

——以协调发展为主线。分区规划，分类指导，优化教育结构，完善教育体系，提高教育质量和效益，坚持公共教育资源向农村、中西部地区、贫困地区、边疆地区、民族地区倾斜，国家财政新增教育经费主要用于农村，逐步缩小城乡、区域教育发展差距，推动公共教育协调发展。

——以加强教师队伍建设为关键。加强和改进教师教育，强化教师培训，提高师资特别是农村师资水平。改革和完善教师管理制度，努力建设高素质教师队伍，培养和造就一批教育家。

——以体制和机制改革为动力。着力推进教育管理体制、投入体制、办学体制、学校内部管理体制改革，加强教育法制建设，依法治教，转变政府职能和管理方式，扩大教育对外开放，形成更加有利于教育发展的体制机制。

——以办好让人民群众满意的教育为宗旨。坚持教育的社会主义性质和公益性原则，把促进教育公平作为国家基本教育政策，加大对困难群体的扶持力度，认真解决社会关心的教育热点难点问题，保障人民享有接受良好教育的机会。

（三）主要目标

1. 教育事业持续发展，教育体系更加完善。

全面普及和巩固九年义务教育，小学净入学率保持在99%以上，初中毛入学率达到98%以上，初中三年保留率达到95%。青壮年文盲率降到2%左右。学前教育和特殊教育进一步发展，学前三年毛入园率达到55%以上，努力普及有学习能力的残疾儿童少年的九年义务教育。高中阶段教育普及程度明显提高，在校生规模达到4510万人，毛入学率达到80%左右，中等职业教育与普通高中规模基本相当。高等教育要适当控制招生增长幅度，相对稳定招生规模，在学人数达到3000万人，毛入学率达到25%左右，其中普通本专科在校生规模达到2000万人，在学研究生约130万人，高等职业教育的招生规模继续保持在普通高等教育招生总量的一半左右。成人教育和继续教育得到较大发展，各类职业培训规模不断扩大，培训质量明显提高，年培训城乡劳动者达到上亿人次，其中农村劳动力转移培训和农民工培训达6000万人次。民办教育健康发展。中国特色社会主义现代化教育体系不断完善，学习型社会建设取得明显进展。

专栏2 教育事业发展2010年主要目标

	2005年	2010年	2010年比2005年提高
学前教育阶段：			
学前三年毛入园率（%）	41.4	55	13.6
义务教育阶段：			
初中毛入学率（%）	95	98	3
初中三年保留率（%）	92.8	95	2.2
扫盲：			
青壮年文盲率（%）	3	2	-1
高中阶段：			
毛入学率（%）	52.7	80	27.3
在校生（万人）	4031	4510	479
其中：普通高中	2409	2410	持平
中等职业教育	1600	2100	500
高等教育：			
毛入学率（%）	21	25	4
在学总规模（万人）	2300	3000	700
其中：普通本专科	1562	2000	438
研究生	98	130	32
成人本专科	436	600	164

2. 城乡、区域教育更加协调，义务教育趋于均衡。

欠发达地区与全国教育平均水平的差距逐步缩小。完成“两基”攻坚任务，初中毛入学率达到95%以上，青壮年文盲率降到4%以下。中等职业教育较快发展，基本建立城乡职业教育和培训网络。学前教育、高中阶段教育和高等教育规模稳步扩大。现代远程教育覆盖面显著扩大。

中等发达地区教育发展水平明显提高。农

村义务教育得到切实巩固。多种形式的职业教育得到较大发展，建立比较完善的城乡职业教育与培训网络。学前教育进一步发展，高中阶段教育毛入学率达到80％左右，高等教育大众化水平进一步提高。城乡之间教育发展的差距明显缩小。

发达地区初步实现教育现代化。在高质量普及九年义务教育的基础上，基本普及学前教育，基本普及高中阶段教育，学前三年毛入园率和高中阶段教育毛入学率均达到85％以上，建立起较为完善的城乡一体化教育体系。

义务教育公共资源均衡配置取得重要进展，所有学校的办学条件和教学质量均达到基本标准。基本实现区域内义务教育的均衡发展。进一步做好教育支持西部开发、振兴东北地区等老工业基地和促进中部崛起等工作，教育发展更加适应区域经济社会发展需要。

3. 教育质量明显提高，创新能力稳步增强。

各级各类教育办学条件进一步改善。教师队伍整体素质特别是农村地区中小学教师水平明显提升。教育信息化程度显著提高。教育教学改革取得明显成效，学生的思想道德素质、科学文化素质和健康素质得到全面提高，创新精神和实践能力明显增强。

若干所高校成为国际知名高水平大学，建成一批世界一流学科，在培养和造就杰出人才方面取得重要进展，使我国高校在国际上的影响力显著上升。高校创新能力进一步增强，取得一大批高质量的科研成果，与经济社会发展的结合更加紧密，服务能力进一步提高。

4. 教育机会不断增加，国民受教育水平进一步提高。

15岁以上人口平均受教育年限达到9年左右，新增劳动力平均受教育年限达到11年以上，从业人员中大专及以上学历的人员比例增至10％左右。

三、主要任务

（一）全面贯彻党的教育方针，全面实施素质教育

1. 切实加强德育工作。

进一步加强和改进中小学思想道德教育和大学生思想政治教育，提高学生的思想道德素质。以马克思主义为指导，深入开展中国特色社会主义共同理想教育，加强以爱国主义为核心的民族精神和以改革创新为核心的时代精神教育，多种形式地开展社会主义荣辱观教育。大力推进文明习惯的养成教育，继续加强国情和形势政策教育、法制教育、国防教育和民族团结教育。完成中小学德育课程标准修订工作，落实高校思想政治理论课新课程方案，推进研究生思想政治理论课改革，改进教学方法和考评办法，进一步增强吸引力、感染力和针对性、实效性。丰富和活跃校园文化生活，推广校园文化建设优秀成果。在学校全体教职员工中牢固树立育人为本的思想，不断加强学校德育和思想政治工作队伍建设，着力建设高水平的辅导员和班主任队伍。强化校园网络的应用与管理，掌握网络思想政治教育工作主动权。建立和完善学生社会实践的长效机制，促进学生学习成长与社会实践的有机结合。

2. 深化教育教学改革。

端正教育思想，转变教育观念，更新教育内容，改进培养模式和教育方法，倡导启发式教学，着力培养学生的创新思维、独立思考能力和动手能力。以促进学生全面发展为目标，改革和完善考试评价制度，探索综合评价、多样化选拔的招生录取机制。全面推进基础教育课程改革，建立对基础教育的质量评价和指导体系。克服片面追求升学率的错误倾向，切实减轻中小学生过重的课业负担，使学生有更多的时间接触社会、接触生活、接触实践。加强对幼儿教育的科学研究。注重对残疾儿童少年生活能力和各种实用技能的培养。全面推进职业教育和高等教育的教育教学改革。坚持健康第一，加强和改进学校体育卫生工作，按国家规定开足上好体育课程并保证学生每天锻炼一

小时，加强学生的心理健康教育和珍爱生命教育，切实提高学生的健康水平。加强和改进学校美育工作，提高学生审美素质。强化对学生课余活动和生活的引导与管理。倡导和组织学生积极参加各种有益的生产劳动和公益活动，增强学生热爱劳动和尊重劳动的观念，树立艰苦奋斗的精神。

3. 形成推进素质教育的合力。

各级政府和有关部门要树立和落实科学的人才观、正确的教育观，通力协作，加强相关制度的协调，改革偏重学历的人才评价体系和用人制度，建立实施素质教育的监测机制和表彰奖励机制，为实施素质教育创造良好的政策环境。建立素质教育评估检查体系，逐级考核各级政府落实素质教育工作的情况。加强学校教育、家庭教育和社会教育的结合，大力普及科学的家庭教育知识，提高家庭教育水平，社会各方面要共同加强对青少年的教育工作。加强对校园周边环境的治理整顿，进一步加强青少年校外活动场所的建设，各类公益性的文化、体育场所和设施要向学生免费或优惠开放，为青少年健康成长营造良好环境。

（二）贯彻实施义务教育法，普及巩固九年义务教育

1. 确保义务教育的普及巩固。

落实义务教育经费保障新机制。制订出台生均公用经费基准定额，提高农村义务教育阶段中小学公用经费保障水平。如期实现西部地区“两基”攻坚目标。采取有效措施巩固义务教育普及的成果，把普及九年义务教育提高到一个新水平。发展农村学前教育，重视发展儿童早期教育。在大力发展中等职业教育的同时，稳步发展普通高中教育，着力提高教育质量和办学水平，继续办好内地西藏班、新疆高中班。

2. 推进义务教育均衡发展。

国家制订义务教育基本办学标准和质量标准，省级政府负责统筹规划实施，县级以上政府要均衡配置教育资源。进一步加大薄弱学校改造力度，努力办好每一所学校，使各学校办学条件、经费、投入和校长、教师的配备及其待遇大致均衡。运用远程教育，共享优质教育资源。加大政府对困难地区和困难群体的支持力度，加大东部地区对西部地区农村教育发展的支持力度，做好各地区城市对农村学校的对口支援工作，努力缩小地区、城乡之间的差距。加大对民族地区的支持力度，推进民族中小学民汉“双语”教学，提高人口较少民族的教育水平。以输入地全日制公办中小学为主，与所在城市学生享受同等政策，解决农民工义务教育阶段子女入学问题。解决好农民工托留在当地子女的教育问题。重视女童教育，推进特殊教育学校建设。努力让每个孩子都能接受合格的义务教育。

3. 改善农村学校的办学条件。

落实农村义务教育阶段中小学校舍维修改造长效机制，确保校舍安全。加强基本办学条件建设，使所有农村中小学具备基本的校园、校舍、教学设备、图书和体育活动设施。实施中西部农村初中校舍改造工程和新农村卫生校园建设工程，逐步解决超大班额问题，加强农村学校的食堂、饮水设施和厕所建设，改善卫生条件。继续推进农村中小学现代远程教育工程，使所有农村初中具备计算机教室，所有农村小学具备卫星教学接收和播放系统，普及利用光盘教学或辅助教学，基本建成遍及乡村学校的远程教育网络。

4. 提高农村义务教育师资水平。

实施农村教师培训计划，到2010年，使中西部地区50 % 的农村教师得到一次专业培训。充分发挥现代远程教育在提高农村地区师资教育教学水平中的作用。加强民族地区骨干教师和“双语”教师的培养培训。实施农村学校教师特设岗位计划，实施农村学校教育硕士师资培养计划，实施大学生志愿服务西部计划，引导大学毕业生到农村基层学校任教。加大城镇教师服务农村教育工作的力度，推进师范生到农村学校顶岗实习支教，使之成为经常性制度。完善农村中小学教师工资经费保障机制，确保工资按时足额发放。改善贫困边远地区农村教师的生活条件，努力解决贫困地区骨干教师流失问题。

专栏3 农村地区义务教育重点工程

西部地区农村寄宿制学校建设工程：

2004—2007年，中央安排资金100亿元，重点支持尚未实现“两基”的西部农村地区，新建和改建7700余所农村寄宿制学校。

中西部农村初中校舍改造工程：

“十一五”时期，中央安排资金100亿元，推动未纳入“两基”攻坚计划实施范围的中西部地区农村初中校舍改造，改善办学条件，提高初中三年保留率。

农村中小学现代远程教育工程：

2003—2007年，中央和地方共同安排资金100亿元，为中西部地区3.75万所农村初中建设计算机教室，为38.4万所农村小学配备卫星教学接收设备，为11万个小学教学点配备教学光盘播放设备和成套教学光盘。

（三）加快发展职业教育，提高劳动者素质

1. 加快培养高素质劳动者和高技能专门人才。

实施国家技能型人才培养培训工程，加快培养生产、服务一线急需的技能型人才，特别是现代制造业和现代服务业紧缺的高素质高技能专门人才。实施国家农村劳动力转移培训工程和农村实用人才培训工程，促进农村劳动力的合理有序转移，提高进城农民工的职业技能和适应能力，加强“三教统筹”，促进“农科教”结合，培育有文化、懂技术、会经营的新型农民，为建设社会主义新农村服务。实施成人继续教育和再就业培训工程，加强对在职职工、初高中毕业生、城镇失业人员、农村转移劳动力的职业技能培训和创业培训。健全覆盖城乡的职业教育和培训网络，努力使城乡劳动力人人有知识、个个有技能。

2. 深化职业教育的教育教学改革。

坚持以就业为导向，积极开展订单式培养，大力推行校企合作、工学结合、半工半读的人才培养模式。更新教学内容，改进教学方法，提高学生的实践能力、职业技能和就业能力。加快建立弹性学习制度，逐步实施学分制和选修制。积极推动东西部之间、城乡之间职业院校实行联合招生、合作办学。加强对学生的职业道德教育和就业指导工作。优化职业教育专业结构，大力发展面向新兴产业和现代服务业的专业。

3. 加强职业教育基础能力建设。

继续实施职业教育实训基地建设计划，在重点专业领域建设2000个专业门类齐全、装备水平较高、优质资源共享的实训基地。继续实施县级职教中心建设计划，重点扶持建设1000个县级职教中心。实施示范性高水平职业院校建设计划，重点建设1000所示范性中等职业学校和100所示范性高等职业院校。实施职业院校教师素质提高计划，支持师资培训工作，建立教师社会实践制度，加强“双师型”教师队伍建设。

专栏4 职业教育基础能力建设工程

中央投入100亿元，加强职业教育基础能力建设：

职业教育实训基地建设。在重点专业领域建成2000个专业门类齐全、装备水平较高、优质资源共享的职业教育实训基地。设立中央财政职业教育专项资金，以奖励等方式支持市场需求大、机制灵活、效益突出的实训基地建设。

县级职教中心建设。国家重点支持建设1000个县级职教中心，使其成为人力资源开发、农村劳动力转移培训、技术培训与推广、扶贫开发和普及高中阶段教育的重要基地。

高水平示范性院校建设。国家重点支持建设1000所高水平示范性中等职业学校和100所示范性高等职业院校，大力提升这些学校培养高素质技能型人才的能力，促进他们在深化改革、创新体制和机制中起到示范作用，带动全国职业院校办出特色，提高水平。

职业院校教师素质提高计划。地方各级财政要继续支持职业教育师资培养培训基地建设和师资培训工作，支持职业院校面向社会聘用工程技术人员、高技能人才担任专业课教师或实习指导教师，加强“双师型”教师队伍建设。

4. 营造职业教育发展的良好制度环境。

各级政府要切实把发展职业教育放在更加突出更加重要的位置，加强领导和统筹，建立、完善职业教育工作联席会议制度，协调处理好有关部门之间、学校与企业之间的关系，逐步增加公共财政对职业教育的投入，重点支持面向农村学生的中等职业教育发展，支持少数民族地区职业教育和成人教育发展。落实企业合理分担职业教育办学经费的相关政策，采取税收优惠等措施，鼓励企业为职业院校学生提供更多的实习岗位，支持行业企业参与职业教育办学和技能型人才培养，形成政府主导、行业企业与学校紧密合作的职业教育新格局。完善职业资格证书制度。逐步提高技能型人才的社会地位、经济收入和社会保障水平，形成全社会关心、重视和支持职业教育发展的良好氛围。

（四）着力提高高等教育质量，努力增强高校创新与服务能力

1. 切实提高人才培养质量。

切实把高等教育发展的重点放到提高质量上，着力培养学生的创新精神和创新思维，增强学生的实践能力、创造能力和就业能力、创业能力。实施高等学校本科教学质量与教学改革工程，高校要把教学作为中心工作，加大教学投入，改善教学条件特别是实验实习条件。推动新一轮课程体系和教学内容改革，继续做好精品课程建设工作。加强教学研究，改进教学方法和手段，探索创新型人才的培养模式，倡导研究性学习和本科生科研活动，建立学生到企业和科研院所实习的长效机制。强化教学管理，改进教风和学风。加强教育教学质量监控，建立和完善高等教育的质量保证体系和高校教学质量评估制度。完善高校教学名师奖励制度，推动教授和名师讲授本科生基础课。积极推进研究生选拔方式和培养机制改革，鼓励高校与科研院所通过合作培养、联合培养等有效形式培养研究生。

2. 优化人才培养结构。

以社会需求为导向，积极调整学科布局和专业设置，加快培养经济、社会、文化、国防等方面的高素质人才，特别是农业、资源、能源和环境方面的紧缺人才。引导高校根据国内外人才市场的变化，适时调整招生专业和教育内容。优化高等职业教育、本科教育、硕士和博士研究生教育的结构。引导高校科学合理定位，办出水平，办出特色。加强统筹规划，适度控制高校数量的增长，优化结构与布局。继续做好对口支援西部地区高等学校工作。加强少数民族地区人才培养工作，继续办好普通高校民族班、民族预科班，实施好培养少数民族高层次骨干人才计划。

3. 造就和凝聚一支高层次创新人才队伍。

进一步实施高层次创造性人才计划，大力推进人才强校战略。构建优秀人才可持续发展的培养和支持体系，培养和汇聚一批具有国际领先水平的学科带头人和创新团队，培养和支持一大批优秀中青年学术带头人和数以万计的青年骨干教师。建立和完善有利于高校人才队伍建设的体制机制，形成有利于杰出人才脱颖而出的环境。加强学术道德建设，树立良好的学术风气，提高教师队伍的整体水平。积极推进以学科带头人为核心凝聚创新团队的组织模式，加强创新团队建设和杰出人才培养。支持教师参与重大科研和建设项目、企业关键技术攻关，鼓励自由探索。支持教师主持或参加国际重大科学研究计划和高水平国际学术领域的合作研究，提升在国际学术领域的影响力和竞争力。制定特殊政策措施，支持高校引进一批年富力强、世界一流的学术大师和科技尖子人才。

4. 进一步推进高水平大学和重点学科建设。

继续实施“211 工程”和“985 工程”，推进一流大学和高水平大学建设，尽快使若干所大学和一批重点学科达到或接近世界先进水平，努力造就大批杰出人才，成为建设创新型国家的重要力量。重视发展前沿新兴学科和交叉学科。通过高水平大学和重点学科建设的带动，在全国范围内初步形成布局合理、各具特色和优势的重点学科体系，使高校成为国家和地方解决经济、科技和社会发展重大问题的基地，推动高等教育整体水平的提高。

5. 提高高校科技创新与服务能力。

贯彻实施《国家中长期科学和技术发展规划纲要（2006—2020年）》，充分发挥高校在国家创新体系中的重要作用。鼓励和支持高校承担国家经济和社会发展的重大研究课题，特别是基础研究和前沿技术的战略性研究的课题，推动高等教育与科技创新的有机结合。加强高校科技创新平台建设，建成一批具有世界一流水平的国家重点实验室和国家工程技术研究中心。推进科研基础设施的开放与共享。加强校企合作、校际合作、高校和科研院所之间的合作，形成产学研结合的良性机制，强化高校科技成果转化和工程化能力建设，提高大学科技园的产业孵化能力。鼓励高校充分利用科技优势，为社会特别是农村广泛提供科技服务，为政府和企事业单位决策提供咨询服务。

6. 繁荣发展高校哲学社会科学。

充分发挥高校人才密集、力量雄厚、学科齐全的优势，深入推进马克思主义理论研究与建设工程。组织实施高校思想政治课教材、哲学社会科学重点教材的编写、审定和使用，建设充分体现马克思主义中国化最新成果，具有中国特色、中国风格、中国气派的哲学社会科学学科和教材体系。加强高校哲学社会科学骨干教师的研修和培训工作，培养和造就更多政治强、业务精、作风正的学术名家、学科带头人和中青年优秀人才。把握高校哲学社会科学发展的战略重点，确定重点领域，抓住重大课题，实施重大专项，建设创新基地，培育创新团队，切实提高高校哲学社会科学创新能力和服务能力。

（五）切实加强教师队伍建设，全面提高教师队伍素质

1. 加强教师教育与培训。

不断提高教师的师德水平和业务水平。倡导教师为人师表、教书育人、爱岗敬业、关爱学生的职业精神，增强教师的责任感和使命感。推进教师教育和师范院校改革，加强师范院校建设。吸引优秀青年读师范，鼓励优秀人才当教师。在教育部直属师范大学实行师范生免费教育，积累经验，逐步推开，鼓励更多的优秀青年终身做教育工作者。鼓励和支持具备条件的综合大学培养和培训中小学教师，逐步形成开放灵活、规范有序的教师教育体系，提高教师教育的层次和水平。加快实施全国教师教育网络联盟计划，进一步完善培训制度，创新培训机制，加强教师培训，进一步提高教师专业水平和学历水平。

2. 完善现代教师管理制度。

严格教师资格准入制度和中小学新任教师公开招聘制度，把好教师入口关。转换用人机制，实行教职工全员聘用制，进一步改革完善教师职务聘任制度。制定和完善吸引优秀人才从教的政策措施，建立吸引优秀人才到农村任教的机制。加强中小学编制管理，合理配置教师资源。建立区域内公办学校之间中小学教师和校长定期交流和轮岗制度。完善职业教育兼职教师的聘任与管理制度，积极鼓励职业院校从行业企业招聘教师。改进高校教师人事管理制度。完善教师岗位分类管理、公开招聘、业绩评价和薪酬分配办法。健全教师考核评价机制，严格管理，不断优化教师队伍。

3. 弘扬尊师重教的良好社会风尚。

各级政府要在政治上、思想上和生活上关心教师，努力改善教师尤其是农村教师的工作、学习和生活条件，解决实际困难，维护教师合法权益。切实依法保障教师的平均工资水平不低于或者高于国家公务员平均水平，并逐步提高。健全教师医疗、养老等社会保障制度。大力宣传优秀教师和教育工作者的模范事迹。

（六）加强学校领导干部队伍建设和党建工作

1. 加强学校领导干部队伍建设。

提倡教育家办学。选拔一批忠诚于党的教育事业、能力突出、潜心办学的优秀人才担任各级各类学校的主要领导。改进对学校主要领导干部的管理与考核制度，加强对各级各类学校领导干部的培训，不断提高领导学校发展与改革的能力。加强各级各类学校领导班子的思想建设、组织建设和作风建设，增强建设和谐校园的能力。坚持和完善高校党委领导下的校长负责制，贯彻民主集中制，努力形成党委统一领导、党政分工合作的运行机制。坚持和完善中小学校长负责制，强化学校领导班子任期

考核。进一步加强中等职业学校领导班子建设。继续完善民办学校董事会、理事会领导的校长负责制。

2. 加强学校党建工作。

全面推进学校党的思想、组织、作风和制度建设，建立健全保持共产党员先进性的长效机制，提高党建工作水平。改进和创新学校基层党组织的工作和活动方式，扩大党的工作覆盖面，增强党组织的工作活力。做好在教师特别是青年教师和大学生中发展党员的工作。进一步推进学生党建工作。抓好民办高校党建工作，为民办高校的健康发展提供坚强有力的保证。

（七）加快构建现代化教育体系，积极推进学习型社会建设

1. 完善终身教育体系。

进一步理顺各级各类教育的关系，形成普通教育与职业教育、职前教育与继续教育相互衔接，学历教育与非学历教育、有组织学习与自学相互补充的良好格局，建立各级各类教育相互衔接、相互沟通的教育体系，为国民构筑更加畅通的成才之路。

2. 积极推进学习型社会建设。

完善教育资源服务与应用系统，促进全社会学习资源的整合与共享，建设开放、灵活、方便的全民学习、终身学习平台。构建学习型机关、学习型企业、学习型社区和学习型乡镇，努力形成全民学习、终身学习的理念和良好社会风尚。充分发挥各级各类学校在终身学习中的作用。改革成人教育办学模式，大力发展多样化的继续教育和社区教育。加大投入，健全工作机制，巩固和扩大扫盲教育的成果。整合各类教育资源，建设城乡社区学习中心。办好老年大学，扩大覆盖面。实行职业资格证书与学历证书并重的制度。建立非义务教育阶段弹性学习制度，完善学分制，方便学习者分阶段完成学业。完善自学考试制度。积极发展非学历教育，鼓励自主学习，促进学习途径、模式和方法的多样化。

3. 加快教育信息化步伐。

以教育信息化带动教育现代化。大力发展现代远程教育，建设覆盖全国城乡的现代远程教育网络。多形式、多渠道向全国特别是中西部农村地区输送优质教育资源，提高农村学校的教育教学质量，并为农民学习实用技术服务，为农村基层党员和干部培训服务。加快普及信息技术教育，全面提高教师和学生运用信息技术的能力，实现信息技术与教育教学的有机结合。加快教育管理信息化，提高教育管理水平。努力构建教育信息化公共服务体系。继续加强教育信息化基础设施建设，加强农村学校现代远程教育网络建设和高校校园网建设，创建国家级教育信息化应用支撑平台。加快教育信息资源开发，形成国家信息教育资源服务体系。建立和完善教育信息化技术服务支撑体系。加快教学科研网络、教育政务信息化、高校数字图书馆等应用工程建设。加强教育信息化标准体系建设和专业人才培养，组织对关键技术问题的攻关，为教育信息化提供保障。

4. 进一步加强语言文字工作。

贯彻《中华人民共和国国家通用语言文字法》，巩固、发展汉语言文字规范化、标准化、信息化成果，大力推广普通话和推行规范汉字。提高学生普通话交际能力、汉字书写能力和语文应用能力，积极开展少数民族汉语课教师的普通话培训。加强普通话水平测试管理，开展汉字应用水平测试。加强语言文字规范标准和语言研究工程建设，推动中国文字的国际标准化和民族语言文字的信息化。

（八）加强教育国际合作与交流，提高教育对外开放水平

1. 坚持教育对外开放。

积极开展教育国际合作与交流，增强我国教育的国际竞争力。完善中外教育工作磋商机制，构建双边、多边教育合作与交流平台。扩大对发展中国家教育援助。推进与外国政府互认学历学位。健全教育涉外法规体系和质量保障机制。鼓励高校积极参与国际教育服务竞争。

2. 扩大留学规模。

继续坚持“支持留学、鼓励回国、来去自由”的方针。改革和完善国家公派出国留学选派和管理制度，加大高层次人才选派力度，为

我国重大科研攻关和重点学科建设服务。采取切实措施，大力吸引海外优秀人才回国工作，鼓励他们以多种形式为国服务。不断扩大来华留学教育规模，建立和完善来华留学教育工作的管理机制和模式，逐步提高来华留学的层次。

3. 推动中外合作办学。

全面落实《中华人民共和国中外合作办学条例》，积极引进国外优质教育资源。加强管理与引导，办好若干具有示范作用的中外合作办学机构和办学项目。推动我国高校与世界知名大学和科研机构进行“强强合作”和“强项合作”。

4. 加强汉语国际推广工作。

完善汉语国际推广的统筹协调机构，加快建设汉语国际推广基地和网络平台。加快推进孔子学院建设，规范管理、提高教学质量。适应多样化的需求，加强汉语国际推广教材的开发和应用，做好汉语国际推广教师的培训和选拔工作，改进汉语水平考试及其管理模式。加强汉语国际推广的研究工作。

（九）建立健全资助体系，保障家庭经济困难学生的受教育机会

1. 建立健全高校家庭经济困难学生资助体系。

建立高等教育国家奖学金助学金制度，加大资助力度，扩大受助学生比例，帮助家庭经济困难学生顺利完成学业。完善和落实国家助学贷款政策，改进高校毕业生到艰苦地区和行业工作的助学贷款国家代偿制度。继续实行高校家庭经济困难学生就学的“绿色通道”。鼓励社会捐资助学。

2. 完善中等职业教育资助政策体系。

建立中等职业教育国家助学金制度，资助所有农村学生和城市家庭经济困难学生接受职业教育，国家资助两年，第三年实行学生工学结合、顶岗实习。鼓励地方政府、企业和社会团体设立多种形式的中等职业学校学生奖学金、助学金。完善以国家助学金为主，多种形式的奖学金、学生工学结合、顶岗实习、学校减免学费等为辅的资助政策体系。

3. 依法落实义务教育阶段资助政策。

在农村并逐步在城市免除义务教育阶段学杂费。全面落实对农村家庭经济困难学生免费提供课本和补助寄宿生生活费政策。城市低保家庭义务教育阶段学生也享受免除学杂费、免费提供课本和补助寄宿生生活费政策。

四、保障措施

（一）深化体制机制改革，增强教育发展的生机与活力

1. 推进教育管理体制改革。

进一步明确中央、省、市（地）、县、乡各级人民政府对教育的管理责任。实行国务院领导，省、自治区、直辖市人民政府统筹规划实施，县级人民政府为主管理的义务教育管理体制。完善中央和省级人民政府两级管理、以省级人民政府为主的高等教育管理体制。完善在国务院领导下，分级管理、地方为主、政府统筹、社会参与的职业教育管理体制。

进一步明确和落实各级各类学校的法律地位，完善学校法人制度，建立和完善现代大学制度。积极推进学校人事制度和收入分配办法改革。依法规范和落实学校办学自主权，鼓励学校开拓创新，办出风格和特色。继续推进高校后勤社会化改革，逐步建立健全新型高校后勤保障体系。

2. 建立健全学校内部管理制度。

建立健全办学规范、管理有序、监督有效、保障安全的学校内部管理制度。加强学校管理，推进科学民主办学和依法办学。建立和完善学校安全与卫生管理制度、安全预警机制，健全师生意外保险和医疗卫生保险制度及健康体检制度，努力建设平安、健康、文明的和谐校园。

3. 引导民办教育健康发展。

进一步贯彻落实《中华人民共和国民办教育促进法》及其实施条例，引导民办教育健康发展。依法落实对民办学校的有关扶持政策，特别是税收优惠政策，保障民办学校教职工在业务培训、职务聘任、教龄和工龄计算等方面与同级同类公办学校教职工享受同等的权利，落实民办学校学生在升学、评奖评优等方面与同级同类公办学校学生享受同等的权利。政府

对为民办教育事业做出突出贡献的集体和个人给予表彰奖励。

各级政府要切实加强对民办学校的规范管理，落实民办高校督导制度，实行民办学校年检制度，确保民办学校法人财产权。加强对民办学校招生工作的督察和财务状况的监管，督促民办高等学校稳定规模、规范管理、提高质量。尽快形成政府依法管理、民办学校依法办学、行业自律和社会监督相结合的管理格局。

（二）加大教育投入，加强经费管理

1. 加大公共财政对教育的投入力度。

明确各级政府提供教育公共服务的职责，并按照建立公共财政体制的要求，将教育列入公共财政支出的重点领域。各级政府要依法落实教育经费的“三个增长”，财政年度预算和执行结果都要达到教育经费支出的法定增长水平，并确保财政性教育经费增长幅度明显高于财政经常性收入增长幅度，逐步使财政性教育经费占国内生产总值的比例达到4％。

2. 完善教育经费保障机制。

政府对义务教育负全责，逐步将义务教育全面纳入公共财政保障范围。建立和完善中央和地方政府分项目、按比例分担的农村义务教育经费保障机制。高中教育以政府投入为主，逐步增加政府对职业教育的投入力度。在政府增加对高等教育投入的同时，鼓励和引导社会资金投入，形成政府投入与社会投入相互补充的高等教育投入格局。拓宽经费来源渠道，形成多元化的教育投入体制。制订各级各类学校办学条件基本标准和生均拨款标准。根据事业发展需要，不断增加预算内教育经费支出，提高生均经费标准，改善办学条件。各级政府教育经费支出，按照事权和财权相统一的原则，在财政预算中单独列项，并报同级人民代表大会批准且向社会公布，确保落实到位。完善教育财政转移支付制度。进一步落实税收优惠政策，积极鼓励企业、个人和社会团体对教育捐赠或出资办学，研究并适时出台对外商投资企业按照国民待遇原则征收教育费附加的有关政策。

3. 切实加强教育经费管理。

牢固树立勤俭办教育的思想，建立科学、规范的教育经费管理制度。改革拨款办法，建立激励和约束机制，完善公共教育经费绩效评价制度，进一步规范、改进各类学校的财务管理，加强项目管理，坚决反对一切浪费现象，反对学校建设中追求奢华的现象，努力提高经费使用效益。加强对公办学校贷款的管理，控制贷款规模，注重防范并努力化解贷款风险。严禁挪用、截留、挤占、平调教育经费。建立健全教育系统内部审计制度，完善监督机制并加大监督力度，预防和查处各种违法违规行为，确保经费安全。

（三）转变政府职能，加强依法治教

1. 加强教育法制建设。

加快完善中国特色社会主义教育法律法规体系。推进教育法、教师法、职业教育法、高等教育法和学位条例的修订工作，适时启动学校法、考试法、终身学习法、学前教育法和教育督导条例的起草工作。积极推动各地制定必要的配套性教育法规。

2. 改进教育行政管理。

明确各级教育行政部门的管理和服务职责，坚持依法行政，减少审批项目，规范行政审批。改进管理方式，更加注重运用法律、规划、拨款、标准、信息服务等手段，对教育进行宏观管理。全面加强教育规划工作，建立规划的动态调整和实施监测机制。完善科学、民主和依法决策机制，加大决策环节的制度化建设，推动教育政务公开工作，促进决策与管理的科学化和民主化。积极开展教育行政管理干部培训，提高行政管理干部素质。落实行政执法责任，加强行政执法工作，完善监督机制，健全权益救济制度。

3. 大力加强教育督导工作。

建立健全对地方各级政府履行教育职责的督导评价体系，建立和完善对学校科学有效的督导评估体系，逐步建立教育实施状况的监测体系。进一步改进教育督导的工作机制，逐步建立和完善督导检查的限期整改制度、督导检查结果的公报制度、教育重大问题的监测报告制度。进一步加强教育督导机构和队伍建设。

4. 从严治教，加强管理。

规范学校收费行为，坚决制止教育乱收费。实行义务教育免试就近入学，认真解决义务教育阶段“择校”问题，进一步规范公办高中收费政策，加强对高校收费项目和标准的管理。坚决执行教育收费公示和校务公开制度，接受广大群众和社会的监督。维护高校招生工作的公平公正。严格考试管理，确保考试安全、公正，继续实施高校招生“阳光工程”，强化招生工作责任制和责任追究制，严格新生学籍电子注册制度。坚决制止非法社会中介机构参与高校招生。切实加强对各级各类学校的监督与管理，特别是对基本办学条件、办学行为和教学质量的监督与管理。依法规范各级各类学校的办学行为，切实维护学生的合法权益。大力加强教育系统党风廉政建设和行风建设，落实党风廉政建设责任制，强化责任追究，建立健全有教育系统特点的教育、制度、监督并重的惩治和预防腐败体系，抓好教育系统预防职务犯罪工作。

（四）全社会共同努力，开创教育发展新局面

1. 加强各级政府对教育的统筹领导。

保证人民享有接受教育的机会，是政府义不容辞的职责。各级政府要切实把教育摆在优先发展的战略地位，列入重要议事日程，作为考核领导政绩的重要指标，确保教育优先发展落到实处。要研究解决教育发展和改革中的重大问题，深化相关领域改革，改善教育发展环境，为教育多办实事。要结合本地实际，制定科学的教育发展规划和政策措施，认真落实关于推动教育发展与改革的政策，组织实施好教育发展的重大工程项目，完善支持高校毕业生就业的政策措施，协调相关部门，做好毕业生就业工作。整治校园及周边环境，保障校园的安全、稳定。从人民群众的根本利益出发，妥善解决人民群众关心的教育热点难点问题。

2. 全社会共同努力推进教育事业发展。

教育事业的发展需要全社会的关心和支持。要深入动员、广泛宣传，在全社会营造尊重劳动、尊重知识、尊重人才、尊重创造的氛围。鼓励社会各界和广大人民群众，采取多种形式和办法，支持学校建设，参与学校管理，积极为教育发展贡献力量。新闻媒体要以高度的社会责任感，坚持正确的舆论导向，加强舆论监督，积极宣传教育发展和改革的成就。加强文化建设，为青少年提供内容健康向上、具有艺术魅力的精神产品。充分发挥群众组织、社会团体在促进青少年健康成长等方面的积极作用，形成社会各界和广大人民群众共同关心、支持和参与教育发展与改革的局面。

卫生事业发展“十一五”规划纲要

“十一五”是我国全面建设小康社会和构建社会主义和谐社会的关键阶段，也是落实科学发展观的重要时期。卫生改革与发展面临良好的机遇，也肩负着繁重的任务。根据《中共中央关于构建社会主义和谐社会若干重大问题的决定》和《中华人民共和国国民经济和社会发展第十一个五年规划纲要》，制定本纲要。

一、卫生事业面临的形势

（一）“十五”期间卫生事业发展取得显著成就

“十五”期间，我国卫生事业快速发展，城乡居民健康状况进一步改善，为经济和社会发展提供了有力保障。2005 年，全国人口平均预期寿命达到 72 岁，比 2000 年增加 0.6 岁；

孕产妇死亡率控制在47.7/10万以内，比2000年下降10%；婴儿死亡率控制在19.0‰以内，比2000年下降40%；5岁以下儿童死亡率控制在22.5‰以内，比2000年下降43%，综合反映我国居民健康水平的指标继续提高。

1. 重大疾病预防控制工作取得明显成效。2003年，我国部分地区传染性非典型肺炎（以下简称非典）暴发流行，党中央、国务院高度重视、果断决策，全国上下万众一心，采取了一系列有效措施，取得了抗击非典斗争的重大胜利。

艾滋病防治工作进一步加强，公布了《艾滋病防治条例》，实施了“四免一关怀”政策（见附注）；现代结核病控制策略覆盖率达到100%，结核病病人发现率和全程治疗率明显提高；血吸虫病综合防治措施逐步落实，对晚期血吸虫病病人实施医疗救助；国家免疫规划疫苗接种率达到85%，乙型肝炎疫苗纳入国家免疫规划范围。农村自来水普及率和卫生厕所普及率分别达到61.3%和53.3%，实现了“十五”规划确定的工作目标。疾病监测网络不断健全，实现了法定传染病网络直报，传染病发病率稳中有降。

卫生应急工作明显增强，突发公共卫生事件应急机制基本建立，应急处置能力显著提高，有效应对和处置了各类重大突发公共卫生事件。

2. 卫生投入大幅增加，基础设施明显改善。截至2005年底，全国共安排2448个疾病预防控制机构建设项目，总投资105亿元，已基本建成使用；安排2668个突发公共卫生事件医疗救治体系建设项目，总投资164亿元，已基本建成。2003年到2005年，中央财政安排补助地方卫生事业专项资金85亿元，用于重大疾病防治、妇幼卫生、农村卫生、卫生监督和卫生人才队伍建设。中央财政累计投入50多亿元，加强农村卫生基础设施建设，国家利用国债资金投入12.5亿元、地方配套投入10亿元，新建、改建血站、血库459个。为中西部地区的县级医疗机构配备1771辆农村巡回医疗车。

3. 新型农村合作医疗制度建设快速推进，农村卫生工作呈现新的面貌。截至2005年底，全国已有678个县（市、区）建立了新型农村合作医疗制度，有2.4亿多农民参加了新型农村合作医疗，占全国农业人口的26.6%，参合率达75%。加强农村卫生服务体系和卫生队伍建设，启动“万名医师支援农村卫生工程”，不断提高农村卫生服务水平。

4. 妇幼卫生保健和卫生监督工作进一步加强。在中西部地区实施“降低孕产妇死亡率和消除新生儿破伤风”项目（以下简称“降消”项目）。2005年，城市和农村地区孕产妇住院分娩率分别达到93.2%和81.0%，提前实现了2010年农村孕产妇住院分娩率的工作目标。卫生监督体系不断完善，加强食品卫生、职业卫生和医疗服务监督，开展打击非法行医和非法采供血等专项行动，进一步规范医疗服务市场。

5. 改善医疗服务管理工作取得新进展。加强医疗机构监管，调整医疗服务价格，改进医疗机构药品采购，努力控制医药费用的不合理增长。制定并公布医疗服务技术操作规范和管理办法，加强质量管理，规范服务行为。推进医疗服务价格改革。医疗机构价格公示制度、查询制度和费用清单制度基本推开。实施区域卫生规划，调整卫生资源配置，大力发展社区卫生服务。95%以上的地级市、88%的市辖区和50%以上的县级市组织开展了社区卫生服务，创建了108个全国社区卫生示范区。

（二）卫生工作面临的形势

总体上看，“十五”期间卫生事业发展取得明显成绩。但制约卫生事业发展的体制性、机制性、结构性问题仍未根本解决，卫生事业发展滞后的问题仍然比较突出。我国人口总量仍在持续增长，老龄化进程加快，群众卫生服务需求不断提高。城市化、工业化引发的人口流动、环境污染、职业卫生和意外伤害等一系列社会问题，使卫生服务体系和医疗保障体系面临严峻挑战。

1. 重大传染病和慢性病流行仍比较严重。艾滋病病毒感染和发病人数呈上升趋势，开始从高危人群向一般人群扩散；结核病患者人数超过450万，其中传染性肺结核病人约200万；病毒性肝炎等传染病尚未得到有效控制；新发传染病和人畜共患病不断出现，对人民健康构成严重威胁。血吸虫病病人有84万，碘缺乏病现症病人约61万，氟骨症患者288万。恶性肿瘤、脑血管病、心脏病、糖尿病、呼吸系统疾病、损伤与中毒等主要慢性病患者约2亿人，死亡人数占全国居民因病死亡人数的80％以上，已取代传染病成为我国居民的主要死因。有严重精神疾病患者1600万。职业病危害呈上升趋势。

2. 妇幼保健工作比较薄弱。妇女孕产期疾病、儿童感染性疾病等继续威胁妇女儿童健康。产科出血、妊高症等一直是孕产妇死亡的主要原因，肺炎、早产或低出生体重和新生儿窒息等是导致农村儿童死亡的重要因素，一些有效的干预措施推广困难。流动人口中妇女儿童卫生保健问题尤为突出。出生缺陷影响了国民素质的不断提高。城乡之间、东西部之间妇女儿童健康状况差距扩大，农村地区5岁以下儿童死亡率和孕产妇死亡率均高出城市一倍以上。

3. 农村卫生发展仍然滞后。艾滋病、结核病、肝炎、血吸虫病和地方病患者，大部分在农村。农村公共卫生面临传染病、慢性病和意外伤害并存的局面。农村卫生机构服务能力不强，基础条件差，人员素质不高。部分中西部农村卫生机构房屋破旧，缺乏基本医疗设备，专业人才匮乏。全国乡镇卫生院人员中具有大专以上学历的只占18.5％，无专业学历者高达21.6％。特别是农村公共卫生体系不健全，缺乏经费保障，预防保健工作存在隐患。

4. 医药卫生体制机制不适应群众需求，“看病难、看病贵”问题突出。卫生资源分布不均衡，过度集中在大城市和大医院，社区卫生资源不足、人才短缺、服务能力不强。各级公立医疗机构运行机制不合理，公益性质淡化。药品市场秩序混乱，价格过高。医疗机构全行业监管缺乏有效机制，条块分割和部门所有阻碍了监管措施的落实。医疗保险体系不健全，半数以上城乡居民仍自费看病。社会资金进入医疗卫生领域存在困难，多渠道办医的格局尚未形成。

深化医药卫生体制改革，控制医药费用不合理增长，扩大医疗保障覆盖范围，增加政府投入，减轻群众个人负担，缓解“看病难、看病贵”问题等，是“十一五”期间卫生工作面临的艰巨任务。

二、卫生事业改革发展目标、指导思想和基本原则

（一）改革发展目标

1. 总体目标：

——到2010年在全国初步建立覆盖城乡居民的基本卫生保健制度框架，使我国进入实施全民基本卫生保健国家行列。

——到2010年在全国普遍建立比较规范的新型农村合作医疗制度和县、乡、村三级医疗卫生服务体系，初步解决农村公共卫生和农民看病就医问题。

——到2010年在全国城市初步建立比较完善的社区卫生服务体系，不断提高服务水平，为城市居民提供安全、方便、价廉的公共卫生服务和基本医疗服务。

——到2010年初步建立国家基本药物制度，保证群众基本用药，有效降低药品价格。

——到2010年基本建立比较规范的公立医院管理制度，坚持公益性质，坚持为人民健康服务的方向。

2. 主要健康指标：

——人口平均预期寿命：到2010年达到72.5岁，比2005年增加0.5岁。

——婴儿死亡率：到2010年，控制在14.9‰以内，比2005年下降21.6％。

——5岁以下儿童死亡率：到2010年，控制在17.7‰以内，比2005年下降21.3％。

——孕产妇死亡率：到2010年，控制在40/10万以内，比2005年下降16.1％。

——儿童国家免疫规划疫苗接种率城市达到95％以上，农村达到90％以上，分别比2005年提高10％。

3. 主要疾病控制指标：

到2010年，艾滋病病毒感染人数控制在150万以内，性病年增长幅度控制在10％以内；新涂阳肺结核病人发现率达到70％以上，治愈率保持在85％以上，有效治疗传染性肺结

核病患者200万人以上；全人群乙肝表面抗原携带率控制在7％以内，5岁以下儿童乙肝表面抗原携带率降至1％以下；血吸虫病疫区流行得到基本控制，95％以上的县（市、区）实现消除碘缺乏病目标。

（二）指导思想

以邓小平理论和“三个代表”重要思想为指导，以科学发展观统领卫生工作全局，全面贯彻党的卫生工作方针和十六届六中全会精神，坚持卫生事业为社会主义现代化建设和人民健康服务的方向，深化医药卫生体制改革，加强制度建设，统筹城乡、区域卫生协调发展，统筹公共卫生和医疗服务协调发展，建设适应人民健康需求、比较完善的医疗卫生服务体系，提高卫生服务水平和质量，缩小城乡之间、区域之间、人群之间卫生服务差距，努力实现人人公平享有基本卫生保健目标，缓解“看病难、看病贵”问题，为提高城乡居民健康水平，促进国家经济社会发展做出贡献。

（三）基本原则

1. 建设基本卫生保健制度，探索建立中国特色的医疗卫生体系，促进人人享有公共卫生和基本医疗服务，保证群众基本用药。

2. 坚持以政府为主导，强化政府责任，改革公立医疗卫生机构管理体制和运行机制，坚持公益性质，扭转盲目追求经济利益倾向，减轻群众负担。

3. 坚持中西医并重、中西药并重，制定扶持中医药振兴发展的政策措施，实现中西医、中西药协调发展。

4. 以公共卫生、农村卫生和社区卫生为重点，健全政府公共服务职能，优化卫生资源配置。

5. 鼓励、引导社会力量积极参与，兴办民营医疗机构，多渠道发展医疗卫生事业，扩大医疗卫生服务供给，鼓励公平、有序竞争。

三、重点工作

（一）切实加强重大疾病防治，广泛开展爱国卫生运动

1. 有效控制传染病流行。贯彻落实《中华人民共和国传染病防治法》，加强传染病疫情监测。到2010年，县级以上医疗卫生机构传染病网络直报覆盖率达到100％，乡镇医疗卫生机构网络直报覆盖率达到80％以上，报告的完整率和及时率达到90％以上。

加大艾滋病防治力度，完善政府组织领导、部门各负其责、全社会共同参与的防治工作机制。针对重点人群，加强宣传教育，推广各项有效干预措施。积极实施医疗救治，落实“四免一关怀”政策。

落实肺结核病患者的归口管理和督导治疗。积极开展结核病快速诊断和结核菌耐药研究。

大力加强鼠疫、霍乱、非典、人感染高致病性禽流感等其他重点传染病的预防控制。

加强出入境卫生检疫工作，有效防止传染病的传入和传出。

2. 进一步强化计划免疫。保持无脊髓灰质炎状态，麻疹发病率下降50％，乙脑、狂犬病、出血热等可预防传染病发病率下降30％。以农村人口和流动人口为重点，落实预防接种措施。扩大国家免疫规划疫苗种类。

采取免疫预防为主，防治兼顾的综合措施，优先保护新生儿和在校生等重点人群，有效遏制乙肝的高流行状态。

3. 切实加强寄生虫病和地方病防治。有效控制血吸虫病、疟疾、包虫病、黑热病和食源性寄生虫病等疾病流行。

到2008年底，重点血吸虫病流行县（市、区）达到国家确定的疫情控制标准，控制血吸虫病疫情暴发；到2010年，力争所有流行县（市、区）达到控制传播标准。做好综合治理工作，加强部门和区域协调，落实健康教育、改水改厕、以机代牛、家畜圈养、人畜粪便无害化处理、高危地带灭螺、查治病人病畜等综合防治措施，继续开展联防联控。

采取药物驱虫、健康教育、改厕等综合防

治措施，到2010年，蠕虫感染率比2004年下降40％以上。实施传染源控制、媒介防制和健康教育等综合防治疟疾策略，到2010年底，除少数高传播地区外，其他县（市、区）实现控制疟疾流行目标，70％的县（市、区）基本消除疟疾。

到2010年，95％以上的县（市、区）实现消除碘缺乏病目标。以西部地区为重点，采取改水、改灶、换粮、移民、退耕还林、退耕还草等综合措施，突出抓好地方性氟（砷）中毒和大骨节病防治工作。

4. 做好慢性病、职业病防治和精神卫生工作。建立全国慢性病防治和监测网络，在社区、学校、医院、企业等公共场所广泛开展慢性病综合防治工作，加强危险因素干预，控制心脑血管疾病、糖尿病、恶性肿瘤、慢性呼吸系统疾病、伤害等疾病发生。开展慢性病防治研究，规范诊疗方案，推广适宜技术，开展肿瘤筛查，促进早诊早治。

认真落实《中华人民共和国职业病防治法》，建立有效的职业病防治体系，提高职业病防治能力，切实加强职业病危害的管理与监督，减少职业病发生，做好职业病患者的诊断和康复工作。

加强精神卫生防治机构建设，建立精神卫生防治网络。落实重性精神疾病患者的监管治疗措施，提高医疗和康复水平，降低精神疾病致残率。加大重点人群心理行为咨询辅导和干预力度。

5. 广泛开展爱国卫生运动。继续开展卫生城市和卫生城镇创建工作，到2010年，建设128个国家卫生城市（区）和450个国家卫生镇。组织开展健康城市和健康城镇试点活动。改善农村环境卫生，加大农村改水、改厕力度，到2010年，农村自来水普及率达到75％，农村卫生厕所普及率达到65％。

6. 加强环境与健康研究。减少环境污染对居民健康的危害，控制水源性疾病发生。加强医疗卫生机构的医疗废弃物管理，完善相应法规制度，推动无害化处理。

（二）全面推进新型农村合作医疗制度建设，加强农村卫生工作

加强新型农村合作医疗制度建设，到2010年，实现新型农村合作医疗制度基本覆盖农村居民。随着经济发展，逐步提高国家对参加新型农村合作医疗农民的补助标准和农民缴费标准，提高保障水平。坚持互助共济，坚持公开、公正、公平，坚持便民利民，真正让农民受益。规范新型农村合作医疗制度模式。加强新型农村合作医疗管理，规范管理制度。完善农村医疗救助制度，帮助特困农民和农村优抚对象参加新型农村合作医疗。

实施《农村卫生服务体系建设与发展规划》，加强农村医疗卫生基础设施建设，鼓励社会力量在乡、村两级兴办非营利性医疗卫生机构，巩固和健全县、乡、村三级医疗卫生服务体系。加强乡镇卫生院建设，每个乡镇要有1所政府办的卫生院，并由县级政府统一管理。采取多种形式支持每个行政村设立1个卫生室。到2010年，基本完成县级医疗机构、预防保健机构和乡（镇）卫生院房屋设备的改造和建设任务。优化农村卫生资源配置，加强医疗卫生服务和药品监管，推广适宜技术，采用基本药物，控制农村医药费用不合理增长，为农民提供安全、有效的医疗卫生服务。明确乡镇卫生院和村卫生室的公共卫生服务职责，确保有人承担疾病监测报告、预防接种等公共卫生任务。

继续开展“万名医师支援农村卫生工程”，推动二级以上医疗卫生机构对口支援乡（镇）卫生院试点工作和高校毕业生到农村服务工作。到2010年，实现城市支援农村卫生工作经常化、制度化。

加强农村初级卫生保健工作，到2010年，以县为单位的初级卫生保健合格率达到80％。

（三）大力发展城市社区卫生服务，为居民提供安全、有效、方便、价廉的基本卫生服务

加强城市医疗卫生资源结构调整，建立以社区卫生服务为基础、社区卫生服务机构与预防保健机构和医院合理分工、密切协作的新型

城市卫生服务体系。制定和实施社区卫生服务发展规划，到2010年，在地级以上城市和有条件的县级市建立比较完善的社区卫生服务体系，为居民提供公共卫生和基本医疗服务。

坚持政府主导，鼓励社会参与，建立健全社区卫生服务网络。在大中城市，原则上按照3万~10万居民或按照街道办事处范围规划设置1所社区卫生服务中心，并根据需要设置若干社区卫生服务站。调整现有卫生资源，将公立一级医院、部分二级医院和国有企事业单位所属医疗机构转型或改造成为社区卫生服务机构，研究医疗机构人员合理流动有关政策，加大公立医院支援社区卫生服务工作力度，为当地居民和农民工提供公共卫生和基本医疗服务。鼓励社会力量参与发展社区卫生服务。

加强社区卫生服务队伍建设，加强医院和疾病预防控制及保健机构对社区卫生服务机构的技术指导，明确和规范社区公共卫生服务项目和标准，推广采用适宜技术和基本药物，提高社区卫生服务的能力和水平，减轻居民医药费用负担。

（四）加强妇幼卫生工作，提高出生人口素质

1. 降低孕产妇死亡率。继续实施“降消”项目，在基层医疗卫生机构配置必要的设备，加强妇幼保健人员培训，推广适宜技术，提高基层卫生服务能力，提高住院分娩率，确保孕产妇生育安全。到2010年，农村孕产妇住院分娩率达到90％以上；孕产妇保健覆盖率在城市达到90％以上，在农村达到80％以上。

2. 降低婴儿及5岁以下儿童死亡率。儿童保健覆盖率在城市达到90％以上，在农村达到80％以上。降低新生儿早产、低出生体重、窒息和5岁以下儿童肺炎等疾病死亡率。积极防治儿童多发病和常见病；加强儿童疾病综合管理和儿童生长发育监测等工作；促进母乳喂养，改善儿童营养状况。到2010年，婴儿死亡率控制在14.9‰以内，5岁以下儿童中重度营养不良患病率比2000年下降25％。

3. 降低出生缺陷发生率。开展出生缺陷防治宣传教育活动，认真做好三级预防，推动铁和叶酸等食品强化工作，做好产前诊断、孕期保健和新生儿疾病筛查。完善全国出生缺陷监测网络，到2010年，新生儿疾病筛查覆盖率达到50％。完善法律法规和政策措施，加强对B超使用的监管，遏制出生人口性别比升高的趋势。

（五）加强医疗机构管理，提高医疗服务质量

以医疗质量和医疗安全为核心，严格医疗机构、技术准入，加强医务人员执业资格管理。完善基础医疗和护理管理规范，执行《抗菌药物临床应用指导原则》，提高抗菌药物临床合理用药水平。按照《处方管理办法》，规范医疗服务行为，坚持合理检查、合理用药、因病施治。落实护士配备标准，规范护士执业行为。严格执行临床技术操作规范。强化医院临床实验室质量管理，提高临床检验水平。规范消毒、灭菌、隔离与医疗废物管理工作。改善患者就诊环境，优化服务流程，方便群众就医。杜绝非法采供血，加强临床科学合理用血管理，确保血液安全。

加强医疗卫生行业监管，整顿和规范医疗服务秩序。打击非法行医和无序竞争，规范医疗广告，维护医疗服务秩序。加强医疗机构监管，提高医疗服务质量，确保医疗服务安全。实行医院院务公开制度。开展对医疗机构的经常性监督检查，及时向社会公布结果。完善医疗机构服务评价标准和办法，建立医疗机构服务质量、执业行为、医院管理等综合考核制度。充分发挥政府举办的非营利性医疗机构的作用，落实对孤儿和城市流浪乞讨人员中危重病人、精神病人的医疗救治政策。

积极采取措施，控制公立医疗机构的建设规模，禁止公立医疗机构利用集资和擅自贷款等手段盲目扩张，限制医疗机构购置大型医疗设备。

（六）大力加强城乡卫生适宜人才培养和卫生队伍建设，开展医学科技研究

贯彻落实《中共中央国务院关于进一步加强人才工作的决定》，实施《中国2001—2015

年卫生人力发展纲要》，加强卫生人才建设。围绕培养、吸引和使用人才三个环节，配合教育等有关部门，加强医学院校教育改革与管理。切实加强农村医疗卫生队伍建设，培养适合农村需要的卫生技术人员，到2010年，大多数乡村医生具备执业助理医师或执业医师的资格。加强社区全科医师培养，到2010年，原则上每万人口配备2~3名全科医师、1名公共卫生医师。完善医学教育、继续教育和各种岗位培训制度。以医疗机构管理培训为重点，加强卫生管理干部队伍建设。强化疾病控制、妇幼保健、卫生监督、防治结合、中西医结合等方面的人才培养，改善卫生人才队伍结构。加强医德医风教育，增强广大卫生工作者职业责任感和使命感，使其牢固树立“以病人为中心”的服务理念，忠诚为人民服务。逐步建设一支规模适当、结构合理、德才兼备、符合不同层次需要的卫生人才队伍。

加强应用医学研究、高新技术研究和基础研究，大力推广适宜技术。

（七）大力发展中医药事业，充分发挥中医药特色优势和重要作用

坚持中西医、中西药并重，实现中西医药协调发展。遵循中医药发展规律，做好中医药继承和创新工作。制订扶持中医药发展的政策措施，加大政府对中医药事业的投入，全面实施名院、名科、名医和名厂、名店、名药的发展战略。建立和完善中医药服务网络，加快中医临床研究基地、重点中医医院和县级中医医院建设，不断提高中医药服务能力；充分发挥中医中药在重大疾病防治和应对突发公共卫生事件中的重要作用；加强农村和社区中医药工作，积极推广中医药适宜技术，扩大中医药服务领域；切实做好中医药理论、文献、古典医籍及名老中医经验等的继承研究工作，贯彻实施《中医药创新发展规划纲要（2006—2020年）》，不断提高中医药自主创新能力，促进中药现代化及产业可持续发展；发展中医药教育事业，大力培养中医药继承和创新人才，全面加强中医药队伍建设；加强中医药文化建设，广泛传播和弘扬中医药优秀传统文化；大力加强中医药法制化、标准化、信息化建设，推动中医药的现代化和国际化。（中医药事业发展“十一五”规划由中医药管理局另行制订）

（八）加强全民健康教育，积极倡导健康生活方式

加强全民健康教育，开展公共卫生、保健和营养知识宣传，倡导健康有益的行为方式。积极开展以公共场所和流动人群为重点的普及健康教育活动，积极推动健康学校、健康企业、健康单位创建活动。加强人员培训，提高健康教育队伍素质和服务能力。履行《烟草控制框架公约》，降低人群吸烟率。

（九）加强卫生国际合作与交流，做好医疗援外工作

坚持卫生国际合作为卫生改革发展服务、为外交服务的方针。密切与世界各国的卫生合作，进一步加强与世界卫生组织、全球基金等国际组织联系。通过多边、双边途径和民间渠道，积极争取国际合作项目和资金，提高卫生技术和管理水平。加强合作项目的监督管理，提高资金使用效益。

积极做好援外医疗工作，支持发展中国家开展艾滋病、疟疾等传染病防治和卫生人员培养。探索援外医疗工作的新方式和新途径，提高援外医疗工作效果，为我国外交工作服务。

四、保障政策和措施

（一）深化医药卫生体制改革，推进制度创新

根据《中共中央关于构建社会主义和谐社会若干重大问题的决定》的要求，积极推进医药卫生体制改革和制度建设。强化政府责任，初步建立覆盖城乡居民的基本卫生保健制度框架，采用适宜医疗技术和基本药物，为全体城乡居民提供安全、有效、方便、价廉的公共卫生和基本医疗服务。积极推进新型农村合作医疗制度建设，扩大城镇职工基本医疗保险、推进城镇居民基本医疗保险、完善城乡困难居民医疗救助，发展商业健康保险，逐步建立覆盖

城乡居民的多层次的医疗保障制度。初步建立国家基本药物制度，推广适宜医药技术，鼓励生产和使用安全、低价、有效的药品，降低药品虚高价格，加强监管，保证群众基本用药。按照政事分开、管办分开、医药分开、营利性与非营利性分开的原则，深化改革，完善公立医院管理制度，维护公益性质。改革管理体制，打破医院隶属关系，实行属地化和全行业管理；改革医院运行机制和以药补医机制，规范医院收支管理；改革人事制度、奖励制度和收入分配制度。

（二）加大政府卫生投入，加强资金管理和监督

增加政府卫生投入，落实政府公共服务和社会管理职能，强化各级政府经费保障责任，逐步提高政府卫生支出占财政总支出的比重，改变居民医药费用个人支付比例过高的状况。落实和完善政府补助政策，支持医药卫生体制改革与发展。调整卫生支出结构，重点支持公共卫生、农村卫生和社区卫生，加大对中医药的扶持力度。

1. 切实保证公共卫生机构和重大传染病防治经费投入。卫生执法监督机构、疾病预防控制机构和妇幼保健机构履行监督职责和提供公共卫生服务所需经费，由同级财政预算安排。有关重大传染病防治等专项经费列入财政预算。

2. 加大政府对农村卫生的支持力度。政府新增卫生支出主要用于农村卫生。随着财政收入的增长，逐步提高新型农村合作医疗的财政补助水平。农村卫生机构的建设要根据当地人口、经济发展水平确定数量、规模和布局，各级政府要加大农村卫生基础设施的投入力度，保证开展公共卫生和基本医疗所需的基本条件。探索开展零差率销售药品试点。对政府办的乡镇卫生机构给予定额补助和定项补助。定额补助包括承担计划免疫、传染病控制、健康教育等公共卫生服务任务，由县级人民政府根据其服务人口、公共卫生服务数量、质量及相关成本，并考虑经济发展和财力情况等因素确定。定项补助主要包括设备购置、人员培训和符合国家规定的离退休人员费用。对村级卫生机构和卫生人员以及民办卫生机构承担预防保健等公共卫生服务任务的，按财政有关规定补助。在完善上述政策的基础上研究建立农村公共卫生经费保障机制。

3. 建立稳定的城市社区卫生服务筹资机制，加大对社区卫生服务的投入力度。地方政府要对社区卫生服务业务培训给予适当补助，并根据社区服务人口、服务项目的数量、质量及相关成本，核定预防保健等社区公共卫生服务经费补助。为政府办的社区卫生服务机构提供必要的房屋和医疗卫生设备等设施。政府办的社区卫生服务机构中符合国家规定的离退休人员费用，在事业单位职工基本养老保险制度建立以前，由地方政府根据有关规定予以安排。有条件的地方可以开展零差率销售药品试点。

4. 落实和完善公立医疗机构的政府补助政策。对县级以上政府办的非营利性医疗机构以定项补助为主，由同级财政予以安排。补助项目包括医疗机构开办和发展建设支出、事业单位职工基本养老保险制度建立以前的离退休人员费用、临床重点学科研究、由于政策原因造成的基本医疗服务亏损补贴。对中医、民族医、部分专科医疗机构要给予适当照顾。基本医疗服务原则上通过按成本收费补偿。研究改进公立医疗机构药品价格加成机制，完善财政补助政策，逐步解决以药补医问题。

5. 加大财政转移支付力度。中央财政继续加大公共卫生、农村卫生、社区卫生对中西部地区的转移支付力度。各省、自治区、直辖市财政也要加大对贫困地区的转移支付力度。

6. 加强卫生财务监督管理。各级财政、发展改革、卫生等部门要按照国家有关法律、法规和制度要求，各负其责，积极推进通过购买服务、绩效考评、加强资金分配使用过程的监督管理等措施，提高资金使用效率。要研究制定规范各类医疗卫生机构经营行为的有关规章制度，完善财务会计制度，严格按照国家确定的开支范围和标准使用各项财政资金，加强财务管理和会计核算工作。

（三）进一步完善公共卫生体系，全面提高服务能力

1. 完善疾病预防控制体系。推进各级疾病预防控制机构规范化建设，明确职能定位，落实责任，完善运行机制，加强队伍建设，提高服务能力。国家帮助中西部地区疾病预防控制机构购置必要设备。完善疾病预防控制网络，调整人员结构，开展人员培训，提高现场流行病学调查和实验室检测检验能力。制订疾病预防控制机构考核标准，建立规范的考核评估机制。

2. 完善突发公共卫生事件应急机制和医疗救治体系。建立规范、科学、有序的突发公共卫生事件应急机制，推动应急法制化建设，提高应急处置能力。完善重大传染病疫情及突发公共卫生事件的监测系统和医疗救治系统，全面提高对突发公共卫生事件的预警、指挥和处置能力。完善突发公共卫生事件的联防联控机制。建设化学中毒与核辐射医疗救治基地。实现资源共享和有效利用，避免重复建设。继续完善急救网络。提高中西部地区应急和医疗救治能力。

3. 完善卫生监督体系。按照统筹规划、突出重点、分步实施的原则，加强卫生监督执法机构基础设施建设，改善业务用房和装备条件。明确职责任务，健全运行机制，完善保障措施。严格人员准入，强化人员培训，重点加强医疗卫生、食品卫生、职业卫生和饮用水卫生监督，全面提高监督执法水平和能力。

（四）转变工作职能，坚持依法行政

按照党的十六大提出的完善政府“经济调节、市场监管、社会管理、公共服务”职能的要求，明确政府卫生管理职责，切实转变职能，把工作重点转移到加强医疗卫生保障、医疗卫生管理和提供公共卫生服务上来。

加强卫生法制建设，完善基本卫生保健、重大传染病防治、职业病防治、医政管理等法律法规。推动初级卫生保健法、精神卫生法、护士条例、放射损伤防治条例的制定和《公共场所卫生管理条例》、《中华人民共和国食品卫生法》、《中华人民共和国执业医师法》、《中华人民共和国献血法》、《医疗机构管理条例》的修订，做好卫生法律法规的普及、宣传和培训工作。

（五）加强和改善对卫生工作的领导，开创卫生事业发展新局面

1. 各级政府要切实加强对卫生工作的领导。把发展卫生事业，增进人民健康作为关心群众利益、促进社会和谐的大事和义不容辞的责任，摆上重要议事日程。把卫生事业列入经济社会发展规划，确定发展目标和重点，并采取切实有效的措施保证规划的落实。各级政府应成立有关卫生工作的协调机制，由政府主管领导负责，统筹医疗卫生、医疗保障、服务价格、经费保障和药品购销等有关工作，有关部门各负其责，形成合力，共同做好卫生工作。

2. 动员社会资源发展医疗服务。保持公立医疗机构适当规模，鼓励和引导社会资金和国外资金办医疗机构，增加医疗服务供给。在规范、有序的基础上，开展公平竞争，为患者提供多层次、多样化的服务。

3. 全社会关心和支持卫生事业发展。关心和爱护广大卫生工作者，热情帮助他们解决工作、学习、生活中的实际困难。在全社会形成尊重医学科学、尊重卫生工作者的良好风气，努力构建和谐的医患关系，积极推动卫生事业与经济社会建设协调发展，共同为提高全民族的健康水平而努力。

（注：“四免”是对农村居民和城镇未参加基本医疗保险等医疗保障制度的经济困难人员中的艾滋病患者免费提供抗病毒治疗药物；在全国范围内为自愿去进行艾滋病咨询和检测的人员免费提供咨询和初筛检测；为感染艾滋病病毒的孕妇免费提供母婴阻断药物及婴儿检测试剂；对艾滋病致孤儿童免收义务教育阶段学费。“一关怀”是将生活困难的艾滋病患者纳入政府救助范围，按照国家有关规定给予必要的生活救济；积极扶持有生产能力的艾滋病患者开展生产活动，增加其收入；加强艾滋病防治知识的宣传，避免对艾滋病病毒感染者和患者的歧视。）

国家环境保护“十一五”规划

（2007 年 11 月 22 日）

根据《国民经济和社会发展“十一五”规划纲要》和《国务院关于落实科学发展观加强环境保护的决定》（国发［2005］39 号）编制本规划。本规划是国家“十一五”规划体系的重要组成部分，旨在阐明“十一五”期间国家在环境保护领域的目标、任务、投资重点和政策措施，重点明确各级人民政府及环境保护部门的责任和任务，同时引导企业、动员社会共同参与，努力建设环境友好型社会。

一、环境形势

（一）“十五”期间环境保护工作取得进展

党中央、国务院高度重视环境保护，将改善环境质量作为落实科学发展观、构建社会主义和谐社会的重要内容，把环境保护作为宏观经济调控的重要手段，采取了一系列重大政策措施。各地区、各有关部门不断加大环境保护工作力度，淘汰了一批高消耗、高污染的落后生产能力，加快了污染治理和城市环境基础设施建设，重点地区、流域和城市的环境治理不断推进，生态保护和治理得到加强；采取了一系列应对气候变化的对策措施，市场化机制开始进入环境保护领域，全社会环境保护投资比“九五”时期翻了一番，占 GDP 的比例首次超过 1 %；环境管理能力有所提高，环境执法力度有所加强；全社会的环境意识和人民群众的参与程度明显提高，对我国环境保护规律性的认识不断深化。在经济快速发展，重化工业迅猛增长的情况下，部分主要污染物排放总量有所减少，环境污染和生态破坏加剧的趋势减缓，部分地区和城市环境质量有所改善，核与辐射安全得到保证。

（二）环境形势依然严峻

我国环境保护虽然取得积极进展，但环境形势依然严峻。“十五”环境保护计划指标没有全部实现，二氧化硫排放量比 2000 年增加了 27.8 %，化学需氧量仅减少 2.1 %，未完成削减 10 % 的控制目标。淮河、海河、辽河、太湖、巢湖、滇池（以下简称“三河三湖”）等重点流域和区域的治理任务只完成计划目标的 60 % 左右。主要污染物排放量远远超过环境容量，环境污染严重。全国 26 % 的地表水国控（国家重点监控）断面劣于水环境Ⅴ类标准，62 % 的断面达不到Ⅲ类标准；流经城市 90 % 的河段受到不同程度污染，75 % 的湖泊出现富营养化；30 % 的重点城市饮用水源地水质达不到Ⅲ类标准；近岸海域环境质量不容乐观；46 % 的设区城市空气质量达不到二级标准，一些大中城市灰霾天数有所增加，酸雨污染程度没有减轻。

全国水力侵蚀面积 161 万平方公里，沙化土地 174 万平方公里，90 % 以上的天然草原退化；许多河流的水生态功能严重失调；生物多样性减少，外来物种入侵造成的经济损失严重；一些重要的生态功能区生态功能退化。农村环境问题突出，土壤污染日趋严重。危险废物、汽车尾气、持久性有机污染物等污染持续增加。应对气候变化形势严峻，任务艰巨。发达国家上百年工业化过程中分阶段出现的环境问题，在我国已经集中显现。我国已进入污染事故多发期和矛盾凸显期。

“十五”期间力图解决的一些深层次环境问题没有取得突破性进展，产业结构不合理、经济增长方式粗放的状况没有根本转变，环境保护滞后于经济发展的局面没有改变，体制不顺、机制不活、投入不足、能力不强的问题仍然突出，有法不依、违法难究、执法不严、监管不力的现象比较普遍。

“十一五”期间，我国人口在庞大的基数上还将增加4％，城市化进程将加快，经济总量将增长40％以上，经济社会发展与资源环境约束的矛盾越来越突出，国际环境保护压力也将加大，环境保护面临越来越严峻的挑战。

专栏1　“十五”环保计划主要指标完成情况

序号	指标名称	2000年	2005年计划目标	2005年	“十五”增减情况
1	二氧化硫排放量（万吨）	1995	1800	2549	27.8％
	其中：两控区内排放量	1316	1053	1354	2.9％
2	烟尘排放量（万吨）	1165	1100	1183	1.5％
3	工业粉尘排放量（万吨）	1092	900	911	-16.6％
4	化学需氧量排放量（万吨）	1445	1300	1414	-2.1％
5	工业固体废物排放量（万吨）	3186	2900	1655	-48.1％
6	工业用水重复利用率（％）	/	60	75	/
7	工业二氧化硫排放量（万吨）	1613	1450	2168	34.5％
8	工业烟尘排放量（万吨）	953	850	949	-0.5％
9	工业化学需氧量排放量（万吨）	705	650	555	-21.3％
10	工业固体废物综合利用率（％）	51.8	50	56.1	4.3个百分点
11	设区城市空气质量达到国家二级标准比例（％）	36.5	50	54	17.5个百分点
12	城市污水处理率（％）	34.3	45（生活）	52.0	17.7个百分点
13	城市建成区绿化覆盖率（％）	28.1	35	33	4.9个百分点
14	自然保护区面积占国土面积比例（％）	9.9	13	15	5.1个百分点

（三）环境保护工作进入新阶段

党中央、国务院把环境保护摆上了更加重要的战略位置，落实科学发展观、构建社会主义和谐社会为做好环保工作提供了根本保证，环境保护面临前所未有的机遇。经济增长方式转变和经济结构调整步伐加快，将为解决结构性、区域性环境污染和生态破坏起到基础性作用。综合国力增强为环境保护提供了更有力的物质和技术支撑。经济体制和行政管理体制改革深化，为创新环保工作体制和机制提供了有利的条件。广大群众环境意识普遍提高，为环境保护提供了强大的动力。我国环境与发展的关系正在发生重大变化，环境保护成为现代化建设的一项重大任务，环境容量成为区域布局的重要依据，环境管理成为结构调整的重要手段，环境标准成为市场准入的重要条件，环境成本成为价格形成机制的重要因素。这些重大变化，标志着我国环保工作正进入以保护环境优化经济增长的新阶段，挑战与机遇同在，困难与希望并存。

二、指导思想、基本原则和规划目标

做好“十一五”环境保护工作，关键要加快实现历史性转变：一是从重经济增长轻环境保护转变为保护环境与经济增长并重，把加强环境保护作为调整经济结构、转变经济增长方式的重要手段，在保护环境中求发展。二是从环境保护滞后于经济发展转变为环境保护和经济发展同步，做到不欠新账，多还旧账，改变先污染后治理、边治理边破坏的状况。三是从主要用行政办法保护环境转变为综合运用法律、经济、技术和必要的行政办法解决环境问题，自觉遵循经济规律和自然规律，提高环境保护工作水平。

(一) 指导思想

以邓小平理论和“三个代表”重要思想为指导，全面落实科学发展观，坚持保护环境的基本国策，深入实施可持续发展战略；坚持预防为主、综合治理，全面推进、重点突破，着力解决危害人民群众健康的突出环境问题；坚持创新体制机制，依靠科技进步，强化环境法治，调动社会各方面的积极性。经过长期不懈的努力，使生态环境得到改善，资源利用效率显著提高，可持续发展能力不断增强，人与自然和谐相处，建设环境友好型社会。

(二) 基本原则

——协调发展，互惠共赢。正确处理环境保护与经济发展和社会进步的关系，在发展中落实保护，在保护中促进发展，坚持节约发展、安全发展、清洁发展，实现可持续的科学发展。

——强化法治，综合治理。坚持依法行政，不断完善环境法律法规，严格环境执法；坚持环境保护与发展综合决策，科学规划，突出预防为主的方针，从源头防治污染和生态破坏，综合运用法律、经济、技术和必要的行政办法解决环境问题。

——不欠新账、多还旧账。严格控制污染物排放总量；所有新建、扩建和改建项目必须符合环保要求，做到增产不增污，努力实现增产减污；积极解决历史遗留的环境问题。

——依靠科技，创新机制。大力发展环境科学技术，以技术创新促进环境问题的解决；建立政府、企业、社会多元化投入机制和部分污染治理设施市场化运营机制，完善环保制度，健全统一、协调、高效的环境监管体制。

——分类指导，突出重点。因地制宜，分区规划，统筹城乡发展，分阶段解决制约经济发展和群众反映强烈的环境问题，改善重点流域、区域、海域、城市的环境质量。

(三) 规划目标

到2010年，二氧化硫和化学需氧量排放得到控制，重点地区和城市的环境质量有所改善，生态环境恶化趋势基本遏制，确保核与辐射环境安全。

专栏2　“十一五”主要环保指标

	指　标	2005年	2010年	“十一五”增减情况
1	化学需氧量排放总量（万吨）	1414	1270	-10%
2	二氧化硫排放总量（万吨）	2549	2295	-10%
3	地表水国控断面劣Ⅴ类水质的比例（%）	26.1	<22	-4.1个百分点
4	七大水系国控断面好于Ⅲ类的比例（%）	41	>43	2个百分点
5	重点城市空气质量好于Ⅱ级标准的天数超过292天的比例（%）	69.4	75	5.6个百分点

三、重点领域和主要任务

围绕实现“十一五”规划确定的主要污染物排放控制目标，把污染防治作为重中之重，把保障城乡人民饮水安全作为首要任务，全面推进、重点突破，切实解决危害人民群众健康和影响经济社会可持续发展的突出环境问题。

(一) 削减化学需氧量排放量，改善水环境质量

以实现化学需氧量减排10%为突破口，优先保护饮用水水源地，加快治理重点流域污染，全面推进水污染防治和水资源保护工作。

1. 确保实现化学需氧量减排目标。

加快城市污水处理与再生利用工程建设。

到2010年，所有城市都要建设污水处理设施，城市污水处理率不低于70%，全国城市污水处理能力达到1亿吨/日。污水处理厂的建设要坚持集中和分散相结合，因地制宜，优化布局，大力推进技术进步和推广先进适用技术。污水处理设施建设要厂网并举、管网优先，并与供水、用水、节水和污水再生利用统筹考虑。切实重视污水处理厂的污泥处置，实现污泥稳定化、无害化。加强污水处理厂的监管，所有污水处理厂全部安装在线监测装置，实现对污水处理厂运行和排放的实时监控。不断提高城镇污水收集的能力和污水处理设施的运行效率，保证污水处理厂投入运行后的实际处理负荷，在一年内不低于设计能力的60%，三年内不低于设计能力的75%。

加强工业废水治理。严格执行水污染物排放标准和总量控制制度，加快推行排污许可证制度。重点抓好占工业化学需氧量排放量65%的国控重点企业的废水达标排放和总量削减。加快淘汰小造纸、小化工、小制革、小印染、小酿造等不符合产业政策的重污染企业。进一步强化工业节水工作，制定高耗水行业废水排放限额标准，提高工业用水重复利用率。以造纸、酿造、化工、纺织、印染行业为重点，加大污染治理和技术改造力度。在钢铁、电力、化工、煤炭等重点行业推广废水循环利用，努力实现废水少排放或零排放。严格按照有关标准监测排入城镇排水系统的工业废水水质和水量，保证污水处理厂安全运行。

2. 全力保障饮用水水源安全。

取缔饮用水水源一级保护区内的直接排污口。完成地表水饮用水水源保护区划定和调整工作，确定保护区等级和界限，设立警示标志，关闭二级保护区内的直接排污口。开展饮用水水源地环境状况普查，编制饮水安全保障规划和管理办法及饮用水水源地环境保护规划。加强饮用水水源保护区水土保持、水源涵养，控制面源污染。严格限制在饮用水水源保护区上游建设水污染严重的化工、造纸、印染等类企业。开展地下水污染状况调查，编制地下饮用水水源地保护规划，防治地下水污染。重视对水体中持久性有机污染物的研究和防范。

健全饮用水水源安全预警制度，制订突发污染事故的应急预案。完善饮用水水源地监测和管理体系，每年对集中式饮用水水源地至少进行一次水质全分析监测，并及时公布水环境状况。

3. 推进重点流域水污染防治。

坚持不懈地推进“三河三湖”、松花江水污染治理，抓好三峡库区及其上游、南水北调水源地及沿线、黄河小浪底库区及上游的水污染治理。加强长江中下游、珠江及重要界河的水污染防治。落实流域治理目标责任制和省界断面水质考核制度，加快建立生态补偿机制。多渠道增加投入，加快治理工程建设。统筹流域水资源开发利用和保护，统筹生活、生产和生态用水，保证江河必需的生态径流。按照军地结合原则，继续开展重点流域和区域中军队单位的污水、垃圾治理，改善营区环境质量。加强国际合作，做好黑龙江、鸭绿江、伊犁河等界河的水质监测与治理。

以沿江沿河的化工企业为重点，全面排查排放有毒有害物质的工业污染源，并建立水质监测定期报告制度，督促其完善治污设施和事故防范措施，杜绝污染隐患。

（二）削减二氧化硫排放量，防治大气污染

以火电厂建设脱硫设施为重点，确保完成二氧化硫排放量减少10%的目标，遏制酸雨发展。以113个环保重点城市和城市群地区的大气污染综合防治为重点，努力改善城市和区域空气环境质量。

1. 确保实现二氧化硫减排目标。

实施燃煤电厂脱硫工程。实施酸雨和二氧化硫污染防治规划，重点控制高架源的二氧化硫和氮氧化物排放。超过国家二氧化硫排放标准或总量要求的燃煤电厂，必须安装烟气脱硫设施。“十一五”期间，加快现役火电机组脱硫设施的建设，使现役火电机组投入运行的脱硫装机容量达到2.13亿千瓦。新（扩）建燃煤电厂除国家规定的特低硫煤坑口电厂外，必须同步建设脱硫设施并预留脱硝场地。在大中城市及其近郊，严格控制新（扩）建除热电联产外的燃煤电厂。

专栏3 环境保护重点城市名单（共113个）

直辖市：北京、天津、上海、重庆；

省会城市：石家庄、太原、呼和浩特、沈阳、长春、哈尔滨、南京、杭州、合肥、福州、南昌、济南、郑州、武汉、长沙、广州、南宁、海口、成都、贵阳、昆明、拉萨、西安、兰州、西宁、银川、乌鲁木齐；

计划单列市：大连、青岛、宁波、厦门、深圳；

其他城市：秦皇岛、唐山、保定、邯郸、长治、临汾、阳泉、大同、包头、赤峰、鞍山、抚顺、本溪、锦州、吉林、牡丹江、齐齐哈尔、大庆、苏州、南通、连云港、无锡、常州、扬州、徐州、温州、嘉兴、绍兴、台州、湖州、马鞍山、芜湖、泉州、九江、烟台、淄博、泰安、威海、枣庄、济宁、潍坊、日照、洛阳、安阳、焦作、开封、平顶山、荆州、宜昌、岳阳、湘潭、张家界、株洲、常德、湛江、珠海、汕头、佛山、中山、韶关、桂林、北海、三亚、柳州、绵阳、攀枝花、泸州、宜宾、遵义、曲靖、咸阳、延安、宝鸡、铜川、金昌、石嘴山、克拉玛依。

2. 综合改善城市空气环境质量。

以颗粒物特别是可吸入颗粒物作为城市大气污染防治的重点，加快城区工业污染源调整搬迁，集中整治低矮排放污染源，重视解决油烟污染。加强建筑施工及道路运输环境管理，有效抑制扬尘。提高城市清洁能源比例和能源利用效率，大力开展节能活动。因地制宜地发展以热定电的热电联产和集中供热。在城区内划定高污染燃料禁燃区。

统筹规划长三角、珠三角、京津冀等城市群地区的区域性大气污染防治，有条件的城市要开展氮氧化物、有机污染物等复合污染问题以及灰霾天气的研究，逐步开展对臭氧和PM2.5（直径小于2.5微米的可吸入颗粒物）等指标的监测，建立光化学烟雾污染预警系统。

3. 加强工业废气污染防治。

以占工业二氧化硫排放量65%以上的国控重点污染源为重点，严格执行大气污染物排放标准和总量控制制度，加快推行排污许可证制度。促使工业废气污染源全面、稳定达标排放，实现增产不增污。工业炉窑要使用清洁燃烧技术，以细颗粒污染物为重点，严格控制烟（粉）尘和二氧化硫的排放。开展新一轮的除尘改造，推广使用高效的布袋除尘设施。继续抓好煤炭、钢铁、有色、石油化工和建材等行业的废气污染源控制，对重点工业废气污染源实行自动监控。大力推进煤炭洗选工程建设，推广煤炭清洁燃烧技术。继续开展氮氧化物控制研究，加快氮氧化物控制技术开发与示范，将氮氧化物纳入污染源监测和统计范围，为实施总量控制创造条件。

4. 强化机动车污染防治。

大型、特大型城市要把防治机动车尾气污染作为改善城市环境质量的重要内容。进一步提高机动车排放控制水平，规范在用机动车环保年检工作。改善油品质量，提高燃油的利用效率。大力开发和使用节能型和清洁燃料汽车，降低机动车污染物排放。

5. 加强噪声污染控制。

加强对建筑施工、工业生产和社会生活噪声的监管，及时解决噪声扰民问题。限制机动车在市区鸣笛，对敏感路段采取降噪措施，控制交通噪声。在大中城市创建安静小区。

6. 控制温室气体排放。

强化能源节约和高效利用的政策导向，加大依法实施节能管理的力度，加快节能技术开发、示范和推广，充分发挥以市场为基础的节能新机制，努力减缓温室气体排放。大力发展可再生能源，积极推进核电建设，加快煤层气开发利用，优化能源消费结构。强化冶金、建材、化工等产业政策，提高资源利用率，控制工业生产过程中的温室气体排放。加强农村沼气建设和城市垃圾填埋气回收利用，努力控制甲烷排放增长速度。继续实施植树造林、天然林资源保护等重点生态建设工程，提高森林资源覆盖率，增加碳汇和增强适应气候变化能力。加强温室气体排放的监测与统计分析。

（三）控制固体废物污染，推进其资源化和无害化

以减量化、资源化、无害化为原则，把防治固体废物污染作为维护人民健康，保障环境安全和发展循环经济，建设资源节约型、环境友好型社会的重点领域。

1. 实施危险废物和医疗废物处置工程。

加快实施危险废物和医疗废物处置设施建设规划，完善危险废物集中处理收费标准和办法，建立危险废物和医疗废物收集、运输、处置的全过程环境监督管理体系，基本实现危险废物和医疗废物的安全处置。完成历史堆存铬渣无害化处置。

2. 实施生活垃圾无害化处置工程。

实施城市生活垃圾无害化处置设施建设规划，新增城市生活垃圾无害化处理能力24万吨/日，城市生活垃圾无害化处理率不低于60%。推行垃圾分类，强化垃圾处置设施的环境监管。高度重视垃圾渗滤液的处理，逐步对现有的简易垃圾处理场进行污染治理与生态恢复，消除污染隐患。

3. 推进固体废物综合利用。

重点推进煤矸石、粉煤灰、冶金和化工废渣、尾矿等大宗工业固体废物的综合利用。到2010年，工业固体废物综合利用率达到60%。推进建筑垃圾及秸秆、畜禽粪便等综合利用。建立生产者责任延伸制度，完善再生资源回收利用体系，实现废旧电子电器的规模化、无害化综合利用。对进口废物加工利用企业严格监管，防止产生二次污染，严厉打击废物非法进出口。

（四）保护生态环境，提高生态安全保障水平

以促进人与自然和谐为目标，以生态功能区划分为基础，以控制不合理的资源开发活动为重点，坚持保护优先，自然修复为主，力争使生态环境恶化趋势得到基本遏制。

1. 编制全国生态功能区划。

在全国生态环境现状调查的基础上，依据生态环境敏感性和生态功能重要性编制全国生态功能区划，科学确定不同区域主导生态功能类型，划定对国家生态安全具有重要意义的重点生态功能保护区，指导生态保护工作，为实施环境保护分类管理提供科学依据，并与全国主体功能区划规划衔接协调。

2. 启动重点生态功能保护区工作。

明确重点生态功能保护区的范围、主导功能和发展方向，按照限制开发区的要求，探索建立生态功能保护区的评价指标体系、管理机制、绩效评估机制和生态补偿机制。提高重点生态功能保护区的管护能力。

3. 提高自然保护区的建设质量。

进一步完善自然保护区体系，基本建成类型齐全的自然保护区网络，使95%以上的典型自然生态系统类型、国家重点保护野生动植物物种及重要自然遗迹划入自然保护区保护范围。实现自然保护区建设由重数量向重质量转变，提高自然保护区的管护能力与建设水平。制定自然保护区规范化建设标准，按照相关规划继续推进自然保护区建设。90%以上自然保护区有健全的管理机构。初步建成全国自然保护区监测网络和综合信息平台。

4. 加强物种资源保护和安全管理。

开展物种资源调查。建设物种资源的数据库、种质库和基因库。建设物种资源就地、迁地和离体保护设施。建立物种资源进出口查验制度，强化外来物种和转基因生物体的生态影响监控、安全防治和应急机制。开展物种资源保护的宣传教育，提高公民保护物种资源的意识。

5. 加强开发建设活动的环境监管。

坚持保护优先、开发有序的原则，抓好长江上游等流域的水利开发、黄土高原能源矿产开发、东北黑土地开发等重点开发规划和项目的环境影响评价，有效控制开发建设中的水土流失。加大生态保护执法力度，打击破坏生态的违法活动。

加快建立矿山环境恢复保证金制度。推进矿山环境治理，促进新老矿山及资源枯竭型城市的生态恢复。强化旅游开发活动的环境保护，加大对旅游区环境污染和生态破坏情况的检查力度，重点加强对生态敏感区域旅游开发项目的环境监管，开展生态旅游试点示范。

（五）整治农村环境，促进社会主义新农村建设

按照“生产发展、生活宽裕、乡风文明、村容整洁、管理民主”的社会主义新农村建设要求，实施农村小康环保行动计划，开展农村

环境综合整治，加强土壤污染防治，控制农业面源污染，发展生态农业，优化农业增长方式。

1. 重点防治土壤污染。

开展全国土壤污染现状调查，建立土壤环境质量评价和监测制度，开展污染土壤修复示范。搬迁企业必须做好原厂址土壤修复工作，对持久性有机污染物和重金属污染超标耕地实行综合治理；污染严重且难以修复的耕地应依法调整用途。严格控制主要粮食产地和菜篮子基地的污水灌溉，加大对菜篮子基地的环境管理。

2. 开展农村环境综合整治。

推动编制农村环境综合整治规划。开展农村改水、改厕工作，改善农村环境卫生条件；生活垃圾实现定点存放、统一收集、定时清理、集中处理；采取分散或相对集中、生物或土地等多种处理方式，因地制宜推进乡镇生活污水处理；结合旧村改造、新村建设，美化村庄环境，改善村容村貌。完成1万个行政村的环境综合整治，建设2000个环境优美乡镇。加大农村企业污染监管和治理力度，禁止工业固体废物、危险废物、城镇垃圾及其他污染物向农村转移。

3. 防治农村面源污染。

开展小流域综合治理，控制水土流失。开展农村面源污染综合治理的试点、示范。推广科学施用农药、化肥，提高农药、化肥利用效率。推动绿色食品和有机食品基地建设，大力发展节水农业和生态农业。推广农业资源节约和综合利用，大力发展农业循环经济。以沼气建设为纽带，合理利用秸秆资源，加强集中式畜禽养殖场污水、粪便综合利用和处理，提高农户沼气普及率。

（六）加强海洋环境保护，重点控制近岸海域污染和生态破坏

以削减陆源污染物排放为重点，以重点海域污染治理为突破口，加强海洋生态保护，提高海洋环境灾害应急能力，改善海洋生态系统服务功能。

1. 努力削减陆源污染物入海量。

强化直接排海工业点源控制和管理，确保稳定达标排放。加快沿海城市污水处理厂和垃圾处理场的建设。强化对污泥和垃圾渗滤液的处置，防止产生二次污染，继续在沿海地区深入开展禁磷工作。

2. 加快重点海域污染治理。

深入开展渤海碧海行动，力争渤海水质有明显改善。加快编制并实施长江口及毗邻海域、珠江口及其海域污染治理规划。以重点海域污染治理带动海洋环境保护。

3. 防治港口和船舶污染。

制定并实施船舶污染治理技术政策和治理规划，针对各类船舶，分别提出安装污水处理设施和垃圾回收设施的技术要求和时限。到2010年，大中型海港都要建设船舶油类、化学品、垃圾、生活污水回收、转运设施。港口和船舶污水、垃圾处理设施建设要纳入城市污水、垃圾处理设施建设规划。加强对海洋倾废的监督管理。

4. 保护海洋生态环境。

以近岸海域为重点，加强海洋生态环境修复与保护。严格保护、合理利用岸线、滩涂资源，禁止不合理开发活动，防止滩涂及海水养殖造成的污染。推进海岸防护林建设，恢复和保护滨海湿地、红树林、珊瑚礁等典型海洋生态系统，建设一批海洋自然保护区。开展重点海域生物多样性普查，查清外来物种入侵现状，对引进外来海洋生物物种实行严格管理。

5. 防治海洋环境灾害。

建立跨部门的海上溢油监测与应急体系，提高海上溢油事故快速反应和处置能力。相关涉海部门和所有沿海城市、港口都要制订溢油应急预案。完善赤潮监测系统，提高早期预警能力，规范赤潮信息管理，建立赤潮灾害应急响应机制，尽可能减少赤潮造成的损失。

（七）严格监管，确保核与辐射环境安全

以核设施和放射源的安全监管为重点，加强放射性废物的处理处置能力，全面加强核与辐射安全管理，确保核与辐射环境安全。

1. 提高核设施建造质量和运行安全水平。

开发新一代核电厂安全评价技术，改进安全监管方法，提高核电站改造和运行安全监管

的有效性。健全民用核安全设备管理的立法，进一步加强对民用核安全设备设计、制造、安装等活动的管理，提高国产化设备质量。

2. 完善放射性同位素与射线装置的管理。

进一步加强放射性同位素与射线装置生产、使用、销售和进出口的安全许可和监督，完成辐射安全许可证的换发。建设对放射源实施全寿期跟踪的全国放射源管理信息系统。实现废弃放射源的安全收贮。

3. 加快治理放射性污染。

制定核设施安全退役政策。加快中低放废物近地表处置场建设。完成国家和省级放射性废物库建设。推进核工业遗留放射性废物治理。开展对铀矿冶和伴生放射性矿放射性污染现状调查、评价与污染防治的监督。

通过示范项目的实施，掌握高放废物处理技术，积极推进高放废液固化处理设施的建设。积极开展高放废物处置地质调查和勘探工作。开展高放废物处置长期安全研究，确定高放废物地质处置发展战略和总体安全目标。

4. 提高电磁辐射污染防治水平。

建立和完善防治电磁辐射污染的法规和标准，加强电磁辐射环境影响评价。优化电磁场的空间分布，合理布局场源建设，防止人口稠密区的电磁辐射污染。

（八）强化管理能力建设，提高执法监督水平

按照目标与手段相匹配、任务与能力相适应的要求，以监测评估、及时预警、快速反应、科学管理为目标，以自动化、信息化为方向，以建设先进的环境监测预警体系和完备的环境执法监督体系为重点，实施环境监管能力建设规划，积极争取各级财政投入，努力提高环境管理能力。

1. 建设先进的环境监测预警体系。

按照队伍专业化、装备现代化要求，推进各级环境监测站标准化建设。到2010年，80％的县级环境监测站达到建设标准。

按照布局科学、数据准确、传输及时的要求，建设全国空气、地表水、近岸海域、辐射、生态环境等环境质量监测网络，科学、全面、及时地反映环境质量状况和变化趋势。

按照动态监控、及时预警、准确计量的要求，建设重点污染源监督性监测和自动监测系统，实时监控排污状况。优先建设燃煤电厂在线监测系统。

2. 建设完备的环境执法监督体系。

提高环保执法装备水平，重点支持中西部地区执法能力建设。到2010年，省、市、县环保执法队伍基本达到能力建设标准化要求。加强国家、省和市级核安全与辐射环境监管能力建设，提高安全监督水平。

3. 建设环境事故应急系统。

建成国家环境突发事故应急监测网络及指挥中心，各省、市要建立相应的环境应急指挥系统。国家、省、市以及流域分别配备水、气环境突发事故应急监测车及仪器设备，重点海港和内河港口配备应急监测船。

4. 提高环境综合评估能力。

开展全国污染源普查、饮用水水源地调查、地下水污染现状调查、土壤污染现状调查、持久性有机污染物调查、重点设施电磁辐射调查和伴生放射性矿物资源开发利用调查。

加强环境统计能力建设，改革环境统计方法，开展统计季报制度，全面、及时、准确提供环境综合信息。定期开展环境质量和生态变化评估以及环境经济核算。

5. 建设“金环工程”。

建设国家和地方环境保护信息系统。构建环境保护信息基础网络平台，建设国家环境数据信息库和环境管理决策支持体系，建立高效、便捷的环境污染事故应急指挥信息传输系统，构筑数字环保，完善信息发布制度，促进环境信息共享。

6. 增强环境科技创新的支撑能力。

建成一批国家环境重点实验室、国家环境工程技术中心和环境基准实验室。初步建成国家环境标准样品研发与生产基地。

7. 加强队伍建设和人才培养。

加大环保管理干部和技术人员培训力度，培养高素质环保技术人才。实施资格认证制度，逐步扩大环保技术人员执业资格范围。加强环保队伍思想政治工作和廉政建设。

专栏4　环境监管能力建设重点内容

空气环境质量监测：填平补齐地级市空气自动监测站。建设农村空气质量背景站、质量监控点。建成国家酸沉降监测网和沙尘暴监测网。

水环境质量监测：加强国家地表水自动监测站建设，重点加强省界、国界及入海口实时监测与污染事故预警能力，加强近岸海域监测能力建设。

环境监测网常规监测：加强地表水、饮用水水源地、固体废物、土壤、生态、噪声、近岸海域等常规监测站的能力。

辐射环境监测：建设国控辐射自动监测站和核设施实时流出物监测系统。建设核安全监管技术支持系统。

环境应急监测：配备省级水、气环境突发事件应急监测车系统以及核污染与辐射应急监测仪器设备。

县级基本环境监测：配备实验室常规仪器，使东部、中部、西部地区县环境监测站建设达标率分别达到90％、80％、60％。

环境执法监督标准化：省级全部达到一级标准，市（地）级达二级标准的比例不低于90％，区县级达三级标准的比例不低于70％。

重点污染源自动监控：国控重点污染源安装自动监控设备，建立国家、省、市三级监控中心，实施联网监控管理。完善重点城市监测站污染源监督监测能力。

环境管理基础条件：落实环保机构基础设施和工作条件，建设一批环境重点实验室和工程技术中心、标准样品研发与生产基地，建设国家环境保护信息系统。

四、重点工程和投资重点

解决我国环境问题，必须以规划为依据，以项目为依托，以投资作保障，通过落实规划、落实资金、落实项目，把实现“十一五”环保目标落到实处。

（一）重点工程

加快完成国家“十五”各项重点治理计划的结转项目，及时开工列入国家“十一五”规划的项目，研究论证一批新的工程项目。“十一五”期间，重点实施10项环境保护工程。要调动各种资源，开辟多元化投资渠道，集中力量和资金，重点建设。

（二）投资重点

为实现“十一五”环境保护目标，全国环保投资约需占同期国内生产总值的1.35％。

1. 水污染治理。

为实现化学需氧量减少10％的目标，必须通过工程措施削减化学需氧量400万吨，其中：需新增城市污水处理能力4500万吨/日，形成化学需氧量削减能力300万吨；工业污水治理削减化学需氧量100万吨。水污染治理是投资的重中之重。

2. 大气污染治理。

为实现二氧化硫排放量减少10％的目标，在“十一五”新建燃煤电厂基本都安装脱硫设施的前提下，还必须通过工程措施削减现役火电机组二氧化硫490万吨，使现役火电机组投入运行的脱硫装机容量达到2.13亿千瓦，钢铁烧结机烟气脱硫等脱硫工程形成脱硫能力30万吨。推进其他工业废气治理、城市集中供热、集中供气等大气污染综合治理。

3. 固体废物治理。

继续实施危险废物和医疗废物处理设施建设规划，新增城市生活垃圾无害化处理能力24万吨/日，推进工业固体废物、废旧家电处置与综合利用等固体废物治理。

4. 核安全与放射性废物治理。

重点建设退役核设施与中低放射性废物处理处置、铀矿开采的污染防治等设施。

5. 农村污染治理与生态保护。

实施农村小康环保行动计划，启动农村环境治理，开展土壤污染调查与修复，强化重点生态功能保护区和自然保护区建设。

6. 能力建设。

建设先进的环境监测预警体系、完备的环境执法监督体系，增强环保科技与产业支撑能力。

（三）投资来源

1. 政府投资。

环境基础设施建设、重点流域综合治理、核

专栏5 “十一五”环境保护重点工程

环境监管能力建设工程：建设环境质量监测网络、环保执法能力、国控重点污染源自动在线监控系统、突发性环境事故应急系统、环境综合评估体系、“金环”工程、环境科技创新支撑能力建设。

危险废物和医疗废物处置工程：完成31个省级危险废物集中处置中心、300个设区市的医疗废物集中处置中心等建设任务。

铬渣污染治理工程：对堆存铬渣及受污染土壤进行综合治理。

城市污水处理工程：新增城镇污水处理规模4500万吨/日，改造和完善现有污水处理厂及配套管网，配套污泥安全处置和再生水利用。

重点流域水污染防治工程：治理重点工业污染源、水源地上游污染防治、规模化畜禽养殖污染治理和部分城市环境综合治理。

城市垃圾处理工程：新增城市生活垃圾处理规模24万吨/日。

燃煤电厂及钢铁行业烧结机烟气脱硫工程：使现役火电机组投入运行的脱硫装机容量达到2.13亿千瓦。

重点生态功能区和自然保护区建设工程：建立一批示范性国家重点生态功能保护区。完善一批国家级自然保护区的管护基础设施。

核与辐射安全工程：建成核设备性能鉴定实验室、放射性物质鉴定实验室、放射性废物安全管理中心、电磁辐射监测实验室、全国辐射环境监督监测国控网、国家核与辐射安全监督管理系统等。

农村小康环保行动工程：建成环境优美乡镇2000个，完成1万个行政村环境综合整治。

与辐射安全、农村污染治理、自然保护区和重要生态功能区建设、环境监管能力建设等，主要以地方各级人民政府投入为主，中央政府区别不同情况给予支持。

2. 企业投资。

工业污染治理按照“污染者负责”原则，由企业负责。其中现有污染源治理投资由企业利用自有资金或银行贷款解决。新扩改建项目环保投资，要纳入建设项目投资计划。

要积极利用市场机制，吸引社会投资，形成多元化的投入格局。“十一五”期间预计可征收排污费750亿元，用于污染治理，以补助或者贴息方式，吸引银行特别是政策性银行，积极支持环境保护项目。

五、保障措施

积极推进历史性转变，着力克服长期制约环境保护发展的制度性障碍，加大改革创新力度，完善体制，创新机制，加强法制，增加投入，提高环境保护工作水平。

（一）促进区域经济与环境协调发展

实施区域发展总体战略，将国土空间划分为四类主体功能区，既是优化经济布局、促进区域协调发展的战略举措，更是保护生态环境的一项基础性、长远性的根本措施，也为强化国家在环境保护领域的宏观调控和分类指导提供了依据。

1. 加强地区分类指导。

在国家区域协调发展战略框架下，西部地区要强化生态保护，依据国家政策和规划，稳步实施生态退耕，继续推进各类生态建设工程，建设重点生态功能保护区，加大荒漠化和石漠化治理力度，加强资源开发活动的环境监管，控制和防止重化工业和资源开发过程中的污染和生态破坏，加强三峡库区及其上游、黄河中上游等重点流域水污染与水土流失防治；东北地区要加强黑土地水土流失和东北西部荒漠化综合治理，加大资源枯竭型城市和矿山的生态修复，推进松花江、辽河、鸭绿江等流域和界河的污染治理，加快生态省和循环经济试点省建设步伐；中部地区要加快环境基础设施建设，加大重点流域的水污染治理力度，有效维护区域资源环境承载能力，严格控制污染物排放总量；东部地区要率先推进历史性转变，率先还清旧账，加快产业结构优化升级，促进增长方式的转变，加大长三角、珠三角、京津冀等沿海城市群区域环境综合整治力度，大幅度削减主要污染物排放总量。

2. 逐步实行环境分类管理。

按照全国主体功能区划的要求，对四类主体功能区制定分类管理的环境政策和评价指标体系，逐步实行分类管理。

在优化开发区域，坚持环境优先，优化产业结构和布局，大力发展高新技术，加快传统产业技术升级，实行严格的建设项目环境准入制度，率先完成排污总量削减任务，做到增产减污，解决一批突出的环境问题，改善环境质量。

在重点开发区域，坚持环境与经济协调发展，科学合理利用环境承载力，推进工业化和城镇化，加快环保基础设施建设，严格控制污染物排放总量，做到增产不增污，基本遏制环境恶化趋势。

在限制开发区域，坚持保护为主，合理选择发展方向，发展特色优势产业，加快建设重点生态功能保护区，确保生态功能的恢复与保育，逐步恢复生态平衡。

在禁止开发区域，坚持强制性保护，依据法律法规和相关规划严格监管，严禁不符合主体功能定位的开发活动，控制人为因素对自然生态的干扰和破坏。

3. 重点支持西部地区环境保护。

按照西部大开发总体战略和政策，加大对西部地区环境保护支持力度。加强对西部地区的政策指导，严格控制污染向西部地区转移。优先在西部地区建立和实施生态补偿机制。国家主要污染物排放总量指标、污染治理资金和能力建设资金，尽可能向西部地区倾斜。按照自愿互利原则，提倡东中部地区帮助西部地区加强能力建设和人才培养。做好对口援助西藏工作。

（二）加快经济结构调整

大力推动产业结构优化升级，促进清洁生产，发展循环经济，从源头减少污染，推进建设环境友好型社会。

1. 强化环境准入。

在确定钢铁、有色、建材、电力、轻工等重点行业准入条件时充分考虑环境保护要求，新建项目必须符合国家规定的准入条件和排放标准。已无环境容量的区域，禁止新建增加污染物排放量的项目。

依据国家产业政策和环保法规，加大淘汰污染严重的落后工艺、设备和企业的力度。把淘汰落后作为建设环境友好型社会的重要途径。

2. 加快推进循环经济。

根据发展循环经济的要求，制定相关配套法规，完善评价指标体系。实行有利于资源节约和循环经济发展的经济政策。推进重点行业、产业园区和省市循环经济试点工作，推广循环经济先进适用技术和典型经验，建设循环经济试点示范工程。加快制定重点行业清洁生产标准、评价指标体系和强制性清洁生产审核技术指南，建立推进清洁生产实施的技术支撑体系。进一步推动企业积极实施清洁生产方案。对污染物排放超过国家和地方标准或总量控制指标的企业，以及使用有毒有害原料或者排放有毒物质的企业，要依法实行强制性清洁生产审核。

3. 大力开展资源节约和综合利用。

按照低投入、高产出、低消耗、少排放、能循环、可持续的原则，把节能节水节地与削减污染物排放总量有机结合起来，实行统筹规划，同步实施，以提高能源资源利用效率为重要措施，完成“十一五”主要污染物减排目标。

（三）完善体制，落实责任

适应环境保护新形势，分清中央和地方事权，分清政府和企业职责，健全统一、协调、高效的环境监管体制。

1. 加强国家监察。

完善政策措施，加强对全国环境保护的评估、规划、宏观调控和指导监督。加快建立大区督察派出机构，加强区域、流域环保工作的协调和监督，查处突出的环境违法问题。

2. 加强地方监管。

坚持地方政府对行政区域环境质量负责，落实政府环境责任。建立环境保护目标责任制，加强评估和考核。

3. 落实单位负责。

综合运用约束机制和激励机制，促进企业和其他组织严格执行环境法规与标准，自觉治理污染，保护生态。建立企业环境信息公开制度，加强社会监督。建立企业环境监督员制度，实行职业资格管理。

4. 加强部门合作。

逐步理顺部门职责分工，增强环境监管的协调性、整体性。建立部门间信息共享和协调联动机制，充分发挥部际联席会议的作用。各有关部门依照各自职责，做好相关领域环保工作。环保部门要切实履行职责，统一环境规划，统一执法监督，统一发布环境信息，加强综合管理。

（四）创新机制，增加投入

努力推进政策创新，把政府调控与市场机制有机结合、法规约束与政策激励有机结合，以政府投入带动社会投入，以经济政策调动市场资源，以宣传教育引导公众参与，进一步完善政府主导、市场推进、公众参与的环境保护新机制。

1. 加大政府投入。

把环境保护投入作为公共财政支出的重点并逐步增加。国家基本建设投资要继续向环境保护倾斜，对国家环保重点工程和列入国家环境治理规划的项目，区分不同情况给予支持。各级政府都要加大对污染防治、生态保护和环境公共设施建设的投资，把环保部门工作经费纳入各级财政支出预算，切实提高环保机构经费保障程度。加强排污费资金使用管理，加强资金使用效益的监督与评估。在合理划分中央和地方事权的基础上，中央政府加大对中西部地区环境保护支持力度。

2. 完善环境经济政策。

在资源税、消费税、进出口税改革中充分考虑环境保护要求，探索建立环境税收制度，运用税收杠杆促进资源节约型、环境友好型社会的建设。

发挥价格杠杆的作用，建立能够反映污染治理成本的排污价格和收费机制，有条件的地区和单位可实行二氧化硫等排污权交易。实现环境成本内部化，促进企业减少排污，提高环境污染治理效果。对可再生能源发电、脱硫电厂和垃圾焚烧发电厂实行优先上网或提高电价等优惠政策，实行脱硫电价的动态管理。

全面征收城市污水、生活垃圾、危险废物和医疗废物处理处置费及放射性废物收储费，保证治理设施和收储设施正常运行。加大排污费征收和稽查力度，进一步完善排污收费制度。加快市政公用事业改革，鼓励各类企业参与环保基础设施建设和运营，推进污染治理市场化。

完善信贷政策，鼓励银行特别是政策性银行对有偿还能力的环境基础设施建设项目和企业治污项目给予贷款支持。探索建立环境责任保险和环境风险投资。积极扩大利用外资渠道，继续争取国际组织和外国政府无偿援助和优惠贷款。

按照“谁开发谁保护、谁破坏谁恢复，谁受益谁补偿，谁排污谁付费”的原则，以三峡库区、南水北调水源区、重点能源开发区和国家级自然保护区为突破口，扩大试点，完善生态补偿政策，建立生态补偿机制。

（五）强化法治，严格监管

强化法治既是防治污染、保护生态的关键，也是参与环境与发展综合决策，推动经济增长方式根本性转变的有效手段。采取有力措施，着力解决法规不健全、执法难度大、违法成本低、违法不究、执法不严的问题。

1. 完善法规标准体系。

抓紧修订和完善现行法规标准，填补法律空白。重点是配合做好《中华人民共和国环境保护法》、《中华人民共和国水污染防治法》的修订工作，拟订有关土壤污染、化学物质污染、生态保护、生物安全、遗传资源、臭氧层保护、核安全、循环经济、环境监测、环境损害赔偿等方面的法律法规草案。各地也要完善地方性法规。完善技术规范和环境标准体系，科学确定标准限值，鼓励各地制订更加严格的地方污染物排放标准。

积极配合司法部门，通过司法手段保障环境执法的权威和有效性。

2. 完善执法监督体系。

按照权责明确、行为规范、监督有力、高效运转的要求，明确执法责任和程序，提高执法效率，强化执法监督，坚决做到有法必依、执法必严、违法必究。

深入开展整治违法排污企业、保障群众健康专项行动，严厉查处环境违法行为和案件。

持续开展环境安全检查，重点排查沿江沿河和人口密集区的石油、化工、冶炼等企业，努力消除环境隐患。加强危险化学品、危险废物、放射性废物监管，防范环境风险。各级政府和重点企业要制订应急方案，配备必要应急设施，提高突发环境事件的处置能力。

3. 着重落实三项环境管理制度。

落实污染物排放总量控制制度。把主要污染物排放总量控制计划指标层层分解，落实到基层和排污单位。加强污染物排放监测和统计。综合运用排污许可、排污收费、强制淘汰、限期治理和环境影响评价等各项环境管理制度和手段，实现总量控制目标。

强化环境影响评价和“三同时”（建设项目环保设施同时计划、同时施工、同时投产使用）制度。在加快试点的基础上推进各类发展和建设规划的环境影响评价，从源头上防止环境污染和生态破坏。严格建设项目环境影响评价和“三同时”管理，加强环评资格管理，提高环评质量，落实环评责任制。严格“三同时”验收，尽快扭转重审批轻监管、重事前评价轻事后评估和不审批就开工、不验收就投产的局面。

实行环境目标责任制。把“十一五”环保目标和任务分解到各级政府，层层抓落实。建立环境管理绩效考核机制，把环境保护纳入经济社会发展评价体系。制订科学的评价指标，纳入党政干部政绩综合评价体系。建立环境保护问责和奖惩制度，严格执行《环境保护违法违纪行为处分暂行规定》。

（六）依靠科技，发展产业

以科技创新为动力，以产业发展为支撑，努力提高环境保护技术水平。

1. 大力促进科技创新。

为提高科技引领和支撑环境保护的能力，以国家中长期科学和技术发展规划纲要中的环境重点领域及其优先主题为龙头，全面实施科技创新工程；以基础理论和技术创新为支撑，全面实施环境标准体系建设工程；以提高环境管理和污染防治技术为目标，全面实施环境技术管理体系建设工程。加强气候变化领域的基础研究，进一步开发和完善研究分析方法。

深化环境科技体制改革，团结各方面力量，优化整合环境科技资源，培养环境科技人才，建设环境科技支撑体系，提升环境科技创新能力。努力提高环境决策的科学化和民主化。

2. 积极促进环保产业发展。

以环境保护重点工程为需求，以环保示范工程为依托，以标准化、系列化、国产化、现代化为导向，自主创新和引进消化吸收相结合，大力发展环保装备制造业。

以环境影响评价、环境工程服务、环境技术研发与咨询、环境风险投资为重点，以市场化为主体，积极发展环保服务业。

制定发展规划，推进技术进步，加强行业自律，规范市场行为，促进公平竞争，推动环保产业健康发展。

加大对外开放，实施引进来、走出去战略，支持各类所有制企业进入环保产业。培育一批具有自主品牌、核心技术能力强、市场占有率高、能够提供较多就业机会的优势企业和企业集团，使环保产业成为国民经济的新兴支柱产业。

（七）动员社会力量保护环境

开展各类环境宣传教育活动，实行环境信息公开，动员社会各界力量参与环境保护。

1. 增强全社会生态文明意识。

不断增强各级干部和广大群众的环境意识和法制观念，重点加强对领导干部的环境教育和培训。充分发挥舆论引导和监督作用，大力宣传环境保护的方针政策和法律法规，公开曝光环境违法行为。抓好环保基础教育、专业教育、社会教育和岗位培训。全方位、多层次推广适应建立资源节约型、环境友好型社会要求的生产生活方式。

2. 扩大公众环境知情权。

推行政务公开，实行环境保护政策法规、项目审批、案件处理等政务公告公示制度。完善环境信息政府网站，公开发布环境质量、环境管理等环境信息。依法推进企业环境信息公开，开展上市公司的环境绩效评估和环境信息公告。

3. 完善公众参与环境保护机制。

专栏6　“十一五”环境科技创新的优先领域

水污染防治：包括饮用水安全保障及关键支撑技术；流域（区域）水污染控制与工程示范等。

大气污染防治：包括区域大气污染现状、成因与污染损失评估；城市大气环境污染与控制；工业废气治理技术等。

土壤污染防治与农村环境综合整治：包括土壤污染与修复技术；农村环境综合整治与农村面源污染防治等。

固体废物与化学品污染防治：包括固体废物物质流特征与污染控制技术；危险废物处理处置技术；化学品环境效应与风险评估技术等。

生态保护与生态建设：包括国家重要生态功能区的保护与建设、区域生态环境保护与生态系统监测技术等。

核与辐射安全：包括核安全风险评估与放射性废物污染控制、核与辐射最优化管理、电磁辐射与环境安全等。

环境综合管理关键科学技术支撑：包括污染物排放总量核定、环境监管与应急预警；环境监测统计与信息管理；环境标准与基准；环境政策与法规等。

循环经济共性技术：包括产业污染防控和资源化技术；工业园区生态化改造技术；物质流分析和控制途径；污染控制技术经济政策等。

环境与健康：包括环境污染与健康危害；污染对人体健康影响的机理与识别技术等。

全球环境问题：包括全球气候变化影响的适应技术与对策；持久性有机污染物控制技术；生物多样性与生物安全支撑技术等。

大力普及环境科学知识，实施千乡万村环保科普行动计划。推广环境标志和环境认证，倡导绿色消费、绿色办公和绿色采购，广泛开展绿色社区、绿色学校、绿色家庭等群众性创建活动，充分发挥工会、共青团、妇联等群众组织、社区组织和各类环保社团及环保志愿者的作用。加强信访工作，充分发挥12369环保热线的作用，拓宽和畅通群众举报投诉渠道。

开展环境公益诉讼研究，加强行政复议，推动行政诉讼，依法维护公民环境权益。完善公众参与的规则和程序，采用听证会、论证会、社会公示等形式，听取公众意见，接受群众监督，实行民主决策。

（八）积极开展环境保护国际合作

把环境保护作为我国对外开放的重要领域，继续扩大对外开放，在国际环境事务中发挥更加积极的作用。

1. 积极参与全球环境保护。

坚持“共同但有区别的责任”原则，积极参与国际环境公约和世贸组织环境与贸易谈判，维护我国和广大发展中国家环境权益。履行相应国际义务，大力推进国内履约工作，加快消耗臭氧层物质的淘汰进程，努力控制温室气体排放。

2. 广泛开展国际环境合作。

巩固并深化与重要大国、大国集团、传统友好国家的环境合作，重点加强与周边国家的环境合作，扩大与发展中国家的环境合作，继续深化与联合国环境规划署、世界银行、全球环境基金等国际组织的合作。通过合作与交流，宣传我国环境保护政策和进展，维护我国及发展中国家的环境权益。

引进国外资金、技术和管理经验，提高我国环保技术和管理水平。推动我国环保设备和技术走向国际市场。加强自主创新能力，积极推进减少温室气体排放的国际合作与技术转让。

加强环境与贸易的协调。积极应对绿色贸易壁垒，完善对外贸易产品的环境标准，建立环境风险评估机制和进口货物的有害物质监控体系，既要合理引进可利用再生资源和物种资源，又要严格防范污染引进、废物非法进口、有害外来物种入侵和遗传资源流失。

六、规划实施与考核

实施本规划，是全社会共同的义务，更是各级人民政府的重要责任。各级人民政府都要切实履行职责，加大工作力度，确保环保投入，引导社会资源，做到责任有主体，投入有渠道，任务有保障，逐项落实本规划提出的各项任务和保证措施。

“十一五”主要污染物排放总量控制指标，是国家“十一五”规划纲要确定的约束性指标，已经下达到各省、自治区、直辖市。各省、自治区、直辖市要层层分解，落实到各地区，落实到重点行业和单位，确保完成。

专栏7 “十一五”环保产业优先发展领域

水污染防治技术与装备：重点发展富营养化污染防治、污废水回用、饮用水中有机物与微污染去除、高负荷生物脱氮除磷、高效厌氧好氧生物处理、高盐度及难降解有毒有机废水处理、污泥稳定化与资源化、河口与海岸溢油和化学事故应急控制等。

大气污染防治技术与装备：重点发展300MW以上火电厂机组脱硫、可资源化脱硫脱硝、选择性催化还原烟气脱硝、大型燃煤电厂锅炉袋式除尘、柴油发动机排气净化、汽油车和摩托车排气催化等。

固体废物处理处置技术与装备：重点发展600t/d以上大型城市垃圾焚烧、焚烧烟气和二恶英控制、2000m^3/h以上填埋气体处理与回收利用、200t/d以上中温和高温厌氧消化、30t/d以上回转窑危险废物集中焚烧、特殊危险废物等离子体高温处理等。

污染场地修复技术：重点发展减少土壤污染的高效生态调控和修复、土壤化学污染修复、矿山废弃地植被恢复、矿山废弃物资源利用、矿山酸性废弃物堆场生态修复、碱性赤泥堆场生态恢复及稳定等。

环境监测技术与装备：重点发展在线自动监测系统、危险废物鉴别专用仪器、细微颗粒物和有机污染物采样仪器、二恶英分析设备、污染事故应急监测技术与仪器、污染远距离遥测系统。

物理污染控制：重点发展城市交通噪声与振动控制、城市社区和建筑物配套设施噪声与振动控制、声源控制和低噪声设备、电磁污染控制、光污染控制等。

专用药剂和材料：重点发展膜材料与膜组件、耐高温耐腐蚀的袋式除尘滤料、高效生物填料和专用催化剂、垃圾卫生填埋防渗材料等。

资源综合利用：重点发展废品回收利用，再生水、微咸水、海水淡化等非常规水资源化，高效冷却节水，报废汽车、废旧轮胎、废旧家电、电子废物和尾矿再利用等。

污染治理设施建设运营和咨询服务业：重点推进城市污水、垃圾、危险废物等环境设施建设运行市场化；规模化工业废水处理、电厂脱硫、除尘设施专业化运营；大力发展环境保护的技术咨询和管理服务。

环境服务贸易：建立与国际接轨的环境服务标准体系；推动环境工程设计与施工领域对外承包工程；鼓励出口环境产品和服务。

专栏8 我国参加的国际环境公约

公约名称	批准时间	国内负责部门
《濒危野生动植物国际贸易公约》	1981年4月8日	林业局
《防止倾倒废物和其他物质污染海洋的公约》	1985年9月6日	海洋局
《关于保护臭氧层的维也纳公约》	1989年9月11日	环保总局
《关于消耗臭氧层物质的蒙特利尔议定书》伦敦修正案	1991年6月14日	环保总局
《关于控制危险废物越境转移及其处置的巴塞尔公约》	1991年9月4日	环保总局
《关于特别是作为水禽栖息地的国际重要湿地公约》	1992年7月31日	林业局
《生物多样性公约》	1992年11月7日	环保总局
《联合国气候变化框架公约》	1992年11月7日	发展改革委
《核安全公约》	1996年4月9日	环保总局
《防治荒漠化公约》	1996年12月30日	林业局
《关于控制危险废物越境转移及其处置的巴塞尔公约》修正案	2001年5月1日	环保总局
《京都议定书》	2002年8月1日	发展改革委
《关于消耗臭氧层物质的蒙特利尔议定书》哥本哈根修正案	2003年4月22日	环保总局
《关于持久性有机污染物的斯德哥尔摩公约》	2004年6月25日	环保总局
《关于在国际贸易中对某些危险化学品和农药采用事先知情同意程序的鹿特丹公约》	2004年12月29日	环保总局
《卡塔赫纳生物安全议定书》	2005年4月17日	环保总局
《〈防止倾倒废物和其他物质污染海洋的公约〉1996年议定书》	2006年6月29日	海洋局

要在本规划指导下，抓紧编制重点领域、流域和地区的环境保护专项规划并组织实施。

要做好环境保护规划与经济社会发展相关规划的衔接协调，相互促进，同步实施。各地区也要做好本地区环境保护规划的编制，经批准后实施。

加强部门合作，共同推进规划实施。发展改革部门要制定有利于环境保护的产业、价格、投资政策，把重点环保工程纳入经济社会发展规划和计划。财税部门要研究制定有利于环境保护的财税政策，建立和完善生态补偿机制，支持环境监测预警体系、环境执法监督体系建设。建设部门要做好城市污水、垃圾处理、园林绿化等环境建设与管理。国土资源、交通、水利、农业、林业、旅游、海洋等有关部门也要依据各自职责，支持和推进环境保护。

环保部门要建立评估考核机制，加强对规划执行情况的督促和检查，加强环境统计和监测，每半年公布一次各地区主要污染物排放情况、重点工程项目进展情况、重点流域与重点城市的环境质量变化情况。

在2008年底和2010年底，分别对本规划执行情况进行中期评估和终期考核。

国家食品药品安全“十一五”规划

（2007年5月11日）

为进一步加强对食品、药品、餐饮卫生等的监管工作，不断提高公众饮食用药安全水平，促进社会和谐稳定，依据《中华人民共和国国民经济和社会发展第十一个五年规划纲要》和党中央、国务院有关方针政策，制订本规划。

一、指导思想与基本原则

（一）指导思想

以邓小平理论和“三个代表”重要思想为指导，认真落实科学发展观，全面履行政府社会管理和公共服务的职责，加强食品药品监管设施建设，完善技术标准体系，大力提高检测技术水平，创新监管机制，规范监管行为，提升监管能力和水平，保障公众饮食用药安全，为全面建设小康社会和构建社会主义和谐社会做出应有贡献。

（二）基本原则

一是坚持以人为本，服务大局。必须把保障公众饮食用药安全作为全部工作的出发点和落脚点，确保食品药品安全监管工作与经济社会发展相适应、与全面建设小康社会的总体目标相适应、与国家行政管理体制改革相适应。

二是坚持科学监管，创新机制。必须树立科学监管理念，完善技术支撑体系，提高食品药品安全监管能力和水平，创新监管制度，建立起适应国情和社会主义市场经济体制要求的监管新机制。

三是坚持全程监管，依法行政。必须依法加强食品药品安全监管，继续完善食品药品安全监管的法律法规，严格执法，规范监管行为，实现食品药品各环节的全程动态、规范有效地监管。

四是坚持统筹兼顾，整合资源。必须立足于充分利用现有资源，优化资源配置，充分发挥食品药品监管各领域、各环节的作用，建立协同作战、齐抓共管的食品药品安全监管机制，促使有效资源发挥最大效益。

五是坚持加强基层，强化基础。必须将食品药品安全监管的基层和基础工作作为重中之重，组织动员足够的资金、技术和人才充实到基层和基础工作，促使食品药品安全监管的基层建设和基础工作明显加强。

二、发展目标

经过五年左右的努力，食品药品监管体制和机制逐步完善；法律法规体系较为完备；监管队伍素质全面提高，依法行政能力进一步提升；基础设施建设加强，技术装备进一步改善，食品药品安全标准建设和检测技术水平显著提高；食品药品生产经营秩序明显好转；生产、销售假冒伪劣食品药品违法犯罪活动得到有效遏制，食品药品安全事故大幅减少。

（一）到“十一五”末期，食品安全保障体系基本建立

——食品安全信息监测覆盖面达到90%；

——大中城市批发市场、大型农贸市场和连锁超市的鲜活农产品的抽检质量安全合格率达到95%；

——重大食品安全事故处理率达到100%；

——食品召回覆盖面达到80%；

——食品生产企业全国专项检查覆盖面达到90%。

（二）到“十一五”末期，药品监管水平明显提高

——农村药品监督网覆盖率达到100%，农村药品供应网覆盖率保持在80%以上；

——对于现有国家药品标准的独立全项检验能力，省级药品检验机构和口岸药品检验机构达到100%，市（地）级药品检验机构达到80%；

——国家级医疗器械检验机构对归口产品检验能力达到100%，省级医疗器械检验机构对市场常规产品检验能力达到95%以上；

——药品监督抽验覆盖面由现在的30%提高到80%。

三、主要任务

（一）食品安全

1. 加强食品安全监测。

制订食用农产品产地区划。建立农产品产地环境安全监管体系，系统调查农产品产地污染状况，开展重点地区、典型农产品产地环境质量安全监控。强化对农业投入品的质量和环境安全管理。建立国家农兽药残留监控制度，农产品质量安全例行监测由目前的37个城市扩展到全国所有大中城市。建立原粮污染监控制度，开展原粮质量安全和卫生监测，建设粮食质量安全和原粮卫生监测网络。开展非食品原料风险监测，系统调查非食品原料污染情况，建立重点食品强制性标准全国专项检查制度，实施电子标签管理制度，建立和规范食品召回监督管理制度。完善食品安全卫生质量抽查和例行监测制度，建立食品质量监测直报点。完善国家食品污染物和食源性疾病监测网络。

专栏1　食品安全监测

环境监测监控◆加强全国重点城市“菜篮子”基地环境监测监控，对环渤海地区、珠江三角洲、长江三角洲进行农产品产地环境安全性区划与重点污染源监控。建立重点城市农产品产地环境监测网点，建设全国农产品产地环境质量数据库共享平台。

市场质量监测监控◆完善市场例行监测制度，在大中城市批发市场、大型农贸市场和连锁超市建立鲜活农产品质量监测监控点。

食品污染物和食源性疾病监测◆完善以省（区、市）为监控单位，下设市、县监测点的食品污染物和食源性疾病监测网。

基地建设◆建立基于循环经济模式的农产品、食品示范基地；加快无公害食品（农产品）、良好农业规范、绿色食品、有机食品基地建设。

非食品原料监测和食品召回◆完善省、市、县三级非食品原料污染监测网，对重点地区、重点产品、重点物质开展非食品原料风险监测工作。对肉制品、乳制品、饮料、粮食加工品、食用植物油等高风险食品开展食品召回工作。

2. 提升食品安全检验检测水平。

整合并充分利用现有食品检验检测资源，

严格实验室资质管理，初步建立协调统一、运行高效的食品安全检验检测体系，实现检测资源共享，满足食品生产、流通、消费全过程安全监管的需要，力争使国家级食品安全检测机构技术水平达到国际先进水平。促进检验检测机构社会化，积极鼓励和发展第三方检测机构。

专栏2　食品安全检测能力建设重点

农产品质量安全检验检测◆在整合现有资源的基础上，建设国家级农产品质量标准与检测技术研究中心、专业性农产品质检中心、区域性质检中心、省级综合性农产品质检中心和县级农产品检测站。

食品质量安全检测◆加强国家级食品质量监督检验中心和市县产品质量检验机构食品质量安全检测能力的建设。

食品污染物和食源性疾病检测◆推广餐饮业常见危害因素的检测技术，完善餐饮业10种常见化学性和生物污染因素的快速检测技术。

快速检测◆根据需要为食品安全监督管理部门逐步配备必要的快速检测设备和快速检测车。

3. 完善食品安全相关标准。

进一步加大食品安全标准的制订修订工作的力度，基本建立统一、科学的食品安全标准体系。推动我国食品安全标准采用国际标准和国外先进标准的进程，积极参与国际标准制订修订。根据我国食品生产、加工和流通领域具体情况，制订具有可操作性的过渡标准或分级标准。

专栏3　食品安全相关标准制订重点

环境污染控制标准◆制订以粮食作物、蔬菜、畜产品和水产品产地环境为重点的污染控制标准。

食品安全相关标准◆制订无公害农产品、良好农业规范、有机食品、绿色食品认证和监管所需的产地环境标准，粮食及主要农产品标准，农药、化肥合理使用标准，转基因生物安全标准，动物疫病防治标准；完成约500项农药、兽药、有害重金属元素限量和检验方法等方面标准制订和修订；完成生物毒素、有害微生物限量和检验方法等方面标准的制订和修订；完成营养标识、食品容器和包装材料卫生标准、食品污染物基础卫生标准和检验方法、食品产品卫生标准、食品添加剂使用卫生标准制订和修订；制订鲜活食品冷链物流温度及操作规程等储运及流通安全相关标准。

标准化示范◆建立大宗鲜活农产品、优势农产品和出口农产品质量安全标准化示范体系和国家级农业标准化示范区。

4. 构建食品安全信息体系。

充分利用现有信息资源和基础设施，建立国家食品安全信息平台，形成包括国家、省、市、县四级的食品安全信息网络和国家对重点企业的食品安全要素的直报网络；建立高性能、易管理、安全性强的食品安全动态信息数据库；建设国家食品安全基础信息共享系统，形成服务于食品安全监测分析、信息通报、事件预警、应急处理和食品安全科研及社会公众服务的网络协同工作环境。加快建立食品安全信息统一发布制度。

专栏4　食品安全信息化建设重点工程

食品安全信息监测网络◆建立并完善食品安全信息监测网络，逐步形成统一、科学的食品安全信息评估和预警体系。

电子监管◆逐步建立食品生产加工、流通环节电子监管网，实现食品生产加工、经营企业条件和产品质量电子监管。

食品安全信息中心◆以食品安全信息网络为基础，在整合现有资源的基础上，建立食品安全信息中心，对食品安全信息进行分类、筛选，综合分析和监测；对食品安全状况做出评价和预警。

5. 提高食品安全科技支撑能力。

开展食品安全科学的基础研究、高技术研究、关键技术研究和食品安全科研基础数据共享平台建设，加强应用技术和相关战略研究。

跟踪研究国际食品法典委员会标准、主要贸易国食品安全监管手段以及世界贸易组织《实施卫生与植物卫生措施协定》和《技术性贸易壁垒协定》通报评议。加强食品安全技术能力建设，初步建成既有自主创新能力又与国际接轨、开放的食品安全科研体系。加强食品安全人才队伍和学科建设。

专栏5　食品安全科技研究重点

跟踪研究◆包括国际食品法典、主要贸易国食品安全管理体系和政策、法律法规与标准、安全保证技术措施、关键检测技术等内容。

评价技术研究◆涉及食品新原料、新技术和新工艺以及转基因食品、食品添加剂、食品接触材料。风险评估技术研究涉及病原微生物、农兽药残留、新资源食品、化学性（含生物毒素）危害物等；建立食源性危害的危险性评估模式和方法；提出高风险食品目录和危险性控制措施。

应用技术研究◆包括食品品种特征溯源技术、食品产地图谱技术、食品产地标签和条码示踪技术、农产品质量安全溯源技术和检验检测技术、食品加工、流通过程中检测技术、食品制假售假检测技术、食品安全快速检测技术、实验室确证技术、检测技术规范和安全性验证方法、食品安全突发事件预警技术以及食品生产、加工和运输过程中的食品安全控制技术研究。

6. 加强食品安全突发事件和重大事故应急体系建设。

完善食品安全应急反应机制，建立实施食品安全快速反应联动机制。加强应急指挥决策体系、应急监测、报告和预警体系、应急检测技术支撑系统、应急队伍和物资保障体系，以及培训演练基地、现场处置能力建设，提升政府应急处置能力。全面加大食品安全重大事故的督查督办力度，健全食品安全事故查处机制，建立食品安全重大事故回访督查制度和食品安全重大事故责任追究制度，逐步完善国家食品安全监察专员制度。

专栏6　食品安全应急体系建设要点

应急反应与处理◆逐步建立食品安全突发事件和重大事故应急反应联动网络平台，加强应急指挥决策体系建设。

食物中毒快速反应◆建立餐饮业食物中毒举报投诉系统和餐饮业食物中毒快速反应处理系统，提高食物中毒处理和溯源能力。

食品加工、流通环节快速反应◆建立食品生产加工、流通环节突发事件应急快速反应处理系统。

7. 建立食品安全评估评价体系。

逐步建立食品安全风险评估评价制度和体系，研究食品可能发生的危害后果及其严重性，以及危害发生的概率，并据此划分食品的风险等级，其动态评估结果作为政府食品安全决策和管理的基础。

专栏7　食品安全评价评估

调查评价◆对畜禽、果蔬、水产品、酒类、乳制品、婴幼儿食品、粮油及制品、调味品、方便食品、豆制品、饮用水、食品添加剂、食品包装材料的安全性和企业食品安全监管制度建设及落实情况进行调查、评价。

风险评估◆开展农兽药残留、有毒有害物质污染、食品添加剂、食品包装材料、食品加工工艺和设备对食品安全危害程度的风险评估。

重点食品专项检查◆每年对15大类重点食品组织实施全国专项检查，对生产加工企业产品开展强制性标准的检测，年度滚动实施。

8. 完善食品安全诚信体系。

进一步增强全社会食品安全诚信意识，营造食品安全诚信环境，创造食品安全诚信文化。初步建立食品安全诚信运行机制，全面发挥食品安全诚信体系对食品安全工作的规范、引导、督促功能。逐步建立企业食品安全诚信档案，推行食品安全诚信分类监管。完善“食品安全工作地方政府负总责，企业是食品安全第一责任人”制度，加强行业自律，建立食品企业红黑榜制度。

专栏8　食品安全诚信

食品安全诚信分类监管◆建立食品生产经营主体登记档案信息系统和食品生产经营主体诚信分类数据库，广泛收集食品生产经营主体准入信息、食品安全监管信息、消费者申诉举报信息等，完善食品生产经营主体诚信分类监管制度。

量化分级管理◆全面推行食品卫生监督量化分级管理，强化食品卫生许可和监督管理。

9. 继续开展食品安全专项整治。

严厉打击生产经营假冒伪劣食品行为，重点开展高风险食品安全专项整治，进一步提高与公众日常生活密切相关的粮、肉、蔬菜、水果、奶制品、豆制品、水产品等重点品种和种植养殖、生产加工、流通及消费重点环节的食品安全水平。完善食品安全区域监管责任制，进一步加强和改进对食品企业日常监管措施，探索农村小型食品生产加工、经营企业的有效监管模式，有效遏制使用非食品原料、滥用食品添加剂和无证照生产加工食品的违法行为。进一步加强食品市场监管力度，继续整顿和规范食品广告，重点整治中小城市食品广告。结合社会主义新农村建设，全面加强农村食品安全监管工作，指导和开展农村食品安全专项整治，建设农村食品现代流通网、社会监督网和监管责任网，全面提升农村食品安全保障能力。

专栏9　食品安全专项行动

农村食品安全专项◆加强种植养殖业农兽药残留、畜禽产品违禁药物滥用、水产品药物残留专项整治。逐步建立农村食品安全综合监管网。建立并推广农村小型食品及农产品加工企业质量安全控制体系。开展农村及城乡结合部食品市场专项整治。加强农村小餐馆和群体性聚餐的监督管理，建立申报指导制度。

畜禽屠宰加工行业整治专项◆严厉打击私屠滥宰，建立病害肉无害化处理保障制度。

高风险食品生产加工业整治专项◆对高风险食品每年确定重点，在生产加工业开展全面检查检测，实施专项整治。

标签标识管理◆加强食品、食品添加剂、食品包装材料的标签标识管理。

安全保障◆实施2008年北京奥运会、2010年上海世博会食品安全保障工程。

示范项目◆组织实施食品生产加工质量安全专项整治和小企业、小作坊专项监管示范工程；组织实施食品市场建立健全自律制度示范工程；建设“食品安全供应链示范项目”、“百家放心肉示范厂”培育工程、“百家绿色市场”。

10. 完善食品安全相关认证。

建立健全“从农田到餐桌”全过程的全国统一的食品认证体系，完善认证制度。建立农产品产地认定和产品认证制度，积极开展有机食品、绿色食品等认证工作，加大推进无公害农产品认证和饲料产品质量认证力度。对农业投入品生产企业、农产品加工企业、农业生产过程进行管理体系认证。完善良好农业规范、良好生产规范、良好储藏和运输规范、危害分析和关键控制点、绿色市场认证，提高食品企业自身管理能力。加快我国食品认证的国际互认进程。

专栏10　进出口食品安全管理重点

完善进出口食品安全质量管理体系◆开展风险分析，建立和完善进口食品的检验检疫准入程序以及各类食品的准入要求；实施进口食品质量安全监控计划。建立出口食品疫情疫病、农兽药残留监控体系，对出口食品生产加工企业实施电子监管。推行出口食品质量追溯和召回制度，构建风险预见与快速反应体系，发布进出口食品红黑企业名单。

提高进出口食品检验检疫技术保障能力◆加强进出口食品检测能力和专家队伍建设，完善进出口食品安全信息系统。

11. 加强进出口食品安全管理。

建立和完善进口食品质量安全准入制度，制订科学合理与国际接轨的准入程序。在对食品风险分析的基础上实施分类管理，提高进口食品检验检疫的有效性。完善进口食品查验制度，重点对食品中农兽药、食品添加剂、致病微生物、有毒有害物质、标签标识进行查验。建立和完善“一个模式，十项制度”（即“公司+基地+标准化”管理模式，种植养殖基地备案管理等十项管理制度）的出口食品安全管理体系。充分运用世界贸易组织《技术性贸易壁垒协定》和《实施卫生和植物卫生措施协定》规则，建立完善的食品安全技术性贸易措施体系。制定进出口食品质量安全控制规范，制订、修订与食品检测相关的检验检疫行业标准。

专栏11　食品安全宣传、教育和培训

食品安全宣传和教育◆开展“食品安全进农村”、“食品安全进社区”、“食品安全进校园”活动。开展“绿色消费”理念和食品安全知识普及教育。

食品安全监管人员素质提升工程◆对食品安全监管的行政执法人员和专业技术人员进行必要的食品安全相关知识培训，强化食品安全意识，提高监管水平。

食品安全第一责任人素质提升工程◆加强食品生产经营企业、企业法人代表及负责人的培训教育，强化食品安全意识，提高食品安全保障能力。

12. 开展食品安全宣传、教育和培训。

制订食品安全宣传教育纲要。加强食品安全法律法规、政策和标准的宣传报道，普及食品安全基础知识，提高全社会食品安全意识，增强消费者的自我保护和参与监督能力。加快建设食品安全培训体系，对政府管理人员、执法者、企业管理与工作人员、新闻工作者、消费者进行多形式、多途径的食品安全教育和培训。

专栏12　药品监管

提高国家药品标准行动计划◆完成中成药部颁标准4000个品种、化学药部颁标准500个品种、早期新药转正标准300个品种的标准提高，制订常用药用辅料标准223种，完成1000种中药材和500种中药饮片的国家标准制订修订。

药品上市后再评价重点工程◆建立药品再评价数据库和信息交流平台，提供批准上市药品的安全信息，对中药注射液等重点品种开展药品再评价。

科技创新和人才培训工程◆推进以生物技术产品、中药质量标准化、组织工程及干细胞医疗产品及质控标准、安全评价新技术及新模型和检测技术研究为主要内容的科技创新工程。开发远程教育体系，开展药品医疗器械管理、技术和业务培训，完成省、市、县三级药品监管机构领导示范培训。

（二）药品安全

13. 提升药品安全监管水平。

（1）构建科学的药品评价体系。加强药品注册管理法规建设，制订药物研究开发技术指导原则。整合药品注册管理资源，深化药品注册审评机制改革，严格药品注册审批程序，建立高效运转、成本经济的药品注册管理体制。加强对药物临床研究及临床前的过程监督检查，全面实现我国药物非临床试验和药物临床试验在《药物非临床试验质量管理规范》和《药物临床试验质量管理规范》的条件下进行。开展药品评价技术方法学研究，强化和规范我国创新药物与进口药物的安全性评价技术，引导和鼓励创新药物研发。强化药品标准管理，实施“提高国家药品标准行动计划”。建立完善生物技术产品科学评价体系。完善药用辅料和直接接触药品的包装材料和容器的国家标准体系。建立完善保健食品注册检验评价体系。

专栏13　医疗器械监管

医疗器械标准◆国际标准的采标率达到80％。完成医用电气设备标准200项、医用无源产品标准200项、诊断试剂类产品标准100项，完成医用电气设备通用安全性标准（第2版）和电磁兼容等基础性标准的制订修订工作。

医疗器械检测体系能力建设工程◆加强国家医疗器械生物学性能试验实验室建设，完善医疗器械检测体系。

（2）加强药品生产质量监管。进一步完善《药品生产质量管理规范》认证制度，修订《药品生产质量管理规范》，提高《药品生产质量管理规范》的实施水平，逐步与发达国家《药品生产质量管理规范》接轨；强化药品生产的动态监管，保证药品生产质量，促进制药工业健康发展；推行《医疗机构制剂配制质量管理规范》；加强中药源头监管，完善《中药材生产质量管理规范》实施管理体系，推行《中药材生产质量管理规范》，保证中药材生产质量；加强对药用辅料和直接接触药品的包装材料和容器的监管。

（3）完善上市后药品监管体系。完善药品不良反应监测网络，规范药品不良反应和报告监测制度，强化药品不良反应报告责任。制定实施《药品再评价管理办法》，制订配套的技术规范与指南，对已上市药品分期分批开展再评价研究。建立并完善上市后药品监测、预警、应急、撤市、淘汰的风险管理长效机制。加强药品不良反应监测机构建设，完善药品不良反应监测体系，提高市（地）、县级药品不良反应监测能力。进一步完善处方药与非处方药分类管理制度，配合医药体制改革，全面实施处方药与非处方药分类管理，推动处方药与非处方药分类管理立法工作。进一步规范药品包装和说明书。修订《药品经营质量管理规范》认证标准，完善《药品经营质量管理规范》认证管理办法及跟踪检查制度，制定实施《药品流通监督管理办法》，促进现代物流发展。建立和完善药物滥用监测网络及特殊药品监管网络，对特殊药品实现每一针、每一片流向的监管。建立麻醉药品、精神药品流弊和滥用突发事件的监测报告和预警制度，完善麻醉药品、精神药品依赖性和药物滥用潜力的评价方法和评价标准。

（4）完善药品检验体系建设。规范各级药品检验机构职能；合理配置药品检验资源；加强药品检验检测方法研究，搭建药检系统技术平台，普及快速检测技术；建立与完善全国药品技术检验信息管理和数据交换系统；完善送检、抽检、批检相结合的药检制度，改革药品监督抽验机制，提高药品抽验资金的使用效率。

（5）建立完善中药标准规范和技术评价体系。建立完善中药管理分类系统，制订相应管理规范和技术评价标准；研究构建具有中国特色、符合中医药规律的中药标准规范和技术评价体系基本框架，制订完善中药材种质标准、中药材标准、中药饮片标准和中成药标准，建立中药材种质资源收集、繁育技术规范、地道药材种质特性鉴定技术规范；进一步完善生产加工中药材、中药饮片、中成药过程中的标准和规范；制订地道药材质量保证体系；制订中药上市前技术审评标准和上市后再评价标准；制订中药对照物质研究指导原则，建立国家中药标准物质库。加大对民族药的扶持和监管力度。积极倡导建立传统药物国际协调机制。

14. 规范医疗器械安全监管。

（1）建立健全医疗器械监管法规体系。完善医疗器械法规体系，适时修订《医疗器械监督管理条例》，制定实施《医疗器械流通监督管理办法》，制定修订《医疗器械注册管理办法》、《体外诊断试剂注册管理办法》、《医疗器械标准管理办法》、《医疗器械分类目录》、《医疗器械临床试验规定》等规章。

专栏14 农村药品安全监管

农村药品监督网和供应网建设◆通过政策引导、鼓励和支持合法药品经营企业集中配送进乡入村，建立符合要求的农村药店。扶持农村监督员、信息员，加强农村药品监管，向农民普及基本用药常识，建立起“运行良好、监管有效”的农村药品监督网络和供应网络，从源头、流通和使用等环节的监管来保障农村用药安全，实现农村药品监督网覆盖率达到100％，供应网覆盖率达到80％。

（2）加强医疗器械标准体系建设。完善医疗器械标准体系，制订修订医疗器械国家和行业标准500项；加强与国际标准化组织合作，提高国际标准采标率；建立医疗器械有关标准物质研制和试验验证工作机制。

（3）加强医疗器械检测体系能力建设。加强国家和省级医疗器械检测能力建设。充分利用社会资源，扩大检验机构的资格认可；提高医疗器械电气安全性、电磁安全性和生物安全性的检测能力；加强对高风险医疗器械的检测。建立医疗器械的监督抽验和评价性抽验的工作机制和工作体系，拓展检验项目和检验范围，规范抽验行为，加大抽验力度。

（4）加强医疗器械审评审批体系建设。建立并完善国家和省级医疗器械技术审评体系，建立审评专家咨询队伍，搭建医疗器械技术审评信息沟通交流平台；建立和完善统一的技术审评规范；规范医疗器械注册审批行为。严格新型医疗器械和高风险医疗器械的临床前研究的技术要求。健全医疗器械临床试验机构，开展符合医疗器械专业特点的临床试验机构资格认定工作。建立新型医疗器械和高风险医疗器械的临床审批制度。

（5）加强医疗器械质量体系管理。制订并分步实施医疗器械质量体系管理规范总则和无菌医疗器械、植入性医疗器械、有源医疗器械、无源医疗器械、有源非接触医疗器械、体外诊断试剂实施指南和检查员工作指南。开展医疗器械质量体系管理规范相关培训，强化检查员队伍建设。逐步对第二、三类医疗器械生产企业实施医疗器械质量体系管理规范进行检查，促进生产企业达到规范要求。

（6）加强医疗器械不良事件监测和再评价体系建设。制定实施《医疗器械不良事件监测和再评价管理办法》和《医疗器械召回管理办法》，并制订相应技术指南和工作规范，建立健全报告体系，强化企业的报告责任和义务。搭建上市后医疗器械风险效益评价的技术平台，建立预警、召回等制度。

（7）加强对在用医疗器械的监管。加强在用医疗器械调研，制定在用医疗器械监管制度。加强对医疗器械使用年限、产品报废标准的技术研究，建立在用医疗器械监管评价方法，提高在用医疗器械监管效率。

专栏15 药品、医疗器械安全应急能力建设

应急建设◆重点加强国家级药品、医疗器械不良事件应急处理培训演练基地建设，提高应急队伍素质，配备必要的应急处置装备，开展应急知识和技能培训，组织定期应急演练，提高应急处置能力。

15. 强化药品、医疗器械市场监管。

（1）严厉打击制售假冒伪劣药品、医疗器械行为。集中力量重点查处涉及面广、影响大、公众反映强烈的制售假劣药品、医疗器械大案要案，对构成犯罪的，及时移交司法机关依法追究刑事责任。加强中药材专业市场、中药材和中药饮片监管，深入整顿和规范其市场流通秩序。

（2）继续整顿和规范药品、医疗器械广告。加强广告审批队伍素质建设，严格按照标准审查广告内容，建立广告监测网络，加大监测力度。加强有关药品、医疗器械广告管理法律、法规的宣传，增强公众对违法广告的辨别能力，积极发挥社会监督作用。引导广告主、广告经营者、广告发布者依法规范发布广告，堵塞违法发布渠道。对严重违法发布广告的药品、医疗器械生产经营企业，依法予以严肃查处。逐步建立综合治理机制。

（3）推进药品、医疗器械诚信体系建设。完善药品诚信分类管理，建立健全行政相对人诚信档案系统；建立医疗器械生产企业诚信管理制度，加强质量诚信评价体系和诚信信息公示建设，建立和完善医疗器械生产企业诚信监管档案，初步建立医疗器械诚信运行机制；建立涉及药品、医疗器械产品审评、企业审批、认证检查等专家和部门内部“信誉档案”。

（4）深入推进农村药品监督网和供应网建设。总结农村药品监督网和供应网建设经验，建立健全运行机制。建设农村药品监督网和供应网要与建设社会主义新农村，特别是建立新型农村合作医疗制度相结合。制定符合农村药品供应实际的引导政策和监管措施，鼓励和引导建设符合现代物流发展方向的药品供应网，支持指导农村基层医疗机构自采、自种、自用中药材，保证农民用药安全有效、方便及时。

16. 加强药品、医疗器械突发性群体不良事件应急能力建设。

加强药品、医疗器械突发性群体不良事件监测、预警网络建设，提高应对药品、医疗器械突发性群体不良事件的协调指挥和快速响应能力；提高重点地区的药品、医疗器械检验机构应对突发事件的应急检测能力。按照就地就近原则，强化对假冒伪劣药品和医疗器械进行无害化处理。积极探索药害事件赔偿制度。

专栏16　药品、医疗器械监管信息化

“3511”工程◆依托现有国家统一政务网络，建立和完善覆盖国家、省、市（地）三级药品监管信息系统。在整合现有资源的基础上，建立三个平台（信息基础设施平台、信息安全平台、应用支撑平台），五大应用系统（行政准入管理系统、综合执法管理系统、重大事件快速反应系统、药品和医疗器械检验检测系统、公共服务系统），一个中心（药监信息资源中心）和一个标准体系（国家食品药品监督管理局信息化建设标准化体系）。

17. 推进药品、医疗器械监管信息化进程。

实施“3511”工程，促进互联互通和信息共享，实现部门间业务协同，提升监管效率和水平。加快药品和医疗器械的注册、审评、企业认证、稽查等核心业务系统建设。拓展和完善公共服务系统，加快药品、医疗器械监管政务公开建设步伐，不断提高对企业和公众服务水平。

专栏17　药品、医疗器械监管基础设施

基础设施建设项目◆加强地方食品药品监管行政执法机构办公业务用房建设，改造省、市两级药品检验机构，配备基本执法装备和仪器设备；改造国家口岸药品检验机构和国家级医疗器械检验机构；继续加强药品不良反应监测网络建设；实施中国药品生物制品检定所迁址建设项目。

18. 改善药品、医疗器械监管基础设施。

统筹规划，改善行政执法机构办公和装备条件，建设办公业务用房，配备必要的执法装备，经过五年左右建设，行政执法机构的办公业务用房和执法装备基本满足执法需要，经济发达地区可以适度超前。整合现有检验检测资源，合理布局，改善实验条件，配备仪器设备，整体提高技术支撑的硬件水平。

四、保障措施

（一）树立科学监管理念，创新监管体制机制

落实科学发展观，按照国家行政管理体制改革的具体要求，积极探索，创新监管体制和机制。在食品安全监管方面，加强制度建设，进一步理顺有关监管部门的职责，逐步建立与科学发展观相适应的职责清晰、运转高效的监管体制，避免监管执法部门职能交叉和多头执法，避免监管空缺，加强综合执法和相关部门联合执法；积极探索，创新和完善食品安全监管体制，逐步建立食品安全监管长效机制。在药品监管方面，推进体制改革，完善集中决策、统一协调、行政区域监管机制；完善药品审批机制和药品抽验机制；深化行政执法体制改革，规范行政执法行为，创新层级监管机制，保障执法到位；妥善处理和解决发展中出现的新问题，提高监管能力和水平。

（二）完善安全责任体系，强化企业责任意识

按照"地方政府负总责，监管部门各负其责，企业作为第一责任人"的要求，建立健全食品药品安全责任体系。地方政府要加强组织领导，定期分析评估本地食品药品安全状况，制订监管措施，加强监督检查，有效处置食品药品安全事件。各部门要密切配合，相互衔接，形成完整的监管链。生产经营企业要强化自律意识和守责意识，建立健全企业责任制度和自律制度，完善内部管理，提高企业诚信度，积极履行和承担食品药品安全责任。

（三）健全法律法规体系，大力推进依法行政

适时推进涉及食品卫生的法律制订、修订工作，组织实施《中华人民共和国农产品质量安全法》，建立健全有关食品安全法律法规体系；严格贯彻实施《中华人民共和国药品管理法》和《中华人民共和国药品管理法实施条例》，在"十一五"期间初步形成完整的食品药品安全法律法规体系。进一步深化行政审批制度改革，创新审批方式，规范审批程序，推进政务公开。建立食品药品监管重大决策的听证、论证制度。加强行政复议工作。创新行政执法监督机制，加强行政执法监督，建立和完善责任追究制，提高行政监管效能。强化基层执法队伍的法律法规培训，提高队伍整体素质和依法行政的能力。

（四）加大政府投入力度，提供必要财政保障

各级政府要加大投入，对所提出的规划项目均应结合实际，本着实事求是、量力而行的原则，在充分利用和合理配置现有资源的基础上，给予必要的支持，提供资金保障，支持食品药品安全基础设施建设，提高食品药品安全监管能力，保证监管执法工作顺利开展。

（五）发挥社会监督作用，营造良好舆论氛围

充分发挥食品药品安全相关行业协会、学会、中介组织在诚信建设、行业自律以及推进食品药品安全方面的积极作用。鼓励组建各种食品药品安全专业性组织，充分发挥决策咨询作用。加强食品药品安全法律法规宣传和普法教育，加强食品药品安全正面报道，及时发布食品药品安全信息，增强公众消费信心，引导公众消费选择，鼓励新闻媒体依法开展舆论监督，为政府监管创造有利条件。充分发挥消费者的监督作用，进一步完善消费者投诉信息收集渠道，建立公众参与的市场流通监管体系，健全食品药品安全领域政府与消费者的沟通机制。

（六）加强国际合作交流，促进监管水平的提升

通过对外交流和政府间合作，积极宣传我国食品药品安全监管法律法规和政策，扩大食品药品安全监管工作的国际影响力，提高国际地位。利用多种交流方式提高公务人员的业务素质和国际化水平。积极参与世界贸易组织的有关活动，完善国际食品药品安全合作与磋商机制，保持和发展与相关国际组织、发达国家的食品药品安全监管机构和技术机构的合作与工作交流，学习先进的食品药品监管理念和模式、科学的标准体系、先进的检验检测方法和安全管理方式，不断提升我国食品药品安全监管水平。

（七）建立规划实施机制，确保规划目标实现

本规划是指导"十一五"期间全国食品药品安全监管工作的纲领性文件，规划的顺利实施是切实履行政府职能的具体体现。食品药品监管部门负责综合协调，各部门按照职责分工，在各自职责范围内负责规划相关领域工作任务并组织实施。各有关部门在规划实施过程中，应切实加强领导，立足当前，着眼长远，全面推进，重点突破。同时，做好细化工作，对规

划目标和任务逐项分解，与年度工作安排紧密结合，提出要求，落实具体措施。要加强督促检查和评估，并适时提出规划滚动调整意见，做好规划实施的衔接与补充，保证规划实施到位。

中国反对拐卖妇女儿童行动计划（2008—2012年）

（2007年12月13日）

拐卖妇女儿童犯罪严重侵犯妇女儿童人身权利，对被拐卖妇女儿童身心健康造成巨大伤害，并由此引发一系列社会问题，严重影响社会和谐稳定。为有效预防、严厉打击拐卖妇女儿童犯罪活动，积极救助、妥善安置被解救妇女儿童，切实维护妇女儿童合法权益，遵照我国政府签署的联合国《儿童权利公约》、《消除对妇女一切形式歧视公约》、《打击跨国有组织犯罪公约》、《禁止和立即行动消除最恶劣形式的童工劳动公约》等有关文件，依据《中华人民共和国宪法》、《中华人民共和国刑法》、《中华人民共和国妇女权益保障法》、《中华人民共和国未成年人保护法》等法律，制定《中国反对拐卖妇女儿童行动计划（2008—2012年）》（以下简称《行动计划》）。

一、背景和挑战

我国政府一贯高度重视妇女儿童权益保障工作，坚决采取切实措施，有效预防、严厉打击拐卖妇女儿童犯罪活动，积极开展对被解救妇女儿童的救助、安置和康复工作。近年来，我国相继制定和修订了《中华人民共和国刑法》、《中华人民共和国妇女权益保障法》、《中华人民共和国劳动法》、《中华人民共和国未成年人保护法》、《中华人民共和国预防未成年人犯罪法》、《中华人民共和国婚姻法》、《中华人民共和国收养法》等法律，最高人民法院制定了《关于审理拐卖妇女案件适用法律有关问题的解释》，最高人民检察院制定了《人民检察院直接受理立案侦查案件立案标准的规定（试行）》，公安部制定了《关于打击拐卖妇女儿童犯罪适用法律和政策有关问题的意见》，为保护妇女儿童合法权益提供了有力的法制保障。国务院印发了《中国妇女发展纲要（2001—2010年）》和《中国儿童发展纲要（2001—2010年）》，将预防、打击和减少拐卖等侵害妇女儿童合法权益犯罪行为作为保护妇女儿童的重要目标。各地普遍建立了政府主导、社会团体和有关单位共同参与的反对拐卖妇女儿童行动（简称反拐）合作机制，广泛开展宣传教育活动；公安机关积极开展打击拐卖妇女儿童犯罪专项行动，破获了一大批案件，成功解救了一大批被拐卖的妇女儿童；在重点地区建立了被解救妇女儿童中转、培训和康复中心，实施了一批预防犯罪和救助被解救妇女儿童的试点项目。此外，加强与有关国际组织联系，充分运用警务合作协议和刑事司法协助条约等积极开展国际合作。总之，在各级政府领导下，经过相关部门和社会各界共同努力，以及务实有效的国际合作，我国反拐工作取得明显成效。

同时也必须看到，当前，我国拐卖妇女儿童犯罪活动呈现出新动向、新特点，拐卖妇女儿童犯罪形势仍不容乐观。团伙犯罪趋势明显，跨国案件增多，犯罪手段更加隐蔽，犯罪分子更加狡猾并不断变换作案手法，寻找新的侵害对象。在工作层面上，相关法律法规需进一步完善，相关部门职责需进一步明确，执法环节和部门间合作需进一步加强，经费保障机制有待完善。

二、指导思想、总体目标和战略措施

（一）指导思想

以邓小平理论和“三个代表”重要思想为指导，深入贯彻落实科学发展观，坚持“预防为主、打防结合、以人为本、综合治理”的工作方针，标本兼治，切实维护妇女儿童合法权益，促进社会主义和谐社会建设。

（二）总体目标

健全反拐工作协调、保障机制，明确相关部门职责任务，加强合作，建立集预防、打击、救助和康复为一体的反拐工作长效机制，提高工作效率，最大限度地减少拐卖妇女儿童犯罪活动的发生，最大限度地减轻被拐卖妇女儿童遭受的身心伤害。

（三）战略措施

1. 加强部门协调配合，完善工作机制，整合资源，完善以政府部门为主导、全社会参与的反拐合作机制，保障《行动计划》顺利实施。

2. 采取政府投入、社会捐赠等多渠道筹资办法，为实施《行动计划》提供经费保障。

3. 强化对拐卖拐骗流动人口、强迫流动人口劳动，以及针对农村留守儿童和流动残疾人的各类犯罪活动的打击力度，做好善后安置工作。

4. 坚持点面结合、突出重点、全面治理的原则，在全国范围开展日常性反拐工作的同时，强化对重点地区的治理。

5. 在挖掘现有机构和人员潜力基础上，加强反拐工作队伍专业化建设。

6. 建立全国反拐信息系统，为加强反拐工作提供信息和技术支持。

7. 加大宣传力度，树立并提高尊重和保护妇女儿童权益意识，营造良好的反拐工作氛围。

8. 加强国际合作，有效打击跨国拐卖妇女儿童犯罪活动。

三、组织机构和保障措施

（一）建立反对拐卖妇女儿童行动工作部际联席会议制度

1. 主要职能。

（1）组织制定、实施、监督、评估《行动计划》，组织和协调跨地区、跨部门、跨机构、跨国界的反拐工作。

（2）协调和推动政府有关部门的反拐工作。

（3）指导和督促各省、自治区、直辖市的反拐工作。

（4）协调和推动反拐国际合作。

（5）组织各地区、各有关部门总结和交流反拐工作经验及相关成果。

2. 成员单位。

反对拐卖妇女儿童行动工作部际联席会议（以下简称联席会议）制度由以下部门和单位组成：公安部、中央宣传部、中央综治办、全国人大常委会法工委、外交部、发展改革委、教育部、民政部、司法部、财政部、人事部、劳动保障部、铁道部、交通部、农业部、商务部、文化部、卫生部、人口计生委、工商总局、民航总局、广电总局、法制办、妇儿工委办公室、扶贫办、全国总工会、共青团中央、全国妇联。

公安部为牵头单位。联席会议召集人由公安部负责同志担任，联席会议成员为有关部门和单位负责同志。联席会议办公室设在公安部刑事侦查局，承担联席会议日常工作。办公室主任由刑事侦查局局长兼任，各成员单位指定一名联络员为办公室成员。

各地区特别是拐卖妇女儿童犯罪活动重点地区要根据各自实际建立相应的反拐工作机制。

（二）促进有关法律法规、政策的完善和实施

推动政策制定、有关法律法规和规章的制订和修订工作，签署和实施相关国际公约。

（三）以政府投入为主、多渠道筹措资金

1. 中央和地方各有关部门开展反拐工作所需经费，列入各有关部门年度预算，由同级政府予以保障。

2. 积极争取社会团体、公益机构、企事业单位和个人的捐助，争取国际援助，多渠道募集资金。

四、行动措施和责任分工

（一）创造良好的社会环境和工作氛围

1. 工作目标。

完善相关法律法规，加大反拐宣传、培训和维护妇女儿童合法权益教育力度，提高地方各级政府和相关部门及社会各界对实施《行动计划》的必要性、重要性的认识，创造良好的反拐社会环境和工作氛围。

2. 行动措施。

（1）完善相关法律法规，为加强预防、打击犯罪及被解救妇女儿童救助和康复工作提供法律依据。（法制办负责，全国人大常委会法工委、公安部、民政部、劳动保障部、共青团中央、全国妇联配合）

（2）在全国范围内，积极开展有关保护妇女儿童合法权益和反拐的宣传、教育及培训活动，提高地方各级政府、相关部门和社会各界对反拐和救助被解救妇女儿童工作重要性、必要性的认识。（公安部负责，中央宣传部、教育部、司法部、文化部、人口计生委、广电总局、全国总工会、共青团中央、全国妇联配合）

（3）在公安机关内部，加强反拐和维护妇女儿童合法权益的教育培训，提高执法人员对打击拐卖妇女儿童犯罪活动重要性的认识，努力提高工作能力和效率。（公安部负责）

（4）在全国拐卖妇女儿童犯罪活动重点地区和易被拐卖人群中，开展预防拐卖妇女儿童犯罪的能力建设，尤其是提高妇女儿童的反拐意识、识别犯罪和自我保护能力。（公安部负责，教育部、民政部、劳动保障部、全国总工会、共青团中央、全国妇联配合）

（5）加强反拐工作经验交流、信息共享，积极推广集预防、打击、救助和康复为一体的成功工作模式，推动反拐工作机制不断完善，提高快速反应能力。（联席会议办公室负责）

（二）建立健全预防犯罪机制

1. 工作目标。

在社区、拐卖妇女儿童犯罪易发场所和省际合作三个层面上，构建和完善预防拐卖妇女儿童犯罪网络，努力降低拐卖妇女儿童犯罪发生率。到2012年底，全国拐卖妇女儿童犯罪活动重点地区得到综合整治。

2. 行动措施。

（1）建立和推广以社区组织和广大群众的积极参与为基础，以多部门、多机构分工明确并通力合作为重点的群防群治工作体系。（中央综治办负责）

——贯彻国家开发式扶贫政策，加大对农村贫困妇女的扶持力度，充分利用现有教育培训资源，积极开展多种形式的实用技术教育和务工技能培训，提高贫困妇女脱贫致富能力。（扶贫办负责，劳动保障部、发展改革委、农业部、全国妇联配合）

——鼓励和支持妇女积极参与社区事务和管理，积极提高妇女社会地位、政治地位，增强其维权意识。加强宣传和教育工作，提高社区成员尤其是妇女自身的反拐意识、识别犯罪和自我保护能力。（民政部负责，公安部、司法部、教育部配合）

——加强对法律法规的宣传教育工作，在全社会营造良好的法制氛围，促进未成年人父母或其他监护人切实履行《中华人民共和国未成年人保护法》，为未成年人健康成长提供良好的家庭环境和家庭教育。（司法部负责，教育部、共青团中央、全国妇联配合）

——落实《中华人民共和国义务教育法》，完善义务教育经费保障机制，确保所有适龄儿童、少年接受九年义务教育的权利，防止其过早流入社会。同时，加强对教师和学生的反拐意识教育。（教育部负责，民政部、文化部配合）

——加强对易被拐卖人群的援助工作，积极开展各种形式的社会救助，帮助家庭贫困妇女儿童解决生活困难，加强对其生活能力训练。积极利用现有救助管理机构和福利机构做好流浪未成年人、弃婴救助及安置工作。（民政部负责，司法部、财政部、卫生部配合）

（2）加强拐卖妇女儿童犯罪活动重点地区的预防犯罪工作，并做好监督检查，将犯罪活动消灭在萌芽状态。（公安部负责，中央综治办、妇儿工委办公室配合）

——依照有关法律法规和规章，加强人力资源市场管理，规范劳动者求职、用人单位招用和职业中介活动。建立和完善劳动用工备案制度，加强对各类职业中介活动的监管，维护人力资源市场秩序。积极研究在劳务市场及其周边地区发生的拐卖妇女儿童犯罪问题，有针对性地开展行之有效的宣传和教育活动。（劳动保障部负责，人事部、广电总局、工商总局配合）

——在流动人口聚集的火车站、汽车站、航空港、码头、娱乐场所、旅店加强反拐宣传工作，防止拐卖妇女儿童犯罪的发生。（铁道部、交通部、民航总局负责，公安部、司法部、共青团中央、全国妇联配合）

——积极做好拐卖妇女儿童罪犯的改造、监督和教育工作，降低重新犯罪率。（司法部、公安部负责）

——在拐卖妇女儿童犯罪活动重点地区，跨部门、多机构共同参与综合整治。基层政府、社区组织、居民小组将帮助易被拐卖人群和预防犯罪纳入各自的工作重点，有针对性地引入发展项目，既积极预防犯罪又提供个人发展机会。扶贫机构尽可能对目标人群实行项目倾斜。（中央综治办负责，公安部、民政部、共青团中央、全国妇联、扶贫办配合）

（3）各地区之间尤其是被拐卖妇女儿童的流入地和流出地之间应相互支持，加强交流与合作。到 2008 年底，主要流入地和流出地的省、自治区、直辖市政府签订合作意向书，由各省、自治区、直辖市反拐工作机构负责落实并上报联席会议办公室。（联席会议办公室负责）

（三）打击犯罪和解救被拐卖妇女儿童

1. 工作目标。

完善工作机制，提高发现、侦破拐卖妇女儿童犯罪案件的能力和效率，迅速解救被拐卖妇女儿童。到2012年底，侦破案件数占报案数的比例比2007年明显提高。

2. 行动措施。

（1）进一步完善和加强以公安机关为主，有关部门和社会各界密切配合的打击拐卖妇女儿童犯罪工作机制。

——加强领导。拐卖妇女儿童犯罪活动重点地区的省、自治区、直辖市公安机关要切实加强反拐工作机构和队伍建设。（公安部负责）

——制订与儿童心理和生理相适应的案件调查程序，开展相关培训。（公安部负责，教育部配合）

——在拐卖妇女儿童犯罪活动重点地区，组织开展打击犯罪专项行动。（公安部负责，中央综治办、民政部、劳动保障部、人口计生委、共青团中央、全国妇联配合）

——坚决依法打击拐卖妇女儿童犯罪的“买方市场”。依法查处非法用工单位和使用童工的行为，取缔非法劳务介绍、婚姻介绍等中介机构以及非法网络中介。对收买、介绍、强迫被拐卖妇女儿童从事性交易及其他强迫性劳动的单位和个人，依法追究其行政、民事、刑事责任。（公安部、劳动保障部负责，全国总工会、工商总局、民政部配合）

（2）加强信息网络建设，提高各级反拐工作机构信息收集和处理能力。（公安部负责，民政部配合）

——建立信息系统，完善打击犯罪的信息收集和交流机制。（公安部负责，民政部、全国妇联配合）

——建立健全举报制度。鼓励各部门、各单位和广大群众向执法机关举报拐卖妇女儿童犯罪活动。（公安部负责）

（四）加强对被解救妇女儿童的救助和康复工作

1. 工作目标。

不断完善救助机制，提高被解救妇女儿童接受培训、救助、身心治疗等必要援助的比例，保护被解救妇女儿童的隐私，积极帮助其回归家庭和社会，避免遭受二次伤害。使大部分被解救妇女儿童获得必要救助，迅速回归社会、正常生活。

2. 行动措施。

（1）建立和完善政府多部门合作、社会各界广泛支持的救助机制。

——各级政府有关部门根据需要增设必要的救助服务、中转康复和培训机构并保障其人员和经费需求，确保更多被解救妇女儿童得到基本救助或妥善安置。（民政部、财政部负责，公安部、教育部、卫生部配合）

——制订有关工作程序和工作标准，总结经验，推广有效的工作方法。（民政部负责，公安部、教育部配合）

——鼓励有关社会团体、企事业单位和个人为救助被解救妇女儿童提供资金、技术支持和专业服务。（民政部、共青团中央负责）

——有关高校、科研单位、福利机构和心理咨询机构协助有关部门和单位培训救助康复相关专业人才。（教育部负责，民政部、卫生部配合）

——各地卫生行政部门组织协调有关医疗机构为被解救妇女儿童提供基本的医疗服务。（卫生部负责）

——法律援助机构依法为被解救妇女儿童提供必要的法律援助。（司法部负责，公安部配合）

——加强对被解救妇女儿童的培训，增强其法律意识、维权意识和相关技能。（民政部负责，教育部、共青团中央、全国妇联配合）

（2）加强对被解救妇女儿童的社会关怀，帮助其顺利回归及融入社会。

——积极、妥善安置查找不到监护人的被解救儿童。（民政部负责，全国妇联配合）

——积极帮助被解救的适龄儿童入学、回归学校和适应新的生活。（教育部负责，民政部配合）

——积极帮助不能或不愿意回原住地的受害妇女和16周岁以上的未成年人，使其获得适宜的职业技能培训、职业指导和职业介绍等就业服务，并在异地就业。（民政部负责，劳动保障部配合）

——做好被解救妇女儿童及其家庭和所在社区工作，保障其顺利回归家庭和社区，帮助其解决实际生活问题。（民政部负责，共青团中央、全国妇联配合）

（3）为回归社会的被解救妇女儿童提供各种必要的服务，切实帮助其解决就业、生活和维权等方面的实际困难和问题。（民政部负责，劳动保障部、共青团中央、全国妇联配合）

（4）加强对被解救妇女儿童的登记、管理和保护工作。建立专门档案，跟踪了解被解救妇女儿童的生活状况，必要时协调有关部门和组织解决其遇到的困难。（公安部负责，民政部、全国妇联配合）

（5）加强对被拐卖妇女儿童身心健康领域的研究，寻求更为有效的康复治疗方法。（卫生部负责，教育部、共青团中央、全国妇联配合）

（6）加强地区、部门和机构间在救助被解救妇女儿童工作上的合作，相互支持，相互配合。（公安部负责，中央综治办配合）

（五）加强国际合作

1. 工作目标。

加强国际合作，加大和提高打击跨国拐卖妇女儿童犯罪的力度和效率，加强对被跨国拐卖妇女儿童的救助，有效遏制跨国犯罪。

2. 行动措施。

（1）加强与联合国及其他有关政府间国际组织、有关国家特别是湄公河次区域各国及周边国家，以及国际非政府组织的合作，通过双边及多边渠道加强反拐国际交流与合作。（公安部负责，妇儿工委办公室、外交部、商务部、司法部、共青团中央、全国妇联配合）

（2）加强国际警务合作。（公安部负责，外交部、司法部配合）

（3）加强边防管理和出入境证件检查工作，打击非法偷越国境活动。（公安部负责）

（4）切实做好跨国拐卖妇女儿童犯罪预防工作。

——以多种形式开展宣传和教育工作，增

强边境地区群众对相关法律及拐卖妇女儿童犯罪的了解，提高其反拐意识、识别犯罪和自我保护能力。（司法部负责，公安部、民政部、劳动保障部、共青团中央、全国妇联配合）

——加强对边境地区公安司法人员的培训工作，增强其防范、处置跨国拐卖妇女儿童犯罪的意识和能力。（公安部负责）

——加强对边境地区人力资源市场的监督与管理，规范境外就业中介经营活动，促进劳动力合法有序流动。（劳动保障部负责，公安部、交通部、铁道部配合）

（5）做好国际反拐合作项目的建设和引进工作，充分利用有关国际组织的资源和技术，借鉴其反拐经验和方法。加强国际交流，了解国际拐卖妇女儿童犯罪的发展趋势及应对措施。加强我国应对跨国拐卖妇女儿童犯罪策略的研究。（公安部负责，外交部、商务部配合）

五、实施、监督和评估

1. 联席会议办公室负责协调组织《行动计划》的实施。各地区、各成员单位根据《行动计划》要求，结合各自实际制订实施计划。

2. 联席会议办公室负责协调组织对《行动计划》实施情况进行监督，并开展阶段性评估和终期评估。

3. 本《行动计划》自2008年1月1日起实施，为期5年。

国务院关于在全国建立农村最低生活保障制度的通知

（2007年7月11日）

为贯彻落实党的十六届六中全会精神，切实解决农村贫困人口的生活困难，国务院决定，2007年在全国建立农村最低生活保障制度。现就有关问题通知如下：

一、充分认识建立农村最低生活保障制度的重要意义

改革开放以来，我国经济持续快速健康发展，党和政府高度重视“三农”工作，不断加大扶贫开发和社会救助工作力度，农村贫困人口数量大幅减少。但是，仍有部分贫困人口尚未解决温饱问题，需要政府给予必要的救助，以保障其基本生活，并帮助其中有劳动能力的人积极劳动脱贫致富。党的十六大以来，部分地区根据中央部署，积极探索建立农村最低生活保障制度，为全面解决农村贫困人口的基本生活问题打下了良好基础。在全国建立农村最低生活保障制度，是践行“三个代表”重要思想、落实科学发展观和构建社会主义和谐社会的必然要求，是解决农村贫困人口温饱问题的重要举措，也是建立覆盖城乡的社会保障体系的重要内容。做好这一工作，对于促进农村经济社会发展，逐步缩小城乡差距，维护社会公平具有重要意义。各地区、各部门要充分认识建立农村最低生活保障制度的重要性，将其作为社会主义新农村建设的一项重要任务，高度重视，扎实推进。

二、明确建立农村最低生活保障制度的目标和总体要求

建立农村最低生活保障制度的目标是：通过在全国范围建立农村最低生活保障制度，将符合条件的农村贫困人口全部纳入保障范围，稳定、持久、有效地解决全国农村贫困人口的温饱问题。

建立农村最低生活保障制度，实行地方人民政府负责制，按属地进行管理。各地要从当地农村经济社会发展水平和财力状况的实际出发，合理确定保障标准和对象范围。同时，要做到制度完善、程序明确、操作规范、方法简便，保证公开、公平、公正。要实行动态管理，做到保障对象有进有出，补助水平有升有降。要与扶贫开发、促进就业以及其他农村社会保障政策、生活性补助措施相衔接，坚持政府救济与家庭赡养扶养、社会互助、个人自立相结合，鼓励和支持有劳动能力的贫困人口生产自救，脱贫致富。

三、合理确定农村最低生活保障标准和对象范围

农村最低生活保障标准由县级以上地方人民政府按照能够维持当地农村居民全年基本生活所必需的吃饭、穿衣、用水、用电等费用确定，并报上一级地方人民政府备案后公布执行。农村最低生活保障标准要随着当地生活必需品价格变化和人民生活水平提高适时进行调整。

农村最低生活保障对象是家庭年人均纯收入低于当地最低生活保障标准的农村居民，主要是因病残、年老体弱、丧失劳动能力以及生存条件恶劣等原因造成生活常年困难的农村居民。

四、规范农村最低生活保障管理

农村最低生活保障的管理既要严格规范，又要从农村实际出发，采取简便易行的方法。

（一）申请、审核和审批。申请农村最低生活保障，一般由户主本人向户籍所在地的乡（镇）人民政府提出申请；村民委员会受乡（镇）人民政府委托，也可受理申请。受乡（镇）人民政府委托，在村党组织的领导下，村民委员会对申请人开展家庭经济状况调查、组织村民会议或村民代表会议民主评议后提出初步意见，报乡（镇）人民政府；乡（镇）人民政府审核后，报县级人民政府民政部门审批。乡（镇）人民政府和县级人民政府民政部门要核查申请人的家庭收入，了解其家庭财产、劳动力状况和实际生活水平，并结合村民民主评议，提出审核、审批意见。在核算申请人家庭收入时，申请人家庭按国家规定所获得的优待抚恤金、计划生育奖励与扶助金以及教育、见义勇为等方面的奖励性补助，一般不计入家庭收入，具体核算办法由地方人民政府确定。

（二）民主公示。村民委员会、乡（镇）人民政府以及县级人民政府民政部门要及时向社会公布有关信息，接受群众监督。公示的内容重点为：最低生活保障对象的申请情况和对最低生活保障对象的民主评议意见，审核、审批意见，实际补助水平等情况。对公示没有异议的，要按程序及时落实申请人的最低生活保障待遇；对公示有异议的，要进行调查核实，认真处理。

（三）资金发放。最低生活保障金原则上按照申请人家庭年人均纯收入与保障标准的差额发放，也可以在核查申请人家庭收入的基础上，按照其家庭的困难程度和类别，分档发放。要加快推行国库集中支付方式，通过代理金融机构直接、及时地将最低生活保障金支付到最低生活保障对象账户。

（四）动态管理。乡（镇）人民政府和县级人民政府民政部门要采取多种形式，定期或不定期调查了解农村困难群众的生活状况，及时将符合条件的困难群众纳入保障范围；并根据其家庭经济状况的变化，及时按程序办理停发、减发或增发最低生活保障金的手续。保障对象和补助水平变动情况都要及时向社会公示。

五、落实农村最低生活保障资金

农村最低生活保障资金的筹集以地方为主，地方各级人民政府要将农村最低生活保障资金列入财政预算，省级人民政府要加大投入。地方各级人民政府民政部门要根据保障对象人数等提出资金需求，经同级财政部门审核后列入预算。中央财政对财政困难地区给予适当补助。

地方各级人民政府及其相关部门要统筹考虑农村各项社会救助制度，合理安排农村最低生活保障资金，提高资金使用效益。同时，鼓励和引导社会力量为农村最低生活保障提供捐赠和资助。农村最低生活保障资金实行专项管理，专账核算，专款专用，严禁挤占挪用。

六、加强领导，确保农村最低生活保障制度的顺利实施

在全国建立农村最低生活保障制度，是一项重大而又复杂的系统性工作。地方各级人民政府要高度重视，将其纳入政府工作的重要议事日程，加强领导，明确责任，统筹协调，抓好落实。

要精心设计制度方案，周密组织实施。各省、自治区、直辖市人民政府制定和修订的方案，要报民政部、财政部备案。已建立农村最低生活保障制度的，要进一步完善制度，规范操作，努力提高管理水平；尚未建立农村最低生活保障制度的，要抓紧建章立制，在今年内把最低生活保障制度建立起来并组织实施。要加大政策宣传力度，利用广播、电视、报刊、互联网等媒体，做好宣传普及工作，使农村最低生活保障政策进村入户、家喻户晓。要加强协调与配合，各级民政部门要发挥职能部门作用，建立健全各项规章制度，推进信息化建设，不断提高规范化、制度化、科学化管理水平；财政部门要落实资金，加强对资金使用和管理的监督；扶贫部门要密切配合、搞好衔接，在最低生活保障制度实施后，仍要坚持开发式扶贫的方针，扶持有劳动能力的贫困人口脱贫致富。要做好新型农村合作医疗和农村医疗救助工作，防止因病致贫或返贫。要加强监督检查，县级以上地方人民政府及其相关部门要定期组织检查或抽查，对违法违纪行为及时纠正处理，对工作成绩突出的予以表彰，并定期向上一级人民政府及其相关部门报告工作进展情况。各省、自治区、直辖市人民政府要于每年年底前，将农村最低生活保障制度实施情况报告国务院。

农村最低生活保障工作涉及面广、政策性强、工作量大，地方各级人民政府在推进农村综合改革，加强农村公共服务能力建设的过程中，要统筹考虑建立农村最低生活保障制度的需要，科学整合县乡管理机构及人力资源，合理安排工作人员和工作经费，切实加强工作力量，提供必要的工作条件，逐步实现低保信息化管理，努力提高管理和服务质量，确保农村最低生活保障制度顺利实施和不断完善。

国务院关于解决城市低收入家庭住房困难的若干意见

（2007年8月7日）

住房问题是重要的民生问题。党中央、国务院高度重视解决城市居民住房问题，始终把改善群众居住条件作为城市住房制度改革和房地产业发展的根本目的。20多年来，我国住房制度改革不断深化，城市住宅建设持续快速发展，城市居民住房条件总体上有了较大改善。但也要看到，城市廉租住房制度建设相对滞后，经济适用住房制度不够完善，政策措施还不配套，部分城市低收入家庭住房还比较困难。为切实加大解决城市低收入家庭住房困难工作力度，现提出以下意见：

一、明确指导思想、总体要求和基本原则

（一）指导思想。以邓小平理论和“三个代表”重要思想为指导，深入贯彻落实科学发展观，按照全面建设小康社会和构建社会主义和谐社会的目标要求，把解决城市（包括县城，下同）低收入家庭住房困难作为维护群众利益的重要工作和住房制度改革的重要内容，作为政府公共服务的一项重要职责，加快建立健全以廉租住房制度为重点、多渠道解决城市低收入家庭住房困难的政策体系。

（二）总体要求。以城市低收入家庭为对象，进一步建立健全城市廉租住房制度，改进和规范经济适用住房制度，加大棚户区、旧住宅区改造力度，力争到“十一五”期末，使低收入家庭住房条件得到明显改善，农民工等其他城市住房困难群体的居住条件得到逐步改善。

（三）基本原则。解决低收入家庭住房困难，要坚持立足国情，满足基本住房需要；统

筹规划，分步解决；政府主导，社会参与；统一政策，因地制宜；省级负总责，市县抓落实。

二、进一步建立健全城市廉租住房制度

（四）逐步扩大廉租住房制度的保障范围。城市廉租住房制度是解决低收入家庭住房困难的主要途径。2007年底前，所有设区的城市要对符合规定住房困难条件、申请廉租住房租赁补贴的城市低保家庭基本做到应保尽保；2008年底前，所有县城要基本做到应保尽保。“十一五”期末，全国廉租住房制度保障范围要由城市最低收入住房困难家庭扩大到低收入住房困难家庭；2008年底前，东部地区和其他有条件的地区要将保障范围扩大到低收入住房困难家庭。

（五）合理确定廉租住房保障对象和保障标准。廉租住房保障对象的家庭收入标准和住房困难标准，由城市人民政府按照当地统计部门公布的家庭人均可支配收入和人均住房水平的一定比例，结合城市经济发展水平和住房价格水平确定。廉租住房保障面积标准，由城市人民政府根据当地家庭平均住房水平及财政承受能力等因素统筹研究确定。廉租住房保障对象的家庭收入标准、住房困难标准和保障面积标准实行动态管理，由城市人民政府每年向社会公布一次。

（六）健全廉租住房保障方式。城市廉租住房保障实行货币补贴和实物配租等方式相结合，主要通过发放租赁补贴，增强低收入家庭在市场上承租住房的能力。每平方米租赁补贴标准由城市人民政府根据当地经济发展水平、市场平均租金、保障对象的经济承受能力等因素确定。其中，对符合条件的城市低保家庭，可按当地的廉租住房保障面积标准和市场平均租金给予补贴。

（七）多渠道增加廉租住房房源。要采取政府新建、收购、改建以及鼓励社会捐赠等方式增加廉租住房供应。小户型租赁住房短缺和住房租金较高的地方，城市人民政府要加大廉租住房建设力度。新建廉租住房套型建筑面积控制在50平方米以内，主要在经济适用住房以及普通商品住房小区中配建，并在用地规划和土地出让条件中明确规定建成后由政府收回或回购；也可以考虑相对集中建设。积极发展住房租赁市场，鼓励房地产开发企业开发建设中小户型住房面向社会出租。

（八）确保廉租住房保障资金来源。地方各级人民政府要根据廉租住房工作的年度计划，切实落实廉租住房保障资金：一是地方财政要将廉租住房保障资金纳入年度预算安排。二是住房公积金增值收益在提取贷款风险准备金和管理费用之后全部用于廉租住房建设。三是土地出让净收益用于廉租住房保障资金的比例不得低于10％，各地还可根据实际情况进一步适当提高比例。四是廉租住房租金收入实行收支两条线管理，专项用于廉租住房的维护和管理。对中西部财政困难地区，通过中央预算内投资补助和中央财政廉租住房保障专项补助资金等方式给予支持。

三、改进和规范经济适用住房制度

（九）规范经济适用住房供应对象。经济适用住房供应对象为城市低收入住房困难家庭，并与廉租住房保障对象衔接。经济适用住房供应对象的家庭收入标准和住房困难标准，由城市人民政府确定，实行动态管理，每年向社会公布一次。低收入住房困难家庭要求购买经济适用住房的，由该家庭提出申请，有关单位按规定的程序进行审查，对符合标准的，纳入经济适用住房供应对象范围。过去享受过福利分房或购买过经济适用住房的家庭不得再购买经济适用住房。已经购买了经济适用住房的家庭又购买其他住房的，原经济适用住房由政府按规定回购。

（十）合理确定经济适用住房标准。经济适用住房套型标准根据经济发展水平和群众生活水平，建筑面积控制在60平方米左右。各地要根据实际情况，每年安排建设一定规模的经济适用住房。房价较高、住房结构性矛盾突出的城市，要增加经济适用住房供应。

（十一）严格经济适用住房上市交易管理。经济适用住房属于政策性住房，购房人拥有有限产权。购买经济适用住房不满5年，不得直接上市交易，购房人因各种原因确需转让经济

适用住房的，由政府按照原价格并考虑折旧和物价水平等因素进行回购。购买经济适用住房满5年，购房人可转让经济适用住房，但应按照届时同地段普通商品住房与经济适用住房差价的一定比例向政府交纳土地收益等价款，具体交纳比例由城市人民政府确定，政府可优先回购；购房人向政府交纳土地收益等价款后，也可以取得完全产权。上述规定应在经济适用住房购房合同中予以明确。政府回购的经济适用住房，继续向符合条件的低收入住房困难家庭出售。

（十二）加强单位集资合作建房管理。单位集资合作建房只能由距离城区较远的独立工矿企业和住房困难户较多的企业，在符合城市规划前提下，经城市人民政府批准，并利用自用土地组织实施。单位集资合作建房纳入当地经济适用住房供应计划，其建设标准、供应对象、产权关系等均按照经济适用住房的有关规定执行。在优先满足本单位住房困难职工购买基础上房源仍有多余的，由城市人民政府统一向符合经济适用住房购买条件的家庭出售，或以成本价收购后用作廉租住房。各级国家机关一律不得搞单位集资合作建房；任何单位不得新征用或新购买土地搞集资合作建房；单位集资合作建房不得向非经济适用住房供应对象出售。

四、逐步改善其他住房困难群体的居住条件

（十三）加快集中成片棚户区的改造。对集中成片的棚户区，城市人民政府要制定改造计划，因地制宜进行改造。棚户区改造要符合以下要求：困难住户的住房得到妥善解决；住房质量、小区环境、配套设施明显改善；困难家庭的负担控制在合理水平。

（十四）积极推进旧住宅区综合整治。对可整治的旧住宅区要力戒大拆大建。要以改善低收入家庭居住环境和保护历史文化街区为宗旨，遵循政府组织、居民参与的原则，积极进行房屋维修养护、配套设施完善、环境整治和建筑节能改造。

（十五）多渠道改善农民工居住条件。用工单位要向农民工提供符合基本卫生和安全条件的居住场所。农民工集中的开发区和工业园区，应按照集约用地的原则，集中建设向农民工出租的集体宿舍，但不得按商品住房出售。城中村改造时，要考虑农民工的居住需要，在符合城市规划和土地利用总体规划的前提下，集中建设向农民工出租的集体宿舍。有条件的地方，可比照经济适用住房建设的相关优惠政策，政府引导，市场运作，建设符合农民工特点的住房，以农民工可承受的合理租金向农民工出租。

五、完善配套政策和工作机制

（十六）落实解决城市低收入家庭住房困难的经济政策和建房用地。一是廉租住房和经济适用住房建设、棚户区改造、旧住宅区整治一律免收城市基础设施配套费等各种行政事业性收费和政府性基金。二是廉租住房和经济适用住房建设用地实行行政划拨方式供应。三是对廉租住房和经济适用住房建设用地，各地要切实保证供应。要根据住房建设规划，在土地供应计划中予以优先安排，并在申报年度用地指标时单独列出。四是社会各界向政府捐赠廉租住房房源的，执行公益性捐赠税收扣除的有关政策。五是社会机构投资廉租住房或经济适用住房建设、棚户区改造、旧住宅区整治的，可同时给予相关的政策支持。

（十七）确保住房质量和使用功能。廉租住房和经济适用住房建设、棚户区改造以及旧住宅区整治，要坚持经济、适用的原则。要提高规划设计水平，在较小的户型内实现基本的使用功能。要按照发展节能省地环保型住宅的要求，推广新材料、新技术、新工艺。要切实加强施工管理，确保施工质量。有关住房质量和使用功能等方面的要求，应在建设合同中予以明确。

（十八）健全工作机制。城市人民政府要抓紧开展低收入家庭住房状况调查，于2007年底之前建立低收入住房困难家庭住房档案，制订解决城市低收入家庭住房困难的工作目标、发展规划和年度计划，纳入当地经济社会发展规划和住房建设规划，并向社会公布。要按照解决城市低收入家庭住房困难的年度计划，确

保廉租住房保障的各项资金落实到位；确保廉租住房、经济适用住房建设用地落实到位，并合理确定区位布局。要规范廉租住房保障和经济适用住房供应的管理，建立健全申请、审核和公示办法，并于2007年9月底之前向社会公布；要严格做好申请人家庭收入、住房状况的调查审核，完善轮候制度，特别是强化廉租住房的年度复核工作，健全退出机制。要严肃纪律，坚决查处弄虚作假等违纪违规行为和有关责任人员，确保各项政策得以公开、公平、公正实施。

（十九）落实工作责任。省级人民政府对本地区解决城市低收入家庭住房困难工作负总责，要对所属城市人民政府实行目标责任制管理，加强监督指导。有关工作情况，纳入对城市人民政府的政绩考核之中。解决城市低收入家庭住房困难是城市人民政府的重要责任。城市人民政府要把解决城市低收入家庭住房困难摆上重要议事日程，加强领导，落实相应的管理工作机构和具体实施机构，切实抓好各项工作；要接受人民群众的监督，每年在向人民代表大会所作的《政府工作报告》中报告解决城市低收入家庭住房困难年度计划的完成情况。

房地产市场宏观调控部际联席会议负责研究提出解决城市低收入家庭住房困难的有关政策，协调解决工作实施中的重大问题。国务院有关部门要按照各自职责，加强对各地工作的指导，抓好督促落实。建设部会同发展改革委、财政部、国土资源部等有关部门抓紧完善廉租住房管理办法和经济适用住房管理办法。民政部会同有关部门抓紧制定城市低收入家庭资格认定办法。财政部会同建设部、民政部等有关部门抓紧制定廉租住房保障专项补助资金的实施办法。发展改革委会同建设部抓紧制定中央预算内投资对中西部财政困难地区新建廉租住房项目的支持办法。财政部、税务总局抓紧研究制定廉租住房建设、经济适用住房建设和住房租赁的税收支持政策。人民银行会同建设部、财政部等有关部门抓紧研究提出对廉租住房和经济适用住房建设的金融支持意见。

（二十）加强监督检查。2007年底前，直辖市、计划单列市和省会（首府）城市要把解决城市低收入家庭住房困难的发展规划和年度计划报建设部备案，其他城市报省（区、市）建设主管部门备案。建设部会同监察部等有关部门负责本意见执行情况的监督检查，对工作不落实、措施不到位的地区，要通报批评，限期整改，并追究有关领导责任。对在解决城市低收入家庭住房困难工作中以权谋私、玩忽职守的，要依法依规追究有关责任人的行政和法律责任。

（二十一）继续抓好国务院关于房地产市场各项调控政策措施的落实。各地区、各有关部门要在认真解决城市低收入家庭住房困难的同时，进一步贯彻落实国务院关于房地产市场各项宏观调控政策措施。要加大住房供应结构调整力度，认真落实《国务院办公厅转发建设部等部门关于调整住房供应结构稳定住房价格意见的通知》（国办发［2006］37号），重点发展中低价位、中小套型普通商品住房，增加住房有效供应。城市新审批、新开工的住房建设，套型建筑面积90平方米以下住房面积所占比重，必须达到开发建设总面积的70％以上。廉租住房、经济适用住房和中低价位、中小套型普通商品住房建设用地的年度供应量不得低于居住用地供应总量的70％。要加大住房需求调节力度，引导合理的住房消费，建立符合国情的住房建设和消费模式。要加强市场监管，坚决整治房地产开发、交易、中介服务、物业管理及房屋拆迁中的违法违规行为，维护群众合法权益。要加强房地产价格的监管，抑制房地产价格过快上涨，保持合理的价格水平，引导房地产市场健康发展。

（二十二）凡过去文件规定与本意见不一致的，以本意见为准。

文化标准化中长期发展规划（2007—2020）

文化部

（2007 年 7 月 13 日）

一、序 言

文化领域的标准化是促进文化艺术与现代科技紧密结合、推动文化创新的重要技术保障，是繁荣文化事业和发展文化产业的重要基础性工作。“十五”期间，文化标准化工作取得了很大的进展，为繁荣文化事业、发展文化产业发挥了积极作用。随着文化建设的迅猛发展，文化标准数量少、水平低、适用性较差、缺乏统一规划等问题日益凸现。加快文化标准化工作已成为今后一段时期一项十分紧迫的任务。

本世纪前 20 年，是我国文化发展的重要战略机遇期，也是国家标准化事业实现跨越式发展的关键时期。为更好地推动国家标准化发展战略在文化领域的贯彻实施，发挥标准化工作在落实科学发展观、建设先进文化和推动文化体制改革和文化创新中的技术支撑和保障作用，根据国家标准化管理委员会《标准化“十一五”发展规划》和文化部《文化建设“十一五”规划》，结合文化建设实际，制定《文化标准化中长期发展规划（2007—2020）》，指导我国文化领域的标准化建设。

二、指导思想和基本原则

（一）指导思想

以邓小平理论和“三个代表”重要思想为指导，全面落实科学发展观。以立足中国、面向世界，立足当代、面向未来建设中国特色社会主义文化的高度，创新文化标准化管理机制，全面推进文化标准化建设。

（二）基本原则

坚持政府主导原则。标准化工作是一项全局性、战略性的工作，必须加强政府宏观指导和政策导向，大力推动标准化规划的实施。

坚持重点保障原则。标准化工作要面向文化建设的中心工作，重点加强基础性标准、行业急需标准以及涉及公共文化安全和文化环境保护的标准建设，逐步开展面向社会的文化服务标准、技术标准、管理标准、基础标准等各项工作。

坚持需求导向原则。加强文化标准化与文化建设紧密结合，密切标准化建设与社会需求的联系，加快速度，提高质量，增强适用性。为繁荣文化事业、发展文化产业提供技术保障，为制定、贯彻执行文化法律法规提供技术支撑。

坚持共同参与原则。充分调动和发挥文化企事业单位、社会团体和专家学者的积极性和创造性，参与文化标准的研究和制（修）订工作和文化标准的贯彻实施。

坚持制定与实施并重原则。不仅要注重标准的研究、制（修）订工作，更要注重标准的贯彻实施，使标准真正成为文化建设的规范，成为广大文化艺术工作者自觉遵循的行为准则。

坚持自主创新原则。文化标准化建设要解放思想，弘扬创新精神，善于把现代科学理论同文化建设的具体实践相结合，积极探索有中国特色的文化标准化创新之路。

坚持国际化原则。积极采用国际标准和国外先进标准，加强与国际有关标准组织的交流与合作，学习和借鉴国外先进的标准化经验，全面提升我国文化产品和文化服务的国际竞争能力。

三、主要目标和任务

2010 年以前，初步建立起文化领域标准体系，开展文化标准化理论研究，完成部分安全标准、基础标准和行业急需标准的制（修）订。2020年以前，建立起较为完善的标准体系，取得一批文化标准化理论研究重大成果，完成主要标准的制（修）订工作，使文化标准化建设走向规范有序健康发展的道路。

1. 加强文化标准化基础建设。建立健全文化标准管理体制，创新文化标准管理机制，努力实现文化标准化的统筹规划、有序发展、规范管理。

加强文化标准化组织建设。建立文化部标准化指导委员会、组建全国专业标准化技术委员会，积极推动文化行业标准监督检验和认证机构的构建。在全国培育一批标准研究和制定的文化企事业单位及社会团体，形成有一定规模和业务水平的文化标准化建设队伍。

建立文化标准化理论研究机制，加强文化标准化基础性科学研究。在2010年以前，逐步开展文化标准化基础理论研究、文化行业技术标准体系研究、公共文化服务标准体系研究、文化行业基础分类标准的研究及初步制定文化行业标准课题指南等。在2020年之前，基本完成文化标准化基础研究，推出一批文化标准化基础理论研究成果；全面推进文化标准体系研究，形成涉及文化领域安全、环保、质量、工艺、功能、技术、检验检测、资质、等级评定、保护消费者权益的标准体系；建立较为完善的图书馆、博物馆、文化馆、美术馆、演出场所、社会艺术教育、社区文化设施、文化娱乐场所、网络文化、动漫游戏、乐器、工艺美术等文化行业分类标准；出版发行《文化行业标准编制导则》、《文化艺术分类标准》、《文化标准体系》等系列的行业基础标准。

培养文化标准化建设人才。有计划、有步骤地每年培训一定数量的文化标准化专业人才，逐步建立文化标准专家库。鼓励学术交流、国际合作等多种形式培养文化标准化专业人才。加强与国家标准委员会人才培养的联合联动，积极参加国家标准委员会标准化专业培训活动，在国家标准化管理委员会的指导下，培养文化标准化工程师，试行文化标准化首席研究员制度。建立文化行业标准网。建立网上查询、申报、公示、交流和宣传文化标准的信息平台。

2. 加强公共文化服务体系的标准化建设。加强公共文化体系服务标准的制定实施，努力改善公共文化服务体系的社会服务功能和社会效益。制定实施以服务为核心，以群众满意度为基本准则的公共文化服务标准，推动全国公共文化服务体系的规范化服务。制（修）订公共文化体系的建设标准、建筑设计规范、文化设施价值评价体系等一系列的文化标准。鼓励和扶持区域性公共文化服务体系的规范化、标准化建设，促进基层文化事业发展。

3. 编制涉及公共文化安全标准。制定涉及文化安全、文化环境保护、公共文化活动场所安全的相关标准。研究和制定文化资源数字化等涉及文化资源安全的技术标准和管理标准；研究和制定关于抢救和保护物质的、非物质的文化遗产管理技术规范；研究和制定文化内容管理规范，限制多媒体、互联网等文化载体中的文化公害，保护文化环境的健康发展；研究和制定剧场、互联网上网服务营业场所、歌厅、露天演出、文化集会等公共文化活动场所的安全管理技术规范。

4. 编制文化领域急需标准。制定《文化服务术语》、《公共文化服务体系分类标准》、《文化设施分类标准》、《文化设施通用术语》、《文化信息系统标准》、《文化内容数据库核心元数据》等标准。

制（修）订美术馆、文化馆等文化设施建筑设计规范、质量合格检验评定标准，社区文化设施建设标准，数字图书馆技术规范；制定图书馆、美术馆、博物馆、文化馆、剧院等公共文化设施的服务规范。

制定音响师、灯光师、舞台机械师、调律师、舞台美术师、录音师等执业岗位认证标准和等级评定标准。

加快文化标准制（修）订速度，使制（修）订周期缩短为2年，标准寿命期缩短为5年；努力满足社会发展对文化标准的需求，逐步提高和改善文化标准的质量和适用性。

5. 以标准化推动文化艺术领域科技进步。全面推动文化艺术领域的技术标准化建设，促进我国文化艺术领域的科技进步和新产品研发。着力促进现代科学技术在文化艺术领域的创新和广泛应用，引导新兴科学技术和前沿科学技术在文化领域产、学、研各方面的广泛应用和集成创新或消化吸收再创新，推进具有自主知识产权的我国文化标准的研究制定。

6. 以标准化促进文化产业的发展。推进文化产业科学技术进步，以标准的形式推动文化产业的秩序化发展，促进文化市场的规范化管理，使我国文化产业向规模化、品牌化方向发展，提高民族文化产品的国际竞争力。

7. 通过标准化为文化法制化建设打下良好基础。加强与文化法制建设紧密相关的标准化工作，努力实现文化标准对文化法制化建设的技术支撑和保障作用，使文化标准化研究和贯彻实施真正成为文化法律法规前期研究和实践性检验的过程。研究具有我国自主知识产权的文化技术标准；建立全面、统一、公开的文化产品准入制度和评审规则；研究、制定文化经营场所的合格检验标准和验收规范，完善质量检测、检验规程；完善文化市场的分类服务标准，为贯彻文化市场法律法规提供可操作的依据和规则。

8. 加强文化标准的宣贯实施力度。通过文化标准行政主管部门出台行政法规，扩大文化标准的宣传范围和执行力度；加强文化标准的国内国际交流，广泛宣传我国文化标准化建设的意义和成果；逐步建立以推动文化标准贯彻实施为目的的认证、鉴定、检测机构，切实加强文化标准贯彻实施的措施；建立文化标准贯彻实施的奖励机制。

四、保障措施

要采取切实可行的措施，为标准化工作创造良好环境。建立以政府为主导，文化企事业单位和社会团体积极参与的文化标准建设机制；加强文化标准化组织的基础建设工作，保证文化标准化各项目标和任务的完成。

加大经费支持力度。各级文化主管部门要加大公共文化安全、基础、通用、公益等行业标准的研究和制（修）订经费的财政支持，努力争取列入年度财政预算；鼓励和引导社会各界，特别是有条件的文化企事业单位出资制（修）订行业标准。

加强文化标准化的推广宣传。大力加强标准化知识的普及、宣传和加大标准的宣贯工作，颁布《关于加强全国文化标准化工作的实施意见》。建立奖励机制，鼓励和调动文化企事业单位、社会团体积极参加文化标准研究制定和标准实施。激励全社会各行业的专家学者对文化标准化建设的创新。

健全文化标准化管理组织，完善文化标准化管理制度。根据文化行业的发展，逐步建立健全专业标准化组织，并加强归口管理工作。全面推动文化行业标准监督检验和认证机构的建设，加强对涉及公共文化安全的监督管理。逐步建立科学、合理的文化标准课题研究制度，努力完善课题申报、审批、审核和发行的规范化管理制度。不断培育标准研究制定的各类组织和标准化人才。

环境信息公开办法（试行）

国家环境保护总局
（2007年4月11日）
国家环境保护总局令　第35号

《环境信息公开办法（试行）》已于2007年2月8日经国家环境保护总局2007年第一次局务会议通过，现予公布，自2008年5月1日起施行。

国家环境保护总局局长　周生贤
二〇〇七年四月十一日

第一章　总　则

第一条　为了推进和规范环境保护行政主管部门（以下简称环保部门）以及企业公开环境信息，维护公民、法人和其他组织获取环境信息的权益，推动公众参与环境保护，依据《中华人民共和国政府信息公开条例》、《中华人民共和国清洁生产促进法》和《国务院关于落实科学发展观加强环境保护的决定》以及其他有关规定，制定本办法。

第二条　本办法所称环境信息，包括政府环境信息和企业环境信息。

政府环境信息，是指环保部门在履行环境保护职责中制作或者获取的，以一定形式记录、保存的信息。

企业环境信息，是指企业以一定形式记录、保存的，与企业经营活动产生的环境影响和企业环境行为有关的信息。

第三条　国家环境保护总局负责推进、指导、协调、监督全国的环境信息公开工作。

县级以上地方人民政府环保部门负责组织、协调、监督本行政区域内的环境信息公开工作。

第四条　环保部门应当遵循公正、公平、便民、客观的原则，及时、准确地公开政府环境信息。

企业应当按照自愿公开与强制性公开相结合的原则，及时、准确地公开企业环境信息。

第五条　公民、法人和其他组织可以向环保部门申请获取政府环境信息。

第六条　环保部门应当建立、健全环境信息公开制度。

国家环境保护总局由办公厅作为本部门政府环境信息公开工作的组织机构，各业务机构按职责分工做好本领域政府环境信息公开工作。

县级以上地方人民政府环保部门根据实际情况自行确定本部门政府环境信息公开工作的组织机构，负责组织实施本部门的政府环境信息公开工作。

环保部门负责政府环境信息公开工作的组织机构的具体职责是：

（一）组织制定本部门政府环境信息公开的规章制度、工作规则；

（二）组织协调本部门各业务机构的政府环境信息公开工作；

（三）组织维护和更新本部门公开的政府环境信息；

（四）监督考核本部门各业务机构政府环境信息公开工作；

（五）组织编制本部门政府环境信息公开指南、政府环境信息公开目录和政府环境信息公开工作年度报告；

（六）监督指导下级环保部门政府环境信息公开工作；

（七）监督本辖区企业环境信息公开工作；

（八）负责政府环境信息公开前的保密审查；

（九）本部门有关环境信息公开的其他职责。

第七条　公民、法人和其他组织使用公开的环境信息，不得损害国家利益、公共利益和他人的合法权益。

第八条 环保部门应当从人员、经费方面为本部门环境信息公开工作提供保障。

第九条 环保部门发布政府环境信息依照国家有关规定需要批准的，未经批准不得发布。

第十条 环保部门公开政府环境信息，不得危及国家安全、公共安全、经济安全和社会稳定。

第二章 政府环境信息公开

第一节 公开的范围

第十一条 环保部门应当在职责权限范围内向社会主动公开以下政府环境信息：

（一）环境保护法律、法规、规章、标准和其他规范性文件；

（二）环境保护规划；

（三）环境质量状况；

（四）环境统计和环境调查信息；

（五）突发环境事件的应急预案、预报、发生和处置等情况；

（六）主要污染物排放总量指标分配及落实情况，排污许可证发放情况，城市环境综合整治定量考核结果；

（七）大、中城市固体废物的种类、产生量、处置状况等信息；

（八）建设项目环境影响评价文件受理情况，受理的环境影响评价文件的审批结果和建设项目竣工环境保护验收结果，其他环境保护行政许可的项目、依据、条件、程序和结果；

（九）排污费征收的项目、依据、标准和程序，排污者应当缴纳的排污费数额、实际征收数额以及减免缓情况；

（十）环保行政事业性收费的项目、依据、标准和程序；

（十一）经调查核实的公众对环境问题或者对企业污染环境的信访、投诉案件及其处理结果；

（十二）环境行政处罚、行政复议、行政诉讼和实施行政强制措施的情况；

（十三）污染物排放超过国家或者地方排放标准，或者污染物排放总量超过地方人民政府核定的排放总量控制指标的污染严重的企业名单；

（十四）发生重大、特大环境污染事故或者事件的企业名单，拒不执行已生效的环境行政处罚决定的企业名单；

（十五）环境保护创建审批结果；

（十六）环保部门的机构设置、工作职责及其联系方式等情况；

（十七）法律、法规、规章规定应当公开的其他环境信息。

环保部门应当根据前款规定的范围编制本部门的政府环境信息公开目录。

第十二条 环保部门应当建立健全政府环境信息发布保密审查机制，明确审查的程序和责任。

环保部门在公开政府环境信息前，应当依照《中华人民共和国保守国家秘密法》以及其他法律、法规和国家有关规定进行审查。

环保部门不得公开涉及国家秘密、商业秘密、个人隐私的政府环境信息。但是，经权利人同意或者环保部门认为不公开可能对公共利益造成重大影响的涉及商业秘密、个人隐私的政府环境信息，可以予以公开。

环保部门对政府环境信息不能确定是否可以公开时，应当依照法律、法规和国家有关规定报有关主管部门或者同级保密工作部门确定。

第二节 公开的方式和程序

第十三条 环保部门应当将主动公开的政府环境信息，通过政府网站、公报、新闻发布会以及报刊、广播、电视等便于公众知晓的方式公开。

第十四条 属于主动公开范围的政府环境信息，环保部门应当自该环境信息形成或者变更之日起20个工作日内予以公开。法律、法规对政府环境信息公开的期限另有规定的，从其规定。

第十五条 环保部门应当编制、公布政府环境信息公开指南和政府环境信息公开目录，并及时更新。

政府环境信息公开指南，应当包括信息的分类、编排体系、获取方式，政府环境信息公开工作机构的名称、办公地址、办公时间、联系电话、传真号码、电子邮箱等内容。

政府环境信息公开目录，应当包括索引、信息名称、信息内容的概述、生成日期、公开时间等内容。

第十六条 公民、法人和其他组织依据本办法第五条规定申请环保部门提供政府环境信息的，应当采用信函、传真、电子邮件等书面形式；采取书面形式确有困难的，申请人可以口头提出，由环保部门政府环境信息公开工作机构代为填写政府环境信息公开申请。

政府环境信息公开申请应当包括下列内容：

（一）申请人的姓名或者名称、联系方式；

（二）申请公开的政府环境信息内容的具体描述；

（三）申请公开的政府环境信息的形式要求。

第十七条 对政府环境信息公开申请，环保部门应当根据下列情况分别作出答复：

（一）申请公开的信息属于公开范围的，应当告知申请人获取该政府环境信息的方式和途径；

（二）申请公开的信息属于不予公开范围的，应当告知申请人该政府环境信息不予公开并说明理由；

（三）依法不属于本部门公开或者该政府环境信息不存在的，应当告知申请人；对于能够确定该政府环境信息的公开机关的，应当告知申请人该行政机关的名称和联系方式；

（四）申请内容不明确的，应当告知申请人更改、补充申请。

第十八条 环保部门应当在收到申请之日起15个工作日内予以答复；不能在15个工作日内作出答复的，经政府环境信息公开工作机构负责人同意，可以适当延长答复期限，并书面告知申请人，延长答复的期限最长不得超过15个工作日。

第三章 企业环境信息公开

第十九条 国家鼓励企业自愿公开下列企业环境信息：

（一）企业环境保护方针、年度环境保护目标及成效；

（二）企业年度资源消耗总量；

（三）企业环保投资和环境技术开发情况；

（四）企业排放污染物种类、数量、浓度和去向；

（五）企业环保设施的建设和运行情况；

（六）企业在生产过程中产生的废物的处理、处置情况，废弃产品的回收、综合利用情况；

（七）与环保部门签订的改善环境行为的自愿协议；

（八）企业履行社会责任的情况；

（九）企业自愿公开的其他环境信息。

第二十条 列入本办法第十一条第一款第（十三）项名单的企业，应当向社会公开下列信息：

（一）企业名称、地址、法定代表人；

（二）主要污染物的名称、排放方式、排放浓度和总量、超标、超总量情况；

（三）企业环保设施的建设和运行情况；

（四）环境污染事故应急预案。

企业不得以保守商业秘密为借口，拒绝公开前款所列的环境信息。

第二十一条 依照本办法第二十条规定向社会公开环境信息的企业，应当在环保部门公布名单后30日内，在所在地主要媒体上公布其环境信息，并将向社会公开的环境信息报所在地环保部门备案。

环保部门有权对企业公布的环境信息进行核查。

第二十二条 依照本办法第十九条规定自愿公开环境信息的企业，可以将其环境信息通过媒体、互联网等方式，或者通过公布企业年度环境报告的形式向社会公开。

第二十三条 对自愿公开企业环境行为信息、且模范遵守环保法律法规的企业，环保部门可以给予下列奖励：

（一）在当地主要媒体公开表彰；

（二）依照国家有关规定优先安排环保专项资金项目；

（三）依照国家有关规定优先推荐清洁生产示范项目或者其他国家提供资金补助的示范

项目；

（四）国家规定的其他奖励措施。

第四章 监督与责任

第二十四条 环保部门应当建立健全政府环境信息公开工作考核制度、社会评议制度和责任追究制度，定期对政府环境信息公开工作进行考核、评议。

第二十五条 环保部门应当在每年3月31日前公布本部门的政府环境信息公开工作年度报告。

政府环境信息公开工作年度报告应当包括下列内容：

（一）环保部门主动公开政府环境信息的情况；

（二）环保部门依申请公开政府环境信息和不予公开政府环境信息的情况；

（三）因政府环境信息公开申请行政复议、提起行政诉讼的情况；

（四）政府环境信息公开工作存在的主要问题及改进情况；

（五）其他需要报告的事项。

第二十六条 公民、法人和其他组织认为环保部门不依法履行政府环境信息公开义务的，可以向上级环保部门举报。收到举报的环保部门应当督促下级环保部门依法履行政府环境信息公开义务。

公民、法人和其他组织认为环保部门在政府环境信息公开工作中的具体行政行为侵犯其合法权益的，可以依法申请行政复议或者提起行政诉讼。

第二十七条 环保部门违反本办法规定，有下列情形之一的，上一级环保部门应当责令其改正；情节严重的，对负有直接责任的主管人员和其他直接责任人员依法给予行政处分：

（一）不依法履行政府环境信息公开义务的；

（二）不及时更新政府环境信息内容、政府环境信息公开指南和政府环境信息公开目录的；

（三）在公开政府环境信息过程中违反规定收取费用的；

（四）通过其他组织、个人以有偿服务方式提供政府环境信息的；

（五）公开不应当公开的政府环境信息的；

（六）违反本办法规定的其他行为。

第二十八条 违反本办法第二十条规定，污染物排放超过国家或者地方排放标准，或者污染物排放总量超过地方人民政府核定的排放总量控制指标的污染严重的企业，不公布或者未按规定要求公布污染物排放情况的，由县级以上地方人民政府环保部门依据《中华人民共和国清洁生产促进法》的规定，处十万元以下罚款，并代为公布。

第五章 附 则

第二十九条 本办法自2008年5月1日起施行。

关于改善农民工居住条件的指导意见

建设部 发展和改革委员会 财政部 劳动和社会保障部 国土资源部

（2007年12月5日）

为逐步改善农民工居住条件，保障农民工合法权益，推动中国特色城镇化的健康发展，促进社会和谐稳定，根据《国务院关于解决农民工问题的若干意见》（国发［2006］5号）及《国务院关于解决城市低收入家庭住房困难的若干意见》（国发［2007］24号）精神，提出以下意见：

一、指导思想和基本原则

（一）指导思想。以邓小平理论和“三个代表”重要思想为指导，按照贯彻落实科学发展观，构建和谐社会的要求，把改善农民工居住条件作为解决城市低收入家庭住房困难工作的一项重要内容，明确责任，加强指导，强化监督，积极采取各种政策措施，力争到“十一五”期末，使农民工居住条件得到逐步改善。

（二）基本原则。改善农民工居住条件，一要因地制宜，满足基本居住需要；二要循序渐进，逐步解决；三要政策扶持，用工单位负责。

二、多渠道提供农民工居住场所

（三）用工单位是改善农民工居住条件的责任主体。要积极主动，广开渠道，妥善安排，为招用的农民工提供符合基本卫生和安全条件的居住场所，并逐步改善其居住条件。

（四）用工单位可以采取无偿提供、廉价租赁等方式向农民工提供居住场所，具体方式可在劳动合同中予以约定。农民工自行安排居住场所的，用工单位应当给予一定的住房租金补助，并可在劳动合同中予以明确。

（五）招用农民工较多的企业，应充分利用自有职工宿舍或通过租赁、购置等方式筹集农民工住房房源。在符合规划的前提下，可在依法取得的企业用地范围内建设农民工集体宿舍。

（六）农民工集中的开发区和工业园区，应按照集约用地的原则，集中建设农民工集体宿舍，由用工单位承租后向农民工提供，或由农民工直接承租，但不得按商品住房出售或出租。

（七）城中村改造时，要考虑农民工的居住需要，在符合城市规划和土地利用总体规划的前提下，集中建设向农民工出租的集体宿舍，建设用地不得采取以租代征方式供应，建设项目不得变相搞房地产开发。

（八）有条件的地方，可以比照经济适用住房建设的相关优惠政策，根据产业布局、农民工数量及分布状况，政府引导，市场运作，建设符合农民工特点的住房，以农民工可承受的合理租金向农民工出租。

（九）积极引导和鼓励城乡结合部居民利用自有住房向农民工出租。

三、保证农民工居住场所安全、卫生

（十）向农民工提供的居住场所应符合住宅安全、消防标准和基本卫生要求，远离危险源和污染源。工程施工类企业向施工现场农民工提供的宿舍，应符合建筑施工现场环境与卫生标准有关规定；其他行业用工单位向农民工提供的宿舍，应符合宿舍建筑设计规范有关规定。

（十一）集中建设的农民工集体宿舍和专供农民工租用的住房，要做好规划设计和建设管理，充分考虑农民工的居住需要和生活成本，坚持经济适用、合理布局、科学设计、确保质量，同时应适当配备必要的文化、体育活动等设施设备。

四、加强政策扶持，强化监督指导

（十二）各地要将长期在城市就业与生活的农民工居住问题，纳入城市住房建设规划。市、县人民政府要立足当地实际，指导和督促用工单位切实负起责任，妥善安排农民工居住，多渠道提供农民工居住场所，逐步改善农民工居住条件。

（十三）市、县人民政府对集中建设的向农民工出租的集体宿舍项目，要在选址、供地及相关配套设施建设等方面予以支持。对享受政府优惠政策建设的农民工集体宿舍和住房，擅自按商品房出售、出租或改作其他用途的，房地产管理等部门不得为其办理相关手续，要依照法律法规进行查处，并追究相关责任人员的责任。

（十四）对农民工聚居区域，市、县人民政府要加强规划和管理，强化治安及环境卫生治理，加大公共交通等市政公用事业建设力度，提高公共基础设施保障能力，方便农民工生产生活，营造良好居住环境，维护和谐稳定的社会秩序。

关于做好城镇困难居民参加城镇居民基本医疗保险有关工作的通知

民政部　财政部　劳动和社会保障部

（2007 年 10 月 24 日）

为贯彻落实国务院《关于开展城镇居民基本医疗保险试点的指导意见》（国发［2007］20 号，以下简称《指导意见》），切实做好城镇困难居民参加城镇居民基本医疗保险有关工作，现将有关事项通知如下：

一、合理确定困难居民范围，及时报送困难居民参加城镇居民基本医疗保险基本情况

开展城镇居民基本医疗保险的试点城市，要按照《指导意见》“坚持自愿原则，充分尊重群众意愿”的要求，积极鼓励和引导城市困难居民参加城镇居民基本医疗保险。对于符合条件的城市低保对象，要按要求帮助其参加城镇居民基本医疗保险。对于“低收入家庭 60 周岁以上老年人”和“丧失劳动能力的重度残疾人”的界定，要根据《指导意见》的原则规定，在充分调研和论证的基础上，结合当地实际，由地方民政部门会同财政、劳动保障等相关部门制定具体界定标准，并报同级人民政府批准。

地方各级民政部门要在现有工作基础上，认真开展调查摸底，全面准确地掌握困难居民的人数、构成等情况，为帮助困难居民参加城镇居民基本医疗保险做好准备工作。2007 年，请各省（自治区、直辖市）民政厅（局）会同劳动保障和财政厅（局），于 10 月 30 日前将汇总审定的本省（自治区、直辖市）试点城市困难居民参加城镇居民基本医疗保险人数（分未成年人数和成年人数）、困难人群补助标准和地方财政补助资金到位情况，报送民政部、劳动保障部和财政部，所报数据应与经各地财政监察专员办事处审核的劳动保障部门会同有关部门统计的有关数据一致。从 2008 年起，各地应于每年 3 月底以前报送有关情况。

二、科学制定补助标准，规范困难居民参加城镇居民基本医疗保险缴费补助资金拨付程序

按照《指导意见》要求，2007 年，在对试点城市参保居民普遍给予补助的基础上，对属于低保对象的或重度残疾的学生和儿童参保所需的家庭缴费部分，政府原则上再按不低于人均 10 元给予补助，其中，中央财政对中西部地区按人均 5 元给予补助；对其他低保对象、丧失劳动能力的重度残疾人、低收入家庭 60 周岁以上的老年人等困难居民参保所需家庭缴费部分，政府原则上再按不低于人均 60 元给予补助，其中，中央财政对中西部地区按人均 30 元给予补助。中央财政对东部地区参照新型农村合作医疗的补助办法给予适当补助。各地要根据本地经济发展水平、困难居民的经济承受能力以及基本医疗需求、财政承受能力等因素，认真分析测算，科学合理地制定对困难居民的具体补助标准。

各级财政部门要根据困难居民参加城镇居民基本医疗保险人数和补助标准，足额安排城市困难居民参加城镇居民基本医疗保险所需补助资金。补助困难居民参保所需家庭缴费部分的资金，列政府收支分类科目“城市医疗救助”项下，并通过财政部门在社会保障基金财政专户中设立的“城市医疗救助基金”专账及时划拨至“城镇居民基本医疗保险基金”专账。中央财政对各省（自治区、直辖市）的具体补助金额，根据审定后的各省（自治区、直辖市）试点城市参加城镇居民基本医疗保险的困难居民人数和中央补助标准核定，通过城市医疗救助专项转移支付下达。

三、采取切实措施，搞好城市医疗救助和城镇居民基本医疗保险的衔接

各地要抓住建立城镇居民基本医疗保险制度的契机，进一步加快工作进度，建立和完善城市医疗救助制度。已开展城镇居民基本医疗保险但尚未建立城市医疗救助制度的地方，要同步建立城市医疗救助制度，做好城市医疗救助和城镇居民基本医疗保险的衔接工作。开展城镇居民基本医疗保险试点的地区，要结合城镇居民基本医疗保险制度的建立，完善医疗救助实施方案，对困难居民在城镇居民基本医疗保险支付之外个人难以负担的医疗费用，按照有关规定给予适当补助。未参加城镇居民基本医疗保险的困难居民，符合条件的要按照规定及时给予救助。此外，要广泛动员社会力量，通过社会帮困互助等多种渠道，进一步帮助困难居民缓解医疗难问题。

各地要结合当地实际，加强城镇居民基本医疗保险和医疗救助的管理服务衔接，探索建立适合困难居民特点的申请审批程序，协同做好困难参保人员身份认定、组织参保和信息采集等服务工作，改进医疗保险和医疗救助资金支付方式和费用结算办法，提高工作效率，增强困难居民医疗卫生服务的可及性。

四、充分发挥城市社区服务组织作用，配合做好城镇居民基本医疗保险服务工作

各地在推进城镇居民基本医疗保险的过程中，要充分发挥社区组织的作用，进一步加强社区公共服务体系和队伍建设，提高服务居民、管理社区的能力。社区居委会等社区组织受基层政府及有关部门委托，积极协助做好宣传发动、家庭调查、信息登记、组织参保等方面的工作。要结合建立健全医疗保险社会监督组织工作，建立居民参与医疗保险监督的机制，定期把本社区居民享受基本医疗保险、医疗救助的情况纳入居务公开范围，接受居民监督。要定期组织居民对城镇居民基本医疗保险服务情况开展民主评议，并把评议结果及时反馈给上级政府。要进一步整合信息资源，优化信息管理，逐步建立信息共享、高效便捷、安全可靠的街道社区公共服务信息工作平台。

五、加强组织领导，保障城镇困难居民参加城镇居民基本医疗保险工作顺利开展

帮助城镇困难居民参加城镇居民基本医疗保险直接关系城镇困难居民切身利益，是一项重大的民心工程，各地民政、财政、劳动保障部门要在当地政府领导下，高度重视，各负其责，密切配合，加强信息沟通和数据资源共享，共同抓好落实。民政部门要商有关部门研究制定帮助城镇困难居民参加城镇基本医疗保险的有关政策，并做好城镇困难居民核定工作；劳动保障部门要及时办理参保手续，做好困难居民参加城镇居民基本医疗保险的服务管理工作；财政部门要落实城镇困难居民参保补助资金，加强对资金管理和使用情况的监督检查，并统筹考虑开展社会救助工作需要，合理安排必要的工作经费。

各地、各部门要结合本地实际，采取切实可行的措施，抓好督促落实。试点工作进展中的情况和问题，请及时上报上级有关部门。

关于进一步建立健全临时救助制度的通知

民政部
（2007 年 6 月 27 日）

为深入贯彻党的十六届六中全会和第十二次全国民政会议精神，妥善解决城乡贫困居民的突发性、临时性生活困难，推进社会救助体系建设，现就进一步建立健全临时救助制度通知如下：

一、充分认识建立健全临时救助制度的重要意义

临时救助是一项传统的民政业务，主要是指对在日常生活中由于各种特殊原因造成基本生活出现暂时困难的家庭，给予非定期、非定量生活救助的制度。长期以来，临时救助制度在保障城乡困难群众的基本生活，缓解他们的特殊困难方面发挥了重要作用。

中央对临时救助制度建设非常重视。回良玉副总理在第十二次全国民政会议上强调，要“完善临时救助制度，帮助低保边缘群体、低收入群体解决特殊困难”。各地要从践行“三个代表”重要思想，落实科学发展观，构建和谐社会的高度出发，充分认识临时救助制度在社会救助体系建设中的重要作用；要按照温家宝总理的要求，用心了解社情民意，认真研究城乡低保边缘家庭的贫困问题，采取有力措施，切实抓好临时救助制度建设，帮助他们排忧解难。

二、合理确定临时救助的范围和数额

临时救助制度主要是为困难家庭提供临时性生活救助，其对象主要包括：1. 在最低生活保障和其他专项社会救助制度覆盖范围之外，由于特殊原因造成基本生活出现暂时困难的低收入家庭，重点是低保边缘家庭；2. 虽然已纳入最低生活保障和其他专项社会救助制度覆盖范围，但由于特殊原因仍导致基本生活暂时出现较大困难的家庭；3. 当地政府认定的其他特殊困难人员。

各地要根据临时救助的非定期、非定量特征，针对困难家庭的特殊情况和维持当前基本生活的需要，结合本地实际，依照规范的程序合理确定救助方式、救助数额，并注意协调安排有关社会专项救助与其他社会救助政策衔接配套，切实做好临时救助工作。

三、规范完善临时救助的受理和发放程序

建章立制，是进一步健全完善临时救助制度的基础。各地要结合当地实际，尽快制定或完善临时救助制度的实施办法或实施细则。规范管理，是当前临时救助工作的重点。各地要按照公开、公正、公平的原则制定临时救助的受理、审核、审批及发放程序。临时救助工作程序既要严格规范，有较强的可操作性；又要尽可能避免繁琐复杂，符合“救急救难”的工作特点。临时救助的申请，原则上应以家庭为单位提出。临时救助的受理、审核及家庭生活状况调查，应充分发挥街道办事处或乡镇人民政府及基层群众性自治组织的作用。要明确规定一定时期内享受临时救助的次数或享受临时救助的时期，避免临时救助长期化。要强化居民群众的参与和监督，确保临时救助工作标准公开、程序规范、结果透明。

四、不断加大临时救助资金的投入和管理力度

开展临时救助工作是地方人民政府的重要职责。各地民政部门要及时向当地政府汇报有关工作，协调财政部门在预算中合理安排临时救助资金，并不断加大资金投入。同时，各地要建立健全广泛的群众参与机制，通过慈善劝

募等方式募集临时救助资金。将政府财政投入、社会捐助资金及时纳入社会救济专项资金支出项目，专项管理、专款专用。

在救助形式上，各地要积极探索现金、实物与提供服务相结合的临时救助方式，不断总结和推广“慈善超市”、“爱心超市”等经验和做法，充分发挥社区在组织邻里互帮上的作用，形成临时救助与慈善事业及其他社会救助措施各有侧重、相互衔接、良性互动的运行机制。各地民政部门要加强对临时救助工作的监督检查，防止临时救助工作中的随意性和其他不规范做法，确保临时救助制度的健康顺利实施。

五、加强协调配合，确保临时救助制度落到实处

各地民政部门要以《中共中央关于构建社会主义和谐社会若干重大问题的决定》和《中华人民共和国国民经济和社会发展第十一个五年规划纲要》为指导，从改革、发展、稳定的大局出发，将临时救助工作纳入社会救助体系建设的总体规划，不断加强组织领导和协调配合，确保临时救助制度落到实处。各地民政部门要积极向当地政府汇报，加强与有关部门的沟通协调，安排好必要的工作经费和人员经费，使困难群众的生活切实得到保障。

2008 年

中共中央国务院关于促农业发展农民增收若干意见

（2008 年 12 月 31 日）

党的十七届三中全会从中国特色社会主义事业总体布局和全面建设小康社会战略全局出发，描绘了我国农村全面小康建设的宏伟蓝图，制定了新形势下推进农村改革发展的行动纲领。各地区各部门要认真学习、深刻领会全会精神，坚定不移推进社会主义新农村建设，坚定不移走中国特色农业现代化道路，坚定不移加快形成城乡经济社会发展一体化新格局，切实把《中共中央关于推进农村改革发展若干重大问题的决定》提出的大政方针落到实处。

2008 年，各地区各部门认真贯彻中央决策部署，战胜了重大自然灾害，克服了多种困难风险，农业农村继续保持良好发展局面。农业生产再获丰收，粮食总产再创新高，农民收入较快增长，农村公共事业加速发展，农村党群干群关系继续改善。农业农村的好形势，为党和国家成功办好大事、妥善应对难事奠定了坚实基础，为保持经济平稳较快发展、维护社会和谐稳定作出了重大贡献。

当前，国际金融危机持续蔓延、世界经济增长明显减速，对我国经济的负面影响日益加深，对农业农村发展的冲击不断显现。2009 年可能是新世纪以来我国经济发展最为困难的一年，也是巩固发展农业农村好形势极为艰巨的一年。在农业连续 5 年增产的高基数上，保持粮食稳定发展的任务更加繁重；在国内外资源性产品价格普遍下行的态势中，保持农产品价格合理水平的难度更加凸显；在全社会高度关注食品质量安全的氛围里，保持农产品质量进一步提升和规避经营风险的要求更加迫切；在当前农民工就业形势严峻的情况下，保持农民收入较快增长的制约更加突出。必须切实增强危机意识，充分估计困难，紧紧抓住机遇，果断采取措施，坚决防止粮食生产滑坡，坚决防止农民收入徘徊，确保农业稳定发展，确保农村社会安定。

做好2009年农业农村工作，具有特殊重要的意义。扩大国内需求，最大潜力在农村；实现经济平稳较快发展，基础支撑在农业；保障和改善民生，重点难点在农民。2009年农业农村工作的总体要求是：全面贯彻党的十七大、十七届三中全会和中央经济工作会议精神，高举中国特色社会主义伟大旗帜，以邓小平理论和“三个代表”重要思想为指导，深入贯彻落实科学发展观，把保持农业农村经济平稳较快发展作为首要任务，围绕稳粮、增收、强基础、重民生，进一步强化惠农政策，增强科技支撑，加大投入力度，优化产业结构，推进改革创新，千方百计保证国家粮食安全和主要农产品有效供给，千方百计促进农民收入持续增长，为经济社会又好又快发展继续提供有力保障。

一、加大对农业的支持保护力度

1. 进一步增加农业农村投入。扩大内需、实施积极财政政策，要把“三农”作为投入重点。大幅度增加国家对农村基础设施建设和社会事业发展的投入，提高预算内固定资产投资用于农业农村的比重，新增国债使用向“三农”倾斜。大幅度提高政府土地出让收益、耕地占用税新增收入用于农业的比例，耕地占用税税率提高后新增收入全部用于农业，土地出让收入重点支持农业土地开发和农村基础设施建设。大幅度增加对中西部地区农村公益性建设项目的投入，2009年起国家在中西部地区安排的病险水库除险加固、生态建设、农村饮水安全、大中型灌区配套改造等公益性建设项目，取消县及县以下资金配套。城市维护建设税新增部分主要用于乡村建设规划、农村基础设施建设和维护。有条件的地方可成立政策性农业投资公司和农业产业发展基金。

2. 较大幅度增加农业补贴。2009年要在上年较大幅度增加补贴的基础上，进一步增加补贴资金。增加对种粮农民直接补贴。加大良种补贴力度，提高补贴标准，实现水稻、小麦、玉米、棉花全覆盖，扩大油菜和大豆良种补贴范围。大规模增加农机具购置补贴，将先进适用、技术成熟、安全可靠、节能环保、服务到位的农机具纳入补贴目录，补贴范围覆盖全国所有农牧业县（场），带动农机普及应用和农机工业发展。加大农资综合补贴力度，完善补贴动态调整机制，加强农业生产成本收益监测，根据农资价格上涨幅度和农作物实际播种面积，及时增加补贴。按照目标清晰、简便高效、有利于鼓励粮食生产的要求，完善农业补贴办法。根据新增农业补贴的实际情况，逐步加大对专业大户、家庭农场种粮补贴力度。

3. 保持农产品价格合理水平。密切跟踪国内外农产品市场变化，适时加强政府调控，灵活运用多种手段，努力避免农产品价格下行，防止谷贱伤农，保障农业经营收入稳定增长。2009年继续提高粮食最低收购价。扩大国家粮食、棉花、食用植物油、猪肉储备，2009年地方粮油储备要按规定规模全部落实到位，适时启动主要农产品临时收储，鼓励企业增加商业收储。加强“北粮南运”、新疆棉花外运协调，继续实行相关运费补贴和减免政策，支持销区企业到产区采购。把握好主要农产品进出口时机和节奏，支持优势农产品出口，防止部分品种过度进口冲击国内市场。

4. 增强农村金融服务能力。抓紧制定鼓励县域内银行业金融机构新吸收的存款主要用于当地发放贷款的实施办法，建立独立考核机制。在加强监管、防范风险的前提下，加快发展多种形式新型农村金融组织和以服务农村为主的地区性中小银行。鼓励和支持金融机构创新农村金融产品和金融服务，大力发展小额信贷和微型金融服务，农村微小型金融组织可通过多种方式从金融机构融入资金。积极扩大农村消费信贷市场。依法开展权属清晰、风险可控的大型农用生产设备、林权、四荒地使用权等抵押贷款和应收账款、仓单、可转让股权、专利权、商标专用权等权利质押贷款。抓紧出台对涉农贷款定向实行税收减免和费用补贴、政策性金融对农业中长期信贷支持、农民专业合作社开展信用合作试点的具体办法。放宽金融机构对涉农贷款的呆账核销条件。加快发展政策性农业保险，扩大试点范围、增加险种，加大中央财政对中西部地区保费补贴力度，加快建立农业再保险体系和财政支持的巨灾风险分散机制，鼓励在农村发展互助合作保险和商业保险业务。探索建立农村信贷与农业保险相结合的银保互动机制。

二、稳定发展农业生产

5. 加大力度扶持粮食生产。稳定粮食播种面积，优化品种结构，提高单产水平，不断增强综合生产能力。建立健全粮食主产区利益补偿制度，根据主产区对国家粮食安全的贡献，增加一般性转移支付和产粮大县奖励补助等资金，优先安排农业基础设施建设投资和农业综合开发等资金，扶持粮食产业和龙头企业发展，引导产销区建立利益衔接机制，促进主产区经济社会加快发展，确保主产区得到合理利益补偿，确保种粮农民得到合理经济收益。加快取消主产区粮食风险基金资金配套。推进全国新增千亿斤粮食生产能力建设，以主产区重点县（场）为单位，集中投入、整体开发。进一步强化“米袋子”省长负责制，各地区都要承担本地耕地和水资源保护、粮食产销和市场调控责任，逐级建立有效的粮食安全监督检查和绩效考核机制。结合振兴东北地区等老工业基地，加快推进现代农业建设。发挥国有农场在建设现代农业、保障国家粮食安全等方面的积极作用。

6. 支持优势产区集中发展油料等经济作物生产。加快实施新一轮优势农产品区域布局规划。落实国家扶持油料生产的各项政策措施，加强东北和内蒙古优质大豆、长江流域“双低”油菜生产基地建设。尽快制定实施全国木本油料产业发展规划，重点支持适宜地区发展油茶等木本油料产业，加快培育推广高产优良品种。稳定发展棉花生产，启动长江流域、黄淮海地区棉花生产基地建设。支持优势产区发展糖料、马铃薯、天然橡胶等作物，积极推进蔬菜、水果、茶叶、花卉等园艺产品设施化生产。

7. 加快发展畜牧水产规模化标准化健康养殖。采取市场预警、储备调节、增加险种、期货交易等措施，稳定发展生猪产业。继续落实生猪良种补贴和能繁母猪补贴政策，扩大生猪调出大县奖励政策实施范围。继续落实奶牛良种补贴、优质后备奶牛饲养补贴等政策，实施奶牛生产大县财政奖励政策，着力扶持企业建设标准化奶站，确保奶源质量。增加畜禽标准化规模养殖场（小区）项目投资，加大信贷支持力度，落实养殖场用地等政策。加大畜禽水产良种工程实施力度，充实动物防疫体系建设内容，加快推进动物标识及疫病可追溯体系建设，落实村级防疫员补助经费。扩大水产健康养殖示范区（场）建设，继续实行休渔、禁渔制度，强化增殖放流等水生生物资源养护措施。扩大渔港、渔船航标、渔船安全设施等建设规模，扶持和壮大远洋渔业。

8. 严格农产品质量安全全程监控。抓紧出台食品安全法，制定和完善农产品质量安全法配套规章制度，健全部门分工合作的监管工作机制，进一步探索更有效的食品安全监管体制，实行严格的食品质量安全追溯制度、召回制度、市场准入和退出制度。加快农产品质量安全检验检测体系建设，完善农产品质量安全标准，加强检验检测机构资质认证。扩大农产品和食品例行监测范围，逐步清理并降低强制性检验检疫费用。健全饲料安全监管体系，促进饲料产业健康发展。强化企业质量安全责任，对上市产品实行批批自检。建立农产品和食品生产经营质量安全征信体系。开展专项整治，坚决制止违法使用农药、兽（渔）药行为。加快农业标准化示范区建设，推动龙头企业、农民专业合作社、专业大户等率先实行标准化生产，支持建设绿色和有机农产品生产基地。

9. 加强农产品进出口调控。健全高效灵活的农产品进出口调控机制，协调内外贸易，密切政府、协会、企业之间的沟通磋商。扩大农产品出口信用保险承保范围，探索出口信用保险与农业保险、出口信贷相结合的风险防范机制。对劳动密集型和技术密集型农产品出口实行优惠信贷政策。培育农业跨国经营企业。按照世界贸易组织规则，健全外商经营农产品和农资准入制度，明确外资并购境内涉农企业安全审查范围和程序，建立联席会议制度。

三、强化现代农业物质支撑和服务体系

10. 加快农业科技创新步伐。加大农业科技投入，多渠道筹集资金，建立农业科技创新基金，重点支持关键领域、重要产品、核心技术的科学研究。加快推进转基因生物新品种培育科技重大专项，整合科研资源，加大研发力度，尽快培育一批抗病虫、抗逆、高产、优质、高效的转基因新品种，并促进产业化。实施主要农作物强杂交优势技术研发重大项目。强化农业知识产权保护。支持龙头企业承担国家科技计划项目。加强和完善现代农业产业技术体系。深入推进粮棉油高产创建活动，支持科技人员和大学毕业生到农技推广一线工作。开展农业科技培训，培养新型农民。采取委托、招标等形式，引导农民专业技术协会等社会力量承担公益性农技推广服务项目。

11. 加快高标准农田建设。大力推进土地整治，搞好规划，统筹安排土地整理复垦开发、农业综合开发等各类建设资金，集中连片推进农村土地整治，实行田、水、路、林综合治理，大规模开展中低产田改造，提高高标准农田比重。继续推进“沃土工程”，扩大测土配方施肥实施范围。开展鼓励农民增施有机肥、种植绿肥、秸秆还田奖补试点。大力开展保护性耕作，加快实施旱作农业示范工程。

12. 加强水利基础设施建设。加强大江大河和重点中小河流治理，建成一批大中型水利骨干工程。加快大中型和重点小型病险水库除险加固进度，确保工程建设质量。增加投资规模，重点加快大型灌区续建配套和节水改造。扩大大型排灌泵站更新改造规模和范围，启动西北沿黄高扬程提水灌溉泵站、东北涝区排水泵站等更新改造建设。继续加大农业综合开发中型灌区骨干工程节水改造力度。增加中央和省级财政小型农田水利工程建设补助专项资金，依据规划整合投资，推进大中型灌区田间工程和小型灌区节水改造，推广高效节水灌溉技术，因地制宜修建小微型抗旱水源工程，发展牧区水利。加强重要水源工程及配套灌区建设。推进水利工程管理和农村水利体制改革，探索农业灌溉工程运行管理财政补贴机制，启动减轻农业用水负担综合改革试点。

13. 加快推进农业机械化。启动农业机械化推进工程，重点加强示范基地、机耕道建设，提高农机推广服务和安全监理能力。普及主要粮油作物播种、收获等环节机械化，加快研发适合丘陵山区使用的轻便农业机械和适合大面积作业的大型农业机械。支持农机工业技术改造，提高农机产品适用性和耐用性，切实加强售后服务。实行重点环节农机作业补贴试点。对农机大户、种粮大户和农机服务组织购置大中型农机具，给予信贷支持。完善农用燃油供应保障机制，建立高能耗农业机械更新报废经济补偿制度。

14. 推进生态重点工程建设。巩固退耕还林成果，继续推进京津风沙源治理等重点工程，增加天然林保护投资，抓紧研究延长天然林保护工程实施期限有关政策，完善三北防护林工程投入和建设机制。建设现代林业，发展山区林特产品、生态旅游业和碳汇林业。扩大退牧还草工程实施范围，加强人工饲草地和灌溉草场建设。加强森林草原火灾监测预警体系和防火基础设施建设。加快重点区域荒漠化和小流域综合治理，启动坡耕地水土流失综合整治工程，加强山洪和泥石流等地质灾害防治。提高中央财政森林生态效益补偿标准，启动草原、湿地、水土保持等生态效益补偿试点。安排专门资金，实行以奖促治，支持农业农村污染治理。

15. 加强农产品市场体系建设。加大力度支持重点产区和集散地农产品批发市场、集贸市场等流通基础设施建设。推进大型粮食物流节点、农产品冷链系统和生鲜农产品配送中心建设。落实停止收取个体工商户管理费和集贸市场管理费政策。支持大型连锁超市和农产品流通企业开展农超对接，建设农产品直接采购基地。发挥农村经纪人作用。长期实行并逐步完善鲜活农产品运销绿色通道政策，推进在全国范围内免收整车合法装载鲜活农产品的车辆通行费。

16. 推进基层农业公共服务机构建设。按

照3年内在全国普遍健全乡镇或区域性农业技术推广、动植物疫病防控、农产品质量监管等公共服务机构的要求，尽快明确职责、健全队伍、完善机制、保障经费，切实增强服务能力。创新管理体制和运行机制，采取公开招聘、竞聘上岗等方式择优聘用专业技术人员。改革考评、分配制度，将服务人员收入与岗位职责、工作业绩挂钩。农业公共服务机构履行职责所需经费纳入地方各级财政预算。逐步推进村级服务站点建设试点。

四、稳定完善农村基本经营制度

17. 稳定农村土地承包关系。抓紧修订、完善相关法律法规和政策，赋予农民更加充分而有保障的土地承包经营权，现有土地承包关系保持稳定并长久不变。强化对土地承包经营权的物权保护，做好集体土地所有权确权登记颁证工作，将权属落实到法定行使所有权的集体组织；稳步开展土地承包经营权登记试点，把承包地块的面积、空间位置和权属证书落实到农户，严禁借机调整土地承包关系，坚决禁止和纠正违法收回农民承包土地的行为。加快落实草原承包经营制度。

18. 建立健全土地承包经营权流转市场。土地承包经营权流转，不得改变土地集体所有性质，不得改变土地用途，不得损害农民土地承包权益。坚持依法自愿有偿原则，尊重农民的土地流转主体地位，任何组织和个人不得强迫流转，也不能妨碍自主流转。按照完善管理、加强服务的要求，规范土地承包经营权流转。鼓励有条件的地方发展流转服务组织，为流转双方提供信息沟通、法规咨询、价格评估、合同签订、纠纷调处等服务。

19. 实行最严格的耕地保护制度和最严格的节约用地制度。基本农田必须落实到地块、标注在土地承包经营权登记证书上，并设立统一的永久基本农田保护标志，严禁地方擅自调整规划改变基本农田区位。严格地方政府耕地保护责任目标考核，实行耕地和基本农田保护领导干部离任审计制度。尽快出台基本农田保护补偿具体办法。从严控制城乡建设用地总规模，从规划、标准、市场配置、评价考核等方面全面建立和落实节约用地制度。抓紧编制乡镇土地利用规划和乡村建设规划，科学合理安排村庄建设用地和宅基地，根据区域资源条件修订宅基地使用标准。农村宅基地和村庄整理所节约的土地，首先要复垦为耕地，用作折抵建设占用耕地补偿指标必须依法进行，必须符合土地利用总体规划，纳入土地计划管理。农村土地管理制度改革要在完善相关法律法规、出台具体配套政策后，规范有序地推进。

20. 全面推进集体林权制度改革。用5年左右时间基本完成明晰产权、承包到户的集体林权制度改革任务。集体林地经营权和林木所有权已经落实到户的地方，要尽快建立健全产权交易平台，加快林地、林木流转制度建设，完善林木采伐管理制度。尚未落实到户的地方，要在加强宣传、做好培训和搞好勘界发证基础上，加快集体林权制度改革步伐。加大财政对集体林权制度改革的支持力度，开展政策性森林保险试点。引导森林资源资产评估、森林经营方案编制等中介服务健康发展。进一步扩大国有林场和重点国有林区林权制度改革试点。

21. 扶持农民专业合作社和龙头企业发展。加快发展农民专业合作社，开展示范社建设行动。加强合作社人员培训，各级财政给予经费支持。将合作社纳入税务登记系统，免收税务登记工本费。尽快制定金融支持合作社、有条件的合作社承担国家涉农项目的具体办法。扶持农业产业化经营，鼓励发展农产品加工，让农民更多分享加工流通增值收益。中央和地方财政增加农业产业化专项资金规模，重点支持对农户带动力强的龙头企业开展技术研发、基地建设、质量检测。鼓励龙头企业在财政支持下参与担保体系建设。采取有效措施帮助龙头企业解决贷款难问题。

五、推进城乡经济社会发展一体化

22. 加快农村社会事业发展。建立稳定的农村文化投入保障机制，尽快形成完备的农村公共文化服务体系。推进广播电视村村通、文化信息资源共享、乡镇综合文化站和村文化室建设、农村电影放映、农家书屋等重点文化惠民工程。巩固农村义务教育普及成果，提高农村学校公用经费和家庭经济困难寄宿生补助标准，改善农村教师待遇，推进农村中小学校舍安全排查、加固和改造。加快发展农村中等职业教育，2009年起对中等职业学校农村家庭经济困难学生和涉农专业学生实行免费。国家新增助学金要向农村生源学生倾斜。巩固发展新型农村合作医疗，坚持大病住院保障为主、兼顾门诊医疗保障，开展门诊统筹试点，有条件的地方可提高财政补助标准和水平。进一步增加投入，加强县、乡、村医疗卫生公共服务体系建设。抓紧制定指导性意见，建立个人缴费、集体补助、政府补贴的新型农村社会养老保险制度。加大中央和省级财政对农村最低生活保障补助力度，提高农村低保标准和补助水平。加快研究解决农垦职工社会保障问题。

23. 加快农村基础设施建设。调整农村饮水安全工程建设规划，加大投资和建设力度，把农村学校、国有农（林）场纳入建设范围。扩大电网供电人口覆盖率，加快推进城乡同网同价。加大农村水电建设投入，扩大小水电代燃料建设规模。加快农村公路建设，2010年底基本实现全国乡镇和东中部地区具备条件的建制村通油（水泥）路，西部地区具备条件的建制村通公路，加大中央财政对中西部地区农村公路建设投资力度，建立农村客运政策性补贴制度。增加农村沼气工程建设投资，扩大秸秆固化气化试点示范。发展农村信息化。加快国有林区、垦区棚户区改造，实施游牧民定居工程，扩大农村危房改造试点。

24. 积极扩大农村劳动力就业。对当前农民工就业困难和工资下降等问题，各地区和有关部门要高度重视，采取有力措施，最大限度安置好农民工，努力增加农民的务工收入。引导企业履行社会责任，支持企业多留用农民工，督促企业及时足额发放工资，妥善解决劳资纠纷。对生产经营遇到暂时困难的企业，引导其采取灵活用工、弹性工时、在岗培训等多种措施稳定就业岗位。城乡基础设施建设和新增公益性就业岗位，要尽量多使用农民工。采取以工代赈等方式引导农民参与农业农村基础设施建设。输出地、输入地政府和企业都要加大投入，大规模开展针对性、实用性强的农民工技能培训。有条件的地方可将失去工作的农民工纳入相关就业政策支持范围。落实农民工返乡创业扶持政策，在贷款发放、税费减免、工商登记、信息咨询等方面提供支持。保障返乡农民工的合法土地承包权益，对生活无着的返乡农民工要提供临时救助或纳入农村低保。同时，充分挖掘农业内部就业潜力，拓展农村非农就业空间，鼓励农民就近就地创业。抓紧制定适合农民工特点的养老保险办法，解决养老保险关系跨社保统筹地区转移接续问题。建立农民工统计监测制度。

25. 推进农村综合改革。按照着力增强社会管理和公共服务职能、到2012年基本完成改革任务的要求，继续推进乡镇机构改革。推进“乡财县管”改革，加强县乡财政对涉农资金的监管。力争用3年左右时间，逐步建立资金稳定、管理规范、保障有力的村级组织运转经费保障机制。总结试点经验，完善相关政策，扩大农村公益事业一事一议财政奖补试点范围，中央和试点地区省级财政要增加试点投入。积极稳妥化解乡村债务，2010年基本完成全国农村义务教育债务化解，继续选择与农民利益直接相关的农村公益事业建设形成的乡村债务进行化解试点。

26. 增强县域经济发展活力。调整财政收入分配格局，增加对县乡财政的一般性转移支付，逐步提高县级财政在省以下财力分配中的比重，探索建立县乡财政基本财力保障制度。推进省直接管理县（市）财政体制改革，将粮食、油料、棉花和生猪生产大县全部纳入改革范围。稳步推进扩权强县改革试点，鼓励有条件的省份率先减少行政层次，依法探索省直接管理县（市）的体制。依法赋予经济发展快、人口吸纳能力强的小城镇在投资审批、工商管理、社会治安等方面的行政管理权限。支持发展乡镇企业，加大技术改造投入，促进产业集聚和升级。

27. 积极开拓农村市场。支持流通企业与生产企业合作建立区域性农村商品采购联盟，用现代流通方式建设和改造农村日用消费品流通网络，扩大“农家店”覆盖范围，重点提高配送率和统一结算率，改善农村消费环境。鼓励设计开发适合农村特点的生活消费品和建筑材料。2009年在全国范围实施“家电下乡”，对农民购买彩电、电冰箱、手机、洗衣机等指定家电品种，国家按产品销售价格一定比例给予直接补贴，并根据需要增加新的补贴品种。保证下乡家电质量，搞好售后服务。加强农资产销调控，扶持化肥生产，增加淡季储备，保障市场供应。支持供销合作社、邮政、商贸企业和农民专业合作社等加快发展农资连锁经营，推行农资信用销售。鼓励有条件的地方改造建设农村综合服务中心。加强农村市场监管，严厉查处坑农害农行为。

28. 完善国家扶贫战略和政策体系。坚持开发式扶贫方针，制定农村最低生活保障制度与扶贫开发有效衔接办法。实行新的扶贫标准，对农村没有解决温饱的贫困人口、低收入人口全面实施扶贫政策，尽快稳定解决温饱并实现脱贫致富，重点提高农村贫困人口的自我发展能力。继续增加扶贫资金投入，加大整村推进力度，提高劳动力转移培训质量，提升产业化扶贫水平。优先支持革命老区、民族地区、边疆地区扶贫开发，积极稳妥实行移民扶贫，对特殊类型贫困地区进行综合治理。充分发挥行业扶贫作用，继续动员社会各界参与扶贫事业，积极开展反贫困领域国际交流合作。

各级党委和政府要坚持把解决好农业、农村、农民问题作为全党工作和政府全部工作的重中之重，切实加强和改善党对农村工作的领导，确保把党的各项农村政策落到实处。扎实开展农村基层深入学习实践科学发展观活动，按照科学发展观和正确政绩观要求，把粮食生产、农民增收、耕地保护、环境治理、和谐稳定作为考核地方特别是县（市）领导班子绩效的重要内容，尽快制定指标，严格监督检查。抓好以村党组织为核心的村级组织配套建设，深化农村党的建设三级联创活动，创新农村党组织设置方式，扩大党在农村的组织覆盖和工作覆盖。建立健全城乡一体党员动态管理机制，加强农民工党员教育管理。广泛开展创先争优活动。完善党员设岗定责、依岗承诺等活动载体。加强农村党风廉政建设，抓好党的农村政策贯彻落实情况的监督检查，认真解决损害农民利益的突出问题。完善村党组织两推一选、村委会直选的制度和办法，着力拓宽农村干部来源，稳步推进高校毕业生到村任职工作，实施一村一名大学生计划，完善长效机制和政策措施。创新培养选拔机制，选优配强村党组织书记。按照定职责目标和工作有合理待遇、干好有发展前途、退岗有一定保障的要求，以不低于当地农村劳动力平均收入水平确定村干部基本报酬，并根据实际情况建立业绩考核奖励制度，逐步解决好村干部养老保障问题，加大从优秀村干部中选任乡镇领导干部、考录乡镇公务员、招聘乡镇事业编制人员的力度。积极推进农村党员干部现代远程教育和村级组织活动场所建设。加强农村民主法制建设和精神文明建设，深入推进政务公开、村务公开和党务公开。高度重视农村社会稳定工作，妥善解决农村征地、环境污染、移民搬迁、集体资产处置等引发的突出矛盾和问题，做好农村信访工作，搞好农村社会治安综合治理，推进农村警务建设，反对和制止利用宗教、宗族势力干预农村公共事务，严密防范境外敌对势力对农村的渗透，保持农村社会和谐稳定。

做好2009年农业农村工作意义十分重大。我们要紧密团结在以胡锦涛同志为总书记的党中央周围，开拓进取，扎实工作，迎难而上，奋力开创农村改革发展新局面！

国家知识产权局政府信息公开暂行办法

国家知识产权局
（2008年5月1日）

第一章 总 则

第一条 为了贯彻落实党中央、国务院关于进一步推行政府信息公开的要求，保障公民、法人和其他组织依法获取政府信息，规范国家知识产权局政府信息公开工作，促进知识产权事业稳步健康发展，根据有关法律、法规的规定，结合国家知识产权局的特点，制定本办法。

第二条 国家知识产权局政府信息公开以形成行为规范、运转协调、公正透明、廉洁高效的知识产权行政管理体制为目标。政府信息公开工作坚持严格依法、全面真实、及时便民的原则，为实施国家知识产权战略，建设知识产权强局提供制度保障。

第三条 本办法所称政府信息，是指国家知识产权局在履行职责过程中制作或者获取的，以一定形式记录、保存的信息。

第四条 本办法适用于国家知识产权局机关、专利局和专利复审委员会，局直属各单位参照执行。

第五条 国家知识产权局设立政务公开领导小组，负责国家知识产权局政府信息公开工作的组织领导。在局办公室设工作组，主要负责政府信息公开工作的日常管理。

第二章 公开的内容

第六条 下列内容应当主动向社会或者服务对象公开：

（一）国家知识产权局的机构设置、职能及办事程序；

（二）专利申请、专利审批及复审无效等各个环节中，专利法及其实施细则规定应当对外公开的内容；

（三）专利代理机构的审批及全国代理人资格考试的信息；

（四）公务员招录信息；

（五）其他依照法律、法规和国家有关规定应当主动公开的内容。

第七条 下列信息不得向社会公众公开：

（一）涉及国家秘密和涉及国家安全的信息；

（二）专利法及实施细则规定不得公开的信息；

（三）涉及商业秘密的信息；

（四）侵犯个人隐私的信息；

（五）其他不适宜公开的信息。

第八条 对不在公开范围内的事项，公民、法人和其他组织可以申请公开，受理部门将根据具体的情况，在提请国家知识产权局政务公开领导小组审核后，将结果告知申请人。

第三章 公开的方式和程序

第九条 国家知识产权局以下列方式公开政府信息：

（一）国家知识产权局政府网站，国家知识产权局局令、局公告，以及专利公报，中国知识产权报等；

（二）新闻发布会；

（三）专利受理大厅和国家知识产权局客户服务中心；

（四）其他可以公开政府信息的方式。

第十条 属于主动公开范围的政府信息，国家知识产权局应当自该政府信息形成或者变更之日起20个工作日内予以公开。法律、法规及规章对政府信息公开的期限另有规定的，从其规定。

第十一条 公民、法人或者其他组织依照本办法第八条规定向国家知识产权局申请获取政府信息的，应当采用书面形式（包括数据电文形式）；采用书面形式确有困难的，申请人可以口头提出，由受理该申请的部门代为填写政府信息公开申请。

政府信息公开申请应当包括下列内容：

（一）申请人的姓名或者名称、联系方式；

（二）申请公开的政府信息的内容描述；

（三）申请公开的政府信息的形式要求。

第十二条 对申请公开的政府信息，国家知识产权局根据下列情况分别作出答复：

（一）属于公开范围的，应当告知申请人获取该政府信息的方式和途径；

（二）属于不予公开范围的，应当告知申请人并说明理由；

（三）依法不属于国家知识产权局公开或者该政府信息不存在的，应当告知申请人，对能够确定该政府信息的公开部门的，应当告知申请人该部门的名称、联系方式；

（四）申请内容不明确的，应当告知申请人作出更改、补充。

第十三条 申请公开的政府信息中含有不应当公开的内容，但是能够作区分处理的，国家知识产权局应当向申请人提供可以公开的信息内容。

第十四条 国家知识产权局认为申请公开的政府信息涉及商业秘密、个人隐私、公开后可能损害第三方合法权益的，应当书面征求第三方的意见；第三方不同意公开的，不得公开。但是国家知识产权局认为不公开可能对公共利益造成重大影响的，应当予以公开，并将决定公开的政府信息内容和理由书面通知第三方。

第十五条 国家知识产权局受理部门收到公开申请，可以当场答复的，应当场予以答复。不能当场答复的，应当自收到申请之日起15个工作日内予以答复。如需延长答复期限的，应当经政府信息公开工作机构负责人同意，并告知申请人，延长答复的期限最长不得超过15个工作日。申请公开的政府信息涉及第三方权益的，征求第三方意见所需时间不计算在本条上述规定的期限内。

第十六条 依申请提供政府信息，除可以收取检索、复制、邮寄等成本费用外，不得收取其他费用。

第十七条 申请公开政府信息的公民确有经济困难的，经本人申请、政府信息公开工作机构负责人审核同意，可以减免相关费用。

申请公开政府信息的公民存在阅读困难或者视听障碍的，国家知识产权局应当为其提供必要的帮助。

第四章　监督与保障

第十八条 国家知识产权局纪检监察部门负责政府信息公开工作的监督检查。

第十九条 建立政府信息公开的工作考核制度、公开评议制度和责任追究制度等各项制度，定期对政务信息公开工作进行考核、评议，保证国家知识产权局政府信息公开的有效实施。

第二十条 国家知识产权局应当在每年的3月31日前公布政府信息公开工作年度报告。

第二十一条 公民、法人或者其他组织认为国家知识产权局在政府信息公开工作中的具体行政行为侵犯其合法权益的，可以依法申请行政复议或者提起行政诉讼。

第五章　附　则

第二十二条 本办法由国家知识产权局办公室负责解释。

第二十三条 本办法自2008年5月1日起实施。

关于汶川大地震四川省“三孤”人员救助安置的意见

民政部
(2008 年 6 月 3 日)

四川汶川大地震造成的孤儿、孤老和孤残人员（即无生活来源、无劳动能力、无法定扶养人的儿童、老年人、残疾人，以下简称“三孤”人员），是受灾群众中最困难的群体，要坚持“政府主导、多方参与，就近为主、异地为辅”的原则，对他们予以妥善安置，给予特别关爱。经与四川省人民政府共同研究，并征得国家发展改革委、教育部、财政部同意，对“三孤”人员救助安置工作，提出以下意见：

一、孤儿的安置

坚持“一切为了孩子”的原则，通过采取临时安置与长期安置相结合的办法，保障孤儿的生活、学习和身心健康。

（一）临时安置

对于暂时无人认领的儿童，要尽量尽快将其与其他受灾群众分开，一方面尽快帮助他们查找父母和亲属，一方面尽快把他们妥善安置到四川省内条件较好的福利机构和公办学校，暂时集中养育或在学校寄宿。四川省内安置有困难的，由民政部协调安置。

（二）长期安置

待孤儿身份确认后，采取以下办法安置：

1. 亲属监护。坚持亲属优先的原则，孤儿首先满足有监护能力亲属监护抚养的意愿，依法履行监护职责。孤儿亲属有监护意愿，但生活困难、抚养能力不足的，应当给予必要的生活保障，确保孤儿尽可能在熟悉的家庭环境成长。

2. 家庭收养。坚持依法进行收养，尽早对符合条件的孤儿依法开展家庭收养。遇难学生家庭中有收养地震孤儿意愿的，可优先安排。收养年满十周岁以上孤儿的，应当征得孤儿本人的同意。为保障孤儿生活、学习，促进其健康成长，收养人除具备法定条件外，还应具备一定的与收养孤儿有关的心理、教育、交流等方面的能力，收养残疾孤儿的，应具备有关的康复知识。

3. 家庭寄养。对于无法被家庭收养的孤儿，要通过家庭寄养为孤儿提供家庭化的照料模式。当地民政部门要按照民政部《家庭寄养管理暂行办法》的要求，选择有爱心、有条件、有能力的家庭开展家庭寄养，并切实加强对寄养家庭的监督、指导和服务。

4. 类家庭养育。招募社会上符合条件的爱心家庭，通过建立集中或者分散的家庭式设施养育孤儿。每个家庭为 3 ~ 5 名孤儿提供养育服务，使孤儿能够在家庭环境中健康成长。

5. 集中供养。要充分利用四川省内灾区和其他地市条件较好的儿童福利机构妥善安置孤儿。要根据灾后孤儿的身心特点，精心照料，使孤儿在亲情化的环境中生活，促进其身心健康发展。

6. 学校寄宿。对目前在中小学就读的孤儿，要根据他们的意愿，尽可能使其在原学校或国内其他条件较好的学校完成学业。学校要为他们提供住宿服务，负责生活照顾。

7. 社会助养。社会上爱心人士可以通过资助、提供志愿服务等形式，定向或者不定向、定期或者不定期地为一名或者多名孤儿提供生活、教育、医疗、康复等方面的资金保障或服务。被助养的可以是在福利院生活的孤儿，也可以是已经被收养、寄养的孤儿、在类家庭养育的孤儿以及在学校寄宿的孤儿。

（三）具体要求

1. 保护儿童权利。孤儿安置工作要坚持儿童权利优先的原则，充分尊重孤儿的意愿。对可以被亲属收养、抚养、寄养的孤儿，要尽可能维系其已有的亲缘和地缘关系；对确实不能在当地安置的孤儿，选择临近城市安置；对省外安置的孤儿，选择大中城市条件较好的福利机构或家庭安置。孤儿是少数民族的，要尊重他们的宗教传统和风俗习惯。

2. 开展残疾孤儿医疗康复。对残疾孤儿，要及时进行治疗和康复。凡是具有手术适应症的，全部纳入民政部“残疾孤儿手术康复明天计划”实施手术矫治和康复；需要安装假肢、矫形器等康复器具的，由民政部门负责及时装配。

3. 保障孤儿学习。要采取一切办法，保障孤儿接受良好教育的权利，完成义务教育。对不能到学校就读的残疾孤儿由本行政区域内学校提供送教上门服务；对考上普通高中和高等学校的孤儿，落实国家各项资助政策，提供各种帮助，以支持其完成学业；愿意接受中等职业教育的孤儿，都能免费进入中等职业学校学习，接受良好的职业教育。

4. 做好孤儿成年后的住房和就业工作。要按照民政部等15部门《关于加强孤儿救助工作的意见》（民发［2006］52号）精神，采取更加有力的措施，着眼长远，切实解决他们成年后的住房和就业等方面的问题，使他们的生活、劳动就业得到较好保障。

二、孤老和孤残人员的安置

采取临时安置与长期安置相结合的办法，坚持集中供养与分散扶养相结合，保障孤老、孤残人员的基本生活和身心健康。

（一）临时安置

充分挖掘利用四川省内现有福利机构，并采取其他有效途径，临时安置孤老、孤残人员和暂时找不到家人的老人、残疾人。四川省内安置有困难的，由民政部协调经济发达省份在其大中城市福利机构妥善安置。根据孤残人员急需医疗康复的状况，可建立对口支援机制，安排部分孤残人员实施异地医疗康复。已疏散到省外医疗机构的，由接收地政府负责医疗康复。

（二）长期安置

待孤老、孤残人员身份确认后，采取以下办法安置：

1. 机构照料。按照就地就近安置的原则，利用现有和新建的福利机构进行安置。福利机构应努力营造和睦的大家庭氛围，发挥在设施、人员、技术等方面的优势，为孤老、孤残人员提供专业化照料、规范化护理和亲情化服务。

2. 居家照料。对选择在自己住所生活的孤老、孤残人员，要采用政府购买服务等方式，依托现有福利设施或社会中介组织，无偿为他们提供生活照料、康复护理、家政服务、精神慰藉等项服务。

3. 亲属照料。鼓励有能力的亲属对孤老、孤残人员开展亲属赡养，要征得孤老、孤残人员的同意，签订赡养协议，明确权利义务，保障他们的合法权益。要探索研究制度性的措施，对赡养老人的亲属给予资金支持、物质帮助和表彰奖励，帮助他们解决赡养中遇到的实际困难和问题。

4. 社区照料。要充分发挥“星光老年之家”、托老所、日间照料中心、老年人、残疾人康复中心等社区服务设施的作用，配置设施设备，完善强化其服务功能，为孤老、孤残人员提供日托、康复、护理、助餐等照料服务，丰富他们的文体生活。

（三）具体要求

1. 动员社会力量。要引导社会力量对孤老、孤残人员的社会扶养和社会捐助，充分利用新闻媒体，大力弘扬中华民族敬老、助残的优良传统，鼓励和吸引企业、高收入人群、知名人士等社会力量为孤老、孤残人员以资金和物资的扶助，努力提高社会力量扶养孤老、孤残人员和捐资的积极性，尤其是鼓励社会力量捐资设立基金或定向资助孤老、孤残人员的生活。

2. 开展医疗康复。要做好孤老、孤残人员医疗康复工作，尤其对肢体残疾的孤残人员和有需求的孤老，根据他们的残疾状况和实际需要，通过政府出资和社会捐助的方式，为他们装配康复器具，帮助他们解决医疗、康复问题，使他们尽可能恢复生活自理和劳动能力。

3. 促进社会融入。要引导孤老、孤残人员积极参与社会活动，帮助他们适应新的环境和生活。机构、社区和亲属要经常组织或帮助孤老、孤残人员进行必要的情感交流和社会交往，不定期为其开展送温暖、送欢乐活动，消除他们的心理障碍，照顾他们的特殊需要。提倡社会爱心人士对孤老、孤残人员开展“一对一”的帮扶活动，帮助孤老、孤残人员建立新的社会联系，满足他们的社会参与意愿。

三、保障措施

“三孤”人员救助安置工作时间紧、任务重、难度大，当地政府要高度重视，加强领导；民政部门要积极主动，发挥参谋助手作用；有关部门要协调配合，分工负责，切实把“三孤”人员救助安置工作落到实处。救助安置经费应以政府投入为主，通过社会力量捐助等多种途径筹措，并强化审计和社会监督，切实管好用好各类资金，为各项救助安置政策和措施提供保障。

（一）筹措城乡福利设施建设资金。福利设施建设资金，要纳入灾后重建规划，并通过灾后恢复重建资金、专项建设资金、救灾捐赠资金、福利彩票公益金、社会力量资助等多种方式筹集。采取必要的优惠政策，大力动员企业、基金会等对“三孤”人员进行定向的临时性或长期性资助。对于捐赠人定向捐赠建设的福利设施，可以设置显著的资助标识或冠名。

（二）保障日常费用。“三孤”人员生活费、福利机构管理经费、寄养家庭费用等，通过地方政府财政预算安排、社会捐助等多渠道筹资，使“三孤”人员的生活水平不低于当地群众的平均生活水平。中央按现行政策规定对“三孤”人员生活费给予一定补助。各级财政按照规定安排补助资金，帮助“三孤”人员参加新型农村合作医疗、城镇居民基本医疗保险制度，并实施医疗救助，保障其基本医疗需求。

（三）建立社会福利服务网络体系。在灾后重建中，要根据孤儿、孤老和孤残人员的特点，统筹规划福利设施建设，合理设计福利机构模式、种类和布局，形成省、市、县（区）、乡（镇、街道）分层次、广覆盖的福利机构网络。

（四）开展心理抚慰和疏导工作。针对孤儿、孤老、孤残人员心理状况，动员社会各方面力量，组织专业人员和志愿者队伍，积极开展心理抚慰和辅导，医治心理创伤，帮助孤残人员走出心理阴影，促进他们的身心健康。

关于全面推进居家养老服务工作的意见

全国老龄委办公室　发展改革委　教育部　民政部　劳动保障部　财政部　建设部　卫生部　人口计生委　税务总局

（2008年1月29日）

随着我国人口老龄化进程加快，家庭养老功能日益弱化，老年人养老服务已经成为重大的社会问题。但目前我国居家养老服务供给不足、比重偏低、质量不高，不能满足老年人日益增长的服务需求。为全面推进居家养老服务工作，提高老年人生命生活质量，提出如下意见：

一、重要意义

居家养老服务是指政府和社会力量依托社区，为居家的老年人提供生活照料、家政服务、康复护理和精神慰藉等方面服务的一种服务形式。它是对传统家庭养老模式的补充与更新，是我国发展社区服务，建立养老服务体系的一项重要内容。

全面推进居家养老服务，是破解我国日趋尖锐的养老服务难题，切实提高广大老年人生命、生活质量的重要出路；是弘扬中华民族尊老敬老优良传统，尊重老年人情感和心理需求的人性化选择；是促进家庭和谐、社区和谐和代际和谐，推动社会主义和谐社会建设的重要举措；也是加快发展服务业，扩大就业渠道和促进经济增长的重要途径。

二、基本任务

发展居家养老服务，要以科学发展观为统领，以构建社会主义和谐社会为目标，坚持政府主导和社会参与，不断加大工作力度，积极推动居家养老服务在城市社区普遍展开，同时积极向农村社区推进。力争“十一五”期间，全国城市社区基本建立起多种形式、广泛覆盖的居家养老服务网络，使社区居家养老服务设施不断充实，服务内容和形式不断丰富，专业化和志愿者相结合的居家养老服务队伍不断壮大，居家养老服务的组织管理体制和监督评估机制逐步建立、健全和完善。农村社区依托乡镇敬老院、村级组织活动场所等现有设施资源，力争 80 % 左右的乡镇拥有一处集院舍住养和社区照料、居家养老等多种服务功能于一体的综合性老年福利服务中心，1/3 左右的村委会和自然村拥有一所老年人文化活动和服务的站点。

发展居家养老服务，必须坚持以下几项原则：坚持以人为本。从老年人实际需求出发，为老年人提供方便、快捷、高质量、人性化的服务；坚持依托社区。在社区层面普遍建立居家养老服务机构、场所和服务队伍，整合社会资源，调动各方面的积极性，共同营造老年人居家养老服务的社会环境；坚持因地制宜。紧密结合当地实际，与本地经济社会发展水平相适应，与社区人文环境和老年人的需求相适应，循序渐进，稳步推开；坚持社会化方向。采取多种形式，充分调动社会各方面力量参与和支持居家养老服务。

三、保障措施

（一）制定居家养老服务发展规划。各级政府应紧密结合本地实际，科学地研究制定本地城乡社区发展居家养老服务规划，并把它纳入当地经济社会发展总体规划和社区建设总体规划中，统筹安排，推动居家养老服务快速健康发展。

（二）加大政府投入力度，合理配置资源。各级政府应转变职能，随着经济发展和社会进步，逐步加大投入，研究制定“民办公助”的政策措施，鼓励和支持社会力量参与、兴办居家养老服务业。各级政府要统筹考虑居家养老服务设施建设、队伍建设和运营管理等问题，合理配置资源。有条件的地区可针对性地设立专项资金，开设资助项目，探索适应当地特点的居家养老服务模式。

（三）贯彻落实支持居家养老服务的优惠政策。贯彻落实国家现行关于养老服务机构的税收优惠政策，对养老院类的养老服务机构提供的养老服务免征营业税，对各类非营利性养老服务机构免征自用房产、土地的房产税、城镇土地使用税等。

（四）整合资源，建立和完善社区居家养老服务网络。要按照当地社区建设规划和老年人实际需要，协同各个部门，整合资源，在城市社区和大部分农村乡镇建设综合性居家养老服务中心、居家养老服务站点等基础性服务设施，大力推动专业化的老年医疗卫生、康复护理、文体娱乐、信息咨询、老年教育等服务项目的开展，构建社区为老服务网络，为老年人提供就近就便的多种服务。吸引生活自理的老人走出家门到社区为老服务设施接受服务和参加活动；对生活不能自理的老人则采取派专人上门包护，满足老年人生活照料、医疗护理、文化娱乐、心理慰藉等多种需求。依托城市社区信息平台，在社区普遍建立为老服务热线、紧急救援系统、数字网络系统等多种求助和服务形式，建设便捷有效的为老服务信息系统。

（五）加强专业化与志愿者相结合的居家养老服务队伍建设。要鼓励各类职业培训机构对居家养老服务人员开展职业技能培训，考试合格发给相应的职业资格证书。认真实施专业社会工作者职业水平评价制度，科学界定居家养老服务中职业社会工作者的岗位和职责，加强对社工专业人才的吸纳与培养。同时，加强居家养老服务人员的职业道德教育，改善和提高服务队伍的整体素质。

要大力发展社区居家养老服务志愿者组织，鼓励和支持社区居民和社区单位等为居家的老年人提供多种形式的养老服务。

要逐步改善和提高居家养老服务人员的地位和待遇。紧密结合社会工作者职业水平评价制度的实行，为居家养老服务的专业人员落实相应的物质待遇；对符合条件的从事居家养老服务人员，要按规定享受相应的就业再就业扶持政策。

（六）积极培育和发展居家养老服务组织。按照政府职能转变以及与企业、事业、社团分离的原则，对居家养老服务中能够与政府剥离的服务职能都要尽可能交给社会组织和非营利机构去办，交给市场和企业去办。各级政府应积极培育、规范管理各类居家养老服务机构，鼓励居家养老服务机构发展连片辐射、连锁经营、统一管理的服务模式。

（七）建立居家养老服务管理体制。各地政府应加强对居家养老服务工作的管理和监督，建立相应工作机制。在区、街道（乡镇）和社区（村）建立居家养老服务中心、站点，受政府委托负责本辖区居家养老服务的实施和管理，其主要职责是：建立老年人信息库，发布老年人服务需求信息和社会服务供给信息，对享受政府补贴的居家老人进行资格评估；对居家养老服务人员相关资格进行审查，接受服务对象的服务信息反馈，检查监督服务质量。承担政府委托的其他养老服务事项。

（八）切实加强对居家养老服务工作的领导。各级政府应充分认识新形势下发展居家养老服务的重要性，把它列入政府工作议程，并根据本意见的精神，抓紧制定符合当地实际的政策措施。各有关部门要加强配合，积极支持居家养老服务的发展。各级老龄工作委员会办公室要认真履行综合协调职能，配合相关部门，积极推动居家养老服务工作的开展。

2009 年

中共中央国务院关于加大统筹城乡发展力度，进一步夯实农业农村发展基础的若干意见

（2009 年 12 月 31 日）

2009 年，是新世纪以来我国经济发展最为困难的一年。面对历史罕见国际金融危机的严重冲击，面对多年不遇自然灾害的重大考验，面对国内外农产品市场异常波动的不利影响，各地区各部门在党中央、国务院的坚强领导下，迎难而上，奋力拼搏，巩固和发展了农业农村好形势。粮食生产再获丰收，连续 6 年实现增产；农民工就业快速回升，农民收入连续 6 年较快增长；集体林权制度改革全面推进，农村体制创新取得新的突破；农村水电路气房建设继续加强，农民生产生活条件加快改变；农村教育、医疗、社保制度不断健全，农村民生状况明显改善；农村基层组织进一步巩固，农村社会和谐稳定。这为党和国家战胜困难、共克

时艰赢得了战略主动，为保增长保民生保稳定提供了基础支撑。

当前，我国农业的开放度不断提高，城乡经济的关联度显著增强，气候变化对农业生产的影响日益加大，农业农村发展的有利条件和积极因素在积累增多，各种传统和非传统的挑战也在叠加凸显。面对复杂多变的发展环境，促进农业生产上新台阶的制约越来越多，保持农民收入较快增长的难度越来越大，转变农业发展方式的要求越来越高，破除城乡二元结构的任务越来越重。全党务必居安思危，切实防止忽视和放松“三农”工作的倾向，努力确保粮食生产不滑坡、农民收入不徘徊、农村发展好势头不逆转。必须不断深化把解决好“三农”问题作为全党工作重中之重的基本认识，稳定和完善党在农村的基本政策，突出强化农业农村的基础设施，建立健全农业社会化服务的基层体系，大力加强农村以党组织为核心的基层组织，夯实打牢农业农村发展基础，协调推进工业化、城镇化和农业现代化，努力形成城乡经济社会发展一体化新格局。

2010年农业农村工作的总体要求是：全面贯彻党的十七大和十七届三中、四中全会以及中央经济工作会议精神，高举中国特色社会主义伟大旗帜，以邓小平理论和“三个代表”重要思想为指导，深入贯彻落实科学发展观，把统筹城乡发展作为全面建设小康社会的根本要求，把改善农村民生作为调整国民收入分配格局的重要内容，把扩大农村需求作为拉动内需的关键举措，把发展现代农业作为转变经济发展方式的重大任务，把建设社会主义新农村和推进城镇化作为保持经济平稳较快发展的持久动力，按照稳粮保供给、增收惠民生、改革促统筹、强基增后劲的基本思路，毫不松懈地抓好农业农村工作，继续为改革发展稳定大局作出新的贡献。

一、健全强农惠农政策体系，推动资源要素向农村配置

1. 继续加大国家对农业农村的投入力度。按照总量持续增加、比例稳步提高的要求，不断增加“三农”投入。要确保财政支出优先支持农业农村发展，预算内固定资产投资优先投向农业基础设施和农村民生工程，土地出让收益优先用于农业土地开发和农村基础设施建设。各级财政对农业的投入增长幅度都要高于财政经常性收入增长幅度。预算内固定资产投资要继续向重大农业农村建设项目倾斜。耕地占用税税率提高后，新增收入全部用于农业。严格按照有关规定计提和使用用于农业土地开发的土地出让收入，严格执行新增建设用地土地有偿使用费全部用于耕地开发和土地整理的规定。对各地土地收入用于农业农村的各项资金征收和使用情况进行专项检查。继续增加现代农业生产发展资金和农业综合开发资金规模。

2. 完善农业补贴制度和市场调控机制。坚持对种粮农民实行直接补贴。增加良种补贴，扩大马铃薯补贴范围，启动青稞良种补贴，实施花生良种补贴试点。进一步增加农机具购置补贴，扩大补贴种类，把牧业、林业和抗旱、节水机械设备纳入补贴范围。落实和完善农资综合补贴动态调整机制。按照存量不动、增量倾斜的原则，新增农业补贴适当向种粮大户、农民专业合作社倾斜。逐步完善适合牧区、林区、垦区特点的农业补贴政策。加强对农业补贴对象、种类、资金结算的监督检查，确保补贴政策落到实处，不准将补贴资金用于抵扣农民交费。落实小麦最低收购价政策，继续提高稻谷最低收购价。扩大销区粮食储备规模。适时采取玉米、大豆、油菜籽等临时收储政策，支持企业参与收储，健全国家收储农产品的拍卖机制，做好棉花、食糖、猪肉调控预案，保持农产品市场稳定和价格合理水平。

3. 提高农村金融服务质量和水平。加强财税政策与农村金融政策的有效衔接，引导更多信贷资金投向“三农”，切实解决农村融资难问题。落实和完善涉农贷款税收优惠、定向费用补贴、增量奖励等政策。进一步完善县域内银行业金融机构新吸收存款主要用于当地发放贷款政策。加大政策性金融对农村改革发展重点领域和薄弱环节支持力度，拓展农业发展银行支农领域，大力开展农业开发和农村基础设施建设中长期政策性信贷业务。农业银行、农村信用社、邮政储蓄银行等银行业金融机构都

要进一步增加涉农信贷投放。积极推广农村小额信用贷款。加快培育村镇银行、贷款公司、农村资金互助社，有序发展小额贷款组织，引导社会资金投资设立适应“三农”需要的各类新型金融组织。抓紧制定对偏远地区新设农村金融机构费用补贴等办法，确保3年内消除基础金融服务空白乡镇。针对农业农村特点，创新金融产品和服务方式，搞好农村信用环境建设，加强和改进农村金融监管。建立农业产业发展基金。积极扩大农业保险保费补贴的品种和区域覆盖范围，加大中央财政对中西部地区保费补贴力度。鼓励各地对特色农业、农房等保险进行保费补贴。发展农村小额保险。健全农业再保险体系，建立财政支持的巨灾风险分散机制。支持符合条件的涉农企业上市。

4. 积极引导社会资源投向农业农村。各部门各行业要主动服务“三农”，在制定规划、安排项目、增加资金时切实向农村倾斜。大中城市要发挥对农村的辐射带动作用。鼓励各种社会力量开展与乡村结对帮扶，参与农村产业发展和公共设施建设。企业通过公益性社会团体、县级以上人民政府及其部门或者设立专项的农村公益基金会，用于建设农村公益事业项目的捐赠支出，不超过年度利润总额12％的部分准予在计算企业所得税前扣除。有关部门要抓紧健全科技、教育、文化、卫生等下乡支农制度，通过完善精神物质奖励、职务职称晋升、定向免费培养等措施，引导更多城市教师下乡支教、城市文化和科研机构到农村拓展服务、城市医师支援农村。健全农业气象服务体系和农村气象灾害防御体系，充分发挥气象服务“三农”的重要作用。

5. 大力开拓农村市场。针对经济发展和农民生产生活需要，适时出台刺激农村消费需求的新办法新措施。加大家电、汽车、摩托车等下乡实施力度，大幅度提高家电下乡产品最高限价，对现行限价内的产品继续实行13％的补贴标准，超出限价的实行定额补贴，允许各省（自治区、直辖市）根据本地实际增选一个品种纳入补贴范围，补贴对象扩大到国有农林场（区）职工。改善售后服务，加强市场监管，严禁假冒伪劣产品流入农村。大力发展物流配送、连锁超市、电子商务等现代流通方式，支持商贸、邮政等企业向农村延伸服务，建设日用消费品、农产品、生产资料等经营网点，继续支持供销合作社新农村现代流通网络工程建设，提升“万村千乡”超市和农家店服务功能质量。鼓励农村金融机构对农民建房、购买汽车和家电等提供消费信贷，加大对兴办农家店的信贷投放。

二、提高现代农业装备水平，促进农业发展方式转变

6. 稳定发展粮食等大宗农产品生产。在稳定粮食播种面积基础上，大力优化品种结构，着力提高粮食单产和品质。全面实施全国新增千亿斤粮食生产能力规划，尽快形成生产能力。加快建立健全粮食主产区利益补偿制度，增加产粮大县奖励补助资金，提高产粮大县人均财力水平。有关扶持政策要向商品粮调出量大、对国家粮食安全贡献突出的产粮大县（农场）倾斜。继续减少直至取消主产区粮食风险基金地方资金配套。大力发展油料生产，加快优质油菜、花生生产基地县建设，积极发展油茶、核桃等木本油料。支持优势产区发展棉花、糖料生产。继续实施粮食丰产科技工程。扩大粮棉油糖高产创建实施规模，年内覆盖全国所有农业县（农场）。大力推进农作物病虫害专业化统防统治。支持垦区率先发展现代化大农业，建设大型农产品基地，带动周边农村经济社会发展。

7. 推进菜篮子产品标准化生产。实施新一轮菜篮子工程建设，加快园艺作物生产设施化、畜禽水产养殖规模化。支持建设生猪、奶牛规模养殖场（小区），发展园艺作物标准生产基地和水产健康养殖示范场，开展标准化创建活动，推进畜禽养殖加工一体化。支持畜禽良种繁育体系建设。加强重大动物疫病防控，完善扑杀补贴政策，推进基层防疫体系建设，健全工作经费保障机制。增加渔政、渔港、渔船安全设施等建设投入，搞好水生生物增殖放流，支持发展远洋渔业。加快农产品质量安全监管体系和检验检测体系建设，积极发展无公害农产品、绿色食品、有机农产品。

8. 突出抓好水利基础设施建设。国家固定资产投资要把水利建设放在重要位置。继续加强大江大河大湖治理，逐步推进重点中小河流治理。加快大中型水利枢纽工程建设，搞好蓄滞洪区建设和山洪灾害防治。大力推进大中型灌区续建配套和节水改造，加快末级渠系建设。按期完成规划内病险水库除险加固任务，统筹安排其余病险水库除险加固。在科学规划论证基础上，启动大中型病险水闸除险加固。加快大型灌排泵站更新改造。拓宽水利建设基金筹资渠道。大幅度增加中央和省级财政小型农田水利设施建设补助专项资金规模，新增一批小型农田水利建设重点县。大力发展高效节水灌溉，支持山丘区建设雨水集蓄等小微型水利设施。通过一事一议、财政补助等办法，鼓励农民自愿投工投劳开展直接受益的小型水利设施建设。深化水利工程管理体制改革。推广农民用水户参与管理模式，加大财政对农民用水合作组织的扶持力度。加强基层抗旱排涝和农村水利技术服务体系建设。

9. 大力建设高标准农田。按照统筹规划、分工协作、集中投入、连片推进的要求，加快建设高产稳产基本农田。重视耕地质量建设，加大投入力度，安排中长期政策性贷款，支持农田排灌、土地整治、土壤改良、机耕道路和农田林网建设，把800个产粮大县的基本农田加快建成高标准农田，建立稳固的商品粮基地。继续增加农业综合开发、农村土地整治投入，有计划分片推进中低产田改造。扩大测土配方施肥、土壤有机质提升补贴规模和范围。推广保护性耕作技术，实施旱作农业示范工程，对应用旱作农业技术给予补助。

10. 提高农业科技创新和推广能力。切实把农业科技的重点放在良种培育上，加快农业生物育种创新和推广应用体系建设。继续实施转基因生物新品种培育科技重大专项，抓紧开发具有重要应用价值和自主知识产权的功能基因和生物新品种，在科学评估、依法管理基础上，推进转基因新品种产业化。推动国内种业加快企业并购和产业整合，引导种子企业与科研单位联合，抓紧培育有核心竞争力的大型种子企业。培养农业科技领军人才，发展农业产学研联盟，加强农业重点实验室、工程技术中心、科技基础条件平台建设。实施农村科技创业行动、科技富民强县专项行动计划、科普惠农兴村计划，推进现代农业产业技术体系建设。抓紧建设乡镇或区域性农技推广等公共服务机构，扩大基层农技推广体系改革与建设示范县范围。积极发展多元化、社会化农技推广服务组织。启动基层农技推广机构特设岗位计划，鼓励高校涉农专业毕业生到基层农技推广机构工作。推进农用工业技术改造。加快发展农业机械化，大力推广机械深松整地，支持秸秆还田、水稻育插秧等农机作业。创建国家现代农业示范区。

11. 健全农产品市场体系。统筹制定全国农产品批发市场布局规划，支持重点农产品批发市场建设和升级改造，落实农产品批发市场用地等扶持政策，发展农产品大市场大流通。加大力度建设粮棉油糖等大宗农产品仓储设施，完善鲜活农产品冷链物流体系，支持大型涉农企业投资建设农产品物流设施。加快发展农产品期货市场，逐步拓展交易品种，鼓励生产经营者运用期货交易机制规避市场风险。发展农业会展经济，支持农产品营销。全面推进双百市场工程和农超对接，重点扶持农产品生产基地与大型连锁超市、学校及大企业等产销对接，减少流通环节，降低流通成本。大力培育农村经纪人，充分运用地理标志和农产品商标促进特色农业发展。加强市场动态监测和信息服务。完善全国鲜活农产品绿色通道政策。

12. 构筑牢固的生态安全屏障。巩固退耕还林成果，在重点生态脆弱区和重要生态区位，结合扶贫开发和库区移民，适当增加安排退耕还林。延长天然林保护工程实施期限，抓紧制定实施办法。继续推进三北、沿海、长江等防护林体系和京津风沙源治理、湿地保护与恢复等重点林业生态工程建设。统筹推进青海三江源生态保护和建设。加大力度筹集森林、草原、水土保持等生态效益补偿资金。从2010年起提高中央财政对属集体林的国家级公益林森林生态效益补偿标准。建立造林、抚育、保护、管理投入补贴制度，开展造林苗木、森林抚育补贴试点，中央财政对林木良种生产使用、中幼林和低产林抚育给予补贴。编制林地保护利用规划，启动森林经营工程，增强森林生态服务功能，提高林地综合产出能力。大力增加森林碳汇。切实加强草原生态保护建设，加大退牧还草工程实施力度，延长实施年限，适当提高补贴标准。落实草畜平衡制度，继续推行禁牧休牧轮牧，发展舍饲圈养，搞好人工饲草地和牧区水利建设。推进西藏草原生态保护奖励机制试点工作。加大草原鼠虫害防治力度。加强草原监理体系建设，强化草原执法监督。实施国家水土保持重点建设工程，加快岩溶地区石漠化和南方崩岗治理，启动坡耕地水土流失综合治理工程，搞好清洁小流域建设。加强农业面源污染治理，发展循环农业和生态农业。

三、加快改善农村民生，缩小城乡公共事业发展差距

13. 努力促进农民就业创业。建立覆盖城乡的公共就业服务体系，积极开展农业生产技术和农民务工技能培训，整合培训资源，规范培训工作，增强农民科学种田和就业创业能力。因地制宜发展特色高效农业、林下种养业，挖掘农业内部就业潜力。推进乡镇企业结构调整和产业升级，扶持发展农产品加工业，积极发展休闲农业、乡村旅游、森林旅游和农村服务业，拓展农村非农就业空间。完善促进创业带动就业的政策措施，将农民工返乡创业和农民就地就近创业纳入政策扶持范围。加大农民外出务工就业指导和服务力度，切实维护农民工合法权益，促进农村劳动力平稳有序转移。健全农民工社会保障制度，深入开展工伤保险全覆盖行动，加强职业病防治和农民工健康服务，将与企业建立稳定劳动关系的农民工纳入城镇职工基本医疗保险，抓紧落实包括农民工在内的城镇企业职工基本养老保险关系转移接续办法。落实以公办学校为主、以输入地为主解决好农民工子女入学问题的政策，关心农村留守儿童。

14. 提高农村教育卫生文化事业发展水平。巩固和完善农村义务教育经费保障机制，落实好教师培训制度和绩效工资制度。农村学校布局要符合实际，方便学生上学，保证学生安全。继续实施中小学校舍安全工程。逐步改善贫困地区农村学生营养状况。大力发展中等职业教育，继续推进农村中等职业教育免费进程。逐步实施农村新成长劳动力免费劳动预备制培训。完善农村三级医疗卫生服务网络，落实乡镇卫生院人员绩效工资和乡村医生公共卫生服务补助政策，逐步实施免费为农村定向培养全科医生和招聘执业医师计划。搞好农村地区妇幼卫生工作和疾病防治，加强农村食品和药品监管。积极发展农村远程教育、远程医疗。稳定农村低生育水平，继续推进新农村新家庭计划和少生快富工程，完善农村部分计划生育家庭奖励扶助制度和计划生育家庭特别扶持制度，加强和创新农村流动人口计划生育服务管理。建立稳定的农村文化投入保障机制，推进广播电视村村通、文化信息资源共享、乡镇综合文化站和村文化室、农村电影放映、农家书屋等重点文化惠民工程建设和综合利用，广泛开展群众性精神文明创建活动和农民健身活动。

15. 提高农村社会保障水平。逐步提高新型农村合作医疗筹资水平、政府补助标准和保障水平。做好新型农村合作医疗、农村医疗救助、城镇居民基本医疗保险、城镇职工基本医疗保险制度的政策衔接。继续抓好新型农村社会养老保险试点，有条件的地方可加快试点步伐。积极引导试点地区适龄农村居民参保，确保符合规定条件的老年居民按时足额领取养老金。合理确定农村最低生活保障标准和补助水平，实现动态管理下的应保尽保。落实和完善被征地农民社会保障政策。健全临时救助制度。逐步提高农村五保户集中供养水平。搞好农村养老院建设，发展农村养老服务，探索应对农村人口老龄化的有效办法。加大对农村残疾人生产扶助和生活救助力度，农村各项社会保障政策优先覆盖残疾人。做好农村防灾减灾工作。

16. 加强农村水电路气房建设。搞好新农村建设规划引导，合理布局，完善功能，加快改变农村面貌。加大农村饮水安全工程投入，加强水源保护、水质监测和工程运行管理，确保如期完成规划任务。鼓励有条件的地方推行城乡区域供水。适应农村用电需求快速增长的趋势，结合推进农村电力体制改革，抓紧实施新一轮农村电网改造升级工程，提升农网供电可靠性和供电能力。继续实施小水电代燃料工程，推进水电新农村电气化县建设。全面完成“十一五”农村公路建设任务，落实农村公路管理养护责任，推进城乡客运交通一体化。加快推进农村户用沼气、大中型沼气和集中供气工程建设，加强沼气技术创新、维护管理和配套服务。支持农村开发利用新能源，推进农林废弃物资源化、清洁化利用。加快推进农村危房改造和国有林区（场）、垦区棚户区改造，继续实施游牧民定居工程。抓住当前农村建房快速增长和建筑材料供给充裕的时机，把支持农民建房作为扩大内需的重大举措，采取有效措施推动建材下乡，鼓励有条件的地方通过多种形式支持农民依法依规建设自用住房。加强村镇规划，引导农民建设富有地方特点、民族特色、传统风貌的安全节能环保型住房。实行以奖促治政策，稳步推进农村环境综合整治，开展农村排水、河道疏浚等试点，搞好垃圾、污水处理，改善农村人居环境。采取有效措施防止城市、工业污染向农村扩散。推进农村信息化，积极支持农村电信和互联网基础设施建设，健全农村综合信息服务体系。

17. 继续抓好扶贫开发工作。坚持农村开发式扶贫方针，加大投入力度，逐步扩大扶贫开发和农村低保制度有效衔接试点，对农村低收入人口全面实施扶贫政策，着力提高贫困地区群众自我发展能力，确保扶贫开发工作重点县农民人均纯收入增长幅度高于全国平均水平。因地制宜加大整村推进、劳动力转移培训、产业化扶贫、以工代赈等各项扶贫工作力度，加快贫困地区基础设施建设和社会事业发展。积极稳妥实行扶贫易地搬迁，妥善解决移民后续发展问题。对特殊类型贫困地区进行综合治理。扩大贫困村互助资金、连片开发以及彩票公益金支持革命老区建设等试点。动员社会各界参与扶贫事业，充分发挥行业扶贫作用，积极开展反贫困领域国际交流合作。研究制定未来10年扶贫开发纲要和相关规划。

四、协调推进城乡改革，增强农业农村发展活力

18. 稳定和完善农村基本经营制度。完善农村土地承包法律法规和政策，加快制定具体办法，确保农村现有土地承包关系保持稳定并长久不变。继续做好土地承包管理工作，全面落实承包地块、面积、合同、证书“四到户”，扩大农村土地承包经营权登记试点范围，保障必要的工作经费。加强土地承包经营权流转管理和服务，健全流转市场，在依法自愿有偿流转的基础上发展多种形式的适度规模经营。严格执行农村土地承包经营纠纷调解仲裁法，加快构建农村土地承包经营纠纷调解仲裁体系。按照权属明确、管理规范、承包到户的要求，继续推进草原基本经营制度改革。稳定渔民水域滩涂养殖使用权。鼓励有条件的地方开展农村集体产权制度改革试点。

19. 有序推进农村土地管理制度改革。坚决守住耕地保护红线，建立保护补偿机制，加快划定基本农田，实行永久保护。落实政府耕地保护目标责任制，上级审计、监察、组织等部门参与考核。加快农村集体土地所有权、宅基地使用权、集体建设用地使用权等确权登记颁证工作，工作经费纳入财政预算。力争用3年时间把农村集体土地所有权证确认到每个具有所有权的农民集体经济组织。有序开展农村土地整治，城乡建设用地增减挂钩要严格限定在试点范围内，周转指标纳入年度土地利用计划统一管理，农村宅基地和村庄整理后节约的土地仍属农民集体所有，确保城乡建设用地总规模不突破，确保复垦耕地质量，确保维护农民利益。按照严格审批、局部试点、封闭运行、风险可控的原则，规范农村土地管理制度改革试点。加快修改土地管理法。

20. 着力提高农业生产经营组织化程度。推动家庭经营向采用先进科技和生产手段的方向转变，推动统一经营向发展农户联合与合作，形成多元化、多层次、多形式经营服务体系的方向转变。壮大农村集体经济组织实力，为农民提供多种有效服务。大力发展农民专业合作社，深入推进示范社建设行动，对服务能力强、民主管理好的合作社给予补助。各级政府扶持的贷款担保公司要把农民专业合作社纳入服务范围，支持有条件的合作社兴办农村资金互助社。扶持农民专业合作社自办农产品加工企业。积极发展农业农村各种社会化服务组织，为农民提供便捷高效、质优价廉的各种专业服务。支持龙头企业提高辐射带动能力，增加农业产业化专项资金，扶持建设标准化生产基地，建立农业产业化示范区。推进“一村一品”强村富民工程和专业示范村镇建设。

21. 积极推进林业改革。健全林业支持保护体系，建立现代林业管理制度。深化以明晰产权、承包到户为重点的集体林权制度改革，加快推进配套改革。规范集体林权流转，支持发展林农专业合作社。深化集体林采伐管理改革，建立森林采伐管理新机制和森林可持续经营新体系。完善林权抵押贷款办法，建立森林资源资产评估制度和评估师制度。逐步扩大政策性森林保险试点范围。扶持林业产业发展，促进林农增收致富。启动国有林场改革，支持国有林场基础设施建设。开展国有林区管理体制和国有森林资源统一管理改革试点。

22. 继续深化农村综合改革。深入推进乡镇机构改革。继续推进省直管县财政管理体制改革，提高县乡基本财力保障水平，落实村级组织运转经费保障政策。按相关规划和要求，中央和省级财政继续支持农村义务教育历史债务的清理化解，推进其他公益性乡村债务清理化解试点，防止发生新的乡村债务。坚持政府引导、分级负责、农民自愿、上限控制、财政补助的原则，探索建立新形势下村级公益事业建设的有效机制，认真总结一事一议财政奖补试点经验，加大财政奖补力度，扩大试点范围。继续开展农民负担重点治理，坚决防止农民负担反弹。加快落实推进供销合作社改革发展的相关政策，加强基层社建设，强化县联合社服务功能。深化农垦体制改革，分离企业办社会职能，健全社会保障制度。加强对新形势下农村改革试验区工作的指导。

23. 推进城镇化发展的制度创新。积极稳妥推进城镇化，提高城镇规划水平和发展质量，当前要把加强中小城市和小城镇发展作为重点。深化户籍制度改革，加快落实放宽中小城市、小城镇特别是县城和中心镇落户条件的政策，促进符合条件的农业转移人口在城镇落户并享有与当地城镇居民同等的权益。多渠道多形式改善农民工居住条件，鼓励有条件的城市将有稳定职业并在城市居住一定年限的农民工逐步纳入城镇住房保障体系。采取有针对性的措施，着力解决新生代农民工问题。统筹研究农业转移人口进城落户后城乡出现的新情况新问题。大力发展县域经济，抓住产业转移有利时机，促进特色产业、优势项目向县城和重点镇集聚，提高城镇综合承载能力，吸纳农村人口加快向小城镇集中。完善加快小城镇发展的财税、投融资等配套政策，安排年度土地利用计划要支持中小城市和小城镇发展。农村宅基地和村庄整理所节约的土地首先要补充耕地，调剂为建设用地的，在县域内按照土地利用总体规划使用，纳入年度土地利用计划，主要用于产业集聚发展，方便农民就近转移就业。继续推进扩权强县改革试点，推动经济发展快、人口吸纳能力强的镇行政管理体制改革，根据经济社会发展需要，下放管理权限，合理设置机构和配备人员编制。

24. 提高农业对外开放水平。支持优势农产品扩大出口，提供出口通关、检验检疫便利和优惠。推进农产品质量可追溯体系建设，支持建设出口基地。推动农产品出口信贷创新，探索建立出口信用保险与农业保险相结合的风险防范机制。积极应对国际贸易壁垒，支持行业协会和龙头企业维护自身权益。充分利用海关特殊监管区域及保税加工物流等措施，发展农产品加工贸易。加强国际农业科技和农业资源开发合作，制定鼓励政策，支持有条件的企业“走出去”。引导外资投向鼓励类产业，提高农业利用外资水平。加强农产品进出口调控，实行灵活高效的农产品进出口政策，建立健全农产品和农用物资进出口监测预警机制，严厉打击农产品走私违法犯罪行为，切实加强进出口农产品质量监督。

五、加强农村基层组织建设，巩固党在农村的执政基础

25. 加强和改进农村基层党的建设。推动农村基层党组织工作创新，扩大基层党组织对农村新型组织的覆盖面，推广在农民专业合作社、专业协会、外出务工经商人员相对集中点建立党组织的做法。加强乡镇党委书记队伍建设，选好配强乡镇党委班子。提高村党组织带头人队伍素质，注重从转业退伍军人、务工回乡青年、致富能手等党员中选拔村党组织书记。以明确责任、考核监督、保障服务为重点，加强乡、村党组织领导班子管理，及时调整软弱涣散农村基层党组织班子。抓紧落实对长期在基层和艰苦边远地区工作的干部、长期担任县乡党政领导职务的干部实行工资福利倾斜的政策，进一步完善村干部"一定三有"政策，推进从优秀村干部中考录乡镇公务员、选任乡镇领导干部工作。建立稳定规范的农村基层组织工作经费保障制度，加快村级组织活动场所、农村党员干部现代远程教育网络建设。继续选聘高校毕业生到村任职，完善下得去、待得住、干得好、流得动的长效机制。不断深化农村党的建设三级联创活动，统筹城乡基层党建工作，创新完善农村流动党员教育管理服务制度，切实加强农民工中党的工作。深入开展党性党风党纪教育，加强农村基层党风廉政建设。

26. 进一步完善符合国情的农村基层治理机制。发展和完善党领导的村级民主自治机制，规范村级民主选举、民主决策、民主管理、民主监督程序。总结各地实践经验，因地制宜推广本村重大事项由村党支部提议、支委会和村委会联席会议商议、全村党员大会审议、村民代表会议或村民会议决议，以及决议公开、实施结果公开等做法。加强对村党支部、村委会换届选举的领导和指导，严肃查处拉票、贿选等行为，确保选举平稳有序，防范和制止利用宗教、宗族等势力干预农村公共事务。加强农村集体资金、资产、资源管理，推进村务公开和民主管理"难点村"治理。开展农村社区建设创建活动，加强服务设施建设，培育发展社区服务性、公益性、互助性社会组织。强化乡镇政府社会管理和公共服务职能，建立综合服务平台，有条件的乡镇要设立便民服务中心、村设立代办点，为农民提供一站式服务。

27. 切实维护农村社会稳定。完善党和政府主导的维护群众权益机制，切实解决好农村征地、环境污染、移民安置、集体资产管理等方面损害农民利益的突出问题。加强农村法制教育，畅通农村信访渠道，引导农民群众依法理性表达合理诉求、维护自身权益。推进农业综合执法。深入开展农村平安创建活动，坚持群防群治、依靠群众，加强和改进农村社会治安综合治理，进一步推进农村警务建设，严厉打击黑恶势力和各类违法犯罪活动。加强农村消防工作，健全农村应急反应机制。全面贯彻落实党的民族政策和宗教工作基本方针，加快民族地区经济社会发展，依法管理农村宗教事务。

各级党委和政府要站在经济社会发展全局和巩固党的执政基础的战略高度，切实加强和改善党对农村工作的领导。巩固农村基层深入学习实践科学发展观活动成果，建立党员干部受教育、科学发展上水平、农民群众得实惠的长效机制。按照促进科学发展的党政领导班子和领导干部考核评价办法的要求，指导地方细化考核指标，把粮食生产、农民增收、耕地保护、环境治理、和谐稳定等纳入地方党政领导班子绩效考核。完善农村工作领导体制和工作机制，把重中之重的要求落实到领导分工、机构设置、干部配备上，不断提高农村工作领导水平。切实加大农村政策落实力度，及时组织专项督查。各级领导干部要弘扬党的优良作风，密切联系群众，创造性开展工作。充分发挥民主党派、人民团体、社会组织和工商企业的作用，形成发展现代农业和建设社会主义新农村的强大合力。

做好2010年农业农村工作意义十分重大。我们要紧密团结在以胡锦涛同志为总书记的党中央周围，振奋精神，开拓进取，扎实工作，奋力开创农业农村工作新局面！

医药卫生体制改革近期重点实施方案（2009—2011年）

（2009年3月18日）

根据《中共中央国务院关于深化医药卫生体制改革的意见》（中发［2009］6号，以下简称《意见》），2009—2011年重点抓好五项改革：一是加快推进基本医疗保障制度建设，二是初步建立国家基本药物制度，三是健全基层医疗卫生服务体系，四是促进基本公共卫生服务逐步均等化，五是推进公立医院改革试点。

推进五项重点改革，旨在着力解决群众反映较多的"看病难、看病贵"问题。推进基本医疗保障制度建设，将全体城乡居民纳入基本医疗保障制度，切实减轻群众个人支付的医药费用负担。建立国家基本药物制度，完善基层医疗卫生服务体系，方便群众就医，充分发挥中医药作用，降低医疗服务和药品价格。促进基本公共卫生服务逐步均等化，使全体城乡居民都能享受基本公共卫生服务，最大限度地预防疾病。推进公立医院改革试点，提高公立医疗机构服务水平，努力解决群众"看好病"问题。

推进五项重点改革，旨在落实医疗卫生事业的公益性质，具有改革阶段性的鲜明特征。把基本医疗卫生制度作为公共产品向全民提供，实现人人享有基本医疗卫生服务，这是我国医疗卫生事业发展从理念到体制的重大变革，是贯彻落实科学发展观的本质要求。医药卫生体制改革是艰巨而长期的任务，需要分阶段有重点地推进。要处理好公平与效率的关系，在改革初期首先着力解决公平问题，保障广大群众看病就医的基本需求，并随着经济社会发展逐步提高保障水平。逐步解决城镇职工基本医疗保险、城镇居民基本医疗保险、新型农村合作医疗制度之间的衔接问题。鼓励社会资本投入，发展多层次、多样化的医疗卫生服务，统筹利用全社会的医疗卫生资源，提高服务效率和质量，满足人民群众多样化的医疗卫生需求。

推进五项重点改革，旨在增强改革的可操作性，突出重点，带动医药卫生体制全面改革。建立基本医疗卫生制度是一项重大制度创新，是医药卫生体制全面改革的关键环节。五项重点改革涉及医疗保障制度建设、药品供应保障、医药价格形成机制、基层医疗卫生机构建设、公立医疗机构改革、医疗卫生投入机制、医务人员队伍建设、医药卫生管理体制等关键环节和重要领域。抓好这五项改革，目的是从根本上改变部分城乡居民没有医疗保障和公共医疗卫生服务长期薄弱的状况，扭转公立医疗机构趋利行为，使其真正回归公益性，有效解决当前医药卫生领域的突出问题，为全面实现医药卫生体制改革的长远目标奠定坚实基础。

一、加快推进基本医疗保障制度建设

（一）扩大基本医疗保障覆盖面。三年内，城镇职工基本医疗保险（以下简称城镇职工医保）、城镇居民基本医疗保险（以下简称城镇居民医保）和新型农村合作医疗（以下简称新农合）覆盖城乡全体居民，参保率均提高到90％以上。用两年左右时间，将关闭破产企业退休人员和困难企业职工纳入城镇职工医保，确有困难的，经省级人民政府批准后，参加城镇居民医保。关闭破产企业退休人员实现医疗保险待遇与企业缴费脱钩。中央财政对困难地区的国有关闭破产企业退休人员参保给予适当补助。2009年全面推开城镇居民医保制度，将在校大学生全部纳入城镇居民医保范围。积极推进城镇非公有制经济组织从业人员、灵活就业人员和农民工参加城镇职工医保。政府对符合就业促进法规定的就业困难人员参加城镇职工医保的参保费用给予补贴。灵活就业人员自愿选择参加城镇职工医保或城镇居民医保。参加城镇职工医保有困难的农民工，可以自愿选择参加城镇居民医保或户籍所在地的新农合。

（二）提高基本医疗保障水平。逐步提高城镇居民医保和新农合筹资标准和保障水平。2010年，各级财政对城镇居民医保和新农合的补助标准提高到每人每年120元，并适当提高个人缴费标准，具体缴费标准由省级人民政府制定。城镇职工医保、城镇居民医保和新农合对政策范围内的住院费用报销比例逐步提高。逐步扩大和提高门诊费用报销范围和比例。将城镇职工医保、城镇居民医保最高支付限额分别提高到当地职工年平均工资和居民可支配收入的6倍左右，新农合最高支付限额提高到当地农民人均纯收入的6倍以上。

（三）规范基本医疗保障基金管理。各类医保基金要坚持以收定支、收支平衡、略有结余的原则。合理控制城镇职工医保基金、城镇居民医保基金的年度结余和累计结余，结余过多的地方要采取提高保障水平等办法，把结余逐步降到合理水平。新农合统筹基金当年结余率原则上控制在15％以内，累计结余不超过当年统筹基金的25％。建立基本医疗保险基金风险调剂金制度。基金收支情况要定期向社会公布。提高基金统筹层次，2011年城镇职工医保、城镇居民医保基本实现市（地）级统筹。

（四）完善城乡医疗救助制度。有效使用救助资金，简化救助资金审批发放程序，资助城乡低保家庭成员、五保户参加城镇居民医保或新农合，逐步提高对经济困难家庭成员自负医疗费用的补助标准。

（五）提高基本医疗保障管理服务水平。鼓励地方积极探索建立医保经办机构与医药服务提供方的谈判机制和付费方式改革，合理确定药品、医疗服务和医用材料支付标准，控制成本费用。改进医疗保障服务，推广参保人员就医“一卡通”，实现医保经办机构与定点医疗机构直接结算。允许参加新农合的农民在统筹区域内自主选择定点医疗机构就医，简化到县域外就医的转诊手续。建立异地就医结算机制，探索异地安置的退休人员就地就医、就地结算办法。制定基本医疗保险关系转移接续办法，解决农民工等流动就业人员基本医疗保障关系跨制度、跨地区转移接续问题。做好城镇职工医保、城镇居民医保、新农合、城乡医疗救助之间的衔接。探索建立城乡一体化的基本医疗保障管理制度，并逐步整合基本医疗保障经办管理资源。在确保基金安全和有效监管的前提下，积极提倡以政府购买医疗保障服务的方式，探索委托具有资质的商业保险机构经办各类医疗保障管理服务。

二、初步建立国家基本药物制度

（六）建立国家基本药物目录遴选调整管理机制。制订国家基本药物遴选和管理办法。基本药物目录定期调整和更新。2009年初，公布国家基本药物目录。

（七）初步建立基本药物供应保障体系。充分发挥市场机制作用，推动药品生产流通企业兼并重组，发展统一配送，实现规模经营；鼓励零售药店发展连锁经营。完善执业药师制度，零售药店必须按规定配备执业药师为患者提供购药咨询和指导。政府举办的医疗卫生机构使用的基本药物，由省级人民政府指定的机构公开招标采购，并由招标选择的配送企业统一配送。参与投标的生产企业和配送企业应具备相应的资格条件。招标采购药品和选择配送企业，要坚持全国统一市场，不同地区、不同所有制企业平等参与、公平竞争。药品购销双方要根据招标采购结果签订合同并严格履约。用量较少的基本药物，可以采用招标方式定点生产。完善基本药物国家储备制度。加强药品质量监管，对药品定期进行质量抽检，并向社会公布抽检结果。

国家制定基本药物零售指导价格。省级人民政府根据招标情况在国家指导价格规定的幅度内确定本地区基本药物统一采购价格，其中包含配送费用。政府举办的基层医疗卫生机构按购进价格实行零差率销售。鼓励各地探索进一步降低基本药物价格的采购方式。

（八）建立基本药物优先选择和合理使用制度。所有零售药店和医疗机构均应配备和销售国家基本药物，满足患者需要。不同层级医疗卫生机构基本药物使用率由卫生行政部门规定。从2009年起，政府举办的基层医疗卫生机构全部配备和使用基本药物，其他各类医疗机构也都必须按规定使用基本药物。卫生行政部门制订临床基本药物应用指南和基本药物处方集，加强用药指导和监管。允许患者凭处方到零售药店购买药物。基本药物全部纳入基本医疗保障药品报销目录，报销比例明显高于非基本药物。

三、健全基层医疗卫生服务体系

（九）加强基层医疗卫生机构建设。完善农村三级医疗卫生服务网络。发挥县级医院的龙头作用，三年内中央重点支持2000所左右县级医院（含中医院）建设，使每个县至少有1所县级医院基本达到标准化水平。完善乡镇卫生院、社区卫生服务中心建设标准。2009年，全面完成中央规划支持的2.9万所乡镇卫生院建设任务，再支持改扩建5000所中心乡镇卫生院，每个县1~3所。支持边远地区村卫生室建设，三年内实现全国每个行政村都有卫生室。三年内新建、改造3700所城市社区卫生服务中心和1.1万个社区卫生服务站。中央支持困难地区2400所城市社区卫生服务中心建设。公立医院资源过剩地区，要进行医疗资源重组，充实和加强基层医疗卫生机构。对社会力量举办基层医疗卫生机构提供的公共卫生服务，采取政府购买服务等方式给予补偿；对其提供的基本医疗服务，通过签订医疗保险定点合同等方式，由基本医疗保障基金等渠道补偿。鼓励有资质的人员开办诊所或个体行医。

（十）加强基层医疗卫生队伍建设。制定并实施免费为农村定向培养全科医生和招聘执业医师计划。用三年时间，分别为乡镇卫生院、城市社区卫生服务机构和村卫生室培训医疗卫生人员36万人次、16万人次和137万人次。完善城市医院对口支援农村制度。每所城市三级医院要与3所左右县级医院（包括有条件的乡镇卫生院）建立长期对口协作关系。继续实施“万名医师支援农村卫生工程”。采取到城市大医院进修、参加住院医师规范化培训等方式，提高县级医院医生水平。

落实好城市医院和疾病预防控制机构医生晋升中高级职称前到农村服务一年以上的政策。鼓励高校医学毕业生到基层医疗机构工作。从2009年起，对志愿去中西部地区乡镇卫生院工作三年以上的高校医学毕业生，由国家代偿学费和助学贷款。

（十一）改革基层医疗卫生机构补偿机制。基层医疗卫生机构运行成本通过服务收费和政府补助补偿。政府负责其举办的乡镇卫生院、城市社区卫生服务中心和服务站按国家规定核定的基本建设、设备购置、人员经费及所承担公共卫生服务的业务经费，按定额定项和购买服务等方式补助、医务人员的工资水平，要与当地事业单位工作人员平均工资水平相衔接。基层医疗卫生机构提供的医疗服务价格，按扣除政府补助后的成本制定。实行药品零差率销售后，药品收入不再作为基层医疗卫生机构经费的补偿渠道，不得接受药品折扣。探索对基层医疗卫生机构实行收支两条线等管理方式。

政府对乡村医生承担的公共卫生服务等任务给予合理补助，补助标准由地方人民政府规定。

（十二）转变基层医疗卫生机构运行机制。基层医疗卫生机构要使用适宜技术、适宜设备和基本药物，大力推广包括民族医药在内的中医药，为城乡居民提供安全有效和低成本服务。乡镇卫生院要转变服务方式，组织医务人员在乡村开展巡回医疗；城市社区卫生服务中心和服务站对行动不便的患者要实行上门服务、主动服务。鼓励地方制定分级诊疗标准，开展社区首诊制试点，建立基层医疗机构与上级医院双向转诊制度。全面实行人员聘用制，建立能进能出的人力资源管理制度。完善收入分配制度，建立以服务质量和服务数量为核心、以岗位责任与绩效为基础的考核和激励制度。

四、促进基本公共卫生服务逐步均等化

（十三）基本公共卫生服务覆盖城乡居民。制定基本公共卫生服务项目，明确服务内容。从2009年开始，逐步在全国统一建立居民健康档案，并实施规范管理。定期为65岁以上老年人做健康检查、为3岁以下婴幼儿做生长发育检查、为孕产妇做产前检查和产后访视，为高

血压、糖尿病、精神疾病、艾滋病、结核病等人群提供防治指导服务。普及健康知识，2009年开设中央电视台健康频道，中央和地方媒体均应加强健康知识宣传教育。

（十四）增加国家重大公共卫生服务项目。继续实施结核病、艾滋病等重大疾病防控和国家免疫规划、农村妇女住院分娩等重大公共卫生项目。从2009年开始开展以下项目：为15岁以下人群补种乙肝疫苗；消除燃煤型氟中毒危害；农村妇女孕前和孕早期补服叶酸等，预防出生缺陷；贫困白内障患者复明；农村改水改厕等。

（十五）加强公共卫生服务能力建设。重点改善精神卫生、妇幼卫生、卫生监督、计划生育等专业公共卫生机构的设施条件。加强重大疾病以及突发公共卫生事件预测预警和处置能力。积极推广和应用中医药预防保健方法和技术。落实传染病医院、鼠防机构、血防机构和其他疾病预防控制机构从事高风险岗位工作人员的待遇政策。

（十六）保障公共卫生服务所需经费。专业公共卫生机构人员经费、发展建设经费、公用经费和业务经费由政府预算全额安排，服务性收入上缴财政专户或纳入预算管理。按项目为城乡居民免费提供基本公共卫生服务。提高公共卫生服务经费标准。2009年人均基本公共卫生服务经费标准不低于15元，2011年不低于20元。中央财政通过转移支付对困难地区给予补助。

五、推进公立医院改革试点

（十七）改革公立医院管理体制、运行机制和监管机制。公立医院要坚持维护公益性和社会效益原则，以病人为中心。鼓励各地积极探索政事分开、管办分开的有效形式。界定公立医院所有者和管理者的责权。完善医院法人治理结构。推进人事制度改革，明确院长选拔任用和岗位规范，完善医务人员职称评定制度，实行岗位绩效工资制度。建立住院医师规范化培训制度。鼓励地方探索注册医师多点执业的办法和形式。强化医疗服务质量管理。规范公立医院临床检查、诊断、治疗、使用药物和植（介）入类医疗器械行为，优先使用基本药物和适宜技术，实行同级医疗机构检查结果互认。

探索建立由卫生行政部门、医疗保险机构、社会评估机构、群众代表和专家参与的公立医院质量监管和评价制度。严格医院预算和收支管理，加强成本核算与控制。全面推行医院信息公开制度，接受社会监督。

（十八）推进公立医院补偿机制改革。逐步将公立医院补偿由服务收费、药品加成收入和财政补助三个渠道改为服务收费和财政补助两个渠道。政府负责公立医院基本建设和大型设备购置、重点学科发展、符合国家规定的离退休人员费用和政策性亏损补偿等，对公立医院承担的公共卫生任务给予专项补助，保障政府指定的紧急救治、援外、支农、支边等公共服务经费，对中医院（民族医院）、传染病医院、职业病防治院、精神病医院、妇产医院和儿童医院等在投入政策上予以倾斜。严格控制公立医院建设规模、标准和贷款行为。推进医药分开，逐步取消药品加成，不得接受药品折扣。医院由此减少的收入或形成的亏损通过增设药事服务费、调整部分技术服务收费标准和增加政府投入等途径解决。药事服务费纳入基本医疗保险报销范围。积极探索医药分开的多种有效途径。适当提高医疗技术服务价格，降低药品、医用耗材和大型设备检查价格。定期开展医疗服务成本测算，科学考评医疗服务效率。

公立医院提供特需服务的比例不超过全部医疗服务的10％。鼓励各地探索建立医疗服务定价由利益相关方参与协商的机制。

（十九）加快形成多元办医格局。省级卫生行政部门会同有关部门，按照区域卫生规划，明确辖区内公立医院的设置数量、布局、床位规模、大型医疗设备配置和主要功能。要积极稳妥地把部分公立医院转制为民营医疗机构。制定公立医院转制政策措施，确保国有资产保值和职工合法权益。

鼓励民营资本举办非营利性医院。民营医院在医保定点、科研立项、职称评定和继续教育等方面，与公立医院享受同等待遇；对其在服务准入、监督管理等方面一视同仁。落实非营利性医院税收优惠政策，完善营利性医院税收政策。

公立医院改革2009年开始试点，2011年逐步推开。

六、保障措施

（二十）加强组织领导。国务院深化医药卫生体制改革领导小组统筹组织和协调改革工作。国务院有关部门要抓紧研究制定相关配套文件。各级政府要切实加强领导，抓好组织落实，加快推进各项重点改革。

（二十一）加强财力保障。各级政府要认真落实《意见》提出的各项卫生投入政策，调整支出结构，转变投入机制，改革补偿办法，切实保障改革所需资金，提高财政资金使用效益。为了实现改革的目标，经初步测算，2009—2011年各级政府需要投入8500亿元，其中中央政府投入3318亿元。

（二十二）鼓励各地试点。医药卫生体制改革涉及面广，情况复杂，政策性强，一些重大改革要先行试点，逐步推开。各地情况差别很大，要鼓励地方因地制宜制定具体实施方案，开展多种形式的试点，进行探索创新。国务院深化医药卫生体制改革领导小组负责统筹协调、指导各地试点工作。要注意总结和积累经验，不断深入推进改革。

（二十三）加强宣传引导。坚持正确的舆论导向，制定分步骤、分阶段的宣传方案；采取通俗易懂、生动形象的方式，广泛宣传实施方案的目标、任务和主要措施，解答群众关心的问题；及时总结、宣传改革经验，为深化改革营造良好的社会和舆论环境。

关于加强残疾人法律救助工作的意见

最高人民法院　最高人民检察院　公安部　司法部　民政部　人力资源和社会保障部　教育部　卫生部　中国残联

（2009年5月6日）

党和国家高度重视残疾人法律救助工作。2008年3月28日，《中共中央国务院关于促进残疾人事业发展的意见》（中发［2008］7号）中指出："建立残疾人法律救助体系，做好残疾人法律服务、法律援助、司法救助工作。加大对侵害残疾人合法权益案件的查处力度。"2008年4月24日，十一届全国人大常委会第二次会议通过修订后的《中华人民共和国残疾人保障法》，强化了相关单位和部门维护残疾人权益的职责，规定了残疾人法律救助的相关内容。国务院批转的《中国残疾人事业"十一五"发展纲要》中要求建立残疾人法律救助体系，解决残疾人的实际困难。最高人民法院、最高人民检察院、公安部、司法部、民政部、劳动和社会保障部、教育部、卫生部、中国残联联合制定下发《残疾人法律救助"十一五"实施方案》及《〈残疾人法律救助"十一五"实施方案〉实施办法》，明确规定了"十一五"期间残疾人法律救助工作的任务目标和主要措施，明确了各相关单位和部门的法律救助职责，为残疾人法律救助工作的顺利开展奠定了坚实基础。2008年6月26日，十一届全国人大常委会第三次会议批准我国加入联合国《残疾人权利公约》，该公约要求缔约国采取有效措施，保障残疾人获得平等司法保护。为切实维护残疾人的合法权益，进一步做好残疾人法律救助工作，使残疾人能够切实获得法律救助服务，提出以下意见：

一、从构建社会主义和谐社会的高度，充分认识开展残疾人法律救助工作的重要意义

我国有8300多万残疾人，涉及2.6亿家庭人口。残疾人是一个数量众多、特性突出、特别需要帮助的社会群体。党和政府历来十分关心残疾人，高度重视发展残疾人事业，特别是改革开放以来，采取了一系列重大措施，推动残疾人事业不断发展壮大，残疾人参与社会生活的环境和条件明显改善，法律意识普遍提高，依法维护自身权益的能力显著增强。但是，残疾人在社会中的弱势地位并未得到根本改变，他们仍然是社会弱势群体中最为困难的群体。残疾人的总体生活状况与社会平均水平仍然存在较大差距，歧视残疾人、侵害残疾人权益的现象时有发生，许多残疾人仍然面临着咨询难、请律师难、打官司难、无力支付法律服务费用等问题，残疾人的法律服务需求还不能得到充分有效满足，依法维护残疾人权益依然是残疾人事业发展中一项根本而长远的任务。

为残疾人提供法律救助服务是构建社会主义和谐社会的一项重要内容。党中央从中国特色社会主义事业总体布局和全面建设小康社会全局出发，提出了构建社会主义和谐社会的重大战略任务。构建社会主义和谐社会的首要原则是以人为本，始终把最广大人民的根本利益作为党和国家一切工作的出发点和落脚点，实现好、维护好、发展好最广大人民的根本利益。残疾人作为社会弱势群体中最为困难的群体，其权益保障状况对社会主义和谐社会建设具有非常重要的意义。为残疾人提供法律救助服务，是依法维护残疾人权益的科学方法和有效手段，有助于充分发挥国家司法救助、法律援助、法律服务的功能和作用，使残疾人享受服务门槛更低、服务内容更多、服务范围更广的法律服务。切实保障残疾人的合法权益、为残疾人提供法律救助服务是构建社会主义和谐社会的一项重要内容。

目前，我国正处在改革发展的关键时期，经济体制深刻变革，社会结构深刻变动，利益格局深刻调整，思想观念深刻变化。这种空前的社会变革，给我国发展进步带来巨大活力的同时，也必然带来这样那样的矛盾和问题。残疾人抵御风险的能力较低，保障自身权益的能力和途径有限，因此残疾人在经济变革和社会变动中比其他人面临更多的困难和障碍。为残疾人提供法律救助服务，是社会主义和谐社会建设的一项必然要求，是依法治国理念和人权保障事业在残疾人工作领域的生动体现，能够提高残疾人依法保障权益的意识和能力，使残疾人充分享受经济社会发展和改革开放成果。各级人民法院、人民检察院、公安、司法行政、民政、人力资源社会保障、教育、卫生、残联等单位和部门要切实提高对残疾人法律救助工作的认识，把残疾人法律救助工作纳入重要工作议程，出台相关政策和有效措施，推进残疾人法律救助工作的深入开展。

二、以科学发展观为指导，全面推进残疾人法律救助工作

残疾人法律救助工作需要各级政府发挥主导作用，相关部门分工负责、综合协调、共同推进。建立残疾人法律救助工作协调机构有助于协调相关部门共同开展残疾人法律救助工作，研究制定残疾人法律救助的政策和计划，妥善处理残疾人法律救助工作中的重大疑难问题。2008年2月19日，最高人民法院、最高人民检察院、公安部、司法部、民政部、原劳动和社会保障部、教育部、卫生部、中国残联成立了残疾人法律救助工作协调领导小组及办公室，并通过召开会议、重点调研等多种形式，积极研究、部署全国范围内残疾人法律救助工作的有序开展。辽宁、湖北、甘肃、广东、贵州、新疆生产建设兵团、河南、新疆、黑龙江、山西、河北、天津、黑龙江农垦总局、内蒙古等地方也都先后成立了残疾人法律救助工作协调机构，河北省将残疾人法律救助工作协调机构的组成单位扩大到省人大内务司法委员会、省政协社会和法制委员会、省财政厅，内蒙古自治区将残疾人法律救助工作协调机构的组成单位扩大到自治区政法委，有力地促进了当地残疾人法律救助工作的开展。

各级人民法院、人民检察院、公安、司法行政、民政、人力资源社会保障、教育、卫生、残联等单位和部门在各自职责范围内承担着不同的残疾人法律救助工作任务。最高人民法院、最高人民检察院、公安部、司法部、民政部、人力资源和社会保障部、教育部、卫生部、中国残联都通过不同途径，采取不同方式，部署残疾人法律救助工作的深入、有序开展，并积极出台相关政策措施，保证残疾人享受内容更多、质量更高的法律救助服务。同时，还通过《中华人民共和国最高人民法院公报》、《检察日报》、《中国法律援助》等报刊对残疾人法律救助工作进行宣传报道，营造了残疾人法律救助工作的良好社会氛围。地方人民法院、人民检察院、公安、司法行政、民政、人力资源社会保障、教育、卫生、残联等单位和部门也通过多种方式，积极加强对本地残疾人法律救助工作的研究、部署和宣传，有力地推动了残疾人法律救助工作的全面开展。

各级人民法院、人民检察院、公安、司法行政、民政、人力资源社会保障、教育、卫生、残联等单位和部门应当根据《中共中央国务院关于促进残疾人事业发展的意见》要求，结合当前开展深入学习实践科学发展观活动的有利时机，用科学发展观指导残疾人法律救助工作的有效开展，及时成立残疾人法律救助工作协调机构，加强沟通协调，认真履行职责，不断完善残疾人法律救助工作体系，努力解决工作中出现的各种困难和障碍，避免工作走过场、形式化，真心实意地为残疾人提供法律救助服务。

三、以残疾人为本，充分发挥残疾人法律救助工作站的作用

残疾人法律救助工作站是为残疾人提供法律救助的协调服务机构，也是保证残疾人获得法律救助服务的具体实施机构。切实做好残疾人法律救助工作站建设工作，有助于建立服务残疾人的有效渠道，了解残疾人诉求，解决残疾人面临的法律服务困境。

为推进残疾人法律救助工作站建设工作，残疾人法律救助工作协调领导小组决定在全国范围内建立一批残疾人法律救助工作站，并制定了《残疾人法律救助工作站管理规定》。批准建立残疾人法律救助工作站的地区，要有专人负责残疾人法律救助工作站的日常管理工作，并通过社会化工作方式积极为残疾人提供法律救助服务。同级人民法院、人民检察院、公安、司法行政、民政、人力资源社会保障、教育、卫生、残联等单位和部门要共同制定工作规程，向社会公示能够直接为残疾人提供法律救助服务的案件范围和条件，指定本单位、本部门负责残疾人法律救助工作站的联络人，共同做好残疾人法律救助工作站建设工作。

未批准建立残疾人法律救助工作站的地区，同级人民法院、人民检察院、公安、司法行政、民政、人力资源社会保障、教育、卫生、残联等单位和部门应当认真做好调查研究，根据本地实际情况，因地制宜地开展残疾人法律救助工作站建设工作。

最高人民法院、最高人民检察院、公安部、司法部、民政部、人力资源和社会保障部、教育部、卫生部、中国残联要共同做好对地方残疾人法律救助工作的指导、监督和检查，做好残疾人法律救助工作人员的培训，推进残疾人法律救助工作站的规范化和网络化建设，不断开创残疾人法律救助工作的新局面。

关于进一步加快特殊教育事业发展的意见

教育部　发展改革委　民政部　财政部　人力资源社会保障部　卫生部　中央编办　中国残联

（2009 年 5 月 7 日）

为贯彻党的十七大精神，全面落实科学发展观，促进和谐社会建设，认真贯彻落实《中共中央国务院关于促进残疾人事业发展的意见》（中发［2008］7号）精神，进一步加快我国特殊教育事业发展，根据《中华人民共和国义务教育法》、《中华人民共和国残疾人保障法》和《残疾人教育条例》，对当前和今后一个时期我国特殊教育事业发展提出以下意见：

一、全面提高残疾儿童少年义务教育普及水平，不断完善残疾人教育体系

1. 继续提高残疾儿童少年义务教育普及水平。城市和经济发达地区，适龄视力、听力、智力残疾儿童少年（以下简称三类残疾儿童少年）入学率要基本达到当地普通儿童少年水平；已经“普九”的中西部农村地区，其三类残疾儿童少年入学率要逐年提高；未“普九”地区要将残疾儿童少年义务教育作为普及九年义务教育的重要内容，三类残疾儿童少年入学率达到70％左右。积极创造条件，以多种形式对重度肢体残疾、重度智力残疾、孤独症、脑瘫和多重残疾儿童少年等实施义务教育，保障儿童福利机构适龄残疾儿童少年接受义务教育。

2. 加快发展以职业教育为主的残疾人高中阶段教育，为残疾学生就业和继续深造创造条件。具备条件的地市要举办残疾人高中阶段教育。特殊教育学校要根据需要举办残疾人高中教育部（班）；残疾人中等职业学校要积极拓宽专业设置，扩大招生规模；普通高中要招收具有接受普通教育能力的残疾学生；中等职业学校要积极开展残疾人职业教育。

3. 加快推进残疾人高等教育发展。进一步完善国家招收残疾考生政策，普通高校应依据有关法律和政策招收符合录取标准的残疾考生，不得因其残疾而拒绝招收。高等特殊教育学院（专业）要在保证质量的基础上，扩大招生规模，拓宽专业设置，提高办学层次。各地要为残疾人接受成人高等学历教育、自学考试、远程教育等提供更多方便，满足残疾人接受高等教育的需求。

4. 因地制宜发展残疾儿童学前教育。有条件的城市和农村地区要基本满足残疾儿童接受学前教育的需求。地方各级教育、民政、卫生部门和残联要相互协作，采取多种形式，在有条件地区积极举办0～3岁残疾儿童早期干预、早期教育和康复训练机构。鼓励社会力量举办学前特殊教育机构。

5. 大力开展面向成年残疾人的职业教育培训。以就业为导向，开展多种形式的残疾人技能培训，提高残疾人的就业和创业能力。

6. 采取多种措施，扫除残疾青壮年文盲。将扫除残疾青壮年文盲纳入当地扫盲工作整体规划，同步推进。残疾人教育机构、各有关部门和民间组织、残疾人所在单位要积极开展扫除残疾青壮年文盲工作，使残疾青壮年文盲率显著下降。

二、完善特殊教育经费保障机制，提高特殊教育保障水平

7. 全面实施残疾学生免费义务教育。对义务教育阶段残疾学生在“两免一补”基础上，针对残疾学生的特殊需要，进一步提高补助水平。各地应按照彩票公益金的使用宗旨，结合本地实际，支持残疾儿童少年特殊教育。

8. 加强特殊教育学校建设。国家支持中西部地区特殊教育学校建设，在人口30万以上或残疾儿童少年相对较多，尚无特殊教育学校的县，独立建设一所特殊教育学校；不足30万人口的县，在地市范围内，统筹建设一所或几所特殊教育学校。各地要统筹规划、合理布局，坚持标准，确保质量。东部地区也要加大投入，按照本地区特殊教育规划和国家有关建设标准做好特殊教育学校建设工作。

各地要统筹安排在普通学校、儿童福利机构或者其他机构附设的特教班、高中阶段特殊教育学校（班）和高等特殊教育专业的建设。

9. 做好中等教育和高等教育阶段残疾学生资助工作。普通高校全日制本专科在校生中家庭经济困难的残疾学生和中等职业学校一、二年级在校生中残疾学生要全部享受国家助学金。在特殊教育学校职业高中班（部）就读的残疾学生也应享受国家助学金。

10. 加大投入，确保特殊教育学校（院）正常运转。各地要从特殊教育学校（院）人均成本高的实际出发，研究制定特殊教育学校（院）生均公用经费标准，保证学校（院）正常的教育教学需求。

中央财政将继续设立特殊教育补助专款，地方各级人民政府要继续设立特殊教育专项补助费并不断提高。中央财政加大专项补助资金投入，鼓励和支持地方办好现有的面向全国招生的高等特殊教育学院。

各地要从残疾人就业保障金中安排一定比例的资金用于特殊教育学校（院）开展包括社会成年残疾人在内的各种职业教育与培训。

三、加强特殊教育的针对性，提高残疾学生的综合素质

11. 根据残疾学生的身心特点和特殊需求，加强教育的针对性。注重学生的潜能开发和缺陷补偿，培养残疾学生乐观面对人生，全面融入社会的意识和自尊、自信、自立、自强精神。加强残疾学生的法制教育、心理健康教育和安全教育。

在课程改革中，要充分考虑残疾学生特点，注重提高其生活自理、与人交往、融入社会、劳动和就业等能力的培养。

12. 全面推进随班就读工作，不断提高教育质量。重点推进县（区）级随班就读支持保障体系的建立和完善。所有实施义务教育的学校要积极创造条件，接收具有接受普通教育能力的适龄残疾儿童少年随班就读，不断扩大随班就读规模。

建立特殊教育学校定期委派教师到普通学校巡回指导随班就读工作的制度，确保随班就读的质量。

13. 大力加强职业教育，促进残疾人就业。特殊教育学校要在开足开好劳动技术、综合实践活动等课程的同时，开设符合学生特点、适合当地需要的职业课程。根据市场和社会需求，加强残疾人中等职业学校骨干专业课程的建设。不断更新高等特殊教育院校教学内容，合理调整专业结构。加强学生的生产实习和社会实践，促进职业教育实训基地共建共享。做好学生的就业指导工作。鼓励和扶持各类特殊教育学校（院）、职业学校及职业培训机构，开展各种形式的残疾人职业培训。各级政府和有关部门要加大残疾人职业培训经费投入，在生产实习基地建设、职业技能鉴定、就业安置等方面制定优惠政策和具体扶持保护措施。

14. 加快特殊教育信息化进程。建好国家特殊教育资源库和特教信息资源管理系统，促进优质特殊教育资源共享。地方各级人民政府要加强特殊教育信息化软硬件建设。特教学校要根据残疾学生的特点积极开展信息技术教育，大力推进信息技术在教学过程中的应用，提高残疾学生信息素养和运用信息技术的能力。

15. 深入开展特殊教育研究。建设一支理论素养高、专业能力强的特殊教育科研骨干队伍，提高特殊教育科研质量和水平。各省、市（地）教育行政部门所属的教学研究部门和科学研究部门应配备专职或兼职特教教研人员，组织并指导学校开展教育教学研究。继续开展盲文、手语研究，使之更加科学、实用。

四、加强特殊教育师资队伍建设，提高教师专业化水平

16. 加强特殊教育教师培养培训工作。要适应残疾儿童少年教育普及水平提高的需要，加强特殊教育师范院校专业建设。统筹规划，合理布局，加大特教师资的培养力度。鼓励和支持各级师范院校与综合性院校举办特殊教育专业或开设特殊教育课程。各地在实施师范生免费教育时，要把特教师资培养纳入培养计划。加大特殊教育或相关专业研究生培养力度。注重特殊教育专业训练，提高培养质量。鼓励优秀高校毕业生到特殊教育学校、儿童福利机构等单位任教。

各地要将特殊教育教师培训纳入教师继续教育培训计划，对在职教师实行轮训，重点抓好骨干教师特别是中青年骨干教师培训。要加强对在普通学校、儿童福利机构或其他机构中从事特殊教育工作的教师和特殊教育学校巡回指导教师的培训。要高度重视残疾人职业教育专业课教师培训。依托高等特殊教育学院、其他有关院校和专业机构建设“特殊教育教师培训基地”。

17. 配齐配足教师，确保特殊教育学校正常教学和管理工作。省级有关部门要根据特殊教育学校学生少、班额小、寄宿生多、教师需

求量大的特点，合理确定特殊教育学校教职工编制并保障落实。

18. 要切实采取措施落实特殊教育教师待遇。《中华人民共和国义务教育法》明确规定特殊教育教师享有特殊岗位补助津贴。各地要采取措施，确保国家规定的特殊教育教师工资待遇政策得到落实。要将承担随班就读教学与管理人员的工作列入绩效考核内容。要在优秀教师和优秀教育工作者表彰中提高特教教师和校长的比例。

五、强化政府职能，全社会共同推进特殊教育事业发展

19. 进一步强化政府发展特殊教育的责任。各地要把各级各类特殊教育纳入当地经济和社会发展整体规划，把特殊教育发展列入议事日程。各级人民政府要进一步明确和落实教育、发展改革、公安、民政、财政、人力资源社会保障、卫生、税务、残联等部门和社会团体发展特殊教育的职能和责任，在保障残疾孩子入学、孤残儿童抚育、新生儿疾病筛查与治疗、学校建设、经费投入、教师编制配备、工资待遇、校园周边环境治理、特教学校企业税收减免、残疾人口统计等方面通力合作，各司其职，齐抓共管，加快特殊教育事业发展。

20. 全社会共同关心支持特殊教育事业。加大特殊教育宣传力度，在全社会形成关心支持特殊教育、尊重特殊教育教师和残疾人教育工作者的舆论氛围。进一步落实国家关于捐赠及免税的政策，积极鼓励个人、企业和民间组织支持特殊教育，广泛动员和鼓励社会各界捐资助学。

关于进一步完善城乡医疗救助制度的意见

民政部　财政部卫生部　人力资源和社会保障部

（2009 年 6 月 15 日）

为贯彻落实《中共中央、国务院关于深化医药卫生体制改革的意见》（中发［2009］6号）和《国务院关于印发医药卫生体制改革近期重点实施方案（2009—2011 年）的通知》（国发［2009］12 号）的精神，进一步完善城乡医疗救助制度，保障困难群众能够享受到基本医疗卫生服务，现提出如下意见：

一、指导思想、基本原则和目标任务

（一）指导思想：以邓小平理论、“三个代表”重要思想和科学发展观为指导，坚持以人为本、执政为民的工作理念，贯彻落实关于深化医药卫生体制改革的有关精神，不断强化政府责任，完善医疗救助制度，创新机制，加强管理，改进服务，着力解决城乡困难群众最关心、最现实、最迫切的基本医疗保障问题，努力实现困难群众“病有所医”的目标。

（二）基本原则：坚持从我国经济和社会发展实际出发，保障困难群众基本医疗需求；坚持统筹协调，搞好医疗救助制度与相关社会保障制度的衔接，探索建立城乡一体化的医疗救助制度；坚持突出重点，分类施救，公开便捷，发挥医疗救助的救急救难作用；坚持政府主导，社会参与，大力发展医疗慈善事业。

（三）目标任务：进一步完善医疗救助制度，筑牢医疗保障底线。用3 年左右时间，在全国基本建立起资金来源稳定，管理运行规范，救助效果明显，能够为困难群众提供方便、快捷服务的医疗救助制度。

二、健全制度，满足困难群众的基本医疗服务需求

（一）合理确定救助范围。在切实将城乡低保家庭成员和五保户纳入医疗救助范围的基础上，逐步将其他经济困难家庭人员纳入医疗救助范围。其他经济困难家庭人员主要包括低收入家庭重病患者以及当地政府规定的其他特殊困难人员。具体救助对象界定标准，由地方民政部门会同财政等有关部门，根据本地经济条件和医疗救助基金筹集情况、困难群众的支付能力以及基本医疗需求等因素制定，并报同级人民政府批准。

（二）实行多种方式救助。对城乡低保家庭成员、五保户和其他经济困难家庭人员，要按照有关规定，资助其参加城镇居民基本医疗保险或新型农村合作医疗并对其难以负担的基本医疗自付费用给予补助。

（三）完善救助服务内容。要根据救助对象的不同医疗需求，开展医疗救助服务。要坚持以住院救助为主，同时兼顾门诊救助。住院救助主要用于帮助解决因病住院救助对象个人负担的医疗费用；门诊救助主要帮助解决符合条件的救助对象患有常见病、慢性病、需要长期药物维持治疗以及急诊、急救的个人负担的医疗费用。

（四）合理制定补助方案。各地要根据当年医疗救助基金总量，科学制定医疗救助补助方案。逐步降低或取消医疗救助的起付线，合理设置封顶线，进一步提高救助对象经相关基本医疗保障制度补偿后需自付的基本医疗费用的救助比例。

三、简化程序，充分发挥医疗救助的便民救急作用

各级民政部门要会同卫生等部门，鼓励和推行定点医疗机构即时结算医疗救助费用的办法，民政部门可结合实际提供必要的预付资金。对于城乡低保家庭成员、五保户等医疗救助对象，凭相关证件或证明材料，到开展即时结算的定点医疗机构就医所发生的医疗费用，应由医疗救助支付的，由定点医疗机构即时结算，救助对象只需支付自付部分。定点医疗机构与民政部门要定期结算。对于申请医疗救助的其他经济困难人员，或到尚未开展即时结算的定点医疗机构就医的医疗救助对象，当地民政部门要及时受理，并按规定办理审批手续，使困难群众能够及时享受到医疗服务。

救助对象因治疗需要转诊至非定点医疗机构治疗的，应当由定点医疗机构出具转诊证明，由救助对象报当地县级人民政府民政部门核准备案。此外，各地要探索属于救助对象的流动就业人员异地就医的申报、审批和结算办法，方便困难群众就医。

各地在简化医疗救助操作程序的同时，要规范工作流程，完善服务管理，并建立健全医疗救助工作的民主监督机制，及时将医疗救助对象姓名、救助标准、救助金额等向社会公布，接受群众和社会监督，做到政策公开、资金公开、保障对象公开。

四、加强配合，做好医疗救助与相关基本医疗保障制度的衔接

各地在制定医疗救助制度实施方案时，要结合城镇职工基本医疗保险、城镇居民基本医疗保险与新型农村合作医疗制度的建立，统筹协调，更好地发挥各项制度的整体效能。要按照动态变化，全面准确掌握城乡低保家庭人数、五保户和经济困难家庭人员情况以及医疗服务需求，确定救助对象和救助方式。要通过对城镇居民基本医疗保险和新型农村合作医疗个人缴费部分的补助，使城乡低保家庭成员和五保户等经济困难家庭人员，能够享有相关基本医疗保障待遇；并帮助解决相关基本医疗保障起付线以下的自付部分。对经相关保障制度补偿后个人负担医疗费用有困难的救助对象，要及时给予医疗救助。

加强医疗救助和城镇职工基本医疗保险、城镇居民基本医疗保险、新型农村合作医疗在经办管理方面的衔接，改进各项制度的结算办法，探索实行“一站式”管理服务，逐步实现不同医疗保障制度间人员信息、就医信息和医疗费用信息的共享，提高管理服务效率，方便困难群众。

五、加大资金投入力度，强化基金的管理

（一）多渠道筹集资金。要强化地方政府责任，地方各级财政特别是省级财政要切实调整财政支出结构，增加投入，进一步扩大医疗救助基金规模。中央财政安排专项资金，对困难地区开展城乡医疗救助给予补助。各地要动员和发动社会力量，通过慈善和社会捐助等，多渠道筹集资金。

（二）严格基金的管理和使用。县级财政部门要在社会保障基金财政专户中设立城市和农村医疗救助基金专账，办理医疗救助资金的筹集、拨付。县级民政部门要做好医疗救助资金的发放工作。要加强对城乡医疗救助基金的管理，在确保基金安全的前提下，做到基金收支基本平衡，略有结余。基金结余较多的地区，应积极采取措施，逐步降低基金结余率，到2011年，各地累计结余的资金一般应不超过当年筹集基金总额的15％，且要按规定及时结转下年使用，不得挪作他用。对于结余资金过多的，上级财政、民政部门应根据情况减拨或停拨补助资金。

六、加强协议监管，控制医疗费用不合理支出

各级民政部门要会同有关部门，建立医疗救助定点医疗机构的准入和退出机制，实行动态管理。定点医疗机构原则上在城镇居民基本医疗保险和新型农村合作医疗确定的范围内选择。各级卫生部门要加强对医疗救助定点医疗机构的监管，规范定点医疗机构的医疗服务行为和基本药物目录、诊疗目录的使用，鼓励并引导定点医疗机构优先、合理使用国家基本药物和适宜诊疗技术，控制医疗费用的不合理增长。民政部门要与定点医疗机构签订协议，明确双方责任、权利与义务，并严格履行。对不按规定目录用药、诊疗以及提供医疗服务所发生的医疗费用，城乡医疗救助基金不予结算。

七、加强组织领导，密切配合，确保医疗救助工作顺利开展

城乡医疗救助工作直接关系困难群众切身利益，是一项重大的民心工程，各地民政、财政、卫生、人力资源社会保障部门要在当地政府领导下，高度重视，各负其责，密切配合，共同抓好落实。民政部门要充分发挥医疗救助主管部门作用，做好政策研究制定和组织实施工作，做好医疗救助与社会慈善救助的衔接；财政部门要落实安排救助资金，加强对资金管理和使用情况的监督检查；卫生部门要做好困难群众参加新型农村合作医疗的服务管理工作，加强对定点医疗机构的监管；人力资源社会保障部门要做好困难群众参加城镇居民基本医疗保险的服务管理工作。

各省、自治区、直辖市要分别选择2～3个医疗救助工作示范点，示范点的选择要根据各地工作基础、领导重视程度、财政状况确定。开展城乡医疗救助示范工作的地区，要重点探索如何合理确定救助对象，探索切实可行的医疗救助资金支付方式和结算办法，简化申请审批程序，与相关保障制度搞好衔接等。各地要充分发挥示范点的引导作用，指导辖区内地方不断创新发展，强化管理，提高医疗救助工作实效。

省级民政、财政、卫生、人力资源社会保障部门要根据本意见的要求，结合当地实际，制定具体实施办法，抓好督促落实。工作进展中的情况和问题，请及时报上级有关部门。

2009—2011年廉租住房保障规划

住房和城乡建设部 发展改革委 财政部

（2009年5月22日）

近年来，各地区、各有关部门把解决城市低收入家庭住房困难作为改善民生的重要内容，不断完善政策，健全制度，加大投入，全国各市、县基本建立了以廉租住房为主要内容的住房保障制度，解决城市低收入家庭住房困难工作取得了积极成效。但从总体上看，廉租住房建设还处于起步阶段，截至2008年底全国还有747万户城市低收入住房困难家庭，亟需解决基本住房问题。为统筹安排廉租住房建设，根据党中央、国务院关于扩大内需、促进经济平稳较快增长的决策部署和温家宝总理在十一届全国人大二次会议上所作的《政府工作报告》、《国务院关于解决城市低收入家庭住房困难的若干意见》（国发［2007］24号）、《国务院办公厅关于促进房地产市场健康发展的若干意见》（国办发［2008］131号）精神，制定本规划。

一、指导思想和基本原则

（一）指导思想

全面贯彻党的十七大精神，以邓小平理论和“三个代表”重要思想为指导，深入贯彻落实科学发展观，按照保增长、保民生、保稳定的总体要求，加大廉租住房建设力度，着力增加房源供应，完善租赁补贴制度，加快建立健全以廉租住房制度为重点的住房保障体系，促进民生改善和社会和谐。力争经过几年的努力，使城市低收入住房困难家庭的住房条件得到明显改善。

（二）基本原则

1. 统筹规划，分年实施。综合考虑经济社会发展水平、城市低收入住房困难家庭数量、住房困难程度、住房支付能力和财政承受能力等因素，确定保障目标和任务，有计划、有步骤地组织实施。

2. 量力而行，适度保障。我国是发展中的人口大国，正处于城镇化快速发展时期，对保障性住房的需求较大。廉租住房保障水平要统筹考虑政府的保障能力和城市低收入住房困难家庭的实际需要，坚持以满足基本住房需要为原则。

3. 省级负总责，市、县抓落实。建立住房保障绩效评价和考核制度，实行目标责任制管理，省级人民政府对本地区廉租住房保障工作负总责，市、县人民政府具体负责廉租住房房源筹集、配租和租赁补贴发放工作。

4. 地方加大投入，中央加大支持。市、县人民政府要通过财政预算等方式，多渠道筹措廉租住房保障资金。省级人民政府要建立廉租住房专项补助资金制度。中央财政对财政困难地区加大资金支持力度。

二、总体目标和年度工作任务

（一）总体目标

从2009年起到2011年，争取用三年时间，基本解决747万户现有城市低收入住房困难家庭的住房问题。其中，2008年第四季度已开工建设廉租住房38万套，三年内再新增廉租住房518万套、新增发放租赁补贴191万户。进一步健全实物配租和租赁补贴相结合的廉租住房制度，并以此为重点加快城市住房保障体系建设，完善相关的土地、财税和信贷支持政策。

（二）年度工作任务

1. 2009 年，解决 260 万户城市低收入住房困难家庭的住房问题。其中，新增廉租住房房源 177 万套，新增发放租赁补贴 83 万户。

2. 2010 年，解决 245 万户城市低收入住房困难家庭的住房问题。其中，新增廉租住房房源 180 万套，新增发放租赁补贴 65 万户。

3. 2011 年，解决 204 万户城市低收入住房困难家庭的住房问题。其中，新增廉租住房房源 161 万套，新增发放租赁补贴 43 万户。

三、保障方式和保障标准

（一）保障方式

通过新建、购置和改造等方式筹集房源，同时继续实施租赁补贴制度，多渠道、多方式解决城市低收入住房困难家庭的住房问题。新建廉租住房采用统一集中建设和在经济适用住房、普通商品住房、棚户区改造项目中配建两种方式，以配建方式为主。

（二）保障标准

廉租住房保障对象是城市低收入住房困难家庭，具体条件由市、县政府确定。廉租住房保障标准控制在人均住房建筑面积 13 平方米左右，套型建筑面积 50 平方米以内，保证基本的居住功能。租赁补贴额根据当地平均市场租金、家庭住房支付能力合理确定。

四、政策措施

（一）多渠道筹措资金

1. 中央加大对财政困难地区廉租住房保障补助力度。2009 年廉租住房建设中央补助标准为：西部地区 400 元/平方米，中部地区 300 元/平方米，辽宁、山东、福建省的财政困难地区 200 元/平方米。

2. 省级人民政府要比照中央的做法，加大对本地区财政困难的市、县建设（包括购置、改造）廉租住房和发放租赁补贴的资金投入。各地可根据实际情况，统筹使用中央下拨的预算内投资补助和廉租住房保障专项补助资金。

3. 市、县人民政府按照国家有关规定多渠道筹集廉租住房保障资金。市、县财政要将廉租住房保障资金纳入年度预算安排。住房公积金增值净收益要全部用于廉租住房建设。要采取有效措施，保证土地出让净收益用于廉租住房保障的比例不低于 10%。

4. 对符合贷款条件的廉租住房建设和棚户区改造项目，商业银行要加大信贷支持力度。

（二）落实土地供应和各项优惠政策

各地区要根据廉租住房保障规划和年度计划，统筹安排廉租住房用地计划，优先安排建设用地，落实支持廉租住房建设的各项税费优惠政策，切实加大政策支持力度，确保如期开工建设。新建廉租住房主要在经济适用住房、普通商品住房和城市棚户区改造项目中配建，配建的具体比例，由市、县人民政府根据当地经济适用住房、商品住房建设和城市棚户区改造规模，以及实物配租廉租住房需要量等因素确定。配建廉租住房的套数、建设标准、回购价格或收回条件，要作为土地划拨或出让的前置条件，并在国有建设用地划拨决定书和国有建设用地使用权出让合同中明确约定。廉租住房项目要合理布局，尽可能安排在交通便利、公共设施较为齐全的区域，同步做好小区内外市政配套设施建设。

（三）结合城市棚户区改造多渠道筹措房源

城市棚户区（危旧房）内低收入住房困难家庭较为集中，推进城市棚户区改造有利于大范围解决低收入家庭的住房困难，改善城市环境，促进社会和谐稳定。各地区要加大城市棚户区改造力度，加强相关的政策支持。城市棚户区改造要坚持政府主导、群众参与、市场运作的原则，与廉租住房建设结合起来进行，统筹安排廉租住房、经济适用住房和普通商品住房建设，优先解决城市棚户区低收入住房困难家庭的住房问题。

五、监督管理

（一）落实目标责任制

省级人民政府对本地区廉租住房保障工作负总责，要明确市、县人民政府廉租住房保障工作的年度目标责任，并加强监督考核。市、县人民政府要根据省级人民政府的统一部署，明确具体措施，健全住房保障工作机构，切实做到规划到位、资金到位、政策到位、监管到位，确保分配公平。住房保障所需工作经费由同级财政预算安排解决。

（二）确保工程质量和使用功能

要严格执行工程招投标、施工图审查、施工许可、质量监督、工程监理、竣工验收备案等建设程序，加强审批管理，严格执行国家有关住房建设的强制性标准，确保廉租住房建设项目工程质量。同时，建立行政审批快捷通道，缩短审批时限，确保按期实现工程建设目标。要按照发展省地节能环保型住宅的要求，推广新技术、新材料和新工艺。有关住房质量和使用功能等方面的要求，应在建设合同中予以明确。

（三）严格准入退出管理

要完善保障性住房申请、审核、公示、轮候、复核、退出制度，健全社区、街道和住房保障部门三级审核公示制度，建立规范化的收入、财产和住房情况审查制度，形成科学有序、信息共享、办事高效、公开透明的工作机制。要严肃工作纪律，坚决查处弄虚作假、以权谋私等违法违规行为。

（四）加强监督检查

住房城乡建设部会同有关部门抓紧建立健全廉租住房保障工作考核机制，加强对各地区廉租住房保障制度建设和本规划实施情况的监督检查。重点检查廉租住房年度计划执行情况，包括建设用地落实、资金使用和建设工程质量，以及目标任务完成情况等。

各省、自治区、直辖市和新疆生产建设兵团要根据本规划，制订（修订）本地区 2009—2011 年廉租住房保障规划，并于 2009 年 7 月 1 日前报住房城乡建设部、发展改革委、财政部备案。

关于进一步加强卫生监督与食品安全工作的通知

卫生部办公厅
（2009 年 11 月 27 日）

为贯彻落实党的十七大和十七届四中全会精神，推动深化医药卫生体制改革，进一步做好贯彻实施《食品安全法》和卫生监督工作，有效保障人民群众生命健康权益，现就进一步加强卫生监督与食品安全工作通知如下：

一、认清形势，严格依法行政

当前，我国正处在经济社会进一步发展的重要战略机遇期，同时也进入了矛盾凸显期和事故高发期，卫生监督和相关领域的公共卫生工作出现一系列新情况新问题。2008 年以来，三鹿婴幼儿奶粉事件以及张海超职业病诊断事件等，集中暴露出我国食品安全、职业卫生等工作领域的薄弱环节。此外，非法行医和非法采供血现象在部分基层地区仍然顽固存在，一些危害人民群众身体健康和生命安全的违法行为尚未得到有效遏制。

《中共中央关于加强和改进新形势下党的建设若干重大问题的决定》中提出，要认真解决群众反映强烈的食品安全等方面的突出问题。

2009年《食品安全法》实施后，地方卫生行政部门在做好各项卫生监督工作的同时，还要依照地方人民政府明确的职责范围，承担本行政区域的食品安全监督管理工作。卫生监督与食品安全工作的任务更加繁重，责任更加重大。

各级卫生行政部门要进一步增强紧迫感和责任感，严格依法履行职责。同时要在当地政府的统一领导下，按照中央有关精神，加强体制改革，尽快理顺管理。在地方机构改革和职能调整过程中，各级卫生行政部门要在当地政府领导下，全面理解、认真贯彻中共中央国务院关于深化行政管理体制改革的精神，切实加强组织领导，把维护人民群众生命健康作为改革的出发点和落脚点，按照精简、统一、效能的原则，进一步加强卫生行政执法综合管理。明确职责，落实监管责任，加强与相关部门的协调配合，提高行政效能，推进依法行政。

二、认真履行职责，切实落实各项卫生监督工作

各级卫生行政部门要明确本部门的责任范围，做好政府的参谋，不越位，不缺位，认真落实监管责任，避免在体制改革过程中出现履职不到位的情况。要充分认识卫生监督工作法规政策性强、专业技术性强、协调部门多和社会敏感度高的特点，认真完成法定的以及当地政府规定的职责。做好各项公共卫生监督管理和服务工作，切实加强劳动者健康监护和职业病诊断与鉴定；加强放射性职业病危害评价、医疗机构放射诊疗许可和放射防护以及放射工作人员职业健康管理的监督检查；加强饮用水卫生监管，开展饮用水水质和水性疾病监测工作，逐步建立健全城市饮用水卫生监测网络，消除饮用水卫生安全隐患；积极推行公共场所卫生监督量化分级管理制度；做好消毒产品及涉水产品的监督抽检；贯彻落实《传染病防治法》和《学校卫生工作条例》，建立健全传染病防治监督与学校卫生监督队伍和工作机制，明确工作重点，认真履行职责；加大执法力度，依法严肃查处非法行医和非法采供血行为。

各级卫生行政部门和卫生监督机构要进一步树立全局意识，围绕中心，服务大局，创新卫生监督和食品安全监管工作思路，加强食品安全工作，提高综合协调能力，尤其是做好食品安全综合协调和食品安全事故报告及调查处理的组织工作。

三、强化培训，加强卫生监督队伍建设

卫生监督队伍作为一支专业的行政执法队伍，承担着各级卫生行政部门主要的法定监管职责。在国务院要求严格落实行政执法责任制的新形势下，各级卫生行政部门要下大力气切实加强卫生监督队伍建设，强化卫生监督人员培训，进一步提高卫生行政执法人员的思想政治素质、法律素质和专业技术水平。把反腐倡廉贯穿于日常工作的各个方面，推动卫生系统惩防体系的逐步完善，努力打造一支适应新形势、新任务要求，政治合格、作风过硬、业务精湛的卫生行政执法队伍。

根据《中华人民共和国公务员法》和关于事业单位分类改革的指导思想，各级卫生行政部门要大力推进卫生监督机构参照公务员管理。尚未纳入公务员管理的，按照国务院关于事业单位实施绩效工资的要求，加强绩效考核和岗位责任制建设。充分调动卫生监督队伍积极性，提高卫生监督工作效能和水平，进一步强化服务意识，保障卫生监督执法的公正性和良好社会形象。

各级卫生行政部门要以深化医药卫生体制改革为契机，加强卫生监督能力建设，积极探索有利于加强卫生行政综合执法、落实执法责任制的工作机制，严格执法程序和管理制度，进一步规范执法行为，树立良好的执法队伍社会形象。

四、抓住机遇，完善卫生监督保障措施

卫生监督体制改革是医药卫生体制改革的重要组成部分，各级卫生行政部门要将卫生监督体系建设作为公共卫生体系建设的重要内容，纳入深化医药卫生体制改革的总体框架，统筹规划，进一步完善政策措施，争取经费支持，加大投入，保证卫生监督体制改革和体系建设的顺利进行。要积极探索通过公共卫生服务均等化项目的实施，加强城市社区和农村乡镇的卫生监督服务能力建设，将各项公共卫生监督管理任务落实到基层，不断总结推广基层卫生监督工作网络建设的经验，充实基层卫生监督人员力量，改善基层工作条件，切实保障各项工作的落实。

各地要深入贯彻落实《关于卫生监督体系建设的实施意见》（卫监督发［2006］223号），卫生监督机构所需经费全额纳入财政预算安排。卫生监督机构房屋基本建设、信息化建设和执法装备购置、更新等，应当纳入当地经济社会发展规划和公共卫生建设规划，作为深化医药卫生体制改革的重要内容，按照卫生部制定的标准，统筹规划实施。

五、加强卫生监督相关公共卫生专业服务领域能力建设

各级卫生行政部门要按照《食品安全法》和《卫生部关于加强卫生监督技术支持能力建设的意见》（卫监督发［2008］9号）等有关规定和要求，进一步明确各级疾病预防控制机构和职业病防治机构的职责任务。切实加强食品安全风险监测、食品安全事故流行病学调查、职业病防治、放射防护监测、饮用水监测、环境健康影响评价等业务能力建设。形成卫生监督和疾病预防控制机构、职防机构相互协调配合的工作机制。要抓住深化医药卫生体制改革的契机，积极协商政府相关部门，建立完善相关公共卫生领域的保障机制，确保各项卫生监督工作和食品安全工作的顺利开展。

关于进一步加强受艾滋病影响儿童福利保障工作的意见

民政部

（2009年3月6日）

艾滋病是全世界面临的重大公共卫生问题和社会问题。为深入学习实践科学发展观，贯彻落实国务院《艾滋病防治条例》、《中国遏制与防治艾滋病行动计划（2006—2010）》以及民政部等15部门《关于加强孤儿救助工作的意见》，进一步加强受艾滋病影响儿童福利保障工作，提出以下意见：

一、进一步提高认识，加强领导，健全受艾滋病影响儿童福利保障工作机制

受艾滋病影响儿童包括艾滋病致孤儿童、父母一方感染艾滋病或因艾滋病死亡的儿童、携带艾滋病病毒或感染艾滋病的儿童。

民政部门是受艾滋病影响儿童福利保障工作的主要职能部门，各级民政部门要坚持以人为本，从维护儿童生存权和发展权的需要出发，充分认识到做好受艾滋病影响儿童福利保障工作的重要性和紧迫性。要在当地政府领导下，推动建立政府领导、民政牵头、部门配合、社会参与的受艾滋病影响儿童福利保障工作机制。要加强调研，摸清底数和情况，积极推动制定和落实政府的各项保障政策。要加大资金投入和补贴力度，提高保障标准，提升服务水平，逐步为受艾滋病影响儿童建立稳定的、福利性的制度安排。要主动协调有关部门，形成合力，营造有利于受艾滋病影响儿童健康成长的社会环境。

二、立足民政职能，做好受艾滋病影响儿童福利保障工作

各级民政部门要采取资金保障与服务保障相结合的方式，满足受艾滋病影响儿童的基本生活以及教育、医疗、技能培训等多方面的需求，切实保障受艾滋病影响儿童和其他儿童一样健康成长。

（一）要制定艾滋病致孤儿童的基本生活不低于当地平均生活水平的养育标准。要坚持儿童利益优先的原则，根据受艾滋病影响儿童发育成长的需要，科学核定养育标准，制定不低于当地居民平均生活水平的基本生活保障金发放标准，分类给予保障。其中，艾滋病致孤儿童全额发放基本生活保障金，最低养育标准为每人每月600元，并创造条件对孤儿监护抚养人给予一定的补贴和支持。父母一方感染了艾滋病或因艾滋病死亡的儿童可参照艾滋病致孤儿童标准执行福利补贴。携带艾滋病病毒或感染艾滋病的儿童在发放基本生活保障金最低每人每月600元的基础上，给予适当的营养医疗补贴。各级民政部门要积极争取党政领导重视和各级财政支持，建立受艾滋病影响儿童基本生活保障的长效机制。要借鉴河南、湖北等地的成熟做法和经验，对艾滋病致孤儿童、父母中一方感染了艾滋病或因艾滋病去世的儿童、携带艾滋病病毒或感染艾滋病的儿童实行分类保障，推动建立起省、市分级负担、有稳定资金渠道的福利保障制度。

（二）要为受艾滋病影响儿童提供与其他儿童均等的受教育机会。根据有关规定，对处于义务教育阶段的受艾滋病影响儿童免收杂费，免费提供教科书并补助寄宿生生活费；对被公办普通高中、中等职业学校和高等学校录取的受艾滋病影响儿童，纳入现有资助政策体系，给予教育救助，联系孤儿所在学校优先为其提供勤工俭学机会；对集中安置受艾滋病影响儿童的福利机构，在安排教学工作时给予指导和支持。

（三）要为受艾滋病影响儿童提供便利的基本医疗条件。对受艾滋病影响儿童中的艾滋病毒感染者要采取适应儿童的医疗手段，进行免费的抗病毒治疗和抗机会性感染治疗；对未感染艾滋病毒的其他受艾滋病影响儿童，要在政府举办的乡镇医疗机构提供基本的卫生医疗服务。鼓励、支持医疗机构采用多种形式自愿减免受艾滋病影响儿童的医疗费用。积极争取卫生部门对儿童福利机构内设的门诊部、诊所、卫生所（室）给予指导和支持。各级民政部门要将受艾滋病影响的贫困家庭儿童纳入城乡医疗救助体系。要通过医疗救助制度，资助受艾滋病影响的贫困家庭儿童参加新型农村合作医疗或城镇居民基本医疗保险，其救治费用按照当地新型农村合作医疗或城镇居民基本医疗保险制度规定报销后仍有困难的，由民政部门在医疗救助基金中给予适当解决。

（四）要建立大龄受艾滋病影响儿童就业和生活服务制度。受艾滋病影响儿童中升入高等院校读书的，不管是否超过18岁，都要资助他们完成学业。不能继续升学的，要有计划、有步骤地开展职业技能培训、心理关怀、就业服务等形式的帮扶活动，提高其自谋职业的能力和社会适应能力，促进其身心健康地成长，更好地融入社会生活。积极协调有关部门对城镇登记失业的适龄孤儿按规定提供职业培训补贴和免费职业介绍，并落实小额担保贷款政策，鼓励和帮助其自谋职业和自主创业。

（五）要采取多种形式妥善安置艾滋病致孤儿童。要因地制宜，按照“分散抚养为主，集中养育为辅”的原则，尊重儿童意愿，采取家庭收养、家庭寄养、机构集中养育和模拟小家庭养育等途径安置艾滋病致孤儿童。家庭是儿童最好的成长环境，鼓励依法收养艾滋病致孤儿童，尽可能将艾滋病致孤儿童安置在有抚养意愿和能力的亲属家庭。在认真落实中央各部门关怀生活困难的艾滋病患者、患者家属和患者遗孤各项政策的基础上，对以上家庭给予适当的抚养费补贴和物质援助，鼓励支持亲属家庭承担责任。保障模拟小家庭家长工资和艾滋病致孤儿童安置指导中心的事业经费，确保艾滋病致孤儿童得到妥善安置。安置艾滋病致孤儿童，孤儿监护人或抚养人要与孤儿户口所在地的村（居）委会签订相关合同或协议，保障孤儿土地、房屋等财产所有权，并在其具备独立生活能力时归还。

三、健全工作网络，动员社会力量，保障受艾滋病影响儿童健康成长

要建立健全工作网络，以各级艾滋病致孤

儿童安置指导中心、儿童福利机构为依托，建立儿童养育的指导、巡查和监督制度，开展对孤儿收养、寄养家庭和受艾滋病影响家庭的走访支持、服务指导、技术培训和监督检查工作。

要通过引入专业社会工作者制度，积极探索适合儿童身心发育要求的抚养模式，为受艾滋病影响儿童提供人性化、专业化的福利服务。建立联系人制度，运用专业方法和科学知识为受艾滋病影响儿童提供心理辅导、性格培养等各方面帮助，确保受艾滋病影响儿童遇到问题，有诉求渠道和机制，通过联系人得到妥善解决。要维护受艾滋病影响儿童的隐私权，防止将他们的姓名、肖像在各类媒体上公开曝光。

要动员社会力量，促进社会各界关心受艾滋病影响儿童，鼓励民间组织、企业事业单位等社会力量支持参与，为受艾滋病影响儿童生存、发展创造良好的舆论氛围和社会环境，让他们和其他儿童一样在祖国同一片蓝天下健康成长。

2010 年

国务院关于转移农村劳动力、保障农民工权益工作情况的报告

（2010 年 4 月 28 日）

农民工是我国改革开放和工业化、城镇化进程中涌现的一支新型劳动大军，对我国现代化建设作出了重大贡献。党中央、国务院高度重视解决农民工问题。党的十七届三中全会提出，要统筹城乡劳动就业，加强农民工权益保护，统筹城乡社会管理。2006 年，国务院印发了关于解决农民工问题的若干意见（以下简称国务院 5 号文件），明确了解决农民工问题的指导思想、基本原则和任务措施；建立了由 31 个部门和党群组织参加的国务院农民工工作联席会议制度。各地区、各有关部门认真贯彻党中央、国务院部署，农村劳动力转移就业和保障农民工权益工作取得初步成效。

一、农村劳动力转移就业情况

据国家统计局对全国 31 个省（区、市）6.8 万个农村住户和 7100 多个行政村的农民工监测调查结果推算，2009 年度全国外出就业和本地非农从业 6 个月以上的农村劳动力总数达到 22978 万人。国家主要采取了以下措施促进农村劳动力转移就业：

（一）努力建立城乡平等的就业制度。深入贯彻就业促进法，取消各种针对农民工进城就业的不合理限制。在全国 27 个城市开展统筹城乡就业工作试点，整合劳动力和人才市场，建立统一开放、竞争有序的人力资源市场，逐步形成保障城乡劳动者平等就业的制度，改善了农村劳动力转移就业环境。

（二）逐步建立覆盖城乡的公共就业服务体系。目前，全国各城市和大部分县建立了公共就业服务机构，90 % 以上的街道和 80 % 以上的乡镇建立了劳动保障服务平台，大部分延伸到了社区，基本形成了市、区县、街道（乡镇）、社区四级公共就业服务网络，开发了为农民工服务的网上公共职业介绍系统。

（三）积极建立城乡统筹的职业技能培训体系。各地区、各有关部门将农民工培训工作纳入同级财政补贴范围，引导、扶持农民工参加培训。各有关部门积极开展“农村劳动者技能就业计划”、“阳光工程”、“农村劳动力转移

培训计划”、“星火培训”、“雨露计划”、“建筑业农民工技能培训示范工程”，各级工青妇组织开展的各类农民工培训力度也不断加大。2009年，“农村劳动者技能就业计划”培训农民工1100万人。今年1月，国务院办公厅印发了关于进一步做好农民工培训工作的指导意见，明确要求制定新一轮农民工培训规划，建立培训补贴基本标准制度，实行培训资金省级统筹，力争到2015年，使有培训需求的农民工都得到一次以上技能培训。

（四）引导农村劳动力有序外出就业。各级公共就业服务机构大力推行农民工培训、就业、维权“三位一体”的工作模式，对登记求职的农民工免费提供政策咨询、就业信息、职业介绍和职业指导等就业服务。积极开展劳务协作，建设劳务基地、培育劳务品牌，促进劳务经济的产业化发展。2006年以来，每年在春节后开展就业服务“春风行动”，帮助农村劳动力有序外出就业。

（五）鼓励农村劳动力就地就近转移就业。各地大力发展县域经济和乡镇企业，积极承接劳动密集型产业由东部向中西部地区转移，加强农村基础设施和小城镇建设，2009年，8500万农村劳动力实现了就地就近到二、三产业就业。

（六）扶持农民工返乡创业。2008年，国务院办公厅转发促进以创业带动就业工作的指导意见，将返乡农民工纳入创业政策扶持范围。各地区、各有关部门在贷款发放、税费减免、工商登记、场地使用、创业指导等方面提供帮助，有条件的地方还设立专项基金，开辟创业园区。

（七）全力做好应对国际金融危机形势下的农村劳动力转移就业工作。2008年底，受国际金融危机冲击，上千万农民工失去工作岗位并提前返乡。针对这一严峻形势，国务院办公厅印发了关于切实做好当前农民工工作的通知等文件，采取多种措施促进农民工就业。一是发挥政府投资和重点建设项目对农民工就业的促进作用，大量招用农民工。二是发挥十大产业振兴规划对农民工就业的吸纳作用，鼓励劳动密集型行业、中小企业和服务业多招用农民工。三是发挥“五缓四减三补贴”政策的援企稳岗作用，引导大型企业不裁或少裁农民工。四是发挥有能力的农民工返乡创业对就业的带动作用，一人创业，带动一批人就业。五是发挥返乡农民工投身新农村建设的开拓作用，把部分农民工的一技之长发挥到农村建设中去。六是发挥国际劳务输出对农民工就业的支持作用。在各地区、各有关部门的共同努力下，2009年外出就业农民工比2008年增加492万人，有效地解决了集中返乡农民工的就业问题。

近年来，农村劳动力转移就业的规模、构成有新的变化：一是外出就业规模不断扩大。2005年至2009年，外出6个月以上的农民工人数由9809万人增加至14533万人，年均增加1181万人。二是外出农民工以新生代为主，文化程度有所提高。2009年，30岁以下的新生代占61.6%；接受过技能培训的占48.9%；初中及以下文化程度的由2005年的83.5%下降到76.5%，高中以上文化程度的由16.5%上升到23.5%。三是输入地以东部地区为主，但比重有所下降。2009年，在东部地区就业的外出农民工比重由2005年的75.4%下降到62.5%，中部地区由12.3%上升到17%，西部地区由12%上升到20.2%。四是农民工收入水平逐年提高。外出农民工月均收入由2005年的875元提高到2009年的1417元，年均增长15.5%。

二、保障农民工权益工作情况

各地区、各有关部门认真贯彻党中央、国务院关于解决农民工问题的重大政策措施，研究新情况、分析新问题、采取新措施，不断加大工作力度，国务院农民工工作联席会议2006年以来三次开展全国农民工工作督察，维护了农民工权益。

（一）采取有力措施，积极解决农民工工资拖欠问题。各地在建筑业推行工资保证金制度和工资支付监控制度，有些地方建立了行政司法联动机制和应急处置机制，人民银行将企业拖欠工资信息纳入征信系统，人力资源社会保障等有关部门每年开展专项检查，拖欠农民工工资的现象得到初步遏制。但在国际金融危机的冲击下，拖欠农民工工资的问题出现了反弹，为此，国务院办公厅印发了《关于切实解决企业拖欠农民工工资问题的紧急通知》，各地区、各有关部门积极开展农民工工资支付情况专项检查，维护了农民工工资权益。

（二）加强劳动管理，农民工劳动关系总体稳定。一是实施劳动合同法，规范企业用工。在每年的3～5月份农民工求职高峰期，开展农民工签订劳动合同“春暖行动”，推广使用简易劳动合同文本。二是在使用农民工较多的企业实施以协商工资为主的“彩虹计划”，扩大集体合同覆盖面。三是发挥协调劳动关系三方机制联合应对国际金融危机影响、稳定农民工劳动关系的作用。

（三）加强培训和执法，农民工职业安全卫生工作取得明显进展。一是国务院办公厅印发了国家职业病防治规划（2009—2015年），安全监管部门和卫生部门先后印发了农民工安全生产工作指导意见、加强职业病诊断与鉴定管理工作的通知等政策文件。二是加强农民工安全培训工作。在高危行业推行全员培训合格上岗制度，对未依法进行安全培训的，不予审核和颁发安全生产许可证。2006年到2009年，全国农民工安全培训7261.1万人次。三是开展以农民工为主要对象，以粉尘、高毒物品为重点的职业危害专项治理，严肃查处违法案件。

（四）扩大农民工参加社会保险覆盖面，养老保险关系转移接续有了突破性进展。一是基本完成了煤矿、非煤矿山等高风险企业农民工参加工伤保险的“平安计划”一期工程，启动实施了推进商贸、餐饮等服务行业参加工伤保险的“平安计划”二期工程。二是引导农民工根据具体情况有选择地参加城镇职工基本医疗保险、新型农村合作医疗或城镇居民基本医疗保险。三是国务院办公厅转发了城镇企业职工基本养老保险关系转移接续暂行办法，积极从制度建设上解决农民工因退保而权益受到损害的问题。四是督促企事业单位为农民工缴纳失业保险费，对符合条件的失业农民工，按规定及时支付一次性生活补助。2009年底，全国参加工伤保险、医疗保险、城镇企业职工基本养老保险、失业保险的农民工分别为5587万人、4335万人、2647万人和1643万人。

（五）加强农民工劳动争议调解仲裁、监察执法和司法保障工作，为农民工维权畅通救济渠道。一是劳动争议调解仲裁机构认真贯彻劳动争议调解仲裁法，建立了方便农民工申诉的“绿色通道”，2009年，共处理涉及农民工的劳动争议案件约60万件。二是人力资源社会保障、公安、监察、工商等有关部门联合开展清理整顿人力资源市场秩序和整治非法用工打击违法犯罪专项行动，促进了人力资源市场平稳、有序、健康地发展。三是司法行政部门出台方便农民工获得法律援助的十项措施，降低了农民工法律援助门槛，2009年，各地共办理涉及农民工的法律援助案件23.5万件。

（六）各部门不断加大工作力度，为农民工提供公共服务。教育部门认真落实以输入地政府管理为主和以全日制公办中小学为主的政策，已有近80％的农民工随迁子女在城镇公办中小学免费接受义务教育。全国妇联牵头组织开展“共享蓝天”全国关爱农村留守流动儿童行动，努力改善农村留守和流动儿童的生活学习环境。住房城乡建设部指导各地建设农民工公寓，提供公共租赁住房，将农民工纳入经济适用房范围，并以大型施工项目为重点，开展“建筑工地农民工标准化宿舍行动”。卫生部门实施国家扩大免疫规划，积极开展以甲型H1N1流感、手足口病等为重点的农民工疾病预防控制及其适龄子女免疫工作。人口计划生育部门制定了全国流动人口计划生育服务管理规范，广泛开展农民工“关怀关爱”活动。民政部门贯彻国务院关于加强和改进社区服务工作的意见，实行农民工与户籍人口同宣传、同服务、同管理。公安部门进一步推进户籍制度改革，指导各地放宽中小城市和小城镇农民工落户条件。农业部门加强农民工土地承包经营权流转的管理和服务，开展了“农民工土地承包维权行动”。

（七）努力保障农民工依法享有民主政治权利，活跃精神文化生活。一批优秀农民工当选为各级人大代表参政议政。工会系统大力吸收农民工会员，2009年底达到8014.82万人。民政部门积极推动农民工参加社区居委会换届选举工作，一批农民工担任了社区居委会干部。各级文化、民政部门以及工青妇组织免费开放文化馆、社区娱乐设施和各种活动场所，举办形式多样的文娱活动。浙江、江苏、湖北等地探索建立了农民工综合服务中心，提供“一站式”服务。

三、转移农村劳动力、保障农民工权益面临的突出问题

当前，转移农村劳动力、保障农民工权益面临着许多需要解决的问题，比较突出的是：

（一）关于农民工就业问题。从中长期看，农民工就业面临供大于求的压力。一是国际金融危机的影响尚未完全消除，可能给农民工就业带来一些难以预料的困难。二是经济发展方式的转变和产业结构的调整，提高了对劳动者职业技能的要求，部分企业“招工难”和相当数量农民工“就业难”并存的结构性矛盾突出。三是今后一个时期，我国需要转移的农村富余劳动力还有1.2亿人以上，如何使他们转移到城镇实现稳定就业，是一项艰巨任务。四是扶持农民工返乡创业和从事服务业的政策措施有待进一步加强和落实，公共就业服务投入仍需逐步加大，基层服务平台、信息网络建设还不适应农民工就业工作需要。

（二）关于保障农民工权益问题。目前，侵害农民工权益的突出问题尚未根本解决，主要表现为农民工劳动合同签订率、参加社会保险的比例以及工资收入水平仍然较低，工伤、职业病和劳动争议较多。尤其是部分行业、部分地区存在侵害农民工权益的“顽症”：一是拖欠农民工工资。一些地方拖欠农民工工资问题不断出现，企业主欠薪逃匿案件时有发生，有的地方甚至发生农民工讨薪时遭到伤害的恶性事件。二是不签订劳动合同。目前小企业中劳动合同签订率低。建筑领域中有些地方发包承包不规范导致用工不规范，建筑企业与劳务公司层层转包分包、规避劳动合同法律的现象较多。三是劳动条件差。在一些高危行业和污染企业，职业安全卫生问题突出，农民工工伤、职业病多发，有的甚至得不到及时救治。

（三）关于农民工公共服务问题。一是部分农民工随迁子女不能享受与城镇儿童同等的接受义务教育的权利。二是大多数地方尚未将农民工住房问题纳入城镇住房保障体系和城镇住房建设规划。三是鼓励农民工进城镇落户的具体政策和配套措施有待加快制定。

四、下一步工作措施

在下一步工作中，要按照城乡经济社会发展一体化的要求，深入贯彻中央一号文件精神，认真落实温家宝总理在政府工作报告中提出的有关农民工的政策措施，加强组织领导，完善体制机制，重点做好以下工作：

（一）以加强就业服务为重点，进一步促进农村劳动力转移就业。把农民工工作列入“十二五”规划。在经济平稳较快发展中增加农民工就业岗位。加快经济发展方式转变，调整优化经济结构，促进中小企业、服务业特别是家庭服务业发展，使其成为农民工就业的重要渠道。加快建立城乡统筹的人力资源市场，加强为农民工就业服务的基层平台和信息网络建设，推进跨地区劳务合作。

（二）以统筹规划为重点，加强农民工培训工作。贯彻落实国务院办公厅关于进一步做好农民工培训工作的指导意见，加大培训补贴力度，使有培训需求的农民工基本能够得到一次技能培训。对农民工培训资金统筹规划、集中使用、提高效益。创新培训方式，发挥技工学校、职业学校技能培训主渠道作用，探索培训经费直补用工企业的办法，实现培训与就业一体化。

（三）以制度建设为重点，扩大劳动合同覆盖面，有效解决拖欠农民工工资问题。继续开展农民工签订劳动合同“春暖行动”，组织实施“小企业劳动合同制度实施覆盖行动计划”，大力推广适用于农民工的简易劳动合同示范文本。继续实施以协商工资为主的“彩虹计划”，逐步建立农民工工资正常增长机制。加强企业农民工工资支付监控，在发生欠薪较多的建筑等重点行业普遍实行工资保证金制度，积极建立欠薪应急周转金制度。

（四）以加强职业危害治理为重点，保障农民工职业安全卫生权益。加强农民工安全培训，认真实行高危行业农民工经过培训持证上岗制度。落实国家职业病防治规划（2009—2015），加强农民工职业卫生监督检查工作，深入开展粉尘与高毒物品危害治理专项行动。

（五）以实施养老保险关系转移接续办法为重点，扩大农民工参保覆盖面。做好养老保险关系转移接续暂行办法的宣传和实施工作，扩大农民工参加养老保险覆盖面。大力实施“平安计划”二期工程，维护农民工工伤保险权益。推动农民工参加医疗保险，按规定参加失业保险。

（六）以畅通维权渠道为重点，加强农民工劳动纠纷处置工作。加强调解、快速仲裁，有效处理农民工劳动争议。推进劳动保障监察网格化、网络化管理工作，加大对侵害农民工权益行为的执法力度。扩大农民工法律援助覆盖面，建立农民工法律援助案件异地协作机制。

（七）以农民工子女平等接受义务教育为重点，加强农民工公共服务。全面落实以输入地政府管理为主和以全日制公办中小学为主的政策，保障农民工随迁子女平等接受义务教育。继续实施关爱农村留守流动儿童行动。组织开展“两看一上”活动，使农民工能够看报纸、看电视，有条件的能上网。围绕进城务工经商农民工的党组织建设和农民工计划生育、疾病防控、加入工会、参与社区生活等方面，加强公共服务工作。推动有条件的城市建立农民工综合服务中心。

（八）以改善农民工居住条件为重点，促进农民工在城镇落户。继续推动建筑施工企业重点解决简易工棚转变为适宜住宿的标准化宿舍问题。鼓励有条件的城市将有稳定职业并在城市居住一定年限的农民工逐步纳入城镇保障性住房体系，探索建立农民工公共租赁等住房制度，多渠道多形式改善农民工居住条件。加快落实放宽中小城市、小城镇特别是县城和中心镇落户条件的政策，促进符合条件的农民工在城镇落户并享有与当地城镇居民同等权益。

转移农村劳动力、保障农民工权益是一项重要而艰巨的任务。我们要在党中央的正确领导下，在全国人大及其常委会的监督和支持下，通过各地区、各部门共同努力，全力做好这项工作，为经济社会发展和维护稳定大局作出新的贡献。

附 录

名词解释

1. 阳光工程：是农业部、财政部、人力资源社会保障部、教育部、科技部和住房城乡建设部等部门，从2003年起，按照“政府推动、学校主办、部门监管、农民受益”的原则，在粮食主产区、劳动力主要输出地区、贫困地区和革命老区开展的农村劳动力转移到非农领域就业前的职业技能培训项目。

2. 星火培训：是科技部门为促进农村劳动力非农就业和城镇就业，提高农民就业能力和创业能力，从1986年起开展的培养农村实用技术和管理人才，提高农村劳动者整体素质的培训项目。“星火培训”是国家“星火计划”的重要内容之一。

3. 雨露计划：是国务院扶贫部门为全面提高贫困地区人口素质，增强其就业和创业能力，通过转移就业和自主创业，努力增加贫困农民收入，改变贫困地区落后面貌，从2005年起，针对贫困地区的青壮年农民、复员退伍士兵、村干部和致富骨干，开展的多渠道、多层次、多形式引导性培训、职业技能培训、创业培训和农业实用技术培训。

4. 春风行动：是人力资源社会保障部为落实国务院关于进一步改善农民工进城就业环境的有关要求，从2005年起，于每年春节后农民工进城求职高峰期间，在全国组织开展的为进城务工农村劳动者提供就业服务、技能培训、权益维护“三位一体”的就业服务工作。让进城务工农村劳动者在外出务工前、进城后和求职期间都能享受到热忱服务。

5. 五缓四减三补贴：是人力资源社会保障部、财政部、税务总局为应对国际金融危机，于2008年底出台的一系列减轻企业负担、稳定就业局势的措施。主要包括：允许困难企业在一定期限内缓缴养老、失业、医疗、工伤、生育五项社会保险费；阶段性降低城镇职工基本医疗、失业、工伤、生育等四项社会保险费率；使用失业保险基金向困难企业支付社会保险补贴或岗位补贴、使用就业专项资金支持困难企业开展职工在岗培训。为保持积极就业政策的连续性和稳定性，这些政策的执行期均延长到2010年。

6. 春暖行动：是人力资源社会保障部为全面贯彻实施劳动合同法，推动各类用人单位依法与农民工签订劳动合同，从2008年起，在每年的3、4、5月份，以建筑业、住宿和餐饮业、制造业、采矿业、居民服务业为重点，督促用人单位依法与农民工签订并履行劳动合同，保障农民工合法权益的专项行动。

7. 彩虹计划：是人力资源社会保障部、全国总工会和中国企业联合会共同推动劳动关系双方开展集体协商，签订集体合同，搭建企业与劳动者沟通桥梁的工作计划。力争从2008年到2012年，基本实现各类企业建立集体协商和集体合同制度。

国家中长期教育改革和发展规划纲要（2010—2020年）

目　录

根据党的十七大关于“优先发展教育，建设人力资源强国”的战略部署，为促进教育事业科学发展，全面提高国民素质，加快社会主义现代化进程，制定本《教育规划纲要》。

序 言

百年大计，教育为本。教育是民族振兴、社会进步的基石，是提高国民素质、促进人的全面发展的根本途径，寄托着亿万家庭对美好生活的期盼。强国必先强教。优先发展教育、提高教育现代化水平，对实现全面建设小康社会奋斗目标、建设富强民主文明和谐的社会主义现代化国家具有决定性意义。

党和国家历来高度重视教育。新中国成立以来，在以毛泽东同志、邓小平同志、江泽民同志为核心的党的三代中央领导集体和以胡锦涛同志为总书记的党中央领导下，全党全社会同心同德，艰苦奋斗，开辟了中国特色社会主义教育发展道路，建成了世界最大规模的教育体系，保障了亿万人民群众受教育的权利。教育投入大幅增长，办学条件显著改善，教育改革逐步深化，办学水平不断提高。进入本世纪以来，城乡免费义务教育全面实现，职业教育快速发展，高等教育进入大众化阶段，农村教育得到加强，教育公平迈出重大步伐。教育的发展极大地提高了全民族素质，推进了科技创新、文化繁荣，为经济发展、社会进步和民生改善作出了不可替代的重大贡献。我国实现了从人口大国向人力资源大国的转变。

当今世界正处在大发展大变革大调整时期。世界多极化、经济全球化深入发展，科技进步日新月异，人才竞争日趋激烈。我国正处在改革发展的关键阶段，经济建设、政治建设、文化建设、社会建设以及生态文明建设全面推进，工业化、信息化、城镇化、市场化、国际化深入发展，人口、资源、环境压力日益加大，经济发展方式加快转变，都凸显了提高国民素质、培养创新人才的重要性和紧迫性。中国未来发展、中华民族伟大复兴，关键靠人才，基础在教育。

面对前所未有的机遇和挑战，必须清醒认识到，我国教育还不完全适应国家经济社会发展和人民群众接受良好教育的要求。教育观念相对落后，内容方法比较陈旧，中小学生课业负担过重，素质教育推进困难；学生适应社会和就业创业能力不强，创新型、实用型、复合型人才紧缺；教育体制机制不完善，学校办学活力不足；教育结构和布局不尽合理，城乡、区域教育发展不平衡，贫困地区、民族地区教育发展滞后；教育投入不足，教育优先发展的战略地位尚未得到完全落实。接受良好教育成为人民群众强烈期盼，深化教育改革成为全社会共同心声。

国运兴衰，系于教育；教育振兴，全民有责。在党和国家工作全局中，必须始终坚持把教育摆在优先发展的位置。按照面向现代化、面向世界、面向未来的要求，适应全面建设小康社会、建设创新型国家的需要，坚持育人为本，以改革创新为动力，以促进公平为重点，以提高质量为核心，全面实施素质教育，推动教育事业在新的历史起点上科学发展，加快从教育大国向教育强国、从人力资源大国向人力资源强国迈进，为中华民族伟大复兴和人类文明进步作出更大贡献。

第一部分　总体战略

第一章　指导思想和工作方针

（一）指导思想。高举中国特色社会主义伟大旗帜，以邓小平理论和“三个代表”重要思想为指导，深入贯彻落实科学发展观，实施科教兴国战略和人才强国战略，优先发展教育，完善中国特色社会主义现代教育体系，办好人民满意的教育，建设人力资源强国。

全面贯彻党的教育方针，坚持教育为社会主义现代化建设服务，为人民服务，与生产劳动和社会实践相结合，培养德智体美全面发展的社会主义建设者和接班人。

全面推进教育事业科学发展，立足社会主义初级阶段基本国情，把握教育发展阶段性特征，坚持以人为本，遵循教育规律，面向社会需求，优化结构布局，提高教育现代化水平。

（二）工作方针。优先发展、育人为本、改革创新、促进公平、提高质量。

把教育摆在优先发展的战略地位。教育优先发展是党和国家提出并长期坚持的一项重大方针。各级党委和政府要把优先发展教育作为贯彻落实科学发展观的一项基本要求，切实保证经济社会发展规划优先安排教育发展，财政资金优先保障教育投入，公共资源优先满足教育和人力资源开发需要。充分调动全社会关心支持教育的积极性，共同担负起培育下一代的责任，为青少年健康成长创造良好环境。完善体制和政策，鼓励社会力量兴办教育，不断扩大社会资源对教育的投入。

把育人为本作为教育工作的根本要求。人力资源是我国经济社会发展的第一资源，教育是开发人力资源的主要途径。要以学生为主体，以教师为主导，充分发挥学生的主动性，把促进学生健康成长作为学校一切工作的出发点和落脚点。关心每个学生，促进每个学生主动地、生动活泼地发展，尊重教育规律和学生身心发展规律，为每个学生提供适合的教育。努力培养造就数以亿计的高素质劳动者、数以千万计的专门人才和一大批拔尖创新人才。

把改革创新作为教育发展的强大动力。教育要发展，根本靠改革。要以体制机制改革为重点，鼓励地方和学校大胆探索和试验，加快重要领域和关键环节改革步伐。创新人才培养体制、办学体制、教育管理体制，改革质量评价和考试招生制度，改革教学内容、方法、手段，建设现代学校制度。加快解决经济社会发展对高质量多样化人才需要与教育培养能力不足的矛盾、人民群众期盼良好教育与资源相对短缺的矛盾、增强教育活力与体制机制约束的矛盾，为教育事业持续健康发展提供强大动力。

把促进公平作为国家基本教育政策。教育

公平是社会公平的重要基础。教育公平的关键是机会公平，基本要求是保障公民依法享有受教育的权利，重点是促进义务教育均衡发展和扶持困难群体，根本措施是合理配置教育资源，向农村地区、边远贫困地区和民族地区倾斜，加快缩小教育差距。教育公平的主要责任在政府，全社会要共同促进教育公平。

把提高质量作为教育改革发展的核心任务。树立科学的质量观，把促进人的全面发展、适应社会需要作为衡量教育质量的根本标准。树立以提高质量为核心的教育发展观，注重教育内涵发展，鼓励学校办出特色、办出水平，出名师，育英才。建立以提高教育质量为导向的管理制度和工作机制，把教育资源配置和学校工作重点集中到强化教学环节、提高教育质量上来。制定教育质量国家标准，建立健全教育质量保障体系。加强教师队伍建设，提高教师整体素质。

第二章　战略目标和战略主题

（三）战略目标。到 2020 年，基本实现教育现代化，基本形成学习型社会，进入人力资源强国行列。

实现更高水平的普及教育。基本普及学前教育；巩固提高九年义务教育水平；普及高中阶段教育，毛入学率达到 90%；高等教育大众化水平进一步提高，毛入学率达到 40%；扫除青壮年文盲。新增劳动力平均受教育年限从 12.4 年提高到 13.5 年；主要劳动年龄人口平均受教育年限从 9.5 年提高到 11.2 年，其中受过高等教育的比例达到 20%，具有高等教育文化程度的人数比 2009 年翻一番。

形成惠及全民的公平教育。坚持教育的公益性和普惠性，保障公民依法享有接受良好教育的机会。建成覆盖城乡的基本公共教育服务体系，逐步实现基本公共教育服务均等化，缩小区域差距。努力办好每一所学校，教好每一个学生，不让一个学生因家庭经济困难而失学。切实解决进城务工人员子女平等接受义务教育问题。保障残疾人受教育权利。

提供更加丰富的优质教育。教育质量整体提升，教育现代化水平明显提高。优质教育资源总量不断扩大，更好满足人民群众接受高质量教育的需求。学生思想道德素质、科学文化素质和健康素质明显提高。各类人才服务国家、服务人民和参与国际竞争能力显著增强。

构建体系完备的终身教育。学历教育和非学历教育协调发展，职业教育和普通教育相互沟通，职前教育和职后教育有效衔接。继续教育参与率大幅提升，从业人员继续教育年参与率达到 50%。现代国民教育体系更加完善，终身教育体系基本形成，促进全体人民学有所教、学有所成、学有所用。

健全充满活力的教育体制。进一步解放思想，更新观念，深化改革，提高教育开放水平，全面形成与社会主义市场经济体制和全面建设小康社会目标相适应的充满活力、富有效率、更加开放、有利于科学发展的教育体制机制，办出具有中国特色、世界水平的现代教育。

（四）战略主题。坚持以人为本、全面实施素质教育是教育改革发展的战略主题，是贯彻党的教育方针的时代要求，其核心是解决好培养什么人、怎样培养人的重大问题，重点是面向全体学生、促进学生全面发展，着力提高学生服务国家服务人民的社会责任感、勇于探索的创新精神和善于解决问题的实践能力。

坚持德育为先。立德树人，把社会主义核心价值体系融入国民教育全过程。加强马克思主义中国化最新成果教育，引导学生形成正确的世界观、人生观、价值观；加强理想信念教育和道德教育，坚定学生对中国共产党领导、社会主义制度的信念和信心；加强以爱国主义为核心的民族精神和以改革创新为核心的时代精神教育；加强社会主义荣辱观教育，培养学生团结互助、诚实守信、遵纪守法、艰苦奋斗的良好品质。加强公民意识教育，树立社会主义民主法治、自由平等、公平正义理念，培养社会主义合格公民。加强中华民族优秀文化传统教育和革命传统教育。把德育渗透于教育教学的各个环节，贯穿于学校教育、家庭教育和社会教育的各个方面。切实加强和改进未成年人思想道德建设和大学生思想政治教育工作。构建大中小学有效衔接的德育体系，创新德育形式，丰富德育内容，不断提高德育工作的吸引力和感染力，增强德育工作的针对性和实效性。加强辅导员、班主任队伍建设。

坚持能力为重。优化知识结构，丰富社会实践，强化能力培养。着力提高学生的学习能力、实践能力、创新能力，教育学生学会知识技能，学会动手动脑，学会生存生活，学会做人做事，促进学生主动适应社会，开创美好未来。

坚持全面发展。全面加强和改进德育、智育、体育、美育。坚持文化知识学习与思想品德修养的统一、理论学习与社会实践的统一、全面发展与个性发展的统一。加强体育，牢固树立健康第一的思想，确保学生体育课程和课余活动时间，提高体育教学质量，加强心理健康教育，促进学生身心健康、体魄强健、意志坚强；加强美育，培养学生良好的审美情趣和人文素养。加强劳动教育，培养学生热爱劳动、热爱劳动人民的情感。重视安全教育、生命教育、国防教育、可持续发展教育。促进德育、智育、体育、美育有机融合，提高学生综合素质，使学生成为德智体美全面发展的社会主义建设者和接班人。

专栏1　教育事业发展主要目标

指　标	单位	2009 年	2015 年	2020 年
学前教育				
幼儿在园人数	万人	2658	3400	4000
学前一年毛入园率	%	74.0	85.0	95.0
学前两年毛入园率	%	65.0	70.0	80.0
学前三年毛入园率	%	50.9	60.0	70.0
九年义务教育				
在校生	万人	15772	16100	16500
巩固率	%	90.8	93.0	95.0
高中阶段教育＊				
在校生	万人	4624	4500	4700
毛入学率	%	79.2	87.0	90.0
职业教育				
中等职业教育在校生	万人	2179	2250	2350
高等职业教育在校生	万人	1280	1390	1480
高等教育＊＊				
在学总规模	万人	2979	3350	3550
在校生	万人	2826	3080	3300
其中：研究生	万人	140	170	200
毛入学率	%	24.2	36.0	40.0
继续教育				
从业人员继续教育	万人次	16600	29000	35000

注：＊含中等职业教育学生数；＊＊含高等职业教育学生数。

专栏2 人力资源开发主要目标

指　标	单位	2009年	2015年	2020年
具有高等教育文化程度的人数	万人	9830	14500	19500
主要劳动年龄人口平均受教育年限	年	9.5	10.5	11.2
其中：受过高等教育的比例	%	9.9	15.0	20.0
新增劳动力平均受教育年限	年	12.4	13.3	13.5
其中：受过高中阶段及以上教育的比例	%	67.0	87.0	90.0

第二部分　发展任务

第三章　学前教育

（五）基本普及学前教育。学前教育对幼儿身心健康、习惯养成、智力发展具有重要意义。遵循幼儿身心发展规律，坚持科学保教方法，保障幼儿快乐健康成长。积极发展学前教育，到2020年，普及学前一年教育，基本普及学前两年教育，有条件的地区普及学前三年教育。重视0至3岁婴幼儿教育。

（六）明确政府职责。把发展学前教育纳入城镇、社会主义新农村建设规划。建立政府主导、社会参与、公办民办并举的办园体制。大力发展公办幼儿园，积极扶持民办幼儿园。加大政府投入，完善成本合理分担机制，对家庭经济困难幼儿入园给予补助。加强学前教育管理，规范办园行为。制定学前教育办园标准，建立幼儿园准入制度。完善幼儿园收费管理办法。严格执行幼儿教师资格标准，切实加强幼儿教师培养培训，提高幼儿教师队伍整体素质，依法落实幼儿教师地位和待遇。教育行政部门加强对学前教育的宏观指导和管理，相关部门履行各自职责，充分调动各方面力量发展学前教育。

（七）重点发展农村学前教育。努力提高农村学前教育普及程度。着力保证留守儿童入园。采取多种形式扩大农村学前教育资源，改扩建、新建幼儿园，充分利用中小学布局调整富余的校舍和教师举办幼儿园（班）。发挥乡镇中心幼儿园对村幼儿园的示范指导作用。支持贫困地区发展学前教育。

第四章　义务教育

（八）巩固提高九年义务教育水平。义务教育是国家依法统一实施、所有适龄儿童少年必须接受的教育，具有强制性、免费性和普及性，是教育工作的重中之重。注重品行培养，激发学习兴趣，培育健康体魄，养成良好习惯。到2020年，全面提高普及水平，全面提高教育质量，基本实现区域内均衡发展，确保适龄儿童少年接受良好义务教育。

巩固义务教育普及成果。适应城乡发展需要，合理规划学校布局，办好必要的教学点，方便学生就近入学。坚持以输入地政府管理为主、以全日制公办中小学为主，确保进城务工人员随迁子女平等接受义务教育，研究制定进城务工人员随迁子女接受义务教育后在当地参加升学考试的办法。建立健全政府主导、社会参与的农村留守儿童关爱服务体系和动态监测机制。加快农村寄宿制学校建设，优先满足留守儿童住宿需求。采取必要措施，确保适龄儿童少年不因家庭经济困难、就学困难、学习困难等原因而失学，努力消除辍学现象。

提高义务教育质量。建立国家义务教育质量基本标准和监测制度。严格执行义务教育国家课程标准、教师资格标准。深化课程与教学方法改革，推行小班教学。配齐音乐、体育、美术等学科教师，开足开好规定课程。大力推广普通话教学，使用规范汉字。

增强学生体质。科学安排学习、生活、锻炼，保证学生睡眠时间。大力开展“阳光体育”运动，保证学生每天锻炼一小时，不断提高学生体质健康水平。提倡合理膳食，改善学生营养状况，提高贫困地区农村学生营养水平。

保护学生视力。

（九）推进义务教育均衡发展。均衡发展是义务教育的战略性任务。建立健全义务教育均衡发展保障机制。推进义务教育学校标准化建设，均衡配置教师、设备、图书、校舍等资源。

切实缩小校际差距，着力解决择校问题。加快薄弱学校改造，着力提高师资水平。实行县（区）域内教师、校长交流制度。实行优质普通高中和优质中等职业学校招生名额合理分配到区域内初中的办法。义务教育阶段不得设置重点学校和重点班。在保障适龄儿童少年就近进入公办学校的前提下，发展民办教育，提供选择机会。

加快缩小城乡差距。建立城乡一体化义务教育发展机制，在财政拨款、学校建设、教师配置等方面向农村倾斜。率先在县（区）域内实现城乡均衡发展，逐步在更大范围内推进。

努力缩小区域差距。加大对革命老区、民族地区、边疆地区、贫困地区义务教育的转移支付力度。鼓励发达地区支援欠发达地区。

（十）减轻中小学生课业负担。过重的课业负担严重损害儿童少年身心健康。减轻学生课业负担是全社会的共同责任，政府、学校、家庭、社会必须共同努力，标本兼治，综合治理。把减负落实到中小学教育全过程，促进学生生动活泼学习、健康快乐成长。率先实现小学生减负。

各级政府要把减负作为教育工作的重要任务，统筹规划，整体推进。调整教材内容，科学设计课程难度。改革考试评价制度和学校考核办法。规范办学行为，建立学生课业负担监测和公告制度。不得以升学率对地区和学校进行排名，不得下达升学指标。规范各种社会补习机构和教辅市场。加强校外活动场所建设和管理，丰富学生课外及校外活动。

学校要把减负落实到教育教学各个环节，给学生留下了解社会、深入思考、动手实践、健身娱乐的时间。提高教师业务素质，改进教学方法，增强课堂教学效果，减少作业量和考试次数。培养学生学习兴趣和爱好。严格执行课程方案，不得增加课时和提高难度。各种等级考试和竞赛成绩不得作为义务教育阶段入学与升学的依据。

充分发挥家庭教育在儿童少年成长过程中的重要作用。家长要树立正确的教育观念，掌握科学的教育方法，尊重子女的健康情趣，培养子女的良好习惯，加强与学校的沟通配合，共同减轻学生课业负担。

第五章　高中阶段教育

（十一）加快普及高中阶段教育。高中阶段教育是学生个性形成、自主发展的关键时期，对提高国民素质和培养创新人才具有特殊意义。注重培养学生自主学习、自强自立和适应社会的能力，克服应试教育倾向。到2020年，普及高中阶段教育，满足初中毕业生接受高中阶段教育需求。

根据经济社会发展需要，合理确定普通高中和中等职业学校招生比例，今后一个时期总体保持普通高中和中等职业学校招生规模大体相当。加大对中西部贫困地区高中阶段教育的扶持力度。

（十二）全面提高普通高中学生综合素质。深入推进课程改革，全面落实课程方案，保证学生全面完成国家规定的文理等各门课程的学习。创造条件开设丰富多彩的选修课，为学生提供更多选择，促进学生全面而有个性的发展。逐步消除大班额现象。积极开展研究性学习、社区服务和社会实践。建立科学的教育质量评价体系，全面实施高中学业水平考试和综合素质评价。建立学生发展指导制度，加强对学生的理想、心理、学业等多方面指导。

（十三）推动普通高中多样化发展。促进办学体制多样化，扩大优质资源。推进培养模式多样化，满足不同潜质学生的发展需要。探索发现和培养创新人才的途径。鼓励普通高中办出特色。鼓励有条件的普通高中根据需要适当增加职业教育的教学内容。探索综合高中发展模式。采取多种方式，为在校生和未升学毕业生提供职业教育。

第六章　职业教育

（十四）大力发展职业教育。发展职业教

育是推动经济发展、促进就业、改善民生、解决“三农”问题的重要途径，是缓解劳动力供求结构矛盾的关键环节，必须摆在更加突出的位置。职业教育要面向人人、面向社会，着力培养学生的职业道德、职业技能和就业创业能力。到2020年，形成适应经济发展方式转变和产业结构调整要求、体现终身教育理念、中等和高等职业教育协调发展的现代职业教育体系，满足人民群众接受职业教育的需求，满足经济社会对高素质劳动者和技能型人才的需要。

政府切实履行发展职业教育的职责。把职业教育纳入经济社会发展和产业发展规划，促使职业教育规模、专业设置与经济社会发展需求相适应。统筹中等职业教育与高等职业教育发展。健全多渠道投入机制，加大职业教育投入。

把提高质量作为重点。以服务为宗旨，以就业为导向，推进教育教学改革。实行工学结合、校企合作、顶岗实习的人才培养模式。坚持学校教育与职业培训并举，全日制与非全日制并重。制定职业学校基本办学标准。加强“双师型”教师队伍和实训基地建设，提升职业教育基础能力。建立健全技能型人才到职业学校从教的制度。完善符合职业教育特点的教师资格标准和专业技术职务（职称）评聘办法。建立健全职业教育质量保障体系，吸收企业参加教育质量评估。开展职业技能竞赛。

（十五）调动行业企业的积极性。建立健全政府主导、行业指导、企业参与的办学机制，制定促进校企合作办学法规，推进校企合作制度化。鼓励行业组织、企业举办职业学校，鼓励委托职业学校进行职工培训。制定优惠政策，鼓励企业接收学生实习实训和教师实践，鼓励企业加大对职业教育的投入。

（十六）加快发展面向农村的职业教育。把加强职业教育作为服务社会主义新农村建设的重要内容。加强基础教育、职业教育和成人教育统筹，促进农科教结合。强化省、市（地）级政府发展农村职业教育的责任，扩大农村职业教育培训覆盖面，根据需要办好县级职教中心。强化职业教育资源的统筹协调和综合利用，推进城乡、区域合作，增强服务“三农”能力。加强涉农专业建设，加大培养适应农业和农村发展需要的专业人才力度。支持各级各类学校积极参与培养有文化、懂技术、会经营的新型农民，开展进城务工人员、农村劳动力转移培训。逐步实施农村新成长劳动力免费劳动预备制培训。

（十七）增强职业教育吸引力。完善职业教育支持政策。逐步实行中等职业教育免费制度，完善家庭经济困难学生资助政策。改革招生和教学模式。积极推进学历证书和职业资格证书“双证书”制度，推进职业学校专业课程内容和职业标准相衔接。完善就业准入制度，执行“先培训、后就业”、“先培训、后上岗”的规定。制定退役士兵接受职业教育培训的办法。建立健全职业教育课程衔接体系。鼓励毕业生在职继续学习，完善职业学校毕业生直接升学制度，拓宽毕业生继续学习渠道。提高技能型人才的社会地位和待遇。加大对有突出贡献高技能人才的宣传表彰力度，形成行行出状元的良好社会氛围。

第七章 高等教育

（十八）全面提高高等教育质量。高等教育承担着培养高级专门人才、发展科学技术文化、促进社会主义现代化建设的重大任务。提高质量是高等教育发展的核心任务，是建设高等教育强国的基本要求。到2020年，高等教育结构更加合理，特色更加鲜明，人才培养、科学研究和社会服务整体水平全面提升，建成一批国际知名、有特色、高水平的高等学校，若干所大学达到或接近世界一流大学水平，高等教育国际竞争力显著增强。

（十九）提高人才培养质量。牢固确立人才培养在高校工作中的中心地位，着力培养信念执著、品德优良、知识丰富、本领过硬的高素质专门人才和拔尖创新人才。加大教学投入。把教学作为教师考核的首要内容，把教授为低年级学生授课作为重要制度。加强实验室、校内外实习基地、课程教材等基本建设。深化教学改革。推进和完善学分制，实行弹性学制，促进文理交融。支持学生参与科学研究，强化实践教学环节。加强就业创业教育和就业指导服务。创立高校与科研院所、行业、企业联合培养人才的新机制。全面实施“高等学校本科教学质量与教学改革工程”。严格教学管理。健全教学质量保障体系，改进高校教学评估。充分调动学生学习积极性和主动性，激励学生刻苦学习，增强诚信意识，养成良好学风。

大力推进研究生培养机制改革。建立以科学与工程技术研究为主导的导师责任制和导师项目资助制，推行产学研联合培养研究生的“双导师制”。实施“研究生教育创新计划”。加强管理，不断提高研究生特别是博士生培养质量。

（二十）提升科学研究水平。充分发挥高校在国家创新体系中的重要作用，鼓励高校在知识创新、技术创新、国防科技创新和区域创新中作出贡献。大力开展自然科学、技术科学、哲学社会科学研究。坚持服务国家目标与鼓励自由探索相结合，加强基础研究；以重大现实问题为主攻方向，加强应用研究。促进高校、科研院所、企业科技教育资源共享，推动高校创新组织模式，培育跨学科、跨领域的科研与教学相结合的团队。促进科研与教学互动、与创新人才培养相结合。充分发挥研究生在科学研究中的作用。加强高校重点科研创新基地与科技创新平台建设。完善以创新和质量为导向的科研评价机制。积极参与马克思主义理论研究和建设工程。深入实施“高等学校哲学社会科学繁荣计划”。

（二十一）增强社会服务能力。高校要牢固树立主动为社会服务的意识，全方位开展服务。推进产学研用结合，加快科技成果转化，规范校办产业发展。为社会成员提供继续教育服务。开展科学普及工作，提高公众科学素质和人文素质。积极推进文化传播，弘扬优秀传统文化，发展先进文化。积极参与决策咨询，主动开展前瞻性、对策性研究，充分发挥智囊团、思想库作用。鼓励师生开展志愿服务。

（二十二）优化结构办出特色。适应国家和区域经济社会发展需要，建立动态调整机制，不断优化高等教育结构。优化学科专业、类型、层次结构，促进多学科交叉和融合。重点扩大应用型、复合型、技能型人才培养规模。加快发展专业学位研究生教育。优化区域布局结构。设立支持地方高等教育专项资金，实施中西部高等教育振兴计划。新增招生计划向中西部高等教育资源短缺地区倾斜，扩大东部高校在中西部地区招生规模，加大东部高校对西部高校对口支援力度。鼓励东部地区高等教育率先发展。建立完善军民结合、寓军于民的军队人才培养体系。

促进高校办出特色。建立高校分类体系，实行分类管理。发挥政策指导和资源配置的作用，引导高校合理定位，克服同质化倾向，形成各自的办学理念和风格，在不同层次、不同领域办出特色，争创一流。

加快建设一流大学和一流学科。以重点学科建设为基础，继续实施“985 工程”和优势学科创新平台建设，继续实施“211 工程”和启动特色重点学科项目。改进管理模式，引入竞争机制，实行绩效评估，进行动态管理。鼓励学校优势学科面向世界，支持参与和设立国际学术合作组织、国际科学计划，支持与境外高水平教育、科研机构建立联合研发基地。加快创建世界一流大学和高水平大学的步伐，培养一批拔尖创新人才，形成一批世界一流学科，产生一批国际领先的原创性成果，为提升我国综合国力贡献力量。

第八章　继续教育

（二十三）加快发展继续教育。继续教育是面向学校教育之后所有社会成员的教育活动，特别是成人教育活动，是终身学习体系的重要组成部分。更新继续教育观念，加大投入力度，以加强人力资源能力建设为核心，大力发展非学历继续教育，稳步发展学历继续教育。重视老年教育。倡导全民阅读。广泛开展城乡社区教育，加快各类学习型组织建设，基本形成全民学习、终身学习的学习型社会。

（二十四）建立健全继续教育体制机制。政府成立跨部门继续教育协调机构，统筹指导继续教育发展。将继续教育纳入区域、行业总体发展规划。行业主管部门或协会负责制定行业继续教育规划和组织实施办法。加快继续教育法制建设。健全继续教育激励机制，推进继续教育与工作考核、岗位聘任（聘用）、职务（职称）评聘、职业注册等人事管理制度的衔接。鼓励个人多种形式接受继续教育，支持用人单位为从业人员接受继续教育提供条件。加强继续教育监管和评估。

（二十五）构建灵活开放的终身教育体系。发展和规范教育培训服务，统筹扩大继续教育资源。鼓励学校、科研院所、企业等相关组织开展继续教育。加强城乡社区教育机构和网络建设，开发社区教育资源。大力发展现代远程教育，建设以卫星、电视和互联网等为载体的远程开放继续教育及公共服务平台，为学习者提供方便、灵活、个性化的学习条件。

搭建终身学习“立交桥”。促进各级各类教育纵向衔接、横向沟通，提供多次选择机会，满足个人多样化的学习和发展需要。健全宽进严出的学习制度，办好开放大学，改革和完善高等教育自学考试制度。建立继续教育学分积累与转换制度，实现不同类型学习成果的互认和衔接。

第九章　民族教育

（二十六）重视和支持民族教育事业。加快民族教育事业发展，对于推动少数民族和民族地区经济社会发展，促进各民族共同团结奋斗、共同繁荣发展，具有重大而深远的意义。要加强对民族教育工作的领导，全面贯彻党的民族政策，切实解决少数民族和民族地区教育事业发展面临的特殊困难和突出问题。

在各级各类学校广泛开展民族团结教育。推动党的民族理论和民族政策、国家法律法规进教材、进课堂、进头脑，引导广大师生牢固树立马克思主义祖国观、民族观、宗教观，不断夯实各民族大团结的基础，增强中华民族自豪感和凝聚力。

（二十七）全面提高少数民族和民族地区教育发展水平。公共教育资源要向民族地区倾斜。中央和地方政府要进一步加大对民族教育支持力度。

促进民族地区各级各类教育协调发展。巩固民族地区义务教育普及成果，确保适龄儿童少年依法接受义务教育，全面提高普及水平，全面提高教育教学质量。支持边境县和民族自治地方贫困县义务教育学校标准化建设，加强民族地区寄宿制学校建设。加快民族地区高中阶段教育发展。支持教育基础薄弱地区改扩建、新建一批高中阶段学校。大力发展民族地区职业教育。加大对民族地区中等职业教育的支持力度。积极发展民族地区高等教育。支持民族院校加强学科和人才队伍建设，提高办学质量和管理水平。进一步办好高校民族预科班。加大对人口较少民族教育事业的扶持力度。

大力推进双语教学。全面开设汉语文课程，全面推广国家通用语言文字。尊重和保障少数民族使用本民族语言文字接受教育的权利。全面加强学前双语教育。国家对双语教学的师资培养培训、教学研究、教材开发和出版给予支持。

加强教育对口支援。认真组织落实内地省市对民族地区教育支援工作。充分利用内地优质教育资源，探索多种形式，吸引更多民族地区少数民族学生到内地接受教育。办好面向民族地区的职业学校。加大对民族地区师资培养培训力度，提高教师的政治素质和业务素质。国家制定优惠政策，鼓励支持高等学校毕业生到民族地区基层任教。支持民族地区发展现代远程教育，扩大优质教育资源覆盖面。

第十章　特殊教育

（二十八）关心和支持特殊教育。特殊教育是促进残疾人全面发展、帮助残疾人更好地融入社会的基本途径。各级政府要加快发展特殊教育，把特殊教育事业纳入当地经济社会发展规划，列入议事日程。全社会要关心支持特殊教育。

提高残疾学生的综合素质。注重潜能开发和缺陷补偿，培养残疾学生积极面对人生、全面融入社会的意识和自尊、自信、自立、自强的精神。加强残疾学生职业技能和就业能力培养。

（二十九）完善特殊教育体系。到2020年，基本实现市（地）和30万人口以上、残疾儿童少年较多的县（市）都有一所特殊教育学校。各级各类学校要积极创造条件接收残疾人入学，不断扩大随班就读和普通学校特教班规模。全面提高残疾儿童少年义务教育普及水平，加快发展残疾人高中阶段教育，大力推进残疾人职业教育，重视发展残疾人高等教育。因地制宜发展残疾儿童学前教育。

（三十）健全特殊教育保障机制。国家制定特殊教育学校基本办学标准，地方政府制定学生人均公用经费标准。加大对特殊教育的投入力度。鼓励和支持接收残疾学生的普通学校为残疾学生创造学习生活条件。加强特殊教育师资队伍建设，采取措施落实特殊教育教师待遇。在优秀教师表彰中提高特殊教育教师比例。加大对家庭经济困难残疾学生的资助力度。逐步实施残疾学生高中阶段免费教育。

第三部分　体制改革

第十一章　人才培养体制改革

（三十一）更新人才培养观念。深化教育体制改革，关键是更新教育观念，核心是改革人才培养体制，目的是提高人才培养水平。树立全面发展观念，努力造就德智体美全面发展的高素质人才。树立人人成才观念，面向全体学生，促进学生成长成才。树立多样化人才观念，尊重个人选择，鼓励个性发展，不拘一格培养人才。树立终身学习观念，为持续发展奠定基础。树立系统培养观念，推进小学、中学、大学有机衔接，教学、科研、实践紧密结合，学校、家庭、社会密切配合，加强学校之间、校企之间、学校与科研机构之间合作以及中外合作等多种联合培养方式，形成体系开放、机制灵活、渠道互通、选择多样的人才培养体制。

（三十二）创新人才培养模式。适应国家和社会发展需要，遵循教育规律和人才成长规律，深化教育教学改革，创新教育教学方法，探索多种培养方式，形成各类人才辈出、拔尖创新人才不断涌现的局面。

注重学思结合。倡导启发式、探究式、讨论式、参与式教学，帮助学生学会学习。激发学生的好奇心，培养学生的兴趣爱好，营造独立思考、自由探索、勇于创新的良好环境。适应经济社会发展和科技进步的要求，推进课程改革，加强教材建设，建立健全教材质量监管制度。深入研究、确定不同教育阶段学生必须掌握的核心内容，形成教学内容更新机制。充分发挥现代信息技术作用，促进优质教学资源共享。

注重知行统一。坚持教育教学与生产劳动、社会实践相结合。开发实践课程和活动课程，增强学生科学实验、生产实习和技能实训的成效。充分利用社会教育资源，开展各种课外及校外活动。加强中小学校外活动场所建设。加强学生社团组织指导，鼓励学生积极参与志愿服务和公益事业。

注重因材施教。关注学生不同特点和个性差异，发展每一个学生的优势潜能。推进分层教学、走班制、学分制、导师制等教学管理制度改革。建立学习困难学生的帮助机制。改进优异学生培养方式，在跳级、转学、转换专业以及选修更高学段课程等方面给予支持和指导。健全公开、平等、竞争、择优的选拔方式，改进中学生升学推荐办法，创新研究生培养方法。探索高中阶段、高等学校拔尖学生培养模式。

（三十三）改革教育质量评价和人才评价制度。改进教育教学评价。根据培养目标和人才理念，建立科学、多样的评价标准。开展由政府、学校、家长及社会各方面参与的教育质量评价活动。做好学生成长记录，完善综合素质评价。探索促进学生发展的多种评价方式，激励学生乐观向上、自主自立、努力成才。

改进人才评价及选用制度，为人才培养创造良好环境。树立科学人才观，建立以岗位职责为基础，以品德、能力和业绩为导向的科学化、社会化人才评价发现机制。强化人才选拔使用中对实践能力的考查，克服社会用人单纯追求学历的倾向。

第十二章　考试招生制度改革

（三十四）推进考试招生制度改革。以考试招生制度改革为突破口，克服一考定终身的弊端，推进素质教育实施和创新人才培养。按照有利于科学选拔人才、促进学生健康发展、维护社会公平的原则，探索招生与考试相对分离的办法，政府宏观管理，专业机构组织实施，学校依法自主招生，学生多次选择，逐步形成分类考试、综合评价、多元录取的考试招生制度。加强考试管理，完善专业考试机构功能，提高服务能力和水平。成立国家教育考试指导委员会，研究制定考试改革方案，指导考试改革试点。

（三十五）完善中等学校考试招生制度。完善初中就近免试入学的具体办法。完善学业水平考试和综合素质评价，为高中阶段学校招生录取提供更加科学的依据。改进高中阶段学校考试招生方式，发挥优质普通高中和优质中等职业学校招生名额合理分配的导向作用。规范优秀特长生录取程序与办法。中等职业学校实行自主招生或注册入学。

（三十六）完善高等学校考试招生制度。深化考试内容和形式改革，着重考查综合素质和能力。以高等学校人才选拔要求和国家课程标准为依据，完善国家考试科目试题库，保证国家考试的科学性、导向性和规范性。探索有的科目一年多次考试的办法，探索实行社会化考试。

逐步实施高等学校分类入学考试。普通高等学校本科入学考试由全国统一组织；高等职业教育入学考试由各省、自治区、直辖市组织。成人高等教育招生办法由各省、自治区、直辖市确定。深入推进研究生入学考试制度改革，加强创新能力考查，发挥和规范导师在选拔录取中的作用。

完善高等学校招生名额分配方式和招生录取办法，建立健全有利于促进入学机会公平、有利于优秀人才选拔的多元录取机制。普通高等学校本科招生以统一入学考试为基本方式，结合学业水平考试和综合素质评价，择优录取。对特长显著、符合学校培养要求的，依据面试或者测试结果自主录取；高中阶段全面发展、表现优异的，推荐录取；符合条件、自愿到国家需要的行业、地区就业的，签订协议实行定向录取；对在实践岗位上作出突出贡献或具有特殊才能的人才，建立专门程序，破格录取。

（三十七）加强信息公开和社会监督。完善考试招生信息发布制度，实现信息公开透明，保障考生权益，加强政府和社会监督。公开高等学校招生名额分配原则和办法，公开招生章程和政策、招生程序和结果，公开自主招生办法、程序和结果。加强考试招生法规建设，规范学校招生录取程序，清理并规范升学加分政策。强化考试安全责任，加强诚信制度建设，坚决防范和严肃查处考试招生舞弊行为。

第十三章　建设现代学校制度

（三十八）推进政校分开、管办分离。适应中国国情和时代要求，建设依法办学、自主管理、民主监督、社会参与的现代学校制度，构建政府、学校、社会之间新型关系。适应国家行政管理体制改革要求，明确政府管理权限和职责，明确各级各类学校办学权利和责任。探索适应不同类型教育和人才成长的学校管理体制与办学模式，避免千校一面。完善学校目标管理和绩效管理机制。健全校务公开制度，接受师生员工和社会的监督。随着国家事业单位分类改革推进，探索建立符合学校特点的管理制度和配套政策，克服行政化倾向，取消实际存在的行政级别和行政化管理模式。

（三十九）落实和扩大学校办学自主权。政府及其部门要树立服务意识，改进管理方式，完善监管机制，减少和规范对学校的行政审批事项，依法保障学校充分行使办学自主权和承担相应责任。高等学校按照国家法律法规和宏观政策，自主开展教学活动、科学研究、技术开发和社会服务，自主设置和调整学科、专业，自主制定学校规划并组织实施，自主设置教学、科研、行政管理机构，自主确定内部收入分配，自主管理和使用人才，自主管理和使用学校财产和经费。扩大普通高中及中等职业学校在办学模式、育人方式、资源配置、人事管理、合作办学、社区服务等方面的自主权。

（四十）完善中国特色现代大学制度。完善治理结构。公办高等学校要坚持和完善党委领导下的校长负责制。健全议事规则与决策程序，依法落实党委、校长职权。完善大学校长选拔任用办法。充分发挥学术委员会在学科建设、学术评价、学术发展中的重要作用。探索教授治学的有效途径，充分发挥教授在教学、学术研究和学校管理中的作用。加强教职工代表大会、学生代表大会建设，发挥群众团体的作用。

加强章程建设。各类高校应依法制定章程，依照章程规定管理学校。尊重学术自由，营造宽松的学术环境。全面实行聘任制度和岗位管理制度。确立科学的考核评价和激励机制。

扩大社会合作。探索建立高等学校理事会或董事会，健全社会支持和监督学校发展的长效机制。探索高等学校与行业、企业密切合作共建的模式，推进高等学校与科研院所、社会团体的资源共享，形成协调合作的有效机制，提高服务经济建设和社会发展的能力。推进高校后勤社会化改革。

推进专业评价。鼓励专门机构和社会中介机构对高等学校学科、专业、课程等水平和质量进行评估。建立科学、规范的评估制度。探索与国际高水平教育评价机构合作，形成中国特色学校评价模式。建立高等学校质量年度报告发布制度。

（四十一）完善中小学学校管理制度。完善普通中小学和中等职业学校校长负责制。完善校长任职条件和任用办法。实行校务会议等管理制度，建立健全教职工代表大会制度，不断完善科学民主决策机制。扩大中等职业学校专业设置自主权。建立中小学家长委员会。引导社区和有关专业人士参与学校管理和监督。发挥企业参与中等职业学校发展的作用。建立中等职业学校与行业、企业合作机制。

第十四章　办学体制改革

（四十二）深化办学体制改革。坚持教育公益性原则，健全政府主导、社会参与、办学主体多元、办学形式多样、充满生机活力的办学体制，形成以政府办学为主体、全社会积极参与、公办教育和民办教育共同发展的格局。调动全社会参与的积极性，进一步激发教育活力，满足人民群众多层次、多样化的教育需求。

深化公办学校办学体制改革，积极鼓励行业、企业等社会力量参与公办学校办学，扶持薄弱学校发展，扩大优质教育资源，增强办学活力，提高办学效益。各地可从实际出发，开展公办学校联合办学、委托管理等试验，探索多种形式，提高办学水平。

改进非义务教育公共服务提供方式，完善优惠政策，鼓励公平竞争，引导社会资金以多种方式进入教育领域。

（四十三）大力支持民办教育。民办教育是教育事业发展的重要增长点和促进教育改革的重要力量。各级政府要把发展民办教育作为重要工作职责，鼓励出资、捐资办学，促进社会力量以独立举办、共同举办等多种形式兴办教育。完善独立学院管理和运行机制。支持民办学校创新体制机制和育人模式，提高质量，办出特色，办好一批高水平民办学校。

依法落实民办学校、学生、教师与公办学校、学生、教师平等的法律地位，保障民办学校办学自主权。清理并纠正对民办学校的各类歧视政策。制定完善促进民办教育发展的优惠政策。对具备学士、硕士和博士学位授予单位条件的民办学校，按规定程序予以审批。建立完善民办学校教师社会保险制度。

健全公共财政对民办教育的扶持政策。政府委托民办学校承担有关教育和培训任务，拨付相应教育经费。县级以上人民政府可以根据本行政区域的具体情况设立专项资金，用于资助民办学校。国家对发展民办教育作出突出贡献的组织、学校和个人给予奖励和表彰。

（四十四）依法管理民办教育。教育行政部门要切实加强民办教育的统筹、规划和管理工作。积极探索营利性和非营利性民办学校分类管理。规范民办学校法人登记。完善民办学校法人治理结构。民办学校依法设立理事会或董事会，保障校长依法行使职权，逐步推进监事制度。积极发挥民办学校党组织的作用。完善民办高等学校督导专员制度。落实民办学校教职工参与民主管理、民主监督的权利。依法明确民办学校变更、退出机制。切实落实民办学校法人财产权。依法建立民办学校财务、会计和资产管理制度。任何组织和个人不得侵占学校资产、抽逃资金或者挪用办学经费。建立民办学校办学风险防范机制和信息公开制度。扩大社会参与民办学校的管理与监督。加强对民办教育的评估。

第十五章　管理体制改革

（四十五）健全统筹有力、权责明确的教育管理体制。以转变政府职能和简政放权为重点，深化教育管理体制改革，提高公共教育服务水平。明确各级政府责任，规范学校办学行为，促进管办评分离，形成政事分开、权责明确、统筹协调、规范有序的教育管理体制。中央政府统一领导和管理国家教育事业，制定发展规划、方针政策和基本标准，优化学科专业、类型、层次结构和区域布局。整体部署教育改革试验，统筹区域协调发展。地方政府负责落实国家方针政策，开展教育改革试验，根据职责分工负责区域内教育改革、发展和稳定。

（四十六）加强省级政府教育统筹。进一步加大省级政府对区域内各级各类教育的统筹。统筹管理义务教育，推进城乡义务教育均衡发展，依法落实发展义务教育的财政责任。促进普通高中和中等职业学校合理分布，加快普及高中阶段教育，重点扶持困难地区高中阶段教育发展。促进省域内职业教育协调发展和资源共享，支持行业、企业发展职业教育。完善以省级政府为主管理高等教育的体制，合理设置和调整高等学校及学科、专业布局，提高管理水平和办学质量。依法审批设立实施专科学历教育的高等学校，审批省级政府管理本科院校学士学位授予单位和已确定为硕士学位授予单位的学位授予点。完善省对省以下财政转移支付体制，加大对经济欠发达地区的支持力度。根据国家标准，结合本地实际，合理确定各级各类学校办学条件、教师编制等实施标准。统筹推进教育综合改革，促进教育区域协作，提高教育服务经济社会发展的水平。支持和督促市（地）、县级政府履行职责，发展管理好当地各类教育。

（四十七）转变政府教育管理职能。各级政府要切实履行统筹规划、政策引导、监督管理和提供公共教育服务的职责，建立健全公共教育服务体系，逐步实现基本公共教育服务均等化，维护教育公平和教育秩序。改变直接管理学校的单一方式，综合应用立法、拨款、规划、信息服务、政策指导和必要的行政措施，减少不必要的行政干预。

提高政府决策的科学性和管理的有效性。规范决策程序，重大教育政策出台前要公开讨论，充分听取群众意见。成立教育咨询委员会，为教育改革和发展提供咨询论证，提高重大教育决策的科学性。建立和完善国家教育基本标准。整合国家教育质量监测评估机构及资源，完善监测评估体系，定期发布监测评估报告。加强教育监督检查，完善教育问责机制。

培育专业教育服务机构。完善教育中介组织的准入、资助、监管和行业自律制度。积极发挥行业协会、专业学会、基金会等各类社会组织在教育公共治理中的作用。

第十六章　扩大教育开放

（四十八）加强国际交流与合作。坚持以开放促改革、促发展。开展多层次、宽领域的教育交流与合作，提高我国教育国际化水平。借鉴国际上先进的教育理念和教育经验，促进我国教育改革发展，提升我国教育的国际地位、影响力和竞争力。适应国家经济社会对外开放的要求，培养大批具有国际视野、通晓国际规则、能够参与国际事务和国际竞争的国际化人才。

（四十九）引进优质教育资源。吸引境外知名学校、教育和科研机构以及企业，合作设立教育教学、实训、研究机构或项目。鼓励各级各类学校开展多种形式的国际交流与合作，办好若干所示范性中外合作学校和一批中外合作办学项目。探索多种方式利用国外优质教育资源。

吸引更多世界一流的专家学者来华从事教学、科研和管理工作，有计划地引进海外高端人才和学术团队。引进境外优秀教材，提高高等学校聘任外籍教师的比例。吸引海外优秀留学人员回国服务。

（五十）提高交流合作水平。扩大政府间学历学位互认。支持中外大学间的教师互派、学生互换、学分互认和学位互授联授。加强与国外高水平大学合作，建立教学科研合作平台，联合推进高水平基础研究和高技术研究。加强中小学、职业学校对外交流与合作。加强国际理解教育，推动跨文化交流，增进学生对不同国家、不同文化的认识和理解。

推动我国高水平教育机构海外办学，加强教育国际交流，广泛开展国际合作和教育服务。支持国际汉语教育。提高孔子学院办学质量和水平。加大教育国际援助力度，为发展中国家培养培训专门人才。拓宽渠道和领域，建立高等学校毕业生海外志愿者服务机制。

创新和完善公派出国留学机制，在全国公开选拔优秀学生进入国外高水平大学和研究机构学习。加强对自费出国留学的政策引导，加大对优秀自费留学生资助和奖励力度。坚持“支持留学、鼓励回国、来去自由”的方针，提高对留学人员的服务和管理水平。

进一步扩大外国留学生规模。增加中国政府奖学金数量，重点资助发展中国家学生，优化来华留学人员结构。实施来华留学预备教育，增加高等学校外语授课的学科专业，不断提高来华留学教育质量。

加强与联合国教科文组织等国际组织的合作，积极参与双边、多边和全球性、区域性教育合作。积极参与和推动国际组织教育政策、规则、标准的研究和制定。搭建高层次国际教育交流合作与政策对话平台，加强教育研究领域和教育创新实践活动的国际交流与合作。

加强内地与港澳台地区的教育交流与合作。扩展交流内容，创新合作模式，促进教育事业共同发展。

第四部分　保障措施

第十七章　加强教师队伍建设

（五十一）建设高素质教师队伍。教育大计，教师为本。有好的教师，才有好的教育。提高教师地位，维护教师权益，改善教师待遇，使教师成为受人尊重的职业。严格教师资质，提升教师素质，努力造就一支师德高尚、业务精湛、结构合理、充满活力的高素质专业化教师队伍。

（五十二）加强师德建设。加强教师职业理想和职业道德教育，增强广大教师教书育人的责任感和使命感。教师要关爱学生，严谨笃学，淡泊名利，自尊自律，以人格魅力和学识魅力教育感染学生，做学生健康成长的指导者和引路人。将师德表现作为教师考核、聘任（聘用）和评价的首要内容。采取综合措施，建立长效机制，形成良好学术道德和学术风气，克服学术浮躁，查处学术不端行为。

（五十三）提高教师业务水平。完善培养培训体系，做好培养培训规划，优化队伍结构，提高教师专业水平和教学能力。通过研修培训、学术交流、项目资助等方式，培养教育教学骨干、“双师型”教师、学术带头人和校长，造就一批教学名师和学科领军人才。

以农村教师为重点，提高中小学教师队伍整体素质。创新农村教师补充机制，完善制度政策，吸引更多优秀人才从教。积极推进师范生免费教育，实施农村义务教育学校教师特设岗位计划，完善代偿机制，鼓励高校毕业生到艰苦边远地区当教师。完善教师培训制度，将教师培训经费列入政府预算，对教师实行每五年一周期的全员培训。加大民族地区双语教师培养培训力度。加强校长培训，重视辅导员和班主任培训。加强教师教育，构建以师范院校为主体、综合大学参与、开放灵活的教师教育体系。深化教师教育改革，创新培养模式，增强实习实践环节，强化师德修养和教学能力训练，提高教师培养质量。

以“双师型”教师为重点，加强职业院校教师队伍建设。加大职业院校教师培养培训力度。依托相关高等学校和大中型企业，共建“双师型”教师培养培训基地。完善教师定期到企业实践制度。完善相关人事制度，聘任（聘用）具有实践经验的专业技术人员和高技能人才担任专兼职教师，提高持有专业技术资格证书和职业资格证书教师比例。

以中青年教师和创新团队为重点，建设高素质的高校教师队伍。大力提高高校教师教学水平、科研创新和社会服务能力。促进跨学科、跨单位合作，形成高水平教学和科研创新团队。创新人事管理和薪酬分配方式，引导教师潜心教学科研，鼓励中青年优秀教师脱颖而出。实施海外高层次人才引进计划、“长江学者奖励计划”和“国家杰出青年科学基金”等人才项目，为高校集聚具有国际影响的学科领军人才。

（五十四）提高教师地位待遇。不断改善教师的工作、学习和生活条件，吸引优秀人才长期从教、终身从教。依法保证教师平均工资水平不低于或者高于国家公务员的平均工资水平，并逐步提高。落实教师绩效工资。对长期在农村基层和艰苦边远地区工作的教师，在工资、职务（职称）等方面实行倾斜政策，完善津贴补贴标准。建设农村艰苦边远地区学校教师周转宿舍。研究制定优惠政策，改善教师工作和生活条件。关心教师身心健康。落实和完善教师医疗养老等社会保障政策。国家对在农村地区长期从教、贡献突出的教师给予奖励。

（五十五）健全教师管理制度。完善并严格实施教师准入制度，严把教师入口关。国家制定教师资格标准，提高教师任职学历标准和品行要求。建立教师资格证书定期登记制度。省级教育行政部门统一组织中小学教师资格考试和资格认定，县级教育行政部门按规定履行中小学教师的招聘录用、职务（职称）评聘、培养培训和考核等管理职能。

逐步实行城乡统一的中小学编制标准，对农村边远地区实行倾斜政策。制定幼儿园教师配备标准。建立统一的中小学教师职务（职称）系列，在中小学设置正高级教师职务（职称）。探索在职业学校设置正高级教师职务（职称）。制定高等学校编制标准。加强学校岗位管理，创新聘用方式，规范用人行为，完善激励机制，激发教师积极性和创造性。建立健全义务教育学校教师和校长流动机制。城镇中小学教师在评聘高级职务（职称）时，原则上要有一年以上在农村学校或薄弱学校任教经历。加强教师管理，完善教师退出机制。制定校长任职资格标准，促进校长专业化，提高校长管理水平。推行校长职级制。

创造有利条件，鼓励教师和校长在实践中大胆探索，创新教育思想、教育模式和教育方法，形成教学特色和办学风格，造就一批教育家，倡导教育家办学。大力表彰和宣传模范教师的先进事迹。国家对作出突出贡献的教师和教育工作者设立荣誉称号。

第十八章　保障经费投入

（五十六）加大教育投入。教育投入是支撑国家长远发展的基础性、战略性投资，是教育事业的物质基础，是公共财政的重要职能。要健全以政府投入为主、多渠道筹集教育经费的体制，大幅度增加教育投入。

各级政府要优化财政支出结构，统筹各项收入，把教育作为财政支出重点领域予以优先保障。严格按照教育法律法规规定，年初预算和预算执行中的超收收入分配都要体现法定增长要求，保证教育财政拨款增长明显高于财政经常性收入增长，并使按在校学生人数平均的教育费用逐步增长，保证教师工资和学生人均公用经费逐步增长。按增值税、营业税、消费税的3％足额征收教育费附加，专项用于教育事业。提高国家财政性教育经费支出占国内生产总值比例，2012年达到4％。

社会投入是教育投入的重要组成部分。充分调动全社会办教育积极性，扩大社会资源进入教育途径，多渠道增加教育投入。完善财政、税收、金融和土地等优惠政策，鼓励和引导社会力量捐资、出资办学。完善非义务教育培养成本分担机制，根据经济发展状况、培养成本和群众承受能力，调整学费标准。完善捐赠教育激励机制，落实个人教育公益性捐赠支出在所得税税前扣除规定。

（五十七）完善投入机制。进一步明确各级政府提供公共教育服务职责，完善各级教育经费投入机制，保障学校办学经费的稳定来源和增长。各地根据国家办学条件基本标准和教育教学基本需要，制定并逐步提高区域内各级学校学生人均经费基本标准和学生人均财政拨款基本标准。

义务教育全面纳入财政保障范围，实行国务院和地方各级人民政府根据职责共同负担，省、自治区、直辖市人民政府负责统筹落实的投入体制。进一步完善中央财政和地方财政分项目、按比例分担的农村义务教育经费保障机制，提高保障水平。尽快化解农村义务教育学校债务。

非义务教育实行以政府投入为主、受教育

者合理分担、其他多种渠道筹措经费的投入机制。学前教育建立政府投入、社会举办者投入、家庭合理负担的投入机制。普通高中实行以财政投入为主，其他渠道筹措经费为辅的机制。中等职业教育实行政府、行业、企业及其他社会力量依法筹集经费的机制。高等教育实行以举办者投入为主、受教育者合理分担培养成本、学校设立基金接受社会捐赠等筹措经费的机制。

进一步加大农村、边远贫困地区、民族地区教育投入。中央财政通过加大转移支付，支持农村欠发达地区和民族地区教育事业发展，加强关键领域和薄弱环节，解决突出问题。

健全国家资助政策体系。各地根据学前教育普及程度和发展情况，逐步对农村家庭经济困难和城镇低保家庭子女接受学前教育予以资助。提高农村义务教育家庭经济困难寄宿生生活补助标准，改善中小学生营养状况。建立普通高中家庭经济困难学生国家资助制度。完善普通本科高校、高等职业学校和中等职业学校家庭经济困难学生资助政策体系。完善助学贷款体制机制。推进生源地信用助学贷款。建立健全研究生教育收费制度，完善资助政策，设立研究生国家奖学金。根据经济发展水平和财力状况，建立国家奖助学金标准动态调整机制。

（五十八）加强经费管理。坚持依法理财，严格执行国家财政资金管理法律制度和财经纪律。建立科学化、精细化预算管理机制，科学编制预算，提高预算执行效率。设立高等教育拨款咨询委员会，增强经费分配的科学性。加强学校财务会计制度建设，完善经费使用内部稽核和内部控制制度。完善教育经费监管机构职能，在高等学校试行设立总会计师职务，提升经费使用和资产管理专业化水平。公办高等学校总会计师由政府委派。加强经费使用监督，强化重大项目建设和经费使用全过程审计，确保经费使用规范、安全、有效。建立并不断完善教育经费基础信息库，提升经费管理信息化水平。防范学校财务风险。建立经费使用绩效评价制度，加强重大项目经费使用考评。加强学校国有资产管理，建立健全学校国有资产配置、使用、处置管理制度，防止国有资产流失，提高使用效益。

完善学校收费管理办法，规范学校收费行为和收费资金使用管理。坚持勤俭办学，严禁铺张浪费，建设节约型学校。

第十九章　加快教育信息化进程

（五十九）加快教育信息基础设施建设。信息技术对教育发展具有革命性影响，必须予以高度重视。把教育信息化纳入国家信息化发展整体战略，超前部署教育信息网络。到2020年，基本建成覆盖城乡各级各类学校的教育信息化体系，促进教育内容、教学手段和方法现代化。充分利用优质资源和先进技术，创新运行机制和管理模式，整合现有资源，构建先进、高效、实用的数字化教育基础设施。加快终端设施普及，推进数字化校园建设，实现多种方式接入互联网。重点加强农村学校信息基础建设，缩小城乡数字化差距。加快中国教育和科研计算机网、中国教育卫星宽带传输网升级换代。制定教育信息化基本标准，促进信息系统互联互通。

（六十）加强优质教育资源开发与应用。加强网络教学资源体系建设。引进国际优质数字化教学资源。开发网络学习课程。建立数字图书馆和虚拟实验室。建立开放灵活的教育资源公共服务平台，促进优质教育资源普及共享。创新网络教学模式，开展高质量高水平远程学历教育。继续推进农村中小学远程教育，使农村和边远地区师生能够享受优质教育资源。

强化信息技术应用。提高教师应用信息技术水平，更新教学观念，改进教学方法，提高教学效果。鼓励学生利用信息手段主动学习、自主学习，增强运用信息技术分析解决问题能力。加快全民信息技术普及和应用。

（六十一）构建国家教育管理信息系统。制定学校基础信息管理要求，加快学校管理信息化进程，促进学校管理标准化、规范化。推进政府教育管理信息化，积累基础资料，掌握总体状况，加强动态监测，提高管理效率。整合各级各类教育管理资源，搭建国家教育管理公共服务平台，为宏观决策提供科学依据，为公众提供公共教育信息，不断提高教育管理现代化水平。

第二十章 推进依法治教

（六十二）完善教育法律法规。按照全面实施依法治国基本方略的要求，加快教育法制建设进程，完善中国特色社会主义教育法律法规。根据经济社会发展和教育改革的需要，修订教育法、职业教育法、高等教育法、学位条例、教师法、民办教育促进法，制定有关考试、学校、终身学习、学前教育、家庭教育等法律。加强教育行政法规建设。各地根据当地实际，制定促进本地区教育发展的地方性法规和规章。

（六十三）全面推进依法行政。各级政府要按照建设法治政府的要求，依法履行教育职责。探索教育行政执法体制机制改革，落实教育行政执法责任制，及时查处违反教育法律法规、侵害受教育者权益、扰乱教育秩序等行为，依法维护学校、学生、教师、校长和举办者的权益。完善教育信息公开制度，保障公众对教育的知情权、参与权和监督权。

（六十四）大力推进依法治校。学校要建立完善符合法律规定、体现自身特色的学校章程和制度，依法办学，从严治校，认真履行教育教学和管理职责。尊重教师权利，加强教师管理。保障学生的受教育权，对学生实施的奖励与处分要符合公平、公正原则。健全符合法治原则的教育救济制度。

开展普法教育。促进师生员工提高法律素质和公民意识，自觉知法守法，遵守公共生活秩序，做遵纪守法的楷模。

（六十五）完善督导制度和监督问责机制。制定教育督导条例，进一步健全教育督导制度。探索建立相对独立的教育督导机构，独立行使督导职能。健全国家督学制度，建设专职督导队伍。坚持督政与督学并重、监督与指导并重。加强义务教育督导检查，开展学前教育和高中阶段教育督导检查。强化对政府落实教育法律法规和政策情况的督导检查。建立督导检查结果公告制度和限期整改制度。

严格落实问责制。主动接受和积极配合各级人大及其常委会对教育法律法规执行情况的监督检查以及司法机关的司法监督。建立健全层级监督机制。加强监察、审计等专门监督。强化社会监督。

第二十一章 重大项目和改革试点

（六十六）组织实施重大项目。2010—2012年，围绕教育改革发展战略目标，着眼于促进教育公平，提高教育质量，增强可持续发展能力，以加强关键领域和薄弱环节为重点，完善机制，组织实施一批重大项目。

义务教育学校标准化建设。完善城乡义务教育经费保障机制，科学规划、统筹安排、均衡配置、合理布局。实施中小学校舍安全工程，集中开展危房改造、抗震加固，实现城乡中小学校舍安全达标；改造小学和初中薄弱学校，尽快使义务教育学校师资、教学仪器设备、图书、体育场地基本达标；改扩建劳务输出大省和特殊困难地区农村学校寄宿设施，改善农村学生特别是留守儿童寄宿条件，基本满足需要。

义务教育教师队伍建设。继续实施农村义务教育学校教师特设岗位计划，吸引高校毕业生到农村从教；加强农村中小学薄弱学科教师队伍建设，重点培养和补充一批边远贫困地区和革命老区急需紧缺教师；对义务教育教师进行全员培训，组织校长研修培训；对专科学历以下小学教师进行学历提高教育，使全国小学教师学历逐步达到专科以上水平。

推进农村学前教育。支持办好现有的乡镇和村幼儿园；重点支持中西部贫困地区充分利用中小学富余校舍和社会资源，改扩建或新建乡镇和村幼儿园；对农村幼儿园园长和骨干教师进行培训。

职业教育基础能力建设。支持建设一批职业教育实训基地，提升职业教育实践教学水平；完成一大批“双师型”教师培训，聘任（聘用）一大批有实践经验和技能的专兼职教师；支持一批中等职业教育改革示范校和优质特色校建设，支持高等职业教育示范校建设；支持一批示范性职业教育集团学校建设，促进优质资源开放共享。

提升高等教育质量。实施中西部高等教育振兴计划，加强中西部地方高校优势学科和师资队伍建设；实施东部高校对口支援西部高校计划；支持建设一批高等学校产学研基地；实施基础学科拔尖学生培养试验计划和卓越工程师、医师等人才教育培养计划；继续实施“985工程”和优势学科创新平台建设，继续实施“211工程”和启动特色重点学科项目；继续实施“高等学校本科教学质量与教学改革工程”、“研究生教育创新计划”、“高等学校哲学社会科学繁荣计划”和“高等学校高层次创新人才计划”。

发展民族教育。巩固民族地区普及九年义务教育成果，支持边境县和民族自治地方贫困县实现义务教育学校标准化；重点扶持和培养一批边疆民族地区紧缺教师人才；加强对民族地区中小学和幼儿园双语教师培养培训；加快民族地区高中阶段教育发展，启动内地中职班，支持教育基础薄弱县改扩建、新建一批普通高中和中等职业学校；支持民族院校建设。

发展特殊教育。改扩建和新建一批特殊教育学校，使市（地）和30万人口以上、残疾儿童少年较多的县（市）都有一所特殊教育学校；为现有特殊教育学校添置必要的教学、生活和康复训练设施，改善办学条件；对特殊教育教师进行专业培训，提高教育教学水平。

家庭经济困难学生资助。启动民族地区、贫困地区农村小学生营养改善计划；免除中等职业教育家庭经济困难学生和涉农专业学生学费；把普通高中学生和研究生纳入国家助学体系。

教育信息化建设。提高中小学每百名学生拥有计算机台数，为农村中小学班级配备多媒体远程教学设备；建设有效共享、覆盖各级各类教育的国家数字化教学资源库和公共服务平台；基本建成较完备的国家级和省级教育基础信息库以及教育质量、学生流动、资源配置和毕业生就业状况等监测分析系统。

教育国际交流合作。支持一批示范性中外合作办学机构；支持在高校建设一批国际合作联合实验室、研究中心；引进一大批海外高层次人才；开展大中小学校长和骨干教师海外研修培训；支持扩大公派出国留学规模；实施留学中国计划，扩大来华留学生规模；培养各种外语人才；支持孔子学院建设。

（六十七）组织开展改革试点。成立国家教育体制改革领导小组，研究部署、指导实施教育体制改革工作。根据统筹规划、分步实施、试点先行、动态调整的原则，选择部分地区和学校开展重大改革试点。

推进素质教育改革试点。建立减轻中小学生课业负担的有效机制；加强基础教育课程教材建设；开展高中办学模式多样化试验，开发特色课程；探索弹性学制等培养方式；完善教育质量监测评估体系，定期发布测评结果等。

义务教育均衡发展改革试点。建立城乡一体化义务教育发展机制；实行县（区）域内教师、校长交流制度；实行优质普通高中和优质中等职业学校招生名额合理分配到区域内初中的办法；切实解决区域内义务教育阶段择校问题等。

职业教育办学模式改革试点。以推进政府统筹、校企合作、集团化办学为重点，探索部门、行业、企业参与办学的机制；开展委托培养、定向培养、订单式培养试点；开展工学结合、弹性学制、模块化教学等试点；推进职业教育为“三农”服务、培养新型农民的试点。

终身教育体制机制建设试点。建立区域内普通教育、职业教育、继续教育之间的沟通机制；建立终身学习网络和服务平台；统筹开发社会教育资源，积极发展社区教育；建立学习成果认证体系，建立“学分银行”制度等。

拔尖创新人才培养改革试点。探索贯穿各级各类教育的创新人才培养途径；鼓励高等学校联合培养拔尖创新人才；支持有条件的高中与大学、科研院所合作开展创新人才培养研究和试验，建立创新人才培养基地。

考试招生制度改革试点。完善初中和高中学业水平考试和综合素质评价；探索实行高水平大学联考；探索高等职业学校自主考试或根据学业水平考试成绩注册入学；探索自主录取、推荐录取、定向录取、破格录取的具体方式；探索缩小高等学校入学机会区域差距的举措等。

现代大学制度改革试点。研究制定党委领导下的校长负责制实施意见。制定和完善学校章程，探索学校理事会或董事会、学术委员会发挥积极作用的机制；全面实行聘任制度和岗位管理制度；实行新进人员公开招聘制度；探索协议工资制等灵活多样的分配办法；建立多种形式的专职科研队伍，推进管理人员职员制；完善校务公开制度等。

深化办学体制改革试点。探索公办学校联合办学、中外合作办学、委托管理等改革试验；开展对营利性和非营利性民办学校分类管理试点；建立民办学校财务、会计和资产管理制度；探索独立学院管理和发展的有效方式等。

地方教育投入保障机制改革试点。建立多渠道筹措教育经费长效机制；制定各级学校学生人均经费基本标准和学生人均财政拨款基本标准；探索政府收入统筹用于支持教育的办法；建立教育投入分项分担机制；依法制定鼓励教育投入的优惠政策；对长期在农村基层和艰苦边远地区工作的教师实行工资福利倾斜政策等。

省级政府教育统筹综合改革试点。探索政校分开、管办分离实现形式；合理部署区域内学校、学科、专业设置；制定办学条件、教师编制、招生规模等基本标准；推进县（市）教育综合改革试点；加强教育督导制度建设，探索督导机构独立履行职责的机制；探索省际教育协作改革试点，建立跨地区教育协作机制等。

第二十二章 加强组织领导

（六十八）加强和改善对教育工作的领导。各级党委和政府要以邓小平理论和“三个代表”重要思想为指导，深入贯彻落实科学发展观，把推动教育事业优先发展、科学发展作为重要职责，健全领导体制和决策机制，及时研究解决教育改革发展的重大问题和群众关心的热点问题。要把推进教育事业科学发展作为各级党委和政府政绩考核的重要内容，完善考核机制和问责制度。各级政府要定期向同级人民代表大会或其常务委员会报告教育工作情况。建立各级党政领导班子成员定点联系学校制度。有关部门要切实履行职责，支持教育改革和发展。扩大人民群众对教育事业的知情权、参与度。

加强教育宏观政策和发展战略研究，提高教育决策科学化水平。鼓励和支持教育科研人员坚持理论联系实际，深入探索中国特色社会主义教育规律，研究和回答教育改革发展重大理论和现实问题，促进教育事业科学发展。

（六十九）加强和改进教育系统党的建设。把教育系统党组织建设成为学习型党组织。深入学习马克思列宁主义、毛泽东思想、邓小平理论、“三个代表”重要思想以及科学发展观，坚持用发展着的马克思主义武装党员干部、教育广大师生。深入推动中国特色社会主义理论体系进教材、进课堂、进头脑。深入开展社会主义核心价值体系学习教育。

健全各级各类学校党的组织。把全面贯彻党的教育方针、培养社会主义建设者和接班人贯穿学校党组织活动始终，坚持社会主义办学方向，牢牢把握党对学校意识形态工作的主导权。高等学校党组织要充分发挥在学校改革发展中的领导核心作用，中小学党组织要充分发挥在学校工作中的政治核心作用。加强民办学校党的建设，积极探索党组织发挥作用的途径和方法。

加强学校领导班子和领导干部队伍建设，不断提高思想政治素质和办学治校能力。坚持德才兼备、以德为先用人标准，选拔任用学校领导干部。加大学校领导干部培养培训和交流任职力度。

着力扩大党组织的覆盖面，推进工作创新，增强生机活力。充分发挥学校基层党组织战斗堡垒作用和党员先锋模范作用。加强在优秀青年教师、优秀学生中发展党员工作。重视学校共青团、少先队工作。

加强教育系统党风廉政建设和行风建设。大兴密切联系群众之风、求真务实之风、艰苦奋斗之风、批评和自我批评之风。坚持标本兼治、综合治理、惩防并举、注重预防的方针，完善体现教育系统特点的惩治和预防腐败体系。严格执行党风廉政建设责任制，加大教育、监督、改革、制度创新力度，坚决惩治腐败。坚持从严治教、规范管理，积极推行政务公开、校务公开。坚决纠正损害群众利益的各种不正之风。

（七十）切实维护教育系统和谐稳定。加强和改进学校思想政治工作，加强校园文化建设，深入开展平安校园、文明校园、绿色校园、和谐校园创建活动。重视解决好师生员工的实际困难和问题。完善矛盾纠纷排查化解机制，完善学校突发事件应急管理机制，妥善处置各种事端。加强校园网络管理。建立健全安全保卫制度和工作机制，完善人防、物防和技防措施。加强师生安全教育和学校安全管理，提高预防灾害、应急避险和防范违法犯罪活动的能力。加强校园和周边环境治安综合治理，为师生创造安定有序、和谐融洽、充满活力的工作、学习、生活环境。

实 施

《教育规划纲要》是21世纪我国第一个中长期教育规划纲要，涉及面广、时间跨度大、任务重、要求高，必须周密部署、精心组织、认真实施，确保各项任务落到实处。

明确目标任务，落实责任分工。贯彻实施《教育规划纲要》，是各级党委和政府的重要职责。各地区各部门要在中央统一领导下，按照《教育规划纲要》的部署和要求，对目标任务进行分解，明确责任分工。国务院教育行政部门负责《教育规划纲要》的组织协调与实施，各有关部门积极配合，密切协作，共同抓好贯彻落实。

提出实施方案，制定配套政策。各地要围绕《教育规划纲要》确定的战略目标、主要任务、体制改革、重大措施和项目等，提出本地区实施的具体方案和措施，分阶段、分步骤组织实施。各有关部门要抓紧研究制定切实可行、操作性强的配套政策，尽快出台实施。

鼓励探索创新，加强督促检查。充分尊重人民群众的首创精神，鼓励各地积极探索，勇于创新，创造性地实施《教育规划纲要》。对各地在实施《教育规划纲要》中好的做法和有效经验，要及时总结，积极推广。对《教育规划纲要》实施情况进行监测评估和跟踪检查。

广泛宣传动员，营造良好环境。广泛宣传党的教育方针政策，广泛宣传优先发展教育、建设人力资源强国的重要性和紧迫性，广泛宣传《教育规划纲要》的重大意义和主要内容，动员全党全社会进一步关心支持教育事业的改革和发展，为《教育规划纲要》的实施创造良好社会环境和舆论氛围。

国家中长期人才发展规划纲要（2010—2020年）

目 录

会组织人才发展政策

（九）实施促进人才发展的公共服务政策

（十）实施知识产权保护政策

五、重大人才工程

（一）创新人才推进计划

（二）青年英才开发计划

（三）企业经营管理人才素质提升工程

（四）高素质教育人才培养工程

（五）文化名家工程

（六）全民健康卫生人才保障工程

（七）海外高层次人才引进计划

（八）专业技术人才知识更新工程

（九）国家高技能人才振兴计划

（十）现代农业人才支撑计划

（十一）边远贫困地区、边疆民族地区和革命老区人才支持计划

（十二）高校毕业生基层培养计划

六、组织实施

（一）加强对《人才规划纲要》实施工作的组织领导

（二）建立健全人才发展规划体系

（三）营造实施《人才规划纲要》的良好社会环境

（四）加强人才工作基础性建设

根据党的十七大提出的更好实施人才强国战略的总体要求，着眼于为实现全面建设小康社会奋斗目标提供人才保证，制定《人才规划纲要》。

序　言

人才是指具有一定的专业知识或专门技能，进行创造性劳动并对社会作出贡献的人，是人力资源中能力和素质较高的劳动者。人才是我国经济社会发展的第一资源。

在人类社会发展进程中，人才是社会文明进步、人民富裕幸福、国家繁荣昌盛的重要推动力量。当今世界正处在大发展大变革大调整时期。世界多极化、经济全球化深入发展，科技进步日新月异，知识经济方兴未艾，加快人才发展是在激烈的国际竞争中赢得主动的重大战略选择。我国正处在改革发展的关键阶段，深入贯彻落实科学发展观，全面推进经济建设、政治建设、文化建设、社会建设以及生态文明建设，推动工业化、信息化、城镇化、市场化、国际化深入发展，全面建设小康社会，实现中华民族伟大复兴，必须大力提高国民素质，在继续发挥我国人力资源优势的同时，加快形成我国人才竞争比较优势，逐步实现由人力资源大国向人才强国的转变。

党和国家历来高度重视人才工作，新中国成立以来特别是改革开放以来，提出了一系列加强人才工作的政策措施，培养造就了各个领域的大批人才。进入新世纪新阶段，党中央、国务院作出了实施人才强国战略的重大决策，人才强国战略已成为我国经济社会发展的一项基本战略，人才发展取得了显著成就。科学人才观逐步确立，以高层次人才、高技能人才为重点的各类人才队伍不断壮大，有利于人才发展的政策体系进一步完善，市场配置人才资源的基础性作用初步发挥，人才效能明显提高，党管人才工作新格局基本形成。同时必须清醒地看到，当前我国人才发展的总体水平同世界先进国家相比仍存在较大差距，与我国经济社会发展需要相比还有许多不适应的地方，主要是：高层次创新型人才匮乏，人才创新创业能力不强，人才结构和布局不尽合理，人才发展体制机制障碍尚未消除，人才资源开发投入不足，等等。

未来十几年，是我国人才事业发展的重要战略机遇期。我们必须进一步增强责任感、使命感和危机感，积极应对日趋激烈的国际人才竞争，主动适应我国经济社会发展需要，坚定不移地走人才强国之路，科学规划，深化改革，重点突破，整体推进，不断开创人才辈出、人尽其才的新局面。

一、指导方针、战略目标和总体部署

（一）指导方针

高举中国特色社会主义伟大旗帜，以邓小平理论和“三个代表”重要思想为指导，深入贯彻落实科学发展观，尊重劳动、尊重知识、尊重人才、尊重创造，更好实施人才强国战略，

坚持党管人才原则，遵循社会主义市场经济规律和人才成长规律，加快人才发展体制机制改革和政策创新，扩大对外开放，开发利用国内国际两种人才资源，以高层次人才、高技能人才为重点统筹推进各类人才队伍建设，为实现全面建设小康社会奋斗目标提供坚强的人才保证和广泛的智力支持。

当前和今后一个时期，我国人才发展的指导方针是：服务发展、人才优先、以用为本、创新机制、高端引领、整体开发。

服务发展。把服务科学发展作为人才工作的根本出发点和落脚点，围绕科学发展目标确定人才队伍建设任务，根据科学发展需要制定人才政策措施，用科学发展成果检验人才工作成效。

人才优先。确立在经济社会发展中人才优先发展的战略布局，充分发挥人才的基础性、战略性作用，做到人才资源优先开发、人才结构优先调整、人才投资优先保证、人才制度优先创新，促进经济发展方式向主要依靠科技进步、劳动者素质提高、管理创新转变。

以用为本。把充分发挥各类人才的作用作为人才工作的根本任务，围绕用好用活人才来培养人才、引进人才，积极为各类人才干事创业和实现价值提供机会和条件，使全社会创新智慧竞相迸发。

创新机制。把深化改革作为推动人才发展的根本动力，坚决破除束缚人才发展的思想观念和制度障碍，构建与社会主义市场经济体制相适应、有利于科学发展的人才发展体制机制，最大限度地激发人才的创造活力。

高端引领。培养造就一批善于治国理政的领导人才，一批经营管理水平高、市场开拓能力强的优秀企业家，一批世界水平的科学家、科技领军人才、工程师和高水平的哲学社会科学专家、文学家、艺术家、教育家，一大批技艺精湛的高技能人才，一大批社会主义新农村建设带头人，一大批职业化、专业化的高级社会工作人才，充分发挥高层次人才在经济社会发展和人才队伍建设中的引领作用。

整体开发。加强人才培养，注重理想信念教育和职业道德建设，培育拼搏奉献、艰苦创业、诚实守信、团结协作精神，促进人的全面发展。关心人才成长，鼓励和支持人人都作贡献、人人都能成才、行行出状元。统筹国内国际两个市场，推进城乡、区域、产业、行业和不同所有制人才资源开发，实现各类人才队伍协调发展。

（二）战略目标

到2020年，我国人才发展的总体目标是：培养和造就规模宏大、结构优化、布局合理、素质优良的人才队伍，确立国家人才竞争比较优势，进入世界人才强国行列，为在本世纪中叶基本实现社会主义现代化奠定人才基础。

——人才资源总量稳步增长，队伍规模不断壮大。人才资源总量从现在的1.14亿人增加到1.8亿人，增长58％，人才资源占人力资源总量的比重提高到16％，基本满足经济社会发展需要。

——人才素质大幅度提高，结构进一步优化。主要劳动年龄人口受过高等教育的比例达到20％，每万劳动力中研发人员达到43人年，高技能人才占技能劳动者的比例达到28％。人才的分布和层次、类型、性别等结构趋于合理。

——人才竞争比较优势明显增强，竞争力不断提升。人才规模效益显著提高。在装备制造、信息、生物技术、新材料、航空航天、海洋、金融财会、生态环境保护、新能源、农业科技、宣传思想文化等经济社会发展重点领域，建成一批人才高地。

——人才使用效能明显提高。人才发展体制机制创新取得突破性进展，人才辈出、人尽其才的环境基本形成。人力资本投资占国内生产总值比例达到15％，人力资本对经济增长贡献率达到33％，人才贡献率达到35％。

专栏　国家人才发展主要指标

指　标	单位	2008 年	2015 年	2020 年
人才资源总量	万人	11385	15625	18025
每万劳动力中研发人员人数	年/万人	24.8	33	43
高技能人才占技能劳动者比例	%	24.4	27	28
主要劳动年龄人口受过高等教育的比例	%	9.2	15	20
人力资本投资占国内生产总值比例	%	10.75	13	15
人才贡献率	%	18.9	32	35

注：人才贡献率数据为区间年均值，其中 2008 年数据为 1978—2008 年的平均值，2015 年数据为 2008—2015 年的平均值，2020 年数据为 2008—2020 年的平均值。

（三）总体部署

一是实行人才投资优先，健全政府、社会、用人单位和个人多元人才投入机制，加大对人才发展的投入，提高人才投资效益。二是加强人才资源能力建设，创新人才培养模式，注重思想道德建设，突出创新精神和创新能力培养，大幅度提升各类人才的整体素质。三是推动人才结构战略性调整，充分发挥市场配置人才资源的基础性作用，改善宏观调控，促进人才结构与经济社会发展相协调。四是造就宏大的高素质人才队伍，突出培养创新型科技人才，重视培养领军人才和复合型人才，大力开发经济社会发展重点领域急需紧缺专门人才，统筹抓好党政人才、企业经营管理人才、专业技术人才、高技能人才、农村实用人才以及社会工作人才等人才队伍建设，培养造就数以亿计的各类人才，数以千万计的专门人才和一大批拔尖创新人才。五是改革人才发展体制机制，完善人才管理体制，创新人才培养开发、评价发现、选拔任用、流动配置、激励保障机制，营造充满活力、富有效率、更加开放的人才制度环境。六是大力吸引海外高层次人才和急需紧缺专门人才，坚持自主培养开发与引进海外人才并举，积极利用国（境）外教育培训资源培养人才。七是加快人才工作法制建设，建立健全人才法律法规，坚持依法管理，保护人才合法权益。八是加强和改进党对人才工作的领导，完善党管人才格局，创新党管人才方式方法，为人才发展提供坚强的组织保证。

推进人才发展，要统筹兼顾，分步实施。到 2015 年，重点在制度建设、机制创新上有较大突破。到 2020 年，全面落实各项任务，确保人才发展战略目标的实现。

二、人才队伍建设主要任务

（一）突出培养造就创新型科技人才

发展目标：围绕提高自主创新能力、建设创新型国家，以高层次创新型科技人才为重点，努力造就一批世界水平的科学家、科技领军人才、工程师和高水平创新团队，注重培养一线创新人才和青年科技人才，建设宏大的创新型科技人才队伍。到 2020 年，研发人员总量达到 380 万人年，高层次创新型科技人才总量达到 4 万人左右。

主要举措：创新人才培养模式，建立学校教育和实践锻炼相结合、国内培养和国际交流合作相衔接的开放式培养体系。探索并推行创新型教育方式方法，突出培养学生的科学精神、创造性思维和创新能力。加强实践培养，依托国家重大科研项目和重大工程、重点学科和重点科研基地、国际学术交流合作项目，建设一批高层次创新型科技人才培养基地。加强领军人才、核心技术研发人才培养和创新团队建设，形成科研人才和科研辅助人才衔接有序、梯次配备的合理结构，提高自主创新能力。深化科技体制改革，完善权责明确、评价科学、创新引导的科技管理制度，健全有利于科技人才创新创业的评价、使用、激励措施，进一步解放和发展科技生产力。制定加强高层次创新型科技人才队伍建设意见。改进完善院士制度，注重院士称号精神激励作用，规范院士学术兼职。加大海外高层次创新创业人才引进力度。组织实施创新人才推进计划、海外高层次人才引进计划，推进“百人计划”、“长江学者奖励计划”、“国家杰出青年科学基金”等人才项目。注重复合型人才培养，破除论资排辈、求全责备观念，加大对优秀青年科技人才的发现、培养、使用和资助力度。加强产学研合作，重视企业工程技术与管理人才的培养，推动科技人才向企业集聚。发展创新文化，倡导追求真理、勇攀高峰、宽容失败、团结协作的创新精神，营造科学民主、学术自由、严谨求实、开放包容的创新氛围。建立健全科研诚信体系，从严治理学术不端行为。

（二）大力开发经济社会发展重点领域急需紧缺专门人才

发展目标：适应发展现代产业体系和构建社会主义和谐社会的需要，加大重点领域急需紧缺专门人才开发力度。到2020年，在装备制造、信息、生物技术、新材料、航空航天、海洋、金融财会、国际商务、生态环境保护、能源资源、现代交通运输、农业科技等经济重点领域培养开发急需紧缺专门人才500多万人；在教育、政法、宣传思想文化、医药卫生、防灾减灾等社会发展重点领域培养开发急需紧缺专门人才800多万人。经济社会发展重点领域各类专业人才数量充足，整体素质和创新能力显著提升，人才结构趋于合理。

主要举措：加强产业、行业人才发展统筹规划和分类指导，围绕重点领域发展，开展人才需求预测，定期发布急需紧缺人才目录。调整优化高等学校学科专业设置，加大急需研发人才和紧缺技术、管理人才的培养力度。大规模开展重点领域专门人才知识更新培训。建设一批工程创新训练基地，建立和完善与国际接轨的工程师认证认可制度，提高工程技术人才职业化、国际化水平。根据国家规划，制定人才特别是产业领军人才、工程技术人才向重点产业集聚的倾斜政策。继续实施“四个一批”人才培养工程，加强哲学社会科学、新闻、出版、文艺等领域高层次人才队伍建设。注重培养造就一批马克思主义理论家特别是中青年理论家。依托重大哲学社会科学研究项目，大力培养哲学社会科学学术带头人。加强宣传思想文化、医药卫生人才培养。支持重点领域科学家参加国际科研计划、学术交流。完善重点领域科研骨干人才分配激励办法。建立重点领域相关部门人才开发协调机制。

（三）统筹推进各类人才队伍建设

1. 党政人才队伍

发展目标：按照加强党的执政能力建设和先进性建设的要求，以提高领导水平和执政能力为核心，以中高级领导干部为重点，造就一批善于治国理政的领导人才，建设一支政治坚定、勇于创新、勤政廉洁、求真务实、奋发有为、善于推动科学发展的高素质党政人才队伍。到2020年，具有大学本科及以上学历的干部占党政干部队伍的85％，专业化水平明显提高，结构更加合理，总量从严控制。

主要举措：适应科学发展要求和干部成长规律，开展大规模干部教育培训，加强干部自学。实施党政人才素质能力提升工程，构建理论教育、知识教育、党性教育和实践锻炼“四位一体”的干部培养教育体系。坚持德才兼备、以德为先用人标准，坚持民主、公开、竞争、择优改革方针，树立坚定信念、注重品行、科学发展、崇尚实干、重视基层、鼓励创新、群众公认的用人导向。扩大干部工作民主，加大竞争性选拔党政领导干部工作力度，拓宽选人用人渠道，提高干部工作科学化水平，促进优秀人才脱颖而出。实施后备干部队伍建设“百千万工程”。注重从基层和生产一线选拔党政人才。加强女干部、少数民族干部、非中共党员干部培养选拔和教育培训工作。实施促进科学发展的干部综合考核评价办法。建立健全党政干部岗位职责规范及其能力素质评价标准，加强工作业绩考核。完善党政人才分类管理制度。加大领导干部跨地区跨部门交流力度，推进党政机关重要岗位干部定期交流、轮岗。健全权力约束制衡机制，加强干部管理监督。

2. 企业经营管理人才队伍

发展目标：适应产业结构优化升级和实施

“走出去”战略的需要，以提高现代经营管理水平和企业国际竞争力为核心，以战略企业家和职业经理人为重点，加快推进企业经营管理人才职业化、市场化、专业化和国际化，培养造就一大批具有全球战略眼光、市场开拓精神、管理创新能力和社会责任感的优秀企业家和一支高水平的企业经营管理人才队伍。到2015年，企业经营管理人才总量达到3500万人。到2020年，企业经营管理人才总量达到4200万人，培养造就100名左右能够引领中国企业跻身世界500强的战略企业家；国有及国有控股企业国际化人才总量达到4万人左右；国有企业领导人员通过竞争性方式选聘比例达到50%。

主要举措：依托知名跨国公司、国内外高水平大学和其他培训机构，加强企业经营管理人才培训，提高战略管理和跨文化经营管理能力。采取组织选拔与市场化选聘相结合的方式选拔国有企业领导人员。健全企业经营管理者聘任制、任期制和任期目标责任制，实行契约化管理。完善以市场和出资人认可为核心的企业经营管理人才评价体系，积极发展企业经营管理人才评价机构，建立社会化的职业经理人资质评价制度，加强规范化管理。健全企业经营管理人才经营业绩评价指标体系。完善年度薪酬管理制度、协议工资制度和股权激励等中长期激励制度。建立企业经营管理人才库。培养和引进一批科技创新创业企业家和企业发展急需的战略规划、资本运作、科技管理、项目管理等方面专门人才。实施企业经营管理人才素质提升工程和国家中小企业银河培训工程。

3. 专业技术人才队伍

发展目标：适应社会主义现代化建设的需要，以提高专业水平和创新能力为核心，以高层次人才和紧缺人才为重点，打造一支宏大的高素质专业技术人才队伍。到2015年，专业技术人才总量达到6800万人。到2020年，专业技术人才总量达到7500万人，占从业人员的10%左右，高级、中级、初级专业技术人才比例为10：40：50。

主要举措：进一步扩大专业技术人才队伍培养规模，提高专业技术人才创新能力。构建分层分类的专业技术人才继续教育体系，加快实施专业技术人才知识更新工程。进一步实施并完善新世纪百千万人才工程。组织实施青年英才开发计划、高素质教育人才培养工程、文化名家工程、全民健康卫生人才保障工程。加大现代物流、电子商务、法律、咨询、会计、工业设计、知识产权、食品安全、旅游等现代服务业人才培养开发力度，重视传统服务业各类技术人才的培养。发挥各类社会组织培养专业技术人才的作用。制定双向挂职、短期工作、项目合作等灵活多样的人才柔性流动政策，引导党政机关、科研院所和高等学校专业技术人才向企业、社会组织和基层一线有序流动，促进专业技术人才合理分布。统筹推进专业技术职称和职业资格制度改革。完善政府特殊津贴制度，强化激励，科学管理。改进专业技术人才收入分配等激励办法。改善基层专业技术人才工作、生活条件，拓展职业发展空间。注重发挥离退休专业技术人才的作用。

4. 高技能人才队伍

发展目标：适应走新型工业化道路和产业结构优化升级的要求，以提升职业素质和职业技能为核心，以技师和高级技师为重点，形成一支门类齐全、技艺精湛的高技能人才队伍。到2015年，高技能人才总量达到3400万人。到2020年，高技能人才总量达到3900万人，其中技师、高级技师达到1000万人左右。

主要举措：完善以企业为主体、职业院校为基础，学校教育与企业培养紧密联系、政府推动与社会支持相结合的高技能人才培养培训体系。加强职业培训，统筹职业教育发展，整合利用现有各类职业教育培训资源，依托大型骨干企业（集团）、重点职业院校和培训机构，建设一批示范性国家级高技能人才培养基地和公共实训基地。改革职业教育办学模式，大力推行校企合作、工学结合和顶岗实习。加强职业教育“双师型”教师队伍建设。在职业教育中推行学历证书和职业资格证书“双证书”制度。逐步实行中等职业教育免费和学生生活补助制度。实施国家高技能人才振兴计划。促进技能人才评价多元化。制定高技能人才与工程技术人才职业发展贯通办法。建立高技能人才绝技绝活代际传承机制。广泛开展各种形式的职业技能竞赛和岗位练兵活动。完善国家高技能人才评选表彰制度，进一步提高高技能人才经济待遇和社会地位。

5. 农村实用人才队伍

发展目标：围绕社会主义新农村建设，以提高科技素质、职业技能和经营能力为核心，以农村实用人才带头人和农村生产经营型人才为重点，着力打造服务农村经济社会发展、数量充足的农村实用人才队伍。到2015年，农村实用人才总量达到1300万人。到2020年，农村实用人才总量达到1800万人，平均受教育年限达到10.2年，每个行政村主要特色产业至少有1～2名示范带动能力强的带头人。

主要举措：大规模开展农村实用人才培训，充分发挥农村现代远程教育网络、全国文化信息资源共享工程网络、各类农民教育培训项目、农业技术推广体系、各类职业学校和培训机构的主渠道作用。整合现有培训项目，健全县域职业教育培训网络，推进农村实用人才带头人素质提升计划和新农村实用人才培训工程，重点实施现代农业人才支撑计划。鼓励和支持农村实用人才带头人牵头建立专业合作组织和专业技术协会，加快培养农业产业化发展急需的企业经营管理人员、农民专业合作组织带头人和农村经纪人。积极扶持农村实用人才创业兴业，在创业培训、项目审批、信贷发放、土地使用等方面给予政策支持。因地制宜，建立健全农村实用人才评价制度。加大对农村实用人才的表彰激励和宣传力度，提高农村实用人才社会地位。加大公共财政对农村发展急需的农业技术人员、教师、医生等方面人才培养的支持力度。继续开展城乡人才对口扶持，推进万名医师支援农村卫生、城镇教师支援农村教育、社会工作者服务社会主义新农村建设、科技人才下乡支农等工作。

6. 社会工作人才队伍

发展目标：适应构建社会主义和谐社会的需要，以人才培养和岗位开发为基础，以中高级社会工作人才为重点，培养造就一支职业化、专业化的社会工作人才队伍。到2015年，社会工作人才总量达到200万人。到2020年，社会工作人才总量达到300万人。

主要举措：建立不同学历层次教育协调配套、专业培训和知识普及有机结合的社会工作人才培养体系。加强社会工作学科专业体系建设。建设一批社会工作培训基地。加强社会工作从业人员专业知识培训，制定社会工作培训质量评估指标体系。建立健全社会工作人才评价制度。加强社会工作者队伍职业化管理。加快制定社会工作岗位开发设置政策措施。推进公益服务类事业单位、城乡社区和公益类社会组织建设，完善培育扶持和依法管理社会组织的政策。组织实施社会工作服务组织标准化建设示范工程。研究制定政府购买社会工作服务政策。建立社会工作人才和志愿者队伍联动机制。制定加强社会工作人才队伍建设意见。

三、体制机制创新

（一）改进完善人才工作管理体制

1. 完善党管人才的领导体制

目标要求：坚持党管人才原则，创新党管人才方式方法，完善党委统一领导，组织部门牵头抓总，有关部门各司其职、密切配合，社会力量广泛参与的人才工作格局。发挥党委领导核心作用，统筹经济社会发展和人才发展，切实履行好管宏观、管政策、管协调、管服务的职责，用事业凝聚人才，用实践造就人才，用机制激励人才，用法制保障人才，提高党管人才工作水平。党政主要负责人要树立强烈的人才意识，善于发现人才、培养人才、团结人才、用好人才、服务人才。

主要任务：制定完善党管人才工作格局的意见。健全各级党委人才工作领导机构，建立科学的决策机制、协调机制和督促落实机制，形成统分结合、上下联动、协调高效、整体推进的人才工作运行机制。建立党委、政府人才工作目标责任制，提高各级党政领导班子综合考核指标体系中人才工作专项考核的权重。建立各级党委常委会听取人才工作专项报告制度。完善党委联系专家制度。实行重大决策专家咨询制度。完善党委组织部门牵头抓总职能，发挥政府人力资源管理部门作用，强化各职能部门人才工作职责，充分调动各人民团体、企事业单位、社会组织的积极性，动员和组织全社会力量，形成人才工作整体合力。

2. 改进人才管理方式

目标要求：围绕用好用活人才，完善政府宏观管理、市场有效配置、单位自主用人、人才自主择业的人才管理体制。改进宏观调控，推动政府人才管理职能向创造良好发展环境、提供优质公共服务转变，运行机制和管理方式向规范有序、公开透明、便捷高效转变。健全人才市场体系，发挥市场配置人才资源的基础性作用。遵循放开搞活、分类指导和科学规范的原则，深化国有企业和事业单位人事制度改革，创新管理体制，转换用人机制，扩大和落实单位用人自主权。发挥用人单位在人才培养、吸引和使用中的主体作用。

主要任务：按照政府行政管理体制改革的总体部署，完善人才管理运行机制。规范行政行为，推动人才管理部门进一步简政放权，减少和规范人才评价、流动等环节中的行政审批和收费事项。分类推进事业单位人事制度改革，逐步建立起权责清晰、分类科学、机制灵活、监管有力的事业单位人事管理制度。克服人才管理中存在的行政化、“官本位”倾向，取消科研院所、学校、医院等事业单位实际存在的行政级别和行政化管理模式。在科研、医疗等事业单位探索建立理事会、董事会等形式的法人治理结构。建立与现代科研院所制度、现代大学制度和公共医疗卫生制度相适应的人才管理制度。完善国有企业领导人员管理体制，健全符合现代企业制度要求的企业人事制度。鼓励地方和行业结合自身实际建立与国际人才管理体系接轨的人才管理改革试验区。

3. 加强人才工作法制建设

目标要求：坚持用法制保障人才，推进人才管理工作科学化、制度化、规范化，形成有利于人才发展的法制环境。加强立法工作，建立健全涵盖国家人才安全保障、人才权益保护、人才市场管理和人才培养、吸引、使用等人才资源开发管理各个环节的人才法律法规。

主要任务：研究制定人才开发促进法和终身学习、工资管理、事业单位人事管理、专业技术人才继续教育、职业资格管理、人力资源市场管理、外国专家来华工作等方面的法律法规。完善保护人才和用人主体合法权益的法律法规。

（二）创新人才工作机制

1. 人才培养开发机制

目标要求：坚持以国家发展需要和社会需求为导向，以提高思想道德素质和创新能力为核心，完善现代国民教育和终身教育体系，注重在实践中发现、培养、造就人才，构建人人能够成才、人人得到发展的人才培养开发机制。坚持面向现代化、面向世界、面向未来，充分发挥教育在人才培养中的基础性作用，立足培养全面发展的人才，突出培养创新型人才，注重培养应用型人才，深化教育改革，促进教育公平，提高教育质量。统筹规划继续教育，基本形成学习型社会。

主要任务：把社会主义核心价值体系教育贯穿人才培养开发全过程，不断提高各类人才的思想道德水平。建立人才培养结构与经济社会发展需求相适应的动态调控机制，优化教育学科专业、类型、层次结构和区域布局。创新人才培养模式，全面推进素质教育。坚持因材施教，建立高等学校拔尖学生重点培养制度，实行特殊人才特殊培养。改革高等学校招生考试制度，建立健全多元招生录取机制，提高人才培养质量。建立社会参与的人才培养质量评价机制。完善发展职业教育的保障机制，改革职业教育模式。完善在职人员继续教育制度，分类制定在职人员定期培训办法，倡导干中学。构建网络化、开放式、自主性终身教育体系，大力发展现代远程教育，支持发展各类专业化培训机构。支持建立军民结合、寓军于民的军队人才培养体系。

2. 人才评价发现机制

目标要求：建立以岗位职责要求为基础，以品德、能力和业绩为导向，科学化、社会化的人才评价发现机制。完善人才评价标准，克服唯学历、唯论文倾向，对人才不求全责备，注重靠实践和贡献评价人才。改进人才评价方式，拓宽人才评价渠道。把评价人才和发现人才结合起来，坚持在实践和群众中识别人才、发现人才。

主要任务：健全科学的职业分类体系，建立各类人才能力素质标准。建立以岗位绩效考核为基础的事业单位人员考核评价制度。分行业制定事业单位领导人员考核评价办法。完善重在业内和社会认可的专业技术人才评价机制。加快推进职称制度改革，规范专业技术人才职业准入，依法严格管理；完善专业技术人才职业水平评价办法，提高社会化程度；完善专业技术职务任职评价办法，落实用人单位在专业技术职务（岗位）聘任中的自主权。完善以任期目标为依据、工作业绩为核心的国有企业领导人员考核评价办法。探索技能人才多元评价机制，逐步完善社会化职业技能鉴定、企业技能人才评价、院校职业资格认证和专项职业能力考核办法。健全完善党政领导干部考核评价机制。建立健全公务员职位分类制度。建立在重大科研、工程项目实施和急难险重工作中发现、识别人才的机制。健全举才荐才的社会化机制。

3. 人才选拔任用机制

目标要求：改革各类人才选拔使用方式，科学合理使用人才，促进人岗相适、用当其时、人尽其才，形成有利于各类人才脱颖而出、充分施展才能的选人用人机制。深化党政领导干部选拔任用制度改革，提高选人用人公信度。健全国有企业领导人员选拔制度，加大市场化选聘力度。完善事业单位聘用制度和岗位管理制度，健全事业单位领导人员选拔制度。

主要任务：完善党政领导干部公开选拔、竞争上岗制度，探索公推公选等竞争性选拔干部方式。规范干部选拔任用提名制度。推行和完善地方党委讨论决定任用重要干部票决制。坚持和完善党政领导干部职务任期制。建立聘任制公务员管理制度。建立组织选拔、市场配置和依法管理相结合的国有企业领导人员选拔任用制度，完善国有资产出资人代表派出制和选举制。健全事业单位领导人员委任、聘任、选任等任用方式。全面推行事业单位公开招聘、竞聘上岗和合同管理制度。建立事业单位关键岗位和国家重大项目负责人全球招聘制度。

4. 人才流动配置机制

目标要求：根据完善社会主义市场经济体制的要求，推进人才市场体系建设，完善市场服务功能，畅通人才流动渠道，建立政府部门宏观调控、市场主体公平竞争、中介组织提供服务、人才自主择业的人才流动配置机制。健全人才市场供求、价格、竞争机制，进一步促进人才供求主体到位。大力发展人才服务业。加强政府对人才流动的政策引导和监督，推动产业、区域人才协调发展，促进人才资源有效配置。

主要任务：在建立统一规范、更加开放的人力资源市场基础上，发展专业性、行业性人才市场。健全专业化、信息化、产业化、国际化的人才市场服务体系。积极培育专业化人才服务机构，注重发挥人才服务行业协会作用。进一步破除人才流动的体制性障碍，制定发挥市场配置人才资源基础性作用的政策措施。推进政府所属人才服务机构管理体制改革，实现政事分开、管办分离。逐步建立城乡统一的户口登记制度，调整户口迁移政策，使之有利于引进人才。加快建立社会化的人才档案公共管理服务系统。完善社会保险关系转移接续办法。建立人才需求信息定期发布制度。完善劳动合同、人事争议仲裁、人才竞业避止等制度，维护各类人才和用人单位的合法权益。建立完善与西部大开发、东北地区等老工业基地振兴、中部地区崛起、东部地区率先发展战略相配套的区域人才交流合作机制，加快长江三角洲、珠江三角洲、环渤海等区域人才开发一体化进程。根据国家主体功能区布局，引导各类人才合理分布。

5. 人才激励保障机制

目标要求：完善分配、激励、保障制度，建立健全与工作业绩紧密联系、充分体现人才价值、有利于激发人才活力和维护人才合法权益的激励保障机制。完善各类人才薪酬制度，加强对收入分配的宏观管理，逐步建立秩序规范、激发活力、注重公平、监管有力的工资制度。坚持精神激励和物质奖励相结合，健全以政府奖励为导向、用人单位和社会力量奖励为主体的人才奖励体系。完善以养老保险和医疗保险为重点的社会保障制度，形成国家、社会和单位相结合的人才保障体系。

主要任务：统筹协调党政机关和国有企事业单位收入分配，稳步推进工资制度改革。建立产权激励制度，制定知识、技术、管理、技能等生产要素按贡献参与分配的办法。健全国有企业人才激励机制，推行股权、期权等中长期激励办法，重点向创新创业人才倾斜。逐步提高企业退休人员基本养老金，对在企业退休的高层次专业技术人员给予重点倾斜。建立完善事业单位岗位绩效工资制度。探索高层次人才、高技能人才协议工资制和项目工资制等多种分配形式。建立国家荣誉制度，表彰在经济社会发展中作出杰出贡献的人才。调整规范各类人才奖项设置。研究制定人才补充保险办法，支持用人单位为各类人才建立补充养老、医疗保险。扩大对农村、非公有制经济组织、新社会组织人才的社会保障覆盖面。

四、重大政策

（一）实施促进人才投资优先保证的财税金融政策

各级政府优先保证对人才发展的投入，确保国家教育、科技支出增长幅度高于财政经常性收入增长幅度，卫生投入增长幅度高于财政经常性支出增长幅度。逐步改善经济社会发展的要素投入结构，较大幅度增加人力资本投资比重，提高投资效益。进一步加大人才发展资金投入力度，保障人才发展重大项目的实施。鼓励和支持企业和社会组织建立人才发展基金。在重大建设和科研项目经费中，应安排部分经费用于人才培训。适当调整财政税收政策，提高企业职工培训经费的提取比例。通过税收、贴息等优惠政策，鼓励和引导社会、用人单位、个人投资人才资源开发。加大对中西部地区财政转移支付力度，引导中西部地区加大人才投入。利用国际金融组织和外国政府贷款投资人才开发项目。

（二）实施产学研合作培养创新人才政策

建立政府指导下以企业为主体、市场为导向、多种形式的产学研战略联盟，通过共建科技创新平台、开展合作教育、共同实施重大项目等方式，培养高层次人才和创新团队。实施研究生教育创新计划，发展专业学位教育，建立高等学校、科研院所、企业高层次人才双向交流制度，推行产学研联合培养研究生的“双导师制”。改革完善博士后制度，建立多元化的投入渠道，发挥高等学校、科研院所和企业的主体作用，提高博士后培养质量。实行“人才+项目”的培养模式，依托国家重大人才计划以及重大科研、工程、产业攻关、国际科技合作等项目，重视发挥企业作用，在实践中集聚和培养创新人才。对企业等用人单位接纳高等学校、职业学校学生实习等实行财税优惠政策。

（三）实施引导人才向农村基层和艰苦边远地区流动政策

对在农村基层和艰苦边远地区工作的人才，在工资、职务、职称等方面实行倾斜政策，提高艰苦边远地区津贴标准，改善工作和生活条件。采取政府购买岗位、报考公职人员优先录用等措施，鼓励和引导高校毕业生到农村和中小企业就业。逐步提高省级以上党政机关从基层招录公务员的比例。制定高校毕业生到艰苦边远地区创业就业扶持办法。开发基层社会管理和公共服务岗位。实施公职人员到基层服务和锻炼的派遣和轮调办法。完善科技特派员到农村和企业服务的政策措施。实施东部带西部、城市带农村的人才对口支持政策，引导人才向西部和农村流动。实施高校毕业生基层培养计划，继续做好“三支一扶”、大学生志愿服务西部计划和农村义务教育阶段学校教师特设岗位计划等工作。加强和改进干部援藏援疆、博士服务团、“西部之光”访问学者、少数民族科技骨干和少数民族地区小学“双语”教师特殊培养等工作，为西部地区特别是边疆少数民族地区提供人才和智力支持。实施边远贫困地区、边疆民族地区和革命老区人才支持计划。

（四）实施人才创业扶持政策

促进知识产权质押融资、创业贷款等业务的规范发展，完善支持人才创业的金融政策。

完善知识产权、技术等作为资本参股的措施。加大税收优惠、财政贴息力度，扶持创业风险投资基金，支持创办科技型企业，促进科技成果转化和技术转移。加强创业技能培训和创业服务指导，提高创业成功率。继续加大对创业孵化器等基础设施的投入，创建创业服务网络，探索多种组织形式，为人才创业提供服务。制定科研机构、高等学校科技人员创办科技型企业的激励保障办法。

（五）实施有利于科技人员潜心研究和创新政策

在科研院所、高等学校、企业建立符合科技人员和管理人员不同特点的职业发展途径，鼓励和支持科技人员在创新实践中成就事业并享有相应的社会地位和经济待遇。对事业单位管理人员全面推行职员制度。完善科研管理制度，扩大科研机构用人自主权和科研经费使用自主权，健全科研机构内部决策、管理和监督的各项制度。建立以学术和创新绩效为主导的资源配置和学术发展模式。改进科技评价和奖励方式，完善以创新和质量为导向的科研评价办法，克服考核过于频繁、过度量化的倾向。加大对基础研究、前沿技术研究、社会公益类科研机构的投入力度，建立以财政性资金设立的科研机构创新绩效综合评价制度。完善科技经费管理办法和国家科技计划管理办法，对高水平创新团队给予长期稳定支持。健全科研院所分配激励机制，注重向科研关键岗位和优秀拔尖人才倾斜。改善青年科技人才的生活条件，有条件的城市可在国家保障性住房建设中优先解决住房问题。

（六）实施推进党政人才、企业经营管理人才、专业技术人才合理流动政策

完善党政人才、企业经营管理人才、专业技术人才交流和挂职锻炼制度，打破人才身份、单位、部门和所有制限制，营造开放的用人环境。扩大党政机关和国有企事业单位领导人员跨地区跨部门交流任职范围。拓宽党政人才来源渠道，完善从企事业单位和社会组织选拔人才制度。完善党政机关人才向企事业单位流动的社会保险关系转移接续办法。

（七）实施更加开放的人才政策

大力吸引海外高层次人才回国（来华）创新创业，制定完善出入境和长期居留、税收、保险、住房、子女入学、配偶安置，担任领导职务、承担重大科技项目、参与国家标准制定、参加院士评选和政府奖励等方面的特殊政策措施。建立海外高层次人才特聘专家制度。鼓励海外留学人员回国工作、创业或以多种方式为国服务。加强留学人员创业园区建设，提供创业资助和融资服务。建立统一的海外高层次人才信息库和人才需求信息发布平台。完善外国人永久居留权制度，吸引外籍高层次人才来华工作。加大引进国外智力工作力度，探索实行技术移民，制定国外智力资源供给、发现评价、市场准入、使用激励、绩效评估、引智成果共享等办法。扩大国家公派出国留学和来华留学规模。开发国（境）外优质教育培训资源，完善出国（境）培训管理制度和措施。支持高等学校、科研院所与海外高水平教育、科研机构建立联合研发基地。推动我国企业设立海外研发机构。积极支持和推荐优秀人才到国际组织任职。推进专业技术人才职业资格国际、地区间互认。发展国际人才市场，培育一批国际人才中介服务机构。制定维护国家重要人才安全的政策措施。

（八）实施鼓励非公有制经济组织、新社会组织人才发展政策

对社会主义市场经济体制下各种所有制组织中的人才，坚持一视同仁、平等对待。把非公有制经济组织、新社会组织人才开发纳入各级政府人才发展规划。制定加强非公有制经济组织、新社会组织人才队伍建设意见。政府在人才培养、吸引、评价、使用等方面的各项政策，非公有制经济组织、新社会组织人才平等享受。政府支持人才创新创业的资金、项目、信息等公共资源，向非公有制经济组织、新社会组织人才平等开放。政府开展人才宣传、表彰、奖励等方面活动，非公有制经济组织、新社会组织人才平等参与。

（九）实施促进人才发展的公共服务政策

完善政府人才公共服务体系，建立全国一体化的服务网络。健全人事代理、社会保险代理、企业用工登记、劳动人事争议调解仲裁、人事档案管理、就业服务等公共服务平台，满足人才多样化需求。创新政府提供人才公共服务的方式，建立政府购买公共服务制度，为各类人才平衡工作和家庭责任创造条件。加强对人才公共服务产品的标准化管理，大力开发公共服务产品。

（十）实施知识产权保护政策

实施国家知识产权战略。制定职务技术成果条例，完善科技成果知识产权归属和利益分享机制，保护科技成果创造者的合法权益。明确职务发明人权益，提高主要发明人受益比例。制定职务发明人流动中的利益共享办法。建立非职务发明评价体系，加强对非职务发明创造的支持和管理。制定国家支持个人和中小企业发明创造的资助办法，鼓励创造知识财产。加强专利技术运用转化平台建设。完善非物质文化遗产传承人知识产权保护相关措施。完善知识产权工作体系，加大知识产权宣传普及和执法保护力度。建立健全有利于知识产权保护的社会信用制度。营造保护知识产权的法制、市场和文化氛围，提升知识产权创造、运用、保护和管理能力，推进国际合作交流。

五、重大人才工程

（一）创新人才推进计划

为积极应对国际科技竞争，提高自主创新能力，着眼于培养造就一批世界水平的科学家，在我国具有相对优势的科研领域设立100个科学家工作室；瞄准世界科技前沿和战略性新兴产业，每年重点支持和培养一批具有发展潜力的中青年科技创新领军人才；着眼于推动企业成为技术创新主体，每年重点扶持1000名科技创新创业人才；依托一批国家重大科研项目、国家重点工程和重大建设项目，建设若干重点领域创新团队；以高等学校、科研院所和高新技术产业开发区为依托，建设300个创新人才培养示范基地。

（二）青年英才开发计划

着眼于人才基础性培养和战略性开发，提升我国未来人才竞争力，在自然科学、哲学社会科学和文化艺术等重点学科领域，每年重点培养扶持一批青年拔尖人才；在高水平研究型大学和科研院所的优势基础学科建设一批国家青年英才培养基地，按照严入口、小规模、重特色、高水平的原则，每年选拔一批拔尖大学生进行专门培养；为培养造就未来国家所需的高素质、专业化管理人才，每年从应届高中、大学毕业生中筛选若干优秀人才送到国外一流大学深造，进行定向跟踪培养。

（三）企业经营管理人才素质提升工程

着眼于提高我国企业现代化经营管理水平和国际竞争力，到2020年，培养一批具有世界眼光、战略思维、创新精神和经营能力的企业家；培养1万名精通战略规划、资本运作、人力资源管理、财会、法律等专业知识的企业经营管理人才。

（四）高素质教育人才培养工程

为建设一支高素质、创新型教育人才队伍，通过研修培训、学术交流、项目资助等方式，每年重点培养和支持2万名各类学校教育教学骨干、“双师型”教师、学术带头人和校长，在中小学校、职业院校、高等学校培养造就一批教育家、教学名师和学科领军人才。

（五）文化名家工程

为更好地推动宣传思想文化工作，进一步提高国家文化软实力，着眼于培养造就一批造诣高深、成就突出、影响广泛的宣传思想文化领域杰出人才，每年重点扶持、资助一批哲学社会科学、新闻出版、广播影视、文化艺术、文物保护名家承担重大课题、重点项目、重要演出，开展创作研究、展演交流、出版专著等活动。到2020年，由国家资助的宣传思想文化领域文化名家达到2000名。

（六）全民健康卫生人才保障工程

适应深化医药卫生体制改革、保障全民健康需要，加大对卫生人才培养支持力度。到2020年，培养造就一批医学杰出骨干人才，给予科研专项经费支持；开展住院医师规范化培训工作，支持培养5万名住院医师；加强以全科医师为重点的基层卫生人才队伍建设，通过多种途径培训30万名全科医师，提高基层医疗卫生服务能力。

（七）海外高层次人才引进计划

重点围绕国家发展战略目标，在中央、国家有关部门、地方分层次、有计划引进一批能够突破关键技术、发展高新技术产业、带动新兴学科的战略科学家和创新创业领军人才。其中，中央层面实施“千人计划”，建设一批海外高层次人才创新创业基地，用5~10年时间引进2000名左右海外高层次人才回国（来华）创新创业。

（八）专业技术人才知识更新工程

围绕我国经济结构调整、高新技术产业发展和自主创新能力的提高，在装备制造、信息、生物技术、新材料、海洋、金融财会、生态环境保护、能源资源、防灾减灾、现代交通运输、农业科技、社会工作等重点领域，开展大规模的知识更新继续教育，每年培训100万名高层次、急需紧缺和骨干专业技术人才，到2020年，累计培训1000万名左右。依托高等学校、科研院所和大型企业现有施教机构，建设一批国家级继续教育基地。

（九）国家高技能人才振兴计划

适应走新型工业化道路、加快产业结构优化升级的需要，加强职业院校和实训基地建设，培养造就一大批具有精湛技艺的高技能人才。到2020年，在全国建成一批技能大师工作室、1200个高技能人才培训基地，培养100万名高级技师。

（十）现代农业人才支撑计划

适应建设社会主义新农村、加快发展现代农业的需要，加大对现代农业的人才支持力度。到2020年，选拔一批农业科研杰出人才，给予科研专项经费支持；支持1万名有突出贡献的农业技术推广人才，开展技术交流、学习研修、观摩展示等活动；选拔3万名农业产业化龙头企业负责人和专业合作组织负责人、10万名生产能手和农村经纪人等优秀生产经营人才，给予重点扶持。

（十一）边远贫困地区、边疆民族地区和革命老区人才支持计划

为促进边远贫困地区、边疆民族地区和革命老区加快发展，实现基本公共服务均等化目标，在职务、职称晋升等方面采取倾斜政策，每年引导10万名优秀教师、医生、科技人员、社会工作者、文化工作者到边远贫困地区、边疆民族地区和革命老区工作或提供服务。每年重点扶持培养1万名边远贫困地区、边疆民族地区和革命老区急需紧缺人才。

（十二）高校毕业生基层培养计划

着眼于解决基层特别是中西部地区基层人才匮乏问题，培养锻炼后备人才，积极引导和鼓励高校毕业生到基层创业就业。实施一村一名大学生计划，用5年时间，先期选派10万名高校毕业生到村任职，到2020年，实现一村一名大学生目标。统筹各类大学生到基层服务创业计划。通过政府购买工作岗位、实施学费和助学贷款代偿、提供创业扶持等方式，引导高校毕业生到农村和社区服务、就业和自主创业。

六、组织实施

（一）加强对《人才规划纲要》实施工作的组织领导

中央人才工作协调小组负责《人才规划纲要》实施的统筹协调和宏观指导。制定各项目标任务的分解落实方案和重大工程实施办法。建立《人才规划纲要》实施情况的监测、评

估、考核机制，加强督促检查。

（二）建立健全人才发展规划体系

各省（自治区、直辖市）、中央和国家机关有关部门要以《人才规划纲要》为指导，根据实际，编制地区、行业系统以及重点领域的人才发展规划，形成全国人才发展规划体系。

（三）营造实施《人才规划纲要》的良好社会环境

大力宣传党和国家人才工作的重大战略思想和方针政策，宣传实施《人才规划纲要》的重大意义和《人才规划纲要》的指导方针、目标任务、重大举措，宣传《人才规划纲要》实施中的典型经验、做法和成效，形成全社会关心、支持人才发展的良好社会氛围。

（四）加强人才工作基础性建设

深入开展人才理论研究，积极探索人才资源开发规律。加强人才学科和研究机构建设。建立健全人才资源统计和定期发布制度。推进人才工作信息化建设，建立人才信息网络和数据库。加强人才工作队伍建设，加大培训力度，提高人才工作队伍的政治素质和业务水平。

中国人民解放军和中国人民武装警察部队人才发展规划，由中央军委另行制定。

国务院办公厅关于加强孤儿保障工作的意见

（2010年11月16日）

党和政府历来关心孤儿的健康成长。新中国成立以来，我国孤儿福利事业取得了长足进展，孤儿生活状况得到了明显改善，但总体看，孤儿保障体系还不够健全，保障水平有待提高。为建立与我国经济社会发展水平相适应的孤儿保障制度，使孤儿生活得更加幸福、更有尊严，经国务院同意，现提出以下意见：

一、拓展安置渠道，妥善安置孤儿

孤儿是指失去父母、查找不到生父母的未满18周岁的未成年人，由地方县级以上民政部门依据有关规定和条件认定。地方各级政府要按照有利于孤儿身心健康成长的原则，采取多种方式，拓展孤儿安置渠道，妥善安置孤儿。

（一）亲属抚养。孤儿的监护人依照《中华人民共和国民法通则》等法律法规确定。孤儿的祖父母、外祖父母、兄、姐要依法承担抚养义务、履行监护职责；鼓励关系密切的其他亲属、朋友担任孤儿监护人；没有前述监护人的，未成年人的父、母的所在单位或者未成年人住所地的居民委员会、村民委员会或者民政部门担任监护人。监护人不履行监护职责或者侵害孤儿合法权益的，应承担相应的法律责任。

（二）机构养育。对没有亲属和其他监护人抚养的孤儿，经依法公告后由民政部门设立的儿童福利机构收留抚养。有条件的儿童福利机构可在社区购买、租赁房屋，或在机构内部建造单元式居所，为孤儿提供家庭式养育。公安部门应及时为孤儿办理儿童福利机构集体户口。

（三）家庭寄养。由孤儿父母生前所在单位或者孤儿住所地的村（居）民委员会或者民政部门担任监护人的，可由监护人对有抚养意愿和抚养能力的家庭进行评估，选择抚育条件较好的家庭开展委托监护或者家庭寄养，并给予养育费用补贴，当地政府可酌情给予劳务补贴。

（四）依法收养。鼓励收养孤儿。收养孤儿按照《中华人民共和国收养法》的规定办理。对中国公民依法收养的孤儿，需要为其办理户口登记或者迁移手续的，户口登记机关应及时予以办理，并在登记与户主关系时注明子女关系。对寄养的孤儿，寄养家庭有收养意愿的，应优先为其办理收养手续。继续稳妥开展涉外收养，进一步完善涉外收养办法。

二、建立健全孤儿保障体系，维护孤儿基本权益

（一）建立孤儿基本生活保障制度。为满足孤儿基本生活需要，建立孤儿基本生活保障制度。各省、自治区、直辖市政府按照不低于当地平均生活水平的原则，合理确定孤儿基本生活最低养育标准，机构抚养孤儿养育标准应高于散居孤儿养育标准，并建立孤儿基本生活最低养育标准自然增长机制。地方各级财政要安排专项资金，确保孤儿基本生活费及时足额到位；中央财政安排专项资金，对地方支出孤儿基本生活费按照一定标准给予补助。民政、财政部门要建立严格的孤儿基本生活费管理制度，加强监督检查，确保专款专用、按时发放，确保孤儿基本生活费用于孤儿。

（二）提高孤儿医疗康复保障水平。将孤儿纳入城镇居民基本医疗保险、新型农村合作医疗、城乡医疗救助等制度覆盖范围，适当提高救助水平，参保（合）费用可通过城乡医疗救助制度解决；将符合规定的残疾孤儿医疗康复项目纳入基本医疗保障范围，稳步提高待遇水平；有条件的地方政府和社会慈善组织可为孤儿投保意外伤害保险和重大疾病保险等商业健康保险或补充保险。卫生部门要对儿童福利机构设置的医院、门诊部、诊所、卫生所（室）给予支持和指导；疾病预防控制机构要加强对儿童福利机构防疫工作的指导，及时调查处理机构内发生的传染病疫情；鼓励、支持医疗机构采取多种形式减免孤儿医疗费用。继续实施“残疾孤儿手术康复明天计划”。

（三）落实孤儿教育保障政策。家庭经济困难的学龄前孤儿到学前教育机构接受教育的，由当地政府予以资助。将义务教育阶段的孤儿寄宿生全面纳入生活补助范围。在普通高中、中等职业学校、高等职业学校和普通本科高校就读的孤儿，纳入国家资助政策体系优先予以资助；孤儿成年后仍在校就读的，继续享有相应政策；学校为其优先提供勤工助学机会。切实保障残疾孤儿受教育的权利，具备条件的残疾孤儿，在普通学校随班就读；不适合在普通学校就读的视力、听力、言语、智力等残疾孤儿，安排到特殊教育学校就读；不能到特殊教育学校就读的残疾孤儿，鼓励并扶持儿童福利机构设立特殊教育班或特殊教育学校，为其提供特殊教育。

（四）扶持孤儿成年后就业。认真贯彻落实《中华人民共和国就业促进法》和《国务院关于做好促进就业工作的通知》（国发［2008］5号）等精神，鼓励和帮扶有劳动能力的孤儿成年后实现就业，按规定落实好职业培训补贴、职业技能鉴定补贴、免费职业介绍、职业介绍补贴和社会保险补贴等政策；孤儿成年后就业困难的，优先安排其到政府开发的公益性岗位就业。人力资源社会保障部门要进一步落实孤儿成年后就业扶持政策，提供针对性服务和就业援助，促进有劳动能力的孤儿成年后就业。

（五）加强孤儿住房保障和服务。居住在农村的无住房孤儿成年后，按规定纳入农村危房改造计划优先予以资助，乡镇政府和村民委员会要组织动员社会力量和当地村民帮助其建房。居住在城市的孤儿成年后，符合城市廉租住房保障条件或其他保障性住房供应条件的，当地政府要优先安排、应保尽保。对有房产的孤儿，监护人要帮助其做好房屋的维修和保护工作。

三、加强儿童福利机构建设，提高专业保障水平

（一）完善儿童福利机构设施。“十二五”期间，继续实施“儿童福利机构建设蓝天计划”，孤儿较多的县（市）可独立设置儿童福利机构，其他县（市）要依托民政部门设立的社会福利机构建设相对独立的儿童福利设施，并根据实际需要，为其配备抚育、康复、特殊教育必需的设备器材和救护车、校车等，完善儿童福利机构养护、医疗康复、特殊教育、技能培训、监督评估等方面的功能。儿童福利机构设施建设、维修改造及有关设备购置，所需经费由财政预算、民政部门使用的彩票公益金、社会捐助等多渠道解决。发展改革部门要充分考虑儿童福利事业发展需要，统筹安排儿童福利机构设施建设项目，逐步改善儿童福利机构条件。海关在办理国（境）外无偿捐赠给儿童福利机构的物资设备通关手续时，给予通关便利。

（二）加强儿童福利机构工作队伍建设。科学设置儿童福利机构岗位，加强孤残儿童护理员、医护人员、特教教师、社工、康复师等专业人员培训。在整合现有儿童福利机构从业人员队伍的基础上，积极创造条件，通过购买服务和社会化用工等形式，充实儿童福利机构工作力量，提升服务水平。按照国家有关规定，落实对儿童福利机构工作人员的工资倾斜政策。将儿童福利机构中设立的特殊教育班或特殊教育学校的教师、医护人员专业技术职务评定工作纳入教育、卫生系统职称评聘体系，在结构比例、评价方面给予适当倾斜。教育、卫生部门举办的继续教育和业务培训要主动吸收儿童福利机构相关人员参加。积极推进孤残儿童护理员职业资格制度建设，支持开发孤残儿童护理员教材，设置孤残儿童护理员专业，对孤残儿童护理员进行培训。

（三）发挥儿童福利机构的作用。儿童福利机构是孤儿保障的专业机构，要发挥其在孤儿保障中的重要作用。对社会上无人监护的孤儿，儿童福利机构要及时收留抚养，确保孤儿居有定所、生活有着。要发挥儿童福利机构的专业优势，为亲属抚养、家庭寄养的孤儿提供有针对性的指导和服务。

四、健全工作机制，促进孤儿福利事业健康发展

（一）加强组织领导。地方各级政府要高度重视孤儿保障工作，把孤儿福利事业纳入国民经济和社会发展总体规划、相关专项规划和年度计划。要加强对孤儿保障工作的领导，健全“政府主导，民政牵头，部门协作，社会参与”的孤儿保障工作机制，及时研究解决孤儿保障工作中存在的实际困难和问题。民政部门要发挥牵头部门作用，加强孤儿保障工作能力建设，充实儿童福利工作力量，强化对儿童福利机构的监督管理，建设好全国儿童福利信息管理系统。财政部门要建立稳定的经费保障机制，将孤儿保障所需资金纳入社会福利事业发展资金预算，通过财政拨款、民政部门使用的彩票公益金等渠道安排资金，切实保障孤儿的基本生活和儿童福利专项工作经费。发展改革、教育、公安、司法、人力资源社会保障、住房城乡建设、卫生、人口计生等部门要将孤儿保障有关工作列入职责范围和目标管理，进一步明确责任。

（二）保障孤儿合法权益。依法保护孤儿的人身、财产权利，积极引导法律服务人员为孤儿提供法律服务，为符合法律援助条件的孤儿依法提供法律援助。有关方面要严厉打击查处拐卖孤儿、遗弃婴儿等违法犯罪行为，及时发现并制止公民私自收养弃婴和儿童的行为。公安部门应及时出具弃婴捡拾报案证明，积极查找弃婴和儿童的生父母或者其他监护人。卫生部门要加强对医疗保健机构的监督管理，医疗保健机构发现弃婴，应及时向所在地公安机关报案，不得转送他人。有关部门要尽快研究拟订有关儿童福利的法规。

（三）加强宣传引导。进一步加大宣传工作力度，弘扬中华民族慈幼恤孤的人道主义精神和传统美德，积极营造全社会关心关爱孤儿的氛围。大力发展孤儿慈善事业，引导社会力量通过慈善捐赠、实施公益项目、提供服务等多种方式，广泛开展救孤恤孤活动。

国务院关于加强职业培训促进就业的意见

（2010年10月20日）

改革开放以来，我国职业培训工作取得了显著成效，职业培训体系初步建立，政策措施逐步完善，培训规模不断扩大，劳动者职业素质和就业能力得到不断提高，对促进就业和经济社会发展发挥了重要作用。与此同时，职业培训工作仍不适应社会经济发展、产业结构调整和劳动者素质提高的需要，职业培训的制度需要进一步健全、工作力度需要进一步加大、针对性和有效性需要进一步增强。为认真落实《国家中长期人才发展规划纲要（2010—2020年）》、《国家中长期教育改革和发展规划纲要（2010—2020年）》要求，全面提高劳动者职业技能水平，加快技能人才队伍建设，现就加强职业培训促进就业提出如下意见：

一、充分认识加强职业培训的重要性和紧迫性

（一）加强职业培训是促进就业和经济发展的重大举措。职业培训是提高劳动者技能水平和就业创业能力的主要途径。大力加强职业培训工作，建立健全面向全体劳动者的职业培训制度，是实施扩大就业的发展战略，解决就业总量矛盾和结构性矛盾，促进就业和稳定就业的根本措施；是贯彻落实人才强国战略，加快技能人才队伍建设，建设人力资源强国的重要任务；是加快经济发展方式转变，促进产业结构调整，提高企业自主创新能力和核心竞争力的必然要求；也是推进城乡统筹发展，加快工业化和城镇化进程的有效手段。

（二）明确职业培训工作的指导思想和目标任务。职业培训工作的指导思想是：深入贯彻落实科学发展观，以服务就业和经济发展为宗旨，坚持城乡统筹、就业导向、技能为本、终身培训的原则，建立覆盖对象广泛、培训形式多样、管理运作规范、保障措施健全的职业培训工作新机制，健全面向全体劳动者的职业培训制度，加快培养数以亿计的高素质技能劳动者。

当前和今后一个时期，职业培训工作的主要任务是：适应扩大就业规模、提高就业质量和增强企业竞争力的需要，完善制度、创新机制、加大投入，大规模开展就业技能培训、岗位技能提升培训和创业培训，切实提高职业培训的针对性和有效性，努力实现“培训一人、就业一人”和“就业一人、培训一人”的目标，为促进就业和经济社会发展提供强有力的技能人才支持。“十二五”期间，力争使新进入人力资源市场的劳动者都有机会接受相应的职业培训，使企业技能岗位的职工得到至少一次技能提升培训，使每个有培训愿望的创业者都参加一次创业培训，使高技能人才培训满足产业结构优化升级和企业发展需求。

二、大力开展各种形式的职业培训

（三）健全职业培训制度。适应城乡全体劳动者就业需要和职业生涯发展要求，健全职业培训制度。要统筹利用各类职业培训资源，建立以职业院校、企业和各类职业培训机构为载体的职业培训体系，大力开展就业技能培训、岗位技能提升培训和创业培训，贯通技能劳动者从初级工、中级工、高级工到技师、高级技师的成长通道。

（四）大力开展就业技能培训。要面向城乡各类有就业要求和培训愿望的劳动者开展多种形式就业技能培训。坚持以就业为导向，强化实际操作技能训练和职业素质培养，使他们达到上岗要求或掌握初级以上职业技能，着力提高培训后的就业率。对农村转移就业劳动者和城镇登记失业人员，要重点开展初级技能培训，使其掌握就业的一技之长；对城乡未继续

升学的应届初高中毕业生等新成长劳动力，鼓励其参加1~2个学期的劳动预备制培训，提升技能水平和就业能力；对企业新录用的人员，要结合就业岗位的实际要求，通过师傅带徒弟、集中培训等形式开展岗前培训；对退役士兵要积极开展免费职业技能培训；对职业院校学生要强化职业技能和从业素质培养，使他们掌握中级以上职业技能。鼓励高等院校大力开展职业技能和就业能力培训，加强就业创业教育和就业指导服务，促进高校毕业生就业。

（五）切实加强岗位技能提升培训。适应企业产业升级和技术进步的要求，进一步健全企业职工培训制度，充分发挥企业在职业培训工作中的重要作用。鼓励企业通过多种方式广泛开展在岗职工技能提升培训和高技能人才培训。要结合技术进步和产业升级对职工技能水平的要求，通过在岗培训、脱产培训、业务研修、技能竞赛等多种形式，加快提升企业在岗职工的技能水平。鼓励企业通过建立技能大师工作室和技师研修制度、自办培训机构或与职业院校联合办学等方式，结合企业技术创新、技术改造和技术项目引进，大力培养高技能人才。鼓励有条件的企业积极承担社会培训任务，为参加职业培训人员提供实训实习条件。

（六）积极推进创业培训。依托有资质的教育培训机构，针对创业者特点和创业不同阶段的需求，开展多种形式的创业培训。要扩大创业培训范围，鼓励有创业要求和培训愿望、具备一定创业条件的城乡各类劳动者以及处于创业初期的创业者参加创业培训。要通过规范培训标准、提高师资水平、完善培训模式，不断提高创业培训质量；要结合当地产业发展和创业项目，根据不同培训对象特点，重点开展创业意识教育、创业项目指导和企业经营管理培训，通过案例剖析、考察观摩、企业家现身说法等方式，提高受培训者的创业能力。要强化创业培训与小额担保贷款、税费减免等扶持政策及创业咨询、创业孵化等服务手段的衔接，健全政策扶持、创业培训、创业服务相结合的工作体系，提高创业成功率。

三、切实提高职业培训质量

（七）大力推行就业导向的培训模式。根据就业需要和职业技能标准要求，深化职业培训模式改革，大力推行与就业紧密联系的培训模式，增强培训针对性和有效性。在强化职业技能训练的同时，要加强职业道德、法律意识等职业素质的培养，提高劳动者的技能水平和综合职业素养。全面实行校企合作，改革培训课程，创新培训方法，引导职业院校、企业和职业培训机构大力开展订单式培训、定向培训、定岗培训。面向有就业要求和培训愿望城乡劳动者的初级技能培训和岗前培训，应根据就业市场需求和企业岗位实际要求，开展订单式培训或定岗培训；面向城乡未继续升学的应届初高中毕业生等新成长劳动力的劳动预备制培训，应结合产业发展对后备技能人才需求，开展定向培训。

（八）加强职业技能考核评价和竞赛选拔。各地要切实加强职业技能鉴定工作，按统一要求建立健全技能人才培养评价标准，充分发挥职业技能鉴定在职业培训中的引导作用。各级职业技能鉴定机构要按照国家职业技能鉴定有关规定和要求，为劳动者提供及时、方便、快捷的职业技能鉴定服务。完善企业技能人才评价制度，指导企业结合国家职业标准和企业岗位要求，开展企业内职业技能评价工作。在职业院校中积极推行学历证书与职业资格证书“双证书”制度。充分发挥技能竞赛在技能人才培养中的积极作用，选择技术含量高、通用性广、从业人员多、社会影响大的职业广泛开展多层次的职业技能竞赛，为发现和选拔高技能人才创造条件。

（九）强化职业培训基础能力建设。依托现有各类职业培训机构及培训设施，加大职业培训资源整合力度，加强职业培训体系建设，提高职业培训机构的培训能力。在产业集中度高的区域性中心城市，提升改造一批以高级技能培训为主的职业技能实训基地；在地级城市，提升改造一批以中、高级技能培训为主的职业技能实训基地；在经济较发达的县市，提升改造一批以初、中级技能培训为主的职业技能实训基地，面向社会提供示范性技能训练和鉴定服务。完善职业分类制度，加快国家职业技能标准和鉴定题库的开发与更新，为职业培训和鉴定提供技术支持。加强职业培训师资队伍建设，依托有条件的大中型企业和职业院校，开展师资培训，加快培养既能讲授专业知识又能传授操作技能的教师队伍。实行专兼职教师制度，建立和完善职业培训教师在职培训和到企业实践制度。根据职业培训规律和特点，加强职业培训特别是高技能人才培训的课程体系、培训计划大纲以及培训教材的开发。

（十）切实加强就业服务工作。加强覆盖城乡的公共就业服务体系建设，为各类劳动者提供完善的职业培训政策信息咨询、职业指导和职业介绍等服务，定期公布人力资源市场供求信息，引导各类劳动者根据市场需求，选择适合自身需要的职业培训。基层劳动就业和社会保障公共服务平台要了解、掌握培训需求，收集、发布培训信息，积极动员组织辖区内各类劳动者参加职业培训和职业技能鉴定，及时提供就业信息和就业指导，协助落实相关就业扶持政策，促进其实现就业。

（十一）鼓励社会力量开展职业培训工作。各地要根据国家有关法律法规规定，明确民办职业培训机构的师资、设备、场地等基本条件，鼓励和引导社会力量开展职业培训，在师资培养、技能鉴定、就业信息服务、政府购买培训成果等方面与其他职业培训机构同等对待。同时，要依法加强对各类民办职业培训机构招生、收费、培训等环节的指导与监管，进一步提高民办职业培训机构办学质量，推动民办职业培训健康发展。

（十二）完善政府购买培训成果机制。各地要建立培训项目管理制度，完善政府购买培训成果机制，按照“条件公开、自愿申请、择优认定、社会公示”的原则，制定承担政府补贴培训任务的培训机构的基本条件、认定程序和管理办法，组织专家进行严格评审，对符合条件的向社会公示。要严格执行开班申请、过程检查、结业审核三项制度。鼓励地方探索第三方监督机制，委托有资质的社会中介组织对培训机构的培训质量及资金使用情况进行评估。

四、加大职业培训资金支持力度

（十三）完善职业培训补贴政策。城乡有就业要求和培训愿望的劳动者参加就业技能培训或创业培训，培训合格并通过技能鉴定取得初级以上职业资格证书（未颁布国家职业技能标准的职业应取得专项职业能力证书或培训合格证书），根据其获得职业资格证书或就业情况，按规定给予培训费补贴；企业新录用的符合职业培训补贴条件的劳动者，由企业依托所属培训机构或政府认定培训机构开展岗前培训的，按规定给予企业一定的培训费补贴。对通过初次职业技能鉴定并取得职业资格证书或专项职业能力证书的，按规定给予一次性职业技能鉴定补贴。对城乡未继续升学的应届初高中毕业生参加劳动预备制培训，按规定给予培训费补贴的同时，对其中农村学员和城市家庭经济困难学员给予一定生活费补贴。

（十四）加大职业培训资金投入。各级政府对用于职业培训的各项补贴资金要加大整合力度，具备条件的地区，统一纳入就业专项资金，统筹使用，提高效益。各级财政要加大投入，调整就业专项资金支出结构，逐步提高职业培训支出比重。有条件的地区要安排经费，对职业培训教材开发、师资培训、职业技能竞赛、评选表彰等基础工作给予支持。由失业保险基金支付的各项培训补贴按相关规定执行。

（十五）落实企业职工教育经费。企业要按规定足额提取并合理使用企业职工教育经费，职工教育经费的60％以上应用于一线职工的教育和培训，企业职工在岗技能提升培训和高技能人才培训所需费用从职工教育经费列支。企业应将职工教育经费的提取与使用情况列为厂务公开的内容，定期或不定期进行公开，接受职工代表的质询和全体职工的监督。对自身没有能力开展职工培训，以及未开展高技能人才培训的企业，县级以上地方人民政府可依法对其职工教育经费实行统筹，人力资源社会保障部门会同有关部门统一组织培训服务。

（十六）加强职业培训资金监管。各地人力资源社会保障部门要会同财政部门加强对职业培训补贴资金的管理，明确资金用途、申领拨付程序和监管措施。2012年底前，各省（区、市）地级以上城市要依托公共就业服务信息系统建立统一的职业培训信息管理平台，对承担培训任务的培训机构进行动态管理，对参训人员实行实名制管理，不断提高地区之间信息共享程度。要根据当地产业发展规划、就业状况以及企业用人需要，合理确定并向社会公布政府补贴培训的职业（工种），每人每年只能享受一次职业培训补贴。要按照同一地区、同一工种补贴标准统一的原则，根据难易程度、时间长短和培训成本，以职业资格培训期限为基础，科学合理地确定培训补贴标准。根据培训对象特点和培训组织形式，在现有补贴培训机构方式的基础上，积极推进直补个人、直补企业等职业培训补贴方式，有条件的地区可以探索发放培训券（卡）的方式。要采取切实措施，对补贴对象审核、资金拨付等重点环节实行公开透明的办法，定期向全社会公开资金使用情况，审计部门依法加强对职业培训补贴资金的审计，防止骗取、挪用、以权谋私等问题的发生，确保资金安全，审计结果依法向社会公告。监察部门对重大违纪违规问题的责任人进行责任追究，涉及违法的移交司法机关处理。

五、加强组织领导

（十七）完善工作机制。地方各级人民政府、各有关部门要进一步提高对职业培训工作重要性的认识，进一步增强责任感和紧迫感，从全局和战略的高度，切实加强职业培训工作。要把职业培训工作作为促进就业工作的一项重要内容，列入重要议事日程，定期研究解决工作中存在的问题。要建立在政府统一领导下，人力资源社会保障部门统筹协调，发展改革、教育、科技、财政、住房城乡建设、农业等部门各司其职、密切配合，工会、共青团、妇联等人民团体广泛参与的工作机制，共同推动职业培训工作健康协调可持续发展。

（十八）科学制定培训规划。各地要根据促进就业和稳定就业的要求，在综合考虑当地劳动者职业培训实际需求、社会培训资源和能力的基础上，制定中长期职业培训规划和年度实施计划，并纳入本地区经济社会和人才发展总体规划。各地人力资源社会保障部门要结合本地区产业结构调整和发展状况、企业用工情况，对劳动力资源供求和培训需求信息等进行统计分析，并定期向社会发布。充分发挥行业主管部门和行业组织在职业培训工作中的作用，做好本行业技能人才需求预测，指导本行业企业完善职工培训制度，落实职业培训政策措施。

（十九）加大宣传表彰力度。进一步完善高技能人才评选表彰制度，并对在职业培训工作中作出突出贡献的机构和个人给予表彰。充分运用新闻媒体，广泛开展主题宣传活动，大力宣传各级党委、政府关于加强职业培训工作的方针政策，宣传技能成才和成功创业的典型事迹，宣传优秀职业院校和职业培训机构在职业培训方面的特色做法和显著成效，营造尊重劳动、崇尚技能、鼓励创造的良好氛围。

国务院办公厅关于切实解决企业拖欠农民工工资问题的紧急通知

（2010年2月5日）

最近在一些地区接连发生因企业特别是建设领域企业拖欠农民工工资引发的群体性事件，严重影响社会稳定。党中央、国务院对此高度重视，要求各地区、各有关部门和单位加大工作力度，切实解决企业拖欠农民工工资问题。经国务院批准，现紧急通知如下：

一、各地区、各有关部门要进一步统一思想认识，从维护社会稳定大局的高度，把解决企业拖欠农民工工资问题作为当前一项重要而紧迫的任务抓紧抓细，确保各项措施落到实处。按照属地管理、分级负责、谁主管谁负责的原则，进一步明确地方各级人民政府和有关部门的责任，省级人民政府负总责。人力资源社会保障部门要加强对解决企业拖欠农民工工资问题的组织协调和督促检查，加大劳动保障监察执法和劳动争议调处力度。住房城乡建设、发展改革、监察、财政等部门和工会要按照职责分工，积极做好解决建设领域拖欠工程款及企业拖欠农民工工资相关工作。

二、深入开展农民工工资支付情况专项检查，切实维护农民工的合法权益。地方各级人民政府要在普遍检查的基础上，集中力量重点解决建设领域企业拖欠农民工工资问题。要抓紧组织对本行政区域内所有在建工程项目支付农民工工资情况逐一排查，发现拖欠工资问题或欠薪苗头及时督促企业妥善解决；对反映投诉的建设领域工资历史拖欠问题，也要认真加以解决。要加强行政司法联动，加大对欠薪逃匿行为的防范、打击力度。对因拖欠工资问题引发的劳动争议，要开辟争议处理“绿色通道”，对符合立案条件的当即立案，快速调处，力争在春节前办结；对符合裁决先予执行的拖欠工资案件，可以根据劳动者的申请裁决先予执行。

三、督促企业落实清偿被拖欠农民工工资的主体责任。各类企业都应依法按时足额支付农民工工资，不得拖欠或克扣。建设工程承包企业追回的拖欠工程款应当优先用于支付被拖欠的农民工工资。因建设单位或工程总承包企业未按合同约定与建设工程承包企业结清工程款，致使建设工程承包企业拖欠农民工工资的，由建设单位或工程总承包企业先行垫付被拖欠的农民工工资。因工程总承包企业违反规定发包、分包给不具备用工主体资格的组织或个人，由工程总承包企业承担清偿被拖欠的农民工工资责任。

四、加大力度解决建设领域拖欠工程款问题。对于政府投资的工程项目已拖欠的工程款，要由本级政府限期予以清偿；涉及拖欠农民工工资的，先行垫付被拖欠的工资。对于房地产开发等项目已拖欠的工程款，要督促建设单位限期还款；涉及拖欠农民工工资的，先行垫付被拖欠的工资；对不具备还款能力的项目，可采取资产变现等措施筹措还款资金。政府有关部门要及时准确地向人民法院提供建设单位拖欠工程款的信息，帮助建筑业企业通过法律途径解决拖欠工程款问题。对已通过诉讼程序进入执行阶段的拖欠工程款，要配合支持人民法院加大执行力度。对因建设单位破产等特殊原因，致使拖欠工程款成为“死账”的，由有关部门和当地人民政府妥善解决。

五、加快完善预防和解决拖欠农民工工资工作的长效机制。地方各级人民政府及有关部门要抓紧完善企业工资支付的法规和政策，建立健全企业劳动保障守法诚信制度、工资支付监控制度，完善工资保证金制度，强化劳动保障监察执法，切实保障农民工工资按月足额支付。要进一步规范建设工程分包行为，加强建设项目资金管理，从源头上防止发生拖欠工程款导致拖欠农民工工资问题。地方政府未能解决政府投资工程项目拖欠工程款问题的，除极特殊的项目外，一律不再批准其新建政府投资工程项目。对有拖欠工程款问题的房地产开发企业，一律不得批准其新开发建设项目和为其办理用地手续。对存在拖欠农民工工资问题的建筑业企业，要依法对其市场准入、招投标资格和新开工项目施工许可等进行限制，并予以相应处罚。

六、地方各级人民政府要进一步健全应急工作机制，完善应急预案，及时妥善处置因拖欠农民工工资问题引发的群体性事件，坚决防止事态蔓延扩大。对于拖欠时间长、涉及数额大、一时无法解决的拖欠工资，要通过动用应急周转金等资金渠道先行垫付部分工资，或给予被拖欠工资的农民工必要的生活救助，帮助其解决生活困难。同时，要加强舆论引导，做好疏导工作，引导农民工用理性合法的手段维护自身权益。

各省（区、市）人民政府要在春节前组织开展专项督查，人力资源社会保障部会同解决企业工资拖欠问题部际联席会议成员单位进行重点督查。对监管责任不落实、工作不到位以及政府投资工程项目拖欠工程款导致拖欠工资问题引发严重群体性事件的，要对直接责任人员和有关领导实行责任追究。

食品安全信息公布管理办法

卫生部办公厅
（2010年11月3日）

第一条 为规范食品安全信息公布行为，根据《食品安全法》及其实施条例等法律法规，制定本办法。

第二条 本办法所称食品安全信息，是指县级以上食品安全综合协调部门、监管部门及其他政府相关部门在履行职责过程中制作或获知的，以一定形式记录、保存的食品生产、流通、餐饮消费以及进出口等环节的有关信息。

第三条 食品安全信息公布应当准确、及时、客观，维护消费者和食品生产经营者的合法权益。

第四条 食品安全信息分为卫生行政部门统一公布的食品安全信息和各有关监督管理部门依据各自职责公布的食品安全日常监督管理的信息。

第五条 县级以上卫生行政、农业行政、质量监督、工商行政管理、食品药品监管以及出入境检验检疫部门应当建立食品安全信息公布制度，通过政府网站、政府公报、新闻发布会以及报刊、广播、电视等便于公众知晓的方式向社会公布食品安全信息。各地应当逐步建立统一的食品安全信息公布平台，实现信息共享。

第六条 县级以上卫生行政、农业行政、质量监督、工商行政管理、食品药品监督管理、商务行政以及出入境检验检疫部门应当相互通报获知的食品安全信息。各有关部门应当建立信息通报的工作机制，明确信息通报的形式、通报渠道和责任部门。接到信息通报的部门应当及时对食品安全信息依据职责分工进行处理。对食品安全事故等紧急信息应当按照《食品安全法》有关规定立即进行处理。

第七条 国务院卫生行政部门负责统一公布以下食品安全信息：

（一）国家食品安全总体情况。包括国家年度食品安全总体状况、国家食品安全风险监测计划实施情况、食品安全国家标准的制订和修订工作情况等。

（二）食品安全风险评估信息。

（三）食品安全风险警示信息。包括对食品存在或潜在的有毒有害因素进行预警的信息；具有较高程度食品安全风险食品的风险警示信息。

（四）重大食品安全事故及其处理信息。包括重大食品安全事故的发生地和责任单位基本情况、伤亡人员数量及救治情况、事故原因、事故责任调查情况、应急处置措施等。

（五）其他重要的食品安全信息和国务院确定的需要统一公布的信息。

各相关部门应当向国务院卫生行政部门及时提供获知的涉及上述食品安全信息的相关信息。

第八条 省级卫生行政部门负责公布影响仅限于本辖区的以下食品安全信息：

（一）食品安全风险监测方案实施情况、食品安全地方标准制订、修订情况和企业标准备案情况等。

（二）本地区首次出现的，已有食品安全风险评估结果的食品安全风险因素。

（三）影响仅限于本辖区全部或者部分的

食品安全风险警示信息，包括对食品存在或潜在的有毒有害因素进行预警的信息；具有较高程度食品安全风险食品的风险警示信息及相应的监管措施和有关建议。

（四）本地区重大食品安全事故及其处理信息。

上述信息由省级卫生行政部门自行决定并公布。

第九条 县级以上卫生行政、农业行政、质量监督、工商行政管理、食品药品监管、商务行政以及出入境检验检疫部门应当依法公布相关信息。日常食品安全监督管理信息涉及两个以上食品安全监督管理部门职责的，由相关部门联合公布。各有关部门应当向社会公布日常食品安全监督管理信息的咨询、查询方式，为公众查阅提供便利，不得收取任何费用。

第十条 发生重大食品安全事故后，负责食品安全事故处置的省级卫生行政部门会同有关部门，在当地政府统一领导下，在事故发生后第一时间拟定信息发布方案，由卫生行政部门公布简要信息，随后公布初步核实情况、应对和处置措施等，并根据事态发展和处置情况滚动公布相关信息。对涉及事故的各种谣言、传言，应当迅速公开澄清事实，消除不良影响。

第十一条 各相关部门在公布食品安全信息前，可以组织专家对信息内容进行研究和分析，提供科学意见和建议。在公布食品安全信息时，应当组织专家解释和澄清食品安全信息中的科学问题，加强食品安全知识的宣传、普及，倡导健康生活方式，增强消费者食品安全意识和自我保护能力。

第十二条 县级以上食品安全各监督管理部门公布食品安全信息，应当及时通报各相关部门，必要时应当与相关部门进行会商，同时将会商情况报告当地政府。各食品安全监管部门对于获知涉及其监管职责，但无法判定是否属于应当统一公布的食品安全信息的，可以通报同级卫生行政部门；卫生行政部门认为不属于统一公布的食品安全信息的，应当书面反馈相关部门。

第十三条 依照本办法负有食品安全信息报告、通报、会商职责的有关部门，应当依法及时报告、通报和会商食品安全信息，不得隐瞒、谎报、缓报。

第十四条 地方各级卫生行政部门和有关部门的上级主管部门应当组织食品安全信息公布情况的监督检查，不定期对食品安全监管各部门的食品安全信息公布、报告和通报情况进行考核和评议。必要时有关部门可以纠正下级部门发布的食品安全信息，并重新发布有关食品安全信息。

第十五条 各地、各部门要充分发挥新闻媒体信息传播和舆论监督作用，积极支持新闻媒体开展食品安全信息报道，畅通与新闻媒体信息交流渠道，为采访报道提供相关便利，不得封锁消息、干涉舆论监督。对重大食品安全问题要在第一时间通过权威部门向新闻媒体公布，并适时通报事件进展情况及处理结果，同时注意做好舆情收集和分析。对于新闻媒体反映的食品安全问题，要及时调查处理，并通过适当方式公开处理结果，对不实和错误报道，要及时予以澄清。

第十六条 任何单位和个人有权向有关部门咨询和了解有关情况，对食品安全信息管理工作提出意见和建议。

任何单位或者个人未经政府或有关部门授权，不得发布食品安全信息。

第十七条 公民、法人和其他组织对公布的食品安全信息持有异议的，公布食品安全信息的部门应当对异议信息予以核实处理。经核实确属不当的，应当在原公布范围内予以更正，并告知持有异议者。

第十八条 公布食品安全信息的部门应当根据《食品安全法》规定的职责对公布的信息承担责任。任何单位或个人违法发布食品安全信息，应当立即整改，消除不良影响。

第十九条 国务院有关食品安全监管部门应当根据本办法制订本部门的食品安全信息公布管理制度。

第二十条 本办法自公布之日起施行。国家食品药品监督管理局等部门联合印发的《食品安全监管信息发布暂行管理办法》（国食药监协［2004］556号）同时废止。

突发环境事件应急预案管理暂行办法

环境保护部

（2010 年 9 月 8 日）

第一章 总 则

第一条 为规范突发环境事件应急预案（以下简称“环境应急预案”）管理，完善环境应急预案体系，增强环境应急预案的科学性、实效性和可操作性，根据《中华人民共和国突发事件应对法》、《国家突发公共事件总体应急预案》、《国家突发环境事件应急预案》及相关环境保护法律、法规，制定本办法。

第二条 本办法适用于环境保护主管部门、企业事业单位环境应急预案的编制、评估、发布、备案、实施、修订、宣教、培训和演练等活动。

第三条 环境保护部对全国环境应急预案管理工作实施统一监督管理，县级以上地方人民政府环境保护主管部门负责本行政区域内环境应急预案的监督管理工作。

第二章 环境应急预案的编制

第四条 环境应急预案的编制应当符合以下要求：

（一）符合国家相关法律、法规、规章、标准和编制指南等规定；

（二）符合本地区、本部门、本单位突发环境事件应急工作实际；

（三）建立在环境敏感点分析基础上，与环境风险分析和突发环境事件应急能力相适应；

（四）应急人员职责分工明确、责任落实到位；

（五）预防措施和应急程序明确具体、操作性强；

（六）应急保障措施明确，并能满足本地区、本单位应急工作要求；

（七）预案基本要素完整，附件信息正确；

（八）与相关应急预案相衔接。

第五条 县级以上人民政府环境保护主管部门应当根据有关法律、法规、规章和相关应急预案，按照相应的环境应急预案编制指南，结合本地区的实际情况，编制环境应急预案，由本部门主要负责人批准后发布实施。

县级以上人民政府环境保护主管部门应当结合本地区实际情况，编制国家法定节假日、国家重大活动期间的环境应急预案。

第六条 县级以上人民政府环境保护主管部门编制的环境应急预案应当包括以下内容：

（一）总则，包括编制目的、编制依据、适用范围和工作原则等；

（二）应急组织指挥体系与职责，包括领导机构、工作机构、地方机构或者现场指挥机构、环境应急专家组等；

（三）预防与预警机制，包括应急准备措施、环境风险隐患排查和整治措施、预警分级指标、预警发布或者解除程序、预警相应措施等；

（四）应急处置，包括应急预案启动条件、信息报告、先期处置、分级响应、指挥与协调、信息发布、应急终止等程序和措施；

（五）后期处置，包括善后处置、调查与评估、恢复重建等；

（六）应急保障，包括人力资源保障、财力保障、物资保障、医疗卫生保障、交通运输保障、治安维护、通信保障、科技支撑等；

（七）监督管理，包括应急预案演练、宣教培训、责任与奖惩等；

（八）附则，包括名词术语、预案解释、修订情况和实施日期等；

（九）附件，包括相关单位和人员通讯录、标准化格式文本、工作流程图、应急物资储备清单等。

第七条 向环境排放污染物的企业事业单位，生产、贮存、经营、使用、运输危险物品的企业事业单位，产生、收集、贮存、运输、利用、处置危险废物的企业事业单位，以及其他可能发生突发环境事件的企业事业单位，应当编制环境应急预案。

第八条 企业事业单位的环境应急预案包括综合环境应急预案、专项环境应急预案和现场处置预案。

对环境风险种类较多、可能发生多种类型突发事件的，企业事业单位应当编制综合环境应急预案。综合环境应急预案应当包括本单位的应急组织机构及其职责、预案体系及响应程序、事件预防及应急保障、应急培训及预案演练等内容。

对某一种类的环境风险，企业事业单位应当根据存在的重大危险源和可能发生的突发事件类型，编制相应的专项环境应急预案。专项环境应急预案应当包括危险性分析、可能发生的事件特征、主要污染物种类、应急组织机构与职责、预防措施、应急处置程序和应急保障等内容。

对危险性较大的重点岗位，企业事业单位应当编制重点工作岗位的现场处置预案。现场处置预案应当包括危险性分析、可能发生的事件特征、应急处置程序、应急处置要点和注意事项等内容。

企业事业单位编制的综合环境应急预案、专项环境应急预案和现场处置预案之间应当相互协调，并与所涉及的其他应急预案相互衔接。

第九条 工程建设、影视拍摄和文化体育等群体性活动有可能造成突发环境事件的，主办单位应当在活动开始前编制临时环境应急预案。

第十条 企业事业单位编制的环境应急预案中除了本办法第六条规定的内容外，还应当包括以下内容：

（一）本单位的概况、周边环境状况、环境敏感点等；

（二）本单位的环境危险源情况分析，主要包括环境危险源的基本情况以及可能产生的危害后果及严重程度；

（三）应急物资储备情况，针对单位危险源数量和性质应储备的应急物资品名和基本储量等。

第十一条 县级以上人民政府环境保护主管部门和企事业单位，应当组织专门力量开展环境应急预案编制工作，并充分征求预案涉及的有关单位和人员的意见。有关单位和人员应当以书面形式提出意见和建议。

环境应急预案涉及重大公共利益的，编制单位应当向社会公告，并举行听证。

企业事业单位可以委托相关专业技术服务机构编制环境应急预案。

第三章 环境应急预案的评估

第十二条 县级以上人民政府环境保护主管部门应当在环境应急预案草案编制完成后，组织评估小组对本部门编制的环境应急预案草案进行评估。

环境保护主管部门环境应急预案评估小组的组成人员应当包括环境应急预案涉及的政府部门工作人员、相关行业协会和重点风险源单位代表以及应急管理和专业技术方面的专家。

第十三条 企业事业单位应当在环境应急预案草案编制完成后，组织评估小组对本单位编制的环境应急预案进行评估。

企业事业单位环境应急预案评估小组的组成人员应当包括环境应急预案涉及的相关部门应急管理人员、相关行业协会、相邻重点风险源单位代表、周边社区（乡、镇）代表以及应急管理和专业技术方面的专家。

第十四条 环境应急预案评估小组应当重点评估环境应急预案的实用性、基本要素的完整性、内容格式的规范性、应急保障措施的可行性以及与其他相关预案的衔接性等内容。

环境应急预案的编制单位应当根据评估结果，对应急预案草案进行修改。

第四章 环境应急预案的备案

第十五条 县级以上人民政府环境保护主

管部门编制的环境应急预案应当报本级人民政府和上级人民政府环境保护主管部门备案。

企业事业单位编制的环境应急预案，应当在本单位主要负责人签署实施之日起30日内报所在地环境保护主管部门备案。国家重点监控企业的环境应急预案，应当在本单位主要负责人签署实施之日起45日内报所在地省级人民政府环境保护主管部门备案。

工程建设、影视拍摄和文化体育等群体性活动的临时环境应急预案，主办单位应当在活动开始三个工作日前报当地人民政府环境保护主管部门备案。

第十六条 报送备案应当提交下列材料（一式二份）：

（一）《突发环境事件应急预案备案申请表》；

（二）环境应急预案评估意见；

（三）环境应急预案的纸质文件和电子文件。

第十七条 受理备案登记的环境保护主管部门应当在收到报备材料之日起60日内，对报送备案的环境应急预案进行审查，对符合本办法第六条、第十条规定并通过评估小组评估的，予以备案并出具《突发环境事件应急预案备案登记表》；对不符合本办法第六条、第十条规定的，不予备案并复函说明理由，由申请备案的环境保护主管部门或者企业事业单位自行纠正后重新报送备案。

第十八条 《突发环境事件应急预案备案申请表》和《突发环境事件应急预案备案登记表》的格式由环境保护部统一制定。

第五章 环境应急预案的实施与监督管理

第十九条 县级以上人民政府环境保护主管部门应当将环境应急预案的监督管理作为日常环境监督管理的一项重要内容。

第二十条 县级以上人民政府环境保护主管部门和企业事业单位，应当采取有效形式，开展环境应急预案的宣传教育，普及突发环境事件预防、避险、自救、互救和应急处置知识，提高从业人员环境安全意识和应急处置技能。

第二十一条 县级以上人民政府环境保护主管部门或者企业事业单位，应当每年至少组织一次预案培训工作，通过各种形式，使有关人员了解环境应急预案的内容，熟悉应急职责、应急程序和岗位应急处置预案。

第二十二条 县级以上人民政府环境保护主管部门应当建立健全环境应急预案演练制度，每年至少组织一次应急演练。企业事业单位应当定期进行应急演练，并积极配合和参与有关部门开展的应急演练。

环境应急预案演练结束后，有关人民政府环境保护主管部门和企业事业单位应当对环境应急预案演练结果进行评估，撰写演练评估报告，分析存在问题，对环境应急预案提出修改意见。

第二十三条 县级以上人民政府环境保护主管部门或者企业事业单位，应当按照有关法律法规和本办法的规定，根据实际需要和情势变化，依据有关预案编制指南或者编制修订框架指南修订环境应急预案。

环境应急预案每三年至少修订一次；有下列情形之一的，企事业单位应当及时进行修订：

（一）本单位生产工艺和技术发生变化的；

（二）相关单位和人员发生变化或者应急组织指挥体系或职责调整的；

（三）周围环境或者环境敏感点发生变化的；

（四）环境应急预案依据的法律、法规、规章等发生变化的；

（五）环境保护主管部门或者企业事业单位认为应当适时修订的其他情形。

环境保护主管部门或者企业事业单位，应当于环境应急预案修订后30日内将新修订的预案报原预案备案管理部门重新备案；预案备案部门可以根据预案修订的具体情况要求修订预案的环境保护主管部门或者企业事业单位对修订后的预案进行评估。

第六章 法律责任

第二十四条 应当编制或者修订环境应急预案的环境保护主管部门不编制环境应急预案、不及时修订环境应急预案或者不按规定进行预案备案的，由上级人民政府环境保护主管部门责令改正。

第二十五条 应当编制或者修订环境应急预案的企业事业单位不编制环境应急预案、不及时修订应急预案或者不按规定进行应急预案评估和备案的，由县级以上人民政府环境保护主管部门责令限期改正；逾期不改正的，依据有关法律、法规给予处罚。

第二十六条 环境保护主管部门或者企业事业单位不编制环境应急预案或者不执行环境应急预案，导致突发环境事件发生或者危害扩大的，依据国家有关规定对负有责任的主管人员和其他直接责任人员给予处分；构成犯罪的，依法追究刑事责任。

第七章 附 则

第二十七条 本办法中下列用语的含义：

突发环境事件，是指因事故或意外性事件等因素，致使环境受到污染或破坏，公众的生命健康和财产受到危害或威胁的紧急情况。

突发环境事件应急预案，是指针对可能发生的突发环境事件，为确保迅速、有序、高效地开展应急处置，减少人员伤亡和经济损失而预先制定的计划或方案。

环境风险，是指突发环境事件对环境（或健康）的危险程度。

危险源，是指可能导致伤害或疾病、财产损失、环境破坏或这些情况组合的根源或状态。

环境敏感点，参照《建设项目环境影响评价分类管理名录》中“环境敏感区”的定义。

应急演练，是指为检验应急预案的有效性、应急准备的完善性、应急响应能力的适应性和应急人员的协同性而进行的一种模拟应急响应的实践活动。

第二十八条 本办法由环境保护部负责解释。

各省、自治区、直辖市人民政府环境保护主管部门可依据本办法，结合本地区实际制定实施细则。

第二十九条 本办法自印发之日起施行。

关于加快发展公共租赁住房的指导意见

住房和城乡建设部 国家发展和改革委员会 财政部 国土资源部 中国人民银行 国家税务总局 中国银行业监督管理委员会

（2010年6月8日）

根据《国务院关于坚决遏制部分城市房价过快上涨的通知》（国发［2010］10号）和《国务院办公厅关于促进房地产市场平稳健康发展的通知》（国办发［2010］4号）精神，为加快发展公共租赁住房，经国务院同意，现提出以下意见：

一、加快发展公共租赁住房的重要意义

近年来，随着廉租住房、经济适用住房建设和棚户区改造力度的逐步加大，城市低收入家庭的住房条件得到较大改善。但是，由于有的地区住房保障政策覆盖范围比较小，部分大中城市商品住房价格较高、上涨过快、可供出租的小户型住房供应不足等原因，一些中等偏下收入住房困难家庭无力通过市场租赁或购买住房的问题比较突出。同时，随着城镇化快速推进，新职工的阶段性住房支付能力不足矛盾日益显现，外来务工人员居住条件也亟需改善。大力发展公共租赁住房，是完善住房供应体系，培育住房租赁市场，满足城市中等偏下收入家庭基本住房需求的重要举措，是引导城镇居民合理住房消费，调整房地产市场供应结构的必然要求。各地区、各部门要统一思想，提高认识，精心组织，加大投入，积极稳妥地推进公

共租赁住房建设。

二、基本原则

(一) 政府组织，社会参与。各地区在加大政府对公共租赁住房投入的同时，要切实采取土地、财税、金融等支持政策，充分调动各类企业和其他机构投资和经营公共租赁住房的积极性。

(二) 因地制宜，分别决策。各地区要根据当地经济发展水平和市场小户型租赁住房供需情况等因素，合理确定公共租赁住房的供应规模和供应对象。商品住房价格较高、小户型租赁住房供应紧张的城市，应加大公共租赁住房建设力度。

(三) 统筹规划，分步实施。各地区要制订公共租赁住房发展规划和年度计划，并纳入2010—2012年保障性住房建设规划和“十二五”住房保障规划，分年度组织实施。

三、租赁管理

(一) 公共租赁住房供应对象主要是城市中等偏下收入住房困难家庭。有条件的地区，可以将新就业职工和有稳定职业并在城市居住一定年限的外来务工人员纳入供应范围。公共租赁住房的供应范围和供应对象的收入线标准、住房困难条件，由市、县人民政府确定。已享受廉租住房实物配租和经济适用住房政策的家庭，不得承租公共租赁住房。

(二) 公共租赁住房租金水平，由市、县人民政府统筹考虑住房市场租金水平和供应对象的支付能力等因素合理确定，并按年度实行动态调整。符合廉租住房保障条件的家庭承租公共租赁住房的，可以申请廉租住房租赁补贴。

(三) 公共租赁住房出租人与承租人应当签订书面租赁合同。公共租赁住房租赁合同期限一般为3至5年，合同示范文本由省、自治区、直辖市住房城乡建设（住房保障）部门制订。承租人应当按照合同约定合理使用住房，及时缴纳租金和其他费用。租赁合同期满后承租人仍符合规定条件的，可以申请续租。

(四) 公共租赁住房只能用于承租人自住，不得出借、转租或闲置，也不得用于从事其他经营活动。承租人违反规定使用公共租赁住房的，应当责令退出。承租人购买、受赠、继承或者租赁其他住房的，应当退出。对承租人拖欠租金和其他费用的，可以通报其所在单位，从其工资收入中直接划扣。

四、房源筹集

(一) 公共租赁住房房源通过新建、改建、收购、在市场上长期租赁住房等方式多渠道筹集。新建公共租赁住房以配建为主，也可以相对集中建设。要科学规划，合理布局，尽可能安排在交通便利、公共设施较为齐全的区域，同步做好小区内外市政配套设施建设。

(二) 在外来务工人员集中的开发区和工业园区，市、县人民政府应当按照集约用地的原则，统筹规划，引导各类投资主体建设公共租赁住房，面向用工单位或园区就业人员出租。

(三) 新建公共租赁住房主要满足基本居住需求，应符合安全卫生标准和节能环保要求，确保工程质量安全。成套建设的公共租赁住房，单套建筑面积要严格控制在60平方米以下。以集体宿舍形式建设的公共租赁住房，应认真落实宿舍建筑设计规范的有关规定。

五、政策支持

(一) 各地要把公共租赁住房建设用地纳入年度土地供应计划，予以重点保障。面向经济适用住房对象供应的公共租赁住房，建设用地实行划拨供应。其他方式投资的公共租赁住房，建设用地可以采用出让、租赁或作价入股等方式有偿使用，并将所建公共租赁住房的租金水平、套型结构、建设标准和设施条件等作为土地供应的前置条件，所建住房只能租赁，不得出售。

(二) 市、县人民政府要通过直接投资、资本金注入、投资补助、贷款贴息等方式，加大对公共租赁住房建设和运营的投入。省、自治区人民政府要给予资金支持。中央以适当方式给予资金补助。

(三) 对公共租赁住房的建设和运营给予税收优惠，具体办法由财政部、税务总局制订。公共租赁住房建设涉及的行政事业性收费和政府性基金，按照经济适用住房的相关政策执行。

（四）鼓励金融机构发放公共租赁住房中长期贷款，具体办法由人民银行、银监会制订。支持符合条件的企业通过发行中长期债券等方式筹集资金，专项用于公共租赁住房建设和运营。探索运用保险资金、信托资金和房地产信托投资基金拓展公共租赁住房融资渠道。政府投资建设的公共租赁住房，纳入住房公积金贷款支持保障性住房建设试点范围。

（五）公共租赁住房建设实行“谁投资、谁所有”，投资者权益可依法转让。

六、监督管理

（一）发展公共租赁住房实行省级人民政府负总责、市县人民政府抓落实的责任制。各级住房城乡建设（住房保障）部门负责公共租赁住房的行政管理工作，发展改革、监察、财政、国土资源、规划等有关部门按照各自职责负责相关工作。地方各级人民政府要加强组织领导，明确工作责任，健全住房保障管理机制和工作机构，落实人员和经费，确保公共租赁住房工作顺利实施。

（二）市、县人民政府要建立健全公共租赁住房申请、审核、公示、轮候、配租和租后管理制度。住房保障部门要按照规定的程序严格准入审批，加强对公共租赁住房运营的监督管理，做到配租过程公开透明、配租结果公平公正。对存在滥用职权、玩忽职守、徇私舞弊等违法违规行为的，要依法依纪严肃追究相关单位和人员的责任。

（三）政府投资建设公共租赁住房的租金收入，应按照政府非税收入管理的规定缴入同级国库，实行“收支两条线”管理。租金收入专项用于偿还公共租赁住房贷款，以及公共租赁住房的维护、管理和投资补助。

（四）各地可根据本意见，制订具体实施办法。各地已经出台的政策性租赁住房、租赁型经济适用住房、经济租赁住房、农民工公寓（集体宿舍）等政策，统一按本意见规定进行调整。

关于妥善解决宗教教职人员社会保障问题的意见

国家宗教事务局　人力资源和社会保障部　财政部　民政部　卫生部

（2010年2月10日）

宗教教职人员在宣传贯彻党的宗教信仰自由政策、团结教育信教群众、维护宗教和睦、促进社会和谐、推动宗教与社会主义社会相适应等方面发挥着重要作用。妥善解决好他们的社会保障问题，解除他们的后顾之忧，使他们病有所医、老有所养，具有重要意义。现就宗教教职人员社会保障问题提出以下意见。

一、适用范围

按照各宗教团体宗教教职人员认定办法认定并报政府宗教事务部门备案的宗教教职人员。

二、基本原则

（一）属地原则。宗教团体、宗教院校和宗教活动场所所在的地区，要按照属地管理原则，将宗教教职人员纳入当地社会保障覆盖范围。宗教团体、宗教院校和宗教活动场所可作为一个单位参加社会保障。

（二）自愿原则。在尊重宗教教义教规基础上，宗教教职人员自愿参加医疗、养老、失业、工伤、生育等社会保障。先行解决宗教教职人员的城乡低保和基本医疗保障问题，逐步解决养老保障问题。

（三）权利与义务对等原则。宗教教职人

员应履行缴费义务，按时足额缴纳社会保险费，按国家有关规定享受社会保险待遇。

三、保障办法

（一）最低生活保障和农村五保供养问题。宗教教职人员符合当地最低生活保障条件的，应纳入城乡最低生活保障范围，做到应保尽保。符合农村五保供养条件的宗教教职人员，应纳入农村五保供养范围。在核定救助对象时，对长期脱离家庭独自生活的宗教教职人员，可按一户核算。

（二）基本医疗保障问题。宗教团体、宗教院校的宗教教职人员参加本宗教团体、宗教院校所在地的城镇职工基本医疗保险。宗教活动场所的宗教教职人员按照属地原则，在宗教活动场所所在地参加城镇职工基本医疗保险或城镇居民基本医疗保险或新型农村合作医疗。宗教团体、宗教院校不具备宗教教职人员身份的专职工作人员按照国务院《关于建立城镇职工基本医疗保险制度的决定》（国发［1998］44号）的规定参加城镇职工基本医疗保险。在宗教院校接受全日制教育的学生，可参照国务院办公厅《关于将大学生纳入城镇居民基本医疗保险试点范围的指导意见》（国办发［2008］119号）参加城镇居民基本医疗保险。符合条件的宗教教职人员，可按国家规定享受城乡医疗救助待遇。

（三）基本养老保险问题。宗教团体、宗教院校和宗教活动场所的宗教教职人员可自愿参加当地企业职工基本养老保险，宗教教职人员也可以个人身份参保。在农村地区的宗教活动场所的宗教教职人员也可按国家有关规定参加新型农村社会养老保险。宗教教职人员享受基本养老金的年龄为年满60周岁。宗教团体、宗教院校不具备宗教教职人员身份的专职工作人员参照原劳动和社会保障部、民政部《关于社会组织专职工作人员参加养老保险有关问题的通知》（劳社部发［2008］11号）的规定参加企业职工基本养老保险。

（四）宗教教职人员参加社会保障的缴费问题。宗教教职人员参加社会保障的缴费基数、比例，由各地按照国家有关规定确定。对参加城镇居民基本医疗保险、新型农村合作医疗和新型农村社会养老保险的宗教教职人员，政府按规定给予补助，个人按规定缴费并享受相应待遇。地方政府可对宗教教职人员参加企业职工基本养老保险给予一定支持，具体办法由各省、自治区、直辖市制定。

四、组织实施

宗教教职人员社会保障工作由各级政府宗教事务部门牵头协调，各级政府人力资源社会保障、财政、民政、卫生等相关部门在各自职责范围内做好组织实施工作。各省、自治区、直辖市政府宗教事务部门会同有关部门结合当地实际制定具体实施办法。

五、加强领导

宗教教职人员社会保障工作政治性、政策性强，影响面广，具有一定的特殊性、复杂性。各地要高度重视，统一思想，提高认识，加强领导，落实经费，明确一位分管领导具体负责，成立工作班子，抓好落实，力争在2010年年底前完成此项工作。中央有关部门要加强指导、督促和检查。各地落实情况要及时上报中央有关部门。

六、高层论坛

2006 年

西部大开发——中国全面促进生存权、发展权的重大战略决策

——国务院西部开发办公室副主任、国家发展改革委员会副主任　王金祥

（2006 年 2 月）

实施西部大开发战略，加快推进西部地区的经济发展和社会进步，是中国政府在最大程度上维护和保障西部地区广大人民的生存权、实现发展权的具体体现。

中国西部地区包括重庆、四川、贵州、云南、西藏、陕西、甘肃、青海、宁夏、新疆、内蒙古和广西等 12 个省区市，还有处于湖南、湖北和吉林的三个少数民族自治州也列入西部大开发范围。十二个省区市面积约 685 万平方公里，占全国的 71 % 以上。人口约 3. 8 亿，占全国的 29 % 。

改革开放以来，西部地区经济社会发展步伐不断加快，产业基础不断增强，城乡居民收入逐步提高。但是，由于受历史、自然地理条件、社会文化等诸多因素的制约和影响，西部地区生产力发展总体水平比较低，人民群众生活水平较东部发达地区还有相当差距。特别是一些偏远地区和少数民族人口居住比较集中的地区，经济社会发展还比较落后。为了逐步缩小地区差距，加强民族团结，保障边疆安全和社会稳定，中国政府于世纪之交作出“实施西部大开发，加快中西部地区发展”的重大战略决策。

实施西部大开发 5 年多来，各方面工作取得重要进展，西部地区城乡面貌有了很大改善，提高了全国各族人民全面建设小康社会的信心。

一、中央政府高度重视、正确领导，确保西部大开发顺利推进

党和国家主要领导同志多次深入西部地区调研考察和指导工作，国务院每年召开关于促进西部开发的工作会议，研究决定一些重大问题，制定政策措施，加强工作指导。国务院成立了由总理任组长、副总理任副组长、中央和国务院 20 多个部委局主要负责人为领导成员的西部地区开发领导小组及其办公室，专门负责实施西部大开发战略的有关工作。同时，国家在规划指导，政策扶持、资金投入等方面逐步加大对西部地区的支持力度。

加强统筹规划，有效指导西部大开发有序推进。在科学论证基础上，中央政府制定了《“十五”西部开发总体规划》，明确提出西部开发的指导思想、基本原则、发展方向和重点任务以及重要部署，对各部门、各地区实施西部大开发起到了重要的指导作用。水利、交通、铁路、民航、农业、广播电视、国土资源、教育、卫生等国务院职能部门也都相应制定了支持西部大开发有关专项规划，进一步提高了西部开发规划实施的可操作性，促进了西部大开发各项重点任务有计划、有步骤、有重点地得

到落实。

创造良好的政策环境，制定实施了一系列体现重点支持西部大开发的政策措施。几年来，中国政府陆续下发了《国务院关于实施西部大开发若干政策措施》、《国务院办公厅转发国务院西部开发办关于西部大开发政策措施实施意见》、《退耕还林条例》、《国务院关于进一步推进西部大开发的若干意见》等一系列重要政策文件，明确提出了国家要在增加资金投入、改善投资环境、扩大对内对外开放、吸引和培养各类人才、发展科技教育等方面加大对西部地区的重点支持。各部门、各地区特别是西部地区为贯彻落实国家制定的政策措施，依据本部门、本地区的具体情况，分别制定了一系列综合性和专项配套政策措施，有力地推动了西部大开发。

围绕推进西部大开发的重点任务，国家稳步增加对西部地区的资金投入。西部开发5年来，中央财政性建设资金累计投入西部地区约4600亿元，相继开工建设和完成了一批涉及西部大开发全局的重大工程和重点项目。国家加大财政转移支付和专项补助资金支持西部地区的力度，累计安排5000多亿元，用于改善西部地区的公共服务。

二、西部大开发取得重要进展和明显成效

西部地区经济增长速度逐年加快，城乡居民收入不断提高。2000—2004年，西部地区国内生产总值年均增长10.2％，与全国各地平均增长速度的相对差距有所缩小。西部地区全社会固定资产投资年均增长20％，大大高于实施西部大开发前1999年7.4％的增长速度。城镇居民人均可支配收入和农村居民人均纯收入分别比1999年增加2000多元和400多元，人民生活水平有了较大改善。

一批国家重点工程和重大项目顺利实施，西部地区基础设施和生态环境建设显著加强。截至2005年，国家累计安排西部开发重点工程70项，投资总规模近1万亿元。其中，西气东输工程全线贯通并投入商业运营，西电东送工程新增向广东送电1000万千瓦的任务提前完成，青藏铁路全线铺轨完成，退耕还林工程完成2.88亿亩，退牧还草工程安排治理严重退化草原2.9亿亩，江河上游水利枢纽、公路国道主干线、天然林保护、京津风沙源治理、江河上游水污染防治、西部中心城市大气污染治理等重点工程全面展开，许多项目已经建成投入使用，其经济、社会和生态效益开始显现。

农村基础设施和社会事业建设力度加大，农民生产生活条件逐步得到改善。5年来，总长度1.7万公里的贫困县出口路全部完成，2.6万公里的“油路到县”工程基本完成，4.6万公里的县际公路已全部安排建设，预计今年基本建成；“送电到乡”工程解决了969个无电乡镇的通电问题，使西部乡镇通电率达到99％；“广播电视到村”工程解决了6.8万多个行政村实现村村通广播电视；启动农村人畜饮水工程，解决了西部地区3210万人的饮水困难问题；完成了一批大型灌区续建配套工程和节水灌溉示范项目，使西部地区新增节水能力46亿立方米；完成约100万户农村户用沼气池建设任务；居住在生态环境脆弱、不具备基本生存条件地区的102万贫困人口实行了生态移民。

更加注重社会事业发展，农村教育、卫生投入大幅增加。5年来，国家累计投入西部地区的教育资金150多亿元，支持西部地区教育特别是农村中小学危房改造工程、“两基”攻坚工程，支持西部地区优质普通高中学校教学基础设施和重点高校基础设施建设。累计投入65亿元，建设西部地区疾病预防控制体系项目839个、西部地区突发公共卫生事件医疗救治体系项目1111个、血站血液中心149个和县级血库141个，为西部地区配备计划生育流动服务车1190多辆。目前，西部地区疾病预防控制体系和公共卫生突发事件医疗救治体系已基本建成。

特色优势产业发展步伐加快，对外开放和东西合作不断加强。5年来，西部地区的电力、煤炭、石油、天然气、有色金属、棉花、畜牧、旅游等产业，以及部分装备制造和高新技术产业加快发展，在全国市场上已占据越来越重要的位置。到2004年西部地区5年累计吸收外商直接投资90多亿美元，加上国际组织和外国政府贷款等，实际利用外资接近150亿美元。东

部地区已有1万多家企业到西部地区投资创业，投资总规模超过3000亿元，东西合作方兴未艾。

有效地拉动了国内需求，促进了全国经济发展格局的战略性调整。西部地区重点工程建设所需的设备、技术等，很多来自于东部和中部地区，有效地扩大了这些地区的市场空间，促进了产业结构调整，增加了就业岗位。同时，西部地区还输出大量能源、原材料等资源，保证了其他地区经济发展的需要。这些都有力地支持了东部和中部地区的经济发展，为保持国民经济平稳较快增长发挥了重要作用。

三、以科学发展观统领各项工作，进一步维护和促进西部各族人民的发展权

进一步推进西部大开发，必须贯彻落实科学发展观的要求。按照公共服务均等化的原则，努力改善西部地区广大人民基本生产生活条件，努力提高广大城乡居民的生活质量和生活水平，维护好、实现好西部地区各族人民群众的生存权和发展权。

一是必须始终把加快发展作为西部大开发的中心任务。发展是解决西部地区一切问题的根本途径。本世纪头20年，是我国现代化建设的重要战略机遇期，也是西部大开发能够有所作为的关键时期。经过5年多的开发建设，西部地区经济社会发展的条件和环境有了较大改善，具备了加快发展的基本条件。要充分发挥和利用西部地区幅员辽阔、人口众多、资源丰富和沿边区位等比较优势，按照将西部开发打基础和西部发展上水平相结合的原则，始终把加快经济发展和社会进步作为中心任务。要科学利用一切有利于发展的国内国际环境，加快推进工业化和城镇化进程，逐步将西部地区的自然资源优势、人力资源优势转化为经济优势，推动西部大开发进入一个主要依靠西部地区自我发展能力不断提高的新阶段。

二是必须把不断提高人民生活水平作为西部大开发的根本目的。不断满足西部广大人民的物质文化需要是实施西部大开发战略的出发点和归宿，也是衡量西部大开发最终取得预期成效的主要标准。建设惠及全国十几亿人口的小康社会，重点和难点在西部，希望和潜力也在西部，特别是在西部地区广大农村。因此，西部大开发首先要把解决“三农”问题放在各项工作的首位，千方百计增加农牧民收入，不断改善农牧区居民的生产生活条件，尽快解决贫困人口生活困难问题。要加快发展基础教育、公共卫生、科技文化等社会事业，不断提高西部地区社会公共服务水平。要深化国有企业改革和鼓励发展非国有经济，不断开拓新产业领域，努力创造更多就业岗位，有序推进农村劳动力的转移和稳定就业工作，采取综合措施帮助和支持西部地区搞好社会保障。要使广大人民群众从改革发展中得到实惠。

三是必须将“五个统筹”的思想落实到具体工作中去。西部地区无论是基础设施、生态环境还是教育卫生等社会事业都得到了较大改善。但是，仍然存在着城乡发展不平衡、区域发展不协调、经济发展同生态保护有矛盾、自我发展能力不足以及吸引国内外资本进展缓慢等重大问题，如果解决不好将严重影响和制约西部地区的改革开放和发展。因此，必须始终贯彻全面、协调、可持续发展的理念，搞好统筹兼顾。按照统筹城乡发展要求，进一步加大基础设施建设，更加重视解决西部地区“三农”问题；按照统筹区域发展要求，进一步加强政策引导，优化项目布局，处理好重点经济带、中心城市发展与广大农村地区发展的关系；按照统筹人与自然和谐发展要求，进一步加大退耕还林、退牧还草等生态工程建设力度，巩固成果；按照统筹经济社会发展要求，积极推进西部地区教育、卫生等社会事业发展，为西部广大人民提供均等公共服务；按照统筹国内发展和对外开放要求，进一步深化改革，转变观念，改善投资环境，广泛吸引和利用国内外资金、技术和先进管理经验，努力提高西部地区对外开放水平。

（《人权》2006年第1期）

推进医疗卫生体制改革　保障人民群众健康权益

——访卫生部部长　高　强

（2006年6月）

编者按：近日，本刊记者就“十五”期间卫生事业的改革与发展，社会普遍关注的群众看病难、看病贵问题，以及深化医疗服务体制改革，发展农村和社区卫生，防治艾滋病等问题采访了卫生部部长高强。现将访谈刊出，以飨读者。

记者：您如何评价“十五”期间卫生事业的改革与发展？

高强：党中央、国务院高度重视人民健康和卫生事业，强调把维护人民群众的身体健康和生命安全放在第一位，强调立足科学发展，着力自主创新，完善体制机制，促进社会和谐，并作出了一系列重大战略决策和部署。在科学发展观的指导下，“十五”期间我国卫生事业取得了前所未有的成就。

一是公共卫生体系建设不断加强，公共卫生服务的规模、条件、技术和水平有了很大提高。国家重点加强疾病预防控制体系、医疗救治体系、突发公共卫生事件应急机制和卫生监督体系建设。公共卫生管理状况有了很大改善。全国疾病监测网络不断完善，法定传染病报告的及时性、准确性和有效性不断提高。国家制订了有效防治艾滋病、结核病、肝炎、血吸虫病等重大传染病的政策措施，对预防控制重大疾病的流行蔓延，发挥了重要作用。

二是以农村为重点的卫生工作方针逐步得到落实。“十五”期间，国家启动了新型农村合作医疗制度试点，由中央和地方政府为农民筹资，建立新型农村合作医疗制度，在我国历史上是一个创举，体现了党中央、国务院对农民健康的高度关心，受到农民的衷心拥护。国家制订农村医疗卫生服务体系建设规划，加大投资力度，改善农村卫生服务条件。加强农村卫生人员的培训，组织城市支援农村卫生，努力提高农村卫生服务水平。国家实施农村改水、改厕等重大卫生工程，2005年与2000年比较，农村改水受益人口比例由92.4％上升到94.9％，农村自来水普及率由55.2％上升到64.7％，农村卫生厕所的普及率由44.8％提高到55.0％。

三是城乡居民健康指标持续改善。2004年，城市孕产妇住院分娩率达91.4％，农村住院分娩率提高到77.1％；婴儿死亡率由2000年的32.2‰下降到21.5‰；5岁以下儿童死亡率由39.7‰下降到25.0‰；孕产妇死亡率由53/10万下降到48.3/10万；我国人均期望寿命已达到72岁。这些重要指标的变化充分反映了我国卫生事业发展取得的重大成就。

记者：近几年，社会普遍关注群众看病难、看病贵问题。请问，形成这些问题的主要原因有哪些？国家拟采取哪些措施解决？

高强：群众看病难、看病贵，主要是我国医疗卫生事业发展赶不上群众健康需求的增长，这是一个基本矛盾。造成这个问题的原因很多，主要有六个方面：一是受经济发展不平衡的限制，我国城乡之间、区域之间卫生服务条件和水平差距较大，尤其是农村卫生和城市社区卫生发展严重滞后。群众患一般病也要到大医院就诊，加剧了看病难。二是药品生产流通秩序混乱，药价虚高，加上“以药补医”的机制，诱导大处方、滥检查，加重了群众负担。三是政府投入严重不足，医疗机构缺乏稳定的财政经费保障。四是公立医疗机构补偿机制不合理，主要依靠服务收费维持运行和发展，收支管理不规范，导致部分医疗机构盲目追求经济利益，公益性质淡化。五是我国医疗保障制度不健全，多数居民自费就医，风险很大。六是卫生机构隶属关系复杂，条块分割，卫生部门难以实施属地化全行业监管，医疗卫生监管薄弱。医疗卫生机构内部管理不严，医疗服务中存在不正之风。

为解决群众看病难、看病贵问题，国家采取了一系列重大政策措施。一是大力发展农村卫生，提高农民卫生服务水平。二是大力发展城市社区卫生服务，努力构建以社区卫生服务为基础的新型城市卫生服务体系。三是切实加强医院管理，提高医疗服务质量。在全国各级各类医疗机构中开展"以病人为中心"的医院管理年活动，狠刹医疗服务中的不正之风。四是规范药品价格管理，研究控制药品价格、医疗收费的有效措施。五是不断扩大医疗保险覆盖范围，提高保险水平。六是加大政府卫生投入，探索改革医疗机构运行机制、维护公益性质的有效办法。七是鼓励社会力量参与发展医疗卫生事业，壮大医疗卫生资源。

记者：国家在农村卫生体系建设中采取了哪些措施？

高强：农村卫生是我国卫生工作的重点，国家采取一系列重大措施，促进农村卫生事业发展，增进农民健康。

一是加强农村医疗卫生基础设施建设。国家制订实施农村卫生发展建设规划，由中央财政、地方财政共同筹资，健全农村县、乡、村三级医疗卫生服务网络，加强农村疾病预防监测和医疗服务队伍建设，提高公共卫生和基本医疗服务水平。

二是积极推进新型农村合作医疗制度建设。2005年底已有近1.8亿农民参加，今年将超过3亿人。同时，政府对农民的补助也增加了一倍。群众就医负担有所减轻，因病致贫现象有所减少。

三是加强农村卫生人才培养，组织城市支援农村卫生。通过在职培训，提高农村基层卫生人员的素质和水平。实施万名城市医生支援农村卫生工程，提高农村医疗卫生服务水平。

记者：近几年，我国在加快发展社区卫生服务方面做了不少工作，请您介绍一下这方面的情况。

高强：社区卫生服务以社区、家庭和居民为服务对象，开展健康教育、预防保健和基本医疗等项服务。社区卫生的服务模式与医院不同，最基本的一点是社区医生与社区居民建立密切的联系，坚持预防为主、防治结合，方便就医，减轻负担。目前，全国已有95%以上的地级城市、86%的市辖区和一批县级市开展了城市社区卫生服务，共设置社区卫生服务中心2891个，社区卫生服务站12338个，已基本形成了覆盖全国城市的社区卫生服务网络。今年2月，国务院下发《关于发展城市社区卫生服务的指导意见》，把发展社区卫生服务作为解决城市群众看病难、看病贵的突破口。一是制订实施社区卫生发展规划，将社区卫生发展纳入城市经济与社会发展规划，实现社区卫生服务机构与医院合理分工，密切合作，双向转诊，共同发展。二是完善社区卫生运行机制，加大政府投入，规范收支管理，维护公益性质。中央财政对中西部地区社区卫生发展给予必要支持。三是将社区卫生服务机构纳入城镇职工基本医疗保险定点范围，按规定报销医药费用。推动社区首诊制度试点，引导患者到社区就医。四是加强社区卫生人才队伍建设，建立医院支援社区的制度，鼓励退休卫生人才和医学院校毕业生到社区服务。五是深化社区卫生机构用人制度改革，实行定岗定编、全员聘用、公开招聘、岗位管理、绩效考核、双向选择。六是发挥中医药作用，推广群众欢迎的中医药技术和民族医药技术。通过发展社区卫生服务，使广大居民享受到费用比较低廉、质量比较优良的服务。

记者：请简要介绍城市对口支援农村卫生工作的情况。

高强：2005年，卫生部、财政部、中医药管理局联合启动了"万名城市医师支援农村卫生工程"，组织城市医生对口支援农村县级医疗机构和乡镇卫生院，工作一年，到期轮换，并作为一项制度长期坚持下去。国家财政拨款对派出医生的医疗机构给予经费补助，保证派出医生工资、待遇由派出机构发放，并保持原有水平不变。2005年，已有城市医师4000多人到600个贫困县的县医院和乡镇卫生院开展工作。

甘肃省实施的"千名医师支援农村卫生工程县乡联动项目"，从全省抽调1265名医疗卫生技术人员，对口支援43个贫困县医院和350个乡镇卫生院。实现了派出一支队伍、带好一所医院、培训一批人才、服务一方群众的目标。农民的一些常见病、多发病得到了就近诊治，节省了医疗费用。全省43个受援县的门诊量比过去平均增加了14%，住院病人增加了15.9%，儿童预防疫苗接种率上升5~8个百分点，住院分娩率提高8个百分点。城市医生在农村卫生服务中也亲身感受到农民的疾苦，增强了忠实为群众服务的意识。

记者：新型农村合作医疗能从根本上解决农民的看病问题吗？为什么称作新型农村合作医疗？国家对建立新型农村合作医疗制度有什么打算？

高强：从2003年开始，全国31个省、自治区、直辖市都开展了新型农村合作医疗试点。截至2005年12月底，全国试点县（市、区）已达到678个，占全国总县（市、区）数的23.7%；参加合作医疗的人口1.79亿，参合率75.8%。目前，由于筹资水平较低，合作医疗主要以大病补助为主，对住院农民的大额医疗费用给予部分补助，但作为一项国家制度，对于保障农民健康有着重大的意义。今后，随着筹资水平的逐步提高，保障力度会不断增强。从两年多的试点情况看，农民医疗负担有所减轻，农民的卫生需求逐步扩大，农村卫生服务能力有所增强，医疗救助制度也在不断完善。

所谓新型农村合作医疗制度，与我国历史上曾经有过的农村合作医疗制度有很大的区别。当时的合作医疗以村为单位，由农民筹资互助，政府没有直接投入。新型农村合作医疗制度是以政府投入为主，体现了国家对农民健康的关心；坚持农民自愿参加，体现了对农民意愿的尊重；以县为单位统筹实施，增强了抗风险能力；以大额医疗费用补助为主，重点解决农民因大额医疗费用造成的经济困难，缓解农民"因病致贫、因病返贫"问题。新型农村合作医疗尊重农民的知情权和监管权，坚持公开、公平、公正。

国务院决定，新型农村合作医疗争取2008年在全国推行，基本覆盖全体农民。

记者：我国妇幼卫生保健情况如何？

高强：妇女儿童是国家卫生保健的重点。多年来，各级政府采取一系列政策措施，建立了比较完善的妇幼保健网络和妇幼卫生监测网络。目前，全国共有妇幼保健机构3000多家，妇幼卫生保健工作者50多万人。《母婴保健法》的实施，标志着我国妇幼卫生工作走上了依法管理的轨道。全国城乡广泛开展了孕产期保健和高危孕产妇管理，推进住院分娩，保障母婴安全。卫生部等有关部门在西部12个省（自治区、直辖市）开展了降低孕产妇死亡和消除新生儿破伤风项目，已经扩展到中西部22个省（自治区、直辖市）的1000个县，覆盖3亿多人口。

记者：对于艾滋病的防治，我国采取了哪些重要措施？

高强：中国政府高度重视艾滋病防治工作，2003年制订了"四免一关怀"政策，对农民和城镇中经济困难的艾滋病患者提供抗病毒药物；免费实施艾滋病咨询和检测；免费提供阻断母婴传播治疗；对艾滋病致孤儿童免收教育费用；对生活困难的艾滋病患者给予经济救助。国家加大艾滋病防治经费投入，提高防治工作水平。国务院成立防治艾滋病工作委员会，加强对艾滋病防治工作的领导。国家制订《艾滋病防治条例》，将艾滋病防治纳入科学、法制的轨道。广泛开展国际合作，争取国际社会的理解和支持。

记者：请简要介绍一下《艾滋病防治条例》的主要内容。

高强：国务院今年1月颁布了《艾滋病防治条例》，并已正式实施。《条例》明确了各级政府防治艾滋病的责任，明确了艾滋病病毒感染者、病人及其家属的权利和义务。《条例》规定，任何单位和个人不得歧视艾滋病病人及其家属；艾滋病病人的婚姻、就业、就医、入学等合法权益受法律保护；医疗机构应当为艾滋病病人提供艾滋病防治咨询、诊断和治疗服务，不得推诿或者拒绝治疗；艾滋病病人有权享受"四免一关怀"政策。《条例》也规定，艾滋病病人应当接受医疗机构的调查和指导，应当将患病的事实告知接诊医生和性关系者，采取必要防护措施，防止感染他人。

（《人权》2006年第3期）

加快教育改革与发展　依法保障公民受教育权

——访教育部副部长　陈小娅

（2006年8月）

记者：“十五”期间，我国教育事业取得了较大发展，对于保障广大公民的受教育权利发挥了重大作用。请对5年来教育改革与发展的总体情况做一个简要评价。

陈小娅：中国人口众多，受教育人口基数很大，保障每一个人接受教育的权利是中国政府在教育领域落实《宪法》规定的“尊重和保障人权”的最基本的要求。中国有8亿多农民，有相当多的受教育人口在农村，广大农村生产条件差距很大，经济社会和教育发展不平衡，发展农村教育成为近年来中国政府的重中之重。这是中国国情决定的，也是中国政府依法保障广大公民受教育权的具体体现。

“十五”期间，中国政府全面落实科学发展观，不断推进教育改革和发展，中国教育事业取得了历史性成就。截至2005年底，中国普及九年义务教育的人口地区覆盖率超过95％，比2000年提高了近10个百分点，青壮年文盲率控制在4％以下；高中阶段毛入学率达到52.7％；高等教育毛入学率达到21％，在校生总规模超过2300万人，进入了国际公认的大众化发展阶段。15岁以上人口平均受教育年限达到8.3年，总人口中大学以上文化程度的达到7000万左右，劳动力平均受教育水平由小学毕业提高到初中毕业。

“十五”期间教育事业的发展表明，教育优先发展的战略地位得到了进一步落实，教育发展的成就是辉煌的，改革是卓有成效的。教育事业的持续快速发展，进一步扩大了广大公民受教育的机会，保障了公民依法享有的受教育权利；进一步提高了全体国民的整体素质，使中国初步实现了从人口大国向人力资源大国的转变，为经济、科技和社会的发展提供了强有力的动力。

记者：近年来国家把农村教育作为教育工作的重中之重，请问，政府在提高农村义务教育水平上采取了哪些新举措？

陈小娅：加强农村义务教育是涉及农村经济社会发展全局的一项战略任务，是保障农村孩子基本的受教育权利的一件大事。中国农村义务教育量大面广、基础薄弱、任务重、难度大。近年来，中国政府高度重视农村义务教育工作，国务院先后发布了《国务院关于基础教育改革和发展的决定》和《国务院关于进一步加强农村教育工作的决定》，进一步改革了农村义务教育的管理体制，明确了农村教育在全面建设小康社会中的重要地位，把农村教育作为教育工作的重中之重，做出新增教育经费主要用于农村的重大决策。

“十五”期间，国家先后实施了一系列旨在提高农村义务教育质量和水平的重大工程和政策。比如，在继续实施“国家贫困地区义务教育工程”和“农村中小学危房改造工程”的基础上，国家实施了西部地区“两基”攻坚计划，中央政府总计投入100亿元用于“农村寄宿制学校建设工程”，将在中国西部地区改、扩建7700多所农村寄宿制学校；中央和地方政府投入100多亿元用于“农村中小学现代远程教育工程”，将为中西部地区3.75万所农村初中建设计算机教室、为38.4万所农村小学配备卫星教学接收设备、为11万个小学教学点配备教学光盘播放设备和成套教学光盘。通过以上工程，极大地改善了农村地区义务教育办学条件，改变了贫困地区基础教育落后的面貌。各级财政加大了对农村义务教育的投入力度，以政府为主的投入体制基本确立。2004年农村义务教育预算内拨款占到了农村义务教育总投入比例的80.61%，改变了长期以来农村义务教育主要由农民负担的状况。2005年底中国政府进一步决定，用两年时间全部免除中国农村地区义务教育学杂费，将农村义务教育全面纳入公共财政保障范围，逐步完善中央和地方共同分担的农村义务教育经费保障机制。今后5年，除教职工工资以外，中央与地方各级财政累计将新增农村义务教育经费约2182亿元。

今年全国人大通过的《国民经济和社会发展第十一个五年规划纲要》，把普及和巩固九年义务教育作为经济社会发展的重大目标之一。"十一五"期间，教育部将紧紧围绕中央关于建设社会主义和谐社会和建设社会主义新农村的战略决策，继续把农村教育放在重中之重的战略位置，积极配合有关部门，做好农村义务教育经费保障机制改革的各项工作，继续组织实施好发展中西部农村教育的一系列重大工程项目，积极发展民族地区教育。我们相信，通过各级政府、学校和社会各界的共同努力，我国广大农村的义务教育水平将很快能够上一个新台阶，广大农村中小学学生接受义务教育的权利将会得到更加可靠的保障。

记者：6月29日，全国人大常委会通过了新修订的《义务教育法》，请您简要介绍《义务教育法》修订情况及其对我国义务教育的发展将产生哪些影响？

陈小娅：1986年，全国人大审议通过了《义务教育法》，标志着我国义务教育走上了法治轨道。《义务教育法》实施20年来，我国义务教育事业取得了伟大的历史性成就，实现了跨越式发展。在新的历史时期，义务教育面临着新的形势和任务，党中央、国务院对义务教育提出了新的政策措施，社会主义现代化建设对义务教育提出了新的要求，广大人民群众对义务教育提出了新的期望，需要我们在更高层次上实施义务教育，有必要对《义务教育法》进行修订，用法律形式保障义务教育持续、健康发展。

新修订的《义务教育法》，集中体现了20年来我国义务教育改革发展实践中的成功经验和重大成果。一是进一步明确了我国义务教育的性质。即义务教育是国家统一实施的所有适龄儿童、少年必须接受的教育，是国家必须予以保障的公益性事业，从而明确了义务教育的国家行为和政府责任。二是新修订的《义务教育法》明确规定，实施义务教育不收学费、杂费，并要求国务院制定不收杂费的实施步骤，为广大适龄儿童、少年接受免费的义务教育打下了坚实的基础。三是进一步完善了义务教育管理体制。即义务教育实行国务院领导，省、自治区、直辖市人民政府统筹规划实施，县级人民政府为主管理的体制。这是对"以县为主"管理体制的进一步完善。四是完善了义务教育经费保障机制。这是《义务教育法》修订中最大的热点问题。新修订的《义务教育法》在经费保障方面作出了重大创新，成为一大亮点。它强调了国家建立义务教育经费保障机制，将义务教育全面纳入财政保障范围，实行国务院和地方各级人民政府根据职责共同分担，省级人民政府统筹落实的体制。这是对我国教育经费投入体制的重大改革，为义务教育的持续、健康发展打下了坚实的基础。五是将素质教育写入法律，明确了义务教育的目标和教育教学的新要求。新修订的《义务教育法》第一次将素质教育从一般的政策指导转变为统一的法律规定，强调义务教育必须贯彻国家的教育方针，实施素质教育，提高教育质量，使适龄儿童、少年在品德、智力、体质的功能方面全面发展，为培养有理想、有道德、有文化、有纪律的社会主义建设者和接班人奠定基础。六是强调推进教育均衡发展。新修订的《义务教育法》从政府职责、基本办学标准、合理配置教育资源等方面对均衡发展做出了规定，为实现区域内教育公平打下基础。七是对义务教育教师队伍建设提出了新要求。教育大计，教师为本。提高教育质量，关键靠教师。新修订的《义务教育法》对教师的地位、职务、待遇及社会保障制度做出了详细的规定，对于提高教师素质将会发挥重大作用。八是对弱势群体接受义务教育的权利给予特别保障。新修订的《义务教育法》对家庭经济困难子女、流动家庭子女、残疾儿童少年接受义务教育作了特别规定。

1986年颁布的《义务教育法》保证了普九

历史任务的顺利完成，新修订的《义务教育法》为实施高质量、高水平的九年义务教育创造了条件，提供了法律制度的保证。《义务教育法》的修订，标志着我国义务教育事业站在了一个新的历史起点上，对我国义务教育的发展将具有重要的现实意义和深远的历史影响。

记者：目前我国地区之间、城乡之间以及区域内不同学校之间义务教育水平还存在较大差异，请问，政府在促进义务教育的均衡协调发展方面采取了哪些措施，取得了什么成效？

陈小娅：中国政府十分重视义务教育均衡发展问题，积极推进教育公平、公正。近年来，国家组织实施了一系列扶持中西部农村地区的特殊政策和计划，促进区域之间、城乡之间义务教育的均衡发展。2005年5月，教育部出台了《关于进一步推进义务教育均衡发展的若干意见》。采取的主要措施包括：一是要求各地尽快制定本地区义务教育学校的“最低保障线”，凡是低于标准的学校都纳入限期改造计划。二是加强县级政府对区域内教师资源的统筹，加大城乡教育对口支援力度。三是逐步建立规范化、科学化、制度化的义务教育教学质量监测评估体系和教学指导体系。四是对弱势群体学生给予特别的关注。五是建立义务教育学校监测和分析制度，把义务教育均衡发展作为评估地方人民政府教育工作的重要内容和考核地方主要领导干部政绩的重要指标。与此同时，各地正在采取积极措施推进区域内义务教育均衡发展。我们相信，随着各项政策措施的落实，义务教育均衡发展的工作将会出现更为可喜的局面。

2006年2月，国家教育督导团发布的《国家教育督导报告2005》显示，近年来，我国东、中、西部及城乡之间拥有的义务教育公共资源的差距正在逐渐缩小，政府对农村义务教育投入的增长率明显高于城市，各地区义务教育学校办学条件进一步改善，义务教育学校教师学历合格率进一步提高。实践证明，国家扶持农村义务教育的各项政策措施正在取得巨大成效，我国义务教育正在向均衡发展迈进。

最近新修订的《义务教育法》再次对推进义务教育均衡发展作出了制度上的安排。新修订的《义务教育法》要求各级政府合理配置教育资源，包括经费、课程、教学的质量、办学的基本条件、教师等。明确提出要缩小学校之间的办学差距，加强对薄弱学校的改造，提出“不得将学校分为重点学校和非重点学校”。此外，还明确要求学校建设应当符合国家规定的办学标准。

记者：教育涉及千家万户，近年来一些教育问题，如农民工子女就学、教育乱收费等成为社会各界和人民群众普遍关心的问题，请问，政府采取了哪些措施解决这些问题？

陈小娅：除了加强发展农村教育，促进义务教育均衡发展以外，中国政府十分重视人民群众关心的教育热点问题，切实为人民群众子女就学排忧解难。

一是认真解决进城务工农民子女的上学问题。2003年教育部与有关部门共同制定了《关于进一步做好进城务工就业农民子女义务教育工作的意见》，明确了“以流入地为主，以公办学校为主”解决进城务工农民子女上学问题的政策。2005年在《关于进一步推进义务教育均衡发展的若干意见》中进一步要求以公办学校为主做好进城务工农民子女义务教育工作，落实收费一视同仁政策，认真解决进城务工农民托留在农村的“留守儿童”在思想、学习、生活等方面存在的问题和困难等。目前不少地方都出台了进城务工农民子女就学的具体政策。进城务工农民子女就学问题在一些大中城市和沿海经济发达地区得到了较好的解决。

二是实行“两免一补”政策，解决农村孩子上学难的问题。2001年以来，国家实施“两免一补”（免学杂费、免教科书、补助寄宿学生生活费）政策，帮助贫困家庭子女接受义务教育，2005年，中央和地方财政共安排“两免一补”专项资金约64亿元。2005年国务院决定分两年免除农村地区义务教育阶段学杂费，享受城市居民最低生活保障政策家庭的义务教育阶段学生，与当地农村义务教育阶段中小学生同步享受“两免一补”政策，从而大大改善了经济困难家庭子女上学条件，有效解决了农村孩子上学难的问题。

三是坚决治理教育乱收费，减轻广大学生

的经济负担。中国政府一方面不断规范学校收费行为，另一方面坚决治理教育乱收费。教育部连续几年把治理教育乱收费列入重点工作之一，强化治理工作体制和机制，加强监督检查和责任追究力度。经过治理，教育乱收费现象初步得到遏制，广大受教育者的合法权益得到了较好的维护。

记者：职业教育是当前中国教育发展的一个新亮点。请问，政府在推进职业教育方面采取了哪些措施？

陈小娅：大力发展职业教育，对于走新型工业化道路，推进产业结构调整和经济增长方式转变，建设社会主义新农村至关重要。近年来，中国政府高度重视职业教育的发展，国务院召开职业教育工作会议，明确了“以服务为宗旨，以就业为导向”的职业教育发展新思路，采取了一系列推进职业教育发展的重大举措：加大了财政对职业教育的投入力度，组织实施了“国家技能型人才培养培训工程”、“国家农村劳动力转移培训工程”、“农村实用人才培训工程”、“成人继续教育和再就业培训工程”；加快了中等职业教育的发展，在一些发展较快地方，中等职业教育招生规模与普通高中达到1：1，力争在全国范围内推行中等职业教育招生规模与普通高中招生规模相当。2005年中等职业教育学校招生规模达到650万，中等职业学校毕业生就业率达到90％以上。职业教育的发展促进了广大受教育者的就业，特别是面向农村的职业教育，大大提高了广大农民的职业技能和转移就业能力，为经济社会发展培养了大量高素质的技能性人才。

记者：近年来，中国高等教育已经发展到大众化阶段。请问，国家在资助高等学校贫困学生方面采取了什么新举措？

陈小娅：在党中央、国务院的高度重视和领导下，经过各有关方面的共同努力，我国已经建立起了以国家助学贷款为主体的资助高校贫困家庭学生的六大政策体系，即积极推行学生贷款制度，建立各种形式的奖学金制度，开展勤工助学制度，实行特殊困难补助，推行学费减、免制度和提倡“绿色通道”制度。

这里，我想重点谈一下国家助学贷款制度。国家助学贷款是中国政府资助高校家庭困难学生的一项重要措施。2004年，国家进一步完善了国家助学贷款政策，改变贴息办法，延长还贷时间，完善风险防范机制等。在各级政府、各高等学校和有关金融机构积极推动下，国家助学贷款工作局面发生了显著变化。2004年6月国家助学贷款新政策、新机制实施以来，国家助学贷款的资助金额和资助人数均超过过去5年的总和。截至2005年12月底，全国累计已审批国家助学贷款学生206.8万人，累计已审批合同金额172.7亿元。国家助学贷款政策的有力实施，基本保证了公办高校贫困家庭学生顺利入学并完成学业，对于保障广大公民受教育权的实现发挥了重要的作用。

（《人权》2006年第4期）

推进司法行政工作改革和发展，依法尊重和保障人权

——访司法部副部长 张苏军

（2006年10月）

记者：您如何评价2002年以来，中国律师在促进和保障人权方面所做的工作？

张苏军：中国十分重视律师在司法人权保护中的作用，把律师参与刑事诉讼作为司法人权的一项重要内容，并在立法和司法实践中不断完善律师参与刑事诉讼的各项制度，通过保

障律师执业权利，进一步维护当事人在诉讼中的合法权益。2002年以来，我国律师行业持续快速发展，截至2006年7月，我国执业律师已达15万余人，其中专职律师11万余人，兼职律师7千余人，律师助理3万余人，律师事务所1万余家。广大律师积极参与诉讼活动。据统计，仅2005年，全国律师参与刑事诉讼案件达35.4万余件，其中为犯罪嫌疑人提供法律咨询、代为申诉控告近5.3万件，为犯罪嫌疑人申请取保候审2.1万余件，律师担任被告人的辩护人18余万件。律师的参与，最大程度地维护了犯罪嫌疑人、被告人的合法权益，为维护司法公正，保障当事人的合法权益做出了重要贡献，推动了我国司法领域人权事业的发展。

2005年，全国人大常委会还专门成立检查组，对《律师法》的实施情况进行了检查，并明确提出要进一步改善律师执业条件。为保障律师执业权利，各相关部门也先后出台了一系列规范性文件保障律师依法履行职责。如2004年，最高人民检察院出台了《关于人民检察院保障律师在刑事诉讼中依法执业的规定》，司法部出台了《律师会见监狱在押罪犯暂行规定》，全国各地也出台了许多保障律师执业权利的规范性文件。目前，正在进行的三大诉讼法以及《律师法》的修改工作，将进一步从法律制度层面加强对诉讼参加人司法人权的保护。

记者：有人说，衡量一个国家市场经济是否发达，要看它的证券业。衡量一个国家的法制完备程度，要看它的法律援助制度。对此，您怎么看？

张苏军：法律援助制度是国家设立的为经济困难公民或者特殊案件当事人减免费用提供法律服务的一项法律制度，其目的和宗旨是使困难群众和特殊案件当事人能够获得法律帮助，从而更好地维护他们的合法权益。这是一项体现“法律面前人人平等”的社会主义法制原则，贯彻以人为本、执政为民宗旨的法律制度，被人们称为“光彩事业”，是我国法制建设中的一个亮点。我国的法律援助制度虽然起步较晚，但发展很快。1994年初司法部正式提出探索建立有中国特色的法律援助制度，2003年国务院颁布《法律援助条例》，明确规定法律援助是政府的责任，标志着我国法律援助制度正式全面建立。目前，全国已经建立了法律援助机构2774个，初步形成了较为完整的有中国特色的法律援助体系。2003年，全国共办理各类法律援助案件近17万件，比上一年增长23%，受援对象近30万人，有效地维护了受援人的合法权益。2005年，全国律师共办理法律援助案件11万多件，近18万人次接受了律师的法律援助。我国律师以积极的实际行动充分保障了人民群众的合法权益，大力促进了我国人权事业的发展和进步。

除推动律师在刑事司法领域促进和保障人权方面发挥作用外，司法行政部门还积极引导和推动广大律师积极开展对社会弱势群体的法律服务和法律援助。近年来，司法部会同相关部门发布了一系列有关法律援助的规范性文件，如2004年6月与建设部联合发布的《关于为解决建设领域拖欠工程款和农民工工资问题提供法律服务和法律援助的通知》，2004年10月与中国残疾人联合会发布的《关于为残疾人提供无障碍法律服务和法律援助的通知》，2005年9月与最高人民法院、最高人民检察院、公安部联合发布的《关于刑事诉讼法律援助工作的规定》，与最高人民法院联合发布的《关于民事诉讼法律援助工作的规定》等，为规范和加强法律援助工作提供了制度上的保障。

记者：中国罪犯享有哪些人权？您如何评价中国政府为改善罪犯人权所做的具体工作？

张苏军：中国罪犯的合法权益依法受到保护。根据我国宪法和监狱法等法律法规的规定，中国罪犯享有生存权和人身权、政治民主权利、控告申诉检举权、劳动报酬权和文化教育权等10多种权利。2004年，司法部下发的《现代化文明监狱标准》第17条规定，依法保障罪犯的人身安全、合法财产和辩护、申诉、控告、检举等权利。尊重罪犯人格，不发生体罚虐待罪犯的事件。

在保障罪犯的受教育权方面，《现代化文明监狱标准》规定，“建立健全教育改造工作制度，对罪犯实行正规、系统的思想、文化和职业技术教育。成年罪犯的教学时间每年不少于500课时，16～18岁的未成年犯每年学习时间不少于1000课时，16岁以下未成年犯全天学习。”据统计，2004年，全国监狱系统共有222293人参加小学文化教育，107374人参加初中文化教育，6013人参加高中水平文化教育，15341人参加了各种高等教育学习。有8573333人参加职业技术教育，获得劳动部门颁发的技术证书126994个人。

为保障罪犯的健康权，《现代化文明监狱标准》规定，“按实物量保障罪犯膳食和被服供给，不发生集体食物中毒事件，不发生食物中毒死亡事故”，“建立罪犯健康档案，保障罪犯的基本医疗，罪犯中的发病率和病死率低于当地城镇居民的水平”，“加强对结核病等甲、乙类传染病的防治工作，提高治愈率，减少发病率”。国家不断加大监狱投入，提高罪犯生活水平，并进一步完善三级医疗、防疫网络，让每一名罪犯都得到免费诊疗，罪犯的结核病、肝炎等传染性疾病得到有效控制。司法部还会同有关部门印发了《全国劳教场所艾滋病预防与控制实施办法（试行）》、《全国劳教场所结核病预防与控制实施办法》和《关于印发对监管场所被监管人员开展艾滋病病毒抗体检测工作方案的通知》等规范性文件。司法行政部门还十分重视罪犯的心理健康问题，一些监狱专门培养罪犯心理矫治师，帮助罪犯进行心理矫治，使其健康回归社会。

此外，在罪犯的休息权和取得劳动报酬权方面，《现代化文明监狱标准》规定，“依法对罪犯实施劳动保护和劳动报酬制度。按规定配发和使用劳动保护用品，对因工伤亡的罪犯，按规定给予补偿。罪犯的生产技能和劳动表现与劳动报酬挂钩。”

2003年1月，国务院批转了《司法部关于监狱体制改革试点工作指导意见》，确定了“全额保障、监企分开、收支分开、规范运行”的监狱体制改革目标，从财政供给体制、教育改造、监狱规范化运行等方面，完善刑罚执行体制，保障在押犯人的合法权利，提高教育改造质量。2003年，司法部制定实施了《监狱教育改造工作规定》、《监狱提请减刑假释工作程序规定》、《外国籍罪犯会见通讯规定》等规章，对在押罪犯的合法权利进一步作了明确的规定。

同时，司法行政部门还积极探索监狱刑罚执行方式、管理方式改革，全面实行狱务公开，推进监狱工作法制化建设，依法保障罪犯合法权益。监管场所普遍推行了检察官接待制度，加强了在押人员的伙食和卫生防疫监督，重视在押人员的身体健康和财产保护，完善在押人员权利告知制度、检务公开制度和会见等制度，有效地维护了在押人员的合法权益。截至2004年底，全国检察机关在大型监狱或监狱、劳教所集中地区已设立77个派出检察院，在中小型监狱、劳教所和看守所设立3700多个派驻检察室，对全国90％以上的监狱、看守所、劳教所实行了派驻检察，监督体制日趋完善。

记者：自1996年中国修订《刑事诉讼法》以来，我国刑罚执行方式发生了哪些变化？

张苏军：现代刑罚理念已从过去单纯的“报应刑”向“目的刑”、“教育刑”转化，对犯罪人施以刑罚的目的不仅仅在于报复已然的犯罪，而是通过教育、矫正和改造，使其重新回归社会。伴随这一刑罚理念的变化，刑罚执行方式也由过去的监禁刑为主向监禁刑与非监禁刑并重的方向发展。自我国1996年修改《刑事诉讼法》以来，为适应我国政治、经济、社会、文化以及现代刑罚理念的发展要求，有必要积极探索刑罚执行制度的改革。2003年7月，司法部与最高人民法院、最高人民检察院、公安部联合印发了《关于开展社区矫正试点工作的通知》，并首先在6个试点省市开展了社区矫正工作，取得了明显成效，现在试点省（区、市）已增至18个。

所谓社区矫正，是将符合条件的罪犯置于社区内，由专门的国家机关在相关社会团体和民间组织以及社会志愿者的协助下，在判决、裁定或决定确定的期限内，矫正其犯罪心理和行为恶习，并促进其顺利回归社会的非监禁刑罚执行活动。社区矫正是与监禁矫正相对的行刑方式，是积极利用各种社会资源、整合社会各方面力量，对罪行较轻、主观恶性较小、社会危害性不大的罪犯或者经过监管改造、确有悔改表现、不致再危害社会的罪犯在社区中进行有针对性管理、教育和改造的工作，是当今世界各国刑罚制度发展的趋势，体现了对罪犯人权的保护，是一种人道的处罚机制，使我国司法人权保护的内涵得以深化。

根据中国现行法律的规定，社区矫正的适用范围主要包括被判处管制、缓刑、暂予监外执行、假释以及剥夺政治权利的5类犯罪人。据统计，截至2006年5月，第一、第二批试点单位累计接收社区服刑62095人，解除矫正18435人，实有社区服刑人员43660人，其中管制1330人、缓刑28867人、假释4423人、暂予监外执行1676人、剥夺政治权利7364人。实践证明，社区矫正工作取得了良好的法律效果和社会效果，重新违法犯罪的现象得到了有效控制，被矫正人员的重新犯罪率仅为0.448%，刑事发案率下降，社区矫正逐步得到社会认可。

记者：中国目前在通过法制宣传提高公民的权利保护意识方面具体做了哪些工作？

张苏军：人权的实现和保障有赖于公民对法律的尊重，而包含了人权观念在内的规范意识的养成，既是法律正确实施的基础，也是实现和保障人权的基础。扎实有效的法制宣传教育，则是增强全体公民法律意识和法制观念的重要途径。因此，我国在完善立法、不断推进人权观念和人权保护制度化的基础上，更加注重公民民主法制意识和人权观念的培养。在全体公民中开展深入持久的法制宣传教育活动，是中国加强人权保护和建设社会主义法治国家的一项创造性工作。

公民了解自己的权利，正确行使法律赋予的各项权利，同时通过积极履行义务实现对他人和社会公众人权的尊重和保障，有利于在全体公民中培养和树立权利义务对等观念，这是法制宣传教育不容推卸的责任和工作目标所在。此外，加强法制宣传教育，有利于提高各级国家机关和国家公职人员的法制观念和依法办事的能力，这是保证国家机关在宪法和法律范围内行使国家权力，尊重和保障人权的重要前提和基础。

中国自1986年开始实施第一个五年普法规划，现在，正处于第五个五年普法教育工作阶段。“四五”普法期间，各地区、各部门通过举办培训班、集中开展“12·4”全国法制宣传日活动、“送法下乡”、“法律进社区”等形式，普遍加强了宪法和其他法律法规的学习宣传，引导公民自觉依法维护自身合法权益。通过宪法和法律法规的宣传教育，广大公民逐步提高了依法行使权利、履行义务、参与民主管理、维护合法权益的意识，增强了运用法律处理问题的能力。

从2006年开始，我国进入了全面实施第五个五年普法规划的阶段。这一阶段法制宣传的主要目标是：通过深入扎实的法制宣传教育和法治实践，进一步提高全民法律意识和法律素质；进一步增强公务员社会主义法治理念，提高依法行政能力和水平；进一步增强各级政府和社会组织依法治理的自觉性，提高依法管理和服务社会的水平，实现这一目标是依法保障人权的根本保证和基本途径之一。“五五”普法期间，我们将切实加强以下工作，使法制宣传教育工作在推进人权保障事业发展中发挥更加积极的作用：一是坚持以人为本的原则，促进社会和人的全面发展，把服务群众、切实维护最广大人民群众的根本利益，作为法制宣传教育的终极目标；二是要把在公民中培养和树立正确的权利义务观念，作为法制宣传教育的重要任务；三是要综合、合理、有效地利用各种社会资源，动员一切可以利用的力量，推进法制宣传教育的发展。

（《人权》2006年第5期）

贯彻科学发展观、努力解决环境问题

——访国家环保总局局长 周生贤

（2006 年 12 月）

记者：近些年来，环境问题越来越受到社会各界广泛关注，去年还发生了国内外注目的松花江水污染事件，请对这方面的情况做一个简单介绍。

周生贤：2005 年 11 月 13 日发生的松花江重大水环境污染事件，给沿岸人民群众生产生活带来严重影响，使全国环保系统经历了一次特殊考验。在党中央、国务院直接领导下，国务院有关部门，吉林、黑龙江两省政府和驻军、武警部队共同配合，积极开展污染防控工作。总局机关、直属单位以及 11 个省市环保部门的 300 多名干部和专家，在 40 多个日日夜夜中，冒严寒、踏冰雪，战斗在松花江污染防控第一线。我们与有关地方和部门联合行动，及时监测和预测污染迁移变化情况；与俄方专家积极协作，联合开展水质监测，坦诚相见，增信释疑，及时向国际社会发布信息，并主动加强与有关国际组织的交流，展示了我负责任的大国形象；指导沿江各地严格控制污染物排放，重点保护好饮用水源地，制定并实施科学的用水方案。经过扎实有效的工作，确保了松花江沿岸居民的饮用水安全，实现了温家宝总理“绝不让一个人喝不上水，也绝不让一个人喝上污水”的谆谆嘱托，让沿岸群众消除了顾虑，过了一个安全祥和的春节。2006 年3 月 29 日，国务院常务会议审议并原则通过《松花江流域水污染防治规划》，“十一五”松花江流域水污染防治工作全面展开。

这一事件的妥善处置，充分显示了以胡锦涛同志为总书记的党中央驾驭国内外复杂形势的能力，体现了社会主义集中力量办大事的优越性，同时也展示了“忠于职守、造福人民，科学严谨、求实创新，不畏艰难、无私奉献，团结协作、众志成城”的中国环保精神。松花江水污染防控工作积累的经验，是有效应对突发环境事件的一笔宝贵财富。

记者：从 2004 年开始，全国各地连续开展了多种形式的环保专项行动，成效如何？

周生贤：在今年初召开的第六次全国环境保护大会上，温家宝总理特别强调，要深入开展整治违法排污企业、保障群众健康专项行动，决不允许违法排污的行为长期进行下去，决不允许严重危害群众利益的环境违法者逍遥法外。

深入开展环保专项行动，是保障人民群众根本利益的实际行动，是实现“十一五”环保目标的重要保障，是促进产业结构优化升级的重大措施。因此，我们高度重视环保专项行动，协调包括发改委、监察部、工商总局、司法部、安监总局、电监会等有关部门成立了全国环保专项行动联席会议，每年针对突出的环境问题，确定行动内容，并进行周密部署，严厉打击环保违法行为。2006 年环保专项行动取得了明显成效。截至 8 月底，全国已经出动执法人员 66 万人次，检查企业 29 万余家，查处环境违法企业 1.2 万余家。全国共挂牌督办各类典型环境案件 5116 起，其中省级以上挂牌督办 445 件，市县挂牌督办 4671 件。环保专项行动的深入开展使违法排污上升的势头得到一定遏制，一批群众反映强烈的突出环境问题得到较好解决，一些地区的环境质量有了改善，赢得了广大人民群众的拥护。

记者：如何加强环境法治建设是人们比较关心的话题，但目前的状况给人们的感觉是，发生环境突发事件后，行政手段运用较多，法律手段则较少，国家环保总局在这方面有什么重要举措？

周生贤：环保工作以往确实存在过分依赖行政手段的问题，这种模式的缺陷是削弱了管理的力量，影响了环境保护的效果，使得以牺牲环境换取经济增长的状况难以改变。温家宝总理在第六次全国环保工作会议上明确提出，要把用行政办法保护环境转变为综合运用法律、经济、技术和必要的行政办法解决环境问题，自觉遵循经济规律和自然规律，提高环境保护工作水平。这标志着解决环保问题的方式也要实现新的转变。

做好环保工作，关键在法治。“立法是依据，执法是关键，监督是保证”。这是我国法制工作的经验总结，也是建设完备的环境执法监督体系的基本要求。我们正在抓紧修改和完善现行法规标准的工作，力争通过5～10年的努力，形成覆盖环境保护各个领域、门类齐全、功能完备、措施有力的环境法规标准体系，从根本上解决“违法成本低、守法成本高”的问题，切实把环境保护纳入法制化轨道。

构建环保法治，执法是关键。建设完备的环境执法监督体系是我们环保总局今年的两大重点工作之一。完备的环境执法监督体系必须达到权责明确、行为规范、监督有力、高效运转的要求。在执法活动中，首先，要有健全的环境行政执法责任制。将行政执法权力与执法责任有机结合，健全责任追究制度，完善环保系统内部稽查机制。二要依法界定执法职责，科学设定执法岗位，明确执法程序，公布执法结果。三要有健全的执法机构、强有力的执法队伍和先进的执法装备。四要建立内部监督、层级监督和外部监督相结合的监督机制，完善环境违法举报制度。五要建立污染受害者法律援助机制、环境民事和公诉制度，完善环境犯罪案件移送程序。

执法监督是法律赋予环保部门的神圣职责，是党和人民的重托。但我们也认识到，落实执法监督职责还有一定困难，需要以更大的决心、下更大的力气破解执法难题，依法强化管理，切实提高执法监督水平。

记者：目前，随着全球一体化步伐的不断加快，世界各国都日益重视环境保护的国际合作，请介绍一下我国环境保护国际合作方面的情况。

周生贤：保护环境是人类共同的事业。当前，环境问题已经成为国际关系、国际贸易的重要内容和影响国家对外形象的重要因素，也是国际合作中最活跃的领域之一。

中国在努力解决国内环境问题的同时，积极采取多种形式开展国际环境合作，努力与周边国家合作共同解决区域环境问题，通过多边、双边渠道开展交流与合作，与国际社会一道，为促进区域及全球环境问题的解决做出了不懈努力和应有的贡献。近几年，国家环保总局在环境保护国际合作方面主要抓了以下工作。

第一，积极参加多边环境事务，履行国际环境公约义务。中国积极参与了联合国等国际机构发起的全球环境保护进程。多年来，中国派高级代表团参与联合国可持续发展委员会历次会议、可持续发展世界首脑会议及其系列筹备活动。中国与联合国环境规划署在荒漠化防治、生物多样性保护、臭氧层保护、清洁生产、循环经济、环境教育和培训、长江中上游洪水防治、区域海行动计划和防止陆源污染保护海洋全球行动计划等领域开展了卓有成效的合作。中国与联合国开发计划署、世界银行、亚洲开发银行等国际组织建立了有效的合作模式。

中国积极参加了多边环境协议的相关谈判和履约工作。中国是《联合国气候变化框架公约》及其《京都议定书》、《关于消耗臭氧层物质的蒙特利尔议定书》、《巴塞尔公约》、《鹿特丹公约》、《斯德哥尔摩公约》、《生物多样性公约》及其《卡塔赫纳生物安全议定书》、《联合国防治荒漠化公约》等50多项环境公约的缔约方，并以负责任的态度，积极履行条约规定的各项义务。

第二，加强与周边国家的合作，为解决区域性环境问题做出努力。中国加强和推动与周边国家或相关地区的合作，积极参与区域合作机制化建设，为解决区域性环境问题做出了积极努力。中国积极推动并参加的亚太地区区域性环境合作机制有：中日韩三国环境部长会议、东盟与中国（10+1）环境合作、东盟与中日韩（10+3）环境合作、东亚酸雨监测网、东北亚区域环境合作和东北亚环境合作会议、东北亚沙尘暴监测与预警合作、大湄公河次区域环境合作等。这些机制的建立与实施，对于沟通信息、采取共同行动防止和减轻区域性环境问题起了很好的作用。

中国还加强了与其他区域的合作。如举办“面向非洲的中国环保”主题活动，推动中非在环保领域的交流与合作。2005年与联合国环境规划署共同举办了中非环保合作会议，并在刚果（布）援建了联合国环境署中国非洲环境合作中心。中国政府还举办了“非洲和阿拉伯国家水污染和水资源管理研修班”，帮助非洲和阿拉伯国家开展环境培训。

第三，积极开展双边合作，加强与世界各国在环境保护方面的交流与合作。中国先后与美国、德国、日本、加拿大、俄罗斯、韩国、印度、蒙古、朝鲜、巴西、南非等42个国家签署双边环境保护合作协议或谅解备忘录，与11个国家签署核安全合作双边协定或谅解备忘录。在环境政策法规、污染防治、生物多样性保护、气候变化、可持续生产与消费、能力建设、示范工程、环境技术和环保产业等方面广泛进行了交流与合作，取得一批重要成果。中国还与欧盟、日本、德国、加拿大等13个国家和国际组织在双边无偿援助项目下开展了多项环保领域的合作。对提高中国环境管理和环境领域的科技水平，以及促进国际间环保产业商贸合作发挥了积极的作用。

（《人权》2006年第6期）

关注农村妇女土地承包权及相关经济权益的实现

全国妇联副主席　莫文秀

（2006年12月）

在我国现阶段，土地是农村女最基本的生产生活资料和最重要的物质保障，土地承包和相关经济权益是直接涉及农村妇女利益的重要权益。切实保障农村妇女的土地承包和相关经济权益，对于依法维护妇女权益，调动广大农村妇女积极参与社会主义新农村建设具有十分重要的现实意义，对于促进社会公平正义，构建社会主义和谐社会将产生积极而深远的影响。

一、我国保障农村妇女土地承包和相关经济权益的基本状况

多年来，我国党和政府高度重视农村妇女的土地承包和相关经济权益，积极制定政策，完善相关立法，健全工作机制，畅通救济渠道，有效保障了农村妇女土地承包和相关经济权益，促进了广大农村的社会稳定和经济发展。

一是保障农村妇女土地承包和相关经济权益的法律基本确立。《中华人民共和国宪法》第48条规定，“中华人民共和国妇女在政治的、经济的、文化的、社会的和家庭的生活等各方面有同男子平等的权利”，从国家根本大法的高度对保障女性权益提供了法律依据。《民法通则》第105条规定，“妇女享有同男子平等的民事权利”，以基本法的形式赋予广大妇女作为普通民事主体参与民事法律关系的主体资格。《婚姻法》第13条、第17条、第24条，明确了夫妻间对共同财产的平等处分权，并为土地经营承包权在夫妻之间的有限继承奠定了基础。《农村土地承包法》第6条规定，“农村土地承包，妇女与男子享有平等的权利。承包中应当保护妇女的合法权益，任何组织和个人不得剥夺、侵害妇女应当享有的土地承包经营权。”这就以专门法的形式明确了妇女在土地承包经营中享有与男子平等的权利，为各省（自治区、直辖市）制定出台地方性法规提供了直接的法律依据。《妇女权益保护法》第32条和第33条明确了妇女享有的土地承包权益和相关经济利益，尤其是特别规定了不得因女性婚嫁而侵害其土地权益。《最高人民法院关于审理农村土地承包纠纷案件适用法律问题的解释》为人民法院审理土地承包经营权纠纷提供了切实可行的法律依据。

二是保障农村妇女土地承包和相关经济权益的政策措施逐渐完善。2001年5月，中共中央办公厅、国务院办公厅下发了《关于切实维护农村妇女土地承包权益的通知》，规定农村妇女不论是否婚嫁，都与具有相同条件的男性村民享有同等权利，任何组织和个人不得以任何形式剥夺其合法的土地承包权、宅基地使用权、集体经济组织收益分配权和其他有关经济权益。2004年，国务院下发《关于深化改革严格土地管理的决定》，对完善征地补偿和安置制度做出明确规定，充分保障农民权益。2006年8月，国务院再次发出《关于加强土地调控制有关问题的通知》，在解决被征地农民的长远生计方面作了进一步规定。为保障妇女获得经济资源的平等权利和机会，我国政府先后制定颁布了《中国妇女发展纲要（1995—2000年）》和《中国妇女发展纲要（2001—2010年）》，将“妇女与经济”列入政府优先发展的六大领域之一。各省（自治区、直辖市）分别编制了各自的《妇女发展规划》，将妇女参与经济发展纳入到当地经济和社会发展总体规划之中，为妇女群众实现包括土地承包权在内的经济权益提供了保障。目前，全国已有11个省（自治区、直辖市）制定出台了土地承包法实施办法或条例，4个省（自治区、直辖市）制定下发了关于妥善解决当前土地承包纠纷的意见。十多个地方人民政府和有关部门专门下发文件或在出台地方性政策时，强调维护妇女的土地承包权益。可见，我国基本确立了以宪法为依据，以民法通则、婚姻法、农村土地承包法、妇女权益保护法等专门法及司法解释为主要内容，以地方性法规和相关政策为补充的保障农村妇女土地和相关经济权益的法律、法规与政策体系。

三是保障农村妇女土地承包和相关经济权益的工作力度不断加大。在第二轮土地承包中，各级政府及其主管部门认真贯彻落实中央文件精神，以“大稳定，小调整”为原则，严格规范农村土地承包行为，有效地保障了农村妇女的土地承包和相关经济权益的实现。农业部等部门积极牵头，展开了农村土地承包政策法律贯彻执行情况检查，督促各地落实相关法律规定。基层政府部门、司法机关和妇联组织还通过调查研究，清理违法的村规民约，着力解决侵权个案，正确引导和教育群众，纠正错误的观念和做法。通过各有关部门大力宣传男女平等基本国策、《宪法》、《土地承包法》和《妇女权益保障法》等法律和政策，营造了维护农村妇女土地承包和相关经济权益的良好社会氛围，增强了广大农村妇女依法维护自身权益的意识和能力。通过人大、妇联等有关部门深入开展调查研究，为《土地承包法》、《妇女权益保障法》等涉及农村妇女土地和相关经济权益的法律法规的制定和修改提供了重要依据，从源头上维护了农村妇女权益。通过行政、司法、审判机关之间的积极协调，疏通了妇女投诉渠道，及时有效地化解了社会矛盾和纠纷，依法维护妇女土地承包和相关经济权益。

二、当前我国农村妇女土地承包和相关经济权益保障存在的主要问题

随着农村改革的进一步深化和城镇化进程的加快，农村妇女土地权益问题逐渐发展成为在集体经济组织的收益分配中侵害农村妇女土地承包权益衍生出的经济利益（如土地补偿费、土地股份分红等）和相关福利待遇。据第二期中国妇女社会地位抽样调查结果显示，名下没有土地的农民占全国农业人口总数的8.3%，其中71%是女性。近年来，全国妇联系统受理农村妇女土地权益信访案件呈现明显上升趋势，在这些案件中，侵权对象由过去的普通农村妇女转变为以出嫁女为主，侵权形式由过去的村干部个人意志转变为村规民约，侵权客体由过去的土地承包权转变为土地收益分配及征地补偿费的特点。主要问题有：

一是家庭成员中男女两性享受不同的承包待遇。家庭承包中的承包方是本集体经济组织的农户，而在农户中，并不是所有的家庭成员都能享受到平等的承包份额。有的农村将女性折抵作半个男性计算；在个别地方，仅有“户”中的男性成员可作为土地承包经营权的

享有者，而女性成员则无权参与土地承包权的分配；还有的地区对30年期限中的家庭人口增减进行预测，对未婚男性成员多的家庭预先留出了未来的“媳妇”及其子女的耕地，而对未婚女性成员多的家庭，则预先扣除了“待嫁女”的耕地。

二是侵害农村妇女土地权益的形式多样。某些地方只给出嫁女本人分配；其子女按一定比例分配，或不给子女分配；某些地方出嫁女及其子女如果要享受同村村民待遇，必须向所在村交纳一定的生产基金，多则数万元，少则数千元（也叫落户费）；某些地方对男方离异再婚的采取“出一进一”的政策，即只有现任妻子享受村民待遇，原配妻子则失去相关权利；某些地方在股份分配和集体经济分红上对离婚、丧偶妇女按照婚姻存续年限加以限制。

三是权益受侵害的妇女范围扩大。从权利受侵害的人群来看，上世纪九十年代主要是“农嫁非”妇女（农村户口的妇女嫁给非农业户口的男性），她们结婚后户口仍在娘家，但不能享受所在村村民待遇。现在一些地区发展为出嫁女、离婚丧偶妇女、男到女家落户的全家、嫁入妇女等都不能平等享受村民待遇。从地域范围来看，不少地区不同程度地存在农村妇女土地权益问题，其中，自然条件和经济条件越好的地方越突出，城乡结合部和经济开发地区问题更加集中。

三、妇女法定土地权益与现实情况存在差距的原因

农村妇女土地承包和相关权益问题，特别是征地补偿款和集体经济组织收益分配问题比较突出，这在我国社会转型时期是难以避免的，其原因主要有：

一是法律对“农村集体经济组织成员”没有明确规定。农村集体经济组织成员有权依法承包由本集体经济组织发包的农村土地。那么，如何界定“农村集体经济组织成员”？我国法律对此还未做出明确规定。多年来，我国农村制度使村民、农民和社员三种身份合为一体，并习惯以户口为确认依据。随着城市化进程的加快，进城外嫁女大量出现。她们中的一部分由于不能进城落户，户口仍保留在农村。如果以户口作为确认农村集体经济组织成员身份的依据，那么，这部分外嫁女应当享有土地承包权。而当地村民认为，这部分外嫁女虽然户口没有迁出，但对村里不尽任何义务，不应同本村其他村民享有同等待遇。农村集体经济组织成员资格是判定村民是否享有土地承包权的依据，现有所有法律对集体经济组织成员资格问题都没有明确规定，造成各地标准不统一，容易发生纠纷。

二是封建传统观念的不良影响。受传统“从夫居”的习俗和歧视妇女、漠视妇女权利的封建观念影响，在土地资源紧缺，人地矛盾突出的地方，大多数村民为了得到更多可分配的利益，认为“嫁出去的姑娘，泼出去的水”，出嫁女、离婚妇女不属于本村的居民，不应与村民争利。在经济条件较好的村，特别是城郊结合部，村民担心妇女出嫁或改嫁后不愿迁出本村，或者将男方户口迁入女方村，导致人均收入下降，危及自身的利益，因此不惜以违反法律为代价，采取村民大会或村民委员会表决形式，牺牲作为少数人的妇女的经济利益，做出违法的决议，解决利益分配中的矛盾。由于对侵害妇女土地承包和相关经济权益问题的严重性认识不足，一些地方执法机构在发生此类侵权问题时，没有及时采取措施予以纠正和妥善解决。

三是缺乏有效的救济措施。许多集体经济组织在制定土地承包和相关利益分配方案时，没有充分考虑到传统婚嫁习俗造成的人口流动与土地的不可流动性之间的矛盾，在发包土地、分配土地征用补偿费或土地股份时，没有预留机动份额，而是全部发放到村民手中，导致发生纠纷后无法重新进行分配，也很难对权益受侵害的妇女进行物质补偿。一些乡镇一级地方政府在解决此类问题时存在畏难情绪，在村民实行自治权，侵犯妇女合法权益时，不主动开展宣传和思想教育工作，不深入调查，有个别不能为妇女提供有力的行政救济。2005年，最高人民法院出台了《关于审理涉及农村土地承包纠纷案件适用法律问题的解释》，但部分案件法院在受理后发现情况复杂、举证困难，部分

案件在妇女胜诉后判决难以执行。此外，非诉讼化解社会矛盾的机制尚不完善，土地承包仲裁机构在全国尚未普遍建立并发挥有效作用，人民调解介入此类纠纷还在探索过程中，尚未广泛发挥作用。

四是村规民约对于妇女实现土地权益的影响。村规民约强调对村里共有财产的保护和集体利益的维护。当前，部分农村以村委会决定或村规民约等形式，限制和取消出嫁女的土地权益，出现了不少村规民约与法律规定内容相悖，却为大多数村民所接受和认可，甚至出现村规民约大于法的现象。有的地方利用村规民约强行剥夺出嫁女的土地权益，有的以限制女性婚姻自由来缓解人地矛盾，有的附加女性获得土地权益的条件。利用村规民约限制和剥夺妇女土地承包权、收益分配权，已经成为侵害农村妇女土地和相关经济权益的主要形式。

四、保障农村妇女土地承包和相关经济权益的建议

为了进一步促进土地承包制度的完善，解决保障农村妇女土地承包和相关经济权益中存在的问题，建议从以下几个方面采取相应措施。

一是深刻认识保障农村妇女土地和相关经济权益的重要性。妥善解决农村妇女土地权益问题，消除对妇女的性别歧视，保护妇女及其家庭的生存和发展，是贯彻落实以人为本的科学发展观的重要体现，是宪法尊重和保障妇女人权的必然要求，是维护农村稳定，促进社会主义新农村建设的题中应有之意。各级党委、政府、司法机关及社会各界应进一步提高认识，增强做好农村妇女土地权益保障工作的责任感和紧迫感，将这一工作摆上重要议事日程，采取有效措施，不断推动问题解决。要大力宣传男女平等基本国策和有关农村妇女土地权益保护的法律、政策，不断提高农村群众的法律意识和政策水平，逐渐消除歧视妇女的传统观念。要强化政府和相关部门工作人员的责任意识，切实保护农村妇女土地权益，努力做到严格执法和监督，积极促进农村社会稳定。

二是充分发挥政府在农村妇女土地和相关经济权益保障中的主导作用。各地的实践经验表明，凡是农村妇女土地权益纠纷解决得好的地方，政府都发挥了重要的主导作用。为进一步保障好农村妇女土地权益，应进一步发挥政府的主导作用。要加强领导，妥善处理和平衡各方利益关系。坚持“尊重历史和现行法律相结合、权利和义务相结合”的原则，协调各方关系，引导村民依法制定土地及集体经济收益分配的方案，推动问题的解决。要加强管理，清理违法的村规民约。通过制定和实施政策，加强对土地承包及相关利益分配程序的管理和控制；将备案审查与走访调查相结合，对农村各种自治章程、村规民约、农村集体经济组织利益分配规定等进行全面检查，坚决废止同维护妇女权益法律法规相冲突的内容，并切实加强对整改情况的督促检查，完善相应的处罚措施，对违反有关规定的坚决予以纠正并追究责任。要拓宽维权渠道，强化救济手段。充分发挥调解的作用，指导人民调解委员会开展工作；健全和完善土地仲裁制度，加快仲裁机构的建设；从法律、行政、纪律等多方面采取措施督促政府职能部门依法履行职责。

三是为权益受损的农村妇女提供有效的司法救济。随着农村土地承包法、妇女权益保障法等法律的制定和修改完善，农村妇女权益得到进一步的制度保障，司法保护力度不断加大。但由于多种因素的影响，法律赋予的权益在实际生活中有许多难以落实，农村妇女在土地承包及相关经济权益受侵害时，不能得到有效司法救济的问题依然突出。为此，建议法院在处理农村妇女土地权益诉讼过程中，要依法受理和及时审理符合条件的诉讼请求。要在审理农村妇女土地权益纠纷案件时坚持法律基本原则与法律条文相结合，准确适用法律，以人为本，支持妇女的合理诉求。要进一步加强有关农村妇女土地承包及相关财产权益司法救济的调查研究，总结经验，应用到审判实践当中，并适时制定和修改配套的司法解释。

四是及时完善相关法律制度。尽管近年来有关农民土地权益保护的法律制度不断健全和完善，但是，农村集体经济组织成员资格认定这一重要的问题仍然是法律上的空白。这也是目前大量引发农村妇女、新生人口以及其他原因迁入人口与集体经济组织发生利益纠纷且司法保护不力的根本原因。农村集体经济组织成员资格是一项重要的公民权利，按照《立法法》的规定，必须由法律来规范，行政法规、地方性法规、政府规章以及法院的司法解释都无权做出规定。因此，建议全国人大尽快通过立法对这一问题加以规范。此外，家庭成员个人权益如何在家庭承包中体现，如何纠正村民自治中的违法现象等问题，都是为保障农村妇女合法权益所必须解决的问题，在国家立法条件成熟之前，可以通过地方立法等方式先行进行探索和实践，为促进国家立法奠定基础。

（《人权》2006 年第 6 期）

在“中国人权展”开幕式上的致辞

——国务院新闻办公室主任 蔡 武

（2006 年 11 月 17 日）

尊敬的何鲁丽副委员长，尊敬的罗豪才副主席，各位领导，各位来宾，朋友们：

由国务院新闻办公室、中国人权研究会和中国人权发展基金会主办的“中国人权展”今天开幕了。首先，请允许我代表主办单位，向出席开幕式的各位领导、来宾和朋友们表示热烈的欢迎和衷心的感谢！

“中国人权展”，是我国举办的第一个以人权为主题的大型、综合性展览。通过这个展览，我们希望向国内外的公众展示中国人民为争取和实现人权所进行的艰难曲折的斗争历程，展示新中国成立 57 年来，特别是改革开放以来中国人权事业取得的发展和进步，展示以胡锦涛同志为总书记的新一届中央领导集体坚持以人为本、全面协调可持续的科学发展观，努力构建和谐社会与和谐世界的新的重大战略思想。展览用大量图片、图表、声像资料和实物，再现了以毛泽东、邓小平、江泽民同志为核心的三代中央领导集体和以胡锦涛同志为总书记的党中央，领导中国人民为促进和享有充分的人权所做的不懈努力，真实纪录了中国在促进人民的生存权、发展权和维护公民的政治、经济、社会、文化权利，人权的法制保障，少数民族、妇女、儿童、老年人和残疾人的人权保障，以及积极开展国际人权交流与合作等方面的情况。

今年是联合国通过《公民权利和政治权利国际公约》和《经济、社会和文化权利国际公约》40 周年，也是我国发表第一个人权白皮书《中国的人权状况》15 周年，在这个时候举办“中国人权展”，体现了中国承认和尊重联合国人权宪章和国际人权基本准则的积极态度，表明坚持“国家尊重和保障人权”宪法原则，不断推动中国人权事业的进步和发展是中国党和政府执政兴国的重要理念。

我相信，通过参观这个展览，大家可以对中国的人权状况有一个比较全面、客观的了解，对具有中国特色的人权发展道路有一个更加清晰的认识，对中国人民在构建社会主义和谐社会中促进和实现人权事业的更大发展更加充满信心。

在筹办这个展览过程中，我们得到了中央、国家机关几十个单位的大力支持和帮助，在这里，我代表主办单位向所有为“中国人权展”提供支持和帮助的单位和人员表示衷心的感谢！

预祝“中国人权展”获得圆满成功。

谢谢大家！

共建“人人享有人权”的和谐世界

——全国人大常委会副委员长蒋正华在“尊重和促进人权与建设和谐世界”国际研讨会开幕式上的讲话

（2006年11月22日）

尊敬的各位嘉宾，女士们、先生们、朋友们：

中国人权研究会在北京举办“尊重和促进人权与建设和谐世界”国际研讨会，邀请来自世界各地的人权专家学者共同探讨促进人权事业发展、推动和谐世界建设，我谨对研讨会的召开表示热烈祝贺！

尊重和保障人权，是人类文明的重要标志。今年是联合国通过《公民权利和政治权利国际公约》和《经济、社会和文化权利国际公约》40周年。40年来，在国际社会的共同努力下，国际人权事业得到了很大发展，人权的范围更加广泛，国际人权文书的内容更加丰富，国际人权文书的实施机制进一步完善，国际人权对话、合作和交流进一步加强。但是，全球发展不均衡，南北差距拉大，传统安全威胁和非传统安全威胁相互交织，影响世界和平与发展的不稳定不确定因素增多，人权事业发展存在许多障碍，实现《世界人权宣言》提出的“人人享有人权”的理想目标仍然任重道远，如何应对这些挑战，是摆在世界各国人民面前重大的新课题。

今年也是中国政府发表第一个人权白皮书《中国的人权状况》15周年。1991年，中国首次以政府文件的形式发表的第一份人权白皮书《中国的人权状况》有力地推动了中国人权理论和实践的发展。中国经济连续27年保持了年均9％以上的增长速度，占世界人口五分之一的13亿中国人解决了温饱，总体上实现了小康生活。在大力发展经济、解决人民生存权和发展权的同时，中国不断加强民主法制建设，以宪法为核心保障人权的法律体系初步形成并逐步健全。“国家尊重和保障人权”载入了国家的根本大法，进一步确立了人权原则在中国法律体系和国家发展战略中的突出地位。中国人民正满怀信心地走符合中国国情的人权事业发展道路，建设一个惠及十几亿人的和谐社会。在国际人权领域，中国一如既往承认和尊重《联合国宪章》保护和促进人权的宗旨与原则，赞赏和支持联合国普遍促进人权和基本自由的努力，以积极的、建设性的态度参加国际人权领域的合作与交流，先后批准和加入了22项国际人权公约，并通过国内立法、司法和行政等各方面采取多种措施，认真履行公约所规定的法律义务。中国主张并积极推动各国在平等和相互尊重的基础上就人权问题开展对话与合作，今后将继续为人权领域的国际合作作出不懈努力。

各位嘉宾，女士们、先生们，追求人与人之间的和谐、人的自我身心内外的和谐、人与自然的和谐，是中国传统文化的重要内容，也是全世界不同种族的人们共同追求的社会理想。秉承这种精神，中国在国内倡导和致力于保障与促进人权，建设和谐社会，在国际上倡导和致力于建设和谐世界，把中国人民的利益与世界人民的共同利益结合起来，既通过维护世界和平来发展自己，又通过自己的发展来促进世界和平与发展。

一个国家人权事业的进步，有赖于本国内部和谐有序的社会环境。国际人权事业的进步，离不开各国的和谐共存。我们应当尊重各国自主选择社会制度和发展道路的权利，尊重世界的多样性、世界文明的多样化，加强不同文明的对话和交流，以平等开放的精神，促进国际关系民主化，努力消除相互间的疑虑和隔阂，在求同存异中共同发展，协力构建各种文明兼容并蓄、“人人享有人权”的和谐世界。本次国际人权研讨会确立“尊重和促进人权与建设和谐世界”为主题，具有非常积极的意义。我相信，通过交流、沟通，大家一定能够集思广益，扩大共识，使这次会议开得富有成果、充满理性和睿智。

最后，预祝本次研讨会圆满成功！

谢谢大家！

中国人权事业必将得到更快更好的发展

——国务院新闻办公室主任蔡武在“尊重和促进人权与建设和谐世界”国际研讨会上的致辞

(2006 年 11 月 22 日)

尊敬的蒋正华副委员长，尊敬的各位来宾、各位朋友，女士们、先生们：

首先，请允许我代表国务院新闻办公室对“尊重和促进人权与建设和谐世界”国际研讨会的召开表示诚挚的祝贺。借此机会，我也要对不远万里来参加本次研讨会的外国朋友们表示热烈的欢迎。

人权是正义、公正的象征，是人类文明不断发展和进步的重要标志。纵观人类社会发展历史，尽管各国对人权的认识、发展人权事业的模式有所不同，但是人权观念在反封建主义、反帝国主义、反殖民主义的斗争中早已深入人心，人权意识也不断加强。尊重和保障人权，已成为全人类共同的价值观和理想追求。各国共同遵守国际人权准则，采取更加积极和开明的政策，在互相尊重的基础上开展对话和沟通，增进了解，求同存异，减少分歧，扩大共识，共同推动了国际人权事业的发展。

中国人民在 19 世纪中叶鸦片战争后，饱受西方列强的侵略和凌辱，国家主权遭受践踏，民不聊生，毫无人权可言。为争取国家独立，民族解放，使人享有人权，中国人民进行了长期的不屈不挠的斗争，付出了沉重代价。直到 1949 年新中国成立，中国人民才赢得做人的起码尊严和权利。100 多年的苦难历史，使中国人民深知人权的可贵，更明白生存权、发展权对于中国人民的特殊意义。

新中国成立以来，特别是实行改革开放以来，中国政府将人权的普遍性原则与中国的具体国情相结合，在不断推进公民经济、社会、文化权利和政治权利协调发展的同时，始终把生存权、发展权置于首位，始终坚持发展为了人民、发展依靠人民、发展成果由人民共享，不断提高全社会经济发展水平，使中国经济增长速度年均超过 9%，人均国民生产总值从 226 美元增加到 1700 多美元，贫困人口从 2.5 亿减少到 2300 余万，实现了中国人民的生活从贫困到温饱到小康的两次跨越，中国人民的生存权和发展权得到了前所未有的保障，为全面维护公民的政治、经济、文化和社会权利打下了坚实的基础。中国的人权状况取得了历史性的进步。

随着中国人权事业的不断发展，中国与世界各国在人权领域的交流与合作也更加广泛。十多年来，我们与欧盟、英国、挪威、德国、加拿大、澳大利亚、瑞士、美国等以研讨会、圆桌会议等方式开展了 70 余次人权对话和交流，与 30 多个发展中国家也开展了一系列交流活动，人权国际交流取得积极成果。在与各国的人权对话和交流中，我们主张求同存异，相互借鉴，既要尊重各国选择的不同的人权发展道路，又要相互学习各国在发展人权中好的经验和做法，共同促进国际人权事业的和谐健康发展。

面对世界多极化、经济全球化带来的机遇和挑战，中国政府制定了本世纪头二十年全面建设惠及十几亿人口的更高水平的小康社会的目标，要使经济更加发展、民主更加健全、科技更加进步、文化更加繁荣、社会更加和谐、人民生活更加殷实。提出要用科学发展观统领经济社会发展全局，构建民主法治、公平正义、诚信友爱、充满活力、安定有序、人与自然和谐相处的社会主义和谐社会。这不仅勾画了中国社会未来发展的宏伟蓝图，也展示了中国人权事业未来发展的美好前景。在中国人民建设和谐社会的实践中，中国的人权事业必将得到更快更好的发展。而人权事业发展本身就是和谐社会的重要组成部分。

历史和实践证明，维护人权离不开和平稳定的国际环境，实现人权离不开全球经济的共同发展，推动人权进步更离不开世界各国的交流与合作。为实现全人类的普遍人权，世界各国要共同致力于建设一个持久和平、共同繁荣的和谐世界。各国的社会制度不同，发展水平不同，历史文化背景不同，实现人权的发展模式也肯定有所不同。我们应当尊重文明的多样性，尊重人权发展模式的多样性，在完全平等、相互尊重、求同存异、取长补短的基础上，推动人权领域的国际交流与合作，共同推动建设一个国与国和平共处，人与人和睦共融，人与自然和谐共存的和谐世界。

发展的时代需要创新的理论。随着国际政治、经济、文化、安全形势的不断变化，人权本身也是不断发展的，人类社会对人权的认识和主张也应不断深化和发展。本次研讨会为大家共同探讨人权领域新观点、新理论提供了重要契机和平台。我相信，通过这次富有成效的研讨和交流，不仅能增进彼此之间的了解和友谊，还能集思广益，提出推动国际人权事业朝着健康和谐方向发展的新成果。

我衷心预祝本次研讨会取得圆满成功。

谢谢大家！

促进人权发展　共建和谐世界

——中国人权研究会会长周觉在“尊重和促进人权与建设和谐世界”国际研讨会上的讲话

（2006年11月22日）

各位来宾、各位专家学者，女士们、先生们：

半个多世纪以前，联合国通过了著名的《世界人权宣言》。今年，是联合国通过《公民权利和政治权利国际公约》和《经济、社会和文化权利国际公约》40周年、通过《发展权利宣言》20周年，此时，我们相聚北京，就“尊重和促进人权与建设和谐世界”这个主题交流看法和经验，是很有意义的。我谨代表中国人权研究会，对来自世界各地的嘉宾、专家学者和朋友们，表示热烈的欢迎。

人权，这个国际社会普遍关心的重大问题，是世界各国人民长期以来孜孜以求的共同理想。第二次世界大战后，联合国先后通过了《世界人权宣言》等一系列重要的国际人权宣言、公约和决议。这些文书，对各国的人权法制建设、人权理论和实践的发展、人权理念的传播，都产生了深远的影响；对世界和平、发展与正义事业，作出了不可磨灭的贡献。

作为联合国创始会员国和联合国安理会常任理事国，中国一贯尊重和履行《联合国宪章》、《世界人权宣言》的宗旨和原则。中国人民依法享有政治、经济、社会和文化各项权利。生存权和发展权是中国人民长期争取的首要的基本人权。新中国成立57年来，特别是改革开放以来，坚持以经济建设为中心，大力发展社会生产力，经济实现了快速、健康、可持续的发展，人民生活水平大幅度提高，全国进入小康社会。经济的发展与成就，促进了中国人权事业的进步，并为今后全国人民享有更加充分的人权、构建和谐社会奠定了牢固的物质基础。2004年3月，全国人大通过宪法修正案，把“尊重和保障人权”明确载入国家根本大法。

国内外广泛认为，这是中国人权发展的重要里程碑。这些情况表明，中国人权事业将出现一个更加美好的前景。

中国不仅重视并致力于发展本国人民的人权事业，而且密切关注并努力促进国际人权事业的健康发展。中国一直以积极而负责任的态度，参加联合国人权理事会等机构的工作和国际人权法律文书的制定；充分利用联合国讲坛等领域，为捍卫世界各国人权作出努力；一贯重视国际人权对话、合作与交流；积极加入有关人权问题的国际公约。迄今已先后批准和加入了22项国际人权公约和议定书。中国政府已于1998年签署了《公民权利和政治权利国际公约》，现正广泛听取各方意见，对该公约的批准事宜进行积极研究。

女士们、先生们，面对机遇与挑战并存、和谐与矛盾同在的当今错综复杂的国际形势，中国政府在对内提出建设“和谐社会”的同时，对外倡导建设一个持久和平、共同繁荣的“和谐世界”，主张“坚持多边主义，实现共同安全；坚持互利合作，实现共同繁荣；坚持包容精神，共建和谐世界”。这是中国走和平发展道路、一贯奉行和平外交政策的必然延伸和发展，对构建一个更为公正合理的国际政治经济新秩序，促进世界和谐，以及国际人权事业的发展，都具有重要的现实意义。

尊重和促进人权与建设和谐世界，二者互为前提和目的，相互依存、共同促进。尊重和促进人权，有利于缓解国际间各种矛盾和问题，推动世界和谐的发展；而个人人权的实现，又与社会的和谐、世界的和谐密不可分。历史和现实情况都说明，一个动荡的社会，一个不安宁的世界，无法为广大人民的人权提供切实的保障。因此，享有和谐的世界，是世界各国公民应有的权利。

由于世界各国特别是广大发展中国家的共同努力，当前国际人权事业的发展总体上是健康、和谐的，但是，健康、和谐中存在着不容忽视的消极因素和干扰，如，将人权政治化、意识形态化，实行双重标准，抹杀别国主权，推行霸权主义和强权政治，等等。所有这些，必须引起我们高度重视和警觉。为此，我愿借此机会，就促进人权发展、建设和谐世界这一命题，提出几点看法，作为一己之见，抛砖引玉。

第一，切实尊重和维护《联合国宪章》、《世界人权宣言》的宗旨和原则。

《联合国宪章》规定了主权平等、用和平方法解决国际争端、不得侵害别国领土完整或政治独立、不得干涉别国内政等基本原则。从创建之日起，联合国就把尊重和保护人权作为三大宗旨之一。1948年，联合国通过《世界人权宣言》，权威地将《联合国宪章》规定的人权与基本自由原则具体化。因此，在人权问题上，《世界人权宣言》与《联合国宪章》的实质内容和精神是一致的。尊重和维护《联合国宪章》与《世界人权宣言》的宗旨和原则，不仅是指引国际人权事业健康发展的要求，而且作为指导国际关系的基本准则，也是实现世界和平、发展和建设和谐世界的可靠保证。我们认为，《联合国宪章》与《世界人权宣言》所规定的宗旨和原则，应该得到切实遵循；联合国的作用，应该不断得到加强。

第二，人权普遍性的原则必须与各国国情相结合。

人权的普遍性要求一切人，不分种族、性别、宗教、语言等，都应当享有自由和平等的权利。人权的基本原则和内容是所有国家和公民都应当努力追求实现的。但是，世界丰富多彩，在经济社会发展水平、政治制度、文化传统等不同的社会，人们对人权有着不同的理解和要求，人们面临和需要优先解决的人权问题也不一样，因此，各国有权在不违反国际普遍接受的原则的前提下，根据本国的具体情况，采取不同的政策、措施、方法、步骤和道路。只有秉持这种态度，才是对客观事实和各国人民权利的真正尊重，也有利于促进世界和谐。

第三，生存权和发展权是首要的基本人权。

《世界人权宣言》明确提出，“人人有权享有生命、自由和人身安全”。中国有句古话叫做“皮之不存，毛将焉附?”人的生存权没有保障，其他一切人权都无从谈起。人必须首先解决好吃、穿、住、行等问题，然后才能从事政治、科学、艺术、宗教等活动，才具有现实条件行使其他人权。

发展权是联合国确认的一项基本的、不可剥夺的人权。当前，世界经济虽在发展，但很不平衡，南北差距继续扩大。占世界人口不足20％的发达国家，控制着全球85％的财富，而占世界人口80％的发展中国家，仅享有世界14％的财富。发展中国家有8亿多人食不果腹。没有普遍发展和共同繁荣，世界难享太平，也谈不上世界和谐。

不容讳言，建设一个互利、合作、共荣的国际经济新秩序，需要国际社会的共同努力，但发达国家应该承担更多责任，理应进一步对发展中国家特别是重债穷国和最不发达国家开放市场，转让技术，减免债务，并在不附加任何条件下，增加资金和技术援助。特别值得提出的是，各国自由选择发展战略和发展道路的主权应得到尊重。试图将自己的发展模式强加于人的做法，是违背《发展权利宣言》和《联合国宪章》的宗旨和原则的。

第四，保障和发展人权，国际社会可以提供必要的帮助与合作，但首要责任在于各个国家。

反对将人权问题政治化，在人权问题上实行双重标准，以及借人权问题干涉别国内政。人权问题说到底是一个国家主权范围内的事。《联合国宪章》明确规定，各国必须遵循主权平等、不得干涉在本质上属于任何国家国内管辖之事项等原则。人权的国际保护，不能排斥和否定国家主权。它主要针对的是那些种族迫害、武装冲突、侵害别国主权和领土完整等大规模侵犯人权、危害世界和平与安全的行为。现在国际上比较流行的所谓“人权无国界”、“人权高于主权”等种种论调，其实质，就是为推行所谓“人权外交”、干涉别国内政制造舆论和借口。

第五，坚持对话，反对对抗。

中国一贯奉行独立自主的和平外交政策，主张通过和平对话的手段解决一切国际争端。在国际人权问题上，不同国家存在不同看法和分歧是正常的。各国应以包容精神，本着平等与相互尊重的原则，通过对话、交流与合作，增进了解，减少分歧，扩大共识。对抗无助于增进理解和缩小分歧。应该看到，坚持平等对话，反对强权对抗，已日益成为各国人民和一切正义人士的共同呼声，是国际形势发展的主流。世界上没有任何力量能够阻挡它前进的步伐。

各位来宾，女士们、先生们：

建设一个和谐的社会一直是人类的共同理想和美好愿望。早在两千多年以前，中国古代思想家、儒家学说的创始人孔子就提出“和为贵”、“大道之行也，天下为公”的主张，其理想就是要建立一个和谐的“大同社会”。古希腊思想家柏拉图在其著名的《理想国》一书中，描绘了一幅正义之邦的美好蓝图，主张“公正即和谐”。16世纪以来，西方思想家提出了“自由”、“平等”、“博爱”的思想，力求构建公平、法治、和谐的社会。我国近代民主革命的伟大先行者孙中山先生，力主在中国乃至全世界建立一个反对强权、没有压迫、“天下为公”的大同社会。可以说，热爱和平、祈盼和顺、崇尚和美、追求和谐是中华民族的优良传统，也是人类社会的共同理想。为了这个美好的共同理想，让我们携起手来，把握机遇、应对挑战，为建设一个持久和平、共同繁荣的和谐世界，为国际人权事业的健康发展，作出自己应有的贡献！

谢谢大家！

世界和谐需要宗教对话

——国家宗教事务局局长叶小文在"尊重和促进人权与建设和谐世界"国际研讨会上的书面发言
(2006 年 11 月 22 日)

一、世界和平需要宗教对话

当今世界，尽管和平、发展与合作是时代的主流，但主流之外暗流汹涌，波诡浪急。不同国家、民族、宗教之间此起彼伏、愈演愈烈的对立和冲突，正在挑战人类的智慧与文明。

这种挑战，更多地来自"恐怖主义"和"单边主义"的冲突。近百年来，随着西方强势文化的扩张，自我中心主义、西方至上主义的思潮招摇于世，"单边主义"便随之滋长，与之相抗衡的"恐怖主义"也就相伴而来。"单边主义"和"恐怖主义"相与争锋，造成了基督教文明和伊斯兰教文明之间的难以调和的矛盾和冲突，有人将之称为"文明的冲突"。于是地区冲突迭起，恐怖活动猖獗，世界一次又一次被恐怖的声浪所震惊。

在"文明冲突"的噩梦中，主张和平、宽容的宗教不幸被一些人歪曲、利用，他们或是借口宗教问题干涉别国内政，或是打着宗教旗号制造暴力恐怖，进一步挑起隔阂、猜疑和仇视，引发紧张、冲突和对抗。纯洁的宗教也被亵渎，神圣的宗教也遭践踏。2000 年《世界宗教与精神领袖千年和平大会宣言》愤慨地说："我们的世界被暴力、灾难、战争和各种毁灭行为所破坏，而这些行为常常被说成'以宗教的名义'。"

因此，世界之和平，与宗教问题紧密关联。宗教与和平的关系已成为人们关注的焦点，世界宗教界尤其是宗教领袖对和平的态度及其国际合作乃显得格外重要。正如"全球伦理"和"宗教对话"的倡导者孔汉思（Hans Küng）所言："没有宗教间的和平，就没有国家间的和平；而没有宗教间的对话，就没有宗教间的和平。"

因此，世界之和平，需要宗教间的对话。我非常欣赏台湾灵鹫山佛教社团与北京大学宗教学系合作举办的这次"回佛对话"研讨会。这是一次宗教学者和宗教领袖的对话。宗教学者思想深邃，对不同的宗教及其精神，以至有关的神学、哲学、宗教学、心理学、社会学和社会历史问题有着深刻的理解，在研究宗教和讨论不同宗教关系的问题时，其方法上的客观性和语言上的非宗教性，可以帮助一种宗教的信徒对另一种宗教更不带偏见和更准确客观地理解，可以为不同宗教的相互理解起到铺路架桥的作用。而宗教领袖以其对信仰精神的深刻把握、以其独有的宗教睿智和人格魅力，可以对广大信徒形成强大的感染力和深远的影响，从而可以使宗教的对话变成宗教中人的对话，把宗教间的相互理解和宽容变成宗教信徒间的相互理解和宽容。

二、宗教对话应重视"东方模式"

以宗教和平乃至世界和平为宗旨的宗教对话，应重视研究和总结中国宗教长期和谐共存的独特经验。

中国悠悠五千年历史，从古至今，各种宗教之间，一直能够互相尊重、和睦共处。很少有文明之间的互相蔑视、彼此践踏，较多的是互相尊重、彼此欣赏；很少有文明之间的以大欺小、弱肉强食，较多的是有容乃大、海纳百川；很少有文明之间的区分优劣、生存竞争，较多的是互相平等、和合共生；很少有文明之间的孤芳自赏、一花独放，较多的是互补共荣、百花齐放。这种人类弥足珍贵的经验，能否称之为文明的"东方模式"？

这个"东方模式"，有深厚的文化作为支撑。中国是一个多民族、多宗教的国家，56 个民族平等相待，佛教、道教、伊斯兰教、天主教、基督教各教和谐共处。这是中华民族讲信修睦、崇尚和平的文化传统所决定的。“和”是中国传统文化的特征向量，古代先哲的生命信仰和思维基础。“和”的精神，是一种承认，一种尊重，一种感恩，一种圆融；“和”的内涵，是人心和善，家庭和睦，社会和谐，世界和平；“和”的基础，是和而不同，互相包容，求同存异，共生共长；“和”的佳境，是各美其美，美人之美，美美与共，天下和美。中国传统文化“以和为贵”，成功吸收了印度佛教，容纳了伊斯兰教和基督教，形成了历史上多民族多宗教共生共长的良性文化生态。

这个“东方模式”，有着丰富的实践经验。中国传统文化对其他文化一直保持着开放和包容的心态。中国现有的五种主要宗教，除道教外，其他各大宗教均在不同时期由国外传入，在中国生根、发展。历史上，各民族和睦共处，各宗教和谐共生是主旋律。

以佛教为例。佛教在公元前后传入中国后，中华文化以开放的姿态迎接来自印度的文化。到公元3世纪，佛教已广为传播，出现了各种学派，到公元7世纪进入鼎盛阶段，形成了诸多具有中国民族特色的宗派。与此同时，佛教与中国本土的儒道思想经过长期融合，创造出丰富多彩的佛教文化，并成为中国传统文化中重要的有机组成部分。值得一提的是，很多年以后，当佛教早已在印度没落时，中国保存的大量佛经“反哺”印度，弥补了印度历史的很多空白。2006年4月，由中国佛教协会和中华宗教文化交流协会联合主办，在浙江杭州和舟山举行了首届世界佛教论坛。这次论坛是新中国成立以来在大陆召开的第一个宗教多边国际会议，主题是“和谐世界　从心开始”，目的是要为世界佛教徒搭建一个平等、多元、开放的高层次对话平台，探讨人类共同关注的问题，宣示佛教的主张，促进佛教界的团结，进一步强化佛教所应承担的社会责任和维护世界和平的使命，以求得人心安宁，促进社会和睦，维护世界和平，增进人类福祉。论坛闭幕时在中国佛教圣地普陀山发表了《普陀山宣言》，呼吁人类遵循佛陀的教导，提出“六个愿景”：

愿培植善心，发乎善行，则人心和善。

愿亲情稳固，爱心充满，则家庭和乐。

愿真诚沟通，平等互助，则人际和顺。

愿各得其所，相安无事，则社会和睦。

愿彼此欣赏，尊重包容，则文明和谐。

愿将心比心，化怨为友，则世界和平。

论坛充分体现了中国佛教对构建和谐社会、和谐世界的积极回应，也得到来自国内和世界37个国家和地区的1000多位佛教界人士、有关政要、著名学者和知名人士的积极参与，堪称中国佛教一大善举，一件盛事。

再以伊斯兰教为例。公元7世纪，当伊斯兰教传入中国时，中国正处于盛唐时期，但中华文化并没有排斥这种外来文化，而是允许其自由传播。到12世纪，伊斯兰教已大规模传入中国，宋朝朝廷特意颁布保护穆斯林的财产法。到13世纪，伊斯兰教徒遍及全国，元朝朝廷专设伊斯兰教事务机构，给予伊斯兰教传教者诸多优待。明清之际，以王岱舆、刘智等为代表的中国穆斯林学者，为促进伊斯兰文化与中国传统文化的沟通，采用儒家，包括佛教、道教的概念和术语，来阐释伊斯兰教的教义、教理，并将伊斯兰教的伦理道德观与中国传统的伦理道德进行融会贯通，建立了带有浓厚中国传统文化特点的中国伊斯兰思想文化体系。1300多年来，伊斯兰教不仅没有与中国传统文化和其他宗教发生过冲突和战争，而且在中华文化的滋润和哺育下，在中华大地得以扎根、开花、结果，生生不息。经过上千年的发展，伊斯兰文化已构成中国10个少数民族传统文化的主体。进入21世纪以后，中国伊斯兰教界以极大的热情开展了“解经”工作，动员和组织国内高水平的阿訇、毛拉，对伊斯兰教教义、教规作出权威性的符合时代发展要求的准确解释，编写讲经范本，维护伊斯兰教信仰的纯洁性，推动伊斯兰教的健康发展，促进伊斯兰教与社会主义社会、与时代进步相适应。中国伊斯兰教教务指导委员会严格以经训为依据，大力倡导伊斯兰教和平和睦、爱国爱教、“两世吉庆”、宽容仁慈等基本思想，受到了各界的欢迎和好评。我认为，中国伊斯兰教在中国和平发展的经历，向当今这个很不安宁的世界，传递着宝贵的“有以告人”的信息。在西方基督教文明、中华文明、伊斯兰文明这三大主要文明的相互对话中，兼有伊斯兰文化和中华文化传统的双重文化因子的中国伊斯兰文化，具有独特的研究价值。

今天，这个“东方模式”，有国家的法律作为保障。中国宪法确立了政教分离、各宗教一律平等的原则。中国2004年颁布的《宗教事务条例》，其立法宗旨就是“为了保障公民宗教信仰自由，维护宗教和睦与社会和谐，规范宗教事务管理”。这个“东方模式”，更有“促进和谐，人人有责；社会和谐，人人共享”的新的全民建设和谐社会的热潮来推动。社会主义和谐社会既是充满活力的社会，也是团结和睦的社会。必须最大限度地激发社会活力，促进包括宗教关系在内的各方面关系的和谐。必须加强信教群众与不信教群众、信仰不同宗教群众的团结，发挥宗教在促进社会和谐方面的积极作用。

三、自强不息生和气，厚德载物送和风

中国正努力和平发展，对内正构建和谐社会，两岸要实现和平统一，人类都期盼世界和谐——都需要“和”，都崇尚“和”，都要“以和为贵”，“以和为尚”。这真是应了一句老话，“天时不如地利，地利不如人和”。居于世界东方的今日中国，天时地利人和俱足，有“和气东来”，可“和风西送”。那么，在中国的文化底蕴中，究竟氤氲着什么样的“和气”？可以向世界送去什么样的“和风”？也就是说，在当今这样一个全球化的时代，我们中华文化能拿出什么样既有自身特色、又有普世价值的东西，来吸引其他文化的兴趣和认同？

张岱年先生认为，中国几千年文化传统的基本精神的主要内涵，是“天人合一、以人为本、刚健自强、以和为贵”。我以为今天应该强调其中相辅相成的两条，即《周易》所说的“天行健，君子以自强不息”——提倡人应效法天之日月星辰的从不间断的刚健运行，自强不息、积极进取；“地势坤，君子以厚德载物”——提倡人应效法广袤大地的有容乃大的宽厚、包容，和而不同、和实生物。“自强不息生和气，厚德载物送和风”，应该是中华民族贡献于世界民族之林的、可以拿得出手的东西。

“自强不息”与“厚德载物”要内在地统一起来，并不容易。有人说，“人类之好胜心，本系建设社会各种事业之原动力，唯用之过激，则争强斗狠，循环报复，纠纷扰攘，遂无宁日”，“浮躁浅率，偏窄迫促，德不足才亦不足；凝重宽厚，广大从容，德有余福亦有余”。既能“自强不息”，又能“厚德载物”，此乃君子之美德，修身齐家治国平天下之通理，中国“德有余福亦有余”之真谛。

中国致力于构建社会主义和谐社会，对内来说，就是要处理好我国经济快速发展和社会深刻变革带来的矛盾和问题。“和谐社会”是激发社会活力的社会，比“平安社会”、“稳定社会”的要求更进一步了，其特点是“和而不死，活而不乱”。所谓“和而不死”，即“和谐”并不是死水一潭的“平静”。应该说，在计划经济的旧体制下，社会表面看起来比现在平静，秩序比现在好，矛盾和问题也没现在多。但那时是守着贫困、缺乏活力的暂时“平静”，是潜伏不安、隐藏矛盾的表面的“平静”。和谐社会的基础，则是充满生机与活力，是放手让一切劳动、知识、技术、管理和资本的活力竞相迸发，让一切创造社会财富的源泉充分涌流，是最广泛地凝聚和发挥一切智慧和力量，调动一切可以调动的积极因素。“活”了，就难免有“泥沙俱下，鱼龙混杂”的乱局，但更有“江南三月，莺飞草长，杂花树生”的生机。所谓“活而不乱”，即兼顾了效率与公平，矛盾化解，社会稳定，经济社会协调发展。因此，和谐社会能够如天之日月星辰的从不间断的刚健运行，能够为经济快速发展提供取之不尽的强大动力，能够为社会深刻变革凝聚用之不竭的巨大活力，其深刻的本质，就是“自强不息生和气”。

构建和谐社会，就必然要求营造一个长期稳定、睦邻友好、平等互利、互信协作、客观友善的国际环境；就必然真诚地呼吁全世界人民共同建设一个持久和平、共同繁荣的和谐世界。中国这样一个大国迅速和平发展，不能不引起举世瞩目甚至疑虑。近代史上，还没有哪

一个大国完全做到“和平发展”，中国却一定要、也有希望走出这条新路，既通过和平发展来维护自己，又通过自身的发展来促进世界和平，努力实现和平、开放、合作、和谐的发展。“构建和谐社会”是“中国走和平发展道路”的“内功”，“建设和谐世界”则是“中国走和平发展道路”的“外应”。内和，必然期盼外顺；内和，必然力求外和。对内致力构建和谐社会，对外就要努力协和万邦，共建和谐世界。其真诚的愿望，就是“厚德载物送和风”。

“自强不息生和气，厚德载物送和风”能够受到世界的欢迎。因为“和谐”不仅是中国古代先哲的生命信仰和思维基础，也反映了事物的普遍规律；不仅是中华民族优秀传统的重要价值取向，也是人类社会共同的价值取向；不仅是中国历史文化的特征向量，也符合当今世界和平、发展、合作的时代潮流，必能与时俱进、与时俱丰，与世共享、与世共荣。

昔称“紫气东来”，今有“和气东来”。人叹“文明冲突”，我有“和风西送”。“东来”的，是努力建设和谐社会而生长、而凝聚的自强不息、和实生物之“和气”；“西送”的，是推动建设和谐世界而呼唤、而弘扬的厚德载物、协和万邦的“和风”。

《中共中央关于构建社会主义和谐社会若干重大问题的决定》中有一句重要的话，“发挥宗教在促进社会和谐方面的积极作用”。在一个“促进和谐、人人有责；和谐社会、人人共享”的新时代中，中国宗教必将更好地发挥在促进社会和谐方面的积极作用，包括积极推进宗教对话，为世界和平、社会和谐增一分理解、添一分感动。

2007 年

保障人民劳动权益　促进社会和谐

——访劳动和社会保障部部长　田成平

（2007 年 6 月）

记者：请问，怎样判断当前和今后一个时期的就业再就业形势？中国政府将重点采取哪些政策措施促进劳动者的就业和再就业？

田成平：第一，就业是民生之本。中国政府高度重视这个重大的民生问题，采取有力措施确保就业局势总体稳定。近几年来，政府就业工作的力度不断加大，主要表现在：一是本届政府将就业列为国家宏观调控的四大目标之一，纳入国民经济和社会发展规划，明确了各级政府的责任。二是从 2002 年开始制定实施中国特色的积极就业政策，并不断加以扩展、调整、充实和更新，政策效力和作用日益显现。三是通过实施宏观调控和产业结构调整，中国经济持续保持又好又快的发展态势，为解决就业问题提供了有力的支持。四是形成了一套财政投入增加、部门相互配合、上下统一行动的工作机制，国务院和地方政府都建立了就业工作联席会议制度，对落实政策、推进工作发挥了重要作用。

第二，当前和今后一个时期，我国的就业与再就业形势依然严峻，压力仍然较大。中国人口多，劳动力资源丰富，今后一个时期，劳动力供大于求的矛盾仍很突出。主要表现在：一是城镇新增就业的压力不断加大。今后几年，城镇每年需要就业的人数仍将保持在 2400 万人以上，而新增岗位和补充自然减员只有 1200 万人左右，供大于求的缺口在 1200 万人左右，尤其是高校毕业生逐年增加，今年将达到 495 万人，就业矛盾十分突出。二是体制转轨遗留的就业问题仍很突出。国有、集体企业下岗失业人员再就业问题尚未全部解决，国有企业重组改制和关闭破产过程中职工分流安置的任务繁重，部分困难地区、困难行业和困难群体的就业问题仍然存在。三是农村劳动力转移就业任务十分繁重。中国尚有1亿农业富余劳动力需要逐步向非农领域转移。按照“十一五”规划目标要求，“十一五”期间计划实现转移农村劳动力就业4500万人，每年需要转移就业900万人。四是劳动者整体技能水平偏低。高技能人才严重缺乏，与加快经济增长方式转变、推进产业结构优化升级的要求不相适应。这些问题同时存在，使中国的就业形势更加严峻，这是其他任何国家都未遇到过的。

第三，中国政府将继续采取积极的政策措施，妥善解决就业问题。重点采取以下6条措施：一是实施发展经济与促进就业并举的战略，确立有利于扩大就业的经济增长方式。推进经济结构调整，鼓励、支持和引导个体、私营等非公有制经济发展，创造更多就业岗位。积极发展就业容量大的劳动密集型产业、服务业和各类所有制的中小企业，改善就业结构，扩大就业容量。加强地区间的协作，引导和组织农业劳动力向非农领域和城镇有序转移。二是继续实施积极的就业政策，促进下岗失业人员再就业。全面贯彻落实新的积极就业政策，妥善解决体制转轨遗留的下岗失业人员再就业问题，重点做好国有和集体企业下岗职工、国有企业关闭破产需要安置人员的再就业。三是不断完善市场就业机制，促进城乡统筹就业。加强劳动力市场建设，规范劳动者求职、用人单位招聘和职业中介行为。做好新成长劳动力的就业工作。创造公平的就业环境，积极推进城乡统筹就业。四是建立制度化、专业化、社会化的公共就业服务体系。完善覆盖城乡劳动者的就业管理服务组织体系，完善公共就业服务制度。完善对困难地区、困难行业和困难群体的就业援助制度。五是加大职业培训力度，提高劳动者就业能力。加快高技能人才培养，深入推动再就业培训，大力开展创业培训，提高劳动者职业技能、就业能力和创业能力。六是加强失业调控。采取多种手段和措施减少失业，特别是控制和规范规模裁员，建立失业预警制度，努力保持就业局势基本稳定。

记者：目前，一些企业用工不规范，劳动合同签订率低，部分职工合法权益受到侵害，中国政府将如何采取措施解决这一问题？

田成平：中国劳动法明确规定，用人单位招用职工必须依法签订劳动合同。但随着所有制形式和就业方式的多样化，近年来在实施劳动合同制度中也出现了一些新情况、新问题。为解决这些问题，中国政府正在采取以下措施：一是加快立法工作。争取《劳动合同法》早日颁布。二是全面推进劳动合同制度实施3年行动计划。从2006年开始，争取用3年时间实现所有用人单位与劳动者签订劳动合同的目标，规范劳动合同内容，督促用人单位依法履行劳动合同。开展创建劳动关系和谐企业与工业园区活动，规范企业用工行为，保持劳动关系和谐稳定。三是建立劳动用工备案制度。从2007年起，用人单位招用职工，都要将用工情况及劳动合同的情况，到当地劳动保障部门办理劳动用工备案手续。四是加强劳动保障监察执法，严肃查处违法违规用工行为。

记者：据了解，目前清理拖欠农民工工资工作已取得明显成效，但企业历史拖欠职工工资问题还比较突出。请问，中国政府对解决这个问题有哪些新的举措？

田成平：中国政府高度重视解决工资拖欠问题。经过几年的努力，目前基本解决了农民工工资拖欠问题，但是部分企业历史拖欠职工工资问题仍然比较突出。中国政府将坚持立足企业、落实责任、分类处理、综合治理的原则，把解决工资历史拖欠问题与建立预防拖欠工资的长效机制结合起来，切实解决职工工资拖欠问题。

一是建立健全工作协调机制。完善解决企业工资拖欠问题部际联席会议制度，充分发挥相关部门的职能优势，合力推进企业解决工资拖欠问题。

二是分类解决历史拖欠。对因企业生产经营困难产生的工资历史拖欠问题，有针对性地采取不同办法和措施予以分类处理；对非因企业生产经营困难形成的工资历史拖欠问题，将通过加大劳动监察执法力度，责令企业限期补发拖欠的工资，并依法予以处罚。重点督办因建设单位拖欠工程款造成的工资拖欠问题，指导建筑施工企业通过司法程序解决长期无法解决的拖欠工程款案件。

三是确保当期发放。通过建立企业欠薪报告制度、工资保证金制度等长效机制，规范企业工资支付行为，督促企业按月足额支付职工工资。

记者：目前，部分垄断行业工资水平过高，同时部分职工尤其是农民工工资水平偏低，不利于和谐社会建设，政府将如何采取措施解决这一问题？

田成平：中国政府高度重视对企业工资分配的宏观调控工作，积极采取措施解决企业工资分配的不平衡问题。一是努力提高低收入职工的工资水平。2006 年，有 20 个省区市调整最低工资标准，另有 9 个省区市连续两年进行了调整。今年我们将继续指导目前最低工资标准偏低的地区合理调整标准。加大对违反最低工资规定行为的处罚力度，确保最低工资制度的贯彻落实。同时，推行工资集体协商，促进职工工资水平的提高。二是抑制行业工资差距持续扩大的势头。改进和完善国有企业工资总额管理办法，实行工资总额和工资水平双重调控，加强对国有企业工资内外收入的监督检查。三是加强企业工资分配调控和指导。进一步健全工资指导线制度、劳动力市场工资指导价位制度和人工成本信息指导制度，扩大覆盖领域，提高数据的科学性、权威性和指导性。

记者：当前，中国社会保险覆盖面还比较窄，如何实现覆盖城乡居民的目标？

田成平：经过多年努力，中国扩大社会保险覆盖面工作取得了显著成绩。截至 2006 年底，基本养老保险、基本医疗保险、失业保险、工伤保险和生育保险参保人数分别达到 18649 万人、15737 万人、11187 万人、10235 万人和 6446 万人，新型农村合作医疗也已覆盖 4 亿人。但总的来说，覆盖范围还不广，部分人员还缺乏制度安排。下一步，中国政府将采取以下措施：

在城镇，逐步建立城镇居民医疗保险制度，将无业的城镇居民纳入医疗保险范围。研究制定农民工养老保险办法，将更多的农民工纳入养老保险范围。完善城镇职工社会保险制度，理顺征管体制，以非公有制经济组织从业人员为重点，加大扩面征缴力度。到“十一五”期末，城镇基本养老、基本医疗、失业、工伤和生育保险参保人数分别达到 2.23 亿人、3 亿人、1.2 亿人、1.4 亿人和 8000 万人。

在农村，继续扩大新型农村合作医疗覆盖范围。在有条件的地区建立新型农村社会养老保险制度，将更多的农民纳入农村养老保险范围。

同时，解决城乡社会保险制度的衔接问题，统筹城乡社会保险制度的发展。

记者：中国的养老保险制度将采取哪些措施应对人口老龄化的挑战？

田成平：人口老龄化是必须认真研究、切实解决的重大问题。应对老龄化趋势，主要应通过完善制度来实现。

一是完善养老保险制度，减轻未来支付压力，实现制度的可持续发展。20 多年来的改革和实践证明，坚持社会统筹与个人账户相结合、部分积累的基本养老保险制度模式，是符合中国国情的正确抉择。完善制度的重点是逐步做实个人账户，真正实现现收现付向部分积累制度的转变。目前，我国已在 11 个省份开展了做实个人账户试点。

二是多渠道筹集养老保险基金。养老保险基金以用人单位和个人缴费为主，财政补助兜底，当期收入和战略储备并重。为解决新制度建立前企业退休人员的历史欠账问题，1998 年以来，中央和地方财政对养老保险的投入逐年增加，2006 年达到 770 多亿元。全国社会保障基金作为国家的养老战略储备，到 2006 年底已积累基金 2500 多亿元。但是，与应对日益严峻的老龄化和实现制度可持续发展的需要相比，各级财政对养老保险的投入还很不够。下一步，特别是随着做实个人账户试点范围的逐步扩大，各级政府将进一步加大对各地养老保险基金的补助力度。

三是逐步建立以居家养老为基础、社区照

顾为依托、机构养老为补充的养老服务体系。目前退休人员社会化管理服务体系已初步形成，已有近70％的企业退休人员纳入社区进行社会化管理服务，社区劳动保障工作平台初步建立，老年福利事业取得较大发展，社会养老服务机构粗具规模。但是，面临不断增加的养老服务需求，现有的养老服务体系建设和服务内容严重滞后。因此，要继续加快老年公共服务设施和服务网络建设，提高退休人员社会化管理服务水平，积极探索多种形式的老年服务方式，更好地保障退休人员晚年生活，提高其生活质量。

记者：社会保险基金安全问题备受社会关注，中国政府将采取哪些措施维护基金安全？

田成平：第一，中国政府高度重视社会保险基金安全问题。1999年以来，实行了严格的基金管理制度，制定了收支两条线和财政专户管理办法，基金管理使用状况逐步改善，基金的挤占挪用问题得到遏制，保证了各项社会保险待遇的支付。2006年9月，审计署对29个省区市、5个计划单列市2005年企业职工基本养老保险基金、城镇职工基本医疗保险基金和失业保险基金管理使用情况进行了审计，主要审计了省本级、省会城市、计划单列及部分延伸城市。审计结果表明，基金管理使用情况总体是好的。对于审计发现的问题，要求各地按审计决定要求的时限完成整改。

第二，严厉查处社会保险基金违纪违规问题。各级财政、审计和劳动保障部门不断加强基金监督检查，严厉查处基金违纪违法案件，坚持做到发现一起查处一起。2006年发生的上海市劳动和社会保障局严重违规使用社保基金问题，现已查清，查处结果已向社会公布，对相关人员进行了处理，违规社保基金也已全部收回。社会保险基金是养命钱、高压线，不管涉及什么单位、什么人，都要一查到底，严肃处理。

第三，需要进一步加强基金监督管理制度建设。解决基金安全问题，最根本的还是要靠制度，要建立一个完整的基金监督制度体系，从制度安排上为基金安全提供保障。当前要重点研究制定社会保险基金监督管理条例和基本养老保险个人账户基金投资管理办法，建立健全社会保险基金经办机构内部控制制度和信息披露报告制度，完善社会保障监督委员会的工作制度和机制。

记者：中国政府对农民工工作非常重视，请问，这方面工作取得了哪些新的进展，还将采取哪些措施？

田成平：中国政府高度重视农民工工作。2006年，建立了农民工工作联席会议制度，在解决当前农民工最关心、最现实、最突出的切身利益问题上取得了明显进展。一是农民工工资拖欠和工资偏低问题正在逐步解决。全国已有27个省区市建立了农民工工资保证金制度，多数地区建立了工资支付监控制度；全国29个省区市调整了最低工资标准；全国31个省区市都颁布了小时最低工资标准。二是农民工安全生产和职业病防治工作得到加强。加强了对煤矿等高危行业的监管督察力度，加大了对职业病多发行业的职业健康监护情况的检查。三是农民工工伤和医疗保险取得新进展。实施了以推进矿山、建筑等高风险企业农民工参加工伤保险为主要内容的“平安计划”，截至2006年底，全国农民工参加工伤保险人数达到2538万人，比上年增加1倍；实施农民工参加医疗保险专项扩面行动，参保人数已达2367万人，比上年底翻了两番多。四是农民工就业服务和职业技能培训不断强化。开展了“春风行动”，为1430万农村进城务工人员免费提供职业介绍服务；在全国50个城市举行专场免费求职招聘会2600场，提供各种就业岗位300万个；对2183.1万农民工进行了安全培训。五是农民工子女教育和相关公共服务得到进一步改善。基本建立了保障农民工子女接受义务教育的政策体系，以公办学校为主接收农民工子女就学，保障农民工子女接受义务教育；帮助民办农民工子女学校解决办学困难，提高农民工子女教育教学质量。

2007年的农民工工作，将巩固扩展成果，推进制度创新，夯实工作基础，力争在建立和完善农民工权益保障制度上取得突破性进展。劳动保障部门将在以下四个方面下工夫：一是全面建立工资支付保障制度，从根本上解决拖欠农民工工资问题。严格执行最低工资和小时最低工资制度，切实改变农民工工资偏低的状况。二是全面推行劳动合同制度。所有用人单位招用农民工，应依法订立并履行劳动合同，严禁滥用试用期以侵犯农民工权益。制订和推行规范的劳动合同文本，以农民工比较集中的采掘、建筑、加工等行业为重点，加强对用人单位订立和履行劳动合同的指导和监督。三是完善就业服务培训制度。健全覆盖城乡的公共就业服务体系，所有城市公共职业介绍机构要向农民工开放。扩大农民工职业技能培训范围，完善农民工职业技能培训补贴办法，规范职业技能鉴定标准。同时要注重在农民工职业培训中加强有关劳动安全培训的内容。四是积极稳妥地解决农民工的社会保障问题。依法将农民工纳入工伤保险范围，重点解决农民工进城务工期间的住院医疗保障问题，抓紧研究农民工养老保险办法。

记者：请问，政府在推进煤矿、建筑等高风险企业农民工参加工伤保险方面有哪些举措？

田成平：为保障农民工特别是当前工伤事故高发的煤矿、建筑等高风险企业农民工的工伤保险权益，2006年，我们进一步完善、细化了农民工参加工伤保险的政策，在全国组织实施了“平安计划”，以煤炭、建筑等高风险企业为重点，明确用3年左右时间基本实现高风险企业农民工全部参加工伤保险。截至2006年底，“平安计划”取得实质性进展，全国农民工参保人数达到2538万人，比2005年底增加了1286万人，翻了一番多。全国煤炭行业94个国有重点煤矿集团，除1家进入破产程序无须参保外，其余全部参加了工伤保险，基本实现了大中型煤矿企业农民工全部参保的目标。同时，强化了方便农民工参保及享受待遇的各项服务。从各地的实际情况看，参保农民工工伤后，由社会保险机构支付的各项工伤待遇均能落实到位，农民工的工伤保险权益得到了保障。

2007年，我们将继续落实“平安计划”，以推进建筑等企业参保为重点，大力推动农民工参保工作，力争到年底农民工参保人数达到3600万人以上。

（《人权》2007年第3期）

发挥民政重要基础作用　维护和发展人民合法权益

——访民政部副部长　窦玉沛

（2007年8月）

记者：困难群众的基本生活保障问题一直是近几年社会各界关注的焦点，请介绍一下我国在这方面取得的进展。

窦玉沛：在我国当前经济社会发展条件下，生存权和发展权是首要的人权，保障困难群众基本生活，是政府落实人民生存权的重要使命。近年来，民政部门从落实“立党为公、执政为民”的高度出发，扎实践行“以民为本、为民解困、为民服务”的宗旨，始终把救灾、济困、扶孤作为关系民生人权、关系改革发展稳定全局的大事来看待，积极推进社会救助体系框架的建立和完善工作，确保城乡困难群众基本生活得到有效的保障。我们主要抓了以下三方面工作。

第一，不断完善社会救助体系。“十五”期间，我们在全国普遍建立了城市低保制度，突出抓好制度完善工作，基本实现了救助对象动态管理下的“应保尽保”。截至2006年底，全国共有2240.9万城市居民享受了城市最低生活保障，平均月保障标准169.6元/人，全年共发放城市最低生活保障资金222.1亿元，人均补差82.9元/月。城市低保制度已经成为困难群众生活兜底保障的民心工程。在建立城市生活无着的流浪乞讨人员救助方面，实现了从强制收容遣送向自愿受助、无偿救助的重大转变。在农村，2006年发布了新修订的《农村五保供养工作条例》，实现了半个世纪以来主要由农民互助共济负担“五保供养”供养经费向财政保障为主的转变。截至2006年底，全国有484.5万农村五保老人享受到了农村五保救济，729.2万农村人口享受了农村特困户救济。各地农村最低生活保障制度建设加快推进，2006年底，全国已有24个省（自治区、直辖市）、2133个县（区）建立了农村最低生活保障制度，已有1509.1万农村人口享受了农村最低生活保障，人均补差33.2元/月。另外，教育、住房、医疗、司法等专项救助制度建设也取得了重要进展，各项救助制度之间的配套衔接不断加强，各级政府救助资金预算逐年增加，各地救助管理服务网络逐步健全。目前，全国有29个省（区、市）、2300多个县（市）已建立了社会救助体系基本框架，绝大多数城乡困难群众基本生活权益得到了有效保障。

第二，扎实做好救灾工作。救灾是民政部门的重要任务。多年来，我们着力建立健全以救灾工作分级负责、救灾经费分级负担制度为基础，灾害应急机制为主体，社会动员机制相配套的灾害救助体系，在灾情预警监测评估、灾害紧急救助、灾区恢复重建、灾民生活救助和应对灾害社会动员等方面形成了完善的制度体系和运作机制。救灾物资储备和装备建设，减灾卫星地面应用系统和省级灾害信息系统建设，以及各级地方政府减灾机构建设得到进一步加强。全民的减灾意识有了显著提高，受灾群众基本生活得到了有力保障。我们对灾害救助体系建设的不断加强，确保了近几年自然灾害得到了安全、妥善地应对。2005年，我国大部分地区遭受洪涝、旱灾、台风、风雹等自然灾害影响。珠江流域、福建闽江、淮河干流、辽河流域的浑河、太子河等江河发生较大洪水和大洪水，长江支流汉江、黄河支流渭河和下游山东境内发生较为严重的秋汛，局部地区山洪、滑坡和泥石流灾害频发；海南、云南等省局部地区旱情严重；东部、南部沿海地区受强台风多次影响；风雹灾害点多面广。江西九江发生了5.7地震，青海部分地区的雪灾也比较严重。在这些灾害面前，我们加强救灾工作的成效得到了充分的显现，救灾应急反应迅速，工作措施到位，部门配合有力，妥善解决了自然灾害带来的灾民基本生活、倒房重建等问题。2006年是1998年以来灾情最严重的一年，台风、洪涝、干旱等自然灾害频繁发生，给灾区人民群众的生命财产安全造成严重威胁。各级民政部门反应迅速，积极采取措施，民政部共启动灾害救助应急响应40次，向灾区派出工作组60个，各级共投入救灾资金59.3亿元，救济灾民1.2亿人次，恢复重建民房167.9万间，确保了灾区人民的生命财产安全和基本生活。

第三，大力发展慈善事业。2005年11月，民政部召开了首届中华慈善大会，发布了《中国慈善事业发展指导纲要（2006—2010）》，唱响了“携手慈善、共创和谐”的主旋律，向社会发出了政府支持慈善事业的信号，向公众发出了积极投入慈善事业的号召。为扩大慈善事业的感召力和影响力，我们积极推动各类慈善组织响应政府号召，开展社会募捐救助活动，举办“中华慈善奖”评选和表彰活动，广泛动员社会各界进行捐助。经过国家和地方政府的大力推动，每年11月份的“送温暖、献爱心”捐赠月活动已经深入人心，逐步形成了惯例。近些年，中华慈善总会与地方慈善会也共同实施了系列慈善救助主题活动，例如，为解决西部干旱地区群众生产生活用水问题实施的“慈善雨水工程”、为唇腭裂残疾青少年实施康复手术的“微笑列车”项目、为解决贫困青少年入学问题实施的“慈善助学”工程、为资助孤儿实施的“爱心助孤工程”、为帮助老人实施的“慈善助老工程”等颇有影响的扶贫济困、安老助孤、助医助学活动，既有效促进了社会帮扶活动的持续开展，又有力地支持了各级政府的社会保障，并促进了慈善意识和慈善文化的广泛传播，在社会上产生了良好的反响。目前，全国所有省份和大中城市均建立起慈善机构，组织网络和捐赠站点广泛延伸至城乡社区。以民政部门作为业务主管单位的慈善机构为例，截至2005年底，专门从事慈善活动的中华慈善总会和各级慈善总（协）会有700多家，属于民政部门主管的慈善团体有390多家，分布在绝大多数省份。全国最大的慈善团体——中华慈善总会，现有团体会员单位160多家，以各省慈善总会为骨干，会员模式运作的慈善机构已遍布多数省份的市、县（市、区）层面。全国已建立了2.7万个经常性捐助工作站（点），初步形成了社会捐助网络，全年各级民政部门共接收捐赠款35.2亿元，接收捐赠衣被5803.7万件，其他物资折款5.4亿元，共有1922.4万人次受益。

记者：老年人、残疾人和孤儿等特殊群体的发展权利保障问题是衡量一个国家社会福利水平的重要标志，请问，我国为保障这些特殊群体的权益采取了哪些措施？

窦玉沛：发展社会福利事业，是政府落实人民发展权的重要职责。老年人、残疾人和孤儿等特殊群体由于自然或社会的原因，自身缺乏必要的发展能力，应当得到政府和社会的照顾和扶助，发展权对他们而言意义重大。通过大力发展面向老年人的养老服务、维护残疾人的合法权益、发展孤残儿童福利事业，确保这部分特殊群体享有充分的发展权利，这是党中央、国务院赋予民政部门的重要任务。

近几年来，我们主要抓了三方面的工作。第一，努力推进养老服务社会化。2006年，为进一步加大养老服务社会化的推动力，民政部启动了“全国养老服务社会化示范活动”，各地积极行动，勇于创新，培育了许多新典型，创造了许多新经验，取得了许多新成效，示范活动呈现出蓬勃发展的良好局面：许多地方建立了示范活动的组织机构，把养老服务社会化纳入当地党委政府议事日程，制定了工作规则，出台了政策措施，加大了地方财政投入，动员社会力量，形成推动养老服务社会化的良好运行机制；许多试点单位创新养老服务方式，以居家养老为基础，以社区服务为依托，以福利机构为补充，充分利用和有效发挥“社区星光老年之家”的作用，在街道或社区建立托老所、日间照料中心、老年康复中心等社区老年服务设施，对孤寡老人、特困老人，采取政府购买服务，提供无偿或低偿服务，对社会老人，采取适合老人服务需求的多种服务形式，从解决居家老人最迫切的实际困难入手，从基本的生活照料延伸到医疗康复、精神慰藉、法律服务、爱心护理、紧急援助等各方面服务，有效地满足了老年人的多元化需求。

第二，研究和调整残疾人就业福利政策。2005年，民政部与财政部、税务总局联合向国务院上报的《关于调整现行福利企业税收优惠政策并进行试点的请示》获得批准，与财政部、税务总局研究试点的具体方案正在有序进行。调整后的福利企业税收优惠政策较原政策有了较大改进，进一步拓宽了残疾人的就业渠道，促进了残疾人集中就业，减少了税收流失，实现了企业间的税收优惠政策的公平性，取得了较好的社会效益。我们还十分重视加强社区残疾人的工作。在民政部牵头实施的社区建设工作中，十分注重指导各级民政部门贯彻落实国务院《关于加强和改进社区服务工作的意见》（国发［2006］14号）和民政部等14部门共同制定的《关于加强社区残疾人工作的意见》（残联办字［2000］142号），大力发展残疾人的社区福利和社区照顾，将其纳入社区服务的重要内容，发动各级社区服务中心（站），为残疾人提供生活服务，开展残疾人的社区康复、特殊教育及文化体育等活动，拓展了残疾人参与社会的空间，提高了残疾人参与社会生活的能力。

第三，大力发展儿童福利事业。发展面向那些失去父母，无人抚养，处于生存、发展困境中的未成年人（孤儿）的福利事业，是社会福利服务和社会救助工作的重点。2006年，我们在原有工作基础上，着力加快推进儿童福利工作的发展。一是在孤儿救助政策上实现了新突破。2006年3月，民政部与中央综治办等15部门联合制定印发《关于加强孤儿救助工作的意见》，制定了孤儿生活、就业、教育、住房等9个方面的优惠政策。这个意见是建国以来政府对孤儿生活救助和服务保障的第一个综合性的福利制度安排，推动了儿童福利事业由补缺型向适度普惠型的转变，在我国儿童福利事业发展史上具有里程碑意义。二是加强儿童福利机构基础设施建设。2006年12月，民政部启动了“儿童福利机构设施建设蓝天计划”，决定每年从部本级福利彩票公益金中安排2亿元予以资助，地方民政部门留成的福利彩票公益金也要将“蓝天计划”作为重点项目进行资助，加上地方财政的投入，力争用5年时间，从中央到地方投入资金60亿元，在全国大中城市建设和完善集养护、救治、教育、康复、特教于一体的儿童福利机构，为孤残儿童提供功能完善的福利服务场所和设施，为多种养育模式提供必要的依托和载体，辐射和带动社区孤残儿童服务的开展。

记者：保证人民依法实行民主选举、民主决策、民主管理和民主监督是落实公民政治权利的重要途径，我国近几年在基层民主政治建设方面的进展情况如何？

窦玉沛：推进基层民主政治建设，是政府落实公民政治权利的重要途径。多年来，我们把坚持党的领导、人民当家做主和依法治国有机统一起来，积极推进城乡基层民主政治建设，不断完善村民自治机制，扎实推进城市和谐社区建设，有序发展民间组织。

第一，不断完善村民自治机制。2004年6月，中共中央办公厅、国务院办公厅下发了《关于健全和完善村务公开和民主管理制度的意见》，标志着以村务公开和民主管理为核心的村民自治工作进入了新的阶段。民政部认真贯彻落实意见精神，重点推进村务公开民主管理工作，完善民主决策制度，规范民主管理制度，严格民主监督制度，普遍如期完成村委会两轮换届选举，自治观念深入人心，党组织领导下的充满活力的村民自治机制初步形成，切实保障了农民群众的选举权、知情权、决策权、参与权和监督权。在实际工作中，我们注重总结和推广一批村务公开和民主管理的典型经验，通过典型发挥示范带动作用。2004年，我们会同司法部开展了“民主法治示范村”创建活动。2005年，在民政部指导下，全国21个省份村委会换届选举工作顺利完成，一些“难点村”问题得到了及时解决，村委会、村民会议、村民代表会议建设水平都有了新的提高。2006年，我们认真研究解决民主选举存在的矛盾和问题，召开全国深化村务公开民主管理座谈会，对加强村务公开民主管理工作、促进社会主义新农村建设作出了部署，并命名表彰了一批“全国村务公开民主管理示范单位”，有力推动了村委会换届选举工作顺利进行，基层民主政治建设取得了重要进展。

第二，扎实推开城市和谐社区建设。自《民政部关于在全国推进城市社区建设的意见》（中办发［2000］23号）发布实施以来，我国全面推进社区建设已历经6年，取得了重大进展。2004年，我们重点加强了城市社区基础建设的指导工作，完善了社区建设的工作机制，强化了居民参与意识和社区自治功能。表彰了500名全国先进社区工作者、295个全国社区志愿活动先进集体和682名全国优秀社区志愿者。努力拓宽社区服务领域，创新服务形式，开发社区就业岗位，帮助下岗失业人员和困难群众在社区就业和再就业。2005年，为及时研究社区建设中出现的问题、完善工作思路、促进社区建设深入发展，民政部开展了“全国百城社区建设情况抽样调查活动”，为全面推进城市和谐社区建设取得了大量实证性调研资料，促进了决策的科学化。这一年我们全面启动了建设和谐社区活动，召开了“全国社区建设工作会议”，深化了对建设和谐社区内涵、外延的认识，明确提出了建设和谐社区的七项目标任务、四项指导原则和五项保障措施。我们会同中组部、国家发改委等九部门联合下发了《关于进一步做好社区组织的工作用房、居民公益性服务设施建设和管理工作的意见》，这是开展社区建设工作以来，第一份专题部署社区组织工作用房、居民公益性服务设施建设和管理工作的文件，对解决社区组织工作用房、居民公益性服务设施建设问题，起到了积极的作用。同时，我们积极推进“万家社区图书室援建和万家社区读书活动”，推进科教文卫等服务进社区，在3.6万个社区开展了“万家社区图书援建和万家社区读书活动”。2006年，城市和谐社区建设在制度层面取得了重要进展，民政部研究制定的《关于加强和改进社区服务工作的意见》（国发［2006］14号）经国务院通过并下发各地。意见进一步明确了新形势下社区服务工作的指导思想、基本原则和主要任务，提出了当前和今后一个时期加强和改进社区服务工作的一系列政策，是推进我国城市和谐社区建设，健全社区公共服务体系的重要指导性文件。通过民政部门几年来的努力，我国城市社区在建立健全党组织领导下的充满活力的社区管理体制和社区居民自治机制方面，在拓宽社区服务的范围，逐步建立与完善社会主义市场经济相适应、覆盖社区全体成员、服务主体多元、服务门类齐全的社区服务新体系方面，在促进居委会工作制度完善，强化居委会自我教育、自我管理、自我服务，充分发挥其协调利益、化解矛盾、排忧解难的作用方面取得了明显的成效和进展，较好地维护和发展了基层人民群众的民主政治权利。

第三，有序发展民间组织。民政部门依法对各类民间组织实施的登记管理和培育发展工作，是国家保障公民结社自由权的重要途径。管理和培育好各类社会团体和民办非企业单位，充分发挥它们提供服务、反映诉求、规范行为的作用，促进公民有序地参与社会管理，对于构建和谐社会意义重大。近年来，民间组织管理工作，始终从服从、服务于党和国家发展大局出发，着眼于发挥民间组织的积极作用，兼顾培育发展和监督管理，不断加强制度建设，初步形成了有利于民间组织规范有序发展的新格局。一是促进行业协会改革。在民政部的大力指导下，各地“按照市场化原则规范和发展行业协会、商会等自律性组织”的精神，积极推进行业协会改革，使行业协会初步实现了民间化运作，发挥了作用，推动了地方经济发展，也为当地政府职能转变创造了条件。二是推进农村专业经济协会发展。2006 年，民政部策划开展了“民间组织服务社会主义新农村建设活动”，该活动自启动以来，已发布了 211 个资助总额达 55 亿元的农村发展项目。我们还将发展农村专业经济协会作为推进新农村建设的重要方面。三是培育社区民间组织。2006 年，我们积极指导各地加大对社区民间组织发展的培育力度。比如，深圳从彩票公益金划出 2000 万元用于资助社区民间组织，给每个新成立的居家养老服务型社区民间组织 1 万元启动资金；上海探索社区群众活动团队备案管理，在虹口、闵行、金山三个区进行了试点；安徽开展“123 工程”，逐步推进社区民间组织登记和备案试点；贵州明确了社区民间组织登记和备案的条件与程序，在全省开展了备案试点。这些举措，适应了当地城市化发展的需要，推进了和谐社区建设。四是扶持公益性民间组织。我们从发展慈善事业，构建和谐社会的高度，积极扶持培育基金会和公益性民间组织，积极鼓励个人和企业以自有资产从事慈善事业。2006 年民政部审批了 7 家总注册金 3.1 亿元的非公募基金会，还有一批正在运作之中，有力地促进了公益慈善事业的发展。

在民间组织自身建设方面，一是深入开展了民办非企业单位自律诚信活动。广大民办非企业单位响应号召，开展“不让一位少儿辍学”等主题公益活动 4.5 万次，提供服务 2189 万人次，直接社会效益 9.67 亿元。全国有超过 3/4 的民办非企业单位规范了章程，建立了服务承诺制度，公布了财务状况和工作报告，自身建设得到加强，社会公信力进一步提升。二是研究民间组织评估体系建设。2006 年，民政部开展了评估体系课题研究，并与地方共同拟定了 6 个专项评估标准，其中，上海负责行业性社团评估指标，北京负责联合性社团评估指标，浙江负责教育、劳动类民非评估指标，四川负责卫生类民非评估指标，大连负责综合类民非评估指标；上海、浙江、广东承担了基金会评估试点，湖北、新疆、深圳、青岛承担了公益性社团评估指标试点，山东承担了综合试点工作。在各级登记管理机关的共同努力下，民间组织评估指标体系已初步建成，为下一步全面开展评估工作打下了基础。

（《人权》2007 年第 4 期）

保障公众饮食用药安全 推进食品药品科学监管

——访国家食品药品监督管理局局长 邵明立

（2007年10月）

记者：请您简要介绍一下国家食品药品监督管理局的职能和组织结构。

邵明立：国家食品药品监督管理局，是国务院综合监督食品、保健品、化妆品安全管理和主管药品监管的直属机构，负责对药品（包括中药材、中药饮片、中成药、化学原料药及其制剂、抗生素、生化药品、生物制品、诊断药品、放射性药品、麻醉药品、毒性药品、精神药品、医疗器械、卫生材料、医药包装材料等）的研究、生产、流通、使用进行行政监督和技术监督；负责食品、保健品、化妆品安全管理的综合监督、组织协调和依法组织开展对重大事故的查处；负责保健品的审批。根据《中华人民共和国药品管理法》的规定，国家食品药品监督管理部门主管全国药品监督管理工作，国务院有关部门在各自的职责范围内负责与药品有关的监督管理工作。

记者：随着经济发展和社会生活水平的提高，人民群众对食品药品安全日益关注。您如何看待当前的食品药品安全形势？

邵明立：改革开放以来，我国食品药品产业快速发展，产量持续增加，品种日益丰富，质量逐步提高，不断满足了广大人民群众的饮食用药需求。同时，食品药品安全问题也随之凸显出来。经过连续多年的专项整治，我国的食品药品安全形势总体好转，但形势依然严峻，任务十分艰巨。当前，食品药品行业最主要的矛盾，我认为，仍然是公众日益增长的食品药品安全需求与食品医药产业发展相对滞后之间的矛盾。产业基础薄弱，质量保障水平参差不齐，食品药品的质量安全问题仍比较突出，市场秩序混乱的局面尚未根本好转，发达国家在现代化、城市化、工业化长期进程中分阶段出现的安全风险在我国现阶段比较集中地暴露出来。可以说，目前我国正处于食品药品安全的风险高发期和矛盾凸显期，食品药品安全工作处于拉锯胶着、攻坚破难的关键阶段。

尽管如此，我们也有许多难得的有利条件和重要的发展机遇。党中央、国务院高度重视食品药品监管工作，全社会高度关注食品药品安全。2006年5月和7月，相继发生了“齐二药”假药案件和克林霉素磷酸酯葡萄糖注射液（欣弗）劣药事件。在党中央、国务院的领导下，各级食品药品监管部门密切配合、连续作战，克服重重困难，在全国范围内查封并组织召回涉案药品1944万支（瓶）。2006年，我们还及时处置了“东方”牌劣质奶粉、药物残留超标多宝鱼问题，以及“瘦肉精”食物中毒、“苏丹红”鸭蛋等一系列食品安全事件，最大限度减少了假劣食品药品对公众身体健康和生命安全造成的危害。我相信，只要政府和社会共同努力，当前食品药品安全存在的突出问题和主要矛盾是可以有效化解和解决的，广大人民群众的饮食用药安全是有保障的。

记者：食品药品监管部门肩负保障公众饮食用药安全的重任，应当如何应对当前食品药品安全的新形势？

邵明立：要做好新形势下的食品药品监管工作，切实保障公众饮食用药安全，我认为，最根本的一点就是要贯彻落实科学发展观，树立正确的监管理念，解决好“为谁监管，怎样监管”的问题。必须准确把握工作定位，正确处理政府与企业、监管与服务、公众利益与商业利益的关系，依法履行监管职责。2006年8月，国家食品药品监督管理局新一届党组以科学发展观为指导，认真分析新形势，深入总结监管工作经验教训，集中全系统广大干部职工的智慧，旗帜鲜明地提出了科学监管的新理念。

科学监管理念的本质和核心是以人为本，立党为公，执政为民；基本要求是推进依法行政，科学民主决策，依靠技术支撑，实现队伍保障；根本目标是保障公众饮食用药安全，促进经济社会协调发展。科学监管理念提出后，各级食品药品监管部门开展了丰富生动的学习和实践活动，在系统和行业内引起强烈反响，赢得了社会的广泛支持。今后，我们要在监管实践中进一步丰富和发展科学监管理念，把保障公众饮食用药安全作为一切工作的出发点和落脚点，通过科学的监管切实维护人民群众的生命和健康权益。

记者：药品安全直接影响人民群众身体健康和生命安全。针对当前药品市场秩序的混乱局面，食品药品监管部门已经采取了哪些措施？取得了哪些主要成效？

邵明立：按照国务院统一部署，从2006年8月开始，全国各地开展了整顿和规范药品市场秩序专项行动。国家食品药品监督管理局制定了整顿和规范药品研制、生产和流通秩序工作方案并组织实施。各级食品药品监管部门在当地党委、政府的领导和有关部门的支持下，精心组织，周密安排，全面部署专项整治工作，尤其是全面开展和加强了药品注册现场核查、药品批准文号清查和再注册、药品生产专项检查、血液制品疫苗生产整顿、医疗器械专项整治、打击制售假劣药品、农村“两网”建设等重点工作。截至今年4月，共对1.7万多个药品注册申请进行了现场核查，对药品、医疗器械生产企业开展各类检查4.4万多次，收回128家药品生产企业的GMP证书，吊销6家企业的《药品生产许可证》、304家企业的《药品经营许可证》、328家企业的《医疗器械生产许可证》和892家企业的《医疗器械经营企业许可证》，共查处药品、医疗器械各类案件138万件，捣毁制假窝点1623个。经过近一年的专项整治，总体上看，药品市场秩序有所好转。注册申报资料弄虚作假现象得到有效遏制，制售假冒伪劣药品等违法犯罪行为受到严厉打击，药品生产经营行为进一步规范，企业的法律意识、责任意识和质量意识明显增强，药品监管的力度普遍加大，食品药品监管队伍的组织协调能力、依法行政能力、应急反应能力进一步提高。与此同时，食品安全专项整治继续深入开展，食品放心工程综合评价有序推进，食品安全信息统一发布制度初步建立，食品安全信用体系建设试点进展顺利，食品安全事故的查处和督查督办力度不断加大，食品安全综合监督效能稳步提升。食品药品专项整治在净化市场、规范秩序、保障安全的同时，有效促进了食品医药产业的健康发展，规范化、规模化企业的盈利水平明显提高，专项整治工作取得了良好的社会反响。

目前，国务院已经决定将整顿和规范药品市场秩序专项行动延长到今年年底。近日，国务院办公厅又下发了《关于进一步加强药品安全监管工作的通知》，这充分体现了党和政府对保障人民群众用药安全的高度重视，以及持续、深入整治药品市场秩序的坚定决心。我们将坚决贯彻落实国务院的要求和部署，进一步加大工作力度，努力为公众营造安全消费的社会环境，确保让人民群众放心用药。

记者：在整顿和规范药品市场秩序专项行动取得阶段性成效的情况下，下一步食品药品监管部门还将在哪些方面加强药品安全监管？

邵明立：药品监管是涵盖研制、生产、流通、使用的全过程监管，为保障公众用药安全，今后必须着力加强对各环节的管理。在研制环节，加强督查和抽查，抓紧按计划完成药品注册现场核查工作，进一步加大对非临床和临床研究机构的核查力度。认真做好药品批准文号清查，对存有疑点或来源不明的品种逐一进行清查，确保药品批准文号的真实性，以地标升国标和统一换发批准文号工作中涉及的高风险品种为重点，对药品批准文号清查工作进行复核验收。结合药品批准文号清查，全面启动药品再注册工作，对文号来源弄虚作假的品种不予再注册，并注销或撤销药品批准文号，切实淘汰一批不具备生产条件、质量无法保证、安全隐患较大的品种。

在药品生产环节，改革药品GMP现场检查方式，探索药品生产监管新机制，开展药品生产质量受权人制度试点。继续加强日常生产监管，加大跟踪检查和飞行检查力度，督促企业自觉严格执行 GMP。全面开展药品生产工艺和处方核定工作，对药品生产企业实际执行的工艺、处方进行登记，并分情况采取处理措施。在总结前期工作经验的基础上，继续试行向高风险品种生产企业派驻监督员，制定派驻监督员管理办法，编写派驻监督员工作手册，指导监督员正确履行职责。加快推进特殊药品监控信息网络建设，力争今年年底前在全国范围内实现对麻醉药品和精神药品生产、流通数量和流向的动态监控。进一步加强药物滥用监测工作，完善省级麻精药品安全管理突发事件的应急处理工作制度。

在流通环节，全面开展药品经营企业监督检查，着力解决药品经营中的挂靠经营、超方式经营和超范围经营问题。严格药品经营准入管理，开展药品大物流企业试点，提高药品经营的集约化程度，全面清理2006年以来新开办的药品批发企业，对达不到法定条件和要求的，依法收回《药品经营许可证》。加强药品经营行为监管，严格禁止药品零售企业以任何形式出租或转让柜台，抓紧研究解决非药品产品与药品混合销售问题，加快制定关于非药品产品与药品在零售企业内分区销售的有关规定。强化农村药品监管，继续推进农村药品监督网和供应网建设，探索、总结和发展适合农村实际的药品监管模式。大力整治虚假违法广告，对违法发布广告的药品生产、经营企业，严格依据《药品广告审查办法》的规定，采取行政控制措施，力求年底前使违法药品广告得到有效整治。

记者：食品药品监管在保障公众饮食用药安全的同时，也与人民群众看病就医等切身利益息息相关，食品药品监管部门在解决关系群众切身利益的突出问题上将有哪些举措？

邵明立：党的十六届六中全会指出，构建社会主义和谐社会，必须坚持以解决人民群众最关心、最直接、最现实的利益问题为重点，推动社会建设与经济建设、政治建设、文化建设协调发展。食品药品监管作为政府重要的社会管理和市场监管职能，必须在构建社会主义和谐社会的伟大进程中有所作为。

在药品监管方面，我们将积极配合有关部门，立足监管职能，努力推动群众看病就医和药价虚高问题的逐步解决。抓紧建立健全国家基本药物制度，明确国家基本药物目录遴选调整的原则和程序；减少药品购销中间环节，坚决打击医药购销中的商业贿赂行为；探索建立廉价药品生产供应保障体系，从政策上保证廉价药、经典药和稀有且临床必需药品的生产供应；改革、完善药品审评审批机制，加强药品商品名管理。强化农村药品安全监管，加快农村药品监督网和供应网建设，扶持和培养农村药品监督员、信息员，在农村宣传和普及基本用药知识，加强农村药房规范化建设，鼓励和引导批发企业面向农村配送药品、零售企业向农村延伸网点，净化农村药品市场，积极探索服务新型农村合作医疗的有效途径，保障农村和农民用药安全、质优、价廉。

在食品综合监督方面，要继续做好食品安全专项整治工作。进一步完善食品安全信用体系，针对食品抽检、监测、调查评价中发现的严重问题和社会反映强烈的问题，集中开展专项整治。要注意把工作重心向农村及农村与城市结合区域延伸，严厉打击违法违规生产行为，坚决遏制农村食品安全事故高发态势，更好地维护农民饮食安全。加强对农村餐饮安全的分类指导和宣传教育，减少农村群发性食品安全事故的发生。要以食品安全综合评价为切入点，推动地方政府、相关部门监管责任和措施的落实。积极推动食品安全法制建设，整合监管资源，探索创新食品安全监管体制机制。完善食品安全监察专员制度和工作规则，提高食品安全事故查处和督察督办能力，强化食品安全监管责任和责任追究。

记者：食品药品安全不是一朝一夕的事，需要有相对长期的目标和规划。日前，国务院办公厅印发了《国家食品药品安全“十一五”规划》（以下简称《规划》），社会各界对此广泛关注。《规划》对“十一五”期间的食品药品安全提出了什么具体要求？

邵明立：国务院办公厅印发的《规划》，是我国首次在食品药品安全领域编制的国家专项规划，也是第一次将食品药品安全写入国家的总体规划，对保障公众饮食用药安全和食品药品监管改革与发展来说，意义重大。《规划》明确规定了今后五年食品药品安全领域的18项主要任务，其中食品安全方面12项，包括加强食品安全监测、提升食品安全检验检测水平、完善食品安全相关标准、构建食品安全信息体系等；药品安全方面6项，包括提升药品安全监管水平、规范医疗器械安全监管、强化药品和医疗器械市场监管、改善药品和医疗器械监管基础设施等。

为确保各项任务顺利实施，《规划》还提出了7个方面的保障措施，包括：树立科学监管理念，创新监管体制机制；完善安全责任体系，强化企业责任意识；建立法律法规体系，大力推进依法行政；加大政府投入力度，提供必要财政保障；发挥社会监督作用，营造良好舆论氛围；加强国际合作交流，促进监管水平提升；建立规划实施机制，确保规划目标实现。

按照国务院对专项规划的要求，为增强《规划》的可操作性和便于组织评估，《规划》在明确“十一五”期间食品药品安全工作的发展目标的同时，确定了9个量化指标，包括食品安全信息监测覆盖面达到90％，大中城市批发市场、大型农贸市场和连锁超市的鲜活农产品的抽验质量安全合格率达到95％，国家级医疗器械检验机构对归口产品检验能力达到100％，药品监督抽验覆盖面由现在的30％提高到80％，等等。

《规划》是指导“十一五”期间全国食品药品安全工作的纲领性文件，作为落实《规划》的综合协调部门，我们将紧密结合整顿规范药品市场秩序专项行动和年度工作安排，对《规划》提出的发展目标和各项任务逐项分解，主动做好相关任务的协调工作，认真落实职责范围内的各项任务，为实现《规划》提出的各项发展目标，为更好地保障公众的饮食用药安全，作出应有的贡献。

（《人权》2007年第5期）

各民族共同团结奋斗　共同繁荣发展

——访国家民族事务委员会主任　李德洙

（2007年12月）

记者：2003年，我们曾就新中国少数民族人权事业的发展情况采访过您，访谈发表后，在国内外产生了良好的反响。转眼4年过去了，请您谈谈近年来中国少数民族人权事业的新发展。

李德洙：很高兴再次接受贵刊的采访。回过头来看，从某种意义上可以说，一部新中国民族工作史，就是一部开辟、推进和发展中国特色的少数民族人权事业并取得辉煌成就的历史。特别是党的十六大以来，中国政府为发展少数民族人权事业作出了新的努力，中国的少数民族人权事业取得了新的进步。2003年，胡锦涛同志提出了各民族共同团结奋斗、共同繁荣发展这一民族工作主题，明确了民族工作包括少数民族人权事业发展的前进方向；2004年，《宪法修正案》明确规定“国家尊重和保障人权”，毫无疑问，尊重和保障少数民族人权是其中的重要内容。几年来，中国政府采取一系列重大举措，加快少数民族和民族地区经济社会发展，推进民族团结进步事业，少数民族人权得到了切实尊重和充分保障。

突出地表现在四个方面的突破上：

一是民族理论有新突破。第一次提出“两个共同”的主题，即各民族共同团结奋斗、共同繁荣发展；第一次提出我国社会主义民族关系的基本特征是平等、团结、互助、和谐，其中，平等是基石，团结是主线，互助是保障，和谐是本质；第一次提出了“正确处理民族问题、认真做好民族工作，是衡量党的执政能力和各级党政组织领导水平的重要标志”；强调民族问题始终是关系建设中国特色社会主义必须认真处理好的一个重大问题，民族工作始终是关系党和人民事业发展全局的一项重大工作等一系列重要观点。特别是，2005年，中共中央、国务院颁发了新中国成立以来关于民族工作全局的第一个决定，即《关于进一步加强民族工作，加快少数民族和民族地区经济社会发展的决定》（以下简称《决定》），从12个方面，对中国政府关于民族问题的基本理论和政策进行了系统总结。这些重大的理论突破，极大地丰富和发展了中国特色的民族理论，标志着中国政府对民族问题发展规律的认识，对少数民族人权保障规律的把握，达到了新高度，开辟了新境界。

二是民族政策有新突破。召开了新世纪新阶段的第一次中央民族工作会议，提出了一系列指导性、针对性、操作性很强的政策措施。为推动中央民族工作会议精神的贯彻落实，先后制定了三个国家级专项规划，即《扶持人口较少民族发展规划（2005—2010年）》、《少数民族事业“十一五”规划》、《兴边富民行动“十一五”规划》；先后举办了省部级领导干部民族工作专题研讨班，召开了贯彻落实中央民族工作会议精神经验交流会，开展了对中央民族工作会议精神贯彻落实情况的专项督查。这些重大举措，在少数民族人权保障史上都是第一次，有力地推动了少数民族和民族地区各项事业的发展。

三是坚持和完善民族区域自治制度有新突破。第一次提出了“三个不容”的重大论断，即“民族区域自治，作为党解决我国民族问题的一条基本经验不容置疑，作为我国的一项基本政治制度不容动摇，作为我国社会主义的一大政治优势不容削弱”。国务院颁布了《实施〈中华人民共和国民族区域自治法〉若干规定》（以下简称《若干规定》），这是贯彻落实《民族区域自治法》的第一个配套法规。中共十六届四中全会通过的《关于加强和改进党的执政能力建设的决定》，明确提出“充分保证民族自治地方依法行使自治权”。全国人大常委会第一次开展了对《民族区域自治法》的执法检查。这些第一次，标志着坚持和完善民族区域自治制度迈出了重要步伐。

四是推进和发展民族团结进步事业有新突破。第一次全面阐述了民族团结进步事业的内涵，强调民族团结进步事业是中国特色社会主义事业的重要组成部分。明确提出要加强“四项教育”，即党和国家的民族理论、民族政策、民族法律法规和民族基本知识的教育，强调不仅要教育群众更要教育干部，不仅要教育少数民族干部更要教育汉族干部，不仅要教育一般干部更要教育领导干部。召开了国务院第四次全国民族团结进步表彰大会，推动了民族团结进步创建活动的深入开展，命名了一批全国民族团结进步教育基地，及时、妥善处理了影响民族团结问题的事件，进一步在全社会形成了维护民族团结、社会稳定和祖国统一的良好氛围。

总起来说，十六大以来，中国的民族工作在认识上开辟了新境界，在理论上实现了新发展，在政策上实现了新突破，在实践上积累了新经验。这一时期，是民族地区发展最好的时期，是民族关系最为和谐的时期，也是少数民族人权保障水平提升最快的时期。中国的民族工作，取得了新世纪新阶段的良好开局；中国少数民族人权事业，站在了一个新的更高的历史起点上。

记者：民族地区与全国其他地区的发展差距问题，是中国政府非常关注的问题，历次政府工作报告都强调要认真研究解决这一问题。请问，中国政府近年来在缩小地区发展差距，保障少数民族的生存权和发展权方面，采取了哪些措施？取得了哪些成效？

李德洙：生存和发展是人权之本，生存权和发展权是首要人权。新中国成立以来，中国政府始终把解决生存权和发展权问题放在首位，各族人民生活总体上实现了从贫困到温饱再到小康的两次历史性跨越。但是，由于历史、自然等各方面的原因，与全国相比，少数民族群众的生活水平还相对落后，民族地区的发展还相对滞后，民族之间、地区之间的这种差距在一定时期内还有拉大的可能。这已成为少数民族平等享有人权的最大、最直接的障碍。对此，中国政府高度重视。胡锦涛同志指出，我们必须毫不动摇地坚持以经济建设为中心，千方百计地加快民族地区的发展，强调要站在战略和全局的高度，充分认识加快民族地区发展的极端重要性。

进入新世纪新阶段以来，在国家的大力支持帮助和各地区各部门的对口支援下，经过各族群众的自力更生、艰苦奋斗，少数民族和民族地区经济发展迎来了一个黄金时期。

实现国民经济又好又快发展。2006年，我国民族地区（指内蒙古、新疆、广西、宁夏、西藏5个自治区和云南、贵州、青海3个多民族省份，下同）生产总值达到20519亿元，扣除物价上涨因素，比2002年增长了63.5％，年平均增长13.2％。2006年，民族地区生产总值占全国比重，由2002年的8.72％上升到8.94％；人均生产总值达到10832元，其占全国比重由2002年的57.3％上升到60.8％。民族地区经济发展速度明显加快，效益明显提高，实力明显增强。

基本形成各自的特色经济。实施优势资源转换战略、品牌战略，大力调整产业结构，做大做强特色优势产业。目前，民族地区已成为我国农畜产品和工业产品的重要生产基地。比如，云南和贵州的烤烟产量占全国的45.9％，分居全国前两位；内蒙古和新疆的羊毛、羊绒、奶牛产量，分居全国的前两位。广西、贵州和宁夏成为我国氧化铝和电解铝的重要生产基地。新疆的石油和天然气产量分别居全国的第三位和第一位，已经成为我国重要的能源生产基地和战略接替区。同时，民族地区充分利用秀美的自然风光、多姿多彩的民族风情，大力发展旅游产业，旅游服务业已成为民族地区的支柱产业、新兴产业。

加强基础设施建设。2006年，民族地区实现全社会固定资产投资11589亿元，比2002年增长了1.7倍。投资规模占全国的比重由2002年9.8％上升到10.6％。在民族地区开工建设了青藏铁路、“西电东送”、“西气东输”，以及机场、高速公路、水电枢纽、通信等重大基础设施项目。这些项目有的已经建成并产生了效益，民族地区城乡面貌焕然一新，与国内国际联系更加便捷，为全面协调可持续发展奠定了基础，增强了后劲。

人民生活水平显著改善。2006年，民族地区城镇居民人均可支配收入达到9615元，比2002年增加了2798元；农牧民人均纯收入达到2502元，比2002年增加了733元。少数民族和民族地区各族群众进一步共享了改革发展的成果。

总之，十六大以来，是国家对民族地区投入力度最大的时期，是民族地区经济社会面貌改变最大的时期。少数民族和民族地区初步走出了一条生产发展、生活富裕、生态良好的路子，正向着全面建设小康社会的宏伟目标阔步前进。

记者：改善民生、促进和谐，近年来愈益成为中国政府的施政重点，社会权利受到越来越多的重视。请问，中国政府是如何改善少数民族民生状况、发展民族地区社会事业的？

李德洙：回顾十六大以来我国少数民族人权保障历程，一个显著特点是，中国政府把发展社会权利和构建和谐社会摆在了更加突出的战略位置，强调把少数民族人民最关心、最直接、最现实的利益问题作为着力点，扎扎实实为少数民族群众办实事、办好事，使经济发展的成果更多体现到改善民生上，少数民族人民享有社会权利的水平大幅提升。

推进兴边富民行动。在我国约2.2万公里的陆地边界线上有135个边境县，其中107个是民族自治地方；大约2000多万人口，其中近一半是少数民族。从1999年起，国家实施了“兴边富民行动”，到2007年，已由最初的9个试点县扩大到60个县。2000年至2006年，兴边富民行动累计安排中央财政资金4.85亿元，吸引和带动各地区各部门数百亿资金投向边境地区，兴建了2万多个项目，边境地区生产生活条件显著改善，被少数民族称为“民心工程”、“德政工程”。

扶持人口较少民族发展。我们把22个人口在10万人以下的少数民族叫“人口较少民族”，共约64万人，不到全国总人口的0.05％。中国政府高度重视人口较少民族发展滞后、群众生产生活困难问题。2005年国家通过了《扶持人口较少民族发展规划（2005—2010年）》，国务院还召开了专题会议作出部署。规划实施以来，中央重视，部门支持，社会响应，地方积极，群众参与，取得了良好进展。人口较少民族所在的10个省（区），仅2006年就投入各类扶持资金约6亿多元，安排项目2700多个。为64万人专门制定国家级的规划，充分体现了“小民族大政策”的胸怀，体现了全面建设小康社会不让一个民族掉队的决心，体现了各民族共同繁荣发展的立场。

关注特困少数民族问题。中国政府高度重视特困少数民族问题。从2004年起，国家民委对中西部民族自治地方的322个国家和省级扶贫开发工作重点县及少数民族自治县展开调研，提出了帮助特困少数民族地区群众彻底摆脱贫困的解困工程计划，得到了国务院和有关部门的认可。有关的建议，已经纳入《少数民族事业“十一五”规划》，落实到国家扶贫开发整村推进等相关工作中。随着这一规划的实施、解困工程的推进，特困少数民族群众的生产生活困难将逐步得以解决。

解决就医看病问题。加大对民族地区医疗设施的投入力度，健全县、乡、村三级医疗预防保健网，城乡医疗卫生条件明显改善。从2003年起，民族地区开始推行新型农村合作医疗试点工作，计划到2010年基本覆盖民族地区农村居民。目前，青海省已全面实行这一制度，惠及农牧民293万人。此外，国家从今年起推行城镇居民基本医疗保险试点，计划用3年时间在全国城镇全面推开。这项制度将使城镇非就业人员的看病就业状况得到改善，惠及包括少数民族公民在内的2亿多城镇居民。

通过不懈的努力，少数民族和民族地区人民的民生状况不断改善。民族地区贫困人口已由2002年的1322万人减少到2006年的1211万人。各族人民正在共享改革发展的成果，正在同心同德共建社会主义和谐社会。

记者：受教育权是基本人权之一，请您谈谈中国政府近年来促进民族地区教育事业的发展，维护少数民族受教育权的情况。

李德洙：中国政府一贯高度重视少数民族教育事业。十六大以来，国家采取各种特殊政策和优惠措施，促进教育公平，维护少数民族的受教育权，少数民族和民族地区教育事业取得了可喜成就。

“两基”攻坚成果显著。2002年底，西部地区尚有410个县级行政单位，没有实现基本普及九年义务教育、基本扫除青壮年文盲（简称“两基”）。2004年，中央财政共投入100亿元，实施国家西部地区“两基”攻坚计划（2004—2007年），其中有县级民族自治地方312个，占总数的83％。截至2006年年底，已有279个“两基”攻坚县实现“两基”。2007年，将总共有88.7％的县如期实现“两基”。

“两免一补”大见成效。从2001年秋季开始，国家对中西部农村地区义务教育阶段家庭经济困难学生免费提供教科书。2006年，国家全部免除西部地区农村义务教育阶段学生学杂费，并对贫困家庭学生免费提供教科书并补助寄宿生生活费。2007年，这一政策扩大到中部和东部地区。同时，国家对西藏农牧区义务教育阶段学生实行“三包”（包学习、包吃饭、包住宿），新疆的56个县全部实行“两免”政策。民族地区义务教育阶段上学难问题正在逐步得到解决。

双语教学稳步发展。截至目前，全国已有13个省、自治区的21个民族的1万余所学校，使用民族语言或双语授课，在校生达到600多万人，使用的民族语言60余种、民族文字20多种；有10个省、自治区建立了相应的民族文字教材编译、出版机构，每年编译出版的少数民族文字教材达3500多种，总印数达1亿多册。少数民族使用和发展本民族语言文字的权利进一步得到保障。

民族高等教育成就斐然。一是全国普通高等院校中，少数民族学生所占的比重由2002年的5.8％增加到2005年的6.1％，人数由52万多人增加到2005年的95万多人。民族地区普通高等院校由2002年的168所发展到2006年的239所，在校生由77万人增加到2006年的146万人。中央民族大学继进入“211工程”之后，2004年又被列入“985工程”二期建设行列。二是民族班和民族预科班越办越好。目前，全国共有100多所学校招收少数民族预科生和民族班学生，年招收约2万人。另外，国家民委所属民族院校专门开设了人口较少民族预科班，执行特别优惠的招生录取政策，帮助22个人口较少民族培养人才。三是国家制定了大力培养少数民族高层次骨干人才的意见和实施方案。2007年，年招生规模已经达到硕士生3000人、博士生700人，最终将达到年招收硕士4000人、博士1000人的规模。

这些新数据充分表明，十六大以来，民族教育的数量、素质、结构得到显著改善，少数民族公民的受教育权得到切实保障，中国政府正在少数民族和民族地区稳步地实现自己的庄严承诺："让所有孩子都上得起学，上好学。"

记者：文化是一个民族的精神家园、动力源泉和标志，但是，少数民族文化的存在和发展在全球化时代遭到了越来越严重的挑战。请问，中国政府在保障少数民族文化权利方面采取了哪些新举措？

李德洙：文化是一个民族的灵魂，是一个民族存在的根基，是一个民族发展的活力源泉，是一个民族凝聚力的核心因素。了解一个民族，必须了解这个民族的文化；尊重一个民族，必须尊重这个民族的文化；发展一个民族，必须发展这个民族的文化。少数民族文化是中华文化的重要组成部分，是我们珍贵的遗产、丰富的资源和重要的优势。没有少数民族文化的多彩多姿、争奇斗艳，就没有中华文化的博大精深和迷人魅力，就没有中华民族的有容乃大和历久弥新。保护和发展少数民族文化，具有重大而深远的意义。

十六大以来，中国政府一如既往重视维护少数民族的文化权利，从政策、资金、项目各个方面加大对少数民族传统文化的保护力度，少数民族文化事业呈现出繁荣发展的局面。

加强民族地区文化基础设施建设。民族地区文化单位（艺术表演团体、文化馆和群众艺术馆、公共图书馆）数量稳步增长。截至2005年，民族地区每十万人拥有的文化单位数已超过全国平均水平。国家实施的"全国万里边疆文化长廊建设工程"、"广播电视村村通工程"，以及重点解决西藏、新疆等边疆民族地区广播电视覆盖问题的"西新工程"等，均取得显著成效。到2006年6月，全国各级政府共投入资金36.4亿元，解决了117000多个行政村的7000多万村民收听广播、收看电视的问题。目前，民族地区广播电视覆盖率分别超过85％和90％。

繁荣少数民族文化艺术。截至2005年，我国民族自治地方有艺术表演团体525个，少数民族歌舞团55个，剧场、影剧院166个。全国有24所高等和中等艺术院校，专门培养少数民族艺术人才。《若干规定》规定：国家每五年举办一次全国少数民族文艺会演。以国务院行政法规的形式明文规定，这在历史上还是第一次。2006年，第三届全国少数民族文艺会演成功举办。国家还定期举办少数民族题材电视、电影、文学、声乐、戏剧剧本评奖活动。通过这些国家性活动，大批优秀人才脱颖而出，大批优秀作品风行全国、走向世界。

加大少数民族传统文化保护力度。启动"抢救和保护中国人类口头和非物质遗产工程"，公布第一批《国家级非物质文化遗产名录》，其中少数民族文化遗产有170余项，占遗产总量的30％以上。西藏布达拉宫、云南丽江古城等五处文化和自然遗产，已被列入《世界遗产名录》，维吾尔族"十二木卡姆"和"蒙古族长调民歌"，已被联合国列入《人类口头和非物质文化遗产代表作名录》。少数民族歌谣、舞蹈等十大民间文艺集成基本完成。濒危少数民族语言文字保护工作取得阶段性成果。截至目前，我国调查、记录濒危语种已达40多种，出版研究专著近100部，还建立了多个数据库。据统计，近年来抢救和整理散藏在民间的少数民族古籍30多万种，公开出版的有7种共5000余部，有效地抢救和保护了优秀的民族传统文化。

发展少数民族新闻出版事业。国家实施"东风工程"等，扶持大批出版项目，加大投入，改善民族文字图书报刊单位的基础设施。全国现有30多家出版民族文字图书的出版社，使用20多种民族文字出版图书，年出版民族文字图书4000多种，发行5000万册左右；现有99种民族文字报纸，用13种民族文字出版；

现有223种民族文字期刊，用10种民族文字出版。目前，我国已建立了覆盖面较广、文种较全、种类较多的民族文字图书报刊出版体系。

针对少数民族文化保护和发展面临的突出困难和问题，国家民委会同有关部门，正在加紧研究有关政策措施，以努力促进少数民族文化的大繁荣、大发展。我们的原则是，该保护的一定要全力保护，该扶持的一定要扶持到位，该投入的一定要加大投入，该给的政策一定要给足。总之，一定要守住各族人民的精神家园，一定要传承少数民族的文明血脉，一定要使少数民族文化在新的历史条件下不断发扬光大。

记者：少数民族干部工作是中国保障少数民族人权事业最具特色的内容之一，请您谈谈这方面的最新进展。

李德洙：少数民族干部的状况是衡量一个民族发展水平的重要标志，是衡量一个国家少数民族人权事业发展程度的重要指标。我们党历来高度重视少数民族干部的培养选拔工作。十六大以来，中国政府采取了一系列切实有效的政策措施，少数民族干部队伍的数量逐步增加，结构日趋合理，素质稳步提高。

健全政策机制。胡锦涛同志明确指出，少数民族干部队伍建设是一件管根本、管长远的大事，要制定周密规划，明确目标任务，完善政策机制，认真组织实施，持之以恒地抓下去。《决定》把加强少数民族干部队伍建设作为一个重要部分，从培养、选拔、使用等各个环节作出全面部署。《若干规定》对选拔任用少数民族干部作出了明确具体的规定。中央组织部、中央统战部和国家民委召开了全国培养选拔少数民族干部工作座谈会，对做好新世纪新阶段的少数民族干部工作提出了重要指导意见。人事部印发了《关于进一步贯彻落实国务院实施〈民族区域自治法〉若干规定的通知》，规定民族自治地方在公务员考试录用中，可采用单列职位、降低报考资格等方法对少数民族报考人员进行倾斜。各地各部门根据实际，不断完善相关政策机制，一些省区出台了培养选拔少数民族干部的政策文件，并制定了中长期工作规划，有力地推动了少数民族干部工作的开展。

加大培养力度。开展理论政策教育，提高思想政治素质。组织岗位培训，提高知识层次和业务素质。加大国家级培训机构对少数民族干部的培训力度，在办好新疆班、西藏班的同时，在其他各类班次中增加了少数民族干部的比例。正式成立中央民族干部学院，为少数民族干部培养提供了重要基地，至今已培养各级各类干部2万多人次。据不完全统计，目前，已有300多万少数民族干部参加了各类脱产培训，县处级以上少数民族领导干部基本达到5年内累积参加3个月以上脱产培训的要求。

搞好挂职锻炼工作。2002年至2007年，共选派6批2264名少数民族和民族地区干部到中央和国家机关及发达地区挂职锻炼。提高了少数民族和民族地区干部素质，增强了中央和国家机关及发达地区干部同少数民族和民族地区干部群众之间的感情，加强了民族地区与中央和发达地区的密切联系，是实施国家人才战略的重要举措。此外，还积极推进少数民族干部交流任职和多层次多岗位任职，提高少数民族干部实际工作能力。

目前，全国共有少数民族干部299.4万人，比2002年增加1.5万人；全国党政群机关县处级以上干部中，有少数民族干部5万人，比2002年增长19%。民族自治地方政府的主要领导已全部由实行自治民族的干部担任，自治机关的工作部门中也配备了大量的少数民族干部。散杂居地区也采取了许多得力措施，保证了在党政领导班子中配备少数民族干部。一支宏大的多层次、多领域、高素质的少数民族干部队伍已经形成，正在少数民族人权事业中发挥越来越大的作用。

记者：据了解，中国少数民族信教比例高于汉族，有些少数民族甚至是群众性信教，那么，中国政府是如何保障少数民族的宗教信仰自由的？

李德洙：我国是一个多民族、多宗教的国家，宗教在一些民族特别是边疆少数民族中有着广泛的影响，有的民族甚至是群众性信仰某一宗教。例如，藏族等6个民族群众性信仰藏传佛教，回族、维吾尔族等10个民族群众性信仰伊斯兰教。

宗教信仰自由是我们党一项长期的基本政

策，是宪法和法律赋予公民的一项基本权利。宪法明确规定：中华人民共和国公民有宗教信仰自由；任何国家机关、社会团体和个人不得强制公民信仰宗教或者不信仰宗教，不得歧视信仰宗教的公民和不信仰宗教的公民。

2004年11月，国务院颁布了《宗教事务条例》，宪法和法律规定的公民宗教信仰自由权利得到进一步保障。据不完全统计，中国现有各种宗教信徒1亿多人，宗教活动场所8万多处，宗教教职人员30多万人，宗教团体3000多个。宗教团体还办有培养宗教教职人员的宗教院校74所。目前，西藏共有1700多处藏传佛教活动场所，住寺僧尼约4.6万人，新疆共有23700多座伊斯兰教清真寺，教职人员2.6万多人。各种宗教活动正常进行，信教群众的宗教需求得到充分满足，信教自由得到充分尊重，宗教界人士和宗教团体的合法权益得到充分保障。

政教分离，依法管理宗教事务。公民有宗教信仰的自由，决不意味着宗教活动可以不受任何约束。在中国，任何人、任何民族、任何团体，包括任何宗教，都应当维护人民利益，维护法律尊严，维护民族团结，维护国家统一。国家保护正常的宗教活动和宗教界的合法权益，制止和打击利用宗教进行违法犯罪活动，抵制境外敌对势力利用宗教进行渗透和破坏。

独立自主，自办教会。宗教团体和宗教事务不受任何外国势力的支配。任何境外宗教团体和个人不得在我国境内成立宗教组织、设立办事机构、建立宗教活动场所或开办宗教学校，不得在中国公民中发展教徒、委任宗教教职人员和进行其他宗教活动。

记者：近年来中国政府在保障少数民族人权方面做出了巨大的努力，也取得了巨大的成就，您认为今后还应该加强哪些方面的工作？

李德洙：考虑到中国少数民族人口占世界总人口1/60的庞大规模，考虑到中国民族地区用50来年的时间就走完了西方国家两三百年发展道路的飞快速度，中国少数民族人权事业的进步可以说是人类的一大奇迹，也是对人类的一大贡献。纵观历史，横看世界，可以毫不夸张地说，中国在解决民族问题方面有“三个好”：民族理论研究得好，民族政策制定得好，民族关系处理得好。这“三个好”的一个集中体现，就是少数民族人权保障得好，少数民族人权事业发展得好。

当前，我国正站在一个新的历史起点上。挑战前所未有，机遇前所未有。中国政府提出以人为本的科学发展观，是确保全面建设小康社会宏伟目标顺利实现，开创中国特色社会主义事业新局面的强大思想武器，也是不断推进民族工作、发展少数民族人权事业的强大思想武器。党的十七大提出，要高举中国特色社会主义伟大旗帜，深入贯彻落实科学发展观，为夺取全面建设小康社会新胜利、谱写各族人民美好生活新篇章而努力奋斗，强调要“保证民族自治地方依法行使自治权”和“保障少数民族合法权益”。这为发展少数民族人权事业指明了前进方向，提出了更高的要求，提供了更大的机遇。我们必须坚持以科学发展观为统领，自觉用科学发展观武装头脑、指导实践，推动民族工作发展，做好今后一个时期的少数民族人权保障事业。

为此，要始终牢牢把握“六个一”：把握一个主题，也就是胡锦涛同志提出的各民族共同团结奋斗、共同繁荣发展这个主题，这是发展少数民族人权事业的方向；把握一条规律，也就是深刻把握民族问题的普遍性、长期性、复杂性、国际性和重要性，这是发展少数民族人权事业的前提；把握一个核心，也就是加快少数民族和民族地区经济社会发展，这是发展少数民族人权事业的物质基础；把握一项制度，也就是民族区域自治制度，这是发展少数民族人权事业的制度保证；把握一个原则，也就是维护国家统一和民族团结，这是发展少数民族人权事业的原则立场；把握一个关键，也就是大力培养选拔少数民族干部，这是发展少数民族人权事业的组织保障。

特别值得指出的是，我们在“练好内功”的同时，要更加注重加强对外宣传、对外交流。贵刊在这方面作出了积极的探索和努力。

实现充分的人权是世界各国的共同追求，也是中国全面建设小康社会、构建社会主义和谐社会的重要目标。我相信，在十七大精神的指引下，在中国政府的努力下，中国少数民族人权事业必将持续进步、健康发展。

（《人权》2007 年第 6 期）

2008 年

在首届“北京人权论坛”开幕式上的致辞

——中国人权研究会会长 罗豪才

（2008 年 4 月 21 日）

各位来宾、各位专家学者，女士们、先生们：

由中国人权研究会主办的“北京人权论坛”今天开幕了，在此，我谨代表主办单位，对与会的各位来宾表示最诚挚的欢迎和感谢！

今年是《世界人权宣言》诞生 60 周年。《世界人权宣言》是联合国关于人权问题的第一个专门性文件，对于唤起世界人民的人权理想、指导和推动国际人权发展，都发挥了积极的作用，是一份有重要影响的历史文献。60 年来，在《世界人权宣言》的激励下，国际人权事业取得了长足的进步，人权的内涵也不断丰富。进入 21 世纪，发展和安全在人权中的地位越来越重要。

本次会议的主题是“发展、安全与人权”。发展权是一项不可剥夺的基本人权。每个人和每个国家都有权实现发展，并且享受发展的成果。可是，目前世界上还有数十个最不发达国家没有参与全球发展进程，还有 10 多亿人处于长年的饥饿和贫困状态，每年还有 1100 万儿童活不到 5 岁，有 300 万人死于艾滋病。对这些人来说，发展权是首要的人权。解决发展问题是绝大多数发展中国家的中心议题，也是当今世界面临的最大人权问题，因为发展是全面实现人权的基础。只有首先实现了发展权，消除了饥饿和贫困，解决了基本的医疗卫生问题，才有可能推动其他人权的发展。在饥饿和贫困的状态下，根本无法实现人的价值、人的尊严和人的自由。

同样，安全也是一项基本人权。安全是一种免除了恐惧的生存状态。每个人都有权和平地、安全地生活。对和平与安全的威胁既来自国际战争和冲突，也来自国内暴力、有组织犯罪、恐怖主义以及大规模毁灭性武器。此外，贫穷、致命传染病和环境退化也严重威胁着人们的安全。长期以来，消除上面这些威胁，维护和平与安全，一直是世界人民的共同理想，也是国际社会努力实现的人权目标。安全权是实现其他人权的基础。恐惧会限制自由的范围。只有在和平与安全的条件下，社会才能把更多的自由赋予个人。发展、安全与人权密切相连，相互促进。没有发展，我们就无法享有安全；没有安全，我们就无法享有发展；不尊重人权，我们既不能享有安全，也不能享有发展。

女士们、先生们，今年是中国改革开放 30 周年。30 年前，中国人民在邓小平先生的领导下，勇敢地踏上了对内改革和对外开放的艰难旅程。30 年来，中国不但在经济建设方面取得了举世公认的成就，而且在人权建设方面也实现了巨大的进步。中国人民的公民权利和政治权利得到充分保障。在人民代表大会制度下，中国人民广泛参与政治生活，充分行使知情权、监督权、选举权和被选举权，并在城乡基层群众性自治组织中直接行使民主选举、民主决策、民主管理和民主监督的权利。

中国的经济、社会、文化权利不断发展。中国在消除贫困、改善贫困地区人民基本生活条件方面取得了重大进步，得到国际社会高度评价。中国农村没有解决温饱的贫困人口从1978年的2.5亿减少到2007年的1479万。30年来，中国GDP保持了年均9%左右的增长速度，人民的生活水平迅速提高，目前已经达到中等收入国家水平。

中国司法领域的人权保障不断完善。我们从一个很低的起点出发，建立起了社会主义法制国家的基本框架，实现了对人权的比较系统的法律保障。中国宪法把“尊重和保障人权”确立为它的一项重要的原则。中国现行的法律法规共有800多件、地方性法规7500多件。在这些法律中，包括大量像《物权法》、《国家赔偿法》和《行政许可法》在内的保护人权的法律。中国修改了《刑事诉讼法》，确立了无罪推定原则。从2007年开始，由最高人民法院统一行使死刑核准权，大幅减少了死刑数量。有中国特色的公开审判制度、律师制度、司法救助和法律援助制度进一步完善，维护了人们获得公平审判的权利。

长期以来，中国坚持贯彻和实行民族区域自治制度，依法保护少数民族公民平等参与管理国家事务、自主管理本民族事务的权利。中国十分注重保护少数民族的文化和特性，各民族都有使用和发展本民族语言文字的权利，都有权利保持本民族的宗教信仰和生活习惯，有权利使用本民族语言接受教育。

中国人权理论研究也取得了重要进展。从20世纪90年代开始，以中国人权研究会为中心，中国已经建立了一支遍布全国各地，由高等院校、研究机构和有关专家组成的多学科的专业研究力量。中国学术界翻译出版了大量国外人权研究著作，编著了系统完整的人权研究资料，发表了数百部人权研究著作和数千篇有关人权的学术论文，并在社会上广泛普及人权知识，进行人权教育。

尽管中国人权事业取得了重大进步，但也存在着不少问题和困难。中国的政治、经济体制尚不完善，民主法制还不健全，城乡之间、区域之间发展还不平衡，在就业、教育、医疗、住房、社会保障、收入分配、安全生产和环境保护等方面还存在问题。中国政府从来不回避这些问题，而且公开承诺要通过经济社会的全面发展和民主法制的不断完善来解决这些问题。相反，一些西方国家却一贯在人权问题上实行双重标准，不时指责中国和其他发展中国家，对西方国家自己的人权问题却视而不见。

各位来宾，女士们、先生们，通过30年的探索和实践，中国已经走出了一条中国特色的人权发展道路。中国的人权保障同西方有明显区别。首先，中国认为，人权同其他任何权利一样，都不是绝对的。权利的享有应该同所尽的义务一致。没有无义务的权利，也没有无权利的义务。对某人是权利，对他人就意味着义务；对他人是权利，对自己就是义务。中国反对将权利和义务割裂开来。其次，中国认为人权不只是公民权利和政治权利，而是既包括公民权利和政治权利，也包括经济、社会、文化权利。各项人权相互联系、相互促进。要实现经济、社会、文化权利，就必须有相应的公民、政治权利的发展。没有一定程度公民、政治权利的发展，经济、社会、文化权利的发展是无法想象的。中国人权发展的历程恰好证明了这一点。30年来，中国人民的生活水平快速提高，社会保障体系日益完善，医疗、教育、文化事业全面发展，这是所有人都承认的事实。但是，容易受到忽视的是，这一时期，《公民权利和政治权利国际公约》列举的几乎每一项人权，在中国都有了巨大的发展。中国人民享有前所未有的各种自由和基本人权，包括宗教信仰自由和参与政治的权利。中国公民、政治权利的发展，同经济、社会、文化权利的发展一样迅速。最后，中国认为，人权不仅仅是个人权利，还应包括集体人权。集体人权和个人人权是相辅相成的。个人人权若得不到保障，也就谈不上集体人权。同时，集体人权是个人人权得以充分实现的先决条件和必要保障。只有整个社会都进步了，个人人权才能真正实现。中国既重视保障个人人权，又重视保障集体人权。这是中国之所以实现国家稳定、社会和谐与人民自由的重要原因。

各位来宾，女士们、先生们，创造一个人人享有基本人权的世界，是全人类的共同目标。实现这个目标，需要各国政府和人民付出艰苦的努力，也需要密切的国际合作。国际合作是促进国际人权发展的良好途径。在人权领域，中国主张进一步加强交流与合作，增进了解，减少分歧，扩大共识。各国应相互包容，相互尊重，平等相待，相互学习，相互借鉴，共同促进国际人权事业的发展。中国愿意同世界各国进行更加广泛和深入的人权交流与人权合作，学习和借鉴世界各国在促进和发展人权方面的好经验和好做法，更好地发展中国的人权事业。中国一贯支持《联合国宪章》关于促进和保护人权的宗旨和原则，支持将人权与安全、发展共同确立为联合国三大支柱。中国积极参加联合国人权委员会的工作，并坚持主张联合国人权委员会的工作方法应以对话代替对抗。中国积极参与创立联合国人权理事会，并以建设性的态度参与联合国人权理事会的建章立制工作。中国积极参加联合国人权领域各种会议，积极参加有关人权议题的审议和讨论，以高度负责的精神提出自己的主张，为丰富国际人权概念的内涵，优化人权保护的方法，促进人权领域的国际合作作出了独特的贡献。中国的实践表明，人权事业是促进人类和平、增进人类安全和共谋人类发展的崇高事业。中国将为世界人权事业的健康发展作出自己应有的贡献，并将与世界各国人民一道共同开创世界人权事业的辉煌未来。

女士们、先生们，今年是中国奥运之年。北京奥运会火炬接力正在五大洲如火如荼地进行。北京奥运会火炬接力在中国境外将传递33天，总行程9.7万公里，在中国境内将传递97天，总行程约4万公里。在今年8月8日奥运圣火回到中国国家体育场熊熊燃烧的时候，来自世界各国的体育健儿，将在中国同台竞技，共同谱写更快、更高、更强的奥运历史新篇章。奥运会在北京举办承载了中国人民的百年期盼，中国将紧紧围绕“同一个世界、同一个梦想”的主题，秉持绿色、科技和人文奥运的理念，扎扎实实做好各项筹备工作。中国坚信，在国际奥委会的统一协调下，在世界各国人民的大力支持下，中国将成功举办一届有特色高水平奥运会。

女士们、先生们，我们祝愿，本届北京人权论坛成为中外人权工作者回顾世界人权发展历史，总结、交流、分享世界人权保护经验和展望世界人权美好前景的平台。我们期盼，在中外人权工作者的共同关心和支持下，北京人权论坛能定期举办，并越办越好。

最后，祝各位与会嘉宾和代表身体健康，精神愉快，工作顺利！

在首届“北京人权论坛”开幕式上的致辞

——国务院新闻办公室主任　王　晨

（2008年4月21日）

尊敬的各位嘉宾、各位朋友，女士们、先生们，早上好！

在北京明媚的春天里，中国人权研究会邀请各国人权专家学者、知名人士和官员相聚北京，以“发展、安全与人权”为主题举办北京人权论坛，这是国际人权界的一次盛会，我谨代表中国国务院新闻办公室对论坛的召开表示诚挚的祝贺，向出席论坛的各位朋友表示热烈的欢迎。

尊重和保障人权是人类社会进步的重要成果和现代文明社会的重要标志，是世界各国人民共同追求的理想。60年前，联合国大会通过了举世闻名的《世界人权宣言》，这是有组织的国际社会第一次就人权的基本自由做出的郑重宣言，反映了世界人民建设一个人人享有言论和信仰自由，并免于恐惧和匮乏的崇高愿望，对促进世界人权事业发展作出了不可磨灭的贡献。半个多世纪以来，在世界人权宣言的推动和国际社会的努力下，近百个国家摆脱了殖民的枷锁获得独立，统治世界达数世纪之久的殖民体系终于瓦解，从而为世界各国和人民实现基本人权开辟了广阔前景。

三年前，联合国前秘书长安南先生在向联大提交的《更大自由，为人人共享发展、安全和人权而奋斗》的报告中，首次将人权提升到与安全和发展并列的高度，将“安全、发展与人权”确立为联合国的三大支柱，即联合国21世纪同时向前推进的三条战线。在世界多极化和经济全球化深入发展，武装冲突等传统安全问题依然存在，恐怖主义、大规模杀伤性武器扩散、环境污染等非传统安全威胁更加突出，南北差距、贫富差距进一步加大的今天，来自不同国家和地区的人权专家学者和官员围绕发展、安全与人权这个当今世界的主题深入研讨坦诚交流是非常有意义的。

发展、安全、人权三者相辅相成，互为推动、缺一不可。安全是发展和人权的基本前提，各国的共同发展和繁荣又是保持国际安全和促进人权发展的重要基础。享有充分的人权则是人类的奋斗目标。战争对于人类的伤害和社会经济的破坏已被历史反复证明，没有和平稳定的国际环境，不仅新的建设无以推进，以往的发展成果也会因战乱而毁灭，人权必然遭到侵犯和践踏。没有全人类的共同发展和繁荣就没有世界的持久和平，保障和发展人权的目标也会落空。维护国际安全与稳定，促进经济发展与繁荣，其最终目的都是为了使人类得到全面发展，人的各项权利得到充分的实现。

作为联合国创始会员国和安理会常任理事国，中国一贯认真履行《联合国宪章》、《世界人权宣言》的宗旨和原则，注重以人为本，坚持发展为了人民，发展依靠人民，发展成果由人民共享，使人民依法享有政治、经济、社会和文化各项权利。新中国成立半个多世纪，特别是改革开放30年来，中国政府始终把解决人民的生存权和发展权问题置于首位，坚持以经济建设为中心，大力发展社会生产力，经济和社会发展突飞猛进，综合国力明显增强，人民生活水平大幅度提高，实现了从贫困到温饱和从温饱到小康的两次历史性跨越。人民的生存权和发展权得到显著的改善。

中国人权发展实现了历史性飞跃，公民政治权利得到有效保障，基层民主政治建设不断推进，民主选举、民主决策、民主管理和民主监督不断增强。以宪法为核心的人权保障法律体系日益健全，司法改革力度不断加大，司法改革不断完善，人权的司法保障不断加强，全体社会成员的政治、经济、社会、文化等权利得到了较充分的保障。

同时，我们清醒地认识到，人权是一个不断发展的过程，中国是一个拥有13亿人口的发展中国家，受自然、历史、文化和经济社会发展水平的影响和制约，中国的人权发展还存在诸多问题和困难。政治经济体制尚不完善，民主法制尚不健全，各级政府依法行政和尊重人权的意识有待加强，城乡之间、区域之间经济社会发展不平衡，公众在就业、社会保障、收入分配、教育、医疗、住房、安全生产等方面存在的困难和问题影响了自身的利益和权益等等。尊重和保障人权，促进人权事业的全面发展是中国政府和人民的一项长期而艰巨的任务。

站在新的历史起点，中国共产党第十七次全国代表大会将人权事业的发展列为党和国家事业发展的重要方面，继2004年人权入宪后首次将尊重和保障人权写入党章，成为新时期、新阶段党和政府执政兴国、依法治国的重要理念和全面建设小康社会的重要主题。我们坚信，只要坚定不移地贯彻和尊重保障人权的基本原则，坚定不移地坚持改革和发展，坚定不移地推进民主政治建设和法制建设，我们的社会就一定能更加和谐，人民的生活将更加美好，人民享有的各项权利将更加充分。

各位嘉宾、各位朋友，女士们、先生们，中国不仅重视并致力于维护和发展本国人民的人权，而且努力促进世界人权事业的发展。中国一直以积极而负责任的态度，参加联合国人权机构的工作和国际人权法律文书的制订，通过各种渠道与国际社会广泛地开展人权对话、合作与交流，充分利用国际舞台，为捍卫世界各国人民的人权而努力。中国所倡导的人权普遍性原则必须与各国国情相结合、生存权和发展权是首要的基本人权、享受人权需要建设性对话与合作、全体社会成员的各项权利必须协调发展等观点和主张得到国际社会的广泛认同。中国将一如既往地为促进世界人权事业的发展贡献自己的力量。我们愿与国际社会共同致力于建设一个持久和平、共同繁荣、人人享有人权的和谐社会。“漫漫求索路，沧海行舟途”，人权理论的发展、人权事业的推进，需要每个国家、每个社会成员的不懈努力。此次北京人权论坛，为大家交流经验、表达观点提供了一个平台。衷心希望朋友们通过坦诚交流和沟通，相互启发、集思广益，扩大共识，增进友谊。最后衷心祝愿北京人权论坛取得圆满成功，祝大家在北京工作愉快、身体健康。

谢谢大家！

改革开放30年中国人权的发展

——中国人权研究会会长罗豪才在“中国改革开放与人权发展30年研讨会”上的致辞

（2008年12月2日）

各位代表、各位来宾：

今年是中国改革开放30周年。30年前，中国共产党领导中国人民开始了波澜壮阔的改革开放进程。在经济上，中国打破了计划经济的束缚，逐步建立起社会主义市场经济体制。在对外关系上，中国改变了闭关锁国的状态，对世界各国全方位开放，逐渐融入世界经济政治体系。30年来，中国经济社会发展取得重大成就，已经成为全球第四大经济体和第三大贸易国，拥有世界上最多的外汇储备。改革开放让中国人民百年富强梦想成为现实。

各位代表、各位来宾，伴随改革开放的历史进程，中国的人权事业取得了历史性的重大进步。这表现在以下几个方面：

第一，人民生活条件全面改善，生活水平普遍提高。30年来，中国经济以年均9.8％的速度持续高速增长，人均国内生产总值由1978年的381元，上升到2007年的18934元，扣除价格因素，增长了近10倍，年均增长8.6％。人均国民总收入，1978年为190美元，2007年已超过2000美元。伴随国家经济持续高速增长，城乡居民收入水平和富裕程度显著提高。总体上，中国已经解决了温饱问题，达到了小康，正在走向富裕社会。同时，中国在消除贫困、改善贫困地区人民基本生活条件方面取得了历史性突破。30年前，中国有2.5亿人生活在绝对贫困状态，得不到温饱。2007年，这一数字减少到1479万。中国在消除贫困方面的努力得到了国际社会的高度评价。联合国和世界银行认为，近25年来，全人类取得的减贫成就，2/3应归功于中国。

第二，经济社会权利迅速发展。30年来，中国实施积极的就业政策，就业规模不断扩大，2007年的就业人员达到7.699亿人，比1978年增加了1倍多。中国教育事业取得长足发展，九年制义务教育全面普及，高等教育进入“大众化”时代。2007年，普通高等学校在校学生达到1885万人，比1978年增长21倍。中国公共卫生事业发展成效明显，人民健康水平继续提高。中国的每千人口医生数和病床数都处于发展中国家中等偏上水平。中国人口平均预期寿命由1981年的67.8岁提高到2005年的73岁。中国社会保障的总体框架基本形成，覆盖面不断扩大，保障水平不断提高，参加各类社会保险的人数大幅增加，领取最低生活保障金的人数超过5000万人。

第三，公民政治权利得到不断扩大。30年来，有中国特色的民主政治体制不断完善，人民参与政治的权利不断扩大。人民代表大会制度不断完善，差额选举和定期换届已经形成制度。中国共产党领导的多党合作和政治协商制度在国家政治和社会生活中的重要性不断增强。基层民主不断扩大，公民有序政治参与的渠道更加通畅。全国农村普遍实行了村民委员会直接选举。民主选举、民主管理、民主决策、民主监督已经成为农村管理的基本模式。基本人权和自由得到有力保障。

第四，强化法治，立法、执法和司法等环节的人权保障得到进一步加强。改革开放以来，中国把建立法治国家作为国家制度建设的重要目标，全国各级立法机构共制定了800多件全国性的法律法规和7500多件地方性法规，初步建立起了社会主义法治国家的基本框架。这些法律包括了大量人权保障内容。例如，2004年的宪法修正案明文列入了“国家尊重和保障人权”的条款。1996年修正的《刑事诉讼法》引入了无罪推定原则。国家恢复了律师制度，并不断加以完善。2007年，全国执业律师达13万多人。各级法院不断落实公开审判原则，努力实现立案公开、庭审公开、审判结果公开和执行过程公开。

第五，少数民族的平等权利和特殊权益得到保障。改革开放以来，中国进一步完善了民族区域自治制度，把这一制度提升为国家的一项基本政治制度，强化了对民族自治地方自治权利的保护。少数民族平等参与国家事务管理的权利和自主管理本地区、本民族事务的自治权利依法得到保障。少数民族享有使用和发展本民族语言文字的自由。少数民族的传统文化、风俗习惯和宗教信仰得到尊重和保护。少数民族地区的生活水平不断提高，贫困人口不断减少。

第六，人权理论研究快速发展。中国的人权理论研究是伴随改革开放成长起来的。从20世纪90年代开始，以中国人权研究会为中心，中国已经建立了一支遍布全国各地，由高等院校、研究机构和有关专家组成的多学科的专业人权研究力量。中国学术界翻译出版了大量国外人权研究著作，编著了比较系统完整的人权研究资料，发表了数百部人权研究著作和数千篇有关人权的学术论文，并在社会上广泛普及人权知识，进行人权教育。

第七，人权领域的对外交流与国际合作不断发展。改革开放以前，中国很少参加国际人权活动。改革开放以来，中国逐渐成为国际人权合作的重要成员。中国已经参加包括《经济、社会及文化权利国际公约》在内的25项国际人权公约，正在积极研究批准《公民权利和政治权利国际公约》。中国积极参加联合国人权领域的活动，长期担任联合国人权委员会成员，目前仍然是联合国人权理事会成员。中国与联合国人权事务高级专员办公室以及联合国其他涉及人权的机构保持了良好的合作关系。中国分别与澳大利亚、加拿大、英国、欧盟、德国、美国等国家开展了人权对话，增进了了解，减少了分歧，扩大了共识。中国人权研究会作为在联合国享有咨商地位的非政府组织，同联合国有关机构、各国人权机构和人权组织等进行了广泛的交流与合作，增进了相互了解。

各位代表、各位来宾，30年来，中国政府和人民克服种种困难，从本国实际出发，努力探索在落后的发展中国家发展人权的新模式。中国人权事业成就巨大，经验丰富，值得我们认真总结。

第一，在中国共产党的正确领导下，走有中国特色的人权发展之路。改革开放以来，中国的人权发展始终坚持党的领导，从中国的国情出发，不盲从和照搬西方模式，探索出了一条适合中国实际情况的人权发展道路。邓小平指出，中国保障的是多数人的人权。他说：“什么是人权？首先一条，是多少人的人权？是少数人的人权，还是多数人的人权，全世界人民的人权？”江泽民指出，保障绝大多数人的根本利益，是我国在人权问题上的出发点，确保人民的生存权和发展权，是首要的也是最大的人权保障。他说：“中国是一个有着12亿人口的发展中国家，促进和保护人权必须首先考虑中国的国情，中国首先要发展经济，解决人民的温饱问题。”胡锦涛指出，在中国发展人权事业，就是要坚持以人为本，努力建设和谐社会。他说：“坚持以人为本，就是要以实现人的全面发展为目标，从人民群众的根本利益出发谋发展、促发展，不断满足人民群众日益增长的物质文化需要，切实保障人民群众的经济、政治和文化权益，让发展的成果惠及全体人民。”“社会主义和谐社会，应该是民主法治、公平正义、诚信友爱、充满活力、安定有序、人与自然和谐相处的社会。”中国领导人的这些论述，精辟地概括了中国人权发展道路的基本内涵，指明了中国人权的发展方向。

第二，在改革过程中推进人权发展。改革就是要改变束缚生产力发展的经济体制、政治体制以及其他社会管理体制，解放和发展生产力，从而实现人的自由和全面发展。中国30年改革的基本方向是扩大社会各个领域的自由度，提升公众的参与度，维护最广大人民的根本利益，实现最大多数人的价值和尊严。从这个角度看，改革是人权发展的基本动力。中国30年人权发展的历史证明，只有不断进行改革，人权才能不断发展。经济改革推动了中国经济的快速发展，这一方面为人权的发展奠定了坚实的物质基础，另一方面又直接推动了经济、社会和文化权利的发展。中国政治体制改革的中心环节就是扩大人民民主，扩大公民有序的政治参与，推进法治国家建设。这实际上就是在发展基本人权。

第三，在对外开放中发展人权。中国发展的历史表明，中国的发展离不开世界，关起门来搞建设是不行的。对外开放是中国经济发展的必由之路。30年来，在国家对外开放的总体格局下，中国的人权事业得到了快速发展。我们是在与世界广泛交流、密切互动的情况下发展人权的。在中国全面融入国际社会的背景下，我们大量吸收和借鉴了世界其他国家有益的人权观念和人权保障制度，逐步建立和完善了我们自己的人权理论和人权保障制度。中国越来越多地参加联合国人权领域的活动，成为国际人权事业的积极成员。这反过来又促进了国内人权的发展。

第四，在保持社会稳定的条件下发展人权。社会政治稳定是经济建设的基础，也是人权发展的基础。古今中外，没有任何一个国家能在动乱中把经济建设搞上去，也没有任何一个国家能在动乱状态下让人民安居乐业，充分享有人权。30年来，中国始终把保持社会稳定放在重要位置，正确处理改革、发展与稳定的关系，注意协调各个方面的利益，保持了长期的社会稳定。正是在社会稳定的条件下，中国人权才得到了健康发展。同时，人权的发展又促进了社会稳定。

第五，在法治的轨道上保障人权，努力实现人权保障的法治化。人权离不开法治，法治是人权发展的必然要求。人权保障涉及所有人，贯穿社会生活的各个方面，靠行政命令或个人的善意都不能解决问题。30年来，中国全面落实依法治国方略，不断推进法治国家建设，为人权发展创造了良好的制度条件。在立法环节，中国把人权保障的精神贯穿到包括宪法在内的各项法律之中，在每一项法律中都体现出保护人权的要求。在执法环节，中国政府强调严格按照法定权限和程序行使职权，注意保障当事人的权益，坚决纠正行政执法中损害群众利益和以权谋私等各种违法行为。在司法环节，中国加强对诉讼活动的法律监督，保障司法公正；贯彻法院独立审判的原则，实现公开审判、公平审判。

各位代表、各位来宾，改革开放30年，中国人权事业取得了举世公认的成就。我们相信，在党和政府的领导下，通过全国人民的努力和奋斗，中国人权事业还会不断发展。中国人权事业有着光明的前景。

第一，人民生活水平进一步提高，共同富裕的理想得到实现。根据党的十七大规划的目标，到2020年我国将全面建成小康社会，人均GDP将比2000年翻两番。届时，中国人民的生存条件将得到极大改变，人民收入水平和富裕程度将普遍提高，城乡居民衣食住行用条件和生活质量将得到明显改善，合理有序的收入分配格局基本形成，中等收入者占多数，绝对贫困现象基本消除。中国人民的生存权和发展权将得到更高水平的保障。

第二，经济社会文化权利进一步扩大。由于国家财力不断增强，公共财政用于社会保障体系和社会建设的投入将持续增加，中国人民享有的社会保障、教育、医疗、卫生等公共服务将显著增加，并初步实现基本公共服务均等化。到2020年，覆盖城乡居民的社会保障体系基本建立，人人享有基本生活保障，人民的社会保障权基本实现。社会就业更加扩大，城乡劳动者平等就业的制度建立起来，劳动者的各项权利得到有效保障。现代国民教育体系更加完善，终身教育体系基本形成，全国人民的教育权得到充分实现。人人享有基本医疗卫生服务，全民健康水平更加提高。

第三，公民有序政治参与进一步扩大，社会主义民主更加完善。为了实现这个目标，在全面建设小康社会的进程中，中国将进一步扩大人民民主，健全民主制度，丰富民主形式，拓宽民主渠道，依法实行民主选举、民主决策、民主管理、民主监督，保障人民的知情权、参与权、表达权、管理权，同时进一步发展基层民主，让人民依法直接行使民主权利，管理基层公共事务和公益事业，对干部实行民主监督，全面实现人民的民主权利。政治权利的核心是公民参与权。要使人民群众更多地参与国家政治生活，参与行使政治权力，参与行政管理，参与公共治理。公民参与是全方位的，贯穿政治生活的始终。从法律规则的制定到实施，都离不开公民的参与。

第四，建设社会主义法治国家，充分发挥法律在保障人权方面的作用，维护社会的公平正义。到2020年，中国将建立起有中国特色的社会主义法律体系，使人权保障有法可依。全社会法治观念进一步增强，法治政府建设取得新成效。审判机关和检察机关独立公正地行使审判权、检察权，在执法和司法的各个环节尊重人权，用法律手段维护公民的基本人权。

第五，社会和个人自由的范围进一步扩大。中国社会几十年的发展历史，实际上就是中国社会不断开放和自由不断扩大的历史。这一趋势还将持续下去。实现全面建设小康社会的目标，将推动人民享有更广泛的自由，使个人权利得到更多保障。

各位代表、各位来宾，回首30年中国人权发展的历程，我们有足够的理由自豪和骄傲。展望未来的中国人权发展前景，我们充满了信心和期待。中国人权发展成就也有在座广大人权研究者的贡献。让我们共同努力，迎接一个中国人权发展更加辉煌的未来。

在“中国改革开放与人权发展30年研讨会”上的致辞

——国务院新闻办公室主任　王　晨

（2008年12月2日）

在纪念中国改革开放30周年之际，中国人权研究会在这里举办“中国改革开放与人权发展30年”学术研讨会，总结改革开放以来中国人权事业发展的经验，探讨新形势下如何促进人权事业全面发展，具有十分重要的意义。在座的各位都是人权领域的专家，多年来积极对外介绍中国人权事业的发展进步，阐释我国政府在人权问题上的原则立场，为推动我国人权理论研究事业的发展作出了努力和贡献。我代表中共中央对外宣传办公室、国务院新闻办公室向出席会议的人权研究会各位理事和专家、学者表示诚挚的问候，对研讨会的召开表示热烈的祝贺。

下面，我就改革开放以来人权事业的发展与对外宣传谈几点意见：

一、改革开放以来中国人权事业取得了历史性进展

实现充分的人权是我国革命、建设和改革的重要目标。从新中国成立起，我国的人权事业已经走过了近60年的发展历程。60年在人类历史长河中只是短暂的一瞬，但是，中国人民在60年中实现了人权发展的伟大的历史性飞跃。尽管在维护和促进人权过程中曾遇到一些曲折，我们的人权事业发展还存在一些不足，但是一个不容争辩的基本事实是，经过半个多世纪的不懈努力，一个积贫积弱、备受屈辱的旧中国已经成为一个独立自主，不断走向富强文明的新中国。13亿中国人民主宰了自己的命运，告别了饥寒交迫、愚昧无知的状态，走上了丰衣足食，富裕小康的美好生活。特别是改革开放30年来，中国共产党和中国政府坚持以经济建设为中心，推动社会全面发展，将人权的普遍性同中国的具体国情相结合，在促进和保护人权方面做出了不懈努力，实现了历史性跨越，取得了历史性进展。

第一，确立了尊重和保障人权在党和政府治国理念中的重要地位。30年前，具有重要历史意义的党的十一届三中全会召开。从此，中国实行改革开放，将工作重心转移到经济建设上来，开创了中国特色社会主义现代化建设的新局面。波澜壮阔的改革开放历程，突破了将人权视为资产阶级口号的“左”的思想束缚，确立了人权观念在中国社会政治生活中的重要地位，走出了一条中国特色的人权发展道路。特别是党的十六大以来，以胡锦涛同志为总书记的党中央提出了以人为本的科学发展观和构建社会主义和谐社会的重大战略思想，将尊重和保障人权作为其中的重要内容。2004年以来，“尊重和保障人权”先后载入《宪法》、《国家“十一五”发展规划纲要》和《中国共产党章程》，成为党和政府治国理政的一项重要原则。

第二，人民的生存权和发展权得到前所未有的保障。改革开放30年来，中国经济、社会发展突飞猛进，13亿中国人的生活水平得到了大幅提高，实现了从贫困到温饱和从温饱到小康的两次历史性跨越。人民生活质量显著提高，城乡居民恩格尔系数分别下降20.3和24.6个百分点。贫困人口减少了2.3亿以上。人均预期寿命提高了5岁，达到中等发达国家水平。

第三，公民权利和政治权利得到切实保障。改革开放以来，中国实行依法治国，建设法治国家，民主政治建设不断加强，公民的个人权利和政治权利在民主与法制的轨道上得到了不断扩大和有效保障。一个以宪法为核心的中国特色社会主义法律体系基本形成，公民的各项权利有了坚强的法律保障。与此同时，中国积极稳妥地推进政治体制改革，不断扩大公民的有序政治参与，强化政务公开，加强对权力的监督与制约，公民的民主权利切实得到保障。

第四，经济、社会、文化权利不断改善。改革开放以来，中国政府始终坚持发展为了人民，发展依靠人民，发展成果由人民共享，采取各种措施，大力发展经济、社会、文化事业，着力解决就业、社会保障、教育、文化、卫生等人民群众最关心、最直接、最现实的利益问题，使人民的经济、社会、文化权利得到巨大改善。

总之，改革开放30年是中国社会面貌发生深刻变化的30年，也是中国人权事业发展最快的30年。

二、人权对外宣传事业是改革开放和现代化建设的一个重要方面

做好人权对外宣传工作，是改革开放条件下关系党和国家全局的一项重要任务，也是国务院新闻办成立以来着力加强的一项重要工作。西方敌对势力一直将人权问题作为对我国进行“西化”、“分化”的战略武器，不断借口人权抹黑中国，丑化中国的国际形象。我们与西方敌对势力在人权领域的斗争关系到国家主权、民族尊严和国际形象，关系到改革、发展、稳定大局。

在党中央的坚强领导下，为对外全面介绍中国人权状况和主张，反映中国人权发展进步的实际情况，与国际敌对势力开展针锋相对的斗争，我们做了大量工作，取得了重大成果。

第一，发表白皮书，阐明中国的人权主张和实践。1991年11月1日，国务院新闻办发表了中国第一份人权白皮书——《中国的人权状况》，首次向国际社会系统介绍了中国政府和人民为促进人权所作出的不懈努力和取得的进展，阐明了中国在人权问题上的基本立场和政策，增进了国际社会对中国人权实际情况的了解。此后，国务院新闻办又先后发表了7个介绍中国人权总体情况的白皮书，并就国际上比较关注的民主政治、法治建设、民族宗教、妇女儿童、人口和计划生育、劳动和社会保障、扶贫、罪犯改造等与人权密切相关的问题发表了30多个专题白皮书和数十篇重要文章。这些白皮书和文章全面系统地展示了中国人权事业发展的现状，完整权威地向国际社会阐明了中国政府在人权问题上的基本观点，有力地驳斥了国际敌对势力的歪曲指责，澄清了国外一些人对中国人权的误解。

第二，针锋相对，驳斥美国国务院《国别人权报告》对中国的指责。从1994年开始，国务院新闻办针对美国国务院《国别人权报告》对中国的歪曲责难，先后发表了10多篇有分量的评论文章，列举事实据理予以驳斥和澄清，在国际上产生了强烈反响。2000年至2008年，国务院新闻办每年都发表《美国的人权纪录》，以大量的数据和事实系统揭露美国的人权劣迹及其在人权问题上的双重标准，在世界上引起了广泛共鸣。

第三，运用多种形式，生动形象地展示中国人权的发展进步。2006年11月，国务院新闻办与中国人权研究会联合在北京举办了“中国人权展”。2007年，国务院新闻办与中国人权研究会联合以人权为主题分别在印度、尼泊尔、奥地利、意大利、埃及、乌兹别克斯坦等6国举办“镜头中的当代中国人生活”图片展。2008年8月至9月，为配合举办奥运会，又在北京举办了“镜头中的中国人生活”主题展。这些展览通过图片、实物、场景模型、影视展播、电子台历、电子白皮书、网络互动、触摸屏答问、民间艺术现场表演等多种形式，艺术地再现了中国人民争取、维护和发展人权所走过的历程，多层次、多视角地展示了中国人权建设的状况及其进展，有效地增进了国内外观众对中国人权的了解。

第四，开展人权普及教育，提高干部群众对人权问题的认识。我们通过组织编写出版《人权知识干部读本》并纳入全国干部学习培训系列教材、举办干部人权知识培训班，以及在中央新闻媒体开办人权知识讲座、开辟人权知识答问专栏、举办“人权知识竞赛”等多种形式，开展了内容丰富的人权知识普及宣传教育活动，提高了干部群众对人权问题的认识，增强了尊重和维护人权的自觉性。

总之，人权对外宣传是改革开放和现代化建设成就的一个重要方面，也是中国人权事业进展的一个重要方面。改革开放30年来，人权对外宣传工作从无到有，不断发展，为展示我国尊重和保障人权的良好形象，为改革开放和现代化建设营造客观友善的舆论环境作出了重要贡献。这些成绩的取得，离不开学术界、理论界的大力支持，也凝聚着在座各位专家学者的努力和贡献。在此，我代表国务院新闻办对大家表示衷心的感谢。

三、以改革创新的精神推进人权事业及其对外宣传

当前，国际人权领域的形势发生了广泛而深刻的变化：一方面，国际社会对人权问题的重视程度前所未有，人权与发展、安全并列被确立为联合国的“三大支柱”，成为当代国际关系和国际政治中日益突显的重要因素；另一方面，西方敌对势力利用人权对我国进行“西化”、“分化”的本质没有改变，“西强我弱”的国际舆论格局没有根本改变，我国在国际人权领域与西方敌对势力的斗争将是长期的、尖锐的、复杂的。全面推进中国人权事业的发展，不断增进国际社会对中国人权的了解，是我国加快推进改革开放，全面建设小康社会的一项长期任务。党的十七大从继续解放思想、坚持改革开放、推动科学发展、促进社会和谐出发，明确提出要“尊重和保障人权，依法保证全体社会成员平等参与、平等发展的权利”，为新形势下全面推进人权事业发展，加强人权对外宣传工作指明了方向、提出了要求。

面对新的形势，站在新的起点，我们要着眼于国际人权斗争的需要，着眼于推动我国人权事业的发展，着眼于扩大我国人权观点对世界的影响，着眼于树立和维护国家形象，不断深化人权理论研究，加大力度宣传我国人权的基本观点和立场，有理有利有节地开展对外舆论斗争，广泛深入地参与国际人权交流合作，努力使人权对外宣传工作与我国的人权事业发展水平和国际地位相适应，为我国人权事业的发展创造良好的国际舆论环境。

第一，制订《国家人权行动计划》，推动人权事业的全面发展。制订《国家人权行动计划》是党中央、国务院统筹国内国际两个大局作出的重要决策，是贯彻落实以人为本的科学发展观和“国家尊重和保障人权”宪法原则的一项重要举措。这是中国政府第一次制订以人权为主题的行动计划，将对未来两年中国人权事业作出全面规划。这个计划内容广泛，涉及完善政府职能，扩大民主，加强法治，改善民生，保护妇女、儿童、少数民族的特殊权利，提高全社会的人权意识等与人权相关的各个方面。按照中央统一部署，由国务院新闻办和外交部负责牵头制订这个计划，目前已经建立了由近50个国家有关部门和单位组成的联席会议机制，制订工作正在顺利有序地进行。相信《国家人权行动计划》的颁布实施，必将进一步改善中国的人权状况，推动中国人权事业的进步，也将为我国人权对外宣传提供坚实的基础。

第二，联系全面建设小康社会实际，积极宣传我国人权立场观点和人权事业发展进步。要大力宣传改革开放30年来中国人民的生活从贫困到温饱再到小康的两次跨越，中国人民的生存权和发展权得到了前所未有的保障，为全面维护公民的政治、经济、文化和社会权利打下了坚实的基础。要大力宣传中国过去发展人权事业靠的是改革开放，中国人权事业未来的发展也必须坚持改革开放。要大力宣传我们党和国家制定的本世纪头二十年全面建设惠及十几亿人口的更高水平的小康社会的目标，使经济更加发展、文化更加繁荣、社会更加和谐、人民生活更加殷实，为中国人权事业未来发展带来的广阔前景。要大力宣传促进公民经济、社会、文化权利的新政策，扩大公民民主权利的新举措，加强司法中人权保护的新做法，保障少数民族、妇女、儿童权利等方面的新情况。

第三，积极应对挑战，批驳反华势力对我国人权的歪曲和攻击。当前，我国的综合国力和国际地位日益提高，国际上对我国的发展既充满期待又存在一些疑虑，有的真诚希望中国人权事业能继续取得进步，有的则企图借人权问题来牵制、掣肘中国的发展。我们一方面要对利用人权来攻击中国、企图阻滞中国发展的反华言论加以批驳，积极有效地开展国际舆论斗争；另一方面又要顺应世界发展趋势和时代潮流，进一步高举人权旗帜，抢占道义制高点，积极构建人权对外宣传的有效平台和阵地，开展经常性、系统化和生动活泼的对外宣传，努力在人权领域争取更多主动、发挥更大影响。

第四，继续开展人权领域国际交流对话，扩大影响，争取人心。改革开放以来，中国以更加积极的姿态参与联合国领域人权活动，参与联合国人权文书的制定和人权保护机制的工作，积极加入国际人权公约，认真履行人权领域的国际义务，充分利用国际舞台展示我国尊重和保障人权的形象，扩大了我国在人权领域的国际影响。与此同时，中国通过官方和民间各个层次与世界各国展开广泛的交流对话，寻求与国际社会在人权问题上的共同点，增进了相互了解，取得了积极效果。要认真总结成功经验，继续开展形式多样、富有成效的对话交流，提高对话交流层次，拓宽对话交流渠道，改进对话交流方式，增强对话效果，不断增进了解，扩大共识，努力争取人心。

第五，创新人权理论，增强人权对外宣传的国际传播力。创新人权理论是适应国际国内人权形势发展变化的需要，也是新时期新阶段改革开放和现代化建设实践的内在要求。我们必须深入研究和阐释党的大政方针和中国发展模式的人权内涵，善于把我国社会发展的独特优势和影响转化为人权发展和人权观的优势；我们必须深入研究和阐释中国历史文化中的人权内涵以及世界人权理论和实践，善于吸取传统文化的有益养料，借鉴世界各国和国际社会一切体现人类文明成果的人权思想和经验，创造出具有鲜明中国特色、符合世界发展进步潮流的人权理论体系，为人权对外宣传提供具有国际传播力的话语体系和强有力的理论支撑。这是人权理论与时俱进的需要，也是党和国家赋予理论界、学术界光荣而艰巨的任务。希望中国人权研究会在这方面发挥更大的组织协调作用，希望各位专家学者增强使命感、责任感，积极投身人权理论创新工作，为争取我国在国际人权领域的话语权和主导权作出自己的努力和贡献。

在“镜头中的中国人生活”主题展开幕式上的致辞

——国务院新闻办公室主任　王　晨

（2008年8月9日）

尊敬的各位领导，各位嘉宾，女士们、先生们：

早上好！金秋的北京，花团锦簇，宾客云集。在中国改革开放30周年之际，在全球观众的期待和瞩目中，全世界人民的体育盛事——2008年北京奥运会昨晚隆重开幕了。这标志着中华民族百年奥运梦变成了现实。在这喜庆时刻，为向世人展示13亿中国人生活面貌的巨大变化，促进世人进一步了解中国，了解中国普通百姓的生活，我们特举办“镜头中的中国人生活”主题展。我代表国务院新闻办公室向出席展览开幕式的各位领导、嘉宾和朋友们表示热烈的欢迎和诚挚的谢意！向为举办这次活动付出辛勤劳动的工作人员表示衷心的感谢！

新中国成立以来，特别是实行改革开放以来，中国共产党和中国政府始终以经济建设为中心，把发展作为执政兴国第一要务，坚持发展为了人民、发展依靠人民、发展成果由人民共享，不断提高全社会经济发展水平，各项事业取得了举世瞩目的成就。中国经济连续30年保持年均9%以上的增长速度，GDP由1978年的3645亿人民币增长到2007年的246619亿元人民币，人均GDP由1978年的379元人民币增长到2007年的18700人民币。贫困人口由1978年的2．5亿减少到2007年的1479万。中国民众的生活发生了翻天覆地的变化，实现了从贫困到温饱和从温饱到小康的两次历史性跨越。人民群众的生活内容不断丰富，生活品质不断提高，生活方式日趋现代。当然，在发展中我们还存在了一些不容忽视的困难和挑战，如城乡之间、区域之间经济社会发展还很不均衡，就业和社会保障压力大，人口资源环境压力日益突出，等等。面对这些困难和挑战，中国政府提出了以人为本的科学发展观，致力于建设民主法治、公平正义、诚信友爱、充满活力、安定有序、人与自然和谐相处的和谐社会。

“镜头中的中国人生活”主题展，正是改革开放以来中国人纯朴生活的真实写照。他通过中外摄影师的镜头，展示了中国壮丽的山河，秀美的自然风光，古朴的民风和奋发向上的精神风貌；记录着中国民众的工作、生活、文化、休闲和娱乐。从中可以看到中国古老、神奇和美丽的自然风光和各族人民的生活，看到中国城市与乡村的变化，感受中国经济与社会正在发生的巨大的变化，感知中国人民享有的自由、快乐和幸福。这个主题展也从一个侧面反映了中国人权事业的重大进展。

当然，这个主题展只是从丰富多彩的中国人生活中选取了一些具有代表性的画面，反映的是中国民众的部分生活写照。我们衷心希望广大观众通过观看展览，进一步激发热爱生活、创造生活的热情，衷心希望外国朋友通过观看展览激发走近中国、了解中国的兴趣。我们坚信，随着中国改革开放的深入，随着构建社会主义和谐社会事业的推进和全面建设小康社会目标的实现，中国人的生活一定会更加美好！

最后预祝展览圆满成功！谢谢大家！

建立和完善中国住房政策体系的思考

——住房和城乡建设部部长姜伟新在“中国发展高层论坛2008年会”上的发言
（2008年3月23日）

各位来宾，女士们、先生们：

很高兴参加这次论坛。我代表住房和城乡建设部，对论坛的举办表示衷心的祝贺！下面，我就建立和完善中国住房政策体系问题，作一简要介绍。

大家知道，在20世纪90年代中期，随着社会主义市场经济体制的确立，我们对城镇住房制度进行了根本性改革，即取消实物分配，推进住房商品化。最近几年，在总结改革经验的基础上，借鉴其他国家好的做法，我们对城镇低收入家庭实行了住房保障政策。应当说，经过多年探索，中国已经初步建立了比较适合中国国情的城镇住房政策框架。

但从总体上看，我国住房政策体系和住房保障体系还不健全，中低收入家庭住房支付能力相对不足的问题比较突出；房地产市场机制还不完善，商品住房价格上涨过快，住房供应结构不合理；住宅建设还不适应人口资源环境状况，科技贡献率低，资源消耗高。为了从根本上解决这些问题，必须进一步深化改革，建立和完善符合中国国情的住房政策体系。对此，我们有以下三点思考：

第一，坚持从我国人多地少的基本国情出发，建立科学合理的住房建设和消费模式。目前，中国正处于城镇化快速发展时期，面临世界历史上最大规模的城乡人口迁移，城镇住房需求大，但资源承载力相对不足。因此，制定住房政策必须坚决贯彻节约资源、保护环境的原则，减少住宅发展的资源环境代价。一要合理规划，主要建设中小套型住房。按照节约用地的要求，确定适当的住房建设套型面积、建筑形态和建筑容积率。优化空间布局，充分利用每一寸土地、每一寸空间。在精细设计、保证功能基础上，尽可能增加中小套型住房供应。二要科学建设，提高住房的节能环保水平和住房品质。加快住房科技创新，推广应用节能、节水、节材与环境保护技术。三要引导居民适度消费。既要支持和保护居民住房消费的积极性，改善居住条件。同时也要加强国情教育和政策引导，反对超前消费，树立经济适用、理性适度的住房观念，形成节约资源、健康文明的消费理念。

第二，坚持正确发挥政府和市场的作用，建立和完善市场调节和政府保障相结合的住房政策体系。随着住房市场化改革的深入，目前中国城镇80％左右的住房交易，已经通过市场进行配置。国内外经验表明，市场机制可以较好地适应不同家庭的多样化住房需求，提高资源配置的效率，在解决居民住房问题中处于基础性地位，必须毫不动摇地坚持市场化改革的基本方向。同时，要继续强化政府对困难群众的住房保障职责，建立住房保障体系，加强对房地产市场的调控。一要合理确定廉租住房保障范围和保障水平。中国在相当长一段时期仍然是发展中国家，财政能力总体有限，要坚持适度保障的原则。随着经济发展，逐步扩大覆盖范围，提高保障水平。二要从中国未来一段时期的实际情况出发，增加中低价位、中小套型普通住房供应，帮助那些既不属于廉租住房保障对象又没有能力进入市场的家庭。考虑到地区之间发展程度有较大差异，要更多地发挥地方政府的积极性。中央政府确定大的原则、大的政策，具体做法允许各地区因地制宜。例如发展政策性租赁住房，发展限价商品住房等。三要多种途径改善困难群体的住房条件。建立多渠道的投融资机制。进一步完善住房公积金制度，逐步向中低收入家庭倾斜。加快棚户区改造步伐。积极推进旧住宅区环境整治。

第三，坚持城乡统筹原则，加强对农民住房的政策研究和引导。要根据农村人口向城镇迁移的情况和严格保护耕地的要求，按照统筹城乡建设的原则，深入研究进城定居农民享受城市住房政策和农村宅基地政策的衔接。积极探索改善农民工居住条件的措施。要强化规划管理，治理农村人居环境，按照集约和节约使用农村建设用地的要求，加强对旧村改造的规划指导。要加强对农村住房建设的设计、施工、材料等技术服务，提高建筑质量。重视解决农村困难群众的住房安全问题。

女士们、先生们，住有所居、安居乐业，是中国人民的美好愿望，也是世界各国人民共同追求的目标。我们愿意继续加强与世界各国、各地区的交流与合作，与大家分享住房发展和住房政策的经验教训，共同为实现“人人享有适当的住房”做出不懈的努力。

谢谢大家！

发展残疾人事业　保障残疾人权利

——访中国残疾人联合会副理事长　申知非

（2008年2月）

记者：我国高度重视残疾人权益的法律保障，请您介绍一下近年来我国残疾人权益保障的立法、执法、司法情况。

申知非：为保障残疾人权益，促进残疾人事业发展，我国先后颁布实施了一系列保障残疾人权益的法律、法规。据不完全统计，我国涉及残疾人权益保障的法律有50多部；还颁布实施了《残疾人保障法》、《残疾人教育条例》、《残疾人就业条例》等保障残疾人权益的专门性法律、法规；各省、自治区、直辖市也先后制定了本地区的《残疾人保障法》实施办法和其他保障残疾人权益的法规，形成了以宪法为依据，以刑事、民事等法律为基础，以《残疾人保障法》为核心，以行政法规、地方法规为支撑的保障残疾人权益的法律体系。2004年底，中国启动了《残疾人保障法》的修改工作，保障残疾人权益的法律体系不断得到健全和完善。

执法检查、视察活动蓬勃开展。各级人大、政协、残疾人工作委员会经常性地开展执法检查、视察和专项检查活动，促进《残疾人保障法》和其他保障残疾人权益的法律法规的实施，了解法律法规在实施过程中出现的困难和问题，提出相应修改和完善的建议，使残疾人的合法权益能够得到法律的有效保障。2006年，县级以上人大代表进行执法检查1301次，县级以上政协委员进行执法视察1192次，县级以上残疾人工作委员会进行专项检查1979次。通过开展执法检查、视察活动，使残疾人事业发展和残疾人权益保障中许多突出矛盾和问题得到妥善解决。

残疾人法律救助工作成效显著。通过相关部门的共同努力，中国逐步形成以各级人民法院的司法救助、各级司法行政机构的法律服务和法律援助为基础，以各级行政机关、残联和社会力量提供的法律服务和法律援助为补充的残疾人法律救助体系。各级人民法院把残疾人作为司法救助的重点对象，减免贫困残疾人的诉讼费用。各级法律援助机构确保符合法律援助条件的残疾人能够得到切实有效的法律援助，并根据本地实际适当扩大残疾人的受援范围和受援事项。律师事务所、法律服务所、公证处为残疾人提供优先、优质、优惠的无障碍法律服务。截至2006年底，县级以上司法行政机关和残疾人联合会联合建立残疾人法律援助（服务）中心2279个，残疾人维权示范岗6030个；2006年残疾人法律援助（服务）中心办理残疾人法律援助案件19582件，残疾人维权示范岗办理残疾人法律救助案件23413件。残疾人法律救助体系的形成及其作用的发挥，有效缓解了残疾人在发生法律纠纷时普遍遇到的咨询难、请律师难、打官司难、无力支付法律服务费用等问题，为维护残疾人权益发挥了积极作用。

记者：我国如何保障残疾人行使政治权利？

申知非：随着经济社会的快速发展和法制化进程的不断加快，残疾人、残疾人亲属的法律意识不断增强，参政议政的能力不断提高，许多残疾人、残疾人亲属当选为人大代表或被推荐为政协委员，进入各级人大、政协行使自己的政治权利。据2006年统计，全国共有1078名残疾人、残疾人亲属和残疾人工作者当选为县级以上人大代表；2169名残疾人、残疾人亲属和残疾人工作者被推荐为县级以上政协委员。残疾人作为参与政治生活的重要力量，代表全国8296万残疾人充分履行人大代表、政协委员的职责，积极反映社情名义，参政议政，为推动我国残疾人事业发展和经济社会进步作出了贡献。

记者：为确保残疾人能融入社会生活，中国积极开展无障碍建设工作，目前情况如何？

申知非：为营造残疾人融入社会生活的无障碍环境，保障残疾人权益，中国残联和建设部等相关部委先后颁布实施了《城市道路和建筑物无障碍设计规范》、《特殊教育学校无障碍设计规范》、《铁路旅客车站无障碍设计规范》等一系列无障碍规范，并于2004年命名了12个全国无障碍设施建设示范城市。“十一五”期间，我国还将在全国范围内建成100个无障碍建设城市。同时，国家还积极加强信息交流无障碍工作，推动政务信息公开无障碍，推动电视新闻、电影、电视剧加配字幕，鼓励电视台开办手语节目，在重点公共场所建立信息屏幕系统，为聋人提供手语翻译或者书面语文字交流援助，从而确保残疾人能够充分、有效地融入社会生活。

记者：我国为实现残疾人“人人享受康复服务”作出了不懈努力，请问，目前残疾人康复服务情况怎样？面临哪些挑战？

申知非：2002年，国务院办公厅转发卫生部、民政部、财政部、公安部、教育部、中国残联等六部门《关于进一步加强残疾人康复工作的意见》，提出了残疾人康复工作的总体目标：到2005年，在城市和中等以上发达地区的农村，有需求的残疾人70％得到康复服务；在经济欠发达地区的农村达到50％。到2010年，在城市和中等以上发达地区的农村，有需求的残疾人普遍得到康复服务；欠发达地区的农村达到70％以上。到2015年，实现残疾人“人人享有康复服务”。

经过“八五”、“九五”、“十五”、“十一五”等几个残疾人事业五年规划的实施和推动，已有1330多万残疾人得到不同程度的康复。各级党委、政府更加重视残疾人康复工作，积极采取有力措施，完善政策法规，加大支持力度，适应我国国情的残疾人康复工作模式初步形成，残疾人康复工作体系、服务网络、业务格局更加完善。残疾人康复服务机构建设逐步加强；残疾人康复人才队伍逐步壮大；社区康复工作在示范区培育活动的带动和社区建设、社区卫生服务的大环境下稳步推进，全面开展，“康复进社区，服务到家庭”逐步成为现实；彩票公益金残疾人康复等项目的实施和新型农村合作医疗、城乡医疗救助等政策的纳入，使贫困残疾人康复救助与保障水平进一步提高；“爱耳日”、“爱眼日”等群众性宣传教育活动的开展，使康复知识普及率和残疾人自我康复意识显著提高；积极开展残疾预防，减少了残疾发生。总体来看，残疾人“人人享有康复服务”目标正在逐步实现。

但是，从当前的形势看，康复工作，特别是实现残疾人“人人享有康复服务”目标仍然面临着严峻的形势和挑战。通过对第二次全国残疾人抽样调查主要统计数据的分析，康复工作的现状与残疾人的康复需求之间的差距依然较大，残疾人主要需求的比例仍高于曾接受服务的比例。曾接受过康复训练与服务和辅助器具配备服务的比例分别为8.45％和7.31％，而相对应的需求比例分别为27.69％和38.56％。农村及中西部地区残疾人康复工作的力度亟需加大。我国残疾人口中，城镇残疾人口占24.96％，农村残疾人口占75.04％；东、中、西部地区的残疾比例分别为6.11％、

6.46％和6.67％。这表明大多数残疾人生活在农村，经济欠发达地区残疾比例高，残疾人口多，是实现残疾人“人人享有康复服务”的难点和重点。贫困仍然是制约残疾人得到康复服务的重要因素，残疾人家庭人均收入不足全国水平的一半。《2006年全国残疾人状况监测北京、河南、四川三省成人问卷主要数据汇总》显示出，32.06％的智力残疾人、60.76％的精神残疾人需要治疗和康复训练但付不起费用，42.53％的听力残疾人、31.09％的言语残疾人需要辅助器具但买不起。

面对实现残疾人“人人享有康复服务”目标严峻的形势和挑战，我们要结合国家政策和发展环境，进一步加大对残疾人康复的投入力度，在提高为残疾人康复服务能力的同时，及时调整服务内容和方法，强化相应的服务手段和措施，适应残疾人的康复需求，逐步建立残疾人康复的长效机制，早日实现残疾人“人人享有康复服务”。

记者：众所周知，教育是提高国民素质的重要手段，在保障残疾人受教育的权利方面，我国做了哪些工作？

申知非：改革开放以来，在我国政府的重视和领导下，在教育、民政、残联等部门及广大残疾人教育工作者艰苦奋斗和社会各界的大力支持下，残疾人教育地位不断提高，投入力度不断增强，法律法规体系框架基本建立，已初步形成从基础教育、职业教育到高等教育、成人教育的特殊教育体系，残疾人教育成为我国教育事业的重要组成部分。

发展残疾人教育的主要措施包括：

第一，不断完善法律法规。我国《宪法》第45条明确规定保障残疾人教育权，在该法之下，《教育法》、《义务教育法》、《职业教育法》、《高等教育法》、《残疾人保障法》等法也有专门条款对残疾人接受教育作出规定。1994年，国务院颁布实施的《残疾人教育条例》更是专门保障残疾人享有各级各类教育的国家法规。

第二，制定、实施国家残疾人事业发展规划。从1988年起，国家相继召开了三次全国特殊教育工作会议，研究制定了5个中国残疾人事业发展纲要及配套实施方案，按照规划贯彻实施，推进涵盖教育工作在内的残疾人事业整体发展。

第三，设立特殊教育专项补助费，加大特教投入。1989年，教育部、财政部、原国家计委、民政部和中国残联共同出资，设立中央特殊教育专项补助费，每年2300万元，用于支持残疾儿童少年义务教育的发展。2001年起该项补助费提高至每年2720万元。截至2006年，已累计投入近5.5亿元。大部分省、自治区、直辖市也设立了特教补助费。

第四，广泛开展扶残助学活动。各级政府逐步加大了义务教育“两免一补”力度，社会各界广泛捐资助学，“希望工程”、“春蕾计划”都将残疾儿童少年纳入资助范围。中国残联会同教育部相继开展了“中西部盲童入学项目”、“扶残助学项目”、“彩票公益金助学项目”等，累计投入近1.5亿元，共资助贫困残疾学生近9万人次，为18个新建扩建高中阶段特教学校（班）和1所新建高等特教学院提供了设备补助。

第五，不断提高特殊教育教学质量。深入教育教学改革，加强特殊教育师资培养、培训，颁布实施新的特殊教育学校义务教育课程实施方案，建立随班就读支持保障体系，不断提高特殊教育教学质量。

记者：我国在促进适龄残疾儿童少年义务教育方面有哪些规定？

申知非：1990年颁布的《中华人民共和国残疾人保障法》，“教育”是其中一章，共有9条，其中涉及义务教育的有3条；1994年颁布的《残疾人教育条例》，“义务教育”是其中一章，共有10条。上述两个法规对促进特殊教育事业发展，保障残疾儿童少年教育权益发挥了重要作用。但上述两法没有残疾儿童少年义务教育的表述和具体规定，且条款过于原则，倡导性内容较多，操作性不强，有些条款已不适应事业发展。

2006年，全国人大常委会通过的新修订的《义务教育法》正式实施，该法进一步强化了政府行为，对完善义务教育经费保障机制、促进义务教育均衡发展、全面推进素质教育等都作了明确规定。其中涉及特殊教育5处，按条款顺序，前4处讲特殊教育的实施保障，最后1处讲法律责任。

第19条第1款规定："县级以上地方人民政府负责设置特教学校（班）"，"特教学校（班）应当具备适应残疾儿童、少年学习、康复、生活特点的场所和设施"。

第19条第2款规定："普通学校应当接收具有接受普通教育能力的残疾儿童、少年随班就读，并为其学习、康复提供帮助。"

第31条第3款规定："特殊教育教师享有特殊岗位补助津贴。"

第43条第3款规定："特殊教育学校（班）学生人均公用经费标准应当高于普通学校学生人均公用经费标准。"

第57条第1项规定："拒绝接收具有接受普通教育能力的残疾儿童、少年随班就读"的学校，要承担法律责任。

记者：中国是一个发展中国家，就业问题是大家关心的热点之一，在保障残疾人与健全人享有平等的就业、择业、获得劳动报酬和收入权利方面，我国有哪些特别的扶持保障政策？成效如何？

申知非：就业是民生之本，是残疾人改善生活状况、平等参与社会生活的基础。由于残疾影响和外界障碍，在劳动力市场竞争中，残疾人处于相对劣势的地位，就业较其他人群存在更多的困难和问题。为了切实保障残疾人平等就业的权利，中国制定、完善了一系列法规政策，基本建立残疾人就业政策法规体系，对于促进残疾人就业的全面发展起到了积极的推动作用。

我国《宪法》明确规定保障残疾人的就业权利。《残疾人保障法》、《劳动法》、《民法通则》、《职业教育法》、《妇女权益保障法》、《兵役法》、《个人所得税法》等法律也对残疾人就业的相关权益作出了规定。其中，《残疾人保障法》更是专章对残疾人就业的形式、内容、政府职责、社会义务、组织实施和保障措施作出了较为全面的原则性规定，为推动残疾人就业纳入法制化发展轨道奠定了坚实的基础。

随着我国改革开放的深入发展，社会主义市场经济的不断完善，我国劳动力市场运行和就业竞争机制也发生了很大的变化，为了更好地保护和促进残疾人平等就业权利的实现，并对《残疾人保障法》原则加以细化，国务院于2007年5月出台了《残疾人就业条例》，其根本目的就是要通过残疾人就业保护和就业促进，消除或减轻残疾障碍对残疾人平等就业权利实现的影响。

在出台法律法规的同时，我国政府连续制定实施了5个残疾人事业发展规划，都将残疾人就业作为重要内容，明确任务目标和具体措施。同时，国务院和相关部门还相继制定了一系列促进残疾人劳动就业的政策和文件，《关于进一步做好残疾人劳动就业工作的若干意见》、《关于做好下岗残疾职工基本生活保障和再就业工作的通知》、《关于积极扶持残疾人个人或自愿组织起来从事个体经营的通知》、《关于城镇贫困残疾人个体工商户参加基本养老保险给予适当补贴有关问题的通知》、《关于促进残疾人就业税收优惠政策的通知》、《关于促进残疾人就业税收优惠政策征管办法的通知》、《盲人按摩机构、工疗机构及其他集中安置残疾人单位资格认定办法》、民政部《福利企业资格认定办法》等，对于不同时期残疾人就业面临的问题和困难予以了有力的指导和支持。其中2007年出台的《关于促进残疾人就业税收优惠政策的通知》以国家税收优惠政策的形式，惠及了残疾人集中就业、个体从业两大领域，有力地支持了残疾人就业的发展。

除了中央层面的法律、法规和文件政策外，各省、自治区、直辖市也根据《残疾人保障法》的规定制定了当地的《残疾人保障法》实施办法，并在实践中，根据残疾人劳动就业的发展出台了若干配套文件。目前，所有的省、自治区、直辖市均以政府令或政府文件的形式出台了按比例安排残疾人就业实施办法（或规定），部分地区还以人大立法的形式加以规范。此外，各地政府正在根据《残疾人就业条例》研究制定相关地方法规和文件，以进一步细化条例内容，切实贯彻落实。

此外，中国残联正在协调有关政府部门，研究通过建设托养服务机构，对智力、精神和重度残疾人，开展托养服务和就业训练，使这一部分最为困难的残疾人能够通过劳动得到康复，甚至回归社会实现就业。

通过各项法律法规和优惠扶持政策的带动，残疾人就业呈现以下特点：

第一，竞争与保护相结合的就业机制初步形成。“九五”以来，我国按照市场经济体制的要求，实施积极的就业政策，确立了“劳动者自主就业，市场调节就业，政府促进就业”的竞争就业方针。中国政府在坚持以市场为导向就业机制基础上，按照平等、参与、共享的原则，对残疾人就业采取优惠政策和扶持保护措施，在竞争的基础上实行保护，一方面确定社会用人单位的用人自主权，另一方面将解决残疾人就业作为政府和社会共同的责任、义务加以明确，并通过积极的保护政策促进残疾人充分就业。对残疾人实行集中就业、按比例就业等政策，以及对个体就业残疾人给予优惠扶持措施，都充分体现了维护社会公平的基本准则，并且与市场经济国家保护社会弱势群体的立法宗旨也是一致的。

第二，就业形式多样化，就业层次明显提高。残疾人就业随着我国就业形式的变化，从单一的集中就业向多样化发展，按比例就业全面推行，个体或组织起来就业迅速发展，非全日制、季节性、非正规就业等灵活就业形势广泛开展。在特殊政策保护下，盲人按摩业发展迅速，截至2006年，全国盲人医疗按摩机构达到1543个、保健按摩机构达到8000多个，从业盲人近10万人。农村残疾人就业也呈现“种、养、加”多种劳动形式和建立残疾人扶贫基地、创业基地并存发展的局面。残疾人就业层次也出现明显变化。数据显示，“十五”期间新安排的残疾人中，有近30％的残疾人是在国家机关、企事业单位和教育、卫生等行业实现就业。越来越多的残疾人活跃在科研、文化等较高层次就业领域。随着新生残疾人劳动力受教育程度和技能水平的不断提高，这一状况还将得到进一步的改善。

第三，残疾人就业服务体系基本建立。在国家积极的就业政策的带动下，按照劳动力市场科学化、规范化、现代化和就业服务要实现制度化、专业化、社会化的要求，残疾人就业服务体系逐步建立并不断完善。从“八五”末开始，为促进残疾人就业，各地陆续建立了残疾人就业服务机构。目前，省、市、县（区）三级普遍建立了为残疾人就业提供各种服务的综合性服务场所，完善了残疾人就业服务组织网络。全国省级残疾人就业服务机构达到33个，地（市）、县（区）残疾人就业服务机构3043个，全国基本建成了覆盖城乡的残疾人就业服务组织体系，从事残疾人就业服务的工作人员超过3万人。

记者：扶贫开发，解决贫困人口的温饱问题，是国家经济发展中亟待解决的一个大问题，而贫困残疾人则是扶贫开发工作中的重点。请问，“十五”期间，我国残疾人扶贫工作采取了哪些措施，有何成效？对未来几年的工作有何展望？

申知非：我国高度重视残疾人扶贫工作。残疾人扶贫工作的发展经历了残疾人事业的“八五”、“九五”、“十五”3个五年规划，随着每个五年规划的交替，残疾人扶贫事业也随着时间的延续和工作的不断拓展而进入新的阶段。

21世纪初，党中央国务院继续把扶贫开发放在国民经济和社会发展的重要位置，决定从2001年到2010年，集中力量，加快贫困地区脱贫致富的进程，把我国扶贫开发事业推向一个新的阶段。国家制定了《中国农村扶贫开发纲要（2001—2010年）》，残疾人扶贫事业也迎来了又一个春天。《中国农村扶贫开发纲要（2001—2010年）》将残疾人扶贫作为全国扶贫开发的重点之一，明确要求：“要重视做好残疾人扶贫工作，把残疾人纳入扶持范围，统一组织，同步实施。”同时，《中国残疾人事业“十五”计划纲要（2001—2010年）》也对残疾人扶贫提出了要求。为了贯彻《中国农村扶贫开发纲要（2001—2010年）》和《中国残疾人事业“十五”计划纲要（2001—2010年）》，做好残疾人扶贫开发工作，中国残联与国务院扶贫开发领导小组、财政部、中国人民银行和中国农业银行共同制定下发了《中国农村残疾人扶贫开发计划（2001—2010年）》，明确提出今后扶贫的任务目标是："尽快解决贫困残疾人的温饱问题，继续巩固已有的扶贫成果，提高贫困残疾人的生活质量和综合素质，缩小贫富差距，为实现共同富裕创造条件；'十五'期间，扶持1200万农村贫困残疾人，尚未解决温饱的基本解决温饱，初步解决温饱的稳定提高经济收入。"计划中还确定了今后工作的基本方针：(1) 坚持以政府为主导。各级政府加强对残疾人扶贫工作的领导，把贫困残疾人纳入扶持范围，列入工作计划，加大工作力度和资金投入。(2) 动员社会力量共同参与。积极组织社会各界广泛参与残疾人扶贫，通过"帮、包、带、扶"等多种形式，扶持贫困残疾人。(3) 坚持扶贫开发到户到人。以增加贫困残疾人户经济收入为目的，针对残疾人特点，因地制宜，采取有效方式扶持到户到人。(4) 坚持自力更生，艰苦奋斗。残疾人要自尊、自信、自强、自立，积极参加生产劳动，发挥主动性、创造性，不断提高自我发展的能力。

《中国农村残疾人扶贫开发计划（2001—2010年）》的制定既是对残疾人扶贫开发工作历史的总结，也是对新时期残疾人扶贫开发工作的开拓。按照计划的要求，各级政府和有关部门加大对残疾人扶贫工作的重视程度，结合当地实际，将贫困残疾人脱贫工作放到政府办公的重要议程，从切实解决贫困残疾人最基本困难入手，出台各项优惠政策，采取切实有效的扶持措施，使贫困残疾人尽早摆脱贫困。通过各级政府和有关部门支持、全社会共同参与和残疾人自强不息，贫困残疾人的温饱问题得到有效解决。残疾人温饱问题的解决只是解决了残疾人的吃饭穿衣问题。随着残疾人扶贫工作的深入，贫困残疾人的住房困难越来越突出，一直以来成为困扰贫困残疾人的大难题，这也成为新时期残疾人扶贫工作的新特点、新重点。根据调查测算，全国有100万贫困残疾人住房处于极度困难状况。他们居住的地方有的破旧不堪，夏不遮雨冬不御寒，有的人畜同居一室。中国残联针对贫困残疾人住房困难的问题专门向国务院作了汇报，引起了国务院领导的重视和大力支持，决定从2003年至2005年，在中央彩票公益金中安排资金资助贫困残疾人逐步解决住房困难。

"十五"期间的5年，是残疾人扶贫丰收的5年。"十五"期间，通过各种方式及措施共计扶持近1200万农村贫困残疾人，贫困残疾人生活水平和生存环境整体上得到有效改善。5年间，中央安排40亿元康复扶贫贷款，直接扶持贫困残疾人124.5万人；各级政府筹措用于扶持贫困残疾人的扶贫资金累计7.2亿元，优惠政策减免及帮扶物资折款等3.15亿元；821万贫困残疾人接受农村实用技术培训，掌握了一技之长；全国结对帮扶的单位180.4万个，结对个人721.1万人，帮扶资金达到12.9亿元。通过国家彩票公益金的资助，全国51803户贫困残疾人实施危房改造，受益残疾人63957人，带动地方投入危房改造资金共计5.79亿元，使部分贫困残疾人的住房条件从根本上得到改善。农村残疾人服务体系逐步完善，全国农村县级建立残疾人服务社1887个，乡镇建立残疾人服务分社18979个，残疾人服务社（分社）的工作人员达到28601人，为贫困残疾人提供各项服务，成为残疾人扶贫工作重要的组织保证。

根据第二次全国残疾人抽样调查显示，目前全国农村仍有868万贫困残疾人未能解决温饱。面对新时期残疾人扶贫工作的新形势、新特点，"十一五"期间，残疾人扶贫工作将重点围绕着《中国农村残疾人扶贫开发计划(2001—2010年)》开展工作，全面贯彻实施中国残疾人事业"十一五"计划纲要的任务目标和要求。5年间，我们将扶持1000万农村贫困残疾人基本解决温饱；初步解决温饱的扶持其稳定提高经济收入。加大中西部地区农村实用技术培训力度，帮助100万名农村适合参加生产劳动的贫困残疾人接受实用技术培训。扶持中西部地区25万户农村贫困残疾人家庭进行危房改造，完成全国32万户农村贫困残疾人危房改造任务。除此之外，残疾人扶贫工作要跟随时代的发展，坚持不懈地探索新的扶贫模式和措施，不断开拓新的领域，使广大贫困残疾人尽早摆脱贫困，走上富裕之路，与全国人民一道构建社会主义和谐社会。

（《人权》2008年第1期）

深化检察体制和工作机制改革　促进人权保障事业发展

——访最高人民检察院副检察长　王振川

（2008年4月）

记者：尊重和保障人权原则写入宪法是我国社会的一大进步，举世称赞。检察机关作为国家的法律监督机关，在依法保护公民人身权利和民主权利方面负有重要使命。请问，在这方面检察机关近年来做了哪些工作？取得了哪些成效？

王振川：在当代中国，公民权利既体现在宪法和法律的规定上，也体现在公民参与经济、社会、政治、文化等项活动中。尊重和保障公民权利的重要方面就是坚定不移地实施依法治国方略。检察机关作为国家的法律监督机关，其主要职责是维护宪法和法律的统一正确实施，宗旨是“立检为公，执法为民”。检察机关履行法律监督职责的主要方面，如审查和决定逮捕，查办贪污贿赂、渎职等职务犯罪，开展诉讼监督，无不与维护好、实现好、发展好人民群众的根本利益息息相关。

几年来，全国检察机关围绕“强化法律监督，维护公平正义”主题，严格依法履行职责，认真实践尊重和保障人权的宪法原则，做了许多工作，突出的有这样几个方面：

一是健全审查逮捕、审查起诉工作机制，强化对刑事侦查和审判活动的法律监督。各级检察机关积极探索提高侦查监督和公诉质量的新途径，及时发现和纠正侦查、审判活动中的违法行为，切实保障公民包括犯罪嫌疑人的合法权利。据统计，最近5年，检察机关对依法不应当追究刑事责任或证据不足的案件，决定不批准逮捕犯罪嫌疑人255931人；对侦查活动中滥用强制措施等违法情况提出纠正意见50742件次；对确有错误的刑事判决、裁定提出抗诉15161件；对刑事审判中的违法情况提出纠正意见9251件次。

二是认真贯彻宽严相济的刑事政策。坚持该严则严、当宽则宽、区别对待、注重效果，制定并实施在检察工作中贯彻宽严相济刑事政策的意见。对涉嫌犯罪但无逮捕必要的，决定不批准逮捕49007人；对犯罪情节轻微，依照刑法规定不需要判处刑罚或者免除刑罚的，决定不起诉73529人。

三是采取切实有效措施提高检察机关直接侦查的职务犯罪案件质量。2007年检察机关提起公诉的贪污贿赂、渎职等职务犯罪案件有罪判决数与立案数的比率比2003年提高了29.9个百分点。

四是强化对刑罚执行和监管活动的法律监督。加强派驻监管场所检察室规范化建设，推行与监管场所信息、监控系统联网，依法监督和纠正减刑、假释、暂予监外执行不当13275人，对不按照规定将罪犯交付执行等违法情况提出纠正意见29631件次。

五是开展集中清理和纠正超期羁押工作，纠正了一批历史遗留问题，并在此基础上建立健全防止和纠正超期羁押的长效机制，使侦查、起诉、审判各环节新发生的超期羁押从2003年的24921人次下降到2007年的85人次。

六是加强控告申诉检察工作，畅通控告申诉渠道。5年来，全国检察机关先后开展5次集中处理信访突出问题专项工作，共处理群众来信来访1507859件次，有效地化解了社会矛盾，维护了群众的利益。2007年不服检察机关处理决定的信访5814件，比2003年下降了32.55％。

记者：加强反渎职侵权工作，着力扭转渎职侵权检察在法律监督体系中的薄弱状况是本届检察工作的重点和亮点，请您谈谈这方面的工作。

王振川：国家机关工作人员不履行和不认真履行职责，滥用职权，徇私舞弊，利用职权侵犯公民人身权利和民主权利是腐败犯罪的主要表现，严重破坏社会主义法治，损害人民群众切身利益，是检察机关查办职务犯罪案件的重点。但是由于历史传统和社会心理方面的原因，社会上一些人对渎职侵权犯罪的社会危害性认识不深，对查办渎职侵权犯罪的重要性认识不够，“发现线索难、侦查取证难、结案处理难”问题依然存在，使得反渎职侵权查办案件工作仍然处于薄弱环节，与检察机关所承担的法律监督职责不相适应。为此，近年来最高人民检察院着重加强了这方面的工作。

一是针对一个时期渎职侵权犯罪多发高发的重点案件、重点部位集中开展专项活动。2004年5月至2005年6月，全国检察机关开展了严肃查办国家机关工作人员利用职权侵犯人权犯罪专项活动，重点查办了一批国家机关工作人员利用职权实施的侵犯公民人身权利、民主权利的犯罪案件和玩忽职守、滥用职权、徇私舞弊致使人民群众生命财产遭受重大损失的犯罪案件。期间共立案侦查侵犯公民人身权利、民主权利犯罪案件1204件1751人。2005年7月至2006年底，全国检察机关开展了集中查办破坏社会主义市场经济秩序渎职犯罪专项工作，共立案侦查国家机关工作人员渎职失职严重扰乱市场经济秩序的犯罪案件，负有市场监管职责的行政管理、执法机关工作人员和司法人员滥用职权、徇私舞弊、徇私枉法、枉法裁判犯罪案件，以及放纵制售假冒伪劣商品犯罪和不移交刑事案件等重点案件5841件6664人。在打黑除恶专项斗争中，严肃查办为黑恶势力充当“保护伞”的国家机关工作人员101人。针对人民群众反映强烈的重大生产安全事故多发高发问题，全国检察机关与监察、安监等部门密切配合，派员参与重大责任事故调查，立案侦查纵容违法违规生产、不报谎报重大事故等涉嫌犯罪的国家机关工作人员1193人。专项活动的开展，极大地震慑了渎职犯罪，维护了法律的尊严，提高了国家机关工作人员依法从事公务的意识，推动了和谐社会建设，收到了良好的社会效果。

二是不断完善反渎职侵权法律制度。适应经济社会发展和我国法制建设的需要，针对查办渎职侵权犯罪案件工作出现的新情况、新问题，在广泛听取各方面意见和深入调查研究的基础上，2006年7月26日，最高人民检察院颁布了《关于渎职侵权犯罪案件立案标准的规定》。该规定总结了近几年惩治和预防渎职侵权犯罪工作的经验，吸收了我国最新的立法和司法成果，对渎职侵权犯罪的主体范围作了明确界定，进一步细化了渎职侵权犯罪案件的立案条件，解决了当前司法实践中的很多法律适用难点问题，为加大惩治和预防渎职侵权犯罪工作力度提供了重要的法律武器。

三是着眼于提高反渎职侵权能力，加强专业化、规范化建设。最高人民检察院先后出台了《关于检察机关职务犯罪侦查部门以犯罪事实立案的暂行规定》、《人民检察院直接受理侦查案件立案、逮捕实行备案审查的规定（试行)》和《最高人民检察院考评各省、自治区、直辖市检察机关查办职务犯罪案件工作办法(试行)》。与公安部、监察部、国家安监局、审计署、税务总局、环保总局、质量检验检疫总局、国家林业局等10多个部（委、局、办）联合下发了《关于在严打整治斗争和整顿规范市场经济秩序工作中加强配合加大查办职务犯罪案件工作力度的通知》、《关于行政机关与检察机关在重大责任事故调查处理中加强联系和配合的暂行规定》、《关于在行政执法中及时移送涉嫌犯罪案件的意见》等一系列加强联系和配合的文件，法律监督与行政执法的联系与衔接机制初步形成。

四是坚持改革创新，逐步建立和完善了侦查办案一体化机制。全国检察机关基本实现了以省级院为龙头、以分州市院为主体、以基层院为基础的上下一体、区域联动、指挥有力、协调高效的侦查办案一体化。还建立健全了以案件线索统一管理为主要内容的线索管理机制，以侦查办案规范化管理为内容的案件管理机制以及以建立侦查人才库、统一调配使用侦查人才和侦查骨干为内容的侦查人才管理机制。强化了上级检察机关对侦查办案工作的领导责任，一级抓一级，层层抓落实。加强上级检察院对查办重特大案件和要案的组织指挥，收到了很好的效果。不仅有效地克服了地方保护、部门保护对侦查办案工作造成的不利影响，而且大大拓展了检察机关查办渎职侵权犯罪案件的领域，使一些长期办不动、不能办的案件得以突破。

五是机构队伍建设加强。特别是2005年5月，最高人民检察院决定全国省以下检察机关渎职侵权检察机构统一更名为“反渎职侵权局”以后，各级检察机关都把反渎职侵权局机构建设作为一件大事来抓。截至目前，全国已有29个省级院、241个分州市院、1575个基层院成立了反渎职侵权局。各级检察机关以更名改局为契机，加强了反渎职侵权机构和班子建设，充实了办案人员，完善了业务建设和制度建设，促进了队伍政治素质和业务素质的整体提高，为进一步推动反渎职侵权工作提供了强有力的组织保障。

六是加强反渎职侵权宣传工作，依靠和发动群众举报，提高反渎职侵权工作的社会认知度。

记者：不断推进检察体制和工作机制改革是近年来检察工作的一条主线，请您谈谈检察机关在落实尊重和保障人权方面进行了哪些改革？取得了哪些成效？

王振川：5年来，全国检察机关认真贯彻中央关于司法体制改革的部署，制定并认真落实最高人民检察院《关于进一步深化检察改革的三年实施意见》，积极稳妥地推进检察体制和工作机制改革。各级检察机关积极探索增强审查逮捕程序的司法性，及时发现和纠正侦查活动中的违法行为，依法排除以暴力、威胁、引诱等非法手段获取的言词证据，探索建立违法侦查行为调查机制，加强对侦查活动的法律监督；进一步完善了当事人权利义务告知制度和保障律师依法执业权利制度；完善了办理死刑案件的公诉程序和监督机制，加强了对办理死刑案件全过程的法律监督，切实保障犯罪嫌疑人、被告人的合法权益。

建立健全防止和纠正超期羁押的长效工作机制。最高人民检察院在认真总结清理超期羁押专项行动经验的基础上，会同有关部门建立了羁押期限告知、期限届满提示、检查通报、超期投诉和责任追究等加强工作衔接和法律监督的制度，初步建立起防止和纠正超期羁押的长效工作机制。在这一机制下，各诉讼环节新发生的超期羁押大幅度下降。2004年为4947人次，截至2007年10月已下降至55人次，检察环节杜绝了超期羁押，收到了良好的效果。

全国检察机关全面推行了讯问职务犯罪嫌疑人全程同步录音录像制度。截至2007年8月，全国已有2829个检察院对34973件职务犯罪案件在讯问犯罪嫌疑人时，实行了全程同步录音录像。这一制度的推行，有利于遏制刑讯逼供和防止被告人在法庭上翻供，也使检察人员增强了依法、文明办案意识和人权保护观念，进一步规范了执法行为。

各级检察机关按照最高人民检察院的统一部署，积极探索刑事和解等落实宽严相济刑事政策的具体措施，完善了对未成年人犯罪案件由专门机构或专人办理以及社会调查、亲情会见、分案起诉等办案制度，建立轻微刑事案件的快速办理机制，扩大简易程序和简化审理程序适用，为有效化解社会矛盾，保护未成年犯罪嫌疑人的合法权益发挥了重要作用。

此外，全国检察机关还十分重视对检察干警特别是在一线办案干警进行依法治国、执法为民、公平正义等法治理念教育，“强化法律监督，维护公平正义”的检察工作主题教育，注重培养干警的人权保护意识。最高人民检察院专门制定了《检察人员岗位职务培训实施纲要》、《检察官培训暂行规定》，每年有计划地对检察官进行轮训，组织开展国际交流，学习借鉴其他国家和地区在人权保护方面的先进经验，不断提高检察干警保护人权的意识和监督能力。

记者：检察机关通过履行法律监督权，依法保障公民和法人的合法权利，不断建立和完善有利于保障人权的工作机制，取得了显著成绩。请问，在继续推进人权保障事业方面，当前还存在什么问题？今后应该如何加强？

王振川：深入贯彻落实科学发展观，努力构建社会主义和谐社会是当前和今后一个时期党和国家的工作目标，也是检察工作追求的目标。检察机关作为国家的专门法律监督机关必须为建设和谐社会服务，最根本的就是立足本职，通过发挥法律监督职能作用，推动在全社会实现公平正义。具体来讲，我认为要抓好如下几个方面的工作：

第一，要继续深入开展社会主义法治理念教育，不断提高检察干部依法治国、公平正义、执法为民的意识和人权保障意识，自觉地把尊重和保障人权的宪法原则落实到检察工作的各个环节和各项具体工作之中。

第二，要大力宣传社会主义法治，宣传以人为本的和谐社会建设理念，努力提高全体国民特别是掌握公共权力的各级国家机关工作人员尊重和保障人权的意识，教育公民勇于举报和抵制侵犯人权的违法犯罪行为，运用法律保护自己的合法权益。

第三，立足检察职能，突出查案重点，依法严肃查办国家机关工作人员利用职权实施的侵犯公民人身权利和民主权利的犯罪，以及国家机关工作人员玩忽职守、滥用职权造成公民人身和财产权利重大损失的犯罪案件，促进解决人民最关心、最直接、最现实的利益问题。着力加强法律监督工作的薄弱环节，严肃查处司法工作人员贪赃枉法、徇私舞弊，破坏司法公正和刑讯逼供、暴力取证等侵害公民人身权利、民主权利的犯罪案件。

第四，进一步深化检察体制和工作机制改革，逐步建立健全侦查、逮捕、公诉等各个环节规范执法和实施人权保障的具体措施，继续探索对青少年犯罪和过失犯罪保释、减少羁押和快速结案的新办法，全面落实宽严相济刑事司法政策。

第五，继续深化检务公开，积极探索检察工作内部制约和接受外部监督的实现途径，以公开促公正，努力实现办案的法律效果与社会效果相统一。

当前我们国家正在致力于建设社会主义法治国家，检察机关将以司法改革为动力，坚持在实践基础上不断丰富和完善具有中国特色的检察制度，以全面履行法律监督职能为使命，不断提高人权保障水平，为中国的人权保障事业作出新的贡献。

（《人权》2008 年第 2 期）

全面维护妇女权益　提高妇女素质　共建共享和谐社会

——访全国妇联副主席、书记处书记　赵少华

（2008 年 9 月）

记者：请问，近年来中国政府在保障妇女权利方面采取了哪些有效措施？

赵少华：中国政府历来重视妇女发展问题，把男女平等作为促进社会发展的一项基本国策，把实现男女平等作为衡量社会文明进步的标志，努力消除对妇女的歧视，为妇女事业的发展营造宽松的社会环境。近年来，中国政府在保障妇女权利方面采取了以下措施。

一是进一步完善保障妇女权益的法律体系。5 年来，我国立法机构以《宪法》中男女平等的基本原则为基础，在修改和制定的新法中充分体现男女平等的精神，如修改后的《中华人民共和国妇女权益保障法》（以下简称《妇女权益保障法》）将“实行男女平等是国家的基本国策”写进总则，同时首次提出“禁止对妇女实施性骚扰”，并再一次强调了“禁止对妇女实施家庭暴力”。2008 年 1 月 1 日实施的两部新法《中华人民共和国劳动合同法》（以下简称《合同法》）、《中华人民共和国就业促进法》（以下简称《就业促进法》）对实现公平就

业，消除就业歧视，保障妇女平等劳动权利作出了具体的、可操作性的规定，强调国家保障妇女享有与男子平等的劳动权利，明确劳动者就业不因性别不同而受歧视。《中华人民共和国社会保险法（草案）》（以下简称《社会保险法》）已于2007年12月提交全国人大常委会审议，生育保险作为五大险种之一列入其中。

国家法律的不断出台，进一步完善了我国维护妇女权益的法律机制，保证了妇女事业的健康发展，为全国妇联维护妇女权利提供了强有力的支持。

二是将促进中国妇女的发展纳入国家“十一五”规划。2006年，我国政府将《中国妇女发展纲要（2001—2010年）》（以下简称《妇女发展纲要》）的主要目标纳入了《中国国民经济和社会发展“十一五”规划纲要》中，明确提出将“落实男女平等基本国策，实施妇女发展纲要，保障妇女平等获得就学、就业、社会保障、婚姻财产和参与社会事务的权利”、“加强妇幼卫生保健，孕产妇死亡率降至40/10万”，建立农村“妇幼保健机构”等。

在国家级规划纲要的指导下，国务院各职能部门按行业将《妇女发展纲要》的相关目标列入本系统规划中。全国31个省、自治区、直辖市也已将《妇女发展纲要》列入本地区的发展规划中。

三是政府组织参与评估监督全国各地实施《妇女发展纲要》的情况。为了解全国各地《妇女发展纲要》的实施情况，调整完善《妇女发展纲要》的目标和监测指标，解决实施《妇女发展纲要》中的重点难点问题，为政府的科学决策提供依据。2006年，国务院妇女儿童工作委员会各成员单位组织了15个评估督导组，对全国31个省、自治区、直辖市实施《妇女发展纲要》的情况开展了中期评估督导。

记者：中国妇女目前参政状况如何？全国妇联在推动妇女参政方面做了哪些工作？

赵少华：中国政府历来重视妇女在国家政治生活中的作用，积极推动妇女参政工作。《宪法》明确规定男女政治权利平等的基本原则。《妇女权益保障法》有具体条款对实现妇女参与决策和管理作出规定，《妇女发展纲要》提出了妇女参政的具体目标。国家相关部门也采取措施，不断加大培养选拔女性领导人的工作力度。中国妇女参与国家政务活动和管理的程度不断提高，妇女参政呈现出如下特点：

一是各级政府和政府部门领导班子中的女性逐渐增多。目前，国家级领导人中有8位女性领导人，省部级领导有241位，全国600多个城市中有670名女市长。目前我国县（处）级女性领导人总数达10.4万人。

二是全国人大和全国政协中女代表女委员人数有所增加。第十一届全国人大代表中女性代表637名，占代表总数的21.33％，比第十届提高了1.09个百分点。第十一届全国政协妇女委员395名，占代表总数的17.7％，比第十届提高了1.00个百分点。第十一届全国人大和政协女常委分别为29名、34名，占常委总数的16.57％、11.41％，比第十届分别提高了3.37、0.01个百分点。

三是各级政府女性领导人配备率逐年上升，截至2006年，全国各省、地（市）、县政府中女性领导人配备率分别为90.3％、85.0％、84.7％。

为确保妇女在人大代表中的比例，2007年3月，第十届全国人大第五次会议正式通过了《关于第十一届全国人大代表名额和选举问题的决定》，该决定提出，第十一届全国人大代表中女性代表比例不低于22％。这是我国第一次对人大代表性别比例作出明确要求，体现了政府对女性参政的高度重视。虽然第十一届全国人大女代表未达到该比例，但《决定》的出台将成为中国女性参政历程中的一个重要标志。

推动妇女参政，促进妇女人才成长，是全国妇联重要的工作内容。近年来，全国妇联及各级妇联在配合政府中心工作中，利用妇联的优势，主动向政府以及人大、政协反映妇女参政情况，提交调研报告，提出政策建议，加大舆论宣传，推荐优秀女性进入政府领导层，发挥民主参与、民主管理和民主监督的作用。具体工作如下：

扩大宣传。通过媒体大力宣传男女平等基本国策，宣传妇女对社会的贡献，为女性成才和成长创造良好的社会环境。

加强调研、督查和民主参与的力度。通过调研主动向政府部门以及人大反映妇女的意愿和呼声。发挥妇联组织民主参与、民主监督的作用。

加大培训力度。从基础抓起，加强培训工作，帮助女性领导更新知识，提高综合素质，增强女性领导人的领导能力。与有关部门配合，为政府人力资源部门举办性别意识培训班，帮助人力资源部门负责人提高性别意识，推动性别意识进入决策主流。

主动推荐、输送女性人才。各级妇联不断建立和完善妇女人才数据库，积极向政府人力资源部门推荐各界优秀妇女人才。

记者：请您谈谈全国妇联在维护妇女权益方面所做的工作及取得的进展。

赵少华：多年来，全国妇联始终坚持“一手抓发展、一手抓维权”的工作方针，从宣传教育、转变观念入手，推动立法，监督执法，健全工作机制，营造社会氛围，凝聚骨干力量，援助弱势群体，协调发动各方面力量，形成全社会共同维护妇女合法权益的合力。

第一，推动和参与有关保障妇女权利的立法工作。从源头上维护妇女儿童合法权益。在《婚姻法》、《农村土地承包法》、《妇女权益保障法》、《未成年人保护法》、《社会保险法》等相关法律，以及《妇女发展纲要》、《中国儿童发展纲要》的制定和修订过程中建言献策，主动提供调研报告，提供妇女群体的诉求，在立法修法中发挥重要作用。

第二，面向社会、面向妇女开展了男女平等基本国策的宣传教育活动。通过成立法制宣讲团、举办法律知识讲座、印发宣传材料、开展现场咨询、在大众传媒开辟妇女儿童维权专栏等方式，进一步提高各级领导特别是执法人员的性别平等意识，提升妇女法律素质，提高社会对保护妇女儿童权益的关注程度。

第三，通过开展创建“平安家庭”活动，预防和减少纠纷，化解矛盾。在各省开通妇女维权热线，建立法律援助中心；在街道、社区成立法律帮助中心、社区维权岗、家庭纠纷调解站等；在农村设立维权投诉箱、投诉站。通过群众来信来访，督促有关部门查处侵害妇女儿童权益的典型案件。

第四，创建各种类型的社会化维权工作机构。推动各级政府成立妇女儿童维权协调组，推动和建立维权联席会议、人民陪审员、维护妇女儿童权益合议庭等工作制度。截至2006年底，全国各级妇女维权协调机构共计3.5万个，与司法行政部门合作建立相关法律服务机构和维权站（点）27000余个，推动各级法院成立妇女维权法庭或维权合议庭3200多个，许多省、地市司法行政部门在法律援助中心专门设立了妇女法律援助站。近8000名妇联干部担任人民陪审员，与劳动和社会保障部门联合培训4600余名妇联干部担任劳动保障法律监督员。

记者：中国政府在防止家庭暴力问题上采取了哪些措施？全国妇联发挥了怎样的作用？

赵少华：中国政府一贯重视保障人权工作，通过完善立法、严格执法、公正司法，调动社会力量广泛参与，采取了一系列有效措施预防和制止家庭暴力。过去5年中，主要在以下几个方面取得了新进展：

一是在法律法规方面，新修订的《妇女权益保障法》、《未成年人保护法》等都明确规定了禁止家庭暴力的内容。国家精神文明建设委员会把反对家庭暴力列为全国“文明城市”创建的考核指标，指导各地在宣传培训和精神文明建设实践中体现反家暴的内容。

二是全国妇联及各级妇联组织在开展反家暴的工作中，积极发挥群众团体的协调和组织优势，推动和参与各级政府开展反家暴工作。通过法制宣传教育，努力营造和谐的社会氛围；通过建立维权协调机制，推动各地政府出台反家暴法规，参与执法检查、协调查处典型案件；通过信访接待和提供热线服务，及时反映当事人诉求，维护受害者的权益；通过建立帮助机构和维权站点，为受害妇女提供法律援助；通过开展家庭教育，提高未成年人家庭保护的质量。

在各级妇联组织的推动下，我国已有25个省、自治区、直辖市出台了预防和制止家庭暴力的地方性法规。有的对家庭暴力的概念做出了界定，有的规定了处理家庭暴力投诉案件的原则、程序，明确了各有关部门的职责。逐步形成了由各级政府主导，公安、司法、民政、卫生、妇联等多部门合作，社会广泛参与的工作体系。

许多省、市、区、县建立了"110"反家暴报警中心，有12000多个派出所、社区警务室挂牌成立维权投诉站或反家庭暴力投诉报警点，介入、受理、解决家庭暴力案件。日前，公安部明确表示，将把"110"报警中心受理的家庭暴力案件，作为单列案件统一备案查办。

全国共成立了400多个妇女庇护所、救助站。有的地方成立了专门的"反家暴合议庭"。21个省、区、市卫生系统建立了家庭暴力伤情鉴定中心。

记者：中国政府对于拐卖妇女儿童犯罪活动采取了哪些打击措施？全国妇联在预防和推动打击拐卖妇女儿童方面做了哪些工作？

赵少华：我国政府十分重视打击拐卖妇女儿童犯罪，采取各项措施进行严厉打击。自2008年1月1日起实施的《中国反对拐卖妇女儿童行动计划（2008—2010年）》（简称《行动计划》），是我国第一个国家级反拐工作的指导文件，此行动计划涉及28个部委，涵盖预防、打击、受害人救助、遣返及康复、国际合作等多个领域。为落实《行动计划》，我国政府建立了反对拐卖妇女儿童行动工作部际联席会议制度，形成多部门协调合作，综合治理的反拐机制。为强化全国反拐工作的组织领导，公安部成立了打击拐卖妇女儿童犯罪办公室。

同时，制定相关法律法规，增设罪名，提高量刑标准；开展宣传、教育和服务，预防拐卖发生；在问题严重省份成立打拐工作领导小组，加大打击拐卖犯罪工作力度。开展被拐受害人的救助和回归工作，使拐卖犯罪在国内部分地区得到有效遏制，全国拐卖案件总量呈逐年下降趋势。

全国妇联及各级妇联组织将反对拐卖作为维护妇女儿童权益的重要内容，一是利用全国妇女儿童维权协调机制，督促政府有关部门加大打击拐卖妇女儿童犯罪的力度，协助政府司法部门严厉查处拐卖妇女儿童的典型案件。二是将提高就业率和减少贫困与预防拐卖妇女儿童工作相结合，不断加大对广大妇女群众的法制宣传、教育力度，提高预防拐卖的意识。三是与联合国有关机构合作开展预防拐卖妇女儿童项目。在一些省、市将预防拐卖知识送进农村中学课堂，提高儿童的防范能力。

记者：全国妇联在推动妇女创业和再就业以及解决对妇女就业歧视方面做了哪些工作？取得了哪些成效？

赵少华：全国妇联及各级妇联组织在积极配合和协助政府，帮助妇女实现创业和再就业方面，做了大量的工作，并取得了可喜的成就，得到了社会各界的认可，受到广大妇女群众的欢迎。主要开展了以下几个方面的工作：

第一，推动相关法律、政策的出台，保障妇女的平等就业权利。参与《妇女权益保障法》的起草修订工作，从法律上保障妇女享有与男子平等的劳动权利；督促政府劳动部门切实维护妇女的劳动权益，落实劳动就业有关指标。争取政府有关部门对妇女创业和再就业的优惠政策，参与全国人大、全国政协及政府有关部门的劳动监督和执法检查。对侵害妇女劳动权益、实施就业歧视的行为予以坚决纠正和查处。

第二，根据妇女创业与再就业的实际需求，制定规划和目标。因地制宜地开展有针对性、实用性强的技能培训和引导性培训，提升女性劳动者的就业能力，如开展计算机操作培训、"创办你的企业"创业培训、家政服务培训等。现已基本完成了在"十五"期间培训200万名下岗失业妇女，为200万名妇女提供就业指导，多渠道帮助200万名妇女实现创业再就业的三个200万目标。

第三，积极构建省、地（市）、县（区）、社区四级妇女就业信息服务网络，开展创业咨询服务。启动女企业家创业工程，以创业带动就业，引导她们为妇女就业提供培训场地、就业岗位和创业项目。加大对女性创业的扶持力度，对妇女创业提供项目开发、小额贷款、跟踪扶持等一条龙服务。

针对"4050"下岗失业女性，各级妇联组织通过技能培训、订单培训、开办就业岗位招聘会等形式，实施定向帮扶。同时协调各级政府，在环境卫生、市场管理、公共服务等社会公益事业领域，为“高龄”女职工提供就业岗位。通过正面引导，提高“高龄”女职工的自信心，鼓励她们从事个体经营，自己创业，并为她们争取政府减免税费的优惠政策，让下岗女职工充分再就业。

据不完全统计，“十五”期间，各级妇联组织共培训下岗失业妇女310万人次，提供职业介绍384万人次，直接帮助260万名妇女实现再就业。仅2005年一年，各级妇联就培训下岗失业妇女133万人次，多渠道帮助81.4万名妇女实现了创业和再就业。同时，各级妇联组织还在100多个城市与劳动部门合作开展“春风送岗位”行动。

截至2006年，全国城乡妇女就业人数达3.47亿人，比2000年增加了2400万人，女性就业人员占全社会就业人员的比重为45.4%。

记者：全国妇联采取哪些措施帮助农村妇女劳动力就业转移？

赵少华：促进农村妇女转移就业是全国妇联的主要工作之一，近几年来，全国妇联及各地妇联组织为推进农村妇女富余劳动力转移就业进行了积极探索和大胆尝试，并取得了一定的经验。

第一，认真做好农村妇女富余劳动力转移培训工作。帮助农村妇女掌握职业技能，提升就业水平是实现农村妇女转移就业的基础。全国妇联及各级妇联依托现有的各类教育培训资源，如农村妇女学校、妇女干部学校、妇女活动中心等培训基地，开展以委托培训、定点定向培训、订单培训等为主要形式的职业技能培训。将农村妇女富余劳动力转移培训工作纳入农业部、财政部、劳动和社会保障部、教育部等6部委共同制定的《2003—2010年全国农民工培训规划》即“阳光工程”实施范围，争取政府在培训的立项、资金等方面的支持。在培训内容上，根据不同层面妇女的实际需求，重点在市场急需的电子信息、家政服务、餐饮服务、服装加工等热门专业开展实用技能培训。在培训方式上，坚持培训与企业需求、培训与上岗就业相结合，采取自办、联办、协办等方式开展培训。

第二，创建转移就业新模式。为满足农村妇女的不同就业需求，各级妇联不断拓展转移就业空间，推广就地、就近转移就业的模式，扶持有较强市场意识和管理能力的成功女性返乡，创办企业，带动更多农村妇女达到离土不离乡的转移就业目的。

第三，开展区域合作，促进就业交流。各级妇联组织通过区域合作，开展输入地与输出地跨区有效对接工作，促进区域妇女就业交流，推动农村妇女富余劳动力在区域间有序流动。

第四，利用网络平台，拓展培训和就业渠道。通过建立中国妇女劳动力转移就业网、中国农村劳动力转移培训网和中国劳动力市场网等载体，积极为农村妇女搭建信息平台，帮助基层妇联组织和农村妇女运用现代化手段，获取就业信息，拓展就业渠道。

记者：全国妇联在消除妇女贫困方面做了哪些工作？

赵少华：农村妇女是我国农业生产的主力军，农村妇女劳动力已占农村劳动力的70%以上。为消除农村妇女贫困状况，降低我国贫困人口数量，我国政府实施了大规模的、富有成效的专项扶贫开发计划，使妇女占多数的农村贫困人口数量从1994年的8000万下降到2005年底的2365万，其中女性约占一半。2005年贫困人口比2000年减少了844万人，贫困发生率下降2.5%。

全国妇联及各级妇联组织结合本地实际，做了大量的扶贫工作。如积极开展以小额信贷、连环脱贫、劳务输出、拉手结对以及东西互助等为主要内容的“巾帼扶贫行动”，帮助贫困妇女脱贫致富。

第一，开展专题调研。为进一步动员组织广大妇女积极参与农村经济建设，了解农村妇女的生产生活状况，有针对性地帮助农村妇女增收致富，2006年，全国妇联组织了专题调研组，对河北、吉林等10个省的万名农村妇女进行了问卷调查，调查报告不仅为妇联制订工作规划提供了依据，也为政府有关部门制定政策提供了参考。

第二，开展农业新科技培训。全国妇联为培训适应现代农业需求的新型农民，动员农村妇女参与农业新科技的培训。推动妇女教育培训工作的深入发展，制定了《全国妇女教育培训体系建设纲要（2008—2010年）》（草案）。各级妇联组织充分发挥六级教育培训网络的作用，与农业等部门及高等院校联合对妇女特别是农村妇女骨干进行多种形式的分级分类培训，受益妇女群众达2700多万人次。

第三，开展各品牌活动。为引导妇女积极参与现代农业生产，在农业增效、农村发展、农民增收中发挥主体作用。各级妇联组织开展了“巾帼示范村”、科技示范基地、妇女专业合作经济组织等工程建设。同时，加强与女企协、女企业家的联系与合作，组织女企业家开展项目推介和经贸洽谈，推动女企业家、巾帼文明岗与农村妇代会、巾帼示范村结对牵手，搭建城乡资源共享平台，帮助农村妇女消除贫困。

第四，争取社会资金帮助贫困妇女。2000年，中国妇女发展基金会启动了“大地之爱·母亲水窖”工程，为解决西北地区缺水问题向全社会募集资金，修建蓄积雨水的水窖，建设小型集中供水工程。截至2006年，已为西北缺水地区修建蓄积雨水的“水窖”10万多眼，建设小型供水工程1200多处，受益人口达23个省区的140多万妇女。此外，全国妇联还积极争取国际资金，开展国际合作项目，帮助贫困地区妇女发展。

记者：请您介绍一下中国妇女受教育的基本情况。

赵少华：教育是实现国家“科教兴国”发展战略，提高全民族文化素质的重要途径，也是促进男女平等、缩小男女发展差距的重要环节。我国政府历来重视妇女教育工作，在《义务教育法》中将男女平等受教育权作为基本原则，把“降低义务教育阶段农村学生特别是女性学生辍学率”，列入国家“十一五”规划，不断改善教育发展的环境和条件，加大教育投入，使男女受教育的差距逐步缩小。

截至2005年，中国女性平均受教育年限为7.3年。小学净入学率女童为99.14％；初中阶段适龄人口在学率女生为98％；高中阶段适龄人口在学率女生为55.78％；高等教育适龄人口在学率女生为27.23％。截至2006年，女硕士占全部硕士的比重为46.4％；女博士占全部博士的比重为33.9％。2005年，女性成人识字率、女性青壮年识字率已分别达到83.85％和94.7％。

记者：中国政府采取了哪些措施保障妇女卫生保健？全国妇联发挥了那些作用？

赵少华：为保障妇女身心健康，我国政府将加强妇女卫生保健列入国家“十一五”规划中，把建设妇幼保健机构作为“十一五”期间的重点工程之一。不断增加妇幼保健领域的资金投入，逐步完善妇女保健服务网络。

截至2006年底，全国已有妇幼保健机构3003个，床位9.9万个。全国孕产妇产前检查率89.7％，产后访视率85.7％；全国孕产妇住院分娩率为88.45％，其中城市住院分娩率94.1％，农村住院分娩率84.6％；高危孕产妇住院分娩率98.35％；全国新法接生率97.8％，其中城市新法接生率98.7％，农村新法接生率97.2％；全国孕产妇死亡率降至41.1/10万，其中城市降至24.8/10万，农村降至45.5/10万。

各级卫生部门把妇科病查治作为常规工作，全国每年有1/3以上的65岁以下已婚妇女可以享受到妇科病检查，2005年检查率为34.16％。

随着我国卫生事业的不断发展，卫生经费大幅度提高，农村新型合作医疗覆盖面不断扩大，城镇社区卫生服务体系进一步完善，广大妇女儿童的卫生保健状况明显改善，生活质量进一步提高。截至2005年底，女性人口平均寿命为75.25岁。

全国妇联为保障妇女健康于2003年启动了“母亲健康快车”项目，以巡回医疗车的方式为贫困母亲送健康理念、送健康知识、送健康服务，帮助贫困地区的妇女降低妇科病发生率、孕产妇死亡率，提高贫困妇女的健康水平。截至2006年底，受益人数为870万余人次（含义诊、宣传、培训、普查、救助等）。415辆“母亲健康快车”在15个省、市开展各种形式的健康服务。

记者：全国妇联在留守、流动儿童问题上采取了哪些措施，发挥了怎样的作用？

赵少华：根据2005年全国1％人口抽样调

查的数据推断，全国农村留守儿童约5800多万人，他们在成长发展中面临许多困难和问题，这些问题随着农村劳动力的快速转移而日趋严重，已成为影响儿童健康成长、影响新农村建设和社会和谐稳定的重要问题。为此，全国妇联积极采取了以下一系列措施：

第一，推动政府关注留守儿童问题。2006年，为更快、更好地解决农村留守儿童问题，全国妇联与政府13个部委合作成立了“农村留守儿童专题工作组”。2007年又联合13个部委推出“共享蓝天”全国关爱农村留守流动儿童大行动、“平安家庭·留守儿童维权平安行动”等活动，动员全社会关注留守流动儿童问题。

第二，开展留守儿童专题调研。2007年，为全面准确地把握目前全国农村留守儿童的数量和基本特征，全国妇联组织有关专家在我国流动人口大省进行了“全国农村留守儿童状况”专题调研，为政府制定相关政策提供依据和建议。

第三，开展各种关爱活动。各地妇联组织依托社区志愿者，围绕农村留守儿童的主题开展各类关爱行动，如“代理家长”、“结对帮扶”，设立“亲情卡”、“亲情热线”、“留守儿童信箱”，建立“留守儿童之家”、“留守儿童托管中心”等，直接为留守儿童及家长提供服务。同时，加强家庭教育的指导和服务工作，对留守儿童监护人进行指导和培训，提高儿童父母的监护意识、责任和教育能力。

记者：全国妇联对外交流活动的基本情况如何？开展了哪些国际合作项目？

赵少华：全国妇联本着增进友谊、加强合作的宗旨，积极开展对外交流活动。目前，已同世界上169个国家和地区的近700个妇女、儿童组织和机构建立了联系，形成了多层次、宽领域、广渠道、全方位的对外交流格局。

近年来，我们加大了与发展中国家、周边国家，以及美国、欧盟成员国等国家的妇女机构、妇女组织及各界高层妇女的交往力度。除每年派妇女代表团互访外，全国妇联还邀请与接待了几十位首脑夫人。自2004年起，全国妇联分别在法国、俄罗斯、巴西、泰国、韩国、英国等国家举办了大型妇女文化周活动，为促进与各国的友好关系作出了重要的贡献。全国妇联向发展中国家的妇女机构和组织提供了生产用具、生活、办公用品等小额物资援助数百批，并派遣有关专家传授刺绣等实用技术。全国妇联还积极开展与未建交国家妇女组织的联系与交往，为增进其对中国的了解，推动国家关系的发展起到了独特作用。

全国妇联作为中国第一个获得联合国经社理事会咨商地位的非政府组织，积极参与联合国等多边活动，并于2005年举办了纪念联合国第四次世界妇女大会十周年会议，近90个国家和联合国有关机构的近千名代表应邀参加纪念活动，胡锦涛主席出席会议开幕式并发表重要讲话。

开展国际合作项目是全国妇联对外交往的重要工作之一。1979年以来，全国妇联与联合国开发计划署、联合国儿童基金会、国际劳工组织、尚德国际等联合国机构和国际非政府组织开展了多种形式的项目合作。同时，全国妇联与加拿大、澳大利亚、美国、日本、英国、德国、瑞典、挪威、荷兰、瑞士、以色列等十几个国家和地区的官方机构和民间组织进行了项目合作。项目范围涵盖人力资源开发、扶贫、教育、健康、就业、妇女权益等领域，执行单位遍及全国31个省、自治区、直辖市的少数民族地区和贫困山区。

全国妇联执行的合作项目获得联合国妇女发展基金“优秀项目奖”、联合国儿童基金会“莫里斯·佩特奖”、联合国教科文组织“世宗王扫盲奖”，被誉为“理想的合作伙伴”。中国妇女在执行项目中表现出的吃苦耐劳、踏实肯干的精神赢得了国际社会的赞誉。

记者：中国妇女发展状况当前还存在哪些问题？全国妇联将如何应对？

赵少华：中国妇女发展仍存在一些不容忽视的问题，不同地区、不同阶层、不同群体妇女的发展还不平衡，侵害妇女儿童合法权益的现象还时有发生。与我国社会主义民主政治建设的进程相比，妇女参政的数量和水平还有不少差距。平等就业、农村妇女富余劳动力和妇女贫困等方面还存在不少问题。为逐步解决这些问题，实现男女平等的基本国策，全国妇联将做以下几个方面的工作：

第一，继续推动男女平等基本国策的宣传、贯彻、落实，提高全社会的性别意识。促进妇女与男性平等发展、与社会同步发展、与自然和谐发展，形成男女平等的社会氛围，深化妇女参政议政工作。

第二，继续推动和参与维护妇女权益的立法，密切关注社会保险法、农民权益保障法、女职工劳动保护条例等法律法规的审议和修订。促进各地制定出台《妇女权益保障法》、《未成年人保护法》的实施办法及配套法规政策。开拓妇女儿童诉求表达的渠道，增强妇女矛盾调处的实效，提高维护妇女儿童权益的能力。在第十一届全国人大一次会议期间，《预防和制止家庭暴力法》被纳入全国人大立法规划的议案，全国妇联将以此为契机，推动我国反家暴法尽快出台。

第三，加强调查研究工作，及时跟进和了解妇女事业发展中的新问题、新情况，为国家立法提供依据，为政府工作建言献策，为妇联组织工作确定目标。

第四，加大对女干部的培训力度，帮助她们提高素质、增长才干。发挥各级妇联组织的社会优势，积极主动向各级政府推荐女性领导人。进一步完善各地妇女人才库的建设。

第五，深化妇联组织的品牌活动，将“双学双比”、“巾帼建功”、“五好文明家庭”活动与社会发展相结合，与时俱进，为妇联组织的品牌活动注入新内容，增添新活力，跟上社会发展的步伐。

此外，全国妇联还将继续配合政府落实扩大就业的发展战略，重点帮助下岗失业妇女、农村妇女富余劳动力、零就业家庭妇女和女大学生创业就业。继续引导农村妇女参与现代农业建设，实现增收致富。拓展区域妇女合作的领域和渠道，推动城乡、区域和不同群体妇女共同发展。继续开展对基层妇女骨干、女致富带头人、女经纪人以及创业妇女、家政服务人员等的教育培训。通过培养合格的妇女劳动者和高素质妇女人才，提高妇女的创新能力。

（《人权》2008 年第 3 期）

中国社会转型中的协商机制

——中国人权研究会会长罗豪才在东京基金会成立十周年研讨会上的演讲

（2008 年 5 月 16 日）

很高兴应东京财团的邀请出席这次研讨会。中国和日本是一衣带水的邻邦，两国人民自古以来交往频繁。中国在现代化的进程中，借鉴了包括日本在内的世界各国的宝贵经验，在晚清修律中，就曾大量地借鉴日本近代的法制和学理。近年来，中国行政法学界与实务部门对日本的行政指导制度产生了浓厚兴趣。日本许多著名公法学者，如美浓部达吉等，他们的很多著作被翻译成中文，在中国产生了很大影响。青木昌彦教授的制度经济学在中国也广受欢迎。

下面我根据这次论坛的主题，并结合最近的研究情况，就“中国社会转型中的协商机制”谈谈个人的看法，同诸位专家学者共同讨论。

自 1978 年改革开放以来，中国的面貌发生了历史性的变化，经济、政治、社会、文化建设取得了举世瞩目的成就。在过去的 30 年中，中国与世界的关系也发生了历史性的变化。中国经济已成为世界经济的重要组成部分，中国的发展有力地促进了世界经济和贸易增长，中国认真履行相应的国际责任，已成为国际体系的重要成员。当今世界，多极化不可逆转、经济全球化深入发展、科技创新加速推进，中国的前途命运日益紧密地同全世界联系在一起。

当然，中国的发展是在社会转型的国内背景和经济全球化的国际背景下进行的，各种矛盾还比较突出。要解决这些矛盾和冲突，在经济建设上需要又好又快地发展，在法制建设上则需要进一步加强对公共权力的规范和对公民权利的保障。在这一过程中，需要进一步反思公共权力主体与相对方之间的关系，需要进一步完善协商机制，加强法制建设，大力推动公共治理模式向“硬法”与“软法”相辅相成、共同作用的方向发展。

一、中国协商机制的理论概括

中国的“社会转型”，是指经济体制从计划经济向市场经济的转轨，所有制结构由单一的公有制向以公有制为主体的多种所有制并存的转变，治国方略从人治向法治的转变，政府由全能政府、管理型政府向有限政府、服务型政府的转变，对外交往从封闭半封闭向全方位开放的转变，以及国家社会由高度统一的一元化结构向“国家—社会”二元结构转变。应该说，中国改革和发展的目标和方向是明确的，但是就改革的具体过程而言，则是根据中国国情，采取试验的方法不断探索，即“摸着石头过河”。因此，中国的社会转型不是突发性的，而是循序渐进的，是在通过诸如经济改革示范区不断改革和试验，不断满足大多数人的利益诉求，在改革共识的大前提下，通过实现阶段性合意的方式逐步推动的；是在坚持中国共产党的领导、人民当家做主和依法治国有机结合原则的指引下，形成了具有中国特色的协商机制，以及软法和硬法相结合的混合治理模式。

（一）公域之治模式的三种类型

从公法角度来看，中国的社会转型总体上是从国家管理到公共管理、再从公共管理到公共治理的转变过程。通常而言，公域之治的模式可以分为硬法模式、软法模式，以及软法与硬法相结合的混合模式三种类型。我们认为，硬法与软法都是现代法律的基本表现形式，两者的根本区别在于是否具有国家强制力保障机制。所谓软法，是在法律上虽无国家强制约束力但能产生实际效力的行为规则体系。软法与硬法之间存在着一种互补、互替和互动的关系。就世界范围的发展趋势来看，许多国家的治理模式都是自觉或不自觉地强调软法与硬法的结合，不断修正狭隘的传统法律观念，弥补纯粹硬法模式的不足，朝着软硬并用的方向发展。不过，中国混合治理模式的形成道路与其他国家不太一样，中国是在硬法规范体系尚不完备的前提下，采取公共政策先行的方式发展起来的。在中国社会转型的过程当中，通过协商形成大量公共政策，它们作为软法的一种重要形式，通常具有试验性质，往往先于硬法而存在。两者相比较，公共政策的灵活性更强，但稳定性、规范性较弱。伴随着社会转型阶段性目标的实现和社会主义法制建设的推进，中国逐步建立起符合市场经济、法治政府、公民社会的社会主义法律规范体系，形成了具有中国特色的软法与硬法相结合的混合治理模式。这种伴随着中国社会转型而生成的公共治理模式，超越了传统的管理型思维，强调共同治理与合作，使用许多非强制性手段，取得了良好的实际效果。

（二）公共治理模式的三种机制

中国的社会转型以及与之相伴而生的混合治理模式，深刻地改变了公共权力主体与相对方之间的关系。在中国传统的计划经济体制下，公共权力主体与相对方之间是一种“命令—服从”的关系，这种关系是单向的，主要是公共权力主体发号施令，相对方只是被动的接受者。在改革进程中，中国逐步走向了混合治理的模式，并逐步形成制约机制、激励机制和协商机制这三种机制。三者的有机结合，有助于整合共同体各方的优势，调动各方的积极性，保障和推动共同体的稳定、创新和可持续发展。公共权力主体与相对方作为治理关系中的基本主体，双方都是能动的，都具有扩张的本能。但这些扩张中有些是理性的，而有些则是非理性的。因此，一方面，要强调对双方的非理性扩张进行制约，重点是对公共权力进行制约；而另一方面，转型社会的公共治理是一个动态的发展过程，需要公共权力主体与相对方共同的参与和推动，既要激励公共权力主体积极履行职能，提供公共服务，又要激励相对方积极参与公共治理过程。这里要特别指出的是，通常讲激励和制约机制是通过两个或两个主体之间互动来实现的。其实从软法视野看，公共治理关系主体（包括权力主体和权利主体）的自身建设、自我约束、自我激励更应是公共治理的重要基础。正是在此基础上，在宪政框架下，双方的关系经过改革调整，逐步成为双向、互动的关系，通过对话、协商和合作，逐步实现公共权力/公民权利配置的结构性均衡，在兼顾公共利益和个人利益的基础上，逐步实现社会资源的最优配置和社会利益的最大化，实现社会和谐与科学发展。如何协调几种机制的能动作用正是公法学、政治学的重要课题。

（三）协商机制的三个特点

协商机制有许多特点，我们认为最主要的特点有三个，即主体的平等性、议题的开放性和过程的互动性。主体的平等性，是指协商的各方主体处于平等的法律地位，这是民主协商的前提条件；市场经济的建立与发展以及公民社会的发育，促进了主体的平等，为协商提供了基础。议题的开放性，是指协商的议题可以在过程当中进行修正，甚至提出新的议题，其内容不仅可以是全社会共同关注的重大问题，也可以是涉及部分公民切身利益的具体问题。过程的互动性，是指协商的主体在沟通和对话的过程中可以不断转移和变换视角，通过理性的“说服”和思想的沟通、认同，而非强制的“压服”方式获得同意或相互理解，是主体之间平等的对话、商讨乃至辩论的过程。通过这一过程，最大限度地达成共识。过程的长短，过程的经纬度，由议题的大小及相关的环境条件、决策驾驭能力决定。

（四）协商机制的三个层面

协商机制对中国社会转型的回应，主要体现在三个层面上，即社会共同体、国家共同体和国际共同体。在社会共同体层面，协商是社会团体成员为了共同体利益而通过对话达成共识的过程，例如民间团体、行业协会、村委会和居委会等基层群众性自治组织或者政治性社团通过协商，制定章程、村规民约和其他规范性文件，这些章程、规范对团体成员具有约束力；在国家共同体的层面上，则是不同的政治主体，就中国改革开放中的大政方针以及其他问题进行协商，形成共识并通力实施的过程，其范围之广，其内涵之丰富，其穿越时空的浩瀚，皆无与伦比；在国际共同体的层面上，协商则是主权国家之间、主权国家与非政府组织之间等就全球和区域治理等共同关心的话题，通过平等对话、谈判，形成并实施各种共识性的规则、标准等等的过程。从公法视角看，上述各共同体的权利（力）义务关系十分复杂，但主要可分为两大类。一类是对称的或对等的，另一类是不对称或不对等的。整体而言，调整这两类关系既有软法规范也有硬法规范；在责任类型上，既有硬法责任，也有软法责任。不论在哪一个层面上，协商机制都可以发挥重大作用，协商合作空间都很大。

二、协商机制在中国社会转型中的实践运用

中华传统文化为协商机制提供了深厚的文化渊源。中华传统文化，特别是儒家文化中“和合”、“和谐”、“协商” 理念，在人们的思想意识当中根深蒂固。改革开放以来，中国汲取了“文化大革命”的教训，吸收人类文明的优秀成果，根据中国国情，进一步弘扬民族精神和时代精神。在对外交往方面，中国还继承传统文化中“协和万邦”的思想，坚持包容性和开放性的特点，加强国际文化交流与合作。在社会转型的许多领域，中国都比较成功地运用了协商机制，取得了有益的进展，并促进了协商机制的发展。

（一）政治建设中的协商制度

在中国的民主政治建设中，协商不仅是一种工作机制，而且成为了一种政治制度。中国对协商民主的探索实践由来已久，早在1949年中华人民共和国成立前夕，就召开了由各党派、各地区、各人民团体、特别邀请人士参加的中国人民政治协商会议，制定了《共同纲领》，成立了中央人民政府。改革开放以后，中国共产党领导的多党合作和政治协商制度不断完善

和发展。人民政协在重大决策前和决策执行中进行协商，人民代表大会主要通过投票表决进行决策，政府在人大决策后贯彻执行，可见人民政协在中国现行的政治架构中和运作中，具有不可替代的作用。政治协商、民主监督、参政议政是人民政协的主要职责。就协商的内容来看，不仅是对国家的重大决策、重要人事、重要法律进行协商，而且人民政协的章程本身就是协商的产物；就协商的主体来看，不仅有执政党和参政党的协商，还有执政党同参加人民政协的各团体、各界别之间的协商；就协商的保障机制来看，主要不是依靠国家权力来强制保障实施，而是依靠自律互律制度、主流舆论、文化以及政治影响来保障人民政协工作的开展；就协商的效果来看，这种“软约束”、“软权力”、“软监督”，可以避免国家权力资源的过度消耗与浪费，这些比较温和的方式往往能够起到比硬性规定更实际、更持久的效果。人民政协的提案以及通过提出意见、批评、建议的方式进行的民主监督，是一种政治监督，虽然不具有国家权力保障实施的强制性，但事实上有很大的政治影响力和社会影响力，实践证明是行之有效的。我们当前正努力实现协商民主的制度化、规范化和程序化，以便在中国的民主政治建设中发挥更大作用。

（二）政府管理中的协商行政

在计划经济条件下，“命令—服从”的政府管理模式占据绝对主导地位。在社会主义市场经济条件下，出于完成行政管理目标的需要，在原有的强制性行政的基础上，中国逐渐发展出诸如行政指导、行政合同等非强制性行政。这些非强制性行政行为有助于改善行政机关与相对方之间的紧张关系。我们提倡建设服务型政府、提高公共服务能力与水平，对于行政关系，不论复杂与否，都应坚持以人为本，实事求是，不能简单地采用行政命令、处罚等强制性手段，而应运用软硬结合的模式。这一模式在许多领域已经得到了有益的探索。中国行政法和公共管理上行政行为方式的多样化，改变了过去行政命令支配一切的局面，大大拓展了公民参与行政管理的空间。这不仅有助于实现行政管理目标，而且有力地推动着现代行政朝着民主化、科学化、高效化方向的转变。当今中国，公民参与公共治理的形式呈现多样化，其最高的形式是协商行政，已日益成为发展的趋势，主要体现在三个层面：一是协商制定规则，特别是政府在起草行政法规、制定规章以及一些民间团体在创制自治性规范的过程中，注意运用协商机制。二在公共决策过程中注意与当事人协商，在形成和实施裁量基准时，在法律允许的范围之内，要充分考虑当事人的正当诉求，力求裁量合理合法。三是探索公私合作（public private partnership）行为模式，以实现公共选择机制与私人选择机制二者的优势互补。

（三）基层民主中的协商自治

改革开放以来，随着中国的发展和进步，中国城乡基层民主不断扩大，公民有序的政治参与渠道增多，民主的实现形式日益丰富。目前，中国已经建立了以农村村民委员会、城市居民委员会和企业职工代表大会为主要内容的基层民主自治体系。广大人民在城乡基层群众性自治组织中，依法直接行使民主选举、民主决策、民主管理和民主监督的权利，对所在基层组织的公共事务和公益事业实行民主自治，已经成为当代中国最直接、最广泛的民主实践。近几年，在中国的一些乡村出现了村民共同制定和执行“乡村典章”的新的治理模式。乡村典章改变了“能人治村”的模式，开创了“制度治村”之路。在乡村典章的框架内，每一个人、每一个组织的权利以及公权力的行使都有明确的边界和规范，村民参与村庄管理建设的热情得到了充分调动。目前，中国的一些县乡也在不断探索、发扬直接民主的新形式。

（四）环境保护中的协商治理

在当今世界，环境保护日益成为一项全球性事业，一国的环境问题往往会对整个世界产生影响。中国把保护环境和节约资源作为基本国策，积极参与环境保护的全球治理和国际合作，承担国际义务，共同推进全球环境保护事业。比如，中国政府签署了《京都议定书》，并积极落实议定书的内容；实施应对气候变化国家方案，加强应对气候变化能力建设，为保护全球气候作出了自己的贡献。此外，中国同包括日本在内的许多国家，在节能和环保领域开展了富有成效的合作。近些年来，中国注重优化产业结构，转变发展方式，鼓励支持循环经济和环保产业，走节约发展、清洁发展、安全发展的新型工业化和新型城镇化道路，积极建设资源节约型、环境友好型社会。经过各方面不懈努力，节能减排取得积极进展，2007年单位国内生产总值能耗比上年下降了3.27%，化学需氧量、二氧化碳排放总量近年来都首次出现双下降，节约资源和环境保护从认识到实践都发生了深刻变化。

总的来看，在环境保护方面，中国已经初步形成一套软硬结合的治理模式。一方面，注重发挥硬法的作用，加强环境保护法制建设，加大执法力度，严格依法办事，依法淘汰一大批生产能力落后的企业，对一些严重违反环境法规的行为予以严厉制裁；另一方面又注重发挥软法和协商机制的作用，宣传和强化全社会的生态文明观念，全面动员企业、社会团体和广大公民积极投身于资源节约型、环境友好型社会建设当中。努力坚持自我责任、共同责任与国家责任相结合，形成人人有责。比如，中国启动了“节能减排全民行动”，增强了广大公民的环保意识；政府大力推行环保标准化管理，明确要求企业和其他社会组织积极履行社会责任，自觉自愿地参与环境保护建设；许多民间团体也制定了《节能减排全民行动指南》等自我约束性软法规范，广大公民积极参与和支持全社会节能减排和环境保护行动。

（五）人权保障中的协商对话

作为联合国创始会员国和安理会常任理事国，中国一贯认真履行《联合国宪章》、《世界人权宣言》的宗旨和原则，在人权理论、人权事业上取得了显著进展和成就，也对国际人权事业作出了自己的贡献。中国不仅使全国人民的生活状况和精神风貌大为改观，人民政治权利得到有效保障，而且形成了一整套比较完备的保障人民民主权利的政治制度和法律体系，人权状况呈现出不断改善的良好态势。改革开放以来，中国政府投入巨资解决贫困问题，使2亿多农村贫困人口脱离了绝对贫困，解决了温饱问题。中国的人权保障是一个系统工程，在这一过程中，公民不是依靠同国家的对抗来实现人权，而是通过国家、社会、企业和个人来共同维护和保障人权，当然国家应承担更大的责任。中国在人权立法上积极发挥协商的作用。比如，在广泛讨论和协商的基础上，2004年的宪法修正案将“国家尊重和保护人权”写入《宪法》。改革开放以来，中国先后制定了《行政诉讼法》、《国家赔偿法》、《行政许可法》、《物权法》、《劳动合同法》等保障人权的法律，近年又修改了《刑事诉讼法》、《民事诉讼法》等，进一步完善了保障人权的程序性法律，明确了无罪推定原则。中国研究人权的机构越来越多，保障人权的团体越来越活跃，人权理论研究、人权事业、人权教育与人权队伍建设开拓进取，成绩显著。中国在加强国内人权建设的同时，还积极加强国际人权交流与合作。迄今为止，中国已经加入了20多个世界人权公约。中国积极参与联合国人权委员会的工作，积极参与创立联合国人权理事会，主张人权理事会成为世界各国平等交流、协商对话、共同推进国际人权事业的平台。

我们也清醒地看到，中国的人权事业仍然存在不少问题和困难，比如经济发展不平衡，政治、经济体制尚不完善等，落实“国家尊重和保护人权”的宪法原则任重而道远。但中国政府不仅从来都不回避这些问题，而且公开承诺要通过经济社会的全面发展和民主法治的不断完善来解决这些问题。我们认为，受不同文明背景的影响，会产生人权观念的差异和实现人权手段的不同，这是一个客观事实。这种不同有时会造成误解甚至引发冲突，这在历史上已经屡见不鲜。如果用和谐、协商的理念看待和对待人权问题，那就能将关于人权问题的不同观点转化为人权发展的动力。因为具有不同文明背景的国家，虽然对人权有不同的理解和不同的实现方式，但他们的观念和实践各有所长，都是在各自文化背景下人类智慧的结晶。如果能够彼此尊重和交流，就会增进相互理解，减少在人权问题上的矛盾和冲突；而如果能够相互学习、相互借鉴，取长补短，就会改善和提高各自的人权水平，进而促进国际人权的全面发展。

（六）国际关系中的协商合作

在国际关系中，中国主张各国人民携手努力，推动建设持久和平、共同繁荣的和谐世界。为此，应该遵循联合国宪章宗旨和原则，恪守国际法和公认的国际关系准则，在国际关系中弘扬民主、和睦、协作、共赢精神。政治上相互尊重、平等协商，共同推进国际关系民主化；经济上相互合作、优势互补，共同推动经济全球化朝着均衡、普惠、共赢方向发展；文化上相互借鉴、求同存异，尊重世界多样性，共同促进人类文明繁荣进步；安全上相互信任、加强合作，坚持用和平方式而不是战争手段解决国际争端，共同维护世界和平稳定；环保上相互帮助、协力推进，共同爱护人类赖以生存的地球家园。

中国坚持在和平共处五项原则的基础上同所有国家发展友好合作，主张通过协商谈判来解决国际纠纷。中国注重同包括日本在内的发达国家加强战略对话，增进互信，深化合作，妥善处理分歧，推动相互关系长期稳定健康发展；贯彻与邻为善、以邻为伴的周边外交方针，加强同包括日本在内的周边国家睦邻友好和务实合作，积极开展区域合作，共同营造和平稳定、平等互信、合作共赢的地区环境；加强同广大发展中国家的团结合作，深化传统友谊，扩大务实合作，提供力所能及的援助，维护发展中国家的正当要求和共同利益；积极参与多边事务，承担相应国际义务，发挥建设性作用，推动国际秩序朝着更加公正合理的方向发展；按照通行的国际经贸规则，扩大市场准入，依法保护合作者权益，完善国际贸易和金融体制，推进贸易和投资的自由化、便利化，通过磋商协作妥善处理经贸摩擦。

几天前，中国国家主席胡锦涛先生对日本进行了成功访问，双方发表了《中日关于全面推进战略互惠关系的联合声明》，勾画了中日关系发展的蓝图。胡锦涛先生在演讲中系统阐述了中国的和平外交政策，强调了协商合作对发展国际关系的重要性。中日友好是两国人民的共同事业，需要两国人民为之不懈努力。我们相信，在两国政治家和两国人民的共同推动下，中日关系一定会实现长期健康稳定的发展，中日之间的协商合作一定会为亚洲和世界作出更大的贡献。

以上我向大家介绍了中国在社会转型中对软法和协商机制的探索与实践。应当看到，无论在理论上还是在实践上，中国对于协商民主、软法机制的探索都处于发展之中，存在许多不够完善的地方。我们真诚希望与日本学界和实务界进行深入研究和探讨，借鉴和吸收日本的成功经验，在理论和实践的结合上继续创新、不断进步。

改革开放30年经济社会和人民生活发生巨大变迁

——国家统计局局长 谢伏瞻

（2008年8月）

1978年，以党的十一届三中全会为标志，我国进入了改革开放的历史新时期。30年来，中国共产党团结、带领全国各族人民，坚定不移地推进体制改革，毫不动摇地促进对外开放，取得了社会主义现代化建设举世瞩目的辉煌成就，我国国际地位和影响力空前提高，人民生活实现了由温饱不足向总体小康的历史性跨越，经济社会面貌发生了历史性的变化。

一、国民经济连上大台阶，综合国力和国际影响力实现了跨越性提高

改革开放初期，我国经济发展水平低、人口多、底子薄的状况仍十分明显，1978 年国内生产总值只有 3645 亿元，在世界主要国家中位居第 11 位。人均国民总收入仅 190 美元，位居全世界最不发达的低收入国家行列。改革开放为我国经济发展注入了强大的动力，中国经济走上了腾飞之路。改革开放的 30 年，是我国经济蓬勃发展的 30 年，是我国综合国力和国际影响力跨越性提高的 30 年，是我国由低收入国家向中等收入国家行列迈进的 30 年。

国民经济实现了年均 9.8％长期高速增长。按照改革开放的总体要求，中央确立了“三步走”的伟大战略目标。1987 年提前 3 年实现了国民生产总值比 1980 年翻一番的第一步战略目标，1995 年实现了再翻一番的第二步战略目标，提前 5 年进入开始实现第三步战略目标的新的发展阶段。1979—2007 年，国内生产总值年均实际增长 9.8％，不仅明显高于 1953—1978 年均增长 6.1％的速度，而且也大大高于同期世界经济年均增长 3.0％的速度。与日本经济起飞阶段（1957—1975 年）国内生产总值年平均增长 9.5％和韩国经济的起飞阶段（1963 年到 20 世纪 80 年代末期）国内生产总值年均约增长 10％相当。

经济总量连上几个大的台阶。国内生产总值由 1978 年的 3645 亿元迅速跃升至 2007 年的 249530 亿元。其中，迈上 1986 年的 1 万亿元台阶用了 8 年时间，迈上 1991 年的 2 万亿元台阶用了 5 年时间，2001 年超过 10 万亿元，2006 年超过 20 万亿元，2007 年当年增加近 4 万亿元。

经济总量居世界位次稳步提升。经济总量的加速扩张大大缩小了我国与发达国家的差距。30 年来，国内生产总值在世界的位次比 1978 年前进了 7 位，目前居第四位，仅次于美国、日本和德国。根据国际货币基金组织统计，折合成美元，我国 2007 年国内生产总值为 32508 亿美元，相当于美国的 23.5％，日本的 74.2％，德国的 97.9％。与此同时，经济总量占世界经济的份额也有明显上升，1978 年为 1.8％，2007 年提高到 6.0％。

人均经济发展水平快速提高。人均国内生产总值 1978 年仅为 381 元，1987 年突破 1000 元（1112 元），2003 年突破万元大关（10542 元），2007 年又迅速攀升至 18934 元，扣除价格因素，人均国内生产总值 2007 年比 1978 年增长近 10 倍，年均增长 8.6％。人均国民总收入也实现同步快速增长，由 1978 年的 190 美元上升至 2007 年的 2000 多美元。按照世界银行的划分标准，我国已经由低收入国家跃升至世界中等偏下收入国家行列，对于我国这样一个经济发展起点低、人口基数庞大的国家，能够取得这样的进步，确实是一个了不起的成绩。

国家财政实力不断增强。经济的快速发展和规模的扩大，带来了财力的显著增加。1978 年国家财政收入仅 1132 亿元，1988 年翻了一番达到 2357 亿元，1994 年再翻一番达到 5218 亿元，1999 年跨上 1 万亿元台阶（11444 亿元），2003 年超过 2 万亿元（21715 亿元），2007 年超过 5 万亿元（51304 亿元），1979—2007 年年均增长 14.1％。财力的大力增强，为促进区域经济协调发展、加强经济和社会中的薄弱环节、切实改善民生、有效应对各种自然灾害提供了有力的保障。

外汇储备实现了由短缺到充裕的历史性转变。1978 年，我国外汇储备仅 1.67 亿美元，人均只有 0.17 美元，折合成人民币不足 1 块钱，外汇极其短缺。出口创汇成为我国对外贸易的基本导向。随着我国对外经济的快速发展，产品在国际市场的竞争力明显增强，外汇储备短缺的状况逐步得到改善，1990 年外汇储备超过百亿美元（111 亿美元），1996 年超过千亿美元（1050 亿美元），2006 年超过万亿美元，达到 10663 亿美元，超过日本位居世界第一位，2007 年我国外汇储备进一步增加到 15282 亿美元。

二、商品和服务供给能力大提高，实现了从短缺到总体基本平衡的根本性转折

商品供应匮乏是改革前我国经济社会面临的突出问题，排队购买和凭票供应成为市场中的常态。经过30年的快速发展，我国商品和服务的供给能力显著提高，市场繁荣兴旺，曾经困扰我们多年的商品和服务供应的短缺问题基本消失，绝大多数商品处于供求平衡或供过于求的状态。

农产品供给能力稳步提高。30年来，确保农业特别是粮食等主要农产品的供给始终是党和政府工作的重点。改革开放初期，中国人民创造的家庭联产承包责任制带来了农业发展的“黄金时期”，1984年粮食产量首次突破4亿吨，粮、棉、油、糖等产量均有大的提高，基本解决了人民的吃饭问题。此后，在政策鼓励、科技进步和市场调节等作用下，农业综合生产能力继续稳步提高，水果、蔬菜等经济作物以及畜牧、水产品进入快速发展时期，改变了粮食等主要农副产品长期供应短缺的局面。特别是进入新世纪以来，党和政府不断出台针对“三农”问题的新的政策措施，促进了农产品供给由增加数量向丰富品种、改善品质方向转变，粮食生产扭转了一度徘徊的局面，2004—2007年实现了连续4年增产。30年来，第一产业增加值增长2.7倍，平均每年增长4.6%。多数主要农产品产量成倍增加。2007年，粮食产量达50148万吨，比1978年增长64.5%；棉花产量762万吨，增长2.52倍；油料产量2549万吨，增长3.88倍；糖料产量11458万吨，增长3.81倍；水果产量18136万吨，增长26.6倍；水产品产量4748万吨，增长9.20倍。

工业生产能力扩张迅速。工业产品实现了从无到有、从少到多、从数量增加到品质提高的重大跨越。2007年工业增加值突破10万亿元，按可比价计算，比1978年增长了23倍，年均增长11.6%。主要工业产品产量成倍增长。2007年生产原煤25.4亿吨、粗钢4.9亿吨、水泥13.6亿吨、汽车889万辆，分别比1978年增长3.1倍、14.4倍、19.8倍和58.6倍，家用电冰箱由2.8万台增加到4397万台，彩色电视机由0.4万台增加到8433万台，移动通信手持机和微型电子计算机从无到有，扩张迅速，2007年产量分别达到5.5亿部和1.2亿台。

制造业大国地位初步确立。根据联合国工发组织资料，我国制造业增加值占世界的份额由1995年的5.1%上升到2007年的11.4%，比重在短短的12年内提高了1倍多。按照国际标准工业分类，在22个大类中，我国制造业占世界比重在7个大类中名列第一，其中，纺织品类占比29.2%，衣服、皮毛类占比24.7%，皮革、皮革制品、鞋类占比33.4%，碱性金属占比23.8%，电力装备占比28.2%，其他交通工具占比34.1%；有15个大类名列前三；除机动车、拖车、半拖车一个大类外，其他21个大类所占份额均名列世界前六位。在发展中国家中，除机动车、拖车、半拖车一个大类名列第11位外，其他21个大类所占份额都名列第一位。

大型公司（企业）不断涌现并迅速发展壮大。根据美国《财富》杂志评出的2007年度世界500强公司名单，中国大陆共有22家公司入选。其中，中国石化集团名列第17位。

工农业生产的迅速发展大大提升了我国主要产品在世界的位次，“中国制造”成为世界市场的重要供应者。2007年，主要农产品中，谷物（45596万吨）、肉类（6866万吨）、棉花（762万吨）、花生（1302万吨）、油菜籽（1038万吨）、茶叶（117万吨）、水果（18136万吨）等产量继续稳居世界第一位，甘蔗（10565万吨）、大豆（1754万吨）分别居第三、四位。主要工业产品中，粗钢（48966万吨）、煤（25.4亿吨）、水泥（13.6亿吨）、化肥（5787万吨）、棉布（660亿米）居第一位，糖（1271万吨）居第三位，发电量（32777亿瓦小时）居第二位，原油产量（18666万吨）居第五位。其他主要产品产量的位次也明显前移。

三、基础设施和基础产业大加强，实现了从明显制约到有力支持经济发展的显著转变

长期以来，我国基础设施、基础产业发展

滞后，成为制约经济发展的主要瓶颈，改革开放30年来，我国大力加强能源、交通、通信等基础设施和基础产业的投资，使基础设施基础产业对经济发展的支撑作用大为增强。

能源生产能力由弱变强。能源不仅是经济发展的动力，更关系到国家的经济安全。30年来，通过持续大幅度地增加能源投入，我国能源生产能力大大增强。2007年，我国能源生产总量达到23.7亿吨标准煤，比1978年增长2.8倍，年均增长4.7%，成为除美国之外的世界第二大能源生产国，能源总自给率达到90%。2007年末，发电装机容量超过7亿千瓦，比1978年增长11.5倍，年均增加9.1%。2007年发电量达到32777亿千瓦小时，比1978年增长11.8倍，年均增长9.2%。与此同时，可再生能源开发效果明显，水电、核电、风电占能源生产总量的比例由1978年的3.1%提高到2007年的8.2%。

交通运输能力明显增强。长期以来，交通运输发展缓慢，欠账较多，运输方式主要依赖公路和铁路，且线路短、路况差、运行速度较低。经过30年的不懈努力，铁路、公路、机场、港口等交通基础设施实现快速扩张。铁路营业里程由1978年的5.2万公里增加到2007年的7.8万公里，增长50.9%。公路里程由89万公里增至358万公里，其中高速公路从无到有，发展迅速，2007年末达到5.4万公里。民用航空航线里程由14.9万公里增加到234.3万公里，其中国际航线由5.5万公里增至104.7万公里，增长17.9倍。各种运输方式的大发展，大大缩短了城市之间的距离，促进了全国统一大市场的形成，缓解了居民出行难的问题。管道输油（气）里程由0.83万公里增加到2007年的5.56万公里，增长5.7倍。沿海主要港口货物吞吐量由1978年的1.98亿吨增至38.8亿吨，增长18.6倍，连续五年居世界第一。

邮电通信业蓬勃发展。工业化、城市化、市场化以及信息化的发展不断催生对通信基础网络的需求，邮电通信成为改革开放以来发展最快的基础产业之一。到2007年末，已初步建成覆盖全国、通达世界、技术先进、业务全面的国家信息通信基础网络。固定电话用户由1978年末的192.5万户增加到2007年末的36545万户，增长189倍。移动电话用户从无到有，由1990年末的1.8万户增加到2007年末的54729万户。通讯设施明显改善。全国局用电话交换机容量由1978年的0.04亿门升至2007年的5.11亿门，增长125倍。移动电话交换机容量达到8.5亿户。长途光缆线路长度达到77.4万公里，互联网宽带接入端口8539万个。全国邮电业务总量从34.1亿元增加到19759亿元，按可比价格增长776.9倍。已通邮的行政村比重达到98.4%。我国互联网上网人数达到2.1亿人，居世界第二位，宽带上网人数1.63亿人。网络规模居全球第一，发展速度也位居世界前列。

四、对外经济大开放，实现了从封闭半封闭到全方位开放的历史性转折

改革开放前，我国基本上处在封闭半封闭状态，对外贸易规模较小，1978年，进出口总额只有200多亿美元，利用外资基本是空白。30年来，我国坚持以开放促改革、促发展，充分利用两种资源、两个市场，取得了显著的成效。实践证明，对外开放是我国经济持续快速增长、国际市场竞争力显著增强的重要途径。

进出口贸易总额在世界的位次由第29位跃居第3位。改革开放头10年，我国进出口总额由1978年的206亿美元扩大到1988年的1028亿美元，此后速度不断加快，2001年达到5097亿美元，2001年底我国加入世界贸易组织，标志着我国对外贸易进入了一个新的阶段。2002—2007年连续6年实现了20%以上的增长，2004年进出口总额突破1万亿美元，2007年突破2万亿，达到21738亿美元，比1978年增长104.3倍，年均增长17.4%。其中，出口增长18.1%，进口增长16.7%。外贸对经济的贡献也不断提高。进出口贸易总额占国内生产总值的比重由1978年的9.7%提高到2007年的66.9%，提高57.2个百分点。进出口贸易总额居世界位次由1978的第29位跃升到2007年的第3位，仅次于美国与德国，占世界贸易总额的比重也由0.8%提高到7.7%，成

为一个名副其实的对外贸易大国。

对外贸易结构不断优化升级。出口产品由粗加工的初级产品为主逐渐转为深加工的机电产品为主，产品的附加值明显提高。工业制成品出口占出口总额比重由1980年的49.7%上升到2007年的94.9%，提高了45.2个百分点。其中，机电产品出口额占比由1980年的7.8%上升到57.6%，高新技术产品出口额占比达到28.6%。以食品、农副产品等为主的初级产品出口大幅度下降，占出口总额的比重由1980年的50.3%下降到2007年的5.1%。

利用外资规模不断扩大。1979—2007年，我国实际使用外商直接投资7754.2亿美元，平均每年为267亿美元，1993年以来连续15年成为吸引外资最多的发展中国家。2007年实际使用外商直接投资835.2亿美元，比1983年增长89.9倍，年均增长20.7%。截至2007年末，我国规模以上工业总产值的30%以上、进出口总额的一半以上都是由外资企业（含港澳台资）创造的。

对外投资从无到有，发展迅速。随着我国经济的迅猛发展、综合国力的增强，进入21世纪以来，我国由单纯的“引进来”逐渐转为“引进来”和“走出去”相结合，对外投资出现了强劲的增长势头。2003年到2007年，对外直接投资额（非金融部分）分别为29亿美元，55亿美元，123亿美元，176亿美元和187亿美元。2007年对外经济合作合同金额达到853亿美元、完成营业额479亿美元，分别比1989年增长37.6倍和27.4倍。

五、人民生活水平质量大提高，实现了从温饱不足到总体小康的历史性跨越

改革开放以前，城乡居民生活基本上处在温饱不足状态，农村还有2.5亿绝对贫困人口。30年经济的快速发展，使人民共享改革开放带来的成果，居民生活明显改善，拥有财富迅速增加。

就业规模迅速扩大，就业人员大量增加。30年来，我国坚持发展经济与促进就业相结合，实施积极的就业政策，多渠道扩大就业。2007年就业人员达76990万人，比1978年增加36838万人，年平均增加1270万人。30年来累计创造并实现就业岗位3.7亿个，城镇登记失业率长期保持在比较低的水平上。

城乡居民收入水平和富裕程度显著提高。城镇居民人均可支配收入由1978年的343元提高到2007年的13786元，扣除价格因素，比1978年增长6.5倍，年均增长7.2%。农村居民人均纯收入由134元提高到4140元，扣除价格因素，比1978年增长6.3倍，年均增长7.1%。城乡居民拥有的财富呈现快速增长趋势。2007年底城乡居民人民币储蓄存款余额达17.3万亿元，比1978年底的211亿元增加818.2倍，人均储蓄由21.9元增加到13058元，年均增加449.5元。股票、债券等金融资产规模不断扩大。2007年，城镇居民拥有的财产性收入占全部收入比重达到2.3%。

城乡居民生活水平和质量明显改善。居民消费水平从1978年的184元增加到2007年的7016元，按可比价格计算，人均消费水平提高了7.2倍，年均实际增长7.5%。其中，城镇居民人均消费水平提高了4.9倍，农村居民人均消费水平提高了4.4倍，年均分别增长6.3%和6.0%。反映居民家庭富裕程度的恩格尔系数，城镇居民家庭由57.5%下降到36.3%，农村居民家庭由67.7%下降到43.1%。居民消费结构由改革开放初期的以吃、穿为主的温饱型，逐步转为以住、行为主的发展型、享受型。从耐用消费品拥有量看，彩电、洗衣机、电冰箱、空调、电话等在城镇地区基本普及，汽车、家用电脑等高档耐用消费品拥有量大幅提高。农村居民彩色电视机、电风扇、洗衣机、摩托车等普及率也不断提高。全国电话普及率由1978年末的0.38部/百人提高到2007年末的69.4部/百人，移动电话普及率达到41.6部/百人。城乡居民的居住条件不断改善，居住面积明显增加。2006年底城镇居民人均住房建筑面积达27.1平方米，比1978年增加20.4平方米；2007年底农村居民人均住房面积达31.6平方米，比1978年增加23.5平方米。

覆盖城乡的社会保障制度逐步建立和完善。社会保障体系是保障和改善民生的重要“安全网”，同时也是维护社会稳定和国家长治久安的重要保障。30年来特别是近年来，我国社会保障体系建设取得明显成效，呈现出覆盖面不断扩大、保障水平逐步提高的新格局。城镇养老、医疗、失业、工伤、生育保险在内的社会保障体系框架基本形成，而且覆盖面不断扩大。2007年末，全国城镇基本养老保险参保人数突破2亿人，达到20137万人，比1989年增加14427万人；医疗、失业、工伤、生育保险参保人数分别达到22311万人、11645万人、12173万人和7775万人，比1994年分别增加21910万人、3677万人、10351万人和6859万人。在城镇社会保障体系不断完善的同时，农村社会保障体系建设也在积极推进。截至2007年底，全国参加农村社会养老保险人数5171万人。与此同时，新型农村合作医疗制度2007年在全国全面推开，2448个县（市、区）开展了新型农村合作医疗工作，7.3亿农民参加了新型农村合作医疗，参合率达85.7％，对缓解我国农民因病致贫、因病返贫将发挥重要作用。低收入居民生活保障工作得到重视和加强。2007年末，全国领取失业保险金人数为286万人，2271万城镇居民和3452万农村居民得到政府最低生活保障。

扶贫工作取得巨大成绩。改革开放之初的1978年，全国农村的绝对贫困人口约有2.5亿人，约占全国人口的1/4。到2007年末，农村绝对贫困人口减少为1479万人，不足全国人口的2％。联合国和世界银行认为，在消灭贫困方面，中国政府做出了巨大的努力，近25年来，全人类取得的扶贫事业成就中，2/3的成就应归功于中国，是发展中国家的典范。

六、社会事业大发展，呈现出由社会发展滞后向社会经济全面协调发展的突破性转变

改革开放前，由于经济发展水平低下，社会事业发展比较落后。30年来，随着我国经济实力的不断增强，教育、科技、文化、卫生等各项社会事业也得到较快发展，长期存在的经济发展与社会发展“一条腿长、一条腿短”的不协调局面得到明显改观。

教育事业得到长足发展，国民受教育程度普遍提高。高校扩招政策，圆了许多莘莘学子的大学梦，使我国高等教育逐渐迈入“大众化”时代。2007年，普通高等学校在校学生达到1885万人，比1978年增加1799万人，增长21倍，高等教育毛入学率达到23.0％。30年累计普通高等学校本专科毕业生3009万人，研究生176万人。义务教育基本普及，全国小学净入学率达到99.5％，初中阶段教育毛入学率98％，高中阶段教育毛入学率66％。各级各类职业教育迅速发展，为经济建设培养了大批专业型人才。

科技事业不断取得重大成果。30年来，我国不断加大科技投入，科技体制改革力度逐步加大，2007年研究与试验发展（R&D）经费支出达到3664亿元，占国内生产总值的比重由1995年0.57％提高到2007年的1.49％。一批重大科技成果相继问世。“神舟”五号、六号飞船载人航天飞行试验圆满成功，首次绕月探测顺利实现既定目标；每秒峰值运算速度10万亿次的高性能计算机曙光4000A系列正式启用，成为继美、日之后第三个能制造和应用10万亿次级商用高性能计算机的国家。

公共卫生事业成效明显，全民健康水平继续提高。2007年末，全国共有卫生机构29.9万个，比1978年增长76.1％。卫生技术人员479万人，比1978年增长94.2％。医院和卫生院床位343.8万张，比1978年增长86.1％。2007年每千人口医生数和床位数分别为1.6人和2.6张，处于发展中国家中等偏上水平。针对2003年以来突如其来的“非典”和高致病性禽流感等重大疫情，国家进行了新中国成立以来规模最大的公共卫生体系建设，显著提高了应对重大突发公共卫生事件的能力。艾滋病、血吸虫病、结核病、肝炎、鼠疫、碘缺乏病等重大传染病、地方病和慢性非传染病的防治取得新的重大进展。居民预期寿命由1981年的67.8岁提高到2005年的73岁。

文化事业繁荣发展。2007年末，全国共有公共图书馆2791个，是1978年的2.3倍。博物馆1634个，是1978年的4.7倍。年末广播综合人口覆盖率为95.4％，电视综合人口覆盖率为96.6％。群众性体育活动蓬勃开展，竞技体育实现连续突破。继1984年新中国首次参加夏季奥运会，实现了中国奥运史上金牌“零”的突破以后，2000年悉尼奥运会上金牌总数位居第三，2004年雅典奥运会上，金牌总数跃居世界第二位。今年，我国又将成功举办奥运会，实现中华民族的百年夙愿。

30年的成就固然巨大辉煌，未来的任务仍然相当艰巨。十七大明确勾画出了确保到2020年实现全面建设小康社会的宏伟奋斗目标，到2020年人均国内生产总值在优化结构、提高效益、降低消耗、保护环境的基础上比2000年实现翻两番。要实现中华民族伟大复兴的这一历史任务，我们要清醒地看到，我国仍处于并将长期处于社会主义初级阶段，生产力发展水平总体上还不高，自主创新能力还不强；社会主义市场经济体制还不完善，体制机制障碍依然存在；结构矛盾和粗放型发展方式尚未根本改变，城乡、区域、经济、社会等方面发展依然不够协调；农业基础仍比较薄弱，农村发展滞后局面尚未改变，农民持续增收难度较大；收入分配差距仍比较突出，城乡贫困人口和低收入人口还有相当数量；面临的国际形势日趋复杂多变，面对的国际竞争日趋激烈。尽管前进道路上会遇到各种艰难险阻，只要全国人民紧密地团结在胡锦涛同志为总书记的党中央周围，高举中国特色社会主义伟大旗帜，万众一心，开拓奋进，一定能够实现全面建设小康社会的宏伟奋斗目标，一定能够取得社会主义现代化建设的全面胜利。

（《人权》2008年第4期）

中国人权取得了历史性进步

——访国务院新闻办公室主任 王 晨

（2008年12月）

问：今年12月10日是联合国大会通过《世界人权宣言》60周年纪念日，您是如何看待和评价这份文件的？

答：1948年12月10日联合国大会通过的《世界人权宣言》（以下简称《宣言》），是联合国通过的第一个关于人权问题的专门性文件，是人类在总结两次世界大战的历史教训、吸取和融会东西方文化精神的基础上产生的第一个真正具有世界性的人权宣言。60年来，《宣言》在唤醒世界人民对人权理想的追求，指导和推动国际人权理论与实践的发展方面，发挥了十分重要的作用，至今仍然对世界人权事业的发展具有重要的指导意义。

首先，《宣言》在历史上第一次提出了普遍性的“人权”概念，将人权的主体确认为无差别的人，将经济、社会、文化权利与公民、政治权利并列为人权的两个不可分割的组成部分，突破了西方狭隘的传统人权观念，丰富和发展了人权的内涵。

其次，《宣言》鼓舞了殖民地、附属国人民争取国家独立和民族解放的伟大运动，为摧毁统治人类数世纪之久的殖民体系，促进世界和平、人权与正义事业作出了不可磨灭的贡献。

再次，《宣言》对人权理念的传播和世界人权法制建设产生了深远的影响。在《宣言》的影响下，联合国相继通过了《经济、社会和文化权利国际公约》、《公民权利和政治权利国际公约》等数十个国际人权文书，各大洲也通过了不少区域性人权文书，世界绝大多数国家的宪法或相关法律都以不同的方式载入了尊重和保护人权的内容。

问：今年是中国实行改革开放30周年，30年来，中国的经济社会得到巨大发展，国际地位显著提高。那么，在人权方面，您认为有哪些变化呢？

答：改革开放以来，中国各个方面都发生

了历史性的变化，其中最深刻的变化是人的变化、观念的变化，是人的生活水平和尊严、价值的提升。30年来，中国共产党和中国政府始终坚持改革开放，推动经济社会全面发展，将人权的普遍性同中国的具体国情相结合，在促进和保护人权方面做出了不懈努力，走出了一条中国特色的人权发展道路，使中国人权事业与中国政治、经济、社会和文化事业得到了同步、协调发展。可以毫不夸张地说，中国人权事业已经取得了历史性进步，中国人权状况正处于历史上最好时期。

——尊重和保障人权受到前所未有的重视，已成为中国共产党和中国政府治国理政的一项重要原则。改革开放以来，中国人权领域的一个突出进展是，突破了将人权视为资产阶级口号的“左”的思想束缚，确立了人权观念在中国社会政治生活中的重要地位。特别是中共十六大以来，以胡锦涛同志为总书记的党中央提出了“以人为本”的科学发展观和“构建社会主义和谐社会”的重大战略思想，将尊重和保障人权作为其中的重要内容。2004年以来，“尊重和保障人权”先后被载入《宪法》、《国家“十一五”发展规划纲要》和《中国共产党章程》。这说明，促进人权事业发展已成为国家建设和社会发展的重要主题，成为中国共产党和中国政府治国安邦的一项重要原则，对人权问题前所未有的重视，为中国在人权理论与实践的发展提供了有力的政治和法律保障。

——人民的生存权和发展权得到前所未有的保障。改革开放30年来，中国经济、社会发展突飞猛进，年均增长速度超过9%，13亿中国人的生活水平得到了大幅提高，实现了从贫困到温饱和从温饱到小康的两次历史性跨越。截至2007年底，人均国内生产总值由1978年的379元人民币增长到18700元人民币，增长了近50倍；城镇居民可支配收入由343元增加到13786元，农村居民可支配收入由134元增加到4140元，约分别增长了39倍和30倍；人均住房面积，城镇居民由6.7平方米上升到27平方米，农村居民由8.1平方米上升到30.7平方米。城乡居民恩格尔系数分别由56.6%和67.71%下降为36.3%和43.1%，交通通讯、文教娱乐、医疗保健、家庭服务、旅游观光等发展型、享受型消费比重不断提高。贫困人口由1978年的2.5亿减少到2007年的1479万。人均预期寿命由1978年的68岁提高到目前的73岁，达到中等发达国家水平。

——公民权利和政治权利得到切实保障。改革开放以来，中国实行依法治国，建设法治国家，民主政治建设不断加强，公民的个人权利和政治权利在民主与法制的轨道上得到了不断扩大和有效保障。目前，我国现行有效的法律已达229件，国务院现行有效的行政法规约600件、地方性法规7000余件，一个以宪法为核心的中国特色社会主义法律体系基本形成，社会生活各个方面基本实现了有法可依，公民的各项权利有了坚强的法律保障。与此同时，中国积极稳妥地推进政治体制改革，不断扩大公民的有序政治参与，强化政务公开，加强对权力的监督与制约，公民的民主权利依法得到保障。特别是在农村实行了以民主选举、民主决策、民主管理、民主监督为基本内容的基层民主，使亿万农民获得了直接选举权利。

——经济、社会、文化权利不断改善。改革开放以来，国家通过各种措施，着力解决就业和再就业问题，加紧建立社会保障制度，加大对教育、科技、文化、卫生等社会事业的支持力度，努力将公民的经济、社会、文化活动权利落到实处。2006年，全国取消了农业税和农业特产税，结束了延续2600多年农民种田交税的历史。目前，中国已基本普及九年义务教育、基本扫除青壮年文盲（简称“两基”），“两基”人口已达99%，跻身于义务教育水平较高国家行列。从1978年到2007年，全国普通高等教育在校生由86.7万人增加到1885万人，增长了近21倍。公共文化服务机构和设施大幅增加，覆盖城乡的公共文化服务体系初步形成，人民的文化生活日益丰富多彩。2002年国家推行新型农村合作医疗制度以来，已有7.3亿农民参加了新型农村合作医疗，参合率达85.7%，大大改善了农民的健康水平。

——人权领域的对外交流与合作不断拓展。改革开放以来，中国充分尊重《联合国宪章》的宗旨和原则，积极参与联合国人权领域的工作和国际人权法律文书的制定，为丰富国际人权概念的内涵，促进国际人权实践的发展作出了自己的贡献。中国积极批准、加入有关人权国际公约，迄今已先后参加了25项国际人权公约，并采取有效措施履行公约义务，及时提交履约情况报告，接受联合国条约机构审议。中国一贯主张在平等和相互尊重的基础上，通过开展对话、合作与交流，促进国际人权事业的健康发展，迄今已与世界各国进行了70多次人权对话和交流，增进了与世界各国的相互了解，为共谋共促彼此的人权发展作出了积极的努力。

问：您是国务院新闻办公室主任，能否介绍一下贵单位的职能，以及国务院新闻办公室在人权方面的作用？

答：国务院新闻办公室成立于1991年，其职责概括起来就是：向世界说明中国，让世界了解中国。向世界说明中国，不仅包括说明中国的内外方针政策，中国的历史文化和政治、经济、社会发展的情况，还包括就国外误解多、偏见深、指责多的一些重大问题说明事实真相和我们的立场观点，积极做解疑释惑和增进了解的工作，为中国的和平发展创造一个良好的国际舆论环境。其中，人权问题就是外界对中国了解比较少、误解比较多的一个重要问题。对外说明中国人权的真实情况和看法，是国务院新闻办成立伊始就承担起来的一项十分重要的工作。近20年来，我们在人权方面主要做了以下工作：

一是积极向世界阐明中国的人权主张和实践，介绍中国政府和人民为促进人权所作出的不懈努力和取得的进展，努力增进国际社会对中国人权实际情况的了解。20世纪80年代末90年代初，一些国际敌对势力基于意识形态和社会制度等原因，掀起反华浪潮，将“人权攻势”的矛头直指中国。为向世界说明中国真实的人权状况，阐明中国在人权问题上的基本立场和政策，国务院新闻办于1991年11月1日发表了中国第一份人权白皮书——《中国的人权状况》。此后，先后发表了7个介绍中国人权总体情况的白皮书，并就国际上比较关注的民主政治、罪犯改造、妇女儿童、人口和计划生育、扶贫、劳动和社会保障、民族宗教、法治建设等与人权密切相关的问题发表了30多个专题白皮书和数十篇重要文章。这些白皮书和文章比较全面、系统地展示了中国人权事业发展的现状，总结了中国人权事业发展的基本经验，完整权威地向国际社会阐明了中国政府在人权问题上的基本观点，对于国际社会全面正确地了解中国人权的真实情况，驳斥国际敌对势力的歪曲指责，澄清国外对中国人权的误解，发挥了重要作用。国际舆论给予了积极的评价，普遍认为，中国政府以白皮书形式就人权问题主动介绍情况，“增强了政府的开放性与透明度”，“增进了国际社会对中国人权状况的了解，让国际社会看到了中国人权的进步，了解了中国政府为促进人权事业所做的努力”。

二是用事实批驳美国国务院《国别人权报告》对中国人权状况的不实指责，维护中国的国家主权和民族尊严。20世纪90年代以来，美国国务院配合一些西方国家在联合国人权委员会搞反华提案，每年发表年度《国别人权报告》，对中国人权进行歪曲责难。从1994年开始，我们国务院新闻办先后发表了10多篇有分量的评论文章，列举事实对美国国务院年度《国别人权报告》的攻击予以驳斥和澄清，揭露美国利用人权反华反共和推行霸权主义的实质，在国际上产生了强烈反响。2000年至今，我们还针对美国国务院《国别人权报告》的歪曲指责，以其人之道还治其人之身，连续8年发表《美国的人权纪录》，以大量的数据和事实系统揭露美国的人权劣迹及其在人权问题上的双重标准，在世界上引起了广泛共鸣。一些国外媒体认为这些文章“像一把利刃，直指美国痛处”。一些发展中国家认为，中国关于美国的人权报告说出了广大发展中国家想说的话。有的发展中国家媒体呼吁执政当局“不要沉默，应向中国学习，对美国《国别人权报告》做出回应，捍卫民族尊严”。

三是通过举办展览等形式，生动形象地展示中国人权的发展状况，展示中国独特的人权发展道路。比如，2006年11月国务院新闻办与中国人权研究会联合在北京民族文化宫举办“中国人权展”；2007年7月至10月国务院新闻办与中国人权研究会联合分别在印度、尼泊尔、奥地利、意大利、埃及、乌兹别克斯坦等六国举办“镜头中的当代中国人生活”图片展；今年北京奥运会期间，国务院新闻办在北京民族文化宫举办“镜头中的中国人生活”主题展等。特别是“中国人权展”，是世界上第一个综合性的人权展览。该展览共展出图片700多幅，相关实物250多件，人权图书1000多册，图表24幅，并配有场景模型、影视展播、电子台历、电子白皮书、网络互动、触摸屏答问、民间艺术现场表演等多种富有现场感和互动性的展示形式，将“人权”这个抽象的概念形象化、具体化，艺术地再现了中国人民争取、维护和发展人权所走过的光辉历程和取得的伟大成就，系统展示了中国的人权保障制度和相关的政策法规，多层次、多视角、多方面地反映了中国人权建设的状况及其进展，为国内外观众客观、全面了解中国人权提供了一个重要的信息平台。许多外国媒体称，“举办人权展览反映了中国的进步与开放”，对于增进国际社会“对中国人权的了解十分有益”。

四是积极开展人权知识的普及教育，提高国内干部群众对人权问题的认识，努力促进中国人权事业的全面发展。这些年来，我们通过在中央人民广播电台开办为期几个月的人权知识讲座、在《人民日报》刊发为期1年的系列人权知识百题解答、在《光明日报》举办“人权知识竞赛”，以及通过组织编写出版《人权知识干部读本》并纳入全国干部学习培训系列教材、举办干部人权知识培训班等多种形式，开展了一系列内容丰富的人权知识普及宣传教育活动，不仅提高了干部群众对人权问题的认识，而且增强了干部群众尊重和维护人权的自觉性，扩大了维护和保障人权的社会基础。同时，我们积极推动和牵头组织制订《国家人权行动计划》，致力于全面、有序地促进中国人权事业的发展。这是中国第一次制订《国家人权行动计划》，对未来两年中国人权事业的发展作出规划，是中国政府贯彻落实“尊重和保障人权”的宪法原则和以人为本的科学发展观的重要举措。这个计划内容十分广泛，将涉及完善政府职能，扩大民主，加强法治，改善民生，保护妇女、儿童、少数民族的特殊权利，提高全社会的人权意识等与人权相关的各个方面。通过全面系统地制定、落实促进和保障人权的工作目标和措施，必将进一步改善中国的人权状况，推动中国人权事业的进步。

问：正如您刚才介绍的那样，改革开放以来，中国人权事业取得了辉煌成就，但也存在一些不容忽视的问题和困难，就目前来看，您认为这些问题和困难主要体现在哪些方面？中国人权的发展前景又将如何？

答：人权是一个不断发展的过程。中国是一个拥有13亿人口的发展中国家，受自然、历史、文化和经济社会发展水平的影响和制约，中国的人权发展还存在许多问题和困难，人权状况还有很多不尽如人意之处。例如，政治、经济体制尚不够完善，民主法制尚不够健全，各级政府依法行政和尊重人权的意识有待加强，经济社会发展不平衡，城乡之间、区域之间、贫富之间差距拉大的势头尚未从根本上得到遏制，就业、社会保障、收入分配、教育、医疗、住房、安全生产等方面存在的困难和问题相当突出，这些都影响到广大人民群众的切身利益和权利。继续加大力度促进和保障人权，仍然是中国政府和人民的一项长期而艰巨的任务。

虽然还面临这样那样的困难和问题，但我对中国人权事业的发展前景充满信心。首先，中国已将促进人权列为国家发展的重要议事日程。中共十七大报告通篇贯穿着以人为本、改善民生、扩大民主、保障人权的内容，强调要“尊重和保障人权，依法保证全体社会成员平等参与、平等发展的权利”。报告明确提出要健全民主制度，丰富民主形式，拓宽民主渠道，“保障人民的知情权、参与权、表达权、监督权”；要加快推进以改善民生为重点的社会建设，“促进社会公平正义，努力使全体人民学有所教、劳有所得、病有所医、老有所养、住有所居”。国家“十一五”发展规划纲要从指导思想和原则、发展目标到各项具体政策措施，充分体现了以人为本、推动科学发展、促进社会和谐的要求。这为中国人权事业的全面发展确立了明确的方向。其次，经过改革开放30年，中国在人权方面已经走出了一条适合自身国情的发展道路。这条道路的特点是坚持以人为本，以稳定为前提，以改革为动力，以发展为关键，以法治为保障，促进公民、政治权利与经济、社会、文化权利全面协调发展。只要顺着这条道路走下去，中国的人权事业必将会随着现代化事业的发展而不断发展进步。

我坚信，只要我们坚定不移地贯彻尊重和保障人权的宪法原则，坚定不移地推进民主政治建设和法治建设，我们的社会就一定会更加和谐，人民的生活一定会更加美好，人民享有的人权必将更加充分。

问：当今国际人权领域发生了较大变化，您如何看待当今国际人权领域的形势？您认为世界人权事业怎样才能健康发展？

答：当前，国际人权领域形势呈现出两个突出的特点，一是国际社会对人权问题的重视程度前所未有，人权已成为国际交流与合作的重要主题。“冷战”结束后，人权问题在国际关系和国际政治中日益凸显。特别是随着经济全球化、社会生活信息化的快速发展，国与国之间相互依存和合作增强，进一步强化了人权问题的重要性，世界各国对人权问题日益重视，共识也逐渐增多。2006 年 3 月，联合国大会通过决议，设立人权理事会作为联合国大会的附属机构，取代经社理事会下属机构人权委员会，标志着人权第一次与安全、发展并列被确立为联合国的“三大支柱”。近年来，各国纷纷按照联合国的要求设立国家人权委员会等国家人权机构，将促进和保护人权摆到更加重要的位置。二是国际人权领域主张对话、反对对抗成为普遍呼声，利用人权制造对抗越来越不得人心。这些都代表了国际人权领域进步与发展的潮流。然而，不容忽视的是，世界人权的发展仍存在一些不和谐因素，面临着严峻的挑战。如，由于新的国际政治经济秩序仍未建立，世界经济发展极不平衡，南北差距继续拉大，发展中国家人民的生存权和发展权面临严峻威胁；一些国家和地区集团将人权政治化、意识形态化，实行双重标准，打着“人权”旗号否定他国主权，推行霸权主义和强权政治，严重破坏了人权领域国际合作的气氛，阻碍了世界人权事业的健康发展。

我认为，世界人权事业的健康发展，首先必须正视当今世界面临的突出问题，维护各国人民的生存权和发展权。当前，武装冲突等传统安全问题依然存在，恐怖主义、大规模杀伤性武器扩散、环境污染等非传统安全威胁更加突出，严重危害着成千上万的无辜生命。南北差距、贫富差距进一步拉大，占世界人口不足 20 % 的发达国家，控制的全球财富却超过 85 %，而占世界人口 80 % 以上的发展中国家，享有的世界财富不到 15 %。发展中国家有 10 多亿人食不果腹，忍受着贫困、饥饿、疾病的煎熬，他们的生存和尊严受到严重威胁。只有铲除这些对人权严重危害和破坏的因素，各国人民的权利才有可能得到充分实现。

其次，必须将人权的普遍性原则与各国的国情有机地结合起来。一切国家的一切人，都应享有自由和平等的权利。这是人类的普遍追求和共同理想。但受经济发展水平、文化传统、社会制度等各种因素的影响，人们对人权有着不同的理解和要求，面临和需要优先解决的人权问题也不尽相同。在承认人权普遍性原则的前提下，各国政府和人民有权根据自己的国情，采取不同的政策措施和方法步骤，探索适合本国国情的人权发展模式和道路。人权发展模式的多样化，既充分展示了文明的多样性和各国人民的聪明才智，又丰富和发展了世界的人权理论与实践。尊重人权发展模式多样性，既是对各国国情和各国人民智慧与创造性的尊重，是对多元文明和各国人民多元生活方式的尊重，也是促进世界人权发展的重要前提。

最后，必须加强对话、交流与合作，反对对抗和强权。人权在本质上是属于一国主权范围内的问题。《联合国宪章》明确规定各国必须遵循主权平等和不干涉在本质上属于任何国家国内管辖之事项等原则。在促进人权方面，各国只有在平等与相互尊重的基础上开展建设性的对话、交流与合作，增进了解，消除误解，扩大共识，减少分歧，互相学习，互相借鉴，互相帮助，才能实现共同进步和发展。对话与合作不仅有利于推动各国人权进步，也有利于促进世界人权事业的和谐健康发展。在人权问题上，推行霸权主义和强权政治是行不通的，它不仅无助于促进世界人权事业，反而会毒化国际关系，损害世界人权事业的健康发展。

（《人权》2008 年第 6 期）

中国少数民族人权事业发展等情况

——国家民委副主任吴仕民答记者问

（2008 年 8 月 16 日）

2008 年 8 月 16 日，北京国际新闻中心举行新闻发布会，邀请国家民委副主任吴仕民介绍中国少数民族人权事业发展等方面情况，并答记者问。

[主持人 郭锦玲（2008 年北京国际新闻中心副主任）] 各位记者大家上午好！欢迎大家出席 2008 北京国际新闻中心的发布会。今天发布的主题是中国少数民族人权事业发展情况。大家都知道，中国是一个历史悠久、文化灿烂的多民族国家。中国政府历来重视少数民族人权的享有与保障，采取了一系列的措施以推动这项事业的发展。随着中国改革开放的深入和经济社会的进步，少数民族的人权事业也得到不断发展。今天我们非常高兴能够邀请到国家民委的有关领导与大家见面，介绍情况并回答大家的提问。出席今天发布会的嘉宾是：国家民委副主任吴仕民先生、国家民委政法司司长毛公宁先生。下面先请吴副主任介绍情况。

[吴仕民] 女士们、先生们，上午好！我很荣幸今天能向大家介绍中国少数民族人权事业的发展情况。中国是一个历史悠久、文化灿烂的国家，又是一个民族众多的国家。中国政府历来高度重视少数民族人权事业的发展，采取了一系列措施，建立了一整套全面保护少数民族人权的制度，有力地保障了少数民族享有广泛的人权。在改革开放的社会条件下，中国的少数民族人权事业不断发展，呈现出以下特点：

第一，坚持把民族平等贯彻于少数民族人权保护的实践之中。民族平等是中国民族政策的基石，是公民一切权利得以实现的法律基础和基本原则。中国宪法明确规定："各民族一律平等，国家保障少数民族的合法权利和利益，禁止对任何民族的歧视和压迫。"根据宪法这一规定，有关法律法规作出了一系列规定，保障各少数民族作为中华人民共和国平等的一员，享有在政治、经济、文化、教育等社会生活的各个方面的一切平等权利。中国对少数民族各项权利的平等保护，不仅表现为不歧视，还表现为优待。即基于少数民族在经济文化发展的相对滞后，对少数民族在经济、文化和教育等权利的享受方面给予特别的照顾。以教育为例，少数民族考生在各类升学考试中，可以得到优先录取或降低分数录取的待遇。

第二，根据少数民族的实际，依法对少数民族的特定权利予以特别保护。中国少数民族人权具有普遍性和特殊性相结合的特点，即少数民族公民与汉族公民一样，享有宪法和法律规定的平等权利，同时国家根据少数民族的特点和实际，对与少数民族相联系的一些权利作出了专门规定，赋予各少数民族依法享有许多特定的权利。如在少数民族使用和发展本民族语言文字方面、在保护和发展少数民族传统文化方面、在少数民族保持或改革风俗习惯及宗教信仰的自由方面、在少数民族干部培养使用方面，等等，都有专门的规定，并采取法律、行政等方面的措施，使这些特定权利成为生活中的真实。如，为了保障少数民族保持和改革自己风俗习惯的权利，国家采取了发展少数民族的特需用品生产、对侵犯少数民族风俗习惯情节严重的国家机关工作人员给予刑事处分等措施。

第三，改革开放为少数民族人权事业发展提供了强大动力。中国实行改革开放 30 年来，坚持以经济建设为中心，坚持改革开放，整个国家综合实力不断增强，少数民族和民族地区经济社会事业获得了空前的发展，人民生活水平大幅度提高。中国各民族积极参与改革开放，改革开放的成果惠及广大少数民族群众，这为少数民族人权事业发展奠定了重要的物质基础，改革开放成为推动少数民族人权事业不断发展的强大动力。此外，在改革开放条件下，中国的人权事业不断发展，整个社会的人权观念也在发展，这些也促进了少数民族人权事业的发展与进步。

第四，把坚持民族区域自治制度作为少数民族人权保护的重要内容。民族区域自治制度，是中国解决国内民族问题的一项基本政策，也是一项基本政治制度。它是指在国家统一领导下，各少数民族聚居的地方实行区域自治，设立自治机关，行使自治权。可见，民族区域自治本身就是少数民族一项重要的政治权利。另外，自治制度又为少数民族人权的实现提供了有效的制度保障。民族区域自治制度的一个基本要素是自治机关依法享有广泛的自治权。自治权包括立法权以及经济、教育、科学、文化、卫生等各项事业的自主管理权。这些权利本身构成了少数民族人权的重要内容，保障民族自治地方的自治权在一定意义上也是保障少数民族的人权。因此，我国的民族区域自治制度是少数民族实现人权重要的、有效的途径，是少数民族人权事业发展的重要制度保障。

我先简要介绍到这里。下面，我和我的同事愿意回答各位记者的提问。今天天气很好，我期待着和各位记者朋友做一次坦率而愉快的交流。谢谢！

[中国青年报记者] 我想请吴主任介绍一下，在就学等方面，我国政府对少数民族青少年提供了哪些特殊的保障政策？谢谢！

[吴仕民] 上学的权利是人权的一项很重要的权利，因为一个人接受教育的情况不仅会决定他的现在，还会决定他的将来；不仅仅会决定他个人的命运，甚至会决定他的家庭，乃至他下一代的命运。所以中国政府非常重视少数民族受教育权利的保护。中国的法律明确规定，各民族在享受教育方面一律平等，并且在支持和发展少数民族的教育方面采取了一些特殊的措施。

比如在办学方面，国家在民族地区设立了大量的各类为少数民族开办的学校，并对少数民族的学校强调了以公办和寄宿制为主，学校在教育设施、师资培养等方面采取了许多优惠措施，并且在教学方面采取适合当地情况的措施来办学。比如普遍地实行双语教学。除此以外，在办学方面还强调了东部发达地区对西部的支援，东部地区派大量教师到西部支援那里的教学活动，并且在内地还办了很多新疆班和西藏班，以支持少数民族地区教育事业的发展，让少数民族地区更好地享受受教育的权利。

在上学方面也给了少数民族学生很多帮助，比如在少数民族地区的义务教育阶段，普遍实现“两免一补”政策，也就是免除义务教育阶段少数民族学生的书本费、学杂费，并且对寄宿制的家庭困难的学生给予生活补助，同时在少数民族学生的各类升学中，给他们优待，使他们能够更多地、更好地进入到高一级的学校学习。由于采取了这一措施，中国的少数民族教育事业取得了很大的成绩。比如说，现在在全国民族地区大概在 699 个县中，已经有 660 多个县普及了九年制义务教育，这个数字看起来与东部地区有一些差别，但是对长期以来教育事业相对落后的少数民族地区来说，基本实现普九，这是一个历史性的成就。谢谢！

[瑞典记者] 看来我在屋子里面也是属于少数，我要问的问题是，我们已经听了很多关于政府为促进少数民族发展所采取的一系列措施，但是我想问，既然你们做了这么多，为什么现在在西藏和新疆仍然还有很多问题，您能不能就此发表看法?

[吴仕民] 感谢记者先生的提问。正如你提这个问题的前提所涉及的，中国政府在帮助西藏、新疆等少数民族地区的发展方面采取了很多措施，有力地促进了这些地方的经济社会发展，并且促进了各族人民生活水平的提高。我相信，任何一个怀有公正之心的客观人士或媒体对此都会像你一样给予充分的肯定。你也

提到，在这些地方尽管采取了很多措施，但是还存在着一些问题。比如说在经济社会发展方面，这些地区和东部地区存在着一定的差距。你想要知道的是产生差距的原因，下面我简单地做一个回答。

我们在思索和研究任何问题的时候，都会想到历史的命题，尤其在研究经济现象的时候，不得不考虑到它的地理环境。首先我想要说的是，在历史上这些地区的发展相对是缓慢的，并且由于地理的原因，如西藏平均海拔在3000到4000公尺，有的地方是5000公尺，这都影响了这些地区的经济社会发展。其次，不能不谈到经济自身发展规律，中国的经济布局大概就是东部地区历来经济比较发达，科技文化也比较发达，而西部地区资源丰富，但是相对来说，经济社会发展比较落后，并且经济的发展规律本身就是不平衡的，是一个互相之间不断地从不平衡到平衡，再到不平衡这样一个过程。在改革开放中，东部率先实现了改革开放，而西部地区相对来说要晚一些，这是经济自身发展的原因，也影响了西部的发展。

中国从21世纪初开始的西部大开发战略，从一个方面说明了对西部经济发展的重视，另外一方面也说明了西部经济发展的相对落后。所以我相信，通过西部大开发，会加快少数民族地区的发展，从而在中国改革开放的大进程中加快整个少数民族地区的发展。最后，我想不得不提到文化上的原因，西部少数民族地区的文化有它的特点，但是由于长期以来，教育事业发展相对落后，比如说人才的不足，这些也影响了经济的发展。另一方面表现在文化上的一些观念，比如说有些少数民族的商品经济观念意识不强。比如说在二十多年前，很多少数民族都把经商作为一件并不很光彩的事情，这是社会因素，也是影响西部经济发展的原因之一。

［新华社记者］我的问题是，当前中国的民族关系的状况如何？针对目前发生的一些暴力恐怖事件，我们在反对暴力恐怖事件活动上，会不会影响我们的民族关系？

［吴仕民］这个问题请毛公宁先生回答。

［毛公宁］新中国成立以后，中国形成了新型的民族关系。在改革开放中，全国各族人民团结一致、同心同德，为实现全面建设小康社会的目标而奋斗。中国政府制定了一系列有利于加快少数民族和民族地区发展的方针政策，使少数民族地区的面貌发生了翻天覆地的变化，各族人民的生活水平不断提高，平等、团结、互助、和谐的社会主义民族关系得到不断巩固和发展。中国的民族关系是良好的。当然，由于各民族之间，在语言、文化、风俗习惯、宗教信仰方面的差异，以及由于经济利益方面的原因，在交往之中也会产生一些矛盾和纠纷。但这种矛盾和纠纷是在根本利益一致的基础上的人民内部矛盾。对于这些矛盾纠纷，主要是通过政策和法律的手段及教育疏导的办法来解决。

刚才这位记者问到，反恐会不会影响到中国的民族关系。我们认为，反恐不会影响中国的民族关系。暴力恐怖活动不得人心，暴力恐怖活动只是极少数人的犯罪行为，不是什么民族宗教问题，暴力恐怖活动违背法律，违背全国各族人民的愿望和利益，违背国家的利益，千夫所指，大家都痛恨。所以对这种暴力活动依法进行打击，得到全国各族人民的支持，有利于团结全国各族人民和维护国家的统一。

［中国民族杂志记者］众所周知，我们在四川汶川“5·12”大地震中，作为中国少数民族之一的羌族，其文化遭到了很大的损坏。请问政府在抢救和保护羌族文化方面，目前做了哪些工作？谢谢！

［吴仕民］羌族是中华民族中古老的一员，大家可以从唐代的著名诗人王之涣的那首著名的《凉州词》里的那句千古名句“羌笛何须怨杨柳”中，可以感知到这个民族文化的古老与特色。在这次“5·12”大地震中，因为地震的震中就在羌族地区，羌族地区确实遭受了很大的损失，特别是文化遭受了巨大的破坏。在抗震救灾中，政府和有关方面把保护抢救羌族的文化作为一项重要任务，温家宝总理在亲赴灾区指挥救灾的时候明确指出，要保护好羌族的古老文明和文化，在抗震救灾的具体工作中，对保护和抢救当地的文化采取了及时地挖掘那些珍贵的文物资料，保护现存的各种文化设施，

以及保护羌族非物质文化的传承人等许多具体的措施。

在三天前，也就是8月13日公布的国家关于汶川地震后恢复重建总体规划之中，已经明确地把保护和抢救羌族的文化列为重要的内容，其中包括保护藏族、羌族的碉楼和村寨，保护有羌族特色的设施，以及保护和重建羌族的博物馆、民俗馆等等，我相信古老的羌族文化经过这次大地震以后，一定会浴火重生。

[记者] 我的第一个问题是，为什么政府鼓励游牧民族过定居的生活？第二个问题，政府为什么不喜欢新疆地区的穆斯林自由去麦加朝圣？

[吴仕民] 关于第一个问题，你问的是政府为什么鼓励游牧民族定居。我想从人类社会发展史的角度做一点回答。我们知道人类社会总是从低级向高级不断地发展，并且从产业来说，是从游牧业到农业到工业，也就是说游牧业进到农业，再发展到现代化工业社会，这是一个历史的进步，也是一个历史的必然。中国的游牧民族几千年来都是过着“逐水草而居”的生活，就是说哪里水好、哪里草好，就在哪里生活，这是一种漂泊不定的生活。这种生活的不稳定性，不但影响他们的生产，还会影响他们的生活，所以，适当地使他们定居，能改变他们的生活方式，不仅对发展生产有好处，而且能让这些游牧民族更好地发展自己，享受现代文明。至于采取什么方式定居，在什么地方定居，这要经过有关方面商量，并且要根据当地的实际情况来加以考虑，同时要尊重游牧民的意愿。我的感觉是，从很多定居的游牧民族反映的情况看，他们非常欢迎由游牧改为定居。

你说的第二个问题，是不是对新疆地区穆斯林朝圣进行限制。我想告诉你的是，在中国奉行宗教信仰自由政策。信仰穆斯林的公民可依据穆斯林宗教教义和国家的有关法规去麦加朝圣。我了解的情况是，不仅新疆的穆斯林，而是全国各地的穆斯林每年都有大量的人去麦加朝圣。

[中央人民广播电台记者] 我在采访中接触过很多少数民族的青年，他们走进大学，接受高等教育之后，对自己本民族的语言，有的能够听懂，不太会讲，有的甚至你问他一句话，他可能连听都听不太明白。在保护和传承本民族语言方面，对于少数民族的教育有什么样的考虑？第二个问题，以国家司法考试为例，对少数民族来讲，报考者可以享受降分的待遇，但是我们发现在西部地区从事法律工作的少数民族人员，专业的法律人员还是比较少，在这方面我们国家这几年采取了哪些措施？以后还将会采取哪些措施？谢谢！

[吴仕民] 我先回答你的第一个问题，关于少数民族的语言问题。中国的55个少数民族，绝大部分都有自己的语言，讲着大约80种以上的语言。保护少数民族的语言文化其实是一个世界性的问题，因为语言有一种规律，总是越来越少，有专家统计，现在全世界的语言大概每年都有60种左右在消失，所以中国在保护少数民族的语言方面采取了很多措施，其中很重要的法律措施就是，各民族都有使用和发展本民族语言和文字的权利。中国在保护少数民族的语言方面采取的措施是多方面的，其中包括在教学中实行双语教学，也就是说在使用汉语的同时使用少数民族的语言教学。在新闻媒体中，包括电视、广播、出版物当中使用少数民族的语言或者文字。另外，在民族自治地方自治机关行使职权时使用当地通用的少数民族语言文字。另外，在司法审判中，使用少数民族的文字发布文告，在法庭上为少数民族的公民提供语言翻译，等等。

你问的第二个问题，关于现在司法考试中有些少数民族考生的分数相对较低如何采取措施的问题。现在政府有关方面采取的措施主要有两项，一个是加强基础教育，提高学生的综合知识和综合能力。第二是对参加司法考试的少数民族考生适当的给予降分录取。

[郭锦玲] 因为今天记者提问比较踊跃，为了尽可能满足记者的提问要求，我们请每位记者每次提一个问题。

[美国海外电视台记者] 一提到“少数民族”，世界各个国家政府都很敏感，当然中国方面也不能例外。只是我觉得很奇怪，当海外铺天盖地报道中国大陆少数民族地区的暴力行为

的时候。中国的反应往往很迟缓，有的时候甚至还不予以理会，有的时候甚至表现为哑巴吃黄连似的。所以，我很想知道，在奥运会以后，国内对争夺话语权方面有没有一些新的思维和打算？

［吴仕民］你一开始说对这个问题不明白，我也有点不明白。为什么许多海外媒体对中国少数民族地区的发展进步所取得的那么多的成就充耳不闻、置若罔闻，却对中国少数民族地区发生的某些暴力事件加以渲染，有的甚至是偏见，我也一直在想这是为什么。我想，今天我们不在这里更多地讨论这个问题。但我相信所有怀着公正之心的记者、媒体对这种现象一定会有自己的看法。我回答你的第二个问题，在奥运会后要不要采取更多的措施争夺话语权。我想要说的是，我们希望更多地增加中外的交流，开放的中国把大门打开，并且永远不会关上，希望更多的记者和媒体到中国来，到少数民族地区去采访。当然，我们也会客观地向世界真实地报道中国。我想我们不需要去争夺话语权，我们所基于的就是实事求是，并注重新闻的真实性。

［美国之音记者］我去年在西藏采访的时候，发现当地人民的生活水平总体来看确实有很大提高。但是，也听到一些抱怨，一些藏人向我表示，他们盼望达赖喇嘛回来，可是他们不敢公开地讲，他们只能把达赖喇嘛埋在心底。还有一些藏人，对经常让他们批判达赖喇嘛表示反感。但他们又不得不出席批判达赖喇嘛的有关会议。还有一些人对禁止公职人员，包括非中共党员的公职人员信教，感到难以接受，认为太过分了。请您解释一下为什么会出现上述这些问题？

［吴仕民］这位记者先生首先说到了西藏的变化很大，人民的生活也得到了很大的改善。但是同时问到为什么很多人信奉达赖，你这个问题很敏感，但是我不想回避。为什么会信奉达赖？究竟有多少人信奉达赖？你与我得出的结论可能不太一样，但是我想，信奉达赖无外乎有这样几种原因，一个是出于宗教的感情，因为他是一个宗教人物。第二个原因可能是从众心理，就是有些人信，他也跟着信。第三，不排除有些人采取了种种方式，比如说，甚至是诱导他或者是以其他的方式使一些人去信。至于是不是有你说的那么多人信，我无法得出有很多人信的结论。我在那里见到的更多的情况是，西藏人民对社会主义的新西藏充满感情，愿意在祖国的大家庭中，在改革开放中改善自己的生活，发展自己的民族。谢谢！

［俄罗斯阿尔法电视台记者］我的问题是提给吴主任的，中华人民共和国成立以后，在中国大陆生活的俄罗斯民族群众的生活得到了改善，请吴主任介绍一下他们目前的整体发展情况。可不可以简要介绍一下他们中的杰出人士？谢谢！

［吴仕民］俄罗斯族是中国的55个少数民族之一，主要居住在中国的新疆地区和内蒙古地区。他们的生活状况和中国的其他的许多少数民族一样，在中国这块土地上不断地发展进步。因为按照中国对待少数民族的政策有两个概念，一个是自治地方，还有一个是居住在自治地方以外的，就是杂散居少数民族。俄罗斯族属于杂散居民族，他们和其他少数民族一样，也享受着杂散居少数民族拥有的权利。我去过俄罗斯族相对集中的一些村落，我能感觉到他们在上学、计划生育、发展生产方面都得到了政府的照顾。并且他们的生产方式也在逐渐的转变，很多人已经进到城里了，并且他们在努力地保存自己很有特色的俄罗斯文化，我们相信俄罗斯人在中国这块土地上一定会生存发展得很好。

［中国国际广播电台记者］我们国家不但有少数民族的自治区，还有自治州、自治县，这个具体情况能不能请您介绍一下？另外，这些自治州、自治区、自治县，它们之间自治的程度如何？有没有区别？有哪些特殊政策？请您简要介绍一下。谢谢！

［吴仕民］中国的民族区域自治是解决中国民族问题的基本政策，也成为我们整个国家的一项基本政治制度，这个制度是1954年确立的，按自治地方的行政单位分为三个级别，相当于省一级的行政单位的自治区、相当于地（市）和省辖市一级的行政单位的自治州、相当于县一级行政单位的自治县。中国现在有5

个自治区，30个自治州，120个自治县，民族自治地方和一般地方行政单位的差别就在于，民族自治地方行使相应的地方一级行政机关的权利，同时还行使自治权。中国的55个少数民族中已经有44个建立了民族自治地方，在一亿多的少数民族人口里面超过70％的少数民族建立了自治地方。另外中国还有1100多个民族乡，民族乡不是民族自治地方，是中国民族区域自治制度的一种补充形式。

［旧金山记者］刚才领导都讲到，我们在这里希望给少数民族生存权和发展教育等权利，这些都非常重要。我想跟大家分享我的一个采访经验，我在甘肃东乡采访，那个地方是一个自治地区，访问了一家人。有这样一个情况，最近政府方面要求他们把他们的地一部分拨出来，以一个比较低的价钱被政府收了，然后再让更穷的人搬进来。像你刚才讲到的，希望提供他们生存的权利。但如果他们本身已经很穷，又有其他人进来分享他们那些地。这种情况是不是会让他们更难生存下去呢?

［吴仕民］你问的问题是不是说你去采访过的那个东乡族地区土地本身就不够，但是政府又把他们的土地分给另外一部分人。你说到的这种情况和我得到的信息及我了解的情况不一样，根据国家有关的法律政策，我认为也不会发生这样的事情。因为这里涉及一个最基本的常识，这个土地是不能够通过随意的手段划拨给别人的。还有一个常识性的问题，那个来分地的人本身也应该是有土地的，所以我思考这种情况是不是还有其他的原因，比如说要搞基本建设，搞什么工程，可能涉及政府征地的情况。如果涉及这类情况，国家会采取补偿安置等一系列措施。如果涉及这些问题，各民族都一视同仁，这与他是不是少数民族没有关系。谢谢!

［中国日报社记者］请问吴主任，在最近发生了一系列的恐怖袭击之后，政府有没有采取相关的行动，以保证以后新疆地区人民的生产生活不再受到恐怖分子的干扰?谢谢!

［吴仕民］你提到新疆最近发生的几起暴力恐怖事件，我首先要说的是，暴力恐怖事件，这是人类社会的公害，暴力恐怖分子是世界人民的公敌。暴力的制造者影响了社会秩序，影响了公民的正常生活，是人人痛恨的，并要求加以严惩的。所以为了捍卫法律的尊严，为了维护国家的统一，为了维护社会秩序和保障人民的生命财产的安全，中国政府一定要，也应当会采取有力的措施，依法打击暴力恐怖活动，给我们社会以安宁。

［美国之音记者］在很多西方国家，人们普遍认识到，关于土著人少数民族的权益确实是没有得到尊重的，比如说在华盛顿，或者加拿大首都渥太华这样的地区，首都政府本身也认识到这一点。在西方基层的人民，还有各种政治运动在司法体制当中是认识到这一点的，在中国政府有哪些机制表明，在非民族地区，比如说像北京首都这样的地区，能够更好地了解像新疆和西藏这种地区当地人民实际的不满情绪及其他情况。

［吴仕民］你说的主要是一个信息的交流机制和人们意愿的反映机制。我想告诉这位记者的是，在北京地区有很多的渠道，有很多方式了解少数民族地区的情况，少数民族也有很多机会、很多渠道向各级政府，包括中央政府反映自己的意愿和要求。这种了解除了通常惯用的大众媒体之外，比如说新闻报道、网络等等，在了解少数民族地区的情况，特别是少数民族的政治意愿方面还有许多中国自己特定的渠道。比如说每年3月份都会在北京召开全国人民代表大会和全国政治协商会议。在这两个大会中都有少数民族的代表。这里我顺便想说的是，少数民族人口的比例只占中国总人口的8.41％，但是少数民族代表占全国人民代表大会代表和全国政协委员代表的比例都大大超过了这个比例。所以，每年“两会”中少数民族代表都可以利用这个机会充分地、自由地发表自己的意见，反映民族地区的情况。

另外，全国人大代表和全国政协委员每年要做的一项重要工作是到地方去检查工作，督导视察、调查研究，这也是他们了解民族地区实际情况的一个重要渠道。此外，在民族地区要进行的重要的经济建设改革措施都会征求少数民族地区，包括少数民族代表的意见。另外，少数民族还会组织参观团到北京、到其他地区去考察。总的来说，少数民族地区，向中央政府反映情况、反映意见的渠道是很多的，并且是畅通的。

［郭锦玲］由于时间的原因，今天的发布会就到这里。中午12点我们在这里还有另一场新闻发布会，邀请了北京市妇联的领导为大家介绍北京市妇女参与奥运的情况。欢迎出席，谢谢！

2009年

在第二届“北京人权论坛”开幕式上的致辞

——中国人权研究会会长　罗豪才

（2009年11月2日）

各位来宾、各位专家学者，女士们、先生们：

由中国人权研究会主办的第二届“北京人权论坛”今天开幕了。本届论坛的主题是“和谐发展与人权”，下设“国际金融危机背景下的人权保障”、“以人为本的发展和人权保障”、“消除贫困和人权保障”三个分议题。在此，我谨代表主办单位，向各位来宾表示热烈欢迎和衷心感谢！

2008年4月21日，在各方的大力支持下，我们成功主办了第一届“北京人权论坛”，与会人士围绕“发展、安全与人权”进行了深入讨论，普遍认为，在联合国发表《世界人权宣言》60周年之际，回顾总结世界人权发展的经验和教训，分析当前面临的机遇和挑战，积极谋求推动世界发展、安全与人权的良性互动和协调进步，具有重要意义。2008年12月10日，中国人权研究会在北京举行了“纪念《世界人权宣言》发表60周年”座谈会。中共中央总书记、国家主席胡锦涛致信中国人权研究会，认为联合国在60年前发表的《世界人权宣言》，表达了世界各国人民对推进世界人权事业的共同愿望，对世界人权事业发展产生了重要影响。胡锦涛表示，中国人民将一如既往地加强国际人权合作，同世界各国人民一道，共同为推动世界人权事业健康发展，为建设持久和平、共同繁荣的和谐世界作出应有的贡献。

过去的一年，我们同舟共济，全力应对国际金融危机的冲击。这次国际金融危机的发生和蔓延，促使我们更加冷静地反思经济发展的和谐性问题，要求我们更加全面地考虑如何通过和谐发展来实现人权保障目标。在接下来的两天里，我们将围绕“和谐发展与人权”这个主题展开讨论，分享彼此的真知灼见。我们一直认为，发展权是一项不可剥夺的人权，发展是解决当代社会一切问题的关键，是实现安全和人权的重要基础和前提，在贫困、愚昧无知、环境恶化的社会中生活，既没有安全，也不符合人的尊严。当然，有助于全面实现人权保障目标的发展应当是一种全面、协调、可持续的发展，而不是一种病态、失衡、充斥经济泡沫的虚假“经济繁荣”。一旦偏离和谐发展，人权保障的目标就很可能会落空。

人权保障的理论研究和实践经验都表明，文化的多样性和国情的差异性，决定着人权保障模式的不拘一格。中国具有“和合”文化传统，现在又在致力于建构和谐社会，推崇协商、合作和共赢，追求社会和谐，不同利益主体之间可以和而不同，不同观点主张之间可以求同存异。这种博大精深的“和谐”观，不仅在指导经济社会发展的科学发展观中得到了充分体现，而且深刻地影响着中国人权保障的模式选择。为了将人权保障的普遍性与特殊性更好地结合起来，经过多年的积极探索，我们逐步形成了一种契合中国“和合”文化传统、符合建设和谐社会现实、能够最大限度满足公众需要的人权保障“中国模式”，我们暂且将其特点概括如下：

第一，中国人权保障坚持一个基本理念，这就是以人为本的科学发展，统筹兼顾、整体推进、突出重点。

第二，人权法治着力理顺两个基本关系：一是私人之间的关系，这在私法上主要体现为权利与义务关系；二是政府和私人之间的关系，这在公法上主要体现为权力（power）和权利（rights）关系。中国人权法治在处理权利与义务关系时，坚持两者的辩证统一性，主张既没有无权利的义务，也没有无义务的权利；在处理权利与权力关系时坚持两者的良性互动性，通过规范公共权力来保障和拓展人权。

第三，坚持各类人权相互依赖、不可分割的原则，平衡推进经济、社会和文化权利与公民权利和政治权利的协调发展，促进个人人权和集体人权的均衡发展，切实把保障人民的生存权、发展权放在保障人权的首要位置，在推动经济社会又好又快发展的基础上，依法保证全体社会成员平等参与、平等发展的权利。

第四，人权保障力求四个统筹兼顾：一是统筹主权与人权，反对任何国家借口人权问题干涉别国内政，主张遵循主权平等和不干涉内政的原则，认为应当通过国际合作促进和保护人权；二是统筹国际与国内，主张既要尊重人权普遍性原则，恪守国际人权标准，认真履行国际法义务，又要从基本国情出发，积极采取立法、司法、行政等方面措施，努力实现人权普遍性原则与特殊性原则相统一；三是统筹人权与社会，中国人权保障是在深化改革开放的过程中进行的，与加速进行的社会转型齐头并进、相互促进，人权发展依托于社会现实条件，与发展民主政治、建设市场经济、建构和谐社会、弘扬民族文化相契合，并反过来有力地推动了中国的社会转型和科学发展；四是统筹理论与实践，在着力解决人权保障具体问题，建立健全人权保障法律体系，完善人权保障物质设施的同时，不断深化人权理论研究，现已形成一个以中国人权研究会为中心，由高等院校、研究机构和有关专家组成的专业人权研究队伍。

2009 年 9 月份，我率领中国人权研究会代表团访问法国、比利时等欧盟国家和冰岛，就人权领域的广泛议题与欧方进行了比较深入的交流，并在许多方面达成了共识，其中就包括人权观应当与时俱进的问题。我们认为，17、18 世纪资产阶级革命时期提出的“人权”概念，主要是用来反对封建神权、君权和贵族特权。“二战”后，《联合国宪章》汲取了法西斯肆意践踏人权的惨痛历史教训，强调人权保障，之后又发表了《世界人权宣言》，并制定了《公民权利与政治权利国际公约》、《经济、社会和文化权利国际公约》，在保障人权方面发挥过重要历史作用，反映了当时的人权保障诉求。但近半个世纪以来，世界形势发生巨大变化，经济全球化和信息化迅速兴起，亚洲经济体日益崛起，原来的人权观更多地体现西方价值观，对亚洲文明和发展中国家的价值观反映不够，越来越不能满足人权保障的现实需要，这就要求拓展人权概念的内涵和外延，扩大人权保障范围，在继续强调传统人权保障的同时，更加关注生存权、发展权和环境权等。欧方许多官员和专家都对人权观应当与时俱进这一主张表示赞同，认为人权保障不应以一种文明否定另一种文明，要尊重东方文明和发展中国家人权保障模式选择，有必要发展一种更加全面、反映时代进步、能够得到更加广泛接受的人权观。

女士们、先生们，今年恰逢新中国成立 60 周年，10 月 1 日的国庆盛典举世瞩目！60 年来，中国人权事业实现了历史性发展，特别是改革开放 30 年来，党和政府把尊重和保障人权作为治国理政的重要原则，庄严载入《中华人民共和国宪法》，并采取切实有效的措施促进人权事业发展，使广大人民群众物质文化生活水平得到显著提高，政治、经济、文化、社会权益得到切实保障，谱写了中国人权事业发展的新篇章。目前，中国已经参加包括《经济、社会和文化权利国际公约》在内的 25 项国际人权公约，形成了一个以宪法为统率，由 229 件法律、669 件行政法规和 8000 多件地方性法规共同构成的人权法体系。在此基础上，中国政府积极响应联合国号召，专门设立了由国务院新闻办公室和外交部牵头的，由全国人大常委会法制工作委员会、全国政协社会和法制委员会、最高人民法院、最高人民检察院、国家发展和改革委、中国人权研究会等53家单位为成员的国家人权行动计划联席会议机制，广泛征求各社会团体、非政府组织、高等院校、研究机构以及社会各界的意见，反复讨论和修订，最终在今年4月份公布《国家人权行动计划(2009—2010年)》，就经济、社会和文化权利，公民权利与政治权利，少数民族、妇女、儿童、老年人和残疾人权利这三大类权利中的22种具体权利的保障，以及人权教育、国际人权义务的履行、国际人权领域交流合作等作出全面部署，明确未来两年中国政府在促进和保护人权方面的160多项工作目标和具体措施。该行动计划是我国当前推进人权保障的纲领性政策文件，中国的公众和学界对其寄予厚望。鉴于目前世界上只有26个国家发表了国家人权行动计划，国外也高度关注这个行动计划的制定过程和实施情况。我们注意到，遵照该行动计划的要求，中国政府各部门正在依照“各司其职、分工负责”的原则，将该行动计划纳入本地区和本部门的工作职责中积极认真地予以落实，积极推进人权法律制度的立改废工作，提高人权法的执行力和公信力。中国人权研究会还向政府提出建议，尽快研究设立专门的监督执行机构，加大该行动计划的监督执行力度，将开展政府工作与实现人权保障工作目标密切结合起来；特别要重视对各级政府部门实现人权保障工作目标的评估和考核，对不能达标的部门要依法问责。

应当说，改革开放的30年，既是中国社会面貌发生深刻变化的30年，也是中国人权保障事业发展最快的30年。当然，与此同时，我们也清醒认识到，受自然、历史、文化和经济社会发展水平的影响和制约，中国的人权保障还存在诸多问题和困难，促进人权事业的全面发展是中国政府和人民的一项长期而艰巨的任务。中国将一如既往地为促进世界人权事业的发展贡献自己的力量，我们愿与国际社会一道，共同致力于建设一个和谐世界！

最后，祝愿各位来宾身体健康、工作愉快！预祝本届论坛取得圆满成功、结出丰硕成果！

在第二届“北京人权论坛”开幕式上的致辞

——国务院新闻办公室主任　王　晨

（2009年11月2日）

尊敬的各位嘉宾，女士们、先生们、朋友们：

早上好！

在这深秋的美好季节里，中国人权研究会举办第二届“北京人权论坛”，邀请各国人权官员、专家学者和知名人士相聚北京，共商人权发展大计，这是很有意义的一件事情，也是国际人权交流合作的一次盛会。首先，我谨代表中国国务院新闻办公室对论坛的召开表示诚挚的祝贺！对各位嘉宾的到来，表示热烈的欢迎！

当前，国际金融危机影响仍在继续，全球失业和贫困人口数量上升，发展不平衡更加突出，气候变化、粮食危机、能源危机等全球性问题十分突出，严重阻碍着世界的和谐发展，损害着各国人民对普遍人权的享有。今天，来自不同国家和地区的人权专家学者和官员齐聚一堂，围绕“和谐发展与人权”这个主题深入探讨，这是非常及时也是很有意义的事情。

实现和谐发展和充分人权，是世界各国人民共同追求的目标，也是中国人民矢志不渝为之奋斗的目标。中华人民共和国成立60年来，中国政府一直将发展作为解决中国一切问题的关键，采取有力措施大力推进经济建设、政治建设、文化建设和社会建设，为建设富强、民主、文明、和谐的社会主义现代化国家，为实现全体人民享有充分人权的理想，进行了不懈的探索和奋斗，取得了举世瞩目的成就。60 年来，中国国内生产总值以年均 8.1 % 的速度增长，经济总量增加 77 倍，位次跃升世界第 3 位。人均国内生产总值由 1952 年的 119 元提高到 2008 年的 22698 元，扣除价格因素，增长 32.4 倍，年均增长 6.5 %。中国已经由一个积贫积弱、备受屈辱的国家变成为一个繁荣昌盛、对世界和平与发展有着重要贡献的现代国家。特别是近年来，中国政府提出以人为本的科学发展观和构建社会主义和谐社会的重大战略思想，坚持统筹城乡发展、统筹区域发展、统筹经济社会发展、统筹人与自然和谐发展、统筹国内发展和对外开放，坚持发展为了人民、发展依靠人民、发展成果由人民共享，坚持和平发展道路，努力推动和谐发展、开放发展，使社会发展走上了全面、协调、可持续发展的轨道。

新中国成立以来，伴随着中国现代化的跨越式发展，中国的人权事业实现了历史性的飞跃。特别是改革开放以来，中国政府坚持以人为本，将人权的普遍性原则同中国的具体国情相结合，将人民的生存权、发展权放在首位，在改革、发展、稳定的相互促进中全面推进人权，依法保证全体社会成员平等参与、平等发展的权利，促进公民政治权利与经济、社会、文化权利，以及个人权利与集体权利的协调发展。

尊重和保障人权受到中国政府的高度重视。近年来，中国政府将尊重和保障人权纳入以人为本的科学发展观，确立为治国理政的重要原则。2004 年，中国在宪法中明确规定“国家尊重和保障人权”，将尊重和保障人权确立为国家根本大法的一项重要原则。此后，尊重和保障人权相继被载入“十一五”发展规划纲要和中国共产党党章。2009 年 4 月，中国政府制定颁布首份《国家人权行动计划》，对未来两年中国人权事业的发展作出了全面规划。

60 年来，中国人民的命运发生了根本改变，人权状况发生了历史性变化。中国以占世界 9 % 的耕地成功地解决了占世界 22 % 人口的吃饭问题，居民总体生活水平实现了从贫困到温饱和从温饱到小康的两次历史性跨越。中国农村绝对贫困人口从 1978 年的 2.5 亿人减少到 2007 年末的 1479 万人，成为全球最早实现联合国千年发展目标减贫目标的国家。

与此同时，公民的个人权利和政治权利得到了不断扩大和有效保障。国家社会政治生活民主化不断发展，民主选举、民主决策、民主管理、民主监督的各项制度得到健全，公民的有序政治参与不断扩大，人民的知情权、参与权、表达权、监督权在制度化的轨道上得到有效保障。改革开放以来，中国实行依法治国、建设法治国家，形成了以宪法为核心的人权保障法律体系。

2008 年以来，面对国际金融危机的严重冲击，中国政府妥善应对，推出一系列扩大内需、调整结构、促进增长、改善民生的政策措施，着力解决就业、医疗、教育、农民增收、社会保障等关系人民群众切身利益的问题，保持了经济平稳较快发展，切实维护和保障了人民的各项权利。

中国致力于加强国际合作，促进世界人权事业的健康发展。中国一直支持联合国为普遍促进和保护人权所作的努力，积极参与联合国人权领域的各项活动，为丰富人权概念的内涵、完善联合国系统的人权准则和机制、促进国际人权实践的发展努力。中国在平等和相互尊重的基础上，广泛开展与世界各国在人权领域的对话、交流与合作，积极推动国际间相互学习、取长补短，谋求共同进步与发展。中国将一如既往地加强国际人权合作，同世界各国人民一道，共同为推动世界人权事业健康发展，为建设持久和平、共同繁荣的和谐世界做出应有的贡献。

中国是一个拥有 13 亿人口、经济发展不平衡、社会发育不够完善的发展中国家。我们也清醒地认识到，中国在促进和保障人权方面还存在许多困难和挑战。促进人权事业的全面发展仍是中国政府和人民的一项长期而艰巨的任务。

女士们、先生们！大家来自四面八方，却拥有一个共同的心愿，那就是共谋共促世界人权事业的发展。此次人权论坛为大家提供了一个坦率沟通、汇聚共识的重要平台。我衷心地希望大家能够各抒己见、畅所欲言，为世界的和谐发展和人权的普遍实现贡献真知灼见。最后，预祝第二届“北京人权论坛”取得圆满成功。

谢谢大家！

中国高度重视金融危机下的人权保障

——全国政协副主席、中国人权发展基金会理事长黄孟复在英国“亚洲之家”上的演讲

（2009年6月29日）

2009年6月29日上午，全国政协副主席、中国人权发展基金会理事长黄孟复应邀到英国伦敦“亚洲之家”发表演讲并回答现场听众提问，介绍国际金融危机对中国经济发展的影响，表示中国高度重视金融危机背景下的人权保障。演讲稿摘要如下：

女士们、先生们，朋友们：

上午好！

很荣幸来到“亚洲之家”。我演讲的题目是“金融危机下的人权保障”，愿借此机会与英国朋友就金融危机、经济形势和人权问题交流探讨。

此次国际金融危机在世界多极化、经济全球化深入发展的背景下发生。危机由金融业迅速蔓延到其他行业，由发达国家传导到发展中国家，由经济领域影响到社会生活的各个方面，甚至对人民心理产生了重要影响。不少国家经济陷入衰退，失业人口增加，人民生活水平下降，尤其是发展中国家和贫困群体受冲击最大，这不可避免地对世界人权事业构成威胁。世界银行预测，2009年发展中国家将新增5500万至9000万赤贫人口。

受国际金融危机和自身经济战略结构调整的双重影响，中国经济遇到了很大困难。经济增长率2007年为11％，2008年为9％，2009年一季度降至6％。国际市场需求严重萎缩，外贸额大幅度下降，部分行业、企业经营困难，就业形势十分严峻，财政收支矛盾突出。据估算，与2008年同期相比，农民工就业数量减少了1000万以上；2009年毕业的600多万大学生就业难度较大。

以人为本、尊重和保障人权是中国政府的基本执政理念。面对金融危机的严重冲击，中国政府及时调整宏观经济政策取向，迅速出台一揽子方案，全力满足人民群众日益增长的物质文化需求。这些举措标本兼治、远近结合，在保持经济平稳较快发展、加快转变发展方式的同时，对提高人民福祉、维护人民各项权利产生了重要的影响和作用。

中国政府推出新增总额达4万亿元的两年投资计划，努力刺激消费、扩大内需，促进经济平稳较快发展，为保障和发展人权奠定基础。着力保障和改善民生，公共资源配置向教育、医疗和社会保障领域倾斜，千方百计扩大就业，高度重视维护人民经济、社会、文化权利。统筹城乡和区域协调发展，加强农村和中西部基础设施建设，使落后地区和贫困群体分享发展机遇，有利于中国人权更加均衡地进步发展。全面推动产业结构优化升级，加快淘汰落后产能，培育生物医药、新能源、新材料和节能环保等新兴产业，对保障和发展人权具有重要的现实和长远意义。

中国政府根据人权事业的发展目标、任务和基本要求，在金融危机对人权发展造成严重影响的情况下，于今年4月颁布了第一份《国家人权行动计划》。内容涵盖经济、社会和文化

权利，公民权利与政治权利，少数民族、妇女、儿童、老年人和残疾人等权利的维护和保障等诸多事务。中国几乎所有政府部门和相关非政府组织参与了计划的讨论、制定和落实工作。这是中国贯彻“国家尊重和保障人权”宪法原则的具体实践，是推动人权事业发展的又一标志性事件，不仅有益于中国加强金融危机下人权保障工作，而且将为今后人权发展积累经验、奠定基础。

建设和谐世界，推动世界人权进步事业，是中国一以贯之的战略和实践。中国积极参与应对金融危机的国际合作，呼吁维护世界各国尤其是发展中国家人民和贫困群体的基本人权。国家主席胡锦涛两次出席二十国集团领导人金融峰会，向国际社会发出同舟共济、共克时艰的积极倡议。中国保持人民币汇率基本稳定，积极参与国际贸易融资计划，进一步加强国际经贸合作，继续向非洲及其他发展中国家提供援助等等，赢得了广泛赞赏。

女士们、先生们！关于金融危机下的人权保障，我有几点想法和大家共商。

第一，应对国际金融危机、重视保障人权，我们将进一步深化改革、扩大开放、努力发展经济。保持经济平稳较快发展，是维护和保障人权的根本措施。迅速有效应对金融危机，体现了中国经济制度和政府宏观调控的优势。中国将在加强和改善宏观调控的同时，着力深化改革，进一步健全市场经济体制，发挥市场配置资源的基础性作用。有效解决市场准入问题，鼓励民营企业发展和民间资本投入。深化收入分配制度改革，使国民收入分配更多地向民生倾斜。继续扩大对外开放，反对投资和贸易保护主义，鼓励扩大进出口贸易，推动利用外资和对外投资协调发展。

作为一个13亿人口的大国，中国必须保持每年8％的经济增长速度，才能保就业、保民生。我们对此充满信心。中国地域辽阔，发展空间和回旋余地大；工业化和城镇化快速推进，蕴藏着巨大需求和增长潜力；有充裕的资金、丰富的劳动力等要素支撑；最直接的是，政府出台一系列政策举措的效果正在显现。

当前，中国国内投资、消费实现增长，工业生产趋稳，农业投入增加，城乡居民收入继续提高，保障民生工作扎实推进，社会和谐稳定。我认为，中国经济今年一定能实现增长8％的目标。

第二，应对国际金融危机、重视保障人权，我们将在实践中不断探索完善中国式民主政治。各国由于历史传承、经济条件、宗教信仰、文化传统、价值观念等存在诸多差异，实现民主的途径、方式不尽相同。当代中国民主政治的一个重要特色是，把选举民主与协商民主有机结合起来，把执政党依法执政与参政党依法参政结合起来，这有利于促进社会整合，适合中国国情。

中国的最高权力机构是由人民选举产生的全国人民代表大会。中国有多党合作和政治协商制度，中国共产党是执政党，同时有8个参政党。全国政协由来自34个界别的委员组成，代表、反映社会各阶层、各群体的利益和诉求，经常就国家重大问题进行协商，这已纳入中国党和政府的决策程序。我是全国政协副主席，同时作为全国工商联主席，代表六百多万家私营企业和近3000万个体工商户参加政治协商。金融危机发生后，我就中小企业、民营企业发展向政府提出了一些建议，被适时采纳。

中国的民主制度并非完美，我们正积极扩大公民有序政治参与，不断完善制约和监督机制，扎实推进政治体制改革。外国朋友提出的有益建议，我们会参考和借鉴。

第三，应对国际金融危机、重视保障人权，我们将进一步探索和实践具有中国特色的人权发展道路。我们高度尊重国际人权基本准则，同时认为人权发展要与具体国家的实际情况相结合；高度重视生存权和发展权，也同样重视公民、政治权利和经济、社会、文化权利；人权发展是一个渐进的历史过程。希望国际社会设身处地看待中国人权的发展道路，给予更多理解。

中国GDP居世界第三，但人均GDP仅约3200美元，为英国的1/13，排序在世界100位之后；按照中国政府新的扶贫标准，仍有4000多万贫困人口；每年新增约2000万就业人口。这对中国社会经济发展和维护保障人权构成严峻挑战。应对金融危机，乃至未来很长时间，中国都必须致力于发展经济，优先保障人民生存权和发展权，这是由中国国情所决定的。中国的经济发展水平还比较低，促进社会发展和人权进步，必须维护和保持社会的和谐与稳定，这是一个不以人的意志为转移的规律和事实。

女士们、先生们！我个人判断，当前国际金融危机仍在持续，尚未见底，全球经济复苏会经历较长和曲折的过程。

应对金融危机是当前世界各国的重要责任，维护和发展人权更是人类共同的长期历史使命。我们希望与国际社会继续努力，争取促进世界经济早日复苏，为推动世界人权进步事业，建设一个持久和平、共同繁荣的和谐世界作出我们应有的贡献。

在首届“中美法治与人权研讨会”上的致辞

——全国政协副主席、中国人权发展基金会理事长　黄孟复

（2009 年 12 月 12 日）

由中国人权发展基金会、美国美中关系全国委员会主办的首届“中美法治与人权研讨会”2009 年 12 月 12 日至 13 日在江苏省南通市举行，全国政协副主席、中国人权发展基金会理事长黄孟复出席开幕式并致辞。致辞全文如下：

各位来宾、各位朋友，女士们、先生们：

上午好！

首届“中美法治与人权研讨会”今天开幕了。首先，我代表中国人权发展基金会，对会议的召开表示热烈祝贺，对中外嘉宾表示诚挚欢迎！

人权是法治的基本价值和根本目标，法治是人权的根本保障，保障人权和建立法治是人类政治文明进步的重要标志。我们这次会议是近年来中美两国非政府组织交流的进一步深化和发展，参会人员规格和代表性在两国人权组织、学术界都是前所未有的，必将对中美两国法治与人权事业产生深刻影响，在国际社会也具有积极意义。

女士们、先生们，人权事业的发展离不开法律制度的引导、规制和保障。作为人类政治、经济、文化和社会关系及其规律的结晶，一国法律与其国情紧密连接，文化传统、经济水平等方面的差异必然使得各国法律制度各具特色。各国在探索完善法律制度体系、充分保障人权的过程中，积累了大量有益经验。“他山之石，可以攻玉”，法律制度的差异性和互补性决定了人权法律交流具有重要意义。

各位朋友，保障人权是中国民主政治的基本内容，也是社会主义法治建设的重要目标。借此机会，我向大家介绍一下中国的人权法治保障建设。

新中国成立 60 年来，特别是改革开放 30 年来，伴随着中国特色社会主义事业的不断发展，中国社会主义法治建设取得了历史性成就，在指导思想上有四个重大发展：

一是党的十一届三中全会摈弃“以阶级斗争为纲”，将全党工作重点转移到社会主义现代化建设上来，强调为了保障人民民主，必须加强社会主义法制，使民主制度化、法制化，做到有法可依、执法必严、违法必究，开创了中国社会主义现代化建设的新时期，成为中国人权发展的新起点。

二是 1997 年党的十五大将“依法治国，建设社会主义法治国家”确立为治理国家的基本方略，明确提出到 2010 年形成中国特色社会主义法律体系的立法任务，社会主义依法治国理论逐步走向成熟，社会主义依法治国实践迈入更高阶段。

三是2004年“国家尊重和保障人权”被载入宪法，成为我国依法治国、保障人权制度发展上新的里程碑，人权原则渗透到立法、执法和司法的各个环节，中国人权在可靠的法治保障下不断发展。

四是用科学发展观统领和谐社会建设的各项工作，提出了“以人为本”的执政思想，确立了保证宪法实施、建立法治政府、建设政治文明的治国理念。

在这些思想指导下，中国政府在不断推进经济体制改革的同时，积极稳妥地推进政治体制改革，采取了一系列尊重和保障人权的措施，依法治国、建设社会主义法治国家迈出更大步伐。

人权保障的法律体系逐步完备。高度重视通过宪法和法律保障公民的基本权利和自由，制定和完善了一系列保障人权的法律制度，形成以《宪法》为核心，包括《立法法》、《刑法》、《劳动法》、《物权法》、《义务教育法》等在内较为完备的人权保障法律体系，人权在立法、执法、司法各个环节得到了更加充分的保障，公民的政治、经济、社会、文化权利得到了切实尊重，人权保障事业不断法律化、制度化。

中国特色的人权观基本形成。在中国特色社会主义发展道路上，我们探索形成了中国特色人权观：坚持历史性和现实性的统一，认为人权是历史的产物，其发生和发展是一个循序渐进的过程；坚持全面性和重点性的统一，把生存权和发展权放在首位，同时重视人的各项权利的维护和发展；坚持普遍性与特殊性的统一，既遵守国际人权基本准则，又根据国情走自己的发展道路；坚持集体人权与个人人权的统一，既努力维护和保障国家和集体的权利，又充分尊重和保障个人权利；坚持权利与义务的统一，认为没有无义务的权利，也没有无权利的义务；主张尊重人权发展模式的多样性，在平等和相互尊重的基础上加强人权领域的国际交流与合作。

与国际人权进步事业的联系日趋紧密。中国的人权法治建设体现了当代国际人权保障的价值理念，顺应世界人权保障潮流，成为推动中国人权事业融入世界的力量。中国尊重和履行《联合国宪章》、《世界人权宣言》的宗旨和原则，以负责任的态度参与国际人权事务，迄今已参加25项国际人权公约，认真履行承担相关义务，充分发挥国际人权公约在促进和保护本国人权方面的积极作用，为世界人权进步事业作出了积极努力。

但我们也清醒地认识到，中国是世界上最大的发展中国家，处于并将长期处于社会主义初级阶段的基本国情，决定了中国的法治建设仍面临法律体系有待进一步完善、全社会的法律意识和法治观念尚需提高等问题，完善人权法治保障仍是一项艰巨任务。

女士们、先生们，当前，国际形势继续发生复杂深刻的变化，世界多极化、经济全球化深入发展，国际金融危机影响仍在持续，发展不平衡、气候变化、能源资源危机等问题进一步显现，全球性的挑战不断增多，世界各国相互依存日益紧密。在新的形势下，中美关系已成为世界上最重要、最富有活力的双边关系之一，中美之间的利益交融从未像今天这样密切。正如中美两国上个月签署的联合声明所强调：中美在事关全球稳定与繁荣的众多重大问题上，拥有更加广泛的合作基础，肩负更加重要的共同责任。

发展是中美关系永恒的主题。中美都是世界上具有重要影响的大国，有着广泛的共同利益和广阔的发展空间。中美加强磋商，增进互信，开展建设性合作关系，不仅符合两国和两国人民的共同利益，也是维护世界和平、稳定与发展的需要。

中美两国虽然社会制度和文化传统不同，但有着广泛的共同利益，只要双方牢牢把握两国建设性合作关系方向，在彼此尊重的基础上，致力于加强对话、交流与合作，中美关系就一定能持续向前发展，更好地造福两国和世界人民。中美社会各界的交流与往来，有利于加深两国间的相互理解和友谊，有利于中美关系保持勃勃生机与活力。

各位朋友，中美两国交往的历史久远，两国人民彼此怀有友好情感，发展中美友好关系是两国人民的共同愿望。当前，中美两国在重大国际和地区事务中保持着沟通与合作，在文化、法律等领域交流合作成效显著。我们这个会议，符合中美联合声明精神，必将成为加强两国人权交流的一个重要渠道，对促进中美两国人权事业产生积极影响。

预祝研讨会圆满成功！

谢谢！

我国人力资源和社会保障事业取得历史性成就

——人力资源和社会保障部部长兼国家公务员局局长　尹蔚民

（2009年4月）

改革开放30年来，我国经济、政治、文化和社会建设都取得了举世瞩目的成就。伴随改革开放的伟大历史进程和经济社会的持续快速发展，我国人力资源和社会保障事业始终坚持开拓进取、改革创新，取得了显著的成就，基本建立了适应社会主义市场经济体制要求的人力资源和社会保障制度体系框架，对于保障和改善民生、维护改革发展稳定大局发挥了重要作用。

一、不断探索适合国情的就业体制，城乡就业局势保持稳定

我国是一个人口大国，更是一个劳动力大国。党和政府历来高度重视解决就业问题。改革开放以来，我国始终坚持就业的市场化方向，坚持强化政府促进就业的责任，坚持发展经济与扩大就业的良性互动，坚持城乡统筹的发展道路，积极采取有效措施，探索适合我国国情的就业体制，完善促进就业的长效机制，推动我国就业工作取得了举世瞩目的成就。主要表现在：

一是基本建立市场导向的就业体制和机制。坚持实施扩大就业的发展战略，坚持以经济发展带动就业，实现了发展经济与扩大就业的良性互动。深化就业体制改革，实现了由政府“统包统配”的就业制度向劳动者自主择业、市场调节就业、政府促进就业的转变。就业渠道趋于多元化，就业形式日益灵活多样，各类劳动者平等参与市场竞争，市场机制在人力资源配置中的基础性作用越来越明显。

二是制定实施积极的就业政策。在充分借鉴国际经验的基础上，我国制定实施了中国特色的积极就业政策，主要包括税费减免、小额贷款、社保补贴、就业援助、主辅分离、就业服务、职业培训、失业调控、财政投入、社会保障等10项政策措施，促进了各类群体的就业，特别是就业困难人员得到有效帮扶。同时，政府促进就业的职能不断强化，2003年以来，将城镇新增就业和控制城镇登记失业率纳入国家宏观调控的重要指标，形成了财政投入增加、部门相互配合、上下统一行动的长效机制。

三是就业规模不断扩大，就业结构不断优化。1978—2007年，全国从业人员数从40152万人增加到76990万人，年均增加1200多万人；三次产业就业人员比重由70.5∶17.3∶12.2转变为40.8∶26.8∶32.4，第三产业年均增加近700万人，成为扩大就业的重要渠道。在扩大就业的同时，积极采取措施，加强失业调控，城镇登记失业率近年来都保持在4％左右，在劳动力总量矛盾和结构性矛盾十分尖锐的情况下，保持了就业局势的基本稳定。

四是面向城乡劳动者的公共就业服务体系基本建立。全国城市和大部分县都建立了以公共职业介绍机构为窗口的综合性服务场所，99％以上的街道和70％以上的乡镇建立了劳动保障工作机构，95％的社区聘请了专门工作人员，基本形成市、区县、街道（乡镇）、社区四级公共就业服务网络，对城乡劳动者广泛

开展就业政策和信息咨询、职业介绍和职业指导等服务。2007年，全国各级公共职业介绍机构接受登记求职3494万人次，介绍成功1981万人次；全国各类人才中介服务机构共登记要求流动人员3012万人次，帮助1345万人找到了工作或转换了工作岗位。

二、实现“企业保障”向社会保障的重大转变，中国特色社会保障体系框架基本建立

社会保障是现代国家一项基本的社会经济制度，是社会安定的重要保证。党和政府历来高度重视社会保障体系建设。30年来，适应计划经济体制向社会主义市场经济体制转轨的要求，坚持从基本国情出发，坚持政府的主导作用，坚持把解决历史遗留问题与建立长效机制结合起来，坚持试点先行，逐步完善制度和政策，对社会保障采取了一系列改革措施，推动社会保障事业取得长足发展，中国特色的社会保障体系框架基本建立。主要表现在：

一是社会保障制度体系框架基本形成，初步完成了制度转型。在制度主体上，实现了从“企业保障”向社会保障的转变，解决了“企业保障”引发的企业社会保障负担畸轻畸重问题。在制度模式上，创造性地建立了“统账结合”的制度模式，并通过开展“做实”养老保险个人账户试点，推动养老保险由完全“现收现付制”向“部分积累制”的模式转变，增强了社会保障制度应对人口老龄化的能力。在筹资机制上，从国家单一责任转变为国家、企业、个人三方责任共担，增强了制度的支撑能力。在保障层次上，建立了以社会保险、社会救助、社会福利为基础，以基本养老、基本医疗和最低生活保障制度为重点，以慈善事业、商业保险为补充的多层次社会保障体系，实现了由单一层次向多层次保障体系的转变，满足了人民群众多样化的社会保障需求。

二是社会保险覆盖范围不断扩大，待遇水平稳步提高，越来越多人民群众享受到了改革发展成果。截至2007年底，基本养老、基本医疗、失业、工伤和生育保险参保人数分别达到20137万人、22311万人、11645万人、12173万人和7775万人。五项社会保险基金总收入从1998年的1623亿元增加到2007年的10812亿元，年均增长23.5%；总支出从1998年的1637亿元增加到2007年的7888亿元，年均增长19.1%。各项社会保险待遇水平稳步提高，企业退休人员养老金由1998年的月人均300多元提高到2007年的925元。国务院已决定从2008年开始，再连续三年提高企业退休人员的基本养老金。各地还根据物价变动和基金结余情况，提高了失业保险金和工伤保险待遇标准。

三是社会保险经办管理服务体系基本建立，减轻了用人单位的社会事务负担。全国已建立7400多个社会保险经办服务机构，在城市街道一级建立劳动保障事务所10500多个，在乡镇建立劳动保障事务所21700多个，聘用专门人员开展劳动保障工作的社区57800多个。按照国家信息化建设的统一规划，启动并加快“金保工程”建设，不断提高社会保障的信息化管理服务水平。依托社会保险经办服务机构和街道社区社会保障工作平台，初步实现了各项社会保障待遇的社会化发放，逐步实现对参保人员的社会化管理服务，目前全国72%的企业退休人员已纳入街道社区管理服务，并逐步推进和拓展医疗和工伤保险社会化管理服务。

三、深化人事制度改革，中国特色公务员制度基本形成

适应经济体制改革不断深化的需要，30年来，我国的人事制度改革和公务员制度建设始终坚持党管干部、分类管理、协调推进的原则，取得了显著的成效。主要表现在：

一是改变大一统的人事管理体制，形成了分类管理的基本格局。按照分类管理的原则，事业单位和企业根据各自的不同特点深入开展人事制度改革。事业单位结合管理体制改革，以推行聘用制度和岗位管理制度为重点，逐步建立了事业单位人事管理的新机制。国有企业结合完善公司法人治理结构，加快职业经营管理人才队伍建设，逐步建立符合企业特点的现代企业人事制度。这标志着与社会主义市场经济相适应的干部人事管理体制基本形成。

二是颁布实施《公务员法》，中国特色公务员制度基本形成。《公务员法》的颁布实施，将公务员管理纳入了法制化轨道，标志着中国特色公务员制度基本形成。目前，《公务员法》的相关配套政策法规体系已基本建立，内容涵盖公务员录用、考核、奖励、处分以及申诉、培训等各方面，使公务员管理的各个主要环节基本达到了有章可循、有法可依。

三是公务员管理机制逐步健全，公务员队伍建设取得积极进展。坚持凡进必考，推进依法考录、公平考录、科学考录，完善党政机关从基层考录公务员的制度，优化了公务员队伍结构。完善竞争上岗制度，积极加强公务员培训，深入开展做人民满意公务员的活动，公务员队伍作风建设和能力建设进一步加强。

四是中国特色的军队转业干部安置工作体制逐步形成。1975 年恢复军队转业干部安置工作以来，各地相继建立了工作机构和工作制度，逐步改革单一的计划分配安置模式，实行计划分配与自主择业相结合的安置办法，初步形成了中国特色的军队转业干部安置工作体制。30 年来，圆满完成了大批军转干部的安置任务。

四、完善劳动收入分配制度，合理有序的收入分配格局初步建立

收入分配是民生之源。30 年来，我国劳动收入分配制度改革始终坚持按劳分配与按生产要素分配相结合，坚持与经济体制改革和经济社会发展阶段相适应，取得明显成效。主要表现在：

一是基本确立符合机关、事业单位和企业不同特点的工资收入分配制度。公务员工资制度从结构工资制到职级工资制，再到职务与级别相结合的工资制度，既合理体现了工作职责与工资之间的关系，又加大了级别的激励功能。事业单位收入分配制度，从结构工资制到专业技术（职员）职务等级工资制，再到岗位绩效工资制度，体现了分类分级管理的要求，形成了有利于吸引人才、稳定人才和用好人才的收入分配激励机制。企业工资分配制度不断向市场化推进，基本确立了“市场机制调节、企业自主分配、平等协商共决、政府监控指导”的分配原则，建立了以岗位工资为主的灵活多样的基本工资制度，逐步形成了根据岗位和个人贡献确定工资的分配机制。

二是有力促进了经济增长和职工工资水平提高。国家建立了机关事业单位正常晋升工资的机制，使机关事业单位职工工资水平稳步提高。探索建立适应市场经济要求的企业工资决定机制，大力推行工资集体协商，企业工资分配从单纯的行政决定逐步转向效益和市场共同决定，工资水平随着企业经济效益的改善逐步得到提高。2007 年，我国城镇单位在岗职工平均工资为 24932 元，是 1978 年的 40.5 倍，年均增长 13.6%。收入分配制度改革调动了广大职工的积极性，有力地促进了经济增长。

三是初步形成工资分级分类管理体制和宏观调控体系。机关事业单位的工资收入管理体制，由国家集中统一管理逐步向分级分类管理转变，国家通过建立地区津贴制度对地区工资收入差距进行调控。对企业的工资管理实现了从直接管理向间接管理转变，在落实企业分配自主权的前提下，完善了企业最低工资标准，建立了工资指导线、劳动力市场工资指导价位、人工成本信息等宏观调控制度，为形成企业工资决定机制和缩小不同类型企业收入差距提供了依据。

五、实施人才强国战略，人才队伍建设取得重大进展

人才是强国之本，国家的竞争力说到底取决于人才的竞争力。党和国家高度重视人才队伍建设，30 年来，始终坚持党管人才的原则，坚持尊重劳动、尊重知识、尊重人才、尊重创造，坚持人才为经济社会发展服务，坚持人尽其才、才尽其用，从专业技术人才队伍建设、职业能力建设和引进国外智力三个方面，大力培养和引进经济社会发展需要的各类人才，取得了显著的成效。主要表现在：

一是形成了一支规模庞大的专业技术人才队伍。截至 2006 年底，我国专业技术人才总数达到 5223.9 万人，占社会劳动适龄人口的 5.7%。其中，国有企事业单位 2773.9 万人，比 1978 年增长 3.96 倍；非公组织从 1978 年的基本为零增长到 2006 年的 2450 万人。各类专业技术人才积极投身现代化建设，为我国的经

济建设、政治建设、文化建设、社会建设作出了重大贡献，以袁隆平、吴文俊、王选、黄昆等为代表的一批高级专家群体，成为我国科技进步和经济社会发展的栋梁。

二是技能劳动者队伍不断发展壮大。截至2007年底，全国技能劳动者总量为9890万人，占全国城镇从业人员的33.7%；其中技师和高级技师429万人，占技能劳动者总量的4.3%，高级工1810万人，占18.3%。技能人才评价体系初步形成，目前，全国已有8000万人次取得了不同等级的职业资格证书，职业资格证书已成为劳动者求职择业、岗位晋升、确定待遇的重要依据。职业分类与职业标准开发动态管理机制初步建立，目前已完成800多个职业标准的制定，累计发布了11批共114个新职业。

三是引进国外智力工作取得积极进展。目前，全国所有的省区市和副省级城市都开展了引智工作，并延伸到国民经济和社会发展的各个方面，涵盖了科技、教育、文化、卫生、商贸、金融、法律和公共管理等领域。我国已与60多个国家和地区的300多个政府机构、国际组织、知名大学、研究机构和民间团体等建立了长期合作关系。境外来华工作专家从改革开放初期每年几百人次增长到2007年的48万人次，出国（境）派出培训人员也从改革开放初期的每年几百人次增长到2007年的4万人次，为改革开放和经济社会发展提供了有力的人才支持和保证。

六、加大劳动者权益保障力度，劳动关系总体保持稳定

劳动关系是现代社会最基本的一种社会关系，劳动关系和谐是社会和谐的重要基础。30年来，我国始终坚持市场基础调节和政府宏观调控相结合，坚持劳动关系双方自主协调和政府依法调整相结合，坚持促进用人单位发展与维护劳动者合法权益相统一，在加强劳动者权益保障、稳定劳动关系方面取得了显著成就。主要表现在：

一是劳动关系法制建设取得重大进展。目前，以《劳动法》为基础，以《劳动合同法》、《就业促进法》、《劳动争议调解仲裁法》等法律为骨干，以《职工带薪年休假条例》、《劳动保障监察条例》、《禁止使用童工规定》等法规相配套，我国规范和调整劳动关系的法律体系基本形成，劳动关系的建立、运行和调整开始进入法制化轨道。

二是劳动关系双方自主协商、社会三方协调、政府依法调整的劳动关系格局基本形成。在企业层面，建立了集体协商机制，形成了劳动关系双方自主协商机制；在社会层面，中央、省和城市三级都建立了由政府部门、工会和企业联合会组成的协调劳动关系三方机制；在政府层面，各级政府普遍建立了劳动争议仲裁和劳动保障监察执法机构及队伍，为劳动者合法权益提供了全方位的保障。

三是劳动合同和集体合同制度覆盖范围逐步扩大。截至2007年底，全国规模以上企业劳动合同签订率达到90.7%；经劳动保障部门审核当期有效集体合同50.2万份，覆盖职工6457万人，其中，区域性行业性集体合同6.1万份，覆盖职工1640万人；工资专项协议34.3万份，覆盖职工3969万人。

四是劳动监察和劳动争议仲裁工作不断加强。1987年至2007年底，全国各级劳动争议仲裁委员会共立案受理劳动争议案件达254万件，涉及劳动者665万人。自1998年以来，各级劳动保障监察机构共检查用人单位1107万户，查处各类违法案件278万件，责令用人单位为8997万名劳动者补签了劳动合同，补发劳动者被克扣或无故拖欠的工资等待遇317亿元，补缴各项社会保险费401亿元。

五是农民工劳动保障权益保护力度不断加大。国家高度重视维护农民工的劳动保障权益，国务院制定了解决农民工问题的若干意见，成立了由32个部门和单位组成的农民工工作联席会议，着力解决农民工在城镇就业、社会保障以及子女上学、城市公共管理等方面面临的突出问题，有力地维护了农民工的劳动保障权益。2003年以来，针对拖欠农民工工资的突出问题，开展解决拖欠农民工工资问题专项行动，全国共清理拖欠农民工工资440多亿元。

人力资源和社会保障领域的巨大成就是我国改革开放和现代化建设伟大成就的一个缩影，

首先要归功于党中央、国务院的正确领导和人民群众首创精神的充分发挥，同时，也得益于各级党委政府和有关部门在工作中始终坚持把人力资源社会保障的一般规律与我国的具体国情相结合，把推动经济社会又好又快发展与保障和改善民生相结合，把坚持改革的市场化方向与不断强化政府责任相结合，把解决历史遗留问题与建立长效机制相结合。这是人力资源社会保障事业在改革发展30年来积累的宝贵经验，必须在今后的工作中继续坚持并不断发扬光大。同时，我们也必须清醒地看到，当前和今后一个时期，我国人力资源社会保障工作仍然存在一些影响和制约科学发展的体制机制问题，还有不少涉及人民群众切身利益的突出问题没有解决好，特别是面临着工业化、城镇化、市场化、国际化、信息化以及老龄化等一系列严峻的挑战，改革发展的任务依然十分艰巨。站在新的历史起点上，人力资源社会保障部门的责任更加重大、任务更加艰巨、使命更加光荣，必须牢固树立以人为本的理念，以更大的热情、更多的智慧和更加扎实的工作，努力推动人力资源社会保障工作实现科学发展，实现好、维护好、发展好最广大人民群众的根本利益，为全面建设小康社会和构建社会主义和谐社会作出新的更大的贡献。

（《人权》2009 年第 2 期）

加强人权理论建设　积极服务于我国人权事业发展和国际人权交流合作

——中国人权研究会会长罗豪才在中国人权研究会第三届全国理事会上的讲话（摘编）

（2009 年 8 月 25 日）

我们召开中国人权研究会第三届全国理事会第二次会议的主要目的是：总结交流近几年我国人权事业发展和人权理论研究的经验，研究部署新形势下中国人权研究会的学术研究和对外交流工作。

一

2007 年换届以来，中国人权研究会深入学习十七大精神，学习党中央三代领导集体和以胡锦涛同志为总书记的党中央对人权问题的重要论述，贯彻落实以人为本的科学发展观，积极组织人权理论研究和创新，努力拓展理论与宣传阵地，积极参与人权对外舆论斗争，广泛开展人权对外交流与合作，为我国人权事业建设和人权对外宣传工作发挥了智力支持作用，为研究会的进一步发展奠定了坚实的基础。

一是主动策划组织了一些主导性的对外人权交流活动，成为传播我国声音、增强我国发言权和影响力的重要平台。2008 年中国人权研究会举办了首届“北京人权论坛”，邀请世界31 个国家和国际组织的 110 多位人权高级官员和知名专家学者参加，在对外宣传我国人权状况和主张，扩大我国在人权领域的国际统一战线方面发挥了重要的作用。

二是大力开展国内人权机构和人权状况调研，协调整合全国人权研究机构的学术资源。自 2007 年以来，中国人权研究会相继走访了中国社科院人权研究中心、中央党校人权研究中心，以及北京、天津、广州等地有关高校的人权研究机构，并组织召开了首次“全国人权研究机构工作经验交流会”，进一步整合研究力量，拓展研究领域。同时，就金融危机背景下珠江三角洲外来工生存与发展状况以及我国在扶贫领域所取得的成绩及现状等课题进行了实地调研。

三是坚持以重大问题为主攻方向的人权理

论研究，积极建言献策，为发展中国人权事业提供智力支持。近年来，中国人权研究会按照十七大提出的落实以人为本的科学发展观的要求，紧紧抓住关系党和国家人权事业发展的重大全局性、战略性和前瞻性理论问题和现实问题，积极建言献策，为推动改革、促进发展作出了显著成绩。积极参与《国家人权行动计划(2009—2010年)》的起草撰写工作等，编辑出版了《中国人权年鉴（2000—2005年）》、《中国改革开放与人权发展30年》、《发展、安全和人权》、《中国人权在行动》等系列人权著作，总结我国人权发展模式和人权事业最新进展，探讨人权领域新观点、新理论。

四是积极开展人权领域的对外交流与合作，努力改善我国的国际政治环境和舆论环境。近两年来，中国人权研究会充分利用在联合国的咨商地位，通过与联合国人权高专办合作举办项目，派人参加联合国人权理事会以及其他地区性国际会议，向联合国相关条约机构递交“影子报告”等方式，广泛参与联合国等多边人权领域的国际活动和事务，努力为我国改革发展稳定营造良好的舆论环境。同时，充分利用非政府组织的身份和专家学者的人才优势，通过“走出去”、“请进来”等方式，与国际重要人权非政府组织进行接触，努力拓展与有关国家政府、议会、媒体和主流社会的对话和交流渠道，积极做解疑释惑增信的工作。中央领导同志还专门批示称：“中国人权研究会在国际交流、国际舆论斗争中发挥了作用，为我国高举人权旗帜、占领舆论的道义制高点、树立我国负责任的大国形象作出了贡献。”

五是积极开展人权知识普及和教育。2007年至2008年，中国人权研究会共举办了3期人权知识培训班，来自中央国家机关、新闻单位和地方有关部门的共140多名干部参加了培训。为推动人权知识普及，2008年中国人权研究会向北京16所高校的图书馆赠送了各类人权图书千余册，并与《光明日报》联合举办了“人权知识竞赛”等活动，努力提高全社会的人权意识。

二

当前国际形势继续发生着复杂深刻的变化，金融危机、气候变化、粮食危机和能源危机等多重危机波及全球，失业、贫困、饥荒和疾病现象进一步加剧，威胁着世界各国特别是发展中国家和最不发达国家的最基本人权。广大发展中国家平等参与国际事务的要求日益强烈，国际上实现国际关系民主化呼声增强。国际金融危机使现行国际经济金融体系、世界经济治理结构受到严重冲击。世界多极化前景更加明朗，求和平、谋发展、促合作依然是时代的潮流。但是，西方国家继续借“人权”问题对我国施压、说三道四。我国与西方敌对势力围绕2008年的拉萨“3·14”事件以及2009年的乌鲁木齐“7·5”事件的国际舆论斗争表明，在我国和平发展的过程中，人权将始终是西方国家遏制我国发展、干涉我国内政、给我国制造麻烦的最重要工具、借口和焦点。

从国内看，我国政府坚持以人为本，落实“国家尊重和保障人权”的宪法原则，切实保障人民的生存权、发展权，在推动经济社会又好又快发展的基础上，依法保证全体社会成员平等参与、平等发展的权利，着力保障人民的知情权、参与权、表达权、监督权，人权各项事业取得了历史性进步，中国人权状况正处于历史上最好时期。我们一定要充分利用当前的有利形势，研究新情况，总结新经验，探索新思路，创造新机制，增强政治意识、大局意识、责任意识，进一步推动人权理论建设和人权各项事业的发展。

第一，要进一步解放思想，坚持以人为本，深入贯彻落实科学发展观，积极推进人权理论创新，不断丰富和发展中国特色人权理论体系。以人为本的科学发展观是发展中国特色人权事业的根本指导方针和重要理论基础。历史证明，中国特色社会主义事业的伟大实践是人权理论发展的动力，中国特色社会主义事业的巨大成就是人权理论研究进步的源泉。我们下一阶段的工作目标要坚持以深入研究重大现实和理论问题为主攻方向，围绕中心，服务大局，根据国家建设和对外斗争的需要，积极组织学术研究，着力创新人权理论，多出高水平的学术成果，多出思想观点和智慧谋略，为我国人权理论建设、人权对外宣传和舆论斗争提供理论支持和思想武器，发挥好思想库和参谋部的作用。

目前，我国正处在应对国际金融危机冲击、保持经济平稳较快发展的关键时刻，改革发展稳定面临新的重要机遇和严峻挑战。为此，我们要认真学习贯彻党的十七大报告关于人权问题的重大战略思想和重要工作部署，认真贯彻落实胡锦涛总书记致中国人权研究会信中所阐述的重要思想，认真学习、研究和充分领会中央和胡锦涛总书记有关人权的论述和思想，扎实推进中国人权理论建设取得新进展，努力推动中国人权实践取得新发展。我们要以新中国成立60周年为契机，系统深入地研究党中央提出的以人为本、科学发展、构建社会主义和谐社会、推动建设和谐世界等一系列重大战略思想与人权之间的内在联系；系统深入地研究中国特色社会主义政治、经济、文化和社会建设中与人权有关的重大现实问题以及国际人权理论与实践中的前沿问题，力争通过有组织、有计划的研究，拿出一批原创性学术成果，逐步建立起一整套体现时代性、把握规律性、富于创造性的中国特色社会主义人权理论体系，为人权建设和国际交流合作提供更加有力的理论支持。

第二，积极宣传和贯彻《国家人权行动计划（2009—2010年）》，为全面推进国内人权建设服务。2009年4月《国家人权行动计划（2009—2010年）》的发表，系统阐述了未来两年我国促进人权发展的目标措施和政策主张，是落实“国家尊重和保障人权”宪法原则、全面推进中国人权事业发展的纲领性文件，为新形势下全面推进人权事业发展指明了方向。中国人权研究会要结合新中国成立60周年和《国家人权行动计划（2009—2010年）》的贯彻实施，有计划地组织国内专家学者开展调查研究，举办专题研讨会，总结改革开放以来我国人权理论和实践发展的经验，就如何在立法、执法、司法和执政、行政各个环节中全面贯彻“国家尊重和保障人权”的宪法原则，如何将尊重和保障人权落实到政治、经济、文化和社会建设各个领域，如何完善政策措施在推动科学发展和促进社会和谐的实践中扎实推进人权事业的发展等问题开展有针对性的理论研究，系统分析探讨推动我国人权事业全面发展的机遇、挑战和对策，通过总结经验、肯定成绩和进步的方式，积极推动我国人权领域的改革和发展。

第三，进一步高举人权旗帜，积极开展人权国际交流与合作，更好地掌握国际人权舆论斗争的主动权。在新的形势下，我们要深刻认识国内大局和国际大局的紧密联系，不断提高统筹国内国际两个大局的能力，科学把握当今世界国际人权斗争与合作的深刻变化及其特点，主动顺应和平与发展的时代主题，正确应对世界多极化、经济全球化和科技进步的发展趋势，妥善应对国际人权斗争的挑战和国际社会对我国的各种疑虑，为我国在人权问题上占领舆论的道义制高点作出不懈努力。我们要高举人权旗帜，高扬人道、和谐的价值，坚持以人为本、和谐发展的理念，积极开展理论创新，建立具有中国特色、世界影响的人权话语体系，努力争取国际人权话语权和主导权，提升我们国家的软实力。

中国人权研究会要继续举办由我国主导的高层次人权论坛，加大“请进来”、“走出去”的工作力度，积极拓宽与西方国家对话和合作的渠道，努力与各国的国家人权机构和有影响的非政府组织开展交流合作，寓对外宣传于学术讨论和文化交流中，努力传播我国在人权领域的声音，更加广泛深入地参与国际人权领域的活动，扩大非政府人权领域的国际统一战线，切实发挥好这些高层人权论坛在非政府人权领域舆论斗争中的主力军作用。

第四，要继续有计划地开展面向大众的人权教育活动，普及人权知识，提高全民的人权意识。在促进人权的各种活动中，人权教育占有举足轻重的地位，受到党和政府的高度重视。《国家人权行动计划（2009—2010年）》专门设立一章对人权教育进行阐述。人权教育不只是提供信息，而应是一个全面的终身过程。推进人权教育，是人权研究机构和人权理论工作者义不容辞的历史责任。中国人权研究会要通过联合相关单位和研究机构在全社会组织人权理论研究和实地调查研究，举办人权知识培训班和讲座等形式多样的人权知识教育和普及活动，寓教于乐，建立起人权教育的长效机制。我们应该发挥中国人权研究会的学术与资源优势，加强统筹规划，通过评估需求和制定有效策略，协调教育材料的编制以及加强大众传媒的作用等，积极开展内容丰富、形式多样的人权知识的普及和教育活动，为全面提升全社会的人权意识作出应有的贡献。

第五，要进一步加强人权舆论阵地建设和人才队伍建设。《人权》杂志和中国人权网是我们目前两个较有影响的人权舆论阵地，要下大力气办好，进一步健全组织机构，努力在提高质量和扩大对外影响上下工夫，努力在生动化、形象化、系统化上下工夫，使其及时有效地向世界主要地区传播我国的声音。特别是要充分利用互联网的便捷性、灵活性和敏感性等特点，提高信息收集分析能力、危机管理和应对能力，加强网络安全管理，充分发挥好中国人权网在宣传人权理论和实践、引导国内国际舆论的作用，进一步扩大中国人权研究会的影响力。

完成好中国人权研究会的工作，关键在于有一支政治立场坚定、理论水平高的专业的人才队伍。我们的人权理论和实际工作者要增强责任意识，适应国际国内形势的新发展，自觉落实党中央对人权事业发展的新要求，加强学习，深化研究，积极投身全面建设小康社会的伟大实践，为推动我国人权事业的全面发展，为维护、树立和塑造我国繁荣发展、民主进步、文明开放的良好国际形象作出新的更大的贡献。

人权保障的“中国模式”

——中国人权研究会会长罗豪才在比利时布鲁塞尔自由大学座谈会上的演讲（摘编）

（2009年9月21日）

今天，我要和大家讨论人权保障问题。“人权”是个伟大的名词，尊重和保障人权是世界各国人民长期以来的共同愿望和追求。61年前，《世界人权宣言》公开发表，宣称要“作为所有人民和所有国家努力实现的共同标准”。中华人民共和国成立60周年以来，中国人权事业实现了历史性突破。特别是改革开放30年来，中国政府将“国家尊重和保障人权”确立为治国理政的重要原则，庄严载入宪法，并采取切实有效措施促进人权事业发展，使广大人民群众物质文化生活水平得到显著提高，政治、经济、文化、社会权益得到切实保障。改革开放30年是中国社会面貌发生深刻变化的30年，也是中国人权保障事业发展最快的30年。

一方面，中国积极履行国际法义务，恪守国际人权标准；另一方面，中国是一个处于改革开放进程中的发展中大国，有着国家主权屡遭西方列强侵犯的近代史，在选择人权保障模式时必须结合具体国情，统筹尊重主权与保障人权，统筹个人人权与集体人权的保障，统筹保障公民权利和政治权利与保障经济、社会和文化权利的关系，循序渐进地提升人权保障水平。通过坚持不懈的积极探索，我们逐步形成了人权保障的“中国模式”。为方便理解，我将“中国模式”的基本特点概括为“一二三四”：即中国人权保障坚持一个基本理念，这就是以人为本的科学发展；人权法治着力理顺两个基本关系，即权利与义务关系和权利与权力关系；整体推进三代人权保障，即在实现第一代和第二代人权协调发展的同时，把保障人民的生存权和发展权放在首要位置；人权保障力求四个统筹兼顾，包括统筹主权与人权、国际与国内、人权与社会、理论与实践四个方面。

第一，中国人权保障坚持一个基本理念，

即以人为本的科学发展。

中国法治建设起步较晚、底子不厚，需要解决的人权保障问题千头万绪，只有遵循以人为本的科学发展理念，才能避免顾此失彼、挂一漏万，实现人权事业的科学发展。以人为本的人权保障，是科学发展观在人权保障领域的具体体现。首先，国家要积极创造条件改善人权状况，千方百计推进人权事业发展，通过推动经济社会科学发展来解决人权问题。其次，人权保障要致力于拓展公民自由，实现人的全面发展，努力做到人权保障为了人民、依靠人民、人权保障成果由人民共享。最后，人权保障应当均衡发展，全面、协调、可持续。要全方位推进各种人权的共同发展，避免出现人权保障的“短板”，依法设定一个相辅相成的权利体系，并保证人权保障与经济社会发展的水平相契合。以人为本的科学发展理念全面渗透到中国人权保障事业当中，深刻地影响着中国人权法治建设的理论、制度和实践。中国政府2009年出台的《国家人权行动计划（2009—2010年）》坚持以人为本的科学发展理念，统筹兼顾、整体推进、突出重点，就经济、社会和文化权利，公民权利与政治权利，少数民族、妇女、儿童、老年人和残疾人权利这三大类权利中的22种具体权利的保障，以及人权教育、国际人权义务的履行及国际人权领域交流与合作作出全面部署，明确未来两年中国政府在促进和保护人权方面的160多项工作目标和具体措施，平衡推进中国人权保障，寻求人权保障的科学发展。

第二，中国人权法治着力理顺两个基本关系，即权利与义务关系和权利与权力关系。

首先，中国依靠法治保障人权。中国的人权保障和法治建设是同步发展起来的，是一枚硬币的两面。中国政府与人民深刻地认识到，只有将人权保障与法治建设统一起来，才能实现人权保障的美好目标。目前，中国现行法律共229件，行政法规600多件，地方性法规超过8000件，基本形成了一个以宪法为核心的法律体系。中国制定的每一件法律法规，都努力体现国家尊重和保障人权的精神。例如，2004年的宪法修正案将“国家尊重和保障人权”载入宪法，1989年出台的《行政诉讼法》确立了行政诉讼制度，1994年制定的《国家赔偿法》规定国家机关违法行使权力应当承担国家赔偿责任，1996年修订的《刑事诉讼法》确立了无罪推定原则。

其次，中国人权法治着力理顺权利与义务关系和权利与权力关系。人权法治建设主要理顺两对基本关系：一是私人之间的关系，这在私法上主要体现为权利与义务关系；二是私人与政府之间的关系，这在公法上主要体现为权利与权力关系。在不同的文化传统下，人们对这两对基本关系的处理会有不同理解，有些国家将私人之间、特别是政府与公民之间假定为一种消极对抗关系。与之形成对照的是，中国传统文化是一种“和合文化”，讲究协商、合作、共赢，追求社会和谐，可以和而不同、求同存异。在这种文化传统下，中国人权法治建设辩证对待这两对基本关系，在处理权利与义务关系时坚持二者的辩证统一性，没有无权利的义务，也没有无义务的权利；在处理权利与权力关系时坚持二者的良性互动性，通过规范公共权力来保障和拓展人权。中国人权法对待这两对基本关系的这种立场，在《宪法》第33条中有明确规定：“中华人民共和国公民在法律面前一律平等。国家尊重和保障人权。任何公民享有宪法和法律规定的权利，同时必须履行宪法和法律规定的义务。”在此基础上，一方面，中国按照权利与义务辩证统一的要求，建构了一套以《民法通则》为龙头，以《婚姻法》、《合同法》、《继承法》、《物权法》等部门私法为主体的私法体系。另一方面，围绕着实现权利与权力关系的良性互动，中国建立了以宪法为统率，以刑法、行政法、诉讼法等部门公法为支柱的公法体系。

最后，人权法治建设把规范公共权力当作重点。中国认识到，既要充分发挥国家在人权保障中的主要职责，又要有效防止因公共权力的滥用而侵犯人权，为此把规范权力和保障权利当作重点。就立法而言，要求开门立法、民主立法、科学立法，不断提升公众参与立法的广度和深度。就执法而言，要求政府信息公开，行政机关应当合法行政、合理行政、程序正当、高效便民、诚实守信、权责统一，确立健全行政问责制，建设法治政府。就司法而言，要求法院依法独立行使审判权，坚持公开审判原则，依法保障当事人的合法权益。同时，不断完善国家权力监督机制，特别是借用互联网等方式加强社会舆论监督。

第三，整体推进三代人权保障，即在实现第一代和第二代人权协调发展的同时，把保障人民的生存权和发展权放在首要位置。

一则，中国积极推动经济、社会和文化权利发展。中国宪法规定公民享有劳动权、休息权、受教育权等基本权利。中国政府采取各种措施，大力发展经济、社会、文化事业，着力解决就业、社会保障、教育、文化、卫生等问题，使人民的经济、社会、文化权利得到巨大改善。30 年来，中国实施积极的就业政策，就业规模不断扩大，2007 年的就业人员达到 7.699 亿人，比 1978 年增加了 1 倍多。中国教育事业取得长足发展，九年制义务教育全面普及，高等教育进入“大众化”时代，2008 年普通高等学校在校学生达到 2021 万人，比 1978 年增长 21 倍。中国公共卫生事业发展成效明显，人民健康水平继续提高，每千人口医生和病床数都处于发展中国家的中等偏上水平，人口平均预期寿命由 1981 年的 67.8 岁提高到 2005 年的 73 岁。中国社会保障的总体框架基本形成，覆盖面不断扩大，保障水平不断提高，参加各类社会保险的人数大幅度增加，领取最低生活保险的人数超过 5000 万人。

二则，中国积极保障公民权利和政治权利。中国宪法规定公民享有平等权、选举权和被选举权等基本权利。中国政府坚持以保证人民当家做主为根本，从各个层次、各个领域扩大公民有序政治参与，健全民主制度，丰富民主形式，拓宽民主渠道，依法实行民主选举、民主决策、民主管理、民主监督，着力保障人民的知情权、参与权、表达权、监督权。改革开放以来，中国积极稳妥地推进政治体制改革，不断扩大公民的有序政治参与，强化政务公开，加强对权力的监督和制约，公民的民主权利切实得到保障。人民代表大会制度不断完善，差额选举和定期换届已经形成制度。中国共产党领导的多党合作和政治协商制度在国家政治和社会生活中的重要性不断增强。基层民主不断扩大，公民有序政治参与的渠道更加通畅。全国农村普遍实行了村民委员会直接选举。民主选举、民主管理、民主决策、民主监督已经成为农村管理的基本模式。

三则，切实把保障人民的生存权和发展权放在保障人权的首要位置。保障绝大多数人的根本利益，是中国人权保障的出发点。中国是一个有着 13 亿人口的发展中国家，促进和保障人权必须考虑中国国情，中国首先要发展经济，解决人民的温饱问题，确保人民的生存权和发展权，因此是首要的也是中国最大的人权保障。改革开放 30 年来，中国经济和社会发展突飞猛进，经济以年均 9.8 % 的速度持续增长，人均国内生产总值由 1978 年的 381 元，上升到 2008 年的 22698 元，扣除价格因素，增长了约 10 倍，年均增长 8.6 %。人均国民总收入，1978 年为 190 美元，2008 年已超过 2000 美元。伴随着国家经济持续高速增长，城乡居民收入水平和富裕程度显著提高。中国在总体上已经解决了温饱问题，达到了小康水平。同时，中国在消除贫困和改善贫困地区人民基本生活条件方面也取得了历史性突破。30 年前，中国有 2.5 亿人生活在绝对贫困状态，得不到温饱。2007 年，这一数字减少到 1479 万。联合国和世界银行认为，近 25 年来，全人类取得的减贫成就，2/3 应归功于中国。中国政府在治国理政中坚持发展为了人民，发展依靠人民，发展成果由人民共享，着力解决好人民最关心、最直接、最现实的利益问题，促进社会公平正义，努力使全体人民学有所教、劳有所得、病有所医、老有所养、住有所居。

第四，中国人权保障力求四个统筹兼顾，包括统筹主权与人权、国际与国内、人权与社会、理论与实践四个方面。

一则，统筹尊重主权与保障人权。从国际法角度看，国家主权原则是现代国际法原则体系中的最基本原则，构成了现代国际法的基石。我们认为，一旦国家主权沦落，一国的政治、经济和文化等方面被殖民主义或霸权主义者所操纵，那就不可能再去奢谈公民的人权保障。

特别对于广大发展中国家来说，维护国家主权和独立始终是一个紧迫、严峻的现实问题，是进一步享有其他人权的前提条件。中国反对任何国家利用人权问题干涉别国内政，认为通过国际合作促进和保护人权，必须遵循主权平等和不干涉内政的原则。

二则，统筹国际人权标准与国内人权法。中国一直主张既要尊重人权普遍性原则，又要从基本国情出发，努力实现人权普遍性原则与特殊性原则相统一。中国一贯支持《联合国宪章》关于促进和保护人权的宗旨和原则，已经参加包括《经济、社会和文化权利国际公约》在内的25项国际人权公约，参加了联合国8项核心人权公约中的6项，正在积极研究批准《公民权利和政治权利国际公约》。中国在坚持尊重国家主权等公认的国际法基本原则的基础上，结合国情实际，积极采取立法、司法、行政等方面措施，认真履行国际法义务。例如，我国在1988年批准《禁止酷刑和其他残忍、不人道或有辱人格的待遇或处罚国际公约》之后的1996年，对1979年制定的《刑事诉讼法》做了重大修订，完善了刑事司法程序，增加了保护公民权利的规定。中国积极参加联合国人权领域活动，1981年当选为联合国人权委员会成员国，2006年当选为人权理事会成员国。中国政府主张加强国际人权交流、对话与合作，与世界各国共同致力于推动世界人权事业健康发展，为建设持久和平、共同繁荣的和谐世界作出应有的贡献。中国人权研究会作为在联合国享有咨商地位的非政府组织，同联合国有关机构、各国人权机构和人权组织等进行了广泛的交流和与合作，增进了相互了解。

三则，统筹人权发展与社会转型。“权利永远不能超出社会的经济结构以及由经济结构所制约的社会的文化发展”。近30年来，中国人权保障是在深化改革开放的过程中进行的，与加速进行的社会转型齐头并进、相互促进。中国的社会转型，包括经济体制从计划经济向市场经济的转轨、治国方略从人治向法治的转变、所有制结构由单一的公有制向以公有制为主体的多种所有制并存转变、对外交往从封闭半封闭到全方位开放的转变，中国的人权发展依托于社会现实条件，与发展民主政治、建设市场经济、建构和谐社会、弘扬民族文化相契合，并反过来有力地推动了中国的社会转型和科学发展。

四则，统筹人权实践发展和理论创新。中国在着力解决人权保障具体问题，建立健全人权保障法律体系，完善人权保障物质设施的同时，不断深化人权理论研究。中国现已形成一个以中国人权研究会为中心，由高等院校、研究机构和有关专家组成的专业人权研究队伍。中国学术界翻译出版了大量国外人权研究著作，在国内主要报刊上发表的关于人权问题的文章、译文超过1500篇，出版的专门著作、译著超过100部，出版的资料汇编和论文集超过50部。同时，还在大学开展设置人权法课程开展人权教育，运用各种方式在全社会广泛宣传人权保障观念和普及人权保障知识，并针对执法人员举办各类人权专题培训班以提高人权保障意识和能力。

由此可见，人权保障的“中国模式”立足现实、放眼世界、面向未来。当然，我们清醒地认识到，受自然、历史、文化和经济社会发展水平的影响和制约，中国的人权保障还存在诸多问题和困难，尊重和保障人权，促进人权事业的全面发展是中国政府和人民的一项长期而艰巨的任务。中国将一如既往地为促进世界人权事业的发展贡献自己的力量，我们愿与国际社会共同致力于建设一个持久和平、共同繁荣、人人享有人权的和谐世界！

推进中国人权事业全面发展的重大举措

——国务院新闻办公室主任王晨就中国发布《国家人权行动计划（2009—2010 年）》答记者问

（2009 年 4 月 14 日）

国务院新闻办公室 2009 年 4 月 13 日发布了《国家人权行动计划（2009—2010 年）》。这是我国第一次制定国家人权行动计划，国内外广泛关注，对该行动计划给予充分肯定和积极评价。14 日，中共中央对外宣传办公室、国务院新闻办公室主任王晨就中国制定《国家人权行动计划（2009—2010 年）》的有关问题接受了《人民日报》和新华社记者的专访。

记者：请您谈谈中国为什么要制定《国家人权行动计划（2009—2010 年）》，制定《国家人权行动计划（2009—2010 年）》有什么现实意义？

王晨：实现充分的人权是人类长期追求的理想，也是中国政府和人民长期为之奋斗的目标。近年来，中国共产党和中国政府把尊重和保障人权作为治国理政的一项重要原则，庄严载入了《中国共产党章程》和《中华人民共和国宪法》。为了深入贯彻以人为本的科学发展观，全面落实"国家尊重和保障人权"的宪法原则，中国政府根据当前全面建设小康社会的实际情况和发展要求，积极响应联合国关于制定国家人权行动计划的倡议，决定制定行动计划。这是中国政府坚定不移地促进中国人权事业全面发展的一个重要举措。

《国家人权行动计划（2009—2010 年）》是中国政府制定的第一个以人权为主题的国家规划，是一份落实"国家尊重和保障人权"的宪法原则、推进中国人权事业发展的行动纲领性质的政策文件。制定实施《国家人权行动计划（2009—2010 年）》，明确未来两年中国政府在促进和保护人权方面的工作目标和具体措施，并将这些目标措施落实到政治、经济、文化和社会建设各个领域，落实到立法、执法、司法和执政、行政各个环节，这对于提升全社会尊重和保护人权的意识，全面推进人权事业发展，推动现代化事业科学发展，促进社会和谐，都具有重要的现实意义。可以说，制定《国家人权行动计划（2009—2010 年）》是中国人权发展史上的一个重要事件，标志着中国人权事业已成为国家建设和社会发展的一个重要主题，开始走上有计划全面推进的新阶段。它记录了中国政府促进和保障人权的前进轨迹、坚定决心和努力方向，必将有力地推动各级政府、各行各业和全社会树立尊重和保障人权的价值观念，有力地推动人权事业的发展。

记者：请您介绍一下《国家人权行动计划（2009—2010 年）》是如何制定出来的？有哪些部门和单位参与了制定工作？

王晨：《国家人权行动计划（2009—2010 年）》是在党中央、国务院的领导下，在中国国家权力机关、行政机关和司法机关各相关部门共同努力和社会各界广泛参与下制定的。鉴于《国家人权行动计划（2009—2010 年）》涉及政治、法律、经济、社会、文化等各个领域，制定和落实行动计划需要众多国家机构和社会团体的共同努力和参与，为制定好《国家人权行动计划（2009—2010 年）》，确保行动计划的权威性、有效性和可行性，中国政府专门设立了国家人权行动计划联席会议机制，由国务院新闻办公室和外交部牵头，成员单位共 53 个，包括全国人大常委会办公厅、全国人大常委会法制工作委员会、全国政协社会和法制委员会、最高人民法院、最高人民检察院、外交部、国家发展和改革委员会、教育部、科学技术部、工业和信息化部、国家民族事务委员会、公安部、监察部、民政部、司法部、人力资源和社会保障部、国土资源部、环境保护部、住房和城乡建设部、交通运输部、铁道部、水利部、农业部、文化部、卫生部、国家人口和计划生育委员会、审计署、国家质量监督检验检疫总局、国家广播电影电视总局、国家新闻出版总署、国家体育总局、国家安全生产监督管理总局、国家统计局、国家林业局、国家知识产权局、国家宗教事务局、国务院法制办公室、国务院新闻办公室、国家信访局、国家食品药品监督管理局、国务院妇女儿童工作委员会、国务院扶贫办公室、全国老龄工作委员会、国务院三峡办公室、中共中央宣传部、中共中央统战部、中共中央对外联络部、中共中央政策研究室、中华全国总工会、中华全国妇女联合会、中国残疾人联合会、中华全国青年联合会、中国人权研究会。为制定好行动计划，我们还邀请了一些高校和研究机构的专家组成专家小组参与行动计划的起草制定工作。

在行动计划起草制定过程中，联席会议机制及其工作机构多次召开会议，就行动计划的内容与联席会议机制各成员单位进行认真研究和反复磋商，力求使行动计划既充分体现推进人权事业发展的要求，又充分考虑到当前中国社会各方面的实际情况和各相关单位的意见和要求。为充分吸收社会各界和非政府组织的意见，我们多次召开会议，邀请中国法学会、中华全国律师协会、中国法律援助基金会、中国教育学会、中国妇女发展基金会、中国扶贫基金会、中国残疾人福利基金会等20多个单位派专家学者和代表人士参加，广泛征求各社会团体、非政府组织、高等院校、研究机构以及社会各界的意见。

经过80多个单位的共同参与和努力，在反复讨论修改、先后十易其稿的基础上，形成了《国家人权行动计划（2009—2010年）》，经国务院批准，授权国务院新闻办公室予以公布。可以说，这个行动计划凝聚了国家各有关部门和社会各方面的思想，是集体智慧的结晶，体现了党的主张、国家的意志与人民的要求的一致性。

记者：《国家人权行动计划（2009—2010年）》的指导思想是什么？主要包括哪些内容？

王晨：《国家人权行动计划（2009—2010年）》以科学发展观和党的十七大报告关于扩大民主、加强法制、改善民生、保障人权的思想为指导，结合中国各个领域的中长期工作规划，全面系统地制定了2009—2010年中国在人权领域将实现的目标和将采取的具体措施。

《国家人权行动计划（2009—2010年）》总的指导思想是：坚持以人为本，落实“国家尊重和保障人权”的宪法原则，既尊重人权普遍性原则，又从基本国情出发，切实把保障人民的生存权、发展权放在保障人权的首要位置，在推动经济社会又好又快发展的基础上，依法保证全体社会成员平等参与、平等发展的权利。这个指导思想贯穿于整个行动计划之中。具体地说，体现在三方面：一是将保障人民的经济、社会、文化权利贯穿于促进经济社会发展的全过程中，坚持发展为了人民，发展依靠人民，发展成果由人民共享，着力解决好人民最关心、最直接、最现实的利益问题，促进社会公平正义，努力使全体人民学有所教、劳有所得、病有所医、老有所养、住有所居；二是将保障公民的政治权利贯穿于政治文明建设之中，坚持以保证人民当家作主为根本，从各个层次、各个领域扩大公民有序政治参与，健全民主制度，丰富民主形式，拓宽民主渠道，依法实行民主选举、民主决策、民主管理、民主监督，着力保障人民的知情权、参与权、表达权、监督权；三是积极参与国际人权事务，加强国际人权交流、对话与合作，同世界各国一道，共同致力于推动世界人权事业健康发展，为建设持久和平、共同繁荣的和谐世界做出应有的贡献。

本行动计划内容主要有五大部分：一是经济、社会和文化权利保障，包括工作权利、基本生活水准权利、社会保障权利、健康权利、受教育权利、文化权利、环境权利、农民权益的保障以及四川汶川特大地震灾后重建中的人权保障；二是公民权利与政治权利保障，包括人身权利、被羁押者的权利、获得公正审判的权利、宗教信仰自由、知情权、参与权、表达权、监督权的保障；三是少数民族、妇女、儿童、老年人和残疾人的权利保障；四是人权教育；五是国际人权义务的履行及国际人权领域交流与合作。

记者：制定这份《国家人权行动计划

(2009—2010年)》的基本原则是什么？这份《国家人权行动计划（2009—2010年）》的主要特点是什么？

王晨：制定行动计划是联合国大会1993年通过的《维也纳宣言和行动纲领》的要求。迄今，世界上已有包括中国在内的26个国家制订了此类计划。我国在制订《国家人权行动计划(2009—2010年)》过程中，一方面，认真研究和参考了联合国人权高专办2002年制定的《国家人权行动计划指南》的相关要求和建议，参阅了有关国家制定的人权行动计划；另一方面，根据中国的实际，研究确立了制订该行动计划的基本原则。

中国制定《国家人权行动计划（2009—2010年)》的基本原则大体上体现了中国推进人权事业发展所遵循的基本原则。概括地说，主要有三个基本原则：

一是依法推进的原则。这就是，坚持依法治国的基本治国方略，坚持在民主与法制的轨道上促进和保障人权。此次制订行动计划的基本依据，就是中国宪法规定的“国家尊重和保障人权”的原则和宪法关于“公民基本权利和义务”的规定，以及与之相一致的《世界人权宣言》和国际人权公约的基本精神。该行动计划的一项基本内容就是依据中国宪法的原则规定和国际人权公约的基本精神，从立法、执法、司法各个环节完善尊重和保障人权的体制机制和目标措施，依法推进中国人权事业的发展。

二是全面推进的原则。这就是，坚持以人为本，全面、协调、可持续的科学发展观，坚持人权的广泛性和公平性，按照各类人权相互依赖、不可分割的原则，对各类人权的发展进行统筹协调、统一部署、均衡促进，切实推动经济、社会和文化权利与公民权利和政治权利的平衡发展，促进个人人权和集体人权的协调发展。

三是务实推进的原则。这就是，既在内容设置和形式规范上充分体现了国际社会关于人权的普遍性原则，积极吸纳联合国的相关要求和各国的一些有益做法，又始终坚持从中国基本国情出发，根据中国的实际情况提出问题、思考问题和解决问题，将“应该做”与“能够做”很好地结合起来，确保设定的目标措施切实可行，确保人权事业按照求真务实的精神加以科学的推进。

《国家人权行动计划（2009—2010年)》的最大特点，就是它的实践性和行动性。它致力于始终不渝地解决事关普通群众切身利益的实际问题来切实改善人权，提高广大人民群众实际享受人权的水平。

记者：如何落实和监督实施《国家人权行动计划（2009—2010年)》？

王晨：中国政府在制订《国家人权行动计划（2009—2010年)》之初就十分重视它的实施问题。尊重和保障人权，国家公共权力机关负有主要的责任。为了使国家机关承担起实施行动计划的主要责任，专门设立了国家人权行动计划联席会议机制，采用了由国家各有关部门和单位共同协商制订的办法。通过这个机制，把与保障人权有关的各个国家机关和单位都吸收进来，把各部门和单位参与制订行动计划的过程与各有关部门和单位履行落实行动计划的责任与义务有机地统一起来，使制订的过程成为提高认识和落实责任的过程，为行动计划的实施提供了有效保障。按照联席会议机制，组成联席会议机制的各国家权力机关、行政机关、司法机关的相关部门和单位将依照“各司其职、分工负责”的原则，将《国家人权行动计划(2009—2010年)》有关内容纳入本部门、本单位的工作职责，并通过具体措施将各项任务部署到本部门、本单位的各级机关，积极认真地予以落实。国家人权行动计划联席会议机制既负责组织制定行动计划，也负责统筹协调本行动计划的执行、监督与评估工作。

尊重和保障人权也是全社会共同责任，需要全社会的共同努力。在行动计划的制订过程中，吸收了一些非政府组织成为联席会议的成员单位，邀请了一些人权领域的专家学者参与行动计划的制订工作，通过多种途径广泛听取了高等院校、研究院所、社会团体和非政府组织的意见，并通过媒体广为宣传，使行动计划制订的过程成为社会参与的过程和开展人权知识普及教育的过程，既广泛地吸收了社会各界的意见，又提高了全社会对该行动计划的知情度。行动计划公布以后，我们还将开展一系列普及宣传活动，使行动计划为全社会所知晓。希望各企事业单位、社会团体、非政府组织、新闻媒体和社会公众都积极参与行动计划的宣传和实施，积极推动行动计划的贯彻落实。

记者：您怎样评价我国目前的人权状况，您对我国的人权事业的发展前景怎么看？

王晨：中华人民共和国成立以来，中国共产党和中国政府为促进和保障人权作出了不懈的努力，取得了举世公认的成就。中国人民的命运发生了翻天覆地的变化，中国人权事业也实现了历史性发展。特别是改革开放以来，中国共产党和中国政府在全面推进社会主义现代化建设的过程中，将人权的普遍性原则与中国的具体国情相结合，采取切实有效的措施促进人权事业发展，使广大人民群众的政治、经济、文化、社会权益得到了有效保障，谱写了中国人权事业发展的新篇章。尊重和保障人权已经成为国家建设和社会发展的重要主题。人民的物质文化生活水平实现了由温饱不足到小康生活的历史性飞跃，2亿多人摆脱了贫困，全国人均寿命明显提高，文盲率大幅降低，九年制义务教育得到普及，社会保障体系不断完善，人民的生存权、发展权和经济、社会、文化权利得到了巨大改善。政治体制改革和民主政治建设有序推进，依法治国的基本治国方略得到全面落实，公民权利和政治权利在法制化的轨道上得到了有效保障。可以说，当前是中国历史上人权状况最好的时期。

同时，我们也清醒地看到，中国是一个拥有13亿人口、人均资源相对短缺、经济文化发展不平衡的发展中大国，受自然、历史、文化和经济社会发展水平等因素的影响和制约，中国的人权发展还面临诸多挑战。在公民参与、法治保障、社会公正、劳动就业、社会保障、教育、医疗卫生等涉及人民群众基本权利和切身利益的一些领域，还有不少问题亟待解决，人民群众对促进和保护人权有着很高的期待和强烈的要求。所以，加快推进中国人权事业发展，不断改善人权状况，既是全面建设小康社会、构建社会主义和谐社会的需要，也是依法保证全体社会成员平等参与、平等发展权利的必然要求。

正因如此，中国政府在认真总结过去人权发展的经验，分析当前人权建设和发展面临诸多挑战的基础上，制定了《国家人权行动计划(2009—2010年)》，就如何在实践中进一步促进和保障人权提出了工作目标和政策措施。我们有理由相信，只要我们认真实施《国家人权行动计划（2009—2010年)》，坚定不移地坚持中国特色的社会主义人权发展道路，始终着眼于解决人民群众最关心、最直接、最现实的利益问题，中国的人权事业必将得到更大的发展。

总结经验，探索创新，推动中国人权理论研究取得新进展

——中国人权研究会会长罗豪才在“全国人权研究机构工作经验交流会”上的讲话

（2009年5月11日）

同志们：

由中国人权研究会主办、广州大学人权研究与教育中心承办的“全国人权研究机构工作经验交流会”今天在这里召开。这是全国人权研究机构的第一次聚会，是我国人权学术理论研究领域的一件大事。首先，请允许我代表中国人权研究会，并以我个人的名义，对广东省委宣传部和外宣办对此次会议的召开所给予的关心和支持表示感谢，对广州大学为此次会议所做的大量组织和筹备工作表示衷心的感谢！

当前，国际国内人权形势正经历着广泛而深刻的变化，时代为人权理论研究提出了新的目标、任务，也赋予了人权理论工作者新的历史使命。我们召开全国人权研究机构工作经验交流会，目的是要交流人权理论研究成果和工作经验，密切各人权研究机构间的工作联系，共同探讨推进人权理论建设、促进人权事业全面发展的大计。我希望，通过此次经验交流会，认真总结改革开放以来特别是近20年来我国人权理论研究事业发展的经验，深刻认识理论界在新形势下担负的推进人权理论建设的重大历史使命，以新的姿态更好地发挥作用，为国家的人权建设作出更大的贡献。在这里，我想谈几点看法，供参考。

一、中国人权研究事业取得了重大进展

新中国成立60年来，特别是改革开放30年来，伴随着我国社会主义现代化建设事业的发展，人权事业取得了前所未有的历史性成就。特别是近些年来，尊重和保障人权写入了《中国共产党章程》、《中华人民共和国宪法》和“十一五”发展规划，成为党和国家治国理政的重要理念和原则，成为以人为本的科学发展观和构建社会主义和谐社会重大战略思想的重要内容，成为国家建设和社会发展的重要主题。今年4月，国务院新闻办公室发表《国家人权行动计划》，根据“国家尊重和保障人权”的宪法原则和以人为本的科学发展观，规划了未来两年中国人权事业发展的具体工作目标和措施，体现了在人权问题上党的主张、国家的意志和人民的愿望的高度统一，标志着我国人权事业的发展进入了一个新的阶段。

新中国成立以来，我国的人权研究机构和人权理论建设经历了从无到有、从小到大、从禁止到开放的发展过程。新中国成立后的一段时间内，由于特殊的国际国内政治背景、历史条件和思想认识上的局限，人权被当作资产阶级的政治口号受到批判，人权问题一度成为理论研究的“禁区”。改革开放以后，伴随中国特色社会主义事业的发展，以1991年国务院新闻办公室发表《中国的人权状况》白皮书为标志，我国在政治上、思想上突破了人权理论研究的禁区。自此，中国人权理论研究翻开了新的一页，中国人权研究机构如雨后春笋般地发展起来。1992年前后，中国社科院、中央党校、中国人民大学、武汉大学等单位成立了国内第一批人权研究机构。1993年1月，国内第一个全国性人权研究组织中国人权研究会应运而生，成为凝聚全国人权理论研究力量，推动中国人权理论研究、宣传教育和国际交流与合作的最重要的非政府组织。如今，中国人权研究会已在联合国经社理事会享有特别咨商地位，成为联合国非政府组织大会的成员，并被列入联合国教科文组织“世界人权研究和培训机构名录”。此后，各种依托于高校、科研院所和实际工作部门的人权研究机构纷纷建立起来并迅速发展壮大。到今天，根据不完全统计，以人权命名的国内人权研究机构已有数十个，此外还有许多涉及少数民族、妇女、儿童、老年人、残疾人和人权司法保障等与人权有关的各类机构。一些人权研究机构还办起了人权刊物和人权网站，如中国人权研究会主办的《人权》杂志、“中国人权网”、“西藏人权网”等。在不到20年的时间里，我国的人权研究机构不仅数量迅速增加，而且学科结构日趋合理，从原来的多集中在法学领域发展到今天的多学科领域，学科建设获得了长足发展。人权研究机构自觉担负起了人权教育、人权研究、对外宣传等多重任务和角色，还与国际社会开展了广泛的交流与合作，在国家的人权建设中发挥着越来越重要的作用。

2007年下半年起，我先后走访了中国社科院人权研究中心、中央党校人权研究中心、中国政法大学人权与人道主义研究所、南开大学人权研究中心、广州大学人权研究与教育中心、中国人民大学人权研究中心、北京大学人权研究中心等单位，对各研究机构的研究状况、研究成果及未来的研究方向和遇到的主要问题进行调研。通过调研，我深深地感到，多年来，我国的人权理论研究事业，与整个人权建设事业一样取得了引人注目的重大进展。

——人权理论研究成果丰硕。人权问题已成为学术界、理论界研究的一个热门话题和多领域专家竞相研究的新兴的交叉学科。如今，

每年都有各种人权研讨会、座谈会在举行，每年都有大量高水平的研究著作和学术论文问世。各人权研究机构的研究各有重点，研究成果很多，出版的研究专著、译著、论文、报告等非常丰富。从出版的人权著作看，内容广泛，种类日趋齐全，不仅有大型工具书如《世界人权约法总览》、《中国人权年鉴》、《中国人权百科全书》、《中国人权年刊》等，而且出版了大量研究专著如《人权新论》、《人权概念起源》、《人权的本源》、《走向权利的时代》、《人权与宪政》、《当代中国的人权理论与实践》等等，还编写了大量各类教材，如《人权知识干部读本》、《国际人权法教程》、《人权法原理》、《经济、社会、文化权利教程》、《人权案例选编》等。此外，多年来还翻译出版了众多国外人权专著如《〈世界人权宣言〉：努力实现的共同标准》、《人权与国际关系》、《民权公约评注》等等。各人权研究机构承担了不少国家重点人权课题项目的研究，提交了许多有价值的研究报告和政策建议，为国家的人权建设谏言献策。近年来，学者们发表的各种人权学术论文数量之多、范围之广、水平之高，前所未有。据不完全统计，仅中国人民大学这些年来发表的有关人权的论文就达145篇之多。

——人权教育广泛开展。各人权研究机构积极发挥各自特长，开展各种形式的人权教育。中国政法大学、南开大学、北京大学、中国人民大学、广州大学、山东大学、吉林大学、中山大学等都开设有人权法课程，并招收人权法专业的博士、硕士研究生。中国政法大学的人权法学专业于2006年初在国务院学位办成功备案，成为我国大陆地区第一个人权法学二级学科。中央党校致力于对中高级领导干部的人权教育，并于2000年将人权课列入中央党校培训部和进修部干部学员的必修课程。中国人权研究会编写的教材《人权知识干部读本》被列入了中组部全国干部学习培训教材，并每年举办人权知识培训班，对党政干部、司法行政人员进行人权教育。中国人权研究会还在媒体上开展多种形式的人权知识普及教育，如在《人民日报》、《光明日报》开辟人权百题专栏和举办“人权知识”竞赛，在中央人民广播电台开办“话说人权”节目等，均取得良好的社会效果。中国人权研究会还组织南开大学人权研究中心编写《中国人权在行动》系列人权读物，对民众开展人权教育，提高普通民众的维权意识。中央民族大学的民族区域自治与少数民族人权保障研究中心在推动少数民族权益保障的研究和教学方面取得了显著成绩。中国社科院、北京大学、中国人民大学、中央党校、中国政法大学等单位的人权研究机构还积极与国际和国外人权机构进行合作，组织形式多样的人权培训活动。

——国际人权交流和合作不断拓展。各人权研究机构积极开展国际人权交流与合作。中国人权研究会多次组团出访西方各国，邀请各国人权团组访华，多次与西方国家有关机构合作举办人权研讨会，并先后于1998年、2002年、2006年召开了三次大型国际人权研讨会。2008年，中国人权研究会召开第一届北京人权论坛，来自世界31个国家的110多名学者专家和人权官员参加了会议，北京人权论坛已成为中外人权交流的一个重要平台和沟通桥梁。中国政法大学、中国人民大学、中央党校等积极与外国及国际组织合作举办研讨会、交流会。仅中国人民大学人权研究中心自成立以来独立举办或与外单位合作举办的各类人权国际、国内研讨会、讲座及其他重大活动达30多次。中国社科院人权研究中心积极配合我国人权外交斗争，直接参与或主持了同欧盟、加拿大、澳大利亚和美国等西方国家的多边或双边人权对话达20余次，并先后主办了“中国—欧盟司法中的人权保障”研讨会、“人权与21世纪”国际学术研讨会等。我国内各人权研究机构走出去，应邀积极参加国际和地区性人权会议，介绍中国人权观点和人权实践，为促进国际社会对中国人权情况的了解、促进中外人权交流发挥了很好的作用，同时也了解了国际人权研究动态，使我们国内的人权研究始终处于人权研究的国际前沿领域。

以上只是近些年来我国人权理论研究情况的简单介绍，挂一漏万，远远不能反映人权理论研究事业发展的全面情况。即便如此，已足以说明我国人权理论研究和人权研究机构在短短十多年间的发展进步之巨大。可以说，人权研究机构和人权理论研究正是伴随着我国改革开放30年社会主义现代化建设事业的发展进步而不断发展壮大的，是我国人权事业发展成果的重要体现。

回顾我国人权理论建设和人权研究机构的发展历程，我觉得有以下几条重要经验：

1. 党和政府的高度重视，是我国人权理论研究和人权研究机构建设健康发展的根本前提和保证。我国人权理论研究事业的发展从一开始就得到了党和政府的高度重视。中国人权研究会的成立本身就是党中央关心的结果，成立以来也一直得到党和国家领导人的关心和支持。1998年中国人权研究会举办《世界人权宣言》发表五十周年纪念会时，国家主席江泽民致信表示祝贺，阐明对人权的看法，表达促进人权发展的原则立场。2002年我国人权领域第一份专业性杂志《人权》创刊时，李鹏委员长致函祝贺，并对《人权》杂志的发展提出期望和要求。2008年中国人权研究会召开纪念《世界人权宣言》发表六十周年座谈会，胡锦涛总书记致信中国人权研究会，"向全体与会同志致以诚挚的问候！并向为我国人权事业发展做出贡献的同志们表示衷心的感谢"，体现了党和政府对人权理论工作者的关怀、对人权研究工作的重视，对我们从事人权理论研究工作者是极大的鼓舞。实践证明，人权问题是一个政治性很强的问题，人权理论研究只有在党中央的正确领导下，坚持正确的政治方向，坚定不移地坚持中国特色的社会主义人权观，才能得到健康的发展。

2. 人权理论研究必须立足中国的人权实践，并始终服务于中国人权事业的发展。任何理论研究，离开了实践就会成为无源之水，无本之木。改革开放以来，中国特色社会主义建设事业迅猛发展，我国的人权事业取得了前所未有的成就与进步，为我国的人权理论研究提供了深厚的实践源泉和广阔的探索空间，也为人权研究机构的发展提供了契机和环境。改革开放后，我国的人权理论工作者和人权机构，根据我国现阶段社会主义的发展规律，审时度势，研究提出了符合中国国情的人权理论，对于我国人权事业的发展发挥了功不可没的积极推动作用。实践证明，人权理论研究只有从中国特色社会主义伟大实践出发，并为改革开放和现代化建设事业服务，为推动科学发展、促进社会和谐服务，才能体现其应有的价值和意义，保持不竭的动力和旺盛的生命力。

3. 人权理论研究要吸收国际人权理论与实践的积极成果。这些年来，我国的人权理论研究所以进步巨大，与我们对于国际社会采取开放的姿态，广纳博收国际人权领域的积极、优秀成果，始终站在国际人权研究的前沿，是分不开的。我们坚持从中国的实际出发，探索符合中国国情的人权发展道路，同时又吸收世界各国和国际社会促进人权的有益经验和理论成果，不断创新，形成了中国特色的人权理论，也丰富、发展了国际人权理论。实践证明，加强国际人权领域交流，开展国际人权合作，积极吸收人类文明的积极成果，对于我们拓展人权理论研究视野、拓宽研究思路、深化研究内容、提高人权理论研究的水平都发挥了重要的影响和作用。

4. 人权理论研究的发展有赖于人权研究机构和人权研究队伍的发展。人权理论研究事业的发展关键在人，在于建立健全的人权研究机构。形成一支政治观点鲜明、了解国情世情、善于理论创新的高水平的人权理论研究队伍。实践证明，这些年来人权研究机构的发展和人权研究队伍的壮大，为我人权理论研究事业的发展提供了有力的组织保障。

二、当前中国人权理论建设面临的新形势、新任务

改革开放以来，我国人权理论界比较好地解决了要不要讲人权的问题，并初步回答了讲什么样的人权的问题。当前和今后面临的任务是，与时俱进、积极创新，建构起适合中国国情、适应人类文明发展进步要求、比较完善的中国人权理论体系，进一步推进国家人权事业的全面、健康、科学发展。

当今世界正处在大变革大调整之中，国际人权形势也发生着广泛而深刻的变化：一方面，国际社会对人权问题的重视程度前所未有，人

权与发展、安全并列被确立为联合国的“三大支柱”，成为当代国际关系和国际政治中日益突显的重要因素；另一方面，人权问题始终是各种政治势力竞相争夺的一面旗帜，世界范围内围绕发展模式和价值观的斗争更加激烈，各种文化思潮交流交融交锋日趋频繁，意识形态领域的渗透和反渗透斗争仍然十分尖锐复杂。当然，我们也要看到，今天我们在人权领域面临的国际形势与20年前，甚至10年前已有很大不同，中国改革开放30年来综合国力和国际地位不断提高，我们已经初步摆脱了在国际上四面受敌的处境，特别是西方搞反华提案的纠缠，初步实现了与国际社会的正常交往、交流和对话。我们今天面临的主要任务是全面推进中国人权事业发展，搞好国内的人权建设，同时以更加积极的姿态进一步扩展与国际社会就人权问题进行平等交流与合作，促进国际人权事业健康发展。特别是在今天国际金融危机的大背景下，许多新的人权课题，都需要我们很好地进行研究。

2008年胡锦涛总书记致信中国人权研究会，强调“在全面建设小康社会、加快推进社会主义现代化进程中，我们要一如既往地坚持以人为本，既尊重人权普遍性原则，又从基本国情出发，切实把保障人民的生存权、发展权放在保障人权的首要位置，在推动经济社会又好又快发展的基础上，依法保证全体社会成员平等参与、平等发展的权利。中国人民将一如既往地加强国际人权合作，同世界各国人民一道，共同为推动世界人权事业健康发展，为建设持久和平、共同繁荣的和谐世界作出应有的贡献。”胡锦涛总书记的重要论述，不仅是对中国人权发展实践经验的科学总结，而且是今后中国人权建设的重要指导思想和发展方向，同时也对人权理论工作者提出了新的要求。今年4月我国政府又发布了《国家人权行动计划》，对未来两年国家人权建设做出了具体的规划，提出了具体工作目标。新形势下，人权理论工作者担负着重大的理论创新和服务实践的光荣使命和任务，需要我们各个人权研究机构和人权理论工作者作出新的努力和贡献。

1. 努力创新人权理论，建构并逐步完善中国特色人权理论体系，为人权事业的发展提供强有力的理论支持。创新人权理论是我国人权理论与时俱进的需要，是新形势下人权实践发展的内在要求，也是党中央赋予理论界、学术界光荣而艰巨的任务。我们必须深入研究和阐释党的大政方针和中国发展模式的人权内涵，深入研究和阐释中国历史文化中的人权内涵以及世界人权理论和实践，善于吸取传统文化的有益养料，借鉴世界各国和国际社会一切体现人类普遍价值的人权思想和经验，创造出具有鲜明中国特色、符合世界发展进步潮流的人权理论体系，为中国人权事业面向未来、面向现代化、面向世界的发展提供强有力的理论支撑。特别是当代中国特色的伟大实践是人权理论创新的源泉。例如，去年四川汶川发生特大地震，全国人民在党中央领导下，众志成城抗震救灾的伟大壮举以及在抗震救灾中所涌现的无数可歌可泣的动人事迹，在人类历史上谱写了珍爱生命、尊重人权的人道主义新篇章，是当代中国尊重和保障人权的伟大实践和时代精神。我们人权理论工作者应该深入研究抗震救灾所体现的伟大的人道主义精神，使之成为中国特色社会主义人权理论的重要元素。为此，国内各人权研究机构应整合力量，加强交流沟通，信息共享、资源共有，并注意做实地调查研究。中国人权研究会愿意在这方面发挥积极的组织协调作用，也希望在座的各人权研究机构和各位专家学者增强使命感、责任感，积极投身人权理论创新工作，为建设和完善我国的人权理论体系，为争取我国在国际人权领域的话语权和主导作出自己的努力和贡献。

2. 完善人权研究学科体系，扩大人权学科研究范围，充实人权研究学科内容。改革开放后，特别是近十多年来，我国人权研究机构发展迅速，队伍不断壮大。由于历史原因，最初的人权研究机构的建设多依托在大学的法学院和社科研究机构的法学所，这些人权研究机构对推动中国的人权法制建设，发挥了很好的作用。当前，以人为本的科学发展观贯穿于国家建设的各个方面，人权建设也需要以科学发展观为指导，实现全面发展。人权建设需要科学理论的指导，人权理论研究不仅要从法学的角度，还要从政治、经济、社会、哲学、历史、文化等方方面面进行多学科、全方位、多角度的研究，以推动人权理论研究的全方位的科学发展和总体水平的提高。我希望有更多的有志于从事人权理论研究的理论工作者加入到人权理论研究的队伍中来。同时，我也希望人权研究机构在未来建设中能注意学科平衡，扩大人权理论研究的学科基础，密切各相关学科的联系，建立起更科学、更合理、更全面、更适应于今天我国人权事业全面发展需要的机构建制。

3. 努力推进人权教育，大力普及人权知识。人权教育是国家人权建设的基础，事关国家人权事业发展的前途，党和政府给予了高度的重视。新公布的《国家人权行动计划》专门设立一章对人权教育进行阐述，提出“国家将结合普法活动，积极依托现有的义务教育、中等教育、高等教育、职业教育体系和国家机关内的培训机构以及广播、电视、报刊、网络等多种媒体，有计划地开展形式多样的人权教育，普及和传播法律知识和人权知识”。推进人权教育，是我们人权研究机构和人权理论工作者义不容辞的历史责任。我们应该发挥我们学术与资源优势，加强统筹规划，积极开展内容丰富、形式多样的人权知识的普及和教育活动，为全面提升全社会的人权意识做出我们自己应有的贡献。

4. 深入开展国际人权领域的交流与合作，并在研究的基础上努力形成自己的话语体系，推动国际人权事业的健康发展。中国始终致力于在平等和相互尊重的基础上，开展国际人权交流与合作，推动国际人权事业的健康发展。国际人权形势的变化和我国国际地位的逐步提高，为我在国际人权领域发挥更大的作用提供了空间和机遇。我宜抓住时机，抓紧研究，尽快形成自己的人权话语体系，改变在国际人权领域弱势地位，变消极被动为积极主动，积极开展国际人权交流与合作，主动设置议题推动于我有利的观点和主张在国际社会的传播，打造我尊重和促进人权的良好形象，主动参与国际人权新规则的制定，扩大我在国际人权领域的影响力，发挥我在国际人权领域作为发展中大国应有的作用，为国际人权事业的健康发展做出我们应有的贡献。中国人权研究会将继续办好北京人权论坛，努力将其打造成我人权对外交流的平台，打造成对外宣介我人权观点的平台，打造成向国际社会传播我人权主张的平台，打造成结交志同道合朋友的平台，逐步实现我在国际人权领域的话语权。

同志们，当代世界正在发生广泛而深刻的变化，当代中国正在发生广泛而深刻的变革，当代中国同世界的关系正在发生历史性的变化。国际人权形势的发展和国内人权建设的需要，为我们人权理论工作者和人权研究机构提出了新的目标、任务和要求。在这样的形势下，全国各个人权研究机构齐聚一堂，交流经验和看法，必将有利于统一思想认识，整合研究力量，加强彼此沟通和合作，提高我国人权理论研究的水平，必将有利于我们大家共同努力，为推动人权事业的全面发展作出新的更大的贡献。

祝会议取得圆满成功。

谢谢大家。

2010 年

在第二届“中美司法与人权研讨会”上的致辞

——全国政协副主席、中国人权发展基金会理事长　黄孟复

（2010 年 12 月 8 日）

各位来宾、各位朋友，女士们、先生们：

上午好！

第二届“中美司法与人权研讨会”今天开幕了。首先，我代表中国人权发展基金会对会议的召开表示诚挚祝贺！向与会的各位新老朋友表示热烈欢迎！

发展民主、健全法制、保障人权体现了世界各国人民的共同利益与愿望，是人类文明发展不可逆转的历史潮流。“中美司法与人权研讨会”自 2009 年首次举办以来，已成为中美两国人权法治建设领域一个具有公共性、开放性、互动性的交流平台，对两国法治与人权事业产生了积极影响。本届论坛以“加强法治、维护人权”为主题，共商后金融危机时代人权法治建设的发展大计，是近年来中美两国非政府组织交流的进一步深化和发展，是两国人权交流与合作的一件盛事。

女士们、先生们，人权是法治的基本价值和根本目标，法治是人权的根本保障，人权与法治的关系一直是国际社会关注的重大问题。实现健全法制和充分人权，是世界各国人民共同的追求目标，也是中国人民的不懈追求。

依法治国，建设法治政府，是社会主义民主政治的基本要求，也是我国政治体制改革的重要内容。中国政府在不断推进经济体制改革的同时，始终把发展社会主义民主、加强社会主义法制放在重要位置，积极稳妥地推进政治体制改革，社会主义民主法制建设取得了一系列的成就，积累了丰富的经验。

依法治国，加强人权法治保障是中国共产党治国理念的重大突破。中国的法治建设，经历了艰辛探索、几经曲折的发展历程，中国人民为争取民主、自由、平等，建设法治国家，进行了长期不懈的奋斗。1949 年中华人民共和国的建立，开启了中国法治建设的新纪元。党的十一届三中全会，中国共产党反思历史经验与挫折，果断摈弃“以阶级斗争为纲”，以其一贯倡导的民主法制思想为基础，提出了健全社会主义民主和加强社会主义法制的方针、任务，成为中国人权发展的新起点。1997 年，党的十五大强调“依法治国是党领导人民治理国家的基本方略”，由“法制”到“法治”的观念变革，反映了治国方略的质的飞跃，成为我国加强人权法治建设的重要指针。2004 年，中国将“国家尊重和保障人权”载入宪法，人权概念由一个政治概念上升为法律概念，由党和政府的意志和价值理念上升为整个国家和社会的行动纲领和奋斗目标。新的历史时期，党的十七大坚持“以人为本”，强调指出“要坚持依法治国基本方略，树立社会主义法治理念”，并将“尊重和保障人权”写入党章，从法律法规层面推动中国人权建设迈入了依靠法治保障的新阶段。

构建完善的人权法律保障体系是中国建设社会主义法治国家的重要目标。新中国成立以来，中国共产党和中国政府积极致力于人权法治建设的系统工程，建立了既符合国情、又与国际规则接轨的完整的人权保障法律体系。目前，中国已形成以宪法为基础，以部门法和行政法规、地方性法规及规章为补充的比较完备的人权法律保障体系和人权保障法律制度，从而使人权建设在制度化、法律化的轨道上取得

了长足的进展。我们按照宪法和有关法律的规定，切实保障公民的人身、财产权利，充分保障公民的政治、经济、社会、文化权利，对少数民族及特殊社会群体的权利在法律上给予特别保护。我们设立科学的人权司法保障体制和制度，推进依法行政，努力实现司法公正，有效地保障了司法活动中公民人权的实现。

积极开展国际交流与合作是中国完善人权法治建设的坚定主张。在不断发展社会主义人权法制建设的同时，中国政府高度重视国际人权文书在促进和保护人权方面发挥的重要作用，积极参与联合国国际人权法律文书的制定工作，参加了包括《经济、社会和文化权利国际公约》在内的25项国际人权公约，并通过立法、司法、行政等措施，充分发挥国际人权公约在促进和保护本国人权方面的积极作用。中国致力于与世界各国开展人权交流与合作，主张在平等对话和交流的基础上，努力通过对话缩小分歧，增进共识，为发展世界人权进步事业做出了积极努力。

各位朋友，过去的一年，是中国发展不平凡的一年。面对国际金融危机的冲击和严峻的经济形势，中国进一步加强民主法治建设，把保证人民的生存权、发展权，保证人民的经济和社会权利作为工作的重中之重，对人权的重视达到了新的高度。我国出台《食品安全法》，为保障人民身体健康和生命安全提供了新的法律依据；通过《侵权责任法》，进一步完善了公民人身权和财产权的法律保护制度；颁布《社会保险法》，加强了对职工各项社保权益的保障；修订《村民委员会组织法》，保障亿万农村村民实行自治，着力推动民主政治进程；对《选举法》、《劳动法》等多项法律进行修改，进一步加强了对公民政治、经济、社会、文化等各项权利的立法保障。我国第一个以人权为主题的国家发展规划《国家人权行动计划(2009—2010年)》得到全面有效的实施，公民人权意识得到普遍提高，中国人权事业在可靠的法治保障下得到全面推进。

女士们、先生们，观察和分析一个国家的人权法治状况，应当坚持全面、历史和发展的原则。新中国成立60多年来，特别是改革开放以来，中国的人权法治建设伴随着经济腾飞和社会进步扎实推进，已经探索形成了一套有自己特色的人权观，走出了一条中国特色人权发展道路，取得了举世瞩目的成就。但我们也清醒地认识到，由于受到社会、经济、文化传统等条件的制约，中国的人权保障法律体系还有待进一步完善，中国人权法治建设还将经历一个不断发展的历史进程。进一步提升全社会的法治观念，逐步完善具有中国特色的人权法律保障途径，以法治推动人权事业健康有序发展，我们仍然任重而道远。

发展是当代世界的潮流，也是解决中国所有问题的关键。当前和今后一个时期，是中国全面建设小康社会的关键时期，是深化改革开放、加快转变经济发展方式的攻坚时期。中国已经确立了今后5年发展的总体方向和战略任务，“科学发展”作为新五年规划的主题，给未来五年乃至更长时期中国人权事业的发展确定了新思路、新基调。中国的人权法治建设已经进入一个全面协调可持续发展的阶段，中国的人权事业正在进入一个崇尚法治和实行法治的时代。

女士们、先生们，当前，国际金融危机的深层次影响继续显现，和平、发展、合作仍是当代的潮流，世界多极化、经济全球化深入发展，世界经济政治格局出现新变化。中美都是世界上具有重要影响力的大国，中美关系仍然是世界上最重要、最富有活力的双边关系之一。中美两国加强磋商，增进互信，开展建设性合作关系，不仅符合两国共同利益，也有利于世界和平、稳定、繁荣。

人权问题一直是中美关系中的重要议题。中美两国虽然社会制度和文化传统不同，但有着广泛的共同利益。今天，中美两国专家齐聚厦门，再次就人权法治建设的新领域、新动向进行探讨和交流。我相信，只要我们本着务实进取、求同存异、共谋双赢的精神，把握战略性、全局性、建设性的方向，努力在取长补短中共同进步，在互学互鉴中共同发展，我们这个会议就一定能成为加强两国人权对话的重要渠道，为中美两国人民在人权领域的相互交流、合作与互信注入新活力，为推动两国乃至世界人权保障事业发展做出新贡献。

最后，预祝研讨会圆满成功！

谢谢！

通过科学发展提升人权保障水平

——中国人权研究会会长罗豪才在第三届“北京人权论坛”开幕式上的致辞

（2010年10月19日）

各位来宾、各位专家学者，女士们、先生们：

金秋十月，桂花飘香。在这个秋高气爽的日子里，中国人权研究会主办的第三届“北京人权论坛”顺利开幕了。我谨代表主办单位，向各位朋友的到来表示热烈欢迎和衷心感谢！

本届论坛的主题是“人权与发展”。这个主题看似老生常谈，其实常谈常新。2000年9月，在联合国千年首脑会议上，世界各国领导人就消除贫穷、饥饿、疾病、文盲、环境恶化和对妇女的歧视，商定了一套有时限且能够测量的目标和指标，统称为“千年发展目标”，确立起了一种“为了人权的发展”和“基于发展的人权保障”理念。历史经验和教训从正反两个方面，促成人们日益深化对人权与发展辩证关系的认知：一方面，偏离人权保障方向的发展很可能误入歧途，背离人权保障目标的发展注定是没有前途的，而以牺牲人权为代价的发展则肯定是不道德的；另一方面，离开发展支持的人权保障如同无源之水，未融入发展行动当中的人权保障无异于纸上谈兵，而与发展消极对立起来的人权保障恐怕只能成为空中楼阁。值得注意的是，联合国“千年发展目标”不仅是对发展中国家的要求，也是对发达国家的要求。

为了深入研讨这一重要主题，深化对人权与发展关系的认知，我们主办了这次论坛。下面，我谈三点个人看法，供各位朋友参考。

一、人权保障基础的夯实要依靠科学发展

发展权是一项基本人权。每个人和每个国家都有权实现发展，并享受发展成果。目前，世界上还有数十个最不发达的国家没有参与全球发展进程，还有十多亿人处于长年的饥饿和贫困状态，每年还有1100万儿童活不到5岁，有300万人死于艾滋病。对于这些人来说，发展权属于首要人权。只有首先实现了发展权，消除了饥饿与贫穷，解决了基本医疗卫生问题，才能够推动其他人权的发展。在饥寒交迫、生机穷绝的状态下，人的价值、人的尊严和人的自由根本就无从谈起。一旦发展了，不少人权保障问题就有迎刃而解的基础了。

但是，需要注意的是，并非任何一种发展都必然带来人权状况的改善，那种造成贫者愈贫、富者愈富的“马太效应”的所谓发展，反而与人权保障目标背道而驰。那种拒绝大多数人参与发展过程，或者拒绝大多数人分享发展成果的发展模式，是不利于人权保障的，也是非理性的。真正有助于人权保障的科学发展模式，应该具有以下几个特征：第一，科学发展的核心是以人为本。它既不是以物为本，也不是以利为本，更不是以权为本，而要奉行“发展为了人民、发展依靠人民、发展成果由人民共享”的准则，在平等对待每一个人的基础上，完善分配制度，让发展成果惠及所有人，特别是穷人，保障其生存权，为其创造发展机会，体现公平正义和社会文明。第二，科学发展的基本要求是全面协调可持续。所谓“全面”发展，就是全面推进政治文化建设，实现经济又好又快发展和社会全面进步。所谓“协调”发展，就是要推进生产力和生产关系、经济基础和上层建筑相协调，推进经济政治文化的各个环节、各个方面相协调。所谓“可持续”发

展，就是要促进人与自然的和谐，实现经济社会发展与人口、资源、环境相协调，坚持生产发展、生活富裕、生态良好的文明发展道路，保证一代接一代地持续发展。第三，科学发展的根本方法是统筹兼顾。要统筹城乡发展、区域发展、经济社会发展、人与自然和谐发展、国内发展和对外开放等等，避免出现顾此失彼的片面发展。我们认为，这种科学发展模式有助于夯实人权保障基础，有利于实现人权与发展的水乳交融。

二、人权与发展关系的理顺要依靠法治

人权与发展二者存在着复杂的关联性，既有统一性，也有对立性。例如，发展离不开稳定的社会环境，强调维护社会秩序；但人权保障更加强调尊重人的主体性，强调自由价值，强调精神自由、言论自由和行动自由。这就有可能形成自由与秩序的矛盾。再如，发展往往强调齐心协力的集体行动，需要厚实的公共物品作基础，强调公共利益的优先性；但人权保障则强调“人之所以为人所应当享有的权利”，强调与之对应的私人利益的基础性和不容侵犯性。这就有可能造成公益与私益之间的关系紧张。又如，发展奉行的是最大收益/最小成本原则，追求效率最大化，侧重于做大社会财富“蛋糕”；但人权保障推崇公平原则，提倡人人平等，追求平等对待，侧重于均分社会财富“蛋糕”。这就有可能造成效率与公平之间的矛盾。

毫无疑问，要通过科学发展来提升人权保障能力和水平，就必须强化人权与发展的统一性、弱化二者之间的对立性，理性解决秩序与自由、公益与私益、效率与公平等矛盾。尽管我们可以借助多种方式解决这些问题，包括科技进步和道德教育等等，但历史经验表明，我们应当主要依靠法治化来理顺人权与发展的关系。之所以如此，一方面，这要归因于法律已经成为并将继续成为现代社会关系的主要调节器，法律以维护社会稳定、保障和推动社会发展为己任；另一方面，因为法是公平正义的代名词，这就使得法治化同时也是一个确认和保障人权的过程，法治化总是以人权保障为中心。

正是在这个意义上，包括中国在内的世界各国都不约而同地选择法治化来理顺人权与发展关系。第一，要树立一种辩证的法治理念，将“发展为了人权”和“人权需要发展”统一起来。第二，法律安排要完成两个基本任务，一个是针对个体自身而言，要通过私法理性配置权利/义务，实现权利与义务的统一；另一个是针对个体与群体关系而言，要通过公法理性配置公共权力/个人权利，实现权力与权利的平衡。相对而言，由于政府要承担人权保障的主要职责，因此公法要肩负起比私法更大的责任。第三，要统筹兼顾发展前、发展中和发展后三个阶段人权保障的法制化，既要授权公民参与发展决策，又要有序参与发展过程，更要公平分享发展成果。第四，实现人权与发展关系的法制化主题，要自始至终贯穿于立法、行政、司法和守法的全过程，这四个环节紧密衔接、缺一不可。需特别指出的是，要全面树立法律至上的权威，要保证法院肩负起人权保障的重任，那就要尊重司法判决的既判力，不能对本国和外国法院的生效判决指手画脚，不允许将人权概念沦为政治工具。

三、人权与发展的统一要依靠政府履行职责

无论是在历史上还是在现实中，我们都不难发现将人权与发展割裂开来的现象，片面地强调人权保障或者经济社会发展，将二者孤立开来甚至对立起来。要实现人权与发展的有机统一，固然离不开个人努力和社会参与，但主要依靠的是政府，政府通过发挥经济调节、市场监管、社会管理和公共服务等多种功能，一方面规划和推动经济社会科学发展；另一方面保障个人参与发展过程并公平分享发展成果，不断改善人权状况。由此可见，我们正是通过政府这只“看得见的手”的有利拌搅，实现了人权与发展的融合。

政府要扮演好人权与发展的“搅拌机”角色，就应当按照科学发展与人权保障相互渗透、相互强化的要求，不断深化政治体制改革，特别是要加速推进行政管理体制改革，加快建设服务政府、有限政府、责任政府和法治政府。具体而言，一要建设服务政府，为经济社会发

展提供硬件和软件两种意义上的公共物品，创造有利于又好又快发展的社会环境；促成基本公共服务均等化，关注解决民生问题，改善教育和就业环境，改善医疗条件，保障生存权。二要建设有限政府，政府既要承担起对个人的辅助职责，助成个人解决自身无力解决的发展难题；又不越俎代庖，要"保持最基本的人性的完整，不能丧失人之所以为人的潜能和人格"，尊重人的主体性，发掘人的发展潜力，保护和激发个人的创造性和能动性，促成人的全面发展。三要建设责任政府，不仅要承担起维护公共秩序、保障经济社会发展的职责，还要依法行使公共权力、保障人权免受不法侵犯。四要建设法治政府，全面推进依法行政，遵循合法行政、合理行政、程序正当、高效便民、诚实守信、权责统一等六项基本要求，将政府依法实施公共管理和提供公共服务的职责，与公民享受生存权、救济权、知情权、参与权、批评权和监督权等统一起来。

女士们、先生们，新中国成立61年来，特别是改革开放30多年来，努力通过推动科学发展来提升人权保障水平。一方面，中国在经济社会发展方面取得了巨大成就，不仅创造了"经济奇迹"，而且在建设和谐社会方面也成效显著，社会稳定、秩序良好。另一方面，中国已经走出了一条有自己特色的人权发展道路，公民权利和政治权利得到了充分保障，中国人民广泛参与政治生活，充分行使了知情权、监督权、参与权、表达权等；经济社会文化权利不断发展，特别是在消除贫困、改善贫困地区人民基本生活条件方面取得了重大进步。此外，中国司法领域的人权保障体制和机制不断完善，维护了人们获得公平审判的权利，确立起司法权威。这两方面表明，中国努力实现发展和人权二者的齐头并进，取得了举世瞩目成就。但与此同时，我们也清醒地意识到，我们在理顺科学发展和人权保障关系，并实现二者有机融合方面还存在着明显差距：包括政治、经济体制还不太完善，行政管理体制和司法体制还需要深化改革，民主法治还不够健全，城乡之间、区域之间的发展还不平衡，贫富差距还比较大，在就业、教育、医疗、住房、社会保障、收入分配、安全生产和环境保护等方面还存在着不少问题，这些都需要中国政府继续去研究解决。

各位来宾，如何实现人权保障与科学发展的有机统一，这是世界各国都要直面的难题。我相信，这次论坛为大家分享彼此经验提供了交流平台，我们一定会在统筹人权与发展方面获得新认知、达成新共识、取得新进展。

最后，衷心祝愿各位来宾身体健康、工作顺利！

在第三届"北京人权论坛"开幕式上的致辞

——国务院新闻办公室主任　王　晨

（2010年10月19日）

尊敬的罗豪才主席，尊敬的各位嘉宾，女士们、先生们，朋友们：

早上好！

在北京秋高气爽的美好季节里，中国人权研究会主办的第三届"北京人权论坛"开幕了。中国有句古话：有朋自远方来，不亦乐乎！来自世界各国和国际组织的人权官员和专家学者齐聚北京，共商后金融危机时代的人权发展大计，这是国际人权交流与合作的一件盛事。我代表中国国务院新闻办公室对论坛的召开表示诚挚的祝贺！向与会的各位新老朋友表示热烈的欢迎！

本届论坛的主题是"人权与发展：概念、模式、途径再思考"。这一主题反映了当前国际社会对于准确理解人权与发展的相互关系，积极探索以科学发展促进人权这一重大问题的普遍关注。当前，世界经济正在走出国际金融危机的阴影，进入后危机时代。国际金融危机更加促使人们思考：什么样的发展理念更能促进世界和谐发展和普遍人权，什么样的发展模式更能让我们共同应对新的全球性挑战并创造人类更加美好的生活。在这样的背景下，大家以不同的视角和思考，深入探讨人权与发展这个重要主题，意义重大。

人权与发展关系的问题一直是国际社会深切关注的重大问题。第二次世界大战结束后，《联合国宪章》将安全、发展、人权确立为联合国的宗旨。20 世纪 60 年代末，联合国大会通过《社会进步和发展宣言》，指出“社会进步和发展应建立在对人的尊严与价值的尊重上面，并应确保促进人权和社会公平”。20 世纪 80 年代，联合国通过《发展权利宣言》，强调“人是发展的主体”，“发展权是一项不可剥夺的人权”。21 世纪之初通过的《联合国千年发展目标》，明确将人权确立为发展的中心内容之一，制订了具体的目标，进一步深化了对人权与发展关系的认识，并在推动发展与人权的共同进步方面取得了积极的进展。

中国是世界上最大的发展中国家，推动现代化发展和人权进步一直是中国政府和人民的不懈追求。正如胡锦涛主席所指出的那样：“新中国成立以来，中国社会取得了举世公认的巨大进步，中国人民的命运发生了翻天覆地的巨大变化，中国人权事业也实现了历史性发展。特别是改革开放 30 年来，党和政府把尊重和保障人权作为治国理政的重要原则，庄严载入《中国共产党章程》和《中华人民共和国宪法》，并采取切实有效的措施促进人权事业发展，使广大人民群众物质文化生活水平得到显著提高，政治、经济、文化、社会权益得到切实保障，谱写了中国人权事业发展的新篇章。”近年来，中国政府提出以人为本的科学发展观和构建社会主义和谐社会的重大战略思想，强调发展必须坚持以人为本，坚持发展为了人民，发展依靠人民，发展成果由人民共享，努力使社会更加公正和谐，人民生活更加幸福安康。中国一方面坚持统筹城乡发展、统筹区域发展、统筹经济社会发展、统筹人与自然和谐发展、统筹国内发展和对外开放，大力促进社会全面协调可持续发展；另一方面将尊重和保障人权写入宪法和国民经济发展规划，致力于促进中国人权事业全面发展。2009 年，面对金融危机的巨大冲击，中国政府采取果断措施，投入 4 万亿元，着力“扩内需、保增长、调结构、促民生”，保持了国民经济的平稳较快发展，同时，制定实施了《国家人权行动计划（2009—2010 年）》，以国家规划的形式明确促进和保护人权的工作目标和具体措施，将人权发展纳入政治、经济、社会和文化建设之中，使中国的人权状况得到了切实的改善。

中国改革开放 30 多年，是在不断总结经验的基础上探索以新的理念、方式和途径推进社会发展与人的发展的 30 多年，也是中国人权事业取得历史性进展的 30 多年。30 多年来，中国实现了由温饱不足到总体小康的历史性跨越，居民生活条件得到了大幅改善，人民的生存权和发展权得到了有效保障。1978 年到 2009 年，中国国内生产总值年均增长 9.9 %，人均国内生产总值增长超过 12 倍，经济总量跃居世界第三。全国人民的生活质量显著提高，城镇居民家庭恩格尔系数由 57 % 以上下降到 36.5 %，农村居民家庭恩格尔系数由 67 % 以上下降到41 %。

中国政府重视从制度上保障和改善民生。中国对 8 亿农民实行新型农村合作医疗，启动了新型农村社会养老保险试点，使低收入群体就业、子女入学、居住条件等问题得到了很大改善。中国在全国城乡实行九年制义务教育，目前全国普及九年制义务教育人口覆盖率达 99.7 %。1978 年以来，中国绝对贫困人口减少 2.3 亿以上，占发展中国家减贫人数的 75 %。人均预期寿命达到 73 岁，比改革开放之初提高了 5 岁。

改革开放以来，中国坚持中国特色的政治发展道路，坚持依法治国，建设法治国家，使公民的政治权利和自由在民主与法制的轨道上得到了有效保障。目前，中国有现行有效法律 233 件，行政法规 690 多件，地方性法规 8800

多件，基本形成了以宪法为核心的法律体系和人权保障法律制度。2009 年，中国全国人大对选举法进行修改，明确规定城乡按相同人口比例选举人大代表，增加了人大代表的广泛性，进一步完善了选举制度，更好地体现了人人平等、地区平等和民族平等。中国政府积极推进政务公开，颁布、施行《中华人民共和国政府信息公开条例》，健全政府新闻发言人制度，依法实行政府信息公开，保障了公民的知情权、参与权、表达权、监督权。2009 年，国务院新闻办公室、各部委各部门以及各省、自治区、直辖市举办了 1646 场新闻发布会。中国互联网高速发展，中国公民自由表达言论的渠道得到了拓展，目前，中国网民人数达到 4. 2 亿，互联网普及率达到 31. 8 %，超过世界平均水平。境内网站 279 万个，论坛上百万个，博客用户 2. 31 亿个。互联网成为中国政府了解民情、汇聚民智、改进工作的重要渠道。到 2009 年底，中国出版各类报纸 437 亿份，各类期刊 31 亿册，图书 70 亿册。2009 年长篇小说实体书出版达 3000 余部。全国共有广播电台 251 座、电视台 272 座、广播电视台 2087 座，有线电视用户 17398 万户、有线数字电视用户 6200 万户。广播节目综合人口盖率达 96. 3 %，电视节目综合人口覆盖率为 97. 2 %。全年生产故事片 456 部，科教、纪录、动画和特种影片 102 部。

中国始终积极响应联合国的倡议，为实现千年发展目标做出了积极努力，提前 6 年实现了联合国“2015 年前无法可持续获得安全饮水人口比例减半”的发展目标。新中国成立以来，我们一直本着国际主义和人道主义精神，竭尽所能向发展中国家提供形式多样、真诚无私的援助，促进了发展中国家的经济发展和民生改善。迄今为止，中国免除了 50 个重债穷国和最不发达国家的 265 亿元人民币债务；为帮助发展中国家应对国际金融危机，中国向非洲国家提供了 100 亿美元优惠贷款，向越南等东盟国家提供了 150 亿美元信贷支持；中国还为发展中国家援建了 150 多所学校、近百所医院、70 多项饮水设施、60 多个体育场馆，向近 70 个国家派遣了医疗队，治愈了数以亿计的患者。

中国人权事业的进步与发展是有目共睹的。当然，我们并不讳言由于发展不足和发展不平衡，中国的人权状况还存在不尽如人意的地方，正在采取有力措施，不断推动中国人权事业取得更大成果。中国的坚定决心也是有目共睹的。必须指出，那种只承认中国经济取得繁荣发展，看不到中国人权发展进步的生动现实，显然是不全面、不公正的。还应指出，我们今天虽然身处全球化、文化多元化的时代，但世界上总有一些人用一种他们已习惯了的眼光和价值判断，来看待不同国度、不同民族、不同文化背景的人权和发展。总企图将自己“非黑即白”的价值观一意孤行地强加于人，或诉诸武力，或通过别的方式支持那些代表他们价值观和理念的人，甚至罔顾他国的法律和公众的真实感受。不过，中国的孔子两千多年前就倡导的“己所不欲，勿施于人”的行为理念已被世界各国越来越多的人所认同。我相信，那种带着偏见和企图的所作所为，不但无益于中国及世界人权事业的发展与进步，也不符合推动当今世界和平与发展、构建和谐世界的时代潮流。

中国是一个拥有 13 亿人口的发展中国家，人均 GDP 位居世界 100 位左右，我们还有数以千万计的人口生活在贫困线以下，7 亿多人生活在农村，8 亿多劳动力人口需解决就业，这些使得中国在促进发展和人权的过程中面临着世所罕见的困难。因此，对中国来说，建设富强、民主、文明、和谐的现代化国家，实现享有充分人权的崇高目标，仍然任重而道远。胡锦涛主席 2008 年 12 月 10 日在致中国人权研究会的信中强调：“在全面建设小康社会、加快推进社会主义现代化的进程中，我们要一如既往地坚持以人为本，既尊重人权普遍性原则，又从基本国情出发，切实把保障人民的生存权、发展权放在保障人权的首要位置，在推动经济社会又好又快发展的基础上，依法保证全体社会成员平等参与、平等发展的权利。中国人民将一如既往地加强国际人权合作，同世界各国人民共同为推动世界人权事业健康发展，为建设持久和平、共同繁荣的和谐世界作出应有的贡献。”遵循胡主席提出的要求，我们将一如既往地致力于推动科学发展，促进社会和谐，一如既往地贯彻尊重和保障人权的原则，加强国际人权合作，学习借鉴世界各国一切有益的经验，为推动中国现代化建设事业和人权事业不断取得新进展作出新的更大努力。

女士们、先生们，朋友们：

秋天是收获的季节。大家虽然来自世界不同国家，文化背景不同、语言不同、观点不同，但我们都有一个共同的心愿，那就是为促进世界人权事业的发展进步贡献自己的一份力量。我真诚希望大家能通过第三届“北京人权论坛”这一重要平台，各抒己见，畅所欲言，出谋划策，为共同开创世界人权与发展的美好未来贡献力量和智慧。

最后，预祝第三届“北京人权论坛”取得圆满成功！

促进教育公平成为国家基本教育政策的重大意义

——教育部党组成员、部长助理 吴德刚

（2010 年 12 月）

教育公平是社会公平的重要基础，历来受到党和国家的高度重视。党中央、国务院召开的新世纪第一次全国教育工作会议和颁发的教育规划纲要，鲜明提出“把促进公平作为国家基本教育政策”，这在我国历史上还是第一次，充分体现了科学发展观的要求，体现了对马克思主义教育思想的继承发展，体现了对我们党教育工作实践的深刻总结和对现代教育发展规律的准确把握，是对中国特色社会主义教育理论体系的重大理论贡献，具有重大的现实指导意义。

一、促进教育公平是马克思主义创始人的崇高理想

争取无产阶级的受教育权，实现社会各阶层群众受教育的平等机会，是马克思主义的一贯主张，也是马克思主义教育思想的核心内容。

马克思和恩格斯认为，在资本主义社会不可能实现教育机会和权利的真正民主与平等。马克思曾呼吁欧洲工人阶级要为本阶级儿童的利益向资产阶级展开斗争。恩格斯在其著名文章《英国工人阶级状况》中指出：“只要教育掌握在资产阶级手中，工人就不可能受到真正平等的教育。”马克思、恩格斯主张，工人阶级必须为争取教育机会的平等而奋斗，尤其是为争取其子女获得义务教育的权利而奋斗。

马克思和恩格斯认为，促进教育公平最终目的是促进人的全面发展。马克思认为，在资本主义生产方式下，教育是为资产阶级服务的。它一方面培养资产阶级所需要的统治人才；另一方面又把无产阶级训练成为资本的工具，剥夺他们身心正常发展的可能性，剥夺他们受教育的机会。因此，资本主义教育的权利是不平等的，脑力劳动和体力劳动的分离，培养出来的人只能是片面发展的人。正是在对资本主义教育批判的基础上，马克思揭示出教育的最终目的是培养全面发展的人。要实现这种全面发展，唯一的方法是教育与生产劳动相结合。马克思指出：“未来教育对所有已满一定年龄的儿童来说，就是生产劳动同智育和体育相结合，它不仅是提高社会生产的一种方法，而且是造就全面发展的人的唯一方法。”

马克思、恩格斯指明了实现教育机会平等的历史方向。马克思、恩格斯号召工人阶级不仅要在夺取政权以前积极开展争取教育权的斗争，而且在夺取政权以后，更应该广泛地普及人民大众的教育。在《共产党宣言》中，马克思、恩格斯指出，在无产阶级夺取政权之后，应该“对一切儿童实行公共的和免费的教育”。在《共产主义原理》中，恩格斯主张“所有儿童，从能够离开父母亲照顾的时候起，由国家机关公费教育”。关于实现教育权利与机会平等

的途径，马克思、恩格斯指出，这个问题有一种特殊的困难之处，一方面，为了建立正确的教育制度，需要改变社会条件；另一方面，为了改变社会条件，又需要相应的教育制度。在马克思、恩格斯看来，只有建立无产阶级领导下的崭新的教育制度，工人阶级受教育的问题才能得到根本解决，教育机会的平等也才能成为现实。

二、促进教育公平是中国共产党始终不懈的历史追求

促进教育公平，是马克思主义教育理论的重要价值目标，也是中国共产党人始终不懈的历史追求。中国共产党自成立90年来，在领导中国革命与建设各个历史时期，一直遵循并实践着这一目标，不断丰富、实践和发展着马克思主义的教育理想。中国共产党自成立起就关心人民大众的教育。1931年11月7日，《中华苏维埃共和国宪法大纲》规定："中国苏维埃政权以保证工农劳苦大众有受教育的权利为目的。"还规定："工农劳苦群众，不论男子和女子，在社会、经济、政治和教育上，完全享有同等权利和义务。一切工农劳苦群众及其子弟，有享受国家免费教育之权。"1932年秋，闽浙赣省苏维埃代表大会文化工作决议案还规定："实行免费的义务教育和统一的劳动学校制度。"抗日战争时期，陕甘宁边区革命政府公布了《小学法》和《实施普及教育暂行条例》，明确提出："义务教育就是每个国民所必须接受的最基本的教育，一方面每个人都有受这种教育的义务；另一方面，国家有使每个人能受到这种教育的义务。"在解放战争时期，党领导的东北等解放区提出，教育要普及化、大众化，并与新民主主义的政治结合起来；同时还提出免费入学的措施，人人有受教育的权利。

新中国成立后，党和政府更加重视人民教育的普及。以毛泽东同志为核心的党的第一代中央领导集体，始终把扩大人民群众受教育的机会、提高全体国民受教育水平和科学文化素质作为崇高奋斗目标，在理论、政策和实践上坚持把让人民大众接受教育作为基本的价值追求，为实现教育公平进行了不懈努力。一是确立"民族的、科学的、大众的"文化教育方针。1949年，第一届中国人民政治协商会议制定的《共同纲领》明确提出，中华人民共和国的文化教育为新民主主义的，即民族的、科学的、大众的文化教育。1954年9月20日，第一届全国人民代表大会颁布的《中华人民共和国宪法》规定："中华人民共和国公民有受教育的权利。国家设立并逐步扩大各种学校和其他文化教育机关，以保证公民享受这种权利。"二是一切学校向工农开门。1951年8月，政务院讨论通过的《关于学制改革的决定》明确提出，要充分保障全国人民，首先是工农劳动人民和工农干部受教育的权利，为他们提供充分的受教育机会，使一切学校都向工农群众敞开大门。体现了新中国重视社会公平、教育公平的基本价值取向。三是创建社会主义的教育制度。在改造旧中国教育的基础上，通过确定党的教育方针、制定教育发展计划、实行高校院系调整、建立完整的初等到高等教育体系、大力扶持少数民族教育、试行两种教育制度与两种劳动制度等措施，推进了各级各类教育发展，基本保障了社会主义建设对人才的需求，为广大群众接受良好教育提供了基本政策保障和条件。

改革开放以来，党和政府努力满足人民群众不断增长的教育需求。党和政府坚持解放思想、实事求是、与时俱进，不断推动人民教育事业发展，有力促进了马克思主义教育公平思想的实现，真正体现了社会主义教育的本质要求。

以邓小平同志为核心的党的第二代中央领导集体，始终把教育作为关系社会主义现代化建设全局和中华民族前途命运的根本问题，确立了教育优先发展的战略地位，并采取一系列措施促进教育公平。一是通过恢复高考招生制度、扩大增量、改善办学条件推动教育公平，包括取消身份限制、扩大招生范围、择优录取，实行自愿报名、统一考试等。1977年高考制度的恢复，重新确立了人才选拔的公平、公正和科学的原则，是促进教育公平的重大举措。二是从体制改革入手系统地进行教育改革。1985年5月，《中共中央关于教育体制改革的决定》

提出以改革教育体制为重点，推动各级各类教育全面发展，提出有步骤地普及九年制义务教育。特别是1986年7月1日，《义务教育法》正式颁布实施，有力促进了我国基础教育的发展，依法保障了少年儿童受教育的权利。

以江泽民同志为核心的党的第三代中央领导集体，从我国基本国情出发，坚定不移地实施科教兴国战略，推动教育事业蓬勃发展。一是基本普及九年制义务教育、基本扫除青壮年文盲工作取得巨大成就，全民受教育水平大大提高，人口平均受教育年限从1990年的6年左右提高到2001年的8年左右。二是深化教育教学改革，全面推进素质教育。1999年，党中央、国务院颁布《关于深化教育改革全面推进素质教育的决定》，以课程、教材和考试评价制度改革为关键，推动我国教育事业开展了一场深刻变革，促进学生积极主动地全面发展。三是扩大高等教育招生规模，顺应了广大群众对加快高等教育发展的强烈需求，为加快现代化建设储备了大批专门人才，加快了高等教育普及的步伐，保障了人民群众受教育的基本权利。

党的十六大以来，以胡锦涛同志为总书记的党中央坚持以人为本、科学发展，深入实施科教兴国战略和人才强国战略，强调教育是民族振兴的基石，教育公平是社会公平的重要基础，作出了优先发展教育、建设人力资源强国的重大战略决策，努力办好人民满意的教育，促进教育公平迈出了更大步伐。一是城乡免费义务教育全面实现。二是用发展的办法促进教育公平。坚持教育公益性质，落实政府责任，不断增加教育供给；优化教育资源配置，统筹城乡、区域教育协调发展，实行向农村地区、中西部地区、边远地区和少数民族地区倾斜的政策，加强东部对中西部、城市对农村的教育对口支援，有力促进了教育的均衡。三是健全学生资助政策体系。在义务教育阶段，全部免除了城乡义务教育阶段学生的学杂费和书本费，同时为农村家庭经济困难学生提供寄宿生生活补助，惠及约1.3亿名农村、约2800万名城市义务教育阶段学生；坚持以公办学校为主、以输入地为主，对农民工子女接受义务教育实行与当地学生同等对待的政策，进一步健全农村留守儿童关爱服务体系。在职业教育阶段，设立了中等职业教育国家助学金，实施农村与涉农专业中等职业教育免费政策。在高等教育阶段，初步形成了奖、贷、助、补、减和勤工俭学有机结合的高校家庭经济困难学生资助体系，完善了国家助学贷款制度，健全了普通高校、高等和中等职业学校国家奖学金、助学金制度，国家每年用于资助职业教育和高等教育家庭贫困学生的财政投入和学校安排的助学经费总额将达500亿元，惠及2000多万名学生，使家庭经济困难学生都能上得起大学或接受职业教育。

全国教育工作会议的召开和教育规划纲要的颁布，再一次奏响了大力促进教育公平、办好人民满意教育的最强音。

三、促进教育公平成为国家教育基本政策的现实意义

教育规划纲要把促进公平作为国家基本教育政策，是中国特色社会主义教育道路的现实需要，是立党为公、执政为民理念的鲜明体现，是对我们党发展人民教育事业实践经验的总结和提升，无论是立足当前还是着眼长远，都有着重要的现实意义。

一是对于建设和谐社会具有政策定位意义。教育涉及千家万户、惠及子孙后代，是全社会最为关注的重大民生问题之一。促进教育公平，是人的全面发展和社会公平正义的客观要求，是现代教育发展的必然选择。教育规划纲要把促进公平作为国家基本教育政策，也就意味着所有教育新政策、新措施的研究制定和组织实施都要以此为中心、以此来衡量。凡是不利于促进教育公平的政策制度，都要加以改进，着力用教育公平体现社会公平、促进社会公平。

二是对于促进社会公平和正义具有工作导向意义。随着社会主义市场经济体制的逐步完善，利益主体多元化，社会贫富差距的加大以及人民群众对教育需求特别是优质教育需求的不断增长，当前，教育领域的一些不公平问题还非常突出，必须不断加大解决的力度。因此，教育规划纲要把促进公平作为国家基本教育政策，明确提出促进教育公平，切实维护公民平等接受教育的权利，最大限度地保障人民群众

获得平等的受教育机会，是未来10年我国教育改革发展的战略重点之一，充分体现了把实现好、维护好、发展好最广大群众的教育利益作为工作出发点和落脚点，这是新时期办好人民满意的教育的实际行动，是今后工作的重要导向。

三是对于探索和发展中国特色社会主义道路具有制度创新意义。促进教育公平是一个不断发展的历史过程，公平从来都是人类社会追求的理想。社会越进步，越是追求和看重公平。教育规划纲要把促进教育公平作为国家基本政策，是社会主义初级阶段促进社会公平的重要战略选择，必将引领中国新一轮教育制度的改革创新。今后10年，我们需要继续在深化教育体制改革与制度创新上进行不懈的努力，以改革推动发展，以改革提高质量，以改革促进公平。只有形成更加公平的教育制度，才能保证更加公平的机会。制度能够管根本、管长远。

四、新时期促进教育公平的现实着力点

全国教育工作会议和教育规划纲要绘就了我国教育改革发展的宏伟蓝图，对今后10年的工作作出了总体部署。我们要深刻领会、准确把握中央的精神和工作要求，更加自觉地以科学发展观为指导，以改革创新的精神和扎扎实实的工作，努力在促进教育公平上迈出更加坚实的步伐。

一是要以机会公平为关键，着力推动实现更高水平的普及教育。努力保障人民群众享有接受良好教育的机会，这是教育起点的公平，也是最大、最重要的教育公平。要以农村为重点加快学前教育的普及，巩固提高九年义务教育水平，加快普及高中阶段教育，大力发展职业教育，不断提高高等教育质量，加快发展继续教育，促进各级各类教育纵向衔接、横向沟通，搭建终身学习“立交桥”，为广大群众提供更多选择机会，满足多样化的学习和发展需要。

二是要以保障公民依法享有受教育的权利为基本要求，着力维护教育的公平公正。公民的受教育权是宪法和法律的明确规定，依法维护和保障公民平等接受教育的基本权利，是教育公平的底线。要坚持依法治教、依法治校，及时查处违反教育法律法规、侵害受教育者权益、扰乱教育秩序等行为，依法维护受教育者的权益。特别是要着力解决好教育收费、考试招生、毕业生就业、校园安全等人民群众关切的热点难点问题，推进规范管理、依法办学，坚决维护教育的公平公正。

三是要突出工作重点，着力促进义务教育均衡发展、扶持困难群体。今后一个时期，我们要把促进义务教育均衡发展、扶持困难群体作为重点任务，努力办好每一所学校，教好每一个学生，不让一个学生因家庭经济困难而失学。均衡发展是义务教育的战略性任务，建立健全义务教育均衡发展保障机制是今后10年教育工作的“重中之重”。要加快义务教育学校标准化建设和教育教学资源均衡配置，要加大薄弱学校改造力度，切实缩小校际差距，着力解决择校问题。要落实好相关政策，保障进城务工人员子女平等接受义务教育的权利，健全学校、家庭和社会相结合的教育和监护网络，帮助留守儿童健康成长。要进一步加大对家庭经济困难学生的扶持力度，重点是健全国家资助政策体系，努力确保家庭经济困难学生应助尽助。要切实保障残疾人受教育权利，完善特殊教育体系，帮助残疾人更好地融入社会。

四是以合理配置公共教育资源为根本措施，着力向农村地区、边远贫困地区和民族地区倾斜。要在财政拨款、学校建设、教师配置等方面向农村倾斜，加快缩小城乡差距，在统筹城乡教育发展基础上，建立健全城乡一体化的义务教育发展机制。要加大对革命老区、民族地区、边疆地区、贫困地区义务教育的转移支付力度，鼓励发达地区支援欠发达地区，努力缩小区域差距。要以教育信息化促进优质教育资源共享，以建设中小学现代远程教育平台为重要抓手，整合互联网、广电网和电信网等网络资源信息资源，加快信息基础设施和应用体系建设，为促进教育公平探索成本较低、便捷高效的途径。启动实施教育规划纲要所确定的重大项目，如义务教育学校标准化建设、义务教育教师队伍建设、推进农村学前教育、发展民族教育、发展特殊教育、开展家庭经济困难学

生资助等，进一步加大促进教育公平的进度和力度。

五是以促进教育公平机制为目标，着力形成政府主导、全社会共同推进教育公平的良好社会氛围。教育是崇高的社会公益事业，不仅具有公益性，还有强烈的普惠性，发展和管理教育事业是现代政府公共服务的重要职能。在促进教育公平问题上，政府发挥主导作用义不容辞，必须进一步明确各级政府提供公共教育服务的职责，完善各级教育经费投入机制，建立健全公共教育服务体系，逐步实现基本公共教育服务均等化，维护教育公平和教育秩序。同时还要看到，促进教育公平是全社会的共同责任，在政府主导的基础上，还要充分调动推动教育改革发展的积极性，开拓社会资源进入教育的途径，丰富社会力量兴教办学的形式，扩大人民群众对教育事业的参与度，把全社会的热情和力量都凝聚到促进教育公平、提高教育质量的重心上来。

总之，促进教育公平成为国家基本教育政策，意味着教育公平已经成为全党、全社会和全体人民的意志和为之努力奋斗的崇高目标，需要共同为之付出不懈的努力。

（《中国教育报》2010 年 12 月 13 日）

依法履行法律监督职责　加强对人权的司法保障

——最高人民检察院检察长　曹建明

（2010 年 2 月）

我国宪法明确规定，国家尊重和保障人权。作为国家法律监督机关，人民检察院始终把加强对人权的司法保障作为重要任务，一方面认真履行批准逮捕、提起公诉、查办和预防职务犯罪、诉讼监督等职责，依法打击侵犯人权的犯罪，加强对侵犯人权问题的法律监督；另一方面主动接受外部监督，加强内部监督制约，防止在自身执法活动中发生侵犯人权问题，切实保障公民享有充分人权，促进我国人权事业发展。

一、牢固树立正确的执法理念，进一步强化人权保障意识

近年来，全国检察机关先后开展了社会主义法治理念教育、“大学习、大讨论”和深入学习实践科学发展观等活动。在这些教育活动中，我们注重引导检察人员牢固树立正确的执法观。特别是强调要坚持以人为本，始终把维护人民权益作为检察工作的根本出发点和落脚点，把严格执法、公正执法、文明执法统一到为民执法的工作中去；牢固树立打击犯罪与保障人权并重的观念，坚持既坚决打击各类刑事犯罪，保护公民人身财产安全，维护良好社会秩序，又高度重视维护犯罪嫌疑人、被告人和罪犯的合法权益；坚持理性、平和、规范、文明执法，客观公正，以理服人，平等谦和，文明规范，依法妥善处理各类案件，切实维护当事人和其他诉讼参与人的合法权益。

二、认真履行批捕、起诉等职责，保障公民生命财产安全

依法打击刑事犯罪，营造和谐稳定的社会环境，是实现充分人权的重要保障。各级检察机关认真履行批准逮捕、提起公诉等职责，依法打击各类刑事犯罪，突出打击黑恶势力犯罪、严重暴力犯罪、多发性侵财犯罪、涉众型经济犯罪、毒品犯罪，保障人民群众依法享有的政治、经济、社会和文化权利，增强人民群众安全感。2008 年以来，共批准逮捕各类刑事犯罪嫌疑人 1815989 人，提起公诉 2159176 人。针

对一些地方食品药品安全事件、重大安全生产事故频发，造成严重经济损失和重大人员伤亡情况，全国检察机关积极参加食品药品安全专项整治以及“质量和安全年”活动，加大对制售有毒有害食品药品、强令违章冒险作业等犯罪行为的打击力度，严肃查处重大安全生产事故背后的失职渎职犯罪，切实维护人民群众生命财产安全。

三、坚决查办和积极预防侵犯人权的职务犯罪，切实保护公民人身权利和民主权利

根据我国法律规定，检察机关承担着查办国家机关工作人员利用职权实施的侵犯公民人身权利、民主权利犯罪的职责。各级检察机关坚持把查办此类案件作为维护公民人权的重要途径，适时组织开展专项活动，加大对非法拘禁、非法搜查、刑讯逼供、暴力取证、破坏选举、虐待被监管人、报复陷害等案件的查办力度。2008年以来，共查办国家机关工作人员利用职权实施的侵犯人权犯罪案件582件。根据形势发展需要，最高人民检察院及时修订了上述侵权犯罪案件的立案标准，进一步明确法律政策界限，依法惩治侵犯人权职务犯罪。在依法查办案件的同时，深入分析此类犯罪的发案原因、特点及规律，及时建议有关单位和部门健全制度、加强管理，采取以案说法等形式加强对国家机关工作人员的警示教育，从源头上减少侵犯人权职务犯罪的发生。

四、加强对诉讼活动的法律监督，依法保护犯罪嫌疑人、被告人和罪犯的合法权益

各级检察机关认真履行对诉讼活动的法律监督职责，坚持经常性监督与专项监督相结合，不断加大监督力度，着力解决执法司法活动中侵犯人权的突出问题。

一是加强刑事诉讼法律监督，重点解决违法办案、罚不当罪等问题。最高人民检察院制定下发关于审查逮捕和审查起诉工作中加强证据审查的若干意见，就客观审查证据、依法纠正违法取证行为提出明确要求，坚决排除通过刑讯逼供等非法手段获取言辞证据，努力遏制刑讯逼供现象的发生。不断完善对侦查活动的监督制约机制，加强对不应当立案而立案、动用刑事手段违法插手民事经济纠纷、违法采取强制措施等问题的监督，保障无罪的人不受刑事追究，保障犯罪嫌疑人的合法权益。2008年以来，对不应当立案而立案的，监督侦查机关撤销案件12907件，对不符合法定逮捕、起诉条件的，决定不批准逮捕220763人、不起诉65825人。加强对刑事审判的法律监督，既注意监督纠正有罪判无罪、量刑畸轻的案件，又重视监督纠正无罪判有罪、量刑畸重的案件，以及因徇私枉法和严重违反法定程序影响公正审判的案件，防止冤及无辜、罚不当罪。共对人民法院刑事审判活动中的违法情况提出纠正意见6561件次，对认为确有错误的刑事判决、裁定提出抗诉6786件。

二是加强刑罚执行和监管活动法律监督，重点解决超期羁押、体罚虐待被监管人员等问题。针对社会反映强烈的超期羁押问题，检察机关积极采取有效措施，下大气力解决这一刑事诉讼中的顽症。在前几年开展清理纠正超期羁押专项监督基础上，进一步建立健全了羁押期限告知、羁押期限届满提示、超期羁押情况通报、超期羁押投诉和责任追究等制度，并对滥用职权或者严重不负责任造成超期羁押的，依法追究直接责任人员及其主管领导的责任。通过健全和落实纠防超期羁押长效机制，强化对超期羁押问题的法律监督，各诉讼环节的超期羁押现象已大幅度减少。最高人民检察院还及时制定了关于监狱检察、看守所检察、劳教检察和监外执行检察的规范性文件，各地检察机关在监狱、看守所和劳教场所集中地区设立派出检察院、检察室，普遍建立检察官接待在押人员申诉制度，加强对在押人员伙食和卫生防疫监督，重视在押人员的身体健康和财产保护，完善在押人员权利告知和会见制度等，加强了对在押人员人身权利、财产权利的保护。针对社会高度关注的“躲猫猫”等事件暴露出的问题，检察机关会同有关部门深入开展看守所监管执法专项检查以及全国监狱清查事故隐患、促进安全监管专项活动，严厉打击“牢头狱霸”，加强对在押人员非正常死亡等重大事故的监督，着力解决监管工作不到位、安全措施不到位、责任追究不到位等问题，促进监管场所严格、依法、文明管理。

五、创新工作机制，努力提高保障人权的水平

一是注重对被害人及其亲属合法权益的保护。在执法办案中，认真维护被害人及其亲属的知情权，及时接受、妥善处理被害人及其亲属的控告、申诉，依法保障被害人及其亲属的申请回避权和委托诉讼代理权等诉讼权利。为更好地保护刑事被害人权益，最高人民检察院会同有关部门联合出台了《关于开展刑事被害人救助工作的若干意见》，探索实行刑事被害人司法救助制度，对被害人因无法获得犯罪人经济赔偿造成生活困难的，积极协调有关方面给予救助。

二是加强控告申诉接待和举报工作。制定修改人民检察院举报工作规定、信访工作规定，开设网上举报、申诉和信息查询系统，开通全国统一的 12309 举报电话，推行下访巡访、预约接访、定期走访，促进解决群众告状难、申诉难等问题，依法保障人民群众的检举权、控告权和申诉权。2008 年以来，全国检察机关共受理举报线索 301610 件次，受理群众来信来访 814328 件。一些地方检察院还探索设立了乡镇检察室、检察联络员，推行民生服务热线、检察开放日等新举措，及时听取群众意见，提供法律咨询，方便群众诉讼。

三是加强刑事赔偿工作。及时给予刑事赔偿是尊重和保障人权的重要体现。检察机关对因错误拘留、错误逮捕，违法扣押、冻结造成财产损失等侵犯公民人身权利和财产权利的，依法给予国家赔偿。为更好地保障公民依法获得国家赔偿的权利，最高人民检察院明确规定，地方各级人民检察院办理本院作为赔偿义务机关的刑事赔偿确认案件，对赔偿请求人要求确认违法侵权事项，拟作不予确认的，必须报请上一级人民检察院批准。2008 年以来，全国检察机关共受理刑事赔偿申请 1805 件，立案 1325 件，依法决定给予赔偿 1269 件，支付赔偿金 2732 万元。

六、高度重视对妇女、儿童、残疾人、农民工、下岗职工的司法保护，依法维护他们的合法权益

加强对妇女、儿童、残疾人、农民工、下岗职工等弱势群体和困难群众的司法保护，是检察机关的重要职责，也是保障人权的重要工作。检察机关积极参与打击拐卖妇女儿童专项行动，依法严厉打击拐卖妇女儿童的犯罪，积极配合有关部门做好被拐卖妇女儿童的救助工作。会同司法部、中国残疾人联合会等出台加强残疾人法律援助工作的意见，协助建设残疾人法律救助工作站，依法保护残疾人的控告、申诉及其他诉讼权利。认真办理涉及农民工劳资纠纷、下岗职工补贴救助等民事行政申诉案件，着力加强对他们合法权益的司法保护。高度重视对未成年人合法权益的司法保护，制定人民检察院办理未成年人刑事案件的规定，不断完善健全适合未成年人特点的审查逮捕、审查起诉工作机制；探索未成年人犯罪案件由专门机构或专人办理方式，实行对未成年犯罪嫌疑人进行品行调查、成年人与未成年人共同犯罪案件分案起诉等制度；对于轻微刑事案件，明确要求在法定期限内从快处理，减少对未成年犯罪嫌疑人、被告人的羁押时间。同时，深入开展“青少年维权岗”等活动，加强对违法犯罪未成年人的教育、感化、挽救，积极协助家长、学校做好遭受侵害未成年人的身心康复、回归社会工作，促进未成年人的健康成长。

七、加强对自身执法活动的监督制约，保障自身严格公正文明执法

一是深化检务公开。坚持以公开促公正，不断充实检务公开内容，除法律明确规定不公开的以外，能够公开的全部向社会公开。加强检察机关门户网站建设，积极推广电子检务公开，健全主动公开和依当事人申请予以公开等方式，为当事人和人民群众行使知情权、监督权提供便利。建立申诉案件听证制度和检察文书说理制度，针对申诉人对不起诉、不抗诉和上访案件存在的疑问，对这些案件实行公开听证，并在制作法律文书时充分阐明理由和根据。

二是推行人民监督员制度。明确规定在查办职务犯罪案件中，由人民监督员对检察机关拟作撤案、不起诉处理和犯罪嫌疑人不服逮捕决定的“三类案件”，以及立案不当、超期羁押、违法搜查扣押、不依法给予刑事赔偿和检察人员违法违纪办案等“五种情形”进行监督。实行人民监督员制度，有利于防止在执法办案中发生侵犯人权的现象，保障检察权依法正确行使，得到了社会各界和人民群众的广泛认可。

三是推行检务督察制度。采取明察、暗访等多种形式，加强对检察机关和检察人员履行职责、遵纪守法情况的监督。对办案区、办案现场和枪支、警械、警用车辆使用情况进行现场督察，对不立案、不批捕、不起诉、撤销案件以及起诉后判无罪的案件进行重点督察，及时纠正解决侵犯当事人诉讼权益等问题，促进公正执法。

四是实行讯问职务犯罪嫌疑人全程同步录音录像。要求在讯问职务犯罪嫌疑人时，必须对讯问全过程进行不间断的录音录像，并规定录音录像时必须对讯问起止时间和现场的环境、设备等情况进行记录，全面、真实地录制讯问活动的全过程，切实强化对检察机关查办职务犯罪工作的监督，防止发生刑讯逼供等违法违规行为。

五是健全执法责任制和责任追究制度。修订完善执法过错责任追究条例，把处理结果没有错误但程序违法的行为纳入追究责任范围。认真执行条例有关规定，对在执法办案中故意或过失违反法律和有关规定，造成案件处理错误的，严格追究相应责任。对检察人员违法违纪，严重侵犯当事人合法权益的，依法严肃查处。

六是依法接受公安机关、人民法院和律师的制约。认真贯彻落实宪法关于人民法院、人民检察院和公安机关办理刑事案件应当分工负责、相互配合、互相制约的规定，依法接受公安机关、人民法院的制约。对公安机关认为不批捕、不起诉决定有错误要求复议的，及时更换承办人重新进行审查；对公安机关提请复核的，上级检察机关严格依法进行复核。对人民法院判决无罪的案件，逐案进行自查，认真分析原因，深入查找和解决自身办案中存在的问题和不足。注重加强对律师执业权利的保障，最高人民检察院先后出台了关于保障律师在刑事诉讼中依法执业的规定、加强律师执业权利保障等多个规范性文件，要求各级检察机关对律师会见犯罪嫌疑人、查阅案卷材料、申请收集和调取证据等，均应依法提供支持和帮助，通过保护律师执业权利的有效行使，促进对犯罪嫌疑人、被告人等诉讼参与人合法权利的保护。

依法尊重和保障人权，加强对人权的司法保障，是人民检察院义不容辞的责任。检察机关将一如既往地认真贯彻落实尊重和保障人权的宪法原则，从更好地满足人民群众的司法需求出发，不断完善工作机制，加大工作力度，充分履行打击、监督、预防、保护等职能作用，最大限度地打击各类侵犯人权的犯罪活动，最大限度地遏制违法办案等侵犯人权现象的发生，不断提高人权保障水平，为推进我国人权事业全面发展作出新的更大贡献。

（《人权》2010 年第 1 期）

切实履行民政职能　努力保障和改善民生
维护人民基本权益

——民政部副部长　李立国

（2010 年 4 月）

“尊重和保障人权”是我国的一项宪法原则。在国际金融危机冲击和经济困难时期，保障和改善民生，维护好人民群众的生存权、发展权和政治权，对于发展人权事业，促进社会和谐稳定，具有十分重要的意义。

2009 年，是民政工作把握机遇、应对挑战，保障和改善民生取得显著成效的一年，也是认真贯彻落实《国家人权行动计划（2009—2010 年）》，维护人民基本权益取得重大进展的一年。各级民政部门紧紧围绕“保增长、保民生、保稳定”的工作大局，坚持把做好各项民政工作与落实国家人权行动计划，与积极应对国际金融危机、维护社会和谐稳定相结合，以提高困难群体、特殊群体、优抚群体“三个群体”生活水平为着力点，强化各项政策措施的深化细化实化，使民政工作惠及了民生、改善了民生，有力地维护了广大人民群众的基本人权，推动了中国人权事业的进一步发展。

第一，加强民生保障工作，切实维护了困难群众的基本生存权。解决和保障民生，是保障人的生存权的首要任务。2009 年，面对历史罕见国际金融危机的严重冲击、自然灾害的重大考验和物价波动给困难群众生活带来的不利影响，我们通过加强社会救助体系建设，不断完善制度、扩大覆盖、提高标准、强化能力，有效地改善了城乡低保对象、受灾群众等困难群体的基本生活。一是推进制度建设。加强与社会救助制度相关的法律法规的调研论证和修订工作，继续完善城乡低保、灾民救助和农村五保供养等制度，医疗救助制度完善了多层次、多形式的救助模式，并纳入国家基本医疗保障体系，全国已有 10 多个省份建立了临时救助制度，20 多个省份建立了高龄津贴制度。二是扩大覆盖范围。继续推进农村低保应保尽保，保障人数达到 4700 多万，比上年增加 260 多万人；城市低保实现了动态管理下的应保尽保，保障人数达到 2340 多万人；农村五保供养人数达到 556 万人，城乡医疗救助全年救助 6500 万人次。救济受灾群众 6184 万人，紧急转移安置 700 多万人次。临时救助制度正在建立健全，全年救助 800 多万人次。同时，进一步完善分类救助办法，加强了流浪乞讨精神病人、危重病人的救治工作，特别是流浪未成年人的救助保护工作，全年机构救助和街头救助流浪乞讨人员 150 万人次。三是增加保障资金。积极利用中央和各地加大民生领域财政投入的有利机遇，大幅度提高了救灾救助资金的财政投入。全年安排救灾支出 75 亿元，比上年增长 50 %；农村低保支出 287 亿，比上年增长 59 %；城市低保支出 407 亿元，比上年增长 21 %；城乡医疗救助支出 67 亿元，比上年增长 46 %。四是提高保障水平。积极适应经济社会发展和应对金融危机形势，适时调整提高了城乡低保补助标准、农村五保供养标准和因灾紧急转移、旱灾救助、因灾倒损农房等补助标准。城市低保平均月人均补助 159 元，比上年增长 9. 7 %。农村低保平均月人均补助 60 元，比上年增长 20 %。农村五保集中供养标准为年人均 2503 元，比上年增长 15 %。分散供养标准为年人均 1783 元，比上年增长 9. 8 %。五是指导汶川地震灾区开展农房恢复重建。积极参与和落实汶川地震灾区对口支援任务，地震灾区毁损农房恢复重建已完成了 93. 4 %，其中四川省完成 91. 9 %，甘肃省完成 97. 1 %，陕西省完成 99. 7 %，重庆、云南已基本完成。灾区 356. 83 万户损坏农房全部修复。同时，切实加强了救灾捐赠资金的使用管理。六是强化救灾应急能力。规划建设了24个中央救灾物资储备库，各省、自治区、直辖市本级和大部分市县建立了储备库点，基本覆盖了全国多灾易灾地区。卫星遥感等高新技术在灾害监测评估中得到进一步应用，灾情管理信息系统基本实现省市县各级全覆盖。积极推进《国家综合减灾“十一五”规划》的落实，设立了全国“防灾减灾日”，推动创建“全国综合减灾示范社区”，评选表彰了403个先进社区，开展了农村社区减灾研究，城乡社区综合防御灾害的能力明显增强。

第二，大力推进社会福利服务，有效保障了特殊群体的发展权。向老年人、残疾人、孤残儿童等特殊群体提供福利服务，是落实人民发展权的必然要求。2009年，我们着眼于推进社会福利适度普惠，扩大资金保障、加强机构建设、完善制度规范，有力推动了社会福利服务事业的发展，进一步提高了特殊群体的福利水平。一是老年人福利方面。积极推动各地借鉴宁夏等地的经验，建立高龄津贴制度，有力推动了低收入老人基本生活保障由低标准、临时性、不确定性向规范性、长效性转变，在建立适度普惠型老年福利制度方面迈出了重要步伐。着力推行实施面向全体老人的养老服务补贴，为养老提供资金补助或低偿、无偿服务，扩大了养老服务的受益范围。积极争取政府增加投入，继续完善国有养老服务设施，实施县区社会福利中心、爱心护理机构、示范性养老基地等工程项目。修订了《社会福利机构管理暂行办法》，制定了《机构养老服务基本规范》、《居家养老服务基本规范》国家标准；制定养老护理员培训规划，推动社会福利机构管理制度更加完善。二是儿童福利方面。认真落实中央领导重要批示精神，制定了社会散居孤儿和福利机构儿童最低养育标准，细化了受艾滋病影响儿童福利保障政策，拓展了儿童福利对象，指导推动各地落实孤儿最低养育标准，初步建立了独立面向孤儿的保障体系。进一步加强残疾孤儿手术康复工作，“明天计划”、“重生行动”和脑瘫康复等助医项目取得明显效果。三是福利彩票工作。认真贯彻落实《彩票管理条例》，福利彩票继续保持安全运行、健康发展，年发行达到750亿元，筹集福彩公益金240亿元。加强了对福彩公益金、发行费的管理、严格规程，确保了资金安全、规范使用。同时，大力发展城乡慈善组织，广泛开展慈善募捐和形式多样的慈善活动，慈善事业蓬勃发展。

第三，认真落实抚恤安置政策，妥善维护了优抚安置对象的合法权益。2009年，我们紧紧抓住庆祝新中国成立60周年的有利时机，突出重点，解决难点，较好地保障了优抚安置对象的合法权益。一是大幅提高抚恤补助标准。争取中央财政扩大优抚事业经费投入，使620多万重点优抚对象抚恤补助标准平均提高18%，并为建国前参军入伍的老年残疾军人换发假肢等康复辅助器具。中央军休事业经费比上一年新增53亿元，使30多万名军休干部及遗属和无军籍退休退职职工提高了生活待遇和医疗保障经费标准。二是推进优抚安置制度建设。制定出台了《伤病残军人退役安置规定》，实现了安置方式和工作程序、经费投入、住房待遇、医疗保障等5个方面的重要突破。三是加强复退军人工作。组织召开了全国优秀复员退伍军人表彰大会，隆重表彰了214名全国优秀复员退伍军人。

第四，继续深化基层民主实践，依法保障了人民群众的民主政治权。保证人民依法实行民主选举、民主决策、民主管理和民主监督，是保障人民政治权的重要内容。2009年，我们规范村（居）委选举、加强民主管理、统筹推进城乡社区建设，进一步深化了基层民主实践。一是规范村（居）委选举。配合中央办公厅、国务院办公厅出台了《关于加强和改进村民委员会选举工作的通知》，就选举前准备工作、选举程序、选举后续工作、加强组织领导提出了规范性要求。会同中共中央组织部部署了村“两委”换届选举工作。认真指导村（居）委选举工作，12个省份村委会和16个省份居委会的换届选举顺利完成。二是加大村务公开民主管理力度。会同全国村务公开协调小组成员单位，部署开展村务公开民主管理“难点村”专项治理工作，着力解决农村征地拆迁、城镇化、土地承包等方面出现的损害农民利益问题。会同中共中央组织部等部门推广河南邓州市“四议两公开”经验，着力完善党领导的村级民主自治机制。三是统筹推进城乡社区建设。推开以管理有序、服务完善、文明祥和为基本目标的示范和谐社区建设活动，推动农村社区建设实验工作由试点阶段向“五个全覆盖”深化，不断提高城乡社区建设的整体水平。完善城乡社区服务体系，推进基本公共服务覆盖城乡社区。同时，继续做好社会组织培育监管工作。严把社会组织登记关，规范年检工作，强化监督管理，组织开展社会组织评估。大力发展公益服务类、慈善关爱类、基层社区类社会组织，鼓励企业按照市场需要组建行业协会。积极引导社会组织开展服务会员、服务群众、服务社会的活动，充分发挥行业协会、商会在应对金融危机的作用，着力推动社会组织吸纳高校毕业生就业。扎实有力地开展了新社会组织学习实践活动指导工作，使社会组织党的建设、自身建设明显加强，服务社会的积极作用得到进一步发挥。

面对来之不易的成绩，我们不能有丝毫自满。必须清醒地看到，现阶段，受经济发展水平的制约和日益频发的自然灾害的影响，我国城乡仍有7000多万困难群众、年均约上亿人次的受灾群众需要政府给予救助，一些偏远地区绝对贫困问题尚未得到根本解决，很多低收入家庭在医疗、教育、住房等方面还存在一些突出困难。同时，我国正处在工业化、城市化以及人口老龄化加速发展阶段，当前及今后相当长的一段时期内，广大人民群众的福利服务需求将持续扩大。在这样的基本国情之下，如何更好地解决和保障好民生，使人民群众共享发展成果，如何扩大公民有序的政治参与，让人民群众享有更多更切实的民主权利，是一个重大而紧迫的课题。

2010年，是实施“十一五”规划的最后一年，也是应对国际金融危机的关键一年，解决和保障民生的任务十分繁重，做好民生工作的意义十分重大。根据当前形势和民政工作的实际，2010年，我们将以“讲大局、惠民生、促改革、重管理、强服务”为基本思路，统筹推进民政工作，着力提高民生保障水平，着力拓展福利服务，着力增强社会自治功能，为中国人权事业的进一步发展做出新的贡献。为此，我们要突出抓好以下三个方面的重点工作：

第一，以保障和改善民生为首要任务，进一步提高困难群体的生活保障水平。生存权是最基本的人权，必须把解决民生、改善民生放到更加突出的位置。首先，进一步加大城乡困难群众救助力度。进一步完善低保标准动态管理机制，科学确定、适时调整城乡低保标准，加大革命老区、民族地区、边疆地区、贫困地区社会救助的工作力度；强化分类施保措施，增加对老年人、残疾人、未成年人和重病患者等特困低保家庭的生活补助；进一步落实应保尽保，优化程序，健全低保家庭收入核查机制，加快建设全国联网的低保信息系统，加强监督检查和绩效评估。城乡医疗救助要尽快取消病种限制和起付线，扩大救助范围，简化救助手续。健全临时救助制度，落实政府投入，拓宽资金渠道。其次，进一步提高救灾应急水平。推动建立中央和地方救灾资金分担机制，完善救灾补助项目和救灾补助标准；落实和完善自然灾害应急响应工作流程，规范救灾款物的管理使用；健全救灾减灾社会动员机制，发挥社会组织和志愿者的参与作用；继续推进减灾宣传和社区减灾工作，开展突发公共事件中受灾群众的救助；提高救灾物资储备能力，建立覆盖全国的救灾应急物资储备网络；探索建立救灾保险制度。再次，进一步落实和提高优抚安置对象待遇。落实和完善优抚安置政策，继续提高重点优抚对象的抚恤补助标准；加快伤病残退役军人安置进度，全面推行新型优抚医疗保障制度；落实军休人员的政治和生活待遇；着力解决复退军人的实际困难；进一步提高各类优抚安置事业单位和军供站的管理水平与服务能力。

第二，以满足人民群众福利服务需求为目标，积极拓展民政公共服务。为社会特殊群体谋福祉是改善民生的迫切需要，也是中国人权保障的发展要求。首先，进一步提高以孤老、孤儿和孤残为重点的特殊群体福利水平。进一步改善城市“三无”老人、孤残人员的生活。尽快落实将农村“五保”供养资金纳入县级财政预算、专项管理、专款专用要求，按标确保。落实孤儿养育标准，做好康复、技能培训、成年后的就业工作，规范家庭寄养，推进实施孤儿和贫困家庭儿童手术康复。其次，加快完善适度普惠的老年福利政策和养老服务体系。以资金保障和服务保障为支撑，以巩固居家养老、扩大社区支持、提升机构服务水平为着力点，继续推进养老服务体系建设并抓好规划试点。积极推动建立高龄老人生活和养老服务补贴制度，有条件的地区可以扩大范围、提高标准。加快示范性公办养老服务设施建设，大力发展社区为老服务中心；完善和落实社会力量兴办养老服务机构的扶持政策，实行养老机构准入制度，提高养老机构管理和服务水平。加强应对人口老龄化战略研究。再次，积极拓展困境儿童的福利服务。深入加强与社会力量的合作，逐步扩大儿童福利保障服务覆盖范围，制定各类困境儿童的福利政策，有条件的地区要对困境儿童发放生活补贴，儿童福利机构要积极创造条件为社会困境儿童提供辅导和服务。大力拓展收养渠道，着力推进孤残儿童回归家庭、融入社会，继续推进跨国收养儿童“寻根回访”。

第三，以增强社会自治功能、健全社会管理体制为努力方向，大力推进城乡群众自治组织和社会组织健康发展。这是依法保证人民当家做主，维护社会成员平等参与、平等发展权利的必然要求。首先，深化城乡基层群众自治实践。认真学习宣传贯彻新修订的村民委员会组织法，配套完善相关法规。加大村务公开督查力度，完成村务公开民主管理“难点村”治理任务。继续推广河南省“四议两公开”和“三有一化”的成功经验。深入贯彻中央办公厅、国务院办公厅《关于加强和改进村民委员会选举工作的通知》，确保部分省村委会换届选举工作依法有序进行；加强和改进城市居委会建设，做好部分省市居委会换届选举工作。健全城市社区民主听证会、评议会、协商议事会制度。其次，不断深化和拓展城乡社区服务。继续实施“十一五”城市社区服务体系发展规划，加强农村社区综合服务设施建设。在全面推进城乡社区服务的基础上，着力发展城中村、新建小区、困难群众相对集中小区、流动人口聚集小区等社区服务，为农村进城务工人员尽快融入城镇生活提供必要的服务，促进新居民与原居民的和谐相处。再次，着力形成社会组织科学发展的长效机制。巩固社会组织深入学习实践科学发展观活动成果，进一步加强社会组织党的建设、自身建设。加快完善社会组织登记管理的政策法规，发挥社会组织改革创新观察点作用，探索试行行业协会、基层社会组织、公益慈善组织、民办非企业单位登记管理新办法。推动形成社会组织自主发展、自主运行、自我管理、自我约束机制，切实增强和充分发挥社会组织服务社会的功能。

（《人权》2010 年第 2 期）

积极回应人民群众司法关切　切实维护人民群众合法权益

——访最高人民法院院长　王胜俊

（2010 年 6 月）

记者：2010 年全国“两会”期间，您在最高人民法院工作报告中提到，全国各级人民法院“严格贯彻宽严相济刑事政策，坚持尊重和保障人权，依法保护被害人和被告人的合法权益”。那么，人民法院在贯彻宽严相济刑事政策、大力保障人权过程中，都做了哪些具体工作呢？

王胜俊：宽严相济是我国的基本刑事政策，贯穿于刑事立法、刑事司法和刑罚执行的全过程，是司法机关惩罚犯罪、保障人权的重要指南。人民法院历来重视对宽严相济刑事政策的贯彻执行。2010 年初，为了指导各级人民法院在刑事审判工作中更好地贯彻执行这一政策，最高人民法院还制定下发了《关于贯彻宽严相济刑事政策的若干意见》，对如何更好地贯彻落实这一政策提出了具体、明确的要求。在严格贯彻宽严相济刑事政策、最大限度地实现刑事审判惩治犯罪和保障人权的职能作用方面，人民法院着力做了以下几项工作：

一是准确把握社会治安形势变化，依法惩处各种刑事犯罪，进一步增强人民群众的安全感，为实现充分人权提供有力司法保障。在审判工作中，人民法院严格依据法律规定，坚持宽严相济刑事政策，充分考虑人民群众的安全感以及惩治犯罪的实际需要，注重从严打击严重危害国家安全、社会治安和人民群众利益的犯罪。2009 年，各级法院审结一审刑事案件 76.7 万件，判处罪犯 99.7 万人。同时，对于情节较轻、社会危害性较小的犯罪，或者罪行虽然严重，但具有法定、酌定从宽处罚情节，以及主观恶性相对较小、人身危险性不大的被告人，依法从轻、减轻或者免除处罚；对于具有一定社会危害性，但情节显著轻微、危害不大的行为，不作为犯罪处理；对于依法可不监禁的，尽量适用缓刑或者判处管制、单处罚金等非监禁刑，以更好地促进犯罪人悔过自新，维护社会和谐。

二是采取多种行之有效的措施，充分保障被告人的各项诉讼权利和合法权益。尊重和保障被告人的各项诉讼权利和合法权益，是人民法院刑事审判工作尊重和保障人权的集中体现。在刑事审判工作中，人民法院依法尊重被告人的人格尊严，保障被告人依法享有公开审判权、辩护权、上诉权，以及罪犯对生效裁判的申诉权等广泛的诉讼权益，充分听取被告人及其辩护人的意见，保证被告人受到合法、公正、文明的审判；坚持实体公正与程序公正的统一，既坚持重证据、不轻信口供，切实做到认定案件事实清楚、证据确实充分，又坚持罪刑法定和罪责刑相适应，切实做到定罪准确、量刑适当，确保依法惩罚犯罪和依法保障人权的有机统一。

三是依法保障无罪的人不受刑事追究。人民法院在依法惩处各类刑事犯罪的同时，注重保障无罪的被告人不受追究。2009 年，人民法院坚持“有罪依法判决，无罪坚决放人”的原则，全面加强审判工作监督，对不构成犯罪的 1206 名刑事被告人依法宣告无罪，确保无罪公民不受刑事追究。

四是推动建立被害人国家救助制度，更好地保护被害人权益。2009 年 3 月，最高人民法院联合有关国家机关制定下发了《关于开展刑事被害人救助工作的若干意见》，并下发通知，对贯彻落实工作作出明确部署。各地人民法院认真落实刑事被害人救助工作，逐步扩大救助范围，着力解决被害人因无法获得犯罪人经济赔偿造成的生活、医疗困难，让那些受到严重犯罪侵害的家庭感受到党和国家以及人民法院的温暖，进一步保障被害人的权益，切实保障人权。

记者：您在最高人民法院工作报告中还提到，人民法院“严格控制和慎重适用死刑，严把死刑案件事实关、证据关和法律关，确保死刑案件审判质量”。在死刑案件审理中，人民法院是怎样保障生存权这一最基本、最重要的人权的？

王胜俊：自 2007 年 1 月 1 日起死刑案件核准权收归最高人民法院统一行使以来，在死刑案件的审理及复核中，人民法院在办案质量上要求更加严格，在适用死刑上更加审慎，在审判程序上更加公正，切实做到了惩罚犯罪与保障人权并重。

一是严格贯彻党和国家的死刑政策，确保死刑只适用于罪行极其严重的犯罪分子。死刑案件的审理、复核，既切实贯彻慎用死刑、严格控制死刑的政策，又考虑社会治安状况以及人民群众的安全感，对于罪行极其严重，依法应当判处死刑的，坚决地判处死刑，确保治安良好、社会稳定。同时，又严格、统一地执行死刑适用的法律标准，确保死刑只适用于极少数罪行极其严重的犯罪分子。

二是坚持证据裁判的最高标准和最严要求，确保死刑案件审判质量。死刑案件，人命关天，必须慎之又慎。广大刑事法官特别是从事死刑复核的刑事法官，始终坚持以高度负责的工作态度和严谨细致的工作作风，以最高的标准、最严的要求切实把好死刑案件的事实关、证据关，确保每一起死刑案件质量都经得起历史检验，经得起法律检验。

三是对可能被判处死刑的被告人，依法充分保障其辩护权及其他合法权益。为确保死刑案件的办理质量，最高人民法院进一步完善死刑案件二审开庭程序和死刑复核程序，要求死刑二审案件，原则上必须开庭审理；复核死刑案件，要依法提讯被告人，要充分保障辩护律师依法履行辩护职责，重视并认真回应辩护人的辩护意见，依法保障被告人的各项诉讼权利。

记者：近年来，社会对“阳光司法”的呼声越来越高，人民法院在强化司法公开、推进司法民主方面也采取了许多措施。最高人民法院是如何保障人民群众对司法活动和司法过程的知情权、参与权、表达权和监督权的？

王胜俊：司法民主是社会主义司法制度的本质属性，也是人民法院人民性的必然要求。司法公开是监督审判权公正行使的关键，也是司法工作取信于民的关键。为切实保障人民群众的知情权、参与权、表达权和监督权，最高人民法院大力推进审判管理创新，不断加快司法民主和司法公开制度建设。

2009年12月，最高人民法院制定下发了《关于司法公开的六项规定》，对立案、庭审、执行、听证、文书、审务共六个方面需要公开的内容作出了明确规定。要求全国各级人民法院要切实解放思想，更新观念，大胆创新，把积极主动地采取公开透明的措施与不折不扣地实现当事人的诉讼权利结合起来，把司法公开的实现作为法院工作的重要指标。上级人民法院要加强对下级人民法院司法公开工作的指导，定期组织专项检查，通报检查结果，完善司法公开的督促检查机制。各级人民法院要加大对司法公开工作在资金、设施、人力、技术方面的投入，建立司法公开的物质保障机制。

在2010年4月召开的全国高级法院院长会议暨全国法院队伍建设工作会议上，最高人民法院再次要求各级人民法院要完善司法公开制度，按照《关于司法公开的六项规定》，拓展司法公开的广度和深度。坚持审判公开，凡法律规定应公开的一律公开；规范完善裁判文书上网制度，逐步增加上网裁判文书的数量；建立完善邀请人大代表、政协委员及各界人士旁听庭审制度；推行法院开放日制度；在各级法院建立健全新闻发布制度，切实保障人民群众的知情权、参与权、表达权和监督权。完善“执行案件信息管理系统”，充分运用这一系统，向当事人、向社会公开执行过程、执行措施和执行结果等信息，促进执行公开。完善民意沟通机制，通过各种行之有效的方式，广泛听取、认真分析各方面对人民法院工作的意见建议，及时制定落实整改措施；注重加强对网络民意的分析整理，采取切实措施，回应社会关切。完善人民陪审员工作机制，最高人民法院已部署开展新一轮陪审员选任和培训工作，各地法院要根据本地实际，争取各方面的支持，适当增加陪审员数量，注重提高陪审员素质，保障陪审员参审权利，扩大参审案件范围，充分发挥人民陪审员参与审判案件、密切联系群众、宣传法院工作的重要作用。完善司法宣传制度，加强与社会媒体的联系沟通，办好各级人民法院的政务网站和报纸杂志，健全新闻采编、信息收集等制度，以全面、及时、准确的信息引导社会舆论，形成有利于人民法院开展工作的良好舆论环境。

记者：2010年4月，我国对《国家赔偿法》进行了修改，标志着公民在其合法权益遭受公权力侵害时可依法取得国家赔偿的权利得到更加有效的保障。最高人民法院是如何做好国家赔偿审判工作，保障公民享有依法取得国家赔偿的权利，并促进国家机关依法行使职权的？

王胜俊：最高人民法院高度重视国家赔偿审判工作，注重发挥国家赔偿审判工作保障人权、救济损害、监督执法的职能作用，坚持解放思想，推进制度创新，不断开创国家赔偿审判工作的新局面。

一是理顺关系，调整职能，增加人员，提高结案率。2008年底，最高人民法院从理顺人民法院国家赔偿确认案件与赔偿案件的关系出发，调整赔偿机构工作职责，充实审判力量，由赔偿委员会办公室负责国家赔偿确认案件的审理工作，并向各高级人民法院下发文件就工作对接提出具体要求。2009年，各地人民法院根据最高人民法院的要求，也纷纷作出机构、职责、人员的调整。

二是加强信访，注重联动，讲求实效，尽最大努力满足人民群众的赔偿诉求。最高人民法院从工作实际出发，畅通国家赔偿申诉、监督渠道，在立案信访部门设置国家赔偿申诉的专门窗口，配备专人审查受理当事人的申诉，保障当事人的申诉权。赔偿委员会办公室注重提高赔偿审判监督实效，注重与立案、信访、审判、执行部门的协调，强化带案下访、协调、督办，尽最大努力满足人民群众的赔偿诉求，2009年审结赔偿和确认申诉案件230件，结案率达95％。

三是加强案件评查，健全工作机制，以科学规范的管理促进赔偿审判工作的良性发展。最高人民法院结合2008年开展的全国法院国家赔偿案件专项评查以及2009年最高人民法院自身案件评查工作，认真查摆问题、总结经验，要求在全国法院系统内部建立国家赔偿绩效考评、案件评查、错案分析、责任追究和工作激励等相关工作机制，以建立健全科学的管理机制，为公正高效审理国家赔偿案件、推动国家赔偿工作自身良性发展奠定坚实基础。

四是加强调研指导，推行公开听证等经验做法。国家赔偿审判工作实践中，形成了很多好的审判经验，如湖北、广东、陕西等很多地区在赔偿工作中引入听证质证程序，河北、广西等地建立司法赔偿联动机制等。对于这些有利于国家赔偿审判工作科学发展的经验和做法，最高人民法院注意总结推广。

记者：维护司法队伍的廉洁性是确保司法公正的基础条件，而公正公平才能发挥司法保障人权的作用。在大力加强反腐倡廉建设、全面提高队伍素质方面，最高人民法院又有哪些具体措施呢？

王胜俊：2009年以来，全国法院坚持“三个至上”工作指导思想、“为大局服务，为人民司法”工作主题和“从严治院、公信立院、科技强院”工作方针，在全面加强各项工作的同时，队伍建设取得新的进展。

深入开展“人民法官为人民”主题实践活动。最高人民法院于2009年4月在全国法院部署开展了“人民法官为人民”主题实践活动，制定下发了《关于开展“人民法官为人民”主题实践活动的意见》，明确了活动的指导思想、总体目标、基本方式和基本要求。提出了2009年的活动方案，紧紧围绕树立社会主义法治理念和改进司法作风的重点，着力加强对人民法院人民性的学习教育以及专项培训、反腐倡廉、民意沟通、涉诉信访等10个方面的具体工作，取得了明显成效。地方各级人民法院把主题实践活动与深入学习实践科学发展观、社会主义法治理念教育、“大学习、大讨论”、“讲党性、重品行、作表率”等活动有机结合起来，统筹安排，全面推进，形成了“人民法官为人民”的良好氛围。根据最高人民法院下发的主题实践活动2010年工作方案，2010年的工作重点是：加强司法作风建设，促进公正廉洁司法。各级法院要针对去年司法作风大检查发现的问题，进一步加强司法规范化建设，进一步增强法院工作人员对人民法院人民性的深刻认同，着力培养亲民法官、平民法官、为民法官，以作风建设促进公正廉洁司法。围绕规范法官司法行为，进一步落实“五个严禁”，制定规范用语，加强行为提示，强化执法监督。围绕规范法官自由裁量权，进一步严格司法程序，细化审判、执行、信访等工作标准，建立健全案件质量评查、审限监督、绩效管理以及违法审判责任追究机制，大力加强审判管理。高度重视执行系统的队伍建设，规范执行行为，改进执行作风，提高执行工作水平。

大力加强反腐倡廉建设。加强廉政教育。深入开展司法廉洁大讨论活动，强化警示教育，提高法院领导干部的廉洁意识，引导法院干警筑牢拒腐防变的思想防线，最高人民法院干警结合法院系统内的违纪违法案例，写出了心得体会，受到了深刻的教育。加强制度建设，出台了“五个严禁”规定，并派出工作组到各地法院检查落实情况；建立了司法巡查制度，对高级法院的审判、执行等工作进行了巡查；在审判、执行部门配备廉政监察员，加强了对审判、执行工作的直接、实时监督；向社会公布违纪违法举报网站和举报电话，更好地接受社会监督；公布《人民法院工作人员处分条例》，从政治纪律、办案纪律、廉政纪律、组织人事纪律、财经纪律、失职行为、违反管理秩序和社会道德行为等方面，对人民法院工作人员的职务行为和业外活动进行了全面规范。加大案件查处力度，全国各级法院以落实“五个严禁”为重点，严肃查处违纪违法案件，坚决清除害群之马，纯洁法官队伍。

切实提高法官的司法能力。加强法官培训，大力推广法官教法官、岗位练兵、挂职锻炼等方式，切实提高法官做群众工作、化解社会矛盾的能力。2009 年 9 月启动了对全国中级、基层法院院长的轮训工作，计划用两年时间对 3500 多名院长轮训一遍，截至 2010 年 5 月 14 日，已举办 8 期培训班，1842 名院长参加培训。组成讲师团分赴辽宁、黑龙江、安徽、青海、甘肃、宁夏等六省区开展巡回授课活动，培训法官 3 万余人次。各地法院积极开展各种形式的培训活动，扩大培训范围，丰富培训内容，增强培训效果，有效提高了法官的司法能力。

（《人权》2010 年第 3 期）

在“第二次全国人权研究机构工作经验交流会”上的讲话

——中国人权研究会会长　罗豪才

（2010 年 4 月 28 日）

同志们：

经过多方精心准备，“第二次全国人权研究机构工作经验交流会”，今天在南开大学开幕了。作为主办方，我代表中国人权研究会，向与会的全国各人权研究机构的代表，向关心和推动我国人权事业发展的各位专家学者表示热烈的欢迎；向天津市委宣传部和外宣办给予的大力支持和协助，向承办这次会议的南开大学人权研究中心，表示衷心的感谢！

两个星期前，青海玉树发生了 7.1 级的强烈地震，两千多名同胞在地震中不幸失去了生命，一万多人受伤。地震发生后，党和政府高度重视，胡锦涛总书记、温家宝总理等党和国家领导同志推迟和调整了重要的国务活动，迅速赶赴灾区指挥抗震救灾，派出了救援人员，尽全力抢救被废墟掩埋的生命，及时送去了大批救援物资，使得当地人民的生命得到了及时的抢救，灾区民众的生活得到了妥善的安置。这有力地证明了我们党和政府认真践行尊重和保障人权这项治国理政的重要原则。我们与全国各族人民一起，向在这次地震中失去生命的同胞表示深切的哀悼，对遭遇这次灾难的玉树人民表示亲切的慰问。

2009 年，我们在广州大学举行了“第一次全国人权研究机构工作经验交流会”。在那次会议上，与会代表畅所欲言，讨论了许多重要的问题，提出了许多很好的建议。会后，中国人权研究会对大家的意见和建议进行了认真的梳理和研究，并结合我国人权理论研究和建设的实际，对一些具备条件的建议组织落实。目前，我们正在与有关部门积极推进在高校、研究机构建立人权教育培训基地等工作。由中国人权研究会组织国内一些高校、研究机构的专家学者筹划中国人权蓝皮书的编写工作，也在加紧运作当中。

今天，我们再次齐聚一堂。本次会议的主

题是，如何更好地发挥人权研究机构在推动我国人权事业发展中的积极作用。

有目共睹的是，自改革开放以来，特别是近十几年来，我国的人权事业实现了突飞猛进的发展。从第一部人权白皮书的发表，到宪法明确规定“国家尊重和保障人权”；从将尊重和保障人权确定为治国理政的重要原则，到制定《国家人权行动计划（2009—2010年）》，人权保障意识逐渐深入人心，人权立法工作全面加速推进，人权保障实践获得了长足的进步。应当说，中国人权事业取得的这些举世瞩目的成就，除了人民的要求和政府的大力推进之外，离不开在座的各位人权专家学者和各个人权研究机构的不懈努力。回顾几十年我国人权事业的发展历程，处处可以看到人权学者的足迹和心血：从总结人权保障的历史经验，到研究世界各国的人权立法；从提出人权发展的理论主张，到提供人权立法的对策建议；从研究人权保护的典型案例，到推动人权保障举措的有效实施；从在大学讲堂讲授人权课程，到在干部培训中开设人权讲座；从对民众开展普法宣传，到对弱势群体提供人权法律援助，我国人权专家学者们为推进人权事业发展作出了重要贡献。我们相信，历史一定会记住这些努力和贡献的。

同时，大家也应清醒地看到，尽管我国的人权事业成效显著，但人权事业的发展仍然任重而道远。不少重要的权利还急需更有力的立法保障，不少已经生效的人权立法还有待切实实施。作为人权研究的专家学者，我们肩负着不可推托的历史重任，我们要再接再厉，全力以赴，继续致力于推进我国人权事业的加速发展。

与此同时，大家也清楚地看到，在中国和平发展的道路上，国际范围的人权斗争也此起彼伏，十分激烈。停了两年的中美人权对话即将开始，中欧之间在人权问题上也有许多问题要解决。这一切，都要求我们加强研究，加强交流，向世界展现我们在人权理论和实践中取得的进步，向世界学习在人权建设和保障上的成功经验，推动我国人权事业的健康发展。

当前，我们正处在一个推动中国人权事业大发展的重要历史时刻。首先，我国经济连续30年的快速发展，不仅极大地改善了人民的物质生活水平，也对人权保障提出了新的更高的要求。其次，经过几十年的思想解放运动，尊重和保障人权已经成为我国宪法的基本原则，成为治国理政的重要原则，这不仅为保障人权提供了法律基础和政治保障，而且对在各个具体领域采取切实有效的人权保障措施提出了更高的要求。再次，随着几十年的对外开放，我们对世界的了解已经比较现实和具体，同时对自身的了解也日益客观和深入，这不仅为我们开展人权研究提供了丰富的资料与经验，也对我们提出了创立适合中国国情的人权理论和人权发展战略的更高要求。我们从事人权理论研究和建设的专家学者要在以人为本的科学发展观的指导下，紧紧围绕国际国内两个大局，以发展和创新的视野，深入研究总结中国特色的人权理论，丰富和完善人权保障的“中国模式”。我们要在人权理论研究中坚持理论联系实际，善于总结促进我国人权发展的成功经验，借鉴国际上一些有益的做法，不断完善人权法律制度。同时，在执法中要强调和坚持以“生计为先”的人权保障理念，充分体现执政为民的宗旨。我们相信，在全国从事人权理论研究和建设的专家学者的共同努力下，我国的人权理论研究一定会结出更加丰硕的果实，人权保障实践一定会取得更大的成就！

各位专家学者，在这两天的会议上，我们希望大家能就今后如何发挥人权研究机构在推进人权事业发展中的积极作用这一问题展开讨论，主要包括可以采用哪些现实的手段和可行的路径，需要具备哪些条件和得到哪些支持，人权研究机构在各自研究领域创造了哪些值得推广的经验，等等。希望大家畅所欲言，交流切磋，相互启发。我们相信，这种讨论不仅有利于产生新的想法，而且会增进各机构之间的相互理解，为今后的相互合作创造条件。

预祝会议圆满成功！

谢谢！

在“第二次全国人权研究机构工作经验交流会”上的讲话

——国务院新闻办公室副主任　董云虎

（2010 年 4 月 28 日）

尊敬的罗豪才会长，各位领导，同志们：

在春暖花开的季节，中国人权研究会在天津南开大学召开“第二次全国人权研究机构工作经验交流会”，这是我国人权学术研究领域的一件大事，也是我国人权理论研究事业充满生机与活力的象征。首先，我代表中央对外宣传办公室、国务院新闻办公室，代表王晨同志，对会议的召开表示热烈的祝贺，对天津市委宣传部、外宣办和南开大学对本次会议的筹办工作所给予的支持和帮助表示衷心的感谢！

刚才，罗豪才会长代表中国人权研究会发表了重要的主旨讲话，天津市委宣传部常务副部长陈浙闽同志和南开大学党委书记薛进文同志做了热情洋溢的致词，开幕式后，叶小文同志、李君如同志还要发表讲话，希望同志们结合各单位和各自的工作实际，围绕各位领导的讲话进行认真思考和深入讨论。利用这个机会，我谈几点想法，供大家参考。

第一，当代人权理论工作者生逢其时，大有可为。我认为，当前是中国人权发展状况最好的时期，也是人权研究机构和人权理论工作者可以大有作为的时期。近年来，党和国家将尊重和保障人权先后载入宪法和党章，中国政府颁布实施了《国家人权行动计划（2009—2010 年）》，尊重和保障人权成为党和政府治国理政的重要原则，成为国家建设和社会发展的重要主题。在党和政府的大力推动下，中国人权事业伴随着改革开放和现代化建设事业的发展得到了快速发展。人权研究机构像雨后春笋般蓬勃发展，人权理论研究事业呈现出百花齐放、繁荣发展的景象，成为中国人权事业发展的一个重要亮点。可以说，党和国家对人权建设的重视程度是前所未有的，中国人权事业发展的深度和广度是前所未有的。人权理论研究迎来了一个前所未有的大发展、大繁荣的好时机，人权研究机构和人权理论工作者迎来了发挥作用、创造辉煌的大好时机。作为当代人权理论工作者，我们生逢其时，大有可为，使命光荣，责任重大。全国这么多人权研究机构和专家学者齐聚一堂，探讨“人权研究机构在推动中国人权事业发展中的作用”，这既是中国人权事业繁荣发展的一个标志，也体现了当代人权理论工作者对自身肩负的历史使命和光荣任务的一种自觉。我相信，这种自觉必将成为推动中国人权理论研究事业发展的强大动力，也必将成为推动整个中国人权事业发展的重要力量。

第二，人权理论工作者应当成为人权理论创新与发展的主力军。改革开放以来，我国人权理论工作者为推动人权理论建设、促进人权实践的发展作出了重要努力和贡献。但是，总的看，我国的人权理论建设状况还滞后于现代化建设和人权实践的发展，还与我国日益增长的综合国力和国际影响力很不相称。创新和发展人权理论是实践的呼唤、时代的呼唤。人权理论工作者的天职是从事人权理论研究，理应成为创新和发展人权理论的主力军，担负起创新和发展人权理论的不可推卸的责任。理论源于实践，中国特色社会主义现代化建设的成功实践是人权理论创新与发展的取之不竭的源泉。我们要立足中国特色社会主义的伟大实践，认真总结建国以来党和政府在治国理政中促进和发展人权的经验，特别是要认真总结改革开放以来我国人权事业发展在思想观念、体制机制方面的创新成果，系统阐述党和国家大政方针的人权内容，深入挖掘和概括中国发展模式的人权内涵，从中梳理、提炼出中国特色社会主义人权理论的基本框架。同时，要认真研究和积极汲取我国源远流长的历史文化中所包含的人道主义价值的有益元素，认真研究世界各国和国际社会的人权理论和实践，借鉴世界上一切体现人类普遍价值的有益思想和经验，通古今之变，融中西方之长，努力使我们的人权理论不仅切合中国实际、能够对中国人权实践的发展发挥理论先导作用，而且符合世界发展潮流、能够为增强我国在国际人权领域的话语权、主导权作出贡献。

第三，人权理论工作者应当成为党和政府制定实施人权政策的思想库。国家是尊重和保障人权、促进人权事业发展的主体。人权理论工作者要发挥自身研究专长和业务优势，为国家制定和完善人权法律法规和规划提出咨询意见和建议，为党和政府实施促进和保障人权的方针政策、行动措施出谋划策，成为党和国家推动人权事业全面发展的参谋和智囊。当前，促进人权事业发展是党和政府推动科学发展、促进社会和谐、全面建设小康社会的重要组成部分。人权理论工作者要坚持围绕中心、服务大局，十分重视研究当代中国改革发展中与人权密切相关的重大现实问题，始终坚持从推动科学发展、促进社会和谐这一中心任务出发，紧紧围绕党的十七大提出的“尊重和保障人权，依法保证全体社会成员平等参与、平等发展的权利”这一主线，着重研究制约和影响科学发展、社会和谐与人权进步的重大现实问题，特别是要重点研究如何促进经济社会均衡发展，消除城乡之间、区域之间、贫富之间过大的差距，从法律制度和方针政策上保障全体社会成员在政治、经济、社会、文化等各个方面平等参与和平等发展的权利；研究如何加快推进以改善民生为重点的社会建设，切实解决事关群众最直接、最现实利益的就业、社会保障、收入分配、教育、医疗、住房、安全生产等突出问题，努力使全体人民学有所教、劳有所得、病有所医、老有所养、住有所居，生活得更有尊严、更加幸福；研究如何加强民主法制建设，丰富民主形式，拓宽民主渠道，保障人民的知情权、参与权、表达权、监督权，使社会更加公正、和谐；等等。对于这样一些重大现实问题，要在深入调查研究和科学分析的基础上，积极向党和政府建言献策，提出切实可行的对策建议，为党和政府促进和保障人权提供决策参考和智力支持。

第四，人权理论工作者应当成为尊重和保障人权文化的传播者和塑造者。实现尊重和保障人权，一个带有根本性的方面就是，要加强人权知识的普及教育，努力培育一种尊重和保障人权的文化。只有当尊重和保障人权从法律政策变成全体社会成员的人生观、价值观，变成人们的思维方式、生活方式和行为方式，变成人们的日常生活和风俗习惯的时候，尊重和保障人权才能真正得到全面充分的实现。理论工作者是人类灵魂的工程师，理应成为时代精神和先进文化的传播者。人权理论工作者不仅要成为先进的人权理论的创造者，而且要成为人权理论知识和思想观念的主要传播者，成为人权文化的塑造者。人权理论工作者要充分运用人权专业知识的优势，充分发挥人权研究机构及其所在高等院校和科研院所的作用，不仅通过学校讲坛、学术论坛和学术成果在知识界大力传播人权知识和先进的人权理论，而且要通过大众传媒面向社会公众广泛持续地开展人权基本知识、正确的人权观和国际人权斗争形势等的普及教育，为提高公众的人权意识和知识，为在全社会形成尊重和保障人权的文化做出长期不懈的努力和应有的贡献。

第五，人权理论工作者应当成为维护和树立中国尊重人权国际形象的重要力量。人权问题是当代国际关系和国际政治中的一个重大问题，是我国参与国际事务、开展对外交流和合作的一个重要主题，也是我国与西方敌对势力政治斗争和舆论斗争的一个焦点，关系到国家主权和民族尊严，关系到国家安全和国际形象。人权研究机构和人权理论工作者要充分发挥非政府学术研究机构和专家学者的独特优势，以高度的政治责任感，广泛、深入地参与我国的对外人权事务，开展形式多样的国际人权学术交流与合作，积极“请进来”、“走出去”，做解疑释惑和增进了解的工作，大力对外传播我国在促进和保障人权方面的经验、思想和做法，介绍我国人权理论研究的成果和人权事业的进展，讲述改革开放以来中国人权发展的生动故事，利用各种国际舞台充分展示和积极塑造我国尊重和保障人权的形象，努力扩大我国在国际人权领域的影响。同时，通过国际对话、交流和合作，积极贡献我国在人权理论与实践创新方面的成果，增进各国在人权问题上的相互了解，促进各国之间互相学习、取长补短和共同进步，推动世界人权事业的健康发展。人权研究机构和人权理论工作者还要积极参与人权对外舆论斗争。要通过各种渠道，积极向国外介绍中国政府的人权状况和观点，用事实澄清国际敌对势力对我国人权状况的歪曲、指责和攻击，揭露美国等西方国家在人权问题上搞双重标准和霸权主义的虚伪实质，坚决维护我国的国家安全和国际形象。

总之，当代人权理论工作者要以高度的使命感和责任感担负起创新人权理论、传播人权知识、促进人权发展的任务，为使我国在政治上更有影响力、在经济上更有竞争力、在形象上更有亲和力、在道义上更有感召力做出自己的贡献。

最后，我希望大家畅所欲言，各抒己见，共同努力，把本次会议开成一个总结经验、交流看法、沟通思想、加强合作的会议。祝会议圆满成功！

谢谢大家！

第三部分

理论研究

一、论文

（一）人权基本理论

以十七大精神为指导，推进人权思想理论建设

■罗豪才

中国共产党第十七次全国代表大会是中国共产党在改革发展关键阶段召开的一次十分重要的会议。会议高举中国特色社会主义伟大旗帜，对实现全面建设小康社会的宏伟目标作出了全面部署，也对新时期我国人权事业发展作了部署。

十六大以来的5年是改革开放和全面建设小康社会取得重大进展的5年，也是中国人权事业健康发展的5年。在这5年里，尊重和保障人权被写入宪法、载入“十一五”发展规划纲要，成为中国共产党提高执政能力建设和执政兴国的重要理念，成为以人为本的科学发展观和构建社会主义和谐社会重大战略思想的重要组成部分。5年来，党和政府坚定不移地采取各种有效措施促进人权，使人权与中国政治、经济、社会和文化事业得到了同步、协调发展，取得了举世瞩目的成就。在这5年里，我国经济社会又好又快发展，综合国力大幅提升，人民生活水平显著改善，城乡居民最低生活保障制度初步建立，贫困人口基本生活得到保障，衣食住行用水平不断提高。与此同时，民主法制建设取得新进步，以宪法为核心的人权保障法律体系不断完善，人民民主权利得到有效保障。5年来，农村九年制义务教育全面实现，社会保障体系建设进一步加强，公共卫生体系和基本医疗服务不断健全，人民的经济、社会、文化等权利得到了前所未有的改善。

中共十七大提出了实现全面建设小康社会奋斗目标的新的更高要求，也对人权事业的发展作出了新的部署。胡锦涛同志在十七大报告中明确指出，要坚定不移发展社会主义民主政治，加快建设社会主义法治国家，“尊重和保障人权，依法保证全体社会成员平等参与、平等发展的权利”。其实，十七大报告关于社会主义经济建设、政治建设、文化建设和社会建设的部署中，到处渗透着尊重和保障人权的内容。促进国民经济又好又快发展，就要求统筹城乡、区域发展，建设资源节约型、环境友好型社会，不断提高人民的生活水平，保证城乡居民、不同区域人民平等参与发展、平等享受发展成果的权利。加强民主和法治建设，就是要健全民主制度，丰富民主形式，拓宽民主渠道，实行依法治国，依法保证人民的知情权、参与权、表达权和监督权。推动社会主义文化大发展大繁荣，一个重要内容就是要使社会文化生活更加丰富多彩，人民基本文化权益得到更好保障。而加快推进社会建设的重点就是改善民生，其中教育、就业、分配制度、社会保障体系、基本医疗卫生制度每一项都和人权息息相关。胡锦涛同志在十七大报告中64次提及“民主”，两次提及“人权”，充分表明了中国共产党对民主和人权的高度重视。这些无疑是我们今后开展人权工作和推进人权事业的行动纲领和指南。

今后5年是全面建设小康社会的关键时期，也是中国人权事业全面发展的关键时期。中国

人权研究会作为全国最大的非政府人权组织，在促进中国人权发展方面负有特殊的责任。

第一，要深入学习贯彻十七大精神，研究和创新人权理论，为建设中国特色社会主义人权理论体系作出新的努力。中国特色社会主义人权理论体系的建立和完善，是人权事业发展的基础。因此，要把中国特色社会主义人权理论的建立和完善作为未来5年人权工作的重中之重。我们要以中国特色社会主义理论体系为指导，深入研究改革开放和全面建设小康社会的伟大实践，吸收古今中外一切有利于中国人权事业发展的优秀文化成果和有益经验，创新人权理论观点，创新人权制度，不断推动人权事业的发展。

第二，要深入研究党的十六大以来提出的一系列重大战略思想，深入挖掘其所包含的丰富的人权内容。特别是要深入研究人权发展和中国特色社会主义道路、科学发展观、构建和谐社会、全面建设小康社会以及推动建设持久和平和共同发展的和谐世界的内在关系。这样，才能使人权理论研究奠基于现代化建设的实践，对中国的现代化建设发挥理论先导作用，这是我们人权理论工作者义不容辞的责任。

第三，要深入贯彻落实科学发展观，具体落实到人权工作上，就是要深入调查研究社会主义初级阶段的基本国情，科学总结我国人权发展实践和新的阶段性特征，客观分析我国在就业、社会保障、收入分配、教育、医疗、住房、安全生产等方面存在的困难和问题，明确新形势、新任务，深刻把握我国人权发展面临的新课题新矛盾，自觉地开拓中国特色社会主义人权道路和广阔的前景。

第四，要扩大人权国际交流，改进人权对外宣传的方式方法，增进国际社会对中国特色社会主义人权道路的了解，扩大世界各国对中国特色社会主义人权理论的共识，树立和维护中国的国际形象，努力使人权成为中国改革开放和对外交流的积极因素。

（《人权》2007年第6期，作者系中国人权研究会会长）

关于普世价值

■卜　问

关于普世价值，一时议论纷纷，有的说有，有的说没有，有赞成的，也有反对的。普世价值是一个非常概念化的东西，抽象来讲，并不容易一下子说清楚。具体一点来讲，或许比较容易理解。

所谓普世价值，具体来说有哪些？主张的人一般会指出如民主、人权、自由、市场经济等等。以民主来说，人人都要民主，没有人会反对。这可说是普世价值。但是要再进一步问，这种民主是什么样的呢？看法就很不相同了。事实是，所谓民主，自古希腊到现在，从内容到形式不知发生了多少变化。从资产阶级登上历史舞台，高举民主旗帜以来，民主又发生了多大变化。以最早发展资本主义的英国来说，现在还有君主。以发表《独立宣言》、高唱人人生而平等的美国来说，到20世纪其妇女才取得选举权，至今种族歧视还相当严重。至于中国实行的社会主义民主，和西方的资产阶级民主又根本不同。那么具有普世价值的民主是哪种呢？

人权也一样。人人都要有人权，没有人会不要，这具有普世价值。但你究竟要什么样的人权，这就大不同了。有多数人、全国人民的人权，有少数人的人权。在剥削阶级统治的社会，只有剥削阶级有人权，被剥削阶级实际并没有什么人权。在资本主义社会，资产阶级掌握着生产资料，就掌握了无产阶级的命运。只有在社会主义社会，不受剥削的人民才真正享有人权。那么哪种人权具有普世价值呢？

自由也是一样，人人要自由，“不自由勿宁死”。但是也有不同的自由。以言论自由来说，有人认为想说什么就说什么，这才是言论自由。但实际上不行。比如“文化大革命”中别人就可以贴你大字报，说你什么都可以，只要把你搞臭就行。不仅对个人，在现今世界上，对一个国家也可以这样，只要能把它搞倒，不惜歪曲诽谤，造谣污蔑，妖魔化，这样的言论自由行吗？在资本主义世界，有钱就有言论自由，没有钱就没有言论自由，钱多言论自由多，钱少言论自由就少。这算言论自由吗？另一种主张，言论必须有益和无害于人民、社会和世界，否则就不能允许。那么，哪种言论自由具有普世价值呢？

有人认为市场经济具有普世价值，中国之所以经济发展，正是因为实行了市场经济。确实，西方资本主义国家实行市场经济，中国是社会主义国家，也实行市场经济。而且邓小平说过，“说市场经济只限于资本主义社会，资本主义的市场经济，这肯定是不正确的”，“社会主义为什么不可以搞市场经济”。市场经济似乎确具有普世价值，但是资本主义的市场经济和社会主义的市场经济实际并不是一回事。资本主义市场经济是经济完全私有化，并主张完全由市场来决定一切，反对政府干预。而中国搞的市场经济却是坚定不移地发展以公有制为主体和其他所有制形式并存的经济，政府要领导管理经济。为了应对最近的世界金融危机，美国政府出资收购大银行、大金融机构。于是就有人说布什实行社会主义，美国和中国是实行“两国一制”的讽刺话。这就说明，这个市场经济不是那个市场经济。究竟哪个市场经济具有普世价值呢？

因此，问题在有哪些确实具有普世价值。现在一些人所讲的上述普世价值的东西，一旦具体化，看法就很不相同。要说哪个具有普世价值，看来还要靠实践来做最后的检验。

那么现在有些人振振有词，要大家都奉行的那些具有普世价值的民主、人权、自由、市场经济等等，又是什么样的呢？值得警惕的是，有那么一些人，反对中国坚持中国特色社会主义道路，根本否定我国实行的社会主义民主，把中国说得没有人权，没有自由，一团漆黑。他们打着普世价值的旗号，实际上在贩运西方的主张：谁要民主、人权、自由、市场经济等等，就只有实行西方那一套；谁不实行，就违反普世价值的民主、人权、自由、市场经济。

（《人权》2009 年第 2 期）

以人为本与人权理论

■叶小文

十七大报告科学、准确、权威地阐述了科学发展观的要义、核心和基本要求。在新的历史条件下，我们党高度自觉地以最广大人民的根本利益为出发点和归宿点，解决一切有关发展的具体问题就有了明确的方向。把以人为本作为科学发展观的核心，是为了做到“发展为了人民、发展依靠人民、发展成果由人民共享”。这对我们丰富和发展社会主义的人权理论，也很有意义。

以人为本作为科学发展观的核心，继承了但区别于中国传统文化中的民本思想。以民为本，民贵君亲，民唯邦本，本固邦宁，这些思想，在本质上还是统治阶级治人之术和牧民之道的重要方略之一，是历朝历代推行“仁政”和“王道”的理论基础。

以人为本作为科学发展观的核心，借鉴了但也区别于近代西方人本主义。西方人本主义反对迷信、崇尚科学，反对专制、崇尚自由，反对神性、张扬人性，反对宗教神学和封建主义的“神本”、“君本”思想。但主张以一个人为本位，以“实现自我”为主要的价值追求。这种以普遍形式表述并且掩盖起来的人道主义，由于其本质是以个人主义为理论基础的，是为资本主义私有制的社会制度服务的，在现实中根本无法实现。而我们的以人为本，则坚持以社会和人民为本位，在处理个人与社会、与他人的关系上主张集体主义，即在人民整体利益优先的前提下，尊重和保障每个人的合法权益，正确协调个人和社会的关系。

以人为本作为科学发展观的核心，继承、丰富和发展了“为人民服务”这个党的根本宗旨。以人为本所讲的“人”，包含两层含义：一是指全体社会成员，即马克思所说的“每个人”、“一切人”。我们党作为执政党，始终重视尊重和保障全体社会成员即每个人的生存权、发展权以及宪法赋予的其他权益。所以，以人为本中的“人”，首先应包括受我国法律保护的一切社会成员。如把以人为本仅仅解释为“以人民利益为本”，就缩小了其内涵，模糊了其新意。二是指人民，人民是“人”的主体和核心。在人类社会发展的进程中，人民始终是以占人口大多数的劳动者为主体、在利益一致基础上形成的最大的人群共同体。我们党以全心全意为人民服务为根本宗旨，理所当然地代表最广大人民的根本利益，把实现好、维护好、发展好最广大人民的根本利益作为各项工作的根本出发点和落脚点。所以，以人为本中的“人”，既涵盖了社会全体成员，又突出了人民群众的主体地位和核心作用。坚持以人为本，就是要确认并保证人民群众的主体地位，以最广大人民的根本利益为本。

以人为本作为科学发展观的核心，“尊重和保障人权”就必须是题中应有之意。以人为本意味着我们的发展，要从“物本位”向“人本位”过渡。一定意义上说，从资本主义向社会主义过渡，其实也就是从“物本位”向“人本位”过渡。实现这种过渡，就要总结我国的发展实践，借鉴国外的发展经验，适应新的发展要求，以人为本的内涵就进一步深化了，外延就进一步扩展了。写进宪法也写进十七大报告的“尊重和保障人权”，就必须是以人为本的题中应有之意。要以人为权利的核心，保障人的生存权、自由权、发展权；以人的需要为宗旨，人需要物质，还需要精神；以人的发展为中心，人应该拥有自由、全面发展的权利，社会应该为人的自由、全面发展创造条件；以人的持续为原则，即人的持续、生命的持续、人类社会的持续成为最高原则，不允许以任何理由和借口破坏生态、破坏环境。唯有如此，才能真正做到“尊重人民主体地位，发挥人民首创精神，保障人民各项利益，走共同富裕道路，促进人的全面发展”。

以人为本作为科学发展观的核心，就要求重视“宗教关系”，发挥宗教的积极作用。胡锦涛总书记指出，在我国社会政治生活领域，要正确认识和处理政党关系、民族关系、宗教关系、阶层关系、海内外同胞关系。正确认识和处理这五大关系，并且把宗教关系列为五大关系之一，对于我们团结各种社会力量，解决各种社会矛盾，在重要战略机遇期顺利发展，具有重要意义。这次报告进一步指出，“促进……（五个）关系的和谐，对于增进团结、凝聚力量具有不可替代的作用”。宗教关系明确为五大关系之一，正是在这个基础上，十七大报告提出，“全面贯彻党的宗教工作基本方针，发挥宗教界人士和信教群众在促进经济社会发展中的积极作用”。适应这个要求，宗教工作就要以“适应论”取代“鸦片论”，以“引导论”取代“斗争论”，以“发挥积极作用论”取代“防范消极作用论”。

深刻理解和认真把握好科学发展观的核心，有助于推动我国人权理论研究的丰富和发展。一个把以人为本作为自己指导思想的核心的国家，讲起人权理论来应更加理直气壮。

（《人权》2007年第6期，作者系中国人权研究会副会长）

中国在人权事业上的历史性进步

■李君如

在纪念《世界人权宣言》发表60周年的日子里，我们高兴地看到，中国的人权事业获得了历史性的进步，形成了具有中国自己特色的成功经验。从新的历史起点出发的中国，在以胡锦涛为总书记的党中央领导下，已经更高地举起了人民民主的旗帜，人权事业也进入到了一个新的发展阶段。

一、尊重和保护人权是中国民主政治的任务及其特点

《世界人权宣言》已经发表60周年，在这60年时间里，中国的人权事业取得了历史性的进步。2007年召开的中国共产党十七大，在阐述要“坚定不移地发展社会主义民主政治”的时候，引人注目地再次强调要“尊重和保障人权，依法保证全体社会成员平等参与、平等发展的权利”。可以这样说，尊重和保护人权已经是发展中国特色社会主义民主政治的重要任务；与此同时，我们也要看到，中国的人权事业有其自身的显著特点。

要理解这一点，必须联系中国的历史，结合中国的实际，进行认真的梳理和说明。

第一，我们要看到，中国公民的人权是在维护国家的集体人权过程中逐步实现的。中国是一个经过长期浴血奋斗，挣脱帝国主义和封建主义统治，才争取到实现基本人权条件的国家。中国不可避免地会在个人的人权与国家的集体人权相统一中尊重和保障人权。谁都知道，中国经历了一百多年半殖民地半封建社会，世界上几乎所有的资本主义强国都侵略过欺负过中国。在那种“强权即公理”的年代，几亿中国人哪有人权可言？中国人唯有获得了民族的独立和解放，获得了整个国家在世界上应该享有的权利，才有中国人个人的人权。这是从中国一百多年苦难的历史中获得的真理。正如邓小平所说的“人们支持人权，但不要忘记还有一个国权”。国权，就是一个国家集体的人权。60年前，《世界人权宣言》说，发布这个宣言是“鉴于对人类家庭所有成员的固有尊严及其平等的和不移的权利的承认，乃是世界自由、正义与和平的基础”，是“鉴于对人权的无视和侮蔑已发展为野蛮暴行，这些暴行玷污了人类的良心，而一个人人享有言论和信仰自由并免予恐惧和匮乏的世界的来临，已被宣布为普通人民的最高愿望”，等等，我们的理解尤为深切。因为，我们中华民族为了获得这种“对人类家庭所有成员的固有尊严及其平等的和不移的权利的承认”，为了反对污蔑中国人人权的“野蛮暴行”，进行了艰苦卓绝的斗争，作出了巨大的牺牲。今天，我们正在和平发展的道路上迅速崛起，但是有的人却把中国的发展看作是对他们的所谓“威胁”，他们竭力限制的依然是我们民族在世界上平等发展的权利，而对于中国人来讲，国家的发展和强大正是实现和保障每一个公民的人权的条件。

事实上，在维护国家主权的同时，“依法保证全体社会成员平等参与、平等发展的权利”，正是中国在发展社会主义民主政治过程中尊重和保障人权的一大特点。

第二，我们要看到，中国公民的人权是在中国共产党的正确领导和艰辛努力下逐步实现的。历史告诉我们，近代以来，中华民族面临着两大历史任务，一要求得民族独立和人民解放，二要实现国家繁荣富强和人民共同富裕。与此相联系，在中国要切实尊重和保障人权，一要解决整个国家、整个民族的集体人权问题，二要解决全社会有一个实行民主和法治以保障公民人权的社会环境和社会制度。面对这样艰巨的任务，绝非任何个人所能够完成的。这样的历史任务，实际上是历史对中国所有的阶级、

政党及其领袖的考试。林则徐、魏源、龚自珍为代表的地主阶级革新派参加了这一考试，洪秀全为代表的农民阶级参加了这一考试，康有为、梁启超为代表的资产阶级改良派参加了这一考试，孙中山为代表的资产阶级革命派参加了这一考试。其中，孙中山先生领导的辛亥革命推翻了中国的君主专制制度，为中国的人权事业作出了杰出的贡献，但是也没有能够改变中国半殖民地半封建社会的性质，从根本上解决中国的人权问题。是中国共产党，在这一关系到中国前途命运的考试中，获得了优异的成绩。

中国共产党不仅是为了实现中国的民主（人权）和科学而诞生的，而且为在中国推进民主、保障人权做了大量卓有成效的工作。中国共产党在民主革命时期的中心任务，就是争取民主、人权，包括政治上反对帝国主义、封建主义，经济上争取农民的土地权、工人的结社权和基本的福利等等。特别是，中国共产党在1949年召开了中国人民政治协商会议，制定了反映和保障中国人民基本人权的《中国人民政治协商会议共同纲领》，建立了人民当家做主的新中国；实现了中国历史上第一次人权大解放。作为一个中国人，一提到1949年，就会在耳边回响起一个令人自豪的声音：“占人类总数四分之一的中国人从此站立起来了。”从那一时刻开始，《中华人民共和国婚姻法》、《中华人民共和国工会法》、《中华人民共和国土地改革法》、《中华人民共和国劳动保险条例》等等保障人权的法律法规应运而生；尤其是，中国共产党领导人民制定宪法、进行普选、建立人民代表大会制度，提倡民族平等和团结，建立民族区域自治制度，从制度上保证了人权的实现。新中国成立以来，中国人的人权一步一步地从纲领上的要求变为活生生的现实。这就是历史的真实。当然，我们并不否认，在中国人权发展的道路上，有过曲折，犯过错误，特别是像“文化大革命”时期那样大规模地侵犯人权的错误。但是我们也必须提出，这些失误的伤害者不只是群众，还有我们自己的党员干部，而且这些失误都是我们自己纠正的。应该看到，从1978年开始的改革开放，从农村实行家庭联产承包责任制和建立深圳等四个特区以来，无论是推进经济体制改革、科技体制改革、教育体制改革、文化体制改革、政治体制改革，还是推进和谐社会建设、党内民主建设，所有这一切改革和发展，都极大地推进了中国人权事业的发展。改革开放以来这30年，实现了中国历史上第二次人权大解放。由于我们在人权事业的发展过程中经历过令人痛心的曲折，因此我们更加珍惜中国人权事业发展所取得的成果，更加珍惜我们每一个人在中国社会进步中应该享有并已经享有的人权。1997年党的十五大把“尊重和保障人权”写进党代会报告，2004年第十届全国人民代表大会第二次会议把“尊重和保障人权”写进《中华人民共和国宪法》，标志着中国共产党已经明确地把“尊重和保障人权”作为治国的根本理念和重要任务。

中国人权事业发展的历史，不仅证明了中国共产党为在中国尊重和保障人权作出了巨大的贡献，而且证明了中国公民人权的实现与中国共产党的正确领导是分不开的。可以这样说，在党的领导下，“依法保证全体社会成员平等参与、平等发展的权利”，是中国在发展社会主义民主政治过程中尊重和保障人权的第二大特点。

第三，我们要看到，中国公民的人权是在经济社会的全面发展中逐步实现的。历史留给我们的，是一个世界上人口最多的发展中国家。人口多，人权问题也多；发展中国家，人权问题也处在发展中。这些基本的国情，给中国人权事业的发展提出了许多国家都没有的巨大挑战。应该注意到的是，1949年新中国成立时，我们就已经明确了“国家政权属于人民，人民行使国家权力的机关是由人民普选产生的各级人民政府；人民依法享有选举权、被选举权以及思想、言论、出版、集会、结社、通讯、人身、居住、迁徙、宗教信仰及示威游行的自由权”。但是，这些人权的实现，并不容易。其中，既有执政党领导工作中的问题，也有社会成熟程度的问题。从1978年中国改革开放以来，我们在实现由“以阶级斗争为纲”到“以经济建设为中心”的战略转移过程中，得到的一个最重要的认识，就是：摒弃“以阶级斗争为纲”，尊重和保障了人权；坚持“以经济建设为中心”，更是实现和保障了人权。中国今天在人权事业发展中所取得的一切进步和成绩，都源于30年前邓小平提出和领导的工作重点的战略转移。现在，我们进一步提出，要在加快发展的同时，把构建社会主义和谐社会放到更加突出的地位，要以改善民生为重点推进社会建设，中国人民的人权进一步得到尊重、实现和保障。经验告诉我们，在中国，公民的生存权和发展权是所有的人权中首要的基本人权。

联系到《世界人权宣言》第三条规定的，“人人有权享有生命、自由和人身安全”，在中国这样贫穷落后的发展中国家，要落实这一人权，必须把公民的生存权、发展权作为首要的基本人权。这一认识，来自于中国人民一个半世纪以来艰苦奋斗的历史，来自于中国共产党对新中国成立以来近60年特别是改革开放以来30年经验的总结，也来自于中国对当代世界一大批发展中国家改变不发达状态的经验的观察和思考，因此它具有一定的普遍适用性。可以这样说，这是我们中国人对世界人权事业的一大贡献，也是中国对世界人权理论的一大发展。

在经济社会的发展中，以实现公民的生存权和发展权为基础，实现公民其他方面的基本人权，“依法保证全体社会成员平等参与、平等发展的权利”，是中国在发展社会主义民主政治过程中尊重和保障人权的第三大特点。

在中国民主政治发展过程中形成的这些特点，既集中反映了我们在人权事业发展中积累的成功经验，也是我们从今天新的历史起点出发，深化政治体制改革，全面推进党内民主和人民民主，进一步尊重和保障人权的良好基础。

二、冷战思维抹杀不了中国在人权事业上的成就

在《世界人权宣言》发表的60年里，中国的人权事业获得了那么大的进展，中国共产党为中国人民的人权事业作出了那么大的贡献，但是，人权问题，这几年却成为我们在国际交流经常碰到的一个热门话题，成为我们在国际斗争中不得不面对的一个重要领域。那么，为什么会出现这一现象？这是我们应该深入思考和研究的一个问题。

我们从不否认，中国在自己的发展进程中出现过像反“右斗”争扩大化、“文化大革命”等伤害民主和人权的失误，但是这些失误是我们自己纠正的。世界上没有一个国家，包括西方发达国家，在人权事业发展的历史上没有犯过错误。以中国在发展过程中出现过的失误为由头，对我们的人权问题喋喋不休地加以评论和指责，是没有道理的。这只能说明有些人对中国有极深的偏见。

我们也注意到，人权、民主等等对于中国社会和中国人民来说，都是“舶来品”，而且是在与西方文艺复兴运动不同的争取民族独立的历史背景下，提倡人权、民主这些新思想新事物的，强调的侧重点也与西方不完全相同，但是中国人民确实获得了过去从来都没有过的实实在在的人权。围绕怎样理解人权、怎样实现人权这样一些基本问题上的不同理解，开展学术讨论是必要的，但硬要把自己的理解强加于别人，是不符合人权原则的。这也只能说明这些人有偏见。

需要深入研究的是，为什么有些人会有如此深的偏见？

重要的原因，是第二次世界大战后出现的冷战和在这个背景下形成的意识形态对立和敌视。自从东欧剧变、苏联解体以后，历时近半个世纪的冷战格局终于结束了。深受冷战之害的中国人，从邓小平开始，果断地抛弃冷战思维，开辟和平发展道路，一直到今天提出要与各国人民一起来推动和谐世界建设这样的理念。但是，西方有一些政治家、战略家，以冷战的胜利者自居，不仅没有从那种落后的冷战思维中解放出来，而且还继续用那种已经过时的冷战思维，包括在冷战中形成的丑化共产党和社会主义的偏见，来评论我们的人权事业。

在人权提出和发展的历史上，从文艺复兴运动开始，它的对立面主要是强权和专制。中国在五四新文化运动中提出人权（后改为民主）和科学，针对的也是强权和专制，与文艺复兴运动不同的是，当时中国人所反对的强权和专制，不仅是本国封建主义的强权和专制，而且是来自外国的帝国主义的强权和专制。从“文化大革命”走出来的中国人，那么渴望人

权、民主，也是因为人们对于“大民主”、“群众专政”名义下发生的强权和专制，有着切肤之痛。但是，今天，在中国人权事业发展过程中，出现了一个新的情况，这就是：中国的人权事业，遭到了冷战思维的丑化和破坏。实现和保障广大中国人民的人权，既要反对强权和专制，又要反对冷战思维，这就是我们面对的客观现实。

那么，什么是冷战思维呢？冷战思维有些什么特点呢？冷战（Cold War），相对于热战即传统的战争，起源于1946年英国前首相丘吉尔发表的“铁幕演说”和1947年4月16日伯纳德·巴鲁克在南卡罗来纳州哥伦比亚的一次演说。其最简单的含义，就是第二次世界大战后，以美国为首的西方集团即北大西洋公约组织的成员国和以苏联为首的东欧集团即华沙条约组织的成员国之间在政治和外交上的对抗。在这样的冷战过程中形成的冷战思维，具有机械地以意识形态划线、极端地进行意识形态对抗这样两个鲜明的特点。这种冷战思维，使人思想僵化、固执己见、目空一切、狂妄自大。今天，冷战已经结束。冷战思维也已经过时，并越来越不得人心。经过冷战的严冬，我们深知冷战思维之危害，比如我们过去在冷战背景下，由于受到这种思维的影响，长期以来不提人权，一味批判资产阶级的人权观，结果无形之中使之成为人家的专利。因此，我国自从改革开放以来，在处理国家关系时，已经不再机械地以意识形态划线、极端地进行意识形态对抗，同时我们坚定地维护我们的国家利益，坚守我们的信仰原则。但是，我们也注意到，这种落后的冷战思维，在国际社会中并没有因冷战的结束而结束。那些不顾事实，颠倒黑白，对中国人权事业肆意描黑、恶意攻击的声音，一再地提醒我们，人类要告别冷战思维，还要经过长期的艰苦的努力。

中国人权事业发展的历史本来就很复杂，加上冷战思维造成的偏见，使得人权问题不仅成为一个问题，而且成为一个复杂问题。这是我们在讨论和研究人权问题的时候，必须看到并加以思考的一个问题。我们坚信，冷战思维的偏执声音是经不起事实检验的，冷战思维抹杀不了中国在人权事业上取得的历史性进步和成就。但是，冷战思维必须摒弃，各国人民自己的选择必须尊重，这也是人权的要求。尊重和保障人权，必须反对冷战思维！

三、完善执政意识是尊重和保障人权的重要任务

我们今天一而再、再而三地提出要尊重和保障人权，不是因为这一问题遇到了来自外部的压力，而是反映了中国共产党作为执政党的清醒和自觉。在今天，我们要按照党的十五大、十六大、十七大提出的任务，依法尊重和保障人权，必须进一步完善党的执政意识，提高党的执政能力。

由于中国公民的人权问题与国家的集体人权相联系，由此而决定了中国公民的人权是在中国共产党的领导下，从实现公民的生存权和发展权开始，在经济、政治、文化和社会全面发展中逐步实现的，而这就决定了中国人权事业能否健康发展与中国共产党是否有正确的执政意识息息相关。

这种认识，来自于对“文化大革命”教训的深刻反思和对改革开放经验的深刻总结。毛泽东发动的“文化大革命”，留给我们许多思考和启发。其中之一，就是党在全国范围执政后，再发动群众自下而上地揭露阴暗面，并通过造反、夺权等革命手段来解决党内问题，势必把党搞乱，把国家政权机构搞乱，也给全国人民带来灾难。因此在拨乱反正过程中，邓小平向全党提出了一个深刻的问题：执政党应该是一个什么样的党，执政党的党员应该怎样才合格，党怎样才叫善于领导？与此同时，他提出要把我们党建设成为一个领导社会主义物质文明和精神文明的马克思主义政党。这里提出的问题，就是要看到我们党所处的历史方位已经发生了根本变化，过去我们总是从领导人民为夺取政权而奋斗的党的角度来思考和处理问题，现在必须调整过来，从执政党的角度来思考和处理问题。在“三个代表”重要思想形成过程中，江泽民进一步根据邓小平的政治交代，在1989年12月以非常鲜明的语言提出“我们必须强化执政意识，提高执政本领”。

在一些人心目中，执政意识就是牢牢掌控权力的意识。这不仅是片面的，而且是错误的。这种错误的认识，是一些人在执政过程中，官僚主义、形式主义盛行，腐败滋生蔓延，不能很好地尊重和保障人权，甚至侵犯人权的事情屡屡发生的认识根源。

那么，什么是正确的执政意识？执政意识，就是为人民执好政、掌好权的意识。中国共产党的执政意识包含非常丰富的内容，无论在毛泽东思想中，还是在邓小平理论、“三个代表”以及科学发展观中，我们党的基本理论都反复强调，中国共产党的执政意识，既要求全党牢记夺取政权不容易、巩固政权更不容易，又要求全党牢记我们的权力是人民赋予的，只能用来为人民谋利益；既强调要巩固执政的阶级基础，又强调要扩大执政的群众基础，整合社会各种力量，最广泛最充分地调动一切积极因素；既要勇于揭露执政过程中存在的问题，接受各方面的监督，又要善于化解矛盾，引导社会向着和谐协调的方向发展；既要发扬社会主义民主，又要健全社会主义法制，使社会稳定有序地健康发展。

只有按照这样的执政意识，以改革创新的精神全面推进中国共产党的自身建设，改革党的执政方式，坚持党的领导、人民当家做主、依法治国的有机统一，特别是扩大人民民主，发展基层民主，加快建设社会主义法治国家，建设服务型政府，完善制约和监督机制，保证人民赋予的权力始终用来为人民谋利益，才能更好地尊重和保障人权。

我们高兴地看到，在历史上，中国共产党为中国人民的人权事业作出了巨大的贡献；在新的历史起点上，中国共产党正以马克思主义的清醒和自觉，更高地举起了人民民主的旗帜，中国的人权事业已经展现出更加光明灿烂的前景。

（《人权》2008 年第 5 期，作者系中国人权研究会副会长）

尊重和保障人权是构建社会主义和谐社会的重要基石

■董云虎

利益是社会生活的根本基础，权利是利益的合法化和集中体现，而人权则是权利的最一般的表现形式。建设社会主义和谐社会的核心是建立协调和谐的社会利益关系，关键是以尊重和保障人权作为基本社会规范，建立均衡有序的权利保障机制。只有充分尊重和保障人权，使社会各方面的合法利益受到保障，才能保证全体人民各尽其能、各得其所而又和谐相处。

第一，尊重和保障人权是社会和谐发展的动力之源。贫穷是产生社会矛盾的重要根源，而发展则是促进社会和谐的基础。在人民普遍贫穷、国家长期落后的情况下是不可能建成和谐社会的。在生产力尚不发达，还存在着较大利益差别的社会，利益机制始终是推动社会发展的根本动力机制，权利法则始终是推动社会发展的第一法则。资产阶级曾经在“天赋人权”的名义下，通过实行资本主义的权利法则，使得其在取得统治不到一百年的时间里创造了比过去创造的全部生产力还要多、还要大的生产力。资产阶级的权利法则至今仍然是推动资本主义社会发展的强大动力。在生产力发展水平还不能满足人民的物质文化需要的社会主义初级阶段，我们应该也必须通过实行更加公正合理的社会主义权利法则，来激发全社会的创造活力，推动社会不断发展。

为此，我们必须从当代中国的社会实际和发展需要出发，根据国家尊重和保障人权的原则，大力推进改革，坚决破除各种障碍，健全和完善社会主义权利保障机制，从政策上促进、从制度上保证尊重劳动、尊重知识、尊重人才、尊重创造，营造平等竞争、共谋发展的法治、政策和市场环境，为经济社会发展注入勃勃生机和不竭动力。

第二，尊重和保障人权是确保社会公平正义的根本原则。社会和谐是以社会公正为前提的，而社会公正是以社会全体成员的利益分配的公平和权利保障的平等为前提的。权利和权利保障的平等是尊重和保障人权的本质内涵，也是确保社会公正、构建和谐社会的必然要求。

当前，随着社会主义市场经济的发展，我国社会经济成分、组织形式、就业方式、分配方式和利益关系日益多样化，不同地区和阶层的贫富差距有所拉大。我们必须按照以人为本、尊重和保障人权的原则，抓准最大多数人的共同利益与不同阶层的具体利益的结合点，把维护社会公平放到更加突出的位置，着力建立公正合理的经济秩序和社会利益保障机制，完善以权利公平为核心的社会公平保障体系，确保机会公平、规则公平、分配公平，逐步缩小地区之间和部分社会成员之间的贫富差距，兼顾和保护不同方面群众特别是易受侵害群体的合法利益和权利，从法律、制度和政策上努力营造公平的社会环境，确保全体人民不仅在法律上而且在事实上能够享有平等发展的权利。

第三，尊重和保障人权是民主法治社会的基本准则。我国是一个人民民主的社会主义国家，实行人民民主是社会主义的本质要求，也是社会主义和谐社会的重要标志。人民民主的实质就是确保人民享有当家做主的权利。尊重和保障人权是民主的基本原则和核心内容，是人民民主的国家性质的体现。

和谐社会必然同时是一个法治社会，尊重和保障人权则是实行依法治国、建设社会主义法治国家的基本准则。实行依法治国，说到底，就是要维护法律的至上权威和尊严，确保法律充分体现人民的意志，通过赋予公民以不受侵害的人权为公共权力的行使划出底线，通过建立健全以宪法为基础的人权法制保障体系将尊重和保障人权切实贯彻到立法、执法、司法等各个环节之中，使公民各项人权在法治的轨道上得到有效保障。

第四，尊重和保障人权是实现社会安定有序的基本前提。世界上没有无义务的权利，也没有无权利的义务。权利与义务相统一是尊重和保障人权的一项基本原则，也是社会和谐的基础。和谐社会并不是没有矛盾和差别的社会，而是权利义务规范有序的法治社会，是各种利益冲突和社会矛盾能够通过协商、调解和行政、法律手段妥善解决的社会。在我国，人与人之间已经没有根本的利害冲突，人与人之间的利益冲突和社会矛盾一般地说是非对抗性矛盾，完全能够也应该在宪法和法律的范围内，通过协商、调解和行政、法律手段妥善解决。而妥善解决社会矛盾的基本前提是，公民的生产生活空间、公民之间的利益关系以及公民与国家、社会、集体之间的利益关系，即公民的基本权利与义务关系是由国家的宪法和法律明确规定的、健全的，因而是有法可依、有章可循、规范有序的。因此，构建和谐社会，首先必须根据权利与义务相统一的人权原则，通过法律、法规和政策将宪法关于公民权利和义务的规定具体化、规范化，形成健全的公民权利义务规范体系，建立完善的、规范有序的权利保障机制。

应该看到，随着改革发展进入关键时期，我国社会存在的一些人民内部矛盾出现了多发多样的状况。我们要在深入研究社会管理规律的基础上，根据新的情况，进一步完善公民权利义务规范体系和社会管理体制机制，形成社会管理和公共服务的合力，及时、有效地化解人民内部矛盾，解决各种社会问题，在切实维护人民群众合法利益和权利的基础上建立和维护良好的社会秩序，在不断化解矛盾中努力实现社会稳定团结和动态和谐。

第五，尊重和保障人权是社会诚信友爱的思想基础。人权是人类基于人的尊严和本质享有和应该享有的自由平等权利，它在法律上表现为自由平等的权利，在道德上表现为自由平等的价值观和诚信友爱的行为方式。社会主义的人权是以集体主义的人道主义作为思想基础的。集体主义的人是社会主义人权观的出发点和归宿。因此，社会主义人权观要求充分尊重人的尊严、人的价值，充分实现人的权利、人的幸福和人的全面自由的发展，充分实现人与人之间，人与社会、集体、国家之间的和谐发展。只有当尊重和保障人权从法律政策变成全体社会成员的人生观、价值观的组成部分，变成公民自觉的生活方式和行为方式的时候，尊重和保障人权才能得到全面、充分的实现，诚信友爱的社会风尚和人与人之间融洽相处的和谐氛围才能真正地形成。

第六，尊重和保障人权是实现人与环境和谐相处的重要途径。实现人与环境和谐相处，是维护人类享有有益其身心健康和生存发展的环境权利的必然要求，是尊重和保障人权的一个重要方面。环境权是国际社会公认的一项重要人权。1972 年联合国通过的《人类环境宣言》指出："人类享有在一种尊严和健康生活环境中获得自由、平等和充足生活条件的基本权利，并且负有保护和改善本代和后代人类环境的庄严责任。"大量事实表明，人与自然的关系是同人与人的关系密切联系在一起的。人与人之间充满着私欲、贪婪、剥削和压迫关系，必然会导致人对自然的掠夺，造成人类生存环境的恶化；而人与自然的关系不和谐，也会影响人与人的关系、人与社会的关系，造成严重的社会问题与矛盾。环境问题的核心是人的生存和发展问题，实现人与自然的和谐的实质是维护人的环境权利。为此，我们必须坚持以人为本的科学发展观，从尊重和保障人权的高度，从维护全国人民和子孙后代生存权、发展权和环境权的高度，来充分认识和有效实施保护环境、实现可持续发展的战略，切实转变发展观念，创新发展模式，提高发展质量，改变高投入、高消耗、高污染、低效率的经济增长方式，努力走出一条科技含量高、经济效益好、资源消耗低、环境污染少的新型工业化道路。

（《中共党政干部论坛》2006 年第 9 期，作者系中国人权研究会副会长兼秘书长）

西方对中国人权认知的误区

■董云虎

尊重和保障人权是人类社会进步的重要成果和现代文明社会的重要标志，是世界各国人民的共同追求，也是中国政府和人民长期为之努力奋斗的崇高目标。改革开放以来，中国人权事业与现代化建设事业同步发展，取得了前所未有的进步与发展。

一是人权在思想观念和法律政策上实现了主流化。改革开放以来，中国共产党和中国政府对人权问题进行了再认识，实现了从批判人权、讳言人权到将尊重和保障人权确立为治国理政重要原则的重大转变。特别是近年来，中国提出以人为本的科学发展观和构建社会主义和谐社会的重大战略思想，将尊重和保障人权的原则庄严载入了《宪法》、《"十一五"发展规划纲要》和《中国共产党党章》。2007 年，胡锦涛总书记在中共十七大报告中明确提出，要"尊重和保障人权，依法保证全体社会成员平等参与、平等发展的权利"，努力使全体人民学有所教、劳有所得、病有所医、老有所养、住有所居，保障人民的知情权、参与权、表达权、监督权。2008 年，胡锦涛在《世界人权宣言》发表60周年之际致信中国人权研究会，进一步强调要加强国际人权合作，同世界各国人民一道，共同为推动世界人权事业健康发展，为建设持久和平、共同繁荣的和谐世界作出应有的贡献。2009 年，中国政府制定发布首份《国家人权行动计划（2009—2010 年）》，对未来两年中国人权事业的发展作出了全面规划，使中国成为世界大国中率先制定《国家人权行动计划（2009—2010 年）》的国家。可以说，尊重和保障人权已成为中国国家建设、社会发展和对外合作的一个重要主题。

二是找到了一条适合中国国情的人权发展道路。这就是：坚持从中国实际出发，坚持以人为本，将人民的生存权、发展权放在首位，在改革、发展、稳定的良性互动中全面推进人权，促进公民、政治权利与经济、社会、文化权利以及个人权利与集体权利的协调发展。

三是建立起了一整套促进和保障人权的基本制度。中国坚持中国特色的政治发展道路，坚持依法治国、建设法治国家，不断完善促进和保障人权的民主制度和法律制度。目前，中国有现行有效法律233件、行政法规690多件、地方性法规8800多件，基本形成了以宪法为核心的法律体系和人权法律保障体系。社会政治生活民主化不断发展，民主政治制度化、规范化、程序化不断推进，公民的有序政治参与不断扩大，公民政治权利和自由在制度化的轨道上得到了有效保障。

四是人的生存和发展状况发生了历史性变化。人的命运的改变和尊严的提高是中国社会最深刻的变化。改革开放以来，中国人民总体生活水平实现了从贫困到温饱和从温饱到小康的两次历史性跨越。中国以占世界9％的耕地解决了占世界22％的人口的吃饭问题，贫困人口减少了2亿多，人均国民总收入达到中等收入国家水平，国民平均预期寿命达到73岁，国民总体受教育水平跻身发展中国家前列。全国人民普遍过上了有尊严的生活，获得了广阔的自由发展空间。

当然，中国是一个拥有13亿人口的发展中大国，中国的人权事业与整个现代化事业一样正处于发展过程之中。由于经济基础薄弱、发展水平比较低、发展不平衡、社会发育不够完善，中国在公民参与、法治保障、劳动就业、社会保障、教育卫生、收入分配等方面，都还存在着许多亟待解决的问题。但是，从以上列举的四个方面可以看出，改革开放以来中国人权状况的变化是巨大的、深刻的，当前中国人权状况正处在历史上最好的时期。如果说改革开放30多年中国的现代化发展创造了人类历史的奇迹，那么，中国人权事业的跨越式发展正是这个奇迹中的一个精彩篇章。2008年，美国皮尤研究中心的一项民意调查显示，分别有86％和82％的中国人对自己国家的发展方向和经济状况感到满意，在受调查的24个国家中高居榜首；分别有81％、64％和58％的中国人对自己的家庭生活、工作和家庭收入感到满意。这从一个角度反映了中国民众对中国人权现状的看法。

令人遗憾的是，西方世界对中国人权的看法却与中国的实际情况和中国民众的看法大相径庭。他们一方面大谈中国崛起、中国奇迹，甚至大谈中国发展模式，对中国经济发展大加肯定，另一方面却对中国人权的发展进步视而不见，始终颇有微词，有的甚至认为中国人权不是进步了而是倒退了。我认为，这显然是自相矛盾的。中国的奇迹是中国民众创造的，如果中国民众受压迫，没有积极性、创造性，那么，中国发展的奇迹是怎么创造出来的呢？如果中国人民在发展中得不到实际利益、人权得不到保障，那么，大多数中国人怎么会对国家的发展方向和自己的生活状况感到满意呢？

西方对中国人权的认知与中国的实际情况之所以存在这么大的偏差，究其原因，主要是因为一些西方人习惯于用西方中心论的眼光来看问题，习惯于用政治化、意识形态化的人权观来看待中国，习惯于把西方的社会制度、发展模式看成是人权的化身，而把其他社会制度和发展模式看成是侵犯人权的表现，因而把共产党领导的中国先入为主地想象成违反人权的国家。这种思维方式使他们深深地陷入类似英国哲学家弗拉西斯·培根所说的“洞穴假相”之中。由于受固有的“洞穴”所蒙蔽，他们无法正确认识中国人权的真实情况，看不到中国的积极变化和发展。

应该承认，中西方对人权和实现人权的方式的看法存在着明显不同。西方认为人权只是个人权利，而中国则认为人权不仅是个人权利，还包括国家独立权、人民生存权和发展权等集体权利。西方强调人权就是公民、政治权利，而中国则强调经济、社会、文化权利是公民、政治权利的基础，两类权利同等重要、不可分割。西方认为只有按照西方资本主义发展模式，实行私有制为基础的自由市场经济和三权分立、多党竞争的议会民主，才符合尊重人权的标准；中国则认为，人权的理想、目标、价值、原则是普遍的，而实现人权的道路和模式却因各国国情不同而不同，各国只有从本国实际出发探索符合本国人民要求的发展道路，才能切实使人权事业取得可持续的进展。中国的人权观不仅符合公认的国际人权准则，而且符合中国实际和中国人民的愿望，实践证明是行之有效的，理应得到西方的尊重和理解。

需要指出的是，中国之所以秉持不同于西方的人权观和人权模式，是由中国的历史文化和国情所决定的。

首先，中西方文化背景不同。与西方强调人的自然属性和个人权利的文化传统不同，中国的儒家文化传统比较强调人的社会性、道德性以及个人对他人的依存性，比较强调个人权利与集体权利、权利与义务的相互联系，崇尚“己欲立而立人、己欲达而达人”，“己所不欲，勿施于人”，“人不独亲其亲、不独子其子，使老有所终、壮有所用、幼有所长，矜寡孤独废疾者皆有所养”的集体人道主义理想。这种理想两千多年来一直是中华民族的重要精神财富，至今仍然是当代中国人权观的重要思想源泉之一。

其次，中西方在近代革命中面对的人权问题有很大不同。西方资产阶级革命反对的是压制个人的封建专制制度，因此在提出人权概念的时候，强调的是个人权利、政治权利，其目的在于以人权对抗封建专制制度下的君权、神权和等级特权。而在近代中国，面对的是帝国主义、封建主义的双重压迫，而首先是外国帝国主义侵略给整个中华民族带来的人权灾难。对中国人来说，不解决中华民族的独立和解放这一集体人权，就根本谈不上个人人权。这就决定了中国革命走的是一条反帝与反封建并举，争取集体人权与争取个人人权并举的独特的人权道路。

再次，中西方的现代化发展所处的时代背景和发展阶段不同，面对着不同的课题。西方发达国家在现代化发展和人权发展方面是先行者和领先者，长期以来一直主导着世界的现代化发展和人权发展进程，主导着国际政治经济体系的“游戏规则”，垄断着对发展模式和人权模式的话语权。而中国是一个脱胎于贫穷落后的半殖民地半封建社会的后发国家，在现代化发展和人权发展方面是后起者，并且长期处于劣势地位，既面临着不利的国际环境和外部压力，又面临着用几十年时间完成发达国家几百年才能完成的繁重的现代化任务。正是这种状况以及中国人口多、底子薄、人均资源匮乏、自然条件相对恶劣的基本国情，决定了生存权、发展权历史地成为中国人民的首要人权；决定了在中国公民、政治权利的实现必须与生存权、发展权和经济、社会、文化权利互相适应、协调发展、稳步推进，也决定了中国政府必须在推进现代化发展和人权发展中比一些西方国家政府承担更大责任、发挥更大作用。

总之，中国的人权观点和人权发展模式是中国现代化发展模式不可分割的组成部分，深深地扎根于中国的历史文化和国情之中，扎根于中国人民的根本要求和愿望之中。

当前，各国都在对国际金融危机进行反思，为彻底摆脱国际金融危机、实现更好的发展和更充分的人权而努力。国际金融危机从一个侧面暴露了西方以资为本的发展模式和利己主义人权观的固有弊端，再一次说明西方模式并不是放之四海而皆准的现代化模式和人权模式。西方国家需要摒弃西方中心主义的思维方式，破除将人权政治化的“洞穴假相”，更多地尊重、理解中国作为一个后发国家的实际情况，更多地尊重、理解和支持中国为探索符合本国国情的人权发展道路和模式所作出的努力和贡献及其所积累的宝贵经验，更多地倾听中国在人权问题上的声音。

开放的中国需要吸收人类一切优秀文化成果和有益经验，也需要得到各国的最大理解和支持。我们主张各种人权观和人权模式在平等和相互尊重的基础上开展对话和交流，互相学习、取长补短、共同进步。我们欢迎一切真心关心中国人权的人士对我们提出善意的意见和建议，尤其欢迎各国朋友来中国亲眼看看中国的人权状况。

（《人权与发展》，五洲传播出版社2011年版，作者系中国人权研究会副会长兼秘书长）

维护和促进人权与建设和谐世界

■陈士球

建设一个持久和平、共同繁荣的和谐世界，是世界各国人民的共同愿望，也是人类社会进步的必然要求。建设和谐世界需要具备许多必不可少的条件，遵守国际人权法，维护和促进人权即是其中之一。

一、充分实现人权与建设和谐世界的目标一致

和平、发展、人权是《联合国宪章》的三大宗旨，也是人类社会的共同目标。实现这三大目标是建设和谐世界的必要条件和重要标志。建设和谐世界，必须实现和平、发展和人权，三者缺一不可，相辅相成。如果没有和平，就不可能享受发展和人权，如果没有发展，就不可能享受和平和人权，如果没有人权就不可能享受和平和发展。离开和平、发展和人权，就谈不上建设和谐世界。

我们今天所处的世界还很不和谐，既没有解决和平和发展问题也没有解决人权问题，局部战争和地区冲突此起彼伏，强权政治、以强欺弱依然盛行，国际非正义和国际经济、贸易的不平等有增无减，极端贫困化日益严重，贫富差距进一步拉大，国际恐怖主义活动猖獗，环境恶化，毒品走私，跨国犯罪，严重传染性疾病等世界性问题日益严重。这些问题既是和平和发展的障碍，也是危害人权的根源，是世界不和谐的主要因素。要建立和谐的世界必须消除这些不和谐的因素，实现世界各国和谐共处，实现世界经济和谐发展，实现不同文明、不同宗教和谐进步，实现全体人类之普遍人权与基本自由。

二、建设和谐世界，实现各国和谐共处，必须尊重各国人民平等、和平和民族自决权利

尊重人民平等、和平和民族自决权利是《联合国宪章》也是国际人权法的基本原则。按照这一原则，世界各国，无论其政治经济、社会或法律制度如何，无论其发展水平如何，均应和平共处，彼此之间的关系应该是平等、和谐、友好和合作的关系。为此，应当按照联合国《关于各国内政不容干涉及其独立与主权保护宣言》和相关的其他国际人权文书的要求，切实做到：以民族自决为基础的民族独立；国际关系民主化，尊重国际关系中的自由、平等、团结、容忍和共同承担责任的价值原则，和平解决国际争端，不使用武力或以武力相威胁；尊重各国主权和领土完整，互不侵犯；互不干涉内政，任何国家，不论为任何理由，均无权直接或间接干涉任何其他国家之内政、外交；任何国家均不得使用或鼓励使用经济、政治或任何其他措施威迫他国，以谋自该国获得主权行使之屈服，或取得任何利益。同时，任何国家也不得组织、协助、制造、资助、煽动或纵容以暴力手段推翻另一个国家政权之颠覆、恐怖或武装活动，或干涉另一国家之内乱；各国均应享有自择其政治、经济、社会及文化制度之不可剥夺权利。每个国家、每个民族和人民都有权利和责任自由决定自己的社会发展目标，决定自己的优先重点以及按照《联合国宪章》的原则决定其完成这些目标的方法和手段而不受任何外来干涉；每个国家对其自然财富和自然资源享有永久的主权。只有尊重和实现这些权利，才能实现世界各国和谐共处。

三、建设和谐世界，实现各国经济、社会和谐发展，必须尊重各国人民的发展权利和经济、社会、文化权利

1986年12月4日第四十一届联大通过了《发展权利宣言》，确认发展权是一项不可剥夺的人权，基于这种权利，每个人和所有各国人民均有权参与、促进并享受经济、社会、文化和政治发展，在这种发展中，所有人权和基本自由都能获得充分实现；各国应在国家一级采取一切必要措施实现发展权利，并确保除其他事项外所有人在获得基本资源、教育、保健服务、粮食、住房、就业、收入公平分配等方面机会均等。人人参与发展，共享发展成果，并通过适当的经济和社会改革以根除社会不公。

2000 年 9 月联合国千年首脑会议通过的《千年发展目标》，是联合国为应对当前世界发展领域面临的紧迫问题和实现《发展权利宣言》的长远目标而制定的带有强制性的指标，要求全球合作促进发展，到 2015 年实现八项目标，包括要使极端贫困人口减半、普及小学教育、男女平等、降低儿童死亡率、改善产妇保健、遏止艾滋病和其他严重传染性疾病的蔓延和确保环境的可持续能力等。

为实现《发展权利宣言》和《千年发展目标》，国际经济、贸易、金融领域应贯彻平等、互利、互惠、共赢的原则；建立开放、公平、规范的多边贸易体制，实现优势互补、互利共赢、惠及所有国家；发达国家应切实履行他们援助发展中国家的国际义务，特别应兑现他们在官方发展援助、消除贫苦，防灾减灾、防治荒漠化、保持环境可持续发展等方面的承诺。只有实现各国的和谐发展才能实现建设和谐世界的目标。

四、建设和谐世界，实现不同文明和谐进步，必须尊重宗教信仰和文化权利

《社会进步和发展宣言》郑重指出，社会进步和发展应建立在对人的尊严与价值的尊重上面，一切人民和全体人类不分种族、肤色、性别、语言、宗教、国籍、人种来源、家庭地位或社会地位、政治信念或其他信念，均应有权在尊严和自由中生活和享受社会进步的成果，并应促进人权和社会公平。人类不同文明、不同宗教信仰、不同文化、不同社会习俗，有先后早晚之不同，但无优劣良次之分，各种文明、各种宗教信仰应和谐相处，相互借鉴，共同进步，力戒互相排斥，不容忍或歧视。国际人权法就防止宗教不容忍和歧视及防止其他各种形式的歧视，包括对在民族、种族、语言、文化上属于少数的人的歧视方面，制定了一系列国际人权文书。尊重宗教信仰和文化权利，实现不同文明和谐进步是建设和谐世界的又一项必要条件。

五、实现普遍人权，建设和谐世界，必须国际社会共同承担责任

实现和谐世界之时便是实现普遍人权之日，为了这一天的早日到来，需要全体人类携手合作，协力共建。维护和促进人权是全体国际社会和每一个国家不可推卸的责任和义务。联合国宪章开宗明义写道："尊重基本人权，人格尊严与价值，以及男女与大小各国平等权利之信念。"从此维护和促进人权的原则成为国际社会每一个成员必须遵守的国际法义务，在后来的几十年里，联合国制定了上百项国际人权公约和文书，形成了系统的国际人权法，国际社会的所有成员，无论是否批准或加入这些公约和文书，都负有尊重和保护人权的国际义务和责任，维护和促进人权也就成了以《联合国宪章》为准则的国际秩序的一项重要原则。宪章还写道"为达此目的，力行容恕，彼此以善邻之道，和睦相处"，宪章所期盼的和睦相处的国际秩序即是和谐世界的理想秩序。因此，建设和谐世界必须遵循保护人权的国际法原则，这些原则集中体现在《国际人权宪章》，即《世界人权宣言》、《公民权利和政治权利国际公约》和《经济、社会和文化权利国际公约》里，也就是人们通常所说的国际公约的、普遍的人权标准。

国际人权法确认，维护和促进人权是每一个国家和政府的首要责任。国家应承担义务，制定和实施公正的法律和有效实现人权的具体措施，包括成立保护人权的国家机构。国家应制定有关惩罚故意侵犯人权和基本自由的公正法律。国家应开展系统的人权与基本自由的教育，尤其要开展对国家机关、国家执法机构和执法人员的人权教育。

国际人权法还确认，各国除对各自社会分别承担责任外，还应承担在全球维护人的尊严、平等和公平原则的集体责任，当一国未能履行其保护人权的责任时，国际社会就应采取适当措施履行其集体责任，特别是发生大规模、严重侵犯人权，如种族灭绝罪、种族清洗罪、战争罪、反人类罪和其他大规模、粗暴侵犯人权情势时，国际社会应义不容辞地承担起集体责任。

六、遵守国际人权法，实现普遍人权，建设和谐世界

以《联合国宪章》、《国际人权宪章》为核心的国际人权法包括了建设和谐世界秩序和民主、公正、和谐的国内社会秩序的思想和理念。国际人权法所追求的国际秩序是：没有战争、没有侵略、没有殖民主义、没有种族主义、没有干涉、没有不平等、没有剥削、没有不公平、没有歧视、没有宗教冲突和仇恨，目的是和平共处、和谐友好、平等相待、携手合作、共同进步、共同发展、共享繁荣、宗教和谐、文化共荣。国际人权法追求的国内秩序是：人人共享平等、自由和各项基本人权，不分种族、肤色、性别、语言、宗教、信仰、政治见解、出身、贫富、家庭地位或社会地位；人人都有人格尊严，个人隐私和个人财产不受侵犯；个人的一切公民和政治权利以及经济、社会、文化权利得到国家法律的保障；司法公正、法律面前人人平等；社会公平、不受歧视；权利同在、机会均等；人人参与发展、共享发展成果。国际人权法要求通过国际、国家、社团、民间社会和个人的共同努力，通过改善社会秩序和国际秩序，使每一个人都能实际上享有国际人权法所确立的各项权利，要求每个人、每个社会团体，政府的或民间的，努力促进对这些权利和自由的尊重，确保这些权利得到普遍认可和有效遵行，每个人在行使自己的权利时，不得妨碍他人的权利。这样的国际秩序和国内秩序正是建设和谐世界所要实现的愿景。

《联合国千年宣言》庄严宣示：决心创造一个更加和平、繁荣和公正的世界；在全球建立公正持久的和平；承担在全球维护人的尊严、平等与公平原则的集体责任。《联合国千年宣言》决心创造的“更加和平、繁荣和公正的世界”正是和谐世界的蓝图，构建和谐世界的诸项必备条件之一就是实现普遍人权和基本自由。联合国前秘书长安南先生关于人权问题的一段精辟的语言也表达了类似的思想，他说：“人权是人类生存和共处的基础。各项人权均普遍适用、不可分割而相互依存。人们对自己的权利了解得越多，就会越尊重他人的权利，他们就越能超越和平相处。”只要世界上所有人的权利都得到尊重，这个世界就是和谐的。

（《人权》2007年第2期，作者系中国人权研究会副会长）

思想解放与我国的人权法治

■刘海年

解放思想，正确认识客观世界，是推进革命和建设事业的思想基础，也是人权法治发展的前提条件。纵观一百多年来我国人权法治的沿革，从《中华民国临时约法》到《中华人民共和国宪法》，每前进一步，无不与思想解放密切相连。加深对此问题的研究，对于继续解放思想，提高人权法治建设自觉性，贯彻和落实“国家尊重和保障人权”的宪法原则，促进我国人民享有更充分的人权具有重要意义。

一、在西方资产阶级自由、平等、天赋人权影响下，摆脱封建礼教的束缚，辛亥革命推翻封建君主专制制度，“中华民国”建立，制定《临时约法》，中国人权法治迈出的第一步

中国人民同世界各国人民一样，曾长期为争取自己的权利而奋斗。但是，将“人”与“权”联系起来使用“人权”一词，是近代西方资产阶级启蒙思想家关于“自由”、“平等”、“天赋人权”学说对中国影响的产物。启蒙思想家的学说及其政治主张在西欧和北美的成功实践，使19世纪末中国的一批知识分子开始摆脱传统礼教束缚，从新的角度审视延续了两千余年的封建君主专制制度。他们逐步认识到，自由、平等是“天赋”的人权，而非神仙、皇帝的恩赐，起而以不同方式抨击“朕即国家”、皇帝为“九五之尊”的封建伦理观念。如果说，17世纪、18世纪西方资产阶级启蒙思想家的“自由”、“平等”、“天赋人权”学说，为19世纪末中国知识分子的思想启开了新空间，那么，他们的后辈则以坚船利炮加深了中国人民对资产阶级人权本质的认识。1840年鸦片战争后，英、美、法、德、葡、俄、日等帝国主义，强迫腐朽的清政府签订了《南京条约》、《虎门条约》、《望厦条约》、《黄埔条约》、《北京条约》、《瑷珲条约》、《改订伊犁条约》、《马关条约》等一系列不平等条约。中国主权丧失，割地赔款，人民遭奴役，家园被蹂躏。面对封建专制制度的压迫和帝国主义的侵略，康有为愤怒道：“吾中国四万万人，无贵贱，当今日在覆屋之下，漏舟之中，薪火之上，如笼中之鸟，釜底之鱼，牢中之囚，为奴隶，为牛马，为犬羊，听人驱使，任人宰割，此四千年中二十朝未有之奇变。”[①]他与梁启超、严复、谭嗣同等一批爱国知识分子，著书立说，揭露封建君主专制制度，宣传民主理想。他们指出，初民“择其公且贤者，立而为之君”是要求他维护自己的安全。[②]“君也者，为民办事者也；臣也者，助民办事者也。”君和臣如不维护民的安全，不为民办事，则可易其人。[③]其理想是实现“人人皆有自主之权，人人皆平等”的民主制。[④]他们言辞激进，行动却缓和得多，希望说服年轻的光绪皇帝通过自上而下的变法实现维新。尽管其主张并未根本触及封建君主制，但仍为慈禧代表的旧势力所不容。变法尚未实行，光绪皇帝便被囚禁，谭嗣同等六君子被杀害，前后经历了103天的维新变法遭失败。

思想解放往往要通过正反两方面的教育。康有为等变法失败，谭嗣同被杀，使以孙中山为首的资产阶级革命派认识到，不能再囿于封建君主政体进行改良。孙中山指出：依靠朝廷“将国家加以改革，那是绝对不可能的，因为改革意味着给他们以损害……就会丧失他们现在享受的特权”[⑤]。他进一步说：“主权在民，国之通义”[⑥]，“天下者，天下人之天下，非一二族所独占”[⑦]。“中国问题的真正解决”，必须以国民革命推翻清王朝。面对清统治者的残酷镇压，邹容则大声疾呼：“吾侪何为而革命？必有障碍吾国民天赋权利之恶魔焉，吾侪得而扫除之，以复我天赋之权利”，“杀尽专制我之君主，以复我天赋之人权”。[⑧]1905年，孙中山将其组织和领导的同盟会的纲领概括为“三大主义”，即：民族主义、民权主义、民生主义（通称“三民主义”）。民族主义为推翻清政府，建立民族独立的国家；民权主义为推翻封建专制制度，建立民国；民生主义为平均地权，进行社会革命。他期望“举政治革命、社会革命毕其功于一役”，振兴中华。在“三民主义”号召下，革命党人领导了一系列武装起义。1911年的武昌起义得到全国响应。在波澜壮阔的革命浪潮压力下，清帝宣布退位，统治中国两千多年的封建君主专制制度被推翻，建立了“中华民国”。1912年1月1日，孙中山就任临时大总统。他以《大总统令》明确宣告：“天赋人权，胥属平等。”[⑨]1912年3月制定了《中华民国临时约法》。

《临时约法》是中国近代宪政史上第一部资产阶级性质的宪法，是辛亥革命的最重要法治成果。它规定：“中华民国由中华人民组织之”，“中华民国主权属于国民全体”，“中华民国人民一律平等，无种族、阶级、宗教之区别”。这些条款，以根本法的形式确认封建专制制度的覆灭和中华民国的诞生。《临时约法》效仿西方资产阶级国家三权分立原则。参议院为立法机关，行使立法权。临时大总统和内阁为行政机关。临时大总统代表临时政府，总揽政务，拥有公布法律、统帅军队、任命文武官员、宣战媾和、宣布戒严和大赦特赦等权力。国务总理和国务院辅佐大总统。法院为司法机关，依法审判民事和刑事案件，“法官独立审判，不受上级官厅之干涉”。《临时约法》第二章规定了资产阶级宪法中一般的民主原则和自由权利。其中有：人民享有人身、财产、居住、迁徙、言论、出版、集会、结社、通信、信仰等自由；人民有选举、被选举、请愿、陈诉、诉讼等权利。虽然规定的上述权利，在国家“有认为增进公益、维持治安或非常紧急必要时，得依法律限制之”[10]，特别是1912年3月参议院依据《临时约法》第五十三条制定的国会选举法，对选举资格从财产等方面做了诸多限制，将广大贫困劳动人民排除在外，充分表明了它的剥削阶级本质。但从总体看，它毕竟是革命者理想的资产阶级共和国的方案初步具体化、法律化，在中国人民心目中树立了一面旗帜，鼓舞他们更积极地争取自己的权利和参与民主政治的斗争。

后来，辛亥革命的果实被封建军阀袁世凯所篡夺，《临时约法》被撕毁，这一严酷的事实再次告诫革命者：“政权问题是一切革命的根本问题。”[11]“如果没有政权，无论什么法律，无论什么选出的机关都等于零。”[12]正是从亲身经历中逐步认识到了这一科学道理，以孙中山为首的资产阶级革命派才醒悟，单靠“护法断不能解决根本问题。”[13]“宪法之成立，唯在列强及军阀势力颠覆之后耳。”[14]在半殖民地半封建的中国，必须进行反帝国主义反封建主义革命。这一历史任务是共产党领导人民革命实现的。

二、马克思主义在中国的传播，中国共产党人高举人权旗帜，人民革命胜利，新中国诞生，制定社会主义类型宪法，为人权法治奠定了基础

马克思主义深刻批判了资本主义制度和资产阶级人权观念的虚伪性，揭示了人类社会发展的规律。《共产党宣言》指出：“到目前为止的一切社会历史都是阶级斗争的历史”，“压迫者和被压迫者，始终处于相互对立的地位，进行不断的、有时隐蔽有时公开的斗争，每一次斗争的结局都是整个社会受到革命改造或者斗争的各个阶级同归于尽”。[15]为了使整个社会受到革命改造，无产阶级要使自己成为统治阶级，并以统治阶级的资格消灭阶级对立和阶级本身存在的条件。无产阶级“如果不同时使整个社会永远摆脱剥削、压迫和阶级斗争，就不能再使自己从剥削它压迫它的那个阶级（资产阶级）下解放出来”。[16]基于这一认识，马克思主义将其奋斗目标规定为实现全人类的解放，实现每个人的全面自由发展。

从理论上说，资产阶级启蒙思想家关于自由、平等和人权的学说与马克思主义关于人类解放、人的全面自由发展的学说，都是关于人的权利的学说，关于人的解放的学说，但二者相较，后者站得更高，视野更远，胸怀更宽广。启蒙思想家的理论虽有历史进步性，并为其实现做了制度设计，但阶级局限性是显然的。这在依据其理论建立的资本主义制度中表现得十分突出：“自由”是剥削的自由，“平等”是富人间的平等，而“人权”不要说对于被压迫阶级和有色人种，即使对于资产阶级的女性，很长时间也只是画饼，因而不能不是残缺不全的、虚伪的。某种意义上说，资本主义国家人权的改善和国际人权事业的发展，得益于马克思主义关于人类解放学说的传播和社会主义制度建立后的推动。

1917年俄国十月社会主义革命开辟了人类历史的新纪元。以列宁为首的布尔什维克党发展了马克思主义，在一个贫穷、落后的农业国家成功地进行了社会主义革命，建立了苏维埃政权。世代受压迫受剥削的劳动人民真正成了自己国家的主人，人权享有普及于前所未有的范围。十月社会主义革命胜利和马克思主义在中国的传播，极大地鼓舞了中国革命者，他们在黑暗中看到了曙光，迷惘中产生了希望。由此开始了中国近代历史上第二次思想解放。

接受马克思主义、后来成为中国共产党创始人的李大钊、陈独秀等，作为民主主义革命者时曾倡导人权和人性解放，反对封建君主专制。李大钊曾指出："民与君不两立，自由与专制不并存。是故君主生则国民死，专制活则自由亡。"[17]陈独秀曾说："别尊卑重阶级，主张人治，反对民权之思想之学说，实为制造专制帝王之根本恶因。"[18]"国人而欲脱蒙昧时代……当以科学与人权并重。"[19]马克思主义和中国革命斗争实践告诉人们，中国人民为了争得自由、平等和人权，必须进行彻底反对帝国主义和封建主义革命。1919 年的"五四"运动和 1921 年中国共产党成立，是中国革命实现这一伟大转变的标志。由此确立了新民主主义革命目标，而这个革命是与社会主义革命相联系的。

由于人权的内容更为具体，人民群众能看得见，感受得到，为了广泛发动群众争取自己的权利，中国共产党成立之初就把人权写到自己的旗帜上。按照第二次全国代表大会精神，党在北京、广州、上海、山东和江西等地成立了"争取人权同盟"。党组织相继领导了 1922 年 9 月安源路矿大罢工，11 月汉口英租界 4 家洋花厂罢工，10 月开滦煤矿罢工，1923 年 2 月京汉铁路大罢工。每次罢工按不同情况均提出了具体的权利要求，而京汉铁路大罢工中，针对军阀吴佩孚的血腥镇压，响亮地提出了"为自由而战，为人权而战"的口号。争取人权的斗争从知识分子、工人迅速扩及农民。1931 年"九·一八"，日本大举侵略中国。在民族危亡关头，1935 年 8 月 1 日，中共中央发表《为抗日救国告全体同胞书》（即《八一宣言》），鲜明地号召全国人民："为祖国生命而战！为民族生存而战！为国家独立而战！为领土完整而战！为人权自由而战！"[20]《八一宣言》极大地唤起了八一民众抗击日本帝国主义的积极性。此后，无论在抗日战争中还是在人民解放战争中，无论在浴血奋战的前线还是在后方其他形式斗争中，人权都是党动员人民的口号和争取实现的目标。

思想解放与人权发展还表现在革命根据地关于人权保障的法制建设方面。人权是美好的理想和奋斗目标，如若实际享有，就要使其成为法定权利，得到法律保障。以农村包围城市，是中国新民主主义革命的特点。在过程中，制定包括人权保障在内的法律，建设革命根据地，是中国共产党对马克思主义的新发展。早在 1931 年江西红色根据地，党所领导制定的《中华苏维埃共和国宪法大纲》（1934 年曾修订）就规定了工人、农民、红军士兵和一切贫困民众的基本权利。抗日战争时期，中央所在的根据地颁行了《陕甘宁边区宪法原则》、制定了《陕甘宁边区施政纲领》、《陕甘宁边区保障人权财权条例》。党领导的其他根据地制定的人权条例有：《山东省人权保障条例》、《晋冀鲁豫边区保障人民权利暂行条例》、《晋西北保障人权条例》、《渤海区人权保障条例执行规则》、《修正渤海区人权保障条例》。上述法律法规肯定了不分男女、种族、宗教，人们在法律前一律平等；肯定了抗日根据地人民的选举权与被选举权；肯定了人身非依法律规定不得逮捕、拘禁、审讯或处罚；肯定了人民行动自由，住所、财产不受侵犯；肯定了人民集会、结社、言论、出版及思想、信仰自由。解放战争时期，针对战争过程中易出现的问题，一些地方还制定了保障人权的特别文献，如：《哈尔滨特别市政府布告——为禁止非法拘捕、审讯及侵犯他人人权等行为事》、《豫皖苏边区行政公署训令各级政府切实保障人权、严禁乱抓乱打肉刑逼供》等。这些都表明：即使在严酷的战争条件下，在敌人的围剿、扫荡过程中，党和根据地政权对人权保障也十分注意。有人以江西红色根据地颁行之《中华苏维埃共和国宪法大纲》只规定了保障工农劳苦大众的权利，抗日根据地的人权法律剥夺了"汉奸及褫夺公民权者"的"选举、罢免、创制、复决之权"，[21]剥夺了汉奸的"居住行动自由权"，[22]就对其是否属于人权法律文献提出质疑，这是没有道理的。人权概念有其发展过程，人权保障制度更是逐步完善的。抗日战争时期当我们制定法律保障人权时，在首倡人权的欧洲资本主义国家，还奴役大片殖民地，而美国还实行种族隔离制度。"当时的非洲裔美国人被剥夺了选举权和诸多公民权，并在法律上被隔离于白人种族之外。"[23]其实根据地的法律对汉奸等也是作了妥善规定的："对于汉奸分子，除绝对坚决不愿改悔者外，不同其过去行为如何，一律实行宽大政策，争取感化转变，给以政治上生活上之出路，不得加以杀害、侮辱、强迫写悔过书。对于一切破坏边区分子，例如叛徒分子、反共分子等，其处置办法仿此。”[24]正是注意保障人权，同时对汉奸等敌对分子的处置制定了妥善政策，根据地才得以日益巩固和发展，最后成为夺取抗日战争胜利和全国革命胜利的坚强支撑。

1949年中华人民共和国成立，标志着我国历史进入了新阶段。人权法方面最重要的成果，是《中国人民政治协商会议共同纲领》和在此基础上于1954年制定的《中华人民共和国宪法》。具有临时宪法作用的《共同纲领》开宗明义宣布：“中国人民解放战争和人民革命的伟大胜利，已使帝国主义、封建主义和官僚资本主义在中国统治宣告结束。中国人民由被压迫的地位变成为新社会新国家的主人。”[25]中国人民从此站起来了！长期遭受剥削、压迫和欺凌，历经无数次磨难的中华民族深深懂得这一宣告之重要。它使四万万五千万中国人真正享有了做人的尊严，享有了人权。依据《共同纲领》，1950年先后颁行了《婚姻法》和《土地改革法》，1953年3月颁行了《选举法》。《婚姻法》宣布废除旧的包办强迫、男尊女卑的封建婚姻制度，实行男女婚姻自由，夫妻权利、义务平等，子女权利受法律保护的新民主主义婚姻制度。它首先使占全国人口总数1/2的女性获得了解放，同时也是对受旧婚姻制度束缚的男性的解放。《土地改革法》规定：“废除地主阶级封建剥削土地所有制，实行农民土地所有制，籍以解放生产力，发展农业生产，为新中国的工业化开辟道路。”[26]它的贯彻实行，使新中国成立时仍受封建土地制度束缚的3亿多农民获得了土地和其他生产资料。除西藏等个别少数民族地区实行特殊政策外，在全国实现了孙中山先生“耕者有其田”的理想。贯彻《婚姻法》和农村进行土地改革的同时，城市安置失业工人和接收国民党政府职员，开展将受封建把头剥削和压迫的工人解放出来的民主改革。城乡民主改革极大地鼓舞了全国人民的革命热情和生产积极性，有力地支持了抗美援朝战争，支持了剿灭盘踞在大陆的100多万政治土匪和暗藏的国民党特务的斗争，有效地捍卫了国家独立，维护了社会秩序和人民生命财产安全。1952年，国民经济恢复到历史最高水平。1953年，国家开始大规模经济建设。按照1953年制定的《选举法》，经普遍选举，1954年召开全国人民代表大会，制定了《中华人民共和国宪法》。

这部由毛泽东领导起草、经多方面征求意见并由全国人民大讨论、最后由全国人民代表大会一致通过的《宪法》，“巩固了我国人民革命的成果和中华人民共和国建立以来政治上、经济上的新胜利，并且反映了国家在过渡时期的根本要求和广大人民建设社会主义共同愿望”[27]。在“总纲”中规定了国家性质：“中华人民共和国是以工人阶级领导的、工农联盟为基础的人民民主国家”；肯定了主权在民的原则：“中华人民共和国一切权力属于人民”；同时规定了实行人民代表大会制度：“人民行使权力的机关是全国人民代表大会和地方各级人民代表大会”。[28]这是一部社会主义类型的宪法。它的制定过程及其内容，都体现了社会主义民主原则，体现了对人权的尊重，因而进一步激发了全国人民社会主义革命和社会主义建设的积极性。1955年，全国实现了农业合作化以及对手工业和个体工商业的改造，1956年，基本实现了对资本主义工商业的改造。社会主义改造的基本完成，促进了工农业和整个国民经济发展。1953年到1956年，工业总产值平均每年递增19.6%，农业总产值平均每年递增4.8%，出现了市场繁荣，物价稳定，人权状况显著改善的大好局面。

不幸的是，在国家各项事业胜利发展之际，党和国家主要领导人却错判了政治、经济形势，在一系列问题上作出了错误决断：1957年的反右派斗争严重扩大化，将数十万知识分子、爱国人士和党的干部错划为“资产阶级右派分子”，使其长期遭到不公正对待；1958年，在经济建设上急于求成，夸大主观意志的作用，轻率地发动“大跃进”和农村人民公社化运动，加上自然灾害和苏联背信弃义撕毁合同、逼债，致使国家经济自1959至1961连续三年发生严重困难，许多人营养不良，一些地方发生了不正常死亡现象；1959年对坚持正确意见的彭德怀进行了错误的批判，将他与黄克诚、张闻天、周小舟等定为“反党集团”，接着，从上到下开展了“反右倾”，使政治上、经济上已经出现的错误雪上加霜；1963年至1965年，将一些基层干部因执行“左”倾政策出现的问题和作风问题，都认为属阶级斗争问题，发动群众进行批判，对其造成了重大伤害；1966年以党中央的名义发动“文化大革命”，提出打倒“党内走资本主义道路的当权派”、“反动学术权威”，全国范围出现“停课闹革命”、“停产闹革命”，冲击党和国家机关，严重破坏了社会秩序、工作秩序和学习秩序，人民群众直至国家主席的人身权、财产权，甚至生命权都遭受了侵害。中央指出：“历史已经证明，‘文化大革命’是一场由领导者错误发动，被反革命集团利用，给党、国家和各族人民带来严重灾难的内乱。”㉙

对于应加强法制和出现的不重视法制的现象，党和国家领导层早有批评和建议。党的创始人之一董必武1956年在党的第八次全国代表大会上曾指出：“现在无论就国家建设的需要来说，或者是就客观的可能性来说，法制都应该逐渐完备起来。法制不完备的现象如果再让它继续存在，甚至拖得过久，无论如何不能不说是一个严重问题。”他提出，要“有法可依……要赶快把国家尚不完备的法律制定出来”；还要“有法必依，凡属明文规定的，必须确切地执行，按照规定办事”。㉚遗憾的是，他的正确意见未受到应有重视。致使在国家运作中，形成了以政策代替法律，并逐渐演变成以领导人的个人意见代替政策和法律的极不正常的状况。

前文所列举的辛亥革命的历史告诉我们，政权问题是革命的根本问题。由于未能掌握住政权，《临时约法》很快成为具文。而1957年至“文化大革命”这段历史则告诉我们，在掌握政权、甚至制定宪法之后，如若不进一步完善法制，严格按宪法和法律办事，宪法规定的社会主义目标和人民权利的实现也得不到保障。不过，这里需要说明，1954年《宪法》虽然曾遭到破坏，并由此给国家带来过严重危害，但这部经亿万人民讨论、全国人民代表大会通过的宪法所确立的原则是科学的、有生命力的。它在动乱中让人们向往秩序；事物被扭曲时，唤起社会公平正义；在打、砸、抢、抄、抓成风时，是判断守法与违法犯罪的准绳；当干部和群众人格尊严、人身安全受侵时，仍有人大义凛然地手持《宪法》维护自己的权利。事实证明，它在劫难中是人民的精神支撑，它又是1982年《宪法》的蓝本。所以可以说，1954年《宪法》为我国人权法治奠定了基础。

三、十一届三中全会确立“解放思想，实事求是”的思想路线，建设中国特色社会主义，“依法治国”与“尊重和保障人权”成为宪法原则，我国人权法治进入新阶段

1978年，党的十一届三中全会果断结束“以阶级斗争为纲”的路线，确立了“解放思想、实事求是”的指导思想，开始全面地认真地纠正“文化大革命”及其以前的“左”倾错误，决定健全社会主义民主和社会主义法制，把工作重点转移到以经济建设为中心的社会主义现代化事业上来。这次会议的精神反映人民的意愿，受到了普遍拥护。按照“实践是检验真理的唯一标准”，人们开始全面系统地理解毛泽东思想，摒弃以往对马克思主义经典著作的错误理解和附加，认真思考由于思想长期禁锢而未能审视的重要理论和实践问题。诸如，针对错误理解列宁关于“无产阶级专政是不受任何法律约束的政权”，重“人治”而不重视法律和制度，甚至公然说出“和尚打伞，无发(法)无天”无视法律的言论。邓小平指出：“现在，往往把领导人说的话当做‘法’，不赞成领导人说的话就叫做‘违法’，领导人的话改变了‘法’也就跟着改变。”㉛“为了保障人民民主，必须加强法制。必须使民主制度化、法律化，使这种制度不因领导人的改变而改变，不因领导人的看法和注意力的改变而改变。”要“做到有法可依，有法必依，执法必严，违法必究”。㉜按照十一届三中全会的精神，在中央直接主持下，历次运动遗留的大批冤假错案得到平反，被错误处理者及其受株连的亲属得到了昭雪。与之同时，国家加快了立法工作，制定出《刑法》、《刑事诉讼法》等一批急需的法律。针对以往不顾经济发展水平和群众思想觉

悟，在农村组织的“人民公社”和城镇的手工业、商业不适当地集体化或国有化造成的生产效率不高，生活贫困，邓小平指出：“贫穷不是社会主义。”按照人民群众的意愿，先后在农村和城市进行改革，解决人民的温饱问题。这样，十一届三中全会精神贯彻，至20世纪90年代初，全国人民的经济、文化和政治权利得到了迅速提高。

尽管思想解放和改革促进了经济、政治发展和人民各项权利提高，但人权理论研究却非一帆风顺。这不仅是因为此研究领域长期无人敢于涉猎，还由于国内外不断有人利用人权问题诋毁社会主义制度，导致问题复杂化。在理论界，除《光明日报》发表《论人权与公民权》一文正面阐述人权理论，[33]其他多数是从“人民权利”、“公民权利”或某一部分人的权利论述的。诸如《加强法制建设，保障人民权利》、《保障人民权利是革命法制的优良传统》、《给文艺工作者以法律保护》、《论罪犯的法律地位》、《再论罪犯的法律地位》等。而当中央理论刊物等主流媒体发表了《人权是资产阶级口号》后，人们的思想又产生了新的疑虑，直到20世纪90年代初才有了新的变化。

为了适应国内外客观形势的要求，1991年初，江泽民指出：人权问题回避不了，要进行研究。此后，中央宣传部、国务院新闻办公室、中国社会科学院等按照中央部署进行了以下工作：

第一，中央宣传部组织编辑《人权研究资料丛书》。此丛书共六个部分：《世界各国人权约法》、《马克思主义人权理论》、《中国人权建设》、《西方国家人权学说》（上下册）、《发展中国家与人权》和《社会党和民主社会主义人权观》。加上中央党校编辑之《世界人权约法总览》，全丛书共约700万字。连一些西方国家学者也赞叹，如此系统和规模的人权资料在其他国家未曾见过。编者在《总序》中坦言：“在一段时间里，我们对人权问题的研究不够重视，缺少了解，甚至有些同志不加分析地视为资产阶级的东西不予理睬，另有一些同志则盲目照搬西方的人权观念，自觉不自觉地受到西方资产阶级人权观的影响。这些都是不正确的。”[34]“这套书的编选和出版，无疑是有重要意义的，因为它是我国第一套关于人权研究比较全面、比较系统的资料，对人权理论研究、人权建设实践和外交领域的斗争，都有重要参考价值。”[35]这套丛书的出版还有另外一层更加重要的意义：它是由中央宣传部牵头编辑的，在编辑过程中动员了中央单位、科研机构和部分高等学校的专家学者。这实际上是对人权资料搜集和理论研究作了进一步发动。

第二，按照中央的部署，中国社会科学院承担了理论研究任务。根据邓小平关于“大胆吸收和借鉴人类社会创造的一切文明成果”[36]的重要思想，胡绳院长指出，人权研究要以马克思主义为指导，主要为完善我国人权保障制度服务，同时也为国际人权斗争和交流服务，在研究中要与人类文明进程的科学成果相结合。以此为宗旨，担当这一研究任务的法学研究所，在召开一系列座谈会的基础上，于1991年6月在北京举办了全国性的大型人权理论研讨会。参加研讨会的有学者、专家和政府官员。会议较集中地讨论了人权研究的重要意义、人权的概念和人权的历史发展等问题。会议对主要问题基本达成了共识：所谓人权是人依其自然属性和社会本质应当享有和享有的权利。其主体是人。它既包括本国人，也包括外国人、难民和无国籍的人，即所有人。这里说的人以个人为主体，同时也包括集体。集体人权是个人人权的延伸。这一概念的客体是权利，应当享有的权利。应有权利属道德权利，它体现依社会经济文化的发展与人类的共同愿望和追求，是法定权利和实有权利不断完善的动力和先导。人权有共性，也有个性。其共性是基于人们共同利益产生的理想和需要；其个性是由各个国家民族文化传统、地理环境、社会制度及科学技术发展水平所产生的特点。人权在国与国表现不同质的人权制度；在一国之内，在阶级对抗的条件下，经济上、政治上占统治地位的阶级总是通过法律等手段谋求本阶级的特殊利益，具有明显的阶级性。人权的共性与个性是相互影响相互渗透的。在制定人权政策和完善人权法制时，既要注意共性，也要注意个性，过分强调一方面而忽略另一方面，都可能在实践中招致不良后果。上述认识是学界同仁运用历史唯物主义，对前人的研究成果和《世界人权宣言》基本内容的概括。至于研究的意义，学者们还指出：充分保障人权是社会主义制度的内在要求，与实现人的全面自由发展之目标是吻合的。我国宪法本身就是一份权利保障书。过去受“左”的思想影响，不愿谈人权，不利于我国人权保障事业和国际人权交流与斗争，今后我们应高举人权旗帜。

第三，在资料收集、理论研究的基础上，国务院新闻办公室组织撰写、并于1991年11月发表了《中国的人权状况》白皮书。“白皮书”除“前言”之外共分10个部分：生存权是中国人民长期争取的人权；中国人民获得了广泛的政治权利；公民享有经济、文化和社会权利；中国司法中的人权保障；劳动权利的保障；公民享有宗教信仰自由；少数民族的权利保障；计划生育与人权保障；残疾人的人权保障；积极参与国际人权活动。白皮书以马克思主义为指导，从理论和实践的结合上全面阐释了我国的人权状况，并对人权作了充分肯定。“前言”开宗明义指出：“享有充分的人权，是长期以来人类追求的理想。从第一次提出‘人权’这个伟大的名词后，多少世纪以来，各国人民为争取人权作出了不懈的努力，取得了重大成果。”“旧中国长期处于帝国主义、封建主义、官僚资本主义压迫之下，广大人民群众没有人权可言。深受其苦的中国人民，一百多年来，一直把推翻‘三座大山’的压迫、争得人权作为自己的奋斗目标，为此前赴后继，不怕流血牺牲，进行了长期的艰苦卓绝的斗争。”这里，将人权称为“伟大的名词”，“是长期以来人类追求的理想”，中国人民一直把“争得人权作为自己的奋斗目标，为此前赴后继……进行了艰苦卓绝的斗争”，就充分肯定了人权，肯定了人权的普遍性，也肯定了人权的特殊性。白皮书强调了生存权和发展权之于中国的重要，是由于中国人民从切身经历中认识到，生存权是享有其他人权的前提，不打败“三大敌人”任凭帝国主义欺侮，中国人民无人权可言；不通过发展解决人民衣、食、住、行，人民的生存得不到保障。当然，发展不仅是经济发展，还包括政治、文化和社会发展。中国人民正是认识到“发展是硬道理”，扭着发展不放，才使人权保障水平不断提高。《中国的人权状况》白皮书总结了历史，展示了现实，瞻望了未来，摆事实，讲道理，极具说服力。它的发表，国内为之一振，国外为之一震，产生了巨大反响。邓小平说：“这是一篇大文章，一篇好文章。”[37]其基本观念标志党和政府对人权认识步入新境界，成为国家人权制度建设新的里程碑。

自此之后，在十一届三中全会精神指导下的以宪法为中心的人权法律体系进一步完善。早在1982年《宪法》修改前，邓小平就曾指出，修宪是为“使我们的宪法更加完备、周密、准确，能够保证人民真正享有管理国家各级组织和各项企业、事业的权利，享有充分的公民权利”。[38]1982年12月通过的现行宪法对公民的权利作了更全面、广泛的规定，并将《公民的基本权利与义务》从1954年《宪法》第三章改为第二章，放在更加显著的位置。宪法颁行后，全国人民代表大会又分别于1988年、1993年、1999年和2004年通过了四个宪法修正案共31条，对宪法的一些条款作了重要修正，尤其是将“依法治国、建设社会主义法治国家”与“国家尊重和保障人权”确立为宪法原则，这就全方位推进了人权保障法治。

——政治权利保障的法律。政治权利是人民参与国家事务管理的权利。依照《宪法》规定，我国实行人民代表大会制度。人民行使政治权利主要表现在依照宪法和法律选举人民代表大会代表，并对他们及由他们组成的人民代表大会选举和任命的国家和地方各级政府及国家工作人员进行监督。为了充分发扬民主，将更合格的人员选为人民代表和任命为国家工作人员，宪法和法律扩大了差额选举范围。县、乡人民代表大会代表由选民直接选举，全国人民代表大会代表和省、自治区、直辖市的人民代表大会代表由下一级人民代表大会选举。各级人民代表大会代表、地方各级人民代表大会常务委员会副主任和人民政府副职领导人员，一律由差额选举产生。地方各级人民代表大会常务委员会主任、人民政府正职领导人员、人民法院院长和人民检察院检察长也由差额选举产生，如果提名的候选人只有一人，也可以等额选举。《宪法》规定，公民对任何国家机关工作人员有批评和建议的权利，对于违法和失职行为，有向国家机关提出申诉、控告或检举的权利。对于公民的申诉、控告或检举，有关国家机关必须查清事实，负责处理。任何人不得压制和打击报复。

——人身权的保障的法律。人身权是有关人身、人身自由、人格尊严等相关的权利。宪法规定的各项基本权利都以人身权的切实保障为前提。《宪法》明确规定，公民的人身自由不受侵犯。任何公民非经人民检察院批准或者决定或者人民法院决定，并由公安机关执行，不受逮捕。禁止非法拘禁和以其他方法非法剥夺或者限制公民的人身自由，禁止非法搜查公民的身体。公民的人格尊严不受侵犯。禁止用任何方法对公民进行侮辱、诽谤和诬告陷害。公民的住宅不受侵犯，通信自由和通信秘密受法律保护。依据《宪法》，国家通过《刑法》、《刑事诉讼法》等法律加强对人身权的保障。法律严禁刑讯逼供，对于拘留、逮捕、搜查、取证等涉及人身自由和安全的强制方法作了明确规定。违反规定，“对证人及其近亲属进行威胁、侮辱、殴打或者打击报复，构成犯罪的，依法追究刑事责任；尚不够刑事处罚的，依法给予治安管理处罚”[39]。1996年、1997年，适应客观形势需要，我国先后对《刑事诉讼法》和《刑法》进行了修改。《刑法》总则规定了罪刑法定原则：“法律明文规定为犯罪行为的，依照法律定罪处刑；法律没有规定为犯罪行为的，不得定罪处刑。”《刑事诉讼法》总则规定了无罪推定原则：“未经人民法院依法判决，对任何人都不得确定有罪。”为了确保司法公正，《宪法》和法律规定：人民法院依照法律规定独立行使审判权，人民检察院依照法律规定独立行使检察权，不受行政机关、社会团体和个人的干涉。在不断实践过程中，国家还通过修改法律，通过司法体制改革，进一步完善了公开审判制度、人民陪审员制度、辩护制度、法律监督制度、死刑复核制度、诉讼代理制度和司法救助制度等。

——经济、社会和文化权利保障的法律。我国是社会主义国家。《宪法》的重要特色是对经济、社会和文化权利有较明确规定。《宪法》规定：“我国实行社会主义市场经济。”依据《宪法》，国家制定了《民法通则》、《物权法》、《担保法》、《专利法》、《著作权法》、《商标法》、《合同法》等，以确保作为社会主义市场经济基础的财产权和知识产权；制定了《公司法》、《合伙企业法》、《个人独资企业法》、《农民专业合作社法》、《反垄断法》、《反不正当竞争法》等，以保障各类市场主体的法律地位，保障其公平参与市场竞争，促进市场经济健康发展；制定了《消费者权益保护法》、《产品质量法》、《城市房地产管理法》、《食品卫生法》、《农业品质量安全法》、《药品管理法》等，以保障消费者权益和健康；制定了《环境保护法》、《大气污染防治法》、《水利法》、《水污染防治法》、《防沙治沙法》、《海洋环境保护法》、《土地管理法》、《森林法》、《草原法》、《矿产资源法》、《煤炭法》、《节约能源法》、《清洁生产促进法》、《放射性污染防治法》、《环境噪音污染防治法》等，以保护自然资源和人民生存环境；制定了《劳动法》、《工会法》、《劳动合同法》、《就业促进法》、《生产安全法》、《矿山安全法》、《职业病防治法》、《红十字会法》、《公益事业捐赠法》、《劳动争议调解仲裁法》，以及《职工探亲规定》、《工人退休、退职暂行规办法》、《国有企业职工待业保险规定》、《工伤保险条例》、《失业保险条例》、《城镇居民最低生活保障条例》、《建立城镇职工基本医疗保险制度的决定》等法律和法规，以完善社会保障制度；制定了《教育法》、《高等教育法》、《职业教育法》、《民办教育法》、《国防教育法》、《教师法》、《科学教育普及法》、《体育法》、《科学技术普及法》等，以在全国普及九年制义务教育，发展中、高等教育，提高公民的文化素质、健康水平和全社会的文明程度。

——少数民族权利保障的法律。我国是一个统一的多民族国家，共有56个民族。汉族占全国人口总数的92％，其他55个民族占8％。“国家的统一，人民的团结，国内各民族的团结，这是我们的事业必定要胜利的基本保证。”[40]现行宪法对少数民族的权利和事务作了详细规定。《宪法》总纲规定：“中华人民共和国各民族一律平等，国家保障少数民族的合法权利和利益，维护发展各民族的平等、团结、互助关系。禁止对任何民族的歧视和压迫，禁止破坏民族团结和制造民族分裂的行为。”“各少数民族聚居地方实行区域自治，设立自治机关，行使自治权。”除“序言”、“总纲”有关规定外，第三章《国家机构》中还专列“民族自治地方的自治机关”一节。宪法138条正文中，有28条涉及少数民族的规定。依据《宪法》，我国于1984年制定了《民族区域自治法》，它标志我国的民族区域自治制度进入法治化阶段。按《宪法》和《民族区域自治法》规定，自治机关既有一般地方国家机关的共性，也有其特性。诸如：民族自治地方的人大常委会中，由实行民族区域自治的民族公民担任主任或副主任。自治区主席、自治州州长、自治县县长由实行民族区域自治的民族公民担任。民族区域自治地方的人民政府实行自治区主席、州长、县长负责制。民族区域自治地方机关的其他组成人员，要尽量配备实行民族区域自治的民族和其他少数民族的人员。自治机关享有较其他地方同级国家机关大的地方法规和单行条例的制定权和经济管理权。少数民族参加最高国家权力机关和地方各级权力机关的代表，大大超过了占全国总人口8％的比例。为了促进少数民族地区经济、政治、文化和社会发展，国家和经济发达地区持续加大对少数民族地区的支援，使少数民族地区的国民生产总值和居民人均收入增长速度连年高于内地各省。随着国家西部大开发战略的实施，少数民族地区的经济、政治、文化和社会权利一定会更快发展。

——妇女、儿童权利保障的法律。妇女、儿童的权利保障一直受国家关注。妇女占全国总人口的1/2，是建设社会主义的重要力量；儿童是国家的未来，他们健康成长是全社会的希望。《宪法》明确规定：“妇女在政治的、经济的、文化的、社会的和家庭生活等各方面享有同男子平等的权利。”“婚姻家庭、母亲和儿童受国家保护。”《宪法》还规定：“父母有抚养教育未成年子女的义务。”“禁止破坏婚姻自由，禁止虐待老人、妇女和儿童。”依照《宪法》，国家颁行的《婚姻法》、《继承法》、《民事诉讼法》等对于妇女和儿童权利的保障作了具体规定。20世纪90年代以来又颁行了《未成年人保护法》、《妇女权益保障法》、《母婴保健法》，对妇女和儿童的权利保护作了进一步规定。《妇女权益保障法》规定，妇女享有同男子平等的政治、文化、劳动、财产、人身和婚姻家庭权利。《未成年人保护法》规定：“国家保障未成年人的人身、财产和其他合法权益不受侵犯”；保护未成年人的各项工作原则，以及家庭、学校、社会和司法机关在保护未成年人方面的职责。为贯彻落实以上两个法律，国务院颁行了《中国妇女发展纲要》和《中国儿童发展权利纲要》。上述法律和纲要的实施，有效地保障了妇女的权益和发挥了她们在社会主义建设中的作用；有效地保障了儿童和未成年人更健康成长。

——残疾人权利保障的法律。中国残疾人占全国人口5％以上，超过八千万。残疾人的权利保障，不仅关系他们自身，而且关系千万个家庭和整个社会安定，关系社会主义建设事业发展。《宪法》规定：“公民在年老、疾病或丧失劳动能力的情况下，有从国家和社会获得物质帮助的权利。”“国家和社会保障残疾军人的生活，帮助安排盲、聋、哑和其他有残疾的公民的劳动、生活和教育。”依照《宪法》，国家制定了《残疾人保障法》。其他法律，诸如：《民法通则》、《婚姻法》、《继承法》、《兵役法》、《义务教育法》等也都有保障残疾人权益的条款。国务院和有关部门还专门制定了保障残疾人权利的专门法规和规章。诸如：《关于残疾人事业工作纲要》、《关于发展残疾人教育的若干意见》、《残疾人就业条例》、《全国残疾人三项康复工作实施方案》、《关于残疾人个体开业给予免征税照顾的通知》、《关于对社会福利生产单位征税问题的通知》等。各省、自治区、直辖市的国家权力机关，根据本地的实际情况还制定了保障残疾人权益的地方性法规。法律明确规定，禁止歧视、侮辱、侵害残疾人；禁止虐待和遗弃残疾人；对于侵害残疾人人身权利或其他合法权益，构成犯罪行为的，依刑法规定从重处罚。国家建立了残疾人联合会，除台湾外，其他所有省、自治区、直辖市以及地区（市）、县均建立了相应的地方组织。它们为残疾人权利保障发挥了重要作用。

中国人权保障制度的特点是真实性。经改革开放30年的努力，人权保障法律体系基本形成。社会主义市场经济发展，政治体制改革不断深化，为人权保障提供了更坚实的基础。现在各种权利保障均达到了前所未有的水平。政治权利和自由方面，人民依法享有选举权和被选举权。历届人民代表大会代表选举的参选率都高达90％以上。人民通过各种途径和形式管理国家、社会事务和经济文化事业；有言论、出版、结社、游行示威自由，有宗教信仰自由；实现了通过包括通信、会议、报刊以及互联网等形式对人民代表，对国家机关和国家工作人员进行监督。经济权利方面，社会主义市场经济高速发展，2007年国内生产总值达到24.66万亿元，跃居世界第四大经济体。城镇居民可支配收入，由1990年的1378元增至2007年的13786元；农村居民人均纯收入，由1990年的686元增至2007年的4140元。城镇居民银行储蓄存款余额，由1990年底的7034亿元增至2007年底的17.3万亿元，城镇居民住房不仅面积扩大，质量提高，而且成为居民财产的重要组成部分。劳动就业和社会权利方面，最近五年，全国平均每年城镇新增就业1000多万人，农村劳动力转移800多万人，基本解决了下岗工人再就业和城镇新增劳动力的就业问题。近年企业退休人员养老金不断提高，城镇职工养老制度不断完善，2007年参保人数突破2亿人，基本医疗保险参保人数达1.8亿人。农村全面建立了最低生活保障制度，新型农村合作医疗不断完善，参合农民7.3亿人。文化权利方面，全国农村义务教育阶段学生已全部免除学杂费，全部免费提供教科书，对家庭困难的寄宿生提供生活补助。从2008年下半年开始，城市义务教育阶段学生也免除学杂费。在普及九年制义务教育的同时，国家大力发展中、高等职业教育和普通高等教育。2007年，中、高等职业教育在校生分别达到2000万人和861万人；普通高等教育本科生和研究生达到1144万人。教育发展，推动了经济、文化和科学技术的发展，为全民素质提高创造了条件。

四、在党的领导下，坚持“以人为本”的科学发展观，继续解放思想，构建和谐社会，使人民享有充分人权、实现人的全面自由发展

经过前人长期努力，在中国共产党的领导下，人民革命获得了胜利。新中国成立和1954年《宪法》的制定，为我国人权法治奠定了基础。20世纪50年代后期至“文化大革命”期间，由于“左”的错误和“以阶级斗争为纲”的路线影响，人权建设曾走了弯路。1978年党的十一届三中全会之后拨乱反正，走上健康道路。30年来，随社会主义事业的不断发展，人权法治成就巨大，世人瞩目。不过，要实现人民期望的目标，仍面临诸多有待解决的问题，可谓任重道远。

在立法方面，宪法规定的某些基本权利，如新闻传播和社会保障方面的权利等，现在多是以行政法规、规章和政策规制，尚需以法律的形式加以规范。某些已制定的法律和法规，随着形势的发展和社会条件的变化，需要加以修改，诸如：《刑法》的死刑条款和罪名过多，《刑事诉讼法》与《律师法》之间某些规定不一致，以及劳动教养制度的改革等。此外，我国现在已参加了包括23个国际人权公约在内的诸多国际条约。这些国际公约对我国法律制度必然会产生一定影响，但目前在我国法律体系中的地位则需要进一步明确。在执法和司法方面，有因干部水平低或徇私枉法或因外部干扰，造成某种程度执法不严或司法不公，加之一些官员贪污腐败，致使在某些权益遭侵犯的群众心目中，一些国家机关及国家工作人员公信度降低。基层民众有理由的上访不断，群体性上访屡屡发生。在经济、社会和文化方面，地区、城乡发展不平衡，收入差距拉大，上千万人尚待脱贫。由于缺少严格监督，部分企业履行社会责任不认真，甚至欺上瞒下，造成社会保障规定不落实，产品质量不合格，工矿事故频频发生。环境治理进展缓慢，局部地区，个别河流污染还有加重之势，等等。除以上法定权利保障有待解决的问题，社会发展还会不断提出新的问题。权利虽不能超越社会经济和文化的发展，但当社会经济和文化发展到一定条件，将促使人们提出新的权利要求。此时，国家就应义不容辞地将这种要求变成法定权利，并创造条件使人民享有。而这种过程将会不断持续下去，需要长期关注。

在国际方面，中国是13亿人口的大国，是联合国安理会的常任理事国，30年的高速发展，已跃居世界经济实体排名前列，现正大步融入国际社会，在国际经济发展和政治活动以及人权保障事业中都举足轻重。发达国家担心由此国际实力格局改变，视中国为竞争对手或威胁；发展中国家对中国主持国际正义，抗衡西方国家在人权问题上的“双重标准”，寄予殷切期望；中国本身对公认的国际关系行为准则正经历熟悉和适应过程。应当认识，在包括国际人权在内的诸多国际事务中，西方国家虽不能为所欲为，但仍力图操控。它们立足本国利益，采取的“双重标准”，以及个别国家奉行的单边主义，决不会轻易改变。一些国家反复以“人权问题”指责我国，在联合国前人权委员会数十次提出“反华提案”，并非关心中国人权。如若看不清，不妨回顾它们历史上对中国的侵略和凌辱，还可以回顾新中国建立以来它们对中国的军事骚扰、战争威胁、经济制裁和遏制，再不然，可以看看北京奥运会之前，拉萨发生打、砸、抢、烧、杀事件后，他们对肇事的“藏独”分子的态度，以及一些人和媒体对奥运圣火在国外传递中的暴力干扰和鼓噪。这都是“醉翁之意不在酒”，而是以“人权”为借口，妄图损害中国声誉，阻碍中国发展。

国内与国际的问题都说明，我们面临的问题是复杂的。如前文所言，人权建设以往问题的解决和近30年的巨大业绩，是在党领导下思想解放的结果，今后还必须在党的领导下继续解放思想。唯有如此，才能按照十七大的精神，深化经济体制改革，推进政治体制改革，解决经济、政治、文化和社会权利保障方面的问题；唯有如此，才能遵循关于“国家尊重和保障人权”的宪法原则，弥合在此问题上仍存在的认识差距，为人权保障进一步扫除思想障碍；唯有如此，才能在向市场经济转轨出现的利益博弈中，经过协调，找到共同点，在政策和法律层面达成统一；也唯有如此，才能既立足中国实际，传承优秀历史文化，又不墨守成规，大胆借鉴人类文明成果，在人权保障制度上实现创新；唯有如此，才能提高广大干部的思想、业务素质，严格坚持法律制度，有效克服执法和司法中仍存在的腐败现象，在全社会实现公平正义；唯有如此，才能立足中国，放眼世界，准确把握国际形势发展，妥善处理在人权保障问题上与发展中国家和发达国家之间的关系，为我国和平发展营造良好的国际环境。

为了促使社会主义事业更健康发展，切实保障人权，我国在实现“小康”之后，现正全面建设小康社会，并提出构建社会主义和谐社会和推动建设和谐世界。所谓和谐社会，是“按照民主法治、公平正义、诚信友爱、充满活力、安定有序、人与自然和谐相处的总要求”，坚持以人为本，坚持科学发展，坚持改革开放，坚持民主法治，坚持正确处理改革发展和稳定的关系，在党的领导下，形成全体人民各尽其能、各得其所而又和谐相处的社会。所谓推动建设和谐世界，是“按照和平共处五项原则和其他公认的国际关系准则同世界各国不断发展友好关系，推动建设持久和平、共同繁荣的和谐世界”[41]。其具体内容是：政治上相互尊重、平等协商、不干涉他国内政、实现国际关系民主化；经济上相互合作、优势互补、共同发展、互利共赢；文化上相互借鉴、求同存异、尊重不同民族文化多样性、促进人类文明繁荣发展；安全上相互信任、加强交流合作、以和平方式解决国际争端；环境保护上相互帮助、维护人类赖以生存的地球家园。上述目标是中国特色社会主义的美好蓝图和行动计划。其核心是“以人为本”，“促进人权保障”。只要在党的领导下继续解放思想，坚持科学发展观，中国特色社会主义事业和人权法治一定会达到更高水平，一定会为人民充分享有人权，实现人的全面自由发展提供更可靠的保障。

参考文献：

①《康有为政论集》上册，中华书局1981年版，

第237页。

②《严复集》第1册，中华书局1986年版，第34页。

③《谭嗣同全集》下册，中华书局1981年版，第339页。

④《民约论巨子卢梭之学说》，《新民丛报》第12号，光绪二十八年六月十五日。

⑤《孙中山选集》，人民出版社1956年版，第64页。

⑥《孙中山全集》第3卷，中华书局1984年版，第319页。

⑦《孙中山全集》第5卷，中华书局1985年版，第628—629页。

⑧《时论选集》第1卷（下册），三联书店1960年版，第665页。

⑨《大总统通令开放蛋户惰民等许其一体享有公民权私权文》，《中国近代史资料丛刊》，《辛亥革命》八。

⑩以上引文均见《中华民国临时约法》，载《世界人权约法总览》，四川人民出版社1991年版，第740—743页。

⑪《列宁选集》第3卷，第19页。

⑫《列宁全集》第11卷，第98页。

⑬《孙中山丛书》，上海太平洋书店1927年版，第55页。

⑭《孙中山选集》，人民出版社1956年版，第522页。

⑮《马克思恩格斯选集》第250、251页。

⑯《马克思恩格斯选集》第1卷第232页。

⑰《李大钊文集》上，人民出版社1984年版，第175页。

⑱《陈独秀著作选》第1卷，上海人民出版社1984年版，第239页。

⑲《陈独秀著作选》第1卷，上海人民出版社1984年版，第135页。

⑳《中国革命史参考资料》第三集，中国人民大学出版1956年版。

㉑《山东人权保障条例》，《世界人权约法总览》，四川人民出版社1991年版，第765页。

㉒《晋冀鲁豫边区保障人民权利暂行条例》，《世界人权约法总览》，四川人民出版社1991年版，第767页。

㉓《参考消息》2008年7月31日：《埃菲社华盛顿7月29日电》。

㉔《陕甘宁边区施政纲领》，《世界人权约法总览》，四川人民出版社1991年版，第787—788页。

㉕载《世界人权约法总览》，四川人民出版社1991年版，第810页。

㉖《中华人民共和国土地改革法》。

㉗《中华人民共和国宪法》（1954）《总纲》。

㉘《中华人民共和国宪法》（1954）《总纲》。

㉙以上引文见《关于建国以来党的若干历史问题的决议》。

㉚以上引文见《董必武选集》，人民出版社1985年版，第413页、419页。

㉛《邓小平文选》第146页。

㉜《邓小平文选》第147页。

㉝徐炳：《论人权与公民权》，《光明日报》1979年6月19日。

㉞《人权研究资料丛书》“总序”，四川人民出版社1994年版。

㉟《人权研究资料丛书》“总序”，四川人民出版社1994年版。

㊱《邓小平文选》第三卷，第373页。

㊲田丹：《朱穆之同志与中国第一个白皮书》，《风云激荡七十年》（下）第362页，五洲传播出版社2007年1版月。

㊳《邓小平文选》第二卷，第339页。

㊴《中华人民共和国刑事诉讼法》第49条。

㊵《毛泽东选集》第5卷，第363页。

㊶此处引文见《中共中央关于构建社会主义和谐社会若干重大问题的决定》。

（《中国改革开放与人权发展30年》，人民日报出版社2009年版，作者系中国社会科学院人权中心主任、研究员）

论当前中国人权发展的几个基本问题

■刘 杰

人权是改革开放以来中国长期面临的一个敏感问题，在复杂多变的国际国内人权形势下，尽管不断受到来自于西方的无端指责和干涉，中国的人权发展仍然取得了巨大的成就，尤其是2004年3月中国将“尊重和保障人权”列入宪法的正式条文和十七大报告把“尊重和保障人权”列入党章以来，中国的人权建设进入了一个新的快速发展时期，人权保障在中国日益受到更高程度的重视，与人权相应的制度安排和政策设计正在呈现出新的特点和新的走向。在这一新的历史起点上，中国要取得人权事业的新进展，充分实现尊重和保障人权的庄严承诺，有必要进一步准确把握和清晰界定当前人权发展在几个方面的基本理论和实践问题，努力构建中国特色的人权发展模式。

一、从“人权启蒙期”到“稳定成长期”：中国人权发展的阶段性定位

改革开放是当今意义上中国人权建设进入启蒙时期的历史性节点。但有必要强调的是，20世纪70年代末期开始的中国人权启蒙期并非像一些学者认为的那样是外部力量促动的产物，从根本上说，绝大多数公民人权意识的萌生和发育是改革开放后，随着市场经济的不断深化，市民意识逐步走向公民意识的必然结果。换言之，中国的人权建设和人权启蒙期的到来从本质上说是内生的产物而不是外部压力和诱导下的依附性结果，其间固然受到一定的外部影响，但它内生于传统文化基因和国家成长现实，这是理解中国从进入人权启蒙期之初就体现出强烈的国家特征和独特发展道路的根本所在。从事实上看，在中国人权发展30年启蒙期，外部因素的介入实际上对中国人权发展产生的甚至主要是消极和阻遏作用，西方的傲慢和偏见导致中国更愿意采取自主发展人权的基本立场，其结果是中国的人权发展步伐与外部压力的大小呈现出并不重合乃至反向而行的轨迹。

与当前相比，30年的人权启蒙期具有如下几个特点：（1）人权意识的初步萌发但理性程度相对较低，大多数人对人权的理解处于直观的感性层面，缺乏理性和自觉意识；（2）人权被纳入国家保障的视野但缺乏相应的制度安排，政府主要是通过人权保障的实践来体现自己对发展人权的重视，在国家的制度体系中人权则主要以碎片化的方式存在于法律条文和制度规范之中；（3）人权在经济社会生活的现实中处于相对次要的地位，“以经济建设为中心”方针的确立使社会和民众关注的重心不可避免地放在推动经济高速发展上，而人权状况的改善是经济发展的实际结果；（4）维护人权的需求上升但维护权利的方式相对极端，尤其有一些以维权为借口的人士或以民意代表自居的人士常常无视中国实际的国情而试图以体制外乃至非法的方式实现自己的权利愿望；（5）人权的发展受到相对缺少监督和制约的权力的约束。

在改革开放以来中国人权发展的进程中，一个始终伴随的阴影是西方对中国人权状况的长期攻击和意识形态偏见。从外部根源分析，这是随着中国在世界市场上不断拓展，在国际政治经济事务中不可避免的影响力的日益提升，进而导致西方世界传统的强势地位面临威胁及其对中国发展走向的不确定性把握的必然结果，这一外部因素与国内民主政治建设的不断加速和公民权利意识萌生的内因之间多层次互动，不可避免地使人权在当前中国的转型时期成为现实的重大课题。对于一个有志于长期执政的政党而言，尊重和保障人权成为中国共产党必然的选择，这一目标虽然在一定时期难以通过单一的政策和措施来达到根本的目的，但随着

经济和社会发展水平的逐渐提高，市场经济体制的不断完善，公民社会的逐步发育，政治行为的制度化、规范化、程序化程度的日益增强，权力监督机制和监督效力的日益提高，人权建设将越来越在内部动力的不断强化推动下高速发展。事实上，从近年的发展走向看，中国正逐步渡过人权的启蒙时期，转而进入一个快速发展的稳定成长阶段。

人权启蒙期与稳定成长期的根本区别，不在于政治和社会生活中是否仍然需要提倡尊重和保障人权，而在于人权意识的普及状况、人权的制度化保障水平和对经济社会发展的正向互动是否得到相对有效的促进。这大致体现为以下几个可以量化的指标：

人权意识的普及状况。这具体表现为人权成为绝大多数公民的自觉意识和理性维权行动，不再限于少数人的话语工具和舆论的宣传口号。

人权的推进力度。从发展的取向看，人权受到的重视程度越高，人权建设受到的阻力就相对较小，成本就会相应地降低，侵犯人权的行为就将相应减少，在此意义上，近年来中国对人权建设的高度重视是加快走向人权高速发展期的重要外部因素。

人权保障的制度化和法治化水平。人权不受尊重在很大程度上与相关法律的缺失有关，近年来中国法治化水平的极大提高正在使人权得到越来越有效的发展。

经济社会发展提供的资源性保障。人权的发展是政治权力与经济实力双向度正向互动的结果，除了政治权力的推动外，人权建设需要成本，经济能力的提高和社会的总体是人权发展的重要助推器。

政府权力的制约和监督水平。这是人权发展的另一个核心环节，制约和监督使侵犯人权行为的实现难度增强。

社会对侵犯人权行为的容忍度和对保障人权的参与度，公民社会的快速发育是近年来中国政治发展中最引人注目的取向之一，这不仅有助于培育人权意识滋生的社会土壤，也使侵犯人权行为的监督和制约主体不断扩大。

简言之，稳定成长期的基本特征在于人权成为普遍关注的社会现象，保障人权的收益趋高成本趋低，人权建设成为国家整体建设的有机组成部分和软实力提升的重要体现。中国正在由人权启蒙期逐步走向稳定成长期的理由不仅可以从基本指标体系来加以判断，近年来中国政治、经济、社会和文化生活中发生的一系列人权新变化也进一步验证了这一趋势的发生：（1）当前的中国经济正日益向常规发展模式转变，超常规发展阶段中人们对权利的维护要求、判断标准、行为准则等等都发生了相应的变化，维护人权正在逐步转化为越来越多理性公民的自觉行为；（2）与经济发展转型相适应，对应的政治发展理念也正在从以高度集中和控制型的政治发展观向“以人为本”观念下的科学的民主政治观转变，人权的制度化保障水平日益提升；（3）推动人权建设的方式与路径逐步由政府包揽型向政府主导、社会协同、公民参与的共建型模式转变，对于政府功能的路径依赖有所淡化；（4）人权的制度保障、法制保障和对权力的制约和监督日益走向有机融合，人权建设受到正反两个方面的双重推动；（5）社会力量参与推动人权建设的主动性和有效性不断增强，进而有力地推动着各级政府进一步加快人权建设的步伐；（6）普遍的文化心理越来越趋向于把损害人权视为有损社会公平的重要因素，人权的内涵和判断标准日益与国际人权规约的规范相一致。

此外，关于人权由启蒙期向稳定成长期过渡的趋势还可以从普遍的国际经验中得到一定程度的启发。从经济发展水平看，美国等西方国家的这一过渡期大致发生在19世纪末20世纪初，其基本标志主要是进步主义运动的兴起，政党分赃制的结束，《反托拉斯法》的制定，“揭露黑幕”，市政州政改革等等，以此为标志，人权真正开始走出虚置于宪法条文的状态，成为社会进步和发展，甚至民主国家和专制国家区别的根本标志，这是两次世界大战中，民主国家都以维护人权的名义而战的重要根源。韩国等新兴工业国则大致在20世纪80年代中后期进入这一时期，相应的表现基本类似。中国在经历30年高速发展后，经济发展水平已大致与当时这些国家接近，人权发展状况不可避免地也正在呈现出类似的阶段性特征。

二、转型制约：中国人权发展的约束性条件

近年来，中国进入了一个经济社会发展的转型期，促使中国人权发展的生态环境在转型条件下发生了极大的改变。从根本上说，转型期的到来不仅表现为经济社会增长方式从粗放型向持续型模式的转变，而且蕴涵着更加深刻的价值和制度内涵，要求我们在新的社会生态下对发展人权的理念和方式进行新的调整。

在经济方面，转型期意味着超常规发展向稳定发展、丛林法则向公平法则的科学发展理念的转变，这从根本上改变了人权发展的经济基础，权力与权利之间的博弈更加复杂。

在社会方面，转型期意味着单一结构向多元结构、斗争哲学向和谐理念、大规模动员向社会治理的转变。社会的分层和不同社会群体的贫富差距拉大的现实决定了不同社会群体权利和利益取向的日趋对立，但人权的保障体制仍然服务于传统的单一社会结构，导致人权的保障方式在新社会结构中不断面临新的不适应性。

在政治方面，转型期意味着权力本位向权利本位、决策主观化向决策民主化、精英政治向民主政治的转变，在人权发展附着于政治发展，而国家层面的民主政治道路仍然处于进一步探索阶段的条件下，人权建设受到众多政治变数的制约，形态的稳定性难以保持。

转型期在给中国人权发展带来深刻的外部性影响和冲击外，人权启蒙期向稳定成长期的转型还意味着中国人权发展的内在条件和发展特征也进入了一个重要的转型期。如果说启蒙期的人权发展主要还是改革开放的附加成果，只要通过发展经济和维护社会就可以逐步激发人们对人权保障的关注，甚至可以通过宣传效应转化为树立政府高度重视人权的正面形象的话，进入稳定成长期后，人权发展产生的政治效应可能远远比过去更加深刻，这直接体现为人权建设的正向效应呈现递减趋势，负面效应则可能被极度放大。一方面，人权发展取得的成就日益被视为理所当然而被选择性地忽视，正面的激励作用被有意或无意地降低；另一方面，人权方面存在的缺陷和发展不足则可能成为关注的重心，一则普通的侵犯人权事件产生的政治和社会效应可能由于媒体的报道和互联网的渲染被严重放大，甚至引起公众对整个政府形象的强烈质疑。进一步说，可能的后果是政府人权建设的力度越大，人权建设中存在的难以避免的不尽如人意之处对政府形象产生的损害也越大，人权状况的一个小的变动甚至对其预期就可能带来巨大的政治影响。

换言之，人权的稳定成长期也是人权发展进程中政治效应有可能放大的上升期，人权问题带来的政治风险日益增大，有可能导致“经济基础决定上层建筑”的后果，直接影响中国的法律、制度与政策制定，从而极大地增加快速推进人权发展的风险和难度，人权的现实发展步伐和可能取得的预期成就之间可能出现严重的鸿沟。

进一步说，当前人权敏感性可能导致当前中国的人权问题面临两个方面被贬低现象，一是中国人权保障的水平和人权状况被一些社会群体和外部舆论贬低和扭曲，从而使中国的人权形象在国际社会受到不应有的损害；二是中国人权建设取得的成效由于少数地方政府的行为而被实际上贬低，在普通民众中造成不真实感。产生这一现象的根源主要在于目前无论国际还是国内对中国人权状况的认知难以奠立在一个客观真实的基础之上：一方面，官方数据的相对不足导致人们对人权状况的看法大多来源于对民众的民意调查，但一般民众的判断往往基于自身体验和主观意志，难以形成合乎事实的民意判断；另一方面，一些地方政府出于形象或政绩的考虑，仍然趋向于通过其所控制的主流媒体过度宣传人权建设的成效，其结果反而使人权问题的敏感度进一步提高。

三、中国人权发展的价值导向

中国是在已经实现了持续 30 年的高速经济增长，国家的人权保障水平不断提高，但人权状况仍有待进一步改善的情况下开始进入快速发展时期的。这要求当前中国的人权发展必须超越传统的工具性理念，从应对性的政策和措施层面上升到整体性、协调性和体系化的国家建设层面，从根本上改良不利于人权发展的政

治生态，在理念上改变过去主要着眼于政府主导和推动的政策视野、执政党和政府作为唯一的人权建设主体的相对单一的人权发展观，逐步把着眼点更多地放在对于人权保障的规范和激励上，重视发动全社会共同参与推动人权发展。同时，在思维创新的层面上，人权发展的核心理念必须实现从权力推动到制度推动相互融合的转变，在思维方式和建设路径的选择上日益体现出更加鲜明的中国特色。

必须强调，中国长期以来人权发展的成就是显著的，新时期新阶段的人权建设需要制度再造和制度创新。人权不仅仅是国家政治发展的客观要求，它同时植根于民族的文化血脉之中，仅仅着眼于采取保障人权的措施而没有在国家和社会中营造起激励自觉权利意识的文化氛围的话，人权的发展将始终难以适应中国走向现代化的要求。当然，强调人权的现代性不是与中国传统文化的简单断裂或价值回归，而是在新的理念上加以传承和创新，从终极价值而论，人权发展不仅需要国家生活中全方位的尊重和保障人权，而且需要同时改良整个国家的政治文化生态。

随着人权稳定成长时期的到来，中国推进人权发展的重要前提之一是要确立开放性的战略理念。人权发展是一个开放性的政治建设进程，可以为这一建设提供养分的既包括马克思主义的人权理论，也包括中国传统文化的有益成分；既包括发达国家有益的人权发展经验，也包括新加坡、韩国等与中国的文化传统相对接近的东南亚、东亚国家所取得的经验。同时，当代中国的人权发展作为一种渐进式发展模式，最根本的要求之一在于以改革创新为精神动力，始终注重根据改革开放的不同阶段和中国经济社会发展的客观现实需要加以适度的推进和完善，从总体上确保改革开放的顺利进行和民主政治建设的不断深化。具体而言，以开放和创新精神推动中国人权发展必须遵循一些基本的价值导向：

第一，中国的人权发展必须始终坚持“社会主义”的制度性质。这是中国人权发展与其他国家之间本质的区别，在中国发展人权，首先必须服从国家的社会主义性质和发展社会主义的整体布局。没有这一前提性的限制，人权发展就不可能形成自己的特色，也不可能沿着正确的方向发展。

第二，中国的人权发展必须高度强调“中国特色”。中国是一个发展中的大国，尽管经过30年的高速发展已经极大地改变了因资源稀缺而导致的人权保障能力不足的状况，但人均GDP的相对落后仍然不可避免地制约着人权发展的步伐。同时，中国是一个具有悠久历史、同时却缺乏民主和人权传统的国家，五千年的专制政治传统在中国社会的思想、观念、心理等方面都刻上了深刻的烙印，决定了中国的人权发展是在大多数人缺乏理性的人权意识的条件下开始起步的，必须走一条不断探索与中国国情相适应的发展道路。

第三，中国的人权发展必须用“发展中”的眼光来加以推进。这一方面体现为人权的发展是一个长期的过程，不可能在一夜之间达到尽善尽美的程度，需要不断地探索和寻找在中国的现实条件下加以推进的方式和路径；也体现为在相对薄弱的经济基础的制约下，中国的人权保障水平还有待于随经济发展水平而逐步提高，必须充分考虑自己的历史背景、经济发展水平和文化教育水平，必须不断地推进制度完善与理念创新。

第四，中国的人权发展必须坚持中国共产党的领导地位。中国共产党是中国唯一的执政党，这决定了人权发展从根本上取决于执政党的自觉意识，执政党及其领导下的政府既是人权发展的倡导者和推动者，又是实践者，只有执政党从执政的高度树立人权保障意识，中国的人权发展才能取得实质性的突破。

四、中国人权发展的方式和路径

稳定成长期的到来标志着中国人权的发展正在走向一个全新的起点。中国已经逐步探索出了一条与本国国情相适应的人权发展道路，正致力于构建一种具有国家特征的人权发展模式。从趋势的角度分析，中国人权发展的方式和路径主要是：

人权意识的广泛培育和日益内化于中国人的日常行为中是中国特色人权发展模式的基础和前提。人权在本源上是一种蕴涵于人类意识深层的价值理念，只有大多数人都具备了这样的自觉意识，尊重和保障人权的理念才有可能真正内化于中国社会的发展与进步之中。尽管不能排除与人权相关的制度建设有可能在一定程度上促进人权意识的培育和内化，但一个社会如果大多数人没有自觉的廉政意识，即使有了自上而下构建起来的完备的人权保障制度也难以营造出尊重人权的政治文化生态。

“以人为本”是中国人权发展的核心宗旨和价值归宿。人权的发展是理念、制度和国家意志与社会共识的有机整合，最终通过促进人的发展和进步得到体现。换言之，从终极意义上说，人权发展本身并不是人类追求的最终目的，它在根本上是为了保障人自由而全面地发展。在中国这样一个具有五千年封建专制的国家中，绝大多数人都不具备理性和自觉的人权意识，这在客观上决定了政府在人权的意识培育和制度规范的制定中具有特殊的主导和引领作用，进而要求政府在权力运行中必须从“以人为本”的宗旨出发。当然，这里的“人”不仅是指具体的某个人或具有特殊利益诉求的社会群体，而更多的是指构成这个国家和社会主体的“最大多数人”，只有“最大多数人”从“以人为本”的政治价值中公平地分享到了经济发展带来的好处，才可以确认人权取得了实质性的发展。

渐进式的协调推进是中国人权发展的基本方式，改革开放以来，通过试错的方式逐步探索中国人权发展的道路，进而实现人权的渐进式发展是中国的重要经验，中国始终坚信，人权发展不是一朝一夕的事情，任何期望中国可以在一夜之间全面改善人权状况的主张都是不切实际或别有用心的，因此，中国的选择是优先保障人民的生存权和发展权，在此基础上逐步改善其他的经济、社会、文化权利和公民权利与政治权利，同时在这一渐进的推进过程中，中国从来没有在强调一种权利的同时忽视其他权利，而是注重根据中国经济社会发展的步伐来不断协调人权发展的重心，最终实现人权的全面发展。而且，中国不仅重视保障人权，更加注重不断改善人权发展的环境与生态，使人权的发展奠立在更加坚实的政治、经济、文化和社会土壤之上。人权发展的渐进性和协调性是过去30年中国人权发展的重要经验，今后仍将是人权发展的基本方式。

执政党领导、政府主导和社会参与“三位一体”协同推动是中国人权发展的主体要求和根本路径。在新时期人权发展的进程中，执政党要继续发挥总揽全局的领导作用，规划和主导人权发展的宏观思维和战略方向，政府要加强人权保障的制度建设并不断增强制度的权威性和执行力，更要鼓励社会各界主动有序地参与，使理性有序地发展人权成为全社会的基本共识，努力形成“三位一体”协同推进中国人权事业的新格局。

多层次、全方位、系统化是中国人权发展的基本属性。人权发展不是一个单一的概念，而是在理念、制度、程序层面蕴涵着多重价值属性，包括政治属性、经济属性、文化属性、法制属性、民族属性、操作属性等等许多方面的内涵，这些属性要求必须从多层次、全方位的角度系统理解人权建设。此外，多层次、全方位、系统化的人权建设还要求在积极稳妥地推进人权保障水平不断提高的同时，不能忽略从根本上消除妨碍人权发展的经济和社会土壤，使中国的人权发展始终跟上国家成长和满足复兴的步伐。

自主意志前提下的包容性是中国人权发展重要的外部性特征。中国的人权发展基于中国的国情和独特的政治实践，但绝不能在封闭的政治氛围中推进人权发展。人权保障的重要特征之一就是包容性，对于中国这样一个经济发展起步相对较晚，政治发展进程中又先后经历了多次曲折的国家来说，以包容的心态积极借鉴国际社会在保障人权方面的有益经验，尤其是尊重和接受普遍的国际人权规范，更是推进人权发展的必然选择，当然，这样包容性必须是审慎的、有区别、有选择的，必须与中国的基本国情相适应。

（《人权与发展》，五洲传播出版社2011年版，作者系上海社会科学院人权研究中心主任、当代中国政治研究中心主任）

中国参与推动世界人权发展的实践和模式

■刘　杰

中国参与推动世界人权发展主要以改革开放为历史起点，经过30年的开放和努力，中国已发展成为世界上最为重视、尊重和保障人权的国家之一，在参与和推动世界人权发展方面做出了不容忽视的重要贡献，可以说，参与推动世界人权发展构成中国对外开放总体战略进程的有机组成部分。在回顾中国改革开放30年历史进程之际，对中国参与推动世界人权发展的经验加以深入的经验总结，不仅有助于从中透视中国在尊重和保障人权方面取得的历史性进步，也可以发现中国对于人权的理解和认识正在不断超越意识形态的界限，逐步认同人类共同的普遍价值，中国必将通过自己的努力和实践为世界人权发展做出更加突出的贡献。

一、改革开放以来中国参与推动世界人权发展的实践历程

中国是世界人权发展最早的参与者和推动者之一。早在1945年4月25日，中国就作为发起邀请国参加了在旧金山举行的联合国成立大会，为联合国的成立和《联合国宪章》精神的确立做出了积极的贡献，推动宪章在明确规定国家主权原则的同时高度强调了自己维护基本人权的宗旨。1947年，联合国人权委员会成立之初，中国代表参与了《世界人权宣言》的起草过程。面对当时各成员国之间在人权立场上的激烈争论，中国代表强调，《联合国宪章》中提出的人权概念和人权标准不应该完全按照西方的理解，中国的儒家文化也应成为普遍人权标准的一块基石。[①]可以说，《世界人权宣言》的制定也蕴涵着中国的积极作用。

新中国成立后，面对不断掀起高潮的世界性人权保障思潮和日益走向成熟的人权国际化进程，中国政府始终采取了积极支持和参与的立场。早在1955年4月，中国就参加了体现发展中国家共同人权主张的万隆会议，并为会议的成功做出了巨大的贡献。1971年恢复在联合国的合法席位后，中国进一步以积极的姿态出现在国际人权舞台上。中国一直派团出席联合国经社理事会和联合国大会的历届会议，在会议上参加了审议有关人权的各种议题，阐述了自己对国际人权问题的看法，为不断丰富人权的内涵做出自己的贡献，得到了国际社会的充分理解和普遍赞赏。

改革开放以来，中国在人权方面的开放意识不断增强，在积极开展与世界各国在人权领域的交流和合作的同时，主动承担广泛的国际人权义务，在国际社会赢得了越来越多的理解和支持。仅1980年以来，中国批准和参加的人权公约就有《经济、社会和文化权利国际公约》、《防止及惩治灭绝种族罪公约》、《禁止并惩治种族隔离罪行国际公约》、《消除对妇女一切形式歧视公约》、《消除一切形式种族歧视国际公约》、《关于难民地位的公约》、《关于难民地位的议定书》等19份国际人权方面的公约，签署了《公民权利和政治权利国际公约》等一大批国际人权文书。对于自己已经批准加入的人权公约，中国政府一贯按规定提交有关公约执行情况的报告，严肃认真地履行自己所承担的国际义务。在此基础上，中国在过去的30年中，对世界人权的发展做出了日益突出的贡献。

改革开放初期，随着对外开放基本国策的确立，中国在推行经济领域的对外开放的同时，开始主动参与国际人权事务，尤其是在联合国人权舞台上发挥了积极作用。1979年开始，中国派代表团作为观察员连续3年出席了联合国人权委员会会议。1980年，中国在联合国经社理事会第一届常会上当选为人权委员会成员国，并一直连任该委员会成员至今。1984年起，中国政府向人权委员会推荐的人权事务专家连续

当选为防止歧视和保护少数小组的委员和候补委员，在该机构中，中国委员先后担任了下属的土著居民问题工作组和来文工作组的成员，发挥了重要的作用。

值得强调的是，中国从一开始就把参与推动世界人权发展的重心放在增进生存权和发展权这一包括中国在内的广大发展中国家最为关注的人权问题上。在《发展权宣言》的起草和制定过程中，中国代表发挥了至关重要的作用。宣言从1981年开始酝酿起，中国代表就参加了负责起草工作的政府专家组所有的有关会议，宣言中的许多提法和观点都是由中国方面提出的。正是在中国与其他发展中国家的共同推动下，《发展权宣言》很快制定出来并于1986年在联合国大会上得到了通过。中国还积极支持人权委员会发起的关于实现发展权问题的全球性磋商，支持将发展权作为一个单独的议题在人权委员会中加以审议，中国一直是人权委员会关于发展权问题决议的共同提案国。

冷战结束后，国际人权局势发生了重大变化，西方国家把人权外交的矛头指向中国，试图迫使中国按照自己的意志发展人权，在巨大的外部压力下，中国始终坚持人权属于主权和国家内部事务，坚决抵制任何干预中国人权事务的企图。在此基础上，中国广泛开展了人权领域的国际交流和合作，努力与普遍人权标准逐步融合。中国积极参与了联合国系统内许多重要国际人权体制文件的起草和制定工作，在《儿童权利国际公约》、《保护所有迁徙工人及其家属权利国际公约》、《禁止酷刑和其他残忍、不人道或有辱人格的待遇或处罚公约》、《个人、团体和社会机构在促进和保护世所公认的人权和基本自由方面的人权和基本自由方面的权利和义务宣言》、《保护民族、种族、语言、宗教上属于少数人的权利宣言》等文件的起草、审议和修改中，中国代表都是工作组成员，并提出了许多建设性的意见和修正案，受到各方面的高度重视，其中不少建议被正式载入了最后文本中。对于严重违反有关国际人权公约的行为，中国一贯主持正义，为捍卫发展中国家的民族自决权和制止大规模侵犯人权方面作出了不懈的努力，在公正合理地解决柬埔寨问题、阿富汗问题、巴勒斯坦和阿拉伯被占领土问题、巴拿马问题等一系列重大的国际人权问题上，中国多年来坚持不懈的努力是众所周知的，在国际社会树立起了维护人权的良好形象。

在对待《世界人权宣言》、《经济、社会和文化权利国际公约》和《公民权利与政治权利国际人权公约》这些核心国际人权约法的态度方面，中国的支持和赞同立场也是始终一贯的。早在1988年9月，中国外交部长在第43届联大上就发言指出，《世界人权宣言》是“第一个系统地提出尊重和保护基本人权具体内容的国际文书。尽管它存在着历史的局限性，但它对战后的国际人权活动的发展产生了深远的影响，起了积极的作用”。1989年12月10日，中国在北京专门召开了《世界人权宣言》通过40周年纪念座谈会，时任全国人大常委会副委员长的费孝通教授高度评价道：“《世界人权宣言》作为第一个人权问题的国际文件，为国际人权领域的实践奠定了基础，产生了深远的影响。”[②]经过多年的慎重准备，1997年底，时任中国国家主席的江泽民在访美前夕，正式签署了《经济、社会和文化权利国际公约》，2001年2月28日，中国人大常委会通过了关于批准公约的决定。同时，1998年底，中国签署了《公民权利和政治权利国际公约》，中国人大常委会正在认真地就批准问题进行深入的分析和论证。这一切，都充分体现了中国积极参与和推进世界人权发展，积极开展人权领域国际合作，在人权保障方面加强与国际社会合作的一贯立场，也表明了中国政府对于充分保障中国人权的公民、政治、经济、社会和文化权利的信心和决心。

进入21世纪以来，中国在致力于建立具有中国特色社会主义，并把这一事业全面推向21世纪的历史进程中，在参与推动世界人权发展方面采取了更加积极和开放的态度，中国政府旗帜鲜明地宣布，“中国愿意同国际社会一道，为建立一个公正合理的国际关系新秩序，实现联合国维护和促进人权与基本自由的宗旨，继续做出不懈努力”。[③]2004年3月，中国将“尊重和保障人权”正式写入宪法，2007年10月，中共十七大又将“尊重和保障人权”写入了党的正式报告，强调“尊重和保障人权，依法保证全体社会成员平等参与、平等发展的权利”。[④]这一切，不仅充分体现了中国积极参与和推动世界人权发展，在国际人权事务中不断加强与国际社会合作的一贯立场，也表明了中国政府在世界人权发展事业中发挥更加积极主动作用的信心和决心，有助于我们树立良好的国际人权形象，为世界人权的发展和进步做出更大的贡献。

二、中国参与推动世界人权发展的历史经验

回顾改革开放以来中国参与推动世界人权发展的历史轨迹，可以发现一条从探索起步到日益深化、从参与和认同到作用不断增强的清晰脉络。从改革开放初期至20世纪80年代末期是中国参与推动世界人权发展的起步阶段，20世纪90年代初至1998年是中国广泛参与国际人权事务，在致力于维护国家主权的同时参与推动世界人权发展的阶段，1998年至2003年是中国参与推动世界人权发展不断深化的阶段，2003年以来，中国在参与和推动世界人权发展中的地位和作用随着中国与世界关系的历史性变化也发生着深刻的变化，在新的时代背景下，中国对世界人权发展的参与和推动也进入了一个新的阶段。在这一新的起点上，回顾和总结过去30年的历史经验，无疑有利于中国为世界人权事业做出更大的贡献。

第一，在致力于国内的人权保障基础上积极参与和推动世界的人权发展，这是中国最基本的对外人权立场。新中国成立后，中国政府和人民始终为维护人权和不断改善人权状况不遗余力，取得了显著成绩。改革开放以来，尊重和保障人权成为中国政治发展和现代化建设的重要目标，中国清醒地认识到，占世界人口1/4的国家充分实现人民的生存权和发展权，本身就是中国对世界人权发展作出的巨大贡献。在此基础上，中国在充分保障人民的知情权、参与权、表达权、监督权等公民和政治权利方面也取得了举世公认的巨大成就。与此同时，中国并没有把人权保障的视野放在本国范围之内，而是明确承诺愿意同国际社会一道，为维护和促进人权与基本自由而不懈努力。在这一立场指导下，中国充满自信地以不断进取和开放的精神全方位地走向世界，为充分实现中国人民的政治、经济、社会和文化权利积极努力，并争取为世界人权的不断发展做出了自己的应有贡献。在很大程度上，以开放的精神协调推动国内和国际人权发展是30年来中国参与推动世界人权发展的最根本的经验。

第二，坚持人权问题在本质上是属于一国内部管辖的问题，尊重国家主权和不干涉内政是公认的国际法准则，适用于国际关系的一切领域，自然也适用于国际人权领域。在参与推动世界人权发展的进程中，中国坚决反对任何国家利用人权问题推行自己的价值观念、意识形态、政治标准和发展模式，使本国和发展中国家的主权和尊严受到损害。但同时，中国也主张对于危及世界和平和安全的行为，诸如由殖民主义、种族主义和外国侵略、占领造成的粗暴侵犯人权的行为，以及种族隔离、种族歧视、灭绝种族、贩卖奴隶、国际恐怖组织侵犯人权的严重事件，国际社会都应进行干预和制止，实行人权的国际保护，这是人权领域内加强国际合作的重要内容，也是当前国际人权保障在实践中面临的艰巨任务。

第三，辩证地看待世界人权的发展。中国历来主张，人权和基本自由是一个相互依存和不可分割的整体，人权既包括个人的公民和政治权利，也包括集体的经济、社会和文化权利，忽视其中任何一项都是不利于人类社会的协调发展和共同进步的。中国特别强调，生存权和发展权在国际人权保障机制中应该首先受到重视，这不仅因为中国是一个人口众多、土地资源不充裕的发展中国家，保证人民起码的生存权利是首要的任务，也因为现在世界上贫富之间的差距越来越大，许多发展中国家社会经济发展缓慢，甚至连基本的生存权利也得不到保障。中国还进一步提出，在经济全球化的条件下，国际社会应该高度重视和关注发展中国家的发展权问题，采取积极有效的措施，努力消除世界经济秩序中不公正和不合理现象，切实改善国际经济环境，缓解和逐步消除制约发展中国家发展的不利因素，建立新的国际经济秩

序，消除种族主义、殖民主义、霸权主义、外国侵略、占领和干涉等影响发展权的因素，为生存权和发展权的实现创造有利的国际环境。

第四，世界人权的发展是一个历史的渐进过程。中国鲜明地指出，世界各国都有责任促进和维护人权，尽力改善人权状况，但是，中国政府和人民但也看到人权状况的发展不是一蹴而就的。由于各国的历史背景、社会制度、文化传统、经济发展的状况有巨大差异，因而对人权的认识往往并不一致，实施和保障人权的政策和力度也各有不同。进一步说来，观察一个国家的人权状况，不能割断该国的历史，不能脱离该国的国情。衡量一个国家的人权状况，不能按一个模式或某个国家和区域的情况来套，更不能把某种特定的保障模式作为样板在全世界推广。这是从实际出发，实事求是的态度。

第五，在相互理解、求同存异的基础上加强人权领域内的国际合作和对话交流。中国政府支持《世界人权宣言》等确立的人权的普遍性标准，也主张任何国家实现和维护人权的道路，都不能脱离该国的历史和经济、政治、文化的具体国情，并需由主权国家通过国内立法对人权制度予以确认和保护。人权国际保护的主旨和活动，应促进国际人权领域的正常合作和各国之间的和谐、相互理解和相互尊重，应该照顾到各种政治、经济、社会制度和不同历史、宗教、文化背景的国家对人权的观点，本着求同存异、相互尊重、增进了解、加强合作的精神来进行。对于人权的不同理解和分歧，只有通过平等和相互尊重基础上的对话与交流才有可能得到妥善的解决。不能动辄教训别国，更不能挑起人权对抗，借人权之名行推行强权政治之实。

中国关于国际人权机制建设的立场正在得到越来越多国家的理解和支持，许多国家都已公开表示，在人权问题上搞对抗是“无济于事的”，“是没有出路的”，不同国家在人权问题上的认识差异应该通过对话与合作的途径来加以协调，国际人权领域正在呈现出以对话代替对抗、合作超越分歧的良好势头。可以说，经过改革开放30年来在参与和推动世界人权发展方面的不懈努力和探索，中国已经逐步走出了一条与本国国情相适应的国际人权合作与发展道路，中国既积极加强与世界各国在人权观念上的相互理解和沟通，又从不把自己的主张强加于人；既积极参与国际人权事务，又重视维护在人权问题上的主权立场，既重视在国内尊重和保障人权，又致力于在国际舞台上弘扬人权精神，一种与少数西方国家通过压制和双重标准的方式来强制性推广本国人权标准的世界人权发展新模式已经初露端倪。

三、在合作和对话基础上为世界人权发展作出新贡献

30年的改革开放不仅是中国从逐步承认到尊重和保障人权的渐进发展进程，也是人权因素与对外开放的结合日益紧密，努力开展与世界各国的人权合作和对话，致力于树立良好的国际人权形象的进程，今天的中国正在不断总结经验的基础上，努力创新与本国国情相适应的参与推动世界人权发展的方式和路径，为中国的和平发展和构建和谐世界的目标创造良好的外部环境。近年来，中国在参与推动世界人权发展的实践中正在显露出一些新的取向，积极致力于为世界人权发展做出更多更大的新贡献。

在基本的人权发展理念方面，中国在强调必须根据各国的具体国情选择适合自身特点的人权发展道路的同时，进一步强化了人权是一种世界各国广泛认同的普遍性价值的观念。在这一观念下，中国在认识和理解世界人权发展时体现出全新的思维方式和价值取向，越来越重视按照普遍的人权标准参与推动世界人权发展，也越来越重视对国际人权行为规范的接受和遵守。而且，中国还十分重视将这些新的人权思维和观念潜移默化的植入本国的人权政策和经济社会发展战略，以开放的、柔性的、对话和沟通的观念指导制订国际国内人权政策，努力在新的价值体系中重构自己参与推动世界人权发展的思维方式和价值体系。

中国参与推动世界人权发展的核心和宗旨，是为中国现代化建设服务，努力为中国和平发展创造一个良好的国际环境，共同促进人类文

明的繁荣和进步。在参与推动世界人权发展的实践中，中国更加注重将参与推动世界人权发展与树立良好的国际人权形象，改善中国现代化建设的外部环境紧密地结合在一起考虑，积极通过加强对外人权交流和合作体现中国作为一个负责任大国应承担的国际人权责任，以免国际上的某些人权消极因素给中国带来不利的国际影响，进一步改变在国际人权斗争中的被动局面，日益占据主动地位。中国参与国际人权事务的程度越高，在世界人权发展中发挥的作用就越来越大，国际地位和国际影响也就越来越增强，在承担国际人权义务的同时也将充分地享受到世界人权发展带来的权益，中国的和平发展就将拥有一个相对宽松的国际环境，在相对平稳的轨道上逐步深化。

在目标和重心上，中国在过去很长一段时期参与国际人权事务时或者是较为被动地接受既有的国际人权规则和限制，或者比较多地强调对国际人权规范的公正性与合理性进行革命性改造，较多重视的是参与国际人权事务本身，较少考虑利用参与机会增进自己世界各国在人权领域的合作和沟通，从而在一定程度上限制了中国在推动世界人权发展方面所能发挥的更大作用。在当前，中国在参与推动世界人权发展的实践中，更加强调自己的目标是与世界各国进行超越社会制度和意识形态的合作，相互尊重、友好相处、互利合作与世界各国一起共同对付人类生存和发展面临的挑战，在实践重心上，则更加重视广泛开展国际人权领域的交流和合作，通过各种形式拓宽与世界各国沟通的渠道，在国际上争取越来越多的理解和支持，这都极大地改善了中国与其他国家的人权关系，为中国更好地推动世界人权发展奠定了坚实的基础。

在根本立场上，我们在新的形势下不仅不放弃维护自己的国家主权，更将通过开放的人权步骤和积极的行动措施使主权得到更加强有力的保障。参与推动世界人权发展本质上是主权国家的主动行为，只有国家在基于主权原则而主动参与国际人权事务才是对本国的人权发展有利的。中国的社会制度、核心价值观和推动世界人权发展的宗旨在许多方面与目前在国际人权事务中占据强势地位的西方国家是不一致的，中国在现阶段又处于明显的弱势地位，尤其是最近一段时期，一些西方国家出于意识形态偏见、霸权心态和维护既得利益的需要，利用民族、宗教等问题对中国施加政治压力和舆论攻击，肆意诋毁中国。因此，中国在参与推动世界人权发展时仍然必须始终坚持自己的国家主权内部事务不容干预的立场，决不因某些短期的或局部的利益而以放弃主权为代价。

在战略视野上，中国日益注重全方位的参与和推动世界人权发展。在联合国人权舞台上，中国作为联合国人权理事会理事国，积极参加了理事会成立以来在促进世界人权方面的工作，并将争取竞选连任理事国，接受理事会普遍定期审议机制的审议。中国与其他国际人权组织和联合国的其他人权保障机构开展密切合作，共同促进国际人权，积极行使自己的国际人权事务中的权利和义务，充分体现了一个负责任的大国在世界人权发展中应有的作用。中国本着“求同存异”、“和而不同”的原则与世界上许多国家开展了人权对话，力争在平等和相互尊重的基础上，通过对话与交流增进与不同人权立场国家之间的沟通和了解，2000 年以来，中国政府先后开展了人权对话和合作的国家就包括美国、英国、挪威、瑞典、澳大利亚等发达国家，通过这些定期对话和合作的方式，中国增进了与这些国家彼此的了解，减少了分歧，扩大了共识。除发达国家外，中国还与尼日利亚等人权状况和人权立场与我国近似的发展中国家举行了多次人权磋商，协调了相互的国际人权政策。

在战略姿态上，中国更加注重基于战略考虑而在世界人权发展方面采取主动行动，不再是外力压制或者形势逼迫下消极被动的参与国际人权事务，而且，尽管目前中国在大多数时候还是参与既有的国际人权事务或开展国际人权合作，并不试图重新构建新的国际人权体制和机制，但中国始终坚持对自己的承诺和行为负责，负责的前提是所参与的国际人权事务和接受国际人权规范必须有助于增进中国和世界的人权事业，中国只接受和承诺自己能够做到和可以做到的条件，对于无理的要求或以中国的现实做不到和不可能做的条件中国决不接受。这种姿态既可以充分体现中国积极参与和推动世界人权发展的立场，又反映了中国在国际人权问题上的负责任态度。

用发展的眼光看，随着世界的大变革和大调整时期的到来，世界人权发展在今天的时代内涵和特征正在发生着潜移默化的深刻变化，经济全球化、信息技术、互联网、非政府组织都在不断冲击和改变着人们对于人权的传统认识，当今中国参与和推动世界人权发展的方式和路径酝酿着新的变迁，为此，中国必须在理论上有进一步的创新、在实践中必须取得进一步的突破，中国综合国力和国际地位的日益提高决定了国际社会对于中国在世界人权领域的地位和作用既充满期待又存在各种疑虑，中国必须以此为契机，更加深入广泛地促进世界人权的发展和进步，在国际人权领域树立负责任的大国形象，努力推动构建和谐的国际人权关系。

参考文献：

①黄默：《国际人权四十年》，载于《知识分子》，1986年夏季号。

②《人民日报》，1989年12月11日。

③《十五大以来重要文献选编》中册，人民出版社2002年版，第1354页。

④《人民日报》，2007年10月15日。

（《中国改革开放与人权发展30年》，人民日报出版社2009年版，作者系上海社会科学院人权研究中心主任、当代中国政治研究中心主任）

中国人权模式的价值选择

■李云龙

当代中国人权事业发展迅速，成就巨大。每一个生活在中国社会的人对此都有切身感受，认真研究中国发展的观察家也很容易看到这个事实。改革开放以来，中国社会发生了巨大的变化。在经济上，从计划经济转向市场经济；在政治上，不断完善社会主义民主；在法律上，从人治转向法治；在社会文化上，从义务取向型社会转向权利取向型社会。中国社会这些带有根本性的转变导致了对人权保障的迫切需要。中国的人权保障事业实现了历史性跨越。人权发展成为中国社会转型的一个组成部分。中国人权已经发展出了自己的模式。中国人权模式实际上是对中国这样一个发展中大国在社会转型阶段发展人权的经验进行的理论概括，中国人权模式在人权的内涵、人权实现方式和人权保障顺序等方面都有独特的理解。在特定的历史条件下，中国人权发展选择了权利、自由、民主和法治作为基本价值，推动中国走向和谐社会。

一、中国人权模式的自由平等取向

改革开放以来，中国社会意义最重大、影响最深远的变化就是从计划经济向市场经济的转变。从1979年开始，中国踏上了走向市场经济的征程。中国的改革一开始就是市场取向的改革，改革的基本目标是建立灵活有效的市场机制，使市场在配置资源、调节生产方面发挥关键作用。1992年中共十四大正式提出了建立社会主义市场经济体制的目标。迄今为止，中国已经成功地建立起了社会主义市场经济体制的基本框架，越来越多的国家承认了中国的市场经济地位，世界经济合作与发展组织最近发表的中国经济调研报告也认为中国已经达到了市场经济的基本要求。而且，中国经济的市场化改革还在持续进行，社会主义市场经济还在不断完善的过程之中。

市场经济要求有发达的权利意识。在计划经济条件下，全国是一个统一的经济单位，各个经济单位根据国家计划进行生产和分配。在国有经济范围内，几乎谈不上有什么严格的权利关系。一纸命令，就可以把一个工厂的资金、设备和产品无偿地划拨给另一个工厂，甚至可以把整个工厂都合并到另一个工厂。市场经济确立了各个经济单位的主体地位，每个企业都是一个自主经营、自负盈亏的经济主体，都要追求企业的最大利润。企业必须清楚地认识到自己的权利，坚决地捍卫自己的权利，最大限度地实现自己的权利，才能达到赢利的目标。否则，只能全面亏损，退出市场。经济领域权利关系的发展，带动了中国社会权利关系和权利意识的全面发展。我们知道，在市场经济有了较大发展以后，社会生活的很多方面都要按照市场经济的原则重新组织。个人不可避免地要纳入市场体制，以市场主体的身份进入市场。这样，个人也就成为了基本的权利主体。每个人也都存在着如何维护自己的权利、实现自己的权利的问题。中国市场经济的发展过程，同时也是中国社会权利关系和权利意识的发展过程。权利关系和权利意识的发展对人权至关重要。人权首先是一种权利，是一种每个人都有资格享受的权利。人权是权利关系高度发展的产物。如果一个社会根本不存在权利关系和权利意识，怎么会有作为权利的最普遍形式的人权呢？

市场经济还要求各个市场主体之间在基本权利方面有一定程度的平等。市场经济是以等价交换原则建立起来的，只有平等的市场主体才能进行等价交换。企业之间是如此，个人之间也是如此。把一些基本的权利平等地给予每一个个人，就是人权。这些权利包括个人生命和人身不受侵犯的权利，财产得到保护的权利，居所不受侵犯的权利，等等。

市场经济还要求各个市场主体平等地享有基本自由。在市场经济的条件下，各个市场主体可以自由地进行竞争，获取最大利润。除了维持竞争秩序的法律以外，企业可以不受其他限制。作为市场主体的个人，同样也有自由地在市场上进行经济活动的权利。同时，自由的劳动者也是市场经济维持运转的基本条件。在市场经济条件下，企业需要不断招募大量摆脱了身份、户籍等限制以及其他依附关系的劳动者，以便取得竞争优势。人员的自由流动是现代市场经济的前提。正是在市场经济的发展过程中，适应市场经济的发展需要，中国扩大了企业和个人的自由，取消了大量的限制，例如，对建立企业的限制、对企业经营活动的限制、对居民迁徙的限制、对个人选择职业的限制等等。

这些自由和平等的权利，正是在市场经济推动下发展起来的一些重要人权。市场经济是当代中国社会发展中最关键的一个因素，是包括人权发展在内的中国社会发展的基础。

二、中国人权模式的民主取向

最近20多年中国改革开放的历史，不仅是经济改革和经济发展的历史，而且是政治全面进步、民主和自由不断发展的历史。中国的政治越来越开放。中国的县、乡两级人民代表大会代表都由选民直接选举产生，多年来享有选举权和被选举权的人数占18周岁以上公民人数的99％以上，参选率在90％左右。根据中国的实际情况，目前县以上的各级人民代表大会代表通过间接选举产生，即由下一级人民代表大会选举产生上一级人民代表大会代表。无论直接选举，还是间接选举，都依法实行差额选举。人民代表大会制度日益完善，人民代表大会及其常委会的立法权、监督权、人事任免权和重大事项决定权得到越来越充分的实现。通过选民选举产生的人民代表大会，政府实现了有序更替、依法换届。中国的民主政治框架已经确定。中国政府提出了逐渐完善社会民主的任务。基层民主首先得到发展。在全国范围内实行了村民委员会的直接选举。全国绝大多数省、自治区、直辖市都普遍完成了五至六届村委会换届选举。农村的基层民主已经稳定下来，民主选举、民主管理、民主决策、民主监督已经成为农村管理的基本模式。

政治民主的发展必然推动人权的发展。民主本身也是一种人权。参加国家管理，或者参加有关的选举，是一种基本人权。同时，民主政治的发展，还推动了更加广泛的人权发展。民主也要求给予社会全体成员平等的权利和基本自由。同市场经济一样，政治民主也是当代中国人权发展的基本动力。

政治民主必须同个人自由和社会自由同步发展。要实行民主，必须使每个选民都享有一些基本的权利：每个人都是一个独立平等的个体，有自己的尊严和价值，有一系列不得侵犯的人身权利，有广泛的自由，包括言论自由、信仰自由、思想自由、表达自由、人身自由等等。政治民主也要通过个人和社会的自由来保障。享有基本自由的个人和社会才能给政治民主提供适宜的生长空间。改革开放以来，同政治民主的发展相适应，中国社会的自由程度大大提高，人们享有的各种自由大大增加。那些束缚个人自由的诸多社会限制一一废除了，个人可以自由地选择居住地点，自由地选择职业，自由地选择自己的信仰，自由地发表自己的意见。从迁徙自由来说，在改革开放以前，中国人受到严格的户籍管制，改变居住地点十分困难。现在，中国成为流动性很大的国家。每年都有大量的人口在各个地区之间流动，基本的流动方向是从内地向经济发达的沿海地区流动，从农村向城市流动。就选择职业的自由来说，20多年前，人们的工作是由国家分配的，个人很难根据自己的爱好进行选择。改变工作几乎是不可能的事情。今天，所有人都要自己选择职业。改变工作岗位、改变职业，已经成为司空见惯的现象。大量职业介绍机构的存在就是证明。就自由地发表意见来说，中国的言论自由空间越来越大，言论的禁区越来越少。现在，除了违反宪法和法律的言论以外，所有的言论都可以自由发表。同“文化大革命”时期那种整个国家只有一个声音的状况相比，今天的言论自由空间不知扩大了多少倍。在学术领域、社会领域、文化艺术领域、娱乐领域、体育领域，各种意见可以自由发表，我们每天都可以看到各种各样的不同意见出现在各种各样的媒体上。

三、中国人权模式的法治取向

法治国家是中国建设现代社会的重要环节。改革开放以来，中国特别重视法制建设，努力建设适合中国国情的法律体系。全国人大于1982年全面修改了宪法，以后又通过四个宪法修正案。全国人大及其常委会制定了200多件现行有效的法律和200多件关于法律问题的决定，地方人大及其常委会制定了7500多件现行有效的地方性法规，民族自治地方的人民代表大会制定了600多件自治条例和单行条例。中国不断改革和完善司法制度和司法程序，以便实现法律面前人人平等。中国改革了刑事诉讼法，确立了罪行法定和疑罪从无的原则。中国实行了公开审判制度。除法律规定不应当公开审理的案件外，一律实行公开审理，即公开开庭，公开举证、质证，所有案件公开宣判。在30多年的时间内，中国从无到有，发展起了一套有中国特色的律师制度。律师制度的建立和健全，使律师能够有效地运用法律手段维护当事人的合法权益和法律的正确实施，维护社会公平和正义。中国还提出了建设社会主义法治国家的任务，并且具体规定，到2020年基本建立起同社会主义市场经济相适应的法律体系。

法治建设的发展对人权保障有直接的促进作用。许多人权都涉及政府的执法行为，政府执法不规范是侵犯人权的重要原因。例如，任意剥夺人身自由、刑讯逼供、虐待犯人等等。随着法治的完善，这类侵犯人权的现象就会减少。事实上，中国政府在全国范围内开展了依法行政的宣传和检查活动，纠正了大量侵犯人权的现象。同时，法治建设本身有许多内容就是人权建设。法律面前人人平等，既是法律原则，也是一项基本人权。得到法庭的公正审判和取得律师帮助进行辩护等都是人权的重要内容。另外，法律还可以在人权受到侵犯的情况下给受害者提供救济。发达的法治可以通过惩罚侵犯人权的现象伸张正义，威慑犯罪者。

中国法治建设的发展是中国人权保障水平不断提高的一个重要原因。法治发展的水平同人权保障的水平是密切相关的。

四、中国人权模式的权利取向

中国迈向现代社会的进程是一个艰难的历程。中国要挣脱有几千年历史的各种文化的和社会的束缚，要全面重组社会，塑造全新的心理结构。对于目前的中国社会来说，这个过程实际上就是从义务取向型社会向权利取向型社会转变的过程。

中国自古以来就是一个义务取向型社会，把中国社会中的个人联系在一起的不是权利，而是义务。社会不是规定个人应当享有的权利，然后由他自己依法要求和捍卫这些权利，而是给个人规定一系列义务，通过相互尽义务的方式完成社会结合和利益分配。例如，父慈、子孝、君明、臣忠，这都是中国古代社会对于父、子、君、臣的义务规定。通过各自尽到自己应尽的义务，父亲和儿子也都分别实现了自己的利益。这里的关键是，儿子得到父亲的关怀不能作为儿子的权利规定下来，而要作为父亲的义务规定下来。同样，得到儿子的孝顺也不能作为父亲的权利，而只能作为儿子的义务规定下来。这种义务不仅仅是道德的要求，它还具有高度的强制性。中国社会强迫个人尽到自己对他人和社会的基本义务，就像现代社会强迫人们尊重和承认其他人的权利一样。之所以会出现这样的现象，完全是由于中国社会不把个人、而把家族和村社等集体当作社会的基本单位。

这种义务取向的特点明显体现在中国社会占支配地位的“礼”的概念中。中国传统的“礼”不仅是一般的礼貌规定，而且是对人的社会和政治角色及行为规范的严格规定。“礼”仅仅规定了一个人在处理与他人关系方面应当尽到的义务，而没有提及他应该从其他人那里得到什么回报，即没有规定他的权利。当然，在一个人人遵守“礼”的规定的社会里，一个人对其他人尽到了“礼”的义务，其他人也会同样对他尽到“礼”的义务。这样，相互之间的利益关系就得到了有效的调节。西方人通过“权利”的形式赋予个人的利益，在中国就通过守“礼”这种尽义务的方式给予个人了。但是，得到别人所尽的义务，却不是个人的权利。例如，“父慈子孝”是一种基本的相互义务规定，但得到儿子的孝顺和得到父亲的关怀从来也没有被规定为父亲和儿子的权利。如果儿子不孝、父亲不慈，这并不意味着儿子侵犯了父亲的权利，或父亲侵犯了儿子的权利，而是儿子或父亲违反了以社会整体利益的名义颁布的“礼”，一种普遍性的、具有悠久历史带来的尊严的社会规范。就是说，如果儿子没有尽到孝的义务，那么他侵犯的是整个社会的利益。社会对于不孝之子的处罚，也从来不是根据他对父亲权利的损害程度来恢复原状，而是根据他对整个社会奉行的伦理原则的破坏程度来施加惩罚。

这种义务取向型社会不强调个人的权利，当然就更不会强调人权了。现代社会是一个以个人之间的权利关系为基础建立起来的社会，我们可以称之为权利取向型社会。在这种社会中，那些摆脱了一切限制和束缚、不受任何来自家庭、地域、行会和身份等因素制约的个人，那些像原子一样分离开来的个人，成为社会的基本单位，是社会行为的主体和责任的承担者。一个法律意义上的成年人（以及在一定程度上的未成年人）是一个同其他人相分离的存在，他有自己独立的利益、独立的判断力、独立的意志、独立的行为能力和独立的责任能力，他把个人的存在和发展作为中心，以此规划自己的行动。无数孤立的个人为了自身的利益，通过契约的形式结合成社会。现代社会就是通过权利关系把一个个孤立的、原子式的个人联合为社会。权利实际上在“你的”和“我的”之间划出一条界线。通过划分权利来调节社会成员之间的利益关系，是现代社会的基本要求。在不侵犯他人权利的情况下，个人可以追求自己的利益。只要每个人都专注于追求自己的利益，同时尊重他人的权利，那么，社会就可以顺畅地运行。这个原则也可以适用于由个人组成的共同体之间的关系，以及个人与各种共同体之间的关系。

中国向这样一种权利取向型的现代社会转变，必然导致人权的发展。个人之间以及所有权利主体之间的平等，是权利取向型社会的基础。所有人都有法律赋予的基本自由，也是这种社会的基本要求。中国正在稳固地建立以个人和其他权利主体为基础的各种现代权利关系，因而毫不奇怪，中国会大力发展人权，提高人权保障水平。

（《人权与发展》，五洲传播出版社2011年版，作者系中央党校国际战略研究所国际关系室主任）

中国人权概念的规范解析及其与欧盟的比较①

■张乃根

一、引 言

中国《宪法》第33条第3款规定："国家尊重和保障人权。"但是，宪法和法律等均未对人权的概念做出界定，中国也没有类似欧洲人权法院那样的专门法院。如何理解在中国的人权，尤其需要规范解析，即从法的规范角度解读在中国的人权。本文旨在根据中国的宪法、法律、司法裁决及中国加入的人权公约所承担的国际义务，对人权概念作一规范解析，并比较欧盟的人权概念，以期促进理解双方的人权概念之侧重点。

二、中国的人权之宪法解析

1954年《宪法》第85条至第99条规定，保护公民权利包括各种政治、社会、经济和文化权利。1982年《宪法》与之相比，没有什么改变。但是，2004年《宪法》第四次修正案第33条新增第3款"国家尊重和保障人权"。从第33条第4款规定"任何公民享有宪法和法律规定的权利"来看，人权与公民权利没有实质区别。该修正案旨在明确国家保护人权的职责，即从中央到地方的各级立法、行政和司法机关应尊重和保障人权。

当然，从《世界人权宣言》等国际人权文件来看，人权的内涵和外延大于公民权。中国宪法新增人权条款，既表明中国根据宪法及加入的国际人权公约，决心加强保护人权，同时，也意味着从观念上回归到人本主义。值得留意的是，中国对于《世界人权宣言》，尤其是第1条"人人生而自由，在尊严和权利上一律平等。他们富有理性和良心，并应以兄弟关系的精神相对待"的起草，曾做出了历史的贡献。时任起草工作的中国委员张彭春提议增加的"良心"是源于孔子儒家思想的人之根本观念。近年来，"以人为本"的观念在中国得到更多的传播，与宪法新增人权条款，不无关联。

三、中国的人权之法律解析

涉及人权的现行中国法律很多。在公民与政治权利方面，譬如，2010年3月新修正的《选举法》在保留原有关于公民选举权与被选举权的规定基础上，新增了城乡平等选举权，增强了对选民和人民代表的选举权保障，尤其是第38条新增"选举时应当设有秘密写票处"的规定。根据选举法选举产生的全国及各地方人民代表大会行使选举或任命国家及各地方主要领导人的职权，但是，这些主要领导人通常是由中国共产党中央及各地方委员会提名，并经全国及各地方人民代表大会等额选举或任命。这是依据中国宪法确定的中国共产党领导原则，具有中国特色的社会主义民主制度。不过，如何增强这种提名的公众透明度以及纳入宪法和法律的明文程序，是从根本上保护公民选举权与被选举权的重要问题。

又譬如，1989年10月通过的《中国集会游行示威法》是保障《宪法》第35条公民权利的法律。根据该法第7条，在中国的任何集会游行示威应事先经主管机关，即当地公安机关批准。这是世界各国或地区的通行做法，但是，根据该法第13条，对于这种批准与否的最终复审权由同级人民政府行使，而申请集会游行示威的公民无权请求对行政终局决定的司法审查。这不利于保障这一基本人权，值得今后改进。

再譬如，1992年4月通过并于2001年10月修改的《中国工会法》第3条规定："在中国境内的企业、事业单位、机关中以工资收入为主要生活来源的体力劳动者和脑力劳动者，不分民族、种族、性别、职业、宗教信仰、教育程度，都有依法参加和组织工会的权利。”工会是职工自愿结合的群众组织。根据《宪法》第35条，中国公民享有结社自由。但是，中国至今没有结社法。如何在中国组织一个工会呢？按照工会法，中华全国总工会及其各工会组织是在中国统一的、唯一的工会组织。在全国总工会体系之外，没有其他自由组织的工会。因此，虽然中国公民享有组织包括工会在内的结社自由，可是，如何组织呢？无法可依。换言之，中国应有结社法，以尊重和保障宪法规定的公民结社自由。

在经济社会和文化权利方面的法律更多。譬如，1994年《劳动法》，2007年6月、8月和12月先后制定的《劳动合同法》、《促进就业法》和《劳动争议调解仲裁法》等，对于保护宪法规定公民享有的劳动权利，具有十分重要的作用。诚然，国家应促进就业，但无法保障人人就业。世界各国或地区无不如此。又譬如，对于保护妇女、儿童、老人与残疾人等社会弱势群体成员的特殊权利，中国早已制定相关法律，如1992年《妇女权益保护法》、1991年《青少年保护法》、1996年《老年人权益保护法》和1990年《残疾人保障法》。但是，在实施这些法律方面，还存在不少问题，尤其是如何保障残疾人进入公共场所的权益，政府需提供足够资金修建和维护必要设施。

上述所有法律均在近30年内制定施行，既充分说明中国的人权立法在较短时间内取得世人瞩目的进步，又从另一侧面告诫我们应清醒地认识到还有很多工作需要进一步完成，以不断提高在中国的人权保护水平。

四、中国的人权之司法解析

对于在中国的人权保护，光有立法是不够的。中国各级人民法院如何实施宪法和法律保护的人权呢？由于缺少专门的法院和程序审理人权案件，因此很难直接回答这个问题，而需要通过分析中国人民法院的管辖权及与人权有关的案件来加以理解。

除专门法院外，各级人民法院设民事、刑事和行政审判庭，根据中国民事诉讼法、刑事诉讼法和行政诉讼法管辖、审理有关案件。虽然在中国没有特殊的规则区分人权案件，但是，国家有尊重和保障人权的职责，因此，中国公民有权起诉国家行政或司法机构的官方行为违反宪法和法律。由此分析公民起诉国家机构（“民告官”）案件，有助于理解在中国的人权保护实际情况。

中国没有像英美法国家那样系统的判例汇编制度，只有根据部分公开的案例了解法院如何审理人权相关案件。譬如，2004年6月21日四川省某县公安局以涉嫌伤害他人罪拘捕贵某。不料犯罪嫌疑人同年8月26日在押期间因病死亡。经四川省公安厅调查，死因是其病重未及时得到医治。贵某家属起诉某县公安局请求国家赔偿人民币398100元，并得到人民法院的支持。又譬如，2005年3月，云南省某自治州中级人民法院以故意杀人罪判处易某死刑，后经上诉至省高级人民法院复审认定证据不足而撤销原判。同年9月6日，易某在被羁押555天后无罪释放。他要求国家赔偿人民币4万元获准。这些因国家行政或司法机构的官方行为而侵犯宪法赋予公民的人身自由的，应给予国家赔偿。根据2010年4月29日新修订的《国家赔偿法》，凡是国家机关及其工作人员行使职权，侵犯该法规定的公民、法人和其他组织之合法权益的情形，造成损害的，受害人均有权依照该法取得国家赔偿的权利，并新增精神赔偿规定和大幅提高赔偿金标准。这对于中国的人权保护是一个非常重要的保障。

然而，目前在中国还很难从有限的公开信息渠道（如新闻报道等）获得较完整的人民法院审理的人权案件相关情况。这就需要建立和完善有关判例汇编或公开制度，以便人们充分地了解法院认定的事实及判决的法律依据和理由。

五、中国的人权公约之义务

中国已加入了许多国际人权公约，包括《消除对妇女一切形式歧视公约》（1980年）、《消除一切形式种族歧视国际公约》（1981年）、《防止及惩治灭绝种族罪公约》（1983年）、《禁止并惩治种族隔离罪行国际公约》（1983年）、《禁止酷刑和其他残忍、不人道或有辱人格的待遇或处罚公约》（1988年）、《儿童权利公约》（1992年）、《经济、社会和文化权利国际公约》（2001年）、《残疾人权利国际公约》（2008年）。

如何在中国国内实施这些国际人权公约？首先，我国《宪法》第67条第14款规定全国人大常委会有权批准条约和重要协定。根据这一权限以及全国人大常委会制定法律的权限，可以推定，全国人大常委会所批准的国际人权公约，在中国具有的法律效力地位，低于宪法和全国人大制定的基本法律。其次，在中国各级人民法院审理与国际人权保护及其国内实施的法律有关的涉外案件时，可能会碰到条约与国内法冲突的情况，按照1986年我国《民法通则》第142条，人民法院应优先适用条约。

中国是否履行了已加入的国际人权公约？迄今除了联合国前人权委员会曾指责中国《义务教育法》规定“接受教育的义务”违反了《经济、社会和文化权利国际公约》第13条有关教育权规定，并无其他公开的联合国文件认定中国未履约。实际上前人权委员会的指责曲解了中国《义务教育法》的宗旨是“为了保障适龄儿童、少年接受义务教育的权利”。中国儿童少年在享有不收学费、杂费的义务教育的权利时，有接受义务教育的义务，但是，作为未成年人，这种义务的履行是通过各级政府和负有法定监护义务人的行为来实现的。为此，2006年修订的《义务教育法》第5条规定：“各级人民政府及其有关部门应当履行本法规定的各项职责，保障适龄儿童、少年接受义务教育的权利。适龄儿童、少年的父母或者其他法定监护人应当依法保证其按时入学接受并完成义务教育。”

事实上，2006年5月中国当选为新的联合国人权理事会成员国，并在2009年再次当选，表明国际社会绝大多数成员对我国保护人权的承诺和促进人权事业的努力，给予了高度的肯定。当然，如上文所述，我国人权保护还存在不少有待改进之处。

六、中欧之间人权概念异同

在第二次世界大战之后，尤其是经历了希特勒纳粹德国屠杀数以百万计犹太人等悲惨遭遇，欧洲一些国家于1950年11月4日签署了《欧洲保护人权和基本自由公约》（ECHR）。该公约要求各缔约国保障基本人权，实际上均为公民权利和政治权利，包括生命权（第2条）、禁止酷刑（第3条）、禁止奴役和强制劳动（第4条）、自由和安全权（第5条）、获得公正审判权（第6条）、法无明文规定不为罪（第7条）、维护隐私和家庭生活权（第8条）、良心和宗教自由（第9条）、言论自由（第10条）、集会和结社自由（第11条）、结婚权（第12条）、获得有效补救权（第13条）、禁止歧视（第14条）。此后，欧洲各国还通过了一些议定书，包括了若干经济社会文化权利的保护，但是，均不作为强制履行的义务。为了实施ECHR，欧洲还建立了人权法院，受理个人起诉缔约国违约的案件。著名国际法学者劳特派特教授认为，这意味着个人成为国际法的主体。

可见，欧洲人权观念侧重于公民与政治权利的保护，赋予个人在地区性国际法院取得司法救济的地位。相比之下，中国加入了《经济、社会及文化权利国际公约》，签署但未加入《公民权利和政治权利国际公约》，也未在国内建立专门的人权法院。两者对人权保护的重点，至少在承担国际义务方面，有所不同。这反映了各自对人权概念的理解路径不同。前者以吸取二战中反人道的历史教训为主，后者在实行改革开放和发展经济时更多注重保障人民最基本的经济社会权利。但是，随着中国经济发展和人民生活水平的不断提高，对于公民和政治权利保护的诉求日益强烈，中国正在不断加强这方面的人权保护立法和实施。

七、结　论

中国现行宪法保护各项公民权利，尤其是2004年宪法修正案明确国家有尊重和保障人权的职责，中国许多法律也明文规定保护公民权利。本文从法的规范角度解析了中国宪法、法律、司法裁决和已加入国际人权公约的义务，有助于了解在中国的人权概念，比较与欧盟的人权概念，增进双方的人权对话和理解。

参考文献：

①全文为英文，中文是概要，以作者在“中欧建设性关系研讨会——人权专题”（德国柏林 2009 年 10 月）的发言为基础修改而成。

（《人权与发展》，五洲传播出版社 2011 年版，作者系复旦大学法学院国际法研究中心主任、复旦大学人权中心副主任兼秘书长）

浅谈中国人权发展的独特模式及其经验意义

■王林霞

纵观今日世界各国人权发展模式，可笼统归纳为三类：一是西方原创性模式，二是全盘移植模式，三是批判基础上的学习及发展模式。所谓西方原创模式，是指欧美资本主义发达国家，他们在反对中世纪封建专制制度和神学基础上、在创立资本主义制度过程中发展完善起来的人权理念和人权发展模式。这种人权发展模式植根于西方社会进步发展需要的土壤，是应时而发、应需而生的，因此对于近代西方国家的辉煌发展和进步发挥了功不可没的积极作用。所谓全盘移植模式，这里有两种情况：一是亚非拉原殖民地和半殖民地国家，其民族自身发展的历史因西方列强的入侵而中断，继而占领者将自己的政治模式包括人权发展模式全盘移植到这些国家；还有一种情况，就是东欧前社会主义国家，在推翻社会主义制度后全盘否定自己的政治制度和发展模式，全盘照搬西方国家的政治、经济和社会制度与模式，包括全盘照搬西方国家的人权观和人权发展模式。这种全盘照搬模式有一个共同的思想基础，那就是对西方发展模式的迷信与崇拜。所谓批判基础上的学习、发展模式即是指中国特色的人权发展模式。这种发展模式是在深入分析西方人权发展模式、深度考察其他国家学习照搬西方人权模式的实践结果和经验教训的基础上，结合本国情况探索出的一种独特的发展道路与模式。这种独特的发展模式对于世界人权事业的健康发展所产生的作用越来越为人们所认识和认同。

一、中国人权的特殊发展历程

在当今世界上，中国人权的发展道路和模式可谓独树一帜。这与其独特的社会发展历程和人文精神密切相连。

在中国，人权作为政治术语，在 20 世纪初曾作为反封建的政治旗帜，在“五四”运动中被中国的知识分子高高举起，对中国社会的发展进步起到过积极的思想启蒙作用，具有重大的政治意义。新中国成立后，在特殊的国际政治背景下，中国的政治家和知识分子对于人权的性质经历了再认识的过程，在这个过程中，出于国际国内政治斗争和意识形态的需要，从批判的视角对人权一词进行了阶级属性的划分，将之归类为资产阶级的政治用语和理念而排除在无产阶级的政治词汇之外。人权在中国现代史上经历了从承认到否认的特殊过程。

中共十一届三中全会的召开标志着中国改革开放的开始，也启动了中国又一次思想解放运动。20 世纪 80 年代，中国一部分知识分子开始重新思考人权的政治属性问题，对于将人权定性为资产阶级的政治口号提出质疑。此时，国际政治形势发生剧变，东、西方经济发展程度、速度与实力差距的拉大带来了对社会主义政治制度的怀疑与否定，进而演变成为东欧和前苏联社会主义国家社会动荡，在此过程中，以美国为首的西方国家积极活动，运用各种手段施加影响，推动了这些国家政权性质的改变，其中人权是一个非常具有号召力和影响力的旗帜和工具，它帮助西方国家占领了道德制高点，最终成为了促成东欧剧变和苏联解体的一个重要因素。西方国家在认真总结东、西方两大阵营冷战时期的政治较量之后认为，高举人权旗帜增加了国际社会对西方政治制度优越性和道德高尚性的认同，提升了西方国家软实力，作为政治工具，人权也适于用在对华施压进而改变中国的政治与社会制度。[①]与西方高度重视运用人权达到政治目的相比，中国依然坚持人权是资产阶级虚伪的政治口号的看法并加以拒绝，导致道义上陷于劣势和被动局面。在此过程中，早在1978年12月十一届三中全会召开之前，于7至9月间召开过一次长达两个月的国务院务虚会议，在这次会议上时任国务院财贸小组组长的姚依林同志就曾引用列宁的话“在狼群中要学会狼叫”来说明既然不得不与资本主义国家打交道就要懂得他们的那一套。[②]这个比喻所具有的启发性和开拓性对于中国政治理论研究和实践的影响可谓深远。本着这样一种精神并在剧变的国际政治背景下，中国政治界、理论界和知识界对人权问题进行反思，提出人权不是资产阶级的专利，无产阶级也讲人权的论断，以中国政府1991年发表《中国的人权状况》白皮书为标志，中国实现了人权问题上由否认到承认的突破，又一次实现了政治思想解放的飞跃。

对人权问题这种反复思考的特殊认识过程，以及中国不同于其他国家的人权发展道路，都赋予了中国人权与众不同的特征。

1. 在中国，人权作为政治概念是舶来品，因外力而促生，因内力而发展。严格地讲，人权不是中国传统政治文化的内生物。当然这不意味着绝对否认中国传统文化中存在人权思想和因素。但应该承认，中国传统政治文化中所包含的人权因素不是现代意义上的人权思想和理念，从这一概念提出的出发点、形成的背景、包含的思想内涵和要实现的目标及实际功用等方面看都是南辕北辙。所以应该承认人权作为近现代政治学意义上的概念是舶来品，这是一个基本事实。

人权作为政治旗帜和口号在中国社会得以传播，是外力作用的结果，在中国近现代史上有两个时期特别能说明这一点。一是新文化运动时期。新文化运动及其后的“五四”运动是中国现代史上第一次思想解放运动，其背景是面对西方列强瓜分，一部分探索改变中国现状的知识分子为寻求救亡图存、富国强民的道路而发动的一场思想解放运动，提倡民主和科学，向西方列强学习先进的思想理念和技术，是这场思想解放运动的核心内容。陈独秀在《敬告青年》一文中提出，中国要脱离落后状态，“当以科学与人权并重”，明确提出了“人权”和“科学”的口号。[③]正是在新文化运动的思想感召和启发下，五四运动明确提出“外争主权，内除国贼”，将新文化运动倡导的民主、人权思想与国家命运紧密联系在一起。在20世纪初的这场伟大的思想解放运动中，人权是中国知识分子借鉴西方先进思想和经验，实现抵御外侮、救国保民政治目标的政治理念，是“以夷制夷”思想的发展。可以说，西方列强的入侵和瓜分是促使中国引进人权思想的外力，而人权一词自其进入中国政治词典的那一刻起即带有很大的功利性，是与实现国家独立与民族解放的政治目的紧密联系在一起的。

在当代中国，人权一词又热起来是在20世纪80年代末90年代初，如前所述，是国际政治力量对比发生重大改变、国际政治斗争形势急剧变化的结果，是中国应对西方强大的人权攻势的需要。对中国而言，人权这时成了一个不能回避、必须面对的政治词汇和概念。人权再次在外力的作用下进入到中国的政治领域。

人权在中国虽然是因外力而促生，但却顺应了中国社会发展进步的内在需要。近年来中国人权事业所以能取得举世瞩目的巨大发展和成就，其动力来自于中国内部，是中国自身建设、发展与政治、社会进步的内在要求。这是中国人权发展的根本动因，也是决定性力量。改革开放30年来，特别是近20年来，中国人权与中国的政治、经济和社会建设同步发展，已成为中国特色社会主义建设的重要组成部分，内在需要是中国人权发展的决定性动力。这种内在需要变为实际行动，并推动中国人权事业取得辉煌成就，则离不开中国改革开放的政治环境。

众所周知，中国的改革开放源于20世纪70

年代末80年代初发生的思想解放运动，它为中国其后改革开放30年的迅速发展奠定了思想和理论基础。围绕着这场思想解放运动，有关“实践是检验真理的唯一标准”的讨论是其焦点，标志性事件即是十一届三中全会。人们在对新中国成立后的社会主义建设进行全面反思的同时，也开展了一系列的重大政治理论问题的探讨，其中包括市场经济姓资姓社的问题。在这样的政治气氛下，有学者开始对人权问题进行再思考并相继形成了一些初步的研究成果。这些思考和研究成果为90年代初中国应对西方人权进攻做了事实上的理论准备。在此基础上，中国发表《中国的人权状况》白皮书，宣称：“享有充分的人权，是长期以来人类追求的理想”，并将“人权”称作是一个“伟大的名词”，这无异于声明，人权不是资产阶级的专利，社会主义也讲人权，从而高举起人权旗帜，实现了人权问题上的思想解放和政治解放。毋庸讳言，这本人权白皮书是在外部压力下，出于反击国际反华势力的人权攻击、为国内集中精力搞建设创造必要的国际环境和争取时间的考虑发表的，但这丝毫没有减损其所具有的历史价值。白皮书首次对中国人权观点的系统介绍、对中国人权实践及人权状况的全面总结以及对中国人权发展道路的科学判断，为其后20年中国人权的发展与进步奠定了基础并产生了深远影响，可以说是中国人权发展的宣言书。随着中国改革开放和现代化建设的快速发展，中国的人权事业也取得了前所未有的历史性进步。中共十七大进一步明确将人权作为中国社会发展的内在要求，提出了发展目标和任务要求。中国人权事业步入新的历史发展阶段。因外力促生的中国人权事业遵循自身内在发展规律和发展需要，显示出勃勃生机和发展活力。

2. 紧密结合中国国情，研究、探索中国人权发展道路与模式。因应国际政治斗争的需要，中国于20世纪90年代初举起人权旗帜，但中国并没有完全遵从西方人权观点和理论，更没有完全照搬西方的人权发展模式，而是在对西方人权理论和人权发展模式加以认真研究的基础上，在承认国际社会公认的人权准则前提下，提出了富有中国特色的人权主张和观点，并按自己的国情排列出人权优先发展的事项。这样做，当然有摆脱西方人权干涉的政治需要，更重要的是为了适应国内建设与发展全局的总体需要，体现的是一种实事求是的精神。改革开放后，中国在探索发展道路与模式的过程中，始终强调并坚持从中国的国情出发，创新人权理论，探索中国的人权发展道路。经过20年的探索，中国初步形成了具有中国特色的人权理论和人权发展道路，在世界人权领域独树一帜，并为打破国际人权领域西方话语主宰权开创了局面。

这些为中国人权快速发展提供了理论支持的基本人权观点至今依然具有积极意义，这种积极意义不仅对中国，对国际人权事业的健康发展也同样重要。这些观点主要包括：生存权、发展权是首要人权的观点、公民权利和政治权利与经济社会文化权利协调发展的观点、既讲个人权利，也讲集体人权的观点、人权既具有普遍性也带有特殊性的观点，各国应在平等和相互尊重的基础上就人权问题进行对话交流，反对搞人权对抗，反对国际人权霸权主义等。与西方传统意义上狭隘地过分强调个人权利和言论、集会、结社自由等政治权利相比，这些人权观点更强调各种权利同等重要和平衡发展。这样的人权主张符合中国实际，特别是将生存权、发展权作为首要人权，将扶贫开发作为中国人权事业发展的基点，适应了当时中国社会发展和经济建设的客观要求，以此为起点，带来中国人权事业的蓬勃发展。在提出生存权是首要人权之初，一些受西方人权思想影响较深的人对此观点嗤之以鼻，认为这根本不是人权应有之意。但实践证明，依据这些独创性观点不仅中国走出了一条适合自己的人权发展道路，而且对广大发展中国家也有借鉴意义，进而丰富了世界人权发展的内容和模式。时至今日，生存权、发展权是首要人权的观点依然适用，不过现在谈的生存权、发展权是更高基准上的生存权和发展权，权利的内涵进一步深化，强调的是有尊严的生存。

中国经过20年独创性的人权实践，取得了举世瞩目的成就，人权主张也日益为国际社会认同和接受，为世界人权发展做出了自己独特的贡献。

3. 探索中国人权发展模式，始终重视从中国传统文化中汲取营养，植根于中国文化的深厚土壤，具有厚积薄发的发展动力。彻底否定与抛弃本民族文化是一种无知与愚蠢的行为。中国的传统文化博大精深，如何将中国的传统文化与西方进步的人权思想相结合，创造出一种适合本民族的人权发展道路与模式，是需要不断研究与探索的主题。这种探索较之简单的抛弃或盲目的照搬，要困难得多复杂得多，但却是取得成功的正确方法。中国在探索人权发展道路之初即非常重视从中国传统文化中汲取营养，将传统文化中有利于推动中国社会进步、有利于促进中国人权发展的积极因素融入当代人权发展模式。这样的植根于本民族优秀文化基础上的人权发展模式既符合中国的实际，具有强大的发展基础和动力，也避免了犯盲从模仿的错误，少走弯路，从而加快了中国人权进步的速度，争取了国家发展所必需的宝贵时间。由优秀传统文化形成的民族凝聚力使我们抵御住了各种别有用心的国际反华势力的人权攻击，实现了国家稳步发展并逐步走向富强。对于人权这样一个词义广泛、内容丰富、政治性强、见仁见智的问题，有限的法律条文的刚性规定对于保障其实施和实现所能发挥的作用虽然重要但毕竟有限，而柔性的优秀传统文化更有人情色彩、充满人性光辉，由此产生的推动人权进步的力量将是更加深入人心、更加势不可挡。中国人权事业正是植根于中华优秀传统文化的土壤中才具备了厚积薄发的发展能力，因此发展成就显著。

二、中国发展人权的独特经验

中国人权发展探索并走出了一条不同于所谓西方“标准”模式的独特道路，其独特的经验概括起来主要有如下几条：

1. 不迷信所谓西方标准模式。如前述，人权一词在新中国成立后经历了作为资产阶级的政治概念受到全面、深刻和彻底剖析和批判的过程，因此中国不存在如其他发展中国家那样把人权神圣化的情况。不仅如此，经过这个批判的政治过程，事实上对西方国家所主张的人权理念和实践的理论局限性、历史局限性和实践局限性有了深刻的理解和认识，使得中国在改革开放后高举人权旗帜时能够全面准确客观地理解人权问题，而不是迷信所谓的西方人权标准与模式。这种思想上的不迷信带来了两个关键性的结果：一是顶住了西方主要大国的人权反华攻势，二是根据中国国情，结合探索中国特色社会主义发展道路的大局探索中国特色的人权发展模式。彻底批判资产阶级人权思想的虚伪性和局限性，是中国当代经历过的一个独特的历史过程，这个过程表面上看延迟了我们使用人权这个政治概念的时间，但对于我们准确理解、客观把握人权问题并在此基础上探索自己的人权发展道路客观上起到了积极作用。

2. 不排斥学习借鉴西方人权理论的合理内核和国际人权实践的成功经验，以开放的心态对西方人权理论和实践模式的积极成果广纳博收，兼容并蓄。中国改革开放30年来取得的伟大成就是在思想解放的氛围中实现的，中国人权事业的全面进步是在改革开放的大局下取得的。特别是在近20年中国人权发展模式的探索中，中国以开放的心态参与国际人权领域的活动，这其中伴随着与西方国家面对面的人权论战。这种论战成为了中西人权交流的一种特殊方式。通过论战，双方了解了彼此的人权观点，扩展了自己的人权视角，加深了对人权问题的认识。

3. 不脱离本国的国情。充分享有人权，是人类追求实现的崇高目标。正因如此，国际社会在人权问题上存在着共同的理念、信仰。但由于各国的社会发展程度和阶段不同，国情不同，人权推进的具体途径会不同，优先发展和急需解决的重点和内容会不同。中国坚持不脱离本国实际，研究、探索中国人权发展道路的做法是中国人权得以快速发展的原因，也是中国人权发展的经验所在。

三、中国人权发展模式及其经验启示

总体而论，中国人权发展模式包括理论模式和实践模式两方面。理论模式可概括为：批判地学习、改造和吸收西方人权思想和理论，顺应国际人权发展走向，结合本国国情，融合中华民族优秀传统文化精华，创新人权思想，提出并逐步形成中国特色的人权理论，其突出特点表现为淡化理论的空洞说教性，强调对实践的指导意义。实践模式可归纳为：立足国内，依据国情，排除外来干扰，稳定国内大局，确定人权优先发展目标，以经济建设为中心带动人权事业的全面进步，以法制建设为手段促进人权保障体制机制的完善与提高，以实现公民权利、政治权利与经济、社会、文化权利的协调发展为目的，以实现最广大人民群众的根本利益为人权建设的出发点，以开放的心态学习借鉴各国人权建设的经验为必要补充，实现中国人权稳步、快速、全面的提升与发展。中国人权发展模式的特点体现为自中央政府向地方政府自上而下的推动，它保证了中国政局的稳定和人权的可持续发展。

中国人权发展模式是在中国特定的历史条件、社会环境和国际背景下探索形成的中国特色的人权发展道路。正如西方国家的人权发展模式不适于将其全盘照搬到中国一样，中国的人权发展模式也不适于其他国家照搬。但是，中国人权发展模式对于丰富世界人权发展模式和内容、对于共同促进国际人权事业的健康发展具有重要价值和意义。特别是对于广大发展中国家，由于相近的历史背景、社会发展程度和需要面对的困难和挑战，这种借鉴意义更加突出。概括而言，中国人权发展模式的启示意义可归纳为如下几个主要方面。

1. 遵循国际人权基本原则和理念与探索多样性的人权发展模式并行不悖。《世界人权宣言》、《公民权利和政治权利国际公约》和《经济、社会和文化权利国际公约》三个联合国人权基本文书所确立的人权基本原则是国际社会公认的人权基本原则，充分体现了人类追求享有充分人权的美好愿望，是各国都要遵守和践行的准则。在遵行这些基本人权原则的基础上，各国实现本国人权发展的道路、方式和优先事项不尽相同，各国选择的人权发展模式应得到国际社会的充分尊重。“唯我独尊”的思维方式不利于国际人权事业的健康发展。中国的经验表明，跳出西方人权发展模式的框框，创造性地探索本国人权发展道路，是促进各国人权发展的正确选择，与遵行国际人权基本原则并不矛盾。

2. 人权理论应该随着时代的发展不断创新。起源于欧洲文艺复兴时代的人权思想和理论，是应欧洲中世纪反封建需要而产生的，有伟大的思想启蒙作用，对于人类社会的文明与进步产生过积极而深远的影响与作用，其进步意义不应置疑。但是同时也必须承认的是，任何一种思想和理论都印有时代的烙印，具有时代局限性，都需要随着时代的发展与进步而不断修正、补充和丰富、发展。人权理论也是如此。远不述及，仅从第二次世界大战后国际人权理论与实践的发展实际来考察，其内涵和内容已远远超出了文艺复兴时期人权思想的涵盖范畴，且大大充实、丰富、发展了。当代中国在人权实践中提出的人权观点又超越了所谓西方正统人权思想的范畴，开始时遭到了各种质疑和攻击。但实践证明，中国提出的人权新主张符合时代发展的要求和中国人权发展的需要，并经实践检验是正确的，逐步为国际社会所认同。经过第二次世界大战后60余年的发展，根据新形势和新情况突破现有理论框架，改革创新人权理论，丰富人权实践方式，这是继续推动国际人权事业持续健康发展所必需的。

3. 建设和谐世界是当今世界人权领域应该追求实现的新目标。当今世界正在朝着经济全球化、世界一体化的方向迅速发展，各国间的联系前所未有的紧密，建立国际政治经济新秩序的呼声和需要越来越强烈。在此背景下，承载着人类共同梦想的追求人权的理念成为了实现和平、和谐的国家关系、建设和谐世界的一个基础和前提。实现世界人权事业的健康发展、建设和谐世界，简单说起来有两层意思，一是在各国发展程度存在差异和历史文化传统的不同的情况下，要强调对不同文化、不同人权发展模式的包容性，可以说，这种包容是现阶段实现各国人权共同进步进而实现世界人权健康发展所必须的一种态度。第二层意思是，随着世界联系的紧密和一体化的发展，各国发展继续存在各自特性的同时，共性在大大增加，这种共性既是国际合作的基础，也是各国应该自觉遵行的内容。对于具有共性的人权内容，不应该再过分强调特性。国际人权准则应随着时代的发展而不断补充充实，而且也必须为各国政府所遵守。建设和谐世界不是一句空话，要变成现实需要各国政府和国际社会在已取得共识的基础上共同努力实现。

2008年12月10日是《世界人权宣言》发表60周年的日子。60年来，在《世界人权宣言》所确定的基本原则指导下，国际社会为促进人权事业的健康发展不懈努力着，尊重和维护人权已成为国际社会的共识和行为准则。《世界人权宣言》起草时，中国代表曾运用儒家思想和智慧为各国代表克服分歧，就《世界人权宣言》内容达成妥协并最终完成起草任务，使《世界人权宣言》得以发表并发挥了不容低估的重要作用。60年后，中国的人权实践及其经验正在为推动世界人权事业的进一步发展发挥着独特的影响和作用。我们有理由相信，随着中国国内建设的发展和综合实力的提高，作为一个负责任的发展中大国，中国将承担起与其国力和地位相适应的国际责任，中国的发展经验，包括人权发展模式与经验将对世界人权事业产生更大的影响和作用。

参考文献：

①这些分析和判断可参见 Gregory J. Moore 的 *Human Rights and United States Policy Towards China in the New Millennium*，Harry Harding 的 *A Fragile Relationsship*，*the United States and China Since* 1972 以及 Sara Steinmetz 的 *Democratic Transition and Human Rights*：*Perspectives on US Foreign Policy* 等著述。

②于光远：《1978：我亲历的那次历史大转折》，中央编译出版社 2008 年版，第 55 页。

③北京师范大学历史系中国现代史教研室编：《中国现代史》上册，北京大学出版社 1983 年版，第 11 页。

（《中国改革开放与人权发展30年》，人民日报出版社2009年版，作者系中国人权研究会秘书处处长）

人权与宪法精神

■李步云

本文试就什么是人权、什么是宪法精神、什么是人权与宪法精神的关系，谈一些粗浅的看法。

一、什么是人权

（一）人权的本原

我国自20世纪90年代初开始，经过一批学者的共同努力，多数人已倾向于一种看法，即人权的本原应从人的自身即人的本质中去寻找，它不可能是任何外界的恩赐。现在的主要分歧是，究竟什么是人的本质？一种观点认为，它包括社会属性与自然属性两个方面；另一种观点认为，它仅是指社会属性，人权仅来源于人的社会属性。

我们认为，人权源于人的本性。这种本性包括两个方面，即人的社会属性和人的自然属性。所谓社会属性是指，人是生活在各种人与人之间的社会关系中。人的利益与道德，他们的思想与行为都不可能不受各种社会关系的性质与特点的影响和制约。这就是亚里士多德所说，人是一种“社会动物”、“政治动物”。马克思主义也认为，“人是最名副其实的社会动物，不仅是一种合群的动物，而且是只有在社会中才能独立的动物”。人权是一种社会关系，是社会关系中人与人之间的利益关系与道德关系，是社会生活中受以正义为核心的一套伦理观念所支持与认可的一种人的利益分配、追求与享有。从人权的本原问题看，人的社会属性对人权的意义有两点：一是，社会关系是人权存在的一个前提条件，如果是一个人生活在这个世界上，即人不是生活在人与人之间的社会关系中，就不会存在人权与人权问题。二是，人权、人权制度和人权思想都受一定历史时期的社会经济、政治、文化制度的影响与制约，人权的内容及其实际能够享有的程度，是伴随着人类的物质文明、制度文明与精神文明的日益发展而不断进步和提高的。

关于人权的本原，在各种主要国际人权文书中，都有非常明确的规定，而且将其作为人权需要保障的主要理论根据及其正义性和正当性的根本原因所在。例如，《联合国宪章》指出："对人类家庭所有成员的固有尊严及其平等的和不移的权利的承认，乃是世界自由、正义与和平的基础。"它肯定了人的尊严与平等是人类所"固有"的，并非外界恩赐。《世界人权宣言》指出："人人生而自由，在尊严和权利上一律平等。他们富有理性和良心，并应以兄弟关系的精神相对待。"它肯定了人人在"尊严"与"权利"上一律平等以及"理性与良心"在人权本原问题上的意义。《公民权利和政治权利国际公约》和《经济、社会及文化权利国际公约》也明确指出，人的"权利是源于人自身的固有尊严"。第二次世界人权大会于1993年6月25日通过的《维也纳宣言和行动纲领》（以下简称《维也纳宣言》）又重申："人权和基本自由是全人类与生俱来的权利"，"一切人权都源于人与生俱来的尊严和价值"。同时，各种地区性人权公约也对"天赋人权"理论持赞同态度。例如，《美洲人权公约附加议定书》序言指出："人的基本权利并非源于某人是某国的国民，而是源于人类本性。"《非洲人权和民族权宪章》也持完全相同的态度。它说："基本人权源于人类本性，此乃国际保护的法律依据"。在这些规定中，使用了许多重要的概念，如人所固有尊严、价值、理性、良心、平等，这些都可归结为是人类的"本性"。但是，这些"与生俱来"的本性，都是指人的自然属性。这显然是受"天赋人权"论的影响，其缺陷是忽视了人权本原的人的社会属性这一面。我国是联合国的成员国，一贯尊重与遵守《联合国宪章》和《世界人权宣言》的宗旨和原则，已加入"经社文权利公约"和签署"公民权利与政治权利国际公约"，对它们所确立的人权本原的理念与原则，从来没有也不会作出根本性保留，而只会通过中国学者的深入研究使其科学内涵更为丰富和完善。

所谓人的自然属性，也就是人们通常所说的"人性"。它包括天性、德性与理性这三个基本的要素：

天性的具体内容，主要是安全、自由、幸福。人的生命不受肆意剥夺，人身安全不受任意伤害；人的人身自由不受侵犯，思想自由不受禁锢；人的最低生活得到保障，人有追求幸福的愿望，这些都是人类"与生俱来"的天性和本能。卢梭说："人性的首要法则就是要维护自身的生存，人性的首要关怀就是对于自身的关怀。"在他看来，这种生存欲念甚至是生于和重于理性和道德的。他说："人最初的感情是对于自己的存在的感情；人最初的关怀就是对于自己的生存的关怀。"生命权作为一项首要的人权，道理很简单，如果一个人失去了生命，也就失去了一切。其实，这是无需任何证明的，因为只要我们提出这样的问题：你想活吗？任何人都会回答"我想"。如果某人说"不"，那他一定是疯子或由于某种特殊原因而失去了生存欲望的人。空想社会主义者莫尔说："世界上没有一样值钱的东西像我们的性命那样宝贵。"

人类天性和本能的第二个主要内容是福利。洛克说，"一切含灵之物，本性都有追求幸福的趋向。"物质生活的需要是人的第一需求。这也是人们都可以自觉地认识到的一条简单的道理。但是，马克思却正是从这一最简单的道理出发，作出了一个伟大的历史发现。恩格斯《在马克思墓前的讲话》中指出，马克思一生有两个最重要的发现，一是唯物史观，一是剩余价值论。他说："正像达尔文发现有机界的发展规律一样，马克思发现了人类历史的发展规律，即历来为繁茂芜杂的意识形态所掩盖着的一个简单事实：人们首先必须吃、喝、住、穿，然后才能从事政治、科学、艺术、宗教等等；所以，直接的物质的生活资料的生产，因而一个民族或一个时代的一定的经济发展阶段，便构成基础，人们的国家制度、法的观点、艺术以至宗教观念，就是从这个基础上发展起来的，因而，也必须由这个基础来解释，而不是像过去那样做得相反。”我们从“人们首先必须吃、喝、住、穿”的人类天性和本能的这样一个“简单事实”中，领悟到人的经济权利在整个人权体系中的基础性地位。

人类天性与本能的第三个主要内容是自由。任何动物都不情愿有人把它关在笼子里而希望能在大自然里自由自在地活动。在这一点上，人与动物是没有什么区别的。但是，人又是有思想有理性的高级动物。人的思想自由是任何他人所无法干预与剥夺的。受思想自由支配的人的行为自由，仅仅受法律与道德的约束。说法律是限制自由，勿宁说它是保障自由。这种思想自由与行为自由，不仅是人类的天性与本能，而且人的自由与自觉的活动，是人类认识与改造世界的力量源泉。空想社会主义者马布里说：“自然界赋予我们的理性，自然界在我们初生时给予我们的自由，以及自然界在我们心中播下的不可遏止的追求幸福的愿望，是每个人有权反对统治我们的不公正政府的侵犯的三种本能。”他还说，自由对于人类来说，“它的重要性与理性相等，它甚至与理性不可分离。自然界赋予我们以思考和判断的能力，而如果没有自由，我们就不能利用自己的理性”。有人认为，马克思主义重视平等，忽视自由。这是一种误解。马克思和恩格斯在世时所处的时代是一个“无产阶级革命时代”，其中心任务是反对资本的剥削与压迫。因此这两位马克思主义创始人在人权本原问题上，只强调了人的社会属性，强调人权的阶级性和历史性而忽视了人的自然属性这一面。他们虽然集中力量抨击资本主义的人权制度及与其相适应的人权观的“虚伪性”和局限性，但是马克思主义十分重视自由的价值。他们认为，在共产主义制度下，社会“不再有任何阶级差别，不再有任何对个人生活资料的忧虑，在这种制度下第一次能够谈到真正的人的自由，谈到那种同已被认识的自然规律相协调的生活”。“这是人类从必然王国进入自由王国的飞跃。”这时，“人终于成为自己的社会结合的主人，从而也就成为自然界的主人，成为自己本身的主人——自由的人。”

人性的第二个基本要素是德性，其主要内容有平等、博爱、正义。人是一种有伦理道德及其无限追求的高级动物，这是人区别于一般动物的一个根本点。人生性就有“仁爱心”、“同情心”、“怜悯心”、“恻隐心”，并在人与人之间相互依存、相互影响的关系和交往中逐渐养成平等、博爱、正义等为核心的一套伦理道德观念。当我们说人权的本来含义是一种“应有权利”时，它就已经包含有道德的意蕴。当我们依人道主义原则救助弱势群体、依现代民主理念既要服从多数又要保护少数时，人权的伦理性也是显而易见的。平等、博爱、正义作为道德基本准则源自人性和人所固有的价值与尊严，在各种重要国际人权文书中都有明确肯定。如《联合国宪章》指出：“对人类家庭所有成员的固有尊严及其平等的和不移的权利的承认，乃是世界自由、正义与和平的基础”；《世界人权宣言》规定：“人人生而自由，在尊严和权利上一律平等。他们赋予理性和良心，并应以兄弟关系的精神相对待。”这些规定清楚表明，平等、博爱与正义源自于人的本性所决定的人的尊严。而这也是中外历史上的进步思想家们所反复阐明的。

古今中外的学者从伦理道德的视角对人性所作的分析，其观点可归结为如下四种，即性善论、性恶论、性善性恶兼有论、性善性恶皆无论。这四种学说都各有其道理，其中性善论对后世的伦理道德建设起了非常重要的作用而成为主流的理论。因为平等、博爱、正义、人道、宽容这些人类道德的共同的和基本的价值，不是任何外界的恩赐，而只能从“人性善”得到合理的解释。凡严重违背与破坏这些基本价值的恶行，都被人们谴责为丧失“人性”，即是证明。

在古代中国，“性善论”始终占据主导地位，其中儒家思想的影响最为深远，而以孟轲的观点最具代表性，他说：“恻隐之心，人皆有之；善恶之心，人皆有之；恭敬之心，人皆有之；是非之心，人皆有之。恻隐之心，仁也；善恶之心，义也；恭敬之心，礼也；是非之心，智也。仁义礼智，非由外铄我也，我固有之也，弗思耳矣。”（《告子上》）他举例说，当一个人见到一小孩将掉进一口井里时，就会产生“恻隐之心”而去相救。他之所以会这样做，不是因为他同孩子的父母有什么交情，不是因为他想得到“乡党朋友”的赞誉，也不是怕别人说他坏话，而仅仅是人皆有“不忍人之心”。（《公孙丑上》）正是在儒家“性善论”的基础上，形成了中国历史悠久的人文主义传统。诸如，“仁者爱人”、“己所不欲，勿施于人”、“天地间，人为贵”、“君轻民贵”、“天下为公”、“世界大同”、“均贫富、等贵贱”、“四海之内皆兄弟”、“无处不均匀、无处不饱暖”，这些格言甚至都已为很多普通老百姓所知晓。这些进步的观念，在今天也仍然可以成为我们建立现代人权理论的重要思想渊源。

虽然中国的人文主义历史传统可以同西方相媲美，但由于古希腊、罗马存在比较发达的简单商品经济以及“城邦国家”这种特殊历史现象，西方的自由、平等、博爱的人文主义传统，对社会政治制度的影响要更为广泛和深刻。而其主要的理论也同样是“性善论”。在古希腊的人性理论中，有三个主要派别：一是以普罗泰哥拉为代表的人性在于人的感性欲望的人性解放论；二是以德谟克里特为代表的理性人性论，即通过理性认识世界以指导自己的行动；三是以柏拉图为代表的理性为人的本性，主张以理智来克制自己的欲望以达到绝对的和普遍的善。例如，普罗泰哥拉提出过“人是万物的尺度”这一著名命题。他认为，神性是人性的一部分，神性是善的，所以人性也是善的。人人都具有公正、诚实、尊敬等政治德行。但他又说，“至于神，我既不知道他们是否存在，也不知道他们像什么东西。”后来的亚里士多德则是以前三派思想的集大成者。他是人类历史上第一个从现实生活的实际出发阐释人性的观点，第一次提出人与动物相区别是由于人有“善恶”、“正义”等伦理道德观念。他说，“人类所不同于其他动物的特性就在他对善恶和是否合乎正义以及其他的类似的观念的辨认。”

中世纪的经院哲学，以神性否定人性，使希腊与罗马的人性论传统中断了很长一个历史时期。在宗教神学的思想禁锢下，人丧失了自己的本性。神不仅创造了人和万物，而且神性的存在决定人性的存在，于是神性代替了人性。但是同时，它也为人文主义的产生提供了对立面，也为15、16世纪文艺复兴中近代人文主义的兴起提供了土壤。

在近代启蒙思想家的观念中，以平等、博爱与正义等为主要内容的德性，在人性的概念里占有重要位置。如培根说：“我所采取的关于‘善’的意义，就是旨在利人者。爱人的习惯我叫做‘善’，其天然的倾向则叫做‘性善’。这在一切德性及精神的品格中是最伟大的。”卢梭把人的爱己自利作为人的第一天性和道德基础，但他同时又认为，人不仅有自爱之心，而且还有怜悯之心。他说，“把爱己推及他人，就成了美德，一种根源于我们各人心中的美德。”

马克思主义创始人曾描绘与赞美过原始社会自由、平等、博爱的美景，也无情地批判过在阶级对抗社会里这些人类基本价值被异化后的局限性和虚伪性。他们还借用摩尔根的话预言过未来社会的美好前景：“管理上的民主，社会中的博爱，权利的平等，普及的教育，将揭开社会的下一个更高的阶段，经验、理智和科学正在不断向这个阶段努力。这将是古代氏族的自由、平等和博爱的复活，但却是在更高级形式上的复活。”

人性的第三个基本要素是理性。它的主要内容，一是理性（狭义的）即理性认识能力。人可以通过这种能力去认识和改造世界。二是理念，即人类通过理性认识能力所共同创造与享有“精神文明”成果，人类正是运用这些“理论”、“理念”去进一步认识与改造世界。三是理智，即人的克制自己的能力。人可以通过理智，克制自己不去做那些不合情和不合理的事情，不去谋取那些不正当和不合法的利益。西方学者谈论人性时，用得最普遍的就是这个词，并认为这是人性的重要内容。在人性的意义上使用的理性这个词，是在近代才引入中国的。

在西方，用理性阐述人性，历史很早。例如，苏格拉底说：人的具体德行，如“节制、正义、勇敢、敏悟、强化、豪爽”等等，如果不以知识为指导，就会变得有害无益。如“勇敢而不谨慎，岂不是一种莽撞？一个人若是没有理性，勇敢对他是有害的，但他若是有理性，这对他岂不就有益了。”柏拉图提出的感觉世界相对应的“理念世界”、“善的理念”，也是属于理性的范畴。亚里士多德认为，人的本性在于理性，人能用理性支配自己的行为，控制自己的欲望，使行为合乎道德，这就是幸福和快乐。“理性的沉思的活动”是“人的最完满的幸福”。他说：“对于人，符合于理性的生活就是最好的和最愉快的，因为理性比任何其他的东西更加是人。因此这种生活也是最幸福的。”伊壁鸠鲁认为：“使生活愉快的乃是清醒的理性，理性找出了一切我们的取舍的理由，清除了那些在灵魂中造成最大的纷扰的空洞意见。”马克思、恩格斯对伊壁鸠鲁的评价很高，称“他是古代真正激进的启蒙者，他公开攻击古代的宗教，如果说罗马人有过无神论，那么这种无神论就是由伊壁鸠鲁奠定的”。

欧洲自文艺复兴开始，杰出的人文主义者和后来的启蒙思想家们，高举理性的旗帜，以人性反对神性，以人权反对特权，以民权反对君权，为近代民主革命鸣锣开道。恩格斯曾赞叹：“这是一次人类从来没有经历过的最伟大的、进步的变革，是一个需要巨人而且产生了巨人——在思维能力、热情和性格方面，在多才多艺和学识渊博方面的巨人的时代。”但丁说：“人的高贵，就其许许多多的成果而言，超过了天使的高贵。”“我们必须这样来理解：自由的第一个原则就是意志的自由。” “这种自由，或者这一个关于我们所有人的自由的原则，乃是上帝赐给人类的最伟大的恩惠；只要依靠它，我们就享受到人间的快乐；只要依靠它，我们就享受到像天堂那样的快乐。”斯宾诺莎说：“人们唯有遵循理性的指导而生活，才可以做出有益于人性并有益于别人的事情来，换言之才可以做出符合每人本性的事情来。”他还说，民主政治“是最好的政治制度，最不容易受人攻击，因为这最符合人类的天性。……我们离人类的天性愈远，因此政府越变得暴虐”。孟德斯鸠说：“是有一个根本理性存在着的。法就是这个根本理性和各种存在物之间的关系，同时也是存在物彼此之间的关系。”在他看来，“理性”是指事物的规律，法在调整社会关系时必须反映与体现事物的规律。狄德罗说：“我感到有一件事情，好象不管是好人坏人都承认的，那就是一切应当讲道理。因为人不仅是一个动物，而且是一个有理性的动物。因此，……哪个人拒绝追求真理，他就自绝于人类，他就应当被大家看作是一个野兽。”费尔巴哈也强调把理性看作人的本质，是人类的人性。他说：“人自己意识到的人的本质究竟是什么呢?就是理性、意志、心力。一个完善的人，必定具备思维力、意志和心力。思维力是认识之光，意志力是品性之能量，心力是爱。理性、爱、意志力，这就是完善性，这就是最高的力，这就是人的绝对本质，就是人生存的目的。”

总之，上面引证的西方思想家关于“理性”的科学内涵的阐释，从人的自然属性的角度看是正确的。但是，我们还应当将它们联同人的社会属性作为一个统一体来观察与定位。这样，人的本质的概念才是全面的，人权的本原问题才可能得到比较准确的、科学的回答。

通过以上对人权本原的分析，我们可以给人权下这样一个定义：人权是人之为人依照他的自然属性和社会本质所应当享有的权利。人权就是权利，它包含各种政治权利、经济权利、人身权利等等。

（二）人权的存在形态

学界有许多种对于人权的分类方法，例如将人权分为国际人权与国内人权、个人人权与集体人权、基本人权与非基本人权等等。我们认为无论哪种分类方式都不可能脱离人权的三种形态，即应有人权、法定人权和实有人权。

应有人权，是指人之为人依据其社会属性和自然属性所应当享有的权利。应有人权是对人之为人的一种肯定，它向人们昭示人之为人的根本内涵。法定人权，是指通过宪法和法律的规定将应有人权确定化、具体化，将抽象的权利变为相对具体的权利。法定人权一方面向人们昭示着人权的具体内容，另一方面又为受侵害的人权提供保障的途径。但不同的国家甚至某一国家在不同的历史时期，对法定人权的规定都不一样，所以法定人权的范围很难确定。在民主法治社会里，法定权利是最为可靠的人权，是最能得到实现的人权。实有人权，是指在应有人权的范围之内，公民所实际能够享有的各种权利，它不仅仅限于法律的规定，因为法律规定的权利在有些时候公民并不能真正的享有，而法律没有规定的权利，公民并不一定不能享有，因为我们这个社会并不仅仅只有法律这样一种调整社会关系的准则，社会进步组织的章程、风俗习惯、乡规民约以及道德乃至宗教，同样可以使人享有某些权利。

二、什么是宪法精神

宪法由内容、形式、精神三个要素所构成。宪法的内容即原则、规则和概念是它的血肉；宪法的成文与不成文以及成文宪法的结构等等，是它的表现形式；宪法精神则是宪法的灵魂。宪法精神用六个字可以概括，即：民主、法治、人权。无论是资本主义宪法还是我们社会主义国家的宪法同样都可以概括为这六个字。这个观点可能学界有人不同意，因为他们会问资本主义国家宪法精神是这六个字，我们也讲这六个字，会不会无法划分资本主义同社会主义的界限？我认为，这牵涉到民主、法治、人权是不是具有普适性？是不是全人类共同的价值？我的回答：是。我认为否认这种普适性的人，他们根本不懂马克思主义的ABC，他们讲的是马克思主义，但他们其实根本就不懂马克思主义。马克思主义认为任何事物都是共性和个性的统一、抽象与具体的统一。普适性也就是共性，怎么能否认事物的共性呢？人权既是抽象的也是具体的，民主和法治也都是抽象和具体、共性和个性的统一。民主、法治、人权作为人类社会经过长期的积淀遗留下来的文化精髓，如果没有共性，它怎么会被全人类广为传播、理解和接受？所以我说，我们社会主义的宪法，它的灵魂、它的精神也就是这六个字。对于六个字的宪法精神，如果我们再进行理论抽象，那么我将其概括为两个字，即：宪政。

对于宪政这个词汇，学界有很多种看法，正式的中央文件，从没有出现过这个词汇。中央领导人的报告中只有吴邦国曾提到过。他在第十一届全国人大一次会议作工作报告的时候讲到："2004年宪法修改是中国宪政史上一个重要的里程碑。"但十几年来法学界、政治学界却相当普遍地使用了这个词。在中国抗日战争时期，毛泽东曾说过："宪政是什么呢？就是民主的政治。"当时，中国共产党人曾以宪政作为武器，向国民党政府争民主、争自由、争人权。那时，毛泽东曾明确提出"自由民主的中国"这一概念。他说："'自由民主的中国'，将是这样一个国家，它的各级政府直至中央政府，都由普遍平等无记名的选举产生，并向选举他们的人民负责。它将实现孙中山先生的三民主义，林肯的民有、民治、民享的原则与罗斯福的四大自由。"中国共产党的著名宪法学家张友渔，也曾撰写过一系列文章，阐述什么是宪政。我认为，宪政是国家依据一部充分体现现代文明的宪法进行治理，以实现一系列民主原则与制度为主要内容，以厉行法治为基本保证，以充分实现最广泛的人权为目的的一种政治制度。宪政这一概念，包含三个基本要素，即：民主、法治、人权。民主是宪政的基础，法治是宪政的重要条件，人权保障则是宪政的目的。民主包含一个原则和四个内容，一个原则就是人民主权、主权在民，四个内容就是：第一，民主权利，它包含诸如言论自由、出版自由、结社自由等诸多权利。第二，民主权力，它包含执政党和在野党的关系，国家机关内部权力制约关系，主要是防止权力的滥用。第三，民主程序，像人民参与、人民监督等。第四，民主方法，如民主集中制、群众路线等。其中第一条民主权利，其实就是人权，当然也是民主，这就体现了民主与人权的密切关系。法治包含两层含义，第一，要有一套良好的宪法和法律规则，第二，所有的人包括执政党、国家领导人都要普遍地遵守法律。人权则既包含宪法规定的权利也包含一般法律所规定的权利，它有许许多多的表现形式，既包含政治权利与自由，也包含经济、文化、社会权利，以及各种弱势群体的权利保护。

三、人权和宪法精神的关系

上面我们讲了什么是人权、什么是宪法精神，那么人权和宪法精神之间到底是个什么关系呢？我认为讲人权与宪法精神的关系，首先要搞清楚的是人权与宪法的关系。因为宪法精神是宪法的灵魂，宪法是宪法精神的具体化。

搞清楚了人权同宪法的关系，也就搞清楚了人权同宪法精神的关系。

（一）从宪法的产生根据看

古代没有现代意义上的体现民主、法治、人权的宪法。近代意义上的宪法产生的根据在于人民主权理论。人民拥有主权但不可能全民行使主权，人民只能通过代议制、通过选举代表来行使自己的权利。但代议制下选举出来的政府，会有权力扩张的欲望，所以人民就通过制定宪法来规定国家享有那些权力，限制国家权力，建设有限政府。同时在宪法中规定人民拥有那些权利，国家不得侵犯。国家权力和公民权利这两大部分也就构成了所有近代宪法的主体。而宪法关于公民基本权利的规定，也就是人权在宪法上的体现。为了保障人权而产生宪法，而不是我们传统的说法即宪法是阶级力量对比的表现、是阶级斗争的产物。前者仅是近代宪法和现代宪法的一个重要特征；后者则仅指宪法产生的方法与途径。它们没有也不能回答宪法产生的缘由和根据，以及宪法的合理性所在。

（二）从宪法的基本内容看

宪法是一个国家的根本大法，一般来说它规定着一个国家的基本政治制度、经济制度、公民权利、国家权力等，但有些国家的宪法有序言，有的没有序言，也有些没有规定经济制度、文化制度。通观近代世界各国的宪法，我们发现虽然他们存在某些差别，但都包含两大块，第一是国家权力，第二是公民权利。也就是国家权力的制约和公民权利的保护两部分这是必不可少的。权力的制约意味着对国家权力的限制，对公民权利的保护。权力不受制约，必然权力无限，也可乱来，公民的权利就无法得到保障。权利保留意味着对公民应有权利的肯定，而宪法关于公民基本权利的规定正是各种具体人权的法律渊源。所以从内容上看，宪法关于公民权利的规定对于保障人权具有十分重要的作用。

（三）从宪法的终极目的看

所有的法律都有一个最核心的东西，即解决权利与义务、职权与职责的问题。私法解决公民之间、公民和法人之间个人的权利与义务的关系，公法则解决国家的职权和职责的问题。这里我们要对权利和权力的具体区别做一个详细的解释，因为不仅国家工作人员，而且很多法学家对此并不十分清楚。长期以来，我们的各种法理学教材就没有“职权与职责”这一章，而是将其置于“权利与义务”的范畴之内。我认为两者之间主要有八大区别：第一，在法律上给国家机关多少权力也就意味着给予其多少职责，权责一体；但权利和义务是分开的，权利是权利，义务是义务。第二，国家权力不能随意转让和放弃，否则就是违法与失职；公民权利则可以转让和放弃，如我有选举权，但可不去投票，我的财物可以任意赠与他人。第三，国家权力是一种支配力，行使主体之间地位不对等；权利主体之间是平等的。第四，权力的本质是一种权威；权利的本质是一种利益。第五，职权和职责，职责是主要的，是第一位的，“责任政府”、“服务政府”即由此而来；权利和义务，权利是第一位的。第六，对政府法不授权不得为；对公民法不禁止即自由。第七，国家权力是由公民权利产生的；公民权利是人依据其自然属性和社会属性所应当享有的。第八，国家权力是手段、公民权利是目的。这两者之间的关系告诉我们，法的精髓在于限制权力、保障权利，所以我们说宪法和法律的终极目的就是保障人权。

（《中国改革开放与人权发展30年》，人民日报出版社2009年版，作者系中国社会科学院荣誉学部委员、广州大学人权研究与教育中心主任、东南大学宪政与人权法研究所名誉所长）

论人权的普遍性和特殊性

■李步云　杨松才

人权的普遍性和特殊性问题，国际上长期以来，学者之间有不同看法，政府之间也存在意见分歧。正确认识和处理这个问题，对于一个国家制定正确的人权政策，加强人权领域的国际合作，都具有重要意义。

一、人权的普遍性

（一）人权普遍性的具体内涵

1993年6月14~25日，联合国在维也纳召开了第二次世界人权大会。这次会议是继德黑兰人权会议25年后、《世界人权宣言》制定与公布45年后举行的。这次会议通过的《维也纳宣言和行动纲领》，是全人类为加强人权保障而奋斗的历史进程中一个新的里程碑。这一文件所取得的重大成果之一，就是强调了人权具有普遍性，也肯定了人权的普遍性和特殊性是统一的，不可分割的。它规定："世界人权会议中所有国家庄严承诺依照《联合国宪章》、有关人权的其他国际文书和国际法履行其促进普遍尊重、遵守和保护所有人的一切人权和基本自由的义务。这些权利和自由的普遍性是不容置疑的。""在国家级和国际级促进和保护人权和基本自由应当是普遍性的……"[①]根据这一文件和其他一系列国际人权文书，人权普遍性的具体内涵主要表现在如下三个方面：

首先，人权的内容是普遍的，即存在一个各国都应当普遍尊重和遵守的人权共同标准。这些共同标准存在于已经制定与颁布的90多个国际人权文书里，尤其是集中体现在由《世界人权宣言》、《公民权利和政治权利国际公约》、《经济、社会及文化权利国际公约》所组成的"国际人权宪章"中。《世界人权宣言》明确指出："大会颁布这一世界人权宣言，作为所有人民和所有国家努力实现的共同标准，以期每一个人和社会《维也纳宣言和行动纲领》第一部分第1段、第5段。该文件提到人权具有普遍性的共五处。另三处是序言第7与第16自然段和第一部分第8段。机构经常铭念宣言，努力通过教诲和教育促进对权利和自由的尊重，并通过国家和国际的渐进措施，使这些权利和自由在各成员国本身人民及在其管辖下领土的人民中得到普遍和有效的承认和遵行。"[②]联合国通过了几十个关于人权的国际文书，是人权普遍性的一种体现，其目的与宗旨就是为各个国家的国家机构、社会组织提供一个保障人权的共同标准。在现今国际社会里，具有不同社会制度和处于不同社会发展阶段的国家，普遍承认和尊重《联合国宪章》提出的保障人权的宗旨，[③]以及《世界人权宣言》和其他一系列国际人权文书所确认的保障基本人权与自由的原则；共同签署某些国际人权条约；共同采取行动制裁某些践踏人权的国际罪行；各国互相合作在全球范围内确保发展和消除发展障碍；共同参与维和行动和对各种难民的救助进行广泛的国际合作；各国宪法普遍地做出保护人权的规定，如此等等，都是人权普遍性的反映。国内外学者通常认为，人权的普遍性主要是指人权内容的普遍性。

其次，人权的权利主体是普遍的，即人人都应当享有人权。《世界人权宣言》第2条指出："人人有资格享受本宣言所载的一切权利和自由，不分种族、肤色、性别、语言、宗教、政治或其他见解、国籍或社会出身、财产、出生或其他身份等任何区别。"其他重要的国际人权文书对此也都有明确的规定。[④]这里的"人人"是指自然人、个人，但也包括由个人所组成的社会群体，如妇女、儿童、残疾人、少数民族与种族等弱势群体，以及罪犯、战俘等特殊群体。[⑤]人权与"公民权"是有区别的。公民（少数国家称"国民"或"臣民"）通常是指具有该国国籍的人。因此，公民权是人权的一部分，但人权不限于公民权。在一个国家里，并非该国公民的外国人、无国籍人、难民，都应当享有自己的人权。

再次，人权的义务主体也是普遍的，即任何国家毫无例外地承担尊重与保障人权的主要责任。国际人权“两公约”都在其序言中明确规定，“各国根据联合国宪章负有义务促进对人的权利和自由的普遍尊重和遵行”。《维也纳宣言和行动纲领》也明确指出：“各国按照《联合国宪章》有责任促进和鼓励尊重所有人的人权和基本自由”，“人权和基本自由是全人类与生俱来的权利；保护和促进人权和基本自由是各国政府的首要责任”。几乎所有的国际人权文书，都强调各国政府毫无例外地都是人权的义务主体。这是因为国际法本来就是主权国家所直接或间接制定的一种法律规则，用来处理各主权国家彼此之间的关系，以及规制与约束各国政府的行为。人权的义务主体，除了国家政府之外，还包括联合国组织的所有机构、各国的非政府组织和企事业组织，以及公民个人在内。[⑥]但国家是人权主要的义务主体，这是由国家在人类社会生活中所处的特殊性质、地位与作用所决定的。

（二）人权普遍性的理论依据

首先，人权源自人的本性和人所固有的人格、尊严与价值。而人的本性是相通的，任何人都应当有其不可剥夺的尊严与价值。《世界人权宣言》的序言开宗明义就指出：“对人类家庭所有成员的固有尊严及其平等的和不移的权利的承认，乃是世界自由、正义与和平的基础。”该宣言第一条又明确指出：“人人生而自由，在尊严和权利上一律平等。他们富有理性和良心，并应以兄弟关系的精神相对待。”这一人权理念，在一系列重要的国际人权文书和区域性人权文书中，都有清晰、明确的表述和规定。[⑦]人有人性，是人同动物的一个根本区别。否认人有共同的人性，人将不成其为人。人有共同的尊严和价值，否定人权的普遍性，势必否定很多人也有其相同的尊严和价值，很多人就要失去做人的资格，也将不成其为人。

其次，全人类有着共同的利益。人的“权利”是受一定权威所认可、支持与保障的某种利益。权利的基础是利益。无论是经济的、政治的或文化的权利以及人身人格权利和各种行为自由，都可归结为人的某种权益。受法律的权威所认可、支持和保障的权益，就是法律权利，即法律化了的人所应当享有的人权。不同的社会人群，有着不同的利益。但是全人类也有共同的利益。如生命权、人身安全权、人身自由权、人格尊严权等人生而有之的权利，关涉到所有人的利益。大规模污染空气和海洋，在一些国家拥有核武器的今天发生世界战争，受害的将是全人类。这就涉及环境权与和平安全权。全人类的共同利益，使人权共同标准的制定和实施成为必要和可能。

再次，全人类有着共同的道德。人权是受一定的伦理道德所认可、支持与保障的人所应当享有的权益。人权本来的含义是一种应有权利（西方不少学者称之为“道德权利”），它们并不以法律是否规定为转移。法律是人制定的，立法者可以用法律手段去认可和保障人应当享有的权利，他们也可以不这样做，甚至可能利用法律去剥夺人应当享有的权利，如前南非种族主义政权利用宪法与法律全面剥夺有色人种理应享有的种族平等权。不同的社会人群有着不同的伦理道德观念。但是，全人类也有共同的道德准则。例如，正义、博爱、人道、宽容、诚信等伦理观念，是全人类所共同景仰和拥有的。这些正是人权产生及其正当性的道德基础。

（三）中国政府的立场与观点

在1993年《维也纳宣言和行动纲领》通过之前，中国政府的官方文献和国家领导成员的讲话，很少使用“人权普遍性”这样的提法。但是，中国政府一贯坚持人权具有普遍性的基本理念，并以此指导在国内及国际领域的人权实践活动。早在中国民主革命时期，中国共产党领导的革命根据地政权，就制定过一系列保障人权的法律文件。[⑧]1949年新中国的成立，标志着中国人民成了自己国家的主人，人权保障从此揭开了新的篇章。中国政府不仅领导人民在全国范围内取得了人权保障举世公认的重要成就，而且开始参与人权的国际保护，人权具有普遍性的理念也由此逐步建立起来。例如，

1955年4月，中国政府总理周恩来在印度尼西亚召开的亚非会议上签署了《亚非会议最后公报》（即《万隆宣言》）。公报宣布亚非会议完全支持《联合国宪章》中所提出的人权的基本原则，并将"尊重基本人权、尊重《联合国宪章》的宗旨和原则"作为和平共处十项原则的第1条。1955年5月，周恩来总理在全国人民代表大会常务委员会扩大会议上指出，《万隆宣言》的"十项原则中也规定了尊重基本人权，尊重《联合国宪章》的宗旨和原则……这些都是中国人民的一贯主张，也是中国一贯遵守的原则"。中国外交部长在1986年和1988年先后召开的联合国第41届和第43届大会上高度评价了《世界人权宣言》和国际人权"两公约"的历史性地位和作用。[9]1991年，中国政府发表《中国的人权状况》白皮书，明确指出"享有充分的人权，是长期以来人类追求的理想。从第一次提出'人权'这个伟大的名词后，多少世纪以来，各国人民为争取人权做出了不懈的努力，取得了重大的成果。但是，就世界范围来说，现代社会还远没有能使人们达到享有充分的人权这一崇高的目标。这也就是为什么无数仁人志士仍矢志不渝地要为此而努力奋斗的原因"。以上事实说明，中国政府对人权具有普遍性的理念，立场是十分明确的。与此同时，中国政府依据人权普遍性的理念，积极参与国际人权事业，并做出了自己的重要贡献。

中华人民共和国自1971年恢复在联合国的合法席位后，积极参加一些联合国人权机构的工作。自1979这些人权法律文件有：《陕甘宁边区施政纲领》（1941年）。它规定，保障一切抗日人民的"人权、政权、财权及言论、出版、集会、结社、信仰、居住、迁徙之自由权……"此外还有《陕甘宁边区保障人权、财权条例》（1942年）、《山东省人权保障条例》（1940年）、《冀鲁豫边区保障人民权利暂行条例》（1942年）、《晋西北保障人权条例》（1942年）、《渤海区人权条例执行细则》（1943年）等。

中国外交部长在联合国第41届大会发言时说："两个公约对实现《联合国宪章》关于尊重人权的宗旨和原则有着积极的意义。我国政府一贯支持宪章的宗旨和原则。"他在第43届联大会议上也说，《世界人权宣言》是"第一个系统地提出尊重和保护基本人权具体内容的国际文书。尽管它存在历史的局限性，但它对战后的国际人权活动的发展产生了深远的影响，起了积极作用"（见《中国人权状况》白皮书第十部分）。1981年在联合国经济及社会理事会第一届常会上，中国当选为人权委员会成员，并连任至今。1984年开始，中国推荐的人权事务专家连续当选为人权委员会防止歧视和保护少数小组委员会委员。中国还连续当选为联合国消除对妇女歧视委员会委员，等等。在这些机构的工作中，中国代表与专家做出了积极贡献。同时，中国还积极参加国际人权法律文书的起草和制定工作，包括《儿童权利公约》、《禁止酷刑和其他残忍、不人道或有辱人格的待遇或处罚公约》、《保护所有移徙工人及其家属权利国际公约》、《发展权宣言》、《个人、团体和社会机构在促进和保护普遍公认的人权和基本自由方面的权利和义务宣言》、《保护民族、种族、语言、宗教上属于少数人的权利宣言》，等等。特别需要指出的是，中国尊重人权的普遍性原则，还突出表现在中国政府积极加入有关人权问题的国际公约。截至目前，中国已先后加入了20项国际人权公约和议定书，其中包括国际法上通常属于"人道法"领域的4个日内瓦公约及两个附加议定书。[10]对已经加入的人权公约，中国政府一贯依照规定，定期提交有关公约执行情况的报告，履行自己的责任和义务。[11]此外，中国尊重人权的普遍性原则，还表现在同世界人民一道，积极参与国际人权保护的多种行动。中国代表在联合国人权机构会议上严厉谴责对阿富汗和柬埔寨的侵略，维护其主权、独立和领土完整；反对美国1989年出兵入侵巴拿马，要求从这个国家无条件撤军；反对伊拉克侵占科威特，主张通过和平协商和对话解决彼此争端。中国一贯反对种族歧视和种族隔离政策，并参与对前南非种族主义政权的制裁；一贯支持南非和纳米比亚人民争取自由与解放的正义斗争；中国始终支持巴勒斯坦和阿拉伯人民的正义斗争。支持巴勒斯坦人返回家园、建立自己的独立国家。中国以建设性态度参与筹办或承办世界性或地区性人权会议。1995年北京成功地承办了联合国第四次妇女大会和非政府组织妇女论坛，被联合国副秘书长基塔尼赞誉为“联合国妇女史上的一个里程碑”。中国积极参与“维和”行动，为维护和平与安全，制止对人权的侵犯，做出了自己应有的贡献。⑫中国一贯反对任何形式的恐怖主义，积极参与反恐国际合作。截至目前，在现在12项国际反恐公约中，中国政府已签署、批准或加入11项。⑬以上事实说明，中国切实履行对《联合国宪章》关于尊重与保护人权的庄严承诺，认真实践人权的普遍性原则。

二、人权的特殊性

（一）人权特殊性的具体内容

第二次世界人权大会在起草《维也纳宣言和行动纲领》过程中，南方与北方、东方与西方之间有过激烈争论，其中主要问题之一，就是人权的普遍性与特殊性问题。发达国家强调人权普遍性的意义，发展中国家则强调要充分肯定人权的特殊性。⑭经过与会各国充分协商，《维也纳宣言和行动纲领》在肯定人权具有普遍性的同时，也肯定了人权的特殊性，其第5条规定：“固然，民族特性和地域特征的意义以及不同历史、文化和宗教背景都必须要考虑，但是各个国家，不论其政治、经济和文化体系如何，都有义务促进和保护一切人权和基本自由。”中国代表团成员积极直接参与了《维也纳宣言和行动纲领》的起草，并就关于人权普遍性与特殊性问题的处理表示支持。中国政府代表团副团长金永键指出：《维也纳宣言和行动纲领》在承认人权具有普遍性的同时，也要求考虑不同国家的历史文化和宗教背景，具有积极意义。

人权的特殊性不仅是一种理论认知，而且也是一种社会现实。后者具体表现在以下几个方面：

首先，人权的内容既有共同标准，也有不同标准。例如，一个国家在批准和加入某项国际人权公约或议定书时，可以对其中的某些条款做出保留或自己的“解释”。尽管联合国要求各国尽量少做这样的“保留”或“解释”，但这种现象仍然很多。据统计，截至2006年5月8日，已批准加入《经济、社会及文化权利国际公约》的有153个国家，对它的某些条款做出保留或“解释”的有45个国家。已批准加入《公民权利和政治权利国际公约》的有156个国家，对它的某些条款做出保留或“解释”的有58个国家。即使是各国普遍认同与尊重的人权共同标准，但由于各国具体国情不同，在其实现的方式、方法和步骤、道路上，可以有很大的差异。国际上不可能有也不应当有绝对统一的人权实现模式。

其次，人权的权利主体是普遍的，但由于各国的具体国情不同，因而在性别、种族、宗教信仰、经济状况与文化程度等不同的人群之间，在立法上尤其是在实际生活中，能够享有权利的多少，会有很大差异。虽然，人人都应当享有人权，是理想，是原则，是方向，但这种平等性的实现要有一个过程，各国存在这样或那些的差异，是一种普遍现象，也是国际社会所共同认可的。

再次，人权的义务主体是普遍的，但各国在履行自己保护人权的责任时，享有充分的自主权，在确立人权政策、制定法律和采取行政措施等方面可以有很大的不同。这不仅是由于各国具体国情不同，而且是因为人权的充分实现主要依靠各个国家采取措施和做出努力，主权国家也享有这种自主权。联合国机构在保障人权方面的责任，主要是制定共同标准，组织国际合作，对各国尊重与保障人权实施监督。

（二）人权特殊性的理论依据

首先，人权受一个国家经济和文化发展水平的制约。人活着，首先要吃饭穿衣。经济的发展水平，不仅直接决定着一国人民能够实际享有经济、社会、文化权利的多少，也间接影响到该国公民权利和政治权利的发展程度。⑮发达国家与发展中国家在人权问题上观念与制度的差异，主要是由这一因素所决定。正如一位中国学者所形象比喻的那样：“一个急需填饱肚子的人，在一块面包和一张选票之间肯定会选择前者，对他来说，面包是他的人权的优先选择，如果有人指责他的这种选择，说他的选择没有道德意义，他肯定会对这种指责嗤之以鼻。”也正如一位西方学者所指出：“在一个大多数人不识字或不会写字的国家，强调出版自由是没有多大意义的。”[16]

其次，人权受一国经济与政治制度的影响。由于人们之间的政治信仰存在差异，现在世界上不同国家实行不同的经济与政治制度，这是由历史的与现实的多种原因和条件所决定的。依据自由与平等的政治理念和彼此宽容友爱的伦理精神，不同社会制度国家相互之间依据国际法准则实行和平共处，符合一个多元世界里全人类的共同利益。由于社会制度不同而形成的人权理念及制度上的差异，是一种正常现象，也应当彼此尊重。在历史上，西方自由多，平等少；东方自由少，平等多。随着人类物质、精神和制度三大文明的进步，随着西方福利制度和东方市场经济的兴起，东、西方之间的这种差异正在朝着相反的方向发生变化。这一事实说明，片面地指责东方国家人权状况不好是不正确的。

再次，人权受一国民族与宗教特点的制约。世界在人权发展史上，不少宗教，如基督教和天主教、佛教、伊斯兰教等，都从不同方面或在不同程度上，对人权思想及相关制度的进步产生过积极影响。人人都有信教或不信教的自由，这已成为人们的共识。政教分离已成为社会发展的总趋势。但是在如何处理国家、公民和信教人群的相互关系中，不同国家实行某些不同的政策，在不违背国际人权宪章的基本原则和具体规定的前提下，应当是允许的。特别是不同的宗教有不同的教义与戒律。它们对国际人权公约所作的种种规定与要求，存在不同的认识和做法，也应当予以尊重。不仅同性恋、堕胎、安乐死等行为是一种权利抑或是对人权的侵犯，在国际范围内都存在广泛的争议，而且笞刑、妇女无选举权这些看似违反国际人权共同标准的做法，如果考虑到宗教等因素，我们还是不可以简单地予以对待。

现在的国际社会，是一个由多种民族与种族所组成的大家庭。我们在尊重与保障“各民族与种族一律平等”这一国际人权法的基本原则的同时，也必须尊重与保障各国由于民族与种族的不同而导致的人权观念与人权制度上的差异。对此，不少国际人权文书都有明确表述。例如，《维也纳宣言和行动纲领》指出：“各国有义务依照《在民族、种族、宗教和语言上属于少数人的权利宣言》，确保属于少数群体的人可不受歧视，在法律面前完全平等地充分和有效行使一切人权和基本自由……”“属于少数群体的人有权自由地、不受干预、不受任何形式歧视地享有自己的文化、信仰和奉行自己的宗教，私下和公开使用自己的语言。”国际社会对土著人所持人权特殊性的立场予以特别尊重，也是一个突出的例证。《维也纳宣言和行动纲领》在其序言中就已郑重宣告：“喜见1993年被定为世界土著人民国际年，国际社会以此重申有决心确保土著人民能享受一切人权和基本自由，尊重他们的文化和特性的价值的多姿多彩。”该宣言在第一部分还提出：“各国应依照国际法协调采取积极步骤，确保在平等和不歧视的基础上，尊重土著人民的一切人权和基本自由，承认其独有特性、文化和社会组织的价值和多元化。”

又次，人权还受一国历史文化传统的影响。从世界范围看，西方以古希腊罗马为源头的文化传统，以简单商品经济比较发达和城市国家的普遍存在为社会背景，重“个体”、重“自由”、重“利”、重“分”。东方特别是东亚以古代中国为源头的儒家文化传统，以自给自足的自然经济和政治大一统为社会背景，重“整体”、重“平等”、重“义”、重“和”。这两个文化传统对广义的人权，[17]都曾产生过积极的作用。在近代民主革命时期，在反对封建主义和君主专制的历史背景下，西方重“个体”等文化传统，对以公民的人身权利和政治权利与自由为主要内容的第一代人权的产生，曾经起过重要作用。19世纪初，随着社会主义运动的兴起，在它的推动下，出现了以经济、社会、文化权利为主要内容的第二代人权。“二战”以后，在发展中国家和社会主义国家的推动下，又出现了以国际集体人权如自决权、发展权等为主要内容的第三代人权。[18]在第二代和第三代人权形成和发展的过程中，东方特别是东亚的重“整体”、重“平等”、重“义”、重“和”的文化传统起了重要的作用。很明显，这种不同的历史和文化传统，对不同国家的人权观念和制度的特殊性的形成，影响是深远的。

再从不同区域看，由于某些独特的历史文化传统而导致的人权的特殊性，也是应当予以肯定和尊重的。这从区域性人权公约和宣言中可以清楚看出。例如，1981 年由非洲统一组织通过的《非洲人权和民族权宪章》序言明确指出："考虑到他们（非洲人民）历史的传统美德和非洲文明的生活价值理应启发他们对人权和民族权概念的思考，并且理应使他们的思考具有自己的特色"；该宣言强调，"满足经济、社会、文化权利是享有公民权利和政治权利的保证"，"每一个人对权利和自由的享有同时也意味着对义务的履行"。"人人对其家庭和社会、国家和其他合法认定的社区及国际社会负有义务。"1948 年美洲国家组织通过的《美洲人的权利和义务宣言》指出："每个人履行其义务，是一切人的权利的前提。权利和义务在人类的全部社会和政治活动中是相互关联的。权利促进个人自由，义务则表达这种自由的尊严。"1966 年美洲国家间人权特别会议通过的《美洲人权公约》指出："只有在创造了使人可以享有其经济、社会和文化权利以及享有其公民和政治权利的条件下，才能实现自由人类享受免于恐惧和匮乏的自由的理想。"该公约第一章即规定了"一般义务"，这表明他们主张义务先于权利。1993 年，亚洲各国外长和代表通过的《曼谷宣言》指出："尽管人权具有普遍性，但应铭记各国和各区域的情况各有特点，并有不同的历史、文化和宗教背景，应根据国际规则不断重订的过程来看待人权。"它强调："亚洲国家以其多姿多彩的文化与传统能对世界会议（世界人权大会）做出贡献。"在一个很长的时期里，西欧与北美的一些发达国家主张，政治权利重于经济权利，权利重于义务；而不少亚洲、非洲与拉丁美洲的发展中国家则持相反的立场。这种特殊性的成因之一，就是不同区域国家之间历史文化传统的差异。

即使是在西欧和北美一些发达国家之间，其人权的特殊性也是存在的，不可能完全是一个模式。例如，政治权利的实现，英国奉行"议会至上"，而美国实行典型的三权鼎立制度。人权的司法保障，也有以德国、法国为代表的大陆法系和以美国、英国为代表的普通法系之间种种具体制度的差异。有的国家废除了死刑，多数国家还没有。[19]这种人权特殊性的存在，也和历史文化传统不同有关。

三、人权是普遍性和特殊性的统一

世界上的万事万物，都是一般与个别、共性与个性、普遍性与特殊性、绝对性与相对性的辩证统一。对立面的一方是以另一方的存在为条件。没有个别，就无所谓一般；没有一般，也就无所谓个别。依据对象、时间、地点、条件以及人们的思想与行为主要倾向的不同，对立面的一方可以成为矛盾的主要方面，可以着重予以强调或加强。但是，在任何情况下都不应当将两者完全割裂和绝对对立起来，只承认或只强调一个方面，而否定或忽视另一个方面。观察和处理人权问题，也应当是这样。与其他事物和现象不同之处只是在于，人权的普遍性和特殊性有其特定的具体内容、表现形式和理论依据，已于前述。这应当成为人们观察和处理人权问题的思维方法，应当成为各国政府制定与实行国内与国际人权政策的一项指导方针。

长期以来，西方或北方某些国家和学者，只承认或片面地过分强调人权的普遍性，而一概否定或极力贬低人权的特殊性。正是在这种思想与理论指导下，出现了一系列错误的人权政策，诸如宣扬"人权无国界"、国际人权保护绝对高于国家主权；对南方特别是东方国家搞人权的政治化和意识形态化；从狭隘的国家利益出发，奉行人权的"双重标准"政策；以人权问题为借口，无理干涉他国内政；在国际舞台上寻找一切机会挑起人权争端，无理指摘他国的人权状况。所有这些都不利于人权的国际合作与发展，也有损于自己的国际形象。另一方面，也必须强调，南方和东方国家的某些政府和学者，应当充分肯定和尊重人权的普遍性，积极采取立法、行政和司法的措施，为实现国际人权的共同标准做出最大努力，而不应以种种"具体国情"为借口，拒绝做那些应当做也能够做的不断改善人权状况的事情。只有世界各国都能够切实做到既尊重人权的普遍性，也尊重人权的特殊性，并保持其合理的平衡，各自克服自己在某一方面的片面性，才能有利于消减彼此之间的冲突，维护全人类的共同利益。

就人权管辖事项而言，人权是有国界的，又是没有国界的，但从根本上说它是有国界的。在一般情况下，一国出现人权问题，应由该国政府自主处理，任何他国或国际组织都不应当非法干预。在某些特殊情况下，如一国存在诸如殖民主义、贩卖奴隶、种族歧视、种族隔离、种族灭绝、外国侵略和非法侵占他国领土、国际恐怖活动等情况，国际社会是需要也是可以进行干预的。因为这些行为是对国际法准则的根本违背，不仅严重侵犯人权，而且危害世界和平与安全。国家主权独立和不干涉内政原则，是国际法的一项根本原则。《国际法原则之宣言》和《关于各国内政不容干涉及其独立与主权之保护宣言》明确规定：“第一，任何国家，不论任何理由，均无权直接或间接干涉任何其他国家之内政、外交；第二，任何国家均不得使用或鼓励使用经济、政治或其他措施胁迫他国，以谋自该国获得主权行使之屈服，或取得任何利益；第三，任何国家都不得组织、协助、制造、资助、煽动或纵容意在以暴力手段推翻另一个国家政权之颠覆、恐怖或武装活动，或干涉另一个国家之内乱；第四，使用武力以消除一切民族之特性构成对于该民族不可褫夺权力之侵犯以及不干涉原则之破坏；第五，各国均有权不受任何国家任何方式之干涉，自择其政治、经济、社会及文化制度之不可褫夺之权力。”[20]

联合国大会于 1981 年 12 月 9 日通过的《不容干涉和干预别国内政宣言》也明确指出：“各国有义务避免利用和歪曲人权问题，以此作为对其他国家施加压力或在其他国家集团内部或彼此之间制造猜疑和混乱的手段。”[21]这些规定同《联合国宪章》的宗旨和原则是完全一致的。该宪章第 2 条第 7 款规定：“本章不得认为授权联合国干涉在本质上属于任何国内管辖之事件。”西方有学者认为，人权并不属于宪章在这里所说的国内管辖事项。这是没有根据的。这里所说“本质上”应当理解为“基本上”或“主要是”，即在绝大多数情况下，人权是属于国内管辖事项；只有在某些特殊情况下，国际社会才可以进行干涉和干预。如今的国际社会是由近 200 个主权平等的国家所组成。尊重国家主权，是在国际范围内进行经济、政治、文化合作的基础，是有效实现人权国内保护的根本前提，也是减少对抗、顺利实施人权国际保护的基本条件。

国际上人权的共同标准，具体反映在一系列国际人权宣言、公约和议定书中。这些国际人权文书应当体现和反映世界各国人民的共同意志和利益。它们必须通过充分的民主协商进行制定、修改和解释，个别或少数国家不应当通过各种渠道、采取各种办法将自己的意志和人权模式强加于别人，也不应当强行用自己的人权模式作标准去评判其他国家。在国际关系中，人权共同标准的理解与执行，应当坚持其平等性和公正性，不能对这个国家是一个标准，对那个国家又是另一个标准；对某个国家这个时期是一个标准，该国的政府或政策变了又实行另一个标准。这种完全以是否符合自己狭隘的国家利益和政策路线为转移、实行人权双重标准的做法，把人权作为推行某种政策以达到某种自私目的的工具，其本身就是同人权的伟大精神完全背离的。

在国际讲坛上，中国政府一贯反对人权的政治化和意识形态化。这在理论上是正确的。人权有政治性和意识形态性的一面，也有超政治和超意识形态（主要指政治意识形态）的一面。这同人权的普遍性和特殊性是密切相关的。有的人权，如选举权、言论与结社自由等政治权利，同政治和意识形态关系密切，它的内容、形式及实现方式与程度，主要受一个国家的国家制度、政党制度及政治意识形态的决定和影响。有的人权，如生命权、人格尊严权等基本人权，以及残疾人和妇女儿童等弱势群体权利，还有难民、灾民和无国籍人等属于人道主义援助范畴的权利，就不应受不同党派、不同政见的影响而应予以同等的尊重与保障。把任何人权问题都同政治意识形态扯在一起，就是人权的政治化和人权的意识形态化。从人权具有普遍性的深刻内涵来看，人权应当是世界上最少政治性的一种社会现象。人权的政治化和意识形态化，有各种表现。在国内，如有人主张，任何人权都有"阶级性"，认为"人性"、"人道"、"以人为本"这些概念中的"人"是不讲阶级分析，因而是错误的。从这样的观念出发，必然在实践中导致种种"左"的举措和行为。在国际上，如某些国家在外交政策中，不适当地注入人权的因素；在经济与技术合作和援助中，不适当地把人权问题作为重要条件；利用人权问题无节制地进行意识形态的论战，甚至肆意干涉本应由主权国家自主管辖和处理的人权问题。

人权观念是由人们所处的一定社会的政治、经济和文化环境和条件的产物。人与人之间、国与国之间在人权问题达成共识的基础上存在一定的分歧，是完全正常的。国际社会维护和促进人权事业的正确途径，是各主权国家在平等和相互尊重的基础上，开展人权领域的对话和合作。彼此之间的分歧，应当本着彼此宽容、相互理解、求同存异的精神，通过平等对话来求取共识。国际组织在促进与监督人权的实现方面起着重要作用，但归根结底，人权的实现主要依靠各主权国家采取立法、行政和司法的措施方能达到。人权概念的政治化和在人权问题上搞政治对抗，无助于增进理解，缩小分歧；而只会扩大矛盾，加剧纷争。《维也纳宣言和行动纲领》十分强调，"促进和保护人权必须按照联合国的宗旨与原则，特别是作为联合国的一项重要目标的国际合作的宗旨"。近年来，中国领导人郑重提出了构建"和谐世界"的口号和战略目标。这既是中国历史上"和而不同"的哲学思想、"天人合一"的宇宙观、"世界大同"的社会理想、"和为贵"的处世原则、"己所不欲，勿施于人"的伦理精神等优秀文化传统的传承；也是建国以来中国一贯奉行和平外交政策，以及中国进入改革开放新时期后，国内逐步加强民主法制建设"和谐社会"发展战略的必然选择。笔者坚信，中国提出的构建"和谐世界"的思想理念和政治主张，必将在全球范围内为正确处理人权的普遍性与特殊性的辩证统一做出典范，从而为促进和保障人权做出重要贡献；必将为解决当今世界人与自然之间、富人与穷人之间、发达国家与发展中国家之间、种族与种族之间、宗教信仰之间的冲突和对抗做出重要贡献。

注释：

①《维也纳宣言和行动纲领》第一部分第1段、第5段。

②《世界人权宣言》序，该宣言系联合国大会于1948年12月10日通过。

③《联合国宪章》有关保障人权的条款共有七处。除序言和宗旨两处外，重要的还有第55条、第65条。宪章的人权条款是国际人权保护制度的核心。

④参见《公民权利和政治权利国际公约》第2条、《经济、社会和文化权利国际公约》第2条第2款、《维也纳宣言和行动纲领》序言第5、第8自然段。

⑤人权的权利主体在国际上还可以是"一国人民"，如狭义"发展权"中的权利主体是发展中国家的人民。"和平与安全权"、"环境权"的权利主体是全人类。

⑥参见联合国大会1999年3月8日第53届会议上第144号决议所通过的《关于个人、群体和社会机构在促进和保护普遍公认的人权和基本自由方面的权利和义务宣言》。

⑦如《公民权利和政治权利国际公约》和《经济、社会和文化权利国际公约》在其序言中对此作了完全相同的表述："这些权利是源自人身的固有尊严"；《维也纳宣言和行动纲领》规定"一切人权都源于人与生俱来的尊严和价值"。《美洲人的权利和义务宣言》指出："人的基本权利并非源自于某人某一国国民这一事实，而是基于人的人格属性。"《非洲人权和民族权宪章》指出："基本人权源自于人类本性，此乃人权国际保护的法律依据。"

⑧这些人权法律文件有：《陕甘宁边区施政纲领》（1941年）。它规定，保障一切抗日人民的"人权、政权、财权及言论、出版、集会、结社、信仰、居住、迁徙之自由权……"此外还有《陕甘宁边区保障人权、财权条例》（1942年）、《山东省人权保障条例》（1940年）、《冀鲁豫边区保障人民权利暂行条例》（1942年）、《晋西北保障人权条例》（1942年）、《渤海区人权条例执行细则》（1943年）等。

⑨中国外交部长在联合国第41届大会发言时说："两个公约对实现《联合国宪章》关于尊重人权的宗旨和原则有着积极的意义。我国政府一贯支持宪章的宗旨和原则。"他在第43届联大会议上也说，《世界人权宣言》是"第一个系统地提出尊重和保护基本人权具体内容的国际文书。尽管它存在历史的局限性，但它对战后的国际人权活动的发展产生了深远的影响，起了积极作用"。见《中国人权状况》白皮书第十部分。

⑩中国已批准加入的人权公约，按其生效时间顺序列举如下：1.《消除对妇女一切形式歧视公约》（1980）；2.《消除一切形式种族歧视国际公约》（1982）；3.《关于难民地位公约》（1982）；4.《关于难民地位议定书》（1982）；5.《防止及惩治灭绝种族罪公约》（1983）；6.《禁止并惩治种族隔离

罪行国际公约》（1983）；7.《反对体育领域种族隔离国际公约》（1988）；8.《禁止酷刑和其他残忍、不人道或有辱人格的待遇或处罚公约》（1988）；9.《男女工人同工同酬公约》（1990）10.《儿童权利公约》（1992）；11.《就业政策公约》（1998）；12.《经济、社会和文化权利国际公约》（2001）；13.《〈儿童权利公约〉关于买卖儿童、儿童卖淫和儿童色情制品问题的任择议定书》（2003）；14.《禁止和立即行动消除最有害的童工形式公约》（2003）。有关人道法的6个日内瓦公约及议定书如下：1.《改善战地武装部队伤者病者境遇之日内瓦公约》（1957）；2.《改善海上武装部队伤者病者及遇船难者境遇之日内瓦公约》（1957）；3.《关于战俘待遇之日内瓦公约》（1957）；4.《关于战时保护平民之日内瓦公约》（1957）；5.《日内瓦公约关于保护国际性武装冲突受难者的附加议定书》（1984）；6.《日内瓦公约关于保护非国际性武装冲突受难者的附加议定书》（1984）。

⑪2003年，中国政府如期向联合国提交了《经济、社会和文化权利国际公约》首次执行情况报告；此外，也按时提交了《儿童权利公约》、《消除对妇女一切形式歧视公约》等的履约报告。

⑫1988年12月6日，联合国大会一致通过决议，中国正式加入联合国维持和平行动特别委员会。1999年开始，中国派观察员参加联合国维和行动。1992年派工程大队800人赴柬埔寨，1995年派民事警察参加联合国驻波斯尼亚、黑塞哥维纳特派团。1999年先后派两批民事警察到联合国东帝汶过渡时期行政当局，等等。

⑬早在美国“9·11”事件发生之前，中国政府就已倡议和筹备“上海合作组织”，并于2001年6月召开成立会议，中国、俄罗斯、哈萨克斯坦、吉尔吉斯斯坦、塔吉克斯坦和乌兹别克斯坦六国元首共同签署了《打击恐怖主义，分裂主义和极端主义上海公约》，是国际反恐合作一个里程碑式文献。

⑭在这次世界人权大会召开前夕1993年4月29日，新加坡共和国将该国外交部副秘书长基·马赫布班尼先生的一份发言寄给世界人权会议协调员，要求将其作为世界人权会议筹委会第四届会议的文件分发。这位先生写道：“从许多第三世界公民的角度来看，人权运动往往都具有一种不寻常的性质。……他们就如置身于一条漏水、拥挤不堪的船上的饥饿和身患疾病的乘客，而这条船将陷入凶多吉少的漩涡激流中，险恶的激流将吞噬其中许多人的生命。……河岸上站立着一大群富裕、无忧无愁、怀有良好意愿的旁观者”，他们随时准备“登船干预”船长的侵权行为，而一旦乘客们“游向两岸投入那些仗义者的怀抱时，却被断然驱回这条船”。他认为，“在21世纪前夕，欧洲人对待亚洲人的这种态度必须结束，这种自以为道德上高人一等的意识必须予以摒弃”。转引自信春鹰：“多元的世界会有统一的人权观念吗?”，载刘楠来等主编：《人权的普遍性和特殊性》，社会科学文献出版社1996年版，第32页。

⑮马克思、恩格斯在《德意志意识形态》中指出：“我们首先应该确立一切人类生存的第一个前提也就是一切历史的第一个前提，这个前提就是：人们为了能‘创造历史’，必须能够生活，但为了能够生活，首先就需要衣、食、住以及其他东西。”《马克思恩格斯全集》第3卷第31页。马克思还指出：“权利永远不能超出社会的经济结构以及由经济结构所制约的社会的文化发展。”《马克思恩格斯选集》1972年版，第3卷第12页。

⑯信春鹰：《多元的世界会有统一的人权观念吗?》，荷兰彼得·R. 比伊尔：《人权的普遍性》。以上两文载于前引注⑭所引著作《人权的普遍性和特殊性》第32、46页。

⑰这里所谓广义的人权，是指人权既包括自由也包括平等；既包括公民的人身权利和政治权利，也包括经济、社会、文化权利；既包括个人人权，也包括集体人权。这一概念是具体针对西方不少学者不承认经济、社会、文化权利是人权，以及只有个人权利才是人权，没有“集体人权”的那种狭义的定义而言。后者在今天已被证明是一种狭隘的理解。

⑱前联合国教科文组织人权与和平司官员、著名人权理论家P. S. 马克思曾公正地指出：“社会主义和马克思主义著作的哲学和政治的观点，对19世纪由于滥用第一代权利而反对剥削的社会革命，起到了很大的促进作用。这些变革导致了一代新的人权的出现。这代新人权与第一代‘消极’权利有着本质的区别。第一代的各种自由对广大的工人阶级和被占领土地的人民来说，意味着被剥削和被殖民的权利，这些权利被视为忽视了现实社会物质权利的‘形式’上的自由。在墨西哥和俄国反对剥削的革命斗争后于1917年通过的《宪法》和国际文件，特别是1919年国际劳工组织的组织法和国际劳动标准，开创了第二代人权。这是一代经济、社会和文化的权利，是一代以国家干预而不是弃权为特征的权利。”马克思：《正在出现的人权》，见王德禄、蒋世和编：《人权宣言》，求实出版社1989年版，第161—162页。

⑲截至目前，全世界废除死刑的国家共57个，多数为发达国家。但美国、日本等尚未废除死刑。

⑳《国际法资料选编》，法律出版社1982年版，第14—15页。

㉑参见《人民日报》1991年4月26日。

（《环球法律评论》2007年第6期，

李步云系中国社会科学院荣誉学部委员；
杨松才系广州大学人权研究与教育中心教授）

论宪法中人民主权与基本人权原则的沟通

——以哈贝马斯的宪法有效性理论为视角

■李 龙 李小萍

“宪法的基本原则是指人们在制定和实施宪法过程中必须遵循的最基本的准则，是贯穿立宪和行宪的基本精神。”①一般认为，在宪法原则中人民主权是逻辑起点，基本人权是终极目的。人民主权原则表达的是国家最高权力的合法性来源问题，即人民是国家权力的主体，基本人权原则强调的是国家权力目的的正当性问题，即国家权力服务于人权。人民主权——基本人权之间实际上暗藏张力，存在着竞争。这种张力表现在理论上即为当二者发生冲突时何者优先的问题，在实践中表现为公民有无反抗权或者不服从权利以及进而对公民反抗权的态度问题。哈贝马斯的以“法的有效性”为核心的商谈论认为，法律产生于公民的自我理解，人权与人民主权是相互证成的，宪法人民主权原则与基本人权原则之间的紧张可以通过宪法的有效性协调起来。

一、宪法人民主权与基本人权原则的理论及其发展

（一）宪法人民主权原则表征了权力来源的合法性

人民主权，即主权来自于人民，而非上帝、君主或其他的事物，人民主权是一国之内的最高权力，而非居于神权或者道德之下。宪法中的人民主权原则是历史发展的结果。

合法性说到底关注的是人与秩序的关系，而这种关系与人和宇宙的关系息息相关。英国学者阿伦·布洛克认为，西方思想看待人和宇宙分三种不同模式：神学模式、科学模式与人文主义模式。神学模式将秩序看做是超越自然的，即包容于宇宙的模式，关注的焦点是上帝，人是神的创造的一部分；科学模式的关注点是自然，人像其他有机体一样是自然秩序的一部分；人文主义模式，关注的是人以人的经验作为人对自己、对上帝、对了解自然的出发点。②依此，权力合法性的来源也可以分为三种，即权力来自神或者说君权神授、权力来自于自然秩序、权力来自于人。在人类社会的早期，由于科学技术不发达，人类对自身以及身外的世界缺乏了解，在自然哲学家如赫拉克利特看来，人类不过是自然界的一部分，人类社会应该服从自然法则，权力的拥有和行使也必须以自然法则为准则。因此，权力合法性的标准在于自然秩序。在古希腊罗马时期的自然法理论中，自然理性是一个客观的法则与尺度，并以此来评价统治的合法性，也对被统治者提出服从的义务。在有神论的国家，秩序来自于神，统治者的权力是神赋予的。在中世纪的神学家奥古斯丁看来，“地上之城”的统治者代表着神对其臣民进行统治，由于对神的敬仰，人们必须对具有神圣光环的统治者俯首帖耳。所以，在宗教信仰的国家，统治者权力的合法性是来自神的。

由于科学的发展，人类已经把目光从超验的上帝转向了自然界和现实社会，形而上学的和宗教的世界观已经崩溃，传统的以信仰和威严建制的社会整合功能已经受到极大削弱。特别是现代社会是祛魅化的、分化的多元社会，权力来自自然以及君权神授都不再具有说服力。西方世界在文艺复兴中发现了人自身，“人”的经验和理性开始成为人类观察自己、自然和宇宙的出发点。权力合法性的判断标准也由自然秩序或者神转移到了人，这才有了人民主权原则的确立。主权“是一个关于政治权力如何行使或应该如何行使的概念（concept）或主张（claim）”。③所以，主权“不是代表一种绝对的逻辑，而是一种历史的逻辑”。

近代意义上的主权理论是布丹首倡的。布丹的主权理论是在当时法国内战，亟须中央最高权威来结束纷争，恢复秩序和安全的背景下提出来的。他认为主权在人民之上，但从属于神法和自然法。霍布斯的全能主权理论也是出于同样的目的而形成的，只是在霍布斯的主权理论中，主权产生于共同体中所有个人同意的服从，主权不能受制于任何批评和限制。尽管他们两人所说的主权是君主主权，而不是人民主权，但霍布斯已经把“君权神授”转向了主权来自于人的“自然权利”，判断权力合法性的标准也由神转向了人。

洛克虽然没有直接提出“人民主权”的概念但其理论已经是人民主权的表达了。洛克认为，国家是保护公民的“生命、自由和财产”等天赋权利的工具，政府是受人民之托，从人民的同意那里才取得了合法权，政府如果违背了这种委托将会失去统治权。所以，主权虽从属于道德但主权最终在于人民。

卢梭是近代人民主权理论的集大成者。卢梭认为，主权也就是公意的体现和运用，主权行为是共同体和它的各个成员之间的一种约定，一种以整个共同体合法的、公平的、有益的、稳定的社会契约为基础的约定。在共同体中，每个成员将自己与全体结为一起，但仍然可以服从自我，仍然像以前那样自由。主权是不可转让、不可分割、绝对的、至高无上的和不可侵犯的。因此，主权不可能属于君主，只能属于人民。法国著名宪法学家埃斯曼进一步阐释了人民主权原则，他突破了卢梭的“主权不能代表”的理论，提出有权者可以亲自行使主权即直接统治，也可以将主权委托给选出的代表行使即通过代表的统治。埃斯曼的主权理论为代议制开辟了广阔的发展道路。

人民主权原则在各国宪法中集中表现为人民选出的议会行使立法权，选出的总统行使行政权，选出的法官行使司法权，并有权对国家的特别重大事务实行全民公决。④

（二）基本人权原则保证了权利的不可侵犯性

人权即人之为人应该享有的权利，任何国家机关和个人都不得非法侵犯和剥夺。一个国家人权保障的范围和程度如何，集中反映其民主和公正的状况，因此，宪法对人权应当给予平等的保护。“基本人权是人权的核心部分，具有固有性、排他性和母体性等特征。”④世界各国宪法一般也都以基本人权作为其原则。尊重人权，保障人权，业已成为当今时代的潮流。宪法人权原则正是人类主观要求与客观实践相结合的产物。

人权是历史的产物，是新兴的资产阶级反对政治独裁、要求建立民主和法制制度的武器。启蒙运动的思想家们就是以人性反对神性，要求重视人的价值和尊严。资产阶级启蒙思想家以“天赋人权”和“社会契约论”倡导自由、平等，国家是人们为了保护自然权利而通过社会契约建立的。荷兰古典自然法学派的创始人格劳秀斯第一次使用了“人权”一词，斯宾诺莎首次提出并论证了“天赋人权”。洛克将人权理论系统化。洛克认为：“人们生来就享有完全自由的权利，并和世界上其他任何人或许多人相等，不受控制地享受自然法的一切权利和利益。”⑤为了享受和保护生命、自由和财产等权利，人们通过约定或正式的契约放弃一部分自然自由而建立政府。如果统治者违反契约，违背人们的委托，人们便可以推翻他，另立统治者。追求自由和平等同样是卢梭政治法律思想的主要内容，“人是生而自由的”，为了保障人类的自由和平等，卢梭主张通过社会契约，将一切权利都转让出去形成公意。在古典自然法学理论中，每个人都享有与生俱来的权利，正是为了保障这些“天赋人权”人们才通过社会契约建立政府。人权是先于政治国家而存在的具有神圣不可侵犯性，也是政治国家合法性存在的根据。

从理论上看，自然法学认为，人权源于抽象的自然法则、神意或者人的理性。分析实证法学认为权利法定，实在法是人权的唯一依据。社会法学强调权利源于人的本性，法的任务就是在人的利己和合作本性之间进行平衡，以最小浪费和牺牲实现最大的利益。马克思主义认为，人权是历史的、商品经济的产物，人权都是具体的，不具有普遍人权；从人权主体来看，除了个人的、私人的权利之外，还应包括集体的权利，如被压迫民族的自决权、发展中国家的发展权。

人权随着人类社会的进步和理论的不断发展，其内容也不断发生变化。在资产阶级国家建国之初的宪法文本中只列举了具体的人权，例如，美国的《独立宣言》确认了生命权、自由权、追求幸福权以及反抗压迫权，法国的《人权与公民权宣言》规定了人身权利和政治自由。第二次世界大战以后，人权的外延大为拓展，包括一切公民的政治、经济、文化和社会权利。

从宪法文本来看，到1791年法国宪法，基本人权原则才开始在宪法中规定。该宪法以1789年法国的《人权与公民权宣言》作为序言。1793年的法国宪法采用同样的方式，但对《人权宣言》做了重大补充。从此，绝大多数国家宪法都确认了基本人权原则。尽管采用了不同的形式。

宪法是国家的根本法，宪法中的人民主权原则是宪法的逻辑起点，人权原则是终极目的。人民主权即"权力属于人民是建立一条有关权力来源和权力合法性的原则"。[6]基本人权是权力合法性的基础，宪法中的基本人权原则为权力行使划定了界限和设定了目标。人民主权原则与基本人权原则是贯穿、融会宪法文本和实践的内核。

二、宪法人民主权与基本人权原则之间的张力及其问题

宪法原则是体现宪法应然价值取向、统合宪法规则并指导全部行宪过程的依据和准则。在宪法规范中，宪法原则居于核心地位，是保证宪法规范逻辑统一的关键性要素；在宪法实施的过程中，宪法原则可以弥补宪法规则漏洞，并能用以指导宪法的解释，以提高宪法规则的普适性和可操作性；宪法原则还是判断公共权力和政治组织行为的合法性和确当性的依据。[7]按照通说，宪法原则中的人民主权原则和基本人权原则，前者是逻辑起点，后者是终极目的。但无论是理论上还是实践中，人民主权与基本人权之间并非当然的和谐，而是存在张力。例如，有学者主张从一国法律体系的内部看，主权的整体性会掩盖、淹没公民的个体性（有学者主张主权与人权是主从关系，在国际社会中二者相互结合、相互依存）。宪法原则之间的张力也会导致宪法有效性降低，使宪法不能胜任对社会生活的调节和整合，最终削减宪法的权威。下面，本文首先梳理一下关于人民主权与基本人权关系的古典理论，然后反观在传统宪法理论指导下的宪政实践中存在的问题，以说明人民主权原则与基本人权原则之间的紧张和竞争。

（一）宪法人民主权与基本人权原则之间的张力之一：人权优先

洛克是人权理论系统化的代表。在洛克的理论中，人民是通过社会契约——即宪法——这种形式来建立政治国家的，立法权是国家的最高权力。立法权"只是为了某种目的而行使的一种受委托的权力，当人民发现立法行为与他们的委托相抵触时，人民仍然享有最高的权力来罢免或更换立法机关。……权力又回到当初授权的人们的手中"。[5]人们委托立法权的目的是为了保障生命权、健康权、自由权和财产权，并且，人们在建立政治国家时，仍然保留了反抗权等自然权利。在洛克看来，议会是按照人民的委托来行使国家最高权力的，一旦这种最高权力未按委托的目的行使，或者说，人民主权在实现的过程中和人权相冲突时，则人权居于优先地位，人民有权起来推翻现有的政府另立政府。洛克的理论也是近代以来宪政理论的主流，法国的孟德斯鸠、美国的联邦党人以及英国的休谟、哈耶克等等的理论都反映了这种立宪思想。这种主流宪政理论一般都是从"无赖原则"出发的，认为人类大都自私、贪婪、爱统治别人，因此，"在设计任何政体和确定对该体制的一些制约、监控机构时，必须把每个政府成员设想成为无赖之徒，并假定他的一切作为都是为了谋求私利，别无其他的目的"。[8]他们从这种消极人性出发，设计出对国家权力的积极防御的制度，强调国家权力源于公民权利，国家权力必须在公民授权的范围内活动，否则，人们有权推翻现有政府，建立新政府。

现代民主国家，一方面，由于地域广阔不

再可能像古希腊那样实行直接民主，人民主权往往采取代议制的实现形式。人民通过选举的方式产生代表人来代表人民行使国家权力，人民对代表具有监督权、罢免权等，以保证人民的意志能够得到代表，人民的权利得以实现。这时，人权是作为民主立法的一种限制而存在的，人权与人民主权的紧张可能表现为代议机关通过的立法侵犯公民的基本权利。另一方面，洛克主张人权优先于人民主权，在实践中就是公民个人权利优于政府权力。现代社会，人们对法律制度不满，不可能像对某一团体制度和比赛规则的不满一样可以随时退出，人们的生活须臾不可离开国家及其由法律制度提供的秩序，离开国家而能单独存在的权利是不可想象的。洛克的解决路径就会出现这样问题，如何既保障公民的权利又维持一国的法律秩序？

（二）宪法人民主权与基本人权原则之间的张力二：人民主权优先

卢梭是人民主权理论的集大成者，同时也反映出他理论中的人民主权与人权之间的紧张。应该说，卢梭终其一生都致力于解决这二者之间的张力问题，管没有成功。

一方面卢梭试图通过社会契约来保障天赋权利、独立和自由。卢梭认为，自然状态是人类的黄金时代，每个人都是彻底独立的、自由的和自主的，人们之间存在着自然的自由和平等以及天然的自爱之心和怜悯之心。随着私有制的建立不平等产生了，人们不再是独立、自由的个体，而是越来越依赖于他的创造物了，即出现了人的“异化”，人们变得具有妒忌、野心、尔虞我诈、贪婪了，自然状态演变为恐怖的战争状态。因此，需要找到走出战争状态的出路。卢梭指出：“要寻找出一种结合的形式，使它能以全部共同的力量来卫护和保障每一个结合者的人身和财富，并且由于这一结合而使每一个与全体相联合的个人又只不过是在服从他本人，并且仍然像以往一样自由。”在这个结合中，每个结合者自身及自身的一切权利、财产全部转让给共同体。[9]这样，人们通过社会契约建立了一个新的道德共同体，人们在这个共同体中丧失的仅仅是自然自由，获得的是社会自由和所有权；人类过去只是善的动物，在自然状态下是按照本能行事；在共同体中，他是道德的存在物，他的能力得到了锻炼和提高，思想开阔了、情感高尚了，他从一个局限的动物变成了一个有智慧的生物，变成了一个人。[9]

另一方面，主权又是最高的、绝对的、不可代表和不可分离的。社会契约本质上是一种公意，公意产生主权，即人民主权。主权是公意的表现和运用，当公意与公民个人的意志发生冲突时，公意或者说人民主权居于优先地位。“社会公约也赋予政治体以支配它的各个成员的绝对权力。”[9]每一个公民都应对它尽所有的义务，“任何人拒不服从公意，全体就要逼迫他服从公意”。[9]

“卢梭的出发点是公民自主的构成，尤其强调人民主权和人权之间的内在关系。”[10]但卢梭理论中的这两方面存在是相互排斥的。正如施特劳斯所评价的：“有时他诚挚地为个人或心灵摆脱一切限制或权威的权利而辩护；有时他又同样地诚挚地要求个人完全顺从于社会或国家，站在了苛严的道德或社会戒律这一边。”[11]卢梭认为，从“无赖原则”出发的国家制度设计仅仅旨在维护秩序，把人降低到最低下的一般水平，不仅丧失了人的自然怜爱之心，更不能帮助个人实现自我完善的目标，不能使人优秀，人权何以保障和发展呢？同时，这种共同体也不足以引起人们对它的忠诚和对公共生活的热爱，而公民对公共生活的冷漠是孳生专制和政治腐败的源泉。所以，卢梭已经敏锐地看到了近代宪政国家中人权和人民主权之间的紧张，他企图通过建立道德共和国来解决。但正如哈贝马斯所质疑的，卢梭所设想的这种共同体的法律秩序如果不是一种强制秩序的话，这种共同体必然是小型的，可以通过共享的传统文化整合，而且其成员必须得具有超乎寻常的公民美德。[10]在近代以来的利益分化的多元社会，这种理论显然与现实格格不入。卢梭的洞见在贡斯当的理论中表现为现代人的自由与国家权力的紧张。如何使制度既尊重公民个人的权利同时又保障公民对公共事务的影响，是卢梭、贡斯当等思想家想解决的矛盾，这也说明人权与人民主权之间的张力是宪法，乃至整个近代以来的政治理论关注的核心问题。

分析实证法学认为，法律是由具有上下级位阶规范组成的一个具有不同效力等级的体系。下位法来源于上位法，处于等级顶端的是宪法，这个最高效力的法律规范，或者来自于“主权者的命令”，或者是“基本规范”或“承认规则”。法律的合法性来自于合法律性。人权或者公民权利并非天赋的，不可剥夺的，而是来源于实证法。实证法学的合法性来自于人民主权原则保障的民主的立法过程中，权利产生于立法，所以，人权是位于人民主权原则之下的。

人权优先或人民主权优先，在某种程度上可以分别理解为政治理论中的“自由主义”的取向和“共和主义”的取向。自由主义者由于恐惧“多数人暴政”的危险，而假定人权具有优先地位，公民个人的权利是国家权力合法性的根据和目标，国家具有工具性的价值，人权为政治立法者的主权意志设定限制。与此相反，共和主义者重视公民的自我组织，强调政治共同体具有不可加以工具化的内在价值，相对于具有政治性的共同体来说，人权仅仅在私人自主范围内具有约束力。美国宪法学家米歇尔曼就发现了美国宪法传统中的这种张力：⑫一方面是以天赋人权为基础的无人称的法治，另一方面是通过人民的主权意志而自我立法的共同体的自我组织。在人权和人民主权关系上，自由主义和共和主义都认为是竞争关系，而非相互补充的。总的来看，洛克的理论更接近于自由主义理解，卢梭的理论更接近于共和主义的理解。

（三）宪法人民主权与基本人权原则之间的紧张产生的问题

正如哈贝马斯所总结的，自霍布斯以来，建立在契约自由和财产权利基础上的资产阶级私法的规则，被当作是一般意义上的法律原型。根据自然权利，每个人都有权抵抗他人侵犯，国家产生后合法地垄断了强制力，抵抗他人的强制力不再由个人直接行使。在实在法中，个人行使的强制力变成提起诉讼的权利。同时，个人自由得到了与之同构的抵抗国家暴力权利的补充，以保护拥有权利的个人免受国家机构对其生命、财产和自由的非法干预。也就是说，国家对法律实施的事实性与法律的制定中论证的合法性力量彼此接合起来了。

人民主权原则高于人权原则，易导致国家权力对公民权利的限制，以保障人权之名来限制、削减权利，人民主权也可能退化为极权政治。正如贡斯当批评卢梭时所说的：“如果你确信人民主权不受限制，你等于是随意创造并向人类社会抛出一个本身过度庞大的权力，不管它落到什么人手里，它必定构成一项罪恶。”⑬人权原则高于人民主权原则，将会导致政权的不稳，也为借维护人权之名行专政之实留下了空间；同时，由于人的各种先天和后天条件的差别，人权优位也必然导致社会的不平等。

实践中宪法人民主权与人权张力，表现为对公民反抗权或者不服从权利的态度。20 世纪 60 年代的美国就出现了公民的反抗权与维护法律秩序之间的两难选择的事情。越南战争是美国历史上最不得人心的战争，它夺去了 5.6 万美国人的生命，30 万人受伤，直接战争费用约 1500 亿美元，给许多美国人带来了严重的心灵创伤。1965 年以后，随着越战问题的突出，美国国内积累已久的反战情绪首先在大学里迸发出来，青年学生的反战运动很快吸引了社会其他阶层，发展为全国性的声势浩大的运动。很多人拒绝服兵役，焚烧征兵卡或逃亡国外。到 1969 年 10 月 11 日，全国有数百万抗议者参加了反战活动。这种情况下公民是否有违反法律的权利，或者审理此案的法官该如何裁判？换句话说，当人权与由人民主权所确立的立法关系紧张时，法官是否可以只问什么是法律的规定而不问什么是正义？如果宪法的有效性要求法官忠于法律，这实际上很难与上述事件相协调。正如拉德布鲁赫所指出的：一个被告可能与一个法官是对立的，法官在良知上会认为所有被制定出来的法律都是有效的，而被告的良知则认为，一切不正义的、非合目的性的法律都是无效的；相对于被告来说，法律只能证明它的权力，绝不能证明它的有效性。而“信仰犯”的案件只是证明了，对他来说是无可奈何的事，它只能是一个货真价实的悲剧。

对于宪法来说，宪法原则是整个宪法的精神和灵魂，是宪政运动的纲领和宪政实践的指导思想。宪法原则之间的张力也会导致宪法有效性降低，使宪法不能胜任对社会生活的调节和整合，最终削减宪法的权威。所以，必须找出沟通宪法人民主权和人权原则之间关系紧张的途径。

三、宪法有效性对人民主权原则与基本人权原则的沟通

实践中的基本人权与人民主权之间的张力在于其背后的法律理论。哈贝马斯认为，过去的法律理论要么将人权视为政治权力合法性的依据和来源，要么将人权视为国家意志下的由法律规定的权利，它们都缺少了一个商谈性意见形成和意志形成过程和合法化力量。他用法律商谈形成的宪法的有效性来力图解决这种紧张。

（一）通过商谈的宪法有效性

法律的有效性在法哲学中占有重要地位，几乎是所有的法学流派不可回避的问题。提比特认为自然法学和实证法学面临的共同问题是："什么是法？""法从何处产生？"对前者的回答有赖于后者。[14]考夫曼教授曾指出：全部法哲学问题可以归结为"什么是正确的法"以及"如何认识及实现正确之法"。[15]从另一个角度来理解这两个问题，就是关于法的合法性与法律的遵守和服从的问题，也就是关于法的有效性问题。而法的有效性是法哲学的一个迄今尚未解决的难题。对此，考夫曼教授曾引用埃姆格教授的陈述予以说明："了解此难题，意味已洞察法律哲学的整体结构。"[16]但在*Black' s Law Dictionary*中尚未见单独的validity和validity of law的词条；在著名的《牛津法律大词典》（中译本）中，250个以"法"或"法律"为词头的条目中，亦未见"法的有效性"或"法律效力"。英语世界的学者似乎不屑的问题，在德国法学研究中却很常见，德国当代哲学、社会科学大师哈贝马斯的《在事实与规范之间》一书的核心就是法的有效性问题。

根据德国法学家阿列克西的理论，有效性可以分为社会的有效性、伦理的有效性、法律的有效性和心理的有效性四种。社会的有效性是指规范得到遵守，或者未被遵守时将受到制裁，社会的有效性即"实效"或"功效"。伦理的有效性是指法律的道德约束力。心理的有效性是法律对人民施加心理影响和人民（主要是官员）接受其约束的心理态度。法律的有效性包括广义的和狭义的两种。广义的法律的有效性包含了上述法律的社会有效性和伦理有效性；狭义的法律有效性，是指当一个规范由有权机关依规定的方式创设时，这一规范所具有的法律上的有效性。其他的法学家，如德国法学家拉德布鲁赫、魏德士等人，仅是静态描述法的有效性的某些方面，没有论及法的有效性各方面之间的张力及对张力的沟通问题。而这是哈贝马斯的经由商谈的法的有效性理论的核心。

哈贝马斯的法的有效性理论是以交往理性为基础构建起来的，他用交往理性取代实践理性。哈贝马斯认为，作为一种主体能力的实践理性的概念，是一种现代的特产。在亚里士多德的理论中主体其实就是"实体"，将这一概念框架转变为主体哲学的前提，其不利方面是使实践理性脱离了它扎根的文化的生活形式和政治生活秩序。有利的方面是将个人幸福和道德自主——即人类作为私主体的自由——与实践理性联系起来了。[17]但在祛魅的、高度复杂化的现代社会，这种实践理性遇到了前所未有的困难，在资本主义发展进程中，"理性越来越被局限于目的一手段的关系，萎缩成工具理性"[18]，不能成为现代社会法律的基础。另一方面，"后尼采主义"和"社会科学的功能主义"对理性的全盘否定，又走向了另一个极端，这也是不可取的。

如何走出工具理性的弊病呢？哈贝马斯认为找到了切入点，即用"交往理性"取代"实践理性"。交往理性区别于实践理性的，首先在于它不再被归诸于单个主体或国家——社会层面上的宏观主体。相反，使交往理性成为可能的是语言媒介，通过这一媒介，诸多互动连接在一起、生活形式得以被重构。这种合理性存在于相互理解的语言目的中，形成了一组既允许又限制的整体条件。任何人，只要用自然语言来同他的对话者就世界中的某物达成理解，"必须从这样的前提出发：参与者应该无保留地追求他们的语内行动目的，他们的同意是同对

与可批判的有效性主张的主体间承认相联系，并表现出准备承担来自共识的那些同以后交往有关的义务”。[10]其次，交往理性不再像实践理性那样是行动规范的源泉。只有当行动者必须承担一个与事实相对应的语用假设时，它才具有规范内容，即：行动者“为所说的话语提供超越情景的有效性主张，承认对话者具有对己对人的责任能力，也就是自主性和真诚性”。[10]他认为，一个有效性的法律不能通过单一主体而形成，只有按照合理的程序，经过公共的辩论和理性的审察，在互主体间的共识基础上才能获得。

在哈贝马斯看来，在等级社会和近代早期的法律秩序中，是根植于全社会的伦理状况的情境之中、隶属于超实证的神灵的法律权威。在现代祛魅化的、分化的多元社会，科学的发展已经使人类把目光从超验的上帝转向了自然界和现实社会，形而上学的和宗教的世界观已经崩溃，传统的以信仰和威严建制的社会整合功能已经受到极大削弱。尤其是，现代经济社会人们对自我利益的追求不仅可能而且必要，因此越来越多地从社会结构上来说不可缺少的策略性的互动被释放出来了，人们之间的行为冲突越来越多。在上述策略行动者与交往行动者相互排斥的取向中，社会整合如何可能？哈贝马斯认为：“走出这种困境的一条出路是对策略性互动的规范性调节，对此行动者们自己要达成理解。”“那么规范，那些适合于对策略性互动加以社会整合的限制、因而进行对所有参与者都具有约束力的调节规范，必须满足两个从行动者眼光来看无法同时满足的相互矛盾的条件。一方面，这些规则要作出一些事实性限制，这些限制会改变有关信息，以至于策略行动者觉得有必要对其行为作一种客观上有利的调整。另一方面，这些规则又必须表现出一种社会整合力来，因为它们对其承受者施加了一些义务——根据我们的前提，这些义务只有在主体间承认的规范性有效性主张的基础上才是可能的。”[10]也就是说，在祛魅的、多元的、以策略取向为主的现代社会中，主体间承认的法律规范的有效性是整合的中介。

哈贝马斯认为，法律是一种张力的存在。法的有效性就是要沟通法律的各种张力。法的有效性包括两层：强制和自由。一方面是社会的或事实的有效性，即得到接受；另一方面是法律的合法性或规范有效性，即合理可接受性。法律规范的社会有效性，是根据它们得到施行的程度，也就是事实上可以期待法律同伴的接受程度。它的基础在于人为确立的事实性，即从法的形式方面加以定义的、可以向法院提请强制执行的事实性。规则的合法性的程度取决于对它们的规范有效性主张的商谈的可兑现性，归根到底，取决于它们是否通过合理的立法程序形成的，或者至少是否曾经是有可能在实用的、伦理的和道德的角度加以辩护。规则的合法性是独立于它事实上的实施。但社会的有效性和事实上的遵守，是随着法律共同体成员对合法性的信念而发生变化的，而这种信念又是以对合法性、也就是对该规范的可辩护性的预设为基础的。一种法律秩序的合法性程度越低，或至少是被认为合法的程度越低，就越依赖于威胁、环境力量、习俗和纯粹的习惯等因素。[10]也就是说，不具有合法性的规则虽然在一时可以通过强制而得到遵守，但终究不能长久，法律秩序的稳定有赖于同时满足有效性两个方面的法律。

哈贝马斯所说的法律有效性的两个方面，即法律的合法性和事实有效性，实际上就是考夫曼教授总结的法哲学的两个基本问题，哈贝马斯用法律商谈理论来协调法律有效性两者之间的张力。宪法的有效性是隶属于法律的有效性的。

宪法的有效性也包括强制和自由两个成分，即宪法因具有强制性而得到接受，以及宪法是合法性，即具有合理可接受性。宪法的强制性可以说是宪法的“暴力”，它必须以合理的可接受性为前提，否则，就是赤裸裸的强权。正如萨义德所说：“为了正义的目的，法律的暴力有时是必要的，并且，法律并非自动地获得暴力，而是被极其认真地提供的，所以，法律必须是暴力的，但法律的暴力必须很谨慎的使用。”[19]由此可见，一国以宪法为核心的法律秩序的稳定，取决于宪法自身的合理可接受性以及基于此的得到接受。宪法的人民主权原则是逻辑起点，人权原则是价值追求。“人权的包容意义全在于私人享有平等的自由，而公民享受政治自由则应当服从一种完全不同的逻辑。……能够参与民主统治的公民，必须摆脱其私人特征，而转变成为一个有政治意识的国家的成员。”[20]人权与人民主权之间的内在联系在于：人权本身要求公民的公共交往实践必须在法律上得以制度化，人权使得人民主权的合法行使成为可能，但它不能作为外在的约束而强加于这一实践。[20]“一般而言，没有法人的私人自主，便不存在法律。作为一种结果，如果缺少保障公民私人自主的基本法，便没有媒介能够使公民运用公共自主的条件制度化。因此，私人自主与公共自主互为前提，无论是人权，还是人民主权，都不能宣称自己具有优先性。”人权不可专断地放到人民主权之上，也不可相反地居于其下。如果民主制度下的立法者把人权当作类似于道德事实的东西，而目的只是把人权实证化，实际上是人民主权优先。从外在表现看，合法性来自于以人民主权原则为基础的立法程序，即宪法规范的承受者必须同时作为一个整体，也是宪法规范的理性的创制者。“只有当法人在行使其公民权的过程中能够领悟到自身便是那些他们作为受众而必须遵从的法律的创造者，他们才可能是自主的。”[20]

（二）宪法有效性对人民主权与基本人权原则的沟通

宪法基本人权原则与人民主权原则相互依存，这一点在我国已有学者论及，例如，“宪法基本人权原则与人民主权原则是一致的，相互依存。一般讲，人民主权原则是基本人权的前提，没有人民主权，实际上不可能实现基本人权。同样，没有人权，人民主权也会变成‘空中楼阁’。……在坚持人民主权的同时，尊重和保障人权，这就是宪法原则的本意。”[4]但人权与人民主权原则之间的张力也是不争的事实，此处的这般强调也暗含了这层关系。至于如何沟通二者之间的紧张，则没有论及。哈贝马斯提出的通过法律商谈而形成的宪法有效性理论为人权与人民主权的沟通找到了一种出路。这里需要指出的是，正如上文所说，基本人权是人权的核心部分，这里的人民主权与人权之间的沟通包含了宪法人民主权与基本人权原则的沟通。

按照哈贝马斯的理论，宪法不同于自然法学中的拥有“天赋人权”的个体之间的“社会契约”，也不是奥斯丁的“主权者命令”、凯尔森的“基本规范”、哈特的“承认规则”等等，包括宪法在内的法律毋宁是主体之间商谈的结果。宪法中的人权与人民主权原则之间并非竞争关系，而是互为前提、相互证成的，法律形成于公民的自我理解，法律的承受者同时也是法律规则的创造者。

首先，宪法合法性的前提是自由、平等的共同体成员参与立法。现代世俗社会，法律的合法性不能再来自于宗教、形而上学的世界观了。包括宪法规范在内的法律规范是一定时空的共同体成员的生活规范，它只有形成于“每个人都有平等机会行使对具有可批判性和有效性主张表示态度的交往自由”[10]中的共识，才具有合法性；其合法的程度“取决于它在多大程度上确保其公民的私人自主和政治公民自主这两种同源的地位”。[10]参与制定共同体的法律是公民应该享有的基本政治权利，这一权利使公民成为“法律的创制者”。作为法律的创制者遵守他们自己制定的法律是理所当然的事了，这样，法律的承受者也是法律的创制者。另一方面，这种权利也是公民的一项义务，否则，公民仅仅是沉湎于自己的私人生活，而将公共政治交予少数代表，这正是贡斯当所担心的“自由的现代人”易生的“多数人的暴政”，或者托克维尔所担心的“柔性专制”。

其次，公共领域的形成是载体。哈贝马斯认为，公共领域是介于国家和社会之间进行调解的一个领域。在这个领域中，参与者彼此平等，私人就政治性问题展开理性的批判的公共辩论，是各种自由、无强制性意见的集散地。“在整个18世纪，公共舆论都被当作是那些建立在争论——理性主义概念之上的规范的潜在立法资源。”[21]在公共领域中形成共同意见和意志、达成关于社会规范的共识，“公共领域的协商达成共识后，经过机制或国家‘公众信息流’传递给国家，传递的机制主要是选举与媒体”。[22]

最后，要做到以上两点，宪法必须确保每个人的权利得到所有其他人的普遍承认，不仅如此，每个人的权利和其他人的普遍承认还必须建立在合法的宪法之上。宪法的合法性依赖于一种交往的安排：作为合理商谈的参与者，法律同伴必须有可能考察有争议的规范是否得到、或有无可能得到可能的相关者的同意。因此，宪法人权和人民主权原则之间的内在关系就在于，宪法权利体系恰恰是政治自主的立法过程所需要在宪法上建制化的。公民的私人权利既不能置于他们的政治自主之上，也不能置于政治自主之下，而是互为前提的。所以，人权既不是作为道德权利、作为外在限制加在主权立法者之上，也不是把人权工具化，作为实现立法者目标的功能性条件。宪法权利体系是人权原则的体现，公民政治自主的立法过程是人民主权原则运行的表现，在通过商谈形成的宪法有效性中，人权与人民主权是同源的。在宪法层面上，一方面，人民主权在商谈性意见形成和意志形成过程中获得宪法形式；另一方面，人权的实质就在于这种商谈过程得以宪法建制化的形式条件之中。

一方面，人是政治的动物，人不能离开国家过离群索居的生活，人们必须尊重和服从国家权力；另一方面，人作为独立、自由的个体，应该享有人之为人的权利，任何共同体都应该尊重和保障人的权利。人民主权和人权都不能抛弃，人民主权与人权之间的张力也是持续的，正是这种持续的张力为法律商谈提供了存在的根据，而通过法律商谈形成的宪法的有效性也起到了沟通二者的功能。但宪法毕竟是一定时空范围内的概念，哈贝马斯也明确指出："法律规则不像道德规则那样对一般意义上的说话和行动的主体可能互动进行规范，而仅仅规范一个具体社会的互动关联。"[⑩]宪法所调整的只是"特定法律同伴联合体"之间的关系。所以，宪法中的人权原则也必定是一国之内的。宪法人民主权与人权原则之间的沟通是受"历史时间和社会空间限制的"。[⑩]

当然，对于哈贝马斯试图利用通过商谈形成的宪法有效性来沟通人民主权和人权之间的张力，在学界也招致了不断的批评。考夫曼认为，"共识的正确性只是一个多数的问题，不是内涵的问题"，它无法回避接受多数共识的恶。[⑯]莱斯诺夫批评哈贝马斯用大量篇幅来论证一个几乎不可能的命题，即"人民主权和人权之间互为前提"。[㉓]但哈贝马斯认为："通过公正和合理程序达成的、符合有效性要求的话语共识，绝不会成为多数人话语的暴政，因为，在话语论证过程中，每一个主体的话语权利都在程序和规则上得到保证，都能充分地得到行使。"[㉔]或许，哈贝马斯的包括宪法在内的法律有效性理论只是提供一个理解人民主权与人权之间张力的路径，是为现实的不合理提供一面时时警惕的镜子。

邓小平同志在总结我们党的历史经验和教训时，曾精辟地指出"关键在于制度"。宪政建设关键也在于制度。在资本主义制度下，宪法中人民主权与基本人权原则之间的紧张是不可避免的，不管是谁提出何种良方在本质上都无法解决这一张力，包括哈贝马斯的商谈论在内。只有在社会主义制度下，由于人民的根本利益是一致的，才能从根本上解决人民主权与基本人权之间的张力。不过这也需要一个过程，需要在实践中不断探索。这既是一个法学理论问题，也是一个历史发展问题。我们相信，未来社会一定是："每个人的自由发展是一切人的自由发展的条件。"[㉕]

参考文献：

①周叶中．宪法［M］．北京：高等教育出版社，2001.

②［英］阿伦·布洛克．西方人文主义传统［M］．董乐山译．北京：三联书店，1997.

③约瑟夫·A. 凯米莱里，吉米·福尔克．主权的终结［M］．李东燕译．杭州：浙江人民出版社，2001.

④李龙．宪法基础理论［M］．武汉：武汉大学出版社，1999.

⑤［英］洛克．政府论（下）［M］．叶启芳，等译．北京：商务印书馆，1997.

⑥［美］乔·萨托利．民主新论［M］．冯克利，等译．北京：东方出版社，1993.

⑦秦前红．论宪法原则在刑事法制领域的效力：以人权保障为视角［J］．法商研究，2007（1）：65.

⑧［英］休谟．论议会的独立性［M］//张若衡．《休谟政治论文选》．北京：商务印书馆，1993.

⑨［法］卢梭．社会契约论［M］．何兆武译．北京：商务印书馆，1980.

⑩［德］哈贝马斯．在事实与规范之间：关于法律和民主法治国的商谈理论［M］．童世骏译．北京：生活·读书·新知三联书店，2003.

⑪［美］施特劳斯．自然权利与历史［M］．彭刚译．北京：三联书店，2003.

⑫Frank Michelman，*laws' republic*，The Yale Law Journal，Vol. 97，pp. 1506—1507.

⑬［法］贡斯当．古代人的自由与现代人的自由［M］．阎克文，刘满贵译．北京：商务印书馆，1999.

⑭Mark Tebbit，*Philosophy of Law*：*AnIntroduction*，London&New York：Routledge，2000，pp. 10—11.

⑮［德］考夫曼，等．当代法哲学与法理导论［M］．郑永流译．北京：法律出版社，2002.

⑯［德］考夫曼．法律哲学［M］．刘幸义，等译．北京：法律出版社，2003.

⑰J. Habermas，*Between Facts and Norms*：*Contributions to a Discourse Theory of Law and Democracy*，translated by WliiiamRehg，The MIT Press，p. 1.

⑱章国锋．关于一个公正世界的“乌托邦”构想［M］．济南：山东人民出版社，2001.

⑲Austin Sarat，*Law*，*Violence*，*and the Possibility of Justice*，Princeton，N. J：Princeton University Press，2001，p. 10.

⑳［德］哈贝马斯．包容他者［M］．曹卫东译．上海：上海人民出版社，2002.

㉑［德］哈贝马斯．公共领域的结构转型［M］．曹卫东，等译．上海：学林出版社，1999.

㉒李龙．论协商民主——从哈贝马斯的“商谈论”说起［J］．中国法学，2007（1）：33.

㉓［英］迈克尔·H. 莱斯诺夫．20世纪的政治哲学家［M］．冯克利译．北京：商务印书馆，2002.

㉔章国锋．哈贝马斯访谈录［J］．外国文学评论，2000（1）：30—31.

㉕马克思恩格斯选集：第1卷［M］．北京：人民出版社，1995.

（《法律科学（西北政法大学学报）》2008年第1期，李龙系武汉大学法学院资深教授、博士生导师；李小萍系武汉大学法学院2005级博士研究生）

人权文化的缺失与国家对人权文化的培育

■董　皞

党的十七大报告在全面部署中国特色社会主义民主法治建设的战略任务中，对法制宣传教育工作提出了明确要求：“深入开展法制宣传教育，弘扬法治精神，形成自觉学法守法用法的社会氛围”。贯彻落实十七大精神，深入开展法制宣传教育，大力弘扬法治精神，关键在于国家对人权文化的培养。社会主义法治精神包括秩序、自由、正义、民主、人权等思想内涵和价值要素，是推进社会主义法治进程的精神支持和动力保障。2004年，宪法修正案中增加了“国家尊重和保障人权”的规定，这是我国人权事业发展史上的一个重要里程碑。国家尊重和保障人权不应仅仅体现在引导经济发展和增加物质财富上，而且应当注重人权文化的培育，只有当一个国家和社会充满尊重人、关心人的气氛和情感的时候，这个国家才是真正为人民谋利的国家，这个社会才是一个人人平等、充满道德的社会。

一、人权文化缺失的历史探究与现实分析

在现实中之所以会出现这些与构建和谐社会，坚持以人为本的发展道路不相和谐的变奏，从表面上来看是因为人们思想道德素质不高和良好的社会道德风尚没能形成，但进一步思考，这种冷漠的背后透射出的是我们整个社会人权文化的缺失。

（一）传统与历史上个人生存的附属性

中国的传统文化中没有严格的权利观念，

它是在农村自然经济和宗法制度上建立起来的，具有非常强的等级和伦理性，重义务轻权利，重集体而轻个人，要求个人服从群体的、社会的利益，严格遵守个人在家庭、社会和国家中的角色，认为个人只有在隶属他人的关系中才有存在的价值，这与强调个人权利的西方文化传统是完全不同的。新中国成立之初，我国实行的是计划经济体制，国家是全部社会生活的组织者和管理者，社会结构呈现出纵向单一性的基本特征，国家与社会合二为一，国家通过行政体系对经济和社会生活实行全权管理。而社会中的每个人则被控制在这个体系中，个体依附于组织即单位，而单位又依附于政府。对于国家的方针、政策，人民只要“紧跟”、“照办”即可，个人的主体性不能得到充分发挥，加上传统文化中尊尊、亲亲思想的根深蒂固和建国初期社会主义国家建设的巨大成就，导致了个人对国家的信仰与崇拜，也加剧了个人对国家的依赖，因此，思想文化领域强调的是集体主义、无私奉献，个人的价值未能得到应有的关怀。

（二）经济体制改革与文化信仰缺位并存

随着我国社会主义市场经济体制改革的进行，原有的计划经济体制被逐步打破，社会结构开始变迁。如果说在计划经济中服从和纪律是对人的基本要求，那么市场经济要求于人的则是主体性，个人逐渐不再依赖、附属于一定的组织，开始成为独立的主体，原有体制下的旧的信仰随即被打破，但是与现有体制匹配的新的信仰却没有相应建立起来。虽然个人的主体性被渐渐唤醒，但是个人在精神上却经历着从未有过的迷惘，于是自私、冷漠、唯利是图的本性部分占据了人们的心灵，现代市场经济发展所必需的社会公平观念与人文关怀意识在文化领域并未随着经济体制的改革得到有力的提倡，从个人到政府都未能达成对人权文化的约定，整个社会弥漫着对物质的欲望。

二、构建人权文化的经济和政治基础

人权文化缺失，需要用构建新的人权文化来弥补。然而人权文化构建并非是空中楼阁，它的形成离不开一定的经济政治基础。我国改革开放以来经济建设取得的巨大成就为中国人民生存权和发展权的发展提供了坚实的物质基础，同时，社会主义民主政治的发展为人民参政议政、行使当家做主的权力创造了丰富的内容和形式。虽然现阶段我国市场经济的发展过程中出现了贫富差距拉大等不利于社会公平的现象，政治生活中还存在以言代法、以权压法以及选举权的城乡差别等需要改进的问题，但不论是政治经济发展中的积极因素还是消极影响都在各自的方面促进了人权意识的萌芽和生长，在日常生活中也越来越多地听到人们使用“人权”这一词汇。可以说，我国经济政治的发展催生了关于人权的社会心理，从而为其进一步发展成为人权社会观念乃至人权社会意识形式，完成人权文化的构建奠定了必要的基础。

三、国家对人权文化的培育

对人权文化培育是国家的紧迫任务与重要责任。党的十七大报告指出，文化越来越成为民族凝聚力和创造力的重要源泉，越来越成为综合国力竞争的重要因素。作为上层建筑的先进人权文化，必然会对社会主义市场经济的健康发展起到巨大的推动作用。同时，国家成立、存在和运行的最大目的，就在于促进人权保障的实现，在我国的宪法序言中明确写到，推动物质文明、政治文明和精神文明协调发展，是国家的根本任务，政治文明包括政治观念、政治制度、政治程序、政治行为、政治文化等合符人类理想和社会进步要求的成果，培育人权文化属于建设政治文明的题中之意，因此，对人权文化的培育就成为了国家的一项重要责任。为促进人与人之间的相互尊重、包容与关怀，使人的尊严、自由和权利能够成为社会所认可和接受的价值体系，国家应当从以下几方面培育人权文化：

（一）通过立法明确国家培育人权文化的责任

在实行法治的国家，推进人权教育首先应当通过立法明确国家人权文化培育的责任。例如，日本《人权教育与人权启发法》明确规定：“国家拥有制定有关人权教育及人权启发政策及政策实施的责任与义务。”我国《宪法》第24条规定：“国家通过普及理想教育、道德教育、文化教育、纪律和法制教育，通过在城乡不同范围的群众中制定和执行各种守则、公约，加强社会主义精神文明的建设。”这为进行人权文化培育立法提供了宪法依据。我国也应当通过制定有关法律为国家实施人权文化培育的各项措施奠定法律基础。

（二）制定和实施人权文化培育的计划和方案

这主要属于国家行政机关的任务，国家的行政机关、教育部门可以通过制定行政法规、规章等规范性文件的方式来明确规定人权文化培育的实施计划和方案，把人权教育纳入国民教育体系。

（三）国家立法中应体现人的目的性和主体性

国家的各项立法中应当贯彻维护人权的基本理念，体现国家对人权的重视，利用法律强制力的推动力量，通过法的实施形成尊重人权的法律文化与社会习惯。例如民事法律的价值取向应倾向于个人本位，归责原则由过错责任转向无过错责任，刑事法律中加强对弱者的保护，对侵犯、忽视人权的行为追究较重的刑事责任，行政法律中应当更多体现相对人的参与性，社会立法中更应该关注人权的保障、救助，例如，安全监管的法律应当明确规定矿主必须首先考虑人的生命安全。

（四）充分利用政府以外的社会力量

人权文化的培育需要多方力量协同完成。除由国家履行人权文化的培育责任外，尚需要利用第三部门、媒体、社区的力量来促进人权文化的培育。国家可以与第三部门合作举办专题研讨，编写教材，培训人权教育师资等；对于媒体而言，更应当树立人权维护与保障的理念，通过正确的舆论导向引导人们树立尊重人权的社会价值观，事关人的生命的新闻应当头版头条报道；人权文化的培育应走进社区，开展多种形式的人权宣传教育活动，通过互助、送温暖等实际行动体现对人的关爱。

（《广州大学学报（社会科学版）》，2008年第1期，作者系广州大学教授）

“预付人权”：一种非西方的普遍人权理论

■赵汀阳

一、如何超越人权的知识政治学

人权已经发展成为一个虽无宗教之名而有宗教之实的西方新宗教。人权成为西方新宗教标志着西方现代性的完成以及随之而来的终结（完成往往意味着终结）。现代以来，以人的主体性为基本原则的现代性消解了神的权威，尽管基督教在今天仍然是个具有相当力量的传统精神象征，但已经退化为次要的意识形态；自由主义虽是现代社会的主流意识形态，但特殊的政治偏向使它仅仅是“自由世界”的政治话语而难以成为普遍意识形态。这意味着，现代长期缺乏一种能够一统江湖的最高意识形态。现代的物质世界早已成熟，但其精神无主的状态表明现代性没有完成。在此背景下，人权观念巧妙地消化了基督教和自由主义资源而成为新宗教，人权在今天的地位几乎相当于基督教在中世纪的地位。人权实现了由思想向信仰的转变，可是当人权变成拒绝怀疑的信仰，它在思想上就死了。以人权为依据去批评各种事情就好像是不证自明的正确的政治行为，而对人权的质疑也都好像变成了天生不正确的政治行为。

单就理论潜力而言，人权确有条件被做成一个超越文化特殊性的普遍观念。但人权本来的学理性被宗教性和政治性所掩盖，变成西方用来攻击其他文化体系的一个政治理由。理论与政治的偷换弄脏了人权概念。在这里，我们试图纯化人权概念，消解人权的知识政治学，使之纯化为一个学理问题。

人权概念起源于西方，但对于一个被公共化的共享概念，历史背景不意味着解释的特权。假如一方面人权被认为是普遍的而非专属的，另一方面又把人权的解释权看作是西方专有的，这是无理的矛盾。既然人权被认为是普遍有效的概念，它就必须在理论上是开放的，在文化上不可以设限。假如人权只能按照西方偏好和标准去定义，人权就只是个西方的地方性概念，也就不能用来批评其他文化。因此，人权不是既定的而是一个允许对话和辩论并且可以重新解释和定义的公共概念。在“去历史化”和“去西方化”之后的人权才可能成为一个普遍概念。显然，人权在理论上有着多种可选择的可能含义，在所有可能的人权概念之中最好的那一个，才有资格成为普遍的人权概念，而那个“最好的”人权概念只能是学理上最优的概念。这是重新确定人权概念的唯一正确方法。

不过，在西方话语霸权的影响下，西方价值偏好所规定的人权概念成为目前流行的人权解释框架，世界各国由于没有发展出别的更好的人权理论，在人权问题上就只好默认西方的解释框架，于是，即使反对西方的人权批评，也只能在西方所规定的框架内去进行辩护，这样就事先受制于人，完全没有主动权，无论什么样的辩护都自陷于被动。默认对方给定的不公正解释框架是一个严重的政治失误，默认心灵受制于人就等于出卖心灵，等于签订了精神上的无条件的投降条约。

非西方国家缺乏自己创造的人权解释框架，就不得不默认并且受制于西方的解释框架，因此所能想到的对西方批评的反驳策略主要是这样几个类型：（1）试图证明自己国家的人权状况已经逐步得到某些改善，并没有像西方所批评的那么糟糕；（2）反过来指出西方也同样存在着尚未解决的人权问题；（3）提出某些别的人权项目，试图通过增加人权项目来削弱批评。

这样一些辩护策略并不成功，不仅被动，而且弱势。策略（1）是非常不成功的辩护，因为预先承认了西方标准并且承认自己有错误，尽管把错误解释为客观条件限制所致，那也仍然是错误，既不能把错的说成对的，甚至也不能把大错说成小错；策略（2）是最幼稚的辩护，而且不成立，因为别人的错误不能用来为自己的错误辩护，更不是自己也犯错误的合法理由；策略（3）相对来说有些积极意义，但微不足道，至多稍微冲淡西方色彩，因为所增加的新项目只是在承认了西方框架的前提下才是有意义的，而且，新增加的项目没有理由成为基本项目而只能是补充性项目，因此终究缺乏力量。以上几种常见的不成功辩护策略表明了非西方国家在知识论上的失败。

这些策略失败的一个知识论原因是错误地承认某种游戏是唯一可能游戏，因此把西方定义的人权看作是既定的游戏。这里涉及对游戏理论（在哲学中称游戏理论，在经济学和政治学中也称博弈论）的一个基本理解。维特根斯坦相信游戏的根本问题是规则问题，它是所有制度及其实践模式的哲学基础。但维特根斯坦忽视了另一个甚至更根本的游戏问题，可以称之为“游戏种类选择”问题（维特根斯坦对规则的技术性困难更感兴趣，而忽视了游戏的政治学意义）。游戏的选择是一个前规则问题，它是游戏的原始出发点。生活总要进入某种游戏，但在把某种游戏确定为共同承认的游戏之前，存在着一个创造性的原始游戏，它是“选择游戏的游戏”，在这个特殊游戏中，所有规则都是未定的，而且正是需要被选择和规定的，这意味着在理论上存在着多种可能游戏，它们都是同等资格的候选游戏。选择了某种游戏就是选择了某种政治。人权必须被看作是个未定的游戏，这样就能够把问题退回到原始游戏状态也即退回到理论起点进行重新反思。

以学理去解构政治是拒绝话语霸权的最好方法，但有必要注意一种并不成功的学理策略，一般称作文化多元论或者相对主义策略。为了反对西方的人权批评，非西方国家往往以多元论或相对主义为理由去坚持自己的文化权利，例如亚洲有些国家的政治家和学者主张“亚洲价值”（类似的还有“伊斯兰价值”）去反对普遍主义价值观，其论证策略主要是强调价值观从属于文化，而不同文化之间缺乏可通约性。

如果一种价值观不承认普遍主义，就没有

希望成为普遍规范，就没有资格对世界问题说话。普遍主义价值观未必总是对的，但它却有应对普遍问题的气度、设想和责任感，这就是普遍主义的“普遍性”资格。地方主义虽然可以是一种文化保护主义策略，但无法应对普遍问题，因此，地方主义并不能真正解构话语霸权，最多是对话语霸权的一种未必有效的设限，而霸权仍然还是霸权。要真正解构话语霸权，唯一有效的做法就是去发现更好的普遍主义理论。各种文化之间存在着许多不可兼容的差异和冲突，如果把各种价值都说成是普遍价值，或许有助于互相尊重，却不能改变和解决任何问题，而全球化已经给定了普遍交往和合作的要求，于是必定需要一种能够获得普遍认可的并且能够解决共同问题的普遍价值体系。这样一种普遍价值体系目前尚未存在，它必须被构造出来。

二、西方人权概念的地方局限性

人权是典型的现代观念，现代观念又被认为是经过理性批判而建立的超文化观念，而超文化就同时是超历史的，这是现代普遍主义的梦想。以康德为典型代表的现代哲学家最理解理性的力量：只有理性才具有“普遍形式”，因此才能把某个观念整成普遍观念。但西方人权承载着太多的西方文化特殊偏好，并不是理性所能够消化得了的。我们可以通过检查西方人权所必需的一些基本假设，把伪装成普遍知识的西方人权概念还原为一种地方信念。

自基督教取代希腊哲学成为西方的精神主导，西方在价值观方面就再也没有越出宗教格式，人权就是西方的现代宗教。启蒙对神权的否定虽然导致了传统宗教的衰落，却继承了基督教的许多假设，只不过把神的宗教变成了人的宗教。新教以来，基督教不仅肯定了在上帝面前人人平等，尤其还肯定了每个人与上帝直接交通，这样就把平等的信念落实为平等的权利。来自基督教的平等观念成为现代性的重要基础，它至少支持了这样几个现代信念：（1）每个人不依赖于他人的独立价值；（2）每个人的平等价值；（3）每个人的个体价值相对于他人的绝对地位。因此现代性可以追溯到基督教，至少到马丁·路德。正是基督教把“人”这个整体单位真正分化成为个体。在此之前，虽然有“个体”，但个体总是属于共同体的，还没有完全独立的意义，而基督教通过建立每个人与上帝的直接神圣关系而压倒了人与人的世俗关系，于是每个人都从他人那里独立出来了成为“他自己”。在所谓“上帝之死”之后，已经独立于他人的个人甚至与上帝的关系也不再真实，人虽然孤零零，却升格为绝对价值。“个人”这一存在论单位与“个人权利”这一伦理学价值的结合完成了现代性的基本结构。个人的绝对价值正是西方人权的必要假设和根本意义。

在价值上独立自主的个体概念是经过基督教和现代启蒙两道加工而形成的，这其中的宗教背景和现代性背景都是西方特殊的地方文化，只不过西方试图把它们推销成普遍观念。西方文化的成功传播更多地依靠了武力、殖民和霸权，而很少由于他者的主动仰慕而得到成功传播，这一点说明了西方文化并没有普遍魅力而只是一种地方偏好。在世界的其他文化里，甚至包括基督教之前的希腊文化，在关于人的理解上都没有如此突出个体的优先地位和绝对地位，而是更重视共同体的意义（家庭、城邦、部族或国家等）。

从理论上说，“个人”是神学的一个存在论虚构，它并不存在于真实生活中，而只存在于神学生活中。神学生活是一个只有“人与上帝”以及“上帝与魔鬼”这样单调关系的可能世界，因此人可以仅仅以“个人”这一单调身份与上帝交往。可是在世俗世界中，“个人”这一身份显然过于单调以至于无法表达丰富的生活内容和意义，而且人与人的关系比人与神的关系要重要得多，事实上每个人的各种生活意义都不得不在与他人的关系中被定义，或者说，人的意义不可能还原为个人概念去说明。西方人权文化的背景是神学文化，这一不协调的背景使它具有悖谬性的后遗症，它所设想的人的概念只在某个可能生活中有意义，而不是一个对各种可能生活普遍有效的人的概念。一个普遍理论必须能够把各种可能世界和可能生活计算在内，而一种文化传统却只能表达一个特殊的可能世界及其可能生活。

三、人权论证的有效策略

既然目前的人权概念并非普遍有效，我们就需要重新构思人权概念。要论证一个有普遍意义的人权概念，其论证策略就必须把真实世界的所有可能生活考虑在内，以我目前的考虑，这样一组论证策略应该是合适的：

（1）要定义一个普遍有效的人权概念，就必须把所有可能生活考虑在内，即把各种可能出现的行为策略考虑在内，而不能仅仅代表某种地方生活。

（2）给定理论T，那么必须考虑T所需的防护能力，或者说，T是否能够承当得起T所带来的可能后果？T是否有能力应付T所可能导致的各种问题？这是个“理论担当问题”。人们对某种观念如此偏爱以至于往往只看到好处而忽视其后果。这个问题也可以看作是一个博弈论问题：理论T相当于给出了一个制度策略，于是就不得不把人们的各种可能的反应策略考虑在内。

（3）理论T必须获得存在论的支持，即T所承诺的事情必须是真实世界所能够支付的。这是一个“理论兑现问题”。这个问题也很容易被忽视，人们往往只考虑到一个主张是不是“好的”，而没有考虑到所要求的或所承诺的事情是否是真实世界能够支付得起的。事实上，世界所能够支付的“好事情”远没有人们希望的那么多，而且，在很多情况下，人们的各种要求之间互相矛盾或者互相消解，从而减低了世界的支付能力。

人权理论是一个非常“入世”的理论，因此必须把生活条件以及各种或许出现的可能生活计算在内。这样的“现实理性”论证策略显然比传统的“概念理性”论证策略更为谨慎。试图仅仅在概念演绎中完成合法性论证的传统方法已经变得非常可疑。最典型同时也最有影响的是康德的伦理学论证，它往往被看作是人权的纯正理论基础。康德相信通过对理性自身的分析就可以必然得出普遍道德原理，其主要成果是“绝对命令”的一般公式和“人是目的”的最高价值观。康德的理论分析模式有着严重局限，至少有两个困难：

（1）理性人假设。这是现代思想的通用假设，假如不把理性原则看作是唯一最高原则，就不可能得出那些康德式结论。可是理性人假设并不符合人的事实，它仅仅表达了人的心智（mind），而没有表达人的心事（heart）。这样的分析模式不仅把人切掉了一半，而且很可能切掉了更重要的一半，因为心事才表达了人们真正想要的东西。正因为拒绝了“心事问题”，康德才能够推出一种单调而无矛盾的道德生活，而丰富多彩可能生活就被省略不计了。现代理性主义论证所以显得干脆利索，就是因为省略了许多本来必须计算在内的因素，也就省略了各种本来不得不考虑的困难。回避了心事问题的理性眼界太小，用来理解人和生活恐怕削足适履。而且，仅就理性人假设而言，康德的道德原则也并非唯一的逻辑结论。从理性人假设出发，至少可以同样合理地推出两个以上不同的甚至互相冲突的结论，就像一个方程有两个合法解。理性人不仅可以推论出康德意义上的一视同仁的“道德人”，也同样可以推论出亚当·斯密意义上的追求个人利益最大化的“经济人”。把理性看作是道德基础，既不可靠也不真实，因为理性出产的未必是道德的，理性可以有助于道德，也同样可以有助于不道德。

（2）平等原则和个人全权自主原则。康德理论所以对人权理论无比重要，就在于它能够为人权提供合法性论证（justification），特别是证明人权所必须依靠的两个核心假设：平等原则和个人全权自主原则（autonomy，通常译为“自律”，恐怕片面，因为autonomy的核心意义是“自主权”，当然“自主权”包含“自律”）。尽管康德的“绝对命令”逻辑地蕴涵了平等原则和个人全权自主原则，但康德论证却建立在一些隐秘错误之上。康德论证的出发点是“人皆有理性”，但从这个前提推到绝对命令还需要许多步骤。由“人皆有理性”显然推不出“理性原则是唯一或者最高原则”或者“所有事情由理性说了算”。能够满足“人皆有之”这一标准的人性除了心智，还有心事、潜意识和本能，每一样都有巨大能量去左右人的选择。理性使人具有自由意志，因此，由“人皆有理性”推出个人“自主权”倒是可行的，但仅仅有个人“自主权”还远不足以支持现代伦理或人权，还必须能够推出平等原则。康德由理性的普遍性品格推出平等，这固然是个有想象力的方法，可惜由理性的普遍性原理只能或然地而不可能必然地推出平等原则，而由理性的普遍性原理同样可以或然地推出许多反平等原则——康德的“绝对命令”的弱点就在于此。例如有人可以满足康德标准而同意让“弱肉强食”、“男尊女卑”或者吸毒、偷窃和贪污成为普遍规范，这说明理性不可能控制人的行为局面。由理性普遍性原理不能必然推出平等原则，这一后果非常严重，它甚至将导致个人自主权原则的崩溃，因为，如果没有平等原则去控制个人自主权的限度，个人自由将在失控中无限扩张，个人主义的利益最大化原则将被无限制滥用，而过分扩张的个人自由必定互相否定每个人的自由。

罗尔斯对康德理论进行了重要的补救。罗尔斯虽然没有挑明理性不能必然推出平等的难题，但从他的努力来看，他显然意识到这个可怕的困难，因此想象了“无知之幕”下的博弈，这个虚构条件虽然事实上不可能（许多人批评这一不切实际的设想），但却差一点就成功解决了康德问题。按照罗尔斯的计算，“无知之幕”使得没有一个理性人愿意冒险，于是就“必然地”都愿意接受一个相对平等原则，以保证即使自己碰巧是弱者也能获得相对平等的照顾。罗尔斯虽巧，但仍然没有能够拯救康德理论，因为仍然存在着类似错误。即使以“无知之幕”作为博弈的初始条件，也仍然存在着同样合理的多个理性解而绝非唯一解，至少选择“公正”与选择“平等”是同等理性的解。更严重的挑战是，由于博弈总是反复多次的博弈，“无知之幕”下的选择只是第一回合，接下来的无数回合就很快回复到真实博弈。揭开幕帘之后真相大白，许多人就会不满意“无知之幕”下的制度安排，就总会利用制度不可避免的各种漏洞去解构这个制度，甚至利用各种政治手段去重新选择新的制度。这才是理性原则的必然后果：如果说在“无知之幕”下人们的理性选择倾向于选择平等，那么，当“真相大白”，人们的理性选择就必定有所变化，理性总要根据博弈条件的变化去选择最合适的策略。理性为所有事情服务，无论好事坏事，试图让理性只用于某事而不用于别的，尤其是一种幻想。

现代哲学家们不断试图为西方人权理论提供哲学论证，但在技术策略上都没有超越康德/罗尔斯水平。例如 A. Gewirth，他试图从个人作为“理性的行为者”推出人权的合法性，利用的还是理性的普遍性原则，即在要求自己的权利时就不得不同时把个人权利普遍化。[①]这种论证策略无非重复了康德模式的错误。现代哲学家总是忽视这样的事实：（1）省略掉人性的丰富性，把太多的可能生活忽略不计，这样的理论无法应付各种可能的困难；（2）权利表达的是人们的要求，而人的要求实在太多，世界和生活根本无法支付那么多要求被普遍化的权利，世界和生活会被太多的权利压垮。

四、天赋人权的危险逻辑

在温和意义上，权利（rights）是对某些自由或利益的正当要求（justified claims）；在强硬意义上，权利则意味着拥有某些自由或利益的正当资格（justified entitlements）。一种“要求”的目的无非是达到一种“资格”，因此权利的最终意义还是资格。无论哪种意义，权利都有着一个基本的反思性问题，即权利的正当性问题（the rightness of rights）。

一种资格必须在某个“游戏”中被定义，否则其意义无法确定，因此资格总是有条件的。特定游戏规定了特定资格的限度，对资格的条件限制同时就是使资格成为资格的定义。因此，资格永远具有这样的逻辑结构：

p 具有做 x 的资格 e，当且仅当，p 做某事 y；

并且 p 具有做 x 的资格 e，当且仅当，p 不做某事 z。

比如说：如果不付钱就不能获得商品；作弊就会被取消比赛或考试资格；犯法就会按法律判刑。在没有成文规则的日常生活中，也存在着自然约定和默认的游戏规则，比如有人品质很差，人们就没有兴趣与他合作，也就实际上把他排除在游戏之外。如此等等。

天赋人权理论相信，每人生来就平等地拥有一系列权利，这些权利终身无条件拥有，在任何情况下都不可剥夺并且不可让渡。于是人权似乎是超越任何约定或法定游戏的权利，变成了至上的特权。“人权高于一切”这一逻辑意味着人权高于主权、高于法律、高于制度、高于文化，如此等等。无条件的至上性是非常危险的逻辑，因为无条件的权利是对任何价值标准的否定。

“权利为本”（rights-based）的现代性颠覆了“诸善为本”（virtues-based）的自然传统，把“善者优先”的秩序颠倒为“权利优先”，这不是价值观的变化，而是对任何价值釜底抽薪的消解。列奥·施特劳斯早已发现这个“现代自然权利论的危机”。自然权利（naturalrights，即天赋人权）据说源于“自然法”（natural law）的“自然正当性”（natural legitimacy），但由自然正当性变成自然权利是一次偷换性的颠覆，因为自然正当性是以“诸善为本”的，这与自然权利以“权利为本”恰好相反，因此，自然权利反而是“自然不正当”。施特劳斯认为只要是“权利优先”，就必定导致价值虚无主义，因为只要否定了诸善的优先地位就等于取消了所有价值。[②]价值由诸善所定义，如果权利优先于诸善，权利的正当性又能以什么为根据呢？它或者无根据或是任意的根据。这个列奥·施特劳斯问题提醒我们：当不再以诸善作为依据，就不再有任何正当性的依据了。因此我们必须面对这样一个惊人的事实：一向冠冕堂皇的人权根本没有价值依据。

既然超越了善，权利优先原则就必定蕴涵着一个关于权利的悖论：假如对某种自由和利益的要求可以被搞成一种权利，那么任何一种并且所有对自由和利益的要求就都可以按照同样理由被搞成权利，因为，既然权利优先于任何一种善，就不存在任何价值理由去规定哪些要求能或不能被搞成权利。这个悖论将是价值混乱和社会失控的根源，而且已经开始表现在人权的实际发展状况中。通常认为到现在已经发展出三代人权：第一代是政治权利和公民权利；第二代是社会和经济发展权利；第三代是各种文化和不同价值观的权利。目前权利种类已经很多，而且越来越多，权利终将过满为患。权利背后是欲望，欲望无数而且互相冲突，因此权利也互相冲突，而没有一个世界能够支付其多无比的权利。权利反噬权利是个无法避免的问题，例如第二代人权会削弱或损害第一代人权，而第一代人权则会损害第二代和第三代人权，甚至第二代人权也会损害第三代人权。甚至在西方认为比较保险的第一代人权之中也存在许多互相冲突，而且第一代人权的项目就已经发展得太多以至于社会难以承当。[③]为什么会出现人权的膨胀和失控？究其原因，人权的注册条件太低，几乎就是无条件注册，因此随便什么自由和利益要求都可以被搞成人权，而且各种批评都被认为是“政治不正确”。

问题还远不止是世界支付不起太多的权利。人权不仅注册条件太低，而且还承诺太高，它承诺了永不剥夺的权利，承诺了成本惊人的权利，这又将导致社会游戏的崩溃。想象一个游戏，如果无论怎么要赖都不用出局，这个不公正的游戏肯定是可疑的。考虑人权的游戏情况：给定任意一个人无论做什么事情都永远保有不可剥夺的人权，于是，无条件的人权蕴涵着“破坏他人人权的人拥有人权”。根据“破坏他人人权的人拥有人权”这一逻辑，如果某人为了私利去破坏他人的人权，他就等于获得额外奖励，即“为自己利益去破坏他人人权而无损于自己人权”这一奖励。这样不正当的奖励不仅破坏了公正，而且破坏了平等，破坏了人们对善恶是非的正常理解，特别是破坏了人类正常生活所需的博弈环境和博弈条件，因为它在逻辑上蕴涵着：（1）社会的博弈环境相对有利于坏人；（2）人权制度相对有利于破坏他人人权的人；（3）人权社会相对有利于不公正的行为。诸如此类。显然，只要损害公正原则所要求的行为与结果的对称关系（善有善报，恶有恶报），做坏事被惩罚的风险减低，而且惩罚也相当轻微，总之，做坏事的成本变小而收益很大，通过坏事而获利就变成优选策略。天赋人权所以是危险的，就在于它是一条反公正原则。人权所追求的平等、尊重生命、个人自由等等都是可取的，但必须以公正为前提才是可能的，一旦公正原则崩溃，所有其他价值也将如覆巢之卵。

任何社会都必须以公正原则作为唯一最高原则，否则必定导致价值混乱和社会失控。按照中国哲学理论，乱世会破坏所有好事情，治世虽不能保证所有好事情，但至少有利于某些好事情。任何一种游戏，无论多么简单，都必以公正原则作为游戏的元定理，否则无法进行。公正原则是任何法律的正当性和有效性的依据。德沃金指出法律必须以公正原则作为“立法意图”，而立法意图表现在法律的各种元定理中，例如“任何人都不得从其错误行为中获得利益”（参见德沃金对“埃尔默案件”的深入分析）。[④]现在这个流行人权文化的社会所以还没有崩溃，是因为法律、政治和经济还没有完全为人权所统治，还有许多在现代得以幸存的传统观念，因此社会游戏得以维持。

破坏公正原则最后必定导致社会价值崩溃和人心失衡。虽然我们不怀疑天赋人权理论的良好动机，但有理由认为它考虑不周，缺乏理论上的谨慎。

五、普遍人权的元理论问题

一种人权观念可以是一个因时因地的政治策略，但如果要成为普遍的价值观念就必须能够通过理论合法性的检查，就是说，任何一种人权理论都需要元理论的支持。为了能够重新思考人权理论的设计，特别需要反思以下几个基础性问题：

（一）人权的存在论基础

如果没有他人，就根本不存在人权问题。所以需要人权，就是因为需要处理“我与他人”的关系，因此，“人际关系”，而不是“个人”，才是人权的存在论前提，人权问题必须落实在人际关系上去分析。我们准备选择这样的存在论：关系是存在论基本单位，并且，关系先于个体，人的所有生活问题都必须在这一分析框架中去理解。这与西方以“个体”为存在论基本单位的分析框架完全不同。

“个体”（individual）意味着“不可再分的单位”，它如果用来指示事物，应该是一个合适的存在论标志，但如果用来指示人，则不能正确表达人的存在性质，而且是对人的非法删节。Individual更适合表达人的身体性存在，却不能表达人的精神性存在。例如，日常语言中可以说到“我的身体”和“我的情感”，但其逻辑语义却完全不同，“我的情感”必须是“及物的”才有意义，在大多数情况下，它的及物性表现为“涉及他人”。这意味着，“我的情感”并不是一个限制在individual之内的事实，而是一个属于人际互动空间的关系性事实。孔子对人有更深入的理解，孔子用仁（二人）来解释人所以为人，其深意就是要在“关系”中去理解人。把人的概念转换为个人概念去分析是一种“存在论偷换”。

人的存在所以形成最深刻的存在论问题，就在于它突破了普遍存在论的一般形式。普遍存在论是以物理存在（the physical）作为基本存在形式的，所以存在论就成为“物理学之后”（meta-physical）的研究。西方存在论的这一传统定位是存在论的错误方向。人的存在方式是有意义地“生活”而不是生物学的“活着”，人的存在场域远远溢出在身体之外，人是在与他人的相互关系中被定义的，因此说，关系先于个人，关系之外无个人，关系为实，个人为虚。在关系中，他人始终是优先的，因为他人总是一个多数集合，远大于“我”，而且是“我”的存在环境和条件，相对于“我”，他人总是无限大。他人的存在论优先地位决定了“我”的所有权利都永远是他人的恩赐。“我”并没有因为自由意志就成为所谓的主体，自由意志仅仅表达了“我愿意如此这般”，却不能保证“我可以如此这般”，因为他人不见得允许我如此这般。西方存在论在把“人”偷换成“个人”之后，又进行了二次存在论偷换，把“个人”偷换成“主体”，因此制造了个人自由和个人权利至上地位的幻觉。主体/个人是人造的虚拟存在，它误导了生活。如果要正确使用主体这个概念，就必须理解到“主体总要从属于他人”（tobe a subject is to be subject to the others），也就是首先承认“他人”的核心地位。这是以孔子为代表的中国哲学也是列维纳斯哲学的原理。[⑤]

以关系存在论为基础，可以看出，权利必

须在相互关系中去理解。显然，如果没有他人，或者说不存在某种关系，就无所谓权利。如果与任何他人都没有任何关系，比如鲁宾逊，却要说“我有不被干涉的权利”，这是荒谬而无聊的。因此，人权在本质上要表达的不是个人自由，而是人际关系对个人自由的正当限制，就是说，不可能先界定个人权利而后界定相互责任，而必须先界定相互责任而后才有可能界定个人权利。任何一种权利都存在于“关系”中，而不是事先存在于个人“身上”，这决定了“由责任决定权利”的存在论顺序。这个存在论顺序不可以颠倒，否则后果很严重。

西方权利理论错误地把存在论的基本单位选定为“个人/主体”，这样就把权利看作是个人存在的一个自然属性。可是显然没有任何证据能够证明个人身上具有这样一个自然属性，甚至从“个人”概念也不能分析地蕴涵权利，即权利无法由“个人”必然推出。假如一定要强行从“个人”推出权利，则要冒很大风险。“个人”身上自然就有的只是欲望、需要和自我中心意识，假如把个人所欲的某些东西说成是对权利的“合法要求”，那么就同样可以把个人所欲的所有东西都说成是对权利的合法要求——因为在“个人”这个分析单位中找不出拒绝把某些欲望变成权利的限制性理由。把“个人”当作权利的分析单位所以是个严重错误，就在于“个人”的存在本身并不包含任何限制性理由。人什么都想要，于是什么都可以被宣称为权利，欲望的膨胀导致权利的膨胀，最后，权利会把生活空间挤爆。人们宣称太多的权利，一种权利就变成了对别的权利的破坏。现代人过度迷恋权利，以至于忽视权利无限扩张所导致的社会困难。不断扩张的私人空间必定侵犯别人的私人空间，甚至侵犯公共空间，从而形成权利反对权利的局面。“我”的权利意味着他人的责任，权利太容易被“宣称”，而责任很难落实，实的跟不上虚的，有限责任能力无法支付无限扩张的权利。

因此，我们有理由修正人权的存在论基础，把“关系”看作是权利的存在形式，于是，权利的合法性不再落实在个人身上，而是落实在关系中。权利是他人所承认的责任的对应形式，如果没有他人的承认，权利就没有合法性。由于他人总是试图避免责任，于是，权利总是博弈的结果，而正当的权利就是公正博弈的结果。以上我们证明了，由于“个人”由其本身无法证明他所宣称的权利的正当性，因此只能在“关系”中去定位权利的正当性。

（二）人的概念

人的概念支配着人权的意义，因此必须选择一个能够最充分表达人性的概念。

既然西方强调“天赋的”人权，所默认的人的概念就只能是生理学意义上的人，只要生理上是人，就拥有无条件的人权。把人的自然属性说成人权的理由，这意味着权利只与“是”（is）有关而与“行为”（do）无关。用自然身份兑换社会权利，这无论如何是相当奇怪的，因为自然界不存在权利这件事情，权利是社会游戏的一个因素。假如自然身份与社会权利之间可以有跨界兑换关系，权利的应用领域就会被扩大到失控的地步。许多主张动物权利的人，如 T. Regan 和 P. Singer 等，就看准了生理人概念界限不清的问题，因此宣称权利应该扩展到许多高级动物上，[6]因为它们也有相当的智力、感受和意识水平，而在动物和人的意识水平之间并没有清楚的界限（令人尴尬的是，许多高级动物与人的智力差距还不及人之间的智力差距那么大）。甚至在 Singer 看来，“人”这个概念没有太大意义，意识水平才是定义高级存在的标准。有趣的是，动物权利虽是个混乱的问题，但它却是从人权推出的结果，可见人权概念是个混乱之源。

人的概念只有能够表达出人的独特价值才是有意义的，只有道德才能表明人的行为的特殊意义，才能表达属于人的独特生活问题。显然，人的概念只能是“道德人”而不是“生理人”。建立在生理概念上的人权理论不仅缺乏道德意义甚至破坏道德，最终将破坏人的概念。生理人只能表明人的自然行为，却不可能表达社会行为，以自然行为而要求获得人权这样的社会报酬，显然不合逻辑。如果一定坚持这样的逻辑，混乱和困难还在后头，不仅是动物，将来还会有生物学创造的各种怪人，还有特别像人的机器人，诸如此类。显然，对于人权理论，有效的人的概念只能是道德人。

既然由自然属性推不出道德，那么，在人权问题上，“人”不构成理由，“做人”才是个有效变数。按照我的“可能生活”理论，对于人来说，一般存在论的“存在”（to be）是一个错误的分析形式，正确的形式应该是“因义而在”（to be meant to be）这一扩充形式，[⑦]这一改革的基本理由是，对于人来说，一个人是人，这其中“是”（to be）的意义无法由“是”来表现，或者说，存在本身（to be）不是存在的一个值（value），而必须在“做”（to do）中去实现，“做”成为“是”的意义明证（evidence），因此，存在无非做事（to be is to do）。这一存在论的新公式表明了人的存在因其化成行为而获得意义，因此，德性是定义“人”的概念所必需的条件。对于德性（virtues），可以有这样的客观判断指标：如果无论你是否具有品质v，你都愿意与具有v的人进行合作，或者，如果别人具有v，那么你也愿意自己具有v，那么v就是一种值得追求的德性。正因为人有德性，因此人这个概念才具有识别特征。

把人的概念标准降低到生物学指标，这不是博爱，而是对人的行为价值的彻底贬值，是在否定人的德行和高尚努力。假如人们不再需要追求高尚品质，就能永远无偿地享受所有权利，人类的优秀品德和道德行为就一钱不值了，其荒谬和危险性就像不管学习好坏人人都得优，或者无论是否劳动人人都得同样报酬。如果社会如此不公，人们迟早会发现最佳策略就是去做自私无耻的人。人本身不是目的，但人必须有人的目的。人是做成的，而不是本然的（a man does rather than is），在自然上“是”一个人不等于在道德上“做成”一个人。选择“道德人”作为人的概念，意义在于，只有把人的概念与美德联系起来，与人类社会所需要的优秀价值联系起来，才能够使人的概念具有分量。缺德的人在生理上与道德人是同类，但在伦理上却是异类。如果抹杀这一基本差别，把人的概念落实在人的自然存在上，通过这样抹平价值去达到的只能是劣平等，这种向低看齐的现代主义平等绝不是一个好社会的理念。只有以道德人概念为基础才能形成向高看齐的优平等。

（三）公正原则的优先性

假如给定一个游戏的意图是非合作博弈，那么它的基本假设就将包括理性原则，个人利益最大化以及风险规避。但如果给定一个以合作为意图的游戏，它的基本配置就将是理性原则、公正原则、美德原则以及共同利益最大化（合作比不合作所需的条件组合要复杂得多）。游戏意图还决定了游戏的“形势”：假如意图是非合作，那么“个人”在该游戏中占有优先地位，人们将先考虑个人自由最大化，然后再考虑不得已的限制，也就是以“个人”为主导去规定“关系”；假如意图是合作，那么“关系”就占有优先地位，人们将先考虑最好的可能关系，然后再考虑个人能够保留的自由，即以“关系”为主导去规定“个人”。人们总是希望生活游戏能够同时兼备公正、自由和平等这些性质，但对公正、自由和平等的重要性排序存在不同偏好，因此我们需要从技术上去分析什么样的排序能够保证所有价值都得到满足。

现在来分析人权游戏。西方承认的人权体系主要强调个人生命、私有财产和个人自由（特别是政治自由）。以个人为本的权利体系的第一价值是自由，其次是平等。自由和平等不仅压倒了公正，而且修改了公正的本义，现代理论往往以自由和平等去解释公正，结果挤掉了公正的本来意义，把公正变成自由和平等的一种组合方式，这样就实际上取消了公正，从而造成许多自毁性隐患。权利意味着个人的自由主权空间。个人自由空间的边界在哪里？这是个问题。既然公正不被看作是最高判断原则，权利界定就没有普遍标准，这使得主体间永远是个是非之地，就像国际间永远是个是非之地。

从个人出发去解决个人边疆问题的现代方法是理性谈判，哈贝马斯就寄希望于商谈理性能够克服个人理性的缺点，他相信通过理性对话最后总能够达成互相理解从而形成一致意见。哈贝马斯虽然看到了理性互动能够最大限度地发挥理性的潜力，但他忽视了“互相接受”这个必要环节，于是，“对话，理解，接受，一致意见”这个必要流程被简化为“对话，理解，一致意见”，问题是，从理解推不出一致意见。[⑧]如果不能解决“接受”问题，哈贝马斯方案所能达到的最大限度的理性成就至多相当于程序公正（形式公正），而不可能达到实质公正，也就无法解决任何实质性问题，比如说，根据什么标准来规定价值以及价值排序的问题，或者，根据什么标准来选择人权项目以及这些项目排序的问题。由于形式公正无法保证实质公正，因此公正一直是个没有完成的问题，也就不能解决权利的正当性问题。显然，如果坚持自由和平等的优先地位，就等于否定了公正，也就很难形成合作，而一个缺乏公正合作的游戏将反过来损害自由和平等。

如果要把自由、平等和公正这三种众望所归的价值结合起来，唯一可能的排序是公正、自由、平等。这几种价值的不同性质注定了它们不同的弹性：自由和平等都有比较大的弹性，可以多一些或少一些，而公正几乎没有弹性，只有“公正或者不公正”，不存在比较级。于是，只要稍微削弱自由和平等就能够与公正兼容，而如果反过来，则必定破坏公正。因此，从技术性上说，“公正优先”模式是唯一能够同时保证公正、自由和平等的兼容排序。

公正原则的完美程度与真理相似，而且在结构上也相似。真理就是把如此这般说成如此这般；同样，公正就是对如此这般的付出给予如此这般的回报，同样都是对称或等值关系。如果不以真理作为知识标准，知识就崩溃；如果不以公正作为游戏标准，游戏就崩溃。所以说，公正是任何权利获得普遍有效性的唯一条件，也是权利获得合法性的唯一根据。如果失去公正，就必定有些人宁愿不合作而导致游戏崩溃，或者不接受而退出游戏。显然只有公正原则才能定义一种不包含自毁因素的权利游戏。公正原则的完美性和力量在于它的对称性或等值性，它使得任何反对意见都没有立足之地。所谓人权，就是公正关系所允许的个人自由空间，而不是个人所要求的自由空间。也许有必要再次强调，我们所使用的公正指的是古典含义的公正，即行为与报应的对称或者付出与回报的对称，其结构相当于逻辑上的互蕴关系（piffq）。

六、作为新普遍主义的预付人权理论

根据以上的基础分析，我准备推荐的预付人权理论实际上已经水到渠成。为了更好说明问题，我们也可以设想一个原始博弈，不过这个博弈不需要霍布斯“丛林”，也不需要罗尔斯的“无知之幕”，也不需要经济学家们喜欢的“公共财产悲剧”。这些初始条件都太做作，与生活真实相去太远。尽管理论设想的初始条件总与真实世界有些出入（这是允许的），但如果初始条件过于单调，就恐怕与真实世界无法匹配。由一个与真实相差太远的游戏推导和总结出来的规律未必能够代表真实生活的规律，而把幻想出来的规律应用于真实生活恐怕是危险的。于是，我们有理由要求一组与真实世界虽然有些不同，但与真实世界比较匹配的初始条件，即一组尽量仿真的条件。大概如下：

（1）每个博弈方都优先考虑自己的利益，包括自己的专属利益和自己可及的共享利益，并且，在专属利益与共享利益之间不存在先验给定的偏好排序，比如不存在“专属利益优先于共享利益”的排序，而仅仅考虑某种利益，无论是专属的或是共享的，是否是自己可及的最大利益；

（2）每个博弈方的思维是理性的，但思维能力不等，因此各自的策略水平不同；

（3）每个博弈方将按照各自的价值偏好排序表去理性地计算得失，而不存在一个普遍通用的价值排序表。假定 p 偏好 x，即使其他人都认为 x 一钱不值，p 仍然为了 x 而牺牲别的利益，这一计算将被认为是充分理性的；

（4）足够多次的连续博弈，类似于历史的效果；

（5）每个博弈方拥有关于其他博弈方的部分知识；

（6）每个博弈方各自拥有的初始策略知识不等，但可能的策略是有限多个的，而且每个博弈方都能够学会其他博弈方的策略。

根据这一仿真社会的初始博弈条件，可以获得以下分析：

首先我们可以修正一个流行的错误。在通常的分析模式中，个人利益的最大化仅仅计算到自己的专属利益，而没有把对自己同样有利甚至更有利的共享利益计算在内，因此才会把理性人定义为互相麻木不仁的人。事实上，人的大多数“最大的”利益都只存在于共享关系中，可以表达为：对于某人，存在着某种最大利益x，当且仅当x同时为他人所分享。就是说，x仅仅存在于与人共有的关系中，而不可能为个人所独占。例如家庭、爱情、友谊以及任何合作所创造的巨大效益。人们真正关心的利益是“自己可及的利益”，而不是个人独占的利益。人们对利益的理性排序完全不像现代理论所妄想的那样，永远把政治自由和财富排在最前面，因为人们的最大利益往往属于由“关系”所创造的利益，比如安全、幸福、成就和权力。强调理性计算，本身并没有错，但现代理论把需要计算的项目搞错了，被漏掉的利益项目太多，尤其把最大利益漏掉了。当纠正了在利益项目上的计算错误，就能够发现人们的博弈真相：人们所以苦苦进行博弈，根本上不是为了获得一些宣称拥有个人自由空间的消极权利（据说是最基本的人权），而是为了形成最好的制度，这个制度保护了能够使人们获得最大利益的所有合作关系，而合作关系是安全、幸福以及各种最大利益的必要条件甚至是充分条件。这个至今尚未存在的最好制度的标志是：（1）所有人都一致承认这个制度；（2）所有人都失去采取不合作行为的积极性；（3）所有人都有自由选择的机会去形成个人幸福的帕累托改进。

博弈的第一回合甚至许多个回合都不足以形成长期稳定的制度和规则，大家在别人出牌时互相了解对方情况并且互相学习到各种策略，这意味着后续博弈条件和博弈策略不断被改进，能力更强的人不断推出更高明的策略使自己利益占优，但领先总是暂时的，高明的策略很快变成公开的知识。一定要等到“集体黔驴技穷”，大家拥有足够饱和的共同知识或对称知识（对称的知己知彼）以及普遍知识，这时将出现普遍的策略模仿，大家都模仿某个被证明为最好的策略，于是达到均衡和一致，成功的制度才能够产生。

在足够多回合的博弈之后，最有可能被普遍模仿的策略将是对称性公正。可以这样证明：给定人人都是理性的，按照博弈论，理性计算的一个标准是：不吃亏并且至少不比别人更吃亏（风险规避），那么，假如任何一个“冲突”策略被普遍模仿，必定所有人都吃亏（霍布斯丛林定理）；假如任何一个只顾自己、漠视他人的“不合作”策略被普遍模仿，大家都只能得到比较失望的结果（纳什均衡）；假如一个罗尔斯式的“合作”策略被普遍模仿，表面上似乎能够有比较好的结果，但却是一个不可能达成稳定均衡的策略，因为只要允许以某种理由去形成某种偏离公正的福利特权，就会有无数种偏心的理由都来要求福利特权。所有价值观就会卷入争夺霸权的冲突，因此将回复到不合作状态；最后，唯一能够避免所有偏心理由的“合作”策略就是对称性公正。对称性公正的策略越被普遍模仿，制度就越稳定，冲突就越少，这一点与自由和平等的策略形成强烈对比，自由和平等策略越被普遍模仿，冲突就越多。博弈论有个未决的重要难题：不合作如何才能够形成合作？这个问题之所以一直不能解决，恐怕就在于没有充分考虑公正策略。自由和平等的优先不能带来公正，相反，只有公正优先才能够定义所有人都可以接受的有限自由和有限平等，或者说，无限公正才能规定并保护有限自由和有限平等。

根据以上的博弈分析，一个具有普遍必然性的人权制度只能以公正原则作为唯一最高原则去定义的人权体系，人权就是每个人能够被公正对待的权利。又根据关于人的概念的存在论分析，一个人之“所是”（is）还没有完成人的概念，一个人必须在其“所为”（does）中完成人的定义，正当的做人方式是一个人拥有人权的资格认证。考虑到人的概念的双重性和过程性（由生理人到道德人），能够充分全面地表达公正原则的人权概念就只能是预付人权，而不能是天赋人权。天赋予人的仅仅是生命和能力。人类文明把人权预付给人，就是期待他做成一个合乎道德要求的人。一个人必须“做”成一个道德的人，才“是”一个完整意义上的人，才能保有人权。人不能只享受人权而无视做人的义务。因此，预付人权的基本原则是：

(1) 由于做人需要一个过程，人权这种资格就只能事先给予并且事后验证，所以人权是预付的。任意一个存在，只要是人，都无例外地得到预付的任何一项人权，或者说，每个人生来就获得人类借贷给他的与任何他人相同的权利。

(2) 人权虽然不劳而授，但绝非不劳而享，否则损害公正。因此，预付人权是有偿的，是有条件保有的。所有人权，包括生命权和自由权等，都是有偿的。一个人获得预付人权就意味着承诺了做人的责任，并且将以完成做人的责任来偿还所借贷的权利。一个人可以自由选择是否履行做人的义务，如果选择履行做人的义务，则一直享有人类游戏的全部权利；如果拒绝履行做人的义务，则视同自愿退出人类游戏，准确地说，如果拒绝了预付人权所要求的部分或全部义务，就视同自动放弃了部分或全部人权。

(3) 根据“理性知识永远有限”的原理，任何规划出来的人权体系都只能被认为是历史性的或暂时性的，永远都存在改进甚至改写的余地。因此，一个人权体系将给予每个人哪些权利以及什么限度的权利，这要取决于世界在特定时代条件下的支付能力，随便宣布太多有名无实的权利除了增加社会冲突和搞乱世界，并无积极意义。任何一个人权体系的根本问题不在于它许诺了哪些权利和多少权利，而在于它所许诺的权利是否具有正当性及其证明（legitimacyandjustification）。任何一个人权体系都只能以公正原则作为唯一普遍有效的解释原则（元定理），因为除了公正原则并不存在任何其他原理能够证明正当性。任何一个人权体系以及它所包含的每一种人权都必须具体地落实公正的对称性关系，都必须是公正理念的具体范例，这样才具有正当性，而任何偏离公正关系的权利都是不正当的。

(4) 形式公正不能保证实质公正，这是公正的最根本难题。要确定具体内容上的对称关系确实存在着技术上的困难，因为几乎不存在能够证明两种不同的东西是“等值的”客观标准。最好的主观标准是所有人的一致同意，但这一点几乎做不到。一般的解决方式是以民主去替代一致同意，但以多数否定少数本身就是不公正，而且还可能导致更坏的事情。也许比较好的方法是想象一个最少当事人模型：如果双方一致同意 pRq 是一个公正关系，并且，双方一致同意角色互换的 qRp 同样是公正关系，因此（pRq）=（qRp）的换位等值关系成立。任何持有不同意见的其他人可以作为任意变元代入为这个模式中的模拟“当事人”去接受检验，这样可以排除作为旁观者的偏见。于是获得这样的理性解：如果任何人代入当事人而不发生不同意见，则这个最少当事人模型就象征性地反映“所有人一致同意”；如果有人代入当事人之后仍然有不同意见，则视同自愿退出由公正原则定义的权利游戏，也就视同自愿放弃受保护的权利。据此很容易发现天赋人权理论是不公正的：显然不可能所有当事人一致同意破坏他人人权的罪犯以无条件人权为名而逃避相应的惩罚。

(5) 如果说权利是资格，那么义务就是代价或者成本。权利和义务关系的公正同样在于对称性，即权利和义务是互相蕴涵的：某人 p 拥有某种权利 R，当且仅当 R 承诺了与之对称的义务 O。如果某人拥有的权利大于义务，就等于把部分义务推卸到别人身上，或者等于多占了别人的利益，因此，在某人 p 所承诺的权利/义务关系与任一他人 q 所承诺的权利/义务关系之间同样存在着互相蕴涵的关系：p（R\O）\q（R\O）。而天赋人权关于权利和义务关系的理解有逻辑错误，由于认定人权是无条件的，因此，以上的两种互相蕴涵关系就被简化为一种互相蕴涵关系：p 的权利蕴涵 q 尊重 p 的权利的义务，反之亦然，即（pR→qO）\（qR→pO）。这是以平等冒充公正的典型模式，它隐瞒了权利和义务的合法性问题。假如给定一个游戏，人人无论怎么耍赖作弊，都不会被取消游戏资格，这样的游戏虽然兼备了自由、平等和公平（fair），可就是没有公正。可以想象，这个游戏是玩不下去的。所以必须强调对称性公正，就在于我们不能随便替他人做主，不能随便就把他人心灵给代表了，他人未必同意我们拥有如此这般的权利以及因此强加给他的义务，他人想象的权利可能有所不同，或者权利排序的偏好有所相同。只有先承诺我的义务以获得我的权利的正当性，然后才有正当理由去申请他人尊重我的权利的义务。义务和权利在逻辑上是“同时的”，但在价值上义务先于权利，因为只有义务才能够保证权利的正当性，而反之不然。于是又有这样的关系：p 所承诺的义务 pO 在先，并且蕴涵着相应的权利 pR，因此又蕴涵着他人 q 尊重这一权利的义务 qO，即（pO→pR）→qO。这种解释的优点是能够避免在人权问题上各种不公正的实践难题，比如“破坏人权的人享有人权”这类难题。一个人如果破坏人权就是拒绝了义务 pO，由于 pO 蕴涵 pR，拒绝 pO 就失去 pR，也就不再有理由要求他人的义务 qO。在实际生活中如果他人愿意继续承当义务 qO，那是因为宽容的美德，而不是必须。如果不意识到这一点，就是对美德不公。

德沃金有名言“个人权利是个人手上的政治护身符”（或译为“政治王牌”，trump）。⑨这多少点破了个人权利或天赋人权的政治实质，它是个人用来反对政府或集体的一个反抗理论，现在又进一步成为各怀目的的各种非政府组织的反抗理论，也成为西方用来鼓动非西方的民间力量的反抗理论。这一反抗理论在以弱抗强方面当然有其积极意义，但却不是一个适合于以公正和合作为标志的成熟社会的权利理论，而且它在理论上缺乏谨慎的技术性考虑，从而暗含着权利反对权利的自毁逻辑，因此更不是一个成熟的普遍有效的权利理论。我相信预付人权是一个比天赋人权更具思想合理性的权利理论，它保留了天赋人权理论的几乎所有优点，而消除了天赋人权理论反公正的危险因素，不仅具有理论的普遍有效性，而且具有允许因地制宜的实践弹性。

注释：

①See Alan Gewirth，Human Rights：Essays on Justification and Applications，University of Chicago Press，1982.

②［美］列奥·施特劳斯：《自然权利与历史》第1、6章，三联书店2003年版。

③［美］霍尔姆斯、桑斯坦：《权利的成本：为什么自由依赖于税》，北京大学出版社2004年版。

④［美］德沃金：《法律帝国》，中国大百科全书出版社1996年版，第14～19页。

⑤See Levinas，Totality and Infinity，Martinus Nijhoff，1979.

⑥See Regan and Singereds，Animal Rights and Human Obligations，Englewood Cliffs，NJ：Prince2hall，1989；Singer，Animal Liberation，New York Review/Random House，1990.

⑦赵汀阳：《论可能生活》，三联书店1994年版。

⑧参见赵汀阳：Understanding and Acceptance，in Les Assises de la Connaissance Reciproque，Le Robert，Paris，2003。

⑨［美］德沃金：《认真对待权利》，中国大百科全书出版社1998年版，导论第6页。

（《中国社会科学》2006年第4期，作者系中国社会科学院研究员）

当代伦理学前沿探索中的人权边界

■甘绍平

近年来，人权原则、以人为本的价值基准正逐渐成为当代中国伦理学反思的重要理念，人们的研究主题不仅涉及人权的道德价值基础、人权概念的内涵、人权的论证、人权形态的历史演变、人权原则在形塑社会根本价值诉求方面的影响以及中国儒家思想与人权理念的会通等极为丰富的内容，而且学者们还以应用伦理学的各个分支领域为平台，对社会实践中涌现出的人际间的权益冲突，对人与自然之间的利益矛盾的评判标准与调节机制进行了深入的研讨。人权研究构成了中国伦理学致思的一个新的生长点，从而改变了以往的学术共同体只讲道德义务，鲜有对道德权利的顾及的思维习惯与理论格局。随着探讨的深入，人们发现尽管“人权保护”是为我国宪法所确定的一项基本国策，但同其他国家的宪法规定一样，一条高度概括性的“保护人权”的原则，似乎过于笼统抽象，难以为人们在遇到不同权利载体、不同利益诉求之间发生冲突时，提供具体的行为指导。因此精准地确定人权概念的内涵，清晰地勾画人权准则适用的边界，自然就成为伦理学界深化人权理论研究所不得不面临的一个重要课题。

一、契约主义的道德共同体

对于人权原则而言，最有效、最令人信服的论证方式来自于契约主义。但是契约主义所代表的只是一种最低限度的道德，这也就意味着契约主义所认定的道德共同体的范围非常有限。而契约主义也只能向它所认可的这个相当有限的道德共同体提供道德保护，或者说，提供人权保护。于是，契约主义所设立的道德共同体的边界，就是人权的边界。那么，契约主义的人权边界究竟何在，并且这一边界的确定会带来什么样的结果呢？这要从契约主义及其道德共同体的概念说起。

在契约主义看来，道德并不是某种先在的事物，而是人类为了更好地生存，为了维护自身的利益并且对利益之间的冲突进行调节所发明的东西。所谓道德就体现在拥有利益与理性能力的人，与同样拥有利益与理性能力的人一起签订的有关权利的相互保障与义务的各自履行的契约上，道德就是为了保障权利而履行义务的规则系统。这里有三层含义：第一，道德是为了人而存在的，而不是相反。第二，道德来源于人们之间的契约。第三，这种契约的存在意味着人们拥有道德权利，同时又为一定的道德义务所约束。从上述对契约主义的道德的理解可以看出，只有具备理性、自我意识的人才会有对道德的要求，才能签订契约、行使道德权利和履行道德义务。与此同时，遵守道德，对于每位要求得到自保、要求己利得以实现的理性的人而言，都是绝对有益的。这样一来，每一位拥有理智的人都会将道德要求看成是一种道德律令，遵守道德对于每一个人都是必需的，这与他想做一个什么样的人，想具备何种道德素质，怀有何种理想信念、生活态度、自我理解及感受偏好等等没有任何关系。

契约主义的道德观是以道德权利与道德义务作为基本构件的。所谓道德就是为了保障权利而履行相应的义务，这一点构成了契约主义道德思维的基本结构。这样一个道德观拥有一种严格稳定的对等性质：理性的人与人之间是对等的，人与人之间的权利是对等的，义务也是对等的，保障权利与履行义务之间也是对等的。“在道德中已出现一种严格对等的权利与义务的构造。每个拥有道德义务者，也就拥有道德权利。每个拥有道德权利者，也就拥有道德义务。”①换言之，人们仅相对于那些拥有道德权利者，才有道德义务；而仅是那些具备道德义务者，才有道德权利。总之，道德是一种严格的对等性的秩序。如果将该稳定构造中的某一个要件拆分下来，不论是仅重视此行为主体而忽视了彼行为主体，还是仅强调义务不讲权利，或者相反，则契约主义道德理念的整体结构就会崩塌。

由于契约主义的道德观体现为一种严格的对等秩序，因此这样一种道德理论的适用范围就十分有限，它是一种底线伦理，仅保护所有具备理性的契约签订人的基本利益，包括身心的完整性、自由权、生命权、财产权以及受救助权等基本人权。故契约主义道德共同体的范围不可能超出这些理性的当事人之外。而这些理性成人身上具备的条件也就是契约主义道德共同体的准入条件。当代德国著名契约主义伦理学家施泰默（Peter Stemmer）认为，这种条件有三项②：第一，拥有利益。没有利益要求，也就无需制定道德为之提供保护。第二，拥有理性能力。只有具备理性能力者，才能对善与恶、好与坏、有利还是无益产生精准的认知，从而对自己行为做出自觉的调控。第三，拥有行为能力。一个人具备行为能力，是其脱离自然状态的重要标志。具备了行为能力，才有可能真正对其他行为主体施加正面或负面的实际影响，正是这种影响才拥有道德意义。按照这一标准，只有理性成人才是道德共同体中的成员。婴幼儿由于不具备理性能力，未来人类由于不具备行为能力，动物由于不具备理性能力，因而自然都被排除在这一共同体之外。处于契约主义道德共同体之外者，不能履行道德义务，当然也就无法享有道德权利，因而也就无法得到道德的保护。

二、婴幼儿何以获得人权保护

但是婴幼儿、未来人类被排除在人类道德共同体之外的这一结论，与人们通常的道德直觉相悖，也不符合国际通行的人权保护的法律规定。于是，如果坚守契约主义道德共同体严格的准入条件，就必然会遇到婴幼儿及未来人类的人权如何得到论证的难题。

按照人们通常的理解，婴幼儿当属于人类道德共同体中的成员。但契约主义者会反驳道，如果因为婴幼儿拥有人之属性，是人体中的一种存在形式而自动获得道德共同体成员的资格，则这不仅意味着从存在推出应当、从经验特征推出道德保护的“自然主义谬误”，而且也明显地是在宣扬一种物种主义。但是，如果按照契约主义，婴幼儿与动物一样由于同时不能具备进入道德共同体的三个条件而被排除在这一共同体之外，那么婴幼儿与动物究竟还有什么区别呢？当遇到婴幼儿与动物之间发生不可调和的冲突时，还有什么标准可供依据从而做出行为选择呢？其实，婴幼儿是一种介乎于理性成人与动物之间的特殊存在。与理性成人不同，他们目前无法满足进入道德共同体的全部条件。与动物不同，他们拥有发展成为能够进入道德共同体的成人的潜能。因此，论证婴幼儿能够进入道德共同体的理据与论证他们无法进入道德共同体的理据的分量是一样重的。他们能否进入道德共同体，取决于理性成人最后体现为法律规定的契约。但事实上包括契约主义在内的绝大多数人，都支持对婴幼儿给予关护，且是性质上有别于对动物的那样一种保护。问题在于，如何对这种保护做出论证。

契约主义者自己的解决方案是：将对婴幼儿的保护纳入到契约签订者的利益之中，契约签订者们为了自己的这个利益，而相互约定充满关护地对待婴幼儿。谁要是违约，则并非是对婴幼儿的不仁，而是对契约伙伴不义，损害了契约伙伴预先约定并得到相互认可的利益。这一解决方案的特点是，一方面，承认在道德行为主体（理性成人、父母）与婴幼儿之间不存在对等的权利关系，因此婴幼儿不属于道德共同体，不拥有直接的道德权利。另一方面，由于“作为道德共同体之成员的父母，拥有一种与他们（指婴幼儿——引者注）相关联的利益，并且将对这种利益的保护作为道德的内容”[③]，这样一来婴幼儿便被连接在道德共同体之中了。于是，婴幼儿就拥有了间接的道德权利，并借助于人们对他们间接的道德的义务而得到保护。

然而，间接的道德权利的拥有，显然不能使婴幼儿获得与理性成人同等的人权保护。首先，契约主义者断言，每个人都拥有一种与婴幼儿相涉的利益，正是这种利益的存在才使得婴幼儿被连接在道德共同体之内成为可能。这种利益有两种表现形式，一是每个人都有让后代为自己接班的利益（或兴趣）。二是前辈总是希望与晚辈保持着一种关联。但实际经验表明这两种形式的利益的存在，对于每个人来讲只是一种可能而未必是一种必然。由于人们仅是可能有这样一种利益，故婴幼儿在契约主义这里就只能享受到一种可能的道德权利，得到一种可能的道德保护。其次，即便是契约签订者均拥有保护后代的利益，但在遇到因天灾人祸等突发事件造成的共同体物质生存条件遭到极大破坏的情形下，理性成人仍可以决定放弃所有与后代相涉的利益，从而放弃对婴幼儿的道德保护。上述两种情况均表明，由于婴幼儿不具备实质性的道德权利，因此他们也就无法赢得与理性成人同等的人权地位。契约主义对婴幼儿、未来人类所能提供的保护是相当有限和极其脆弱的。

那么，如何为婴幼儿获得一种与契约签订者同等的绝对的道德保护提供令人信服的论证呢？我们必须承认，婴幼儿之所以获得道德保护，源自于契约签订者们对自己切身利益的坚守。但是如果我们将契约签订者的利益仅仅理解为一种一般的利益，那么这些利益就会因某种生存条件的变故轻而易举地让位于理性成人们的其他更根本的利益。于是婴幼儿能否得到道德保护，也就取决于所处情境的性质及自身的历史命运之偶然性的摆布了。因此，婴幼儿要获得一种与成人一样的绝对的道德保护，就必须源自于契约签订者自身的一种特殊的利益，它在某种意义上甚至与他自己维护自身生命的基本利益处于同等的水平。只有这样一种性质的特殊利益才会使契约签订者视婴幼儿的人权与自己的人权一样重要，视婴幼儿为道德共同体中与成人一样平等的一员。

而这种特殊的利益是什么，是从何而来的呢？我们知道，每一位理性成人之所以能够通过契约签订而享有道德权利，获得人权的道德的保护，前提条件是我们每一个人都先在地获得了我们不可能与之签约的父母及前辈的关护。没有这种非对等性的护佑，我们就不可能成长进入到理性成人的阶段。对父母及前辈的先在的付出，我们无法选择也不可能拒绝。这样一种既定性与先在性使我们不得不产生一种先验的选择或先验的利益，那就是将父母无条件给予我们的关护同样无条件地转移给我们的婴幼儿。这种对于婴幼儿的关护之所以叫做先验的选择，是因为这种关护我们无法逃避和放弃，就像我们不可能逃避与放弃父母对我们的关护一样。这种对婴幼儿的关护之所以又叫做先验的利益，是因为这种关护理念已深深地镶嵌在我们的道德意识之中，使我们明察作为社会动物，人永远生活在一个多维的社会关系网络构成的世界。我们每个人都来自于他人的关护这一点，先在地决定了关护也已构成了我们的一个道德基因与精神典藏，左右着我们的道德行为，同时也就已然成为我们自身利益的一个重要元素。

这样一来，尽管婴幼儿的人权也是契约签订者约定的，是理性成人所赋予的，但签约者保护婴幼儿不是出于自身一般的利益，而是出于一种特殊的先验利益，因此婴幼儿也就如同道德共同体内的所有成员一样，其权益在人权保护的边界内获得了一种绝对的保障。

三、保护动物并非道德行为

按照契约主义的立场，动物是绝对被排除在道德共同体之外的。因为动物虽有行为能力，但全无理性能力，不懂得履行义务，无法掌控自己的行为，处于自然状态，且这种状况永远都不会改变。

但从17—18世纪开始，上述观念受到了质疑。特别是随着当代深层生态伦理学运动的兴起，许多伦理学家受人权的覆盖与适用范围不断外扩之历史的启发与激励，坚信这种外扩可以惠及动物身上，因而竭力宣扬延伸人权保护的边界，鼓吹将动物纳入道德共同体之中，认定动物是道德权利的载体和道德义务的对象，甚至可以赢得与人类等量齐观的地位。

然而上述动物权利的鼓吹者却无法应对下面两个关键性问题：第一，当在人类的权益与动物的“权益”之间发生不可调和的冲突之时，特别是在当人类的生存与健康需求与动物生命的保护之间发生矛盾冲突的时候，应当如何解决？如果在这个问题上得出人类的利益必须做出自我牺牲的结论，那么这是否意味着在一个生态伦理的时代，人权理念、以人为本的原则已经落伍？第二，动物权利的鼓吹者们无法论证，为什么在动物因缺乏理性能力而无法与人类共建一个道德空间或“社会”（休谟语）的情况下，人类却必须单方面地履行保护动物的义务，而动物则可以单方面地享受权利，而无须做出相同的付出？如何论证人类对动物的保护是一种道德必须？须知道德共同体是一个权利与义务对等平衡的共同体，如果不具备理性能力者硬是被纳入道德共同体之中，只享受被保护的权利，不履行任何义务而成为“特权群体”，那么势必就会在道德共同体中出现一种不对等、不公平的关系，当不公平、不对等支配着一个共同体的时候，后者还能够稳定持续地存在下去吗？

需要指出的是，动物权利鼓吹者无法为将动物纳入道德共同体提供令人信服的论证，并不意味着人们无法为动物保护提供论证。人们完全可以以限制自己的行为为代价签订一个善待动物的契约。但这样一种行为对于动物来说显然就不能称为道德的行为，动物不属道德共同体之列，所以道德这一概念对于它没有任何意义。反之，当人类利益与动物利益间发生不可调和的冲突之时，维护前者、牺牲后者的选择也就不是一个在道德上成问题的问题。不属于道德共同体的动物，当然与道德这一概念毫无关联。

正如施泰默所言，这里的关键在于，应破除“利他主义就是道德行为”这样一种误解。其实利他主义有两种类型。一种是道德的利他主义行为，如孝敬父母、关护后代，由于行为所涉对象是道德共同体的成员，故这种利他主义的行为属于道德行为。道德行为是一种必须性的行为，如果行为对象拥有道德权利，则行为主体就必须履行一种无法逃脱的义务，他必须道德地行动，这一点与他是一个怎样的人，拥有怎样的自我理解、理念及偏好没有任何关系。

另一种是非道德的利他主义行为。这种行为并非由道德义务所决定，以单方面的义务或单方面的权利为特点，故也就无道德命令之特征。它往往取决于行为主体自己做人的理想、宗教信念、对待弱者的情感与态度，包括由基因决定的行为习惯，也可能取决于某种地域性生活共同体的历史传统。非道德的利他主义行为甚至可能出于完全自利的动机：如作为达到某种目的的一个手段，或者为了消弭某种威胁带来的恐惧，等等。而善待动物，就是一种典型的非道德的利他主义行为。

由于非道德的利他主义无道德命令之特征，不能作为具有广泛普适性与有效性的基本行为原则，故在拥有道德选择权利的人类面前，这种利他主义只是一种可能的行为选择。出于同情而关爱动物者总是希望所有的人都出于同情而保护动物，从而实现一个“充满了爱”的理想世界。但他们的关爱行为仅是一种非道德的利他主义行为，不具备道德行为之“必须”的色彩，因此他们也就无权强迫他人完全像自己那样对待动物。当然这并不意味着我们不应当同情动物的痛苦，并不意味着我们不可以代表动物的“权利”在善待动物上达成协议，但这与所谓动物是道德权利的载体的断言没有任何关系。谁破坏了保护动物的协议，谁就破坏了人与人之间的与动物相关涉的义务，而不是破坏了与动物的义务。从这个意义上讲，深层生态伦理运动中的所谓动物伦理问题是一个伪问题。动物权利的概念不可能导致道德共同体的扩展，没有也不可能改变人权理念的神圣性以及以人为本的原则。动物权利可以由人来代表与主张，动物保护应当由人类来实现，但所有这一切都发生在人权理念的边界之外。

四、结束语

在一个解魔化、世俗化的时代，伦理道德已经祛除了神秘的宗教与形而上学的色彩，而成为为人类理性所确立、理解和把握的东西。理性固然是有限的，但只有通过理性才能为道德规范的形成提供一个坚实的平台，并使道德原则赢得合法性。而以理性为根基的契约主义，被公认为道德论证最为有效的一种形式，它不仅为道德的起源、道德共同体的建构以及人权保障提供了令人信服的证明与辩护，而且也为人权适用的边界做出了清晰的确定。这种对人权边界的勘定决不会导致削弱乃至损害人们对人权原则的秉持与恪守。恰恰相反，只有对人权关系做出明确的界定，只有对道德共同体或人权共同体做出精准的把握，才能为理性成人的人权保护奠定更为坚实的理论依托，为婴幼儿权益的保障提供更为雄辩的逻辑论证，为动物保护寻求更为恰当的论据支撑。

注释：

①Peter Stemmer：Handeln zugunsten anderer-eine moral philosophische Untersuchung，Berlin 2002，S. 356.

②Peter Stemmer：Handeln zugunsten anderer-eine moral philosophische Untersuchung，Berlin 2002，S. 255—257.

③Peter Stemmer：Handeln zugunsten anderer-eine moral philosophische Untersuchung，Berlin 2002，S. 359.

（《中国社会科学》2006 年第 5 期，作者系中国社会科学院哲学研究所研究员）

科学发展观与中国的人权事业

■张志铭

在当今中国社会倡导并推行科学发展的观念和政策，强调以人为本，全面、协调、可持续的发展，具有特别重要的意义。科学发展观与中国的人权事业具有密切的联系：科学发展观的形成、对科学发展观的正确理解以及科学发展观的贯彻落实，在很大程度上得益于人权事业的发展；而人权事业的蓬勃发展，也离不开科学发展观的指导，并必将成为科学发展观所指向的和谐社会建设的最重要内容。

一、科学发展观的意义

科学发展观强调以人为本，全面、协调、可持续的发展，它以构建和谐社会为目的。因此，科学发展观是一种和谐发展观，是对以往"斗争哲学"、"从大乱到大治"的治乱循环观念的深刻反思和彻底否定，具有历史性和革命性。同时还应该认识到，科学发展观也是一种以实现社会公平正义为依归的发展观，是对先前阶段"效率优先，兼顾公平"，"让一部分人先富起来"，"一些地区先发展起来"的反思性承接。

效率优先的发展观，主要目的在于为经济发展停滞不前和人民生活整体贫困的社会注入动力，唯有市场这只看不见的手，能够透过自主和竞争的机制配置资源，为经济和社会的发展注入源源不断的动力。在改革开放初期，这种发展观，对打破旧的计划经济格局，激发和调动社会活力，实现经济腾飞，发挥的作用不容置疑，中国近30年的快速发展很好地证明了这一点。然而，在改革开放取得巨大成就的同时，现实的状况也越来越清楚地表明，急功近利、过分强调效率优先，片面追求GDP的快速增长，已经造成环境的恶化和资源的巨大浪费，加剧了区域差距、贫富差距和城乡差距，使经济增长与社会发展严重失衡。目前，东部沿海地区的快速发展与中西部广阔地区的落后迟缓同时存在——由于中部多是农业大省，农民在其总人口中所占比例更高，而西部多属少数民族聚居的边疆地带。如果东西部经济和社会发展水平的差距进一步加大，就会对国家的安全和稳定、民族的团结和共荣、社会的公平正义等产生严重的不利影响。许多人通过自己的辛勤劳动和聪明才智过上了富裕的生活，也有少数人利用社会转型过程中的政策和法律疏漏、通过各种不当手法一夜暴富，但也有一些人却在此过程中由于各种自身和外在的不利因素而失业，甚至陷入困境。国家的政策倾斜，使得城镇尤其是大城市和中心城市获得了不同程度的快速发展，居民收入大幅提高，而农村和农民的利益却未得到应有的重视，生活水平提高缓慢。经济和社会发展的不平衡，人群利益高度分化却缺乏有效的整合，使得各种矛盾尖锐产生、突发性公共事件和群体纠纷频繁出现，严重影响国家和社会的和谐稳定。

邓小平作为中国改革开放事业的倡导者和领路人，对中国社会的改革、开放和发展，适时提供了一个完整的思路，他说："走社会主义道路，就是要逐步实现共同富裕，一部分地区有条件先发展起来，一部分地区发展慢点，先发展起来的地区带动后发展的地区，最终达到共同富裕。"①不过，从他的这句话也不难看出，"效率优先，兼顾公平"是一个阶段性、针对性的政策选择和安排。让一部分人先富起来，一些地区先发展起来，目的在于彻底消除"平均主义"、"吃大锅饭"的弊端，激发社会活力，让先富、先发展带动后富、后发展，最终达到共同富裕。在经济和社会经过多年的快速发展后，我们应该及时反思原有的经济和社会发展策略，明确而果断地提出"注重公平，保持效率"的政策导向，按照科学发展观的要求，实现社会的和谐发展。

二、人权事业的发展促进了科学发展观的形成

人权是基于人的自然和社会属性而应该享有的权利。关于人权的分类，目前人们比较普遍接受的是由当代法国学者 Stephen P. Marks 首先提出的“三代人权分类法”。按其学说，第一代人权是在资产阶级革命时所主张的人身自由、经济自由和精神自由三大自由权利，以及基本的政治自由权利；第二代人权是指在 19 世纪末 20 世纪初社会运动过程中所倡导的社会经济权利，如就业权、休息权、获得报酬权、获得救济权等；第三代人权则是指二战以后，在民族独立和反对殖民主义运动中所提出的各个国家或民族的生存权、发展权和民族自决权等，又叫“集体权利”。[②]尽管人权是一个具有丰富内容的概念，但本质上它以对人格尊严的承认和尊重为基础，是以人格尊严为核心、以实现人格尊严为要旨形成发展起来的一个权利系统。

当今中国的人权事业与改革开放的进程相伴随，是改革开放事业的有机组成部分。人权在中国社会的观念普及和实践展开，对于科学发展观的形成具有重要的推动作用。因为人权的观念和实践立足于人格尊严的实现，注重从人的真切感受来看问题，它不断地提醒人们尤其是社会中的决策者“生活质量不仅仅是一个物质指标的概念”，“人不应该因过分的物质追求而丧失自我”，提醒人们在热衷于眼前利益的同时要关注子孙后代的长远利益，这就从目的正当或人文关怀的角度为中国经济的快速增长提供了批判性的反思机制，凸现了经济发展与自然生态、社会发展的尖锐冲突，从而促进了以人为本，全面、协调、可持续的科学发展观的形成。

三、人权观念有助于全面而深入地理解科学发展观

科学发展观强调“以人为本”。所谓“以人为本”，“就是要以促进人的全面发展为目标，从人民群众的根本利益出发谋发展、促发展，不断满足人民群众日益增长的物质文化需要，切实保障人民群众的经济、政治和文化权益，让发展的成果惠及全体人民。”[③]如何理解“人民群众的根本利益”，从人权的角度看，我想首先应该在“人民”和“人民个体”这两个概念之间实现沟通和对接。人民是一个整体性的集合概念，它由具体的人民个体所构成。尽管人民利益是人民个体利益的简单集合，但从人权的角度看，人民利益必然能在“可分享”的意义上还原为人民个体的利益。人权是一个充满着人民个体的能动和自觉的概念，必然对“人民利益”的形成过程和结果表现提供操作机制和判别标准。

同时，人是一切社会关系的总和，正确理解“人民群众的根本利益”，还要求我们在“人民”和“人民个体的集合”这两个概念之间实现沟通和对接。人权观念不仅在权利主体上强调人民的个体，而且还强调人民个体在社会生活中的各种组合，注重个体的表达权、结社权等等。在认识“以人为本”、“立足于人民的根本利益”方面，应该特别注重社会组织和机制的发育和完善，形成除个体表达以外的各种形态的集体诉求和自我调整机制。“十一五”规划在“完善社会管理体制”一章中要求“培育发展行业协会、学会、公益慈善和基层服务性民间组织，发挥提供服务、反映诉求、规范行为的作用。完善民间组织自律机制，加强改进对民间组织的监督”。在“加强社会主义民主政治建设”一章中要求“发挥工会、共青团、妇联等人民团体的桥梁纽带作用”。在“发展现代农业”一章中要求“推进农业服务组织和机制创新，鼓励和引导农民发展各类专业合作经济组织，提高农业的组织化程度”。所有这些都充满了“尊重和保障人权”的精神，对于我们正确理解科学发展观，具有特别重要的意义。

四、人权事业为科学发展观的实现提供了动力装置

科学发展观有赖于通过人权的保障和实施机制实现其所要求的动态均衡。科学发展观所要求的稳定和谐是一种充满活力的动态和谐，它包含了对社会主体正当权益的承认，包含了

社会大众的积极参与。人权是一种应然的权利，尽管它并没有也不会完全转化为法定权利，但它依然是一个"可主张"、"可抗衡"的概念，充满了能动性；它与无原则的妥协、退让和克制，与各种形式的压制、"压服"是截然不同的。如果说和谐有静态和动态之分的话，那么科学发展观所要求的和谐社会，只能是和而不同、存异求同的和谐社会，是人权事业不断发展的和谐社会。

尤其是在政府的决策和运作方面，如何按照科学发展观的要求，真正体现"以人为本"，"立足于最广大人民的根本利益"，我想在注重决策者和管理者的觉悟和自觉的同时，应该特别强调并注意发挥民众权利诉求在此过程中的制衡和促成作用。历史和现实的情况告诉我们，在人民利益的有效实现方面，如果单纯依靠政府和社会管理者的自觉、不注重人民个体的权利诉求及其实现，那么人民的利益就会蜕变为一种"政府恩赐"，而非"人的应得"，人民利益的实现就缺乏正当性的支撑，也不可能长久。

五、科学发展观也是中国人权事业的科学发展观

由于科学发展观与人权事业具有这种内在的逻辑关联，科学发展观的提出和贯彻，必将推动人权事业的蓬勃开展。如上所述，人权是一个以人格尊严为核心、由不同形态的人权所构成的权利系统。人权包含不同的内容和形态，人权的实现也存在重点发展、协同发展、阶段目标和全面发展等问题，需要科学发展观的指导。比如，生命权、健康权和生存权应该属于重点发展的人权，一个人如果其生命权或健康权得不到保障，或一个民族、一个国家的生存权得不到保障，那么其他人权就无从谈起。人权具有普遍性，但是各项人权的实现却在不同程度、不同意义上要受到特定时空条件的制约。

同时，和谐社会作为科学发展观的目标指向，其实现也必然要求"尊重和保障人权，促进人权事业的全面发展"。构建和谐社会，要按照科学发展观中"以人为本"的要求，从解决关系人民群众切身利益的现实问题入手，更加注重经济和社会的协调发展，注重社会公平，"特别要突出解决好人民群众最关心的就业、社会保障、扶贫、教育、医疗、环保和安全等问题。"④从人权的角度看，就是要充分尊重和保障社会成员的劳动权、社会保障权、平等权、受教育权、健康权、环境权和发展权。可以说，中国的人权事业必将成为中国和谐社会建设中最重要、最值得关注的内容。

注释：

①引自邓小平南巡讲话，原题《在武昌、深圳、珠海、上海等地的谈话要点》。

②张千帆主编：《宪法学》，法律出版社 2004 年版，第 162 页。

③胡锦涛：《在中央人口资源环境工作座谈会上的讲话》，2004 年 3 月 10 日。

④温家宝：《关于制定国民经济和社会发展第十一个五年规划建议的说明》，2005 年 10 月 8 日。

（《人权》2006 年第 4 期，作者系中国人民大学法学院教授）

人性论、人道主义与人权研究

■林　喆

一、人性、人性论与人道主义

人权是指人按其本性所应当享有的在社会中得以生存和发展的自由度。①

人权的提出基于如此的认识：人与人之间在属性或本能上具有某种共同性，这种共同性决定了人们为实现其生存和发展目的，在其需要和行为之间具有某种相通性，使得对于诸如自由、平等、安全等权利的需要为每一个社会成员所具有，被视为人们能够在社会中生存和发展的应有条件。

人权概念是应有性与实有性、观念性与实在性的统一。人权的应有性源自人类的自然属性和社会属性，没有人类个体间的共同性，也就没有人权。人权的实有性来自人的社会性和历史性，否定人生活在社会中，而社会发生着历史的演变，难以把握现实的、具体的人权。

恩格斯曾指出："一切人，作为人来说，都有某些共同点，在这些共同点所及的范围内，他们是平等的，这样的观念自然是非常古老的。但是现代的平等要求是与此完全不同的，这种平等要求更应当是，从人的这种共同特性中，从人就他们是人而言的这种平等中，引申出这样的要求：一切人，或至少是一个国家的一切公民，或一个社会的一切成员，都应当有平等的政治地位和社会地位。"他指出，由人的共同特性的观念中产生出原始的相对平等观，而要从中"得出国家和社会中的平等权利的结论"，并且使它成为某种不言而喻的东西，要经历几千年。即便是在承认自由民之间私人平等的罗马法那里，"只要自由民和奴隶之间的对立还存在，就谈不上从一般人的平等得出的法律结论"，即"人的平等和人权问题"。[②]

人的共同特性就是人性。人权理论的基础是人性论，人性论是人权理论的重要基石之一。人性论包括两方面的内容：

一是什么是人性。人们认为，所谓人性指的就是人的先天性。如，中国古代思想家荀况认为，人性天然，"凡以知，人之性也，可以知，物之理也"。[③]"凡性者，天之就也，不可学，不可事。礼义者，圣人所生也，人之所学而能，所事而成者也。不可学，不可事，而在人者，谓之性。可学而能，可事而成之在人者谓之伪，是性伪之分也。"[④]也就是说，人性是指人生来俱有的性质，凡后天获得的都不属于人性。这一观点为大多数思想家所接受。

这种将人性视为人与生俱有的性质，并将这种性质局限于自然性的观点，实际上是陷入了理论上的一种重大误区，即将社会属性排斥在人性之外，也即认为人只具有自然属性，而不具有社会属性。然而，人与动物的重要区别之一是他的社会性，一个人是否有可能不具有社会性？不具有社会性的人是否是真正存在于社会中的具体的人，也就是说，作为一个人他是不是具有真实性？回答是否定的。因此，对于人性含义的正确表述应该是：人性是指人的天性，它包括人的自然属性和社会属性，它们通过生理的、心理的和社会的需要表现。

二是人性是善的还是恶的，善与恶是人的一种与生俱有的特性，还是人在后天社会环境中所滋生或获得的品质。历史上的思想家们对此有不同的见解，大致可以归结为五种观点：(1) 性善论，即认为人性本善。持这一观点者把善视为一种自然之物，是人先天所具有的特性，其代表人物如中国古代思想家孟轲、古罗马神学家奥古斯丁及当代新托马斯主义者马里旦。(2) 性恶论，即认为人性本恶。持这一观点者将恶视为人的天性，其代表人物如中国古代思想家荀况、近代意大利政治思想家马基雅维里。(3) 善恶两性论，即认为人性具有善和恶两重性。持这一观点者将善和恶视为人所具有的两种天性。其代表人物如古希腊思想家柏拉图，他认为，人的天性中有优秀和低劣两部分，在理想国中人们依其天性不同而处于不同的地位和承担不同的责任。(4) 善恶两分论，即认为性善与性恶因人而异，善和恶分别是不同社会阶层中的人的固有品德。其代表人物如古希腊哲学家德谟克利特和亚里士多德，后者由此推导出民族有天生优等与天生劣等之分，由优种奴役劣种的奴隶制度是合乎自然的，因而也是正义的结论。[⑤]中国古代思想家韩愈也曾将人性分为上、中、下三品，认为除了中品之人的人性可以改变外，上品和下品之人的人性是无法改变的。[⑥]这一将善恶特性分属不同社会阶层的两分说，实践中不仅居于剥削意识形态领域的主导地位，而且常常成为种族歧视或出身歧视论的理论基础。如历史上美国黑人所受到的歧视，德国纳粹对于犹太人的迫害，我国

“文化大革命”中的“血统论”等。(5)性无善恶论，即认为人性无所谓善与恶。持这一观点者将善和恶视为后天社会教育的产物。其代表人物如中国古代思想家告子、近代荷兰哲学家斯宾诺莎等。德国哲学家黑格尔将善与恶视为绝对精神发展中的两个不同的环节，指出，善是普遍意志和特殊意志的统一，是一种“被实现了的自由，世界的绝对最终目的”。自然的东西“既不善也不恶，但是一旦它作为自由的和认识自由的意志相关时，它就含有不自由的规定，从而是恶的”。恶是与善相对立的否定的东西。⑦

人性究竟是善还是恶，并不是一个抽象的、绝对的判断或话题。作为一种道德评价，善恶本身并非是人体的一种机能，它们不能通过人的生理机制或其他生物方式在人体内积淀下来，而成为人先天具有的内在特性或品质被世代遗传，或对个体的思维和行为发生影响。个体对行为的态度或所作的善恶评价，既为其切身利益所左右，又受到他所属的社会集团、阶层的道德规范，或社会大多数成员好恶感的影响。判断人性善恶，评价行为或事件的善恶，实际上是根据何种标准进行价值判断的问题。

人性论与人道主义相联系。在中国古代哲学中，“人道”是与“天道”相对应的概念，它是“指人事，为人之道，或社会规范”。如“天道亏盈而益谦，地道变盈而流谦，鬼神害盈而福谦，人道恶盈而好谦”。⑧中国近代思想家康有为认为，人“知人道之异于禽兽者，全在智”，“人道以智为导，以仁为归，故人宜以仁为主，智以辅之。主辅既立，百官自举，义、礼与信，自相随而未能已”。⑨康有为还在“人性”的含义上使用“人道”一词，认为，人有善恶两性，与人相处时“发其爱质，则必有益于人；发其恶质，则必有损于人”，人的一些恶习(如欺诈)是由后天“习染”而成的。他指出，天下之大，实际上都由义理和制度框定。所谓义理即指实理，或公理、私理，所谓制度包括公法和私法。“实理明则公法定，间有不能定者，则以有益于人道者为断，然二者均合众人之见定之。”⑩他认为，“最有益于人道的”立法就是确立自主之权、互相逆制(即相互制约)、人类平等、兴爱去恶、赏信罚诈、民主、教与治互不干涉的立法，而从师后不认父母、弟子从师后不能自立、君主威权无限、长幼有尊、以君纪元等则是最不人道的。⑪“凡男女之约，不由自主，由父母定之。立约者终身为期，非有大故不离异，男为女纲，妇受制于其父。又一夫可娶数妇，一妇不可配数夫……此更与几何公理不合，无益人道，而‘禁人有夫妇之道’，则‘与实理全反，不唯无益人道，且灭绝人道矣’。”⑫

人道主义一词出于拉丁文 humanus，也译做“人文主义”，最早提出于14至16世纪欧洲文艺复兴时期。在摆脱经院哲学和教会思想的束缚，及反封建势力的斗争中，资产阶级提出了人道主义，他们提倡以人为中心，关怀人和尊重人，⑬以人道主义反对封建统治和论证民主主义，认为只有民主主义才是符合人性，即人道主义的，而封建专制是违反人性、人道主义的。此后，人性论成为人道主义的核心内容。到了18世纪法国资产阶级革命时期，一些启蒙思想家把人道主义的原则具体化为“自由”、“平等”、“博爱”口号。

人道、人道主义是近代资产阶级反教权和封建主义的思想武器，这些观点为后来的空想社会主义者所继承。后者认为，资本主义制度中资产阶级统治工人阶级的制度“也是违反人性、人道主义的，只有社会主义才是符合人性、人道主义的”。这种以道德原则来论证社会主义的学说，也称为“伦理社会主义”。⑭

值得指出的是，人道、人道主义，及随之提出的自由、平等、博爱等概念，不应被视作是资产阶级的专利。这里且不说1904年4月在巴黎创刊的法国共产党中央委员会机关报就以“人道报”(L’Humanité)⑮标名，就马克思主义的基本理论来看，也充满了人道主义的精神。在如何看待马克思主义与人道主义的关系上，国内外理论研究者主要有四种观点：

第一种观点认为，人道主义属于资产阶级理论，它以资产阶级的人性论为核心，马克思主义与它是根本对立的。如西方马克思主义科学主义流派的代表人物阿尔都塞在《保卫马克思》中明确提出“马克思主义是理论上的反人道主义”的命题。[16]这一观点曾很长时期在我国理论界占据主导地位。

第二种观点将人道主义分为两类：一类是非马克思主义的人道主义，即资产阶级的人道主义；另一类是马克思主义的人道主义，即革命的人道主义，如救死扶伤、优待俘虏等。[17]这种观点认为，这两类人道主义在本质上是根本不同的。如我国文艺理论家周扬在对自己早期反对人道主义的观点进行反思和检讨时认为，不仅应当大力提倡马克思主义的人道主义，而且应该用“异化”的理论历史，为党中央的改革开放方针做理论上的论证。[18]他表示虽然自己“不赞成把马克思主义纳入人道主义的体系之中”或把马克思主义全部归结为人道主义，但是“马克思主义是包含着人道主义的”，“只有用马克思主义的人道主义才能真正克服资产阶级人道主义”。他指出，马克思“讲的人是社会的人、现实的人、实践的人”，是通过无产阶级解放的途径的全人类的解放，他“找到了实现人的全面发展理想的现实依据和方法，即改变旧的社会关系，取消私有制，建立社会主义、共产主义”；马克思主义的人道主义是“以历史唯物主义为基础的现实的人道主义，或无产阶级的人道主义”，“而以往的人道主义者幻想在人奴役人的社会里，靠‘理性力量’、‘泛爱’、‘美育’等唯心主义说教，实现人的全面发展，那只能是一句空话。”[19]

第三种观点认为，马克思主义就是人道主义。如西方马克思主义者弗洛姆、马尔库塞明确宣称，马克思主义就是人道主义。马尔库塞在《历史唯物主义的基础》中指出，马克思的《1844 年经济学哲学手稿》描述了人在劳动中的异化和人性的丧失，马克思对资本主义社会所进行的总体批判是建立在真正的人本主义基础上的经历了实践的理论。弗洛姆在《马克思关于人的概念》中认为，马克思哲学来源于西方人道主义哲学传统，后者的本质核心就是对人的本能和潜能的关怀，马克思的目标是使人克服异化而使完整的人性得到恢复。[20]国内一些学者也认为，“人道主义的基本精神是尊重人，关怀人，把人当作人。它主张人是最高目的，人有人的尊严和人格”，以人为最高目的正是马克思主义的价值所在，“苏联和中国的实践证明，如果抛弃了马克思主义的人道主义，就意味着歪曲社会主义和共产主义，变成‘兽道主义’，草菅人命，把整个社会推到封建专制和法西斯专政的道路上去”；马克思主义的人道主义表明，“人的解放，不仅是物质需要的满足，还需要精神和个性的解放，我们不但要发展生产力，还要使社会政治生活民主化，使人民真正成为社会、国家的主人，其个性与才能得到充分的发挥”。[21]

第四种观点认为，马克思主义由人道主义演变而来。哲学家黄楠森认为，马克思主义的诞生也就是马克思和恩格斯从人道主义历史观转向唯物主义历史观，从空想社会主义转向科学社会主义的过程；他们已不再是一般的人道主义者，其理论已不再停留在人道主义上；“他们反对的、抛弃的只是人道主义历史观，而不是处理社会生活和人际关系的人道主义原则或人道原则”；他们“在发表《共产党宣言》以后强调无产阶级斗争、无产阶级革命和专政，揭露和批判资产阶级所宣扬的自由、平等、人权和人道主义的虚伪性和局限性，但他们从来没有抛弃人道原则，决不能说他们是反人道主义者”。[22]

关于马克思主义中包含着人道主义的观念现在已为大多数学者所接受，正如许多学者指出的那样，始终将人的全面解放视为无产阶级革命和社会主义的最终目标，以及以共产主义为标志的马克思主义，不可能不关心人和尊重人。

二、人性论与人道主义的批判及其异变

建国后很长一段时期，人权问题被视为理论研究的禁区，被当作资产阶级的理论而加以排斥，探究其原因，根源在于对于人性论的认识。这里有相互联系的两个环节。

第一个环节是如何看待人性论。

关于人性论，马克思主义经典作家和毛泽东都有过论述。其中被人们运用的最多的是这样两个权威论点：一是马克思在批判费尔巴哈将宗教的本质归于人的本质时曾指出：“人的本质并不是单个人所固有的抽象物。在其现实性上，它是

一切社会关系的总和。”[23]二是毛泽东在延安文艺座谈会上的讲话中批评延安文化领域的人性论时，曾就什么是人性阐述了他的看法。他指出：“有没有人性这种东西？当然有的。但是只有具体的人性，没有抽象的人性。在阶级社会里就是只有带着阶级性的人性，而没有什么超阶级的人性。”在这次会上，毛泽东还批评“文艺的基本出发点是爱，是人类之爱”的观点。他指出：“爱可以是出发点，但是还有一个基本出发点，”这就是“从客观实践出发”。“世上绝没有无缘无故的爱，也没有无缘无故的恨。至于所谓‘人类之爱’，自从人类分化成为阶级以后，就没有过这种统一的爱。”[24]

马克思对人的本质的看法与毛泽东对超阶级的人性论的批评在本质上是一致的，这就是，不是不能谈人、爱、人性，而是不应脱离了人的社会性来谈人、爱、人性问题，阶级社会中人、爱、人性具有阶级性。就人类历史的发展来看，这种对阶级社会中人性的判断是正确的。但是将这些论点绝对化，将社会性等同于阶级性，将人在阶级社会中所具有的阶级性一面扩大到人、爱、人性只具有阶级性，并且将这些理论用于分析阶级斗争已逐渐平缓的社会主义社会中的人、爱、人性，以及人与人的关系中，就产生出一种看似矛盾的灾难性后果。

这就是，一方面人们把人性论等同于资产阶级人性论。如认为，“在有阶级的社会里只有具体的人性，没有抽象的人性，只有带着阶级性的人性，没有超阶级的人性。在马克思主义诞生之后，超阶级的人性就成为资产阶级在政治思想领域内宣传阶级调和，反对阶级斗争，维护资产阶级利益，反对无产阶级革命的武器之一”。这也反映在对“人性论”概念的定义上：人性就是“指撇开伤的社会性和阶级性去解释人的普遍的共同本质的观点或学说”。[25]由此人们反对一切有关人性的话题或体现人性的作品。在这一时期，人们将人性中的阶级性绝对化，否定人性中共性的存在，人性论被视作是典型的非马克思主义的理论，如此的观点长期居于主导地位：人与人之间的社会关系就是阶级关系，马克思主义强调的是人的阶级性，社会中没有无缘无故的爱或恨，人的各种感情，如喜怒哀乐、爱或恨都具有阶级性；文艺作品中各种情感的表露实际上是在宣传资产阶级人性论，它们有损于工农兵形象。

“文化大革命”初批判所谓“反动的资产阶级文艺路线”，其中重要的一条就是“宣传资产阶级人性论”。如《达吉和她的父亲》、《早春二月》、《冰山上的来客》、《红日》、《舞台姐妹》、《林家铺子》、《李慧娘》、《谢瑶环》等优秀影片在“文化大革命”中都被冠以“宣扬人性论的大毒草”而受到批判。如这样的批判话语：“有些作品，不写英雄人物，专写中间人物……还有些作品，则专搞谈情说爱，低级趣味，说什么‘爱’和‘死’是永恒主题。这些都是资产阶级的、修正主义的东西，必须坚决反对。”[26]文学艺术应体现工农兵高大的英雄形象，就这类人物形象的塑造来讲，是绝不能掺加七情六欲、儿女私情的。八个“样板戏”的人物塑造和故事情节的安排充分体现了这种认识。“文化大革命”后期，在批林批孔运动中，一些高校学生和工人理论组在对《三字经》的人性论进行全面批判时，也强调了人性的阶级性。

另一方面，在批判人性论的同时，人们又以人性两分论来确定每个人的身份，划分阵营。文革初，所谓“老子英雄儿好汉，老子反动儿混蛋”之类的“鬼见愁”的口号和标语风靡一时，尽管后来也有“一讲成分，二不唯成分，三重在表现”之说，但事实上以血统论、以出身来确定一个人在政治上的可靠程度，甚至决定一个人一生的命运则是一种通行的做法。这种反人权（反平等权）的歧视性政策被运用于选举、提拔、招生、招工、招兵、奖励、分配等一切领域，甚至发展到在“七五宪法”中取消了“五四宪法”中“公民在法律上一律平等”的法制原则。歧视性政策的实践结果是人为地加剧了社会矛盾，严重损害了公民的生存权和发展权。

这种看似矛盾的做法在本质上是一致的：就是将阶级斗争不适当地扩大到一切领域，它与这一时期错误的指导思想和政治路线密切地联系在一起。

第二个环节是如何看待人道主义。

对人性论的全盘否定必然导致否定马克思主义中的人道主义思想。这里也出现了一种矛盾。一方面否定人道主义，尤其是对其中的平等观念进行彻底批判。这样的批判充塞于这一时期的各种报刊中，如“‘真理面前人人平等’，这是一个彻头彻尾的资产阶级的口号，这个口号是完全虚伪的。在互相对立的阶级之间，根本没有什么平等可言。真理是有阶级性的。”[27]另一方面人们又不能无视这一事实：毛泽东在民主革命时期曾反复强调在红军队伍里要力戒肉刑、体罚，不要乱捕、乱打、乱杀，提醒人们要优待俘虏。建国后，他又反复指示，在进行批判斗争时要用文斗，不要用武斗；对于反革命分子和犯错误的人，必须注意政策，打击面要小，教育面要宽，要重证据，重调查研究，严禁逼供信。因此，与全盘否定人性论略有区别，人们肯定了革命人道主义的存在，只是将它的内容限制到一个很小的范围：救死扶伤、优待俘虏。

对于人性论的意识形态化的批判，以及对于人道主义内容和精神的限制，导致了对人权概念意识形态化的解释，以及对于人权研究的警惕和否定。

三、改革开放以来我国人权研究的进步

20世纪80年代，随着政治领域的拨乱反正和理论界展开的“真理标准”问题大讨论，社会科学领域在人性、人道主义方面的理论禁区被突破。文艺界首先对以往在人性论问题上的极“左”思潮进行反思，出现一批以揭露“文化大革命”给人们带来的身心创伤的“伤痕文学”，如《班主任》（刘心武）、《伤痕》（卢新华）、《人啊，人》（戴厚英）等。这些小说呼唤人与人之间的理解和信任、爱和温情。之后哲学界兴起人学思潮，推动了对人性、人道主义的研究。如有学者所分析的，社会主义实践中出现的诸多失误，及由此导致的“神道主义、兽道主义泛滥”，为“人道主义热”的形成提供了现实背景。[28]

人们热烈地讨论：什么是人性、人道主义？阶级社会中究竟有无“共同人性”、“共同美”？此时出现了大量的论文，据1982年《马克思主义文艺理论研究》编辑部的不完全统计，从1977年到1981年12月，全国报刊及有关书籍仅在人性、人道主义方面的专题文章就达240篇。[29]

人们发现，所谓人性善或恶的理论并非人性论的全部，而只是众多理论中的某种说法；所谓人性乃是阶级性的见解只是对于人性某一方面或特点的解说；人性不仅具有阶级性，也具有非阶级性、人类性或共性；人性不仅具有社会性，还具有自然性，它不仅是特殊的、具体的，也是普遍的；在社会生活人与人的交往中体现人性，在企业中进行人性化的管理，在文学作品中描述、表现、赞美人类间的情爱、友善，弘扬传统文化中的人性美德，并非与社会主义道德或无产阶级的感情格格不入，而恰恰是与社会主义的性质、理想和目标相吻合的。

其间，1980年《中国青年报》由潘晓的一封来信《人生的路为什么越走越窄》而引发的关于人生观的讨论，在全国范围内引起了很大的轰动。对于人生观和价值观的讨论，加重了社会对人的个体命运的关注。

人们在研究中看到，马克思主义经典作家对于人的研究范围是极为广泛的，它们涉及科学领域的方方面面，如人与自然、社会的关系，人的起源，人的本质，人们的生产关系、经济关系、社会关系，人的生产劳动，人的活动，人的意识、思维、认识，人的审美、情感、意志、信仰、理想，人的素质、能力、需要、自由、利益、价值，人的历史实践，人的发展，人生的理论和实践，人的理性和非理性，人的阶段性和社会性，个体与群体、国家，种族，民族，以及对社会思想史中关于人的思想理论的批判等，由此构成马克思主义人学的庞大体系。[30]人权、人性、人道主义只是其中的一个很小的部分，以马克思主义经典作家在特定历史条件下的某些论述来概括其整个人学思想，包括人性、人道主义的认识，是不科学的，只能得出片面的论点。

随着人性论的非意识形态化，以及“公民在法律面前一律平等”的法制原则在法学界被重新肯定和重新写入宪法（“八二宪法”），人权研究的禁区逐渐被突破。

就改革开放以来我国人权理论的研究来看，大致经历了以下几个阶段：

（一）公民权利研究兴起阶段（20世纪70年代末至80年代中期）

从20世纪70年代末开始，一些探讨公民权利和义务问题的文章开始出现于报端。1978年12月，中国社会科学院《未定稿》发表了邢贲思的《真理面前不应当人人平等吗?》，作者指出在真理面前应当人人平等。半年后，该刊发表了栗劲的《必须肯定法的继承性》。该文指出，必须全面学习研究马克思主义的国家学说，总结建国以来司法领域正反两方面的经验教训，认真研究一切法学著作和各种成文法典，批判地借鉴和吸收对我国法制建设有用的东西，完善和制定社会主义各项法律。[31]

在此期间，理论上通常相对滞后的法学领域也卷入思想解放的浪潮之中，对以往的学说进行积极的反思。除了栗劲的文章外，较引人注目的是《论我国罪犯的法律地位》（李步云、徐炳，《人民日报》1979年11月27日）一文。它指出，“凡是具有我国国籍的人都是我国的公民”，“罪犯也是公民”，他们也享有人身不被任意伤害、财产不被任意剥夺、一定的学习政治、文化和科学技术知识的权利；不能肆意侮辱其人格、不能对其诬告陷害、刑讯逼供；妻子或丈夫离婚应征求其意见等；罪犯享有一定的权利，更要尽一定的义务，对罪犯“科以刑罚，就是要用强制手段迫使他在劳动中改造自己，逐步把他改造成为能自觉地履行公民义务的公民”。[32]之后，李步云又撰写了《再论我国罪犯的法律地位》（《法学杂志》1980年第3期），着重阐述了罪犯的政治权利，指出，没有被剥夺政治权利的罪犯所保留的政治权利在服刑期仅仅是“停止行使”，而不是“当然剥夺”，他建议可以考虑给一些未被剥夺政治权利的罪犯以选举权。

这些观点的理论意义是一目了然的：法的可继承性在于它具有共同性，阶级性只是法的属性之一，而不是全部；连罪犯的权利也必须予以尊重和保护，更何况一般公民。这些在今天看来属于常识性的观点在当年提出可谓是令人震撼，在好评如潮的同时，作者也受到了来自多方的质疑和压力。[33]

处于这一时期思想解放前沿的《未定稿》还刊登了有关民主法制建设的一系列文章，如，《政治民主与新闻自由初探》（卢惠民），《应该给文艺工作者以法律保护》（陈春龙、刘海年），《论反革命罪》（陈春龙、刘海年），《阶级斗争和法制》（吴大英、刘瀚），《论宪法规范的明显性——对我国1954年以来三部宪法的比较研究》（许崇德），《从罪刑擅断主义到罪刑法定主义——人类在文明的道路上前进了一步》（林欣），《试论政治民主化与生产社会化的历史联系》（晓鲁）等。[34]这些文章从不同角度涉及了公民权利的保护问题。张光博在《试论法定权利的界限》（《社会科学》1981年第4期）中论述了权利的概念、权利和义务界限在政治决策和立法中的地位和作用。

1984—1985年在吉林大学法律系举办了青年教师法理研讨班。在研讨班上人们对以权利和义务为核心来改造原先从苏联引进的法理学的观点进行了系统的讨论。[35]1988年6月，全国法学基本范畴研讨会在长春召开。与会者们在这一点上达成共识：必须以权利和义务重构法学理论体系。这次会议在当代中国法理学史上具有里程碑性质。其意义不仅在于会上对权利和义务的讨论范围涉及了一个很宽泛的领域（如权利观念与商品经济、权利与利益等价值观念的关系，权利的类别，权利与义务的关系，权利与法的关系等），更在于由对于权利与义务关系的讨论，引发出后来长达四年之久的关于“法本位”的争论。

当代中国法理界的这场讨论，其参与人数（尤其是年轻学者）之多，波及面之广，学术论点之展开、深入和激烈（其中还掺有非法学的内容），都是前所未有的，直到20世纪90年代初邓小平南方讲话后才逐渐趋于平缓状态。[36]正是这场讨论促进和加深了对于权利问题的研究，使权利和义务成为法学基本的或核心的范畴，以及法学研究的重点对象，这一切为后来人权研究的兴起奠定了思想理论基础。

（二）人权研究解冻阶段（20世纪80年代末至90年代中期）

1991年春，中国社会科学院人权研究中心成立。11月1日，国务院新闻办公室发表了我国第一个关于人权问题的官方文件——《中国的人权状况》白皮书。这是中国政府第一次以文件的形式正面肯定了人权建设对于社会主义中国发展的政治意义，它从中国历史和国情出发，将生存权和发展权作为首要人权，系统阐述了我国在人权问题上的基本立场和政策，以及我国政府和人民为促进人权所作的巨大努力和取得的历史性成就，在全世界面前公开举起人权旗帜。如一些学者所言，人权白皮书的出台“标志着我国最终从政治上彻底打破了人权禁区”。[37]

1992年初，邓小平中关于“姓资姓社”的论述，以及其间中央领导人的一系列讲话，[38]解除了人权领域的最后禁忌，标志着人权研究冰层的全面解冻。

在这一阶段，值得一提的是这些著作的出版：《人权宣言》（王德禄、蒋世和编），《世界人权约法总览》（董云虎、刘武萍编著），《公民基本权利义务通论》[39]（徐显明主编）。这是我国较早汇编、介绍国际人权文件，阐发社会主义与人权的本质联系，或系统阐述中国公民基本权利义务的类别、内容、关系的学术成果。

这一时期，有关部门和社会团体纷纷在北京召开各类人权座谈会。[40]

1992年4月，中国法学会法理学研究会在武汉大学举办了主题为“人权与法制”的国内法学界第一次人权研讨会。会上人们对人权的概念、性质、类别，人权与法、法制、民主、社会主义、市场经济的关系，马克思主义人权观等问题展开讨论。[41]法学的加盟具有划时代的意义——正是法学对于人权问题的关注，使得中国人权理论的研究有了一个真正现实的立足点，这就是法的立足点，从此，人权问题不再只是政治问题，而更是一个法律问题。

1993年3月，中国人权研究会建立，在后来的日子里，该会不仅建立了人权网站，宣传人权的理论和政策，并在进行国内外学术交流活动、中西方人权对话中发挥了重要的作用。

（三）人权研究兴起阶段（20世纪90年代末至21世纪初）

自20世纪90年代末以来，随着中国社会主义市场经济的深入和民主政治建设的发展，人权研究逐渐进入哲学社会科学的各个领域，许多单位纷纷建立人权研究机构。武汉大学、山东大学、中南大学、清华大学、湖南大学、四川大学、上海交通大学、广州大学、苏州大学等大多数综合型高校都相继建立了人权研究中心、或司法（或法治）与人权研究中心（有的高校建立了人权研究所），拨款和配备专门人员研究人权问题。

2000年2月，国务院新闻办公室发表白皮书——《中国人权发展50年》，从中国公民在生存权、发展权和经济、社会、文化权利的巨大改善，公民政治权利的有效保障，妇女、儿童权利的保护，少数民族的平等权利和特殊保护，中国人权的跨世纪发展前景等六个方面，以大量的资料和数据阐述了中国人权在建国50年以来的巨大进步。

白皮书指出，中国是一个发展中国家，由于“受自然、历史和经济发展水平的影响和制约，国家的民主法制建设、社会的文明程度和人民的生活水平都还需要进一步改善”。50年的经验表明，一是“实现充分的人权是中国跨世纪发展的基本目标”，二是“改革开放以来中国找到了一条适合自己国情的促进和发展人权的道路”。在中国这样一个“历史悠久、人口众多、资源和财富相对短缺的东方发展中国家”，要促进人权发展，既不能照搬西方发达国家的人权发展模式，也不能因袭其他发展中国家的做法，而只能从中国的国情出发，探索具有自身特点的发展人权的道路，这就要将生存权、发展权放在首位，在改革、发展、稳定的条件下，全面推进人权。这条道路的特点是：在发展人权的基本方向上，坚持发展生产力和共同富裕的原则，立足于改善全国人民的生活和促进全国人民人权的发展；在促进人权的轻重缓急上，强调生存权、发展权的首要地位，同时兼顾公民的政治、经济、社会、文化权利和个人、集体权利的全面发展；在促进和保障人权的方式方法上，强调稳定是前提，发展是关键，改革是动力，法治是保障”，唯此中国的人权状况才能不断地得到改善。[42]

（四）人权成为显学阶段（2004年3月以来）

2004年3月14日，全国人大十届二次会议将“国家尊重和保障人权”写入宪法。这次修宪的划时代意义在于国家成为尊重和保障人权最重要的责任主体和实践者。

在经历了半个多世纪后，人权研究领域内的主要障碍已被排除。人权入宪后在中国掀起了一个人权研究的热潮。有一个数字可以说明这一点：在google网上搜索“人权”信息，结果高达54.9万条之多（截至2006年2月14日）。人权研究的热潮使人权成为一个专门领域，它推动了人权学和人权法学的形成。目前，全国除了党校系统从中央到地方早已开设了人权课程外，各个高校也都将人权类的课程作为本科生或研究生的必修课，不少学校开始编写和出版人权学教材。

目前，人权在我国正在成为一门显学。随着人权实践的深入，人权研究必将获得更大的发展。

注释：

①关于人权概念的内涵，人权与权利、法律权利、公民基本权利诸概念的区别，参见林喆主编：《公民基本人权法律制度研究》，北京大学出版社2006年版，第一编第1章。

②恩格斯：《反杜林论》，《马克思恩格斯选集》第3卷，人民出版社1972年版，第142～144页。

③《荀子·解蔽》，引自潘福恩主编：《中国学术名著提要》，哲学卷，复旦大学出版社1992年版，第91页。

④《荀子·性恶》，引自同上，第92～93页。

⑤［古希腊］亚里士多德：《政治学》，吴寿彭译，商务印书馆1985年版，第16～17页。

⑥《韩愈·原性》，引自潘福恩主编：《中国学术名著提要》，哲学卷，第412页。

⑦［德］黑格尔：《法哲学原理》范扬、张企泰译，商务印书馆1961年版，第132页。

⑧《辞海》（缩印本），上海辞书出版社1980年版，第308页。

⑨康有为：《康子内外篇·仁智篇》，引自谢遐龄编选：《变法以致升平——康有为文选》，上海远东出版社1999年版，第89～90页。

⑩康有为：《实理公法全书》，引自同上，第98、100页。

⑪同上，详见第101～113页。

⑫康有为：《实理公法全书》，引自同上，第103～104页。

⑬《辞海》（缩印本），第304、306页。

⑭黄楠森：《马克思主义与人道主义》，“中国论文中心网”2005年8月4日。

⑮见《辞海》（缩影本），第304页。

⑯王雨辰：《西方马克思主义理论视域重的马克思主义和人道主义关系》，《人学与现代化——全国第六届人学研讨会论文集》（中国人权学会编），广西人民出版社2005年版，第307页。

⑰《辞海》（缩影本），第306页。

⑱徐庆全：《读顾骧，念周扬》，载《纵横》2004年第7期。

⑲周扬在《关于马克思主义的几个理论问题的探讨》指出，“文化大革命”前，对人道主义和人性论的研究走过弯路。“在一个很长的时期内，我们一直把人道主义一概当作修正主义批判，认为人道主义与马克思主义绝对不相容。这种批判有很大片面性，有些甚至是错误的。”见泽羽：《重提二十年前人道与异化的论争——中共中央党史研究室原副主任石仲泉谈学风问题》，《社会科学报》，引自中国学术论坛网2003年8月15日。

⑳王雨辰，前引文，第306～307页。

㉑《未定稿》1981年6月在发表了王守昌的《马克思主义的实质就是人道主义》之后接到了许多读者来信，他们对此都表示赞同，表达了这些看法。见李凌：《勇破坚冰的（未定稿）》，《社会科学报》2002年7月25日。

㉒黄楠森：《马克思主义与人道主义》，“中国论文中心网”2005年8月4日。

㉓马克思：《费尔巴哈和德国古典哲学的终结》，《马克思恩格斯选集》第1卷，人民出版社1972年版，第18页。

㉔毛泽东：《在延安文艺座谈会上的讲话》，《毛泽东选集》（一卷本），人民出版社1964年版，第827～828页。

㉕《辞海》第304页。

㉖《高举毛泽东思想伟大红旗，积极参加社会主义文化大革命》，《解放日报》（社论）1966年4月18日，引自昆明工学院院刊编辑委员会编：《学习材料》第1集，1966年7月印刷，第158页。

㉗《无产阶级文化大革命万岁》（社论），载《红旗》1966年第8期，188页。类似的表述也出现在《撕掉资产阶级“自由、平等、博爱”的遮羞布》（《人民日报》1966年6月4日社论）中，引自昆明工学院院刊编辑委员会编：《学习材料》第1集，第211～221页。

㉘郁建新：《人道主义批判与社会主义人道主义》，“博客网站”2006年2月。

㉙《马克思主义文艺理论研究》编辑部：《马克思恩格斯论人性和人道主义》，光明日报出版社1982年版，第202～216页论文索引。

㉚中宣部马克思主义工程之一——人学基本理论研究（北京大学陈志尚教授主持）目前正在做的一项工作便是分类别地梳理马克思、恩格斯经典著作中的这些人学理论。

㉛李凌：《勇破坚冰的（未定稿）》，载《社会科学报》2002年7月25日。

㉜李步云、徐炳：《论我国罪犯的法律地位》，《人民日报》1979年11月27日。

㉝当时这些批评不仅有监狱管理者的告状书和控告信，也出自某些司法机关的文件。关于这段历史可见李步云：《〈论我国罪犯的法律地位〉引起的风波》，载李步云主编：《法理探索》，湖南人民出版社2003年版，第267~273页。

㉞关于这些文章的内容可见李凌：《勇破坚冰的〈未定稿〉》，《社会科学报》2002年7月25日。

㉟关于这段历史可见张光博：《权利义务要论》，吉林大学出版社1989年版，第3页。

㊱关于这场讨论的内容和状况可见林喆：《权利的法哲学》，山东人民出版社1999年版，第358~372页。

㊲汪弥：《人权理论禁区是怎样突破的》，"中国人权网"2004年3月22日。

㊳如，江泽民提出："我们要用马克思主义的基本观点正确而通俗的解释民主、自由、人权等，使我们的干部、群众特别是青年学生受到教育。"李鹏提出："我们不认为自由、民主、人权是资本主义国家的专利。社会主义国家也应是自由的、民主的，享有充分的人权。"见汪弥：《人权理论禁区是怎样突破的》。

㊴该书第八编"国际人权法中的权利义务"（由顾倚龙、徐宏、高燕、殷杰撰写）阐述了国际人权法的概念，产生和历史发展，国际人权法的构成和内容，当代人权的新课题（自决权和发展权），以及人权的国际保护等问题。

㊵关于这些会议参见郭道晖：《法的时代呼唤》，中国法制出版社1998年版，第699~700页。

㊶关于这次会议讨论的内容参见林喆：《解放思想，深化人权理论的研究——1992年全国法学理论研讨会综述》，载《政治与法律》1992年第4期。

㊷国务院新闻办公室：《（中国人权发展50年）白皮书》。

（《法学家》2006年第6期，作者系中共中央党校教授）

人权概念复杂性探析

■关今华　李　佳

人权（Human rights），是西方最引人注目的政治辞藻之一，也是目前联合国的中心议题。在现代中国社会，尊重和保障人权已经算得上一个流行的伟大的名词。审视当今世界，我们发现，人权其实是一个多变的概念，人们往往从不同的意义上使用人权一词，用这个词来表述不尽相同，甚至截然相悖的主张。在人权概念的解释和运用上，总是存在着某种混乱和模糊，之所以如此，是有复杂的历史与现实根由的。大体说来，一方面，这是由于各个国家、民族，各个阶级、派别和个人，在经济利益、政治立场、文化背景、价值取向以及发展水平等方面不尽相同；另一方面，则是由于人权本身作为一个学术问题过于宽泛和复杂。对人权及其历史的解释，实际上包含着对政治、经济、法律、哲学、宗教、伦理等诸多问题乃至整个人类历史的解释。这在一定程度上要归因于人权概念在现代的膨胀，导致人权概念的复杂。当然，人权概念虽然众说纷纭，却并不意味着人权是不可知的，也不意味着确定一种比较清晰、比较一致的人权概念没有可能。因为，作为一个名词，人权在语义学上有固定的含义；作为一项伦理原则，人权在哲学上有特定的由来和属性；作为一个法律概念，人权在法学上有特定的主体、客体和分类。所有这些，都是可以通过深入的研究来弄明白的。这样做并不意味着不同的人群、国家和文化对人权不能有不同的理解，相反，只有弄清了人权概念的这些基本的客观的方面，对人权作出不尽相同的语境解释，才能真正得以成立并具有学术意义和社会意义。

一、人权概念认识的必要性和可行性

从人权概念的起源来看，伦理学、哲学的人道概念与法学、道德上的权利概念是构成人权概念的两大基本要素。人权概念的萌芽和形成的历史，也是这两大要素萌芽、形成和相互结合的历史。人权概念的不断发展，使得人权形成了各种权利形态，于是，人们因不同的权利形态解释了人权的内涵和外延，如自然权利、习俗权利、道德权利、反抗权利、基本权利、应然权利、实然权利、法律权利、普遍权利等，对如此众多的权利形态可依不同标准进行分类，不管如何进行分类，一个首先必须明确的问题是，人权究竟主要是道德权利还是法律权利？

人权概念的复杂性告诉我们，人权之于我们，不是一个不证自明的信念，而是一个经过论证的理想原则。一般说来，人权概念通常在应然意义上使用，即用于表述人们对某种实际的要求或某种理想状况的追求。现实的需要和理想的追求构成人权实现的最为基本的矛盾，最终人们赋予人权的基本任务是，每个人要求阐明、尊重、保障的那些权利应该在法律上得到承认和切实保护，以便使个人和群体（集体）在个性、道德、物质、精神和其他方面的独立、安全、自由、平等、幸福获得充分、全面、完善的发展。即便是低限人权的那些道德上应然权利，比如生命权、要求正义权、受帮助权、自由权、被诚实对待权、礼貌权以及儿童的受抚养权，毕竟也是应然权利，也必须归结到用法治实现和保障人权的，并且这些权利只有不论在国内法还是国际法，都能得到承认和保护，才可能是切实有效的。对人权保护在道德上呼吁，道德上履行，甚至设立所谓“道德法庭”，其能否切实有效保障人权所涵盖的那些权利，往往由于人们不同的道德水准，显得软弱无力，乃至于望权兴叹，无可奈何。只有法律确认和保障，才是最后的一道切实有效的屏障。因此，我们阐述国内法和国际法在法律上尊重和保障人权必要性和可行性，具有如下的共同点：

第一，人权必须是以国内法和国际法的某种形式确立其保障地位的。以法律形式赋予宪法人权化的崇高地位，使得每个国家、政府和社会接收人权规范的约束，采取各种措施（法律、政策、制度等）确切地尊重和保障人权。根据美国人权研究专家L. 亨金调查统计，当今世界，70个国家的宪法都承认或肯定了人权。“人权是当今世界唯一的、至高无上的美德，是邪恶宗教的唯一美德。这意味着，当今的政府不能无所顾忌地宣扬它们的一贯主张。它的意义还在于，所有国家和社会都一直在准备接受人权规范，承认违反人权是不正常的。”[①]前言从正反两方面论证可看出，宪法人权化已是大势所趋，成为世界各国公认的以最高法律形式宣称保障人权的时代潮流。2004年中国的宪法已经赶上和迎合了这股法学潮流。

第二，人权经受到法律规定的保障，已成为国际人权法的一个原则。当1945年6月26日通过《联合国宪章》时，“促进和鼓励尊重所有人的人权和基本自由”（第1条第3项），仅仅是联合国的一个宗旨，仅仅是促进和鼓励“尊重”人权和基本人权，连“保障”之语也没有，更不用说上升为“法律”的原则。到了1948年12月10日联合国大会通过《世界人权宣言》时，情况才得到了根本的扭转和改观，《宣言》在序言中明确规定：“为使人类不至迫不得已铤而走险以抗专横和压迫，人权须受到法律规定之保障。”该规定至少包含两层涵义：一是人权原则确认在于出现了人类的反抗情由，那就是，人类在遭受专横（专制）压迫时，才迫不得已而铤走险，这种情由在国际和国内领域皆会出现；二是只有法律机制切实保障人权，人类才不会出现专制统治和压迫。因此，从法律上保障人权，是中外人权史的经验总结。人权保护发展至今天，一些人权保障法已成为了公认的习惯法和强行法，各国政府和国际社会均须遵行。

二、人权概念不同一的表现和深层原因

纵观中外人权概念，其种类之多，陈述之杂，足以令人眼花缭乱，不知所措。究其原因是多方面的，不同学者基于自己的学识和认识水平，对不同社会的时代、不同文化类型、历史传统、经济制度等产生不同的理解，必然出现简繁不同的人权概念；由此还产生在观念形态和实际操作中的不能同一的人权概念。具体分析其表现有：

第一，对人权概念认识上的混乱性。不同学者立足不同学科来界定人权概念，固然有其合理性，但因为学科知识和实际操作中的局限以及由此产生人权概念片面性，必然导致各个概念无法互相照应和协调，从而出现认识上的混乱性。允许不同学者从法哲学、权利学、人

学、伦理学、价值学、法学、语义学、人格学、社会学等来认识人权概念，但不能不注意本学科的局限性和实际操作上的困难，因为人权概念不是某一特定学科的研究成果，而是属于不同学科共同研究并供“大家”共享和运用的课题。从我们知道的中外学者对人权概念的不同认识中，不同学科产生的混乱性自不待言，单以从宪法学和一般法律学来认识人权概念为例，它们同属法学类，本应有统一概念，却在析义上产生很大的差异，在宪法学上将人权理解为公民、人民和人所享有的公民权或基本权利，在法律学上却理解为“人身权利和其他民主权利”，不仅在主体上产生逻辑上混乱，在内容上也不能统一为“人权是一种受宪法等法律所保护的法定权利”。又如，将人权理解为“人身权利和其他民主权利”，不但在法学上可以这样认识，而且在语义学上也可以这样认识，这是一种概念认识上的混乱现象。有的人权概念混乱至“新瓶装旧酒”的状况，明知人权早已存在和发展为集体权利，却偏偏定义为“个人权利”。

第二，对人权概念理解上的偏颇性。这是几乎所有能见到的人权概念的通病。研究者往往根据自己的理解，将人权概念不适当地偏向人权的某一方面，使人权具有了某方面的“特色”。比如，鉴于人权概念起源于近代伟大启蒙思想家们的天赋人权说，又考证了先哲革命家的引用，便断言“人权就是人的自由权和平等权”。这种理解人权概念的偏颇性在于，一方面，以自由为本位和以平等为本位的人权思想（国外学者称之为第一代和第二代人权，国内不少学者赞同之），是为早期资产阶级反封建的战斗服务的，固然在当时是十分革命的，当社会和各国还未能保证为人人实现平等权和自由权时，其终究不是现代人权概念的主要内涵。另一方面，以自由权、平等权为特征的人权概念，不论是过去还是现在，都是为狭隘的阶级利益、种族利益和政府利益服务的一种“人权口号”，在实践中难以为普通人民和平民阶级实现和保障的。

将人权以商业观念理解之，美其名曰“商赋人权”，实际上正如夏勇先生所说，这是“主张无限制的财产所有权和契约自由权，漠视社会大众的利益，使人权成为利己主义的特权，成为资本的特权”。[②]须知，马克思主义先哲们讲到权利与“社会经济结构”的联系以及“自由、平等”与人权的联系的时候，其本义是说明人权是历史产生的（与社会经济文化等有关），而自由、平等被宣布为人权是资产阶级反封建统治和社会经济进步的产物，决非认为人权就是自由、平等的权利，或人权是商品经济的产物。先哲革命家主要以严厉批判的眼光和科学方法论指出“人权本身就是特权”。揭示了资产阶级人权的欺骗性和虚伪性，如在资本主义的市场经济运行中，“平等地剥削劳动力，是资本的首要人权”。[③]他们对人权概念的理解并不同一，虽然说过人权是一种自然权利或权利的一般形式，实际上他们是主张解放全人类和能够保证“人的全面自由发展”的人权。这符合当今中国共产党和中国政府的主张，人权是一个“伟大的名词”、“崇高的目标”，是“长期以来人类追求的理想”。[④]

将人权概念从价值学角度来理解，具有一定的合理性，但其仅仅是属于道德上范畴，顶多解释了“尊重人权”的层次，无法在实践运用中实现人权。况且人的价值要得到“社会承认”，也并非易事，其局限于人的“社会价值”；对于人的“个人价值”，有些无须社会承认。实际上，要真正实现人的价值，还须从法律的角度理解人的价值，以法律手段保障人的价值的实现。

第三，对人权概念解释上的异化性。从人权概念的起源来看，一方面，通过不同文化、不同思想的同化，使人权本身变成了人类的共同准则，人权的提出和形成本是有利于人类的本身；另一方面，通过新社会对旧社会的改造，使人类去除受私有制异化了的旧思想、旧观念，造就一代又一代的新人，企盼建立起和人民主权、民主相联系的公正、自由、平等、福利、和谐社会关系，使人真正成为人权中的权利主体，才是同人权中有关的平等、自由、公正等权利内涵相统一的人。然而事实上并非如此，新兴的资产阶级和宗教中新教掌权者，利用人权取得统治地位后，将人权中正当的权利异化了，使人权成为统治阶级或领导集团的特权，成为享有资本和财产的特权，原本作为人类第一需要的自觉自愿的劳动也变成了异化劳动。反映在中外人权观念上，就是漠视人与人之间的地位、文化、财产等差别，仅仅赋予人权概念中人人享有抽象的道德权利、自然权利或普遍权利，以平等的、无差别的"人"的表象，实质上掩盖了人权概念中真正的本质和内涵。在法、美、英等发达国家的人权概念中，都标榜人权是世界上人类（中外人人）生来俱有的不可剥夺的男女无差别的道德权利（伦理权利），实际上也办不到。最典型的实例是，1789年法国的《人权宣言》里的"人权"，本意是"男人的权利"，英文写作为 rightsofmen，也表示为男人的"人权"（据说后来由于罗斯福总统夫人的建议，才特意改为 humanrights，即真正"人权"之意）。在开始时，法国的人权概念，不仅妇女不包括在内，男子也被分为"积极公民"和"消极公民"，只有少于全体公民总数的一半的"积极公民"才享有投票权。中国历史上，八国联军侵占中国时的严重践踏人权情况，1885 年法国在上海法租界公园门口竖起一块"华人与狗不得入内"的地道的人权招牌，无不表现出西方人的种族观念，他们把人权仅仅视为"欧洲人权"或白种人的特权。这展示了某些西方人在人权概念理解和运用上的狂妄、野蛮和异化性。这种人权概念异化性，在近现代的殖民主义者、对外扩张侵略者和美国霸权主义者的"人权外交"政策中，表现得尤其明显，他们把人类对自己应当享有权利的同化概念变成了权利异化的概念，从而将人权概念异化了。

第四，对人权概念判断上的虚设性。这是指中外人权概念本身具有很大程度上的理想色彩。他们大多数将人权概念理解为道德上的应然权利，充分体现出他们对人权概念判断上的虚设性。正如沈宗灵教授在评论西方人权概念时说，在西方思想史中，自然法被认为代表了道德、正义，它是评价实在法（主要指国家创制的法律）的标准。从 10 世纪开始，一些思想家、法学家将休谟和康德关于"应然"（或译应有、应当）和"实然"（或译现实）两个领域之分的思想引入法学中，自然法或自然权利就被认为是"应然"的法律或权利，而实在法或其他规定的权利则被认为是"实然"的法律或权利。从这个意义上讲，说人权是道德权利与说人权是应然（或应有）权利实际上是一个意思。[⑤]之所以要强调人权是一种道德权利，不仅是由于历史文化传统的原因，而且还由于在逻辑上，"如果以实在法作为人权的根据，就会得出根据这种实在法否定人权也是可能的结论"。[⑥]中国学者对人权概念的界定大多也是如此判断的，极少数中外学者从法哲学、伦理学或社会学角度判断人权概念，认为人权是一种主张权，或者最终诉求权，是"有效要求权"、"社会承认权"等，所有这些皆属权利分类中的"行为权"而非"接受权"。前者是消极的权利，仅仅要求义务人不去妨害，而接受权才是积极权利，它要求义务人不但不去妨害，而且要履行保障人权的义务，必须由义务积极地提供某种行为才能成立和实现人权。我们在前文中介绍和肯定了伊斯兰教关于人权概念是"人权是设立与神有关和产生这种关系的具有强制性的义务"。这种人权概念倒是一种积极的接受权。可惜，伊斯兰的人权只是归属于服从真主的人的特权。在某种意义上讲，反映了人权概念判断上的虚设性。这些作为应然意义上的人权概念，"所根据的往往是价值，不是事实；是必要性，不是可能性。有些流行的人权其实缺乏相应的义务承担人，尤其是当代的经济、社会、文化权利——多属接受权，而非行为权，它们必须由义务人积极地提供某种行为才能成立和实现，但是，义务主体和义务内容并未确定下来。又如，有些权利虽然在法学上已经有了明确的义务主体和义务内容，但是，依权利主体的物质生活水平和实际能力，是可能兑现的"。[⑦]这个见解是正确的。

第五，对人权概念表述上的模糊性。在中外众多的人权概念中，除了极少数对人权析义表述较为清晰外，尤其在简单的人权概念里，大多不仅在语法和逻辑上表述过于模糊，就是在语法和逻辑基本正确的前提下，人权概念中必备的主体、形态、客体等内容，也表述得含糊不清，不得要领，无法明白人权概念最起码或最基本的概貌。

把人权界定为“自由和平等的权利”，或说人权即“人格”或资格，以及“有效的要求权”，或说人权“是得到社会承认的权利”等，都是缺乏必要的主体。因为人权主体是一个较复杂的问题，即使认为人权的主体是“人作为人”或“人之所以成为人”等表述，也会引起争议，必须要作出适当的说明。

关于人权的客体，不少人认为人权就是做人的权利，作为客体的“权利”，到底指什么，没有作出必要的说明。即使说明人权是“以人的自然属性为基础、社会属性为本质的权利”，对该“权利”的认识还是模糊的，因为我们无法了解与人权概念有关联的“自然属性”和“社会属性”的具体含义是什么。

人权的具体形态，大多也是含糊不清的。不少人权概念表示出其外延是“道德（伦理）权利”，或“应然权利”，或“基本权利”，或“应然部分和实然部分”，或“法律权利”等等，但没有说明是否人权源于人的本性、尊严、人格、需要或者行为等，也没有开列或至少列举出具体的权利形态，无法看出人格概念的外延的较大包容性。因为人权的具体形态是人权概念中的重要问题，由此可看到给出人权定义的学者，对人权理论了解的多寡、深浅和是否具有真知灼见的智识。在这一问题上，不同学者往往有不同的理论。据美国哲学家A. 罗森鲍姆的看法，不管以什么方法来对人权下定义，大多数关于人权的哲学定义都可归结为“活动”（activity）和“物品”（commodity）两大类，这里讲的“物品”实质上是指一种“权利资格”（entitlement）。也就是说，有人讲人是一种活动、行为，例如M. 戈尔丁将人权定义为在人类社会层次上所体现的“主张的行为”。[⑧]有人讲人权不是指过程而是指人的内在的道德实体的构造，例如P. 瓦瑟斯特伦将人权定义为仅由人拥有的一种基本的道德权利资格。[⑨]

对人权概念表述的模糊性最大表现，莫过于人们对《世界人权宣言》中人权概念的异议。最初在《联合国宪章》里比较正式地将人权定义为“人类的基本权利”，后在《世界人权宣言》里通过扩大人权概念增加了所谓社会、经济和文化权利；“基本权利”的意义有时被限定为西方传统的公民权利和政治权利，最后从某种意义上说，与人权概念相似的是“基本自由”概念。这些人权概念的不同说法有着宽阔的模糊的外廓，能够被不同的甚至相互冲突的意识形态分别接受和采取，虽然只有很少的部分被共同接受。有学者经过考察，认为这是因为“国际人权立法采取的模糊策略”，当年，联合国《世界人权宣言》的起草人面临许多难题。归纳起来，主要有三个：其一，人权概念最先出现和发展于西方，它反映了西方的政治价值观和社会道德原理，而同样作为联合国成员的许多非西方国家的政治价值观和道德原理与西方不尽相同，甚至明显抵触。其二，从前的人权法案，如法国《人权宣言》、英国《权利法案》以及19世纪末以来的许多国家的权利立法，都是单一的主权国家的国内立法。现在要制定运用于政治、经济及文化传统互有差异的各主权国家之间的权利法案，倘若立法不当，便会使法案丧失必要的实效性和可行性。其三，联合国的成员国有许多是新近独立的国家，它们从前大都遭受西方的殖民统治，因而对西方势力的“强加”特别敏感。倘若“宣言”只表达西方的价值和制度，就很难获得通过。

有鉴于此，1947年，联合国设立了一个称作“人权哲学原理委员会”的机构，负责考察“在18世纪的古典人权宣言和根据当前观念状况和经济能力所能制作的权利法案之间所发生的智识状况和历史境遇的变化”。经过一段时间的考察，该委员会将一份征求意见书送给一些著名学者和外交家，于1947年6月26日至7月2日开会讨论，并制作为《国际人权宣言之基础》的报告。该报告认为，“国际人权宣言既要表达应该维护的信念，又要是一个应该实施的行为方案”。如此，委员会决定在起草中不试图解决人权问题上所有的哲学争议，以达成原理上的一致，只是去发现一些保障基本权利协议的较明智的方法，并解决其实施中智识等方面的差异带来的困难。正是基于这种实用的考虑，委员会建议，在起草中，故意让“权利”、“自由”、“民主”之类的关键词模糊不清，继而以强调“人类尊严”作为条约的核心。这种立法策略，不仅体现在《世界人权宣言》中，而且还在相当程度上影响了后来的国际人权约法。立法上“语焉不详”必定导致解释上“法出多门”。人权概念在解释和运用上的模糊不清，就不可避免了。立法的“模糊”策略本身反映了一个事实，这就是，还不可能确立一种能够真正被国际社会普遍接受的人权概念。②

综上所述，人权概念存在着诸如起源的历史性、文化的多样性、内涵的开放性、表述方式上多样性，因此人权概念从历史性和阶级性等各种因素中去寻找。在此意义上，可以说，各个民族或国家之间，各个阶级或集团之间，乃至各个个人之间所存在的差异和对立，是导致人权概念多样性、开放性、模糊性的根本原因。学者们多说人权基本含义是人之作为人所享有的权利，还是一个抽象的一般命题，可是，现实的具体的人，却生活在不同的时代背景、文化传统、宗教信仰、不同的经济条件和不同的阶级民族国度里，他们对人的尊严和价值，对人所应有的利益和要求，以及对权利语言和权利制度本身在个人生活和社会生活中的地位与作用，加上学者对人权思想、人权原则、人权制度的不同理解，无疑持有相当不同的看法。因此出现了众多各种各样的人权概念。

三、人权概念复杂性新探

人权概念出自西方，即“西方人权论”是目前占学界的主流观点，甚至反对外国学者提出的“东方人权”论，认为后者实际上是把“东方的人道主义、仁者爱人等概念与人权概念混为一谈，忽视了权利概念在人权概念构成的重要意义”。②持“东方人权”者认为，西方人权的基本精神是对抗主义，而东方人权的基本精神是协调主义，两者互有短长，而且东方人权有颇多优越性。⑨2002年10月29日至30日，中国人权研究会和中国人权发展基金会召开“东方文化与人权发展”国际研讨会，来自俄罗斯、美国、澳大利亚、西班牙、巴基斯坦、印尼、南非、古巴等世界五大洲26个国家的70余名学者专家和人权官员参加会议。会上巴基斯坦学者M. 卡齐提出东方的穆斯林国家伊斯兰文化中就有许多东西存在着人权概念。伊斯兰有一个概念叫Haqooq-ul-lbad，翻译成英文，大致意思就是“人权”。这个人权概念与法国大革命中提出的“人权与公民权”不同。该概念中有一些因素可以无可争辩地被认为是人权，即每个人都对他的同胞拥有某种权利。这些权利的神圣性和重要性在于，如果侵犯这些权利的人得到受害人宽恕的话，一切拥有宽恕权力的真主将在审判日宽恕这些侵犯行为。根据“人权”这一概念，今天人们所熟悉的对生命、自由和财产等权利的吟颂是受保护而不受同胞破坏的。因此，这一概念比现在的人权制度的概念好多了，因为在这一制度中，只有国家对侵犯人权的行为负责。⑩

（一）确立新人权概念的动因

从我们对中外人权概念的详尽解读和探究中窥视出一个道理，人权概念至今未能形成世界各国认可的、比较统一的界定，应该从世界文明和文化的多样性，以及人权概念的阶级性、发展性和现实性中去寻找原因，在这个意义上可以说，不同人与群体之间、各个民族或国家之间、各个阶层、阶级或集团之间所存在的差异和对立，是导致人权概念不能同一的主要原因，次要原因是人权学者、立法者的立场、思想、知识和理解等不同，导致得出不同的甚至差异很大的人权概念。现有的许多人权概念大多受到占世界人口总数20 %的欧美发达国家人权观和阶级观的影响，形成了过于偏向以个人自由平等为体位的所谓“普遍主义人权标准”，难以引起占世界人口总数80 %的发展中国家和不发达国家的共鸣。因此要全面考虑包括欧美文明、东南亚文明、伊斯兰文明和其他各种地域的文化的观点，来把握人权的内涵，从而确立起具有超越西方社会特有价值的普遍性的新的国际人权标准。这便是我们立足与时俱进确立新人权概念的态度。

人权概念的演变史早已证明，作为一个发展的概念，人权既是人类文明进步不断积淀的结晶，又是人类不断认识并超越自我的结果。人权概念的开放性、包容性、延展性特征，决定了人权概念外延不可能是凝态的、一成不变的。我们只有把人权概念放在动态的历史过程和现实需要来辨析，才能正确把握其外延“扩张史”的过去；也只有把人权概念置于开放的认知世界的系统中，才能欣然接受其未来的膨胀变迁。[11]因此，我们要以科学的发展观来对待人权新概念，既要重视人权概念的历史性，又要突出人权概念现实的开放性、包容性和延展性。人权概念中主角是“人”，这个“人”既是历史的抽象的人，又是现实的、具体的人，他们生活在不同的文化传统、不同的政治共同体和不同的社会经济结构里，存在着不同的利益和要求，对人的价值和尊严也有不同认识。因此，既要紧紧围绕着权利主体——人——来分析人权，又要始终抓住人与人之间的现实权利关系说明人权。这就是要突出人权概念中以人为本的思想。

从我们对马克思主义人权起源观研究得知，马克思是从人类解放的角度来阐述人权的。马克思之所以彻底批判资产阶级的应然人权和资本主义的实然人权，完全是出于对解救整个人类的苦难怀有强烈的道德上、阶级上的使命感和责任感。因此，马克思主义人权理论对人权认识论和方法论的出发点是“人”，这里的人，不但是社会的、现实的人，而且是作为“类存在物”即作为人类同等分子的人。这样，“马克思谋求的就不仅仅是一般的政治解放或经济解放，而且是人类的彻底解放，即克服一切人的异化，将人的世界和人的关系还给自身，达到人的复归。……马克思看来，人权是人类解放的根本凭据。人们只有求助于人权，才能获得彻底的人类的解放。”

1977 年 12 月 16 日联合国大会第 105 次全体会议通过的第 32/130 号决议，即《关于人权新概念决议案》，意识到当今世界还存在着“种族隔离、一切形式的种族歧视、殖民主义、外国统治和外国占领、侵略和对国家主权、国家统一和领土完整的威胁，以及拒绝承认民族自决和各国对其自然财富和资源享有行使充分主权的基本权利，全都造成一种局势，其本身就是对各国人民和个人一切人权和基本自由的大规模严重侵害，并且会引起这种侵害行为”。于是提出了民族自决权和各国对自然资源行使权等新人权概念。“并且要考虑到发达国家和发展中国家两者的经验和贡献”，要重视对于发展中国家实现经济、社会和文化权利。因此，我们在重塑人权概念形象时，除了立足于与时俱进、以人为本和科学发展观外，还要立足于解放、造福全人类。

（二）新人权概念及其主要特征

基于这些新认识，我们应当确立一个新人权概念。所谓人权，是人类中每个人及其组合体，为了其生存、发展和进步，在各方面应当受到尊重和保障而享有的各种正当权利；国家、社会、国际组织应承担实现这些权利的义务。该人权概念包括以下三个层次的意思：一是设立人权概念的旨意在于人的生存、进步和发展；二是人在各方面应受尊重和保障而享受的权利；三是国家社会和国际组织应承担实现人权的义务。人权概念的外延是，人在各方面享有的道德的、法律的、抵抗的、习惯的、普遍和特殊的正当权利。这个人权新概念立足于以人为本、与时俱进和造福全人类，因此既不简单，也不复杂，易被不同民族不同文化的人所接受。其主要特征如下：

1. 人权的主体。凡是自然人及人的组合体，都是人权主体。从广义上说，人权主体分为个人、集体（包括民族）、国家和全人类等四类。第一类：个人，即自然人，指地球上已出生的每个人和尚未出生的胎儿，不论其国籍、种族、语言、宗教、性别、年龄、身份、肤色、智力、素质、财产等差别，都是人权的个人主体。早期资产阶级的人权宣言中，“人人”、“公民”、“人们”、“任何人”、“臣民”、“国民”等表示的就是个人主体。由个人享有的人权就是个人人权。第二类：集体，是指由自然人组成的家族、部落、民族、群体、宗教、团体和相对独立的地区等，由这些集体所享有的人权，就属于集体人权。第三类：国家，是指由成千上万的自然人组成的具有主权的政治联合体。一般地说，国家是集体的一种特殊形式，是国际法的主体，以区别由国内法管辖的各种群体、团体、民族等集体。国家可能是一个大民族，如中华民族、日本的大和民族，这个民族实际上是国家；也可能由具体多民族的公民所组成。一个国家享有的主体资格（即国格），实质是国家人权。第四类：全人类，指整个地球的所有人组成的“世界大家庭”。相对于外星球而言，地球也是一个人权主体。

2. 人权的形态。它指人权主体所享有的各种正当的抽象和具体的权利种类或状态。一般指人权概念的外延，具有很大的包容性。不同国家的法律、人权文件和国际人权约法，它们规定的人权形态是不同的。如果分类，人权的形态会有一份长长的清单，这里简要介绍两种方法的分类：

第一种，按国际人权法的分类，人权形态可分为公民权利、政治权利、社会权利、经济权利和文化权利。这就是在人权新概念中，人权主体的形态指“在各方面”所享有的正当权利。之所以强调“正当”，是指在一般人的观念和大多数国家看来，人权主体所要求的权利、自由，在是时的社会环境、条件为人们所认可或确信，符合人的基本价值和人性要求。如堕胎和同性恋自由，在一些国家是正当的人权，在另外一些国家被视为不合法，难以达成共识，是有争议的权利或自由。这些正当权利既可以独立，又可能有互相交叉重复之处，比如，公民权利里有政治的、经济的、文化的权利，反之，在政治、经济、文化的权利中包含公民个人的权利。第一种分类以其主要特征为切入点分别叙述之。

（1）公民权利，主要指一国之内的公民所享有的人身、人格、财产等存在密切关系的各种权利，如身体权、健康权、生命权、人身安全权、禁止被奴役或贩卖、不受残忍的、不人道的待遇、酷刑或刑罚的权利、享有国籍权利，这类属于人身权利；又如人格尊严，人身自由，婚姻自由、居住、通讯和迁徙自由，个人私生活权利（隐私权），荣誉权，名誉权，肖像权、姓名权等，这类属于人格权利；公民享有的财产的个人所有权和共有所有权等，这类属于财产权利。

（2）政治权利，主要指公民个人和各种群体等人权主体在政治上所享有的各种权利。如政治平等权（平等的选举权和被选举权，参加本国公务权、享受庇护以避免迫害的权利等）、政治权（自由罢免、撤换官员的动议权或请求权，人民代表或议员、国会、议会的弹劾权，自由选举代表参政权，投票权等）、信仰、言论自由权（宗教信仰自由，言论出版自由，思想、良心自由，发表意见自由）、集会和结社自由（和平集会自由，游行示威自由，结社自由）。

（3）经济权利，主要指人权主体在维持、保障其生存、发展所需要的物质上的权利，如每个人的应得的财产权、劳动权、工作权及报酬权、休息权、休假权及合理给薪权，享有应得福利权，劳动工伤或受伤的经济帮助权（包括赔偿、补偿等救济权利）。

（4）社会权利，主要指人权主体在社会生活方面所享受的各种权利，如社会保障权利，免于失业的权利，在失业、疾病、残疾、守寡、衰老或其他不能控制情况下丧失谋生能力时有权享受物质帮助权利，一个符合人的尊严的生活条件（如罪犯受拘留、羁押条件）必要时并辅以其他方式社会保障权利，参加科技、文化享受物质利益权利，参加工会及工会活动权利等。

（5）文化权利，主要指人权主体参加科学文艺、科技活动所享受的文化方面的权利，如科技、艺术创作的权利，接受教育（包括义务教育）的权利，初级和基本阶段教育应当免费权利，人们参加文化娱乐的权利等。

第二种，按权利理论进行分类，人权形态可根据不同的理论分为应然权利、实然权利；自然权利、历史权利；普遍权利、特殊权利；积极权利、消极权利；个人权利、集体权利等各种权利形态。

3. 人权的属性。它指人权所具有的性质、特点。人权作为一项权利的构成要素，可以由多种权利形态显示其属性，因此人权属性揭示了人权概念的内涵。人权概念的发生史告诉我们，人权具有以下几个主要属性：

（1）人权的第一个属性是对抗权利。从人权概念产生的社会历史过程来看，人权是人们反抗政治专制、人身依附、阶级特权、统治压迫、剥削和宗教精神禁锢的斗争不断取得胜利的权利，称之反抗权或对抗权。在奴隶社会和封建社会中，中外历史上的奴隶、农奴和农民发动起义，反对专制统治和人身依附，争取自已应有的权利的斗争；中世纪贵族、僧侣、新兴资产阶级向国王争权夺利的各种“议会协议”、“权利宣言”，如1188年利昂议会向国王阿方索九世获得生存、名誉、住宅和财产等不可侵犯的权利；1215年英国贵族、僧侣向约翰国王争取限制国王权力、人身自由、财产权、遵守习惯和宗教自由等权利；1222年匈牙利国王安德烈二世的金色训令保证，没有按照司法程序不得逮捕、宣判任何贵族有罪或剥夺贵族称号。1776年的美国《独立宣言》是美国人民反抗英国殖民主义、争取独立解放的民族权利；1789年的《法国人权和公民权宣言》是新兴资产阶级反对封建阶级的君权、神权和特权的战斗旗帜，激励法国人民积极投身于大革命，号召欧美乃至全世界人民争取如《人权宣言》中的各项权利。尽管现在看来，当时的人权作为反抗权利，具有一定的阶级局限性和主体的有限性，但是有一点是不容置疑的，那就是，反抗权反映了弱势方（弱者）享有的本质属性，人权不可能是天生的，必须是争取才能实际得到的，不论是议会型的和平方式，还是起义型的革命方式，或者是时代进步型的演变方式，都说明如此。即使在观念上，人权反抗的诉求也反映了人们不甘被压迫、被剥削、被欺侮而要求起码的自由、平等、安全、人身、人格尊严、财产保障等权利的愿望。不论是善良人性也好，是逆反心理也好，每个人和弱势群体等人权主体都有权要求“做人”和被人“看作人”的最起码的权利，否则，就有权进行反抗或逆反处之。面对当今世界，存在着种族隔离、种族歧视、殖民主义、外国统治、占领、侵略等现实，被压迫的民族要采取反抗的手段争取民族独立、解放和自决的权利。美国独霸全球，以强权政治、人权的“双重标准”和开展“人权外交”侵犯或者威胁他国主权，各国和各民族也要群起而反之；世界恐怖主义势力猖狂，到处侵犯人民的生命、财产利益，各国人民不得不举起反抗的联合旗帜与之斗争。在一国之内，还存在不少国家是专制统治和人治社会，弱势方（弱势群体、失业者、贫困人、平民百姓、失权失势者）必须以反抗的方式向强势方（欺压人民的统治阶级、集团、有产阶级、有钱有势者、各种特权之人）争取自己的生存、发展的权利。这些现实告诉我们，人权是争取而来的，不是天赋的，只要全人类尚未彻底解放和共同幸福，就存在着反抗权或抗争权。

（2）人权的第二个属性是道德权利。中外学者们大多把人权视为道德权利，都是针对人权的根据而言的。从人权的起源来看，道德是由哲学、宗教的伦理原则来支持，其表现为两种：一种认为，道德是以人性论为基础的抽象的、先验的道德原则，不论“人性善优先”，还是“人性恶优先”，都是属于人性的自然权利的认识而已；另一种认为，道德以习俗、传统和历史为基础，产生于习俗权利、传统权利和历史权利。这两种道德原则本身都是历史地产生的，是人类社会发展到一定阶段上社会物质生活条件和精神文化的产物，因此，人权的道德内核是对人的本性和理性的认同，并且承认约定俗成的权利概念本身。承认人权属性是道德权利，并不是说人权是天生的，也不是由法律支持的权利。

按照英国学者米尔恩的看法，可以从低限道德推求普遍权利，他提出了一种新的人权概念——最低限度的人权，来代替流行的西方式的人权概念和人权标准。从他的解释来看，这种低限人权首先以道德为根据，是道德意义上的权利。但这里的道德不是先验的、抽象的规定，而是社会生活中普遍的、具体的要求，而且是最低限度的。理由是，首先，这种低限道德包含九项原则，即行善、敬重生命、公平对待、互助、社会责任、不受专横干涉、诚实信用、礼貌以及抚幼。这些道德原则为任何形式的社会结合的必需，因而是普遍的。它们与各个社会里的特定道德并不相忤。米尔恩说，在这里，普遍道德与特定道德的区分是哲学上的，不是事实上的。人们无须通过把握两者的区别来履行作为社会成员的义务。任何社会的道德都是普遍道德与特定道德的结合，在“低限”的意义上，它们完全一致。其次，低限人权来自低限道德，由于它们是低限的，所以是普遍的，是一切社会、一切人都应该而且可以享有的。这就是米尔恩的逻辑。他认为低限人权经得起来自各方面的批评。因为，其一，保障和实现低限人权，不一定需要西方工业社会的经济、政治和文化条件。其二，低限人权是普遍道德和特定道德的结合，所以，在事实上能够运用于一切文化和文明传统，而不管它们之间有何差异。其三，低限人权并不以所谓超社会、超文化的人为前提，相反，它是以承认并容纳社会和文化的多样性为前提。低限人权只是为社会的、文化的差异设立某种起码的道德限制，但绝不否认差异的存在。例如，通常所说的生命权，指的是不被任意杀害、不受不必要的生命威胁的权利。可是，究竟什么是“任意”的？这在不同的文化里，依据不同的道德法典，认识是很不相同的。种族复仇、决斗和人工流产所涉及到的夺取生命，按某种道德规范是正当的，按另一种道德规范，则会是不正当的、“任意”的。但是，出于纯粹的私人目的或为满足虐待狂似的愉悦而杀人，则属于“任意的”，是违反低限道德和低限人权的。任何不谴责此类行径的道德规范，无疑是有缺陷的。米尔恩提出“低限人权”，是为了从中推出普遍人权。按照他的逻辑，一方面，“低限人权”不是超社会、超文化、超国界、超历史的，其原理已经存在于具体的社会、文化和历史传统之中。另一方面，“低限人权”能够真正地普遍适用，不仅仅适用于某个特定社会的成员之间的关系，即“不仅适用于国民伙伴之间或同一信仰者之间的一切交往关系，而且适用于不同国家的居民之间或‘忠实信徒’与不信教者及异教徒之间的一切交往关系。”⑫

从米尔恩的这些看法中，我们认为，人权仅仅从低限道德的那些权利，具体为9项道德原则推导出7项普遍权利（生命权、要求正义权、受帮助权、自由权、被诚实对待权、礼貌权以及儿童受抚养权），这些低限人权只能维持人类生存的基本需要，不能争得人类和各民族更大的进步和发展。若是从普遍的道德权利来求取普遍人权，更是不可能的，道德权利是一种弱性权利，顶多只能起到尊重人权的作用，不能起到保障人权的作用。因此，道德权利不能揭示人权的本质属性。

（3）人权的第三个属性是习惯权利。这是从人权的历史多样化看出的，习惯权利表示一种制度事实的存在，由约定俗成的生活规则来支持。具体地说，“习惯权利是人们在长期的社会生活过程中形成的或从先前的社会承转下来的或由人们约定俗成的、存在于人们的意识和社会惯常中，并表现为群体性、重复性自由行为的一种权利。”⑬习惯权利作为人权属性，应当有利于保护大多数人和平民的利益，阶级社会中所存在的某些表现为特权的习惯权利（如中世纪西欧各国对农奴新娘的初夜权），应该废除之，而劳动人民为了维护生存而争取和保存下来的一些习惯权利（穷人拣拾枯枝或破烂的权利、穷困潦倒乞讨的权利），应该视为正当的权利，不能视为违法而加以处罚。从历史发展来看，人权最早形成于习俗权利，与人类社会生活发生联系，也是人类不同文化所决定的。不同社会不同国家的社会多样性，产生了不同的习俗权利。在英国的权利立法文件里，我们看到当时僧侣、贵族向国王诉求的那些权利，其依据就是某种既成的制度性事实——“旧有之自由与自由习惯”、“旧时的公正习惯”、“往昔的权利”、“向来所承认的权利”、英国人“都有本来的权利”等，这些经验式权利被推定为传统权利或习惯权利或历史权利，构成了人权概念的一种属性。特别在那些宗教文化占据主导地位的国家，由宗教文化所形成的习惯权利，往往是人权概念的主要权利形态，也就是说，人权观念的形成和发展的主要因素是宗教，比如伊斯兰教的那些国家，便是如此。当今世界，宗教信仰自由是全人类共识的基本权利，其对人对权利的诉求往往产生了重大的影响。许多以宗教为人的信仰核心的国家，将宗教所确立的习惯权利转变成自然权利来看待，成为人权的一种属性。比如1778年的美国《独立宣言》宣称，从享有的某些不可转让的权利（生命权、自由权、追求幸福的权利等）是“造物主”赋予的；在伊斯兰教为主的国家，他们信仰“万能的真主按自己的形象创造了人的形象。人是所有创造物中他最钟爱的。人是所有创造物中地位最高的，是真主在大地上的代治者。因此，这个特殊的创造物因为具有崇高地位这一简单理由而享有一些不可剥夺的权利，这是自然的”。⑩之所以把习惯权利当作人权概念的属性之一，就是要尊重世界各国不同的文化传统，使得该人权概念能够为各国人民所接受。

（4）人权的第四个属性是法律权利。人类历时漫长的个人权利的自觉和权利积累，终于可升华为法学上的人权概念，人权思想花朵之所以结出了现实之果，在于那些作为人权概念属性的道德权利、习惯权利、历史权利中有些已进入立法领域，成为人权保障的法律权利。那些非法定权利究竟是怎样写上法律的？这要归功于在法律变革中，人们将长期以来逐渐生长的若干历史权利、习惯权利、道德权利、自然权利变成在法律上表达自己的权利主张、维护自己的利益，这样，人们的这些权利主张和利益需要转变为法律上的要求，成为人权概念上的法律权利。

法律权利只是权利的一种形式，除此之外，权利还有其他的形态。根据社会进步和人类生存发展的需要，各种权利之间可以互相转化。道德权利、习惯权利等可以表现或提升为法律权利，但它们本身是可以不依赖法律而存在的。自从有了人类社会，就有了权利义务关系（在人类的初始社会阶段，不一定都存在着权利义务关系，所以这里“社会”不包括“原始群”中正在形成的“人”的群体；到了血缘家族公社和氏族公社时期，人类告别了动物生活而成为有意识的、有知识的“人”，才真正进入人类社会），这种关系是人类社会关系的一种表现形式。从法学上看，社会关系是人与人之间（包括人与人的组合体、不同组合体之间）的关系构成的；这种关系主要是一种相互的利益关系，也就是说，这种关系是人与人相互之间既独立又联系、既给予又索取的关系。在这种意义上讲，权利可以是人们根据法律，向他人、国家、社会要求行为或不作为；与权利相适应的，义务可是以人们根据法律的要求，向他人、国家、社会提供某种行为或不作为。这样，以法律权利确定人们之间的权利义务关系，可以确立一个这样的人权的法治原则，人权意味着以法律形式（不论是实体法还是程序法）确认、保护和实现人民大众的基本权利作为目标，更不得妨碍和侵犯人民大众的权利，否则，便不具有合法性。所以，从治国治世的方法来看，人权富于法治精神。

人权具有法律权利的属性，就是要求法治社会以人权主体特别是弱势方的权利为核心价值，并通过对权利的确立和保护来实现法律的权威。作为一项法律权利，人权要体现和保护各种具体的法律关系，因此，人权保障法为尊重和保护各种人权的具体权利提供切实有效机制和途径，同时，对防恶和限制国家、政府特权和国际社会的霸权（实质是一种国际特权）提供了有力可靠的斗争武器。正如有学者所说的，“人类在步入文明时代之后，人与人之间的不平等和与之伴随的身份特权、财产特权和精神特权甚至直接的暴力统治，就成了人类社会的一个常态”。[②]这种常态不仅至今还延续不断，而且严重冲击着人权的法治原则，在历史上的某些时期和现在的专制社会所存在的等级特权、奴役特权、“家长”特权也曾被看作道德权利、习惯权利、应然权利乃至自然权利，这些人权的属性不足以对抗特权，只有法律权利，才具有对抗特权的效力。法律权利在人权中的重要作用，莫过于中国著名人权专家徐显明教授所指出的，“政治文明的标准是人权的……一切政治上的判断，都应转化为法律上的判断，并且只有转化为法律上的判断，才是有意义的判断”。[⑭]最终，《世界人权宣言》确信：“为使人类不至迫不得已铤而走险以抗专横与压迫，人权须受法律规定之保障。”

（5）人权的第五个属性是普遍权利，这是从人权的主体和内容上看出的。人权主体适用于一切人，故具有普遍性不容置疑；从内容上看，人权的普遍性基于人的尊严与价值，基于人类有着共同的利益和共同的道德，基于人类通过不断对话来达成一个共同的人权标准，使得人权是一种普遍权利。

“人权的普遍性”是一个非常多见的词，没有一本关于人权的著作不提到它，人们在各种人权会议上可以频频听到它。一个词被如此广泛地使用，但是仍然被人作出不同的解释，以下是常见的几种：其一，无论何地何人都享有作为人而享有的一些基本权利；其二，人权规范或标准普遍适用于所有社会；其三，所有文明、文化和社会都对人权的概念和实践作出了贡献；其四，《世界人权宣言》是被作为西方界定人权普遍性的最大证据提出来的；其五，如恩格斯所说的“获得普遍的、超出个别国家的范围的性质”的权利才称为人权；等等。这些解释本身，就证明对人权的普遍性仍然存在着不同的看法。日本学者提出通过对话和实践来认识人权的普遍性：“我们应该通过不同文明之间在尊重对方的社会条件的前提下的不断对话来达成一个共同的人权标准，那些已被国际社会所公认为属于强制法的基本权利应该得到立即和普遍的实施。至于其他权利，则没有必要形成一个统一的实施模式。各国的侧重点不同，它们可以根据各自的文化和社会条件采取渐进措施来实现这些权利。”[15]该观点肯定了人权是一种普遍权利，但实施区别进行：凡是被国际社会所公认的属于强制法的基本权利应该得到立即和普遍的实施；而非公认的那些权利（包括有争议的基本权利）可由各国根据不同的文化和社会条件来实现。

4. 人权的客体。人权概念的提出和实现，国家、政府、社会和享有特权而欺凌他人的人（包括机构、组织）应承担尊重和保障人权的义务，这就表明，人权的客体应当是国家、政府和社会（包括国际社会）。有的学者认为，人权的客体是“尊严、权利和自由”，把价值排除在客体之外。[16]此观点值得商榷，笔者认为，这四者应是人权的涵盖的内容，而不是客体。人类历史并不像浪漫的人道学说所描绘的那样简单地以人为起点和目的，是所谓人性的生长、实现或外化的过程。相反，人类历史是一部交织着斗争、争权夺利和不同文化相容的历史，人经常被当作工具或手段而不是作为目的来对待，因此，轻视人、蔑视人、剥削人、压迫人、欺负人、使人不成其为人的情形时常发生。所以，只有把人的生存、发展和完善这一崇高目标宣布为一项重要的价值原则，并借助社会、国家、政府强制力来保证实行，才能创造出美好的社会制度，有效地促进人类进步，才能实现解放全人类和造福全人类的人权目的。因此，必须以法治形式赋予国家、政府、社会履行尊重和保障人权的义务，否则承担相应责任。美国在发表《独立宣言》时，最早确认政府是人权的客体，其表达为：“为了保障这些权利，所以才在人们中间成立政府。而政府的正当权力，则系得自被统治者的同意。如果遇有任何一种形式的政府变成损害这些目的的，那么，人民就有权利来改变它或废除它，以建立新政府。”

对于人权的客体，有不同的认识和解释。有学者认为：“从人权的客体来看，人权只是权利的组成部分，是权利的一种重要形式，但不是权利这个类概念的本身。因此人权的客体应当是权利概念涉及到正当的‘主张’、‘利益’、‘资格’、‘权能’或者‘自由’，只是范围上，人权的客体不能完全覆盖权利的客体。”[11]该观点将权利的客体当作人权的客体，恐怕不妥。严格地说，人权可以具体的权利形态出现，是权利的构成要素；但两者（人权和权利）不能等同，人权具有权利的属性，权利是人权的表现形态，所以它们的客体是不一样的。按夏勇教授的看法，“人权概念里的人，是权利主体，也是能够承担责任的主体，而不是由帝王将相、仁人志士来施仁义的对象”。“对象”，可看作“客体”来理解，显然人权概念里的人，只能是权利主体，即使是“责任主体”，也不是被当作客体（对象）的。而利益、权能、自由、主张、资格是形成权利概念的要素；[2]要素是否等同于客体？

另有学者认为，人在作为社会主体的同时，社会又以人作为客体，在社会这个舞台上，每个人都“既是观众，又是演员”，具有“双重人格”。[17]由此推导出，人既是人权的主体，又是人权的客体。这种观点恐怕也是不妥的。尽管人类在改造自然、改造社会、改造世界的同时也改造了自己，这是人作为主体的自我对象化，该自我对象化是通过自我意识、自我改造、自我实现来完成的，因此，人（类）永远是人权主体，而不能同时被当成客体。若是把人作为人权的客体，势必为不尊重人、把人当工具或手段等反人权理论制造口实，提供了有悖人权本质的理论依据。

5. 人权的目的。它指倡导尊重人权和实现、保障人权所追求的目标。对此国内外人权文件和学界存在着众多不一的主张。法国《人权宣言》最早开宗明义宣称人权的目的，一是“认为不知人权、忽视人权或轻蔑人权是公众不幸和政府腐败的唯一原因”；二是人权作为“公共场所民众们今后以简单而无可争辩的原则为根据的那些要求能经常针对着宪法与全体幸福之维护”。这些表述人权的目的可概括为，人权作为简单而无可争辩的原则，是检验公众不幸和政府腐败的唯一原则，要作为政治机构的目标，维护宪法和全体人民的幸福。

《世界人权宣言》在序言中认定人权“确系世界自由、正义”与和平之基础，“人人享有言论和信仰自由并予恐惧和匮乏的世界的来临，已被宣布为普通人民的最高愿望为一般人民的最高企望”。这个人权的目的，受到当时二战期间美国总统罗斯福发表“四大自由”的影响，而被写入《世界人权宣言》之中，追求的是言论信仰自由、企盼和平和生存权利。这是人类确立人权的最低目标，而不是最高目标。在中国，1991 年 10 月向全球第一次发表的《中国的人权状况》（又称“中国人权白皮书”）开篇提出人权的目的是，人权是一个“伟大的名词”、“崇高的目标”，“享有充分的人权是长期以来人类追求的理想”。中国共产党是信仰马列主义的执政党，其把人类“享有充分的人权”，几乎视同马克思主义主张解放全人类、实现“共产主义社会”一样，是人类的崇高目标和所追求的理想。

中外学界对人权的目的的语境多有涉及，见解不一。以中国为例，少数学者认为，“人权只是手段而不是目的”，⑱原因可能深受“功能代替、功能等价的观念”的影响，人权被以美国为主的西欧各国作为外交政策所利用，即“人权外交”的负面作用所致，从而认为人权不是目的，而只是被人利用的手段。但是多数学者认为人权具有目的性价值，如夏勇教授提出，“作为一项社会制度原则，人权通过强调人之作为人所应有的资格、利益、能力和自由，来维护人的尊严和价值，防止和扼制任何把人作为手段或工具的功利主义的、结果主义的考虑。在这种意义上，我们可以说，人权是一个以人道作为社会进步目标的目的性概念。”②该学者显然反对把人作为手段或工具对待，主张人权的目的是推动社会进步。徐显明教授结合中国共产党首次倡导“政治文明”并写入第四次宪法修正案之中的现实，主张“政治文明的标准是人权。……一切政治结合的最终目的，都是为了人的权利。一切政治运作的最终表现，都是实现人的权利。一切政治制度的最终内容，都是展示人的权利。一切政治文明的最终标准，都判断于现实中的人的权利。”⑭这些涉及人权目的的豪言壮语，表达了“以人为本”的人权目的作为政治文明的标准。

笔者认为，人权目的，应当是为了人类的生存、进步、发展，最终造福全人类。依《世界人权宣言》所确立的人权“最高企望”来看，追求“得免贫困”，可视为人类为了生存和温饱，这是最起码的人权的企求；而追求“得免忧惧”，可视为人类为了和平，反对战争，才可能存在生存的安全，避免忧惧之感；还有追求“自由言论、自由信仰”，考虑到世界不同的文化和宗教信仰，但仅仅是人类政治权利的一部分，未能反映人类进步和发展的全貌。因此，存在着时代的局限性和西方人权观的影响，我们主张人权既是独立概念，每个人、每个民族都需要它；人权又是整体概念，应当作为全人类的共同的目标。因此，人权的目的，第一是保证人类的生存和温饱，这是最低的人权要求；第二是促进人类的进步和发展，这是人权最主要的企求，人类应当在政治权利、经济权利、社会权利、文化权利等各方面获得进步和全面、自由发展；第三是人类要获取人的彻底解放，人人生活在自由、独立、文明、宽容、和平、幸福的世界大家庭之中。

6. 人权的本质。它指人类所固有的、决定自身性质、面貌和发展的根本属性。通过我们对人权属性所具有的道德权利、法律权利、对抗权利、习惯权利和普遍权利的分析，揭示了这些权利是人权的内涵，但未能解释人权的本质属性。到底人权的本质是什么？目前，国内外学界有如下不同观点：

一是“道德权利说”。国内有学者说，“人权是人之作为人应该享有的权利，它在本质上是道德权利，不是法定权利”。②理由是，人权一词表达了这样一种观念：一个人，仅因他是人，而不因其社会身份和实际能力就应该享有某些权利；这些权利与他作为人的属性相伴随着并因此是不可剥夺、不可转让的。

二是“阶级性说”。有学者指出，17 世纪以来的200年间，以平等自由和天赋人权等观念为核心的人权理论及其在全世界各国的实践，实质上都是资产阶级反对封建专制制度的产物，是资产阶级革命的结果，和它的启蒙思想家理论的传播和实现。这无疑是把人权看作是资产阶级的意识形态的口号，是资产阶级的专利，社会主义各国只不过在“国内重要的政治法律问题”上也要“尊重人权”。

三是“个人权利说”。国外学者主张“人权本质上是个人权利，而非任何群体或集体的权利”。所谓“本质上”，意思是即使有集体权利，那也只是个人权利的延伸，比如民族自决权不过是对个人权利的“另外附加”；而和平权、发展权、环境权利不具有法律约束力，更不是集体人权。[①]

四是“特权说”。有学者指出，资产阶级的人权，虽然在历史上曾经起过非常革命的作用，而且至今在反对法西斯主义、反对战争、反对民族压迫和种族歧视等方面仍然具有进步意义，但它作为财产的权利、资本的权利，终究是一种特权，而且主要是剥削权。[⑲]

五是“道德和法律双重意义说”。有学者认为，为了弄清人权的本质，从根本上掌握人权运动及发展的规律，可从“作为道德意义上的人权和作为法律意义上的人权”进行把握。作为道德上的人权，在本质上具有普遍性、独立性、实践性和人权的神圣不可侵犯性的特征；作为法律上的人权，在本质上的特征可概括为两点：一是人权是统治阶级意志的体现；二是人权的存在和发展不能脱离也不能超越社会物质生活条件。[⑳]

六是“尊重人的尊严说”。有日本学者说“人权的本质在于尊重人作为人的尊严，也正是因为如此，无论侵害主体如何，国家的义务都应该保持其统治下的所有个人享受人作为人所有的尊严”。[㉑]

七是“国家主权说”。不少学者认为，从实质上而言，人权是由国家赋予和保护的，人权事项本质上是属于一国内政。如有学者说，“保护人权仍然本质上属于国家的管辖事项，即使国家按照严格秩序参加有关公约”。

笔者认为，在人权的本质的认识上，“道德权利说”表述人类所固有的权利性质，实质上从道德权利推求普遍权利，这是一种低限度的人权。因为道德权利表示一种正当的伦理诉求，这是一种作为或不作为的道德来表示的应然的正义观念，它表达了一种社会生活原理，不一定要依靠法律来创制和维护，所以不带有强制性，完全依仗人的自觉性来实现权利，这样看来，道德权利不能揭示人权概念的本质的内在动因。因为道德权利不能反映“本质是事物的内部联系，决定事物性质和发展趋势的东西”特征。虽然人权特有的道德内涵蕴含着它推动历史进步的力量，但因道德权利的软弱性和各种道德冲突之间经常无法解决所带来的困扰，因此，该说只能实现人权短期目标，即实现人类的生存和温饱问题；它无法实现人权的中期目标（人类的全面、自由的进步和发展），更不能完全实现人权的远期目标（求取全人类解放，人人生活在自由、独立、宽容、和平和幸福的世界大家庭之中）。显然，“道德权利说”不能深刻反映出人权的本质。“阶级性说”指出了人权与意识形态和政治法律的关系，这是正确的一面，它确实正视了历史的事实和当今的现实。但是，该说具有很大局限性的一面，把人权当成资产阶级的专利，不符合人权不断发展的事实。这个事实告诉我们，人权不仅具有阶级性，而且更具人民性，世界各国、不同民族和大多数人民已认识到，人权不再是资产阶级和少数人的专利，不仅仅是资本主义国家所拥有，社会主义国家和其他发展中国家也能接受和拥有它。因此，“阶级性说”没有揭示出人权的本质。“个人权利说”肯定了集体权利在某些情况下转化为个人权利的可能性和现实性，而且个人权利应当予以强调和突出，这无疑是正确的。但是确实存在着某些集体权利必须从整体上予以保护，如少数民族、难民、战俘囚犯群体等。特别该说并不明确尊重和保护弱势方的权利，无法透视人权的真正的本质。

"特权说"肯定了人权曾经起过革命的作用和特权性，无疑具有积极的一面，也就是说，历史上的资产阶级所确立的人权思想、人权原则在全世界范围内得到政治、宣言、宪法和法律的承认，至今仍然具有进步的意义。但是就内容来说，人权作为财产权利、资本权利等主要体现剥削权，没有多大的贡献。因为人权的特权性存在着时代的与阶级的局限性，已不适应当今社会进步和发展的需要，不能表达人权的本质属性。"道德和法律双重意义说"，几乎囊括了人权的主要权利属性如普遍性、独立性、实践性、不可侵犯性、阶级性和社会物质性，它表达了人权概念的所有属性，当然人权本质也可能被涵盖其中，因此犯了"以全概偏"的逻辑缺陷，并没有正确揭示了人权本质究竟是什么。该说类似于有学说论述近代人权概念的形成过程，"实际上是关于权利的人道原则和关于人道的权利原则的形成并相互结合的过程，"换句话说，"从人权概念的起源来看，哲学上的人道概念和法学上的权利概念是人权概念的两大构成要素"。[②]推而论之，随着人权概念的运用和发展，人权便具有了道德上的意义和法律上的意义了。可以肯定地说，"双重意义说"表达了人权运动和发展的过程或规律，并没有道出人权的真正本质。"尊重人的尊严说"反映了人权的部分基本价值和人性理念，实际上是基于人权思想为基础而形成的作为人应当享有的自然权利，其是超验的人权，并不能完全反映出人权的真实的全貌，而且仅仅"尊重"是不够的。"国家主权说"相对于国际人权法而言，对于弱势的民族和国家来说，维持了国家主权，体现了一定的人权本质；但对于强势的国家和民族，并非如此，这些强国把人权当作特权，因此，以"国家主权说"揭示人权本质，具有某种片面性。

笔者提出"弱势方权利保护说"作为人权的本质加以论证。不论是国内领域还是国际领域，皆可适用。应当承认，从人权的根据来看，它是由道德而不是由法律支持的权利；从人权的主体和内容来看，人权确立是人人都需要的一种普遍权利。但是道德权利和普遍权利主要停留在理智或理想的认识上，它们无法解决人权在实践运作上的各种矛盾（如理想与现实的矛盾，超验与经验的矛盾，普遍性与阶级性、多样性的矛盾），特别无法回答"谁最需要人权"的问题，这个问题的答案，正是揭示了人权的本质；对人权"可要可不要"或者人权口号对某些人毫无意义，便无须谈及人权的本质了。邓小平讲过亲身经历的一段话，完全可令人悟出什么是人权的本质："讲到人权问题，1972年尼克松第一次访华时，中国仍处在'文化大革命'灾难之中，连我本人的人权也说不上，为什么那时美国不谈人权问题；现在中国搞改革、开放，致力发展于摆脱贫困，美国却提出人权问题，这是什么道理？无法理解。可见人权问题是个借口。请布什从中国角度考虑这个问题。"

（1）从人权概念产生的社会历史过程来看，如上文已述，人权是一种反抗权利或对抗权利，不论是贵族、僧侣向国王诉求各种权利，也不论是新兴资产阶级反对封建阶级特权和宗教神权，还是被压迫人民反抗统治阶级的斗争（农民起义、民族独立战争），都证明人权是处于弱势的一方向位于强势方"斗争"或"诉求"取得胜利的结果，那些国王、皇帝、专制统治者、奴隶主、封建主等强势方并不需要人权。因此人权本质不是"天上"掉下来的自然权利，不是普遍权利或道德权利赋予的。

（2）从国际人权法的形成和确立过程来看，人类经历了两次世界大战所遭受数千万人的死亡灾难和战祸的无穷痛楚，顿悟人权对被侵略国家、民族和人民所迫切需要，被侵略被残害的国家、民族和人民作为弱势方，奋起抗争发动战争的强势方（战争贩子、法西斯、战争罪犯），这样，人权成为国际法准则，实质上为弱势方所需要，作为发动战争的强势方并不需要什么人权。因此在国际人权条件中许多涉及对少数民族、土著人，未独立民族、战俘、难民、种族，儿童、妇女、囚犯等弱势者的人权保护，由此看出，对这些弱势者权利和自由的尊重和保障，才体现人权的本质。

（3）从国际人权法中新人权概念形成来看，二战后的许多民族国家仍然遭受资本主义和帝国主义的种族歧视、奴役、统治、侵略，这些受欺压的民族和国家（弱势方）需要脱离资本帝国（强势力）的控制和剥削，求得民族自决、解放和发展；还有许多发展中国家要求各方面权利。因此，自《世界人权宣言》之后的几十年来，国际社会通过联合国决议形式，确认了民族自决权、发展权、自然资源独立自主权、环境保护权等，这些已作为新人权概念进入国际人权法的视野之中。这个新人权概念反映了一定国家主权原则，但不能反映所有国家主权都反映了人权本质。弱国的主权反映了部分人权本质，而强国的人权不能体现人权的本质。

（4）从人权原则在国内法形成和确立来看，作为胜利前弱势方的资产阶级政党和无产阶级政党及其政治联合体，在未取得国家统治地位时，高举人权旗帜，把人权作为战斗武器之一向当时占据统治地位的阶级、政府或独裁者（强势力）发动对抗，或是进行议会的“和平”谈判，或是进行“光荣革命”，或是举行革命暴动；一旦它们取得斗争胜利，获得新的统治地位，一般不再需要人权武器了。最典型的实例是，法国大革命胜利后的各届共和国政府，只有1791年一方面把《人权宣言》列入宪法，另一方面针对各地爆发的农民起义，法国制宪议会颁布法令，宣布工人的一切结社都是对自由和《人权宣言》的侵犯，并予以处罚；其他各届政府都把它“扔掉”了；即便1793年制订的最进步宪法虽然扩大了《人权宣言》的内容，但由于当时面临的严峻形势，并没有付诸实施。直至1958年，世界进入民主、自由、人权的新阶段，法国政府才重新确认1789年的人权宣言和1946年宪法序言里所承认并加以补充的各项人权原则。直至1977年的“结社法决定”才使法国人的人权受到了真正的保护。在美国，1776年发表的《独立宣言》，在1783年取得独立战争胜利后并没有放进1787年宪法，1791年通过的十条宪法修正案，即通常说的《权利法案》或《人权法案》，“仍然没有明确提出任何人权概念或者提出包涵或阐述这些权利的政治理论”。[22]以至于学者认为美国所确定的人权原则是推定的，人权并不是“宪法权利”。[23]这些评论和实例告诉我们，原本高举人权武器取得政权的统治阶级由弱势方变成强势方，转而把人权当作特权，对工人等被统治的人民（弱势方）实施统治，弱势方必须为自己人权再斗争。

（5）现代世界绝大多数是立宪制的国家，维护公民的某些基本权利大多写在宪法之中。但是真正在宪法里明确写上保护“人权”的字眼及人权具体内容的宪法并不多见，屈指可数的如法国、日本、意大利、中国等。大多数国家在宪法或其他法律法规里规定保护公民的某些（基本）权利，这并不表明直接是“人权宣言”或人权内容；反之，凡是在宪法里明确宣称人权条款的，其在其他条款里列示的具体权利，可视为人权所保护的权利形态。尤其应当强调的是大多国家在法律里明确规定，对母亲、儿童（未成人）、老人、贫穷者、病残者、失业者和犯罪嫌疑人等弱势者的权利予以特别保护，充分显示了国家对弱势方人权维护的倾斜。与此同时，在宪法、行政法等法律里，大多规定了人民主权、权力划分（如三权分立）、有限政府的原则，以人权特别是保护弱势方的基本权利来限制国家、政府权力的滥用。由此看来，掌握统治、管理职能的国家、政府及其掌权人（有权有势的官员），他们拥有着强势方的“权力”，与享有基本权利的平民百姓的弱势力的“人权”，是性质根本不同的两种权利，前者需要的是权力而非人权，后者才需要人权。对于处于强势方和弱势方之间的那些人，是一类相对强势者，他们或是有一定钱势的富商阶层、白领人员，或者是不愁生计、比上不足比下有余的非公有经济经营者（有产者）、无权的公务员，或是有一定地位的公司（企业）的经理、厂长和管理人员等，他们需要法律保护他们的既得利益（如私有财产、安全、人身等不受随意侵犯等权利），一般不诉求人权；只有他们因故跌入“失权失势失业”者群体，或者因拥有的既有权利受到强权强势或其他不法侵害时，才诉求人权。因此，从国内的人权保障法的角度上看，真正需要人权尊重和保障的是大多数处于生存和发展危机的弱势人，作为制度的人权必须而且应当反映和满足弱势人的需要，切实维护他们的各项基本权利，由此真正反映人权的本质。

（6）从目前欧美各国实施的“人权外交”政策来看，美国在全球谋求霸权地位和获取自身利益，联合西方强势方的各国推行人权的双重标准，从1977年起每年提出一份国际人权状况报告，矛头指向中国等发展中国家存在的“人权问题”，实行其所谓“人道主义”，干涉处于弱势方的国家和民族的主权和内政，如美国攻击中国存在着压制劳工权利、在西部建立奴役劳改营、出口劳改产品、执行强制性堕胎、迫害宗教界人士、谋杀、失踪、迫害政治犯等严重人权问题。[23]中国的报刊不时披露美国的国内存在着严重的人权问题，如种族歧视、贫富不均、流浪街头人员、虐待俘虏（囚犯）、用电击手枪对付示威者等。我们在批判以美国为首的欧美国家“人权外交”的本质之余，也看到这样的事实：在国际上，以美国为首的强势方以“人权”为口实指责作为弱势方的发展中国家；各国不同程度地存在着人权问题，号称“人权卫士”的美国也不例外，作为强势方的国家、政府、有权有势有钱阶层者不时对处于弱势方的劳工、平民百姓、囚犯等实施人权侵犯，从这些意义上讲，最需要人权保护的是弱势方，因此，人权的本质是保护弱势方的权利。

7. 人权实现的条件。在人权概念的诸多特征中，主要特征是人权主体享有的是一种应然权利，而非实然权利，特别是弱势方享有的应然权利，除了人权主体积极行使权利之外，主要必然依靠国家、政府当权者和社会（包括国际社会如联合国、官方和非官方的组织）、人权组织正确履行保障人权实现的义务，因此，笔者在新人权概念中提出，国家、政府和社会（包括国际社会）应承担实现人权的义务。人权实现的主要条件在当今社会尤其如此。因为当今世界各国，不同程度地存在着或多或少的人权问题，不论是号称“人权卫士”的、最富有的美国（存在着如2004年7月警察殴打中国公民赵燕的种族歧视，持枪杀人案、强奸案居高不下，贫困人流浪街头等），还是连生存权都成为严重问题的亚非拉不发达的国家、民族和地区。

从人权的起源、演变史看，人权在被压迫的阶级（包括资产阶级）和被剥削的人民在反对专制、特权和神权的黑暗统治中，起过十分革命的作用。这表明，人权实现的重要条件是弱势方应积极地向强势方展开抗争，甚至革命。但是，一旦新兴阶级和政党取得政权之后，又把人权当作新特权，反过来作为欺压广大人民的工具。英国的新贵们在《自由大宪章》等文件中签字所获得的各种权利，表面上在古西欧封建法典上第一次确认了市民社会的民主和自由人的人权，而实质上其主旨是保护教会、贵族和骑士等新兴资产阶级的利益和特权，人权并没有成为广大劳动人民真正享受的权利。法国的1789年《人权宣言》和1791年的宪法，虽然确认所有人享有四项基本人权即平等、自由、安全和反抗权利，但实质上，被宣布为最为主要的人权之一是资产阶级的所有权，在实践中，宪法按财产多少把全国居民分成“积极公民”和“消极公民”，这样，有两千多万的“消极公民”和妇女（法国“人权”的原意表示为男人的权利）被剥夺了选举权，只有四百多万“积极公民”享有选举权，选五万名富有者为“选举人”。法国历史上共制定有16部宪法，只有1791年、1793年和1958年等几部宪法收入了著名的《人权宣言》，其余多数宪法中，《人权宣言》并没有被取得统治地位（不管时间长短）的当权者写入其中。由此看来，历来的统治阶级是根据自己的统治利益和需要对待和运用人权的，人权是否被重视和保障与代表国家、政府的统治者密切相关。因此，势弱者应向享有特权的统治者谋取人权。

从近、现代人权的发展史看出，发达的资本主义国家在侵略他人和实行殖民统治时，比如1840年的鸦片战争和八国联军侵占、瓜分中国，他们从来不讲人权。第二次世界大战之后，虽然有了国际人权标准，但欧美列强以“人道主义干涉”为借口，经常对土耳其和其他弱小国家进行军事干涉，确立了世界性规模的殖民地体制；20世纪70年代以来，美国打着“人权外交”旗号，实行人权的双重标准，在世界各地侵犯他国利益，特别是2003年3月20日发动侵略伊拉克，还爆出震惊世界的虐俘事件和在古巴关塔那监狱存在严重侵犯囚犯人权问题。由此看出，发达国家和霸权政治构成对世界人权侵犯的不安定因素，也是阻碍人权实现的重要的国际条件。21 世纪应当对强国的人权主张进行批判性检讨，弱势的国家和民族应向霸权政权和强国抗争和诉求人权实现的条件。

从世界各国来看，包括中国在内的占世界人口 80％的发展中国家，不同程度地存在着大量贫困人民、下岗职工、生活无着落的乞讨人员、男女性别歧视、贫富两极分化、地区差别、社会保障的普及程度问题、冤假错案难以伸张、官场腐败、行政权力侵犯普通公民权利、特权泛滥成灾、缺乏有效民主体制、口号监督政府等，都反映每个国家对人权实现的承诺情况和存在的问题。这些都可以作为评价各国在什么程度上具体实现了广大人民享有政治、经济、社会、文化和个人权利的有效基准，也就是作为检验各国政府对人权实现履行其何种程度义务的条件。因此，国际人权两公约在“前言”中都规定，“各国负有义务，必须促进人权及自由之普通尊重和遵守”；而在《世界人权宣言》“弁言”中要求“各成员国业经誓愿与联合国同心协力促进人权及基本自由之普遍尊重与遵行”。这是各国承担实现人权的义务。

由此看来，作为人权主体的弱势者（平民百姓、弱势群体、弱国小国和处于劣势的民族）是人权实现的决定性条件，各个国家、执政者、联合国和社会（包括国际社会）是人权实现的重要条件。只有这些条件相互配合和支持，全人类的人权的保障才能最终实现。

参考文献：

①［美］L. 亨金．权利的时代［M］．信春鹰，等译．北京：知识出版社，1997.

②夏勇．人权概念起源［M］．北京：中国政法大学出版社，2001.

③马克思恩格斯全集（第 23 卷）［M］北京：人民出版社，1972.

④国务院新闻办公室．中国的人权状况［M］．北京：中央文献出版社，1991.

⑤沈宗灵．“二战”后西方人权学说的演变［J］．中国社会科学，1992（5）．

⑥［日］宫泽俊义．宪法Ⅱ新版［M］．东京：有斐阁，1974.

⑦Golding，*Towards a Theory of Human Rights*，The Monists 52，no. 4（October 1968）．

⑧Wasserstrom，*Rights*，*Human Rights*，*and Rocial Discrimination*，in Melden（ed.），Hnman Rigyts，（1970），WadsworthPublishers.

⑨Janmes C. Hsiung，ed. Human Rights in Eeast Asia：A Cultural Perspective，Paragon House Publishes，New York，1985.

⑩［巴基斯坦］M. 卡齐．人权的普遍性与文化的多样性：几种解释［M］//中国人权研究会．东方文化与人权发展．北京：东方出版社，2004.

⑪李林．人权概念的历史和文化解读［M］//王家福，等．人权与 21 世纪．北京：中国法制出版社，2000.

⑫［美］A. J. 米尔恩．人的权利与人的多样性［M］．夏勇，张志铭译．北京：中国大百科全书出版社，1995.

⑬张文显．法哲学范畴研究［M］．北京：中国政法大学出版社，2001.

⑭徐显明．人权研究（第三卷）［M］．济南：山东人民出版社，2003.

⑮［日］堤功一．对人的尊重：普遍性和相对性［M］//王家福，等．人权与 21 世纪．北京：中国法制出版社，2000.

⑯王立行．人权论［M］．济南：山东人民出版社，2003.

⑰杜飞进．法律价值论［M］．西安：陕西人民出版社，1992.

⑱季卫东．怎样理解全球化时代人权问题的复杂性［M］//［日］大沼保昭．人权、国家与文明．王志安译．北京：三联书店，2003.

⑲顾肇基．关于人权理论与实践的若干问题［J］．北京师范学院学报（社会科学版），1991（1）．

⑳孙哲．新人权论［M］．郑州：河南人民出版社，1992.

㉑［日］大沼保昭．人权、国家与文明［M］．王志安译．北京：生活、读书、新知三联书店，2003.

㉒［美］路·享金丁·罗森塔尔．宪政与权利［M］．郑戈，等译．北京：生活·读书·新知三联书店，1997.

㉓罗玉中，万其刚．人权与法制［M］．北京：北京大学出版社，2001.

（《法律科学（西北政法学院学报）2007 年第 1 期，关今华系福建师范大学法学院教授；李佳系福建师范大学法学院 2005 级研究生）

人权法研究：问题与方法简论

■孙世彦

自改革开放以来，我国的社会主义民主法治建设取得了巨大的成就。在这一过程中，“人权”这一概念也逐渐进入了法治建设的轨道和法学研究的视野。在经历了对人权概念的否定和逐步认识的阶段以后，以1997年和1998年我国分别签署《经济、社会和文化权利国际公约》和《公民权利和政治权利国际公约》这两项最为重要的国际人权条约（2001年批准前者）以及2004年将“国家尊重和保障人权”写入《宪法》为标志，表明我们已经全面接受了人权概念，认识到民主、法治与人权共同构成了社会主义国家现代政治文明的基石。自此，尊重和保障人权已经成为我国法治建设的重要组成部分。随着这一进程，我国的人权研究也经历了从无到有、从初步探索到深入研究的发展过程。由于对人权的尊重与保障、保护与促进主要通过法律手段来实现，因此法学对人权的研究最为发达，有关文章与著作的数量与日俱增，人权研究几成法学研究中的一门“显学”——当然这是相对于人权研究本身的历史而言，而非与法学其他领域的比较。不过，虽然经过了20余年的发展，并取得了丰硕的研究成果，但似乎很少有人关注我国的人权研究究竟应该解决什么样的问题即人权研究的目的，和怎样解决问题即人权研究方法的问题。

一、人权研究的内容与定位

首先，让我们对人权研究中基本问题的范畴进行定位。

人权是一个人类社会的现象，呈现为法律、政治、经济、社会等方面的现实问题，并因此成为几乎所有人文社会科学的研究对象。由于人权与法律的紧密联系，因此法学对人权的研究又是最重要的。法学对人权的研究分为三个层次。第一个层面是对人权的基础理论研究，即厘清人权概念的一些基本问题，或者说，要试图解决法律语境中“人权的WHY”问题。这样的研究与其他学科特别是哲学学科有紧密的联系，但其目的则是为其他两个层面的研究提供基础。第二个层面是对人权作为法律权利的研究，即确定哪些人权可以获得或已经获得法律形式以及这些权利的具体内容，或者说，是要试图解决“人权的WHAT”问题。然而，仅仅知道法律承认哪些人权仍然是不够的，这些有关人权的规则必须要得到切实有效的实施和执行，其目的才能得以实现。因此，有关人权研究的第三个层面是对人权的法律机制的研究，即研究和探讨什么样的机制如何实现对人权的尊重、保障和促进，或者说，要试图解决“人权的HOW”问题。由于目前国际法律制度和各国国内法律制度中都存在有关人权的规则和机制，因此国际法学和国内法学与人权的WHAT和HOW的问题相交叉，形成了四组互有关联的研究领域，即对国际法中规定的人权的研究、对国内法中规定的人权的研究、对国际法中人权机制的研究、对国内法中人权机制的研究。

二、人权的基础理论研究

然后，让我们确定对人权的这三个层面的研究都要具体针对什么议题、达到什么目的。如上所述，第一个层面的研究针对的是人权的基础理论问题。在这一层面的研究中要解决的问题很多，如人权的定义和分类、性质和特征、哲学基础和历史源流，诸如为什么“一切人权均为普遍、不可分割、相互依存、相互联系”等等。在这一层面上要解决的核心问题或应达到的主要目的可以被归结为：清楚地展现人权的概念、坚实地证成人权的价值，来为人权在实在法中的规则表现和机制保护提供合理性、正当性基础。

对人权基础理论的研究非常重要。考虑到我们历史上的文化与传统，现实中的制度与实践，特别是这些因素相对于其他国家特别是西方国家的不同，这样的证成在中国仍然是极为必要的，因为人权之最强大的力量不在于有多少规则和机制去加以保障，而在于其理念是否深入人心，否则这些规则和机制经常会受到质疑、忽视、挑战和违反。20多年来，我国有相当多的法学学者投入到该层面的人权问题研究中，取得的成果也是最丰富的，在我国的人权研究中占了相当的比例。不过，客观地说，在非常抽象的层面上对人权概念的证成也许本不应该是法学的任务，而应该更多地由哲学特别是社会哲学、政治哲学、历史哲学等学科承担。但由于我国的其他人文和社会学科对人权问题涉及无多（国际关系学是一个例外），因此法学学者无奈而又不可避免地承担了这一极为艰巨的任务。但是，对于即使是主要从法学角度对人权的基础理论研究，也必须有正确的定位。从对人权研究本身的作用来看，基础理论研究非常重要，因为如果没有完成对人权基本问题的清晰、全面的阐述和论证，则对人权之规则和机制的研究将由于缺乏坚实的理论基础而无法有效地展开。但是，人权的基础理论研究至少有两个经常被忽略的问题。一个问题是，迄今为止我国的人权基础理论研究中，还有很多问题没有得到解决，原因可能并不在于我们功力不济，而在于这些问题——如人权的本源问题——根本是无解的。另一个问题是，尽管基础理论研究对人权研究很重要，但从人权研究本身的目的——促进法律规定和实践中对人权的认识、接受、实施和实现——来看，基础理论研究本身很难甚至无法实现这样的目的。这样的目的只能依靠对人权的具体内容、相应的法律规则和实践的研究来促进。因此，尽管基础理论对人权研究作为一个学术领域具有重要的作用，但它绝对不是人权研究的全部，从人权研究作为一个学术领域的实践意义和社会意义而言，甚至不是其中最重要的部分。用浅显的比喻来说，盖房子固然要打地基，但是再牢固的地基也决不等于是房子本身。世界范围内人权研究的现状和趋势也可以作为这种论断的例证。在世界范围内，对人权的研究已经逐渐集中在对于具体人权的探讨以及特别是其在国际和国内两方面的法律、政治和社会现实中的具体问题及解决上，很少有哪个国家的人权研究到目前——《世界人权宣言》已经通过了将近60年之后——仍然将有关人权的本源、性质、特点、类别等抽象理论问题的讨论作为研究的重心和主体。

因此，在充分承认人权基础理论研究的重要性和必要性并且衷心赞赏已经取得的对人权基础理论研究成果的基础上，我们必须认识到：首先，将人权研究过多地局限于对抽象理论问题的探讨，有可能并已经在一定程度上导致了人权与具体现实的脱节，使得很多人认为人权就是一个“理论问题”，从而认识不到人权与我们每个人的日常生活的紧密联系及其重要意义。其次，在世界范围内，人权基础理论的许多问题——比如两大类人权的关系——已经基本得到解决，我们不必再为此劳神费力；另外还有一些问题——比如人权的本源问题——则历经数世纪的研究也没有得到解决，如果原因是这些问题根本“不可证成”，则这一原因具有逻辑上的普遍性，我国学者也不见得能够独具慧眼、另辟蹊径，在这种问题上也不必继续枉费心机。第三，无论从人权研究已经取得的进展，还是中国法治建设的需要来看，也许我们已经到了将人权基础理论中尚未解决的问题存而不论，而迈向下一阶段即关注具体人权的内容与实施的阶段。一则，从人权研究的根本目的来看，这才应该是人权研究最重要也最主要的内容；二则，尽管在逻辑上存在没有彻底阐明的基础理论的问题，就很难有效展开对具体人权的研究的困难，但是，我们能否在现有的已经达成共识的部分理论上先展开对具体人权的研究？是否有这样一种可能性，即随着对具体人权研究的深入，存在着一种以归纳的方法反观人权的基础理论，并得到对至少是部分问题解答的可能？

三、具体人权的研究

可喜的是，在最近十几年来，我国学者已经越来越关注对具体人权的研究。出现这一现象和趋势的原因是多方面的。首先，这是中国法治建设和权利意识的发展所必然带来的现象。其次，这是中国法学研究和权利哲学的进步所必然到达的阶段。再次，这也是多年来对人权的基础理论研究奠定的理论基础所必然导致的结果。对具体人权的研究体现为不断融和的两种路径，一种是在既有的对有关法律问题和权利问题研究的基础上，结合人权的视角、观点和方法展开，另一种则是直接、完全从人权的视角、观点和方法出发，研究有关法律问题和权利问题。我国学者在具体人权的研究中，涉及的领域和问题是相当广泛的，从宪法中承认的公民权利到部门法中规定的权利，从刑事诉讼中的人权保障到经济、社会权利的促进，从弱势群体的人权保护到公司的社会责任等等不一而足。

对具体人权的研究具有重大的意义。首先，人权不仅仅是一个抽象的概念，而是如同英语中的“Human Rights”一词乃是复数形式所显示的那样，是一系列具体的权利。这些权利也不是抽象的、思辨的、含混的概念和意识，而是具体的、实在的、清楚的，有时甚至是琐碎的事实和规则，有关我们每个人的许多日常生活细节：平等、安全、思想、表达、结社、家庭、工作、教育、社会保障等等。因此，只有对具体人权的研究才是对人权作为“权利”而非“概念”的研究，是人权研究中的主体部分，是要在基础理论的“地基”上建造的“房子”。也因此，对具体人权的研究在学术意义上，有助于改变并已经在一定程度上扭转“人权研究”纯粹是“理论研究”的印象；在现实意义上，使越来越多的人认识到人权与我们每一个人具体利益的关联，对我们法治建设方面点点滴滴的作用和影响。其次，是具体人权研究对人权的基础理论研究的意义。人权的基础理论研究对研究具体人权的意义自不待言，而后者对前者的意义也同样不可忽视。如果套用法理学与部门法学的关系，则我们可以说，具体人权研究为人权的基础理论研究提供了丰富的实践基础和理论源泉，离开了对具体人权的研究，人权的基础理论研究将会变成无源之水、无本之木，失去安身立命之地。[①]对具体人权的研究越发达，就越能为人权基础理论研究提供丰富的质料，就越能促进和加强后者。按“地基”与“房子”的比喻来说，往往当房子逐渐盖起来时，我们才能更清楚地认识到我们需要怎样的地基、地基的哪一部分需要加强、哪一部分出了差错；而且和真实生活中“先打地基、后盖房子”的不可逆转性不同，在人权研究中，“打地基”、“盖房子”完全可以同时进行，并互为补充和支持。不过，尽管我们的人权研究已经比较发达，但似乎仍然停留在主要是基础理论研究指导具体人权研究的阶段，从现有的研究成果中，还无法清楚地看出具体人权研究“反哺”人权基础理论研究的趋势。部分原因在于，这两者的相互作用与影响并不是一个自动的过程，而必须是一种自觉的行为。正如人权基础理论对具体人权研究的指导，实际上是通过研究具体人权的学者在其研究中有意识地运用前者而实现的，具体人权研究对人权基础理论的启发与帮助，也必须通过研究人权基础理论的学者“屈尊俯就”、“细致入微”地去考察、了解和领会对具体人权的研究，然后再在此基础上总结归纳、抽象升华，才能得到有效的实现。可叹的是，许多对人权基础理论的研究迄今为止似乎仍然沉浸在对旁征博引、高远深邃的“宏大叙事”的迷恋之中，还没有认识到这是人权研究中的“不能承受之轻”。这种脱离了具体人权语境的研究，恐怕会与人权现实的距离越来越远，最后只能落得个孤芳自赏的下场。

但是，在方法论的意义上，在对具体人权的研究中也存在一定的问题。当我们研究具体的人权时，似乎有一个预设的前提（presupposition），即大家对人权的范围和内容、每一项人权的范围和内容都有了一个大致的共识。从逻辑上说，这样的预设前提应该也的确存在，否则根本就不可能开展对这些人权的研究。由此，很自然的一个疑问是：这样的预设前提存在于何处？

在思考这一问题之前，应该明确的一点是，人权与“民主”、“法治”、“正义”等概念不同，后几者只是抽象的、原则性的概念，可以蕴涵、反映、体现在规则中，本身却不是有关权利与义务的规则；而人权不仅是概念和意识，更是具体的、可操作的、具有明确的权利义务内容的规则。因此，对具体人权研究的预设前提不仅是作为概念的人权，更应该是已经存在的有关人权的规则，无论这些规则是“应然”意义上的，还是“法定”或“实在”意义上的。对具体人权的研究，在此意义上也可以说是对人权规则的研究。对应然意义上的具体人权的研究必然要“承上”，即作为人权基础理论与认识具体人权的连接点，而且应该“启下”，即联系实在法意义上的人权，否则将不具有实践意义；而从实在法角度对具体人权的研究，除了要考察有关规则的实在表现、内容和运行，更要与应然意义上的人权互为促动和指引，否则将沦为彻底的注释性技术工作，而缺乏理论研究必须具有的“张力”。

那么，在我们研究具体人权时，作为预设前提的应然人权规则和实在法人权规则何在？这里需要先考察实在法意义上的人权规则。不过，对于我国学者来说，固然任何实际存在的法律规则都算是“实在法”，但是与我们具有最大相关性的是中国自己的法律制度。那么，中国法律中有尊重和保障、保护和促进“人权”的规则吗？如果说没有，似乎在“政治上”很不“正确”、在“感觉上”很不“正常”；如果说有，则在学理逻辑上意味着在我们的法律中已经存在着对“人权”的界定（definition），否则对具体人权的研究就失去了对象。实际情况究竟如何？我们不否认，在中国的法律制度中已经存在大量的有关保护和促进“人的权利”的规则。但是，同样清楚的是，现代普遍接受意义上的人权与一般的法律权利的内涵与外延都不一样。就内涵而言，人权来自人之作为人的自然属性和社会属性，而法律权利来自法定；就外延而言，两者当然有重叠之处，但范围并不完全等同。因此，中国法律制度中已经存在的保护和促进“人的权利”的规则，由于其法理基础不同于“人权”，因此还不能说中国法律中存在对人权的“界定”。我们再来看看中国法律中对“人权”一词的使用。在中国的主要法律中，“人权”一词仅见于《宪法》和《治安处罚法》。在2004年《宪法》被修正时，一个重要的内容就是在其第33条中增加了一款：“国家尊重和保障人权。”但是正如许多学者所指出的，这样一项规定反倒凸现了《宪法》中存在的一个问题：第33条规定“国家尊重和保障人权”，但是从第33条到第56条规定的都是中国“公民的基本权利”，人权与“公民的基本权”的外延显然并不一致，那么，国家尊重和保障的“人权”究竟有哪些？规定在何处？《宪法》或任何其他法律都没有给出答案。因此，尽管声称中国法律中没有保护和促进人权的规则可能并不正确，但是我国法律制度中确实缺乏对“人权”的清晰界定。这样一种情况，除了给中国尊重和保障人权的实践造成了含混和不确定以外，给人权研究也造成了相当的麻烦。例如，当一项研究称“劳动权是一项基本人权”时，其实在法的依据何在？因此结论只能是，当我们研究具体人权时，我们依据的依然是自己心目中的人权规则亦即“应然”意义上的人权规则。这样，我们就需要转而考察作为我们对具体人权研究之预设前提的应然人权规则。按其定义，应然人权规则是理论上存在的、独立于法定规则的规则。这样的规则应该也只能从人权的基本概念中衍生而来。但是，如果我们考察我国学者对具体人权的研究，就会发现，当我们提及某一项权利为人权时，除了从理论上论证这一权利源自“人的自然属性和社会属性”因而是一项人权以外，更多时候采用的是一种实用的、因而也是“偷懒”的方式：我们往往将这一权利在其他法域中被规定为人权作为立论根据。然而问题是，其他独立于中国法律制度的实在法领域中的人权规则能够作为我们考察、分析和评判我们自己的法律规则的一种“应然”基础吗？为什么一项权利被其他法域宣示为人权，就一定意味着这一权利也“应该”被中国的法律接受为人权？在回答这一问题时，必须清楚这种独立于中国法律制度的实在法领域实际上有两类：一类是平行于中国法律制度的其他国家的法律制度，另一类是国际法律制度。就前一类而言，其人权规则显然不能作为某一权利之为人权的决定性根据。即使某些国家的法律规则尤其是保护和促进人权的规则比我们的发达，这一现象最多也只能让我们得出这些规则可供"参考"和"借鉴"的结论，而不能成为我们"必须"和"应该"遵循这些规则的理由。换言之，在研究具体人权时，其他国家的规则、制度和实践只能是所涉人权的"证据"而非"渊源"。经过如此分析，在关于具体人权研究之预设前提的问题上，我们陷入了困境：中国法律制度中不存在可资作为此种前提的对人权的界定；外国法律制度中的界定又不能成为断定某一权利为人权的理由。那么怎么办？所幸的是，除了别国法律制度以外，还存在着一类独立于所有这些制度的法域即国际人权法律制度。现在，国际人权规则已经越来越多地被作为一种"应然"的尺度，成为我们研究具体人权的根据。那么，国际人权规则能否作为这种"应然"尺度？根据何在？这种尺度又如何、应该如何得到应用？

四、对国际人权法律规则和制度的研究

人权被承认和规定为法律权利已经有两百年的历史。但是在前一个半世纪中，人权主要是被国内法尤其是宪法所承认，而这样的规则对制订国以外的国家显然没有拘束效力。然而，在第二次世界大战结束后的60多年间，除了各国国内人权法律制度之外，在国际层次上又发展出了一套独立的人权法律体系，即国际人权法。可以说，在国际人权法产生以前，将哪些人权承认和规定为法律权利，取决于各国自己对人权的理解。这种国内法中人权规定的差异到目前为止仍然广泛存在。然而，这并不意味着现在各国仍然可以完全自行其是，学者仍然可以完全任意言说，这是因为国际人权法的出现和发展在很大程度上不仅改变了各国在人权规定上的权限，而且也极大地影响了学者的研究。

在一个全球化的时代，在人权领域中中国国内的发展与国际社会的趋势也必然会相互作用和影响。这种作用与影响也体现在人权研究领域中。实际上，一方面由于全球化的趋势，另一方面基于中国法治建设的需要，我们一向重视研究和借鉴"域外"法律制度的规定和实践。但是，长期以来我们更多地重视对其他主权国家法律制度的"平行"比较与借鉴，而很少关注在"纵向"的层面上，国际法律制度所可能具有的对中国法治建设的比较与借鉴意义。不过，也许是由于全球化趋势导致的必然结果，也许是我们的法治建设与人权事业发展到了一个必然阶段，越来越多的学者已经将目光投向了国际法律制度对中国的法制建设和人权事业所可能产生的作用与影响。

因此，我国学者进行的人权研究的另一个领域，也是一个发展较早的领域，是对人权的国际层面或国际人权保护的研究。其中又分为两个侧面，一个侧面是对人权的国际保护作为一个政治现象和问题的研究，另一个侧面是对国际人权法的研究——很遗憾这两类研究经常混杂在一起，而且看来研究者本人也分不清或不愿分清两者的区别。仅对国际人权法的研究而言，在20多年的时间里，我国学者——主要是国际法学者——也经历了从对国际人权制度、文书和机制的泛泛介绍到深入研究的过程。特别是，近年来，国际法学者已经不仅仅涉及"国际人权法"中的"国际法"部分，而是也开始了对其中规定的具体"人权"的研究。可以说，在人权领域中的这种纵向比较即关注国际人权法是尤其有意义的。

首先，与"取舍在我"的其他国家的规定与经验不同，国际人权规则在规范上具有优先性，对国内有关法律具有约束作用。目前世界上所有国家都批准了数目不等的国际人权公约——国际人权法最主要的渊源和国际人权规范的最主要载体，中国也已经批准了若干国际人权公约并且还会不断加入其他的公约。无论中国在国际法和国内法的关系上持怎样的立场，对国际条约在国内法中的地位作怎样的处理，根据反映在《维也纳条约法公约》第26条和第27条中的一般国际法的规则，中国都有义务善意履行这些对我们具有法律约束力的条约，中国国内法的规定不仅不能成为不履行条约的理由，而且还应该符合与实现国际人权条约的要

求。而在我们的许多研究中，对于国际人权标准的这种地位并没有清楚、深刻的认识。在许多人的心目中，国际标准也好，美国标准、德国标准、印度标准也好，都是外在于我们的规范体系，因此经常将国际人权规则当作不过是“可资借鉴”的“某一套”规则（“A” setofrules），在地位上和其他国家的人权法律制度并无区别。

其次，与“各有特色”的其他国家的制度与实践不同，国际人权规则在价值上具有普遍性、在意识形态上具有中立性。当我们把目光投向其他国家的法律制度与实践时，总会遇到“国情不同”、“社会制度不同”、“意识形态不同”等问题，使得比较与借鉴有时极为困难。但是，如果我们把目光转向国际人权规则，则情景大为不同。我们不否认在国际人权规则的形成和发展中，西方的文化与价值可能产生了最为重要的影响，我们也不排除在某些人的心目中，国际人权规则不过是“西方中心主义”和“资本主义话语霸权”的又一种表现，但我们必须承认的是，至少在形式上，国际人权规则已经成为普遍的价值，否则将很难解释主要国际人权公约都有一百数十个缔约国的事实。因此，可以说国际人权规则是国际社会共同接受的、人类整个几个世纪以来在人权方面成就的规范化结晶，正如《世界人权宣言》序言所庄严宣布的，是“所有人民和所有国家努力实现的共同标准”，这就是为什么国际人权规则更经常地被称为“国际人权标准”的原因。所有国家在人权方面的法律规定和实践，都必须以这种通约性的共同标准即通常所说的“common denominator”作为衡量的起点和标准。

国际人权标准具有价值意义上的“优越性”和规范层次上的“优先性”，因此成为了人权规则的权威标准，统领着其他所有国内人权规则体系，所有的国内人权规则和实践都应服从国际人权法的规定，只能高于而不能低于国际标准。从我们研究人权的角度来看，则可以得出这样的认识：国际人权标准就国际法而言是法定人权规则，但对我们而言则更多地具有“应然”的意义，完全可以也应该成为我们研究具体人权时，就人权的范围和内容、每一人权的范围和内容的预设前提。

因此，国际人权标准的存在及其在规范和价值意义上超越于国内法的特质，意味着参照国际人权标准来研究人权、观照现状，不仅是可取的、有价值的，而且更是必需的、义务性的。具体而言，首先，哪些权利可以被归为人权或哪些人权可以获得法律形式不再是一个没有边界、任人由说的开放性问题。对于哪些权利是人权或人权的 WHAT 问题，已经有了一个相对确定的答案，这就是一套确定的、对整个国际社会和每个国家都有约束力的国际人权标准。我们固然不必迷信国际人权规则已经是有关人权的尽善尽美的标准——国际人权标准中也充满了含混和疏漏，也固然可以提出应该或可能增列于人权清单的权利，但任何对人权的讨论都必须从现有的、被普遍接受的人权标准出发，而不能凭空想象、闭门造车，做“重新发明轮子”的无用功；或者更糟糕地，在对国际人权标准有透彻的了解之前，提出根本不见于国际人权标准的，也无法从现有规则得到解释的概念。其次，前面已经指出，必须依据国际人权标准来衡量一国的人权规定与实践。按照同样的思路，国际人权规范也必须作为研究具体人权的参照标准。也就是说，对任何具体人权，都必须首先明了其在国际法中如何被规定和解释，并在此基础上对照研究国内法律规定和实践中的人权问题。不遵循这种国际通行方法的人权研究，无论对于正确地了解具体的人权，还是对促进人权规定和实践的进步，都不会起到有效的作用。那么，到何处去发现和怎样确认国际人权标准呢？这将在下一部分中加以论述。

在人权研究中，以国际人权标准为出发点是必需的。然而，也不能走入另一个极端，即只是绝对地强调国际标准，而无视每个国家的具体情况。正如任何法律规范都必须具有抽象性、一般性、普遍性，但无法全面考虑到现实生活的具体性、个别性、特殊性一样，作为“努力实现的共同标准”的国际人权规范，也只是通约性的共同标准即“common denominator”，而非“一刀切”的僵硬尺度。这样的标准，如果不能在各国千差万别的政治、法律、经济、社会、文化和历史状况中确立和实施，就没有实际意义。因此，这些“共同标准”只有考虑并结合各国的实际情况，才能获得真正的生命力，对国内人权法律规则和实践产生实际的影响。在此也仅在此意义上，国际人权标准是非常有弹性的。而如何将普遍性的国际人权标准与各国的实际情况有机结合，则是人权学者们义不容辞的责任。这要求人权学者一方面要熟悉国际人权标准，另一方面又能有效地将这些标准“本土化”，以对本国法律规定和实践有意义的方式来研究、表述、促进人权。特别是在中国，基于没有人权土壤的历史文化原因和长时期以来没有正确认识人权问题的现实原因，这一结合尤为重要。我们长时期以来对国际人权标准比较陌生，经常将其看作是与我们每个人的日常生活乃至我们的理论、法律、现实无关的，仅仅存在于国际领域，只关乎国际关系和政治的事项甚至是“敏感问题”的标准。如果我们不努力改变这种状况，不以在中国能够被理解的话语方式来阐述国际人权标准，促动我们的法治建设，改进我们的现实境遇，则人权研究再发达，也无法达到其应有之义。国际人权标准在中国的土壤中生根、发芽、成长，并使每一个人最终都能享有其果实，是中国人权研究面临的艰巨却又别无选择的唯一路径。

五、国际人权标准的具体内容

国际人权标准应该是引导国内人权建设和人权研究的基准。那么，国际人权标准的范围究竟有多大？一般而言，普遍性的国际人权标准——相对于区域性人权标准而言——可以分为两大部分，即具有法律约束力的条约和不具有法律约束力的所谓“软法”，即各类宣言、决议、准则、行动纲领等。其中，国际人权条约的规定当然是最重要的国际人权标准。目前可以划为国际人权条约的法律文书有数十项之多，不过，一般认为由联合国主持通过的几项国际人权公约是其中最核心的部分。按照联合国最近出版的《核心国际人权条约》，这些公约是《世界人权宣言》、《经济、社会和文化权利国际公约》、《公民权利和政治权利国际公约》及其两项任择议定书、《消除一切形式种族歧视国际公约》、《消除对妇女一切形式歧视公约》及其任择议定书、《禁止酷刑和其他残忍、不人道或有辱人格的待遇或处罚公约》及其任择议定书、《儿童权利公约》及其两项任择议定书、《保护所有移徙工人及其家庭成员权利国际公约》，其中前三项中的五份文书又经常被合称为“国际人权宪章”。

因此，在认识和研究国际人权标准时，起点和重点也应该是这些最核心的国际人权公约。的确，我国学者在研究人权时，也越来越重视对国际人权公约的认识和理解。这是一个可喜的现象。不过，在研究过程中，一个往往被忽略的事实是，任何一项国际人权公约都不是一个静止的状态、单一的文本，而是一种动态的过程、立体的架构。国际人权公约与任何法律规则一样，都必须有与之相配套的机制去加以解释、适用、实施和执行，否则这些公约将成为仅仅停留在纸面上的词句而无法产生任何实际效用。特别是，国际人权公约与其他大部分的国际条约又有所不同，即人权公约并非像传统的国际条约一样主要调整国家之间的关系，而是调整缔约国与——用《公民权利和政治权利国际公约》第2条第1款中的用语来说——“其领土内和受其管辖的一切个人之间的权利义务关系”。因此，国际人权公约的履行及实效在很大程度上取决于缔约国通过国内法的适用和实施，而不是国家之间的以对等为基础的实施和执行。但是，这决不等于说国际社会在通过这些公约以后就完成了使命。恰恰是由于国际人权公约的实际效果主要依赖于在国内的实施和执行，因此这些公约必须设立一定的机制监督缔约国是否及如何遵守和履行它们根据公约所承担的义务。对于核心国际人权公约而言，这种监督机制由专门设立的名称各异的委员会及其各项职能构成。这些“人权条约机构”的职能尽管略有差异，但基本上都包括了审议缔约国提交的履约报告并作出结论性意见（所有公约）、发布一般性意见或建议（所有公约）以及审议个人来文（部分公约）等。

如前所述，任何法律规范基本上都以抽象性、一般性和普遍性为特点，而不可能全面考虑到现实生活中的具体性、个别性和特殊性。由于国际人权公约规定的是旨在适用于所有缔约国的“common denominator”，因此这种抽象性、一般性和普遍性更为明显；特别是由于在公约的谈判和起草过程中要调和与折中不同国家的制度、立场、认识和提案，因此在国际人权公约中必不可免地存在着不少的含混用词和规定——有些甚至是故意的。人权条约机构在适用这些公约以监督缔约国履行义务的过程中，就必然也必须对公约的条文进行澄清和解释；在澄清和解释的过程中，对有关规则的丰富与发展是无法避免甚至值得欢迎的事情。因此，人权条约机构在审议缔约国报告、发布一般性意见或建议以及审议个人来文的过程中，就公约条款进行的解释和阐述使得这些公约从静态的、单一的文本发展成为一种动态的、立体的架构。这些解释和阐述尽管在正式意义上没有法律约束力，但是已经成为有关公约之整体结构的一部分，成为理解和研究这些公约最重要的参考资料。因此，国际人权标准中的公约不仅仅是国际人权公约的条款，而且还包括围绕着这些条款发展出来的大量补充规则；对人权的研究，仅仅着眼于诸人权公约文本这一国际人权法的“干”是不够的，只有同时了解国际人权法的“枝”与“叶”，以及国际人权法这棵“大树”如何生长，才能对国际人权标准有全面而深入的理解。可以说，当我们对国际人权公约和中国的相关规定进行比较研究时，如果仅将中国的法律文本放在一边，将公约文本摊在另一边，并根据从字面上对后者条文的理解而与前者对照，却不去研读人权条约机构对这些公约的解释、阐述与发展，就很难全面深入地理解国际人权公约、准确真实地把握其中规定的具体人权的含义与范围。

在国际人权制度中，除了“以条约为基础的机制”以外，还有“以宪章为基础的机制”，即联合国以其《宪章》中的人权条款为基础建立的机构与其活动的总合。联合国在人权领域的职能，主要由2006年建立的联合国人权理事会、已经于2006年结束工作的联合国人权委员会及其下设的增进和保护人权小组委员会、联合国人权事务高级专员办公室等机构承担。这些机构特别是人权委员会的活动，有相当一部分是政治性的或受到政治因素的强烈影响。但是，这些机构对人权标准的发展具有不可忽视的作用。如果说人权条约机构的法定职能是监督对人权公约的遵守与实施，对人权标准的发展与丰富只是事实上的、附带的，那么“以宪章为基础的机制”则被授权同时肩负两种职能。例如，联合国人权委员会最初的工作重点是制定人权标准，负责起草了包括联合国人权两公约在内的几乎所有主要国际人权公约；但自20世纪70年代开始，则更多地面临和处理如何应对侵犯人权行为的挑战，而在履行这一职能时，又不可避免地涉及对国际人权标准的理解、适用和发展。在这一方面，对人权标准的发展最为重要的机制是联合国人权委员会的“特别程序”（special procedures）以及该委员会下设的增进和保护人权小组委员会的“研究与报告”（studies and reports）。人权委员会设立的“特别程序”有各种各样的名称，其中对研究国际人权标准最有参考价值的是一般所称的“主题机制”（thematic mandates），即针对某一人权专题在全球范围内的情况由一位独立专家或工作组进行调查、研究、监督、建议和报告。这些主题机制涉及的人权问题范围极广，形成了大量的报告、建议、决议等文件。增进和保护人权小组委员会作为人权委员会的“思想库”，其职能是协助委员会审议和研究各种人权问题，并向委员会提出建议和报告。小组委员会的研究涉及的问题也非常广泛，基于其研究提出的大量报告与建议在制定国际人权标准、推动对人权的理解以及防止侵犯人权等方面发挥了重要作用。总结而言，以联合国人权委员会及其增进和保护人权小组委员会的决议、研究、报告和建议所代表的联合国“以宪章为基础的机制”的活动，体现着国际社会对诸多人权以及与人权相关问题的最新认识与见解。因此，任何对这些问题的研究，都必须深入细致地考察这些认识与见解，否则将无法洞察人权的最新发展热点、动向与潮流。

因此，在国际层次上，除了一整套国际人权规则外，国际社会还发展出极为发达、相对完备的尊重、保护和保障人权的国际机制。而且，这些机制在解释、适用、实施和执行国际人权规则以便尊重、保护和保障人权的过程中，又进一步发展、丰富、完善了这些规则。这样一种现象意味着，至少在国际人权领域中，人权规则的实施和执行即人权的 HOW 已经与人权规则即人权的 WHAT 紧密地结合在一起，共同构成了国际人权制度（international human rights regime）的有机整体。这还意味着，对至少是国际层面上的人权的 HOW 的认识，是对人权 WHAT 的研究得以有效地展开的语境，如果要对国际人权规则进行全面的、深入的、科学的研究，则对国际人权机制的了解是必不可少的。

六、人权研究中第一手资料的使用

我们无法也不必否认的是，我国的人权研究与世界先进水平相比，仍然是落后的，而落后的原因并不是我们不够努力或不够聪明，而在于研究的时间太短、研究中存在语言障碍等客观因素。不过，除此之外，也许还有一个更为重要的人权研究的技术性方法问题。以上几部分的分析也将我们引至同样一个方法问题，这就是我们的很多人权研究成果满足于使用或过分重视第二手的资料，即其他中外学者特别是外国学者的有关著述，而普遍不重视使用第一手资料，即以上提到的国际人权规则以及国际人权机制对这些规则的解释和发展。例如，最近几年间我国学者对批准和实施《公民权利和政治权利国际公约》的问题进行了大量的研究，但是其中对人权事务委员会发布的 31 项一般性意见、对缔约国报告的超过 200 份的结论性意见以及对超过 1000 件个人来文的意见，尽管有所涉及，但并没有给予应有的重视，更谈不上将这些资料作为研究的重点和起点；摘引外国学者的著述或国内学者互相转引反倒是一个通行的研究模式。出现这一现象的原因可能是多方面的，如我国法学界中依然存在的重思辨轻实证的传统；“创新”和“突破”——有时完全是空中楼阁式的——受到过分重视而系统的介绍与梳理工作的价值得不到应有的承认；我们的人权研究落后于世界先进水平使得我们在很多时候不得不先当“学生”、虚心学习；许多第一手资料似乎无处可寻、不好获得，以及没有中文本所造成的语言上的障碍；另外就是由于不良的学风，某些人权著述看似使用了第一手资料，实则乃是抄袭国外学者著述中引用的材料等等。

实际上，使用第一手资料比起参考学术论述至少有两个突出的优点：一则由于这些资料中所阐述的观点都来自于人权条约机构或联合国的其他人权机关这样一些国际官方机构，因此从学术角度而言，其中所表达的对国际人权标准的解释和理解远比学者的观点更加具有权威性和说服力。举例而言，任何有关发展权或酷刑问题的学术著述的分量比得上联合国任命的发展权利独立专家或酷刑问题特别报告员的研究和报告的重要性吗？任何有关公正审判权的研究，如果不是在全面、仔细地阅读和分析人权事务委员会的有关案例法的基础上进行，还谈得上有什么真正的学术价值和有效的实际意义吗？二则这些资料中的绝大部分——除了少部分历史性文献以外——几乎都能在联合国的相关网站上很方便地查找到，而且很多都有中文本，获取这些资料恐怕远比在中国获取外文学术书籍、文章和资料要容易和经济得多。

因此，无论是作为一个整体学术领域的人权研究，还是作为单部著作、单篇文章的人权研究，如果想要具备坚实的理论基础和真正的学术生命力，就必须从第一手国际人权资料出发。首先是全面地了解和阅读这些资料，然后再加以深入的理解和消化，只有在此基础上，才能进行有意义、有价值的人权研究，才能逐渐摆脱“仰人鼻息”的研究状况，才有可能逐渐建立既能与其他国家的人权研究一争高下，又具有真正的而非自以为是的“具有中国特色”的人权法学。

七、权当结论：我们需要什么样的人权法研究

学者的研究为在我国传播人权知识、加强人权意识付出了巨大的努力，取了显著的成就，也对我国建设法治、保护和促进人权做出了重大的贡献。但是，如果我们期望有关的研究能够为中国尊重和保障人权的宏伟事业提供更有

建设性和指导性的帮助，那么就必须从现在开始反思人权研究的问题和方法。总结而言，我们不能满足于在人权的基础理论研究方面已经取得的成果，更不能将这一部分看成是人权研究的主体和重点。人权的基础理论研究应该继续，不过重点应该放在两方面：一方面基础理论研究要有意识地考虑对具体人权研究的指导作用，另一方面又要注意从具体人权研究中汲取灵感和知识。对具体人权的研究应该成为人权研究的主体和重点，应该得到大力加强。在对具体人权的研究中，一方面要以对相关国际人权标准的理解和研究为起点，另一方面还要将国际标准与我国的实际情况结合起来。而作为整个人权研究的一个知识基础，还应该在充分认识到国际人权法的重要性的基础上，继续加强和深化对国际人权制度——规则和机制——的研究，只有采用科学的方法，对作为动态过程、立体架构的国际人权规则具有全面的、深入的、科学的理解，才能一方面更有效地提升我国的人权研究水平，另一方面更有力地促进我国的人权实践发展。

参考文献：

①张文显．法理学［M］．北京：高等教育出版社，北京出版社，2007.

（《法制与社会发展》2008 年第 2 期，作者系中国社会科学院研究员）

人权的来源与基础探究

■何志鹏

一、导言：自然权利的黄昏与权利论证的无序

权利论证的主导理论是自然权利理论。这一理论一直受到思想家的质疑，虽然作为第二次世界大战以后世界政治格局的合法性的证明而使其获得暂时的复兴，然而由于其前提均为虚设，整体的论证不具有科学信度，① 所以在现代社会的背景下，对于推进社会发展没有任何的帮助；这种思路甚至可能削减了人们对权利进行争取的勇气与动力，容易使人误入歧途。二战以后兴起的（特别是在国际法学者中间）以联合国的条约文件来证明权利来源的路径，虽然在现实中暂时解决了权利基础的问题，但仍难以回答法律的合法性，法律变迁情况下权利的变化以及世界不同法律文化在接受国际法上的差异的诘问。而那些试图通过将“普遍人性”与“权利”直接联系起来的尝试则无法回答为什么人据其本性拥有权利，而猪、狗、牛、马据其各自的本性则没有此种权利；同时，亦无法解释人类历史时期之中和地域范围之内人群缺乏某些权利、享有权利不均的事实以及一些权利在紧急状况下的克减，更无法应对环境主义者提出的“自然的权利”的主张。总括言之，占据主导地位的权利论证已然日薄西山，在诸多追问之下只有以信仰为理由（这是何其无力的理由，如何能说服不信仰的人）进行防卫，而其他论证或者补证也一片茫然。

虽然权利缺乏足够的理论基础，但权利本身是值得争取、值得珍惜的。上述缺憾以及诸如此类的问题，需要我们摒弃人权研究中华而不实、不可捉摸的字眼，回到真切的现实中来重新探证人权的源泉，需要建立一套无信仰者同样能接受的权利来源论证。这里有两个问题必须回答：人权是怎么来的？人权为什么重要？前者可以为我们否证的自然权利说找到一个实证的答案；后者可以为自然权利说的价值判断性结论找到价值前提。

二、斗争产生人权：人权产生的历史维度

人权，从历史实践上看，来自于（并且仅仅来自于）人类的后天交往，也就是在斗争与实践社会生活中萌生和发展。人权既然是在人类社会中孕育生成、发展壮大的，这种动因就必须与人类社会相联系。所以，我们就应当直接聚焦于生活中的人，从人的发展以及人与社会的交互过程中去寻找人权的渊源。我们可以对人权的产生与发展进行一番简单的概括：

（一）人的初始状态

人类追求权利的过程是缓慢而曲折的，所以权利不可能是人类自身的规定；“人人生而自由平等”这句充满号召力的标语也不足以证明权利是神灵刻印在人类基因图谱上的密码。要探索人权的源泉，我们应当把目光放到人类文明的黎明时期，在人类的“初始状态”中简要分析人类社会的行为规则与伦理道德观念产生的源泉。这种初始状态，其实也就是自然法学派学者所设想的人类的“自然状态”，但这里所认定的初始状态，既不同于洛克、霍布斯和卢梭，也不同于罗尔斯和诺齐克。我们需要把初始状态建立在科学证据的坚实基础之上。

1. 人的共同属性。为了说明初始状态，首先应当认清在这一状态中充当主体的、从自然生活到社会生活中的“人”的基本共同属性。人的共同属性可以分以下几个方面：（1）人是动物。人类无论取得了多么神奇的成就，也并不是与生俱来的“万物的尺度”、“天地的精华，万物的灵长”，当然，也不是一些宗教理论认为的领受惩罚的“罪人”，而只是一种智慧水平更高的动物。从生理上讲，人的很多本领都比不上其他动物，但是人可以通过智慧来补足缺陷，满足生活需求。人获取信息、寻找对策的方式与动物是一样的条件反射，不过人具有发达的大脑。这样的大脑可以存储大量的信息，并可以极为迅速的对大量复杂的信息做出处理，这使人能够迅速的适应环境，寻求对策。需要铭记，尽管人的大脑具有更高的运算能力，但这一点无法决定人绝对优于动物。（2）人受本能需求的支配。人的需求是多方面的，但最基本的是与动物一样的求生本能，这种本能来自于自然法则，而不是来源于自然法。正由于此，婴儿在很小的时候就试图垄断食物的来源，长大后面临生存竞争，也会用各种办法维护和改进自己的生存状态。在物质生活之外，人还追求精神上的生活，包括情感上的依赖、奋斗志向的满足等。（3）语言的创制与有限理性。人类最伟大的突破是语言和文字的创造。人类依靠语言交流思想，流传智慧，积累经验，超越历史，所以人的本领迅速提高，在短期内远远超过地球上的其他生物。通过语言，人们学会了对实践进行深层的思考，形成了我们可以称之为理性的思想意识。虽然人因为具有理性显得与其他物种不同，但人的理性终究是有限的。

2. 人类所生存的环境。人所在的环境决定了人的初始状态：尽管世界各地的自然条件各异，但总体看来，初始状态下，人们以采集捕猎为生，生存条件十分恶劣。在世界任何一个角落，无论是茂密的丛林，还是广阔的草原，只要是当初有人的地方，就必然有其他威胁人的虎狼熊豹等猛兽，就必然有酷暑严寒、暴风骤雨等折磨人的自然条件，谁也不可清闲安逸地享受生活。

3. 人的群体生活。人是实践的动物。原始人在的艰苦条件下，过着群体生活。我们不能说人类是从逍遥自在的个体生活发展成群体生活的，也不能说每个人在进入群体之前有任何选择，更不能说人们是先订立一个契约才开始群体生活的。人类最初的社会形态就是群落状态的，而且个人无法脱离这种状态。或者更明确地说，人的自然状态就是社会状态，只是社会存在的方式有所不同。相对残酷浩渺的自然界，每个人的力量都是薄弱的，个体生存十分危险和困难，甚至根本不可能。因而，人们不得不在群体中努力劳作，彼此配合，共分成果；借助集体的力量，抵御自然的威胁，只有这样才可能延长生命，繁衍后代。在这一阶段，群体内的人为了生存，必须劳作，必须合作，必须共享果实，既没有权利和义务的意识，更不存在权利和义务的制度。随着自然条件的变化，人们生活能力和认识水平提高，从采集食物过渡到生产食物，村落兴起，人类利用自然、改

造自然的能力增强，物质和精神生活水平也逐步提高。②

（二）*初始状态下的道德准则和社会秩序*

人的群体生活缔造了社会这样一个概念。社会是人的结合体，但并不是一盘散沙的结合，而是通过自发或自觉的分工、合作而形成的有机整体。自从有了人类的社会，社会主体在实践之中就开始逐渐树立规则、确立秩序。这种规则和秩序可以从三个方面理解：

1. 为了生存而形成的道德伦理规则。在原始生活下，人们经过不断的实践和效果反馈，获得了一个又一个的经验。人类的群体生活所造就的相互依赖、共同协作的关系和人趋乐避苦的本能使得不同的社会群体通过试错法逐渐在人们的关系上构建起了道德观念和社会规则。比如，在群体之中，因为每个成员都是劳动力，所以内部一般不进行杀戮；因为年长的成员更具有经验，而且每个成员都希望活的长一些，所以部落中尊重老者；因为幼者是部落整体的延续和希望，所以提携幼者。群体的生活虽然非常麻烦，但总比直接面对大自然的危险要好，所以人们学会了互相忍让和妥协。这些做法在部落内部形成习惯，习惯进而演化成为禁忌，在这些习惯和禁忌的基础上产生了道德和类似法律的规则。这些规则很简单，其内容仅涉及生产和生存所必需。人的知识和观念由于语言的发明而流传延续，这就使人的思想、人类的制度都有了一定的惯性。社会生活变得越来越复杂，但是禁忌和道德规则却流传了下来。道德规范是在凡俗的社会生活中通过交互实践而逐渐养成的，所以，在人类生活的最初阶段，道德是有着地域上的不可通约性的。人的生活情境不同，就会有不同的道德准则。但是这种道德规范也不是僵化不变的，随着社会生活场景的扩大，可以增益、减损和变通。

2. 为了生存而形成的社会位阶。即使是在原始社会，人们在群体之中当然也有着地位高下之分，但这种高下是自然形成的：谁的力量更大一些，谁的技巧更多一些，谁的头脑更灵活一些，就具有了指挥别人的权力，占据着部落的首领的地位。这种权力和地位不是部落成员通过契约将自己的权利和自由让与给部落首领而导致的。部落中的等级秩序和“强者为尊”的社会形态逐渐沿传下来。但是这种状态之下内部贫富分化不大，没有阶层的出现，人缺乏自我权利的意识。

3. 道德伦理准则对社会位阶秩序的制约力量。虽然不同位阶的成员拥有不同的身份、地位、权柄，甚至在不同位阶的成员之间出现了某些特殊的道德伦理规范，但是一个社会的共同环境所造就的共同道德准则约束着所有位阶的成员，使之不能超越社会所能容忍的限度。道德的内容在时间上延续，也就是在前代人和后代人之间承递，在承递的过程中由于生活环境的变化，道德的内容也会有所变化，但是其变化速度是极为缓慢的。人权思想在人类社会的初级阶段是不存在的。

（三）*从为了良好生活状况而斗争到为了人权而革命*

1. 无权利的状态中为谋求良好生活的斗争。从社会的发展过程中可以看出，在人类的相当长时间内，世界上并没有人权。在人类历史的黎明时期，实际上并不存在着“权利”的思想，更谈不上“权利”的话语体系。当然，这并不意味着，在人类文明的初期人类没有利益冲突，也不意味着人们在非权利的话语体系之下不要求属于自己的公正。随着生产力也就是人类利用自然能力的增强，农业生活开始，国家出现。国家的治理不过是部落群体的扩大，起初并不存在各种机构，为了在国家之内保持基本的秩序、处理群体内的事务，才出现了相关领域的负责者。为了使其负责，赋予了他一些权力。这些权力容易被滥用，所以不仅在有权者和无权者之间容易挑起争端，就是在有权者之间也容易发生冲突。于是在奴隶社会和封建社会发生了一场场的为了争取政治权、为了争取更好的生存条件的斗争，比如中国和其他古代文明国家的内部纷争和平民起义。但是总体来看，那时的斗争不过是为了特殊的权力而进行的争夺，是“闹哄哄你方唱罢我登场”的争权夺势，争夺这种权利的主体范围是很狭窄的（肉食者谋之、又何间焉?），而没有人真正想到要为全民谋幸福。多数人在当时的生活条件下，只追求最基本的生活需求，即摆脱饥寒交迫的状态，达到吃得饱、穿得暖（连吃好穿好都是奢望）的水平，所以他们无暇进行国事的探讨。不过，在斗争过程中，虽然存在着这样那样的例外，人的总体生活状态实际上呈现出一种转向良好的趋势，更多的人在社会上有了地位，被人尊重，过上了更好的生活。只是在这个时期社会的经济水平和政治发展水平决定了其支付能力有限，这导致了人们更多地从义务的角度约束自己，更多地从群体的角度考虑个人应该做什么。在当时的社会存在着权力（特权）和服从，存在着可能非常残酷野蛮的法律制度，但是人们很少或者几乎没有从自己的权利受到伤害的角度思考问题。

2. 权利思想的萌生。正如鲁迅先生所言："世上本来没有路，走的人多了也就成了路。"在无权利的社会背景之下，人们一直在反思着社会的制度，对社会的等级安排提出质疑，对法律制度表示不解。从奴隶社会到封建社会再到资本主义社会，人类整体生活水平在提高，人类生活的如意程度在提高，那些昔日被奉为不可变易的教条的规则与制度逐渐削减，甚至被推翻。人的权利，虽然在很多地方还是一个非常陌生的词汇，但是已经具备了被广泛认可的社会基础。在西方，为了争取更好的生存状况而进行的斗争经过了原始社会、奴隶社会、封建社会而到了中世纪晚期、资产阶级兴起的阶段。资本主义的反封建的革命斗争实践将人权推到了历史的前台。这个时候，西方贵族的等级观念与等级制度大大刺伤了具有一定资本的新兴阶级，同时一些暴君的残酷统治也使人民失去了信心。新兴的阶级有愿望、也有能力（包括经济上的能力和思想上的积累）掀起一场斗争。通过此起彼伏、前赴后继的革命斗争，人权的思想越来越普遍地成为社会主流意识，启蒙思想家的"自然权利"观念成了社会主导思潮，成为人们在社会中争取正当待遇、争取承认、争取权利的重要口号和精神武器。社会学家涂尔干指出："其实，所谓个人的权利，不管是针对人的还是针对物的，都是由双方的妥协和让步决定的，因为一旦有人获得了这项权利，就意味着其他人必须把它放弃。[③]

3. 权利制度的初成。随着资产阶级革命的逐渐胜利，人权制度的产生接踵而至。资本主义立法时期逐渐奠定了人权的理念和人权的规则。英美法受其封建传统的影响，在不同关系的人之间呈现出了多角度多层次的关系，这种关系的进一步发展就是《大宪章》的出现。英国1679年的《人身保护法》和1689年的《权利法案》、1776年美国的《独立宣言》和1789年法国的《人权与公民权宣言》都是著名的人权文件，它们明确提出"人的权利"的口号，以政治纲领的形式确立了人权原则，从而使自然权利由理论上升为法律。西方各国资产阶级夺取政权后，人权被明确载入各国宪法，成为资产阶级民主制度的重要内容，比如，美国1787年宪法的修正案中规定了保护人权的内容。法国1804年的民法典（即《拿破仑法典》）的第8条第1款规定："所有法国人都享有民事权利"，首开民事权利能力通享之先河，成为后世民法之典范。这一阶段可以称为人权的国家化时期。

即使在这样的时候，人权的实践也是非常有限的。资产阶级宣布的人权在形式上是普遍的，但实质上在资产阶级国家之内享受人权的主体仅限于有产者，无产阶级在饥饿的边缘无缘于人权。比如在美国，妇女、印第安人、黑人、华人长期被排除在法律所宣称的"人人有权平等、自由、追求幸福"的范畴之外；欧洲诸国的人权制度也都存在着这样那样的问题。更重要的是在非西方社会文明之中，相当长时间之内还没有人权意识，更不必说建立起这方面的制度。随着社会的进步与发展，人权的事实逐步的推广和壮大。在18至19世纪，人权运动限于欧美主要资本主义国家，人权的基本内容是生存权、自由权、平等权、财产权、追求幸福权等个人权利和政治权利，主要通过国内法律保护。20世纪以后，随着文化跨地域交流，人权被更多的国家所关注，并且被国际社会所关注。在反对德、意、日法西斯的第二次世界大战中，全世界人民感觉到了保护人权的重要性；在战后社会主义国家和资本主义国家的斗争中，社会保障、免于失业、同工同酬、给薪休假、受教育和适度生活水平等超出了传统的人权观的经济、社会、文化权利进入了国际人权保护的范围。20世纪50年代以后，摆脱殖民统治而独立走上国际舞台的亚洲、非洲、拉丁美洲诸国，通过争取国际政治经济新秩序的斗争而进一步拓展了人权的内容，将民族自决权、天然资源所有权、发展权、环境权等并入到受保护的人权之中。

由上面的简单历史追溯可以看出：权利来源于人类自身的历史，发端于社会生活实践。人类通过自身的不断发展，特别是通过利用语言承传知识，开展科学技术，寻找并创造更好的生活环境，在很大程度上征服了动物界，改造了自然界，在自然界走出了任动物追逐恐吓，任气候冻馁蒸淋的被动状态，获得了尊严。进而，人类社会从一人独尊、百姓遭殃或者“朱门酒肉臭、路有冻死骨”的尊严极度不对称状态过渡到给予每个人起码的尊严的状态。但是，在这个过程中，无数的人做出了无数的努力，包括奔走呼号、刀兵相向、浴血奋战、马革裹尸。所以，被一些人信仰为与生俱来的普遍尊严，实际上是通过努力而获取的。

三、本能欲求人权：人权产生的价值维度

研究人权的来源仅仅回顾历史是远远不够的，还必须重视价值问题。只有了解了其在价值排序表上的位置，我们才能够真正解读其发展的历程。《世界人权宣言》和包括德国《基本法》在内的很多国际、国内法律文件都将人权认定为“世界上任何社会自由、和平与公正的基础”，[④]这充分说明人权的价值是非常高的。那么，它的价值来源于何处呢？在前文中我们已经认定人权是人类通过实践而总结出来的学说、规则、思想和意识；人权的内涵本身是在不断进步的，人权制度的演进也一直伴随着社会的发展。如果将人权推给人类历史，说明人权是历史发展的产物，决定于人类阶层或阶级之间的斗争，虽然并非错误，但至少还不彻底，很容易陷入又一种类似历史决定论的空泛论调之中，所以，还有必要进一步追问：为什么人类的历史发展没有选择奴隶制？为什么以强凌弱、特权主义逐渐成为边缘化的思想？为什么在人类的历史长河中的某一个阶段出现了人权的现象？为什么会有为权利而斗争的事实？换言之，人权斗争的基础是什么？出现争取权利现象的深层动因是什么？前文又提及，人权是一种“道德权利”，这种道德权利可以不依法律而存在。那么，人们究竟以什么作为其道德依据，而要求权利？这种道德的内容又是从哪里来的呢？接下来我们就来回答人类为什么选择了人权的问题。

（一）人是人的个体、群体直至全人类的起点与终点

人类的价值标准就是人对于事物的好坏、善恶的一种评价；之所以能够做出这种评价，是出于人类的判断。古来圣贤所称的至善、最高善或者大道，就是人类在价值方面的终极追求。这种终极追求既不应该是神，也不应当是任何其他虚无缥缈的理念。以往的哲学家偏好在世界上寻找一种终极，这种终极对于其他一切领域的思想者而言都具有终极的意义，对于法学而言这就是一种最高的、最终的规范，亦是所有规范效仿的模式和评价的标准。古典哲学认为这个终极存在于客观世界之中，它或者是独立于万物之外的神灵，或者是体现在万物之中的逻各斯，这种思想经过流变到了黑格尔那里被统建、集约而成为一个由绝对精神演化的，涵盖逻辑、历史、美学、精神现象、法与权利等世间万事万物的哲学大厦。这个大厦中的一切都有条有理，恰如《圣经》里说的“神的灵在地上运行”。在这种观点的统摄之下，一切事物的最高价值也就存在于这种客观终极之中。这是人对自己的理性无限推崇的极致，也是被怀疑和否定的开始。尼采作为现代哲学的开启人，以“上帝死了”一语惊人，此后的哲学开始反思古典、超越古典、怀疑体系、解构体系，到了存在主义的哲学家，他们认为古典哲学所谓的客观终极本身就是不存在的，寻找和解释这种客观终极的活动也就是徒劳。他们认为应当关注的是“存在”（其实主要的就是人的存在）本身的一系列问题。我认为哲学领域的问题虽然难于简明地认识，但是存在主义哲学的一些基本理念还是可以接受的。萨特认为“存在主义是一种人道主义”，人类所关注的对象应当是实实在在的人，相应的，价值体系也必须架构在人的基础上。超越人类社会的

价值标准，也就是独立于人类社会之外的善，从人类的黎明到现在一直没有走入社会的主流。就现在的学术领域而言，我认为科学的昌明而导致的形而上学与本体论哲学的衰落（或者用西方学界比较喜欢用的一个词汇“终结”），以及各种社会问题而导致的伦理学（他们有不同的名字，如社会伦理、社会哲学、政治哲学、生活伦理、人生哲学）的勃兴应当是哲学发展的现代途径。那么从方法上分析，跳出形而上学而直面人的生存与发展是一条可靠又可行的进路。

（二）人所追求的“最高善”是人自身的幸福

就思想史所体现的情况而言，能够为公众接受的善是人的福利与幸福生活。人类社会的漫长发展，光怪陆离的社会关系和社会形态，一直不变的就是人对其自身生存条件的关注，在这一点上可以构成基本共同的价值标准。由于人的感觉是人思考的起点，所以每个人的评价大概都要从自己切身的痛苦与欢乐等各种感受出发确定一个事物的善恶；然后通过生活中的紧密关系，推己及人（己所不欲，勿施于人）、推人及己（兔死狐悲），产生同情心（compassion，sympathy）。这种对事物的善恶评价就这样由自己的切身关注出发，推广到自己所在的群体、自己所在的国家，直至国际社会、我们生活的整个地球。这种关注链条的起点是自我，是人的问题、人的幸福；发展的路径是由个人功利到集体功利、由短期功利到长期功利，虽然这种价值判断的具体标准会随着人的经验增长而发展，依人的判断不同而异，但是这种价值观，可以毫不夸张地说，横通中外，纵贯古今；无论是持个人主义还是持共同体主义（或称社群主义、集体主义），无论认为个体与群体是对立的还是认为个体与群体是统一的，都关心着人的生存、生存的状态、生存的前景。作为这种思想的具体表现，统治者尊重人、重视人，平民珍惜生命、向往美好生活，在人类的群体生活、社会生活中一直是存在的，只不过有时候埋藏在社会文化的潜意识里，有时候浮出到社会文化的表面上来，而且不同的文化总是以不同的方式体现这种向往。这一点为不同的政治哲学所共同肯定。比如，中国古代的政治理想固然是要确立整饬的国家秩序，但是其手段都是重视人的价值，赋予人民一定的自由。孔子与孟子的“仁”都有爱人的含义。此后的儒家学者也在不断的增益这种思想。老子、庄子的“道”都有君主无为而治、放民以自生的含义；墨子主张“兼爱”、“非攻”，这些其实都构成了某种程度的人本主义/人道主义思想。居鲁士对臣民慷慨仁善，古埃及的法老教诲大臣要依法办事、尊重风俗及每个人的要求，《汉谟拉比法典》中有“公正统治王国、铲除邪恶与暴力、杜绝以强凌弱、启迪民智、为民造福”的语句。

同时，人类所形成的道德规范也在两个方面说明了这种共性：（1）这些道德规范的最初目的都是为了人的生存。无论是尊重他人也好，帮助他人也好，最终的想法都是增加集体的力量，为本身的生存和延续增加砝码；换言之，哪怕是那些利他性的道德规范归根结底也是利己性的。（2）这些规范在当时的自然环境和社会条件下是素朴而且实际的。每一条规则都能够还原到生活的场景之中，都能够辨别出其目的和意义。这些都说明，虽然没有人权的概念与制度，尊重人、爱护人的思想在各个国家都有所体现。无论时空如何转变，社会如何更替改革，人们的本能没有变化。人们仍然求得生存：首先是生存的可能，接着是追求生存的状态。人非圣贤，不可能脱去世俗的欲望；芸芸众生所势必关注的就是穿着、居住、饮食等生存状态。

（三）实现最高善的途径有很多，人权是其中的一种

人权的产生是一种偶然（实际上社会上的事物都具有一定的偶然性）。人类社会，无论是东方还是西方一直都在寻求着符合人道主义价值观的社会建构方式，有一些是乌托邦，有一些试验了一阵就失败了，有一些在一段时期内实现。西方的人权就是在这一过程中寻找到的一种实现最高善的途径、表达最高善的一种方式。需要注意的是，人权是符合这种价值观的一种方案，但是这并不是说只有人权才符合这种价值观。因为只有“无处不均匀、无人不保暖”、“自由、平等、博爱”这些状态性、描述

性的东西可以作为价值观的替代物（或云最高理想）；人权本身虽然也具有理想的成分，但主要是一个操作性的概念，是一个符合人类理想的操作性概念，是一种手段，而不是终极的目的。人权不能成为终极目的的原因还在于：（1）人权的权利范围是变动不居的。（2）人权的具体权利内容是含混的。各国立法有着不同的保护范围和解释方式。（3）人权包含的权利是存在冲突的。即使是一个法律体制之内，同样受到法律保护的正当权利也会存在着矛盾与冲突。而权利本身不足以评判哪种权利正当，哪种权利不正当；哪种权利应当居先，哪种权利应当让步。所以它不具备成为社会最高价值的资格。所以说人权不绝对、不唯一，无论在理论上还是在实践中都存在着其他有利于上述价值实现的制度和构思。

（四）这种符合最高善的主张为人们所接受

人权思想之所以能够在出现之后受到公众的推崇，并在以后的岁月中迅速而广泛地传播，是因为它符合了人类基本共同价值标准。人权是一种要求生活质量、基于人的关怀、关注人的状态、针对人的现状、有利于人的未来的主张，它加固而非动摇着人类社会的伦理基础，它肯定而非蔑视人类的基本共同价值，所以人们喜爱这一观念，接受这一观念、推广这一观念。更应当注意的是，人权是一个开放的系统，本身的内容最初是模糊不清的，所以政策的制定、法律的操作可能存在这样那样的弊病，但是人们很少会直接责备人权，而只会认定是制定政策和法律的过程存在问题。我们可以想到：越是笼统的叙述，越符合“最高善”，人权这种模糊的、开放的体系赢得了人们的信赖和推崇。人权，既需要历史以塑其型，也需要伦理以成其质。从价值上讲，人类追求人权、呼吁人权意识、建立人权制度是由于人权是一种（而不是全部或者唯一）以人为本、关注人、关心人的思想制度。而人本身始终占据着人类价值体系的最高位置，人类发展的进路从总体上看就是人本身的生活状态越来越受到重视的过程。

四、资源决定人权：人权存在的条件维度

人权的产生与持续存在，绝不仅仅由于历史的发展（实际上历史只是一个计量工具和观察角度而已，本身不能提供任何有价值的解读），也不能仅仅因为人的知觉本能或者主观欲求。人类经过了很长的有本能需求而无权利的时代。这就意味着，还必须有其他的条件才足以产生权利。权利的产生必须有另外一个因素——一个有组织的人群结构（社会团体）在特定时期所能提供相应的条件。这些条件包括心理上的认同，体制上的保护、救济和惩罚措施等等。

为什么到资本主义时期才在西方出现人权的概念？因素当然是多方面的。历史表明，只要生存条件存在差距，人们就会觉得不平衡，如果生活水平差距很大，低生活水平的人就会想通过斗争的手段（合法的、非法的、友好的、敌对的、和平的、武力的）改变原先的状况。这种斗争自古即存。之所以会争取人权（当时这一概念所指代的公民权与政治权利），主观方面的原因与以往存在的为了取得更好的生活待遇而发生的斗争是一样的，实质上就是因为人对于生存状态的关注，这是人的本能，人的真实的自然状态。但更主要的是客观方面的原因，也就是西方封建社会中农奴通过特许状一点点地获取自由，中世界后期随着商品经济和资本主义的发展，新大陆的发现，新商路的开拓，市民阶层生活水平与地位上升，使其有机会、有能力关注社会生活、考虑政治事项。与此相应，当时统治阶级在政治上的腐败及其内部的残酷纷争使得掌握权力者势力衰微，统治陷入岌岌可危的状态，因而市民阶级有望在政治上崭露头角。

既然政治资源，因其本身具有特殊性，即属于非物质性的、可分的、不能耗竭的，相对充裕的，并不因为采用民主的方式而显得稀缺。如果用数字的方式粗略地分析人们的政治决策满意度，可以发现，独裁或者寡头的制度只能使一个人（独裁者）或者少数人（政治寡头）在国家决策上感到满足，而多数人因为没有参与，所以社会总体满意度很低；也不排除有些

时候过多的国家事务使一个或者少数统治者厌倦，进而随意做出决策的情况，在这种情况下做出的国家决策很可能是没有一个人满意，社会总体满意度为零。反之，民主体制会使更多的人感觉自己掌握国家的决策权，虽然不是每个人的意见都能得到充分实现，但是每个人都有机会发表自己的见解，所以大家都比较满意。那么，为什么在相当长的时间里决策权还是掌握在少数人手里？为什么诸如酷刑之类的非人道待遇长期存在，而个人的自由又长期没有得以实现？是什么阻碍了资源的优化配置？正如我们所说的，权利的呈现犹如市场中的交易。正像交易并不总是在最适合的点上形成一样，由于信息的不对称（比如某种政治观念、宗教思想的存在）、地位的不对等（国家体制是历史积淀形成的，权力的掌握者拥有天然的优势），社会市场中的权利并不总是在社会发展的最佳结合点上。只有随着思想家、学者的启蒙，社会市场的信息才得以逐渐公开透明化，政治权利与自由的水准才逐渐提高。这些条件最终造成了政治权和公民权在西方的兴起。

在社会生活中通过分工合作逐渐树立了人与人的位阶关系，在新生活中通过道德演化扩大了能过上有尊严的生活的主体的范围；在社会生活中人们越来越需要一个字眼来表明大多数人的生活理想，人们越来越需要一种制度来帮助这种理想生活状态的实现。这个字眼就是人权，这种制度即为人权制度。个人的求得更长时间、更高质量的生存，求得发展的初始需求构成了人权的内因。社会整体所提供的条件，包括心理上的认同，体制上的承认、救济和惩罚措施等等，构成了人权（也可以广而推及权利）的外因。至此，可以认为，人权是社会可供资源与人类本能需求之间的一种契合。社会可供资源是一个变量，意味着社会承载能力在不同时期的变化，人类的需求作为源于社会逐渐累积的经验探索的人类意识的一部分，反映着社会客观条件，在社会资源变化时也会变化。人权是上述两个变量之中的一个函数。从这个意义上讲，人权是由社会中的人在相互交往的过程中逐渐推演出来的，是人自己在寻求生存和发展的过程中，在人类社会生活的逐渐探索中，随着实践的发展，找到了这样一条道路，这条道路被肯定之后才成为公认的制度，在世界范围内推广。

五、结论：发展的人权观

单纯的自然不足以成立人权。我们可以形象地说，人权要有两条腿、两只脚才能站立和行走。其中的一个是自然，也就是人的自然属性；另一个则是社会，也就是社会的资源供应能力。这二者缺一不可。人权属于世俗社会和人本身。

承认人权的世俗化，即来自于社会交往中人们的选择，来自于政治生活中政府与人民之间的博弈，可得出如下推论：（1）人权的任何具体内容均是靠争取才能得到的。人权并不神圣，人的存在也不必然等于享有良好的物质和精神待遇，社会组织权威亦非必然有义务提供这种待遇。如《国际歌》里的一句话：“从来就没有什么救世主，也没有神仙皇帝。”即便是今天在法律中规定的看起来理所当然的权利，也曾是经过很多人努力争取甚至流血牺牲才得到的。（2）人权保护在任何一个社会组织之中都不能尽善尽美。因为人权不是自然规律，没有自然力作保障，所以维护人权是需要社会成本的。社会组织权威与个体之间取得的均衡态势即为保护人权的边际成本与由此取得的边际效益的交叉点。（3）社会组织的整体水平的上升可能导致人权保护水平的提高。当社会在经济、政治、文化上取得进步之时，因为社会的整体支付能力上升，所以边际成本就会相应降低；如果该社会共同体按照以往对人权的重视程度来保护人权的话，则人权保护的整体实际水平会有所上升。相对而言，人民对幸福的追求显得更为宝贵，也就是说，保护人权的边际效益有所提高，综合看来社会的人权保护程度在一般情况下会随着其整体能力的提高而增进。人权是发展的概念，有其萌芽、生长的过程，它来源于人类的斗争，通过斗争而得到权利，斗争是人权的黎明。这与马克思所述的人类的历史进步源于阶级斗争实质上是一致的。

参考文献：

①张文显．二十世纪西方法哲学思潮研究［M］．北京：法律出版社，1996.

②［美］菲利普·李·拉尔夫等．世界文明史［M］．赵丰等译．北京：商务印书馆，1998.

③［法］埃米尔·涂尔干．社会分工论［M］．渠东译．北京：生活·读书·新知三联书店，2001.

④［德］沃尔夫冈·格拉夫·魏智通．国际法［M］．吴越，毛晓飞译．北京：法律出版社，2002.

（《法制与社会发展》2006年第3期，作者系吉林大学副教授）

古典人权理论探源

■陈佑武

古典人权理论是一种较为完整与体系化的人权理论形态，主要由17、18世纪西方人权思想与人权观念所构成。该理论在世界人权思想史上承前启后，不仅传承了西方古代人权观念的思想精华，亦为现代人权理论奠基，对包括中国当代在内的世界各国的人权理论研究均有重大影响。以西方历史来看，该理论的发展进程主要有两个阶段，即公元前5世纪左右西方古代人权观念的萌芽与14至18世纪古典人权思想的孕育，这两个阶段的思想积淀分别构成了古典人权理论间接渊源与直接渊源。

一、古典人权理论的间接渊源

人权是人与生俱来的特质，只要是人，便应当享有人权。然而，自有人类社会以来，人不被同类当作人来对待的社会现实比比皆是。尤其在专制统治的政治体制之中，人权更是备受践踏。关于这一点，马克思曾经深刻指出“专制君主总把人看得很下贱。他看着这些人为了他而淹在庸碌生活的泥沼中，而且还像癞蛤蟆那样，不时从泥沼中露出头来”。“君主政体的原则总的说来就是轻视人、蔑视人、使人不成其为人。”他还说：“哪里君主制的原则占优势，哪里的人就占少数；哪里君主制的原则是天经地义的，哪里就根本没有人了。”[①]虽然，人之为人却不能享有人权最大的根源固然是制度使然，而人之为人应享有人权的人权观念之不张却是古代社会人权保障缺失的思想根源所在，并最终导致在现实生活中人不能成其为人。

“人成其为人”最初始的历史观念形态是朴素的古代人权观。这一观念产生于公元前5世纪左右，肇始于人的主体性意识与主体间性意识的结合。这一时期，希腊古老与传统的生活方式得到了彻底的改变，希腊的自然哲学开始向社会哲学发展，一些哲学家开始把他们的研究兴趣与焦点转向社会，着力于现实社会的政治与法律问题的研究。人们否弃了正义概念中的形而上特性，开始关注人自身存在，并根据人的心理特征和社会利益分析法律与社会。在这哲学场景下，人被突出，法律不再被人们视为恒定不变的神受命令，而认为它完全是一种人为创造的东西。这种逐渐变化的情形正如智者普罗泰戈拉所述“人是万物的尺度”，表明人在法律与社会之中的主体地位已经显现，人的作用被重视。从人之为人思想观念的历史发展历程来看，当主体性意识与主体间性意识孕育于自然法之时，人之为人的思想已经彰显，古代人权观已经形成。

主体性意识是古代人权观的自然源泉，集中体现了人的自然存在与人权观念的自然之维。主体性意识内涵丰富，概括了人之为人的各个方面，是人之社会存在的意识反映。概而言之，主体性意识主要表现为人的利益、尊严、理性、斗争及自由观念。其一，利益观。个人利益被视为是一种自然诉求，这为人们主张和捍卫自己的权利提供了理论支撑。安提芬将自然与利己联系起来。他认为，“自然”就是自私或利己，就是对个人享乐和权力的追求。人的本性在于为自己求利避害。因而，奉行正义就是遵从这种自然法则，即每个人自由地从自然确立的有益于自己的事物中吸取生命。其二，尊严观。斯多葛学派从共同人性论出发，认为每个人作为人类一份子都具有一种别人不得不尊重的价值。人人可以提出一个固有权利的要求，这就是使自己的人格受到尊重的权利。而且，即使在现实中人们在地位、天赋和财富方面存在不可避免的差别，但也要以维护人的尊严作为起码的原则。西塞罗和塞涅卡后来进一步发展了人的价值和尊严观念。其三，理性观。在自然哲学兴起之时，希腊人发明了自然理性概念，认为人是有理性的动物，可以凭借理性认识自然。尽管这种理性仍然受制于人外之物，但理性为探寻人的独立存在提供了思想基础。在斯多葛学派看来，理性使自然和人性在道德上统一，使人与人之间相互认同，使社会生活成为必要与可能。其四，斗争观。赫拉克里特认为，正如善与恶、是与非的对立一样，没有非正义，就没有正义。而且，“正义就是斗争”，斗争的结果必然造成新的和谐。因此，他号召“人民应当为法律而战斗，就像为自己的城垣而战斗一样”。在历史上，这种斗争哲学的正义观与利己观念相结合，往往蜕变成强权主义，但这种斗争观念的另一重要方面，是认为社会正义和自由存在于个人对政府的对抗中，这种理念对人权观念的形成影响深远。[②]其五，自由观。自由是人之存在的特征，自由的意义取决于人们把自身作为一个独立和分离的存在物加以认识和理解的程度。因此，自由观是主体意识极为重要的组成部分，无自由观念则不可能存有主体意识。朱利叶斯·恺撒如是说“任何人生来都渴望自由，痛恨奴役状况”。作为这种自由观的表现，希腊、罗马及其他一些地方的奴隶主还曾把解放（即释放奴隶使其获取自由）作为效忠服务的最高奖赏。[③]上述五大观念主导了主体性意识的存在与发展，是人权观念赖以生成与发展的精神内核。其中，自由观是主体性意识最集中的展现，是人权观念主体性意识中的核心理念，无自由观，其他观念既难以生存又难以发展，更谈不上人权观念的形成。

主体间性意识是古代人权观的社会源泉，集中体现了人的社会存在与人权观念的社会之维。仅有主体性意识，不可能产生人权观念。主体性意识所解决的只是人作为存在物的独立品性问题，而没有解决人与人之间的关系问题。在奴役与依附的人身关系之中不可能存在人权观念，人权观念的产生必须以人与人之间的平等观念的产生为前提。人在其主体性意识逐步形成之中，人与人之间的平等关系、主体间性意识已经进入哲学家的视野。当时，古希腊不平等的社会主流思想遭受质疑，平等观念开始在社会中形成，并向不平等观念提出了挑战。最早使用“人权”字眼的欧里庇德斯认为，根据自然的法则，奴隶和自由民应该是一样的，奴隶之所以成为奴隶，不是因他们愚蠢，而是社会制度或城邦法律所造成的。[④]这种质朴的平等思想是产生人权观念的火种，斯多葛学派借助自然法的形式使这种理念得以不断发展。公元前3世纪初期，斯多葛学派就明确主张，任何人，包括希腊人和野蛮人、上等人和下等人、城邦公民与外来人、奴隶和自由人、富人和穷人，都是平等的。人与人之间的唯一的本质区别，就是有智慧的人与愚蠢的人之间的区别，也就是所谓上帝可以引导的人和上帝必须拉着走的人之间的区别。人与人之间的平等是自然造就的，而自然本身是统一和完美的，代表宇宙最高的善。[⑤]斯多葛学派对人与人之间的关系作了原创意义上的诠释，即整个人类，不分种族、肤色、信仰、国籍、门第、财产、身份等等，应一律平等，一视同仁。正是在此意义上，许多西方学者把斯多葛学派的世界主义誉为“胸怀全球的人道主义”，并把它看作古代人权观念的思想渊源。斯多葛学派的平等观念对罗马人与后世产生了深刻影响。在罗马帝国后期，基督教开始流行。基督教主张一种比斯多葛学派更深刻、更绝对的平等。它把人的自然平等上升到更高的层次，即生命创造意义上的平等。每个人的生命都来自于一个共同的造物主——上帝，每个人的身上都同样体现上帝创世的目的和上帝的神性，他们都是上帝眷爱的儿女。

因而，每个人在生命价值和尊严上，是绝对平等的。但是，尽管基督教宣称人与人之间的自然平等，却并没导致每个人就应该或实际享有平等的权利。这是因为，基督教虽然主张人人平等的观念，但它所强调的是人人在“罪”上的平等，侧重的是个人为消除原罪而对神、对神法的平等义务。这种平等观念本质上主要是被用来教导义务，而非伸张人权。

可见，主体性与主体间性既是古代人权观得以产生的基本前提，又是古代人权观的本质要求与价值追求。没有主体性意识与主体间性意识，或者仅仅只有二者之一的元素，古代人权观的基本价值理念便无从谈起；没有二者在西方自然法的历史演进中相互支撑、相互融合、相互渗透，就不可能树立起最基本的人权价值。二者铸就了古代人权观的精神内核。从历史来看，构成主体性与主体间性之内核的自由观念与平等观念的产生及其结合正是古代人权观得以形成的核心价值与前提条件，其达两千余年之久的历史积淀为古典人权理论的产生提供了浑厚的思想与观念的基础，培育了古典人权理论得以产生与赖以成长的土壤与环境。

二、古典人权理论的直接渊源

古典人权理论的直接渊源是 14 至 16 世纪欧洲文艺复兴运动的人文主义思潮、宗教改革运动和16、17 世纪的资产阶级启蒙思想。在这一时期，古代人权观念通过新的历史场景被重新诠释并为人们普遍接受，在政治、经济、文化、宗教、科技等条件的成就下形成了较为系统的古典人权理论。这一理论的直接来源具体归结为以下几方面：

（一）文艺复兴运动

文艺复兴运动是古典人权理论得以成形的历史基础与思想准备。从 14 世纪到 16 世纪，随着中世纪农奴经济解体与商品经济发展，人与人之间的人身依附关系得以松弛，人人具有自由与平等地位成为一种历史发展的客观趋势。在此历史背景下，以意大利为中心发生了一场提倡和复兴古代文化的思想运动。关于这场运动，恩格斯曾说，“这是地球上从来没有经历过的最伟大的一次革命。……这是一个需要巨人而且产生了巨人——在学识、精神和性格方面的巨人的时代。这个时代，法国人正确地称之为文艺复兴，而新教的欧洲则片面地固执地称之为宗教改革。”⑥致力于这场运动的思想家被称为人文主义者。经过漫长的中世纪的禁锢，文艺复兴运动把“人”从上帝的阴影下解放出来，人的主体意识与平等观念重新得以唤醒。在这场运动之中，思想家们致力于人本身的研究，研究焦点从神转向人，从天堂转向尘世。他们宣扬人的自然属性、尊严、人格与价值，使得古代关于平等、自由、独立的道德主张得以明确和普及。作为文艺复兴运动“大人物”的但丁指出，帝国的基石是人权，帝国不能做任何违反人权的事情。⑦这一表述便彰显出来了权力与权利之间的紧张关系，展示了古典人权理论的内在的对抗性品格。薄伽丘指出“我们人类是天生一律平等的”⑧。马基雅弗里、博丹等都强调人的自然本性、人的价值和尊严、人的自由意志、人的世俗生活和世俗教育，提倡个性解放和个性发展，以人权代替神权。这些人文主义思潮虽然没有系统的理论体系，却闪烁着耀眼的思想光芒，指引着人类社会的发展方向，是古典人权理论的肇始。

（二）宗教改革运动

宗教改革运动强化了人的主体意识与平等观念。马克思与恩格斯在《神圣家族》中指出“人权并没有使人摆脱宗教，而只是使人有信仰宗教的自由”⑨。宗教与人权之间有着紧密的联系，宗教的改革与发展促进了人权的解放与发展，丰富了人权观念的内涵。在16 世纪初期的欧洲，教会腐败问题比较突出。教会出卖大赦（又称赎罪券）、征收重税、出卖教职等来搜刮民财，使得老百姓怨声载道，人们要求改革的呼声也就越来越高。宗教改革运动顺应了这一历史潮流，其中德国与法国的宗教改革运动对古典人权理论的成形具有重要价值。德国维登堡大学神学博士马丁·路德是这场宗教改革运动的标志性人物。他举起“信仰得救”的大旗，认为《圣经》高于一切，人们能够根据信仰获得上帝的恩典。他焚毁教谕，否认教会和教皇的至上权威，认为世俗的权力来自于上帝而非教会，教会因此无权凌驾于世俗权力之上。

加尔文同路德一样，主张信仰得救，但比路德更激进。正如恩格斯所言："他以真正法国式的尖锐性突出了宗教改革的资产阶级性质，使教会共和化和民主化。"⑩加尔文提出"先定论"，认为一个人能否得救，是上帝预先安排好的。他将人分为"选民"与"弃民"，认为选民注定得救，而弃民为上帝抛弃。据此理论，他否认天主教会沿袭已久的对教皇的盲目信仰，否认封建贵族因出身而享有的特权，并致力于使教会向共和与民主的方向迈进。尽管宗教改革继续坚持人人平等的神学平等观，但已经具有了自然法的内涵，认为基于人的自然本性，人与人之间应该是平等的，这在很大程度上促进了古典人权观念的发展。

（三）资产阶级启蒙思想

资产阶级启蒙思想直接促成了古典人权理论的体系化。资产阶级思想家所倡的"人权"，就其实质而言，是与封建、宗教势力所依仗的"神权"针锋相对的自然权利。这一历史状态如同恩格斯所述"代替教条和神权的是人权，代替教会的是国家"⑪。格劳秀斯站在反封建专制主义和神学统治的立场上，旗帜鲜明地否定了中世纪的神学世界观，从人的理性出发来论证国家和法的基础，其突出表现就是用"自然法"理论来说明权利的性质。格劳秀斯之后，洛克提出了一种人类的"自然状态"的假说。洛克认为，人在自然状态下所享有的自然权利，是不受任何制约的、人人都固有的平等和自由，这就是不可剥夺的"天赋人权"。尤其1687年出版的《政府论》下篇集中阐述了洛克本人的议会政治理论，其自由的政治观在当时英国政治争论中已确立其主流地位。洛克强调指出，保护公民的生命、自由和地产，要求限制政府的行为；政府不能毁灭、奴役或掠夺其公民，而且除了特殊情况之外，它不能干预公民的生命、自由和财产。洛克之后，卢梭的社会契约论思想，使以"自然权利"为基础的人权理论又向前发展了一步。该思想与资产阶级反封建专制统治的革命相结合，显现人权的对抗性价值。此外，潘恩也认为"天赋人权"是人权的一部分，而并非一切人权都是"自然权利"；他还指出，人的天赋权利不仅有生存、自由、私有财产权，有思想上的权利，还有追求幸福和反抗压迫的权利，这表明潘恩的人权思想比洛克的人权思想更突出了人权的对抗理念。杰斐逊在其起草的《独立宣言》中以天赋人权理论为根据，热情地宣传了人民主权思想，对封建专制主义统治进行了更加深刻的批判。

文艺复兴运动、宗教改革运动、资产阶级启蒙思想的孕育与发展为古典人权理论的形成提供了现实的理论基础，使得古典人权理论成为体系化的思想学说，对后世的人权理论的发展产生了深远影响。

注释：

①《马克思恩格斯全集》第1卷，人民出版社1956年版，第411页。

②夏勇：《人权概念起源》，中国政法大学出版社1992年版，第98页、102~109页。

③［美］E. 博登海默：《法理学：法律哲学与法律方法》，中国政法大学出版社1999年版，第279页。

④张宏生、谷春德主编：《西方法律思想史》，北京大学出版社1990年版，第4页。

⑤夏勇：《人权概念起源》，中国政法大学出版社1992年版，第98页、102~109页。

⑥《马克思恩格斯全集》第20卷，人民出版社1995年版，第533页。

⑦［意］但丁：《论世界帝国》，朱虹译，商务印书馆1986年版，第76页。

⑧《十日谈》，上海译文出版社1990年版，第357页。

⑨《马克思恩格斯全集》第2卷，人民出版社1995年版，第145页。

⑩《马克思恩格斯全集》第21卷，人民出版社1995年版，第350、546页。

⑪《马克思恩格斯全集》第21卷，人民出版社1995年版，第350、546页。

（《求索》2010年第8期，作者系广州大学人权研究与教育中心教授）

论人权到近代民权的重构
——兼论近代民权催生的本土机制

■袁兵喜

一、权力一元化的思维模式与民权产生的权力来源

民权是由西方人权观念嬗变而来的，因此，探讨民权，首先离不开与人权观念的对比。从权利产生的来源上看，中西方的观点截然相反。西方人权观的产生有着深刻的哲学宗教背景。自然权利思想是西方权利观的源头和基石，它早在古希腊时就已产生。在基督教教义的推动下，自然权利观逐渐深入人心。自然权利被认为是人与生俱来的，不是国家精心设计的，它先于国家而存在，并在所有时间和空间里有效。正因为自然权利与生俱来，是天赋的，具有自然的正当性，是不证自明的。因此，在权利与权力的关系问题上，是人的权利催生了国家权力，而宪法、宪政则是西方社会生活自然演化出来的结果。

与西方权利观相反，中国传统权利观认为，权利源自公民身份或人民的成员资格而非来源于人本身。“民”的一切权利都是国家赋予或赐予的，那么国家的权力又是从何而来呢？延续了数千年的传统权力一元化思维模式能给出答案。

传统一元权力模式来源于以血缘为基础而结成的宗法社会。由于自然经济基础没有发生本质性改变，中国原始社会的氏族组织，以完整的宗法制度形态径直进入奴隶制时代，因此，宗法关系直接成了奴隶制国家构建的组织原则。在“亲亲、尊尊”这一观念的指导下，从奴隶制社会开始，中国即实行“权统于一尊”的权力分配方式。封建国家建构的形式，是分封赐命，授民授疆土，将政治经济权力分割和下赐给各级奴隶主。自王开始，每一级奴隶主根据与王的血缘亲疏关系，而被赐予一定的等级特权。这种由“亲贵合一”而派生的无上君权，从一个权力中心发源、由上而下的权力传递，形成了权力传递的中国模式。在中央政权以下，同样实行诸权归一的结构方式。各地方政权，每一级组织，从天子到乡邑大夫，都是一个独立的权力单位。整个国家形成一级叠一级的专制权力结构，从而使权力走向一元化。

从权力的产生来看，君权来自天授。君权被视为源自“天”，源自“道”，而“天”、“道”在原理上又不可实证，因此君权的来源不可能获得具体法律形式表现。于是“天”、“道”这种先验则就与“民”相联系。它形成的基本命题“君民如舟水”，是以民众之安来表明君权的正当。只要君主保持了社会秩序的基本安定，自上而下的权力传递分配系统就正常运转。与此相配合的是宣扬了几千年“天人合一”、“圣王合一”的传统哲学思想，儒家宣扬的那种能体“天道”的圣人当然由于获得了“道”的授权成为国家最高统治者。皇帝成了“上天”在人间的代表，皇权成了权力的中心原点。国家权力体系就是通过这个原点向外、向下进行辐射而形成的，从而表现出权力结构中自上而下的授权模式和大一统的国家结构形式。传统的政治结构，包括权力机构的设置和运行的原理都是一元化的，而且传统的价值观也是一元化的，其目的就是用来维护封建皇权的稳固。因此，这种传统一元化权力观与西方人基于二元理性思维所产生的权力观截然相反。西方人基于理性思维对权力的认识是：所有的权力都来自于人民，权力的传递是自下而上地进行的，并且所有的权力都要受到监督。“民”在王权专制时代只能依附“君”而存在。早期民权的产生是相对封建君权而言的，“民”的权利派生于君主权力。因此，近代产生的民权

概念正是符合中国传统权力观的认识，是传统权力一元化思维模式的一个典型反映。民权既然不是人们生来就有的、不可剥夺的权利，而是由国家权力派生出来的、第二性的权利，那么当国家权利与民众权利发生冲突时，国家利益自然就摆在第一位。“梁启超和他同一时代的人在评价许多政治权利时，总是认为民众拥有了这些权利就能为国家服务，而没有考虑到民众拥有了这些权利亦能保护自己的利益”。因此，当民权被当成了民族独立权利的始源而进入了知识分子的视野并被迅速接纳时，民权也就失去了像人权那种绝对的、至上的价值。所以，民权作为近代立宪政治的一个核心概念，始终不能像人权那样，发挥其在社会中的进步作用。

二、以义务为本位的传统法律思想与权利诉求意识的缺失

在中国传统思想中，不存在关于个人及其权利的概念。人性的实现是完成与个人担任的社会角色相联系的道德义务问题。这种道德义务又是通过以礼入法的法律思想转化为法律义务，进而具有了国家强制力来保证实现的制度依托。礼法融合的传统法律思想设计和追求的就是一种典型的以义务为本位、以服从为核心的等级观念，而这种法律传统湮灭了对权利的诉求意识，尤其是窒息了对个人权利的渴求，这成为近代民权思想自产生起就严重偏离西方人权观念的重要原因。

礼是区分贵贱、尊卑、亲疏的标准，它是以因人而异的等差性或特权性为特征的，它的作用就是论证等差的秩序和结构的合理性，并使之固定化、永久化。因此，以礼入法的传统法律是一种典型的等级法、身份法。法律的等级性随处可见，如同样的罪名体现为不同的法律责任，不同的阶层一般有差等的法律地位，尊贵的身份可享受特殊的法律权利等。官与民，良民与贱民，尊长与卑幼之间享有的权利与承担的义务绝对是不一致的，而这种不一致则由各个不同主体在社会中享有的名分所决定。名分对个体身份地位的确定并制度化，对贵贱、尊卑、上下、长幼有别的等级秩序起着强有力的维护作用。在这样的等级社会中，人们权利义务关系的分配，总的说来是官为权利本位，民为义务本位，既无共同的社会尺度，也不论个人对社会贡献大小，而是依据每个人的身份、社会角色决定其享有的权利和应承担的义务。而在金字塔式的社会分层中，君是盘踞在最高层的神，所有“民”（包括官）都归顺、依附于君，因此，义务对“民”来说是绝对的，有限的权利（主要是生存权）也只能是君恩赐于民，目的是为了维护皇权的专制统治。因此，有学者总结中国古代权利观的特点有三个：其一，权利的主体不是个人，而是群体；其二，权利的有无或多少源于义务推定，承担义务在先，享有权利在后，权利以义务为目的；其三，个人权利是以道德原则为评价尺度，而道德原则又是以公共权利为依归。所以，在中国古代，个人权利彻底失去了生存和成长的空间，权利主要是指群体权利，有限的个体权利常常湮灭在代表公共权利的群体之中。现代“权利”观念所蕴含的“资格”和主动的“诉求”是不被认可的，中国古代缺少产生“权利”的土壤。

这种以义务为本位的法律思想对近代民权的社会定位产生了深刻影响。既然“民”之权在古代不享有独立地位，其只是依据“民”所承担的社会义务来确定权利的范围和大小，那么，作为救亡图存的民权，自然没有被赋予独立的价值形态。早期的民权思想依旧成为维护君权的工具就是明证。“民权者，其国之君仍世袭其位；民主者，其国之君由民选立，以几年为期。吾言民权者，谓欲使中国之君世代相承，践天位勿替，非民主国之谓也。”早期民权政治的最终目标是使君权“世代相承、践天位勿替”，早期民权思想的立足点，不是从学理上对封建君权的反叛，反而充分肯定了君权本身天经地义的合理性，民权被作为君权永固的手段，只能以君权的附庸存在，其价值才能体现出来。维护封建纲常礼教、倡导传统尊卑等级观念仍是早期民权思想的价值取向。陈炽说：“君为臣纲，古有明训，西人倡自主之说，置君如弃棋。其贤者尚守前规，不肖者不思自取……大乱方滋，隐忧未艾，此无君臣之伦者，不足以致太平也。”此言断然否定了民权思想的精义——自主之说。黄遵宪批评平等、博爱的态度更鲜明："推尚同之说，则谓君民同权、父子同权矣；推兼爱之说，则谓父母兄弟同于路人也。天下不能无尊卑、无亲疏、无上下，天理之当然，人情之极则也。"因而，所谓"民权"也必须以维护"君臣父子"的封建等级规范为主旨，"民权"所承担的这种义务是传统法律思想一贯倡导和强烈要求的，可真正抽掉平等、自由、博爱精神的民权思想，无异于挖去了瓜的空壳，失去了应有的反封建力量和走向近代文明的内驱力。

三、以顺服为核心的儒家伦理规则与个人权利主体的消解

在传统中国由于存在伦理与政治的整合，所以伦理道德不仅起着维护传统家庭模式运转的重要作用，而且对传统国家模式有着不可忽视的影响。黑格尔说："中国纯粹建筑在这一种道德的结合上，国家的特性便是客观的'家庭孝敬'。"在此意义上说，中国传统国家确实带有浓厚的"道德国家"色彩。而以顺服为核心的儒家伦理规则成为数千年来维护王权专制统治，使其处于超稳定结构状态的法宝，同时，也严重窒息了现代权利主体的产生。这种传统思想对近代民权产生的影响在于，民权在绝大多数时候被思想家们当作一种集体权利在进行着社会改造和革命实践。

儒家的基本精神是注重伦理关系和道德修养。儒家文化是一种注重群体性、伦理性的文化，它把一切问题都放到伦理关系中加以考虑。儒家伦理总的原则和前提是"仁"和"礼"，儒家以"仁"为价值目标来构建和理解人与人的关系。《说文》中对仁的解释是"亲也，从人从二"，仁的道德要求和价值首先是从人与人的社会关系中衍生出来的，而这一准则的履行又必须以家族集团为起点。"礼"是人们共同要遵守的社会行为规范和伦理准则。儒家及统治者注重制礼，也就是要建立一定的社会规范，以维持社会秩序。这个秩序的基本原则是要使上下尊卑有序，各守本分，"非礼勿视，非礼勿听，非礼勿言，非礼勿动"，这就是"礼治"。这种礼治要求"上至君主、下至普通老百姓"所有人都有自己应尽的义务。在家尽孝，为国尽忠，宣扬的是单方面的绝对服从。要处理好人伦关系，就是在这个等级体系中如何安分守己，不逾越自己所处的地位。所以，这种儒家的伦理文化忽视和压抑个性，不利于个体人格的成长和发展，走向极端甚至容易造成"奴性人格"，自然与民主与法制精神是相悖的。

民权的理论渊源是近代西方民主政治中追求人与人之间的平等、自由等权利。而我们传统道德所说的"己所不欲，勿施于人"，强调的是修身，这是纯粹的道德义务观，与西方宪政文化中个人权利观完全相反。王伯琦先生在谈到我国传统道德观念对追求自由、平等的影响时就说："谈到平等，必先谈到自由，没有自由观念，不会有平等观念产生；要觉得有他人，必先觉得有自我，没有自觉，不会觉他；要觉得他人与自己具有同样的独立人格，必先觉得自己与他人有同样的独立人格；从而倘使个人尚未觉得有自己，决不会觉得在自己之外有社会。"追求民权，就是要追求人的自由，而人的自由首先表现在思想自由上；而以顺服为核心的儒家"礼"的规制，是严重束缚和限制人们思想自由的。人们在礼的束缚下，不能超越自己的社会地位去探索问题，表现在政治上就是"不在其位，不谋其政"。当思想都失去自由时，个人的自由和尊严就无从谈起了。

近代思想家在论述民权时，强调的不是个人权利和自由，"民"仅只作为整体而存在，民权也是一种集体性的权利。梁启超认为治国之道应"以群为体，以变为用"。为此他专门写了《说群》一文。对于梁启超将"民权"之主体着重限定在"群"上，主要原因恐怕是"中国的落后挨打所带来的耻辱给他们思想的震撼比他们对中国个人的悲惨生活状况的关切要强烈得多"。在"群"思想的基础上，他又提出了"新民"概念，尽管"新民"概念更多的接近于近代西方的公民观念，但与西方所指代表个人主体的"公民"还是有实质上的差别。在梁启超的"新民"概念中，"群"是核心，加强群体的凝聚力，促进群体利益，这是道德的本质所在。因此，个人自由权利在梁启超思想中的欠缺的主要原因，王人博教授认为是

"由于他对'群'——群体主义的热切关注，以及他那种寻求中国独立与富强的强烈愿望，有意识地排斥了西方宪政文化中的个人主义价值。这一思想品格代表了近代一大批爱国知识分子的基本价值趋向"。孙中山先生代表了民权思想发展的最高水平。可是在他的民权思想中，作为民权之主体的国民观念仍主要限于集体——国家。他提出了"国家自由观"，主张限制或牺牲个人自由以争取国家的自由独立。他说："自由这个名词……万不可用到个人上去，要用到国家上去，个人不可太过于自由，国家要保完全自由。"孙中山对自由的历史体察和对自由的认识是存在问题的。自由在西方文化中作为一种独立价值首先意味着个体权利的神圣性。在伦理意义上，自由意味着自我约束的行为方式；在政治意义上，自由意味着个人的价值和尊严受到尊重的权利。而在儒家伦理占绝对统治地位的传统中国社会，个人的人格尊严和自由权利都是依附于其上一级的父家长，整个国民都臣附于君，朝廷利益一方独大。因此，这种传统儒家伦理思想反映在近代知识分子追求民权过程中所表现的各种主张上，民权价值更多的时候只是依附于救亡图存的目标时才能得以实现，这与西方以追求个人自由、平等的人权理念大相径庭了。

四、以宗法为特征的社会组织模式抑制了多元对抗社会机制的生成

从中国早期国家开始，就是按照大一统的中央集权方式来治理的，社会始终依附于国家，法制是专制的工具。这与西方历史上雅典等国形成的分权的多元治理方式，进入中世纪后出现的王权与神权的分庭抗礼、中世纪后期出现的享有自治权的城市共同体以及在这种历史进程中培育出来的法治传统大不一样。近代西方宪政在功能上起源于保障人民自由权利的需要，在结构上发端于多元化政治与社会势力相互之间的对抗与妥协。换言之，宪法以及宪政，是社会多元的制度结晶，是通过不同社会势力相互之间的政治对抗与阶级妥协为基础而产生，并作为一种利益平衡机制而存在。因此，多元社会的对抗是产生民权、宪政的前提和基础。

传统专制制度由于其自我防御机制异常敏感也异常完善，不允许异己组织的存在和发展。任何非官方的社会组织都会受到国家政权的控制，或打击或取缔。因而，数千年来的中国社会几乎没有任何独立的社会组织能够"合法"地存在和生长。只是在一定范围内允许自律性的家族或"行业组织"的存在，而这些组织绝不能带有任何政治目的。所以这些组织基本上局限于自然的血缘"家庭关系"和按亲疏远近及三六九等划分的亲戚朋友关系。传统社会组织模式按不同缘分结合来看，一般可分为亲缘组织、地缘组织、业缘组织、学缘组织和信仰组织等。在这传统的宗法组织中，由于"枯荣与共"和"一人犯罪诛灭九族"的生死利益，使中国人无法以独立的个体存在，当然也就不可能产生公民意识了。而不以争取政治权利为目的的结社自由的存在，就不可能有孕育民主、宪政的二元对抗社会的产生。

以血缘宗法关系为特征的中国传统社会组织在辛亥革命后发生了较大的变化。传统的社会组织被要求政治变革的社会团体（尤其是政党）急剧取代。血缘意识及其凝聚力虽然在政治制度上遭到强力的洗刷——世袭的封建制已由选贤任能的立宪制所取代，但源自血缘意识及其凝聚力所形成的排他性的行为模式，却由每个人随其社会意识形态带到了各种新的社会组织中（如政党、工会等）。辛亥革命后，政治文化中（党政运作）"人治"色彩（也有人称之为"家长制"特性，"权大于法"即是由此所衍生）之所以仍旧浓厚，即源于这样的历史背景。

政党立宪在近代西方是各种政治团体参与政治最先进的方式，可惜在追求民权，立志宪政的近代中国，刚建立起来的政党政治却是以失败告终。这要追溯到孙中山与宋教仁对政党政治的不同主张上。随着民国的建立，孙中山领导的同盟会主张政党内阁成为民初宣传的主流。在他们看来，组织政党内阁，既可以让袁世凯当总统，又可以让自己贯彻政策，同时兼带改造袁世凯，是一个两全其美的办法。但是，对同盟会在国家政治生活中的地位和作用，孙中山与宋教仁意见分歧严重。宋教仁主张同盟会应从秘密状态转为公开状态，成为公开谋求组阁的政党，在宪法框架内从事议会竞选活动，将同盟会从“革命党”变为“执政党”。但孙中山坚决反对改组，他希望同盟会保持随时东山再起的革命团体的性质，实际上就是希望同盟会超越在宪政体制之上。同盟会当时事实上控制着国民军队，他利用手中保留的暴力手段的威慑，时刻提防袁世凯的蜕变。因此，宋教仁一旦遇刺，孙中山便从一个极端滑向另一极端，这种反宪政主义的暴力革命路径，正是中国历史上反复治乱的一个根源。

孙中山在宋教仁遇刺、二次革命失败的背景下，在1917年俄国革命取得胜利的“以党治国”成功范例影响下，放弃了直接实行议会政治的主张，转而使议会党重归于革命党，开创了近代中国以党治国的新局面，但同时也宣告西方式议会和政党政治在中国经过短暂的试验以失败告终。自此以后，国民党一党独大、一党专政的统治局面在中国近代维持了几十年，而能与之对抗的政治团体在合法的形式下则丧失了生存的土壤。宪政建设需要的多元对抗社会机制在近代一直没有建立起来，民权之“民”作为一个整体性概念最终只能体现在宪法文本上，依附于国权的民权始终远离西方的人权理念。

五、结 语

民权乃是一种典型的中国式近代民主权利观，其直接目的是在西方强国政治制度示范效应的刺激下实施的一种救国方略。因此，民权着重于从社会政治变革的角度研究民众的权利分配，这与近代西方展开的人权运动相去甚远，人权着重从法律角度谈个人权利的保障。一字之差的“民权”与“人权”其实反映了两种不同的文化价值观。人权传入近代中国发生流变后以民权概念予以接转，说明传统本土文化资源对外来新生事物吸收、改造的力量不可忽视。因此，当一个基本概念转入、移植到其他国家时，由于该国文化资源的影响，该概念的本质含义会发生变形、重构。该过程是该国家民众去认识该事物的过程，也是历史沉淀影响传播的过程。对该观念，只有当社会制度、社会发展满足了原有概念的认识条件时候，被传入概念才真正完满接受。这个过程意味着深刻、生动的社会革命。通过社会变迁的结果，在被传入概念获得正确认识、把握时，实际上意味着社会整体发展程度满足了原有概念被接受的认识条件，也就意味着与这一概念相适的那样一些的法律制度在社会生活中得到确认。从人权到近代民权的重构，充分反映了一个新的概念在本土资源的解析下，它所包含的那种丰富的传统意蕴。当然，民权所表现出来与西方人权理念的那种巨大的差异，终究只是一个时代的历史缩影。

注释：

①熊月之：《中国近代民主思想史》，上海社会科学出版社2002年版，第9页。

②有关东西方立宪主义的比较，请参见徐秀义、韩大元：《宪法学原理》（上），中国人民公安大学出版社1993年版，第41～42页。

③周叶中等：《认真对待宪法权利——对权利入宪讨论的思考》，载《岳麓法学评论》第六卷，湖南大学出版社2005年，第70页。

④［美］安德鲁·内森：《中国权利思想的渊源》，黄列译，载《公法》第1卷，法律出版社1999年版，第55页。

⑤陈晓枫：《中国法律文化研究》，河南人民出版社1993年版，第164～165页。

⑥陈晓枫、易顶强：《略论传统直观思维模式下的近代中国立宪》，载《法学评论》2006年第4期，第109页。

⑦王人博：《宪政的中国之道》，山东人民出版社2003年版，第55页。

⑧陈弘毅：《权利的兴起：对几种文明的比较研究》，载《公法》1999年第1卷，第185页。

⑨张晋藩：《中国法律的传统与现代转型》，法律出版社1997年版，第17页。

⑩范进学：《中西方视野中的权利观》，载《法制日报》2002年7月21日。

⑪何启、胡礼垣：《劝学篇·书后》，《新政真诠》五篇，格致新报馆印，第44页。

⑫陈炽：《审机》，《庸书》外篇卷下，自强学斋治平十议版，第19页。

⑬黄遵宪：《学术志》，《日本国志》卷33，《近代中国史料丛刊》续刊，第96号之2，第807页。

⑭久玉林：《近代中国民权思想演进的历史考察》，载《学术月刊》1998年第4期。

⑮［德］黑格尔：《历史哲学·东方世界·中国》，转引自岳庆平：《中国的家与国》，吉林文史出版社1990年版，第91页。

⑯《论语·颜渊》。

⑰王伯琦：《近代法律思潮与中国固有文化》，清华大学出版社2005年版，第56页。

⑱梁启超：《饮冰室合集·文集之二》，中华书局1941年版，第3页。

⑲王人博：《宪政文化与近代中国》，法律出版社1997年版，第133页。

⑳王人博：《宪政文化与近代中国》，法律出版社1997年版，第153页。

㉑《孙中山全集》第9卷，中华书局1986版，第282页。

㉒王人博：《宪政文化与近代中国》，法律出版社1997年版，第326页。

㉓［美］伯尔曼：《法律与革命：西方法律传统的形成》，中国大百科全书出版社1993版，第342~267页，第434~488页。

㉔占美柏：《从救亡到启蒙：近代中国宪政运动之回顾与反思》，载《法学评论》2004年第1期，第124页。

㉕袁绪程：《中国传统社会制度研究》，《改革与战略》2003年第10期。

㉖中国的信仰组织最初主要是宗族成员或同一村落人员发起而组成的，所以也是带有较强的宗法色彩。参见岳庆平：《中国的家与国》，吉林文史出版社1990年版，第61页。

㉗管东贵：《中国传统社会组织的血缘解纽——主要以台湾社会为例》，载《中国史研究》1995第2期。

㉘王怡：《宪政主义：观念与制度的转捩》，山东人民出版社2006年版，第320页。

（《政治与法律》2008年第1期，作者系广州大学人权研究与教育中心副教授）

论人权与基本权利的关系

——以德国法和一般法学理论为背景

■张　龑

一、概述权利、人权和基本权利

权利、人权以及基本权利（或者说宪法权利），是一个庞大的论题，所涉及问题贯穿西方历史和文化发展的整体，故虽百万言未必可尽述其一端。但就它们之间的关系而言，问题相对要集中许多，可以说只是近现代的事情。它们之间的紧密关系首先表现在近现代各种知名的法律文本之中。

在人们所熟知的国际知名的法律文件中，人权和基本权利大多时候都是作为同义词加以使用。如在美国的Thebillofrights（1791）（部分中文将此文件译为《人权法案》）中，使用的是“rights”（权利）和“inherent rights”（天赋权利）。就法国的《人权和公民权宣言》来说，虽然从题目可知，“driotsdel homme”（人权）和“driots ducitoyen”（公民权）是区分使用的，但是，整个法律文件并没有对二者的区分以及标准何在给出说明。从德国的经验来看，在保罗宪法集会（1848年）提出和使用基本权利（Grundrechte）一词之前，人权和基本权利大多时候都是作为同义词混同使用。而自保罗宪法之后，基本权利一词基本上为各个时期的联邦和州一级宪法文本所采用，一直到今天。

然而，尽管保罗宪法使用基本权利作为有别于人权的语词，但是，在理论上，关于人权和基本权利的关系，曾经一直是一个具有很大争议的问题。混用的典型代表是著名公法学家卡尔·施米特（Carl Schmitt），他在《宪法学说》一书中，将基本权利定义为前于国家或者说先于国家的权利。此外，德国公法理论中还存在一种混用，就是认为基本权利是上位概念，其下有两个分概念，即公民权利和人权。不过，这种理论上的争议和概念的混用，并不意味着实定法的规定亦如是。相反，第二次世界大战后德国基本法（即德国宪法）其实对二者的区分给出了较为明确的解释：基本法第1条第2款使用的是“人权”字眼，紧跟这一字眼，基本法给出的进一步解释是，“人权是世界上每个人群共同体、和平和正义的基石”。而在同一条第3款使用的则是“基本权利”的字眼，并如此加以规定：“下列基本权利作为直接有效的权利约束立法、执法和司法。”显然，就宪法字面解释来说，二者的不同不单纯在于语词选择上的差别，而且宪法文本本身还给出了不同的界定。因此，随着战后德国宪法和宪法理论中司法化趋势不断加深，当前德国公法学界的主流观点都承认，人权肯定是指先于或外于国家的权利，而基本权利则是指宪法上规定的权利，它与国家权力相伴生。如果说，人权不受国家权力的制约，却还能引导国家权力的话，那么基本权利和国家权力则是一种相伴生的构成性关系（相比起人权，基本权利具有自己独有的意涵）。不过，虽然理论上都承认二者之间的区别，却不意味着对二者之间究竟有着怎样紧密和复杂联系的问题，学界已达成共识。相反，德国国家法学界所给出的解释并不统一，而且有着很大的争议。但可以清楚确定的是，澄清二者之间的关系，既是法学的重要问题之一，更是宪法解释的基本问题。

回到我国，在学界较早从英文引入的著名的政治和法律工具书《布莱克维尔政治学百科全书》中，基本权利被定义为“个人拥有的较为重要的权利；人们认为，这些权利应当受到保护，不容侵犯或剥夺。……随着洛克个人主义学说的兴起，基本权利问题日益突出，引人关注。此后，基本权利被称为天赋人权，因而又常被称为人权”。显然，这里并没有清楚地对人权和基本权利加以区分。在国内一些相关的文章中，将人权和基本权利混用的情况也是不乏先例。不过，这些还都不是本文所关注的重点。最值得宪法学本身关心的问题来自2004年3月通过的宪法修正案，它在宪法第33条中新添一款，也即现在的第3款：“国家尊重和保障人权。”如此一来，在我国宪法文本中，就出现了两个不同的语词，“人权”和“公民的基本权利”，表面看来，二者指向的似乎是同样的对象，即宪法中所规定的权利。但是，人权和基本权利的含义实际上又是不同的。因此，学理上分析和澄清二者的关系，是当前宪法解释学中必然面临的一个重要问题。

下面的论述是以德国国家法和一般法学理论为背景，拟以四个步骤详解二者的关系。首先结合德国法学家罗伯特·阿列克西（R. Alexy）在其《基本权利理论》中提炼的权利结构图示，简要分析二者在这个概念结构下的异同；其次，详细说明人权的特征，进而分析从人权过渡到基本权利的几个关键性环节，然后详解过渡后的基本权利概念及其要素。文章的结尾则结合国内的现实问题展开相应的论述。

二、人权和基本权利的共同点和差异

无论是人权（人之权利）还是基本权利，从字面上看，二者都是一种“权利”，因此“权利”构成二者的共同点。研究“权利”的概念及其内在结构，对于认识二者的关系具有基础性意义。

（一）权利的概念结构

权利表达的是一种人与人之间的关系，阿列克西认为，这一关系可用如下结构表示：RabG，该结构的具体含义为：主体（a）相对于义务人（b）针对对象（G）有一个权利。比如言论自由权就可以解释为，主体（a）相对于义务人（b）享有（G），即言论自由的权利。其中，主体和义务人既可能是自然人，也可能是法人，对象则是义务人的行为，它既可能是消极的不作为，也可能是积极或主动的作为。结构描述的优点在于简洁直观，因此借助这一共同的概念结构，就可以初步观察到人权与基本权利之间的联系与区别。

（二）主体范围的区别

正如法国《人权和公民权宣言》这一标题所表明的，人权和公民权的主体，分别是一般意义上的人和公民。一般意义上的人是一个自然概念，而公民则是一个以具体国家为背景的法律范畴。如果说人权具有普适性，从而所有在属性上可被定义为人的人都享有人权，那么基本权利或者说公民权的主体则有着特定地域范围的限制。

（三）义务人上的开放性和封闭性之别

乍看起来，人权似乎涉及到的仅仅是两层结构，即“RaG”，如“每个人生而享有生命权”其中，义务人是缺省的。但实际上，这个两层结构只是一个缩写的表达，因为在这个结构中没有谈及义务人并不代表人权无关义务人，确切说，这一结构表明的是人权的抽象特征，即人权具有自己的义务人，尽管并没有具体的指向。在这个意义上，义务人其实是开放的，即不仅包括除主体之外的其他自然人，还可能包括社会组织以及公共机构，除了一国法律上的机构之外，还可能包括其他国际性组织。相反，基本权利的义务人表面看来，也是多重的，除了自然人，法人也可成为义务人，但是，基本权利的义务人有一个最终的（广义上的）机构，就是国家。一方面，基本权利主体在向其他自然人或法人主张权利而不能实现的情况下，可以直接向国家机关提出权利诉求，另一方面，也仅仅限于向国家这一最终救济层级，超出这一层级，基本权利的保护原则上到达终点。而在国际层面上对权利的保护，涉及的也就不再是基本权利，而是人权。

（四）对象的相通处

一般来说，人权和基本权利的对象是一致的，即不仅包括防御权所要求的不作为，而且还包括积极的作为，即对权利主体的保护、帮助，满足人们最基本的利益和需求。通过上述根据权利结构的初步分析，可基本确定的是，人权和基本权利的分歧主要在于主体和义务人，也就是说，个体或组织机构的属性问题。因此，无论是人权的特征还是从人权过渡到基本权利，主体的性质都是必须考察的中心点。

三、人权的特征

理论上对人权的争论，通常集中于两个问题，一个是人权的证立问题，即为什么要尊重人权，人权是否具有确定的内容。关于这一问题，实际上也就是实践理性如何可能的问题，由于主题所限，这里不可能详述，本文论述所赖以为基础的关键一点在于，尊重和保护人权是当今国际社会共同承认的社会事实，有争议的问题因此只是第二个，即人权的可实现性，由此也才产生了人权与基本权利的相关性。为了更好地理解人权的可实现性问题，就有必要先观察一下人权的特征。阿列克西概括出了人权的五项特征，即普遍性、抽象性、道德性、基础性和优先性。这五个特征无疑勾勒出了人权的基本形态，但是，正如前述比较二者概念结构所看到的，通过基础性这个关于对象的特征并不能清楚地识别出人权和基本权利的差别，因此，这一特征在本文暂不纳入考虑，此外，还有两个关键特征——理想性和公共性，需要补充进来。

（一）普遍性：主体的普遍性

人权的普遍性总体上表现在主体范围上，就每个人作为人来说，都有资格享有人权，无需一个特定的认定过程。这种普遍性其实就是一种国际性，当然，如果地球以外的生物，而这些生物又可被视为人的话，也当享有人权。

（二）抽象性：权利可实现性方面的抽象性

抽象性是指人权的可实现性方面的抽象性，这种抽象性体现在人权结构的每一个要素上。首先，主体的抽象性是指人权的主体不仅是普遍的而且还是抽象的，这种抽象性体现在，内涵自由的人权的主体只能在抽象的个体人格意义上被证立，一旦主体实质化，比如区分为有产者和无产者，那么人权就不再是一个绝对的价值，而仅仅是一个相对可实现的范畴。其次，人权通过什么样的义务人来加以实现或贯彻，从人权概念本身找不到确切的答案。最后，人权功能的抽象性和权利可能面临的限制也是人权概念本身没有给出确切答案的。而且，抽象性在概念上暗示着，人权实践中可能沿着不同的层面和尺度具体展开。比如说，人权既可作为自由权，也可作为社会福利权加以展开，当然，可能还涉及有待认知的其他方面。就此而言，人权的抽象性还具有开放性的一面。

（三）道德性：向善人格的预设

从人权的普遍性可以推出人权效力的普遍性，这种普遍性是一种道德性，因为这种效力既没有说，是否它必须依赖于内在的动机来实现，也没有说，是否必须依赖外在的强制来实现。但是，作为一种道德权利，人权必然表现为外在的行动，而非内在的心理判断。此外，道德效力虽然不同于法律或社会效力，但是它的贯彻却依赖于法律或社会效力。就法律效力来说，人权必然要转化为实证法上保护的基本权利，就社会效力来说，人权的实现具有文化和习俗的依赖性，基本权利的立法和司法保护同样也需要考虑且依赖于文化和习俗。

（四）优先性：先于任何实证的设定

人权作为先于国家和法律的权利，自然有优先于任何国内实证法的效力，但是，这种优先性是否除了具有道德效力之外，还具有法律效力，是一个理论上备受争议的问题。但是，如果能够承认人权是先于法律的权利，并且成为基本权利的实质效力基础，那么至少可以确定的是，人权的优先性具有法律效力是可以为人接受的。

（五）理想性：可否完全实现

人权的理想性可从前面提到的普遍性看出端倪。普遍性是一种完美的表达，与其对应的则是现实生活的复杂性和多样性，想要在现实世界全面和充分地实现人权，几乎是一件不可能的事情。这种理想性背后其实预设了个体的德性和知性的完美性。如果说，理想性同时表明，人权是一个值得追求的目标，那么如何实现人权，虽然是理想性所不能回答的，但是却为现实提供了目标和方向性约束。

（六）公共性：公共意志建构的参与权

人权的公共性并不简单地意味着，人权包括民主程序，而是说，人权作为权利，表达的并不是独立（或独白 monologic）的个体观，而是不同个体间的互动。而且，这种互动并不是随意的行动，而是只有建立在公共理性和公共自治基础之上。按照哈贝马斯的观点，自治可以区分为私人自治和公共自治。私人自治意味着，公民享有自己的主观任意的空间，而基于公共自治，人权可表达为一种参与国家意志建构程序的权利，其背后矗立着的是人民主权原则。然而，乍看起来，二者似乎是冲突的。因为参与意志建构这一程序和属于主观私人自治空间的消极自由是冲突的。但是，如果考虑到理性公共自治一方面预设了私人自治，另一方面通过公共理性讨论所得出的合意本身其实也会承认私人自治。就此来说，公共性或者说民主公共性是人权所必不可少的内容和特征。

四、从人权到基本权利的过渡

在详述人权向基本权过渡这一问题之前，有必要简单回顾一下人权进入法律文本的历史。按照德国著名公法学家格奥尔格·耶利内克（GJellinek）的观点，最早将人权引入法律文件的文本是美国 1776 年 6 月 12 日的弗吉尼亚权利法案（Virginia Bill of Rights）（显然，如果中文将 rights 译成人权，肯定是不精确的）。这一法案对于当时北美英属殖民州具有重要的榜样意义。但是，在 1787 年的美国宪法中，人权内容并没有规定到宪法文本中，所以仅就当时的宪法来看，立宪意志的表达是不充分的。也是因为意识到这一缺陷，所以才有了两年后，特地制定了 10 项补充条款，也即是上面提到的《人权（或权利）法案》。同时期，在大洋的另一面，法国于 1793 年制定的宪法中，也明确将人权规定入宪法文件："以宪法集会形式出现的法国人民的代表深信，无知、遗忘与蔑视人的自然权利乃是人类不幸的唯一原因，因此特决定，将这些神圣而不可剥夺的权利阐明于庄严的宣言之中，以便全体公民都能不断地把政府的决定同整个社会机构的目标加以比较，从而不受暴政的压迫和凌辱……"（按照德文文本译出）。然而，如果比较法国 1789 年《人权和公民权宣言》，则不难发现，后者显然是一个政治宣言，而非法律文本，其所追求的是超越宪法秩序的一个政治愿望："凡人权未保障，权力未分立的社会，没有宪法。"可是，如果说，人权从宣言转变为成文宪法的内容是一个基本趋势的话，那么，引起这一趋势的根据何在，则是理论必须给予回答的重要问题。

事实上，从人权转变为宪法上的基本权利，已是当今世界的一个普遍的社会现象。但是，为什么以及如何从人权转变为宪法上的基本权利，却是一个理论上并没有给出明确答案的问题。虽然说，史上对这一问题的回答文献多有，这一问题也非常类似于经典自然法学家们所提出的从自然状态过渡到市民状态的问题，但是详细梳理这些文献既非本文力所能及，也不必要。综合这些理论并结合西方现代发展实践，可以大致归纳出从人权到基本权利的四个限缩：一是从普适道德权限缩为民族国家内部的权利；二是从具有普遍道德效力的权利限缩为法律秩序内的制度化权利；三是从内涵各种现实可能性的权利转变成具有科学知识品质的权利；四是从抽象的普适价值限缩为具有特定文化背景的价值相关的实证权利。由此形成的基本权利，不仅仅是规定于法律文本之上的条文，而且还是合乎人权标准的实证权利，此外，还是通过科学共同体来加以专业指引的、在特定文化背景下具有特定社会效力的权利。就此而言，基本权利可被定义为：它是人权在一国的理性科学化、习俗化和制度化。下面就这四项转化逐一加以解释：

（一）民族国家化——组织机构的必要性

民族国家化是一个社会事实。就现代世界的发端和全球扩展来说，民族国家化可谓是一个基本的表现形式。然而，民族国家化对应的并非国际法上保护的人权，而是国家内部所保护的基本权利。因此，如果只是在国际法意义上谈及人权保护，那么人权的实现只是一个道德问题，因为一方面缺乏普遍的强制支撑，另一方面实现人权所赖以为基础的社会经济条件也是以民族国家为边界。所谓的国际关系，当可被理解为一种合作关系的时候，其实也就暗示着，国家间的关系是一种经济、政治和军事互相竞争和角力的关系。在这种关系背后，人权的保护就不再是普遍无国界的，而是相反。就此而言，在国际关系层面上，每个人或国家提出对人权给予保护的主张，实际上包含两个不可分割的层面，一个层面是说，人权作为人类的基本价值是值得普遍尊重的，另一方面，人权的保护是以国别为限制的。单纯强调其中一个方面，而不提另一方面，都是一种策略性（工具性）的使用，最终的结果都会导致否认人权本身的价值。典型的例子就是美国以人权和民主的名义发动侵犯伊拉克的战争，在使得美国道德形象破灭的时候，也使得人权在全球的推广戛然而止。

隐藏在民族国家化背后的则是一个所涉范围更广的国家法主体组织机构。组织机构存在的必要性源于人的自然属性。这种自然属性首先表现为人可区分为强者和弱者。作为人权的主体，每个个体既可能在自然意义上具有更好的先天条件，如身体强健的成年人，也有可能在自然意义上具有较差甚至很差的先天条件，如老年人、病人和残障人士等。然而，在霍布斯的自然状态里，人与人之间战争的结果，只能是强者的胜利，这样一来，战争状态使得人权对于不同的人有着不同的意谓。对于弱者来说，除了自然的危险，战争的危险会迫使他寻求组织机构的帮助；对于一个弱小的族群来说，独立建国的意义也是非常之大，比如犹太人的建国行为，正是因为赛亚·伯林这个最了不起的自由主义者，将犹太人的命运归因于没有自己的国家。当然，弱小族群追求强大本身，只是表明了对于国家或其他组织机构的追求，并不一定意味着独立建国是最好的选择，因为在这里人权是目的，国家只是手段，而非黑格尔所认为的那样，国家是历史必然性和地上行走的神。

然而，即便可能有一个国家愿意承担社会问题的保护，但是一个全知全能的国家是不可能的。为此，在一个结构完整的共同体里，除了国家之外，还应该有其他机构，如家庭、教会、社团等，承担起各自相应的功能。但是，这些机构对应人权所应承担的义务只是一种在先义务，由于此种义务并不总能被有效地完成，所以在法律意义上，就必然继续要向上诉求，直至一个最终的机构。这一机构在现阶段就是民族国家，当鳏寡孤独者不能从家庭、教会、社团等处得到应有救济的时候，都可以诉诸国家这个最后的机构，一旦国家通过司法裁断也否决了对相应人权的保护，那么原则上人权的保护就只剩下道德效力。因为超出民族国家这个最终机构，就只能寻求国际性帮助，涉及的就不再是法律上的义务，而是道德义务。比如说，在德国，享有职业自由权的主体原则上仅适用于德国人，以及社会福利权在外国人的适用上有着严格限制。

（二）制度化——国家强制的必要性

通常为人所熟知的国家并不是一个组织机构，而是一个强制机关。它收天下之兵，独享生死予夺的大权。就人权来说，每个国家都内含着两个不可分的维度：一个是为了人权的保护，另一个是为了人权的贯彻。作为组织机构，国家是一个合作社，是弱者的庇护所，而非一个法律制裁机关。而为了贯彻人权，国家必须还是一个强制机关，一个法律秩序。如果说，前者涉及到的是“能够（knnen)”，那么后者涉及到的是“应然（sollen)”，由此就进入到第二个限缩，即人权的制度化问题。

人权作为理想和道德权利，正如前面在它的特征中已经加以说明的，仅仅预设了一个抽象的主体。这个抽象的主体除了前面所说的强弱之分外，还有一个最为经典的划分：善恶之分。无论是在亚里士多德还是康德的哲学著作中，人的两种社会学或人类学上的可能性，即既可能是性善的，也可能是性恶的，是一个经久的话题。无论是霍布斯的自然状态的战争，还是卢梭的美德共和国，都是各自取人性的一侧。然而，正如施米特所提醒的，人类政治文明至今仍不可避免的一个政治事实是，政治结构的基本特征在于，它是一种由统治者和被统治者构成的两层结构。因此，无论为统治者冠之以父母官还是法律权威之名，都不能避免的另一个相关事实在于，它们与现实中的人是构成性关系，现实的、具体的人，而非抽象的人，成为统治者或者说法律命令的主体。因此，人性的善恶必须进入到观察的视野范围之内。孟德斯鸠的话可以说是对这一社会事实最好的描述和警告：“任何人拥有权力，都可能会将其滥用，这是永恒不易的经验。”在这个意义上，凯尔森在看到了具体人的主观任意性的危害之后，强调国家既不是一个社会学上的经验现象，也非一个道德事物，而是一个法律秩序（recht-sordnung)，其中，属于现实中的人的主观随意性被排除在法律秩序的范围之外。在这个法律秩序中，不同层级的法律通过授权而形成一个效力等级不同的规范体系，每个规范都是通过归责（zurechnung）的逻辑表达，即“如果……，那么依照规范，就要接受法律制裁”，来实现对违法行为的制裁。人权的制度化，就可以描述为，通过归责逻辑所保护的人权。

（三）理性科学化——认知的必要性

即便共同体乃至个体愿意尊重人权，这也并不意味着，它们清楚地知晓，应该如何行动才是正确的，才是可以保障和促进人权的。这种偏离的现象，用俗语表达就是“好心办坏事”。因此，任何人谈及人权的实现必然会涉及到这样一个问题：个体以及共同体的行动如何才能保证同人权本身所内含和要求的行动规范相一致。结合上面人权的特征，不难发现，导致这种偏离的原因有二，一方面在于人权的抽象性，另一方面在于它的理想性。抽象性意味着，人权的实现和运用引发了非常麻烦的解释和权衡问题。比如说，限制某人人身自由的行为，既可能是违反法律规定的绑架行为，同时也可能是公安机关对司法判决的执行。最为重要的是，在极端的剥夺人的生命和偷窃一个馒头之间，有着无数的可能性，因而也就要求无数进一步细化的规范尺度，这必然带来对现行法律予以解释或者在法律框架内进行权衡的问题。这就意味着，人权不仅一般意义上对民族国家和制度化有着必然的需求，而且，还要求共同体要将法律活动变成一种理性科学的活动，通过由专业人士参与的科学化过程，法学包括宪法学为正确地解释和权衡提供足够审慎的思想资源，而不是让法律活动成为政治势力和资本力量随意摆布的玩偶。

另一方面，理想性必须进入观察的范围。如前述，理想性不仅表现在主体和义务人的普遍性方面，更关键地在于，人权的实现预设了每个人权践行者有极高的判断和认识能力，也就是，康德所指出的人既有感性的一面，也具有理性的潜能。如果说，康德所谓的人与人之间的自由是一个超验的自由，它建立在理性人而非感性人的假设基础之上，那么，回到我国传统，“从心所欲而不逾矩”这一儒家自由的表达，根本上建立在一个以经验为基础的不断变动和理性成长的人的形象之上。这二者的形象背后，无论是通过主体间互动的公共自治，还是以“仁”为己任的天下情怀，都反映了人权依赖于一个理性的、科学的知识群体。没有这一群体，人权的保障无论是在古代还是现代，都还只是人们的一腔情绪而已。

就此而言，为了人权可以很好的贯彻，现实世界就有必要将人权加以科学化和系统化。此外，理想性和抽象性还意味着开放性。因为，就理想实现的可能性来说，仅仅从人类历史和当前现代化文明来看，可谓是内在包含着众多可能性，科学的任务，并不仅仅是发现必然性和规律，还在于穷尽各种可能性。这样一来，发现新的实现人权的可能性同样是人权所包含的内容，也是理性科学和公共认知所需完成的任务。

（四）习俗化文化——选择的单一性

如果说，理性科学化对应的只是康德所谓的纯粹理论理性，在商讨理论意义上，理性科学化所认知的仅仅是言谈规范，那么，人权转变为基本权利不只是为了成为纯粹理论意义上的或者是言谈规范，而是成为实践行动规范。实践行动规范意味着，除了必然性水平的答案之外，大量的实践问题的答案表明的都是一种可能性。在诸多可能性之间，最终依赖的不是理性权衡，而是权衡之后的决断。然而，权衡和决断孰先孰后并不是这里要强调的，关键性的问题是实践所践行的只能是一种可能性。俗语说得好，“人不能同时踏进两条河流”，而因为踏入一种可能性而带来整个体系的变化，完全是有可能的。就法学的例子来讲，古代中国从正义观开出的并不是一个法律为主导的政治秩序，而是一个以伦理为主的礼制秩序，其中家与国相辅相成，而欧洲社会则继承罗马法传统，通过公法和私法的划分，选择的是国家和市民社会两分观。事实上，这里需要强调的是，如果选择了商业社会和工业经济生产模式，那么放弃传统的家国观不是一个理论判断问题，而是一个实践上很难兼得的问题，正所谓“世上安得双全法”，后面加一句正可表明人权内涵的时间困境，“奈何无术可分身”。因此，这也意味着，如何能够不仅从理论上发现其中应该兼得的部分，而且还能找到实践中得以贯彻的可能性，也是我国当前国家法学的重要任务之一。

五、基本权利的概念和它的三个基本要素

通过上面的过渡，人权就此转变为一国宪法上的基本权利。作为一国法律体系中的一部分，基本权利又和人权有着一种基本的关联。然而，只是将基本权利视为转化为某国法律体系中的人权还仅仅是一种比较初步的表达。对于它们之间关系更为确切的描述是，一方面人权尽管内容上具有不确定性，却构成了基本权利的目标和实质内容的源泉；另一方面，基本权利并不单纯是实证宪法中的权利，而且还暗示着一个愿望，也就是说，它们是这样的权利，即有愿望或动机，以人权为自身的圭臬，单个或全部基本权利必然提出一个主张，要求人权在宪法中加以实现。由此可以归纳出基本权利的三个基本要素：形式的、实质的和动机的要素。

（一）形式要素

基于法律秩序中法的主观意涵和客观意涵的区分，基本权利可分划出主观权利和客观规范两个维度。这种功能上的区分对于理解和界定基本权利意义重大。就基本权利作为客观规范来说，它的概念同宪法规范是紧密联系在一起的。

作为客观规范，基本权利是指那些维护主观基本权利的宪法规范。因此，与基本权利的效力基础相应的则是追问宪法的效力基础，也就是立宪权的问题，这在上面讲到的四个过渡中已经间接提及。就基本权利作为主观权利来说，从形式这一层面，也就是从宪法规范推导出来的仅仅是它的规范效力，而从实质层面上来看，基本权利只能建立在人权基础之上。就此可以发现，存在两种意义上的效力基础，也即形式效力基础和实质效力基础。基本权利的形式效力基础在于它的实证制度化，这种制度化可能是出于规范的、功能的必要性，也可能是纯粹政治力量斗争的结果，确切言之，形式效力是开放的。实质的效力基础则是人权，它不仅是基本权利的效力基础，而且是规范效力基础，为各项基本权利提供内容上的标准。

根据这些不同的效力基础，基本权利就可在形式上和实质上给予把握。形式上的定义是从实证法的规范化方式的观察，基本权利据此是指所有在一个生效宪法中包含的个体权利的规范。显然，这个界定仅仅预设了宪法的实证效力，其中，基本权利仅仅是在宪法中所规定的权利。是否这些基本权利全面充分反映了人权的价值诉求，则不在这个形式界定所考虑的范围之内。就此来说，基本权利是否仅仅是装饰性地规定在宪法里，还是规范价值的表达，通过形式界定是不能加以回答的。因此，仅仅

是从形式上去把握基本权利的性质尚不充分，此外，还需要实质标准。

（二）实质要素

显然，人权就此成为基本权利的实质效力基础和标准。基本权利也因此表述为转化为实证法的人权。这一定义的优点在于，形式上的基本权利就此取得了实质和规范的效力基础。但是，它也同时引发了两个问题。一个是数量上的问题，一个是质量上的问题。数量上的问题是说，基本权利在数量上不应少于实证化之前的人权，否则这一实证法肯定是规范上具有缺陷的。然而，由于哪些权利必然属于人权的列表范围之内，并不是一个无争议的问题，因此，人权作为实质效力标准又是一个不确定的标准。而且，即便这个不确定的弱点可以忽略，质量上的问题依旧存在，即为什么人权要转变为基本权利，限定在法律秩序的世界。前述提到的四种过渡，一方面确实证明了这种转变的必要性，但另一方面也表明了，人权与基本权利之间并不是简单地单方面指导与被指导关系，而还需要基本权利保护总是指向人权，并且在各种保护的可能性上最大程度地接近对人权的目标。

（三）动机要素

最后，基本权利还应具有动机要素。所谓的动机要素是指，基本权利总是提起一个主张，要求实现人权。这一要素的意义在于，它使得形式上的基本权利概念和实质意义上的基本权利概念彼此衔接。问题的是，如何保证这一动机本身不是个体或某部分人的愿望，而是具有宪法规范效力，这就使得动机要素背后暗含着一个基本的假设。基本权利在形式要素和实质要素之外，还具有程序属性，这一程序特征既不是选举程序，也不是议会多数决议的程序，而是一个判断力建构的程序，即基本权利要求宪法解释者，包括立法、司法和学理解释者，甚至包括公共舆论，法律上有义务去尽力寻求对人权最好的界定，从而最大程度地实现人权。这样一来，前述提及的人权内容上的不确定就可以得到较大程度的克服。联系到前述提到的四个过渡，就会发现，动机要素既是制度化、也是理性科学化，甚至是习俗化的表达。它不仅要求国家机关制度化理性的决断，而且还要求对基本权利进行科学化研究，同时，这种理性科学化不是一种科学意识形态，即绝对真理的表达，而是对于历史传统和地方属性具有自觉意识的文化意义上的表达，只有这样，一个有限理性和政治宽容的国际和国内秩序关系才得以可能。

六、结论——澄清人权和基本权利对我国的实践意义

每种理论都有着程度不同的实践抱负，尽管并非每种理论都必然成为行动者有效的行动理由和根据。但是，每种理论都能，或者确切说都应能不同程度地使纷繁复杂的现象变得清晰明了。因此，澄清人权和宪法上的基本权利之间的关系，正如前文已述，对于理解我国政治实践中所面临的一系列问题至少有着如下积极的意义：

首先是在国际上各国之间博弈过程中，如何争夺国际话语权优势的问题。国际政治斗争中，人权作为一种工具，其可利用之处恰在于其普适道德性。人权本身的特征表明，人权是理想化、形式化和抽象性的权利，但它只表明了一个客观价值判断，至于如何实现，就当前人类文明条件来看，尚还不是国际层面所能轻易解决和完成的。因此，第一，人权外交作为一种道德外交，必然预设了主张人权的国家要能言行一致，否则人权这种道德外交就变成一种纯粹的策略外交，必不能取信于他国；第二，美国以及西欧所推行的人权外交，注重的只是人权中私人自治的一面，忽略了人权本身内含的社会公共自治的另一面，任何国家若是只提其一，不提其他，也都是一种策略行为，由此也就不存在批评者的道德优势；第三，凡主张人权保护的国家，必然首先主张民族国家范围内的基本权利保护。也就是说，真正的人权主张是对一国内部尊重基本权利的主张，这必然涉及到一国内部的制度化、科学化和习俗化，如果不是从这些问题着手，而是直接追求表面普世的民主、自由，恰恰是违背自由和人权精神的行为。

其次，除了上述提到的基本权利作为一国

的实证化，人权与宪法权利在我国还涉及的另一个重要问题就在于，如果说人权是社会科学的共同话题，那么宪法上的基本权利则是法学独有的话题，也就是说，人权与基本权利的关系，还存在一个学科化研究的问题。学科化本身，是一个知识活动，通过纯粹学院派的知识活动，将各种外在于法学的因素，如政治的决断、经验性观察的任意、主观愿望等等排除出去，从而即便是在学术研究的外部环境非常恶劣的情况下，也可为人权的实现提前做好知识储备，可以使人们更清晰地观察经验现实作为科学的对象所呈现出的各种理论形态，以及隐藏在这些现象背后的逻辑和历史必然性。

最后，也是最重要的是我国宪法的体系化解释问题。我国的宪法解释是个庞大的论题，此处不可能详细展开论述。值得说明的是如何对我国宪法第 33 条第 2 款，也即 2004 年修宪而设定“人权保护”条款，给出恰当的宪法解释。这一新增条款引起的问题至少有二：一是如何解释在基本权利和义务一节中，而非在序言中，安插了一个效力位阶上高于基本权利的“人权”条款；二是国家尊重和保障人权是否也属于一项基本权利，具有规范效力。如果不是，那么又当如何理解这样一个条款。很明显，如果此条款规定于序言之中，那么首先产生争议的问题在于，序言具有规范效力，抑或说，序言不过是背景性说明。倘使它确实具有规范效力，那么宪法解释的任务首先就不在于人权和基本权利之间的冲突，而是人权与宪法的几项基本原则之间的冲突。由于宪法文本所表达的社会现实是，这一人权条款没有规定在序言之中，因此这里不多予考虑。而一旦规定在宪法正文之中，可以确切地说，这一条款具有形式规范效力。如果整个宪法具有的效力可被承认的话，那么，具有规范效力的第33 条第 3 款规定在基本权利一节当中，究竟如何体现它的效力呢？显然，通过上面对人权和基本权利的说明，可以发现一种或许称得上更为恰当的解释：通过这一款，宪法中的基本权利表明了自身的动机，也就是说，基本权利总是提出主张人权，将人权作为自身的标准，而且这一标准不是一般的动机，而是具有宪法规范效力的动机。通过这一款，公民基本权利部分就有了一个重新依据人权进行解释的基础，而前述提到的四个限制或者说条件，就成为当前宪法学研究的首要对象。

总之，人权和基本权利的关系是当代法学的基本命题之一。人权作为现代世界的理想终究要在民族国家的现实中予以思考和实践。因此，对于中国这个新兴现代民族国家，从理论上将二者的关系予以分析和条理化，既是对这一现实背景的辩护，亦是对此现实给予知识上的批判和建构。

参考文献：

①Alexy，Robert，Theorieder Grundrechte，2 Aufl，Frankfurt/M 1994

②Alexy，Robert，Institution alisierung der Menschenrechteimdemokratischen Rechtsstaat，in：Stephan Gosepath/Georg

Lohmann［Hg］，Philosophie der Menschenrechte，Frankfurt/M 1998，S 244—264

③Habermas，Jrgen，Die Einbeziehung des Anderen，Frankfurt/ M 1996.

④Kant，Imannuel，Metaphysische Anfangsgrndeder Rechtslehre，Hamburg 1986.

⑤Radbruch，Gustav，Rechtsphilosophie，hgvon Ralf Dreier/ Stanley LPaulson，2 Aufl，Heidelberg 2003

⑥Schmitt，Carl，Verfassungslehre，Berlin 1928.

⑦韩大元：《宪法文本中“人权条款”的规范分析》，载《法学家》2004 年第4 期。

（《法学家》2010 年第 6 期，作者系中国人民大学法学院讲师）

中国共产党根据地时期人权思想探析

■王德志　梁亚男

一、中国共产党的人权思想的产生

中国共产党自成立之日起，就以保障中国人民的基本权利为己任，并为此进行了不懈地努力与斗争。它反对帝国主义的侵略，提出民族的生存权是中国的首要人权；它反对国民党的专制统治，主张政府保障人民的人身安全权、选举与被选举权、受教育权等基本的权利和自由，统一中国成为“真正民主共和国”。随着中共反侵略、反封建斗争的深入，其人权思想也逐步地丰富成熟，并在革命根据地付诸实践，得到了人民的拥护和支持，为我国的人权保障事业作出了卓越的贡献。

1921年7月23日中国共产党第一次全国代表大会在上海召开，大会宣告了中国共产党的成立，并制定了党的基本纲领，纲领确定了党的任务，指出“革命军队必须与无产阶级一起推翻资本家阶级的政权……承认无产阶级专政……消灭资本家私有制”。这是中共劳工权利思想的最初表述。1922年6月15日，中共中央发表了《第一次对于时局的主张》，首次系统地阐述了自己的人权主张，它提出党在目前的斗争任务是，取消列强在华的各项治外特权；肃清军阀；采用无限制的普通选举制；保障人民结社、集会、言论、出版自由权；保护童工、女工；实行强迫义务教育；改良司法制度；承认妇女在法律上与男子有同等的权利。这是中共人权思想的形成阶段，自此，中共开始了其“为争自由而战，为争人权而战”的艰苦卓绝的战斗。

1927年大革命失败后，国民党建立了独裁的法西斯专政统治，肆意地践踏中国的人权，使得人民生活在水深火热之中，民不聊生，生命、财产得不到任何的保障。国民党实行一党独裁，对共产党以及其他民主党派实施镇压，中共被迫将革命的力量转入农村，在农村开始了长达十年的土地革命战，主要解决的是农民的生存权问题。1928年12月，毛泽东起草了党的历史上的第一部土地法，即《井冈山土地法》，该法共9条14款，规定了没收一切土地归苏维埃政府所有，经苏维埃政府没收并分配后，禁止买卖……积极地维护了农民的土地权利。1931年11月，中华工农苏维埃第一次全国代表大会在江西瑞金召开，宣告成立了中华苏维埃共和国，并在大会上通过了《中华苏维埃共和国宪法大纲》，共17条，通过立法的形式保障人民的各项权利。这是中国历史上由人民代表机关正式通过并公布施行的第一部宪法。宪法大纲中规定，中华苏维埃共和国的基本法（宪法）的任务，在于保证苏维埃区域工农民主专政的政权和达到它在全中国的胜利。这个专政的目的，是在于消灭一切封建残余，赶走帝国主义列强在华的势力，统一中国，有系统地限制资本主义的发展，进行苏维埃的经济建设，提高无产阶级的团结力与觉悟程度，团结广大贫农群众在它的周围，同时巩固与中农的联合。中华苏维埃是工人和农民民主专政的国家；工人、农民、红色战士及一切劳苦民众和他们的家属，不分男女、种族、宗教，在苏维埃法律面前一律平等；中华苏维埃政权以彻底改善工人阶级的生活状况为目的，制定劳动法，宣布八小时工作制，规定最低限度的工资标准，创立社会保险制度和国家的津贴，并规定工人有监督生产的权利；颁布土地法，改善农民的生活，实现土地的国有；宣布取消一切反革命统治时代的苛捐杂税，征收统一的累进税，严厉镇压一切中外资本主义的怠工和破坏阴谋；宣布中华民族的完全自主与独立，不承认帝国主义在华的政治上、经济上的一切特权，宣布一切与反革命政府订立的不平等条约无效，否认反革命政府的一切外债；以保证工、农、劳苦民众有言论、出版、集会、结社的自由为目的；承认婚姻自由，实行各种方法保护妇女的权利；保障人民的受教育权……体现了中国共产党对民族生存权，工人、农民的生存权以及言论、出版、集会、结社等权利的关注。

1937年中国抗日战争爆发，中国共产党从全民族的整体利益出发，停止没收地主土地，停止武装推翻南京政府的方针，将争取民族解放、保障人民最起码的生存权作为那个时期的工作重点。这个时期中共的人权思想较前一个时期发生了较大的变化，首先在人权保障的主体上，为适应抗战形势的变化，由只保护工人、农民、红色战士及一切劳苦民众和他们的家属的人权，扩大为保护除汉奸以外的全体人民的权利；其次在人权保障的内容上，为了团结抗日的需要，将民族的生存权和人民的生存权作为人权保障的首要内容。1935年8月1日，中华苏维埃中央政府和中共中央委员会联合发布《为抗日救国告全国同胞书》（即著名的《八一宣言》），提出了“为人权自由而战”的口号。1937年8月25日中共中央发布了《中国共产党抗日救国十大纲领》，这个纲领指出，全国军事总动员，打倒日本帝国主义；全国人民除汉奸外，皆有抗日救国的言论、出版、集会、结社及武装抗敌的自由；开放党禁，释放一切爱国的革命的政治犯；召集真正人民代表的国民大会，通过真正的民主宪法；实行地方自治，铲除贪官污吏，建立廉洁政府；政府要改善人民的生活；实现抗日的民族团结。在1940—1943年间，共产党领导的各个抗日民主根据地先后颁布了“保障人权条例”。1940年11月11日《山东省人权保障条例》；1941年1月，津浦路东各县临时参议会通过了《津浦路东各县人权保障条例》；1941年4月《晋西北保障人民权利暂行条例》；1941年《冀鲁豫边区保障人民权利暂行条例》；1941年12月23日《淮海区修正人权保障条例》；1941年11月17日《陕甘宁边区保障人权财权条例》；1942年5月《津浦路西保障人权财权条例》；1942年6月《晋冀鲁豫边区政府保护敌占区人民办法及优待朝鲜人民规程》；1942年11月6日《晋西北保障人权条例》；1943年2月21日《渤海区人权保障条例执行规则》；1944年《苏中区人权财权保障条例》……到目前为止，已收集到13部根据地的人权立法，这些根据地的人权立法内容大同小异，均规定了一切抗日的人民享有言论、出版、集会、结社、居住、迁徙及思想、信仰之自由，并享有平等的民主权利、私有财产权不受侵犯、法律面前人人平等、不受司法非难等权利……中共为了实现抗日战争的最终胜利，在抗日的大前提下，广泛的推行民主，尊重和保障人权，实践了中共的人权思想，使得人权的观念深入人心，启迪了人民的权利意识，为抗日战争的最后胜利作出了巨大的贡献。

为了适应解放战争的需要，中共于1946年4月30日公布了《陕甘宁边区宪法原则》，规定了人民的政治、经济、文化和司法方面的权利和自由；1946年5月4日发出了《关于土地问题的指示》，将抗日战争时期的减租减息政策改为没收地主土地分配给农民的政策。中共通过一系列的立法行为，用法律的形式将人民的权利固定下来加以保护。这个时期，中共的人权思想为适应解放战争的需要进行了适时的调整，人权的内容更加的丰富，保障的形式也更为多样，人权的思想逐步发展成熟。

二、中国共产党人权思想的内容

1921年7月23日，中国共产党高举劳工权利的旗帜登上了中国的政治舞台，自此，中共致力于反对帝国主义、封建主义的斗争，以建立一个独立、民主、自由的新中国为己任。在斗争的过程中，中共特别强调对人民权利的关注，1940年毛泽东在《论政策》一文中，对人权作了具体的解释，他认为，“关于人民权利，应规定一切不反对抗日的地主和工人农民有同等的人权、财权、选举权和言论、集会、结社、思想、信仰的自由权……”。为了实现民族的独立、保障中国的人权，中共发表了大量文件，如，1922年6月15日的《第一次对于时局的主张》、1928年12月的《井冈山土地法》、1931年11月《中华苏维埃共和国宪法大纲》、

1937年8月25日《中国共产党抗日救国十大纲领》、1941年11月17日《陕甘宁边区保障人权财权条例》、1946年4月30日公布了《陕甘宁边区宪法原则》，等等，多次强调，要实现人权就必须首先争取民族的独立，实现民族的生存权和人民的生存权，人民要通过行使选举和被选举的权利获得参政的权利，人民有接受教育的权利，妇女要获得解放，实现真正的男女平等，等等。

1. 生存权。对于一个民族和国家来说，民族生存权应当是首要的和最基本人权。然而，近代中国近百年的历史，就是一部民族遭欺凌、人民生存权被践踏的血泪史。因此，中国共产党认为对于中国人民来说，国家的独立和民族的生存应当是人权最先争取的，因为只有民族生存下来，其他的人权才有可能实现。为了捍卫和实现民族的生存权，中共多方呼吁，呼吁一切愿意参加抗日救国事业的各党派、各团体、各民族及军政机关共同行动起来，“为祖国生存而战！为民族生存而战！为国家独立而战！为领土完整而战！为人权自由而战”，号召全国人民“为民族独立、民权自由、民生幸福这三大目标而奋斗”。

1934年1月全国苏维埃代表大会上通过了《中华苏维埃共和国宪法大纲》，该大纲指出，中华苏维埃共和国专政的目的就在于，“消灭一切封建残余，赶走帝国主义列强在华的势力，统一中国……”。为了彻底的将中国从帝国主义的压制下解放出来，中共主张，“宣布中国民族的完全自由与独立，不承认帝国主义在华的政治上、经济上的一切特权，宣布一切与反革命政府订立的不平等条约无效，否认反革命政府的一切外债，在苏维埃领域内，帝国主义的海陆空军绝不容许驻扎，帝国主义的租界地无条件的收回，帝国主义手中的银行，海关，铁路，矿业、工厂等，一律收回国有，在目前可允许外国企业重新订立租界条约继续生产，但必须遵守苏维埃政府的一切法令……建立人民当家做主的工农民主专政，保障工人、农民、红色战士以及一切劳苦民众生存的权利。”

为了保障人民的生存权，消灭封建剥削，彻底的改善人民的生活状况，中共在《中华苏维埃共和国宪法大纲》中明确地规定了人民的生存权利，生存权本身是一项集体人权，因此，它是包含了政治、经济、社会等多项内容的综合性的权利。政治权利方面，大纲明确提出，在苏维埃区域内，工人、农民、红色战士及一切劳苦公众和他们的家属，不分男女、种族、宗教，在苏维埃法律面前一律平等，皆为苏维埃共和国的公民，掌握自己的政权，行使管理苏维埃的权利；在经济上主张，制定劳动法，宣布八小时工作制，规定最低的工资标准，创立社会保险制度，与国家的失业津贴；颁布土地法，主张没收一切地主阶级的土地，分配给雇农、贫农、中农，并以实现土地国有为目的；宣布取消一切反革命统治时代的苛捐杂税，征收统一的累进税；在社会权利方面，要求保证工农劳苦民众的言论、出版、集会、结社的自由，受教育的权利，信教的自由，民族有自决权，等等。只有这样，才能使工人阶级、农民阶级得到最后的真正的解放，也才能保障中国人民的人权。

劳动权是人得以生存的基本保障。中国共产党为了保障工人阶级最基本的生存权利——劳动权，彻底的改善工人阶级的生活状况，发表了大量的宣言、讲演，通过了许多的决议、草案，如1929年6月通过的《二中全会职工运动决议案》，1930年6月《共产国际执委政治秘书处关于中国问题的决议案》，1936年《中华全国总工会关于职工运动的原则（草案）》，1937年8月15日公布的《抗日救国十大纲领》，1937年10月16日《抗日游击战争中各种基本政策问题》，等等。在这些文献中，中共主张救济失业的工人；规定八小时工作制，及星期日的休假；增加工人的工资，规定最低工资额；改善对学徒的待遇；规定资本家对工人疾病、死亡及各种不幸事件的抚恤救济办法，或实现社会保险；禁止克扣及罚工人的工资，禁止包工头的残酷剥削，禁止打骂及虐待工人，解散工警队，组织工人自卫队；保障工人的集会、结社、出版、罢工的自由，承认工会在法律上的权利，及订立团体契约权；颁布保护农村雇农的特别法令。这些具体的措施，都体现了中共对工人阶级的劳动权利的重视。

农民是中国抗日和生产的最基本力量，如果农民的问题解决不好，其他的问题都不能很好地解决，中共从成立之日起就特别注意对农民权利的保护问题，中国农民的主要问题就是受封建主义的剥削，没有土地耕种，因此1928年12月中共颁布了《井冈山土地法》，规定没收一切土地归苏维埃政府所有，由苏维埃政府重新进行分配；1929年4月颁布了《兴国土地法》，规定“没收一切公共土地及地主阶级的土地……分给无田地及少田地的农民耕种使用”；1931年11月制定了《中华苏维埃共和国土地法》，规定没收所有军阀、官僚、地主豪绅的土地，分给贫农、雇农和中农等无地、少地的农民使用；1942年1月28日通过了《中共中央关于抗日根据地土地政策的决定》，指出，党的政策是扶助农民，减轻地主的封建剥削，实行减租减息，保证农民的人权、政权、地权、财权，借以改善农民的生活，提高农民抗日的与生产的积极性。

2. 参政权。中国共产党从成立之日起，就以建立一个独立、统一、民主、自由的新中国为己任。1921年7月23日至8月初，中国共产党第一次全国代表大会在上海法租界举行，大会确定了党的纲领是“以无产阶级革命军队推翻资产阶级”，“采取无产阶级专政，以达到阶级斗争的目的——消灭阶级”，“废除资本私有制”。然而当时的中国，外有日本帝国主义的侵略，内有国民党当局的一党独裁，人权惨遭践踏，更不要提无产阶级专政了。因此，1922年7月16日至23日中国共产党第二次全国代表大会在上海英租界举行，大会通过了《中国共产党第二次全国代表大会宣言》，该宣言确定了中国共产党的最低纲领和最高纲领。党的最低纲领，即党在民主革命阶段的主要纲领是：消除内乱，打倒军阀，建设国内和平；推翻国际帝国主义的压迫，达到中华民族完全独立；统一中国为真正的民主共和国。党的最高纲领是：组织无产阶级，用阶级斗争的手段，建立劳农专政的政治，铲除私有财产制度，渐次达到共产主义社会。为了实现二大制定的纲领、目标，建立一个民主自由的国家，中共提出，必须要保障人民的政治权利，而在建立民主抗日政权的实践过程中，中共强调了要保障人民的参政权，这是政治权利的一个主要的内容。

当时，由于国民党当局一党包办了国民大会的选举，其选举的代表大多为有钱有势的阶层，选举法中更有党义考试、行政长官推荐等不平等的规定，根本不能代表广大的工农贫民，因此，中共提出应当彻底的修正国民大会的选举法和组织重新选举国大代表，采用普遍、直接、平等和不记名的选举原则。

对于国民大会的选举法和代表选举法的修订，中共提出了自己的建议：凡年满20岁的“中华民国”公民，没有财产、文化、性别、民族、信仰等等限制，不须经过宣誓手续，均有选举权与被选举权；国民大会代表的选举，应一律取消指定的办法，由选民自由选举，并实行无记名投票；代表的名额应增加各党各派及学生会的特种选举；推选候选人的手续，应一律改为由各地各团体开选民大会选举出自己的推选人，以便其依据选举区域或团体联合推选候选人；对于选举舞弊及进行贿赂的惩罚，应从严处理，等等。中共认为，只有这样的修改，“才能成为中国民主政治之发端，才能使国民大会建立起民主统一的政治基础，以加紧加快的发动抗战，把日本帝国主义赶出中国去”。

3. 受教育权。人民可以自由的接受教育的权利是人权发展的重要表现，对于人民受教育权的保障是中共人权思想的一个重要的内容。在1937年8月25日，中共中央公布的《抗日救国十大纲领》中，就单独将教育的权利问题列为第八大纲领，规定抗日的教育政策为改变教育的旧制度旧课程，实行以抗日救国为目标的新制度新课程；实施普及的义务的免费的教育方案，提高人民民族觉悟的程度；实行全国学生的武装训练。对于抗日政府的教育政策，刘少奇在其1937年10月16日发表的《抗日济南战争中各种基本政策问题》详细地加以了论述，他指出，应当以培养抗日战争中的干部，提高人民的民族觉悟与文化水准为基本原则，为此必须彻底改革旧的教育制度及旧的课程，广泛发展免费的小学教育；广泛发展补习教育、民众社会教育，组织识字运动等；提倡简易的文字；建立各种文化团体、研究会、读书会等，发展新闻纸及印刷事业；改善教职员的生活待遇，承认教职员联合会及学生会的法律地位。中共通过这些措施，使得工农劳苦群众真正的掌握了文化教育机关，享受教育方面的优先权，为了提高工农的文化水平，中共给予了群众政治上与物质条件上的一切可能的帮助，加速发展了抗日根据地的革命文化建设。

1941 年 5 月 1 日，中共中央政治局批准通过了《陕甘宁边区施政纲领》，该纲领第 14 条规定，应当继续推行消灭文盲政策，推广新文字教育，健全正规学制，普及国民教育，改善小学教员生活，实施成年补习教育，加强干部教育，推广通俗书报，奖励自由研究，尊重知识分子，提倡科学知识与文艺运动，欢迎科学艺术人才，保护流亡学生与失学青年，允许在学学生的民主自治权利，实施公务人员的两小时学习制。第 19 条也指出对于社会游民分子也应当给予参加教育的机会。1946 年 4 月 23 日陕甘宁边区第三届参议会第一次大会通过了《陕甘宁边区宪法原则》，该宪法原则第二章关于人民权利内容的规定上，第 3 条专门规定了人民有免于愚昧及不健康的权利。保证方法为免费的国民教育、免费的高等教育，优等生受到优待，普施为人民服务的社会教育，发展卫生教育与医药设备。第五章关于文化的规定指出，普及并提高一般人民之文化水准，从速消灭文盲，减少疾病与死亡现象。这些规定体现了中共对人民受教育权的关注与保障。

4. 妇女的权利。由于受传统的“三从四德”、“从一而终”等封建礼教的束缚，在旧中国，男女地位是不平等的，女子依赖于君权、父权、夫权，是男子的附属品，经济上不能独立，社会上备受歧视，没有独立的社会地位，身心都得不到健康的发展。如果一个国家中占人口一半的妇女的人权得不到保障的话，这个国家无论如何也不能认为是一个人权发展的国家。中共从诞生之日起就十分关注中国妇女的权利，注意发动妇女开展反帝反封建的运动。在 1934 年 1 月颁布的《中华苏维埃共和国宪法大纲》明确规定，中华苏维埃政权以保证彻底的实现妇女解放为目的，承认婚姻自由，实行各种保护妇女的办法，使妇女能够从事实上逐渐得到脱离家务束缚的物质基础，而参加全社会经济的政治的文化的生活。为了实现真正的男女平等，妇女第一有政治上的自由，第二也要有经济上的自由，然后婚姻自由才有最后的保障。

在政治上，中共规定，中华苏维埃是工人、农民、红色战士及一切劳苦大众所有的民主专政的国家，在苏维埃政权领域内，不分男女，在法律面前一律平等，是苏维埃共和国的公民真正享有国家的政权，凡苏维埃的公民年满 16 岁以上皆享有苏维埃的选举权和被选举权。这就从根本上保证了妇女享有与男子一样的参政权，实现了政治权利上的平等。

在经济上，中共认为，除坚持在争取一般工人利益以外，应当积极的领导女工为其特殊利益而斗争，应当明确规定，保护女工、童工，女工产前至少需有 40 天的休养，工资要照给，设立托儿所，男女同工，同工同酬。

在婚姻制度上，为了解放妇女使其脱离野蛮的封建制度的束缚，实现男女平等，中共中央执行委员会于 1931 年 11 月颁布了《苏维埃婚姻条例》，在这个条例中，规定了结婚与离婚的完全自由，废除了包办、强迫买卖的婚姻制度，禁止蓄带童养媳，等等。中共认为，由于数千年来婚姻关系野蛮得无人性，女人所受得压迫远重于男子，所以苏维埃婚姻法令着重保护女子，把因离婚而起的义务更多地给了男子去负担。这种民主主义的婚姻制度，打碎了中国四千年束缚人类尤其是束缚女子的封建锁链，建立了适合人性的新规律，这也是“人类历史上伟大的胜利之一”。中国共产党的这些保护妇女权利的政策，得到了广大人民群众的拥护，使得在男女关系上实现了真正的解放，实现了男女的平等。

三、中国共产党人权思想的实践

1. 为实现劳工生存权而奋斗。中国共产党为完成自己的历史使命，建立一个民主的新中国，总是把领导人民群众开展阶级斗争作为重要的途径，群众运动作为阶级斗争的表现形式自诞生之日起始终伴随着中国共产党的历史。新民主主义革命时期，中国共产党曾开展一场又一场声势浩大的工人运动、农民运动、学生运动，反对国民党当局一党独裁，卖国求荣，欺压人民的行径。中共在《关于目前时局与党的任务的决定》中指出，要大力发展“全国党、政、军、民、学各方面的统一战线，组织进步力量，同国民党的大多数亲密地合作，用以对抗投降派与反共派……”。要大力发展“抗日的民众行动，团结一切抗日的知识分子，并使知识分子与抗日民众运动抗日游击战争相结合……打击投降派、反共派与顽固派”。

在这种思想的指导下，中国共产党领导了一次又一次的工人运动、学生运动、农民运动，据统计，1928 年 1 月至 4 月期间，中共在上海领导了 35 起罢工事件，罢工人数达到 87760；“五三惨案”发生后，全国工人群众非常愤慨，在中共的领导下，组织起来各种反日的团体，演讲示威，有 100 余工会起来组织反日会，发布宣言，组织讲演队，到各区讲演，并决定全市罢工一天，举行示威。1928 年 5 月至 9 月，上海的罢工事件达到 54 件，参加罢工人数高达 104141。各地学生也积极地投入到了反卖国，反独裁的运动中来了，除了反对国民党卖国的“一二·九”、“一二·一六”两次大规模的示威斗争，在中共的领导和指导下，不到一个星期的时间，便掀起来全国各地的抗日怒潮。仅 1935 年 12 月一个月的时间，全国就爆发了 22 起学生运动，有力地打击了国民党的一党独裁、卖国求荣的行径，督促国民党当局投入到反日的斗争中，为组成抗日民族统一战线并取得抗日战争的最终胜利作出了巨大的贡献。

2. 为实现民族生存权而奋斗。20 世纪三四十年代日本法西斯加紧侵略中国，那时日军先后占领了中国 930 余座城市，造成中国直接经济损失 620 亿美元，间接损失 5000 亿美元，中国军民死伤 3700 万人，其中无辜的南京居民和放下武器的中国士兵就被枪杀，刀砍和活埋达 30 多万人。全国人民生活在白色的恐怖之下，连最起码的生存权都无法保障，更别提其他的人权了。这时日本帝国主义与中华民族的矛盾已经上升为中国社会的主要矛盾，但国民党当局仍然奉行“攘外必先安内”反共政策，1930 年到 1933 年之间置中华民族的利益于不顾，连续发动了五次大规模的对中共的围剿战争，企图消灭中共。

在这民族存亡千钧一发的时刻，中国共产党不计前嫌，多次发表宣言，号召全国人民团结起来，组成抗日民族统一战线，共同抗日，将日本帝国主义赶出中国的领土。1935 年，共产党发表《为抗日救国告全体同胞书》，即著名的《八一宣言》，在宣言中，“号召一切不愿做亡国奴的同胞起来抗日救国，为祖国生存而战！为民族生存而战！为国家独立而战！为领土完整而战！为人权自由而战”。1937 年 2 月，中国共产党通电国民党，提出了停止内战、一致对外和保障人民民主权利的“抗日”和“民主”要求。抗战爆发后，中共中央和毛泽东进一步号召全国人民“为民族独立、民权自由、民生幸福这三大目标而奋斗”。在中国共产党的倡议和推动下，中华民族组成了全民族的抗日统一战线。

中国共产党及其领导的武装力量在抗日过程中，前赴后继，不怕流血牺牲，为争取国家的独立、民族的生存作出了巨大的贡献。经过八年的艰苦抗战，最终将日本帝国主义赶出中国，实现了民族的独立。在八年抗战中，共产党领导的八路军、新四军和人民抗日武装对敌作战 135 万余次，消灭日、伪军 1714 万余人，缴获各种枪支 69.4 万余支，各种炮 180 余门。而共产党领导的军队在战争中付出了极大牺牲，指战员伤亡 60 余万人。

3. 为实现人民参政权而奋斗。1927 年，中国共产党领导了南昌起义、秋收起义、广州起义等一系列的武装起义，在全国各地逐步发展了几十块革命根据地，如井冈山、湘赣、鄂豫皖、湘赣边、川陕等若干块革命根据地，建立了边区、县、区、乡、各级工农民主政权。1931 年 11 月 7 日召开了第一次全国工农兵代表大会，在会上宣布成立了中华苏维埃共和国，并通过了《中华苏维埃共和国宪法大纲》，把人民革命争取来的成果用法律的形式确立了下来。在革命根据地的建设过程中，中共通过了一系列的立法，用法律的形式确定了根据地人民的权利，实践了中共的人权思想。1927 年 4 月 10 日颁布了《上海特别市临时市政府政纲草案》，同年12月12日，通过了《广州苏维埃宣言》和《苏维埃告民众书》；1929年《湘鄂赣边区革命委员会革命纲领》；1931年11月第一次全国工农兵代表大会上，通过了《中华苏维埃共和国宪法大纲》、《地方苏维埃政府的组织条例》、《中华苏维埃共和国的选举细则》和劳动法、土地法、婚姻条例及其他经济社会等重要的法律文件。在这些保障人权立法原则的指导下，几乎所有的抗日民主根据地都制定了保障人权的条例。1940年11月11日山东省临时参议会通过了《山东省人权保障条例》，该条例规定了抗日人民的各项自由权利，这是迄今为止发现最早的抗日民主根据地人权保障条例；1941年1月，津浦路东各县临时参议会通过了《津浦路东各县人权保障条例》；1941年4月，晋西北行政公署公布施行了《晋西北保障人民权利暂行条例》；1941年，冀鲁豫边区行署公布了《冀鲁豫边区保障人民权利暂行条例》；1941年12月23日，淮河区行政公署公布了《淮海区修正人权保障条例》；1941年11月17日，陕甘宁边区第二届参议会第一次会议上讨论通过了《陕甘宁边区保障人权财权条例》；1942年5月通过了《津浦路西保障人权财权条例》；1942年6月《晋冀鲁豫边区政府保护敌占区人民办法及优待朝鲜人民规程》；1942年11月6日《晋西北保障人权条例》；1943年2月21日《渤海区人权保障条例执行规则》；1944年《苏中区人权财权保障条例》。中共通过这些根据地的人权立法，积极地实践人权的思想，保障人民的各项权利和自由。

根据人权立法的原则，中共领导的新民主主义革命要建立的是一个民主的新中国，实行民主政治，即新民主主义宪政。那么何谓新民主主义宪政？毛泽东认为，新民主主义宪政“就是几个革命阶级联合起来对于汉奸反动派的专政”，“为一般平民所共有，非少数人所得而私”，这就是新民主主义宪政的具体内容，“……就是我们所要的宪政。这样的宪政也就是抗日统一战线的宪政”。根据这样的人权主张，中共在革命根据地推行普选，实行无男女、信仰、财产、教育等差别的真正普遍平等的选举制，使广大的人民群众能够真正的行使民主权利。这为巩固和发展抗日民主政权打下了坚实的基础。中国共产党对于民主政权建设的问题，于1940年春创造性地提出了“三三制”原则。所谓“三三制”原则，即在根据地政权人员分配上规定“共产党员占三分之一，他们代表无产阶级和贫农；左派进步分子占三分之一，他们代表小资产阶级；中间分子及其他分子占三分之一，他们代表中等资产阶级和开明绅士”。毛泽东强调指出，“这种人数的大体上的规定是必要的，否则就不能保证抗日民族统一战线政权的原则”。“三三制”扩大了抗日民主政权的社会基础，使得一些其他党派、开明绅士、知识分子等都有机会参与到民主政权的建设过程中，得到了广大人民的支持和拥护，充分调动了人民抗日的积极性，为抗战的最终胜利奠定了坚实的社会基础。

（《法学家》2005年第2期，王德生系山东大学法学院教授；梁亚男系山东大学法学院硕士研究生）

中国人权观念发轫的本土特性
——与西方人权观念比较

■王丽华

中国的人权观念虽然源自于西方，但却不是西方人权学说的简单转述和再现。受中国社会文化传统和近代社会特质的影响，中国人权观念的发轫从理论起点、价值取向和思想路径都有着与西方人权观念不同的本土特性。

一、迥然不同的理论起点

“天赋人权”是西方人权学说的理论起点。在中国，近代思想家们从王韬、梁启超到孙中山首先认同的是民权，他们以“民权论”作为中国人权观念的理论起点。

1. “天赋人权”——西方人权观念的理论起点。17、18世纪西方启蒙思想家以自然法为理论基石，创造出一套全新的人权体系——天赋人权论。根据这些启蒙思想家的观点，人作为个体是生而平等、自由的；人人都享有大自然赋予的不可让与、不可剥夺的权利，这些权利包括生命权、自由权、财产权以及追求幸福权。人权是基于个人与社会、个人权利与国家权力关系而形成的“个体特权”，它本身就高于宪法和法律，并对国家权力构成一种限制。其基本理念也构成了西方政治和法律制度的核心价值。霍布斯和洛克的学说对1688年后英国所实行的资产阶级君主立宪制政体产生过重要影响，而卢梭的著述更成为了法国大革命时期“人民的《圣经》”。此后，1776年美国的《独立宣言》、1789年法国的《人权与公民权利宣言》都鲜明地体现了“天赋人权论”的独到思想和基本观点。

2. 民权论——中国人权观念的理论起点。民权所代表的是一个“群”的范畴，关涉的是国家以及国家权力运作的最高合法依据。与人权相比，民权更容易为中国人所接受。事实上，近代以来的中国人在接受西方宪政文化时首先认同的是民权。其原因就在于，中国传统文化中的民本思想为中国人认同民权提供了丰富的文化资源。尽管民本不等于民权，中国文化传统中的民本概念与西方文化中的人权价值有着本质的区别，但是，中国近代最早一批知识分子，如王韬等人，还是借助了中国的民本文化资源，从“群”的意义上体认了西方的人权和议会制度。他们认为：“天下之治，以民为先。”[①]“国之所与立者，而君听于民者也。”[②]“泰西议院之法……英美各邦所以强兵富国，纵横四海之根源也。”[③]于是，他们将西方的人权、议会与中国传统文化中的民本思想加以调和，整合为带有中国文化意味的“重民说”、“君民共主论”。这一转化对以后的思想家产生了很大影响，以至后起的康有为、孙中山都是沿着这种思维模式来体认西方的人权的。直至“五四”之后，新一代知识分子便不再希望通过宣扬民权以创建一个团结和群的民族国家，而是呼唤一个能够给予个体自由发展的新型社会的到来，开启了中国人权观念由民权向人权的转换。

二、截然相反的价值取向

自由与平等是人权观念中两个最基本的价值内涵。然而，由于中西方的历史文化传统不同，以至于中西方的自由观和平等观呈现出截然相反的价值取向。

（一）中西不同的自由观

1. 身的自由——西方人自由观的价值取向。在西方人看来，没有人格的尊严和人身的自由，没有民主政治的理念和民主政治制度，人心的自由和其他方面的自由也就无从谈起。西方人也注重人的精神作用即心的自由，但他们强调这种心灵自由是需要实实在在的制度性框架来加以保护的，社会必须为这种精神自由提供各种物质的保障。否则，人心的自由只能是一句空话。正如孟德斯鸠所说的：“人性是有缺陷的，人是不可信和不可靠的，只有法律制度才真正靠得住。”他还用一句画龙点睛式的话语表达了大多数西方哲学家在这方面的共识：“在各种名词中间，歧义丛生、以多种方式打动人心的，无过于自由一词。……自由就是做一切法律许可的事情的权利；如果一个公民能够做法律禁止的事，那就不再有自由，因为，别人也同样可以有这种权利。”[④]在西方人看来，只有把制度创建的尽可能完备，把可以预设到的每一个漏洞都设法补上，才能为个人的自由留下广阔的空间。

2. 心的自由——中国人自由观的价值取向。在传统中国人的心目中，自由存在于一个纯然的精神世界，即便它体现为积极入世的态度，那也不过是从事改造人心的事业。自由是对高尚人格的自觉追求，对社会伦理规范的自觉认同和恪守；自由还是因摆脱了功名诱惑和物欲牵累而进入的一种潇洒飘逸的“无为”境界，是一种毫无躁动与焦虑的安宁心态。正如庄子所言：“至人神矣！大泽焚而不能热，河汉沍而不能寒，疾雷破山而不能伤，飘风振海而不能惊。若然者，乘云气，骑日月，而游乎四海之外，生死无变于己，而况利害之端乎！”[⑤]人只有在这个时候，才能真正体验到了“忘我”和“无我”的境界，获得了超然物外的神畅和自由。孟子也说：“尽其心者，知其性也；知其性，则知天矣。”[⑥]人的心性与天地万物同体；如果一个人能够把令人无限敬畏的外在“天道”内化为自己内心可亲可感的“律令”，并以此作为立身行事的准则，那么他就必定是自由的。

（二）中西不同的平等观

1. 起点的平等——西方人平等观的价值取向。西方人视平等为一种起点和规则上的公平。具体而言就是一切人在人格上都必须平等，都有同等的权利和机会参加所有的政治、经济及社会活动。西方人的平等观源自18世纪法国启蒙思想家卢梭的学说。他认为，人既生而平等，又生而有别。即唯一真正的平等是人在道德上的平等和人格上的平等，以及相应的自然权利上的平等，即起点的平等；但由于人在天赋与能力上存在着差异，导致人们社会地位上的不平等。这种社会地位上的不平等，恰好可以鼓励和激发人们的进取精神。

2. 结果的平等——中国平等观的价值取向。中国几千年传承下来的平等观是一种结果的公平。中国人认为，由于财产在私人手中的积累与继承，人们受教育和参与竞争的机会不可能是均等的，社会需要关注和改变的是贫富的悬殊，因此所有人，无论其在天赋才能、努力程度和实际做出的贡献方面存有怎样的差异，他们都应得到同等的对待。孔门弟子子思在《礼记》中全面阐述了儒家最高的社会理想：“大道之行也，天下为公，选贤与能，讲信修睦。故人不独亲其亲，不独子其子，使老有所终，壮有所用，幼有所长，鳏寡孤独废疾苦皆有所养。男有分，女有归。货恶其弃于地也，不必藏于己；力恶其不出于身也，不必为己。是故谋闭而不兴，盗窃乱贼而不作，故外而不闭。是谓大同。”[⑦]这一大同理想所体现出来的平均主义就是结果平等。

三、两种不同的思想路径

由于中西方的人权观念发轫的理论起点、价值取向不同，由此导致中西方人权观念沿着两条不同的思想路径向前发展。西方人权观念是“个体本位”，中国人权观念则注重“集体本位”。

1. 个体本位——西方人权观念的思想路径。西方人权观念中的权利主体是个体的公民，即“个体本位”。在这种以个体为本位的思想路径中透射出来的基本精神理念是个人主义。西方人权观念中所宣扬的个体本位正是个人主义所主张的个人权利。个人主义的思想渊源是18世纪启蒙思想家对个体权利的倡扬。到了19世纪，法国的托克维尔在吸收了启蒙思想家关于个体权利思想的基础上，首次提出了个人主义的概念，随后，不同的思想家纷纷从不同角度解释个人主义，但这些个人主义所体现的原则是一致的，即所有价值观都是以个人为中心的，也就是由个人来体验的；个人是目的本身，具有最高的价值，社会只是个人目的的手段；每个人在道德上都是平等的，这种平等性强调任何人都不能被当作其他人谋取福利的工具。

2. 集体本位——中国人权观念的思想路径。中国的人权观念主要沿着“集体本位”的思想路径发展起来。中国传统文化本身就是一种崇尚群体的文化。在儒家看来，“人”就是人群，个人几乎不在其视野之内。他们认为，个人与群体的关系有如水滴与大海的关系，个人脱离了群体就会失去其存在意义，就会失去自由感，可谓“己欲立而立人，己欲达而达人”。由此可见，中国传统文化中这种群体本位的文化，倡导的是整体利益和群体意识高于一切，提倡一种以牺牲个人（包括利益、观念和情感）为代价，来成全他人、集体和社会的美德。这就是中国历史文化的特点，任何中国文化的传承者和创造者都很难超越它那持久的惯性作用。严复明确主张“所急者，乃国群自由，非小己自由也”。[⑧]孙中山主张“个人不可以太过自由，国家要得完全自由”。[⑨]可见，近代以来中国所面临的救亡图存的基本国情，导致中国的思想家们都把追求集体人权作为他们人权理想中的主要内容，走出了与西方截然相反的思想路径。

注释：

①《韬园文录外编·重民中》。

②《韬园文录外编·格致书院课艺》。

③陈炽：《庸书·议院》。

④［法］孟德斯鸠：《论法的精神》，见《西方哲学原著选读》下卷，商务印书馆1982年版，第43~44页。

⑤《庄子·齐物论》。

⑥《孟子·尽心》。

⑦《礼记·礼运篇》。

⑧王栻：《严复集》，中华书局1986年版，第1298页。

⑨《孙中山全集》第9卷，中华书局1986年版，第28页。

（《人民论坛》2010年第10期，作者系天津职业大学教授）

人·公民·世界公民

——人权主体的流变与人权的制度保障

■曲相霏

一、引言——基于人权主体的考察

人权的主体与人权的内容是人权的两大构成要素。使人权与其他任何类型的权利相区别的，并不是人权的内容，而是人权的主体。例如奴隶制的法律中也有保护生命权的内容，作为人权的生命权与不作为人权的生命权，其区别就不在这两种生命权在内容上有什么不同，而在于作为人权的生命权要求着其主体必须是普遍的所有的人。所以，人权概念中天然地包含着主体要素。进而言之，人权与其他权利的最大区别就在主体的区别。人权的主体是人，而且是普遍的人，这是人权概念的内在要求。而其他权利的主体则可以是多样的，包括国家、政府、群体、法人等等都可以成为种种权利的主体，且其他权利也不以主体的普遍性为必须。

但如果就此把人权理解为“人的权利”或“所有人的权利”，即仅仅把人权主体理解为人权的归属，那么与人权概念相对应的，大概就会是“动物的权利”和“植物的权利”了。在这个意义上理解人权，显然是十分荒谬的。人权是使每一个生物意义上的人成为人格独立的、自由的、尊严受保障的人所必须享有的权利[①]。人权概念实际上包含了一层“人之为人即应该享有”这种观念或原则，强调的是“人之为人”和“人之只要为人”就应该享有的权利[②]。一言之，人权是从人的存在而产生的，是“把人作为人看待”所必不可少的权利。人权不能简单地解释为“人享有的或者应当享有的权利”，而应当突出“把人作为人看待”所必须具有的权利这一层含义[③]。

那么，人权包括哪些内容，实质上就取决于怎么去看待人。全部人权内容都是从人权主体产生的，并服从与服务于人权主体。以往的人权理论无一不是建立在对人权主体的预设之上（尽管这一点可能甚至不为人权理论建构者所察），人权主体的转换也意味着人权理论的重建，所以完整、准确的人权理论必须包含人权主体理论。但在目前中国的人权研究中，学者们偏重于对人权具体内容和制度的研究，往往只有在分析人权的概念或要素时才会出现一节、一段或一两句话，简单地交代人权的主体，且只把人权主体视为人权的享有者，仿佛人权的内容是既定的，而人权的主体问题只是把这些人权交给谁享有的问题，人权的主体不会对人权的内容和人权的保障制度产生什么影响。在人权的具体内容和人权保障制度研究中，固然并不一定都要适用基于人权主体的视角，但就人权研究总体而言，不应忽视人权主体与人权内容及人权保障制度的相关性，这应当成为基本的人权理论。并且，在某些人权问题上，从人权主体出发的研究视角和研究方法确实可能具有重大的甚至是决定性的意义。

人权主体理论除了在知识论的意义上回答“谁的权利”，从而使人类免于在这一问题上的困惑（任何一点困惑对人类而言都可能意味着心智的黑暗，并可能相应地使其心生恐惧）外，还对人权救济和人权保障具有不可替代的实践功能：其一，人权主体与人权内容之间的相关性，使离开人权主体而讨论人权的内容与体系成为不可能，而人权的内容与体系的缺陷必然导致人权保障的不充分；其二，在经由法律而保障的人权实践中，人权主体必须完成从一般意义上的人到法律上的人的转化，法学立场的人权主体理论为人权主体的这一转化提供智识前提（智识分工中不同立场的人权主体论亦当有所区别）；其三，人权实践的前置性问题是人权的正当性问题，而人权主体的确立正是直接地关联着人权的正当性问题。由此，对人权主体的研究大致可以在两个向度上展开，一是对人权主体的哲学辩思，其目的是从哲学、政治学、伦理学等的立场上认识人，并从而确定人权的内容；二是从历史与现实的实证角度，考察人权主体从一般意义上的人向法律主体的转化，及此种转化对人权实现的意义和影响，目的在于为人权的实现提供法律与制度的保障。

本文即从人权的制度性保障的角度考察人权主体的转化，即从人到国家公民的转化，及这种转化给人权带来的实质性冲突、障碍、困境甚至悲剧，并试图同样以人权主体的转化为突破口（即国家公民与世界公民的双重身份），寻找到缓解冲突、实现人权充分保障的出路。

二、公民身份的获得与人权的国家保障

1648 年《威斯特伐利亚和约》的签订，结束了长达 30 年之久的为争夺欧洲霸权而进行的第一场全欧性战争。以宗教战争开始的这场“三十年战争”，与欧洲最初的资产阶级革命（1566—1609 年的尼德兰资产阶级革命、1640—1660 年的英国资产阶级革命）一起成为欧洲社会走出中世纪门槛的一个标志。尽管《威斯特伐利亚和约》（Peaceof Westphalia，1648）是否标志着主权国家的诞生和最早的以主权国家为主体的国际关系体系的形成，尚有争议。但可肯定的是，《威斯特伐利亚和约》打击了已经处于衰退之中的天主教会 *The Catholic Church*，极大地提升了世俗权力在社会中的地位和作用，它也因之被称为神圣罗马帝国的一部新宪法。如果说，“欧洲在中世纪经历了从只知有教、不知有国，到教、国并重，然后到纳教于国家观念之中的过程”[④]，那么《威斯特伐利亚和约》应当是这个过程的最后一个阶段的重要里程碑了。

在国家观念超越以宗教观念为最强劲代表的其他组织观念的过程中，人的身份也在相应地发生着改变。文艺复兴的人文主义者们，要求以“人”为中心，把人从神的束缚中解放出来。这种要求的政治表达就是建立世俗的民族国家，甚至最初要求的只是君主专制的中央集权国家。“人虽然在近代化的过程中从家族、村落、都市行会、宗教团体等共同体中获得了自立，但同时又开始对使这些中间团体解体的国家抱有很强的归属意识。”可以说，“人作为个人从中间团体中获得解放的过程，同时也是获得解放的人被作为民族的一员，或将民族制度化了的民族国家的一员的过程。人作为个人的确立过程，也是人将自己从过去的基督教徒或布尔哥纽人意识成法国人或德国人的转换过程，同时也是这种意识为他人所认识的转换过程。”[⑤]国家把人从埋没个人的家族、宗教团体、地区性集团等之下解放出来，但解放出来的人，又会为了国家的利益而甘愿舍生忘死，这种强烈的爱国主义中蕴含的正是人对国家的强烈的归属感。卡尔曾经指出，提出“不管好坏都是我的祖国”这一口号的，不是 17、18 世纪的专制君主，而是 19 世纪美国的民主主义者。这一认识表明，个人主义与国家主义走过的是相同的历史，个人的解放是一个具有两面性的过程，人正是因为成为国家的一员才从对中间团体的归属和从属下解放出来。

当启蒙运动的理性主义使宗教思维不再能继续为王朝进行正当性的辩护，新兴的欧洲主权国家——后来在历史中典型地发展为被称为“想象的政治共同体”的民族国家——需要新的合法性理由。而其实，这个合法性理由早已经准备在那里了，而且更恰当地说，正是这个理由催生了国家。意大利著名诗人但丁在《论世界帝国》一书中，第一次提出了“人权”概念，主张人类为追求神圣的幸福必须建立一个世界帝国，而这个“帝国的基石是人权”。马基雅维利则从人性论的主张出发，寻找世俗君主权力的合法性依据。1577年法国政治思想家博丹在《论共和国》一书中首次提出了国家主权概念，论证了公民权利与世俗民族国家的对内主权。他的国家主权理论就是从假设自然状态中每个人都拥有自然权利和财产的自然法理论中引申出来的。同一时期的尼德兰思想家、被称为国际法鼻祖的格劳秀斯，也同样从自然法和自然权利的角度，来理解和阐释国家的对外主权。这些理论为近现代欧洲政治哲学的发展、为后来的启蒙思想家和政治家们设计近代主权国家提供了智识的支援。

在欧洲17、18世纪的启蒙思想中，人的发现、个人与国家、人权与权力等概念与理论彼此联系，相互论证，交织互动。保障人权之责依着社会契约的理论而被赋予了国家，同时人权又在与国家权力的关系论证中丰满了其内涵，甚至正是在公民参与政治生活并把国家作为潜在的防范对象的分析中，又获得了更丰富的内容。法国《人权宣言》的全称就是《人权和公民权宣言》，表明了公民是人相对于国家的一种身份，如果人权表达着先于国家的权利，公民权则表达着相对于国家甚至是基于国家的权利，成为人权在政治领域的体现。又正是为着保障人权的目的，国家主权才获得了合法性和正当性，权力分立和权力制衡的诸原则才获得了论证。无怪乎格劳秀斯、霍布斯、洛克、卢梭等，在论述人权时都不吝笔墨于建构国家主权学说和权力理论，反之亦然。

“为使人权成为法律事实，就必须有一个以合法国家形式出现的有组织的社会。”[6]保障人权要依托主权国家，启蒙思想的逻辑是这样的：个人享有天赋的不可剥夺的人权，其中包括个人的主权。国家是个人依据社会契约而组成的政治共同体，执政者的权力源于受治者的许可与委托。根据权利与权力转化的原理，人权转化而来的由国家行使的主权，其存在的首要价值就是保障人权。以法国的人权宣言为例，它的第1款这样宣告：在权利方面，人生来是而且始终是自由平等的。第2款指出：任何政治结合的目的都在于保存人的自然的和不可动摇的权利，即自由、财产、安全和反抗压迫。宣言的第3款则进一步强化了这个“政治结合”：国民是一切主权之源。任何团体或个人都不能行使任何不是明确地从国民方面取得的权力。(The principle of all sovereignty resides essentially in the nation. Nobody no rindividual may exercise any authority which does not proceed directly from the nation.）然后，第6款规定：法律是公意的表现，所有公民都有权亲身或经由其代表去参与法律的制定。在法律面前，所有的公民都是平等的。这样，宣言就建立了一种特殊的政治共同体——民族国家，并赋予其明确的主权，组成这个政治共同体的个人——公民——成为这个政治共同体的受益者。

由此而来，如果人权宣言开创了一个个人的时代，那么它同样也开创了一个国家和主权的时代。近代欧洲民族国家的主权要求——摆脱帝国的统治而建立独立的民族国家——究其实质就是民族自决的要求，就是人权的要求。主权的对内最高权即民族的内部自决权的体现，主权的对外独立权即民族的外部自决权的表达。当国家主权是保障人权的力量时，尊重国家主权就是尊重人权，而尊重人权也必须首先尊重国家主权，所以在资产阶级大革命中人权要求才会与主权要求同时被提出，人权宣言同时也是主权宣言。1776年首次以政治纲领的形式确立“天赋人权”的“第一个人权宣言”，恰恰是以宣告美国国家主权为目的的《独立宣言》。1789年法国资产阶级大革命在公布《人权和公民权宣言》时，也特别强调地提出了“民族自决权观念”[7]。美国独立革命向英国君主要人权、要主权，突出的是“天赋人权”和“主权在民”；法国大革命面对欧洲封建专制同盟的围剿，强调的则是“天赋人权”和“主权在国”。无论是“主权在民”还是“主权在国”，人权与主权共生是不争的史实。故格劳秀斯在其《战争与和平法》中将人权与主权形象地比喻为资产阶级大革命射向欧洲国际社会的两支利箭⑧。

“二战”后，人权开始在国际关系中崛起，主权概念及其相关的国际法准则也是在这时才真正扩大到了整个国际社会。二战后尊重和保障人权的过程，“恰恰是一个尊重、保护主权和使人权在国际关系中普及化的过程”。⑨正如文森特所论述的，人权不是“对主权国家体系的挑战”，“人权在这里体现了一个相反的主题，它巩固了国家而非超越了国家……18 世纪的公民权利、19 世纪的政治权利以及 20 世纪的经济和社会权利一方面涉及一国之内的个人或集体之间的关系，另一方面则涉及国家本身同其他国家之间的关系……人权观念的超乎寻常的扩大发展恰恰发生在历史的这一阶段——国家权力和权威在全球各地极为迅速地扩大之时——绝非偶然。”⑥

三、困境与灾难

如上文所述，人权创设了政治结合，政治结合又把人变成了公民。人借助着公民的身份走出了自我，与他人一起参与到公共的政治生活中去。这样，人在政治结合面前，享有的是两类人权，一类是人作为自然人（自然社会中的人）的人权，一类是人作为政治公民（政治社会中的公民）的人权。马克思主义哲学家巴里巴曾高度评价从人到公民的这一身份转变。因为人是政治的动物，人的解放必须通过在集体中与他人协作来完成。他认为，随着法国革命中人与公民的同一，臣服于统治者、上帝或君主的前现代社会的特征也就彻底终结了，公民的身份彻底改变了以往政治协作的性质，把前现代主体转变为现代主体，用大众主权取代了专制统治，开启了一个全新的以自由和平等为基础的现代民主政治空间。

杜兹纳认为，现代法律的主要特征之一是，国内法上升为唯一有力量的权利支持者，而外国人则被当作相对于公民的“次等人”。通过对其他人和国家的排斥，民族国家突显其地位与作用。现代主体通过获得公民的政治权利成为了人，没有公民身份和政治地位的他者只能被排除在外。某人在什么程度上是一个人，取决于某人在什么程度上是一个公民。外国人是人和公民之间的一个缺口。在一定意义上，人权的主体是公民。有了公民权，我们才成为人，公民权确保了人之为人的最低的基本需要，主体性是建立在普遍的人和国家公民基础上的。所以，一个人作为自然人的人权，其实也必须要以公民的身份才能得到有效的保障。对于个人来说，就是为了保障人权，他首先必须成为公民。

公民身份与人权保障的这种关联，使普遍的人权具有了极大的排外性。在欧洲近代革命之后，民族国家通过边境线限定其疆域，从而与其他国家区别开来，并排斥其他国家的民族和人们。公民权从阶级区分转向了国家区分，从而成为一种掩盖了阶级关系的屏障。所以，在欧美各国，“人权在一开始就处于国家制约之下，保存着依国籍歧视的特质。”只不过这一点却一直没有为人们所充分认识，以至于人们往往忽略了“个人”在欧洲本身所具有的历史性，“而是在普遍和超越历史意义上非常朴素地将人的一般和个人视为同一。”⑤

从历史上看，当人们以公民身份来寻求人权保障时，也就是当受保障的人权主体从人转化为了公民后，其实已经没有了人权，有的只是公民权。人权宣言中的“人”，不仅是男人、白种人、财产的拥有者，而且在革命之后还必须是“法国人”。在雅各宾派执政时期的 1794 年，外国人被禁止在巴黎及其他主要城市和城镇居住，他们不能介入公共服务事业，没有政治权利，英国籍和西班牙籍的公民还被没收了财产。许多外国革命者、法国籍的外国人在大恐怖时期被处死。

因为一个国家政府不可能为整个世界立法，一个国家没有义务也没有能力去保障这个国家之外的人的人权，自然就可以对他们的基本人权摆出一张冷脸来。为保障本国公民的利益、促进同胞的繁荣，而无须顾虑别国人的基本需求，这仍然是今天的全球政治经济秩序的一个显著特征。例如在1996年“罗马世界粮食高峰会”之后，美国就宣布所谓的“免于饥饿的基本权利”并不带来任何国际义务。更“没有人愿意成为突然出现的、难以管理的大量难民的接受者”。对移民的严格限制和对难民的无情拒绝，使以公民权的形式表现的人权的排外性和虚伪性得到充分的暴露。所以，国家要保护它的边界以防未经批准的难民，甚至防范逃避压迫的难民，尽管根据关于《难民地位的公约》不可能把后者逐回他们的压迫者那里[⑩]。我们看到，当一整船处于极度困厄状态的难民意图偷渡进入澳大利亚时，他们被挡在了公海上，漂泊一个多月，缺乏基本的食物和药品。澳大利亚政府没有义务接纳他们，因为他们不是澳大利亚的公民，这样的接纳反而会影响澳大利亚公民的人权水平。所以，“当民族主义——遗憾地、极不情愿地——在思想和法律上占据主导地位时，绞刑架就成了移民的归宿。”生命的价值也会因公民身份的不同而凸显出严格的等级特征。例如，在1994年卢旺达致使100万人丧生的种族灭绝事件中，几个西方维和部队士兵的生命显然要比成千上万个非洲人的生命重要。在科索沃战争中，为了保护一个盟军士兵的生命，会不惜牺牲几百个无辜的塞族平民的生命。

因为对他国人权的关心往往要耗费本国的政治资本和友好信誉，危害国家间的友好关系，同时，在现代国际关系中又受“不干涉内政”准则的拘束，这也使一个主权国家对他国人权的关心必须保持谨慎和自律。所以没有哪个国家会愿意为促进别国人的人权而付出更多的代价，除非对别国人人权的关心中也包含了自己的利益。因此我们会发现，尽管人道主义干涉的理论已经存在了好几个世纪，但真正为人道主义而进行的干涉却寥寥无几。人道主义干涉变成了实现自己利益的借口。如1938年纳粹德国吞并捷克斯洛伐克就是打着人道主义的旗帜，而日本对中国和其他亚洲国家的侵略也使用了把亚洲人民从西方殖民者统治中解放出来的伪善口号。对人道主义干涉最具有讽刺意味的是，在“20世纪30年代，没有人为在纳粹德国受到迫害的少数民族和其他受迫害的人进行人道主义干涉”[⑩]。由美英领导的北大西洋公约组织采取行动打击伊拉克和塞族，而对近25年来土耳其武装部队杀死近25万库尔德人，30年里印度尼西亚武装部队在东帝汶施行种族灭绝政策以及塞族人在克罗地亚实行的种族清洗置若罔闻。而且，美英政府对印度尼西亚及土耳其的武器装备和军队训练都作出了重要的贡献，只是因为这两个国家是西方可靠的盟友。无怪乎深谙外交之道者说，“假若某位外交部长在进行环球巡视时人权不离口，那他的整个旅行就可能因此而失败。”[⑥]

如果说人权宣言开创了现代性，那么它也产生了国家主义及下述后果：种族灭绝、种族清洗、种族与国内战争、少数民族、难民、无国籍者，等等。可以说，公民权创造了一种新型的排外性特权。在近代史上，人权仅仅是欧洲人的人权，主权也仅仅是欧洲国家的主权，人权与主权都只是在欧洲“国家俱乐部”的有限范围内才受到有限的尊重。而被排斥在“国际社会”之外的“非文明国家”和“非文明人”，则只能接受列强的侵略和奴役。一个口口声声保障自己公民人权的国家，却会不犹豫地对他国进行侵略、占领，侵犯他国公民的人权。由主权国家发起的殖民侵略、两次世界大战、诸多的局部武装冲突、令人发指的数不清的暴行和人道主义灾难，不能不说与人权主体的这个转变相关。此为公民身份与人权保障关联后对人权的第一大威胁。

公民身份与人权保障关联后对人权的第二大威胁是，制造了人对国家和政府的从属和依赖关系。一方面，一切政治结合的目的都在于保护人的天赋的和不可侵犯的权利，国家和主权为人权而存在，为人权而运作，国家必须保障人权。“现代国家承认人权同古代国家承认奴隶制一样，现代国家的自然基础是市民社会以及市民社会中的人，现代国家就是通过普遍人权承认自己的这种自然基础，而它并没有创立这个基础。”但另一方面，一个人也只有先成为某个国家的公民才能受到人权保护。

近代人只有作为国民国家的一员才能够享受充分的利益，谋求自我实现和确认自己一生的意义。对在法律上或在事实上被拒绝成为国民国家一员的人——无国籍者、难民、殖民地或被占领地的土著民、被拒绝享有参政权的妇女、无产者、犹太人、有色人种等等——来说，近代对人的有意义生存与之相去甚远，而且现在也是如此⑤。

当人只有通过公民身份才能享有人权保障时，国家这个人权需要防范的对象摇身一变，反成了人权的来源。人权只有采取法律权利的形式才能得到保障这一特点，使人权极易招致误解，以实在法为人权的来源，使人权在一定意义上成为国家与法律的恩赐。“个人成为了这个制度的客体而不是主体。”因为政治的结合体一旦形成，个人要通过行使政治权利来改善这个结合体，或试图创立新的政治结合体，都是十分不容易的。同时尽管国籍权、“社会契约权”可称作基本人权⑩，且“人人有权离开任何国家，包括其本国在内”，但个人只有有限的选择国籍即选择自己的公民身份的权利。除非其他社会愿意接纳，否则一个人无权加入其他社会。但由于前述的人权的排外性，公民即使艰难地（往往是非法地冒着生命危险地）摆脱了自己所从属的政治结合体，也难以获得别国公民的身份从而获得别国的人权保障，只能沦为国家之间的个人，其人权更无保障。这样，公民除自己的国家外别无依赖、别无选择，特定公民与特定国家之间就形成了几乎绝对的唯一的从属关系。

公民把保障自己人权之责托于国家，但国家这个权力系统却极易成为人权的敌人。“即使在最好的情况下，对于一个政府来说，尊重人权也并不是一件便利的事情。”早在1792年洪堡在论国家的作用时就揭示了国家对人的真正终极目标漠不关心而期望把人变成服从的机器的这一特征。⑪哈贝马斯进一步分析了民族国家的两面性：一方面，它承担着保护其领土范围内的稳定和居民正常生活的功能；另一方面，它又起到保护统治者对其臣民实施高压统治、践踏人权而不受惩罚的作用⑫。国家的权威要以公民对国家的认可和顺从为保证，单个的个人必须承认和适应国家的强制。当国家的能力趋于强大、权力日益膨胀时，国家的控制力和支配力渗透到社会生活和个人生活的各个领域，公民在强大的国家面前变得十分渺小和无奈，服从就是公民唯一的选择，反抗国家在很多情况下等于自我消灭。公民对国家无法改变的从属关系强化着公民对国家的顺从，而国家对公民独占式的控制（用政治契约的语言来表达是保护）使国家几乎有恃无恐地驾驭国民。虽然国家是人权的主要违反者，但因为公民从属于国家，国家如何对待自己的公民就成为了国家的内政，人权问题成为排他性的国内问题，来自国外的任何人权批评都会被斥为干涉内政。公民运用法律手段抗议政府损害人权的行为，往往会被视为扰乱社会或颠覆政府而招致镇压；求助于国际援助甚至会被视为背叛民族或背叛国家而导致更可怕的后果。当国家或政府不尊重和不保障人权时，公民个人就变得十分脆弱无助。在个人与国家的关系中，国家取得了优越于个人的地位，个人对国家由“要求”变为“请求”甚至“乞求”。这样，人权的手段超越了人权的目的，人权的创造物成为了人权的分配者。这种依赖性和前述的排外性可视为公民身份对人权保障的有害性。

在当代世界，一方面国家成为普遍化现象，而另一方面国家“构成的自明性正在发生深刻的动摇”。公民身份本来掩盖了人与人之间的不平等和差异，但今天个人之间差异化的加深已经导致了国家公民之间的不认同。个人与公民身份的分离成为当前人与国家关系的一个重要特征，也是20世纪广泛内战的根源。伊拉克的库尔德人、斯里兰卡的泰米尔人、以色列占领区的巴基斯坦人都是些典型的例子。冷战后，巴尔干地区激烈的民族纷争再次表明，“通过把具有各种差异性的个人加以抽象使其成为一般化的国家成员即国民而维持其共同体性质的国民国家，由于国民观念的虚拟性从而在超越民族差别方面遇到了难以克服的困难”⑬。巨大的难民潮——包括政治难民和经济难民——所象征的人们大规模的跨越国境的迁移从一个侧面展现了国家保障公民人权的困境。

公民身份封闭了个人，使个人采取全球性视角的条件受到限制，也分化了个人之间有可能达成的世界性的保障人权的智识和力量联合，从而导致个人与“地球公民”之间身份的差距。个人既无法超越对自身眼前利益的关注而采取一种“世界公民”或“地球公民”的普遍立场[13]，同时也无法超越国界真正充分考虑和保障自己的切实利益，最后的结果都使得人权的实现变得不充分，此即公民身份的有限性。以前者来说，即使是种族灭绝这样的大规模侵犯人权的行动，例如在东帝汶与印度尼西亚的强迫合并中1/5到1/3的国民死亡及柬埔寨的大规模屠杀，也经常会无法引起国际社会的丝毫关注。鲜有人会把这样的人权侵犯视为对包括自己在内的整个人类的人权侵犯和对整个人类的尊严的贬损。而其实，公民封闭于自身的眼前利益而对发生在别国公民身上的人权侵犯麻木冷漠，最终也会导致自己的人权受损。就后者而言，由于公民只能以封闭的公民身份来行使人权，参与世界政治共同体的权利明显地不充分，影响国际事务的深度和广度都十分有限。冷战结束后，世界已进入了一个全面的全球化时代，不管如何认识和评价全球化的影响，全球化的趋势都是不可逆转的。资本、技术和劳动力都在进行着全球性流动，作为生物的人类也面临着大量紧迫的全球性问题，如全球变暖和臭氧层耗竭，就是不受国家边界限制的环境难题，人类已经结合成一个非自愿的“风险共同体”。但人们的政治生活却又仍然与以往一样，完全被封闭在国民国家的框架之内，个人与“地球公民”之间的身份差距[13]，使公民个人无法对产生跨国影响的与自己的人权发展休戚相关的事务充分知情、参与、发表意见和建议、进行决策乃至联合行动[14]，这无疑对人权的充分实现构成重大威胁。

四、公民与世界公民——双重身份的人权保障

上述分析表明，公民身份遮盖了人是造成近现代以来人权灾难的重要原因之一。一个人首先应该是一个人，其次才是某国的公民。所以，一个国家不应不把外国人和无国籍人作为一个人来尊重；一个国家如何对待自己的公民，也不应被视为绝对的内政。公民身份的有害性和有限性，都使得人权的实现变得不充分。在人权的制度性保障中，个人需要一个能够约束主权国家的世界性人权保障系统，由此个人需要一个能够超越公民身份的世界性身份。这就是，“生命个体不仅以民族国家的公民的身份出现，而且呈现出康德早就曾预示过的，‘世界公民’这一面相。”[15]

“世界公民”是康德早在18世纪末提出的极具启示性的概念。康德的设想是，每一个人作为世界公民而拥有一种“世界公民的权利”，他们组成世界性的联合体，并有某些普遍地调整他们彼此交往的法律，且无论如何也不能废除一个人作为一个世界公民的权利[16]。哈贝马斯认为，20世纪不断变化的世界政治形势和国家间关系，已经令人信服地证明了康德预言的正确性，康德关于“世界公民社会”、“法制的全球化”和“永久和平”的表述为未来世界的发展指出了方向。哈贝马斯又对世界公民的权利作了进一步的阐释。他认为，“世界公民权的关键在于，这种权利必须越过作为国际法主体的各国政府，而落实到作为个人的法律主体的头上，并使个人作为自由、平等的世界公民联盟中的一员而享有不可剥夺的权利。这一设想，将使每一个个体（在法律意义上）既成为世界公民，也成为国家公民。”[12]世界公民组成的是一个不同于联合国这个主权国家俱乐部和政府集会的世界公民社会。哈贝马斯的设想是将联合国大会改造为一个世界议会，使世界公民可不必通过其政府而选出代表参加，体现作为整体的世界公民社会。

世界公民权的体制化对个人与主权国家都提出了新的要求。对个人来说，由于他超越了主权国家和政府而成为一名独立的国际法律主体，所以也要承担相应的法律责任，其中最重要的后果是，每一个人对其在履行国家公务时所犯下的战争罪行要承担个人责任。对主权国家来说，世界公民的权利对每一个主权国家都形成约束力。公民不再仅仅是自己的公民，国家保障公民人权的“内务”也是国家保障世界公民人权的“公共事务”。所有国家在人权保障的事业中将联合起来，国家保障基本人权的法律义务不仅及于自己的公民，而且及于非公民。

近几年来，一些区域性和世界性的非政府

组织广泛开展活动，其行动力和影响力令许多国家政府都望尘莫及。联合国的世界峰会对一些全球性问题的关注和讨论，如气候问题、环境生态问题、粮食问题、人口问题、贫穷问题、艾滋病问题、反恐问题等等，往往形成一种世界性的公众舆论，对各国政府形成一定的压力。这些都有助于促进和提高跨越国家层面的统一政治行动能力，推动着一个世界公民社会的形成。

突破封闭个人的国家公民身份，而使每一个人在不论是否拥有国家公民身份的情况下，都可以作为一个世界公民而得到基本人权保障，这是充分实现人权的必然要求。20 世纪国际人权法和国际人权实践的历史，也是一个公民身份逐渐获得有限突破的历史。第一次世界大战前后，人权已逐渐从国内法领域走向国际法领域，虽然最初只局限于废除奴隶制、劳工权利保障和国际人道主义法领域。在第二次世界大战期间和战后，人权国际保护的理论和实践广泛而迅速地发展了起来。保证对人权的尊重被同盟国宣布为首要目的，人权成为世界各国战胜法西斯的共同口号和目标。《联合国宪章》在序言中即开宗明义地宣布了增进与激励人权与基本自由的宗旨，为实现这一宗旨，宪章的其他条款对如何通过促进国际合作以维护人权还作了具体的规定。半个多世纪以来，联合国大会和有关机构制定的有关人权的国际公约已达到六十多个。为推动人权的国际保护，联合国系统内还设置了不同层次的人权保护机构，区域性的人权保护机制也在逐步设立和不断完善。

国家对公民的垄断状态开始被打破。1946 年 12 月联合国第一次突破了不干涉内政原则对其活动的限制，针对南非侵犯人权的问题进行了讨论并提出建议，之后还使用了斡旋等程序。以此为始，联合国机构开始审议一些对特定国家的违反人权的指控。保加利亚、匈牙利、罗马尼亚等国家先后因其国内的人权问题而受到联合国大会的谴责。1955 年之后，联大又连续通过了一系列决议，谴责南非的种族隔离政策。联合国在南非一案中几乎动用了所有的行为方式或程序，包括议论、建议、调查、研究、报告直至强制性军事物资禁运和经济制裁。联合国人权委员会也突破了不干涉内政原则，参与了对南非的调查，起草有关的报告，推动联大通过了一系列关于南非问题的决议。而且，根据联大 2144 号决议、经社理事会 1235 号和 1503 号决议，人权委员会可以审议针对特定国家的包括种族隔离、种族歧视在内的“暴露出来的有可靠证明的一贯严重违反人权和基本自由”的案例。从 1960 年代中期到 1980 年代中期，联合国还分别处理了以色列、阿富汗、玻利维亚、智利、萨尔瓦多、危地马拉、尼加拉瓜和伊朗等国的人权问题。联合国的上述实践表明，它已经突破了《联合国宪章》第 2 条第 7 款对其活动的限制，大大扩展了宪章人权条款原有的含义，扩大了人权委员会以及经社理事会的人权职能，缩小了“不干涉内政原则”的适用范围，甚而取消了“不干涉内政原则”应有的效力，尤其在它认为一国“严重和一贯侵犯人权”的时候[17]。冷战结束以后，联合国更加强了对人权侵犯行径的干预。安理会在 1990 年代出于人道和人权的原因而对索马里、波黑、科索沃、东帝汶等地进行军事干预的实践表明：安理会根据《联合国宪章》第 7 章授权使用武力并不限于军事侵略或对国际和平与安全的军事威胁[18]。

如果说打破了国家对公民个人的垄断、确立了普遍的人权标准显示了个人获得一种世界性身份的第一步的话，那么个人控告和来文制度的确立则是个人突破公民身份的另一个十分有价值的进步。联合国 1503 号决议使人权委员会能够处理由个人提出的涉及一国一贯侵犯人权的来文。个人能够超越主权国家而向一个国际组织提出对政府的人权指控，所凭借的正是个人超越国家而归属于国际社会的法律主体身份，这充分表明“个人已经开始从国家的阴影中摆脱出来了”[6]。《国际刑事法院罗马规约》的通过和生效，体现了二战之后人权事业在国际司法上的进步，也更加快了个人世界公民身份的形成。《规约》的生效已经在全世界激发人们要求实行问责制，特别是要向政治或军事领导人问责。甚至有论点认为，“就国际法上的犯罪行为，追究国家领导人的个人责任，这在逻辑上可能造成主权国家体制的瓦解，其影响相当深远。”⑤国际刑事法院的运作对主权国家形成高度制约，而主权国家的每一个让步，都是公民身份的一个突破，展示着个人作为世界公民社会的成员而在主权国家之上获得的人权保护。

哈贝马斯在反思了1990年代由于海湾战争而造成的人道主义灾难之后曾建议对联合国进行改革，即建立一个以联合国为基础的、拥有“世界政府”职能的世界组织，以改善人权保障的“体制性框架”，使联合国具有人权保障的超国家行动能力。哈贝马斯的设想与联合国几届秘书长的意见颇为相似。加利在1993年的维也纳世界人权大会上指出，尽管国家是人权的最佳保护人，国际社会应该主要委托国家确保个人得到保护，但是当事实证明国家不配完成这项任务时，就必须提出采取国际行动的问题。安南在《千年报告》中也指出，传统的依赖主权国家保障人权的做法并不足以应付人权所受到的挑战，因为有时候主权国家就是人权的施暴者，而且许多国家“经常不知道或蔑视”人权和人道主义法。1999年哈贝马斯明确表示支持出兵科索沃，尽管他作为一个有良知的知识分子，对这场战争所造成的无辜平民伤亡以及美国的强权逻辑强烈谴责，并认为北约的自我授权不应成为惯例。但正如德国绿党领袖、外交部长费舍尔所言，“为了使奥斯维辛不再重演，尽管我反北约、反美、反战，但我主张干预”，他的这段话也反映了欧洲左翼人士的立场和思维⑲。哈贝马斯的理想是“把国际法转化为世界公民法”，以“实现国际关系彻底法律化”，从古典的强权政治世界向世界公民社会过渡。这样一来，个人将以公民和世界公民的双重身份获得来自主权国家和世界公民社会的双重人权保障。

具有公民与世界公民双重身份的个人，其在人权保障中的地位与前将迥然不同。在不具有世界公民身份的情况下，个人往往不被视为独立的国际人权法主体。国际人权法的主体是国家，个人只是国际人权保障中有独立利益的第三人，且其人权利益基本上仍取决于其所从属的主权国家。除极为严重与紧迫的人权侵犯，在正常情状下人权国际保护的效力是极为有限的。国际人权公约虽然具有法律约束力，缔约国应当承担遵守公约的条约义务，但“人权的条约义务是国家自愿承担的，国际法上不存在着任何的规则强迫国家参加条约”⑰，而且缔约国对公约的保留似乎呈现出“无限”的迹象。在人权国际公约的实施机制中，除报告制度是强制性的以外，其他的公约实施机制如国家间指控制度和个人申诉制度都是选择性的，缔约国可以自己来选择接受何种条约义务和接受何种国际监督。“在实践中，报告制度的有效性或多或少也受到了来自缔约国的限制，”⑳并且，人权委员会所提出的意见甚至人权法院所做出的结论都是建议性的，不具有法律上的强制力。这样，人权的国际保护能否发挥作用，从根本上取决于各主权国家是否自愿地履行其义务。而在获得世界公民身份之后，无论个人是否是某国公民及是哪国公民，都可以以世界公民的人权主体身份参与世界人权事务，享有和行使人权，以及承担法律责任。从理论上看，公民与世界公民的双重人权保障，将有助于克服前述公民所面临的人权威胁和人权灾难，在超越国家层面上扩大、加强和协调世界社会的人权保障能力。

值得关注的是，跨越国籍的障碍而给予外国人与无国籍人以基本的人权关注和保障，已经在某种程度上为主权国家宪法所认可。如德国基本法中规定了“每个人”的基本权利与“德国人”的基本权利，后者为德国公民所专有，前者则体现了对非公民的人权保障。综合而言，尽管在受保障的基本权利类型和受保障的程度上并不尽如人意，但这毕竟在克服公民身份壁垒方面迈出了可贵的一步。可以预言，将外国人调整进入本国公民基本权利保护体系已成为宪法上的一个不可阻挡的进步趋势。

对人权的制度性保障具有重要意义并进而对世界公民身份具有启发意义的是，对于较为敏感的参政权问题，许多国家也已开始尝试向外国人开放。不仅“斯堪的纳维亚诸国原则上保障所有外国人有选举权”㉑，如瑞典于1976年规定，凡连续3年以上进行居民登记的外国人就可获得地方政府的选举权与被选举权；西班牙也在1978年经过制宪会议的激烈争论而在其新宪法中规定，可以基于对等原则认可外国人在地方自治体中的选举权；日本近年来也就赋予永久居住的外国人在地方自治体的选举权与被选举权问题上进行着激烈的争论[22]，而且担任公职的权利也在一定程度上跨越了国籍障碍。如《中华人民共和国香港特别行政区基本法》第92条规定："香港特别行政区的法官和其他司法人员，应根据其本人的司法和专业才能选用，并可从其他普通法适用地区聘用。""从其他普通法适用地区聘用"意味着不具有香港特别行政区居民身份者也可担任作为香港特别行政区公职的法官。在技术的层面，这一制度设计可能在于保证香港特别行政区有充足的法官来源。在价值的层面，这一制度设计则保证了香港特别行政区在法秩序上的连续性，进而体现了对在该法秩序中生活的人们的尊重。从人权的角度考量，则可从中看到世界公民社会的雏形。以外国人的身份而享受内国法的人权保障，可以作为世界公民身份的辅助性形态。

值得关注的是，在欧洲层面随着欧盟政治一体化的发展，欧盟成员国公民的法律身份也产生了相应的变化。1992年的《欧盟条约》引入了欧盟公民资格的概念，以作为欧盟成员国公民身份的补充，随后的《阿姆斯特丹条约》和《欧盟宪法》都继承了这一概念，《欧盟基本权利宪章》中专章规定了欧盟公民的基本权利。如果《欧盟宪法》生效，则欧盟成员国公民在以公民身份获得成员国的人权保障的同时，还以欧盟公民的身份获得来自欧盟的人权保障。尽管来自欧盟的权利保护是辅助性的弱意义上的且极不完善，但无疑就人权保障制度而言，欧盟公民资格的设立具有深刻的意义。

五、可欲的未来或乌托邦的构想——没有结语

尽管在法的世界化的进程中，世界公民社会的雏形已大约可见，组建超越主权国家的具有实质行动能力的人权保障机构的美好理想也令人心驰神往，但思忖之下却又不能不心存疑虑：这究竟是可欲的未来，还是乌托邦的构想？

首先，从联合国的人权保障实践来看，由于国家意识与公民身份的根深蒂固，国家之间的戒备、怀疑和敌对心理，各主权国家往往在联合国的一些人权行动中采取消极甚至抵制态度。在人权行动中各国为了自己的利益而钩心斗角，使联合国的公信力大大减损，行动能力大受限制，政治斗争掣肘了联合国应该能够发挥的作用。如美国在讨论是否接受《国际人权公约》时，就有许多反对派议员提出，公约的生效将会导致一个"条约创造的政府"，"这个政府将使我们作为主权国家的某些重要成分为国际所拥有，而在这个组织中我们却只占有少数票。"在这样的立场指导下，美国至今没有批准一些重要的国际人权公约。在安理会5个常任理事国中，美国、俄罗斯和中国都没有批准加入《国际刑事法庭规约》。在区域性人权保障层面，欧洲拥有的人权保障制度相比之下是最为完善的，但欧洲各国在人权领域的合作要远远低于其他领域。似乎一涉及到人权问题，主权、民族、疆界等等就变得无比敏感，而全然不同于经济和贸易领域的一体化。所以，国家主权尽管已经不再被视为绝对和至上的，但可预知的主权国家的反对仍然会对世界公民社会的形成构成不小的障碍。非政府组织如大赦国际、人权观察、国际法学家委员会等虽然在促进人权保障方面作出了极有价值的努力，但却没有一个组织或组织联合能够取代国家成为人权的主要保障者，在推动世界公民社会的形成上着实力量不足。其次，从技术层面而言也将是困难重重。仅前南国际法庭开始工作后的5年中每年的开支就高达7000万美元，预计10年将耗费联合国7亿美元的经费。如果联合国继续扩大其在人权领域的管辖权，包括普遍司法管辖权，人权维护的成本将会是一个依靠主权国家出资维持的组织所难以承受的[23]。而如果不依赖主权国家，保障人权的成本又由谁来和怎样来承担呢？如果不能从法律和制度上解决这样一些问题，则世界公民社会的构想只能是乌托邦，消除对人权的前述种种威胁也只能是乌托邦。

即使在世界议会和世界政府构建之后，个人与世界议会政府之间，可能仍然会产生个人与主权国家之间原点式的困境与问题。但那是明天的问题，追求人权只能向前，没有退路。

参考文献：

①李琦：《论法律上的防卫权——人权角度的观察》，载《中国社会科学》2002年第1期。

②夏勇：《人权概念起源——权利的历史哲学》，中国政法大学出版社2001年版。

③刘升平、夏勇主编：《人权与世界》，人民法院出版社1996年版。

④陈乐民：《“欧洲观念”的历史哲学》，东方出版社1988年版。

⑤［日］大沼保昭：《人权、国家与文明》，王志安译，生活·读书·新知三联书店2003年版。

⑥［英］R. J. 文森特：《人权与国际关系》，凌迪、黄列译，知识出版社1998年版。

⑦董云虎：《对人权与主权关系的历史考察》，载《真理的追求》1993年第1期。

⑧梁守德：《人权与国际关系》，载朱峰：《人权与国际关系》，北京大学出版社2000年版。

⑨朱峰：《人权与国际关系》，北京大学出版社2000年版。

⑩［美］L. 亨金：《权利的时代》，信春鹰等译，知识出版社1997年版。

⑪［德］威廉·冯·洪堡：《论国家的作用》，林荣远、冯兴元译，中国社会科学出版社1998年版。

⑫章国锋：《关于一个公正世界的“乌托邦”构想》，山东人民出版社2001年版。

⑬［日］加藤节：《政治与人》，唐士其译，北京大学出版社2003年版。

⑭李琦：《作为人权的联合行动权》，载《法商研究》2003年第5期。

⑮李琦：《法学关于法律是什么的分歧》，载《法学研究》2005年第6期。

⑯［德］康德：《法的形而上学原理——权利的科学》，沈叔平译，商务印书馆2002年版。

⑰白桂梅、龚刃韧、李鸣编：《国际法上的人权》，北京大学出版社1996年版。

⑱杨泽伟：《人道主义干涉在国际法中的地位》，载《法学研究》2000年第4期。

⑲徐友渔：《哈贝马斯访华与人权问题之争》，载《当代中国研究》2002年第1期。

⑳朱晓青：《〈公民权利和政治权利国际公约〉的实施机制》，载王家福、刘海年、李林主编：《人权与21世纪》，中国法制出版社2000年版。

㉑［瑞士］托马斯·弗莱纳：《人权是什么》，谢鹏程译，中国社会科学出版社2000年版。

㉒吕艳滨：《全球化背景下外国人的权利保障问题》，《法制日报》2004年6月17日。

㉓刘杰：《人权与国家主权》，上海人民出版社2004年版。

（《政法论坛》2008年第4期，作者系中国社会科学院副研究员）

“少数人权利”概念辨析

■吴大华

历史上最早的带有国际性的人权问题，实际上起源于保护少数人的宗教自由。1606年，匈牙利国王和特兰西瓦尼亚君主缔结的《维也纳条约》，即有新教徒宗教礼拜自由的条款。[①] 1654年的《林茨条约》确认新教徒的礼拜权，1648年结束“欧洲三十年战争”的《威斯特伐利亚和约》确立了新旧教的平等原则，不同教派享有同等的权利和宗教自由。[②] 尽管现代有关少数人权利的规定可以追溯到国际联盟时代对于属于某一少数群体的个人的保护，而且国内外法学理论界对少数人的定义已经探讨长达半个多世纪，但是直到今天少数人和少数人权利仍然因为各种因素而远没有达成共识，事实上少数人还是一个模糊的群体和范围，[③] 需要廓清迷雾，重建概念体系。

一般而言，构成“少数人”概念界定的一个重要障碍是“国际法上具有完全的自决权的‘人民’群体”。因为自决权关系到各国的主权问题，只有在尊重国家主权的前提下才能对少数人权利主体即“少数人”作出更加清晰的描述。因此，“少数人”应当将拥有自决权的主体排除在外。如果强调按照民族、宗教和语言的标准对少数人群体进行划分，又难免重叠交叉。但是不管我们如何定义“少数人”，不可忽视的是“少数人”群体的最重要的特性是它作为一种具有文化特性和认同的群体，必须强调其文化特质。对“少数人”的渊源和重要分歧加以辨别，是明晰和界定概念的必须。

一、“少数人”概念的提出

国际法上定义少数人的尝试可以追溯到国际联盟时期国际常设法院对有关双边条约所作的法律解释。1919 年保加利亚和希腊缔结的条约涉及对少数人社群的保护，此后，两国就希腊的保加利亚社群的外迁发生争执。1930 年，国际常设法院在其咨询意见中认为：条约规定的少数人社群是指生活在一个国家或地方的人群，该社群具有自己的种族、宗教、语言和传统，依据这种种族、宗教、语言和传统的认同，该社群成员之间彼此团结，互相帮助，并主张保护他们的传统和宗教，确保依照他们种族或民族的传统和精神抚养和教育他们的子女。[④] 1948 年的《世界人权宣言》没有就少数人权利作出任何特别的规定，直到 1966 年联合国《公民权利和政治权利国际公约》第 27 条特别规定了少数人的权利，有关少数人的概念及其在各国社会中的地位才又成为国际法上关注的重要问题。

理论界对少数人的界定有两种观点：一是凯博多蒂（Capotoriti）的定义。应联合国人权委员会下属的防止歧视和保护少数小组委员会之邀，凯博多蒂作为特别报告员（Special Rapporteur）在 1978 年完成的报告《关于隶属于种族的、宗教的和语言的少数人权利研究》中所提出的少数人概念是目前在理论界和实践中得到最广泛承认的定义之一。他认为，少数人是指那些数量上居于少数，政治上不处于支配地位，在人种、宗教和语言方面具有不同于其他人的特征，并且具有维系自己文化、传统、宗教和语言向心力的居住在一国领土上的国民。一是英国学者杰伊·西格勒的定义。他认为，少数人是数量上具有一定规模，在肤色、宗教、语言、种族、文化等方面具有不同于其他人的特征，由于受到偏见、歧视或权利被剥夺，在政治、社会和文化生活中长期居于从属地位，国家应当给予积极援助的群体。[⑤]这两种定义的分歧是微小的，二者都肯定了少数人在数量规模上的劣势，在种族、宗教或语言上的特性。尽管《公民权利和政治权利国际公约》对少数人权利作出明示性的规定，但是已有的国际法律文件并没有对少数人做出权威的获得世界各国一直认可的定义。迄今为止，对“少数人”一词所下的任何普适性定义均未能得到一致认可。

二、少数人与人民、土著民的区别

“少数人”如何与“人民”概念区分？人民自决权作为一项国际法原则在第二次世界大战之后得以确立。《联合国宪章》是最早将人民自决权作为一项国际法原则予以确认的国际条约。“人民”群体的确认意味着承认自决权，主权国家对人民的概念保持着充分的警惕。国际公约、国际条约等在“人民”的使用上都谨小慎微，唯恐对某些主权国家造成不利影响。在各个主权国家努力限制对人民进行界定的同时，不同的民族群体则努力希望被视作为“人民”以获取自决权。应当承认，少数人是一个特定的群体，与“人民”概念交叉，但少数人权利不应包含自决权，否则就影响到各国主权国家的主权。我们所认为的少数人应当是在主权国家范围内进行的，这一少数人概念与人民既相联系、又相区别，更多意义上讲，它是一个人权的概念，是要求享有人类普遍权利的一种界定。[⑥]因此，在国际人权理论与实践中，“少数人”一般性地排除人民的要素，既便于人权交流，也便于各国在人权领域的广泛合作。

将“土著民”改称为“土著人民”一直是国际社会较为强烈的呼声。要求承认土著民权利的运动主要起源于北美的印第安人、因纽特人，澳大利亚的土著以及北欧的萨米人等土著民群体。但是，土著民的呼声无一例外地受到所在主权国的压制，这是主权对人权的超然性导致的。国际社会对于土著民的定义主要来源于两份国际文件：一份是联合国特别报告员科沃（J. Martinez Cobo）先生针对土著民的歧视问题进行的一项综合性研究报告，另一份是国际劳工组织《第169号公约》。土著民作为一种特殊类型的少数人群体享有所有的少数人权利，与此同时，国际社会对土著民的保护正逐渐与少数人权利保护呈分立的趋势。科沃报告是联合国在土著民权利保护方面的重要里程碑，认为土著民是“土著社群（communities）、人民（peoples）和民族（nations），指那些在其领土上发展起来的与先前被侵占和被殖民的社会具有历史连续性的社群，他们构成现行社会的非主宰性部分，自认为与在这些全部或部分领土上占优势的社会的其他部分不同，并决定依其自己的文化模式、社会组织和法律制度，保护、发展和传承他们祖先的土地和民族认同，并以此为他们作为人民继续存在的基础”。[7]显然，这一报告将土著社群、人民和民族加以混同。联合国土著民问题工作组在其第二届和第三届会议期间曾致力于解决“土著”的定义问题，但并没有合适的回答。

从人权保护的意义看，土著民与少数人的最重要区别是，土著群体与其祖先的历史关联，土著人世代居住某地已经形成基于地缘关系和血缘关系的共同纽带。这一纽带具有坚韧的性质，具有历史延续性，在历史、文化、语言、传统等各方面土著居民已经与地缘不可分割。但是，是否要承认土著居民的自决权？一般而言，土著居民也是在排除自决权干扰的情形下产生的。为了避免与自决权相联系，国际劳工组织《第169号公约》特别在第1条第3款中专门规定“本公约使用人民一词不得解释为包含该词在国际法上可能附有的权利”。通过这一排除性规定，为主权国家凌驾于土著居民之上赋予了法理基础，等于说，我们并不承认土著居民的自决权。一言以蔽之，土著人与自决权的探讨是在民族国家范围内进行的。土著民与少数人均是具有文化特性的群体，在数量规模上均属于少数并处于非主宰性的社会地位。我的理解是土著民与少数人并没有大的差别，只不过目前国际人权实践已经渐渐对土著民权利形成一套独立的体系。[8]对土著民进行特殊保护旨在使土著民的权利在语言上更为强势。国际社会对土著民和少数人的权利保护呈现出三个方面的实质性差异：[9]第一，《少数人权利宣言》十分强调少数人群体成员作为整体社会的一部分有效参与社会公共生活的权利，而土著民则寻求与整体社会相对分离，以便由他们自己来作出相关的决定。第二，在有关土地权利和自然资源权利方面，国际劳工组织《第169号公约》[10]和《土著人民权利宣言》草案中的规定是其核心内容，而《少数人权利宣言》中则没有这些权利。第三，有关少数人权利的国际文件中所规定的都是个人权利，而土著民权利则可能含有“人民”的权利。尽管这三种实质性差异还存在争议，但无一例外的是，土著民权利已经被视为一种相异于少数人保护的范畴。

三、少数人的定义要素分析

我国有学者对少数人作出定义：少数人是指那些在数量上具有一定规模，在人种、宗教和语言方面具有不同于其他人的特征，并且具有维系自己文化、传统、宗教或语言倾向，遭受偏见、歧视或权利被剥夺，在政治、社会和文化生活中长期处于从属地位，在一国领土上居住了一定时间的个人。[11]这一定义可以从主客观方面来界定少数人的特征。少数人的客观存在是一个“不带政治偏见”的真实结论，它包括客观要素和主观要素。客观要素外在，可以观察和测度；而主观因素内在，只能通过客观因素加以判断。

少数人的客观要素是显在的。少数人群体的客观要素包括群体共性特征、数量规模、群体社会地位、国籍或公民身份、居住时间等。[12]这些特征的整体构成少数人群体的外在特征，可以测度：（1）群体特征。少数人群体是存在于一国人口中具有民族、宗教或语言上的特色与其他人口不同的群体。国际社会既定的法理认为，一个特定的社群是否构成少数人是一个事实问题而不是法律问题。它不依赖于其所在国家政府的确认。[13]（2）数量规模。是否需要一个绝对的规模才构成一个“少数人”的问题，目前的声音是采取相对比例的方法确定处于数量上的劣势或者称“非主宰性地位”。如果处于一种可以忽略不计的数量，则无法形成一个能够抗争的有效群体，最终会选择归附于一个具有更多的同质的群体。（3）群体的社会地位。“少数人”的预设前提是数量上的劣势，这种劣势往往构成少数人处于多数人“包围”的背景。多数人构成社会的统治力量，除非对这种力量进行制约，否则很可能对弱小群体造成困难。[14]因此，少数人保护的核心是其群体的社会学意义上的“少数”，即该群体在其生活的社会中处于非主宰性地位，占主宰性地位的数量上的少数人群体不受这种制度的保护。(4) 国籍或公民身份。少数人的讨论是在国家主权范围内进行的，拥有自决权的群体不是少数人。一般认为，少数人之法律保护，是基于拥有主权国家的国籍。这种国籍的要求被广泛地采纳甚至成为定义的一项标准。这是一种主权重要的要求。因此，外国人或者侨胞不属于“少数人”。(5) 时间。居住期限是少数人的另一客观考量要素。时刻处于流动之中，无法形成一个固定的群体，这样无法被称为少数人。这是关于少数人群体稳定性的一个限定。少数人群体成员必须在主权国家领土范围内生活达到一定的时限。[15]这种规定是少数人群体得以成其为一个固定群体的保证。

少数人的主观要素是其潜在的特征。少数人群体是一种具有文化认同的群体，这些群体可能因为先天的或者后天的因素形成共同的特征，希望保护这种共性特征并希望自己不与其他社群同化。文化是客观的。根据人权委员会的解释，文化不仅包括艺术的表现形式，而且涵盖生活的所有层面，包括经济活动。少数人的主观要素，在我看来，是存在于少数人群体中成员的经验与认识之中，如果不能体认到自身的独特性和对某一少数人群体的归宿，自然不能认定为少数人。重要的是如何判断这种主观文化认同。这种主观认同如何证明自己的存在，法律判断上世界各国均有差异。希腊和芬兰的法律要求少数人群体成员明确表达其主观认同；而前南斯拉夫则否定这种观点，强调制度化同化压力对少数人群体成员的压力。在我国，对少数民族的识别是由国家组织专家学者仔细考察鉴别而得，即使如此，我国还存在若干待识别的共同体。我们不应当忽视族群的文化认同特征，它有着语言、文化、宗教的客观基础。但是，这种主观与客观并不绝对静止，一段时间内可供识别的特征是判断少数人群体的重要因素，但少数人完全可能因为各种主客观特征的消失而作为群体整个消失。

注释：

①朱晓青、柳华文：《公民权利和政治权利国际公约及其实施机制》，中国社会科学出版社 2003 年版，第 102 页。

②刘全胜：《论少数民族人权的国际保护》，载《四川大学学报》1997 年第 1 期。

③国际人权实践中，对于明确定义并普遍认可的“少数人”概念已经成为过去。定义的缺乏并不能妨碍少数人权利国际保护实践的发展，比如：联合国《公民权利和政治权利国际公约》第 27 条自正式生效实施以来已在过去的 20 多年中发挥了积极作用，而 1992 年联合国《少数人权利宣言》也没有等到这一定义的争议终结才予以宣布。如果停留在少数人的定义和范围的争论上，那么国际社会人权的实践便无法开展，它更多地取决于国与国之间利益和力量的博弈。但是就研究而言，少数人定义则是一个重要的前提。

④P. C. I. J. , Series BNo. 17. p. 19. 周勇：《少数人权利的法理——民族、宗教和语言上的少数人群体及其成员权利的国际司法保护》，中国社会科学出版社 2002 年版，第 3 页。

⑤李忠：《论少数人权利——兼评〈公民权利和政治权利国际公约〉第 27 条》，载《法律科学》1999 年第 5 期。

⑥在夏勇教授的著作中，人权从起源与发展上充满着人道、法治和大同的精神，从主体不分国界和范围上意味着普遍的品格，从内容包括道德权利、普遍权利和反抗权利的意义上凸现涵括广泛的方面。夏勇：《人权概念起源——权利的历史哲学》，中国政法大学出版社 2001 年版，第 170 ~ 178 页。

⑦周勇：《少数人权利的法理——民族、宗教和语言上的少数人群体及其成员权利的国际司法保护》，中国社会科学出版社 2002 年版，第 8 页。

⑧国际劳工组织《第 169 号公约》以及联合国防止歧视和保护少数小组委员会于 1994 年提交人权委员会审议的《土著人民权利宣言》(草案)。

⑨周勇：《少数人权利的法理——民族、宗教和语言上的少数人群体及其成员权利的国际司法保护》，中国社会科学出版社 2002 年版，第 40、41 页。

⑩周勇：《少数人权利的法理——民族、宗教和语言上的少数人群体及其成员权利的国际司法保护》，中国社会科学出版社 2002 年版，第 40、41 页。

⑪李忠：《论少数人权利——兼评〈公民权利和政治权利国际公约〉第 27 条》，载《法律科学》1999 年第 5 期。

⑫关于少数人的客观要素的争议主要集中在“新少数人”和“旧少数人”之争。“旧少数人”是指群体在民族或族裔、宗教或语言上有其独特性并在一个地域范围内生活了很长时间，处于非主宰性地位的、数量上较少的公民群体。“新少数人”对少数人采用一种宽泛的定义，只要符合前面的主客观要

素，都应当视为少数人。新旧少数人的分歧在外国人、移民工人和难民是否应当列入其内。国际法理论已经渐渐地趋向于承认新少数人的概念，在当代社会，新旧少数人都需要国家给予平等权利，需要国家因“类”制宜地给予特别保护。1992 年联合国《少数人权利宣言》并没有对少数人做出狭义的限定，只是对于那些在民族或族裔、宗教或语言上有其独特性并在一个地域范围内生活了很长时间，处于非主宰性地位的、数量上较少的公民群体赋予更多的权利，给予内容更为丰富和措施更为全面的保护。

⑬参见前述国际常设法院在 1930 年对涉及希腊的保加利亚社群的外迁发表的咨询意见。周勇：《少数人权利的法理——民族、宗教和语言上的少数人群体及其成员权利的国际司法保护》，中国社会科学出版社 2002 年版，第 11 页。

⑭少数人地位与少数人的数量规模并不是一种必然的正相关关系，或者说，数量处于优势的多数人并不一定对少数人构成主宰，而是相反。即人口数量上占少数的群体由于政治的或经济上的原因，也可能对多数人构成一种统治。南非的情况正好相反，即人口数量上的少数人群体建立了一种对多数人的统治地位。

⑮部分国家的国内立法还为少数人群体的形成规定了准确的时间，如匈牙利规定作为其国内的少数民族群体必须在其国内生活满 100 年方享受少数民族权利的保护。朱晓青、柳华文：《〈公民权利和政治权利国际公约〉及其实施机制》，中国社会科学出版社 2003 年版，第 103 页。

（《人权》2007 年第 5 期，作者系贵州民族学院教授）

新时期中国人权发展的挑战与战略选择

■常　健

中国的改革已经到了一个新的历史时期。认真分析历史发展的新阶段对中国人权事业发展提出的新的挑战，可以使我们对面临的任务和问题形成更清醒的认识，并根据环境的变化对中国人权发展战略做出适时的调整和完善。

一、中国人权事业在新的历史阶段面临的挑战

中国已经进入到了一个前所未有的新的发展阶段。新的发展阶段提出了很多新的任务，也呈现出许多新的问题，这使得中国的人权事业面临着许多新的挑战，主要表现为以下几个方面。

（一）人权保障要求和水平的多层次分化

随着改革开放 30 多年来中国的快速发展，人民的生活水平有了很大的提高，社会和文化生活丰富，有序的政治参与程度大大提高。在一部分发展速度快的地区，人民的基本生活已经得到了比较充分的保障，因此要求进一步提高人权的保障水平；而在发展速度较慢的地区，人民的基本生活保障还不够充分，因此要求加大基本权利的保障力度，最典型的是教育权利的保障。在大城市，九年义务教育得到了较充分的保障，因此提出了 12 年义务教育的要求；然而，在农村地区，基础教育的校舍、师资和经费保障仍然面临着很多的困难，因此迫切需要加大基础教育的投入。

即使是在同一地区，市场化的收入分配导致了收入差距的扩大，市场化的就业也导致了就业状况的显著差别。这也导致了权利保障要求的层次分化。以住房权为例，中高收入人群已经渡过了满足基本住房要求的阶段，他们进而要求住房环境的进一步改善；而低收入人群由于无力支付不断上升的房价，仍然面临着满足基本住房要求的难题。

由于受教育水平、工作环境以及生活状况的差异，人们对社会、政治和文化生活的权利要求水平，也出现了日益显著的差异。处于优势地位的社会阶层要求更多的社会互动平台、更多的政治参与机会以及更丰富的文化生活方式，而处于弱势地位的社会阶层却要求政府投入更多资源来保障他们最基本的经济、社会、政治和文化权利的满足。

权利保障要求的多层次分化，使得中国权利保障战略面临两难选择：提高保障层次，会使得部分地区和人群的人权保障面临更大的难

题；不提高保障层次，会使发达地区的权利保障水平低于经济发展的水平，造成保障不足。

（二）人权保障内容和种类的多样化扩展

随着经济、社会、政治和文化生活的发展，人们的生活方式正在发生重大的变化。互联网的快速普及，使得虚拟空间成为人们现实生活中的重要组成部分；交通的发达，使得迁移成为一种正常的生活方式；新知识新信息的爆炸式增长，使得继续教育成为一生中不能中断的学习过程；交易方式的多元化，使得人们之间的物质交换可以在世界的各个角落瞬间内以多种不同的方式完成；社会条件的变化，使得生活方式的选择更加多元化，各种新的择偶方式、婚姻方式、育子方式、养老方式进入人们的合理选择视野。

社会生活的这些新变化，使得新的权利要求不断涌现，如住房权、阳光权、安静权、隐私权、知情权、同性恋的权利、终身受教育的权利、网络虚拟世界的财产权和名誉权，还有人提出自然山水的权利、动物的权利，等等。

不断提出的新的权利要求，有待社会的认同和立法机构的认可。这些新的要求提高了人权保障的难度和复杂程度。

（三）人权保障主体和事项的国际化延伸

随着经济全球化的发展，中国的经济发展同世界经济的发展日益紧密地联系在一起，中国人的生活也同世界其他国家人民的生活有了越来越密切的接触。越来越多的中国人走出国门，到海外旅游、学习、工作、投资、创业，也有越来越多的国外学者、商人、旅游者进入中国；中国的商品通过陆路、空路和海路源源不断地运送到海外，国外的资金、设备、货物和技术也源源不断地进入中国。中国的经济状况牵动着世界经济的神经，世界经济和政治的风风雨雨也对中国产生着越来越大的影响。

中国步入全球化进程，使得中国的人权保障主体和事项也向世界延伸。海外华侨的各项权利保障，国内外国人的权利保障，国际贸易中当事人的权利保障，打击国际海盗行为，参加联合国的维和行动，起草国际人权公约，监督和审议国际人权公约的执行，履行所承担的公约职责和义务，这些都是中国人权保障面临的新的问题。

（四）权利主张和申诉路径的多渠道交错

随着大众传媒迅速覆盖，人权的要求、申诉、救济途径也日益多元化。一方面，除了传统的方式之外，互联网、电视、广播成为人权要求、申诉、监督和保障的重要渠道。另一方面，各种社会力量越来越主动、积极地参与到人权事业的发展中来，提出权利主张，反映侵权问题，监督权利保障状况，提出人权保障的措施和建议。

新的大众传媒一方面为权利主张、侵权申诉和维权监督提供了更便捷的通道，另一方面也对人权事业的有序发展提出了挑战。媒体对突发事件的报道，会提出新的政策议题，对计划的议事日程形成冲击；各种不同媒介会对同一事项发出不同声音，并对同一问题传达出多种不同意见。这些不同意见的公开而激烈的争论，为意见的整合带来新的挑战。各种大众传媒所形成的社会舆论还会对权利保护的法定程序构成强大压力，这对于通过严格、公平的法定程序来确定权利事项的性质和公正的解决方案会产生一定的影响。因此，如何利用大众传媒的优势，意识到其局限，避免其负面作用，是人权保护中必须要解决的问题。

同样，各种社会力量进行的人权保障行动，一方面会成为推进中国人权保障事业发展的生力军，如在2008年“5·12”地震中非政府组织在抗震救灾中所表现出的积极作用；另一方面，对于习惯于行政主导的中国政府来说，如何使得社会参与能够有序进行，使得社会与政府之间形成和谐互动，将是必然面对的新的挑战。

二、中国人权事业发展的战略选择

面对新的挑战，促进中国人权事业发展要解决好四个方面的问题：第一是人权的平等保障与特殊保护的关系问题，第二是基本人权保障与保障水平提高的关系问题，第三是人权的国内保护与国际保护的关系问题，第四是政府推动与社会参与的关系问题。对这些问题的解决，一方面，要坚持中国人权事业发展已经被证明为成功和有效的道路，即坚持以人为本，将人民的生存权、发展权放在首位，在改革、发展、稳定的良性互动中全面推进人权；坚持以人为本，以稳定为前提，以改革为动力，以发展为关键，以法治为保障，促进公民、政治权利与经济、社会、文化权利全面协调发展。另一方面，还要坚持从实际出发、在实践中探索、在开放交流中学习、在有序争论中锤炼的原则，根据中国发展的实际情况调整和完善中国的人权发展战略的具体内容和实现方式。

（一）平等保障人权，处理好平等保障与特殊保护的关系

人权是平等的权利，人权保障的最基本原则之一，是权利的平等保障。新中国人权保障60多年历史的基本经验之一，就是必须大力促进人权的平等保障。人权的平等保障，目的在于消除在权利享有方面的各种歧视，包括性别歧视、种族歧视、地域歧视、身份歧视、身体状况歧视、语言文化歧视、社会地位歧视，等等。但在促进人权的平等保障过程中，要处理好人权的平等保障与对弱势群体的特殊保护之间的关系。一方面，对社会中的弱势群体要予以特殊的保护，使他们能够不仅在形式上与其他社会成员平等地享有人权，而且在实际上也能够有条件来享受其他人所享受到的权利。另一方面，对弱势群体的特殊保护应当是有限度的，其限度就是使其能够与其他社会群体平等地享有基本人权。必须将人权的平等保障作为对弱势群体权利的特殊保护的限度，防止将对弱势群体权利的特殊保护变成一种特权保护。

（二）生存权与发展权优先，促进各项人权的均衡保障

人权是保障人的生存和尊严的最基本权利，人权保障的最基本原则之一，是对人人必须享有的最基本权利予以保障。中国仍然是一个发展中国家。尽管改革开放30多年来中国人民的基本生存状况有了根本性的改变，国家已经基本达到小康社会的水平，但社会成员之间的生存状况还存在着相当的差距。中国农村仍有2000多万贫困人口，城乡之间、区域之间、贫富之间差距拉大的势头尚未从根本上得到遏制，人口和就业面临较大压力，资源环境对经济发展的制约日益突出，社会保障、收入分配、教育、医疗、住房、安全生产等方面存在的困难和问题相当突出。因此，在人权发展战略上，生存权与发展权仍然是中国人权保障事业的首要目标。

然而，要从发展的角度来理解生存权与发展权。生存权就是要保障人人过上有尊严的生活，享有相当水准的生活，其生命不能被任意剥夺。生存权和发展权的保障，会随着经济发展水平的提高而提出更高的要求。同时，在不同地区和不同社会群体中，生存权与发展权的实现状况和要求也会存在着一定的差距。因此，在保障生存权与发展权的过程中，要处理好保障要求的提高与保障状况的平衡之间的关系，优先促进基本水平的满足，同时兼顾保障水平的提高。

将生存权与发展权置于人权发展战略的首位，并不意味着忽视其他各项人权的保障。生存权与发展权的实现与其他各项人权的保障之间的关系是相互依赖和相互促进的辩证关系。一方面，生存权和发展权的保障，离不开其他经济、政治、社会和文化权利的保障。为了促进生存权和发展权的保障，我们不仅需要大力发展生产力，而且需要改革经济、政治、社会和文化体制，为经济的高效率发展和人民生活水平的提高创造必要的经济、政治、社会和文化环境，让公民享有更多的经济、政治、社会和文化权利。另一方面，公民生存权和发展权的实现，也会为其他经济、政治、社会和文化权利的实现奠定现实的基础。因此，在优先促进生存权与发展权的前提下，采取更积极的措施促进各项人权的均衡保障，是中国人权事业在新的历史阶段必须实现的战略目标。

（三）承担大国责任，积极参与国际人权事务的合作

人权是所有社会成员必须享有的基本权利，人权保障的最基本原则之一，是基本权利的普遍保障。保障的范围不仅包括本国国民，还包括在华的外国人；不仅要保证在华的公民的权利，还要保证旅居海外的华人的权利。同时，人权也是一项国际性事业，与各国政府和人民开展合作，共同推进世界人权事业的发展，也是中国作为一个发展中大国应当承担的国际义

务。中国应当成为国际人权事业的积极参与者、建设者，而不是旁观者、受动者，进一步参与联合国人权保护机制和各种规则的制定工作，更加广泛地与世界各国开展建设性对话、交流和合作，更加有效地对外介绍中国人权的实际情况和政策，努力寻求与世界各国在人权问题上的共同点，增进与各国在人权问题上的相互了解，通过相互学习和借鉴，不断扩大共识，消除分歧，取长补短，共同发展。

（四）政府与社会携手，以法治推动人权事业有序发展

人权保障事业通常是以政治化的方式来推动的，但最终一定要纳入到法治化的轨道。只有将人权纳入到法治化的轨道，才能使各种不同的权利要求、权利主张、权利申诉和权利救济有序进行。

中国人权事业的发展，不仅要靠政府的强力推进，还要靠各种社会力量的积极行动。各种教育和研究机构、人民团体、非政府的公益性组织都能在促进中国人权事业发展方面发挥重要而积极的作用。政府应当在推进人权事业的过程中，为各种社会力量与政府的协作搭建适当的平台，提供合作的机会，并予以必要的资助。各种有志于推进中国人权事业发展的社会力量也应当积极与政府开展合作，并在人权建设的一些重要方面努力发挥政府所无法发挥的作用。

在政府和社会共同推进中国人权事业发展的过程中，对于推进中国人权事业的战略、策略、路径和举措肯定会存在着各种不同的主张和观点。为了更好地整合各种不同的主张，形成推进人权的合力，应当进一步建立和健全民意汇集、争论、整合、选择和决策的合法程序，一方面使各种不同观点都能够有平等的机会得到充分的表达，另一方面也使得各种不同主张能够通过共同接受的程序得以整合，从而有序推进中国人权事业的发展。

权利的实现前提是有效救济手段的存在，“无救济，无权利”。这对于侵权行为的监督、确认和纠正，对于切实保障公民的人权具有重要的意义。应当进一步建立健全人权救济的行政和法律机制，建立适当的受理申诉的人权保障机构，完善人权的救济途径和救济手段，及时发现、确认和纠正侵犯人权的行为，使得所有社会成员的人权得到切实的保障。

随着新的大众传媒手段的迅速发展，以互联网为代表的电子传媒正在人权的信息沟通方面发挥着日益重要的作用。新的大众传媒既有快速、便捷的优点，也有随意性和群体性思维的缺陷。应当完善相关的立法，使大众传媒在维护人权方面的优势能够充分发挥，并使媒体的权利与责任相对称，防止大众传媒成为侵犯公民人权的手段。

中国人权事业经过艰难曲折的发展历程，已经开拓出一条正确的发展道路，并且取得了举世瞩目的巨大进步。面对新的历史阶段和新的挑战，中国应当继续高举尊重和保障人权的旗帜，遵循实事求是的思想路线，社会各界携手合作，共创中国人权事业发展的新局面，为世界人权事业的发展做出一个负责任大国应有的贡献。

（《人权》2010 年第 4 期，作者系南开大学周恩来政府管理学院教授）

知识产权与人权的关联辨析

——对“知识产权属于基本人权”观点的质疑

■郑万青

在 1948 年的《世界人权宣言》等国际性和地区性公约中，在列举人权时规定了与知识产权相关的问题。有人据此认为知识产权属于基本人权。随着知识产权法律全球化的发展，人们越来越意识到知识产权同人权之间的联系的复杂性，甚至认为现存的知识产权制度同人权之间存在某些冲突，例如联合国经济和社会理事会人权促进和保护小组委员会在2000年8月举行的会议上作出专题报告，指出知识产权与人权之间有关“现实存在的或可能的冲突”，“所包含的知识产权措施与国际人权法是冲突的”。[①]那么，知识产权是一种基本人权吗？知识产权与人权的联系与区别何在？本文分析人权文书中与知识产权有关的条款，研究它们规定的究竟是什么性质的权利。

一、国际人权文书和有关国家宪法文本关于知识产权的规定

国际人权公约规定作者、创造者和发明者的权利始自1948年5月2日美洲国家组织第九次国际会议通过的《美洲人类权利和义务宣言》。由美洲国家司法委员会负责起草并完成的这一宣言在第13条规定了“文化福利权”(right to the benefits of culture)，确认：“人人有权参与社会文化生活，欣赏艺术，分享知识进步尤其是科学发现产生的利益。同样的，关于他的发明或由其所创作的任何科学、文学或艺术作品而产生的精神的和物质的利益，有享受保护的权利。”[②]

1948年《世界人权宣言》是构筑人权体系的划时代文献。《宣言》并没有直接明了地提及知识产权，在第27条第2款宣示：“人人对由于他所创作的任何科学、文学或美术作品而产生的精神的和物质的利益，有享受保护的权利。”与之密切相关的是第27条另一规定：“人人有权自由参加社会的文化生活，享受艺术，并分享科学进步及其产生的利益。”

《世界人权宣言》所宣示的“权利”在《经济、社会和文化权利国际公约》（1966年）和《公民权利和政治权利国际公约》中得到进一步发展。《经济、社会和文化权利国际公约》第15条第1款第3项规定，缔约各国承认人人有权“对其本人的任何科学、文学或艺术作品所产生的精神上和物质上的利益，享有被保护之权利”。

以上人权文书的相关规定，使得有些学者认为知识产权具有所谓“人权属性”。[③]从各国的宪法文本来看，在各国宪法中我们很少见到明确规定知识产权是人权的条款。目前只见到1995年11月通过的《阿塞拜疆宪法》直接将知识产权规定为受到宪法保护的普遍意义上的人权。该宪法第二编“基本权利与自由”，明确设立了两章：“人的权利与自由”、“公民的权利与自由”。知识产权与生命、自由、财产、平等、思想与言论自由等权利均规定在“人的权利与自由”一章之中。该宪法第59条规定：在阿塞拜疆境内，人的权利与自由直接生效。[④]

各国宪法都有保护财产权的规定，一般的扩大解释可以认为这些保护财产权的宪法条文同样适用于作为无形财产的知识产权。

美国宪法第1条规定的是立法权问题，其中有两个条款是知识产权保护在宪法上的“法源”。美国宪法第1条第8款第3项是所谓的“贸易条款”，是美国国会制定美国的联邦商标法和反不正当竞争法（1947年兰哈姆法）的依据，它规定国会有权“管理与外国的、州与州间的，以及对印第安部落的贸易”。美国宪法第1条第8款第8项是所谓的“版权与专利条款”，是美国国会制定版权和专利法的依据，它规定“为促进科学和实用技艺的进步，对作家和发明家的著作和发明，在一定期限内给予专利权的保障”。

二、关于知识产权属于基本人权的主要观点及评价

1. 第一种观点认为知识产权作为人权，源于它是一种自然权利。

在西方政治法律史上，约翰·洛克、胡果·格劳秀斯和托马斯·霍布斯等自然法学代表人物都用自然法理论论证财产权的自然属性。其中洛克是财产权自然法理论的最具代表性人物。洛克认为，生存权、自由权、财产权是人与生俱来的权利。其中，洛克最重视财产权，他认为自然状态的自由是以财产权作为其核心的，因为人既然享有生命权，就需要有维持生存的各种物品。财产被当成了天性，是人生追

求的重要目的。造物主赋予人们生存权，就同时赋予人们通过财产来维持生存的权利。在人类之初，世界上的东西都归人类所共有。虽然自然界的万物一开始为人类所共有，但每个人对自己的人身享有一种排他性的所有权和由自己支配的人身自由权，而他的身体所从事的劳动是"劳动者的无可争议的所有物"。所以通过劳动，人就在为人类所共有的自然物品上掺进了他的劳力，从而排斥了其他人的共同权利，确立了对该自然物品的财产权："在最初，只要有人愿意对于原来共有的东西施加劳动，劳动就给予财产权。"因此，财产权来源于人的劳动。当一个人通过劳动把人类共有的自然物品据为私有时，他必须受到双重限制：一是他必须留下同样并且足够好的给其他人，二是以他自己的生活享用为度，不得浪费，以防止腐烂。但是，货币不会腐烂。所以人们可以通过占有货币来占有无限多的财产。个人通过劳动获得财产，在他还留有足够的同样好的东西给他人的情况下，某些东西被占完了也没有关系。[5]虽然在洛克的理论中，财产权是一种核心的自然权利，但正如石元康先生所言，"洛克理论中的财产权却是一种奠基在别的更基本的自然权利之上的。这些更根本的自然权利包括生存权及人身权等。"[6]因此，将财产权作为一种自然权是洛克对抗封建专制的手段。而自然法所描述的并体现在法国《人权宣言》中的保证私有财产不受国家侵犯的原则更成为是现代西方政治和法律学说的基石之一，也成为人权学说的滥觞，它深刻影响了包括《世界人权宣言》在内的国际人权文书。

知识产权的自然权利说认为，人类在创作了相关作品、发明了相关的技术和采纳了相关的商业标记之后，就自然享有权利。[7]洛克的财产权是自然权利思想直接影响了知识产权的正当性学说。正如有的学者所言："作为财产总概念的一部分，知识产权应该被纳入到财产的范围，因为，绝大多数人相信知识产权具有财产的属性。"尤其是在大陆法系国家，有关知识产权的自然权利属性理论得到继续深化，"其结果是法定版权保护在现在或许比任何英美国家更被认为是一种对作者自然权利或人权之于他的创作的经济和精神成果的认可和完善。"[8]

我国学者也有人认为知识产权是与生俱来的自然权利，例如吴汉东教授指出："作为私权的知识产权有如下特点：第一，它是'天赋之权'。近代启蒙思想家认为，天赋人权是利己主义的权利，即是私有财产神圣不可侵犯的权利。因此，知识产权是'天赋'的、'与生俱来'的，它不应由国家特许而产生；第二，它是'普世之权'。近代人权理论的视野中，财产权与其他人权一样，是超时代、超社会的普遍权利。因此，知识产权是'普世'的，是一种'普遍权利要求'，它不可能是个别的、局部的行政庇护……"[9]

然而，用自然权利的理论来解释知识产权面临一系列问题。问题之一，当人们用自然权利来论证知识产权时，必须要阐明知识产权是否属于自然财产权。一种可能的回答是知识产权一定是财产权，因为世界上的法律都已经承认知识产权是私人财产权。这种观点不能成立的道理很简单，因为自然权利的定义不能依赖于法律的宣告。另一种可能的回答是将洛克的有形财产理论用于解释作为无形财产的知识产权，但这种解释和论证也难以自洽，洛克关于财产权的学说是用于解释有形财产的，用于解释无形财产则很成问题。因为洛克理论认为，人类共有物变成个人私有物的内在依据之一是人的自然需要，"人类享有生存权而且唯一可行的、能使他们生存的方式就是各自占有必要的物资来为自己提供食宿"，也就是说特定的生活必需品是不能公有的，因为在使用上具有排他性，就必须为特定的个人占有才能满足需求，但作为智力产品并非如此，"对其使用并非生存所必需，而且，它们可以被无数人同时或连续地使用而不耗尽。"[10]问题之二，财产权是否必然就是人权。[11]对此我们不妨参考美国学者H. G. Shermers关于财产权是基本人权的分析。H. G. Schermers认为，大多数财产权都不能归入到人权范畴。他认为人权与财产权都可以被划分为诸多范围，基本人权的国际保护体现在国际法律文献中，不仅要包括权利，而且要包括义务和相应的国际执行机制。他认为大多数财产权都无法归入这种基本人权的范畴。如果离开了某种财产权的运作，诸如生命之类的基本人权就会受到严重影响时，该财产权被视作基本人权才是合理的。换言之，财产权是否属于基本人权范畴要视人们对其需要程度而言，只有事关实现基本人权的财产权才能归入人权范畴。[12]而对知识产权而言，只有与实现基本人权有关，即如果离开了某种知识产权，人的生命、自由就会受到影响，这类知识产权才应归于基本人权范畴。而知识产权是否具有此种属性，何种知识产权具有此种属性，尚需我们详尽地加以考察。问题之三，知识产权具有时间性，其存在有一个时间上的限制，或者有一定的法定权利期限（版权或专利），或者必须通过继续注册才能得以展期（商标）。例如大多数国家法律规定文字作品版权的保护期限是"作者有生之年加死后50年"，发明专利的保护期限是从申请人申请之日起20年，实用新型和外观设计的保护期限是从申请人申请之日起10年；商标的保护期限是自注册之日起10年，可以在期满前申请续展。[13]而自然权利是没有时间限制的，无论何种自然法学说都认为自然法是自然权利不可能有时间上的限制。最强的自然权利不外乎生命权和自由权，而这两种权利并没有时间限制。

2. 第二种观点认为知识产权保护的是创造者的人格，所以知识产权应该属于人权。

关于知识产权正当性的人格理论的灵感来源是康德和黑格尔的学说，人格理论其实与财产自然权利的思想异曲同工，只是人格理论强调财产与人格的关系。有学者认为：在康德有关作者权利的根据中，有关道德权利被当作是作者决定作品命运的权利主张，不仅是关于作品的主张，而且同时是保护作者人格的主张。而"黑格尔的'财产是人格的凝聚'的主张已经引导某些人去编造一种理论与艺术客体之间的联系。这是一条充满疑惑的道路，使得许多知识产权理论家趋之若鹜"。[14]大陆法系学者常常以此强调作者名誉的重要性和知识产权的非经济因素，这些因素成为大陆法系著作权法中精神权利的哲学基础，论证知识产权正当性的人格理论常常被用于证明大陆法系"作者权利"。在现代西方学术界有些关于知识产权属于基本人权的理论认为，知识产权作为保护信息产品创造者和信息产品之间的联系因素，应属于人权范畴，因为它们保护的是创造者的人格。但美国知识产权法专家休斯就指出，诗歌、小说和音乐已经成为"人格的自然容器"，而其他的对象如专利、外观设计和商业秘密并不能明显表现个人人格。[15]可见不是所有种类的知识产权都能够表现人格。何况被用于证明人格理论的典型例证——大陆法系著作权法中的作者"精神权利"，其本身并不具有广泛性。美国在1990年制定《视觉艺术家权利法》之前，美国版权法并不保护作者的精神权利。而且《视觉艺术家权利法》对"精神权利"也只是一种非常有限的保护。[16]既然只有少数的知识产权与人格有关，那么我们就有理由质疑一种以人格为基础的理论能否证实所有的知识产权。结论只能是只有非常有限的知识产权可以进入人权范畴。即使我们接受了知识产权中确有某些人格权可以归属人权范畴，那也不意味着所有的知识产权都保护知识财产创造者的人格利益，因之就推导出知识产权是普遍人权的结论。如果我们不硬要以黑格尔的财产权人格理论为逻辑起点，工业产权其实就是纯粹的经济权利。

3. 第三种观点认为知识产权已经得到了普遍承认，当然地成为普遍人权。

认为知识产权是人权的论者最常用的论证手段是举出我们前面所列的有关国际人权法律文书条款，或者列举有关知识产权保护本身的国际条约和国内立法。借此论证知识产权已经得到了普遍承认，故当然地成为普遍人权。[17]

对于有关国际人权法律文书条款规定的权利性质，我们留待后文分析。而人们所列举有关知识产权保护本身的国际条约和国内立法，十分明显的是，只有极少数法律条文（《阿塞拜疆宪法》）宣称知识产权是基本人权。

自从1474年颁布了世界上第一部对发明创造给予专利保护的法规以来，经历了数百年的知识产权制度已经趋于比较稳定与成熟。[18]从《巴黎公约》和《伯尔尼公约》到世界贸易组织《与贸易有关的知识产权协议》，有关知识产权保护的国际条约体系构筑起十分强大的知识产权国际法律制度。世界各国，无论是发达国家还是发展中国家，基本上都建立了十分精致的国内知识产权法律制度。毫无疑问，当今世界知识产权已经得到了普遍承认。但仅仅因为得到承认，知识产权就理所当然地成为普遍人权吗？诚然，人权是得到普遍承认的权利，它既被国际法所承认，也为大多数国家的国内宪法、法律和司法实践所承认，但我们不能简单地认定凡是得到普遍承认的权利就是人权。将被普遍承认的权利界定为普遍人权，其实是有悖于人权传统的。“人权是一项特殊的权利，其最基本的含义在于他们是至高无上的道德权利。”[19]特别是对以道德实在论的态度衡量人权的人而言，普遍权利并不存在于是否被承认的基础之上。一种普遍的道德权利应当存在于实在法律的框架之上。尽管非道德实在论者（如实证主义）认为人权的存在应当决定。它们已被国家实在法所接受，但决定某项权利是：享有普遍人权的地位，也不能仅仅凭该项权利是：被承认来作出准确判断。有学者谈到这一问题时如是比喻：国际机构管理机场旅客相互影响的规则已经得到全世界普遍承认，难道由此就可以推断出“排队”的权利就同生命和自由权具有同样普遍的地位吗？[20]无论是否是道德实在主义者，都认为有普遍人权的理想中包含更多的东西。例如，人权学者 J. W. 尼克尔阐述在《世界人权宣言》中奠定基础的人权概念时指出：“人权的存在独立于特定国家法律体系对它的承认或者执行。”[21]换言之，人权作为道德权利，独立于法定权利。不管一国的实在法是否承认某项人权，该项权利的普遍性都是不可否认的。

认为知识产权已经得到了普遍承认，故当然地成为普遍人权的观点其实是在简单地进行一种人权的“承认测试”，认为知识产权在国际法和国内法上广泛得到承认，所以它们是人权。由我们前面所阐述的道理进一步推论，如果普遍承认的规范就一定能自动进入人权规范体系，那么就会得出所有的法定权利都属于人权的结论。简单地通过实定法进行人权“承认测试”，显然会导致人权泛滥的结果。

可见，认为知识产权得到广泛承认，故可视基本人权的观点是不能成立的。问题在于，我们究竟应当如何界定知识产权同人权之间的联系？

三、知识产权与人权之间的交集和区别

知识产权同人权之间的密切联系表现为知识产权具有人权含义。[22]我国学者吴汉东教授如是诠释知识产权的人权含义：“从《美洲人类权利和义务宣言》到《世界人权宣言》，主要国际人权公约都赋予了知识产权的人权意义。这种权利包括两个方面的内容，首先是创造者对自己的智力创造成果所享有的权利，其次是社会公众分享智力创造活动所带来利益的权利。这两项权利紧密联系在一起，都是国际社会承认的基本人权。这一规定揭示了知识产权制度的均衡保护思想，即知识财产独占权的保护与知识财产利益的合理分享，构成了现代知识产权法的完整内容。”[23]

笔者认为，知识产权的人权含义应当从以下方面理解：首先，在知识产品中凝结了人类的创造性劳动，对智力成果的保护本身表现了对人类智慧的尊重，体现了人类的内在价值；其次，对于具有人格因素的智力成果，保护作者享受由自己的科学性、文学性或艺术性的作品发生的精神性利益，体现了人类的尊严；再次，对创造者物质性利益的保护是维护以智力活动为生的作家、艺术家和科学家、发明家等人的生存权利，能够保证他们必需的生活水准和继续从事创造性活动的必要物质条件，实质上含有生存权和劳动权的意蕴。正如美国人权学者奥德丽·R. 查普曼所言：“创造性作品、文化遗产和科学知识被转化为财产，这种行为具有重要的人权含意。从《美洲人类权利和义务宣言》规定开始，主要国际人权公约都承认，智力产品作为人类创造力和尊严的表达形式，具有其本身的价值。”[24]但知识产权本身不是人权。人权与知识产权有以下区别：

1. 人权具有基本性和普遍性，而知识产权具有国家授予性和可让与性。

人权是基本的、不可让与的普遍的权利。虽然并不存在被人们普遍接受的人权定义，但人权的普遍性却被广泛认可。根据 1948 年《世界人权宣言》“序言”所明确表达的精神，以

及《世界人权宣言》每一条款的用语所宣示的理念，人权是普遍的权利。人权这一术语本身就表明，人权是只要是人就可以享有的权利。1776年美国《独立宣言》就严正声明："我们认为这些真理是不言而喻的：造物者创造了平等的个人，并赋予他们若干不可剥夺的权利，其中包括生命权、自由权和追求幸福的权利。"

1993年维也纳世界人权大会有一句著名的口号："全部人权是为每一个人的"，通俗地表明了人权的普遍性特征。"人权概念的出发点，是从每个成员与生俱来的尊严开始的。这一点得到了《世界人权宣言》和1966年人权两公约的承认。"[25]"这种权利属于每个人，在一定条件下属于个人或社区组成的群体。"[26]社会群体作为人权的主体包括妇女、儿童、残疾人、移民、难民和少数民族等，而人民作为集体人权主体则享有自决权和发展权。

知识产权则是一种以作为无形财产的智力成果为客体的特殊的民事权利。其权利的主体可以是自然人，也可以是法人，当代的发展趋势是知识产权越来越成为公司所拥有的权利。知识产权具有国家授予性或法定性，是国家通过制定法授予的权利，权利的范围、保护的对象、保护的时间均以主权国家的法律规定为前提。从知识产权产生和发展的历史看，知识产权是由国王授予的封建特权发展而来，并最终演变成为完整的国内制定法和国际条约法。[27]而且，"只要考察知识产权制度建立的历史，我们就会发现一个非常有趣的现象：不论是成文法系还是判例法系，在知识产权方面，无一例外的都是通过立法即制定法来保护知识产权。"[28]知识产权具有时间限制，这种时间性也是法定的，"法定时间性，是指法律明确对知识产权规定了统一的时间，越过了这一时间界限，权利归于消灭。"[29]知识产权具有严格的法定程序性，商标权的取得必须履行法定的注册程序，专利权必须经过申请、审查和审批才可获得。同样是专利保护，各国的保护期限有所差异。同样是专利申请，大陆法国家采取的是先申请原则，而美国采纳的是先发明原则，究竟是将专利权授予先申请人还是先发明人，完全取决国内制定法的认可。

知识产权可以让与、可评估、可交易，甚至可以被权利人抛弃或者被国家废弃。无论是专利权、商标权还是著作权，甚至是商业秘密，知识产权所有人都可以自愿将权利整体或部分转让；在一定条件下，即使权利人不愿转让，国家还可以为了社会公共利益实行"强制许可"。在诸多国家，"专利权都被视为可以通过实在法任意改变、限制并最后予以废除的权利"。[30]

诚如联合国经济和社会理事会经济、社会和文化权利委员会《一般性评论第17号(2005)》中指出的："与人权截然不同，知识产权一般是有临时性的特征，它可以被废除、被许可或者被转让给他人。在大多数知识产权制度下，知识产权除了精神权利之外，是可分配的、有时间和范围限制的、可交易的、可修正的，甚至是可征用的。"[31]

2. 人权具有道德性和终极性，而知识产权具有经济性和工具性。

人权同时又是一项特殊的权利，其最基本含义在于它们是至高无上的道德权利。[32]所有的人虽然都应当享有同样的人权，而在实际生活中并非所有人都享有他们的全部人权，更不用谈平等地享有了。人权不仅为国际法所确认，也为大多数国家的国内宪法、法律和司法实践所承认。"因此，相同的'事情'，如获得食物、不受歧视或自由结社，通常有几种不同的权利来保证。人们主要在国内法律和实践不能有效保障人权的时候需要人权。"[33]另外，虽然人们将人权作了区分，例如"公民权利和政治权利"同"经济、社会和文化权利"的划分，但人权是相互依赖并且不可分割的。虽然迄今为止没有一个人人认可的、统一的详尽的人权定义，但通过人们对人权概念提出的种种解释或定义，一般而言都认为只要是人就有人权，人权是一种道德权利，除非由实在法规定，才同时具有法定权利的性质。

人权是平等地属于所有的人的普遍的道德权利。英国学者米尔恩指出：人权一定要是普遍道德权利，而尊重人权是普遍的最低限度的道德标准的要求。"低限道德标准的普通适用需要它所要求予以尊重的权利获得普遍承认。用明白易懂的话来说，它们是无论何时何地都由全体人类享有的道德权利，即普遍的道德权利。”[34]而这种权利是人与生俱来的，它与人的尊严、人的内在价值紧密联系。“人类被认为具有这些平等的、普遍的道德权利，这仅仅是因为他们属于人类（human），或因为他们是人（persons）。”[35]人权作为道德权利具有终极性、自证性和逻辑上的优先性。美国学者范伯格认为：对于人类的普遍尊重在某种意义上是找不到根据的——他是一种终极态度，而这一点本身是不能用更终极的术语加以描述的。这种态度是自然而然地从以“人的观点”来看待每个人而产生的，但它并不是根据任何比它自身更为终极的东西，而且这种态度显然不是可以用理由来证明的。[36]换言之，人权的正当性可以自我证明或者无须证明。澳大利亚社会学家卡曼加（E. Kamenka）认为，“人权概念现在已不再同信仰上帝或古典自然法联系在一起了……就像一般道德一样，人权概念是以它自己的道德的，有时甚至是以逻辑的优先性，与这样一种富有道德的观念联系在一起，即：作为一个人或人民意味什么，或者是合乎道德的行为又意味什么。”[37]

知识产权是经济巨权利，专利、商标、商业秘密等工业产权从来就被看作经济权利，而在版权方面，在普通法系国家，版权就是一种财产权，“构成版权的各种权利都仅仅是为了保证享有这种财产权可能产生的经济利益。”[38]在大陆法系国家，虽然作者还享有精神权利，但经济性权利还是主要方面。正是因为能够产生大量的经济利益，国家才通过制定法的方式来保护知识产权。正如 Peter Drahos 所指出的：通过制定知识产权法而创设的权利是工具主义的权利。知识产权不是正义的基础，而是实现正义的工具，[39]尤其在当代，知识产权已经成为各国发展经济、执行产业政策的工具。否则，作为“私权”的知识产权为什么屡屡成为发展中国家与发达国家政府之间的谈判内容？美、日、欧等发达国家及韩国、新加坡等发展中国家都纷纷制订或即将制订本国或本地区的知识产权战略，也表明知识产权实质上已经成为国家发展经济的工具。[40]立法上的工具主义实质上是秉承了杜威（Dewey）思想的工具主义（instrumentalism），其哲学基础依然是在西方知识产权理论中占主导地位的功利主义（utilitarianism），所追求的法律价值是社会利益的最大化，所关注的不是法律的抽象内容，而是法律实施的具体后果。1987 年，美国法经济学的开拓者波斯纳就公然断言，“法律现在公认是控制社会的工具。”[41]这也准确说明了知识产权法律的性质。联合国经济和社会理事会经济、社会和文化权利委员会《一般性评论第 17 号（2005）》明确指出：“知识产权首先是国家激励发明创造，鼓励创新产品的传播的工具，同时也是鼓励文化本体发展，为了社会整体利益维护科学、文学和艺术产品完整性的工具。”[42]通过制定知识产权法而创设的工具主义的权利，显然与作为道德权利的人权不是一回事。在人权的视角下，“从基本原理上讲，它与知识产权法规定的经济利益有所不同。”“与知识产权法的个人主义相比，人权学说也承认，作者、艺术家、发明者或创造者可以是一个组织、一个团体或一个个体。人权定位表明，智力产品作为人类尊严和创造力的表达形式具有内在价值。换言之，艺术和科技著作首先不是经济商品，商品的价值是由其实用性和经济价格标记来决定的。”[42]

我们上面分析了知识产权与人权的联系与区别，要进一步认识知识产权与人权的关系，还必须解释清楚《世界人权宣言》第 27 条和《经济、社会和文化权利国际公约》第 15 条规定的权利性质。

很少有文献对第 15 条范围和成员国的相关义务作出界定，也没有任何一个国内或国际的法律机构对此作出过规范性的法律解释。联合国经济和社会理事会之下的经济、社会和文化权利委员会，作为专事观察《经济、社会和文化权利国际公约》遵守情况的监督机构，直到 2006 年 1 月才发表了《一般性评论第 17 号（2005）》，针对第 15 条做了规范性解释。这应当是迄今为止第一个解释第 15 条的标准性文献。从这个规范性解释中，我们也可以看出知识产权在人权视野中的性质和特点。笔者将该文献的主体部分移译如下：

联合国经济和社会理事会经济、社会和文

化权利委员会的《一般性评论第17号（2005）》中写道：

“1. 每个人对于其本人的任何科学、文学或艺术作品所产生的精神或物质上的利益，享受被保护之权利，这是源自所有人与生俱来的人的尊严和价值。这一事实使（《经济、社会和文化权利国际公约》）第15条第1款第32项规定的权利以及其他人权同知识产权制度内承认的大多数法定权利得以区别。人权是基本的、不可让与的普遍的权利。这种权利属于每个人，在一定条件下属于个人或社区组成的群体。人权是基本的，而且是人们与生俱来的；而相比之下，知识产权首先是国家激励发明创造，鼓励创新产品的传播的工具，同时也是鼓励文化本体发展，为社会整体利益维护科学、文学和艺术产品完整性的工具。

2. 与人权截然不同，知识产权一般是有临时性的特征，它可以被废除、被许可或者被转让给他人。在大多数知识产权制度下，知识产权除了精神权利之外，是可分配的、有时间和范围限制的、可交易的、可修正的，甚至是可征用的。而获益于保护人们的科学、文学或艺术作品所产生的精神和物质利益的人权，其旨在维护作者与他们的创造物之间，人、社区或其他群体同他们的集体文化遗产之间的人的联系；同时也是为了维护让作者能够享有足够的生活水准所必需的基本物质利益。而知识产权制度主要是保护商业、投资以及公司利益。此外，第15条第1款第3项设定的作者的精神和物质利益的保护范围没有必要同各国国内法或者国际协议所设定的知识产权制度相一致。

3. 为此，重要的是不能将知识产权等同于第15条第1款第3项所承认的人权。享有获益于保护作者的精神和物质利益的权利，作为人权在一系列人权文书中得到承认。

4. 这种权利旨在鼓励艺术和科学创造者的积极贡献和社会的整体进步。由此，它同这一公约第15条承认的其他权利有着内在的联系，即参与文化生活的权利（第15条第1款第1项），享有科学进步及其应用所产生利益的权利（第15条第1款第2项），以及从事科学研究和创造活动必不可少的自由（第15条第3款）。这些权利与第15条第1款第3项所承认的权利相互联系，同时也相互充实，相互限制……”[45]

四、结　论

通过本文的理论分析和所引用的规范性解释，我们可以认定《世界人权宣言》第27条和1966年《经济、社会和文化权利国际公约》第15条规定的权利在性质上应当属于文化权利。联合国日内瓦办事处人权中心编写和出版的《人权概况介绍》（第16号）对《经济、社会和文化权利国际公约》第15条规定的权利称为“享受文化和享受科学进步利益的权利”。[45]第15条第1款第3项所承认的是作者、创造者对作品、发明创造受到保护而产生的精神和物质利益的取得权，其权利主体是人（个人或者群体），但不包括公司；是知识产品或智力成果的创造人，不包括通过让与取得知识产品或智力成果的所有人。而知识产权的权利主体可以是自然人，也可以是公司；可以是知识产品或智力成果的创造人，也可以是通过让与取得知识产品或智力成果的所有人。在此应当区分两类权利：一类是作为财产权的知识产权（Intellectual property right），一类是（作为文化权利的）对知识财产的人权（The human right to “intellectual property”）。

注释：

①Intellectual property right and humanrights, Sub-cmmission on Human Rights resolution 2000/7, E/CN. 4/SUB. 2/. 2000/7.

②3月30日至5月2日，美洲国家波哥大、哥伦比亚第九次国际会议通过的《美洲人类的权利和义务宣言》第13条第18、19页。泛美联盟第30号决议：《会议最后决议》，1948年，华盛顿特区，第38—45页。原文：Article Ⅷ. Every person has the right to take part in the cultural life of the community, to enjoy the arts, and to participate in the benefits that result from intellectual progress, especially scientific discoveries. He likewise has the right to the protection of his moral and material interests as regard his inventions or any literary, scientific or artistic works of which he is the author.

③我国最早提出知识产权具有“人权属性”观点的是中南财经政法大学吴汉东教授，参见《知识产权的私权与人权属性——以〈知识产权协议〉与〈世界人权公约〉为对象》，载中国民商法律网，最后浏览时间：2006年1月21日。

④莫继宏：《国际人权公约与中国》，世界知识出版社2005年版，第29页。

⑤［英］洛克：《政府论》（下篇），商务印书馆1964年版，第19、21、29、33页。

⑥石元康：《洛克的产权理论》，载石元康：《从中国文化到现代性：典范转移?》，三联书店2000年版，第224页。

⑦李明德：《美国知识产权法》，第8页。

⑧曲三强：《知识产权法原理》，第20~21页。

⑨吴汉东：《关于知识产权私权属性的再认识——兼评“知识产权公权化”理论》，载中国民商法律网，最后浏览时间：2006年1月

⑩［美］威廉·费歇尔：《知识产权的理论》，黄海峰译，载刘春田主编：《中国知识产权评论》，商务印书馆2002年版，第24页。

⑪著名人权文书关于财产权是否属于人权的规定不尽一致。法国《人权宣言》、《世界人权宣言》都规定了财产权，但美国《独立宣言》、《经济、社会和文化权利国际公约》和《公民权利和政治权利国际公约》都没有规定财产权。

⑫H. G. Schermers，*The international protection of the right of property*，in F. Matscher and H. Petzold（eds.），Protecting Human Rights：The European Dimension（Carl Heymanns Varlag KG，K?In，1988）pp. 565—580.

⑬参见《中华人民共和国著作权法》“第三节：权利的保护期”，《中华人民共和国专利法》第42条，《中华人民共和国商标法》第37条。

⑭曲三强：《知识产权法原理》，中国检察出版社2004年版，第28页。

⑮See Justi hupghes，*The personality Interest of Artists Inventors in Intellectual property*，16（1998）Cardozo Arts&Entertainment Law Journal，p. 81.

⑯尽管美国国会在加入伯尔尼公约时说，美国版权法以外的相关法律已经保护了作者的精神权利，但在1990年还是通过了一个《视觉艺术家权利法》，修改版权法，保护视觉艺术作品作者的精神权利，如署名权和保证作品完整权。有关规定已经纳入美国版权法的第101条和第106条之一等条款中。事实上这是一种非常有限的保护，绝大多数作品的作者还是排除在了享有精神权利的范围之外。李明德：《美国版权法》，法律出版社2003年版，第202~203页。

⑰See INTELLECTUAL PROPERTY RIGHTS AND HUMAN RIGHTS，By Tom Giovanetti and Merrill Matthews，Ph. D. FROM THE IPI CENTER FITECHNOLOGY EDOM，NO. 34，SEFIEMBER 2005.

⑱刘春田主编：《知识产权法》，中国人民大学出版社2000年版，第16~17页。

⑲［美］杰克：《国际人权》，转引自国际人权法教程项目组编写《国际人权法教程》第一卷，中国政法大学出版社2002年版，第8页。

⑳darhos The Universality of Intellectual Property Rights：0rigns and Development，P14，WIPO Panel discussion on Intellectual Property and Human rights Geneva，November 9，1998.

㉑See J. W. Nickel，Making Sense of Human Rights，University of California Press，Berkeley，1987. p. 3.

㉒我国学界最早提出知识产权同人权有本质区别的学者是宋慧献、周艳敏，参见：《冲突与平衡：知识产权的人权视野》，载《知产权》2004年第2期。

㉓吴汉东：《知识产权的私权与人权属性》——以《知识产权协议》与《世界人权公约》为对象，载中国民商法律网，最后浏览时间：2006年1月21日。

㉔美国科学促进会奥德丽·R. 查普曼：《将知识产权视为人权：与第15条第1款第3项有关的义务》，载国家版权局与联合国教科文组织合作出版：《版权公报》中文版2001年第3期。

㉕“人的安全网络”组织编写，《人权教育手册》，生活、读书、新知三联书店2005年版，第26页。

㉖联合国经济和社会理事会，经济、社会和文化权利委员会《一般性评论第17号（2005）》，E/C. 12/GC/17，12January 2006.

㉗普遍认为知识产权起源于中世纪施行的欧洲王室特权恩赐制度。具体论述参见郑成思：《知识产权法一新世纪初的若干研究重点》，法律出版社2004年版，第144~170页。

㉘李扬等：《知识产权基础理论和前沿问题》，法律出版社2004年版，第124页。

㉙刘春田：《简论知识产权》，载中国方正出版社《知识产权研究》第一卷，1996年5月版，第48页。

㉚See Peter. Drahos：A Philosophy of Intellectual Property，1996，Published by Dartmouth Publishing Company Ltd. England，p. 32.

㉛E/C. 12/C，CJl7. 12 January 2006.

㉜国际人权法教程项目组：《国际人权法教程》第一卷，中国政法大学出版社2002年版，第8页。

㉝国际人权法教程项目组：《国际人权法教程》第一卷，中国政法大学出版社2002年版，第8页。

㉞［英］米尔恩：《人的权利和人的多样性》，夏勇、张志铭译，中国大百科全书出版社1995年版，第7页。

㉟［美］M. 温斯顿：《人权的性质》，载http://www. Humanrights-china. org，最后浏览时间2006年2月18日。

㊱［美］范伯格：《自由、权利和社会正义》，贵州人民出版社1998年版，第134~136页。另参见叶传星：《人权概念的理论分歧解析》，载《法学家》2005年第6期。

㊲沈宗灵：《人权是什么意义上的权利》，载《中国法学》1991年第5期。

㊳世界知识产权组织编：《知识产权纵横谈》，张寅虎等译，世界知识出版社1992年版。

㊴See Peter Drah06，A philosophy of Intellectual Property，Dartmouth，1996. pp193.

㊵如美国从20世纪80年代里根政府开始实行知识产权发展战略，一是产业结构的调整，二是相应的知识产权改革，制定法律，重新界定知识产权的权利归属和利益分配，包括知识产权的实施者和推动者及管理者的权益。在对外方面，谋求美国知识产权权利人在全球利益的最大化，推动《与贸易有关的

知识产权协议》（Trips）的签署。由于WIPO仅限于口授权前的事务，不涉及到授权后的保护，因此在WTO领域内难以实现高标准，因为它没有WTO那样的强制措施。故美国寻求WTO的执行手段。日本以小泉内阁在20世纪90年代的变革为转折点，提出了“知识产权立国”的口号，通过政府和民间及企业联手。具体来说，企业重视利用专利，政府修改法律提供环境，这被认为是日本产业结构根本转变和发展转变的方式性革命。日本是在2002年通过了知识产权基本法，并在内阁成立了首相掌管的知识产权本部。参见马秀山：《美日知识产权战略的启示》，载《中国知识产权报》2001年11月1日第3版。

㊶何美欢：《美国法哲学的窥豹》，载理查德·克拉斯韦尔、艾论·施瓦：《合同法基础·序言》，法律出版社2005年版。

㊷E/C. 12/GC/17，12 January 2006.

㊸美国科学促进会奥德丽·R. 查普曼：《将知识产权视为人权：与第15条第1款第3项有关的义务》，载国家版权局与联合国教科文组织合作出版：《版权公报》中文版2001年第3期。

㊹GENERAL COMMENT No. 17（2005），The right of everyone to benefit from the protection of the moral and material interests resulting from any scientific. literary or artistic production of which he or she is the author（article 15，paragraph 1（c），of the Covenant），E/C. 12/GC/17，12January 2006.

㊺杨宇冠主编：《联合国人权公约机构与经典要义》，中国人民公安大学出版社2005年版，第26页。

（《法学家》2007年第5期，作者系浙江工商大学法学院副教授）

（二）公民权利和政治权利

谈谈言论自由

■朱穆之

大家都讲要言论自由，问题是要什么样的言论自由。

有不一样的言论自由吗？有。

比如，有人主张言论自由就是想说什么就说什么。而绝大多数人认为，言论自由不是也不能是想说什么就说什么。实际上就有这两种言论自由。

可以造谣诬蔑，谩骂诽谤，欲加之罪，何患无辞吗？似乎不会有人主张这种言论自由。但是实际上不仅有，而且并不少见。许多人在“文化大革命”中就曾尝到过这种自由的苦头。不仅对一个人，对一个国家也可以这样自由。

是不是可以宣扬凶杀残暴，奸淫掳掠，拐卖撞骗，邪教迷信？这对社会公众是极大危害，不应有这种自由。但是在影视、网络等媒体不是司空见惯，有的还哄传一时吗？

是不是可以鼓吹帝国主义、殖民主义、种族主义、法西斯主义、恐怖主义呢？这是危害世界和平安全，似乎绝不会有这种自由。但是不仅有，而且很嚣张。比如“主权观念已过时”，“人权高于主权”，自封世界领袖可以任意对别国实行制裁，甚至军事进攻占领。

还可以举出其他种种言论自由。人民绝不要这类言论自由。但是有些人就是要这类自由。

因此，言论自由大体可分为两大类，一是言论自由只能有益和无害世界、国家民族、社会公众的利益，另一类就正好相反。必须分清要哪类言论自由。

以中国来说，经过无数艰难曲折，流血牺牲，终于找到了中国特色社会主义的道路。实践证明，这是一条能使中国建成社会主义现代化强国、国家振兴、人民幸福的大道。为了中国特色社会主义建设，应该提倡和鼓励言论自由。那么，要什么样的言论自由呢？

言论自由无非三种，一是有宣传完善加强和促进发展中国特色社会主义建设的自由；一是有批评反对一切不利于中国特色社会主义建设的自由；一是有反对社会主义、实行资本主义的自由。

当然，中国广大人民要的和欢迎的是前两种，绝不要后一种。因为它不仅违反中国广大人民的意愿和完全不符合广大人民的利益，相反，会使人民再次陷入被压迫、被剥削和国家衰败、被他国欺凌的混乱落后挨打的悲惨深渊。

但是有人鼓吹言论自由，拐弯抹角地指责现在没有言论自由，吹捧西方式民主，实际上就是要有反对四项基本原则、反对建设中国特色社会主义和走资本主义道路的自由。西方一些国家极力指责中国没有言论自由，就是要有反对共产党和推翻社会主义政府的自由。

言论自由的另一个不同是怎样才是言论自由？有真言论自由，有假言论自由；可以表面上似乎自由，实际上没有自由。

言论自由是一个巴掌拍不响的问题，你能说，能表达，还要人能听到和看到。听不到，看不到，等于自言自语，所谓自由，不就是空的？

比如，你可以说，可以表达，甚至大声说，极力表达，但是人家用震耳欲聋的声音压倒你，连篇累牍地盖过你，让人听不到，看不到，你的所谓言论自由不也就没有什么意义。被有的人很赞扬的西方竞选实际就是如此。竞选靠的是金钱，言论自由要看有没有钱，钱多钱少。没有钱，就没有自由。你既然没有地方说，也没有地方表达，也就没有人能听到。钱多的多自由，钱少的少自由。你的钱少，声音小，也就传不开，听到的人也不多。

个人和少数人能有言论自由，多数人不行，这是真言论自由吗？在旧社会，所谓言论自由只是统治阶级少数人范围的事，广大工农群众无份，但是一些人把这种情况就说成是言论自由。

人都长了一张嘴巴，有了嘴巴就要说话，但是说话不是为说话而说话，而是为了与人沟通，表达自己的意愿，而且还要有反应。否则你说你的，就是不理你，你尽管可以说，却没有什么意义。

当然，不能每个人的意愿都要有反应，但是多数人，甚至绝大多数人的意愿应该有反映了吧。在资本主义社会，尽管广大的工农反对不公平，反对压迫剥削，人不可说不多，意见不可说不集中，可是权在统治的资产阶级手中，能有什么反应吗？要说反应，不是根本不理，就是坚决反对。这是真言论自由吗？

这些情况不只是在国内，在国际间也一样。弱国小国的意见如果不符合一些强国大国的利益，强国大国就可以让你的意见既听不到，也看不见。因为强国大国掌握着庞大的舆论机器。你的声音小，也进不到他们的势力范围。

比如，西方对西藏暴乱炒得沸沸扬扬。事实是暴乱分子打砸抢，杀了许多无辜的人，西方一些国家却反说是中国政府镇压藏族人民，杀了多少人。它们制造假照片，还编造了一份被杀人的名单。尽管中国介绍了种种事实真相，提供了现场照片，还对西方提出的被杀人名单一个个进行调查，说明名单上的许多人是子虚乌有，勉强可以查对的，却都好好地活着。但是西方对此一概封锁。人们听到看到的都还是西方的那一套。

对于西藏情况，西方一些国家也是伙同达赖，把黑的说成白的，把白的说成黑的。西藏在达赖统治时期，明明是比欧洲中世纪还黑暗的政教合一农奴制社会，是地狱，却被说成似乎是天堂。现在西藏已废除了政教合一农奴制，广大农奴、奴隶得到解放，做了新社会的主人，生活得到很大改善，却被说成西藏人民受到了奴役，天堂变成了地狱。关于西藏的情况，中国政府发表了白皮书，有许多介绍实际情况的书刊和报道，但是被封锁，一般人不知道。网上有一篇一个中国人和一位法国老板的对话很典型。法国老板完全相信法国报纸上关于西藏的一套：

宋（中国人）：你提到达赖喇嘛，你了解西藏吗？

巴（法国老板）：不了解。

宋：那你了解达赖喇嘛吗？

巴：抱歉，不了解。

宋：达赖是政教合一的统治集团的头。政教合一在法国是禁止的、非法的。

巴：这个我不了解。可是没有人对我讲。

宋：你知道在1959年西藏叛乱前是实行的什么政治制度吗？

巴：当然是民主制度。

从以上对话就可看到封锁的一斑了。在国际上，并没有真正的言论自由。

西方一些国家实际自己并没有真正的言论自由，却百般指责中国没有言论自由。中国是没有言论自由吗？中国之有今天，正是实实在在实行了言论自由的结果。不能说事无巨细，都听从了人们的好意愿，因此在言论自由方面还需要改进和完善。但是广大人民群众最主要的和最迫切的意愿，作为人民自己的政府，不仅是认真听取，而且切实努力实现。

新中国成立后，广大人民最主要和最迫切的意愿是解决温饱，生活不断得到改善，这个意愿实现了。广大人民的最大意愿是能民富国强，把中国建设成为社会主义现代化强国，这个意愿已在不断实现。

这不是完全符合言论自由的要求，是真正的言论自由吗？

实践是检验真理的唯一标准。言论是不是真正自由，要看实践的结果。

（《人权》2008年第4期，作者系中国人权研究会名誉会长）

中国改革开放与维护宗教信仰自由的实践

——纪念中国改革开放30周年和《世界人权宣言》发表60周年

叶小文

宗教信仰自由权利作为一项基本人权，一直受到国际社会的普遍关注。联合国通过的一些重要国际人权文书，如《联合国宪章》、《世界人权宣言》、《公民权利和政治权利国际公约》、《消除基于宗教或信仰原因的一切形式不容忍和歧视宣言》、《联合国关于在民族或种族、宗教和语言上属于少数群体的人的权利宣言》、《德黑兰宣言》和《维也纳宣言和行动纲领》等等之中，都有明确的有关宗教信仰自由的规定。这些规定或声明，比较集中地反映了世界上大多数国家和大多数人口对宗教信仰自由的基本看法，为国际社会保障人类的这项基本人权提供了公认的原则和主要依据。

中国政府制定并实行了正确的宗教信仰自由政策，较好地处理了中国社会主义条件下的宗教问题。特别是改革开放以来，中国宗教持续平稳健康发展。进入新世纪，中国政府提出了“全面贯彻宗教信仰自由政策，依法管理宗教事务，坚持独立自主自办的原则，积极引导宗教与社会主义社会相适应”的宗教工作基本任务，并逐步将之确立为宗教工作基本方针。中国公民的宗教信仰自由权利、信教公民的各项政治权利和公民权利都得到有效保护，中国在维护宗教信仰自由这项基本人权方面取得了长足的进步和丰富的实践。

一、中国尊重和遵循国际人权文书中有关维护宗教信仰自由的基本原则

（一）基本人权原则

宗教信仰自由是一项基本人权。人人享有宗教信仰自由，不得遭受任何强迫和压制。[①]属于少数群体的人、妇女、儿童、残废者、无国籍人、俘虏和难民等的宗教信仰自由权利，特别应当注意保护。[②]宗教信仰自由包括选择、维持、改变宗教信仰和以适当方式表达这种信仰的自由。[③]

（二）不歧视原则

反对基于宗教信仰原因的一切形式的不容忍和歧视。不容忍和歧视，是指以宗教或信仰为理由的任何区别、排斥、限制或偏袒，其目的或结果为取消或损害在平等地位上对人权和基本自由的承认、享有和行使。国际社会认为，在涉及有关宗教信仰自由的问题时必须促进谅解、容忍和尊重；任何国家、机关、团体或个

人都不得以宗教信仰为理由对任何人加以歧视；当在公民、经济、政治、社会和文化等生活领域里出现基于宗教信仰原因的歧视行为时，有关国家均应采取有效措施予以制止及消除。④

（三）法律保障原则

宗教信仰自由需通过各个主权国家的立法及有关措施付诸实现并加以保障。行使宗教信仰自由权利不得违反法律规定，不应危害社会公共利益和他人的基本权利。各国政府根据其国际义务，均应致力于制订或废除法律以及采取适当措施保障宗教信仰自由，禁止任何宗教不容忍行为。⑤同时，人们表示自己宗教信仰的自由，须受法律所规定的以及为保障公共安全、秩序、卫生或道德、或他人的基本权利和自由所必需的限制。⑥

（四）加强对话原则

提倡宽容，以对话代替对抗，促进世界和平友好。宗教信仰自由应有助于实现世界和平、社会正义和各国人民友好；应促进各国、各种族或各宗教集团间的了解、容忍和友谊；应加强对话，不搞对抗。⑦各国之间的和平理应受到一切重要的政治、社会和宗教运动的最崇高的尊重。⑧

（五）尊重别国主权原则

不得利用宗教干涉别国内政。尊重国家主权，不干涉别国内政是处理国际关系的一条普遍准则，其中包括不得利用宗教不容忍煽起民族间和国家间的仇恨，或作为外国干涉他国内政的手段。⑨国际社会应站在同样的地位上，用同样重视的眼光，以公平、平等的方式全面考虑和尊重各国的宗教信仰自由实践。⑩

中国正是在一直坚定不渝地奉行国际人权文书中所体现的上述基本原则的基础上，努力建设和推进中国维护宗教信仰自由的理论和实践，在中国改革开放30年的进程中，取得了巨大的进步和成就。在我们中国纪念改革开放30周年的日子，我们郑重承诺，仍将一如既往地奉行这些基本原则，继续推进维护宗教信仰自由的事业。在我们纪念《世界人权宣言》发表60周年之际，我们也将继续向国际社会呼吁应不断重申这些需要共同遵循的基本原则。

二、中国维护宗教信仰自由的基本经验

在贯彻以上基本原则的过程中，中国基于自己的历史传统、现实国情和丰富实践，创造了自己的经验，为人类实现《世界人权宣言》关于维护宗教信仰自由的基本精神，作出了应有的贡献。

中国尊重宗教信仰自由，有深厚的历史文化传统作为其基础。中国传统文化以儒家思想为主流，提倡求同存异、兼容并蓄，积极吸纳世界上各种思想和文化，主张“和为贵”，“己所不欲，勿施于人”，“慎终追远”，“以人为本”。中国文化的这种追求和谐互补、多元并存和“以人为本”的传统，为近现代在全社会提倡尊重宗教信仰自由的精神，奠定了深厚的历史、文化、人文和社会基础。由于中国文化的特殊品格，中国历史上在信教与不信教者之间，在信仰不同宗教者之间，极少因为宗教信仰而发生大规模的纠纷或争斗，更没有发生过西方中世纪那样的野蛮的宗教战争，而是更多地像西方近代著名思想家洛克的《论宗教宽容》一书中所主张的那样，体现出对不同宗教的理解与宽容。

中国历代的统治者多倡导儒学。基于儒学的基本理念，一般对各种宗教一视同仁，实行较宽容的宗教政策。同时，各宗教也在不断与社会的适应、调和中和睦相处，逐渐形成今天中国佛教、道教、伊斯兰教、天主教和基督教（新教）并存的格局。在数千年的文明发展史中，中国没有出现政教合一的王朝，没有产生过占垄断地位的国教，这也为近现代意义上的宗教信仰自由，提供了融洽的社会环境。

当前国际上一些地区民族纷争、宗教冲突时有发生，而在中国，民族、宗教方面始终保持着稳定和谐的局面，各个宗教和睦相处，信教的与不信教者，信仰不同宗教、不同教派者互相尊重，友好相待。宗教界人士认为，欣逢盛世，政通人和，现在是中国宗教的“黄金时期”。这固然得益于中国为宗教信仰自由精神所奠定的深厚的历史、文化、人文、社会的传统，更有赖于中国在向现代化迈进的过程中，把对公民宗教信仰自由权利的保障，奠定在各种坚

实的基础之上。

在中国，无论是执政者还是社会各界都认为，宗教有其客观发展规律，宗教问题具有长期性、群众性和特殊复杂性。宗教将长期存在，宗教的消亡可能比阶级和国家的消亡还要久远。国家不能用行政力量消灭宗教，也不能用行政力量去发展宗教。中国有一亿多群众信教，还有难计其数的人群有自己的民间信仰。以“为人民服务”为宗旨的人民政府，必须尊重和保护如此巨大数量的群众的信仰选择，尊重他们的精神需要，真诚地为他们服务。宗教信仰自由政策是一项长期的、基本的，必然要在中国一以贯之、真心诚意实行的政策。像在“文化大革命”中那样践踏宗教信仰自由的灾难，只是特殊时期的不正常情况，已经通过中国政府和人民的自我反思和拨乱反正，通过大量的“落实政策”工作，切实加以纠正。在未来的中国，这样的灾难绝不允许、也绝不可能再度发生。中国已走向了依法治国，建设社会主义法治国家之路。中国政府在不断推进依法保护公民的宗教信仰自由权利、依法保障宗教信仰自由政策的实施。

在中国维护宗教信仰自由的实践中，可以总结出以下五条经验：

（一）把宗教信仰自由奠定在国家法律保障的基础上

宗教信仰自由真正实现要有法律的保障。除宪法第36条有明确规定外，根据宪法的规定，中国的刑法、民法通则、民族区域自治法、义务教育法、人民代表大会选举法、村民委员会组织法等相关法律中，都有保护宗教信仰自由，不得歧视信仰宗教或者不信仰宗教公民的条文。依法对社会事务进行管理，是现代法治国家的重要标志。我们对于涉及国家利益和社会公共利益的宗教事务，也需要进行依法管理。这种管理，一方面要保障宗教界和信教公民的合法权益，同时也要对政府部门依法管理宗教事务的行政行为进行规范和监督。

国家法律的保障，使享有宗教信仰自由权利的主体具有广泛性。中国在强调保护信教自由的同时，也强调保护不信教的自由，把两者置于同等重要的位置，从而在完整意义上体现了宗教信仰自由。这是对公民宗教信仰自由权利更充分、更全面的保护。

国家法律的保障，使宗教信仰自由权利的实行具有公平性。在中国，人人在法律面前一律平等。中国公民依照宪法和法律所享有的各项权利，不受是否信仰宗教的限制。公平还表现为法律保障各教间的平等。中国没有国教，也不允许有占统治地位的宗教，国家对各宗教一视同仁。

国家法律的保障，使公民享有宗教信仰自由权利与承担相应的义务具有一致性。强调权利与义务的一致并不等于限制权利。公民享有宗教信仰自由的权利，侵犯公民宗教信仰自由权利将承担法律责任。宗教信仰者违反法律规定，同样应承担法律责任。这是权利与义务的有机统一，也是维护公共利益、法律尊严、民族团结与国家统一的必然要求。

（二）把宗教信仰自由奠定在国家主权的基础上

只有主权国家才能够对本国公民的人权、包括宗教信仰自由权利提供有效的保护。中国作为主权国家，在《宪法》中规定“国家尊重和保护人权”、“国家保护正常的宗教活动”、“宗教团体和宗教事务不受外国势力支配”。任何国家，如果国家不统一，民族不团结，就没有社会的稳定，也就不可能实现真正的宗教信仰自由。中国在依法保障本国公民宗教信仰自由的权利的同时，也支持其他国家在国家主权基础上保障公民的这一基本权利。

现在世界上一些霸权主义、民族分裂主义和恐怖主义势力所关心的并不是真正的宗教信仰自由，而是企图利用宗教来实现其政治目的，引起他们不喜欢的国家的分裂和动乱。

（三）把宗教信仰自由奠定在保障生存权、发展权的基础上

作为发展中国家，首要的人权是生存权和发展权，否则其他一切权利，包括宗教信仰自由权利都无从谈起。我们认为，权利永远不能超出社会的经济结构以及经济结构所制约的社会的文化发展，中国历史上“仓廪实而知荣辱、衣食足而知礼节”说明的也是这个道理。对于中国这样一个历史上曾饱受帝国主义侵略和封

建主义、官僚主义压迫的国家而言，尤其如此。

中国的实践证明，立足于生存权、发展权基础上带领信教和不信教群众共同发展经济，改善生活，有助于实现真正的宗教信仰自由。

（四）把宗教信仰自由奠定在引导宗教与社会文明进步相适应的基础上

宗教信仰是公民个人的私事，而维护民族尊严，促进民族的发展进步，建设一个富强、民主、文明的现代化国家，实现中华民族的伟大复兴，是包括信教群众和不信教群众在内的中国各族人民的共同目标和根本利益。实现宗教信仰自由，与实现共同目标和维护根本利益是一致的。

宗教要与其所处的社会相适应，这是宗教存在与发展的普遍规律。在中国，宗教与现阶段的社会相适应，并不是要求教徒放弃宗教信仰，不是改变宗教的基本教义，而是要求宗教在法律的范围内活动，与社会的发展和文明进步相适应。中国各宗教历来都积极倡导适应和服务社会，多作奉献，造福人群。

（五）把宗教信仰自由奠定在尊重各宗教自己权利的基础上

中国各宗教都自主地成立了自己的全国性的和地方性的宗教团体。各宗教团体按照各自的章程选举、产生领导机构和领导人。中国各宗教自主地办理教务，并根据需要开办宗教院校，印刷发行宗教经典，出版宗教刊物，兴办社会公益服务事业。宗教教职人员履行宗教职务，在宗教活动场所以及按照宗教习惯在教徒自己家里进行的一切正常的宗教活动，都由宗教组织、教职人员和教徒自理，并受到法律保障。

中国各宗教实行独立自主自办的方针，同时在平等友好的基础上积极与世界各国宗教组织进行交往和联系。中国基督教、天主教摆脱了外国教会的控制，走上独立自主自办教会的道路，实现“自治、自传、自养”，成为中国教徒自己的事业，这是历史性的成就。几十年来，中国基督教、天主教坚持独立自主自办的方针，得到了广大信教群众的认同和支持，也使教会的宗教活动得到发展。同时，对同中国友好，尊重中国主权和中国宗教独立自主自办事业的外国宗教组织和个人，中国的大门始终是敞开的。

由于奠定在以上五个基础上，宗教信仰自由在中国就有了坚实、有力的保障。

三、中国维护宗教信仰自由的基本成就

（一）中国宗教持续平稳健康发展

由于中国政府坚定不移地认真全面贯彻执行宗教信仰自由政策，经过改革开放30年的丰富实践，中国各宗教获得了持续平稳健康地发展。

中国主要有佛教、道教、伊斯兰教、天主教和基督教。据不完全统计，中国现有各种宗教信徒一亿多人，信教人数呈平稳增长态势。宗教活动场所共约10万余处，比1997年增长约2.5万所。宗教教职人员约30万人，宗教团体3000多个，宗教院校76所。

佛教在汉代传入中国，已有两千年历史。1997年有佛教寺院1.3万余座，现有2万余座（其中汉传佛教寺院1.5万余所，藏传佛教寺院4000余所，云南上座部佛教寺院1300余所），出家僧尼约20万人（其中藏传佛教的喇嘛、尼姑13万人，活佛1700余位，巴利语系佛教比丘、长老近万人）。

道教发源于中国，已有1700多年历史。1997年有道教宫观1500余座，现有近3000余座，增长了近一倍。1997年乾道、坤道有2.5万余人，现有5万余人，增长近一倍。

伊斯兰教于公元7世纪传入中国，为中国回族、维吾尔族等10个少数民族中的大多数群众信仰。1997年，有穆斯林约1800万人，目前，已达2100万人。1997年有清真寺3万余座，现有3.5万座，伊玛目、阿訇4万余名。其中，新疆穆斯林约1100万，清真寺2.3万余座，伊玛目和阿訇有2.65万名。

天主教自公元7世纪起几度传入中国，1840年鸦片战争后大规模传入。建国初期，天主教徒约300万人，1997年教徒人数约400万人，现有教徒530万人。1997年有教堂、会所4600余座，现有6000余座。现有教区97个，主教60位，神父1900多位，修女3000多人。

基督教（新教）1807年传入中国。建国初

期有基督教徒70余万人，1997年教徒人数约1000万人，目前中国基督教徒约1600万人，较之1949年的70余万人增长了近23倍。基督教教牧人员1997年有1.8万余人，现有3.7万余人，十年间增长了近一倍。其中牧师、副牧师有3700名。1997年有基督教教堂、聚会点3.7万余处，现增长至5.5万余处，增长了1.8万处。自1980年至今，中国基督教会累计印刷发行《圣经》达5000万册，共有22种版本，已成为世界上年印刷《圣经》最多的教会。

中国政府还不断加大对宗教团体、宗教院校和宗教活动场所建设的支持力度。自2003年起，政府对佛教、道教、伊斯兰教、天主教、基督教五大教的7个全国性宗教团体办公会所和6所宗教院校校舍建设给予支持并提供优惠政策，在11个建设项目中，国家资助经费超过7亿元人民币，全国性宗教团体的办公条件和宗教院校的办学条件得到了明显改善。

（二）依法保护公民的宗教信仰自由权利不断得到加强

宗教信仰自由，是中国公民的一项基本权利，并得到宪法的保护。2004年3月，全国人大在《宪法（修正案）》第33条第3款增加"国家尊重和保障人权"一条后，作为基本人权之一的公民宗教信仰自由权利的保护等到进一步加强。此外，在我国刑法、民族区域自治法、劳动法等法律中都有保护公民宗教信仰自由的规定。2004年国务院颁布并于2005年实施的《宗教事务条例》，其宗旨就是通过规范宗教事务管理来更好地保障公民宗教信仰自由，标志着中国对公民宗教信仰自由权利的保护提高到了一个更高的层次。《条例》对宗教团体、宗教活动场所和信教公民的合法权益做了明确规定，同时也对政府有关行政管理部门的行政行为进行了规范，将政府的行政行为限定在法律规定的范围之内，更加有助于保障宗教界的合法权益。条例还规定，国家工作人员在宗教事务管理工作中有违法行为的，要承担相应的法律责任；对宗教事务部门的具体行政行为不服的，可以依法申请行政复议。对行政复议不服的，可以依法提起行政诉讼。条例颁布后，国家宗教事务局还制定了一系列的部门规章，许多地方也都相应制定了地方性法规和地方政府规章，以落实条例的有关规定，切实保护公民的宗教信仰自由权利。

（三）少数民族宗教信仰自由权利得到了充分保护

中国是一个统一的多民族国家。许多少数民族普遍信仰某一种宗教。中国政府执行各民族平等、团结、互助的民族政策，尊重和保护少数民族宗教信仰自由的权利和风俗习惯。《中华人民共和国民族区域自治法》规定："民族自治地方的自治机关保障各民族公民有宗教信仰自由。"中国政府在致力于促进少数民族地区经济、文化、教育等各项事业的进步，提高包括信教群众在内的广大少数民族群众物质文化生活水平的同时，特别注意尊重少数民族宗教的信仰，保护少数民族文化遗产。对各民族包括宗教文化在内的文化遗产和民间艺术进行普查、收集、整理、研究和出版。

国家投入大量资金用于维修少数民族地区具有重要历史、文化价值的寺庙和宗教设施。改革开放以来，中国政府向西藏投资3亿多元，修复开放1400多座寺庙。特别是1989年至1994年，拨付5500万元及大量黄金、白银等贵重物资维修布达拉宫。2002年，中国政府又投入3.3亿元巨资，用于布达拉宫、罗布林卡和萨迦寺三大寺庙的维修。国家还专门拨款，支持佛教界整理出版了藏文《大藏经》等重要藏语系佛教典籍，支持佛教界在北京和拉萨分别开办了中国藏语系高级佛学院和西藏佛学院。目前，西藏信教者家中几乎都设有小经堂或佛龛，每年到拉萨朝佛敬香的信教群众达百万人以上。西藏处处可见从事佛事活动的信教群众，到处悬挂着经幡，堆积着刻有佛教经文的玛尼堆。一年一度的雪顿节中的宗教活动及传统的马年转冈仁波钦、羊年转纳木错湖等宗教活动，都得以正常进行并受到社会各方面的尊重。

活佛转世是藏语系佛教特有的传承方式，得到了国家的承认和尊重。1992年，国务院宗教事务局批准了第十七世噶玛巴活佛的继任。1995年，中国严格按照宗教仪轨和历史定制，经过金瓶掣签，报国务院批准，完成了十世班禅转世灵童寻访、认定以及第十一世班禅的册立和坐床。鉴于历史上的藏语系佛教大活佛在西藏社会生活中的特殊地位，中国的明代、清代逐步将活佛转世纳入了中央政府管理和国家典章法制范围内。1792 年，清朝政府颁布法令，对呼图克图以上大活佛实行“金瓶掣签”，之后形成历史定制，并固定为藏语系佛教的宗教仪轨。为保证藏传佛教的正常秩序和健康发展，2007 年，根据《宗教事务条例》的原则规定，国家宗教事务局又制定颁布了《藏传佛教活佛转世管理办法》。

中国政府尊重南传佛教的少数民族男子都应有出家经历的风俗。信奉南传佛教的少数民族男子，从儿童时代起，需于一段时间内于寺院出家学习傣文和佛经。他们可以一边在寺院中出家，一边在学校中上学，既保障了国民教育的正常进行，也尊重了其民族习俗。

中国政府尊重和保护穆斯林群众的宗教信仰自由和风俗习惯。对穆斯林的朝觐，政府有关部门提供了各种服务和便利，受到穆斯林的称赞。80 年代以来，随着我国经济社会各项事业的快速发展，广大穆斯林群众的生活水平不断提高，有经济能力出国朝觐的人数逐年增多，中国伊斯兰教协会组织朝觐的人数不断提高。2007 年，中国有组织朝觐的人数首度突破 1 万人。中国政府十分尊重信奉伊斯兰教的少数民族的饮食习惯和丧葬仪式，制定生产清真食品的法规，开辟穆斯林公墓。近年来，中国司法机关依法审理了有关出版物严重伤害穆斯林宗教感情的案件，维护了穆斯林的合法权益。

（四）青少年的宗教信仰自由权利得到有效保护

中国宪法规定中国公民有宗教信仰自由的权利，青少年也是公民，中国各项法律没有规定青少年不能信仰宗教，但反对任何强迫信教、特别是强迫青少年信教的行为。青少年正在成长过程中，在包括宗教信仰等公民基本权利方面，他们有权利能力，但无完全行为能力，因此，他们在履行公民基本权利时要接受父母或其他法定监护人的正确指导，这完全符合联合国《儿童权利公约》的基本精神。

根据中国宪法、教育法以及义务教育法的规定，“中华人民共和国公民有受教育的权利和义务”，“凡满六周岁的儿童，不分性别、民族、种族，应当入学接受规定年限的义务教育”。青少年正处在接受义务教育的阶段，国家实施的义务教育，对公民来说，既是法定的权利也是法定的义务。中国义务教育法规定，任何组织和个人不得利用宗教干预学校教育和社会公共教育，不得利用宗教活动妨碍义务教育的实施。同时，中国实行宗教与教育相分离，宗教不能干预教育、不允许强迫任何人、特别是 18 岁以下未成年人入教、出家和到寺庙学经，更不能因此而影响他们接受国家的义务教育和社会教育。

我们充分注意到了一些少数民族地区群众普遍信仰宗教的特点，完全尊重某些宗教基于特殊需求确立的传承和培养接班人的方式。例如，在藏传佛教中，根据历史定制和宗教仪轨，有的小孩几岁就要做“转世活佛”。在信奉南传佛教的西双版纳等地区，傣族男子从儿童时代起，就需于一段时间内在寺院出家学习傣文和佛经。我们今天仍然尊重这种历史定制和民族习俗。目前，有一些青少年参加讲道、礼拜活动，也有信教的父母带着自己的孩子到教堂参加主日学、学经班活动，政府从不干涉他们的活动。

（五）推动和引导宗教界在经济社会发展中不断发挥积极作用

在中国共产党和中国政府的积极引导下，中国各宗教努力发挥自身特点和优势，发扬爱国爱教、团结进步的优良传统，不断努力与社会主义社会相适应。各宗教努力对宗教教义做出符合社会进步要求的阐释。如佛教界推动人间佛教思想建设和“以戒为师”为内容的道风建设。基督教开展神学思想建设，努力树立正确的圣经观、建设伦理型服务型宗教。天主教推动民主办教、藏传佛教进行寺庙爱国主义教育、伊斯兰教“解经”等。五大宗教团体负责人还联名发出了建设和谐宗教、和谐寺观教堂的倡议，以宗教和谐促进社会和谐。各宗教还广泛开展国际交流活动。2006 年中华宗教文化交流协会和中国佛教协会联合举办了以“和谐世界，从心开始”为主题的首届世界佛教论坛。2007 年中华宗教文化交流协会与中国道教协会联合在西安和香港举办了以“和谐世界，以道相通”为主题的国际道德经论坛。这些论坛活动突出“文化色彩”与“和谐内涵”，深入挖掘中华传统文化和宗教中的和谐理念，努力促进跨文化的对话与交流，推动建设和谐社会、共建和谐世界。中国基督教“两会”连续赴香港、美国、德国成功举办中国教会圣经事工展。展览介绍了1980年以来中国教会翻译、印刷、出版、发行圣经的情况，用大量图片、实物，形象生动地展示了中国教会的真实情况。

各宗教还积极发扬慈悲济世、服务社会的优良传统，积极参与赈灾扶贫、环境保护、捐资助学、养老抚孤等社会公益慈善事业。例如2005年组织海峡两岸佛教界人士在北京灵光寺举行“海峡两岸百寺千僧捐款千万救苦救难”消灾祈福万人大法会，短时期内，迅速募集1200多万元善款，援助印度洋海啸灾区，在海内外产生了较大影响。2008年1月中下旬，我国部分地区遭遇罕见的低温、雨雪冰冻灾害。在得知灾情后，全国宗教界纷纷伸出援手，通过捐款捐物等多种方式支援灾区，奉献爱心，仅佛、道教界捐献给贵州灾区的款项即达370多万元。2008年5月，四川汶川大地震发生后，我国宗教界以捐款、祈福、亲赴灾区等多种形式积极投入赈灾工作中，内地和台港澳佛教界累计捐款人民币3.8亿元、道教界捐款人民币5000多万元、伊斯兰教界捐款人民币8000多万元、天主教界捐款人民币9000多万元、基督教界捐款人民币1.3亿元。

改革开放30年来，中国对发挥宗教界的积极作用越来越重视、越来越强调。2006年10月，在《中共中央关于构建社会主义和谐社会若干重大问题的决定》中提出，要“发挥宗教在促进社会和谐方面的积极作用”。2007年10月，中国共产党第十七次全国代表大会工作报告中又指出要“发挥宗教界人士和信教群众在促进经济社会发展中的积极作用”。今后，在中国经济社会发展中，中国宗教界人士和信教群众的积极作用将会得到更充分的发挥。

四、推进国际社会共同维护宗教信仰自由的五点主张

基于国际人权文书中早已确认的有关宗教信仰自由的五条原则——基本人权原则，不歧视原则，法律保障原则，加强对话原则和尊重别国主权原则；

基于中国维护宗教信仰自由的五条经验——把宗教信仰自由奠定在国家法律保障的基础上，奠定在国家主权的基础上，奠定在保障生存权、发展权的基础上，奠定在引导宗教与社会文明进步相适应的基础上以及奠定在尊重各宗教自己权利的基础上；

面对当今世界上对宗教信仰自由精神的歪曲与践踏，民族分裂主义、恐怖主义和宗教极端主义的崛起与威胁，因民族、宗教因素引发的局部冲突与危机，多元文化的激荡与融合，以及霸权主义和强权政治利用宗教问题对别国进行的欺压与干预；

我们呼吁国际社会：在人类未来面临的挑战之中，肩负起共同的历史使命，承担起共同的历史责任，消除因宗教而引起的国际纷争、以宗教为幌子的强权政治、以“反对宗教不容忍”为借口的“政治不容忍”和“意识形态、价值观念不容忍”，以及基于宗教或信仰原因的一切形式的不容忍和歧视现象，把《世界人权宣言》所倡导的宗教信仰自由的基本精神，更加坚实、深入、广泛地向前推进。

我们有以下五点主张：

1. 面对宗教信仰自由被歪曲和践踏，我们主张通过各国立法、司法和行政措施，更加卓有成效地实现和保障宗教信仰自由权利。国际人权约法中的有关规定，主要通过国内立法、司法、行政措施加以实施。各国有责任根据国际条约确立的宗教信仰自由原则，结合本国实际，制定有关保护宗教信仰自由权利的法律。中国历来重视人权问题，已经加入17个国际人权公约，签署了《经济、社会及文化权利国际公约》、《公民权利和政治权利国际公约》。我们将根据国际公约的原则，在与世界各国共同推进世界人权约法实施的进程中，更好地保障宗教信仰自由。

2. 面对民族分裂主义、恐怖主义和宗教极端主义的崛起与威胁，我们主张国际社会共同反对破坏人类和平的民族分裂主义、恐怖主义和宗教极端主义。民族分裂主义、恐怖主义和宗教极端主义尽管打着宗教的旗号，却是对宗教精神的叛逆，无论其是否具有真正的宗教基础，无论其是公开或隐蔽的，也无论其采取挑动、支持暴力行为或者以不显眼的不容忍方式表现自己，都对自由、宗教、人类和平与安宁构成威胁。国际社会应共同反对破坏人类和平的民族分裂主义、恐怖主义和宗教极端主义。

3. 面对因民族、宗教因素引发的局部冲突与危机，我们主张各宗教、各教派之间相互尊重，彼此宽容，使宗教的发展与人类文明的发展相一致。冷战结束以来，过去因两极对峙而长期被压制和掩盖的民族主义意识和狭隘宗教意识，得以复活并日益表面化。民族、宗教矛盾正越来越成为影响地区和全球和平稳定的一个隐患，成为影响世纪之交国际政治和国际关系的变量。为此，我们主张各宗教、各教派间相互尊重，彼此宽容。如果我们有思想、道德和宗教上的权利，我们就有义务去尊重他人的思想和宗教。对于世界各宗教博大精深的思想，应舒展其海纳百川，兼容并蓄的胸怀。各民族、各宗教、各宗教派别应以开阔的心胸，开拓的视野，开放的精神面向世界，面向未来。即使有了争端，也切不可轻易诉诸武力。我们强调宗教信仰自由必须得到保证，但宗教团体的代表也必须负有特别责任，避免对不同信仰发表偏见的看法和采取歧视性的举动。他们不应煽动仇恨、宗教狂热和宗教战争或使之合法化，应促进人类间的宽容和相互尊重。

宗教的发展离不开社会的发展，宗教的进步也必须与世界文明的进步相协调一致。一个与社会历史进步背道而驰的宗教，一个阻止世界文明发展的宗教，是没有生命力的。

4. 面对世界多元文化的激荡与融合，我们主张求同存异，增进了解，加强交流，共同促进人类文明的发展。不同文化的相互激荡必然反映在国际政治中的人权问题上。同一种人权原则，在不同历史条件，或在不同民族、不同国家、不同发展阶段、不同文化背景中，当然会有不同的表现形式。在信教与不信教者之间、在不同的宗教派别之间，不同的宗教信仰、宗教教规、宗教习惯也会形成人权概念方面的差异。文化的不同，正是人类社会相互加强了解、交往和借鉴的动力，而不是所谓“文明的冲突”的理由。世界的文化，包括宗教文化，正是通过相互砥砺、相互渗透而逐渐发展的，也是通过相互交流、相互学习而不断进步的。任何人，任何国家，任何文化都无权声称能独占人类的智慧和界定人权。世界文化的这种多样性理应受到尊重。应以宗教本身所固有的雍容大度的精神，求同存异，增进了解，加强交流，美美与共，共同促进人类文明的发展。

5. 面对霸权主义和强权政治利用宗教问题对别国进行的欺压与干预，我们主张尊重各国的主权和保护宗教信仰自由的实践，以对话代替对抗。鉴于人权问题本质上是属于主权国家内部管辖的事情，鉴于实现人权的普遍性原则必须与各国的具体情况相结合，因此应允许各个国家从自己的实际出发，采取各自认为适合自己具体国情的政策、方式，来处理好自己国内出现的宗教——人权问题，协调与别国之间产生的宗教——人权问题。以对话代替对抗，以平等代替强权。各国的事情要由各国人民自己做主，国际上的事情要由大家商量解决。把宗教问题政治化、扩大化，以及以宗教问题为借口干涉别国内政事务，是与人类的和平与发展的主流背道而驰的。

中国对内倡导构建和谐社会、对外呼唤共建和谐世界。在纪念中国改革开放30周年和《世界人权宣言》60周年之际，我们坚信，通过国际社会的共同努力，宗教信仰自由的权利一定会在全人类得到更加充分的实现。

参考文献：

①《世界人权宣言》第18条：“人人有思想、良心和宗教自由的权利。”《公民权利和政治权利国际公约》第18条：“任何人不得遭受足以损害他维持或改变他的宗教或信仰自由的强迫。”《消除基于宗教或信仰原因的一切形式的不容忍和歧视的宣言》第1条：“任何人不得受到压制，而有损其选择宗教或信仰之自由。”

②《维也纳宣言和行动纲领》第二部分：“属于少数群体的人有权自由和不受干预或任何形式歧视地享有自己的文化，信奉和遵行自己的宗教及私下或公开使用自己的语言。”《维也纳宣言和行动纲领》：“世界会议尤其强调以下方面的工作……根除在妇女权利与某些传统或习俗、文化偏见和宗教极端主义的有害影响之间可能产生的任何冲突。”《儿童权利公约》：“缔约国应尊重儿童享有思想、信仰和宗教自由的权利。”《残废者权利宣言》：“残废者应享有本宣言所列举的一切权利。且不得基于种族、肤色、性别、语言、宗教、政治或其他见解、国籍或社会出身、财产、家世或任何其他情况，而对残废者本人或其家属有所区别或歧视。”《关于战俘待遇的日内瓦公约》：“战俘应有履行其宗教义务之完全自由，包括参加其所信仰宗教之仪式，但以遵守军事当局规定之例行的纪律措施为条件。”《关于难民地位的公约》：“缔约各国对在其领土内的难民，关于举行宗教仪式的自由以及对其子女施加宗教教育的自由方面，应至少给予其本国国民所获得的待遇。”《关于无国籍人地位的公约》：“缔约各国对在其领土内的无国籍人，关于举行宗教仪式的自由以及对其子女施加宗教教育的自由方面，应至少给予其本国国民所获得的待遇。”

③《世界人权宣言》第18条：“此项权利包括改变他的宗教或信仰的自由，以及单独或集体、公开或秘密地以教义、实践、礼拜和戒律表示他的宗教或信仰的自由。”

④《消除基于宗教或信仰原因的一切形式的不容忍和歧视的宣言》第2条：“本宣言中‘基于宗教或信仰原因的不容忍和歧视’一语系指以宗教或信仰为理由的任何区别、排斥、限制或偏袒，其目的或结果为取消或损害在平等地位上对人权和基本自由的承认、享有和行使。”《消除基于宗教或信仰原因的一切形式的不容忍和歧视的宣言》：“在涉及有关宗教信仰自由的问题时必须促进谅解、容忍和尊重。”《消除基于宗教或信仰原因的一切形式的不容忍和歧视的宣言》第2条“任何国家、机关、团体或个人都不得以宗教信仰为理由对任何人加以歧视。”《消除基于宗教或信仰原因的一切形式的不容忍和歧视的宣言》第4条：“凡在公民、经济、政治、社会和文化等生活领域里对人权和基本自由的承认、行使和享有等方面出现基于宗教信仰原因的歧视行为，有关国家均应采取有效措施予以制止及消除。”

⑤《消除基于宗教或信仰原因的一切形式的不容忍和歧视的宣言》：“所有国家在必要时均应致力于制订或废除法律以禁止任何此类歧视行为，同时还应采取一切适当的措施反对这方面的基于宗教或其他信仰原因的不容忍现象。”《维也纳宣言和行动纲领》：“世界会议促请各国政府，根据其国际义务，并考虑到各自的法律制度，采取一切适当措施，抵制基于宗教或信仰的不容忍和有关的暴力，包括歧视妇女的做法，亵渎宗教场所，要确认每一个人都有权享受思想、良心、表达和宗教自由。”《德黑兰宣言》：“……各国法律必须准许人人享有发表自由、新闻自由、良知自由及宗教自由，以及参加本国政治、经济、文化及社会生活的权利，不分种族、语言、宗教或政治信仰。”

⑥《公民权利和政治权利国际公约》：“表示自己的宗教或信仰的自由，仅只受法律所规定的以信为保障公共安全、秩序、卫生或道德、或他人的基本权利和自由所必需的限制”。《消除基于宗教或信仰原因的一切形式不容忍和歧视宣言》：“有表明自己选择的宗教或信仰的自由，其所受限制只能在法律所规定的以及为保障公共安全、秩序、卫生或道德、或他人的基本权利和自由所必需的范围之内。”

⑦《世界人权宣言》：“……应促进各国、各种族或各宗教集团间的了解、容忍和友谊，并应促进联合国维护和平的各项活动。”《消除基于宗教或信仰原因的一切形式的不容忍和歧视的宣言》：“深信宗教自由或信仰自由还应该有助于实现世界和平、社会正义和各国人民友好等目标，应该有助于消除殖民主义和种族歧视的意识形态或行为。”

⑧《为各社会共享和平生活做好准备的宣言》：“确认各国之间的和平是人类的永恒价值，理应受到一切重要的政治、社会和宗教运动的最崇高的尊重。”

⑨《消除基于宗教或信仰原因的一切形式的不容忍和歧视的宣言》：“必须确实保证绝不允许利用宗教或信仰以实现违反《联合国宪章》、联合国其他有关文件以及本宣言的宗旨和原则的目的。”

⑩《维也纳宣言和行动纲领》：“……国际社会必须站在同样的地位上，用同样重视的眼光，以公平、平等的方式全面看待人权。民族特性和地域特征的意义，以及不同的历史、文化和宗教背景都必须要考虑……”

（《中国改革开放与人权发展30年》，人民日报出版社2009年版，作者系中国人权研究会副会长、国家宗教事务局局长）

中国新闻业的发展与中国公民信息权利的实现

■高 钢

1978年中国启动的改革开放至今已经走过三十年历程。三十年间，中国发生了巨大的历史变迁，社会的经济结构、人文场景、运行方式都发生了革命性的变化，占世界人口22%的中华民族用自己的智慧和勤劳，推进着整个民族的复兴。

中国新闻业在中国改革开放三十年的进程中，也书写了自己辉煌的历史。三十年来，中国传媒呼吁改革意识，倡导改革观念，报道改革动态，传播改革经验，成为凝聚中国三十年改革开放的思想动力和实践动力的重要力量，成为推进中国物质文明建设、精神文明建设和政治文明建设的重要力量。

当媒介运行与社会改革相互作用、融为一体的时候，它们就会同时呈现出壮美的景观。

今天，中国新闻传播的环境正在发生着巨变。从社会环境上看，全球经济一体化和世界多极化的趋势加剧，中国经济与社会变革的进程提速，社会各个领域间的联系日益加强。在这样的环境中，世界不同文化之间的相互影响、相互渗透、相互冲突的机遇都在加大。人们观察和理解这个世界的难度也随之加大。

从公众环境上看，随着社会经济的发展、教育的普及、文化的进步，接受新闻信息传播的社会公众的年龄跨度日益加大，社会构成日益复杂，思想状况日益活跃，价值标准日益多元化，地域分布日益广泛。快速获取最新信息、精确接近深度信息、主动选择实用信息已经成为受众对新闻信息的普遍需求。整个社会公众对新闻信息的需求日益苛刻。

从市场环境上看，各类媒体全面走向市场已成不可抗拒的趋势，电视、报刊、广播、网络、手机等各类媒体已经覆盖广大的受众群体，占据了传媒市场的各个领域，以各种方式进行着剧烈的市场竞争。境外传媒力量和文化力量通过各种途径加入到这一竞争环境之中，增加了中国传媒市场发展变化的复杂性。

从技术环境上看，信息数字化技术在新闻传播领域的应用已经使得新闻传播的手段和方式提高到前所未有的现代化水平，呈现出前所未有的多样化局面，数字报刊、数字广播、数字电视的快速发展改变着大众传播业的格局，互联网为代表的新型媒体的出现，加速推进着新闻传播的全球化进程，加剧着媒体行业的世界范围的竞争。

这些环境变化深刻地影响着中国新闻传播的变革，推动着中国新闻业的发展。

据新闻出版总署信息中心传媒发展研究所的统计：截至2006年12月底，中国共出版各类报纸1935种。其中，中央级单位出版报纸220种，占全国报纸总量的11.4%；省级单位出版报纸811种，占41.9%；地市级单位出版报纸850种，占43.9%；县市级单位出版报纸54种，占2.8%。全国出版周四刊以上日报984种，占全国报纸总量的50.9%。①

2007年6月4日在南非开普敦召开的世界报业协会第60届年会上，协会公布了2007年世界日报发行量排名前100位的报纸。中国共有25家报纸进入世界日报发行量百强行列，是上榜报纸最多的国家，也是日报总发行量最高的国家，继续保持了世界报业第一大国的地位。②

2006年，全国共出版期刊9386种，总印数28.5亿册，定价总金额140亿元人民币。杂志广告同比增长20.64%。③

2006年中国广播电视电影业的发展可以从下面的数据中看到：全年共制作广播节目619.23万小时，播出1078.05万小时，分别比上一年增长了0.87%和4.62%；制作电视节目261.80万小时，播出1360.45万小时，分别比上一年增长2.51％和8.04％。广播电视总收入首次突破千亿元大关，达到1099.12亿元，比上一年增长了18.04％。[④]

2006年，中国内地年龄在4岁以上的电视观众规模达到11.99亿人，占全国4岁以上人口的95.84％。观众每日收视时间为176分钟。[⑤]

互联网信息传播业已经成为中国发展速度最快的产业。近十余年来，中国政府将互联网作为推进中国现代化建设的重要动力进行规划和营造。国家投入巨额资金，推进互联网基础设施的建设；制定系列法规，促进互联网信息传播业的发展。今天互联网已经成为中国社会运行的基础设施，互联网信息传播已经成为中国发展最快的行业，互联网已经向公众提供着多领域多层面的信息服务，互联网已经开辟了广大的商业经营空间。

中国互联网络信息中心（CNNIC）2008年7月发布《第21次中国互联网络发展状况统计报告》数据显示，截至2008年6月底，中国网民数量达到2.53亿，网民规模跃居世界第一位。比去年同期增长了9100万人，同比增长56.2％。

中国网民中接入宽带比例为84.7％，宽带网民数已达到2.14亿人。

快速增长的农村网民构成了新增网民的重要组成部分。2007年农村网民年增长率达到127.7％，农村网民数量达到5262万人。这一增长趋势对于中国这样一个农村人口占绝大多数的发展中国家有特别重要的意义。

中国网民的主体仍旧是30岁及以下的年轻群体，这一网民群体占到中国网民的68.6％，超过网民总数的2/3。24岁以下的中国民占到中国网民总数的49.9％。这预示着中国年轻一代依赖的信息传播模式正在发生趋势性变化。

中国的域名注册总量为1485万个，同比增长61.8％。

中国CN域名数量为1190万个，同比增长93.5％。

中国网站数量为191.9万个，年增长率为46.3％。其中CN下的网站数为137万，占总网站数71.4％。

中国互联网国际出口带宽数达到493，729Mbps，年增长率为58.1％。目前人均拥有水平为20Mbps/万网民，比2007年12月增长了2Mbps，中国与国际互联网连接的能力进一步增强。[⑥]

更值得关注的是手机用户在中国的快速增长。手机是更为便利的个人媒体信息终端。手机通话、手机短信、手机报纸、手机电视都已经呈现在这个信息接收与发布的微型平台上。从声音到文字，从图片到影像，从接收到发布，从点对点的信息传播到点对群的信息传播，这样一个个人执掌的通讯工具已经具备了多媒体信息交互传播的基本功能。这个最初为个人语音通讯而发明的工具不仅已经成为各种媒体信息的接收终端，而且已经拥有了日益强大的公共信息传播的技术元素，成为媒体信息的接收与播发平台，公民个人拥有媒体的时代由此开启。今天，这个微型媒体平台正掌握在中国各个阶层的几亿民众手中，满足着人们日益增长和变化的信息交流需求。

手机所集成的这些信息传播功能，使它成为中国增长速度最快，拥有用户数量最为庞大的信息终端。2006年中国移动电话用户的增长数量已经大于固定电话的用户。2007年，中国手机用户数达5.47286亿，比2006年底增加8622.8万户，月均增加718.56万户。中国手机的普及率已经达到41.6％。

手机的通讯数据总量与日俱增，仅手机短信发送量2007年一年就达到5921亿条，同比增长37.8％。[⑦]

截至2008年6月底，中国网民中的28.9％在过去半年曾经使用手机上过网，手机网民规模达到7305万人。使用手机上网的网民中，18～24岁年龄段网民最多，占到56.1％，30岁及以下年龄段群体则占到了86％，通过手机上网主要是年轻网民的选择。手机上网成为网络接入的一个重要发展方向。[⑧]

中国各个地区、各个层级、各个类别的媒体，今天都已经在互联网上建造了自己的信息传播与信息服务的平台，形成了一个功能丰富、结构多元、布局广泛、规模庞大的网络信息传播集群。互联网信息的传播速度更为迅捷，传播范围更为广泛，传播内容更为丰富，传播方式更为便利，由此生成了一个全新的中国新闻信息的传播架构。过去相当长的时间里，媒体资源在中国城市与农村、沿海与内地、东部与西部、发达地区与不发达地区间严重失衡的状况开始得到改变。

今天，互联网在中国已经成为重要的新闻传播平台、文化娱乐平台、即时通讯平台、技术应用平台、商业经营平台，它已经成为人类文明存在与演进的另一个形态，与人类文明的现实空间进行着越来越深刻的能量交换。

上述中国媒体特别是基于网络数字技术的新媒体，已经形成了中国新的媒体环境，它的组织架构、技术能量、专业分工、服务功能正在把中国的东部与西部、城市和乡村日益紧密地联系起来，正在把中国的政府与民众、群体与个人日益密切地联系起来，正在把中国与世界日益密切地联系起来。

各种环境变化的信息、各种专业知识的信息、各种实用服务的信息、各种文化娱乐的信息、各种分析评论的信息，正在通过多元媒体渠道迅速广泛地在中国各个地区、各个行业、各个机构、各个群体之间传播与交流。

借助互联网信息技术提供的便利，人们在了解各种生存环境变化信息的同时，也参与着对生存环境的多元描述与多元解读。

在全新信息传播环境中，中国公民信息权利的实现赢得了新的空间，它预示着中国社会的深刻变革。

（一）公众知情范围不断扩大

“公众的启蒙是正义的先驱，民主的基石。”⑨公众了解自身生存环境的变化情状是公众支配自身命运，实现参与社会各项权利的基础与前提。

中国改革开放30年间，公众知情权利的实现得到了四大动力的支持：

1. 公众在其自身物质与精神需求不断扩张的欲望推动下，了解自身生存环境变化全程信息的渴望日益强烈。

2. 经济发展与社会进步为公众信息知晓权利的实现提供了经济、文化、技术各方面的基础条件。

3. 及时、公开、透明逐渐成为中国政治文明进程中中国政府机构、中国新闻管理机构和中国新闻媒体机构的责任共识。

4. 互联网信息传播技术的发展，为各种信息的社会传播与全民通达提供了技术上的可能性。

2008年5月1日起施行的《中华人民共和国政府信息公开条例》可以被视为中国政府推进公民信息知晓权利实现的一个历史性标志。

这一条例开宗明义解释了政府的意图：“为了保障公民、法人和其他组织依法获取政府信息，提高政府工作的透明度，促进依法行政，充分发挥政府信息对人民群众生产、生活和经济社会活动的服务作用，制定本条例。”

条例对各级政府机构公开信息的范围、公开信息的方式和程序以及对政府信息公开的监督和保障机制作出了一系列的明确规定。

今天政府的信息公开已经成为一种制度。不依法履行政府信息公开义务的行为将受到行政处罚甚至法律制裁。

今天，中国民众正在通过各种媒体特别是网络媒体，日益充分地了解到与自身利益密切相关的各种信息。

2008年5月12日汶川发生人类历史上罕见的8.0级大地震后，中国从中央到地方的各类新闻媒体对灾情进行的及时、全面、深入的报道，北京奥运会期间中国政府对国际新闻界全面开放的承诺，对国际互联网信息传播采取的开放管理措施，已经成为中国政府推进信息公开意向的典型解读，它预示了中国公民信息知晓权不断得以实现的历史趋向。

（二）公众表达空间不断拓展

《世界人权宣言》第19条规定：“人人有权享有主张和发表意见的自由；此项权利包括持有主张而不受干涉的自由和通过任何媒介和不论国界寻求、接受和传递消息和思想的自由。”⑩

《世界人权宣言》述说了人类的共同理想。

个人表达是公众表达的基础细胞。这个细胞是否健全关系着公共表达肌体是否健康。

公共表达不仅关系到维护人类的基本权利与尊严，而且也是公民参与社会事务的前提，是人类智慧创造得以实现的基础。

今天，中国民众正在通过各种媒体平台，特别是互联网这种传播自由度最高的信息平台，不断开辟自身的话语空间。

博客数量快速增长：中国互联网络信息中心（CNNIC）2008年7月发布《第21次中国互联网络发展状况统计报告》数据显示，截至2008年6月底，目前拥有个人博客/个人空间的网民比例达到42.3%，用户规模已经突破1亿人关口，达到1.07亿人。半年内更新过博客/个人空间的网民比例为28%，半年内更新过的用户规模达到7092万人，半年更新用户增长率高达43.7%。

新闻跟帖普遍设置：在中国的各个网络新闻传播平台上，每一个频道、每一个专题、甚至每一条新闻大都设置着网民直接发表评论参与分析新闻的跟帖功能。这就为网民对环境发生变化的事件、动态、趋势、意义进行个人的思索分析和公开的阐述表达提供了最便捷的平台，由此为人们深入理解生存环境的变动意义提供了多元认识视角。

网络论坛日益活跃：目前中国的网络论坛已经涉及到社会生活的各个领域，成为全国民众探讨问题，获取知识，寻求方法的最为广泛最为活跃的公共言论场所。中国互联网络信息中心（CNNIC）2008年7月发布《第21次中国互联网络发展状况统计报告》数据显示，截至2008年6月底，目前网络社区中的论坛/BBS访问率为38.8%，用户规模达到9822万人，网络论坛已经跻身中国网民的十大网络应用之列。这说明了中国公众表达自身观点的积极性、广泛性和可能性正在发生着历史性的改变。

互联网信息平台上的公众表达具有自主表达、即时发布、广泛传播、连锁反应的全新的特点。随着互联网社会应用的日益普及，中国民众赢得了前所未有的意见表达的广阔空间。

（三）公众监督权利不断加强

中共中央总书记胡锦涛在中共十七大的报告中提出了发展社会主义民主政治的六大战略举措。之中包括：

第一，扩大人民民主，保证人民当家做主。

第二，发展基层民主，保障人民享有更多更切实的民主权利。

第三，全面落实依法治国基本方略，加快建设社会主义法治国家。

第四，壮大爱国统一战线，团结一切可以团结的力量。

第五，加快行政管理体制改革，建设服务型政府。

第六，完善制约和监督机制，保证人民赋予的权力始终用来为人民谋利益。

胡锦涛说："人民当家做主是社会主义民主政治的本质和核心。要健全民主制度，丰富民主形式，拓宽民主渠道，依法实行民主选举、民主决策、民主管理、民主监督，保障人民的知情权、参与权、表达权、监督权。"[11]中国改革开放30年间，公众监督的状况发生了历史性改变。近些年来，由于传媒业快速发展，特别是互联网的普遍应用，公众的监督范围在不断扩大，监督的途径在不断拓展，监督的效力在不断加强。我们看到：全领域、全天候、全进程的公众监督已经在中国的社会生活中呈现端倪。

1. 对政府的监督。引起包括美国《科学》杂志这样的科学期刊在内的媒体广泛关注的中国华南虎事件是中国公民实施社会监督的一个典型案例。2007年10月12日陕西省林业厅公布了一个名叫周正龙的人拍摄的野生华南虎的照片。这幅照片的真实性很快受到一些互联网网民的质疑。这种质疑借助互联网的传播立即演变成整个中国社会的热点关注。社会监督由此蔓延与深化。

2008年2月4日陕西省林业厅就"草率发布发现华南虎的重大信息"发出《向社会公众的致歉信》。6月29日上午，陕西省政府向社会通报：备受公众和媒体关注的"华南虎照片事件"，经过监察、公安机关艰苦细致的工作，已经有了明确结果。经查实，周正龙拍摄的"华南虎"照片是一个用老虎画拍摄的假虎照。目前，周正龙已经被公安机关以涉嫌诈骗罪报请检察机关批准逮捕，经省政府批准，省监察厅决定撤销省林业厅做出的"经鉴定周正龙提供的华南虎照片是真实的"和"对周正龙奖励两万元"的行政决定，对省林业厅和镇坪县13

名相关公务人员作出了严肃处理。

然而，公众监督并没有因地方政府发布的这些公告而终止。公众对于这一事件中隐藏的地方政府运行机制的种种问题、学术机构特别是之中一些专家思维与行为方式中隐藏的种种问题进行着深入的探寻与分析，公众的观察在延续、追问在延续、思考在延续。

2008 年 6 月 13 日发布在互联网上的一条匿名信息揭发出的陕西西乡粮食局救灾粮掺假问题，这个信息引起关注，陕西西乡粮食局局长因此被调查。

2008 年 7 月 8 日，一则题为《河南“最牛局处级别墅群”》的网帖披露了河南信阳这个经济欠发达地区国土资源局家属院内的豪华别墅群。由此引发了民众与媒体的关注，最终致使信阳市国土资源局 11 名处级干部超面积集资建房涉嫌侵吞国有资产的问题曝光。

2. 对公共事务的监督。2007 年 2 月 26 日，猫扑、天涯互联网站点上出现一幅后来被称为是“历史上最牛的钉子户”的图片。这是网友在重庆轻轨杨家坪站的站台上拍摄的。一瞬间这里成了中国民众聚焦的热点。十米深的建筑工地上，那座“孤岛”之上危若累卵的二层小楼，小楼上挂出的中华人民共和国国旗和“公民的合法的私有财产不受侵犯”的标语，身穿红色毛衣在媒体面前表现出维护自己权益的不可动摇的决心的小楼女主人，震撼了中国民众。

这是中国千百万公民住房拆迁矛盾中的一件事情。然后这件事情经由互联网的信息传播之后，引发了广泛而深刻的社会反应。这件事情拖延三年之久最终因互联网引发的公民力量的介入而得以解决，这不仅显示了互联网社会监督具有的巨大力量，更重要的是，在这一过程中，中国的公民、政府和企业各方都接受了一次现代文明的教育与洗礼。今天中国民众对公共事务的监督已经扩展到社会生活的各个领域。

3. 对媒体的监督。由于有了互联网，对媒体的监督有了来自民众力量的介入。近年来，网民揭露出各种虚假新闻，成为推动媒体忠于社会责任的强大动力。

2006 年第二届中国国际新闻摄影比赛经济与科技类金奖获奖作品《中国农村城市化改革第一爆》被网民置疑为经过后期拼接的非真实新闻图片。图片拍摄者林勤在调查中承认“片子本身的确是由两段照片对接的”。最终被撤销获奖荣誉。

影响 2006 · CCTV 图片新闻年度评选专业组铜奖作品《青藏铁路为野生动物开辟生命通道》被网友指出三大疑点。调查中，摄影师刘为强本人确认，这幅照片是经过电脑合成处理的虚假新闻图片。2008 年 2 月 18 日新华社中国图片总汇、中国新闻图片网、五洲传播图片库发表联合声明，决定从各图片网站数据库中删除摄影师刘为强的全部摄影作品，并取消其签约摄影师资格。并为没有及时发现该图片的造假问题、客观上为这张造假图片提供传播渠道，向广大读者和新闻媒体致歉。

2008 年西藏拉萨发生“3 · 14”事件，西方媒体对事件的歪曲报道和对中国的恶意攻击，导致中国民众的愤怒。中国网民用各种方式出示证据，披露西方媒体在新闻报道中张冠李戴、移花接木、无中生有、颠倒黑白的违背新闻伦理道德与工作原则的做法，在网络空间与现实空间聚合成一种巨大的抗议力量。最终致使包括 CNN 在内的西方主流媒体向中国人民道歉。

互联网信息平台为实现公共监督提供了技术途径。它使得公民的社会监督更便于在公共空间表述、更便于在公共空间交流、更便于通达到被监督者、更便于被监察机构和司法机构知晓，因此更便于取得监督的成效。

在今日中国诸多的公民参与社会监督的事件中，我们可以发现，整个事件的过程、关键事实的验证，不同角度的质疑、各种观点的争辩，都通过互联网等媒体平台淋漓尽致地展现出来，由此推进着整个社会的观察与思考，最终演进成中国公民对社会公共领域实施全程监督的社会变革进程。

（四）公众参与机会不断增多

在社会文明进程的意义上讲到“公众参与”的概念，是指公民依照维护自身利益的原则，参与所在生存环境中的经济建设、文化建设、政治建设和社会建设的全过程。

中共中央总书记胡锦涛先生在 2006 年 11

月30日中共中央政治局进行第三十六次集体学习时说："要丰富社会主义基层民主政治的实现形式，适应我国经济社会发展和人民群众参与愿望增强的要求，从基层经济、政治、文化、社会生活等方面，扩大人民群众的有序参与，引导和组织人民群众在社会主义基层民主政治的实践中提高自我管理水平。"⑫

在中国社会改革开放的总体趋势下，中国民众对于所在国家、地区、社区、行业、机构发展进程的参与机会在日益增多，参与领域在日益扩大，参与程度在日益深入，参与的积极性在日益提高。

中国政府的网络信息化工程，开辟了中国公众与政府机构直接交流沟通的信息渠道，公民可以直接把自己的问题、意见、建议提交给政府的相关部门。

中国网络媒体为中国公众提供了更丰富的参与社会建设的渠道。两会期间的网上互动，直通国家最高决策层。人民网、新华网的各种交互频道直达国家各个部委。网民可以直接给国家主席、国家总理、全国人大常委会委员长、全国政协主席写信。

2007年3月16日中国总理温家宝在第十届全国人大五次会议记者招待会上告诉中外记者："这次两会受到全国人民的广泛关注，单就互联网上向总理提问题的已经超过100万多条，点击的人数超过2600万人次。我昨天浏览了一下，有一个网民写道：总理的心究竟离我们有多近？他在思虑什么？"⑬

中国国家主席胡锦涛直言："平时我上网，一是想看一看国内外新闻，二是想从网上了解网民朋友们关心些什么问题、有些什么看法，三是希望从网上了解网民朋友们对党和国家工作有些什么意见和建议。"⑭

随着中国的改革开放和信息传播技术的普及应用，中国公众与政府的日常信息沟通变得越来越通畅。中国民众的意志正在通过这样一种日常的信息交流越来越深刻地影响到中国今天的发展与未来走向。

（五）公众协商机制不断完善

改革开放三十年的今日中国，已经被多元价值体系、多元文化背景、多元政治信仰、多元经济结构、多元利益关系所覆盖、所支撑、所驱动。

这样一个多元化社会运行模式所生成的无限活力与复杂矛盾，在给社会带来巨大推进力的同时也给社会带来了频繁的震荡力，在交织着各式冲突的社会运行过程中，公民直接参与的公共协商作为保证现代社会良性运行的基础机制变得日益重要，它不仅成为化解现实矛盾冲突保证社会平衡运行的重要途径，而且也预示着从代议民主机制到协商民主机制的更为高级社会发展趋势。

在公共协商中，基于平等、理性、公开、求同存异原则所进行的信息沟通与交流，将推进公民间全程信息的知晓、不同意见的表达、公共利益的共识、个性需求的尊重。

2008年3月14日西藏拉萨事件发生后，中国民众的愤怒被西方媒体的报道激起，"抵制家乐福"这样的口号形成中国网络青年的主流声音。此时，《中国青年报》摄影记者贺延光在自己的博客上发表文章《我不赞成抵制家乐福》，中央电视台主持人白岩松也在自己的博客上发表文章《不要拿别人的错误来惩罚自己》，他们冷静地陈述着自己对中国如何在全球化经济结构与运行体系中维护自身利益的与网络主流声音不同的想法。

中国商务部也就部分中国民众"抵制家乐福"表态，披露"家乐福1995年进入中国市场，目前在华雇佣4万多人，占全部员工的99％，年销售额近300亿元人民币，所销产品95％由中国制造"的基础信息。

在一个涉及政治、文化、经济、社会诸多层面的跨越国界的极其复杂、极其激烈的矛盾冲突面前，互联网提供的信息交流平台开辟了一个公共协商的广阔空间。

最后人们看到的结果是，CNN向世界全程转播着北京奥运会，家乐福照常在中国各地迎接着每天的顾客，白岩松在中国中央电视台以他固有的风格主持着每天的新闻报道，中国民众唱着"北京欢迎你"举办了一个让国际奥委会主席罗格先生感叹为"真正的无与伦比的奥运会"。

在这样一个刚刚变成历史的昨天发生的故

事中，我们已经能够看到在中国社会进程中正在出现的公共协调显示的巨大能量。在一个近乎纷乱的信息交互过程中，各种风险得以化解，一个和谐的结局酝酿而成。

今天，中国人民正在伴随着全方位信息交流，体验着一种把握自身命运的全新的经历，在这番经历中，他们将获得一种从未拥有，但在现代社会为维护自身利益必须拥有的重要的思维方法与行为能力。

在中国，信息传播正在推进着公众直接参与社会描述，直接参与社会分析，直接参与社会监督，直接参与社会建设，直接参与社会协调。一个尊重公民权利地位、推动公民权利实现的公民社会的建构由此呈现契机与征兆。

任何社会形态下的文明进程都是充满艰难曲折的过程。由于中国特定的历史文化背景，中国公民信息权利的实现也是一个充满艰难曲折的过程。目前中国公民权利实现面临的主要障碍包括：

1. 改革开放重新建构着社会利益的组合方式和分配机制，公民的信息权利会受到不同利益板块的复杂钳制。

2. 政府机构缺少民主社会环境中的执政经验，对于信息公开的社会意义的了解和对于保证公民信息权利实现的具体途径都不同程度地缺乏经验、缺乏知识、缺乏意识、缺乏自觉。

3. 民众自身的素质对其实现信息权利实现形成的制约。

4. 媒体业和信息业的从业者专业工作的修养和水准参差不齐对公民信息权利实现造成的障碍。

5. 社会、经济、文化发展水平的整体限制，致使各个地区、各个行业、各个群体拥有的媒体资源不平衡。

上述这些障碍决定了中国公民信息权利的实现和中国公民社会的建造必然是一个艰难曲折的过程。

然而，中国社会发展的总体趋势日益清晰：在中国的改革开放和互联网信息技术两极力量的推动下，社会发展的需求与民众利益的需求之间正在形成推进公民信息权利实现的共鸣，中国信息公开、信息共享的进程得以提速。马克思和恩格斯在《共产党宣言》里这样描述他们的理想社会：“在那里，每个人的自由发展是一切人自由发展的条件。”⑮

今天互联网技术推进的信息传播的发展趋势似乎和共产主义学说创始者们的理想境界有着某种相同特征：将获取信息、表达观点、参与讨论、自由创造的权利给予每一个社会成员，尊重每个生命的价值，开掘每个生命的能量，成全每个生命的理想，保障每个生命的权利，推动每个生命获得自由。

在人类的历史间，信息传播的革命往往和社会发展的变革相互作用、互为因果。在中国改革开放的进程中，我们又一次见证了这种神奇的历史演进规律。呈现在我们眼前的是升起在中国地平线上一个新的文明时代的曙光。

参考文献：

① 林江：《中国报业发展报告 2007：创新成就未来》，社会科学文献出版社 2007 年版。

②《2007 世界日报发行量百强公布我国报业稳居第一》，新华网 2007 年 6 月 6 日，http：//news. xinhuanet. com/http：//news. xinhuanet. com/newmedia/2007 - 06/06/content_ 6206231. htm.

③崔保国：《中国传媒产业发展报告（2007 - 2008)》，社会科学文献出版社 2008 年版。

④国家广播电影电视总局发展研究中心：《2007 年中国广播电影电视发展报告》，新华出版社 2007 年版。

⑤《中国传媒产业发展报告（2007—2008)》，社会科学文献出版社 2008 年版。

⑥中国互联网络信息中心（CNNIC)：第 22 次中国互联网络发展状况统计报告，http：//www. cnnic，cn/uploadfiles/doc/2008/7/23/170424. doc.

⑦《去年中国手机普及率 41. 6 % 短信发送量 5921 亿条》，新华网 2008 年 1 月 26 日，http：//news. xinhuanet. com/tech/2008 - 01/26/content_ 7499422. htm.

⑧中国互联网络信息中心（CNNIC)：《第 22 次中国互联网络发展状况统计报告》，http：//www. cnnic. cn/upl loadfiles/doc/2008/7/23/170424. doc.

⑨“SPJ Code of Ethics”，http：//www. spj. org/ethicscode. asp.

⑩《世界人权宣言》，http：//www. un. org/chinese/work/rights/rights. htm.

⑪《胡锦涛在中国共产党第十七次全国代表大会上的报告》，人民网，http：//politics. people. com. cn/GB/1024/6429094. html.

⑫《胡锦涛强调提高社会主义基层民主政治建设水平》，人民网，http：//politics. people. com. cn/GB/1024/5116008. html.

⑬《温家宝总理答中外记者问》，中国政府网，http：//www. gov. cn/gongbao/content/2007/content_595145. htm.

⑭《胡锦涛总书记同网友在线交流》，人民网，http：//www. people. com. cn/GB/32306/33093/125024/index. html.

⑮马克思、恩格斯：《共产党宣言》，中共中央马克思恩格斯列宁斯大林著作编译局译，人民出版社1951年版。

（《中国改革开放与人权发展30年》，人民日报出版社2009年版，作者系中国人民大学新闻学院常务副院长、教授）

依法治国方略与中国人权司法保障的发展

■熊秋红

一、中国人权保护的司法建设概述

人权保护首先需要在一国的法律中确认公民的一系列基本权利。在法律确认了公民的基本权利之后，如果一个公民的权利受到侵犯后得不到及时有效的救济，那么，他在法律上所享有的一切权利，也就变得毫无意义。司法是进行权利救济的最后手段，也是最为有力的救济手段。司法要实现对权利进行救济的功能，必须有良好的司法体制，包括司法权在国家权力体系中应有合适的定位，司法机构和司法人员的中立性、独立性、公正性得到保障，司法程序必须公正、透明等诸方面要求，这就是司法建设所要完成的任务。

中国自1978年实行改革开放政策以来，司法得以重建和发展。1978年12月召开的中国共产党第十一届三中全会在公报中指出："为了保障人民民主，必须加强社会主义法制，使民主制度化、法律化，使这种制度和法律具有稳定性、连续性和极大的权威，做到有法可依，有法必依，执法必严，违法必究。从现在起，应当把立法工作摆到全国人民代表大会及其常务委员会的重要议事日程上来。"根据十一届三中全会精神，1979年中国修订颁布了法院和检察院两个组织法和逮捕拘留条例，使司法制度建设走上了正常发展的道路。

在司法制度建设方面，其主要成就包括：《宪法》（1982年通过，1988年、1993年、1999年、2004年修改）对人民法院的组织、职权、审判原则和制度作了规定（包括法律面前人人平等，审判独立、公开，被告人有权获得辩护等内容）；颁布修改了《人民法院组织法》（1979年通过，1983年、2006年两次修改）、《刑事诉讼法》（1979年通过，1996年修改）、《民事诉讼法》（1982年试行，1991年、2007年两次修改），颁布了《行政诉讼法》（1989年通过）；制定了《律师暂行条例》（1980年），颁布修改了《律师法》（1996年通过，2007年修改）。通过上述法律，建立了较为完整的司法体系，确立了现代司法的一系列原则和制度（如无罪推定、控辩平等、使用本民族语言文字进行诉讼、上诉不加刑、合议制、人民陪审制、两审终审制等），以保障司法活动的公正与效率。

中国《宪法》第126条规定："人民法院依照法律规定独立行使审判权，不受行政机关、社会团体和个人的干涉。"第131条规定："人民检察院依照法律规定独立行使检察权，不受行政机关、社会团体和个人的干涉。"上述规定确立了司法机关依法独立行使职权的原则。司法机关依法独立行使职权，有助于形成分权制衡、尊崇法律的宪法体制，它是现代司法制度建设的关键要素。

二、依法治国方略与人权司法保障

1997 年 9 月，党的十五大报告提出了“依法治国、建设社会主义法治国家”的方略，在同一报告中明确要求“推进司法改革，从制度上保证司法机关依法独立公正地行使审判权和检察权，建立冤案、错案责任追究制度”。报告将依法治国与司法改革、司法公正紧密地联系起来。

1999 年 3 月，第九届全国人大二次会议将“依法治国、建设社会主义法治国家”载入了宪法。依法治国方略的确立，为司法建设指明了基本方向。2004 年修改宪法，增加规定“国家尊重和保护人权”（第 33 条第 3 款），为人权法治化提供了宪政基础，指明了司法建设的核心目标。

关于依法治国方略，党的十五大报告作了如下阐述：“依法治国，就是广大人民群众在党的领导下，依照宪法和法律规定，通过各种途径和形式管理国家事务，管理经济文化事业，管理社会事务，保证国家各项工作都依法进行，逐步实现社会主义民主的制度化、法律化，使这种制度和法律不因领导人的改变而改变，不因领导人看法和注意力的改变而改变。依法治国，是党领导人民治理国家的基本方略，是发展社会主义市场经济的客观需要，是社会文明进步的重要标志，是国家长治久安的重要保障。”

依法治国的核心是厉行法治，它着重强调“公权者要服从法律，居于法律之下而不是法律之上”①，这种法治是“着重规制公共权力的法治，着重治官的法治，着重维护受治者尊严与自由的法治”。② 人权保障是依法治国方略的核心内涵之一。

依法治国方略的实施以及人权的保护，有赖于完善的司法制度的建设，其中包括两方面的重要内容：一方面要求建立井然有序的管辖与审判体系，统一实施法律，并通过严格法官任免，提高法官待遇，确保法官具备公正审判所必需的知识技能和生活条件；另一方面要求朝着“有权利就有救济”的方向改革诉讼制度，为受到侵害的各项权利提供救济，而且强调司法程序中当事人的权利，用公民权利去构造正当程序。③

三、通过司法改革加强人权保障

从 1990 年开始，司法改革因为市场经济发展的需要而逐步启动。从最初的民事举证责任制度改革，到民事、刑事审判方式改革，进而到诉讼机制、司法体制改革，在中央政府的主导下、在司法机关的配合下、在社会各界广泛参与讨论下，司法改革逐步走向深入。

1997 年，党的十五大明确提出了“推进司法改革，从制度上保证司法机关独立公正地行使审判权和检察权”的任务。2002 年，党的十六大提出要“加强对执法活动的监督，推进依法行政，维护司法公正，防止和克服地方和部门的保护主义。推进司法体制改革，按照公正司法和严格执法的要求，完善司法机关的机构设置、职权划分和管理制度”。2007 年党的十七大报告提出要“深化司法体制改革，优化司法职权配置，规范司法行为，建设公正高效权威的社会主义司法制度，保证审判机关、检察机关依法独立公正地行使审判权、检察权”。

司法改革是改革开放的逻辑结果，是我国经济体制由计划向市场体制转轨和民主与法制建设发展的一个必然过程。在某种意义上，司法改革是中国法治进程的集中体现，是透视中国法治发展状况的一个聚焦点。司法改革的意义既在保障司法公正，更在塑造法治秩序。

从国际环境来看，中国加入世界贸易组织和批准加入《经济、社会和文化权利国际公约》等 22 个国际人权公约，从而对司法工作提出了许多新的要求。获得司法正义，是国际人权公约中的一项基本权利，它的功能在于为公民提供及时、有效而公正的救济，司法应当承担提供救济的积极义务和责任。通过司法改革来建立独立、公正、合格的司法，保障公民获得司法正义的权利，这是实现法治理想的一个前提。

自 1978 年以来，我国的司法制度处于构建与改革相并行的发展过程之中。我国台湾学者苏永钦教授曾经从司法作为实现法治必要的配套措施的角度，将世界范围内正在进行的司法改革分为建立法治、深化法治、简化法治、转化法治等几种类型。[④]我国所进行的司法改革大体可归为建立法治的类型，司法改革实际上成为体制转轨的一部分，其中很重要的一个目的，是巩固刚起步的市场经济，并加速它与国际经济体系的接轨。三大诉讼制度的建立与完善体现了建立公正的司法程序的努力。

关于司法改革的具体内容，1999年10月，最高人民法院推出了《人民法院五年改革纲要》；2005年10月，发布了《人民法院第二个五年改革纲要》，涉及8个方面的50项改革措施；2000年2月，最高人民检察院发布了《检察改革三年实施意见》，确立了2000年至2003年的六项改革目标；2005年9月，发布了《关于进一步深化检察改革的三年实施意见》，确立了2005年至2008年检察改革的六项任务；中央司法体制改革领导小组则于2004年底出台了《中央司法体制改革领导小组关于司法体制和工作机制改革的初步意见》（以下简称《初步意见》），包括10个方面35项改革任务。两高以及中央司法体制改革领导小组提出的改革方案涉及的内容十分庞杂，充分体现了建立法治时期司法改革的特点。

概括而言，中国所进行的司法改革，在加强人权的司法保护方面，取得了明显的进展，主要表现在：

1. 从2006年初开始，死刑二审案件依照法律和有关规定实行开庭审理；2007年1月1日起，死刑案件核准权统一收归最高人民法院行使，确保死刑只适用于极少数罪行极其严重的犯罪分子。

2. 从1994年起，开始建立法律援助制度，从中央到地方建立了专门的法律援助机构，2006年司法行政部门的法律援助机构共办理法律援助案件318514件，接受法律援助咨询3193801人（次）。

3. 完善未成年人司法制度，建立适合未成年人特点的侦查、批捕、起诉和审判方式，由专门人员、专门机构处理未成年人案件，保障未成年人权利。

4. 清理超期羁押，超期羁押由2004年的4947人（次）下降为2006年的210人（次）。

5. 从2002年开始，在全国范围内进行社区矫正试点，社区服刑人员重新犯罪率仅为0.21%。

6. 积极推进司法鉴定体制改革，2005年全国人大常委会作出了《关于司法鉴定管理问题的决定》，统一的司法鉴定管理体制正在逐步形成，多头鉴定、重复鉴定的现象得到初步改变。

7. 加强和改进劳动教养审批工作，推出了律师代理、全面实行聆询制度、缩短劳教期限、扩大所外执行范围及强化监督等改革措施，有效维护了劳教人员的合法权益；2004年底，中央司法体制改革领导小组出台了《中央司法体制改革领导小组关于司法体制和工作机制改革的初步意见》，计划将劳教制度改为违法行为教育矫治制度。

8. 全国绝大多数检察机关办理贪污贿赂犯罪案件在讯问嫌疑人时实行了全程同步录音录像，进一步规范了执法行为。

9. 从2007年开始探索建立刑事被害人国家救助制度，对因犯罪行为导致生活确有困难的被害人及其亲属提供适当的经济资助。

10. 2007年通过修改《民事诉讼法》，改革和完善了执行体制，其目的是为了解决民事判决执行难问题，将司法保护落到实处。

四、中国人权司法保障的未来展望

司法改革尽管取得了公认的成效，但是，中国当前的司法制度在保障人权方面仍然存在一些问题，有待改进，主要表现在：

1. 2002年开始实行的统一司法考试制度，在加强司法的专业化方面迈出了重要一步，但是，法官专业素质不高的问题尚未得到彻底的解决，尤其在不发达地区出现了符合任职条件的法官人数不足的问题。

2. 司法改革尽管在促进司法行政和司法审判相分离方面作了很大程度的努力，但是，司法实践中院、庭长审批案件，上级法院提前介入下级法院审判程序的现象仍然时有发生，从而对法官独立审判、对当事人行使上诉权，造成一定程度的不利影响。

3. 法院在人、财、物方面仍受地方政府制约，导致司法地方保护主义现象未能得到彻底根除，从而影响公民获得司法救济的平等性。目前，法院系统正在通过建立跨地区、跨级别的法官交流和轮岗制度、完善诉讼管辖制度等措施以遏制司法地方保护主义现象。

4. 为禁止酷刑，《刑事诉讼法》第32条规定："审判人员、检察人员、侦查人员必须依照法定程序，收集能够证实被告人有罪或者无罪、犯罪情节轻重的各种证据。严禁刑讯逼供和以威胁、引诱、欺骗以及其他非法的方法收集证据。"1998年6月最高人民法院《关于执行〈中华人民共和国刑事诉讼法〉若干问题的解释》第61条进一步规定："严禁以非法的方法收集证据。凡经查证属实属于采用刑讯逼供或者威胁、引诱、欺骗等非法的方法取得的证人证言、被害人陈述、被告人供述，不能作为定案的根据。"非法证据排除规则应当在《刑事诉讼法》中得到确立，且排除的范围有待扩大，应考虑将"毒树之果"包含其中。

5. 剥夺公民人身自由可达1—3年之久的劳动教养实际上带有"刑罚"性质，但被劳动教养者享受不到犯罪嫌疑人和刑事被告人可以享有的一系列诉讼权利，劳动教养的决定权由省、自治区、直辖市和大中城市人民政府成立的劳动教养管理委员会行使。现行劳动教养制度亟待改革，应当通过正当法律程序并由合格法庭依法作出裁判，方可对公民适用劳动教养之类的措施。

6. 相对于1996年的《刑事诉讼法》，2007年10月修改过的《律师法》对辩护律师在刑事诉讼中的权利作了更加充分的保障，包括取消对辩护律师会见在押犯罪嫌疑人、被告人的限制，扩大辩护律师的阅卷权，加强辩护律师的调查取证权，增加规定辩护律师的法庭言论豁免权、证言特免权等。目前应当加快修改《刑事诉讼法》的步伐，以使《刑事诉讼法》与《律师法》的规定相协调。

上述问题的存在，表明中国的司法改革有待进一步深化。中国属于从计划经济到市场经济的转型国家，司法改革是中国政治民主化、法治化的表现之一。未来的司法改革应当将构建独立、中立、公正、高效、权威的法院作为司法建设的目标，并应针对所存在的问题进一步完善司法程序，以使司法更好地承担起对公民权利进行保护和救济的功能，推进中国的法治进程不断向前发展。

参考文献：

①夏勇：《法治与公法》，载《读书》2001年第5期，第117页。

②夏勇：《法治与公法》，载《读书》2001年第5期，第119页。

③夏勇：《改革司法（代序）》，载张明杰主编：《改革司法——中国司法改革的回顾与前瞻》，社会科学文献出版社2005年版。

④苏永钦：《飘移在两种司法理念间的司法改革——台湾司法改革的社经背景与法制基础》，载张明杰主编：《改革司法》，社会科学文献出版社2005年版，第417～418页。

（《中国改革开放与人权发展30年》，人民日报出版社2009年版，作者系中国社会科学院法学研究所诉讼法室主任、研究员）

公平正义：当代中国社会主义法治的价值追求

■徐显明

社会主义法治理念的基本要求之一就是公平正义。当法治的价值追求被表述为公平正义的时候，预示着我们国家的主流价值正在作出调整。在谈到国家主流价值时，党的十四大报告使用的表述是“兼顾效率与公平”，十四届三中全会通过的《中共中央关于建立社会主义市场经济体制若干问题的决定》则针对长期以来我国广泛存在的平均主义倾向，提出了“效率优先、兼顾公平”的原则，此后党和国家的文件中一直都强调这一原则。十六大报告在讲到价值选择的时候，没有再使用“效率优先、兼顾公平”的说法，而是采用了“公平正义”这一表述。一个和谐的社会一定是以公平为基本特征、以正义为最终价值的社会。

一、公平正义与以人为本、科学发展、构建和谐社会理念是内在统一的

这些理念最终都可归结为一句话，那就是缔造一个公平正义的社会。在这些理念中，“以人为本”是起点性的理念，“公平正义”则是终点性的理念。“以人为本”这一理念涵盖着人类文明的两大主流文化：一是人道主义文化，二是权利文化。人道主义文化是文艺复兴运动的产物，其实质是把人当做人来看待，使人成其为人，使人成其为有尊严的人。在今天弘扬人道主义文化，还含有恢复在现代化进程中被异化了的人的主体性地位之意。权利文化是在近代法治化过程中凝聚而成的，“在权利方面人们生来是而且始终是自由平等的”，“任何政治结合的目的都在于保存人的自然的和不可动摇的权利”，就是近代权利文化的经典表述。人道主义文化对应着人类的精神文明，它为法治提供德性方向的导引；权利文化对应着人类的制度文明，它为政治提供善法之治的基准。

“以人为本”首先要回答的是“以什么人”为本的问题。一个国家的权利保障体系有三个层次：一是“人人”的层次，二是“公民”的层次，三是“弱者群体”的层次。公民权利主要指向政治参与、担任公职、劳动就业和社会保障等领域；弱者群体权利主要指向妇女、老人、儿童、身体残障者等特殊对象；而第一个层次，也就是“国家尊重和保障人权”中的层次，指的是“人人”、“所有的人”，也就是《世界人权宣言》所讲的不分种族、肤色、性别、语言、宗教、政治或其他见解、国籍或社会出身、财产、出生或其他身份的差别，平等享有基本人权和人格尊严中的“人人”。

“以人为本”其次要回答的是“以人的什么”为本的问题。“以人为本”就是以人性为本，以人的需要为本，以人的利益为本。当然，这并不是说人性、人的需要、人的利益是天然合理的，它们要不断经受伦理与道德的评判，而是说人性、人的需要、人的利益始终是我们进行制度设计的出发点和归宿。人的需要是分层次的，人的利益诉求是不断提升的。在经济与社会发展的不同阶段上，社会的关注点有所不同。农民、城镇低收入人群以及妇女、老人、儿童、身体残障者等弱者群体的需要已成为我们国家经济和社会发展的关注重点。

“以人为本”最后还要回答“如何将人的需要转化为法律上的权利”这一问题。人的需要唯有转化为法律上的权利才是现实的、安全的。“以人为本”与“科学发展观”、“和谐社会”理论在价值上是一致的，它们一方面解决了目的性问题，那就是实现人自由而全面地发展；另一方面又解决了一系列关系问题，即政治建设、经济建设、文化建设、社会建设的统一与和谐。社会主义法治理念的提出正是这些理念逻辑的产物。因此，对作为社会主义法治价值追求的公平正义的理解也必须建立在这些理念基础之上。

二、公平正义是评判社会善恶的首要标准

关于国家与社会主导价值选择的理论可谓精彩纷呈，“利益说”、“自由说”、“效率说”、“秩序说”就是其中较有代表性的。承认、肯定和保护人们的正当利益，是一个社会发展的动力源泉，但是一个社会如果奉“利益”或“功利”为最终的依归，这个社会将成为德性尽失的社会。“自由”是社会生命力、创造力的源泉，但是极端的自由主义将会使社会退化为原始丛林。“效率”为社会发展所必须，但是“效率优先”在任何时候都不应成为漠视公平、践踏正义的借口。“秩序”是社会稳定的基础，无秩序便无社会安全可言，但是当秩序成为社会最高价值的时候，则有可能将社会导向活力窒息的境地。由此可见，利益、自由、效率、秩序作为社会价值之一部，固然为社会

发展所必须，但都不能作为社会的终极价值准则，它们最终都要受公平正义这一基准的评判和检验，它们中的任何一项均不具有超越社会公平正义价值的能力。一个社会的善恶及其文明程度，最终要看它是否奉公平正义为最高价值准则。

建设国家、管理国家所要实现的理想境地是经济富足、政治健康、文化昌明、社会和谐，这些目标的实现皆有赖于社会公平正义价值的统领。从人类历史的发展经验来看，社会的主流价值决定着社会的文明走向和发展方向。一个良善的社会必定是将公平正义奉为圭臬的社会，而一个公平正义不彰的社会必定会走向经济的衰退与凋敝、政治的专制与腐化、文化的消沉与堕落、社会的混乱与无序。在一个国家中，利益需求是多种多样的，冲突与矛盾也是变化多端的，因此执政者的首要任务并非缠身于细枝末节的具体事务而是进行价值判断与选择，进而消除冲突，维护公平，匡扶正义。在此意义上，我认为管理国家的本质就在于价值选择；而一个好的执政者的标准就是，在任何时候都会无条件地选择公平正义。

三、公平正义首先是制度的公平正义

公平正义是历史久远的人类理想，它的基础是社会制度的公平正义。胡锦涛同志曾指出要把维护社会公平放到更加突出的位置，综合运用多种手段，依法逐步建立以权利公平、机会公平、规则公平、分配公平为主要内容的社会公平保障体系，使全体人民共享改革发展的成果。这实质上是从制度建设的层面对公平正义作出的分析。从直观的层面看，社会不公现象是形态各异的，但概括言之不外乎以下方面：第一，起点的不公。其典型表现是，在人们出生伊始就被依照自然生理状况和社会出身的不同进行人格身份的差等划分；第二，机会的不公。对人们进行人格高低区别的目的，是要赋予他们不同的社会发展机会，这便是机会不公。在高考招生中，同一张试卷面前不同地区的考生享有不同的上学机会，甚至在同一个地区的考生因户口的差异也有所不同，这就是机会不公的具体表现；第三，规则的不公。用一类规则对一群人，用另一类规则对另一群人，便是规则的不公，表现在法律上，便是法律面前的不平等，便是凌驾于法律之上的种种特权的存在；第四，结果的不公。同劳而不同酬，少劳而多得，多劳而少得，劳而不获，不劳而获，就是结果不公的表现。社会不公在任何历史时期都是引发人际关系紧张和社会冲突的一个根本原因。中国自古就有“不患寡而患不均”思想传统，中国民众对社会不公深恶痛绝，历史上每一次民众的揭竿而起，也大都起因于社会的极端不公。可以说，没有公平正义便没有稳定的社会秩序，也便没有社会的和谐。因此，构建社会主义和谐社会与构建公平正义的社会是等义的。改革开放以来，随着我们党对社会主义建设事业认识的不断深入，社会所弘扬的主流价值观也是不断发展的。“公平正义”观的确立是社会主义本质所系，我们要把公平正义作为社会的主流价值，进而对制度予以重建。

从法理上讲，制度的公平正义包括分配与救济两个方面。分配正义就是指在社会成员之间公平地分配社会发展的成果和社会合作所产生的负担。不过，何为“公平地”分配？对这一问题的回答可能是仁者见仁、智者见智的了。但是，社会主义的分配正义应当包含下面几个必不可少的原则：其一是人格平等基础上的权利平等原则；其二是信息透明前提下的机会平等原则；其三是按能分配原则；其四是社会保障原则。前三个原则涉及的是社会的第一次分配，它奉行的是起点公平、机会公平、权利公平原则，其中按能分配以按劳分配为主，但又不局限于计划经济时代狭义的按劳分配。最后一个原则涉及的是社会的第二次分配，它要求通过税收制度、公共支出制度、转移支付制度、社会保障救济制度的设计，合理调整社会财富与负担的分配格局，特别是要保障社会弱势群体最起码的尊严生活的权利。总之，不允许在制度上对人进行差别对待和歧视性区分，而且要使社会中的所有人均能过上有尊严的、体面的生活，是社会主义公平正义的核心内容。分配正义要求立法要根基于正义，行政执法要立足于正义。立法如果不公，就意味着社会正义计量器的定盘星错位了；执法如果不公，就意味着社会正义计量器的刻度是因人而异的。

救济的正义又被称为矫正的正义，它对应的是司法公正。对公民的福利保障而言，具有终极性的是权利的救济，而对权利的救济具有决定意义的是司法救济制度。司法是社会正义的最后一道防线。当社会出现不公不义的时候，司法就要发挥其对正义的救济和矫正功能。当公民的权利遭到侵犯的时候，他可以求助于政府或行业组织，获得行政的救济和行业组织的帮助，但政府和行业组织作出的判断最终要经过司法的再判断。司法的裁决是具有终局性的裁决，树立司法的极大权威是社会公平正义的基础工程。司法之功能不仅在于通过个案判决矫正社会正义，还在于通过司法公正守护正义之源泉。因此，司法倘若因为不公而失信于民，这个社会就等于失去了正义的守护者。这就要求司法必须奉“公平正义”为唯一的一元化价值，如果法官、检察官和参与诉讼的律师分别奉行不同的职业伦理和价值观念，司法裁决的公平性、正义性就会受到损害。法律的本质，说到底是对社会正义进行管理的艺术。所以，法律职业者的本质，说到底就是正义的守护者。秉持正义，维护公平，是司法职业者安身立命之本。

四、公平正义有赖于制度的和谐

制度的本质在于调整社会各种权利和权力之间的关系，制度的和谐是社会公平正义的前提和基础。法治所要求的和谐里面第一个要素便是公共权力和公民权利的和谐。国家之成型，是人民意志的产物。因此，国家或曰公共权力存在的目的就只有一个，那便是以人民利益为本，更好地服务于人民。然而，公共权力自其诞生起，就存在着暴力性、过度膨胀等弊端。自近代以来，民众所努力致求者、思想家所竭力思考者不外乎如何驯服公共权力这个问题。法治社会，公共权力应具有谦抑性、去暴性，公共权力之行使必须以保护公民权利和公共利益为前提，公民的权利诉求应当能够通过适当程序反映给权力执掌层，权力和权利之间应当能够形成一种良性互动。可以说，什么时间公共权力和公民权利和谐相处了，法治社会就形成了，和谐社会的基本特征也就具备了。制度和谐的第二个要素是公共权力和公共权力之间的和谐。党的执政、人民代表大会的立法权、国务院的行政权、最高人民法院的司法权、最高人民检察院的检察权、中央军事委员会的军事权，要在党的领导之下实现和谐，在和谐前提下相互进行配合和监督。公共权力之间要实现和谐，首先在于公共权力之授权和边界必须是清晰的。公共权力不得推定，法无明文授权即不得行使；法有明文规定，必须予以履行，不得放弃。公共权力之行使也不得越界、不得滥用。其次，在于公权力之间的控约体系是完善的。再次，公权力之行使还必须统摄于公平正义的理念之下，权力边界之清晰、权力等级之层次分明只是理想状态。在现实中，权力交叉是难免的，况且一定的权力交叉正是权力制约的基础。另外，公权力的自由裁量也是客观存在的，这就要求公权力的行使者必须谨慎行使权力，以公平正义之实现作为最终的行为标准。总之，公共权力和谐有序，是为国家之福；公共权力彼此纠缠，是为人民之祸。制度和谐的第三个要素，就是公民权利和公民权利之间要和谐。中国古代社会，公民与国家权力日常关联不多，“纳完粮，自在王”形象地说明了这一点。于是，中国古代社会也便更注重人际关系的和谐。法治社会，重在以规则统摄群己，以规则为人们的行为划界，这在一定程度上使得人们更多的关注是“我”与规则之间的关系，人己关系遭到漠视。在我看来，公民权利的和谐至少包括三个方面。其一是权利内容的和谐。法律对公民权利内容的规定应符合人类发展的大趋势，不同等级效力的法律对权利的规定应逻辑统一、体系严谨，对特殊人群应给予特殊的权利保护等等。其二是权利与义务的和谐。马克思指出没有无义务的权利，也没有无权利的义务，这是我们分配公民权利与义务时应把握的总原则。其三是权利主体之间的和谐。建设法治社会，我们不仅要高扬规则意识，还要努力锻造团结友爱、诚信文明的社会文化。讲求规则，并不意味着我们处处要以规则制人，而在于我们在行为时应谨奉规则，尊重他人的权利边界。权利主体的和谐还应该包括所有公民应平等地参与到法治的整个进程中来。讲到公民的平等，五四宪法规定的是“中华人民共和国公民在法律上人人平等”，法律上人人平等被理解为公民在立法、司法和守法上的平等。1982年宪法修改的时候，这一原则改成了“中华人民共和国公民在法律面前一律平等”，平等的内涵被缩减了。随着以人为本、科学发展以及社会和谐理念的确立，特别是公平正义这一社会主义价值观确立之后，公民的平等内涵需要做重新的思考和探讨。

建设社会主义法治国家，其终极目标在于公平正义，其现实道路在于保障和发展人权，其途径在于科学发展和构建和谐社会。“国家尊重和保障人权”这一原则的入宪，为社会主义公平正义理念确立了现实的基准、法律的标杆。科学发展、和谐社会的构建，为社会主义公平正义的实现提供了技术路径。社会主义公平正义不再仅是一句口号，不再仅是一个理论术语，而是已经成为我们这个社会的价值共识，已经融进我们的法律制度和执政理念，成为制度的灵魂和执政的动力。

（《法学家》2006年第5期，作者系山东大学教授）

进一步保障农民的土地使用权

■董正华

什么是中国农业的最大问题？我认为仍然是土地问题，特别是如何从制度上保证农户对自己所经营农地的基本权益不被侵害甚至强行剥夺。

一、大规模圈占农地的危害

从1982年迄今，中共中央已经下发了10个关于农业问题的“一号文件”，足以显示对农业的重视。文件中最早提出的、也是最重要的内容，就是农民经营土地的权益。1982—1986年的5个“一号文件”，反复肯定了农户承包土地的“双包制”（包产到户、包干到户）或“家庭联产承包责任制”，称之为“中国农民的伟大创造”。[①]农户的土地承包期也被一再延长。2004—2008年的5个“一号文件”将关注的重点转向给农民减负、农业和农村基础建设等问题，但仍然非常重视农地制度。如2004年的“一号文件”提出：“各级政府要切实落实最严格的耕地保护制度，按照保障农民权益、控制征地规模的原则，严格遵守对非农占地的审批权限和审批程序，严格执行土地利用总体规划。”[②]2008年的“一号文件”又提出要毫不动摇地长期坚持以家庭承包经营为基础的经营体制，以“切实稳定农村土地承包关系，认真开展延包后续完善工作，确保农村土地承包经营权证到户。加强农村土地承包规范管理，加快建立土地承包经营权登记制度。继续推进农村土地承包纠纷仲裁试点。严格执行土地承包期内不得调整、收回农户承包地的法律规定。……坚决防止和纠正强迫农民流转、通过流转改变土地农业用途等问题，依法制止乡、村组织通过‘反租倒包’等侵犯农户土地承包经营权的行为。”[③]

从这一系列“一号文件”可以知道：如何从制度上保护耕地和农民经营农地的权益不受侵害，迄今仍然是中央政府重点关注的问题。目前中国最严重的经济、社会，乃至政治问题，均直接、间接地同土地制度相关。近些年来中高级官员出“事”，大部分涉及土地。[④]随着经济进一步发展，农地经营规模将逐渐扩大，农地流转也将增多，农地制度问题解决不好，农村内部的土地纠纷也会越来越多。

中国农地问题的严重性首先是人多地少，人均土地面积只有世界平均水平的1/3，虽然可供农用的土地开垦已接近极限，但人均耕地仍不足0.1公顷，不到世界平均水平的一半，而且在继续减少。从1997年到2004年，8年间中国内地的耕地面积净减少1.14亿亩。耕地总面积下降导致粮食播种面积下降、粮食总产量下降。1995年至1999年的5年中，平均每年的粮食产量是9950亿斤（4.975亿吨），2000年至2004年的平均产量降到了9088亿斤（4.544亿吨），已经明显产不足需。粮食库存量也呈下滑的趋势。[5]

"民以食为天"，粮食当属比钢铁、石油等等更为重要的战略物资，其供给不可完全听凭市场调节，更不可由国际粮商控制。抛开国际政治因素不说，世界市场对于经常出现的哄抬粮油价格行为，跟对金融炒家一样，迄今没有有效的监管措施。因而，中国大陆13亿人口每天都要产生的吃饭问题，绝对需要立足于基本自行解决。今日中国没有粮食危机，但不等于永远不会发生粮食危机。2008年"两会"上就有多位人大代表、政协委员对国家粮食战略安全表示非常关注。例如李钺锋委员指出，随着人口增长、肉食品需求增加和生物能源与生化产品加工需求快速增长，国内粮食需求还会大增，供给出现较大不足，预计2—5年后每年需进口粮食0.65亿至1.1亿吨，将出现严重的战略依赖；估计10年后总量缺口将在1.0亿至1.5亿吨之间，将临近或超过25%的粮食战略安全高危线。[6]中国农业部官员在两会期间接受记者采访时也表示，到2010年，中国的粮食综合生产能力必须要达到1万亿斤以上，才能确保粮食安全。而要实现粮食生产能力达到1万亿斤以上的水平，一要靠稳定面积，确保耕地18亿亩（约1.2亿公顷）的红线要守，确保粮食的播种面积；二要靠提高单产。[7]

到2007年，中国粮食单位面积产量已经连续4年创历史最高水平。但在现有技术条件下，一味地提高单位面积产出肯定是要付出生态环境破坏代价的。2008年2月26日媒体报出"湖北汉江遭受严重污染、20万人饮水困难"的新闻。污染严重的汉江下游最大支流——东荆河直到20世纪70年代末仍然清澈见底，可以游泳，农民口渴时捧起河水就喝。位于河流域内的一个农场当时全年化肥施用量不过150吨，产量每亩200斤左右。2007年同样的耕地面积化肥施用量已经高达14000吨，接近30年前的100倍，水稻亩产量也提高到1500斤。[8]大量施用化肥、农药，势必造成农村甚至整个相关区域生态环境危机加重。因此，要确保粮食安全同时又要保护环境，首先需要确保农地面积稳定。

农村社会稳定问题同样不容忽视。"在大量圈占农地的过程中，很多地方出现了严重侵犯农民权益的现象。由于补偿标准过低、安置政策不落实，使不少失去土地的农民实际上也失去了生计。埋下了影响社会稳定的隐患。"[9]事实上，每年都有大量受到侵害的农民为自己的地权被侵害而上访，甚至进行组织化抗争。

无论是稳定农地面积，还是保护农民的权益，稳定农村社会，各级政府都应首负其责。然而，在耕地流失的人为因素中，最主要的正是政府征收并将其转为非农用地。2003年，全国设立的各级各类开发区（园区）达6015个，其中70%是违规擅自设立的。照此下去，中央政府宣称需要"严防死守"的18亿亩耕地"红线"可能很快被突破。针对这样的情况，中共十六届三中全会提出，要按照保障农民权益、控制征地规模的原则，改革现行的征地制度。然而，正如中央农村工作领导小组办公室主任陈锡文所说，这项改革因为"涉及多方面利益关系调整"，所以"难度极大"。[10]

二、集体所有制造成的农地所有权含混

现行的中国宪法规定任何组织或者个人不得买卖土地。农地所有权转移的途径是政府向农民征收或者征用并给以补偿。但是，中国现行农地"集体所有制"很难抵御地方政府滥用"公共利益需要"的名义伙同开发商违规征地，之所以会如此，一个重要的原因是土地权属含混、所有权主体模糊甚至虚置。

在人民公社体制下，农地的所有权一直就是被分割的，所有者主体是多元的。土地承包到户以前，农地集体所有制遵行的是1962年《农村人民公社工作条例（修正草案）》（以下简称《六十条》），是"三级所有、队为基础"。《六十条》第1章第2条规定："人民公社基本核算单位是生产队。"第4章第21条规定："生

产队范围内的土地，都归生产队所有。”此前中共中央关于农村人民公社当前政策问题的紧急指示信（1960 年 11 月 3 日），已经要求将土地、劳力、耕畜、农具固定到生产小队（称为“四固定”）。依照上述条例和指示，生产队是集体所有制下对农地拥有所有权的基本权利主体。同时，在“三级所有”体制下，人民公社和生产大队也分别拥有农地的部分所有权。由于实行“政社合一”，公社固然是一级政权，大队也在行政村一级行使行政职能，生产小队在“三级”中地位最弱，土地、劳力很容易被平调。集体所有常常变成“地方国有”。尽管如此，这三级集体所有权主体在人民公社解散以后也都不复存在。

1994 年的农业部《关于稳定和完善土地承包关系的意见》规定：“进行土地调整时，严禁强行改变土地权属关系，不得将已经属于组级集体经济组织（原生产队）所有的土地收归村有，在全村范围内平均承包。”《中华人民共和国土地管理法》（1999 年 1 月 1 日起施行）第 10 条规定：“农民集体所有的土地依法属于村农民集体所有的，由村集体经济组织或者村民委员会经营、管理；已经分别属于村内两个以上农村集体经济组织的农民集体所有的，由村内各该农村集体经济组织或者村民小组经营、管理；已经属于乡（镇）农民集体所有的，由乡（镇）农村集体经济组织经营、管理。”《中华人民共和国农村土地承包法》（2003 年 3 月 1 日起施行）规定：“农民集体所有的土地依法属于村农民集体所有的，由村集体经济组织或者村民委员会发包；已经分别属于村内两个以上农村集体经济组织的农民集体所有的，由村内各该农村集体经济组织或者村民小组发包。村集体经济组织或者村民委员会发包的，不得改变村内各集体经济组织农民集体所有的土地的所有权。”从这三个文件可以知道，村民小组只是跟原来的生产队同级，本身并不是“集体经济组织”，法律明确授予它的是“或”可由其经营、管理、发包的权利，而不是土地所有权。村民委员会的情况同样。《中华人民共和国村民委员会组织法》（1998 年）规定“村民委员会是村民自我管理、自我教育、自我服务的基层群众性自治组织”（第 2 条），“村民委员会应当尊重集体经济组织依法独立进行经济活动的自主权，维护以家庭承包经营为基础、统分结合的双层经营体制，保障集体经济组织和村民、承包经营户、联户或者合伙的合法的财产权和其他合法的权利和利益”（第 5 条），“村民委员会可以按照村民居住状况分设若干村民小组”（第 10 条）。从这些条文可以看得更清楚：村民委员会跟集体经济组织的关系是应当“尊重”和“保障”后者，它（以及由它分设的村民小组）本身当然不是“集体经济组织”。被授予土地集体所有权的原生产小队和乡（镇）、行政村两级农民“集体经济组织”至少在目前是虚置的。

由集体所有权主体的分割甚至虚置造成的土地权属混乱和变更，有时连政府主管部门也难以厘清。试以国家土地管理局为贯彻执行《中华人民共和国土地管理法》而制定的《关于确定土地权属问题的若干意见》（1989 年）为例。《意见》第 7 条规定：1986 年 3 月中共中央、国务院《关于加强土地管理、制止乱占耕地的通知》发布之前，全民所有制单位、城市集体所有制单位或乡（镇）、村企事业单位租赁农民集体所有的土地，按照有关规定处理后，已建有永久性建筑物的，由用地单位按占地时的规定，补办征地手续，土地归国家所有。第 8 条规定：凡《六十条》公布以前，全民所有制单位、城市集体所有制单位和集体所有制的华侨农场使用的原农民集体所有的土地（含合作化之前的个人土地），《六十条》公布后迄今没有退给农民集体的，属于国家所有。第 11 条：农民集体使用其他农民集体所有的土地，凡连续使用已满 20 年的，应视为现使用者所有；连续使用不满 20 年，或者虽满 20 年但在 20 年期满之前原所有者曾向现使用者或有关部门提出异议要求归还的，由县级人民政府根据具体情况确定土地所有权。[11]从这些条款可以看出，在农地所有权出现问题时，多数情况下主管部门都只能承认现状，在发生国家还是集体权属问题时则向国有倾斜。

当然，不管所有权怎样安置，单个农户都不享有。2008 年的 1 号文件提出要制止“各种侵犯农户土地承包经营权的行为”。陈锡文所说“承包和使用农地，决定农地的使用权是否流转，这是法律赋予农民的权利”，[12]根据应当是《中华人民共和国农村土地承包法》总则第一条规定的“赋予农民长期而有保障的土地使用权”。然而，无论是“经营权”，还是“使用权”，在土地权属含混、集体所有权有名无实的情况下都难以保障，何况“长期”仍然是有期限的。在地方政府以发展当地经济的名义大面积征用农地时，情况尤其是这样。根据有关规定，接替人民公社行政功能的乡（镇）政府虽然不是集体经济所有权的主体，但有权代管乡（镇）集体土地所有权。[13]实际上，一些乡政权仍像从前“政社合一”的人民公社那样，分割甚至主掌着农民的集体所有权。结果是：基层政权伙同商人和一些村干部，往往违背农业直接经营者——农户的意愿，低价征收或者“以租代征”农地并将其转移为非农业用地，剥夺了农民经营农地的基本权利，一些权力不受制约的干部则乘机从中谋取私利。

三、农地制度改革出路何在

那么，如何解决这种农地集体所有权主体虚置的情况？一种主张是回到人民公社或者类似人民公社的集体经营制度。因为据说承包到户已经是一种退回前资本主义的、自耕农小生产方式的落后状态。独立经营的小农户没有任何经济价值。很显然，即使仅仅从经济价值的角度，这样看待承包到户也不符合近30年来中国农业和农村变革的事实。承包到户后不仅农业总产量增加，[14]更重要的是释放出了原来因被固着于土地而处于隐性失业状态的大量农村剩余劳动力。根据国家公布的数字和国家统计局统计数据，2006年初中国农村户籍人口为9.4亿，但真正长期居住在农村的农民在7.5亿左右。[15]不知道这“7.5亿”包不包括已经在乡村企业就业的大量人口。无论如何，二三十年间使近2亿人口走出农业，走向城镇，这是世界历史上的奇迹。

在实行承包到户以前的人民公社集体经营制度下，虽然集体上工下工，种什么，何时种，农民一切行动听指挥，但上级任命的公社干部很容易“瞎指挥”，难以对分散的农业生产过程进行劳动质量监督。在“一大二公”的体制下，社员没有退社退队的权利，即使普遍贫穷，农民的劳动积极性普遍受挫伤，生产效率低或者“增长而无发展”，[16]大家也要绑在一起。这是农民自发要求突破农地集体经营管理体制而走向农户承包土地实行家庭农业经营的原因。

农村改革30年来，中国先后涌现了一批坚持或者恢复集体经营而且经济发展成就突出的乡村，有的已经名扬海内外，如河南的南街村等。然而，这些村子基本上都是农民在尚未打破的城乡隔离体制下自发实行工业化的典型，是有中国特色的工业化、城市化的另类模式。它们的许多经验值得认真研究。从中国经济和社会正在走出以农业为主的传统形态的大趋势来看，全国继续出现几百上千个类似华西村、大邱庄、南街村的工业化乡村也不算多。但是，很难想象，作为国家粮食生产大省的河南农村，都能像南街村那样走向工业化。事实上，如果没有实行承包到户以来的农村改革，如果没有仍然以务农为主业的周边广大地区，也就没有南街农产品加工业发展所需的数量巨大的原料、粮食、廉价劳动力和产品市场。二者可以互补，推进乡村多样化发展，但发展工业不同于经营农业。此外，这些集体化工业村的所有权主体在法律上也不明确，很多已经将资产折股分配给农户（华西村办工业一开始就是从村民入股起家的）。总之，以南街村的工业化进程证明农地承包到户不如回到农地集体经营，是没有说服力的。这些工业化村镇的涌现也说明：“三农”中的“农村”已经不都是务农的村庄，一些已发展成为大型工贸公司或者小城镇（有的已经改为城镇建制，如天津大邱庄），成为新兴的工业中心，村民中的绝大多数已经不再是农民了。国家在统筹城乡发展时应当鼓励和支持这些“工业新村”的建设和发展，同时积极创造条件将它们改为城镇建制。改制以后村民转为城镇居民，村里的土地则依法有偿转为城镇土地。[17]这样一来，外来打工者才能够依法享有与原村民同等的身份待遇。

另一种主张是农地私有化。温铁军教授认为中国农业人口太大而土地资源稀缺。政府不可能对9亿农村人口提供社会保障，农村有限的耕地承担了农民的基本生存保障功能，所以中国不具备农地私有化的条件。我同意温先生的结论，私下猜度温先生是担心私有化以后破产农民的生计问题。我则想从另外两个角度提出私有化不可行的理由。

1. 在农村人均土地不足0.15公顷的情况下，农地私有化将导致经营规模长期过小甚至更加零碎。很多人根据前工业化时代的经验，担心私有化会导致曾经在中国历史上周而复始地出现过的土地兼并和农村两极分化，造成社会不安。我以为在早已走出“重农抑商”、“以末致财用本守之”的今日中国，情况恰恰相反。在工业化和城市不断扩张、农地总量不断减少的大环境下，土地作为稀缺资源，价格一定会不断上涨。在这种情况下，多数农民会死死把住自己私有的小块土地而不轻易转让。这样一来，只会增加推动经营规模扩大的难度。

农地承包到户后的中国跟东亚其他实行农业“单一（自耕农）发展战略”（uni-modal-strategy）的国家和地区在农业家庭经营方面有相似之处，所不同的是土地所有制度。例如战后日本经过两次农地改革，私有化的自耕地比重达到90％，自耕农加自耕佃农达到88％。1961年，日本政府实施《农业基本法》，旨在扩大经营规模、促进合作经营、提高家庭农业效率和农民收入水平；随后又一再修改《农地法》，放宽对地权最高面积的限制，以推动土地流转。但是，到1980年，日本仍有71％农户经营土地在1.0公顷以下，其中3/5少于0.5公顷。1999年，日本政府以一项《食品·农业·农村基本法》代替1961年的《农业基本法》，仍然以促进农业经营规模化为目标，要求实施将农地向“有效稳定的农业经营者”集中的措施。2001年开始实施《农地法》修正案，推动建立农业生产法人制度，进一步放宽农地管制，所有这些变革，都没有走出以私有的自耕农为主体的农地制度。由于不能强行购买和迫使农民离农，也由于地价上升与农业衰退造成购地欲望退步，由买卖实现土地转移非常困难，政策走向是以租佃来促进土地流转，为此而设置了各种免于适用限制佃耕地所有规定的特例。类似台湾地区的“委托经营”（台湾土改中立法废止了租佃制度，后来为了扩大经营规模，遂有“委托经营不以租佃论”的规定），日本农民可以通过农协将自己农地委托其他会员耕作。但即便如此，所有权转移和使用权转移两项相加，每年也只有几万公顷。[18]

2. 主张农地私有化的一个理由是认为私有化有利于资本进入农业，从而促进土地流转和经营规模的扩大，加快资本集约型大农业的发展和农村经济进一步市场化。实际发生的情况可能又跟此类愿望相反：一部分农地会被集中，由拥有雄厚资本的开发商以较高价格买走。但这些农地绝大多数将会成为富人的乡下宅地和休闲度假基地，甚至被囤积以待进一步涨价，而不再是农用土地。私人资本购地后有可能从事某些经济作物的生产，但是大量进入粮食种植的可能性很小。这是由粮食种植的生物性特征以及资本回报率远远赶不上非农产业（包括农用品生产和农产品加工业）等原因所决定的。对此，国际农学界已经有许多讨论，农业发展的国际经验也可以证明。

杜润生先生很早就已经注意到家庭经营与农业现代化可以相容，美国、德国、日本等现代国家的绝大多数农场都是家庭经营。[19]当代世界包括欧美发达国家仍然盛行家庭农业经营而不是雇佣型资本主义大农场，这是由各方面的因素造成的：（1）资本向农业部门的渗透，受农业生产的生物性特点（旱涝灾害的影响、日照和灌溉条件的限制、生产周期长而且缺乏连续性等等）的障碍，因而采用一种（对农用品与产品两端）“控制”而不（对农业生产过程）“占领”的策略。（2）家庭农民拥有不记工时辛勤劳作的传统，加上市场机制、教育和技术培训，以及适用的中小型农机与水利灌溉设施，适量的化肥与农药、农作物或禽畜新品种等“规模中立型”农业技术，不仅可以使农户的土地生产率高出资本主义的或者集体化的大土地经营，也使在农户家庭经营基础上大大提高劳动生产率成为可能。（3）工业化水平不高因而非农就业机会有限，农业劳动力人均占有耕地面积狭小，这是众多发展中国家和地区农业经营平均规模长期难以扩大的根源。在这种情形下，农户家庭经营是适宜的生产形式。由于农业部门剩余劳动力基数过大——工业革命在西欧开始时农业人口已经下降到占人口总量的50％左右，发展中国家的工业化是在农业人口占70％～80％的情况下开始的，转移巨量的农业剩余劳动力将是一个相当长的过程。[20]

又要维护农户的土地经营权，又不能实行土地私有化。在这种情况下，"长期坚持以家庭承包经营为基础的经营体制"可以看作是一种不错的选择。放长远一点看，像中国和其他东亚国家与地区目前这样的小规模家庭农业的出路，恐怕只能是在长期坚持农民家庭经营的基础上，逐步减少农业人口，改变人地比例，使留下的农户得以不断提高经营规模，并以逐渐扩大资本投入和农业技术创新与推广来提高农业劳动生产率，以此带动农民物质精神生活的提高和乡村的现代化。所有这些，无论是条件的变化还是目标的达成，都只能是长期的、渐进的过程。

基于此，有识者便将现有农地制度的进一步变革视为一个长期的渐进的过程。例如，姚洋在《中国农地制度：一个分析框架》一文中讨论了现有"低个人化"农地制度下农户对其所拥有的地块使用权、处置权的不完整和地权的不稳定性，而地权的多面性为农地制度的多样化创造了条件。文章特别强调效率与公平和社会稳定之间的权衡在形成现有农地制度中的作用，同时强调中国的现行农地制度具有强烈的区域差异，差异的核心是地权的个人化程度。文章提出：在决定一种理想的农地制度时，应对三项内容进行综合的考虑，对几种此消彼长的因素有清醒的认识。第一，农地制度的稳定性和资源配置效应。较稳定的地权增加土地投资，较自由的转让权提高资源配置效率。第二，农地制度的社会保障和失业保险功能。更加个人化的农地制度会降低农业生产效率，但是，这种效率损失可能被这一制度的社会保障和失业保险功能所抵消。后两种功能的作用远远超出农业本身，而对整个国民经济和国家稳定产生影响。第三，公平问题。土地集体制赋予村庄内部每个合法成员平等地拥有村属土地的权利（社区成员权）。对公平的追求会导致土地的调整。文章认为，国家对地权任何形式的干预原则上都与宪法对土地集体所有制的肯定相背。国家政策只能给农民一定的经济和行政引导，而不应是对农地制度的直接干预。此外，为了防止村干部滥用权力，国家应该对村干部的行为进行规范。[21]姚文富有启示，但所论"诱导性制度创新"没有跳出现行农地集体所有制框架。

有没有应对现存农地所有权问题的替代制度架构呢？一个可供考虑的可行性方案是：由宪法授予并保障农户对农地比较完整的永久使用权，搁置问题丛生、有名无实、已经陷于困境的现行农地集体所有制度，同时支持农民在自愿的基础上建立互助互利的经济合作组织，实行真正农有农用的信用合作、供销合作和生产互助合作，让农民通过新型经济合作组织逐步走上自己管理自己的乡村自治，建立经济、惠农的乡村"小政府（精简的乡镇政府）—大社会（农民的各种经济合作组织、社区自治组织）"。为此，需要在新农村建设的各个领域立法：

应当制定新的农地保护法或农业基本法，严格禁止任何对农地所有权的非法僭越和对农户土地使用权的侵犯；以扩大经营规模为目标，鼓励农地在农用的范围内合理流转；同时严格限制农地撂荒、继续分割和将农地变为宅基地或其他用地，严格控制农地非农转移；[22]改革现行的征地制度，政府只负责制定和审批征地规划，由开发商与农地经营者直接对话，以合理的补偿获取土地使用权，政府扮演监管、裁判的角色，并征收征地税和土地增值税。

制定农业合作法，帮助农民建立自己的经济合作组织，鼓励和支持农户在自愿、互利的基础上实行生产互助合作、销售合作、信用合作，将赋予村民委员会的"村民自我管理、自我教育、自我服务"功能扩大到各种层次的农民经济组织、社区自治组织；强化国家在农村地区的司法、执法功能和监察功能，同时进一步转变基层政府的职能，减少其行政负担，使之真正达到精简、效能。

制定农业信贷法、农业保险法、农业灾害补偿法、农村社会保障法，通过专设的国家金融机构帮助农民解决农地经营贷款难、小额贷款难的问题，帮助农民抵御天灾人祸，严格限制高利贷侵害农民；在农用品和农产品加工生产和销售领域实行反垄断法，鼓励和帮助农民实行农产品合作直销。

制定农业技术推广法，以国家投资为主、农民适当负担的方式推进农业科学技术研发，辅导农民科学经营农地，提高农业生产力；等等。

如果说所有权在法律上是指物主对物的自由支配的不可侵犯性，那么在这里，农户并不具备对其所经营农地“自由支配”的完整权利。但是农户对所经营土地的权益超出以若干年（30年甚或50年）为期的承包经营权，而且从一般权利上升为基本权利、宪法规定的权利。同时，这种权益既受法律保护也受到法律的限制，因此，即使给农户永久土地使用权，也并不等同于土地私有化。

上述由农户为了互助互利而自愿建立的经济合作组织，不是原来的生产小队或大队“集体经济组织”的复制，农民可以选择退出，并且不会因此而受到任何惩罚。即便是生产合作组织，因为是自愿的组合，可能在现村民小组范围内，也可能跨组甚至跨村，组织规模可能不断扩大，也可能因有农户退出而缩小。因此，即使被视为重建的农业集体经济组织，它们也难以成为农地集体所有权主体。就是说集体所有权仍然难以落实。

法律是国家意志的体现。依据《中华人民共和国物权法》，“所有权人有权在自己的不动产或者动产上设立用益物权”。取得永久使用权的农户为土地用益物权人，拥有对其所使用土地除了完整的支配权以外的占有、使用、收益权、损害赔偿请求权以及转让这些权利的权利。因此，这种农地制度可以看作是国家控制（或分割）农地的最终物权而农户享有部分物权（用益物权），或者看作是一种新型的“土地国有制”，只是不允许再搞“地方国有”和“干部经济”。有人从中国社会主义性质的角度论证过实行土地国有化。实际上，国有与否跟社会性质没有必然联系。历史上有过多种多样的土地国有主张，如16世纪后期英国一些人主张的土地国有，19世纪美国人亨利·乔治的土地“单一税”学说，孙中山的“平均地权”使“耕者有其田”的土地国有，以及列宁从马克思继承来的以“建立起真正自由的农场主经济”为目标，“尽最大的可能保证自由交换土地，自由迁居，自由扩大地段，建立新的自由的协作社来代替陈旧的带纳税性质的村社”[23]的民主革命的土地国有化纲领。其实，如果说人民公社时期的集体经济最终变成了干部经济，农地集体所有制在“农民集体组织”缺位以后则继续在向某种形式的“地方国有”靠拢，但因为名分不正、法治不全而无从规范之。而目前最迫切需要规范、限制的，恰恰是权力加资本以国家和公共利益的名义大量占用农地并且变更使用的行为。

因此，在地权问题上不必忌讳“国有”二字，但必须是以法治地而不是以人（行政官员）治地。相比于任何一种“所有制”标识，农民对农地的真实权益是最重要的。在国家与农户对农地所有权的共享或分割中，必须确定由法律而不是某一级政府（实际生活中经常是官员以政权的名义）代表国家，任何一级政府都必须遵守法律法规。当然，法律应当是由民意决定的，要体现人民的意志，体现人民利益与国家利益的一致。我理解的这种农地国有，其真实性在于所有权向农户和法治国家两头靠拢：一方面维护“农地农用”这一国家根本大计，另一方面落实农地为农民所用。杜绝现存的资本与权力勾结，特别是一些乡村干部以集体所有者代表的身份出现，侵害真正从事农业生产经营的农户的土地权益，尤其是今日中国当务之急。

由法律而不是由市场来维护农地农用，不仅要立法严明，“有法可依”，而且要“违法必究”，依法惩治胆敢侵犯农民权益者。从这里也可以看出法治建设在今日中国的迫切性、重要性，诚如杜润老在谈及“村干部任意调整地权事件层出不穷”时所感叹的，“以法治取代人治，乃是时不可待的事情”。[24]仅就国家作用而言，随着农业中人地比例的改变、农业单位经营规模的扩大、农民经济实力增强、自愿合作组织起来的农民在市场上谈判地位的提高，国家的作用终将逐步缩小。但是在今天，当农业和农民仍然在为工业化作出巨大的贡献也就是牺牲之际，以有效的法律手段维护农民的最基本权益，以国家财富总量高速增长的成果反哺在市场上处于弱势的农业，是唯有国家可以承担的、也是国家不可推卸的职责。

参考文献：

① http：//xinnongcun. agri. gov. cn/counter. asp? id=20846&IClass=0003.

②http：//news. xinhuanet. com/fortune/2004-02/09/content_ 1304399_ 3. htm.

③http：//nc. people. com. cn/GB/6843047. html.

④《新华月报》2008 年第5 辑，第32～33 页。仅从2006 年10 月到2007 年初，就有大约1500 名官员因为土地违法违规被处分，包括了两名地厅级官员和100 多名县处级官员。《中国土地改革正在“临界点”》，中国新闻周刊，http：//news. xinhuanet. com/politics/2008—01/04/content_ 7363735. htm。

⑤陈锡文：《当前我国的农业、农村和农民问题》，《学习与研究》2006 年第1 期；http：//nc. people. com. cn/GB/116210/116211/116212/6902331. html。另据统计：1995—1999 年粮食丰收的1998 年总产量曾达到51129. 5 万吨。2006 年粮食总产量为49746 万吨；2007 年在连续3 年增产基础上创50150 万吨，但仍比1998 年少近1000 万吨。2003—2006 年全国净减少耕地6009. 15 万亩，年均减少1000 万亩以上。这些年国家审批的各种建设用地每年约400 万亩，其中耕地约占280 万亩。这意味着每年有几百万亩耕地未经国家审批而被转移为非农用地。

美国华人经济学家陈志武教授提出可以通过盖高楼、在各层建温室来生产粮食，这样1 亩地可以当几十亩用，所不用担心农地减少和粮食安全。（《给农民土地永佃权可不可行？——于建嵘、陈志武对话中国农村土地制度》，南方周末网，http：//www. infzm. com/review/pltt/200802/t20080204_ 36453. shtml）这跟大跃进时期著名科学家论证亩产可达数万斤一样，没有多少现实可能性。茅于轼先生认为，就全球的粮食供应来看，生产一直供过于求。中国的粮食生产成本高，以低于国内的粮价去从国外进口粮食，这在经济上是很合算的。所以，只要按市场规律办事，中国就不存在什么粮食危机。（路虎：《西方专家分析中国粮食短缺三农问题成重点》，人民网，http：//www. people. com. cn/GB/jingji/1037/2697925. html）关于粮食进口与自给，陈锡文指出，在经济全球化和世界贸易组织的框架下，当然可以考虑增加粮食的进口。但到底能进口多少，则需要作多方面的思量。一是目前全球一年的粮食交易量保持在2. 2 亿吨至2. 3 亿吨，这还不足我国粮食消费总需求的一半；而其中大米的年交易量只有2000 多万吨，不足我国年消费量的20％。只要中国较多进口粮食，国际市场的粮价必然大幅度上涨，其引起的国际反应，将会大大超出单纯的粮食乃至经济的范畴。

⑥杨东：《中国10 年后粮食缺口或过亿吨临近安全高危线》，中国新闻网，http：//www. xinhuanet. com. cn/cj/bgjj/news/2008/03—18/1195062. sbtml.

⑦新华网，http：//news. xinhuanet. com/misc/2008—03/10/content_ 7761644. htm.

⑧《三联生活周刊》2008/8，http：//news. sina. com. cn/c/2008—03—06/170815091232. shtml.

⑨陈锡文：《当前我国的农业、农村和农民问题》。

⑩陈锡文：《当前我国的农业、农村和农民问题》，所谓“多方面利益”主要是地方政府的利益：1994 年实行分税制，中央政府通过增值税获得生产环节税收的75％，而将陆地资源税即土地收益全部划给地方政府。地方政府于是拿土地做银行，以牺牲农民权益为代价大规模征地并高价出让，以其所得投资本地基础设施和工业发展，提高地方竞争力。中央政府则从工业税收增加中获益。

⑪1995 年，国家土地管理局将上述《意见》修订为《确定土地所有权和使用权的若干规定》，这些条款均无改动。

⑫陈锡文：《当前我国的农业、农村和农民问题》。

⑬国土资源部《关于依法加快集体土地所有权登记发证工作的通知》（2001）规定：乡（镇）政府可以代管乡（镇）集体土地所有权。

⑭1984 年全国粮食总产量超过了8100 亿斤，棉花总产量超过了12000 万担，农民人均纯收入超过了350 元，分别比1978 年增长33. 6％、180. 4％、167％。参见中共中央文献研究室：《关于建国以来党的若干历史问题的决议注释本》，人民出版社1985 年版，第489～490 页。

⑮陈锡文：《农民数量正在逐步减少》，中国网，http：//www. china. com. cn/chinese/EC-c/1131488. htm.

⑯大跃进前后的长江三角洲地区，主要通过大力动员农民，采取兴修水利和扩大复种指数、甚至推行全盘三熟制等极端的劳动密集化措施，获得了很高的单位面积产量，也带来了社员单位时间劳动报酬的降

低。见黄宗智：《长江三角洲小农家庭与乡村发展》，中华书局1992年版，第223～246页。

⑰《中华人民共和国土地管理法实施条例》（1999年实施）第2章第2条规定：农村集体经济组织全部成员转为城镇居民的，原属于其成员集体所有的土地改属国家所有。

⑱［日］关谷俊作：《日本的农地制度》，金洪云译，三联书店2004年版；王新生：《自民党农业政策利弊得失剖析》，北京大学亚太研究院编《亚太研究论丛》第一辑，北京大学出版社2004年版。

⑲杜润生：《杜润生自述：中国农村体制改革重大决策纪实》，人民出版社2005年版，第113、203页。

⑳详细的讨论参见董正华：《关于现代农业发展的两个理论问题》，《马克思主义与现实》2006年第1期。

㉑姚洋：《中国农地制度：一个分析框架》，http://www.ccer.org.cn/cn/ReadNews.asp?NewsID=599。

㉒台湾地区2000年以前的农业发展条例规定农地分割面积下限为5公顷，2000年修正为0.25公顷并允许非自耕农购买农地，被批评为“打开了农业末路的大门”；2007年又有“立委”提议把可以修建“农舍”的农地面积从0.25公顷降为0.1公顷，批评者视之为“加速恶化农业的困境”。（杨儒门：《当农地变成一种商品》，《青牙儿》，2008.01/02.）

㉓《列宁全集》第16卷，第390～391页。

㉔杜润生：《杜润生自述：中国农村体制改革重大决策纪实》，第21页。

（《中国改革开放与人权发展30年》，人民日报出版社2009年版，作者系北京大学历史系教授、北京大学世界现代化进程研究中心主任）

论发展权的法律救济机制

■汪习根

人权对于人类的价值不仅在于它是一项记载在法律文本中的法定人权，更在于它能够被实践并最终转化为实有人权。而法定人权的实现必然依存于人权的可司法性。发展权作为人权系统中的基本人权形态，已被庄严载入1986年联大通过的《发展权利宣言》之中。尽管各个国家尤其是发展中国家为了发展权的实现付出了巨大的代价，联合国系统于1993年成立政府专家组专门研究如何实现发展权的对策，但由于种种原因，这些努力都无果而终。[①]自联大于1998年创立发展权的第四个后续机制——不限成员名额工作小组和独立专家以来，发展权的实现问题受到了高度的重视。但是，迄今依然没能成功地开发出一个切实可行的发展权全球性法治机制，使得发展权主体难以在法律框架内享有发展权并获得对该权利的法律救济。可见，创设发展权的具体实施法律机制，不仅是一个极具挑战性的国际前沿课题，而且也是实现发展权的当务之急。本文认为发展权的实现，既取决于发展权规范的法律性质，更决定于发展权法律规范的可司法性及其法律运行具体机制的理性设计。

一、发展权法律救济之依据

一项权利获得法律救济的前提在于确认它的可司法性（justiciability），即“可诉性”。它是指受司法机关管辖而为司法机关审理与裁断的属性。发展权历来不被认为具有可司法性，否定发展权可司法性的观点渊源于关于人权司法性问题上的两分法。即对人权采取分割的、孤立的方式看待，只将人权中的部分视为是具体的可司法的，而另一些人权则不具有可司法性。这样就在人权与司法之间人为地划出了一条不可逾越的鸿沟，一边是“可司法性人权”，另一边则是“非司法性人权”。1966年联大通过的国际人权法案不得不将人权一分为二，分别通过了《经济、社会及文化权利公约》和《公民权利和政治权利公约》。其中“公民权利和政治权利”被设计成可诉的人权，这是“一种具有司法性的监督机制”。而《经济、社会及文化权利公约》的实施机制中仅仅规定了国家报告制度，并无申诉制度。于是，便只有公民政治权被赋予了可司法性，而除此以外的其他权利则失去了向法律实施机关诉求的路径，发展权当然更是在劫难逃。

其实，从法理上看，导致上述区分的关键因素在于传统人权观仅将人权视为对抗政治权力的工具，认为人权不过是一个纯粹的自然动物和政治动物所应享有的免于政治国家侵犯或只需国家消极地不予干预的权利。那些需要政府和社会采取积极行动予以实现和满足的需要与主张，则往往不被视为人权。“由于盲从于对立的派别，人们往往求助于时髦的词汇和政治口号，而缺乏从个体权利的角度，从可以实施的角度……进行严肃的分析。”[②]于是，公民权利和政治权利就具有司法上的可救济性，而经济、社会和文化权利以及在其后的发展权则由于政府积极行为的界限模糊、代价昂贵特别是责任主体的集体性而虽在字面上被勉强写进人权公约或宣言，却迟迟难以进入法律程序。既然经济、社会和文化权利的可司法性遭到怀疑，那么，在此之后衍生的并涵盖了经济、政治、社会和文化发展的发展权的可司法性就更不用提了。因为依此理论，发展权必因其较之单个的经济、社会、文化权利更为巨大的耗费以及主体的集体性而不会被赋予可司法性，甚至在当下人们根本不愿提及发展权的司法问题，觉得这是一个可望不可及的虚幻梦想。实际上，这种传统的人权观正在遭到怀疑，以代价昂贵与否、政府经济负担状况以及主体的属性来决定一种人权能否进入司法程序的观点，显然是对人权本性和司法特质的莫大误解和歪曲。

发展权作为一项基本人权，其可司法性无论是在实定法层面还是在应然法意义上都可获得充分论证：

首先，发展权的可司法性是人权法律价值功能释放与回归的必然产物。传统人权观在这一问题上的实质在于认为一项人权虽然是法律文件所规定的人权，但这种法定人权却有一部分是不受法律程序保护而不能进入法律程序的，即法定人权是不可司法的。这无疑是说，法律规定了的是可以不受法律保护的，法定人权是可以不在法律适用中被救济的。若如此，一个侵犯法定人权的行为在法律评价上肯定是非法的，但在法律适用中却又是不受审判和不负法律责任的，这显然陷入到立法上的非法行为却是司法上的非违法行为的怪圈之中。而实际上，一项不具可诉性的法定人权是无法变成实在人权的，从某种意义上讲，没有可诉性的人权不可能是一项真正的法定人权。同时，将人权肢解为积极人权与消极人权进而以发展权是积极人权来否定发展权的可司法性的观点也是不能成立的。自由权、平等权等所谓消极人权其实并不是完全消极的，也需要来自国家积极主动的作为，失去了国家权力系统高效率的运行，这些权利必然会窒息而不能自动实现。有学者提出：“发展要演化成为一项法律权利，不太可能仅仅通过习惯的自发形成便可实现，也不能寄希望于由国际社会出台一项综合性的法律文件来规范发展权的方方面面并赋予其法律效力”，应当形成关于发展权的整套“不同类型且具有不同法律性质和效力的法律文件”，“因为正是通过这些政策性措施、法律文件和法律原则的不断积累，才使得发展权缓慢但却实实在在地初现端倪并显示其存在”[③]。实际上，必须“提供切合实际的、有效的实施机制”，“内容足够精确以产生可以确认和实际的权利和义务”[④]。本文认为，仅有发展权之法律原则特别是仅停留在政策规范上是远远不够的，在法的诸要素中，只有法律原则势必过于抽象，无法实施；而再完美精确的规则，若没有法定程序与实施机制，那也不过是一纸具文。所以，构建发展权法律实施与救济制度是发展权由法定人权向实有人权转化并最终回归人类的根本途径。

其次，发展权的可司法性决定于人权的绝对性与相对性的统一。从人权本性上讲，无论代价高昂与否、政府负担如何，只要是实现人的应有价值和尊严、满足人自身的基本需求和愿望所必不可少的东西，都应成为人的权利的指向。对人来讲，人权应是无条件地存在的，人权是人之作为人、具有人格的起码条件，丧失了这种资格和条件，人就不能成其为人，这一点是无条件的、永恒的，体现了人权的绝对性。而人权的相对性只是从人权的存在状况和实现程度上而言的，人权的绝对性和相对性的关系实质上就是指人权本身的绝对性与人权实现条件与状况的相对性的关系。任何一项人权都应该是现实的、受外界制约而显现出相对性的人权，在此，只是说其存在范围和限度及方式受到了较大的局限与限制，而并非是要否定它的存在的现实必要性与可能性，恰恰相反，受制约的因素越多、受制约的力量越大，这种人权的受保护性便应愈强，被保障的力度就应更大。既然包含了经济、社会、文化与政治发展在内的发展权较之于公民权和政治权而言，所受到的制约、限制和依赖因素更多，那么，对它的司法保障就显得紧迫与必要。从应然上讲，发展权的可司法性是绝对的；而从实然上看，发展权可以且实际被司法保护则具有相对性。当现实的立法选择了绝对恒定的发展权法律原则并在相对可行的范围内确立起其法律规则后，发展权就不应仅停留在抽象原则的领地而无所作为，相反，应当无条件地进入司法程序。

再次，发展权的可司法性反映了人权的整体性和不可分割性。时至今日，人权已经被人为地分解得七零八落，人们已从不同的角度对人权进行了种种分类与拆解，尽管这种拆分与细化有其理论科学性和现实合理性的一面，但从本质上讲，无论是就人权的本意还是从人权的价值来看，人权都是统一的、完整的、不可分割的一个整体。因为，人权的内核即人的尊严、人格、价值是人类存在必不可少的构成要素，而人的这些存在要素是对人而言不可缺失、同等重要的，将其中的任何一项与人剥离开来，必然造成畸形的不完整的人，此时的人权势必会支离破碎，失去人之本性。与此同时，人权价值的实现不能仅仅寄托在单项或某类人权形式的法律化与实在化之上，人权要素之间的依存关系早已被揭示，人不能抛开某些权利而单独地实施另一些权利，一个丧失了住房权的人，公民权利与政治权利的行使往往只能是奢谈；而一个被剥夺了人身自由权的人要去享有经济文化权利则是难以想象的；何况有不少权利很难以说究竟是属于哪一类权利或不属于哪一类权利，如健康权、工会权等。“人权分割论”将人权分为“对抗国家”的公民政治权利和“向国家要求”的经济社会文化权利，显然忽视了人权的整体性。尽管这一观点现在有所改变，如欧洲人权法院已肯定“在公民政治权利与经济、社会权利之间并没有一道密封的隔墙”，并就社会经济权利建立了集体申诉制度，但究其实质，依然表明“对于在社会法方面实行监督的思想（即使是非司法性质的监督）各国是如何的不信任”⑤。可以说，这是在1945年《联合国宪章》和1948年《世界人权宣言》基础上的一种倒退。1948年《世界人权宣言》在最后一条再次强调：“本宣言之任何条文，均不得解释为默许某一国家或某一有权进行或完成某种旨在破坏宣言所宣告之权利与自由活动或行为。”即是说，不能借口某种人权的优先性而制约另一些人权的实现。对此，《发展权利宣言》明确指出：“发展是一个经济、社会、文化与政治的总体进程”，因此，“各项人权与各种基本自由相互之间都是不可分割和相互依存的。公民、政治权利和经济、社会与文化权利的实现、保护与促进，应当受到同样的关注，应当以同等的紧急态度来加以考虑”。

发展权强调人的全面发展和各种权利的统一性与协调性，如果承认公民权利与政治权利具有可司法性，必然会因人权之不可分性而承认经济、社会、文化权利以及作为一项具有统摄性和整体性的发展权的可司法性。否定发展权等新人权形式的可司法性实质上就是否定了人权的不可分割性。

最后，发展权的可司法性取决于司法的基本功能。司法是对社会现象进行有效调控的基本方式，衡量一种社会现象能否或应否进入司法领域的标志主要有三：第一，仅凭私力救济能否切实做到利益自救。即某项对象的自我生存是否具有自由、自主与自立的特征，若该对象内部蕴含着自足的防范机制，则无须外在于私己的公共力量的救助；而如果对象自身的防范与矫正机制不健全或缺失，或者该机制的预期利益低于不良后果，损耗甚于收效，则必须引进公力救济机制，此时，该对象便具有司法性。第二，加害对象的性质与力量强弱。对某对象的致害是实施救济的基本条件，加害与受害双方之间的力量对比度往往成为衡量是否具有可司法性的标志。双方力量对比悬殊越大，则其可司法性越强；加害对象越强大，其对被加害对象的控制、制约越大，则其应受司法管辖的必要性就越大。如国家作为一种社会控制的权威性存在，与作为个体的国民相比，其对国民的控制及国民对国家的服从便被视为社会秩序和统治稳固的基本需要，正因为如此，对国家主要是国家机构及其权力行为的法律约束便成为法治社会的必要条件，于是便产生了所谓“法治国家”，即以法来“治”国家，使国家也成为可诉的对象。第三，受损害的程度与性质。对象被侵害的性质与程度可从对象直接受损的可计算的利益和难以精确计算的实在利益，如精神利益及间接影响诸方面加以衡量，这是决定是否启动司法程序的一个前导性要素。对象的受害并非一定能证实其具有可司法性，而当对象的受害将危及到对象的存在与发展时，该对象才从一般社会现象演生为法律现象而成为司法救济的对象。

人权是司法的最高价值。对发展权而言，仅凭道义责任和仁慈的援助必定是软弱无力的，在实践中也已被无情否定；而若只从国际政策及一些非硬性制度设置如国家报告制度层面上来实施，亦不能起到最终的保障作用。对发展权的侵害所造成的后果不仅仅是公民个人的权利受损，更会危及由个人组成的集体权利，危害范围远远大于公民权及政治权利，这是由发展权所具有的集体人权性所决定的；同时，发展权的受损在内容上将涉及人的发展的每一方面，一个被剥夺了发展权的个人，其政治权、公民权肯定不复存在，其他权利亦会丧失殆尽。所以，面对发展权权利内容和权利主体的复合性和全局性，其侵权行为的结果必然也具有全面性和延展性。所以，“为加强发展权的‘约束力’地位，有必要采用附加或强化责任机制，……将决议变成条约，采用申诉或来文司法或准司法程序，或者对违约者实行制裁”[6]。可见，从司法与人权的内在亲和力来看，发展权进入司法过程而具有可司法性是实现发展权基本人权价值的根本要求。

二、发展权侵权行为之法律界定

侵权行为及其法律确认是权利可以获得司法救济的前提。要创设发展权法律救济制度，首先应设立较为明确的权利边界，以树立关于权利的保障与侵害、尊重与妨碍、冒犯与抗辩之间的法律标准。当然，时下对发展权被侵害的侵权事实，人们宁愿使用“障碍”一词也不太习惯于冠以“侵害”之名，这还是将发展权看成是不可司法的权利的结果。因为人们不太愿意追究或者虽欲追究却无人愿意承担发展权的侵权责任。实际上，可以设立一个发展权受司法强制保护的最低限度，一旦跨越了这个限度，一切主体都应是可被追诉的，不得有任何例外。如果总是刻意回避这个事实，发展权便永远只能躺在《发展权利宣言》的摇篮里昏昏欲睡。

实际上，对发展权的侵犯障碍是极为严重的，甚至令人触目惊心。在国际上的一个重要表现就是国际经济关系中现行的制度和结构的严重不平衡，国际经济尤其是发展中国家经济形势严重恶化，包括：人力和物质资源挥霍在非生产性和浪费在军备竞赛上；主要发达国家推行内向性政策；各发展中国家面临金融和货币危机；贸易保护主义壁垒；粮食供应不稳定，供不应求；人才不断外流造成累积性影响。这种状况至今依然没有得到根本改善。发展权的障碍在国际社会中被认清和揭示以后，就障碍形成的根源即发展权实施的法律责任之依据问题，形成了不同的意见和观点。存在着对上述发展权障碍分析的许多反对观点，而将发展中国家的不发展归因于其内部，认为国内法律发展与人的发展不协调，缺乏有效的民众参与机制、政治权力的集中、经济结构不合理、法治制度的缺乏等等均构成发展权的障碍。[7]

不论存在何种分歧，阻碍发展权实现的外在人为因素总是客观存在的。尽管不可能也不必将所有阻却因素都纳入法律调控的轨道，任意地将其全部宣布为法律上的禁止事项，但有必要寻找一条法律的界限，在众多的事实中确立哪些是阻碍发展权的客观因素，将客观事实经过筛选后提升为法律事实，以树立起合法与非法的辨认标志和验证标准。具体而言，对发展权之侵权行为的构造，可从内容与形式两个角度予以揭示：

（一）发展权侵权行为的内在要素

发展权侵权行为所指向的内容是发展权内含的所有权利要素，从法社会学意义上讲，包括结构性侵权和个体性侵权。结构性侵权包括设立严重阻碍发展的国际贸易体制、订立以妨碍对方或他国发展为代价的双边或多边条约、附加非平等性条件的发展援助等，国际社会正致力于探讨保护发展中国家利益的法律架构，涉及从旨在保障发展中国家在从探测海洋到空间活动的事务上分享“人类共同遗产”⑧，再到采纳关注发展中国家特殊情况的“跨国公司和技术转让的行为法典”⑨等等。此类义务一经法律化即可上升成为确定性规范，对这些规范的破坏就构成发展权侵权行为的具体内容。国内法中关于均衡发展方面的障碍、局域性发展的制度性尤其是局部性法制障碍、发展结构失衡的政策化与法规化、歧视待遇等，具有侵权主体的集体性和被侵权对象的整体性特征，危害后果不仅仅及于一人或某些人，往往会造成大规模的广泛存在的利益侵害。

而个体性侵权往往是针对单个的国家或单个的人而作出的权利侵害行为，如对某一国家的贸易歧视、对个人发展手段和环境的限制、剥夺或破坏等。对此，关于发展的国际法研究颇为引人关注，“从内容上看，发展的国际法包括：推动保护发展中国家的特惠待遇以及有权获得发展援助，它通常涉及贸易特惠、债务减免、低息贷款或直接资助，以及低成本地转让技术。促进作为基本人权的发展权是这个项目最有希望的一翼”⑩。这些均属于对具有经济性质的发展权内容的具体确认。事实上，除了违反这些义务以外，发展权的侵权还可表现为对政治模式选择与发展自主、民族自决的干预与侵犯、对发展本土民族文化或自主吸收外来文化及社会发展权利的限制或剥夺等方面。不应使这些被一再宣称和强调的权利内容仅仅成为慈善与道义的代名词，因为“具有慈善心的国家坚持认为，他们这样做是出于善意，而不是法律义务”；相反“这样的待遇就是义务”⑪。应赋予这些内容以严格的法律意义，以构建性法律规范来为违反义务的侵权行为提供认证标准。

（二）发展权侵权行为的外在形式

发展权侵权行为表现为作为与不作为两种法律行为方式。与一般法律权利和行为所不同的是，当下对发展权的不作为是发展权的主要障碍。所谓“不作为”并不是“什么也不做”，而是“没有做什么”，即没有实施所期待之行为。⑫一旦法律设定了发展权的保护范围及具体权利项目，那么，疏于或怠于实施这些法上事务的行为便构成侵权。如同其他权利形式一样，对法律尤其是“宪法上保障的基本权利，其大部分是对国家要求一定的不作为的自由权性质的规范，所以由国家的积极行为引起的人权侵害，实际上已成了人权侵害形态的大半。宪法上所谓，‘作为论’，实质上已成了人权论的主流”。另一方面，现代人权法理论较之近代人权法的根本突破就在于开发出“可受不作为侵害的人权”制度，这里的“不作为”是指义务承担者主要是国家公共权力违背法的义务、拒绝作出一定的行为从而引起对基本人权的侵害，不作为行为所侵害的往往只能是与传统的自由权人权体系相对应的另一类人权即经济社会文化权利，主要表现为具有连带性质的社会权利。

发展权作为一种社会成员良性互动、充分体现人权的完整性、交融性的连带性权利（solidarity right），需要有国家主体的消极不妨碍以尊重并实现之，同时更需要国家主体的积极行为即采取种种主动促进措施包括制度供给及作为其实质内容的物上的投人，与之相对，国家不履行这一义务就构成对它的消极不作为侵权。

对发展权之国家不作为侵权行为，学界并无探讨。但对涵盖了发展权之经济社会内容的社会权的相关分析则是富有启示的。20世纪60、70年代以来以大须贺明为代表的日本法学家们提出的“具体性权利论”，抛弃或修正了以往的“纲领性规定论”和“抽象性权利论”，认为从性质上讲，社会连带权不应是一种政治性或抽象性法律权利，而是国民对于国家享有的具体请求权，即可以请求国家立法权和司法权等公权力的积极运作以充分保障该权利的实现。由此，国家便负有法律尤其是宪法上的直接义务，如果国家不履行法定义务，即立法者不颁布保障人权的立法与具体政策措施，行政者不施行必要的权利保障行为，便迅即构成对宪法义务的违反，而被侵权者即可依此为据而请求追究国家不作为的侵权法律责任。此时，司法者对于宪法权利条款的保护，便负有实施司法性救济的义务，可以通过司法审查等途径，排除不作为的侵权行为。不仅在立法上，而且“这样的不作为行为，原本上也存在于行政权和司法权之中……为了强化宪法之基本人权的法的权利性也是为了展开新的宪法理论，把这样的情形综合起来作为一个整体，究明其宪法上的不作为原理，是非常有必要的”[13]。这里实际是在实在法上从法律的操作层面论证了社会连带权之可司法性问题，为同具社会连带权属性的发展权之法律救济提供了理论根据。

发展权不仅有自由权的一面，也有社会连带权的一面，而对发展权的侵权无论在主体，范围或是程度上都具有超越前两者的强大影响和意义，这种侵害既是国内的，在某种意义上说更是国际的，是对人类生存的国际结构的损害。而这种宏观结构一经扭曲以后，往往是极其不容易打破和矫正的，这给发展权的法律保障造成极大的制度性障碍。为此，可从两个层面加以解决：首先是国际范围的发展权侵权行为的法律设定。联合国系统已建立相应的机制试图从事该项工作，当然其效果并不明显。实际上，这种工作机制需要刻苦追求的最根本目标应当是为责任确立一个明确的判断标准，而不只是责任本身。《发展权利宣言》宣示了国际层面和国家层面的责任，但究竟哪些行为应承担责任，则是一个尚待明确化的前提性问题，因为法律行为是法律责任的条件，一般来说，没有无法律行为的法律责任。一旦国际性侵权行为法律规范设定以后，当事国就具有法律上的义务来履行不得为法律上的禁止行为的义务，否则即构成侵权。其次，就国内法而言，最根本的是在宪法这个层次设定发展权法律义务，对宪法义务的违反便是一种可诉的侵权行为。从性质上看，发展权之侵权主要是来自于国家尤其是发达国家之不作为，表现为：一是有关国家漠视发展权国际法规范或发展国际法义务，拒绝履行其国际法上的义务，从而构成对其他享有发展权的国家主体的侵权。如拒不履行承诺的技术援助、给予优惠待遇义务等。二是立法机关违反宪法上设定的发展权义务所导致的立法空位或立法不足，或行政者对发展权的行政懈怠。发展权是个体对社会整体或政治共同体所主张的权利，在国内便是公民个人对国家公共权力的主张，与之相对应，国家公共权力就有义务来确保公民发展权的实现。发展权作为一种积极的权利，更需要国家主动的给予性的行为方能实现，没有国家的作为，公民无以仅凭一己之私力实现该权利。如果一国国民的发展权得不到满足，首先便要审查立法对发展权的制度供给的有无或程度，如果不能有效提供或提供不够，则构成了法律尤其是宪法上的侵权，即国家立法权的不作为是对其所负宪法上促进国民发展权实现之义务的违抗，此时，便可进入宪法审查的法律程序。三是国家行政权的不作为，即行政机关没有基于宪法等法律规定而采取必要的行政措施，如财政、信贷、税收诸方面的具体政策来满足国民发展的权利要求，这便更是一种可诉的行为。

对发展权之侵权问题，有如下两种观点：一是将发展权视为国家或国际社会对国民或相关国所负的政治义务或道德义务，对这一义务的不作为不是法律上的不作为，因而不是一种法上应该或可以追诉的行为。传统人权法观点持有者多采此说。二是将发展权看作一种纲领性权利，仅在有关法律文件或国家宪法中抽象地宣示为一条宪法上的原则，但否定其可司法性。如有的发展中国家在宪法中将人权分成作为国家政策指导原则或施政纲领的人权和公民基本权利，后者是国家在司法上的义务，不履行此义务即构成侵权，可向法院请求审判；而前者只是国家的抽象义务，不履行此义务不可向法院请求审判，即这类行为是不能构成应受追诉的侵权行为的。这两种观点实质上是既有人权观关于人权侵权法律确认理论在发展权问题上的翻版，并无什么创新。其共同之处在于否定了发展权侵权行为的法的性质和法上的可归责性，不承认国家负有的积极实现发展权的义务，否定了国家拒不履行义务的侵权性质，其要害在于对国家不作为侵权认定的恐惧。其实，这种担心并不必要。从历史上看，对公共权力的限制滋生了法治主义和法治制度，从而使国家豁免主义转变到国家责任主义，国家成了可受法律追究责任的被诉者，行政诉讼程序的诞生标志着这一转变的定型化，当然，这种追诉是受到严格限制的。从作用上讲，国家之不作为是实现发展权的最严重的障碍，国家的不作为或者作为不充分已经并势必继续造成严重侵害发展权的恶果，如果"放任国家权力的不作为状态，并且使其回避法院的事后审查，这不仅主观上容忍了对宪法上的公权的侵害，放任了权力在国民生活和自由之中的恣意行为，而且在客观上，也会使宪法规范的保障走向崩溃"[13]。国家不作为不仅应为国内宪法所确认，而且在国际权力与权利的关系模式上，也应成为国际法上的不法行为。

总之，发展权侵权行为是一个具有明确构成要件的有机体，可概括为三方面：一是行为主体，指发展权的法律义务承担者，违背法定义务、拒不承担发展义务的集体或个体，主要是指国家，包括立法、行政和司法机关；二是行为方式，包含了作为与不作为两类，其中国家机关之不作为是侵权行为中应予格外重视的对象；三是行为内容，即指违背国际上设定或约定的发展权法律义务。

三、发展权法律救济主体之确认

法律救济程序以权利侵害为起因，以侵权行为为主的法律事实是发展权法律关系即权利享有者与义务承受人之间的权利义务关系在法律上展开的基础。但仅有侵权行为还不足以体现权利的可司法性，还要明确界定法律救济程序中权利与义务的主体及主体之间的关系展开的程序。

（一）发展权救济程序之权利主体的确认

发展权主体是发展权法律程序的提起者和承载者，包括发展权救济程序中的控诉主体和被诉主体。这里主要是从法律程序特别是违宪审查程序的角度加以具体分析，因为发展权救济具有有别于一般人权救济的基本人权宪法救济的独特性。

从主体的资格要件来讲，能够具有如此正当资格的当事人，是在法律尤其是宪法利害上对立着的人。所以，法上利益之对抗的确认与当事人资格的认定具有内容与形式的关系，倘若利益冲突确定了，那么，正当的当事人资格也就随之可以认定。而利益的侵犯与由此造成的法上的对立，在现实生活中已被证明是客观实在的。就被侵权者来讲，可以从三个层次来加以揭示：一是"一切人"，即人类的全体。所有个人都平等地享有发展权，无论种族、民族、信仰、家庭出身和社会身份以及经济、教育、财产状况如何。这是一种抽象意义的平等主体，它表明所有的个人都可能因被限制、剥夺或不赋予发展权而成为发展权的被侵权者，但这仅是从最一般的可能的意义上而非从实际状态所作的分析。二是实在主体。即发展权已经遭受到了实际的侵害而在现实中无法与其他主体平等地占有发展权利资源的、已处于法律所允诺的最低发展状况以下水准的人。这里的法律上的最低发展状况水准并不是像人们所理解的纯属是一种虚幻的抽象设想，它有着相当明晰的具体界限和指标，能够通过科学方式加以准确地测定，如某一地区、民族或国家整体居民的人均消费指数与人均收入的比例、人均食品开支与家庭平均收入的比例（"恩格尔定律"、"恩格尔系数"）、同一国家不同区域恩格尔系数的比较、儿童识字率、妇女识字率及其他成人识字率的比较、婴儿死亡率比较等。若上述比率与平均水准悬殊，达到了相应的程度，如果并非基于当事者自身的或纯粹自然力所致，那么，这类人的发展权就已实际被剥离而生活于宪法确立的发展权基准以下了。此时，此类人就成为发展权救济程序中的控诉主体。三是边缘性主体即潜在主体。指处于法律确定的发展权基准线边缘，虽然尚未实际居于此线之下，但存在着随时可能会跌落到发展权基准线之下的紧急危险状态的人，如果不给予及时的救济，就会放任主体权利的流失。如果国家没有予以及时有效的保障，一旦这种权利的丧失状况出现，此类人当然就成了救济程序的当事人。

从数字意义上讲，发展权的当事人是单数

的人和复数的人两者的总和。对单数的人，较为易于理解。但对复数的人尤其是国家这一特殊的人的复合体而言，就难以把握了。一种代表性的观点是："与国家是国际法的基本主体这一事实相结合，视发展权为集体权利的观点，几乎强迫人们得出这种权利是授予国家的这样的结论，尽管它被视作一种个人和'人民'的权利。这种说法之所以是奇特的，是因为视国家为'它的人权法之权利的一个受益者'是一个矛盾，与人权作为保护不受国家侵害的起因和历史相冲突。"的确，在传统人权法理论与司法实践中，国家从来都是权利的义务承担者，只能充当被告而不可能是人权司法中的原告。从国内法意义上讲，发展权司法程序中的国家被告与公民原告的关系是不可逆转的。但从国际法律运作机制看，情形则大为不同，国家可以是发展权被侵害的主体即请求发展权国际法律保护的控诉人。因为发展权强调国家从国际社会的发展中获得发展的均等机会和待遇、成为发展权的受益人而非义务人，这与传统人权的主体只能是与国家相对抗的个人的观点不相一致，但其机理却是相同的。

在国际领域，实际上存在着一个超越单个国家的国际社会公共权力，具有权力的权威性影响力与支配力，干预着世界性的公共事务。为了建立全球政治经济新秩序，防范和消解因全球化造成的各种不良影响，国际社会正在或应当制定和遵循共同的法律规则。不少超国家的政治组织、经济联盟及非政府组织以其日渐强劲的态势积极地介入国际社会的共同事务，出现了诸如欧盟、独联体、WTO等超越国家权之上的"超国家权力"。"这些超国家组织通过协商制订共同的行为规则，或通过决定，运用其超国家权力，促使或迫使其成员国以及强迫其他主权国家服从，或受其控制。"这些超国家权力除了基于国家政府权力而形成的国家以外的国际性权力之外，还存在着基于非政府组织而形成的国际社会权力，"在全球管理中成了真正的第三支力量"。尽管这种判言未必客观公允，尽管国家之外存在超国家权力这一提法的科学性有待探明，尽管这种所谓的权力与国家权力之间存在着不少差异，但有一点可以肯定，那就是在国家之外，的确广泛地存在着影响、干预、支配甚至控制着国际社会事务的一种类似于国家权力的国际性权力。从公法的角度讲，形成了国际社会的权利和权力的关系即国际性权力与国际性权利的关系，这是国际公法存在与运作的基本线索与根本内容。在这一对法权关系中，国家已不再是一个集体的宪法意义上的存在，而是一个国际公法上的个体存在物，一个与国际社会集体相对应的个体，国家与国际社会的关系在一定意义上就是国家个体权利与国际性权力的关系，国家个体受国际性权力的影响与作用，同时又无时不在谋求来自于国际性权力的权利保障或者要求排除来自于国际性权力对自身个体权利的侵害。在这里，一切权力与权利的关系都可归结为"个体←→集体"的关系，国际社会的权利与权力关系正是"国家个体←→国际集体"的关系，在人权法上体现为"个体权利——国际集体权力"的人权模式，我们姑且称之为是一种"国际宪政关系"或"全球法治架构"。所以，发展权作为国家个体尤其不发达者个体对国际集体权力所主张的一种全球宪政性权利，与既有人权法治和宪政模式中将人权视为个体对抗集体的实质内核是基本一致的。因而，国家亦可成为全球法治意义上发展权的权利主体，只要有关国际权力的运作及有关国家对国际权力的介入违背了发展权国际性法律制度，那么，国家就可以成为请求进行权利的法律救济的申诉者。

（二）发展权救济程序之义务主体的确认

就发展权这项复合权利而言，确定义务承担者比确定权利主体的合法性要困难得多。因为对这一权利的相对方即义务承担者，无论是在法律规范还是现实生活中，往往都很不情愿去以权威方式加以确定，最令人担心的似乎是如此一来，政府负担尤其是财政开支和政治负担会急剧增加甚至膨胀。然而，这种担心实属多余，因为既然发展权进入到了法律规范的领域，那么它就变成为一项必须依照法定的程序、方式和限制来加以保障和运行的权利，这种程序化本身就是要消除混乱与无序而构建一个良性的法律秩序。要确定侵权行为者即被诉者，应分两个步骤：第一，确认主体法律义务的存在。如果行为人对发展权肩负着法律上包括法律原则上的义务，那么，这种义务就不再是可任意取舍的道德义务，必须获得真实地履行，否则，就构成对义务的违反即违法行为。第二，确认行为者违反义务行为的存在。我们已经分析了作为与不作为两种违法行为方式，这里重点从案例法和成文法两个层面探讨一下政府侵权行为的审判实践，以说明这种诉讼模式的选择并非不切实际的幻想。

因政府作为构成对权利侵害的司法审判是极为常见的古典人权司法救济方式，而对政府不作为违法行为的司法审判实践则源自社会权法律纠纷，这种司法能动主义在各国法律实务界尽管只是凤毛麟角甚至遭到抵制，但毕竟有了某种程度的发展。日本在宪法中体现了“福利国家”的理念，《日本宪法》第25条规定：“所有国民均享有维持健康且文化性的最低限度生活的权利。国家必须在一切生活方面，努力提高与增进社会福利、社会保障以及公共卫生。”对法院能否据此确定国家在立法不作为或立法不充分而无视“国民最低限度生活利”时应承担违宪责任这一问题，在日本司法领域素来是最引人注目的一大问题，“朝日诉讼”集中地反映了各种不同观点。尽管法院最终否定了政府不作为的可诉性，但“只要东京地方法院与东京高等法院就生存权和生活保护请求权所下的互相对立的法的判断存在着，就说明其最终判断是尚未解决的”⑭。因为东京地方法院虽然尚未从正面确认基于《日本宪法》第25条的具体请求权，但判决的实质内容却表明它已承认了该条款作为审判规范的效果，超越了政府不作为不可诉的传统法理论，具有一定的开创性和借鉴意义。

这种受司法救济保障的生存权法律原理已隐含了对发展权的社会性、文化性要素的保障。实际上，早在日本之前，联邦德国已首开先河，承认了立法者实行歧视而不作为的宪法诉讼。《德意志联邦共和国基本法》规定：“人人都有自由发展其个性的权利”（第2条）、“法律面前人人平等”（第3条），这一实体内容的具体化的表现之一便是在第6条第5款的明确规定：“立法应为非婚生子提供婚生子所享有的同等的身心发展的机会和同等的社会地位。”这样，宪法便从两个方面规定了身心自由发展权利的司法性质：一方面，在实体上确认对人人平等地享有身心自由发展的权利，任何人不得在这一权利上“受到歧视或优待”，非婚生子女同等地享受自由发展权利是一项法律强制保障性权利；另一方面，从程序上确定立法对非婚生子女的平等发展权利负有宪法上的义务，即启动立法程序提供足够的平等保护规范从而使该权利具有法律依据并获得保障。这显然是一种立法机关必须进行有关立法的作为的义务，如果对这一立法义务不履行则构成了立法不作为这一宪法侵权行为。此时，运用宪法审查程序是对立法不作为追究责任以确保被侵犯权利得以恢复的最有效途径。这一不同于以抽象审查法规范的有效性即立法作为的合宪性为内容的宪政程序模式，开创了请求政府“给予”、“提供”或“促进”人权保障的法律救济新局面。

四、发展权救济之法律程序选择

“发展权”一词直接被司法过程所援引虽然尚未被明确地发现，但在实践中，已经出现了在实质上以发展权为争讼内容的现实情形。在分析了发展权司法性的应然状态后，有必要从实然的视角来探析发展权在现存有效的国内宪法机制和国际人权法实施机制中的可司法性。

（一）发展权国内法律程序的选择

发展权是一项具有基础性和母体性的宪政意义上的人权。就国内法而言，只有构建起行之有效的宪法审查模式，才能抓住发展权法律救济的症结，有助于从根本上解决发展权法律救济的障碍问题。这种宪政意义上的法律程序主要包括宪法权利的确认之诉及相关审查机制、请求国家赔偿的给付之诉。

所谓确认之诉，即确认违宪之诉，包括对权利主体的发展权确认和对义务承担者侵权行为的确定。通过对宪法文本的查找，对控诉主体的发展权利在法上的规定加以确证，以明确权利的合法性，这种合法性既包括法律规则上的合法性，更是法律原则意义上的合法性。对合规则性，往往易于准确把握，但对合原则性则存在着认识不足或认识不清的缺陷。实际上合法性中之“法”，是一个系统，既包括具体的法律规则、概念，也包括较为抽象的法律原则。作为法律文本之灵魂的法律原则，其本身就是法规范的不可缺少的重要因素，它不仅只是间接地适用于法律实践，还具有对具体案件的直接适用性。那种认为法即规则的观点，显然只是分析法学的一孔之见。实际上，“当法律工作者就法律权利和义务（特别是疑难案件中最棘手的权利和义务）问题进行推理或辩论时，他们使用的标准不是规则，而是原则、政策和其他”[15]。通过比较法上的分析发现，发展权已经或正在被宪法规范或通过对国际发展权等人权文件的宪法确认而提升为一条全球宪政原则，并且随着权利法研究的突破性进展它将日益被规范为一项宪法性基本人权形式。可依据宪法基本人权之法律原则或相关规范，建立发展权的法定赋权机制，使之从游离于法外的道义人权上升为宪法人权，从而为启动法律救济奠定基础。如当某一政策性文件或法律文件的内容不符合发展权的法律价值原则，便可根据宪法或相关规范启动合宪性审查，确认发展权主体是否应该享有某一方面的发展权，而上述文件是否构成对此一发展权的侵犯，可分解为三方面：一是宪法权利是否存在；二是是否应当赋予主体以该权利；三是当该权利应当依法被赋予，则审查有关文件是否违宪。

举例来说，当经济开发与环境资源的可持续发展权对立时，法律的天平肯定会毫不犹豫地向后者倾斜。“石油厄瓜多尔案”和“菲律宾热带雨林案”或明或暗地折射了这一司法理念。环境与人类的可持续发展是人类发展权的一个基本内容，对人类赖以发展的环境资源的破坏实质上就是对发展权的侵权。这不仅是可持续发展论提出者的主观意愿和道德追求，更进入到了法律的强制规范之中，并且可以间接或直接运用现有的国内法律制度作为手段进行司法判断。对此，国际社会给予了高度关注，联合国经济、社会和文化权利委员会作出评价，认为“关于菲律宾，它注意到，确保健康服务的私有化和分散决不减轻政府基于《公约》产生的义务，即利用一切可获得的手段促进充分享有确保健康服务的机会，尤其是贫困人口充分享有确保健康服务的机会”[16]。如果当局未能保护个人免遭如跨国公司或其他公司造成的环境威胁，那么也违反了保护健康生活环境和生态可持续发展的义务。上述案例已超越了一般意义上的公民权利和经济、社会、文化权利的范围，而成为对发展的可持续性权利或可持续发展权进行司法保护的一个重大突破。原告的控诉理由至今仍富有启发，它指出：开采和利用环境与自然资源应符合可持续发展的目标，不仅要保护我们这一代人的利益不受侵害，还要保护下一代的利益不被我们这一代所侵害。对政府授权的大量开采热带雨林的行为，我们不仅为我们这一代而起诉，更代表我们的子孙后代为保护他们的利益而起诉。法院虽然不可能依据可持续发展的道义或政策标准作为直接理由来进行判决，而是援引了宪法中的资源环境保护方面的条款，但究其实质和价值，可持续发展权的理念已十分明晰地被深嵌于判决的字里行间。

除了确认权利的宪法审查程序外，还应建立起具有实际效果的给付之诉制度，一旦侵权行为被司法所认定以后，权利和义务就被法律程序所固化，并随之产生相应的政治经济法律后果，从政治上看，如果被确认为违宪的当事人即国家公权力对司法裁判漠然视之，那便是对宪法权威和基本人权的直接破坏，其结果必然招致人类正义和良知的强烈谴责和非难，使其处于政治上被动地位。而从经济后果上讲，凡侵权行为必然要受到法律的制裁，如果侵权事实成立，便可进一步提起因侵权而引起的国家赔偿请求诉讼。

（二）全球视角下的发展权法律实施机制

全面审视现行法律架构内的人权实施机制，与发展权直接相关的法律文件及其救济手段尽管相当不发达，尚待开辟新的路径和新的系统化的机制，但为了解实施发展权的燃眉之急，本人认为可巧妙地将发展权宣言的抽象规定链接到现行国际人权两公约的具体规范之中，利用现行国际人权两公约设定的硬性实施机制加以操作：

1. 自主选择发展模式权。《发展权利宣言》规定：“人的发展权利意味着充分实现民族自决权，包括在关于人权的两项国际公约有关规定的限制下对他们的所有自然资源和财富行使不可剥夺的完全主权。”而人权两公约的共同之处则醒目地体现为两者有一个完全相同的条款，即第1条。该“共同条款”规定“所有人民都有自决权。他们凭借这种权利自由决定他们的政治地位，并自由谋求他们的经济、社会和文化的发展”。自决权及自由地发展经济社会与文化的发展权利不仅是宣言所宣称的非司法性权利，更成为人权两公约尤其是《公民权利和政治权利国际公约》下的法律权利，对这一权利的剥夺，就是对公约的法律效力的挑战，而公约的法律权威是不容否定的，一旦发生此类权利被践踏的情形，便可依公约程序启动保障机制。

2. 自由参与发展权。“参与发展”是《发展权利宣言》所宣称的一个发展权具体形式。依《宣言》，发展权的行使有三种方式，即参与发展、促进发展与享受发展。其中，参与发展是一项前提性权利，又具有实体性内容，体现了发展机会均等这一权利内核。参与发展包括参与涉及政治、经济、文化诸方面的公共事务，尤其是权力运作过程。对此，《公民权利和政治权利国际公约》明确规定：“每个公民应有下列权利和机会，不受第二条所述的区分和不受不合理的限制：（甲）直接或通过自由选择的代表参与公共事务；（乙）在真正的定期的选举中选举和被选举，这种选举应是普遍的和平等的并以无记名投票方式进行，以保证选举人的意志的自由表达；（丙）在一般的平等的条件下，参与本国公务。”这里的“参加公共事务”（take part in the conduct of public affairs）和“参加本国公务”的权利（have access to public service）明显地为发展权中的“参与发展”所涵盖，对参与发展的限制或取消，就意味着对公约条款和国内法所承诺的公约义务的违背，此时启动相关的公约实施程序的可能性便是不言而喻的了。

3. 男女平等发展权。《发展权利宣言》第6条强调应不分“性别”地同等保护所有的人权；第8条特别规定“应采取有效措施确保妇女在发展过程中发挥积极作用”，这成为国家及国际社会的一项积极义务。而这一精神在《公民权利和政治权利国际公约》第3条也有相对照的规定：“保证男子和妇女在享有本公约所载一切公民和政治权利方面有平等的权利。”这一权利的可实施性由此得到固化。

4. 少数者平等发展权。对所有人类不分种族、民族、地区等区别给予平等保护，被规定在《发展权利宣言》第5条。其中，少数者的平等发展也理所当然地被包含在该条。对此，《公民权利和政治权利国际公约》第27条作了规定：“在那些存在着人种的、宗教的或语言的少数人的国家中，不得否认这种少数人同他们的集团中的其他成员共同享有自己的文化、信奉和实行自己的宗教或使用自己的语言的权利。”当发展少数者自己的文化传统或生活方式的权利被侵犯时，人权事务委员会的个人来文申诉机制便可奏效。

可见，参与发展、尊重既存生活方式、保障作为社会成员的经济福利等一脉相承，构成“发展权的组成部分，必须受到本国政府及其他国家、国际组织和国际社会的慈善机构的尊重”，而当将“与发展权相关联”的《公民权利和政治权利国际公约》条款与“《经济、社会和文化权利国际公约》条款加以合并时，这些权利为作为一个人权的发展权在既存国际人权条约中形成了一个牢固的基础。发展权的首要责任者是国家或国际社会，上述方法作为各种要素的综合物使发展权即使在其他关联性上也可能实际运作”[17]。这些列举不可能穷尽发展权在现行人权法国际机制内的直接或间接适用方式，但这种模式对实现发展权的确具有现实的可操作性。

参考文献：

①Subrata Roy Chow dhury, Erik M. G. Denters& Paul J. I. M. de Waart. *The Right to Development in international Law* [M]. Martinus Nijhoff publishers, 1992.

②国际人权法教程项目组．国际人权法教程：第一卷［M］，北京：中国政法大学出版社，2002：10.

③乔伊斯·艾比—萨伯．发展权的法律设计［C］//国际法学会．国际层面的发展权．1980：163.

④Henry · J · Steiner, Philip A lston. *International Human Rights Law in Context*: *Law*, *Politics*, *Morals* [M], Clarendon Press, 1996: 1123.

⑤米海依尔·戴尔玛斯—马蒂. 世界法的三个挑战 [M], 北京: 法律出版社, 2001: 43.

⑥Shadrack Gutto. 发展权的法律性质和增强发展权的约束力地位 [M] C. fE/CN. 4/Sub. 2/2004/16.

⑦L. 亨金. 权利的时代 [M], 北京: 知识出版社, 1997: 234—239; 256—258.

⑧CfDavid Heywood. Deep Seabed Mining: Alternative Schemes for Protecting Developing Countries from Adverse Impacts, 12GA · J · INT' L&COMP · L · 173 (1982); Stephen Gorove, Utilization of the National Resources of the Space Environment in Light of the Concept of Common Heritage of Mankind, in Third world Attitudes Tow ards International Law 775 (F · E · Snyder& S · Sathirathaieds), 1987.

⑨ Cf Codes of Conduct of Multinationals: Their impact On Third World countries (A loysius Fonseca ed, 1984); S · K · Agraw ala, Transfer of Techno logy to LDCs: Implications of the Proposed Code, 23 INDIAN J · INT' L. 246 (1984)。

⑩夏勇. 公法: 第二卷 [G], 北京: 法律出版社, 2000: 136.

⑪Anthony Carty, Law and Development. A ldershot: Dartmouth publishing Co. , Gower house, 1992; p. 424.

⑫我妻荣. 新版新法律学辞典 [M], 东京: 有斐阁, 1977: 1040.

⑬大须贺明. 生存权论 [M], 北京: 法律出版社, 2001: 69.

⑭布赖恩·Z. 塔马纳哈. 法律与发展研究的教训 [G] //美国国际法杂志, 1995: 89.

⑮R · Dworkin. *Taking Rights Seriously* (*Revisededition*) [M] . Harvard University Press, 1978: 22.

⑯ The Committee on Economic, Social and Cultural Rights in its concluding observations regarding the philippines, UN doc. e/c. 12 /1995/7, Para. 20.

⑰Francis M · Deng. *Human Development and Human Rights*, Report on the Oslo Symposium, 2—3 October 1998. http//www. unhchr. ch.

（《现代法学》2007年第6期，作者系武汉大学法学院教授）

完善和创新公民监督权行使的条件和机制

■程竹汝

一、公民监督权：一个具有“人民主权”性质的权利

在政治学中，公共权力必须接受监督是一个近乎“原理”的命题。在民主政治条件下，这个“原理”就更加不证自明。[①]既然公共权力的最终源头在于人民，那么，人民就必须能够控制、监督这个由自身派生出来的权力。因此，对公共权力进行规范、有效的监督无疑是民主时代政治生活面临的一个重大课题。

我们通常所说之监督权，在民主制度的历史和现实中其实包含着两个方面：一方面是公民的监督权利，即公民依法享有的对国家机关和国家公职人员行使权力、履行职责等行为进行监察督促的权利，包括批评权、建议权、申诉权、控告权、检举权、罢免权以及运用舆论工具进行监督的权利。它属于公民政治权利的基本内容之一。另一方面是公民选举产生的代表机关和授权的专门机关依法享有的监督职权，即这些机关对其他国家机关和国家公职人员行使权力、履行职责等行为进行监督的权力。如人民代表大会对“一府两院”的监督，司法机关对行政机关及其工作人员履行职责的监督，行政监察机关对公务员的监督等。

监督体系历来就是一个国家民主制度最为基本的构成部分。一个国家的民主制度是否完善，往往表现为监督体系是否周延有效。虽然具体的监督体系在结构上各有特点，但大体上均可以被划分为权利监督与权力监督、社会监督与专门监督、系统内监督与系统外监督、法

律监督与舆论监督等。对一国监督体系而言，公民监督权具有极其重要的地位。它不仅构成了监督体系赖以存在的合法性渊源，更是这个体系能够发挥正常作用的动力基础。

说到底，一国的监督体系都是建立在公民监督权之上的，是公民监督权派生出来的。公民行使监督权的方式通常有两种：一是直接行使监督权，如公民直接对政府机关或公务员提出批评和建议；二是通过选出或授权的组织代表自己行使监督权，如各国议会和专门机关所行使的监督权。世界各国的宪法一般都充分表达了这一政治逻辑，如瑞典1809年《政府组织法》规定，为了具体实现人民通过议会行使监督政府的权力，该法专门设“监督权”一章，共8条。我国现行宪法也规定：中华人民共和国的一切权力属于人民。人民行使国家权力的机关是全国人民代表大会和地方各级人民代表大会。人民依照法律规定，通过各种途径和形式，管理国家事务，管理经济和文化事业，管理社会事务（第2条）。全国人民代表大会和地方各级人民代表大会都由民主选举产生，对人民负责，受人民监督。国家行政机关、审判机关、检察机关都由人民代表大会产生，对它负责，受它监督（第3条）。中华人民共和国公民对于任何国家机关和国家工作人员，有提出批评和建议的权利；对于任何国家机关和国家工作人员的违法失职行为，有向有关国家机关提出申诉、控告或者检举的权利，但是不得捏造或者歪曲事实进行诬告陷害。对于公民的申诉、控告或者检举，有关国家机关必须查清事实，负责处理。任何人不得压制和打击报复（第41条）。这些宪法条款都充分体现了上述逻辑。因此，必须使全社会充分认识到，公民监督权是原生性权利，具有“人民主权”的性质；它构成了现行监督体系的基础动力；相对于国家机关的各种监督权力而言，它是“在上”之权利。

由于公民监督权在监督体系中居于基础地位，因而它的实现状态对监督体系的功能发挥便有着根本性的影响。这主要是因为公民监督权构成了监督体系功能发挥的动力基础。首先，现实中的公民监督权都是基于公民个人的利益、相关的公共利益和公民的社会正义感而形成的。也就是说，它主要是以利益为动力基础的。一般而言，监督体系中的其他方面则不具有这种性质，正式的、专门的监督部门的动力主要是职责性的，而非利益性的。因此，在监督体系中，由于公民监督权本质上同公民利益的直接相关性，它通常便会成为正式的、专门的监督部门履行职责的压力机制。其次，公民监督通常还是启动正式的、专门监督的缘由。现实中，政府及其公务员的行为都是具体的，只有亲历了这些具体行为的人们才有条件对此做出一定的判断。故正式的、专门的监督通常需要公民监督提供信息、证据等监督资源。就此而言，公民监督不张的必然结果便是整个监督体系的功能低下。再次，监督体系发挥正常作用是有条件的，条件之一便是公民社会正义感、社会责任感氛围的形成和发展。这便需要认真落实公民监督权，通过强化公民监督权培育有利于监督体系发挥作用的社会条件。

二、公民监督权不张：现行监督体系的根本问题

现代政治的一个基本特点是平衡：授权与监督的平衡、权利与权力的平衡、职权与职责的平衡，等等。从历史上看，一个国家在政治上要达到这样一种境界并非易事。它不仅需要一系列经济、社会、文化的特定条件，更需要高超的政治技巧和科学的制度安排。在我国的政治领域，授权与监督、权利与权力、职权与职责之间的失衡现象随处可见，集中表现为监督失灵或“监督难”，监督问题似乎成了中国政治的一大困境。腐败现象的蔓延便是我国监督体系存在深层问题的信号！

我国的监督体系，特别是系统内监督在形式上表现得非常周延。首先，对“一府两院”的工作监督是宪法授予各级人大的重要权力，也是人大作为权力机关性质的集中表现。其次，我国专司监督职能的正式机构有党的纪检系统、国家检察系统和行政监察系统等，每一个系统都有其特定的监督职能，它们共同承担着对各级党政机关和官员的监督职责，其机构安排和职能设定看上去十分周延。在党内，党的各级

纪律检查委员会与党的组织网络并行，形成了庞大的党内监督系统。按照《中国共产党党章》和《中国共产党党内监督条例》的规定，党的各级纪律检查委员会是中国共产党组织系统的一个重要部分，是维护党纪、进行党内监督的专门机关。在国家，专门的法律监督机关即各级人民检察院与我国县级以上政权组织网络并行，承担着依法监督全社会遵守法律，特别是监督国家司法机关、行政机关及其各种人员履行职责、遵守法律的职责。为了强化对公共权力的监督，各级人民检察院还设有专门的反贪机构。在行政领域，行政监察机关与县以上国家行政机关组织网络并行，构成了我国行政系统内部监督的功能系统。此外，我国还建立有直接与公民监督权相衔接的行政诉讼制度和信访制度。就形式来看，我国现行的系统内正式的监督体制可谓内外结合、相互补充、刚柔相济。其机构、人力、资源配置也可以说相当厚重，成本不菲。然而，在这样一种体制之下，怎么会产生监督失灵？又怎样会产生监督难的困境？近年来暴露的多起大案要案也证明了目前监督体制缺乏动力和有效性的情况。从沈阳的“慕马大案”和随后辽宁的“刘克田案”，以及许多像安徽的“王怀忠案”那样的案件中，我们完全可以得出地方监督体制在很大程度上已经丧失主动性的结论。②

在造成这种状况的种种原因中，公民监督权的不张应是一个基本的原因。如上所述，公民监督权构成监督体系的基础和动力，而基础和动力的缺陷则足以使现行监督体系的功能大打折扣。具体来说，我国公民监督权不张的原因和表现主要有：

1. 公民监督权的法律保障欠充分。任何权利只有获得法律的表现形式和保障，才具有现实性。并且，法律的表现形式和保障越具体，权利的现实性程度也就越高。迄今为止，我国有关公民监督权的法律规定仍主要限于宪法第41条的原则性表达。这对于公民监督权的实现是远远不够的。宪法的规定具有原则性的特点，它通常需要其他法律将其具体化。因此，宪法对公民监督权的确认固然重要，但更重要的是法律必须接着解决公民如何行使监督权的问题。改革开放以来，我国公民权利的法制建设和现实发展取得了巨大的成就，但发展的不平衡也是显而易见的。相对于公民经济社会权利发展的巨大成就，作为基本政治权利之一的公民监督权已显得相当滞后。科学发展观的基本逻辑就是协调发展，这一点在法制建设领域也不例外。为此加强公民监督权的法制建设当是改变目前状态的一项基础性工作。

2. 公民监督权的组织化程度较低。公民监督欲产生实际效果，必须使个人的、个别的监督行为转换成为有组织的行为。这涉及各种社会组织的充分发育，以及公民监督进入政治体系的机会。一般而言，公民监督越是具备组织化的形式，越是能够顺畅的转换为正式的、专门机关的监督，就越能够产生实际的监督效果。长期以来，不仅公民监督的组织形式在我国现实中发育缓慢，常常表现为组织层次不高的群体性上访，而且公民监督转换为正式的、专门机关监督的机会在现实中也不多。虽然公民可以通过口头、书面、上访、电话、现代电子等方式行使自己的监督权，但是实际生活中，由于政治体系相关渠道不畅，监督效果往往不佳。信件被扣押、吃闭门羹、给脸色看、无人接待，甚者遭打击报复的情况屡见不鲜。

3. 公民监督权的社会意识较薄弱。毫无疑问，公民监督权的实现在很大程度上受制于社会的权利意识状态。虽然中国社会的权利意识近年来有很大的改观，集中表现为维权意识的增强，但就公民监督权而言，情况并没有太多改善。刚刚发生在山西大同的“兰成长被打致死”一案为中国社会的公民监督权利意识提供了一个典型的注释。兰成长以记者的身份去煤矿采访被打致死。而当地的媒体及社会舆论关注的重点则是：兰是假记者还是真记者。似乎兰如果是假记者，被打致死就具有了一定程度的正当性。全然忽略了即使普通公民，也享有宪法授予的公民监督权。③由此可见，相对于市场经济和法治社会的发展和需求，我国社会的权利意识特别是公民监督权利意识仍然滞后。

4. 公民监督权行使的成本过高。从根本上看，公民监督的成本过高，主要是现行政治体系权力过分集中的结果。一般情况下，公民监督常常表现为一场力量悬殊的较量。监督者精力、财力有限，信息亦不对称；而被监督者往往可以动用公共权力，动用“组织”的力量。权力过度集中不仅必然滋生腐败，而且造成监督成本过高。即使最终公民监督成功，监督者付出的人力、财力乃至精神伤害的成本也常常无法得到补偿。一项有关会计的调查研究指出，对于领导要求做假账的行为，仅有 3 % 的人表示会向有关部门举报。大多数人还是基于种种现实的考虑，选择闭口不言或者随波逐流。④在现实中，权力过分集中的直接后果通常是“一把手”的集权，由于“一把手”处于某一层级或部门的权力顶端，特别是同级的监督部门又要接受他的领导，加之决策透明度的缺陷和对打击报复的担心，使得人们不敢监督、不便监督或无心监督，从而使监督部门由于缺乏相关的证据和信息其职责的履行也大打折扣。这种监督失灵的状态还很容易形成腐败的官场风气，由于看到自己的同僚腐败且不受制裁，所谓“有权不用，过期作废”的心理和风气就会兴起。一些地方腐败风气的“公共汽车效应”⑤就是在这样的条件下发生的。

三、完善和创新公民监督权行使的条件和机制

如上所述，公民监督权构成了我国现行监督体系的基础，同时又是制约这个体系有效性的一个根本因素。因此，完善和创新公民监督权行使的各种条件和机制，从而开发现行监督体系的巨大功能，对于中国特色的社会主义政治文明建设和和谐社会的构建，均具有重大的意义。完善公民监督权行使的相关条件涉及许多因素：如全社会有关公民监督权的认识应有所转变，不应将公民行使监督权一如既往地理解为“找茬”、“和政府过不去”；加强公民监督权的法制建设，规范和保障公民依法行使权利；有序地推动政治体制改革，改变权力过分集中、不利监督的局面；加大政务公开的力度，维护公民的知情权等。显然这些都是重要的。但是，欲打破目前公民监督权不张的局面，探索和创新一些有关公民监督的基本制度也是十分必要的。

1. 提高公民监督权行使的组织化程度。公民监督权行使的组织化包括两个方面：一是以社会组织的形式表现出来的公民监督；二是作为外部监督形式的公民监督与政治体系内部监督的联系。一般而言，公民监督的有效性同它的组织化程度密切相关。组织形式的公民监督其影响势必来得比较大，而公民监督与内部监督体系的紧密联系则意味着公民有机会调动政府组织的监督力量。

理论上，就公民监督的内容而言，它主要与公民个人的利益、相关的公共利益和公民的社会正义感三个方面相关。以个人利益为诉求的公民监督表现为社会组织形式的必要性和机会都不高。完善我国现行的相关制度如信访、行政诉讼等便可以包容这种诉求。而社会组织形式的公民监督主要与其他两方面的诉求相关。这主要是因为公共利益和社会正义的诉求本质上是要影响公共政策的。应该说以公共利益和社会正义为导向的公共政策就是建立在有组织的社会监督之上的。如果组织形式的社会监督发育不充分，公共利益的表达机制在根本上就会受到限制，公共政策往往便会偏离公共利益的方向。组织形式的公民监督是现代社会利益诉求的重要组成部分。从实际的政治过程来看，各种形式的利益诉求总是存在的，如制度内的、制度外的，个人性的、组织性的，制度化的、非制度化的等，我们能做的就是将各种诉求方式引入制度内，并通过制度化、组织化的方式进行。

疏通现行公民监督的制度通道，将公民外部监督的动力机制与正式机关内部监督的责任机制结合起来，是提高公民监督组织化程度更为重要的方面。内外监督的互动性是我国现行监督体系组织化程度的重要标志。公民监督的目的在于实现利益诉求，影响公共政策。就此而言，民主政治的一个重要方面便体现在政治体系与公民监督的互动过程中。利益诉求与政策回应是民主社会最常见的政治现象。一般而言，互动性不足，表明了监督行为不能发展成为组织性的力量，表现了监督体系出现了功能性障碍。实践经验表明，有效的监督机制离不开社会和公民力量的介入。尤其当存在“官员利益共同体”时，这种介入就更为重要。政治体系内正式的监督体系常常需要与体制外的监督力量结合起来才能更有效地发挥作用。从最近十几年的经验来看，许多大案要案都是通过社会力量如群众检举、媒体报道等形式破案的。然而，由于监督体系与社会、公民之间的信息沟通尚未形成完整的制度，公民的外部监督在许多情况下难以及时起到应有的作用。因此，疏通现行公民监督的制度通道当是构造长效监督机制的基础工程。

2. 适时引入公益诉讼制度，充分发挥公民诉权监督的作用。行政诉讼制度实施以来，对维护公民权利、规范行政行为起到了良好的作用。但由于这项制度仅局限于利害关系人的维权作用，它的监督功能十分有限。随着我国社会权利意识的发展和法治状态的推进，现实中也出现了一些监督色彩非常明显的案件，如“乔占祥诉铁道部春运期间票价上浮案”等。虽然此类案件仍然在现行行政诉讼制度的框架下进行，但它与其他的行政案件已有很大的不同，即具有明显的公益性。这类案件的出现表明，我国已有必要建立行政公益诉讼制度，以加强公民直接监督公共权力的能力。所谓行政公益诉讼，是指公民认为行政主体的行政行为侵害了公共利益，虽然该行政行为与自己无直接利害关系，但为维护公共利益，而依法向法院提起的行政诉讼。对我国来说，行政公益诉讼是新鲜事物，目前还缺乏相关的法律规定。但这项制度在许多发达国家已经发展得相当成熟。美、英、法、德、日等国家早已建立起了各自的行政公益诉讼制度。

建立行政公益诉讼制度，对强化公民监督权意义重大。首先，由于公益诉讼维护的是公共利益，而在政府领域公共利益通常是以公共政策的形式表现出来的，因此，行政公益诉讼制度的建立，将为公民提供直接与公共政策对话、互动的平台和机会。其次，行政公益诉讼与普通行政诉讼的区别主要在于维护公共利益还是个人利益，因此，这项制度的推行，将非常有利于公民社会责任感的培育和养成，改变中国社会时下“事不关己、高高挂起”的风气。再次，由于公民直接享有了维护公共利益的制度化平台，政府在主导公共政策的过程中就会变得较为谨慎，就势必会重视社会各方利益表达，从而使公共政策更加符合公共利益的需要。这反过来使得公民监督更加具有效力感。

3. 强化公民监督同人大监督的结合，建立人大监督专员制度。在广义上，人大监督可以被看作是公民监督的一种形式。[6]可见公民监督同人大监督有着密不可分的关系。如果说公民监督构成了我国监督体系之基础的话，那么，人大监督便构成了这个体系的核心。人大监督的这种地位，主要是由它的权力机关性质所决定的。对人大来讲，它的监督权来自于人民的直接或间接授权，来自于它必须向人民负立法、行政、司法的全部责任，公共权力的现实状态是它必须向人民负责和有所交代的事情。强化人大监督，涉及多方面的因素。其中，建立监督专员制度，是世界各国议会监督制度的一般经验。所谓监督专员制度（Ombudsman），是指由议会所专设的监督专员对其他国家机关及其工作人员职务行为的合法性、合理性进行监督的制度。它发端于瑞典的议会司法专员公署制度（Office of the Parliamentary Justitie Ombudsman，简称JO）。第二次世界大战后，该项制度在许多国家特别是欧美国家得到很大发展，目前它已成为许多发达国家监督体系的重要组成部分。据统计目前已有70多个国家建立了议会监察专员制度，仅国际监察专员协会的国家成员就超过50个。强化我国监督体系的功能，该项制度的成功经验值得我们高度重视。

建立人大监督专员制度，对公民监督和人大监督具有多重意义。现实中，我国公民监督所遇到的最集中的问题之一便是监督渠道狭窄。人大监督专员制度的设置，不仅使公民监督多了一个平台和渠道，并且由于人大与公民最为直接的政治联系，这个平台和渠道还是公民最“理直气壮”和最易操作的。如果这项制度在事实上能够同公民的选举行为形成联系的话，它对我国监督体系所注入的活力将是巨大的。2007年1月1日，《各级人民代表大会人大常委会监督法》已经开始实施，人大监督专员制度的建立，应该非常有利于这部法律的真正落实。因为它既能够使人大监督的专门化成为可能，还非常有利于构建人大监督责任制，从而结束人大监督长期无人负责之局面。

注释：

①归纳起来，理论上约束公共权力的缘由主要有三：一是人性具有不确定性。因此，约束公共权力就是要约束掌握权力的那些人与生俱来的人性缺陷。二是在法权上，公共权力之所以需要加以控制，是因为人是天生自由的、平等的、有生命的、非政治的；政府是他们基于自己权利的需要而组织的，因而是他们应该而且必须加以控制的。所谓政府是人民的政府。三是在经验上，公共权力作为组织起来的力量常常是势单力薄的个体无力抵抗的，从而构成了侵害和威胁他们权利的最为常见的力量。

②《南方窗：地方权力过分集中，纪检体制丧失主动性》，NEWS. sohu. com，2004年2月3日访问。

③《新华每日电讯》，2007年1月18日。

④《中国财经报》，2006年6月25日。

⑤这是一种对严重腐败情形的形象说法，指腐败犹如一辆马力强大的“公共汽车”，面对腐败人们要么是“上公共汽车”，像车上已经很多的其他人一样，积极地参与腐败；要么是“看着公共汽车跑”，做一个不干涉腐败系统运行的旁观者。但若要“挡在公共汽车之前”，抵制腐败行为则是极其不明智的。

⑥王家福、刘海年主编：《中国人权百科全书》，中国大百科全书出版社1998年版，第255页。

（《政治与法律》2007年第3期，作者系上海大学公共管理系教授）

公民的司法参与权研究

■胡弘弘　邓晓静

依人民主权原则，人民是国家的主人，有权参与各项国家事务的管理。早在资产阶级革命之前，公民的参与权就和自由权、平等权等权利一起被那些资产阶级文化启蒙较早的国家认为是人权的基本组成部分。我国宪法也毫不例外地将公民的参与权作为公民的一项基本权利予以确认和保障。司法事务是国家事务中的重要一环，因此，社会公众对司法活动是否享有广泛且深入地参与权就成为衡量一个国家法治发达程度的标尺之一。当然，任何一项涉及司法行为的具体制度的形成，都必然受到本国的政治经济制度、法律文化传统的深远影响，又兼公民的思维方式及法治意识等现实状况的制约，使得我国公民的司法参与活动既具有自身的特点，也存在着一些明显的缺陷和不足，尚未形成完备的制度化体系。为此，我们尝试着在廓清公民司法参与权的基本内容的基础上，通过类别化的分析展示其具体表现形态，并对其间若干制度的完善提出自己初步的构想，以期能够对未来相关立法的修订有所裨益。

一、公民司法参与权的含义

在民主社会，公民的参与权遍及国家权力的各个方面，司法权也概莫能外。一般认为，司法活动是由宪法所确定的享有司法权能的国家机关依照法定程序，适用法律处理和解决各类案件的专门性活动。根据现行宪法及相关法律的规定，我国的司法机关包括人民法院和人民检察院。故公民的司法参与权，是指公民以个体或其形成的相关组织直接地参与司法活动，从而对人民法院和人民检察院在审理案件以及检察监督等诉讼过程中的行为产生影响与制约的权利。

人民检察院和人民法院依据宪法的规定，代表国家行使法律监督权和审判权，在诉讼过程中享有侦查（针对人民检察院的自侦案件）、审查起诉、提起公诉、抗诉以及审判等项职权。公民参与这些司法机关的职权活动能够有效地监督司法权的行使。这种参与不仅使参与者亲历了司法过程，更为重要的是有助于增强当事人以及其他公民对司法权行使的认同感，从而使得司法活动的结果更易为社会公众所接受。公民对司法活动的参与还有利于促进民意的表达，以此对国家立法者、决策者产生影响。在一定程度上，我们可以说司法机关是国家权力与公民权利最平等的交汇点，借助于这个交汇点，司法机关不仅能够有效地运用权力来调整各种社会关系，还可以促使那些新近在社会生活中生成的成熟规则较快地上升为国家法律，以此拉进法律与社会的距离。此外，我国的司法改革试验还为我们揭示了司法机关职能多元性的一面，即司法机关的基本功能在于解决纠纷，但又不仅限于此，人民法院和人民检察院凭借处理和裁判各类案件尤其是新类型的案件，愈加显现出扩大与加深社会干预的趋势，并以此参与公共决策。在这一方面，公民参与的推动更加必不可少。

同时，我们也必须认识到由司法活动本身所具有的独立性和中立性所决定，在司法参与过程中公民不能以一种主人翁的姿态来对具体案件形成判断、作出决断，而是通过直接参与各种具体的诉讼活动来参与司法机关的决策。

二、公民司法参与权的法律依据和法理基础

（一）公民司法参与权的法律依据

我国《宪法》第2条明确规定：中华人民共和国的一切权力属于人民。人民行使国家权力的机关是全国人民代表大会和地方各级人民代表大会。人民依照法律规定，通过各种途径和形式，管理国家事务，管理经济和文化事业，管理社会事务。这是公民的司法参与权在国家根本大法上的依据。有关司法活动的其他法律规范的制定必须以宪法的规定为指导。

在国家的基本法律中，我国现行的民事诉讼法、刑事诉讼法、行政诉讼法均较为全面细致地对公民如何参与司法活动作出了规定。除此之外，全国人大常委会通过并发布的《关于完善人民陪审员制度的决定》，以及最高人民法院、最高人民检察院颁行的许多相关司法解释，诸如《最高人民法院关于民事诉讼证据的若干规定》、《最高人民法院关于人民法院民事调解工作若干问题的规定》、《关于人民检察院直接受理侦查案件实行人民监督员制度的规定（试行）》等等，也为公民行使司法参与权提供了可依据的规范。这些法律规范正是宪法规定的具体化。

（二）公民司法参与权的法理基础

1. 正当程序理念。

正当程序（due process）理念起初源出于英国，后为美国所继受，逐被多个国家接受。“正当程序”一词最早由美国的詹姆斯·麦迪逊在起草《权利法案》时提出，并被美国宪法确立为一项基本原则。所谓正当程序的中心含义是指所有权益受到判决结果影响的当事人皆享有被告知和陈述自己意见并获得听审的权利。[①]正当程序理念体现了正义对法律程序的基本要求，具备正当程序要件的程序才称得上是公正的程序。

正当程序在诉讼制度上的表现主要在于：（1）确保利害关系人参加。即与程序的结果有利害关系或者可能因该结果而蒙受不利影响的人，都有权参加该程序并得到提出有利于自己的主张和证据以及反驳对方提出之主张和证据的机会。（2）关于参加“场所”的程序保障。为了实现程序正义，当事者对程序具有实质性内容的参加是必不可少的。而诉讼程序的场所就是审判制度本身。审判制度所包含的公正、中立、独立等性质和法官、律师的人选、训练等各种制度方面的特殊要素都与实现程序正义有着密切的关联。（3）程序参加的结果展示。不仅当事者的参加应当在诉讼过程中得到保障，而且参加的结果必须通过一定的途径表现出来，否则就难以说参加的程序保障是十分充分的。[②]反之，如果与程序结果有利害关系的当事者缺少参与对其产生影响的诉讼过程的机会及保障，或者程序参与的结果未能及时而合理地被告知，则该程序就是与正当程序理念背道而驰的。

2. 司法民主理念。

在法治国家，司法独立要求司法人员职业化、专门化；与此同时，人民当家做主又必须实现司法民主化，让民众适时地参与司法活动才能真正确保司法中的人民当家做主。

司法民主可以消除公众对司法活动的距离感，增添公众对司法的信任。距离感的产生，使得“在缺乏人们一般关心和参加的基础上建

立起来的信任根底很浅，当司法需要与强有力的国家权力或政治权力相对抗，保护自己特有的价值时，却较难获得支持这种努力的民主主义的社会基础”[③]。而司法民主的重要内容就在于保障人民以直接或间接的方式参与司法活动，因为“民主意味着在国家的法律秩序中所代表的那个‘意志’等于国民的意志。民主的对立面就是专制的束缚。在那里，国民被排除在法律秩序创造之外，秩序和他们的意志之间的协调是毫无保证的”。[④]公民对司法活动的信赖是司法树立和维持其权威的前提，司法民主能够增强司法与公众的联系，以此获得公众的信任。

司法民主还可凭借公众的权利对司法人员的权力进行限制，借助于普通人的普遍判断来约束司法官员的偏见。专业化的法律训练使得司法官员带有严重的思维定势，尽管这种法律的思维有助于他们对法律的解读，但同时也可能导致其对某一具体法律问题的理解或决断超乎民众的理解，致使处理结果难以为公众所认可和接受。以陪审制度为例，通过在司法系统内引入非法律职业人员，建立司法系统与社会系统的广泛互动，增加了裁判的透明度，不但可以倾听民众心声，也传递了司法信息。在司法参与的过程中，普通公民凭借其朴素的社会正义感和公平感来评价司法过程的正当性、公正性，当其与司法职业人员的判断相结合，往往才真切地体现了社会正义，由此也实现了司法公正。故而，丹宁勋爵对陪审制给予了高度的评价，他指出“被任命为陪审员的英国人在主持正义方面确实起到了决定性的作用。他们的同胞有罪还是无罪，总是最后由他们来决定。我相信，参加这种司法活动对于培养英国人的守法习惯所起的作用要超过其他任何活动。一位伟大的历史学家曾把它说成是有利于国家和平发展和进步的一种最强大的力量。”[⑤]此外，司法民主对于促进司法独立、消解司法官僚主义，乃至国家法律制度的发展所具有的重要意义也是不容忽略的。坚持司法民主理念必然需要强化对公民司法参与权的建设和保障。

三、公民司法参与权的形式

综合各种法律的具体规定和司法实践的情形来看，公民司法参与权的表现形式多种多样，所涉及的范围也是非常广泛的。不同的标准就会有不同的类别。这里，我们以公民在司法活动中所处的地位及所起的作用为标准对之进行分类，具体包括如下形式：

（一）诉讼参与人的司法参与权

1. 当事人的司法参与权。

《刑事诉讼法》第 82 条对当事人进行了解释：是指被害人、自诉人、犯罪嫌疑人、被告人、附带民事诉讼的原告人和被告人。民事、行政诉讼法虽未以条文的形式直接划定当事人的范围，但通常认为其广义的当事人包括原告、被告、第三人、共同诉讼人以及诉讼代表人。以当事人的身份参与到诉讼活动中去是公民司法参与权中的一种举足轻重的表现形式。当事人——无论是刑事案件的自诉人，还是民事、行政案件的原告——的起诉行为拉开了人民法院审判活动的序幕。因为按照“不告不理”原则，没有当事人的起诉，人民法院的审判程序无法启动。在案件为人民法院立案受理后，相对方的当事人也随之参与到诉讼中来。各方当事人司法参与权的具体内容就此次第展开。当事人的司法参与权以诉权为基础，在诉讼过程中表现为各方当事人依法享有的诉讼权利和承担的诉讼义务。当事人的司法参与权受到诉讼阶段的制约且因当事人地位的不同而存在差异。

2. 诉讼代理人、辩护人的司法参与权。

诉讼代理人及辩护人是经权利主体的委托或依法律的规定为当事人提供法律服务而参加到诉讼中来的。他们有权查阅、摘抄、复制案件的诉讼文书、技术性鉴定材料，与当事人会见、通信，调查取证，参加庭审，依被代理人的授权而为当事人提出诉讼主张、反驳和答辩，进行举证、质证，展开法庭辩论等等。在诉讼过程中，“法官的目标首先是找出真实情况，然后再根据法律进行公正审判。而在追求这个目标的日常工作中，律师发挥着可敬和必要的作用。”[⑥]作为拥有法律专业知识的诉讼参与人，诉讼代理人、辩护人对司法活动的参与具有不可替代的意义和作用。

3. 其他诉讼参与人的司法参与权。

诉讼中除了当事人及其诉讼代理人、辩护

人以外，为了处理和解决各类争议，还需要其他诉讼参与人的参与。其他诉讼参与人包括证人、鉴定人、翻译人员等。其他诉讼参与人，尤其是证人的参与在司法活动中不可或缺。时间的不可逆性使得争议的案件事实一去不复返。案件事实又不同于自然科学规律的发现，人们无法经由重复的科学实验再现历史，只能依靠有限的证据去回溯、复原已往的事件，以此来了解过去到底发生了什么，其法律意义何在。无论何种类型的诉讼活动，对于争议的最终解决而言，证据都必不可少。我国现行《刑事诉讼法》第48条规定："凡是知道案件情况的人，都有作证的义务。"《民事诉讼法》第70条亦强调：凡是知道案件情况的人，都有义务出庭作证。据此，出庭作证是知道案件真实情况的公民的一项义务。所以，以证人的身份参与司法活动也是一种重要的公民参与方式。鉴定人、翻译人员在相应的诉讼中也不是可有可无的。其他诉讼参与人依法享有的诉讼权利，即司法参与权亦应得到必要的保障。

（二）纠纷解决者的司法参与权

1. 人民陪审员的司法参与权。

人民陪审员不同于职业法官，他是公民参与纠纷解决的重要角色。陪审制度的设置符合人民主权及司法民主的理念。它"首先是一种政治制度，应当把它看成是人民主权的一种形式。当人民的主权被推翻时，就要把陪审制度丢到九霄云外；而当人民主权存在时，就使得陪审制度与建立这个主权的各项法律协调一致"。[⑦]陪审制度对于自由主义和民主主义精神的阐发，对于社会公众了解和认识司法精神，树立民众对司法的信心以及完善司法制度皆具有重要作用。[⑧]我国《刑事诉讼法》第13条、《民事诉讼法》第40条均对人民法院审判案件实行陪审制给予了规定。人民陪审员由此也成为司法参与权的享有者。

2. 协助调解者的司法参与权。

我国立法针对民事案件的特点确立了法院调解原则，《民事诉讼法》第87条规定：人民法院进行调解，可以邀请有关单位和个人协助。被邀请的单位和个人，应当协助人民法院进行调解。《最高人民法院关于人民法院民事调解工作若干问题的规定》第3条进一步指出："根据民事诉讼法第八十七条的规定，人民法院可以邀请与当事人有特定关系或者与案件有一定联系的企业事业单位、社会团体或者其他组织，和具有专门知识、特定社会经验、与当事人有特定关系并有利于促成调解的个人协助调解工作。经各方当事人同意，人民法院可以委托前款规定的单位或者个人对案件进行调解，达成调解协议后，人民法院应当依法予以确认。"尽管立法强调协助调解是一种义务，但是公民一旦参加到法院的调解工作中，也就成为了司法活动的参与者，故而享有司法参与权。

（三）司法监督者的司法参与权

1. 人民监督员的司法参与权。

2003年最高人民检察院颁布了《关于人民检察院直接受理侦查案件实行人民监督员制度的规定（试行）》，自此人民监督员制度开始在检察机关中试行。从当年10月起，最高人民检察院开始在全国10个省（自治区、直辖市）推行人民监督员制度试点工作。之后，此项改革举措扩大至全国范围。

人民监督员由机关、团体、企事业单位和基层组织民主推荐，在征得本人同意并经考察后确认，其主要职责在于对检察机关查办职务犯罪案件中犯罪嫌疑人不服逮捕决定的、拟撤销案件的或拟不起诉的案件实施监督。除此之外，人民监督员发现人民检察院在查办职务犯罪案件中应当立案而不立案或者不应当立案而立案的，超期羁押的，违法搜查、扣押、冻结的，应当给予刑事赔偿而不依法予以确认或者不执行刑事赔偿决定的，检察人员在办案中有徇私舞弊、贪赃枉法、刑讯逼供、暴力取证等违法违纪情况的皆可以提出监督意见。人民监督员还可以应邀参加人民检察院查办职务犯罪案件工作的其他执法检查活动，并对于发现的违法违纪问题，可以提出处理建议和意见。人民监督员制度是司法改革过程中加强对人民检察院在查办职务犯罪工作中的外部监督的重要措施，在职务犯罪侦查权继续由检察机关行使的前提和背景下，通过拓展外部监督来解决监督者也要接受监督的问题。[⑨]目前人民监督员的试点工作已在全国86％的检察院开展。2006

年全年共有5191件拟作撤案、不起诉处理和犯罪嫌疑人不服逮捕决定的职务犯罪案件进入监督程序，其中人民监督员不同意办案部门原拟定意见的252件，检察机关采纳178件，对未采纳的依据事实和法律向人民监督员作出了说明。人民检察院还拓展了人民监督员的监督范围，对违法搜查、扣押等“五种情形”规定了具体的监督程序。人民监督员制度在促进公正执法、保证办案质量、增进司法民主等方面的作用较之以前得到进一步显现。从这些资料和数据中，我们可以看出人民监督员制度在实施上取得了一定的成效。

2. 庭审旁听者的司法参与权。

诉讼法所确立的公开审判制度要求人民法院审理案件除法律明文规定的情形外，一律公开进行。公开审判包含两个方面的内容，即对群众公开和对社会公开。前者要求公开审判的案件允许群众对案件审理的全过程和判决的宣告进行旁听；后者要求公开审判的案件允许新闻媒介采访报道，将案情公诸于众。普通公民旁听庭审应当遵守法庭规则，不得扰乱法庭秩序。在庭审的当下，庭审旁听者司法参与权的意义主要在于通过听审监督司法机关依法行使职权，以增强司法的透明度，并减少司法专断的可能性。

（四）其他参与协助司法活动者的司法参与权

在司法活动的各个阶段，除了上述主体之外，还有不少其他辅助司法机关实施司法行为的协助者，他们同样是享有司法参与权的主体。如刑事案件的控告人、检举人、侦查活动的见证人、协助和见证人民法院进行现场勘验的人、协助人民法院采取财产保全及先予执行措施的人等等。这些主体参与司法活动的时间和阶段相对于前述各类主体而言，或许较为短暂、单一，却并非可以忽略不计。既然协助者出现在司法过程中，其理当享有司法参与权。我们不能只注意其协助司法行为的义务而忽视其权利。

四、公民司法参与权的完善

公民通过上述几种角色参与司法活动，并在实践中发挥了积极作用。但是从立法和司法实践的现状出发，公民司法参与权在一定程度上的保障和实现程度并不尽如人意。如何改革和完善诉讼参与人及相关主体的诉讼权利义务以使其更好、更为充分地享有司法参与权，诉讼法学的学者撰述颇多，真知灼见层出不穷，在此不再赘述。本文主要论及在诉讼立法之外应如何完善公民的司法参与权的问题。

（一）增加诉权的宪法保障

在公民作为当事人参与司法活动的过程中，比较突出的问题就在于对当事人诉权的保护有所欠缺。我国仅只在各类诉讼法中规定当事人有向人民法院提起诉讼的权利，而此项权利受到侵害、被漠视如何救济却付之阙如。反观其他各法治国家，自20世纪60年代以来，在世界范围内兴起了一场“接近司法”（Access to Justice）的运动。这一运动旨在通过诉讼制度的改革促进当事人平等地利用法院，从实质上保障其诉诸司法救济之权利。这股浪潮延续至今，依然是各国法律改革和法学发展的推动力。大多数国家和地区的宪法都旗帜鲜明地认可了国民所享有的保障其得到司法救济的权利，即“裁判请求权”或“接受裁判请求权”。它属于程序基本权，是指受宪法保障的一切人在权利受到侵害或与他人发生争议时有权诉诸独立的司法机关，请求其给予公正审判的权利。日本《宪法》第32条就明确规定：“任何人在法院中接受裁判的权利，均不得剥夺。”正是因为拥有了这一宪法性的程序基本权，所以一旦当事人的诉权受到不合理的限制或剥夺，当事人能够对此寻求相应的救济，从而切实有效地促使法院合理合法地行使职权。唯有法院依法行使裁判请求权才能确实实现对当事人诉权的保障。

依我国的立法惯例和传统，将裁判请求权作为公民的一项基本权利由宪法加以确认，笔者以为应该是可行的。我国宪法中已有许多关于公民基本权利的规定，从其制定背景和历史时期来讲，其规定比较合理，符合了当时社会的需求和实际状况。然而，2004年的宪法修正案已经郑重宣告“国家尊重和保障人权”。将个人的程序性权利在宪法上予以确认以对抗国家权力的积极行使，防止国家权力任意地侵犯个人权利，已成为历史前进的必然。“如果说在现代社会着陆的时候，宪政制度是以对公民实体性权利的规定为重心，那么随着宪政制度的当代转型，面对国家权力的扩张和个人主义的危机，公民程序性权利作为公民权利不可分割的内容以及重要性日渐凸现。”[10]我国台湾地区“宪法”第16条就明文保障人民的诉讼权，其诉讼权的内容包括“接受裁判请求权”、“适时救济请求权”以及“接受法院公平裁判”等。因而，笔者建议可通过宪法修正案将裁判请求权明确写入宪法。在我国已签署《经济、社会和文化权利国际公约》和《公民权利和政治权利国际公约》的今天，它也具有了较强的必要性。

（二）规范细化陪审制度

以人民陪审员的身份参与行使司法权，不仅能够发挥普通民众的常识在审判中的功能，用以纠正法律专业人士的偏执与悖谬，并且也有利于法院权威的生成。因为，法院的权威不仅源于深厚的文化传统和牢固的信念、由高素质的司法人员卓有成效的工作来维系、由精致的法律程序和技术进行确证，同时也离不开对审判权的合理配置、有效制约，且通过权力的有序运行和对审判权可能的滥用的防范来保障。[11]2005年5月1日起施行的《全国人民代表大会常务委员会关于完善人民陪审员制度的决定》（以下简称《决定》）对人民陪审员的选任条件、选任程序、任期、参与庭审的方式及职务免除等都作了明确的规定。虽然《决定》相对于诉讼法以及《人民法院组织法》的规定要详细、完备得多，但其中依旧存在着一系列足以引起我们关注的问题，主要有：

1. 人民陪审员参与审理案件的范围狭窄。

《决定》第2条指出：人民法院审理社会影响较大的一审刑事、民事、行政案件；或者刑事案件被告人、民事案件原告或者被告、行政案件原告申请由人民陪审员参加合议庭审判的一审案件，由人民陪审员和法官组成合议庭进行。第8条又规定：符合担任人民陪审员条件的公民，可以由其所在单位或者户籍所在地的基层组织向基层人民法院推荐，或者本人提出申请，由基层人民法院会同同级人民政府司法行政机关进行审查，并由基层人民法院院长提出人民陪审员人选，提请同级人民代表大会常务委员会任命。这样规定的弊端是显而易见的：（1）人民陪审员参审的案件多限于基层法院。依各诉讼法的规定，我国四级人民法院均有可能对案件进行一审。这其中，由于最高人民法院鲜有一审案件可以忽略不计。《决定》中强调：中级人民法院、高级人民法院审判案件依法应当由人民陪审员参加合议庭审判的，在其所在城市的基层人民法院的人民陪审员名单中随机抽取确定。而且，人民陪审员人选的提出、培训等，皆由基层人民法院负责，这必然在较大程度上会影响中级人民法院和高级人民法院适用其所不熟悉的人民陪审员参与审理案件的积极性。（2）人民陪审员参审案件的范围过于模糊。所谓“社会影响较大的案件”，不但界定较为模糊，而且通常由中级以上的人民法院审理。在基层人民法院，何为社会影响较大的案件完全取决于人民法院自身的自由裁量，再加上必要的约束机制的缺乏，人民陪员参与案件审理的机会被极大地压缩了。（3）当事人缺少提出申请人民陪审员参审的动因。在实际的诉讼中，我国律师涉诉率并不理想，不少案件的当事人往往亲自进行诉讼，实施诉讼行为，他们对人民陪审员参审的认知非常有限，而且人民陪审员是否参与案件审理对于裁判结果的影响也未必显著。既然人民陪审员参审与否同当事人的关系并非十分重大，他们没有理由自找麻烦地提出此项要求。

2. 人民陪审员的来源受到限制。

《决定》所列的人民陪审员的任职条件除了拥护中华人民共和国宪法，年满23周岁，品行良好、公道正派，身体健康之外，还要求一般应当具有大学专科以上文化程度。我们且不说国外并无对陪审员文化程度有如此苛刻的要求，仅就我国的实情来说，这实在是一个过高的条件，会将绝大多数未接受高等教育的公民排除在陪审制的大门之外，这必然会缩小人民陪审员来源的范围。倘若人民陪审员的来源受到局限，其代表的广泛性也就不存在了。这显然有违设立人民陪审员，实行陪审制度的初衷。

3. 人民陪审员的权利义务不明确。

各诉讼法及《人民法院组织法》皆指出：

人民陪审员在执行职务时，与审判员有同等的权利义务。那么是否人民陪审员在执行职务时的权限与审判员完全一致呢？《决定》第1条，以及《最高人民法院关于人民法院合议庭工作的若干规定》开宗明义即表明，人民陪审员在人民法院执行职务期间，不能担任审判长。可见，立法与司法解释出现了冲突。对此，早就有学者指出必须明确人民陪审员的权利和义务，并建议规定人民陪审员在参与案件审判时，不能担任审判长、不介入开庭前的准备程序、不能制作裁判文书。[12]明确了人民陪审员的职责才有利于其职能的充分发挥。

综上所述，应当通过立法扩大人民陪审员参与审理案件的范围，并修改关于担任人民陪审员文化程度的不合理限制，对人民陪审员的权利义务亦应进一步合理地细化。如若不然就会使陪审制度成为一纸空文。

（三）人民监督员制度化

1. 以立法的形式确立人民监督员制度。

最高人民检察院近几年的工作报告已经显示出我国试行人民监督员的情况良好，令人遗憾的是其仍停留在试行的层面上。况且，由被监督的主体自己规定如何接受监督者的监督，着实难以叫人信服。笔者认为待条件成熟之后有必要将其列为我国检察机关活动中的一项正式制度。可通过修改《刑事诉讼法》、《人民检察院组织法》，抑或是制定专门的《人民监督员法》将之固定下来。

2. 检查审查会制度的启示。

我国试行人民监督员的时间较短，尚无法积累丰厚的实践经验，其中出现的问题自然不会少于人民陪审员制度。比如我国的人民监督员由机关、团体、企业事业单位和基层组织经民主推荐，同样存在来源范围狭小的问题；人民监督员由人民检察院聘任、解职，其独立性明显较弱；人民监督员的表决意见只是检察长及检察委员会作出决定的一个参考依据，对人民检察院缺乏适当的约束力。于是，结合我国的具体国情去学习和借鉴国外的相关经验就显得十分必要了。

对比日本的检察审查会制度就会提供给我们不少有益的启示。为了防止检察院滥用职权，日本于1948年7月颁布实施《检查审查会法》，检查审查会制度正式确立。日本的检察审查会是一个独立性的机构，在每个地方法院的辖区内均有设立。检查审查会由11名检查审查员组成。检查审查员从各辖区内具有众议院议员选举权的国民中产生，任期为六个月，主要审查检察官的不起诉决定是否妥当，并对检察事务的改进提出建议和劝告。检查审查员通过检查审查会会议行使其职权，凡经过会议审议和讨论所形成的检查审查会决议必须以书面形式向作出不起诉决定的检察官的上级提出。但该决议对检察官的行为并没有法定的约束力，仅供其参考。尽管如此，事实上，日本的检察官大都会认真考虑检察审查会的意见。并且，近年来日本已经导入了赋予检查审查会决议一定的约束力的制度。

我国在对人民监督员制度进行立法时，应着重对人民监督员的选任及其独立性、经费的来源、人民监督员表决意见的效力等事项在合理借鉴日本的相关规定的基础上进一步完善。

参考文献：

①H. C. Black. *Black' s Law Dictionary* [M]. West Publishing Co，1979：1083.

②［日］谷口安平．程序的正义与诉讼［M］．王亚新，刘荣军，译．北京：中国政法大学，1996：12—18.

③［日］棚濑孝雄．纠纷的解决与审判制度［M］．王亚新，译．北京：中国政法大学出版社，2004：247—248.

④［美］凯尔逊．法与国家的一般理论［M］．沈宗灵，译．北京：中国大百科全书出版社，1996：315.

⑤［英］丹宁．法律的未来［M］．刘庸安，张文镇，译．北京：法律出版社，1999：39.

⑥［英］丹宁．法律的正当程序［M］．李克强，杨百揆，刘庸安，译．北京：法律出版社，1999：65.

⑦［法］托克维尔．论美国的民主［M］．董果良，译．北京：商务印书馆，1997：313.

⑧王敏远．中国陪审制度及其完善［J］．法学研究，1999（4）：40.

⑨卞建林、田心则．人民监督员立法刍议［J］．

人民检察，2006（15）：5.

⑩董茂云．宪政视野下的司法公正［M］．吉林人民出版社，2003：156.

⑪杨亚非．论法院权威的生成［J］．法制与社会发展，2002（1）：140.

⑫熊秋红．司法公正与公民的参与［J］．法学研究，1999（4）：66.

（《现代法学》2007年第6期，胡弘弘系中南财经政法大学副教授；邓晓静系中南财经政法大学讲师）

简论人权的民事诉讼保护

■田平安　肖　晖

尽管对何谓人权尚争论不休，但人权应当予以保护已经成为共识。《联合国宪章》的序言部分就明确强调："重申基本人权，人格尊严与价值，以及男女与大小各国平等权利之信念。"2000年9月，在《联合国千年宣言》中再次指出："《联合国宪章》各项宗旨和原则……已证实是永不过时的，是普遍适用的。"对人权应当予以保护最经典的表述，见诸1948年联合国大会通过的《世界人权宣言》序言中的表达："鉴于对人类家庭所有成员的固有尊严及其平等的和不移的权利的承认，乃是世界自由、正义与和平的基础，鉴于对人权的无视和侮蔑已发展为野蛮暴行，这些暴行玷污了人类的良心，而一个人人享有言论和免予恐惧和匮乏的世界的来临，已被宣布为普通人民的最高愿望，鉴于为使人类不致迫不得已铤而走险对暴政和压迫进行反叛，有必要使人权受法治的保护，鉴于有必要促进各国间友好关系的发展，鉴于各联合国国家的人民已在联合国宪章中重申他们对基本人权、人格尊严和价值以及男女平等权利的信念，并决心促成较大自由中的社会进步和生活水平的改善，鉴于各会员国业已誓愿同联合国合作以促进对人权和基本自由的普遍尊重和遵行，鉴于对这些权利和自由的普遍了解对于这个誓愿的充分实现具有很大的重要性，因此现在大会，发布这一世界人权宣言，作为所有国家努力实现的共同标准……。"

人权大致可分为："自由权的人权、参政权的人权、生存权的人权、请求权的人权和平等权的人权。"[①]以此相关，对人权的民事诉讼保护也应从对这几种基本人权的保护着力。对这几种基本人权的民事诉讼保护，体现为两个层次：第一个层次是不言而喻的，即对在实际生活中这几种基本权利遭受侵害时，应当有相应的民事诉讼制度可以加以救济。例如，农民工在讨薪无果，自身的生存权受到影响的情况下，应当有方便快捷、成本低廉的民事诉讼机制加以救济。第二个层次则较易为人们所忽略，即民事诉讼场域的所有人在诉讼进程中都应当充分享有上述的基本人权，国家有义务从制度和实践两个层面对此予以充分保障。本文的论述重点在第二个层次，但为了目的的明确性，主要针对当事人在诉讼进程中基本人权的保护加以展开。

一

从自由权的角度看，在民事诉讼中，一方面当事人具有肯定的自由，即有决策的自由、处分的自由；另一方面，当事人具有否定的自由，即当事人以上的自由权免于受到他人，特别是行使审判权的法院的不当干预，法院应保障当事人的自由权能够充分有效地实施，除非当事人自由权的行使超出了法律所规定的边界。民事诉讼当事人的自由权至少应当包括以下内容：

第一，起诉、上诉和撤诉的自由。即起诉与否、何时起诉、起诉的标的额大小以及起诉的理由完全由当事人自己决定；上不上诉、上诉的范围也应当完全由当事人自行决定，且二审法院必须在当事人上诉的范围内进行审理，不得超过当事人的上诉请求；是否撤回诉讼由当事人决定。为此，必须保证当事人有充分的起诉和上诉的自由，法律不应对当事人的起诉和上诉设置重重障碍，而是应当在当事人起诉和上诉条件的设计上真正体现“便民原则”；更具有实质意义的是，法院必须受当事人诉讼请求的约束，并且只能在当事人诉讼请求的范围内进行审理，否则，当事人提出的起诉和上诉请求将毫无意义，从而实质性地剥夺了当事人起诉和上诉的自由。撤诉只有在将使另一方当事人蒙受更大的损失时才不应获准。如审判经过言词辩论后，通常情况下，当事人为诉讼所投入的成本已经较高，一方当事人此时的撤诉必将使另一方当事人之前的付出付之东流，因此，一方当事人的撤诉必须要得到另一方当事人的同意。

第二，要求公开或不公开审理的自由。除非案件涉及重大的法律意义而必须公开或者涉及当事人个人的隐私、商业机密、国家机密等不宜公开的情形以外，对于一般的案件当事人应当有选择公开或不公开审理的自由。如果当事人选择案件不公开审理，法院就不应向外界透露案件的细节，并且在事实认定、判决理由的详略方面都应充分尊重当事人的选择。在当事人没有要求不公开审理或案件不属于不宜公开审理的情况下，案件就必须公开审理。

第三，辩论的自由、自认的自由和认诺的自由。法院必须对当事人的辩论自由予以极大的尊重，换句话说，法院必须受到当事人之间辩论的约束，其审理范围应当紧紧围绕当事人的辩论展开，判决结果必须受到当事人辩论的约束。“民事诉讼上的自认，又称裁判上的自认、正式或要式的自认，指在民事诉讼中当事人一方就对方当事人所主张的事实表示承认或视为表示承认。”[②]“所谓认诺乃被告于言辞辩论时，向法院表示原告所起诉之要求正确，而就原告之诉之声明陈述屈从之行为。”[③]诉讼中，自认和认诺必须基于当出或不作出自认或认诺的行为。

当然，必须强调的是，当事人的自由权的行使并非是漫无边际的，防止滥用自由权也是其题中应有之义。例如，当事人尽管享有起诉的自由，但起诉的自由并不等于滥起诉和重复起诉；起诉条件的宽松并不等于不要起诉条件。再比如，强调当事人辩论的自由，并不等于当事人可以诋毁对方；相反，当事人的辩论必须是紧紧围绕诉讼标的的理性对话。

二

参政权的人权，究其实质而言，就是民主的人权。正如有的学者所说：“参政权是人权精髓，无参政权的人权或参政权得不到有效保障的人权肯定是被抽掉了灵魂的人权，这种状况的人权几乎都与民主制无缘。”[④]这种与民主制无缘的民事诉讼模式在中国古代表现得尤为明显。郑秦在《清代司法审判制度研究》一文中就很好地揭示了这一点：“儒家经义教育出的州县官出官为治，即为百姓‘父母’，百姓以‘父母官’称之，他们自己也以‘父母’自视。国家官吏和他治下的人民之间，似乎被化作了一个家庭的模式，州县官是这个‘大家庭’的‘家长’，州县官作为一位威严的‘父亲’，把他受理的民事案件当作自己的‘家庭纠纷’。”[⑤]

如果说中国古代的民事诉讼体现了一种“官强民弱”的、与民主无缘的、专制型的诉讼模式的话，那么新的历史时期应倡导一种“官民协商对话”的民主型的诉讼模式。这种民主型的诉讼模式至少应当包括以下一些因素：

1. 自治 “国家的存在是为了保护公民的权利和自由，公民是自己利益的最好和最终的判断者；国家是个人为确保他们自己的目标所不得不承受的负担；而且国家必须在范围上受到限制，在实践上受到制约，以确保每个公民最大可能的自由。”[⑥]民事诉讼当事人应当拥有自治的权利。至少应当表现在以下方面：第一，合意选择一审管辖法院的自治权。从国际民事诉讼立法的趋势看，应尽量扩大当事人合意选择一审管辖法院的范同。合意选择管辖自然包括明示合意以及默示合意。当然，当事人对一审管辖法院的选择并不是漫无边际的，应当而且必须考虑权利的边界，使被选法院方便对案件的审理。第二，合意选择审理程序的自治权及与之相关的合意停止诉讼程序的自治合意选择。例如，一审案件双方当事人均请求用简易程序进行审理的情况下，就不得用普通程序进行审理；上诉审理的案件，双方当事人合意不发回重审的，上诉审理法院就应尊重当事人的意思表示。在诉讼中，只要不严重地妨碍诉讼的进行，当事人可以合意停止诉讼程序一段时间。如《德意志联邦共和国民事诉讼法》第251条就规定："当事人双方请求休止诉讼程序……应命令休止诉讼程序。"[7]第三，合意要求法院调查取证、合意选择鉴定人和合意要求调解的自由。除非法院认为调查完全无法律上的必要的，双方当事人合意要求法院调查取证的，法院必须执行；双方当事人合意选择鉴定人的，法院必须尊重当事人的选择；民事诉讼的调解必须居于双方的自愿，不得强迫当事人进行调解。

2. 美国学者朗·富勒曾精辟地指出："使审判区别于其他秩序形成原理的内在特征在于承认审判所作决定将对之产生直接影响的人能够通过一种特殊的形式参与审判，即承认他们为了得到对自己的有利的决定，而提出证据并进行理性的说服和辩论。"[8]民事诉讼当事人应当拥有参与的权利。按照贝勒斯的说法，至少应当表现在以下几个方面：在合理的时间内公开审理、充分的通知、获得律师帮助的权利、提出和反驳证据的机会、裁判以当事人在诉讼中提供的信息记录为基础、当事人对裁判上诉的机会。[9]

3. 公开正如西谚所说："正义不但要伸张，而且必须眼见着被伸张。"司法审判的民主化程度和程序的公开性之间具有正相关性，一般而言，司法审判的民主化程度越高，程序的公开性就越强。如专制社会的明清时代，程序就严重地不公开，甚至"判决书未必发给本人。因此，一旦原告、被告之间再起纠纷之时，把作为证据的判决书拿到手就十分必要，这样，为了抄写判决书，又得向承行胥吏使钱"。[10]而反观西方的民主国家，特别是以民主化程度极高的美国为典型，甚至将法官的不同意见也写进判决书。法院必须保证当事人要求公开审理的诉求得到实质性的满足。这种公开应包括以下几个层面：（1）庭审的公开；（2）判决书的公开；（3）判决理由的公开，即法官作出判决的推理过程的公开，包括如何采信证据，认定事实，如何适用规则及进行价值分析判断等的公开；（4）在条件允许的情况下，法官的不同意见公开。[11]

这种"官民协商对话"的民主型的诉讼模式，和学界目前所提出的协同型民事诉讼模式异曲同工。"协同型民事诉讼模式是指在民事诉讼中应最大值地充分发挥法官与当事人的主观能动性及其作用，法官与当事人协同推进民事诉讼程序的一种诉讼模式。它是在充分尊重当事人辩论权和处分权的前提下，针对因诉讼程序复杂化和专业化所造成的当事人行使诉讼权利的困难和不便以及因主体滥用程序权而导致的诉讼迟延和高成本等弊端，为促进案件真实的发现，为节约有限的司法资源，而确定法官与当事人必须协同行使诉讼权利和履行诉讼义务的一种诉讼模式。"[12]民主型的诉讼模式所强调的自治、参与和公开，既包括当事人的自治、参与和公开，也包括法官的自治、参与和公开。这种模式下，法官和当事人在诉讼中形成的是一种稳定的正三角形结构，既不能厚此薄彼、也不能厚彼薄此。所以，法官在诉讼中独立自主，不屈从于法律之外的淫威（哪怕是非正式的），控制整个诉讼进程的能力对于民主型的诉讼模式而言就显得尤为重要。而这一点也是协同型民事诉讼模式的题中应有之义，因此两种模式的划分只是视角的不同，本质上是一致的。

三

在民事诉讼中对生存权的人权保护，首先应当在审判程序中加以规范。法律应当保障当事人充分地行使诉权，不至因诉讼而根本地影响生活，甚至生存。我国《民事诉讼法》对此在法条上亦有体现。例如，《民事诉讼法》第107条规定："当事人交纳诉讼费用确有困难的，可以按照规定向人民法院申请缓交、减交或者免交。"这实质上就是为了保证当事人的生存权不至于因诉讼而受到严重影响。最新的《诉讼费用交纳办法》中此点体现得最为明显。例如，该《办法》第4条明确规定："国家对交纳诉讼费用确有困难的当事人提供司法救助，保障其依法行使诉讼权利，维护其合法权益。”第45条、第46条和第47条分别对当事人申请司法救助，法院应当准予免交、减交和缓交的条件加以了详细的规定，内容都涉及对当事人生存权的保护。如第45条规定：残疾人无固定生活来源的；追索赡养费、扶养费、抚育费、抚恤金的；最低生活保障对象、农村特困定期救济对象、农村五保供养对象或者领取失业保险金人员，无其他收入的，经当事人申请，法院应当准予免交诉讼费用。第46条规定：因自然灾害等不可抗力造成生活困难，正在接受社会救济，或者家庭生产经营难以为继的；属于国家规定的优抚、安置对象的，经当事人申请，法院应当准予减交诉讼费用。且减交比例不得低于30％。第47条规定：追索社会保险金、经济补偿金的；海上事故、交通事故、医疗事故、工伤事故、产品质量事故或者其他人身伤害事故的受害人请求赔偿的；正在接受有关部门法律援助的，经当事人申请，法院应当准予缓交诉讼费用。《民事诉讼法》第97条规定，追索赡养费、扶养费、抚育费、抚恤金、医疗费用、劳动报酬的，法院根据当事人的申请，可以裁定先予执行，其目的也在于这些费用和报酬和人的生存密切相关，非先予执行不足以保护当事人的生存权。对于生存权的人权保护，更体现在执行程序中。

第一，为保护债务人的基本生存权，应规定特定物品或一定数额下财产不能执行。例如债务人及其家属必要的自用物品如衣服、必需家用器具、家具或其他动产；债务人及其家属从事职业所必需的工具、设备、器具及账册书籍；为维持债务人及其家属生计所必需的食品及燃料物品或者为购置该物品所需金钱或信贷。

第二，应保证被执行人休息权和生活安定权等基本生存权。由于非营业时间和法定节假日进行民事执行，往往造成相当大的社会恐慌气氛，影响和妨碍被执行人，甚至其他公众的休息权和生活安定权，直接关系到人的生存条件，因此一般是不得为之，除非万不得已。对此，很多国家都有明确规定。如《瑞士联邦债务执行法》第56条规定：除资产冻结程序或为保护资产必须采取措施情形外，不得在非营业时间，也即20点至7点之间及星期日和国家法定节假日采取任何执行行动。同时也不得“在执行节假日期间，即复活节和圣诞节之前的7天以及7月15日至7月31日之间采取任何执行行动”。

第三，不得因执行而使被执行人“雪上加霜”。为此，不得执行被执行人因疾病、贫困、伤残、死亡从慈善机构获取的救援和资助；因人身伤害、健康损害或人身死亡而支付给受害人的或其亲属的抚慰金、伤残补偿金；因失业所领取的救济金。在被执行人配偶、直系亲属或同住人员死亡时，在死亡之日起一定时间内应暂停执行；对患重病的债务人，执行员应准予在一定时间内暂停执行。

第四，为尊重公民的宗教信仰权，宗教书籍及祭礼物品不得扣押。

第五，对军人的特殊保护。军人关系到国防的安全，换言之，关系到全体国民的生存权，因此，对军人的执行应有所限制。如对处于一级以上战备状态下的军人及其家人的财产在该战备期间不得执行，对在战斗或抢险前线的军人及其家人的财产在该战斗或抢险期间及期满后两个月内禁止执行；对现役或退役军人的军功章、荣誉证、军事嘉奖、转业费、退伍费不得执行。

四

民事方面的请求权分为实体法上的请求权（如物上请求权）和程序法上的请求权。程序法上的请求权主要有仲裁请求权和诉讼请求权等。我们在此主要论述对当事人诉讼请求权的人权保护。诉讼请求权是指人民能够通过法定的诉讼程序，由国家司法权的介入，来寻求对实体法上的具体权利的救济，或者对法律争议予以解决的权利，具体涵盖提起审判请求权、公正程序请求权和适时审判请求权这三项具体的权能。因此，对当事人诉讼请求权的人权保护实际上等同于对他所享有的这三项权能的保护。

审判请求权、公正程序请求权和适时审判请求权要求人民在权利遭受侵害时，具有依正当法律程序请求法院救济。而此正当法律程序就是国家为人民所提供的有效的制度保障，换言之，国家有义务为人民提供正当的、合理的法院组织及诉讼法律程序，保证人民在其权利遭受侵害时能够及时地、充分地利用司法加以维护。也就是说，在保障个人有权向法院主张其权利，并且在实质上使个人的权利获得确实有效的保证方面，国家负有作为的义务，它的立法机关必须建构一套合理的诉讼制度来保证人民上述愿望的实现成为可能，它的司法机关应当准确地、不折不扣地运用这一套诉讼制度来保证人民的上述愿望得以最终实现。这是对国家的底线要求。因此，如果人民利用法院的渠道不畅，甚至完全被堵，或者无法获得独立审判的法官的依法审理，或者诉讼程序仅沦为司法者的一种摆设，就意味着人民的诉讼请求权遭受了侵害，也就意味着他的基本人权遭受了侵害。

具体来说，诉讼请求权包括以下方面：第一，凡是宪法所保障的权利遭受不法侵害，或者对权利的归属发生争议时，国家均应当提供诉讼救济的途径，并由司法机关作终局的裁判。享有此项权利的主体，并不限于本国国民，亦不限于自然人，并且还及于外国人及法人，因为作为受益性质的诉讼请求权，本质上系人类的权利而非仅属国民的权利，而且亦非专属于自然人，同时也是属于法人（或团体）的权利。第二，诉讼救济途径系由各级法院构成的审级制度，虽不排除其他先行程序，但至少其最后的审级应属法院，而且所谓法院必须是能够独立行使职权的，不受干涉的公平法院。第三，法院所采用的程序应符合一般法治国家所遵循的原则，诸如独立审判、公开审理、言词辩论等。第四，诉讼过程中的实际运作，不得受法律以外之成文或不成文规定的支配，致使审级制度丧失功能、人民无法享有公平审判的权益或者诉讼程序全程终了，仍然无从获得有效救济。[13]简言之，当事人能够在正当的法律程序中实现正义，从而使诉讼请求权得以落实。

当然，正当的法律程序并不是对所有的案件都整齐划一的程序。立法者应当依照各种纷争类型的特性，制定各种不同的争讼程序，从而使当事人的程序利益和实体利益达到真正的平衡，诉讼的主体地位得到根本性的维护。比如，对于诉讼标的额不大的案件，基于费用相当性原则，不应过度地强调追求客观真实的需要，以免耗费过多的劳力和时间，使当事人的实体利益过度消耗于程序的不利益上，因此此类案件就没有必要动用普通程序来进行审理。对于熟人社会所发生的案件，比如邻里之间的纠纷，由于双方当事人之间今后还可能有交往，他们并不仅仅受法律层面的牵涉，因此应当尽量采用调解的方式，强调以和为贵。

对当事人诉讼请求权的人权保护，更值得一提的是对进入诉讼场域的纠纷解决方式的拓宽。对纠纷解决的方式越多，越说明当事人的诉讼请求权得到了充分的行使。例如，诉讼内的调解我们都耳熟能详，但我们所采用的方式过于单调，在吸取各国经验的基础上，我们能否增加这样一些方式呢？如：（1）将当事人双方的调解记录下来，作出“合意判决”，赋予其强制执行力。（2）由退休法官或不参与案件审理的法官对案件进行评价，帮助双方当事人了解诉讼中潜在的有利点和不利点，然后由其促成调解。（3）法官在征得当事人同意的基础上，在主要开庭期日之前将双方当事人及其律师召集在一起，在办公室或调解室内就案件的争点、证据进行非正式的讨论。如果法官认为时机成熟就进行调解；如果没有调解成功，则确定开庭的主要期日。[14]

五

对当事人平等权的人权保护，必须首先承认这样一个前提：“每个人，作为一个人应拥有种种权利，可以确定地说，每个人都潜在地拥有跟其他人同等的权利。”[15]显然，平等和公正是相连的，平等本身就包括了公正。不讲平等，何谈公正。作为平等原则，有两种方式：（1）对所有的人一视同仁，即让所有的人都有相同的份额（权力或义务）。（2）对同样的人一视同仁，即相同的人份额（权力或义务）相同，因而不同的人份额不同。法治社会，我们需要的是第一种平等原则，这是个醒目的法制原则，这种制度提供法律的平等或法律之下的平等。[16]

作为平等主体之间的私权纠纷，民事诉讼对于当事人平等权的人权保护尤显重要。只要是进入诉讼场域的当事人，都应当享有同样的权利，都应当被法院无差别地对待。以此为标准，就不难理解为什么赋予了原告起诉的权利，就必须赋予被告反诉和答辩的权利，为什么赋予了原告举证的权利，就必须赋予被告质证的权利，为什么赋予了原被告都有上诉的权利，而不是仅仅只赋予一方有此权利？同样，以此为标准，我们就不得不对中国现行的撤诉制度和缺席判决制度提出质疑：为什么原告不到庭按自动撤诉处理，而被告不到庭却可以缺席判决？

对当事人平等权的人权保护，更应当强调的是对他们人格尊严的保护。这是基于“内在平等”原则：“作为道德判断，一个人的生命、自由和幸福，比别人的生命、自由和幸福，内在地既不优越，也不低劣，因而，对待每个人，应该把他们当做在生命、自由、幸福和其他一些基本的物品和利益方面拥有同等的要求的人来看待。”[17]因此，必须承认当事人与当事人之间、当事人与法官之间、法官与法官之间在人格尊严上都是一样的，不存在谁高谁低的问题。如果说前文所论及的专制型的民事诉讼模式不强调对当事人人格尊严的尊重的话，民主型的民事诉讼模式则必须将当事人人格尊严放在首位。如何构筑“温暖而富有人性”的诉讼场域是一个不容回避的实质性的问题。

为了体现对当事人人格尊严的充分尊重，至少应做到以下几点：第一，解决法院“门难进、脸难看、事难办”的现状，特别是对有特殊困难的当事人应当积极地给予司法援助，给他们一种发自内心的人性的关怀和尊重。第二，尊重当事人自己所作出的选择。法官应采取一种审慎的、可接受的方式行事，应当承认每个成年人自己是自身利益的最好判断者，不可包办代替，如强迫调解等。第三，法官对各方的意见和证据予以平等的关注，并在制作裁判时将各方的观点均考虑在内，将当事人作为真正的主体对待，而不是将之“客体化”。第四，加强法官和当事人之间、当事人和当事人之间的沟通。为此，须构筑“理想的沟通环境”，即：“人在相互沟通过程里，真诚地和正确地使用语言。遇到意见分歧的时候，讨论者并不倚靠权威或其他扭曲的手段去令对方接受自己的见解，而是双方信守着有效声称的规则，用论证支持自己的论点，通过反复讨论达成共识。”[18]在这种“官民协商对话”当中，才更容易发现真实，实现民事诉讼的目的。

六

自由权、参政权、生存权、请求权和平等权的人权在民事诉讼场域中的体现是真实的，可以触摸得到的，它是国际条约和《宪法》赋予每个人的基本权利在该场域的延伸罢了。以此为衡量标准，不难发现我国民事诉讼领域中当事人的这五种基本人权的保护存在着很多问题。

1. 以自由权为例。由于《民事诉讼法》对当事人的起诉条件规定得过于粗疏，造成不同的法院对案件的受理条件标准不一，许多法院往往对当事人的起诉进行实质性的审查，无形中抬高了案件的受理条件，造成当事人立案难，其起诉的自由受到了侵害。当事人的上诉自由同样也受到限制。现行《民事诉讼法》尽管将上诉作为当事人的一项权利，但对二审法院必须在当事人上诉的范围内进行审理，不得超过当事人的上诉请求并没有作出明确规定，造成实践中经常出现二审法官所作出的判决超过当事人上诉的范围，甚至超出当事人的上诉请求或起诉的请求。当事人撤诉的自由也没有予以充分的保障，例如《民事诉讼法》第114条关于宣判前，原告申请撤诉的是否准许，由人民法院裁定的规定，就明显地侵损了原告撤诉的自由。当事人辩论的自由、自认和认诺的自由同样受到极大的限制。现行《民事诉讼法》对当事人的辩论只作为一项一般的程序权利来看待，并未明确规定法院必须受当事人所作出的辩论的约束，结果形成当事人所作出的辩论是非约束性的辩论，是一种形式主义的东西。同时，现行《民事诉讼法》对当事人自认或认诺的效力也没有作出明确的规定。实践中，由于法官有权自行调查证据，往往容易造成法官职权调查的证据和当事人自认的证据并不完全一致的情况。在此种情况下，法官往往采信自己调查的证据，而忽视了当事人的自认。国有企业因所有制的原因，在实践中也曾经发生过法院不认可国有企业当事人认诺的情况；另一方面，在婚姻案件中，当事人的自认或认诺尽管对第三人造成了损害，法官却往往以系当事人自认或认诺为由而予以支持，造成对第三人合法权益的侵损。

2. 以参政权为例。我们遗憾地看到，现行《民事诉讼法》对当事人自治权的保护最为不力。如由于法律没有赋予一审当事人自由选择简易程序或普通程序的权利，造成实践中普通程序简易审，使普通程序形同虚设，既浪费了司法资源，又不利于当事人程序权利的保护。再比如，由于我国的民事诉讼进程几乎完全控制在法院一方，造成实践中一旦起诉被法院受理后，当事人合意停止程序的自由得不到充分的尊重。参与方面也很不尽如人意。例如，当事人提出和反驳证据的机会在诉讼中常常不够充分，法院在认定证据方面具有较大的随意性，法院的裁判也不完全以当事人在诉讼中提供的信息记录为基础，甚至将当事人在调解中所作的让步带入判决中，形成突袭裁判。公开性方面也做得不够。在公开审理的案件中，除了庭审的公开较为像样外，判决书的公开、法官作出判决的推理过程的公开都做得较差。法官不同意见的公开不仅在实践中极少极少，在理论上甚至都还有较大的争议。

3. 以生存权为例。有的法院，在诉讼费以外还收取各种名目的、没有法律根据的费用，造成当事人负担加重，生活质量下降；有的处于弱势的人员，如工伤员工、消费者等由于收入微薄，加之司法救助不力，被迫放弃诉讼。法院执行中对债务人生存权的侵害也并不少见，如有的地方在强制执行时，将农民的生产资料变卖；有的法院执行采取简单粗暴的方式查封后一走了之，导致债务人损失扩大。至于在休息日、夜间采用执行会战的方式执行就更为普遍，甚至在别人的新婚之夜强制执行的事例也见诸报端。

4. 以请求权为例。由于起诉门槛过高，使得当事人审判请求权的保护不力。由于法官普遍重实体、轻程序，加之立法的不完善，导致当事人公正程序请求权和适时审判请求权这两项权利的完全实现还有待时日。例如，有的法官不注重对当事人程序利益的保护，对案件的处理一拖再拖，无形中侵害了当事人适时审判的请求权。有的法官采取“你辩你的，我判我的”审判态度，在当事人辩论之时或聊天或看书或瞌睡的事随处可见，甚至适用普通程序审理的案件却只有主审法官坐在庭上的情况也司空见惯，这实质上是对当事人公正程序请求权的嘲讽和亵渎。

5. 以平等权为例。当事人在诉讼中“客体化”的倾向严重，法官是“老爷”，当事人是“孙子”，这在现实生活中并不是什么令人奇怪的事。熟人生人两个样，在一些基层法院非常普遍。法官在审理案件的过程中对当事人指手画脚、任意呵斥，在强制执行中对债务人拳打脚踢之事时有发生。至于对当事人横眉冷对，面若冰霜则是一种极为普遍的现象了。“温暖而富有人性的法庭”对于大多数当事人来说，只是一个可望而不可即的梦想。

不过，尽管有这样或那样的不尽如人意，笔者还是相信，“道路是曲折的，前途是光明的”，只要假以时日，民事诉讼当事人自由权、参政权、生存权、请求权和平等权的人权保护一定可以更上一个新的台阶。而这一个重任落在我们每个人的肩上，因为“人必须每天不停地开拓生活与自由，然后，才配有生活与自由的享受”⑲。

参考文献：

①徐显明．人权的体系与分类［J］．中国社会科学，2000（6）：100.

②宋朝武．沦民事诉讼中的自认［J］．中国法学，2003（2）：115.

③陈荣宗，林庆苗．民事诉讼法［M］．台北：三民书局，1996：469.

④徐显明．人权的体系与分类［J］．中国社会科学，2000（6）：100.

⑤郑秦．清代司法审判制度研究［A］//李鸣．青蓝集［C］．北京：法律出版社，2002：97.

⑥［美］赫尔德．民主的模式［M］．燕继荣，

译. 北京：中央编译出版社，1998：378.

⑦德意志联邦共和国民事诉讼法［M］. 谢怀栻，译. 北京：中国法制出版社，2001：60.

⑧肖建国. 民事诉讼程序价值论［M］. 北京：中国人民大学出版社，2000：183.

⑨SeeMichael D. Bayles，Procedural Justice，Kluwer Publishing Company（1990），P. 39—60.

⑩夫马进. 明清时代的讼师与诉讼制度［A］//王亚新，梁治平. 明清时期的民事审判与民间契约［C］. 北京：法律出版社，1998：400.

⑪肖晖. 论公开性是现代判决理由的本质特征［A］. 北大法律评论（第4卷第2辑）［C］. 北京：法律出版社，2002：406—407.

⑫田平安，刘春梅. 试论协同型民事诉讼模式的建立［J］. 现代法学，2003（1）：83.

⑬邱惠美. 我国有关司法事务官处理程序之探讨—兼论我国消费者保护官制度［J/OL］.［2007—03—30］. https：//back. cpc. gov. tw/KMOuterPath//6312/04我国司法事务官处理程序之探讨——邱惠美. doc.

⑭齐树洁. 民事司法改革研究［M］. 厦门：厦门大学出版社，2000：147—151.

⑮［法］皮埃尔·勒鲁. 论平等［M］. 王允道，泽. 北京：商务印书馆，1988：65.

⑯［美］乔·萨托利. 民主新论［M］. 冯克利等，译. 北京：东方出版社，1998：392—393.

⑰［美］罗伯特·达尔. 论民主［M］. 李柏光等，译. 北京：商务印书馆，1999：72.

⑱阮新邦. 批判诠释论与社会研究［M］. 上海：上海人民出版社，1998：36.

⑲［德］鲁道夫·冯·耶林. 为权利而斗争［J/OL］. 胡宝海，译.［2007—03—30］. http：//law—thinker. corn/show. asp? id =。

（《现代法学》2007年第5期，田平安系西南政法大学法学院教授、博士生导师；肖晖系西南政法大学法学院副教授）

从人权角度论析我国取保候审制度之改善

■杨松才

2008年1月24日，广州市中级人民法院正式通知许霆的辩护律师，认为许霆案因不符合相关法律规定，从而否定了取保候审的请求。那么，这里所援用的“法律”究竟是什么呢？实际上，对于取保候审的条件，我国《刑事诉讼法》第51条明文规定，人民法院、人民检察院和公安机关对于有下列情形之一的犯罪嫌疑人、被告人，可以采取取保候审或者监视居住：可能被判处管制、拘役或者独立适用附加刑的；可能判处有期徒刑以上刑罚，采取取保候审、监视居住不致发生社会危险性的。在“许案”中，当事法院否定取保候审的理由就是，认为许霆可能判处有期徒刑以上刑罚，而且对其取保会发生社会危险性。然而，这种说法毕竟很难让人信服。因此，本着人权之观念，以保释为切入点来检讨与反思现行的取保候审制度之完善对于我国法治化国家的建设具有重大的现实意义。

一、保释、取保候审及其所代表的理念分析

（一）保释与取保候审的理念分析

现代刑事诉讼追求的价值目标是效率与公正，司法机关在有效打击刑事犯罪的同时更应注重保障人权，因而保释是受刑事追究的人在刑事诉讼中的基础性权利。许多国家将这一权利记载于宪法之中，或规定在附属于宪法的人权法案和权利法案之中。除了在刑事程序法中专门规定保释制度及其程序之外，有的国家和地区还制定专门性的保释法，并配备详尽的保释程序。如英美保释的保释程序一般由保释申请、听审、裁定及保释监督等环节组成。一些国际性或区域性的国际法文件也对保释制度或刑事非羁押措施作原则性的规定，其意在于明确刑事非羁押应当是刑事司法过程中的一种常

态。[1]如联合国《公民权利和政治权利国际公约》第9条第3款规定："等待审判的人们被拘禁不应该是一般的规则，但是释放应保障能出席审判……"之所以如此主要源于这种认识，即相对完善的保释制度不仅是追求现代刑事公正的措施之一，同时也是刑事司法发达与文明的重要评判标准，因为在"我们这样的社会里，自由是一种常态，而对于审判前或尚未经过审判的羁押则是应当小心加以限制的例外"。[2]对此，法学大家贝卡里亚曾言，在法官判决有罪之前，一个人是不能被称之为罪犯的，只要还不能断定他已经侵犯了给予他公共保护的契约，社会就不能取消对他的公共保护。

实际上，保释这种充满人性关怀的制度是以一种预设为前提的，即作为保障受刑事追诉者人身权利和辩护权利的制度，其存在的理论根据是无罪推定原则。根据无罪推定原则的要求，凡受刑事控告者，在未依法被证实有罪之前，有权被视为无罪。既然被视为无罪，那么犯罪嫌疑人就理所当然地享有与其他公民同等的自由。因此，任何被检控者都有权在被判决确定有罪之前的任何阶段申请获得保释，除非法庭认为不得不将其羁押以满足维护司法公正的需要。美国联邦最高法院大法官威逊（Winston，C. J.）在StackV. Boyle案的评论中发表了如下法律意见："若审前获得保释的制度得不到保留与人们的尊重，那么这历经数个世纪斗争而来之不易的无罪推定原则将变得毫无意义。"[3]客观上，这样一种认识也在英美保释法律制度的推进中烙下了深刻的印记。英国的保释制度的发展史比较长，1275年颁布了该国历史上的第一个具有保释内容的法令，1554年发布的菲利浦和玛丽法令、1688年的《英国权利法》及1689年的《权利法案》都对保释的方法及程序作了相应的规定。19世纪后，英国的司法改革在很大程度上塑造了今天的保释制度，这之中，以1976年推出的保释法为标志，它表明英国已形成了创新性的更完善的保释制度。相比较之下，美国的保释制度的进化史相对较短，但发展迅猛，1641年马萨诸塞的英国殖民地出台了《马萨诸塞湾自由典则》，美国独立战争时期弗吉尼亚制定了《弗吉尼亚权利法案》，规定了保释制度的重要内容。1789年国会通过的《司法条例》确立了比较完整的有关保释问题的规则：在刑事案件中，除可判死刑的案件应由最高法院或巡回法院或其他法官，或由地区法院法官，在考虑罪行的性质、情节和法律规定以后，依自由裁量权决定之外，所有在刑事案件中被逮捕者均可被保释。1966年和1989年美国两次颁布《联邦保释改革法》，使保释制度的立法完备起来。[4]考察两国的保释法律制度，不难发现其具有以下两个特色：

其一是保释被提升到了人权的范畴，是一种宪法性的权利。如在美国保释权是与其宪法第四、第五及第七修正案紧密联系的。在1983—1984年对保释制度进行革新时，对如何在受刑事追究者权利之保障与公共利益及安全维护之间寻求平衡点问题上，各派展开了激烈的争论。美国国会也广泛邀请专家学者、检察官及律师等参加听证，征求各方的意见。最终，美国通过了1984年的保释改革法，这一项宪法性的权利再次得到体现与维护。

其二是配置有系统性的规则来保证保释权的实现。英国和美国关于保释的规定，不是由为数不多的抽象原则来宣示一种形式的意义，也不是表现为几个孤立的立法条文，相反，它以独立且体系化的专门法律作为规则平台。它们的保释法详细地载有保释的法律特性、保释的功能以及保释方法、程序等各个方面的内容，从而形成了完整的诉讼制度，为保释的司法实践提供了比较整体性的法律依据。

实事求是地看，我国的取保候审制度与保释制度存有诸多模糊之处。取保候审作为一种刑事强制性措施，是国家警察权与司法权之表现。在学理上，其义为公安机关、人民检察院或人民法院为了防止犯罪嫌疑人、被告人逃避侦查、起诉和审判而责令其提供保证人或者缴纳保证金，确保其不逃避、不妨碍侦查、起诉和审判，并随传随到的一种强制方法。从这一定性，不难发现，它与保释的共性表现为都不对被检控者实施羁押，无论是否被羁押，法定机关都可以准予保释或者取保候审、都要求提供必要的保证和担保、都要求被检控都必须遵守司法令状在指定的时间和地点听候审讯或审判等。然而，在这普通的共性之外，我国的取保候审制度与英美的保释制度无论是在价值理念上，还是在具体的可操作性上都存有本质性的差别。

（二）保释与取保候审的主要差异性

由于在表象上，取保候审与保释在结果上的一致性是十分明显的，所以它也在客观上导致一般的当事人认为这是两个等同的或可能互换性的概念。为了进一步展现两者之间的不同，笔者作以下比较性的分析。

其一是本质属性不同。取保候审是我国刑诉法中的一种强制措施，它是立法者为保证刑事诉讼的顺利进行而设置的以限制犯罪嫌疑人、被告人人身自由为手段，要求犯罪嫌疑人、被告人在规定的日期出现在司法人员面前的一种强制措施。它是一种职权行为，强调的是“权力”，立法的侧重点是保障司法机关能够顺利办案，实现司法正义。与此相反，保释在价值设定上表现为“权利对抗权力”，而并非强制措施，它是犯罪嫌疑人、被告人的一项权利。[⑤]通过这一点的比较，很容易得出以下结论：我国的取保候审是一种以暴制暴的强制措施，而西方国家的保释是宪法赋予公民的权利，其恰恰是对强制措施解除的一种方式；在我国，不适用取保候审是常态（许霆案只不过是这种常态的一个缩影而已），取保才是例外，而西方国家的保释是常态，不保释是例外，而且依据法律在该种情况下，所涉司法机关必须给出足以说服公众的理由。

其二是理论基础不一。西方国家的保释制度是建立于无罪推定的前提下，认为尽管绝大部分犯罪嫌疑人或被告人最终将会判决有罪，但若有人将来判决为无罪，则其失去的自由会无法弥补。其外溢出的是这样一种理念，即放过一个有罪的人只犯下一个错误，而惩罚了一个无罪的人却犯了两个错误：既放过了有罪的人又冤枉了无罪的人。

其三是行使主体不一。权力导致腐败，绝对的权力导致绝对的腐败。为了防止在缺乏任何约束机制的情况下，保释制度运行产生可能的腐败（如司法机关的独断专行或滥用羁押权）等，在西方国家准予保释和不准保释的主体是分开的。有权准予保释的主体可以是警察，也可以是法官。然而，对不准保释的情况则要求十分严格，只有法官才有权决定不准保释。被追诉者有权向法官要求及时进行审判，由检控机关向法官举证说明不同意保释的原因，法官来裁度是给予保释还是给予羁押。这样就在被追诉者与检控机关之间搭建了一个中立的裁判机构——法官，来监督制约检控机关，防止其滥用保释权。正因为这样，所以虽然像迈克尔·杰克逊猥亵儿童案为重罪案件，但仍然适用了保释。然而，在我国，取保候审由公检法某一家单方决定是否同意。一旦决定作出，则不能申诉，而且说明的理由也很含糊，如在“许案”中，当案法院的解释是“不符合取保候审的相关法律规定”，而这里的法律是什么及为什么不符合法律的规定，作出决定的法院则语焉不详了。而且又由于决定的偶然性很大，辩方对其申请后的结果也无法把握，所以这种随意的自由裁量权也为权钱交易的腐败提供了足够的空间。

其四是救济程序不同。在我国，若犯罪嫌疑人或被告人提出取保的申请被司法机关拒绝，或是司法机关对被追诉者作出了羁押决定但被追诉者表示不服，则应如何进行救济呢？对此，我国立法并没有相应的规定。然而，保释制度则规定了具体的权利救济程序，如被告人在被羁押后提出保释申请或者被告人对犯罪本身存在异议而提出保释申请被拒绝，或者被告人不同意保释附加的条件的，被告人可以向上一级法院提出上诉。当案法官必须以公开的方式聆听犯罪嫌疑人、被告人的辩解，听取控辩双方的辩论，从而公开地作出准予取保或不予取保的决定。

其五是律师的作用不同。律师在保释制度中所起的作用是自不待言的，其可以在涉讼的任何阶段帮助犯罪嫌疑人或被告人申请保释。在警察调查阶段，若发生拘留超过期限情形，律师可以向警方提出释放的要求，而警方也必须立即作出准许保释或向法院申请逮捕或继续羁押被检控者的决定；对检控方向法庭提出要求羁押的申请，律师可以在法庭上平等地与检察官进行辩论，向法庭阐明应当准予保释的意见和理由。在我国，在理论上，虽然律师在取保候审中也可以发挥一定的作用，但其实践效果不大。法律规定律师可以在犯罪嫌疑人被逮捕（不包括拘留）后代为申请取保候审，对于发生强制措施超过法定期限的情形也可代为要求解除强制措施。然而，由于请求的对象是强制措施的决定者（即作出该强制措施决定的公安机关、检察机关或人民法院），且法律并没有规定律师可以在提出申请后的审查决定程序中表达专业的法律意见。此外，在获知不予准取保候审的理由时，即使这个理由是如前述的“许案”一样荒谬而不可令人心服口服之时，现行的法律并没有给律师提供一条权利救济的通道。法谚曰：无救济的权利是虚假的权利。因此，在现行刑事司法制度下，律师在申请取保候审中的尴尬与无奈也说明这一当事人的“权利”形同虚设。

作为人权内容体现之一的保释制度是与英美对抗制诉讼模式及自由主义的历史传统一脉相承的。该制度所蕴含的无罪推定原则、权利及权利保障意识无疑体现出了制度设计中温情脉脉的一面。在这一点，英国的保释制度表现得更加人性化。制度的设计者们认为，人生而自由，非依法定程序不能剥夺一个人的自由。是故，即使是对于犯罪嫌疑人，法律仍然应当尽量保证其作为社会生活中公民的自由。在法治的背景下，任何权力或权利的赋予都是相对的，因而为了防止涉案的犯罪嫌疑人或被告人滥用这种权利，从而影响司法正义之实现或再次危害社会，英美等国家也对传统的保释制度进行了相应的创新。如20世纪80年代，美国为了遏制犯罪活动的日益增加所作的改革目的就在于保护公众免受被告人在审前释放期间所犯新罪的危险，颁布了授予法官在审前拒绝释放被告人的州和联邦法律。⑥

在理性权衡之下，不难感觉到英美保释制度无论在价值理念取向上，还是在可操作性上都比我国的取保候审制度要有优势得多，要完善得多。目前，我国《刑事诉讼法》规定适用取保候审的范围是“可能被判处管制、拘役或者独立附加刑的；可能被判处有期徒刑以上刑罚，采取取保候审不致发生社会危险的”。单纯地从这一规定评判，我国适用取保候审的范围似乎是非常广泛的，然而问题在于一些“违法”的司法解释在此基础上对取保范围作了诸多限制。而且，司法人员重强制手段而轻权利保障的观念也有意或无意地导致对“不致发生危害社会危险性”作扩张性的解释。这就必然滋生羁押是常态，而取保是例外的结果。客观地讲，我国相关取保制度的规定及其操作实践的弊端是不言而喻的。这不仅源于一种认识的源流问题，如潜意识中的有罪推定，而且也更源于规则的权威受到实质上的挑战。法律文本的灵魂在于其意图。可以断言的是，修订后的刑事诉讼法其意不单在于实现司法正义与效率，而且也表现于人权的维护与保障之中。既然该法在一定程度上将取保候审定做犯罪嫌疑人或被告人的一种“权利”，那么就必须配置相关的权利实现的规则或机制。贝卡里亚曾说，任何一条法律，如果它没有能力保卫自己，或者社会环境实际上使它毫无根基，那么它就不应当被颁布。因此，笔者的看法，如何适时适度地面对现实及在依法治国的理念下摆正我国取保候审制度应有的位置是非常紧要的。

二、对完善我国取保候审制度的主要构想

通过对保释制度与我国取保候审制度的比较分析可以看出，我国取保候审制度的弊端是非常明显的。尽管本着构建具有中国特色的法律制度的思维，学者们对于是否引进英美的保释制度存在较激烈的争议，但是笔者的看法是问题并不在于是否将当下的取保候审异名为保释，而在于该制度的实践是否人性化、能否确实保障人权及能否防止该制度的操作又成为一个权力腐败之源。权力本就是一味毒药，克服这味毒药最好的办法就是通过权力或权利的制约进行以毒攻毒。对完善之构想，笔者作如下思考：

其一是可考虑引进英美保释的价值理念。诚如前文所析，英美的保释制度的理论基石是人的自然权利及无罪推定。我国《刑法》第3条明确规定：“法律明文规定为犯罪行为的，依照法律定罪处刑；法律没有明文规定为犯罪行为的，不得定罪处刑。”与此一致，《刑事诉讼

法》第12条规定："未经人民法院依法判决，对任何人都不得确定有罪。"因此，可以说，未决羁押是对公民人身自由最严重的侵犯。全面引进保释制度的价值内核可以从观念上树立取保候审是犯罪嫌疑人的一种权利意识。既然是一种权利，那么自然而然地准予取保即为一种常态，不予取保则为一种例外了。事实上，笔者的拙见是，这种价值意识的形成与确立不仅是一种对目前正式法律权威的维护与尊重，而且在多如牛毛的司法解释频频冒犯上位法律之时，对于型构一个系统而完善的法律体系来说也是必不可少的。客观而言，这种价值目标确立之益处无不止于此，在我国超期羁押已见怪不怪之时，保释制度主张的"对犯罪嫌疑人在审前的基本人身自由予以保障"之内涵也可以减少对犯罪嫌疑人的羁押，弱化司法机关强迫嫌疑人配合侦查，从而沦为侦查的客体。

其二是配置可行的取保候审决定程序性保障措施。程序优于权利，既然将取保确定为犯罪嫌疑人或被告人的一种权利，那么就必须规定取保候审的司法审查程序、听证程序及权利否定之时的救济程序。由于在实际运作中，取保候审与逮捕之间是一种此消彼长的关系，因而取保制度的变革就必须会牵涉到拘留与逮捕措施。在我国，刑事诉讼法将"可能被判处徒刑以上刑罚"作为逮捕的必要条件，这就必将导致侦查机构在实践中大量运用逮捕措施，从而使逮捕成为方便侦查之工具，而在另一方面，人民法院也会倾向于对被逮捕的被告人判处有期徒刑，以逃避可能的刑事赔偿责任。这说明，若要使取保真正成为涉案的犯罪嫌疑人的一种实在权利，对这一必要条件的取消也是必须斟酌的问题。

除了受刑事实体法的制约之外，在刑事程序法方面，取保候审程序保障的诸多缺失也是十分明显的：一是取保候审申请权虚化现象。依据我国《刑事诉讼法》第52条与第59条规定："被羁押的犯罪嫌疑人、被告人及其法定代理人、近亲属有权申请取保候审；犯罪嫌疑人被逮捕的，聘请的律师可以为其申请取保候审。"虽然法律对取保候审的申请权作出了规定，但是由于立法既未明确获得取保候审是被羁押的犯罪嫌疑人、被告人的一项法定权利，又未对申请取保候审的程序进行厘定，所以取保申请仍然需要经过办案机关的批准。如果办案机关不同意适用取保候审，申请人也没有对该决定申请复议或者上诉的相应救济渠道。二是审查程序带有浓厚的行政色彩。由于受到传统的职权主义的影响，我国的取保候审程序呈现出行政裁决的模式，决定过程缺乏司法审查机制的约束。⑦一方面，公、检、法机关不仅享有取保候审的启动权，也享有决定权，而且这种决定权只有阶段性的承接关系，并不存在着相互制约关系。另一方面，决定的作出完全是办案机关单方面的行为，而没有被取保候审一方的参与。办案机关对取保候审的审查实行的是书面审查，整个过程不公开、不透明，申请人不能参与其中。这种决定程序无疑是与古老的自然正义原则和正当程序理念背道而驰的。三是缺乏必要的救济程序。《刑事诉讼法》第55~56条规定了违反取保候审义务的犯罪嫌疑人、被告人和违反保证义务的保证人的惩罚措施。然而，对于不服该惩罚的保证人和被取保候审人是否可以要求复议以及如何复议，以及办案机关在取保候审过程中违法处罚如何救济，刑事诉讼法并没有相应的规定。

其三是强化取保条件及对取保候审者的监督与制裁措施。任何法律制度都是一个因时因地因民族国别而不同的问题。在英美，保释制度之所以能行之有效是与该制度的生存土壤不无关联的。如在软件建设上，有专门的社区机构对犯罪嫌疑人进行监控；在硬件上，也配备有先进的电子设备对被保释人进行跟踪监督。同时，对于家庭困难和无家可归之人，配有保释旅馆。此外，英美也充分注意保证保释对于保障诉讼进行的有效性，如英国的保释条件就经历了从例外到平常的过程。相反，我国的情况则有所不同：这不仅根源于我们的国民匮乏权利与义务相对等的意识，而且一些软硬件上的要求，如我国地域辽阔、人口众多、地区发展不平衡，亦不存在完善发达的对人有效的控制信息系统，因而过分强调犯罪嫌疑人的取保候审权利而淡化打击犯罪与维护社会治安的司法职能也是欠现实的。基于这一客观之考虑，作者认为，我们可从以下几个方面来思考对策：一是确立明确的取保条件。无条件的保释是绝对不会存在的，而且从权利的相对性看，权利的享受必须具有一定的边际。因此，我国可考虑借鉴美国保释配置有附加条件的做法；二是对被取保者的监督。将被取保者释放后，如果缺乏任何可行的监控机制，那么取保的目的及制度设计的功能就很有可能落空。因此，必须配置相应的对被取保者的监控机制，如由司法行政机关设置专门的监督机构；三是加大违规者的违法成本。对违反取保规定或准予取保决定书附加的条件的，应当依照一定程序予以制裁处罚。若监督执行机构发现被取保人有违反规定的行为，则可立即采取法定措施处理，并根据有关程序予以处罚，直至逮捕并收监羁押。

三、结　论

法律的明确具体是识别一个国家法律制度文明与否的一个重要标志。确实，富有弹性的规则所承载的自由裁量权有助于法律的适用者相机行事，但是权力的毒药性也给可能的腐败营造了一个天然的温床。笔者认为，有权利就必须有程序上的救济。虽说我国并没有一直以来受我们标榜的保释制度及其内在的人权精神，但是取保候审毕竟作为一种形式上的权利存在于我国的刑事诉讼法律之中。积极一点来说，万里长征也毕竟迈开了第一步。然而，这第二步如何走倒是一个值得我们深思的问题。客观来说，类似“许案”取保被一次次否定的案件比比皆是，但是问题在于从辩证规律的角度看，常态的东西并不必定就是正常、合理的。任何权力与权利都是一个相对的命题，因而以权利与无罪推定为引来肯定犯罪嫌疑人的取保权也并不是以弱化对犯罪的打击及司法的效率与正义与价，相反，肯定这种权利更是为了诉讼经济及司法正义的实现。不过，在这之中，如何在社会公共利益与安全及公民权利之间寻找一个最佳的平衡点倒是立法者所必须深思的难题。

注释：

①周伟：《保释解读与我国取保候审制度改革》，载《法学》2004年第12期，第40～51页。

②LyodL. Weinrdb, Leading Constitutional Cases on Criminal Justice, Westbury, N. Y. the Founda-tion Press Inc.（1997）, p. 793.

③Yale Kamisar, Modern Criminal Procedure: Cases, Comments and Questions, 8thed. St. Panl. Mini. West Publishing Co.（1994）, p. 866.

④李祥金：《英国和美国的保释制度研究》，载《山东大学学报》2004年第6期，第139～143页。

⑤在这里一点是必须澄清的，即既然保释是涉案当事人的一种权利，而且可能具有宪法性的依据，那么这种法律所提供了判决前释放的宽松环境是否会产生出一种负面效应，如在保释期间内涉案当事人重新犯案或逃匿呢？事实上，在保释制度的设计中，英美法已考虑到这一点，如美国1984年的新保释法即规定，对每一个被保释的被告人，无论采用何种保释方法，都必须附加一项条件，即“不得实施任何违反联邦、州以及本地法律的行为”。

⑥晏向华：《保释制度的借鉴意义及我国取保候审制度的改革》，载《人民检察》2003年第5期，第26～29页。

⑦宋英辉：《对取保候审传统功能界定的反思》，载《国家检察学院学报》2007年第4期，第107～111页。

（《太平洋学报》2008年第8期，作者系广州大学人权研究与教育中心教授）

从实施人权公约的视角看我国行政判例对人权的保护

■赵正群

在纪念联合国通过《经济、社会和文化权利国际公约》（以下简称《经社文权利公约》）和《公民权利和政治权利国际公约》（以下简称《公民和政治权利公约》）40周年，中国政府发表《中国的人权状况》白皮书十周年背景下召开的“尊重和促进人权与建设和谐世界”

国际研讨会不仅具有理论意义而且具有强调发展人权保护实践的意义。本文拟从批准与实施联合国人权两公约的角度，考察以行政判例为代表的中国行政诉讼中的人权保护发展的现状，[①]论证其对建设和谐社会的贡献。具体论及如下三个层面问题：行政判例及其法治与人权保护意义；对行政判例中的人权保护考察；行政判例对核准与实施联合国人权两公约的积极作用及其对建设和谐社会的贡献。

一、行政判例及其法治与人权保护意义

中国行政诉讼制度建立和发展的历史，可以追溯到20世纪初期，建立未久的"中华民国"于1912年就在《中华民国临时约法》第10条规定，"人民对于官吏违法损害权利之行为有陈述于平政院之权"。从1912年到1947年间，制定了多部有关行政诉讼的法律法规，[②]并曾出现了如"京师地方裁判厅判决孙鸿钧诉财政部违约夺路案"；[③]"鲁迅诉教育部非法免职案"等著名判例。[④]虽然，这仅仅是发生在首都具有较高社会地位和较高知识水准人群中的个别案件，但开创了中国现代行政诉讼与行政判例的先河。可惜，终因国家当时处于内乱外患状态，虽有一系列相关成文法规，但行政诉讼制度在很大程度上并未得到实际施行。至1949年结束大规模内战，建立中华人民共和国以来，虽有在最高人民法院设立行政审判庭的动议，可惜未获采纳。一直推迟到国家开始实行改革开放的20世纪80年代，才开始在单行法律法规中规定可以提起行政诉讼的具体事项，并在1989年正式制定了《中华人民共和国行政诉讼法》。[⑤]可以说，被誉为"重要的人权保障法"的《中华人民共和国行政诉讼法》的制定与实施，已经成为中国人权保障事业历经曲折，终于与时俱进，持续发展的一项见证。[⑥]

根据《中国法律年鉴》上发表的司法统计数字，从1987年至2006年底，人民法院共审结了120余万件行政案件。[⑦]与此基本同时，最高人民法院通过创刊于1985年的《最高人民法院公报》（以下简称《法院公报》），并依据2000年6月发布的《裁判文书公布管理办法》，至2006年底，总共发表了75件具有代表性的行政裁判。[⑧]考虑到自20世纪以来，法律的有效实施问题，一直是中国法治建设中的焦点问题之一，故笔者近年来把关注点偏于集中在足以证明法律正在得以有效实施的司法裁判上。并认为，这些以"公报案例"、"法公布文书"和"裁判文书选登"等形式发表的判例，不仅是最高人民法院从中国大陆各级人民法院历经20年余年的行政审判实践，在已经审结的120余万件行政裁判中精选出来的，是《中华人民共和国行政诉讼法》正在得以有效实施的证明。而且代表着各级人民法院对实施与适用《行政诉讼法》的基本立场和价值追求，代表着中国建设社会主义法治国家的切实努力，和中国内地的行政审判水平与行政审判中的人权保护水平，已经成为中华人民共和国的最初行政判例。[⑨]在我国正在建设中的"案例指导制度"架构下，这些行政判例已经开始日益有效地指导着各级人民法院的行政审判工作，展现了在中国大陆，正在以日益发展的司法手段，努力保障联合国两公约中规定的诸项人权，在某些方面甚至正在拓展出新的人权保护范围和规范，具有展开专题研究的理论价值和实践价值。

二、行政判例中的人权保护考察

从批准与实施联合国人权两公约的角度，考察最高人民法院自1985年发刊《法院公报》以来，至2006年底，以"公报案例"、"法公布文书"和"裁判文书选登"发布的75例行政判例，可以发现行政判例对人权的保护主要集中在以下七个方面。

1. 注重对公民人身自由与安全的保护。实际体现了对《公民和政治权利公约》的落实。典型判例有：梁宝富不服治安行政处罚案、[⑩]陈迎春不服离石县公安局收容审查决定案、任建国不服劳动教养复查决定案、张晓华不服磐安县公安局限制人身自由、扣押财产行政案、黄梅县振华建材物资总公司不服黄石市公安局扣押财产及侵犯企业财产权行政上诉案、宿海燕不服劳动教养决定案、还有汤晋诉当涂县劳动局限制人身自由、扣押财产行政案。在上述判例中，判决结果均为行政机关败诉，反映了人民法院在保护公民人身自由与安全方面的坚决

态度。

2. 注重对个人和组织的财产权的保护。依据《世界人权宣言》和《经社文权利公约》，个人和组织的财产权无疑具有基本人权属性，并具有为有效行使《公民和政治权利公约》所赋予的公民权利与政治权利提供经济基础的性能。因中国目前的行政诉讼受案范围，也即权利保护范围，主要针对个人和组织的人身权和财产权，所以相关诉讼与判例较多。粗略统计，在现有75例行政判例中所涉及的财产权内容非常广泛。如涉及保护一般财产所有权的有近40例，对土地、矿业等自然资源使用权的有16例，涉及对专利权保护的有2例，涉及企业经营权的有6例。

3. 注重对劳动安全保障权与受教育权的保护。其中保护劳动者劳动安全保障权的主要有4例，分别为“何文良诉成都市武侯区劳动局工伤认定案”、“松业石料厂诉荥阳市劳保局工伤认定案”、“孙立兴诉天津园区劳动局工伤认定行政纠纷案”、“邵仲国诉黄浦区安监局安全生产行政处罚决定案”。其中，最近发布的邵仲国诉黄浦区安监局安全生产行政处罚案，不同于其他直接认定劳动者所受伤害为工伤的判例，而是一起人民法院通过支持安全生产监管部门(上海市黄浦区安全生产监督管理局)，对导致企业发生严重工伤事故的企业负责人给予个人行政处罚，以体现对劳动者予以有效保护的行政判决。因中国《安全生产法》及有关法规规定，生产经营单位主要负责人有未建立、健全本单位安全生产责任制，未组织制定本单位安全生产规章制度和操作规程，未督促、检查本单位安全生产工作，及时消除生产安全事故隐患等违法行为，导致发生重伤事故的，可对主要负责人处二万元以上五万元以下罚款。以上判例体现对《经社文权利公约》第6、7、8条规定的保护与实施。

保护受教育权的主要有2例，分别为“田永诉北京科技大学案”、“杨宝玺诉天津服装技校不履行法定职责案”。另有一个涉宪判例，即“齐玉苓诉陈晓琪等以侵犯姓名权的手段侵犯宪法保护的公民受教育的基本权利纠纷案”，体现了对《经社文权利公约》第13、14条规定的受教育权的保护。与注重对公民人身自由与安全的保护的判例相同，在上述有关保护劳动安全保障权与受教育权的判例中，均作出了有利于劳动者和受教育者的判决。

4. 对环境权的保护。主要有4例，包括“早期的深圳蛇口环境监测站诉香港凯达公司环境污染案”、“黑龙江省哈尔滨市规划局与黑龙江汇丰实业发展有限公司行政处罚纠纷上诉案”、“北京沈希贤等182人诉北京市规划委员会颁发建设工程规划许可证纠纷案”、“念泗三村28幢楼居民35人诉扬州市规划局行政许可行为纠纷案”。其中，“沈希贤等182人诉北京市规划委员会颁发建设工程规划许可证纠纷案”的“裁判摘要”指出：“根据环境保护法第十三条的规定，规划部门审批建设污染环境项目时，在申请方没有提供有关环境保护影响报告书，且建设项目不符合有关国家标准的情况下，即颁发建设许可证的行为，构成违法，应予撤销。”由最高人民法院作出终审判决的“黑龙江省哈尔滨市规划局与黑龙江汇丰实业发展有限公司行政处罚纠纷上诉案”，本是一起行政机关查处城市违章建筑的行政处罚案件，但黑龙江省高级人民法院和最高人民法院却通过对行政机关查处该违章建筑所依据的城市发展规划的支持，表明了对哈尔滨市中央大街景观的保护，体现出对属于环境权范围的城市景观的司法保护。在上述有关环境权争议的4件判例中，法院作出的判决均为支持保护环境权的判决，体现人民法院对属于第三代人权的环境权的关注和保护。

5. 关注对法律上的平等权的保护。比较集中体现在中国实行市场经济背景下，对相对人在市场准人和公平竞争方面的平等权的保护。主要判例有“山西省经济贸易委员会、大同市新荣区人民政府与大同市北方矿业有限责任公司吊销许可证纠纷上诉案”、“兰州常德物质开发部不服兰州市人民政府收回土地使用权批复案”、“点头隆胜石材厂不服福鼎市人民政府行政扶优扶强措施案”、“吉德仁等诉盐城市人民政府行政决定案”、“广州市海龙王投资发展有限公司诉广东省广州市对外经济贸易委员会行政处理决定纠纷案”、“宣璐成等18人诉衢州市国土资源局收回土地使用权行政争议案”、“益民公司诉河南省周口市政府等行政行为违法案”。

6. 关注对行政救济与司法救济权，包括请求国家赔偿权的保护。因为《行政诉讼法》已经被明确赋予“重要的人权保障法”性质，该法第2条已规定：公民、法人或其他组织认为行政机关和行政机关工作人员的具体行政行为侵犯其合法权益，有权依照本法向人民法院提起诉讼。《行政诉讼法》因而被称为“民告官的法律”。所以，可以说全部75个行政判例无一不体现对公民行政救济和司法救济权的保护。考虑到行政判例在促进对行政诉权的保护，发展和完善我国诉权保护制度方面的贡献，在适当拓展行政诉讼范围，促进行政复议等行政救济制度的发展等诸多方面所作出的贡献，已在中国学术和实务界形成了共识并有可供参考的诸多法律文献，[11]本文仅对行政判例对我国国家赔偿制度的有效实施所作出的努力简要论述如下。

自2003年以来，最高人民法院在《法院公报》上相对集中连续发表了多个有关国家赔偿的行政判例。其中“王丽萍诉中牟县交通局行政赔偿纠纷案”，比较完整阐述了国家赔偿责任的构成要件与在该案中的具体适用问题，具有非常明显的指导和规范审理国家赔偿案件的意图和作用。针对赔偿义务机关经常利用《国家赔偿法》和有关司法解释中规定的申请国家赔偿“应当先向赔偿义务机关提出”或须由赔偿义务机关确认加害行为“已被确认为违法”之后，赔偿请求人才可以“单独提起行政赔偿诉讼”规定，给申请人造成的“程序障碍”，在“上海汇兴实业公司诉上海浦江海关行政赔偿案”中依法认定，汇兴公司提出的赔偿请求，是浦江海关的原征税行为直接导致的。由于浦江海关已对汇兴公司作出了补征税决定，该决定本身即表明原征税行为在税则归类和税额计算方面存在错误，且案件一审时双方当事人对汇兴公司原征税行为的违法性亦无争议，故应认定本案赔偿请求所依附的原征税行为违法性已得到确认，汇兴公司有权根据国家赔偿法的规定，单独提起行政赔偿诉讼，表现出“适当缓和”提起赔偿诉讼的“程序要件”的倾向。

另外，在“尹深淡诉卢氏县公安局110报警不作为行政赔偿案”、“王丽萍诉中牟县交通局行政赔偿纠纷案”、“陈莉诉徐州市泉山区城市管理局行政处罚案”、“中国银行江西分行诉南昌市房管局违法办理抵押登记案”、“湖北省武汉市国土资源管理局与武汉兴松房地产开发有限公司行政纠纷上诉案”等判例从行政赔偿责任的认定，赔偿标准的“适当就高”等方面强化了法院对行政赔偿案件的审理。而在“陈宁诉庄河市公安局行政赔偿纠纷案”中则判定警方对没有超出交通警察依法履行职责范围的正当抢险救助行为，不承担行政赔偿责任。在“上海汇兴实业公司诉上海浦江海关行政赔偿案”中认定了在销售中受到供求关系等各种不确定因素决定的较高利益，“属于不确定的利益，故不构成直接损失”，因而不属于行政赔偿范围。但在“中国银行江西分行诉南昌市房管局违法办理抵押登记案”中则认定“信托公司作为金融机构，需要支付储户的存款利息，一审判决认为利息损失不属于直接损失不当，信托公司提出贷款利息损失属于直接损失应予赔偿的主张应予支持，但是信托公司要求按照贷款利息赔偿缺乏法律依据”。总之，上述相对集中连续发表的多个有关国家赔偿的行政判例，不仅对审理国家赔偿案件起到了明显的“规范”作用，表现了人民法院为保证国家赔偿法的有效实施和保持正确发展方向所作出的努力，而且在相对人因行政机关的违法行为受到损害的诸多案件中，有力地保障了相对人救济权的实现。

7. 突出对行政程序权利的保护，已经构成中国行政诉讼与行政判例中的人权保护的一个特色，并具有将行政程序权发展成为一项公法关系中的基本人权的意义。人民法院依据行政诉讼法在行政诉讼中对行政行为程序予以审查，就司法审判机关而言，属于不同于司法程序的裁判实体问题。但如果将被审查的行政程序行为回复为公民社会生活本身，则显然属于《公民和政治权利公约》第14条保护的正当程序权利的组成部分。考察行政判例中对公民行政程序权的保护，可以看出人民法院对行政程序的审查已经经历了如下一些重要的发展变化。

其一，在1990年10月1日行政诉讼法实施以前，人民法院对行政行为的司法审查通常并不包括对行政行为程序的审查。如在行政诉讼法施行之前，《法院公报》曾发布过5例判例，都没有涉及行政行为程序的合法性问题。即，公民在行政行为中的程序性权利，还未得到人民法院的"司法关怀"。

其二，伴随行政诉讼法的正式实施，人民法院开始了对行政行为是否具有程序合法性的审查。但直到1995年《法院公报》发表"桐梓县农资公司诉县技术监督局行政处罚抗诉案"（1995，以）以前，人民法院对行政行为的程序审查，还一直提留在"附带性审查"的水平上。即与作为重点审查的实体问题相比，对行政程序合法性的审查明显居于次要地位。通常表现为在裁判文书中对行政程序问题，或者语焉不详，或者以一句"程序违法"或"程序合法"就概括完毕。以发布"桐梓县农资公司诉县技术监督局行政处罚抗诉案"为标志，人民法院对行政程序的合法性审查发展到一个重要阶段。即行政行为的程序合法性问题，已经被法院作为判断行政行为合法性的一项独立的标准。使行政行为的程序合法性问题，在构成了法院一项"独立审查"对象的同时，亦发展成为一项可获得行政审判保护的公民基本权利，即法定行政程序权利。

其三，以发表"平山县劳动就业管理局不服税务行政处理决定案"为标志，人民法院对行政程序的合法性审查发展到一个重要阶段。即行政行为的程序合法性问题，已经被法院作为判断行政行为合法性的一项独立的标准。以至于在对有关其他实体性问题尚未或难以作出判断的情况下，即可以行政程序违法为由，判决撤销该行政行为。本判例因此可以被视为人民法院运用司法权保护个人和组织一方在行政程序方面的法定权利的里程碑式的判决。

其四，《法院公报》于1999年发表"田永诉北京科技大学拒绝颁发毕业证、学位证行政诉讼案"则开始了人民法院对行政行为的"正当程序"的审查。在这起大学生就自己的学籍问题而提起的行政诉讼中，北京市海淀区人民法院认为，作为学籍管理机关的北京科技大学在以"考试作弊"为由，决定取消学生学籍的时候，没有直接向本人宣布，送达并允许其提出申述意见，"这样的行政管理行为不具有合法性"，尽管在有关机关的学籍管理规范中，并没有对取消学生学籍作出具体程序规定。这样，人民法院就把行政诉讼法中规定的行政行为需"符合法定程序"标准，发展为"正当程序"标准。

其五，考察现有行政判例，还可以看到在目前可以被称为"行政判例"的两类法院行政裁判中，即在最高人民法院发布的"公报案例"和原为"法公布文书"，现在已经发展成为《法院公报）中的"裁判文书选登"栏目中。专门刊载最高人民法院自身裁判的"法公布文书"和"裁判文书选登"类判例，对行政行为的程序审查概率，明显高于法院"公报案例"，反映了最高人民法院对行政程序审查的特别重视，即对保护行政相对人一方的行政程序权利的特别重视，展现了在中国大陆，正在以日益发展的司法手段，不仅努力保障联合国两公约中规定的诸项人权，而且正在拓展出对诸如行政相对人一方的行政程序权利，这样新的人权保护范围和规范，推进了中国的程序性人权保护的发展和国家的行政程序法治建设。

三、行政判例对批准与实施联合国人权两公约的积极作用及其对建设和谐社会的贡献

总结行政判例中的人权保护实况与意义，可以发现如下一些特点：一是行政判例中的人权保护内容与实际效果，已经达到了中国迄今为止前所未有的广泛程度，具有前所未有的实效性。为中国全面有效实施国际人权公约，奠定了必需的法治，特别是司法保障基础。展现了中国在不久的将来，即可能达至予以人权符合国际人权公约规定的保护标准的可能性。二是行政判例中的人权保护范围，虽然还主要限于"法定权利"层面，但已经开始向着"正当权利"与"应有权利"层面发展，如上文所言对正当行政程序权利保护的进展。三是面临着如何平稳迅速地把权利或人权保护范围，从主要限于人身权与财产权扩展到人权公约，主要

是由《公民和政治权利公约》规定的诸多政治权利范围问题。

中国在经济与法治建设都获得初步发展的基础上，进一步提出了建设和谐社会与和谐世界的新目标。发展人权保障事业与建设和谐社会与和谐世界的新目标具有内在的同一性。由于，通常所说的“三农问题”，正在成为中国建设和谐社会的艰巨挑战，而笔者在对行政判例中的人权保护问题研究中，恰好发现了行政判例正在为化解严重的“三农问题”作出可贵的贡献，故本节选取了从涉农判例对建设中国新农村的积极作用角度，简要阐述行政判例中的人权保护对建设和谐社会的贡献。在现有75例行政判例中，涉及解决行政机关与农民利益冲突的判例有16例，这16例行政判例主要从如下五个方面对农民，包括农村乡镇企业提供了具有人权保护性质的权益保护。

一是对农田与农业生产的司法保护。“对李洪非法占用土地强制执行案件”和“郑太发不服土地管理行政处罚案”，这两个较早的涉农行政判例针对农民在承包土地上，违法改变土地用途，擅自建房问题，以司法判决禁止了农民对土地资源的非正当使用，体现了对基本农田的法治保护，维护了国家相关法制的严肃性。“桐梓县农资公司诉县技术监督局行政处罚抗诉案”，还有“王丽萍诉中牟县交通局行政赔偿纠纷案”属于依法保护农业生产方面的判例。其中“桐梓县农资公司案”，对在“打假案件”应如何确认事关农业生产的化肥质量检验结果，应如何确认“打假”执法检查监督行为的程序合法性方面，作出了具有重大影响的裁判。

二是对减轻农民负担的司法保护。现有唯一的判例是“谢培新诉永和乡人民政府违法要求履行义务案”，坚持了对农民行政征收的合法与合理性。

三是对乡镇企业与农村中个体经营者的合法权益保护。此类判例较多，可进一步区分为：(1)“支国祥不服税务行政处罚案”，事关乡镇企业承包经营机制中的税收缴纳问题；(2)“刘本元不服蒲江县乡镇管理局侵犯财产权、经营自主权处理决定行政纠纷案”，事关对乡镇企业的财产权保护问题；(3)“张晓华不服磐安县公安局限制人身自由、扣押财产行政案”，事关对乡镇企业承包人的人身权利与经营权的保护问题；(4)“吉德仁等诉盐城市人民政府行政决定案”，事关在我国目前城乡两元社会中，对农村个体经营者的平等竞争权益的保护问题。另外，还有“点头隆胜石材厂不服福鼎市人民政府行政扶优扶强措施案”，“路世伟不服靖远县政府行政决定案”，“建明食品公司诉泗洪县政府检疫行政命令纠纷案”均属于对乡镇企业与农村中个体经营者的生产经营权益保护问题的判例。

四是对农村中农民的人身和财产权益纠纷与集体经济组织之间的土地权属纠纷的行政处理。其中“梁宝富不服治安行政处罚复议决定案”，保护了农民在行政机关裁决民事纠纷中的行政程序救济权和行政诉权；“罗边槽村一社不服重庆市人民政府林权争议复议决定行政纠纷上诉案”，强调了对农村集体经济组织之间的土地权属（林地）纠纷的行政处理应具有程序上的合法性；“罗伦富不服道路交通事故责任认定案”，体现了在交通事故处理中对农用车驾驶员权益的平等保护。

五是对农民工的劳动保障权益的保护。如“松业石料厂诉荥阳市劳保局工伤认定案”，确认和具体化了《行政诉讼证据规定》第59条规定的行政诉讼证据规则，强调劳动保障行政部门受理工伤认定申请后，依照法定程序要求用人单位在规定时间内提供相关证据，用人单位无正当理由拒不向行政机关提供证据，事后在行政诉讼程序中向人民法院提供的，人民法院可不予采纳。从而保护了农民工这一弱势群体的劳动保障权益。

在上述16个涉农行政判例中，农民或农村乡镇企业一方胜诉，合法权益受到法院保护的有11例，高达2/3以上，被法院确认行政机关被诉的行政行为合法的，只有5例，不足1/3。这就显示了行政诉讼与判例在解决农村中官民之间的矛盾冲突，化解行政纠纷，建设和谐社会方面的突出作用。正因为行政判例已经为中国以司法手段解决行政机关与农民的利益冲突，以法治推进对农民、农业和农村合法利益的保护提供了较为成功的范例，最高人民法院在已经于2005年3月29日发布了《关于审理涉及农村土地承包纠纷案件适用法律问题的解释）基础上，[12]又于2006年9月5日再次专门发布了《关于人民法院为建设社会主义新农村提供司法保障的意见》。[13]作为具有法律效力的司法规则，该文件要求全国各级法院以维护农村社会稳定、促进农村经济发展、维护农民合法权益为目标，这进一步做好涉农案件审判工作，依法调整和妥善化解农村经济社会发展过程中出现的各种矛盾纠纷，为建设社会主义新农村提供强有力的司法保障。进一步凸显了行政判例在解决严重的“三农问题”，创建和谐社会中的积极作用和特殊贡献。

注释：

①专指中国大陆，不包括我国香港、澳门、台湾地区。

②1912年3月1日公布的《中华民国临时约法》第10条规定：“人民对于官吏违法损害权利之行为有陈述于平政院之权”。此后，1914年的《中华民国约法》第8条及同年制定的《平政院编制令》、《行政诉讼条例》、《行政诉讼法》；1931年的《中华民国训政时期临时约法》、1932年的《行政诉讼法》、《行政法院组织法》；1947年的《中华民国宪法》等法律件都作出了对公民一方有权提起行政诉讼规定。上述民国时期的法律文件，可参见蔡鸿源主编：《民国法规集成》，黄山书社1999年版。

③见于《法政学报》第1卷第1号，法政学报社1913年版。

④见于李鹤林等主编：《普迅年谱》，1981年版，第276页。

⑤有关对中国行政诉讼制度的建立和发展进程的论述，可参见笔者第3届亚洲法哲学大会的参会论文《行政诉权及其理念在中国大陆的生成与面临的挑战》一文，刊于《诉讼法论丛》第6卷，法律出版社2001年版，第753～775页，并被收人刘瀚、公巫祥主编：(21世纪的亚洲与法律发展》论文集，南京师范大学出版社2001年版。

⑥中国系列人权白皮书之一——《中国人权事业的进展》（1995年12月）一文曾专门指出，1991年10月1日起施行的《行政诉讼法》是保障公民权利的一部重要法律。该法规定：“公民、法人或其他组织认为行政机关和右政机关工作人员的具体行政行为授犯其合法权益，有权依照本法向人民法院提起诉讼。”人民把《行政诉讼法》称为“民告官的法律”。

⑦基础数据来源于1988—2006历年《最高人民法院工作报告》和《法律年鉴》中的司法统计资料。

⑧在《法院公报》和依据最高人民法院《裁判文书公布管理办法》发布的行政判例一览表，可参阅姜明安主编．笔者撰稿的法律硕士和法学研究生统编教材《行政法与行政诉讼法》第17章“行政判例”的附录，法律出版社2006年版。

⑨参见笔者《中国的行政判例与行政法治的发展》，中德日法学国际学术研讨会论文（2004，9-12/1伍中国·北京），《中德法学学术》第2辑，中国政法大学出版社2005年版。

⑩括号内的数字表示发表该判例的《法院公报》或“法公布文书”的年份和期号，下同。

⑪可参见赵正群：《行政诉权在中国大陆的生成及其面临的挑战》（第3届亚洲法哲学大会论文）。刊于陈光中、江伟主编《诉讼法论丛》第6卷，法律出版社2001年版；收入刘瀚、公王祥主编：《21世纪的亚洲与法律发展》，南京师范大学出版社2001年版。

⑫最高人民法院《关于审理涉及农村土地承包纠纷案件适用法律问题的解释》（法释）［2005］6号，包括：一、受理与诉讼主体，二、家庭承包纠纷案件的处理，三、其他方式承包纠纷的处理，四、土地征收补偿费用分配及土地承包经营权继承纠纷的处理，五、其他规定等共26条规定，自2005年9月1日起施行。

⑬最高人民法院《关于人民法院为建设社会主义新农村提供司法保障的意见》分为5个部分25条。主要从加强涉农案件的立案、审判和执行工作；加强涉农案件的审判监怪和涉诉信访工作；继续发挥基层人民法院及其派出人民法庭的重要作用；加强对人民调解组织的指导和支持等4个方面作出了规定。

（《法学家》2008年第2期，作者系南开大学法学院教授）

略论服刑人员人格尊严权

■冯建仓

人格尊严在实质上是强调人是人，要把人当作人。显然否定人格尊严，无异于否定人本身。所以，人格尊严是一项不可剥夺、不受限制的权利。如果说“世界上没有不受限制的权利”有例外的话，那就是人格尊严。所谓“士可杀，不可辱”，即使是违法犯罪分子，甚至在被依法执行死刑之时，其人格尊严也应受到尊重。监狱服刑人员被剥夺了人身自由，随之就也会有其他一些权利的行使受限或停止。面对大墙之内的这一特殊群体，保障其人格尊严权尤为重要，这不仅有利于他们自身的权利保障，也有利于他们的矫正回归，有利于社会文明与法律进步。

一、在我国对服刑人员人格尊严权的保障已具备了各项基础

在法律层面上，我国《监狱法》第7条明确规定：“罪犯的人格不受侮辱，其人身安全、合法财产和辩护、申诉、控告、检举以及其他未被依法剥夺或者限制的权利不受侵犯。”这是我国《监狱法》在总则中对监狱服刑人员权利的宣言式的纲领性规定，同时我国《监狱法》在各个章节的有关条款中规定了监狱服刑人员基本权利的具体内容。这些权利不仅有明确的法律规定，而且在实践中采取各种措施，使之尽可能地落到实处。为了防止监狱人民警察侵犯监狱服刑人员权利现象的发生，我国《监狱法》第13条和第14条还专门规定了监狱人民警察的义务与纪律。另外，我国《宪法》、《刑法》、《刑事诉讼法》、《人民警察法》、《国家赔偿法》等一系列法律都从不同角度规定了监狱服刑人员的权利。还有若干涉及到监狱服刑人员权利的行政法规、部门规章等等。这些都是监狱服刑人员基本权利保障的法律依据，也是服刑人员人格尊严权保障的法律依据。1991年发表了第一个人权状况白皮书后，我国已发表了一系列的人权进展白皮书，向世人展示我国人权的保障与进展情况。服刑人员作为社会成员中的一部分特殊群体，其权利保障也必然涵盖其中。1992年中国政府发表了《中国改造罪犯的状况》白皮书，向世人表明：“中国在改造罪犯的实践中注意贯彻人道主义的原则。对罪犯不仅保障应有的生活条件，更尊重人格，禁止侮辱。”2004年十届全国人大第二次会议通过的宪法修正案第33条中，明确将“国家尊重和保障人权”载入条文，充分展示了我国在宪政文明道路上跨出的重要一步。

在实践层面上，早在20世纪80年代初，山东省潍坊劳改支队（现为山东省第三监狱）就掀开了监狱办特殊学校的序幕，从而使监狱办特殊学校成为新时期监狱改革的基本制度之一。这种特别重视教育改造的理念与做法，在国际行刑矫正领域中也是独树一帜的；现代化文明监狱的创建活动，不论在软件方面还是在硬件方面，均极大地提高了监狱的综合能力，为进一步保障监狱服刑人员各项合法权利打下了较坚实的基础；为保证公正执法，自1999年开始，对监狱人民警察进行了为期3年的素质教育；各级人民检察院除设置专门的监所检察机构外，到1995年，全国所有的监狱场所都设立了派驻检察院（室），依法对监狱刑罚执行工作进行检察监督；近年来，为了把监狱的执法活动置于广泛的监督之下，保障监狱服刑人员的合法权益，增强执法透明度，推行了狱务公开这项“阳光工程”。1999年7月，司法部下发了《关于监狱系统在执行刑罚过程中实行“两公开、一监督”的规定》（试行）。2001年10月12日司法部下发了《关于在监狱系统推行狱务公开的实施意见》（司法通［2001］105号）。其中“监狱狱务公开内容”包括服刑人

员的基本权利，而第一项基本权利就是“罪犯有人格不受侮辱、人身安全和合法财产不受侵犯的权利”。司法部2006年2月14日向监狱系统发出了《监狱人民警察六条禁令》，这些规定及做法均是保障服刑人员人格尊严权的有效措施。近年，司法部在全国监狱系统开展了“规范执法行为、促进执法公正”专项整改活动。通过专项整改活动，使执法行为进一步规范、公正和高效，这种执法环境也为保护服刑人员权利、尊重服刑人员人格尊严提供了保障。

国家为监狱服刑人员人格尊严权的实现提供了切实的物质保障。虽然我国还处于社会主义初级阶段的尚不发达时期，但国家尽可能地不断改善着监狱服刑人员的物质生活条件。监狱服刑人员的吃、穿、住、用等物质条件由国家予以保障。监狱服刑人员的饮食能够做到吃饱、吃熟、吃热、吃得卫生。我国监狱系统已经形成由省、自治区、直辖市的中心医院、监狱医院、基层医务室组成的三级医疗卫生网络，使患病服刑人员能得到及时、有效的治疗。我国《监狱法》明确规定：“国家保障监狱改造罪犯所需经费，监狱人民警察经费、罪犯改造经费、罪犯生活费、狱政设施经费及其他专项经费，列入国家预算。”2003年《监狱基本支出经费标准》的出台，首次实现了监狱经费保障全面标准化的形式，明确了监狱经费的财政保障范围，为建立监狱经费全额保障体系奠定了基础。随着监狱体制改革的全面推进，监狱经费标准逐年提高，全额保障的逐步落实和监狱经费动态增长的长效机制的确立，为保障服刑人员的人权，进一步尊重服刑人员的人格尊严奠定的坚实的基础。随着我国的社会保障不断加强，我国政府也会越来越高度重视刑满释放人员的社会保障，包括合法权利的保护、物质帮助与救济就业与安置、生活指导与帮教等许多方面，使刑满释放人员应享有的权利成为完全真实的权利，促使他们真正成为遵纪守法、自食其力的公民，免受歧视。

二、在保障服刑人员人格尊严权方面应注意的几个方面

（一）要树立尊重服刑人员人格的理念

在注意树立这一理念的同时，就要避免对服刑人员的非人格化心理。犯罪心理学研究表明，犯罪人在对被害人进行加害的过程中，往往会极力贬低甚至抹杀被害人人格，以强化其犯罪心理，规避良心和道德的谴责，使犯罪行为得以顺利实施。事实上，国家在控制犯罪的过程中，对犯罪人也有一个类似于犯罪人在犯罪实施中对被害人的非人格化过程，这一点在对犯罪人施以处罚的具体过程中最为突出。譬如，在犯罪侦察阶段，人们常常把侦察人员与犯罪嫌疑人比作猎人与狐狸，侦察人员也常常是以猎人自居。在公诉阶段，检察官习惯于用“没有人性”、“发泄兽欲”之类的词语来说服法官与群众，让他们认定犯罪嫌疑人是有罪的。在判决书中类似对犯罪人非人格化的词句亦很常见。在矫治场所，由于犯罪人，即服刑人员进入了绝对弱者的情境，维护和树立矫治场所的监管权威又是如此的重要，在许多管教人员的观念中存在“从某种程度上而言，对服刑人员的非人格化是对犯罪人的监管和惩罚所必需的”偏见，因而非常容易忽视对服刑人员的人格的尊重。看来，既要完成打击和控制犯罪的国家责任，又要避免对进入矫治场所服刑人员的非人格化，这是一个长期性的挑战。[①]社会公众对犯罪人的否定评价，也包含了一个对犯罪人非人格化的过程。主流社会舆论习惯于用没有人性、禽兽不如、发泄兽欲、色狼、冷血动物、精神变态等词汇描述犯罪人，公众投向犯罪人的目光，有如打量禽兽。特别是对待那些传统的针对人身的暴力犯罪人，如强奸犯、杀人犯。社会公众在犯罪控制中的作用，可以说是以牺牲犯罪人的人格为代价的。它对犯罪人的非人格化，虽然能起到遏制犯罪的作用，但常常是非理性的，容易走向极端。[②]尊重犯罪人及服刑人员的人格的理念，在公众心中的培养和树立是一个迫切而长期的过程。[③]在监狱干警心中的培养和树立也是一个迫切而长期的过程。

（二）注意对服刑人员平等权的落实

有差异与歧视，人格尊重必然受损。当然从人权角度来讲，平等权是人权的基本内容之一，是以人的人身、人格权利为基础，与人的自由权相并列的基本人权。平等权是指社会成员在社会生活中所享有的同等或类似情形被对等对待的权利。其中当然包含不能享受特权也不遭受歧视的基本要求。《世界人权宣言》第2条规定：平等是要求“人人有资格享有本宣言所载的一切权利和自由，不分种族、肤色、性别、语言、宗教、政治或其他见解、国籍或社会出身、财产、出生或其他身份等任何区别”。对于监狱服刑人员，其人身自由受限，其平等权与社会普通人当然有所差异。但其中一些基本理念还应贯彻。这就是法律面前一律平等，包括行刑上一律平等。《世界人权宣言》第7条规定“法律之前人人平等，并有权享受法律的平等保护，不受任何歧视。人人有权享受平等保护，以免受违反本宣言的任何歧视行为以及煽动这种歧视的任何行为之害”。我国《宪法》明确规定，任何组织或个人“都必须遵守宪法和法律”，“都不得有超越宪法和法律的特权”，“一切违反宪法和法律的行为，必须予以追究。”为了使这一原则进一步得到贯彻执行，我国一些基本法律也规定了这一原则，如《刑事诉讼法》、《民事诉讼法》都规定了公民在适用法律上一律平等。1997年修订的《刑法》在第4条明确规定：“对任何人犯罪，在适用法律上一律平等。不允许任何人有超越法律的特权。”这就是我国刑法的基本原则之一，即刑法面前人人平等原则。这个原则包含着三方面的内容：定罪上一律平等；量刑上一律平等；行刑上一律平等。行刑面前人人平等这一原则，就是要求监狱对罪犯执行刑罚时，对所有受刑人平等对待，在监狱行刑过程中，只要获得同样的考核记分，刑罚处遇也应相同，不能考虑权势地位、富裕程度等而使一部分服刑人员搞特殊，而对另一部分服刑人员加以歧视。例如掌握法律规定的减刑、假释的条件标准也应体现平等，谁符合条件，谁不够条件，都要严格以法律为准绳，不搞亲疏贵贱。当然，罪行轻重不同、主观恶性不同、改造表现不同而给予差别处遇，这是行刑过程中必然存在的现象，比如，教育劳动改造工作中的评分制、累进制，都体现相同情况相同对待、不同情况区别对待的司法公正精神，这不仅不违反行刑面前人人平等的原则，恰恰是行刑平等的实质体现。监狱行刑上的这一原则，同样也符合世界范围内的一些通行做法。1955年联合国的《囚犯待遇最低限度标准规则》在基本原则中规定：对监狱一般适用的规则“应予公正执行。不应基于种族、肤色、性别、语言、宗教、政见或其他主张、国籍或社会出身、财产、出生或其他身份而加以歧视”。④

我国监狱法上的行刑面前人人平等的原则，可以说是刑法面前人人平等原则的延伸，同样也是宪法精神的具体体现，也与联合国的《囚犯待遇最低限度标准规则》的规定是相符合的。这种对服刑人员的平等权，贯穿于服刑人员改造的整个过程：从初期入监，到入监教育完毕后劳动岗位的安排；从中期的分级处遇，至行刑过程中的百分考核、奖惩处理；一直到中后期的减刑、假释、保外就医，直至最终刑满释放。这是一条环环紧扣的“生态链”。工种安排的不同，在一定程度上导致考核分值的高低，考核分值的高低又导致奖惩结果的差异，奖惩结果的差异又决定着减刑、假释的最后呈报送退。而减刑、假释的呈报对一个服刑人员来说，是一条走向新生、回归社会并被服刑人员热切期盼的“近路”。因此，在这一系列的环节中，平等地对待每一个服刑人员，对服刑人员来说是非常关注的一项基本权利，尊重和保障服刑人员的平等权，就必须最大限度地限制“权力”行使者的自由裁量权，并将这种过程置于“阳光”下，使服刑人员感受“公正、公平、公开”带来的平等的愉悦以及平等处遇中人的个性、人格精神和能力的健康与全面发展，从而使罪犯的考核、奖惩纳入法治轨道。当前，在各监狱普遍实行的狱（所）务公开就是一个很好的方法。⑤

（三）在具体规定上要尊重服刑人员的人格尊严权

随着社会文明的提高和法制观念的加强，人们越来越认识到现代法治的核心就是人权的保障。因为尊重人权、保护人权是我们制定所有法律的目的之一，这也是法律最基本的价值取向。“国家尊重和保障人权”这一宪法原则一步一步要落到实处。人权是一个内容非常丰富的概念，它涉及人们经济活动、政治权利、社会生活的方方面面，它需要国家权力、行政权力、司法权力对公民权利乃至服刑人员的各个层面的具体的尊重、保障和承认。刑事司法的过程和结果都与人格保障密切相关，直接反映着一个国家政治民主、司法文明、人权保障的程度。我们可喜地看到，近些年我国在保障犯罪嫌疑人、被告人、罪犯和监狱服刑人员的人格尊严权方面取得的一个又一个进展，即使对即将执行死刑的罪犯，也注意对其人格尊严权的保障：死刑犯在执行死刑前可安排会见近亲属；改革死刑执行方式，继续保留枪决式死刑执行方式的同时，将正式采用注射的死刑执行方式，这不仅有利于减少痛苦，更能使被执行人在保障其人格尊严的气氛中死去，从而使他们的人权得到应有的保障。我国司法机关明确规定不再组织罪犯“游街示众”；2003 年 8 月 11 日，北京市第一中级人民法院向社会公示了法警文明执法十条具体措施。主要内容是：提押解送刑事被告人时一律使用一次性头罩，进入法院后解除械具；押解时扶持刑事被告人的肘部，严禁对其摁头、束颈、推搡等。众所周知，监狱是改造服刑人员的场所，也是国家机器的组成部分，需要体现出特有的威严。但是，如果监狱机关一味关注的只是监狱管理的方便和国家机器的威力，忽视对服刑人员的人格尊严和人权的尊重，则是不可取的。我们可喜地看到在实践中越来越重视对服刑人员的人格尊严权的保护。据报道：北京监狱方面不断创新行刑理念，尊重服刑人员的人格尊严，注重在改造工作中体现人文关怀，根绝以往陈旧的管理罪犯的模式。据有关人员介绍，以前服刑人员入狱搜身检查时，为体现监狱的威严和保证监管安全，要求每名服刑人员必须抱头蹲在地上，无形之中使服刑人员增加了对监狱干警和服刑改造的恐惧。为此，对监狱的管理方式进行了整改，为新收押的服刑人员在待查、待分期间配发小凳子，改变过去抱头蹲地的管理模式，体现了监狱的文明与人道。[⑥]

近年来，在监狱的管理方面也出台了不少新举措，如 2004 年 5 月 1 日起，司法部发布的《监狱服刑人员行为规范》正式实施，1990 年发布的《罪犯改造行为规范》同时废止。新发布的《监狱服刑人员行为规范》改用偏陈述的指引性语言代替了旧规范中训诫似的语言，新规范删除了禁止同性恋及女犯染发等“不准”、“不得”等用语和规定，显示了对服刑人员的尊重和平等，更注重对人权的保护。应当说，《罪犯改造行为规范》修改为《监狱服刑人员行为规范》，这种通过制度建设保障服刑人员权益的监狱管理变革，是司法文明的一大进步。从维护人权的意义发布《监狱服刑人员行为规范》，也进一步体现了我国宪法尊重和保障人权的理念。从这个意义上看，关于服刑人员头发的权利，表面上看似乎是一个小小的“细节”，其实却蕴涵着尊重人权的意义。每一个权力机关在每一个“细节”上，都能充分尊重公民应有的权利，我国建设社会主义现代法治国家的进程才能加快。

参考文献：

①姚建龙：《非人格化：犯罪实施与犯罪控制》，《社会公共安全研究》2002 年第 3 期。

②姚建龙：《非人格化：犯罪实施与犯罪控制》，《社会公共安全研究》2002 年第 3 期。

③吴旭：《独立人格的法律维护：犯罪人、人格完善的新视角》，江苏监狱网 2006 年 9 月 29 日。

④冯建仓主编：《监狱法的充实与完善》，中国检察出版社 2000 年 6 月版，第 14 页。

⑤《浅谈罪犯的人权保障》，监狱信息网 2006 年 9 月 4 日。

⑥于立霄：《北京监狱尊重罪犯人格尊严收押罪犯不再抱头蹲地》，中新社北京 2005 年 7 月 27 日。

（《文化传统、价值观与人权》，五洲传播出版社 2012 年版，作者系司法部预防犯罪研究所司法人权研究室主任、研究员）

论罪犯人权的宪法保障

■张晓明

一、宪法权利与罪犯人权保障

对于什么是人权，学界存在多种理解和界定，相互之间存在不少分歧和差异。不过，学者对人权界定的逻辑路径还是基本一致的，即没有脱离“人”与“权利”这两个基本点去理解人权概念。人权就是什么样的“人”享受什么样的“权利”，而对“人”或“权利”的理解和界定不同导致了对人权概念的不同认识。而对于什么是罪犯人权？则因对罪犯和人权的不同理解而导致有不同认识。本文所论述的罪犯人权，是指罪犯依其自然属性和社会属性所享有和应当享有的权利。

应该说，个人与国家的联系要比其与国际社会的联系更为紧密，人们的生活主要还是以国家为单位的。故人权保护的责任首先要由国家来承担，国内保护是人权保护首要的和基本的途径。而从世界各国的情况来看，人权的国内保护主要通过政治保护、立法保护、司法保护等方面来进行。而人权的立法保护，注重的是人权的应有人权、法定人权、实有人权三种存在形态中的法定人权。法定人权是为法律所确认和保护的人权。通过法律把应有人权转化为法定人权，由国家对人权进行强制性的保护。故而人权内容的法定化、人权保护制度的法定化，是人权保护的必由之路。[①]所以，人权的立法保护在人权的国内法保护中具有重要地位，这对罪犯人权当然也不例外。宪法作为国家的根本法理所当然地在罪犯人权的国内法保障中享有关键地位。因为人权，作为一种权利，主要具有限制政府、约束政府，要求政府作为或不作为，规定政府承担某些义务的作用。要保障人权，须首先要防止和抵抗来自政府对人权的侵害，必须要对政府的一些行为加以规范和限制，这种规范和限制的职能是由宪法提供的。在新中国成立之前，曾风行一时的人权派就以宪法为保障人权的起点。基于前述人权有“人”和“权利”两个基本点的基本观点，本文拟从宪法权利的角度来分析罪犯人权的宪法保障，宪法应该也是罪犯人权保障的起点。宪法权利，大体上指由宪法所保护的公民应当享有的合法权力和利益[②]。这些宪法权利的根本特征是一种“法治性”的权利，是基于“宪法是人民的总契约”的价值属性产生的。宪法权利的最大特征就是它可以在宪法规定的范围内以宪法所确认的方式对抗宪法权力，防止“宪法权力”异化为一种不受宪法价值支配的“特权”[②]。限于篇幅，在这里只论述现行宪法对罪犯人权的保障与完善。在此之前的宪法或宪法性文件也对罪犯人权的保障作出了一些规定，笔者在此不再赘述。

二、罪犯人权的已有宪法保障

1982 年宪法在制定的时候，结构方面做了调整，采取了与 1954 年宪法等新中国三部宪法不同的排列顺序，具体说来就是改变了“国家机构”与“公民的基本权利和义务”两章的顺序，将“公民的基本权利和义务”作为第二章置于“国家机构”这一章之前。这不单纯是宪法结构形式上的简单调整，而是表明国家在宪法价值观方面已经发生重要转变，转向以公民基本权利体系为核心来构建国家制度体系，而国家机构的设置和国家权力的运行都以保障公民基本权利为目标。1982 年宪法不仅在宪法结构上进行了调整，而且将公民基本权利的条款增加到 16 条。不仅在数目上有扩展，而且在内容和实现条件上予以丰富，从而使公民基本权利的享有更为真实、具体和现实。特别在 2004 年的宪法修正案中，将“国家尊重和保障人权”写入宪法，作为公民权利的原则性规定，既赋予人权概念以确定的内涵，又从原则上提升了公民权利概念的实质含义和价值，为人权保障提供了充分的宪法依据。“国家尊重和保障人权”作为概括性条款，可弥补现行宪法对基本权利采取列举式表述的缺陷，使宪法的人权内容不会滞后于时代的发展。作为根本法的宪法包含“国家尊重和保障人权”的条款，将约束国家公权力对公民人权的侵害，约束国家公权力在宪政的轨道里行使。

笔者认为，在我国宪法的条文中，在总纲、公民基本权利和义务、人民法院和人民检察院两章有11条是密切关涉到罪犯的人权保障。具体如下：罪犯的财产权、平等权、人身自由权、身体权、人格尊严权、名誉权、住宅权、通讯自由和通信秘密权、获得国家赔偿的权利、劳动权、婚姻权、生育权、公开审判权、辩护权、使用本民族语言文字进行诉讼权与获得翻译的权利。除此以外，宪法中关于妇女、儿童、老人和残疾人等的特殊规定也适用于具备前述特殊身份的罪犯。这其实就是我国宪法规定的罪犯享有的宪法权利，尽管宪法权利与公民个人人权并不完全一样，不过很多时候它们可以是相同的。宪法所确立的这些罪犯权利为罪犯权利的享有提供了宪法基础。确实，宪法权利应当是宪法中用以表示个人与国家关系的概念，它的内涵是由个人与国家关系来决定的。宪法权利是一种利益的综合保障权，是综合了权利的“意志性”与“利益性”的两个方面特点的“合法”、“合理”和“有效”的一种权利②，可以给予罪犯实现自身利益以最大限度的合法性保障。前述的罪犯宪法权利实际上是罪犯对抗公共权力机关任意拘留逮捕，非法羁押、搜查，非法扣押、监听和刑讯逼供等行为的宪法依据，也是防止公共权力机关异化的宪法基础，为法律等其他规范性文件细化这些权利提供了基本框架。当然，我国罪犯人权的宪法保障还存在一定的缺陷，主要表现在一些罪犯权利并没有写进宪法成为宪法权利，比如不少学者主张的沉默权就是典型的例子；而一些已规定权利由于在宪法中所处位置不合适，需要在修宪时予以适当位移才能发挥更大作用，例如有些学者建议将辩护权位移至公民基本权利和义务那一章；而已存在的宪法权利，由于宪法实施的影响，在实践中未能很好地阻止对罪犯人权的侵犯，需要建构和完善宪法诉讼或违宪审查制度来突破困境。

三、罪犯人权宪法保障的完善

（一）未规定宪法权利的适时增加

在刑事诉讼法的修改过程中，不少刑事诉讼法的学者抱怨，宪法规定的滞后阻碍刑事诉讼法的修改进程。作为刑事诉讼法源头的宪法，对有关刑事诉讼原则规定的局限和缺位极大地压缩了刑事诉讼法修改的空间，使得诸多美好的修改设想显得有心无力。鉴于人权保障的重要性，刑事诉讼法的许多条款或者当事人尤其是被追诉人的诉讼权利，都规定于宪法之中，故刑事诉讼法被称为“应用宪法”、“实践中的宪法”。作为宪法的下位法，刑事诉讼法对人权保障的得力与否需要来自其母体也就是宪法的强力支持。而我国宪法中对于刑事诉讼中的宪法性原则如无罪推定原则、不得自证其罪原则付诸阙如，使得宪法的强力支持大打折扣④。如何在适当时候把这些权利或原则纳入宪法成了学界探讨的一个热点。

与不得自证其罪原则对应的权利就是我们通常所说的沉默权。沉默权首先是一项宪法权利，其次才是一项诉讼权利⑤。首先，从沉默权的渊源来看，那些确立沉默权制度的西方国家，首先是将沉默权作为一项宪法权利予以确认的。这在沉默权的起源之国英国是如此，而宪政发达的美国也是如此。把沉默权在宪法中予以明确规定，是许多国家的现实做法，这应该可说是“沉默权首先是一项宪法权利”的直接依据。再者，言论自由当然也是一项重要的宪法权利，言论自由“说与不说”的特征，在刑事诉讼中的体现，就是当事人享有陈述与沉默的自由，也就是说当事人享有沉默权。沉默权是言论自由的固有内涵，而言论自由又是一项典型的宪法权利，这可说是“沉默权首先是一项宪法权利”的实质性依据⑤。

既然沉默权首先是一项宪法权利，规定到我国的宪法中也就不存在什么障碍。而在宪法中明确增加沉默权条文，是对我国宪法缺陷的一种弥补，是十分必要的。首先，宪法既然规定“国家尊重和保障人权”，那么就应当强调对人类本性的尊重与维护，注重人文关怀，体现人道主义精神。而刑事诉讼法第93条规定犯罪嫌疑人有“如实回答”的义务，以及“坦白从宽、抗拒从严”的刑事政策的普遍实行，这都是与人性相违背的。故用宪法这一根本大法的形式明确规定沉默权，然后再在修改刑事诉讼法时增加适当配套规定。否则，在实践操作中沉默权很有可能是被扭曲或是无法实施。至于具体如何规定，笔者赞同一些学者的主张。沉默权条文可设计为“犯罪嫌疑人、被告人在刑事诉讼中享有保持沉默的权利，但法律有特殊规定的除外”。因为沉默权也有被滥用的可能。滥用沉默权有可能影响侦查效率，放纵犯罪，故对沉默权加以适当的限制，还是有必要的。沉默权的条文应规定在宪法“第二章、公民的基本权利和义务”中，具体位置排在公民的“政治权利”、“人身权利”之后，“社会经济权利”之前[⑤]。

除了沉默权以外，学者们还建议将罪刑法定原则、无罪推定原则相应纳入到宪法之中。笔者认为该建议是适宜的，罪刑法定、无罪推定和沉默权可以形成对罪犯人权的系统性保护。

（二）某些已存在宪法权利的适当位移

我国《宪法》第125条规定：“被告人有权获得辩护”，被告人可以自己行使这种辩护权，也可以聘请律师帮助行使辩护权。辩护权是被追诉人的最重要的诉讼权利，对被追诉人权益的维护起着重要作用。而《刑事诉讼法》第96条规定：“犯罪嫌疑人在被侦查机关第一次讯问后或者采取强制措施之日起，可以聘请律师为其提供法律咨询、代理申诉、控告。犯罪嫌疑人被逮捕的，聘请的律师可以为其申请取保候审。涉及国家秘密的案件，犯罪嫌疑人聘请律师，应当经侦查机关批准。”在侦查阶段受聘律师是不是辩护人呢？答案是否定的。律师在侦查阶段并不具备辩护人的法律地位。依照刑事诉讼法的规定，公诉案件只有在审查起诉和审判阶段，犯罪嫌疑人、被告人才能请辩护人。在侦查阶段律师受聘请为犯罪嫌疑人提供法律咨询、代理申诉、控告，并为被逮捕者申请取保候审等，此时其实是“委托代理人”[⑥]，不是辩护人，并不享有《刑事诉讼法》第43、44、45条所规定的辩护律师享有的调查取证、收集证据材料的权利，申请人民法院收集、调取证据的诉讼权利等权利。尽管受委托的律师“有权向侦查机关了解犯罪嫌疑人涉嫌的罪名，可以会见在押的犯罪嫌疑人，向犯罪嫌疑人了解有关案件情况”，但这并不是辩护，只是为犯罪嫌疑人提供有限的法律帮助。

现行刑事诉讼法没有赋予犯罪嫌疑人在侦查阶段聘请律师为其辩护的权利，原因有很多，而根本原因应是缺乏宪法上的依据。现行《宪法》第125条规定：“人民法院审理案件，除法律规定的特别情况外，一律公开进行。被告人有权获得辩护。”这是刑事诉讼法确认辩护权的宪法依据，但宪法这样规定是可能引发一定的问题的。我国宪法承袭了前苏联的“司法原则模式”，将辩护权写入“人民法院和人民检察院”那一章，而不是“公民的基本权利和义务”这一章；并且是在宣告人民法院公开审判原则后，续而宣告辩护权。辩护权虽属宪法权利，属于从“审判公开”等司法原则中推导出来的权利，是被告人这类特殊公民才享有的宪法权利，严格说来不是公民的基本权利，不属于公民基本权利和义务中的有机组成部分。显然，立法者的用意是只有在审判阶段被告人才有权获得辩护，而在侦查阶段和审查起诉阶段则无权获得辩护。此后，宪法虽经四次修改，但并未修改辩护权条款，一直延续下来。故该条款的问题也一直延续至今。而在国际上，世界上绝大多数国家都在宪法中确认公民享有刑事辩护权，将刑事辩护权作为一项宪法权利看待。当然，各国宪法对刑事辩护权设定的方式和价值也不尽相同，有的规定各个诉讼阶段享有辩护权，有的只规定在审判阶段享有；有的将辩护权作为公民基本权利加以规定，有的只作为司法原则写进司法机关或司法权的章节中。我国在刑事辩护权入宪的方式上，基本照搬了前苏联的立法模式和技术，没有将公民的刑事辩护权作为基本权利置于“公民的权利和义务”一章中，而是作为司法原则写进“法院和检察院”那一章中。尽管在1996年修订刑事诉讼法时，将律师参与刑事诉讼的时间提前到侦查阶段。但是，侦查阶段受聘律师不具有辩护人的诉讼地位，不享有辩护人的诉讼权利，当然也无法发挥辩护人的作用。而侦查阶段的犯罪嫌疑人则处于权利最易受到侵害、最没有保障的境地。可见，将获得律师辩护的时间确定在最初受到刑事指控之时的侦查阶段，是完全必要的。否则律师的“提前介入”在司法实践中没有多大意义。故需要对刑事诉讼法进行修改，确认和保障犯罪嫌疑人在侦查阶段获得律师辩护的权利。而为使刑事诉讼法的修改有宪法依据，侦查阶段辩护权应当通过修宪予以确认。在修改时，建议将“被告人有权获得辩护”从“人民法院和人民检察院”那一章中删除，写入“公民的基本权利和义务”一章中，将其规定为公民的基本权利；并明确规定刑事被追诉人在刑事诉讼各个阶段有权获得辩护[⑥]。这样就确认了犯罪嫌疑人在侦查阶段能自己行使辩护权，也能获得律师帮助辩护的关键。而辩护权于“人民法院和人民检察院”那一章中专属被告人的宪法权利，得以发生适当位移，成为公民的基本权利。类似的，私人财产权也被建议进行适当位移，使之成为公民的基本权利。

（三）已有宪法权利遭遇的实施困境与突破

在现实中，切实做到尊重和保障人权，须将尊重和保障人权贯穿于立法、执法和司法等各个环节中去，将宪法规定的人权原则和各项宪法权利具体化到有关的法律法规中去，建立健全且行之有效的人权法律保障体系，切实保障罪犯人权。这其实就是一个宪法权利实践的过程。宪法权利的实践在形式上体现为各种不同的具体的宪法权利的实践，即公民权利和政治权利与经济、社会和文化权利的实践。我国宪法权利的普通法律实践模式确实为那些能够被具体化和已被具体化的宪法权利提供了一定程度的保障，不过还存在因为普通法律规定比较粗疏而存在不少缺漏的问题。而更突出的问题是那些一时难以具体化或者因各种原因没有被具体化的宪法权利，由于缺乏以违宪审查和宪法解释为内涵的宪法性法律实践方式来保障和补充，因普通立法延迟造成的宪法权利被虚置，基本上成为沉睡的“纸面上的权利”。已被普通法律具体化的宪法权利的保障存在缺漏，未被普通法律具体化的宪法权利被虚置，这就是我国宪法权利遭遇的共同困境。这对罪犯的宪法权利来说也不例外。

要改变这种局面，取得宪法权利实施上的突破，可采取以下措施：一是提高立法技术，力求将普通法制定得更完善一些。笔者认为，经过多年的立法实践，我国的立法技术已有长足的进步，即其还有上升的空间，实现将普通法制定得更完善一些的目标还不是很困难。再就是强化违宪审查，权力机构的违宪审查，将是普通法律将宪法权利作为立法原则条款具体化过程中，不违背立法原则条款的保证。我国尽管于2004年在全国人大常委会法工委之下设置了法规备案审查室，专门负责处理行政法规、地方性法规等规范性文件的违宪违法审查问题，但法规备案审查室职能的有限性与地位的隶属性，使得该机构无权过问全国人大制定的基本法律以及全国人大常委会制定的一般法律是否合宪的问题，无法进行狭义法律的合宪性审查。故我国应大力强化权力机构的违宪审查，建立适当的违宪审查机构，保障法律的合宪性。还有就是建构宪法诉讼机制。宪法诉讼是宪法审判机关适用司法或准司法程序解决宪事纠纷、制裁违宪行为、维护宪政秩序、保障公民基本权利的一整套程序与制度。在宪政主义语境里，“法治的本质乃宪治，即宪法之治，而宪治的关键则在于宪法诉讼。”以至于“无诉讼即无法治”，“无诉讼即无宪政”。这说明宪法诉讼机制是法治的精义所在。宪法诉讼与权力机构的违宪审查应该不存在绝对冲突，是可以并存的。我国宪法诉讼的制度建构，在理论上已有多种设想，缺乏的只是实践。宪法的可适用性存疑，宪法监督机制设计不合理，违宪审查权享有主体模糊不清等因素，导致宪法诉讼缺乏实践的根基。目前有学者主张的从行政诉讼到宪法诉讼，或许是一条可行途径，值得尝试。从行政诉讼到宪法诉讼，宪法诉讼是目标，行政诉讼是手段；这是在综合考察本土资源并充分利用现行体制内外合理因素后所作出的促成中国法治于近短期内实现的审慎抉择，既是一种现实的选择，也是一种理性的期待。从行政诉讼到宪法诉讼，这是一条为人权理念所萦绕的法治轨道，更是一条为程序正义所铺就的宪政通途⑦。

在我国罪犯人权宪法保障的完善路径中，未规定宪法权利的适时增加与某些已存在宪法权利的适当位移，需要通过修宪来完成。不过，目前被广泛接受的修宪理念，就是“必须修改的才修改，可改可不改的不改”，像这类已规定宪法权利的位移，是难以列入修改日程的，很有可能要到宪法全面修改时才能顾及。故需要一段比较长的等待时间。而已有宪法权利遭遇的实施困境，则需要加强宪法实施予以突破，而并非一定期待修宪这个渠道。笔者认为，我国应在宪法权利实施方面花大力气进行制度创新，以便更好地保护罪犯人权。

参考文献：

①刘洪波．论人权的国际保护［M］//人权研究（第2卷）．济南：山东人民出版社，2002.

②莫纪宏．现代宪法的逻辑基础［M］．北京：法律出版社，2001.

③林喆．当代中国人权保障法律制度研究［M］．济南：山东人民出版社，2007.

④陈卫东．刑事诉讼法修改难在哪里［N］．南方周末，2007—04—26.

⑤殷啸虎，房保国．我国宪法应明确规定沉默权［J］．法学论坛，2001（2）.

⑥周伟．宪法依据的缺失：侦查阶段辩护权缺位的思考［J］．政治与法律，2003（6）.

⑦胡肖华．从行政诉讼到宪法诉讼——中国法治建设的瓶颈之治［J］．中国法学，2007（1）.

《广州大学学报（哲学社会科学版）》2008年第11期，作者系九江学院政法学院副教授）

论侦查程序中犯罪嫌疑人与被害人人权保障的平衡

■孙长永　兰跃军

侦查程序改革是21世纪刑事司法改革的一种世界性趋势，其中焦点之一就是加强侦查程序中的人权保障，努力实现侦查需要与人权保障之间的平衡①。但是，国内外学者对此问题的研究主要集中在加强犯罪嫌疑人人权保障方面，而忽视了作为“刑事上的对立者”的另一方当事人——被害人的同等需要，从而导致被害人在侦查程序中“二次被害”或再次被害。如何在侦查需要与人权保障之间实现动态平衡的大前提下，保持犯罪嫌疑人人权保障与被害人人权保障之间的动态平衡，仍是需要认真加以探讨的重要课题。

一、侦查程序中犯罪嫌疑人与被害人人权保障平衡的法理

（一）被害人人权在侦查程序中同样可能遭到侦查权滥用的侵害，需要与犯罪嫌疑人人权一样加以保障

传统诉讼理论认为，侦查的目的是收集证据，查明案件事实，查获犯罪嫌疑人。这使得侦查阶段成为国家公权力和个人私权利发生冲突最集中的诉讼阶段。在侦查过程中，犯罪嫌疑人作为侦查指向的对象和被追诉者，其合法权利始终面临着国家公权力（主要是侦查权）侵害的危险，是最容易受到侵犯的，因此，立法首先应当保障犯罪嫌疑人的人权。这一点无疑是正确的。然而，被害人是否因为与代表公共利益的政府有追究犯罪的共同愿望而不致受

到公权力的侵害呢？这是传统诉讼理论未予关注的。

被害人由于犯罪被害而成为相应刑事案件的一方当事人和一种重要证据来源，不仅刑事案件的处理结果与其有直接的利害关系，而且该案件的处理过程包括侦查程序通常都离不开他们的直接参与和配合。由于被害人受到犯罪行为的直接侵害，对犯罪的感受最深刻，他们往往能够对案件事实做出相当及时、全面而又相对具体的陈述，从而成为侦查人员了解案情、获取线索、确定侦查方向的重要依据。因此，凡是有被害人的案件，侦查人员通常都会将询问被害人作为收集证据、审查印证其他证据（尤其是犯罪嫌疑人口供）的重要手段。但是，受主客观因素的影响，侦查人员往往偏重于将被害人作为一种重要的证据来源，专注于从其口中获取有价值的陈述，而轻视甚至忽视被害人作为当事人在接受询问过程中反复重述那不堪回首的被害经历所承受的内心伤痛。司法实践证明，侦查权作为刑事被害人被害后接触的第一种国家公权力，如果正当行使，可以及时地为被害人提供有效救济，增强被害人与刑事司法合作的信心；但如果被滥用或不正当行使，就可能侵害被害人人权，导致他们“二次被害”。日本一项调查结果显示，25 % 的伤害案件的被害人，31 % 的被害人家属认为，在侦查阶段被警方所扰，其中大约 90 % 的被害人和家属认为，这是他们所遭受的“二次被害”的一部分。我国司法实践中已经出现侦查人员暴力逼取被害人陈述的案例，警方为抓获犯罪嫌疑人，甚至设计“二次强奸”抓捕方案，让被害人再次受辱。可见，侦查程序中被害人同样可能遭到侦查权力的侵害，需要立法保障被害人在侦查阶段的人权。

（二）被害人的人权保障与犯罪嫌疑人的人权保障之间并非完全“此消彼长”

从国际准则和各国（地区）立法规定来看，侦查程序中被害人人权和犯罪嫌疑人人权都是实体性权利和程序性权利的统一体，其中有些权利是二者共有的，如人身权、财产权、申请回避权、知情权、申请补充鉴定和重新鉴定权、反对强迫自证其罪权、申诉权等，有些权利是被害人或犯罪嫌疑人单独享有的，如犯罪嫌疑人辩护权、被害人获得损害赔偿权等。无论是被害人与犯罪嫌疑人共有的权利，还是被害人或犯罪嫌疑人独有的权利，由于权利保护的内容不同，负有保护义务的主体不同等，被害人权利与犯罪嫌疑人权利之间在某些方面可能是“此消彼长”的直接冲突关系，但在另一些方面则并不存在这样的关系。

例如，如果要保障被害人及其近亲属的人身安全不受到来自犯罪嫌疑人方面的威胁或恐吓，就可能要限制甚至禁止对犯罪嫌疑人进行取保候审。对于这种相互之间存在直接冲突的被害人权利与犯罪嫌疑人权利，立法要加强被害人人权保障，扩大被害人权利，就得充分考虑到可能给犯罪嫌疑人人权保障所带来的直接或间接影响。

但是，对于那些相互之间不存在直接冲突的被害人权利与犯罪嫌疑人权利，立法加强被害人人权保障，扩大被害人权利，不仅不会限制或消减犯罪嫌疑人权利，反而还可能改善犯罪嫌疑人境遇。我国刑法没有像国外许多国家一样设立“告诉乃论罪”（即对于法律规定的部分公诉案件，只有被害人控诉或告诉，检察机关才能起诉），也没有赋予被害人与犯罪嫌疑人在侦查程序中刑事和解权，司法实践中就已经多次出现强奸案件被害人为犯罪嫌疑人求情，要求公安司法机关终止追究犯罪嫌疑人刑事责任，或者从轻处罚的案例，使得公安司法机关处理此类案件时极为尴尬，耗费了国家宝贵的司法资源，而最终裁判却不为双方当事人及社会民众所接受。这说明被害人的人权保障与犯罪嫌疑人的人权保障并不总是存在直接冲突的关系。笔者认为，在不危及犯罪嫌疑人“正当程序”权利的前提下，凡是有利于维护被害人人格尊严及其诉讼主体地位的权利，均具有法理上的正当性，应当在立法上予以确认。

（三）被害人人权保障与犯罪嫌疑人人权保障之间的平衡是一种动态平衡，而非完全平等

“在刑事程序发展过程中，曾有两个因素起着作用：针对犯罪分子而增强的保护国家的要求，导致中世纪刑事程序向纠问程序转化；针

对国家而增加的保护无辜人的要求，促使纠问程序大约从1848年开始向现代刑事程序的转变。”随着国家公诉[②]制度的出现，国家取代被害人成为刑事诉讼的原告人，不仅被害人逐渐被遗忘，被害人利益成为刑事诉讼中一种“附带保护的利益”，而且犯罪嫌疑人、被告人所面对的主要是以强大的国家公权力作为后盾的控诉机关，而不再是与之完全平等的个人（即被害人）。权力容易滥用的本性导致司法实践中大量发生侵害犯罪嫌疑人、被告人人权的现象，使得犯罪嫌疑人、被告人的处遇及其人权保障问题成为各国（地区）刑事诉讼制度设计的中心。直到1940年代，随着被害人权利保障运动的兴起，被害人的处遇及其人权保障才引起人们的关注。1985年联合国大会通过的《为犯罪和滥用权力行为被害人取得公理的基本原则宣言》第6条（b）要求各成员国采取多种有效方法，以便利司法和行政程序来满足被害人的需要。《联合国反腐败公约》和《联合国打击跨国有组织犯罪公约》也分别在第32条和第25条规定了对被害人的保护，要求在不影响被告人权利包括正当程序权的情况下：（1）制定为被害人提供人身保护的程序，例如，在必要和可行的情况下将其转移，并且在适当情况下允许不披露或者限期披露有关其身份和下落的资料；（2）规定允许以确保被害人安全的方式作证的取证规则，例如，允许借助于诸如视听技术之类的通信技术或者其他适当手段提供证言。换言之，在侦查程序中扩大和保障被害人人权不能以损害犯罪嫌疑人人权尤其是“正当程序权”作为代价，应当使他们之间保持一种合理的、适当的平衡关系，而不是完全平等。同样道理，在侦查程序中扩大和保障犯罪嫌疑人人权也不应损害被害人人权尤其是“正当程序权”。西方法治国家对强制侦查实行法律控制和司法审查、设定不利于保释的推定、对沉默权作出适当限制，以及对非法证据排除规则作出若干例外规定等，从某种意义上说，都是为了实现侦查程序中犯罪嫌疑人与被害人人权保障的平衡。例如，美国法要求警察在进行“羁押讯问”前必须先行告知犯罪嫌疑人沉默权，但判例法仍然设立了三条例外，包括“抢救的例外”，在绑架案中，如果警察逮捕犯罪嫌疑人时发现被害人不在现场，警察为了保全被害人生命而就被害人下落立即讯问犯罪嫌疑人时，就无须先行告知其沉默权。

侦查程序中保持犯罪嫌疑人与被害人人权保障的动态平衡，是一个价值权衡的过程，不仅需要立法在必要时作出明确规定，而且需要赋予公安司法机关一定的自由裁量权，以便他们根据个案需要加以协调。

二、侦查程序中犯罪嫌疑人与被害人人权保障的失衡

刑事诉讼中实现被害人人权保障与犯罪嫌疑人、被告人人权保障的平衡，已经成为一个全球性难题。因为他们之间的失衡状态已经严重影响到各国刑事司法的公信力和司法公正目的的实现，危及司法权威。《英国2003年刑事审判法》增设严重犯罪再审制度，《法国2000年6月15日关于加强无罪推定及被害人权利保护的法律》建立重罪案件上诉制度等，其宗旨都是为了实现被害人人权保障与犯罪嫌疑人、被告人人权保障的平衡。在我国，准确地说，刑事诉讼中犯罪嫌疑人、被告人人权保障与被害人人权保障都还不尽如人意，有待加强。从立法规定和司法实践来看，笔者认为，侦查程序中犯罪嫌疑人与被害人人权保障的失衡主要表现在以下五个方面：

（一）侦查讯问（询问）制度

我国《刑事诉讼法》第二编第二章分别将“讯问犯罪嫌疑人”和“询问被害人”规定为两种独立的侦查取证行为，与之相对应，《刑事诉讼法》第42条分别将“犯罪嫌疑人、被告人供述和辩解”和“被害人陈述”规定为两种独立的法定证据种类，以区别于“证人证言”。但是，我国刑事诉讼法并没有完全认同无罪推定原则，也没有规定“任何人不受强迫自证其罪原则”，犯罪嫌疑人面对侦查讯问不享有沉默权，而负有“如实回答”的义务。在司法实践中，这种“如实回答”义务的设定，与我国侦查讯问的封闭性及侦查人员对犯罪嫌疑人人身自由的直接控制相结合，使得犯罪嫌疑人由纸面上的诉讼主体嬗变为行动中的诉讼客体，各

种形式的刑讯逼供和变相刑讯逼供在侦查程序中久禁不止也就不难想象。

另外，《刑事诉讼法》第98条只是要求询问被害人时应当告知其如实陈述，并没有明确规定被害人故意作虚假陈述的法律责任，也没有规定被害人不作证陈述的处罚措施，导致司法实践中由于被害人拒绝陈述或故意作虚假陈述而造成的诉讼障碍甚至冤假错案不断发生。这是其一。其二，《刑事诉讼法》第二章第二节以6个条文规定了“讯问犯罪嫌疑人”制度，而只是在第100条规定，询问被害人适用询问证人的各条规定。这不仅导致司法实践中公安司法机关普遍将被害人作为普通证人进行询问，而又无法适用证人作证的保护措施，不利于保障被害人人权，而且容易导致被害人在陈述案件事实方面受到歧视。第三，立法没有针对被害人在侦查期间作证陈述的“易受害性”规定一些特殊措施，以保护被害人，或者作为被害人出庭作证的替代措施，防止被害人“二次被害”。

（二）律师帮助制度

律师参与从审判阶段走向审前阶段（包括侦查程序）是域外刑事诉讼发展的共同趋势之一。我国1996年修改《刑事诉讼法》时也将律师介入刑事诉讼的时间从审判阶段提前到侦查阶段，但只是允许犯罪嫌疑人“在被侦查机关第一次讯问后或采取强制措施之日起”可以聘请律师为其提供有限的法律帮助，而忘记了被害人的同等需要。这显然是不合理的。从正当性上考量，如果说国家设立犯罪嫌疑人律师帮助制度，旨在避免他们遭受不应有的刑罚处罚，保障其人权在刑事诉讼中不被国家公权力侵犯，是一种对未然事实的预防措施，具有正当性。那么，被害人律师帮助制度是在被害人已经遭受犯罪行为侵害后，为了保障其诉讼权利的有效行使，以寻求合理的赔偿，平复其身心创伤，是一种对已然事实的补救手段，也具有正当性。另一方面，由于立法规定的不完善、不协调，即使是刑事诉讼法所规定的律师可以为犯罪嫌疑人提供的这些有限法律帮助，在司法实践中往往受到侦查机关的各种限制或刁难，律师“心有余而力不足”，有的甚至以涉嫌“律师伪证罪”而被拘捕或定罪判刑。为此，律师界早就将刑事诉讼法所规定的侦查程序中律师参与权戏称为是一个“插满鲜花的陷阱”，中看不中用，亟待立法进一步完善。

（三）知情权保障

犯罪嫌疑人、被害人知情权是指犯罪嫌疑人、被害人获得与自己有关的案件信息的权利，包括了解他们在诉讼中的作用、诉讼的范围、时间、进度，以及公安司法机关对案件的处理情况等。心理学规律揭示，一个人对自己所关心的事情不知情，就容易产生各种猜测，从而影响自己的言行举止及正常生活。被害人作为犯罪行为的直接受害者和控方当事人，他们与犯罪嫌疑人一样，有权了解诉讼的进展情况，以便采取相应的对策，这是被害人程序性主体地位的体现。联合国《为犯罪和滥用权力行为被害人取得公理的基本原则宣言》第6条（a）要求各成员国让被害人了解他们的作用以及诉讼的范围、时间、进度和对他们案件的处理情况，在涉及严重罪行和他们要求此种资料时尤其如此，以便利司法和行政程序来满足被害人的需要。美国1982年《被害人和证人保护法》规定，检察官对联邦刑事案件的处理情况（包括撤销案件），应当与被害人及其家属协商。美国学者认为，“刑事司法有赖于被害人的告发与作证，因此必须保证被害人不被司法体制排斥在外，而只有在制度设计上嵌入被害人对案件处理的实质影响，才能鼓励被害人参与刑事司法，实现刑事司法之功能。”《法国2000年6月15日关于加强无罪推定及被害人权利保护的法律》增加了三条基本原则作为刑事诉讼法典首条文，其中第2条规定：“司法机关在任何刑事诉讼程序中务必告知并保障被害人的权利。”为了保障被害人在侦查阶段的知情权，《意大利刑事诉讼法典》第408条、《俄罗斯刑事诉讼法典》第42条、《荷兰刑事诉讼法》第51d条都赋予了被害人阅卷权，《德国刑事诉讼法典》第406条赋予被害人通过律师进行阅卷的权利。

我国侦查程序立法受大陆法系国家影响较大，要求侦查活动通常不公开进行，这对犯罪嫌疑人和被害人知情权是极为不利的。根据刑事诉讼法规定，被害人除了与犯罪嫌疑人一样可以获得侦查机关用作证据的鉴定结论以外，只有通过被动地接受询问了解案件信息，对于侦查机关撤销案件、强制措施的采取、变更和撤销等，都无从知晓。由于被害人对案件进展情况一无所知，他们对于侦查机关的侦查行为和侦查措施的采取也没有发言权。而犯罪嫌疑人不仅可以通过随时接受讯问了解诉讼进展，而且可以聘请律师提供法律帮助获得案件信息，其知情权的保障方式明显好于被害人。况且，在司法实践中，据笔者调研所知，绝大多数侦查机关往往以各种理由拒绝履行告知鉴定结论的义务。在少数情况下，只有当鉴定结论有利于控诉方时，侦查机关才予以告知。这就使得犯罪嫌疑人和被害人在侦查程序中仅有的一个知情权保障途径都不畅通。如果说犯罪嫌疑人对某些案件信息不知情可能还有利于侦查工作顺利进行，那么，被害人不知情则可能导致他们对侦查活动产生各种猜想，逐渐丧失与公安司法机关合作的信心，甚至被犯罪分子所利用而实施危害社会的行为。2008 年 6 月 28 日，贵州省瓮安县发生“打砸抢”事件，造成严重财产损失和恶劣的社会影响，其主要起因就是被害人对公安机关的法医鉴定结论不知情，并被某些犯罪分子利用。

（四）取保候审和监视居住义务规定

取保候审和监视居住作为两种非羁押性人身强制措施，既可以基本保障犯罪嫌疑人的人身自由，又可以保证犯罪嫌疑人随传随到。这对于保障犯罪嫌疑人人权和侦查活动的顺利进行都是有益的。根据《公民权利和政治权利国际公约》第 9 条第 3 项后半段规定，等候审判的人受监禁不应作为一般原则，但在释放时可以附加必要的条件，要求其在审判时或司法程序的其他诉讼阶段出庭，或者在案件需要的情况下于执行刑罚时到场。然而，犯罪嫌疑人处于非羁押状态，可能通过各种途径对被害人及其近亲属进行威胁、恐吓甚至伤害，危及被害人人权保障。因此，西方法治国家在决定保释的条件时，非常关注犯罪嫌疑人与被害人人权保障的平衡。在美国联邦司法系统，根据《1984 年保释改革法》规定，司法官在决定释放在押犯罪嫌疑人时，可以附加能够合理地保障被释放人将按照要求出庭并且不会对任何其他人和社会的安全构成威胁的一项或数项条件，其中之一就是不得与本案被害人有任何接触。如果犯罪嫌疑人很可能威胁、伤害、恐吓被害人或者试图威胁、伤害、恐吓被害人的，经过听审程序后司法官认为没有哪一项或哪几项条件能够保证他不会对被害人构成危险的，可以命令羁押，不予保释。根据《德国刑事诉讼法典》第 112 条第 2 款第 3 项（b）规定，如果根据一定的事实认为犯罪嫌疑人的行为具有以不正当方式向被害人施加影响的重大嫌疑，并且由此将导致难以查明事实真相的危险，即构成待审羁押的理由。《日本刑事诉讼法》第 89 条规定，如果有合理的理由足以相信犯罪嫌疑人可能会加害于被害人的身体或损坏其财产，或者对被害人实施威胁行为时，法官可以拒绝保释。而且，作为保释的条件，法官有时还会命令犯罪嫌疑人不得与被害人联系。

我国刑事诉讼法虽然将取保候审和监视居住规定为羁押的替代性措施，但是该法第 56 条和第 57 条所规定的被取保候审或监视居住的犯罪嫌疑人在取保候审、监视居住期间应当遵守的义务却没有保护被害人的要求，导致实践中被害人或其近亲属常常遭到被取保候审或监视居住的犯罪嫌疑人侵扰、威胁、恐吓甚至伤害，不敢作证或参与其他诉讼活动，这显然没有考虑到犯罪嫌疑人人权保障与被害人人权保障的平衡，需要立法补充完善。

（五）刑事案件撤销制度

刑事案件撤销，是指在侦查过程中，侦查机关发现不应当对犯罪嫌疑人追究刑事责任或有其他法定理由时，依法终结侦查并终止刑事诉讼的一项诉讼制度。刑事案件撤销导致刑事诉讼程序终结，虽然可以将犯罪嫌疑人及时从讼累中解脱出来，但可能使某些被害人的正当追诉请求落空，被害人再次受害。从被害人视角看，我国刑事案件撤销制度完全是由侦查机关按照行政程序作出一个刑事决定的过程，既剥夺了被害人的知情权、参与权，又限制了被害人获得救济权，有悖程序公正的基本要求，也与现代法治国家的共同做法不符。《意大利刑事诉讼法典》第 408 条至第 410 条规定，检察官因犯罪消息不属实而向法官提出撤销案件要求时，应当以书面形式通知被害人。被害人可以在10日内查阅有关文书，对撤案要求提出异议，并提出补充侦查事项和有关证据材料，要求继续进行初期侦查。如果法官不接受检察官撤案要求，他可以确定合议讨论案件的日期，在检察官、犯罪嫌疑人和被害人共同参加下，依照法定程序进行合议后，再做出撤案决定、继续侦查决定，或者裁定检察官提出指控。《法国刑事诉讼法典》第175条及第175—1条规定，如果预审法官认为侦查已经结束，应当立即通知犯罪嫌疑人、被害人及其律师。犯罪嫌疑人和被害人有权阅读案卷复印件并发表意见。2002年《俄罗斯刑事诉讼法典》第213条规定，如果依照本法典规定只有经刑事被告人或被害人同意允许终止刑事案件，则终止刑事案件或终止刑事追究的决定应当反映刑事被告人或被害人已经表示意。

为了解决被害人“告状难”问题，我国1996年修改《刑事诉讼法》时专门增设了“公诉转自诉案件”，通过赋予被害人对侦查机关撤案决定不服提起自诉，来加强对撤案权的制约。意图强化被害人保护的立法初衷无可厚非。然而，刑事诉讼法在建立被害人对侦查机关不立案的监督机制和对检察机关不起诉的制约机制时，没有增设被害人对侦查机关撤案决定不服的监督制约机制，《公安机关办理刑事案件程序规定》和《人民检察院刑事诉讼规则》也无任何补充。这样，刑事撤案仍然由侦查机关（主要是公安机关）“独家经营”，被害人游离于撤案程序之外，如果被害人对侦查机关撤案不服，只能通过自诉程序寻求救济。然而，从司法实践来看，撤案主要有三种情形：一是疑案撤案，二是无犯罪事实或行为不构成犯罪撤案，三是虽构成犯罪，但不应追究刑事责任撤案。无论是哪种情形，既然侦查机关已经做出撤销案件的处理决定，被害人要想以个人力量提供足够证据证明被告人的罪行，以达到人民法院的立案标准或者有罪判决的证明标准，其难度可想而知。实践中，也极少有被害人通过这种途径获得救济。

三、实现侦查程序中犯罪嫌疑人与被害人人权保障衡平的路径

美国学者指出：“正义适用于被告，同样也适用于原告。公平的概念不能被曲解，我们的目的是维持原告与被告之间真正的平衡。”换言之，正义并不是犯罪嫌疑人、被告人的专利，被害人也有寻求正义的权利；刑事司法制度应当保障被害人和犯罪嫌疑人、被告人双方的“正当程序权”，而不是厚此薄彼；公平正义的真谛在于兼顾犯罪嫌疑人、被告人和被害人双方的利益并且力争使之平衡。笔者认为，实现我国侦查程序中被害人人权保障与犯罪嫌疑人人权保障的动态平衡，应当根据被害人权利与犯罪嫌疑人权利相互之间是否存在直接冲突关系，分别采取相应的对策。受我国当前社会、经济条件的限制，在有关配套制度还没有健全以前，可以先易后难，分阶段逐步推进。具体设想如下：

（一）完善立法规定

程序法定原则与罪刑法定原则是现代法治国家刑事法律的两大基石，也是实现刑事司法人权保障的基础。实现侦查程序中犯罪嫌疑人与被害人人权保障的平衡首先要求从立法层面上作出原则规定，然后才能便于司法实践中执行。意大利1999年在《宪法》第111条增加了“正当程序”原则，适用于所有司法程序，要求一切诉讼都必须遵循程序的正当性和诉讼权利的平等性。《法国2000年6月15日关于加强无罪推定及被害人权利保护的法律》专门增设的《法国刑事诉讼法典》典首条文第1条规定：“刑事诉讼程序应当是公正的、对等的程序，应当保障各方当事人的权利平衡。”就完善我国立法规定而言，笔者认为应当注意以下四点：

第一，努力争取犯罪嫌疑人、被告人权利宪法化与被害人权利宪法化同时实现。自从美国1983年“总统犯罪被害人特别工作小组”最终报告提出以来，将被害人权利与犯罪人权利一样在宪法中作出明确规定，从而使得被害人权利宪法化，已经成为世界上许多国家的共同做法。虽然美国联邦被害人权利宪法修正案至今还未获得国会批准，但美国已经有33个州通

过了各自的宪法修正条款，赋予被害人许多宪法性权利。1987 年《韩国宪法》第 27 条和第 30 条分别规定了被害人出庭陈述（作证）权和获得国家救助权。1993 年《俄罗斯联邦宪法》第 52 条规定，“犯罪被害人权利受法律保护。国家保障被害人向司法机关提出请求和损失得到赔偿的权利。”我国宪法基本上支持对被害人人权与犯罪嫌疑人人权实行平等保障，只是侧重于犯罪嫌疑人人权保障。因此，我们在讨论实现犯罪嫌疑人、被告人权利宪法化时，应当保持一种平衡理念，充分考虑到被害人人权保障的同等需要，将被害人获得赔偿权、知情权和陈述意见权确认为被害人的宪法性权利，努力争取犯罪嫌疑人、被告人权利宪法化与被害人权利宪法化同时实现，从而为立法和司法实践中保持犯罪嫌疑人、被告人和被害人人权保障平衡提供宪法依据。

第二，在《刑事诉讼法》中增设“任何人不受强迫自证其罪原则”，并在侦查讯问（询问）制度设计中加以具体化。作为国际刑事司法准则的“底线正义”之一，“任何人不受强迫自证其罪原则”已经得到当今世界绝大多数国家的法律确认，它与无罪推定原则一起构成了侦查讯问（询问）过程中犯罪嫌疑人、被害人权利保障的屏障。为了改善我国侦查程序中犯罪嫌疑人、被害人人权保障的状况，维持双方实质平等，刑事诉讼法应当废止犯罪嫌疑人的“如实供述”义务，确立和增设“任何人不受强迫自证其罪原则”，将是否陈述和是否提供不利于己的陈述作为一项权利赋予犯罪嫌疑人、被害人，由其作为独立的意思自治的主体，运用自己的“自然理性”作出选择，并承担相应的法律后果。同时，将犯罪嫌疑人同意陈述作为讯问启动的前提条件，从制度上避免出现讯问程序可以被随意启动的现象。

第三，借鉴域外国家（地区）做法，完善取保候审的义务规定，将禁止以各种形式接触或采取威胁、恐吓、伤害等手段侵扰被害人及其近亲属，或者干扰被害人作证规定为获得取保候审的犯罪嫌疑人的法定义务，以保护被害人及其近亲属不受取保候审的犯罪嫌疑人的不当干扰。违反此项义务者，应当变更强制措施。

第四，在《刑事诉讼法》第二编第二章增设专节，根据侦查程序中“被害人作证”的特殊性，将“询问被害人”与“讯问犯罪嫌疑人”、“询问证人”一样，单独作出规定，增设若干特殊询问方式和援助、保障机制，有效预防被害人在侦查询问过程中“二次被害”。

（二）转变执法观念

由于“所有的侦查措施都会不同程度地损害公民的人权”，因此，要实现侦查程序中犯罪嫌疑人与被害人人权保障的平衡，侦查机关及其工作人员在侦查取证过程中应当转变那些落后的观念，改变某些不良的习惯，包括在侦查程序中，一方面应当破除“官本位”思想，增强“民本位”思想和人权保障意识，主动履行告知义务，在不妨碍侦查的前提下，切实保障犯罪嫌疑人、被害人的知情权，为犯罪嫌疑人、被害人行使权利创造条件。我国《刑事诉讼法》第 121 条虽然规定侦查机关应当将用作证据的鉴定结论告知犯罪嫌疑人、被害人，但没有明确应当承担告知责任的人员、告知期限、告知方式、告知范围、告知对象、不履行告知义务的法律后果以及犯罪嫌疑人、被害人获得鉴定结论的途径、申请补充鉴定或重新鉴定的程序和救济机制等。公安机关、人民检察院可以通过规范性文件作出细化规定，要求有关侦查人员在执法过程中应当根据个案特点能动执行，以充分保障犯罪嫌疑人、被害人对鉴定结论的知情权和异议权的实现，避免凭借一些存在明显争议甚至错误的鉴定结论作出侦查终结的决定。这是其一。其二，对于《刑事诉讼法》第 64 条和第 71 条第 2 款所规定的拘留和逮捕犯罪嫌疑人后的通知义务，原则上只要不严重妨碍侦查的进行，侦查机关应当积极采取有效措施，在 24 小时内将拘留、逮捕的原因和羁押的处所及时通知犯罪嫌疑人的家属或者他所在的单位，而不能简单地以通知“有碍侦查”为由让犯罪嫌疑人突然从地球上消失，使其家属四处寻找。如果经过各种努力确实无法及时通知的，应当有完整的记录。其三，对于某些对犯罪嫌疑人、被害人权利有重大影响的侦查行为和侦查措施的采取，在不严重妨碍侦查目的实现和条件允许的前提下，侦查机关可以通知犯罪嫌疑人、被害人及其委托的辩护人、诉讼代理人到场，这不仅可以有效保障犯罪嫌疑人、被害人的知情权，而且可以监督侦查权合法有效地行使，增强侦查结果的公信力和可接受性。其四，对于有被害人的案件，侦查机关应当及时告知被害人提起附带民事诉讼的权利及方式，并且将收集有关被害人损害赔偿方面的证据作为侦查取证的重要内容之一，必要时采取有效措施保障被害人损害赔偿权尽早实现。其五，立法应当完善违法侦查的程序性制裁机制，将侦查机关故意不履行法定的告知义务界定为一种程序性违法行为，根据不同情节规定相应的程序性制裁。

（三）创新制度设计

实现犯罪嫌疑人与被害人人权保障的平衡，修改完善现有法律制度是很有必要的。但如果现行制度经过实践证明确实无法实现立法的宗旨，废除该制度并且根据我国刑事司法体制进行必要的制度创新，显得更有价值。笔者认为，这主要包括以下两个方面：

第一，废除“公诉转自诉”制度，借鉴德国、日本和我国台湾地区的做法，增设“强制起诉”制度，为被害人不服侦查机关撤案决定提供救济。[②]第二，增设轻微刑事案件和解撤案制度，满足司法实践的需要。一方面，有利于最大限度地保护当事人的意思自由，及时解决纠纷，化解矛盾，符合我国构建社会主义和谐社会的要求；另一方面，还可以节省司法资源，提高诉讼效率，降低诉讼成本。

（四）增强防御能力

根据前文的分析，在侦查程序中，犯罪嫌疑人与被害人人权都可能遭到因滥用侦查权导致的侵害。而预防侵害最有效的办法就是增强他们自身的防御能力。在我国，可以考虑从两个方面分别增加犯罪嫌疑人和被害人的防御能力。

第一，完善侦查阶段律师帮助制度。一方面，应当根据联合国刑事司法准则和我国修改后《律师法》有关规定，完善犯罪嫌疑人律师帮助制度，包括：（1）明确律师在侦查阶段的“辩护人”身份，允许犯罪嫌疑人自被第一次讯问或采取强制措施时起委托律师担任辩护人；（2）在特定案件中为犯罪嫌疑人提供免费的法律援助；（3）适当扩大律师在侦查阶段的权利，提高律师保护犯罪嫌疑人的能力；（4）强化侦查机关保障辩护权利的义务，并确立侵犯律师帮助权的救济程序。[④]另一方面，应当根据联合国《为犯罪和滥用权力行为被害人取得公理的基本原则宣言》和我国《法律援助条例》相关规定，赋予被害人获得律师帮助权，明确规定被害人在侦查程序中可以委托律师作为诉讼代理人提供法律帮助，诉讼代理人享有与辩护人基本相同的诉讼权利，履行对等的诉讼义务，并且建立相应的救济程序，保障被害人律师帮助权得以有效实现。

第二，增设陪伴人制度，允许犯罪嫌疑人、被害人在接受讯问（询问）、进行人身检查等重要侦查行为时选择适当的陪伴人在场陪同。陪伴人应该是那些能够给犯罪嫌疑人、被害人以安定感，能够缓解其不安和紧张情绪的人，同时，陪伴人不能妨碍侦查人员、法官或诉讼参与人对犯罪嫌疑人、被害人的讯问（询问）或检查，不能对犯罪嫌疑人、被害人陈述的内容给予不当影响。陪伴人既可以是犯罪嫌疑人、被害人的父母、律师、学校的老师、精神病医生、心理医生或他们选择的其他适当成年人。为了增强犯罪嫌疑人、被害人在侦查阶段的防御能力，同时增强立法的可操作性，我国《刑事诉讼法》第14条第2款应当修改为：“如果犯罪嫌疑人、被告人或被害人认为在接受讯问（询问）、进行人身检查等重要诉讼行为时其权利可能受到侵害，他有权申请要求一位适当成年人在场陪同。该申请由公安司法机关审查决定。”而且，除非确有证据证明陪同人在场妨碍侦查，公安司法机关原则上不得拒绝。

总之，人权作为人之为人所应当享有的基本权利，其本身没有高低贵贱之分。侦查程序中保障被害人人权和保障犯罪嫌疑人人权具有同等价值。实现侦查程序中犯罪嫌疑人与被害人人权保障的动态平衡，是联合国刑事司法准则和世界各国（地区）侦查程序改革所追求的共同目标之一。根据我国《宪法》第33条第3款关于“国家尊重和保障人权”的规定，我们在研究侦查程序、实施侦查措施时，应当坚持平衡论原则，努力实现犯罪嫌疑人人权保障与被害人人权保障合理的、适当的平衡。

参考文献：

①［日］宫泽浩一，田口守一，高桥则夫．犯罪被害人研究［M］．东京：日本成文堂株式社，1996：125.

②［德］拉德布鲁赫．法学导论［M］．米健，朱林，译．北京：中国大百科全书出版社，1997：122.

③孙长永．沉默权制度研究［M］．北京：法律出版社，2001：110.

④KarEnL. KEnnard，ThEvictim' s VEto：Away toIncrEas EVictim Impact on Criminal CasE Dispositions［J］. California Law REviEw，Vol. 77，No. 2（Mar.，1989）. p. 425.

⑤Tamashita TErutoshi. 日本的起诉制度［G］//樊崇义．刑事审前程序改革与展望．北京：中国人民公安大学出版社，2005：748.

⑥［美］本杰明·卡多佐．司法过程的性质［M］．苏力，译．北京：商务印书馆，1998：25.

⑦［德］托马斯·魏根特．德国现代侦查程序与人权保护［G］//孙长永．现代侦查取证程序，北京：中国检察出版社，2005：339.

（《现代法学》2010年第6期，孙长永系西南政法大学诉讼法与司法改革研究中心教授、博士生导生；兰跃军系重庆工商大学法学院副教授）

中国的人权事业与非政府组织发展

■王齐彦　江治强

非政府组织是发展现代人权事业的一支重要力量，在以政府为主体的人权保护工作中发挥着不可或缺的重要补充作用。我国宪法明确规定“国家尊重和保障人权”，党的十七大又重申这一法定原则，要求依法保证全体社会成员平等参与、平等发展的权利。发展中国的人权事业，在发挥好政府主导作用的同时，必须充分运用非政府组织的自身优势，发挥其维护和发展公民生存权和发展权、服务社会的积极作用。

一、非政府组织及其在中国的发展

非政府组织（NGO）起源于19世纪欧洲的慈善组织和民间结社。联合国最早提出并使用“非政府组织”术语，在1950年的联合国宪章中，非政府组织是指在地方、国家或国际级别上组织起来的非营利性的、志愿性的公民组织。这是当时对此类社会组织作出的权威界定。20世纪80年代以来，随着西方福利国家制度的危机日渐加剧和新公共管理运动的兴起，非政府组织作为一种重大的组织创新和制度创新，因其具有有别于政府和市场的“第三种力量”而得到了西方国家的普遍重视，围绕非政府组织的相关研究也不断增多。但是，由于非政府组织的活动领域十分广泛，各类非政府社会组织形式各异，加之不同国家、不同地区因政治、文化传统、语言习惯不同，为其发展所设置的空间维度差异，在一定程度上影响了人们对非政府组织的概念、内涵与外延的认识。目前，学术界对非政府组织仍然没有一个统一的称谓，有非营利组织、第三部门、志愿组织等多种提法。为定义这类组织，人们通常是以属性描述的方式来界定，美国非政府组织领域的权威、约翰—霍普金斯大学萨拉蒙（LesterM. Salamon）教授认为凡是具有组织性、民间性、非营利性、自治性、志愿性、公共性等特征的社会组织都属于非政府组织，而不论其具体的称谓如何。因此，较普遍的观点认为，非政府组织是独立于主权国家政府之外的非营利性的民间志愿性团体。对照这种定义，通过对属性的认识，我们就可以较为科学地对我国非政府组织作本质性的判定。

我国自20世纪90年代以来，随着西方公民社会理论的传播以及体制改革的深入，在“小政府—大社会”背景之下，社会组织逐渐纳入政府培育和发展的政策视野，与以往相比获得了空前发展，成为研究的一个新的热点领域。从属性特征和产生根源上看，我国的社会组织与国外和理论界所称谓的非政府组织具有一些共同的本质属性，其产生的社会原因与西方国家也有着相似的社会政治背景，既是中国从计划经济向市场经济、从农业社会向工业社会转变，传统的单一社会结构被打破，多元复合型社会结构出现新的裂变的结果，也是随着政治体制改革和政府职能转变的不断深化，传统的国家和社会高度统合的格局逐渐解体，国家政权从民间社会领域适当退出，社会自主活动空间进一步拓展，民间自由流动资源重新分化组合的结果。尽管，在我国使用“非政府组织”这种表述还主要存在于学术界，官方则采用社会组织、民间组织、社会团体等提法，事实上，透过对中国社会组织基本属性的研究，从非严格意义上讲，我国境内的社会团体、民办非企业单位、基金会等社会组织是中国非政府组织的主体，这些组织都不以营利为目的，既有别于政府部门的行政性特征，也不同于企业组织的逐利性本质，他们介于“政府”与“企业”之间，一般具有正式的组织形式，具有一定的民间性、自治性、非营利性等特征或这些属性的某些方面。具体而言，社会团体是由我国公民自愿组成，为实现会员共同意愿，按章程开展活动的非营利性社会组织；民办非企业单位是由企事业单位、社会团体和其他社会力量以及公民个人利用非国有资产举办的，从事非营利性社会服务活动的社会组织；基金会是指利用自然人、法人或者其他组织捐赠的财产，以从事公益事业为目的，按照基金会管理条例成立的非营利性法人。近5年来，我国社会团体由14.2万个发展到21.2万个；民办非企业单位由12.4万个增加至17.4万个，基金会由904个发展到1340个。

表一：近五年来社会团体、民办非企业单位总量及增长表

指　标	2003年	2004年	2005年	2006年	2007年
社会团体（万个）	14.2	15.3	17.1	19.2	21.2
民办非企业（万个）	12.4	13.5	14.8	16.1	17.4
社团年增长率（%）	6.8	7.7	11.8	12.3	10.4

*数据来源于2007年民政事业发展统计报告

此外，我国社会当中还存在大量民间的草根社会组织，他们由基层社会成员自发成立，普遍规模较小、组织机构不够健全，有些尚不具备在政府部门依法注册登记的资格，也是中国非政府组织的重要构成。当前中国的非政府组织已广泛活跃在科技、教育、文化、卫生、劳动、民政、体育、环保、法律、社会服务、经济服务等社会生活的各个领域，为人民群众参与经济、政治、文化、社会生活提供了重要载体和途径。

二、中国非政府组织在人权保护中的作用

随着非政府组织的蓬勃发展，人们开始越来越多地注意非政府组织在社会发展中的作用。从人权保护的角度看，作为政府与市场之外的第三种机制和力量，非政府组织在促进和保护人权方面有着特殊的优势，一方面有非政府组织参与的人权保护机制，可以动员社会资源为政府提供必要的辅助性支持，在政府行政手段之外，为公民提供了其他合法的人权诉求和保护途径；另一方面，非政府组织有助于整合和反映社会成员的权利诉求，规范公民的权利诉求行为，并在公民权利诉求与政府回应之间提供必要的缓冲与过渡，有助于提高政府的人权保护效率。在当今国际人权保护领域，非政府组织参与人权保护已成为一种世界性趋势，是当代国际人权保护运动的一个显著特点，有观点认为非政府组织与政府间人权组织、当地政府一道构成了一个全球性的人权保护机制。中

国作为一个发展中国家，历来十分重视公民的人权保护，在发挥政府主导性作用的同时，一贯积极倡导和引导非政府组织投身于人权发展事业，各类非政府组织在以公民基本生存权和发展权为核心的人权保护事业中发挥了积极作用。

第一，积极支持扶贫救助，促进了贫困群体基本民生的解决。生存权是我国政府所强调的首要的基本人权，它是指在一定社会关系中和历史条件下，人们应当享有的维持正常生活所必需的基本条件的权利。通过实施扶贫战略和社会救助，妥善解决城乡困难群众的基本生活问题，让人民群众共享经济社会发展成果，是我国保护人的基本生存权的一项重大任务。随着我国社会救助体系建设的加快推进，城乡居民基本生活的最后一道保障网已基本编织成形，全国已有6000多万城乡贫困居民的基本生活纳入政府救助制度，有510多万孤老、50多万孤儿获得了政府和社会的供养和教养，年均数千万人次的灾民和愈百万人次流浪乞讨人员得到了及时救助，低保边缘群体、特殊困难群体、下岗失业人员也得到了政府和社会的普遍扶持和关爱。在政府主导之下，中国的贫困人口持续减少，在一个具有十三亿人口的发展中大国基本解决了温饱问题。这些基本民生保障成就的取得与非政府组织的积极参与和大力支持是分不开的。以中国扶贫基金会、中国红十字基金会、中华慈善总会以及各地慈善会等慈善公益类非政府组织为代表，在改革开放以来国家整体推进扶贫开发和社会救助工作中，坚持公益性宗旨，充分发挥各自的专长，利用自身在动员力量、整合资源、扩大服务等方面的优势，积极支持和配合政府实施改善城乡贫困群众生活的有关民生政策措施和救助行动。一是非政府组织植根于社会基层，通过调查和了解社会成员的实际困难，进而设计相应的扶贫和救助项目，整合民间的资源，对政府的救助工作提供了重要辅助。我们发现，由非政府组织组织实施的一些扶贫项目，一般机制灵活、目标明确，有效弥补了一些政府项目难以向贫困边远地区延伸的不足。同时，国内非政府组织积极开展国际交流，既引进了国外组织的大量扶贫资金，也为政府的扶贫救助工作注入了新的理念和活力。二是非政府组织充当了社会资源转移的媒介，通过公益人文理念的宣传，实现了社会资源的筹集，壮大了全社会用于贫困救助的资金、物资规模。近些年来，每当境内外发生自然灾害，总会有非政府组织开展的赈灾捐款活动。以中国红十字会为例，作为我国社会救助半官方性质的非政府组织自建会以来，一直从事救助难民、救护伤兵和赈济灾民活动，形成了红十字会系统的备灾救灾中心和物资供应站网络，在四川汶川地震赈灾中，全国红十字会系统紧急投入到抗震救灾斗争，面向境内外全力募集捐赠款物人民币158.4亿元，并派出救援队及时赶赴灾区提供医疗卫生救助，为保障灾民基本生活、维护灾区社会稳定作出了显著贡献。三是我国农村中涌现出了10多万家农村专业经济协会，它们涉及农、林、牧、副、渔等产业，涵盖农产品的生产、加工、销售和技术信息服务等诸多领域，已逐渐成长为帮助政府扶持农民脱贫致富的有力帮手。

第二，广泛参与慈善公益事业，促进了公民发展权的维护。发展权是生存权的延伸，它的内涵比较宽泛，一般包含个人有权参与、促进并享受经济、社会、政治、文化发展方面的权利。国际人权文书曾对个人应当享有的发展权作出过系统性概括，从非政府组织参与的公民发展权的保护来看，我国的非政府组织涉及了包括特定群体的发展权、关注公民生存环境和发展条件的发展权等诸多方面。一是参与慈善助弱。孤儿、老年人、残疾人等社会成员构成了社会当中的弱势群体，非政府组织一直给予了高度的关注，并为其提供人道主义的扶持和帮助，以保证他们的正常发展权。在这方面中华慈善总会的作用十分显著。作为中国最大的慈善公益组织，近年来，中华慈善总会利用其分支机构遍布城乡的组织优势，广泛开展了救灾、扶贫、安老、助孤、支教、助学、扶残、助医等慈善项目，如为唇腭裂残疾青少年实施康复手术的“微笑列车”项目、解决贫困青少年入学问题的“慈善助学”工程、资助孤儿的“爱心助孤工程”、帮助老人的“慈善助老工程”等都发挥了显著作用。据统计，中华慈善总会自成立以来累计募集慈善款物达50多亿元，已为数千万计的困难群众提供了不同形式的救助和帮扶。二是支持发展教育事业。保障贫困儿童的受教育权是中国非政府组织活动的重要方面。中国青少年基金会从1989年开始实施了10年的希望工程，共接受海内外捐款10多亿元，资助失学儿童250多万名，累计建设希望小学9000余所；中国儿童少年基金会推出并实施了“春蕾计划”、“安康计划”、“中国儿童慈善活动日”等项目，整合了更多的社会资源投入儿童教育事业。此外，中国扶贫基金会、中华慈善总会和地方慈善会等组织也都通过不同渠道和方式资助贫困学生和贫困地区的教育事业，国外的非政府组织也有大量的资金投入。三是参与环境保护。中国目前已有2000多家环保非政府组织，它们积极向社会发出环境保护倡议，组织各类环境保护活动，向政府部门决策部门提供环保政策建议，推动了资源节约型、环境友好型社会的建设。环保类非政府组织的行动已经初步显示了其在环境保护和生态维护方面的能量和作用。

第三，反映社会诉求，培育公民意识，促进了社会自治功能的增强。大力发展基层民主、保障人民群众依法管理公共事务是推进社会主义民主政治的基础性工程。现代社会的民主政治培育，离不开以非政府组织为纽带和桥梁，引导公民在自我管理、自由结社的社会生活中渐进形成。非政府组织的发展不仅为民主价值观念的培育提供了新的载体，也有利于公民社会的培育和发展，对于发展社会的基层民主有着直接而重要的影响。随着我国非政府组织的不断成长，它们在反映群众合理诉求、规范行为、维护社会秩序，进而促进社会自治方面的作用日益得到提高。一是非政府组织在一定程度上有利于整合和集中表达民意，并通过有序和合法方式将某些社会成员的利益诉求及时而理性地向政府传递，拓展了公众参与基层民主的渠道和途径。一些社会组织直接来自于社会基层，能够深入群众，了解社会群体的不同需求，并使之成为一种团体性诉求，代表所属群体利益促进下情上达；作为桥梁纽带身份，能将党和政府的方针政策上情下达，促进了不同群体利益的协调和对话。二是一些非政府组织一方面承接政府转移出的部分职能，积极服务于社会，另一方面也参与对政府行为的监督，影响政府多方面的决策，在公共事务中发挥了参谋咨询、监督等作用，已逐渐成为推进基层民主不可或缺的重要力量。三是非政府组织的活动为公民提供了直接的民主参与实践，促进了民主观念和公民精神的培养。一些非政府组织突出会员参与的志愿性，强调组织管理的自律性，追求行为目标的公共性，在社会成员当中促进了公民精神的形成，唤醒了公众的参与意识，为进一步发展中国的基层民主奠定了重要社会基础。同时，非政府组织内部的民主选举、民主决策、民主管理，也提高了群众认知和掌握民主规则、选举程序以及自我管理的能力，从而促进了中国基层民主政治的发展。

总之，在高度关注人权发展的当今中国，非政府组织伴随其自身的不断发展壮大，参与人权保护的领域正不断拓展，在人权保护工作中所起的作用正不断增强，它们在人权事业中的地位和作用是不可或缺的。

三、促进中国非政府组织发展的几点思考

由于我国非政府组织的发展历程较为短暂，所处的外部制度环境需要较长时间的建设，一些组织还存在管理与自律机制不健全、社会公信度低、非营利性不足等问题，与发达国家相比，非政府组织发育程度尚处于初级阶段，这些不足和制约因素限制了非政府组织在人权保护方面积极作用的充分发挥。与此同时，由于人权问题往往具有政治性和敏感性，特别是在政治权方面，非政府组织参与其中有可能是一把“双刃剑”，既能够发挥积极作用，也可能因疏于监管而引发社会矛盾、破坏社会秩序，造成负面影响。因此，我们要坚持培育扶持与依法监管相结合的原则，通过有效的扶持政策和措施为非政府组织加快发展提供有力的支持；通过加强监督管理力度，整合行政和社会两种监管机制，促进非政府组织自律、诚信，让非政府组织在宪法和法律法规约束下为公民的人权保护发挥出更大的积极作用。

一是要逐步完善法律法规。法律法规是非

政府组织发展的制度性保证。目前我国非政府组织方面的法规主要有《社会团体登记管理条例》、《基金会管理条例》、《民办非企业单位登记管理暂行条例》等三个行政法规以及相关的实施办法。立法位阶低、不配套、操作性差、覆盖不到位是现行法律制度存在的主要问题。法律法规的建设思路可从三个维度展开：从法律角度看，要考虑将不断涌现的新生社会组织纳入相关法律法规的规制之下，并按照更为细化和科学的非政府组织分类原则，逐步健全各专项性法律法规体系，为以后国家制订出台统一的社会组织法创造必要条件；要根据非政府组织的发展实际，考虑尽快健全和完善现行法律法规的空白地带与滞后方面，消除一些不利于非政府组织发展的制度性因素。在政策层面，要不断完善扶持政策。政策相比法律具有更高的灵活性，在立法条件尚不具备时，所起的作用更为直接，因此，要在非政府组织税收、财政资助、人事管理、社会保障等方面出台相关的扶持和优惠政策，为各类非政府组织发展创造良好的政策支持。

二是要加强政府的扶持培育。在目前的发展阶段中，政府支持是社会组织加快发展的重要保障。在推进行政管理体制改革、加快政府职能转变的过程中，各级政府应当及时转变观念，充分认识发展壮大社会组织对于承接政府转移职能、塑造多元社会管理主体参与社会治理的重要性，从培育社会建设合作伙伴的角度，加强对社会组织的培育扶持。为此，其一要为非政府组织让渡必要的发展空间。要推进政府职能转变，合理界定政府职能边界，采取“费随事转”、“购买服务”等方式，在法律框架内，让非政府组织在优势领域充分展现能力；要减少不必要的行政干预，支持社会组织与党政机关在办公、人、财、物方面实现脱钩，政府部门不应直接干预社会组织业务活动，保证社会组织开展活动的自主性。其二需要发挥税收优惠政策的作用。要重点制定并完善对社会组织尤其是公益慈善类社会组织的税收优惠政策。积极协调、配合财政、税务部门制定《企业所得税》及其实施条例的配套政策，形成良好的部门协调机制。同时，需要政府提供必要的财政资助。政府资助是非政府组织收入的重要来源。要进一步探索发展政府购买社会组织服务的路子，科学确定政府向社会组织购买服务的服务类别和领域，采用招投标等竞争方式，形成规范的程序和制度，建立政府对非政府组织的正常资助机制。

三是促进社会组织自身能力建设。提高社会组织自身能力的重要环节是形成能够激励和约束社会组织加强能力建设的有效机制。登记监管部门在促进社会组织能力建设方面存在着诸多着力点：在组织内部治理层面，首先要促进社会组织进一步建立和完善以章程为核心的内部管理制度，有效地发挥权力机构、执行机构和监督机构的职能作用，形成科学的民主决策机制，提升承接政府转移职能和开展活动的能力。其次要稳步开展社会组织绩效评估。要通过制订科学合理的绩效评估指标体系，针对不同类型的社会组织，综合考察其治理结构、管理运作、信息公开、社会公信度、组织绩效等若干层面，并向社会公开发布评估结果，促进社会组织自律诚信、提高组织绩效；要健全和强化信息反馈机制，畅通社会监督渠道，完善社会监督反馈网络，将公众评价纳入社会组织评估体系，形成登记管理机关与社会公众双向互动的评估机制。其三要加强党组织建设。加强社会组织中的党组织建设既可以保证党在社会整合过程中始终掌握对社会组织的领导权和控制权，有效地化解社会组织可能产生的消极不良倾向，也可以发挥党组织的特有政治优势，增强与社会组织的联系，保持社会组织的发展活力。要在社会组织中大力发展和培养党员，积极加强党组织建设，通过发挥党员和党组织的作用，确保社会组织在国家法律法规和其发展宗旨范围内开展健康有益的活动；要及时将党的主张、路线以及党和国家的各项方针、政策、重大战略传达贯彻到社会组织的活动和业务工作之中，使社会组织的发展和活动与党的根本宗旨、国家整体发展战略相协调，与人民群众的期望相一致。此外，要注重社会组织人才队伍建设。开设社会组织高等教育专业与课程，加强职业技能与业务培训，提高社会组织从业人员素质；要积极推开社会工作者资格认定及职业水平评价，推动社会组织人才走向专业化、职业化、素质化。

四是加强和改进监督管理。我国的非政府组织管理采取的是一种“双重负责、分级管理”体制，由登记管理机关与业务主管单位分工协作、共同管理。这一双重管理体制是具有中国特色的，在我国改革开放初期发挥了积极作用。但随着一些跨部门、跨地区、跨行业、跨系统的社会组织的大量涌现，以及社会组织规模的迅速扩大和活动领域的不断拓展，也暴露出一些需要解决和改进的问题，特别是，由于登记管理方面的机构设置、经费投入、人员编制、部门协调等方面的建设相对滞后，一些“重登记轻管理、重结果轻过程”的现象还时有出现，一些执法检查、监督管理的工作还面临很多困难。当前加强对社会组织的监管，必须调整双重管理体制，科学界定部门职责。应适当减少业务主管单位的职责，弱化其主管职能，主要发挥其对社会组织的业务指导作用；适当强化登记监管部门的职能，逐步充实力量，充分保障其履行社会组织的备案、登记和监管、执法等相关法定职责。要降低准入门槛，简化登记程序，使不同规模、不同类型的社会组织都能在政府的制度环境下依法注册（备案）、合法活动、健康发展。必须加强监管能力建设。通过积极争取党委政府支持、加强与财政、编制等部门的协调，逐步解决登记管理所需要的机构、人员、经费等实际困难；要突出执法队伍、工作条件的建设，为依法取缔和查处非法组织及其非法活动提供必要的工作保证；此外，要逐步解决农村社会组织登记管理机构不健全、工作手段落后的问题。必须突出信息化建设。信息化建设不仅有助于提高工作效率，也能够规范登记和年检等工作流程，有利于为社会组织和社会公众提供更加便捷的服务。要将信息化建设作为创新社会组织管理方式、登记管理机关依法高效行政的重要方面，逐步建立并推行集登记、年检、执法、涉外管理、分析决策等环节于一体的社会组织登记管理信息系统。

（《中国改革开放与人权发展30年》，人民日报出版社2009年版，作者单位为民政部政策研究中心）

政治自由及其意义的限度

——列宁的理解与启示

■徐俊忠　黄寿松

政治自由是人权理论乃至整个政治哲学中的重要范畴。但是，不同时代和不同政治倾向的人，往往对它作出不同的理解。对于这种不同，人们可以作出各自的评价，但正是这种不同才使得政治文明不断地丰富和发展。本文主要集中讨论列宁对于政治自由的理解。我们认为，列宁的理解透视出马克思主义政治思维的重要特质，应该是构建社会主义政治文明中的重要思想资源。

一

政治自由向来都是指涉人们在政治领域中的自由问题。因此，在讨论政治自由时，列宁往往把它与公民自由这一概念区分开来。他认为，所谓公民自由，指的是社会发展实现了政治领域与市民社会领域的二元化以后，公民在市民社会中所获得的自由。其具体所指是公民“在家务、私事和财产方面的自由”，如“农民和工人可以自由安排自己的家庭生活和私事，支配自己的劳动（选择东家），支配自己的财产”。（《列宁全集》第7卷，第114页）概括地说，这种公民自由主要表现为人身自由（在俄国当时还突出表现为免受地主的体罚）、婚姻自由、家庭自由、迁徙自由、财产自由等。在这里，列宁所谓公民自由实质上是指摆脱了封建专制的人们有自由做某事的权利，在一定程度是对应于建立在资本主义启蒙运动时期经典人权观念之上的第一代人权中的公民权利的（诺瓦克，第430页）。

由于公民自由是保障个人免于国家和他人的干预而自由行事的权利，它的功能主要表现在为个人与个人以及个人与国家划界，因此公民自由之于保障人的自由的实现从总体上看仍然是消极的。列宁认为，仅有公民自由还不够，还必须有政治自由。列宁指出，随着俄国资本主义的发展和商品交换的扩大，工人和农民虽然已经逐步获得了公民自由，但是俄国人民还没有政治自由："正像过去农民是地主的奴隶一样，俄国人民直到现在还是官吏的奴隶。正像奴隶制下农民没有公民自由一样，俄国人民直到现在还没有政治自由。"（《列宁全集》第7卷，第114页）因此，政治自由成为列宁为之奋斗的一个重要内容。

关于政治自由，列宁在不同场合有不同的阐释：有时在直接民主的意义上来谈论，比如，他说："政治自由"就是"以法律（宪法）保证全体公民直接参加国家的管理，保证全体公民享有自由集会、自由讨论自己的事情和通过各种团体与报纸影响国家事务的权利"。（《列宁全集》第2卷，第90页）有时在代议制民主的意义上来谈论，比如，他说："政治自由就是人民处理自己全民的、国家的事务的自由。政治自由就是人民有权选举自己的议员（代表）进国家杜马（议会）。一切法律都只应由人民自己选举的这个国家杜马（议会）来讨论和颁布，一切赋税都只应由它来决定。政治自由就是人民自己有权选举一切官吏，有权召集各种会议来讨论一切国家的事务，有权不经任何许可就可以随意印书报。"（《列宁全集》第7卷，第114～115页）他在谈及当时俄国面对沙皇专制统治的"政治自由"要求时，指出"首先要求召开人民代表会议。让人民自己在全俄各地选举自己的议员（代表）。让这些议员组成最高会议，由它在俄罗斯建立选举产生的管理机关，使人民摆脱对官吏和警察的农奴制依附，保证人民享有集会自由、言论自由和出版自由的权利！——这就是社会民主党人首先要求的东西。这就是他们的第一个要求——要求政治自由的含义。"（《列宁全集》第7卷，第117～118页）由此，我们可从如下几方面把握列宁视域中政治自由的含义：第一，政治自由的实质是人民处理全民事务和参与国家事务管理的权利。第二，政治自由的主要形式包括各种表达政治意愿的形式如言论自由、集会自由、信仰自由、结社自由、罢工自由、出版自由、选举自由等等，并均需以法律予以保障。第三，实施政治自由的政体保证是人民选举自己的代表参加国家机关，管理国家。这是近代民族国家形成以来一种普遍采用并被称为代议制的政体形式。总之，列宁视域中的政治自由主要是就公共事务领域的民主参与的意义上而言的，是保障人民参政议政的民主政治权利。

从抽象的意义上看，政治自由的要求并非始自于马克思主义。在资产阶级革命过程中，政治自由曾经是资产阶级反对封建专制制度的有力的理论武器和政治追求。俄国的资产阶级自由派也都把争取政治自由作为目标。然而，列宁视域中的政治自由有着不同于近代西方资产阶级思想家所说的政治自由的特质。

近代以来的西方政治自由概念的内涵有其与古代的政治自由概念不同的特质。古代的政治自由主要指诞生于古希腊城邦民主中的自由。它是一种参与城邦生活的自由。由于古希腊时代还不存在截然不同的公域和私域之分，还没有形成明确的个人观念，因此，古希腊不仅没有形成个体意义上的自由概念，而且古希腊政治自由的经验没有也不可能包含以个人权利为基础的个人自由。与古希腊的政治自由主要表现为参与集体行使权力、人与公民之间不存在区分的观念不同，近代以来的政治自由主要是在自由主义的民主意义上使用的。尽管它也包括参与政治事务的自由，但它的核心要义是防止任意的和无限制的绝对权力，特别是限制和防范国家的公共权力。这一点使西方的政治自由概念内含着公民权利和政治权利的双重意义。并且，西方政治自由特别强调政治自由之于其他自由的重要意义，认为要实现其他自由，就不能绕过政治自由。（萨托利，第319～328、

338～345页）相比之下，由于列宁所面临的问题首先是如何使无产阶级摆脱被剥削被压迫的命运，所以列宁的自由逻辑关注的焦点首先不是如何防范国家对个体私域的侵犯，而是如何从根本上彻底变革整个不公正的社会制度，以确保广泛的人民大众真正参与国家事务，进而使国家真正体现广大人民群众的利益。这是列宁的政治自由概念与西方政治自由概念的重要区别。也就是说，在西方自由主义民主政治中，政治自由既被理解为公民权利，又在其功能上同时被理解为政治权利。而列宁则主要强调政治自由的公共意义和政治上的意义，而较少从公民权利（为公共权力划界）的视角去看待。（诺瓦克，第431页）

二

人类政治发展的经验表明，政治自由是通过保障人民的一系列政治权利而得到具体贯彻和落实的。政治自由的特质也往往需要通过具体的政治权利的实施去实现。揭示列宁对政治自由的理解，需要具体地把握他对一系列政治权利的理解。

（一）选举权和被选举权

选举权是表征政治自由的一项带有根本性意义的政治权利，它是近代走出神权政治和封建世袭制政治以来国家政权合法性的重要保障。任何一个民主制度，如果它的政治决策不是通过召开公民大会的方式来实现，那么它就必须依赖于议会、议事会或类似机构中代表的选举，否则就有悖于民主制的政治自由及其意义的限度基本意义。因此，承接这种对于选举权的意义的理解，列宁不仅强调选举权和被选举权之于人民的重要意义，而且重点强调真正的选举应该遵循普遍、平等和直接选举等原则。他说："民主是多数人的统治。只有普遍、直接、平等的选举才可以说是民主的选举。只有根据普选制，由全体居民选出的委员会才是民主的委员会。从民主制的一般的、基本的、起码的道理出发，无疑会得出这样的结论。"（《列宁全集》第22卷，第53～54页）根据列宁对于选举权的一系列阐述，他所理解的体现民主要求的选举应该是突出以下特点的：

1. 选举应该是普遍的。虽然普遍选举权原则早在法国大革命时期就被提出来了，但是当时的妇女、仆人和其他社会地位低下的人并没有参加选举的机会。因为在当时的资产阶级思想家看来，一个享受民主参与权利的人必须具有最低限度的个人成熟性，以便能够为国家承担责任，因此，那些文盲、妇女和社会地位低下者理所当然就被排除在外。可见，西方社会的普遍选举权并非一个绝对的准则，而只是一个由它们各自对民主参与的理解所决定的相对原则。（诺瓦克，第439页）列宁坚定不移地捍卫普遍选举权原则，认为这一原则意味着选举权不应只限于某些群体或阶级，而是所有人的一项基本权利。他主张不仅应该全面禁止各种歧视，而且还应该禁止基于财产、教育、信仰或种族等条件对选举的限制。普选原则不仅意味着国家有义务将选举权和被选举权交给广大的民众，而且还意味着国家有义务采取积极步骤，确保这些人能够真正行使他们的选举权。

2. 选举应该是平等的。普遍选举权涉及谁有资格或权利选举的问题，而平等的选举权原则意味着每张选票是否都具有同等的价值。这一原则主要是针对选票的平等数量价值而言的，因此，所谓等级投票制或一人多选票制，在列宁看来都违反了平等选举权的原则。

3. 选举应该是自由的。列宁认为，真正的选举还要遵循自由选举的原则。自由选举原则保护选民在形成和表达其意志的过程中不受到压力或其他不能接受因素的影响。只有各个不同的政党和候选人之间自由的即未经审查的并且不受操纵的竞选活动，特别是在大众媒体上的竞选活动，才能够保障选民意志的自由形成。自由选举原则是民主政治的重要前提。（诺瓦克，第443页）

由于口头的和公开的投票难以充分保障自由和不受影响的选举，因此，为了确保自由选举，尤其是保护少数人不受多数人的影响，列宁提倡秘密的无记名的投票原则。比如，在列宁参与起草的俄国社会民主工党纲领草案中明确规定："一切选举都采取无记名投票"（《列宁全集》第6卷，第195页）。他认为，国家应该采取积极措施保护秘密投票。

上述思想还明确体现在列宁对1905年俄国沙皇专制制度举行的杜马选举的分析中。1905年沙皇俄国爆发大规模的人民革命，迫使沙皇政府不得不作出让步，召开国家杜马。但在列宁看来，这次杜马选举的反民主的性质却是明显的：首先，杜马选举没有遵循普遍选举原则。列宁针对当时杜马选举出现的排斥穷人的状况，指出："整个的城市工人阶级、所有贫苦农民、雇农和无家可归的农民都根本不能参加任何选举。"（《列宁全集》第11卷，第174页）选举实际上成为主要是地主、资本家和一小撮富裕农民的政治游戏。其次，杜马代表的选举不是平等的。选民被分成四个选民团，即所谓的土地所有者选民团、城市（资产阶级）选民团、农民选民团和工人选民团。在这些选民团中，地主和大资本家的代表占绝对优势。再次，杜马代表的选举不是自由的。所有选举都要服从警察局的严格监视。（《列宁全集》第11卷，第174页）而对于农民户主，参与选举还要受到其他社会阶层所施与的影响。所以对于农民户主来说，只有在贵族代表、地方官和警官的监视、协助和训示之下经过四级选举的筛选，才能算作人民。（《列宁全集》第11卷，第174页）此外，杜马代表的选举也不是直接的，而是多级的。农民选举被设计为四级选举。首先户主选举乡会代表，然后每个乡会选出两名乡初选人，接着乡的初选人再选出省复选人，最后农民的省复选人才同地主和资本家的省复选人一起选出国家的杜马代表。在全部省复选人中，几乎在全国各地农民都占少数。他们得到的保证只是每省必须从农民当中选出一名国家杜马代表，就是说，在412席中农民有51席（俄国欧洲部分的51省）。列宁由此认为，尽管沙皇口头上鼓吹俄国的国家政权是居于人民的一切等级和阶级之上、高于贫富之分、代表全体人民的共同利益，但是，沙皇所说的"人民"经过特定的选举规则的筛选，实际上只是指可以参加二级选举的地主和资本家，再加上一小撮富裕的农民。（《列宁全集》第11卷，第169、173～174页）

尤其值得注意的是，列宁在十月革命后还提出了罢免权原则，进一步完善了选举权原则。列宁在1917年11月19日起草的《罢免权法令草案》中指出，必须承认和实行选举人对代表的罢免权，罢免权是民主的选举权的重要组成部分，是真正民主制的一项基本原则："任何由选举产生的机关或代表会议，只有承认和实行选举人对代表的罢免权，才能被认为是真正民主的和确实代表人民意志的机关。"（《列宁全集》第33卷，第102页）罢免权真正地体现了人民对于代表的监督，其目的是使人民的代表真正服从人民。他指出，"拒绝实行罢免权、阻挠行使罢免权以及限制罢免权的行为都是违反民主制的，是完全背离俄国已经开始的社会主义革命的基本原则和任务的"（《列宁全集》第33卷，第102页）。

（二）言论和出版自由

自由的选举活动与其他一系列选举行为相关联，比如召开选举会议、被选举人向选民游说施政构想等，因此，选举权与言论、出版、集会等权利密切相关。列宁不仅重视选举权，而且还特别关注选举权与言论、出版、集会、结社等自由的结合，认为"没有这种自由，选举纯粹是一出滑稽剧"（《列宁全集》第11卷，第174页）。列宁从参加革命时起就痛感言论和出版自由的缺失。在当时沙皇俄国极端专制的统治下，俄国人民毫无出版自由可言："一切出版物、一切报刊都处于奴隶的地位，得不到政府官吏的许可，它们就不敢刊载任何东西"（《列宁全集》第1卷，第216页），任何非官方许可的出版活动都被看成是政治罪而受到刑罚。列宁革命早期在国内从事的写作和报刊活动也不得不处于秘密状态，甚至多次被沙皇警察破获而坐牢和流放。列宁1896年在流放地起草的社会民主党最低纲领中所提出的政治自由的九条具体要求中就包括言论和出版自由。在1899年和1903年起草的俄国社会民主工党的纲领中，出版自由被列为党的奋斗目标之一。（《列宁全集》第4卷，第195页；第7卷，第427页）1903年俄国工人运动急剧高涨，自发的农民起义不断扩展，沙皇却发布诏书，要对人民的游行示威进行迫害。列宁针对这个诏书写了三点要求，其中第一条就是"要求立即无条件从法律上承认集会自由、出版自由，要求大赦一切‘政治犯’和一切教派信徒”。（《列宁全集》第7卷，第107页）列宁指出：“只要这点做不到，任何关于宽容异教、关于信教自由的言词就始终是一种毫无价值的儿戏和卑鄙的谎言。只要不宣布集会自由、言论自由和出版自由，对非官方的信仰、非官方的意见和非官方的学说横加迫害的可耻的俄国式暴虐就不会消失。”（《列宁全集》第7卷，第107页）他还鼓励俄国觉悟的无产阶级为这些自由战斗到最后一滴血。

出版是言论表达的重要方式，真正的出版自由是以思想和创作自由为前提的。因此，列宁在捍卫出版自由的同时，也高度重视思想和创作自由。他说：“无可争论，写作事业最不能作机械划一，强求一律，少数服从多数。无可争论，在这个事业中，绝对必须保证有个人创造性和个人爱好的广阔天地，有思想和幻想、形式和内容的广阔天地。”（《列宁全集》第12卷，第94页）他十分厌恶俄国专制制度下的新闻出版状况，把它斥责为“伊索式的笔调，写作上的屈从，奴隶的语言，思想上的农奴制——这个该诅咒的时代”（《列宁全集》第12卷，第92~93页）。

1917年6月列宁为党的六大所写的修改党章的材料，再次重提“信仰、言论、出版、集会、罢工和结社的自由不受限制”。（《列宁全集》第29卷，第487页）1917年9月，即十月革命前夕，列宁再次谈到出版自由：“出版自由就是全体公民可以自由发表一切意见。”（《列宁全集》第32卷，第230页）

十月革命胜利后，列宁对出版自由身体力行。尽管彼得格勒革命军事委员会查封了一些刊登临时政府号召反对苏维埃政权呼吁书的报纸，但是，其他没有参与反抗的资产阶级商业报纸和政党报纸照常出版。列宁于11月9日签署的“苏维埃政府关于查禁敌对报刊的法令”虽然指出“临时革命委员会不得不采取一系列措施以反对形形色色的反革命报刊”（《国际共产主义运动史文献史料选编》第4卷，第117页），但也要求“即使在紧急时刻，对新闻自由的限制也要限制在必要的范围内”。（《国际共产主义运动史文献史料选编》第4卷，第117页）法令宣布关闭三种类型的报刊，是出于维护新生苏维埃政权的政治需要。法令还承诺“一旦新秩序得到巩固，所有不利于报刊的行政措施都将废止；根据这方面最广泛最进步的规定，在法律责任的范围内，新闻将得到充分的自由”（《国际共产主义运动史文献史料选编》第4卷，第118页），并宣布“本法令是临时性的法令，在公众生活恢复正常后将被一项特别法令所撤销”。（《国际共产主义运动史文献史料选编》第4卷，第118页）

（三）集会、结社和工会自由

集会自由是一种特殊的、制度化的表达自由形式。集会自由的意义在于它在形成、表达和实施政治意见的过程中体现了民主的价值。结社自由和集会自由紧密相关。在《公民权利和政治权利国际公约》中，与表达自由一样，集会自由、结社自由处于公民权利和政治权利的重叠区域中。作为一项公民权利，它们保证的是：在一个人无论出于什么动机希望与他人结社或已经如此行为时，该行为面对国家或私主体的干预而受到保护。作为一项政治权利，集会和结社自由对民主的存在和运行是不可或缺的，因为人们只有在能够与他人联合成为一个政党、职业利益团体、组织或其他追求公共利益的团体的条件下，才能有效地主张其政治利益。结社自由是个人与具有类似想法的人建立一个社团或加入一个既存社团的主体性权利，它也包括一个既存社团为追求其成员的共同利益而进行活动的集体权利。组织和加入工会的自由只不过是结社自由的一种特殊情况。（诺瓦克，第368~392页）

列宁十分重视集会和结社自由这一政治权利，明确主张集会、结社和工会自由。这在由列宁起草的《关于俄国社会民主工党纲领的文件》中就有很好的体现（《列宁全集》第6卷，第194~195页）。值得关注的是，尽管西方社会在法律上规定了人们享有集会、罢工和结社自由，但从其概念中，国家并不具有提供行使这些权利所必需的物质条件的义务（诺瓦克，第368~373页）。但列宁认为，仅仅在法律上保障人民享有集会和结社等自由还不够，国家还应负有采取积极措施以确保这些权利的义务，包括允许自由使用集会场所、重新安排交通或针对政治反对者的干扰提供警察保护等。因此，列宁不仅一般地在形式上宣称这些自由，而且主张给这些自由提供物质条件。比如针对集会自由，他说："如果说过去要求保证集会权利特别重要，那么现在我们对集会权利的看法是：现在谁也不能妨碍集会了，苏维埃政权只需要提供集会用的大厅。对资产阶级来说，重要的是一般地宣布冠冕堂皇的原则，他们说：'所有公民均有集会权利，但是只能在露天集会，我们不提供会场。'而我们说：'少讲空话，多做实事。'必须夺取宫殿，不仅夺取塔夫利达宫，还要夺取其他许多宫殿，关于集会权利我们则不谈。这一点也适用于民主纲领的其他各条。"（《列宁全集》第34卷，第48～49页）

此外，列宁还高度重视宗教信仰自由的问题。他指出，宗教信仰自由问题的解决是"政治自由的必要的组成部分"（《列宁全集》第12卷，第133页），实现宗教信仰自由必须确立一个基本原则，即"应当宣布宗教信仰是私人的事情"（《列宁全集》第12卷，第132页）。依据这一基本原则，必须实行教会与国家、学校与教会的完全分离，使教会和宗教团体成为完全自由的、与政权无关的志同道合的公民联合会。同时，在这一原则的基础上，使信仰宗教和不信仰宗教都成为私人可以自由裁量的领域。也就是说，"任何人都有充分自由信仰任何宗教，或者不承认任何宗教，就是说，像通常任何一个社会主义者那样做一个无神论者"（《列宁全集》第12卷，第132页），并且他还强调："在公民中间，完全不允许公民因为宗教信仰而产生生权利不一样的现象，在正式文件里应当根本取消关于公民某种信仰的任何记载"（《列宁全集》第12卷，第132页），从而确保宗教信仰问题完全成为私人事务而归入公民个人自由裁量的空间。

三

上面的分析表明，列宁是高度重视和评价政治自由的意义的，而且其理解的政治自由的内容从总体上看是与近代资产阶级的政治要求的形式相一致的。这体现了列宁对于近代资产阶级革命的积极政治遗产的继承。但若据此把列宁的政治要求与近代资产阶级的政治自由的要求等同起来，则是错误的。实际上，列宁始终是在历史维度内去继承和肯定资产阶级的政治自由这一遗产的。

基于对俄国国情及俄国资本主义发展形势的判断，列宁一度认为资本主义是俄国社会发展的必经阶段，资本主义民主革命是社会主义革命的前夜。据此，列宁认为，争取作为表征资本主义民主革命的价值诉求的政治自由，无疑是无产阶级无法回避的历史发展过程。他说："如果认为，资产阶级革命不代表无产阶级利益，那就是十分荒谬的想法。这种荒谬想法归根到底不是陈旧的民粹主义理论，便是无政府主义的思想，前者认为资产阶级革命同无产阶级的利益是矛盾的，因此我们不需要资产阶级的政治自由，不应当参加资产阶级革命，不应当参加资产阶级议会。在理论上，这种想法是忘记了在商品生产的基础上资本主义不可避免地发展起来这个马克思主义的起码的原理。"（《列宁全集》第36卷，第154页）由于列宁一度认为，俄国的无产阶级要争得自由与解放，首先必须推翻沙皇专制制度，建立民主宪法基础上的共和国，因此，最初列宁也主要是在这个意义上（即资本主义民主革命）来肯定资本主义政治自由的。

但是同时，列宁又指出，在资本主义社会，政治自由之于无产阶级的解放虽然是必要的，但其意义却是有限的。他说："对工人的经济压迫，必然会引起和产生对群众的各种政治压迫和屈辱，使他们在精神生活方面变得粗俗和愚昧。工人固然可以多少争得一点政治自由来为自身的经济解放而斗争，但是，在资本的政权未被推翻以前，任何自由都不会使他们摆脱贫困、失业和压迫。"（《列宁全集》第12卷，第131页）可见，列宁认为资产阶级范围内的政治自由只能使工人阶级获得某种有限利益的改善，但不能够根本改变工人阶级因经济地位上的被动局面而受压迫的处境，因此，列宁明确反对无产阶级政党"将自己的阶级要求淹没在一般的民主主义词句的大海里"（《列宁全集》第9卷，第113页）。列宁曾经指出，承认资本主义在俄国经济发展中的历史作用，“与完全承认资本主义的消极面和黑暗面，与完全承认资本主义所必然具有的那些揭示这一经济制度的历史暂时性的深刻的全面的社会矛盾，是完全一致的”（《列宁全集》第3卷，第548～549页）。这里的逻辑仍然是：既要承认资产阶级政治自由较之中世纪特权制度而言的历史进步性，又要看到它始终是而且在资本主义生产资料占有制条件下对于广大贫苦大众来说不能不是狭隘的、残缺不全的甚至是虚伪的。因此，列宁指出：“对无产者来说，资产阶级社会里的争取政治自由和民主共和制的斗争，只是为推翻资产阶级制度而进行的社会革命斗争的必要阶段之一。”（《列宁全集》第9卷，第12页）

列宁对资本主义政治自由既有适度诉求，又保持审慎的批判态度。这与他对资本主义政治自由的理论特质的把握有关。作为17、18世纪资产阶级启蒙时代产物的政治自由，通常保障的是消极意义上的“免于……的自由”（freedomfrom），而不是积极意义上的“做……的自由”（freedomto），后者是人们可以不受役使、限制和干涉地自由行事的条件。消极自由的意义实际上就是为个人划定一个独立地自行其事的领域。正如以赛亚·伯林所说：“一般地，从没有人或由人组成的机构干涉我的活动的程度上来说，我是自由的。政治自由在这个意义上不过是一个人不受他人阻碍的行动领域”（转引自阿巴拉斯特，第73页），因此，“无干涉的区域越广泛，我的自由就越广泛”（同上）。这种意义上的消极自由仅仅是消除人们行动的外在社会束缚，至于人们是否具有权力或能力去实现这种自由，则不是它所要关心的问题。显然，这种消极自由顺应了新兴资产阶级反对封建专制和发展自由主义经济的要求，它主要表现为一种竞争的自由和权利，它最有利于社会的精英阶层和强势群体，因为只有他们才具有优势的权力或能力去实现在竞争中的胜利和自由。这种状况正如美国前总统罗斯福所指出的：“贫困者不是自由者”（艾德，第14页），而且，如果一味地片面强调这种自由，必然会出现强者越强、弱者越弱的局面，以致最终分裂社会，并危害到自由本身。针对这种状况，列宁曾明确指出：“充分自由，一切官吏直到国家元首完全由选举产生，这并不会消灭资本的统治，并不会消灭少数人富有和大众贫困的现象。”（《列宁全集》第12卷，第90页）正是基于对问题的这种理解和把握，列宁及其所领导的政党显然不会仅仅满足于这种消极自由的价值诉求及其阶级立场。随着列宁变俄国资产阶级民主革命为社会主义革命的观点的形成，列宁开始积极探求赋予形式的政治自由以实际的内容。列宁认为，与资产阶级一般地宣布冠冕堂皇的政治自由的原则不同，苏维埃政权不仅在原则上支持政治自由，而且为人民群众切实享有政治自由提供物质条件。他说：“重心从形式上承认自由（如在资产阶级议会制度下那样）转到在实际上保证推翻了剥削者的劳动者享受自由。例如，从承认集会自由转到把一切最好的大厅和场所交给工人，从承认言论自由转到把所有最好的印刷所交给工人，等等。”（《列宁全集》第34卷，第68页）列宁还明确指出，把各项权利从形式的规定转到实际的执行，“这一点也适用于民主纲领的其他各条。”（《列宁全集》第34卷，第49页）列宁在《关于苏维埃政权的十个要点》中明确写道：“在民主制的问题上，把重心从形式上承认资产阶级和无产阶级、穷人和富人的形式上的平等，转到使被剥削劳动居民群众能实际上享受自由（民主）。”（《列宁全集》第34卷，第67～68页）可以说，列宁所反复强调的这一思想，既充分体现了马克思主义对于近代以来西方资产阶级所主导的政治自由的褊狭性的批判，又体现了马克思主义自身所具有的政治价值向度。这种价值向度昭示于我们的是这样一个基本判断：仅仅恪守于形式上的平等权利而漠视最广大人民群众的实际权利的享有，是口是心非的、抽象而且虚伪的权利观，至少是与马克思主义风马牛不相及的。尤其是在社会出现严重的贫富悬殊以及受教育情况严重失衡的情况下，沉湎并满足于进行形式上的平等政治权利的安排与设计，是对穷人的无情嘲弄，对富人权利的实在保障。从这方面看，这种做法不仅是与马克思主义的政治价值取向相背离的，而且由于其实际上保障了富人的政治权利并失却了对穷人的政治权利的关注，它同时还具有与人类文明发展要求相冲突的性质。尽管在列宁时期及其身后，马克思主义在政治自由的实践中出现了种种挫折和困难，但是这种以实现最广大人民群众的权利享有为宗旨的政治思想，仍然是人类值得珍视的重要遗产。

参考文献：

①［英］安东尼·阿巴拉斯特：《西方自由主义的兴衰》，吉林人民出版社 2004 年版。

②［挪］艾德：《经济、社会和文化的权利》，中国社会科学出版社 2003 年版。

③《国际共产主义运动史文献史料选编》，中国人民大学出版社 1985 年版。

④《列宁全集》，人民出版社 1986 年版。

⑤［奥］曼弗雷德·诺瓦克：《民权公约评注》，三联书店 2003 年版。

⑥［美］乔·萨托利：《民主新论》，东方出版社 1998 年版。

（《哲学研究》2006 年第 2 期，徐俊忠系广州大学副校长、教授；黄寿松系中山大学副教授）

（三）经济、社会和文化权利

社会建设与人权事业

■李君如

进入 21 世纪，当代中国已经站在新的历史起点上。在坚持以经济建设为中心，统筹经济与社会协调发展的过程中，社会建设问题被提到了重要位置，人权事业的发展也呈现出新的特点。我们讲要尊重和保障人权，发展人权事业，就必须重视这些新的特点，适应这些新的特点。

社会建设问题凸显背景下的人权事业

我们要推进中国人权事业的发展，必须研究各个阶段人民群众对人权的需求；而要研究各个阶段人民群众对人权的需求，就要客观地了解各个阶段社会发展的特点。

在今年 3 月召开的中国人民政治协商会议十一届三次会议期间，全国政协委员、各民主党派中央和全国工商联、有关人民团体、政协各专门委员会，积极提案，履行政治协商、民主监督、参政议政的职能。据提案委员会向大会所作的报告，会议期间共收到提案 5430 件，参与提案的委员 1987 人，占委员总数88.82％。经审查，立案 5163 件，占提案总数 95.08％。这些数据表明，政协委员参政议政热情高，质量也高。

更值得我们注意和重视的，是提案内容。根据提案委员会向大会所作的报告统计，第一类是围绕加快经济发展方式转变和经济结构调整、保持经济平稳较快发展方面的提案，有 2200 余件；第二类是围绕加快发展社会事业、保障和改善民生方面的提案，有 1700 余件；第三类是围绕促进社会和谐、保持社会稳定方面的提案，有 1100 余件。此外，还有关于发展两岸关系、办好上海世博会、加强公民意识教育、加强人民政协工作的提案若干件。其中，在第二类提案中，涉及教育、科技事业发展的提案有 510 件，涉及文化事业发展的提案有 160 件。在第三类提案中，涉及社会和谐的提案 514 件，涉及社会稳定的提案 182 件，涉及民主政治建设的提案 204 件，涉及司法公正的提案 166 件。

如果我们按照中国特色社会主义事业总体布局的四个方面，即经济建设、政治建设、文化建设、社会建设这四个方面来分类，并研究一下这些数据，就可以注意到，关于经济建设方面的提案有2200余件；关于政治建设方面的提案有370件；关于文化建设方面的提案有670件（如果不包括教育科技事业发展方面的提案510件为160件）；关于社会建设方面的提案有1760余件（如果包括教育科技事业发展方面的提案510件为2270余件）。

这些数据之所以应该引起我们的重视，是因为它从一个方面反映了我国社会的热点和政协委员关注的重点。当然，提案的内容怎么分类怎么统计，提案是不是真实地反映了政协委员的思考，等等，是可以研究的。我们只是希望大家注意，提案的内容在总体上是反映了我国现阶段的社会矛盾及其阶段性特点的。我们是在实现"温饱"和"奔小康"两大目标的基础上进入21世纪，开始向现代化目标进军的。一方面，我国依然处在社会主义初级阶段，工业化和现代化的任务还没有完成，面临的社会主要矛盾依然是人民日益增长的物质文化需要同落后的社会生产之间的矛盾，经济建设依然是我们的中心工作；另一方面，人民群众在进入小康社会以后，要求解决城乡之间、区域之间发展不平衡的声音更加突出，对于社会福利和社会保障方面的需求更加突出，社会建设的任务更加突出地提到了我们的面前。这一切，就是党中央提出科学发展观的重要依据。站在新的历史起点上的中国，在经济社会发展中出现了一系列新的阶段性特点。政协委员的提案，从结构上来分析，经济建设方面的提案占第一位，达2200余件；社会建设方面的提案占第二位，达1760余件；文化建设方面的提案占第三位，为670件；政治建设方面的提案占第四位，为370件。这在总体上反映了我国现阶段的社会矛盾及其阶段性特点。

在今天，我国处在社会主义初级阶段，经济建设依然是我国各项工作的中心，但社会建设问题凸显也必须引起我们的重视。我国经济社会发展中出现的这一新的阶段性特点，为我们推进现阶段人权事业的发展提供了客观的依据。

社会建设问题凸显对人权事业发展提出的新要求

今天，我们既要毫不动摇地始终坚持以经济建设为中心，又要统筹经济和社会协调发展，把社会建设摆到更加突出的地位，怎么做到这一点呢？这是一个需要探索和研究的重大课题，而不是靠写文章、提口号就能够解决的问题。为此，就要研究社会建设问题凸显对我国人权事业发展提出了哪些新要求。

首先，我们注意到，社会建设对尊重和保障人的生存和发展权，特别是尊重和保障人的社会福利和持续发展的权利提出了新要求。

为了做到既毫不动摇地始终坚持以经济建设为中心，又统筹好经济和社会协调发展，必须看到经济建设和社会建设之间有着共同的要求。这就是，两者都是为了解决民生问题。

有一种说法是不正确的，即认为我们过去只重视经济建设，不重视民生问题，这几年才重视民生问题，这不符合事实。改革开放以来，我们坚持以经济建设为中心，做了两件大事，一件是解决温饱问题，另一件是奔小康。这两件大事解决的不都是民生问题吗？

我们讲社会建设要以民生为重点，是因为社会建设涉及到的问题和矛盾非常复杂，应该坚持以人为本来搞好社会建设，这就要摆脱在社会建设问题上种种教条式观点的束缚，包括摆脱西方那种高福利的社会保障模式的影响，把社会建设的方方面面都围绕中国人民现实的民生问题展开，为人民群众带来实际的好处。

应该讲，在中国改革开放的历史进程中，民生问题始终是我们要解决的根本问题。所不同的是，在改革开放的各个发展阶段，民生要解决的重点是"以阶级斗争为纲"到"以经济建设为中心"的战略转移，今天我们正在深化这一战略转移。站在新的历史起点上的中国，客观上已经进入了在继续坚持经济建设这个中心的同时，把社会建设放在更加突出的位置上，统筹经济与社会协调发展的新阶段。这个新阶段的根本任务，就是坚持科学发展，实现社会和谐。

经济建设的出发点和落脚点是民生，社会

建设的出发点和落脚点更是民生。但是，在经济建设过程中，民生要解决的问题主要是人的生存问题。我国现代化建设的“三步走”发展战略，第一步解决人民群众的温饱问题，第二步解决“奔小康”的问题，都是在解决人的生存问题。在以经济建设为中心，统筹经济与社会协调发展的新阶段，民生要解决的问题，不仅涉及到人的生存问题，而且涉及到人的社会福利、社会保障和人的持续发展问题。这就是党的十六大和十七大提出的全面建设小康社会的任务及其新要求，就是我们坚持科学发展、实现社会和谐的主要任务和要求。这样的任务，就已经内在地包括了要尊重和保障人的社会福利和人的持续发展等社会权利的要求。

同时，我们注意到，社会建设对于尊重和保障公民有序的政治参与提出了新要求。

需要进一步注意的是，由于民生问题关系到人民群众的生存和发展问题，解决民生问题必然离不开民主政治的发展。因而研究民生问题，不能就民生谈论民生，而要紧密地联系着民主政治的发展来解决民生问题。

应该讲，把政治体制改革与经济体制改革结合起来，把发展民主政治与改善民生结合起来，是党的十一届三中全会以来，我们不断推进改革开放的重要经验。

这是因为，一方面，民生是民主的出发点和落脚点。民主如果脱离了民生就会失去民心，也就玷污了民主。因此，我们把一切工作的出发点和落脚点，定位在实现最广大人民群众的根本利益上。我们推进政治体制改革，发展民主政治，归根到底，都要体现在人民群众生活的改善上，体现在人民群众物质文化需要的满足上，给人民群众以看得见的实惠。

另一方面，民生又离不开民主，民主是民生的保障，民生要通过民主来实现。我们之所以在改革开放过程中，十分注意把政治体制改革与经济体制改革结合起来，把发展民主政治与改善民生结合起来，就是为了更好地通过政治体制改革扫除经济体制改革和生产力发展中遇到的制度障碍，更好地通过发展民主政治解决人民群众的民生问题，满足人民群众日益增长的物质和文化需要。

与此同时，我们也应该认识到，以解决民生问题为出发点和落脚点的民主，会因为各个发展阶段民生问题的侧重点不同而不同。与上述民生的这两个阶段的历史任务及其特点相联系，各级政府的工作及其承担的职能和责任发生了重大变化，对民主政治的发展也提出了新的要求。

在经济建设过程中，解决民生问题，重点要解决的是人的生存问题，这对于各级政府来讲，要解决的首先是一个战略决策问题。比如在领导经济建设过程中，我们要解决好民生问题，就要决策是发展传统的计划经济还是通过改革发展社会主义市场经济，以及在中国怎么样发展社会主义市场经济，才能够更好地解决中国人的民生问题。这一决策，既是经济决策，又是政治决策。作为政治决策，一个重要的任务，就是要就人民群众发展经济的“自主权”问题进行决策。我们在改革初期为了实行家庭联产承包责任制，解放和发展农村的社会生产力，就决定废除人民公社制度，把农村的生产和经营自主权交给了农民。与此相联系，还建立了村民直接选举的村民委员会，实行了县和县以下人民代表直接选举制度，设立了县人大常委会。我们发展社会主义市场经济，在国家宏观调控下以市场为基础来配置资源，就要政企分离、转变政府职能，把企业的生产和经营自主权交给企业及其法人代表。与此相联系，就要建立和完善企业职工代表大会制度，就要以完善人民代表大会制度为重点健全民主和法制，等等。

在以经济建设为中心，统筹经济与社会协调发展的新阶段，不仅要继续坚持前一阶段在发展经济时为解决民生问题而采取的民主的科学的决策方式，以及与此相联系的各项制度，还要进一步探索同社会建设中的民生问题相适应的民主实现形式，以解决人的社会保障和人的持续发展问题。因为，在领导社会建设的过程中，我们要解决的民生问题诸如就业、住房、教育、医疗卫生、最低生活保障、抚恤、养老等问题，不是通过把自主权交给人民群众就能够解决的，这些工作都是政府的职能和责任。因此，在我国进入以经济建设为中心，统筹经济与社会协调发展的新阶段以来，民生问题之所以日益突出地成为各级政府面临的大难题，不是偶然的。我们注意到，解决这一阶段的民生问题，尽管不是把自主权交给群众就能够解决的，但是没有群众的参与和监督，听任各级政府为所欲为，也是不行的。正因为在社会建设过程中的民生问题具有这样的特殊性，民生与民主的关系问题就必然会以新的形式凸显出来。于是，“公民有序的政治参与”问题就自然而然地提出来了。我们只要稍微关注一下这几年“两会”期间代表、委员的议案、提案和会内会外的呼声，就可以注意到，现阶段人民群众对民主的期盼，主要是“公民有序的政治参与”所必需的“四权”——知情权、参与权、表达权、监督权。

在任何一个国家，民主的实现都与这个国家人民现实的民生需求以及与此相适应的政治需求相联系。站在新的历史起点上的中国，广大人民群众在政治上，不仅需要拥有发展经济的自主权，而且需要拥有公民的知情权、参与权、表达权、监督权。实现这“四权”，是现阶段中国民主政治发展的新要求，也是现阶段人权事业发展的新要求，因为它是推进我国社会建设、建立健全社会保障体系所必需的，是坚持科学发展、实现社会和谐所必需的。

概括起来，就是两句话：一句话是，在社会建设凸显的背景下，尊重和保障人民群众的社会福利和人的持续发展等社会权利的要求凸显了；另一句话是，在社会建设凸显的背景下，尊重和保障“公民有序的政治参与”包括公民的知情权、参与权、表达权、监督权问题凸显了。这就是现阶段中国社会发展的阶段性特点对我国人权事业发展提出的新要求。

在法治社会建设中推进人权事业的发展

在社会建设凸显的背景下，尊重和保障人民群众的社会福利和人的持续发展等社会权利，尊重和保障“公民有序的政治参与”，让广大人民群众拥有政治参与所必需的知情权、参与权、表达权、监督权，必须健全法制，进一步推进法治国家建设。

中国共产党是以马克思主义为旗帜的党，也是为民主（人权）和科学而奋斗的党。在中国共产党为实现人权、推进民主而进行的近90年奋斗历史中，经历了革命民主和人民民主两个大阶段。在革命民主阶段中，我们依靠人民群众，通过抗议、罢工等革命斗争直至武装斗争等形式，以反对和摧毁反动统治的旧法统为特征，去争得民主，实现人权；在人民民主阶段即人民当家做主阶段，我们经过长期探索包括成功的和不成功的探索，终于认识到了民主必须制度化、法律化，只有健全社会主义法制，建设一个法治社会，才能真正实现人民民主，保障人权。

在推进以民生为重点的社会建设，建立健全社会保障体系的过程中，为了确保人民群众享有广泛的社会福利和人的持续发展等社会权利，为了确保人民群众能够有序地参与政府的决策，我们有许多事情要做，其中一件大事，就是立法。这不仅是人民民主和人权实现的内在要求，而且是解决民生问题的特殊微妙性所要求的。我们在谈论民生问题时，有一种现象应该引起我们的注意，这就是有意无意地把“民生”的“民”理解为“穷人”即生活比较困难的群众，而不是“人民”即全体人民群众，包括在改革开放过程中为国家的富强和人民的富裕作出了重要贡献的创业者。通过民主来解决民生问题时，应该考虑也必须考虑各个方面人民群众的利益和需求。有的专家在研究国外的社会保障经验时，已经注意到建立社会保障体系必须综合考虑影响社会政策的各种因素，为此就需要在科学研究的基础上建立起能够在各个社会集团的愿望之间维持一种微妙平衡的比较完备的法律体系。比如英国在1948年宣布已经构建起一个福利国家时，他们的社会保障体系的特点是：全民保障，保障范围几乎无所不包；政府统一管理，全国最高领导机构是卫生和社会保障部；社会保障资金主要来源于国家一般性税收；各种保障待遇都以法律形式固定下来，确认社会保障的平等性和普遍性。我们中国的情况要比当年英国的情况复杂得多，在依靠人民群众推进以民生为重点的社会建设、建立健全社会保障体系时，更要重视法制建设。

我国已经制定了妇女权益保障法、残疾人

保障法等社会保障法律，这是一个重大的进步。但是，现在我们面临的是一个以经济建设为中心，统筹经济与社会协调发展，全面推进社会保障事业发展的新形势，需要一些更具有综合性、全面性的立法行动。

为此，我建议在对各个方面的社会保障问题进行立法之前，先研究并制定两部大法：一是《中华人民共和国公民政治参与法》；二是《中华人民共和国公民社会保障法》。前一部法，重点把中共中央已经郑重提出的“四权”即公民的知情权、参与权、表达权、监督权用法律形式规范化地确定下来。后一部法，重点明确我国社会保障体系建设的目标任务和指导原则，用以规范各个方面的社会保障法的制定准则，并解决各个部门出台的社会保障政策相互重叠、相互抵触等问题。这两部法，前一部法可以解决社会保障问题的主体、动力及其实现途径问题，后一部法则可以解决社会保障的体系和建立这个体系的基本要求问题。

总之，研究和制定这两部大法，既有利于我国十几亿人民的民生，又有利于我国十几亿人民的民主和人权事业的发展，是推进我国民生、民主、人权和法治的大问题。

（《人权与发展》，五洲传播出版社2011年版，作者系中国人权研究会副会长）

中国农村扶贫开发的成就和经验

■刘福合

中国是一个农业人口占多数的国家。长期以来形成的城乡二元结构，造成贫困人口绝大多数分布在农村，扶贫开发的主要对象是农民。1978年以来，中国政府通过制度改革、经济增长和专项扶贫计划的实施，大幅度缓解了农村的贫困问题，为全球减贫事业作出巨大贡献。

一、中国农村扶贫开发取得的主要成就

中国改革开放以来30年的历史，是占世界人口近四分之一的中国人民摆脱贫穷落后、追求和谐发展、走向共同富裕的奋斗史。1978年开始的农村改革，确立了农村基本经营体制，为缓解农村贫困奠定了制度基础。1986年开始实施有组织、有计划、大规模扶贫开发，使农村贫困人口的温饱问题基本解决。2002年以来，中国政府在科学发展观的指导下，统筹城乡发展，逐步形成了一个集行业政策、区域政策和社会政策于一体的“大扶贫”格局。

——基本解决了农村贫困人口温饱问题。根据中国政府的扶贫标准，中国农村尚未解决温饱问题的绝对贫困人口数量从1978年的2.5亿下降到2007年的1479万，占农村居民总人口的比重从30.7％下降到1.6％；温饱问题初步解决。但不稳定的低收入贫困人口从2000年的6213万减少到2007年的2841万，占农村居民总人口的比重从6.7％下降到3％。贫困人口的收入水平和生活质量也有很大程度的提高。

——有效推动了贫困地区经济增长。经过多年扶持，592个国家扶贫开发工作重点县面貌发生了很大变化。特别是进入新世纪以来，重点县国内生产总值和第一产业增加值增长速度高于全国平均水平，结构进一步优化。2001年到2006年，重点县第一产业增加值比重下降了24.6％，第二产业提高了25.1％，第三产业提高了2.9％。同期，重点县农村居民人均纯收入中工资性收入所占比重提高11.6％，家庭经营收入比重下降10.7％，转移性收入比重增加160.4％；重点县农业从业人员的比重从76.2％下降到67％，外出务工劳动力的比重从11.8％增加到19.8％，贫困地区劳动力就业结构进入快速调整期。

——明显改善了贫困地区的生产生活条件。到2007年底，国家扶贫开发工作重点县通公路、通电、通电话和能接收广播电视的自然村

分别达到总数的82.8％、96.5％、85.2％和92.2％，有卫生室行政村的比例增至75.6％，有安全饮用水农户的比例增至73.5％。即使在少数民族地区的重点县，通公路、电、电话和电视自然村的比重也分别达到80.3％、94.5％、77.8％和89.1％。

——极大提高了贫困地区社会事业的发展水平。到2007年底，全国农村地区“基本普及九年义务教育、基本扫除青壮年文盲”计划人口覆盖率达到98％。扶贫开发工作重点县7~15岁儿童在校率增至95.3％，其中绝对贫困户和低收入贫困户7~15岁儿童在校率分别达到95％和96.1％。重点县农村居民家庭劳动力中文盲半文盲的比重降至11.5％。新型农村合作医疗覆盖了全国83％的县，7.3亿农村居民参加了新型农村合作医疗，重点县农民有病能及时就医的比例达到86.5％。全国县乡两级公共文化服务体系初步形成，基本实现了县有图书馆、文化馆，乡有文化站。

——初步建立了农村社会保障体系。到2007年底，全国农村最低生活保障制度覆盖人口达到3451.9万，农村五保救济覆盖人口为525.7万，30万人口享受到特困救济，508.5万人次得到临时救济，603.4万人次得到医疗救助。此外，农村养老保险事业发展速度也很快，参加养老保险人数达到5374万人。从制度上保障了农村贫困人口的基本生存。

中国扶贫开发取得的成就，加速了全球减贫的进程。据有关国际组织提供的数据，从1990年到2007年，中国减少的贫困人口数量占全球的比重超过了70％，中国也是第一个提前实现联合国千年发展目标中贫困人口比例减半的国家。在努力解决本国贫困问题的同时，中国还积极参与了全球的减贫事业，通过提供发展援助、交流减贫经验和开展国际合作，为其他发展中国家和地区消除贫困提供帮助。2004年，在上海全球扶贫大会上，中国政府庄严承诺：中国将努力推动南南合作，在力所能及的范围内，逐步增加对贫困国家的发展援助。作为大会的重要成果之一，中国政府和联合国开发计划署等国际机构于2005年5月在北京成立了中国国际扶贫中心，旨在通过总结政策经验，开展国际交流，提供技术服务，促进发展中国家制定和实施减贫政策能力的不断提高。

二、中国农村扶贫开发主要经验

中国缓解农村贫困的伟大成就，有着深刻的背景和不可或缺的条件。改革开放以后，制度创新、经济增长、专项扶贫、城乡统筹等各项战略措施的配套投入，共同构成了中国反贫困的推动力量和实现大规模减贫的决定因素。

——促进宏观经济增长，保持农村稳定发展。30年来，中国政府坚定不移地推进改革开放和社会主义现代化建设，国民经济稳步增长，综合国力不断增强，工业化、城镇化、现代化水平迅速提高，人民生活从温饱不足发展到总体小康。1978年到2007年，中国国内生产总值保持了年均9.8％的增长速度，人均国内生产总值从226美元提高到2000多美元。农村经济稳步发展，主要农产品产量不断增加，谷物、肉类、禽蛋、水产品、蔬菜、水果的人均占有分别接近、达到或超过世界平均水平。人民收入水平不断提高，中国城镇居民家庭人均可支配收入的绝对数增加了33倍多，农村居民人均纯收入增加了近30倍。这些都为贫困的缓解提供了必要的物质条件。

——坚持政府主导，强化政府责任。一是在制定国民经济和社会发展中长期规划时，始终把农村扶贫开发作为重要内容，放在突出位置，并在1994年颁布实施《国家八七扶贫攻坚计划》，2001年颁布实施《中国农村扶贫开发纲要（2001—2010年）》。二是根据国民经济发展水平和国家财力状况，确定国家扶贫标准，从主要考虑基本解决温饱提高到稳定解决温饱；根据贫困人口的分布状况，适时确定并调整国家扶持的重点区域，工作重心从贫困区域下沉到重点县，并进一步到贫困村，使扶贫工作进村入户，瞄准贫困人口。三是建立健全从中央到地方的扶贫工作领导机构；实行资金、任务、权力和责任“四个到省”的扶贫工作责任制和各级政府扶贫工作首长负责制。四是不断加大投入力度。1978—2007年，中央政府投入专项财政扶贫资金1500多亿元，还通过贴息调动了2000多亿元扶贫贷款。地方各级政府的扶贫投入也在不断增加。

——动员社会参与，加强国际合作。一是组织272个中央党政机关、民主党派、社会团体和大型国有企业定点帮扶481个重点县。选派优秀中青年干部到重点县任职，帮助工作。发挥部门优势为贫困地区引进资金、项目和人才。二是组织东部6个省、3个直辖市和6个计划单列市对口帮扶西部11个省区市。东西扶贫协作的方式逐渐从单向支持转为“优势互补、互惠互利、长期合作、共同发展”。从送钱送物转为促进发展，提高贫困地区和贫困人口的自我发展能力。三是组织民营经济参与扶贫事业。1994年开始的光彩事业，以项目投资为中心，开发资源、兴办企业、培训人才、发展贸易，并通过包括捐赠在内的多种方式促进贫困地区的经济发展和教育、卫生、文化等社会事业的进步，投资超过1300亿元，捐款超过170亿元。四是充分调动民间组织参与扶贫事业的积极性，探索针对特定人群的扶贫方式，如共青团中央发起的“希望工程”，全国妇联发起的“春蕾计划”、“母亲水窖”，中国人口基金会发起的“幸福工程”，中国扶贫基金会发起的“母婴平安120项目”。五是与有关国际组织、双边机构和国内外民间组织合作，联合实施多种形式的扶贫项目或活动。从1995年开始，以国务院扶贫办与世界银行合作在广西、云南、贵州实施西南扶贫世界银行贷款项目为标志，中国政府开始了与国际社会在扶贫领域的大规模合作。国际合作项目主要包括：大型综合性扶贫项目，试验、试点、示范项目，机构与能力建设项目，以及合作研究项目等。2004年5月，全球扶贫大会在中国上海召开，总结和交流国际社会特别是广大发展中国家的扶贫经验。其后国务院扶贫办、商务部与联合国开发计划署签署《关于建立中国国际扶贫中心的谅解备忘录》，组建了中国国际扶贫中心，面向世界特别是广大发展中国家，组织反贫困领域内的政策研究和经验总结，承担国际组织和中国政府委托的有关国际培训和能力建设项目，实施扶贫领域的国际合作与交流。国际扶贫合作加快了贫困地区扶贫开发的进程，推动了中国扶贫开发机制的创新，提升了扶贫开发整体水平。

——实施开发式扶贫，倡导自力更生。开发式扶贫是中国扶贫工作的基本方针，主要内容是，帮助贫困乡村开展基础设施建设，实现通路、通电、通邮、通广播电视；通过农田水利建设，提高贫困农户的土地生产能力；支持贫困农户发展种植业、养殖业和小型加工业项目；组织各类职业技术培训，引入农业新技术和新方法；开展大规模的劳务输出和自愿移民搬迁，创造就业和发展机会等。近年来采取的主要措施有，实施整村推进扶贫开发规划，全面改善贫困地区的基本生产生活条件；开展贫困地区劳动力培训，提高农业生产技能，增加外出就业机会。促进产业扶贫，调整贫困地区产业结构；组织扶贫移民搬迁，从根本上解决自然条件极度恶劣地区群众的生存问题，减轻这些地区的生态环境压力；开展集中连片贫困地区治理的试点，探索深度贫困问题的解决途径。扶贫开发的主体是贫困地区的干部群众，最终目的是提高他们的自我生存和发展能力。因此，在开发式扶贫过程中，始终强调发动群众，依靠群众。20世纪90年代以来，积极推行参与式扶贫的理念和方式，让贫困人口直接参与扶贫开发项目与资金使用决策；促进贫困人口的能力建设，增强个人的自我积累、自我发展能力；通过社区主导型发展的试点，推进村民自治和基层民主制度建设，进一步焕发贫困群众自强自立、自我发展的精神。

——采取有效措施，关注特殊贫困群体。针对少数民族、妇女和残疾人的贫困特点，中国政府采取了特殊的措施。一是按照《中华人民共和国民族区域自治法》规定，切实加大少数民族地区扶贫开发力度。制定《扶持人口较少民族发展规划（2005—2010年）》，开展“兴边富民”行动，不断增加对少数民族地区的扶贫投入，各项扶贫措施向少数民族地区倾斜。到2007年底，全国民族自治地方的贫困人口已经减少到900万，少数民族扶贫重点县农民人均收入增加到1831元。二是促进贫困妇女公平参与。《中国妇女发展纲要（2001—2010年）》将“保障妇女获得平等的就业机会和分享经济资源的权利，提高妇女的经济地位”作为奋斗目标。在扶贫开发中，制定了使妇女直接受益的政策，采取有效措施确保贫困地区女童完成九年义务教育，努力扫除妇女文盲，通过培训提高她们的就业和创收能力，通过小额信贷等手段增加妇女参与经济社会活动的机会。到2007年底，农村贫困妇女人数下降到700万。三是采取特殊措施帮助贫困残疾人。中国政府在"十五"和"十一五"期间都制定了残疾人事业发展纲要，对缓解残疾人贫困提出明确要求。每年专项安排康复扶贫贷款和其他资金，扶持贫困残疾人发展生产，增加收入。扶贫资金和项目的安排采取了同等条件下残疾人优先的原则。2003—2007年，全国有1200多万贫困残疾人基本生活得到了保障。

——坚持城乡、区域统筹，促进科学发展。在全面建设小康社会和构建社会主义和谐社会的过程中，中国政府把保障贫困人口的基本生存权和发展权、促进区域和城乡统筹发展、缩小不同阶层收入差距作为重要任务。一是统筹城乡发展。全面推行农村税费改革，取消农业税、牧业税、特产税和其他不合理的收费，减轻农民负担。建立农业补贴制度，对农民实行粮食直补、良种补贴、农机具购置补贴和农业生产资料综合补贴，鼓励农业生产。明确提出建设社会主义新农村的任务，加大对农村路、水、电、气等基础设施的投入力度，实施农村道路、广播电视"村村通"工程，大力解决农村人畜饮水安全问题，加快农村电网改造，大力推进农村沼气事业发展，加快改变农村生产生活条件和整体面貌。二是统筹区域发展，继续实施西部大开发和中部崛起战略，加大对中西部地区的财政转移支付力度，通过退耕还林还草政策改善西部自然条件恶劣地区的生态环境，增加当地农民的收入。三是全面发展农村社会事业。改革农村义务教育管理体制，从2007年起在全国农村实行免除中小学学杂费、教科书费，补助贫困学生寄宿费的"两免一补"政策，使1.5亿学生和780万名家庭经济困难寄宿生受益。加快农村医疗卫生事业发展。新型农村合作医疗覆盖了83％的县，并出台相关措施对困难群众实施医疗救助。在农村实施计划生育家庭奖励扶助制度和少生快富工程，实现人口与经济社会的协调和可持续发展。四是切实保护农民工权益。国务院建立农民工工作的部门协调机制。清理了农民工进城务工的种种歧视性规定和不合理收费，并逐步放宽农民工进城就业和定居的条件；安排专项资金，实施农村劳动力转移培训的"阳光工程"和针对贫困家庭劳动力的"雨露计划"；建立健全城乡就业公共服务网络，为农民工提供免费的法律政策咨询、就业信息、就业指导和职业介绍，着力解决其在城市生活就业遇到的难题。

中国的扶贫开发取得了举世瞩目的成就。但是，中国的减贫事业依然任重道远。贫困人口规模依然较大，贫困程度深，集中分布在石山区、荒漠区、高寒山区、黄土高原区、地方病高发区，生存环境恶劣，社会形态特殊，基础设施落后，公共服务欠缺，脱贫难度极大。贫困人口需要同时应对经济风险、自然风险和灾害风险，每年脱贫与返贫人口的数量都很大。更为突出的问题是发展差距在不断扩大。

扶贫开发是贯穿社会主义初级阶段的一项长期而艰巨的历史任务。基本解决农村贫困人口的温饱问题只是完成这项历史任务的第一步，缩小差距、走向小康、构建和谐、共同富裕，将是一个长期的奋斗过程。中国政府将继续把扶贫开发放在国民经济和社会发展的重要地位，为贫困地区和贫困群众脱贫致富、为农村地区经济社会繁荣发展作出不懈努力。中国在实现自身发展的同时，将继续向其他发展中国家提供力所能及的帮助，尤其是扶贫能力建设方面的帮助，本着平等互利、共同发展的原则开展务实交流合作，推动全球范围的减贫进程。

（《中国改革开放与人权发展30年》，人民日报出版社2009年版，作者系国务院扶贫开发领导小组办公室政策法规司司长）

论公民私有财产权的宪法保护

■曾 哲

《文子·上义》云：治国有常，利民为本。其言意国家治理要有一定的法度保护，要以百姓利益为根本。自人类社会产生以来，私有财产、私有财产权就与人类自身对发展的文明向度有着天然的密不可分的内在联系。古人"民以食为天"的惯常理念，无外乎强调的就是百姓必须天然享有满足或基本满足衣食住行的物化保障，否则将是枉顾天道；反之，"家有恒产常业，虽饥不饿；国有常法，虽危不亡"。可见古代圣贤早已意识到百姓私有财产与财产权的是否真正享有，与国家法治、人民康乐、经济兴衰、社会和谐、生活保障有着极大的关联。中国古代封建社会国家法权和皇权的行使是以行政法彰显为特征的，但国家王法、律令则始终"法无古今，惟其时之所宜与民之所按耳"。不论法令是否保有，也不论它存在的时间久远与否，而在于顺势适时，是否保护百姓的安定。可见一直以来"稳定压倒一切"为历代王朝所重视不是没有道理的，而稳定的基石则在于对私产的享有和保护。"天下顺治在民富，天下和静在民乐"，这就是正统的法文化传承。而稳定的社会根基则在于扶民、蓄民、养民、富民。"仓廪实而知礼"，百姓对国家政治的最大热情就是源自他们对自己财产权的享有而表现的终极关怀。在西方所有的私法典籍中，都肯认了国民私有财产权存在的合法性与正当性。在西方哲人眼中，私有财产权更是与人类的基本正义、人权、人格尊严紧密连在一起的。洛克指出："没有财产权，就不可能有正义。"[①]休谟也坚持认为，公民"没有财产权，因而也就不能有正义或非正义那回事"。那么，在休谟看来，或缺私有财产权，正义之不存，作为普通公民的人格权、人的尊严将是无从谈起。

一、私有财产权宪法保护的双重属性问题

"财与权"，许慎在《说文解字》中作如此解释：财，人所宝也。从贝，才声。权，黄桦木。从木，劝声。一曰：反常。引《公羊传》说："权者，反于经（至当不变的道理），另一义说，权为权变反常之意。"[②]财产作为一种实体的权利，在《元照英美法辞典》里却是这样释义的：财产权（propertyright）是对特定财产（包括动产和不动产、有形财产和无形财产）所享有的权利的总称[③]。在该辞典里它根据财产的来源或用途，划分有限财产权和一般财产权：诸如凭勤劳取得的财产权（property per industriam）、基于因（动物等）无力逃走而取得的财产权（property propter inpottentiam），还有基于优先权而获得的财产权（property propter privilegium）和基于拥有土地而获得的财产权（property ratione soli），等等。而我们所讨论的财产权是指财产所有人对其财产享有不受国家和其他行使国家委托的权力的组织的限制、剥夺、或侵占的权利。[④]这与英美法意义上的财产权（Property right）作为特定财产权（Special right）基本上保持一致范围和边界。当然也有观点主张，"宪法意义上的私有财产权是一种复合型的权利，它在私人之间，私人与私人之间建构起双重的社会关系"。[⑤]就前一种关系而言，私有财产权意指国家（通过法律）赋予权利的主体对财产的所有权，国家不能任意干涉和侵犯并负有保护的义务和职责，这划定了公权力的边界和范围，并排除公权力随时或者任意进入的可能性；而后一种关系则表现为财产权利人可以根据自己的意志和市场机制自由行使和主张属于自己部分的财产权利，不论是对财产处分之放弃、馈赠、使用或收益皆不受他人力量的干涉与拘束；当然，也名正言顺地排除了

一切非权利人侵犯资格。私有财产权作为一项传统的最高法位赋予人的最基本权利——在先前称之为自然（上帝）授予权利和劳动划拨权利，在近代意义上称为“宪法权利”，这样就使得此“宪法权利”同时具有了“对抗国家公权力和他人私权利不法侵入的双重属性”。

关于私有财产权的保护，有不少学者主张，私有财产权不仅仅是私法上的权利问题，更多的是宪法上的基本人权问题。作为至上性宪法的基本权利，其功能在于：第一，公民通过宪法相关条款之“防火墙”，可以防御或抵抗强大的国家公权力对私权利之不法侵犯与侵害。从人类公法的基本原则出发，国家对每个公民所有财产均负有保护或保障的基本权利与必要义务；第二，如果存在违反财产法的立法或司法解释的话，当可以通过违宪司法审查机制宣告无效。虽然我国目前尚未建构违宪审查机制，也未设立宪法法院，但不意味着我国任何一级的地方政府、党团组织及个人就可以擅悖宪法，不遵从宪法的刚性规制。宪法至上至威至信至贵的法精神和法伦理，在私有财产权的保护义务中是务必把守的门楣；第三，财产权之物权法的颁布与施行及其司法解释，一定要符合现行宪法保障财产权的法意和精神，比较平等地保护私有财产权上之私有物权。因为宪法保护一般都是原则性保护（非细化条例性列举性保护），因此有学者建议通过具体的法律条文来适当表明私法物权与宪法财产权的宪法地位、范围、限制条件、种类及其规范，让国家的每个公民的民事权利与宪法上的基本权利能够完全统一与契合，从而推动国家的整个公民私有财产权保护制度质的提升和发展。

在近代宪法权利理论中，作为人与生俱来的不可或缺的财产权，与人的生命权、平等权、自由权，共同构成了宪法学权利话语内的四大基本人权事项。而涉此四项基本人权的保障乃是人类政府组织间与一切文明社会的首要政治目标和法律制度的动因。诚如耶林所说：“法的目标是和平，而实现之的手段是斗争。”[⑥]

财产权也是形成和保护社会物质财富的权利。而私有财产权不仅仅为个人生命生存和自由发展提供必需的物质基础，也为社会良性有序健康稳定奠定了物质条件保障，同时也为整个社会的国民自治意识的提高、宪政建设方面提供了前提条件，从而使得国家公民、企业、法人、社团等组织克减了对国家和政府组织间资源配置的过分依赖心理。“申天下之乐故乐亦报之，屈天下之忧故忧亦报之”。私有财产权这个作用十分凸显，一方面体现它通过法律手段对“物”进行掌控的方式实现达致“人”的自由、生存、发展与安全保障；另一方面又通过“物”对“人”的关系方式为财产权利人达致对抗他人的侵犯提供了物质保障。黑格尔曾说，人格权本质上是财产之物权。因此，财产权将引导社会把生产、教育、卫生、科技创造实践活动投入到它最富有价值的领域，促进每个财产权人边际化地配置财产资源，孙中山在《建国方略》中强调的“地尽其利、物尽其用、货畅其流、人尽其才”，不失为对财产和财产权之五权宪法保护与救济的最佳诠释。难怪800多年前的王安石已是感触良深：“聚天下之人，不可以无财；理天下之财，不可以无义。”

基于“财产权具有双重属性”，[⑦]即财产之物权既不能被分类为完全的公民权利或政治权利，也不宜完全划分为经济权利和社会权利，因此，财产权保护个人的经济权利，也就属于经济权利和社会权利范畴。从某种意义上说，财产权强调国家对个人合法财产不得干涉而具有消极保护的特点，而经济权利和社会权利则要求采取积极措施，予以保证公民事实上享有的财产权利却具有积极性的特点。

二、私有财产权宪法保护的现世难题

（一）公民财产权的“宪法地位以及是否能够独立成编”的问题

私有财产权虽然关乎全体国民生计发展，关乎全体国民创造财富的积极性与创新能力，但在学界特别是宪法学界仍有不少学者主张，私有财产权作为人的一项基本权利，在宪法文本中最多也只能是在第一章《总纲》中列出，不宜独立成编。而实际情况是现行《中华人民共和国宪法》（2004年3月14日修正文本）也只是在宪法“总纲”目下第13条加以肯定和确定：“公民的合法的私有财产不受侵犯”[⑧]，可见，这与宪法“总纲”目下之第12条“社会主义的公共财产神圣不可侵犯”[8]，不论是法益或是语义上还存有重大差别和保护张力的不同。公民财产权实际上是公民人权的前提，包括生存、发展、自由、人格权，等等，这些权利不单纯是私域的地位问题，而是整个社会生活的基本问题，而这个问题恰恰只能由宪法来加以肯定和规定，这一点在学界已经成为共识。但有学者认为，如果“私有财产权”独立成编无异于将财产权的宪法权利私权化了，完全作为一种和物权、债权、身份权并列的一种私权来对待。在宪法文本里私有财产权独立成编不可能穷尽所有财产权，对宪法解释时也只能逐一列举，其结果很可能会把本来不是私有财产权的权利往这个“权利口袋里面套”，这样实际上使得私有财产权的概念和性质更模糊，诸如法人、非法人团体等个人之外的组织和他们所谓的（商业信誉）名誉权等究竟是财产权还是人格权呢？这令谨慎的宪法学者们难以回避却又无法回答。

当然，也有大胆的学者对此作出了积极的回应和批评，认为财产权特别是私有财产权的概念讨论受到不同国家或地区法律背景和历史文化的影响与局限。英美法系之于财产权，奉行的是“救济先于权利”原则。他们虽然在宪法和民法文本里载有不少保护条例，总体上更多的是对其“各种侵权行为发生后的救济与保护”。例如，美国1791年宪法修正案第5条规定“不经正当程序，不得被剥夺生命、自由或财产。不给予公平赔偿，私有财产不得充作公用”[9]。而日本国宪法文本在第3章第29条载明：财产权不得侵犯。财产权的内容应符合公共福祉，以法律规定之；私有财产在正当补偿下得收为公用。[9]以民法典著称于世的法国，在《人权宣言》里明确宣示“私有财产不受侵犯”，而在《法国民法典》第1382条和1383条款中关于财产权的侵权和准侵权行为规定：“任何行为致他人受到损害时，因其过错致行为发生之人，应对该他人负赔偿之责任”；“任何人不仅对因其行为造成的损害负赔偿责任，而且还对其懈怠或疏忽大意造成的损害负赔偿责任。”这就是民法对私有财产权保护之父的法条例。是故，在大陆法系中，财产权既是公民一种不可或缺的宪法权利，更多的也是公民的一种民事权利。其双重属性尤为彰显。

（二）私有财产权的“法定主义”问题

当前，台湾学者提出“完全不必在公有法典中详细地规定所有的特殊的财产权，应当采取宽泛的非法定主义原则”。江平教授基于财产之人格权理论，提出“不必在民法典中详细地规定所有的特殊的人格权，人格权应当采取非法定主义”。[10]其理由有二：一是财产权本身是一种劳动划拨之自然权利，是天然授予劳动者的，不论是劳动者本身还是其先祖或是其他关系人劳动及合法所得，其权利的享有不是任何律令可以随便剥夺的。洛克在《政府论》中分析的财产权理论，使用最多就是“原初共产主义”下的自然状态作为满足需求的私有财产权和通过劳动划拨所有；其中，有一个神学纬度，现代关于财产权和正义的讨论则缺乏这个纬度。[11]洛克告诫世人，世界的资源是上帝对人类的最初赐予，“土地和其中的一切，都是给人们用来维持他们生存和舒适生活的”。二是财产权“非法定主义”有利于财产权的保障和发展。因为财产权既然是自然赋予，与人的关系有“与生俱来”的天然意味，具有毋庸置疑的正当性和必要性，那么就不一定必须由法律规定，即便是法律暂时没有规范到的财产权利，公民也应该充分享有。因为法律文本规范也是动态地发展的，不断“扬弃”的。任何人都明白“时移而法不移者乱”的道理。休谟则认为，没有人能够怀疑划定财产、稳定财物占有的协议，是确立人类社会的一切条件中最必要的条件，而且在确定和遵守这个规则的合同成立之后，对于一种完善的和谐与协作来说，便没有多少事情要做了。[12]由此看出，休谟对财产权的法定主义是持肯定态度的。美国宪法学者萨恩斯坦也基本上持取相同价值取向，他在《宪政与财产权》一书中指出：“在没有私有财产权制度的状态下，公民就只能依靠政府官员的善良意志，而这几乎是一个每天都在变的基础。人们所有的只是特权而不是权利。对国家来说，他们是恳求者或乞丐，不是权利的所有者。对国家的任何挑战都将受到压制或被迫起来，因为严重的挑战，会导致国家收回那些给予公民基本安全的物品。”因此，在一个私有财产权得不到确认与保障的社会里，私有财产只能依附于权利，制度秩序也只能是强制下的忍辱服从，由此产生社会和民间资本的畸形形态，一定会导致国家公权链条上的严重腐败。⑬

在司法实践中，财产、特别是私有财产的宪法权利保护与其他民事权利行使主张具有很大的差异性。私有财产权的宪法主张和行使，初看起来张力大，易主张，但依据其保护条款则又显得刚性强且操作实属不易。除了现行司法体制上的阻却事由外，主要是动态性、转移性、法律规范性实施中均带有非常强烈的主观色彩——公安、检察、法院公权者个人的自由心证元素。财产所有权的占有或更张有时也会随着政治性、制度性、体制性设计安排而改变，甚至是连个别领导人的意见或一句话也会使得财产权偏离正义而发生迁衍。

事实上，涉宪法财产性侵权救济途径和管道，也很少能够通过宪法诉讼之门而最终获救济。最大阻却事由来自司法审判制度宪法法院的缺席——我国至少目前还或缺违宪司法审查程序和宪法法院，因此，涉及财产权违宪案件只能转移到侵权法（民事或者刑事）、诉讼法中获得救济。所以，如果私有财产权在宪法上独立成编，将会在技术上导致对财产权利范围和侵权救济进行无形封闭：立法者和阐释者在独立成编思想指导下亦必将对财产权边际化列举规定，而过分类型化导致的结果不是财产权在宪法保障程度上张力的扩张，则是实际保障上张力的克减和缩小。我国并非像美国一样的既有宪法法院又有完备的违宪审查机制和程序即属典型判例型国家，财产权作为基本人权上的原初权利，也应该是有法定原则而不必列举之。

（三）公民“一般财产权”的问题

笔者从法国法（主要是法国宪法典和民法典）的视角，探讨了公民一般财产权的问题。法国学者认为使用判例出现的宪法上的一般财产权，在主体上和客体上颇难切分：即一般的宪法财产权利还是个别的民法财产权利。如果人的财产权利是一个整体，一般财产权利与个别财产权利的内在关系或联系是什么？法哲学上的普遍性与特殊性能够囊括这种基于宪法与民法上的财产权吗？

的确，作为宪法学人的思考，宪法上，公民的一般财产权尚存在两种理解：一种为对所有具体的财产权的抽象，相当于物权对所有权的概念，重在对概念的抽象；另一种为一般财产权，不包括在立法上所列举的财产权。一般财产权利就是在民法典没有列举的、但依据宪法应该尽保护义务的财产权利。在同属于大陆法系的德意志联邦国家，一般财产权不是去覆盖民法典上已经逐一列举出来的权利，更多的也是更重要的是找寻那些民法典上没有能够列举的财产权利益的保护依据。除此之外，德国宪法上也规定公民的一般财产权主要补充和修复早期立法之漏洞或不良，使得权利人获致请求权的基础上或说最高法位阶上的保障，暂使那些未在民法典及其他部门法中列举的财产权利也能够通过财产权的“宪法之门”，受到应有的平等保护。

（四）公民财产权“市场化与商品化”问题

财产权的市场化与商品化，似成了人类在法伦理、法观念上文明进步的里程碑。关于公民财产权的市场化、商品化，从西方社会迁延到我国，自觉或不自觉成了折射出财产权之宪法领域的一个显性的权利特征。宪法财产权的市场化与商品化意味着两个观念的重大转变和两大方面的本质内容的不可或缺：其一，是允许财产权利人对其所属财产权进行商业化的宣传、役使、利用、让渡和受益。“人本不是财产的奴隶，而财产却供人役使”，从“拜物教”转化为“拜人教”，这正是和谐社会向人本主义法律观的转变之所在；其二，是公民财产权在市场化商品化过程中受到侵害之后可以允许多元素、多方位地进行救济与请求赔偿。而在财产权损害进行评价考量的时候，一定要区分的财产权的现实损害、将来损害和对权利人的精神损害。而美国在这方面对财产侵权的宪法判例给世人提供了很好的借鉴和启示。例如，在所有财产权的宪法视域，名人私有肖像权的侵权损害，不单单只是财产权的损害赔偿，更多的也会直接引发精神损害的赔偿法律后果。因此，在民事诉讼救济路径中计算损害赔偿的时候，除了对人格权利的精神损害进行赔偿外，也要重点考虑加害人（侵权人）擅自利用他人肖像而获取的不当利益应予以剥夺或是返还，这些利益表现在财产形态而作为受侵权人所遭受的侵害返还给受侵害人。

基于这一理论观点，英美法将宪法保护的私有财产权纳入了与人的人格权、隐私权（rightof privacy）、公开权（rightof publicity）一同受关联性的保护体系。因为无论什么权利一旦市场化商品化后，就可能侵入别的法律边界，诸如私有财产的隐私权问题。本来“隐私权”是一个由外传输而来的舶来品，据考大陆法系是最早不取用“隐私权”的，而英美法系上的“隐私权”与我国宪法人权保护语境下的隐私权又相去甚远。故“隐私权”在许多人的生活辞典里，实际上就成了私生活权，其范围涵盖整个人生私域的全部。

比如，美国著名的 Roev. Wade 诉讼案中，对人权之隐私权的保护已经扩张到生活自由的边际化，将人的财产权视域中的自由与隐私元素交织在一起，很难区分这是某权利人的财产权隐私，那是某权利人对财产处分的自由。所以，当从中央核心权力源头散发或辐射到地方指令我们的县以上各级行政部门，国有企业事业单位工作人员，要将自己和家庭私有财产“申报”给纪委监察组织时，申报的目的是使之信息“公开、公示、透明”，然后能够接受人民的监督。在美国，这种个人私密信息公开的过程就是市场化商品化的过程。这个过程所仰赖的不过是英美法的隐私权，在实际功能上起到的是大陆法一般人权上对人格权的保护作用。因为英美法没有抽象意义的人格权概念，但它有隐私权。“隐私是个筐，什么人格利益皆可往里装”。[10]而法德与英美的不同法益及概念，必然会在我国现行的法律框架下产生理论和实践层面上的冲突，如果在当下中国背景来话语隐私权，不将外来法律制度及其法益作本质性的厘清、消化和法律资源的理性整合，那势必遭遇国家一定级别的公务员制度性主动申报自己私有财产之“隐私”的尴尬和困境，也将会倍感诸如此类的行政性法规与宪法人权上之隐私权保护默默抗争的阵痛，这也许是中国宪法背景下预防腐败不得不付出的人权代价。为此，笔者感到了就公民私有财产权的宪法保障与民事侵权中救济的真正面临的难题。也许还是古罗马的一句老法言说得好：“诚实生活，毋害他人，分给各人属于他的（Iurispraecep tr sunt haec：honest vivere，alterum non laedere，suumcuique tribuere.）。”[14]

（五）私有财产权的“宪法保护与救济”问题

关于私有财产权的宪法保护，究竟是一般意义上的原则性保护，还是按照传统的侵权责任来保护或是按照其他模式来保护，这在我国的宪政实践中还需要深入研究和思考。侵犯宪法上的财产权和（民事或刑事）侵权行为是一个硬币的两面。在财产权保护的宪法视域还不能超越人权保护的边界，也不能找出像民法典物权中物上请求权和侵权请求权的划分程序。实际上，在宪政实践中财产权的请求权就是侵权责任的请求权，私有财产权受侵犯后，不论是从宪法保护原则出发，还是从侵权责任追究或救济出发，都应该受到统一的侵权法的保护和救济路径救济。

笔者主张，在私有财产权受到侵害之后，是不能简单地通过宪法之财产权保护原则请求权的，特别是损害赔偿的请求权来提供全面的救济。从这个意义上讲，财产权请求权不能够简单地囊括在一般债权之请求权中，而应该独立规定在公民人权编中。事实上，关于公民私有财产权的宪法地位的确立和保护，本身就纳入了公民基本权利的范畴。[4]

在欧洲人权法院，财产（在法语中为bines）概念有它一种自主自治的语义，显然并不局限于物世界之商品的简单拥有和支配，而是包含着构成资产的一些其他权利和利益也可看着是“财产权利”，即传统的动产和不动产、有形和无形的财产，都被看成是处于宪法规定之目的的“财产”[15]，都会当然地受到宪法之保护。公司之股份、科研单位之专利、一般纳税人之商业信誉、经营许可证、渔民山民的渔猎权，不论它是来自继受还是来自租约及劳动后划拨，统统亦当被接受为财产。在中国目前尚未成立专门的宪法法院前，对财产权的范围解释比较宽泛或说没有一个相对统一而科学的界定标准。公民的财产来源只要是“不被法律禁止性取得的或者被依法剥夺的利益，都可被视为合法财产范围”。因此，财产一词在我们国民的视野中，它既包括既得的生产资料和生活资料，也包括其他一切可能获得的经济利益和私有财产权与国家或国际经济组织间的合同缔约权益。所以，中国现行宪法将公私财产权始终划分得相当明确，割除了各自的种类与边界：私有财产、集体财产、国家财产。但无论哪一种类型财产，在私法和公法上都是受保护的，是否为真正的平等保护，还有太多的法律现实问题尚待更深入的研究。

的确，私有财产权承载着众多的社会历史功能，它是当下市场经济的核心支柱，又是宪政与当代民主的催生剂；是维护个人自由与尊严的基本前提，又是人类生存与发展的文明的温床。[13]正因为私有财产权拥有多功能的特殊属性，表现出人的一切生命权、自由权、人格权、婚姻自主权等都得以一定的财产权为基础和前提，是故，从宪法学的视角，从一个国家一个民族的根本大法的视角来探索和解读一项关乎全体国民民生的权利，无论在西方文化哲人笔下，还是在东方贤达的案牍中，完成此证成者寥寥。由是，留给了笔者极大的思想空间，可放任笔下野马奔驰。

参考文献：

①［英］洛克．人类理解论［M］．关文运，译．北京：商务印书馆，1959.

②许慎．说文解字：中册［M］．北京：九州出版社，2006.

③CHINA. English Chinese Dictionary of Anglo-American Law［M］. Beijing：Law Press，2005.

④周伟．宪法的基本权利原理·规范·应用［M］．北京：法律出版社，2006.

⑤黄竹胜．论私有财产权［M］//杨海坤．宪法权利新论．北京：北京大学出版社，2004.

⑥［德］耶林．为权利而斗争［M］．胡宝海，译．北京：中国法制出版社，2000.

⑦克罗斯．财产权［M］//经济、社会和文化的权利．黄烈，译．北京：中国社会科学出版社，2003.

⑧中华人民共和国宪法［M］．北京：中国民主法制出版社，2004.

⑨曹志，许崇德，等．世界宪法大全［M］．青岛出版社，1997.

⑩王利民．民法典·人格权法重大疑难问题研究［M］．北京：中国法制出版社，2007.

⑪瓦德荣．洛克论财产权［DB/OL］．瞿小波，译．公法评论网．

⑫［英］休谟．人性论：下［M］．关文运，译．北京：商务印书馆，1980.

⑬石佑启．私有财产权的公法保护研究——以宪法和行政法为视角［M］．北京：北京大学出版社，2007.

⑭［古罗马］优士丁尼．法学阶梯［M］．徐国栋，译．北京：中国政法大学出版社，2005.

⑮［英］奥维·怀特．欧洲人权法·原则与判例［M］．何志鹏，孙璐，译．北京：北京大学出版社，2006.

（《广州大学学报（社会科学版）》2007年第12期，作者系汕头大学教授）

略论文化教育权利

■温 辉

一、文化、教育权利是同质性质的权利

对文化教育权利的属性，宪法学界有不同看法。

林来梵教授将文化活动的自由划归精神·文化活动的自由，即传统宪法学中所谓精神的自由。[①]他认为，我国《宪法》第47条所规定的从事科学研究的自由、文艺创作的自由、其他文化活动的自由以及从事教育的权利，构成了文化活动的自由。科学研究和文艺创作，在终极的意义上多属于人的内心的精神作用。而受教育权则属于社会经济权利范畴中的社会权利，即通过国家对经济社会的积极介入而保障的所有人的社会或经济生活的权利。在林来梵看来，文化权利（文化活动的自由）和教育权利不具有同质性：前者属于自由权，后者属于社会权。

我国多数台湾学者认为，文化、教育权利分属于不同类型的基本权利：教育权利（受教育权）属于受益权中的教育上的受益权；文化权利则被称为意见自由或思想自由。[②]在日本宪法学中，类似我们的文化权/自由也被划归为精神自由之思想自由及表现自由，属自由权范畴；而受教育权归结在社会权这一属概念之下，是广义的生存权之一种。[③]

虽然在国际人权法中，文化教育权利见诸于《经济、社会及文化权利国际公约》，被视为第二代人权，属于社会权范畴。但在欧洲人权观念中，文化教育权利被归于公民权利和政治权利目录之下，属于自由权，受《欧洲人权公约》和《欧洲人权公约第一补充议定书》的保护。《欧洲社会宪章》所列举的权利，只是与世界人权公约中的经济权利和社会权利相对应，并不包括受教育权等文化教育权利。因为，在欧洲人的观念中，社会权主要指经济领域的权利。

按照我国宪法学界的通说。文化教育权利一般划归为“社会、经济、教育和文化方面的权利”；文化教育权利被认为是一种综合性的权利体系。

不容置疑，对权利属性的认识，与宪法基本权利规范的划分标准有着密切联系。林来梵教授的分类方式，更多地关注于权利本身的特性。他将基本权利划分为：平等权、政治权利、精神·文化活动的自由、人身自由与人格尊严、社会经济权利和获得权利救济的权利等六种类型。“平等权”定位于一种概括性的权利，以引领其他五种基本权利：“政治权利”是作为国家一切归属主体的具体承担者的；公民的基本权利“精神·文化活动自由”以及“人身的自由与人格的尊严”则侧重于概括自由权；“社会经济权利”则侧重于概括社会权；“获得权利救济的权利”则是上述各种权利获得救济所必需的权利。这种分类，如他自己所言，使体系间具有“内在逻辑性、整合性以及自手完结性”。而我国台湾学者的分类，可以说是德国公法学者耶律内克地位理论的继续，在耶律内克的自由权、参政权之外，纳入了平等权。日本学者的分类方式制带有着明显的耶律内克式的痕迹：从公民与国家权力的关系角度，以国民在国家中的地位为基准。同样也是从公民与国家权力的关系角度出发，但基于不同的传统和观念，欧洲将文化教育权利规定于《欧洲人权公约》以及《欧洲人权公约第一补充议定书》之中，强调这些权利的自由属性，主张国家不得任意干涉。

显然，仅仅依赖宪法基本权利规范的划分标准来认识权利属性，是远远不够的。对权利属性的认识，不仅虑及基本权利划分标准，还

应取决于宪法基本权利规范的具体结构及文字表述。后者似乎更为重要。我国宪法对文化权利的规定有不同于其他国家之处。《日本宪法》规定："思想及良心的自由，不得侵犯"（第19条）、"保障学术自由"（第23条）。《德国基本法》第5条第3项规定："艺术和科学，科研和教学是自由的"。并且总标题是"言论自由"。据此。似乎不难理解日本、德国宪法中文化权利的自由权特点。我国宪法则与上述国家宪法有明显的不同之处。我国《宪法》第47条不仅规定："中华人民共和国公民有进行科学研究、文学艺术创作和其他文化活动的自由"；同时还规定："国家对于从事教育、科学、技术、文学、艺术和其他文化事业的公民的有益于人民的创造性工作，给以鼓励和帮助"。这句话改变了我国宪法文化权利的属性：文化权利在我国是具有社会权属性的一项基本权利。

对于教育权利的规定，一般认为集中体现在我国《宪法》第46条——中华人民共和国公民有受教育的权利和义务——的规定之中。倘若从《宪法》关于公民基本权利规定的角度来理解，上述认识并无不当；但如果要进一步理解和阐释宪法权利规范，我们就不能孤立地看待第46条的规定，而必须将其与《宪法》第19条的规定结合起来予以分析、考查。《宪法》第19条规定："国家发展社会主义的教育事业，提高全国人民的科学文化水平"，"国家举办各种学校，普及初等义务教育，发展中等教育、职业教育和高等教育，并且发展学前教育"，"国家发展各种教育设施，扫除文盲。对工人、农民、国家工作人员和其他劳动者进行政治、文化、科学、技术、业务的教育，鼓励自学成才"，"国家鼓励集体经济组织、国家企业事业组织和其他社会力量依照法律规定举办各种教育事业"。《宪法》第46条与第19条结合起来构成了我国宪法教育权利的完整规范：《宪法》第46条赋予了公民受教育的权利，而这项权利的实现则是由《宪法》第19条予以保障的。在我国，公民受教育的权利是一项由国家通过积极作为——举办各种学校、发展各种教育设施——予以保障实现的权利。透过第19条的规定，我们可以清楚地看到我国教育权利的社会权属性。

二、文化教育权利不仅是单纯的社会权

一般认为，文化教育权利属于社会权范畴，是一项积极权利。要求国家为公民实现文化教育权利有所作为。如有人所认为的那样：经济、社会和文化权利从宪法权利的分类上说属于积极的基本权利。此权利的提出，从一定意义上说，扩大了国家对公民个人的义务。④

对此，有的学者不以为然。张千帆教授认为，受教育权不仅具有自由权性质，表明国民有接受教育的自由，不受国家非法干涉；也具有社会权或受益权的性质，意味着公民有请求国家实行免费义务教育，以及请求国家积极采取包括为教育提供必要的经费、设立和管理有关教育设施、制定有关制度等在内的措施，以改善各种教育外部条件的权利。同时，他还认为，文化权利既包含了自由权意义上的文化活动的自由，也包括受益权意义上的文化权利。《世界人权宣言》第27条以及《经济、社会及文化权利国际公约》第15条主要就是在这一意义上使用的。并且，我国《宪法》第47条内容中的第一句说的是公民进行文化活动的自由，这是自由权意义上的文化权利。第二句则是宪法对受益权意义上的文化权利的肯认。⑤焦洪昌教授也持此观点。他认为，受教育权是自由权与社会权的统一。其中社会权反映了教育权的实质内容。受教育权的自由权性质要求有能力的公民均等地享有教育权，而受教育权的社会权性质要求国家为那些有能力但因经济等问题不能享有教育权的公民提供条件与环境。⑥

笔者认为，尽管文化教育权利具有同质性，都属于社会权。但它们具有复合特性，而不是单一的、纯粹的社会权。宪法学——特别是传统宪法学——基于社会、经济条件的变化，以公民权利与国家权力的关系为标准，将基本权利分为自由权和社会权。这种划分方法反映了资本主义发展过程中，国家权力向市民社会渗透的历史事实，凸显了这两种权利的不同特质。但20世纪，特别是第二次世界大战以来，人权观点悄然发生了变化。某些人权具有多种复杂的性格，既具有自由权的性质，又具有社会权

之功能。在我国，文化权利所具有的社会权特性，决定于《宪法》第47条后半句话的内容。而其自由权特性则不仅缘于第47条前半句之规定，除此之外，还另有原因。事实上，我们无法否认，文化权利的诸多内容，究其实质，与表现自由有着千丝万缕的关联。表现自由（freedom of expression），即将内心的意见、思想、观念等自由地对外表达出来。言论与出版，是表现自由的主要形式。从事科学研究和文艺创作，必然涉及到科学研究、文艺创作成果的发表。如林来梵教授所言：《宪法》第47条中的所谓“其他文化活动”的自由之中，除了包含公民学习科学技术、欣赏文艺作品、从事文化娱乐活动的自由之外，当然也包含科学研究或文艺创作成果的发表的自由，而后者显然亦可纳入言论和出版的自由的范畴。⑦而更有学者直接将狭义的文化权利界定为：公民从事文学艺术创作、参加文化产品的生产和经营、开展自娱性文化活动等与精神生活相关的权利。这就使文化权利不能不带有了自由权的特质。

文化权利如此，教育权利更不例外。教育权利的主要形态即为受教育权。因此，在这里我们探讨受教育权的双重特性。受教育权的这种复合性。主要决定于受教育权权利构造的复杂性。在通常情形下，基本人权存在着权利主体及其承担客体。前者拥有权利，后者则承担与该权利相应的义务：围绕着权利和义务，两者在某种意义上形成一种互相对应的构造。而受教育的权利，在受教育权权利主体（公民）与义务主体（国家）两者间还存在着具体的施教者（学校、家长、教师等），上述主体围绕着受教育权这一主题，形成错综复杂的关系。因此，与其他基本人权相比较，受教育权权利结构更为复杂。受教育权权利构造的复杂性在权利属性方面表现为受教育权糅合了自由权和社会权的权利特性。

三、文化教育权利之内涵

在我国宪法学教科书中，鲜有给文化教育权利下一个明确定义者。在论及文化教育权利时，一般来说，大多采取列举说明的方式。指出该项权利包括哪些具体内容。在国际人权的理论和实践中，状况也不容乐观。人们往往将注意力放在经济和社会权利上，并没有特别重视文化权利。它甚至被人们遗忘或忽视。但也有例外。在焦洪昌主编的《宪法学》一书中，对文化教育权利是这样界定的：文化教育权利是公民按照宪法规定，在文化与教育领域享有的权利与自由；由文化权利和教育权利组成。在我国《宪法》上，文化权利即为第47条规定的“进行科学研究、文学艺术创作和其他文化活动的自由”；而教育权利，则是第46条所规定的“受教育的权利和义务”。

文化权利与教育权利之间的关系，有一种观点认为，教育权利被广义的文化权利所包摄。所谓文化权利，是指公民依照法律规定从事文化活动的权利；教育权是文化权的一部分。因为教育是维持公民文化权的手段，而文化影响在很大程度上是通过对儿童的正式教育传递的；表达和信息自由权就包括了文化表达权和获得以及传播文化活动的机会：集会自由和结社自由对于文化活动必不可少。

笔者认为，文化权包含教育权的观点，失之偏颇。权利间具有“相互依赖性”（interdependence of human rights），即权利间存在着密切的关系。这种“相互依赖性”，不仅表现在两种权利有机地联系在一起，即一种权利实际上是另一种权利的一部分；还表现在两种性质不同的权利，其中一种权利对另一种权利的获得具有有益的影响。前者称为“机质性依赖性”（organicinter dependence），后者称为“相关性依赖性”（relatedinter dependence）。教育权利与许多基本权利间存在着“相互依赖性”，并且突出表现为“相关性依赖性”。教育权利是公民享有和实现某些宪法权利的基础和前提。就平等权而言，受教育权丰富了平等权的内容。平等权为公民受教育权的实现提供了坚实的保障：就政治权利而言，受教育权具有前设意义，用密尔的话，即“普及教育必须先于普及选举”；就生存权而言，受教育权是广义的生存权，同时，受教育权有助于狭义的生存权的实现，并为后者提供保障；就财产权而言，教育不仅给受教育者带来直接收益，而且还可以带来间接收益，从而增加财富，享受财产权。⑧

教育权利与文化权利间也不例外地存在着相互依赖性，但这种相互依赖性不仅表现在机质性依赖性上。而是更多地表现在相关性依赖性上。目前一种通行的观点认为：文化不仅包括艺术、科学、文学和教育。而且包括流行音乐、电影、大众传媒和各种休闲活动。依此观点，教育包摄于广义的文化之中。但教育权利在许多方面有着不同于文化权利的特质。首先，虽然文化权利与教育权利都具有双重属性。即兼备自由权与社会权的特点，但文化权利更多的是自由权。是带有社会权性质的自由权；而教育权利更多的是社会权，是具有自由权性质的社会权。其次，教育权利——特别是接受义务教育的权利——在本质上具有被动性，是一种“无可选择”的接受权；而文化教育则属于行为权，即有资格去做某事或用某种方式去做某事的权利。再次，文化权利理念比较复杂，不仅有广义、狭义之分。还有个人的文化权利与集体的文化权利之别。在国内法层面上。它与言论自由、出版自由等表达自由、宗教信仰自由等须臾不离；在国际法层面上，它与保护文化遗产、具体人民的文化认同和文化发展相关的那些权利密不可分。因此，文化权利被视为“民族的权利”，在很大程度上是以集体人权的形式出现的。而教育权利，则仅是个人人权。最后，从狭义上讲，文化权利的实现离不开教育权利。教育权利是文化权利实现的基础和前提。

注释：

①林来梵：《从宪法规范到规范宪法——规范宪法学的一种前言》，法律出版社2001年版，第92页。

②谢瑞智：《宪法新论》，台北文笙书局1999年版，第146～147页。

③三浦隆：《实践宪法学》，李力等译，中国人民公安大学出版社2002年版，第145页。

④李步云：《宪法比较研究》，法律出版社1998年版，第529页。

⑤张千帆：《宪法学》，法律出版社2004年版，第233～237页。

⑥焦洪昌：《宪法学》，北京大学出版社2004年版，第255页。

⑦林来梵：《从宪法规范到规范宪法——规范宪法学的一种前言》，法律出版社2001年版，第158页。

⑧温辉：《受教育权入宪研究》，北京大学出版社2003年版，第133～146页。

（《法学杂志》2006年第2期，作者系国家检察官学院副教授）

经济和社会权利的可裁决性

——从健康权展开

■夏立安

一、Judiciability 的含义

在人权认识上，国际人权组织坚持人权具有普遍的、不可分割的和相互联系的特性。1993年，世界人权会议通过了《维也纳宣言和行动计划》，其中第5条规定：“一切人权均为普遍、不可分割、相互依存、相互联系。国际社会必须站在同样地位上、用同样重视的眼光、以公平、平等的态度全面看待人权。固然，民族特性和地域特征的意义以及不同的历史、文化和宗教背景都必须要考虑，但是各个国家，不论其政治、经济和文化体系如何，都有义务促进和保护一切人权和基本自由。”尽管国际组织坚持人权是彼此联系和不可分割的，但不可否认的是，割裂人权的观点仍然大有市场。如法国学者卡雷尔·瓦萨克（Karel Vasak）的“人权代论”。他认为：第一代人权形成于美国和法国大革命时期，主要是指公民权利和政治权利；第二代人权形成于俄国革命时期，主要

是指经济、社会及文化权利；第三代人权是对全球相互依存现象的回应，主要包括和平权、环境权和发展权。瓦萨克根据公民与国家的不同关系样态将第一代人权定性为消极的人权，将第二代人权定性为积极人权，而将第三代人权定性为连带的权利（the solidarity rights）。[①]

瓦萨克的人权代论除了对第一、二代人权作了消极与积极人权的机械区分外，还有很强的发生学意蕴，即第三代人权孕育于第二代人权，第二代人权最终孕育于第一代人权。按照该理论，人们一般会推导出第一代人权优于第二代人权和第三代人权的论断。这种看法在国外有较大市场，在国内也并非罕见。在国内，有学者认为："无论经济权利和社会权利如何重要，它都不可能是一项人权。"[27]甚至有的学者对人权公约的法律属性提出质疑，认为"'人权宣言'和'人权公约'这些东西基本上是政治宣言，在多数情况下，它们只是政治家许下的政治诺言，并不具有法律规范的品格"。[28]人权代论大有市场的原因很复杂，既源自发展中国家与西方国家之间经济和社会发展的差距，也源自意识形态的不同，还源自权利的可裁决性（Judiciability）方面的原因。比较这三方面的原因，社会、经济发展和意识形态对人权认识差别影响相对明晰，也易被人理解，而可裁决性的因由则相对复杂。就目前而言，对于可裁决性存在两种认识进路，然而这两种进路都存在偏颇乃至错误之处。

第一种进路是从两代人权的国际救济着手分析。在人们的一般理解中，"救济"更多的是指"司法救济"。因此，许多学者在理解"可裁决性"这一概念的时候，将之等同于"可诉性"或者"可审判性"。依据该逻辑，自然就有了这样的认识：《公民权利和政治权利国际公约》（又称《B 公约》）下的权利一旦受到侵犯，在国内可以诉诸司法机关，在用尽国内救济的情况下，也可以诉诸国际——联合国人权委员会。换言之，它们既能够获得国内司法救济也能申诉于联合国。而《经济、社会和文化权利国际公约》（又称《A 公约》）下的权利在国际救济方面是通过"经济、社会和文化权利委员会"没有法律拘束力的报告审查来完成。基于"没有救济就没有权利"的考量，经济、社会权利与公民权利和政治权利很难被等量齐观。第二种进路是围绕第一、第二代人权的属性展开的。一方面，从权利属性看，《B 公约》下的权利属于消极权利，只要政府不作为，权利就能实现，因此易于救济；而《A 公约》下的权利属于积极权利，需要政府作为，需要时间的期待，需要付出巨大成本，因此这类权利难以被承认，也难于得到救济。另一方面，从义务属性看，认为第一代人权属于结果义务，第二代人权和第三代人权属于行动义务，后者较前者缺乏确定性，难以实施救济。[②]

纠正第一种进路的偏颇，首先需要一种更为宏阔的人权救济观念，需要对"Judiciability"做广义的理解。随着人权观念的渐深入人心，国际人权监督机构在人权保障和人权救济方面的作用愈加突出。但是宥于将"Judiciability"翻译为"可审判性"，或宥于将其理解为"有约束力的司法判决"的狭隘观念，国际组织在人权救济方面的"准司法"作用长期被忽视。如果将"可审判性"视为一种"有约束力的司法判决"，这种情况在国际层面上缺乏现实性。因为真正具有约束力的国际司法机构为数甚少，绝大多数国际人权公约的履行并没有以一个可审判的约束机制为前提。《公约》下的权利救济依赖的是没有约束力的个人和集体来文制度，而《公约》依赖的是对缔约国的"准司法"的报告审查制度。鉴于这样的原因，有必要对"可裁决性"做广义理解——"将权利提交第三方裁决"[③]。它不仅包含着对抗制的含义，而且包含审问制的含义。"前者指的是两造制度下的司法程序，后者是针对案件事实加以审查和评价的审查程序。"[④]既然可裁决性也包含事实审查和评价程序，那么它与司法主义（Judiciabilism）就不完全是一回事。"司法主义可以包含着可裁决性，但是并不是一切可裁决的都是司法的。司法主义指称的是法院系统，而可裁决性本质上还包含着审查的意思。"[④]由此可见，我们应对"Judiciability"做广义的理解，它不仅有诉诸司法的"可审判性"的含义，也有"对事实的审查和评价"的含义。联合国人权委员会的报告审查和个人来文申诉虽然没有

"可审判性"的含义，但是其约束力已是不争的事实。而经济、社会和文化权利委员会虽然还没有建立起个人和集体来文的申诉制度，但是其报告审查制度则具有一定程度的"准司法"的特征。"事实上，经济、社会和文化权利委员会在缺少正式申诉程序的情况下，在报告程序下发展了自己的职责，使其越来越类似于准司法申诉程序。"⑤

其次，将"Judiciability"做广义理解，不仅使我们看到经济、社会和文化权利委员会具有准司法的职能，而且使我们注意到人权实现的其他样态。就发展中国家来说，"积极的政府行为，更多的则是政治问题，而不仅仅是司法审判的问题。④因此，从这个意义上看，"公民权利、政治权利与经济、社会权利的划分是没有意义的，将这些权利做程序方法的区别——将一种视为可审判的，将另一种视为社会政策问题——也没有多大意义。实际上，可审判性与人权体制存在的政策环境是不可分割的，人权体制的合法性在很大程度上来自这种政策环境。"④从实践来看，欧洲人权法院和欧洲人权委员会是两个不同的人权监督机构，前者重视司法裁决，后者重视人权状况的审查和评价。更进一步说，《欧洲人权公约》救济的主要手段是报告和审查，而不是司法判决。④

最后，抱守狭隘的"可审判性"观念，强调《B 公约》而否定《A 公约》，破坏了"国际人权宪章"的统一框架。1948 年的《世界人权宣言》、1966 年的《B 公约》和《A 公约》一起，被统称为"国际人权宪章"。承认其中的一个而否定另一个，有悖于国际人权宪章的精神，违背了经济权利和社会权利与公民权利和政治权利不可分割的思想。

将"Judiciability"做广义理解，固然可以使我们注意到经济和社会权利的其他救济方式和实现样态，避免第一种进路在人权认识上的狭隘性，但是"诉诸司法"仍然是"Judiciability"核心意义，仍然是该类权利不可怀疑的核心救济方式。因此，破解"经济和社会权利的可裁决性"的要义，还要揭示"经济和社会权利"的属性与"可审判性"之间的内在关系。鉴于经济和社会权利的多样性和复杂性，下文仅通过对健康权的展开来揭示上述人权认识的第二种进路的偏颇甚至错误，从而回击流行的经济和社会权利不可救济论和非人权论。

二、健康权的概念

人们普遍认为《B 公约》下的公民权利与政治权利属于"立即实现"义务或结果义务，而《A 公约》下的经济和社会权利属于"逐渐实现"义务或行动义务；前者是可以救济的，而后者难以救济；前者是权利，后者不是权利。但是对经济和社会权利深入研究发现，许多社会和经济权利，如健康权、受教育权、住房权等除了具有"逐渐实现"的特征外，其实也包含着"立即实现"的义务。下文将主要通过对健康权内涵的厘定以及对健康权义务类型的分析，来证明这一看法。

（一）健康权的最低标准

围绕健康权的内涵存在很大的分歧。首先表现为健康这个概念的主观性太强。在不同环境和不同地理状态下，人们对健康有十分不同的理解。在古希腊哲学家笔下，健康是肉体的强健，是一种力量之美，而且是贵族的而不是一种民主的健康。到了中世纪，健康不仅包含了肉体的健康，而且包含了精神层面的内容。到了当代，世界卫生组织宪章将健康定义为"一种身体、精神的、社会的完满状态，不仅仅是没有疾病或者身体虚弱"⑥；并且它还规定"享受可能获得的最高健康标准是每个人的基本权利之一"。这个健康权概念显然是很宽泛的，由于其包含了社会进步和福利的目标，使健康概念社会化和理想化，使它面临着大而不当的危险。后来经过激烈的争论，在《A 公约》第 12 条中将健康权限定为"人人有权获得身体和精神上的最高标准"。

根据世界卫生组织宪章和《A 公约》第 12 条的相关规定，健康权大体覆盖了以下范围：一是卫生保健领域（health care），包括医药保健（medical care）、卫生保健预防、儿童保健、家庭节育服务、孕前孕后卫生保健、精神保健服务等；二是卫生条件领域（preconditions for health），包括清洁用水、充分营养食品、充分卫生设施、环境的健康、职业卫生、与健康有关的信息等。由于世界各国发展差异巨大，包括健康权在内的经济和社会权利的实现受制于经济发展和可资利用的其他资源条件，被赋予了一个逐步实现的过程。虽然这种规定考虑到了社会发展的差异性，但同时也给某些规避国家义务和义务履行瑕疵提供了借口，从而使健康权作为人权的地位受到了一定的影响。1987年经济、社会和文化权利委员会报告起草人菲力普·阿尔斯顿（Philip Alston）指出："每一权利必须有最低的标准，缺少这一标准就会妨碍缔约国义务履行。"⑦三年后，该委员会发表了"一般评论3"，其中第10段中指出，"确保最低的实质权利实现的一个最低核心义务，是每个缔约国必须要做的。"

诚然一个健康权的最低标准有助于各个缔约国的义务履行，但是制定怎样的最低标准争议却很大。有的学者提出，应该根据各国发展的差异，制定一个基于国情的最低健康权标准。如挪威学者根据国家的发展水平，提出了使政府立即、无条件履行义务的最低健康权标准——"核心健康权"。⑧但是，缔约国基于自身发展状况而制定的最低义务标准恐怕不会太高，而且这种义务一旦实现，履行更高义务标准的动力就有可能大大减退。后来在世界卫生组织的"人人健康战略"中，根据发达国家、中等发达国家、最贫困国家的不同，提出了不同的最低健康权标准。⑨这种最低标准听起来似乎很合理，但是这样的标准不仅制定起来不容易，而且就世界卫生组织健康权审查的现有条件看，操作起来难度极大。本文认为，既然是健康权的"最低"标准，就应当具有普遍性。早在20世纪70年代，在世界卫生组织的"基本卫生保健战略"中，就提出了一个普遍性的健康权的国家义务基本标准，它包括：（1）提供重大卫生问题及其预防和控制这些问题的教育；（2）加强食品供应和适当的营养；（3）提供充分的安全饮用水和基本卫生设施；（4）提供包括计划生育在内的母婴保健；（5）提供重大传染疾病的免疫；（6）给予常见疾病和伤害以适当的治疗；（7）提供必备的药品。虽然这个标准提出已经有了许多年，今天看来仍然有重要的参考价值。至少就卫生保健看，母婴保健、重大传染病的免疫、常见疾病和伤害的诊治、必备药品等卫生保健仍是维持人们最基本健康尊严的最低标准，而充足的安全饮用水和基本卫生设施则是卫生保健的起码条件。

核心健康权的概念一般来说会使健康权的内涵更加明确，因而有助于缔约国的义务履行。但是这个概念也易生误导。美国学者伯吉特·托贝斯这样警示人们："在对健康权特有的核心内容提出建议之前，应该注意到需要对此概念保持某种程度的谨慎。关于核心内容的界定会产生一种危险，即某项权利的其他方面内容被视为不重要并可能因而被忽视。"⑩

（二）一般评论第14号

关于核心健康权的争论为健康权概念的精准化作了某种理论铺垫。2000年，经济、社会和文化权利委员会发表了关于《A公约》的"一般评论第14号"，对健康权内容做了具体解释。⑪一般评论第14号对健康权的内容和实施格外关注，并为那些需要健康权救济的个体当事人提供了救济方法。"一般评论可影响对于条约条款含义的澄清，也有助于加强《A公约》诸条款由法院直接适用的可能性。"⑤一般评论第14号认为：健康权不能理解为使人健康的权利。"健康权既包括自由也包括权利"，具体说就是"自由包括控制自己健康和身体的权利，包括性自由和生育自由、免于干涉的自由，如免于酷刑、强制医疗和实验的自由"。相比之下，权利包括享有健康制度保护的权利，即人们能够享有最高的健康水准的平等机会。

一般评论第14号认为："健康权不仅包括适时适当的保健，而且包括健康的基础条件。如获得安全的饮用水和充分的卫生，充分提供安全食品、营养和住房、健康职业和环境条件，获得有关健康的教育和信息，包括性和生育健康的信息。"它还规定：缔约国的保健制度一定包括实现健康权的某些制度特征。这些制度特征包括可用的（Availability）、易用的（Accessibility）、可以接受（Acceptability）的和必要的健康服务和设施的高品质。"可用性"的含义是缔约国必须提供充足的健康设施、物品和服务；"易用性"的含义是这些设施、物品和服务必须是经济上和地理上容易使用的，并且所有人都不受歧视容易使用这些设施、物品和服务。此外，“易用性”还包括搜索、接受和发布有关健康问题的信息和观点的权利。“可接受性”是指所有的设施、物品和服务必须遵守医学道德并符合文化习惯，即尊重个人、少数民族、各民族和社区的文化习惯，照顾性别和生命周期的要求，并且能尊重隐私和改善有关人群的健康状况。“高品质”是指健康设施、物品和服务必须是从科学和医学上讲是合理的，并具有良好的品质。这要求医疗人员有较高的技能、药品和医院设备获得科学认证并没有超过有效期、安全和可饮用的清洁水、足够的卫生条件等。一般评论第14号明显强调健康权的实施，评论明确规定：“缔约国不愿最大限度使用其资源以实现健康权，就是违反了公约第12条的义务。”如果受到资源限制而无法履行义务，缔约国负有对用尽一切可以利用的资源仍然无法履行义务的举证责任。最后，一般评论第14号给予个体的当事人以救济。尤其是，任何人或者群体受害者应当能够得到有效的国际和国内司法或其他适当救济。所有健康权的受害者应当有权得到赔偿，它可能包括恢复原状、补偿、赔偿或者保证不重犯等形式。

一般评论第14号在给《A公约》的健康权界定方面迈进了一大步，它汲取了经济、社会和文化权利委员会在审查国家报告方面的经验，阐释了该委员会对公约所载权利和义务的一般理解，将健康权往“可诉诸司法裁判的”道路上推进了一大步，并表现为：第一，认为健康权既包括权利也包括自由，如性自由和生育自由、免于酷刑、强制医疗和实验的自由等。换句话说，这些自由权相对应的正是政府的消极义务。第二，从制度属性上对健康权做了积极义务与消极义务的区分，其中“可用性”要求政府提供设施、物品和服务，属于积极义务；但“易用性”除了包含政府使卫生设施、物品和服务在地理和经济上容易使用的积极义务外，还包含着政府尊重公民在健康信息搜索、接受和发布的消极义务；“可接受性”要求政府所提供的设施、物品和服务必须遵守医学道德并符合文化习惯，这也就是要求政府尊重个人隐私，尊重少数民族的生活和文化习惯。

可见，作为第二代人权的健康权本身既包括了政府的积极义务也包括消极义务，而将第二代人权归结为政府的积极义务，将第一代人权归结为政府的消极义务，并最终认为第二代人权不可审判的观点是十分武断的。但健康权在不同经济发展水平、不同文化和价值观念的缔约国的解释和实施问题仍然面临着挑战。因此，下一部分关于健康权义务类型的分析，将力图改变健康权内容粗糙的问题，增强其司法救济的操作性。

三、健康权义务类型分析

前有所述，在《A公约》第2条第1款中，有缔约国“采取步骤”、“逐渐达到”公约所承认权利的规定。这些限制性规定在很大程度上为缔约国迟延履行条约义务提供了借口，使健康权的可救济性大打折扣。但是如果对林林总总的国家义务类型加以分析，就会发现包括健康权在内的第二代人权的国内司法救济仍然有很大的可行性。

《A公约》包含了丰富的国家义务内容。在该公约的用语中，有的使用了“尊重”（respected），如第13条第3款的“父母和法定监护人的自由”、第15条第3款的“科学研究和创造性活动的自由”；有的使用了“承认”（recognized），如该公约第12条第1款的“健康权”、第6条第1款的“工作权”、第7条“公正和良好的工作条件权利”、第9条“社会保障权”、第10条的“家庭权”、第11条第1款“相当的生活水准权”和第2款“免于饥饿权”、第13条第1款“受教育权”，等等；有的使用了“保证”（ensured），如第3条“男女平等权”、第8条“组织工会权”；还有的使用了“确保”（guaranteed），如第2条第2款的“非歧视”、第7条第a款第（1）项中的“用工中性别歧视”。在这些用语中，“尊重”的义务是不需要政府作为即可实现的义务，其不受“采取步骤”和“逐渐达到”规定的限制。在“承认”、“保证”和“确保”的义务类型下，“保证”和“确保”要比“承认”更重要和更有迫切感，因此“保证”和“确保”项下的权利不应当受到“逐渐”这一条件的制约，它们属于需要国家立即履行的义务范围，是公约中国家义务的最高层面。[7]

此外，在同样使用了“承认”（recognize）的义务类型条款中，列举了具体“行动计划义务”的规定要比“终局目标义务”的笼统规定更有可行性也更规范。如该公约第 12 条第 2 款所列举的关于健康权的以下行动步骤：(1) 减低死胎率和婴儿死亡率，使得儿童得到健康的发展；(2) 改善环境卫生和工业卫生的各个方面；(3) 预防、治疗和控制传染病、风土病、职业病以及其他疾病；(4) 创造保证人人在患病时能够得到医疗照顾的条件。这些义务比其他使用了“承认”的“公正和良好的工作条件的权利”、“社会保障权”、“家庭权”、“相当的生活水准权”、“免于饥饿权”、“受教育权”等显然更具体、更有操作性也更为迫切，因此，它们属于国家必须尽最大努力加以立即或者尽快实现的义务，而且由于它们属于上文确认的健康权的核心最低标准的义务，因此，对这些义务的履行不能以公约第 2 条第 1 款中的“逐渐达到权利的充分实现”条款为借口而对其有所减损。联合国《关于实施（经济、社会和文化权利国际公约）的林堡原则》第 21 条对此款有严格的解释：“‘逐渐达到权利的充分实现’义务要求缔约国尽快实现各项权利。在任何情况下，均不得将此解释为暗示缔约国有权无限期推迟其确保充分实现的努力。相反，行有缔约国有义务即刻开始采取步骤以履行其《公约》规定的义务。”

我们也可以从《消除对妇女一切形式歧视公约》找到各种形式的义务表达。第一，表现为“确保”（to ensure）和“给予”（to accord or grant）的规定，如该公约第 16 条第 1 款“保证妇女与男子平等的婚姻和家庭权利”和第 7 条“男女平等的投票权”等；第二，存在“采取”（to undertake）的表述，如该公约第 2 条 a-d 项下的义务，还有公约第 14 条第 1、2 款关于采取措施消除对农村妇女歧视的规定；第三，还有“采取一切适当措施”（to take all appropriate measures）的表述，如该公约第 3 条、第 5 条 6 项、第 6 条、第 8 条都有这样表述。在这三类义务中，第一类为国家必须立即行动的义务，因此也是可以诉诸司法裁决的；第二类义务需要国家采取某些特别的措施，因此也是可以提交司法裁决；最后一类因为需要国家采取一些适当措施，需要时间上的期待，因此不适合于提交司法裁决。[12]

如果对以上各种义务做进一步理论归纳的话，也能做消极义务和积极义务两个方面的区分：第一类为“尊重”的义务，面对的是不需要国家采取行为就已经存在的权利，对国家而言，是一种消极的义务，具体包括：尊重平等获得可得到的健康服务的义务以及不得妨碍个人或群体获得可利用的服务的义务；不得采取损害人民健康的行为（如造成环境污染的活动）[13]。第二类为“保护”的义务，要求国家采取必要步骤防止其他人带来的权利侵害，是一种积极的义务，如制止健康领域中的歧视现象；第三类为“实施”的义务，需要国家采取措施去实现法定的权利，也是一种积极的义务。这种对第二代人权的义务分类，一方面使这些人权概念更加清晰，另一方面给这些权利予以司法救济提供了可能。如果从消极义务和积极义务的角度看，前者的履行较后者履行更容易为人判断，因此“尊重”的义务就相较于“保护”和“实施”的义务更容易为司法所裁断。如果从两类积极义务的比较看，因为“保护”的义务指向是行使侵权行为的第三人，而“实施”的义务指向是具体的政府行为，因此前者较后者就更具体，更容易为司法所裁断。

最后，一般评论第 14 号对健康权义务做了尊重、保护和实施三种分类，其中尊重的义务是十分明显的政府消极义务。一般评论第 14 号对义务违反有详细规定：违反尊重的义务包括“违反公约 12 条所确定的标准的国家行为、政策或者法律，和可能导致身体损害、不必要的发病和可以预防的死亡”；违反保护义务包括“一个国家没有采取一切必要措施，来确保他们管辖范围内的公民的健康权免受第三方的危害”；违反实施义务包括“缔约国没有采取必要的步骤去实现健康权”。[14]

由此可见，所谓第一代人权表现为国家的消极义务或者结果义务，第二代人权表现为国家的积极义务或者行动义务，并由此认为第一代人权是可裁决的而第二代人权是不可裁决的观点，是一种简单的武断的观点。作为第二代人权的健康权兼备积极和消极两种义务特征，其消极义务显然具有可裁决的特征。从这个意义上说，正是对健康权概念的分析，对健康权最低标准的确认和对其义务视角下的分类解析，使我们得出进一步的结论：各类人权互有会通，强化人权代际差异的观点站不住脚。

四、健康权的外部与内部救济

（一）外部救济——国际组织下的报告程序

在上文对“Judiciability”做了广义理解后，包括健康权在内的经济、社会和文化权利的国际报告程序的重要性就显而易见了。经济、社会和文化权利委员会成立于1985年，它是联合国负责监督《A公约》缔约国履行条约义务情况的机构，负责审议各缔约国定期向联合国提交的关于该国促进和保护经济、社会和文化权利所采取的步骤以及在享受人权方面所取得进展的报告。具体而言，经济、社会和文化权利委员会在这方面有以下职能：根据这些报告和联合国专门机构送来的其他报告的研究情况，向经济和社会理事会提出一般性建议，以帮助缔约国完成其执行公约的义务；提请缔约国注意其提交的报告中的不足之处，建议改进报告程序的方法；促进缔约国、各国际组织和联合国各专门机构加快采取行动，从而使人们充分享有经济、社会和文化权利。

根据规定，缔约国须在公约对其生效后两年之内向该委员会提交报告，如2001年我国批准了该公约，2003年就向该委员会提交了报告。第一次在两年期内提交报告之后，此后的报告为每五年提交一次。在具体的报告审查时，先由缔约国代表做介绍性发言，然后由委员会成员对某些问题进行评论和提问，再由缔约国代表答复提问；对报告讨论的“最后意见”，经过摘要提交经济和社会理事会的年度报告，理事会可“随时”向联合国大会提交报告和提出“一般性质”的建议[6]。此外，《消除对妇女一切形式歧视公约》是通过缔约国向“消除对妇女一切形式歧视委员会”来完成的，在缔约国第一次提交了关于其旨在消除国际条约下的权利歧视的立法、行政和其他措施的报告后，以后缔约国还要每隔四年，向该委员会提交一次其在消除权利歧视进展情况的报告，而该委员会在对报告进行讨论时，主要集中于妇女的健康状况、计划生育服务、孕前孕后的保健、艾滋病等问题。同样，《儿童权利国际公约》通过“儿童权利国际公约委员会”来监督缔约国义务的履行。

仅从提交给经济、社会和文化委员会的报告看，由于受到可审判性的狭义观念影响，各缔约国政府都不同程度地表达了对该公约权利司法救济缺失的忧虑。比利时政府的报告认为该公约权利的渐进性特征，妨碍了相关权利在国内法院的直接诉讼。[15]黎巴嫩的报告则将组织工会权视为可以直接司法管辖和强制执行的权利，而将参与文化生活权等视为不能强制执行的权利。[16]此外，无论是在俄罗斯联邦政府还是挪威政府的报告中，都没有提到关于该公约权利的国内诉讼案件。显然，在这些报告中，可裁决性被狭义地理解为提交法院的诉讼。但是由于在国际上具有司法效力的国际裁决机构为数很少，所以具有准司法职能的国际机构，如联合国经济、社会和文化权利委员会的作用是毋庸置疑的。虽然该委员会的“最后意见”没有法律拘束力，但其具有准司法的效力。[13]可以说，在人权话语的今天，即使那些人权形象欠佳的政府，也不能无视类似国际组织的审查结论。但是需要注意的是，由于西方在经济、社会和文化权利委员会中享有较大的话语权，对欠发达国家来说，在多大程度上认可或接受该机构的“准司法的效力”也许还需要进一步验证。

（二）内部救济

上文对“可裁决性”的广义理解和对经济、社会和文化权利委员会“准司法的效力”的一定程度的认可，并不能取代该类权利国内司法救济的重要性。虽然在国际范围内，关于健康权的诉讼并不算多，但是仅有的一些案件足可证明健康权正走出理论深闺，成为司法现实。在为数不多的此类案件中，荷兰、印度、南非健康权的三种司法救济方式值得注意，此外，还有通过对宪法性规范中的公民权利与政治权利的扩展性解释而对经济和社会权利加以间接保护的救济方式。

在荷兰，国际法的适用采用一元论方式，即国际条约一旦被荷兰政府批准，就自动成为其国内法的一部分，公民可以依据该国际公约进行司法救济。但尽管如此，该国际条约是否具有直接效力要由法院决定。1995 年，海牙上诉法院就离家孩子的健康保护做出了一个判决。该判决指出：幼小者基本生存条件的缺失违反了《儿童权利国际公约》第 3 条第 2 款和第 20 条第 1 款——国家有义务采取措施给予他们充分的健康保护。但是法院的判决回避了该国际公约在荷兰国内适用的直接效力问题。在另一个涉及荷兰病人基金会拒绝报销住院费的案件中，阿姆斯特丹上诉法院裁定：病人的住院费应当得到支付，为病人提供医疗保健是合理的，因此基金会应当承担其住院费用。在这个案件中申诉人援引了《A 公约》第 12 条的规定，尽管法院仍然回避了该公约在荷兰的直接效力问题，但是在该案件中法院事实上是以该公约的第 12 条对拒绝报销住院费加以司法审查的，因此这一案件也暗含了该国际公约在荷兰国内司法中具有直接效力。

与荷兰不同，印度在国际法的适用上是坚持二元论的，即国际法必须成为国内法的一部分才能为国内司法所适用。由于印度宪法并没有关于健康权的规定，因此在印度关于健康权的宪法诉讼中，印度宪法法院只能引用印度宪法第 21 条中生命权的规定作为司法判决的依据。尽管如此，也不排除在印度的司法判例中，同时适用印度宪法和国际法的情况。1992 年，在 C. E. S. C. LimitedV. Subbash Chandra Bose 案件中[17]，一方当事人为加尔各答电力供应公司，另一方当事人为电力消费公司。他们就雇员健康和职业安全责任发生诉讼。在法院驳回的意见中，拉莫斯沃米（Ramaswamy）法官认为：作为私人雇主一方的电力消费公司有遵守国际人权法和印度宪法的义务。在该案件中，他援引了《世界人权宣言》第 25 条、《A 公约》第 7 条 b 款、印度宪法第 39 条 e 款的规定，做出了司法判决。虽然在这个案件中法院不是直接依据国际法中健康权的规定进行裁决的，但是法官显然是以国际法中的健康权为依托，来解释其宪法中的生命权的。

与荷兰和印度不同，南非于 1994 年签署了《A 公约》，但是延至今日没有批准。虽然如此，1996 年生效的南非新宪法对公民的社会、经济权利的规定可谓相当完备。宪法中不仅包含了获得卫生保健权（第 27 条第 1 款 a 项）、紧急医疗救治权（第 27 条第 3 款）和儿童基本卫生保健权（第 28 条第 1 款 c 项），而且还包括了被拘留人和罪犯的医疗救治权（第 35 条第 2 款 e 项）。很显然，南非的宪法制定者力图将健康权的国家义务在宪法中固定下来。但是由于南非艾滋病感染率的惊人增长，使南非宪法法院在关于健康权的诉讼中面临着痛苦的裁决。在健康权的宪法诉讼中，苏布拉莫尼诉卫生部部长一案（Soobramoneyv. Minister of Health）是其中的典型案件。苏布拉莫尼是一个患肾衰竭的病人，他于 1996 年向位于德班的一家国立医院寻求透析，后来该医院拒绝了他的请求，其理由是医院只给那些能够治愈的病人或者那些等待肾移植的病人做透析。本案当事人因为所患病症不能治愈所以不具有做透析和肾移植的资格。根据宪法 27 条第 1 款 a 项的规定“每一个人都有获得健康医疗服务的权利”，第 27 条第 3 款的规定“任何人不得被拒绝紧急医疗治疗”，苏布拉莫尼要求德班高等法院命令医院接受他，高等法院拒绝了他的请求，其后他又上诉到宪法法院，宪法法院同样驳回了他的申请。在该案中，法院判定：公民平等获得卫生保健的权利必须受到政府资源优先配置的制约。法院认为，在有希望治愈的肾病病人与没有希望仅仅为了延长生命的肾病病人之间，卫生部关于优先治疗的计划安排是正当的，因为国家通过合理的立法和其他措施来制定进步法律的义务，受到“其所能获得的资源”的限制，因此拒绝给苏布拉莫尼先生做常规肾病透析的决定是合理的。[18]

2001 年 8 月南非比勒陀利亚高等法院受理了“治疗行动运动诉卫生部（Treatment Action Campaign v. Minister of Health）一案。该案中，作为原告的“治疗行动运动”是南非防治艾滋病的非政府组织，它控告南非卫生部拒绝将治疗艾滋病病毒的关键药品——奈韦拉平（Nevirapine）推广使用的行为违反了宪法的相关规定。同年12月该高等法院做出判决：指令南非卫生部部长在拥有诊断设备的所有公立医院和诊所提供奈韦拉平，指令其制定防治和减少艾滋病病毒母婴垂直传播的综合项目，并将这一项目纲要报告法院。[19]随后南非卫生部将该案上诉到南非宪法法院，2002年7月南非宪法法院做出了支持比勒陀利亚高等法院的判决，认为卫生部有给孕妇和HIV呈阳性的妇女提供奈韦拉平的义务。[20]

公民和政治权利与经济和社会权利之间具有相互依存关系，因此包括健康权在内的经济和社会权利的救济还可以通过适用和解释宪法性规范中的某些公民和政治权利而对之加以间接保护。[21]首先可以通过适用不得歧视的平等规范，将实质性保护扩展到经济和社会权利。[5]例如，虽然在加拿大宪法中并没有经济和社会权利的规定，但是在这个国家已有的社会福利的案例中，加拿大最高法院却使用该国的《权利与自由宪章》的第15条（不得歧视的法律平等保护）进行案件裁判。在埃德里奇（Eldridge）诉大不列颠哥伦比亚医院（British Columbia）案中，医疗服务委员会和大不列颠哥伦比亚医院拒绝向耳聋病人提供手语翻译。在该案中，最高法院认为："未能采取积极步骤以确保处于不利地位的群体能够平等受益于向一般公众提供的服务可引起歧视。"[22]未能向耳聋病人提供手语翻译服务剥夺了这些人平等享有医疗保健服务的福利，因此违背了《权利与自由宪章》第15条第1款的规定。[22]其次，经济和社会权利的保护还可以通过对公民和政治权利的拓展性解释加以实现。如印度宪法第21条不被剥夺生命权被解释为包括生活权、住房权、健康权以及受教育权等诸多权利。[23]1985年，在印度最高法院审理的奥尔加·特里斯（Olga Tellis）诉孟买市政公司（Bombay Municipal Corporation）一案（即"街头栖息者案"）中，法官裁定：在街头栖息者被驱赶出其占用地之前，应给予他们听证的机会和权利。自然公正规则应当得到尊重，因为驱赶街头栖息者可能会剥夺他们的生活并因而危及他们的生命。[5]

综观以上三部分，在健康权的救济上，有两套保护机制正趋形成。一套是以经济、社会和文化权利委员会为中心的外部保护机制，这既表现为它对健康权概念向可裁决、可操作的方向做了精心阐释，也体现为它的"准司法效力"的报告审查制度；另一套是发生于各缔约国内部的司法救济机制。这两套保护机制相辅相成，较为完整地呈现了内主外辅的有关健康权可裁决性的图景。

五、我国健康权救济中的问题

我国是《A公约》的缔约国，因此履行条约义务是义不容辞的。在我国条约义务的履行中，有两个问题是不能被绕过的：第一是国际人权法是如何转化为我国国内法的；第二是这些被转化了的国内法是如何在司法中被适用的，前者关注的是立法问题，后者关注的是司法问题。只有通观我国经济和社会权利在立法到司法过程中的实际表现，才能窥见我国健康权救济的实际状况与问题。

就国际条约的转化看，我国和印度一样都坚持二元论，即国际法必须成为国内法的一部分才能为我国司法所适用。因此我国有关经济和社会权利的宪法规范和普通法律规范是我国司法适用的基础。

针对发展中国家经济和社会权利推进的实际情况，国际社会惯常强调的是立法甚于司法救济。根据《A公约》第2条第1款，缔约国应"使用一切适当方法，尤其包括用立法方法，逐渐达到本公约中所承认权利的充分实现"，因为"较之广义建构的宪法和国际法规范，法院往往更易于接受实施具体的立法权力和责任"。[5]与正式的司法程序相比，立法可为处于不利地位的群体提供花费较低、更为便捷和更易获得的行政救济打下基础。在健康权领域中，这主要表现为：（1）为国际文件和国家宪法中规定的健康权的范围及内容提供一个更为准确、详尽的定义；（2）规定实现健康权所必需的财政安排；（3）为各级政府提供在有关疾病预防、检测、筛选、隔离、接种等方面的权利保护规范；（4）提供防止来自第三方（房主、雇主、公司、银行、学校等）的包括歧视在内的健康侵害，等等。在我国，有关健康权的法律保护体系尚在构建中。已有的宪法和法律散见如下规定：《宪法》第21条有关国家发展医疗卫生事业，发展现代医药和我国传统医药，鼓励和支持农村集体经济组织、国家企业事业组织和街道组织举办各种医疗卫生设施，开展群众性的卫生活动，保护人民健康的规定；第26条关于国家保护和改善生活环境和生态环境，防治污染和其他公害的规定；第42条关于国家加强劳动保护，改善劳动条件的规定；第四十五条关于公民在年老、疾病或者丧失劳动能力的情况下，有从国家和社会获得物质帮助的权利的规定等。我国《民法通则》第98条也有"公民享受生命和健康权"的规定。《中华人民共和国传染病防治法》也对政府责任、禁止对传染病病人歧视和保护传染病病人隐私权等方面做了一些概括性的规定。

可见，在我国宪法、法律甚至地方性法规中涉及到健康权的规定并不多，即使有些规定，但也失之宽泛，缺少操作性。因此，这就使健康权的司法保护变得十分困难。值得注意的是，我国健康权在立法方面的缺失，更多的是通过公共卫生政策的制定和推定来加以弥补的。较之于立法措施，现阶段我国经济和社会权利事业的发展更多地依赖于公共政策的制定与推行，并收到了一定的实效。例如针对我国艾滋病的严峻形势，我国政府于2003年提出了"四免一关怀"政策，即国家实施艾滋病自愿免费血液初筛检测，对农民和城镇经济困难人群中的艾滋病患者实行免费抗病毒治疗；对艾滋病患者遗孤实行免费就学；对孕妇实施免费艾滋病咨询、筛查和抗病毒药物治疗；将生活困难的艾滋病患者及其家庭纳入政府救济范围。这种政策实际上相当有效地履行了《A公约》第12条（D）项下的义务，即政府对患者照护的义务。此外，政府还批准并实施了美沙酮社区维持治疗和清洁针具交换项目，血液安全得到了进一步保障，无偿献血占临床用血的比例由1988年的22％提高到了2004年6月的88％。另外中央财政加大投入力度，在2003年投入3.9亿的基础上，2004年增加到了8.1亿元。虽然这些成就更多的是依赖公共政策的变化取得，但是却较为有效地兑现了《A公约》第12条（c）项下政府对疾病预防、治疗和控制的义务。

在对立法和公共政策加以考量后，就自然面对第二个问题：这些被转化为国内法的社会和经济权利规定在我国法院适用的情况如何？回答这个问题，要具体情况具体分析，其中最大的问题来自宪法规范在法院的适用问题，但是宪法规范在法院如何适用至今仍然是一个悬而未决的问题。1996年山东省高级人民法院对齐玉苓案件的判决[24]，是我国首起法院引用宪法中的有关受教育权进行裁决的案件。此案一出，支持者有之，反对者也不一而足。但总的情况是，法院在案件审理中使用宪法规范的情况并不多见。在目前为数不多的宪法事例中，多数案件的最终结果是法院不予受理，如青岛考生诉教育部案[25]；还有少数案件尽量回避涉宪诉讼，而选择对具体行政行为的诉讼，如中国"乙肝歧视"第一案虽然涉及公民劳动就业权利的诉讼，但是在案件起诉和审理中，原告及其代理人认识到在我国目前的状况下单纯提起基本权利的宪法诉讼的难度或者说不现实性，而挑选了一个相对容易突破的捷径，抓住原告体检结果并非被告作出具体行政行为时所依据的《安徽省国家公务员录用体检实施细则（试行)》中所规定的其中不予录取的七种情况之一，诉被告具体行政行为违法。[26]可见，由于我国司法审查制度的缺失，使关于经济和社会权利的违宪诉讼举步维艰，更何况是有关健康权的案件呢！

从上文看，我国经济和社会权利的实现更大程度地依赖于公共政策，这些公共政策的实施在一定范围和一定时间内亦取得了较好的效果，但作为《A公约》的缔约国，我国一旦缺失了对健康权在内的经济和社会权利的主要内部司法救济制度，对这类权利的可裁决性便陷入了依赖辅助的外部救济的瘸腿状态。

参考文献：

① Karel Vasak. Pourune Triosieme Generationdes DroitsdeL' homme [A]. Christophe Swinarski. Studies and Assays on International Humanitarian Law and Red Cross Principles in Honour of Jean Pictet ［C］. Dordrecht: Martinus Nijhoff Publishers, 1984.

②A. Eide. Future Protection of Economic and Social Rights in Europe ［A］. A. Bloedeta1. Monitoring Human Rights in Europe: Comparing International Procedures and Mechanisms ［C］. Dordrecht: Martinus Nijhoff Publishers, 1993.

③P. Hunt. Reclaiming Sot: ial Rights ［M］. Aldershot: Ashgate, 1996.

④Ralph Beddard, Dilys M. Hill. Et-onomk-, So (· ial and CIdtural Rights Progress and Achievement ［M］. London: Macmillan Academic and Professional M., 1992.

⑤［挪］艾德，等．经济、社会和文化的权利［M］．黄列泽．北京：中国社会科学出版社，2003.

⑥WHO. Review of the Constitution and regional all ' angementsof the World Organization ［z］. EBl01/7, 101st Sessio, No. 14. 1997.

⑦Alston. Out of the Abyss: The Challenges Confronting the New U. N. Committee on Economic, Social and Cultural Rights ［J］. Human Rights Quarterly, 1987, (9).

⑧Andreassen B. A. et a1. Assessing Human Rights Performance in Developing Countries: The Case of a Mininms ThresholdApproach ［A］. Andreassen B. A. I luman Rights in Developing Countries 1987/1988 ［C］. Copenhagen: Akademisk Forlag, 1988.

⑨Mahler. Present Status of WHO ' s Initiative, Health for All by the Year 2000 ［J］. Annual Review of Public Health, 1988, (9).

⑩［美］伯吉特·托贝斯．健康权［A］．国际人权法教程项目组．国际人权法教程：第1卷［C］．北京：中国政法大学出版社，2002.

⑪United Nations. The Right to the Highest Attainable Standard of Health ［Z］. U. N. Doc. E/C, Dec. 4, 2000.

⑫Bymes. J. Connors. The Adoption of a Petition Procedure under the Convention on the Elimination of All Forms of Discrimination against Women ［Z］. Background Paper Expert Group Meeting University of Limburg, 1994.

⑬B. c. A. Toebes, The Right to Health as a Human Rights in International Law ［M］. Antwerpen: Intersentia—Hart, 1999.

⑭United Nations. Committee on Economic, Social and Cultural Rights ［z］. U. N. ESCOR, 22d.

⑮Initial report of Belgium ［Z］. UN Doc. E/1990/5/Add. 15.

⑯Initial report of Lebanon f Z］. UN Doe. E/1990/5/Add. 16.

⑰C. E. S. C. Limited v. Subbash Chandra Bose『Z］. 1992 (1) SCC.

⑱Soobramoney v. Minister of Health ［z］. 1997 (12) BCLR 1696 (SA).

⑲Treatment Action Campaign v. Minister of Health ［Z］. 2002 (4) BCLR356 (T).

⑳Minister of Health v. Treatment Action Campaign ［Z］. 2002 (10) BCLRl033.

㉑C. Scott. The Interdependence and Permeability of Human Rights Norms: Towards a Patrial Fusion of the International Covenants on Human Rights ［J］. Osgoode Hall Law Journal, 1989, (4).

㉒Eldride v. British Columbia Hospital ［z］. (1977) 151 DLR (4th) 577 (SCC).

㉓Tellis&others v. Bombay Municipal Corporation and others ［z］. (1987) LRC 351.

㉔韩大元．中国宪法事例研究［M］．北京：法律出版社，2005.

㉕2001年，山东三位落榜考生以山东当年重点大学分数线明显高于全国绝大多数省份，不仅高于西部省份，而且高于上海、北京等经济和教育发达地区的重点分数线为由，诉教育部高考分数划线的行政行为违反宪法的平等权。

㉖详见联合国文件E/CN. 4/1987/17，附件。参见韩大元主编：《中国宪法事例研究》，法律出版社2005年版，第57页。

㉗对此问题易延友先生有专门的评论，参见黄金荣：《权利理论中的经济和社会权利讨论会纪要》，载郑永流主编：《法哲学与法社会学论丛》（第八期），北京大学出版社2005年版，第267页。

㉘对此问题朱庆育先生有专门的评论，参见黄金荣：《权利理论中的经济和社会权利讨论会纪要》，载郑永流主编：《法哲学与法社会学论丛》（第八期），北京大学出版社2005年版，第275页。

（《法制与社会发展》2008年第2期，作者系浙江大学光华法学院教授）

试论《经济、社会和文化权利国际公约》中工作权的性质与内容

■石 磊

研究经济、社会和文化权利的著名学者菲利普·奥尔斯顿认为，由于国内法律机构的出现，劳动权属于经济、社会和文化权利中最发达的部分。[①]客观地讲，一般性人权条约对于工作权的贡献是有限的。在这有限的贡献中，《经济、社会和文化权利国际公约》（以下简称《公约》）占据最重要的地位。

不过，首先要明确的是，广义的工作权，或称与工作有关的权利（rights related to work），包括狭义的工作权（right to work）以及工作中的权利（rights at work）。在《公约》中，无论对于广义的还是狭义的工作权都没有定义，只是说明了工作权的内容和范围。公约第6条涉及狭义的工作权，也就是通常人们所说的获得工作的权利，第7、8条则阐明工作中的权利，也就是劳动者在工作中应享有的基本权利，包括公正与良好的工作条件（第7条）以及关于组织和参加工会的权利（第8条）。虽然公约只是在第6条中明确用了“工作权”这个词，但是第7条和第8条应该被认为是对第6条的补充，这三个条款是一个整体，密不可分。

一、工作权的性质

工作或者劳动，常常被认为既是每个人的权利又是他的义务，在社会主义国家尤其如此，如我国《宪法》第42条规定：“中华人民共和国公民有劳动的权利和义务。”但是这种统一应该区分两种情形：其一，一个人享有某项权利，同时负有某项义务，权利和义务似为对价关系；其二，一个人享有权利，则他人负有相应的义务，此时的权利和义务似为对应关系。就第一种统一而言，工作是每个人谋生的手段，是个体生存权的基本保障，同时工作也是“人的价值、社会需求以及自我实现和人的个性发展的手段”，[②]因此工作是每个人的基本人权。这是就人类的个体而言。此外，就人类社会整体而言，工作或劳动是人类社会赖以生存和发展的基础，是一切物质财富和精神财富的源泉，社会的道德观念摒弃不劳而获的思想，从而使工作又成了人人应尽的义务。而在中国，“这是从劳动尚未普遍成为人们生活第一需要的现实和社会主义制度固有的反剥削性质所引申出来的要求”。[③]“工作”在单个人身上体现出的这种权利和义务的统一性非常特殊，而且这种思想对我国的立法也很有影响。

就第二种统一性而言，人人享有工作权，乃相对于国家和社会来讲的，后者负有尊重和保障该权利的义务。由于《公约》作为国际条约只能规范国家的行为，因此，只规定了国家的义务。根据一项广为接受的理论，总体来讲，整个经社文权利所涉及的国家义务有三个层次：一是尊重（respect）；二是保护（protect）；三是实现（fulfill）。第一层次的尊重义务被认为是国家的消极义务，而后面两个层次的义务都是国家的积极义务。广义的工作权显然涉及上述各层次的国家义务。如单就“就业机会权”而论：国家有义务尊重每个人的择业自由，不能随意破坏个人的就业机会（尊重义务）；国家有义务防止他人破坏就业机会（保护义务）；国家有义务为失业者创造和提供就业机会（实现义务）。对于工作中的权利，国家义务也同样明显涉及三个层次。而且，《公约》第7条有不少关于平等和禁止歧视的规定，这属于传统的消极人权范畴。因此，就传统的人权分类而言，工作权既是消极人权又是积极人权。

另外，相对于公民权利和政治权利而言，

过去一些人常常把经济、社会和文化权利归类为第二代人权，但是工作权中关于工会的权利却显然也属于传统的政治权利和自由，因而很难说工作权完全属于第二代人权。联合国“经济、社会和文化权利委员会”（以下简称“经社文委员会”）在第3号一般性意见中第5段也提到，《公约》第8条中的权利（关于工会的权利）是可司法裁判的权利。可见，工作权的性质有其特殊性。

二、工作权的内容

有学者在提到工作权时认为，工作权是一种集合性权利，它包含了：（1）劳动的权利；（2）有权受到平等对待；（3）有权选择具体的劳动方式；（4）有权要求劳动的安全；（5）劳动者有罢工的权利。[④]这种对工作权内容的分析和《公约》的内容基本一致。不过他没有提到有关工会的权利。

虽然其他学者还可能有不同观点，但鉴于本文的论题，我们还是依据《公约》的文本来审视公约中工作权的内容。

（一）第6条：狭义的工作权

公约第6条是关于狭义的工作权的，其实是以就业为中心。

1. 该条第1款规定：“本公约缔约各国承认工作权，包括人人应有机会凭其自由选择和接受的工作来谋生的权利，并将采取适当步骤来保障这一权利。”此处并没有说明缔约国承认和将采取步骤予以保障的“工作权”（right to work）的具体含义，究竟是指 right to get work，即“获得工作的权利”？还是 right to access to work，即“获得工作机会的权利”？现在的公约条款在“工作权”后面提到“人人应有机会凭其……工作来谋生的权利”，公约早期的草案则是，在两者间插入“就是说”（that is to say），意为，后者是对工作权的解释。公约采纳了希腊的提议，用了现在的表述。[⑤]此外，在讨论公约草案时，社会主义国家提出，应规定国家“保障”（guarantee）或“确保”（ensure）工作权，而这遭到西方国家的反对，最后经过妥协，用了“承认”一词。[⑥]“保障或确保工作权”，似乎意味着国家应该为每一个人提供一份工作，而“承认”一词似乎没有了这种意味。另外，现公约只是规定缔约国将“采取适当步骤”来“保障”（safeguard）这一权利，也就是说工作权的充分保障有渐进性。再结合本条第2款的内容综合来看，这里的“工作权”应该是指获得就业机会的权利，而不是每个人获得工作的权利。在目前的人类社会发展条件下，加之普遍实行的市场经济制度，任何国家想保证人人有工作，恐怕是不现实的。因此，工作权并不是指人人有权获得他所想要的工作，而是指他有权获得就业的机会，并且这种就业还应能使他得以谋生。

另外，公约对“工作”的含义没有解释。一般认为“工作”应该是广义的，不仅包括领薪劳动，也包括个体经营者的经营活动等工作形式。

公约在这一款的工作权中明确提到了择业自由权，即“自由选择和接受”工作。有人认为择业自由蕴含禁止强迫劳动的意思，从某种意义上讲，也可以这样理解。当然，择业自由显然主要是指自由选择职业、工作的自由，以及选择工作场所的自由。根据经社文权利委员会第5号一般性意见，择业自由权包括应为残疾人提供同等就业机会、工作场所的无障碍必要设施、方便残疾人的交通工具。而根据第6号一般性意见，第6条还包含有应采取措施防止在就业和职业方面基于年龄（尤其对老年人）的歧视。

总之，工作权至少包含三点：工作机会权（包括就业机会平等的权利以及不受任意解雇的权利）；工作是足以谋生的（包括最低薪金的保障）；工作是自由选择的（暗含有禁止强迫劳动）。

2. 第6条第2款指出了国家为充分实现上述工作权（即就业机会权）而应采取的两个方面的措施：（1）“技术和职业指导、培训的方案”；（2）“在保障个人的基本政治和经济自由的条件下，为达到稳定的经济、社会和文化发展以及充分和生产性就业而应采取的政策和方法”。这里更可看出国家的义务并不是为每个人实际提供工作，而是创造和提供工作机会，因而国家要实行职业指导培训等措施，以便人们能有更多的就业机会。有人认为，公约蕴含着国家有义务提供免费的就业指导服务。在这方面，国际劳工组织1919年第2号《失业公约》和1948年第88号《就业服务公约》倒是规定，国家有义务维持免费的公共职业介绍所。此外，除了《欧洲社会宪章》第1条第3款规定了国家有义务"为所有工人建立和维持免费就业服务"，其他人权条约都没有类似规定。从《公约》的条文当中也看不出有这样的明确要求。公约第6条第2款前半部分只提到了"职业培训和指导"，没有提"就业服务"，也没有提"免费"。不过，从该款后半部分规定，国家应"达到稳定的经济、社会和文化发展以及充分和生产性就业"来推断，国家应该提供上述免费或低收费就业服务。

另外，为充分实现工作权，国家还有义务采取相关政策和方法以达到稳定的经济、社会和文化发展以及充分和生产性就业。这恐怕是实现工作权的根本要求。关于充分就业，虽然《世界人权宣言》第23条第1款规定"人人有权……享受免于失业的保障"，但是后来的人权条约都没有规定这样的权利。所以，国家只是有义务实行促进充分就业的政策，而不是有义务一定要在实际上实现充分就业（这也几乎是不现实的）。此处，还有个前提，即"保障个人的基本政治和经济自由"，这是美国提出并为西方国家赞成的，理由是国家不能通过牺牲民主和自由的方式以专制手段达到充分就业。至于何为"生产性就业"（productive employment），这一点还不清楚，似乎是指，国家不应该仅仅为了达到充分就业而实施一些并无多大意义的社会工程来安置失业者。

公约要求国家为充分实现工作权而应采取的上述措施肯定不是穷尽的列举，而且结合公约第2条第1款的规定来看，国家应该尽最大能力采取措施，逐渐达到工作权的充分实现。

（二）第7条：工作中的权利：公正和良好的工作条件

第7条享受公正和良好的工作条件权，是第6条工作权的必然结果，因为既然是人类的工作，就应符合基本的人性要求，达到基本的人道标准。工作应该是令人愉快的，至少不能令人无法忍受。尽管如此，第7条中所规定的诸多权利，仍然是经济、社会和文化权利中最有争议的部分之一。例如，很多人对于"休息和休闲"也是重要"人权"抱有疑问，甚至一些人带着讽刺口吻以"带薪休假权"作为"经社文权利"的代称，都说明了这一点。不过，虽然有这些争议，第7条的内容还是为大多数国家所接受的。

第7条只有一款，核心就是规定缔约各国"承认"人人有权享受"公正和良好的工作条件"。其主要内容包括以下三项：

1. 最低限度的报酬。这里又包含两个方面的要求：（1）"公平的工资"和"同值工作同酬"；（2）保证过上"过得去的生活"。

那么，何为"公平的工资"？在讨论草案时，有代表提议，工资应该根据生活费用和企业的利润来确定。这一提议后被否决。虽然公约最后没有说明什么是"公平的工资"，经社文委员会也很少涉及这个问题，但是，一般认为，公平的工资不仅仅应该能满足工人的基本生活需要，而且应体现劳动的真正社会价值。

经社文委员会在这个方面比较重视最低工资制度，认为它对实现第7条第1项权利是非常重要的，它的"报告指南"也要求缔约国在履约报告中提供关于建立最低工资制度的详细情况。如果缔约国没有建立这一制度，委员会往往会要求该国采取其他相应措施。因此，现在大多数缔约国都有最低工资立法，没有立法的国家多数是通过集体协议方式保障最低工资。而在这方面，经社文委员会主要参考国际劳工组织1970年通过的131号《确定最低工资公约》。

接着"公平的工资"，公约要求"所有工人""同值工作同酬而没有任何歧视，特别是保证妇女享受不差于男子所享受的工作条件，并享受同工同酬"。"同值工作同酬"、同等"工作条件"、"同工同酬"的要求都是为了贯彻公约的平等和禁止歧视原则。"同值工作同酬"（equal remuneration for work of equal value）的概念显然不同于"同工同酬"（equal pay for equal work）。前者是就整个就业市场上的工作比较而言，后者是就同一种类工作而言。例如，在西方，秘书工作传统上是由妇女来从事的，总体工资水平一直较低，其工作价值一直被低估，如果仅仅是“同工同酬”，就没有体现它与传统上由男子从事的诸多职业之间的价值对比。因此，公约要求“所有工人”“同值工作同酬”更体现公平与平等原则。这里的“所有工人”当然不分男女，也不分本地工与外来工。不过，公约在“承认”“所有工人”的“同值工作同酬”权同时，还特别强调“保证”妇女的“同工同酬”权（当然是针对男子而言）。这里采用“保证”一词说明国家应使得该权利充分实现。至于如何实现，则由各国根据自己的情况采取相应措施。

第 7 条第 1 项第 2 目还要求最低报酬应保证工人“自己和他们的家庭”得有“符合本公约规定的”“过得去的生活”（a decent living）。在讨论公约草案时，曾经有国家提出此规定是多余的，因为已经规定了“公平的工资”和第 11 条“相当社会水准”权，但是多数国家认为本项规定还是必要的，特别是考虑到对有些国家而言。所谓“报酬”还包括社会保障福利、便宜住房等内容，而不仅仅是工资，对于实行“低工资加国家福利”付酬方式的国家而言，本项规定就更有意义。另外，从本项规定的文字内容看，根据“过得去的生活”标准确定最低报酬，显然要联系公约的其他条款，尤其是第 11 条关于“相当生活水准”权的规定，要考虑住房、衣着，甚至健康、教育、文化等方面的权利。

2. 安全和卫生的工作条件。尽管有第 12 条关于健康权的内容，公约第 7 条还是规定缔约国要保证人人享有安全和卫生的工作条件。经社文委员会在“报告指南”里，要求缔约国提供信息，说明规定最低职业安全和卫生条件的法律或行政规章。虽然制定什么样的具体标准是缔约国自己的事情，但是制定标准的义务是存在的。国家还有义务采取一定的政策（如通过立法）预防工伤事故的发生，虽然国家没有义务保证不发生任何事故，但是必须有相关的预防政策。这些制定政策、法律、标准的义务应该属于国家的即刻性义务。

除了要有完善的立法外，关键的是法律的执行。与国际劳工公约不同，《公约》和经社文委员会都没有明确要求建立“劳动监察”制度。这应该是一个遗憾。

3. 同等的提级机会。第 7 条规定：“人人在其行业中有适当的提级的同等机会，除资历和能力的考虑外，不受其他考虑的限制。”这同样是贯彻平等和禁止歧视的原则。在实践中，经社文委员会的“报告指南”要求缔约国提供信息，说明有哪些群体还没有享受同等的提级机会。

4. 休息、休闲。《公约》中的公正和良好的工作条件还包括人人享有休息权。具体说，就是“工作时间的合理限制”以及“定期给薪休假”和“公共假日报酬”。这也是经社文委员会关注的重点。在这方面，国际劳工组织通过了不少公约，经社文委员会基本上是参考这些公约，以这些劳工公约的标准为准。其中的“定期给薪休假”，在起草公约时曾经准备用“年度给薪休假”。《欧洲社会宪章》第 2 条第 3 项规定的年度给薪假是至少两周，而国际劳工组织 1970 年第 130 号《给薪休假公约（修订）》规定是三周。《公约》的“定期假”标准应该不少于一年两周。

以上就是公约第 7 条规定的公正和良好的工作条件权的内容。应该注意的是，这一权利主要涉及工人、雇员和雇主（尤其是私人雇主）之间的关系。虽然国家在自身作为雇主的时候也负有直接责任，保证工人或雇员享受公正和良好的工作条件，但是在多数国家，有关工人或雇员的工作条件是由私人雇佣合同和集体劳动协议来规定的。在这方面，尽管国家不可能直接干预每个合同或协议的内容，但是，国家有义务通过制度性措施规范这些合同或协议。国家还应该通过建立和实施劳动监察制度、最低工资制度、工资（工作价值）评估制度、工伤保险制度、工时休假制度等保证第 7 条权利的有效落实。

此外，公约第 8 条关于工会的权利的规定，也是维护第 7 条权利的重要保障。因此，国家还必须切实尊重和保障工会权。

（三）第8条：工作中的权利：有关工会的权利

组织和参加工会不仅属于传统的结社自由权的范畴，而且对工人维护自己的正当权益，特别是争取公正和良好的工作条件具有十分重要的意义。因此，《公约》在第7条之后，紧接着规定有关工会的权利。其中，组织和参加工会是属于个人的权利，工会的结盟权、工会的自由工作权属于工会集体的权利，罢工权既是个人权利又是集体权利。可见，工会权是个人权利和集体权利的结合，这是它的一个特点。

《公约》第8条总共有三款，核心是第1款。

首先，该款规定：本公约缔约国"承担保证……"（undertake to ensure）。这一用语表明，工会权在性质上属于即刻性权利，而不是逐渐实现的权利。国家在这方面的主要义务是尊重和不干涉该权利。该款采用"保证"一词而不是"承认"（recognize）就说明了这一点。而且根据经社文委员会的意见，第8条工会权仍属可司法裁判的权利。

接着，第1款列举了四项工会权：

1. 组织和参加工会权，即："人人有权组织工会和参加他所选择的工会，以促进和保护他的经济和社会利益；这个权利只受有关工会的规章的限制。对这一权利的行使，不得加以除法律所规定及在民主社会中为了国家安全或公共秩序的利益或为保护他人的权利和自由所需要的限制以外的任何限制。"对于这项权利，需要注意以下问题：

（1）虽然组织和参加工会的权利是"人人"（everyone）享有的，但是根据第8条第2款，国家可以对军队、警察和国家行政机关成员行使这一权利加以合法的限制，所以这里的"人人"不是绝对意义上的。另外享受这一权利的除了工人以外，是否包括雇主？各国在这个问题上意见不一，公约本身以及经社文委员会也都没有答案，看来只能由各国自己来决定。

（2）个人在参加工会时有选择权。参加工会应该是自由、自愿，不受强迫的，因此，公约规定人人有权参加他所选择的工会。但这并不是说，只要工人愿意，他就可以参加任何一个工会。工会对其成员资格条件的要求也应得到尊重。因此，公约规定这一权利的行使"受有关工会的规章的限制"。

另外，从字面含义上看，这一权利似乎还意味着，工人有权不被强迫加入某一个特定的工会。那么，如果整个国家只有一个工会或一个全国性工会协会怎么办？有人认为，如果只建立一个工会是工人自己的选择，这也是允许的，关键是其是否为工人自由选择的结果，而且工人是否保有建立新工会的权利，所以根本问题不在于是否有多个工会存在，而在于是否存在有多个工会的可能性。⑦

（3）组织和参加工会的目的是"促进和保护他的经济和社会利益"。从这一规定看，工会不应该从事纯粹的政治活动。

（4）组织和参加工会权利的行使只受公约所特指的限制。这种限制必须是"法律所规定的"，而且是"为了国家安全或公共秩序的利益或为保护他人的权利和自由"所必要的。这两个条件须同时具备才能对上述权利进行限制，其他限制都是不允许的。这一规定与涉及结社权的《公民权利和政治权利国际公约》第22条以及《欧洲人权公约》第11条基本相同。

2. 工会的结盟权，即"工会有权建立全国性的协会或联合会，有权组织或参加国际工会组织"。这是属于工会自身的权利，是集体权利，从本质上讲，也是为了有效保护工会会员个人的权利。

3. 工会的自由工作权，即"工会有权自由地进行工作，不受除法律所规定及在民主社会中为了国家安全或公共秩序的利益或为保护他人的权利和自由所需要的限制以外的任何限制"。所谓"自由地进行工作"，指工会可以自由开展活动而不受外来干涉。虽然公约没有说明它的具体内容，但是一般理解，至少应该包括有权制定内部规章、自主管理、召开会议、集体谈判等。前述的建立协会或联合会的权利以及后面的罢工权也应该属于这个范畴。此外，还有人认为，保障工会不被国家任意解散或停止工作，也是属于工会的自由工作权。另外要注意的是，虽然国家对工会自由工作权也可以限制，但是加以限制的条件和针对"组织和参加工会权”的限制条件一样严格。

4. 罢工权。对于罢工权条款，应注意以下几点：

（1）在起草公约时，对于是否写入一个保证罢工权的条款有很大争议。由于反对的意见不少，早期的公约草案并没有关于罢工权的内容。但是联合国大会的第三委员会在讨论公约草案时，大多数意见认为，罢工权对于保护工人的经济和社会利益是极为重要的，甚至认为，如果没有罢工权，那么所谓保证工会权就无从谈起，而且很多国家的法律都有关于罢工权的规定，这已经成为一个必须承认的社会现实。经过调和各种意见，现在的公约包括了一个明确保证罢工权条款，但是也有一个限制性规定，即“应按照各个国家的法律行使此项权利”。在国际人权文件中，除了《欧洲社会宪章》第6条第4项明确提到“罢工权”之外，其他都没有类似条款。因此，《公约》关于罢工权的规定是比较特别的。

（2）与前面两项权利不同，公约没有说明享有罢工权的主体。罢工通常是工会组织的集体行为，因而可以被认为是属于工会的集体权利。另外，参加罢工的个人不应该因此而被解雇或受处罚，从这个意义上说，罢工也应该是属于个人的权利。

（3）虽然公约没有要求缔约国通过国内立法保障罢工权，但是经社文委员会的“报告指南”要求缔约国说明，罢工权在该国是否是一项宪法性或法定权利。

（4）公约对罢工权的限制性要求是“应按照各个国家的法律行使此项权利”。从字面含义上看，国家在通过法律手段限制行使罢工权方面有很大的自由裁量权。也有人认为，这一限制应该被理解为，行使罢工权的程序要符合国家的法律，因此，国家可以对罢工权的行使提出程序上的要求，而不可以对罢工权进行实质性限制甚至取消。从经社文委员会审议缔约国报告的实践来看，如果缔约国对罢工权的行使规定程序性要求，而只要这种要求合情合理，没有对罢工权的行使施加过分严格的限制，委员会还是予以首肯的。但也有相反的情况。例如，肯尼亚曾经要求所有的罢工行动必须提前21天提交劳工部长批准，经社文委员会认为这种要求不符合“公约的字面意义和实质精神”。⑧

三、结 论

综上所述，工作权作为一项基本人权，既是消极人权又是积极人权，既是第一代人权又是第二代人权，同时也是可司法裁判的权利。《经济、社会和文化权利国际公约》中的工作权包括工作机会权、自由选择工作权等以就业为主的权利和工作权中的权利诸多内容。作为一般性的人权公约，《经济、社会和文化权利国际公约》对工作权的保护有它的优点，如对国家义务的规定比较清楚、保护的权利比较全面等，但是也有不足，主要表现为很多规定比较笼统，缺乏具体标准，有待作进一步解释。

注释：

①See Philip Alston, The Committee on Economic, Social and Cultural Rights, in P. Alston (ed.), The United Nations and Human Rights: A Critical Appraisal, Oxford: Clarendon Press, 1992, P. 490.

②Drzewicki, The Rights to Work and Rights in Work, in A. Eide, C. Krause and A. Rosas (eds.), Economic, Social and Cultural Rights: A Textbook, 2nd Rev. Ed., The Hague: Martinus Nijhoff Publishers, 2001, P. 223.

③王昌硕主编：《劳动法教程》，中国政法大学出版社1995年版，第61页。

④参见吴玉章：《工作权的内容和实现》，载刘海年主编：《〈经济、社会和文化权利国际公约〉研究》，中国法制出版社2000年版，第39～40页。

⑤See Matthew C. R. Craven, The International Covenant On Economic, Social, and Cultural Rights: A Perspective on its Development, Oxford: Clarendon Press, 1995, PP. 195—196.

⑥See Matthew C. R. Craven, The International Covenant on Economic, Social, and Cultural Rights: A Perspective on its Development, Oxford: Clarendon Press, 1995, PP. 195—196.

⑦See Matthew C. R. Craven, The International Covenant on Economic, Social, and Cultural Rights: A Perspective on its Development, Oxford: Clarendon Press, 1995, PP. 267.

⑧ Concluding Observations on Report of Kenya, E/C. 12/1993/6, at 4, para. 13

（《法学评论》2007年第4期，作者系武汉大学国际法研究所副教授）

论住宅权利社会保障立法的若干问题

——基于《物权法》对住宅权利保障不足的分析

■蒋承菘 楚道文

一、如何认识住宅权

（一）住宅权是基本人权

住宅权是基本人权，它是指全体社会成员住有所居和逐步改善住宅条件的权利。住有所居的权利是人权，在性质上是一种社会权，它是住宅权的最基本的内容，人们通过市场、社会保障和其他的方式来实现；逐步改善住宅条件的权利也属于人权的范畴，但是它区别于作为社会权利的住有所居，是一种自由权，人们有权选择适宜的住宅，国家也有义务保障人们住宅权利的实现。

早在人们把住宅权上升为一种人权之前，伴随着人文文化或人道观念的出现，初级形态的住宅权及其保障机制就已形成。人类形成之初，就与住宅密不可分。中国古代“安得广厦千万间，大庇天下寒士尽欢颜”的悲悯天下之情怀是人们对住宅作为人们必需品的真实写照。在近代的西方国家，人们逐渐从人的权利的角度诠释住宅问题，并在法律上承认了每个人都有获得住宅的权利，表明了历史的一种巨大进步。现在，许多国家已经从满足人们的最低住宅需求发展到对住宅质量、住宅环境等方面追求的全面保障，住宅权渐渐成为人们享受更适宜生活的重要体现。

住宅权作为一项基本人权，已经得到了国际社会的广泛认同，表现在以下方面：

1948 年《世界人权宣言》第 25 条第 1 项明确规定：“人人享有为维持他本人以及家属的健康和福利所必需的生活水平，包括食物、衣着、住房、医疗和必要的社会服务；且于遭受失业、患病、残疾、寡居、衰老或其他不可抗拒之环境时，有享受保障之权利。”

1981 年 4 月在伦敦召开的国际住宅和城市问题研讨会上，通过了一部很有影响的《住宅人权宣言》，“享有良好环境，适宜于人类的住所‘确认’是所有居民的基本人权”。

1982 年召开的第 36 届联合国大会通过决议，把 1987 年定为“为无家可归者提供住所”国际年（简称国际住房年）。呼吁各国政府为无房者提供住宅。

1985 年 12 月 17 日，联合国一致决定 1990 年 10 月 1 日为“世界住房日”，在全世界掀起了“住房问题”的高潮。1997 年 10 月，我国政府签署参加《经济、社会和文化权利国际公约》。该《公约》第 11 条第 1 项规定：“本公约缔约各国承认人人享有为其本人和家庭获得相当的生活水准，包括足够的食物、衣着和住房，并能不断改进生活条件。各缔约国将采取适当的步骤保证实现这一权利，并承认为此而实现基于自愿同意的国际合作的重要性。”这一措辞直接引自《世界人权宣言》第 25 条之规定。在我国，新中国成立后的数部宪法都对居住或住宅问题作了相关规定，住宅权作为人权的观念也逐渐为人们所接受。[①]

（二）住宅权的实现需要法律的保障

当我们把解决住宅问题视为人们的住宅权利实现问题后，这个权利的实现就不仅是个人问题，也是政府的责任问题，政府有职责和义务帮助人们实现住宅权利。

政府应对解决住宅权利实现的职责主要有两个方面：一是公共管理职责，即通过法律、行政等手段促进市场稳定发展，这是一种以间接的方式履行对全体社会成员住宅权利保障的义务；二是公共服务职责，即通过政府的经济手段，包括政府掌握的国家经济资源、财政转移支付手段，采取普遍性的福利手段或有针对性的手段，实现人们的住宅权利，与上一种方式不同，它以直接的方式履行保障义务。但是，不论以何种方式履行义务和职责，都应当以法律制度的形式确定下来。

要实现住宅权，就需要采取法律制度保障措施，确定住宅权的法律地位、内容、行使和保护。虽然住宅权的实现受制于社会发展、经济发展等物质因素，没有这种实力的居民不可能完全依靠自己获得合适的住宅，没有相应经济实力的政府也不可能为当地居民提供合适的住宅——而这恰恰是我国实现住宅权利的现实条件，但是，我们不能因为我国尚不是发达国家就不重视相关的法律制度建设。

二、《物权法》对住宅权利保障的不足

（一）《物权法》并不涉及对贫困和中低收入人群住宅权利的保障问题

针对所有群体，按是否发生（完全）支付行为指标来看，解决居住的方式可以区分为社会（保障）方式和市场方式两种。[②]社会保障方式一般是指不发生（完全）支付行为的居住方式，比如家庭、朋友的合住行为以及政府提供的有针对性的住宅、监狱、收容所、公益性的老年公寓等。市场方式则是指通过完全支付租金或房款的方式解决居住问题。

物权是权利人对物的一种支配性和排他性权利，是财产权的一种。物权法的主要功能就是确认权利，所以《物权法》对于有财产的人士更有意义；无财产的人根本就无权“确认”。而且，物权只能作为交易的基础条件，其本身并不能保证交易过程的合法性，更不能保证交易结果的公平和正义。物权法仅仅在保护住宅财产权方面创造了一个基础性条件。在保障贫困和中低收入居民住宅权方面，可以说，物权法根本就沾不上边，保障贫困和中低收入人群的住宅权利主要依靠的是社会保障法，而这恰恰是中国目前法律体系中最薄弱的环节。

（二）《物权法》对贫困和中低收入人群住宅权利的实现可能带来负面影响

市场需求导致住宅价格上涨，《物权法》的出台使得人们的权利意识增强。一方面，人们努力地去占有财富，导致财富向少数人聚集；另一方面，人们还渴望财富能够在流通中增值，从而取得收益。表现在住宅及其产业中就是：住宅财产在向少数人聚集的同时，其他不能自力占有住宅的人们却只能望楼兴叹。最富有阶层是支持房价继续上升的，因为只有持续上升的房价才能够满足他们更多获利的目的，他们是刺激房价不断上涨的生力军。

正是由于人们（具体说应该是少数人）对住宅财富的追求，导致住宅至少在形式上成为一种稀缺资源，从而引起了住宅价格的持续快速的上涨。这使得贫困和中低收入群体，甚至是中等收入群体依赖自身力量从市场上得到一套满意的住宅变得极端困难或不可能；不但如此，因为住宅价格的上涨，导致建筑材料、劳务费用等支出大大增加，由政府出面为贫困和中低收入群体给予住宅保障的努力因资金不足而变得愈加困难。

成本构成的变化也必将带来住宅价格的上涨。《物权法》明确规定了征地、拆迁补偿机制。对集体和个人所有土地的拆迁和征用必须进行合理补偿，有利于解决土地拆迁问题，保护被拆迁居民的权益，但同时也加大了城市拆迁难度，开发商的拿地成本也将显著提高。[③]这必将导致住宅价格的上涨，从而也会影响贫困和中低收入群体住宅权利的实现。

（三）《物权法》对居住权的保障也存在不足

居住权是实现住宅权的一条途径，应属于住宅权家庭保障方式。《物权法》未设立居住权制度，虽然《物权法》第42条也规定了在为了公共利益的需要，依照法律规定的权限和程序征收个人住宅的，应当保障被征收人的居住条件。这一规定体现了对住宅权的一定程度的保障，但并非传统意义上的居住权制度。

在罗马法上，居住权是指非所有人居住他人房屋的权利，为罗马法之后的大陆民法所普遍继受。设立该制度的初衷在于，随“无夫权

婚姻和奴隶的解放日多，每遇家长亡故，那些没有继承权又缺乏或丧失劳动能力的人的生活就成了问题，因此，丈夫和家主就把一部分家产的使用权、收益权等遗赠给妻或被解放的奴隶，使他们生有所靠，老有所养”。[4]居住权所涉及的当事人之间一般具有亲属、雇佣或者朋友关系，相互之间具有特定身份，故而，居住权具有人身附属性，只能为特定人享有，不能随意转让。可见居住权是一项社会保障和福利制度。[5]《物权法》应该设立居住权制度，“使更多的拥有建筑物的人通过居住权的行使，更好地发挥自己所有的建筑物的使用价值，为自己提供创造财富的机会，也为社会存在的住房紧缺的现状，鼓励公民之间互通有无，提供调剂的办法”。[6]但可惜的是，《物权法》并没有规定居住权制度，这使得我们丧失了一个保障特定人群住宅权利的有效途径。

三、国外住宅社会保障制度比较及其借鉴

（一）国外住宅社会保障制度比较

大多数政府，包括发达和发展中国家，都承认仅靠市场解决不了贫困和中低收入群体的住房问题。为满足低收入者的基本居住需求，维护社会稳定，各国先后根据自身特点，建立住房保障制度。

英国是工业化最早的国家，也是住宅消费保障制度产生最早的国家之一，早在19世纪80年代，英国政府为了解决住宅短缺问题，在住宅市场价格扭曲的情况下，介入住宅市场，[7]制定了针对城市住宅问题的《住宅法》，并开始兴建政府公寓，以优惠的价格出租给农民。英国住宅消费保障制度经历了三个发展阶段。第一个阶段自1945年至60年代初。第二次世界大战刚刚结束，大部分居民住宅遭到破坏，大批居民无家可归，流离失所，再加上难民和被赶出家园的人大批涌入城市，房荒极为严重。当时在住宅方面的迫切任务是大量的兴建福利性公寓，以低租金出租给城市贫民，[8]以解决大量无房户的需要。第二个阶段自60年代至70年代初，政府从住宅的福利政策转向鼓励私人建房，买房。第三个阶段自70年代至今，住宅供求关系进一步缓和，住宅建设强调保留城区特点和原有传统风格，更新内部设备等使之现代化。[9]所以，英国的住宅社会保障制度是在商品型住宅体制模式的基础上，加大了政府参与住宅市场的广度和深度而发展形成的。[10]

新加坡获得独立后，经济落后，面临失业、房荒、交通三大难题，其中住宅问题尤其严重，有近半数的人口生活在环境恶劣的贫民窟中。1960年新加坡政府成立了建屋发展局，把实行“居者有其屋”当作国策。政府以此作为住宅消费保障的目标，并从1961年开始实施了一系列的五年计划，建成50多万套房屋。由于政府实施了积极的住宅消费保障政策，新加坡成为东南亚地区解决住宅问题的典范。其政策要点在于：公积金制度具有强制性，且比例较高。目前，新公积金的缴交率已经由个人工资的10％提高到40％，其中82％的积累可用于购建住房。[11]

与上述国家类似，法国、德国、荷兰、奥地利和日本等国家的住宅消费保障制度也都是起源于住宅短缺问题。特别是第二次世界大战以后造成的大约20％～30％的房屋破坏，使西欧国家的住宅消费保障制度得到了空前的发展，经过30年的努力，这些国家的住宅困难问题得到了极大的缓解，大部分国家的住宅总套数超过了家庭总数。

瑞典等北欧国家的住宅消费保障制度，虽然起源于住宅短缺，但政府主要把住宅消费保障制度看作实现其“每一个居民提供良好的住宅”的社会目标的一种手段，以低价向居民出售或出租公房，让中低收入家庭分享国家财富和国家发展的利益。比如，瑞典的住房标准相对来说比较高而且比较平均，公共住房提供的对象不受收入水平和家庭人口规模的限制。[12]

（二）我国应借鉴国外先进的住宅社会保障制度

综观世界各国，在实行市场经济推行住房商品化的过程中，一方面鼓励个人按照市场运行机制自行购房和租房，另一方面也把市场机制与社会保障机制结合起来，由政府和个人共同负担，解决贫困和中低收入家庭的住房问题，后者就是一种住房社会保障制度。所以，由国家承担给贫困和中低收入群体提供住房帮助的

义务，在各国立法中的认识是基本一致的。市场经济国家均将“政治、安定、公平”作为建立住宅消费保障制度的基本动因，“满足城市居民的基本居住需求，保障居民的基本生活需要”是建立住宅消费保障制度的出发点。这是政府解决贫困和中低收入者住宅问题、满足基本的居住需求的一种努力，同时也兼有调控住房市场、调节收入分配的作用。

我国住宅权利的实现由原来的计划分配逐步转向到市场购买模式，目前市场模式居于主导地位。通过市场交易，许多人的住宅条件得到了极大的改善，享受到了市场化带来的好处。但是，另一方面，住宅价格的上涨幅度高于贫困和中低收入群体可支配收入的提高幅度，住宅权利难以通过市场交易来实现。借鉴国外的先进做法，我国未来的政策也应该重视住房保障制度的建设，要在认真分析国情的基础上，界定保障对象，为贫困和中低收入、最低收入居民家庭提供不同的保障水平、分层次的住房保障。由于这种制度保障是以社会福利为出发点的，因此，其主要体现了社会保障机制，这就使住宅权利人能够远离住宅市场风险的影响，市场价格、经济收入等市场因素的变化不会影响权利人对住宅的享有，从而保证住宅权现实享有的稳定状态。

四、建立贫困和中低收入群体住宅权利社会保障法律制度的意义

（一）建立住宅权利社会保障制度是政府应履行的义务

住宅权作为一项基本人权，其实现要受到一个国家或地区的自然资源状况、经济发展水平、政治文化背景以及个人、家庭收入等条件的制约，特别是对于低收入而又没有占有资源的人而言，实现住宅权在客观上具有很大的难度。因此，仅仅依凭权利主体自身的努力并不能完全实现住宅权，政府应该依法通过运用公共权力对社会资源的重新分配，给予中低收入群体以特别的物质保障；或者运用公共权力，通过创造条件，排除妨碍等方式，给予中低收入群体以特别的精神、道义保障；或者双管齐下，两者兼而有之。[13]从这个角度而言，住宅权是居民的权利，对于国家来说则是一项义务，这一点是被普遍认同的。我国在参加《经济、社会和文化权利国际公约》之后，也要遵守该公约第11条第1项的规定，负担采取适当措施以保证住宅权实现的义务，这种义务要通过相应的法律制度予以体现，通过各级政府组织的行为得以履行。

在现阶段的中国，如何保障住宅权这种人权在我国得以普遍地实现，如何建立相应的制度，以便为政府组织实施积极的住宅扶助行为，为居民知悉和求助提供必要的规范，这是我国是否走向文明发达之路的象征。[14]

（二）建立贫困和中低收入群体住宅权利保障制度是建设和谐社会的必然要求

建设和谐社会，必须从解决人民群众最关心、最直接、最现实的利益问题入手，切实维护人民群众的合法权益。经济与社会、公平与效率是两对矛盾，矛盾的协调就是和谐。我们不但要发展房地产经济，保护住宅财产权，也要谋求经济与社会的和谐，顾及贫困和中低收入者住房权利的实现。[15]

住宅权是一项基本人权。“不断满足人民群众日益增长的物质和文化需要”包含着公民的居住权利实现问题。无论是从传统“衣、食、住、行”基本需求来说，还是从马斯洛心理学中居住是低层级（基本）需求来说，解决居住问题不仅是居民的生活基本目标，也是居民个人和家庭发展的基本条件之一。从个人和家庭上升到社会层面，如果某一群体局限于能力不能实现居住权利，必然会给社会带来不安。[16]在历史发展过程中，一些西方国家关于住宅权的法律保护的经验与教训，值得我们吸取。比如在20世纪60年代后期，美国150个城市发生居民骚乱，其根源就是住房问题。为解决这一问题，美国遂于1968年在住房立法中规定，在10年内为低收入家庭提供600万套由政府资助的住房，缓解了住宅问题。第二次世界大战以后的德国通过颁布实施住宅建设法案，规定了政府投资建设大众化住宅等义务，以解决住宅严重不足的问题。这些国家在解决住宅问题时，采用了以法律制度为基础、以物质支持为辅助的方法，取得了良好的社会效益。

在我国，由于中低收入群体的生活贫困化，同时也由于社会贫富差距不断扩大而造成的贫困和中低收入群体相对剥夺感的不断增强，他们最先也最强烈地感受到了社会改革和社会发展的成本与代价。现阶段我国一些地方中低收入群体集体上访、堵交通、围政府等现象的不断出现，说明解决社会中低收入群体问题，事实上已经成了改革过程中不容回避的问题了。他们的住宅消费问题在当前显得尤为重要。城市中低收入群体住宅消费问题如若不能得到有效的解决，则势必会影响我国的政治稳定和经济社会发展。

（三）建立住宅权利社会保障制度是房地产业可持续发展的保障

由政府投资向低收入居民提供价格较低的公共住宅，可以取得扩大住宅总供给量和控制住宅市场价格的双重作用。[17]通过住宅社会保障制度，满足贫困和中低收入群体的住宅需求，从而减少人们对商品住宅的有效需求，进而起到平抑住宅价格的作用，这有利于房地产业的稳定和可持续发展。有人认为：贫困和中低收入群体根本就不可能成为商品住宅的有效需求，通过社会保障途径实现他们的住宅权利，不会对商品住宅市场产生任何影响，住宅价格也不会因此而有所降低。我们认为这种观点是值得商榷的。所谓有效需求是指不但要有需求愿望，而且还要有需求能力。我们承认：贫困和中低收入群体对商品住宅的购买力较小，所以对商品住宅的有效需求也较小。但是，住宅权利的实现是每个人都不可或缺的基本需要，很多贫困和中低收入者，特别是那些有一定经济能力的中等或偏下收入者，他们宁愿背负巨债，也不愿让妻儿老小风餐露宿。于是许多人在背负远远超出自己偿还能力（这里是指：因为他们收入较低，在偿债后，其生活质量受到了严重的影响）的债务情况下去购买商品房，他们就是当今所谓“房奴”。所以，通过住宅社会保障途径满足这些人的需求是能够在一定程度上平抑住宅价格的，住宅权利社会保障制度的建立和完善有利于房地产业的可持续发展。

五、关于我国住宅权利社会保障立法的两个具体问题

（一）住宅社会保障制度的权利主体

建立住宅权的社会保障制度，首先应该解决的问题是确定住宅权社会保障制度的对象范围。马克思、恩格斯在《德意志意识形态》中指出：“我们首先应该确立一切人类生存的第一个前提也就是一切历史的第一个前提，这个前提就是：人们为了‘创造历史’，必须能够生活，但是为了生活，首先就需要衣、食、住以及其他东西。”所以，从公民权利角度看，制定的法律法规和制度仍然要保护全体社会成员对住房唯一性的需要，住宅权主体不因年龄、性别等差别而受到区别对待。当公民由于自身条件超越了这个唯一性的需要后，才属于市场解决的范围。

从客观现实情况来看，真正需要住宅权社会保障的对象是贫困和中低收入群体，这些人因为无法自力解决住房问题，所以才需要社会予以保障。而中高收入阶层通过购买商品住宅，已经有充足居住条件继续享有住宅权益，无需由政府方面提供社会保障。因此，通过社会保障制度保障住宅权，主要立法目的是给贫困和中低收入群体提供经济扶助，满足他们基本的生活需求和居住需要，即帮助弱者实现“居者有其屋”的社会目标。

住宅社会保障制度在重点关注贫困和中低收入群体的同时，也不能忽视一些特殊的群体，他们包括：刚就业的青年人、棚户区和旧住宅区居民、农民工以及所谓的“夹心层”，这是一个庞大的群体，虽然随着城镇居民生活水平的不断提高，这一群体会发生较大变化，但仍不失为城市居民的主体。[19]解决其住宅问题，需要政策的连续性和衔接性，应继续在政府控制房价的前提下，以多种投资形式，多种建设方式，逐步完善我国城镇多层次的住房社会保障体系。

（二）优先供应保障性用地是建立我国住宅社会保障制度的基础

土地政策是房地产政策的重要组成部分。在我国，已经建立起了以协商、招标、拍卖和

挂牌出让等方式相结合的土地使用权供应体系。这些取得土地使用权的方式，都反映了公平有偿、意思自治、平等竞争的社会主义市场经济价值理念，是土地改革的重要成果。马克思早就指出过：一方面土地为了生产和采掘的目的而被利用，另一方面，空间是一切生产和一切人类活动所需的要素。这就指出不同用途的土地，在社会经济生活中的角色是不同的，可以划分为两类：一类是用于生产经营的生产资料，我们称之为商品用地；另一类是用于消费的生存空间，我们称之为保障性用地。我国农村有保障性的宅基地的规定，我们也可以考虑在城市中规定保障性用地制度。当然，保障性用地的规定应因地制宜，在大城市，其人均积等应受到限制。基于两类土地的活动的经济属性不同而建立的用益物权在法律规定性上也应存在差异。

我们认为：住宅用地的取得方式应根据住宅的不同类型和功能来加以区别对待。保障性住宅应采用保障性土地供应方式取得土地使用权；商业性住宅应通过市场化方式取得土地使用权。这既是许多国家和地区的先进经验，也符合我国的国情和政策规定。香港中低收入家庭的住房问题解决得比较好，这是举世公认的，其原因就是香港政府从法律上规定，实行“以地养房”的政策，公屋与居屋均由政府下属的房屋委员会负责兴建，土地由政府无偿提供。1977至1978年开始实行的香“居者有其屋计划”，是由政府免费拨地。不但如此，香港政府还将公屋和居屋的底层商铺的收益以及市场化商品住房用“招拍挂”所得的土地转让费也交由房屋委员会，用于建设公屋与居屋，以解决中低收入家庭的住房问题。

现在问题就在于本来是基本民生需求的住宅用地成了建设用地，成了生产要素，进而采用了盈利性经营活动的土地用益物权制度。当前要着力建立适应公益性经济活动的土地用益物权制度，在住宅权人与土地所有者之间，按公益性用益物权制度直接建立用益物权法律关系。

注释：

①1954年《宪法》第90条规定：“中华人民共和国公民的住宅不受侵犯，通信秘密受法律的保护。中华人民共和国公民有居住和迁徙的自由。”1978年《宪法》第47条规定：“公民的人身自由和住宅不受侵犯。”1975《宪法》第28条规定：“公民的人身自由和住宅不受侵犯。”1982年《宪法》第39条规定：“中华人民共和国公民的住宅不受侵犯。禁止非法搜查或者非法侵入公民的住宅。”在上述数部《宪法》中，只有1954年《宪法》同时规定了“居住的自由”和“住宅不受侵犯”的权利，这是关于住宅权的比较完整的规定；但可惜的是，以后的几部《宪法》都只规定了“住宅不受侵犯”的内容，所以，有关住宅权宪法规定有待进一步改进。

②丁自贵：《居住权利市场实现的一般性分析》，http：//www. snzg. cn/article/show. php？ itemid-6581/page-1. html，2007年9月25日访问.

③德思勤：《〈物权法〉对房地产业的影响》，http：//blog. soufun. com/5096733/21/articledetail. htm，2007年9月28日访问。

④周枏：《罗马法原论（上册）》，商务印书馆1994年版，第135页。

⑤陈信勇、蓝邓骏：《居住权的源流及其立法的理性思考》，载《西北政法学院学报》2003年第3期。

⑥王利明：《物权法论》（修订版），中国政法大学出版社2003年版，第531页。

⑦王小平：《国外住宅政策及其对我国住宅发展的启示》，载《企业经济》1998年第3期。

⑧侯淅珉：《主要市场经济体制国家（地区）住房保障制度及其对我们的启示》，载《北京房地产杂志》1996年第1期。

⑨孙建波：《贫困和中低收入住房的供应方案与运营模式研究》，http：//sz. house. sina. com. cn/sznews/2007-06-11/3513879. html，2007年10月10日访问。

⑩张兰亭：《住宅体制的国际比较及经验借鉴》，载《城市开发》1994年第2期。

⑪于长秋：《美国、德国、新加坡住房融资模式及其借鉴》，载《内蒙古财经学院学报》1998年第2期。

⑫倪岳翰、谭英：《住房合作社在北欧国家住宅发展中的作用》，载《国外城市规划》1998年第2期。

⑬李林：《法治社会与中低收入群体的人权保障》，载《前线》2001第5期，第24页。

⑭孙宪忠、常鹏翱：《论住宅权的制度保障》，载《南京大学法律评论》2001年秋季卷。

⑮公丕祥：《物权法是建设和谐社会的法律保障》，载《新华日报》2007年3月29日，第11版。

⑯丁自贵：《居住权利市场实现的一般性分析》，http：//www. snzg. cn/article/show. php？ itemid-6581/page-1. html，2007年9月25日访问。

⑰谢光飞：《保障公民的住房权利》，载《中国经济时报》

2007年3月8日，第6版。

⑱所谓“夹心层”，即购买经济适用房困难，又不符合进入政府廉租住房条件的城市居民群体。

⑲李斌：《社会排斥理论与中国城市住房改革制度》，载《社会科学研究》2002年第3期。

（《政治与法律》2008年第2期，蒋承菘系全国人大环境与资源保护委员会委员；楚道文系中国人民大学法学院博士研究生）

人权保障与环境法的实施

——从阿马蒂亚·森发展理论切入

■晋 海 徐 玄

环境保护，并非仅仅意味着需要的限制、义务的设定，公民权利才是进行环境保护的根本目的，同时也是环境保护的重要手段。在环境法学界，环境权已成为研究热点。在环境诉讼中，公民人身权、财产权等则是“常用工具”。但是，对于公民经济、社会、文化和政治权利等基本人权之于环境法的意义，至今尚未引起环境法学界的关注。著名诺贝尔奖获得者阿马蒂亚森于1999年提出了“以自由看待发展”（Development As Freedom）的发展理论。受该理论启发，笔者认为，在我国环境法律陷入实施困境的背景下，研究公民经济、社会、文化和政治等基本人权与环境法之关系，对于解决我国环境法实施难题具有重要意义。

一、阿马蒂亚·森以自由看待发展的理论及其启示

（一）阿马蒂亚·森以自由看待发展理论的要旨

在阿马蒂亚·森提出的以自由看待发展的发展观中，有一个核心概念和两个基本命题。实质自由是该发展观的核心概念。所谓实质自由，是指公民享受他们所珍视——而且有理由珍视的生活的可行能力。[①]“一个人的可行能力指的是此人有可能实现的、各种可能的功能性活动组合。”“实质自由包括免受困苦，诸如饥饿、营养不良、可避免的疾病、过早死亡之类基本的可行能力，以及能够识字算数、享受政治参与等等的自由。”[②]简言之，实质自由就是公民能够过上自己理想生活的能力，它包括一定的物质财富、工作机会、一定的社会保障条件、接受教育的权利以及决定政府行为的政治权利等。理想社会，应当是一个人人都可以过上理想生活的社会。由于价值多元，政府并不能直接帮助每一个公民实现其人生理想，但它可以为每一个公民实现其理想人生提供必要的基础条件，而这个基础条件，就是阿马蒂亚·森所关注的实质自由，特别是一些基本的实质自由。

阿马蒂亚·森发展观中的两个基本命题是：[③]（1）实质自由是发展的首要目的。该命题使阿马蒂亚·森的发展观与一些传统的发展观区别开来。传统的发展观大多聚焦于国民生产总值的提高、社会的现代化或工业化、个人收入的增长、技术进步等人类发展的手段，而不是目的。而以自由看待发展的发展观，直接将人置于发展的中心，将注意力直接集中于公民实现其理想人生的可行能力实质自由。可见，该发展观与以人为本的科学发展观是一致的，对我国和谐社会之构建具有重要指导意义。（2）实质自由是发展的主要手段。在这一命题中，阿马蒂亚·森强调了公民的实质自由在人类发展中的工具性作用。如果有适当的社会机会，个人可以成为有效地决定自己命运并且互相帮助，他们不应被首先看成是精心设计的发展计划的利益的被动接受者，自由、自立的主体才是发展的主要动力。[④]他认为，实质自由至少包括以下五种工具性自由：政治自由、经济条件、社会机会、透明性保证和防护性保障，而且，这些不同类型的实质性自由可以相互补

充、相互促进。政治自由是指人们拥有的确定应该由什么人执政而且按什么原则来执政的机会，也包括监督并批评当局、拥有政治表达与出版言论不受审查的自由、能够选择不同政党的自由等等的可能性；经济条件是指个人分别享有的为了消费、生产、交换的目的而运用其经济资源的机会；社会机会，指的是在社会教育、医疗保健及其他方面所实行的安排，它们影响个人赖以享受更好的生活的实质自由；透明性保证，涉及的是满足人们公开性的需要：在保证信息公开和明晰的条件下自由地交易；防护性保障，是指当公民遭受天灾人祸或其他突发性困难时，社会对其进行经济救助或其他形式的援助的社会。⑤

阿马蒂亚·森发展理论已“对发展的理论与实践产生了革命性影响”（前联合国秘书长安南语），并为世界各国，特别是第三世界国家，描绘了一幅达致理想社会的清晰蓝图。

（二）阿马蒂亚·森以自由看待发展理论的启示

环境问题，是一个发展问题。在发展过程中产生并仍在恶化的环境问题，仍需要在发展中予以解决。显然，实质自由不仅是人类发展的重要工具，也是解决环境问题的重要手段。但是，在法学视野中，公民的实质自由是什么呢？

细细体察公民实质自由的内容，我们发现，公民的实质自由其实质就是能够得到国家切实保障的公民各项基本人权，包括公民和政治权利、公民的经济、社会以及文化权利等。《经济、社会和文化权利国际公约》第11条第1款规定了公民有获得适当生活水准（包括足够的食物、衣着和住房等）的权利；该条第2款对公民免于饥饿的基本权利作了特别强调；第6、7条规定了公民的工作权及与工作权相关的基本权利；第8条规定了公民的社会保障权；第12条规定了公民应当享有的医疗保健权利；第13条规定了公民的受教育权；第15条规定了公民的文化权利。《公民和政治权利国际公约》则对公民的生命权、人身权、获得公正审判的权利、宗教信仰自由、知情权、参与权、表达权、监督权、自决权等作出明确规定。当公民所享有的这些基本权利在现实生活中得以实现时，这些基本权利就成为公民享有的实质自由过有理由珍视的生活的可行能力。能够得到切实保障的各项基本人权就是公民所享有的实质自由。

通过上述关于公民实质自由的分析，我们可以从法学视角解读阿马蒂亚·森的发展观：切实提高公民各项基本人权的保障水平，是人类发展的目的和手段。由此看来，不啻法治的真谛是人权，⑥人类发展的真谛也在于人权。

在公民的各项基本人权中，人身权、财产权乃至环境权都已成为人类保护环境的重要工具，并且构成了环境法的权利基础。对于其他经济、社会、文化与政治权利，我们至少已经从阿马蒂亚·森的发展理论中，看到了这些基本权利之于环境保护的意义——它们同样是解决环境问题的重要工具。但是，它们之于环境保护的法律对策——环境法又有何种关联？笔者认为，公民的经济、社会、文化与政治权利是保证环境法律顺利实施的重要基础之一。以下首先分析影响环境法律实施的若干因素，然后重点对公民经济权利、社会、文化和政治等基本人权保障之于环境法律实施的意义予以分析。

二、影响环境法律实施的若干因素

法律的生命在于实施。法律如果在实践中得不到遵守，无异于一纸空文。环境法也不例外。制定法律是保护环境和公众健康必不可少的基础，但制定法律仅仅是迈开了第一步。下一步也至关重要，那就是守法和执法，即承担法律义务的人和执行法律的人全面遵守并实施保护环境的法律规定。⑦

影响环境法律实施的因素主要包括以下几个方面：（1）执法主体的执法意愿。环境法的顺利实施有一个基本的预设前提：执法主体能够正确、廉洁、勤勉地承担起政府环境管理责任。如果执法主体缺乏真正的执法意愿，环境法律陷入实施困境不可避免。（2）环境立法质量。如果执法主体能够正确、廉洁、勤勉地执法，但环境法律规定欠缺公平性或不具有可操作性，环境法律之间存在冲突与矛盾，环境管理体制设置不科学，环境违反成本低、守法与执法成本高等，则不仅会使公民守法变得困难，而且也直接影响到环境执法的成效。（3）法律环境（人类发展水平）。执法主体为什么会缺乏执法意愿？环境立法为什么会欠缺公平性、科学性？除了执法成本高昂、技术障碍和人类认识能力局限等原因外，还有深层次的社会根源。张文显教授指出，法律环境是指与法律有关的各种环境性因素，它包括生产力的发展水平、民主政治的发展程度、政治文化的发展程度、历史文化传统、社会道德观念、科技发展水平等。这些因素影响法律的存在和发展，影响法律的内容和实效。⑧法律环境内容广泛，它涉及经济增长、政治文明建设、社会发展、技术进步等诸多方面，它包括人类发展的各个领域。易言之，法律环境就是指人类发展的水平与现状。可见，法律系统并不孤立，它的产生、内容以及实施都与全方位的人类发展紧密相连。(4）公民的守法精神。在社会发展滞后、生产力水平不高的情况下，公民守法精神的培育有助于环境法的实施。针对日本近代法难于落实于现实的情况，日本学者川岛武宜认为，要使近代法在现实中取得实效，近代化法意识公民“守法精神”的存在是不可缺少的。川岛所称的“守法精神”包括两个要素，其一是主体性意识，它包含两层含义：第一，人要认识自己作为人的价值，是有独立价值的存在，是不隶属于任何人的独立存在者；第二，这种意识在社会范围内，同时是“社会性”的存在，大家互相将他人也作为这种主体人来意识并尊重其主体性。⑨其二是“主观自发性”。所谓主观自发性，是指人尊重和遵守某规范只是因为它作为规范来命令这一唯一的理由。⑩在这两个要素中，主体性意识是产生主观自发性的基础和前提条件，而主观自发性，描述了公民的法律信仰所产生的物质力量。有学者将公民守法分为三个层次：自在、自为和自由。⑪在这三个层次中，自在层次，为守法的最低状态。在这一阶段，公民“外化”于法律，法律的制裁与惩罚是保证公民守法的主要力量。一旦有逃避法律制裁之机，获取利益成为行为人的不二选择。自由阶段，为守法的最高状态。此阶段，法律为一种信仰，法律为公民守法的唯一理由。即使不存在外在强制，或者会丧失获取利益的机会，公民也会出于他们对法律的信仰而守法。守法的自为层次，处于自在、自由两个层次之间，为公民守法的中层状态。在这一阶段，公民对于法律的态度游离于“惧怕”与“信仰”之间，具有不稳定性。在失去外在强制或存在巨大利益的诱惑之际，行为人有可能选择违法。公民是否具有主观自发性是检验公民守法层次的标尺。(5）公民的环境意识。当法律权威存在瑕疵、法律信仰面临危机时，公民环境意识往往成为环境保护行为发生的决定性因素。环境意识是对环境的忧患意识，对环境污染和生态破坏的察觉，既包括对已有危害的警觉，也包括对潜在可能危害的警觉。当环境意识上升到环境伦理的最高境界时，人们对环境保护产生一种发自内心的使命感和责任感，并义无反顾地积极参与环境保护的活动。⑫

上述关于影响环境法律实施状况的因素分类，只具有相对意义。当我们思考“公民守法精神何以形成”、“公民环境意识何以提升”等问题时，我们发现政府官员正确执法的意愿、法律产生和发展的外部环境人类发展的层次与文明程度，又成为决定性因素。于是，我们似乎进入一个闭路循环（见图1），我们开始迷茫：决定环境法律实施状况的根本因素究竟何在？

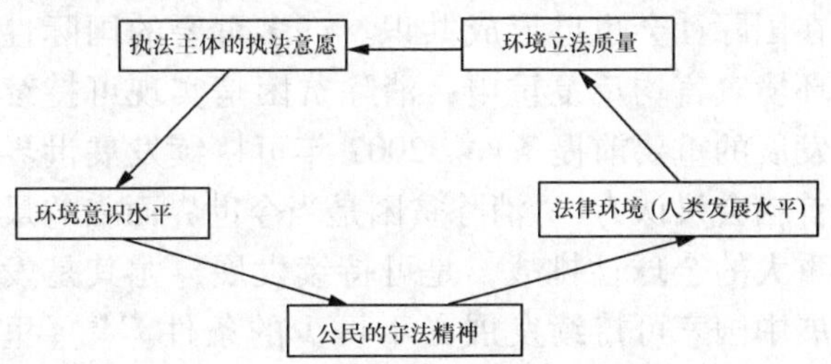

图1　影响环境法实施因素之关系图

三、提高人权保障水平是改善我国环境法实施状况的根本途径

环境法学界关于我国环境法律陷入实施困境的原因，可谓仁者见仁，智者见智。许多学者从环境立法层面寻找原因，也有不少学者将之归结为政府失灵或公民环境意识淡薄。本文

则试图从一个更为广阔的视角——全方位的人类发展（即法律环境的改善）来论证，提高人权保障水平才是改善我国环境法实施状况的根本途径。

库兹涅茨曲线（EKC）形象描绘了公民经济收入与环境保护之间关系。该理论认为，大多数污染物质的变动趋势与人均国民收入水平的变动趋势间呈现倒U型关系，即在经济发展初期，污染程度随人均收入增长而增加，而在人均收入达到一定水平之后，污染程度则会不断下降。目前，库兹涅茨曲线的客观性已得到了国内外许多实证研究的证实。有学者分析指出，随着收入水平的提高，人们会自发产生对“优美环境”的需求；收入水平越高，这种需求越迫切，于是可以把环境质量看成“奢侈品（Luxury Goods）”，即高收入下的收入弹性高于低水平下的收入弹性。随着收入水平提高，人们会主动采取环境友好的措施或者从个人消费的角度自发做出有益环境的选择。[13]上述分析是有说服力的，显然，我们不可能浪漫地要求一个饥肠辘辘、朝不保夕的人为了后代人观赏大自然的美景而放弃眼前的利益。“对于穷人来说，大象是一堆肉，鲸鱼是一只油桶，雨林是射杀猴子和用火清除丛林后种植木薯的地方。”[14]“穷人更关心他们今天能从自然资源中得到什么，而不是为了明天而保护自然资源。”[15]关于经济贫困对环境法实施的消极影响，在国际社会也已形成共识。许多重要的国际性环境宣言均反复重申：消除贫困是实现可持续发展的重要前提条件。2002年可持续发展世界首脑会议认为：“消除贫困是当今世界面临的最重大的全球性挑战，是可持续发展，尤其是发展中国家可持续发展必不可少的条件。”[16]《里约环境与发展宣言》原则5则指出：“所有国家和所有人都应在根除贫穷这一基本任务上进行合作，这是实现可持续发展的一项不可少的条件。”

改革开放以来，我国经济发展迅速，但经济发展成果的分配存在严重结构性问题。通过对我国第五次人口普查的数据分析，清华大学李强教授指出，我国的基本社会结构“可以说是（倒）丁字形的，即64.7%的人处在非常低的分值位置上，与其他群体形成了鲜明的分界，其他群体则像一个立柱，显示了巨大的差异性。”“丁字型社会结构反映的是中国城乡分野的现实：构成丁字型结构一横的，是巨大的农村社会阶层；而构成丁字型结构一竖的，则更多地是城市的社会阶层。”[17]李教授认为“丁字型结构”反映了社会处于“结构紧张”之状态，并且，“几乎所有的社会问题，如秩序问题、治安问题、贫困问题、艾滋病问题、卖淫问题等等，都可以从丁字型结构和结构紧张上得到解释。”作为一种社会问题，环境问题也不例外。熊易寒博士关于乡村污染企业与村民之间复杂关系的描述具有一定的普遍性，而且形象说明了公民经济权利对环境法律实施的影响。尽管乡村企业已对环境造成严重污染，但由于企业能为每户村民提供一个就业岗位、免费提供生活用电和农田灌溉用水、对稻田的减产损失予以补偿，村民与污染企业一直相安无事。当政府对重污染乡村企业地毯式清理时，“村民显得比工厂还要焦虑不安，村长甚至打算组织联名上访来保护这家‘造福一方’的企业。受害者成了治污行动的抵制者。”[18]而当企业与村民之间的“补偿、就业”等关系破裂时，污染企业与村民又处于污染与索赔的激烈抗争之中。熊博士指出，无论是激烈冲突还是鱼水情深，“其背后的行动逻辑其实是一致的：经济利益是首要的考量，而环境不过是拿来‘说事’的幌子，归结到一个字，就是穷。可以想见，倘若乡村社会的收入水平、生活质量得不到大幅度的提高，村民就不大可能真正成为环境保护的支撑性力量。”[19]在这一个具有普遍意义的典型事例中，各种污染防治法律规定事实上已被村民与污染企业“架空”，这并不是因为村民不需要田园牧歌式的环境，而是因为他们有着更为急迫的需要。只要不直接危及生命，他们更为关切的是污染企业给予的就业机会与经济补偿。

库兹涅茨曲线仅仅反映出经济发展以及公民经济权利保障与环境改善之间的相互关系，而不能反映其社会其他方面发展与环境保护之间的内在关联性，因而具有一定的片面性。公民的社会、文化权利等，对公民环境意识的形成与环境保护能力的提高，也有重要贡献。公民的社会权利包括养老保障与社会医疗保障等权利。公民的文化权利包括受教育权、参加文化生活的权利等。公民社会与文化权利的匮乏，一方面与收入水平低下一起深刻影响着人们对"美好环境"的需要弹性；另一方面，也严重抑制着环境意识、自发环境保护行为的发生。

"制订国家关于可持续发展、地方与社区发展的各种方案……这些方案应反映他们的优先关注事项，并使他们能够获得更多生产资源、公共服务和机构，特别是土地、水、就业机会、信贷、教育和健康等。"[20]"教育对促进可持续发展极为重要。因此，必须动员必要的资源……实现《千年宣言》中普及初级教育的目标；使所有儿童，尤其是农村地区儿童和贫穷儿童，特别是女童，都有机会入学并完成初级教育。"[21]2002年《约翰内斯堡可持续发展宣言及其实施计划》不仅认识到消除贫困是实现可持续发展的重要前提，同时也认识到社会权利和文化权利在环境保护中的重要作用。

与各项实质自由相互补充、相互促进一样，所有人权都是普遍、不可侵害、相互依存并且相互联系的。[22]因此，公民权利和政治权利对于环境保护以及环境法律实施的意义也不容忽视。《我们共同的未来》认为，"保证公民有效地参与决策的政治体系"是可持续发展的首项基本要求。[23]2002年可持续世界首脑会议认为，"各国内部和国际层面的良政是可持续发展不可缺少的"。[24]要培育公民的守法精神，增强公民的主体性意识和法律意识，解决政府失灵，保障公民的政治权利是一个重要途径。

影响环境法律实施若干因素之间的关系错综复杂，要区分两种不同性质的关系。一种是补充或影响的关系，例如，环境立法质量不佳时，但公民强烈的法律信仰和守法精神仍然会推动环境法的实施；公民的守法精神欠缺，但公民较高层次的环境意识也会有助于环境法的实施，较高层次的公民环境意识水平在一定程度上也会弥补环境立法质量上的欠缺，执法主体正确、廉洁和勤勉地执法则对公民守法精神的培育会产生积极影响。[25]另一种关系主要体现为决定与被决定的关系。例如，良好的法律环境不仅对执法主体的执法意愿、环境立法质量的提高有重要的决定性作用，而且对公民守法精神、公民环境意识也有重要的塑造作用。在影响环境法律实施的诸多要素中，人类发展水平（即法律环境）在这一体系中处于核心地位（见图2），制约与决定着其他因素。从人类发展水平的基础性作用来看，人类发展水平是决定着环境法的实施状况的核心要素。法治的真谛在人权，人类发展的真谛也在人权。人权之于人类发展的重要意义，决定了人权保障改善我国环境法实施状况中的作用与地位。切实提高人权保障水平是解决我国环境法实施困境的根本途径。

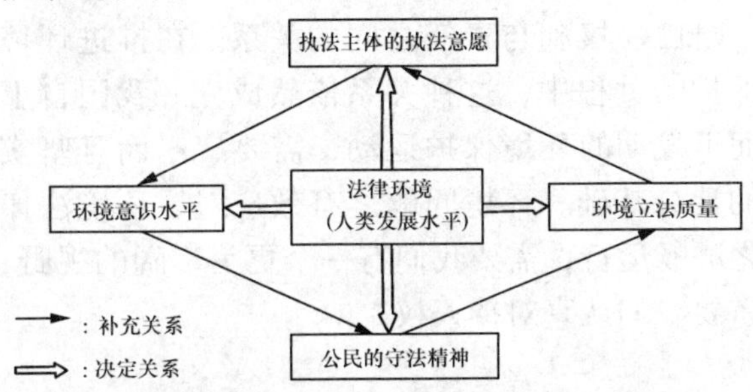

图2　影响环境法实施若干因素相互关系图

四、结　语

"有法不依、执法不严"已成为当今我国环境法制面临的最主要问题。我国环境法制面临的实施困境，从表面上看，与两方面的动力不足有关：其一，普通公民的动力不足。普通公民动力不足，一方面与公民的环境意识薄弱和对"优美环境"的需求不迫切有关，另一方面也与公民缺乏相关的环境知情权和环境决策参与权有关。其二，地方政府的动力不足，地方政府缺乏真正的执法意愿。各级政府在以任命为主要形式的干部选拔制度背景下，其最大的利益驱动就是尽可能地满足上级政府下达的各项政绩考核指标，而不是为地方提供公共服务。而在两种动力不足的背后，显示出我国社会发展的落后和非均衡性，显示出扩展与切实保障公民经济、社会、文化和政治权利等基本人权的迫切性。

人权保障水平的不断提升过程，也是公民环境意识、社会环境保护能力不断提升的过程。公民经济、社会、文化和政治等基本人权是公民环境保护能力和责任的基础，这一点已在各种国际环境宣言中得到反复重申。公民经济、社会、文化和政治等基本权利的“虚弱”，只能使自上而下的环境保护流于形式。当我们要给公民施加各种责任与义务时，必须充分关注公民所享有的自由与权利。阿马蒂亚森指出，“责任以自由为条件。没有实质自由和可行能力去做某一件事，一个人就不能为做那件事负责。但是，实际上有实质自由与可行能力去做某一件事，也就向一个人施加了义务去考虑是否做那件事，而这就确实涉及个人责任。在这个意义上，自由对责任既是必要的，也是充分的。”㉖阿马蒂亚·森的深刻洞见，清晰地指明了自由、权利与责任之间的关系。在推进环境保护的过程中，这种关系依然成立。我国自上而下发动的环境保护运动，需要广泛而且坚实的社会基础。环境问题之有效应对、环境法律之顺畅运行，需要我们有一个更为广阔的视野，需要我们认真对待人权。

注释：

①［印］阿马蒂亚森：《以自由看待发展》，任赜、于真译，中国人民大学出版社 2002 年版，第 13 页。

②［印］阿马蒂亚森：《以自由看待发展》，任赜、于真译，中国人民大学出版社 2002 年版，第 62、30 页。

③［印］阿马蒂亚森：《以自由看待发展》，任赜、于真译，中国人民大学出版社 2002 年版，第 7 页。

④［印］阿马蒂亚森：《以自由看待发展》，任赜、于真译，中国人民大学出版社 2002 年版，第 8、2 页。

⑤［印］阿马蒂亚森：《以自由看待发展》，任赜、于真译，中国人民大学出版社 2002 年版，第 31、32 页。

⑥徐显明：《法治的真谛是人权一种人权史的解释》，载《学习与探索》2001 年第 4 期。

⑦美国国家环境保护局编：《环境执法原理》，王曦等译，民主与建设出版社 1999 年版，第 3 页。

⑧张文显：《法理学》，法律出版社 1997 年版，第 359 页。

⑨［日］川岛武宜：《现代化与法》，申政武等译，中国政法大学出版社 2004 版，第 52 页。

⑩［日］川岛武宜：《现代化与法》，申政武等译，中国政法大学出版社 2004 版，第 97 页。

⑪曹刚：《法律的道德批判》，江西人民出版社 2001 年版，第 173 页。

⑫陈清硕等：《环境意识的发生机制和培养》，载《环境教育》1996 年第 4 期。

⑬胡聃等：《经济发展对环境质量的影响环境库兹涅茨曲线国内外研究进展》，载《生态学报》2004 年第 6 期

⑭［美］彼得休伯：《硬绿从环境主义者手中拯救环境》戴星翼等译，上海译文出版社 2002 版，第 191 页。

⑮世界银行：《1992 年世界发展报告发展与环境》，中国财政经济出版社 1992 版，第 62 页。

⑯《可持续发展世界首脑会议实施计划》第 7 条。

⑰李强：《“丁字型”社会结构与“结构紧张”》，载《社会学研究》2005 年第 2 期。

⑱熊易寒：《市场脱嵌与环境冲突》，载《读书》2007 年第 9 期。

⑲熊易寒：《市场脱嵌与环境冲突》，载《读书》2007 年第 9 期。

⑳《可持续发展世界首脑会议实施计划》第 7 条（C）款。

㉑《可持续发展世界首脑会议实施计划》第 116 条。

㉒《维也纳宣言和行动纲领》第 6 条。

㉓世界环境与发展委员会：《我们共同的未来》，王之佳等译，吉林人民出版社 1997 年版，第 80 页。

㉔《可持续发展世界首脑会议实施计划》第 4 条。

㉕详见影响环境法实施若干因素相互关系结构图。影响环境法实施因素的相互关系错综复杂，该图未必能反映各种关系之全貌，但仍可起到帮助读者理解的作用。

㉖［印］阿马蒂亚森：《以自由看待发展》，任赜、于真译，中国人民大学出版社 2002 年版，第 285 页。

（《法学评论》2010 年第 3 期，晋海系河海大学法学院环境与资源法研究所副所长；徐玄系河海大学法学院硕士研究生）

（四）少数民族、妇女、儿童、老年人和残疾人权利

中国西藏藏族文化权利的法律保障
——兼论“西藏文化灭绝论”的荒谬性

■韩小兵　喜饶尼玛

一、对“西藏文化灭绝论”的质疑与解惑路径

达赖集团及其西方支持者对中国“灭绝西藏文化”（CulturalGenocideinTibet）的指责从20世纪80年代至今一直不绝于耳。达赖集团“最早使用‘文化灭绝’这一术语攻击中国政府是从1980年其代表团回西藏观光返回之后。从那时起，‘文化灭绝’就已成为他们著述演说中的中心装饰品，并且在许多文件中都提到该术语。支持达赖集团的西方政治家们也总是以此来指责中国政府。”①

最近一次关于西藏“文化灭绝”的指责声浪发生在今年中国政府依法处置“3·14”西藏极少数不法僧人组织策划的打砸抢烧事件之后。西方一些主要媒体在3月17、18日都报道了达赖对中国政府灭绝西藏文化的指控。美国《有线新闻网》报道：“达赖喇嘛说西藏的传统文化在中国的统治下面临灭绝的威胁。”②美国《纽约时报》说：“达赖喇嘛星期天指控中国对其在西藏的追随者实施‘文化灭绝’，其同时呼吁展开国际调查。”③英国《电讯报》称“达赖喇嘛谴责中国政府在西藏的恐怖统治并指控其文化灭绝”④……

面对达赖集团一浪高过一浪的“西藏文化灭绝论”指控，笔者不禁要提出两个直接关系到该项指控成立与否的关键问题：第一，“西藏文化灭绝论”的法律含义或依据何为？第二，“西藏文化灭绝论”的事实依据又何为？为此，笔者曾多方检索，试图找到达赖集团全面论述其观点的论著，特别是与其指控相关的直接证据再加以研判，但结果未能如愿，却发现早有学者对此有过结论。如香港科技大学教授Sautman于2003年在其论文中就明确指出：“这些人在主张中国政府蓄意灭绝西藏文化时很少考察界定‘文化灭绝’这个概念并且从未提出对这种主张的直接证据。”⑤因此，我们质疑达赖集团“西藏文化灭绝论”的合法性与客观真实性也就更加成为必然。

既然达赖集团未能提供其指控所依据的法律和事实，那么笔者拟根据自己的研究，从国际人权法的角度出发，结合我国西藏藏民族文化权利保障的法律实践与成就，主动回应所谓的“西藏文化灭绝论”。

二、从国际人权法范畴内的相关概念探讨看“西藏文化灭绝论”的荒谬性

笔者之所以从国际人权法范畴内寻找相关概念进行研究，是由于达赖集团及其西方反华势力始终打着保障西藏人权的旗号，大肆在国际上诬蔑中国对西藏文化实施灭绝，实质是为宣传西藏独立寻求国际上的支持。然而，这种攻击或支持首先应当具有国际法上的合法性，如果这种合法性不存在，他们的主张与诉求也只能是一种无稽之谈。

在国际法范畴内，与所谓“西藏文化灭绝论”相关的概念主要有“文化”、“种族灭绝”和“文化权利”。

（一）国际人权法范畴内的“文化”概念解析与西藏文化灭绝论

有英国人类学之父美誉的泰勒在1871年发表的《原始文化》一书中首次对文化作了比较系统和权威的表述：文化就其广泛的民族学意义来说，是作为社会成员的人所习得的包括知识、信仰、艺术、道德、法律、风俗，以及任何其他能力和习惯的复合体。[⑥]“后来美国的一些文化人类学、社会学学家如奥本格、亨根斯、维莱等，对泰勒的定义予以修正，补充了‘实物’一词，使文化成了‘包括实物、知识、信仰、艺术、道德、法律、风俗，以及任何其他能力和习惯’的复合体。”[⑦]

《辞海》将“文化”分为广义与狭义。“广义的文化是指人类社会历史实践过程中所创造的物质财富和精神财富的总和。狭义指社会的意识形态，以及与之相适应的制度和组织机构。是一种历史现象……”[⑧]

必须强调，作为人类学、社会学等研究对象的“文化”和法律保护客体的“文化”应该是有区别的：即人类学、社会学等可以将人类社会的一切文化现象作为自己的研究对象；而纳入法律保护对象的文化，无论其内涵或外延都应该是有所限制的。例如，腐朽文化就不能为法律所保护。换言之，在国际法范畴内受到保护的“文化”应该是符合国际人权法基本精神的积极意义上的文化，不应包括与国际人权保障相悖的内容。无论是联合国的《世界人权宣言》，还是其后的《公民权利和政治权利国际公约》、《经济、社会和文化权利国际公约》都是按照《联合国宪章》所宣布的原则即“对人类家庭所有成员的固有尊严及其平等的和不移的权利的承认”[⑨]而制定的。对人权的无视和诬蔑的暴行玷污了人类的良心，[⑩]因此，在此基础上形成的文化习俗理当铲除。

对西藏文化的保护也当遵循上述国际人权法的基本精神。依照这一基本精神，新中国成立后，特别是西藏和平解放以后以至于后来的西藏民主改革，彻底废除了旧西藏封建农奴制文化。那么，农奴制及其影响下的非人道习俗的废除是否就是这些人所说的“文化灭绝”呢？例如：“在达赖统治西藏时期，按照藏传佛教仪轨，‘为达赖念经祝寿，下密院全体人员需念忿怒十五施食回遮法。为切实完成此次佛事，需当日抛食，急需湿肠一付、头颅两颗、各种血、人皮一张，望立即送来。柬斯基稍夏帕空。’”[⑪]在旧西藏“农奴见了官家、领主，要哈腰吐舌头，主人上马，农奴要趴在地上，让主人踩着背骑上马去。”[⑫]如果说在西藏存在着“文化灭绝”的话，应该就是这部分为国际人权法所排斥的“对人权的无视”和“玷污了人类的良心”的“西藏独特文化”确实被灭绝了。“这种‘灭绝’，对于封建农奴制的总代表达赖喇嘛来说却是致命的，是他们的文化统治权的灭绝。”[⑬]回顾全世界和全人类的历史发展进程，封建农奴制的废除都是人类历史的巨大进步，摒弃糟粕和落后是历史前进的必然，为全世界所公认。一些保持客观的西方学者也认为“剔除农奴等文化糟粕称不上是对西藏文化的打压”。[⑭]想必达赖集团及其支持者们也未必敢承认这部分文化的灭绝就是他们所谓的“西藏文化灭绝”吧。

（二）从“种族灭绝”与“文化灭绝”的法律概念解析看西藏文化灭绝论

似乎“文化灭绝”是“种族灭绝”概念的延伸和演绎，实则不然。

“种族灭绝”是国际法上的一种罪行，它为联合国《防止及惩治灭绝种族罪公约》所确认。我国于1983年加入该公约。该公约第二条明文规定：“本公约内所称灭绝种族系指蓄意全部或局部消灭某一民族、人种或宗教团体，犯有下列行为之一者：（a）杀害该团体的成员；（b）致使该团体的成员在身体上或精神上遭受严重伤害；（c）故意使该团体处于某种生活状态下，以毁灭其全部或局部的生命；（d）强制施行办法，意图防止该团体内的生育；（e）强迫转移该团体的儿童至另一团体。”[⑮]

可见，“种族灭绝”是国际人权法中的一个确定概念，有其明确的客观构成要件；而“文化灭绝”在目前的国际法规范中则找不到相应的明确定义或表述。特别需要指出的是，制定《防止及惩治灭绝种族罪公约》时“很明显有意排除了‘文化灭绝’的概念，其原因是难以准确界定这一术语。”[⑯]也就是说在国际人权法领域，“文化灭绝”与“种族灭绝”并非同属法律概念。换言之，在现行国际人权法的框架下并不存在“文化灭绝”的罪名和国际法上的救济。因而，达赖集团动辄主张的“西藏文化灭绝”及其“国际调查”显然缺乏法理依据。

（三）“文化权利”在我国的认可与实施是对西藏“文化灭绝”的理论上的反证

由上文可知，“文化灭绝”并非是一个确定的法律概念，但“文化权利”却是国际人权法所确认的一项基本人权，它为多项世界人权文件所肯定：《世界人权宣言》第27条规定，“人人有权自由参加社会的文化生活，享受艺术，并分享科学进步及其产生的福利。人人对由于他所创作的任何科学、文学或美术作品而产生的精神的或物质的利益，有享受保护的权利。”《经济、社会和文化权利国际公约》第15条规定，“本公约缔约各国承认人人有权：参加文化生活；享受科学进步及其应用所产生的利益；对其本人的任何科学、文学或艺术作品所产生的精神上和物质上的利益，享受被保护之权利。本约缔约各国为充分实现这一权利而采取的步骤应包括为保存、发展和传播科学和文化所必需的步骤。本公约缔约各国承担尊重进行科学研究和创造性活动所不可缺少的自由。本公约缔约各国认识到鼓励和发展科学与文化方面的国际接触和合作的好处。”《公民权利和政治权利国际公约》第27条规定，“在那些存在着人种的、宗教的或语言的少数人的国家中，不得否认这种少数人同他们的集团中的其他成员共同享有自己的文化、信奉和实行自己的宗教或使用自己的语言的权利。”[17]

纵观以上几个相关的世界人权文件，“文化权利”的主要内容可以概括为以下几个方面：公民参与文化活动的权利；公民享受文化成果的权利；开展文化创造的权利；作者的精神和物质利益受到保护的权利；少数人的文化认同权；国际文化合作权。

我国对国际人权法中的该项人权是认可并积极实施的：我国于1997年10月和1998年10月分别签署了《经济、社会和文化权利国际公约》和《公民权利和政治权利国际公约》。特别是专门规定“文化权利”的《经济、社会和文化权利国际公约》于2001年5月正式对我国生效。这表明我国愿意与国际社会一道共同努力发展该项人权。此后，我国积极履行公约义务，制定、修改国内相关法律，政策，出台行政措施，将本国人权的保护与国际标准更紧密地结合起来；同时自觉按照公约的执行监督机制，按期提交本国在遵行公约所承认的权利方面所采取的措施和取得的进展报告，供联合国经济和社会理事会审议。就联合国经济和社会理事会对我国到目前为止履行该公约报告的审议结果来看，尽管我国作为一个发展中的人口大国，在经济、社会和文化权利的保障方面还存在有许多亟待发展之处，但并未得出对国内某一个民族存在“文化权利灭绝”的结论。也就是说，我国作为《经济、社会和文化权利国际公约》的成员国履行该公约的客观事实证明，我国各民族的“文化权利”是在逐步发展中，而不是在灭绝中。从这个角度看来，所谓“西藏文化灭绝”论纯属别有用心的虚构。由此，我们可以反证“西藏文化灭绝”论的荒谬性。（笔者将在下文着重阐述我国依照国际人权法所承担的保障“文化权利”义务在西藏的实施进一步加以证明）

综上所述，达赖集团及其支持者的“西藏文化灭绝论”明显缺乏基本的国际法律依据。由此推断，达赖集团及其支持者所谓“西藏文化灭绝论”的指控要么是基于对国际人权法的无知而为，要么就是别有用心而作，而且后者的可能性更大。就像Sautman教授在2003年所得出的结论：“学者们分析归纳了许多滥用这个术语的案例，得出的结论是：一个人想要表达其某种受压抑的最有效的词汇就是使用‘灭绝’（genocide）这个标签。”“如果是非合法地和经验主义地使用‘西藏文化灭绝’的概念进行指控，就会造成恶劣的政治影响。”[18]达赖集团及其支持者就是惯于利用这个标签的典型代表。其根本目的是通过这个标签的使用，污蔑、诋毁新中国的社会主义制度，最终达到其分裂国家、分裂民族的企图。

三、从中国西藏藏族文化权利法律保障的历史轨迹与事实看“西藏文化灭绝论”的荒谬性

《经济、社会和文化权利国际公约》第2条规定了缔约国履行保障文化权利实现的国家义务所应采取的各种措施：“每一缔约国家承担尽最大能力个别采取步骤或经由国家援助和合作，特别是经济和技术方面的援助和合作，采取步骤，以便用一切适当方法，尤其包括用立法方法，逐渐达到本公约所承认的权利的充分实现。”

联合国教科文组织人权、民主与和平部主任雅努兹·西摩尼迪斯在解读该条款时说：立法是国家实施文化权利的最为关键的措施。“‘一切适当方法’，指除立法和行政手段外还包括财政、教育、社会和其他措施。同时应该注意《经济、社会和文化权利国际公约》第15条第2款具体规定了缔约各国有义务采取‘为保存、发展和传播科学和文化所必需的步骤’。”⑲

下文将一一对照该项条款所规定的各项国家义务措施，分别阐述新中国成立后，特别是改革开放30年来，我国西藏藏民族文化权利的保障进程。

（一）构筑多层次的文化权利保障法律法规体系以促进西藏藏文化的发展和繁荣

改革开放以来，在西藏文化权利的保护方面，已形成了以根本法宪法、国家法律、地方性法规三个层级的立法体系：

以2004年我国对1982年《宪法》第四次修正为标志，“国家尊重和保障人权”被写入国家的根本法中。至此，保障人权已成为我国各项法律、行政法规、地方性法规、规章、立法解释和司法解释的一项原则依据。西藏藏民族的宗教信仰自由，保持或改革自己的风俗习惯的自由，使用发展自己的语言文字的自由，进行科学研究、文学艺术创作和其他文化活动的自由等多项“文化权利”当然成为被平等保护的人权之一。

《中华人民共和国民族区域自治法》（1984年颁布，2001年修订）第一次以国家法律的形式集中而全面地确认包括西藏自治区在内的各民族自治地方的自治权，是宪法所规定的少数民族权利的进一步确认与具体化。现行的《民族区域自治法》以第10、11、21、36、37、38、42、49、59、64、71条等多达10余个条款直接规定少数民族文化权利。

2006年11月14日文化部颁布并实施了部门规章——《世界文化遗产保护管理办法》，对包括西藏布达拉宫建筑群在内的被列入世界文化遗产名录的世界文化遗产予以法律保护。

西藏自治区还依据宪法和法律赋予的立法自治权，制定了一些本区域内涉及“文化权利”的地方性法规和规章。代表性的地方法规有：西藏自治区人民代表大会制定颁布的《西藏自治区学习、使用和发展藏语文的规定》（1987年7月制定颁布，2002年5月修正），对藏语文的法律地位、使用范围、藏语文的教育、推广和普及措施作出了具体规定；西藏自治区人民代表大会制定颁布的《西藏自治区文物保护管理条例》（1990年5月制定颁布，1996年7月修正），对包括体现藏族文化在内的“民族文物”、“宗教文物”作出有针对性的保护规定；1997年10月西藏自治区政府颁布实施《西藏自治区布达拉宫保护管理办法》对布达拉宫保护范围及建设控制地带，经常性的保养维护义务，环境保护，文物管理、消防及法律责任等做出了具体规定。像布达拉宫、大昭寺、哲蚌寺、色拉寺、甘丹寺、扎什伦布寺、萨迦寺等众多西藏的宗教活动场所被依法列入全国和自治区重点文物保护单位，得到国家和自治区大量专款维修之外的全方位的保护。自治区政府颁布实施的《天葬管理暂行办法》（2006年1月），明确规定了天葬的法律地位以及对天葬场所和天葬师的保护等。

上述立法的特点是：就法律的原则而言，对包括文化权利在内的人权的保障更加明确；就立法技术而言，立法的层次位阶更加清晰，从最高位阶的宪法、到下位的国家级法律、行政规章，在到最下位的地方性法规、规章，使法律效力的等级基本齐全，可操作性增强；就保护标准而言更趋于国际化；就立法内容而言，更具有藏族文化保护的针对性。毫无疑问，这

样的立法体系为西藏藏民族文化权利的保障提供了良好的法治环境。

（二）实行先进的社会制度保障绝大多数藏民普遍享有文化权利

1959年《西藏自治区筹备委员会关于进行民主改革的决议》、《西藏地区减租减息实施简则》、《西藏自治区筹备委员会关于西藏地区土地制度改革的实施办法》等法律文件中都强调，要“彻底废除封建农奴制度”，“废除人身依附，解放农奴和奴隶”，“废除农奴主及其代理人的一切封建特权”。“废除寺庙的一切封建特权（包括委派官员，管理市政，私设法庭、监牢、刑罚，没收财产，流放人民，私藏武器，干涉民刑诉讼，干涉婚姻自由，干涉文化教育事业，破坏生产等）、封建占有、封建剥削、人身奴役、强迫群众当喇嘛或尼姑……”[20]由此，广大翻身农奴成为社会的主人，进而有权平等地分享有自己民族和社会的文化成果，创造并发展本民族的文化。正如德国汉学家、民族学家南因果博士通过其在西藏的实地考察所看到的那样：与所谓西藏“文化灭绝”论恰恰相反，西藏文化在中国得到了繁荣和长足的发展。把占藏人绝大多数的人从农奴制中解放出来也是一大进步。大多数藏人的境况比50多年前要好得多。当然，过去那些贵族丧失了权势，不能再任意剥削了。遗憾的是，西方媒体几乎只听那些上层贵族代表的说法，而不去问问那些平民百姓。他们会有完全不同的心声。[21]

在西藏和平解放之前，朗玛作为宫廷乐舞，只供达官贵人和高级僧侣享用，普通平民和农奴是根本无法观赏到的。而今“朗玛”已经成为一门藏民族独立的艺术表现形式，其曲式结构完整，旋律优美深情，舞蹈节奏欢快跳跃，气氛非常热烈，深受藏族人民喜爱。仅拉萨就有几十个以表演藏式歌舞为主的朗玛厅。[22]

截至2007年底，西藏已基本形成比较完整的公共文化设施网络。[23]西藏已有各级群众艺术馆6座、县级综合文化活动中心33座、文化信息资源共享工程县支中心3座、卫星三级站62个、乡级文化站175座、村级文化室550余个、图书馆4座。同时还建有自治区博物馆、妇女儿童文化活动中心、老年文化活动中心和农村儿童文化园等设施。初步形成了自治区、地（市）、县、乡（镇）、村五级公共文化设施网络格局。此外，群众性文化机构健全，活动覆盖西藏全区。目前，西藏有10个专业文艺团体，18个县级民间艺术团，500余个基层业余文艺演出队和藏戏演出队。这些队伍常年活跃在农牧区为群众演出。广大藏族群众的文化需求达到前所未有的满足。[24]目前，国家每年保证有25部新译制的藏语电影在农牧区和基层群众中放映，广大农牧区已基本实现了电影藏语化。西藏电视台藏语卫视频道于1999年正式开播，每天播出大量的藏语专栏节目和藏语影视译制片，现有藏语电视栏目21个。藏语卫视实现了24小时滚动播出。西藏电视台2007年藏语影视剧译制量达500小时（639集），译制电影拷贝564个，译制节目35个。[25]

享受传统和现代文化已不再是上层贵族僧侣的特权。

（三）动员全社会力量，多种形式发展西藏教育

受教育权是公民实现其他人权的基础性权利之一，也是促使全社会实现人权的重要因素。正如联合国《经济、社会和文化权利国际公约》第13条第1款所规定的：“缔约各国承认，人人有受教育的权利。”旧西藏寺院垄断着教育，仅有的极少数官办的僧官和俗官学校，绝大多数学生是贵族子弟。广大农奴根本没有接受教育的机会，文盲占95％。“据1949年调查，哲蚌寺洛色林扎仓近4000名僧人中，就有80％是文盲”。[26]

新中国成立后，中央政府高度关注西藏的教育问题。在1951年与西藏地方政府所签订的《关于和平解放西藏办法的协议》中已提出，要根据西藏的实际情况逐步发展学校教育的目标。“新中国的缔造者毛泽东多次提出：要帮助西藏人民发展教育事业。第二代、第三代党的领导人，都给予西藏教育以极大关心。”[27]国家支持西藏的少数民族教育事业所采取的主要措施有：鼓励有识之士办学；国家拨出专项经费扶持西藏教育；派遣教师支援西藏教育；在内地院校为西藏培养师资；利用内地资源，实行异地办学，在内地举办西藏中学和西藏班，帮

助西藏培养人才；国家在高等教育中对少数民族实行照顾政策；实施内地对口支援西藏教育计划，由内地相关省份对西藏教育提供较全面的支持等。

例如，西藏昌都小学，就是留美学生、语言学教授李安宅和留日学生、语言学教授于式玉于1950年12月创办的；[28]从20世纪50年代到2000年，全国共选派援藏教师6800余名；[29]"到1993年，国家拨出4.45亿元教育专项经费，在西藏实施了新建、改扩建边境县中小学，新建地面教育卫星上行站等15个大项目、45个子项目；实施了贫困地区九年制义务教育工程；加强了西藏大学等高等学校基础设施建设和大学计算机网络建设项目；为西藏培训了大批校长、教师和干部；内地15个对口支援省市帮助西藏新建、改扩建一批中小学，投入资金达2.2亿元。"[30]从1985年开始，国家拨出专款在西藏农牧区实行了对农牧民子女的"包吃、包住、包学习费用"的寄宿制为主的中小学校办学模式；对高中阶段农牧民子女住校生实行助学金和奖学金制度；[31]自2003年开始，内地有8所高校以单独考试、单独录取的形式，每年为西藏定向培养120名左右硕士研究生；[32]全国有33所由中央政府和内地一些省市拨专款开办的内地西藏班（校），招收西藏插班生的内地重点高中53所，内地有90余所高校招收西藏学生，一大批博士、硕士、科学家、工程师等人才脱颖而出，成为推动西藏发展的生力军。[33]

如今，一个涵盖普通教育、幼儿教育、成人教育、职业教育、特殊教育的比较完整的教育体系逐步形成，使原由寺庙、官家、贵族垄断的教育成为普通百姓的人权之一。[34]

（四）运用国家和地方财力积极抢救、整理西藏濒危非物质文化

抢救、整理西藏藏民族的濒危非物质文化，是实现西藏藏文化继承和发展的根本性措施。

1. 首先采取切实措施保护濒危非物质文化的传承人。

自20世纪80年代以来，《格萨尔》史诗的抢救工作是最具代表性的事例。

《格萨尔》是世界上最长的、主要依靠口头说唱的形式在民间流传的藏族史诗。在历史上，作为《格萨尔》的创作者、保存者和传播者的民间说唱艺人家境贫寒，居无定所，四处流浪，社会地位非常低，是农奴主的玩偶。1959年西藏实行民主改革后，国家和自治区投入了大量的财力和人力对《格萨尔》说唱艺人进行了大规模的抢救性保护，国家给与其较高的生活待遇，而后对其说唱予以整理、录制成磁带。[35]这种"以人为本"的文化保护措施赢得了濒危非物质文化传承人的认可，故而他们积极配合有关部门的抢救工作，效果显著。

目前有31位传承人入选国家级非物质文化遗产项目代表性传承人名录。[36]

2. 国家与地方积极投入，建立一批专门的濒危非物质文化抢救机构。

1980年设立了西藏有史以来第一个《格萨尔》抢救领导小组和抢救办事机构，即西藏自治区《格萨尔王传》抢救办公室；成立了西藏师范学院《格萨尔王传》抢救小组；在那曲、阿里、昌都等史诗流传较广的地区，当地文化局相继设立了《格萨尔王传》抢救点，逐步设立和形成了全区范围的抢救网点。[37]经过30年的不懈努力，使《格萨尔》史诗得到了全面的保护。

1987年在中国藏学中心专门设立《大藏经》对勘局，专司整理、对勘、出版藏文大藏经《甘珠尔》、《丹珠尔》。现已完成《丹珠尔》四种版本的原版对勘和新版编校140函，出版《中华大藏经·丹珠尔》60部。[38]

从2007年开始，西藏自治区投入了980多万元，启动了对贝叶经的摸底调查和建档工作。目前西藏已经登记在册的梵文贝叶经有426部，共4300多张，主要保存在拉萨市、山南和日喀则地区的各大寺庙、博物馆和研究机构里。[39]

以上措施是保护西藏文化还是毁灭西藏文化？答案不言自明。

（五）运用国家行政手段和民族自治地方自治权推动藏语言的教学和研究，保障并扩大藏语言的使用范围

1. 建立专门的工作机构和教学研究机构，促进藏语文的发展。

在20世纪50年代，依据中央人民政府政务院于1951年发布的《关于民族事务的几项决

定》的精神，国务院有关部委如国家民族事务委员会、教育部、文化部等在其工作职权范围内管理少数民族语言文字工作。

我国政府还先后在在一些高等院校内设立了藏语言文学院系或专业，并规定：招收少数民族学生为主的内地学校（班级）和其他教育机构有条件的，应当采用少数民族语言讲课。

1988年西藏自治区政府设立"西藏自治区藏语文工作指导委员会"作为全区学习、使用和发展藏语文工作的权威性领导机构。其职责是：研究并决定自治区学习、使用和发展藏语文工作的重大方针政策；指导自治区藏语文教学、科研、编译、出版等部门和单位的工作，协调各方面的力量，督促解决和落实学习、使用和发展藏语文工作的重大问题和重要任务；监督、检查自治区各级国家机关、人民团体、企事业单位学习、使用和发展藏语文的工作。

2. 中央和自治区国家机关率先垂范，推广使用包括藏语文在内的少数民族语言文字。

全国人民代表大会、中国人民政治协商会议召开的重要会议和全国或地区性重大活动时，藏语文成为被使用的工作语言之一；在国家主管的新闻、出版、广播、影视等领域藏语文也是被使用的语言之一，而且在我国法定流通的多种人民币面值上，藏文也是被使用的语言之一。

西藏自治区各级国家机关的重要会议、集会，均同时使用藏语文和国家通用语言文字或者仅使用藏语言文字。2004年7月26日，在渥太华访问的中国西藏自治区代表团团长、自治区政府主席向巴平措在分别接受加拿大电视台、《环球邮报》、《国家邮报》等几大主流媒体的专访时所说："如今西藏实行'藏汉语文并重，以藏语文为主'的原则。政府文件都是藏、汉两种文字，作为自治区政府主席，我用藏语在自治区人代会上作政府工作报告。"[40]

3. 全国公安、司法机关乃至部分省区的其他行政机关在行政执法和司法过程中注重保障藏族的民族语言文字使用权。

全国各级公安、检察机关、人民法院在处理各类涉及藏族的治安、刑、民事案件中，都能做到主动为不懂汉语或当地方言的藏族当事人配备藏文翻译，以保障其法律上的诉讼权利和实体权利。不仅如此，在一些西藏的藏族人口流动较多的地区，政府工作人员在行政执法过程中也注意到了对其民族语言使用权的保护。如上海市徐汇区城市管理监察大队在其区域内处理藏族流动人员无证设摊影响市容这一违法行为时，都聘请了藏族翻译，在执法过程中始终保证藏族当事人有使用藏文和藏语的自由。[41]

4. 积极运用现代化技术手段促进藏语言文字的推广使用。

中央政府一直在致力于使藏语言文字与现代化的信息技术同步发展。

经由国家科委、国家技术监督局、国家民族事务委员会、电子工业部、全国信息标准化委员会与西藏藏语委、西藏大学及兄弟省市的专家们共同努力，成功使藏文编码通过国家标准和国际标准，并使藏语文成为中国第一个具有国际标准的少数民族文字。目前，西藏已全面建立面向机器自动处理的藏语语法框架和语法体系，正在实现藏语文本的机器自动分词和组块识别。

5. 在普通教育和新闻出版事业中推动藏语文的使用和发展。

一是在西藏的各级各类面向藏族学生的学校普遍开设了藏语文课程。二是藏文教材编译取得长足发展。目前从小学至高中各学科藏文教材应有尽有。[42]三是有大量的教材以外的藏语出版物和设在多个地区的藏语出版社。"藏语出版物数量之多，甚至让西方藏学家也目不暇接。西藏的作家用藏语和汉语写作。人们不仅可以买到藏语的书籍，甚至可以买到译成藏文的外国名著。"[43]

总之，通过中央和地方的长期不懈努力，藏语文的使用不仅未受到限制和缩小，相反得到了前所未有的发展。藏语言和藏文化非但没有像达赖喇嘛所言已经"灭绝"，而且更加充满生机和活力。

（六）多渠道开展对西藏藏民族传统文化的研究和创造，以继承和弘扬藏民族的优秀传统文化

1. 国家积极支持研究机构和科研人员广泛开展对西藏优秀传统文化的研究。

首先，藏学研究已成为国家社会科学研究的一个重要学科，研究领域涵盖藏族社会政治、经济、历史、宗教、哲学、语言文字、文学艺术、法律、藏医藏药等众多学科分支。目前有中国藏学研究中心、中国社会科学院的民族研究所、中央民族大学藏学研究院、西藏大学藏学系等专门的教学研究机构和专业教学研究人员。其中不少机构还同时招收藏学研究的硕士和博士研究生，进一步培养更多的藏族专业人才研究本民族的文化。不仅如此，其研究的范围也越来越广泛。

其次，还有一些专门从事某类藏文化研究的机构有50多个。如1986年成立的藏戏研究学会等。[44]还有民间的研究力量进行藏文化的研究，如"中国西藏文化保护与发展协会"等。

全国各藏学研究机构近年来举办涉及西藏历史、语言、宗教、哲学、文学艺术、教育、天文历算、藏医等学科的学术讨论会60余次，完成重要课题300多个，出版藏学专著400多部。[45]

2. 重视对西藏优秀传统文化的创新，以保持西藏传统文化的生命力。

西藏和平解放后，各族文艺工作者深入生活，发掘继承优秀的民族文艺传统，创作出一大批诗歌、小说、歌舞、音乐、美术、电影、摄影等作品，不断完善西藏的艺术门类，丰富文艺形式。近年来，先后推出了大型乐舞《珠穆朗玛》，大型歌舞《多彩哈达》、《天上西藏》等，话剧《穿越巅峰》，新编藏戏《朵雄的春天》，以及融京剧和藏戏于一体的新编历史剧《文成公主》等一大批文艺作品。这些作品题材新颖，民族特色突出，时代气息强烈，提升了西藏的整体艺术水平，极大地丰富和活跃了各族群众的文化生活。显然，西藏文艺创作进入历史上最好的发展时期，藏族传统艺术在与现代艺术相结合的过程中不断创新和发展。[46]

3. 研究、开发和宣传并举，使传统藏医药学焕发生机和活力。

具有2000多年历史的藏医药是祖国医药学宝库和藏民族文化的重要组成部分。国家为加强藏医学的研究并培养少数民族医药人才，在西藏成立了藏医高等院校、传统藏医藏药研究所等。搜集、整理、编著和出版了《中国医学百科全书·西藏分卷》、《四部医典》（藏汉文版）、《藏医诊断学》、《藏药方剂大全》等一批具有很高学术价值的藏医药著作；培养了大批藏医药人才，包括大中专毕业生、硕士博士研究生。

国家还积极扶持对少数民族医药的开发和应用。1992年，国家建立了国家藏药制剂中心，将传统医药与现代研制技术相结合生产多种藏药品种。[47]如今，西藏现有藏药生产企业18家，生产藏药360多个品种。藏药生产已由手工作坊向现代工业化大生产迈进，藏药加工迈入标准化、规范化、规模化和科学化管理的轨道。西藏所有藏药品种均列入国家医保目录。现在藏医院也已从西藏开办到北京、天津等内地城市，深受各族患者的好评。

第一次藏医药的国际学术盛会"2000国际藏医药学术研讨会"是国家和自治区为让藏医药走出西藏、走出中国、走向世界的重要举措之一。

（七）尊重和保护广大藏民的宗教信仰和生活习俗，实现西藏藏民族的文化认同

1. 我国宪法、法律、行政法规和地方性法规始终确认公民的宗教信仰自由。

早在西藏民主改革初期，西藏自治区筹备委员会发布的《西藏自治区筹备委员会关于西藏地区土地制度改革的实施办法》中关于"土地制度改革中的寺庙问题"就规定："切实保护宗教信仰自由和爱国守法的喇嘛寺庙，保护人民有当喇嘛、尼姑的自由，保护喇嘛、尼姑有还俗的自由。正常的宗教活动不得干涉。"[48]

进入20世纪80年代以后，除现行的《中华人民共和国宪法》和《民族区域自治法》等法律规定公民有宗教信仰自由外，1991年西藏还制定有地方性法规《西藏自治区宗教事务管理暂行办法》。2004年11月30日国务院颁布了《宗教事务条例》是我国第一部有关宗教方面的综合性行政法规，它对保护宗教团体、宗教活动场所和信教公民的合法权益作了明确规定，对保障公民的宗教信仰自由权利有重要意义，对西藏这一群众性信教区域更是有着积极作用。

2. 保障藏传佛教的忠实信仰者可与其他公民一道平等地参政议政直至国家事务。

众所周知，已故的深受藏族僧众乃至其他各族人民爱戴的藏传佛教领袖——十世班禅额尔德尼·确吉坚赞，自中华人民共和国成立以来，并未因其宗教信仰而受到歧视。他历任西藏自治区筹备委员会第一副主任委员、代主任委员，全国人大常委、全国政协副主席、全国人民代表大会常务委员会副委员长、中国佛教协会名誉会长等职。

现任十一届全国政协副主席的帕巴拉·格列朗杰于1942年被认定为昌都寺第十一世帕巴拉呼图克图。[49]

3. 拨重金修缮、保护宗教活动场所及宗教活动设施，为宗教信仰自由提供必要的物质保证。

20世纪80年代以来，中央和西藏地方财政先后拨款7亿多元人民币和大量黄金、白银等物资，修缮了一大批宗教场所。目前，西藏有各类宗教活动场所1700多座，住寺僧尼4.6万余人。寺院的壁画、雕刻、塑像、唐卡、经卷、法器、佛龛等宗教文化载体，受到保护和修缮。[50]

4. 广大信教群众正当的宗教活动受到尊重。

西藏有200多万信教群众。“信教者家中几乎都设有小经堂或佛龛，每年到拉萨朝佛敬香的信教群众达百万人以上。一年一度的雪顿节中的宗教活动及传统的马年转冈仁波钦、羊年转纳木错等宗教活动，都得以正常进行并受到社会各方面的尊重。”[51]

“今天你在西藏，到处可以看到磕长头、转经、朝佛的信教群众。善男信女悬挂的经幡。刻有佛教经文的玛尼堆随处可见。”[52]

5. 发展佛教组织，创办刊物，积极开展藏传佛教教育，以发展藏传佛教的传统文化。

1980年恢复了中国佛教协会西藏分会，并相继成立了7个地（市）的佛协组织，佛协理事均来自全区不同寺庙，不同教派，其中有活佛、堪布、格西、翁则等。[53]1985年该协会创办了会刊《西藏佛教》杂志。此外中国佛协西藏分会办有西藏佛学院、藏文印经院。

中央政府还支持佛教界分别在北京和拉萨开办了中国藏语系高级佛学院和西藏佛学院，专门培养佛教教职人员。为促进藏传佛教高僧大德的培养，2004年首次建立了藏传佛教高级学衔制度。2005年，“11名学员获得了藏传佛教首届‘拓然巴’高级学衔。其中包括西藏色拉寺的扎西坚才、西藏扎什伦布寺的加巴·洛桑平措。”[54]

6. 遵循藏传佛教的仪轨和历史惯例，办理活佛高僧圆寂和转世事宜。

十世班禅额尔德尼·确吉坚赞于1989年1月28日在西藏圆寂后，中央人民政府于大师圆寂后第三天就作出了《关于第十世班禅大师治丧和转世问题的决定》，治丧活动和转世事宜皆按藏传佛教的仪轨进行，费用由国家专款负担。“已有40多位新转世活佛按宗教仪轨和历史定制得到认定。”[55]

意大利议会“中国之友”协会主席古博特参议员对此很有感触，他说：长期以来，在西藏问题上，西方的舆论常常只偏听达赖喇嘛及其支持者的说法，对西藏的看法存有很大的偏见，这种偏见在意大利议会中就有很大的市场。……有人相信，中国政府禁止西藏人民自由地选择宗教信仰和从事宗教活动、迫害僧侣。但是西藏之行使我们看到了真实的西藏。在那里，人们完全可以享有言论自由和宗教自由。[56]

7. 西藏独特的民族风俗习惯受到有力的保护。

第一，少数民族风俗习惯是我国民族自治地方立法的重要依据和内容。《中华人民共和国立法法》第66条规定：“民族自治地方的人民代表大会有权依照当地民族的政治、经济和文化的特点，制定自治条例和单行条例。”“自治条例和单行条例可以依照当地民族的特点，对法律和行政法规的规定作出变通规定……”

第二，确认和保护少数民族的风俗习惯，也体现在我国现行的某些单行法律法规中。例如《消费者权益保护法》第14条规定：“消费者购买使用商品和接受服务时，享有其人格尊严、民族风俗习惯得到尊重的权利。”现行《刑法》（第二次修正）第251条规定：“国家机关工作人员非法剥夺公民的宗教信仰自由和侵犯少数民族风俗习惯，情节严重的，处二年以下有期徒刑或者拘役。”

第三，西藏自治区的地方性政策、法规和实践更为直接和具体地保障西藏藏民族的风俗习惯。

“1957年6月7日，西藏工委办公厅和自治区筹委办公厅向拉萨各机关、群众团体、学校、企事业单位的全体工作人员发出通知，要求在藏历四月即公历5月30日至6月27日这一佛祖诞生、转法轮的纪念日中全月禁止杀生。”[57]

2006年1月，西藏自治区人民政府发布了关于《天葬管理暂行规定》的通知，这是我国地方政府自1985年以来第三次专门发布关于保护西藏天葬台的公告和通知。[58]《天葬管理暂行规定》称：“天葬是藏族人民的丧葬习俗，受到国家法律的严格保护。”“禁止对天葬活动现场进行围观、拍照、摄影、录像；禁止在报刊、杂志、广播、影视、网络上刊登、播放与天葬活动有关的文字、图片、报道等”，违者一律追究相应责任。目前西藏共有1075座天葬台，近百名天葬师。80％的藏族人依旧遵循天葬习俗。[59]

50多年来，西藏的藏族和其他少数民族保持着本民族的服饰、饮食、住房等传统风格，每年如期举行各种传统节庆活动。上世纪80年代以来，西藏陆续恢复了各种类型宗教节日40余个。藏族传统的优秀文化与现代文明的新思想、新文化相结合，为西藏民俗文化增添了新的风采。[60]

（八）大力促进西藏藏文化与国内外其他民族和地区的交流及传播

1. 西藏文化的传播与发展同步。

西藏的文化团体到内地演出交流日益频繁，从首都到其他中、小城市甚至街镇。例如：2006年4月堆龙德庆县马乡民间青年艺术团的10名演员赴河北承德演出；[61]2007年初，拉孜县农民艺术团《飞弦踏春》节目赴京参加中央电视台春节联欢晚会；同年，西藏艺术家赴北京为全国“两会”专场演出《盛世赞歌》等。[62]这不仅起到了向内地传播西藏文化的作用，而且使内地其他居民在西藏以外的区域直接体验西藏文化，认同西藏文化。

西藏自治区藏剧团与中国京剧院联袂创排大型新编历史剧《文成公主》可谓是西藏文化在现代得以发展的一个缩影，它“是藏戏精髓和国粹京剧相结合的精品，成功入选2006—2007年度国家舞台艺术精品工程10强，也代表着藏戏发展的高水平，受到国内外广大观众和专家的赞誉。”[63]

2. 改善交通状况，架设西藏文化交流与传播的桥梁。

青藏高原地处偏远，交通不便，形成自然性的封闭，这种封闭必然在一定程度上影响藏文化的传播。自新中国成立后，中央政府始终注重交通对于西藏经济、社会、文化发展的作用，不断进行交通设施建设。在“基本形成以拉萨为中心，青藏、川藏、新藏、滇藏、中尼公路为骨干的交通运输网络”[64]的基础上，又投巨资修建了具有划时代意义的青藏铁路。正如中科院藏族院士多吉所说：“这是一条带动藏区走向富裕的经济线，也是一条展示、保护和传承藏文化的文化线”，它“为藏文化的传播开启一扇‘世界之窗’。”[65]这条铁路线使更多的人可以走进西藏，融入到浓郁的藏文化氛围之中，亲身领略其魅力，从而实现更大范围的民族认同和文化交流。

3. 全面推进西藏文化的国际传播，使西藏文化面向世界。

我国不仅重视西藏文化与国内其他地区和民族的文化交流，而且注重全方位的西藏文化国际交流。1995年至2003年，西藏自治区先后派出包括藏族群众业余演出团在内的66个艺术团组，700多人次，到世界五大洲20多个国家和地区进行演出，也组织文物、电影、摄影、美术等项目到日本、意大利及东南亚国家和地区举办展览和展映活动。现在每年都有藏族学者、活佛到国外进行学术交流活动，国外的学者也被请到中国西藏。”[66]近几年来，西藏各地市、各部门也先后接待了来自20多个国家和地区的访问团，近百批500多人次的各国官员、新闻记者和有关人士赴藏观光、采访。

作为综合全面展示西藏文化的“中国西藏文化周”，自2001年在澳大利亚墨尔本拉开序幕后，至2007年，已先后在亚欧美9个国家举行。它已成为西藏对外文化交流的一个重要途径。正如温家宝总理所说，中国西藏文化周活动是向其他国家的人民“展示充满魅力和不断发展的中国西藏和西藏文化”。[67]

2007年在巴黎举行的名为“世界著名摄影家眼中的西藏”图片展，共展出了19个国家和地区的近50位知名摄影家的80余幅从不同视角呈现今日西藏政治、经济、文化、社会及藏族人民生活的方方面面的作品。[68]这个活动标志着西藏文化在国际交流的层面已进入到中外互动阶段，是西藏文化国际交流和传播的典型例证。

四、结论

“西藏文化是中华民族优秀文化的重要组成部分，也是世界文化中一份独具特色的瑰宝。”[69]但在达赖喇嘛统治时期，西藏“文化所体现的政治要求和宗教观念，代表了僧俗统治阶级的根本利益，藏族劳动人民创造文化和表现文化的权利在事实上被剥夺”。[70]而今天的西藏文化是“回归人民的西藏文化”，“西藏文化是充满发展活力的文化。”[71]正如俄罗斯学者 Andrey Ostrovsky 所言：“作为世界著名的文化遗产之一的西藏文化，和其他文化和宗教活动一道都受到很好的保护。”“西方所持的中国灭绝西藏文化的论点是毫无根据的。”[72]

参考文献：

①Barry Sautman，“Cultural Genocide” and Tibet：Theémigrés’ first use of the term “cultural genocide” date back at least the return of an émigré delegation from a 1980 “fact-finding” trip to Tibet. . . Texas International Law Journal，Spring 2003.

② CNN，Dalai Lama：China causing ‘cultural genocide’：The Dalai Lama ——who fled his homeland 29 years ago after a failed uprising，said Tibet’ s “ancient cultural heritage” is threatened with extinction by China. March 17，2008. http：//www. cnn. com.

③ Somini Sengupta，Curbs on Protest in Tibet Lashed by Dalai Lama：The Dalai Lama accused China on Sunday of waging “cultural genocide against his followers in Tibet and called for an international inquiry into the suppression of protests there” . The New York Times，March 17，2008.

④David Eimer，Dalai Lama condemns China’ s “cultural genocide” of Tibet：The Dalai Lama，Tibet’ s exiled spiritual leader，has condemned China’ s “rule of terror” in Tibet and accused it of “cultural genocide” . 18 Mar 2008. http：//www. telegraph. co. uk/.

⑤Barry Sautman，“Cultural Genocide” and Tibet：Statements by? migréleaders and their supporters about cultural genocide in Tibet rarely examine the concept and almost never include direct evidence that the PRC intends to de-cultural Tibetans. Texas International Law Journal，Spring 2003.

⑥转引自林耀华主编：《民族学通论》（修订版），第382页，中央民族大学出版社，1997年版。

⑦ 转引自林耀华主编：《民族学通论》（修订版），第382页，中央民族大学出版社，1997年版。

⑧《辞海》（下），4022页，上海辞书出版社，1989年版。

⑨见《世界人权宣言》、《公民权利和政治权利国际公约》、《经济、社会和文化权利国际公约》的序言部分，北京大学法学院人权研究中心编《国际人权文件选编》，北京大学出版社2002年版。

⑩见《世界人权宣言》的序言部分，北京大学法学院人权研究中心编《国际人权文件选编》，北京大学出版社，2002年版。

⑪ 朱穆之：《驳所谓“灭绝西藏文化”》，载《人权》2002年第6期。

⑫朱穆之：《驳所谓“灭绝西藏文化”》，载《人权》2002年第6期。

⑬尼玛次仁：《达赖“西藏文化灭绝”论居心何在》，《西藏日报》，2000年10月17日。

⑭朗杰，王恒涛，边巴次仁：《达赖集团“西藏文化灭绝”说可以休矣》，《人民日报》，2008年3月27日。

⑮见《防止及惩治灭绝种族罪公约》，北京大学法学院人权研究中心编《国际人权文件选编》，北京大学出版社，2002年版。

⑯Defining Protected Groups under The Genocide Convention：The convention also appears to exclude intentionally the notion of cultural genocide，a concept that posed various problems during the drafting process. Opponents of including cultural groups pointed to the difficulty of precisely defining the term “cultural genocide.” Harvard Law Review，May，2001.

⑰见《世界人权宣言》、《公民权利和政治权利国

际公约》、《经济、社会和文化权利国际公约》，北京大学法学院人权研究中心编《国际人权文件选编》，北京大学出版社，2002年版。

⑱Barry Sautman, "Cultural Genocide" and Tibet: When one needs a catch-all term to describe oppression of one form or another, one often resorts to labeling it 'genocide'. Texas International Law Journal, Spring 2003.

⑲雅努兹·西摩尼迪斯著，黄觉译：《文化权利：一种被忽视的人权》，《国际社会科学杂志》（中文版），1999年第4期。

⑳《西藏人权研究参考文献选编》，第41～43页，第48页，第53～61页，中国社会科学院西藏人权研究课题组编，中国藏学出版社，2004年版。

㉑班玮：《德国学者批驳达赖的西藏"文化灭绝"论》，《人民日报》，2008年4月25日。

㉒中新社记者张量：《人民西藏40年：从草吧到朗玛厅　欢乐拉萨夜未央》，中国西部网，2005年8月24日。

㉓《西藏文化的保护和发展白皮书》，中华人民共和国国务院新闻办公室，2008年9月25日，www.gov.cn.

㉔刘建敏，尼玛次仁：《弥天大谎　欲盖弥彰　驳打来的所谓"西藏文化灭绝论"》，《西藏日报》，2008年4月17日。

㉕《西藏文化的保护和发展白皮书》，中华人民共和国国务院新闻办公室，2008年9月25日，www.gov.cn.

㉖史金波等：《西藏人权研究》，116页，中国藏学出版社中国社会科学出版社，1999年版。

㉗艾玛：《第三只眼看藏族文化：灭绝或认同》，《中国西藏》，2002年第1期。

㉘艾玛：《第三只眼看藏族文化：灭绝或认同》，《中国西藏》，2002年第1期。

㉙储召生，韩晓悟：《从0到1010：西藏教育历史大跨越》，《中国教育报》，2005年9月1日。

㉚尹鸿祝：《陈至立：努力实现西藏教育事业跨越式发展—全国教育援藏工作将进一步加大力度》载于《中国教育十年录》，第18页，高等教育出版社，2003年9月第一版。

㉛储召生，韩晓悟：《从0到1010：西藏教育历史大跨越》，《中国教育报》，2005年9月1日。

㉜裘立华：《内地著名高等学府将为西藏培养硕士》，新华网，2003年11月3日。

㉝《西藏文化的保护和发展白皮书》，中华人民共和国国务院新闻办公室，2008年9月25日，www.gov.cn.

㉞艾玛：《第三只眼看藏族文化：灭绝或认同》，《中国西藏》，2002年第1期。

㉟马宁：《驳达赖集团的"文化灭绝论"——从西藏非物质文化遗产保护的角度》，《西藏民族学院学报》，2008年5月。

㊱《西藏文化的保护和发展白皮书》，中华人民共和国国务院新闻办公室，2008年9月25日，www.gov.cn.

㊲马宁：《驳达赖集团的"文化灭绝论"——从西藏非物质文化遗产保护的角度》，《西藏民族学院学报》，2008年5月。

㊳艾玛：《第三只眼看藏族文化：灭绝或认同》，《中国西藏》，2002年第1期。

㊴朗杰，王恒涛，边巴次仁：《达赖集团"西藏文化灭绝"说可以休矣》，《人民日报》，2008年3月27日。

㊵人民网驻加拿大记者陈特安：《跨越发展的西藏——记西藏自治区代表团访问渥太华》，人民网，2004年7月28日。

㊶邢益民：《浅淡城市管理综合执法中对少数民族违法人员的执法——上海市徐汇区城市管理监察大队"藏贩"集中执法行动的相关问题探讨》，法律图书馆网。

㊷西藏自治区教材编译中心：《用铁的事实揭露达赖集团西藏文化灭绝论的谎言》，《西藏日报》，2008年3月26日。

㊸班玮：《德国学者批驳达赖的西藏"文化灭绝"论》，《人民日报》，2008年4月25日。

㊹刘志群：《新西藏的藏戏艺术获得全面的保护和发展——兼驳"西藏文化毁灭论"》，《西藏艺术研究》，2008年第1期。

㊺加央：《批驳"西藏文化遭灭绝"论》，中国西藏网。

㊻《西藏文化的保护和发展白皮书》，中华人民共和国国务院新闻办公室，2008年9月25日，www.gov.cn.

㊼《中国的少数民族政策及其实践》白皮书，1999年9月，中华人民共和国国务院新闻办公室，载于《中国政府白皮书》，外文出版社，2000年版。

㊽《西藏人权研究参考文献选编》，59页，中国社会科学院西藏人权研究课题组编，中国藏学出版社，2004年版。

㊾帕巴拉格列朗杰简历，www.xinhuanet.com.

㊿《西藏文化的保护和发展白皮书》，中华人民共和国国务院新闻办公室，2008年9月25日，www.gov.cn.

(51)《西藏文化的保护和发展白皮书》，中华人民共和国国务院新闻办公室，2008 年 9 月 25 日，www. gov. cn.

(52)朗杰，王恒涛，边巴次仁：《达赖集团“西藏文化灭绝”说可以休矣》，《人民日报》，2008 年 3 月 27 日。

(53)扎巴贡觉：《“宗教文化灭绝”纯属无稽之谈—访西藏自治区政协副主席、自治区民宗委主任洛桑久美》，《西藏日报》，2008 年 5 月 21 日。

(54)潘跃：《藏传佛教首届高级学衔授予活动举行》，人民日报，2005 年 10 月 20 日。

(55)《西藏文化的保护和发展白皮书》，中华人民共和国国务院新闻办公室，2008 年 9 月 25 日，www. gov. cn.

(56)马述强：《我们看到了真实的西藏—访意大利议会“中国之友”协会主席》，《光明日报》，2000 年 10 月 9 日。

(57)史金波等：《西藏人权研究》，第 39 页，中国藏学出版社、中国社会科学出版社，1999 年版。

(58)《西藏天葬管理规定禁止对天葬现场进行拍照或报道》，《人民日报》2006 年 01 月 12 日。

(59)《西藏天葬管理规定禁止对天葬现场进行拍照或报道》，《人民日报》2006 年 01 月 12 日。

(60)《西藏文化的保护和发展白皮书》，中华人民共和国国务院新闻办公室，2008 年 9 月 25 日，www. gov. cn.

(61)王杰学：《堆龙德庆县民间艺术团赴内地演出》，中国西藏新闻网，2006 年 4 月 18 日。

(62)姚闻：《2007 年西藏文艺工作综述》，《西藏日报》，2008 年 1 月 24 日。

(63)涂显锋，扎巴贡觉：《“文化灭绝”是达赖集团的诋毁之言—访自治区政协常委、西藏话剧团副团长洛旦》，《西藏日报》，2008 年 4 月 10 日。

(64)新华社记者索朗罗布，图片报道，《人民日报》1999 年 08 月 16 日。

(65)陈春园，朱建军，姜宸蓉：《青藏铁路：藏文化展示和保护的传承之路》，《中国改革报》，2006 年 7 月 1 日。

(66)《中国西藏·事实与数字 2006》，新星出版社，2006 年版。

(67)新华社：《温家宝致信祝贺西藏文化周在泰国举办》，《人民日报》，2003 年 12 月 5 日。

(68)雷鸣，林晓轩：《法国摄影家马丁：用照片让世界了解西藏》，2007 年 9 月 26 日，www. cphoto. net.

(69)新华社：《温家宝致信祝贺西藏文化周在泰国举办》，《人民日报》，2003 年 12 月 5 日。

(70)郝时远：《人类学视野中的西藏文化》，《民族研究》2001 年第 1 期。

(71)郝时远：《人类学视野中的西藏文化》，《民族研究》2001 年第 1 期。

(72)“The Tibetan culture, one of the most prominent cultural heritages in the world, is preserved well, while cultural and religious activities there are active,” said Andrey Ostrovsky, deputy director of the Far East Institute of the Russian Academy of Science. “Western allegations of China’s ‘cultural genocide’ in Tibet are groundless.” www. chinaview. cn，2008 年 4 月 15 日。

（《中国改革开放与人权发展 30 年》，人民日报出版社 2009 年版，韩小兵系中央民族大学研究生院副院长、法学教授；喜饶尼玛系中央民族大学副校长、教授）

中国改革开放 30 年妇女事业的进步与发展

■邹晓巧

1978 年，中共十一届三中全会做出改革开放重大决策，由此开启了我国改革开放历史新时期。这无疑成为我国历史的标志点，因为，是改革开放，是解放思想，实现了我国当代发展历史性的转折，我国命运包括妇女的命运，由此发生了改变。

今天，我们迎来了改革开放 30 年这一重要历史时刻。当我们回顾 30 年改革开放的历程时发现，改革开放和现代化建设不仅给我们国家的经济持续增长和社会全面进步注入了新的生机和活力，也极大地推动了我国妇女事业的进步与发展，开创了我国妇女运动的新局面。

30年来，伴随着我国经济社会在改革开放中的平稳快速发展和社会全面进步，党和国家更加重视妇女工作，明确提出了“把男女平等作为促进中国社会发展的一项基本国策”的战略观点。在制定国家宏观政策时，坚持贯彻男女平等参与、共同发展、共同受益的原则，强调公民不分性别、平等参与国家事务，参与社会生活，鼓励男女携手合作，实现社会的进步与发展。

30年来，妇女的生存、发展与保护作为我国经济和社会发展的重要组成部分，受到党和国家的高度重视。在政府的大力推进下，我国妇女在政治、经济、文化、社会和家庭中的平等权利得到进一步实现，在社会生活的各个领域发挥着越来越重要的作用。妇女已不再被认为仅仅是社会发展的受益者，而是社会发展的参与者和决策者，是一支不可或缺的重要力量。

30年来，重视妇女人权的意识普遍提高。党和国家更加重视妇女权益的立法工作，坚持“依法治国，建设社会主义法治国家”的基本方略，针对妇女权益中出现的新问题，不断制定和完善法律法规，并注重法律的针对性和可操作性。我国的立法已经从重视对妇女权益的保护发展到反对性别歧视和对侵犯妇女权益行为的惩处。

30年来，我国作为《消除对妇女一切形式歧视公约》的缔约国（中国于1980年加入该公约）和联合国第四次世界妇女大会的东道国，认真履行义务，运用法律、经济、行政和舆论等多种手段，消除对妇女的一切形式歧视，贯彻落实男女平等基本国策，并将包括性别平等在内的公平正义作为新世纪构建社会主义和谐社会的重要内容，积极推动性别平等意识纳入各个领域的法律、政策制定、执行和监督的全过程，不断优化妇女发展的社会环境。

30年的改革开放为广大妇女提供了实现理想的舞台和施展才华、激发潜能的机会，同时也为实现我国妇女新的进步与发展提供了重要保障，奠定了坚实基础。

一、保障妇女权益体系基本形成

维护妇女权益的法律体系。党的十一届三中全会以后，随着我国社会主义民主和法制建设的不断恢复和完善，保障妇女权益的立法和执法活动得到加强。一大批涉及妇女权益的法律相继颁布，妇女的选举权、被选举权、就业权、财产权、继承权、受教育权和人身自由权进一步得到了法律的保护。1982年颁布实行的宪法，在总结1954年宪法的基础上，对妇女权利的规定更趋完善。1980年颁布修订的《中华人民共和国婚姻法》，1992年颁布的《中华人民共和国妇女权益保障法》，对妇女在政治、文化、教育、劳动、财产、人身、婚姻、家庭等方面都作了比原有法律更为全面的具体规定，操作力度加大。①此后，我国又相继制定或修改了与妇女权益密切相关的法律，包括劳动法（1994年）、母婴保健法（1994年）、刑事诉讼法（1996年修改）、刑法（1997年修改）、婚姻法（2001年修改）、人口与计划生育法（2001年）、农村土地承包法（2002年）、妇女权益保障法（2005年修改）、物权法（2007年）、劳动合同法（2007年）、就业促进法（2007年）等。特别是2005年8月修改后的《中华人民共和国妇女权益保障法》，在总则中加入了“男女平等是我国的基本国策”一条，进一步强调了国家要采取措施提高女人大代表的比例、保护妇女儿童受教育的权利、妇女就业的权利、农村妇女土地承包经营的权利等；增加了禁止对妇女实施性骚扰和家庭暴力等方面的规定，完善了有关对受害妇女的救助措施以及侵害妇女权益行为的法律责任。

国家法律、法规的不断出台，进一步完善了我国维护妇女权益的法律机制，保证了妇女事业的健康发展。目前，我国已形成了以宪法为基础，以妇女权益保障法和婚姻法为主体，包括国家各种单行法律，行政性法规以及地方性法规在内的一整套保护妇女权益的法律保障体系。

促进妇女发展的工作业务体系。根据我国妇女发展的需要，结合《北京行动纲领》和联合国《千年发展目标》的要求，我国政府于

1995年制定了《中国妇女发展纲要（1995—2000年）》，在其目标基本实现的基础上，又于2001年制定了《中国妇女发展纲要（2001—2010年）》，确定了妇女与经济、妇女参与决策和管理、妇女与教育、妇女与健康、妇女与法律、妇女与环境六大领域的34项主要目标和100项策略措施。同时，我国政府十分重视妇女发展纲要的贯彻落实，将妇女发展的目标、任务纳入国家经济社会发展的总体规划。2001年，在国家第十个五年经济和社会发展规划纲要（2001—2005）中，明确规定了要贯彻落实妇女发展纲要，切实保护妇女的合法权益。2006年，又进一步将妇女发展纲要的主要目标纳入到第十一个五年经济和社会发展规划纲要（2006—2010）中，明确提出了落实男女平等基本国策、实施妇女发展纲要、保障妇女平等获得就学、就业、社会保障、婚姻财产和参与社会事务的权利，等等。国务院有关部门和地方各级政府，也都制定了本部门的纲要实施方案和本地区的妇女发展规划，并将妇女发展纲要的相关目标纳入本系统的规划和本地区的经济和社会发展规划之中，基本形成了国家发展纲要、地方发展规划和部门实施方案相结合的促进妇女发展的工作业务体系。

促进妇女发展，保障妇女权益的组织机构体系。1990年，国务院成立了妇女儿童工作委员会，其主要任务是协调和推动政府有关部门做好维护妇女儿童权益工作，制定和组织实施妇女儿童发展纲要，为开展妇女儿童工作和发展妇女儿童事业提供必要的人力、财力、物力，以及指导、监督和检查地方一级政府妇女儿童的工作。国务院妇女儿童工作委员会主任由国务院一位副总理担任，成员单位由最初的19个增至到目前的33个。全国31个省区市，以及县（区）级以上人民政府都已成立了妇女儿童工作机构，配备了专职工作人员，经费也纳入同级财政预算。此外，我国还设立了5个与妇女儿童工作相关的中央部级协调联席工作机构，涉及农村妇女发展、城镇妇女就业、妇女儿童权益保障、家庭文明建设、儿童权利等。全国妇联等社会团体也都根据各自的宗旨有效地开展促进妇女发展、维护妇女合法权益的活动。经过各方的努力，我国已逐步形成了以政府为主体、社会团体大力协同的促进妇女事业发展的组织机构体系。

二、妇女参政议政水平得到提高

我国历来重视妇女在国家政治生活中的作用，积极推动妇女参政工作。针对不同时期的问题与特点，积极采取各种政策措施，促进妇女以各种形式参与国家和社会事务的民主管理和监督，提高妇女的政治地位，保障妇女政治权利的实现。党的十一届三中全会以后，为了适应社会主义现代化建设的需要，我党更加重视和关怀对妇女干部的选拔工作。在1983年的机构改革中，明确规定了各级领导班子中女干部的比例。1988年，针对妇女参政出现的问题，中央组织部和全国妇联联合下发了《在改革开放中加强培养选拔女干部工作的意见》，要求各级党委和组织部门掌握一批优秀的妇女后备干部，为她们更快成长创造更好的条件。②1990—1995年，中央组织部与全国妇联共组织召开4次培养、选拔女干部工作会议。之后，又召开多次专题会议，进一步明确培养选拔女干部工作的目标和措施，强调加大培养女干部的力度，特别是注意选拔女性担任正职领导职务。我国还十分重视从法律上保障妇女参与国家和社会事务管理的权利。我国宪法明确了男女政治权利平等的基本原则，妇女权益保障法对实现妇女参与决策和管理制定了具体的条款，妇女发展纲要也提出了妇女参政的具体目标。中央国家机关和地方各级政府采取积极措施，不断加大培养选拔女干部的工作力度。我国妇女参与国家和社会事务活动和管理的程度不断提高，妇女参政呈现出如下特点：

我国女干部人数和比例逐年增加。1978年我国女干部为451万多人，占干部总数的26％，1991年女干部人数增加到了1004万人，占干部总数的32.44％，到2006年已达到1500万多人，占干部总数的38.5％。在过去的近30年里，我国女干部的比例提高了12.5个百分点。2005年全国居民委员会成员中女性比例为53.1％，全国村民委员会成员中女性比例为16.7％。③

各级政府领导班子中的女性逐渐增多。目前，国家领导人中有8位女性领导；国务院各部委中有3位女性正部长。据统计，2008年1月全国省级换届选举，共产生6位正职女领导（1位省长、5位省政协主席）、4位直辖市女副市长、25位女副省长（其中5位自治区女副主席）、34位政协女副主席；[④]全国600多个城市中有670位女正副市长。截至2007年底，各级党委、人大、政府、政协、法院、检察院等县（处）级和地（厅）级干部中，女干部分别占同级干部总数的17.7％和13.7％，比2003年增长1.0个百分点和1.5个百分点。根据《中国妇女发展纲要（2001—2010）》实施情况中期评估报告，2005年，省、地（市）和县（市、区）政府领导班子中女干部的配备率分别为87.1％、82.6％和83.8％。

人大女代表、政协女委员以及常委中的女性比例逐届提高。2008年第十一届全国人大代表中有女代表637人，占代表总数的21.33％，女常委29人，占常委总数的16.57％，分别比1988年第七届女代表和女常委的比例提高了0.03个百分点和4.97个百分点。在第十一届全国政协委员中有女委员395人，占代表总数的17.7％，女常委34人，占11.41％，与第七届相比，也分别提高了3.3个百分点和1.41个百分点。

三、妇女就业规模和领域不断扩大

我国政府把妇女平等参与经济作为实现男女平等、提高妇女地位、推动妇女发展的首要目标和优先领域。在改革开放30年的进程中，根据不同阶段的经济发展情况和妇女面临的就业挑战，我国政府制定并实施了一整套积极的就业政策和措施，其中包括加大职业培训力度、政府开发公益性就业岗位、对下岗失业妇女自主创业提供多项政策优惠等。同时，还制定相关的法律和积极的就业政策，努力促进广大妇女实现就业和再就业。特别是2006年我国批准了《消除就业和职业歧视公约》，2007年颁布并于2008年1月1日实施的《就业促进法》，对实现公平就业，消除就业歧视，保障妇女平等劳动权利做出了具体的、可操作性的规定，强调国家保障妇女享有与男子平等的劳动权利，明确劳动者就业不因性别不同而受歧视。在国家法律和政策的保障下，我国妇女就业规模不断扩大，在经济领域中积极活跃，日益成为劳动大军中不可或缺的重要组成部分。

妇女就业人数不断增长。1978年到1992年，我国女性职工人数从3128万余人增加到5600万余人，占职工总数的比例从32.8％增加到38％，1993年底又增加到43.8％。[⑤]1995年以来，我国妇女就业人数和比例稳中有升，特别是妇女在个体和私营企业中的从业人员增长较快，约增长了60％。到2006年，我国就业人口已达7.64亿，其中女性就业人口3.47亿，占总数的45.4％。以中小企业家为主的女企业家目前占我国企业家总数的20％。作为农村经济和农业生产的主力军，妇女已占农村劳动力中的65％左右。

妇女就业结构趋于合理。随着妇女就业人数的增加，妇女从业的范围和种类也不断扩大。但在改革开放以前，我国妇女就业的行业构成不尽合理，各种行业的女性就业比重比较平均，一些重体力部门集中了过多的妇女劳动者。[⑥]改革开放的30年使妇女就业结构不断得到调整，就业结构逐步趋于合理。妇女从事第一产业的人数有所下降，第二产业从业人员增速见缓，第三产业成为吸纳女性劳动力就业的主要渠道。越来越多的妇女进入计算机、通讯、金融、保险等高新技术领域，成为行业发展的重要力量。2006年，妇女在信息传输、计算机和软件业占其总数的33％；金融业占45.8％；房地产业占34.4％；水利、环境和公共设施管理业占35.9％；科学研究、技术服务和地质勘查业占32.9％；批发和零售业占42％。2006年城镇单位专业技术人员中女性占43.4％。[⑦]

妇女受益于积极的再就业政策。1995年后，随着经济结构调整和就业体制改革的深化，国有和集体企事业单位下岗失业者中女性占多数。针对这些问题，政府出台了一系列促进就业的政策措施，包括扶持妇女自主创业，在职业培训补贴、小额担保贷款、税费减免等方面给予优惠等。同时，各级政府积极开发和拓展适合女性就业的行业和领域，为不同就业需求的女性提供就业机会，并采取专设就业服务窗口、举办专场招聘会、组织专门培训、监控就业性别歧视等针对妇女的倾斜措施，帮助妇女特别是下岗失业妇女实现就业，为她们自主创业提供有利条件。1998—2002 年，政府有关部门共组织培训下岗失业妇女 1688 万人次，占培训人员总数的 40.2％。“十五”期间，妇联组织与有关部门合作，培训下岗失业妇女 310 万人次，提供职业介绍 384 万人次，直接帮助 260 万名妇女实现再就业。许多下岗、失业妇女得益于国家积极的再就业政策，自主创业，以坚韧的毅力、顽强的精神在市场经济的浪潮中迎难而上，拼搏进取，取得了很大的成就。根据抽样调查，在全国注册的中小企业中，有 20％由妇女担任主要管理者。在 63％的女企业家经营的企业中，女职工占半数以上，女性创业为女性就业创造了良好的条件。

针对农村剩余劳动力问题，我国政府积极实施“农村劳动力转移培训阳光工程”（阳光工程），在妇女就业人数多的第三产业中开展职业技能培训，提高农村妇女，特别是贫困地区农村妇女转移就业的能力。目前，参加“阳光工程”培训的妇女比例为 40％以上，有的地区达到 47％。

四、妇女教育取得了快速发展和长足进步

我国政府一贯支持妇女享有与男子平等的受教育权利，从宪法、义务教育法、妇女权益保障法到妇女发展纲要、儿童发展纲要和其他相关的法律、法规、政策和规划，都规定了妇女享有与男子同等的受教育权利。

党的十一届三中全会以来，随着我国经济和社会的发展，国家教育改革逐步展开，九年制义务教育开始有计划、分阶段地实施。特别是 20 世纪 90 年代以来，我国政府实施科教兴国的发展战略，确立了教育优先发展战略的地位，各级各类教育取得了重大的进展，其中，妇女接受各级各类教育的比例不断扩大。我国在保障女童接受九年义务教育的权利、增加女性接受中高等教育的机会、重点扫除青壮年女性文盲，以及提高妇女平均受教育年限等方面均取得了长足的进步。

妇女受教育程度提高，男女受教育差距缩小。我国在消除各级教育中的性别差距方面取得实质性进展。1991 年小学女生与男生净入学率之比（两性均等指数）[⑧]为 98％，2006 年达到 106％。2007 年，小学女、男童净入学率分别达到 99.52％、99.46％，我国已消除小学净入学率的性别差异。2006 年，普通中学生在校人数为 5937.4 万人，女生占普通中学生总数的 47.3％；普通高中女学生占其总数的 46.8％；普通高等学校女生占其总数的 48.1％。近些年来，我国女博士、女硕士的比重有了较大幅度的提高。2006 年女硕士占全部硕士的比重为 46.4％，比 2000 年提高了 12.3 个百分点，男女差距由 2000 年的 31.8 个百分点缩小到 2006 年的 7.2 个百分点；女博士比重为 33.9％，比 2000 年提高了 12.4 个百分点，男女差距由 2000 年的 57 个百分点缩小到 2006 年的 32.2 个百分点。男女平均受教育年限的差距也从 1990 年的 1.9 年缩小到 2005 年 1.1 年。[⑨]

加大对农村地区教育的投入，改善女童受教育的环境。我国政府十分重视农村地区的义务教育工作，把“降低义务教育阶段农村学生特别是女性学生……辍学率”，列入国家“十一五”规划，不断改善教育发展的环境和条件，加大教育投入，保障女童与男童平等地接受义务教育。为普及农村地区基础教育，减少女性受教育障碍，消除对女童的歧视，以及为实现《北京行动纲领》和《联合国千年发展目标》提出的普及中小学教育的目标，我国政府于 2003 年 9 月颁布了《国务院关于进一步加强农村教育工作的决定》，提出到 2007 年，在西部地区基本普及九年义务教育，人口覆盖率达到 85％以上，青壮年文盲率要降到 5％以下。“决定”还提出要大力提高女童的义务教育水平。为此，我国政府加大了对农村地区教育的投入，2004 年用于农村义务教育的国家财政性教育经费达 1393.62 亿元，是 1995 年的 2 倍。[⑩]针对义务教育阶段农村学生就学存在的实际困难，2005 年，中央和地方财政安排“两免一补”（免费提供教科书、免学杂费和补助寄宿生生活费）资金 70 多亿元，对全国中西部地区农村义务教育阶段约 3400 万名中、小学生免除

学杂费和书本费等。2006年，我国政府又对西部农村义务教育的所有中、小学生实行了免收学杂费的政策，2007年进一步扩展到全国农村的义务教育学校，惠及1.5亿农村学生。有的地方政府还针对农村地区女童就学的特殊问题和困难，采取办女童班、办女校、免费上学等办法，努力消除女童受教育的障碍。2008年，我国政府开始对城乡义务教育阶段的学生免除全部的学杂费。上述举措保障了女童享有与男孩平等获得教育的权利和机会，对缩小并最终消除教育中的性别差距，尤其是消除农村地区基础教育中的性别差距起到了重要的促进作用。中国儿童少年基金会1989年发起实施的救助贫困地区失辍学女童重返校园的"春蕾计划"，已帮助170多万女童重返学校就学，并捐助了"春蕾学校"300余所。经过国家、社会各界的共同努力，2007年全国普及九年义务教育的人口覆盖率达到99%，接近100%，比2002年提高了8个百分点。其中西部地区由2003年的77%提高到98%，提高了21个百分点。[11]全国青壮年文盲率下降到4%以下。[12]

女性成人教育及扫盲工作成就显著。长期以来，国家注重发展妇女成人教育、职业技术教育，增加妇女接受职业教育及继续教育的机会，使妇女的终身教育水平得到了较大的提高，性别差异进一步缩小。目前，全国已建立了1600多所女子中等职业学校和3所女子职业大学，开设了60多个适合妇女的专业。这些院校以及各地的妇女活动中心在促进妇女的终身教育与培训方面发挥了积极作用。此外，各级妇联与有关机构合作，建立"妇女职业技术培训学校"或"妇女职业培训基地"，为城镇下岗职工、农村妇女以及向城市转移的农村女劳动力提供了各种知识和技能的培训，在妇女职业培训方面发挥了重要作用，为妇女的生存和自我实现提供了极大的便利。成人教育的发展为开展扫盲后继续教育、防止复盲奠定了坚实基础。

为保障妇女享有与男子平等的学习科学文化知识的权利，我国政府采取多种措施，开展适应当地需要的不同内容、不同形式的扫盲活动，并重点推进贫困地区和少数民族地区妇女的扫盲教育。政府有关部门和全国妇联共同开展了以农村妇女为主要对象的"巾帼扫盲行动"、"巾帼成才行动"以及"学文化、学技术，比成绩、比贡献"的"双学双比"活动，充分利用基础教育、高等教育、职业教育、成人教育、农村妇女学校等各类教育资源，对妇女开展了形式多样的教育培训活动。自"双学双比"活动开展以来的近20年，共消除农村妇女文盲2000万多人。近几年，我国每年扫除文盲100多万人。[13]女性成人文盲率已从1982年占女性人口的48.86%下降到1990年的31.93%，继而下降到2005年的16.15%。[14]2005年女性成人识字率、女性青壮年识字率已分别达到83.85%和94.7%。

五、妇女健康水平得到进一步提升

党的十一届三中全会以来，我国政府更加重视妇女的健康问题，将此作为促进性别平等与妇女发展的优先领域。为实现人人享有基本医疗卫生服务的目标，国家从完善法律法规、加大资金投入、建设卫生服务网络、宣传健康知识等方面确保妇女享有健康权，妇女总体健康状况明显改善。到2005年，女性人口平均预期寿命达75.25岁，比2000年提高了1.92岁。[15]

完善和落实以妇女健康为主要内容的法律法规和政策。自90年代初以来，国家颁布实施了《母婴保健法》、《人口与计划生育法》等法律以及与此相关的实施办法，进一步明确妇幼保健工作的重点，以及医疗保健机构应提供的针对妇女和儿童健康的各项服务，并在全国范围内进一步加强妇女常见疾病的查治工作，提高生殖保健服务水平。国务院制定的《中国妇女发展纲要》也提出了妇女健康目标。为保障妇女身心健康，并将此工作落实到政府职能部门的日常工作之中，我国政府把加强妇女卫生保健列入国家"十一五"规划中，把建设妇幼保健机构作为"十一五"期间的重点工程之一。各级政府也把妇女健康目标纳入本地区卫生发展规划，以农村妇女健康保健服务为重点，建设并完善妇幼卫生保健服务网络。

加大资金投入，降低孕产妇死亡率。随着我国卫生事业的不断发展，卫生经费大幅度提高，农村新型合作医疗覆盖面不断扩大，城镇社区卫生服务体系进一步完善，广大妇女儿童的卫生保健状况得到有效改善，生活质量进一步提高。从1991年开始，中央设立了农村卫生发展专项经费，地方财政也相应投入了资金，改善了乡镇卫生院等农村妇幼卫生保健服务。如，1995—2000年期间，国家补助42亿，地方政府配套和自筹200亿，完成了约80％的乡镇卫生院、防疫站、妇幼保健站的改造任务。2000年至2001年，中央和地方政府在西部12个省（区、市）投入2亿元，实施降低孕产妇死亡率和消除新生儿破伤风项目，加强贫困地区的乡镇卫生院产科建设，培训基层卫生服务人员，使西部12省（区、市）孕产妇死亡率两年间下降了37.28/10万。2004—2006年，国家再次安排财政资金10.33亿元，将12个西部省（区、市）扩大到22个省（区、市），以推动这些地区降低孕产妇死亡率以及消除新生儿破伤风。[16]截至2006年，全国共建成遍及城乡妇幼保健机构3003个，床位9.9万个。我国孕产妇住院分娩率，从1990年的51％提高到2000年的75.98％，2006年又提高到了88.45％，其中城市住院分娩率为94.1％，农村住院分娩率为84.6％，比2000年的65.2％提高了19.4％。[17]我国孕产妇的死亡率也从1990年的94.7％降低到2000年的53/10万，继而下降到2007年的36.6/10万。

保障妇女的生殖健康权。计划生育是我国的基本国策。自70年代我国全面实行计划生育以来，在控制人口增长、提高人口素质、促进社会经济发展方面取得显著成绩，同时也促进了妇女经济社会地位的提高和群众生育意愿的转变。1994年开罗国际人口与发展大会后，我国引入了“生殖健康”概念，进一步拓宽和丰富了计划生育的内涵。在普及优生优育科学知识基础上，实行避孕方法知情选择，开展青春期、新婚期、孕期、产期、更年期的咨询和不孕症的治疗及性健康教育等。其中生殖健康优质服务强调避孕为主，反对强制性人工流产，禁止非法实行人工流产，禁止以选择胎儿性别为目的施行的非法人工流产。特别是2001年，我国颁布了《人口与计划生育法》，使我国的计划生育工作纳入到依法管理的轨道。

在过去的30年，我国计划生育工作的思路已从单纯的人口控制，主要用行政手段实施计划生育转变到了强调知情选择，尊重个人权利，提供优质服务及重视生殖健康。

六、妇女人身安全进一步得到保障

随着我国改革开放和人权事业的发展，我国妇女人权事业得到了迅速的发展，妇女人身安全得到进一步保障。针对拐卖妇女儿童和家庭暴力等侵犯妇女儿童权益的犯罪现象，我国政府采取多种方式和手段，包括颁布国家和地方性法律法规，建立社会化维权机制，严厉打击侵犯妇女儿童权益的犯罪活动，保障妇女人权。通过开展宣传教育与培训，提升执法人员以及社会各界对妇女人权和性别平等的认识。目前，保护和尊重妇女人权以及对妇女施暴就是对妇女人权侵犯的意识已得到社会的广泛认同；家庭暴力从过去被人们认为的“家事”也已走向社会干预层面，显示了我国社会的发展与进步。

提供法律保障，建立维权机制。针对20世纪70年代之后出现的拐卖妇女儿童犯罪活动以及家庭暴力等侵犯妇女儿童权益的现象，我国政府不断完善有关法律体系。1991年全国人大常委会出台了《关于严惩拐卖、绑架妇女儿童犯罪分子的决定》，认定这是一种严重侵害妇女儿童基本人权的犯罪行为；1997年《刑法》修订时吸收了该决定的条款，并对拐卖过程中发生的强奸、伤害等行为，以及拐卖后强迫卖淫的行为规定了更为严厉的处罚。《未成年人保护法》和《妇女权益保障法》也对拐卖妇女儿童犯罪作了明确规定。2002年修改后的《婚姻法》第一次将家庭暴力作为犯罪行为予以明令禁止。2004年3月修订的《宪法》修正案，明确规定了“国家保障和尊重人权”。2005年8月修订的《妇女权益保障法》进一步重申禁止对妇女实施家庭暴力，并第一次将“禁止对妇女实施性骚扰”写入法律。“性骚扰”法律概念的提出表明了我国对妇女权利认知的进步。[18]我国政府实施的中国妇女发展纲要和儿童发展纲要，也都将打击和减少拐卖犯罪和其他侵犯妇女儿童合法权益的犯罪行为作为政府的主要职责。

我国政府加强建立维护妇女权益机制。到2006年底，各级法院成立妇女维权法庭或维权合议庭3200多个，许多省、地市司法行政部门在法律援助中心专门设立了妇女法律援助站。经过培训，已有近8000名妇联干部担任人民陪审员，4600余名妇联干部担任劳动保障法监督员。

2001年1月，14个中央和国家机关联合成立了全国维护妇女儿童权益协调领导小组，现已增加至19个，提高了部门间联合与协调作战的能力，有效地加大了国家维护和保障妇女权益的力度。截至2006年，全国已建立各级妇女维权协调机构35000多个，形成了自上而下的纵向维权协调体系。

为预防和制止家庭暴力采取的行动。我国政府通过完善立法、严格执法、公正司法，调动社会力量广泛参与等一系列有效措施，开展预防和制止家庭暴力活动，维护妇女人身安全。目前，全国已有25个省（区、市）出台了预防和制止家庭暴力地方性法规或政策。大多数省份建立了“110”反家暴报警中心，有12000多个派出所、社区警务室挂牌成立了维权投诉站或反家庭暴力投诉报警点。全国共有400多个妇女庇护所、救助站。各省、地市司法行政部门建立了妇女法律帮助机构、服务站点27000多个，对遭受家庭暴力的妇女提供法律援助。21个省（区、市）的卫生系统还建立了家庭暴力伤情鉴定中心350多个。国家精神文明建设委员会还把反对家庭暴力列为全国“文明城市”创建的考核指标，指导各地在宣传培训和精神文明建设实践中体现反对家庭暴力的内容。

2008年7月31日，中央宣传部、最高人民检察院、公安部、民政部、司法部、卫生部、全国妇联联合制定并下发了《关于预防和制止家庭暴力的若干意见》，其目的是联合各部委和动员社会各界进一步做好预防和制止家庭暴力工作，依法保护公民特别是妇女儿童的合法权益，促进社会主义和谐社会建设。

以上这些措施对有效预防和制止家庭暴力起到了积极的推动作用。

针对拐卖妇女儿童犯罪活动采取的措施。我国政府十分重视打击拐卖妇女儿童犯罪，采取各项措施进行严厉打击。从20世纪80年代起，我国政府连续多次开展专项行动，侦破并惩处了一大批强奸、拐卖妇女和组织、强迫、引诱妇女卖淫等严重侵犯妇女儿童权益的犯罪团伙，解救了一大批妇女，并建立了被解救妇女中转、培训、康复中心。同时，通过发展地区经济、普法宣传、对易受害人群提供教育服务等综合治理等手段，使被拐卖妇女儿童案件呈递减趋势。2006年全国破获拐卖妇女案件1263起，解救被拐卖妇女1334人；破获拐卖儿童案件897起，解救被拐卖儿童1451人，与2000年相比，破获拐卖妇女案件和解救被拐卖妇女儿童人数均有所下降。[19]

2008年1月1日开始实施的《中国反对拐卖妇女儿童行动计划（2008—2010年）》（简称行动计划），是我国第一个国家级反拐工作的指导文件，此行动计划涉及28个部委，涵盖预防、打击、受害人救助、遣返及康复、国际合作等多个领域。为落实行动计划，我国政府建立了反对拐卖妇女儿童行动工作部际联席会议制度，形成多部门协调合作，综合治理的反拐机制。为强化全国反拐工作的组织领导，公安部还成立了打击拐卖妇女儿童犯罪办公室。

七、结束语

回顾30年走过的历程，我们高兴地看到，我国在促进性别平等和妇女发展领域方面取得了明显进展，成就有目共睹。同时，我们也清醒地认识到，我国是一个拥有13亿人口的发展中国家，受经济、社会发展水平和传统观念的制约与影响，我国妇女的生存、发展及权益保障状况还面临着不少的困难和问题。妇女在参政、就业、教育、健康以及婚姻家庭中的平等权利仍需进一步落实，实现从法律上的平等到事实上的平等还有相当长的历史过程，全面实现性别平等和妇女发展任重道远。我们坚信，在推进经济社会发展和落实科学发展观、构建和谐社会的进程中，在党和政府的高度重视和社会各界的共同努力下，我国妇女事业将取得更大的进展，呈现出新的光彩。

参考文献：

①《改革开放与妇女解放》，第4页。

②《中国的妇女人权》，第115页。

③中国妇女发展纲要中期评估报告，2006年。

④中国妇女报，2008年2月15日。

⑤《改革开放与妇女解放》，第3页。

⑥《中国的妇女人权》，第136页。

⑦《中国社会中的女人和男人——事实和数据(2007)》，第57页。

⑧在使用女男入学比率时（两性均等指数），100%意味着女孩和男孩一样的入学比例；大于100%的比率说明女孩的入学率高于男孩；小于100%的比率意味着男孩的入学率高于女孩。联合国千年发展目标的监测指南和指标认为这一指标比绝对值的比较更能反映出男女受教育的差异。

⑨《中国社会中的女人和男人——事实和数据(2007)》，第77、82页。

⑩《中国性别平等与妇女发展状况》（2005年8月），第14页。

⑪2008年2月25日，教育部举行2008年第2次例行新闻发布会，向新闻界介绍近年来我国农村义务教育取得的成就。

⑫见教育部公报《努力保障人民群众接受良好教育的机会——十六大以来我国促进教育公平的重大举措》一文。

⑬《中国社会中的女人和男人——事实和数据(2007)》，第77页。

⑭1982年、1990年人口普查资料；2006年中国人口统计年鉴。

⑮《中国社会中的女人和男人——事实和数据(2007)》，第92页。

⑯中国妇女发展纲要中期评估报告，2006年。

⑰中国卫生统计年鉴，2006年。

⑱《1995—2005：中国性别平等与妇女发展报告》，第13页。

⑲《中国社会中的女人和男人——事实和数据(2007)》，第114页。

（《中国改革开放与人权发展30年》，人民日报出版社2009年版，作者系中华全国妇女联合会国际联络部部长）

中国计划生育、人口发展与人权保护

■湛中乐 苏 宇

中国的计划生育政策所引起的相关人权问题的讨论，一直是国际社会的一个关注热点。对于中国人口问题、计划生育政策以及人权保护之间的关系，存在种种不同的认识与争论，我们有必要进行清楚、深入的审视，以足够的认真严肃态度去面对这一问题，使争论各方能更理性、更持正地看待它。对于人口问题、计划生育政策与人权保护的讨论，不能缺少来自宪法学和法哲学的思考，让我们从这个视角开始深入阐释这一问题。

一、我国宪法中计划生育条款的涵义：理解计划生育法制的基础

我国计划生育法制由宪法、法律和众多法规、规章及规范性文件组成。其中，处于法律最高位阶的宪法对计划生育有两条规定，其一是第25条：“国家推行计划生育，使人口的增长同经济和社会发展计划相适应。”其二是第49条第2款：“夫妻双方有实行计划生育的义务。”对这两条条款正确含义的理解，成为理解我国计划生育法制的基础。

（一）《宪法》第25条含义解析

《宪法》第25条所表述的内容，属于一种方针条款（Programsatz）；但为了摒弃方针条款学说下“立法者无拘束”的附随理论，当前一般已不采用方针条款学说。[①]取代方针条款理论的乃是宪法委托（DerVerfassungsauftrag）学说，也是能赋予宪法条文以实质效力的学说。在日

益得到扩充和完善宪法委托学说下，参考国外成熟的宪法学原理，则以温厚兹（Wienholtz）的宪法训令之类别能蕴涵此类条文，[②]宪法训令（Verfassungsdirektive）意味着宪法的原则性规定除了由立法者履行外，仍可由其他国家机关，例如行政及司法达成。宪法训令着重表达的是宪法条文的价值决定，其所欲保障、达成的宪法理想、秩序或任务，并不只针对立法者，在强度上也较立法委托（Gesetzgebungsaufträge）为弱。由此，我们来分析第25条所包含的这一宪法训令。这一条文的结构是：

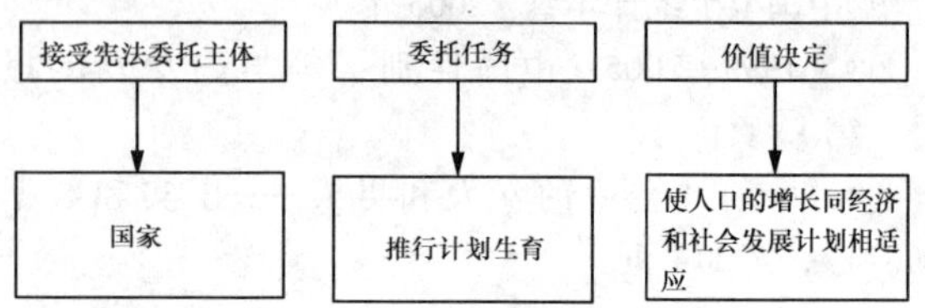

值得注意的是，委托给国家的任务是“推行计划生育”，至于什么是“计划生育”，在这里仅有一个形式性的概念，盖因宪法效力的最高性和宪法条文含义的基本性，一种规范性而非描述性的宪法诠释不能由法律法规反过来注解，因此，此处的计划生育概念只能由条文的其他部分乃至整个宪法的其他条文与原则、精神来进行注解。因此，对本宪法委托结构中的“价值决定”部分的分析，就显得特别重要。

《宪法》第25条的这一价值决定，在其条文的表述中并不以一个典型的价值判断形态出现，它仅仅述说了一个状态目标，但又确实是一个真正的价值决定。它是以中介状态作为价值本身，即使人口的增长同经济和社会发展计划相适应本身就是一个价值目标。至于这种中介状态到底通往何种终极价值，则存而不论。这样一来，我们必须自己为这种价值决定形式探寻一个合理的阐释，使之满足拘束立法裁量的功能。[③]

在典型的情态下，立法裁量被视为一种价值决定，而以宪法之价值决定限制立法裁量之价值决定的逻辑可能性，借助“客观法的价值决定”（Objective Wertordung）等概念将二者统合起来。这一价值决定需要借助宪法其他条文加以阐释，在此处体系解释和目的解释变得非常重要。2004年通过的第24条宪法修正案规定：“国家尊重和保障人权。”这一修正案有力地表达了我国宪法的价值取向动态，属于我国近年来最重要的“价值决定”之一，需要填充到计划生育的价值内涵中，充实其价值决定的结构。通过下文的进一步分析，我们将看到，我国计划生育法制已经逐渐有意识地加强了对人权的尊重和保障，这成为宪法精神和宪法条文的重要外在体现。

而在以状态目标取代价值目标的情况下，我们还需要把立法裁量的拘束自价值决定约束改为某种状态目标约束，即看国家的行动在功能上是否符合这一宪法委托的目标。必须注意的是，目标中的“经济和社会发展计划”尤其是“社会发展计划”是一个综合性很强的项，可以认为计划生育的目标本身是系统性、多层次的，可以参照诸如“五年规划”等经济和社会发展计划加以进一步的详细认定。

当经济和社会发展计划被纳入宪法文本中并且成为一种价值决定时，计划中的价值判断与衡量内容就有着填补宪法条文内涵的作用。以“十一五”规划为例，该规划对于计划生育工作的目标和行动方向作了纲领性的要求，这些要求结合到宪法委托条款的价值决定中，就完整地构成了宪法中“计划生育”的概念的实质含义。这一含义可以随着经济和社会发展计划的变化而更新其实质内涵，当前，“计划生育政策”的含义就可以阐释为：“稳定人口低生育水平，改善出生人口素质和结构，积极应对人口老龄化，保障妇女儿童权益和残疾人权益。”[④]因此，我们不能简单地说计划生育就是一味的控制人口增长，它是一项多任务、全方位的人口政策，针对中国目前的人口形势，在人口数量和人口素质乃至特殊人群权益方面有着系统性的目标，必须基于这一点来理解计划生育政策的现在和未来。而计划中的“以人为本”、“促进社会公平”、“男女平等”、“弘扬敬老风尚，保障老年人权益”等体现了人权保障宗旨的种种价值要求，也应当成为计划生育工作和人口政策的价值准则。

（二）《宪法》第49条第2款含义解析

更值得深入探讨的是《宪法》第49条第2款（可以称之为计划生育义务条款）的规定。

对于这一规定可以有多种理解。引起争议的是，第一，这样一种宪法义务是什么性质的义务？第二，宪法只规定了计划生育义务，能否从此推导出这些生育义务主体有宪法上的生育权？如果有的话，它应该如何定位？2004年宪法修正案中提到的“国家尊重和保障人权”——所谓“人权入宪”条款所产生的影响？如何分析它与《宪法》第49条2款之间的关系？这些都是值得关注的问题。

1. 计划生育义务的基本性质与人口问题的宪法意义。

针对第一个问题，我们可以对照各国宪法中关于公民义务的规定：[⑤]

项目	地域					
	欧洲	亚洲	北美洲	南美洲	大洋洲	非洲
宪法（共部）	47	37	17	11	10	34
有义务规定的宪法	33	32	10	11	2	16
保卫祖国，依法服兵役	25	25	6	7	0	8
依法纳税	18	18	2	2	2	10
抚养子女，受教育	11	11	5	5	2	6
环境保护	8	10	1	1	2	0
遵守宪法、法律	8	18	5	4	2	6
劳动	5	10	4	5	0	3
尊重、赡养父母	3	2	2	2	2	1

这些宪法义务的来源可以分为几个类型：一是政治义务，如遵守宪法、法律，依法纳税、服兵役；二是伦理义务，如尊重、赡养父母、抚养子女；三是有关社会价值和个人完整性的义务（可以称为“特别社会义务”），如劳动、受教育等；四是自然义务，如环境保护。

笔者在这里单独区分出一类自然义务，乃是基于宪法的内在机理而言。如果将宪法按其学理源流视为一种社会契约，要产生宪法权利和宪法义务，则个人对政治共同体（社会契约的缔约双方）的约定就必须是双向的，个人在此不仅让渡权利，还负担了新的义务，社会契约理论并不排除这一可能性。但是环境保护并不来自于人为创设的新义务，而是转化自政治共同体建立前就存在的自然义务。

这一点与本文论述的主题有密切的关联，因此笔者将在这个问题上多费一点笔墨。所有社会契约论思想家，都承认人的自然权利(naturalright)：霍布斯的自我保全、[⑥]洛克的执行自然法、[⑦]卢梭的天然和平，[⑧]等等，但是在自然义务问题没有肯定性的论述。其时环境问题尚未成为一个思想家们想象得到的议题，因此我们需要深入其理论线索中去探寻是否存在自然义务的可能性。

在自然权利的论述中，自然权利乃是先于社会的权利，并且和后来构成的社会有着密切的关联：社会状态的目的很大程度上是由自然权利决定的，甚至自然权利与社会状态之间存在一种内在的紧张关系，如果社会状态不能满足自然权利向它提出的基本要求，社会状态的合法性将受到削弱乃至颠覆。“自然”在古典思想家那里是一个用于区分的术语，[⑨]而到了契约论思想家这里，虽然“自然”的内涵已经彻底变换，但依然保存着它的区分性。从自然权利看，在契约论思维中被认定为“自然”的事物与被认定为“社会”的事物之间存在着如下关系：“自然”是“社会”的历史来源和构造基础；“自然”的事物以转换成某种“社会”事物的形式延续到“社会”中；“自然”和“社会”存在内在的联系和紧张关系，“社会”事物要转换、吸收和消解“自然”事物，但又不能背离它的根本要求。这样，实际上自然义务的可能性也就呼之欲出了。

个人的生育控制义务在一定情况下本身和个人的环境保护义务一样，原是一个潜在的自然义务。它和自然权利一样，都以必要性（necessity）为其由潜在转为现实的基础，这种必要性先于任何社会形式而存在。在社会状态中，它在一定程度上转换为社会义务，并在不同层次的社会规范中体现出来。[⑩]它又是在一定程度上转换为社会义务的，因为从“自然”事物向

"社会"事物的任何转换都以自我保全和维持秩序的需要为基础，倘若对自然义务的违反尚未冲击这种需要，它是无须转化为社会义务的；而正是违反自然义务对基本秩序的所产生影响的程度，决定了它成为一项基本义务的可能性。

因此，人口形势在此具有了特殊意义，它决定这一潜在的自然义务是否成为现实，以及在多大程度和层次上需要转化为社会义务。在中国，人口形势的紧迫性和人口增长所带来的压力是世界各国所罕有的。1980年《中共中央关于控制我国人口增长问题致全体共产党员共青团员的公开信》指出："中华人民共和国建立以后的三十年中，出生了人口六亿多，除去死亡，净增四亿三千多万人。人口增长得这样快，使全国人民在吃饭、穿衣、住房、交通、教育、卫生、就业等方面，都遇到越来越大的困难，使整个国家很不容易在短时间内改变贫穷落后的面貌。"这一表述并未借助国际人权的规范术语，但实际上稍加分析就可以看出，这里受严重影响的事物包括生存权、发展权、人格尊严等重要价值对象在内，只是未用国际人权术语加以表达而已。要保护这些人权就需要实施控制人口增长等一系列人口政策，这就不可避免地会影响到某些其他权利。一旦人权之间的价值冲突越来越紧张以至于关涉到共同体的存亡兴废时，需要以规范的力量来维持有着"公地悲剧"效应的自然义务时，规范就必须将其吸收、转化为社会义务。自然义务向社会义务的转换，同样适用于为自我保全和维持基本秩序而缔结社会状态的框架，这样它就进入到根本法层次；当上述重要价值对象受到严重侵害的危险时，契约论并不排斥缔约的双向性，即个人对共同体也可以负有义务（实际上，任何社会契约都已先暗含了个人须遵守约定这一基本义务）。因此，计划生育义务是一项从自然义务转化而来的宪法义务。

2. 从计划生育义务到生育权。

那么，宪法中仅仅有计划生育义务的规定，是否意味着宪法不承认生育权作为一种基本权利？

对这一问题我们应当一分为二地看：一方面，宪法确实没有明文规定生育权作为基本权利，这使得生育权在法律定位上无法真正与受教育权、劳动者的休息权等基本权利并列；另一方面，综合地看，生育权在我国法制体系中具有基本权利的属性，可以说是一种"准基本权"。首先，宪法确定计划生育义务作为一种基本义务，这一基本义务的自然事实前提是生育自由，尽管这一作为自然事实的自由尚未上升为规范意义上的基本自由，但是在一般法律规范层面已被确认为一种权利（《人口与计划生育法》第17条的规定）。这一权利不仅为宪法精神所保障，也处在宪法条文的数重保护下：（1）《宪法》第49条第1款规定了"国家保护家庭"，而将婚姻和家庭并列为保护项目，则此处的家庭必然涉及代际关系；不仅如此，"家庭"也只能是一个动态的概念，因为大多数家庭都必然经历一个人口上的变迁，生育是形成家庭的必要过程，内在于家庭的动态概念之中，从这个角度看，保护家庭必然在逻辑上蕴涵了对生育及生育权的保护；（2）《宪法》第25条的"国家推行计划生育"也包含着对生育权的保护，因为对生育权的保护和部分生育行为的帮助与奖励是《人口与计划生育法》及相关法规、规章的重要内容；（3）2004年宪法修正案规定："国家尊重和保障人权。"[11]而生育权是一项典型的人权。这样一来，生育权在宪法中就通过明文对人权的承认而获得更高的宪法地位。因此，生育权具有重要的宪法意义，但在文本上未为宪法所明确规定，这是我国宪法条文的一个缺陷。[12]其他国家虽然也罕有将生育权或生育自由纳入宪法者，那是因为生育的权利和自由未受到人为障碍而需要加以规范上的保障，因此就无须将自然的自由转换为规范的自由，正如呼吸自由一样。在我国，将生育权或生育自由纳入宪法却呈现出例外的必要性，这项权利的行使不能说没有遭遇人为障碍，在计划生育工作的过程中，常常未受到足够的重视，正当的生育权受到不同程度的侵犯，在立法中对生育权的处置也曾过度侵蚀这一权利。[13]它与计划生育义务在价值位阶上呈现规范实证分析和现实上的失衡状态，这是有必要予以纠正的。

自主生育是一项人权，在它未受到外力阻碍的地方，它没有必要获得规范上的明文确定；

但在它同时受到自然障碍和意志性障碍的情况下，就有必要确立生育权的宪法地位和意义，这对于人权保障是十分必要的。有学人认为，人权宪法保障制度包括人权价值宣示、权利制度建设和权利救济三个层次结构。宪法确认尊重人权原则，宣示人权价值，反映国家和社会的价值追求，矫正国家权力和社会秩序的偏向；基本权利制度建设以人权价值为基础，以宪法作为法的逻辑关系构建权利保障制度，确定权利内涵与界限；权利救济是人权实现的逻辑体现，包括权利救济机制与救济形式。[14]宪法的规定在中国具有强烈的宣示性，尤其是价值决定上的宣示性，这将很大程度上影响立法和政策取向，因为中国的立法和政策制定很大程度上体现了权威价值方针。这一价值上的宣示性还将以利益均衡原则（Güterb wägung）[15]或原则克服证成负担[16]的方式切入宪法基本权的间接效力中，对于现实中生育权所受到的侵害和种种不利限制有着一定的防御作用。在生育权的现实限制中，某些地方的生育间隔、生育二孩条件以及符号条件但未获得“许可”的生育之处罚规定不尽合理，例如有些地方把形式上的欠缺许可在规范上也加以较重处罚，[17]这实际上就等于把“权利”（right）或“自由”实际扭曲为一种“特权”（privilege），若生育权/生育自由获得了基本权利/基本自由的地位，则个别法规范中的这些规定就有机会获得重新的审慎考量。因此，可以考虑是否对生育权给予基本权利或自由的地位。

此处值得探讨的是规范上的自主生育究竟是一种权利还是一种自由。权利是施加于外部意志以负担性的法效或限制其法效形成能力的一种法机制（形成权等中间过渡形态的权利除外），例如，私法上的相对权使对方当事人负有债务，而所有权则限制了其他意志对所有物形成法效（所有权、占有、设立他物权等）的可能性。而自由则不具有这两种能力。从这一点看，更准确地说，自主生育是一项自由，因为它由自然的行为完成，无须意思表示，而行为的规范后果直接系于法律规定，生育行为正如呼吸行为一样，不包含意思法效，因此也就不宜掺入在当前以意思法效为核心的权利体系中。自主生育因此是一种自由，这种自由是一种人权，需要受到保护，但是人口形势本身促成了自然义务的规范化，内在地限制了这种自由的边界。

总的来说，作为一项人权的生育自由，也应当是宪法上的一项基本自由。计划生育义务条款为生育自由提供了内在的限制，使其成为一项有着重要义务负担的自由。从逻辑上看，计划生育的义务可以包容在生育自由的内部，因为自由意味着选择，而计划生育义务只是在一定程度上限制了生育方面的选择权，在计划生育义务以外的生育自由就不应受到任何外在阻碍。“人权入宪”促使生育自由的地位得到提升，也使得生育方面的权利义务呈现均衡状态，二者均得到“基本”的地位，表明政治共同体对事关个人“天伦”与未来生活保障的自由和共同体的生存和可持续发展这两方面价值均予以最高程度的重视，尽可能确保不同的基本价值间最大限度的同时满足。计划生育义务本身的具体内涵，又由前文所述的经济和社会发展计划以及相关法律义务赋予，它是一套价值考量法则，通过对生育自由基于不同人群和条件作出有区别的限制，[18]保证更重要的价值可以获得优先的满足。我们之前可能片面地理解了整体目标的优先性，在“人权入宪”以后，生育自由就取得了更重的“价值砝码”，而生育义务只是作为一种非常必要的、有条件的限制义务，而且这一义务的强度可以随着人口形势的缓和、法律规范限制的放宽而得到调节。这是理解计划生育义务规定需要注意的，也是计划生育法制应当贯彻的根本精神。

二、计划生育法制体系及其人权保护功能

在我国，与宪法的规定紧密相连的是以《人口与计划生育法》为核心的计划生育法制体系，这一体系依托宪法规范，包括法律、行政法规、地方性法规、部门规章和地方政府规章，以及其他规范性文件。这个体系正在不断得到完善，逐渐加强人权保护功能，实现由管理、命令向服务与指导的转化。

计划生育法制体系中的最高位阶规范乃是宪法规范，如前所述，《宪法》第25条及第49

条第2款对计划生育工作和公民义务作了提纲挈领式的规定。宪法的这些规定为计划生育其他法律规范提供了规范上合法性和价值上正当性的根基，是整个计划生育立法和行政工作的基础，鉴于前文对此二条款已经有较深入的分析，在此不再追述。

在计划生育法制体系中，在《人口与计划生育法》第45条、第18条、第29条等条款的授权下，产生了《计划生育技术服务管理条例》（下称《计生技术服务条例》）、《社会抚养费征收管理办法》（下称《征管办法》）、《流动人口计划生育工作管理办法》（下称《流动人口计生办法》）。[19]在中央层面，有一法三规，而在地方一级，占主导地位的首先是省级人大或常委会制定的条例，极个别的地方是政府规章，如西藏地区；此外还有很多地方政府规章和其他规范性文件。必须着重强调的一点是：计划生育是一个全面的、综合性的行动纲领，而计划生育法制体系的核心部分侧重的是“控制人口数量”，对于提高人口素质及其他方面的努力，则通过教育法、劳动法、卫生法等领域以及教育、劳动、卫生、文化等一系列的政策来完成，在这些方面，中国做出的努力和取得的成就是举世瞩目的。但为了集中看待争议焦点语境中的“计划生育”问题，笔者在此将针对计划生育领域主要法律规范及其人权保护功能进行分析。

（一）《人口与计划生育法》的基本内容及其人权保护功能

在“一法三规”中，处于中心地位的是《人口与计划生育法》。它是“一法三规”中的“法”，也是“三规”的基础。《人口与计划生育法》对计划生育工作的宗旨、实施主体、人口发展规划、生育调节、奖励与社会保障、计划生育技术服务、法律责任等各方面作了全面而切实的基础性规定。它的一系列授权条款成为“两条例”的基础；其中，第45条有关社会抚养费征收标准方面经历了再授权（由国务院《社会抚养费征收管理办法》第3条转授予地方立法机构确定）。这个“法”中多数是原则性和纲领性的规定，实际上具体的标准与执行办法多数是由地方性法规加以规定的。但是，《人口与计划生育法》也对一些重要事项直接予以规定，从而在这些要害事项上避免地方性法规出现巨大分歧，这些事项包括计划生育工作的负责部门、实行计划生育的主要手段、实行计划生育的基本奖励等。

在人权保障方面，《人口与计划生育法》鲜明地作出了一系列的规定：

人权类型	法律条款	主要内容
健康权	第11条	人口与计划生育实施方案应当规定加强母婴保健的措施
健康权	第13条第3款	在学校开展生理卫生教育、青春期教育或者性健康教育
生育权	第17条	承认公民的生育权
健康权生育权（帮助行使）	第21条	实行计划生育的育龄夫妻免费享受基本项目的技术服务
弱势群体权利弱势群体权利、健康权、生命权（部分涉及）	第22条	禁止歧视、虐待生育女婴的妇女和不育的妇女。禁止歧视、虐待、遗弃女婴
社会经济权利	第24条	计划生育人群的社会保障
弱势群体权利健康权	第26条	妇女怀孕、生育和哺乳期间，享受特殊劳动保护并可以获得帮助和补偿
社会经济权利、生存权（部分涉及）	第27条第4款	独生子女发生意外伤残、死亡，其父母不再生育和收养子女的，政府应给予必要帮助
健康权	第30条	婚前保健、孕产期保健制度
健康权	第31条（以下数条类似）	各级政府应保障公民享有计划生育技术服务，提高生殖健康水平
胎儿权利、健康权（育龄妇女）	第35条[20]	严禁胎儿性别鉴定和选择性别的人工终止妊娠

从这一列表看，《人口与计划生育法》的这些规定为计划生育中的人权保障工作建立了一个有力的基础，计划生育服务工作的开展在

一定程度上增进了对有关人群的人权保护，尤其是覆盖面广、容易获得的免费生殖健康服务，对于保护公民的健康权、帮助公民实现生育自由起到了重要的促进作用。

《人口与计划生育法》还有一点重要的保障机制，它明确规定："公民、法人或者其他组织认为行政机关在实施计划生育管理过程中侵犯其合法权益，可以依法申请行政复议或者提起行政诉讼。"至此，公民在计划生育中有了为法律所明确规定的、范围广泛的救济权，可以更好推进人权的保障。在目前的计划生育行政诉讼中，已经有一些公民通过行政诉讼成功地维护了自身权益的例子，[21]可以预见的是，日后救济机制将会发挥更充分的作用。这不能不说是一个重大的制度改进。

因此，本法的通过可以认为是计划生育领域人权保障工作的最重要进展之一，但它在规范上和实际运作中也存在某些不足之处，主要体现在：

1. 对胎儿权利及孕妇健康权的侵害未被明确禁止。鉴于种种原因，《人口与计划生育法》只含蓄地规定了："实行计划生育，以避孕为主。"这是一个原则性的条款。未能明确禁止强制堕胎手段固然可能有一定原因，但由于强制堕胎问题在国际人权领域中非常敏感，这也会引来争议。在生育控制技术和行政执法水平不断提高的今天，应当明确规定禁止采用强制堕胎手段。

2. 福利手段规定虽然全面，但仍嫌不足。尤其在广大农村地区，养老保障是一项事关生存权、健康权等基本人权的重要制度，与计划生育工作密切相关，也是制约着计划生育工作的一个瓶颈，[22]但对于这一点，出于种种原因，《人口与计划生育法》只笼统地规定了"有条件的地方可以根据政府引导、农民自愿的原则，在农村实行多种形式的养老保障办法"这样一个行动纲领，这是它的一大遗憾。此外，计划生育所配套的福利手段如计划生育奖励等，由于分摊到个人的数额太小，对于人权保护的增进作用甚微。[23]

（二）"三规"的基本内容与人权保护功能

在《人口与计划生育法》以外，在中央层面，计划生育领域还有"三规"。这也是计划生育法制体系的重要组成部分。

《计生技术服务条例》主要规定了从事计划生育技术服务活动的机构及其人员提供技术服务所需遵循的准则，包括技术服务的范围、负责机构、审批项目、机构和人员的资格、监督管理、法律责任等各方面作了规定。它是计划生育技术服务机构进行服务活动的法律依据，对于保障生殖健康、促进人权保护有着一定的正面意义。但是，在人工终止妊娠这一敏感的人权保护领域未设置特定限制（按照人权保障的要求应以自愿为条件，强制终止妊娠在人权领域受到普遍的否定），仅仅规定违法收取费用的法律责任（第 38 条只是针对违法收费的罚则），导致了在这一操作上有关技术服务机构有权无责的情形，这是它的一个缺陷。

《征管办法》则主要规定了社会抚养费的征收条件、基准、征收主体和方式、救济途径等。《征管办法》中包含着一些向地方法规再授权的条款，例如征收标准、具体征收/缴纳方式等。这些再授权条款加强了地方性法规在计划生育法制体系的作用，从而使计划生育法制从中央到地方体现出更强的整体联系。《征管办法》第 9 条也规定了当事人可以通过行政复议或行政诉讼寻求救济的权利，体现了我国对权利救济的重视。

现行的《流动人口计生办法》颁布于 1998 年，是针对流动人口计划生育工作的专门法规，因为流动人口在我国已经成为一个庞大人群，对他们的生育权益的保障和生育义务的履行也很值得关注，这一法规正在修订过程中。《流动人口计划生育工作条例（修订草案送审稿）》有几处重要的制度进展：一是从措辞上从单纯的"管理"或者"管理和服务"转向"服务和管理"，并且规定了许多免费服务项目，体现了在宗旨上走向以服务为主的转变；二是取消了婚育证明成为务工经商方面行政许可障碍的规定，以属地服务和管理及信息共享制度取代，使公民正当权益得到更好的维护；三是将《征管办法》中的征收标准由户籍所在地或发现地标准限缩为户籍所在地标准，由于流动人口绝大多数是从较落后地区流向较发达地区，而且经济状况不佳，这一标准的限缩有利于法律责任的公平，也相对更人性化。这些修改都体现了计划生育理念的重要转变和人权保障工作的进步。

（三）地方性法规、地方政府规章的人权保护

在实际工作中，对地方计划生育工作影响更全面、更具体的是各地的人口与计划生育条例和相关地方政府规章以及其他规范性文件。各地人口与计划生育条例主要规定了计划生育工作原则、部门合作与资源配置问题、生育二孩乃至多孩的条件、生育间隔、对计划生育家庭及个人的奖励、社会抚养费征收标准和计算方式等一系列的具体问题。地方政府规章则主要是对这些规定的细化，包含着一些重要的制度建树，例如生育保险基金制度、计划生育手术知情同意制度等。[24]而其他规范性文件则在制度创新的尝试上率先进行突破。许多具体规定、尤其是社会福利部分，对于促进人权保障有相当的正面作用。为了应对严峻的人口形势所带来的权利冲突，计划生育如前所述是一个基于“必要性”的必然选择，它保全了更重要的人权和基本价值，但是它也必然给人的一些权益，例如生育权和当代老年人生活保障的利益，带来额外限制和不利影响，这些不利影响需要得到消除或弥补，这种消除或弥补由于本质上实现的是人权价值，因此也是人权保障的一项重要措施。在这项措施上，计划生育工作已经有了许多成功的经验，取得了良好的收效。例如在利益导向和社会保障机制方面较为突出的“广东模式”，就在促进计划生育工作和谐开展、改善计划生育家庭生活等方面取得了一定的成效。其中，由政府统筹负担的商业养老保险制度、广泛开展的帮扶机制、计划生育家庭的新型合作医疗等都是与人权保障有关的、值得关注的实践经验。[25]此外，地方法律规范还体现出了进一步保障生育自由的趋势，例如湖南、甘肃、上海、海南、吉林、浙江等省市已经取消生育间隔的强行性规定。[26]这些都是值得肯定的建树或进展。

尤其值得关注的是其他规范性文件的制度创新，这些制度创新因地制宜，灵活多样，体现了人权保障工作的进展，成为当前计划生育领域人权保障的一大亮点。例如，在城镇职工生育保险中增加新生儿医疗费用支付项目、[27]提高对独生子女死亡、不再生育的家庭的扶助标准、[28]实施农村领证计划生育独女家庭养老保险补贴制度[29]等，都是重要的制度突破，呈现出切实加强人权保障、尤其是孤老、婴儿等特殊人群人权保障的可喜趋势。这些实践应当逐步在更高的规范层次上获得接受。

但从这些地方性法规和地方政府规章的文本比较分析看，它们的人权保障尚存在不足之处。例如，比较各省条例的奖励措施，可以看见有些地方的奖励措施已经规定得相当详尽全面，有的地方却几近阙如。[30]这是人权保护工作可以改进、甚至取得重大突破的地方，因为随着行政手段的日益现代化、科学化，利益导向机制将逐渐成为计划生育工作的主要手段，成为处理人口问题的主要制度途径，依靠这一机制对受损权益进行有效填补和替代（实质是一种价值替代）本身就将是未来在人口政策领域进行人权保护的主要部分，因此，对这一点加以完善殊为必要。

进一步看，各条例在生育二孩乃至多孩的条件限制方面也体现出类似的问题。条件设置本身就是一种价值判断，遗憾的是，这种价值判断不仅在各省、直辖市、自治区之间非常不一致，作为判断基础的基本价值命题也未得到深入的分析和证成。目前各地规定中对于生育二孩乃至多孩的，除去特殊考虑因素（如人口稀少的少数民族之种群与文化保全的需要）外，[31]着重保护的权利并非生育权，而是可以暂称为“老年人生存—保障”权的这样一种人权。对于何种类型的人群可以生育二孩，从目前的规定来看，最主要的，是对本地方各类人群“老年人生存—保障”权面临风险的一个估测，但以政策科学的角度加以审视，这些规定作出的估测差别很大，虽然说有地方性因素在内，但也很难说是经过了翔实、严谨的考证。这一点可以做得更深入、更科学，通过详细划分人群类型，进行全面的风险估测与价值衡量，能使人权得到更有针对性、更到位的保护。

最后一个问题是社会抚养费的征收问题和

超生的法律责任问题，各地对此规定差异较大，反映出在这一问题上的具体认识不一致。[32]社会抚养费制度由“超生罚款”制度演变而来，对于超生的行政相对方直接施加较重的法律责任；此外，对于特定身份的人员，还将有更严厉的处罚措施。为了执行这些规定，常常需要动用大量人力物力，甚至需要使用一定程度的强制手段。[33]这在当前由于情势所迫，实属必要，但与公共行政由管理向服务转型的潮流不相符合，也不利于保障人权。随着行政技术的发展与完善，这一制度的改善甚至存废，以及替代性的更佳措施，都是非常值得讨论的。这些都是地方性法规中可以加以改进的地方。

三、我国计划生育法制与国际人权标准：基于法哲学的比较与反思

（一）我国计划生育法制与国际人权标准的差异

就目前我国在人口领域开展的计划生育工作来看，已经在人权保护中做了相当多的工作，取得了突出的成绩，但与国际社会在这一领域确立的人权标准还存在一定的差距，甚至是整体上的差距。《国际社会人口与发展大会行动纲领》（简称《人发大会行动纲领》）在人口领域是一个很有影响力的文件，一定程度上可以说是国际社会的共识，笔者将以这一文件为标杆对计划生育法制进行一个深入的反思。《人发大会行动纲领》也认识到：“所有国家，特别是今后世界人口增长集中的发展中国家和经济转型国家，持续提高人民生活素质的困难日增。许多发展中国家和经济过渡国家面临重大的发展障碍”，[34]并且认为：“目标是通过恰当的人口与发展政策和方案提高所有人的生活素质，其目的在于根除贫困，在可持续发展和可持续的消费和生产方式条件下实现持续的经济增长，人力资源发展和保障所有人权，其中包括作为一项普遍和不可剥夺的权利和基本人权一部分的发展权利。”[35]但是，《人发大会行动纲领》牢牢限制了人口领域的行动原则和方式，有几点是特别值得注意的：

1. 《人发大会行动纲领》认为，“发展权利是一项普遍的、不可分割的权利，也是基本人权的一个组成部分，而人是发展的中心主体。虽然发展能促进所有人权的享受，但缺乏发展并不得被援引作为限制国际公认的人权的理由。发展权利必须实现，以便能公平地满足今世后代在人口、发展与环境等方面的需要。”[36]而中国学界与实务界对计划生育的正当性加以阐释时，常常带有属于发展权范畴的话语。这也多少反映了政策制定时的实际考量，即至少我们部分地是基于发展权的考量来运用计划生育措施、手段的，对于发展权和相对的权益之间的考量，尤其在涉及一些强制措施时，与国际社会的标杆尚存在差别。

2. 《人发大会行动纲领》认为：“人人有权享有能达到的最高身心健康的标准。各国应采取一切适当措施，保证在男女平等的基础上普遍取得保健服务，包括有关生殖保健的服务，其中包括计划生育和性健康。生殖保健方案应提供范围尽量广的服务，而无任何形式的强迫。所有夫妇和个人都享有负责地自由决定其子女人数和生育间隔以及为达此目的而获得信息，教育与方法的基本权利。”[37]这一原则有两个要点：一是“无任何形式的强迫”（“任何形式”也就包括了法律责任机制、社会抚养费等强行性法律在内），二是“自由决定生育数和生育间隔”，这在我国当前的人口形势下并不容易达到。这是计划生育政策与国际社会在人口领域的共识与标准之间存在的最重要差异。

3. 《人发大会行动纲领》在保护基本人权、提高人口素质方面作了重点努力，其着眼的范围与我国当前的工作有所差别。《人发大会行动纲领》所着力强调的一些工作要点，例如男女平等方面的“各级政府都应确保妇女能与男子平等地以自己的名义，代表自己购买，拥有和出售财产和土地，获得信贷和谈判合同，并行使其合法继承权利”[38]等措施，中国已经做得相当成功。在中国，男女平等、妇女维权和家庭保护等工作，属于社会政策的一部分，但实际上并不归属于人口领域，也非主要由人口政策所承担。换言之，中国的人口政策与国际上人口政策在范围和内涵上有着较大差异，这两种政策体系在理解人口问题时呈现出一定程度上不同的思维框架，接下来我们就将从这一

点入手，去认识和反思中国人口政策、计划生育工作和国际标准之间的差别。

（二）如何认识差异：权利哲学上的反思

1. 差异的根本原因：不同的权利哲学。

造成这一差异的根本原因，实际上是由于中国和国际社会采纳了不同的权利哲学。《人发大会行动纲领》原则5非常清晰地反映了国际社会在人口问题上的定位："与人口相关的目标和政策是文化、经济和社会发展的有机组成部分，其主要目的在于改善所有人的生活素质。"从实质上说，国际社会是把人口问题定位在"经济社会与文化权利"（以下简称"经社文"权利）中，而公民权利/政治权利与"经社文"权利孰占优先地位一直是国际社会官方人权对话的两大争议焦点之一。[39]一些在人权问题上影响力较大的西方发达国家一贯强调公民权利/政治权利的有限性，美国甚至长期拒绝加入《经济、社会和文化权利国际公约》（以下称《经社文国际公约》）。对人口政策的定位暗藏的是一种耐人寻味的权利"类型学"，而权利类型问题与优先性问题是紧密相关的。在人权类型（human right category）和列举权利（enumerated right）间的转换是复杂的，我们不妨分析作为人权类型的两个公约（即《公民权利和政治权利国际公约》、《经济、社会和文化权利国际公约》）所包含的主要列举权利[40]：

公民权利和政治权利类型	经济、社会和文化权利类型
人民自决权	人民自决权
生命权（仅强调不得任意剥夺）	工作权（包含休息权等）
自由权（人格上自由）	组织工会权/罢工权
人身自由	社会保障权
公平审判权	婚姻自由
隐私权/住宅权利/通信自由	母亲和儿童受保护的权利
名誉权/荣誉权	最低生活保障权（含免于饥饿的权利）
思想、良心、宗教自由	健康权（包含环境权）
持有主张和自由发表意见的权利	受教育权
和平集会权	文化/科学方面的权利
结社自由	

续表

公民权利和政治权利类型	经济、社会和文化权利类型
婚姻自由	
儿童在保护措施、姓名和国际方面的权利	
参政权/选举权、被选举权/参与公务权	
平等权	
少数者权利	

而人口政策所指向的权利目标或价值目标，被《人发大会行动纲领》限制于改善所有人（包括子孙后代）的生活素质。实际上《人发大会行动纲领》基本上是按《经社文国际公约》的框架发展出来的，尤其是后者的第10条（保护家庭、婚姻自由；保护母亲；保护少年儿童）、第11条（最低生活保障权）、第12条（健康权，包括胎儿、婴儿的健康权），此外还直接联系到一些其他条文如教育权、工作权的内容。

非常值得琢磨的一点是，最低生活保障权被塞进了《经社文国际公约》的框架中，并且由此进入"经社文"的人权类型，和工作权、参加文化生活等权利相提并论。这一人权是发展中国家推行人口控制政策最重要的正当价值基础，前面的论述也提及了计划生育在保障生存权等基本人权方面的重要意义，它保障的权利对象本来包含着生存权（积极地位上的生命权[41]）、健康权等多种权利，但在《经社文国际公约》中却被消解为一种仅仅包含人格尊严价值的权利，而到了《人发大会行动纲领》中，贫困和最低生活保障权方面的问题却未被提供任何实质性的支持（表现在原则冲突上的支持），消除贫困和保证最低生活的努力被有意无意地归入"发展权"甚至单纯的"发展"中，从而不得被援引"作为限制国际公认的人权的理由"；它们的作用也仅仅在于"提高生活素质"，而没有考虑保全生命的价值。这样一种潜在的消解策略在西方的人权逻辑中颇为常见，更为基础的权利哲学基础是对积极权利的忽视。

当耶利内克将一个权利体系划分为主动地位的权利、积极地位的权利、消极地位的权利[42]时，他也许并未意识到，导致权利的地位分歧的基础——国家职能的差异，在百十年后进一步扩大，引致了列举权利在权利类型上的完全分裂。基于权利的不同地位，在当代社会，同一种价值对象能常常衍生出不同的具体权利，例如生命，可以从消极地位衍生出《公民权利和政治权利国际公约》中的生命权，也可以从积极地位衍生出发展中国家常论及的生存权。西方发达国家多以从消极地位发展出的权利体系为主，其积极保障的对象主要限于人格尊严、平等、社会福利；而发展中国家则更多地需要考虑积极地位发展出的权利体系，因为对于它们而言，缺乏积极保障与缺乏消极防御相比，对同一价值对象的损害更大。但这一考虑并未完全为当前的国际人权体系的思维所吸收，因此在争取必要的合法性支持时，发展中国家使用了部分发达国家的权利话语，因此这些可以称为“积极性基本权利”的人权的重要性被误解、被降低至同发达国家积极地位权利同等的重要性水平，也就可以理解了。这一误解的后果是，像最低生活保障权一类的人权和人口政策一类的制度，在价值位阶上被降低，它所包含的一些重要价值遭遇着机理复杂的忽略。

而在中国，不仅最低生活保障权等人权需要受到额外重视，甚至发展权本身也不仅仅关乎人的发展，而直接关系到人的生存。因为庞大的人口基数和人口增长，缺乏发展所导致的问题直接影响到对生命的保障；由于资源的相对匮乏和巨大人口压力的存在，社会结构的“升级换代”对于未来的生存具有不可估量的意义。这些都是西方世界的权利哲学所很少考虑到的。这正是造成差异的根本原因。

2. 对差异的反思：深化对话与自我改进。

面对这种差异，我们需要一方面深化与国际社会在人权领域的对话，另一方面也要反思我们的价值判断与选择的不足之处，改进人口政策。

（1）深化对话。实际上，就世界范围看，在国际人权领域展开的官方对话，就可接触的资料来看仍相对处于表层。深入的人权逻辑很少得到表达，更不遑说充分的讨论。实际上，有关人权冲突和价值位阶的讨论远远未达成共识；而1993年的维也纳大会所达成的妥协[43]是一种回避。维也纳共识拒绝回答人权类型优先性的问题是一种明智的态度，因为实际上很难讨论所谓人权类型的优先性——它们的构成价值非常复杂，甚至不容易讨论列举权利的优先性，而只能探讨价值的优先问题。权利冲突与价值优先问题在实践中无处不在，但只要一触及权利的优先问题，就会碰到现代伦理学和权利哲学语境下的讨论障碍，即现代伦理学和权利哲学认为，有些价值冲突是不可讨论、不可衡量的，例如少数人的生命和多数人的生命，进而推广到不同主体的一部分同位阶的权利之间，例如一部分人的自由和另一部分人的自由，又如现代权利哲学的集大成者罗尔斯所言，不同种类的自由之间也无法作比较和衡量，自由之间的相互限制只是为了整体的自由本身，但总体自由的程度又无法衡量。[44]面对实践中经常遇到而且必须作出取舍的权利冲突，这样的权利哲学显得苍白无力。要进行深入的人权对话，就要详细展开价值冲突的具体图景，而在理论上不能回避基本价值冲突的问题。直面价值是达成共识、消除分歧的根本态度。如果在理论上、在根子上回答不了价值冲突的选择法则，而只借助沉溺于形式化、普遍性和主体性价值基础的现代权利哲学，是无法进行人权领域的深入对话的，尤其是在对人权问题有着较大分歧的发展中国家和发达国家之间。我们需要探寻一套完整的、正视价值冲突法则的权利哲学，能够突破种种人为设置的讨论障碍，在此基础上启动对话的进程。对于我国而言，在人口领域开展国际对话，加深相互理解，是一项重要的、需要付出大量努力的工作。

（2）有关政策改进的反思。在国际标准和我国政策的差异中，我们也需要对自己的状况有所反思，改进人口政策和计划生育工作。从总体上来说，首先，一方面生存权、环境权、有关资源的权利对于生育自由确实有着位阶上的优越性；但另一方面，作为一项人权的生育自由也需要得到制度上的保障，在符合法定实质条件时应当成为一种自由，它的范围应当随着生存和发展压力的缓和而有所放宽。其次，我们需要考虑计划生育工作的措施、手段是否影响到其他人权，如果有，就需要考虑有效的、温和的替代措施。世界上推行与计划生育政策本质相类似的人口控制和家庭计划的国家不在少数，而这些国家在人口领域承受的国际人权舆论压力较小，这就反映出对于我国而言可能更需要考虑行政措施的改进与完善。再者，我们需要考虑人口政策和计划生育工作的目标，就国际社会而言，人口政策的目标主要在于改善人的生活素质，我国的人口政策也是综合性的，但是在“提高人口素质”方面我们可以作出更进一步的努力。

这里有一个问题值得深入反思，也是所有人口领域政策争端的思辨基础：计划生育的强制措施意味着什么？在强大的公权力机构不遗余力的宣传和利益导向机制的宣示作用下，计划生育的意义早已为民众所熟知，而计划生育执法工作一直保持着较强力度。此时民众仍然选择生育，就并不是着眼于单纯的生育自由，绝大部分中国民众并没有“不自由，毋宁死”之类的意识，换言之，生育自由在中国并不像西方部分基督教国家那样将它本身看作一种不可侵犯的、甚至带有某种神圣性的自由，本身就是价值目标；它更像是一个价值综合体，包容着多种价值目标。其次，民众此时仍然选择生育，也并非看不清长远利益的所在，而是个别权益和公共利益的不可调和的冲突，若个别权益得不到充分补偿，就只有依赖强制的力量。在中国，这一权益冲突显示出与西方权利体系定位完全不同的性质，在中国，尤其是农村地区，这一冲突更多的是“形而下”的利益冲突，而且这种利益冲突没有帕累托最优之类的双赢解，最有利的理想标准也只可能是早期卡尔多标准，[45]但由于补偿的时滞过长和补偿过程中的制度性损耗，也未必能实际达到。大部分民众在涉及自己一生重大利益抉择时的计算不能说是非理性的，而是深刻地基于现代理性基础上的，这里的理性是一种工具理性，即养育子女可以为自己带来多少收益。计划生育措施的强制程度反映了利益冲突的程度，在某种意义上也是人权冲突的程度，也反映了满足人权所需要的资源匮乏的程度。这里我们可以感受到宪法计划生育条款包含着的沉甸甸的宪法委托和价值决定了。强制权力本身也需要高昂的成本，然而，由于庞大的人口基数和人口增长的指数效应，其对那些存在天然限度的自然或社会资源的消耗将是一个指数函数基础上的积分，而这个积分在最初的一两代即几乎能导致无法承受的压力，强制权力本身在力度等级上的轻微变化，都会导致重大的连串社会后果，这些后果即使可以填补，也将是一个天文数字。正是这样，如果需要将强制手段转换为良好的替代措施，如何寻得充分的利益资源以负担强制手段所承担的巨大利益压力？这是批评者必须首先设身处地考虑的一个问题。我国在人口领域承受着相当程度的国际人权舆论压力，并非不努力追求人权保障的目标，但人权冲突的激烈程度和资源的匮乏性很少为国际社会的批评者所考虑，表面上看来我国经济已经发展到相当水平，但由于极其庞大的人口基数，人口政策的轻微变化就能引起经济上难以承受的重压，这是一种真正的资源匮乏状态，它在今天并未得到多大的改善。所以，尽管如前所述，人口政策和计划生育工作存在这样那样可改进的地方，但大家应该就如何获得有效且充分的替代性利益资源共同进行严肃的思考与对话，这将最大地有助于真正解决人口与计划生育领域的人权保障问题。

四、结　论

中国的人口与计划生育工作走过了许多个年头，在追求人权保障方面逐渐取得了相当突出的成就，并且从未放弃保护人权的宏观目标。但从根本上说，由于资源的匮乏和人口形势的紧迫性，计划生育工作仍然保持着一定程度的强制性，并将继续保持一段时间，这是不可避免的。面对这一状况，如前所述，我们需要认真进行的两个根本努力是：第一，面对价值、权利的强烈冲突，面对不可避免的价值选择，我们需要深入反思价值选择的依据和合理性，尽可能探寻出有理有据的、能良好指导实践的价值判断与选择法则；第二，面对计划生育的强制措施，我们需要尽可能地探索出良好的替代手段，对于权益受影响的人群探索出补偿机制，而最关键的就是对于这种替代和补偿的利益资源的寻求。只有如此，我们才能真正说得上是在进行完善人口政策的努力，也只有如此，人口政策和计划生育工作才能得到优良的改进，人口领域的人权保障局面才能获得现实的重大突破，前面所提到的种种问题才有可能得到解决。当我们认真深入这两个根本努力中时，我们是在为未来可能作为基本自由的生育自由打下坚实的理论和实践基础，这是面对自由，尤其是面对与生俱来、而又深刻影响着人生与社会的自由所应有的严肃态度。

参考文献：

①陈新民：《法治国公法学原理与实践（上）》，中国政法大学出版社 2007 年版，第 3 ~ 10 页。以安许兹（Anschütz）的方针条款理论，此属方针条款毫无疑问，此学说弃置的原因是《基本法》致力于避免订立“不能履行的条款”，力图使所有条款都能获得实现，而方针条款相对较弱的效力则已不符合这一潮流，但方针条款依然存在于许多国家的宪法文本中。

②关于宪法委托，国内学界通常受易普生等德国学者影响，认为宪法委托即立法委托，仅限于拘束立法者且明示了立法任务。但随着时间的推移，宪法委托理论亦有突破性进展，如 U. Kuhlmann 批判依易普生的理论过于斤斤计较条文，未能重视委托的一体性；Wienholtz 在宪法委托强度和拘束对象上的扩展（指明“宪法训令”形式的委托不仅强度上可变，也能拘束行政及司法）；K. Stern 的宪法训令也突破了委托的形式准则，于 Wienholtz 及 Stern 的例证观之，和中国《宪法》第 25 条的规范结构是一致的。参见前注①，第 11 ~16 页。

③参见前注①，第 21 页。

④《中国国民经济和社会发展“十一五”规划纲要》第三十八章。

⑤李勇：《宪法义务比较研究》，载《甘肃政法学院学报》2007 年 7 月，第 155 页。

⑥霍布斯：《利维坦》，第一部分第十四章。

⑦洛克：《政府论》（下篇），第二章。

⑧卢梭的问题在此稍显复杂，他是在古典意义上使用 natural right（自然正当）的。《社会契约论》中出现过一次 natural right（私人战争制度违反 natural right），但意思应该是“自然正当”，《论人类不平等的起源》印证了这一点。卢梭对 natural right 的现代定义（自然权利）是持批判态度的，见 Rousseau，A Discourse on Inequality，Penguin Books Ltd，1984，Part 1。

⑨［美］列奥·施特劳斯：《自然权利与历史》，彭刚译，三联书店 2003 年版，第 83 页。

⑩马尔萨斯的名著《人口原理》对各国人口控制社会规范描述很生动地体现了这一点。

⑪尽管该宪法修正案的提出是 2004 年进行的，但它恰恰反映了立法者对于人权问题的认识过程和重视程度。同时，也正因为这一“人权”入宪，从而使得该条款与原来宪法文本中的有关公民权利与义务的内容更加丰富和完整。也使得公民权利保护的范围更加拓展。

⑫客观而言，在 1982 年宪法制订的背景下，立法者也未曾意识到“计划生育”还应当划入人权范畴。更何况在当时的情形下，立法者并不承认社会主义体制下还有“人权”问题。

⑬例如一孩化紧缩政策，参见《人口研究》编辑部：“中国人口政策的过去、现在与未来”（论坛），载《人口研究》2000 年 7 月，第 23 ~34 页。

⑭邓世豹：《人权宪法保障的层次结构论》，载《学术研究》2004 年第 10 期，第 66 页。

⑮参见前注 1，第 58 页。这是著名的吕特事件案中法院在权利之间作权衡所用的原则，权利的价值位阶决定了它们冲突时的优先次序，实际上，中国法院审判中也经常有这种思维，这是一种普遍性的法律思维。

⑯参见王鹏翔：《论基本权的规范结构》，载《法学论丛》（台湾大学法律学院出版）第三十四卷第二期；陈显武：《论法学上规则与原则之区分》，载《法学论丛》第三十四卷第一期。在这种思维中，基本权作为价值决定和秩序原则，它所加强的权利和自由给了与之相冲突的权利一个很强的证成负担。

⑰各地的地方性法规对这种情形的处罚一般在计征基数的 0.3 ~1 倍或 500 ~3000 元。这一处罚在性质上是一种对单纯欠缺行政许可形式的行为对象的处罚，而经行政许可取得的权利在法律性质上是一种特权。

⑱例如对第一胎残疾，不能成长为正常劳动力的家庭，放宽生育义务的限制，就是一种价值衡量的结果。

⑲其中，国家正对《流动人口计生办法》进行修订，新的法规名称为《流动人口计划生育工作条例》，目前正在征求意见和送审过程中。

⑳本条虽有出于性别平衡和社会稳定的考虑，但同时也起到了保障人权的效果。

㉑例如高波诉沂源县计划生育局社会抚养费征收纠纷案，（2007）源行初字第 35 号；丰都县崇兴乡人民政府与张国亮等计划生育纠纷上诉案，（2006）渝三中行终字第 46 号，等等。案例来源：北大法律信息网—北大法宝，http：//vip. chinalawinfo. com/case/Result. asp? SFlag = 11，2008 年 8 月 30 日访问。

㉒有很多学者已经指出了这一点，例如张根明：《风险预期与中国农村生育的对策选择》，载《学术研究》1993 年第 6 期，第 67 ~ 68 页。

㉓例如现在多数地方性法规给予独生子女的月奖励是在 10 元左右，近 20 年来也并无变化，这一数额实在不足以形成充分的利益弥补和激励，也很难说能起到多大的人权保障作用，更多的是仅具有象征性意义。

㉔生育保险方面有大量的地方政府规章，例如《合肥市职工生育保险办法》；计划生育手术知情同意制度源自《计划生育技术服务管理条例实施细则》的征得同意义务，但在地方政府规章层面才被建构为一种完整的制度，参见《山东省计划生育技术服务管理办法》。

㉕参见周美林：《全国人口和计划生育利益导向机制暨农村计划生育家庭养老保险论坛综述》，载《人口与计划生育》2008 年第 4 期，第 6 ~ 7 页；翟振武：《计划生育利益导向机制的广东模式》，载《南方人口》2008 年第 2 期，第 9 ~ 14 页；李建民：《计划生育利益导向机制的理论阐释与广东实践》，载《南方人口》2008 年第 2 期，第 14 ~ 16 页；戚红娟：《广东省计划生育利益导向机制研究》，广东省社会科学院 2007 年硕士学位论文。上述制度革新来自于戚红娟论文。

㉖参见上述省市修改前后的人口与计划生育条例。

㉗《吉林省人民政府关于在吉林省城镇职工生育保险中增加新生儿医疗费用支付项目的通知》（吉政发〔2008〕26 号）。

㉘《浙江省人民政府办公厅转发省人口计生委、省财政厅关于计划生育家庭特别扶助制度实施意见的通知》（浙政办发〔2008〕47 号）。

㉙《郑州市人民政府关于进一步完善人口和计划生育利益导向政策体系的意见》（郑政文〔2008〕109 号）。

㉚前者例如《山西省人口与计划生育条例》，后者例如《天津市人口与计划生育条例》。需要说明的是，这仅仅是地方性法规文本本身所反映的状况。

㉛可以参见《甘肃省人口与计划生育条例》有关生育三孩的规定。

㉜例如违法生育第一胎的，各地的规定中，征收数额在计征基数的 1.5 倍到 10 倍之间不等；对于婚外生育的，如何征收分歧也很大，有的地方加重或加倍征收，有的地方与一般的计划外生育同等对待。可以说，各地的地方性法规在法律责任方面有相当程度的差异。

㉝例如可参见高建中，陆永先：《德州市社会抚养费征收情况调查报告》，载《人口与经济》2006 年第 2 期，第 20 页。

㉞《国际社会人口与发展大会行动纲领》3. 12。

㉟《国际社会人口与发展大会行动纲领》3. 16。

㊱《国际社会人口与发展大会行动纲领》原则 3。

㊲《国际社会人口与发展大会行动纲领》原则 8。

㊳《国际社会人口与发展大会行动纲领》原则 8。

㊴See Charles R. Beitz, Human Rights as a Common Concern, American Political Science Review, Vol. 95, No. 2 (Jun., 2001), p. 271.

㊵下表所列，整理自上述两个公约。该处“权利”取广义，包含“自由”。

㊶生命权的消极地位是防止受到肆意的剥夺，积极地位则是保障生命的延续，这一划分的方法论基础来自耶利内克著名的权利地位分类法则，下文有详细论述。

㊷参见李龙主编：《西方宪法思想史》，高等教育出版社 2004 年版，第 254 页；又参见李建良：《基本权利的理念变迁与功能体系——从耶利内克“身份理论”谈起（上）》，载《宪政时代》第 29 卷第 1 期。

㊸ declined to set priorities among categories, see note 39.

㊹［美］罗尔斯：《正义论》，何怀宏等译，中国社会科学出版社 1988 年版，第 201 ~ 202 页。

㊺早期卡尔多标准指整体福利改善、而对受损的个体福利予以实际补偿，较之帕累托最优标准，从实际差异看，就是这种补偿需要经历一定的时滞。而后来卡尔多标准经希克斯修改为“卡尔多—希克斯”标准，不需要实际补偿，而只要总体福利改善、有着虚拟的补偿效果就足够了，沦为了纯粹的功利主义标准。

（《中国改革开放与人权发展 30 年》，人民日报出版社 2009 年版，湛中乐系北京大学宪法与行政法研究中心研究员、副主任；苏宇系北京大学法学院硕士研究生）

分析女童问题的框架：作为儿童的权利和作为妇女的权利

■卜 卫

女童，应享有作为儿童的权利和作为女性的权利，因此，分析女童问题的两个框架是儿童权利和妇女权利。

一、女童作为儿童的权利

1959年11月20日，联合国大会通过了《儿童权利宣言》，提出了各国儿童应当享有的各项基本权利。在此基础上，1978年第三十三届联大通过决议，决定成立《儿童权利公约》起草工作组。自1979年至1989年用十年时间完成了起草工作，同年11月20日第四十四届联合国大会第44/25号决议协商一致通过，并向各国开放供签署、批准和加入。迄今为止已有192个国家签署了联合国《儿童权利公约》。在1989年第四十四届联大上，我国成为通过该公约草案的共同提案国之一。1990年8月29日，我国政府正式签署了联合国《儿童权利公约》。1991年全国人民代表大会常务委员会批准《公约》，1992年4月1日《公约》正式在中国生效。我国政府开始承担并认真履行《儿童权利公约》规定的保障儿童基本人权的各项义务。在批准《儿童权利公约》的同一年，我国政府颁布了《未成年人保护法》，并制定了《儿童权利公约》国别方案，即《九十年代中国儿童发展规划纲要》。

按照联合国《儿童权利公约》的界定，儿童是指18岁以下的任何人。我国1991年公布的《中华人民共和国未成年人保护法》（以下简称《未成年人保护法》），将未满18岁周岁的公民称作未成年人。我国法律定义的未成年人，也就是联合国《儿童权利公约》所说的儿童。联合国《儿童权利公约》所确认的儿童权利，多达几十种，比如姓名权、出生登记的权利、国籍权、受教育权、健康权、医疗保健权、受父母照料权、娱乐权、闲暇权、隐私权、表达权……一般将儿童享有的各种权利，概括为四种最基本的权利，即：

生存权——每个儿童都有其固有的生命权，并享有可达到的最高标准的健康权和获得医疗关怀的权利。

发展权——每个儿童有受教育权（包括正规教育和非正规教育）和获得其体能、智能、精神、道德和社会发展的权利。

受保护权——每个儿童有免受歧视、虐待和忽略的权利。孤儿、难民中的儿童等困境儿童应受到特殊保护。

参与权——每个儿童有参与家庭、文化和社会生活的权利。儿童有权利就影响他们生活的事项发表自己的意见。

应当说明的是，儿童权利的分类不是绝对的。例如，对危机处境中的儿童给予必要的保护，是儿童应享有的生存权，但也可以作为儿童的受保护权来讨论；女童失学，既是“免受歧视”的受保护权问题，也是儿童发展权问题；儿童的表达权，既属于发展权的范畴，同时也被看作是一种参与权。

对上述各种权利，《公约》第2条说明：“缔约国应尊重本公约所载列的权利，并确保其管辖范围内每一儿童均享受此种权利，不因儿童或其父母或法定监护人的种族、肤色、性别、语言、宗教、政治或其他见解、民族、族裔或社会出身、财产、伤残、出生或其他身份而有任何差别。”这则条款清楚地表明，无论何种性别的儿童都应该享有《公约》所赋予的生存权、发展权、受保护权和参与权。这是我们反对性别歧视的主要依据。根据《儿童权利公约》，“歧视”应泛指以下任何一种情形：差别对待；排斥；限制或偏爱。国家有责任反对任何形式的歧视，保障女童与男童一样享有上述权利。

二、女童作为妇女的权利

女童作为儿童，在大多数社会和国家中处于不利地位，其权利有可能遭受损害；不仅如此，女童作为女性，也可能遭受基于性别的歧视、限制、排斥或损害。因此，保障女童不仅享受到儿童应该享有的权利，还应注意保障女童享有妇女应当享有的权利。

1979 年 12 月 18 日第 34 届联合国大会通过的《消除对妇女一切形式歧视公约》是阐明妇女应该享有的各项基本人权的国际法律文书。1980 年 7 月 17 日中国政府签署《消歧公约》。1980 年 11 月 4 日批准加入公约。1981 年 9 月 3 日，《消歧公约》对中国生效。《消歧公约》说明“歧视妇女的现象仍然普遍存在”，这种歧视“违反了权利平等和尊重人的尊严的原则，阻碍妇女和男子平等参加本国的政治、社会、经济和文化生活，妨碍社会和家庭的繁荣发展，并使妇女更难充分发挥为国家和人类服务的潜力”。《消歧公约》定义对妇女的歧视指“基于性别而作的任何区别、排斥或限制，其影响或其目的均足以妨碍或否认妇女不论已婚未婚在男女平等的基础上认识、享有或行使在政治、经济、社会、文化，或任何其他方面的人权和基本自由”（第 1 条）。

根据《消歧公约》，缔约国有责任推行消除对妇女歧视的政策（第 2 条），承担在所有领域，特别是在政治、社会、经济、文化领域，采取一切适当措施，包括制定法律，保证妇女得到充分发展和进步，以确保妇女在与男子平等的基础上行使和享有人权和基本自由的责任。（第 2 条）女童是妇女的未成年时期，因此女童应该享有《消除对妇女一切形式歧视公约》所阐述的权利。

除此之外，《消歧公约》一些条款还直接与女童相关，如：缔约国应采取一切适当措施“改变男女的社会和文化行为模式，以消除基于性别而分尊卑观念或基于男女任务定型所产生的偏见、习俗和一切其他做法”（第 5 条），应采取一切适当措施“保证妇女在教育方面享有与男子平等的权利”，包括提供入学、课程设置、奖励制度、参加体育运动、学习计划生育知识等方面的平等机会，减少女生退学率，以及“消除在各级和各种方式的教育中对男女任务的任何定型观念”，并为此“修订教科书和课程以及相应地修改教学方法”（第 10 条）等。

三、《北京行动纲领》与儿童生命周期

联合国儿童基金会已经开发了一个生命周期框架（life-cycle Framework）来评估女童的发展，以促进各国政府和联合国儿童基金会考虑到女童在不同成长阶段的各种需要和权利（Lakshman Wickramasinghe，1999：20）。这一点在 1995 年联合国第四次世界妇女大会的文件《北京行动纲领》的第 38 条和第 39 条也有所体现：“在大多数国家妇女终其一生的每日生存和长远期望都受制于歧视性的态度、不公正的社会和经济结构及起源的缺乏，使她们不能充分和平等地参与。在一些国家，产前胎儿性别选择习俗、年轻女孩死亡率偏高和女孩入学率比男孩低，都表示重男轻女剥夺了女孩获得食物、教育和保健甚至生命的机会。对妇女的歧视始于生命的最初阶段，因此必须从出生时起加以解决”；以及“今天的女童就是明天的妇女，女童的技能、思想和精力对于充分实现平等、发展与和平而言是非常关键性的”。“如要妇女成为男子的平等合作者，现在就必须承认女童的尊严和价值，并确保她充分享有人权和基本自由”。否则，“童年受歧视和被忽视会造成终生走下坡路，被剥夺和排除在社会主流之外。”

《北京行动纲领》已将“女童”列为 12 个关键领域之一。除了“女童”领域，在妇女与保健、妇女与教育领域也重申了女童问题。这个报告将女童生命周期（从出生前至 18 岁青春期）与《北京行动纲领》中的女童问题发展成为一个交叉表格，如下表 1。

表1 女童生命周期中的社会性别问题

生命周期阶段	《北京行动纲领》中女童发展的主要障碍	所侵犯的女童权利
出生前	产前胎儿性别选择（38，259）	生存权
婴幼儿	女婴死亡率偏高（38） 溺杀女婴（39，259） 女婴及女孩在获得营养和保健服务方面受到歧视（93，259，266）	生存权
童年	性剥削或经济剥削（39，259） 童婚（39，259） 切割女性生殖器（39，259） 女童入学率低于男童（38） 女孩没有机会接受初等教育（70，263） 女孩在接受教育方面受到歧视（71） 女孩年龄很小就承担繁重的家庭劳动，导致过早退学（71，263） 课程和教材仍然带有很大程度的性别偏见，很少照顾到女孩的需求；强化了传统的性别角色（74） 各级教育工作者对性别问题缺乏认识，损害女孩自尊（74） 课程、教材和教法、教师态度和教师行为在内的有性别偏见的教育进程加深了不平等（261） 理科课程的性别偏见以及与女孩的日常经历相脱节，并未对女科学家给予肯定（75） 女孩缺少机会接受数理基础教育和技术培训，影响她们的就业机会（75，264） 对女孩教育资源分配不足（78） 女孩与青少年从父母、教师、同辈以及媒体得到传统性别角色信息（262） 女教师不足（263） 残疾女童和流浪女童的安全与教育（270，271）	生存权、发展权、受保护权

续表

青春期	上述所有有关教育方面的歧视 经济剥削（39） 缺乏性健康教育和生殖健康教育对女孩和男孩的负面影响；少女得不到必要的保健和营养方面的服务，缺乏有关生殖健康方面的信息和服务以及完整的性教育（74，93，267） 女孩早婚、早孕和早育（以及不安全堕胎），威胁女孩健康（39，93，268） 性与基本性别的暴力，少女遭受凌辱、性剥削、身心虐待、暴力、贩卖等方面的威胁（39，93，99） 少女不安全性行为与艾滋病、性病传播（98，269） 女孩不像男孩那样被鼓励参与和学习社会中的社会、经济和政治运作，因此没有机会参与决策进程（265）	生存权、发展权、受保护权以及参与权

为保障女童人权，《北京行动纲领》在“女童”这一领域中提出了如下九项战略目标：（1）消除对女童的一切形式歧视；（2）消除不利于女孩的负面文化态度和行为；（3）促进和保护女童的权利并更加认识女童的需要和潜力；（4）消除在教育、技术发展和培训方面对女孩的歧视；（5）消除在保健和营养方面对女孩的歧视；（6）消除对童工的经济剥削并保护受雇少女；（7）消除对女童的暴力行为；（8）促进女童认识并参加社会、经济和政治生活；（9）加强家庭（根据上面第29段的定义）在提高女童地位方面的作用等。

除此之外，在《行动纲领》妇女与保健领域中，提出如下具体目标：废除有害习俗，包括选择性流产（107）；采取特别措施以缩小女孩与男孩的发病率和死亡率（106）；确保女孩在成长过程中不断获得必要的保健和营养以及服务（42）；提倡母乳喂养（106）；废除生殖器切割等习俗（107）以及为女青少年提供生殖健康教育（107）等。在妇女与教育领域的具体目标是：消除初等和中等教育的两性差距；创立对性别问题敏感的教育系统；拨出适当预算资源，鼓励女孩接受教育；提供非歧视性、对性别敏感的专业学习辅导和职业教育方案，鼓励女孩选修学术和技术课程，以增加就业机会（80）；向女孩提供非正规教育（82）；为教师编写性别敏感的培训方案和教材，以使他们能提供具有性别敏感的教学；采取行动确保女教师和女教授与男性有平等机会和地位（83）；为特别方案提供资金，如数学、科学和电脑技术，以增加女孩就业机会（85）等。

观察近十年来的有关女童和妇女发展的调研项目和干预项目，可以看到，除了我国未发生在传统习俗影响下的大规模的生殖器毁损之外，其余女童问题都已出现。但在95年世界妇女大会以前，中国的女童问题集中于女童教育，确切地说，是女童平等入学机会问题。但从以上女童分析的国际框架中可以看出，女童问题不仅仅是女童入学的平等机会问题。女童问题如此广泛，使我们在讨论女童问题时，不得不仔细地审视，在中国，女童发展究竟面临哪些障碍与挑战？我们做出怎样的努力才能消除这些障碍，以创造一个适宜女童成长的环境？

四、最突出的挑战："女童被漏掉了"

1999年，联合国儿童基金会与全国妇联在北京召开了"全国女童问题研讨会"。

"我们为什么要关注女童?"在这个大会上，联合国儿童基金会官员 lakshman Wickramasinghe 解释说：《儿童权利公约》第二条阐述了儿童权利的一个基本原则即非歧视原则，提出女孩应该与男孩有同样的权利。除此之外，还有两个重要理由：第一，事实上大多数国家并未真正做到男女平等，女童没有获得平等待遇。联合国儿童基金会使用一个《生命周期概况》来审视女童在不同人生阶段的需要和权利，发现在女童生活的社会和文化氛围中充斥着性别歧视。但大多数国家的儿童项目是不分性别的，针对儿童的服务都是中性的，如帮助贫困家庭女童等项目中，采用的是中性的教育材料，因而没有产生性别平衡的结果。第二，妇女面临的不利处境，源于对女童的歧视。要减少对妇女的歧视，首先应预防对女童的歧视。因此，我们希望在所有的儿童项目中都考虑到女童的需求。（lakshman Wickramasinghe，1999：20）同样在这个大会上，联合国儿童基金会的性别顾问 Croll 谈到，正面支持的女童的口号是"今天的女童，明天的妇女"，这是一个很好的口号，但也要警惕，不要因为她们是明天的妇女，今天就没有性别问题。(Elisabeth Croll, 1999)

在关于"亚洲与中国女童的现状及主要问题"的报告中，Croll 指出：妇女和性别问题已经引起人们的广泛兴趣和关注，并就此开展了许多活动，但几乎没有把女童包括在妇女之内；有关儿童的研究、干预项目和活动已经取得了很多成就，但这些研究、干预项目及活动是不分性别的。因此，"女童被漏掉了"（Croll，1999：9），即女童问题的广泛性没有得到应有的重视。

联合国儿童基金会从以下两个方面来阐述重视女童问题的必要性：

第一，妇女的权利和女孩的权利是相互依存的。只有在妇女享有平等权利的社会中，女孩才能获得这种平等的权利。同时，女孩的生存权利、发展权利、受保护权利和参与权利，在她成长过程中的实现的程度或被侵犯的程度，决定了她将来作为一个女人的生活状况。

第二，没有女孩的权利，也就没有儿童的权利。不能歧视任何儿童，是儿童权利的基本原则。女孩占儿童人口的一半，她们的平等权利得不到保障，将永远实现不了儿童权利的目标。(联合国儿童基金会，2000：94)

因此，男女平等不仅是大人的事情，也是儿童的事情。要想根除性别歧视，应该从童年开始。

（《发展·安全·人权》，五洲传播出版社2009年版，作者系中国社会科学院新闻与传播研究所教授、媒介传播与青少年发展研究中心主任）

适应人口老龄化形势变化加快发展老年人权益保障事业

■王齐彦

人口老龄化是中国21世纪的一个重要国情。人口老龄化的快速发展给我国经济社会发展带来了重大挑战和压力，对全面保障老年人权益提出了新的更高要求。如何在老年人口基数增大、人口老龄化加速的形势下，保障老年人的合法权益，促进中国人权事业发展，是我国社会发展中面临的一项重大又十分紧迫的课题。

一、发展老龄事业是中国人权事业的重要内容

保障老年人的人权是实现充分人权的必然要求。人权保障的对象不仅是普通公众也包括社会特殊群体。老年人由于退出了劳动岗位，既面临身体机能的逐渐衰老，又面临收入减少支出增大的矛盾，在社会中处于相对弱势地位，因此老年人除了应像普通人一样享有普遍性人权，更应当在养老服务、医疗康复、精神卫生、文化体育等方面的权益得到特殊保障。只有保障好老年人的合法权益，让老年人“老有所养、老有所医、老有所为、老有所学、老有所乐”，才算得上真正意义的充分人权。

我国政府高度重视老年人权益保障，通过大力发展老龄事业，致力于保障老年社会成员平等参与、平等发展的权利。特别是近年来，我国陆续出台一系列政策法规，加大资金投入力度，逐步健全机构和设施，在推动老龄事业发展中保障老年人的合法权益。一是加强政策法规建设。全国人大及其常委会、国务院及国家有关部委相继出台了200多项与保障老年人权益有关的法律法规和政策。现已初步形成以宪法为依据，以《中华人民共和国老年人权益保障法》为基础，包括各种单行法律法规、行政规章和地方性法规，涉及老年人养老、医疗、服务、精神文化生活和司法保护等内容的一整套老龄法规政策体系，为老龄事业的发展奠定了良好的法规政策环境。同时，我国先后制定了老龄工作七年发展纲要，以及“十五规划”和“十一五规划”，老龄事业逐步纳入经济社会发展总体规划。二是逐步完善养老保障体系。进一步完善城镇职工基本养老保险制度，国有企业离退休职工养老金实现了足额按时发放；城市“三无”老人普遍享受最低生活保障待遇，农村“五保”老人纳入公共财政供养；北京、天津、上海、云南、宁夏等地建立了无保障老年人生活补贴、高龄老人津贴等制度；新型农村养老保险试点顺利推进，各地还积极探索被征地农民补偿政策，广大农村老人的生活不断改善。三是逐步建立医疗卫生服务体系。城镇职工基本医疗保险待遇覆盖5527万退休人员；新型农村合作医疗制度覆盖范围进一步扩大；城乡医疗救助制度建设步伐加快，缓解了贫困老年人的医疗负担。老年医疗卫生服务工作不断加强，老年卫生服务机构普遍为老年人提供优先便捷服务。四是加快养老服务体系建设。全国养老服务示范化加快试点进度，以居家为基础、社区为依托、机构为补充的养老服务体系建设有效进行；社区各类老年福利服务机构和设施总量大规模增加，服务能力显著提高。截至2009年底，全国有城乡养老服务机构3.6万多个，社会福利院1611个，收养床位258.1万张，社区服务设施17.5万个。五是大力发展老年文化、教育等社会事业。各地公益性文化活动场所向老年人优惠开放，丰富多彩的老年文体活动广泛开展；老年人教育发展迅速，老年人的精神文化生活不断丰富；全社会尊老、敬老、爱老、助老的良好氛围日益浓厚。同时，从中央到地方成立了各级老龄工作委员会及其办事机构，形成了“党政领导、社会参与、全民关怀”的老龄工作格局，为老龄事业的发展提供了保证。

我国老龄事业的发展成就，是我国各级党委、政府把老年人权益保障工作摆上重要日程，统筹经济、社会、人口协调发展的结果，表明中国在经济尚不发达的条件下，全面保障占世界五分之一老年人口的合法权益，努力推动人权事业不断向前发展。

二、充分认识人口老龄化的严峻性和老年人权益保障的艰巨性

1999年底，我国65岁及以上老年人口达到8679万人，按照联合国的标准，中国从此进入老龄化社会。进入老龄化社会10余年来，中国的老龄化进程呈加速态势，老年人口基数之大、增速之快，是许多发达国家所不曾遇到的。当前，我国正处在新中国成立以来第一个老年人口增长高峰期，人口老龄化发展形势十分严峻。

第一，老年人口基数庞大。2009年，我国60岁及以上老年人口已达到1.6714亿，占全国总人口的12.5%，是世界上唯一的老龄人口超过一亿的国家，总量居世界首位。据有关预测，到2050年，我国老年人口总量将超过4亿，约占总人口的31%，多于目前法、德、意、日、英五国的人口总和。另据联合国预测，21世纪上半叶，中国一直是世界上老年人口最多的国家，21世纪下半叶，也将是仅次于印度的第二老年人口大国。

第二，老年人口增速快。1999年到2009年，我国老年人口增加到1.6714亿，年均增加410万，老龄化程度提高了2.5个百分点；65岁以上老年人，年均净增259万，老龄化程度提高了1.4个百分点。其中，2009年与上年度相比，老年人口净增725万，增长了0.5个百分点，成为历史上老年人口比重增幅最大的一年。据预测，本世纪头一个20年是我国人口快速老龄化阶段，老年人口年均增加596万，年均增长率为3%；从2020年到2050年将是人口加速老龄化阶段，老年人口年均增加620万，2051年将突破4亿人；本世纪的后50年，将进入稳定的重度老龄化阶段，老年人口的规模将稳定在3至4亿人左右，处于一个高度老龄化的平台期。

第三，老年人口高龄化趋势显著。随着我国经济持续发展和人民生活水平的提高，以及医疗卫生条件的不断改善，我国人均预期寿命大为延长。在老年人口总量增加和人均寿命延长的双重作用下，我国人口老龄化加快的同时，老年人口高龄化趋势也越来越显著。2000年，我国人口平均预期寿命为71.4岁，80岁以上高龄人口达1199万；2009年，平均预期寿命超过了73岁，80岁以上老年人口达到1899万，占老年人口的11.3%。今后，80岁以上的高龄老年人每年还将增加100多万人，“十二五”期间将超过2600万。人口老龄化已表现出明显的高龄化趋势。

第四，“空巢”老人迅速增加。“空巢”老人是指独居或仅与配偶居住的老年人。有关研究表明，2000年，我国城乡老年人空巢比例约为38.9%，现已发展到50%左右，部分大中城市老年空巢家庭达到了70%。可以预测，随着第一代独生子女父母进入老年以及城市化的发展和就业人口流动化加剧，“空巢”老年人数还将进一步增加，老年人的养老服务供需矛盾将更加突出。

人口老龄化问题给保障老年权益带来重大挑战。特别是，中国进入老龄化社会时经济发展水平远低于发达国家，发达国家一般在人均GDP达到5000至1万美元时进入老龄化社会，而我国则不到1000美元，即使在东部发达地区也只有3000美元，属于公认的“未富先老”国家；同时，我国老龄化来得又极为迅猛。中国在20多年内，65岁以上老年人占总人口的比重从7%迅速提高到了14%，在多数发达国家则要经历半个多世纪。中国老龄化过程中的特殊性使中国保障老年人合法权益面临的困难更加艰巨。

其一，养老保障压力较大。我国现行老年养老保险是统账结合模式。随着社会在职人员与退休人员的供养比由过去大约10：1锐减到目前3：1，养老保险资金支付面临巨大压力。据预测，到2020年，中国领取养老金的老年人将超过1亿人，人口抚养比将达到2.5：1。要应对人口老龄化高峰对养老保障的需求，中国社会保障基金必须保持一个适度的规模和收益水平，确保老年保险制度可持续发展，这是关系老年人切实利益的重大课题。同时，我国的社会养老保险覆盖面较窄，大批个体从业者、农村居民的养老保障问题需要进一步作出政策和资金安排。

其二，医疗保障面临挑战。老年人是医疗卫生资源的重要消费对象。据卫生部统计，60岁以上老年人慢性病患病率是全部人口患病率的3.2倍，伤残率是全部人口的3.6倍，60岁以上老年人余寿中2/3的时间处于带病生存，老年人消耗的卫生资源是全部人口平均消耗资源的1.9倍。人口老龄化的加剧，高龄老年人猛增，各项费用进一步上升，给我国医疗保障体系带来巨大压力。同时，我国医疗卫生资源总量相对不足、分布不均衡，个人负担医疗费用上涨过快，许多老年人面临“看病贵、看病难”问题。

其三，养老服务供求矛盾突出。老年人对生活、护理、医疗等养老服务的需求很大。经过多年努力，我国确立了以居家为基础、社区为依托、机构为补充的思路，加快养老服务社会化发展，尽管取得了长足进展，但总体上还不能有效满足日益增长的福利服务需求。目前我国各类养老服务机构只有4万个、床位只有200多万张，平均每千名老人只有11张床位，不但与发达国家相比差距甚远，就是与发展中国家平均每千名老年人拥有养老床位30至50张相比，差距也十分明显。与此同时，居家养老在中国老年人当中具有很高的认同度，但是提供居家养老的社会化服务却刚刚起步，绝大多数的城市街道和社区居委会缺少老年服务机构和设施，农村乡镇更少，远远不能满足老年人居家养老需要。

国际国内认为，未来25年是中国应对人口老龄化的关键时期。但就目前来看，我国在老龄化问题上面临的挑战和压力十分严峻，所做的准备还不够充分，要应对人口老龄化带来的问题需要作长期努力的准备。

三、统筹规划，突出重点，着力做好老年人权益保障工作

党的十七大提出要“使全体人民学有所教、劳有所得、病有所医、老有所养、住有所居”的目标。其中“病有所医、老有所养”无疑是着眼人口老龄化加速发展，加快推进以改善民生为重点的社会建设的长期性重大任务。保障老年人各项合法权益，要按照中央的要求，统筹规划、突出重点，着力加强老年人权益制度建设、服务保障和资金投入。

（一）健全和实施老年人权益保障制度

老年人权益保障制度，是保障老年人基本生活和维护老年人合法权益的基本保证。要继续完善基本养老保险制度，促进城镇职工基本养老保险制度规范化；探索实施新型农村养老保险制度，逐步扩大覆盖范围。进一步完善基本医疗保险制度，全面推进城镇职工基本医疗保险、城镇居民基本医疗保险、新型农村合作医疗制度；完善最低生活保障制度，做到“应保尽保”；探索建立老年人生活补贴、高龄津贴、护理补贴及无社会保障老年人生活补贴制度；进一步改善农村五保老人待遇，切实解决贫困老年人的基本生活问题。同时，应加强制度之间的衔接配套，注重发挥制度体系的整体效能。

（二）大力发展养老服务事业

近年来，养老服务工作确立了以居家为基础、社区为依托、机构为补充的发展路子。这一发展模式适合我国国情，符合中国传统，也有利于发挥家庭养老的优势，必须长期坚持，在实践中不断完善。要继续巩固居家养老的基础地位，支持和鼓励家庭成员照料老人；把发展社区养老服务作为重要民生工程，加快社区养老服务组织和服务设施建设，有效整合社区服务资源，完善养老服务网络，强化社区的养老服务功能；加强养老机构建设，发挥国有和公办养老机构的示范辐射作用，积极探索政府购买服务、公建民营、民办公助等方式，提高社会福利机构运营管理和服务水平。同时，要积极研究制定养老服务的就业政策，加快专业养老护理人才培养和从业人员培训工作，不断优化为老服务队伍结构，提高养老服务人员的专业素质和职业道德。要健全社会工作者制度，开发社会工作岗位，鼓励和吸引社会工作者从事为老服务工作。

（三）扩大老年事业资金投入

老年人权益保障是一项社会公益事业，公共财政要优先予以保障。要进一步扩大农村“五保”供养、最低生活保障、新型农村合作医疗、老年补贴等制度政策的财政投入，确保纳入救助制度的贫困老年人基本生活；要保证农村乡镇敬老院、老年活动中心和综合性老年福利服务机构建设所需资金，进一步增加老年人福利服务机构和床位数量；要扩大政府向社会组织购买为老服务的资金投入；健全和完善社会力量发展养老服务事业的政策措施，鼓励和引导社会民间资本进入老龄产业，增加社会为老服务的有效供给。

（四）大力弘扬传统“孝”文化

以敬老、养老为核心的孝文化，是中华民族的传统美德。继承和发扬孝道文化，对于引导社会成员自觉履行社会责任、家庭责任，促进老龄事业发展具有重要的精神支撑作用。要全面认识传统孝文化，从中汲取精华、弃其糟粕，使之与当代社会相适应，与现代老龄事业发展相协调；坚持继承与创新相结合，实施老年文化建设工程，在全社会大力营造尊老、敬老、爱老、助老的良好社会氛围。

（《人权与发展》，五洲传播出版社2011年版，作者系民政部办公厅副主任、政策研究中心主任）

改革开放以来残疾人事业的实践与经验

■张国忠

党和国家历来关心残疾人，重视残疾人工作和发展残疾人事业。毛泽东同志曾动情地说，盲人是世界上最痛苦的人，要为他们解决困难谋福利。邓小平同志满怀深情地指出，中国需要改进对残疾人的服务。江泽民同志明确指出，关心帮助残疾人是社会文明进步的标志。胡锦涛同志深刻指出，在经济社会发展中加快发展残疾人事业，让关爱的阳光照亮每一个残疾人的心灵。残疾人事业是中国特色社会主义事业的重要组成部分，残疾人事业伴随着国家改革开放而发展壮大，广大残疾人在改革开放的进程中创造着幸福生活和美好未来。

二十多年来，在经济快速发展、社会全面进步的进程中，党和国家实施了一系列发展残疾人事业、改善残疾人状况的重大举措。开展两次全国残疾人抽样调查，摸清了残疾人的基本情况，为制定残疾人事业的法规规划提供了科学的依据；出台《中共中央国务院关于促进残疾人事业发展的意见》，对发展残疾人事业作出全面部署；颁布实施《残疾人保障法》和残疾人教育条例、就业条例，推动残疾人事业走上依法发展的道路；国务院和地方各级政府设立残疾人工作委员会，健全残疾人工作领导体制；实施五个发展残疾人事业的国家规划，全面推进各项残疾人康复、教育、就业、文化、体育、维权、无障碍环境建设等工作；建立统一的残疾人组织——中国残疾人联合会及其地方组织；广泛传播人道主义思想和“平等·参与·共享”的现代文明社会残疾人观，社会对残疾人的观念发生深刻变化，理解、尊重、关心、帮助残疾人的良好社会风尚进一步形成。残疾人事业从一个较低的起点起步，由小到大，由救济为主的社会福利工作，逐步发展成为领域广阔的综合性社会事业，初步形成了比较完整的组织体系、比较系统的业务体系、比较完善的政策法规体系和科学的思想理论体系，在经济建设、政治建设、文化建设和社会建设中发挥着越来越重要的作用。

二十多年来，我国残疾人的面貌发生了根本性变化。例如，帮助1000多万残疾人脱贫，仅2007年，就扶持127.3万农村贫困残疾人解决了温饱问题；实行城乡最低社会保障等社会救助措施，全国城镇已参加社会保险的残疾人达到260.7万人，在已实行最低生活保障制度的城乡，共有635.9万残疾人享受到最低生活保障，还有60.8万残疾人在各类福利院、养老院享受集中供养、五保供养，370.5万残疾人保障临时救济和定期补助，使他们的基本生活得到保障；通过实施白内障复明手术、聋儿语训、精神病防治康复等重点康复工程和广泛开展社区康复，为1500多万残疾人提供康复服务；提供形式多样的职业和实用技术培训，仅2007年，就为28万人城镇残疾人提供了职业培训，为75.8万农村残疾人提供了实用技术培训；同年，城镇新安排残疾人就业39.2万人，目前参加劳动的农村残疾人达到1696.5万人。残疾儿童少年义务教育入学率大幅度提高，2007年在校的盲、聋、智残学生已达到58万人。同时，通过开展扶残助学活动，已累计资助贫困残疾学生11.8万人；实施危房改造项目，为28.7万户农村残疾人家庭改善了居住条件。更为重要的是，残疾人由被动的受助对象变为平等参与的主体，成为经济社会发展的一支重要力量。越来越多的残疾人实现了自食其力，创造社会财富，实现人生价值。在改革和发展中涌现出一批又一批体现着民族精神和时代风貌的优秀残疾人代表，他们那特有的人性光芒和自强不息精神，感染、激励和鼓舞着一代又一代人；一些优秀残疾人在国际舞台上展示了动人的风采，为祖国赢得了荣誉，为中华民族增添了光彩。

我国成功举办的北京第十三届残奥会，圆满实现了“两个奥运，同样精彩”。这是参加国家和地区最多、参赛运动员最多的一次残疾人体育盛会，是全球残疾人“超越·融合·共享”的盛大节日。我国残疾人体育健儿，顽强拼搏，屡创佳绩，继雅典残奥会之后再次取得了金牌总数和奖牌总数双第一，实现了运动成绩和精神文明双丰收，为祖国赢得了荣誉。北京残奥会让全社会强烈地感受到残疾人对和谐世界和美好生活的梦想与渴望，让全世界欣喜地看到了一个文明、进步、和谐的中国。我们还于2007年在上海成功举办了第十二届特奥会，向世界展示了人文中国的风采。中国残疾人艺术团出访多个国家和地区，以精湛的艺术和感人的自强精神感染了世界，被誉为“美和友谊的使者”。

二十多年来，我国残疾人事业的国际影响不断提升，赢得国际社会的广泛赞誉。积极参与国际残疾人事务，广泛开展国际交流与合作。响应《关于残疾人的世界行动纲领》，积极参与“联合国残疾人十年”行动，倡导并支持两个“亚太残疾人十年”行动，为亚太地区残疾人创造平等、包容、无障碍和以权利为本的社会环境，注入新的活力。我国积极推进《残疾人权利公约》制定进程，并率先批准了公约，向世界做出了保障残疾人人权、改善残疾人状况的庄严承诺。残疾人事业的发展，展示了我国社会发展的成就，进一步树立了我国尊重和保障人权、关注和改善民生的良好形象，受到国际社会的普遍赞誉，荣获联合国人权奖、联合国残疾人十年特别奖等多个奖项。

经过二十多年的艰苦奋斗和积极探索，我国残疾人事业走出了一条适合国情、具有特色的健康持续发展之路，积累了十分宝贵的经验。

第一，必须坚持解放思想、实事求是、与时俱进，顺应改革开放的历史潮流，从我国的基本国情出发，把残疾人事业纳入国家发展大局，同时学习借鉴国际残疾人事务先进理念，走中国特色残疾人事业发展道路。

第二，必须坚持劳动福利型的发展方向。残疾人是一个特殊困难的群体，要采取特殊辅助的方式，不断加强和改进对残疾人的服务、增进残疾人的福祉；同时，残疾人具有参与社会生活的愿望和能力，是建设中国特色社会主义事业的一支重要力量，要充分发挥残疾人的积极性、主动性和创造性，鼓励残疾人参与、创造和奉献。

第三，必须坚持党委领导、政府主导、社会参与的发展模式，充分发挥政府在残疾人事业中的主导作用，广泛动员社会参与，残联组织作为党和政府联系残疾人的桥梁纽带，代表残疾人的共同利益，全心全意为残疾人服务。

第四，必须坚持讲求实效、打好基础的发

展原则，始终把改善残疾人状况作为残疾人工作的根本出发点和落脚点，将工作重心放在基层，注重解决实际问题，重点抓好康复、教育、就业、扶贫等受益面广、适用有效的工作；同时不断完善残疾人事业的业务体系、组织体系、政策法规和思想理论体系与长效机制，夯实残疾人事业发展的基础。

第五，必须坚持依法发展残疾人事业。建立和完善残疾人事业的法律法规体系，将残疾人权益保障和事业发展纳入法制化轨道，促进残疾人权利的享有和实现，为残疾人事业持续健康发展提供根本性的制度保障。

第六，必须坚持弘扬人道主义思想，树立现代文明社会残疾人观。人道主义是马克思主义的重要组成部分，是社会的基础思想之一。我们高扬人道主义旗帜，始终站在先进思想文化的前沿，倡导“平等·参与·共享”的现代文明社会残疾人观，坚持以人为本，尊重残疾人的权利、价值和尊严，追求社会公平正义，丰富了社会主义核心价值体系的内容。

在充分肯定成就的同时，我们必须清醒地认识到，我国残疾人事业还滞后于经济社会的发展，基础还比较薄弱，城乡和地区之间残疾人事业发展还不平衡，基层尤其是农村基层为残疾人服务的能力亟待提高。残疾人总体生活状况与社会平均水平存在较大差距，残疾人在基本生活、医疗卫生、康复、教育、就业、社会参与等方面还存在许多困难，残疾人社会保障和公共服务政策措施还不完善，歧视残疾人、侵害残疾人权益的现象仍时有发生。残疾人实现全面小康生活任重而道远，我们必须为此付出长期艰苦的努力。

党的十七大提出了实现全面建设小康社会的新要求，明确指出“发扬人道主义精神，发展残疾人事业”。今年3月，党中央、国务院下发了《关于促进残疾人事业发展的意见》，从立党为公、执政为民和落实科学发展观的高度，从中国特色社会主义事业全局出发，深刻阐明了促进残疾人事业的重大意义、指导思想、工作原则和目标任务，对促进残疾人事业发展做出重大部署。《意见》明确要求紧紧围绕全面建设小康社会奋斗目标，着眼于解决残疾人最关心、最直接、最现实的利益问题，完善促进残疾人事业发展的法律法规和政策措施，健全残疾人社会保障制度，加强残疾人服务体系建设，营造残疾人平等参与的社会环境，缩小残疾人生活状况与社会平均水平的差距，实现残疾人事业与经济社会协调发展，努力使残疾人同全国人民一道向着更高水平的小康社会迈进。

我们要按照党中央、国务院对残疾人事业的重大部署，开拓进取，努力奋斗，扎实工作，到2020年全面建设小康社会目标实现之时，使残疾人事业与经济社会协调发展，残疾人政治、经济、社会、文化权益得到切实尊重和保障，生活状况得到根本改善，人人享有基本生活保障，人人享有基本医疗卫生和康复服务，人人享有安全的住房，残疾儿童少年人人享有九年义务教育，残疾人文化教育水平明显提高，就业更加充分，参与社会更加广泛，普遍达到小康生活水平。

（《中国改革开放与人权发展30年》，人民日报出版社2009年版，作者系中国残联国际部处长）

（五） 国际人权

中国积极参与国际人权活动30年

■陈士球

中国过去30年的所有发展和进步都是改革开放的成果，人权也不例外。中华人民共和国对国际人权活动的态度以改革开放为界，前30年基本回避和超脱，后30年积极参与，稳步前进。这段历史生动地反映出，改革开放以来，中国人权事业所取得的巨大进步与发展。

一、改革开放带来人权问题大调整

中国是联合国的创始成员国，是首先承认并签署以人权为其三大支柱之一的《联合国宪章》的国家。现代国际人权的宣言书——《世界人权宣言》的起草人中就有一位中国学者，也可以说中国是二战以后倡导现代国际人权理念的积极分子。然而，在中国新民族主义革命的胜利和中华人民共和国成立后，当时受到美国和西方国家主导控制权的联合国却把新中国排斥在联合国之外达22年之久，同时也把新中国排除在联合国的人权活动之外。不仅如此，由于美国等西方国家的操纵，新中国在联合国人权领域里，一度还被置于受谴责和攻击的地位，1959年、1961年和1965年，联合国大会三次通过关于西藏问题的决议，“呼吁停止剥夺西藏人民的基本人权和自由”，矛头直指中国政府。这样的国际环境迫使中国不得不对人权问题采取高度警惕和排斥的态度。这种状况即使在1972年联合国恢复中华人民共和国的合法席位以后的一段时间里也未根本改变，在整个20世纪70年代，中国虽然也参加联合国大会和经社理事会讨论人权问题的会议，但总体上对人权问题持超脱和回避的态度，对联合国专门讨论和审议人权问题的《联合国人权委员会》不参与，不接触；对国际人权公约不沾边。

从主观因素来看，中国革命胜利后，实现了人民当家做主的神圣权利，为了捍卫胜利的果实，防止内外的颠覆与破坏，政治上实行高强度的无产阶级专政，长期实行以阶级斗争为纲的政策，这样的国内环境从政治上、政策上、思想上和实践上形成了排斥和忽视人权的氛围。在政治上、政策上和法律上不打人权旗帜，不用人权口号。广大人民群众在“以公为荣，言私为耻”的革命年代，很少去考虑人权问题，更谈不上去索求个人的人权。所以，在20世纪50、60、70年代的中国社会，人权成为一大禁区，从专政的国家机器和掌权人到普通百姓对于人权的认识和理解同今天有着巨大的差别。

这种禁锢状况的改变起于改革开放，并随着改革开放的不断深入发展而逐渐前进。改革开放是解放思想，实事求是的大变革。经济改革必然伴以政治体制的改革，解放思想必然要从经济领域延伸到政治和意识形态领域，所以改革开放冲破了一切阻碍生产力发展和社会进步的思想禁锢和陈旧的思维模式。人权这个禁区也随之被冲破，这在中国参加国际人权领域活动方面，表现得尤为突出。20世纪80年代前，人权在国内属于禁区，在国际上尽可能回避。1980年我国开始考虑和研究参加国际人权活动问题，并为此成立了多部委参加的协作组，研究的主要题目是：参加国际人权活动的方针；是否加入重要的国际人权公约；我国对一些具体人权问题的基本主张。1981年我国参加了联合国人权委员会的竞选并胜利当选，从1982年起成为联合国人权委员会的正式成员，当时我国参加国际人权领域活动的方针是，独立自主，积极慎重，稳步前进。具体原则立场是：赞成经过发展了的人权概念，促使国际人权领域的斗争，朝着有利于反帝反殖反霸的方向发展；坚持反霸的方向，维护第三世界国家的利益，而不介入第三世界国家之间的纠纷；主张联合国应重点审议大规模严重侵犯人权问题；接受基本人权的提法，反对利用人权口号干涉别国内政；严防西方国家假借人权问题，对我国进行颠覆渗透活动，并注意揭露外界对我国的攻击和污蔑；支持和参与无害的国际合作和交流活动，履行必要的义务；优先考虑加入关于反帝反殖反霸斗争的人权公约，对《公民权利和政治权利国际公约》和《经济、社会和文化权利国际公约》及早动手进行研究。当时采取这样重大的决定，在人权问题上迈出如此巨大的步子，无疑是改革开放，解放思想，实事求是的成果。

在正式参加人权委员会之前，我国从1979年起连续三年以观察员身份参加人权委员会的会议，经过现场考察和慎重考虑，形成了一些看法和建议，认为我国参与国际人权活动是势在必行，利大弊小。

支持这种结论的主要依据是：

1. 国际人权领域的新发展证明，当代人权已经不同于西方资产阶级传统的人权概念，已被注入了一系列新的进步的内容，民族自决权、国家独立与主权。自然资源永久主权等集体人权概念具有鲜明的反对帝国主义、反对殖民主义、反对种族主义和反对霸权主义的特点，与当时的国际政治潮流完全吻合。当时广大发展中国家（那时叫第三世界国家）提出的联合国应重点审议由种族主义、殖民统治、外国占领和侵略造成的大规模严重侵犯人权问题的主张逐渐占了上风，发展权的概念也已提到台面。

2. 当时的国际人权斗争对于我国当时的外交斗争非常有利，当时正值我国反对苏联侵占阿富汗和越南侵略柬埔寨的反对苏越大小霸权主义的高潮时期，那个时期，联合国人权委员会每届会议都要审议苏联侵占阿富汗和越南侵略柬埔寨问题并通过谴责苏越的决议。中东和巴勒斯坦人权问题同时也是人权委员会审议的重点议题。我国参与人权斗争符合我国外交斗争的总方针，从反霸的战略和策略高度出发，团结广大发展中国家，联合和争取西方国家一道反对苏美越霸权主义对他国的民族自觉权和基本人权的严重侵犯。

3. 1972年恢复联合国的席位后，我国作为安理会的常任理事国，对联合国活动的参与逐步增加，在联合国的地位和影响也逐渐显露，但在人权领域却一直停滞于消极回避的状态，远远落后于许多发展中国家。广大发展中国家视我为坚强可靠的盟友，对我国寄予厚望，他们热烈期盼我国多参加国际人权活动，壮大他们的队伍，增强他们的战斗力。那几年在联合国大会、经社理事会和人权委员会开会期间，一些发展中国家，特别是不结盟运动领头国家一再向我国表示，希望我国对联合国人权活动采取较为积极的态度，尽早参加人权委员会和加入国际人权公约，以加强发展中国家的战斗力，在国际人权领域里共同打击帝国主义、殖民主义、种族主义和霸权主义和应对西方人权观的消极影响。

4. 国内改革开放，解放思想，政治环境宽松，民主法制建设改革已提上日程，人权禁区也有松动的动向。加之当时国际上对我国国内人权问题的消极反应或批评并不突出，参加国际人权活动不会给国内造成承受不了的压力。尽管当时的基本方针是内外有别，即在国际人权活动领域迈大步，国内迈小步。但国际国内不可能完全分离，对国际人权问题的调整必然会牵动国内的调整，后来实践证明，两者确实是相辅相成的关系。

二、八年好日子（1982—1989年）

参加人权委员会以后的前八年，我国地位主动，日子好过。那时人权会的热门议题是南非。巴勒斯坦、阿富汗、柬埔寨问题，挨整的是南非种族主义政权、美国和以色列帝国主义、苏联和越南大小霸权主义，这些问题都是我国外交斗争中关注的重点，我国的地位十分主动，不管哪个问题，我国都处于绝对优势一边。南非、巴勒斯坦问题上，我国和广大发展中国家及苏联东欧站在一起；阿富汗和柬埔寨问题上，我国和广大发展中国家及西方站在一起。东西方的大小霸权主义者，我国全反对，各方也都十分看中和需要我国的支持，一时间我国成了反霸的主力。当时我国外交斗争的主攻方向就是霸权主义，特别是苏越霸权主义，实现了人权斗争与外交斗争的紧密结合。当时世界处于苏美两大政治军事集团冷战时期，两大敌对阵营激烈碰撞，居中的广大发展中国家成为双方争夺的重点，中国坚持独立自主。不结盟的外交政策，不参加任何集团，既反美又反苏，地位最主动。当时人权会上传统议题中挨整的国家分别是美苏两家的弱小盟友，美方盟友挨整的有智利、萨尔瓦多、危地马拉、玻利维亚、阿根廷、乌拉圭、海地、巴拉圭；苏东集团挨整的是东德、波兰，苏联自己挨整的还有一个萨哈罗夫（苏联著名的持不同政见者）问题。对于这些问题，我国多数不介入，我国的基本政策是：对属于国内政策引起的问题，我国原则上持不干预态度；对某些政治反动、人权形象很坏国家的问题，我国采取与多数发展中国家一致的立场。坚持执行上述政策的结果使我国在人权会上始终站在正义的立场上，处于多数和优势地位，过了八年的好日子，从未发生整我国的问题。尽管当时国际上西方媒体对我国人权状况的负面报道时有发生，《大赦国际》等国际人权组织也常常向我国领导人和联合国投函，指责我国人权问题，但所有这些都未形成大气候，更上不了人权会的议程。

三、十五年顽强抗争

20世纪80年代末90年代初，国际形势发生了重大变化，苏联东欧集团土崩瓦解，苏联即将解体，国际气候大角度地向西方倾斜，国际人权形势随之发生大逆转，一大片原苏联盟友在政治上倒向西方，他们的人权观也向西方靠拢，人权会上，西方再也不追究他们的人权问题了，他们都变成了听话的好孩子了，而且还积极地同西方站在一起整别人的人权问题，成了西方得力的帮手。人权问题就是这样和国际政治紧密相连，西方就是这样玩弄人权的。

曾在东西方对抗中显得十分强硬和坚固的苏东阵营顷刻间分崩离析，一败涂地，美国、西方喜出望外，脑袋膨胀，他们以为，庞大的苏联东欧社会主义的迅速瓦解意味着世界上一切共产主义政权都不会长久。恰恰在1989年5、6月中国也发生了令他们感到欣喜的动乱，他们以为是天赐良机，于是便倾巢出动，一同从政治、经济、外交和人权等各个方面向中国发起猛攻，幻想一举摧垮社会主义中国。因此在国际人权领域里，中国被他们选定为打击的主要目标。在西方制裁、禁运、抵制的环境下，西方舆论不遗余力把中国的人权状况描画得漆黑一团，国际反华人权组织甚嚣尘上，流亡国外的民运分子和达赖流亡集团与西方反华势力沆瀣一气，狼狈为奸，西方国家特意给达赖套上“诺贝尔和平奖”的花环，为其撑腰打气。受这股罪恶反华逆流的影响，一些本来与我友好的发展中国家也忌讳与我接近，甚至有意回避。中国的形象被严重歪曲，中国的人权状况遭到无情的摸黑。1989年8月由26国独立人权专家组成的联成合国人权小组委员会以15：9票的悬殊比分通过了西方专家提出的关于中国人权问题的提案，要求联合国秘书长就我6月平暴问题向人权委员会提交报告，为西方在人权委员会上向我国发难打下了基础。同年秋天，联合国大会第三委员会上，西方国家由荷兰牵头提出了不点我国名但内容明显针对我国的“关于言论及和平集会自由”的提案，企图置我国于联大的被告席。我国联合友好的发展中国家一道，巧妙地运用程序战术将之粉碎，我国联合17个友好国家提出修正案，将西方不点名的提案修改为针对南非种族主义政权和以色列的提案，经过一场激烈的较量，我国修正案获得多数通过，逼迫对手灰溜溜地撤回了提案，使他们阴险的图谋落空。

但西方并未善罢甘休，1990年春天第46届人权委员会上，西方变本加厉向我国发难。这次他们进行了充分的准备和周密的策划。1989年人权小组委员会关于中国人权问题的决议成为他们在人权委员会上整我国的由头；西方把持下的联合国人权中心秘书处根据人权小组委员会上述决议为秘书长编写了中国局势的说明，并且把攻击我国最为恶劣的大赦国际、人权联盟等人权组织对我国的指控信列为秘书长说明的附件，作为人权会的文件散发，为西方整我国提供炮弹；人权会前和会议期间，西方开动各种宣传机器密切配合向我国进攻；会上二十几个西方国家和几十个非政府组织相互呼应向我国发起进攻，一些非政府组织会场内外四处游说并散发诬我国材料和画册，民运分子吾尔开希也窜到会上叫骂；经过大量舆论铺垫之后，西方纠集了18国抛出诬我人权问题提案；与此同时，西方国家倾巢出动，分片包干，在会场和发展中成员国首都施加强大压力，威胁利诱，不择手段进行拉票。

会前，我国对形势的严峻性和西方的图谋早有准备，我国基本方针是："参照联大三委斗争做法，结合具体情况，通过各种手段和途径，力争打掉（西方提案）"；"如会议通过决议，我发表声明予以拒绝和批驳"。打掉打不掉的关键在于我能得到的票数，坦率地说，对此，当时我们无丝毫把握。但有一条是肯定的，那就是要尽全力拉票，会前会间，我们一直在北京、纽约、日内瓦和发展中成员国首都做工作，争取支持，对一些态度含糊、立场摇摆和有迹象倾向西方的发展中国家，重点反复做工作，力争把他们拉过来或至少要他们保持中立。策略上有三种选择：一是打实质战；二是打程序战；三是先做打实质战的准备，等票数实在不够时再考虑转为程序战。当时我们经过分析认为，人权会同联大三委的情况不同，联大三委西方的提案未点名，我用提修正案的办法把它打掉。而人权会上西方提案是点名中国的，用三委的办法行不通。也不能一开始就用"不采取行动"的程序动议，因为这意味着一开头我就未能在气势上占取优势，可能被误读为我底气不足和缺乏信心，不利于对处于观望中的和态度不坚定国家的争取工作，也会被西方国家利用，以增加他们的气势。所以从会议开始到西方提案表决前四天的35天时间里，我国一直在同西方打阵地战，一票一票地争夺，我国的工作重点是亚非拉发展中国家，他们是我外交工作的基础和依靠力量，在这场与西方短兵相接的战斗中，他们是决定我胜负的关键。我国在抓紧做他们驻北京使馆和他们首都工作的同时，在会场除一个一个地单独做工作外，还分别到该三个地区组的会议上介绍情况，讲明道理，揭露西方，晓以利害，寻求支持，在每个地区组会上，都有坚定支持我国的国家的代表当场明确表态，并呼吁组内其他国家一起支持我。即使如此，到3月2日，即离表决西方提案的前四天，明确承诺支持我的票数仍然压不过西方。当时西方有15～18票：美、英、法、西德、意、葡、西班牙、瑞典、比、加拿大、日本、巴拿马、斯威士兰、匈牙利、保加利亚。前11国是他们的基本队伍，巴拿马当时是美国刺刀扶植的傀儡，斯威士兰是我未建交国，匈牙利、保加利亚当时是东欧剧变中急于取悦西方的先锋，外加态度未定的三个发展中国家，他们自己对我说未最后定，正等待政府指示，但西方宣称，他们已在首都拿下。我方稳拿在手的只有13票：中、苏、乌克兰、巴基斯坦、孟加拉、斯里兰卡、伊拉克、古巴、埃塞俄比亚、索马里、加纳、圣多美—普林西比、马达加斯加，其中圣葡代表尚未到会。不确定的有5票，印度、塞浦路斯、尼日利亚、冈比亚、博茨瓦纳5国只向我国暗示不会支持西方，但迫于西方压力，一直不确定最后立场。此时离表决涉我提案只剩下4天时间了，而且还有两天是周末，形势异常严峻，力量对比对我十分不利，对方15票加3个不确定票；我方13票加5个不确定票；已明确表示中立的七国。要击败西方，必须做到：（1）争取态度倾向西方，但尚未确定最后立场的三国不投支持西方票；（2）在态度倾向我的五国和已表示中立的七国中，争取3～4票支持我。

此时我们对形势和态度犹豫不定国家的心态作了全面的分析，认为要实现这个目标的难度很大，但也不是绝对不可能，这15国全是发展中国家，他们在政治上同情我，倾向我，但迫于西方强大的政治压力，甚至面临要与经援挂钩的威胁，很难直截了当地投反对西方的票。我们可以改打程序仗的办法，即提出对西方提案"不采取行动"的动议，对该动议投赞成票者可以解释为未就实质问题表态，这样或许会减轻他们的压力，以便争取他们投支持我动议的票。这一方针确定后，经过三天（其中两天为周末）紧张做上述15国的工作（一直做到他们的首都），到3月5日，即表决的前一天，终于争取到南斯拉夫、印度、塞浦路斯、尼日利亚（其与会代表表示，是她个人的建议，尚待政府批准）四国的支持票，其余五个原来态度不定的发展中国家，包括西方宣称已支持西方的三国，全部弃权，原已决定采取中立态度的七国除南斯拉夫转向支持我外，其余六国维持中立。这天上午圣普的代表也出现在会场，他只身从他们国家的首都专程赶来会场，就为投支持中国的一票。到3月5日散会时，我刚好拿到我动议获得通过所必需的最低标准16票(因为尼日利亚一票还未最后确认)。我行动迅速，收效显著，打了西方一个措手不及，他们虽然搞不准我究竟掌握了多少票，但觉得形势不妙，只见他们会场内外串来窜去，分头找发展中国家代表谈话，进行疯狂的拉票和挖墙脚活动。他们的一举一动都在我们的视线之内，他们一离开，我们的人就会赶过去做消毒和巩固的工作，3月5日下午和3月6日全天双方就是在紧张的拉锯战中度过的，到6日下午5时左右，当尼日利亚代表向我确认尼政府支持我动议的最后立场时，一个多月以来一直压在我们心头的一块巨石终于落地。17票在手，胜利的保险系数大大增加，即使会场临时出现不测，跑了一票，我仍然能以16: 15的比分获胜。两个小时以后，决定胜负的时刻到了，当大会主席宣布开始讨论“关于中国局势”提案后，我方按预先商量好的方案，提出“不采取行动”动议，按规则由正反双方两位代表分别发言，陈述赞成和反对的理由后，对我方动议进行唱名表决，结果17: 15票通过，与我事先掌握的票数完全一致。这样西方的提案自动毙命。有史以来中西方在联合国人权委员会上第一次直接交锋中，中方以微弱的多数获胜。背景是：国际政治大气候严重不利，西方借“六·四”事件掀起反华浪潮，东欧剧变造成联合国人权会气势西倾，西方舆论和反华国际人权组织以及“藏独”、“民运”分子对我人权局势大肆污蔑，乱声鼓噪。

但是即使在如此恶劣的国际环境下，同情和支持我的广大发展中国家的基本立场仍然未能从根本上发生动摇，投票支持西方的两个发展中国家，巴拿马和斯威士兰实在是身不由己，绝大多数发展中国家不是投票支持我就是弃权，弃权的国家多是由于受到西方太大的压力，被逼无奈。

美国西方的企图是要把中国长期置于联合国人权被告席，丑化、矮化、分化中国，直至彻底摧垮中国的社会主义制度，他们这一罪恶阴谋一露头就遭到沉重的打击，在此后的14年时间里，他们又做了10次尝试，每次均以失败告终。在人权委员会，从1990年到2004年，中国对美国抗争了15年，美国发动了11次进攻，中国赢了11次，比分11: 0。美国声称，它一次又一次在人权会上提中国人权提案是因为它关心中国的人权状况，但事实证明完全是谎言。一个简单的例子就可说明，它是在用自己的行动戳穿它自己的谎言。它15年里11次提中国提案，中间有四年未提，为什么呢？1991年未提，因为海湾战争的需要。1998年未提，因为克林顿总统要访华。2002年美国在人权委员会换届选举中落选，无资格提提案。2003年未提，因为发动伊拉克战争的需要。可见人权只是美国用来为政治目的服务的幌子。美国西方玩弄人权政治，是不义之举，失道寡助，不可能得逞。我们是为正义而战，正义在我们一边，胜利当然属于我们。我们的胜利不仅仅属于我们中国自己，也属于广大坚持正义和掌握真理的发展中国家。

四、积极推动联合国人权改革

在国际人权领域里，以个人人权为核心的西方人权理念一向占据主导地位，联合国人权机构偏爱公民权利和政治权利而忽视经济、社会、文化权利，西方向来以个人自由和民主等个人人权概念为武器，攻击社会主义国家和发展中国家，干涉他们的内政。这种不公正性和选择性长期占据联合国人权讲坛，广大发展中国家身受压抑，为了改变这种不合理状况，发展中国家从20世纪60年代起即开始提出各项人权并重的主张，倡导重视民族自觉权、国家政治独立与主权、各国自然资源永久主权等集体人权概念，并积极推动联合国制定了一系列有关的国际人权公约，20世纪70年代起又在人权委员会下设立了研究发展权问题和起草《发展权宣言》的工作小组。我加入人权委员会后，与发展中国家志同道合，同心协力，壮大了正义力量的队伍，进一步推动联合国人权机制朝着正确的方向发展。20世纪90年代初，人权委员会《发展权宣言》工作组完成了《宣言》的起草工作，1993年维也纳世界人权大会通过了《宣言》草案，同年秋季联合国大会通过了《发展权宣言》正式确立发展权为不可剥夺的人权。从此发展权问题成为了人权委员会的重要议题。这一进展标志着集体人权概念的地位得到了进一步提升。

冷战结束后，苏美两大集团在人权领域的对抗消失，人权会里矛盾的重心转变为西方国家整发展中国家的矛盾，为了改变人权会上西方国家借人权问题干涉发展中国家内政的不公正做法，在发展中国家和我国的大力推动下，20世纪90年代人权委员会设立了"加强人权委员会机制有效性"工作组，研究如何克服人权会的这一痼疾，2000年第56届人权会通过了2000/109号决定，认可了工作组报告的建议，决定禁止人权小组委员会通过国别人权问题的决议，小组会专题研究报告也不得点名批评国别的人权问题。这从根本上堵死了西方国家利用人权小组委员会整发展中国家、干涉发展中国家内政的路子。但弊疾多端的人权委员会却未受到实质性的触动，因此彻底改革联合国人权机制的命题提上了日程，并成为改革联合国整体工程的重要组成部分。

联合国秘书长安南2003年启动了新一轮改革联合国的研究工作，任命了一个高级别的名人小组。该小组于2004年2月提出了一份报告，题为"一个更安全的世界，我们的共同责任"，目标是重新塑造和加强联合国，其中一项内容是"改革人权委员会，成立人权理事会"。2006年3月15日联合国大会60/251号决议决定设立"联合国人权理事会"取代"联合国人权委员会"，大会于2006年5月9日以无记名投票方式选举产生了新的人权理事会47名成员。人权理事会与人权委员会的最重要的实质性区别是：（1）机构的地位由原来的经社理事会下属机构提升为大会的直属结构，其成员由联合国大会选举产生，任期三年，最多只能连任一次；（2）联合国大会可以2/3多数决定中止一国的成员资格；（3）会期由一年一次增加到三次，总共不少于10周会议，此外，有1/3成员国同意即可召开特别理事会；（4）实行普遍定期审议制度，联合国所有成员国都必须接受审议，成员国必须在其任期内接受审议；（5）明确规定应同等重视公民、政治、经济、社会、文化权利，包括发展权；（6）加强建设性的人权对话与合作；（7）要求各国政府、地区组织、国家人权机构、民间社会在人权领域紧密合作；（8）增强联合国人权高专办的地位，增加资金支持；（9）成员国数量由53名减少为47名，但发展中国家成员比重不足的缺点得到改正（亚洲13席，非洲13席，拉美8席，西欧7席，东欧6席。发展中国家数量占优）。上述这些改革措施照顾了各方的立场和期望，是平衡和妥协的结果，发展中国家一些最迫切的愿望基本上都得到了体现。

随着人权委员会改为人权理事会，其下属的人权小组委员会也相应改为人权理事会咨询委员会，成员由26名减为18名，其职责范围、权限和工作方式的限制比原来更严。其性质为理事会的智囊和咨询机构，主要任务是根据理事会的授权进行专题性的研究和完成理事会交办的其他工作。

新成立的人权理事会已运作了两年半时间，开了九次例会和七次特别会议。普遍定期审议制度，2008年初开始执行，迄今已进行了三轮，共审议了24个国家。咨询委员会2008年8月举行了第一次会议。从会上的情况来看，发展中国家的地位较人权委员会时期有了较大改善，但在特别机制方面，变化甚微。总体上的积极变化和进步值得肯定，可以说具有转折性的历史意义。

在国际上，我国高举人权旗帜，和广大发展中国家同心声，共命运，主张依照联合国宪章的宗旨和原则及国际人权公约的精神，切实促进和维护人权；坚持原则，坚持正义，反对政治化和干涉主义；坚持公平公道，反对选择性和双重标准；提倡对话、交流、磋商、合作，反对对抗和整人。我们的主张不仅在广大发展中国家中深得人心，广博同情，就连西方也无理由反对。我国加入人权委员会以来积极参与了一系列反映现代国际社会进步思想和要求的国际人权文书，如：《维也纳宣言和行动纲领》、《发展权宣言》、《土著和部落人民公约》、《儿童权利公约》、《残疾人权利公约》、《老年人权利原则》、《保护所有移徙工人及其家庭成员权利国际公约》和《禁止酷刑公约》。迄今我国已加入了23项最主要的国际人权公约。当前国际人权领域里在平等基础上开展对话、磋商和交流已形成潮流，有国家政府间的对话、交流与磋商；有国家行政、立法、执法部门间的专题性的对话、交流与磋商；有国际间、地区间、次区域间的人权论坛、研讨会；有国家人权机构、民间社会团体之间的对话、交流、磋商与研讨。形式多样、内容广泛、气氛平和。我国全面参与所有这些活动，并积极发挥作用。

在国内，改革开放使“人权禁区”逐步变成“人权开发区”，“尊重和保障人权”的原则进入了国家的《宪法》和中国共产党的《党章》及党的代表大会的报告，列入了国家经济社会发展规划规定必须实现的重要目标。随着国家民主法制建设的不断进展，国家新制定的法律和许多修改的法律都更加鲜明地体现保护人权的原则和精神；国家司法改革也为保护人权提供了切实保障；党政领导、国家干部、各级执法人员和广大人民群众的人权意识得到前所未有的加强和提高；理论界、学术界、教育界、法律界、民间社团等对人权问题的研究和从事维护人权的实践工作也有力地推动我国的人权事业不断向前发展。人权教育和模拟联合国人权会议的活动日益普及。国内人权事业的不断进步，中国人民享受人权水平的不断提高，大大提高了中国的人权形象和中国在国际人权活动中的地位和影响。国内人权事业的进步与发展同我国参与国际人权活动的积极进展相辅相成，相互促进，所有这些进展和进步都是改革开放的成果。随着改革开放不断深入发展，中国人权建设也将继续发展。

（《中国改革开放与人权发展30年》，人民日报出版社2009年版，作者系中国人权研究会副会长）

冷战后时代国际人权法的新发展及其对现代国际法的影响

■万鄂湘　毛俊响

国际人权法是国际法中较为年轻的部门法之一，是在“二战”结束后逐渐发展起来的。冷战期间，国际人权法无论是在人权规范的发展和编纂方面，还是在国际监督机制的建设与完善方面，均取得了长足的进步。冷战结束后，世界格局发生了重大变化，国际人权法也出现了新的发展。

一、冷战后时代国际人权法的新发展

冷战结束后，国际人权法与以往相比，呈现出不同的特征。总体而言，国际人权法的发展重心已经从制订人权标准转向如何强化国际人权的实施效果。

（一）国际人权规范的发展和编纂有了新的进展

冷战结束以来，国际社会先后通过了50多份人权公约、议定书和宣言、决议。其中，新通过的国际人权公约主要有：联合国大会通过的《保护一切移徙工人及其家属权利国际公约》、《残疾人权利公约》和《保护所有人免遭强迫失踪国际公约》、国际劳工组织大会通过的《土著和部落人民公约》、联合国设立国际刑事法院全权代表外交会议通过的《国际刑事法院罗马规约》、欧洲理事会通过的《保护少数民族框架公约》等；新通过的任择议定书主要有：联合国大会通过的《消除对妇女一切形式歧视公约任择议定书》、《儿童权利公约两议定书》、《残疾人权利公约任择议定书》、《经济、社会和文化权利国际公约任择议定书》；新通过的人权宣言和决议主要有：联合国大会通过的《在民族或族裔、宗教和语言上属于少数群体的人的权利宣言》、《土著人民权利宣言》等。

新出现的国际人权文件在内容上有以下几个特点：第一，侧重于对特殊群体（如少数者、移徙工人、残疾人和儿童）的权利保护；第二，“民族冲突的上升要求迫切的政治关注，少数民族需要更多的法律保护”，[①]因此，无论是在国际层面还是在区域层面，少数者的权利保护都成为人权立法的重点；第三，一些议定书规定了个人来文申诉制度，作为现行国际人权公约监督制度的重要补充，说明个人来文申诉制度日渐为国际社会所倚重。

（二）国际人权法的适用范围日益拓展

第一，越来越多的国家批准或加入国际人权公约，承担尊重、保护和实现人权的义务。例如，截至2008年2月，《公民权利和政治权利国际公约》的缔约国有161个，而有65个国家是在冷战结束之后批准或加入该公约的；《经济、社会和文化权利国际公约》的缔约国有156个，而有55个国家是在冷战结束之后批准或加入该公约的。另外，目前国际社会上任何一个国家都批准或加入了至少一项联合国人权公约，绝大部分国家因为批准或加入多项国际人权公约而承担了尊重、保障和实现人权的义务。

第二，越来越多的人权规则和制度，越过国家，规范绝大多类型——从政治团体到商业公司，再到个人——的非国家行为体和个人的行为。[②]这表明国际人权法不再仅仅制约国家行为，它对非国家实体和个人的行为也有制约作用，体现了人权义务的“横向力”。比如，以国际货币基金组织和世界银行为代表的国际经济组织逐渐重视人权问题。一方面，世界银行将减少贫困作为其核心任务，这实质上是在发展经济、社会权利；另一方面，20世纪90年代以来，国际货币基金组织和世界银行虽然极力避免涉及政治，但是都强调良政、法治和人权。而其所谓的良政，则至少包括思想自由、表达自由和信息自由、公正审判以及参与公共事务等内容。[③]在全球化的背景下，跨国公司也越来越重视社会责任，制定公司生产守则，强调对人权，特别是劳工权利的保护。多数跨国公司生产守则以国际人权公约以及国际劳工组织的核心劳工标准为蓝本，承诺提供健康安全的工作条件，切实保障基本人权。受这种趋势的影响，国际社会已经开始制定指导性文件，为跨国公司生产守则的制定提供示范标准。值得指出的是，1998年联合国大会通过的《关于个人、群体和社会机构在促进和保护普遍公认的人权和基本自由方面的权利和义务宣言》明确强调了国家之外的个人、群体和社会机构尊重人权的权利和义务。该宣言是国际社会对这一问题的权威声明，它充分说明了国际人权法的适用范围有扩及非国家行为体的趋势。

（三）国际人权监督机制的普遍性、客观性和司法性逐渐增强

第一，联合国以宪章为基础的监督机制正在逐步消除其政治化和选择性特征，朝着普遍性和客观性的改革方向发展。体现这一发展趋势的典型事例就是联合国建立人权理事会以取代人权委员会。人权委员会虽然在国际人权保护领域发挥了重要作用，但是它也因沦为政治斗争的工具而背负信誉赤字，饱受国际社会的批评。人权理事会是在新世纪联合国改革的大背景下为了克服人权委员会的信誉危机、强化联合国人权事务执行力的需要而设立的。除履行人权委员会的所有职能之外，新成立的人权理事会还承担着定期普遍审查每个国家履行人权义务和承诺情况的职责，这有助于消除人权委员会在国别人权问题上的政治化特征和选择性做法，增强了以宪章为基础的监督机制的普遍性和客观性。

第二，联合国以人权条约为基础的监督机制的司法性色彩日渐浓厚。这主要是因为个人来文申诉制度开始为越来越多的人权公约和议定书所采用。例如，新通过的《消除对妇女一切形式歧视公约任择议定书》、《保护一切移徙工人及其家属权利国际公约》、《保护所有人免遭强迫失踪国际公约》和《残疾人权利公约任择议定书》都规定了个人来文申诉制度。值得

一提的是，旨在规定个人来文申诉制度的《经济、社会和文化权利国际公约任择议定书》也经联合国大会于 2008 年 12 月通过。该议定书在理论上和实践上突破了经济、社会和文化权利不能通过司法或准司法方式进行救济的固有思维，根本改变了经济、社会和文化权利与公民权利和政治权利在保护方式上不平衡的局面，并将会极大地加强国际社会对经济、社会和文化权利的保护力度。

第三，区域人权司法保护制度日趋完善。首先，《欧洲人权公约》第 11 号议定书于 1998 年 11 月 1 日正式生效。该议定书在欧洲人权保护体制内确立单一欧洲人权法院体制，取代以前的政治、准司法和司法方法的混合体制，赋予法院对个人申诉的独断的强制管辖权。通过改革，欧洲人权监督机制更富有强制性。其次，2004 年正式生效的《非洲人权和民族权宪章关于建立非洲人权和民族权法院的议定书》决定建立非洲人权和民族权法院，这一重大变化势必会加强非洲人权保护的司法性和强制力。最后，美洲人权委员会和美洲人权法院不断修改其程序规则，突出保护当事人的诉讼权利，以真实、有效地保护人权。

（四）联合国开始采取人道主义干预的方式介入大规模侵犯人权的情势，直接保护国内人权

联合国应对大规模侵犯人权情势的态度经历了一个转变的过程。在冷战期间，受制于大国外交的政治现实，联合国对大规模侵犯人权的情势无法作出重大而有效地反应，它对一些国家和地区所发生的人权问题，大多采取讨论、建议、调查乃至报告的方式。冷战的结束为联合国采取许多共同行动提供了新的机遇和动力，联合国多次实施人道主义干预，介入大规模侵犯人权的情势。在 20 世纪 90 年代，联合国安理会以伊拉克、索马里和前南斯拉夫发生的大规模侵犯人权的情势危及国际和平和安全为由，在上述国家采取了包括使用武力在内的人道主义干预行动。与冷战期间联合国的实践相比，这是一个重大的转变，说明联合国开始采取行动直接保护人权受到严重侵犯的个人。这种人道主义干预行为表明，国家在应对大规模侵犯人权的情势中起核心保护作用的地位已经开始动摇，而且，联合国保护人权的方式已经从间接保护（主要是批评、审议和谴责相关国家侵犯人权的情势）的阶段发展为间接保护和直接保护（表现为直接使用武力干预一国内所发生的危及国际和平与安全的大规模侵犯人权的情势）相结合的阶段。联合国采取人道主义干预的方法保护人权的问题引发了一些争议。到目前为止，国际社会并没有出现支持人道主义干预的条约或国际组织的决议，更没有形成被普遍接受的国际习惯法，人道主义干预理论似乎并没有得到国际社会的认可。不过，安理会有权为了保护人权而进行人道主义干预的主张得到了主流观点的赞同。有学者认为，在理论上可以承认联合国（而非其他未经安理会授权的国家或国际组织）在发生大规模侵犯人权的情势下作出人道主义干预的决定。[④]因为安理会已经通过其在伊拉克、索马里和前南斯拉夫的实践形成这样一种认识：当所发生的大规模侵犯人权的情势足以威胁国际和平和安全的时候，安理会有权援引《联合国宪章》第 7 章，作出决定处理这种情况。这表明，“为应对 20 世纪 90 年代种种内战中所发生的非人道事态，联合国在某种程度上将一国内部发生的大规模人权侵害认定是联合国采取强制措施的基础”。[⑤]

值得指出的是，对于制止大规模侵犯人权的情势问题，中国政府早在 20 世纪 90 年代初就曾明确表示，“（在尊重国家主权和不干涉内政的国际法原则的基础上）中国一贯认为，对于危及世界和平与安全的行为，诸如由殖民主义、种族主义和外国侵略、占领造成的粗暴侵犯人权的行为，以及种族隔离、种族歧视、灭绝种族、贩卖奴隶、国际恐怖组织侵犯人权的严重事件，国际社会都应进行干预和制止，实行人权的国际保护。”[⑥]虽然中国政府的上述声明没有明确由谁来代表国际社会进行干预，但是从中国的一贯立场来看，中国支持由联合国依据联合国宪章和公认的国际法原则干预和制止危及世界和平与安全的大规模的侵犯人权的情势。

（五）国际社会建立国际刑事法庭（法院）来追究个人的大规模侵犯人权的国际刑事责任，开启了国际人权保护刑事化的新尝试

当前国际人权保护面临的一大困境是，许多侵犯人权的罪行是由掌握国家权力的个人（如国家元首或军队领导人）实施的，对于这些情势，相关国家的国内救济途径却无力应付。虽然国际人权法规定了形式多样的监督机制，但是，“这些确保履行的机制，终究不过是以人权侵害（的嫌疑）国的同意为基础的温文制度，对大规模且严重的人权侵害则力所不及。通报、调查、审议、建议等确保人权履行手段本身，根本就没有将阻止以灭种罪为代表的大规模且严重的人权侵害作为目标。”[⑦]因此，这些情况逐渐使得国际社会开始探索既能追究国家责任又能惩治个人行为的方法来保护人权。[⑧]

国际人权法中通过追究个人的国际刑事责任来保护人权的设想早已有之。受纽伦堡和远东国际刑事法庭的启发，一些国际人权公约规定设立国际刑事法庭惩治严重侵犯人权的个人，[⑨]遗憾的是，上述规定在冷战期间从未付诸实践。冷战结束后，联合国先后几次设立了国际刑事法庭以追究个人的国际刑事责任，这为实现国际社会的上述设想提供了契机。例如，1993年联合国设立前南国际刑事法庭，惩治严重违反1949年《日内瓦公约》的罪行、违反战争法和战争习惯法的罪行、灭绝种族罪和反人道罪；1994年设立的卢旺达国际刑事法庭所管辖的罪行包括灭绝种族罪、危害人类罪、严重违反1949年《日内瓦四公约》共同第3条的行为、严重违反《日内瓦公约》第二附加议定书的行为；2002年生效的《国际刑事法院罗马规约》规定，国际刑事法院所管辖的罪行包括灭绝种族罪、危害人类罪、战争罪和侵略罪。上述三个国际刑事法庭（法院）的共同之处在于：第一，都有权对个人犯下的灭绝种族罪、危害人类罪或反人道罪予以管辖，而这些罪行都是严重侵犯人权的罪行；第二，受纽伦堡审判的影响，都规定犯有以上国际罪行的国家元首不再享有豁免权。

从某种意义上讲，国际刑事法庭（法院）是国际人权法和国际刑法之间重要的连接点，《国际刑事法院罗马规约》本身就是一部通过建立个人的国际刑事责任制度来保护人权的国际刑法典。从临时国际刑事法庭到常设国际刑事法院的跃进，表明了国际社会通过法治手段惩治个人严重侵犯人权的罪行、消除有罪不罚现象、维护国际正义的决心，昭示了国际人权保护的刑事化发展方向。

（六）尊重和保护基本人权已经发展成为国际社会公认的普遍价值

国际人权宪章的通过标志着国际社会就人权国际保护达成了共识。所以，1968年《德黑兰宣言》第1条明确宣布，履行其增进激励对于全体人类人权及基本自由的尊重的神圣义务是国际社会各成员的当务之急。但是，冷战期间国际人权运动时常受到国际政治和意识形态的制约，人权在国际社会上更多地是被当作一种政策工具而非价值理念。例如，1975年《欧洲安全与合作会议最后文件》（赫尔辛基最后文件）虽然把人权和安全问题、经济等问题同等对待，明确承认人权已经成为一个国际关注的问题，但是实质上它是前苏联以人权换取西方国家承认东欧政治现状的一种政治交易；而1977年美国总统卡特声称人权是美国外交政策的灵魂，则是人权被作为政策工具的有力证据。

“冷战的结束预示着（国际社会）在人权问题上正式告别伪善，对人权观念更为笃信，民主与人权得到普遍接受。”[⑩]国际人权法的迅速发展呈现出这样一种态势：尊重和保护基本人权已经发展成为国际社会公认的普遍价值。在国际层面上，1993年《维也纳宣言和行动纲领》强调，促进和保护人权是国际社会的一件优先事项；人权和基本自由是全人类与生俱来的权利；保护和促进人权和基本自由是各国政府的首要责任。[⑪]2000年《联合国千年宣言》明确宣布，“将不遗余力，促进民主和加强法治，并尊重一切国际公认的人权和基本自由，包括发展权”。[⑫]2005年《世界首脑会议成果文件》承认“和平与安全、发展和人权是联合国系统的支柱”，承诺“保护和促进所有人权、法治和民主，认识到它们彼此关联、相互加强，属于联合国不可分割的普遍核心价值和原则”。[⑬]同年，时任联合国秘书长的安南发表的《大自

由——实现人人共享的发展、安全和人权》的报告，也将人权置于和发展、安全同等重要的地位，认为人权、发展和安全是实现大自由的密不可分的条件，法治、民主和人权应是国际社会追求的普遍价值观。[13]在区域范围内，2007年12月13日欧盟各国领导人签署的《里斯本条约》在序言中明确承认人权、自由、民主、平等和法治等普遍价值，并确认《欧盟基本权利宪章》对各成员国的法律约束力。即使在人权保护区域安排相对滞后的亚洲，也形成了努力实现普遍人权的共识。例如，1993年亚洲各国部长和代表会议通过的《曼谷宣言》和2005年亚洲议会和平协会第六届年会通过的《亚洲国家人权宪章》都做出了支持《联合国宪章》和《世界人权宣言》所载的各项原则和支持在全世界充分实现所有人权的承诺。从"首要责任"到"普遍核心价值和原则"、"普遍价值观"等措辞的变化，生动地展现了尊重和保护基本人权逐渐发展成为国际社会的普遍价值的历史趋势。

综上所述，冷战结束后国际人权法新发展的总体特征是：第一，国际人权法呈现全方位的发展态势。人权标准和规范的丰富使得国际人权法的权利体系不断扩张，并带动人权监督制度的进一步完善和多样化，在此基础上国际人权保护的强制性色彩日渐浓厚。国际人权规范和人权国际保护实践的不断发展，最终促使人权理念的提升，其结果是尊重和保护基本人权成为国际社会的普遍价值。第二，虽然国际人权保护仍将维持政治和司法途径并存的局面，但是其司法性色彩逐渐增强已是不争的事实。第三，国际社会的主要任务已不再是制定人权标准和规范，而是改革和完善现有的各种国际人权监督程序，提高国际人权监督程序的效力和效率，从而真正地促进基本人权和自由的实现。

二、国际人权法的新发展对现代国际法的影响

冷战后时代国际人权法的新发展对现代国际法的规则、制度、体系和价值均产生复杂的影响，这主要体现为：

（一）促进了国际法体系一定范围内的协调发展

冷战结束以来，尊重和保护基本人权理念的影响已经溢出了国际人权法的范围，渗透到整个国际法领域。在国际法若干规则和制度的形成和适用过程中，尊重和保护基本人权理念已经成为一种价值层面上的指导原则，在一定范围内促进了国际法体系的协调发展。例如，在国际贸易法领域，尊重和保护基本人权原则影响国际贸易规则的制定和适用，国际人权法和国际贸易法在价值取向方面趋于一致。国际贸易规则尤其是WTO规则中人权原则的影响越来越大，许多人权规则直接或间接影响WTO的运作，并为WTO及其规则的发展提供指南。[15]在国际刑法领域，国际人权保护的影响力与日俱增，尊重和保护基本人权已经发展成为国际刑法的基本原则之一，成为现代国际刑法的重要基础。在国际人道法领域，国际人权法规则与武装冲突中应遵守的规则有融为一体的趋势。国际人道法与国际人权法的界限逐渐变得模糊不清。原本属于国际人权法的一些内容逐渐被纳入到国际人道法的范畴，国际人道法的范围不断扩大，不再仅限于武装冲突，而扩大到了和平时期。[16]与此同时，国际人道法本身也越来越凸显人权价值的取向。前南国际刑事法庭在"塔迪奇案"中就明确地指出这一发展趋势，认为现代国际人道法最突出的发展之一就是它已经受到人权价值的强烈影响。[17]

（二）强化了国际法实施机制的多样化特征

在制定国际人权规范的同时，国际人权法越来越重视发展实施监督机制的自足制度。国际人权法实施监督机制的自足制度的形成有利于国际人权条约的实施，但在一定程度上也助长了"国际法庭与裁判机构的扩散"，强化了国际法实施机制的多样化特征。首先，国际人权法实施机制的自足制度内部呈现出多样化特征，它既包括依据联合国宪章进行的政治监督机制，又包括国际人权条约所建立的准司法监督机制，还包括区域人权条约设立的司法监督机制。其次，在新时期，这种自足制度还在不断巩固和加强。新通过的国际人权条约也大都

设立了附属于自己的条约监督机构和监督机制，国际人权法的实施机制不断膨胀，多样化特征更加明显。

（三）加速了国际法价值多元化的发展趋势

众所周知，国际法的发展经历了从“共处”向“合作”的转变。然而，共处国际法和合作国际法并没有本质的不同，它们都是以国家价值为中心的国家间体制的产物。国际人权法以及国际人道法、国际环境法等法律部门的兴起逐渐改变了国际法价值单一性的局面，国际法开始关注对个人价值和人类利益的保护，追求以人为本和以人类为本的价值目标。[18]

国际人权法的新发展加速了国际法价值多元化的发展趋势。首先，尊重和保护基本人权已经成为国际社会公认的普遍价值。这较之于冷战期间国际关系中的人权大多被作为外交政策工具的实用主义做法，有着根本区别。从政治工具到普遍价值的飞跃，表明个人价值已经获得国际公认。其次，国际人权法的规范体系日益膨胀，适用范围逐渐扩大，国际人权公约不仅对缔约国具有约束力，而且还对非国家行为体产生尊重和保护基本人权的道德义务。这一切表明国际人权法开始具有普遍效力，反过来，它也说明个人价值在国际法中的地位愈来愈稳固。再次，人权国际保护在冷战结束后也取得突破性进展，如国际人权监督机制的效率和效力不断增强，人权国际保护的强制性因素逐渐增多、执行力度逐渐加大。这些在实践中发展出来的新变化表明国际人权保护真正朝着切实保护个人价值的方向迈进。

三、结　论

根据以上分析，我们可以得出以下几点规律性的认识：

1. 冷战结束后国际人权法的新发展呈现出以下几个特点：第一，国际人权法呈现全方位的发展态势。人权标准和规范的丰富使得国际人权法的权利体系不断扩张，并带动人权监督制度的进一步完善和多样化，在此基础上国际人权保护的强制性色彩日渐浓厚。国际人权规范和人权国际保护实践的不断发展，最终促使人权理念的提升，其结果是尊重和保护基本人权已成为国际社会的普遍价值。第二，虽然国际人权保护仍将维持政治和司法途径并存的局面，但是其司法性色彩逐渐增强已是不争的事实。第三，国际社会的主要任务已不再是制定人权标准和规范，而是改革和完善现有的各种国际人权监督程序，提高国际人权监督程序的效力和效率，从而真正地促进基本人权和自由的实现。

2. 冷战结束后国际人权法的新发展受到两大因素的推动。首先，国际关系的变化深刻影响着国际人权法的发展，它可以使冷战期间国际人权法的规范制定工作裹足不前，也可以使冷战结束后国际人权保护在某些方面出现重大突破。因此，国际人权运动的健康发展依赖于良好的国际关系。其次，国际社会对尊重和保护基本人权信念的不懈追求，也是推动国际人权法向前发展的强大动力。冷战结束后，人权标准和规则发展重心的转移、国际人权监督制度普遍性、客观性和司法性的增强以及人权国际保护方式的转变，都在不同程度上受到了上述信念的影响。

3. 国际人权法的新发展给国际法带来复杂的影响。第一，现代国际法日益受到尊重和保护基本人权理念的影响，人权价值在国际法规则、制度的形成和适用过程中的指导作用越来越明显。这既有利于国际法体系的内在协调，又能够促进国际法价值的多元化趋势。第二，国际人权法的发展也有其自身的特殊性和规律性，它越来越倾向于形成自足体制，可能会强化国际法的多样化特征。

4. 国际人权法的新发展实际上是理想主义（或自由主义）与现实主义交织的产物。国际人权法虽然建立在自由主义的基础上，但是保护人权的实践却屡屡反映出现实主义的图景。[19]因此，国际人权法本身及其发展均蕴含着正义与秩序这两大价值目标。[20]一方面，冷战结束以来，国际社会对尊重和保护基本人权理念的推崇使得国际关系和国际法被注入更多的道德因素和人本主义色彩。国际社会在推进人权国际保护方面的新进展无不体现出追求正义的理想主义信念。另一方面，国际人权法的新发展并没有根本动摇国家间体制和国家主权原则，国家和主权在21世纪仍然是世界政治的主要内容。因此，国际人权法的发展不是存在于纯理想主义的真空之中，而是必须扎根于以国家主权为基础的国际社会现实。在国际人权法的理论和实践已经对国际法基本原则造成明显冲击的背景下，如何处理好人权原则和主权原则、人权国际保护与不干涉内政原则之间的关系（实际上转化为追求正义和维护秩序的关系），仍将是国际社会和国际法面临的重大而紧迫的任务。

注释：

①［美］路易斯·亨金：《国际法：政治与价值》，张乃根等译，中国政法大学出版社2005年版，第296页。

②See Henry J. Steiner，Human Rights：The Deepening Footprint，in Harvard Human Rights Journa，lVol. 20，2007，p. 9.

③［挪威］艾德等编：《经济、社会与文化的权利》，黄列译，中国社会科学出版社2003年版，第582页以下。

④See David P. Forsythe，The UN and Human Rights at Fifty：An Increm ental but In complete Revolution，in Global Governance，Vo. l1，1995，p. 310.

⑤［日］大沼保昭：《人权、国家与文明》，王志安译，三联书店1993年版，第117页。

⑥中国国务院新闻办公室：《中国的人权状况》（1991年），http：//www. scio. gov. cn/zfbps/rqbps/1991/200601/t86457. htm.

⑦前注⑤，大沼保昭书，第103页。

⑧SeeThom as Buergentha，l The Normative and Institutional Evolution of International Human Rights，in Human Rights Quarterly，Vo. l19，1997，p. 718.

⑨例如，《防止及惩治灭绝种族罪公约》第6条、《禁止并惩治种族隔离罪行国际公约》第5条。

⑩前注①，路易斯·亨金书，第268页。

⑪参见《维也纳宣言和行动纲领》序言和第1段。

⑫See UN DocA/55/L. 2，para. 24.

⑬See UN DocA/60/150，paras. 9 and 119.

⑭See UN DocA/59/2005.

⑮莫世健：《试论WTO和人权的可协调性》，载《政法论坛》第2004年第2期。

⑯刘大群：《论国际人道主义在世纪之交的发展》，载王可菊主编：《国际人道主义法及其实施》，社会科学文献出版社2004年版，第20页。

⑰See Antonio Cassese，International Law，Oxford/New York：Oxford University Press，2001，p. 330.

⑱曾令良：《现代国际法的人本化发展趋势》，载《中国社会科学》2007年第1期。

⑲前注④，p. 217.

⑳张志洲：《人权的国际保护与国内保护——寻求正义与秩序的平衡》，载周琪主编：《人权与外交》，时事出版社2002年版，第78页。

（《法学评论》2009年第3期，万鄂湘系武汉大学国际法研究所教授、博士研究生导师，最高人民法院副院长；毛俊响系武汉大学国际法研究所2006级博士研究生）

国际人权公约视角下的残疾人保障

■刘海年

残疾人权利保障是人权的重要内容，其水平是一个国家文明程度和人权状况的标志。长期以来，国际社会对残疾人的权利给予了特别关注。2006年第61届联合国大会通过的《残疾人权利公约》（以下简称《公约》），是残疾人权利保障事业新的里程碑。

一、残疾人及其权利保障

关于残疾人，《残疾人权利公约》如是概括："残疾人包括肢体、精神、智力或感官有长期损伤的人，这些损伤与各种障碍互相作用，可能阻碍残疾人在与他人平等的基础上充分和切实地参与社会。"①《中华人民共和国残疾人保障法》的定义是："残疾人是指在心理、生理、身体结构上，某种组织、功能丧失或者不正常，全部或者部分丧失以正常方式从事某种活动能力的人。"该法进一步指出："残疾人包括视力残疾、听力残疾、言残疾、体残疾、智力残疾、精神残疾、多种残疾和其他残疾的人。"[②]据参与联合国《残疾人权利公约》起草者的介绍，《公约》之所以对残疾人未下严格的定义，是因为考虑到"残疾"是一个演变中的概念，为今后的发展留有余地。中国的《残疾人保障法》虽然下了定义，并作出了相应列举，但考虑到实际情况，也留了很大空间："残疾标准由国务院规定。"[③]从现在各国对残疾人认定的标准看，宽严的界定很不一致。

依据抽样调查，中国残疾人约占人口总数的6.34％，有的国家占人口总数的8％，也有的国家占人口总数的10％或10％以上。占人口总数比例存在如此之大的差距，并不意味比例小的国家残疾人数量一定少，主要是界定残疾人的标准不同。而标准掌握又与国情相关。在世界范围如若取其中，以残疾人占人口总数的8％计算，世界总人口65亿，残疾人数量则多达5.2亿；以每家一位残疾人计算，直接牵涉5.2亿个家庭；家庭成员是残疾人的近亲，他们要对自己家庭的残疾人予以更大、更多关照，而以每家四口人计算，将连及20多亿人。这种推算可能不准确，也可能不很科学，但却有一定的说明作用。

不仅如此，人性是相通的。"恻隐之心，人皆有之。"[④]残疾人权利保障如何，将产生广泛的社会影响。如若残疾人的权利得不到保障或得不到妥善保障，其中有的人生活无助，流落街头或转死沟壑，更多人会感到人世悲惨、社会冷漠；而如若残疾人的权益得到切实保障，与其他人一样平等参与、融入社会，享有物质保障和人格尊严，他们及其家庭乃至整个社会都会感到人世温暖，增添生的力量，人们理想和建设中的和谐社会才能成为现实。

二、残疾人权利公约：从形式平等向事实平等靠近

以《联合国宪章》为宗旨的《世界人权宣言》和为使《世界人权宣言》有法律拘束力而于1966年通过的《经济、社会和文化权利国际公约》、《公民权利和政治权利国际公约》，是伟大的历史性文献。以其为主体构成的国际人权宪章，将人权保障正式纳入国际人权法的范围。《世界人权宣言》开宗明义申明："对人类家庭所有成员的固有尊严及其平等的和不移的权利的承认，乃是世界自由、正义与和平的基础。"[⑤]上述1966年国际人权两公约也做了如是宣告。这一准则突出肯定了人权的普遍性。这一特性在《世界人权宣言》和1966年人权两公约的条文中得到了相应体现。这些国际人权文书有关权利保障的具体条文，均以"人人"、任何人"、"每个人"和"所有人民"全称肯定判断的句式作为开始。在存有剥削、强迫、歧视、饥饿和由于这种事实的存在，许多人的生命、生存权得不到保障的世界，这样具有约束力的行为准则的宣告多么令人鼓舞！然而对于世人中的弱势群体，诸如妇女、儿童，尤其是残疾人，虽然是重要的一步，但却是不够的。对他们如仅以一般原则对待，无异于以同一尺度对待不同境遇的人，结果其权利保障不可能或难以接近事实上的平等。为实现或使之接近与健康人事实上的平等，必须通过法律和制度，对他们实行特殊保护，以补助其心理、生理或身体结构上之不足。这也应该是人权保障特殊性的重要方面。

对残疾人权利采取特殊保护，在1966年人权两公约通过不久，国际社会就有一系列举措：联合国1969年通过了《禁止一切无视残疾人的社会条件的决议》，1971年通过了《智力迟钝者权利宣言》，1975年通过了《残疾人权利宣言》，1982年通过了《关于残疾人的世界行动纲领》、《残疾人机会均等标准规则》。此外，国际劳工组织1983年通过了《残疾人职业康复和就业公约》以及《残疾人职业康复和就业建议书》等。当然，最重要的是2006年第61届联合国大会通过的《残疾人权利公约》。

《公约》在评价世界残疾人权利的现状时指出："尽管有上述各项文书和承诺，残疾人作为平等社会成员参与方面继续面临各种障碍，残疾人的人权在世界各地继续受到侵犯。"为改变这种不正常状态，《公约》重申一切人权和基本自由都是"普遍、不可分割、相互依存和相互关联的"，强调"因残疾而歧视任何人是对人的固有尊严和价值的侵犯"，因而"必须保障残疾人不受歧视地充分享有这些权利和自

由，以使残疾人权利保障问题成为相关可持续发展战略的重要组成部分"。《公约》第50条，内容明确、具体。其宗旨是："促进、保护和确保所有残疾人充分和平等地享有一切人权和基本自由，并促进对残疾人固有尊严的尊重。"

为达此目的，《公约》定了八项原则：(1)尊重固有的尊严和个人自主，包括自由作出自己的选择，以及个人的自立；(2)不歧视；(3)充分切实地参与和融入社会；(4)尊重差异，接受残疾人是人的多样性的一部分和人类的一分子；(5)机会均等；(6)无障碍；(7)男女平等；(8)尊重残疾儿童逐渐发展的能力并尊重残疾儿童保持其身份特性的权利。以上原则是全面的，既涉及观念，又涉及制度，每一项都很重要。最关键的是平等与不歧视，承认残疾人是人类的一部分，每个残疾人都是人类的一分子。残疾人只是人的多样性的一种表现，与其他不同特点的人一样都应受到尊重。"尊重差异"不是另眼相待，而是尽可能采取特殊措施，补救或缩小其与健康人之间的差距，并对不同残疾人群体采取不同的照顾措施，在同一残疾人群体中考虑某一个人的特殊需要。"无障碍"既指行动上的无障碍，也指听力和视力上的无障碍，国家应为此提供条件和相关器材。有关"男女平等"、残疾儿童的规定，是要人们认识残疾妇女、残疾儿童以及残疾老人是弱势群体中的弱者，应予特别关注。为了实现不歧视，就要使之在机会均等的条件下，"充分和切实地参与和融入社会"。无论是充分参与或对他们实行保护，都要注意残疾人自己的选择，尊重其固有的尊严和自主。上述原则的实现，将使残疾人的权利得到特殊照顾，有利于他们的权利保障，有利于从形式平等向事实平等靠近。

三、残疾人权利保障的综合性

人权是全面综合的。"二战"之后国际社会总结人类文明进程的历史经验，使这一认识得到了进一步深化，并为国际人权法文献所肯定。1968年德黑兰国际人权大会通过的《德黑兰宣言》，1977年联合国大会《关于人权新概念的决议》又作了更清晰的阐释。该《决议》指出："一切人权和基本自由都是不可分割并且是相互依存的；对于公民权利和政治权利，以及经济、社会和文化权利的执行、推进和保护，应当给予同等的注意和迫切的考虑，正如1968年《德黑兰宣言》所确认的，若不同时享有经济、社会和文化权利，则公民及政治权利决无充分实现之日。"⑦此结论充分说明了人权是全面的，综合的。这对一个国家、一个民族的人权制度建设是重要的，对所有健康人人权保障是重要的，对残疾人权利保障更是重要的。

正是基于这一认识，《残疾人权利公约》鲜明指出：制定"促进和保护残疾人权利和尊严的全面综合的国际公约"之于残疾人权利保障的重要性。这种全面综合性，不仅体现在《公约》对经济、社会和文化权利与公民权利、政治权利间的紧密联系的肯定，更重要的是在每项权利的各个条文中，又依据残疾人的特殊需要逐款逐项作了更具体的规定。以下是几个实例：

第一，"平等和不歧视"。《公约》第5条除肯定"在法律面前，人人平等"是对所有人均适用的原则，并特别规定"禁止一切基于残疾的歧视"。不仅如此，"为促进平等和消除歧视，缔约国应当采取一切适当步骤，确保提供合理便利"。这些合理便利，仅"无障碍"项《公约》列举了10款之多，其中包括建筑、道路、交通、住房、学校、医疗无障碍设施和工作场所等室外无障碍设施；还包括信息、通讯和包括电子服务在内的各种服务。

第二，康复训练与健康。通过医疗与康复训练，按照每个残疾人的具体情况恢复其相关功能，尽可能达到健康标准，以增强其生活自理和社会适应能力。这是残疾人平等参与和融入社会的基础。《公约》相关条文之下，对残疾人特殊医疗卫生服务、病情早期诊断和干预、体能综合评估、适应训练和康复，以及从事医疗和康复服务的专业康复人员培训、服务的范围、服务质量和费用等也作了具体规定。

第三，教育。在教育条中共有5款10多项，其中规定残疾人享有教育权利，目的是在不受歧视和机会均等的情况下，实行因材施教，包括性教育，实现终生学习，以充分开发其潜力，培养自尊自重精神，达到切实参与社会的目的。为此目的，国家要提供合理便利，满足残疾人在与其他人平等的基础上，在自己生活的社区内获得优质免费初等教育和中等教育。对于盲、聋和智障残疾人，特别是其中的残疾儿童，要进行包括盲文、手语在内的特殊教育，并为之培养合格的师资和相关专业人员。在此基础上，缔约国要提供合理便利，使残疾人能在不受歧视、与其他人平等的条件下，获得普通高等教育、职业教育、成人教育和终生学习。

第四，工作和就业。工作和就业是残疾人和其他人的基本权利，此项权利的实现，有利于残疾人生活改善，平等充分地参与社会，与其他人一起共享社会发展的物质文化成果。为了实现残疾人工作就业，《公约》规定：在包括征聘、雇用和就业条件、继续就业、职务提升以及安全和健康的工作条件等一切形式的就业事项上，禁止基于残疾的歧视。确保残疾人在与其他人平等的基础上享有良好的工作条件；同质工作同等报酬；安全和健康的工作环境；参加工会和行使工会权；获得职业介绍服务、职业培训和进修培训；获得职业提升机会等。此外，《公约》还规定：促进残疾人自营就业，创办合作社；促进私营部门雇用残疾人和公共部门雇用残疾人。缔约国要保证，在任何情况下残疾人不被奴役和驱使，不被强迫或强制劳动。

第五，有关残疾人的公民权利和政治权利。针对残疾人这方面的权利容易被忽略和遭受侵犯，《公约》分条规定保障残疾人与其他人平等享有的生命权，身心完整性，自由和人身安全，危难情况和人道主义紧急情况安全，免于受剥削、暴力和凌虐，免于酷刑或残忍、不人道或有辱人格的待遇或处罚，获得司法保护等权利。为了确保以上权利实现，《公约》要求缔约国制定相关法律和政策，并对“司法领域工作人员，包括警察和监狱工作人员”在内的人员进行培训。

《公约》以上全面性综合性的特点，反映了联合国人权机构保障残疾人权利的良苦用心，更是基于残疾人权利切实保障的实际需要。

四、家庭、社区和国家对残疾人权利保障的义务

为了贯彻和落实《残疾人权利公约》各项规定，《公约》特别强调家庭、社区和国家的义务，其中国家的责任尤为关键。

（一）家庭

《公约》序言中指出：“家庭是自然和基本的社会组合单元，有权获得社会和国家的保护，残疾人及其家庭成员应获得必要的保护和援助，使家庭能够为残疾人充分和平等地享有其权利作出贡献。”这一规定首先说明了家庭的性质和家庭在社会生活、特别是对残疾人权利保障方面的重要作用。家庭及其成员对残疾人的抚养、教育、起居和支持其融入社会方面负有更多责任。为使家庭能为残疾人权利保障作出贡献，国家要对残疾人及其家庭成员给予必要的保护和支持。对于这种保护和支持，《公约》第23条作了具体规定。其中包括防止对残疾儿童隐藏、抛弃、歧视和隔离；在任何情况下均不得以子女残疾或父母一方或双方残疾为由，使子女与父母分离；确保残疾儿童在家庭生活方面享有平等权利；国家应协助残疾人履行养育子女的责任，在建立有关监护、监管和领养儿童等制度中，任何情况下均应以儿童的最佳利益为重。对于适龄残疾人的婚姻、家庭和生育等事项，他们的权利应得到尊重，并提供必要帮助使之能行使这些权利。《公约》还规定“确保残疾人尽可能独立享有个人行为能力”。这种行为能力既包括财产继承等经济方面的，也包括人身权利和政治权利。事实说明，一般情况下在家庭生活中，父母对残疾子女会倾注更多的关爱，而当父母失去能力、尤其是父母年事渐高出现残疾时，子女对残疾父母的关爱则易趋于淡薄。为解决这一问题，既要完善法律和制度，也要加强孝敬父母、友爱兄弟姊妹的传统伦理道德教育。

（二）社区

社区是社会的组成部分，是残疾人在家庭之外经常活动的地方，也是残疾人融入社会的第一实习场地。《公约》十分重视社区对残疾人权利保障的作用，并赋予社区诸多职责和义

务。首先对残疾人儿童的照顾，《公约》规定："在近亲属不能照顾残疾儿童的情况下，尽一切努力在大家庭范围内提供替代性照顾，并在无法提供这种照顾时，在社区内提供家庭式照顾。"这是由于家居在社区之内，社区住户之间地近人熟，照应既方便也更具信任，照顾的质量能得到保证。在残疾人的教育、医疗保障以及人际交往技能方面，社区的作用也更重要。《公约》规定："所有残疾人享有在社区中生活的平等权利及与其他人同等的选择。"其中包括在平等的基础上获得包容性的优质免费教育；就近在所在社区，包括在农村地区提供医疗卫生服务；学习生活和社交技能，以便于他们平等地参与和融入社区；在他们需要的情况下，有权获得社区的支持和社会保护，这些保护包括适足的食品、物资、房屋、洁净饮水以及价格低廉的其他服务。《公约》特别强调，残疾人参与和融入社区和社会的各个方面，属自愿性质，尽可能在其所在社区就近安排。一位参加《残疾人权利公约》评论的残疾人代表在发言中说，一些保护措施要为残疾人着想，站在他们的角度思考。否则，有些看似保护的措施，实际上是对他们尊严的伤害，反而使之失去自由。这话告诉人们，对残疾人的照顾保护要因人而异，从其需要出发，切不应简单化，更不允许强迫命令。

（三）国家

缔约国家是履行《残疾人权利公约》事务的主体，对于《公约》实施负有全部责任。《公约》序言之外，前 3 条是关于"宗旨"、定义"、"一般原则"的阐释，第 34 条之后是关于"残疾人权利委员会"即关于缔约国提交履约报告和报告的审议，以及与之相关的程序性规定。第 4 条至第 33 条均为缔约国的义务。其主要内容有"缔约国承诺确保并促进充分实现所有残疾人的一切基本人权和自由，使其不受任何基于残疾的歧视。"因此，要采取一切适当的立法、行政和其他措施实施公约确认的权利，修订或废止构成歧视残疾人的现行法律、法规、习惯和做法；消除任何个人、组织、当局或私营企业基于残疾的歧视；促进研究、开发、生产适合残疾人的新技术、新产品和相关服务。在实施《公约》过程中，对残疾妇女、儿童及老人要给予特别关照。为了减少《公约》实施可能产生的阻力，国家要在全社会开展宣传教育，提高对残疾人的能力和贡献的认识；承认他们的才华及劳动贡献，尊重残疾人的权利，在包括小学教育在内的各级教育系统中培养尊重残疾人权利的态度。鼓励所有媒体报道宣传尊重保护残疾人权利的重要性。在此基础上，国家要督促检查下属机构以及公共事业、公司企业落实残疾人权利保障的情况，对他们参与政治和公共生活，自由和人身安全，免于受剥削、暴力和凌虐，以及获得公正司法保护尤其予以注意。残疾人权利保障主要是相关缔约国的义务，既然加入国际公约，就要履行国际义务，加强国际交流与合作，从中吸取有益的经验；还要就执行公约情况按时向残疾人委员会递交报告，并接受监督，在促进本国残疾人权利保障的同时，推进国际残疾人保障事业不断向前发展。

据欧盟学者介绍，欧盟成员国中目前只有少数国家批准了《残疾人权利公约》，多数国家正履行或准备履行批准程序。根据他们的调查，《残疾人权利公约》想获得切实实施，除注意对残疾人各种关照，还要"对社会进行修补"，以从根本上解决观念上、态度上实际存在的有意或无意的对残疾人的歧视。有的残疾人代表以现身说法，指出有些人、有些机构对残疾人的关照，出发点不是为残疾人，而是为他们自己，为他们在发生某些问题时免于承担责任，或为了说明他们在做好事或显示自己的政绩。其内心深处还是视残疾人为自己或社会的负担，而不是视残疾人的权利是固有的、非他人恩赐的，社会和国家对其权利保障是应尽的义务。当然这一理念是更高层次的要求，却是每一公务人员所应具有的。其实《残疾人权利公约》注意了这方面的问题，几乎在每一条文中在规定与其他人享有平等权利的同时，都提出禁止基于残疾可能产生的种种歧视。学者们提出"对社会进行修补"，无非是希望能通过健全的社会将《公约》规定真正落到实处。

五、《残疾人权利公约》与中国残疾人保障事业

新中国建立时，工业比重很小，商业谈不上发达，国家基本上处于农业自然经济状态。为了给现代工业发展奠定基础，国家在土地改革的基础上，很快实行农业集体化和对工商业实行社会主义改造。当时对残疾人和孤寡无助的老人实行“五保”制度，吃住穿用、生老病死基本上由城乡社会基层组织保证。这种保障制度与当时的社会主义计划经济体制相适应。改革开放之后，随着计划经济向社会主义市场经济转制，1982年《宪法》明确规定：“中华人民共和国公民在年老、疾病或者丧失劳动能力的情况下，有从国家和社会获得物质帮助的权利。国家发展为公民享受这些权利所需要的社会保险、社会救济和医疗卫生事业。《宪法》还特别规定：“国家和社会保障残废军人的生活，抚恤烈士家属，优待军人家属。国家和社会帮助和安排盲、聋、哑和其他有残疾的公民的劳动、生活和教育。”⑧为贯彻落实宪法的规定，依照宪法《选举法》、《民法通则》、《民事诉讼法》、《合同法》、《婚姻法》、《继承法》、《母婴保健法》、《收养法》、《义务教育法》、《教育法》、《高等教育法》、《体育法》、《老年人权益保障法》、《保险法》、就业促进法》、《合伙企业法》、《个人所得税法》、《产品质量法》、《消费者权益保障法》、《公益事业捐赠法》、《行政处罚法》、《行政复议法》、《职业病防治法》、《兵役法》、《现役军官法》、《国防法》、《治安管理处罚法》、《刑法》、《刑事诉讼法》、《人民警察法》、《监狱法》等，对涉及残疾人不同方面权利的保障作了具体规定。更重要的是，1990年国家制定了《残疾人保障法》，国务院还颁行了《残疾人就业条例》、《残疾人教育条例》等维护残疾人权利的专项法规。这些法律和前述法律，基本上构建了适应社会主义市场经济体制的残疾人权利保障法律体系，使残疾人权利保障实现了有法可依。残疾人的康复、教育、劳动就业、生活保障、文化教育状况和社会地位等得到了较大程度的改善。

不过，由于我国城乡、地区发展不平衡和发展过程中出现的其他问题，残疾人权利保障也出现了不少问题，需要解决。诸如：残疾人生活水平总体上大大低于社会平均水平；残疾人康复缺少制度性保障；残疾人教育、就业情况低于其他人；无障碍环境建设不仅在农村而且在城市依然艰巨，等等。⑨为了促使以上问题得到解决，使残疾人权利得到切实维护，全国人民代表大会常务委员会2008年4月对《残疾人保障法》进行了修订。这次修订，既总结了该法颁行17年以来的历史经验，也参考了我国参与制定和加入的《残疾人权利公约》相关内容，结合中国具体情况，在原有基础上进一步强化了对残疾人各项权利的保障。新修订的《残疾人保障法》先肯定了残疾人同其他公民一样在政治、经济、文化、社会和家庭等方面享有的平等权利，其人格尊严受法律保护，禁止侮辱、侵害残疾人，禁止以任何方式贬低损害残疾人的人格。体现社会主义本质特征的是，《残疾人保障法》特别强调残疾人“通过各种途径和形式，管理国家事务，管理经济文化事业，管理社会事务的权利”，凡涉及残疾人权益和残疾人事业的重大问题，应当听取残疾人和残疾人组织的意见。对于残疾人康复服务、教育权、劳动就业权、文化体育权、社会保障权益及无障碍环境建设等方面，新修订的立法都作了系统全面的规定。其中在康复方面，该法规定各级政府应采取措施为残疾人康复创造条件，建立和完善康复服务体系，建立健全出生缺陷预防和早期发现、早期治疗机制；教育方面，对接受义务教育的残疾学生、贫困残疾人家庭学生提供免费教育，对接受义务教育以外的，给予资助；在劳动就业方面，国家实行按比例安排残疾人就业制度，达不到比例的用人单位，要按照规定履行保障就业的义务；文化生活方面，出版盲文读物、盲人有声读物及其他残疾人读物，并设立相应的图书室，影视作品加配手语解说；社会保障方面，残疾人及其所在单位应当参加社会保险，对生活困难的残疾人，按国家有关规定给予社会保险补贴，对享受最低生活保障后仍特别困难的，应采取其他措施保障其基本生活。为了使各项规定得到落实，《残疾人保障法》规定了“法律责任”、

"残疾人合法权益受到侵害的……有关部门或单位应当依法查处"。"残疾人组织对侵害残疾人群体利益的行为，有权要求有关部门依法查处。"国家工作人员"对侵害残疾人权益的行为未及时制止或者未给予受害残疾人必要帮助，造成严重后果的，由其所在单位或者上级机关依法对直接负责的主管人员和其他直接责任人员给予处分。"

中国《残疾人保障法》与联合国《残疾人权利公约》相衔接，内容是全面的、完善的。不过任何权利的实现都需要相应的社会发展，需要以经济、政治、文化和社会条件为基础。改革开放30年来，中国虽然发展迅速，今年有望跃为世界第二大经济体，但人口多，GDP人均数量仍然很小；且残疾人数量大，地区、城乡发展很不平衡，医疗、康复、教育发展不适应需要；就业形势十分严峻；残疾人所需的各种辅助器材短缺且价格高昂，无障碍设施短期内很难到位。尤其在体制转轨时期，对于落实法律对残疾人权利保障的要求，需要国家、企业和社会做出更大努力。大家都应从人道主义和维护人权出发，多一点爱心、热心和宽容，发扬中华民族尊老爱幼、扶危济贫的优良传统，共同合理解决前进中的问题。20世纪80年代初，中国著名政治家胡耀邦先生为解决少年儿童的学习读物和用品向企业家呼吁，赚钱不要总在娃娃们身上打主意。我们应通过中欧人权对话研讨讲坛向企业家还有发明家们呼吁，出于人道和人权，救助有关残疾人的新科技产品和新技术转让是否也可以少赚点钱！使更多残疾人得到所需要的救助，把世界建设得更加和谐、美好。

参考文献：

①《残疾人权利公约》1条。

②《中华人民共和国残疾人保障法》则第2条。法律出版社2008年6月版。

③《中华人民共和国残疾人保障法》则第2条。法律出版社2008年6月版。

④《孟子·告子》。

⑤《世界人权宣言》言。

⑥《残疾人权利公约》（以下引文凡未注明出处者，均为此公约，不再注明）。

⑦《世界人权约法总览》，四川人民出版社1991年版，第991页。

⑧《中华人民共和国宪法》45条。

⑨《中华人民共和国残疾人保障法》（注释本），法律出版社2008年版，第1~2页。

（《环球法律评论》2009年第6期，作者系中国社会科学院研究员）

性别平等：联合国人权条约机构的实践及其启示

■柳华文

一、案例是全面和动态理解国际人权法的重要渊源

不论国际法和国内法，都对平等和非歧视原则有不同形式的承认和规定。现在，几乎所有的国际人权文件和国内宪法性文件都包含平等与不歧视的内容。平等与非歧视是人权法的核心，也是社会性别法律主流化过程中的基本问题和首要目标。

对国际人权法来说，性别视角的纳入也经历了一个发展的过程。女权主义的兴起和社会性别研究和运动的发展，不断加强和深化着国际人权法中的性别主流化。为此，我们需要将国际人权法视为一个完整的、动态发展着的体系。不能孤立、静止或者片面地看到国际人权法及其规则。一方面，我们要将不同时期通过

的各个人权公约和文件结合起来考察和分析；另一方面，我们应该重视联合国各条约机构通过的解释性文件——一般性意见或者一般性建议，特别关注它们审议的个人申诉的案例所体现的对于公约的动态解释——在法理上对公约进行的新解释。

这些案例是根据国际人权条约的个人申诉程序产生的。根据个人申诉程序，个人以及个人组成的团体被赋予机会，使其可以向一个监督机构提交来文，声称一个缔约国没有遵守其公约下的义务。该程序被认为是国际人权条约中唯一的准司法程序。①

个人申诉程序在国际法上已经比较常见了。在联合国人权体系的框架下，做出相关规定的有《公民权利和政治权利国际公约第一任择议定书》、《消除一切种族歧视国际公约》第14条、《禁止酷刑和其他残忍、不人道或有辱人格的待遇或处罚公约》第22条。区域层面的重要的相关人权公约包括《美洲人权公约》、《非洲人权与民族权宪章》和《欧洲保护人权与基本自由公约》。联合国教科文组织执行委员会于1978年建立的申诉程序。②一些国际组织如国际劳工组织等有不同形式的处理声称这些组织旨在保护和促进的有关权利受到侵犯的情况的申诉程序。

联合国《消除针对妇女一切歧视公约》曾面临与《经济、社会和文化权利国际公约》一样的处境，它的监督机制也是只包括国家报告程序，而改进相关机制的问题一样不太受到重视。1999年10月，《消除对妇女一切形式歧视公约任择议定书》由联合国大会第54/4号决议通过，并于2000年12月22日正式生效。它规定，该议定书缔约国承认消除对妇女歧视，委员会有权接受和审议根据议定书第2条提出的来文。

一般来说，个人申诉程序的重要原因包括：首先，申诉程序可以使个人和团体所面临的真实问题得以显示，而这在抽象的国家履约报告中是做不到的。第二，此种程序可以包括对特定个案的广泛和深入的调查安排。第三，对声称在相关人权受到侵犯的个案进行处理的国际机构的存在，可以促使各国重视并努力保证有效的国内救济，以避免国际申诉的出现。第四，这一程序也会促使个人和团体在更准确的意义上主张他们的相关人权。第五，由一个国际委员会做出“裁决”的可能性将会使相关人权得到凸显，而这些权利可能缺少各国政府应有的政治关注。第六，这种申诉程序产生的案例可以产生切实可见的结果，更可能使人们对公约整体和相关的特定问题产生广泛的兴趣和认识。因为要许多案例专门或者不可避免地要涉及性别问题，所以能够反映出相关的人权公约及其条约机构对社会性别问题所做的权威解释，其中的许多法律推理是与时俱进的，或者揭示了社会性别领域存在的普遍问题。

二、案例强调对立法进行社会性别检审的必要性

这方面的一个典型案例是联合国《公民权利和政治权利国际公约》的条约机构人权事务委员会处理的奥弥尔鲁迪-斯吉弗拉等人诉毛里求斯案。③

1978年5月2日，什林·奥弥尔鲁迪-斯吉弗拉（ShirinAumeeruddy-Cziffra）和其他19名毛里求斯妇女向人权事务委员会提交来文，声称毛里求斯1977年通过的《移民法（修订）》和《驱逐法（修订）》构成了对毛里求斯妇女的基于性别的歧视，侵犯了建立家庭的权利，剥夺了获得法院保护的权利，从而违反了《公民权利和政治权利国际公约》。

提交人称在这些法律制订以前，与毛里求斯国民结婚的外国人，都享有同样的居住地位，无论男女都有与配偶在该国居住并受法律保护的权利。但是根据新的法律，毛里求斯妇女的外籍丈夫必须申请“居住许可”，内政部可以拒发这一许可或随时加以撤销。但是新的法律并不影响与毛里求斯男子结婚的外籍妇女的地位，她们仍然保留着在该国居住的法律权利。来文者还称，根据新的法律，毛里求斯妇女的外籍丈夫可以根据部级行政命令即加以驱逐，而这样的命令是不受司法审查的。

1981年4月9日，人权事务委员会通过了对来文的最后意见。它认为，就3名与外籍男子结婚的来文者来说，首先，她们与其丈夫的关系显然属于《公约》第17条第1款规定的“家庭”的领域，而且受到了干涉。因为《公约》第2条第1款、第3条和第26条使得国家有义务确保男女的平等权利，不得有任何歧视，所以只要对《公约》保障的权利施加限制，在限制时就不能存在基于性别的歧视。在本案中，毛里求斯对于基于性别的区别待遇没出给予充分的理由。委员会认定，与第17条相联系，存在着对《公约》第2条第1款和第3条的违反。其次，所涉3名来文者与其外籍丈夫还构成了《公约》第23条第1款含义之内的“家庭”，因此按该条的要求“应受社会和国家的保护”。按照同样的逻辑，根据第2条第1款、第3条和第26条，不同性别之间平等待遇的原则应予适用，因此在诸如第23条等《公约》要求实质保护之处，这样的保护必须是平等的，不能基于性别进行歧视。尽管毛里求斯可能有正当理由限制外国人进入本国，并因为安全原因驱逐他们，但委员会认为，将这些限制仅仅施加给毛里求斯妇女的外籍丈夫而不施加给毛里求斯男子的外籍妻子的立法，对于毛里求斯妇女是歧视性的，而且无法给出合理说明。因此，委员会认定在与第23条第1款规定相联系的意义上，也存在着对《公约》第2条第1款、第3条和第26条的违反。

1983年6月，毛里求斯政府通知人权事务委员会，已经根据以上来文中委员会的意见，由议会于1983年3月8日妇女节这一天通过了对《移民法（修正）》和《驱逐法（修正）》的修改，消除了其中基于性别的歧视效果。

本案说明，立法中有可能存在性别歧视，因此开展社会性别角度的法律检审，在此基础上，找出法律中存在的性别盲点或者性别歧视将有助于完善立法，消除法律上的不平等。

三、案例揭示改变传统和习俗的必要性以及男女两性均是性别歧视的受害者

（一）穆勒和恩格尔哈德诉纳米比亚案[④]

1999年10月29日，德国公民迈克尔·安德雷斯·穆勒先生和纳米比亚公民伊姆克·恩格尔哈德女士向人权事务委员会提交来文，声称他们是纳米比亚违反《公民权利和政治权利国际公约》第26条等条款的受害人。

穆勒先生1995年来纳米比亚为恩格尔哈德女士拥有的“恩格尔哈德设计（Engelhard Design）珠宝制造厂工作。两人1996年10月结婚，婚后，他们通过律师办理改姓手续，得到的答复是：妻子改随夫姓不需要任何手续，丈夫改姓则要提交申请。纳米比亚，《外国人法》第9条第1款规定，未经有关政府部门行政首脑或官员授权并在政府公报上公布或者适用法定例外，改变一个人曾经被认可并使用的姓氏是违法行为。该款（a）项规定的法定例外是已婚妇女随夫姓。穆勒先生认为该项侵犯了《纳米比亚宪法》第10条规定的法律面前人人平等和不因性别遭到歧视的权利，以及家庭的隐私权、婚姻及婚姻期间地位平等权、国家应对家庭生活提供充分保护的权利等权利。穆勒先生提出他和妻子有很多更改姓氏的理由，包括：他的姓氏穆勒在德国特别常见，而恩格尔哈德是一个很少见的姓，这个姓对于他们的珠宝生意很重要，因为他们的生意在“恩格尔哈德设计”的商号下已经建立了信誉，如果把商号名称改为“穆勒设计”就会失去知名度；如果他和他妻子各自使用自己原来的姓，顾客和供货方都会以为他是雇员；两人有一个女儿，已经用“恩格尔哈德”的姓氏登记，穆勒先生使用同样的姓氏才能避免女儿被别人说他不是她父亲。穆勒先生于1997年7月向纳米比亚高等法院提起诉讼，要求确认《外国人法》第9条第1款无效，因为该款与《宪法》规定的法律面前人人平等和非歧视等权利相冲突。1998年5月，高等法院驳回了他的诉讼请求；1999年5月，最高法院驳回了他的上诉。

穆勒先生说，《外国人法》第9条第1款为丈夫改随妻姓规定了复杂的申请程序，而希望改用丈夫的姓的妇女在结婚时可自动改用丈夫的姓，不需要履行这些程序。恩格尔哈德女士还说，如果不遵守这些程序，则不能以她的姓作为全家的姓。他们认为，该条法律明显地对男女待遇有别，违反了《公民权利和政治权利国际公约》第26条，侵犯了他们的平等权利。

2002年3月26日，人权事务委员会通过了对本案的最后意见，它认为，尽管国家可以合

理地对姓氏问题作出限制性规定，但是无法证明纳米比亚现行的有关选择家庭姓氏的法律在男女之间作出的区别，无法合理地解释为何夫随妻姓要比妻随夫姓遵循更为复杂和严格的程序；在这方面，本身就具有歧视性的文化社会传统并不能作为一个否定性的理由。委员会认为纳米比亚违反了《公约》。

男女平等问题有多个维度，既需要政治意愿、立法改革和执法保障，更需要正确文化观念的确立。而社会文化、习俗中存在的歧视妇女的刻板印象、陈规陋习是更大的障碍。为了促进事实上的性别平等，需要以社会性别的视角重新审查现有的立法，发现其中存在的对女性直接或者间接的歧视，并加以修正。在促进社会性别主流化的过程中，应保证立法和决策体现性别平等的原则。在这个过程中，需要克服歧视性的历史、文化方面的障碍。

在很多国家都有妇女结婚后从夫姓的传统，这本来是对妇女的一种歧视。但是，如同本案所显示的，在特定情况下，这种性别歧视的受害者也可能是男性。性别歧视是一把双刃剑，长远来看，对男女双方都是有害的，都不利于两性以及家庭与社会的和谐。

（二）鲍格尔诉奥地利案⑤

奥地利公民迪特马·鲍格尔两次向人权事务委员会提交来文，声称自己是奥地利违反《公民权利和政治权利国际公约》第26条的受害者。

来文者是一名鳏夫，他的第一任妻子于1984年6月23日去世。他从1985年11月起有权领取一份鳏夫养恤金，金额按《奥地利养恤金法第八次修正案》的过渡性规定计算。截至1995年1月，该《修正案》只提供最多为足额退休金2/3的金额。不过，寡妇却可以获得全部养恤金。申诉者多次提起诉讼，要求获得足额退休金。在奥地利宪法法院，他主张《奥地利养恤金法第八次修正案》的规定带有歧视性，是违宪的，但是遭到了拒绝。

他随后于1990年向人权事务委员会提交来文，声称自己是奥地利违反《公约》第26条的受害者（第415/1990号来文）。1992年3月30日，委员会断定，根据《养恤金法第八次修正案》的过渡性规定只给予鳏夫相同条件下较寡妇为少的养恤金，构成了基于性别的非法歧视，违反了《公约》第26条。据来文者称，奥地利当局无视委员会的意见，没有修正并重新计算他的养恤金。

1991年10月4日，来文者再婚。根据《养恤金法》第21节，Pauger先生有权在再婚时获得一次性支付的70个月的养恤金。但是有关部门只是根据寡妇养恤金的数额，在减少份额的基础上进行计算并支付给他423059奥地利先令。经过向当地政府部门申诉和向奥地利最高行政法院上诉，来文者获得的一次性支付有所提高，达到了500612奥地利先令。但是他认为，这比一名寡妇在相同条件可获得的足额养恤金少了133976先令。他认为这构成了基于性别的歧视，违反了《公约》第26条。

奥地利在其向委员会提交的回复中对案件的实质问题评论称，与本案相关的原有的法律规则是临时性规定，已经停止施行，因此目前《养恤金法》的规定已经完全确立了适用于来文者案件的寡妇与鳏夫的平等地位。但来文者对此评论称，平等待遇只是对源于1995年1月1日之后的养恤金而言。对之前的养恤金，不平等的待遇仍然存在，因为宪法法院已经允许对妇女提供更为有利的养恤金待遇。

1999年4月30日，人权事务委员会通过了对本案的最后意见。委员会坚持它在第415/1990号来文中的意见，认为鳏夫领取的被减少的养恤金具有基于性别的歧视性。因此，由于拒绝按照与寡妇平等的地位支付来文者全额津贴，兰文这所得的部分一次性支付构成了对《公约》第26条的违反。根据《公约》第2条第3款第（甲）项，奥地利有义务向鲍格尔提供有效的救济，特别是在非歧视的前提下，向他提供按全额养恤金计算的一次性总付款。奥地利有义务采取措施防止类似的违反再次出现。

人权事务委员会称，建立在合理、客观标准上的差别并不构成歧视。因此，针对妇女等弱势群体的歧视或者其面临的困境，有时会采取一些更为优惠的待遇措施，以保障他们的权利，这是一种积极性的特殊保护措施，并不构成歧视。但是，本案中对鳏夫的差别待遇缺少合理的根据和目标，因此构成一种基于性别的歧视。不过，与通常歧视女性的法律和行为相比，本案中出现的歧视是针对男性出现的，这说明有关歧视问题的社会性别分析不能忽视男性。

在本案中，人权事务委员会还重复和延续了它对《公民权利和政治权利国际公约》第26条的独特解释。因此，就《公民权利和政治权利国际公约》而言，其第2条第1款规定平等和非歧视是一项原则，仅适用于《公约》规定的权利未受到平等尊重和保护的情况；而第26条规定的平等与非歧视则是一项单独的权利，其享有并不取决于问题发生的领域：任何不合理的差别待遇——即使超出了公民和政治权利的范围，都将是对平等和非歧视权利的一种单独违反。

四、案例显示应当具体考察女性面临的不利地位

这方面的一个案例是恩古延诉荷兰案⑥。

2003年12月8日，荷兰居民恩古延女士向消除对妇女歧视委员会提交来文，声称自己是荷兰违反《消除对妇女一切形式歧视公约》第11条第2款（b）项的受害人。

来文者是一名有薪酬的兼职雇员（职业介绍所临时工），并与她的丈夫一起在一家企业工作，是共同工作的配偶。她生了一个孩子并从1999年1月17日起休产假。来文者因其有薪工作而获得《疾病福利法》规定的保险，并根据该法第29（a）条领取福利金，以补偿她在16星期产假期间所损失的有薪工作的收入。来文者还因在她丈夫的企业中工作而拥有《残疾保险法》规定的保险。1998年9月，她在产假开始前，提交了领取《残疾保险法》产假福利金的申请。1999年2月，福利金机构国家社会保险所予以拒绝。这是因为《残疾保险法》的所谓的“防止累加条款”只允许领取该福利金中超过其按《疾病福利法》规定可领取福利金的部分。而来文者根据《残疾保险法》享有的、与其配偶共同工作而获得的福利金没有超过其根据《疾病福利法》可领取的有兼职工作的福利金。来文者对这一决定提出异议，并在其后上诉，均未成功。2002年5月，来文者开始休第二次产假，并再次申请福利金。2002年6月，福利金机构决定，来文者只能得到她对《残废保险法》的索付请求与她根据《疾病福利法》应享权利之间的差额的补充。

来文者指控荷兰违反《消除对妇女一切形式歧视公约》第11条第2款（b）项。该项规定妇女有权在休产假期间获得丧失工资的全面补偿。来文者称，收入既来自工资又来自妇女其他形式的工作，但是在本案中，其产假期间的收入损失只能得到部分补偿。在这方面，来文者认为，怀孕对这一妇女群体的收入具有负面影响。她声称，部分地补偿收入损失没有达到《公约》第11条第2款（b）项的要求，等于妇女因怀孕而直接受到歧视。她认为，重要的是评估《残疾保险法》关于怀孕和生育的规定与《公约》第11条是否一致。她认为禁止歧视妇女尤其是指怀孕和生育不会导致妇女的地位低于男子。

2006年8月14日，消除对妇女歧视委员会通过了对来文的意见。委员会认为，《公约》第11条第2款的目的是处理在家庭以外从事有酬职业的妇女因怀孕和生育而受歧视的问题。来文者没有表明她作为妇女因婚姻或生育受到歧视，所称的差别待遇的原因，与她是一位有薪酬的兼职雇员同时又与丈夫工作在一家单位工作有关。第11条第2款（b）项要求缔约国实施带薪或有同等社会福利的产假，不丧失原有工作、年资或社会津贴。委员会注意到第11条第2款（b）项并没有使用“全”薪一词，也没有使用“全额补偿”因怀孕和生育造成的“收入损失”的用语。换言之，《公约》留给缔约国一定的酌处权，以拟定符合《公约》要求的产假福利制度。委员会得出结论，实施《残疾保险法》第59（4）条没有对来文者造成任何歧视待遇。⑦

本案说明，一国政府虽然已经注意到了对因怀孕和生育而受到歧视的、在家庭以外从事有酬职业的妇女的保护，但是具体效果如何，是不是能够真正切实有效地实现对这一类妇女的权利保护，既需要制度设计者的精心考虑，还需要实证效果的检验，特别要倾听权利主体——当事人的意见。

消除对妇女歧视委员会中持异议立场的委员认为，荷兰方面似乎没有考虑到妇女非全时受薪工作兼自营职业这种可能情况；因为在这种情况下，她在两类工作中的工时数可能等于或甚至超过全时受薪女雇员的工时数。虽然1996年的《（全时和非全时工人）待遇平等法》规定全时和非全时雇员待遇平等，但是所谓的“防止累加条款”可能构成某种基于性别的间接歧视形式。

因为，在具体的权利实施方式方面，各个缔约国有较大的自由裁量权，国际条约机构不能过多干预。但是，委员会中部分委员会的反对意见及其建议值得关注，特别是需要收集数据进行分析。它强调了存在间接歧视的可能，并建议进行实证考查和法律检审。因此，在保护妇女的劳动权利时，需要充分考虑妇女不同劳动形式及其特点，确保她们平等享有与劳动相关的各项权益。

五、案例揭示争议领域的法律问题

这方面的一个典型案例是乔斯林等人诉新西兰案。[8]1998年11月30日，新西兰公民朱丽叶·乔斯林、詹妮弗·罗恩、玛格丽特·珀尔和林赛·泽尔夫向人权事务委员会提交来文，声称她们是新西兰违反《公民权利和政治权利国际公约》第23条第1、2款等条款的受害者。

乔斯林女士和罗恩女士自1988年1月起开始同性恋关系，她们将财产放在一起，共同居住，之间有性关系，一起承担了各自与前夫生下的孩子。1995年，她们根据新西兰《婚姻法》向地方登记办公室申请婚姻证书，但申请遭到了拒绝。1993年4月开始同性恋关系的泽尔夫女士和珀尔女士有同样的经历：1996年，她们的结婚申请遭到有关登记办公室的拒绝。她们被告知，登记官是根据《婚姻法》依法行事的，而该法将婚姻限于一名男子与一名女子之间的关系。1996年，四名来文者向高等法院申请宣布同性伴侣也有权合法地获得婚姻证书并根据《婚姻法》结婚，但申请被拒绝。1997年，上诉法院也拒绝了她们的申诉。法院判定，《婚姻法》明文规定只适用于男子与女子之间的婚姻，《婚姻法》中将对婚姻的这种限制并不构成歧视。

来文者主张：新西兰的《婚姻法》构成对同性婚姻的歧视；不能结婚给她们带来了负面的影响；她们之间的关系符合《公民权利和政治权利国际公约》第23条第1款中家庭的定义，只是缺少受到法律承认这样一项标准；第23条第2款在与第2条第1款相联系的意义上被违反。就最后一点，她们认为，男子与女子之间的结婚权利必须根据第2条第1款进行解释，该款禁止基于任何理由的区别对待。新西兰的《婚姻法》中存在被禁止的基于性别的区别对待，包括相关情形中基于性倾向的区别对待，来文者们的权利因此受到侵犯。她们提出，《公约》第23条第2款中“男女（menand women）缔婚的权利”不仅指男人可以与女人结婚，更是指作为一个群体的男人和作为一个群体的妇女可以结婚。

新西兰政府不承认《公约》要求缔约国赋予同性恋者结婚的权利，认为这一权利需要对公约的相关规定做出重新定义。它认为，对本《公约》和《世界人权宣言》、《欧洲人权公约》以及新西兰法律中规定的“婚姻”的一个根本的理解是，它是男女之间的关系。新西兰最重要的主张是该《公约》第23条第2款清楚地表明婚姻可以被正确地定义为异性伴侣之间的关系。它注意到起草这一条款的准备文件表明，它直接源于《世界人权宣言》第16条，其中只是清楚地规定了“男女”结婚的权利。第23条第2款的草案中曾屡次提到“丈夫和妻子”，在正式条文中同样清楚地用到了“男女缔婚和成立家庭的权利”。欧洲人权法院的一些判决也一再地没有将相关规定解释适用到同性恋者身上。[9]

2002年7月17日，人权事务委员会通过了对来文的最后意见，认为《公约》第23条第2款与结婚权利有直接的关系。任何关于这一权利被侵犯的指控都必须根据这条规定予以审议。该款是《公约》中唯一使用“男女”这一措辞而不是“每一个人”、“人人”和“所有人”的措辞来定义一项权利的规定。使用“男女”的用语而不是更宽泛的用语，一直被一致地认为是在表示，缔约国由第23条第2款产生的条约义务是承认婚姻只是有缔婚意愿的一男一女之间的结合。根据第23条第2款规定的结婚权的范围，委员会不能认定缔约国仅仅拒绝允许同性恋伴侣结婚就侵犯了来文者在《公约》第23条第1、2款或其他条款之下的权利。

本案的实质问题是，同性恋者是否有结婚的权利，本案也因此成为讨论同性恋者法律权利的过程中经常引用的一个案例。从本案中，我们可以得出如下几点认识。首先，根据现行的国际人权标准，国家没有义务承认和保障同性恋者结婚和建立家庭的权利，但是这决不意味着同性恋者的性取向不应该得到承认和尊重。尽管因为社会、历史、宗教和文化等多方面的原因，各国对同性恋者的态度和做法差别极大，但人权发展的一个新趋势是逐渐正视同性恋者在社会中的存在以及他们的正当要求，尤其是反对基于性倾向而对他们进行歧视。

其次，本案中人权事务委员会是根据《公约》本身进行的一种"成文法"解释，尽管它解决了相关的争议，但是对本案涉及的问题还存在和思考与探究的必要。人权的概念和相应的法律规则都是既完整而又开放的动态体系，它们的内涵和范畴都处在动态发展之中。目前有少数几个国家出台了有关允许同性伴侣登记结婚的法律。其中有两种规制模式，一种是将同性伴侣关系纳入传统的"普通法"婚姻或"同居"法中，比如匈牙利；一种是在"民事婚姻"之外另辟一个与之平行的"同性伴侣注册法"，比如北欧国家和荷兰。尽管不论采取哪种规制模式，同性恋者所获得的权利和益处还是有限度的、缺失的，还不能与异性婚姻相类比——这些权益大部分是经济方面的，尚不包括诸如收养无血缘子女的权利，但这至少表明同性婚姻在法律和制度上是可能的。

如何从社会性别的角度看待同性恋问题，在我国可能还是一个值得重视的、边缘性的新问题。

注释：

①Graefrath, Reporting and Complaint System in Universal Human Rights Treaties, in Rosas, A. &J. Helgesen (eds.), Human Rights in a Changing East-West Perspective, London: Pinter, 1990, p. 318.

②UNESCO Doc. 104EX/Decision3. 3.

③人权事务委员会第35/1978号来文；Shirin Aumeeruddy-Cziff raeta. lv. Mauritius, CCPR Communication No. 35/1978.

④人权事务委员会第919/2000号来文；MichaelAndreas Mller and Imke Engelhardv. Namibia, CCPR Communication No. 919/2000.

⑤人权事务委员会第716/1996号来文；Dietmar Pauger v. Austria, CCPR Communication No. 716/1996.

⑥消除对妇女歧视委员会第3/2004号来文；Dung ThiThuy Nguyen v. Netherlands, CEDAW Communication No. 3/2004.

⑦有3位委员对委员会的结论提出了异议意见，她们认为《残废保险法》第59条中的所谓防止累加条款可能构成某种基于性别的间接歧视形式。

⑧人权事务委员会第902/1999号来文；Juliet Joslineta. lv. New Zealand, CCPR Communication No. 902/1999.

⑨例如见以下案件：Reesv. United Kingdom, 17 October 1986, Series A No. 106, p. 19, para. 49; Cosseyv. United Kingdom, 27 September 1990, Series A No. 184, p. 17, para. 43; Sheffield and Horsham v. United Kingdom, 30 July 1998, Series A N o. 8, p. 2030, para. 66.

（《法学杂志》2009年第8期，作者系中国社会科学院副研究员）

亚太各国国家人权机构人权侵害申诉调查职能比较分析

■齐延平

一、亚太各国国家人权机构的职能范围与调查权限

目前亚太地区建立的完全符合《巴黎原则》的国家人权机构共有14个，[①]分别是：阿富汗、澳大利亚、印度、印度尼西亚、斯里兰卡、韩国、泰国、马来西亚、菲律宾、新西兰、尼泊尔、蒙古、约旦、东帝汶。[②]亚太地区多数国家在国家人权机构模式上选择了职能范围较为广泛的国家人权委员会模式，[③]各国都通过专门的法案和法令对国家人权机构的职能进行较为详尽具体的规定。

国家人权机构的职能范围与各国对人权事务广度与深度的理解直接关联。亚太地区建立国家人权机构的国家都在相应的法案中对“人权”的范围做了明确界定。鉴于国家人权机构的独立特性和国家人权机构负有监督国家各职能部门执行国际人权准则的职责，亚太地区各国人权法案中对于“人权”一词的理解没有仅仅局限于国内法，都或多或少的考虑到了国际人权条约所规定的普遍接受的国际人权标准。但是，各国对于国际标准的认可都是有限的，本地区还没有国家在其人权法案中规定接受所有的国际人权标准。当然，由于国际人权标准本身是一个不同文化、不同价值观、不同发展境遇基础上的规则集合体，要使一个国家原原本本全盘接受，本身就是不可能的。依据亚太地区各国宪法、法律和法令规定，各国国家人权机构履行职能的范围如下：新西兰及于所有国际人权条约和公约，韩国及于国家批准的国际人权条约，在国家宪法中并入的一些权利以及国际习惯法，蒙古和斯里兰卡及于国家批准的国际人权条约以及在国家宪法和法律中并入的权利，阿富汗、尼泊尔、泰国及于国家批准的国际人权条约以及在国家宪法中并入的一些权利，澳大利亚及于选择的国际人权文件和特定法律中选择的权利，印度尼西亚和马来西亚及于只有并入国家宪法或者特定法律中的那些权利，菲律宾只及于公民权利和政治权利。[④]由之可以看出，亚太多数国家人权机构的职能范围虽然不同程度地关照到了国际标准，但仍然是以国家批准的条约、公约中的权利以及宪法与法律并入的权利为中心的。

赋予国家人权机构受理声称人权受到侵害的申诉、有效调查侵害人权行为并向受害者提供帮助，是该机构最重要的职能。《巴黎原则》制定之初，对国家人权机构的职能是否应当包含对侵犯人权的申诉进行有效的调查产生了争议。与国际社会的分歧不同，亚太地区国家人权机构对该项职权有较为广泛的共识。在1999年由亚太国家人权机构论坛、人权高级专员办公室和亚太非政府组织促进人权小组联合在斯里兰卡举办的亚太地区国家人权机构和非政府组织大会上，强烈支持有必要使国家人权机构享有行之有效的调查权力。这次会议在本地区内部达成了确立国家人权机构调查职能的共识。

一些亚太国家规定了广泛的人权范围，但是国家人权机构受理被指控侵犯人权的范围却是更小范围的经过选择的权利群。有的国家规定国家接受申诉的范围只能是公民权利和政治权利，或者某些法案中规定的权利（如不受非法歧视的权利），或者是国家宪法规定中的部分权利。所以，在此有必要明确各国接受个人申诉的范围和各国保护人权的范围。总体而言，各国对于受理调查申诉范围的规定分为两类，第一类规定受理申诉的范围同人权保护的范围相同，即：凡是属于本国国家人权机构管辖人权范围内的事项，都可以提起个人申诉。如《阿富汗独立人权委员会组织、职权和授权法案》第23条规定：委员会接受个人申诉的范围

和委员会的监督权相同。《马来西亚人权委员会法案》规定委员会受理申诉的范围和监管权相同。菲律宾第163号行政法令第3条规定：委员会受理申诉的范围同监管的范围相同。《泰国国家人权委员会法案》规定委员会受理申诉的范围和其他监管职能的范围相同。此外，印度尼西亚第39号法律案规定委员会受理申诉的范围是依据法案保护的人权，《蒙古国家人权委员会法》第9条规定，受理申诉的范围是宪法、法律以及在蒙古有适用效力的国际公约中规定的权利，这两个国家法案虽未明文规定受理申诉的范围同国家人权机构的监管范围相同，但依据其实际内容，也可推定为同监管范围一致。

第二类国家人权机构受理申诉的范围则是比监管范围更小的权利：如《澳大利亚独立和平等机会委员会法》第11条（1）（a）规定：委员会仅能受理指控非法歧视的申诉；《印度保护人权法案》中规定委员会不能调查指控武装力量滥用权力的申诉；《尼泊尔人权委员会法》规定：委员会不能调查军事法案的管辖下的事项；《新西兰人权法案》第三部分规定：委员会仅接受非法歧视的申诉。《韩国国家人权委员会法》第30条规定：委员会仅接受宪法第2章（公民权利和义务）中13个条款（第10条到第22条）的侵犯人权的申诉，委员会可以调查该法案所界定的歧视指控。斯里兰卡第21号人权委员会法案规定：委员会职能调查侵犯宪法规定的基本权利的指控或申诉。

各国家法案限缩国家人权机构的调查权限，在很大程度上是考虑到机构承受能力的一种现实安排。提出对人权侵害的申诉，除了必须符合委员会的调查职能范围要求之外，还必须具备一系列其他条件。这些条件可以分为实质性的和形式性的。所谓实质条件，是指基于申诉的实质性问题的标准，如申诉是否具有事实根据、国家人权机构对申诉的调查是否与其他国家机构的权力范围相冲突等问题。例如，《尼泊尔人权委员会法》第9条（2）（c）规定：如果委员会觉得申诉没有事实根据或者认为申诉的事项依性质不能依靠法院强制实施，委员会可以不进行调查。《蒙古国家人权委员会法》第11条第3款规定委员会不得接受与民事、刑事案件和争议有关的申诉。形式条件是指提交的申诉请求必须符合一定的程序性或格式上的要求。例如，《蒙古国家人权委员会法》第10条、第11条第1款：申诉必须符合以下条件：①必须是可辨认的蒙古语的书面申诉，如果申诉者是外国人，可以递交该外国人的母语书写的申诉；②必须经过合法的行政程序；③必须指出自己受宪法、法律和国际公约保护的哪一项权利受到了侵害；④申诉人必须书写自己的姓名、住址和通讯地址并且签名。

二、调查人权侵害申诉的具体权能与措施

亚太各国法案中关于国家人权机构的具体调查权能与措施规定得非常细致，涉及了从接受申诉、启动调查到申诉的最终处理各个环节。其中很多权力措施同司法机关（审判机关、公诉机关）的某些权力互有交叉，如传唤证人和质询证人的权力、进入和检查场所的权力等。这也是《巴黎原则》在最末部分将国家人权机构调查个人申诉的权力总结为“准司法权”的原因之一。[⑤]国家人权机构的某些权能可能与司法机关有交叉和重叠之处是一个不争的事实，问题是，如何界定其二者的权力边界？应当明确，国家人权机构的任何决定和行为都替代不了公正的司法系统对于人权保护的重要作用。在解决人权问题争端时，司法系统仍然是国家保护人权的终局性裁判机构。应当将国家人权机构调查处理个人申诉时履行的各项职能作为司法机关履行职能的辅助和补充性机制。国家人权机构的职能不是在人权保护领域取代司法系统成为专门的争端解决机制，而是为人权得到更充分保障的补充性机制。亚太地区各国关于国家人权委员会调查权能详见下表：

亚太地区部分国家人权委员会调查权能表[⑥]

国家	自行进行调查	传唤证人和质询证人	进入和检查场所	介入法庭程序或者对法庭程序提供帮助
澳大利亚	有权	有权	有权	有权
印度	有权	有权	有权	有权

续表

国家	自行进行调查	传唤证人和质询证人	进入和检查场所	介入法庭程序或者对法庭程序提供帮助
印度尼西亚	有权	有权	必须宣布或者经请求	有权
马来西亚	有权	有权	仅能进入、检查拘留设施	
蒙古	有权	有权	有权	有权
尼泊尔	有权	有权	有权	有权
新西兰	有权	有权	有权	
菲律宾	有权		仅能进入、检查拘留设施	
韩国	有权	有权	有权	有权
斯里兰卡	有权	有权	仅能进入、检查拘留设施	有权
泰国	有权	有权	必须宣布或者经请求	

由上表可以看出，亚太多数国家的人权机构在调查人权申诉方面享有的权能是广泛而全面的。一方面，均有权自行就申诉案件进行调查、传唤证人、质询证人，另一方面多数国家的人权机构也有权进入羁押场所进行检查并可介入法庭程序。

三、调查人权侵害申诉职能的限制

任何权力都不是无限的，国家人权机构调查申诉的权力也不例外。亚太地区多数国家的法案都从与其他国家机构进行协调、国家整体利益、社会公共利益的衡量等角度出发对国家人权机构行驶调查申诉的权力进行了限制。但是，需要明确的是，亚太地区各国的法案中对调查申诉权力的限制并非所有规定都是合理的，不排除某些国家借助此项例外条款逃避国家保护人权的义务。例如《尼泊尔人权委员会法》第10条规定委员会不得管辖：①军事法规定的任何事项；②行政首长证明的任何可能对政府和他国政府、国际组织、府际组织达成的条约不利结论的申诉，或行政首长证明的可能对尼泊尔安全造成影响的申诉；③首席检察官证明的可能对依法调查刑事案件的产生不利影响或者对案件的侦破产生不利影响的申诉。此条规定的第一项将军事法规定的所有事项排除在外，不符合平等保护的原则，同时也缩小了国家人权机构的调查申诉职能的职权范围。另外，此条规定的第二、三两项有行政、司法机关干预国家人权机构履行职能之嫌，是对《巴黎原则》中要求的国家人权机构必须具备独立于任何国家机关原则的违反。当然，具体判断某项限制是否合理时是一个复杂的问题，不可一概而论，要结合各国的具体情况如政治体制、法律体系等情况，并且结合各国国家人权机构履行调查申诉职能的现实状况和效果而定。所以笔者也不敢在此继续妄加评论。除上文提到的尼泊尔外，亚太地区还有部分国家对国家人权机构的调查申诉权力做了限制：《澳大利亚独立和平等机会委员会法》第12条（3）规定：不得对情报机构调查；《马来西亚人权委员会法案》第12条（2）规定：法院处理中的案件（包括上诉）或者任何已经在法院得到最终判决的案件。

四、人权侵害申诉调查后的处理

通过调查，委员会根据调查结果对申诉有一定的“结论”，“结论”多数是关于调查后认定的事实及争端解决方案。调查后如果发现并没有侵犯人权的事实，则国家人权机构仅需要将调查结果通知各方，即履行完职责。但是，如果调查后发现实际存在侵犯人权的事实，委员会需要采取补建议、调解等方式采取补救措施。但正如前文所述，在处理人权争端问题上，国家人权机构只具有“准司法权”地位，其做出的结论和意见不像法院的裁判一样具有强制执行力。国家人权机构的建议要得到实施，通常还需要借助其他国家机关如法院等的协助。许多国家都在人权法案中规定了国家人权机构的建议和意见实施的方式和途径。这一问题之所以重要，是因为国家人权机构的建议和意见能在多大程度上得到实施，是衡量一个国家人权机构有效运行的重要标准。

一般而言，国家人权机构的对于人权争端的处理结论通常有：道歉、保证今后不再进行歧视、接受教育和培训、提供保证、对受害者赔偿、任何当事方接受的可以解决争端的事项。以对受害者进行赔偿为例，各国的人权法案中大多规定国家人权机构的补偿性建议不具有强制执行力，需要通过诉讼等方式借助法院等司法机关的强制执行力。如《澳大利亚人权和平等机会委员会法》第29条规定：通过对侵犯人权事件的调查得出结论后，委员会有权发布包括建议赔偿的报告。即使委员会终结了申诉，被告仍有提供赔偿的可能。法院可以接受有关涉及非法歧视的申诉，并且发布一系列与案件相关的命令，包括对非法行为造成侵害的作为补偿的责任。《新西兰人权法案》规定如果人权委员会处理补偿问题机制不能解决争端时，原告可以向人权复审特别法庭提起诉讼。韩国规定，在特殊情况下，人权委员会的处理补偿决定和法院的处理具体同等效力，《韩国国家人权委员会法》第42条、第43条规定：如果当时双方选择法案规定下的和解程序，但是未达成一致时，委员会有权决定对受害者的赔偿。如果当事人在两周内不表示反对，此决定和法院的解决具有相同效力。

五、对亚太各国国家人权机构调查职能的评价

由于亚太地区由不同历史文化背景、不同经济发展水平、不同政治体制的国家组成，导致在这些因素制约之下发展起来的国家人权机构的发展状况也存在巨大的差异。例如从建立国家人权机构的动因来看，该区域各国就存在很大不同。部分国家如澳大利亚、新西兰和韩国，建立国家人权机构的初衷是为更好的保障国内人权，其建立国家人权机构的动因也来自国内。但本地区更多国家建立国家人权机构则多是出于政治性的考虑，或者受其他国际组织、甚至个人的影响而建立的。蒙古国家人权机构的建立时曾得到澳大利亚的大力支持，此外，阿富汗联合政府成立后，在美国等西方国家的影响下，也建立了符合《巴黎原则》的国家人权机构。[⑦]虽然各国建立人权机构都以较高层次的法案甚至宪法条文为法律依据，但现实中仍然很难保证各国国家人权机构的独立性，特别是很难避免来自于行政机关的影响和控制。根据亚洲国家人权机构相关的非政府组织网络（ANNI）的报告显示：亚太地区很多国家人权机构独立性受影响主要来自以下三方面问题的影响：第一，国家人权机构的组织全部或者部分依靠政府机关的分支；第二，委员会成员的委任程序允许政府对委员的选任实施某种程度干预；第三，本地区许多国家人权机构不具有财政自主权，很多情况下需要依靠政府对其提供财政支持。[⑧]因为资源缺乏，国家人权机构不得不放弃很多资源消耗巨大的调查活动。

虽然存在上述问题，在处理个人申诉的问题上，亚太地区各国国家人权机构仍然做出了不懈努力。无论从处理申诉的案件和案件包括的范围来看，各国人权委员会都取得了很大的成就。例如泰国国家人权机构2007年接收的个人申诉案件总数是764件，涉及的人权包括司法程序、财产权、生命权和安全权、劳动权和移徙工人权利、妇女、儿童权利、经济、社会和文化权利及结社权等，几乎囊括了人权的各个领域。其中个人申诉中占比重最大的是有关司法程序行政性的个人申诉，占到个人申诉案件的22.91％。其中在曼谷，90％以上的受害人都选择向国家人权委员会提出个人申诉。[⑨]印度国家人权委员会建立之初的1993年到1994年只收到了496件个人申诉案件，但此后逐年稳步增加，到2006年至2007年度委员会共接收82233件个人申诉案件。而委员会当年处理的个人申诉案件由于包括往年的申诉案件则达到了93421件。[⑩]

虽然亚太地区各国国家人权机构接受的个人申诉的数量在逐年增加，但很多国家人权机构依旧不善于或者无能力处理个人申诉，从而影响到机构的有效性。此外，许多国家人权机构的调查结论也往往以得到侵权机关的认可为准。例如泰国、韩国、马来西亚、蒙古和印度国家人权委员会2008年年度报告中就申明得到了法院、警察当局的广泛赞同。[⑪]国家人权机构的调查职能机制不是孤立运作的，其有效性作用的发挥还同一国是否拥有完备的法治、良好

的政治生态、健康的人权文化密切相关。

注释：

①1991 年 10 月 7 日至 9 日在巴黎举行了促进和保护人权的国家机构第一次国际研讨会，此次会议通过《关于促进和保护人权的国家机构的地位和职责的原则》（Principles relating to the status and functioning of national institution for protection and promotion of human rights）。

②此处罗列为符合《巴黎原则》要求的亚太地区国家人权机构论坛（APF）成员，统计截至 2008 年底，网址：http：//www. asiapacificforum. net.

③本地区内，国家人权机构的机构较为单一，除东帝汶的国家人权机构选择监察专员的模式外，其他各国均选择国家人权委员会模式。

④See Brian Burdek in assisted by Jason Naum，National Human rights institutions in the Asia-Pacific region，Hotei Publishing，2005，p31.

⑤参见《巴黎原则》最后部分“关于具有准管辖权的委员会的地位的附加原则”。

⑥Brian Burdek in assisted by Jason Naum，National Human Rights Institutions in the Asia-Pacific Region，Hotei Publishing，2005，p28.

⑦所以在对该地区国家人权机构发展状况进行评价总结的时候，鉴于各国间的情况有很大差异，不宜将某一国家的成功经验或者不足之处推而广之，作为本地区国家人权机构发展的成功经验或不足。

⑧2008 Report on the Performance and Establishment of National Human Rights Institutions in Asia，The Asian NGOs Network on Nation al Institutions，p13.

⑨Annual Report 2008 National Human Rights Commission of Thailand；13th Annual Meeting of the Asia Pacific Forum of National Human Rights Institutions，p2.

⑩Annual Report 2007 National Human Rights Commission of India；12th Annual Meeting of the Asia Pacific Forum of National Hum an Rights Institutions. p3.

⑪2008 Report on the Performance and Establishment of National Human Rights Institutions in Asia，The Asian NGOs Network on National Institutions，p18.

（《法学杂志》2009 年第 8 期，作者系山东大学法学院教授）

论国际人权机制的发展与构建和谐人权关系

■刘　杰

国际人权机制是“二战”后人类社会追求和平、正义的产物，作为国际人权机制核心价值的普遍人权标准为国际社会提供了指导各国人权发展的基本路径。尽管近年来少数国家利用普遍标准推行自己的战略意志，以促进人权为借口干涉别国主权和内政，但从发展方向看，国际人权机制的建立和完善不仅为推动各国在人权问题上的平等、对话和合作提供了制度化的方式和途径，也有助于国际社会在尊重国家主权原则的前提下加快构建和谐人权关系的步伐。

一、国际人权机制的核心价值及发展取向

“二战”是人权保障走向国际化和机制化的里程碑和转折点。德意日法西斯军国主义发起的侵略战争，及其在战争中的野蛮行径，对人类尊严和生存权利进行了最严重的践踏。在严峻的挑战面前，爱好和平与民主的国家抛弃了社会制度和意识形态的偏见，联合起来开始进行了“一场前所未有的为人权而战的战争”。[①]在这场具有特殊意义的战争中，一股以各种可能的机制化和制度化形式切实保障国际人权的世界性潮流应运而生。以此为起点，保障人权不再仅仅是各国国内政治和法律范畴的问题，也逐渐被引入到了国际政治和国际法领域，人权国际化潮流中蕴涵的法制化和机制化趋向，以不可阻挡之势成为战后国际社会的必然选择。

“二战”结束后，虽然各国政府在人权方面各有不同的政治考虑，但由于保障人权的呼声在国际社会已经深入人心，国际人权机制的建构在世界上形成了一股不可抗拒的历史潮流。

联合国虽然在很长一段时间内，没有在保障国际安全，促进世界发展这两大宗旨上发挥出应有的作用，甚至一度成为大国权力斗争的场所，但在建构国际人权机制方面，却发挥了不容置疑的作用，将人权的国际化潮流逐步纳入到了法制化和机制化的轨道。正如汤姆·J. 法雷所评价的那样，“从一开始，联合国就仿佛注定是人权的机构”[②]。作为联合国基本文件的《联合国宪章》虽然不是一份纯粹意义上的国际人权文件，但它在序言中开宗明义地宣布了自己维护人权的宗旨：“我联合国人民同兹决心，欲免后世再遭今代人类两度身历惨不堪言之战祸，重申基本人权和人格尊严与价值，以及男女大小各国平等之权利”[③]，从而为国际人权机制的构建确定了基本的宗旨和目标。

战后人权的国际化潮流和《联合国宪章》的有关规范，奠定了国际人权机制的合理性和合法性基础，也决定了国际人权机制的基本原则和价值取向：（1）效力的非强制性。联合国在人权保障的方面的权限和宗旨，仅在于发挥“研究”、“促进”、“激励”、“作成建议”等一般性作用，主要是在国际社会营造一种有利于人权的环境和气氛，从外部向一国内部提供保障人权的动力和支持。（2）适用范围的普遍性。保障人权是所有国家和所有人民的共同职责，联合国制定的人权标准既已得到各成员国的共同认可，就应该得到严格的遵守和维护，任何国家都不应该有任何例外。（3）国家的主体性。这包括不可分割的两个方面：一方面，人权在本质上属于国家主权范围内的事务，而宪章明确规定“不得授权联合国干涉在本质上属于任何国家国内管辖之事件”；另一方面，联合国并不对个人授予权利，个人不是国际人权法上的主体。这些原则和取向，应该说是合乎国际关系和国际法的基本准则的，既体现了高度的人权精神，又维护了主权国家在保障人权方面的主体地位，较好地反映了人类进步的历史逻辑。以此为起点，国际人权机制在拥有了良好的环境、框架和组织机构的同时，日益向人类生活的各个领域延伸和扩展，一个超国家、超地域、全球性的国际人权机制从此逐步在国际社会中形成，为国际人权保障带来了全新的理念和发展方向。

经过长期的努力，国际社会对于通过共同努力保障人权的机制化观念逐步深入人心，国际人权保障的标准不可逆转地脱离了西方观念的绝对主导，表现出更加明显的普遍性，日益得到绝大多数国家的认同和接受，一个以《经济、社会和文化权利国际公约》和《公民权利与政治权利国际公约》为核心的国际人权保障体系已基本建立起来。近年来，随着经济全球化时代的到来和国家间相互依存程度的不断加深，国际人权机制有了进一步的发展，呈现出新的态势和取向：

第一，国际人权机制对国际人权关系的影响力日益上升，对世界人权事务的规范作用有了进一步的增强，国际人权保障成了人类生活中不容忽视的重要组成部分。在过去的半个多世纪中，国际人权机制在规范各国的人权行为、切实维护国际人权方面取得的实际成效是微不足道的，有关的国际人权规则很少真正付诸实践，即使在一定程度上付诸了实践，发挥的作用也并不显著。但近年来，国际人权机制这种处于被“虚化”的局面开始有所改观。世界各国的人权问题日益被置于联合国的督促和关注之下，每年的人权委员会以及新成立的人权理事会都成了世界关注的焦点，作为国际人权机制主要运作程序的报告制度受到几乎所有国家的重视，关于侵犯人权的指控制度也对受到指控的国家构成了巨大的压力，避免在人权理事会中受到决议谴责成为许多国家主要的人权日程。

第二，无论发达国家还是发展中国家都对国际人权机制的建构和运行给予了高度重视，努力发挥更大的作用。尽管在西方社会的许多人看来，冷战的胜利在很大程度上体现了西方人权观念和主张的胜利，是未来的世界在西方民主制度模式下发展的新开端。西方国家不断强调，联合国在国际人权机制实践中应该“首先尊重那些给个人以自由的权利”，国际社会应“通过实施自由、民主和多元主义，即联合国在国际层面首先法典化的那些权利来实现一体化”。但是，国际人权机制的建构并没有按照西方的意志发展，尤其是在作为当今国际人权机制的基本组织形式的联合国人权理事会的成立过程中，包括中国在内的发展中国家发挥了主导性的作用，在当选理事的47国中，发达国家成员仅占8席，以至于美国在失望中宣布不参加理事竞选。

第三，国际人权机制的运作日益受到国际政治和经济现实的影响，不同类型和历史文化传统国家之间的矛盾和斗争日趋复杂，国际人权机制内部长期未能妥善解决的矛盾和缺陷暴露得越来越明显。冷战时期，联合国的人权规范虽然对各国的约束力十分有限，但在基本原则的确立，规则和程序的制定方面成就是十分显著的，能够在较大程度上体现人们对保障人权的要求。而20世纪90年代以来，人权既然成为国际政治中的热点问题，国际人权机制的政治性色彩当然也不可避免地凸现出来，各国越来越出于追求霸权或维护国家利益的考虑来重新确立参与国际人权机制的立场，国际人权机制内在的道德主义和进步主义色彩随之有所淡化。

随着国际人权机制新态势和新取向的出现，国际人权机制在人权保障事务中规范作用的增强，一场涉及国际人权机制各方面问题和缺陷的争论正在国际社会广泛展开，不同国家在国际人权机制与国家内部的人权保障机制的协调和权限划分，保障人权标准的普遍性和相对性，两种不同性质权利的优先性，非政府组织的地位和作用等问题上的分歧难以弥合。这些争议表面上看来反映了不同人权主张的差异性，内在体现的则是不同国家之间社会制度、意识形态、经济发展水平和历史文化传统的根本对立，构成了国际人权机制在完善过程中的根本障碍和显而易见的“双面刃”效应。

二、国际人权机制与构建和谐人权关系的内在逻辑

国际人权机制的核心价值，是在尊重国家主权原则的基础上，为世界各国在人权保障领域相互合作提供一个制度化的沟通平台，通过对话的方式推动解决不同国家在人权观念和行为上的争端和分歧，从发展前景看，这将有助于国际社会构建起以合作代替对立、对话代替冲突的和谐人权关系。按照美国学者斯坦利·霍夫曼的看法，“国际机制要求对国家利益的狭隘观念逐步进行变革，以合作的互利的长期利益代替争斗的利己的短期利益；国际机制并不意味着国家主权的转移，而是主张国家主权的‘国际汇合’；不是要求单方面的责任和行动，而是强调国际的共同责任和行动；国际机制所包括的准则和决策程序为国际关系角色同时提供限制和机遇，是解决国际争端、实现稳定和平的有效手段”。[④]具体说来，国际人权机制的构建至少在如下几个方面有助于增进国际社会中和谐人权关系的构建：

第一，国际人权机制的核心是合作的理念。与传统的权力和利益理念相比，国际人权机制要求各国放弃传统的人权理念，通过合作而非强制性的霸权做法解决人权分歧。罗伯特·基欧汉认为，“当合作现象发生时，有关各方会依照其他行为体的行为变化调整或改变自己的行为，比较一下有无合作与协调的不同场合，人们可以评价出合作过程的效应：它使得互相间的关系处于一种主动的自我平衡状态”。[⑤]这一观点虽然难免过于乐观，但对合作理念取代强制推销自己的人权观念的描述是合乎实际的。

第二，国际人权机制追求理性预期目标。20世纪90年代以来，发达国家尤其是美国往往通过强制性的手段来要求别国接受自己的人权主张，其结果往往造成“零和博弈”，任何一方都无法从激烈的人权冲突和对抗中获益。国际人权机制追求的则是“非零和博弈”，试图通过建立规则并使各方均遵守。约瑟夫·奈认为，一种有效的机制可以从4个方面满足人们的理性预期：一是它使人们看到保持连续性的价值；二是它提供了互惠的机会和可能；三是它提供了流动的信息；四是它为解决或缓和矛盾提供了机会和可能。即是说，“机制创造了一种建立和发展出稳定和平的氛围”。[⑥]这对认识国际人权机制对于构建和谐人权关系的意义具有启发性的价值。

第三，国际人权机制遵循合乎现实的“道德主义”理念。一些西方学者主张国际机制不以特定的道德标准判断国际合作问题，认为评价国际合作的存在与否是一回事，评价各种国际合作形态的优劣好坏是另一回事。H·布尔提出的典型命题是："把特定的机制或行为过程看成秩序建立的导向，并不等于说这个机制是合乎愿望的，或者说这个过程是应当实现的。"⑦但国际人权机制是有着自己的道德标准和理念的。它主张在人权关系中应该注入更多的道义色彩，但不追求无法实现的理想；它承认普遍的道德和绝对的正义与公平在当代无法实现，但认为人类可以追求相对的正义与公平和有规则的道德，强调对违背现行国际道德标准的制裁和惩罚；它同意国家利益仍然继续构成主权国家的基本行为动力，但反对将国家利益极端化，反对国家在追求自身利益时不择手段、损人利己，主张重新解释权力和利益，要求将国家的短期利益与长期利益、绝对利益和相对利益相结合。换言之，国际人权机制外化了一种试图整合现实主义和理想主义中合理道德要素的新道德主义或"合乎现实的道德主义"。⑧

第四，国际人权机制在运作中注重实际的效用。从当前的发展取向看，国际人权机制越来越注重追求有效的和实用的国际人权规范，既不像过去那样试图从根本上解决国际人权中存在的所有问题，也不囿于行为主义式的仅限于对个案进行处理。它所包含的人权规范是为大多数成员国所认同和接受的，因而也较容易约束成员国的行为。

第五，国际人权机制试图把国际人权关系纳入制度化和法制化的轨道。国际人权机制拓展了国家人权法的视野，试图使国际人权秩序建立在法制化和制度化的基础之上。换言之，国际人权机制重要的价值基点之一是法理主义，即国际人权机制主张用法制化和制度化的手段来规范国家的人权行为及不同国家之间人权关系的协调，强调只有在规范各方行为的基础上才能实现国际人权关系的合理化和有序化。

第六，国际人权机制要求参与国约束自己的人权行为。国际人权机制强调对国家人权行为的约束，但并不主张"主权过时论"或"超越主权论"，承认主权国家仍然构成基本的国际主体，承担对于本国人权的基本保障责任。在很大程度上，国际人权机制之所以为众多国家承认和参与，即在于它虽然对主权国家有所限制，但进一步确认了主权国家在保障人权问题上的基本主体地位，为主权国家提供了合法性依据，进一步而言，它也反过来受到主权国家的约束。国际人权机制与主权国家间这种互动的约束理念，对于理解国际人权机制的本质具有重要意义。

第七，相对主义的理念。国际人权机制追求的人权关系既非霍布斯式的"自然状态"也不是康德理想中的"永久和平"，而是承认国家间因制度、观念和历史文化差异而存在着人权观念和政策的差异，着眼于为国际人权问题和各国的国内人权问题的解决提供外部条件，在具体的在运作中，它可以有较大的灵活性和适应性，不同的问题的解决可以有不同的国际人权机制与之相适应。因此，国际人权机制追求的是相对的和谐人权关系，使冲突在规则的约束下能够控制在一定的限度之内。

总之，国际人权机制提供的是较为现实的和可行的国际人权秩序新模式，它以参与国的认同和接受为前提，以尊重主权和内政不受侵犯为准则，至少在规则上为各国提供了平等的发言权，大多数参与国可以利用有关人权规则不断改善自身的人权状况，加之作为机制本身具有的动态性和适应性，更能够通过互动式的调整和完善而推动国际社会和谐人权关系的形成。

三、中国参与国际人权机制：推动构建和谐人权关系的路径选择

中国是国际人权机制的积极参与者。新中国成立后，始终对国际人权机制的构建采取了积极支持的立场，并在开展与各国的机制化合作方面进行过初步的尝试。1955 年 4 月，中国参加了体现发展中国家共同人权主张的万隆会议，并为会议的成功做出了巨大的贡献。1971 年中国恢复在联合国的合法席位后，进一步以积极姿态参与了国际人权机制的有关活动。中国高度重视利用联合国舞台阐述自己对国际人权问题的主张和看法，为不断丰富人权的内涵做出贡献；积极参与了联合国系统内许多重要国际人权机制性文件的起草和制定工作；签署

和批准了许多国际人权方面的公约和约法性文件。1997年底，前中国国家主席江泽民在访美前夕，正式签署了《经济、社会和文化权利国际公约》，2001年2月28日，中国人大常委会通过了关于批准公约的决定。同时，中国还于1998年底签署了《公民权利和政治权利国际公约》，目前中国人大常委会正在认真地就批准问题进行深入的分析和论证。这一切，都充分体现了中国积极参与和推进人权国际化进程，在构建国际人权机制方面加强与国际社会合作的一贯立场，也表明了中国政府对于推动构建和谐人权关系的信心和决心。

进入21世纪以来，中国在参与国际人权机制问题上采取了更加积极和开放的态度。中国政府一再鲜明地表示，中国愿意同国际社会一道，为建立一个公正、合理的国际关系新秩序，实现联合国维护和促进人权与基本自由的宗旨，继续做出不懈努力。在这一方针指导下，中国参与国际人权机制的步伐在过去的基础上有了进一步的加快。值得强调的是，中国还努力推动双边和多边人权机制的构建，本着“求同存异”、“和而不同”的原则与世界上许多国家开展了人权对话，力争在平等和相互尊重的基础上，通过对话与交流机制增进与不同人权立场国家之间的沟通和了解。

在今天这样一个国家间相互依存程度空前增强，世界经济与国际政治紧密互动的世界上，中国积极参与国际人权机制对于推动构建和谐人权关系具有双重的人权意义：一是可以更好地宣传自己构建和谐人权关系的主张，进一步加强与世界各国在人权问题上的合作和沟通，增加新的人权共识，更好的向国际社会展示自己致力于维护和促进人权的信心与决心，消除外界对中国人权主张的误解和模糊认识，积极争取国际社会不带偏见的国家和人民对中国人权立场的理解与支持；二有助于改善中国人权建设和发展的外部环境。通过对国际人权机制的参与后，中国的人权发展将置身于一个更加开放的国际环境之中，与外部世界的联系和相互依存将更加紧密，我国在人权问题上与其他国家进行平等的对话和交流的渠道也将得到极大地拓展，与其他国家的人权关系更加趋于规范化和制度化，有助于促使发达国家更多的站在战略需要的角度来重新审视对中国的人权态度，在一定程度上缓解中西方人权对抗的态势。

从发展的趋势看，中国要通过积极参与国际人权机制的方式来推动构建和谐人权关系，有必要在如下几个方面进一步明确和强化自己的认识和立场：

第一，中国通过参与国际人权机制推动构建和谐人权关系的基础和前提，是始终致力于加强国内的人权保障和机制建设。新中国成立以来，我们一贯表示，“深受其苦的中国人民，一百多年来，一直把推翻‘三座大山’的压迫，争得人权作为自己的目标，为此前赴后继，不惜流血牺牲，进行了长期的艰苦卓绝的斗争，中华人民共和国成立后，中国的人权状况得到了根本的改变，中国政府和中国人民十分珍惜这一来之不易的胜利成果，为维护人权和不断改善人权状况不遗余力，并取得了显著成绩”。当前，中国在致力于建立具有中国特色社会主义，并把这一事业全面推向深入的历史进程中，又旗帜鲜明地做出了“中国愿意同国际社会一道，为建立一个公正、合理的国际关系新秩序，实现联合国维护和促进人权与基本自由的宗旨，继续作出不懈努力”[⑨]的承诺。在这一精神指导下，中国正在充满自信地以不断进取和开放的精神全方位地走向世界，为充分实现中国人民的政治、经济、社会和文化权利积极努力，并争取为世界人权的不断发展做出自己的贡献。

第二，中国通过参与国际人权机制推动构建和谐人权关系的基本准则，是始终坚持人权问题在本质上是属于一国内部管辖的问题，尊重国家主权和不干涉内政是公认的国际法准则，适用于国际关系的一切领域，自然也适用于国际人权机制。中国坚决反对任何国家利用人权问题推行自己的价值观念、意识形态、政治标准和发展模式，使发展中国家的主权和尊严受到损害。但同时，中国也主张对于危及世界和平和安全的行为，诸如由殖民主义、种族主义和外国侵略、占领造成的粗暴侵犯人权的行为，以及种族隔离、种族歧视、灭绝种族、贩卖奴隶、国际恐怖组织侵犯人权的严重事件，国际社会都应进行干预和制止，实行人权的国际保护，这是人权领域内加强国际合作的重要内容，也是当前国际人权保障在实践中面临的艰巨任务。

第三，对于正在和平发展并致力于与世界各国在竞争中取长补短、在求同存异中共同发展的中国而言，当今国际人权机制发展的良好趋势无疑为中国积极推动构建和谐人权关系提供了新的战略机遇，在构建和谐人权关系的意义上，中国推动构建和谐人权关系的基础是综合国力的不断增强，中国加快参与国际人权机制的步伐及在国际人权机制的发展和完善中作用的显著增强则是中国推动构建和谐人权关的外在体现。

第四，中国加快参与国际人权机制步伐的必要性之一还在于为国内人权体制的改革引入可资借鉴的外部性资源，通过外部规则的内部实施来完善人权保障体制，但这同时也面临着国内体制与国际规范的双向制约的难题，可能导致因国内人权体制的传统惯性而难以兑现国际承诺的风险，进而限制了我们推动构建和谐人权关系的有效性。

第五，中国经济实力的迅速提升使我们与国际人权机制的互动关系始终处于变化之中。在今天，中国对于国际人权机制的参与既有一般性的接受和认同，也有共同建构机制以及创新国际人权机制的趋势，而这三种情况的并存也意味着我们的战略选择变得更加困难。一般性的接受和认同固然是主要的现实，但也意味着中国不得不在一定程度上受到行为的限制和利益的损失，而共同建构机制或创新国际机制则有可能因过高的预期值而激化某些矛盾和对立，这是对中国战略智慧、也是对我们推动和谐人权关系智慧的重大考验。

第六，国际社会在21世纪之初的时代内涵和特征正在发生着潜移默化的深刻变化，当前中国对国际人权机制的参与战略面临着一个新的转折关头。为了更好地适应新的时代特征和人类社会的发展主流，中国的对外人权战略在理论上必须有进一步的突破和创新、在实践中必须取得进一步的突破，这是决定我们能否抓住重要战略机遇期，加快构建和谐人权关系步伐的关键要素。

中国关于国际人权机制建设的立场正在得到越来越多国家的理解和支持，许多国家都已公开表示，在人权问题上搞对抗是“无济于事的”，“是没有出路的”，不同国家在人权问题上的认识差异应该通过对话与合作的途径来加以协调，连法国政府发言人拉马苏尔也承认，“这种具有建设性的立场已经被大多数国家接受”，欧盟发言人吉尔福德则表示，“国际人权论坛需要建设性的协商和对话，应该避免出现对抗和采取强制性措施”。这表明，国际人权领域正在呈现出以对话代替对抗、合作超越分歧的良好势头，通过包括中国在内的国际社会的沟通努力，和谐人权关系的构建是有可能实现的。

参考文献：

①［加］约翰·汉弗莱：《国际人权法》（中译本），世界知识出版社1992年版，第19页。

②汤姆·J. 法雷：《联合国与人权》，载《联合国研究参考资料》第17辑，第4页。

③《联合国宪章》全文可参见董云虎、刘武萍编：《世界人权约法总览》，四川人民出版社1991年版，第928～945页。

④Stanley Hoffman, *The Game Rule, Ethics and International Affairs*, 1987, pp. 41-42.

⑤Robert O. Keohane, *International Institutions: Two Approaches*, International Studies Quarterly 1988: 380.

⑥Joseph S. Nye, Jr. *Understanding International Conflicts*, Longman, 1997: 39.

⑦H. Bull, *The Anarchical Society*, New York, Columbia Uni. Press, 1977: 98.

⑧关于作为国际机制的道德主义基点问题，作者曾有专文加以阐述。参见拙作《当代国际关系中的道德主义析论》，载《世界经济与政治》1996年第11期。

⑨《人民日报》1991年11月2日。

（《人权与和谐世界》，团结出版社2007年版，作者系上海社会科学院人权研究中心主任、当代中国政治研究中心主任）

非物质文化遗产的国际人权保护研究

——以《保护非物质文化遗产公约》为视角

■郭玉军　唐海清

非物质文化遗产的国际人权保护是国际法研究面临的一个重要而复杂的新问题。非物质文化遗产是人类通过口传心授、世代相传的无形的、活态流变的文化遗产。它是人类智慧的结晶、历史长河的实证、民族精神的寄托、文化传承的媒介。在21世纪全球一体化进程快速发展的背景下，保护和传承非物质文化遗产，已成为国际社会发展的重要课题之一。2003年，联合国教科文组织通过了《保护非物质文化遗产公约》，标志着非物质文化遗产的国际保护开始形成。非物质文化遗产的国际人权保护是非物质文化遗产国际保护的重要组成部分。相关国际公约和国际组织文件为非物质文化遗产的国际人权保护提供了依据和保护机制，这对于促进非物质文化遗产的国际人权保护具有重要意义。然而，由于国际人权理论的分歧、国际公约和国际组织文件相关规定的缺失、非物质文化遗产保护本身的特殊性等原因，非物质文化遗产国际人权保护面临较大的困境。这些困境主要表现在两个方面：一是人权评价标准难以确定，普遍主义人权观与相对主义文化观之间存在激烈争锋；二是保护机制不完善，保护体系、保护力度、保护职权等都有待加强。本文以《保护非物质文化遗产公约》为视角，综合考察国际人权法律文件、国际组织相关文件，研究非物质文化遗产国际人权保护的现状、困境及解决路径，以期对非物质文化遗产的国际人权保护的理论研究和实践工作有所促进。

一、非物质文化遗产国际人权保护的必要性和特殊性

非物质文化遗产的国际人权保护是国家所必须履行的国际义务，是有关国际组织所必须履行的职责。它不仅体现了国际人权保护的共性，而且具有鲜明的特性。

（一）非物质文化遗产国际人权保护的必要性

国际人权保护始于“一战”以后国际上出现的一些人权保护公约。“二战”后，以《联合国宪章》的诞生为标志，国际人权保护全面形成。目前，国际社会制定了一系列保护人权的国际法律文件。其中普遍性的国际人权文件有：《联合国宪章》的相关条款、1948年的《世界人权宣言》以及1966年的《经济、社会和文化权利国际公约》和《公民权利和政治权利国际公约》（以下简称“1966年国际人权两公约”）。国际人权保护的内容不断发展。关于人权保护的内容，在理论上有分歧，其中“三代人权理论”被广为接受。该理论认为，国际人权保护经历了三个阶段，产生了三代人权。第一代人权主要受法国资产阶级革命的影响，并在18世纪的欧美人权运动中产生，人权保护的主要内容涉及“公民权利和政治权利”。第二代人权在俄国十月革命时期形成，并受西方“福利国家”理论的影响，其基本内容是有关经济、社会和文化方面的权利。第三代人权是在“二战”后非殖民化运动中产生和发展起来的，如民族自决权、生存权和发展权等。对于这三代人权，《联合国宪章》、《世界人权宣言》、1966年国际人权两公约以及一系列的区域性人权保护公约等都做了规定。

国际人权保护与非物质文化保护存在着既统一又冲突的关系。其统一之处表现为：作为非物质文化遗产保护的主要内容的文化权利本身属于人权；无论是思想和宗教自由、发表意见和接受信息自由、参与文化生活的权利等个

体人权，还是自决权、生存权和发展权等集体人权都是非物质文化遗产保护的重要依据。其对立之处表现为：非物质文化遗产与人权之间存在潜在的冲突。有些根植于文化实践中的非物质文化遗产违反和损害了基本人权，例如一些国家或地区的强制婚姻、女性割礼、繁重服饰等风俗就违反了妇女的基本人权。[①]鉴于国际人权保护与非物质文化保护之间的上述关系，非物质文化遗产的国际人权保护已经成为国际法律文件的基本要求。非物质文化遗产的国际人权保护最直接的国际法律依据是《保护非物质文化遗产公约》。《保护非物质文化遗产公约》是非物质文化遗产国际法律保护的基本文件，它在前言中开宗明义地宣布，公约“参照现有的国际人权文件，尤其是1948年的《世界人权宣言》以及1966年的《经济、社会和文化权利国际公约》和《公民权利和政治权利国际公约》”。这说明非物质文化遗产的国际保护必须符合国际人权法律文件保障人权的基本精神。此外，《保护非物质文化遗产公约》在有关非物质文化遗产的定义中规定，“……本公约中，只考虑符合现有的国际人权文件，各社区、群体和个人之间相互尊重的需要和顺应可持续发展的非物质文化遗产”。该定义表明，只有符合国际人权法律文件规定的非物质文化遗产，才能为该公约所确定和保护。

综上可知，保护非物质文化遗产必须要贯彻人权保护的原则。人权保护是非物质文化遗产保护的必要条件，只有符合国际人权法律文件规定的非物质文化遗产，才能为国家和国际社会所承认和保护。对于那些违反国际人权法律文件的非物质文化遗产，国家和国际社会不仅不应予承认和保护，而且有义务制止。例如，印度古老的寡妇自焚殉夫习俗就是严重违反人权的行为。早在19世纪20年代，印度就宣布废除这一传统。寡妇自焚殉夫在印度已基本绝迹。然而，印度个别地区至今仍旧保留这一恶习。为保护人权，印度将出台更加严格的法律对此予以严惩。正是由于人权保护在非物质文化遗产保护中的不可或缺，使得其在非物质文化遗产的发展完善中发挥着重要作用：一方面，一些国家和地区违反人权的文化传统和习俗得以废除；另一方面，一些在人权保护方面有所欠缺的非物质文化遗产通过自身的不断变更而符合国际人权法律文件的规定。保护非物质文化遗产和国际人权保护是相互作用的，保护非物质文化遗产同样能够促进国际人权保护。例如，许多非物质文化遗产是弱势文化，普遍面临着文化空间被挤压、甚至是被“文化灭绝”或“文化群体灭绝”的威胁。以语言为例，据儿童基金会统计，目前世界上大约有6000种语言，其中2500种正濒临消亡，还有更多的语言正在丧失使它们作为实用语言存在的生态背景。[②]那么对于作为弱势文化的非物质文化遗产实行保护，就是保护少数群体或弱势群体的文化权利，也就是保护他们的基本人权。

（二）非物质文化遗产国际人权保护的特殊性

非物质文化遗产的国际人权保护具有很强的独特性。其独特性体现为它的主要内容是保护文化权利。文化权利属于第二代人权，主要规定在《世界人权宣言》、《经济、社会和文化权利国际公约》等国际人权文书中。《世界人权宣言》规定，“每个人有权自由参加社区的文化生活，每个人有权实现对于他的尊严和个性的自由发展所必不可少的文化权利”。《经济、社会和文化权利国际公约》规定，“每个人有权参加文化生活，政府必须采取保护、发展、传播文化等措施来实现这一权利”。此外，《经济、社会和文化权利国际公约》规定的“民族自决权”中包含了文化自决权，“每个民族有权自由决定它们的政治地位，也有权自由发展它们的民族文化”。对于文化权利，《公民权利和政治权利国际公约》规定，“在那些存在着人种的、宗教的或语言的少数人的国家中，不得否认这种少数人同他们的集团中的其他成员共同享有自己的文化、信奉和实行自己的宗教或使用自己的语言的权利”。

文化权利本身是一种特殊的人权。文化权利的特殊性首先表现为，与其他人权相比，法律对于文化权利的内涵、保护范围没有界定。主要原因在于“文化”一词很难界定。“文化”这一概念过于模糊，有的学者认为它至少包含三层含义：文明世界的理想特征与目标；特定种族、群体或社会的特征与准则；文学、艺术、音乐等作品。[③]“文化”内涵的不确定，导致文化权利内容、范畴难以确定。文化权利究竟应该包括哪些具体权利，国际社会分歧较大。例如，20世纪90年代，欧洲理事会指令欧洲保护少数民族委员会制定《欧洲人权公约》在文化领域的议定书。保护少数民族委员会在制定的议定书草案中规定了文化权利的基本内容，主要包括：文化认同权、选择归属群体权、参与文化活动权、获取信息权、保护文化和科学遗产权、名称权、自由使用语言权、自主学习语言权、建立文化和教育机构权。然而，欧洲理事会并不完全认可草案中列举的具体文化权利，认为文化认同权、选择归属群体权、参与文化活动权、获取信息权、保护文化和科学遗产权等5项权利要么太模糊而难以界定，要么与文化没有直接的联系，要么增加了缔约国的财政义务。因此保护少数民族委员会没有将这5项权利列入议定书草案的最终文本，而将名称权、自由使用语言权、自主学习语言权、建立文化和教育机构权等4项权利列入草案的最终文本。[④]尽管对于文化权利的具体内容和范围尚无定论，我们认为，一般而言，文化权利包括文化平等权、文化认同权、文化自决权、文化发展权。文化权利的特殊性其次表现为文化权利与其他人权的冲突大量存在。由于法律对于文化权利范围、内涵的不确定性，加之不同权利主体之间的利益差异，使得文化权利与其他人权之间的冲突不可避免。

由于文化权利的特殊性，文化权利国际人权保护非常复杂，其复杂性主要表现为两方面：一是难以确定文化权利的内涵、保护范围。文化权利常被称为人权中的“不发达部门”。所谓“不发达”，是指相对于其他种类的人权，比如公民权、政治权利、经济和社会权利而言，文化权利在范围、法律内涵和可执行性上最不成熟。它们的确需要进一步地阐明和分类。[⑤]二是文化权利与其他人权相冲突时的难以评判处理。其中，文化权利与其他人权相冲突时的评判处理最为复杂。非物质文化遗产的国际人权保护不仅保护文化权利，而且保护其他人权。在一项非物质文化遗产的实践中，当文化权利的行使限制、损害其他人权时，怎么评判是否违反国际人权法呢？例如，一些国家和地区流行“女性割礼”这一习俗，导致难产、死胎、新生儿死亡等问题。“女性割礼”虽然也是一种传统文化，体现了这些国家、地区的文化权利，但是损害了妇女、婴儿的健康权。因而世界卫生组织认定“女性割礼”是一种侵犯人权的行为。那么，这一习俗是不可能被批准为非物质文化遗产并列入世界保护名录，国际人权保护组织已经要求彻底革除这一习俗。再如，歌舞伎是日本典型的民族表演艺术。歌舞伎创立时，妇女可以参加表演，但是后来禁止妇女参加表演。歌舞伎禁止妇女参加表演，应该说是限制了妇女平等参与文化生活的权利，不符合《消除对妇女一切形式歧视公约》等国际人权文件的规定。但是，歌舞伎还是于2005年被联合国教科文组织列入第三批人类口头和非物质文化遗产名录。同样是行因使文化权利而限制、损害其他人权，“女性割礼”被国际组织要求废除，而却歌舞伎却被教科文组织列入非物质文化遗产保护名录。可见，在非物质文化遗产的国际人权保护中，因行使文化权利而对于其他人权进行一定的限制，也并非一概被禁止。事实上，在被遗产委员会列入代表作名录和急需保护名录的非物质文化遗产中，有很大一部分遗产在保护文化权利的同时却限制了其他人权。[⑥]关键的问题是，国际人权组织允许限制的合理范围是什么，限制标准是什么？国际法律文件对此并没有规定。这个问题在非物质文化遗产人权保护的实践运用中十分复杂。

二、非物质文化遗产的国际人权保护机制

目前，虽然国际法律文件和国际组织的文件对非物质文化遗产的国际人权保护规定比较抽象，但在《保护非物质文化遗产公约》的框架内外，已经初步形成了非物质文化遗产的国际人权保护机制。框架内外的机制相互联系，共同促进非物质文化遗产的国际人权保护。

（一）《保护非物质文化遗产公约》框架内的保护机制

1. 缔约国国内的人权审查。

根据《保护非物质文化遗产公约》的规

定，首先在国家一级保护非物质文化遗产。《公约》的缔约国应首先承担起非物质文化遗产的人权保护责任。其法律依据在于：第一，缔约国具有履行国际人权保护的义务。国际人权保护的义务包括国际公约所设定的义务和国际习惯法所设定的义务。《保护非物质文化遗产公约》的缔约国如果加入1966年国际人权两公约等国际公约，则其必须履行公约所规定的保护人权的义务。即使缔约国没有加入人权公约，我们认为，其也应履行保护人权的国际义务，因为《世界人权宣言》的许多原则可以被看做是国际习惯法的一部分。虽然《宣言》作为一项联合国大会的决议对成员国不具有法律约束力，但是许多学者从《宣言》产生的巨大影响力的角度，认为《宣言》具有一定的法律约束力。如美国著名的国际法学者麦克杜格尔教授认，"《宣言》已被人们认为是《联合国宪章》人权条款的权威解释，是业已建立的习惯法"。[7]第二，缔约国应承担不履行国际人权保护义务的国家责任。国家责任理论认为，国家对于国家实施的或归于国家原因的不履行国际义务的行为承担国家责任。根据这一理论，国家通常不对私人或私人机构的行为负责。但是，即使一国国内违反人权的事项是由私人或私人机构做出的，国家也负有阻止该违反国际义务的行为。其原因在于：其一，国家通常对其管辖范围内的事项负责。其二，国家的不作为或不能阻止本国违反人权的行为，同样是国家行为，也要承担国家责任。

就非物质文化遗产的国际人权保护而言，尽管大多数非物质文化遗产的创造和实践主体是社区、群体和个人等非国家机构，但国家同样要对这些主体在非物质文化遗产的实践中违反人权的行为负责。况且，一旦某项无形遗产被国家列入国家非物质遗产保护名录或申请列入世界保护名录，就等于承认了该项遗产的合法性，这些行为本身就是可解释为国家的行为；如果该项遗产违反了国际人权法，国家应承担相应的制止侵犯人权行为的责任。因此，国家必须承担非物质文化遗产的国际人权保护责任。

《保护非物质文化遗产公约》对于国际一级保护非物质文化遗产做了明确规定。国家对于非物质文化遗产的国际人权保护措施主要有两方面：一是对于非物质文化遗产列入国家保护名录前进行人权审查；如果该项非物质文化遗产违反国际人权法，则不列入名录，并予以纠正；二是非物质文化遗产列入国家保护名录后进行人权审查；如果该项非物质文化遗产违反国际人权法，则从列入名录中取消，并予以纠正。

2. 政府间保护非物质文化遗产委员会的国际人权审查。

政府间保护非物质文化遗产委员会（以下简称"遗产委员会"）是根据《保护非物质文化遗产公约》的规定在联合国教科文组织内设立的机构。公约规定的遗产委员会的职能包括：宣传公约的目标，鼓励并监督其实施情况；就良好的实践和保护非物质文化遗产的措施提出建议；拟订实施公约的业务指南并提交大会。同时公约规定，遗产委员会审议并决定缔约国提出列入人类非物质文化遗产代表作名录、急需保护的非物质文化遗产名录或接受国际援助的申请。

可见，《保护非物质文化遗产公约》没有明确遗产委员会有审查一项非物质文化遗产是否符合国际人权法律文件的职能。[6]那么，当公约缔约国决定某些无形遗产为非物质文化遗产，遗产委员会能否进行人权审查呢？这要具体情况具体分析。缔约国决定本国某些无形遗产为非物质文化遗产的行为一般有两种：一是将某些无形遗产列入本国非物质文化遗产保护名录，但并没有向委员会申请列入世界非物质文化遗产代表作名录遗产或者要求提供援助。二是将其列入本国非物质文化遗产保护名录后，再申请列入世界非物质文化遗产代表作名录或者要求提供援助。对于第一种行为，《保护非物质文化遗产公约》并没有授予遗产委员会的审查职权，因此，遗产委员会无权进行人权审查。对于第二种行为，遗产委员会有权进行人权审查，因为《公约》第7条规定：遗产委员会有权审议并决定缔约国提出列入代表作名录、急需保护名录或接受国际援助的申请。而根据公约尊重和保障人权的宗旨，遗产委员会对于缔约国所提交的相关申请的审查必然包括人权审查。

值得进一步关注的是，当遗产委员会对于某一缔约国提交的列入代表作名录的遗产不予批准，而缔约国仍然不将其从本国非物质文化遗产保护名录中删除，那么，遗产委员会虽然无权要求缔约国从其名录中删除该遗产，但是有义务报告给教科文组织的相关机构进行审查，确保违反人权行为彻底得到纠正。

遗产委员会的人权审查是以其有效的咨询机制做保障的。根据《保护非物质文化遗产公约》第8条的规定，委员会可设立其认为执行任务所需的临时特设咨询机构。委员会可邀请在非物质文化遗产各领域确有专长的任何公营或私营机构以及任何自然人参加会议，就任何具体的问题向其提出咨询。因此，遗产委员会在审查一项非物质文化遗产是否符合国际人权法文件的过程中，要咨询人权专家小组的意见。

总之，遗产委员会的人权审查在国际层面上是一种“被动”的审查。它只对缔约国所提交的要求列入代表名录、急需保护名录或要求提供援助的申请进行审查。但是，这种“被动”审查不是绝对的，它在不批准缔约国所提交的将该国某项非物质文化遗产列入有关名录或寻求国际援助后，缔约国仍然将其保留在本国的保护名录时，遗产委员会有权将其提交给教科文组织的相关机构处理。同时，有效的咨询机制保障了遗产委员会的人权审查。

（二）《保护非物质文化遗产公约》框架外的保护机制

公约框架外的保护机制包括：1966年《经济、社会及文化权利国际公约》和《公民权利和政治权利国际公约》两公约监督实施机构的保护机制和联合国教科文组织的保护机制。

1. 1966年“国际人权两公约”监督实施机构的保护机制。

经济、社会、文化权利委员会。它是《经济、社会及文化权利国际公约》的监督实施机构。委员会由专家组成，审议该公约成员国向其提交的执行公约报告（每5年提交一次），并向成员国提出建议。委员会不受理私人的控告。

人权委员会。它是《公民权利和政治权利国际公约》的监督实施机构。委员会由专家组成，审议该公约成员国向其提交的执行公约报告（每3年提交一次）。如果成员国加入了该公约的第一项任择议定书，则成员国可以受理个人对于违背公约事项的控告。人权委员会于2006年6月被人权理事会所代替。人权理事会是联合国大会的附属机构。

1966年“国际人权两公约”的监督实施机构审查人权的局限是：它通常只限于审查缔约国提交的报告，并不是所有机构都有权受理个人的控告。而且，并不是每个缔约国提交的报告都涉及非物质文化遗产。

2. 联合国教科文组织的保护机制。

联合国教科文组织有权审查违反人权事项。《教科文组织章程》第1条规定，教科文组织有义务“促进人权和基本自由的普遍尊重”。教科文组织《1978年执行委员会决定》规定，[⑧]执行委员会有权在教科文组织的权限内审查有关违反人权的情况。该决定进一步强调，不仅可以审查有约束力的国际人权公约所保障的权利，而且可以审查以诸如《国际人权宣言》等习惯法为依据的权利。因此，《保护非物质文化遗产公约》的缔约国即使没有加入国际人权公约，其违反《国际人权宣言》的行为也应受到审查。教科文组织能够不仅审查由个人、社区引起的个别的违反人权的案件，而且还审查由与国际人权法相悖的国家政策引起的大规模的、群体的违反人权的案件。

教科文组织人权审查的主要机构是公约与建议委员会。公约与建议委员会是教科文组织执行委员会的附属机构，负责审议成员国提交给教科文组织的报告并在教科文组织的权限内审查违反人权的情况。公约与建议委员会的审查权限、受理对象、程序如下：（1）权限。公约和建议委员会人权审查范围并不局限于教科文组织的职权范围之内。如果一项非物质文化遗产违反了《世界人权宣言》所规定的自由参与文化生活权，这无疑是在教科文组织的权限内，公约与建议委员会当然有权审查。但是它违反的人权不限于教科文领域，如违反了《世界人权宣言》所规定的”任何人不得加以酷刑”条款，根据《1978年执行委员会决定》的规定，公约与建议委员会也有权审查。（2）受理对象。其审理对象具有广泛性，受理做为违反人权的受害者或知情者的个人、群体或政府机构的提交的申请。(3) 审查的程序。受理条件：申请者所提交的违反人权的情况报告必须同时满足10个条件，公约和建议委员会才予以受理。这些条件主要包括：提交相关证据，在违反人权的事实发生的合理时间内提出，指出是否对于违反人权已经进行过国内救济等。申请者有权获知委员会的处理结果，但是不能上诉。[⑥] (4) 积极的干预。公约与建议委员会可以直接干预成员国国内对于非物质文化遗产的承认。如，某成员国不承认该国某项无形遗产为非物质文化遗产，而该项遗产的参与者向委员会提出，该国的不承认行为违反了《世界人权宣言》第27条所给与他们的”自由参与文化生活的权利”，那么公约与建议委员会可以对于该国的不承认行为进行审查。如果所审查的不承认行为违反了国际人权文件的规定，则公约与建议委员会有权要求该国予以纠正。

公约与建议委员会对于非物质文化遗产的国际人权审查具有明显的优势：(1) 为个人、群体以及政府机构的诉求提供了有效的途径，并且申请人并不局限于受害者。(2) 即使教科文组织成员国不参加任何国际人权公约，仍然可以对在其国内发生的违反国际人权法的非物质文化遗产进行审查。(3) 可以借助其他组织的帮助。如可以请求执行委员会指派有关成员国调查非物质遗产实践中违反人权的事实。同时，也必须看到，公约与建议委员会的保护机制还存在一些缺陷：(1) 机构性质属于政府组织而非专家小组，不利于听取人权专家的意见。(2) 程序保密，这不仅很难评估其行动的范围，而且还阻碍了其与相关国家以及违反人权行为的受害者之间的对话。

综上所述，《保护非物质文化遗产公约》框架内外的保护机制各有特色，相互联系。从总体上讲，框架内的保护机制是在实践中承担非物质文化遗产人权审查的主要机构，发挥了重要作用；但是它的人权审查在国际层面上是一种“被动”的审查，它只审批缔约国非物质文化遗产的有关申请，无权纠正缔约国在非物质文化遗产的实践中违反国际人权法的行为。而且受理对象狭窄，只受理缔约国的申请。框架外的保护机制是一种“主动”的人权审查机制，有权要求缔约国纠正违反人权的事项；而且受理对象广泛，可以受理国家、群体、个人的申请与控诉。同时，框架内外机制相互联系，框架内的遗产委员会可以将有关违反人权的非物质文化遗产交予框架外的组织处理，但是，框架内的处理不是框架外组织处理的必经程序。

三、非物质文化遗产国际人权保护面临的困境

虽然，非物质文化遗产的人权保护已经获得了初步的发展。但是，它在发展过程中仍然面临较大的困境。这些困境主要体现为：

(一) 人权评判标准难以确定

目前，国际上关于非物质文化遗产的人权审查没有明确的评判标准。其根本原因在于非物质文化遗产人权审查的评判标准上存在普遍主义人权观与相对主义文化观之间的激烈争锋。

普遍主义人权观认为，人权是普遍的，它们属于任何社会中的每一个人。人权不分地域、历史、文化、观念、政治制度、经济制度或社会发展阶段。人权之所以称为人权，意味着一切人，根据他们的本性，人人平等享有人权，平等地受到保护。普遍主义人权观起源于法国资产阶级革命，反映了西方民主、自由的价值观。普遍主义人权观在许多国际法律文件中得到体现：《世界人权宣言》规定，“人人有资格享受本宣言所载的一切权利和自由，不分种族、肤色、性别、语言、宗教、政治或其他见解、国籍或社会出身、财产、出生或其他身份等任何区别”。1993年世界人权大会通过的《维也纳宣言和行动纲领》则重申：“所有国家庄严承诺依照《联合国宪章》、有关人权的其他国际文书和国际法履行其促进普遍尊重、遵守和保护所有人的一切人权和基本自由的义务。这些权利和自由的普遍性质不容置疑。”

相对主义文化观认为，人权作为与特定的文化传统、政治制度、经济制度相关联的价值标准，它的存在和实现是有条件的、相对的，在不同的国家、不同的文化、不同的种群当中存在着不同的人权价值和行为准则。普遍人权是不能成立的，因为原则上人权并没有一个普

遍的文化观念。正如有的学者指出，“不同社会有着不可比较的不同的文化。一切文化在道义上都是平等的。因为文化是不可比的，因此人权不是也不应当是普通的。”[⑨]相对主义文化观为许多非西方主流文化的发展中国家所主张。

就非物质文化遗产的人权保护而言，是否尊重文化权利的差异和文化多样性，这是两种不同观点在非物质文化遗产人权审查标准上的根本分歧。普遍主义人权观认为，人权是普遍有效的道德原则，它超越文化、观念、政治制度、经济制度的差异而普遍适用。普遍主义人权观否认文化权利的差异和文化多样性的存在。相对主义文化观认为，人权是相对的，它不可能被一种文化标准所限定，不可能存在超越当地政策、文化差异的统一人权。相对主义文化观承认和尊重文化权利的差异和文化多样性，但是否认普遍人权的存在。在非物质文化遗产人权保护上普遍主义人权观与相对主义文化观之间争持不下，使得国际上关于非物质文化遗产的人权审查标准无法明确。

（二）人权保护机制存在明显缺陷

1. 未能形成确定合理的人权评判标准的机制。

无论是《保护非物质文化遗产公约》框架下的保护机制，还是公约框架之外的保护机制，都未能有效解决普遍主义人权观与相对主义文化观之间的冲突，从而确定合理的人权审查标准。要解决普遍主义人权观与相对主义文化观之间的冲突，就必须形成国际人权审查机构与非物质文化遗产所在地的国家及违反人权行为的受害者之间的对话和协商机制，而目前并没有形成这样的机制。

就《保护非物质文化遗产公约》框架内的保护机制而言，遗产委员会没有与相关国家及受害者对话和协商的职能。诚然，该委员会是一个开放的组织，它可以就缔约国的非物质文化遗产的人权保护问题向其他国际组织、专家、私人机构咨询。但是，委员会只是对于缔约国的相关申请进行审查并做出决定，它并没有建立在审查过程中与缔约国进行对话和协商的制度，就缔约国的文化传统、政策习惯与国际人权标准问题进行商讨。特别要指出的是，该委员会不受理个人的申诉，那么也就不可能与违反人权的非物质文化遗产的参与者、受害者进行对话和协商，听取他们的诉求。

就《保护非物质文化遗产公约》框架外的保护机制而言，无论是人权委员会，经济、社会、文化权利委员会，还是联合国教科文组织，都没有与缔约国及非物质文化遗产的参与者、受害者的对话协商机制。特别是作为教科文组织人权审议的主要机构，公约与建议委员会本身是一个政府间组织，它的工作程序具有封闭性和保密性，非物质文化遗产的申请者和相关受害者不能参加其工作会议。由于其程序的封闭性和保密性，阻碍了对于非物质文化遗产人权审查的对话。虽然，教科文组织的公约与建议委员会可以受理作为非物质文化遗产的参与者及其违反人权事项的受害者的个人的诉求，《公民权利和政治权利国际公约》的人权委员会也可以在一定条件下受理个人的诉求，但是，受理诉求与协商对话有根本的区别。协商对话就是在问题的处理过程中与成员国、申诉者、受害者平等协商，听取对方意见。而受理诉求是在问题的受理过程中听取申诉者的意见。与协商对话不同，受理诉求的申诉者无权参与问题处理。

2. 《保护非物质文化遗产公约》框架内外保护机制的未能有机衔接。

虽然在《保护非物质文化遗产公约》框架下，遗产委员会的人权保护机制是一种“被动”的保护，但是在缔约国所申请的非物质文化遗产违反人权的情况下，遗产委员会不能只是简单地不予批准缔约国的申请。因为，遗产委员会是教科文组织的附属机构，保障人权是教科文组织的工作目标；遗产委员会如果只是简单地不予批准，不利于彻底纠正违反人权行为，不利于教科文组织工作目标的实现。

那么在上述情况下，遗产委员会应将违反人权的非物质文化遗产交与教科文组织的有权机构进行处理。究竟交给教科文组织的哪一个机构呢？我们认为，交给公约与建议委员会是最适当的。因为公约与建议委员会是教科文组织人权审议的主要机构，它对于人权的保护是一种“主动”的保护，有权要求缔约国彻底纠正违反人权的事项。但是遗憾的是,《保护非物质文化遗产公约》并没有关于遗产委员会将其审议事项交予其他组织处理的明确规定。虽然,根据《公约》第8、9条的规定,遗产委员会有权就审议的事项向其他非政府组织、私人机构、专家等咨询;但是,公约与建议委员会是一个政府间组织,它能否成为遗产委员会的咨询机构,公约并没有明确规定。即使公约与建议委员会能够成为遗产委员会的咨询机构,也不等于它有权处理遗产委员会审议的事项,因为咨询机构与处理机构的权限根本不同。

综上所述,《保护非物质文化遗产公约》的现有规定,不能使公约框架内外的人权保护机制进行有机的衔接。从总体上看,《保护非物质文化遗产公约》框架内的关于非物质文化遗产的国际人权保护是一种消极的保护,而公约框架外的保护是一种积极的保护。从实践上看,《保护非物质文化遗产公约》缔约国的非物质文化遗产的审查基本上是在公约的框架内进行的。将公约框架内外的人权保护机制进行衔接,有利于系统地、彻底地审查非物质文化遗产的人权保护状况、纠正违反人权的事项,从而进一步促进非物质文化遗产的国际人权保护。

3. 未形成对于非物质文化遗产人权保护的动态审查机制。

《保护非物质文化遗产公约》框架内中人权保护审查是一种静态的审查,即缔约国和遗产委员会的审查决定具有固定性,不因情况的变化而变化。然而,这种静态的审查方法在非物质文化遗产人权保护的实践中的存在不少缺陷。例如,某一非物质文化遗产经过审查后列入国家保护名录或国际保护名录或给与国际援助,但是后来发现该项遗产违反国际人权法,因而当时的人权保护审查是错误的。面对这一情况,究竟能不能将该项遗产从有关名录中删除,能不能停止有关的国际援助,《保护非物质文化遗产公约》并没有做出规定。再如,人权观是变化的,国际人权观从第一代人权观发展到第三代人权观就是明证。如果某项列入国家或国际保护名录的非物质文化遗产在缔约国或遗产委员会审查时是符合国际人权法的,但是该项遗产随着人权观的变化而不再符合国际人权法,那么,能不能将该项遗产从有关名录中删除,能不能停止有关的国际援助,《保护非物质文化遗产公约》也没有做出规定。显然,《保护非物质文化遗产公约》框架内的静态审查机制在上述情况下是不能彻底地对非物质文化遗产进行人权保护的。因此,必须要建立动态的非物质文化遗产国际人权保护机制。

四、非物质文化遗产国际人权保护困境的解决

针对上述困境,必须探寻解决的路径。主要有:

(一)建立一种以尊重文化多样性为基础的人权评判标准

确定正确的人权评判标准,是非物质文化遗产国际人权保护的前提。关于非物质文化遗产的人权评判标准,普遍主义人权观和相对主义文化观根本对立。事实上,过分强调普遍主义人权观或相对主义文化观都是有害的。把这两种观点引至极端以后,前者否认文化多样性,可能导致干涉文化主权行为的滥行;后者否认普遍人权,则可能会为那些公认的严重践踏人权的行为提供辩解。确立正确的人权评判标准必须汲取普遍主义人权观和相对主义文化观的合理因素,尊重文化多样性,尊重普遍人权。尊重文化多样性与尊重普遍人权并不是相互对立,而是相互促进的。承认普遍人权,并不等于可以忽视文化多样性。所有体现文化多样性的历史特征、区域特征、民族特征、文化表达等等,无不与普遍人权相关,因此都是不能漠视或忽略的。例如,某一民族使用自己的母语是该民族文化表达的关键,禁止该民族使用母语就是剥夺其基本人权。[10]承认文化多样性,非但不否认普遍人权,而且有利于保障普遍人权的实现。因此,《保护和促进文化表现形式多样性公约》在"指导原则"中赋予保护文化多样性以基本人权的意义。

因此,正确的人权评判标准应该以尊重文化多样性为基础,坚持文化多样性原则、遵守基本人权、考虑文化传统和社区利益、合理偏重文化权利。具体而言:

1. 坚持文化多样性原则。文化多样性是文

化的本质特征。人类社会是由不同类型文化所构成的共同体，人类文化表现出鲜明的多样性是世界文化的一个基本特质。[11]在对非物质文化遗产国际人权保护中，必须首先坚持文化多样性原则。文化多样性原则是随着非物质文化遗产国际法律保护的发展而确立的一项基本原则。文化多样性原则要求不同的文化特性和谐共存，每一种文化及其特性以独立的品格与其他文化对话、共处。[12]国际法律文件对于文化多样性原则做了规定，《保护和促进文化表现形式多样性公约》规定，"认识到文化多样性是人类的共同遗产，应当为了全人类的利益对其加以珍爱和维护"。

2. 遵守基本人权。文化多样性与国际人权保护密切相关。《保护和促进文化表现形式多样性公约》就明确规定，"颂扬文化多样性对充分实现《世界人权宣言》和其他公认的文件主张的人权和基本自由具有重要意义"。并且公约以"尊重人权和基本自由"为首要的指导原则。因此，保护非物质文化遗产必须要以遵守基本人权为前提，不能以尊重文化多样性为借口，违背普遍的国际人权法律原则。

3. 广泛考虑背景。以尊重文化多样性为基础对非物质文化遗产进行人权审查，必须采用广泛考虑背景的方法。广泛考虑背景包括三个方面：一是要考虑非物质文化遗产产生、发展的历史背景。二是要考虑当地人的文化传统和文化实践。三是必须考虑社区的价值、利益和传统。之所以要考虑这三方面的背景，就是因为历史背景是文化多样性的历史根源，文化传统和实践是文化多样性的主要内容，社区的利益和传统体现文化多样性创造主体的价值追求。

4. 合理偏重文化权利。当文化权利与其他人权相冲突时，如何评判？这是非物质文化遗产保护中确立正确的人权评判标准的关键所在。权利的冲突及其解决，是法学界面临的一个非常复杂的问题。权利会不会产生冲突、权利冲突时是平等保护还是偏重保护、偏重保护采用什么方法等基本问题，学界仍无定论。我们认为，由于权利范围、内涵界限的模糊与不确定，以及权利主体之间的利益差异，权利在特定条件下的冲突不可避免。同时由于权利性质、作用和社会意义的不同，权利在冲突时不可能得到平等保护。文化权利与其他人权相冲突亦是如此。在非物质文化遗产保护中，文化权利是法律保护的基础和主要内容；因此，当文化权利与其他人权相冲突时，要偏重保护文化权利。偏重文化权利必然会对其他人权进行限制。为确保偏重文化权利的合理性，这种限制必须同时满足以下条件：第一，体现了非物质文化遗产所带来的将其作为传统文化组成部分的社区、群体、个人的价值、利益和认同感。例如，日本的歌舞伎虽然限制妇女的参与，但是歌舞伎体现了大和民族的传统价值。第二，与非物质文化遗产的目标具有合理的联系。第三，所造成损害必须符合比例原则，即对于其他人权造成的损害必须是最少的，而且这种损害处于可接受的范围。

（二）完善非物质文化遗产的国际人权保护机制

完善保护机制，是非物质文化遗产国际人权保护的根本保证。这些机制包括：

1. 建立对话协商机制。即作为非物质文化遗产审查者的国家或国际组织，要通过与有关社区和非物质文化遗产的参与者等进行对话协商，根据社区的价值目标和参与者的文化认同感，来决定该项文化遗产是否符合国际人权法。首先是国家层面的对话与协商。缔约国在审查本国的非物质文化遗产时，与该项遗产产生地的社区、有关参与者进行对话；特定情况下，要与违反人权的受害者对话。其次是国际层面的对话与协商。遗产委员会在审查缔约国要求列入国际保护名录或国际援助的申请时，要与缔约国、专家小组对话协商，以决定该文化遗产是否符合国际人权法。在认定该遗产可能违反国际人权法时，要与有关社区、该遗产的参与者及受害者进行对话协商。教科文组织的公约与建议委员会以及1966年国际人权两公约的监督实施机构在对非物质文化遗产人权审查时，要与缔约国（成员国）、有关社区及参与者、受害者对话协商。

2. 采用"对情况作恰度评估"原则。"对情况作恰度评估"的原则因欧洲人权法院的运用而著名。它建立了一套对于国内当局国家行为进行国际司法审查的机制。根据"对情况作恰度评估"的原则，国际司法机构就某个国家的行为行使具监督性的司法权力时，必须听取该国家就当地道德风俗、公共秩序等方面的需要而作出的初步评估，必须衡量和考虑当地情况。对每个地区的情况作恰度评估的做法表明：国际人权公约的适用，应该因地制宜，视各国的需要与情况而灵活实施，而不应一成不变地套用于所有国家。对于一国的非物质文化遗产进行国际人权审查，有必要采用这一原则。

3. 建立动态审查机制。动态审查是要根据建立一种事后纠正措施和情势变更措施。事后纠正措施就是国家或国际组织在审议非物质文化遗产并做出决定后，发现该遗产并不符合国际人权法，那么国家或国际组织就可以采取包括在保护名录上删除该遗产、停止国际援助等补救措施。情势变更措施就是随着客观情况的变化，某一符合国际人权法的非物质文化遗产因自身的演变而不再符合国际人权法或因人权观的变化而使得该遗产不再符合国际人权法，那么国家或国际组织就可以取消对于该非物质文化遗产的认定。

五、结 语

非物质文化遗产的国际人权保护具有很强的独特性和复杂性。非物质文化遗产的人权保护的主要内容是文化权利。对于文化权利内容的确定、文化权利与其他人权冲突时的处理等问题，现有的国际法律文件都没有做出规定，而这些问题又是非物质文化遗产的国际人权保护所必须解决的。特别是普遍主义人权观和相对主义文化观的根本对立，使得这一领域的人权保护研究尤为复杂，导致非物质文化遗产的国际人权保护的标准难以确立。同时，由于有关国际法律文件和国际组织文件对于相关问题规定的笼统、甚至缺失，使非物质文化遗产国际人权保护机制存在明显缺陷。值得欣慰的是，国际法律为非物质文化遗产的国际人权保护的正当性提供了充足的依据，《保护非物质文化遗产公约》框架内外的非物质文化遗产国际人权保护机制已经形成，非物质文化遗产保护实践不断发展。展望非物质文化遗产国际人权保护前景，我们认为，不断完善以《保护非物质文化遗产公约》为基础的国际法律保护制度，不断完善联合国教科文组织保护机制，非物质文化遗产的国际人权保护一定会取得新的突破。

参考文献：

① KatjaS. Ziegler, Cultural Heritage and Human Rights, University of Oxford Faculty of Law Legal Studies Research Paper Series, September 2007, http://www. ssrn. com/ link / ox ford-legal-studies. htm , l visited on M arch 10, 2009.

②刘永明．权利与发展：非物质文化遗产保护的原则（上）［J］．西南民族大学学报（人文社科版），2006，(1)．

③James A. R. Nafziger, International Cultural Law: Looking Back and Looking A head, Vo. l 100, 2006, American Society of International Law: Proceedings of the Annual Meeting.

④Ana Filipa Vrdoljak, Minorities, Cultural Rights and the Protection of Intangible Cultural Heritage, http: / / works. bepress. com /an afilipavrdoljak /11, visited on M arch 12, 2009.

⑤［波兰］雅努兹·西摩尼迪斯．文化权利：一种被忽视的人权［J］．黄觉，译．国际社会科学杂志（中文版），1999，(4)．

⑥Tosh iyuki Kono and Julia Cornett, An Analysis o f the 2003 Convention and the Requirem ent of Compatibility With Human Rights, in Safeguarding Intangible Cultural Heritage: Cha llenges and Approaches, A Collection o f Essays, Edited By Janet B lake, the Institute of A rt and L aw L td, 2007.

⑦万鄂湘，彭锡华．人类社会追求的共同目标——评《世界人权宣言》［J］．法学评论，1998，(2)．

⑧UN ESCO Executive Board, Study of the Procedures Which Should Be Followed In the Ex amination of Cases and Questions Which Might Be Submitted to UNESCO Concerning the Exercise of Human Rights in the Spheres o f its Competence, In Order To Make its Action More Effective, (Paris: 10 July 1997) 104 EX / D ecision3. 3, (hereinafter 1' 978 Executive Broad Decision)', http: / /www. unesdoc, unesco. org / im ages/0008 /000284 /028409E. pd, f visited on M arch 13, 2009.

⑨R. E. Howard, Cultural Absolutism and the Nostalgia for Community, Human Rights Quarterly, May 1993.

⑩Eireann Brooks, Cultural Imperialism VS. Cultural Protection ism: Hollywoods' Response to UN ESCO Efforts to Promote Cultural Diversity, Journal of International Business and Law, Spring, 2006.

⑪房广顺．国际关系视角下的文化多样性问题［J］．当代世界与社会主义，2007，(3)．

⑫刘红婴．世界遗产精神［M］．北京：华夏出版社，2006.

（《西北政法大学学报》2009年第6期，郭玉军系武汉大学法学院教授、博士生导师；唐海清系贵阳学院法律系讲师）

国际人权法在英国的实施和欧洲人权法院

■杨宇冠

自上世纪中叶以来联合国和其他组织制定了大量人权或与人权有关的国际公约或条约，其中联合国有《公民权利和政治权利国际公约》等个专门的人权公约，还有几十个与人权有关的国际公约欧洲国家也制定了欧洲人权公约和几十个与人权有关的国际公约。

人权和与人权有关的国际公约在国内的生效和实施是公约是否能发挥应有作用的关键问题。不同的公约或条约有不同的生效方式，不同的国家也有不同的实施公约的方式。在过去的几年中笔者曾就公约的生效和执行多次赴国外考察。各国的做法不一，归纳起来大体有以下几种方式：

1. 国际条约即使已经批准仍必须由国内的立法机关将条约内容制定为国内法律，才能实施，它意味着国际公约不能在这些国家自动地得到执行。换言之一项国际公约的规定不能单独成为国内法院中某一诉讼的基础，而法院也不能授权对某一条约进行具体的执行。如果要使条约的义务具有国内法的效力，那么这些义务性规定就必须被吸纳入国内立法之中。

2. 国际条约优于国内法国际条约。经过国内授权部门的依法批准或认可公布生效后，即具有高于法律的权威。

3. 国际条约和国内法律具有同等的法律地位。

4. 没有明确规定。

考察英国实施国际人权公约的演变，特别是它与《欧洲人权公约》及欧洲人权法院的关系有助于深入了解这个问题。

一、英国实施国际人权公约的情况

英国全名为大不列颠及北爱尔兰联合王国(The United Kingdom of Great Britain and Northern Ireland)，位于欧洲西部的岛国分英格兰威尔士苏格兰和北爱尔兰部分世纪后半叶至世纪上半叶，成为世界上第一个完成工业革命的国家。

英国实行的是议会民主制，君主是宪法意义上的国家首脑。英国的民主体制具有悠久的历史，自由选举、言论自由法律公开和法律面前人人平等原则确保英国的民主体制绵延至今。英国有种不同的法律体系英格兰和威尔士实行普通法系苏格兰实行大陆法法系，北爱尔兰实行与英格兰相似的法律制度。英国的司法机构分民事法庭和刑事法庭两个系统。苏格兰另有自己独立的法律体系在英格兰和威尔士民事审理机构按级分为郡法院高等法院上诉法院民事庭、上院。刑事审理机构按级分为地方法院、刑事法院、上诉法院刑事庭、上院。

英国的政体为君主立宪制，英国的宪法不是一个独立的文件，它是由成文法、习惯法、惯例组成。主要有大宪章（1215年）、人身保护法（1679年）、权利法案（1689年）、议会法（1911、1949年）、人权法（1998年）以及历次修改的选举法市自治法、郡议会法等。

英国很早就签署了联合国和欧洲理事会就

保护人权和基本自由而制定的各项公约其中包括联合国的人权公约，如《公民权利和政治权利国际公约》[①]、《经济、社会和文化权利国际公约》[②]。但是英国并没有把这些国际公约融合到英国的法律之中，而且这些国际公约对英国的司法影响不大，因为就联合国的人权国际公约而言主要监测是缔约国的报告制度，通常老百姓并不关心国家如何向联合国人权公约机构报告虽然一些公约有相应的委员会能够受理个人的申诉，如根据《公民权利和政治权利国际公约》而成立的人权事务委员会（Human Rights Committee），但委员会所作出的仅是意见，而不是判决所以对个人影响也不大，相比之下，《欧洲人权公约》[③]不同，它对英国的影响很大。自1966年起，英国对《欧洲人权公约》采取了不同的制度，个人可以向设在斯特拉斯堡的欧洲人权法院申请救济措施，但前提条件是当事人已用尽了所有的英国国内的补救措施都无济于事。但是，个人向欧洲人权法院提出申请通常需要耗费长达五六年的时间，并且所需的费用也非常昂贵。

2000年10月，英国《人权法案》（Human Rights Act 1998）生效。国际人权公约特别是《欧洲人权公约》中的个人权利，如生命权、刑事诉讼中的权利言论自由的权利、接受教育的权利等都被吸收到该法案中。该法案在英国的法律体系中有宪法性法律的地位。该法案还转变了英国对国际人权法的态度，《法案》要求英国所有法院和法庭在决定一项涉及公约权利的问题时必须考虑欧洲人权法院的判决、裁定、声明或咨询意见，并且尽可能以与《欧洲人权公约》相一致的方式对英国的国内立法进行解释。从而成为独具特色的英国式融合国际公约的方式也就是把国际人权公约带回国内法中，国内专门制定一部法律反映国际人权公约的内容英国的法院在审理案件过程中如果发现在英国的国内法和欧洲人权公约》之间存在冲突该法院必须适用英国的国内法，同时发布一个抵触声明告知政府在国内法和欧洲人权公约之间存在冲突以便议会能迅速改变这一法规，使其与《欧洲人权公约》相符合。如果政府和议会都不希望改变英国的法规使其符合《欧洲人权公约》则该案件就可能被上诉到欧洲人权法院。如果欧洲人权法院判决中认为英国的某项法律规定不符合《欧洲人权公约》英国必须接受判决从而修改国内法。

如上，欧洲人权法院在英国实际上起到了终审法院的作用，当然并非任何案件都需要上诉到欧洲人权法院。由于欧洲人权法院判决的依据是《欧洲人权公约》而且英国国内法必须与《欧洲人权公约》相符合在司法实践中，英国的法庭上也可以直接援用《欧洲人权公约》任何人在其认为其公约权利被侵犯时，可以提出异议甚至对政府部门的控告诉讼双方律师也可以在法庭上直接就是否侵犯公约权利问题进行辩论。苏格兰的情况与英格兰不同。苏格兰是英国的一个自治程序比较高的地区，有自己的议会法律制度、法院系统甚至有自己的银行和钞票。根据《苏格兰法案》苏格兰议会有广泛的立法权包括刑事立法。在苏格兰，如果任何一个苏格兰法院发现一项苏格兰立法或苏格兰行政部门行为侵犯了公民个人依据《欧洲人权公约》享有的权利，法院就有权宣布该立法或该行政行为无效。也就是说《欧洲人权公约》在苏格兰享有宪法性法律的地位。

二、《欧洲人权公约》和欧洲人权法院

《欧洲人权公约》（The European Convention on Human Rights）又称《欧洲保障人权和基本自由公约》（European Convention for the Protection of Human Rights and Fundamental Freedoms），于1950年11月4日在罗马向欧洲理事会成员国开放签署，1953年9月3日生效。截至2006年8月2日缔约国为46个。它是第一个区域性国际人权条约。它规定集体保障和施行《世界人权宣言》中所规定的某些权利及基本自由公约共5章66条。随着保障人权越来越受欧洲各国重视，半个多世纪以来，公约也在不断更新。自1952年至2003年欧洲理事会部长委员会又先后拟定了《欧洲人权公约》的项议定书。英国于1950年11月4日签署了该公约年月日批准公约。于1951年3月8日对英国生效。也就是说英国是第一批参加该公约的国家或公约的创始国。

欧洲人权法院是根据《欧洲人权公约》第19条设立的常设机构。为了使公约成员国的责任得到实行，成立了3个机制，即1954年成立的欧洲人权委员会（the European Commission of Human Rights），1959年成立的欧洲人权法院（the European Court of Human Rights）和欧洲部长理事会[④]（the Committee of Ministers of the Council of Eurpe）。欧洲人权法院设在法国的斯特拉斯堡，是一个全职的常设性机构。根据第11议定书改革后的欧洲人权法院由与成员国数相等的法官组成。对于同一国家出任法官的数并无限制。[⑤]法官只以个人身份担任职务，并不代表任何国家。他们不能从事任何与其担任法官的独立和中立不相称的任何事务。法官任期为6年，在70岁时退休。法院全体会议选举一名法院院长，两名副院长，任期3年．根据法院规则，法院分为4个庭，其组成可根据地理因素和照顾到性别平衡比例，并考虑到成员国的不同法系。其中两个庭由法院副院长主持，另两个庭由庭长主持。

根据《欧洲人权公约》第34条，“如果任何个人、非政府组织、个人组织宣称一个缔约国侵犯了其公约和公约议定书所规定的权利，是受害者，则法院可以受理该个人、非政府组织、个人组织的申请缔约国不得以任何形式阻碍此权利的行使。”但法院受理的条件是该事项已经用尽国内救济方式。《欧洲人权公约》第35条规定，根据公认的国际法规则，法院仅可以处理系在国内的救济方法系已援用无遗之日起的6个月内提交的。

根据《欧洲人权公约》第35条，法院不应当受理的申请，系事实上已由法院审查过的申请，或者已经提交到另一个国际调查程序或者解决程序，并且没有包含新的相关信息的申请、匿名的申请，或者法院认为其与公约及其议定书的规定是冲突的、明显没有根据的、或者是滥用了其申请权的。

根据《欧洲人权公约》第38条第1款规定，如果法院宣布受理一个申请，则法院应当在尊重公约及其议定书中规定的人权的基础上，在处理相关各方的事项时本着友好解决的精神。根据《欧洲人权公约》第41条的规定，如果法院认为有侵犯公约及其议定书事实，在必要的情况下，法院应当对于受害方授予公正的补偿。《欧洲人权公约》第46条第1款规定，“在任何案件中，缔约国有义务遵守法院对于其是一方的案件的最终判决”，第46条第2款规定：“法院的最终判决应当抄送至部长议会部长议会应当监督最终判决的执行”。除此之外，根据《欧洲委员会法》第3条和第8条，部长议会有权解除反抗判决执行的国家的成员资格。

欧洲人权法院还可以提供咨询意见。根据《欧洲人权公约》第47条，在部长议会的要求下，法院可以对于解释公约及其议定书的法律问题出具咨询意见。上述意见不应当处理某些问题，如果该问题关系到有关公约第一章和公约议定书规定的权利和自由的内容和范围，或者关系到根据公约的规定法院和部长议会可能必须考虑的此类程序的结果。部长议会做出要求法院出具咨询意见的决定，需要议会代表的投票决定以多数规则通过。

欧洲人权法院审理应当公开进行。《法院规则》第34条规定的正式和工作语言是：“1. 法院的正式语言是英语和法语。2. 在对于一项申请做出受理决定之前，公约第34条规定的申请人或者他们的代表的所有信件和请求，如果不是以法院正式语言中的一种书写的，则应当是一缔约国的正式语言的一种书写。3. 此申请人和其代表人关于审理的所有信件和请求，或者在案件宣布受理之后，应当使用法院的正式语言中的一种书写，除非法院主席授权其继续使用缔约国的正式语言中的一种来书写。4. 任何证人、专家出席法庭的其他人如果不懂两种正式语言中的一种，可以使用他或她的母语在这种情况下登记官应当对口译和笔译作必要的安排。”

法院审理过的一些案件对成员国有很大影响，笔者多次到欧洲国家访问时在与当地的法律界人士谈到欧洲人权法院时，得知欧洲人权法院已经被认为是最高审级。欧洲人权法院的判例中含有大量刑事司法的内容，成为适用于欧洲国家的刑事司法国际准则的组成部分，也丰富了刑事司法国际准则的内容值得研究和参考。

注释：

①《公民权利和政治权利国际公约》（International Covenant on Civil and Political Rights），联合国大会1966年12月16日通过。1973年3月23日生效。英国于1968年9月16日签署该公约，1976年5月20日批准。公约于1976年8月20日对英国生效。

②《经济、社会和文化权利国际公约》（International Covenant on Economic, Social and Cultural Rights）联合国大会1966年12月16日通过。于1976年1月3日生效，现有153个成员国。英国于1968年9月16日签署该公约，于1976年5月20日批准。

③详情见第二部分。

④欧洲部长理事会由成员国的外交部长或他们的代表组成。

⑤有些介绍欧洲人权法院中文资料称“不得有两名法官为同一国国民”。笔者再三与欧洲人权法院网站提供的资料核对，没有发现有些限制。并明确称“对于同一国家出任法官的数并无限制”，英文为：There is no restriciton on the numeber of judges of the same nationality。

（《人权》2006年第6期，作者系中国政法大学教授）

欧盟人权机构：《巴黎原则》的一种尝试

■朱力宇　袁　钢

1991年以来一类全新的机构——促进和保护人权的国家机构（国家人权机构）在以促进和保护人权为首要目标的联合国的框架内逐步形成。近年来，欧盟（European Union）开始关注和重视这些促进和保护人权的独特机构。本文通过对于具有”准国家”性质的欧盟建立符合《巴黎原则》人权机构——欧盟人权机构的讨论来反映国家人权机构一种“另类”的发展：监督职责、咨询、职责、教育职责、资料收集职责和调查职责。

一、国家人权机构与《巴黎原则》

“欲免后世再遭今代人类两度身历惨不堪言之战祸”，[①]保障人权已成为全人类共同追求的价值，人权的保护除了国际社会阐扬的人权标准外，更有赖于各国国内的具体实践。作为人权保护风向标的联合国一向同等强调落实人权的四个层次：全球的、地区的、国家的和非政府组织的层次。

1991年10月7日至10日在巴黎召开的促进和保护人权的国家机构国际研习会制定了以《巴黎原则》冠名的一整套建议和原则。根据《巴黎原则》，“国家人权机构”是指由一国政府依据宪法、法律法规而建立的机构，其职责是专事于促进和保护人权。通常都会由国家赋予其合法地位，国家的授权和通常与民间社会紧密联系的独立性和监督功能结合起来。

“关于国家机构地位的《巴黎原则》是渐进发展过程中的一个重要步骤。”[②]《巴黎原则》确定了设立国家人权机构的最低标准，列明了国家人权机构应遵循的主要准则：（1）必须由宪法或法律赋予其独立性，而具有不受政府干涉之自主性。（2）成员组成必须多元化。（3）为实践国际人权标准必须拥有充分之职责。（4）需有足够之资源，维持其运作。《巴黎原则》所建议的国家人权机构大致具有5类具体职责：调查侵犯人权的案件；用人权标准来检验既有的法规和立法草案；规划并建议国家人权政策及国际人权合作计划；促进学校内外的人权教育、训练及研究以及提出年度及专题国家人权报告。[③]

为了有效履行上述职责，《巴黎原则》亦认为，国家人权机构应拥有独立调查权及调阅资料的权利，可独立且直接地对外表示意见，定期集会讨论其职责范围内之事项，自由地与非政府组织合作以及接受个人申诉等。

从长远看，这种类型机构能否影响各国人权的进程，能否影响不同国家的人权保护，这些问题值得我们考察。然而，由于《巴黎原则》中所涉及的这些问题不可能在本文中一一展开论述，所以仅以欧盟关于国家人权机构的实践和态度为考察对象。

二、欧盟实践国家人权机构的途径

在半个世纪的风雨历程中，欧盟几经扩大，从当初的6个成员国发展到今天的27个成员国，从单一经济一体化组织走向包括政治、外交、防务等多元一体化的国家联合体，成为目前世界上一体化程度最高的区域集团。虽然欧盟成员国已将部分主权让渡给欧盟（如货币、金融政策、内部市场、国际贸易等），但欧盟还不是真正的国家，成员国依然是欧盟条约的最终裁决者。

为改变欧盟条约中的“人权赤字”，[④]欧盟遵从《巴黎原则》从以下两个方面努力设立促进和保护人权的国家人权机构。

第一方面，在欧盟这一层面设立欧盟人权或者基本权利机构（EU Human Rights/Fundamental Rights Agency）。[⑤]由于欧盟的经济性质，起初人权并不是欧盟的关注对象，随着欧洲一体化的进程，人权才在欧洲联盟法中逐步具有法律地位。2000年12月《欧盟基本权利宪章》的通过，是欧盟在人权领域的重大进步。正如欧盟议会公民自由和权利委员会特别报告员约克·斯维贝尔（Joke Swiebel）在关于人权机构的报告中指出的那样，当考虑欧盟人权机构的框架时，“从各种类型的国家人权机构获得启发是十分有用的”。[⑥]参考《巴黎原则》下的各国国家人权机构，有助于规划和涉及未来的欧盟人权机构的职责。

第二方面，在欧洲种族主义和仇外心理监控中心基础上进行功能扩展。欧洲种族主义和仇外心理监控中心[⑦]于1997年设立于维也纳，该中心与成员国合作，在成员国的热点区域进行对种族和仇外行为的监控。欧洲理事会（European Council）认为未来的欧盟人权机构应该是建立在该中心基础上的职权的扩展。近年来，应欧盟委员会（European Commission）的要求，欧盟成员国提交了关于保护人权的国家机构的角色的意见，欧盟基本权利独立专家网络（the EU Network of Independent Experts in Fundamental Rights）承担起了欧盟成员国的国家人权机构的比较分析工作。[⑧]虽然有时很难评价一国的国家人权机构是否符合《巴黎原则》，但是根据该专家网络的调查，27个欧盟成员国中有13个成员国建立了国家人权机构。[⑨]不管怎样，欧盟人权机构的建立促进了在欧盟一级建立人权机构的进程。

三、欧盟人权机构的独立性

独立于政府、政党或者其他利益团体，能避免外来利益的干扰，能独立地运作，是保证国家人权机构有效性的第一要素，是国家人权机构的“基石”。根据《巴黎原则》，欧盟人权机构可通过如下几个方面实现其运作的独立性。

（一）法律自主

《巴黎原则》要求“在宪法和立法案文中应有明确规定”。最理想的做法是欧盟人权机构在《欧盟宪法条约》[⑩]中加以规定。鉴于目前欧盟宪法层次的立法缺失，在欧盟最好是由理事会以法规的形式规定欧盟人权机构的法律地位。事实上，2003年12月欧洲理事会第1035/97号法规[⑪]的修正案可以作为欧盟人权机构的立法案文。

与人权委员会、监察专员、咨询委员会、人权机构和专门机构5种类型的国家人权机构相比，[⑫]欧盟人权机构类似于咨询委员会或者人权机构（如法国、希腊、卢森堡、丹麦和德国），与监察专员和国家人权机构类型不同（如爱尔兰、瑞士、西班牙、波兰和葡萄牙）。

（二）组成自主和财政自主

关于组成，《巴黎原则》规定：“国家机构的组成及其成员的任命，不论是通过选举产生还是通过其他方式产生，必须按照一定程序予以确定，这一程序应提供一切必要保障，以确保参与促进和保护人权的（公民社会的）社会力量的多元代表性”。虽然《巴黎原则》似乎要求一个多成员组成的机构，[⑬]众多国家人权机构实践表明多元代表性可以通过多种方式来实现。即便是一个成员的机构，如监察专员、由一个主任领导的人权机构或者监控中心，管理委员会和咨询委员会也能确保机构的多元代表性。

由于《巴黎原则》对立法案文的规定没有绝对限制，因此国家人权机构的类型、组成及其独立性就绝对成为国家人权机构的重要特征。即使对于国家人权机构独立性要求低于法院，国际法中对于法院独立性的要求也可以提供有益的帮助。因而，国家人权机构的成员应通过选举和任命产生，保持较长的任期，不行政或者其他权力的指示，并应当享有议会安排的特别预算以保持其财政独立。对于欧盟人权机构来说，其成员及雇员应完全独立于来自委员会、理事会和成员国政府的政治和财政压力。

四、欧盟人权机构的职责

除了1995年《联合国手册》之外，诸多国家人权组织与人权专家对于国家人权机构的职责进行过全面的探讨，[14]这里仅就国家人权机构的监督职责、咨询职责、教育职责、资料收集职责和调查职责来描绘未来欧盟人权机构的架构。

（一）监督职责

2003年11月欧盟各国的首脑决定建立欧盟人权机构时，并未讨论其职责问题。首脑会议仅强调“界定此领域联盟政策时应关注人权资料收集和分析的重要性”，并强调扩展欧洲种族主义和仇外心理监控中心的职责，使其成为欧盟人权机构。另一方面，欧洲理事会有意将“监控”一词从人权机构的名称中删去。关于建立欧盟人权机构的想法是在1998年准备2000年欧盟人权议程时，由4人提出的。[15]1998年奥地利任轮值主席国时接受了这个想法，并于2000年9月向欧洲理事会提出报告。[16]

欧盟理事会尼斯会议除了于2000年12月7日通过《欧盟基本权利宪章》外，还回应了由三人智者小组提出的关于《欧洲共同体条约》第7条的建议。该条是关于当成员国可能严重侵犯基本权利时，由欧盟理事会五分之四多数通过，暂停欧盟成员国的成员资格的条款。虽然新的第7条程序要求由独立机构进行有效的监控和早期预警，[17]但是无论是委员会还是理事会都不热心于进一步推动独立的欧盟人权监控机构的计划。在欧盟机构框架内，只有欧洲议会从一开始就支持独立的欧盟人权监控机构的想法。

欧洲议会认识到建立独立的欧盟人权机构的想法并不能获得委员会和理事会的支持时，便转而要求委员会建立一个不完全正式的监控机构。2002年欧盟委员会司法和内政事务总司回应了这个要求，建立了欧盟基本权利独立专家网络，其有权根据《欧盟基本权利宪章》监控和报告欧盟及其成员国国内的基本权利情况。[18]该专家网络于2002年开始以独立机构的形式运作，因此也产生了如何确定专家网络与欧盟人权机构的关系问题。马丁·谢宁（Martin Scheinin）认为仅就规范意义上来真正实施监控的职能，专家网络应比人权机构更能取得成功，因此欧盟人权机构很难保证真正的独立。[19]这个假设被欧洲种族主义和仇外心理监控中心的实践所证明，该中心事实上也缺少作为完整监控机构的完全独立地位。但是，仅就收集和分析人权资料职责而言，欧盟人权机构应该可以和专家网络保持紧密合作。

另外一个问题是，欧盟人权机构是否可以监控第三方，如候选成员国、加勒比地区和太平洋地区国家以及其他已经与欧盟签署包括人权基本条款的双边协议的国家。欧盟委员会强烈反对这种可能性，[20]虽然也有不少赞同给予欧盟机构监控职责的看法。首先，尊重人权和基本自由的发展已成为欧盟共同外交和安全政策及发展合作政策的主要目标之一。[21]其次，专家网络的监控功能只能扩展到欧盟及其成员国，但是不能涉及第三国。最后，未来的欧盟人权机构应在对第三国的人权状况进行监控中更具有独立性。关于欧盟人权机构是应该如米耶勒，布尔特曼（Mielle Bulterman）[22]建议的那样公布全球人权状况的年度报告，还是仅向相关欧盟机构提供秘密信息，仍然在激烈讨论中。我们认为未来的欧盟人权机构应该秘密持有部分报告和建议，但是，很难说独立的欧盟人权监控机构是否应该监控候选成员国。

（二）咨询职能是国家人权机构的主要职责之一

欧洲理事会确认了欧盟人权机构的咨询职能，并考虑到“欧盟人权领域的政策”强调人权资料收集和分析的重要性。就像国家人权机构可以向政府、议会或者其他法定机构提供建议那样，欧盟人权机构应当向理事会、委员会和议会等欧盟主要政治决策机构提出建议。什么是“欧盟人权领域的政策”呢？委员会对此做了严格的限定：“该主题领域与共同体政策和联盟有着特别的关联，如移民、避难、非歧视、种族问题、刑事程序、暴力等。”[23]

另一方面，《巴黎原则》要求“应赋予国家人权机构尽可能广泛的授权”。因为欧盟人权机构将成为欧盟人权领域的主要机构，欧盟在对内和对外关系的很多领域都在强化人权政策，所以应审慎地界定在“尽可能广泛的授权”中的咨询职能。就像任何一个良好运作的国家人权机构，欧盟人权机构应成为在欧盟对内和对外关系中，就任何相关人权事项成为欧盟机构的智库。欧盟人权机构提供咨询事项的范围包括《欧盟宪法条约第7条的预防性程序即：提供早期预警、候选成员国人权和少数人权利保护中履行“哥本哈根入盟标准”。[24]状况的意见，第三国就共同立场、共同行动、双边人权对话的建议。类似于国家人权机构，欧盟人权机构应有权应欧盟机构的要求或者主动提供咨询。国家人权机构也可以就人权领域的法规和指令草案提供评论。

（三）教育职责

随着人权越来越成为欧盟对内和对外政策的重要组成部分，因而对于欧盟官员和外交官进行任职前和任职中人权事务的培训也日益重要。就此，欧盟人权机构类似于国家人权机构那样，应当承当其领导和协调角色。欧盟人权机构应与位于维也纳的欧洲大学间人权和民主中心（European Inter-University Centre for Human Rights and Democratisat ion，EIUC）紧密合作。该中心是2002年在欧盟的积极支持和组织下成立，中心与欧盟成员国的将近40个欧洲大学合作，深入开展了人权教学、培训和研究活动。[25]

（四）资料收集职责

人权资料收集和分析职责是2003年12月理事会决定唯一明确规定的欧盟人权机构的职权。与国家人权机构一样，欧盟人权机构的这项职责无论是地理上还是主题范围上均受限于其他职权，如监督和咨询职能。即使监督职能受到限制，咨询职能也应尽可能的广泛。这要求欧盟人权机构综合行使资料数据、分析和研究的职责。作为欧盟机构的主要人权智库，欧盟人权机构必须像欧洲的国家人权机构（如丹麦、德国人权研究所）那样，享有相当大的研究和文件处理权。就此，欧盟人权机构应与欧盟成员国的国家人权机构、欧洲相关机构进行紧密合作，如佛罗伦萨的欧洲大学、欧洲大学间人权和民主中心及欧盟基本权利独立专家网络。

（五）调查职责

如前所述，受理个人申诉或者请愿不是国家人权机构必备的职权。但是，事实上，部分国家人权机构被授予了准司法权，以准司法机制来弥补司法机构的不足，这也是设立国家人权机构的原因之一。但是，受理个人申诉并不必然导致判决的产生。国家人权机构对于申诉一般不作出最终的、有法律约束力的决定，主要通过调解和斡旋等方式进行和解。

欧盟人权机构是否应被授予受理申诉的职权呢？欧盟委员会也在其通讯中给予了非常明确的答复：“若干国家机构也享有准司法权力（处理申诉和请愿）。根据欧洲共同体条约授予机构的权利，欧盟人权机构不会享有类似准司法权力。应尊重委员会在监督共同体法适用中的作用。”[26]

当然，以上观点并不能使人信服。没有人会否认欧盟委员会在监督成员国正确实施共同体法中的重要地位。如《欧盟宪法条约》能生效，《欧盟基本权利宪章》将成为欧盟法的主要法律渊源，将对欧盟组织和机构以及欧盟成员国产生法律约束力。换言之，委员会将承担起监督其他欧盟机构和成员国遵守《欧盟基本权利宪章》义务的重要责任。任何对于宪章规定的基本权利的侵犯，将被视为侵犯欧盟法，因此，委员会有权向欧洲法院提起侵权之诉。

但是，仅由行政机构来监督和保护人权是不足够的，包括对受害者人权侵害在内任何形式的人权侵害都需要得到有效的救济和补偿。换言之，权利的享有者应有权向相对的义务承担者提出个人申诉。《欧盟基本权利宪章》或者《欧盟宪法条约》中任何一个条款都没有赋予当事人可以就人权侵犯提起个人申诉的权利，个人在欧洲法院和欧洲初审法院的地位也是受到相当限制的。如果《欧盟宪法条约》生效的话，这种情势可以得到改变，但是，关于个人可以欧盟的具体行政行为提出无效之诉的权利，并未受到学术界和欧洲法院的成员的高度重视。

个人是否可以把申诉提交给欧盟监察专员并以此作为一种有效的救济途径呢？根据《欧洲共同体法》第195条的规定，欧盟监察专员可以受理欧盟公民或者居住于或者登记于欧盟成员国的任何自然人或者法人，就欧洲法院或者欧洲初审法院司法裁判之外的欧盟的任何机构和组织的不当行政行为提出的申诉。1997年，欧盟监察专员采纳了以下关于不当行政行为的定义，这个定义也为欧洲议会和委员会所认可："不当行政行为是指公共机构未依照有效力的规则或者原则的行为。"[27]

实践中，人权似乎不是欧盟监察专员活动中的重要组成部分。《欧盟基本权利宪章》（目前仍未有法律强制力）规定的权利，只有第41条中的良好行政权在欧盟监察专员受理的多数案件中被适用。[28]欧盟监察专员处理的多数案件是涉及歧视的案件，[29]并多以和解的方式来解决。只有极少数的案件以批评意见、初步建议和特别报告的方式来解决。欧盟监察专员无权将案件提交欧洲法院进入司法程序而作出有效力的司法判决。[30]在欧盟监察专员2003年的报告中，现任监察专员尼基弗罗斯·迪亚曼杜罗斯（P. Nikiforos Diamandouros）强调："随着保护人权需求的增加，除了传统的欧盟监察专员职权之外，有必要增加对于法治和良好行政的关注。"[31]

鉴于在实施共同体法方面的欧盟机构的局限以及成员国缺乏权限，在现在的情况下，欧盟监察专员并不能被认为是宪章中载明的对侵犯基本权利的有效救济途径。因为，未来的欧盟人权机构，无论是否有特别授权，其应考虑以某种方式或者作为人权资料职责部分的方式来处理个人申诉。欧盟人权机构的建立应考虑到为《欧盟基本权利宪章》所载明的权利提供一个适合的个人人权申诉机制。作为非司法机构，欧盟人权机构应享有接受和审理人权侵犯的申诉并以和解的方式解决的权限。如果不能和解，作为有效的救济，欧盟人权机构应可以将案件转交给法院。如授予欧盟人权机构直接提交案件的权利的话，则需要修改《欧洲共同体条约或者《欧盟宪法条约》。这项提交程序类似于1998年《欧洲人权公约》第11议定书实施之后的欧盟委员会与欧洲人权法院之间的程序，也类似于美洲国家间委员会与美洲人权法院之间的程序。同时这项提交程序也与1995年《代顿和平协议》之后建立的波黑人权委员会的程序类似，而该委员会受理申诉的程序是由监察专员、一个特别人权法庭和波黑人权法院来完成的。因为对于欧盟主要立法进行修正是不现实的，应该寻找一条欧盟人权机构可以作出有效决定的间接方式。例如，欧盟人权机构可以将无法以和解方式解决的个人人权申诉案件提请欧盟委员会注意，并由欧盟委员会按照侵权之诉的程序向欧洲法院提出。与此类似，欧洲人权机构可以将不同类型的申诉以建议的方式提请委员会、理事会和议会注意，要求其按照《欧盟宪法条约》第7条规定行事。

五、欧盟人权机构与其他机构的合作

（一）与国际条约机构的合作

由于欧盟不是《欧洲人权公约》或者其他任何欧洲和国际人权公约的缔约国，因此，欧盟不负有要求欧盟人权机构与欧洲或国际人权条约机构合作的义务。欧盟人权机构在履行人权资料收集职责时，当然可以收集国际条约机构监督过程中及自身监督过程中的资料。欧盟人权机构与以上国际人权条约机构建立类似欧洲种族主义和仇外心理监控中心和欧洲理事会反种族主义和有关不容忍行为委员会（the Council of Europe' s Commission Against Racism and Intolerance，ECRI）之间的工作关系。但是，欧盟人权机构不必像国家人权机构那样承担为国家报告做准备的工作。

（二）与各国国家人权机构的合作

欧盟人权机构当然的一项重要职权是收集和分析27个成员国相关人权的法律和事实。为了有效履行该项职责，欧盟人权机构应与成员

国的相关机构进行合作。欧洲种族主义和仇外中心下设的“欧洲种族主义和仇外信息网络”（European Racism and Xenophobia Information Network，RAXEN）专门负责这样的合作，但因受制于资源，该网络只能收集各国人权的一般信息。

欧盟基本权利独立专家网络关于国家人权机构功能的意见表明，在绝大多数国家，均建立起并为国际承认的有着普遍人权权限的官方机构。在其余国家，要么已有类似机构，要么按照《巴黎原则》、相关联合国决议、欧洲理事会建议在筹划建立国家人权机构。因此，问题是按照欧洲理事会法规设立的欧盟人权机构是否应当将成员国设立的国家人权机构作为欧盟人权机构的国内分支机构。换言之，欧盟人权机构是否应该成为欧盟成员国的国家人权机构的区域性质的网络，成立类似于国家人权机构的亚太论坛。此外，如果系统地向欧盟人权机构提供相关政府和非政府资料的话，不同国家的人权机构就可以在很多领域与欧盟人权机构进行合作，如人权教育和提高人权意识活动等。

六、结 论

关于国家人权机构的基础原则——《巴黎原则》和欧盟人权机构具体实践的分析，可以为讨论中的欧盟人权机构的设立提供有用的指导。[32]一方面，欧盟人权机构与其国内同行——成员国的国家人权机构进行紧密合作，不仅可以加速欧盟成员国中尚未建立国家人权机构的国家建立此类机构的进程，而且也可以促进欧盟国家人权机构网络的建立；另一方面，欧洲各国国家人权机构的目标、宗旨、结构、职能和责任则可以为未来的欧盟人权机构的组织、组成和职责提供多种参考。

最重要的是，欧盟人权机构应能独立于包括委员会、理事会在内的欧盟机构和成员国政府。同等重要的是，欧盟人权机构应成为可以向欧盟机构及成员国提供可靠的比较性的人权法律和实践信息的智库，而不应仅仅成为欧盟政策的决策和执行机构。在各国人权机构帮助下，由欧盟人权机构的成员收集和比较分析信息，主动或者应要求向个别欧盟机构提供信息，以帮助它们和建议它们在各自权限内作出正确的决策。

作为咨询机构，欧盟人权机构可以应相关欧盟机构的要求或者主动提供咨询意见。例如，欧盟人权机构可以就个别成员国人权恶化情况提出建议，引起委员会、理事会和议会的注意。欧盟人权机构也可以就候选成员国履行“哥本哈根入盟标准”的情况提出报告。此外，欧盟人权机构可以根据欧盟与亚太地区77国的科隆协议、欧盟与绝大多数国家签署包含人权条款的双边协议，就第三国的人权状况提出报告。欧盟对内和对外关系中的相关人权政策要求独立和专业的欧盟人权机构对相关人权资料进行详尽分析，欧盟人权机构也有权和有义务提供咨询。

无论最终欧盟人权机构的职责是“监管”还仅仅是“咨询”，遵循马丁·谢宁为之的定义，[33]人权机构监管的职能从规范的角度来说，应该是司法或者准司法行为，但是不容否认的是欧盟人权机构可以就涉及个别成员国、候选成员国、或者伙伴国的人权状况为欧盟机构的决策提供参考。比欧盟人权机构的监管行为更为重要的是其建议或者报告是否可以公开。通常，独立的人权监管是与公开报告相联系的。以欧盟人权机构为例，欧盟人权机构应对报告保密直至相关欧盟机构决定公开时候为止。事实上，很多政府对于欧盟人权机构是否应拥有监管的职权的阻止主要是担心公开报告，而不是监管职能本身。

此外，就欧盟人权机构的人权信息收集和分析、比较研究、监管、咨询多种职责而言，欧盟人权机构应该在鼓励人权、人权教育和人权意识提高等方面对欧盟机构及成员国发挥更重要的作用。就此而言，欧盟人权机构应与相关欧盟培训和国家人权机构开展紧密合作。[34]

近20年来，各国国家人权机构的有效运作，正以其独特机制逐步改善着人权状况。欧盟借鉴各国国家人权机构，特别是其成员国国家人权机构的经验，可以弥补欧盟在人权保障体系方面的某些缺失，从而使欧洲区域化的人权保障体系更为完善。

注释：

①《联合国宪章》序言，http：//www. un. org/chinese/aboutun/charter/charter. htm，2007 年 5 月 30 日访问。

②联合国人权事务中心编：《国家人权机构：关于设立和加强促进和保护人权的国家机构的手册》，联合国手册之专业培训系列之第 4 辑，第 38 段，第 75—78 页，联合国，纽约和日内瓦，1995 年以下简称 1995 年《联合国手册》。

③关于《巴黎原则》的一般规定，可参见齐延平：《国家的人权保障责任与国家人权机构的建立》，《法制与社会发展》2005 年第 3 期。

④杨成铭：《欧盟宪法条约对欧盟人权的影响》，《法学杂志》2006 年第 10 期。

⑤2003 年 12 月 13 日，欧洲理事会（the European Council）决定在"在欧洲种族主义和仇外心理监控中心（European Monitoring Centre on Racism and Xenophobia）基础上，扩展其职权使其成为人权机构（Human Rights Agency）"。2004 年 10 月 25 日，欧盟委员会在第 COM（2004）693 号文件中，将"人权机构"变更为"基本权利机构（Fundamental Human Rights Agency）"，并解释到上述两个词语具有相同意义。但是，就法律术语而言，"人权"通常为国际法所使用，"基本权利"通常为国内法使用。《欧洲共同体条约》第 6 条规定，欧洲联盟建立于尊重人权和基本自由的基础之上，国际人权和欧洲人权法均有类似规定，其中最主要的是《欧洲保护人权和基本自由公约》的规定。另一方面，2000 年 12 月通过的《欧盟基本权利宪章》彰显其作为欧洲"权利宪章"的重要性，该宪章将并入未来的欧盟宪法条约中。"人权"还是"基本权利"不过是术语使用问题，虽然在司法和内政事务总司的通讯中，强调这两个术语相近但是又不能使人信服。但是仅从欧盟对外关系而言，二者意思相同。

⑥Joke Sweibel，Working Document of 25 March 2004 on the Proposal for a Council Regulat ion on the European Monitoring Centre on Racism and Xenophobia，EU Doc PE 339. 635.

⑦欧洲种族主义和仇外心理监控中心依据欧洲理事会第 1035/97 号法规成立，该中心的每年年度报告可参见 http：//eumu. eu. int。

⑧参见欧盟 CFR-CDF. Option1. 2004 文件。这个专家网络是 2002 年由欧盟委员会应欧洲议会的要求成立的。这个专家网络根据《欧盟基本权利宪章》监控欧盟和欧盟成员国的基本权利的状况。该网络就欧盟基本权利保护状况提交年度报告或者专门报告。

⑨Council of Europe，Non-judicial Means for the Protection of Human Rights at the Nat ional Level，Strasbourg，1998；Commonwealth Secretariat，National Human Rights Institutions-Best Practice，London，2001；V Aichele，Nationale Menschenrechts Institutionen in Europa，Berlin，Deut sches Institut für Menschenrechte，2004.

⑩《欧盟宪法条约》（第 CIT87004 号文件）由 25 国政府首脑会议于 2004 年 10 月 29 日签署，并由欧洲议会于 2006 年 1 月 12 日通过的，尚待欧盟各国批准。

⑪该法规决定建立欧洲种族主义和仇外心理监控中心。

⑫Morten Kjrum，National Human Rights Institutions，Implementing Human Rights，Danish Institute for Human Rights，2003，p. 8.

⑬英联邦秘书处：《国家人权机构——最佳实践》，第 14 页。

⑭See International Council on Human Rights Policy，Performance & Legitimacy：National Human Rights Institutions，2nd edition，Switzerland，2004. International Council on Human Rights Policy，Assessing the Effect iveness of National Human Right s Institutions，Switzerland，2005. Brian Burdekin and Anne Gallagher，The United Nat ions and National Human Rights Institut ions，in Internat ional Human Rights Monitoring Mechanisms，Alf redssonetal.（ eds. ），Great Britain，Kluwer Law International，2001，pp. 815—825. Mandred Nowak，The Agency and National Institutions for the Promotion and Protection of Human Rights，in Monitoring Fundamental Rights in the EU，Philip Alston and Oliver De-Schutter（eds. ），Oxford and Portland，Oregon，Hart Publishing，2005，pp. 91—107.

⑮Comite des Sages，Consisting of Antonio Cassese，Catherine Lalumiere，Peter Lauprecht and Mary Robinson，Leading by Example：A Human Right s Agenda for the European Union for the Year 2000，Florence，European University Institute，1998，pp. 7—10.

⑯Report by M Ahtisaari，J Frowein and M Oreja，Adopted in Paris on 8 September，2000，available at：
http：//virtual-institute. de/en/ Bericht-EU/ report. pdf.

⑰Respect for and Promotion of the Values on Which the Union is Based，COM（ 2003）606 final，15 October，2003.

⑱该专家网络的年度报告、特别意见等，参见 http：//www. europa. eu. int/comm/justice-home/cfr-cdf/index-en. htm，2007 年 5 月 20 日访问。

⑲Martin Scheinin，The Relat ionship Between the Agency and the Network of Independent Experts，in Monitoring Fundamental Rights in the EU，Philip Alston and Oliver De Schutt er（eds. ），Oxford and Proland，Oregon，Hart Publishing，2005.

⑳参见 2001 年 5 月 8 日欧盟委员会第 COM（2001）252 号文件。

㉑参见《欧洲联盟条约》第 6、11 和 49 条；《欧洲共同体条约》第 177（2）条；2000 年 6 月 23 日与加勒比地区和太平洋地区国家的科隆协议的第 9（2）条和第 96 条。

㉒Mielle Bulterman，The Fundamental Rights Agency and the External Relations of the European Union，in Monitoring Fundamental Rights in the EU，p. 14.

㉓同上注，第 189 页。

㉔1993 年哥本哈根欧洲理事会明确提出了入盟标准，形成了所谓的"哥本哈根标准"：第一，申请国必须是稳定的、多元化的民主国家，至少拥有独立的政党、定期进行选举、依法治国、尊重人权和保护少数民主原则；第二，申请国必须具备可以发挥功能的市场经济。在内容上它包括私营部门在产出

中占较大比重，价格自由化、实行竞争政策、限制国家补贴和一定程度的资本自由流动等。在质量上它指政府的政策是否旨在开发竞争性市场和减少补贴；政府是否支持本国企业阻碍向内投资；第三，申请国必须能够面对欧盟内部的特别是欧洲单一市场环境中的竞争压力和劳动力市场压力；第四，申请国必须赞同欧共体/欧盟的经济货币和政治联系的目标，能够确保承担成员国的义务，特别是执行共同体法的规定。共同体法包括界定“四大自由”（商品、服务、资本和人员的自由流动）的法律规范；共同农业政策；竞争政策规定、财政协调一致、对欠发达国家的义务、愿意而且能够遵守1958年欧共体成立以来确定的各种决定和法律条文。参见 http：//ue. eu. int/ueDocs/cms-Data/docs/pressData/en/ec/72921. pdf，2007 年 5 月 10 日访问。

㉕参见 http：//www. eiuc. org，2007 年 5 月 10 日访问。

㉖同前注㉒，第 187 页。

㉗参见欧盟监察专员 2003 年年度报告，第 27 页，http：//www. euro-ombudsman. eu. int。

㉘例如，在第 1200/2003/OV 号案件中，欧盟监察专员要求欧洲理事会履行义务确保在萨拉热窝的欧盟警察代表团能尊重基本权利，其雇员因严重错误行为而被解职应有权申诉。同上注，第 141 ~ 144 页。

㉙同上注，第 268 页。

㉚关于欧盟监察专员的产生和运作过程，参见朱力宇、袁钢：《欧盟监察专员制度的产生和运作》，《欧洲研究》2007 年第 1 期。

㉛同前注㉗，第 20 页。

㉜参见《确保保护——关于人权维护者之欧洲联盟指导方针》，http：//www. consilium. europa. eu/uedocs/cmsUpload/HR-10056. 04REV1ZH. pdf，2007 年 5 月 10 日访问。

㉝同前注⑲，Martin Scheinin 文。

㉞同前注⑭，Mandred Nowak 书，第 91 ~ 107 页。

（《法学》2007 年第 6 期，朱力宇系中国人民大学法学院教授；袁钢系中国政法大学副教授）

论联合国经济制裁中的人权保护

——兼评联合国对朝鲜的经济制裁

■李薇薇

2006 年 10 月 15 日安理会一致通过了 1718 号决议，对朝鲜不顾国际社会的反对强行进行核试验的行为给予经济制裁。虽然制裁的内容与人权没有太大的关系，决议中也没有明确提到“人权”二字，但安理会此次制裁明显地吸取了在此之前的几次经济制裁，尤其是对伊拉克制裁而产生的人权和人道主义危机的经验和教训，在设计的制裁的内容中考虑到了受制裁国民众的基本生存要求，没有使用全面的制裁，而采取更加有针对性的制裁措施。

经济制裁一般是指通过经济手段强迫一国从事合乎希望的行为或对违反国际法的国家进行惩罚的一种非军事的强制行动。由于国际法已明确禁止使用武力解决国际冲突，而且国际社会中国家之间的经济依赖关系愈来愈强，经济制裁成为推行外交政策的强有力的工具。一些西方学者对经济制裁的特征作了下列精辟地概括，它是“和平的但却是致命的”、“强有力的但却是非武力的”、“文明的和人性的但却是灾难性的和无法承受的”。[①]传统观念认为经济制裁的合理性在于它给受制裁国人民所带来的苦难比军事行动所带来的苦难更小。对于实施制裁的国家来说，经济制裁只是与受制裁国中断经贸关系，而军事行动则以牺牲人的生命为代价，国家的形象将受到破坏，政府会受到道德的谴责。因此，经济制裁所花费的代价远远低于采取军事行动所花费的代价。

正是基于上述对经济制裁的认识，它作为介于外交与军事之间而其力度不亚于军事的手段，不仅为许多国家单方面地作为推行外交政策的重要工具，而且被联合国安理会作为《联合国宪章》（以下简称《宪章》）第七章赋予的对危及国际和平与安全所采取的强制措施之一而使用。冷战结束后，安理会使用经济制裁次数急剧上升。自联合国成立以来的前 45 年时间里，只针对两个国家实施过经济制裁，即南非（1962—1994 年）和罗得西亚（1966—1979 年）。1990 年以来，安理会对伊拉克、前南斯拉夫、利比亚、利比里亚、索马里、柬埔寨、海地、安哥拉、卢旺达、苏丹、塞拉利昂、阿富汗、埃塞俄比亚与厄立特里亚、刚果14个国家实施了全面的和部分的经济制裁。新的制裁世纪的到来似乎预示着安理会使用经济制裁代替使用武力也可以达到实施国际法的目的。然而，经济制裁的实际效果并非完全尽人意和没有任何争议。对伊拉克、南斯拉夫、海地的经济制裁最终以使用武力而告终。尤其是经济制裁给受制裁国人民带来的人道主义灾难受到国际社会极大关注。联合国依《宪章》采取的经济制裁是为了纠正或惩罚违反国际法和人权的行为，但实施强制措施的过程可能给受制裁的国家带来人道主义灾难，违反《联合国宪章》中的人权条款，剥夺受制裁国人民的生存权和经济、社会和文化权利。因此，对联合国经济制裁的有效性应该从两个方面进行分析和探讨：一是政治效力，即维持国际和平与安全，二是人道主义后果，即促进和保护人权。《宪章》赋予联合国的这两大使命被规定为联合国的宗旨，它们是相辅相成、不可偏颇的。安理会在制定、实施经济制裁以及联合国会员国在履行制裁决议时都应该以这两大宗旨为指导。

一、联合国经济制裁的法律基础

安理会对朝鲜实施经济制裁的第1718号决议的法律基础是《联合国宪章》第七章第41条。《宪章》第七章（包括第39~42条）授予安理会为维持国际和平与安全可采取行动的职权。第39条规定："安全理事会应断定任何和平之威胁、和平之破坏、或侵略行为之是否存在，并应作成建议和抉择依第四十一条及四十二条规定之办法，以维持或恢复国际和平及安全。"虽然《宪章》对安理会在行使上述职权时规定了一些限制，主要是第24条第（2）款要求安理会在履行职务时应遵照联合国的原则、宗旨及国际法，但是由于《宪章》缺乏"和平之破坏"、"和平之威胁"的法律定义，安理会在依《宪章》第39条进行"断定"时，享有很大的自由裁量权。当安理会断定某一情势构成了对"和平之威胁"或"和平之破坏"而采取应对办法时，仍具有一定的决定权。它可以决定按照第40条采取必要之临时办法，或按照第41条采取非武力的强制措施，或按照第42条使用武力。安理会第1718号决议明确援引了《宪章》第七章第41条，从而排除了武力制裁朝鲜的可能性，即该决议有授权使用武力制裁朝鲜。

严格从字面上讲，《宪章》中没有使用"制裁"一词。一般来说，在宪章范围内制裁包括两类：一是指《宪章》第5、6条和第19条中的内容，即安理会对会员国采取防止和执行行动时，大会得停止其会员国权利及特权（第5条）；会员国屡次违反本宪章，大会可将其除名（第6条）；会员国拖欠会费将丧失在大会的投票权（第19条）。二是指《宪章》第七章下的执行行动。"制裁"可以是经济的、也可以是武力的，它作为实施国际法的一种特殊手段与《宪章》第七章下的执行行动的含义相吻合，因此，学者们在学术研究中习惯将"制裁"与《宪章》第七章联系在一起使用。有些学者明确指出，"《联合国宪章》第七章各条规定了对侵略行为的制裁行为，实际上是执行国际法的集体强制方式"。[②]英国著名国际法学家斯搭克也认为，按照《宪章》第七章的规定，遇有发生威胁或破坏和平或发生侵略行为时，安理会可对特定国家采取强制行动，以维护或恢复国际和平。这对违反国际法的国家实际上是执行国际法的集体制裁形式。[③]但安理会的许多决议往往狭义地将"制裁"专指《宪章》第七章第41条中的经济制裁，如1990年针对伊拉克的第650号决议；1997年对卢旺达的第997号决议，在援引《宪章》第41条作为决议的合法性基础外，还明确使用了"制裁"一词。此外，安理会在每一次的经济制裁中都专门设立"制裁委员会"，说明安理会已经习惯使用制裁一词概称《宪章》第41条下的非武力方法。

《宪章》第七章规定的安理会可以采取行动的前提条件是存在对"和平之威胁、和平之破坏和侵略行为"，制裁从法律上讲是针对违背国际法的行为而对负有责任的国家施加的不利后果。[④]因此国际不法行为毫无疑问是应受制裁的。但从《宪章》的规定看，安理会采取制裁的情势并不限于国际不法行为，还包括所有和平之威胁与破坏之情况。这些情况当中并非一定属于国际不法行为，它们的确可能涉及受制裁国国内管辖的行为。[⑤]这些从本质上属于国内管辖的行为一旦被安理会认定为构成了国际和平之威胁和破坏，便成为安理会实经济制裁的缘由。“国内行为”或“国内事项”的界限已经没有传统意义上如此分明了。安理会采取经济制裁的10多年实践表明，75 %经济制裁源于国内事项。南非的种族隔离政策；索马里、海地、塞拉利昂、安哥拉、刚果境内所发生的武装冲突从而导致的人道主义危机；南斯拉夫、卢旺达的种族清洗；苏丹、阿富汗对恐怖主义的支持和纵容，所有这些在传统上都属于“国内冲突”或“国内事项”。即使有些冲突是在国家之间发生的，如印巴之间的冲突、美国为首的联军对伊拉克的武力干涉，这些国际冲突往往起因于国内的种族、宗教和民主。有的学者甚至认为，“国内冲突”是一种误称，因为发生在一国境内和主权管辖之下的冲突会给地区乃至世界的稳定带来威胁，从而招致安理会在《宪章》第七章下采取制裁措施。[⑥]

国内冲突常常与违反人权有关。在安理会制裁决议中存在着一条人权与国际和平相关联的线索。冷战时期，由于五大国否决权的制度性设计，安理会很难对发生在一国境内的持续地大规模地侵犯人权的国家采取执行行动。随着冷战的结束及国际社会对人权的普遍重视，安理会的执行行动从以传统的安全为目标，转向以人权为目标。这一转变起自1991年对伊拉克的第688号决议。该决议从保护伊拉克北部库尔得难民免于其政府的政治压迫出发，重申安理会对维持国际和平与安全的责任，指出伊拉克的行为会导致大量难民跨越国境涌向其他国家，从而危及该地区的和平与安全，以此暗示安理会采取制裁的法律基础是《宪章》第七章。在所有以人权为理由的制裁决议中最具特别意义的是1992年安理会对索马里的第794号决议。决议的序言指出，“由于索马里冲突造成的人类惨剧仍在继续，并且使得人道主义援助物资分发受到阻碍，因而国际安全与和平受到了威胁”。安理会决心“恢复和平、稳定和法律秩序，在联合国的监督下推进政治解决的进程”。这次安理会的决议明确援引《宪章》第七章。尽管发生在索马里的国内危机属于暴力和野蛮，与伊拉克对库尔得难民的压迫相比在事实上和法律上没有可比性，但安理会仍在688号决议和794号决议之间寻找到共同的法律基础，即国内的政治失控导致严重地、广泛地剥夺所在国人民的人权，在认定威胁和平的条件下，安理会有权采取行动。1991年海地军事政权将民选的海地总统赶下台，为了维持其政权统治，国内发生了大规模的暗杀、酷刑、胁迫、失踪，使原本贫穷的国家雪上加霜。虽然在海地的行动是为了推翻军事独裁统治，安理会通过的制裁决议也承认海地国内所发生的情势具有“独特性”，是“复杂和不寻常的”，但决议仍表达了对“海地日益恶化的人道主义情势，尤其是非法政权系统地侵犯人权”的关注，认定“海地的情势构成了对地区和平与安全的威胁”，并号召“采取一切必要措施”。决议中也提到“海地难民的致命困扰”，以此说明海地危机包含的国际因素，为断定“对地区的和平与安全构成威胁”做铺垫。这些在伊拉克及索马里的制裁决议中曾经使用过的用语是为了表明，安理会采取经济制裁的目的是为了尽快结束海地境内严重违反人权的情况，因此对海地的制裁是合法的和有先例可寻的。

《宪章》第七章没有明确出现“人权”的字样，因为在1945年旧金山制宪会议上，代表们不会预计到一个政府对待其国民的方式可能构成对和平的威胁，安理会以此可以采取行动。但上述安理会的决议及在此之后对前南斯拉夫、卢旺达、安哥拉、塞拉利昂、刚果等一系列制裁决议对“和平之威胁”给予了扩大解释。对安理会将一国境内发生的违反人权事件与国际和平与安全联系在一起的做法，不是没有争议的。有些学者就针对伊拉克的决议提出，该决议不应作为先例引用，认为安理会可以将纯粹属于国内的而没有国际影响的违反人权的情况，视为对国际和平与安全的直接威胁。[⑦]的确，安理会在断定违反人权的情势构成了对和平之威胁时，其背后不可避免地包含着一定的政治目的和利益的驱使。最为典型的例子是利比亚，很难看出利比亚拒绝引渡两名嫌疑犯在多大程度上构成了对国际和平与安全的威胁，导致安理会对其实施经济制裁。

二、联合国经济制裁的政治效力和人道主义后果

经济制裁是否有成效？这是人们反复提出的一个问题。国际经济研究所曾对 1914 年到 1999 年期间国际社会发生的 170 次经济制裁案例进行分析，得出的结论是，平均成功率为 35 %。如果仅就冷战结束后联合国实施的 12 个案例分析，其成功率是 36 %。[⑧]这两个数据基本接近。同样的数据，但对它的认识态度截然相反。一种观点认为这一数据显示经济制裁是不成功的，尤其是与军事制裁的成功率相比，经济制裁没有达到预期的迫使其就范的目的。另一种观点认为，它比一般人们想象的效力更高。[⑨]出现这种不同认识的症结在于，怎样定义成功，即以什么方法来衡量经济制裁的成功与否。受篇幅的局限本文难以对制裁的效力进行全面的论述，但它试图从两个方面做一比较：一是经济制裁所产生的政治效力；二是经济制裁所带来的人道主义后果。

（一）经济制裁的政治效力

经济制裁的政治效力，从广义上讲是指达到维护国际和平与安全的目的；具体指通过经济压力迫使一个政权改变原有的政策，服从国际社会的要求。对经济制裁的政治效力存在着下列两种认识：

1. 经济制裁在经济上的成功不能保证政治上的成功。联合国过去十几年的制裁实践从经济上有效地孤立了受制裁国，通过武器禁运、金融资金的冻结、贸易与技术的终止、旅行的限制、海陆空交通的阻断，可以使受制裁国的经济完全瘫痪。伊拉克、南斯拉夫就是很好的例证。然而这一经济上的封锁并没有达到政治上的目的。虽然联合国有能力在经济相互依赖的时代将某个国家的经济置于崩溃，但它不能自然而然地迫使受制裁国领导人改变其政策服从安理会的决议。联合国的经济制裁本质上不是经济而是政治。对伊拉克、南斯拉夫、海地的经济制裁最终被使用武力替代，在非洲的几个案例中，安哥拉、利比里亚、卢旺达和塞拉利昂，联合国的制裁似乎对冲突各方武力对峙没有太大的影响。经济制裁是为了向决策者施加政治压力，经济困难越大，政治效果越强。按照这一推理，当经济制裁实施到一定的严厉程度时，受制裁国的民众可以向其政府施加压力，迫使其改变政策或将其推翻。这一理论的缺陷在于把它没有考虑到受制裁国应对和消化制裁的能力，早在 30 年前约翰·盖尔顿就将它称为“天真理论” （navetheory）。[⑩]事实上，经济制裁最终是否能产生政治效力很大程度上取决于受制裁国国内政治力量的对比，如果受制裁国国内的民众没有基本的民主权利，也就没有推动和影响政策改变的有效途径。相反，如果受制裁国国内存在一些人权组织或机构积极支持制裁，那么制裁的道义合法性和政治效力就会大增。例如在对南非的制裁中，南非的非洲国民议会积极呼吁，要求国际社会采取更为严厉的制裁，联合国的经济制裁在国际社会和国内民众共同表达出的强烈愿望中得到了道义上和政治上的支持。

2. 经济制裁具有警示作用。一种观点认为，在评价经济制裁的政治效力时需要考虑它的多方面的作用，而不应仅局限于政治上的服从。其中最为重要的是经济制裁具有警示性作用，即威慑未来的行为者，表达维护国际法规则的决心，给违法者传递不赞成其行为的信号。这一制裁的作用与国际法上的“价值剥夺”颇多相似，对价值剥夺的恐惧也许引起对国际法的遵守。政治上的孤立，丧失威信和信任，违法代价成本比遵守国际法高。[⑪]一项研究报告指出，即使违法者服从国际法的希望是渺茫的，为了谴责、限制、惩罚违法者，为了维护国际标准，实施国际制裁是值得的。[⑫]具有警示作用的制裁是对行为者作出反应的第一步，它预示着如果行为者不改变其现行的错误态度，将会招致更强的、更严厉的措施。它有助于使受到制裁的决策者权衡其政治代价和利益，重新考虑它面临的选择。从这个意义上讲，国际社会在联合国决议基础上一致实施经济制裁这一事实本身就表明了政治上的成功。

本文认为，与国际社会对于违法行为无所作为相比，具有警示作用的制裁是有一定意义

的。当国家严重侵犯人权、违反条约、或违背了普遍接受的习惯法规则，联合国不做出相应的反应会进一步削弱对这些国际法规则的普遍遵守，甚至使行为者将联合国的不作为误解为是一种默示的同意。因此，不管经济制裁是否达到了政治服从的目的，经济制裁中所表现出的对和平与人权原则的支持对于维护国际法具有更重要的影响。

经济制裁的警示作用正是国际法本身的特点所决定的。国家至高无上的主权使违反国际法的行为者经常无法受到制裁，制裁规则的不确定性、缺乏具体的制裁规则和程序，以及国际组织不像国家一样具备有组织的武装力量来实施制裁等等原因，使国际法上的制裁缺少自上而下的规范保证，制裁国际违法行为通常是很困难的。正是由于缺少有效的制裁，早在19世纪奥斯丁、霍布斯等都怀疑国际法的法律性，认为国际法最后成了国家的玩物，权大于法。甚至一种极端的看法认为，国际公法是一种没有制裁的法律体系。然而没有像国内立法上强有力的制裁并不能否定国际法的法律性质。著名国际法学者周鲠生也承认国际法除了传统意义上的自助外，原本不具有国内法意义上的制裁，因而国际法一向被认为法律中较弱的一个法律部门。[13]然而，一个弱的法律仍然是法律，《联合国宪章》规定的制裁制度，虽然与国内法上的制裁相比有自身的特色，“但它已经将国际法的强制执行提升到一个公认的协定法的权威地位”。[14]更何况，任何法律体系之所以被遵守，主要原因不在于制裁。除了制裁及迫于公共压力的外在因素外，国际社会在本质上存在另外一些导致国家服从国际法的内在因素。[15]因此，过分强调国际法上集体制裁的作用，并使用国内法上的制裁概念评价国际制裁的效力，都将是不符合国际法现实的。

（二）经济制裁的人道主义后果

虽然对经济制裁的政治效力众说纷纭，但对其人道主义后果认识基本一致。联合国实施制裁很多情况下是缘于国内的违反人权，而正是以保护人权为目的的制裁却给受制裁国人民带来了人道主义的灾难。过去几十年里，制裁给受制裁国民众所带来的社会和人道影响没有从国际人权法的角度给以充分评价，直到对伊拉克制裁发生以后，人们才在评价制裁效力时，越来越多地考虑它所产生的人道主义后果，经济制裁对受制裁国的人权影响也因此引起了国际法学界的瞩目。大量的政策文件和学者论著都对制裁所产生的社会和人道危机作了详细的列举。联合国报告指出，制裁常常对弱势群体带来负面影响，直接伤及受制裁国民众中最贫困阶层。以伊拉克为例，1991年安理会对伊拉克的制裁是它继1963年对南非和1966年对罗得西亚实施经济制裁之后的第三次经济制裁，但这一次的制裁在时间上和规模上远远超过了前两次，是历史上最严厉的经济制裁。据统计，400万伊拉克人生活在极度贫困之中。受制裁影响最严重的是妇女、儿童、老人等最弱势群体。联合国儿童基金会1998年报告指出，每个月有4500名5岁以下的儿童死于饥饿和疾病。制裁彻底摧毁了伊拉克的经济，人均国民生产总值从3500美元减到600美元，工人每月的工资从1990年每月50~100美元降至3~5美元。1987年伊拉克人受教育的比率是80%，而从1990年到1995年安理会实施制裁后的五年的时间里，伊拉克人口中的文盲比例占42%。对海地、南斯拉夫的制裁也产生了社会和人道灾难，但只是严重程度不同而已。

在经济制裁的概念中，制裁与人权是相互对立的。实施经济制裁的过程不可避免地使民众遭受一些苦难，带来诸多的不便，如旅行的限制、商品供给限量。制裁也不可能像外科手术那样精确到政治上的利益与民众的痛苦刚好成比例。问题不是制裁是否产生了苦难，而是这些苦难是否超出了一定的限度，能否保证受制裁国民众的基本生存。制裁的现实引发人们开始质疑制裁的伦理道德标准。理论上，制裁是针对另一国的违法行为而采取的强制措施，但实际上它是通过对另一国民众实施经济压制来改变该国家的行为，平民百姓成为了制裁的最大受害者，而他们本来已经成为其统治阶层施行独裁统治、侵犯人权的受害者，不能也不应该再为其国家的违法行为承担受制裁的责任。制裁的人道主义后果不仅引发道德问题的思考，而且直接影响着人们对制裁效力的评价。当制裁带来严重的人道主义灾难时，经济制裁在政治上的支持率就下降，联合国会员国实施制裁决议的积极性难以保证，其结果是直接损害联合国的威信。为了使制裁更加有效，必须使制裁更符合人性。安理会从伊拉克制裁实践中也吸取了教训，在其后的经济制裁中及时采取措施减轻制裁的负面效果，探讨使用“聪明制裁”（smartsanction）而少用蛮横的制裁，使用有选择的制裁而少用全面的制裁。对朝鲜制裁的1718号决议就是这一反思的结果。决议中所采用的经济制裁形式并无异于它惯常使用的几种：(1) 实行禁运，但所禁运的物资明确限定在核武器及技术、重型武器如坦克、军舰、战斗机和导弹等，以及与此相关的原料、零部件；禁止向朝鲜出口奢侈商品。可见，禁运的物资范围明确、具体，对于民众维持生计所必需的物资不在禁运之列。(2) 冻结财产，所有国家必须冻结资助朝鲜非常规武器计划的人士直接或间接拥有及控制的资金、其他金融资产和经济资源。(3) 禁止出境，朝鲜高级官员将被禁止出访外国。这两项制裁措施主要针对决策者或领导者，因而免除民众的灾难。(4) 检查船只，对进出朝鲜的船只进行登临检查以确定是否载有大规模杀伤性武器，但决议并不要求会员国必须承担检查的义务。与对伊拉克制裁没有期限、没有监督实施机制、出现了人权和人道主义危机后进行事后纠正不同，1718号决议具有了更大的灵活性，它决定成立一个制裁委员会，监督决议实施情况，每90天向安理会报告一次。这一监督和报告制度有利于安理会了解制裁措施给受制裁国民众所产生的影响，评估人权和人道主义后果，并及时防止和纠正经济制裁的负面后果，委员会将视朝鲜遵守决议情况调整、暂停或取消对朝制裁措施。虽然对这些措施的成功与否不能一概而论，但它说明安理会已经意识到其在维持国际和平中应担负起保护人权的责任。

三、联合国在实施制裁中应承担的人权义务

联合国不是一个主权国家，也没有通过签定和批准主要人权公约而成为公约的缔约国，联合国是否有义务承担国际人权义务？为此，有必要澄清在联合国系统内适用国际人权标准的法律基础。

（一）联合国遵守国际人权法的合法性根据

联合国遵守国际人权法有下列几种理论依据：

1. 人权本原论。从《世界人权宣言》到后来被世界各国广泛批准的联合国主要人权公约都将人权的本原作为人权需要保护的主要理论根据和正当性的根本原因所在。《联合国宪章》序言宣布，“对人类家庭所有成员的固有尊严及其平等的和不移的权利的承认，乃是世界自由、正义与和平的基础”。《公民权利和政治权利公约》以及《经济、社会和文化权利国际公约》也明确承认，“人的权利是源于人身的固有尊严”。既然人权不是外界的恩赐，人权的享有不是源于该个人属于某个国家的公民，而是人所“固有”的权利，那么人权法自然而然成为联合国应适用的法律的一部分。联合国虽然不是一个国家实体，但其制裁决议可以决定成千上万人的生死、自由，怎么可以不受国际人权法的约束。非国家实体如跨国公司及国家间的组织如联合国、WTO、欧盟等越来越多地承担了促进和保护人权的义务，这是国际人权法的发展趋势。

2. 代理说。《宪章》第24条明确承认了安理会是经过联合国会员国的授权，代表各会员国行使职权的，它与会员国一样承担人权义务，它保障人权的范围也不应少于会员国所承诺的范围。

3. 义务说。《宪章》作为联合国的宪法性文件明确规定了人权义务。联合国的宗旨除了维持国际和平与安全外，还要“增进并激励全体人类人权与基本自由之尊重”。第55条规定“联合国应促进”人权的普遍尊重与遵守……第56条允许会员国采取共同及个别的行动与本组织合作，以达成第55条的宗旨。可见，尊重人权是联合国的法定义务，不是原则性宣示。按照条约解释规则，《宪章》第1条确定的联合国三大宗旨之间是没有等级之分的。为实现维持国际和平与安全这一宗旨，《宪章》第七章专门指示安理会可采取执行行动，而对于联合

国的其他宗旨却没有具体规定可采取的措施。这是否就意味着联合国维持国际和平与安全的宗旨高于促进人权的宗旨呢？安理会为维持国际和平与安全而采取的经济制裁是否可以无视联合国的其他宗旨，甚至可以违反《宪章》中的人权条款呢？如果答案是肯定的，则不仅不符合《宪章》的本意，而且导致联合国这一国际组织本身陷入自相矛盾的境地，《联合国宪章》也将因此失去意义。虽然联合国将维持国际和平与安全的职权赋予了安理会，但这一职权不是毫无限制的。《宪章》第24条要求安理会在履行其职务时，"应遵照联合国之宗旨及原则"，"且依正义及国际法之原则"。布朗利教授曾分析指出，安理会在维持或恢复国际和平与安全方面，依《宪章》第七章规定，享有很大的裁定空间，但这并不是说，安理会在选择实施这些措施的方式时不受法律的制约。相反，当涉及个人的权利时，适用人权标准是一个法定的要件。[16]可见，联合国的三大宗旨是相互促进的，即以促进人权的方式和目的维持国际和平与安全。

1949年国际法院在赔偿案的咨询意见中指出，联合国在某种意义上具有会员国的地位，能够拥有国际权利和义务，是一个国际法主体。虽然在该案件中国际法院要解决的法律问题是联合国的主体权利，法院指出，联合国被认为具有为履行其职责而必需的权利，尽管这些权利未明文规定在宪章中。根据权利与义务相统一的法理，联合国具有隐含的权利，也当然具有隐含的法律责任和义务。因此，不论使用何种条约解释方法，历史解释、缔约国的意图解释、条约上下文的系统解释，还是国际法院的司法解释，得出的结论是一样的：国际人权法应适用于联合国。

（二）联合国在实施制裁中应承担的人权义务范围

联合国具体承担人权义务的范围，可能因其每一次实施制裁的情形而不同，但至少包括联合国主持拟订的主要人权公约、已经成为国际习惯法的人道主义法。

1. 生命权。生命权最易受经济制裁影响。《公民权利和政治权利国公约》将生命权列为所有人权之首，《公约》第4条规定了在社会紧急状态威胁到国家生命时，公约缔约国可克减其在公约下的义务，但生命权是绝不允许克减的权利。一般认为对生命权的保护属于习惯国际法或强行法，对国际社会所有成员，不论主权国家还是由主权国家组成的国际组织都有约束力。根据人权事务委员会第六号一般性意见，生命权不能狭隘地理解为禁止"任意剥夺生命"，缔约国还须采取措施，"减少婴儿死亡率和提高估计寿命，消灭营养不良和流行病"。这一义务在《儿童权利公约》中也得到了印证。该《公约》第6条规定，每一儿童享有固有生命权，儿童的存活与发展应给予最大限度地保护；第24条特别要求"降低婴儿死亡率，确保向所有儿童提供必要的医疗援助和保健，消除疾病和营养不良现象"。联合国的制裁至少应保证使受制裁国民众得到维持生命所必需的营养，防止像伊拉克那样大量人口尤其是儿童死于饥饿和营养不良。

2. 经济、社会和文化权利。从表面上看，联合国制裁的直接目标是为了使受制裁国人民充分地享有公民和政治权利，而免于饥饿、健康等社会权利与此相比似乎不那么重要了。《经济、社会和文化权利国际公约》第2条规定，缔约国"应尽最大能力"逐渐实现本公约的权利，即公约承认了经社文权利的享有依赖国家有限的资源，因此是相对和渐进的。这一规定更加重了人们的误解，认为经济、社会和文化权利的重要性次于公民权利和政治权利。更何况，经济制裁必然对食品、药品、卫生用品供给、清洁饮用水的获得、教育和医疗体系的运作、劳动权的实现等等产生影响。1966年《经济、社会和文化权利国际公约》在序言中宣布："只有在创造了使人可以享有其经济、社会及文化权利，正如享有其公民和政治权利一样的条件下，才能实现自由人类享有免于恐惧和匮乏的自由的理想。"可见，经济、社会及文化权利的重要性并不次于政治和公民权利。"生存权是首要人权"在经济制裁的背景下可能是正确的。经济、社会及文化权利委员会第8号一般性建议明确指出，一个国家的人民不能因为其领导人被确定违反了有关国际和平与安全的原则而丧失其经济、社会和文化权利；也不能仅仅因为作出了有必要维护世界和平与安全的决定就可以认为公约中的规定是不可以操作的了，或在某些方面不适用了。联合国没有理由在实施制裁时有意无意地损害《公约》的宗旨和目的。

3. 相称性和比例原则。人权不是绝对的，对人权的限制可以是国家在正常情况下对人权的行使所加的一般限制，也可以是国家在公共紧急状态下对人权的行使所加的特殊限制，这一特殊限制在《公民权利和政治权利公约》第4条中称为“克减”。一种观点认为，联合国在《宪章》第七章下采取制裁行动类似于国家的紧急状态，因此它可以中止或减少应承担的国际人权义务。但根据人权法原理，对人权的限制是有严格条件的，不仅应有合法的限制根据、符合合法的限制范围，还应符合合法的限制程度。[17]合法的限制程度一般表现为必要性和相称性原则。如果经济制裁极大地限制了受制裁国人民经济、社会和文化权利，甚至完全剥夺了他们应该享有的基本人权，这种对人权的限制因不符合相称性原则而构成对人权的侵犯。

按照人道主义法，给平民造成无辜伤害大于军事利益的攻击是非法的。对伊拉克制裁中，安理会期望成功地消除伊拉克的非常规武器，但是实现这一目标的手段是牺牲大量无辜的生命。有人认为，因无法获得食品而造成平民的死亡是安理会在执行宪章任务时所造成的不可避免的情况，不应看作违反了生命权。《日内瓦公约第一议定书》第54条第（1）款明确规定：“禁止使用饥饿作为战争手段。”因而在经济制裁中使用食品作为施压的手段就如同在战时使用了被禁止的饥饿作战手段，即使不违反比例原则也是绝对禁止的。

国际人道主义法是保护武装冲突中的受难者的法律，从定义上来看，一般只有当发生了武装冲突和战时才能适用，而经济制裁从性质上讲并非武装冲突，那么联合国在依据《宪章》第41条采取经济制裁时，是否应受国际人道主义法的约束呢？首先，虽然联合国作为一个国际组织不是日内瓦公约的缔约国，但人道主义法规具有习惯法的地位，因此也对联合国有约束力。联合国的实践也证明了国际人道主义法实际上也适用于联合国这样的非主权国家。例如1999年8月1日联合国秘书长安南签署了一项行政命令，规定日内瓦公约的所有内容同样适用于以联合国名义部署在世界各地的维持和平行动。其次，很多人把制裁视为是一种战争的形式，如高丹就指出，“经济制裁试图破坏社会的经济，阻止生产或进口日常生活必需品，从这个意义上讲，它等同于战争法上的封锁”。瑞斯曼和思特威克教授也认为，按照国际法，在战时判断军事行动是否合法的一套法律规则，也应该用作判断安理会制裁行为合法性的标准。[18]也就是说，安理会在采取制裁措施时，也应遵循下列诸多原则：具有合法依据；符合必要性和比例原则；区分战斗员与非战斗员；定期对制裁的后果进行评析；为受害的第三方提供必要的救济。再次，还有一些学者认为，经济制裁并非武装冲突，它是介于外交与军事之间的一种状态，应通过类推方法，使人道主义法适用于武装冲突以外的经济制裁。最后，国际人权法与国际人道主义法虽然有一些区别，前者可适用于任何时期（无论平时还是战时），而后者只在武装冲突时才适用，但两者的目标是一致的，即保护人的生命和尊严。在“科孚海峡案”中，国际法院就曾将有关战时的公约适用到一个和平时期所发生的事件。法院认为，“对于人的基本考虑平时应比战时标准更高”。因此，既然在武力冲突的战时都不允许违反人道主义法，那么在非武装冲突的平时所实施的经济制裁更应该严格遵守人道主义法。如果说国际人道主义法禁止在战时剥夺平民的生存供给，那么在平时这一规则更应遵守，因为战时对人权的保护是一种最低限度的保护。

四、结　语

既然经济制裁可以替代武力作为实施国际法的一种方法，既避免了军事上的惨烈代价，又弥补外交方法的软弱，那么它在国际关系中仍会继续保持举足轻重的地位。人权既是安理会采取强制措施的最终目标，也是安理会执行强制措施的最低限制。联合国实施制裁必须以人权和人道主义法为指导。只有在人权和人道主义法的基础上设计和使用制裁，才能避免制裁被大国操纵和利用，提高联合国经济制裁的公正性和有效性。

参考文献：

①Joy Gordon, *A Peaceful, Silent, Deadly Remedy: The Ethics of Economic Sanctions*, 13 Ethics " Internatio nal Affairs. 1999.

② 王献枢．国际法［M］．北京：中国政法大学出版社，1998.

③［英］斯搭克．国际法导论［M］．赵维田．北京：法律出版社，1984.

④［德］沃尔夫刚·格拉夫·魏智通．国际法［M］．吴越，毛晓飞．北京：法律出版社，2002.

⑤James Crawford, *The Relationship Between Sanctions and Countermeasures*, in Vera Gowlland- Debbased, United Nations Sanctions and International Law , Kluwer Law International 2001.

⑥ Wippman (ed.) International law and Ethnic Conflict, Cornell University Press, 1998.

⑦ P. Malanczuk, Humanitarian Intervention and the Legitimacy of the Use Of Force, 1993.

⑧ Gary Clyde Hufbauer, Jeffrey Schott , and Kimberly Ann Elliott, Economic Sanctions Reconsidered: History and JP2Current Policy, 2d, Institute for International Economics, 1990.

⑨ David Cortr ight, George A. Lopez, The Sanction Decade: Assessing UN Str ategies in the 1990s, Lynne Rienner Publisher , 2004.

⑩ Johan Galtung, *On the Effects of Inter national Sanctions*, in Miroslov Nincic and Peter Wallensteen, eds., Dilemmas of Economic Coercion: Sanctions and World Politics, New York, 1983.

⑪［德］马克斯·普朗克比较公法及国际法研究所．国际公法百科全书：争端的解决［Z］陈致东，李斐南．广州：中山大学出版社，1988.

⑫Lisa L. Martin and Jeffrey Laurenti, *The United Natio n and Economic Sanctions: Improving Regime Effectiveness*, Paper of the United Nation Association, New York, 1997.

⑬ 周鲠生．国际法（上）［M］．北京：商务印书馆，1981.

⑭［英］劳特派特·奥本海．国际法（上卷第一分册）［M］．王铁崖，陈体强．北京：商务印书馆，1981.

⑮［英］阿库斯特．现代国际法概论［M］．汪暄，等．北京：中国社会科学出版社，1981.

⑯Ian Br owlie, *The Decisions of Political Organs of the United Nations and the Rules of Law*, in R. J Macdonald (ed), Essays in Honour of Wang Tieya , 1993.

⑰ 徐显明．国际人权法［M］．北京：法律出版社，2004.

⑱M. Reisman, D. Stevik, *The Applicabilit y of Inter national Law Standards to United Nations Economic Sanctions Programmes*, (9) EJIL, 1998.

（《法律科学（西北政法学院学报）》2007年第2期，作者系深圳大学法学院教授）

非政府组织对国际人权的保护

■彭锡华

一、非政府组织的界定

根据联合国经社理事会的定义，非政府组织是“一个非营利机构，其成员是一个或多个国家的公民或公民的联合并且其行动是由其成员的集体意志根据成员的需要或一个或多个与其合作的团体的需要而决定的。”[①]联合国经社理事会1952年第288（X）号决议认为，“任何不是依据政府间协议建立起来的国际组织均应称为国际非政府组织”。1996年联合国经社理事会在《联合国与非政府组织咨询关系决议》中，把非政府组织的范围扩大至包括国家的、地方的、区域的层面。[②]1991年《关于承认国际非政府组织法律人格的欧洲公约》将非政府组织描述为："符合下列条件的协会、基金和其他私人机构：（1）拥有一个非营利的国际公益目标；（2）根据一个适用国内法的文件设立；（3）从事至少在两个国家具有影响的活动；（4）在一缔约方领土上设有法定办公机构并在该缔约方或另一缔约方领土拥有管理和控制中心。"在学术界，有国际法学者将非政府组织定义为"各国民间的团体、联盟或个人，为了促进在政治、经济、科学技术、文化、宗教、人道主义及其他人类活动领域的国际合作而建立的一种非官方的国际联合体。"③

自20世纪70年代以来，非政府组织在数量、规模和类型等方面不断增长，在人权、环境保护、劳工、发展、疾病防治、扶贫、妇女儿童教育以及体育等领域开展了卓有成效的活动。非政府组织在促进国际法的编纂和制定、国际法的监督实施、参加国际诉讼程序等方面发挥了独特的作用。非政府组织已经成为影响国际社会的一支重要力量，给当代国际法律秩序带来巨大的冲击和挑战。在国际人权保护领域，非政府组织也发挥着非常重要的作用，"如果没有非政府组织，就不会有国际人权法的爆发，而这种爆发是在联合国成立后50年里才出现的。"④甚至还有人认为："现在越来越被广泛接受的是，如果没有非政府组织，联合国的人权机制就会失效。"⑤本文将着重阐述非政府组织在国际人权保护方面的作用，并结合非政府组织在国际上的现状探讨非政府组织的地位问题。

二、非政府组织参与国际人权保护的实践

到目前为止，还没有任何一部国际人权公约对非政府组织参与国际人权保护应享有的权利和承担的义务进行规定。非政府组织通过自身的努力、通过多种途径积极参与国际人权保护活动，并逐步得到国际社会的承认和接受。

（一）促进或参与国际人权公约和文件的制定

一般来说，由于拥有丰富的专业知识和实践经验，以及比较超然的地位等优势，非政府组织通过提出国际人权公约草案、参加谈判、游说政府或政府间组织等方式促进国际人权公约和文件的制定。尽管非政府组织参与制定国际人权公约和文件往往依赖于国家或政府间国际组织的需要，但是实践表明，非政府织的作用仍然是十分独特的。例如，1894年国际红十字委员会在日内瓦会议上积极倡导和协助并促使会议通过《改善战地陆军伤病员待遇公约》；20世纪70年代，大赦国际发起反酷刑运动，直接推动1984年联合国《禁止酷刑和其他残忍、不人道或有辱人格的待遇或处罚公约》的通过；⑥非政府组织在《儿童权利公约》的准备和制定过程中也发挥了重要作用。

非政府组织积极促进或参与国际人权公约和文件的制定反映了国际社会的整体呼声，改变了以往单纯由国家或政府间国际组织垄断国际公约制定的状况，填补了国际体制中的"民主赤字"。非政府组织积极促进或参与国际人权公约和文件的制定使得国际人权公约和文件的制定更加切合实际，有力地促进了国际人权保护。

（二）参与人权监督

国际人权公约一般规定了缔约国履行公约义务的监督程序，主要有缔约国报告程序、缔约国间指控程序、个人申诉程序和国际调查程序等。缔约国报告程序是国际人权公约唯一具有强制性的监督程序。笔者将着重探讨非政府组织在缔约国报告程序中所发挥的作用。

所谓缔约国报告程序是指缔约国根据公约的规定定期向国际人权公约监督机构报告公约实施的情况。国际人权公约监督机构通过公开会议对缔约国提交的报告进行审查。国际人权公约监督机构在对缔约国报告进行审查后提出一般性意见和结论性意见，并通过这种意见来指导缔约国履行公约规定的尊重和保障人权的义务。⑦非政府组织在缔约国报告程序的不同阶段发挥着不同的作用。

首先，在缔约国准备或起草报告阶段，非政府组织可以敦促缔约国及时提交报告，履行报告义务。此外，非政府组织还可以利用丰富的专业知识和经验参与报告的起草和讨论。由于草拟报告是一项技术性较强的工作，再加上国际人权公约数量众多，许多缔约国往往难以在规定的时间内完成报告的草拟工作。非政府

组织一方面可以通过培训人员和提交报告草案等方式向政府提供帮助，另一方面，非政府组织还可以通过对国际人权公约的分析，帮助缔约国准确地理解对报告的要求。虽然非政府组织参与起草报告不可避免地带有消极影响，例如，报告的内容受到非政府组织的主观意愿的影响，非政府组织的独立性可能遭到破坏等，但是，非政府组织与缔约国在起草报告方面积极合作，有利于报告真实地反映缔约国履行国际人权公约义务的情况，对缔约国尊重与保护人权是有积极作用的。

其次，在国际人权公约监督机构审查缔约国报告阶段，非政府组织可以向公约监督机构提供相关参考信息和资料。基于各种因素或考虑，有些缔约国提交的报告并没有反映该国履行人权公约义务的真实情况，有些缔约国可能会故意掩盖侵犯人权的事实，有些缔约国提交的报告内容空泛。一般来说，国际人权公约监督机构审查缔约国报告的质量取决于所掌握的真实信息和资料。如果国际人权公约监督机构并不了解缔约国履行公约的真实情况，也就无从对缔约国提交的报告进行审查。为了保障缔约国报告审查工作的顺利进行，国际人权公约监机构非常需要来自报告以外的信息和资料，以便对报告提出质疑，并要求缔约国代表作出合理解释。[8]1992 年 10 月联合国人权公约机构主席会议正式呼吁非政府组织向联合国人权监督和保护机构系统及时地提供信息和资料。事实上，许多非政府组织已经在缔约国报告程序方面发挥着重要的作用，例如，《儿童权利公约》就规定了非政府组织轮换参与缔约国报告程序，鼓励非政府组织协助儿童权利委员会开展报告的审查工作。IWRAW（国际妇女权益行动观察）和 ARIS（反对种族歧视信息服务）在消除妇女歧视和反对种族歧视方面也扮演着同样的角色。在人权事务委员会审查缔约国报告程序中，一些委员很早就已经利用大赦国际、国际法学家委员会和其他人权组织提供的信息和资料来审查缔约国报告。同时，一些非政府组织向委员会提供信息和资料已经成为普遍惯例，[9]例如，1995 年人权事务委员会在审查美国提交的报告过程中，非政府组织就提供了关于美国政府在履行《公民权利和政治权利国际公约》义务方面存在不足的报告。人权事务委员会通过非政府组织途径获取美国政府提交的报告并没有涉及的信息和资料，成为审查美国政府提交的报告的重要基础。[10]

非政府组织在国际人权公约监督机构审查缔约国报告阶段的另一个作用是在有限的范围内参与对报告的审查工作。根据需要，国际人权公约监督机构可以邀请非政府组织提交书面说明或作口头陈述，例如，经济、社会和文化权利委员会审查缔约国报告过程中可以依据经社理事会的 1296 号决议邀请非政府组织提交书面说明或作口头陈述。[11]

第三，宣传国际人权公约监督机构提出的结论性意见，进一步监督缔约国履行公约规定的义务。国际人权公约监督机构在审查缔约国报告以后，一般根据缔约国履行公约义务的情况提出结论性意见。这种结论性意见仅针对缔约国履行公约义务而提出，对缔约国并没有法律约束力。所以，缔约国是否会尊重结论性意见并积极改善履行公约义务的状况有赖于缔约国的意愿。实际上，一些缔约国在执行结论性意见方面往往流于形式，这样一来，国际人权公约监督机构对缔约国报告的审查效果就会大打折扣。因此，进一步监督缔约国是否执行国际人权公约监督机构的意见显得十分重要。在这一方面，非政府组织可以根据自身的特点，发挥独特的监督作用，“非政府组织可以在当地或全国公开结论性意见，监督政府是否执行委员会的建议。非政府组织可以将对本地的监督情况反馈给国际人权公约监督机构，有利于其在对缔约国报告进行审查以后对有关国家履行公约义务的持续了解。[12]

第四，在缔约国拒绝提交报告的情况下，国际人权公约监督机构可以通过非政府组织提供的信息和资料，了解该国履行公约义务的基本情况。

（三）从事人权教育

在国际人权保护领域，除促进或参与起草国际人权公约和文件，向国际人权公约监督机构提供信息和资料，以及在有限的范围内参与审查缔约国报告以外，非政府组织在人权教育方面也发挥着独特的作用。非政府组织利用自身的专业和经验，通过举办各种研讨会、培训班和国际会议，讨论国际人权公约的制定，实施监督机制，宣传人权观念，以及公布国家报告和国际人权公约监督机构的结论性意见等，对于提高公众的人权意识起着不可替代的作用。当前，国际社会越来越多的对各种违反人权事件的关注在很大程度上归功于非政府组织的人权教育活动。

三、非政府组织在国际人权保护中的地位和作用

尽管非政府组织在国际人权保护方面发挥着一定的作用，但是这种作用并没有得到国际社会的普遍接受。当代国际法的理论与实践认为，非政府组织并不是国际法的主体。它不能像作为国际法主体的政府间国际组织那样在国际法上享有权利并承担义务。目前，非政府组织，无论是国际非政府组织、区域性非政府组织，还是国内非政府组织，它们的法律地位只是一个国内法问题。[13]早在联合国成立之时，国际社会已经认识到非政府组织的重要性，例如，《联合国宪章》就创造性地规定了非政府组织与联合国之间的关系。《联合国宪章》第71条规定，经社理事会“可以就其职权范围内所涉及的问题适当安排与非政府组织进行磋商”，随后，经社理事会通过的第1296（XI-IV）号决议及附件，具体规定了非政府组织享有磋商地位的条件与程序。[14]尽管非政府组织在国际社会众多领域发挥了较大的作用，但是它们在国际法上仍然难以享有与政府间国际组织相同的地位。

在国际人权保护领域，非政府组织的地位十分令人关注。如前所述，非政府组织在国际人权保护领域发挥着独特的作用，但是，由于它们在国际法上的地位并不明确，在一定程度上限制了其作用的充分发挥。事实上，迄今为止，没有任何一部国际人权公约对非政府组织参与国际人权保护问题进行规定，尽管一些不具备法律约束力的人权宣言或决议涉及非政府组织的作用问题。[15]

此外，在国际人权监督程序中，除经济、社会和文化权利委员会和儿童权利委员会以外，其他国际人权公约监督机构根本不承认非政府组织的地位，也不接受非政府组织所提供的信息和资料。经济、社会和文化权利委员会是联合国经社理事会所设立的附属机构，它当然要遵守经社理事会关于允许非政府组织就有关问题进行磋商的第1296号决议，尽管如此，有关非政府组织在经济、社会和文化权利委员会审查缔约国报告时能否参与，以及参与的方式和程度等问题仍然存在较大的争议。与经济、社会和文化权利委员会略有不同的是，儿童权利委员会采纳专家意见将《儿童权利公约》第45条第1款中的“它可能认为合适的其他有关机关”的含义扩大解释为包括非政府组织和个人。基于此，儿童权利委员会在审查缔约国报告时可以和包括非政府组织在内的其他组织或机构召开非正式会议。

由此可见，由于非政府组织并不具备国际法上的主体地位，它们在国际人权保护领域的作用受到严重限制，如何确定它们的国际法主体地位并进一步发挥非政府组织在国际人权保护领域的作用是当代国际法所面临并应该解决的重要问题。一些比较激进的观点认为，鉴于非政府组织在包括人权在内的许多领域发挥着越来越重要的作用，以及在一些区域范围内已经开始承认非政府组织相应的法律地位，因此，非政府组织至少应该成为有限的国际法主体。[16]

笔者认为，非政府组织的国际法主体资格问题仍需在理论上进行探讨。基于国际社会的现实，赋予非政府组织的国际法主体地位，即使是有限的主体地位的可能性依然很小。比较实际的做法应该是赋予非政府组织在国际组织和活动中的观察员地位，并且根据其所发挥的作用赋予一定的权利和承担相应的义务，例如，由于国际社会对于国际红十字委员会在人权和人道主义方面的杰出贡献，联合国经社理事会赋予它以观察员的地位参与联合国的活动。因此，在国际人权保护领域，联合国完全可以通过赋予非政府组织观察员地位的做法，促进非政府组织充分发挥国际人权保护的作用。对于非政府组织参与国际人权公约实施监督问题，由于涉及国际人权公约的修改等复杂问题，直

接赋予非政府组织参与国际人权公约的实施监督的权利是不现实的。比较可行的做法应该是，借鉴儿童权利委员会的经验，修改国际人权公约监督机构的程序规则，将非政府组织在提供信息和资料，以及参与对缔约国报告的审查工作所发挥的作用纳入程序规则。[⑰]最后，国际社会应该根据现实的需要，尽快制定一部关于非政府组织地位的国际公约，明确非政府组织在国际法上的地位，从而促进非政府组织在国际人权保护等领域发挥更大的作用。

注释：

①UN. Doc. E/AC. 70/1994/5（1994）.

②非政府组织按其活动的区域可以分为国际非政府组织、区域性非政府组织以及地方非政府组织。由于上述三类非政府组织均在不同程度上参与国际人权保护活动，因此，本文统一使用“非政府组织”，并不作区分。

③王铁崖：《国际法》，法律出版社1995年版，第565页。

④Nigel S. Rodley，NGOs of Human Rights：Right s and Obligations，SIM Special No. 19. Utrecht .

⑤Rachel Brett，Roles of NGOs——An Overview，International Human Rights Monitoring Mechanisms，the Raoul Wallenberg Institute Human Rights Library 2001.

⑥关于大赦国际在这次运动中的具体情况，参见黎尔平：《〈反酷刑公约〉现状分析》，《江苏警官学院学报》2004年第4期。

⑦关于缔约国报告制度的研究，参见彭锡华：《〈公民权利和政治权利国际公约〉国际监督制度研究》，吉林人民出版社2001年版，第93～154页。

⑧Rachel Brett，Roles of NGOs——An Overview，International Human Rights Monitoring Mechanisms，the Raoul Wallenberg Institute Human Rights Library 2001.

⑨［奥］曼弗雷德·诺瓦克：《民权公约评注：联合国〈公民权利和政治权利国际公约〉》，毕小青、孙世彦译，生活·读者·新知三联书店2003年版，第561页。

⑩Andrew Claphama，UN Human Rights Reporting Procedures：An NGO Perspective，the Future of UN Human Right sTreaty Monitoring，Edited by Philip Alston and Crawford，Cambridge University Press，2000.

⑪ECOSOC Res. 1296（XLIV）（1968）.

⑫联合国文献E/C. 12/2000/21，annexV。

⑬到目前为止，非政府组织只能通过某国的国内法取得法律地位。

⑭王铁崖：《国际法》，法律出版社1995年版，第566页。

⑮例如：《维也纳宣言和行动纲领》的序言部分和第一部分的第13条、第15条、第18条、第38条以及第二部分的第2条、第52条；《联合国消除一切形式种族歧视宣言》第10条；《消除对妇女一切形式歧视宣言》第11条等。

⑯黄世席：《非政府间国际组织的国际法主体资格探讨》，《人大复印资料国际法学》2001年第1期。

⑰Vojin Dimitrijevic，State Reports，Int ernational Human Rights Monit oring Mechanisms，the Raoul Wallenberg Inst itute Human Rights Library 2001.

（《法学》2006年第6期，作者系中南财经政法大学法学院教授）

国际人权法的晚近发展及未来趋势

■张爱宁

一、从国家安全到人的安全：安全概念的人本回归

传统的安全概念以国家为基本关切，以国家之间的主权纷争和领土冲突作为安全的主要威胁。这种占主导地位的国家安全观将国家看成安全的保护伞，国家安全也就意味着国民的安全，人们为了各自国家的安全而相互厮杀。[①]随着冷战的结束，新的国际形势和全球化的趋势，特别是人权运动的影响，为人们重新审视安全问题提供了良机并产生了以下认识：首先，国家安全的最终目的是为了人的安全。人民的福利是最高的法律（Salus popu li suprem a lex）[②]，人类结合成社会，建立国家的根本目的，就是为了获取更高的安全和更大的幸福，国家安全是手段而不是目的，因此，不能本末倒置，以牺牲人的安全的方式换取国家安全。[③]其次，国家安全不等于人的安全。传统的国家

安全观只看到了人的安全对国家安全依赖的一面，却忽略了一个十分明显的事实——很多时候国家安全并没有带来人的安全。在世界许多地方，在国家安全无虞的情况下，国家反而成为其国民生命和生活的主要威胁来源之一。事实上，在整个20世纪，数以百万的人正是被他们自己的政府而非外国军队所屠杀。在此类情况下，国家虽然名义上应该是他们国民主要的安全提供者，然而，由于治理的失败，国家未能完成这一使命，国民沦为国家安全的牺牲品。[①]再次，自冷战以后，对安全的威胁较少来自于外部侵略等传统的安全威胁，而多数来自所谓的非传统安全威胁。这些非传统安全威胁与其说是对国家安全的威胁，倒不如说是对人的安全的直接影响，因为这些威胁所产生的恶果的最终承受者是普通民众。

作为上述对安全概念重新思考的结果，人的安全（human security）的概念产生了，并逐渐成为全球安全的一个全新的衡量标准和全球性国际行动的一个刺激要素。[①]1993年联合国开发计划署发布的《人类发展报告》被认为是人的安全理念的重要推动者。该报告认为，安全的概念必须改变，应从传统的强调国家安全到更注重人的安全。[④]1994年《人类发展报告》进一步指出，长期以来，安全理念被狭义地解释为免受外部侵略，保卫领土安全，或是在外交政策中保护国家利益，或是防止核武器对全球安全的威胁等，但是所有这些考虑都是关于国家而非人民，普通民众所关切的日常生活的安全被遗忘了。[⑤]同年，联合国秘书长加利在社会发展世界峰会（World Summ it for Soc ia lD evel-opm ent）预备会上也提到：此时已是将古老的领域安全之承诺及新的对人的安全之承诺做一平衡之时了，应从以武器保障安全转换为经由发展确保安全。继任的联合国秘书长安南也认为，在过去，安全的概念与国土防卫意义相同，但是当今的安全理念应是保障社区及个人免于内部暴力，因此，需要以人为中心的安全途径。[④]联合国开发计划署列出了人的安全的七大要素，它们是：经济安全（基本收入有保障）、粮食安全（确保粮食供应充足）、健康安全（相对免于疾病和传染）、环境安全（能够获得清洁水源、清新空气和未退化的耕地）、人身安全（免遭人身暴力和威胁）、共同体安全（文化特性的安全）和政治安全（基本人权和自由得到保护）。[⑤]这七项要素基本可以概括为两大范畴：免于匮乏；免于恐惧。

人的安全概念的提出，并非是要以人的安全概念替代传统的国家安全概念，而在于强调一种综合的安全观，即在安全关切方面既要关注国家安全，更要关注人的安全，纠正以往过分强调国家安全的倾向，呼吁国际组织、国家对人给予更多的关注，在考虑安全问题时以人为本。[①]在人类经历了无数次战争摧残和长期的专制统治之后，人的安全——这种以人为本的新安全观，凸显了人权运动的影响，必将对未来国家政策的制定和国际政治的发展产生深远影响。[⑥]

二、保护的责任：主权遭遇的人权新挑战

自冷战结束以后，面对世界各地因宗教、种族、贫穷等原因造成的局部冲突和灾难增多、人道悲剧不断，人权的国际保护成为当务之急的新形势，联合国却显得力不从心。特别是对1994年卢旺达境内爆发的规模空前的部族大屠杀，本可以采取强有力行动的联合国却反应迟缓，最终酿成震惊世界的惨剧；而与卢旺达相反，1999年北约绕过安理会对科索沃局势的超常规干预，又进一步加剧了当地的人道主义灾难，从而引发了国际社会的激烈争论。到底人权、主权与干涉的关系如何？出现大规模屠杀时要不要干涉？如何规范、操作？[⑦]在1999年第54届联大上，安南秘书长警告说，如果人类的共同良知不能在联合国找到它最大的讲台，那么就会有人们到其他地方去寻找和平和正义的严重危险。[⑧]2000年9月，安南在千年报告中再次重申了这方面的挑战：如果人道主义干预确实是对主权的一种无法接受的侵犯，那么我们应当对卢旺达、斯雷布雷尼察（Srebren ica）——影响我们共同人性各项原则的严重的系统的侵犯人权事件，做出怎样的反应？[⑨]作为对安南呼吁的响应，加拿大成立了一个独立的关于干预和国家主权问题的国际委员会，2001年12月，该委员会正式提交了题为《保护的责

任》的报告，第一次提出了保护的责任概念。

保护的责任报告的主要结论是：主权国家对保护本国公民免遭本可避免的灾难负主要责任。在人民因内战、叛乱、镇压或国家陷于瘫痪而遭受严重伤害，而当事国不愿或无力避免此种伤害的情况下，应由国家组成的更广泛的国际社会承担保护责任，此时，不干预原则要让位于国际保护责任。[10]

保护的责任并不否定国家主权，相反，保护的责任是以承认国家主权为前提的。与传统意义的干涉一词相比较，保护的责任因其少了一些对抗性，从而成为连接干预和主权之间的一道桥梁。保护的责任的独到之处在于，通过重新解释主权概念，把主权与国家对本国公民的责任紧密联系在一起，将对国家主权的关注重点由国家主权权利转移到了国家主权责任方面，从而使得主权不再被视为对其领土不容置疑的统治权，而是一种以尊重最低限度的人权标准为前提条件的权利。主权意味着责任，当国家不能或不愿履行其对本国人民的保护责任时，为了保护平民和恢复有效的国家主权，干预不仅是允许的，并且是必要的。[10]

保护的责任理论出台后，很快获得了国际社会的广泛响应，2005年联合国威胁、挑战和改革问题高级别名人小组《一个更安全的世界：我们的共同责任》报告；2005年联合国秘书长《大自由：实现人人共享的发展、安全与人权》报告；尤其是有170多个国家政府首脑参加的2005年联合国世界首脑会议通过的《成果文件》，均对保护的责任理论表示肯定和支持。围绕保护的责任理论亟待解决的问题是：当一国发生大规模侵犯人权的情况而当事国不愿意或不能承担保护责任时，是否允许外部干涉？由谁来干涉？如何干涉？人们担心国际社会拟进行干涉时对国家主权原则和不干涉内政原则可能造成的巨大冲击，而这两个原则是当代国际秩序与国际法的基石。

保护的责任与国家主权理论并不冲突。当今世界绝大多数国家都是按照人民主权学说构筑其政治法律体制的，根据这一学说，人类结合成社会，建立国家和组织政府的根本目的是为了更好地保全个人的生命、自由和财产。因此，促进和保护人民的生命权、自由权和追求幸福等权利的实现，是国家概念的应有之义。如果国家或政府没有这种能力，或者其行为损害、剥夺或者大规模破坏人民应该享有的上述基本权利，也就失去了其存在的合法性基础。可见，国家主权这一概念本来就包含了权力和责任两方面的内容。但自从1648年《威斯特伐利亚和约》确立了国家主权至上的原则和民族国家在国际社会中的特殊地位以后，国家就成为一个神圣的抽象概念，代表了至高无上的权威和权力——主权被解释为对内的最高权和对外的独立权，在其后相当长的时间里，国家将太多的注意力放在维护主权作为权利或权力的一面，甚至为此不惜牺牲本国人民的生命、自由和安全，而主权概念中固有的作为义务或责任的内涵被忽略了。保护的责任概念的意义在于强调国家主权作为责任或义务的一面，即国家主权不仅意味着权利或权力，也包含着对其国民、其他国家、国际组织、公私机构的某些义务或责任，其中最重要的是保护本国公民免遭暴力和战争的责任。[11]事实上，作为权利或权力的主权和作为义务或责任的主权，这两个方面并不冲突，而是相辅相成、相互促进的。主权作为对内最高权的基本要求是人民的服从，作为对外独立权的基本要求是其他国际法主体的尊重，而这两个方面的实现都与一个国家履行保护本国人民人权的责任和义务情况密切相关。一个尊重和保障人权的主权者，自然会受到本国人民的拥戴，主权也就更加稳固，国家管理也就更加顺畅；同样，一个充分尊重人权、努力保障人权、尽最大能力实现人权的主权者也会在国际社会受到广泛尊重，从而在国际事务中顺利地实现主权。[12]

保护的责任的法理基础。在国内法层面，人权为国家权力设置了界限。各个国家的宪法或宪政实践都确认了人权保障原则的核心地位，而各国的宪法和法律中有关公民权利和自由的各项具体规定，就是国家对人民的具体承诺。在国际法层面，国际人权法为各国设定了尊重人权、保护人权、实现人权的法律义务。首先，《联合国宪章》为会员国设定了保护人权的法律义务。《宪章》第55条规定：为造成国际间以尊重人民平等权利及自决原则为根据之和平友好关系所必要之安定及福利条件起见，联合国应促进：……全体人类之人权或基本自由之普遍尊重与遵守，不分种族、性别、语言、或宗教。第56条规定：各会员国担允采取共同及个别行动与本组织合作，以达成第55条所载之宗旨。几乎所有国家都是《联合国》的会员国，并因此受《联合国宪章》人权条款的约束。其次，其他国际人权公约为缔约国规定了保护人权的责任。例如，《公民权利和政治权利国际公约》第2条规定：一、本公约每一缔约国承担尊重和保证在其领土内和受其管辖的一切个人享有本公约所承认的权利，不分种族、肤色、性别、语言、宗教、政治或其他见解、国籍或社会出身、财产、出生或其他身份等任何区别。二、凡未经现行立法或其他措施予以规定者，本公约每一缔约国承担按照其宪法程序和本公约的规定采取必要的步骤，以采纳为实施本公约所承认的权利所需的立法或其他措施。三、本公约每一缔约国承担：（甲）保证任何一个被侵犯了本公约所承认的权利或自由的人，能得到有效的补救，尽管此种侵犯是以官方资格行事的人所为：（乙）保证任何要求此种补救的人能由合格的司法、行政或立法当局或由国家法律制度规定的任何其他合格当局断定其在这方面的权利；并发展司法补救的可能性；（丙）保证合格当局在准予此等补救时，确能付诸实施。目前，《公民权利和政治权利国际公约》已有150多个缔约国，这意味着这些国家承担了在本国管辖范围内尊重和保障公约所载各项人权的国际法律义务。

三、国际刑事司法制度：国际人权监督机制的牙齿

传统国际人权法在全球范围内主要存在着两类实施监督机制，即以《联合国宪章》为基础的监督机制和以各主要人权公约为基础的监督机制。这两类监督机制在保障国际人权法实施方面功不可没，但它们在处罚机制方面的固有缺陷又使得国际人权法难逃软法的宿命。然而这种状况随着近十几年来国际刑事司法制度的迅速发展，特别是前南国际刑事法庭、卢旺达国际法庭、国际刑事法院的建立及其后来的实践而有了重大突破。可以说，这些国际刑事司法机构的存在为国际人权法实施监督机制装上了牙齿，通过国际刑事司法机构对实施大规模系统侵犯人权国际罪行的主要责任人追究刑事责任已经成为一种趋势。

众所周知，无论是国际联盟时代的常设国际法院，还是联合国的国际司法法院，它们都只能处理国家之间的争端而不涉及任何个人案件。然而迄今为止世界各地发生的极端严重的大规模侵犯人权的暴行证明，不论是在国内还是在国际层面的所有决策中，个人才是最后的行为者，[13]但决策人却躲在抽象的国家背后逃避个人责任，国家成为某些个人实施国际犯罪的工具和盾牌，正因如此，长期以来，尽管国际社会屡屡发生粗暴践踏人权和大规模严重侵犯人权的事件，但作为行为者的个人极少受到应有的惩罚，而这又间接怂恿了那些发动和参与这些事件的暴君、个人更加肆无忌惮、为所欲为，从而纵容和刺激更多犯罪的产生。因此，对于实施大规模侵犯人权的行为，除了国家应负的责任之外，还必须追究个人责任。

前南刑庭和卢旺达国际法庭的建立对于强化国际人权保护机制意义重大，但由于这两个法庭都是临时的和特设的，因此关于其司法的公正性受到如下质疑：为何只针对这两个地区或国家的冲突或战争中的犯罪行为临时成立法庭进行审判，而其他地区或国家的冲突或战争中类似甚至更严重的犯罪却不被绳之以法？此外，临时法庭还有时间上的局限性，故有的学者或政治家将这种临时法庭称为有选择的正义。[14]很显然，国际法现有的惩罚机制存在着缺陷，一个普遍的常设性的国际刑事审判机构确有存在的必要。有鉴于此，1998年联合国通过了《国际刑事法院规约》，并于2002年7月1日建立了人类有史以来一个对犯有国际罪行的个人行使管辖权的普遍的常设的国际刑事司法机构——国际刑事法院。

《国际刑事法院规约》将保障人权作为其基本原则。表现在：第一，国际刑事法院所管辖的罪行绝大部分属于严重侵犯人权的犯罪。尽管国际刑事法院管辖的四种罪行，即侵略罪、

战争罪、灭绝种族罪和危害人类罪属于不同的主题，但因其对人类造成的影响而成为国际社会最为关注的、最严重的侵犯人权的极端犯罪行为。第二，国际刑事法院在诉讼程序方面保障被告人和犯罪嫌疑人的人权。体现在《规约》确认了法律面前的平等权、一罪不二审、法无明文规定不为罪、刑法不溯及既往等一系列基本人权。

国际刑事法院的普遍和常设性质根除了上述临时性国际刑事司法机构的固有缺陷。国际刑事法院的建立及其实践，意味着国际社会不会再坐视那些犯有最严重侵犯人权国际罪行的行为者不受处罚，而不论这些行为者是国家元首、军事指挥官，还是普通士兵。尽管这并不意味着凡是犯有严重侵犯人权罪行的个人将会无例外地被追究国际刑事责任并受到相应处罚，但其对未来或潜在的严重侵犯人权犯罪的威慑作用不容置疑。国际刑事法院的建立极大地强化了国际人权监督机制，使得人权的国际保护制度带有强制力，这是国际社会在通向普遍的人权和法治进程中迈出的巨大一步。[15]

四、人权理事会：强化联合国人权机制的重大举措

为了在联合国系统中赋予人权更崇高的地位，进一步加强联合国人权机制，[16]2006 年 3 月 15 日，第 60 届联合国大会通过决议，决定设立人权理事会，取代已运行 60 年的联合国人权委员会。创立人权理事会是国际社会改革联合国人权机制和将联合国人权工作主流化的一次重大努力。曾经作为联合国系统内最主要处理人权问题的机构和联合国人权保护机制的核心部分的人权委员会，取得了很大成就，也存在很多问题。工作效率低、有意将人权问题政治化、选择性和双重标准是委员会经常遭到的批评。特别是在冷战结束后，由于国际政治力量对比的变化，西方国家在人权委员会的监督活动中占据了主导地位，许多发展中国家成为被批评和指责的对象，[17]委员会执行任务的能力，因信誉和专业精神低落而日益受到影响。特别是各国竞相成为成员国，目的不是加强人权，而是保护本国免遭批评或者批评他国，结果致使委员会信誉赤字扩大，给整个联合国系统的名誉蒙上阴影。[18]

人权理事会的设立尽管是各方妥协的结果，但在促进人权方面的重大意义显而易见。第一，人权理事会在地位上高于人权委员会，会议制度也趋于合理，这标志着人权工作在联合国系统内地位的提升，从而在机制上加强了联合国系统人权主流化趋势。[19]第二，理事会成员的选举更加严格。人权理事会成员由联合国大会所有会员国投票产生，当选者必须获得联合国 192 个成员国半数以上支持，即至少 96 个国家的支持，而人权委员会由拥有 54 个成员的经济和社会理事会出席并投票的成员半数以上支持选举产生。理事会成员的选举应考虑候选国在促进和保护人权领域的贡献以及就此作出的自愿誓言和承诺，而人权委员会不存在相关承诺。当选为理事会成员者在促进和保护人权工作中应维护最高标准，与理事会充分合作，并在任期内接受定期普遍审查机制的审查。第三，惩罚更加明确。人权理事会处理各种侵犯人权情况的职能，将敦促理事会成员国及其他成员国不断努力改善本国的人权状况，提高人权保护水平。[20]特别是对于粗暴和系统侵犯人权的国家，联大可以以 2/3 多数表决终止其人权理事会成员资格的规定，尽管 2/3 多数这个门槛很高，很难实现，但这一机制的宣示效应和震慑作用不可低估。[19]第四，建立了普遍定期审查机制（Universal Periodic Review）。（该机制利用普适和平等的参数及标准，对联合国所有会员国的人权状况每隔四年进行综合审查，这在一定程度上克服了人权委员会的双重标准和选择性待遇问题以及政治化倾向。诚如人权高专阿尔布尔所指出的，普遍定期审查机制具有影响和改善各国人权状况的巨大潜力，联合国人权系统的威信力有赖于令人满意地实施这一机制。[21]第五，人权理事会席位的设立，纠正了长期以来亚洲在人权委员会代表性不足的问题，同时发展中国家在人权理事会中的比例较人权委员会也有所增加，这必将有助于在世界更广泛的人口范围内推动和促进人权事业的发展。

参考文献：

①柳建平．安全、人的安全和国家安全［J］．世界经济与政治．2005，（2）．

②［英］洛克．政府论：下篇［M］．北京：商务印书馆，1964

③潘一禾．人的安全是国家安全之本［J］．杭州师范学院学报（社会科学版）．2006，（4）．

④廖福特．国际人权法——议题分析与国内实践［M］．台北：元照出版公司，2005.

⑤UNDP，Human Development Report 1994.

⑥封永平．安全新概念：人的安全解析［J］．学术探索．2006，（2）．

⑦李杰豪，龚新连．保护的责任法理基础析论［J］．湖南科技大学学报（社会科学版）．2007，（5）．

⑧李斌．保护的责任对不干涉内政原则的影响［J］．法律科学．2007，（3）．

⑨ K. Annan，We the Peoples，Millennium Report，New York，United Nations. 2000.

⑩Benjam in J Gool d & L iora l Lazarus，Security and Hum an Rights，H art Pub lish ing，2007.

⑪杨泽伟．主权论——国际法上的主权问题及其发展趋势研究［M］．北京：北京大学出版社，2006.

⑫张旭．国际刑法与人权［M］．北京：法律出版社，2003.

⑬陈隆志．国际法引论［M］．台北：元照出版公司，1999.

⑭邵沙平，余敏友．国际法问题专论［M］．武汉：武汉大学出版社，2004.

⑮Bruce Broomha l，l T he In ternational C rim ina l Court：O verv iew，and Cooperation w ith S tates，at A.

⑯2005 年世界首脑会议．成果文件．第 157 段。

⑰彭锡华，古盛开．论国际人权条约实施的国际监督制度［J］．现代国际关系．2001，（12）．

⑱科菲·安南．大自由：实现人人共享的发展、安全和人权．2005 年，第 182 段。

⑲刘振民．当前国际法的新发展、新情况、新问题［A］．中国国际法年刊（2006）［C］．北京：世界知识出版社，2007.

⑳罗艳华．人权理事会的设立及其背后的斗争［J］．人权．2006，（3）．

㉑路易斯·阿尔布尔．在人权理事会第六次会议上的讲话［EB/OL］．www. ohchr. org. 2007—9—13.

（《当代法学》2008 年第 6 期，作者系外交学院副教授）

《欧盟宪法条约》对欧盟人权保护的影响

■杨成铭

《欧盟宪法条约》在罗马峰会上通过以后，目前已有 11 个欧盟成员国及欧盟议会批准了该条约。该条约的生效和施行将进一步提高欧盟一体化的程度，包括更加紧密的经济联合、启动政治一体化的大盘和逐步建立完善的人权保护制度。在经济一体化空前强势的背景下，欧盟前冲的动力将主要来自政治一体化的增强和共同防务与统一人权制度的建立。从欧盟的一体化进程、一体化目标选择及目标达成的难易程度及现有配套制度的安排来看，笔者相信，《欧盟宪法条约》将对欧盟人权保护产生更为直接也更为深远的影响。

一、《欧盟宪法条约》对欧盟目标不对称性状态的矫正

两次世界大战使欧洲遭受了灭顶之灾，为了重塑欧洲，有远见的欧洲政治家们在战争的废墟上思考和找寻出阻断血腥历史的方法——欧洲一体化。[①] 按照早先欧洲政治家们的设想，欧洲一体化的具体目标为政治一体化、军事一体化和经济一体化，总目标或最终目标是建立欧洲合众国或欧洲联邦。尽管政治和军事一体化是最直接和最终的目标，人权是这两个目标的直接指向，但在欧洲新遭“二战”浩劫的历史背景下，它们都难以发挥作为开启一体化

"专列"的"列车头"作用。其原因在于：第一，欧洲的分裂状态，不可能倏然间搁置前嫌而谋求政治、军事和人权的合作。二是欧洲各国战后的重建主要为复兴本国的经济，政治、军事、人权方面的合作并非燃眉之急。

既然欧洲各国在国际层面的战后重建走政治、军事和人权合作之路是不现实的，那么，唯一可行的办法只能是通过经济联合来缔造战后欧洲的和平。[②]从1952年7月《欧洲煤钢共同体条约》的实施至1987年7月《单一欧洲法令》生效的35年里，欧洲一体化"专车"几乎总是行进在经济一体化的单边轨道上，发生了严重的不对称性。随着一体化程度的不断提高，这种不对称性日益显示出其侵蚀一体化效益的危险的一面，对其予以矫正变得越来越迫切。《欧盟宪法条约》对欧洲一体化目标的不对称从根本上予以了矫正，理由在于：《欧盟宪法条约》使欧盟驶进了政治一体化的快车道，政治一体化是欧盟切实保护人权的前提，同时，促进和保护人权是欧盟政治一体化的合法性和目的；《欧盟宪法条约》将尊重基本人权和自由确定为正在走向联邦的欧盟应坚持和遵行的原则；《欧盟宪法条约》将《欧盟基本权利宪章》纳入其中，首次为欧盟及其成员国开具了欧盟公民权利清单；《欧盟宪法条约》规定欧盟加入《欧洲人权公约》，这将使欧盟公民的人权在滚滚向前的一体化行进中得到双重保护。可以说，《欧盟宪法条约》为欧洲一体化铺设了经济一体化、政治一体化和人权保护一体化三条并行不悖的轨道，这三条轨道将保障欧盟一体化的"专列"向着更为宏伟的目标进发。

二、《欧盟宪法条约》使欧盟人权保护由政治层面走向法制道路

为了改变欧盟条约中人权清单的阙如或"人权赤字"，2000年12月7日，欧洲议会、欧盟委员会和欧盟部长理事会在尼斯会议上正式签署和公布了《欧洲联盟基本权利宪章》。这是欧盟公民企盼已久的人权宪章，它的签署和公布表明，欧盟各机构承担着在其活动中及在欧盟政策中尊重宪章的义务。但是，由于尼斯会议通过的宪章只是政治宣言，它对欧盟只具有政治或道义上的约束力，而没有法律上的拘束力。

正当欧盟各机构和成员国为如何赋予《欧洲基本权利宪章》法律效力无所适从之时，2000年5月12日，德国外长菲舍尔在柏林洪堡大学发表了题为《从国家联盟到联邦：对欧洲一体化最终形式的思考》的演讲。[③]这次演讲在欧盟内部引发了一场是否制定欧盟宪法、是否将欧盟建设成联邦的大讨论，尽管部分学者持否定态度，[④]但大部分欧盟公民特别是政要均支持菲外长的大胆设想。[⑤]经过一年多的激烈辩论，2001年12月5日，比利时莱肯欧盟首脑会议一锤定音，决定设立"欧洲未来大会"着手制宪。宪法草案对欧盟以往众多条约进行了整合、简化和修改，《欧盟基本权利宪章》被原封不动地纳入其中，系草案的第二部分。

《欧盟基本权利宪章》没有按先前的路径直接纳入《欧洲联盟条约》或成为其附加议定书，而是与后者一起被纳入了《欧盟宪法条约》，这是下列必然因素造成的：（1）欧洲经济一体化快速演进所聚积的政治一体化能量释放催生了《欧盟宪法条约》。《欧盟宪法条约》的横空出世为《欧盟基本权利宪章》条约化提供了空间，作为定格欧盟未来或欧洲联邦雏形的基础性法律文件，它必须承载欧盟公民的权利清单，否则，就不能称之为欧盟宪法或基本法。（2）人权发轫于欧洲自由主义的文化传统，[⑥]随着历史的演进，人权成为欧盟各成员国的宪法原则，并继而成为欧盟的法律原则。由于《欧盟宪法条约》将人权原则确定为宪法原则，人权，特别是基本人权，便自然成为宪法的重要内容。（3）《欧盟基本权利宪章》在欧盟内部获得了广泛的认同。从欧洲一体化的方向和未来来看，《宪章》所规定的欧盟公民基本权利是《欧盟宪法条约》的重要组成部分，由于《宪章》的起草和宣布在先，因此，似乎可以得出如下结论：《宪章》为《欧盟宪法条约》的通过奠定了物质基础和心理准备，与其说是《欧盟宪法条约》纳入了宪章，倒不如说是《宪章》开启了《欧盟宪法条约》横空出世的大幕。

三、《欧盟宪法条约》从根本上弥补了欧盟的“人权赤字”，并使欧盟的人权保护由点到面

作为欧洲共同体的宪法性文件，《欧洲煤钢共同体条约》、《欧洲经济共同体条约》和《欧洲原子能共同体条约》均没有对人权和人权保护措施作出明确的规定，⑦这一状况被人们称为欧洲一体化早期出现的“人权赤字”。欧共体解决“人权赤字”问题是通过欧共体法院的判例来实现的，欧共体法院改变对人权抵制态度始于1969年对Stauder案的审判：欧共体委员会没有必要通过姓名来验明资助黄油的接受者的适格性，并指出，通过解释措施的方式可以避免任何潜在的对人的尊严权的侵犯或任何歧视。欧共体法院的判决暗示人们，基本人权是蕴含于欧共体法的一般原则，欧共体法院可以通过对其解释来维护基本人权。1974年欧共体法院对Noldv Commission案的判决被视为其将《欧洲人权公约》作为欧共体基本人权来源的第一案，它在判决中指出，基本权利是欧共体法院确保遵行的一般法律原则的组成部分；在保护这些权利方面，法院被责令从成员国共同的宪法传统中汲取启示，因此，它不能支持与这些宪法所承认的保护的基本权利相违背的措施。⑧1977年欧盟通过了《保护基本自由联合宣言》。在该宣言中，欧盟指出，它们将把保护基本权利放在头等重要的位置，原因在于，这些权利来源于成员国宪法和《欧洲人权公约》。⑨1986年《单一欧洲法令》在欧共体人权成文法化方面迈出了第一步，虽然《法令》作为有法律拘束力的文件没有对人权作出具体规定，但是，它第一次将保护源于成员国宪法和法律、《欧洲人权公约》和《欧洲社会宪章》的基本权利上升为欧洲共同体的法律原则，改变了欧共体在世人心目中仅是一个经济联合体或共同市场的形象1991年《欧洲联盟条约》重申和强化了人权法律原则。⑩1997年《阿姆斯特丹条约》（以下简称阿约）对欧洲联盟条约确定的人权原则和权利的内容作了重要修改和补充：一是引入非歧视原则；二是增加了保护个人关于个人数据的处理和自动移动的权利；三是强调了欧盟公民资格的补充性，四是增加了对成员国违反欧洲确立的人权原则的行为的处罚措施。尽管欧共体和欧洲联盟采取了上述种种司法、立法和行政措施来弥补欧洲一体化中人权的缺失或“赤字”，但总的来看，上述措施对建立完整的欧盟人权保护制度只是修修补补的。《欧盟宪法条约》的生效将根本改变人权在欧盟法律制度中的分散性和补充性地位，将使人权保护由点走向面，由后台走向前台。作为《欧盟宪法条约》第二部分的《欧盟基本权利宪章》为欧盟提供了完整的人权法清单，它的实施将给欧盟人权保护工作带来实质性的改观和全新的面貌。

四、《欧洲联盟宪法条约》使欧盟的人权保护制度与欧洲理事会的人权保护制度相连结

自20世纪70年代以来，关于欧共体是否应该加入《欧洲人权公约》的讨论持续升温。欧共体法院在1996年3月28日提出的咨询意见认为，欧共体加入《欧洲人权公约》将会把自身引入到一个不同的国际机构体系之中，并将把《欧洲人权公约》的所有规定纳入到欧共体法律之中，这将导致欧共体现行人权保护制度的根本改变。尽管在欧盟内部和学界仍然有相当数量的人认为，欧共体不加入《欧洲人权公约》或欧盟的人权保护制度和欧洲理事会的人权保护制度共存并携手并进是符合欧洲现实情况的合理选择，⑪但是，《欧盟宪法条约》的起草者们一致认为，欧盟应该寻求加入《欧洲人权公约》，并将此写进了《欧盟宪法条约草案》，在通过的条约的正式文本中，对欧盟加入《欧洲人权公约》采用了更为肯定的口吻和用语，即将“应该寻求加入”修改为“应该加入”。

《欧盟宪法条约》的上述行动结束了人们对欧共体是否应该加入《欧洲人权公约》的争论乃至争吵，这不但使欧盟的人权保护制度与欧洲理事会的人权保护制度的关系走向变得豁然明朗，而且，还将给欧盟的人权保护带来实质性的进展，这些进展表现在：

第一，欧共体和欧盟的成员国皆为《欧洲人权公约》的当事国，欧盟加入《公约》之后，欧盟与其成员国在对《欧洲人权公约》方面显示出的不同态度将会得以统一。由于《欧洲人权公约》是施行《世界人权宣言》的第一个区域性人权文书，其内容和精神充分体现了欧洲的人文传统和价值，且其施行创制了区域人权保护的范例，欧盟加入《公约》将会消除其过去拒绝接受《公约》所产生的负面影响，树立自觉尊重和保护欧洲人权的国际形象，恢复人们对欧盟践行欧洲人权的信心。

第二，欧盟加入《欧洲人权公约》以后，欧共体法院和欧洲人权法院将在判例方面避免对《欧洲人权公约》作出不同的解释，同时，欧洲现存的两个人权保护体系互相冲突和互相竞争的格局将被打破，这有利于维护欧洲各国法制的统一，有利于增强欧洲和欧盟的法律安全。

第三，欧盟加入《欧洲人权公约》以后，凡遇欧盟为受控方情形，欧盟得有应诉机会当庭向欧洲人权法院解释欧盟立法原意和欧盟行为的合法性，与以往欧共体或欧盟的成员国受控时自身的法律和行为受审查但无权出诉时的被动“挨打”局面相比，这将增强欧盟在法律上的自我保护能力。

第四，欧共体和欧盟尽管建立了自身的司法组织——欧共体法院，但该法院在保护人权方面长期无所作为。欧盟加入《欧洲人权公约》以后，欧盟不但可以在授权的范围内继续通过自身的司法机关来处理人权案件，还可以将大量的人权案件交由独立于欧盟的人权机构去解决。这既为欧盟节约了人权保护的资源，又提高了欧盟人权保护的有效性。另外，欧盟加入《欧洲人权公约》以后，欧盟可利用欧洲人权法院创制的大量判例法来预防其行为侵犯人权，而且，成员国的法官在对欧盟行为是否侵犯其管辖下的个人的人权作出判断时，也会遵照《欧洲人权公约》的规定。[12]

五、《欧盟宪法条约》将使欧盟的人权保护逐步处于区域性和全球性人权保护的领跑地位

欧洲理事会的人权保护制度过去是现在仍然是世界人权保护中的一道亮丽的风景，它在主权林立的国际舞台上展现了通过区域办法集体保护人权的独特图景。

首先，从欧盟和欧洲理事会人权保护制度的关系来看，欧洲理事会建立了泛欧人权保护体系和制度，诚如前已述，这一体系和制度是国际社会中迄今为止司法性最高、运作最有效的，是采用集体办法保护区域人权的一面旗帜。欧盟的成员国既是欧洲理事会的成员国，也是《欧洲人权公约》的当事国，作为世界上一体化程度最高的区域性组织，欧盟以独立的法律人格加入《欧洲人权公约》，将在世界上开创一种人权保护的新局面：区域性人权公约不但对区域内的国家发生拘束力，而且对区域内国家组成的区域性国际组织具有拘束力，或者说，区域性人权公约所保护的人权不但受到区域内各当事国的尊重，而且，由区域内各当事国组成的国际组织也保护此等人权。人权能够得到双重保护，在亚洲、非洲、美洲和大洋洲尚未见端倪，在全球层面上更虚无缥缈，但在欧洲，它可能将或即将成为现实。毫无疑问，这种双重保护人权的制度是由国际社会中的国家的双重属性所决定的，是这种双重属性的自然要求和逻辑体现。从这一点上说，欧洲将为全球层面和区域层面的人权保护再次提供新的营养、选择、范式和启发。

其次，从欧洲理事会的人权保护制度与欧盟的关系上来看，欧洲理事会所建立的人权保护制度是欧盟成员国所接受的。在欧盟没有加入《欧洲人权公约》之前，尽管欧洲理事会所确认的人权标准不能当然约束欧盟，但由于欧盟的成员国均为《欧洲人权公约》的当事国，欧洲人权法院已通过判例法确立了《欧洲人权公约》的成员国应集体对《公约》负责的原则，并据此对欧共体和欧盟实施了事实上的监督。[13]欧盟直面其成员国皆为《欧洲人权公约》的当事国和已经受到欧洲人权法院监督的事实和形势，在对其与《欧洲人权法院》的关系上果断采取了“不后退”的原则。与《欧洲人权公约》相比，《宪章》规定的权利更为广泛，有些甚至是满足当代社会生活需要的全新的权利，特别是《宪章》强调和体现了人权的完整性和不可分割性。笔者认为，《欧盟宪法条约》

的施行可能趋向于使欧盟的人权保护与欧洲理事会的人权保护紧密衔接，并可能趋向于使前者的水平高于后者。

最后，从欧洲理事会与欧盟人权保护制度的相互关系来看，《欧洲宪法条约》的施行将可避免二者竞争，并可赢来共进的局面。《欧盟宪法条约》对避免二者竞争作出了制度性安排：一是从法律层级上作了安排。遇有《宪章》包含的权利与《公约》所保障的权利相同时，该项权利的含义和范围应与《公约》的规定相同。二是从司法制度上作了安排。在欧盟完成加入程序以后，《欧洲人权条约》将成为欧盟法的一部分。遇有欧盟基础法律或欧盟行为以及欧盟成员国依欧盟法律行事违反《欧洲人权公约》的情形发生时，才能将案件提交欧洲人权法院处理。在总的制度设计完成以后，尽管在实际运作中，欧洲理事会的人权保护制度和欧盟人权保护制度还会出现小的摩擦和竞争，但总的来看，两种制度共存融合并进的大势是可以期待的。

六、结 语

“势力均衡”长期以来是欧洲诸国处理对外关系的正统原则，这一原则维护了欧洲数百年的繁荣，也促成了欧洲一次又一次的战乱、瓦解、崩溃乃至毁灭。“势力均衡”的主张滋生于欧洲根深蒂固的“民族国家”的传统思想，于是，欧洲的政治家们开始找寻能够开启“民族国家”思想发生逆转的钥匙，而这把最终被欧洲人找到并视为宝物的钥匙便是“公民”的思想。把“民族国家”的欧洲建设成为“公民”的欧洲，这是在欧陆徐徐展开的一幅描绘当代和未来欧洲人生活图景的画卷。

欧洲是人类思想和智慧的集大成者，正是思想的革命造成了欧洲今天的气象。在采用莫内方法促进战后欧洲统一的道路上，一方面经济这根纽带缓慢地但却神奇地在西欧诸国化干戈为玉帛，另一方面，随着经济一体化的高度发展，新自由主义思想开始抬头乃至泛滥，其后果将可能侵蚀一体化给欧盟带来的空前的团结和协作。[14]为了遏制这种减弱乃至抵消欧盟一体化效益的思想的蔓延，哈贝马斯提出了“后民族民主”的思想。哈氏认为，现代民主制度的基础不是建立在共同的语言、出身、血缘以及地域等基础上的种族认同，而是一种开放的交往关系以及由此而形成的政治文化，概括起来就是一种“政治公共领域”。欧洲如果有了这样一种“政治公共领域”，就可以建立起一种跨国的民族认同，其特点在于“民族多元性中的同一性。”从欧洲一体化的主导思想和方法的嬗变不难看出，《欧盟基本权利宪章》和《欧盟宪法条约》的问世以及前者被纳入后者是欧盟内部和外部发生变革的产物，是欧盟从“抽象的”区域性国际组织向“实体的”欧洲联邦过渡的先导。

注释：

①Renand Dehousse, The European Court of Justice, MaCmillan Press Ltd, 1998, p. 1.

② Paul Craig & Gráinne de Búrea, EU Law: Text, Case and Materials, Oxford University Press, 1998, pp. 19—24.

③ 菲外长这次演讲文稿的中文本见曹卫东编：《欧洲为何需要一部宪法》，中国人民大学出版社 2004 年版，第 3 ~ 14 页。

④如 Weiler 认为：“欧盟的条约配合得相当好，权限能得到很好保护，既有制度安排，也能引入大的变革……我的回答非常简单：欧洲现存的条约就是一部很好的宪法。欧洲已经创造了一个富有特色的宪政联邦制度，它动作良好，为什么要去修改呢?” See Weiler, J (H (H, Editorial: Does the European Union Truly Need a Charter of Rights, (2000) 6ELJ167.

⑤ 2000 年 6 月 27 日，法国总统希拉克在德国议会发表演讲，表示坚决支持菲舍尔的欧盟改革方案；2001 年 1 月 19 日，德国总理施罗德在“贝塔斯曼国际论坛”上发表谈话，表示支持菲舍尔的欧盟联邦计划，这使菲外长的个人主张上升为德国的国家意志；2001 年 5 月 28 日，法国总理若斯潘在德国议会发表演讲，同样表明支持德国的欧盟改革计划。

⑥人权原则来源于欧洲自由主义传统文化，在这一传统中，“人权”在理论上不依赖于特定的法律，而是超越于特定法律之上，是人之作为人必须享有的、不受特定时代、地点与环境制约的权利。详见李强：《自由主义》，中国社会科学出版社 1998 年版，第 161 页。

⑦在《欧洲经济共同体条约》中有关于人员流动自由、禁止基于国籍的歧视以及男女同工同酬的规定。但是，它们仅仅是作为一个带有纯经济目标的体制的组成部分并被作为实现条约确定的经济目标或经济一体化的一项社会政策而被载于条约中的。

⑧See Elspeth Guild & Guillaume Lesieur, The European Court of Justice on the European Convention on Human Rights, pp. 49—50.

⑨See Peter R. Baehr, The Role of Human Rights in Foreign Policy, Macmillan Press Ltd, 1996, p. 109.

⑩《欧洲联盟条约》第2条规定："经由引入联盟公民资格，加强对成员国国民权利和利益的保护。"

⑪顾敏康：《〈欧盟基本权利宪章〉的启迪》，载《人权》，2002年第4期，第51页。

⑫朱晓青：《欧洲人权法律保护机制研究》，法律出版社2003年版，第294~296页。

⑬关于欧盟加入《欧洲人权公约》的必要性，详见赵海峰：《论欧洲人权法院和欧洲共同体法院在人权保护方面的关系》，载《欧洲法通讯》第五辑，法律出版社2003年版，第159~160页。

⑭参见1999年2月18日欧洲人权法院对Matthews v the U. K. 案作出的判决。

（《法学杂志》2006年第1期，作者系北京理工大学副教授）

联合国人权理事会的设立及其背后的斗争

■罗艳华

2006年3月15日，第60届联合国大会经过投票表决，在绝大多数国家赞成[①]的情况下通过了一项决议，决定设立人权理事会，取代经济及社会理事会下属的人权委员会。该决议规定了人权理事会的地位、席位及其分配原则、产生方式、任期等问题，还规定人权委员会将于6月16日被废除，人权理事会将于6月19日举行首次会议，总部也设在瑞士日内瓦。

一、人权理事会的产生：妥协的产物

设立人权理事会最早是由联合国秘书长安南于2005年3月21日在纽约召开的联合国大会上正式提出的。他在题为"大自由：实现人人共享的发展、安全和人权"的报告中正式提议设立人权理事会。他在大会发言中对这一提议的解释是："我所建议的是一项综合战略，对本组织的三大目标予以同样重视和关注。这三大目标是发展、安全和人权，必须都以法治为基础。"[②]他建议联合国实行三个理事会的制度，分别处理国际和平与安全问题、经济和社会问题、人权问题。他促请会员国设立一个新的人权理事会，以实现联合国促进人权的主要目标。安南在报告中指出，创建这个理事会将赋予人权问题更崇高的地位，符合人权在《联合国宪章》内所占的首要位置。[③]

根据安南的最初提议，人权理事会将取代目前的人权委员会。安南认为人权委员会的信誉和专业精神日益低落，有损其执行任务的能力。他建议人权理事会的规模比人权委员会要小，理事会成员由大会2/3多数直接选举产生。[④]当选的理事会成员应承诺遵守最高的人权标准。理事会的主要任务是评价各国履行各项人权义务的情况，要起到一个同侪审查会的作用，每个会员国将定期受到审查。[⑤]人权理事会的权威比人权委员会大，地位比人权委员会高。因为人权委员会只是经济及社会理事会的附属机构。设立人权理事会最初有两种选择，一种是作为大会的主要机构，另一种是作为大会的附属机构。如果作为大会的一个主要机构设立人权理事会，就可使之具有与安全理事会和经济及社会理事会同等的地位，但需要修改《联合国宪章》，难度较大。拟议中的人权理事会只是联合国人权系统的一个组成部分。该系统还包括联合国人权高级专员的任务规定、秘书处的职能和各条约机构。

2005年9月召开的世界首脑会议通过了设立人权理事会的提议。世界首脑会议的成果文件明确规定："我们决心进一步加强联合国人权机制，决意创建人权理事会。人权理事会将负责促进普遍尊重对所有人的所有人权和基本自由的保护，不作任何区别，一律公正平等。人权理事会应处理各种侵犯人权的情况，包括粗暴、蓄意侵犯人权的事件，并提出有关建议。人权理事会还应促进联合国系统内部的有效协调，推动将人权纳入主流”。[6]文件还请联合国大会主席举行公开、透明和包容各方的谈判，并在2006年3月召开的第60届联大期间尽快完成谈判，以确定人权理事会的任务授权、模式、职能、规模、组成、成员、工作方法和程序。

2006年3月15日表决通过的设立人权理事会的决议是一个妥协的产物，期间成员国经过了近半年30多轮的磋商。根据决议，人权理事会共有47个席位，是联合国大会的下属机构。其席位将按照公平地域原则分配。其中，亚洲和非洲各有13个席位，拉美及加勒比地区有8个席位，西欧（包括北美及大洋洲发达国家）和东欧分别获得7个和6个席位。人权理事会成员由联大直接投票产生，须得到半数以上联大成员国的支持。在选举理事会成员时，联大应考虑候选国在促进和保护人权方面所作的贡献。理事会成员每届任期3年，最多可连任一次。经2/3成员国同意，联大可中止严重违反人权国家的人权理事会成员国资格。

由此可见，最终的人权理事会方案与最初的提议还是存在一定的差距的。在席位方面，最初的提议明确说明人权理事会的席位将比人权委员会少，最终方案只比人权委员会少了6席。[7]决议中人权理事会的地位被界定为联合国大会的下属机构，不是联合国大会的主要机构，因此还不能与安全理事会和经济及社会理事会享有同等地位，这与安南秘书长最初设想的对于安全、发展和人权三大目标给予同等重视和关注的宗旨有较大差距。在最初的设想中，理事会成员由大会2/3多数直接选举产生，但通过的决议是由大会过半数直接选举产生。安南对此指出，尽管这一经各方妥协达成的决议草案与他2005年3月公布的最初建议有差距，但仍是目前形势下各成员能得到的一项最好的决议案。[8]

二、围绕人权理事会的分歧与斗争：利益和观念的尖锐对立

围绕设立人权理事会的问题，联合国内部进行了激烈的斗争。斗争的双方主要是以美国为一方，以其他绝大多数联合国会员国特别是发展中国家为另一方。

在本届联大讨论人权理事会决议草案的过程中，美国表现出了非常强硬的态度，对决议草案表示坚决反对。本届联大主席曾试图以协商一致的方式通过设立人权理事会的决议，但持反对态度的美国坚持要求对决议进行表决，并在表决中坚定地投了反对票。2006年4月，美国国务院发言人麦科马克在新闻发布会上宣布，美国不参加定于5月9日举行的联合国人权理事会成员的竞选。美国一贯以“人权卫士”和“人权法官”自居，在联合国人权机制的建立和通过《人权宣言》等方面也曾发挥过重要作用，还曾积极推动成立人权理事会，更重要的是美国一直把在全世界促进人权和民主作为其外交政策的主要目标。那么为什么美国这次要对设立以提高人权问题地位、促进人权发展为宗旨的人权理事会决议草案投反对票而且拒绝参选理事会成员呢?

通过研究美国在这一问题上的立场和态度，我们不难看出：这是美国与其他绝大多数国家的利益和观念的对立造成的。

美国反对人权理事会决议草案的一个原因是由于按照该草案美国无法保证在人权理事会拥有永久性地位。根据该决议草案，所有理事会成员都要通过联合国大会的审查和评估，在促进和保护人权方面达到要求才可能入选，安理会的五大常任理事国也不例外。而且，人权理事会成员在连任两届后将不能继续担任。所有这些规定意味着美国将无法长期占有人权理事会的席位。为了保护自己的利益，2006年初美国驻联合国代表博尔顿曾提出了所谓的“五常惯例”，即五大常任理事国中任何一个都可以自动选择成为联合国任何机构的成员。作为交换条件，五大常任理事国可以永不争取担任这些机构的主席。他指出，五大常任理事国在联合国任何机构出现，都可以使该机构变得更为严肃，并使该机构更有可能取得长期成功，在人权领域也是如此。[9]但美国的这一提议马上受到了非议。批评人士指出，美国的这一提议是与美国关于联合国改革的立场矛盾的。如果五大常任理事国的特权变得更多，那么会进一步刺激其他国家要求“入常”的愿望。

美国投票反对人权理事会草案的另一个原因是担心自己会坐在被告席上，成为被审查或被驱逐的对象。因为根据决议草案，经2/3成员国同意，联大可中止严重侵犯人权国家的人权理事会成员国资格。在关塔那摩和伊拉克阿布格莱布监狱的虐囚事件曝光后，美国的“人权卫士”形象一落千丈。谁也不能保证，类似的事件不再发生。而一旦发生严重侵犯人权的事件，出现了被审查或被驱逐出人权理事会的结果，美国会多么难堪啊！

美国投票反对人权理事会草案还因为美国与广大发展中国家在设立人权理事会问题上存在着严重分歧。这主要表现在：

1. 双方在人权理事会的规模问题上存在分歧。美国希望缩小人权理事会的规模，提出将人权理事会的席位由47个缩减到30个，发展中国家则主张人权理事会要保持人权委员会的现有规模，即至少要有53个成员，以体现广泛的代表性。对此，中国代表就明确指出，联合国已有191个成员，人权理事会的组成应当考虑这一现实。就目前而言，理事会的成员数目可同人权会大体相当。[10]发展中国家希望以此来避免某些国家操控联合国人权事务，避免将人权问题政治化。

2. 双方在理事会成员的产生方式上存在分歧。美国坚持人权理事会成员须经联大全体成员国直接投票并获得2/3多数方可当选，反对仅仅遵循地区提名，目的是希望能够按照他们的标准排除他们认为人权记录不佳的国家。美国认为设立人权理事会的决议草案使它处于尴尬境地，因为它现在指责存在践踏人权行为的国家，比如古巴、苏丹以及津巴布韦，都有可能成为人权理事会的成员。发展中国家则主张按照公平地域分配原则，由联大通过简单多数选举产生。

3. 双方在理事会运作方式方面存在分歧。美国一直认为，目前的人权委员会一年中仅在固定的时间内举行6个星期的会议，这样的运作模式无异于形同虚设，因此要求将未来的理事会定为常设机构，并可随时开会。而决议草案在吸收了发展中国家反对将其定为常设机构的建议后，建议理事会每年至少召开3次会议，会期不少于10周，并可随时根据情况召集紧急会议。这也使美国未能如愿。[11]

三、设立人权理事会的积极意义及存在的问题

联合国人权理事会的设立虽然是一个妥协的产物，但它仍然具有积极意义。这主要表现在：

首先，联合国人权理事会取代联合国人权委员会，由联合国经社理事会职司委员会升级为大会附属机构，表明人权在联合国系统中的地位得到了进一步的提升。联合国对人权问题重视程度的提高，对于在全世界范围内保护和促进人权将起到积极的推动作用。

其次，设立人权理事会的决议根据公平地域分配原则，重新分配了各地区组的席位，纠正了长期以来亚洲国家在人权委员会代表性不足的问题，将会增强亚洲国家在国际人权领域的影响力，同时发展中国家在人权理事会中的比例也较人权委员会有所增加。

第三，人权理事会处理各种侵犯人权的情况的职能以及对成员国资格的严格规定将督促理事会成员国和其他成员国不断做出努力，改善自己的人权状况，提高自己的人权水平。

第四，对人权理事会草案的表决结果表明美国的反对并不能阻挠世界绝大多数国家的意志，国际社会民主化的进程已经在迅猛发展。美国依仗强权、独断专行的做法在设立人权理事会的问题上严重受挫。

最后，中国在设立人权理事会的磋商和最后表决过程中发挥了积极作用，所提出的主张也得到了绝大多数国家的认同，这大大提高了中国在国际人权领域的地位。中国在这一问题上的主张包括：中国支持建立人权理事会，希望成立一个真正有利于促进对话与合作的人权理事会。认为联合国人权理事会应该确保其代表性，应当成为对话、交流与合作的场所；应重视并解决人权委员会长期存在的信誉危机问题，在审议侵犯人权的问题时，应制定公正、客观、透明的审议标准和程序，避免政治化、

双重标准和选择性。人权理事会在履行职责时，应认识到世界的多样性，尊重各国自主选择社会制度和发展道路的权利，推动各国开展对话和交流，共同探索促进和保护人权的有效途径。⑫

设立人权理事会的决议虽然已经得到通过，但还存在一些问题。正如中国代表所指出的，主要的问题是设立人权理事会的决议未能充分反映包括中国在内的许多发展中国家在人权问题上的关切。首先，决议未能针对人权委员会顽疾即国别提案引起的政治对抗，从机制上予以避免或提供有效保障。其次，决议创建的普遍定期审议机制，易与联合国人权公约机构及特别机制职能重叠，增加发展中国家的报告负担。第三，根据中方理解，决议中规定的人权理事会的建议权仅限于联大，不涉及其他联合国机构。中方将在理事会成立后的有关磋商中，进一步反映上述关切。⑬

此外，围绕设立人权理事会所进行的激烈斗争表明，在国际人权领域存在的矛盾仍然是不可调和的。这种矛盾主要是作为超级大国的美国与世界其他国家特别是广大发展中国家之间的矛盾。美国一直把自己的人权标准当作是世界的标准，以自我为中心，而根本不考虑世界上绝大多数国家的意志。具体表现在：美国明明知道人权理事会的决议草案是世界各国经过反复磋商妥协的结果，是绝大多数国家意志的表现，但它却坚决拒绝，坚持认为它的方案才是最佳的，要把自己一家的方案强加于其他会员国。此外，美国虽然很清楚这个决议草案已经花费了会员国大量的时间，但却提出要求重开谈判以修改草案中存在的不足，或者将该问题的决定时间向后延长几个月。这表明美国全然不顾绝大多数会员国已经付出的努力，甚至不惜让以往所有的努力都付诸东流。再者，美国希望借设立人权理事会剔除所有"人权记录不佳"的国家，但这些"人权记录不佳"的国家都是美国根据自己的标准认定的。这反映出美国一直把自己放在"人权法官"的位置上，而把别的国家放在被告的位置上。不过170票赞成的表决结果也表明，美国虽然是唯一的超级大国，在很多方面具有不可一世的实力，但却不能阻挠绝大多数国家的意志。美国应该学会尊重别国，学会与其他国家合作，否则很可能会成为孤家寡人。

在2006年5月9日召开的第60届联合国大会全体会议上，经过会员国秘密投票选举产生了联合国人权理事会第一届成员。⑭中国以146票高票当选，任期3年。除美国外，联合国安理会的其他3个常任理事国法国、俄罗斯和英国也顺利当选。新成立的人权理事会6月19日将在总部日内瓦举行首次会议，它将以一个什么样的面貌出现在国际舞台上呢？我们拭目以待。

注释：

①投票结果是170票赞成，4票反对，3票弃权。投反对票的国家是：美国、以色列、马绍尔群岛、帕劳。投弃权票的国家是：委内瑞拉、伊朗、白俄罗斯。另有7个成员国因拖欠联合国会费被取消了表决权，还有几个国家没参加投票.

②联合国秘书长安南2005年3月21日在纽约联合国大会的发言：《大自由：实现人人共享的发展、安全和人权》，http://www.un.org/chinese/largerfreedom/sg_statement.html.

③《秘书长的报告——增编1——人权理事会》，http://www.un.org/chinese/largerfreedom/add1.htm.

④联合国秘书长安南2005年3月21日在纽约联合国大会的发言：《大自由：实现人人共享的发展、安全和人权》，http://www.un.org/chinese/largerfreedom/sg_statement.html.

⑤联合国秘书长安南2005年4月7日在人权委员会的讲话，http://www.un.org/chinese/largerfreedom/add1.htm.

⑥《2005年世界首脑会议成果文件》，http://www.chinesemission-vienna.at/chn/lhgyl/t227151.htm.

⑦人权委员会最初有18个成员，1979年增加到43个成员，1990年增加到53个成员.

⑧洪燕华：《美国推翻联合国新人权理事会草案》，东方早报网2006年3月1日，http://www.dfdaily.com/ReadNews.asp?NewsID=89607.

⑨《博尔顿提议联合国人权理事会成员包括五常》，人民网2006年1月4日，http://world.people.com.cn/GB/3995710.html.

⑩《王光亚就建立联合国人权理事会提出建议》，新华网2005年10月26日，http://news.xinhuanet.com/world/2005—10/26/content_3683735.htm.

⑪参见伊怀杰：《美国如期设立人权理事会遭遇挑战》，人民法治网2006年3月2日，http://www.c-protector.com/yuwaifazhi/fye.asp?type=371.

⑫参见中国常驻联合国代表王光亚2005年10月26日在第60届联大社会、人道和文化委员会的发言；中国常驻联合国副代表张义山2006年3月15日在第60届联大通过设立人权理

事会决议后的发言；中国外交部发言人刘建超2006年2月28日在例行记者会上的讲话.

⑬中国常驻联合国副代表张义山2006年3月15日在第60届联大通过成立人权理事会决议后的发言，中国新闻网2006年3月16日，http：//news.163.com/06/0316/09/2CAVA6EH0001124L.html.

⑭共有包括中国在内的64个国家报名参与角逐该理事会47个席位，得票超过成员国半数即至少96票方能当选。2006年5月9日经过投票当选的人权理事会首届47个成员包括：非洲地区组13席：阿尔及利亚、摩洛哥、南非和突尼斯（任期均为1年）；加纳、加蓬、马里和赞比亚（任期均为2年）；塞内加尔、毛里求斯、吉布提、喀麦隆、尼日利亚（任期均为3年）。亚洲地区组13席：印度、印度尼西亚、菲律宾和巴林（任期均为1年）；巴基斯坦、日本、斯里兰卡和韩国（任期均为2年）；孟加拉国、马来西亚、中国、约旦、沙特（任期均为3年）。东欧地区组6席：波兰、捷克（任期均为1年）；罗马尼亚、乌克兰（任期均为2年）；阿塞拜疆、俄罗斯（任期均为3年）。拉美及加勒比地区组8席：阿根廷、厄瓜多尔（任期均为1年）；巴西、秘鲁、危地马拉（任期均为2年）；墨西哥、乌拉圭、古巴（任期均为3年）。西欧及其他发达国家地区组7席：芬兰、荷兰（任期均为1年）；英国、法国（任期均为2年）；瑞士、德国、加拿大（任期均为3年）.

（《人权》2006年第3期，作者系北京大学国际关系学院教授）

论国际人权法中的国家责任问题

■王祯军

一、国际人权法的特征

在国际人权法领域，国家依然是最主要的权利义务承担者。和它作为一般国际法的权利义务承担者一样，国家要按照国际人权公约的规定履行义务，如提交定期报告，接受相关人权条约机构监督或成为国家间来文的申诉对象等。但与一般国际法不同的是，国家所承担的这些义务都是形式性的，这些形式上的权利义务是为国家履行国际人权公约规定的实质性的权利义务而服务的。此外，国际人权法规定的实质性的权利义务关系是缔约国与“在其领土内和受其管辖的一切个人”[①]之间的权利义务关系，在目前国际法领域尚未承认个人为国际法主体的情况下，这些个人只能作为第三方受益者看待。国际人权法的另一个非常重要的特征是，与一般国际法缔约国间权利义务关系具有“相互性”和“对应性”截然不同的是，国际人权法调整的权利义务关系并不具有缔约国之间的“相互性”和“对应性”，即一国就人权与“其领土内和受其管辖的一切个人”形成的权利义务关系都不以其他国家与个人同等的权利义务关系为条件。可以看出，一个国家根据人权条约承担的义务是指向两方的：在形式上是针对其他缔约国，但在实质上是对“在其领土内和受其管辖的一切个人”承担的，[②]国家承担承认、尊重、保障和促进、保护等义务。国际人权法与一般国际法的这种本质区别，在人权保护的实践中已得到支持。例如，欧洲人权法院在奥地利诉意大利（AustriavItaly）一案中声明公约缔约方所承担的义务实质上具有某种客观的特征，即用来保护基本的人权不受缔约国的侵害，而非为缔约方创造主观的或互惠的权利。在同一案件中，法院继续说明缔约方加入公约不是基于各个国家的利益而承认相互对等的权利义务，而是要建立一种普遍的欧洲自由民主的公共秩序，目的是保护他们共同的政治传统、理念、自由和法律规则等遗产。基于相同的意向，美洲人权法院“保留的效力”中声明《美洲人权公约》的目的和宗旨不是有限的国家之间交换对等的权利，而是保护美洲所有人的个人人权，不论其国籍如何。[③]

二、传统国家责任理论适用于国际人权法产生的问题

由于国际人权法存在上述特征，在分析国家在国际人权法中的国家责任问题时，如果运用传统国家责任理论就会产生一些问题。首先，

如上所述，无论是形式上的还是实质上的权利义务关系，国际人权法调整的权利义务关系并不具有缔约国之间的“相互性”和“对应性”，一国不履行它根据国际人权公约应该承担的义务不会对其他缔约国有任何损害，如果在分析国家在国际人权法中承担的国家责任时一味强调“一国对另一国”、“不法行为国对受害国”的重要性，这会影响国家责任制度对国际人权法领域的适用，从而很容易得出”国家责任制度对国际人权法不适用”这样的结论，这不仅与国家责任制度作为一项国际法制度具有广泛的适用性相矛盾，更为重要的是，得出这样的结论与国际人权法的目的是相违背的。因为作为对国际法传统范围的挑战，国际人权法的根本目的并非为了保障国家之间相对应的利益，而是为了保护“在其领土内和受其管辖的一切个人”的人权，它使原本无权进入国际法律制度的个人和群体能够提出国际法律诉求，使以国家为中心的国际法得以扩展。尽管如此，在当今国际人权法领域，国家依然具有基础地位，这是无法避免而必须加以承认和面对的现实。这一地位体现在国际人权法的创制、遵守、实施和执行以及可能制裁等所有方面，国家的所作所为起了关键的作用。要实现保护人权的目标，国家负有首要义务，因此，国际人权法正是通过强化国家在保护人权方面的责任，以监督国家履行承认、尊重、保障和促进、保护人权的义务。其次，国际人权公约规定的实质性的权利义务关系是缔约国与“在其领土内和受其管辖的一切个人”之间的权利义务关系，即国家根据国际人权公约的规定负有保护“在其领土内和受其管辖的一切个人”人权的义务。对个人人权的侵害主要来自两方面的行为：国家和私人（包括个人和社会组织）。如果国家的行为侵害了个人的权利，根据国家责任的原理和国际人权法的规定，行为国理应承担国家责任，在用尽国内救济权利仍不能得到保障的情况下，受害人可以依据国际人权法追究行为国的国家责任。而另一方面，若私人的行为侵害了其他个人的权利，国家是否承担国家责任的问题是传统国家责任理论没有解决的问题。按照传统国家责任的理论，国家责任的产生必须具备两个基本条件：（1）该行为违背了该国所承担的国际义务；（2）该行为可归因于国家，是国家的行为。很显然，按照这种分析，国家绝对不对私人间侵害人权的事件负国家责任，换句话说，当个人的权利遭到其他私人的侵害时，他是不能通过国际人权法来救济的，他只能面对以下两种选择：在国内没有制裁此种行为的法律时，他只能默默承受权利遭受侵害的后果；在国内有制裁此种行为的法律时，他可以寻求国内法律的救济，如果国内的救济并不公正，或并不让他满意，他也只能接受而别无他法。如此一来，就会导致国际人权法在保护人权方面产生巨大的漏洞，因为好多严重侵犯人权的问题会游离于国际人权法之外而得不到很好的解决，比较典型的如家庭暴力问题。传统国际人权制度对家庭暴力的受害妇女并不能提供充分的法律保护，因为，“人权诉求的主要原则是挑战或者寻求改变国家的法律和政治实践”。诉求人权的结果是国家必须承担起保护人权的责任，然而，传统国际法上的国家责任一般是指一个国家对另一个国家承担的责任，是一个国家基于其对另一个国家的不法行为而在国际法上承担的法律后果。国际法所要调整的是国家与国家之间的关系，个人一般不能成为国际法的主体。如此一来，家庭暴力受害的妇女自然难以依据这种传统的国际法理论而要求国家承担其人权受侵犯的责任。④

三、国际人权法中的国家责任的构成

国家责任的产生必须具备两个基本条件：（1）该行为违背了该国所承担的国际义务；（2）该行为可归因于国家，是国家的行为。

（一）国家在国际人权法承担的义务问题

很多国际性法律文件对国家在国际人权法下应该承担的义务作了规定，除作为“世界宪法”的《联合国宪章》要求国家承担保护人权的义务外，《世界人权宣言》发挥着其作为国际人权习惯法的作用也为国家在人权保护方面设定了义务。另外，国际人权法的最主要的渊源是国际人权条约（包括区域性人权条约），绝大部分的国际人权法律规范都由国际人权公约提供，国际人权公约构筑了当今国际人权法律体系的基本法律框架，确立了国际人权法的原则、性质和特征。因此，国家在国际层次上人权方面的权利与义务主要是由国际人权公约来确立的。[5]

有关国际人权法下的国家承担何种义务的问题，是目前学界广泛讨论的一个话题。很多学者从不同角度对这个问题进行了探讨，如有学者从抽象层面主张国家在国际人权法中承担"承认、尊重、保障和促进、保护"的义务，[6]有学者通过对国际人权公约条款的具体分析，从人权公约所保护的权利角度对国家义务作了阐述。[7]尽管学者们对这个问题从不同的角度分析得出不同的结论，但有一点是明确的：国家对个人人权的实现是负有义务的。因此按照国家责任理论，国家违反这一义务，就必须承担国家责任。

（二）国家行为问题

1. 国家同谋。国家行为或不行为构成同谋主要表现为两种具体方式。国家没有能够对侵犯个人权利的"私人"采取司法措施可被看作为同意或放任私人行为者的行为；国家未能采取积极有效的措施防止私人行为者的侵权行为可被认为是国家与私人行为者之间的密谋，因此使国家处于同谋地位。这两种情况如果在一个国家内经常发生，国家持续不断地对侵权行为表示出"默契"，这种"默契"很可能形成该国的"政策"和"习俗"。下面这个案件对于我们理解国家因同谋而承担国家责任至关重要。美洲国家间人权法院在"瓦拉斯圭兹·罗德里奎茨"案里审视了洪都拉斯政府不行为的性质，并且在考虑到政治迫害的肆虐性质后，在前后关系式的分析中，延扩了国家责任的参数。法院驳回洪都拉斯政府的观点——政府对失踪不负责任，并裁定：绑架瓦拉斯圭兹·罗德里奎茨和其他人的行为系由军界人士、警察或遵照他们的指示进行绑架者所为。即使失踪非由在当局幌子下采取行动的代理人所致，政府仍负有责任，因为国家机器未能阻止失踪或处罚那些负有责任者。法院做出结论，鉴于洪都拉斯官员要么进行了、要么默许了绑架，政府因此未能保障瓦拉斯圭兹·罗德里奎茨的人权。总之，这个案子创立了国家未必是积极行为者的保护人权的先例。本案十分重要之处在于，它向社会发出了这样一个信号：国家有义务保护在其领土范围内的人免受私人暴力和违法势力范围的侵犯。如国家对这种侵犯不采取适当措施加以制止，国家就被认为对这种侵犯做出了宽恕，这样，本完全属于私人性质的侵权行为转变为推定的国家行为。

2. 歧视待遇。真正的人权保护一个方面是让受害人能够以不歧视方式充分公正地获得法律制度的帮助。如果国家面对私人侵权而不作为，我们可以运用国家同谋理论追究国家的责任。可是，一旦国家运作超过了明显同谋的层面，基于歧视的国家责任理论使我们能够得出其他论证：可以认定一个国家宽恕特定形式的侵权，因为该国未给予特定形式的侵权以充分的注意。《公民权利和政治权利国际公约》的第2条第1款、第3条、第26条规定了国家在人权保护中的非歧视义务。它要求无论国家在反对侵犯人权问题时做出什么努力，都必须以无差别待遇方式开始。以保护妇女权利为例，非歧视的义务要求无论国家在实施法律以反对私人侵权问题上投入多少人力、财力和物力，都必须确保针对妇女的侵权受到至少与针对男性的侵权一样的彻底调查和强有力的起诉。不充分的重视不仅构成违反《公民权利和政治权利国际公约》有关反歧视的规定，也构成实质违反所需要的同谋的证据。

四、国际人权法中的国家责任的形式

（一）遭受世界公众舆论的谴责

使国家遭受世界公众舆论的谴责是多数现有国际人权实施机制的最终结果。比如，当《公民权利和政治权利国际公约》的监督机构根据任择议定书收到一份投诉申请时，他所能做的只是根据任择议定书第5条的规定，在人权事务委员会审议完上述事项后，向缔约国及该个人提出意见。委员会每年向联合国大会提交的报告中也将提到上述意见。至于向违约国派遣法官或警察以强制实施委员会的调查结果，根本是无从谈起的事。不过，多数政府对公众舆论还是非常在意的，因此，这种责任也是一种惩罚。在当前国际法和国际关系的背景下，使国家遭受世界公众舆论的谴责是国际人权法领域特别是在国际人权保护（相对于区域人权）中国家承担的主要国家责任。

（二）物质和精神赔偿

物质和精神赔偿也是国家在国际人权法中承担责任的一种重要形式。特别是在区域人权保护机制中，这种形式已被制度化，对于人权的保护起到了很好的效果。《欧洲人权公约》第50条规定，如果欧洲人权法院认为，缔约国司法当局或任何其他当局所做的决定或措施完全或部分地同本公约产生的义务相违背，并且上述缔约国的国内法只许对上述决定或措施的后果予以部分的赔偿时，则法院的判决在必要时对受害的一方给予公平的补偿。按照《欧洲人权公约》的规定，欧洲人权法院主要是采用宣告性判决对国内补救之缺乏或不足做出补偿，使国内赔偿或补偿达到公平的程度。在司法实践中，补偿的具体方式包括用金钱补偿金钱损失和非金钱损失（如精神损害），而且允许补偿相应的律师和其他费用。此外，美洲人权法院的一些司法判例也提供了一定的借鉴价值，在这些判例中，物质和精神赔偿是比较普遍的国家责任形式，一般是金钱赔偿。

“在平权的国际社会，国际法的发展与国际政治永远是联系在一起的”。[9]在当今的国际法律体系中，由于国家责任制度关系到各国的主权和切身利益，其本身的发展是受制于国际政治的影响的，加之人权问题又是国际社会最为敏感的问题，这就造成国际人权法中的国家责任制度的发展势必是非常艰难的。而国家责任制度的式微，造成国际人权法的规则常常不被遵守，其沦为“软法”也就成为必然。因此，国家责任制度是关系国际人权法“生死存亡”的一项重要制度，它对于树立国际人权法的权威、加强国际人权法的法律性、促进世界人权事业的发展具有十分重要的意义。所以，从这个意义上来说，通过理论研究和实践发展不断地强化、完善和发展国际人权法中的国家责任制度应当成为国际人权法未来发展的方向之一。

注释：

①《公民权利和政治权利国际公约》第2条第1款。

②孙世彦：《论国际人权法下的国家义务》，载法苑精萃编辑委员会编《中国国际法学精萃》2002年卷，机械工业出版社2002年10月版，第77页。

③国际人权法教程项目组：《国际人权法教程》第一卷，中国政法大学出版社2002年版，第40页。

④周安平：《基于性别的家庭暴力及其人权问题之研究》，载徐显明主编《人权研究》第三卷，山东人民出版社2001年版，第262页。

⑤孙世彦：《论国际人权法下的国家义务》，载法苑精萃编辑委员会编《中国国际法学精萃》2002年卷，机械工业出版社2002年版。

⑥同上注。

⑦莫纪宏：《两个人权公约下缔约国的义务与中国》，载法苑精萃编辑委员会编《中国国际法学精萃》2003年卷，机械工业出版社2004年1月版。

⑧约翰·汉弗莱：《国际人权法》，庞森、王民、项佳谷译，世界知识出版社1992年版，第11页。

⑨李寿平：《现代国际责任法律制度》，武汉大学出版社2003年版，第1页。

（《法学杂志》2007年第5期，作者系中国社会科学院研究生院博士研究生）

试论国际人权制度的缺陷及其根源

■谈　谭

国际人权制度的发展主要是二战后以联合国为中心的一系列国际人权文件和公约的制定和实施。1995年的联合国蓝皮书将联合国人权制度的发展大致总结为四个阶段，从《联合国宪章》到《世界人权宣言》的发表，是国际人权制度的创立阶段；从《世界人权宣言》到

《经济、社会和文化权利国际公约》和《公民权利和政治权利国际公约》的通过，是国际人权制度的完善阶段；这两个人权国际公约通过之后到1993年的维也纳世界人权大会，是国际人权制度的运转阶段；维也纳世界人权大会之后，国际人权制度进入到扩展阶段。[①]然而，国际人权制度依然是一种弱制度，它有着自身固有的缺陷。表现为国际人权制度难以有效地提供“国际人权保护”这类公共物品，同时也不能获得各成员方无保留地认同。这其中的原因既有国际人权制度内在的法理矛盾，又有各国文化价值观念上的深刻分歧。

一、国际人权制度缺陷的法理根源——国家主权与人权国际保护的差异

1948年12月，联合国大会通过的《世界人权宣言》作为历史上第一个系统提出尊重和保障人权的国际文件，该宣言第一条规定：“人人生而自由，在尊严和权利上一律平等。他们赋有理性和良心，并应以兄弟关系的精神相对待。”1966年12月，第二十一届联合国大会又通过了《经济、社会和文化权利国际公约》和《公民权利和政治权利国际公约》，这三个国际人权文件和公约奠定了人权国际保护的法律基础，推动了保障人权观念的进一步传播和深入，使得保障人权日益成为国际社会的共识。《经济、社会和文化权利国际公约》和《公民权利和政治权利国际公约》目前都已经生效，已经批准加入两个公约的国家有一百多个。但是，为了适应国家主权原则，这两个公约没有对成员方的“保留”做任何明文规定，没有禁止缔约国在批准公约时做出自己的保留和解释性声明，因而削弱了对人权实行国际保护的意义。许多缔约国在批准两个公约时根据本国法律制度和自身的实际状况对履行公约作了保留或者发表相关的解释性声明。

一般认为，“保留”就是缔约国实质性地排斥或是修改了人权公约的有关规定，“解释性声明”就是对公约有关规定的理解做出自己的解释。此外，有些缔约国还对公约的有关条文在国内法的适用做出特别声明，提出在原则上保障“声明”中所涉及的权利，但在保障方式上强调自己的特殊性。联合国人权事务委员会曾经“鼓励各缔约国考虑限制其就《国际人权公约》提出的保留的程度，使任何保留尽量清晰和缩小范围，并确保任何保留都不会违反有关条约的目标和宗旨，或抵触国际条约法”。[②]1994年该委员会还提出了“关于批准或加入《公民权利和政治权利国际公约》以及其《任择议定书》时提具保留，或依该公约第41条发表声明的一般性评论”，评论指出该公约“未禁止保留的规定并不意味着允许任何保留”，“保留的数量、内容和范围可能会逐渐损害公约的有效实施，并趋于削弱缔约国义务的遵守，”所以“原则上还是希望缔约国接受全部义务，因为，人权标准是每个人作为人应享有的基本权利的法律表达”。实际上，在国际条约未对“保留”做明文规定的情况下，一个缔约国所提出的保留是否有效，遵循的是“依其是否符合条约的目的和宗旨的标准，由其他缔约国各自决定的原则”。[③]公约设立了针对“保留”的“反对保留”制度，“反对保留”制度是指已经批准某个国际人权公约的缔约国可以对将要批准该文件的国家所做出的不合理的保留提出反对，但这在客观上承认了各国对人权保障方式的分歧。因此，“保留”和“解释性声明”在为有关国家批准国际人权公约提供灵活性的同时，削弱了这些公约所具有的约束力和保障人权的效果。据有关方面统计，目前共有35个国家对《公民权利和政治权利国际公约》做出了158项保留。[④]

国家主权和国际人权保护原则的差异是国际人权制度缺陷的另一个法理根源，它集中表现在各缔约国对国际人道主义干预的不同态度上。有些学者认为，《世界人权宣言》关心所有人类的权利，关心国家和它自己公民之间的事务，而不仅仅是国家间的事务。《联合国宪章》和上述三个国际人权法律文件确立了一种合法的国际人道主义干预制度，这种制度是作为国家主权在保障人权不足时的必要补充。尤其是鉴于二战时期纳粹德国以国家权力所施行的种族灭绝政策，特别是在当今世界仍然存在许多以国家政府权力的名义侵犯国内人权的行为。出于保障普遍人权的考虑，这些学者主张国际社会可以对大规模侵犯人权的国家进行人道主义干涉，他们认为国家主权原则应该受到人权国际保护原则的限制，甚至认为国家主权应该服从于人类主权。但是更多的声音则认为，《世界人权宣言》规定“人权的实现在任何情况下均不得违背联合国宪章的宗旨和原则（29条3款）”，而主权平等和不干涉主权国家的内政是《联合国宪章》的基本原则，国际社会不能超越主权原则对一个主权国家进行“人道主义干预”。目前，在没有达成一个被广泛接受的干涉原则之前，国际社会的人道主义干涉只能被解释为不干涉内政原则的“例外”。因此，只要主权国家仍然是国际关系中最主要的行为体、仍然是有效的司法和行政实体、仍然是各个民族的政治归属和文化认同的依托，《世界人权宣言》所确立的普遍人权原则就会面临国际政治中“主权国家”的现实，维护主权和保护人权之间必然存在矛盾和冲突。

就当前国际政治现实来说，主权国家依然是一国国内人权保障的主体，国际人权法律体系的效力是以主权国家的加入和认同为基础的，根据主权平等原则，国家有选择是否认同和加入该体系的自由。《公民权利和政治权利国际公约》第46条规定：“本公约的任何部分不得解释为有损联合国宪章和各专门机构组织法中确定联合国各机构和各专门机构在本公约所涉及事项方面的责任的规定。”第4条第1款规定：“在社会紧急状态威胁到国家的生命并经正式宣布时，本公约缔约国得采取措施克减其在本公约下所承担的义务。”这些规定实际上是承认人权保护的国家主权原则。联合国安理会分别于1991年和1994年建立了针对前南斯拉夫和卢旺达的国际刑事法庭。2002年7月1日根据《国际刑事法院规约》正式成立了国际刑事法院 International Criminal Court)，《国际刑事法院规约》的生效被认为是“自《联合国宪章》签署以来，在国际事务中推行法制的道路上一次最重大的进步”，[5]是国际法发展的历史性突破。但是，按照《国际刑事法院规约》第17条有关“可受理性问题”的规定，如果对案件具有管辖权的国家正在对该案件进行调查或起诉，国际刑事法院将断定该案件不可受理，除非该国不愿意或不能够切实进行调查或起诉。由此可见，国际刑事法院管辖权的确定是用于弥补某些国家不愿意或不能够行使管辖权的不足。主权国家受国际刑事法院的拘束，是国家基于国际法义务对主权的自我限制，国际刑事法院的管辖权并没有超越国家主权。也就是说，“国际刑事法庭法规奉行的一项基本原则是互为补充。新建立的法庭不会取代一国的法庭和法律体系，而是加以补充；国家的法庭和法律仍要承担主要的责任。”[6]

总之，缔约国对国际人权公约义务的履行实际上依赖于该国国内立法中所确立的人权保障制度，而且各缔约国都是按照自身对国际人权公约的理解来实施公约的。由于政治体制、法律制度的差异，决定了各国对人权内容的认识和在保障人权的机制方面各具特点。在某种意义上，许多国家仍然把对人权的国际保护看作是道义上的责任而不是法律上的义务，因而国际人权公约对它们来说不具有强制约束力。

二、国际人权制度缺陷的文化根源—价值观念的差异

国际人权制度的缺陷除了它自身法理上的原因之外，还有深刻的文化根源。文化的核心是价值观念，文化价值观是构成一个民族共同体的经济结构、政治结构和社会心理的主要因素，它影响个人的思想和行为，影响一个民族的价值观和思维模式，也影响政府的决策和对外交往方式。从文化的视角来说，国际人权制度的缺陷实际上是世界上不同文化体系之间价值观念的冲突与竞争。

一般认为，人权是西方文化的产物。早在16世纪的宗教改革时期，新教教徒就认为，每个人在上帝面前都是平等的，并且每个人和上帝之间的联系可以不必通过教会而获得。这种思想在17世纪文艺复兴时期世俗化为对公民自由和政治权利的要求。美国《独立宣言》、法国大革命时期的《人权和公民权宣言》提出了有关个人权利的一些基本观念，这些观念被认为是“不证自明的”，比如，人们组建政府是为了“保障他们的安全和幸福”，保障他们被造物主赋予的“不可剥夺的权利”，而且政府

的组建必须基于“被统治者的同意”。[⑦]“西方个人主义的人权概念具有两个显著的、互相补充的特点。一个是人作为个人的正面观点，另一个是人作为社会，尤其是政治社会意义上的反面的观点。”“与这种对个人的信仰相伴随的，是对集体，特别是对政治机构的不信任。”[⑧]个人主义和自由主义是西方政治文化的核心，个人或组织通过法律来建立彼此之间的权利责任关系。因此，西方社会形成了以权利、自由和民主为基础的社会制度和价值观念。强调个人责任、竞争精神和主动性，认为政府与个人自由和个人权利是对立的，政府最有可能利用国家权力对个人权利进行侵害。正是因为西方观念中个人权利可以超越政府权力的文化传统，使得某些西方国家政府认为，种族灭绝和大规模侵犯人权不单纯是一个国家的内部事务。

在不同的历史背景下形成的非西方社会政治文化具有自己独特的价值观念。发展中的非西方社会认为西方社会过分强调个人自由和个人权利，过分强调个人权利和国家权力的对立。非西方社会的集体主义强调从社会的整体角度来认识人权，而不是仅仅从个人权利出发来理解人权。个人不能过分地坚持自己的个人权利，而是必须在集体权利面前做出让步，同时要求个人在享受权利的同时，更要履行自己对社会的义务。东南亚国家联盟的《吉隆坡人权宣言》强调：“东盟人民认为人权有两个相互均衡的方面，即关于个人的权利与自由方面和规定了个人对社会及国家的义务方面。”[⑨]伊斯兰社会也认为个人和集体应该相互关注，它们既强调真主面前的个人平等，又强调集体团结和对集体的服从。“在伊斯兰世界的人权理念中，人权概念被阐释为真主的特权，人类享有的是真主赋予的权利。”[⑩]在享有真主赋予权利的同时，人们也承担了与这种权利相联系的强制性的义务，比如信奉教义、遵守伊斯兰教法和习俗等。

同样，和西方以个人权利为取向的价值观不同，中国的政治文化传统强调个人义务，强调个人应该对集体和整个社会承担义务，每个人在别人尽义务的同时也获得了自己的权利，整个社会通过社会成员彼此间相互尽义务的方式来达到秩序的维持与和谐。中国的传统文化并不强调人们之间的“平等”这一西方人权基本思想。它强调人是“人伦”中的人，每个人都应该恪守“本分”，中国社会特别重视“由人伦来形成的家庭、民族、国家这类整体”，[⑪]“中国古代文化里缺乏西方那样的与他人分立对抗的、绝对的个体人概念……儒家的人，是义理的人，每个人的特性都是由其所属的社会关系来定义的。而且，个体从属于群体，首先是要为群体服务。”[⑫]西方社会中，人是自然人，维系西方社会的纽带是法律和契约。因此，西方政治文化是以法律和契约为基础的“制度中轴”文化，而东方特别是中国的政治文化是以“仁爱”为核心的“伦理中轴”文化。[⑬]西方文化具有制度化的属性，而东方文化更具有宽容的伦理关怀。

在国家主权和个人人权的关系处理上，大多数非西方国家认为国家主权是实现其他人权的前提，强调集体人权的重要性，它们将个人人权置于集体人权中来理解。许多非西方国家由于经受殖民统治的痛苦历史记忆，更加强调对国家主权的维护，强调国家主权对促进和发展人权意义。它们认为人权的实现和保障是每个国家的权限和责任，而国家独立和脱离外国控制的民族自决权是充分实现人权的先决条件。在对人权的内容理解上，西方社会和非西方社会也有较大的差异。非西方国家很难接受某些西方人权观念，比如，“人作为人具有国家和政府不可侵犯的权利。”[⑭]因此，《世界人权宣言》以及一系列国际人权公约诞生后，世界上许多地区基于本地区的文化传统和人权观念制定了自己的人权宪章。这些地区人权文件的出现使得体现在国际人权公约中的“普遍人权观念”被相对化和地域化了。

1986 年生效的《非洲人权与民族权宪章》在表示尊重人权的普遍性之后，又强调要考虑非洲国家各自的特殊性，要考虑“它们的历史传统道德与非洲文明的价值，并以此启发和指导它们对人权与民族权观念的思考”。2002 年 7 月非洲联盟取代了非洲统一组织，但是《非洲人权与民族权宪章》仍然是非盟人权保护制度的主体。1997年生效的《阿拉伯人权宪章》前言里，认定人权与真主和伊斯兰教密不可分，它宣告："自从主特别惠及阿拉伯民族，将阿拉伯世界作为宗教的摇篮与文明的发祥地以来，神明的昭示证明了阿拉伯民族对人之尊严一直怀着信念。""种族主义、犹太复国主义、外国占领和统治构成了对人类尊严的挑战和实现所有人基本人权的一项主要障碍，必须谴责和努力消除它们。"与伊斯兰国家的宗教观念和传统文化密切相关的是，几乎所有的伊斯兰国家对涉及妇女权利和宗教自由的有关国际人权公约都提出了保留意见，在《阿拉伯人权宪章》中包含有"信仰自由"（freedom of belief）而不是"宗教自由"（freedom of religion）的规定。1998年5月通过的《亚洲人权宪章》则认为"人权的享有和落实取决于社会、经济和文化处境。人权不是抽象的概念……只有把人权及其实践与亚洲的特殊境况连接起来，人权的享有才能得到落实。"它强调"侵犯人权的一些根本原因是全球经济和政治秩序的不公平"。

1993年世界人权会议通过的《维也纳宣言和行动纲领》中，第一部分第五条规定："一切人权均为普遍、不可分割、相互依存、相互联系。国际社会必须站在同样的地位上、用同样的眼光、以公平平等的态度全面看待人权。固然，民族特性和地域特征的意义，以及不同的历史、文化和宗教背景都必须考虑，但是各个国家，不论其政治、经济和文化体系如何，都有义务促进和保护一切人权和基本自由。"⑱这里，"促进和保障一切人权和基本自由"仍然是每个国家的义务。但是，只要人们"考虑"到"民族特性和地域特征"和"不同的历史、文化和宗教背景"，承认不同文化和宗教内涵的合理性，就是承认相互差异的文化价值观念的合理性。

实际上，人权概念在本质上也是一个动态的逐步演进的概念。美国《独立宣言》发表后，人们的权利并未因此而平等，当时妇女不能和男子一样享有选举权，黑人奴隶更不可能享有同样的权利，法国的《人权和公民权宣言》也没有给予妇女同样的选举权地位。在当今世界，每个国家都有人权保障要求，但是各国对人权内容的理解存在差异，其保障方式也各具特色。只有通过各种文化之间的对话和交流，更全面地定义人权的内涵，才能逐步形成价值观念的协调和共识。国际社会的任务就是逐步缩小各国在人权内容理解上的差异，同时使各具特色的人权保障方式相互接近、相互补充。这样才能弥补国际人权制度的缺陷，在主权国家的国际社会现实中更好地保障个人权利。

参考文献：

①The United Nations and Human Rights（1945—1995），The United Nations Blue Books Series Vol. VII，United Nations Publications，1995.

②http：//www. un. org/chinese/aboutun/prinorgs/ga/54/doc/a54r157. htm.

③李浩培．条约法概论［M］．北京：法律出版社，1987：200.

④莫纪宏．用的视角审视国际人权公约与中国的关系［A］．王逸舟．磨合中的建构—中国与国际组织关系的多视角透视［C］．北京：中国发展出版社，2003：234.

⑤张穗华．通往自由之路［M］．北京：中国对外翻译公司，2003：215.

⑥张穗华主编．通往自由之路［M］．北京：中国对外翻译公司，2003：216.

⑦美国法典（宪法行政法卷）［Z］．北京：中国社会科学出版社，1993：5.

⑧沈宗灵，黄枬森．西方人权学说（下）［M］．成都：四川人民出版社，1994：337、338.

⑨罗艳华．东方人看人权——东亚国家人权观透视［M］．北京：新华出版社，1998：177.

⑩李林．人权概念的历史和文化解读［A］．王家福等．人权与21世纪［C］．北京：中国法制出版社，2000：34.

⑪杨适．中西人论的冲突—文化比较的一种新探索［M］．北京：中国人民大学出版社，1991：13.

⑫夏勇．人权概念起源［M］．北京：中国政法大学出版社，1992：185.

⑬韩国福．制度中轴和伦理中轴冲突下的政治文化结构［A］．制度建设与国家成长（复旦政治学评论第二辑）［C］．上海：上海辞书出版社，2003：74～75.

⑭沈宗灵，黄枬森．西方人权学说（上）［M］．成都：四川人民出版社，1994：482.

⑮非洲（班珠尔）人权和民族权宪章［Z］．

⑯阿拉伯国家联盟理事会决议通过的“阿拉伯人权宪章（1994—9—15）[Z].

⑰亚洲人民委员会在韩国光州发表的“亚洲人权宪章”（1998—5—17）[Z].

⑱世界人权会议通过的“维也纳宣言和行动纲领”（1993—6—25）[Z].

（《理论月刊》2010年第3期，作者系上海政法学院政治学系副教授）

（六）人权与软法

公域之治的转型

——对公共治理与公法互动关系的一种透视

■罗豪才　宋功德

由民选的、法定的、或者约定的公共机构行使公共权力来管理社会共同体、维护公共秩序、提供公共物品以实现公域之治，这是社会得以存续的一个基本前提。公域之治尽管有多种模式，但国家管理模式与公共治理模式无疑最具代表性。对于“管理”，中国的公众和学者恐怕都不会陌生。至于“治理”，我们或许因为家喻户晓的“综合治理”似乎也不太陌生，但事实上，引进、解释、援引和关注“公共治理”概念却为时不久。“公共治理”中的“治理”译自即 gover nance，也有学者将其译作“治道”[①]。在词源上，gover nance 一词源于拉丁文和古希腊语，原意是控制、引导和操纵，长期以来一直与 government 一词交叉使用，主要用于与国家公共事务相关的管理活动和政治活动。自从世界银行在其1989年的世界发展报告中首次使用“治理危机”这一概念之后，“治理”概念便迅速进入政治学、经济学和管理学视野当中，并被赋予各种含义，出现多种用法[②]。按照全球治理委员会于1995年在一份题为《我们的全球伙伴关系》的研究报告的定义，治理是指各种公共的或私人的个人和机构管理其共同事务的诸多方式的总和，它是使相互冲突的或不同的利益得以调和并且采取联合行动的持续过程。依据指向的不同，治理可以分为两种基本类型：一是指向私域的私人治理，例如公司治理；二是指向公共领域的治理，亦即公共治理。有目共睹的是，“公共治理”概念在短短数年中后来居上，一跃成为公共行政学的一个核心范畴。我们相信，随着公共治理与公法互动关系的日益凸显，“公共治理”这个概念在不久的将来也会成为公法学的一个基本范畴。本文先行一步，旨在抛砖引玉，希望能够唤起更多的公法学者研究关注这一全新主题。

一、国家管理失灵推动公共治理兴起

大致说来，公域之治模式主要有三种：一是由国家作为唯一的管理主体，实行封闭性和单向度管理的国家管理模式；二是由国家与各种社会自治组织共同作为管理主体，实行半封闭和单向度的公共管理模式；三是由开放的公共管理与广泛的公众参与这两种基本元素综合而成的公共治理模式，其典型特征是开放性和双向度。当前，国家管理模式因其失灵而日益衰退，取而代之的公共管理模式通过开放公共过程来拓展公众参与空间，公共治理模式因此普遍兴起，逐渐发展成为一种主导性公域之治模式。

（一）国家管理模式的基本特征与“国家管理失灵”

1. 国家管理模式的基本特征。

由于民族传统的不同，以及对国家能力及其理性运作的信任程度不同，历史上曾出现了“夜警国家”和“全能国家”这两种基本的国家管理模式，二者在人性基础、行为假定、管理范围和管理方式等诸多方面存在显著差异③。尽管如此，二者却分享国家管理模式以下一些基本特征：一则，国家管理的实质是统治，旨在维护公共秩序，追求公共利益的最大化——其本质是维护统治秩序、追求统治阶级利益的最大化。二则，国家是唯一“合法”的管理主体，通过各类、各级国家机构或者公营企业垄断公共事务的管理，不允许其他社会组织与其分享公共权力与公共权威，形成一个以国家为中心的封闭性管理模式。三则，作为国家管理的核心，政府管理主要服从政治、而非科学，行政并不独立，唯政治马首是瞻④。四则，衡量国家管理正当性的标准，或者是“君权神授”，或者是“精英统治”，或者是“职权法定”，皆属谋求公众认同的形式标准⑤，而非崇尚自由、推崇真理、以人为本等实质标准，这就导致国家管理过程容易变异成为公务人员消极服从规则或者其他权威的过程。五则，国家管理依托于体系庞大、层次复杂的官僚体制，等级森严，管理主体与管理对象明显不平等，下级无条件服从上级，公众无条件服从政府，主要采取强制性方式，管理方式僵化。六则，国家管理经常自我免责，缺乏充分的自我监督，与此同时，却片面强化公民的法律责任和道德责任，通过使用或者威胁使用严刑峻罚的方式来预防和制裁公民的违法行为，以实现对公民的规训。

2. 国家管理失灵的典型症状。

历史经验表明，国家管理看似滴水不漏，实则严而不厉。僵化的国家管理经常导致公域之治目标的落空，暴露出国家管理的失灵：一则，国家管理能力不足。为了解决源源不断的经济社会问题，国家机关尽管超负荷疲劳运转，但仍然力不从心，因立法能力不足而致立法滞后，留下法律空白；因执法能力不足而致法律经常被束之高阁，出现政府失败；因司法能力不足而致通过公正化解纠纷来监督权力与救济权利的司法目标大打折扣。二则，国家管理效果不佳。国家管理经常反应迟钝，行动迟缓，跟不上经济、社会发展节奏；国家权力运作过程经常出现梗塞，机制更新缓慢；国家管理的越位、错位、缺位或者不到位，导致国家之于公民而言经常是维权不足、侵权有余，出现集体选择劣势与私人选择劣势的并存，严重地制约着社会资源的最优配置和社会财富的公平分配，造成公共关系紧张。三则，国家管理的正当性受到质疑。由于国家管理经常在公平与效率、自由与秩序、公益与私益之间顾此失彼，阻碍着经济社会发展，制约着公民权益的增长，妨碍着公民自由的拓展和公民价值的提升，公众因此对国家缺乏信任感，对国家管理状况不满意，进而对国家管理的正当性提出挑战，对国家管理的必要性与可能性产生怀疑。

3. 内、外二因的“里应外合”造成国家管理失灵。

造成国家管理失灵的原因是多方面的，概而言之，主要有内、外两种，二者从两个方向上对国家管理模式施加压力。其中，内因主要有以下四点：一则，尽管国家管理因奉行官僚体制而具有整齐划一和令行禁止的优势，但换个角度看，它可能变成管理主体单一、管理方式机械、管理程序繁杂的劣势，事实上，国家管理经常弄巧成拙、适得其反。二则，为了确保国家管理的统一性和权威性，管理过程倾向于内敛和封闭，形成管理主体与管理对象的二元对立，双方法律地位不平等，这就抽除了政府与公众沟通、互动的前提与基础，割断了正当过程与结果正义之间的内在联系。三则，立法机关、行政机关与司法机关，三者或者因无明确分权而致权力制衡的弱化或者缺失，或者因过度强调分工而致各自为战、相互掣肘，难以形成合力，导致国家管理协调成本过高，效率低下。四则，缺乏一套完善的内部制约、激励机制，造成公务人员行为选择、国家机构决策与国家管理目标三者之间的严重脱节，国家权力因此变异，难免要出现立法交易、执法谋私和司法不公的权力腐败、权力滥用问题，使得国家管理陷入国家权力机构化、机构职权私人化、私人诉求合法化的怪圈，公共关系因假公济私而恶化。

造成国家管理失灵的外因主要来自以下三个方面：一是国家管理模式无法适应自然环境的变化。随着人们认识自然、改造自然能力的增强，人与自然之间的关系变得日益复杂。例如，环境恶化刺激人们全面反思人类中心主义的管理观，频繁发生的自然灾害迫使人们重新考量国家的应急管理能力。二是国家管理模式无法适应社会结构日新月异的变化。有目共睹的是，经济的市场化和全球化，对国家的经济调节和微观规制都提出更高要求；利益主体的多元化和社会构成的阶层化催生各种利益集团，它们迫切要求通过政治参与来改善其经济状况；技术创新不断拓展公域范围——例如网络技术制造出全新的电子空间，导致国家管理任务剧增。不言而喻，公域的拓展、公域问题的复杂化、公共关系矛盾的日益突出、公域之治难度的不断提高，必然要导致与传统的公域之治相称的国家管理模式的捉襟见肘。三是封闭性、单向度的国家管理模式本身无法回应提升公民价值的诉求。公民的权益诉求不可能一成不变，会随着经济社会的发展而水涨船高，权益的拓展具有刚性和不可逆性。随着经济社会的快速发展，一元化的国家管理模式显然已经不可能从实体上回应这种提升权益的诉求。不仅如此，随着现代社会主体性的全面复苏和主体间性的迅速成长，公众的程序性权益诉求更是与日俱增，人们已经不再满足于消极、被动地等待国家供给公共物品，而要以主体身份广泛参与公共物品的生产与分配过程，寻求公域之治过程正当与结果正义的统一。

我们认为，国家管理失灵是以上这些内因与外因“里应外合”的结果。尤其是自20世纪中后期以后，一方面，政治、经济、社会发展变化的节奏越来越快，公众对公共秩序与公民自由的要求越来越高，对公域之治过程的透明性和开放性以及参与其中的要求越来越强烈，信息网络技术的发展也为公众参与提供了更加多元的渠道；另一方面，由于权力资源日益稀缺，权力滥用的回报随之提高，这就导致滥用的风险概率越来越高，权力寻租、权力腐败现象越来越严重，国家管理效率越来越不能令人满意。这两个方面的发展变化对于步履维艰的国家管理模式而言无疑是雪上加霜，国家管理模式由于已经无法通过自我修正的方式来消化这些问题，缓解这种内在张力，从而处于瓦解的边缘。正因为如此，在西方国家普遍兴起了一场旨在推行绩效管理、强调顾客至上与服务意识、在政府管理中引进竞争与市场机制的政府改革运动—这就是所谓的“新公共管理运动”⑥。美国著名政治学家、行政学家B. 盖伊·彼得斯教授将这场眼花缭乱、席卷全球的公域之治模式变革归结为四种，即市场式政府（强调政府管理的市场化）、参与式政府（主张对政府管理有更多的参与）、弹性化政府（认为政府需要有更多的灵活性）和解制型政府（提出减少政府内部规制）⑦。作为这场波澜壮阔的行政变革的一个结果，重在实现管理主体多元化的公共管理模式首先脱颖而出，而主张开放的公共管理与广泛的公众参与相结合的公共治理模式也呼之欲出，国家管理模式日渐式微。

（二）从国家管理拓展为公共管理

鉴于国家管理失灵的一个基本缺陷就是一元化管理，取而代之的公共管理，就试图通过管理主体的多元化来拯救管理模式。所谓公共管理，一般认为是指政府公共部门、非营利部门等社会公共组织为建立与维持公共秩序、实现和保护公共利益的目的，运用政治的、法律的、经济的和管理的理念与方法，依法制定与执行公共政策、管理公共事务、提供公共服务的活动。公共管理模式推崇社会导向、任务导向、结果导向、顾客导向、市场导向等理念，主张运用诸如编制战略计划、加强领导与管理、推进组织的变化与发展、倾听顾客声音、提高服务质量、项目评估、管理信息系统等管理方法。⑧就逻辑上而言，不同类型的国家管理模式在这场“拓展”运动中确立的重点与难点不可能同出一辙，甚至有可能恰好相反。例如，对于全能国家而言，主要是通过收缩国家管理范围来拓展社会自治空间；而对于夜警国家而言，强化国家管理职能则是一个重要方面。尽管如此，由于当前正在进行的这种“拓展”或者发生于转型国家——例如中国、越南等，正在从全能政府向有限政府转变；或者发生于受凯恩斯主义影响而致国家职能过分膨胀的西方国家——例如处于私有化和公共行政改革浪潮之下的英国、新西兰、美国等等，正在进行一场放松规制的规制改革运动。因此就事实而言，从国家管理“拓展”为公共管理，就是在对过于宽泛的国家职能加以全面反思的基础上，收缩国家管理范围，弱化国家统治，以便重建或者建构市场价值，培育和发展社会自治。

1. 从国家管理拓展为会共管理发生的主要变化。

关于从国家管理拓展为公共管理发生的深刻变化，有行政学者将其描述为由内部取向转向外部取向，由重视机构、过程和程序转向重视项目、结果和绩效，公共管理的政治环境、战略管理、绩效评估、公共责任成为核心主题[9]。我们认为，从公法的角度来看，从国家管理模式拓展为公共管理模式，在管理理念、管理主体、管理导向、管理层次、管理方式等诸多方面都发生显著变化：一则，管理理念取代统治理念成为公共领域的主导理念，推动公域精神的重塑。[10]二则，国家不再是控制公域的唯一主体，第三部门[11]广泛介入并与国家机关分享公共权威，出现公共管理主体的多元化。三则，衡量公共管理正当性的标准，不仅要求在形式上符合法律或者契约，还要求在实质上有利于提高公共产出绩效，强调公共组织或非营利组织应当能够提高纳税人所要求的效率和有效性[12]，从过程导向转为结果导向。四则，对政府的全能假定和对公务人员的利他性假定，因普遍出现的政府失灵而遭到讽刺与否定，取而代之的是有限理性和利己假定，政府因此全面转型：由全能政府、权力政府、规制型政府向有限政府、资任政府、服务型政府转变。五则，为了顺应扁平化的信息管理要求，再加上社会自治组织的介入，公共管理层次明显减少，由纵向模式向横向模式转换。六则，公共管理方式的多元化初露端倪，在规制、处罚等强制性管理方式之外出现诸如指导、契约等非强制性管理方式。此外，公共资源配置也主要由政府分配转为政府分配与市场机制配置的结合；公共管理经费也由完全依靠税收转为部分依靠税收，部分依靠会费、捐赠、收费等。

2. 公共管理只能有限缓解公域之治的内在张力。

尽管从国家管理模式拓展为公共管理模式，对于理顺公共关系、解决公共问题、提供公共物品而言无疑是一个巨大进步，使得只能由国家诉诸强制方式垄断实行公域之治这种似是而非的观念成为历史。但是，仅仅通过拓展管理主体的方式显然不足以弥补国家管理模式的结构性缺陷。事实上，在“管理”这面共同的旗帜下，深受管理理念支配的公共管理模式必然要在许多方面与国家管理模式大同小异：一则，二者都将维护公共秩序当作管理目标，都主要依靠行使公共权力的公共机构来实现公共管理目标，私人则被假定为公共秩序的潜在威胁者，只能成为管理的对象。二则，二者都旨在实现公共利益的最大化，而私人利益则被视作公共利益的对立面，在管理视野中没有立锥之地。三则，将公共机构与个人和私人组织视作一对范畴，一方是为维护公共利益而行使公共权力的管理主体，另一方则是作为管理对象，二者法律地位明显不平等。四则，国家机构与社会公共组织的管理地位存在着尊卑之别，国家扮演主角，社会公共组织只是配角，只具有辅助功能、起补充作用—这集中体现为国家被当作“掌舵者”，享有垄断制定规则和实施、适用绝大部分规则的权力，而社会自治组织则主要是公共规则的遵守者，只在少数场合有可能成为部分公共规则的实施者和适用者，基本上没有公共规则制定权[13]。五则，公共权力运作的基本模式是单向度的，公共意志从居于上位的管理者那里流淌到处于下位的管理对象那里，后者只能唯命是从，二者之间的区别仅在于是一个“源头”还是多个“源头”，似乎并不存在根本性差异。

就此而言，作为国家管理模式的一种改良形态，公共管理模式只能在一定程度上缓解公域之治的内在张力，无法根治国家管理的失灵；只是放松了管理模式对经济社会发展和技术创新的严重束缚，并未将其解除。“管理”理念依然如故，深层次的失灵问题仍然悬而未决，全面拓展公民自由、提升公民价值的诉求仍然得不到有效满足。不仅如此，由于取代国家管理模式的公共管理模式要求从过程导向转为结果导向，这有可能诱致公共行政从重程序的极端走向藐视程序的另一个极端，忽略程序正义之于实体正义的重要意义，从而带来一种新的危险：程序正义被随手扔掉，而实体正义却遥不可及。有鉴于此，要从根本上解决公域之治的难题，就必须在公共管理的基础上继续前行，寻找一种符合现代公域之治内在要求，能够通过分散权力来集中民意，有能力解决直接民主与代议制民主二难选择的公共治理模式。[14]

（三）公共治理的兴起：公众广泛参与基础上的开放型公共管理

俞可平认为，“治理”一词的基本含义是指在一个既定的范围内运用权威维持秩序，满足公众的需要；治理的目的是在各种不同的制度关系中运用权力去引导、控制和规范公民的各种活动，以最大限度地增进公共利益[15]。国外有学者精辟地指出，“实质上，治理是将不同公民的偏好意愿转化为有效的政策选择的方法手段，以及将多元社会利益转化为统一行动、并实现社会主体的服从。”[16]我们认为，所谓公共治理，就其构成而言，是由开放的公共管理元素与广泛的公民参与元素整合而成——“公共治理＝开放的公共管理＋广泛的公众参与”，二者缺一不可。其中，开放的公共管理是前提，主要用来发挥集体选择优势；而广泛的公众参与是基础，主要用来发挥个人选择优势，公共治理模式试图通过这种整合来同时拥有两种优势。

1. 公共治理模式的基本特征。

关于公共治理模式的基本特征，不少行政学者将其归结为公共性、适应性、效能性、法治性、回应性、公平性等六个特点。在我们看来，较私域的公司治理模式和公域的公共管理模式而言，旨在实现程序正义与实体正义的统一、治理过程与治理绩效的统一、形式理性与实质理性的统一的公共治理模式，具有以下几个基本特征：一则，在公域之治的理念上，这种模式主张确立一种体现民主参与的治理理念，强调对公共关系的规范和管理应当基于普遍的公众参与。二则，在主体行为假定上，这种模式主张对所有主体统一采用个体主义方法论，假定所有主体都只是有限理性的，在此基础上辅之以集体主义方法论，形成一种互动主义方法论，并通过适当的机制设计和制度安排来促成公共机构成为公益代表。三则，在价值取向上，这种模式主张通过维护社会秩序来保障公民自由，并在实现社会公平的基础上追求效率的最大化，旨在实现自由与秩序、公平与效率的辩证统一。四则，在利益导向上，这种模式主张公益与私益的唇齿相依，在兼顾公益和私益的基础上实现社会整体利益的最大化。五则，在治理对象的界定上，这种模式主张将各种公共事物视作治理对象，这个公域并非限指公共权力的运作领域，而是囊括公共关系覆盖的整个公共领域。六则，就治理主体而言，这种模式主张所有公共关系主体都是治理主体，其不仅包括各类公共权力主体，还包括诸如私人组织以及公民个人等权利主体，各种治理主体在公域之治中扮演不同角色，平等参与公共治理过程，各展其长、各得其所，形成多元治理格局。七则，在治理方式上，这种模式主张依照公域之治的实际需要，在进行综合性成本——收益分析的基础上，按照先非强制后强制，先双方协商后单方强制，先自治后他治，先市场后社会、再政府的选择标准，实现治理方式的多元化、民主化和市场化，通过博弈实现均衡，借助程序正义实现实体正义，并通过实体正义来体现程序正义。八则，这种模式主张，在宪政框架下，所有公共治理主体都应当权责一致，确保没有权力不受监督，没有权利不受救济，所有公共治理主体都要依法承担违法责任，尤其要确保过罚相当、罚当其责。

2. 公共治理模式对公共管理模式的超越。

对“公共管理”与“公共治理”关系的理解，国内公共行政学界有不同的看法，[17]国外公共学者普遍认为二者之间存在着显著差异[18]。我们认为，在贯彻管理理念的公共管理模式中，公共管理主体只能是享有公共权力的公共机构，而不享有公共权力的私人组织和公民个人则只能被当作公共管理的对象；单纯地追求公共利益、公共秩序和公共管理效率，割裂了其与保障私人利益、增进公民自由、实现社会公平之间的内在关联性；自上而下的强制管理仍然居于主导地位，其管理过程只是半开放的一只向公共组织开放，对于私人组织和私人则通常是封闭的；片面强调绩效，割裂程序正义与实体正义之间的内在联系；片面强调管理对象的违法责任，疏于关注职权、职责、职能、责任的对称性；对服从权力与权威的强调超过对权力监督与权利救济的关注；等等。与之形成鲜明对照的是，在贯彻治理理念的公共治理模式中，国家因社会化而回归社会，不再是一种凌驾于社会之上的统治机构[19]；所有权力主体与权利主体都是平等的治理主体，依法参与公共治理过程；兼顾公益与私益、自由与秩序、公平与效率；主要采用谈判协商的治理方式，只在必要时选择单方性、强制性管理方式，整个治理过程以全面开放为原则；不同治理主体之间的法律地位应当保持平等；要求各类治理主体本身权责一致，实现权力监督与权利救济的统一。由此可见，公共治理模式通过对公共管理模式的超越，实现了对国家管理模式的全面取代。我们有理由确信，这种模式有能力从根本上解决公域之治的内在张力，将会发展成为现代公域之治的基本模式，能够有力地推动和谐社会的构建。[20]

二、公共治理格局主要依赖公法建构

在一个奉行法治的国家，公共治理无疑只能依法进行。由于公共治理的运作机制依赖“由众多的行动者共同组成的合作关系网络”这种权威，这就要求法律来理性设定公共权力的边界与运作方式，理顺国家与社会、政府与市场的关系，通过规范和监督公共权力来维护和拓展公民权利。在我们看来，公域之治的主题就是实现公共关系的理性化，“公共部分的治理应该以规则为定位，公法尤其行政法是公共治理的合法性来源。”[21]因此，公共治理格局就自然主要依靠公法来建构——在通过公法确定“善治”目标之后，再依靠公法建构一个由治理范围、治理主体、治理方式和监督救济机制共同构成的公共治理行动结构。

（一）通过公法确定公共治理的“善治”目标

1. 通过确定善治目标来避免治理失败。

公共治理之所以首先需要依靠公法来确定一种善治目标，是因为公共治理模式隐藏着治理失败的内在危险—类似于法制建设潜伏着背离自由正义的法治目标。究其实质而言，与其说公共治理模式是一种机制创新，不如说是一种机制综合。在公共治理兴起之前，市场机制、社会自治机制和政府调控机制都已经得到相当充分的发展，三者在配置社会资源和分配社会财富方面都曾经各自、或者共同发挥过重要作用。鉴于这三种互补性机制的寸有所长、尺有所短，为了扬长避短，公共治理这种试图集三者之长、避三者之短的综合机制就得以应运而生，以期解决公域之治的失灵问题[22]。尽管公共治理的初衷是集三者之长，旨在最优配置社会资源的基础上公平分配社会财富，但如果公法制度安排不当，那么这种综合性机制就有可能适得其反，反倒集三者之短，导致治理失败。例如，在机制整合的过程中，公共权力有可能出现越位、错位、缺位、不到位的并存，其正面效用因滥用或误用得不到充分发挥，而负面效应却暴露无遗。再如，公民权利有可能看似因参与权的扩大而拓展，实则有可能因公共权力的非理性运作而致权利质量大为下降，公民自由非但没有与公民权利的拓展同步增长，反而下降，造成公民权利徒具形式。又如，从公共权力/公民权利关系的角度看，公共机构与公民有可能无法形成良性互动，只能处于对抗状态；或者有可能发展不同步，二者无法形成合力。有鉴于此，公共治理就需要通过公法来确定善治目标以免出现治理失败。

2. 善治与法治的息息相通。

什么是“善治”？公共行政学者有过不同角度的描述。例如，“善治实际上是国家的权力向社会的回归，善治的过程就是一个还政于民的过程。善治表示国家与社会或者说政府与公民之间的良好合作，从全社会的范围看，善治离不开政府，但更离不开公民。”“善治有赖于公民自愿的合作和对权威的自觉认同，没有公民的积极参与和合作，至多只是善政，而不会有善治。”“公民社会是善治的现实基础，没有一个健全和发达的公民社会，就不可能有真正的善治。”[23]还有学者将善治特征概括为六个方面，即合法性、透明性、责任性、法治、回应性、有效性。[24]不言而喻，善治的“善”不只是一种纯粹的道德诉求，主要是对公共治理提出的正当性要求，要求公共治理开放公共过程、吸纳公众广泛参与，在充分发挥市场机制、社会自治机制和政府调控机制三种优势的基础上，推动国家与社会、政府与公众的互动，实现公共关系的理性化，最终实现公域之治的目标。我们认为，善治与法治、尤其是实质法治息息相通。一则，二者都推崇法律至上，要求公共权力与公民权利都源于法律，无论是公民、组织还是公共机构都只能居于法律之下，不能超乎其外，更不能凌驾其上；二者都只能是一种规则之治，都需要一个制度框架来为居于其中的权力/权利主体提供行为模式和行动指南。二则，二者都以市场经济和公民社会为基础，以推行民主、保障公民广泛参与为前提，以寻求社会资源的最优配置与社会财富的公平分配为重点，以权力/权利的良性互动为手段，以实现公民自由的最大化和人的全面解放为目标。三则，二者都强调有德之治，如同实质法治强调法律的道德性、推崇良法之治一样，善治也强调公共治理寻求人与自然、人与社会关系的和谐性；二者都强调程序正当与实体正义的统一，强调兼顾公益与私益、自由与秩序、公平与效率[25]、激励与制约、民意与公共权威、普遍规律与本土资源等。四则，二者都需要通过法律创制一套具体的行动结构，诸如划定范围、确定主体、创制行为模式、规定法律责任，以便增加主体行为选择的可预期性。

善治与法治具有内在联系—在中国，集中体现为党的领导、人民群众当家做主与依法治国三者的有机结合，这就意味着公共治理只有被置于法治框架之内才能实现善治目标。为此，公法应当将其捍卫的秩序、法治、公平、公开、公正、正义、民主、自由，以及效益等价值理念植入公共治理行动结构当中[26]，通过宪法、行政法、刑法、经济法和诉讼法等部门公法各有侧重地共同建构一种与善治相符的公共治理行动结构。

（二）通过公法界定公共治理范围

公共治理是一种公众广泛参与基础上的开放性公共管理，其范围与公共管理的范围或者公民参与的范围应当大致相同。由于没有公共管理则无所谓公民参与，公共管理是公民参与的逻辑前提，因此通过公法界定公共治理的范围，就被转化为通过公法界定公共管理的范围—这个范围通常也就是公民参与的范围。

1. 在区分公、私域之后将公共治理与公共服务区分开来。

我们认为，依法界定公共治理范围，首先需要依照公共性标准将公域与私域区分开来，然后才能再依照公共权力运作方式的标准将公域中的公共管理与公共服务区分开来，最终确定主要旨在维护公共秩序的公共管理所及范围。

一要依照公共性标准将公域与私域区别开来。是否具有公共性，构成了公域与私域的分水岭。公共性不应是单一的，而应是对诸如人数的多少、地域的大小、影响的强弱、是否属于公共物品、是否指向公共利益等多种公共因素的综合权衡。公域既是公共权力的运作范围，同时还是公民参与公共管理的范围，从而成为公共关系所及范围。

二要按照公共权力运作方式标准，将公域中主要旨在维护公共秩序的公共管理与主要旨在提高公共福利的公共服务区别开来。公共权力尽管形态各异，但依照运作方式这个标准，可以将其归结为公共管理与公共服务两大类。相对而言，前者侧重于维护公共秩序，而后者则侧重于提高公共福利；前者的公益导向更明显，而后者则更关注私益诉求的满足；前者侧重于制约，而后者则侧重于助成；前者主要属于公共机构将其意愿施加于公民，而后者则主要是公共机构对公民需求的一种回应；前者更多地诉诸强制方式，而后者则更依赖非强制方式；前者受公法的规制更严格，而公法对后者的约束则较为宽松。不难看出，一旦我们将公域当中的公共管理与公共服务区分开来，公共治理的范围也就据此得以界定。[27]

公共治理的范围究竟是什么？概而言之，这个范围主要由公共机构实施的经济调节、市场监管和社会管理三者指向的范围共同构成。具体而言，从不同角度看，可以对公共治理范围加以不同的描述。例如，就治理主体角度而言，它是由政府管理和社会自我管理两大部分组成；就治理事项角度而言，它主要指向政治、经济、社会领域的公共秩序；就公共权力角度而言，它是由维护公共秩序的立法权、行政权与司法权覆盖范围叠加而成，或者是由维护公共秩序的国家权力与社会权力所涉范围相加而得。

2. 公共治理范围的向外拓展与内部结构的多元化。

历史地看，公共管理范围并非一成不变。随着政治、经济、社会、文化和科学技术的发展变化，公共治理领域的外部界线和内在构成都要随之发生改变。

就其外部界线而言，随着社会关系公共性的日益提高，随着社会关系复杂程度的与日俱增，随着因信息不对称程度的加剧而致交易费用的持续攀升，随着人们对公共秩序的质与量的要求的不断提升，随着公民权利种类与范围的不断拓展，它们从不同方向共同刺激着用以维护公共秩序、保障公共利益、实施公共管理的公共权力——尤其是社会权力——的膨胀，从而导致公域的扩张和公共治理范围的拓展。这一则体现为诸多由非正式制度或者私法调整的私域，因私人选择机制的失灵而变成公域；二则体现为不少原本向国家权力封闭的私域，因国家权力的社会化而被纳入社会自治视野，并因其向社会权力开放而变为公域；三则体现为众多因科技发展而新增加的社会领域，由于公共权力的初始介入而成为公域。

就其内在构成而言，公共治理当前正在发生三种主要变化：一是许多公共管理职能从政府移向社会，公共管理的逻辑从先政府、后社会转变为先社会、后政府，倾向于将政府管理限制在社会管理不愿承担或者无力承担的领域，政府主要扮演“掌舵者”角色，社会管理因此成为公共治理范围拓展的新增长点。二是在实现公共权力统筹兼顾的基础上，公共权力关系从一元化变为多元化，政府、尤其是中央政府在整个权力体系中的地位正在发生改变，在强化立法权、行政权与司法权之间的横向分权与制衡关系的同时，中央与地方、政府与其组成部门之间的纵向分权得到更多强调，此外国家权力与社会权力的分工日益细致、合作日趋密切，公共权力重心的这种平移、下移和外移，有力地推动着公共权力关系的多元化，公共权力结构变得更为复杂、更加多元、也更加稳固。三是公共管理的重点发生新变化，在经历过从传统的以维护政治性公共秩序为导向转为近代的以维护经济性公共秩序为导向之后，公共管理的导向因现代社会对全面、协调、可持续性发展的强调，正在由经济管理领域转向社会管理领域，社会性公共秩序得到越来越多的重视，建立、健全社会管理机制正在发展成为公共管理体制变革的一个重点。

（三）通过公法规定公共治理主体

公共机构能否实施特定公共管理，公民能否参与特定公共管理过程，主要取决于公法是否赋予其公共治理主体资格。通过公法规定公共治理主体，目标在于形成一个多元主体分工不掣肘、既有效竞争又密切合作、充分体现主体间性、纵横交错、实现全方位良性互动的主体结构。为此，公法在规定公共治理主体时应当遵循三个基本标准：一是应当满足公共治理对于公共机构多元化和参与主体广泛性的要求；二是要满足公法本身关于公共机构设置和权力配置的正当性考虑，遵循权力制衡、分工合作、高效便民等公法原则；三是应当符合经济社会发展规律和自然规律，体现出合理性。

1. 设定公共管理主体。

一般认为，“公共治理理论强调根据不同类型和不同特点的公共事务实行不同主体治理的原则，并以此对不同的实施主体进行科学定位、合理分工。”[28]依照不同的分类标准，可以将公共管理主体划分为不同类型。一则，依照公共机构代表利益的不同，可以分为代表国家行使国家权力的国家组织与代表特定利益群体行使社会权力的社会组织两大类。在权力社会化背景下，国家组织正在从越来越多的管理领域中退出，这就为社会组织的成长和发挥作用腾出了空间[29]。不过，由于“治理长于横向协调及伙伴关系、协商、规范，但却陋于权衡以及就局部政策管辖之外的问题做决断”[30]，因此政府的“善政”就成为“善治”的重要前提。二则，依照公共权力运行的逻辑顺序，公共机构分为治理规则创制机构、实施机构与适用机构三大类。需要注意的是，不仅国家机关可以一分为三，社会自治组织也应当能够一分为三。三则，依照公共机构来源的不同，可以分为法定公共机构与依法约定公共机构两种。公法对二者要求的严格程度不同，前者必须是先有公法授权、后有机构产生，后者可以是先有组织契约、然后依法登记或者确认。除以上三种分类之外，还有其他一些分类。正是由于公共管理主体的多元化，这就意味着公法对公共机构的规定不能再简单地一刀切，而应视其来源、功能、属性的不同加以区别对待。例如，对于法定公共机构应更强调其合法性，而对于依法约定的公共机构则更强调其合意性；对于社会自治组织更强调其民意性和认同感，对于国家组织则更强调其政治合法性；对于规则创制机构更强调其代表性，而对于规则实施机构和适用机构则更强调其效率和公正。公法只有将扮演不同管理角色的各种公共机构的个性特征刻画得非常鲜明，才能确保其各展所长、扬长避短。

2. 设定公共管理参与主体。

需要特别指出的是，将作为权利主体的个人和组织当作公共治理主体纳人公共治理视野，这是公法学区别于公共行政学最为显著的标志之一。对于公法而言，只有在建构多元化权力主体的同时，建构起与之对应的多元化权利主体，并授权后者以与前者平等的法律地位（并非同等的权力）的身份参与公共治理，才能建构起一种完整的公共治理关系。通过公法规定参与公共管理的权利主体，需要解决两个基本问题：一要确立参与主体的种类。由于公共治理权利主体的种类应当与权力主体具有对应性，否则就不可能形成一种全面的公共治理关系，因此上述公共管理主体的分类也同样适用于参与主体。除此之外，参与主体还存在着自然人与组织、本国与外国、有形与虚拟等其他类型。二要确定参与主体的范围。“广泛的公众参与”具有两方面含义：一方面形容人数多，参与门槛低；另一方面意味着并非所有人都参与其中，需要设立某种门槛。为此，公法在规定参与主体时应当兼顾充分性和必要性：一方面应当赋予尽可能多的个人和组织以参与主体资格，另一方面又要通过某种标准将这种资格授予那些有必要“在场”的个人和组织。我们认为，决定这个筛选标准的因素也主要有两种：第一种是“利益关联性”标准。凡是与某项公共规则的制定和实施存在着利益关联的个人和组织，都应当有权参与其中，表达其利益诉求，影响公共决定。“利益关联性”的高低通常与参与主体的多少成反比：关联性要求越高，主体就会越少，极端的例子是行政法律关系的相对人，或者行政诉讼当中的被告、第三人；关联性要求越低，主体就会越多，极端的例子是向社会公布立法草案听取“群众”意见。第二种是“专业性”标准。为了保证公共决策的科学性，对于那些涉及专业技术性的公共规则的创制和实施，需要征求专家学者的意见和建议，利用“外脑”。“专业性”要求的高低通常与参与主体的多少成正比：专业性要求越高，公共治理对专家学者的依赖性就越强；反之则反是。

3. 公法在规定公共治理主体时要切合实际、量力而行。

就当前而言，公法在规定公共治理主体时需要同时注意两个方面的问题：一方面，既要顺应国家权力社会化的趋势，充分发挥社会自治组织在公域之治中的独特优势，政府不能不放权、假放权、放虚权[31]；又要立足实际，考虑到市民社会的成熟程度，尤其是社会自治组织的发展规模及其自我管理能力，应当循序渐进，把握好权力社会化的节奏，与整个社会转型同步进行，不能贪多求快、急于求成，否则欲速则不达[32]，更不能一推了之，以免出现政府不去管而社会又管不了的管理真空问题。尤其在社会转型时期，政府更应当扮演好“掌舵者”角色[33]，不能片面地追求小政府、大社会，而要在国家与社会之间形成一种和谐关系[34]。与此同时，公法还要规范权力社会化的过程，强化对社会化权力的规范，加强政府对社会自治组织的监管，以免公民的合法权益因权力社会化而贬值、因社会权力的滥用而受损。另一方面，公法既要顺应不断拓展权利主体参与公共治理的广度和深度的需要，增加公共管理的民主性和科学性，同时又要切合实际地界定参与治理范围，理性估计公众的参与意识与参与能力，以免出现大民主代替法治、民主泛滥导致无政府的问题；不仅要通过建立健全激励机制来有效刺激公众参与，防止出现因政治冷漠或者搭便车而致参与不足；还要通过建立健全制约机制来防止参与权的滥用，要完善诸如遴选参与听证会等公共过程的利益群体代表机制，以免出现公众参与的作秀、虚化、变异。此外，公法还应在广泛授权公民直接参与公共治理的同时，致力于培植各类社会自治组织，并引导其发挥自治功能。

（四）通过公法设定公共治理行为方式

创设公共治理行为方式是公法建构公共治理行动结构的重点。公共治理是权力主体与权利主体交互作用的产物，这就意味着公法要创设公共治理行为方式，就要同时创设公共管理和公民参与公共管理这两种行为方式。不过，由于公共管理行为方式相对于参与公共管理行为方式而言具有主导性，因此公法可以创制公共管理行为方式为主线，同时兼顾参与公共管理行为方式的创制，从而一并完成公共治理行为方式的整体创设。

1. 公共治理行为的基本类型。

较管理模式而言，公共治理模式的一个显著特征就是治理行为方式的多样化、尤其是非强制化。在创设治理行为方式时，公法应当视具体情境建构各类强弱程度不等的公法关系，依照由弱到强的排列，形成一个由建议类、契约类、审批类、命令类、处罚类共同构成的行为方式谱系。

其一，建议类行为方式。指公共机构建议公众为或不为某种行为，或者公众建议公共机构出台某种公共政策。作为一种处在强制末端的公共治理行为方式，此类行为方式有三个基本特征：一是属于法律行为；二是不具有法律上的强制性；三是由公共机构作出的、产生损害结果的错误建议，应当视情况依法承担相应的法律责任。

其二，契约类行为方式。公法私法化的一个重要表现就是将契约精神引进公法。契约精神对公共治理主要产生两种意义上的影响：一是过程上的影响，即通过规定公共管理的听证制度、听取意见制度等，将对话、协商、谈判等契约精神引进公共治理过程，试图将公共治理过程改造为类似于契约签订过程—当然，最终的公共决策由公共机构单方作出，无须基于合意。二是过程与结果两个阶段的影响。即不仅公共治理过程是一个双方博弈过程，而且公共决策的作出也要基于合意，并据此签订对双方都有约束力的公法契约。此种契约类行为方式，具有合意性、公共性、合法性、拘束性四个基本特征。

其三，审批类行为方式。即公法规定个人或组织只有获得特定公共机构的批准、通过、同意、许可之后才能依法实施某种行为。此类行为方式的基本构成有二：一是申请在先。个人或组织必须首先依法向特定公共机构提出申请，并为其申请的合法性、合理性提供证明。二是公共机构同意。公共机构在接到申请后，应当依照法定标准对其加以审查，只有当其符合法定条件时，才能依法赋予申请者实施某种行为的资格。

其四，命令类行为方式。在从管理模式向公共治理模式的转变过程中，单向度、强制性的命令因其无法体现管理的民主性、参与性而大幅缩减。尽管如此，“命令—服从”在公共治理中仍然不可或缺。作为一种典型的单方强制行为，命令的发布不以个人、组织同意为前提，公共机构可以直接向个人或组织发布指令，要求其服从指令，为或不为某种行为，令行禁止。需要注意的是，对此类行为一个流行误解是，认为命令的强制性与单方性可以无限放大、延长，事实上，其单方性、强制性只能出现在命令发布之后，在命令作出之前的酝酿决策过程中，公共机构通常应当依法就命令的内容与相关主体沟通、协商，增进共识，谋求其对命令的理解和支持。

其五，惩罚类行为方式。此类行为方式主要是通过反面规定来为公域之治目标的实现提供保障。惩罚的单方性与强制性非常明显，尽管公共机构在作出处罚决定之前，应当遵循正当程序原则依法听证或者听取受罚人意见，但处罚决定一经做出，受罚人就只能接受，否则将会招致强制执行。惩罚类行为方式具有报复、威慑、教育、示范等多种复合功能。

不难看出，从管理模式转变为治理模式，彻底改变了国家单纯使用强制方式实现公域之治的思维方式，公共治理方式朝着多样化、双向度、非强制化方向发展。对于公法而言，这一方面意味着尽管公共治理更强调开放公共过程，更重视公众参与，更注重协商、沟通、互动，更推崇认同、共识甚至合意，但并不意味着不再需要单方强制性公共管理，必要的强制对于公域之治而言仍是不可或缺的；另一方面意味着尽管强制管理经常是立竿见影，但它只应被保留在较小的、必要的范围内，公法必须顺应公共管理方式多元化与非强制化的发展趋势。

2. 公法在设定公共治理行为方式时应当遵循的选择标准。

每一种公共治理行为方式只能最优适用于特定公域，我们很难脱离实际语境抽象地评价某种行为方式选择的优劣，既然如此，为了保证能够选择最适当的行为方式实现特定的公共治理目标，我们认为，公法在设计公共治理行为方式时应当遵循以下四个基本标准：一是在国家管理与社会自治之间应当优先考虑后者[35]，只有在社会组织不愿或者不能实现特定治理目标时才能动用国家管理。二是在单方管理与双方合作行动之间应当优先考虑后者，只有在双方合作行动无法有效实现治理目标时才能动用单方管理。三是在强制性管理与非强制性管理之间应当优先考虑后者，只有当非强制性管理不足以维护公共秩序时才能动用强制性管理。四是在不同强度的强制性管理之间应当优先考虑强度较弱的管理方式，只有当后者不能实现某种公域之治目标时才能运用较强的强制性管理。

（五）通过公法设定公共治理的监督救济机制

责任是公共治理的生命。公法如果只有授权而疏于控权与监督，那么善治目标就会因权力与权利的滥用而遭落空。为此，公共治理要求公法对国家管理模式中的监督救济机制加以改造的基础上，建构一套与公共治理相匹配的监督救济机制。概而言之，它由对称、多向、效益型公共权力监督机制，开放、公正、高效性公民权利救济机制，以及严密、分散、多样化公共治理责任机制三大板块构成。

1. 公共权力监督机制应当是对称、多向、效益的。

在公共治理模式中，公共权力主体的多元化、运作方式的多样化意味着仅仅依靠单一的三权相互制约已经很难实现权力结构的均衡，这就需要公法建构起一种与之匹配的公共权力监督网络，才能全面覆盖公共权力并对其加以有效监督。大致说来，这种蜂窝状的公共权力监督机制具有三个基本特征：一是对称性。要求公法对公共机构的授权与监督保持对称，无论对于哪种公共关系，公法只要授予特定公共机构特定范围、特定强度的公共权力，就应当同时规定相应范围与强度的监督，不留监督死角与权力真空。二是多向性。要求每一项公共权力在行使时，都会同时受到来自各个方向的法律监督。例如，工商机关在实施经济性规制时，一方面要受到权力监督，包括来自人大、本级政府、上级工商机关、审计和监察部门、法院等实施的国家权力监督，以及来自消费者协会、各种行业协会实施的社会权力监督；另一方面还要受到权利监督，包括来自规制对象，以及利益相关人的权利监督。只有当公共权力处于多向监督这盏“无影灯”的全方位照射下，才难以借阴影而变异。三是效益性。这是对监督机制提出低成本、高收益的要求。为了解决监督动力不足和监督信息不对称这两个制约监督效益的主要因素，公法应当以无处不在的群众监督为基础、以比较容易掌握情况的内部监督为重点、以相对独立的其他权力监督为关键、以完善和强化监督者的责任为保障，充分利用诸如电子监控、网络平台等现代技术，建构一个有活力、高效益的公共权力监督机制。公法为回应公共治理的需要而建构网络状权力监督机制时，一要避免平均用力，应当有针对性地解决公共治理实践当中的权力越位、缺位、错位、不到位问题；二要避免将权力监督与僵化的控权混为一谈，权力监督旨在扬长避短，而非机械束缚权力手脚；三要在一如既往地坚持将国家权力当作监督重点的同时，有效解决社会权力滥用问题；四要回应公共治理对程序透明与过程开放的内在要求，将公共机构滥用程序性权力当作监督的一个关键。

2. 权利救济机制应当是开放、公正、高效的。

没有救济就没有权利。公法如果不让公共治理模式下的公民权利规定流于形式，那就需要提供一种开放、公正、高效的权利救济机制。其一，所谓开放，是指权利救济机制应当遵循一种开放性原则：但凡赋予公民参与公共治理的实体性与程序性权利，就应当提供相应的权利救济；但凡一种公民权利有可能受到公共权力的侵犯，就应当通过救济获得保障，据此形成一种开放性结构：一则权利救济机制应当向公域中的各类公共关系、各种权利主体、各类公民权利保持开放；二则要求权利救济程序本身应当透明，向社会公开相关公共信息，防止暗箱操作；三则要求权利救济过程向当事人和其他社会公众开放，将救济过程塑造成为一通过公平博弈营造共识的过程。其二，所谓公正，是指权利救济应当不偏不倚，符合公平、正义要求。这就要求救济主体：一则应当立场中立，既“不能做审理自己案件的法官”，也不能区别对待、厚此薄彼，歧视一方当事人；二则应当公正认定事实、适用法律，保证权利救济的合法、合理。其三，所谓高效，是指权利救济应当及时、救济成本低廉。“迟来的正义不再是正义”，及时性要求权利救济应当程序便捷，每一阶段都严格规定时效；而救济成本低廉则不仅指公民只需支付少量成本即可获得权利救济，而且指公共机构在提供权利救济时应当依据比例原则进行利益衡量。我们认为，公法在建构公共治理权利救济机制时应当注意以下几点：一是权利救济机制的开放性并非意味着权利救济可以没有边界，相反，只能立足实际、量力而行；二是要在按照公共治理行为方式的不同，在分别规定相应的实体性权利救济的同时，强化程序性权利救济——程序性权利无保障，则无公共治理，为此要拓展、细化参与性程序权利救济，就是否有权参与、参与权是否平等、参与的深度与广度、诉求表达是否充分、公共机构是否听取意见和建议、是否记录在案、是否依笔录作出决定、是否说明理由、是否告知救济权利等作出详尽规定；三是要在对社会调解、民间仲裁、行政复议和诉讼等各种类型的权利救济方式的职能加以明确分工的基础上，强化其呼应性、衔接性与功能整合，确保各种救济方式的各展所长，尤其是充分发挥社会自治组织的权利救济与纠纷化解功能，这也是公共治理的应有之义，要防止权利救济出现“扎堆”——法院出现“讼累”，而其他纠纷化解机制则闲置；四则，权利救济决定的执行制度要配套，要强化执行力度。

3. 公共治理责任机制应当是严密、分散、多样化的。

国家管理模式中的法律责任体系失之片面，公法重职权、轻职责，重追究个人违法责任、轻追究国家机关违法责任。有鉴于此，公共治理的责任体系应当力求全面，无论是个人或组织滥用权利都应当承担违法责任，无论是国家机关还是社会自治组织违法行使职权都应当依法承担违法责任。公法只有首先遵循权责一致原则，建立一套与职权相称的职责、与权利相称的义务体系，以此为前提，才能建构一种严密、分散、多样化的公共治理责任机制。其一，所谓严密，是指责任规定应当详尽，不留责任空隙，不留规避空间：职责之于职权、违法责任之于违法行为，皆如影随形；既要避免有权无责或权大责小的问题，也要避免有责无权、权小责大的问题，实现权责一致。在此基础上，建构一套完善的、操作性强的公共治理责任追究机制，确保“有责必究”。其二，所谓分散，是指公共治理责任主体的多元化，它是公共治理模式遵循权责一致、并推行多元权力的必然结果。不将所有鸡蛋放在一个篮子里，这种分散处理责任的思维有助于分散公共治理的风险，只有变无限责任为有限责任才能保证法律责任的真正兑现。责任分散以职权分工为前提，公法为此必须确立起调查与决定分离、技术鉴定与行政执法分离、决策与执行分离、罚缴分离、审执分离等多种职权分工格局。其三，所谓多样化，一则指责任渊源的多样化，法定的或约定的；二则指责任形式的多样化，适用于公务人员的行政处分，适用于公共机构违法的国家赔偿、罚款、通报批评等，适用于个人和组织的精神罚、财产罚、行为罚、人身罚等；三则指责任追究机制的多样化，例如行政处罚决定的单方作出、国家赔偿的调解结案、刑事诉讼的辩诉交易等；四则指责任实现方式的多样化，自动履行或者强制执行，其中强制执行又可分为行政机关的自力执行与申请法院强制执行。

三、公共治理兴起推动公法变革

公域之治的模式选择与公法规则之间的相伴而生、相辅相成性，决定着一旦公域之治模式由国家管理变为公共治理，那么与国家管理模式相适应的公法就应当转变成为公共治理导向的公法。概而言之，这场在公法制度基础、制度结构与机制设计三个维度同时展开的全方位公法变革，集中体现为从以国家管理为轴心而展开的传统公法，转变为与公共治理相匹配的现代公法。

（一）公共治理推动公法制度基础的重塑

我们认为，公法关系观、公法价值取向、公法利益导向三者共同构筑起坚固的公法制度基础。传统的公法观在对待公法制度基础中的诸如权力与权利、自由与秩序、公益与私益等内在矛盾时，因缺乏辩证分析和理性思考而致顾此失彼或者厚此薄彼，造成公法制度基础出现结构性缺陷，筑于其上的传统公法制度结构也就难免因此失衡。公共治理的兴起导致公域之治模式选择发生剧变，这无疑对公法制度基础带来巨大震撼：不仅要全面反思公共权力与公民权利的关系，而且要对效率、公平、自由、秩序等公法价值项进行重新排序，此外还要重新定位公益与私益的关系。唯有如此，才能为现代公法的建构提供一个坚实的制度根基。

1. 公共治理推动公法关系观从对抗与控制朝着互动与合作转换。

在公共治理模式中，公共机构与公民以治理主体的身份平等参与公共事物的处理、决策，这就要求与之匹配的公法建构一种互动与合作的公法关系。大致说来，从国家管理模式转变为公共治理模式，公法关系观主要发生三个方面的改变：一则，重新理解公共权力，赋予公共权力以新的品性，将公共权力与政府和强制性之间的必然性改变为或然性，亦即权力未必只能由政府行使，权力运作方式未必只能是强制性的，在遵循法治理念与保证统筹兼顾的基础上，实现公共权力行使主体的多元化和行为方式的多样化。与此同时，全面认识到公共权力是把双刃剑，既有保障和改善公民自由状态的积极作用，又有损害公民自由的消极作用，因此要依靠公法来扬长避短。二则，重新规定公民权利，赋予公民权利以新的意义，不仅授予公民以不受公共权力侵犯的消极权利，而且还授予公民以更多发展机会的积极权利。此外，还要全方位拓展公民权利的种类和范围，以便与扩张的公共权力形成对应。三则，公法应当在重新规定公共权力与公民权利的基础上，充分彰显公域之治的“公共性”，让公共事物成为公共机构和公众共同关注、处理的对象，超越于公共权力与公民权利之间表面性的、局部性的冲突之外，全面、辩证地对等公共权力与公民权利之间的相辅相成特性，从而将传统公法建构的对抗与控制性公法关系改造为合作与互动性公法关系。[36]

2. 公共治理推动公法价值取向的重构。

在管理模式中，公共机构在公共关系中居于支配地位，社会稳定与统治秩序的意义往往因被片面夸大导致更为根本、更为重要的价值目标的遮蔽，公众的价值诉求往往得不到充分反映。但治理模式的基本立场却是反映和满足公众正当的利益诉求，并以实现公民自由的最大化作为终极目标，秩序作为一种初级价值，在更多情形下被当作实现自由等其他更高价值目标的手段——“自由为体、秩序为用”。为此，公共治理要求公法重构其价值取向。一要解决传统公法价值回应的错位问题，公法价值是公法这种客体对公法主体需求的一种满足，公法尽管要保障公共权力的正常运作，但不能因此蜕变成为对公共机构的统治或者管理的回应，而应全面回应公众的正当需求。二要解决传统公法价值取向的顾此失彼问题，例如以牺牲或者贬损程序正义、目标理性、实质法治、公民自由等为代价，实现实体正义、工具理性、形式法治、公共秩序，要全面理解公法价值内涵，做到统筹兼顾。三要将管理模式中本末倒置的价值取向重新颠倒过来，确立自由为本、秩序为末，以公平促效率，以人为本、规则为用等公法价值取向，对不同的公法价值取向加以合理排序，理顺其关系。四要全面拓展公法价值的适用范围，实现公法价值覆盖范围的最大化。例如，公法主体的平等不仅指权力主体之间的平等，还要包括权力主体与权利主体之间的平等，二者能够以平等的法律身份平等参与公共过程[37]；再如，不能将发展狭隘地理解为GDP的增长，而是指经济与社会的协调发展，最终还要通过可持续发展来实现人的全面发展；又如，自由不仅包括合法权益不受侵犯的消极自由，还要包括积极发挥人的潜能的积极自由。

3. 公共治理推动公法利益基础的重塑。

公法制度安排是对公共关系主体利益诉求的一种确认与保障，任何公法体系都只能建立在特定利益基础之上，利益基础如何直接决定着公法体系的姿态。众所周知，由于公共治理是一种由寻求公共利益最大化的公共机构与旨在寻求私人利益最大化的权利主体共同实施的双方行动，这严格区别于管理模式中公共机构为了追求公共利益的最大化而采取的单方行动，因此，如果说将与管理模式相适应的公法的利益基础狭隘地定义为公共利益似乎不无道理的话，那么适应公共治理需要的公法体系的利益基础就必须由公共利益与私人利益二者整合而成，“公法的作用在于平衡公共利益与私人利益”[38]。正因为如此，从管理模式向治理模式的转变，必然带来公法利益基础的重塑：一要淘汰那种将“公共”关系与公共利益机械等同起来的似是而非的利益观念，应将私益纳入公法利益基础之中，兼顾公益与私益并对其加以整合，不能再狭隘地将公法与公益简单地等同起来[39]。与此同时，还要淘汰那种将公共利益及其实现简单地等同于政府实施强制性行为的观念，切合公益分层、多元的实际，确立起一种公共利益的多元化代表和多样化实现方式的多元模式。二要全面理解公益与私益之间的相互依存性，辩证地理解公益相对于私益的优先性以及私益相对于公益的根本性，既要看到公益与私益之间的张力，更要看到二者之间的辩证统一性，尽量以有利于最优配置社会资源、能够实现社会整体利益最大化的方式安排二者之间的转移。三要重点解决社会利益的公平分配问题。对于公法而言，公平分配社会利益，主要问题是公共利益与私人利益的公平分配，根本问题是不同利益群体私人利益的公平分配。四要解决好利益保护问题，在依法授权公共机构行使公共权力保护公共利益的同时，通过赋予权利主体以财产权，以及因公用征收或征用而得到公平补偿、因非法侵害而得到国家赔偿等权利来保护私人利益，对抗和制裁来自其他主体、尤其是公共机构的非法侵犯。由此可见，重塑公法的利益基础，就是要兼顾公益与私益，通过公法提供一个全面反映双方利益诉求、实现社会整体利益最大化、并能够公平分配和有效保护正当权益的制度平台。

（二）公共治理推动公法制度结构的调整

与管理模式相适应的传统公法，其失衡主要体现为公法规范体系的单调与失谐、公法制度结构的封闭与僵化、公法制度变革的国家包揽与制度变革的自足性三个方面；与之形成对照的是，公共治理推动公法转型朝着平衡公法的方向发展，也集中体现在公法规范的多元化与和谐性、公法制度结构的开放性与互动化、公法制度变革路径的民主化与回应性三个方面。

1. 公共治理推动公法规范体系的多元化与和谐性。

其一，公法调整范围因公共治理而得到全面拓展。公法以规范、调整公共关系为己任，公共关系范围的大小直接决定着公法调整范围的大小；而公共关系的出现又以公共权力的存在为必要条件，因此公共关系范围的大小又取决于公共权力运作范围的大小。在公共治理语境中，不仅公共权力主体出现多元化，社会自治组织成为越来越重要的权力主体；而且公共权力运作方式也出现多元化，双向度、非强制性行为方式变得越来越重要。公共权力主体的多样化和运作方式的多元化，直接推动公共关系的多元化和复杂化。无论公共权力的主体是政府还是社会自治组织，也无论公共权力的行使方式是强制性的还是非强制性的，如果得不到公法的有效规制，而仅仅通过私法、或者被排除在法律调整之外，都难免因权力滥用而严重损害公民权益。有鉴于此，在一个奉行法治的国家，公法必然要因公共权力的扩张而水涨船高，这就有力地刺激着公法的全面扩张，以便规范公共权力、保障公民权利，理顺公共关系。由此可见，从管理模式进化到治理模式，公法的调整范围非但没有因国家权力的收缩而缩小，反而因公共权力的扩张、或者由暗变明而大大扩展，从而广泛覆盖三类公共关系：一是因国家强制介入社会而形成的公共关系，二是因国家的非强制性介入而形成的公共关系，三是因社会自治组织的以非强制性为主、辅以强制性方式而形成的公共关系。

其二，公共治理的兴起要求我们反思、修正传统的“法”概念，并推动着公法规范体系朝着“软硬兼施”的方向发展。在很长一段时期内，中国法学界在定义“法”概念时因深受实证主义法学思想、前苏联法理学的影响，认为“法律是主权者的命令”、“法是由国家制定或认可的、体现掌握国家政权的阶级意志的、依靠国家强制力保证实施的行为规范的总和”。正在兴起的公共治理对这些传统概念提出了挑战。面对公域之治实践当中的多元化公共关系，公共治理出现了规范依据的多元化、治理主体的多样化、治理方式的多样化，这些都迫使我们全面反思和修正对“法”的狭隘定义。一则，立法主体应当是多元的。法未必总是由国家制定或者直接认可的，也可以是社会自治组织创制的自治章程；即便是国家立法，也可以存在中央立法与地方立法、议会立法与行政立法等多种形式。二则，应当扩展法的本质。在公共治理模式中，由于法律既有可能是“国家意志”的体现，还有可能反映国家之外的特定共同体的意志——例如社会自治立法，因此法的本质应当从反映“国家意志”扩展为反映包括国家意志在内的“公共意志”。三则，政治色彩应当趋于淡化。对于公共治理而言，法这种社会关系的调节器所调整的未必都是阶级关系，随着利益群体的多元化和社会结构的阶层化，立法经常成为对特定利益群体或者特定社会阶层的正当利益诉求的一种回应，在现行立法中似乎并不存在阶级性问题。四则，应当重新界定法的内涵。公共行为的法制化要以公共组织的制度化为前提，这就意味着法不仅仅是一种“行为规范”，还应当同时是一种“组织规范”，后者由于在传统公法中长期遭到忽视而应成为现代公法制度建设的一个重点。即使对于“行为规范”而言，其所设定的行为模式也未必总是强制性的命令——服从，还可以是非强制性的。五则，法的实现方式应当多样化。尽管我们并不否认来自国家的强制之于法的实施而言经常不可或缺，但公共治理模式要求法的实现方式朝着多样化的方向发展，既要依靠国家强制力，更要诉诸社会组织自治力；既可以由强制力来保证实施，也可以通过协商、契约等非强制性方式实现。命令性或权力性并不是法的全部特征。正因为如此，与公共治理相匹配的公法规范体系应当“软硬兼施”，整个公法规范体系据此可以分为“硬法”与“软法”两种基本类型[40]。其中，硬法主要用来设定强制性公共治理行为方式，例如规制、处罚、强制等，并对违法责任进行明确规定；而软法则侧重于设定非强制性公共治理行为模式，例如建议、指导、协商等，对法律责任规定较为含糊，或者交由当事人约定。相对而言，硬法更偏重刚性管理、制度目标更为确定、更重制约，而软法则更偏重柔性管理、更具弹性和灵活性、更重激励。虽然硬法由国家制定，更多指向国家权力与公民权利关系，更需要依赖强制实施，更多地为法院所适用；而软法则更多地由政府机构与公民协商制定、或者由社会自治组织制定，更多地指向社会自治关系，更多地依靠自愿或者自治，一般无法成为法院直接适用依据。但不能因此将硬法、软法的区分与国家法、社会法的区分混为一谈。我们认为，前一种分类主要遵循行为标准，而后一种分类主要遵循主体标准。事实上，在国家法与社会法、程序法与实体法、组织法与行为法，以及宪法、行政法、刑法、经济法与诉讼法等各种类型的法律规范中，都程度不等地存在着硬、软之分。就当前而言，为了顺应公共治理兴起提出的法律规范的多元化需求，一方面应当以宪法为基础，严格遵循法制统一原则，在主要依靠硬法监督、控制公共权力的同时，为有效解决传统公法过“硬”的问题而全面推进“硬法软化”，将契约精神引进公法，强化公共治理的非强制性倾向，循序渐进地实现公法转型；另一方面为解决社会立法、程序法等因过“软”而产生随意与不确定性的问题，要高度关注“软法硬化”，在硬法的框架内，加大软法的实施力度和适用力，真正发挥其在公域之治的应有作用。

其三，公共治理推动公法规范体系朝着和谐方向发展。与公共治理规范体系的多元化相伴而生的问题是，公法规范体系只有以宪法为基础，严格遵循法制统一原则，力求和谐、协调一致、形成合力，才能推动善治目标的实现。为此，一则应当在加强国家立法的同时，充分发挥社会自治立法的优势。在公共治理模式下，调整公共关系的规则体系不应是清一色的国家立法，由各种社会自治组织行使自治立法权所形成的公法规范，在公法体系中的比例应当越来越大。这就需要打破国家管理模式下立法的僵化格局，要充分发挥自治立法针对性强、专业水平高、民主成分多、协商程度高等优势，授权社会自治组织在宪法与法律设定的框架下创制自治规则。就当前而言，国家权力运作机制比较健全，但有关社会自治组织的产生、运行、监督、责任、绩效评估方面的公法规范明显不足，这就尤其需要强化社会立法，并强化社会立法的规范化。二则应当在完善实体规范的同时，致力于程序规范的创制。一个完整的公法规范体系应当由实体性与程序性两种规范共同构成，二者应当平行发展、缺一不可。不过，为了医治国家管理模式重实体、轻程序留下的后遗症，公共治理立法对于完善程序性规范的要求显得更为迫切。公共治理特别强调公共过程的开放性和公众的广泛参与性，坚信程序正当与实体正义之间的关联性，这就使得以听证为核心的程序性公法规范自然要被委以重任。程序性公法规范只有迎头赶上，才能实现与实体性公法规范的同步发展、协调一致，才有助于共同致力于公共治理的过程正当与实体正义的统一。三则应当在完善制约性公法规范的同时，强化激励性公法规范的创制。在管理模式下，国家要求公众消极服从政府命令，公法主要是一种管理性规范。但公共治理是以公众的广泛参与为前提，谋求公共权力积极效应最大限度的发挥，这就意味着公域之治不仅需要足够的制约性规范来控制公共权力和公民权利的滥用，实现权力的授予与控制以及权力保障与权利救济之间的协调；还需要足够的激励性公法规范来激励公共权力的有效行使，激励公众广泛、深度参与公共过程。除以上三点之外，要实现公法规范体系的和谐化，公共治理还迫切要求解决公法规范体系的两种不协调：一是“中间大、两头小”：行为法发展较快，而组织法发育不完全、监督救济法发展严重滞后；二是宪法、行政法、刑法、经济法、诉讼法等部门公法明显存在着各自为政的问题，应当改变彼此之间的分工有余、合作不足问题，强化其呼应性，只“分工”不“分家”。

2. 公共治理推动公法制度结构的开放性与互动化。

哈贝马斯说过：“科学为之奋斗的目标就是社会解放，是在人与人之间建立一种没有统治的交往关系和取得一种普遍的、没有压制的共识。”[41]与主要依靠高权压制来维持统治秩序的平静的国家管理模式截然不同的是，公共治理模式是开放的、包容的和多元的，它通过开放的公共管理和广泛的公众参与来最大限度尊重主体性和体现主体间性，为国家机关、社会自治组织、公民个人充分发挥其潜能提供平台，谋求能动的公共治理主体之间的良性互动，最大限度地促成公域之治的共识，形成合力，共同致力于善治目标的实现。正因为如此，公共治理就有力地推动着公法制度结构朝着均衡化的方向发展。通过公法制度结构的均衡化来实现平衡公法，主要体现为追求三种意义上的良性互动：一是能动的公法主体之间的良性互动。公法应当采取一种以个体主义方法论为主导、辅之以集体主义方法论的互动主义方法论[42]，在假定所有公共治理主体都是有限理性的能动主体的实证基础上，创制一种公共治理主体能够通过公平博弈实现均衡与共赢的公共治理行为模式。二是公法主体的能动性与公法制度的刚性之间的良性互动。公法应当坚持一种超越于行动决定论与结构决定论之上的“行动—结构”立场[43]，既要承认公法规定具有刚性，公共治理主体的行为选择只能在既定公法框架中进行，不能违背规定、超越其外；也要承认公共治理主体具有能动性，并非只能消极服从规则，其不仅可以在法定范围内自由选择，还可以通过法定程序推动公法制度变革，从而改变现有的制度约束。三是公法与外在社会结构之间的良性互动。一方面，深嵌于社会结构之中的公法，是政治、经济、文化等社会因素综合作用的产物，它不能创造社会，只能适应、顺应、回应外在社会结构的需要；另一方面，公法又可以遵循法治发展规律，通过对政治、经济、文化等社会关系的规范和调整，有力地反作用于社会，从而深刻地影响着社会结构的变迁。

3. 公共治理推动公法制度变革路径选择的民主化和回应性。

其一，公法制度变革路径选择的民主化，要求确立起诱致性制度变革模式的主导地位。所谓民主，在熊彼特看来：“是一种政治方法，即为达到政治—立法与行政的—决定而作出的某种形式的制度安排。”[44]公众能够广泛参与开放的公共管理过程，这无疑体现出公共治理具有高度的民主性。公共治理的民主性，首先体现为公众能够参与开放的公共政策和公法规则的制定过程，然后才表现为公众能够参与开放的公法规制的实施和公共政策的执行过程。治理理念对管理理念的替代，首当其冲的就是淘汰那种只能由公共机构来包揽处理公共事物的观念，取而代之的是一种将公共事物交由公众决策或协商决策的公法观念，在代议制的框架下增加直接民主的成分，或者说在直接民主的基础上发挥代议制民主的作用。由公众通过公共选择的方式来作出公共决策，而非由公共机构一厢情愿地创制公法规则来安排公共关系，这就要求公法制度变革——无论是结构性调整，还是边际性调整——都要改革那种自上而下的、政府主导的强制性变迁模式，而主要采取一种自下而上的诱致性变迁模式，吸纳公众广泛参与，尽量直接地反映民声，使得公法制度安排充分反映民意。公法制度变革主要采取诱致性变革模式，显然并非意味着立法机关放弃立法权而不再是立法机关，而是要强调立法过程的开放性以及公众的广泛参与性，增加制度变革的直接民主。公法变革要形成民主化的路径选择的依赖性，就得逐步确立起诱致性变革的主导地位，为此，一则要求立法信息公开，立法机关应当及时、全面地向公众公布立法信息，为公众参与立法提供前提条件。二则要求立法过程高度开放，通过采用立法听证、征求专家意见、听取公众意见等各种方式，广纳民智。三则要求立法过程成为一个公平博弈的过程，允许相关利益群体之间、公众与公共机构之间进行博弈，并借此形成得到普遍认同的公法制度安排。四则要求立法过程保持透明，公众参与立法的情况，有关公法制度变革的分歧与共识，立法机关依据公共选择作出某种制度安排的事实依据和法律根据等，通常都应当依法做到公开透明。此外，立法机关以及实施和适用法律的其他公共机构，还应当广泛搜集、并依法公布公法制度变革的得失信息，公开制度安排的绩效，以便为公众推进新的制度变革提供信息支持。

其二，公法制度变革要顺应、适应公共治理实践的发展需要，其路径选择就应当具有全方位的回应性。一则，遵循需求导向的公法制度变革以回应公共治理实践的现实需要为己任，不仅要回应公共机构维护公共秩序的需要，更要全方位回应各类群体的利益诉求。[45]二则，伴随着公共关系发展变化频率的与日俱增，再加上公共治理对公法依赖性的不断增强，只有通过越来越频繁的公法制度创新才能满足理顺公共关系、规范公共治理的现实需要，公法制度变革频率加快，公法“进化”全面提速。三则，随着公共治理的普遍兴起，公民的行动空间也大为扩展，不仅具有很多的当观众的“在场”机会，还有更多的当演员的“出场”机会，公共治理为此要求公法提供一个畅通无阻的治理通道。四则，在强调公法制度变革应当整体设计、协调一致的同时，与公共治理相适应的具体公法制度安排的个性化特征越来越明显。与管理模式的简单、粗糙、僵化、大同小异完全不同的是，公共治理要求公法制度安排在遵循基本的公法原则的基础上，视不同公共治理领域的实际需要而制定不同的公法规则，以便与治理主体的多元化和治理方式的多样化相匹配。五则，推动公共治理兴起的一个重要原因就是网络技术的发展，现代社会开始进入一个数字化的信息社会，与公共治理的技术含量越来越高相适应的是，技术因素在公法制度当中所占的比重也越来越大。一方面，公法不能通过放弃道德原则的方式去接纳技术，去扩张其工具理性；另一方面，公法又不能刻板地以捍卫正义、公平、自由等价值为借口拒绝接受技术，机械地维护目标理性，而要通过适当的制度安排实现对公共治理中的工具理性和目标理性的整合。尤其在信息化时代，我们应努力学习，努力掌握信息，努力使信息转化为知识，转化为智慧，进而转化为驾驭公共关系的能力，这关系到公务员以及公民素质的提升问题。

（三）公共治理推动公法机制的重新设计

在平衡论者看来，公法机制内化于公法体系当中，将相关零碎的公法制度串连成一个整体，使之能够协调运作[46]。与传统公法相适应的公法机制存在着重单向控制、轻激励的明显缺陷，这是造成公法制度失衡的另外一个重要原因。有鉴于此，我们应当顺应公共治理兴起的现实需要、对照实现“善治”目标的要求来重新设计公法机制，内在地、整体性地推动公法转型和平衡公法的实现。

概而言之，公法机制设计需要综合考虑公法目标、人性假定、约束因素三个变量。我们认为，与管理模式相适应的公法机制，因其将公共秩序或者统治秩序当作公法目标，在对公共机构作全能的、性善的、利他的行为假定的同时，假定公民是没有自理能力的、性恶的、自私自利的，认为管理者能够制定出有效管理公众的公法制度，故而只能是一种控制机制—以控制公众为主，辅之对公共机构加以某种控制。但与公共治理相适应的公法机制设计，将公法目标设定为通过开放公共过程和吸纳公众参与来最优配置社会资源、并公平分配社会财富，最大限度地实现人的自由和全面解放。为此，对公务人员和公民都要进行统一的人性假定，将其假定为有限理性的经济人；既要考虑到公共治理主体的能动性，又要考虑到治理结构以及政治、经济、社会、文化等外在社会结构的刚性，以便实现二者的良性互动。

大致说来，公共治理模式的兴起在以下两个方面有力地推动着公法机制的重新设计：

其一，在让过分膨胀的控制机制全面缩水的同时，填补控制机制的缺陷。在管理模式中，公法控制机制极度膨胀，控制被当作一把万能钥匙，过分夸大控制的意义，公共机构滥用强制来压制人性恶，不仅将控制当作实现公共秩序的基本手段，甚至为控制而控制，将控制异化为公法目标，导致控制范围过广、控制方式过硬。为此，公共治理模式一方面要求公法机制设计以人为本，尊重主体需求的多样化和资源配置方式的市场化，将逻辑起点由最有效地控制人性恶的发作转变为最大限度发挥人的潜能，将控制当作一种必要的手段，而非唯一手段，更非公法目标，为此全面放松控制，赋予公民以更多的政治、经济、社会自由，规定公民享有更加广泛的权利；另一方面，针对公共机构虽然事实上较公民而言更需要得到有力控制，否则就很容易导致权力滥用，但管理模式下的公法控制机制却片面控制公民、疏于控制公共机构的情形，通过强化对行使公共权力的公共机构的规范和监督，来矫正传统控制机制的重大缺陷。

其二，由于影响公共治理主体行为选择的因素主要来自两个方面：成本与收益，这就意味着公法或者通过控制机制来增加选择成本以免目标落空，或者通过激励机制来增加收益以推进目标的实现。为了实现公域之治的目标，公法尽管需要完善的控制机制，但不能因此陷人“通过控制实现目标”的思维定式，通过建立、健全激励机制来最大限度地发挥公共治理主体的能动性和创造性，特别要注意建立和健全不同形式的协商运行机制，以便为公共治理目标的实现提供一个坚实的平台。为此一方面，要通过绩效评估等方式，激励公共机构积极履行职责，充分发挥潜力，最大限度地为社会谋利、为公民谋自由的积极作用；另一方面，要通过物质和精神刺激，激发公众的政治参与热情，为公共治理提供前提条件。

不难看出，公法机制设计在管理模式与治理模式中遵循完全不同的逻辑：前者试图通过严格控制公共过程的参与者的数量来维护公共秩序，参与者越少就越有秩序，因而公法尽可能压缩、封闭公共过程；而后者则首先是全方位激励治理主体的普遍参与，然后才对参与者加以必要的规范与控制以便实现参与治理的有序性，因而尽可能地拓展、开放公共过程。

参考文献：

①国内行政学者对该词的译法主要有两种：一是俞可平等将其译作“治理”；二是毛寿龙等将其译作“治道”。在日本，有些学者将其译作“协治”。

②英国学者罗伯特·罗茨将治理概念的用法归结为六种：一是作为最小化国家的管理活动的治理，它指的是国家削减公共开支，以最小的成本获得最大的效益。二是作为公司管理的治理，指的是指导、控制和监督企业运行的组织体制。三是作为新公共管理的治理，指的是将市场的激励机制和私人部门的管理手段引入政府的公共服务。四是作为善治的治理，指的是强调效率、法治、责任的公共服务体系。五是作为社会—控制体系的治理，指的是政府与民间、公共部门与私人部门之间的合作与互动。六是作为组织网络的治理，指的是建立在信任和互利基础上的社会协调网络。参见「英」罗伯特·罗茨：《新的治理》，载俞可平主编：《治理与善治》，社会科学文献出版社2000年版，第87~96页。

③例如，有学者认为，以中国为代表的东方传统文化中的人性假定，更多的是从积极的正向方面激励人们，尤其是那些掌握权力的人，通过自我的道德修养，防止政治权力被滥用，并为此进行不懈努力；而在西方文化中，建立在性恶论人性假定基础上的制度安排，主要通过“以权力制约权力”的负向激励来实现权力制衡与法治，这种制度设计的一个问题是有可能因指向防止恶而妨碍对善的追求。参见张玉：《论中西人性预设与社会治理模式中激励制度的建构》，载《学术论坛》2004年第4期，第50页。

④这一点在中国传统的行政管理中表现得尤其明显。例如，在薛澜等着来，中国传统的行政管理有约定俗成的语意界定，特指与政府管理有关，特别是政府中的行政部门对外事务（其中又主要是以行政机关内部事务为主）相关的管理活动。而蔡立辉更是认为我国原有的“行政管理”其实就是政府管理．过分强调直接维护政治统治的工具性作用，忽视对社会公共事务的管理和为社会公众提供公共服务的服务性作用；过分强调管理主体与社会公众关系的不对等性．忽视社会公众对行政活动的参与以及社会公众需求对“行政管理”行为的导向性作用；过分强调管理对社会的制约性，忽视社会和公众对管理主体及其行为的制约和监督，忽视管理过程中公共责任机制的建设与发展；随之而来的便是忽视行政权的制约性、行政活动领域的有限性以及行政行为的依法性，导致行政管理日益凌驾于社会和公众之上。参见薛澜等：《公共管理与中国发展—公共管理学科发展的回顾与前睑》，载《管理世界》2002年第2期，第52页；蔡立辉：《公共管理范式：反思与批判》，载《政治学研究》2002年第3期，第84页。

⑤近期有关政治合法性衡量标准问题的一个深入研究，参见张康之：《合法性的思维历程：从韦伯到哈贝马斯》，载《教学与研究》2002年第3期，第63页以下。

⑥蔡立辉：《公共管理范式：反思与批判》，载《政治学研究》2002年第3期，第76页。

⑦蔡立辉：《公共管理范式：反思与批判》，载《政治学研究》2002年第3期，第76页。

⑧蔡立辉：《论公共管理的特征与方法》，载《武汉大学学报（社会科学版）》2002年第4期，第435~437页。

⑨陈振民：《公共管理的兴起与特征》，载《中国人民大学学报》2001年第1期，第13页。

⑩有学者认为，“管理”理念意味着公共管理者可以依法采取包括私有化、公私合伙和承包等方式，实现公平、关心和责任等管理目标。从管理理念这个逻辑起点出发，公共行政表现出政治色彩淡薄、行政权力主要源于下、行政职能范围由窄及宽、行政组织制度化、行政从业人员职业化、行政方法多样化等。参见杨葱：《统治·管理·治理：公共行政核心理念的变迁》，载《云南行政学院学报》2003年第2期，第40页。

⑪在公共治理理论中，整个社会可划分为三大部门：第一部门是政治部门，包括政府机构、党派组织、司法机关、人民代表大会等；第二部门是企业部门，包括各种单一业主制企业、合伙企业、有限责任公司、股份公司、金融机构等；第三部门是非营利部门，包括各种公共机构、联合会、行业协会、学会等。参见滕世华：《公共治理视野中的公共物品供给），载《中国行政管理》2004年第7期，第93页。

⑫Donald F Kettl&H Brinton Milward, The state of Public Management, Baltimore and London; The Johns Hopkins University Press, 1996, pp. 307—310.

⑬例如，有学者将公共管理定义为政府制定政策，与其他公共组织一起，处理公共事务，提高公共产品和服务的活动。为此出现三种意义上的公共管理：一是政府制定公共政策的活动，二是政府处理公共事务、提供公共产品和服务的活动；三是非政府组织管理。参见薛澜等：《公共管理与中国发展—公共管理学科发展的回顾与前瞻》，载《管理世界》2002年第2期，第52页。

⑭治理理论的实质和核心，是管理的民主化问题，没有民主，就没有现代意义上的治理。推动治理理论产生的一个重要原因，是试图借此摆脱民主的两难困境，优化民主。直接民主虽然能够保证公民参与程度高，但其缺陷也是明显的，这不仅体现为组织困难、成本高昂，很难从城邦市镇发展成为更大规模的共同体，而且还体现为容易导致盲动和狂热，不容易妥协，甚至有可能形成“多数人的暴政”；为了解决这些问题取而代之的代议制民主，却又产生效率低下、反应迟钝、政策失灵、精英主义、技术统治等弊端。治理理论的产生，可以视为突破民主两难困境的一种尝试，也是对传统代议制民主的一种矫正，即在现有的代议制民主的框架内增加直接民主的含量。参见高小平：《实现良好治理的三大基础》，载《中国行政管理》2001年第9期，第18页。

⑮俞可平主编：《治理与善治》，社会科学文献出版社2000年版，第5页。需要指出的是，我们认为不能狭隘地将治理的目标定位为“最大限度地增进公共利益”，而应当是追求社会整体利益的最大化，这是治理模式区别于管理模式的一个重要标志。

⑯Beate Koch Rainer Eising, The Transformation of Governance in the European Union, London: Routledge, 1999, p. 14.

⑰例如，有些学者将公共管理与公共治理等同起来，参见郭春艳：《公共事业政府由政府管理向公共治理的转变——以“计划生育”为例》，载《湛江海洋大学学报》2002年第2期；有些学者将公共管理视作新管理的一种概括，参见薛澜等：《公共管理与中国发展——公共管理学科发展的回顾与前瞻》，载《管理世界》2002年第2期，第52页；还有学学者将公共治理视作政府管理的一种“补充”，参见任维德：《公共治理：内涵、基础、途径》，载《内蒙古大学学报》2004年第1期，第113页。

⑱参阅 Orly Lobel: The renew Deal, Minesota Law Review. Vol89（2）405—406（2004）.

⑲“将经济市民变为国家公民，均衡了他们的利益，使他们的利益获得普遍有效性，于是，国家消解成为社会自我组织的媒介。”［德］哈贝马斯：《公共领域的结构转型》，曹卫东等译，学林出版社1999年版，第11页。

⑳中国共产党十六届四中全会《决定》第一次提出，为了构建社会主义和谐社会，要建立一种健全党委领导、政府负责、社会协同、公众参与的社会管理格局，明确了党委领导核心的地位、政府社会管理的职能、社会组织协同的功能和公民广泛参与的作用。不难看出，这种“社会管理格局”其实就是一种公共治理模式。

㉑李瑞昌：《论公共治理的技术与价值的矛盾》，载《社会科学》2川）3年第3期，第48页。西方公法学者也普遍认为，实现公共治理“善治（good governance）”目标的前提就是政府的“善政（good administration）”。参见 Carol Harlow, Law and Public administration: Convergence and Symbiosis, International Review of Administrative Sciences. Vol71（2）279—294（2005）

㉒梁莹：《论政府、市场与公民社会的平衡—从治理与善治的角度分析》，载《行政论坛》2003年第2期。

㉓俞可平主编：《治理与善治》，社会科学文献出版社2000年版，第11页。

㉔具体而言，合法性是指社会秩序和权威得到自觉认可和服从的性质和状态；透明性是指政治信息的公开性；责任性是指人们应当对自己的行为负责；法治是指法律至上；回应性是指公共活动对公民的合理期待和需求作出反应；有效性是指高效率。参见俞可平：《治理与善治引论》，载《马克思主义与现实》1999年第5期，第39～40页。在后来的研究中，俞可平又增加了一项“稳定”要求。参见俞可平：《治理和善治分析的比较优势》，载《中国行政管理》2001年第9期，第15页。

㉕从管理棋式转向治理模式，一个重要特征就是将市场机制引入公共治理，与此同时，也自然就将市场机制的效率导向、私润最大化导向引入其中。显然，这两种导向容易与公共事务的公共性、公平性、公益性构成冲突，导致公共关系的紧张。为了不使公共治理丢失公共性，公法就必须主张善治，兼顾公平与效率。

㉖张康之：《论不同社会治理模式中的法治与德治》，载《江南社会学院学报》2002年第4期，第42页以下。作者认为统治是权治，管理讲法权力与法治的互动，而治理则是法治与德治的统一。

㉗需要注意的是，公法虽然在形式上是公共治理范围的直接界定者，但在实质上，公法只是对科学技术进步程度、市场机制完善程度、社会自治机制成熟程度、民主政治发达程度等各种决定性因素的一种综

合反映。就此而言，如果将公法当作一个界定公共治理范围的“圆规”，那么决定公法制度安排的外在社会结构则是掌控这只圆规的“手”。

㉘滕世华：《公共治理视野中的公共物品供给》，载《中国行政管理》2004 年第 7 期，第 91 页。

㉙有学者认为，与政府部门相比，非营利组织在提供公共物品和准公共物品方面有着独特的优势：一则，非营利组织不是以企业的利润最大化为目标，而是以某种特定的“宗旨”为导向，这种宗旨是非营利性的，代表一种理念，往往具有很强的公益色彩，从而使非营利组织成为使命感最强的组织，能够把公平与效率有机地结合起来。二则，非营利组织具有极大的灵活性。它既独立于官僚体系，且不同于政府官僚组织结构，是公民志愿参与的自治性组织，与政府运作的等级制权力原则不同，而是实行多样的、灵活的、平等的参与式的组织结构，因而在提供某些公共物品时比政府更具低成本、高效率、灵活多变的优势。三则，它能够把市场机制和社会自治组织力量有效地结合起来，作为一个独立的组织来向公众提供服务，非营利组织可以名正言顺地向公众收取服务费，从而降低政府所投入的总成本，减少政府的成本分摊；非营利组织可以为理想的服务找到捐赠；非营利组织可以降低成本，提高效率。参见滕世华：《公共治理理论及其引发的变革》，载《国家行政学院学报》2003 年第 1 期，第 45 页。

㉚俞可平主编：《治理与善治》，社会科学文献出版社 2000 年版，第 132 页。

㉛相对于政府在公共服务中经常容易缺位、不到位而言，在公共治理中，政府经常容易越位、错位。为此，公法在规范公共治理时更重对公共权力、尤其是行政权的控制；而在公共服务中，更重视对公共权力的激励。

㉜罗豪才：《社会转型中的我国行政法制》，载《国家行政学院学报》2003 年第1期。

㉝有不少学者主张“没有政府的治理”，这是一种表面现象。就全球治理而言，尽管并不存在一种超级政府来安排治理事务，但在治理规则的创制与实施过程中，参与治理的诸主权国家的政府身影却无处不在。就国内公共治理而言，政府在治理规则的创制与实施中更是发挥着其他公共机构与公民都无法取代的重要作用，如果没有来自政府的统筹兼顾，公共治理就很容易陷入无政府主义的泥潭。参见［美］詹姆斯·罗西瑙主编：《没有政府的治理》，张胜军、刘小林等译，江西人民出版社 2001 年版。

㉞有学者认为，善治“是治理方式的最优化实现，也是政治国家与公民社会关系的最佳状态。善治的本质上是因治理可能失败而向政府提出的新诉求，要求政府充当元治理的角色。政府要在制度上提供各种机制．促使有关各方在不同地点和行动领域之间建立功能联系和物质上的相互依存关系，同时，在战略上促进各种自治组织建立共同的远景，从而鼓励新的制度安排和新的活动，以便补充实现治理模式的不足。”杨占营：《治理理论、新公共管理与中国治道变革》，载《探索》2003 年第 3 期，第 38 页。

㉟有学者认为，善治是政府与公民之间积极而有成效的合作，只有当公民能够广泛参与选举、决策、管理和监督时，才能与政府一道共同形成公共权威和公共秩序。显而易见，保证公民享有自由和平等的政治权利的现实机制只能是民主政治。参见俞可平：《治理和善治：一种新的政治分析框架》，载《南京社会科学》2001 年第 9 期，第 43 页。

㊱有学者认为，在网络状的公共治理过程中，政府与其他社会组织组成了一个动态、复杂的网络系统。在农业社会、工业社会等非网络状的社会中，其运转严重依赖于居于核心地位的政府的规划、指导和管制，但在网络社会中，政府只是网络线路的管理者，不再扮演社会中心的角色。政府与其他组织一起构成了相互依赖的组织网络。由于网络状社会中出现的问题具有复杂性特点，从而使单个政府部门解决问题的能力受到了限制，政府必须与网络中其他组织合作才可能有效地回应社会。合作是一种动态的过程，政府可以不断变更网络的线路和挑选合作的伙伴。网络系统的特点是各个成员通过了解，能够在互动中创造出新的解决复杂问题的方法。参见朱德米：《网络状公共治理：合作与共治》，载《华中师范大学学报（人文社会科学版）》加以年第 2 期，第 9 页。从网络的角度来理解政府职能的确是一个有益的视角，但要全面定位政府在公共治理结构中扮演的角色，还应当将政府置于国家与社会、政府与市场这个更加广阔的视野中加以考察。

㊲相对管理时代而言，在公共治理时代强调治理主体的平等性、尤其是权力主体与权利主体之间的平等性，不仅因为平等参与是公共治理前提而显得更加必要，而且还因为信息技术的发达以及权力社会化等而变得更加可能。2001 年 3 月，在意大利那不勒斯召开的第三次全球论坛以“电子政府促进民主与发展”为主题，其中达成的一项共识就是：在政府和公民之间建立一种平等的关系，使全民和企业成为电子政府系统的合作决策者。

㊳参见 Carol Harlow, Law and public administration: convergence and symbiosis, International Review of Administrative Science, Vol 71（2）P. 283（2005）; Peter Cane,

Responsibility in Law and Morality, Oxford—Portland Oregon (2002), pp. 254, 278.

㊴哈耶克曾对此有过尖锐的批评;"那种认为唯有公法服务于公共利益、私法只保护个人私利的观点，乃是对是与非的完全颊倒，因为那种以为只有那些以刻意的方式实现共同目的的行动才能有助于公共需求的观点，实是一种错误的观点"。［英］弗里德利希·冯·哈耶克:《法律、立法与自由》，第1卷，邓正来等译，中国大百科全书出版社2000年版，第209页。

㊵据了解，"软法"这一术语最初出现于国际法，后流行于欧盟，现在加拿大、美国、澳大利亚等国的法律书刊中也日益受到关注。"软法"有多种表达形式，诸如"自我规制"、"志愿规制"、"合作规制"、"准规制"等。目前尚未有"软法"的准确定义，国外有学者将其描述成为一种没有拘束力的准法律规范体系，或者说其约束力在一定程度上弱于传统的"硬法"，或者将其界定为与"硬法"相辅相成的行为规范体系，主要依靠共同体的威信、信誉和舆论来加以保障等。在经济全球化和公共治理的背景下，国外学界与实务界开始对"硬法"与"软法"问题普遍关注。例如，意大利罗马于2004年举办了以"硬法/软法"(Hard Law/Soft Law)为主题的国际研讨会;尤其是在研究欧盟法时，硬法与软法已经成为不可或缺的便捷分析概念。硬法、软法混合理论(theory of hybridity)在欧洲许多国家正在兴起，这预示着民主与法治进一步结合，公共治理更有成效。相关研究信息，参见 Orly Lobel, The Renew Deal: the Fall of Regulation and the Rise of Governance in Contemporary Legal Thought, Minesota Law Review. Vol 89 (2004) (2) pp. 345-347, 388-389. David M. Trubek, Patrick Cottrell, and Mark Nance, "Soft Law," "Hard Law", and European Integration : Toward a Theory of Hybrdity,, www. edu/wage /papers. David M. Trubek and Louise G. Trubek, Hard and Soft law in the Construction of Social Europe: the Role of the Open Method Of Co-ordination, European Law Journal, Vol. 11, No. 3, May 2005, pp. 343-364. Damian Chalmers and Martin Lodge, the Open Method of Co-ordination and the European Welfare State, ESRC Centre for Analysis of Risk and Regulation, Discussion Paper No. 11, June 2003. Linda Senden, Soft Law, Selt-Regulation and Co-Regulation in European Law: Where Do They Meet? Vol 9. 1 ELECTRONIC JOURNAL of Conparativelaw (January 2005), < http: // www. ejcl. org/91/art91-3. html. > Ulrika Morth, Soft law in Governance and Regulation: An Interdisciplinary Analysis (red), Cheltenham: Edward Elgar 2004. http: // www. statevet. su. se/publikationer/morth/-morth-soft-law. htm.

㊶［德］哈贝马斯:《认识与兴趣》，郭官义等译，上海学林出版社1999年版，第201页。

㊷［英］马尔科姆·卢瑟福:《经济学中的制度—老制度主义和新制度主义》，陈建波、郁仲莉译，中国社会科学出版社1998年版，第33~34、38、44页。

㊸［英］G. M. 霍奇逊:《现代制度主义经济学宣言》，向以斌等译校，北京大学出版社1卯3年版，第83页;［法］皮埃尔·布迪厄:《实践与反思——反思社会学导引》，李猛、李康译，中央编译出版社1998年版，第10~15页;于海:《结构化的行动，行动化的结构——读吉登斯〈社会的构成:结构化理论大纲〉》，载《社会》1998年第7期，第47页。

㊹［美］约瑟夫·熊彼特:《资本主义、社会主义与民主》，商务印书馆1999年版，第359页。

㊺在网络状治理过程中，政府的回应性成为评价它的主要绩效指标，与官僚制下的回应模式不同，网络状治理过程中不仅关注到回应的时间，而且还要关注回应的对象及其追求的价值，如公平、公正、服务满意程度等。参见蔡允栋:《官僚组织回应的概念建构评析——新治理的观点》，载《中国行政评论》2001年第2期，第89页以下。

㊻罗豪才、宋功德:《现代行政法学与制约、激励机制》，载《中国法学》2000年第2期。

(《中国法学》2005年第5期，罗豪才系北京大学法学院教授;宋功德系国家行政学院副研究员、法学博士)

认真对待软法

——公域软法的一般理论及其中国实践

■罗豪才　宋功德

引　言

一般认为，“软法（softlaw）”概念这个舶来品，起源于西方国际法学。在学术著述中，软法有多种表述形式，诸如“自我规制”、“志愿规制”、“合作规制”、“准规制”等。①尽管作为概念的软法在国内公法学著述中鲜有提及，但作为现象的软法却在国内公法中早已存在、普遍存在。为了有效地规范公共关系、解决公共问题，各国总要运用各种公共制度资源，存在于政法惯例、公共政策、自律规范、合作规范、专业标准、弹性法条等载体形态之中的软法规范，在公域之治中从来都是不可或缺的。尽管如此，由于公法学者长期以来多半深陷于国家强制力立场之中不能自拔，为司法中心主义所困无法脱身，被片面夸大的形式理性遮蔽了视线，导致软法现象不幸成为公法学研究的盲区。在我国，如果说改革开放前的计划经济体制因为奉行一种国家管理模式，造成公共政策与法律制度刚性十足而难以给软法留下必要的生成与发展空间，公域软法现象故而不太明显，那么自改革开放至今的20多年中，中国的公域之治事实上一直实践着软硬兼施的混合法模式，尤其是伴随着公共治理模式的日渐兴起，软法现象变得日益突出，如果我国公法学仍然一如既往地对软法现象视而不见，那显然是不正常的。我们认为，软法理论研究严重滞后于软法实践发展，这不仅是公法理论体系本身的缺憾，还会严重地制约着公域之治与法治目标的全面实现。有鉴于此，本文先行一步，试图为解读公域软法现象提供一个初步的理论分析框架，以期有所裨益于全面启动并逐渐深化我国公法学上的软法研究。

一、公域软法的特征、功能及其与硬法的关系

法律有硬法与软法两种基本表现形式，其中“硬法”是指那些需要依赖国家强制力保障实施的法律规范，而“软法”则指那些效力结构未必完整、无需依靠国家强制保障实施、但能够产生社会实效的法律规范②。软法的形象因情境的不同而不同。为了更加清晰地展现出法治化语境中的公域软法的基本形象，我们需要暂时撇开公域之治现实中经常不太规范、不够理性的实然的软法制度，而主要从规范的角度去对符合法治要求的应然的软法形象加以描述。置于这种语境之中，软法之所以成其为法，是因为它具有法的基本特征；软法之所以能够独立于硬法，成为法律的一种基本表现形式，是因为它以不同于硬法的方式体现法律的共性特征，并具有硬法所没有的个性特征；软法之所以能够成为法律的一种基本表现形式，并且在公域之中发挥重要作用，是因为它具有独特的规范和调整公共关系的功能；而软法之所以能够与硬法并行不悖、相辅相成，是因为二者在法律逻辑上的错综复杂，在法律功能上的优势互补，在法律规范上的相互转化。

（一）软法的基本特征

软法虽然规范形态各异，法律渊源不拘一格，载体形态称谓不一，但作为法律的一种基本表现形式，软法与硬法一样都具有法律的共性特征，只不过是以不同于硬法的方式去体现公共性、规范性、普适性等共性特征；不仅如此，软法作为与硬法相对的一个范畴，还表现出一些严格区别于硬法的个性特征，诸如制度安排的富有弹性、未必依靠国家强制力保障实施、非司法中心主义、法律位阶不甚明显，以

及载体形态的多样化与文本叙事方式的独特性等。

1. 软法以不同于硬法的方式体现法律的共性特征。

法律这种调整社会关系的独特规范，因其公共性而区别于私人契约，因其普适性而区别于具体行为，因其对权利/义务的配置性而区别于公共决定，因其提出规范性要求而区别于对现实的描述，因其拘束性而区别于政治宣言，因其实施要诉诸外部的公共权力而区别于主要依靠内心谴责的道德规范③。法律的这些共性特征虽然为硬法与软法所共享，但二者各有侧重，软法以不同于硬法的方式侧重反映法律的共性特征。

（1）就法律的公共性而言，软法侧重于反映国家意志之外的其他共同体的利益诉求。法律制度安排是否为了回应公共意旨，这是判断法律是否具有正当性的根本标准。与硬法的公共性集中体现为对国家意志的反映明显不同的是，软法虽然也要反映国家意志，但并不限于国家意志，还要在不与国家意志相抵触的前提下，反映更加广泛的其他共同体的公共意志——当国家意志因硬法而得到充分反映时，软法的公共性就主要体现为侧重于反映其他共同体的公共意志，重点指向政党活动领域、社会自治领域、行业自律领域、公共机构内部自我管理领域，以及公共权力自由裁量领域等公共领域。软法反映公共性的这种特点，必然要求软法的创制主体应当是多样的，否则不足以全面反映各种共同体的利益诉求；软法主体的法律地位应当是平等的，否则不能平等地进行博弈；软法的制定过程应当是开放的，否则不能满足公众广泛参与的需要，不足以形成协商过程；软法的制度安排应当基于共识甚至合意，否则不能满足其正当性需求。就此而言，如果说硬法因其国家意志的血统而自然拥有一种似乎不言自明的正当性，那么软法制度安排则需要通过普遍认同的方式来谋取正当性。

（2）就法律的规范性而言，软法主要侧重于为公共主体的行为选择提供导向。硬法通常不得不忽略具体情境中主体行为选择的细节差异，抽象地设定一套明确的行为模式，要求相关主体为或不为某种行为。与之形成对照的是，软法的规范性主要不在于设定明确的行为模式，而是通过描述背景，宣示立场，确立指导思想，规定目标，明确方针、路线，确认原则，规定配套措施等各种方式，正面要求相关主体为或者不为某种行为，通过为其提供行为导向的方式来施加影响，促使其作出有利于公共目标实现的行为选择。亦即，如果将硬法的规范性比作一种由国家权力保障实施做成的直接通向法治目标的“轨道”，那么软法的规范性则是一种由更加广泛的“软权力”④保证其指向法治目标的“旗帜”，二者之间的区别主要在于对行为细节的关注程度、对行为选择的规范要求的强弱不同。

（3）就法律的普适性而言，软法表现出一种松紧不一、强弱不等的法律效力。法律的普适性就是要求法律在特定情境下得到一体遵行、不允许例外，其实质是维护公平对待、平等适用的法律价值，以维护法律的至上权威。硬法的普适性通常体现为明确规定其时间、空间、对人、对事的拘束力，这四个构成要素在法律文本中缺一不可。相形之下，软法虽然也要通过其普适性来维护公平价值、实现法律效力，但其体现法律效力的方式却非常复杂，这主要体现在四个方面：①时间、空间、对人、对事四个构成普适性的基本要素未必总是齐全，经常会残缺不全；②不同的软法的效力范围的“普适”程度差之甚远，范围大小不等，时间长短不一；③对软法效力范围规定的清晰程度也明显不同，有些因明确列举而清晰可鉴，有些只是笼统规定而不易确定；④与硬法主要依靠国家权力而适用于国家管理范围不同的是，软法的效力范围主要是依靠软性权力而及于更加广泛的公域。

由此可见，软法正是以其独特方式体现着法律公共性、规范性与普适性等共性特征，从而成为法律的一种基本表现形式。软法的兴起，无疑有助于拓展法律的范围，改变传统的“法即硬法”、动辄制定硬法的“泛硬法化”思维定式。

2. 软法具有不同于硬法的个性特征。

如果说软法以不同于硬法的方式体现法律

的共性特征，已经在二者之间勾勒出大致的界线，那么软法具有不同于硬法的典型的个性特征，则更进一步，基本上将二者严格地区别开来。以硬法作为参照物，软法表现出创制方式与制度安排的弹性、实施方式的非国家强制性、实现法律效力的非司法中心主义、法律位阶的不甚明显，以及开放程度更高、更重商谈与论证、规范形态更加多样、法律文本的叙事方式更加灵活等个性特征。

（1）软法的创制方式与制度安排富有弹性。与硬法的创制方式要严格遵循法定程序、硬法的规定必须刚性十足不同的是，软法推崇柔性治理，不同类型的软法的创制方式并非同出一辙，例如法律惯例多半源于约定俗成，公共政策多半要经过多方协商，专业标准多半依靠确认或者认可，自律规范多半属于共同体的“自产自销”，而弹性法条的创制则应遵循法定程序。软法创制方式的弹性，部分是由软法制度变革的路径依赖性造成的，部分是由软法自身制度安排决定的，部分出于快速回应实践的需要。不仅如此，软法制度安排也充满弹性，规定得或者较为笼统，重在兼容并包；或者较为抽象，对行为方式的种类、数量、幅度未加明确规定；或者较为原则，不作具体的权益分配；或者较为模糊，允许出现多种合理性解释；或者较为灵活，给公共主体博弈留有回旋余地与调整空间；或者较为柔和，重在指导与建议，未作硬性规定。当然，软法创制方式与制度安排的弹性，只是相对于硬法的确定性与刚性而言的，这显然并不意味着软法的创制方式与制度安排可以没有规矩地失之随意——如果以道德等其他社会规范作为参照物，软法的刚性则呼之欲出。

（2）软法的实施方式未必依赖国家强制力。关于“法律效力”概念，在学界存在着诸如法律生效范围说、力量说、作用说、约束力说等[⑤]，其中约束力说获得较多认同；在约束力说中，又多持强制性约束力观点。软法的效力结构虽然未必完整，但却富有实效——效力与法律实效是两个不同的概念，诚如博登海默所言：“一条法律律令的效力必须同其在社会制度中的功效区别开来”，二者之间的差异反映出制度安排与法律实践之间的距离。[⑥]与硬法通常明确规定违法责任，并主要诉诸国家强制力来追究违法责任的方式有所不同的是，软法的社会性——依靠社会公权力来实现其所侧重反映的国家意志之外的其他公共意志，决定着软法实施方式未必依靠国家强制性，而主要依靠“软约束力”，这主要体现为其所设定的公共行为方式多为非强制性的，较少详细规定违法责任，一般不会规定诉诸国家强制力来追究责任。大致说来，软法实施方式未必依赖国家强制力，依次包括四层含义：①部分软法目标的实现主要依靠社会舆论、道德自律、内部监督、同行监督等产生的社会压力，来迫使爱惜声誉的公共主体自觉遵循软法制度，而无需依赖专设的国家机构来专门组织实施；②部分软法目标的实现主要依靠融入软法制度之中的激励机制，借助利益诱导的力量，因势利导，无需动用强制方式即可推动公共目标的实现；③部分软法目标的实现虽然需要依靠强制性，但其动用的既非直接的国家强制力，也非国家授权产生的间接的国家强制力，而主要是一种社会公权力，例如社会组织依据自我管理的权力来对其违反规定的成员施加处分[⑦]，这些内部违法责任与强制方式多半表现为剥夺其成员资格、限制其行为能力等，这种社会强制之于自我规制或者共同规制目标的实现而言[⑧]，无疑非常必要；④部分软法目标的实现主要仰赖于国家权威或者国家强制力的权威，通过软法制度与硬法制度之间，以及社会权力与国家权力之间的复杂关联性，依靠来自硬法的、国家强制力的某种暗示或者影响，来促成软法目标的实现。

（3）软法效力实现的非司法中心主义。硬法实现其效力的基本立场就是坚持司法中心主义，即由法院或者代议机关等遵循司法程序，适用宪法或法律来裁决法律纠纷，因此硬法通常都要具有司法适用力，如果一种制度得不到司法认可、不能成为法院判案依据，就不足以成为硬法。软法效力的实现方式则与硬法迥然不同。尽管软法并不否认司法适用的意义，并不绝对排斥司法适用，有时也会以一种法律事实的身份进入司法程序，甚至有可能因司法适用而成为裁判依据，但软法并未据此就将司法适用当作其实现效力的唯一方式。大致说来，软法效力的实现方式主要有三种：①因法院的适用而成为定案的法律依据⑨；②通过法院之外的其他化解纠纷的公共机构的适用而成为裁判依据，例如人大常委会实施的法律监督；③因政党组织、社会自治组织等内设监督救济机构的适用而实现规范效力。不仅如此，与结果导向的硬法主要依靠事后的强制实现明显不同的是，软法更重过程导向，其效力实现的重点被置于"实施"而非"适用"环节，软法主要依靠定期报告制度，以及工作组的检查、评估、公告制度等，通过实现公共关系内部信息的外部化来弱化公域中的信息不对称，降低公共机构或者公民实施机会主义行为的概率，达到规范公共关系的目的。

（4）软法的法律位阶不甚明晰。在法律理论上，通常将公共机构的行为假定为代表国家意志，由于不同的公共机构被授权代表高低不同、宽窄不一、强弱不等的国家意志，因此不同的公共机构所制定的硬法就会呈现出不同的法律位阶，诸如法律、法规、规章等。与硬法反映的国家意志主要是一种上下的纵向关系不同的是，软法侧重反映的其他公共意志之间主要表现为一种横向的平行关系，多半是平等的，难分上下，不同软法规范之间的法律位阶时隐时现，比较模糊。这主要表现为：有些软法规范之间的位阶差异比较明显，例如具有隶属关系的上下级政府就同一主题制定的公共政策；有些软法规范之间的位阶差异不太显著，例如不同层级的法院制定的自律规范；有些软法规范之间的位阶模棱两可、不相上下，例如不同的行业协会针对同一事项规定的行业标准；而有些软法规范之间则基本上不存在位阶问题，例如不同的法律惯例之间。硬法与软法在法律位阶方面的差异，决定着硬法体系与软法体系内部法律规范排列方式的不同：如果说硬法体系内部法律规范的排列方式是以纵向为主、横向为辅，那么软法则恰好相反，是以横向为主、纵向为辅。

（5）软法的制定与实施具有更高程度的民主协商性。法律的正当性在于反映民意，而法律制度中的民意的多少要取决于民主协商程度的高低。⑩硬法虽然也重民意，但由于间接的民主协商机制很容易为直接行使公共权力的公共机构的意志所遮蔽或者弱化，再加上其高高在上，置身其外，难免缺乏针对性，从而容易与鲜活的公域实践产生隔阂。相形之下，由于OMC（Open Method of Coordination）这种开放协商机制（Coordination一词有协调、协商等意思，这里取其协商之义——作者）构成了软法行动结构的核心，因此民主协商性在软法的制定与实施过程中能够得到更为充分的体现。一则，软法的制定与实施主体更加多样，作为特定利益群体代表的非政府性公共组织所占比例较高，能够直接体现更加广泛的民意。二则，制定与实施过程更加开放，向公众开放，向相关利益群体开放，向各种利益诉求开放，向各种信息与智识开放，向各种意见与建议开放。三则，更重商谈论证与合意性，软法的创制、实施、解释、适用过程基本上是一个强调双赢的博弈过程，注重对话与沟通，强调共识与认同，能够最大限度地基于合意作出公共决策。正是由于软法更加注重开放，并全面实践开放，因此软法的崛起与公共治理模式的兴起之间就必然相互强化。⑪

较硬法而言，软法除在实质上具有以上六个显著的个性特征之外，在形式上还有两个明显的个性特征：一是软法的规范形态更加多样。在政法惯例、公共政策、自律规范、合作规范、专业标准、弹性条款等六种基本类型当中，又有诸多具体表现形式，诸如纲要、章程、规程、守则、示范、指南、意见、建议、规定、条例等。二是软法的规定形式或者叙事方式明显不同于硬法，它经常比较完整地交待创制背景、制定依据、所持立场、指导原则、基本要求、行为导向、配套措施、保障措施等，软法文本的这种逻辑构造显然与硬法大相径庭。此外，软法的颁布方式与施行机制也与硬法存在显著差异。

（二）软法的主要功能

软法之所以能够在公法体系中拥有一席之地，独立于硬法而存在，主要归功于其独特的法律功能，它不仅以不同于硬法的方式体现法律的基本功能，而且还通过弥补硬法不足与引领硬法变革等方式来推动公法制度结构的均衡化，并依靠其协商性来推动公共治理模式的确立，依靠其实效性来强化法律权威，依靠其经济性来节约法治与社会发展成本，进而推动公域之治与法治目标的全面实现。

1. 软法以不同于硬法的方式体现法律的基本功能。

作为社会关系的调节器，法律的宣示、指示、评价、预测、惩罚等基本功能，在硬法与软法中并非平分秋色，软法要以不同于硬法的方式体现这些功能。一则，软法与硬法的功能定位各有侧重，例如硬法更重制裁与惩罚，而软法更重宣示与评价；硬法更重命令与规制，而软法更重教育与引导。二则，软法与硬法从不同的侧面展示同一种法律功能。以指示功能为例，在硬法中主要体现为通过命令来强迫主体作出某种行为选择，而在软法中则主要体现为通过建议来影响其行为选择。三则，对于同一种法律功能，软法与硬法的功能定位于不同层面。例如，硬法与软法事实上同具有惩罚功能，但硬法中的惩罚主要是外部的、直接的、有形的、物质上的，而软法则主要是内部的、间接的、无形的、精神上的。四则，对于同一种功能，软法经常以不同于硬法的机制去实现。以评价功能为例，二者在评价主体、评价程序、评价结论、评价后果等方面存在着显著差异，硬法对主体行为的评价机制主要是官僚性的与封闭性的，评价结论具有法律效力，有可能引起国家的强制执行；而软法的评价机制则多为民间性与开放性的，评价结论未必具有法律效力，也未必能够引起国家强制。

2. 软法可以弥补硬法不足，推动公法结构的均衡化。

就当前而言，公法对公共权力的规范与监督、对公民权利的维护与拓展，主要依靠硬法提供一个刚性的制度框架，软法主要通过弥补硬法的不足而起辅助作用。不过，这种“弥补”并非只是拾遗补缺。一是对硬法的补充。软法对硬法的补充体现在硬法创制与运行机制的全过程——在硬法创制之前，特定领域的软法不仅能够弥补硬法空白，而且还能作为试验性立法来为硬法的创制积累经验，具有制度试错意义；在硬法制定过程之中，软法能够补充硬性的立法法之不足，规范硬法创制活动；在硬法颁布生效之后，软法通过后续立法与法律解释等方式来补充硬法；在硬法实施过程中，软法不仅能够通过量化与细化等方式以增强硬法的可操作性，还可以通过推动公共主体“内化”硬法的方式来提高硬法的实效；在硬法的适用过程中，各种司法惯例、判例、流行的法律原则等，对硬法的适用产生深刻影响。二是对硬法的导引[12]。在现实的法律世界中，硬法其实只是软法海洋中的一些分散的岛屿。软法如同一个大而无形的磁场，从程序与实体两个方面悄无声息地导引着硬法实践，有力地强化着硬法的问题导向、需求导向、民主导向、实效导向，从而深刻地影响着硬法的品质与绩效。

我们认为，如果普遍存在的软法是理性的，那么软法就不仅因其作为公法体系的一个必要的组成部分而在公法的均衡化中不可或缺，而且还能通过对硬法的补充与导引来有力促成公法的均衡化。公法的均衡化，在形式上反映为公法规范体系的完备和匀称，在实质上则体现为公法制度结构的良性互动——公法制度与外在社会结构的互动、刚性的公法制度结构与能动的公法主体之间的互动，以及能动公法主体之间的互动。软法不仅因其自身品质而从这三个方面推动公法的均衡化，而且还通过对硬法的补充与导引，将其推崇互动过程与崇尚自愿服从的偏好与品质传导给硬法，从而使得硬法制度安排更加重视衔接与呼应，更加贴近公域实践，更加清晰地感受社会脉搏的跳动，更加重视民主协商机制，从而加快推进公法的均衡化。

3. 软法有助于强化法律的正当性，提高法律实效。

在一个充满不确定性、多元利益关系冲突频繁、信息不完全的现代社会，仅仅依靠硬法显然不足以满足人们对规则的依赖、对秩序的需求和对正义的渴望。尤其当部分硬法束之高阁、而软法又普遍地游离于法治之外时，法律至上的权威就不得不大打折扣。而理性的软法的兴起，能够通过强化法律的正当性来提高法律实效，之所以如此，是因为法律一贯被当作民意的反映，其正当性基础就是共识、合意与自愿服从，如果说主要作为代议制产物的硬法只具有“拟制”的正当性，那么主要作为协商民主产物的软法则具有真实的正当性，“软法指的是一套没有中央权威加以创设、解释和执行的规则”[13]。大致说来，软法的正当性主要体现在以下几个方面：（1）体现为制度形成过程中的共识。软法部分地源于约定俗成，是相关主体共同实践行动的结果，能够得到一体认同；部分地源于开放性的创制，相关利益主体皆可在双向互动的协商机制中各陈己见，表达其利益诉求，通过多方博弈形成一种基于共识甚至合意之上的制度安排。（2）体现为制度实施过程中的共识。能够回应多种利益诉求的软法，其实施并不依赖国家强制力来保证，而主要运用一种自愿机制——或者是利益诱导下的自愿服从，或者公民美德支配下的自觉服从。“秩序并非一种以外部强加给社会的压力，而是一种从内部建立起来的平衡”[14]。（3）体现为法律过程的逻辑性。在硬法的运行机制中，创制主体、实施主体、适用主体与遵守主体四者之间经常泾渭分明，而在软法的运行机制中，这四种类型的主体经常高度重合，这显然有助于避免法律的正当性因在多元主体之间的复杂传递而遭到流失的问题，减少运行机制的梗塞。

作为公法的组成部分，软法的兴起不仅因其与生俱来的属性而直接提高法律的正当性，而且还因其对硬法产生的示范意义，以及对硬法创制与实施产生的深刻影响，推动着硬法正当性的提高。法律的正当性与实效之间是正相关的，一旦整个公法的正当性基础因软法的兴起而得以普遍强化，这同时也就意味着法律效力与实效之间的差距有可能大大缩小，从而使得法治精神得以普遍张扬，法律至上的权威得到广泛推崇，法治的疆域得到有力拓展。

4. 软法能够降低法治与社会发展的成本。

用推崇法律至上的法治代替人治，固然有多种正当性理由，其中一个最重要理由就是能够对主体行为选择提供更确定的预期，从而有利于降低整个社会的交易费用，进而优化社会资源的配置——科斯定理已经精辟地揭示了这一点[15]。在从传统的“熟人社会”转变为现代的“陌生人社会”、而信息传递技术又不太发达的情况下，诸如惯例等软法制度在节减交易费用方面的作用曾经一度受到限制，而以命令—服从为主导的硬法，的确在信息不对称的情况下有助于节减社会交往的交易费用，但不能因此就似是而非地认为硬法万能。事实上，一则由于网络技术的发展带来了信息搜索与传播技术的革命，导致软法因其实施机制的发展而释放出更强的生命力，这就在一定程度上弱化了对硬法的需求；二则由于运行成本高的硬法，看起来节约了谈判成本，但有可能刺激更大的法律规避与对抗成本的产生，因此其节减交易费用的效果未必理想。

在这种情形下，软法的普遍兴起能够从正反两个方面推动社会交易费用的节减，降低法治与社会的发展成本。一则，如果将软法排除在法律范畴之外，那就不能对其提出法治化要求，软法难免就会因其理性不足而与硬法发生冲突。不同软法之间以及软法与硬法之间的摩擦，无疑要耗费大量的社会成本。有鉴于此，如果将软法视作法律的一种基本形态，进而对其提出法治化要求，这就会为节约社会成本提供基础。二则，在软法的调整领域内，软法因其制度变革的回应性、创制过程的协商性、制度安排的合意性、实施方式的温和性等，能够以较低的创制、实施与遵守成本，理顺公共关系。需要注意的是，软法的协商性似乎增加了谈判成本，但“磨刀不误砍柴工”，基于共识形成的法律的运行成本要低廉得多。三则，硬法依靠软法的补充和引导，能够朝着创制过程更重协商、制度安排能够得到更多认可、实施更加到位、适用更加公正、法律实效更高的方向发展，这不仅显著降低硬法的创制与运行成本，而且大大弱化法律规范——尤其是软法与硬法之间的冲突与对抗，从而有助于降低法治与社会发展成本，实现法治化与社会建设的低成本、高效益。从这个角度看，软法的兴起对于构建和谐社会、建设节约型社会与节约型政府而言，显然有重要意义。

5. 软法能够促成公共治理模式的兴起，推进民主政治进程。

有目共睹的是，在经济全球化、政治民主

化、经济市场化的时代背景下，由开放的公共管理与广泛的公众参与整合而成的公共治理模式，正在取代传统的公共管理或者国家管理模式，日益发展成为公域之治的主导性模式，这种趋势不可逆转。软法与公共治理的内在关联性，集中体现为“软治理”与软法的形影不离。在统治模式下法律是硬的，而在治理模式下法律则是软的[16]。与传统管理模式不同的是，公共治理不可能纯粹地建构于硬法之上，只能软硬兼施、刚柔相济。因此，公域之治的转型过程，在很大程度上就表现为一种由单一僵化的硬法体系向软硬交错的混合法体系进化的过程，这就迫切需要软法的崛起以填充从国家管理向公共治理转型所形成的法律空白。

大致说来，软法主要从以下几个方面直接推动公共治理模式的确立：首先，软法侧重于体现社会公共性，关注多元利益诉求，倚重协商民主，推崇认同、共识与合意，软法与公共治理的价值取向和功能定位的异曲同工，决定着软法的兴起将会建构并巩固公共治理的基础。其次，较公共管理尤其是国家管理而言，公共治理的崛起导致公域范围得以显著拓展，复苏或者扩展了社会权力，而要防止社会权力的滥用进而蜕变成为社会专制，就不可能完全指望硬法，需要与其匹配的软法，来水涨船高地规范社会权力，以免留下法治真空。最后，与硬法的创制与运作机制比较刻板不同的是，软法是经由多元主体博弈而成的，不仅创设出多样化的行为方式，而且其实施也未必依赖国家强制性。正是由于软法全面回应了公共治理模式推崇主体多元化与行为方式多样化的内在需要，因此在创制公共治理的多元行动结构与推动“善治”目标的实现方面，具有重要意义。在此基础上，我们还可以更进一步，获得一种对软法与公共治理模式之间的相互依赖、相互强化的关系的更全面的理解：一方面，软法的兴起不仅从理念与意识上，更是从制度上直接推动公共治理模式的确立，从而为公共治理提供了部分法律依据；另一方面，公共治理的兴起对法律调整提出了全新的要求，尤其是在规范和保障公众参与公共治理的规范需求方面更是空前高涨，这就为软法功能的充分展现提供了平台，刺激着软法的发展。

众所周知，公共治理相对于公共管理与国家管理而言，无疑要在更广的范围内，更深的层次上，以更加多元的方式，更加全面地反映民主诉求，或者说，公共治理对民主的依赖更加严重。就此而言，软法促成公共治理模式的确立，其实质就是直接推动政治民主化。不仅如此，由于软法的存在能够有效地规范社会权力，防止社会权力的滥用，防治社会专制的出现，因此软法的兴起过程，同时还是一个对政治民主化加以规范与引导的过程。

6. 软法有助于推动法治目标的全面实现。

法治社会是一个崇尚法律权威的社会，各种社会共同体只有遵循法律才能实现有序、和谐。当然，服从法律并非意味着只服从硬法，还要遵循各种符合宪政精神与法治原则的软法。软法的崛起要求我们告别将法治化过程理解为创制、实施与适用硬法的机械过程的狭隘观念。我们并不否认硬法是实现法治目标的基础，但单靠硬法显然无法胜任“全面”实现法治目标的重任，法治目标的全面实现有赖于硬法与软法的优势互补，形成法治合力。

一则，软法的崛起使得法治领域更加全面。法治领域是一个受制于法治精神与法治原则的社会领域，软法的崛起，将长期以来局限于硬法调整对象的法治精神与法治原则解放出来，延伸至软法规范的社会领域，从而使得法治领域得以全面拓展，使得过去因遭拒之于法律门外得不到法治精神熏陶的软法及其调整领域，不再游离于法治之外。二则，软法的崛起使得人们不再消极、机械、片面地理解法治目标，而是更加积极、能动、辩证地领悟刚性的法治目标与弹性的法治化之间的关系，主观满意与客观最优之间的关系，以及诸如秩序与自由、公平与效率、公益与私益等不同法治目标之间的辩证关系。三则，法律制度资源配置因软法的崛起而得以优化，规则之治的功能也因软法的崛起而得以全面发挥。软法的崛起，有力地松动了规则之治即硬法之治的传统理解，认识到法治不仅是硬法之治，同时还应是软法之治；硬法与软法在法治化过程中应当并行不悖，各展其长、各得其所。四则，法治化的过程与方式更加全面。软法的兴起，意味着法治化不再单纯依靠命令—服从，不再完全指望国家强制，而是寻求更加多样化与更加开放性的治理方式，强制性与非强制性并行不悖，国家管理与公共参与相辅相成。

由此可见，软法的崛起有助于我们在更大范围内激发公众参与热情，运用更加多样化的公共制度资源，诉诸更加合理的方式，集中更多的民意与民智，全方位地推动法治目标的全面实现。

（三）软法与硬法的关系

在不同的语境下，软法与硬法的关系呈现为不同的姿态。出于为后文中国公域软法的实证研究提供一个理想的评判标准的考虑，我们在法治化语境下，从规范意义上探讨软法与硬法之间的应然关系。大致说来，软法与硬法关系主要呈现为法律逻辑上的错综复杂、法律功能上的优势互补、法律规范上的相互转化三种基本形态。

1. 法律逻辑上的错综复杂。

对于一个完整的法律体系而言，无论它由多少种要素构成，彼此之间都应当力求衔接与呼应，力戒自说自话、各自为战，都应当做到逻辑自洽、有机统一，否则就难免四分五裂，不复是一个统一体，并因制度内耗而致法治目标落空。就此而言，尽管我们在进行理论研究时可以按照规范属性的不同而将整个法律体系一分为二，抽象出软法与硬法两个理想类型，但作为构成法律体系的基本元素，二者无论在法治理念还是制度安排上，都应当是彼此独立而不孤立、分工但不分家，唯有如此才能形成一个有机的法律体系。

在逻辑层面上，软法与硬法的关系主要体现为以下几种基本形态。(1) 在宏观的与抽象的层面上，整体性的、作为理想类型的软法与硬法二者之间基本上是一种并列关系，各自都是独立的法律范畴，不是主从关系，既不存在软法因硬法的强制性而依附其上的现象，也不会出现硬法因为软法的实效而退居其次的问题，二者或者在不同的领域内，或者在不同的层面上，或者是运用不同的方式来规范特定公共关系，可以并行不悖。(2) 在微观的与具体的层面上，作为具体的法律制度的软法与硬法，二者在规范、调整特定公共关系时，呈现出错综复杂的逻辑关系：或者是主从关系，例如法律与其实施细则；或者是并列关系，例如法律的羁束条款与自由裁量条款；或者是依存关系，例如专业标准与技术规范；或者是规定的详略不同，例如法律规则与法律原则；或者是法律文本意义上的包容关系，要么是典型的硬法文本中含有软法条款，要么是典型的软法文本中含有硬法条款[17]。

软法与硬法二者之间错综复杂的逻辑关系，一方面要求我们应当对软法与硬法进行分工，这种分工不仅应当力求合理，以便各展所长；而且应当力求精细，以免出现二者的错位、越位、缺位与不到位的问题。另一方面，要求二者都应当服从同一个宪政框架、遵循共同的法治原则、崇尚相同的法治精神、服从同一种法治目标，形成一个统一的法律体系，如同正反两面共同构成一块硬币。

2. 法律功能上的优势互补。

寸有所长、尺有所短。法律作为社会规范体系中的一种，尚且无法万能，更不用说软法或者硬法这种具体的法律规范形态了。硬法或者软法二者各自的功能皆非没有边界，都存在着力不能及的问题。在规范、调整公共关系时，硬法或者软法各自优势的反面就是其劣势，皆集优劣于一身。

我们认为，刚性有余、弹性不足的硬法与灵活性有余、稳定性不足的软法，二者之间具有多种意义上的互补性：硬法通常反映国家意志有余，对社会意志的反映不足；而软法则经常在侧重于反映社会意志时，有可能疏于体现国家意志。硬法通常维护公民的消极自由有余，推动积极自由不足；而软法在拓展积极自由空间时，又经常在保障消极自由方面缺乏力量。硬法通常规定纵向的法律位阶有余，对横向的规范沟通的要求不足；而软法则在强调规范间的协同性时，又容易忽略法律位阶这个确保法制统一的基础。硬法通常重视法律创制与实施的过程导向有余，对法律绩效的重视不足；而坚持结果导向的软法，则经常存在着明显的形式理性缺憾。硬法通常关注公共管理有余，对公共服务的关注不足；而软法则在展现其提高公共福祉方面的长处时，又经常暴露出在维护公共秩序方面的力不从心。硬法通常在规定权力/权利的制约方面有余，对权力/权利的激励不足；而软法则经常在侧重于通过激励影响主体行为选择时，对权力专横与权利滥用显得束手无策。硬法容易迷信单向的命令—服从模式，对双向互动的意义与自觉服从的可能性认识不足；而软法则经常因其过分强调民主协调机制，从而造成公共决策的迟缓以及实施的拖延。硬法通常在诉诸国家强制力保障实施方面有余，对非强制性措施的信任不足；而软法推崇的非强制性措施又往往因其不确定性，而无法保证法律预期的全面兑现。硬法通常在张扬国家权力的主导性方面有余，对公众参与和社会协同的规定不足；而软法则在侧重于创制一种开放和平等博弈场域时，有时会构成对国家权力正常发挥的限制。硬法通常直接授权公共机构干预社会有余，对利用公共权威影响行为决策的规定不足；而软法目标的实现不仅要依赖源于社会舆论的公共权威以及精神强制，还要分享强制性公共权力的权威。硬法通常对法律效力的强调有余，对法律实效关注不足；而软法则经常因为过于强调实效，从而有可能造成对法律效力的轻视。硬法通常服从法律惯性有余，对现实的回应性不足；而软法则经常因为过于强调对现实的快速反应，反而有可能损及法律体系的逻辑性、体系性和稳定性。硬法过于强调规范的抽象性、纯粹性、精英化，不利于让公众产生一种亲切感和亲和力；而软法则过于彰显规范的具体性、针对性、平民化，也难以确立起公众对法律的神圣感与敬畏感。不难看出，软法的柔性、回应性、灵活性、协商性、互动性、共识性、亲和性、自觉性、经济性等，既是其优势，又是其劣势；同样，硬法的刚性、确定性、可预期性、普适性、单方性、强制性、权力性等，也既是其优势，又是其劣势。在硬法与软法之间，存在着明显的互补性：硬法之长通常是软法之短，而软法之长也往往是硬法之短，二者相辅相成，在法律体系中取长补短，在法律实践中并行不悖，缺一不可。正因为如此，我们应当立足于法治发展的现实需要，结合软法与硬法的自身长短属性，按照法律调整的边际效益原理，在不同领域、不同层面、不同阶段上理性界分软法与硬法的调整对象，以便建构起一种体系完整、结构匀称、功能齐全、富有实效的公法体系，实现软法与硬法的刚柔相济，避免以柔克刚与以强凌弱，做到扬长避短、各展其长，软硬兼施、各得其所，以便最大限度地发挥公法的规范和调整功能，推动公域之治与法治目标的全面实现。

3. 法律规范上的互相转化。

作为一个有机的法律体系的两个组成部分，软法与硬法之间的彼此渗透、水乳交融、相得益彰，集中体现为二者在法律规范上存在以下三种意义上的相互转化：

（1）法律规范类型的相互转化。例如，政法惯例可以转化为硬法的成文规定，而相沿成习的硬法规定也可以演变成为一种法律通例；作为软法的法律原则可以细化为硬法规则，而通行的硬法规定又可以上升为某种法律原则；公共政策能够通过法定程序转化成硬法规定，而硬法规定又可以衍生出另外一套公共政策；法律对公共机构与公务人员的硬性规定直接成为公共机构的自律规范，而自律规范通过法定程序也可以转变成为硬法规定。

（2）法律规范形成时间的先后不一。先因后果的因果关系是解释社会现象最重要的分析进路。虽然特定的硬法与软法之间有可能存在某种因果联系，但宽泛地说，这两种类型的法律规范的产生经常并不存在严格的时间先后关系，二者经常发生转化。在有些场合下，软法可以早于硬法出现，或者作为为硬法制定积累经验的试验性立法，软法的意义在于制度试错；或者作为为硬法制定营造共识、创造条件的先导性立法，曲径通幽的软法在此扮演着“特洛伊木马”的角色[18]，能够将硬法创制过程中的分歧转化为一种更加温和的制度安排[19]。但在另外场合下，硬法也可以早于软法出现，后于硬法制定的软法或者作为一种后续性立法，例如先制定标准化法、后制定专业标准；或者作为一种解释性立法，例如先有硬法文本、后有相关的行政解释与司法解释；或者作为一种执行性立法，例如先有法律、法规的出台，后有各部门、各地方制定的大量的行政规范性文件。

(3) 法律规范调整对象的相互转化。不同的法律规范之间的关系，集中体现为调整对象上的界分。大致说来，硬法侧重于建构一个公域之治的基本框架，对公共行为提供一种底线上的限制；而软法则据此提出更高的要求，激励公共主体作出更加理性的行为选择。具体而言，硬法与软法调整对象的相互转化，主要发生在两种意义上面：①调整的公共领域指向上的相互转化。既可以将以往由硬法调整的公域转成软法调整，例如从政府规制转变为自我规制；也可以将曾由软法调整的公域转换成硬法调整，例如将自我管理电子空间纳入政府规制视野。②规范的公共关系层面指向上的相互转化。软法与硬法之间的分工经常并非指向不同的公域，而是指向同一领域的不同层面，这种调整层面上的各有侧重会经常发生转换。以规范公共服务为例，伴随着政府从全能转向有限，如果说硬法主要转向从宏观层面上规范公共服务，那么对微观层面的规范就主要转交给以行业自律规范为主体的软法。

硬法与软法在法律规范意义上的相互转化，加剧了二者关系的复杂性。在多数情形下，软法是在硬法提供的框架下规范和监督公共权力、保障与拓展公民权利。但是，在有些情形下，硬法却又是在软法提供的语境下进行制度安排。例如，在坚持计划生育这项基本国策的语境下制定硬法制度[20]，在坚持可持续发展的原则下建立健全环境保护硬法制度，在坚持依法行政的原则下制定行政强制法等。不仅如此，相互渗透的硬法与软法还有可能在法律理念、制度安排与机制设计上相互传染，从而在导致软法通过“硬化”来增加其形式理性与确定性的同时，也导致硬法通过“软化”来强化其协商性与互动性。

通过以上我们对硬法与软法基本关系的粗略考察，不难发现二者之间具有相辅相成、互相依赖、互相强化、优势互补、相互转化等特点，软法与硬法据此并行不悖，形成一种相互渗透、彼此介入的良性互动关系，共同建构起一种规范公共生活的公共场域。不过，需要特别注意的是，硬法与软法的这种关系只是一种法治化语境中的应然图景，而未必就是一种事实，事实其实往往并非如此。从实然的角度观察，我们不难发现软法与硬法的关系经常表现出两面性：既相辅相成，又互相抵牾；既优势互补，又劣势同现；既互相强化，又彼此削弱；既取长补短，又互相掣肘；既良性互动，又恶性循环。公域之治中硬法与软法的关系不顺，无疑要导致法律之治绩效的大打折扣，并殃及公域之治与法治目标的全面实现。正是由于二者关系在公法现实中的两面性，才迫切需要我们在全面解读软法现象、深刻理解硬法与软法关系的基础上，对症下药、因势利导，推动软法的优化，提升软法的理性品质，推动法治合力的形成。

二、中国公域之治对软法的倚重

我国虽然缺乏法治传统，但法制传统却可谓源远流长。在公域之治中，软法不仅早已存在，而且普遍存在，长期以来一直发挥重要作用。最近 20 多年，我国通过持续不断的立法活动创制了大量的规范、调整公共关系的硬法规范，从无到有地建构起一个以制定法为主导的公法体系。尽管如此，日积月累的软法规范在我国公域之治中的作用却并未出现衰减的迹象，各种新增的软法规范反而层出不穷，从而在事实上形成了一个普遍存在、无处不及的软法体系。我们可以形成这样一种基本的判断，即默默无闻的软法在我国公法体系中其实属于“沉默的大多数”，我国的公法规范的体系结构呈现出一种硬法“岛屿”为软法“海洋”所包围的基本格局。

(一) 软法广泛而深刻地分布于公域之中

通过对我国公域之治的软法的考察，我们发现软法主要通过以下四个方面广泛而又深刻地分布于公域之中：

1. 在横向上，软法广泛覆盖政治、经济、社会、文化等各个领域。

关于这一点，可以通过两个方面获得印证：其一，任何一种软法的基本类型都能够见之于各种公域。我们不妨以公共政策当中的“纲要”为例来证明这一点。一则，纲要早已有之。例如，政务院早于 1954 年就颁布过《国营企业内部劳动规则纲要》。二则，纲要的制定主体具有中共中央、国务院、各部委、地方政府、非政府组织等多样性。例如，中共中央颁布《公民道德建设纲要》（2001 年），国务院制定《中国农村扶贫开发纲要（2001—2010 年）》（2001 年），国务院颁布的、由国家发展和改革委员会、国土资源部、国家海洋局共同组织制订的《全国海洋经济发展规划纲要》（2003 年），国务院办公厅颁布的《中国食物与营养发展纲要（2001—2010 年）》（2001 年），民政部颁布的《中国慈善事业发展指导纲要（2006—2010 年）》（2006 年），北京市人民政府颁布的《北京生物工程与医药产业发展振兴纲要》（2002 年），北京市人民政府办公厅颁布的《北京交通发展纲要（2004—2020 年）》（2005 年），中国注册会计师协会颁布的《2005 年度注册会计师行业英语及综合能力测试纲要》（2005 年）等。三则，纲要涉足政治、经济、社会、文化、科技等各个领域。例如，《建立健全教育、制度、监督并重的惩治和预防腐败体系实施纲要》（中共中央，2005 年），《深化干部人事制度改革纲要》（中共中央办公厅，2000 年），《90 年代国家产业政策纲要》（国务院，1994 年），《中国 21 世纪初可持续发展行动纲要》（国务院，2003 年），《中国妇女发展纲要（2001—2010 年）》和《中国儿童发展纲要（2001—2010 年）》（国务院，2001 年），《全民健身计划纲要》（国务院，1995 年），《中国教育改革和发展纲要》（中共中央、国务院，1993 年）。其二，在特定的公域内，软法的基本类型经常是一应俱全。例如，在工商管理领域，政法惯例、自律规范、合作规范、公共政策、专业标准、弹性法条等软法的基本类型都同时存在，共同规范着工商管理。

2. 在纵向上，软法存在于公域之治的主要环节。

这主要体现在两个方面：（1）从对公共机构自身及其运作进行全面覆盖。例如，为了规范法院行使审判权，软法对法院的内外都进行了系统的规定，自律规范比如《法官行为规范（试行）》（最高人民法院，2005 年），政法惯例比如“先刑后民”，司法政策比如“严打”规定，专业标准比如《道路交通事故受伤人员伤残评定》（国家质检总局，2002 年），而弹性法条则见之于大量的司法自由裁量法律条款。（2）在解决特定的公共问题时，软法依照逻辑要求对其进行全面规定。例如，具有浓缩的行政法典属性的《全面推进依法行政实施纲要》（国务院，2004 年），依次规定了全面推进依法行政的重要性和紧迫性，全面推进依法行政的指导思想和目标，依法行政的基本原则和基本要求，转变政府职能、深化行政管理体制改革，建立健全科学民主的决策机制，提高制度建设质量，理顺行政执法体制、加快行政程序建设、规范行政执法行为，积极探索高效、便捷和成本低廉的防范、化解社会矛盾的机制，完善行政监督制度和机制、强化对行政行为的监督，不断提高行政机关工作人员依法行政的观念和能力，提高认识、明确责任、切实加强对推进依法行政的工作的领导，这种系统性规定事实上涵盖了全面推进依法行政、建设法治政府的全部。再如，《关于进一步加强农村文化建设的意见》（中共中央办公厅、国务院办公厅，2005 年）依次规定了充分认识加强农村文化建设的重要性和紧迫性，农村文化建设的指导思想和目标任务，加强农村公共文化建设，丰富农民群众精神文化生活，创新农村文化建设的体制和机制，动员社会力量支持农村文化建设，加强对农村文化建设的组织领导，描绘出一幅比较完整的农村文化发展图景。

3. 在功能上，软法主要通过两种方式起到广泛的规范、调整作用。

一方面，由于软法制度安排的功能指向与现代公法具有的规范公共治理、调整公共服务、建设和谐社会这三种基本功能基本重合，因此凡公法所及之处软法也皆可及，这集中体现在部分可以成为软法规范渊源的政党性政策之中[21]。以《中共中央关于制定国民经济和社会发展第十一个五年规划的建议》（2005 年）为例，共由全面建设小康社会的关键时期，全面贯彻落实科学发展观，建设社会主义新农村，推进产业结构优化升级，促进区域协调发展，建设资源节约型、环境友好型社会，深化体制改革和提高对外开放水平，深入实施科技兴国战略和人才强国战略，推进社会主义和谐社会建设，全党全国各族人民团结起来为实现“十一五”规划而奋斗等10个部分构成，已经将公法的三种基本功能纳入其中。另一方面，各种类型的软法规范又从国家与社会两个层面，通过针对市场监管、经济调节、公共服务、社会管理四种基本的公共职能作出相应的制度安排，从而直接发挥广泛的规范、调整公共关系的作用。

4. 在结果上，软法对公域之治产生显著的现实影响。

前已论及，软法与硬法的一个基本区别就是它是一种法律效力结构未必完整、但却极富实效的法律规范。软法在我国公域的广泛而深刻的影响，集中体现为软法在公域产生以下三种意义上的实际影响：

（1）影响着公共权力/公民权利制度结构的配置。法律制度安排主要是一种权利/义务配置，软法尽管未必直接强制性地配置权利/义务，但经常通过自身的制度安排来直接设定或者间接影响公共主体的法律地位，进而影响着公法的权力/权利结构。例如，公共机构创设的环保标准的高低，能够对一个企业是否有资格获取生产经营许可证产生直接的影响。

（2）直接影响着公共资源的配置。以产业政策这种典型的公共政策为例，其目的在于通过政府对国内某些产业的有意识的保护或扶持，从而创造某些产业的比较优势，它集中体现出政府运用其所掌握的公共资源优势将社会资源导向某些产业的努力。自1985年至今，国务院以及各部委相继出台了近500项有关产业调整的公共政策，对我国的产业结构调整、优化与升级一直产生着深刻影响。[22]

（3）直接影响着公共福利的分配。公法通过利益平衡与福利分配来直接回应公域主体的利益诉求。作为公法的一个组成部分，软法总是以其独有的方式有力地影响着公共福利的分配，不仅公共财政政策、社会保障政策、公共教育政策等公共政策明显具有这种功能，而且政法惯例、自律规范、专业标准与弹性法条等，也都在或明或暗地影响着公共福利的分配。

（二）软法发展格局的百花齐放

较硬法而言，软法的制定主体更加多元，制定方式更加灵活，载体形态也更加多样，作为结果，我国公域不拘一格的软法一应俱全，呈现出百花齐放的格局。

1. 软法创制主体的多元化。

除政法惯例这种类型的软法主要是自发生成的之外，其他类型的软法都主要出自公共机构的创制，属于理性建构的产物。在我国公域之治的实践中，许多公共机构都在通过制定各种类型的软法来实现公共治理目标，软法创制主体因此具有多元化的特点。这一点从以下四个方面得到全面反映：

（1）不仅行使国家权力的国家机关制定了大量软法，而且行使社会权力的自治组织也以公法人的身份制定了许多软法制度，未以任何组织名义的社会公众也通过聚会等方式制定了不少软法制度。

（2）在国家机关中，不仅行使立法权的人大在制定软法，而且政府、法院、检察院等也都在各自的公共领域内制定大量软法，或者对内用作自我规范，或者对外用来规范公共机构与公众之间的关系。

（3）不仅中央国家机关与全国性的社会自治组织在制定软法，而且地方国家机关与区域性的社会自治组织也在制定软法。

（4）不仅一个公共机构独自制定软法，而且同一类型的不同公共机构，以及不同类型的数个公共机构之间还经常联合制定软法，进行共同规制或者合作规制。

2. 软法创制进路的多样化。

在传统的法律理念中，由于国家意志被当作法律的唯一正当性来源，这就要求法律应当体现“国家”意志、由“国家”制定或者认可、并由“国家”强制力保障实施。不过，软法的崛起改变了法律创制的唯一国家进路这种思维定式，在国家进路旁边另辟一条社会进路，出现四种基本的软法创制方式：

第一种是国家创制软法，其方式主要包括国家机关直接制定或者认可两种，前者如国务院制定的《全面推进依法行政实施纲要》（2004年），后者如国务院同意国务院信息化工作办公室会同有关部门制定的《振兴软件产业行动纲要（2002—2005年）》，由国务院办公厅颁布实施。国家机关制定软法，既可以单独进行，也可以合而为之；既可以是一个行政机关既制定又颁布实施，也可以是下级行政机关制定后报上级行政机关批准同意后由其颁布实施。

第二种是社会自治组织制定软法，其方式主要包括三种：①法律、法规、规章授权的社会组织在其授权范围内创制软法；②依法成立的社会自治组织依据法律、法规、规章在行为法上的明确授权，为完成特定目标而创制软法；③社会自治组织根据组织法上的一般权限，为规范自我管理而创制软法，其制度安排得到国家的明确认可或者默认。社会自治立法，既可以是一个社会自治组织单独进行，也可以是多个社会组织联合制定。

第三种是不以组织形式出现的社会公众，围绕着特定公共主题而制定软法，得到国家明确认可或者默认。这种制定方式可以表现为多种具体形式，或者是以集会的形式，经由大会表决通过而产生某种宣言；或者是通过分散签名的形式产生某种社会公约。

第四种是国家与非政府组织共同创制软法，其方式也有多种形式，例如国家机关与政党组织共同发布文件，国家机关与行业协会共同制定软法，国家机关与事业单位为解决特定公共问题而创制软法制度，此外，国家机关有时还与其他社会组织，甚至与企业共同制定一些软法规范。

3. 软法载体形态的不拘一格。

载体形态的多样性，是软法自身得到充分发展的一种体现。在我国公域中，指向公共机构内部的自律规范与指向外部公共关系的软法规范，的确名目繁多，经常冠以诸如宣言、号召、纲要、建议、指南、倡议、规程、章程、公约、岗位职责、基本要求、标准、规范、规定、决定、管理办法、纪要、促进法、示范法等多种称谓，载体形态不拘一格。软法的种类齐全集中体现在两个层面：①政法惯例、公共政策、合作规范、自律规范、专业标准与弹性法条这六种软法规范的主要渊源，在公域中普遍存在、齐头并进。②每一类软法当中的各种软法规范也得到充分发挥，具体形态不一而足，形成了一个主要由立法惯例、行政惯例、司法惯例、政治惯例，国家性政策规则、社会性政策规则、政党性政策规则（政策性规则多数属于共同规范或合作规范），公共机构自律规范、公务人员自律规范、行业内部自律规范，国家标准、行业标准、地方标准、企业标准，柔性法律文本、弹性法律条款等共同构成的软法规范载体形态。

4. 公法体系中的软法规范远远超过硬法规范。

改革开放后，随着法律创制活动的全面展开和加速进行，立法机关为规范公共关系创制了一大批硬法制度，公法体系中的硬法规范因此日渐增多。不过，就二者在公法体系中所占比例而言，软法规范在数量上要明显超过硬法。[23]这一点可以从我们的公共生活经验中得到验证。规范特定公域的基本法经常只有一部，但当事人与执法人员在实践中所受到的规范约束却是成千上万。我们虽然不可能通过对整个公法体系中的硬法规范与软法规范所占比例加以实际计算，但这一点完全可以通过以下的层层剥析来加以证明：

一则，公域之治不仅要依靠国家，而且还要依靠社会自治组织，由于来自立法权方面的限制，后者创制的规范多为激励性、少有罚则、未必依赖国家强制力保障实施的公共制度，它们主要属于软法。二则，国家在规范、调整公共关系时，既要诉诸立法，还要依靠惯例、制定政策、确立专业标准等，对软法具有明显的依赖性。三则，立法机关创制的法律、法规、规章，既有诸如《刑法》、《行政处罚法》等硬法文本，也有类似于《促进法》、《进步法》、《示范法》等软法文本。四则，在立法机关创制的硬法文本中，不仅仅只有硬法条款，还同时存在着数量不菲的鼓励性、指导性、建议性、自由裁量性软法条款。五则，一部硬法文本出台之后，经常需要一系列的后续性立法、解释性立法、执行性立法与其配套，这些规范多半属于软法制度，它们在数量上有可能超出硬法文本数十倍。六则，为了实施和适用生效的法律、法规、规章，行政机关经常要制定大量的行政规范性文件，司法机关要制作许多司法解释，这些“其他规范性文件”因其通常无权为公民设置义务，不能规定罚则，也不宜动用国家权力强制实施，从而主要属于软法。就此而言，我们虽然不太容易提供一个精确的软法规范与硬法规范在公法体系各自所占比例的数据，但可以肯定的是，只在公域之治一定场合扮演一种角色的硬法，较在公域之治的多种场合扮演多种角色的软法而言，前者在数量上显然不及后者。

软法在公法体系中的数量超过硬法，这是法治化的一种必然现象，因此软法数量多于硬法这种情形不会随着依法治国进程的向前推进而发生大的改变。除此之外，还存在另外三种决定性因素：（1）我国当前与今后一段时间内都仍然处于经济转轨与社会转型阶段，政府职能逐渐缩减，朝着有限政府的方向转变，当政府放松规制、不再对经济社会加以微观干预时，就特别需要通过创制公共政策、确立专业标准等方式来引导主体行为选择。（2）我国立法机关创制硬法的能力与速度，无法适应公域之治不断增长的规则需求，这就非常需要依靠惯例、政策、自律规范、专业标准以及弹性法条等填补法律空白。（3）软法自身，无论是政法惯例、公共政策，还是专业标准与自律规范，其本身都表现出相当程度的运作惯性与发展的连续性，具有一定的自我扩张、自我衍生的本能，这就意味着，即便社会对软法的需求不再那么强烈，软法仍会源源不断地产生。这三个因素与前述几个因素集中在一起，自然就导致软法比例在公法体系中的居高不下。

（三）软硬兼施的混合法模式成为我国解决公共问题的基本模式

历史地看，我国缺乏法治传统，硬法体系——尤其是制约公共权力的硬法根底不够深，来自硬法的约束既不全面、也不深刻，政法惯例、公共政策、自律规范、合作规范、专业标准等类型的软法，自然就成了我国公域之治的最大本土资源。现实地看，硬法的发展仍然明显滞后于公域的扩张，无法有效满足公域之治的需要，“乘虚而入”的软法在填补法律空白、调整公共关系、规范公共权力、实现公域之治方面，扮演着不可替代的角色，公域之治因此需要一如既往地倚重软法。可以这么说，硬法与软法在法治化进程中的并行不悖、在推动公域之治时的齐心协力，已经成为我国法治的典型本土特色。因具体情境的差异，我国公域之治软硬兼施的混合法模式，主要表现为以下三种基本结构：

1. 混合法模式之主导与辅助。

软法规范与硬法规范虽然共同构成混合法模式，但二者并非总是举案齐眉，经常存在着主从之分。

（1）硬法为主、软法为辅。硬主软辅关系主要体现在三个方面：①在时间意义上，特定公域先有硬法提供框架，后有软法在这一既定框架中对主体行为提出具体要求。②在法律地位意义上，一部硬法出台后，软法拾遗补缺，围绕着硬法创制一系列后续性、解释性、执行性立法等。③在效力意义上，软法与硬法虽然通常能够各行其道，但如果发生矛盾、冲突时，硬法在执行与适应时应当优于软法，软法只能退居其次，仅有参考价值。

（2）软法主导、硬法辅助。这种情形也主要见之于以下三种场合：①在时间意义上，特定公域软法发达、硬法落后，或者先有软法提供基本框架，后有在既定框架内出台的硬法。②在地位意义上，硬法规定不能违背软法要求，例如硬法创制不能违背宪法确立的政治原则，不能违背立法法规定的立法原则。③在语境意义上，权威的软法规定限制了硬法制度安排的可能性，硬法只能置于其中，不能超乎其外。例如，当下的“三农”政策就为相关立法设置了语境，而科学发展观对于环保等领域的硬法创制而言，显然也构成了一种不言而喻的刚性限制。

2. 混合法模式之分散与整合。

硬法与软法之间的混合，经常不是机械的平面对接，而是分居于不同层面之上，形成立体性呼应；或者表现为不同的姿态，呈现为一种法治精神上的呼应。在混合法结构中，硬法与软法经常通过对分散与整合的各有侧重，实现这种立体的、精神上的呼应与混合。

（1）硬法对分散的软法的整合。整合分散

的软法规定，这是硬法制度变革的一种常见做法。具体而言，硬法主要从三种意义上对分散的软法加以整合：①硬法的制定，基于先行的分散的试验性软法提供的经验与教训之上。例如在行政许可法的制定过程中，大量借鉴了此前主要由行政政策推动的行政审批制度改革。②在硬法的创制过程中，从多个方向吸收各种类型的软法提供的试错经验与做法。③在硬法的制度变革过程中，直接将此前既有的各种分散的软法规范直接转变为硬法的一个条款，统一规定。例如刑法在其修订时就将各种分散的司法解释整合成具体的刑法条款。有目共睹的是，立法机关通过法定程序将成熟的软法制度上升为硬法规范，已经成为我国公法制度变革的一条基本路径。

（2）软法对分散的硬法的整合。公法因其调整对象与调整方法的不同而形成不同的公法部门，诸如宪法、行政法、刑法、诉讼法等；在一个部门公法内部，还会形成若干板块，例如行政法可分为组织法、行为法、救济法三大板块，而这些板块又可以再分为更加细致的法律文本，例如公务员法、行政处罚法、行政许可法、行政复议法、行政诉讼法、国家赔偿法等。这些主要由硬法规范构成的公法部门，容易出现群龙无首、各自为战，独立有余、呼应不足的问题，这就需要一种超乎其外的法律文件，从更高的层面上对这些分散的硬法加以整合，增强其呼应性，推动法治合力的形成。这种整合的角色经常由纲要等软法制度来扮演。例如，《全面推进依法行政实施纲要》作为中国未来十年全面推进依法行政、加快建设法治政府的纲领性文件，如同一部浓缩的行政法典，不仅规定要利用十年左右的时间基本实现建设法治政府的目标，提出了合法行政、合理行政、高效便民、诚实守信、程序正当、权责统一这六条依法行政的基本要求，而且还按照行政权运行的内在逻辑，对政府职能转变与行政管理体制改革、行政决策、政府立法、行政执法、纠纷化解等基本问题进行了全面的规定。不难看出，这种统率依法行政主题的《全面推进依法行政实施纲要》，不仅浓缩了此前15年我国行政法制建设的精要，而且还对正在创制的行政强制法和行政程序法等制度安排产生深刻影响。

3. 混合法模式之分工与合作。

硬法与软法不仅能够结合在一起形成一个统一的公法体系，而且二者在同一公法体系中还能够合而不同、各展其长。这主要在于软法与硬法的地位与功能并非重合的，而是一种基于分工的合作。

（1）软法与硬法在功能上的互补关系。犹如刀与叉的意义只有借助对方才能得以完整的体现一样，软法与硬法规范之间也经常是相辅相成、相互依赖的，或者是硬法规范的规范性与法律效力只有借助软法规范才能得以彰显，例如技术规范对专业标准的依赖；或者是软法规范的实效依赖于硬法的推动，例如《全面推进依法行政实施纲要》确立的建设法治政府的目标，显然要依赖创制与实施大量的硬法规范。

（2）软法与硬法在指向上的分工与合作。二者在公域中不仅具有不同的规范指向，而且还能彼此呼应，这是软法与硬法能够并行不悖、相得益彰的必要前提。这种分工与合作在公域之治中屡见不鲜，例如，公务员法与公共机构制定的自律规范以不同方式规范公务员，自律规范可以在遵循公务员法的基础上进行更为严格、更加细致、更具有针对性的自我约束规定。再如，虽然对国家机关之间的关系加以规范主要依靠硬法，但政法惯例、公共政策也是不可或缺的；而规范与调整政治组织、社会组织实施的公共行为则主要依靠软法，但这些软法规范又不能违背宪法与法律的刚性规定。

（3）软法与硬法在调整方式上的分工与合作。为了解决同一个公共问题，公共政策等软法与硬法往往同时出台。为了实现软法与硬法的优势互补，同时又要避免二者作出重复、甚至冲突的制度安排，软法与硬法就经常要在调整方式上加以分工与合作。例如，同一法律文本内部并存的制约条款与激励条款之间的殊途同归；再如，硬法的罚则与软法的激励之间的分工与合作；又如，硬法的强制性与软法的非强制性之间的遥相呼应。

综上所述，在我国的公域中软法与硬法基本上形影不离。我们或许可以发现少数软法发达、硬法落后的领域，但恐怕很难找到只有硬法而无软法这样一个“纯粹”领域。之所以如此，是因为中国在解决公共问题时，既很少完全指望政策与惯例等软法制度，也很少完全依赖硬法规范，而通常要运用软硬兼施的混合法模式，选择两条腿走路，软法与硬法并行不悖。久而久之，就形成了这种切合中国实际的解决公共问题的路径。可以这么说，如果不去充分发挥软法的积极功能，那么我国的公域之治很可能就是贫血的；如果不去依靠软法，那么与软法有着纠缠不清的渊缘关系的硬法就难免孤掌难鸣；如果为了纯粹的法律而一厢情愿地割断软法与硬法之间的密切联系，那么硬法就会陷入孤立无援的尴尬境地。

三、中国公域软法的效应评析以及软法的理性化

我国20多年的法治建设历程表明，要解决公共问题，实现公域之治，必须综合利用多种制度资源，不能将建设法治政府、法治国家与法治社会的希望完全寄托于由立法机关创制的硬法之上，否则一方面造成立法机关的超负荷运转，另一方面又会造成本土制度资源的浪费。不过，在立法滞后于公共关系发展的情况下，虽然切合中国复杂国情的各种软法在提供公共物品、推动公域之治方面发挥着不可替代的作用，但不可否认的是，由于部分软法缺乏理性，不仅其自身阻碍着公域之治目标的实现，而且还严重妨碍着硬法功能的正常发挥，人们因此经常对软法褒贬不一，难以形成普遍共识。鉴于此，我们应当对症下药，按照法治化的要求提升软法品质，通过普及法治精神来提高软法的形式理性程度。

（一）公域软法具有四种意义上的正面效应

一个能够获得普遍认同的公法体系必然要由多样化的制度资源构成，因为多样化的制度形态更有可能反映多元化的利益诉求，更有可能在广泛的范围内赢得共识。软法的正面效应主要分为以下几个层次：

1. 软法作为一种公法规范，直接满足规范和调整部分公共关系的现实需要。

作为软法调整对象的公共领域主要来自两个方面：（1）因放松规制出现的传统公共领域。20多年的经济体制改革与政治体制改革，直接带来政府职能转变、经济转轨与社会转型，直接促成政府规制的全面放松，也同时造成许多管理真空。为了解决那些不能、不宜或者无法及时通过制定硬法来加以规范以免出现“一放就乱”的问题，政法惯例、公共政策、自律规范、专业标准等软法制度因此挺身而出，有效地回应了公域之治的现实需要。（2）因公共服务需求增长而出现的新型公共领域。公共机构如何有效回应持续增长的公共服务需求，这既是一个普遍的世界问题，也是一个重要的中国问题。公共服务需求的膨胀直接推动公共权力的膨胀与公共领域的拓展，公共关系因此变得更加多元与复杂，出现了许多无法通过立法机关创制硬法来加以规范的新型公共领域，软法应运而生，有效地回应了公域之治的现实需要。不难看出，在这两类公共领域中，软法都因其扮演着不可替代的角色而具有重要作用。

2. 软法作为一种与硬法相对的规范，直接推动着硬法体系的日趋完善。

软法的许多积极效用不完全是通过自我展现的方式，而要通过对硬法的作用来加以反映，这在我国体现得尤其显著。一则，软法为硬法创制提供了丰富的原材料。诸如政法惯例、公共政策等软法制度，都是创制硬法的重要原材料，立法机关经常通过法定程序将其直接转化为硬法。例如全国人大常委会对中共中央修宪建议或者立法建议的采纳，再如刑法修改对刑事政策的广泛吸收。二则，软法为硬法的出台创造有利条件。在特定硬法创制之前，以公共政策为代表的软法经常围绕着硬法的创制及其规范的公共主题进行鼓与呼，它们不仅在营造立法共识、刺激立法需求、制造社会舆论、谋求立法共识方面发挥着重要作用，例如行政审批改革政策为行政许可法的出台提供了厚实的铺垫；而且还经常深刻地影响着硬法的立法目标与制度安排，例如科学发展观之于环境立法，计划生育基本国策之于计划生育立法，宏观调控政策之于经济法制度变革。三则，软法为硬法的创制探索道路、积累经验。创制硬法需要耗费大量的立法成本、机会成本与社会成本，必须谨慎行事，否则就会制约着社会资源的最优配置与社会财富的公平分配。为此，就特别需要软法以公共政策等形式，在较小的范围与较低的层面先行一步，作为试验性立法，为硬法创制提供试错经验。众所周知，这种制度变革路径在经济体制改革等广泛领域已经发展成为一种立法惯例。

3. 软法作为公法体系的一个组成部分，对整体意义上公法的完善起着促进作用。

个体的意义只有放到整体情境中才能得到全面理解。如同一个角色的意义主要不在于角色本身，而要及于全剧一样，软法的积极效用也主要在于对整个公法体系的完善产生的深刻影响。一则，软法通过对硬法的拾遗补缺或者引导作用，弥补公法体系的制度缝隙。经常是围绕着特定硬法生成的后续性立法、实施细则、法律解释、执行准则，形成一个个的法律板块，推动整个公法体系的完善。二则，软法通过对硬法创制、实施与适用过程的全面渗透，影响着硬法的制度变革，推动着硬法的软化，进而悄悄地促成我国公法软硬兼施的混合法模式的日渐成熟，朝着创制主体多元化、规则形态多样化、实施方式的非强制化的方向转型。三则，软法借助其与硬法的互动性这个通道，将其推崇的民主协商精神、问题意识与回应性融入硬法，进而融入整个公法体系当中，全面提高了整个公法体系的民主性、经济性、回应性、适应性，从而推动着我国公法的制度结构朝着规范完整、体系匀称、良性互动的均衡化方向转变。

4. 软法有力地推动着公域之治与法治目标的全面实现。

软法不仅通过对大量的公共关系的直接规范、调整，来直接实现一定范围的公域之治的目标；而且还通过其对硬法的影响、进而对整个公法体系产生的深刻影响，来间接地推动公域之治与法治目标的全面实现。一则，基于普遍认同的实效性是软法的生命，软法的成长与发展，有助于避免部分公域公法必须介入、但诉诸硬法又效果不佳、从而导致法律束之高阁问题的出现，这不仅填补了公域的空白，将公域普遍纳入法治视野，而且直接提高了公法实效，增强了法律的权威。例如对政党组织的存在及其运行的规范，政党组织对党员活动的规范，对不同政党之间的关系的规范，以及中国共产党依法执政与民主党派参政议政关系的规范等等，软法都发挥着重要作用，从而为依法执政提供了丰富的执政依据。二则，在经济全球化、政治民主化的背景下，我国的公域之治模式正在从传统的国家管理或者公共管理型向公共治理型转变，这显然有助于实现现代社会的公域之治目标。由于公域之治模式的转型，与软法的普遍兴起以及公法模式的转型之间具有相辅相成、相互强化的内在关联性，如果没有软法，也就无所谓公共治理，因此软法作为建构公共治理模式的必要前提，无疑有力地推动着公域之治目标的全面实现。三则，随着我国政治经济社会的加速发展，不仅法治目标已经不再是片面地维护公共秩序或者片面地制约国家权力，而是如何最优配置公共权力与公民权利，以人为本，循序渐进地拓展公民的自由空间；而且实现法治目标的法律手段也不再是一味地制约，而是努力设计一种内外兼顾、软硬兼施、制约与激励相容的公法机制。对此，传统的硬法显然力不能及，而比硬法更多地体现民主、协商、激励、合作、平衡的软法，其兴起显然顺应了这种法治化趋势，能够以全面的法律手段推动法治目标的全面实现。

（二）软法的负面效应归过于软法自身的理性不足

在公域之治的现实中，软法的确是把双刃剑。软法的优点与缺点都非常明显，它一方面呈现出推动法治目标全面实现的正面效应，另一方面却又不时暴露出与法治精神南辕北辙的致命缺陷，经常受到“法外”或者“非法”的批评与指责，甚至还被贴上损害“法律”权威、妨碍“法治”目标实现的绊脚石之类的黑标签。非理性的软法的存在，不仅有损于硬法的权威与实效，制约着整个公法体系的完善，妨碍着公域之治目标的正常实现；而且还为权力滥用提供了契机，公民权益因此得不到有效保障，公共关系因此出现一定程度的扭曲变形。

尽管相对于硬法主要是严格的法定程序的

产物而言，软法的形成过程要随意或者偶然得多，这就在一定程度上促成了软法在理性方面的先天不足。不过，仅有这种理由不足以为非理性软法的负面效应开脱罪责，事实上，诱使我国当前软法的负面效应发生膨胀的主要原因，并非源于软法之中，而是来自软法之外，是多种因素综合作用的结果。

1. 部分地归过于软法理性的先天不足。

硬法创制不仅要受到主体、权限、内容、程序等方面的严格限制，而且还要受到立法监督、违宪审查、司法审查等合法性监督。相形之下，软法创制所受的制约要宽松许多，软法因此难免有可能出现理性不足——尤其是形式理性不足。以创制程序为例，政法惯例多半源于自发生成，并非理性建构的产物；公共政策的制定程序，无论在开放范围还是开放程度上，都明显不及硬法创制；自律规范制定程序的行政性超过法律性；专业标准创制的技术门槛更是使得大量的实质性介入成为不可能；而弹性法条的出台，也经常是妥协的产物，是迫不得已的模糊。制度是程序的产物，过程决定结果。不过，软法自身的灵活性、回应性、生成性、社会性等特点，又决定着软法不可能照搬严格的硬法创制程序。正因为如此，如果说硬法的形式理性主要是严格的创制程序的必然产物，那么软法的形式理性不足在一定程度上就有先天不足的成分。不过，如果据此认为软法的负面效应都是与生俱来的，那则是一种似是而非的错觉。软法先天的非理性其实只是潜在的、微弱的，真正使得这种潜在的、微弱的非理性高度膨胀成为负面效应的力量，却主要来自于软法的创制与实施的外在的非理性。

2. 主要归过于软法的创制与实施的缺乏理性。

在传统的狭隘的法律观的支配下，软法长期以来一直被当作一种非法律的事物而拒之于法律殿堂之外，既得不到法治精神的浸润，也不受法治原则的拘束，普遍存在于软法的创制与运行主要环节的形形色色的非理性因素，因此得以乘虚而入，共同造就软法的负面效应。在公域之治的实践中，我们不难发现在软法的创制与实施过程中，经常存在着以下一些非理性现象：创制动机不纯，假公济私；创制依据缺乏，无中生有；创制目的不明确，含糊其辞；创制主体越位，权限不足；创制过程封闭，暗箱操作；制度安排随意，缺乏合法性考量；制度内容只唯上、不唯实，人治成分居多；机制设计不合理，牵强附会；权责不对称，有权无责或者权大责小；公共权力运行方式过于随意，正当性、确定性不够；监督救济乏力，经常流于形式；等等。一言以蔽之，软法的创制与实施未能自觉地将其置于宪政与法治的框架之下，没有严格遵循诸如公开、公平、公正、平等、民主、自由等法治原则，未能服从理性要求。既然法律制度安排只是服从法治原则的结果，而软法的创制与实施经常背离法治原则，那么其理性不足、负面效应膨胀、成为法治的陌路人自然也就在所难免了。

软法负面效应的产生，除以上两点软法的自身原因之外，还有其他一些不容忽视的因素。首先，软法的负面效应主要不是通过软法自身反映出来，而是通过软法与硬法以及整个公法体系的紧张关系反映出来的。而规范关系的紧张经常不是单方原因，而是来自两个方面。就软法与硬法的失谐而言，造成二者边界不清、分工不明、合作不足的原因，就部分地归过于硬法的越位、错位、缺位与不到位。其次，就软法对硬法的创制与实施产生的消极影响而言，此与硬法自身的权威不足与刚性不够也息息相关。最后，软法的负面效应殃及整个公法的均衡化，这也折射出法律至上的权威、法治的理想与信念、崇尚法治的意识等，在我国的公域之治中都尚未得到全面确立，都还需要进一步的巩固和强化。

（三）按照法治化要求全面提升公域软法的理性

软法效应的两面性、尤其是软法负面效应的存在，彰显出我们应当认真对待公域软法的重要的现实意义——这种重要性主要不在于消极描述现实的软法现象，而在于按照法治化的要求批评、分析软法实践的得失，并为软法的优化积极提供理论对策。通过前文研究，我们发现我国公域之治中的政法惯例、公共政策、自律规范、合作规范、专业标准、弹性法条等软法规范的主要渊源，其两面性有可能导致过功相抵。为此，我们就应当优化软法、提高软法的理性程度，以期在最大限度地激发软法的积极作用与正面效应的同时，最大限度地抑制软法的消极作用与负面效应，收到扬长避短之效。

在探讨优化软法策略时，我们首先应当有意识地避免陷入两个误区：①误以为软法的积极性与消极性如同一块硬币不可分割的两面，因而无法实现软法的优化。这种观念的错误主要在于将软法的非理性完全归结为先天不足。其实不然。从法治的角度看，我国当前的软法品质仍然存在着很大的提升空间。②将按照“法治化”要求优化软法狭隘地理解为将软法的创制与实施强行纳入既有的硬法轨道，按照硬法模式来“重塑”软法。法治化区别于法律化，更区别于硬法化。按照“法治化”的要求来优化软法主要是指以切合软法的方式，将法治原则、法治精神嵌入软法的创制与实施过程当中，以期全面提高软法的理性程度。

对于不同类型的软法制度而言，尽管其存在的问题与解决问题的答案不会同出一辙，但如果它们想要转化成为一种名符其实的法律制度，要想实现软法的趋利避害，要想促成软法与硬法的相辅相成，共同推动我国公域之治与法治目标的全面实现，应当从以下两个主要方面来优化软法：

1. 优化软法的前提是转变法律观念，将软法视作公法的一种基本表现形式。

法治原则与法治精神是相对于法律制度而言的，并不适用于法律之外的其他社会规范。这就意味着，如果要依照法治化的要求优化软法，那就必须首先转变传统的法律观念，将软法视作公法的一种基本表现形式。不过，环顾当下的中国法学界，虽然人们对于国际法与国内法、国家法与民间法、公法与私法、实体法与程序法、组织法与行为法等法律的基本表现形式已经普遍认可，但对于按照是否由国家规定罚则以及是否需要依赖国家强制力保障实施的标准将法律分为硬法与软法两种基本类型的做法，却仍然缺乏普遍共识。在我们看来，之所以会出现这种研究现象，不能简单地将其全部归结为传统法律观念的根深蒂固，它还与我国法制建设路径选择有关。我国改革开放之后，开始彻底告别法律虚无主义，主要通过创制硬法的方式来推行法制建设。应当承认，此举取得显著成效，但与此同时，也造成公法实践中“法即硬法”、“硬法万能”误解的普遍流行，导致那些虽然在公法实践中发挥着重要作用，但因其与硬法“出身”不同、作用方式不同的软法制度，被粗暴地拒于法律门外。

我们认为，这种狭隘的理解法律的方式，既不符合法律构造日益复杂、法律表现形式日趋多样化的现代法治发展趋势，更不符合我国长期以来一直运用软硬兼施的混合法模式实行公域之治的实际。前文有关软法的一般理论的研究已经显示，软法作为法律的一种基本表现形式，也具有法律的公共性、规范性、约束性、普适性等基本特征，只不过它是以不同于硬法的方式加以体现，同时具有不同于硬法的个性特征而已。就此而言，要解决我国公法实践与传统的法律理念和保守法学理论严重脱节的问题，法学界就应当将法治建设的普遍规律与中国国情结合起来，转变“法即硬法”的传统法律观念，不再将硬法当作法律的唯一表现形式，让长期沉默在公法实践水面之下的软法冰山浮出水面，与硬法一样成为我国公法的一种基本表现形式，从而将二者之间消极对立改写为相辅相成和优势互补。

2. 优化软法的核心是普及法治精神、倡导法治原则，推动公域软法的理性化。

“软法入法”虽然将会导致法律与国家意志、法律与国家强制力、法律与司法中心主义之间的必然关系改写为或然关系，从而带来法律表现形式的多样化与法治目标实现方式的多样化，但这绝不意味着因此要降低法律理性品质、放弃法治原则、迷失法治目标，相反，要通过普及法治精神、倡导法治原则来全面提升我国公法的理性品质，激活软硬兼施的混合法模式的潜力，发挥软法资源与硬法资源的各自优势，取长补短，形成合力，共同推进公域之治目标与法治目标的全面实现。

（1）运用法治精神、法治原则严格“规训”我国公域软法。在我国的公域实践当中，政法惯例、公共政策、自律规范、合作规范、专业标准等软法制度，长期以来被误以为是法律之外的政法惯例、政策规定、内部规定、专业要求，很少对其提出法治化要求，这是造成目睹软法负面效应一再膨胀，却又对其束手无策的一个根源。我们认为，软法的独特性只是相对于硬法而言的，其对于法治而言并无特殊性，不能作为法治原则的例外。作为我国公法的一种基本表现形式，软法应当在以下三个方面严格受制于宪政精神与法治原则：一则，无论是政法惯例还是公共政策，也无论是自律规范还是专业标准，任何类型的软法的创制与运行，都只能发生于现行的宪政框架之中，不能越乎其外，更不能置于其上。法律只能是“一元”的，皆源于宪法；不应是“多元”的，否则就有违宪之虞，而违宪的“恶法”应当成为违宪审查的对象。二则，我国公域的软法应当崇尚法律至上的权威，弘扬法治精神，体现并捍卫民主、平等、正义、自由等法治价值；应当受制于普适性法律原则的约束，诸如法律保留原则，法律优先原则，法制统一原则，公开、公平、公正原则，程序正当原则，合理性原则，诚实原则，权力监督与权利救济原则，等等。只有这样，才有可能为软法的创制提供一个开放的、公平的博弈场域，使得法律地位平等的软法主体能够通过充分协商来达成共识，从而创制出理性的软法，并以符合理性的方式将其实施。三则，我国公域之治的软法，还应当立足中国实际，以人为本，坚持科学发展观，严格遵循党的领导、人民群众当家做主和依法治国三者有机统一的原则。唯有如此，我国公域的软法才有可能做到富有弹性却又不违宪政框架、机动灵活而又不悖法治原则、求真务实而又不失法治目标。

（2）有针对性地弥补软法的理性缺憾，全面提升软法的理性品质。作为启蒙运动的最重要产物之一，理性一直被视作法治的精义，法律的一个重要使命就是通过体认理性与实践理性来维护和拓展人的自由空间。以硬法作为参照物，软法理性呈现出整体水平不高、局部发展不平衡的特点。首先，就软法的整体理性水平而言，由于软法的创制与实施过程不够严格，主观性、随意性、偶然性成分偏多；软法制度安排多半比较粗糙，经常缺乏严格的成本—收益计算，对主体行为要求较为笼统，通常不作严谨的行为模式设定，主体行为选择的确定性、预期性不太高；软法制度变革比较频繁，稳定性、确定性、连续性明显不及硬法。其次，就软法的理性结构而言，各种理性构成明显存在着多寡不均、高低不平的问题，这集中体现为工具理性高于目的理性、实质理性高于形式理性。

有鉴于此，要全面提升我国公域软法的理性品质，就应当对症下药，通过有针对性地弥补目的理性与形式理性的不足，来提升软法理性的整体水平。一则，致力于弥补软法的目的理性不足。在公域实践中，软法经常被当作解决特定公共问题的便捷手段，工具色彩较浓，制度安排容易出现短视问题，只看一点，不及其他，疏于关注制度安排的正义性、正当性，因缺乏对民主、平等、公正、自由、人权等的必要关注而缺乏目的合理性。这就需要软法在保持必要的工具理性的同时，强化其目的理性，以人为本，增加软法制度的人文关怀与自由正义精神，增强作为工具的软法制度与法治目标之间的内在关联性。二则，致力于弥补软法的形式理性不足。与软法的问题导向、针对性举措等实质理性比较发达形成对照的是，软法普遍存在着形式理性不足的问题，这主要归过于软法的创制与实施因为未能普遍遵循程序正当原则，从而出现形式要件残缺不全、内容规定含混不清、机制设计缺乏逻辑、载体形态缺乏统一要求等形式理性不足的缺憾，直接损及软法的稳定性、确定性、可预期性、连续性。要弥补软法的形式理性不足，关键在于将正当程序原则植入软法的创制与实施机制之中，增加软法实践过程的公开性与透明度，提高公众参与程度，实现软法的创制与实施过程的理性化，建立健全软法实施的报告、交流、评价制度。

优化我国公域的软法，关键是要将普适性的法治精神、法治原则，以切合软法的方式转化为具体的规范软法创制与实施的法律规定，通过明确规定、严格规范软法创制的主体与权限，理性界分软法与硬法以及不同类型的软法各自的规范对象与调整范围，建立健全便于充分沟通与交流、实现双向互动的民主协商机制，建构一种平等主体之间公平博弈的场域，实现软法实践的程序化、规范化与制度化[24]，通过完善软法自身的错误修正机制与外部的违法违宪监督机制，有效抑制软法负面效应的膨胀，与硬法共同推动我国公域之治与法治目标的全面实现。诚然，将软法纳入法律范畴，进而按照法治化的要求来提高其理性品质，这有可能比制定一部或者多部硬法更加困难，但其重要意义也非制定几部硬法所能及的。一个更为关键的问题与一个更加现实的考虑在于，无论对于实践依法执政还是推进依法治国而言，我们都不可能指望以绕过这个现实难题的方式去实现。

参考文献：

①例如，Linda Senden，Soft，Soft Law，Self-Regulation and Co-Regulation in European Law：Where Do They Meet? Vol. 9.1，Electronic Journal of Compararivelaw（January 2005），http：//www. ejcl. org/91/abs91—3. html（2005年12月27日访问）。目前尚未见到一种明确的、统一的、权威的软法概念定义，软法主要被用作"硬法（hard law）"概念的对称。针对条约（treaty）、公约（convention）、协议书（protocol）、声明（statement）、官方公报（communiqu）、宣言（declaration）等多种载体形态的国际法规范，不少国际法学者按照规范效力标准，将其中有些规范称作"硬法"，它们通过详细的法规条文明确地规定具有约束力的义务与责任，授予权威机构以规范解释权，并督促这些义务和责任的履行。亦即，硬法具有明确、义务与授权三个基本要素。与之相对"软法"，则指那些缺少三个要素当中的一个或多个的制度安排——这种软化（softening）既可以发生于一个条件的不同层面，也可以发生于多个条件的组合层面。参见 Kenneth W. Abbott and Duncan Snidal：Hard and Soft Law in International Governance，International Organization，Vol. 54. No. 3，2000，pp. 421-422.

②到目前为止，有关软法概念的定义大多是初步的与描述性的，主要选择法律效力角度来加以界定，如，Synde 将软法简洁地定义为"不具有法律约束力但可能产生实际效果的行为规则"。但也有学者对此持有异议，例如 Jan Klabbers 认为，对于法律规范，我们虽然可以区分特定性的多少，精确度的多少，具体规定的多少，适用范围的大小，紧迫性的强弱，严重程度的差异，深远意义的不同，但唯一不能区分的是约束力的多少。Linda Senden，Soft，Soft Law，Self-Regulation and Co-Regulation in European Law：Where Do They Meet? Vol. 9.1，Electronic Journal of Compararivelaw（Janunary 2005），http：//www. ejcl. org/91/abs91-3. html（2005年12月27日访问）；Jan Klabbers，The Redundancy of Soft Law，Nordic Journal of International Law 65，p. 167.

③我们认为，软法规范与道德规范二者之间既有联系、又有区别，这种关系不仅体现为实施方式的不同，还集中体现在规范的功能定位、规范的载体形态、规范的逻辑结构、规范的运作机制等各个方面。全面解读这种关系、并推动二者之间的良性互动和互相强化，是软法研究的一个重要主题。

④为了超越国际关系研究中的现实主义传统，美国哈佛大学肯尼迪政府学院院长、著名国际关系学者约瑟夫·奈（Joseph S·Nye）早于1989年就率先提出"软权力"概念，用以指称蕴藏于制度、文化、伦理、意识形态等之中的影响力或者吸引力，以便于与主要体现为军事权力和经济权力的"硬权力"形成对照。参见［美］约瑟夫·奈：《硬权力与软权力》，门洪华译，北京大学出版社2005年版，第6~7页。

⑤参见《中国大百科全书·法学卷》，中国大百科全书出版社1984年版，第85页；陈世荣：《法律效力论》，载《法学研究》1994年第4期；陆云主编：《法学基础理论》，中国政法大学出版社1994年版，第379页；杨春福《论法律效力》，载《法律科学》1997年第1期。

⑥［美］博登海默：《法理学—法哲学及其方法》，邓正来、姬敬武译，华夏出版社1987年版，第319页。

⑦准确地说，软法没有强制力是指没有以国家的名义对违规者规定罚则，并以国家的名义对其采取强制措施。事实上，任何有效的行为准则都或多或少地具有某种强制力，只不过未必都是以国家的名义。例如，根据《中国人民政治协商会议章程》第28条的规定，全国委员会常务委员会或地方委员会有权对政协委员分别依据情节给予警告处分，或撤销其参加中国人民政治协商会议全国委员会或地方委员会的资格。

⑧为了实现规制目标，现代社会出现大量的自律规范，它们主要有三种类型：一是由国家机构与非国家性公共组织等权力主体自我创制、自我实施的自律规范；二是由权利主体自我创制、自我实施的自律规范；三是由权力主体与权利主体共同创制的自律规范。这些自律规范通常是在硬法规定的基础上对自身提出更为严格的要求。

⑨例如，在加拿大贝克案［Baker v. Canada (Minister of Citizenship and Immigration), 1999］中，法院并未因为行政政策在法律传统上属于行政机关指定的内部规范就不去适用它。相关讨论，参见 David Dyzenhuas, The Unity of Public Law, Oxford and Portland Oregon 2004.

⑩协商民主是我国社会主义民主的一种重要形式，其制度化、规范化、程序化程度日益提高，其特点和优势日趋明显，在推进我国民主政治发展方面发挥着重要作用，具有明显的中国特色。相形之下，在西方国家的政治领域、尤其是在处理以争夺执政权作为基本主题的政党关系问题上，协商民主的空间相对较小，制度化难以形成。不过，在理论层面上，协商民主从20世纪后期开始，逐渐发展成为西方学术界的一个重要主题，取得了不少研究成果。有学者认为，所谓协商民主（Deliberative Democracy），是指当一种民主体制的决策是通过公开讨论——每个参与者都能够自由表达，同时愿意倾听并考虑相反的观点——而做出的，那么这种民主体制就是协商性的，这种决策不仅反映了参与者先前的利益和观点，而且还反映了他们在思考各方观点之后做出的判断，以及那些应该用来解决分歧的原则和程序。关于协商民主的功能，有学者认为，协商民主是一种具有巨大潜能的民主治理形式，它能够有效回应文化间对话和多元文化社会认知的某些核心问题。它尤其强调对于公共利益的责任、促进政治话语的相互理解、辨别所在政治意愿，以及支持那些重视所有人的需求与利益的具有集体约束力的政策。参见 Devid Miller, Deliberative Democracy Unfair to Disadvantaged Groups? Democracy as Public Deliberation: Perspectives, Edited by Maurizio Passerin D' entreves, Mancherster University Press, 2002, P. 201; Joge M. Valades, Deliberative Democracy, Political Legitimacy, and self Democracy in Multicultural Socities, USA Westview Press, 2001, p. 30. 转引自陈良刚选编：《协商民主》，上海三联书店2004年版，第3页。

⑪罗豪才、宋功德：《公域之治的转型》，载《中国法学》2005年第5期。需要注意是，尽管需要强调软法应当侧重于反映社会意志，其制定主体应当是多样性的，制定过程应当是开放性的，实施方式未必依靠国家强制力，应当反思司法中心主义等，以便赋予软法以平等性、开放性、民主性、协商性等特质；但与此同时需要警惕的是，不能滑入“没有议会的立法”、“没有政府的治理”、“没有法院的止纷”的泥潭。

⑫有国际法学者认为，诸如联合国大会的决议等软法，虽然不具有法律约束力，但却在相当程度上预示着将来国际法的发展方向。参见［德］沃尔夫刚·格拉夫·魏智通：《国际法》，吴越等译，法律出版社2002年版，第42页。

⑬Eric Posner, Soft Law in Domestic and International Settings · http://www.j.u-tokyo.ac.jp/coelaw/download/material.htm（2005年12月27日访问）

⑭［英］哈耶克：《自由秩序原理》，邓正来译，生活·读书·新知三联书店1997年版，第183页。

⑮尽管法律制度的创制、实施、适用与遵守要支付巨额成本，但由于法律制度能够对整个社会关系的存续及其发展演变产生普遍的、有力的牵引，对整个社会的交易费用产生深刻影响，因此我们在衡量一种法治化路径选择是否理性，衡量一种法律制度安排是否具有正当性时，就不仅要讨论法律制度的创制与实施成本本身，更要考察法律制度对整个社会交易费用总量产生的影响。

⑯Ulrika Morth, Soft Law in Governance and Regulation: An Interdisciplinary Analysis, Cheltenham, Edward Elgar, 2004, p. 1.

⑰例如，《税收征收管理法》第9条规定：“税务机关应当加强队伍建设，提高税务人员的政治业务素质。税务机关、税务人员必须秉公执法，忠于职守，清正廉洁，礼貌待人，文明服务，尊重和保护纳税人、扣缴义务人的权利，依法接受监督。”再如，《民办教育促进法》第62条规定，对实施违法行为的民办学校，“由审批机关或者其他有关部门责令限期改正，并予以警告；有违法所得的，退还所收费用后没收违法所得；情节严重的，责令停止招生、吊销办学许可证；构成犯罪的，依法追究刑事责任。”

⑱Lyune Jurigielewicz, Global Environmental Change and International Law, University Press of American, Inc. 1996.

⑲例如，有日本学者认为，“软法可以在充当一种建构合意工具的同时，还能使得对议会所造成的可能性的削弱变得藏而不露。在这种意义上，软法能够扮演一种居于法律与政治之间的结合部的角色。在这个结合部中，我们能够发现欧盟机构之间的争论——一种被伪装成规范性论争的政治语境的争论。”Yoichiro Usui, The Roles of Soft Law in EU Environmental Governance: An Interface between Law and Politics. http://www.ne.jp/asahi/usui/yoichiro/Paper _ EUSAJP _ 2005.pdf（2005年12月27日访问）。我们认为，这个“结合部”是一种以柔性政策为一端、以硬法为另一端，国家强制性从无到有、由弱变强的规范谱系。

⑳《人口与计划生育法》（2001年）第2条第1款规定：“我国是人口众多的国家，实行计划生育是国家的基本国策。”

㉑在我们看来，既不能笼统地宣称“政策就是法律”，也不能武断地认为公共政策当中不存在软法规范。就政党性政策而言，能够成为软法规范的法律渊源的，一则应当是一种规定了具体措施，具有可操作性的政策性规则，那些只抽象地规定某种行动目标的政策性号召一般不属于软法。二则不能是一种对公共关系主体提出强制性要求的“硬”政策。三则必须是指向政党组织关系之外的外部公域的政策性规则，至于那些主要用以规范政党组织与党员行为的内部规定，通常不能成为软法规范的渊源。在指向外部公域的政党性政策规则中，那些因宪法、法律的确认而成为法律规范的，其本身就是软法规范；那些尚未被法律所认可的政党性政策，有些可以根据具体情况选择适当的方式转化为软法规范；有些还可以通过立法程序，进一步转化为硬法。需要注意的是，制度总是程序的产物，有什么样的程序就会产生什么样的制度，不可小视这种“转化”程序的意义，它要对规范本身的法律地位、法律属性、法律效力等产生实质性影响。

㉒最近，国务院又颁布实施了《促进产业结构调整暂行规定》（2005 年），将产业结构调整的目标确立为：“推进产业结构优化升级，促进一、二、三产业健康协调发展，逐步形成农业为基础、高新技术产业为先导、基础产业和制造业为支撑、服务业全面发展的产业格局，坚持节约发展、清洁发展、安全发展，实现可持续发展。”明确要求各省、自治区、直辖市结合本地区产业发展实际，制订具体措施，合理引导投资方向，鼓励和支持发展先进生产能力，限制和淘汰落后生产能力，防止盲目投资和低水平重复建设，切实推进产业结构优化升级。明确规定要“充分发挥比较优势，积极推动生产要素合理流动和配置，引导产业集群化发展。”对公共资源配置的影响，在整个文本中随处可见。

㉓需要注意的是，规范的数量未必与其法律地位、重要性成正比，例如，一部宪法的效力不仅高于任何一部条文超过宪法的法律，甚至要超过所有法律规范的效力之和。同样，硬法固然数量不足软法，但指向特定公域的一部硬法，其效力与作用经常要超过其他所有软法之和。正是在这个意义上，应当是硬法，而非软法构筑法治大厦的效力基础。

㉔在为了提高软法的理性品质而完善相关软法制度时，需要借鉴但不能照抄照搬西方的制度与标准，应当重视发掘利用中国的本土性制度资源，切合中国实际，严格遵循科学发展观，以建构合而不同的和谐社会。

（《中国法学》2006 年第 2 期，罗豪才系北京大学法学院教授；宋功德系国家行政学院副研究员、法学博士）

通过软法的治理

■罗豪才　毕洪海

尽管准确地追根溯源很难，人们对于“软法”的初次使用或许会有争论，但是毫无疑问这一术语最先是在国际法领域中出现的。近来，随着国际治理、区域治理的发展，软法及其所代表的相关现象也引起了学术界的兴趣，[①]不仅如此，那些关注传统管制向公共治理方式转变这一进路的法律学者也试图扩大软法适用的范围。[②]这两方面的努力已经积累了一定数量的软法文献。本文的宗旨就在根据概念、特征、意义、软法与硬法的关系等基本的分析要素对已有的软法文献进行尽可能全面和完整的梳理。显而易见的是，在有关软法的讨论能够获得共同的基础，软法研究能够取得更大的成就之前，对其他法域相关的研究进行爬梳是非常必要的。这正是本文的任务。

一、软法的概念与特征

（一）软法概念的初步界定

不论是否承认软法的价值，对软法的概念进行一个初步的界定是可能的。这样的界定通常是描述性的，而且是在和硬法（hard law）相对的意义上加以使用的。可以说，软法“这一术语指的是不具有任何约束力或者约束力（binding force）比传统的法律即所谓硬法要弱的准法律性文件”。[③]准确地说，这里所称的软法不具有约束力，指的是法律上的（legal）约束力，而实际上并非是说软法不具有任何约束力。由此，比较简洁而且准确，也是为诸多学者频繁引用的是Synder的定义，即“软法总的来说是不具有法律约束力但可能产生实际效果的行为规则”。[④]比较复杂且比较规范的是“以文件形式确定的不具有法律约束力的、但是可能具有某些间接法律影响的行为规则，这些规则以产生实际的效果为目标或者可能产生实际的效果”。[⑤]这里的约束力有时候也被用强制力或执行力作为注脚，但就软法而言，其所缺乏的仅限于法律上的强制力和约束力。

从表面上看，软法的概念似乎是自相矛盾的，即一方面强调其不具有法律上的约束力，另一方面又采用了“法”的称谓。就现有的研究来看，学者们似乎主要是把“软法”一词作为一个形象而便利的称呼加以使用，而没有或很少纠缠概念本身。实际上，说软法不是法，强调的是法律的实质（效力）特征，因此只有硬法才是法律；说软法是法，强调的是法律的形式特征，所有符合法律形式特征的都是法律。[⑥]在两者兼备的意义上使用法律，显然只有硬法才符合条件；在后者的意义上使用法律，则既可以包括硬法，也可以包括软法，事实上扩大了传统的法律的范围。

（二）软法的语境

软法的语境，从大的方面来说可以分为国际法和国内法两种。如前所述，软法在国际法语境下的使用自不待言，不仅是最早出现，而且讨论较多，也是相对容易理解的；相比较而言，软法在国内法语境下的使用比较鲜见，而且更为复杂。

1. 在传统国际法的领域中，通常来说国际法的渊源主要有两个：习惯法和条约。习惯法通过不断的实践随着时间的发展逐渐获得公认，而条约则是由政府签署，同意受条约的内容约束。在此语境之下，软法指的通常是当事人之间达成的不属于严格意义上的国际法的协定。如果说习惯法和条约是默示或明示地得到国家的认可，软法也是协商的结果，同样需要国家的同意和参与。根据《维也纳公约》的规定，软法是由非条约性义务组成的，不具有强制执行力。国际法领域中的软法包括国际组织的某些决议，例如联合国大会的决议等。随着人们对各种全球问题关注的增加和全球治理网络的出现，软法在国际法领域的运用也越来越受到重视。

在国际法领域中，无论是条约和习惯法等所谓硬法还是软法，其与国内法的法律环境都存在着相当大的差别。就目前来说，国内法的法律秩序主要是建立在主权基础上的，在国内法中存在着一个核心的法律制定权威，至少可以作为“法律上的主权者”，从而保证法律秩序的统一性和有效性。不过在国际社会中，这样的权威是不存在的，因此国际法的创立必须通过合意的过程，可以说体现了一定程度上的普遍同意。国际法的实施也有赖于各国各自独立的执行机制，有的时候还需要以国内法的形式加以转换。如果把“legal”称为具有约束力的且可以通过诉讼强制执行的话，那么几乎大部分国际法都不能被称为硬法，[⑦]或者说因为没有执行条约的中央权威，条约更像是朋友之间不具有约束力的协定而非法律上可以强制执行的契约。[⑧]

2. 在超国家法的层面上，软法在欧盟法和欧洲治理的语境中被频繁地使用。在欧盟法的语境中，有人从否定和肯定两个方面概括软法：从否定方面来说，除了法律之外的所有规则、条例和契约都可以被称为软法；从肯定方面来说，软法通常是由专业人员主动提出或者与消费者和国家协作或者根据国家的授权草拟的，根据双方之合意加以适用的一系列文件。[⑨]欧共体的各种准法律性文件，例如行动守则、指导方针、通信等都是软法。这些文件对欧洲委员会如何运用其权限，如何在裁量的范围内履行自己的职责等做出指示。由于软法在欧洲治理中的广泛运用，有人说欧盟正在进入一个“软脚寸代”（era of soft law）。[⑩]软法在欧盟的广泛运用，是因为欧盟虽然拥有一定范围的法律权限，但是由于其成员都是主权国家，在欧盟和成员国的关系上，奉行辅助性原则（Subsidiarity），欧盟很多目标的实现需要成员国的协商与配合。除此之外，与硬法的方法相比，软法的方法具有灵活、开放等优点，所以即便在欧盟具有相应的法律权限的情况下，例如在环境法领域，也会在一定程度上采纳软法的方法。

如前所述，软法在国内法的语境中更为复杂，而且不同的语境之下其运用也各有独特的进路和关照，大致来说有如下三种情况：

1. 软法指的是法律多元意义上的社会规范。Eric Posner 认为，“软法指的是一套没有中央的权威加以创设、解释和执行的规则。”[11]当然，这种社会规范和法律并非对立或完全不相干。真正构成权利来源的，“是规范，而不是法律规则。”[12]这种研究进路具有强烈的法社会学色彩，是于 19 世纪末 20 世纪初在欧洲大陆和美国发展起来的。在法律多元的视角下研究社会规范，颠覆了法律中心主义的传统，即国家是规则和执行活动的主要渊源，正式法律是社会秩序的唯一渊源的命题。

这种研究的进路具有其自身的特点和学术价值，它促使人们观察为传统法学研究所忽略的社会规范，研究社会生活中活的规范，从而拉长了学术研究的视域，形成了一种开放的格局。不过，与这种研究视角的开放相比，治理领域中的软法更强调治理方式的变迁。这在后面还要说到。

2. 软法是公法中所谓行政主体发布的“非法律性的指导原则、规则和行政政策，包括诸如非正式的指导方针、信函、操作备忘录、指令、守则和口头指示等形式”。[13]这种语境下的软法迄今主要是在加拿大的公法中有所讨论。这里的软法既包括正式的文件，也包括长期实行的行政实践，其所关注的核心问题乃是组织行政机关的裁量权的这些文件和实践的效力如何。在 1999 年的 Baker 案之前，加拿大的判例法曾确定这些形式的“软法”不是“法”而是“政策”，因而不受内部监督、外部审查或者其形成、修改或适用不适用行政程序的标准。这种软法和加拿大传统公法制度强调形式上的权力分立有一定的关系，即按照权力分立的理念，“所有的立法都来自立法机关或者由立法机关授予，行政机关没有独立的立法权，”[14]故而就产生了政府的伦理守则和政策指针等软法的性质和效力的定位问题。应当说这种对于认识国内法语境下的软法和硬法的关系不无启发意义，但是毋庸置疑，加拿大的这种讨论是和其国家公法发展的水平相关的。

3. 治理领域的软法。治理领域中的软法，是与学界归结的社会秩序实现方式“从统治到治理”（from government to governance）的发展趋势密切相关的。Ulrika Morth 认为，统治体系中的权威表现形式是传统的命令和控制方式，而治理中赖以实现秩序的权威则有所不同。传统的权威体现为自上而下的等级制度和规则设定主体的垄断，多数情形下的规则设定主体都是国家公共部门。而治理依赖的是多重权威，而且这些权威并不必然是公共主体，也并非为一家所垄断。统治形式下的法律是硬的；治理形式下的法律则是软的。[15]从统治到治理的转变，是建立在对传统的实现管制目标方式的不足的认识之上的。Richard Stewart 认为，美国行政管制所面临的困境主要是过分依赖无法满足飞速变化、高度复杂的经济社会之需要的命令和控制方式造成的。[16]解决这些问题的方法有两种：一种是放松管制，这种方式的前提是政府管制的失灵比市场失灵的结果更糟；一种是改变管制的方式，斯图尔特指出管制实践中新出现的两种方式是政府——利害关系人的互动网络结构和经济激励制度。[17]Ulrika Morth 也认为，治理的特征表现为由灵活性和自愿规则所确定的水平网络和权威关系。[18]

在这种新的治理关系中，行政机关在严格的程序规则之外，以问题的解决为导向，就管制事项与利害相关人进行积极协商以便对管制措施达成合意，或者采取价格的手段引导被管制方采取正确的取向，促使其选择成本最低的行为方式。前者确立双方主体，包括行政机关在内的伙伴关系，通过确立基本准则的方式，实现灵活和创新性的管制方式，并且通过协商合作的过程实现程序的渐进式发展。后者则比如可转让的污染许可、征收环保税等。因而在治理的过程中，软法手段往往就成为各方主体合意或者可取的选择，甚至出现了硬法的软化现象（softness in law）。这样的治理方式也被称作是“软治理”。

规则的法律化程度，依某些学者所说的那

样，用一个连续的统一体来表示，而确定这个统一的变量就是其责任、精确性和授权的程度。[19]这个统一体的两个极端，即三变量程度都低和都高的两个极端，分别就是软法和硬法。当然，不是所有的法律三个变量或者都高或者都低。[20]在治理的语境下，我们同样可以用这样一个连续的统一体来表示解决问题的方式，其中最弱的一面是在缺少硬性管制制度的私人领域中，通过自我管制（self-regulation）等方式形成和执行行为规则，例如消费者保护、劳动与就业与环境保护领域等运用较多。[21]而较强的管制形式需要国家、公共部门在与私人部门的合作、对话过程中发挥更为积极的作用，形成一种合作管制（Co-regulation）的关系，这种情况下的软法多是和硬法制度结合在一起共同发挥作用。[22]而最强的法律形式就是另一个极端的硬法。

昂格尔认为，这种合作的趋向最终向官僚法的公共性和实在性提出了挑战。“合作主义的锋芒所向，就是要在思想上和组织上取消国家与社会的界线，因而也要取消公共生活与私人生活的界线。”[23]总的来说，治理语境下的软法，不仅存在于公法领域，也存在于私法领域。也正是遵循治理的进路，方有可能把国内治理、区域治理和国际治理勾连起来，并进而推动形成一种全球时代的行政法。[24]进行一定程度的勾连，并且推动一种全球行政法的出现。昂格尔认为，合作主义有助于形成一套打破公私法划分界限的规则。“……这一发展……并没有必然地破坏更为广泛的一种区别，即国家法与内部的、由私人确定的私人组织规则的区别 ……就私法也由国家制定这一点而言，在更全面的意义上讲，私法也具有公共性质。”[25]因此，在法律与公共治理的关系中，虽然研究的重点可以而且应当有所区别，但是在以问题之解决为导向的关系中，采取功能主义的进路而不是局限于传统学科的僵硬划分这样一种开阔的视角似乎更为可取。[26]

（三）软法的特征

有学者认为欧盟法语境下的软法具有三个核心要素：[27]第一个是软法是有关“行为规则”或“承诺”的。第二，各方达成协议将这些规则或承诺写入不具有法律约束力的文件，但是却并非完全不具有法律效果。第三，它们以对行为产生某些实际效果为目标，或者可能导致对行为产生某些实际效果。综观学者们的看法，软法的特征主要归纳为：

首先，软法是一种规范，是一种行为规则。这是软法的形式特征，不过，需要指出的是，规范和规则本身并非是没有区别的。软法的特征需要解决，不仅是软法与硬法的区别，也需要解决软法与政策、道德规范等之间的界限问题。应该说，软法的规范属性是对软法的概括性定位，其他如道德、政策等也具有一定程度的规范属性。因此，这一特征并不能够当然区分软法、硬法以及软法和道德、政策等。通常认为，软法是居于一般性的政策宣誓和立法之间。[28]因此，这里需要进一步解释的是，软法是否一种法律规范？如果是，那么这种没有牙齿（toothless - ness）的法律和道德规范和政策的区别是什么？综观目前各种软法的相关研究资料，这种区分似乎是被当作不证自明的。但就规范本身来讲，可能还需要进一步的说明。

其次，软法的根本特征是不具有法律约束力，不可以由法院强制执行。这一特征实际上主要是针对硬法而言的。例如，国际法领域中，因为国际社会中缺少一个核心的法律制定权威出现了软法的问题；职是之故，新法律的创立必须通过合意的过程，在没有取得合意的情况下形成的文件是不具有法律约束力的。国内法中虽然存在着核心的法律制定权威，但是同样也存在着软法或者硬法软化的现象。以软法为代表的这些新的治理方式，意味着行政法作用的发挥将“越来越依赖于不以法院为中心的、只保留很少司法资源的结构”。[29]

软法没有法律约束力，主要是指就软法本身来说一般不具有司法适用性。尽管如此，这并不意味着软法不具有任何实际效果或非法律性的约束力。更进一步说，在某些情况下，软法对于管制效果的有效性使得其实际约束力有可能比硬法更强。在国际法中，软法虽然不具有法律约束力，但其仍然对国际关系并且最终对国际法具有一定的影响。许多像软法这样的协定可以作为未来具有法律约束力的协定的基础，因此也是具有一定作用的，例如《世界人权宣言》是软法性的宣言，而《经济、社会和文化权利国际公约》和《公民权利与政治权利国际公约》都是从《世界人权宣言》中产生的。[30]无论无何，软法可以通过利益诱导以及羞耻感、谴责、互相模仿和学习等方式发挥作用。当然，软法发挥实际作用的机制，在不同的语境下会有不同的运作形式，虽然我们能够如前文所述的那样将其和传统的命令—控制模式加以简单的比较，但是其进一步的阐述还需要详尽的实证分析。

再次，软法的形成的主体是多元的。从统治向治理的转变过程，也是治理主体分散化的过程，即在传统的政府核心部门之外，设立大量具有一定独立性的公众组织，从而形成一种“分散化的公共治理”[31]结构。软法本身的复杂和多样性与这种治理结构下主体之间的互动网络关系密不可分。因此，软法的主体除了国际法上的政府组织和非政府组织之外，不仅包括传统的法律制定主体，如国家，而且还包括社会组织乃至私人组织。更有甚者，受法律多元主义的影响，有的学者本身就把软法和“社会规范”（social norms）等同，[32]这就在更广泛的意义上扩大了软法的主体。软法形成主体的多元，“……要求把法律的概念分散化以便能够将众多的规范情形包括在内，尤其是非国家主体产生的规范。”[33]

（四）软法的分类

分类是一种便利的认识方法，而分类本身具有把问题简单化的可能。准确地说，软法分类不是要把问题简单化，是要使其更加明确。有鉴于软法的复杂性和表现形式的多样性，对软法进行分类是必要的，而且还有助于深入理解软法的内涵和外延。

在国际法的语境下，软法通常被区分为两类，一类是法律性软法（legal soft law），一类是非法律性软法（non-legal soft law）。[34]前一类软法是条约中只具有软性义务的规定，后一类软法则是国际或地区性组织制定和认可的不具有约束力的决议和行为规范等。无论哪一种形式的软法，都包含有主观和客观两种因素，主观因素指的是成员方保留对义务内容一定限度范围内的选择权，而客观因素指的是超越前述限度范围就可以予以强制实施的因素。客观因素的实施所依赖的制裁措施根据软法的性质而有所不同：法律性软法体现在国际条约或国际组织的决定中，本身对成员方具有约束力，因而可以说有法律制裁可以保障其实施；而非法律性的软法通常只能通过非法律性的制裁，如政治制裁来实现。因此，现代国际法中所称的“软法”通常是在第二种意义上使用的。

在欧盟法的语境中，有学者把软法区分为三种形式：[35]第一类软法主要为宣言性或资料性的文件。属于这一类型的主要有绿皮书、白皮书、行动纲要和资料性通信等。第二类软法是解释性的和决策性的文件。这些文件的目的是为解释和适用现有的共同体法律提供指导原则。第三类软法包括正式的和非正式的指导性文件这些文件的目的是为了进一步实施共同体的目标和政策或其他相关领域的政策，有时候会表现为非常政治化的声明或决议的形式，通常是为了在成员国之间以非强制性的方式确立更密切的协作或一致，主要表现为建议、决议和行动守则。这里的建议是一种正式的指导性文件，根据《欧共体法》第249条的规定，建议为共同体的法律文件。其他的文件只是产生于日常的实践当中，因此是非正式的文件。

除此之外，软法还可以按照其功能进行分类，这在后面软法和硬法的关系中还会谈到。这种分类方法对于认识软法的功能和价值更有启发意义。

二、混合理论：软法与硬法之间的关系

软法甫一提出就遭到了质疑。要进一步明确软法与硬法之间的关系，首先必须弄清楚软法有没有独立存在的价值，如果答案是肯定的，那么独立存在的价值何在，软法可能对传统的法律制度带来哪些方面的冲击。而在此之前，首先要说明的是软法遭到的抨击都有哪些，有关学者是如何面对和回应这些批评的。当然，根据作者为本文限定的目的，回应这些批评本身并非本文的任务。

（一）批评软法与回应

批评一：是软法还是软规范？

很多人认为，软法的“法”或者说软法本身就是一个具有误导性的概念，因为“法”这个词可能意味着软法中的义务是法律形式的义务，而软法恰恰是没有法律约束力的。因此，既说软法不是“法”，而又说软“法”，容易造成逻辑的混乱，甚至可以说是一个自相矛盾的概念。有鉴于此，有的学者采用了软“规范”（norm）的提法，并在不那么严格的意义上把软法和软规范等同，[36]其他还有如软政策、软管制或软工具。或者虽然采用软法的称谓，但认为“软法”所指的规范和标准既非法律，也不具有直接的法律约束力。[37]对于软法的称谓，Richard Bilder认为“用软法一词来描述显然不具有法律形式而且并不意图发生法律上的约束力的文件显然是不合适的，而且也没有多大帮助，”理由是“这样的文件根本不是我们通常意义上所说的法律”。[38]

回应这种批评可能的方案有三个：第一个就如采用软规范的称谓那样，换另外一个概念，消除软法可能带来的误解。第二个就是重新解释法律，不把原来的“法律约束力”及其相关理论作为重新解释的法律的标志性特征之一，从而将软法包括在法律之内。第三种就是虽然采用软法的称谓，但主要是在经验的意义上使用，而不把它作为一个分析的概念。软法的含义和其法律效果一样，被认为应当根据个案加以确定。第一种情况需要有可替代的概念存在，从实际来看，显然这样的概念并非不存在；第三种情况是概念使用的自我限定，基本上是将软法作为一个描述性的概念加以运用，而不是特别强调其规范化的一面。[39]

就软法的概念来说，重要的或许不是软法和硬法的区分，而是软法怎样和法律本身区分开来。第二种回应实际上就是力图在正面回答软法和法律的关系问题。这种回应需要为法律以及法律的生成等寻求新的理论支撑，需要回答软法是否对法律的概念构成了挑战。Willem Witteveen和Bart Klink从商谈式立法的视角对部分软法是否是法律的问题进行了解释。之所以说是部分软法，是因为其解释的对象是国内比较模糊且没有牙齿的宣示性立法。他们区分了两种立法的形式：工具性立法（instrumental legislation）和商谈性立法（communicative legislation）。工具性立法是指上级（国家）发布确定的命令（法律）给其臣属（人民），要求其遵守否则就要受到惩罚。这种立法是一种等级制的单向沟通模式，并不需要接受者的协作与反馈，强调命令与服从。商谈性立法把法律看作鼓励处于平等地位的主体（国家官员、中介组织和公民）之间进行对话，是一种更为扁平和互动性的过程，强调说服与对话。商谈性立法所产生的法律通常就被称为“软法”或“象征性的法律”。[40]

批评二：软法是一个多余的概念。

这一批评采取的是实用主义的进路，在承认软法本身所代表的价值的同时，从结果导向的视角否定软法和硬法的二分法存在的必要性。例如，Lichtenstein认为管制体制中特定的规范是“硬”还是“软”根本无关紧要，要紧的是如何取得成效，更好的目标实现，也就是更好的交往和合作的方法。换句话说，需要区分的不是硬法和软法，而是要区分实现整个秩序目标的过程中取得各方合作的方法。[41]也可以说，关键的问题是“有关活动在法律和政治领域中的效果，而不是该活动的渊源”。[42]

在公共治理的过程中，为了实现更好的管制效果，实际上有意识地模糊了公共领域和私人领域的界限，更多地以结果的实现作为判断手段有效性的依据。当然，从公法的视角出发，这只是强调了问题的一个方面。另外一个应当看到的是软法的适当性问题。这里的适当性包括两个层面：规范层面的是软法与民主和法治是否存在冲突；技术层面的是软法所适用的领域和问题是有限度的。通常来说，“善治”（good governance）的要求对软法来说也是适用的，政府和其他组织只有在满足下述条件时，其治理才是善治：第一是依法行政：公共组织必须遵守法律要求并在法律授权范围内执行公务，在各种活动中遵守正当程序，并尊重公众及其他利益相关者的权利和意愿；第二是在使用公共资源时要达到公告过的绩效标准；第三是根据合法性标准和绩效标准，负责向公众和其他利益相关者做出解释。[43]《欧洲治理白皮书》提出的善治的要求则包括公开、参与、负责任、有效性和一致性。[44]

总的来说，对软法的这种批评，严格来说在于超越软法和硬法这一区分本身，显然超脱了第一种批评当中隐含的话语之争，使得我们透过语词关注背后的现象和问题。

批评三：软法和法治存在冲突。

前面已经提到了有学者愿意在有限的经验意义上使用软法这一概念。根据这种批评，勉强可以接受把软法用作描述性的功能，因为这样最多不过是容易引起误解而已。但是因为学者具有从描述中抽象规范的倾向，如果某些文件能够被描述为软法，那么就会认为可以有意识地创制这样的文件。Klabbers 认为这种做法是应当坚决加以制止的。他认为软法这一概念不仅没有用，而且是有害的。[45]

这一批评是从法治的角度出发的，即软法可能危及法律的可预测性、简明性，并且为权力主体所利用。根据 Klabbers 的看法，现实世界是复杂多样而且是经常变化的，如果要创制软法就是要将政治的、道德的和社会的考量转化为法律。即便这种做法可欲，世界的无限多样性也使其不可能。其次，法律本身的优点即在于其简化的力量，法律只承认法律的和非法律的两种范畴。如果将法律作为表达价值的媒介，会把法律过于复杂化，而且以日常生活的复杂性取代了法律本身的复杂性。法律因而就丧失了自己的独立性，结果只能成为权力的遮羞布，最终危害法治。[46]因此，Klabbers 要求将软法从法律领域中彻底清除出去。像欧洲议会也认为软法可能危及到至关重要的民主透明原则和法治社会对可预测性的要求。[47]

这种批评体现了一种类似于“还原论”与“简化论”的争论，显然批评者更倾向于“简约法律的力量”。这样一种批评，仍然将法律看作一个封闭的、相对独立的体系，而试图回避软法的问题。实际上，对软法的研究，可以拓宽研究的视野，更好地认识规则的形成和共识的建立过程，了解这一民主过程中不同主体之间的竞争与合作关系。从某种意义上说，软法是法律和政治的结合部，[48]体现了审议民主的精神。法律强调的是以输入为导向的民主制度（input-oriented democracy），也就是代议制民主，体现的是民治（government by the people）的原则；而软法在强调以输出为导向的民主制度（out-put-oriented democracy）中更为有效，体现更多的民有精神（government of the people）。[49]

批评四：软法无法用于国内法领域。

这种批评是某种假想的批评，起因在于学术界对国际法的效果所持的普遍比较低调的期望。之所以如此主要是在国际法领域中不存在比国家更高的法律权威，国际法需要以国家的同意作为前提，而且由于缺少中央的权威，违反国际法很难导致法律上的强制执行。故而软法在国际法领域中大行其道。可以说，很多国际组织之所以运用软法，是因为没有别的选择。[50]在国内法中，法律上的主权者或者说是主权者的代表者是存在的，而且存在法律上的最终解决权威，因而完全可以采取硬法的形式。

正如前面所述，政府在公共治理结构中角色的淡化（注意并不是说消除），治理过程中形成的网络互动关系，在某种程度上可以勾通国内治理和国际治理。此为其一；其二是就实际来看，在很多情况下，即便存在可供选择的硬法的情况下，参与治理的各方主体也可能选择软法的方式以实现治理的目标。[51]这显然是软法乃不得已而为之这种说法无法解释的。需要回答的是软法的意义和价值何在，相比较硬法而言，软法到底能够起到什么作用。

（二）软法的意义与价值

抛开概念和语词的争论，软法作为一种现象实际上早已经存在，现在只是希望将其纳入法学研究的视野。软法的研究，要求我们采取一种开放的态度，关注软法背后所代表的活的规范现象。

研究的视角不同，对软法意义与价值强调的侧重也就有所不同。一般来说，可以分为法律的视角和政治的视角：例如在欧盟治理的语境中，法律的视角往往会把软法限于欧盟一些基本条约所正式确立的法律渊源的形式，强调软法与立法相比的非直接法律效果，例如准备、解释或者补充立法的功能。相比较而言，政治的视角更在意法律“软化”的含义，强调不具有约束力的指导原则的政治效果。[52]

就政治效果而言，又有两种不同的角度，一种是理性主义的，一种是建构主义的。理性主义强调法律的义务、精确性和委任三个方面的维度。当前述义务的内容不那么严格，定义的精确性有所模糊，而委任的解释赋予利害关系人的时候，就出现了软化的法律。按照理性主义的理解，软法是一种障眼法（Red Herring），一种声东击西的策略。[53]不过，软法的主要优势在于，其一是协商成本更低，其二是代表了通向硬法之路的渐进式发展。[54]建构主义关注的是以互相学习和商议为导向的交谈行为。建构主义者把软法看作是特洛伊木马（Trojan Horse），即一种表面上无害的工具，而一旦引入就会产生重大的影响。[55]因此，与理性主义相比，建构主义并不认为软法的非强制性和不具有制裁性是重大的不足。首先软法可以通过模仿、对话和学习实现规范的扩展，就像OMC（Open Method of Coordination）方法那样。其次，软法可以确立弹性的、考虑差异性的横向制度安排，从而促进社会性的学习过程并且加速网络的形成。[56]

软法的意义部分在于其能够补足硬法的不足。如果说软法在国际法领域是退而求其次的选择的话，那么软法在欧盟法和国内法领域的运用则更多的是有意识选择的结果。例如，在欧盟的语境中，硬法的不足被认为有以下几点：第一，硬法的安排往往是统一的，但是许多问题需要考虑并且容忍成员国多样性的存在；第二，硬法具有滞后性，其依据是以前预设的固定的条件，而不确定的情形则需要不断进行试验和调整；第三，硬法很难修改，而在许多情形下需要迅速改变规范以实现最优的目标；第四，硬法往往是外在于行为主体的，如果行为主体不将硬法规范内部化，法律的执行会很麻烦。而如果已经将硬法规范内部化，可能就没有必要予以执行了。[57]

相比较而言，软法的多样性、灵活性、不断变动性能够在很大程度上起到补充硬法的作用，而软法还可以增强参与主体，特别是被硬法所忽略的那部分的主体意识。软法关注的是就某个问题达成共识，而将其约束力留待将来再进行协商和讨论。软法的运用往往能够就某项经济和政治僵局达成妥协。Orly Lobel认为，之所以需要和运用软法工具是因为：第一，很多复杂的问题并没有现成的解决方案；第二，预期的规范和社会现实之间差别太大，如果实行强行性的规范会适得其反，因此规定最低的标准以便逐步发展；第三，决策者之间存在着激烈的争论；第四，硬法存在着许多意识形态或思想观念方面的抵制；第五，软法所具有的开放性、参与性和灵活性能够减少协商的障碍，降低社会成本，提升制度的整体正当性。[58]

当然，客观地说，软法也存在着不足。有学者把反对在欧盟中运用软法的理由总结为：第一，不够明确和清晰，无法提供可预期性和可靠的行动框架；第二，欧盟条约中明文宣示的那些硬性规定只有同样硬的规定才能够加以补足，从而促进社会目标的实现；第三，在欧盟的范围内，软法无法摆脱各个国家独自将社会政策推行到底；第四，软法不具有任何实际效果，只是偷偷摸摸地扩大欧盟制定硬法的权限的策略；第五，软法虽然是用于实现一定效果的机制，但是回避了正式的责任制度；第六，软法损害了欧盟的合法性，因为它产生了预期但却无法改变什么。[59]

（三）混合理论：软法和硬法关系最新界定

就前面已经提及的软法与硬法的关系，这里再予以进一步的说明。为此，有必要引入功能主义的视角。有学者将软法的功能概括为三种：[60]一种是“前法律的功能”（a pre-law function），这种软法指的是那种预备性和资料性的文件；一种是“后法律的功能”（a post-law function），这种软法指的是解释性和决策性的文件；一种是“与法律并行的功能”（a para-law function），这种软法指的是指挥性的文件（steering documents）。这种对软法的功能分类对于软法和硬法的关系提供了有益的启示。二者的第一种关系是，软法着眼于未来硬法的通过，是硬法形成之前的阶段；第二种关系是，软法是硬法的临时替代品；第三种关系是，软法是硬法的永久性替代品。这样一种软法和硬法的关系，也就为我们勾勒出软法在整个法律秩序中的结构框架。

软法和硬法的关系之辩促使有的学者试图超越软法与硬法这一区分本身，寻求一种将二者结合在一起的综合理论。这种理论认识到在现实很多的政策领域中，软法和硬法作为有意识构设的结果会同时出现，或者同一制度无意地以两种路线实现同一个目标。因此，软法不是一个退而求其次的解决方案或者通向硬法之路的一个中间站，而是一种可取的替代性选择方案。软法和硬法合成（synthesis）的趋向是形成一种硬软法理论（hard and soft law），[61]而不只是硬法和软法（hard law and soft law）。虽然语义上差别并不大，但是这种研究的视角更多是侧重于二者在实现共同目标中的作用。

因此，应当克服硬法和软法二者只能选其一的理念。[62]近来，围绕欧盟立法和OMC展开的争论实际上就是硬法和软法之争。硬法和软法两种方法并非互不兼容，实际上决策者们也已经意识到了这一问题。欧盟大会关于OMC的一份报告中指出："OMC是一种整合工具。对于同一个主题……能够与欧共体的其他行为结合在一起，包括传统的立法行为。"[63]硬法和软法组成混合体最明显的例证是在欧洲环境法领域。与其他的政策领域相比，欧盟在环境法领域中拥有相当大的立法权力，也就具有较强的硬法手段，但是欧盟仍然部分选用像OMC一样的机制，这也从侧面表明了其完全意识到软法的功用，当二者存在互补的时候就把软法和硬法结合起来，对不同的问题适用不同的模式。[64]

三、软法、合作治理与新行政法

法律学者很少讨论治理，其原因或许有很多，治理的含义多样且复杂当属其中之一。[65]软法为法律学者研究复杂的治理提供了一个可选择的切入点。更为重要的是有助于学术研究视野和研究态度的转变。软法的研究将法学研究的视角放宽，将更多的社会规范纳入了研究的范围，同时软法研究又将视角拉长，将规范形成过程中的价值冲突和协商对话纳入了研究的范围。软法的研究突破了所谓的法律中心主义，即把国家作为法律制定和执行的主要渊源。但如果从实现秩序的规则角度考虑，法律显然不是唯一可以带来秩序的规则，"法律制定者如果对那些会促成非正式合作的社会条件缺乏眼力，他们就可能造成一个法律更多但秩序更少的世界。"[66]这种偏离传统法律观念的倾向，被认为是和法律多元主义思想学派有关，而且很多改革的建议也是根据法律多元主义学派提出的。[67]

无论这种学术传统可以追溯到哪里，出于作者本身的学术旨趣，我们更关注公共治理领域中软法以及其所体现的合作治理精神对于公法，特别是行政法的意义。

通过对软法研究的梳理，我们可以看到，在公共治理的语境之下，实现治理目标的手段已经不再是，准确地说不全部是命令和控制式的管制方式，而是强调公共主体与私人主体之间的对话、协商并进而协作，从而通过多种治理手段共同实现治理目标的过程。因此，治理强调的不是国家与个人之间的对抗关系，而是多方主体之间的合作，特别是公共权力主体、社会组织和利害关系人之间的合作。因此，可以说这样的公共治理模式是合作治理模式，而这样的国家则是合作国家。[68]合作治理具有如下几个方面的特征：[69]第一，结果导向，以解决问题为目标。第二，利害相关人参与决策过程的所有阶段。第三，渐进式的决策过程。第四，超越传统公私划分的责任机制。第五，灵活而充实的行政机关。

就行政法的发展经验来看，传统行政法虽然已经关注到了非政府一方在行使行政职权过程中的作用，但通常是作为授权或者委托的问题加以处理的。由于行政法将行政机关和相对人之间的关系看作是对抗性的，根据法治理念的要求，行政法的主要任务主要是为了保障行政权力的负责任行使，因此整个行政法的体系往往都是围绕着设计约束行政行为的不同机制来加以组织的。而即使在更强调行政法工具性价值的行政法体系中，往往也是围绕着行政机关本身来加以组织的。无论是强调行政国家的正当性还是强调行政权的积极行使，都无法给予治理的共同性以足够的关注。[70]

参考文献：

①最近而且最明显的努力是斯德哥尔摩大学政治

学系副教授 Ulrika Mŏrth 编辑的 Soft Law in Governance and Regulation：An Interdisciplinary Analysis（Edward Elgar, 2004），该书从法律、社会、政治和组织四个方面的进路探讨了软法和治理之间的关系。另外如日本文部省“21 世纪杰出研究中心方案”（The 21st Century COE Program）资助的 Soft Law and the State-Market Relationship：Forming a Base for Strategic Research in Education and Business Law 项目，着重手机和考察软法的实证资料，其关注的领域有政府管制，知识产权和商法等，并且到目前为止已经出版了三卷日文的《软法》杂志。见 http：//www. u-tokyo. ac. jp/coe/list23-e. html（2005 年 11 月 1 日访问）。再如 Linda Senden，Soft Law in Europe Community Law，Oxford：Hart Publishing，2004.

②如 Orly Lobel，The New Deal：The Fall of Regulation and the Rise of Governance in Contemporary Legal Thought，in Minnesota Law Review，vol. 89. December 2004.

③ http：//en. wikipedia. org/wiki/Soft-Law（2005 年 10 月 22 日防问）；另外参见 Marci Hoffman 先生为加州大学伯克利分校法学院开设的“国际法与外国法研究”课程中给出的“软法”的基本概念，见 http：//www. law. berkeley. edu/library/classes/iflr/basicsguide. html.（2005 年 10 月 28 日访问）

④Snyder，Soft Law and Institutional Practice in the European Community，in S. Martin（ed.），The Construction of Europe，Kluwer Academic Publishers，1994，p. 198.

⑤Linda Senden，Soft Law，Self-Regulation and Co-Regulation in European Law：Where Do They Meet? In Vol. 9 Electronic Journal of Comparative Law，January 2005.

⑥姜明安教授称软法为“非典型意义的法”，并且给出了法的三个特征：一是行为规则；二是具有外在约束力；三是由一定人类共同体制定或认可。见姜明安：《软法在构建和谐社会中的作用》，http：//www. publiclaw. cn/article/Details. asp/Newsld = 1090（2005 年 12 月 20 日访问）。

⑦Eva Kacher，Private Standards between Soft Law and Hard Law：The German Case，in The International Law Journal of Comparative Labor Law and Industrial Relations，Vol. 18/3，2002. p. 265.

⑧Eric Posner，Soft Law in Domestic and International Settings，2005 年 7 月 1 日东京大学 21 世纪 COEプロダラム「国家と市の相互关系におけるソフトロ」第 5 回シンポシウム资料 http：//www. j. u-tokyo. ac. jp/coelaw/download/material. htm.（2005 年 11 月 23 日访问）

⑨Study to Identify Best Practice in the Use of Soft Law and to Analyze How This Best Practice can be Made to Work for Consumers in the European Union，http；//www. lexfori. nct/soft-law-en. htm.（2005 年 10 月 22 日访问）

⑩Flynn 语，转引自 Michelle Cini，The Soft Law Approach：Commission Rule-making in the EU’s State Aid Regime，in Journal of European Public Policy，Vol. 8（2），2001.

⑪同前注 8。对此可以进一步参见埃里克·A. 波斯纳著：《法律和社会规范》，沈明译，中国政法大学出版社 2004 年版。

⑫罗伯特·C. 埃里克森：《无需法律的秩序——邻人如何解决纠纷》，苏力译，中国政法大学出版社 2003 年版，第 63 页。

⑬Lome Sossin，The Rule of Policy：Baker and the Impact of Judicial Review on Administrative Discretion，in David Dyzenhans（ed.）The Unity of Public Law，Oxford：Hart Publishing，2004. p. 89.

⑭另外参见 Lorne Sossin & Charles W. Smith，Hard Choices and Soft Law：Ethical Codes，Policy Guidelines and The Role of the Court in Regulating Government，in 867 Albert Law Review 40（2003）.

⑮Ulrika Mŏrth 认为，这些标准对于软法和硬法的分类没有多大帮助，因为在两个极端之间各种要素有多种结合的可能性。见前注 15 所引书，p. 6.

⑯理查德·斯图尔特：《21 世纪行政法》，沈岿译，载罗豪才主编：《行政法论丛》（第 7 卷），法律出版社 2004 年版。

⑰同上。

⑱同上。

⑲ 这方面的讨论并不鲜见，例如 Journal of Consumer Policy 早在 1984 年总第 7 卷第 2 号就推出了消费者领域的软法专刊，题为 Implementing the Consumer-Supplier Dialogue through Soft Law?

⑳Ulrika Mŏrth 认为，这些标准对软法和硬法的分类没有多大帮助，因为在两个极端之间各种要素有多种结合的可能性，见前注 15 所引书，p. 6.

㉑这些方面的讨论并不鲜见，例如 Journal of Consumer Policy 早在 1984 年总第 7 卷第 2 号就推出了消费者领域的软法专刊，题为 Implementing the Consumer-Supplier Dialogue through Soft Law?

㉒见前注②所引书，pp. 388—395.

㉓［美］R. M. 昂格尔：《现代社会中的法律》，吴玉章、周汉华译，译林出版社 2001 年版，第 193—194 页。

㉔许多学者现在都在不同的程度上关注全球行政

法的发展，例如理查德·斯图尔特（“21世纪行政法”，沈岿译，载罗豪才主编：《行政法论丛》第7卷，法律出版社2004年版），卡罗尔·哈罗（Law and Public Administration：Convergence and Symbiosis，in International Review of Administrative Sciences Vol. 71（2），2005）和小阿尔佛雷德·阿曼（The Limits of Globalization and the Future of Administrative Law：From Government to Governance，in Indiana Journal of Global Legal Studies，Vol. 8. 2001）和 Martin Shapiro（Administrative Law Unbounded：Reflection on Government and Governance，in Indiana Journal of Global Legal Studies. Vol. 8. 2001）等。2005年秋天《法律与当代问题》杂志还推出了有关全球行政法的专刊（Benedict Kingsbury et al.，The Emergence of Global Administrative Law，in Law and Contemporary Problems，Vol. 68（3—4），2005）。

㉕同前注㉔书，第194页。

㉖例如日本文部省“21实际杰出研究中心方案”资助的“Soft Law and the State-Market Relationship：Forming a Base for Strategic Research in Education and Business Law”项目，其关注的旨趣虽然主要是商法领域，但实际上是将其至于国家与市场关系的视角下加以考察的。因此其所谓的软法涵括的面就比较广，包括国家发布的规范、私人公司与市场之间形成的规范和在国际关系领域中确立的规范。见 http：//www. u-tokyo. ac. jp/coe/list23-e. html（2005年11月1日访问）。

㉗同前注⑤。

㉘Henrik Frykman & Ulrika Mǒrth，Soft and Three Notions of Democracy：The Case of the EU，in Ulrika Mǒrth（ed.），见前注⑮所引书，p. 156.

㉙同前注⑯。

㉚Tadeusz Gruchalla-Wesierski 认为国际法领域中的软法的效力包括直接法律效力、证明合格效力、解释性效力和政治效力等，参见 Tadeusz Gruchalla-Wesierski，A Framework for Understanding“Soft Law”，in McGill Law Review，Vol. 30. p. 39.

㉛对此可进一步参见：经济合作与发展组织：《分散化的公共治理：代理机构、权力主体和其他政府实体》，国家发展和改革委员会事业单位改革研究课题组译，中信出版社2004年版。

㉜Eric Posner，Soft Law in Domestic and International Settings，2005年7月1日东京大学21世纪COEプロダラム「国家と市の相互关系におけるソフトロ」第5回シンポシウム资料 http：//www. j. u-tokyo. ac. jp/coelaw/download/material. htm（2005年11月23日访问）

㉝Orly Lobel，前注2所引文，p. 389.

㉞参见 C. M. Chinkin，The Challenge of Soft Law：Development and Change in International Law，in 38 Int’l & Comp. L. Q. 850（1989）：Tadcusz Gruchalla-Wesierski，见前注㉛所引文。

㉟Linda Senden，见前注⑤所引文。

㊱Dinah Shelton（ed.），Commitment and Compliance：The Role of Non-binding Norms in the International Legal System，Oxford University Press，2000.

㊲Pekka Hallberg，Prospects of the Role of Law，Helsinki：Tekija ja Edita Pbulishing Oy，2005，p. 86.

㊳Richard Bilder，Beyond Compliance：Helping Nations Cooperate，in Dinah Shelton（ed.），Commitment and Compliance：The Role of Non-Binding Norms in the International Legal System，2000，p. 72.

㊴例如 Ulrika Mǒrth 就在其 Soft Law in Governance and Regulation 指出了该书的诸位作者在使用软法这一概念时存在的这种差别，见第4页。

㊵Willem Witteveen & Bart van Klink，Why is Soft Law really Law? A Communicative Approach to Legislation，http：//rechten. uvt. nl/bartvankink/softlaw. pdf（2005年11月22日访问）。根据作者的看法，协商性立法主要适用于如下领域：（1）立法者不具有足够的形成明晰的规则的技术知识；（2）所处理的问题在观念上过于复杂无法加以详尽地调整；（3）所处理的问题具有强烈的意识形态含意。

㊶Cynthia Crawford Lichtensein，Hard Law v. Soft Law：Unnecessary Dichotomy? 1433 Int’l Law. 35（2001）.

㊷Ulrika Mǒrth（ed.），见前注⑮所引书，p. 7.

㊸对此可进一步参见：经济合作与发展组织：《分散化的公共治理：代理机构、权力主体和其他政府实体》，国家发展和改革委员会事业单位改革研究课题组译，中信出版社2004年版，第312~313页。

㊹Commission of the European Communities，European Governance：A White Paper，COM（2001）428，Brussels，25. 7. 2001.

㊺Jan Klabbers，The Undesirability of Soft Law，in 381 Nordic Journal of International Law 67（1998）.

㊻同上。

㊼Henrik Frykman & Ulrika Mǒrth，Soft Law and Three Notions of Democracy：The Case of the EU，in Ulrika Mǒrth（ed.）. 见前注⑮所引书，p. 163.

㊽参见 Yoichiro Usui，The Roles of Soft Law in EU Environmental Governance：An Interface between Law and Politics，提交给2005年11月12至13在日本福冈九州大学举行的第26届欧盟研究会——日本年度研讨会“欧盟与治理”的论文，见 http：//www. ne. jp/asahi/usui/yoichiro/ Presentation-list. html（2005 年 12 月 28 日访问）

㊾Henrik Frykman & Ulrika Mŏrth, Soft Law and Three Notions of Democracy: The Case of the EU, in Ulrika Mŏrth (ed.). Soft Law in Governance and Regulation: An Interdisciplinary Analysis, Edward Elgar, 2004. pp. 155—161.

㊿Jan Klabbers, Institutional Ambivalence by Design: Soft Organizations in International Law, in 403 Nordic Journal of International Law 70（2001）.

51Ulrika Mŏrth, Soft Law in Governance and Regulation: An Interdisciplinary Analysis, Edward Elgar, 2004, p3.

52Yoichiro Usui, The Roles of Soft Law in EU Environmental Governance: An Interface between Law and Politics. http://www. ne. jp/asahi/usui/yoichiro/ Presentation-list. html.（2005 年 12 月 28 日访问）

53Peter Wood, Soft Law, Hard Law and the Development of an International Forest Convention, http://preterwood. ca/res/research/reports. htm.（2005 年 10 月 28 日访问）

54David M. Trubek, Patrick Cottrell & Mark Nance, "Soft Law", "Hard Law" and European Intergration : Toward a Theory of Hybridity, http://www. wisc. edu/wage/pubs/papers/Hybridity % 20Paper % 20April % 2005. pdf.（2005 年 9 月 10 日访问）

55Peter Wood，见前注54所引文。

56David M. Trubek, Patrick Cottrell & Mark Nance，见前注55所引文。

57同上。

58Orly Lobel，见前注②所引文，pp. 393—395。

59David M. Trubek, Patrick Cottrell & Mark Nance，见前注55所引文。

60Linda Senden，见前注⑤所引文。

61David M. Trubek, Patrick Cottrell & Mark Nance，见前注55所引文。

62David M. Trubek and Louise G. Trubek, Hard Law and Soft Law in the Construction of Social Europe: The Role of the Open Method of Coordination, in European Law Journal, Vol. 11/3, May, 2005, p. 343.

63Secretariat, The European Convention, Coordination of National Policies: The Open Method of Coordination, WG VI, WD 015 Sept. 2002.

64J. Scott and D. Trubek, Mind the Cap: Law and New Approaches to Governance in the European Union, Vol. 8/1, 2002, p. 1.

65治理可能是关于政治民主和经济自由之发展的，就像"善治"所述：关于经济效率和避免公共资源的不当使用有关；与国际法和国际组织"管理"的正当性和可信度有关；与多层级的机构和决策有关，努力调和多种主题的参与和授权；与责任和限制所有形式的权力，特别是国家权力有关，也包括不断增长的国际组织和私人主体的权力；与组织网络的社会控制体系有关；等等。Sia Spiliopoulou Akenmark, Soft Law and International Financial Institutions: Issues of Hard and Soft Law from a Lawyer' s Perspective, in Ulrika Mŏrth (ed.)，见前注⑮所引书，p. 75. 另外可参见［英］罗伯特·罗茨：《新的治理》，载俞可平主编：《治理与善治》，社会科学文献出版社 2000 年版，转引自罗豪才、宋功德：《公域之治的转型：对公共治理与公法互动关系的一种透视》，载《中国法学》2005 年第 5 期。

66罗伯特·C. 埃里克森，见前注⑫所引书，第 354 页。

67Anna di Robilan 认为，软法的发展导致了法律多元主义观念的苏醒，人们对社会规范重新发生了兴趣。学术界目前试图在社会学传统和法律秩序的多样性中寻找软法学术传统的源头，这样的传统通常有两个：一个是中世纪时的法律多元主义和商业习惯法，另一个是 19 世纪末期欧洲反形式主义法学家所构建的法律多元主义和社会法。不过，Anna di Robilant 认为软法的根源应当追溯到 20 世纪 50 年代一种特定法律意识的全球化。这种新的法律思维以尊重和保障人权与政策选择的方法之间的张力为标志。政策选择的方法将法律还原为冲突价值之间的选择，而这一时期人权主要是和本身就具有不同倾向的经济、社会权利这种第二代人权有关。Anna di Robilant, A Genealogy of Soft Law, in American Journal of Comparative Law, Forthcoming, Spring 2006，该文的摘要可以参见 http://www. iisj. cs/ant-Buspre. asp? Cod = 2648&Nombre = 26487prt = 1.（2005 年 10 月 28 日访问）

68注意这里的合作国家和国内某些学者所使用的合作国家是不同的。国内学者使用的合作国家是法团主义意义上的阶级或阶层合作，同样地国内学者所谓的"合作主义宪政"也是在这个意义上使用的。参见孙立平著：《现代化与社会转型》，北京大学出版社 2005 年版，《权利失衡、两极社会与合作主义宪政体制》，第 288 页以下。

69Jody Freeman, Collaborative Governance in the Administrative State, in UCLA Law Review. Vo. 45, October, 1997.

70乔迪·弗里曼：《私人团体、公共职能与新行政法》，晏坤译，载《北大法律评论》第 5 卷第 2 辑，法律出版社 2004 年版。

（《法学家》2006 年第 1 期，罗豪才系北京大学法学院教授；毕洪海系北京大学法学院博士研究生）

科学发展的公法回应——通过公法均衡化推动中国社会发展科学化

■罗豪才　宋功德

引言：问题、命题与研究进路推动社会发展[①]，改善自身的自由状态，追求“人的全面发展”，这应当是人类社会的永恒主题。改革开放之后，我们逐渐认识到“发展才是硬道理”，将发展确立为中国社会实践的一个基本主题，并选择了以经济建设为中心的发展模式，创造了“经济奇迹”。同时，制度、尤其是法律之于治国理政的重要性开始得到重视，法律至上的权威得以普遍确立，法治建设成效显著。法制建设与社会发展的关系具有多样化，或水乳交融，或貌合神离，或若即若离，或格格不入。回顾中国近30年的法治建设与社会发展历程，二者基本上齐头并进、互相支持，社会发展为法治建设提供了物质基础，法治建设为社会发展提供了制度保障[②]，二者统一于“社会主义市场经济是一种法治经济”的认识与实践之中。不过，我们也不难发现在社会发展与法治建设之间，一定程度上存在着“两张皮”问题，二者经常若即若离，不少法律变革缺乏理性，明显违背社会发展规律，制约着法律对社会发展的全面回应和有力保障；有些经济建设活动规避或者违背法律，在法律之外甚至之上谋求发展，严重损害法律权威。法治建设与社会发展的齐头并进，遮蔽了二者之间的若即若离，这不仅阻碍着科学发展观的贯彻落实和社会发展的法治化，而且制约着依法治国方略的全面确立和法治对社会发展的全面回应。鉴于此，我们有必要深入研究法治建设与社会发展之间的契合性和互动关系，变彼此牵制为互相推动，依靠加速推进法治建设来实现社会发展的科学化。[③]

本文研究虽然放眼于中国法治建设与社会发展的全部，但要聚焦于公法与发展关系之上。影响社会发展模式选择与绩效高低的因素是多方面的。一般认为，在自然资源既定的前提下，科技与制度是影响社会发展的两种基本因素，社会发展往往是二者交织而成的“双螺旋结构”，发展绩效反过来又会持续刺激科技创新与制度变革。不过，由于科技创新在一定程度上也依赖于法律的推动和保障，诺思曾试图论证“制度的变迁是历史演进的源泉”[④]，制度、尤其是法律制度对社会发展产生的影响要更为基础，更加全面和深刻。就法律本身而言，如果说在主要依靠私人选择机制配置社会资源和分配社会财富的传统社会，私法曾经发挥过主导作用，那么在公共选择机制对社会发展的影响日渐广泛和深刻的现代社会，运用比较完善的私法规范比较成熟的私人选择机制，恐怕已不再是法治的主要问题，而如何运用公法规范公共权力，实现“公法之治”[⑤]，为社会发展提供公共管理与公共服务，则日益成为法治建设的主要任务。

中国的平衡公法理论，是在中国特色社会主义理论体系的指引下确立和发展起来的，体现了科学发展观的要求，[⑥]有助于推动科学发展观的全面贯彻落实。本文旨在确证的命题是：具有和谐之体、正义之质、回应之用和效益之实的平衡公法，能够对以人为本、全面协调可持续的科学发展作出全面回应和提供法治保障。围绕该命题的证成，本文依次讨论三个相关问题：一是描述公法与发展的关系，主要讨论公法如何通过制度安排来决定社会发展态势；二是解读平衡公法与社会科学发展的互动关系，重点研究科学发展对平衡公法的倚重；三是在分析公法失衡与社会发展不科学的关联性之后，着重探讨如何通过公法的均衡化来推动发展的科学化。

一、公法决定社会发展态势

在我们为改善自身处境而实施的各种发展行为中，用以解决市场失灵和弥补私人选择机制缺陷的公共选择的痕迹，正在变得越来越重，社会对发展提出越来越高的公共理性要求，这就要求公法对此作出回应，通过建构和规范发展关系的方式确立发展模式，致力于解决效率与公平这对社会发展的基本矛盾，据此直接或间接地从正反两个方面深刻影响发展绩效，决定着社会发展态势。

（一）公法通过建构和规范发展关系确立发展模式

法律调整主要是借形式理性实现实体理性，通过权利/义务或权力/权利配置，将特定社会关系转化为法律关系，依靠确定的法律规定来保证社会主体行为选择的可预期性，维护社会交往与经济交易秩序，并以秩序为手段实现维护和拓展公民自由等其他法治目标。发展行为是一种综合性社会行为，涉及经济、政治、社会、文化等诸多领域，发展关系构成了社会关系的主体部分。在法律上，以公私性作为区分标准，我们可将发展关系分为三类：第一类是私人关系，主要是指平等民事主体之间以意思自治为基础、以契约为纽带所结成的发展关系，在法律上反映为权利/权利关系；第二类是公共关系，主要是指各种公共机构之间因行使公共权力而结成的发展关系，既可能发生于各类各级国家机关之间，也可能发生于国家机关、执政党、社会自治组织三者之间，在法律上反映为权力/权力关系；第三类是公私关系，主要是指公共机构因行使公共权力而与公民、法人或其他组织之间结成的发展关系，在法律上反映为权力/权利关系。

就发展模式选择而言，倘若私人选择机制在社会资源配置和社会财富分配中发挥主导作用，那么私人关系就会居于基础地位，公私关系处于从属地位，公共关系居于中介位置。不过，就决定发展模式选择的法律安排而言，尤其在公共权力对社会发展的影响日益深刻的现代社会，发挥主导作用的应当是调整公共关系和公私关系的公法，而非规范私人关系的私法。之所以如此，不仅在于私法本身也并非完全取决于私人选择，而通常是公法确定的公共选择机制确认与创制的结果，还有以下四点主要理由：

1. 私法对私人关系调整的可替代性，明显高于公法对公共关系和公私关系的调整。私法从未垄断过对发展的私人关系的调整，诸如公序良俗、伦理道德等其他社会规范皆以自己的方式发挥重要作用，在诸如“熟人社会”等社会发展实践中，它们有时扮演甚至更加重要的角色，私法在一定程度上被取代了；但对公共关系和公私关系的规范，由于要求公共机构严格奉行“法未授权不可为”原则，对公法调整产生严重依赖性，其他社会规范通常只能拾遗补缺。

2. 私人关系只有在得到经过公法规范的公共关系和公私关系的支持后，才能在发展中发挥基础作用。私人选择机制具有无法自我解决的行为外部性、交易费用、公共物品缺乏等先天缺陷，需要公共权力介入以弥补其缺陷，提供公共管理和公共服务，维护社会有序发展，解决效率与公平矛盾。公法通过授权立法机关确认与创制私法的方式来为私人选择提供制度基础，同时，通过授权行政机关实施法律、并将部分影响公共利益的私人关系转化为公私关系的方式，预防和制裁非理性的私人行为选择，此外，还授权法院化解私人纠纷以维护私人选择的理性。

3. 社会理性发展程度主要不是取决于私人关系的规范化，而是取决于公共关系和公私关系的理性化。社会个体与整体之间在理性认知上的差异，内在地制约着社会发展的科学化。社会个体往往倾向于认为，那些能够最大限度满足个人偏好或者实现个人利益最大化的发展行为是理性的，但从社会角度来看，科学的发展应当能够在最优配置社会资源的基础上，在相关主体之间公平分配产品、服务、机会等各种社会财富，实现社会福利的最大化。尽管我们并不否认“看不见的手”有可能为增进公共利益、实现整个社会科学发展作出“意外”贡献，但由于市场失灵的存在，私人选择机制之于科学发展而言，既非唯一方式，也非总是可行的方式，经常会成为靠不住的方式，只有在得到公共机构实施的公共管理和提供的公共服务之后，私人选择才有可能符合科学发展的要求。这就意味着，通过公法来规范公共关系和公私关系，发挥公共选择机制"催化"社会发展理性的作用，是保证科学发展的关键。

4. 在发展模式选择中，私人关系往往是"常量"，而公共关系和公私关系通常是"变量"。发展模式选择，主要依靠法律对私人关系、公共关系、公私关系三者及其相互间关系作出某种制度安排。相对而言，更多地属于自发生成的私人选择机制，具有更强的稳定性和普遍性，能够广泛适用于各种发展模式，而私法也往往能够超越时空限制；但是，具有更多理性建构成分的公共关系和公私关系，却往往因时因地而异，具有明显的语境性。就此而言，法律在选择发展模式时，由于私法对私人关系的规范往往属于"常量"，无需作太多的情境考虑，而公法对公共关系和公私关系的调整则往往属于"变量"，需要立足现实、结合国情作慎重选择，这就导致不同发展模式之间的差异往往集中体现为公法对公共关系和公私关系作出不同的安排。

公共关系这种权力/权力关系从属于公私关系这种权力/权利关系，前者要服从和服务于后者[7]，旨在保证私人选择理性与社会科学发展的统一。尽管不同历史时期、不同地域的公共关系和公私关系差异显著，但在法律逻辑上，公法都主要从三个层面完成以权力/权利关系为核心的发展关系的建构，确立起特定发展模式。

其一，运用宪法规定发展体制，"定性"控制发展关系。公法选择发展模式，首先要通过宪法确立社会发展体制的基本框架。无论是公共选择还是私人选择，在微观上最小的行动单位都只是个人，其发展行为选择的"自由"深嵌于由经济、政治、文化等基本要素构成的社会结构当中[8]，发展的特性并非自我设定，而主要由外在社会结构所"赋予"，社会结构是塑造社会发展关系的"母体"。宪法综合反映一国的自然环境、历史传统、社会条件、经济状况、政治文明等，旨在创制或者确认一国的经济、政治、社会、文化、行政管理和司法体制等，规定一国社会资源配置的基本机制与社会财富的分配准则，确定处理公私关系的基本原则，规定公共权力的分工、合作与制衡关系，规定国家与社会、政府与市场、执政与参政议政关系，规定一国社会发展的目标与实现方式，确定发展问题的发现、讨论和解决机制，等等。各种具体的发展关系，无论其公私，都只不过是构筑发展体制的各种基本元素的具体组合形态而已。宪法对社会发展体制的这种整体设计，预设了部门公法创设具体发展关系的制度选择空间。

其二，运用宪法与部门公法对发展主体的权力、权利进行配置，实现发展关系"入法"。法律关系是一种权利义务关系，公法通过配置权力、权利的方式实现发展关系"入法"，法律要求发展主体在其权限范围内作出行为选择，这有助于保证发展行为的可预期性。社会主体据以实施特定发展行为的权力或权利，对应于某种资格、资源或者利益，公法对权力、权利的配置，其实是在确认资格、配置资源或者分配利益，并依靠国家权威来捍卫法定的权力/权利配置格局，实现对发展行为及其后果的法律定位。无论是公共机构受制于"法未授权不可为"，还是私人受惠于"法未禁止即可为"，二者都暗含着判定社会主体行为合法性的依据就是其享有的权力或权利。为了理顺发展关系，公法以权力/权利配置为核心，确定公民权利与公共权力各自的范围并规定二者相互关系；同时，作为一种辅助手段，公法还要对涉及发展的各种公共权力进行配置，规定不同公共权力的功能、边界及其相互关系。部门公法在配置发展主体的权力、权利时各司其职。例如，作为基本法，宪法侧重于规定公民基本权利，确定权力/权利配置的目标、原则和策略，并对国家与社会两类公域，从纵向与横向分权两个维度，确定权力/权力配置的基本框架；而行政法、刑法、诉讼法等其他部门公法，则在宪法之下，以解决各自调整领域的社会发展问题为己任，规范相应的发展关系，细化宪法上的权力、权利配置。据此，公法围绕着发展目标的实现，确立起一套集宏观架构与微观规定于一体的权力、权利配置格局，将相应的发展关系转化为公法关系，实现对社会发展行为的规范和调整。

其三，运用部门公法具体创设社会主体的发展行为模式，"定量"控制发展关系。与其他社会规范相区别的是，法律主要通过事先为社会主体创设行为模式的方式来规范和调整社会关系，彰显出法治的可预期性与法律之治的可操作性。公法在确定发展体制的基础上，在对发展主体的权力、权利配置之后，主要依靠行政法、刑法、诉讼法等部门公法，从实体与程序两个方面，具体创设社会主体、尤其是公共机构实施发展活动的行为模式。例如，将公共机构享有的抽象的影响发展的公共权力，转化为特定公共机构介入、干预具体发展事项的法定职权与职责，明确公共权力的行使主体及其权限范围，规定公共机构启动和运行职权影响发展的法定条件，规定公共机构干预发展的行为方式、期限、步骤等程序要件，规定实施特定发展行为的法律后果及其实现方式，规定针对发展行为的权力监督与权利救济，等等。公法通过事先塑造一套能够普遍适用和反复使用的发展行为模式，创设一套符合实体理性和形式理性要求的公私关系，依靠对发展关系的"定量"控制，实现社会的有序、理性发展。

公法对发展模式选择产生的全面影响，不仅体现为在静态意义上设定发展体制、配置发展权力/权利格局和创设具体发展行为模式三个层面，还体现为对发展关系的全程关注和持续建构。就特定发展关系而言，公法全程关注其产生、演变和消灭，对发展行为的成立、生效、变更、终止和撤销等问题作出具体规定，对发展行为的主要环节作出安排；就不同发展关系的前后交替而言，公法具有持续建构的功能，因社会发展情势的改变而与时俱进地改善发展关系、优化发展行为，公法变革如影随形于发展实践之后。由此可见，公法在横向的逻辑层面与纵向的历史维度对发展关系进行"交叉照射"，实现了对发展关系的动与静、虚与实、宏观与微观的全方位建构，在发展模式选择方面发挥主导作用。

（二）公法致力于解决效率与公平这对发展的基本矛盾

效率与公平问题，是各种发展模式都必须重点解决的一对基本矛盾，效率高低、公平与否、能否兼顾公平与效率，直接关乎发展关系的和谐性与发展绩效。一般认为，效率关注的是如何将社会发展"蛋糕"做大，其高低反映出社会资源配置的优劣；公平关注的是社会财富"蛋糕"分配的平等性，各人是否得到其应得到的份额。在实践中，效率与公平之间通常存在明显张力：公平导向的发展，往往以放弃追求效率最大化为代价；效率导向的发展，又会产生富者愈富、穷者愈穷的"马太效应"，背离社会公平正义。不过，一旦我们拓展发展视野，加入时间变量，进入全面协调可持续发展格局，那就会发现效率与公平相互依存和相互强化的另一面，尤其是在社会主义国家，二者之间具有辩证性，统一于创造社会福利最大化的发展实践之中⑨：公平的社会财富分配能够为优化社会资源配置提供更大范围、更为持久的激励；更高的社会资源配置效率能够提供更多社会财富，有助于实现更大范围、更高层次、更长时期的公平分配。反之，不公平的分配会削弱提高效率的激励，甚至还可能诱发社会动荡最终导致社会发展停滞不前；而"大锅饭"这种绝对公平不仅会严重削弱提高效率的激励，还会因为社会财富的严重匮乏而强烈刺激权力变异和寻租，最终造成社会发展的低效和不公平。

要解决公平与效率问题，应当以效率最大化为纵坐标，以公平最大化为横坐标，遵循寻求社会福利最大化的指向，立足社会发展的现实国情，在效率优先兼顾公平或者公平优先兼顾效率二者之间作出选择⑩，进而确定"优先"的程度、领域、地域与时间，形成效率与公平的最佳组合。

在公法上，如何理顺公共利益与私人利益的关系，是一个亘古不变的难题⑪。静态地看，我们对既定社会整体利益进行分割，公、私益之间往往是此涨彼消、非此即彼。但动态地看，公、私益之间是相互依存的：私益是公益的本源，不存在完全脱离私益的公益，私益是公益的起点和终点，公益要服从和服务于私益的增长和公民自由的改善；私益的维护和增长离不开公益，依赖公共机构为其提供诸如基础设施等硬件和公共秩序等软件意义上的公共物品，这种规模经济优势，能够推进更大范围、更加持久、更高层次的私益的增长[12]。因此，公法在处理公、私益关系时，不应将二者消极对立起来，机械地认为只能顾此失彼，而应要“认识所涉及的利益、评价这些利益各自的分量、在正义的天秤上对它们进行衡量，以便根据某种社会标准去确保其间最为重要的利益的优先地位，最终达到最为可欲的平衡”[13]，以公益最大化为纵坐标，以私益最大化为横坐标，遵循寻求社会福利最大化的指向，确定一种理性的公、私益分配机制，建构一种公私相长的和谐公法关系。

发展的效率与公平矛盾，与公法上的公、私益问题，具有内在关联性。从发展角度看，发展的效率与公平问题，对于特定个体而言主要是一个私益问题，关乎个人的成本—收益；对于社会而言就变成一个公益问题，涉及社会资源配置和社会财富分配。在市场经济体制下，社会资源配置主要依靠市场主体自主选择，因此效率问题更多地是一个私益问题；至于社会财富分配，初次分配多半是一个私益问题，而由国家主导的二次分配与由慈善机构主导的三次分配[14]，其公平与否应当主要是一个公益问题。从社会利益分配角度看，私益分配主要是一个效率问题，但公私益的分配、尤其是以牺牲特定私益为代价来满足公益诉求，这与其说是效率问题，倒不如说是公平问题。

我们认为，无论是发展中的效率与公平矛盾，还是公法上的公益与私益问题，二者都统一于谋求社会福利最大化这一共同目标之中。公私益分配在公法上转化为权力/权利配置，它同时也是一个运用制度解决效率与公平矛盾的过程。

一方面，公法赋予社会个体以各种发展权利，包括申请政府确认产权、要求政府依法对产权进行有限排他性保护、借助市场机制进行产权交易、申请政府对产权纠纷进行化解并依法惩治产权交易中的机会主义行为等，通过这套产权制度，社会个体分配到的社会财富得到法律保障，依靠市场机制对其掌握的社会资源实现有效配置，实现私人利益的最大化；同时，公法要求社会个体承担与其权利相匹配的社会义务，包括尊重他人产权、遵守产权交易规则的义务，承担与产权相称的社会责任的义务，依法纳税、服兵役、交费等义务，遵守公共秩序等，配合公共机构解决因市场失灵而致的不公平问题和部分效率不高问题，通过维护公共利益的方式实现普遍的而非少数的、长久的而非短期的私益最大化。

另一方面，公法授权公共机构作为公益代表行使公共权力，综合考虑规模经济效益、边际效用、卡尔多—希克斯效率[15]、交易费用等诸种因素，在理性界定公域边界的基础上，确定最优的治理方式组合形态[16]，依法实施公共管理和提供公共服务，发挥公共物品的规模效应，降低全社会的交易费用总量，不仅为实现社会资源配置效率的最大化创造有利条件，并通过经济、行政和法律的手段直接或间接地影响社会资源配置；而且还通过强制实施法定分配模式，尤其是通过转移支付等方式，直接或间接地决定社会财富的分配，保证高效率的发展成果能够惠及全社会，推动社会的全面协调可持续发展，在兼顾公、私益的基础上实现社会整体利益的最大化。公法授权公共机构干预私人发展行为选择、并影响私益分配，一个基本的正当化理由就是为了实现公共利益，以公共利益的名义影响社会发展。

为了运用权力/权利配置的方式将发展中的效率、公平矛盾转化为公、私益关系，公法应当以公共权力的有效性为纵坐标，以公民权利的最大化为横坐标，遵循寻求社会福利最大化的指向，同时反映解决效率、公平矛盾和理顺公、私益关系的双重需求，选择一种能够在兼顾公私益基础上实现社会整体利益的最大化、在社会资源最优配置基础上实现社会财富公平分配的权力/权利配置。亦即，在卡尔多—希克斯效率模式下，对于发展中的指向资源配置和财富分配的效率与公平问题，我们可以通过公共权力的介入并辅之以补偿方式，将其直接或间接地还原为或者转化为公法上的公益与私益问题。这就意味着，公法只有以寻求社会福利最大化为主旨，运用权力/权利安排这个中介，同时对理顺发展中的效率与公平矛盾以及公法上的公私益关系作出回应，才能够通过理性建构发展关系的方式实现社会科学发展。

（三）公法能够直接或间接地从正反两个方面深刻影响发展绩效

公法主要从以下三个方面对发展绩效产生直接或间接的影响：一是基础性影响。公法通过规定自然资源的开发、使用、保护等，影响人与自然的关系；通过激励和保护科技创新，规范科技转化与使用行为，影响发展与科技的关系，进而影响发展绩效。二是前提性影响。发展行为作为一种社会行为，它与其他社会行为之间往往存在社会资源配置和社会财富分配的矛盾，这就需要公法对二者关系进行规范，以便在整个社会行动结构中确定发展的地位、规定发展的空间，尤其是处理发展与稳定、改革、开放之间的关系，为社会发展提供前提条件。三是通过设定发展模式来直接影响其绩效。社会发展，是私人选择与公共选择共同作用的结果，公共选择应当遵循市场经济规律，而私人选择也要受制于政府规制，二者统一于公法设定的发展行为模式之中。公法通过权力/权利配置，定位发展目标、确定效率与公平关系、规定公私选择机制关系、选择发展道路、确定发展内容的轻重缓急、规定发展的方向速度和质量、选择发展方法、明确发展成果的分配、规定违背发展规则所受制裁以及责任追究机制等。

尽管公法决定着发展模式选择，能对社会发展产生全面而深刻的影响，但不能似是而非地认为公法必然有助于推动社会发展，必然有助于社会资源的最优配置与社会财富的公平分配，事实上，因公法的权威性与正当性不同，公法有可能对社会发展产生三类影响：

一是推动社会发展。公法制度安排符合法治原则与发展规律，制度供给与发展需求相匹配，公法通过理性规定人与自然、技术与发展关系，对发展行为进行合理的社会定位，为社会发展提供了基础与前提，有关发展模式选择的公法制度安排切合实际，能够全方位规范发展关系，有助于保证发展关系的和谐化，有利于激活最大范围内发展主体的积极性与创造性，理性的公法与社会科学发展实现了良性互动。

二是制约社会发展。公法制度安排超前或者滞后，有关发展基础与前提的公法规定违背法治原则或发展规律，其所确立的发展模式脱离发展本土资源，非理性的公法制度与不科学的发展之间相互强化，导致发展的效率与公平矛盾突出，公共选择与私人选择关系紧张，发展关系不顺，尤其是公共权力的越位、错位、缺位和不到位，非但节减反而徒增了社会交易费用，诱致发展体制变形和机制扭曲，严重地制约着社会发展的科学化，公法因此成为抑制发展绩效提高的制度瓶颈。

三是公法与发展“两张皮”。社会发展主要依靠公共政策、领导意志或者自发力量进行，法外发展或者违法发展现象普遍，公法缺乏权威，刚性不足，功能萎缩，无法为社会发展提供基础和前提，未能为发展设定有效的行为模式并保证其实现。公法与发展格格不入，社会发展实践与公法制度安排缺乏内在关联性，发展绩效的高低基本上与公法制度安排的优劣无关。

（四）中国公法与发展关系日趋密切

回顾中国近30年来的社会发展与法制建设历程，我们发现公法与发展基本上齐头并进。改革开放伊始，刑法和刑事诉讼法作为法制建设的典范，先声夺人、首先发展起来，承担起打击犯罪、维护公共安全与社会秩序的重任，为推动和保障社会发展提供了法制基础；之后，为顺应以经济建设为中心的发展形势，民商法、经济法等部门法应运而生；继之，经济体制改革、尤其是政治体制改革为法治建设、特别是公法之治提供了机遇[17]，行政法抓住机遇走出低谷，并因行政诉讼法的出台而加速发展；其后，为了满足经济转轨与社会转型的需要，在建设社会主义市场经济法律体系的大背景下，有关经济调节、市场监管方面的法律陆续出台；近年来，作为对保护环境、实现可持续发展的一种回应，开始重视有关环境保护和自然资源合理使用方面的法律创制；最近，为了回应构建社会主义和谐社会、贯彻科学发展观、解决民生问题的现实需要，越来越强调有关社会管理与公共服务方面的立法。概而言之，中国的公法与发展关系日益密切，正趋于形成一种公法推动和保障社会科学发展、社会发展刺激和促成公法理性变革的良性互动关系[18]，公法依靠社会科学发展而日趋平衡，在发展实践中成熟完善；社会发展依靠公法提供制度保障而日趋科学化，社会发展的实践同时也是一种生动的公法实践。具体而言，这种互动关系主要体现在以下两个方面：

一方面，在不断膨胀的社会发展需求的强烈刺激下，公法日益成为影响发展态势的主导因素。

市场经济是一种法治经济，中国要建设社会主义市场经济，以经济建设为中心谋求以人为本、全面协调可持续的科学发展，不得不倚重公法，这就产生了现实公法需求。毋庸置疑，社会发展以维护社会稳定为前提，需要解决好效率与公平矛盾，理顺公私益关系；需要推动经济转轨与社会转型，在培育市场机制和充分发挥其作用的同时注重解决市场失灵问题；需要适应经济全球化的需要，既要"引进来"，更要"走出去"，创造和发挥"中国制造"的比较优势；需要正视现在处于、并将长期处于社会主义初级阶段的现实，解决好人民群众不断增长的物质文化需求与发展相对滞后之间的矛盾；需要立足中国地区差异显著、发展不平衡的大国国情；需要辩证对待中国当前正处于矛盾凸显期与发展黄金期的新形势，等等。这些不仅要求政府顺应社会发展的需求实行"自我革命"，放松经济规制，从全能政府转向有限政府，为完善市场机制、推动社会发展腾出必要的空间；同时又需要成为精干的"有为政府"，积极承担起提供公共管理和公共服务的法定职责，解决市场失灵，提供公共物品，完善社会保障体系，创造发展条件，推动和保障社会有序发展[19]。不难看出，这两个方向都产生规范公共权力、理顺发展关系、推动和保障社会发展的公法需求。

对此，中国公法作出了回应，通过持续不断的公法制度变革，循序渐进地解决发展关系"入法"问题。宪法、行政法、刑法、诉讼法等部门公法运用散见于其他法律、法规当中的公法规范，不仅解决了发展的基础与前提问题，将其调整范围覆盖到人与自然、人与科技等领域，对推动发展与维护稳定以及其他社会实践之间的关系作出规定；还致力于全方位建构发展关系，确立起效率优先、兼顾公平的发展模式；在兼顾公私益的基础上分类设定发展行为模式，旨在实现发展行为的制度化、程序化和规范化。不仅如此，伴随着依法治国方略的确立和依法执政、依法行政能力与水平的逐步提高，公法正在替代政策上升为影响发展的主导性因素，一种新的主要通过公法制度变革来推动和保障发展、解决发展问题、理顺发展关系、提升发展绩效的路径依赖性正在中国形成。

另一方面，社会发展对中国公法的影响越来越深刻，在相当程度上影响着公法品格的塑造。

社会发展涉及方方面面，社会关系在相当程度上是一种发展关系，公法创设的权力/权利关系也多半与社会发展相关，公法的存续以社会发展为依托，公法变革以影响社会发展为主题，这就决定着社会发展会对公法品格的塑造产生深刻影响。大致说来，中国改革开放以来的社会发展历程，对公法产生了以下四个方面的深刻影响：

第一，社会发展需求产生源源不断的变革动力，持续刺激着公法制度创新，行政法等部门公法的复兴与崛起，主要是为了适应社会快速发展，旨在解决社会发展过程中层出不穷的现实问题。

第二，公法实践需要具备一定的经济社会条件，而社会发展则为公法实践不断创造条件，通过为其提供各种硬件与软件支持，使得公法制度的创制、实施、适用与遵守成为可能。

第三，社会发展模式选择与理念更新，直接影响着公法理念与制度安排。公法并非自足的，只有对发展需求作出回应并保持匹配性，才能得到认可、得以存续。改革开放以来，中国的发展观经历了一种从集中精力发展经济、发展部分地区、让部分人先富裕起来到追求以人为本、全面协调可持续发展的发展模式变迁；与之相适应，中国的公法制度建设也经历了一场主要依靠刑法保障公共安全与社会秩序、依靠经济法推动经济建设、依靠行政法规范社会发展行为、依靠环保法保证可持续发展的演变过程，推动着部门公法从分散走向统一，越来越强调公法的整体性，公法理念也从片面的管理、控权发展为寻求权力/权利结构的均衡，致力于建构社会主义和谐社会，出现了公法规范软硬兼施、公法主体多样化、公法行为方式刚柔相济的生动格局，公法制度安排及其变革过程，都努力对科学发展作出回应。

第四，公法对发展的影响，开始成为判断公法实效与绩效的基本标准。公法能否回应中国发展的现实需要，是否有助于解决效率与公平矛盾，其对发展关系的规范与理顺程度，对推动和保障经济发展、尤其是科学发展所作的贡献，越来越成为评估公法绩效、考量公法制度安排理性程度的基本标准。

需要交待的是，关于中国公法与发展的关系，我们姑且只作出“日趋密切”的判断。在逻辑上，“关系密切”具有多种解释可能性，既可能是指理性的公法推动社会科学发展，也可能是指非理性的公法制度加剧了社会发展的不科学。事实也是如此。中国公法是在从主要依政策发展向依法发展转变的过程中崛起的，由于公法制度结构整体上的失衡、部分公法制度安排缺乏理性、不少公法制度被束之高阁等诸多原因，公法与发展一定程度上存在着“两张皮”问题，一些不合理的公法制度与不科学的发展之间甚至形成了相互包庇的同盟关系。有鉴于此，我们当下应当顺应“公法推动发展、发展倚重公法”的大势，反思和剖析公法失衡与发展不科学之间的联系，研究如何粉碎二者非理性关联性，从根本上变那种相互证明、彼此牵制的“密切关系”为良性互动的理性的“密切关系”，实现科学发展与法治建设的有机结合。

二、科学发展倚重平衡公法

公法模式选择直接影响着发展模式选择，而权力/权利配置则是联结公法与发展的纽带。究其根本而言，选择公法模式就是决定权力/权利配置的立场、态度、技术与方法；理顺发展关系，主要就是依赖公法对发展主体的权力/权利进行理性配置，寻求社会资源的最优配置和社会财富的公平分配。我们以权力/权利配置格局是否实现了均衡作为衡量标准，将公法区分为平衡与失衡两类；以发展是否科学作为衡量标准，将发展模式分为科学与不科学两类。并非任何公法模式都能与科学发展模式相匹配，只有全方位回应科学发展需要的平衡公法，才能推动和保障社会科学发展目标的实现。

（一）发展科学化与公法均衡化的并行不悖、相互促进

哈贝马斯认为：“从社会统一到体系统一的转变要采取法律化过程的形式。”[20]中国近30年的社会发展与公法崛起过程，基本上是一个发展日益科学化与公法日渐均衡化、二者并行不悖和交错推进的过程。

就发展而言，科学发展观的提出和践行，标志着中国发展范式的正式转换。党的十六大以来，中央继承和发展党的三代中央领导集体关于发展的重要思想，提出了科学发展观，胡锦涛在中共十七大报告中将其概括为：“第一要义是发展，核心是以人为本，基本要求是全面协调可持续，根本方法是统筹兼顾。”树立科学发展观，实现社会发展的科学化，是在总结以往发展经验教训的基础上，从根本上解决过去发展中的不科学问题。

伴随着社会发展的科学化，中国公法的崛起也表现为一个从失衡转向平衡的均衡化过程。在改革开放之后很长一段时间里，中国公法普遍存在着结构性失衡问题，公法理念落后，重权力、轻权利，重管理、轻服务；公法制度体系不完善，重实体、轻程序，重硬法、轻软法；公法机制设计不合理，重制约、轻激励，重规范外部行为、轻内部行为的规范化；公法制度变革反应迟钝，有时甚至文不对题，滞后于社会发展；不少公法制度安排未经过成本——收益分析和利弊衡量，缺乏实效，效益不高；部门公法之间各自为战，衔接不紧、呼应不够，缺乏整体性；等等。最近这些年，伴随着法治理念的普及、公民权利观念的觉醒、服务政府意识的强化、公共治理模式的兴起，中国公法以完善程序制度、健全权利救济制度、强化权

力制约与监督为重点，逐步推行均衡化，朝着平衡公法的方向发展。

庞德认为："一个法律制度之所以成功，乃是因为它成功地在专断权力之一端与受限权力之另一端间达到了平衡并维续了这种平衡。这种平衡不可能永远维续下去。文明的进步会不断地使这种法律制度失去平衡；而通过把理性适用于经验之上，这种平衡又会得到恢复，而且也只有凭靠这种方式，政治组织和社会才能使自己得以永久地存在下去。"[21]所谓公法的平衡，就其结果而言，是指法治理性精神全方位渗透到整个公法领域与公共权力运行环节之中。我们认为，作为公法的一种理想类型，平衡公法具有和谐之体、回应之用、正义之质和效益之实。"和谐之体"是指公法制度完善、体系和谐，实体法与程序法匹配、硬法规范与软法规范兼施、原则与规则互补。"回应之用"是指公法制度安排与制度变革能够与时俱进，实现了抽象的法治原则、普遍的公法规律与具体的、鲜活的公法实践的有机结合，回应了公法实践的现实需要。"正义之质"是指公法制度安排具有正当性，能够兼顾维护和拓展公民自由与规范和监督公共权力，通过公共机构依法实施公共管理和提供公共服务来维护公共秩序、提升公民价值、改善公民自由，寻求人的全面发展。"效益之实"是指公法机制实现了内外协调一致、制约与激励相容，有助于推动和保障社会资源的最优配置和社会财富的公平分配，能够实现公域之治的目标。在平衡论者看来，公法的平衡是一种结构性均衡，实现了以权力/权利配置为核心的公法制度结构的均衡；是一种动态均衡，其内涵与要求都与时俱进、不断发展；是一种对策均衡，公法的创制和实施，主要依靠能动公法主体之间的公平博弈和理性协商寻求一致或共识。[22]

经过对中国社会发展的科学化与公法的均衡化的考察，我们发现：一则，二者皆试图在"主义"的映照下着力解决现实问题。二者皆持问题导向，寻求问题与主义的结合，树立科学发展观是要解决发展的不科学问题，而公法的均衡化则要解决公法的失衡问题。二则，二者皆试图将普遍的一般要求与中国具体国情结合起来。科学发展观"以人为本、全面协调可持续发展"的一般要求，在中国当下的发展语境中被赋予具体涵义；而"和谐之体、回应之用、正义之质、效益之实"的平衡公法，其具体涵义也要视中国公法实践的具体情境而定。三则，二者并行不悖、相互促进。公法转型与发展模式转换相辅相成，社会发展科学化需要公法均衡化，而公法均衡化则依靠发展科学化提供动力、机遇和制度空间。

（二）社会发展有赖平衡公法提供制度保障

科学发展观的第一要义是发展。传统公法持一种片面强调制约权力或者限制权利的消极取向，无法在全面推动社会发展方面作出应有贡献，与之形成对照的是，平衡公法持一种主张各尽其能、各展其长、各得其所的积极思维，主张通过推动发展来有效解决社会问题，因此能够全方位推动社会发展。有目共睹的是，依法治国被奉为治国的基本方略，依法执政被确定为党执政的一个基本方式，依法行政被当作政府管理的基本要求，依法办案被视为公正司法的应有之义，据此，通过公法、尤其是平衡公法来规制公共权力、规范公共选择、实现公域之治、推动和保障社会发展，这种发展趋势已经不可逆转。诚然，平衡公法不可能独自完成推动和保障社会发展的重任，但是，不依靠公法就不会存在真正的发展，公法一旦失衡科学发展也就无法存续。

我们认为，平衡公法作为社会发展的必要条件，主要从以下几方面推动和保障社会科学发展：

其一，平衡公法能够为社会发展提供基础和前提。平衡公法超越传统公法封闭性的主体视角，确立一种开放性的关系视角，将调整视野拓展至人与自然、人与技术、发展与其他社会行动之间的关系，努力实现公法与外在社会结构、权力主体与权利主体之间的良性互动，试图在一个稳定有序的社会中理性定位发展实践，为社会发展提供基础和前提。

其二，平衡公法能为社会发展提供必要的动力，为社会注入发展活力。平衡公法具有正义之质，崇尚以人为本，追求社会资源的最优配置和社会财富的公平分配，能够通过理性的产权确认、保护、交易、纠纷化解制度以及公平的分配制度，持续不断地激励公共机构寻求公共利益最大化和私人寻求私益最大化，持续地为社会提供发展动力，推动社会自我发展。

其三，平衡公法通过设定发展行为模式，能够保证社会有序发展。社会一旦失序，社会行为与发展结果之间的关系就由必然性变为或然性或者偶然性，社会主体尤其是权力行为变得不可预期，那么法治就不复存在[23]，社会也就不可能有序发展。平衡公法具有和谐之体和回应之用，能够同时发挥实体法与程序法、硬法与软法、原则与规则等各类规范的自身优势，视实际需求对发展行为进行全面规范，尤其是通过规则设定发展行为模式，明确规定发展行为的主体、权限、范围、行为方式、步骤、期限、责任、权力监督与权利救济等，能够最大限度地保证发展行为的可预期性，推动社会有序发展。

其四，平衡公法能够解决社会发展悖论，通过建构和谐的发展关系降低发展成本、提高发展绩效。根据科斯定理，制度的意义主要在于节减社会的交易费用。现代社会主要是一个“陌生人社会”，现代发展是以分工和专业化为基础，这种发展环境和发展机制难免会产生市场交易信息的不完全和不对称，容易诱发市场机会主义和行政机会主义行为，产生高昂的制约交易合约形成的社会交易费用，最终反而阻碍着社会发展。相对于传统公法而言，平衡公法更有能力帮助发展解决其无力破解的悖论，以理性配置权力/权利为核心，建构一种基于能动公法主体之间良性互动的和谐公法关系，提高公共决策的协商性与认同性，有效防范机会主义行为的发生，最大限度降低社会发展交易费用，提高发展实效。

其五，平衡公法能够有效规制公共权力，为社会发展提供规范的公共管理和必要的公共服务。在现代社会，以私人选择为核心的市场机制虽仍在社会发展中发挥基础性作用，但同时非常需要与之匹配的公共选择机制提供公共管理与公共服务，解决市场失灵问题，弥补私人选择机制的缺陷。平衡公法的权力/权利配置格局的结构性均衡，首先是指不同类型的公共权力之间在完成理性的纵向与横向分权基础上，实现了执政权、国家权力、社会权力之间的分工、合作与制衡，通过创制、实施和适用法律，为社会发展提供公共管理和公共服务，维护发展秩序，提供发展平台，推动和保障社会发展。

（三）社会科学发展的核心有赖平衡公法倡导和支撑

科学发展观将以人为本当作其本质与核心，这就表明“科学”发展观既重视运用先进科学技术来谋求发展，又力避科技对人的异化，防治经济“繁荣”反致社会福利短缺，主张以“人”而非以“物”为中心来考虑发展问题，强调发展的理性要求、伦理精神和道德原则，要求发展体现出人文关怀，体现先进伦理文化的发展要求[24]。以“人”为本，不是以“权”为本，更不是以少数富人或强者为本，而应做到“发展为了人民、发展依靠人民、发展成果由人民共享”，在满足最广大人民群众利益诉求的基础上，通过向社会弱势群体适度倾斜的分配制度，让发展成果惠及穷人，体现公平正义和社会文明。由此可见，科学发展观要求我们将社会发展作为拓展公民自由、实现“人的全面发展”的一种手段，不应为发展而发展，迷失发展的终极目标。

科学发展观强调以人为本，这在一定程度上也反映出现代发展对公共理性的渴求。如果说传统的发展基本上是一种私人导向的自由放任式发展，那么推崇公共理性的现代发展，则重视公共意志、崇尚公共精神、增进公共利益、追求公共目标、推崇社会公平、试图惠及全民，基本属于公共导向的发展，公共权力据此在发展中扮演重要角色，公共选择据此成为一把双刃剑：“以人为本”发展品格的维护或毁损，皆主要取决于公共权力的理性与否。

实践表明，要求发展崇尚“以人为本”的精神，不能只是一种空泛的政治要求，而必须要得到法律的确认和倡导，并通过具体的公法制度安排才能将其转化成生动的发展实践[25]。不过，什么样的公法能够承担起这一神圣使命呢？我们认为，近代公法虽然是在以人为本的旗帜下崛起的，但因其或者过分强调维护公共秩序与公共目标，甚至以牺牲正当的私益诉求为代价实现“一大二公”，最终使得社会发展背离以人为本的宗旨；或者过分强调对公共权力的制约，反而束缚了政府为民谋益的手脚，无法有效地推动和保障社会发展，也导致了以人为本目标的部分落空。与之形成对照的是，平衡公法能够在以下几个方面全面确认和有力倡导发展的以人为本精神：

一则，平衡公法以授予与控制公共权力为手段来维护和拓展公民权利，以维护公共秩序为手段来改善公民自由状况，旨在寻求人的全面发展，此与科学发展“以人为本”的核心异曲同工。二则，平衡公法尊重人的主体性与主体间性，强调尊重、培育和发挥公法主体的能动性，结构性均衡的一个基本涵义就是鼓励和推动各类能动公法主体之间的良性互动。三则，平衡公法能够辩证对待效率与公平、公益与私益关系，在认真对待效率与公共利益的同时，追求社会公平与正当的私益诉求，寻求社会福利最大化，最终满足更为广泛、更加持久、更多类型的私益诉求，普遍提升公民价值。四则，平衡公法具有多样化的规范，奉行软硬兼施，尤其是实现自我规制的软法与法治原则的结合，打破了国家垄断公法规则创制的僵化格局，将公法渊源拓展到具有互助、自治功能的自治规则领域，体现出对“草根”组织与“民间”制度的尊重，与公众更为接近，更有可能满足更加多样化的私人发展诉求。五则，平衡公法基于理性人的人性假定，承认公法主体最大化其私益诉求具有一定的正当性，通过激励与制约相容、内外协调一致的机制设计，能够一如洪堡所强调的那样“保持最基本的人性的完整，不能丧失人之所以为人的潜能与人格”，[26]全面调动公法主体的积极性、激活其发展潜力，以实现公益与私益的双燕。六则，平衡公法设计一套刚柔相济的公法行为模式，在强调公法行为的确定性的同时，注意提高公法行为的协商性，体现出对公法主体、尤其是个性化的权利主体的利益诉求、私人偏好和知识的尊重。七则，平衡公法强调权责对称，包括公务员的权力与责任、公民的权利与义务以及权力/权利配置格局的均衡，这种平等对待的制度安排，彰显出平衡公法的以人为本。八则，平衡公法除通过其制度安排与机制设计体现出对人性、人格、人的尊严、人的生命健康、人的发展、人的自由的尊重和保护之外，其制度变革过程的高度开放、注重协商、诉诸博弈、基于合意或者共识，既是以人为本的一种表现，也为公法本身全面回应社会发展符合“以人为本”要求提供了有力保证。综上所述，平衡公法有助于实现科学发展“以人为本”要求的制度化、规范化和程序化，其所确立的发展模式，其所建构的发展关系，其所规范的发展行为，符合社会科学发展的以人为本精神。

（四）社会科学发展的基本要求有赖平衡公法体现和促进

针对以往社会发展的不平衡问题，科学发展观对症下药，要求发展应当“全面协调可持续”，这是一个优化或者重塑发展模式的过程，其实质是对权力/权利配置格局的优化或者重构，将以往的失衡公法“改造”为平衡公法，通过公法的均衡化来体现和保障发展的“全面协调可持续”。

其一，平衡公法能够体现和促进发展的全面性。所谓“全面”发展，就是以经济建设为中心，全面推进政治文化建设，实现经济持续健康发展和社会全面进步。依照桶板原理，一个社会的总体发展水平并非取决于最长的桶板，而是由最短的桶板决定的，因此，社会福利的“满园春色”应当是经济社会的全面发展，不应是经济建设的一枝独秀。平衡公法能够在制度安排与制度变革两种意义上，从两个方面对发展的这种“全面”要求作出回应：一则，平衡公法视野开阔，通过软硬兼施的制度安排广泛覆盖经济政治文化各个领域，在赋予公民以广泛的经济政治文化权利的同时，要求政府履行经济调节、市场监管、社会管理与公共服务四项基本职能，保证权力与权利的对应，实现全面的公域之治。二则，平衡公法既要以经济建设为中心来配置权力淑利，将规范政府经济管理职能、维护经济秩序、保障公民经济权益当作公法制度安排的重点，又要实现经济建设与政治文化社会建设的同步发展，以全面满足社会主体各方面的发展诉求。

其二，平衡公法能够体现和促进发展的协调性。所谓“协调”发展，就是统筹城乡发展、区域发展、经济社会发展、人与自然和谐发展、国内发展和对外开放，推进生产力和生产关系、经济基础和上层建筑相协调，推进经济政治文化的各个环节、各个方面相协调。社会发展速度主要取决于社会摩擦系数的大小，取决于社会交易费用的大小。社会越协调，交易费用越低，发展就会越快。从平衡公法角度来看，“协调”显然不是无原则的折衷，而是一种受制于理性原则的宽容和合作，意指发展关系实现了权力/权利配置的均衡，诸如市民与农民、东部与中西部等不同利益主体之间各种利益关系得以理顺，形成了和谐的发展关系。科学发展观重视“统筹兼顾”，强调从关系角度认识、分析和解决发展问题，此于平衡论从关系而非主体视角解读公法现象、推动公法均衡化异曲同工。平衡公法旨在构建一种理性的、和而不同的、强调公私合作的公法关系，在建构发展关系时辩证对待矛盾双方，做到“五个统筹”，不会顾此失彼；能够运用统筹兼顾这种科学发展观的根本方法，立足诸方面发展实际，兼顾授权与控权、权力与权利、效率与公平、公益与私益、制约与激励、实体与程序、过程与结果，开放公法制度变革过程，让各种利益主体广泛参与公法制度变革，表达其正当利益诉求，在充分协商的基础上，既要按照权责一致原则对不同发展领域的权力分配进行合理调整，还要按照权利义务统一的原则对不同发展领域的公民权利配置作相应调整，在此基础上更要按照协调发展的要求对权力/权利配置格局进行调整，变不协调的发展关系为和谐的发展关系，最大限度节减社会交易费用，推动社会发展的科学化与社会福利的最大化。

其三，平衡公法能够体现和促进发展的可持续性。所谓可持续发展，就是要促进人与自然的和谐，实现经济社会发展与人口、资源、环境相协调，坚持生产发展、生活富裕、生态良好的文明发展道路，保证一代接一代地永续发展。发展是否具有可持续性，主要取决于公法是否具有环境保护的“绿色”思维和“生态型法律观”[27]，在配置权力/权利时是否考虑到了人与自然的和谐要求，取决于公法是否具有全局性和前瞻性视野。我们认为，公法上的权力/权利结构失衡、公法制度的朝令夕改或者含糊其辞，都容易诱发公共权力的滥用，容易刺激短期行为和不正当私益的恶性膨胀。要实现社会发展的可持续性，就要依靠公法自身拥有持续理性，依靠公法权力/权利配置实现结构性均衡，依靠公共决策机制与公共关系的稳定性、确定性和连续性，依靠公法制度安排本身以及公法制度变革的正当性。平衡公法强调制度设计与外在社会结构之间的良性互动，要求制度安排积极回应实现人与自然的和谐以及经济社会发展与人口、资源、环境的相协调的现实需要；寻求私人选择机制与公共选择机制的相辅相成和取长补短，主张在有序放松经济规制、拓展市场主体经济自由的同时，强化社会规制和环境保护，着力解决社会管理领域因权力刚性不足和监管力度不够造成的防治绩效低下问题；寻求一种公共治理格局下的对策性均衡，试图实现自上而下与自下而上两类制度变革方式的统一，通过公法来保证社会发展的可持续性；平衡公法为了解决后代在当代立法中的主体缺席问题，避免因“集体失语”而致后代正当利益诉求遭到忽视，不仅为当代人确立起人与自然和谐的实践衡量标准，而且强调公法应当是具有正义之质的“善法”，要求政府在公法的创制与实施中同时代表当代与后代利益，兼顾“代内平等”与“代际平等”。此外，平衡公法还主张利用现代信息技术，拓展公众参与渠道，保证公法制度变革过程向环保主义者、专家学者和关心后代利益的人的开放，并保证公共参与的理性，力避当代立法中的短期行为问题。[28]

由此可见，平衡公法与科学发展是相契合的，二者都崇尚以人为本，强调社会实践的道德性与人文关怀，旨在最大限度改善人的自由状况，谋求人的全面发展；二者都重视通盘考虑，强调在统筹兼顾基础上区分轻重缓急；二者都追求和谐，强调寻求一致或者共识；二者都注重动态回应，强调通过与时俱进的公法变革回应可持续发展的需要；二者都主张兼顾，强调辩证对待效率与公平，追求社会资源的最优配置和社会财富的公平分配，以实现社会福利的最大化。平衡公法与科学发展的这种契合，不仅意味着公法若要回应发展的科学化就必须均衡化，而且也意味着社会发展的科学化对平衡公法的倚重。

三、公法均衡化推动社会发展科学化

平衡公法与社会科学发展之间呈现为良性互动的关系，前者以后者为基础，后者主要依靠前者来推动和保障。中国当前的发展不科学问题，在相当程度上归过于公法的失衡。因此，走科学发展之路，就应当以公法的均衡化来为全面贯彻落实科学发展观提供制度保障，通过公法的均衡化推动社会发展的科学化。

（一）公法失衡导致发展不科学

中国当前的发展实践一定程度地存在着发展不科学问题。例如，有些地方或部门没有树立正确的政绩观，不是一心一意谋发展，而是三心二意搞政绩，甚至将发展异化为搞劳民伤财的形象工程；没有抓住发展的本质和核心，为发展而发展，公共决策缺乏科学性与民主性，没有做到“发展为了人民、发展依靠人民、发展成果由人民共享”，偏离了以人为本的要求；在发展过程中顾此失彼，未能做到统筹兼顾城乡发展、区域发展、经济社会发展、人与自然和谐发展、国内发展与对外开放，尤其是片面追求经济发展、忽视社会管理与公共服务，片面追求经济发展速度、忽视经济发展质量与效益，片面追求局部短期发展、忽视谋求整体长期效益等。发展的不科学严重地制约着发展绩效的提高，制约着社会资源的最优配置和社会财富的公平分配，制约着社会福利最大化与“人的全面发展”目标的实现。

应当承认，中国当前发展的不科学问题，是由诸多因素共同造成的。例如，不科学发展积重难返、运作惯性大；要解决历史形成的区域、城乡发展不平衡问题，不可能毕其功于一役；科技进步程度不能适应社会迅速发展的现实需要；市场机制不太完善，还不能在配置社会资源方面发挥基础性作用；公共服务体系不健全，公共服务水平不能满足发展需要；发展绩效考评机制不全面，经济与社会等要素的权重分配不合理；等等。尽管如此，对发展模式选择和发展绩效产生决定性影响的公法，其权威不足与明显失衡无疑是阻碍科学发展观全面贯彻落实的一个最重要原因，这主要体现在以下几个方面：

1. 在部分发展领域，法律至上的法治权威仍未全面确立起来，公法尚未在公域之治中发挥主导作用，有些人、特别是领导干部法律意识淡漠、法律素养不高，仍然习惯于长官意志、拍脑袋决策，不太习惯依法办事，在一定程度上也缺乏依法发现、分析和解决发展问题的能力，难免造成发展实践失之偶然和任意，偏离科学发展轨道。

2. 现行公法的正义之质尚未完全形成，无法为发展的以人为本提供充分保障。不少公法制度安排，特别是有些软法规范和行政规章往往舍本求末，偏离现代公法重在治权、治官而非治人、治事的本质，缺乏道德感、责任感和使命感，缺失人文关怀，不能适应科学发展的以人为本要求，不符合法律精神。

3. 现行公法尚非和谐之体，无法为社会科学发展提供可靠的基础和前提，难以实现发展关系的理性化与发展行为的法定化。由于中国公法建设起步较晚、观念更新不够快、视野不够开阔等原因，造成现有公法明显存在规范不全、体系结构不和谐的问题。例如，有些发展领域仍无法可依，或者存在许多法律漏洞；硬法刚性不足，软法游离于法治精神之外；实体法未能实现对权力的理性分配和对权限的清晰规定，程序法发展更是严重滞后，尚未制定行政程序法典；中央立法与地方立法关系不够和谐，前者的失之抽象与后者的缺乏个性经常并存；等等。公法的和谐之体是推动和保障社会科学发展的制度基础，是全方位构建和谐发展关系的必要条件，不和谐的公法难免会导致社会发展的不科学。

4. 现行公法没有实现回应之用，无法为社会发展提供有效的公共管理与公共服务。面对全方位回应主体、行为和结果三位一体地规范公共权力、建构理性发展关系的现实需要，现行公法往往顾此失彼，不少制度安排片面追求体系配套、制度创新、满足于公法制度的自治和自足；或者一味迎合管理的需要，自动降格为管理工具，容易造成公法规定与发展实践、公法制度供给与科学发展需求之间的“两张皮”问题。

5. 公法尚不具有效益之实，容易与科学发展南辕北辙。公法制度安排、公共权力运行都具有明显的外部性。现有的失衡公法，不少制度安排未经过成本——收益分析，明显违背比例原则，制度变革利大于弊，昂贵的执法和守法成本与收益不成比例、入不敷出，导致社会发展经常为制度枷锁所困，严重制约着发展绩效的提高。

公法的失衡，其实质是既得利益者利用非理性的公法制度维持不正当的利益分配格局或者谋求更多的不正当利益。在发展绩效既定的情形下，失衡公法无疑会抑制科学发展的潜在受益者改善其福利状况，容易造成那些边际效用空间很大、更需要得到照顾的弱势群体的雪上加霜，助长以牺牲多数人的正当利益诉求为代价满足少数人不正当私益欲求的非理性膨胀，其实质是强者对弱者、有权者对无权者、少数人对多数人、今人对后人，利用失衡公法实现利益剥夺。就此而言，只有当法律至上的权威真正得到确立，公法才能在社会资源配置和社会财富分配中发挥主导作用；只有有效解决公法失衡问题，才能真正贯彻落实科学发展观，全面推进社会发展的科学化。

（二）公法均衡化是社会发展科学化的必要前提和重要方式

平衡公法尽管不可能为科学发展的实现直接提供全部条件，但它却是科学发展的必要条件，能够从四个方面为推动和保障科学发展作出直接贡献：一是确认以人为本的发展理念，二是建构理性的发展关系，三是设定发展行为模式，四是设立理性的发展机制。此外，平衡公法还能够在更加广泛的范围内发挥其规范和调整社会关系的作用，从而间接地为推动和保障科学发展作出以下两种意义上的贡献：

1. 为社会发展营造良好环境。发展行为只是社会行动的一部分，只能发生于特定社会结构当中，其发展绩效受制于整个社会环境的刚性限制。具有正义之质、和谐之体、回应之用和效益之实的平衡公法，通过对各类权力行为的规范和对各类公私关系的调整，以实现公域之治为目标，这就为发展的科学化提供了一个有利的法治化、理性化、互动化社会环境。平衡公法通过其对政治、经济、文化、社会等各方面的社会实践行为的有力规范和广泛调整，能够产生激励技术创新、盘活存量自然资源、培育发展人才等显著作用，以不同方式为社会发展提供积极元素、创造有利条件，间接但却在更大范围内为推动和保障科学发展作出贡献。

2. 为社会发展提供规范的公共管理与必要的公共服务。在现代社会，离开公共管理与公共服务的发展显然寸步难行。平衡公法以维护公民合法权益、保障公民自由为己任，旨在通过规范和制约公共权力来维护和拓展公民权利，体现出社会主义公法的本质特征[29]。虽然公法所要调整的社会关系不限于发展关系，公法所要规范的公共行为也不限于发展领域，但针对整个社会的公共管理的规范程度与公共服务水平的提高，以及发展行为与其他社会行为之间的关系得到理顺，无疑为推动和保障社会科学发展提供了前提条件。

由此可见，公法均衡化是社会发展科学化的必要前提和重要方式，如果法治与发展是一种水乳交融关系，那么公法的均衡化与发展的科学化就应是合二为一的。

不难想象，优化或者重构发展模式，推动社会发展的科学化，这项事关全社会的艰巨事业，是一项不易把握、难以控制的系统工程，采取简单直接“硬碰硬”的解决方式，未必就能奏效。这就迫使我们转换思路，借助公法均衡化来循序渐进地推动社会发展的科学化。事实上，公法均衡化这种策略的确有助于“曲径通幽”地解决发展不科学问题。例如，它能够将难以把握的抽象的科学发展问题，转化为具体的、容易理解的、具有可操作性的平衡公法问题；能够将敏感的发展科学化问题转化为不太敏感的公法均衡化问题；将发展实践转换成法治实践，变弹性的、不易判断的发展行为的理性化为刚性的、容易评判的公法行为的合法化；将笼统的发展绩效评估转化为明确的法治绩效评估，将发展的科学化程度转化为法治化程度，进而分解为对立法理性、依法执政、依法行政、公正司法、社会守法等方面的具体评估。

此外，这种将科学发展问题“转化”为公法问题的策略选择，还有助于确立法治传统，有助于确立法治权威，逐渐形成主要诉诸公法来发现、分析和解决发展问题的发展思路，有助于实现公法均衡化与发展科学化过程的合二为一，充分体现出法治与发展的辩证统一。

由此可见，要避免贯彻落实科学发展观的失之抽象和空泛，我们应当借助相对比较容易把握的公法均衡化来推动发展的科学化，以解决公法实践问题为契机，选择公法薄弱环节作为制度变革的切入口，循序渐进地推动公法制度变革，通过公法的均衡化实现发展的科学化。

（三）公法均衡化与社会发展科学化的根本方法都是统筹兼顾

理想的平衡公法与科学发展委实令人向往，但如何实现却是一个令人头疼的难题。平衡公法只能以理性的方式实现，科学发展目标只能以科学的方式接近。要全面解决中国当下的公法失衡与发展不科学问题，不能顾此失彼，不能舍本求末，不能急于求成，不能脱离中国实际，只能统筹兼顾，只能循序渐进。统筹兼顾，既是科学发展的根本方法，也是平衡公法的基本方法。当前，要统筹兼顾地解决公法均衡化和发展科学化问题，应当视野开阔、通盘考虑，大处着眼、小处着手，同时做到以下几点：

第一，找准公法失衡与发展欠科学的症结，对症下药。

平衡公法强调的是权力/权利配置的结构性均衡，这就需要整体性的均衡化思维：一则，公法均衡化并非要求公法以同一力度规范所有公法主体的所有行为，而是主张分清矛盾的主次：对公共权力虽然也要支持和保障，但主要是规范和监督；对公民权利虽然要规范和监督，但主要是维护和拓展。亦即，平衡公法以规范权力行为为主、以规范权利主体行为为辅；就规范权力行为而言，又以规范损益行为和强制性行为为主、以规范授益行为与非强制性行为为辅。二则，公法均衡化也并非要求公法的制度变革平均用力、齐头并进，而应分清权力/权利配置结构失衡的症结，区别对待。就当前而言，应当侧重于完善严格授权制度、正当程序制度、公众参与制度、权力监督制度、绩效考评制度、责任追究制度等。

同样，科学发展是一种“全面协调可持续”发展，既不能将其机械地理解为所有领域在任何时候都得整齐划一，而应强调各种发展元素之间的匹配性以及相关发展领域之间的协调性；也不能将发展的科学化似是而非地理解为要在城乡之间、区域之间、经济与社会之间、人与自然之间、国内发展与对外开放之间的平均用力，而应着力解决突出矛盾，注重加强薄弱环节，更加重视解决农业、农村、农民问题，支持欠发达地区的加速发展，扩大就业再就业和健全社会保障体系，发展各项社会事业，节约资源，保护环境和安全生产，等等，对症下药，有针对性地解决不科学的发展失衡问题。

因此，通过公法的均衡化来推动发展的科学化，固然需要整体推进公法制度变革，但要避免通过“撒胡椒面”式的公法制度变革寻求平分秋色的社会发展。要理性配置稀缺的制度建设和发展资源，更加注意规范基层公共权力的运行，维护和拓展农民等弱势群体的正当权益，完善社会保障方面的公法制度，健全公共财政与转移支付制度，强化社会规制，为有针对性地推动社会发展的科学化提供制度基础。

第二，强化发展的问题意识，保证公法均衡化的有的放矢。

公法均衡化与发展科学化过程，是一个对照平衡与科学发展的要求，对权力/权利配置加加减减，作相应调整的理性建构过程。该过程虽然离不开事先理性的立法规划和发展规划，按部就班、循序渐进，以减少随遇而安的偶然性与任意性，但历史地看，公法的均衡化与发展的科学化主要不是公共机构事先安排的结果，而主要是理性安排对发展实践作出的积极回应，据此产生理性与经验、主义与问题、完善制度与解决问题的“共振”。亦即，通过公法的均衡化来推动发展的科学化，固然要有整体性的“主义”思维，但绝对不能一相情愿，而应以解决发展实践的现实问题为导向，尤其是以解决发展失衡的重点与难点问题以及社会普遍关注的发展热点问题为导向，力求“有感而发”，力戒无的放矢。

为此，公法制度变革需要做到以下三点：一则，应当面向发展实践，充分利用现代信息技术在推动公法制度变革当中的重要作用[30]，零距离接触社会发展的现实问题，真切感受发展科学化的制度需求，以解决现实问题为切入口推动公法的均衡化。二则，应当立足中国实际，避免脱离中国现实国情、超越社会主义初级阶段现实，不切实际地硬行推行公法制度变革，而应正视中国法治化、公法均衡化、发展科学化的本土资源，全面衡量发展科学化的动力和阻力，理性而为。三则，应当围绕现实发展问题的解决，提高公法制度安排的统一性，改变不同公法制度之间衔接不够、尤其是部门公法自说自话的问题，同时加强公私法的衔接，维护法制统一性。此外，还要积极打破横亘于经济学、法学、政治学、社会学等诸多涉及发展的学科之间的樊篱，鼓励不同学科围绕着发展科学化的共同主题开展对话，整合知识、形成合力，多角度、分层面研究解决发展失衡问题。

第三，公法均衡化应以规范公共管理和优化公共服务为着力点，切实推动和保障发展的科学化。

现代社会的科学发展，是公私理性合作的结果，是依靠追求公共理性的公共选择机制与寻求个体利益的私人选择机制交互作用的结果，是侧重于维护发展秩序、提高社会资源配置效率的公共管理与侧重于提高公民福扯、解决社会财富公平分配的公共服务二者相互配合的结果。反观当下的发展实践，公共管理存在着错位或越位问题，权力滥用现象比较严重；公共服务存在着缺位或不到位问题，公共服务明显供不应求[31]。这些诱发了各种不科学发展的现象：或者是发展失序，例如因社会管理不力而致社会缺乏安全感、社会矛盾较为突出；或者是发展失控，例如因经济调节不力而致经济过热；或者是发展失真，例如因市场规制不力导致产品或者服务的价格严重偏离价值，产生发展泡沫；或者是发展失效，例如经济发展反而产生“看病难、看病贵”、住不起房等民生问题。这些不科学发展现象，程度不等地导致发展偏离以人为本的本质和核心，制约着“人的全面发展”目标的实现。

我们认为，要规范公共管理和提升公共服务水平，其重点是要求公法回应科学发展的现实需要，加快推进从全能政府向有限政府的转型，顺应建设法治政府、阳光政府、服务政府、廉洁政府、高效政府的发展实践需要，以实现公法权力/权利配置格局的均衡为目标，实现公共管理的职权与职责的对称，公共服务的职能与职责的一致，公民的权利与义务、尤其是服从公共管理的义务与享受公共服务的权利的统一。其关键是理性设定公共权力，理顺执政权、国家权力、社会权力三者之间的关系，顺应下移公共权力重心以发挥地方积极性、外移公共权力重心以发挥社会自治优势的发展趋势[32]，厘清权力边界，明确设定发展行为模式，并作与时俱进的调整。

当然，通过公法提供规范的公共管理和公共服务，建立健全完善的公共选择机制，应当旨在推动、保障、协助和补充私人选择机制在社会发展中更好地发挥主导作用，作为一种辅助性手段，公共选择机制不应喧宾夺主、取而代之，否则就容易回归到全能政府的老路。

第四，以循序渐进地实现发展行为的“入法”为基础，依法执政、依法行政、公正司法，确保法律得到一体遵行，通过保证公法实效来提高发展绩效。

实践中存在的法外“发展”或违法“发展”现象，通常是一种违背发展规律和法治精神的非理性行为，是发展主体在不正当的利益驱动下实施的扭曲的发展行为，这在相当程度上归过于公共管理的不力与公共服务的不足，表现为少数党组织的违法执政、行政机关的违法行政以及执法机关对违法行为的执法不严或者违法不究，究其根本而言，主要归因于公法制度结构的失衡与公法机制的不健全，正是那些或大或小的公法制度漏洞，为偏离甚至背离科学发展观的公共或者私人行为的出现提供了便利。

从逻辑上说，平衡公法实现了权力/权利配置格局的结构性均衡，具有制约与激励相容、内外协调一致的公法机制，这就使得无论是公务人员还是权利主体，皆以实施合法的、理性的发展行为为最优选择，否则就会得不偿失。就此而言，要解决发展不科学问题，治标之策是解决那些违法执政、违法行政或司法不公问题，治本之策是解决公法制度结构的失衡与公法机制的不健全。为此，需要做到以下几点：

一则，针对公法制度结构失衡，有所侧重地推进公法制度变革。当前，要调整立法指导思想[33]，以人为本，为了权力与权利的平衡，在继续完善公法实体制度和市场监管公法制度的同时，加速完善公法程序制度和社会管理公法制度，尤其是通过改革分配制度来解决贫富悬殊问题，实现社会公平；在继续完善公法行为制度的同时，着力完善组织法和救济法，实现中央与地方发展关系的法治化，健全权力监督与权利救济机制；在继续完善硬法、并发挥其主导性与框架性作用的同时，要注重根据法治原则提升软法品质、发挥软法的独特作用；在继续完善规范常规发展行为制度的同时，要注重完善应对突发公共事件的公法制度，建立健全预警机制，防止突发事件成为法治漏洞；在继续制定和修改法律、并保证法制统一的基础上，注重发挥地方立法有针对性地解决区域发展问题的积极作用，尽量避免立法上的一刀切；在继续完善行政法、刑法、经济法、诉讼法等部门公法制度的同时，要致力于推进部门公法之间具有“共性”、“关联性”和“交融性”的公法制度创新，提高现代公法在规范发展方面的统一性，形成公共管理与公共服务的合力。

二则，针对公法机制设计的结构性缺陷，在创制与实施公法制度过程中要有针对性地健全公法机制。继续完善权力监督制约机制，保证“有权必有责、用权受监督、侵权须赔偿”，实现权责对称；同时要转变传统公法的单一规制思维，注重激活公务潜力、激发公共机构积极行使职权、履行职能，构建一种有利于推动发展的权力激励机制；在继续完善规范公民权利的同时，强调引导、推动、鼓励、支持、帮助公民进行理性的行为选择，为社会发展注入生机活力；在继续完善公法的外部制约与激励机制的同时，充分发挥硬法、尤其是软法的作用，实现内部公共行为的规范化、制度化和程序化，降低机构“内耗”、制度摩擦和协调成本，为解决发展不科学问题、推动和保障社会发展科学化提供前提条件。

公法的均衡化与发展的科学化只能循序渐进，既需要全力推进，更需要耐心等待，应与本土资源和社会承受力相匹配，不能急于求成。此外，在有针对性地解决公法制度失衡、机制不完善和发展不科学问题时，固然需要有所侧重，但切忌矫枉过正，力戒过犹不及。

波普尔说过：“只有通过知识的增长，心灵才能从它的精神束缚即偏见、偶像和可避免的错误的束缚中解放出来。”[34]在解决公法均衡化与发展科学化问题时，我们认为有必要确立一种意识或者保持一种警惕，亦即应当致力于培育一种公私合作、具有自我纠错和自我完善功能的长效发展驱动机制。在现代社会．公共治理模式逐渐取代管理模式．公法的平衡主要是一种在立法者主持下、由多方利益主体共同博弈而成的“对策性均衡”，科学发展也是一种“发展为了人民、发展依靠人民、发展成果由人民共享”的以人为本模式，二者都意味着，无论是公法的均衡化还是社会发展的科学化，都不仅是公共机构的职责，都并非只得依靠公共机构，都不应交由公共机构包办代替，而应当激活公众的潜力，培育公众的理性，增进公众的知识，依靠公众的智慧，发挥直接民主与间接民主、票决民主与协商民主的双重优势，依靠“人民”来解决“社会”发展问题，让公众在此过程中不断接近“人的全面发展”的彼岸。

参考文献：

①“社会”这个概念主要有三种使用口径：广义口径是指基于共同生产基础上的人类生活共同体，是一种包括经济、政治、文化等诸多面的社会形态；中等口径是指相对于经济的“社会”，经济之外皆为社会；狭义口径是指与政治活动、经济活动和文化活动相区别的一个领域。参见华建敏：《以改善民生为重点完善社会管理促进社会和谐》，载《国家行政学院学报》

2007年第3期，第4页。本文所称“社会”，更接近于广义口径，泛指由一定的经济基础与上层建筑构成的整体，涵盖国家事务、经济和文化事业、社会事务等。参见《现代汉语词典》，商务印书馆2006年版，第1204页。

②有学者认为，中国多年持续的经济增长，无论是自发的制度演进还是有愈的模仿，法律制度都是一个决定性因素。参见夏业良：《制度性变革的预期选择及其延滞效应》，载《战略与管理》2003年第1期。

③长期以来，中国法学界对社会发展问题普遍反应冷淡，此与经济学对“经济建设”的过热研究形成鲜明对照。近期，有不少经济学家认为，中国当下正在从经济学时代转向法学时代。参见秋风：《经济学家的悲喜剧》，载《新华文摘》2006年第13期，第145页。

④［美］道格拉斯·C. 诺思：《经济史中的结构与变迁》，陈郁、罗华平等译，上海三联书店、上海人民出版社1994年版。

⑤汪习根：《公法法治论——公、私法定位的反思》，载《中国法学》2002年第5期。

⑥中共十七大报告指出：“科学发展观，是对党的三代中央领导集体关于发展的重要思想的继承和发展，是马克思主义关于发展的世界观和方法论的集中体现，是同马克思列宁主义、毛泽东思想、邓小平理论和‘三个代表’重要思想既一脉相承又与时俱进的科学理论，是我国经济社会发展的重要指导方针，是发展中国特色社会主义必须坚持和贯彻的重大战略思想。”

⑦有学者认为，权利—义务关系以及权利—权力关系贯穿于或影响到整个法律体系的基本矛盾关系，其中，权利—权力是公法的基本矛盾，是公法关系的基本内容。参见文正邦：《试论中国公法崛起的法理学意义》，载《法制与社会发展》2005年第2期。

⑧查尔斯·泰勒认为：“自由的个人不可能只关注其个人选择及由于这种选择而形成的组织，而无视这样的选择在其中开启或封闭、丰富或贫弱的社会母体”。洛克林赞同这种主张，在他看来：“自由的前提是对自我的理解，而我们的自我理解或认同感只能在与我们所处社会的实践相关的位置上才能够获得。”［英］马丁·洛克林：《公法与政治理论》，郑戈译，商务印书馆2002年版，第140页。

⑨温家宝在2007年2月26日发表的《关于社会主义初级阶段的历史任务和我国对外政策的几个问题》中指出：巩固和发展社会主义，必须认识和把握好两大任务：一是解放和发展生产力，极大地增加全社会的物质财富；一是逐步实现社会公平与正义，极大地激发全社会的创造活力和促进社会和谐。

⑩究竟应当是效率优先还是公平优先？奥肯“顾左右而言他”：“罗尔斯有一个清晰干脆的回答：把优先权交给平等。密尔顿·弗里德曼也有一个清晰干脆并且是一贯的回答：把优先权交给效率。我的回答很少是干脆的。况且，在这种意识形态争论中，那正是我常遇到的一个麻烦。在这里，就像在别的地方一样，我妥协了”。［美］奥肯：《平等与效率》，王奔洲、叶南奇译，华夏出版社1987年版，第90页。

⑪或许没有人会否认公法应当以维护和增进公益为指向，但对于私益是否应当成为公法利益基础的基本元素这个问题，却向来看法不一，有不少经典作家、甚至现代学者都倾向于将公法与公益、私法与私益对应起来。例如，首倡公、私法划分的乌尔比安认为：法律“它们有的造福于公共利益，有的则造福于私人”，“公法涉及罗马帝国的政体，私法则涉及个人利益”（［古罗马］查士丁尼：《法学总论——法学阶梯》，张企泰译，商务印书馆1989年版，第6~7页）；再如，在孟德斯鸠看来：“民法是以私人利益为目的的……政治法是以国家的利益与保全为目的的”（［法］孟德斯鸠：《论法的精神》（下册），张雁深译，商务印书馆1963年版，第191页）。不过，也有人不以为然，例如，倡导自发生成秩序、怀疑理性建构秩序的哈耶克宣称：“那种认为唯有公法服务于公共利益、私法只保护个人私利的观点，乃是对是与非的完全颠倒，因为那种以为只有以刻意的方式实现共同目的的行动才能有助于公共需求的观点，实是一种错误的观点”（［英］哈耶克：《法律、立法与自由》（第1卷），邓正来等译，中国大百科全书出版社2000年版，第109页）。

⑫经济学关于物品的分类，可以视作对公、私益辩证关系的一个注脚：一是公共公益物品，具有不可排他性和非竞争性；二是公共利益物品，具有不可排他性和竞争性；三是私有公益物品，具有可排他性和非竞争性；四是私有私益物品，具有可排他性和竞争性。参见白彦、韩鹏：《公法学与经济学视野下的政府职能研究》，载《北京大学学报》（哲社版）2005年第4期。

⑬［美］E. 博登海默：《法理学法律哲学与法律方法》，邓正来译，中国政法大学出版杜1991年版，第145页。

⑭再分配试图处理财富、财产、权利或者某些别的价值在社会各阶层或种族群体间的分配，包括诸如降低资本收益征税税率这种自下而上的再分配与诸如法律援助这种自上而下的再分配。参见［美］史蒂文·J. 卡恩：《行政法——原理与案例》，张梦中等译，中山大学出版社2004年版，第232页。

⑮卡尔多-希克斯效率区别于帕累托最优的一个重要标志就是确立了补偿原则。一般认为，很少有政策

能够满足帕累托最优条件，亦即不以其他人处境的恶化为代价使一些人的状况变好。补偿性原则旨在表明，在从一种经济状态向另一种经济状态转变的过程中，尽管一些人的受益是以另外一些人的受损作为代价，但是，如果凭借具有“潜在可能性”的补偿性支付，就会产生受益者的处境得到改善、而受损者的处境却没有被恶化的结果。亦即，补偿性原则支持的是当受益者的收益超过受损者的损失时，那么此种制度变革就具有正当性。一言以蔽之，倘若一项制度变革利大于弊，那么它就是有效率的。相关讨论，参见［美］尼古拉斯·麦考罗、斯蒂文·G. 曼德姆：《经济学与法律——从波斯纳到后现代主义》，吴晓露、潘晓松译，法律出版社2005年版，第24页。

⑯罗豪才、宋功德：《公域之治的转型——对公共治理与公法互动关系的一种透视》，载《中国法学》2005年第5期。

⑰邓小平同志在1986年指出：“进行政治体制改革的目的，总的来讲是要消除官僚主义，发展社会主义民主，调动人民和基层单位的积极性。要通过改革，处理好法治和人治的关系，处理好党和政府的关系。”《邓小平文选》（第三卷），人民出版社1993年版，第177页。

⑱中国经济体制改革推动了中国公法的崛起，给中国法学带来三大机遇：拓展了中国法学的发展空间；推动了中国法律体系和法学体系逐渐趋于比较平衡的发展；促进法学与其他社会科学的交叉互动。同时，也提出严峻挑战，即如何从理论和实践相结合的双向互动上构建规制国家权力的严密体系。参见陆幸福、伍操：《中国公法崛起的法学认知和意义》，载《求是学刊》2006年第1期。

⑲政府究竟应当承担什么职能？诺思给出一个简洁答案：“国家提供的基本服务是博弈的基本规则。”前引4，第24页。相形之下，米尔顿·弗里德曼给出了一个比较完整的政府职能清单：政府应维护法律秩序，界定产权，充当我们修改产权和其他经济博弈规则工具，裁决在解释规则上出现的争端，强制执行契约，促进竞争，提供一个货币框架，从事抵消技术垄断的活动，克服各种被公认为十分重要因而须对其实施政府干预的邻居效应（neighbourhood effects），政府还应在保护无责任能力者（精神病人或儿童）方面辅助私人慈善团体和普通家庭——这样一种政府无疑有很重要的职能要履行。坚定的自由主义者并非无政府主义者。转引自［德］柯武刚、史漫飞：《制度经济学——社会秩序与公共政策》，韩朝华译，商务印书馆2000年版，第375页。

⑳［德］哈贝马斯：《交往行动理论·第二卷——论功能主义理性批判》，洪佩郁、蔺育译，重庆出版社1994年版，第458页。

㉑前引13，第149页。

㉒罗豪才、宋功德：《行政法的失衡与平衡》，载《中国法学》2001年第2期；袁曙宏、宋功德：《统一公法学原论——公法学总论的一种模式）（上卷），中国人民大学出版社2005年版，第385页。

㉓关于法治对形式理性的尊崇，哈耶克如斯理解：“法治的意思就是指政府在一切行动中都要受到事前规定并宣布的规则的约束——这种规则使得一个人有可能十分肯定地预见到当局在某一情况中会怎样使用他的强制力，和根据对此的了解计划他自己的个人事务”。［英］哈耶克：《通往奴役的道路》，滕维藻等译，商务印书馆1962年版，第73～74页。

㉔张琼：《科学发展观的伦理意蕴》，载《云南民族大学学报（哲社版）》2005年第1期。

㉕韩世强：《实践科学发展观的法社会学构思》，载《中国行政管理》2006年第9期。

㉖洪堡主张把人的个性实现放在首位，自由应当用于促进人性的发展，以求达到理想的人格，追求一种和谐的、平衡的文明。参见李梅：《国家行动范围的勘定者：成廉·冯·洪堡与德国的另一传统》，载刘军宁、王焱、贺卫方编：《市场逻辑与国家观念》，生活·读书·新知三联书店1995年版，第271～272页。

㉗有学者将法律观归结为三类：一是传统型权力法律观，二是近（现）代型权利法律观，三是（后）现代型生态法律观。所谓“生态型法律观”，是指法律制度始终围绕着人与自然的和谐相处来精心设计，既满足个体人的权利要求，也保障整体的生态自然权，从而实现人与自然、今人与后人之间的法律规制的和谐。前引㉕。

㉘姜明安：《公共参与与行政法治》，载《中国法学》2004年第2期。

㉙有学者认为，社会主义公法体系的内涵是保障公民权利和尊严，规范政治生活，需要在规范主义与功能主义之间寻求适度平衡，尤其是要警惕法律工具主义主导法律价值。参见郑贤君：《试论社会主义公法体系的建立》，载《法学杂志》2003年第2期。

㉚李海平：《信息社会中的公法变迁》，载《科技与法律》2005年第2期。

㉛袁曙宏：《服务型政府呼唤公法转型——论通过公法变革优化公共服务》，载《中国法学》2006年第3期。

㉜邓小平同志早于1986年就指出：政治体制改革的内容“首先是党政要分开，解决党如何善于领导的问题。这是关键，要放在第一位。第二个内容是权力要

下放，解决中央和地方的关系，同时地方各级也都有一个权力下放问题。第三个内容是精简机构，这和权力下放有关”。《邓小平文选》（第三卷），人民出版社1993年版，第177页。中共十七大报告指出：“加快推进政企分开、政资分开、政事分开、政府与市场中介组织分开……减少和规范行政审批，减少政府对微观经济运行的干预。”

㉝郭道晖：《公法体系要以公民的公权利为本》，载《河北法学》2007年第1期。

㉞［英］卡尔·波普尔：《通过知识获得解放》，范景中、李本正译，中国美术学院出版社1996年版，第179页。

（《中国法学》2007年第6期，罗豪才系北京大学法学院教授、博士生导师；宋功德系国家行政学院法学部副研究员、法学博士）

直面软法

■罗豪才

什么是法？

在中国法学界，诸如“法是国家意志的体现、由国家制定或认可、并依靠国家强制力保证实施的社会规范”之类的理念根深蒂固。这就意味着，法只能是国家立法意义上的法律、法规和规章，即只能是国家立法中的那些具有“命令—服从”行为模式、能够运用国家强制力保证实施的规范，我们称之为“硬法”；而那些旨在描述法律事实或者具有宣示性、号召性、鼓励性、促进性、协商性、指导性的条款，其逻辑结构不够完整，没有运用国家强制力保证实施，似乎只能称之为“软法”。

近年来，伴随公共治理的兴起，后一类软法规范越来越多，在社会公共治理中变得更为重要、不可或缺。

自2006年起，我在北京大学主持开展教育部人文社会科学重点研究基地重大项目“公共治理领域的软法问题研究”，全面探讨软法与硬法关系，探讨软法在现代公共治理中的位置和功能。

为了摸清我国国家立法中到底有多少软法这个“家底”，我们课题组近期就国家立法中的软法所占比重展开实证分析。在市场监管，财政、税务和金融，教科文体，城乡建设，司法行政，公安，医药卫生，农业等8个重要公法领域，我们统计了84部法律（占现行229部法律中的36.7%），135部行政法规（占现行669部行政法规中的20.2%），92部地方性法规和189部规章。这500部立法共有20482条，其中软法条款为4328，占21.13%。随着时间推移，软法规范所占比例还呈现攀升趋势。

研究中我们还发现，在现代公共治理过程中，除了国家立法不再是清一色的硬法规范，软法规范越来越多之外，还有三类不属于国家立法的重要规范也需要关注：其一，国家机关创制了大量的诸如纲要、指南、标准、规划、裁量基准等规范性文件，旨在满足部分公共管理、特别是国家机关自我管理方面的制度需求；其二，各类政治组织，比如政协、共青团等，创制了大量旨在解决参政、议政问题的自律规范；其三，名目繁多的社会共同体，比如足协、村委会等，创制了大量的自治规范，以实现社会自治的制度化、规范化和程序化。

事实上，这三类规范与国家立法中的软法规范具有三大相同特征——都体现公共意志；都要得到国家的明示或者默示；其实施也都不能依靠国家强制力，主要依靠利益诱导、社会舆论、组织自律、自愿服从等方式。由此，我们暂且也将这三类规范称之为“软法”。

公共治理实践中，以上四类软法规范在矫正硬法失灵方面发挥着重要作用，通过填补硬法空白、弥补硬法不足、丰富硬法细节等方式回应了法治化的现实需要。如果社会生活中没有软法规范，那么公共治理和法治建设都将难以想象。

值得注意的是：后三类软法规范的制定亟待法律规制。这三类软法规范，由于目前并不受国家立法法的规制，其生成过程屡屡出现漏洞，有的甚至突破了程序正当和实体正义的底线，游离于法治原则与法治精神的规制之外，损害了公民的合法权益。以俗称“红头文件”的规范性文件为例，买房中考加分的，给公务员设定卖番茄指标的，指定买某一品牌香烟的，要求临街住户只能挂白色窗帘的……近年来，稀奇古怪的红头文件频频被曝光，其制定之滥、内容之乱，已饱受社会诟病。

一言以蔽之，软法更需要是良善之法，其制定也急需法律定规。如何实现软法之治，这一重大的现实课题，给我们的学者和立法者都提出了挑战。

我们的研究表明，基于现代法治软硬并举的事实，在法治化进程中，软法具有硬法不可替代的重要作用。法律作为一种社会关系的调节器，应当根据不同社会关系秩序化的难易程度来选择不同刚性程度的法去规范调整，否则会造成法治资源的浪费。对照科学发展与和谐社会的要求，中国的法治化应当重视软法之治，寻求更多协商、运用更少强制、实现更高自由。

（《人民日报》2009 年 7 月 8 日，作者系十届全国政协副主席，中国人民政协理论研究会名誉会长，北京大学软法研究中心教授）

我的软法观

■罗豪才

需要认真对待软法现象

我们如果有耐心去翻阅那些法理学教科书，就会发现诸如“法是国家意志的体现、是由国家制定或认可，并依靠国家强制力保证实施的社会规范”之类的法定义，长期以来一直居于主导地位。如果我们接受的是这样一种法定义，那么对于成文法而言，意味着能够进入法学研究视野的“法”，只能是国家立法意义上的法律、法规和规章——严格说来，只能是国家立法当中的那些具有命令—服从行为模式、能够运用国家强制力保证实施的法律规范——亦即我们所谓的“硬法”。如此一来，以下几类常见的制度安排就不幸被排除在法的疆域和法学研究视野之外了：

一是法律、法规和规章中的那些旨在描述法律事实或者具有宣示性、号召性、鼓励性、促进性、协商性、指导性的法规范，其逻辑结构不够完整，通常不能或不必运用国家强制力保证实施。综观法制现代化进程，此类法律规范所占比重越来越大，日益成为拓展国家法疆域的一个新的增长点。

二是国家机关依法创制的诸如纲要、指南、标准、规划、裁量基准、办法等大量的规范性文件。尽管它们不仅在国家机关的自我管理和自身建设方面发挥重要作用，而且还经常对公民、法人和其他组织的权益处理产生相当的影响，但由于它们尚未被纳入《立法法》调整范围，而且它们当中的多数不能依靠国家强制力保证实施，因此似乎算不上是“立法”。

三是各类政治组织创制的旨在解决执政、参政、议政等政治问题的自律规范。法治与政治之间具有千丝万缕的联系，政治组织自律规范特别是政党制度，无疑会对法治化产生深刻影响。

四是名目繁多的社会共同体创制的自治规范。制度化、规范化、程序化的社会自治，是民主政治的重要组成部分，没有成熟的社会自治规范，就不可能存在理性有序的公众参与和公共治理。此类制度安排对于实现国家管理与社会自治的良性互动、实现法治下的自治或者自治基础上的法治，显然举足轻重。

不难看出，这四类制度安排彼此之间虽然也存在着拘束力强弱有别、适用范围大小不等等差异，但它们有一个共同点，即其“效力”不能运用依靠国家强制力保证实施的方式转化为“实效”，而主要是依靠国家激励、当事人自愿服从或者社会自治力等方式。这四类制度安排，就属于我们所谓的“软法”，亦即不能运用国家强制力保证实施的法规范。

毫无疑问，一则，在数量上，软法规范远远超过硬法规范，从法律、法规和规章，到国家机关制定的规范性文件，再到政治组织自律规范和社会共同体自治规范，呈现为金字塔型，硬法规范主要集中在塔尖部分；换一个比方，硬法规范只是软法规范“汪洋大海”中的几座“孤岛”。二则，在功能上，软法规范在矫正硬法失灵方面发挥着重要作用，通过填补硬法空白、弥补硬法不足、丰富硬法细节等方式，大大拓展法治化疆域。借助一个假定，我们就可真切地体会软法的重要意义：如果我们将公域之治的所有软法规范撤去，那么国家管理恐怕将难以为继，社会自治恐怕也将不复存在。尽管如此，与软法数量之庞大、功能之重要形成反差的是，就其理论之维而言，软法在法学研究中遭遇严重的边缘化，至今在法学教科书中尚无立锥之地，主流法学研究的理论阳光尚未普照到这个领域。这些在正统法学理论框架的坐标系中找不到合适位置的软法，如同无“家”可归的弃儿，只能孤独而焦虑地徘徊在主流法学研究视野之外。

没有科学的软法理论就不可能存在理性的软法实践。软法理论的贫弱难免会造成软法之治的贫血。由于缺乏有力的理论支撑与学术批评，软法之治在推动法治目标实现方面显得不确定和不稳定，相关制度安排甚至以其不是“法”为借口，屡屡突破程序正当和实体正义的底线，明目张胆地游离于法治原则与法治精神的规制之外，损害公民自由。以俗称“红头文件”的规范性文件为例，买房、中考加分的，给公务员设定卖番茄指标的，指定买某一品牌香烟的，要求临街住户只能挂白色窗帘的……近年来，稀奇古怪的红头文件频频被曝光，其制定之滥、内容之乱，已饱受社会诟病。

旗帜鲜明地主张“软法也是法”

其实，软法在世界多国不仅早已存在，而且普遍存在。软法概念以前主要适用于国际法领域，在其他领域较少出现。但20世纪中后期以来，由于国家管理的失灵，继之兴起了公共治理的新模式。公共治理模式是由开放的公共管理与广泛的公众参与二者整合而成，它超越了传统的管理型思维，强调共同治理，其所使用的手段褪去许多命令强制色彩，把软性协商手段推上了舞台。软法现象迅速地在其他领域大规模涌现，尤以环保、信息技术、劳工和消费者保护等领域为甚。

应当说，在与国家管理模式相匹配的国家——控制法范式下，“法即硬法”的理论主张或许并无大碍，因为与其对应的法治模式是一种单调的硬法之治，软法规范即使存在也只是一个沉默的配角。但是，一旦公共治理模式取代了国家管理模式成为公域之治的主导模式时，“法即硬法”的理论主张就愈发暴露其缺陷。我们应当遵循法治目标与法治化手段相匹配的准则，将那些公共性更强的法治目标交给硬法之治去实现，同时将那些公共性相对较弱的法律目的交给软法之治，让软法在公域之治中发挥着硬法所不能、又为法治化所不可缺的独特规制功能。硬法之治与软法之治据此相辅相成、殊途同归，形成法治合力，共同实现法治目标。

更关键的是，我们坚持一种软硬并举的混合治理立场，将软法之治当作与硬法之治并列（而非从属）的另一种法治化进路，旗帜鲜明地主张“软法也是法”。软法之治据此名正言顺地成为一种法律现象，人们能够运用法学知识，遵循法学研究的逻辑进路，根据符合法治精神和法治原则要求的标准来全面研究软法问题。亦即，我们认为现代法治应当对应于一种软硬并举的混合法治理模式，它能够最大限度地整合国家强制与社会自治两种机制，能够发挥硬法与软法两种制度安排的潜力，能够调动公与私两个方面的积极性和能动性，能够全面回应多主体、多样化的利益诉求，能够全方位实现公共性强弱不等的多样化法治化目标。

软法更需要是良善之法，其制定也急需法律定规

坦白地说，在软硬并举的混合法框架下研究软法问题，可资借鉴的中外研究成果屈指可数，我们基本上是在一张白纸上描绘软法之治的图景，所提供的也多半是一些初步研究结论。软法研究本身就是一个充满争议的话题，自奥斯丁至今已经一个半世纪，虽然其间不时有一些“不安分”的学者试图走出分析法学的“围城”，但更多的学者选择的是沿袭经典法学传统并习惯于生活其中，不愿去动摇那一百五十年的历史，这就使得人们即使就软法之治问题达成初步共识也会困难重重。在这个意义上，无论是针对法定义的反思和修正，还是有关软法之治的理论建构，我们都不敢奢望会在短期内获得广泛认同。我们提倡并致力于软法研究，主要不是为既有软法作辩护，而是要探讨如何将法治理性植入现在仍然不够良善的软法实践当中；我们强调软法之治的重要性，并不意味着硬法之治不重要，而是要在凸显一百多年片面强调硬法之治所造成的那种过犹不及的同时，彰显软法之治的不可或缺。我们希望通过软法研究来优化软法之治，进而推动形成一种软硬并举、优势互补的混合法模式。

一言以蔽之，软法更需要是良善之法，其制定也急需法律定规。如何实现软法之治，这一重大的现实课题，给我们的学者和立法者都提出了挑战。

我们的研究表明，基于现代法治软硬并举的事实，在法治化进程中，软法具有硬法不可替代的重要作用。法律作为一种社会关系的调节器，应当根据不同社会关系秩序化的难易程度来选择不同刚性程度的法去规范调整，否则会造成法治资源的浪费。对照科学发展与和谐社会的要求，中国的法治化应当重视软法之治，寻求更多协商、运用更少强制、实现更高自由。

（《北京日报》2009年11月16日，作者系十届全国政协副主席，中国人民政协理论研究会名誉会长，北京大学软法研究中心教授）

人民政协与软法之治

■罗豪才

三十年来，伴随着改革开放的历史进程，人民政协事业获得了长足发展，人民政协理论研究会要进一步总结经验，推动人民政协事业更好发展，为社会主义民主政治建设作出积极贡献。

在2006年底举办的中国人民政协理论研究会成立大会暨第一次理论研讨会上，我从软法的视角谈了研究人民政协理论的一些初步想法，提出软法在社会领域广泛存在，运用“软法”这一新概念来分析人民政协的工作方式、人民政协的协商民主、人民政协的法治化等现象，可以获得较为合理的解释。这两年来，我的主要研究兴趣还在软法上，集中的研究成果是主持并参与撰写了《软法与公共治理》和《软法与协商民主》两本论文集。尤其是《软法与协商民主》一书，结合软法研究、我国的协商民主理论和人民政协实践三者，与今天的座谈主题密切相关。下面，我想主要就人民政协与软法之治谈几点想法，与在座的各位共同讨论。

一、公共治理的崛起呼唤软法之治

所谓“软法”，是指不依靠国家强制力保证实施的法律规范，它是一种由多元主体经或非经正式的国家立法程序而制定或形成的，并由各制定主体自身所隐含的约束力予以保障实施的行为规范。与硬法相比，软法在制定（或形成）主体、产生程序、表现形式和保障措施（或约束力）等方面更加多样化，也更富有弹性。

这两三年来，软法研究开始成为我国法学的一个热点。我的一个基本判断是，正在崛起的公共治理呼唤软法之治。二十世纪中后期以来，世界范围内的公域之治模式总体上经历了从国家管理模式向公共管理模式、再到公共治理模式的转型。公共治理是由开放的公共管理与广泛的公众参与二者整合而成的公域之治模式，治理主体、治理依据、治理方式都非常多样。考察我国据以实行公域之治的制度，不难发现主要有三大类法规范在起作用，即国家立法、政治组织形成的规则、社会共同体形成的规则。这三大法规范板块之间有同有异：相同之处在于它们所规范的公域社会关系的核心都是权力/权利关系（国家公权力/公民权利、社会公权力/社会共同体成员权利的关系），都对公共治理具有重要的作用；相异之处在于它们的创制主体、创制程序、效力范围、实施机制、权力监督和权利救济等方面都不尽一致。非国家立法形成的规则属从属性、辅助性规则。

国家立法中的柔性规则以及政治组织规则、社会共同体规则，就是我们所谓的“软法”。要确立一种由国家立法、政治组织规则与社会共同体规则三者构成的“混合法”，一个重要前提就是承认“软法也是法”这一判断；而要支持这一判断，就必须反思和修正传统的、但当下在我国仍然居于主导地位的关于“法”概念的定义。在法学传统上，由于深受实证主义法学思想和前苏联法理学的影响，一般将法当作“主权者的命令”，是由国家制定或认可的、体现掌握国家政权的统治阶级意志的、依靠国家强制力保证实施的行为规范的总和。根据这个定义，法的根本特征就是国家强制力，而且这种强制力的矛头只指向其臣民、指向他者，绝不包括主权者自身，命令——服众是它的典型行为模式。对照着确立公共治理模式所需要的混合法结构，似有必要将法概念修正为：是由国家制定或者认可的、体现公共意志的、依靠他律或者自律机制实施的规范体系。还必须明确的是，法的结构方面应兼备“硬法”、“软法”，法的形成和运行机制设计要实现激励与制约相容、内外协调一致，法的规范功能体现为对社会关系双方主体的调整，既制约他人也制约自身，法的价值在于尊重和保障人权，在于追求社会公平、正义。法的实施方式多种多样。

我们提出，为适应公共治理，要倡导一种“一元多样混合法模式”。硬法与软法是现代法的两种基本表现形式，在公域治理法治化中二者具有互补功能。一方面法治化需要一定的确定性、可预期性，硬法不可或缺，不可忽视。另一方面由于法治化的复杂性、变动性、渐进性，僵硬、整齐划一的硬法有可能“失灵”，软法刚好可以弥补这一缺陷。软法对治理实践的需求具有更好的回应性，也使得社会主体更广泛地参与规则的形成与实施成为可能，提高公域之治的协商性。当然，不同种类的软硬法之间应当互相衔接。必须强调的是，硬法与软

法都从属于宪法，都要贯彻和坚持宪法确立的基本原则，都要坚持党的领导、人民当家做主和依法治国的有机统一，都要维护国家法制的统一。

二、软法视角下的人民政协

我们将研究软法的视域一直框定在公共治理与公法中，一直认为软法在规范和调整公共领域的社会关系方面发挥着重要作用。中国共产党领导的多党合作和政治协商制度是我国的基本政治制度，多党合作与人民政协既是我国政治体制的独创之举，也是其重要组成部分，近半个多世纪以来在我国的政治生活中发挥着极为重要的作用。

宪法序言规定：“中国人民政治协商会议是有广泛代表性的统一战线组织，过去发挥了重要的历史作用，今后在国家政治生活、社会生活和对外友好活动中，在进行社会主义现代化建设、维护国家的统一和团结的斗争中，将进一步发挥它的重要作用”。在此基础上，1993年修改宪法时，把“中国共产党领导的多党合作和政治协商制度将长期存在和发展”写入了宪法。1999年的宪法修正案明确规定：“中华人民共和国实行依法治国，建设社会主义法治国家”。宪法的这些规定对人民政协的性质、地位、作用作了明确表述，提出了人民政协应遵循的原则和要实现的目标，为人民政协的存在、

发展并发挥应有作用提供了根本大法的保证。

有同志提出，关于多党合作与人民政协，在我国目前的法律体系中，除了宪法序言中有原则性规定和宪法惯例、少量法律的相关规定外，没有更多直接相关的法律条文，并据此认为，我国的多党合作与人民政协工作还远远没有走上法治化的轨道。

我以为，作为“法治”或“依法治国”之基础的法律原则和规则，既包括经由国家立法机构创制的硬法规范和软法规范，也包括国家认可的社会共同体经由正当程序形成的软法规范。法治不仅是硬法之治，同时还应当是软法之治；硬法与软法在法治化的过程中能够并行不悖，应当各展其长、各得其所。对多党合作与人民政协这一领域已存在的各种软法及其实施机制，应当按照现代法治的精神和原则来加以审视、检验、规范和完善。可以说，经过50多年的探索和实践，我国的多党合作与人民政协工作已经开始走上法治化的轨道，尽管有待完善，但已积累了很多实践经验，体现了我国社会主义民主政治制度的特点和优势，是对人类政治文明建设的重大贡献。

人民政协是中国人民爱国统一战线的组织，是中国共产党领导的多党合作和政治协商的重要机构，是我国政治生活中发扬社会主义民主的重要形式。人民政协寻求法治化，不能脱离“三个是”的性质定位。有关制定《政协法》的想法是可以理解的，期待通过国家立法加速人民政协法治化也是正当的，只是不宜将法治化局限于创制“硬法”规范，因为“硬法之治”与人民政协非国家权力机关的性质不相一致，而且从根本上来说，“硬法之治”也与宪法对中国共产党领导的多党合作和政治协商制度的定位以及这一制度的历史传统不相符合。

强调多党合作和政治协商制度可以主要依靠软法调整，并不意味着排斥国家立法的调整。国家立法包括硬法和软法两种形式，以国家创制的软法的形式规范人民政协，在法律上并不存在障碍。以软法的理论和标准来衡量，在我国的多党合作与人民政协领域，已初步形成一套法规范体系，它是以宪法为根本依据，以两个中央5号文件与政协章程为基本框架，其主要规则来自相关的规范性文件。这些原则、规则基本上都属于软法的范畴，具备制定程序的正式性、开放性和协商性；规范内容的系统性、明确性和可操作性；保障措施的外在性、物质性和约束性等软法特征。作为软法，它们的实施在很大程度上要依赖于“软力量”，包括政治文化、舆论影响、内部自律、相互监督等。

这一系列与多党合作和人民政协相关的软法规范，主要调整了以下几类关系：执政党与政协、政协参加单位的关系，最典型的是执政党与参政党的关系；政协、政协参加单位与国家公权力机关的关系，其中涉及社会公权力与国家公权力的关系；政协与其他社会组织的关系；政协内部的关系等。对这几类规范的研究还有很大的空间，我们应通过总结实践来揭示这些关系的内涵，不断提高政协的制度化、规范化和程序化。

三、加强人民政协的法制建设

以现代法治的标准来看，我国的多党合作与人民政协工作虽然已经取得显著成就，但依然存在一些缺陷和不足。就软法的创制来看，原则较为完善，但操作性规则层面仍有着相当多的空白和缺憾；就软法的贯彻实施来看，当前存在的问题更多，而且越往基层越突出。中国共产党领导的多党合作和政治协商制度能否持续不断地发展和完善，在很大程度上取决于其在现代法治精神和原则指导下制度化、规范化和程序化的实现程度。特别是提高制度层面的可操作性程度，拓展贯彻实施的力度和深度，还需要我们做长期不懈的努力。

加强人民政协的法制建设，必须要健全和完善以下四个机制：

第一是参与机制。广泛有序的公民参与，是发展社会主义民主政治、建设社会主义政治文明的重要内容，是实现社会主义现代化的必然要求，是立党为公、执政为民的重要体现。健全和完善人民政协的公民参与机制，加强公民参与的制度化、程序化建设，做好界别工作和反映社情民意信息工作。

第二是协商机制。协商机制主要有三个特点，即主体的平等性、议题的开放性和过程的互动性。经由协商机制可以形成最大程度的共识。在我国的民主政治建设中，协商不仅是一种工作机制，而且成为一种政治制度。人民政协在重大决策前和决策执行中进行协商，在我国现行的政治架构和运作中，具有不可替代的作用。健全和完善人民政协的协商机制，进一步推进协商民主的制度化、规范化和程序化，以内在的协商资源支撑起中国民主的成长，建立协商性的民主政治。

第三是反馈机制。参与机制、协商机制的健全必然要求反馈机制的完善。软法要回应协商民主机制的需要，也必须健全信息的分享与交流、反馈机制。在人民政协这一政治制度安排中，特别是在监督过程，反馈机制还比较薄弱，需要进一步健全和完善，需要通过广泛的有效的自律和他律机制加以保障。

第四是激励机制。相对于公域硬法机制主要选择强制性的命令一服从制度安排而言，软法的一个重要特点就是倚重激励机制，引导和鼓励公法主体作出符合公共目标的行为选择。回应人民政协全面履行政治协商、民主监督、参政议政三项主要职能的需要，运用各种类型的软法制度来设定的人民政协活动的行为模式，无论其目标定位、利益导向、职能定位，还是其履行职能的方式、过程、后果，都应当更多重视协商和激励，更少规定罚则。面对人民政协理论研究的现状，要组织、引导和激励参加单位的成员特别是广大社会科学领域的专家学者来研究人民政协。

这四个机制之间彼此关联，相互呼应，形成一个有机整体。要加强政协法制化建设，就必须健全和完善这四个机制，并保证其落到实处。建议按照中共十七大关于“推进政治协商、民主监督、参政议政制度建设”的要求，对人民政协的参与机制、协商机制、反馈机制和激励机制进行统筹研究，制定相关规范性文件，并以中共中央的名义颁发，为人民政协的法治化提供保障。

以上是我关于人民政协与软法之治的一些想法，未必成熟，供大家参考。我们期待着，将来有更多的同志关注人民政协，研究人民政协的理论和软法问题，深入探讨人民政协的软法之治，推进人民政协的法治化，全面实现“依法治国，建设社会主义法治国家”的宏伟目标。

（《中国政协理论研究》2009年第1期，作者系十届全国政协副主席，中国人民政协理论研究会名誉会长，北京大学软法研究中心教授）

社会治理离不开软法之治

■罗豪才

“软法”这一术语最早出现在国际法领域，随着公共治理的兴起和区域经济一体化的推进，国内法领域的“软法”也逐渐得到广泛关注和普遍应用。

过去这几年，我们是在宪法和法律的框架下开展软法研究的。当前，中国正处于社会转型时期。伴随着经济社会的快速发展，涌现出许多新情况新问题，现在社会快速发育但社会治理的水平亟待提升。毫无疑问，社会转型和社会建设都离不开法治保障，法治既包括硬法之治也包括软法之治。传统的、单一的硬法之治，越来越不适用现在正在崛起的公共治理的现实需要。为此，我们倡导以宪法为“一元”，既要发挥硬法的基础性、框架性调整功能，也要发挥软法的延伸性、辅助性规范作用，从单一的硬法之治转向软硬并举的混合法治理，构建一种“一元多样混合法”治理模式。在建设法治国家特别是法治社会的进程中，法治的实现既要依靠国家来推动，更要夯实社会共同体自律互律的基础，依靠多样化的法律规范来保证社会既有序发展、又充满活力。也就是说，只有践行以人为本，综合运用软法之治与硬法之治这两种方式，全面回应多主体提出的多样化利益诉求，才能为全面建设小康社会、和谐社会提供有力的法制保障，才能实现全面建设法治政府、法治国家和法治社会的目标。

诚然，在研究过程当中我们也发现，现实生活中，有不少软法规范存在着理性不足问题，特别是创制和实施背离程序正当原则、权力监督与权利救济原则、公开公平公正原则等基本法治原则，不符合“法律面前人人平等、制度面前没有特权”的要求。但是，软法之治扎根于社会，显现出强大的生命力，具有深刻的理论内涵和深厚的实践根基，对于保障社会治理和实现法治目标具有重大意义。为此，我们应当转变“法即硬法”的传统法律观念，将软法视作现代法的一种基本表现形式，全面倡导法治精神，全面普及法治原则，全面建立法治化机制，全面实现法治化目标。

就其总体而言，尽管软法现象久已存在且普遍存在，但有系统的软法研究才刚刚开始。深化软法研究、改善软法之治，这必将是一个反复试错、摸索前行的艰辛过程。法学研究不能与法律实践貌合神离，更不能格格不入，必须直面和回应法治建设的实践需要。尽管还有太多的问题需要研究，但我们坚信，软法实践的旺盛生命力必将赋予软法研究以重大意义。我们期待更多专家学者加入软法研究的行列，我们希望软法之治在法治建设中发挥更重要作用，我们确信公众满意的社会应当是“更少强制、更多协商、更高自由”的社会。

（《人民日报》2011年7月27日，作者系北京大学法学教授、博士生导师）

行政法的治理逻辑

■罗豪才　宋功德

引言：行政法制何以被接受

奉行法治自然应推崇法律至上，要确立法律至上的权威当然离不开国家强制。但国家强制力究竟是支撑法律至上权威的唯一力量、主要力量、次要力量抑或不太重要的力量了历史经验反复表明，如果法律调整过分依赖国家强制力，那么蕴含着道义的法治化就容易被偷换成拒绝道德检讨的工具性的法制化——在功能分化的社会中，法的专门职能是对行为期待在时间的、社会的和实际的向度上以一致的方式加以一般化，从而，经验中出现的冲突场合可以持续地根据合法律/不合法律这样的二元代码来加以判定。[①]这种与形式法治相契合的“判定”却经常不是一种以理服人的“说服”而是依仗国家强制的“压服”。

在传统的单中心、单向度的国家管理模式下，行政法治化围绕国家这一轴心展开，行政法无论是承诺维护实质理性还是钟情于追求形式理性，[②]都能依靠其源自国家的高贵血统而在相当程度上豁免了有关其本身正当性的检讨。但伴随着多中心、交互性的公共治理模式的兴起，行政法似乎理所当然地规避正当性批评的豁免权已经不复存在。之所以如此，主要在于公共治理意味着国家不能再去垄断公域之治规则的创制和实施，不能再去关门立法和单向度实施规则，多元利益主体要求在公域之治中享有更多的知情权、参与权、表达权和监督权，作为治理主体之一，公民不再满足于在“国家剧场”之外排着长队去领取政府分配好的权益、制定完的规则和作出了的公共决定。相反，当事人、利害关系人乃至公众越来越将是否参与行政法的创制和实施过程，参与者所表达的意见是否得到倾听和应有的尊重，相关主体能否认知、理解并认同特定行政法制度安排及其实施，当成衡量行政法制是否具有可接受性或正当性的决定性指标。亦即，行政法治化应当对应于各类行政法主体在公共场域内的理性商谈，而不能是政府的独角戏。据此，行政法制如欲与行政法治重叠，需要在两个层面经受住正当性挑战：一是行政法规定本身具有合法性，不仅指下位法要符合上位法规定这种“合法律性”，更是指依靠商谈性立法过程来保证所立规范的可接受性或者正当性；二是行政法的实施具有合法性，不仅指行政行为的主体、权限、程序和内容合乎法律规定，更是指依靠开放性的行政过程保证行政决定“事实上”出于当事人的认可甚至合意。在这个意义上，对于行政法而言，从国家管理转向公共治理意味着其调整逻辑要从公众对国家主张的单向度接受和被动服从，转向基于参与、因为理解、出于认同、所以自愿遵从，支撑行政法治化的不再是依靠权力的统治，而是一种围绕着公共理性之轴展开的商谈论证和认可，人们因认同而遵从行政法。

放眼整个社会科学，如何消解“事实”与“规范”之间的张力，日益成为法学、社会学、政治学和哲学等诸学科都高度关注的共同话题，[③]这种张力暴露出国家与社会、公共自主与私人自主、法的实证化与道德性等多对范畴之间的紧张关系。在我们看来“事实”指称的是法治化的实证性、实然性，强调的是依靠国家强制保证服从的法律效力，而“规范”指称的则是法治化的道德性、应然性，强调的是法律因受尊重而被遵从的可接受性。较私法而言，公法、特别是行政法常常挪用公共利益作为正当性检讨的挡箭牌——也正因为这种规避而致其容易陷入合法性困境——事实上，公法蜕变为“恶法”的不良记录不只是一种历史，“恶法非法”的声讨和对公法保持警惕因之而起。公法上“事实”与“规范”之间的紧张关系，集中体现为“法”与“理”的不兼容，亦即根据合法律/不合法律的二元代码作出的关于公民是否行政违法或者行政主体是否违法行政的判定，经常陷入合法不合理或者合理不合法的尴尬境地。这就要求我们推进行政法治化，只有倍加谨慎才有可能避免因迷恋“事实”而迷失“规范”。

要缓解行政法上“事实”与“规范”之间的张力，立法应当符合民主、科学、合理等基本要求，[④]法律实施应当遵循程序正当原则进行理性商谈，据此保证所立之法和所作出的公共决定不只在法律上具有一厢情愿的效力，还能在事实上产生预期的实效——更为重要的是，要保证行政法规制因在道义上的可接受性而成为一种理所当然。就当下而言，要避免行政法制与行政法治之间的错位，就得从“前提性反思”出发，将行政法的管理甚至统治逻辑重塑为治理逻辑，解构那种国家自上而下地单向度向社会输送规制指令的封闭管道，建构一种各类行政法主体通过平等理性商谈获得共识的开放场域，依靠平衡的行政法全面实现促成公共理性、维护公共秩序、捍卫公民自由的行政法治目标。要重塑行政法的治理逻辑，一个必要前提是提升行政法学的开放性，[⑤]不能只面向司法，还要面向行政和社会，不再成为“社会科学的陌生人”。

一、通过行政法的治理

（一）行政法的治理机理

公域之治为什么需要行政法了一个高度浓缩的答案是“政府是必要的恶”。尽管人们可以选择经验的或逻辑的路径、遵从规范主义或者功能主义的取向去寻找各自的答案——从经验角度考察行政法产生的历史背景，[⑥]在社会结构意义上揭示行政法的生成机理，[⑦]抑或在规范意义上建构行政法的生成逻辑[⑧]——但不同答案恐怕都得围绕着如何处理政府与公民二者关系这一主题展开，毕竟，行政法“故事”的主角只有两个：一方是行政主体【丨】，另一方是公民【丨】，二者代表着公私对峙【〣】。

一方面，双方在行为选择逻辑上具有“预期目的—遭遇阻却—寻求破解”的同构性【☰】，即每方的行为选择都旨在实现特定目的，旨在满足某种权益诉求，它们为主体提供行动力；但因社会资源的相对稀缺，造成一方主体行为目的的实现会遭遇另一方的阻却；每方主体都会为此采取相应的手段来排除对方的妨碍以实现目标【⋿】或【ヨ】。另一方面，双方在行为模式设计上却正好相左：公民一方被假定为寻求私益最大化，而行政一方则被假定为寻求公共利益最大化；公民一方会出现私人选择失灵，行政一方则会出现公共选择失灵；⑨公民一方要依靠公共行政矫正私人选择失灵；行政一方则依靠权力监督机制来解决公共选择失灵问题。如此一来，在行政与公民二者之间就形成一种公私对峙、相背而行的格局【非】。倘若没有一种超越行政与公民双方之外的力量来调节二者关系，那就难免造成社会在无政府主义与行政专制两个极端之间来回“折腾”，最终造成公益与私益目标的双重落空。

因国家出现而致的公私对抗早已有之，但通过行政法来缓解甚至消解公私对抗这一新“发现”至今不过两三百年的历史。选择行政法来调节行政与公民双方的关系，其实质就是通过在行政与公民之间配置行政权责/公民权利的方式实现公私关系的制度化，它集中体现为提出“行政行为”概念并通过将其入法这一“策略”实现从警察国向法治国的转变。⑩

什么是行政法的生成机理？行政法假定人的需求无限性与社会资源稀缺性之间是一对恒久矛盾，公民通过私人选择来追求自身利益最大化，势必会出现“人人为敌”的公共安全问题和严重“内耗”的交易费用问题。私人选择失灵催生公共行政以提供公共物品。行政法为了调节二者关系，一方面对于那些通过私人选择即可解决的领域，以“法未禁止即可为”的方式承认公民的行动自由；另一方面，对于那些需要通过公共行政来解决，但公共行政本身又存在着变异风险的，行政法则对行政主体提出“无法律则无行政”、“法未授权即不可为”的依法行政要求，依靠依法行政来助成公民寻求自身利益的最大化。由此可见，行政法正是通过理性的行政权责/公民权利配置完成逻辑闭合：公民寻求私益最大化目标→因私人选择失灵而致阻却→依靠公共行政来清除障碍→因公共行政失灵而致目标落空→依靠依法行政来防止行政变异→助成公民寻求私益最大化目标。

行政法据此理顺公私关系，为避公私选择各自之短、扬二者之长提供制度化根基【韭】。行政法的“韭”型构成或许有助于我们直观地认知行政法的生成机理。作为一种象形，“韭”型结构彰显行政法的基本构造；作为一种会意“韭”型构成彰显行政法整合公私、“假公济私”的逻辑线索。当然，无论是象形还是会意，行政法的“韭”型构成对应于一种理想类型或者纯粹类型，未必与行政法的历史和地理形态重叠。事实上，有不少形态的行政法在公与私之间顾此失彼，未能演绎好“假公济私”的主题，深陷失衡的困境。

（二）行政法的疆域

界定行政法的疆域，就是要划分行政法与其他部门法、特别是私法的调整范围。倘若我们将界定行政法的疆域当作画一个圆，那么应当以公民的正当权益诉求为圆心，以理性的公共行政为半径。尽管公共行政作为“半径”直接决定着行政法之“圆”的大小，但是，公共行政不应自我决定“半径”的长短，而应取决于私人选择失灵范围的大小。因此，真正决定行政法疆域“半径”的乃是私人选择：凡是私人选择力所能及的领域，公共行政就没有必要出现，用以解决公私问题的行政法自然也就不会出现；当且仅当出现私人选择失灵，公共行政才有必要介人，进而需要行政法如影随形地对公私关系加以规范和调整。这就意味着，行政法制度安排应当遵循两个优先：一是私人选择优先于公共选择。凡是私人选择能够解决的，公共行政就不能干预。二是法律手段优先于行政手段。要解决行政失灵问题，无论解决公私矛盾还是理顺公共行政内部关系，凡是能够运用法律手段的就不运用行政手段，它与“无法律则无行政”相契合。不难看出，两个优先将公共行政置于私人选择与行政法的包夹之中。

我们之所以在以公共行政为“半径”界定行政法疆域的同时，特别强调行政法制度安排应将解决私人选择失灵问题当作逻辑起点，用意主要有三：一是警惕公共行政的自我扩张，公共行政应当回应解决私人选择失灵的需要，遵循辅助性原则来助成私人选择，对应于一种规模适度能够提供所需公共物品的有限政府，不能喧宾夺主，更不能本末倒置，因公共自主性的膨胀而代替甚至吞噬私人选择。二是通过凸显私人选择本位或者私人选择的优先地位来尊重自然人的主体性。以人为本推崇的是自然人的主体地位，出于培育人的创造性和发掘人的潜能等方面的考虑，应当更多地依靠自然人而非拟制的法人或者其他组织来完成决策任务。三是揭示行政优益性与私人选择优先性之间的逻辑联系。私人选择优先性既意味着只要私人选择能力可及就拒绝公共行政介入，也意味着公共行政的疆域应当与私人选择失灵领域重叠，因而需要依靠行政法通过确立行政优益原则来支持公共行政取代失灵的私人选择。在这个意义上，行政优益原则可以视作是对私人选择优先逻辑的一种延续—私人选择失灵之处亦即行政优益原则通行之处，在私人选择能力所及领域，公共行政缺乏介入的必要性，行政优益自然亦无立足之地。

由此可见，将解决私人选择失灵当作行政法制度安排的逻辑起点，这就赋予其谦抑品格：一方面，以私人选择是否失灵作为界定私法与公法、特别是行政法的分水岭，凡是私人选择能力可及的领域则属于私法而非行政法调整，私法在排序上优先于行政法；[11]另一方面，就行政法自身而言，在选择行政方式时也应遵循先社会、后国家，先协商、后强制，先下后上的排序。这种谦抑品格对应于比例原则。至于构成判断是否合乎“比例”的标准则源自宪法规定与/或社会共识，应当在守住道德底线基础上追求经济效益最大化。

界定行政法的疆域不能偏离其本质属性。行政关系的灵魂是公共理性，而公共理性的精髓则是契合于公域之治的公共精神和公民品德，它集中体现为对公共利益的尊重。行政法的精神在于其公共性：为了实现维护公共利益、提供公共物品的公共目标，授权行政主体实施公共管理或者提供公共服务，这些公共选择属于公务行为。公共性的精髓就是公共理性，它将追求公共理性的行政法与推崇私人理性的私法明显区分开来——尽管私法对民事主体双方也提出不得损害公共利益这一底线要求，但行政法对公民行为提出符合公共利益这一较高要求，对行政主体则更是提出代表、维护和增进公共利益的更高要求。亦即，尽管公法与私法都强调主体理性，但行政法更强调公共理性；尽管行政法对行政与公民都提出公共理性要求，但将培育和维护公共行政理性当作重点。

当然，要使得抽象的和不易衡量的公共理性变得容易识别和遵从，就需要行政法巧妙地将行政关系的公共理性导向转化为合法性导向，遵守法律即是对公共理性的遵从。对于自然人而言，遵从公共理性既是荣耀也是负担，这就需要行政法为培育和维护公共理性提供足够的制度激励，将遵从公共理性的要求转化为赋予法定权力或权利、设立理性的行为模式的方式，在行政关系主体遵守法律、遵从公共理性与实现其利益诉求最大化三者之间建立起正相关性。

（三）行政法公私交融的利益基础

制度是权益的载体，权利是利益的化身，[12]行政法只有植根于可靠的利益基础才不会成为无本之木。[13]人们往往将行政法的利益基础归结为公益或者私益，[14]其实行政法的难题不是在公私益之间作出非此即彼的选择，因为其生命力源自公私益的交融。行政法通过将普遍存在的私益冲突转化为公益与私益的辩证统一，为正当私益诉求的满足提供制度化保障。

诚然，特定行政法律关系中的公私益可能是对峙的（局部性），公民的行政违法或者行政主体的违法行政还会造成公私益的对抗（扭曲性），但我们不能据此认为行政法的公私益关系注定是紧张的。相反，作为行政法利益基础的公私益关系是水乳交融的，而非油水分离的、更不是水火不相容的。行政法之所以要旗帜鲜明地保障公共利益，这是由公共行政的功能定位所决定的。公共利益之于助成私益实现的价值，一则体现为道德性，通过对社会利益的二次分配和转移支付实现社会公平，体现公共管理和公法的道德性，弱化不同群体因票赋差异而致的贫富差距，尤其是缩小贫富群体间的对抗，兑现“国家尊重和保障人权”的承诺。二则体现为效益性，包括提供路灯式的公共物品以避免私人重复提供造成的浪费；产生公共管理和公共服务的规模效益；通过征用补偿等方式实现卜尔多—希克斯效率，[15]体现公共权力的催化增值功能；通过制度化方式节减交易费用；等等。据此，公共利益成为各类私益的蓄水池，具有综合平衡不同代际、层次和领域人群的利益诉求的价值。只有在立法层面上全面认知和建构理性和谐的公私益关系，才能确立起行政法治的重心（参见图1）。

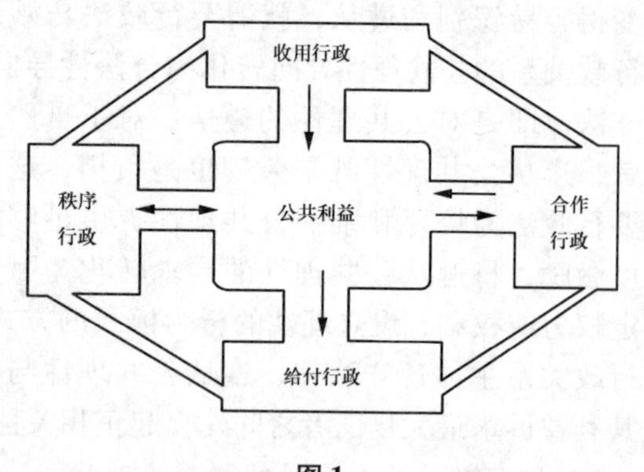

图1

图1直观地揭示了行政法利益基础的公私交融性：（1）在总体上，不仅公私益融为一体，公共利益成为私益蓄水池，而且各类私益也彼此相连，利益之“水”因不停流动和循环而成为“活水”，在逻辑上不存在梗阻不畅或者“短路”问题。（2）从公私益关系角度，可以将公共行政区分为收用行政、给付行政、合作行政、秩序行政四类，其利益关系指向分别是从私益流向公益、从公益流向私益、公私益双向交流、公私益合一。图中箭头所示的即是利益流动方向。（3）行政法的利益基础主要是由四种指向的利益关系交汇而成：一是收用行政的公益本位。利益自私向公汇入公益蓄水池，公私益关系基本上属于此涨彼消。收用行政的正当性在于为公共行政履行职能提供资本。二是给付行政的私益本位。利益由公流向私直接满足公民提出的行政救助、物质帮助等福利请求。对于给付行政而言，满足私益需求本身就是一种公共利益，它是公共利益取之于私、用之于私直接体现，也直接反映出公私益之间的正相关性。三是合作行政的公私双赢。合作行政包括行政指导、行政契约等多种形态，对应一种基于合意之上的利益共赢关系，公民为了满足私益诉求而选择与行政合作，行政为了公益而选择与公民合作，二者取向相反、各取所需，但殊途同归、共同实现了社会整体利益的增值。三是秩序行政的利益集成。相对于前三者而言，秩序行政的公私益关系比较复杂，可细分为不完全、完全、纯粹三种情形：一则，特定公民VS特定公民模式，诸如行政规制类的行政处罚、行政助成类的行政登记、行政调停类的行政裁决，它们是通过维护一方合法权益（从而否定、限制、甚至剥夺另一方合法或不合法权益）的方式来实现公共利益目标，亦即以私益为体、公益为用，对应于不完全的公私益同一关系。二则，特定公民VS不特定公民模式，例如卫生行政许可，通过授予特定公民许可（私益）来降低不特定公民权益受损的社会风险（公益），公私益二者是同向的，并行不悖，对应于完全的公私益同一关系。三则，特定公民VS公共价值模式，例如公民闯红灯、偷漏税、破坏公共秩序等情形。行政法通过对特定公民权益施加不利影响来维护公益，它并不涉及具体的特定的其他公民的权益，完全是为了公益，对应于纯粹的公私益对峙关系。（4）行政法的普遍适用性意味着行政与公民、特别是各类私益主体都被纳入这四类公私益关系的建构当中，公私益交融关系据此成为行政法制度安排的利益基础。

行政法利益基础的公私交融以及关系形态的多样性，决定着行政关系、特别是行政法关系的多样性。各类公私益关系或者强度不等的公共利益，对应于不同强度的公共行政，二者是正相关的，进而对应于不同的行政权责/公民权利配置，最终赋予行政与公民双方不同的权能。亦即，行政法规范、权力/权利的配置结构、公共行政的功能定位等等，其实都是对公私益关系的一种反映。相对而言，传统行政法过分强调秩序行政，又往往自觉不自觉地将公私益关系狭隘地理解为诸如行政处罚之类的行政对私益的剥夺，从而造成公私益关系只能是对抗的、此消彼长的错觉。但对于现代的行政法治理而言，公共行政的多样化和公私益关系的交融性，意味着行政法利益关系应当理性和谐，不能再片面地宣称公共利益或者私人利益而人为地造成二者的消极对抗。

综上所述，由于与特定行政关系对应的利益总量是既定的，因此公与私的冲突的确不是堂吉柯德对大风车的虚幻战斗，而是真实具体的利益之争和利害冲突。不过，一旦我们从特定的行政关系情境进入整个行政法治理语境，就会发现公私益二者并不是简单的竞争和机械的对峙关系，而是水乳交融的——究其根本而言，二者是手段—目标关系，即公共利益终究是为了增进私益而存在，公共利益被当作私益的蓄水池，这种公私益交融的利益基础就决定着行政法逻辑结构的公私交织以及行政权责/公民权利的辩证统一。因此，由公私二者构成的行政法"基因"双螺旋结构，既衍生层出不穷的行政法矛盾，也蕴藏着源源不断的发展动力，一切行政法"故事"都围绕着行政与公民两个主角之间发生的公私交融关系这根主线展开，它是行政法治理的内在逻辑。

二、依靠行政法塑造主体角色

行政法的【韭】型结构只是彰显了行政法"假公济私"的治理机理。在此基础上，我们需要进一步认知公私双方的行为选择倾向以及行政法是如何通过机制设计来塑造主体角色、影响其行为选择。作为前提，我们需要对传统行政法学所采取的行政行为视角作简要反思。

（一）行政行为视角及其局限性

长期以来，人们似乎习惯于从行政行为视角认知和建构行政法。[16]行政行为视角与将行政权当作行政法的轴心是契合的，也与推崇单中心、单向度的国家管理模式相适应。简而言之，行政行为视角下的主体行动逻辑主要包括：(1) 简单地假定和要求各类国家机关都代表公共利益，无视立法、行政和司法三者在利益假定上应当表现出的角色差异。(2) 将行政关系中的主体行动简化为行政行为，通过将公民行为选择简化为守法的方式而被作为执法行为的行政行为所吸纳。(3) 对行政主体作公共理性偏好假定，其行为选择唯最大化公共利益马首是瞻。[17] (4) 假定行政机构、特别是公务人员与生俱来具有公共理性偏好，不会为情所动，只会理性地作出与公共行政目标一致的行为选择。(5) 公民行为选择因一旦偏离公共理性就会遭到行政的"纠错"故而不可能偏离公共理性。不难看出，这种以行政行为为视角、以政权为轴心的行政法，奉行的是以公共行政为主体、以公共理性为偏好、以行政行为为唯一行动的行动逻辑。如此一来，行政法上的主体行为被狭隘地规定为实施行政法规范的行政行为，至于创制行政法规范的立法行为被当作一种不再深究的假定前提，适用行政法规范的司法行为因聚焦行政行为的司法审查而成为行政行为的"影子"行为，被当作"行政相对人"的公民的行为选择则被降格成纯粹的守法行为。

在行政行为视角中，如果要建构一个坐标平面来描述行政法主体的行为选择，用45°线代表行政法追求的公共理性，那么不仅行政主体行为、行政执法人员行为等行政类行为，而且行政法的创制和适用等其他公务行为，都被行政行为所"吸收"。如果以行政行为与公民守法行为分别为纵横坐标，据此形成的行政法主体行为选择与45°线完全重叠（参见图2）。

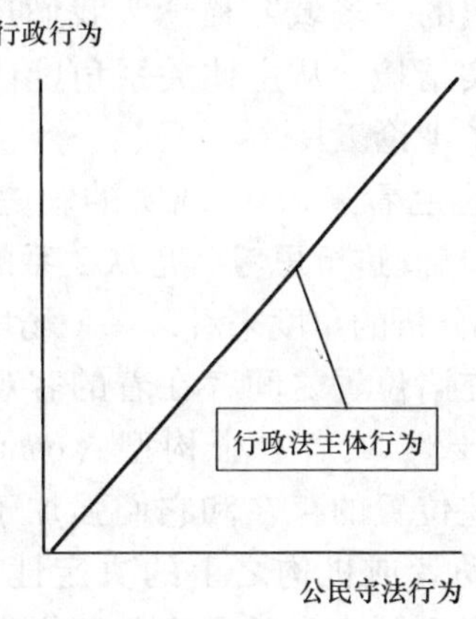

图2

遗憾的是，从行政行为视角认知和建构行政法，难免产生大面积的认知盲区和规范漏洞，这种行政法的局限性不仅在于无法有效承接宪法上的权力制衡逻辑，更为关键的是抑制了公民的主体性，未给权利主体独立和广泛地参与立法、执法和司法过程预留足够的制度空间，公民地位遭遇严重的边缘化，公民身份等同于行政管理的对象而非行政法治理主体。

而且，无论是对行政机构还是公务员作公共理性偏好这种线性的行动逻辑假设，都严重背离我们的经验观察。行政法上的主体行动显然不限于行政行为，立法行为和司法行为无疑是影响行政行为选择的重要变量；公民以独立主体身份参与行政法的创制、实施和适用显然对维护其正当权益诉求至关重要；行政主体、行政机关、行政机构、公务员等多种意义上的主体利益偏好不可能自然重叠；作出行政行为选择的直接行动者是作为自然人的公务员，而自然人不仅是理性与非理性的混合体，还“集天使与魔鬼于一身”；等等。这些现实反差折射出行政行为视角的局限性，暴露出以行政权为轴心的行政法在主体行动假定上的失之偏颇。

（二）“场域”中的行政

“人与人接触的任何形式，并非都具有社会的性质。只有自己的行为在意向上以别人的举动为取向时，这一行为才具有社会的性质”。[18]与行政法有关的行为都是社会行为，本身就包含着行动者在意向上与其他行动者之间的交涉性，如果为了追求行为的纯粹性而阉割行动的“关系”性，那就等于抛弃了行为的本质属性。布迪厄提出的“场域”概念为我们还原行政法行动的真实情境、从主体关系角度认知其行动逻辑提供了理论工具。

在布迪厄看来，“现实的就是关系的”，“根据场域概念进行思考就是从关系的角度进行思考”：从分析的角度来看，一个场域可以被定义为一个在诸位置之间存在着的客观关系的网络（network），或者一个构型（configuration）。正是在这些位置的存在和它们强加于占据特定位置的行动者或机构之上的决定性因素之中，这些位置得到了客观的界定，其根据是这些位置在不同类型的权力（或资本）——占有这些权力就意味着把持了这一场域中利害攸关的专门利润的得益权——的分配结构中实际的和潜在的处境，以及它们与其他位置之间的客观关系（支配关系、屈从关系、结构上的对应关系，等等）。[19]在场域概念的映照下，行政法的行动逻辑变量主要包括：

一是利益。布迪厄所谓的场域的资本以及与之对应的利润，指的就是利益。每一种行政法行动背后都隐藏着某种利益动机——“动机”表示一种意向联系，在行为者自己或者观察者眼中，它是行为带有意向性质的“原因”。[20]传统行政法将复杂的利益关系简化为公益与私益的对峙。但事实上，在纯粹的公益与纯粹的私益两个极端之间存在着一个长长的利益关系谱系，其中包括社会利益、部门利益、机构利益、[21]地方利益等多种利益形态。利益关系在收用行政、给付行政、合作行政以及秩序行政当中呈现为不同形态，利益关系的调整可以是增量调整，并非只能是静态的存量调整。

二是主体。行政法主体是在场域中占据特定位置的行动者，他可能因为主动进入（例如行政处罚主体）、被迫加入（例如行政处罚对象）、甚至不经意被卷入（例如第三人）等多种情形获得行动者身份。一则，传统行政法眼中似乎只有行政主体，但行政主体无论多么重要和强大，都不应遮蔽公民的行动者身份。除行政主体与公民两个主角外，还存在着诸如立法机关、司法机关、行政机关、行政机构、公务人员、社会团体、学者等诸多主体形态，扮演着参与者或者旁观者、委托者或者代理人等角色，各类主体不同方向的行为选择交织成复杂的行动关系。另则，传统行政法对应于有机的和理性的行政主体假定。虽然公务行为是以立法机关、行政机关和法院等主体名义出现的，但作出行为选择的却是在这些机关的公务人员，而作为自然人的议员、行政官员和法官，其行为选择都同时受到目的理性因素、价值理性因素、感情因素和传统因素的综合影响，[22]并非纯粹理性的产物。[23]

三是惯习。布迪厄所谓的“惯习”指的是一种结构形塑机制（structuring mechanism），其运作来自行动自身内部，是一种“生成策略的原则”，它是关系性的，作为外在结构内化的结果。[24]这一概念揭示了参与行政法的创制、实施和适用过程中的行动者，特别是公务人员，他们不是没有社会经验积淀的“一张白纸”，而是已被“社会化”的个人，他们作出公共决定的过程并非“绞肉机式”司法或者“传送带式”执法，而是深受发挥“母体”作用的惯习的影响。惯习能够折射出一国的法律文化、法治氛围、法治意识和法治发达水平，在一个缺乏法治传统和法治思维的国家，行动者的惯习肯定不是纯法治的，很有可能是非法治甚至反法治的。无论是公务人员依法行政的惯习还是公民守法的惯习固然可以改变，但都不可能完成于一朝一夕，行政法制度安排如果忽视了惯习，那么行政法实践的触礁就在所难免。

四是制度。一个场域对应于一套规则体系，它为行动者的实践交往提供了规矩，也为场域的稳定提供了制度支撑。无论我们多么强调国家法之于行政法的创制、实施和适用的重要性，都不能将影响行政法主体关系的规则简化为清一色的作用方向完全一致的硬法规则，事实上，发挥作用的是一套功能互补与作用冲突往往并存的规则体系，规则形态包括实体法与程序法、硬法与软法、明示规则与所谓的“潜规则”、守法与规避规则等等。要实现行政法治目标，不仅要建构“一元多样的混合法”体系，还要与道德、公序良俗等其他社会规范达成默契、形成合力。

五是策略。在行政法场域内，一个行动者对其他主体的指令不加分析地绝对服从恐怕只是罕见的例外，[25]通常都会或多或少、或明或暗地作出策略选择，不同行动者之间的实践关系往往都是博弈关系。因此，虽然不同行政法主体关系在制度上表现为隶属、命令—服从、委托—代理、竞争对手或者合作伙伴关系等，但能动的和理性的行动者都会通过不同意义上的交涉来最大限度地改善自身处境。一方主体会基于对对方行为选择的预期来作出一次性或反复性的策略选择。如此一来，那种貌似唯制度规定或者组织安排是从的做法其实都是一种策略选择。每种主体根据其讨价还价能力的大小不等而作出相应的策略选择，虽然双方的“受益”未必均等，但只要能“各得其所”就会产生两相情愿的均衡解。

六是权能。它是场域的“位置”所包含的主要内容，集中反映出行政法上特定行动者相对于其他主体的处境，代表着不同主体的身份差异及其利益诉求的实现状况。行动者拥有的权能，指的不仅是法律上的权力或者权利，更是事实上的主体交涉能力和话语权，它既是行动者处境持续不断累积改善的结果，又成为谋求进一步改善的新资本。行政法主体在行政法场域中的处境变化，与其说表现为自身权能的绝对增减，倒不如说是相较于其他主体的权能对比情况的增强或者减弱。不同行政法主体权能较量情形的变动不居，集中体现为行政权能与公民权能二者对比情况的变化。

由此可见，来自场域角度的观察会使我们更为真切、更加全面地认知行政法的行动逻辑，看到各种带着惯习的行政法上的行动者为改善其处境而遵循博弈规则建立起的复杂交涉关系。相对于静态、线性、非黑即自的行政法行动逻辑而言，它变动不居、色彩斑斓，应当更接近于经验性事实。在场域视角中，如果要建构一个坐标平面来描述行政法主体的行为选择，那么它主要就是公务人员（包括立法、执法和司法三类公务人员，同时拥有公务角色与自然人属性的双重身份）与公民个人双方在行政法的创制、实施和适用场域内博弈的函数关系，我们用纵横坐标分别代表公务人员与公民个人两类微观主体的行为选择，综合考虑影响主体行为选择的利益动机、权能、惯习、制度、策略等诸多变量，用45°线代表行政法追求的公共理性，那就会发现事实或真实的行为选择不可能与45°线完全重叠（而这正是行政行为视角所假想的理想状态），只会围绕着这条直线作大幅度波动（参见图3）。

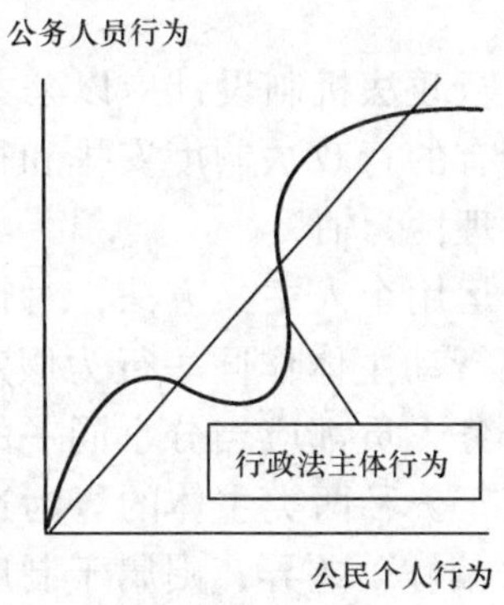

图3

不过，场域视角下的行政法行动逻辑曲线虽然较行政行为视角下与45°线完全重叠的曲线更加“逼真”，但显然不能让人们更加满意。倘若真实的行政法主体行为选择严重偏离甚至背离公共理性，那就会造成行政法“假公济私”功能的大打折扣，行政法整合公私能力的虚弱必然会造成行政法治目标的部分落空。就此而言，虽然来自场域视角的认知避免了行政行为视角的狭隘，但它并未为建构行政法主体行为理性作出直接贡献。为此，我们在借助场域视角“还原”行政法主体行为选择的真实情境之后，还要围绕着建构公共理性的目标、运用机制设计来完成行政法行动主体的角色塑造。

（三）行政法主体角色的机制设计

“程序结构的目的是要允许有目的的行为，同样也要有目的地阻挠”，[26]行政法的这种选择性功能依赖于机制设计。作为一种实证方法，机制设计是在既定的社会结构约束下，基于某种主体行为假定来进行相应的制度安排以期实现预定目标。行政法正是依赖机制之线将制度碎片连接成有机整体。我们认为，造成行政法主体行为选择偏离公共理性的一个主要原因在于人性假定上的缺陷：在分析公民行为时运用个人主义方法，对其作利己假定，但针对权力主体却运用集体主义方法，对其作利他假定—这其实是将公共选择的利他性要求与公务人员的利己性人性假定混为一谈，并用前者来代替后者——这种分裂性的行为假定为公务人员偏离公共理性提供了可乘之机。[27]就此而言，要依靠机制设计来填补行政法的制度漏洞，就要基于同一行为假定之上对不同主体进行相应的角色设计。

一则，行政法机制设计应以公共理性为指向，要求所有的行政法制度安排和行为选择都应当以公共理性为轴。

二则，运用个人主义方法，对行政法场域内所有微观行动主体作同一行为假定，无论是公民还是公务人员都应当分享同一的利己人性假定——至于公私两类主体的行为选择表现出的社会性“偏好”差异，则属于制度化角色设计的终点而非逻辑起点，个人主义方法并不当然排斥集体选择，关键在于机制设计是否成功。[28]

三则，区分公共理性对不同行动者提出的差异性要求，分别作出相应的制度安排来进行角色塑造。行政法运用“法未禁止即可为”原则来认可公民的利己行为选择，利己动机为社会发展提供了原动力，但同时规定其负有不得以机会主义方式行事的法定义务，将其塑造成为符合公共理性的角色；将行政法规范的创制主体设计成社会整体利益的代言人角色；将行政法规范的实施主体设计成公共利益的代表人角色；将适用行政法规范的法官设计成中立和独立捍卫法定权益的角色。

四则，运用制约与激励机制完成公务人员的角色设计。这是决定公共理性目标能否实现的关键。在公务人员行为选择与公共理性目标之间存在着机构目标、机关目标等多个环节，每个环节都存在着因最大化自我利益从而偏离公共理性的危险，因此，要实现公务人员、机构、机关行为选择与公共理性的契合，就得继续采取个人主义方法论，利用公务人员对其处境趋利避害的偏好，依靠对偏离公共理性之轴的行为的惩罚以及对与之契合的行为的奖励的制度安排来加以引导。[29]

由此可见，行政法场域中的角色是人工设计的结果而非大然如此，这恰恰彰显出行政法机制的角色塑造作用和行政法的调整功能。事实上，即使是“看不见手理论家也不可能否认审慎的制度设计努力的必要性以及这种努力切实的历史重要性”。[30]尽管我们仍然不能奢望行政法主体行为选择因为机制设计就会变成百分之百的绝对理性，但可以期待的是，机制设计应当能够明显矫正行政法主体行为选择对公共理性的偏离。行政法主体的行为选择围绕着公共理性之轴的波动幅度会显著下降，这就意味着公共理性的实现概率得以大幅度提高（参见图4）。不言而喻，图3与图4之间的差异，代表着因机制设计带来的进步。

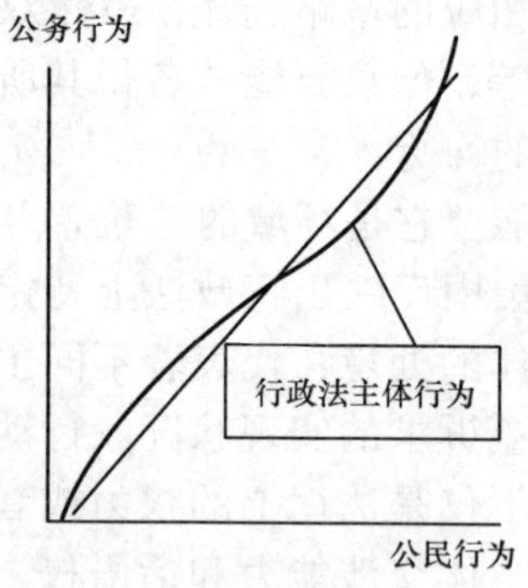

图4

综上所述，行政法应当告别传统的行政行为视角，将来自行政法场域视角的认知和依靠行政法机制设计的建构二者有机结合起来——从行政行为视角拓展至关系视角。其中，来自场域视角的观察或者从场域强调的关系视角来认知行政法的行动逻辑，有助于我们从严重不切实际的线性逻辑中解脱出来，认识到行政法行动逻辑的关系性和主体行为选择的多样可能性，相应的博弈论分析工具则对行动逻辑的关系性进行了深刻的揭示和描述。不过，作为一种描述性方法，博弈论并不一定要关注公共理性，而行政法场域内的博弈也并不必然保障公共理性的实现——但行政法却要将公共利益、公共理性当作其追求的直接目标，在这一点上严格区别于私法或者看不见手理论，后者将公共理性、公共利益的实现当作一种私人逐利的副产品。因此，将传统行政法以行政行为为视角的认知和建构所设想的线性逻辑拓展为来自场域认知视角的博弈关系逻辑，就使得行政法行为选择事实上严重偏离行政45°公共理性之线的问题得以暴露。为此，我们就要强调公共理性导向的机制设计来提高公共理性目标实现的确定性。当然，这不是要求机制设计重走线性逻辑就事论事的老路，企图通过将行政行为与公共理性捆绑在一起的方式来“绑架”公共理性，而是要通过场域的“放”和机制设计的“收”来辩证地确立起公共理性对行政法关系的支配性。

至此，我们基本完成了如何通过行政法塑造主体角色、引导行政法主体行为选择这个问题。接下来需要直面的追问是，这种基于统一行动逻辑之上的行政法产出[31]一定具有可接受性吗？这个问题已经超出场域的认知和机制的建构之外了，因为机制设计聚焦的只是公共理性的实现，但场域中的诸多行为选择却是非理性的，[32]对于感情用事或者跟着感觉走而言，以理性作为指针的机制设计方法就会失灵。即使对于行政法上的那些符合公共理性的公共决定而言，其可接受性仍是不确定的，因为影响认可和接受程度的因素是多样化的，实体的或程序的，普遍的或情境化的，等等。我们认为，行政法产出如欲因得到广泛认可而具有正当性，需要满足两个条件：一是行政关系的交涉性，二是行政法过程的商谈论证性。

以下加以分别讨论。

三、交涉性行政关系的设定

（一）行政关系的交涉性

法既然被当做社会关系的调节器，因此从关系视角认知和建构法应理所当然。但事实并非如此，传统行政法的认知和建构在相当程度上奉行的是一种行政行为视角，亦即行政法的制度安排围绕着行政行为这个轴心展开，这其实是将行政法居间调整行政与公民关系（一棵枝繁叶茂的大树），先削减成法与行政关系（公民被边缘化，舍弃了根本），再削减成行政行为视角（行政的过程性被抽空，只剩下枯死的树干）。将鲜活的关系视角挤压成单调的行政行为视角产生两方面问题：一是与事实不符。将行政法对行政行为的规范当做重点并不为过，但不能因此无视行政法具有规范公民行为这一基本功能。[33]事实上，将抽象的行政法规定付诸实施，不只是具化为行政行为，同时还会具化为特定的公民行为，归结起来是要具化为行政行为与公民行为交涉而成的特定行政法关系。二是效果不佳。传统行政法以行政行为为中心固然突出了行政法治理的重点，但其致命缺陷是导致单中心、单向度和封闭性，公民很难以独立利益主体身份参与行政过程并与行政主体进行理性交涉，公民的主体性遭到抑制，这势必造成行政权滥用风险概率的居高不下，同时也严重限制了公民对行政主体单方面决定的可理解和可接受性。[34]

有鉴于此，行政法应当从失之偏颇的行政行为视角还原为行政关系视角。前已论及，场域和机制设计其实都是一种关系视角，行政法要从传统的单向度的行政行为视角转向交涉性行政关系视角，[35]就得在机制设计中加入公众参与和商谈论证的因子，对照着公共目标，围绕着公共理性主线，遵循比例原则，通过建构一组程度不等的交涉性行政（法）关系的方式来保证行政法治理的正当性。打个比方，从行政行为视角转向交涉性行政关系视角，就是要将以行政行为为圆心的正圆拓展为以行政主体与公民为双焦的椭圆，从单核行政法转向双核行政法，据此反映公私双方诉求并发挥公私两种选择机制的优势，通过交涉建立共识性行政（法）关系。

所谓行政关系的交涉性，是指行政关系的形成、变更和消灭并非取决于行政主体一方的强制性意愿，而是行政主体与公民双方共同作用的结果，是行政支配性与公民自主性二者交互影响的产物——二者关系类似于电池的正负极。一方面，行政支配性指的是行政主体依靠强制性权力或者权威对公民行为选择施加的压力，通过向公民传递期待或者命令其为或不为特定行为的信号来影响公民行为选择，据此实现特定行政目标。需要注意的是，行政的“支配性”固然经常表现为强制服从（例如在行政处罚关系中），但并不局限于此（例如行政主体在行政许可、行政奖励、行政合同、行政指导关系中）。另一方面，公民自主性指的是公民自主决定是否对行政主体提出特定权益诉求，自由选择是否遵从行政主体的特定意思表示，自我决定是否针对瑕疵行政启动权利救济机制等。[36]一旦行政关系的生灭取决于行政支配性与公民自主性两个方面，那么行政关系就自然具有交涉性，它表面上是行政主体与特定公民之间的权力与权利交涉，实际上涉及公益与私益分割，在根本上则是特定公民一“己”与包括他在内的“群”之间的界分。

尽管以行政权力支撑的行政支配性和公民权利支撑的公民自主性二者存在着显著差异，它集中体现为行政权可以动用国家强制，而公民权则不得不接受国家强制。但是，一则，无论是权利还是权力其本身都包含着一种交涉性，[37]权力与权利既相互吸引、又相互排斥，在公法上孤立地理解权利缺乏现实意义，孤立地理解权力则是有害的，而将二者理解为对立关系则是对其复杂关联性的一种误读。另则，无论是权力还是权利，二者在影响力皆源自权能这一点上并无二致。[38]权能是一种脆弱的依靠坚硬的排他性外壳所小心包裹起来的主体意愿，我们既可以将其视作各种权力或者权利的本质属性，也可以将其视作一种用以衡量不同权力或者权利分量轻重的“一般等价物”。就此而言，基于权能及其大然的关系属性，行政权与公民权、行政支配性与公民自主性、行政与公民之间的关系，不仅应当是交涉的，而且能够成为交涉的。

（二）行政关系的交涉类型

应当说，无论公法还是私法都产生交涉性关系，但行政法治理中主要源于法定的、非均质性交涉关系显然不同于私法治理中主要源于约定的、基本均质的交涉性关系。行政法上的行政支配性与公民自主性之间的交涉关系并不是在每类行政关系中都平分秋色，相反，强弱不等的行政支配性与弱强不等的公民自主性交织在一起，形成若干非均质的行政支配性/公民自主性组合形态，每类形态对应于一种特定强度的行政支配性/公民自主性。如此一来，在行政法上就形成了一个从最强行政支配性/最弱公民自主性、行政支配性/公民自主性二者持平、最弱行政支配性/最强公民自主性的谱系结构，在以行政支配与公民自主为纵横坐标轴形成的坐标平面上，这一谱系被描述成一条光滑的“交涉性行政关系曲线”（参见图5）。

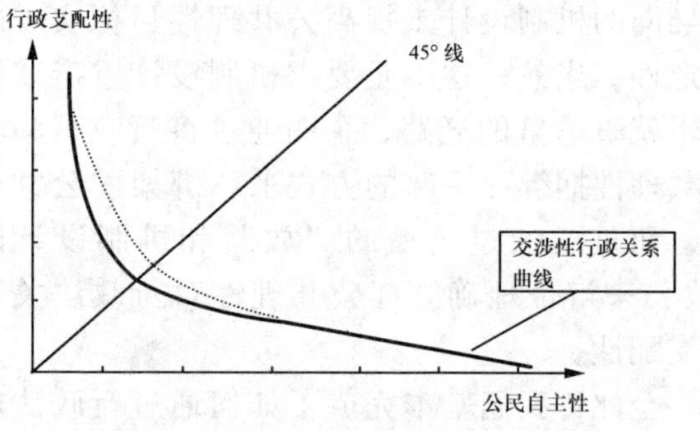

图5

有必要对图5作三点简要解释：

第一，在以行政支配性与公民自主性分别为纵横轴形成的二维坐标平面中，自左上向右下方向形成一条“交涉性行政关系曲线”，该线上每一点都对应于一个［公民自主性，行政支配性］坐标点。45°线是中分线，该线上的每一点都对应于均等的行政支配性与公民自主性。在45°线的左上端，行政支配性高于公民自主性，自上而下行政支配性递减，在45°线相交点处二者相等。在45°线以右，行政支配性开始低于公民自主性。该曲线虽然在两个方向上可以无限接近坐标轴，但不能相交，否则就会产生局部的无政府主义或者行政专制。

第二，“交涉性行政关系曲线”是光滑和连续的，它是无限多个［公民自主性，行政支配性］交涉点前后连接而成——诸点可以体现为若干多已被类型化和尚未类型化的行政行为。大致说来，以45°线作为分界线可以将行政关系分为两大区间：左上部分属于管理类行政关系，具化为各种行政处理行为，行政支配性居于主导地位；右下部分属于服务类行政关系，具化为行政指导、行政给付、行政救助等各类其他行政行为，公民自主性居于主导地位。自上而下，行政支配性逐渐从管理性的行政权力转变为服务性的行政责任。在其与45°线交点左右一定范围内形成一个区间，它属于管理行政与服务行政的交集，这个契约行政关系区域既可用来履行行政管理功能，也可以用来提供公共服务功能。

第三，行政法上既有的各类行政行为方式，都可以在“交涉性行政关系曲线”上找到对应位置，自上而下的排序包括：管理类行政关系（行政征收、征用，行政处罚，行政许可，行政确认，行政裁决，行政调解、行政奖励等）；契约类行政关系（管理类行政合同，服务类行政合同）；服务类行政关系（行政指导、行政给付、行政救助等）。可以想象的是，这些前后相续的行政行为方式只能形成若干时断时续的点，不可能形成一条无缝隙的曲线，那些介于各种已被类型化行政行为之间的空隙，就属于事实上存在、但尚未得到类型化的行政行为方式——毕竟，相对于千姿百态的行政实践行为方式而言，已被类型化的行政行为恐怕只能是十之一二。因此，行政行为类型化是一个开放的渐进的过程，不可能毕其功于一役。

（三）行政关系交涉程度的确定与提升

较私法上的各类交涉关系基本均质而言，行政法治理之所以需要不同类型的、非均质的交涉性行政关系，主要在于行政法治理所要实现的各类公共目标本身之间的差异，需要围绕着公共理性主线，遵循比例原则设定匹配性的交涉行政关系来承载，以免过犹不及或者力不能及。通常而言，确定特定行政关系的交涉程度应当考虑的变量主要包括：目标本身的公共性越高，需要的行政支配性就会越大；公共目标实现的效率要求越高，就需要越高的行政支配性；公共目标实现的风险概率越高、危害后果越严重，对行政支配性的要求也就越高。此外，不容忽视的是，行政法在确定特定行政关系的交涉程度、并决定行政关系类型时，还应当对行政主体与公民双方的“能力”进行综合考量，包括政府的公信力和执行力，市场机制的完善程度，社会自治的成熟程度，社会文明程度，公民精神及其综合素质，以及历史文化和经济社会发达程度，等等，从外在社会结构这个更加庞杂的关系体中考虑行政支配性与公民自主性之间的力量对比关系——这会使得行政法创制者的眼光和思考上升到宪法和宪政层面，需要借用社会学、经济学、政治学等其他学科知识来帮助解决行政法治理的“问题与主义”。

从实证角度看，我们会发现不同时空的行政法中都或明或暗地存在着一条时断时续的“交涉性行政关系曲线”。尽管如此，它们不可同日而语，与不同的行政法模式相对应的曲线存在诸多差异。例如，曲线的斜率或者弧度不同，在总体上反映出行政支配性与公民自主性的对比程度；管理类行政关系与服务类关系二者所占比例不同，它不仅反映出行政是管理导向还是服务导向，而且折射出行政支配性的总量与公民自主性总量之间的力量对比关系，同时它与一国行政法秩序的建构主要是自发生成还是理性建构也密切相关；曲线本身的粗细变化则反映出特定类型的行政关系在一国行政法中所占权重的不同；等等。概而言之，伴随着公域之治从国家管理型转向公共治理型，交涉行政关系因行政支配性的减弱和公民自主性的相应增强，会发生许多显著变化，例如，45°线左上的曲线缩短、右下部分增长，表明行政法治理的重心从相对完善的公共管理（保障消极人权）转向服务行政；曲线两头趋细、中间变粗，更多行政关系“沉积”到45°线附近（参见图5 中的交涉性行政关系曲线与虚线相交处），这表明契约精神在行政法中的广泛植根——在这个意义上，未来行政的标准形态或许不再是高权行政，而是契约行政。

不难看出，行政法的制度安排围绕着公共理性主线，对照着公共目标科学设立相应强度的交涉性行政关系，从行政行为视角转向关系视角，行政法治理据此凸显的是公民的独立性、主体性，不再将其降格为行政的“相对人”；凸显的是行政关系的形成基于主体间性，行政法治理是行政与公民交互作用的过程，原本贴在行政主体与公民身上的指令发出者与接受者的标签黯然失色。在一定意义上，这种视角转变代表着行政法场域从身份到契约的转变。

四、行政法效力的商谈式认可

（一）应当“说服”、不能“压服”

伴随着行政关系的形成、变更和消灭过程的是行政法效力的生息。在现实的行政法创制和实施过程中，“效力”与“实效”并未完全重叠，不少具有法律效力的行政法规范或者行政决定、行政诉讼裁判被束之高阁，不能产生预期实效。退一步说，即使对于那些产生了实效的行政法“产出”而言，“合法律性”与“合法性”也并非完全重叠，有些行政法规范的创制和实施尽管在形式上符合现行有效的法律规定，但却因“合法不合情理”而不可理解、不被接受从而不具有正当性，这就造成诸多行政法规制未能实现内化，当事人不是因认同而自愿服从，而变异成盲从或胁从，[39]甚至会出现“自焚”等誓死不从的极端情形。再退一步，仅就行政法“产出”的可接受性而言，也还存在着单方认可、双方认可、多方认可、社会普遍认可等多种差异。[40]

行政法效力之所以存在“合法律性——社会有效性——合法性或者正当性”等差异性，一个重要原因就是行政法治理中存在着私法所没有的公私益矛盾。诚然，为了实现公共利益，行政法的确有必要确立行政优益原则，但倘若这一原则被推到极致成为帝王条款，就会似是而非地推导出行政必然是强制的。虽然行政法治理不可能缺少国家强制力，但如果所有行政法治目标的实现都得诉诸强制行政，那么这种行政法规制的正当性就会岌岌可危。无论是行政主体还是公民，应当是因为尊重而遵从行政法，而不能是因为畏惧而屈从于行政法，行政法治化应当是基于合意[41]的说服而非压服过程。

就此而言，要保证行政法治理的有效性和正当性，就不能简单地诉诸强制，应当从压服转向说服，从国家供给导向转变为公众需求导向，更多地从可接受性而非可强制性立场来创制规则、实施规则和适用规则。实践表明，要保证行政法效力的可接受性，就得通过理性商谈达成共识，因为更多参与、更多商谈会促成更多理解[42]和更多认可，商谈程序不仅满足了程序正义要求，同时也提高了实体正义的实现概率，行政法效力的正当性因此与参与、商谈、理解、认可之间是正相关的——如果基于商谈论证达成共识作出公共决策或者决定，那么其得到认可当然是水到渠成。

（二）行政法的商谈架构

如欲通过理性商谈论证寻求行政法治理的共识，那么一个必要前提就是建构一套完整的商谈框架。源远流长的诉讼程序结构为我们的思考和行动提供了指南。大致说来，要建构一套可以胜任理性论证使命的行政法治理商谈框架，需要就以下基本要素作出合理安排：（1）商谈主体。包括当事人、利害关系人、代理人、裁判者、监督者、观察者等诸多身份及其获得条件和方式。（2）商谈事项。包括公共行政领域的行政法规范的创制、实施和适用三个层面的相关事宜。（3）商谈流程。各种商谈主体在商谈的启动、推进、中止、终结等各个环节上的行为选择条件和空间。（4）辩论规则。解决证明责任分配、法律依据、证据类型、质证方式等主要问题。（5）采信规则。主要规定如何赋予各类辩论意见以不同的权重，以及采取何种方式加以采信等。（6）裁判、监督和纠错规则。用以防范或者矫正商谈主体的权力或者权利滥用，化解商谈争议。

理想的行政法治理商谈应当具有四个主要特征：一是开放性。公共决策或者决定过程向公众开放，政务信息向社会公开，商谈过程向各种相关信息、知识和证据开放，这有助于解决公共决策或者决定过程中的信息不对称或不完全问题。二是论证性。进入商谈视野的一切逻辑的或经验的、事实的或规范的信息和知识都是可以辩论的，没有什么依据当然地具有豁免论证的特权。三是公共理性。商谈主题与过程都不得偏离公共理性，无论是公民盲从或者屈从于公共强制还是公共机构迎合公民不正当利益诉求都是对公共理性的背离。公共理性对应于超越于当事人认可之外的社会普遍认可。在行政执法中，违法/执法同盟固然是基于双方合意，但不符合公共理性，不会获得普遍认可，不具有正当性。四是关联性。行政主体与公民以不同身份先后参与行政法规范的创制、实施和适用三个环节，以立法商谈为基础，以行政商谈为重点，以司法商谈为保障，三类商谈密切相关，共同决定着行政法效力的可接受性。

我们认为，理想的行政法商谈应当是一种360°商谈认可模式，它代表公众全方位参与行政法治理过程，公众与公共机构的商谈度达到360°（参见图6）。

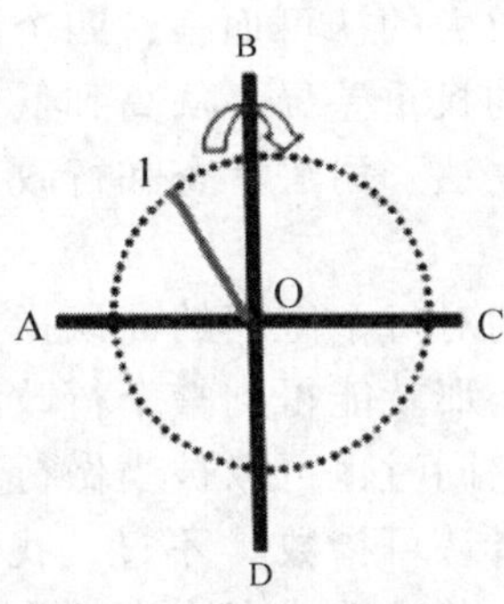

图6

第一，在图6中，OA代表议会立法权，OB代表行政立法权，OC代表行政执法权，OD代表司法审查权。相应形成四个区间，即议会立法区、行政立法区、行政执法区和司法审查区，行政法治理商谈即发生在这四个前后相续区域之中。

第二，线段O1代表着公民参与商谈，以O点为支点顺时针运动，据此分别与OA，OB，OC，OD形成的角度，分别代表着议会立法商谈度、行政立法商谈度、行政执法商谈度和司法审查商谈度（四种商谈度的形成，在逻辑上有先后关系，在现实中同步发生，但前者显然会对后者产生前提性影响），角度大小代表公民参与商谈程度，介于0°~90°，即从零商谈到全商谈。O1线段可长可短，以O1为半径所画之圆亦可大可小，代表着商谈范围的开放性和可调整性。

第三，O点既是立法权、行政权与司法权三种公共权力的交点，也是公民自主性与公共支配性的交点，指代的是公共理性，它同时也成为商谈之圆的圆心，意味着整个理性商谈围绕着公共理性这个圆心展开。分散在议会立法、行政立法、行政执法和司法审查四个区域内的圆弧上的每个点，都与公共理性是等距的，代表四个场域内公众商谈的衔接和契合。

（三）商谈指数的确定

在图6中，决定着商谈度的“角度”与决定着商谈范围的“半径”所共同形成的弧形，代表的是商谈指数，它直接决定着行政法效力的可接受性或认可度。大致说来，影响商谈指数的变量主要包括四方面指标：

一是商谈广度。它用来衡量可进入商谈场域的事项的多寡，标明的是商谈事项的开放度。它从高到低包括全部开放、以开放为原则、半开放、以开放为例外等几个等级，开放事项包括经济调节、市场监管、社会管理和公共服务诸领域，囊括保障公民消极权利和助成公民积极权利的实现两大板块。

二是商谈宽度。它用来衡量有资格进入商谈场域的主体的多寡，标明的是参与主体的开放度。它由窄到宽形成若干同心圆，由内向外包括零参与（未经商谈的单方决定）、当事人参与、利害关系人参与、专家参与、公众参与等。公众参与是一种全景开放式参与，参与者可以是纳税人、观察者、评论者、公民等多种身份通过论坛、网络等各种公共媒体对公共决定的作出发表意见和建议。

三是商谈深度。它是用来衡量商谈主题及其理由的深浅，标明的是商谈论证的社会穿透力的强弱。它自上而下可以分为多个商谈层次，最表层的是合乎法律规则（即法规范的逻辑结构），然后是合乎合法性原则（包括公平、公开、公正原则，程序正当原则，权责法定原则等）、合乎比例性（比例原则）、合乎理性（包括法理、逻辑、公理、科技标准、自然规律、社会发展规律等）、合道德性（包括人性、人之常情、[43]道德规范）等，最深层次的是合自由性（即特定行政法制度安排和实践是否有利于改善人的自由状态）。

四是商谈强度。它用来衡量商谈主体、特别是公民或公众的意思表示对公共决定的影响力。公众商谈话语权的大小与其参与方式密切相关。公众参与商谈方式由弱到强包括：零参与的禁言——独立陈述意见——公开申辩——

平等辩论等。公众话语权的影响力由弱到强包括：公共机构不予参考、选择性参考、基本参照、主要根据、唯一依据等。公众商谈话语权的最高等级表现为案卷排他性，商谈强度的最高形态是公共决定只能基于公民同意作出，例如行政合同等。

不难看出，构成商谈指数的以上四方面衡量指标自身又可细分为若干等级，在四类指标的不同等级之间进行排列组合，会形成成百上千种行政法治理商谈形态，可满足不同场域的不同商谈需要。

需要注意的是，行政法治理的商谈指数虽然源自议会立法、行政立法、行政执法和司法审查四个区间各自商谈指数的加总，但并非四者的简单相加，之所以如此，是因为不同区间内商谈指数存在含义与意义两方面的差异。一方面，同样数量的商谈指数在不同区间内的含义不同，这集中体现在商谈功能与商谈结构两个方面。虽然所有的商谈都指向达成共识，但议会立法中的商谈侧重于体现人民主权，即通过民主这个中介在主权与人权之间建立起和谐关系，[44]行政立法中的商谈功能主要在于潜在的利害关系人据此对政府有关利益分割的决策施加影响，行政执法中的商谈指向的是通过程序正当权利抵制行政权在个案中的滥用，司法审查中的商谈则是为了缩短法律真实与客观真实的差距并准确适用法律依据。相应地，四个区间内的商谈结构也存在明显差异，体现在商谈动力、参与方式、论证规则、商谈效果等多个方面，可在参与商谈的广度、宽度、深度和强度的谱系中进行有针对性的选择。以参与方式为例，议会立法中的公众参与强调公民这种身份背景，各种参与者与公共决策之间关联性的差异往往可以忽略不计，更多地采用政治选举意义上的委托—代理机制，以间接参与为主，直接参与居于辅助地位；与之形成对照的是，行政执法中的不同的公民参与显然与行政决定的利害关联性远近不同，行政“相对人”要比社会公众近得多，主要采用直接参与或者借助法律意义上的代理人来辅助等方式。

另一方面，四个区间内同样数量的商谈指数也具有不同分量的意义。这涉及每一区间的商谈指数在整个行政法治理商谈中的权重分配。尽管立法、执法和司法对实现法治而言皆不可或缺，但其重要性并非如出一辙。法律具有自我设定权威、自我实施的自治功能，完善的立法应当制造出有法必依、执法必严、违法必究的运行机制。因此，立法的商谈指数的权重应高于行政执法。一种可接受性不高的立法不可能产生可接受性很高的行政执法和司法审查，而司法审查的权威不高和公信力不足会产生权力监督漏洞，诱发更多违法行政。因此，对于整个行政法效力的认可而言，四个区间内的商谈指数之间的权重差异，从高到低可按照议会立法、行政立法、司法审查和行政执法的顺序排列。[45]

如果我们对每个区间的商谈指数乘以权重之后再相加，那就能得到整个行政法治理的商谈指数了，它同时也可以被当做行政法效力的共识指数或者认可指数。[46]不过，我们不能机械地认为任何公共决策或者决定的作出都要选择最大的商谈指数，因为商谈过度会损及效率、甚至殃及公平。为此，要确定一个理想的、恰如其分的商谈度，就要基于经济性与道德性两方面考虑，兼顾公众的商谈需求与公共机构的商谈意愿两方面权衡诸多相关变量，主要包括：公共决策或者决定对公民权益的影响程度，其执行对公众自愿配合的依赖程度，所涉事项的专业性和效率性要求，瑕疵行为的识别度和可补救性，监督制约机制的完善程度等等。而基于通盘考虑设定相应的商谈度并确定其适用情形，这正是程序法（包括立法程序、行政程序和行政诉讼程序）所要解决的一个基本问题。

五、行政法结构的非对称性平衡

行政法治是一种通过制度的治理，要完成行政法法主体的角色塑造和交涉性行政关系设定、并保证行政法效力的可接受性，要通过理性的行政来助成私人作出理性选择，最终都要落脚于一套与行政法的功能定位相匹配的制度结构。我们认为，与制约和激励相容的行政法机制、交涉性行政关系以及行政法效力的商谈认可性相契合的行政法模式，应当是平衡法，其制度基点是为社会科学发展输送公共理性，其制度基干是非对称性平衡的，行政权责/公民权利配置格局，其制度基调是促成行政主体与公民法律地位的总体平等，其制度基态是一元多样、软硬并举的混合法结构，其制度基数是通过政府“善政”促成社会“善治”。[47]

（一）行政法权能配置的“正”型结构

行政法制度安排的核心是在公共机构与公民之间进行权力责任/权利义务配置。进言之，虽然行政法上存在着多种不同类型、不同层级的公共权力的纵横配置，以及不同类型的公民权利与义务的配置，但其中心却是行政权责/公民权义的配置、其实质是行政权能/公民权能的配置。不同时空下的行政法制度结构因其功能定位差异会选择不同的权能配置逻辑和比例。我们发现，与公共治理相适应的行政法的权能配置逻辑呈现为“正”。具体而言，主要包括以下三条交汇的脉络：

脉络一：公民权利1——行政职责1——权力保障。宪法赋予公民各类“消极权利”，它们主要是形成于美国和法国大革命时期、旨在保护公民自由免遭国家专横之害的所谓“第一代”人权，在《公民权利和政治权利国际公约》及各国宪法中一般都有明确列举，主要包括平等权，政治权利和自由，宗教信仰自由权，人身自由权，财产权，批评、申诉、建议、控告、检举、获得国家赔偿等监督权利，以及提起诉讼的权利等。行政法需要将其中的大部分具化为“行政相对人”权利——我们将其称为公民权利1【▁】，其中，人身权和财产权往往成为具化的重点——这可以从行政诉讼聚焦于此得到印证。行政法在规定公民权利1的同时，要求行政主体承担克制、不得妨碍公民消极权利实现、更不能侵犯公民消极权利的行政职责1【▌】。同时，为了保证行政机关履行法定行政职责，行政法要求其他公共权力支持其依法行政，特别是法院维持合法行政决定并依申请强制执行生效行政决定【▁】。据此，公民权利1【▁】——行政职责【▌】——监督救济权力【▁】三者相连接形成行政法治理的第一条脉络【▁▕▔】。

脉络二：公民义务——行政权力——权力监督。行政机关要通过履行公共管理职能来提供硬件和软件两种意义上的公共物品，就得获得必要的人财物信息资源支持和权力资本，行政法因此授予其征税收费权力、维护治安的警察权力和国防所需的征兵权力等法定权力【▌】，它们往往被细化成行政法上的行政立法权、行政执法权（包括征收征用权、行政审批权、行政确认权、行政处罚权和行政强制权等）、行政司法权（行政调解、行政裁决权和行政复议权等）。与之对应，行政法要求公民承担纳税、遵从行政决定、服兵役等法定义务【▁】。同时，为了防止行政权力的违法变异，授权公民启动由其他国家机关的监督来制约行政权，借助权力制衡机制来避免或者解决违法行政或者滥用行政裁量权的问题【▁】。[48]如此一来，公民义务【▁】——行政权力【▌】——权力监督【▁】三者连接形成行政法治理的第二条脉络【▔▕▁】。

脉络三：公民权利2——行政职责2——权力保障。现代社会正在成为一种集成性的福利社会、公民社会、风险社会和信息社会，这强化而非削弱了公民对政府的依赖性，[49]更加强调公共行政的透明性、开放性和服务性，更加强调对主体性的尊重和行政关系形成的主体间性成分。作为回应，公民权利清单从传统的消极权利朝着三个方向大力拓展形成公民权利2【▁】：一是经济社会文化权利，不仅包括接受教育的权利，进行科学研究、文学艺术创作的其他活动的自由，更包括获得政府提供的与教育、就业、医疗卫生及社会保障等改善民生有关的公共服务方面的积极权利。二是获得政府提供的物质帮助权利，特别是突发事件应急处理的行政救助权利。三是体现程序正当理念的多种程序性权利，包括知情权、参与权、表达权等。显然，公共行政为此要履行的职能既区别于与公民权利1对应的消极行政的职责，也区别于与公民守法义务对应的行使行政权力，与公民权利2相对应的是要依靠积极行政来提供公共服务的行政职责【▌】。与之相适应，其他国家机关与行政主体的关系，主要不是监督行政权力的实施，而是保障和支持行政职责2的履行。就此而言，公民权利2【▁】——行政职责2【▌】——权力保障【▁】三者关系形成行政法治理的第三条脉络【┘┌】。

作为一个有机整体，行政法治理的框架主要由以上三条脉络交汇而成。我们发现，三者交汇在一起恰好构成“正”型（参见图7）。

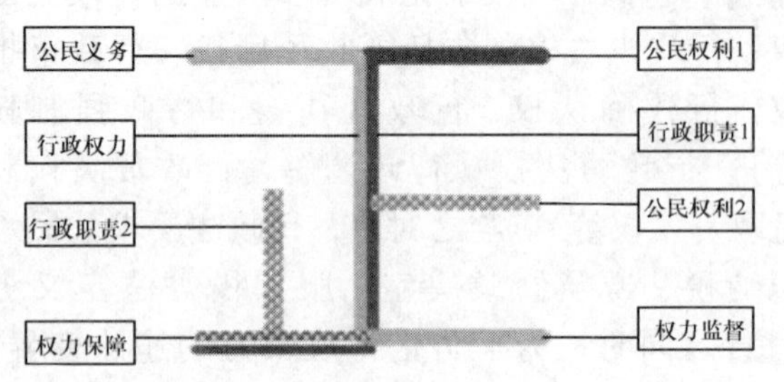

图7

不言自明，“非”与“正”在结构上显然不同，前者是对称的，而后者则是非对称的。如果说“意会”行政法治理机理的“非”型所传递的是行政法兼顾公私、并完成其整合的功能，那么“正”型结构标明的则是行政法得通过辩证统一的行政权责/公民权义配置来实现行政法治目标。在我们看来，作为一种理想类型，[50]“正”型结构呈现出行政法制度结构的非对称性平衡这一基本特性。

（二）行政法制度结构的非对称性

不言自明，“正”型既不是轴对称，也不是中心对称，而是非对称性结构。制度结构对称的核心是存在着利害关系的双方在权利（力）配置格局上的对称性，它浓缩着从利益偏好、主体角色、机制设计到法律关系的形成等各个层面之间的同构性甚至等量齐观——私法的A型制度结构呈现为对称性，双方行为选择基于合意形成交集。但相形之下，行政法的“正”型是非对称的，这主要体现在三个层面：

一是在行政与公民两个主角之间无法确立一根对称轴或者对称中心点。私法制度结构自始至终围绕着一根隐性的对称轴展开，它就是民事法律关系应当基于平等自愿意思自治。但在行政法上，行政主体与公民二者之间的关系表现为命令—服从、引导—配合、商谈—合意等多种形态，互相不可替代，每种关系形态双方的权力（利）配置逻辑迥然不同，这就意味着不可能在它们之间找到一个最大公约数来作为整个制度结构的对称轴或者对称中心，行政法的权力/权利配置主要是在“正”型框架内呈散点状分布。

二是在行政、公民、监督者三方之间无法确立起一种对称关系。私法制度安排促成双方当事人行为选择形成交集（A型），双方的对称关系一直延伸至民事诉讼程序。但在行政法上，一方面，行政主体与公民二者行为选择既不完全是基于合意的A型，也不是平行无交集的H型，更不是相背而行的←→型，而是垂直相交的T型，象征着行政决定乃是以公民【▁】与行政【▌】二者为纵横轴共同形成的坐标平面中的一个交集。显然，较A型或者H型而言，T型反映出公私二者之间极为复杂的辩证统一关系。另一方面，与法院在民事诉讼程序的居中性有所不同的是，来自于立法、行政、司法以及社会舆论等权力监督救济主体，它们与行政和公民双方的关系并不对称，因为它们需要落实宪法层面上的权力制衡机制，所以权力监督的作用方向也是【▁】，与公民同向旨在“增援”公民，而与行政相交则旨在遏制非理性行政，[51]它意味着侧重于监督制约行政权力和支持行政履行法定职责，而非防治公民权利的滥用——行政管理本身即可解决权力滥用问题。综合以上两方面，行政法制度结构显然不可能在行政、公民、监督者三方之间建立起一种对称关系。

三是在行政、公民各自内部通常也无法确立对称关系。之所以如此，一则是因为性质上的差异。公民权利1（消极权利、实体权利）对应于相应的公民义务，但公民权利2（积极权利、程序权利）并不存在严格的对应义务；两种公民权利各自指向完全不同，二者之间也不具有对称性。同样，行政权力与行政职责之间也并非对称关系，因为行政权力主要是与行政职责1对应，至于行政职责2对于公民而言，很难说它是一种权力，甚至连权威都算不上。二则是因为数量上的差异。尽管不同时空下的行政法制度结构中通常都会存在行政权力1，行政职责1、2，公民义务，公民权利1、2，以及对行政权的监督或支持等构成“正”型的诸元素，但是各种元素的权重分配和配置比例存在显著差异，从而使得行政法有可能滑向控权法与管理法两个极端。历史地看，公民权利从1拓展至2，行政职责相应地从1拓展至2，但无论是行政职责的1与2，还是公民权利的1与2，二者在权重和比例上总是存在着明显的差异，数量上的差异属于常态。性质与数量差异的共存，意味着在行政、公民各自的内部也很难形成对称关系。

进而言之，如果从场域角度来看，行政与公民二者在行政法制度结构上的非对称性，除呈现为以上三方面之外，还表现在双方的利益偏好、行为假定、行为动力、机制设计、行为方式、信息优势、可控资源、话语权等其他方面，此与二者在行政法场域中的公私身份和所处位置密切相关。二者的非对称性标明了行政法制度结构的复杂性，这同时也意味着那种以行政行为为轴心的传统行政法制度安排注定是失之片面的，其结构性失衡自然在所难免。

（三）治理型行政法应当是平衡的

与“A”型的私法制度结构是通过对称实现平衡不同的是，“正”型的行政法是通过非对称性实现平衡的，它反映出行政法制度结构的辩证统一性。一方面，无论是公民的权利与义务、行政的权力与职责还是监督者对行政的制约与支持功能，其自身都是辩证统一的，类似于一块硬币的两面。另一方面，公民正当权益诉求的实现以行政辅助为条件，而行政则以保障公民正当权益为目标，公民权利与行政权责二者之间是目的—手段关系，行政正是通过对极少数不正当的私人利益诉求的阻却来为绝大多数正当的私人权益诉求扫除障碍。打个比方，行政法制度结构的辩证统一性的形成过程类似于搓绳——通过立法之手对行政与公民双方的“给力”而致双方交错形成统一的整体。就此而言，与A型的私法平衡是形式直观上的对称性平衡不同的是，“正”型的行政法平衡则是复杂逻辑下的非对称性平衡，是一种只有统筹兼顾行政法治场域内各种复杂交涉性关系才能实现的动态平衡，属于“正”型构造本身所显示出的那种结构性均衡。

尽管如此，行政法的平衡并非只可意会不可言传。经由非对称性的逻辑进路而形成的行政法的平衡，具有回应之用、效益之实、正义之核、和谐之体等特征。行政法与公共行政实践发生“化学反应”并形成结构性耦合关系，平衡法不仅是指在这一化合过程的“人口”作为一种完美的制度“输入”，更是指在“出口”促成一种令人满意的社会“产出”。

一方面，在制度安排上，行政法的平衡体现为行政与公民双方因权能持平而致法律地位总体平等。管子曰“天以时为权，地以财为权，人以力为权，君以令为权”，[52]虽然权利与权力二者属性明显不同，但二者皆以权能为其构成要素[53]——我们将其视作一种个人或者组织依法获得的要求他人为或不为特定行为的能力。[54]在“正”型行政法中，公民之于行政的权能体现为依托监督权的支撑而要求行政为（对应于积极权利、物质帮助权利、紧急救助权利、程序参与权利等）或不为（主要对应于消极权利）。相应地，行政之于公民的权能体现为要求其为（纳税缴费、服兵役等义务）或不为（不得实施破坏社会治安、违反交通管理规定等各类违反行政法规定的行为），相应的行政权包括行政立法权、行政执法权和行政司法权三大类。应当说，在以命令—服从为基调的传统行政法中，行政法的权能总量恒定，行政与公民的权能分配此涨彼消，在行政权能与公民权能二者之间存在着一个明显的权能“落差”，行政主体与公民的法律地位不可能平等。从传统行政法向“正”型行政法的转型，主要是一个运用行政权能“放电”和公民权能“充电”方式促成权能从行政流向公民的过程，主要包括：公共行政职能的重心从管理转向服务、从权力转向责任，增加了公民的积极权利和获得物质帮助的权利等；公共行政日益分化为国家行政与社会行政两大板块，增加了公民的自治权能；行政关系的形成从单中心单向度的命令—服从转向更加重视商谈，公民为参与行政过程而增加知情权、参与权、表达权等；为了解决行政权能的不当损耗和滥用而赋予公民以广泛的监督救济权利；公民可以依据裁量基准之类的软法规范来挑战行政裁量的合理性；公民或者社会公众可以借助网络等多种方式行使对公共行政的社会监督权；等等。通过在公民与行政之间的权能加减缩小了权能落差，二者渐趋持平，[55]行政与公民之间的法律地位据此日渐平等——需要注意的是，与私法的对称性平衡和双方主体法律地位的“当然”平等不同的是，行政法是将实现行政与公民双方法律地位平等当做一个努力目标而非假定前提的——在过去相当长一段时期内，行政法一直被当做因调整不平等主体关系而与私法形成对照，这种悲观的似是而非的观点在一定程度上可能符合经验性事实，但却与宪政和行政法治背道而驰。

关于行政与公民双方因权能持平而致法律地位总体平等，这种行政法的平衡在图8的矩阵上能够得到直观反映：

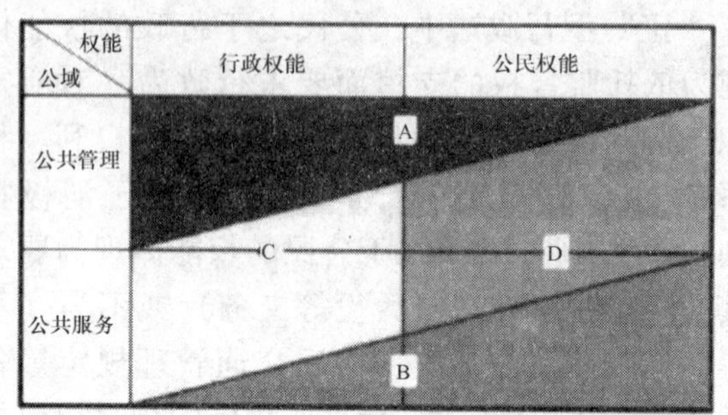

图8

在图8中，三角形A代表的是公共管理领域中的行政权能与公民权能；三角形B代表的是公共服务领域中的行政权能与公民权能；平行四边形C代表的是行政责任；平行四边形D代表的是公民义务。该图显示：①行政权能（公共管理领域+公共服务领域）主要集中在管理领域，服务领域的权能主要是一种为服务提供保障和排除服务障碍的权力；公民权能（公共管理领域+公共服务领域）主要集中在服务领域，多半属于实体性权利；而管理领域的公民权能主要体现为请求权、参与权和救济权等程序性权利。②在平衡法状态下，行政权能与公民权能总量持平（体现为二者在矩阵中的面积相等），但二者在管理与服务领域的配置正好相反。③在该矩阵中，行政权能的面积与行政责任的面积相等；公民权能的面积与公民义务的面积相等；二者彼此之间也相等（公民权能+行政权能=公民义务+行政责任）。这体现出公民权义的辩证统一性、行政权责的辩证统一性以及行政权责/公民权义配置的匹配性。

另一方面，在社会产出意义上，行政法的平衡体现为通过“善政”促成“善治”的概率达到最大化。不仅公民能够遵从行政法规定，而且行政机关及其工作人员能够严格依法行政，在强有力的权力监督制约下按照公共利益代表的角色定位实施公共管理和提供公共服务。行政与公民双方基于理性商谈形成和谐的行政关系，公共行政决定得到当事人和利害相关者的理解和认可，实现了合法律性与正当性的重叠。具有公信力和执行力的法治政府能够依法提供社会科学发展所需的公共物品，公众普遍具有社会公平感以及在财产和人身等方面的安全感。一言以蔽之，行政为公民的正当权益提供了有效保障并促成了公民自由状态的最大改善。

综上所述，行政法的治理逻辑显示，如欲实现行政法制与行政法治的重叠，有效消解“事实”与“规范”的紧张关系，避免“合法律性”对“合法性”的背离，实现法治和善治的统一，那么行政法的平衡就是必需的——无衡不治。这或许彰显出行政法平衡理论的理想抱负、知识自觉和现实关系。当然，类似于商品的供求平衡，[56]行政法的平衡代表着一种“真”，我们只能通过不懈的试错来不断接近它。因此，强调平衡的意义主要不在于触及理想状态那一瞬间，而在于坚持不懈地寻求平衡这种“求真”过程——至于行政法治目标的实现，则是水到渠成。

参考文献：

①［德］哈贝马斯：《在事实与规范之间：关于法律和民主法治国的商谈理论》，童世骏译，生活·读书·新知三联书店2003年版，第60~61页。

②韦伯将法律理性抽象为形式非理性、实质非理性、形式理性、实质理性四种理想类型。参见［德］马克斯·韦伯：《论经济与社会中的法律》，张乃根译，中国大百科全书出版社1998年版，第25页。

③参见前引①，哈贝马斯书，第706~707页。

④《立法法》第5、6条规定：立法应当体现人民的意志，发扬社会主义民主，保障人民通过多种途径参与立法活动；立法应当从实际出发，科学合理地规定公民、法人和其他组织的权利与义务、国家机关的权力与责任。

⑤“当前，行政法学往往将自身视野限定于深化对法律的解释和对法律进行技术上的分析、构筑法律体系、维持合法性，与行政法学、法社会学、国际法学、经济学、经营学、财政学、心理学等缺乏必要的交流，这已经妨碍了其自身的发展。”［日］大桥洋一《行政法学的结构性变革》，吕艳滨译，中国人民大学出版社2008年版，“题记”。

⑥［美］伯纳德·施瓦茨：《美国法律史》，王军等译，中国政法大学出版社1990年版，第199页。

⑦参见［德］奥托·迈耶：《德国行政法》，刘飞译，商务印书馆2002年版，第一编“德国行政法的历史发展阶段”。事实上，改革开放后中国行政法的“走出低谷”就是一个关于行政法与外在社会结构关系的一个极好的例证。在相当程度上，中国行政法的崛起和加速发展是对日益深化的政治体制、经济体制和社会体制改革所提出的依法行政、建设法治政府要求的回应。

⑧这种方式往往体现为“联手”有关国家或政府起源理论、宪政理论、法治理论等来探讨通过法律调整国家与人民关系，特别是规范政府与公民关系。

⑨在悲观的公共选择理论看来“所有的‘公共的’事物都是可疑的。对有些人来说，唯一值得尊重的公共目的似乎就是消灭公共部门”，“政治家、行政官员、‘公共利益集团’等等也都是‘为了自己’，这已经成为政治信念的重要组成部分”。［美］杰里·马肖：《贪婪、混沌和治理——利用公共选择改良公法》，宋功德译，商务印书馆2009年版，第39页。

⑩“行政行为在具体情况中决定臣民的权利和义务”，迈耶说“行政行为的蓝本是法院的裁判”，行政行为应当是依法行政的产物，如同司法裁判是适用法律的结果。参见前引⑦，迈耶书，第97~98页。

⑪在法国，“当私法准则不能满足行政活动的要求时，该准则自然应被弃置不用，而代之以新的特定准则；但是，当私法准则与行政法并不矛盾时，也就没有任何严格理由反对将该准则适用于行政活动。应当说，行政法的独立性只是相对的。”［法］让·里韦罗、让·瓦利纳：《法国行政法》，鲁仁译，商务印书馆2008年版，第9页。

⑫“利益”，在拉丁语中的含义是在场、有份，是指主体对客体（其他人、事物或者关系）的参与（实在关联性）。利益表现为某个特定的（精神或者物质）客体对主体具有意义，并且为主体自己或者其他评价者直接认为、合理地假定或者承认对有关主体的存在有价值（有用，必要、值得追求）。参见［德］汉斯·J. 沃尔夫等：《行政法》，高家伟译，商务印书馆2002年版，第324页。

⑬请注意，宪法、行政法、司法、私法四者的利益基础构成并非如出一辙。宪法侧重于形而上地强调公益与私益之间的辩证统一性，规定二者的体用关系，国家利益之于个人利益具有手段性、工具性，这就确立起个人利益的本位性。司法强调维护“合法权益”，包括法定权益和合法的约定权益。私法容许私人正当地追寻私益最大化，通过私益的普遍增长附带地实现公益目标。行政法通过确立行政优益性原则，将宪法上抽象的公私益辩证统一关系在行政法律关系中加以具化，通过个案中的公益优先来实现其对全体私益的普遍保障。

⑭“那种认为唯有公法服务于公共利益、私法只保护个人私利的观点，乃是对是与非的完全颠倒，因为那种以为只有那些以刻意的方式实现共同目的的行动才能有助于公共需求的观点，实是一种错误的观点。”［英］弗里德利希·冯·哈耶克：《法律、立法与自由》，第1卷，邓正来等译，中国大百科全书出版社2000年版，第209页。

⑮卡尔多—希克斯效率区别于帕累托最优的一个重要标志就是确立了补偿原则。倘若一项制度变革利大于弊，那么它就是有效率的。参见尼古拉斯·麦考罗、斯蒂文·G. 曼德姆：《经济学与法律——从波斯纳到后现代主义》，吴晓露、潘晓松译，法律出版社2005年版，第24页。

⑯这种惯性思维在大陆法系和中国行政法教科书的架构中得到集中体现，主要是以行政行为这个单核来建构行政法理论框架和知识体系，公民因被边缘化为行政“相对人”而致其行为选择难以进入理论视野。

⑰对于诸如此类的理论主张我们都不会陌生，“行政行为的动机实质上是大公无私的：它追求的是共同利益，或者说是公众利益；说得哲学一点，则可以说是普遍利益”。前引⑪，里韦罗等书，第2~3页。

⑱［德］马克斯·韦伯《社会学的基本概念》，胡景北译，上海人民出版社2000年版，第28页。

⑲正如卡西尔在《实体概念与功能概念》一书中所表明的，近代科学的标志就是关系的思维方式，而不是狭隘得多的结构主义的思维方式。人们可以发现，在许多科学事业背后都是这种关系思维方式，虽然这些科学事业看上去极不相同，“现实的就是关系的”：在社会世界中存在的都是各种各样的关系——不是行动者之间的互动或个人之间交互主体性的纽带，而是各种马克思所谓的“独立于个人意识和个人意志”而存在的客观关系。参见［法］布迪厄、［美］华康德《实践与反思——反思社会学导引》，李猛、李康译，中央编译出版社1998年版，第133~134页。

⑳参见前引⑱，韦伯书，第11页。

㉑“公共行政主体的自身利益和主管行政机关的特殊利益作为间接或者明显的事实性公共利益实际上影响着所有法律约束不严格的行政活动。这种利益经常与其他公共行政主体的利益相左或者冲突。”前引⑫，沃尔夫等书，第331页。

㉒社会行为可以由下列因素决定：一是目的理性。此时行为者预期外界事物的变化和他人的行为，并利用这种预期作为“条件”或者“手段”，以实现将其当做成就所追求的、经过权衡的理性目的。二是价值理性。此时行为者自觉和纯粹地信仰某一特定行为固有的绝对价值（例如伦理的、美学的、宗教的或任何其他性质的绝对价值），而不考虑能否取得成就。三是感情因素，尤其是情绪因素。即由现时的情绪或感觉状况决定的社会行为。四是传统因素，由熟悉的习惯决定的社会行为。参见前引⑱韦伯书，第31页有关法官（在一定程度上也适用于议员和行政官员）的行为选择一个最近的研究，参见［美］理查德·波斯纳：《法官如何思考》，苏力译，北京大学出版社2009年版。

㉓我们认为，传统行政法对韦伯所谓的决定社会行为的四种因素的态度大致是：推崇目的理性，强调法的价值理性，排斥感情因素，不太重视传统因素，简单地认为凡是合法的就是理性的。

㉔用布迪厄的话来说，惯习就是“生成策略的原则，这种原则能使行动者应付各种未被预见、变动不居的情境……（就是）各种既持久存在而又可变更的性情倾向的一套系统，它通过将过去的各种经验结合在一起的方式，每时每刻都作为各种知觉、评判和行动的母体发挥其作用，从而有可能完成无限复杂多样的任务”。参见前引⑲布迪厄等书，第19页。

㉕无论公民对行政指令，还是行政对公民请求，皆是如此。即使公务员在执行上级指令时也要对其合法性加以识别，不能一味盲从。《公务员法》第54条规定“公务员执行明显违法的决定或者命令的，应当依法承担相应的责任”。

㉖前引⑨，马肖书，第319页。

㉗“说到底，对权力的渴望并不是渴望占有行善的权力，而是渴望占有权力本身。不管权力是由君主行使还是由一个小团体行使，把自己当做格外贤明和善良的人就有可能是权力的最糟的看管人。”［美］斯科特·戈登：《控制国家——西方宪政的历史》，应奇等译，江苏人民出版社2001年版，第15~16页。

㉘无论如何要排除的一个严重误解是，在任何一种可能的意义上，把“个人主义”方法看成是个人主义的评价。另一个误解是，把形成概念时不可避免出现的（相对的）理性主义特征，看成为各种行为皆受理性动机支配，甚至看成为对“理性主义”的正面评价。参见前引⑱，韦伯书，第21页。

㉙“解决个人理性与集体理性之间的冲突的办法不是否认个人理性，而是设计一种机制，在满足个人理性的前提下达到集体理性。”张维迎：《博弈论与信息经济学》，上海三联书店、上海人民出版社1996年版，第11页。

㉚参见［英］马尔科姆·卢瑟福：《经济学中的制度——老制度主义和新制度主义》，陈建波、郁仲莉译，中国社会科学出版社1999年版，第7页。

㉛狭义上，它是指所有与行政法有关的公共决定，包括行政法规范、公共决策、行政决定、司法审查裁判等；广义上，还包括与行政法调整相对应的社会产出。

㉜实际行为者在大多数情况下，对其“所持有的意向”，只有模模糊糊的半意识或没有意识。真正具有有效的，即具有充分意识到的和清楚的意向的行为，只能是实践中的一种边界情况。参见前引⑱，韦伯书，第26页。

㉝诸如《治安管理处罚法》、《土地管理法》、《药品管理法》之类的“管理法”，一个基本功能是规范公民行为，为实施相应的行政管理提供依据。

㉞哈贝马斯将社会区分为系统（system）和生活世界（lebenswelt）系统是利用权力和货币等非语言性媒体组织起来的行为领域，其中占优势的因素是合理的形式、目的以及有实效的工具和方法；而生活世界则是通过语言来统合的社会性行为领域，其中占优势的因素是含义、沟通以及相互理解。“生活世界和系统这两个范式都很重要，问题在于如何把它们联系起来。”在现代社会中，产业经济和行政机构的扩张导致生活世界被系统所支配，日常的沟通实践因此受到阻碍。为了使生活世界能够防御系统的侵入，有必要重新认识和评价沟通行为的合理性。参见［德］尤尔根·哈贝马斯：《合法化危机》，刘北成、曹卫东译，上海人民出版社2000年版，第3~10页。

㉟在1971年德国国法学者大会上，巴霍夫与罗姆（W. Brohm）以《行政的现代课题与行政法教义学》为题发表报告，指出传统行政法学体系过分依赖行政处分概念，而行政处分只不过是发展变化中的法律关系的一个“瞬间影像”；而且，行政处分理论无法解释非处分方式所形成、变更或消灭的多样化法律关系。就此而言，法律关系较行政处分而言明显是一种更具概括性的分析工具——如果说确有一个概念、一个制度值得占有行政法之核心地位的话，那就非法律关系莫属，其中继续性法律关系尤其需要关注。相关讨论，参见鲁鹏宇《论行政法学的阿基米德支点——以德国行政法律关系论为核心的考察》，载《当代法学》2009年第5期。

㊱需要注意的是，在公民自主性与行政支配性交涉的背后伫立着强大的权力制衡机制。相对于行政主体而言处于弱势的公民依据宪法和法律赋予的诸如诉权之类的公民权利来启动其他国家权力制衡行政权，这无疑是公民权利的重要内容——行政法上的行政权/公民权关系是作为公法上权力/权力、权力/权利关系的一个组成部分存在的，它并不孤立。因此可见，在交涉性行政关系二维结构的旁边，其实如影随形一个第三维，它就是权力监督之维，它由法律监督和社会监督共同构成，监督力应当与行政支配性相匹配。

㊲"权利毕竟既不是一支枪，也不是一台独角戏。它是一种关系、一种社会惯例，而在那两者的根本方面，它是关联性（connectedness）的一种表达。权利是一些公共的主张，既包含针对他人的资格要求，也包括对他人所负的种种义务。从表面看，它们至少是一种形式的社会合作——毫无疑问（不是自发的合作，而是高度组织化的合作），但归根到底，仍然是合作。"转引自前引①，哈贝马斯书，第110～111页。

㊳根据萨维尼的观点，法律关系所确保的是"那种为单个人所具有的权能（macht）：一个这样的领域，其中占支配地位的是他的意志——而这种支配地位是获得我们同意的。"转引自前引①，哈贝马斯书，第106页。

㊴参见罗豪才、宋功德《软法亦法——公共治理呼唤软法之治》，法律出版社2009年版，第187页以下。

㊵人们予以承认和尊重的规范标准应能代表大多数社会成员的意志，能为大家自愿地而非强制地接受和遵循，并且，人们可以在道德论证中找到使各方达成一致的原则。参见郑召利：《哈贝马斯的交往行为理论》，复旦大学出版社2002年版，第86页。

㊶任何一项具有可接受性的行政法决定都不应缺乏合意。不过，不同的行政行为对合意的要求不同，有的期待合意，例如行政指导、行政许可；有的基于合意，例如行政合同；有的应当产生合意，例如行政处罚等。对合意的要求不同，往往对应于不同的程序设计和参与度要求。

㊷"明确的理解具有的特征或者是理性的（因此是合乎逻辑或者合乎数学规律的），或者是可设身处地领会的（情感的，艺术上可感受的）。这里，理性的特征表示，对人的某一行为来说，它所具有的全部意向都完全的和透彻的被理智地理解了。可设身处地领会的特征则表示，这一行为所具有的全部感觉世界都被重新完整地想象出来。"前引⑱，韦伯书，第2页。

㊸法律之治不能违背人之常情。为此，婚姻法强调感情，继承法重视亲情。人情是人性的体现，人之常情反映了道德关怀，而道德性则是人权概念的基本元素之一。法律之治因符合人之常情而具有社会根基，反之则会成为死法。

㊹在汉语中似乎巧合的是，"人民主权"这一表述本身就包含了人权、民主、主权三种元素并彰显出三者之间的关联性——人（民主）权——民主扮演的中介角色呼之欲出。

㊺当下强调行政执法的商谈很有现实意义，因为长期以来行政执法被视作可以不经商谈的命令——服从，商谈的意识和思维非常淡漠。推而广之，尽管相对于民主决策的立法权和素来推崇辩论的司法权而言，行政权本身的变动不居性、裁量性，行政法被当作静态宪法，违法行政的离心率大、行政权往往具有强制性等特点，都决定着它更加渴望商谈，但关于行政法商谈的研究却明显滞后，迫切需要将公众参与提升为行政与公民的商谈。

㊻依靠商谈程序促成的共识，是一种实质上的合意，即"心服"，而未必同时也是"口服"。口服与心服二者经常是分裂的。以行政处罚为例，如果处罚对象对处罚决定所认定的事实、适用的依据、法定程序等皆无异议，内心能够"理解"并认可处罚决定，那么尽管行政处罚决定最终是以行政主体的名义依法独立作出的，但事实上双方形成了实质上的"合意"，尽管这并不排除处罚对象口头上仍有可能声称处罚不妥。相反，如果处罚对象虽然认为处罚决定明显不当，但因畏惧行政权的强制而"口服"，这就属于不认可。法律强调主体"真实的"意思表示，重视的似乎是"心服"，这恰与商谈的追求不谋而合。

㊼曾有人与我们讨论：既然宪法强调平衡，那么行政法就没必要再去追求平衡了，主要任务是管理或者控权。我们认为宪法上的制衡与行政法上的平衡存在诸多差异，一则，宪法主题是权力制衡，并据此实现权利保障，作为目的的权利保障被当做背景或者语境；而行政法的核心结构是行政权责/公民权利，权力/权力制衡退为背景。二则，作为动态的宪法，行政法需要动态地落实宪法上静态的平衡。宪法上的平衡同时需要若干部门法各有侧重地分解，诉讼法、私法与行政法各自的重点显然不同。三则，行政法上的权力/权利结构当中的"权力"除国家权力之外还包括社会权力，而宪法上的权力主要是指国家权力，因为它同国家主权、人民主权等联结在一起。四则，宪法上的制衡视野是结构性和整体性的，而行政法上的平衡则是局部的、"器官"性的。

㊽我们认为，行政法上的公民权利"细胞"至少由三个部分构成：一是居于主导性的自我增益功能（例如获得行政审批）；二是借助行政支持对抗第三方

侵犯；三是借助其他国家权力与行政权形成对峙，例如立法参与、复议、诉讼等。如此一来，就形成了一个权利与权利、权力与权利、权力与权力交织的行政法制度结构。

㊾“一般来说，存在一种广为流传的观点，即国家（控制）的领域应当减少，但在具体问题上，公众永远要求更多的而不是更少的政府行为”。前引㉗戈登书，第3页。

㊿在韦伯看来“理想类型”也就是纯粹类型，理想类型总是按照适当的意向构想出来的，并可能是理性的与非理性的，但在大多数情况下是理性的。参见前引⑱，韦伯书，第24页。

51行政过程在监督主体的监督之下，权力/权利交织在一起，行政决定其实是双方关系的合成品，尽管未必源于合意。在这一点上，行政法制度结构也区别于宪法上的“仗”型制衡——代表立法、行政与司法三者制衡的“丈”型，要服从和服务于“人”，推崇以人为本。显然，宪法上的权力制衡是显性的，至于公民与行政之间的平衡则留待行政法去完成，而行政法上的权力制衡则变成隐性前提，解决行政与公民之间的平衡凸显出来。

52《管子·山权数》。

53有学者认为，权利包括利益、要求、资格、权能和自由等五个要素。参见夏勇：《人权概念起源——权利的历史哲学》，中国政法大学出版社2001年修订版，第62页。

54此处的“权能”不限指“权力和职能”（《现代汉语词典》第5版，商务印书馆2005年，第1130页），后者指的是孙中山主张的“权能分立”的政治学说，实行权能分立制度。

55我们据此可以终结一个具有浓厚管理主义色彩的流行误解，即行政权能与公共物品的提供是正相关的，反之，公民权能则与公共物品的提供是负相关的。事实上，在行政即服务模式下，与更多的公共服务对应的却是行政权能的弱化与公民权能的强化。

56尽管商品的供求平衡作为一种理想状态不可能是常态，但这丝毫不影响研究供求平衡的重要意义，因为据此能为衡量商品的过剩或不足提供尺子，进而为市场决策提供导向。

（《中国法学》2011年第2期，作者系罗豪才系北京大学法学院教授、博士生导师；宋功德系国家行政学院法学部教授、法学博士）

二、图书

1.《儿童权利保护的国际法研究》

作者：王勇民著（广州市中级人民法院法官）

出版社：法律出版社 2010 年版

本书以《儿童权利公约》的运作实践与理论为视角，探讨了国际儿童权利保护的法制演变，重点论述了儿童权利保护的基本原则、儿童基本权利的内涵与实施机制涉及的主要法律问题，以国际社会保护儿童权利的实践为基础，总结中国儿童权利保护的法制经验并对进一步完善我国保护儿童权利的制度提出法律建议。本书的出版，将有益于推动我国儿童权利保护立法理论与实践的深入发展。

2.《公民权利》

作者：周永坤著（苏州大学法学院教授）

出版社：人民出版社 2010 年版

这不是一部学术专著，而是一本讨论你我生活中鲜活权利的“通俗学术”读物，其字里行间渗透着作者强烈的社会责任感。本书从普通公民身边的事说起，讨论蕴于公民日常生活中的常识性法理，从公民权利出发，讨论如何公平正义地解决纠纷，如何用法律保卫自己的权益。作者通过“说事拉理”的铺陈方式，为我们勾勒了一幅公民权利的现实图像，告诉我们如何有尊严的活着！

3.《少数人的权利》（上下册）

作者：李林等主编（中国社会科学院法学所所长、研究员）

出版社：社会科学文献出版社 2010 年版

本书是中国社会科学院法学研究所举办的“少数人权利国际研讨会”文集。全书围绕“少数人权利保护：国际法与国内法视角”、“少数人权利的平等保护”、“反歧视政策与少数人权利保护”、“保护少数人权利国际标准的实施”、“民族或种族上的少数人权利的国内法律保护：立法、行政和司法”等专题，从国际人权法、区域人权法和国内法的角度，进行了深入讨论。本文集的出版有助于深入研究少数人权利保护的理论学说与法律制度，有助于国际社会和西方国家全面了解中国的进步，学习借鉴中国的经验，有助于中国学者观察和了解国际和区域人权法关于少数人权利保护的规范和实践，进而使中外学者互相学习、取长补短，共同促进全球的人权保障事业。

4.《当代中国农民权利保护的法理》

作者：王佳慧著（黑龙江大学法学院副教授）

出版社：中国社会科学出版社 2009 年版

本书以权利保护为研究进路，以权利理论为研究工具，试图通过对农民权利保护论题的法理阐释，分析农民问题产生的根源，论证农民权利保护的正当性、内容和性质、架构农民权利保护的社会机制，力图通过以上研究为农民主体性的彰显、农民在利益分配格局中由被动地位向主动地位的转变以及农民权益保护的实践提供坚实的理论基础和充分的理论依据。

5.《中国农民平等权利法律保护问题研究》

作者：张德瑞著（华侨大学法学院副教授）

出版社：江西人民出版社 2009 年版

我国是一个有着两千多年封建历史的农业大国，人口中占了绝大部分的是农民，正因为有着这种特殊的国情，农民权利问题注定成了历朝历代一个永恒的话题。在经济全球化的背景下，在建设法治国家为我们直接目标的时代，在中央提出构建和谐社会和建设社会主义新农村的背景下，对涉及“三农”的农村法律问题进行系统的研究，关注农民平等权利的法律保障问题，应该说是一件很有现实意义的事情。同时，理论是行为的先导。新中国成立半个多世纪以来，关于农村、农业与农民问题的立法数量与农民在全国人口中所占的比例极不对等，主要原因就是在法律理论问题上没有关注到我国实际上存在着一个城乡二元经济社会结构，没有突出对农民这一群体的特殊保护，这是造成我国农民权利保障缺失的一个重要原因。而对农民权利保护问题进行深层次讨论，评析各种观点与争议，澄清误会与失误，厘清思路，有利于正确认识我国农民的地位与作用。

目前关于权利问题的研究，可谓卷帙浩繁、汗牛充栋，而权利本身，又是个跨学科的题目。权利这一问题，横跨哲学、伦理学、政治学与法学等多个领域。就法学而言，权利问题也逐渐突破国际法领域而深入到了刑法、宪法与行政法等部门法研究中。因此，农民权利保护问题至少应当是法学和社会学共同研究的课题。正是由于农民权利保护这一问题“脚踏多只船”，导致人们在这个问题上对其进行深入研究不够，尤其是在宪法学与行政法学层面上对其缺乏系统研究。为消除这个缺陷，本书将从法学与社会学（主要是农村社会学）这两种角度来研究农民平等权的保护问题，主要解决法律能为权利保护做些什么，权利的保障机制又是怎样的等问题。

6.《当代中国城乡居民权利平等问题研究》

作者：楚成亚著（山东大学政治与管理学院副院长、副教授）

出版社：山东大学出版社 2009 年版

本书是一本关于研究当代中国城乡居民权利平等问题的专著，书中具体介绍了工农平等权发展分析模型的建构、城乡二元权利结构的形成、改革开放以来工农平等权发展的历史嬗变，分析了工农平等权发展的制约因素、工农平等权发展的动力机制、工农平等权发展的多重差序格局、工农平等权发展的社会政治影响，最后提出了促进工农平等权发展的对策。

7.《社会弱势群体权利的法律保障研究》

作者：张晓玲主编（中央党校人权研究中心主任、教授）

出版社：中共中央党校出版社 2009 年版

20 世纪 90 年代以来，在我国经济高速发展的过程中，社会出现了深刻的分化。随着城乡差距、地区差距和收入差距的扩大，我国出现了一个结构复杂、人数庞大的社会弱势群体。弱势群体是任何社会都存在的社会现象，但是，我国当前具有相当规模的弱势群体是在我国社会经济高速发展、经济转轨和社会转型的过程中出现的，具有不同于传统弱势群体的复杂的社会背景和新特点，弱势群体在权利方面遇到的多种问题严重影响了社会主义和谐社会的构建。研究弱势群体权利保障问题的缘起，是切实保障弱势群体权利、构建社会主义和谐社会的重大课题。

《社会弱势群体权利的法律保障研究》一书由五部分组成。第一章研究了弱势群体权利保障与和谐社会法制构建的背景；第二章研究当代中国弱势群体权利问题；第三章研究弱势群体的权利救济方式的选择及对社会和谐的影响；第四章研究国外保护弱势群体的实践及弱势群体国际保护制度；第五章研究了构建保护弱势群体权利的法律制度。

8.《老年人权益保障与社会发展》

作者：曾庆敏著（中国社会科学院法学所研究员）

出版社：社会科学文献出版社 2008 年版

1996 年全国人大常委会通过并颁布了老年人权益保障法。本书对该法的一些重大的理论和实践问题进行了探讨，认为该法应遵循立法的基本原理进行修改。本书还提出，政府和社会应成为这部法的义务主体，并且该法修改后要具有可操作性。这样才能保证实现中央提出的“老有所养、老有所医、老有所教、老有所学、老有所为，老有所乐”。本书中提出的许多观点，可谓令人耳目一新。这本书不仅适合于管理老年人的机构和广大老年人，而且还涉及年轻人的一些问题，读来有益。

9.《犯罪嫌疑人权利救济研究》

作者：孟军著（北京师范大学法学院暨刑事法律科学研究院讲师）

出版社：中国人民公安大学出版社 2008 年版

"无救济则无权利"，权利救济是公民权利保障的关键性环节。本书以刑事侦查为基点，探讨了以犯罪嫌疑人权力救济为核心的权利保障问题。内容涉及犯罪嫌疑人权利救济的属性、功能、正当性根据、权利救济的内容、权利救济的方式，并对犯罪嫌疑人权利救济的发展趋势作了分析。在研究视角上，除了从刑事诉讼领域和国内法领域对犯罪嫌疑人权利救济问题进行探讨外，还把这一问题放在宪法层面和全球化背景中加以考察，以对犯罪嫌疑人权利救济问题有一个多角度、全方位的认识。

10.《走向权利的时代》

作者：夏勇主编（国家保密局局长）

出版社：社会科学文献出版社 2007 年版

这本书谈的是权利，谈权利的是一批学者。学者们并非坐而论道，也走向社会，观察社会发展与权利保护之间的互动关系，又开掘本国文化的权利基因。他们相信，中国的权利之壤绝非贫瘠，但权利机制的根深叶茂却全凭每一个公民权利意识的觉醒和制度构造上的自强不息。本书所收录的文章归纳为权利观念、权利保护机制、公民的基本权利、特定主体的权利、乡民的权利以及问卷调查资料等六个部分。

11.《公民权利意识研究》

作者：辛世俊著（郑州大学哲学系教授）

出版社：郑州大学出版社 2006 年版

在当代中国的话语中，"公民"、"公民社会"、"公民意识"、"公民权利意识"是几个使用频率非常高的概念。德国哲学家海德格尔说过，语言是存在的家园。福科则提出，话语是一种权利。这就是说，一种优势话语是一种支配的力量，对人们的思想和行为具有至深的影响。作为思维外壳的语言是对社会存在的反映，是一种文化的积累，而绝不是简单的工具。

本书是一本从哲学、法学、伦理学等学科角度综合研究公民权利意识的专著。作者根据近几年来我国改革开放的实践和公民维权活动日益频繁的事实，得出权利时代已经到来的结论。本书作为一部全面研究公民权利意识的著作，对我国公民教育和公民社会的构建具有一定的意义。

12.《表达自由及其界限》

作者：王锋著（法制日报社政府法治新闻编辑室主任）

出版社：社会科学文献出版社 2006 年版

本书由自序和七章构成，主要从权利相对论的视角研究表达自由的法律界限，从表达自由的界限入手，最终归结到表达自由的保障，对表达自由施以限制只是手段，保障才是目的。本文的主要立场是，表达自由作为公民的基本政治权利也具有相对性。表达自由的界限是其相对性的具体表现，表达自由的界限只能由法律来设定。法律本身要满足程序正义与实质正义的双重要件，这是法律限制表达自由的全法性与正当性所在。在实践中，表达自由与公民私权利、表达自由与公权利之间在特定情形下都会发生利益冲突，因此审判机关在利益衡量的基础上，为了保护国家利益、社会公共利益等，可能在具体案件中对表达自由施以限制。这种限制无论是以法律规定为依据，还是建立在法官造法的基础上，都要接受法制原则，即程序正义与实质正义的约束，这就是表达自由法律界限的界限。

13.《中国人权在行动》（2005）

作者：中国人权研究会编

出版社：五洲传播出版社 2006 年版

本书为上下两编。上编"重要立法与政策"，主要记载了 2005 年中央国家机关及部分省级机关采取的保护人权立法与政策措施，包括的内容有制定《反分裂国家法》、《公务员法》、《治安管理处罚法》、《艾滋病防治条例》，修订《个人所得税法》和《妇女权益保障法》，实施《疫苗流通和预防接种管理条例》，废止《农业税条例》，并公布《物权法》草案，启动《全国高致病性禽流感应急预案》和《国家突发重大动物疫情应急预案》，扑灭高致病性禽流感疫情等重大举措。上编还特别记载了国家司法机关通过改革和完善司法制度，在促进人权保障方面所取得的新进展，如最高人民法院新修订《关于对经济确有困难的当事人提供司法救助的规定》；最高人民法院发布《人民法院第二个五年改革纲要》，特别是宣布收回死刑核准权；最高人民检察院决定在2005年底前，各省级检察院、中东部地区的市院分院和西部地区省会城市院要对讯问犯罪嫌疑人实行全程同步录像，并制定实施《人民检察院办理职务犯罪案件讯问犯罪嫌疑人实行全程同步录音录像的规定》，以有效保护包括犯罪嫌疑人在内的多种诉讼人权，等等。

下编“重要事件与案例”，全面记载了中国社会各界、各阶层全面推进中国人权保障事业的努力，既包括中国政府于2005年开通了“全国流浪乞讨人员救助管理信息系统”，使中国救助救济的管理工作提升到了一个全新的高度；公安机关变“上访”为“接访”，隆重举办为期四个月的公安开门大接访活动；也包括法院在裁判文书中写入合议庭的不同意见，实现了司法公正“看得见”；也包括中国各地工会与时俱进，组织农民工加入工会，维护农民工群体劳动基本权利方面的进展，等等。

14.《中国人权在行动》(2006—2007)

作者：中国人权研究会编

出版社：五洲传播出版社2008年版

2007年，中国共产党召开了第十七次全国代表大会。胡锦涛总书记在大会所作的报告中，肯定了中国“人权事业健康发展”，提出要“尊重和保障人权，依法保证全体社会成员平等参与、平等发展的权利”，并特别指出，到2020年全面建设小康社会目标实现之时，要使中国成为“人民享有更加充分民主权利”的国家。在具体的工作任务中，胡锦涛特别提到要“发展基层民主，保障人民享有更多、更切实的民主权利”；要“坚持公民在法律面前一律平等，维护社会公平正义”；“要以扩大党内民主带动人民民主，以增进党内和谐促进社会和谐。尊重党员主体地位，保障党员民主权利”；还要“尊重各国人民自主选择发展道路的权利”。这充分反映了中国共产党和政府对人权的高度重视。

本书以纪实性方式对2006—2007年中国在人权领域出现的重大立法、事件和案例进行客观描述并简要评论，力图真实地反映中国政府和人民在促进人权发展方面作出的积极努力和取得的成就。

15.《人权保护与现代家庭关系中的国际私法》

作者：袁发强著（华东政法大学副教授）

出版社：北京大学出版社2010年版

人权保护通过宪法对各国国际私法的发展影响很大，这点在婚姻家庭领域国际私法中表现最为明显，但一直以来国内还很少有国际私法学者从人权角度专门研究婚姻家庭领域的国际私法发展，本书的研究视角较为独到。此外，本书的研究方法亦颇有创新性，即采用多学科交叉研究，以人权保护为视角，以涉外婚姻、家庭关系国际私法为研究领域，综合宪法学国际公法学、国际私法学相关理论和知识对人权保护与国际私法的实质正义倾向、人权保护与婚姻家庭领域国际私法立法发展、跨国婚姻中的人权、涉外家庭关系中的人权、涉外继承中的人权保护、涉外婚姻家庭司法实践中的人权保护以及人权保护与我国国际私法等问题进行了剖析与研究。

16.《国际人权宪章与我国宪法的比较研究》

作者：刘连泰著（厦门大学法学院教授）

出版社：法律出版社2006年版

本书主要介绍将《国际人权宪章》与我国宪法进行比较的意义、方法和比较框架，回答一些有可能遭到的诘难。全文除前言外，逻辑上可以分为四大部分。第一大部分介绍比较的标本：《国际人权宪章》和我国宪法中有关人权的规定。第二大部分是对人权立论逻辑的比较。人权的立论逻辑又可以分为人权的来源、人权的主体和人权的目的。第三大部分是对人权法定形态的比较。为尽量全面但又不至于过分琐碎，全文将《国际人权宪章》规定的人权法定形态分为9个不同的权利群，然后与我国宪法进行比较。第四大部分是《国际人权宪章》在中国的实施。

17.《人权大宪章》

作者：董云虎编（中国人权研究会副会长兼秘书长）

出版社：中共中央党校出版社2010年版

本书是在1989年版基础上进行修订，收录了英国、美国、法国的人权法案，中国公民宪法权利，中国人权，美洲人权，欧洲人权，非洲人权，世界人权宣言，经济、社会、文化权利国际公约，公民权利和政治权利国际公约，消除对妇女一切形式歧视公约，消除一切形式种族歧视国际公约，儿童权利公约等，在此基础上阐述人权思想的起源、形成和发展的整体情况，是研究人权不可或缺的参考图书。

18.《国家人权机构研究》

作者：张伟著（中国政法大学人权及人道主义法研究所副教授）

出版社：中国政法大学出版社2010年版

人权问题一直是国际社会讨论的热点话题。本书的独特之处在于，并没有泛泛而谈“人权”的概念，而是选择以实际的执行机构，即“国家人权机构”，作为切入点和落脚点，题材新颖，贴合实际，对理论和实践皆具有参考价值和指导意义。

本书的一大亮点是，涉及了大量的国家实践资料，突出了作者工作实践的积累。一方面，作者引用了北欧、英美等人权制度较为先进和完善的国家的实践资料，作为参照；另一方面，作者也将自己在多年工作、交流中掌握到的各亚洲国家（如印度、新加坡、韩国、菲律宾等）的实际情况，加以总结归纳，佐证说明。其中，后者可算得上是本文的一个创新点，因为之前类似的文章多关注于前者，但后者恰恰是与中国的历史传统有着更多千丝万缕的联系，社会基础也更加贴近，对其制度的总结、讨论，对中国更加凸显其借鉴意义。本书的另一大亮点在于，对联合国文献的梳理。这是一项浩大而艰辛的工程，充分展示了作者对文献资料的掌握和归纳。通过作者细致的工作，原本晦涩、繁杂的联合国文献融入了本书的框架，有力支撑了作者的论点；各文献之间的历史联系、逻辑关系也更加清晰，便于读者理解。同时，本书脚注、参考文献中提到的网址、文件，对于想要进一步研究该话题的读者来说，也有着导航的重要作用。有兴趣的读者，可以沿着作者提供的途径，进一步拓展阅读——这样有的放矢，显然比盲目寻找资料的效率要高得多。

19.《国际人权法视角下〈TRIPS协定〉的变革研究》

作者：衣淑玲著（烟台大学法学院副教授）

出版社：厦门大学出版社2010年版

20世纪90年代以来，知识产权国际保护制度，尤其是世界贸易组织（WTO）框架下的《与贸易有关的知识产权协定》（以下简称《TRIPS协定》），对发展中国家及其人民的健康权、文化权、食物权、发展权等人权实现的不利影响成为国际社会各界别行为体普遍关注的焦点，“知识产权与人权关系”这一问题联结因之成为一个重要的研究领域。无论是对于知识产权国际保护和人权国际保护的和谐实现，还是对于国际法体系化的有序发展，这一研究都有着重大的意义。在“知识产权与人权关系”这一复杂的重大课题中，备受关注和争议较大的问题包括：知识产权的人权属性之争议；《TRIPS协定》及知识产权对人权国际保护的影响；人权视角下知识产权国际保护制度（以《TRIPS协定》为核心）的变革。本书从国际人权法的视角，运用相关的基本法律原理探讨了上述息息相关的问题。

本书共分前言、主文及结论三部分。前言

简要介绍了研究论题的确定，评述了本论题的研究情况和已有成果，界定了本书的研究范围、拟研究的主要问题及基本框架，说明了本论题的研究目的和意义。主文分为四章：第一章对国际人权法视角下知识产权的人权属性进行了探讨；第二章对知识产权与人权国际保护制度的并行发展进行了介绍；第三章对《TRIPS 协定》与人权国际保护冲突的表现及原因进行了分析；第四章对《TRIPS 协定》的变革与国际人权法的协调进行了总结。

20.《我们时代的人权：多学科的视野》

作者：张万洪主编（武汉大学法学院副教授）

出版社：中国法制出版社 2010 年版

在人权的法律图景和个人与群体实际普遍享有的人权之间存在着一个断裂。要解决这个断裂，需要来自不同学科的知识与技巧，包括法学、哲学、政治学以及国际关系、社会学、人类学和历史学等。这一多学科进路（multidisciplinary approach）反映了人权的本性，亦即人权是相互依存、相互促进的，其能否实施还取决于一定的条件。人权保护最终有赖于各个国家，但人权也超越了国家、文化和学科的疆界。因此，在人权研究著作中，既有政治学家和哲学家发表在法律期刊上的文章，又有法律人与人类学家之间的合作，经济学家、统计学家和国际关系专家也戮力同心，试图解释、理解全世界人权保护的复杂性。

本书所收录的 13 篇论文的作者，都是来自不同学科的青年学人。他们在三位外国专家的带领下，开始了一次学术历险：他们试图超越各自学科的藩篱，从多个维度进行人权研究。在学术已达到空前专业化的阶段，涉足相邻学科的工作，是极其困难的。这次历险也不例外。

他们的研究和写作，反映了我们这个经济高速发展、社会急剧转型时代的人权现状。这是一次难得的人权多学科研究的尝试，也是对未来方向的一个昭示。

21.《国际人权公约与中国刑事法律的完善》

作者：卢建平等著（北京师范大学法学院暨刑事法律科学研究院副院长、教授）

出版社：中国人民公安大学出版社 2010 年版

本书探讨了人权宣言到法典的过程，分析了国际人权公约的具体内容与特点以及两公约的国际影响。并在此基础上，对照国际人权公约的规定、判解和学说，对我国刑事实体法、刑事程序法、刑事执行法与国际人权公约的一致性和差异性进行了研究，重点分析了我国刑事法在人权理念上与国际人权公约的差距，以及由此在刑法基本原则、犯罪规范、刑罚规范、分则罪名、刑事程序、刑事执行等方面存在的问题，提出了修改完善我国法律，以符合国际人权公约精神的对策和建议。本书贯彻“刑事一体化”的思想，将刑事实体法、刑事程序法与刑事执行法三者紧密结合，从而保证了研究的相对完整性。

22.《法治、宪政与人权保障》

作者：邓剑光著（汕头大学法学院副教授）

出版社：知识产权出版社 2009 年版

本书结合实际内容，从理论层面对法治、宪政和人权保障进行了系统的梳理。本书分为上中下三篇，分别为“法治与行政法治”、“宪法与宪政发展”、“人权与法律保障”。

23.《中国大学的人权法教学——现状与展望》

作者：孙世彦主编（中国社会科学院国际法研究中心研究员）

出版社：科学出版社 2009 年版

随着“国家尊重和保障人权”的条款写入宪法，人权话语从理论形态转入法定形态。而人权法教育是人权保障的重要一环，也是基础性的环节。目前，越来越多的高校在本科阶段开设了人权法课程，有关人权法的教科书也相继问世。作为法学教育领域的一门新兴的学科，人权法教学在实践过程中也会遇到一些新的问题。本书的作者都是从事人权法教学的一线教师，他们对这些新问题的探讨，有助于从理论和实践层面完善人权法教学的定位与内容，提高人权法教学的质量。本书适用于普通高等院校从事人权法教学的教师阅读参考，对从事教育理论、部门法教学及研究的人员也具有参考价值。

24.《宪法中非权利条款人权保障功能研究》

作者：朱应平著（华东政法大学法律学院教授）

出版社：法律出版社2009年版

本书探讨了宪法中非权利条款人权保障功能的司宪适用技术规范、深刻机理、遇到的困难及解决方法。其法理基础在于：可以弥补宪法权利条文保障人权功能的不足，顺应了人们对积极人权保障的要求，反映出人类在适用宪法治理社会方面自信心更强。其适用技术特点为：独立适用情况较少，多与其他条文特别是权利条文结合适用；解释和适用难度较大，可诉性程度低；司宪水平依赖于一国或地区的宪政水平和传统；有广阔的发展前景。

25.《侦查程序与人权保障——中国侦查程序的改革和完善》

作者：孙长永主编（西南政法大学教授）

出版社：中国法制出版社2009年版

我国现行刑事诉讼法设置的侦查程序忽视程序公正，不利于保障人权，无法实现司法公正，因而本书借鉴国外侦查程序中的合理成分，本着将实体公正与程序公正有机地统一起来的思想，完善我国刑事侦查程序中人权保障之规定，就如何改革和完善制度提出了系统的建议和意见。

26.《和谐社会与人权保障》

作者：常军，卢萍著

（常军：沈阳师范大学马克思主义学院副教授）

（卢萍：沈阳师范大学马克思主义学院教授）

出版社：东北大学出版社有限公司2008年版

《和谐社会与人权保障》一书是从这一社会研究宗旨出发的，客观分析了我国现实存在的各种社会冲突现象和复杂的社会关系，包括影响公民生命权质量的社会经济冲突和贫富发展冲突问题，影响公民健康权质量的政府服务问题和社会服务问题，国家体制改革过程中的各种利益格局重组问题，影响公民人身自由权和人格尊严权的司法运作问题，以及我国公民受教育权和劳动权实施过程中的利益分配问题，等等；并在此基础上，力图重新构建政府作为的全新理念和运作原则，为我国今后高水平地构建和完善公民人权体制提出了全新的设想。值得一提的是，《和谐社会与人权保障》一书在内容阐述过程中，不但涉及大量的人权理论、政治民主理论的内容，还涉及大量的马克思主义经济学理论，从马克思主义经济学的角度出发，详细阐述了公民人权的经济利益构成，以及社会经济利益格局重组的马克思主义经济学理论根据，从而使《和谐社会与人权保障》的内容更加丰富，更具说服力。

27.《人权法的新发展》

作者：莫纪宏等著（中国社会科学院法学所研究员）

出版社：中国社会科学出版社2008年版

从严格学术意义上来讲，我国目前对人权法的理论研究仍然处于初创阶段，现有的关于人权法的理论研究成果基本上停留在对各种形式的人权法律制度的介绍和分析上，还没有建立起比较系统和科学的人权法学体系。所以，从学术意义上来看，目前还很难准确地提出“人权法学”的概念或者是“人权法学的新发展”这种学术命题。本书的作者认为，虽然在国内人权法与国际人权法之间存在着比较大的价值差异的情形下，要从宏观上来对“人权法学的新发展”作出一种学术上的总结有些力不从心，但是，我国学术界近些年来在介绍国际人权法制度和国内人权法制度方面所取得的成就还是令人瞩目的。因此，基于各种有关人权法的论著所作出的系统和全面介绍，在知识形态上就国际人权法与国内人权法在制度上的表现特征和发展线索作较为系统的学术梳理，这样的学术努力还是很有价值的。因此，本书的主旨也就由“人权法学的新发展”变为“人权法的新发展”。作者认为，在学术上对“人权法的新发展”的系统介绍和分析恰恰是人权法学自身不断发展和成熟的一种表现。

本书从四个部分对国际人权法的基本制度、国内人权法的基本制度及其发展、中国人权法的基本制度及其发展和国内外人权研究机构的研究动态进行了梳理和介绍。

28. 《人权法导论》

作者：方立新，夏立安编著

（方立新：浙江大学光华法学院教授）

（夏立安：浙江大学光华法学院教授）

出版社：浙江大学出版社 2007 年版

本书共六章，其内容以当代国际人权宪章构筑起来的人权及人权保护的国际标准为依据，并结合我国人权保护的实际情况，对人权法基础理论、公民权利和政治权利、工作权、受教育权、特殊人群的权利、人权保障的监督与实施机制等方面进行了系统阐述。

29. 《谁是纠纷的最终裁判者：权利救济原理导论》

作者：贺海仁著（中国社会科学院法学所副研究员）

出版社：社会科学文献出版社 2007 年版

本书是《民权学子文丛》中的一本著作。本书的作者将救济权视为人权，认为任何社会都需要纠纷的最终裁决者，而不论这个最终裁决者是上帝还是巫师，是圣人还是鳄鱼，是法官还是长老。我们需要做自己的主人，并在我们的权利受到侵犯时，拥有自我救济的权利。如果说私力救济社会是“没有法治的法官社会”，公力救济社会是“有法治的法官社会”，那么，权利救济理论就是一方面要发展法治规则，另一方面又要使“没有司法的法治社会”成为可能。但这种“可能”可能吗？本书将救济权视为人权提出了这一问题并以理想图像做了初步的回答。

本书分为正文和尾论两个部分。主要内容包括：论述了救济权及权利救济的理论根据，提出了权利救济的本质和该本质在历史逻辑中的形态；以私力救济、公力救济和自力救济为线索具体论证权利救济结构在历史逻辑中的渐次展开；探讨了权利救济这种理论模型的方法论意义以及它在中国社会生成的背景性方向。

30. 《国际人权公约与中国法制建设》

作者：谭世贵主编（海南大学校长）

出版社：武汉大学出版社 2007 年版

本书是“中国十大杰出中青年法学家文丛”系列之一的“国际人权公约与中国法制建设”专著，具体包括：人权的内涵及其发展历程、公民的基本权利和自由、国际人权公约的实施、美洲人权公约及其实施、中国加入国际人权公约的历史进程、中国司法审判与国际人权公约的差距、加入国际人权公约与中国法制改革等方面的内容。

31. 《国际人权法专论》

作者：张爱宁著（外交学院国际法系副教授）

出版社：法律出版社 2006 年版

人权研究是对未来的重要投资，其目的是实现所有人的所有人权都受到重视和尊重的公正社会。人权研究不仅仅意味着谈论人权，更是为了激发人们对人权问题的理解和兴趣；传播尊重人权和基本自由的理念；培养人与人之间本着谅解、和平、宽容、平等和友好的精神和睦相处；赋予个人以力量，使每个人能够维护自身的权利和他人的权利；增进并激励建立尊崇人权的执政理念；推进实现人权的制度化和制度的人权化；构建富含人权文化底蕴的和谐社会。

本书主要阐述国际人权法领域专门问题，对国际人权法领域的一些专门概念、原理和制度进行专门探讨和研究，从理论和实践两方面深入分析。本书资料丰富翔实，具有一定的前沿性和学术价值。

32.《当代中国人权保障法律制度研究》

作者：林喆主编（中共中央党校政法部教授）

出版社：山东人民出版社2007年版

本书为2003年度国家社会科学基金项目“当代中国人权保障法律制度研究”结项成果。这一结项成果包括13个部分。论述了当代中国公民在选举权、民事权利、交通权利、行政诉讼权利等方面的人权法律保障机制。本书第一章追溯了我国人权研究的历史进程，分析了我国尊重和保障人权法律制度的研究状况；第2~11章分别对我国宪政、选举、民事、婚姻家庭、交通、宗教、公安执法监督、刑事、行政诉讼和律师领域人权保障的法制建设进行了研究，梳理了这些领域人权保障的规范性文件，剖析了其存在的问题，提出了其法制完善的措施或途径；附录一研究了德国人权保障的法律制度，涉及德国《基本法》、德国法院、政党与人权保护；附录二包括本课题组在西部分别对三级法院“民告官”案例的受理状况，救助站运行现状和社会慈善组织的发展近况，进行实证调查后形成的3份调查报告，这些报告从不同角度反映了国家和社会在尊重和保障弱势群体方面所做出的积极努力，以及贯穿于其中的法制建设状况，并针对他们面临的问题提出了对策性的意见。

33.《网络空间的表达自由》

作者：王四新著（中国传媒大学媒体法规政策研究中心副主任、副教授）

出版社：社会科学文献出版社2007年版

本书是《民权学子文丛》中的一本著作。

在世界范围内，表达自由这一古老的法律范畴，经过曲折和充分的发展，已经具有e时代的内涵和外延。但是，网络的发展给表达自由带来种种新的法律挑战：匿名通信、内容控制、网上诽谤、网上拍卖，等等。本书通过国内外实例，对这些带有普遍性的问题进行了详尽的解析。在此基础上，作者主张：在合理限制互联网信息的同时，中国应该建立相应的言论救济机制，以保护公民的表达自由。

34.《中国人权年刊》（第二卷2004：中国—欧盟人权学术网络专号）

作者：网络指导委员会编

出版社：社会科学文献出版社2006年版

《中国人权年刊（第2卷2004）：中国—欧盟人权学术网络专号》为《中国人权年刊》第二卷，集中展示中国与欧洲学者对结社自由、少数人权利的保护、非政府组织能力建设和人权司法保障等人权问题的研究成果。本卷涉及在国际、区域和国家层次上尊重、保护和促进这些人权的理论、规定与实践，对于中国了解欧洲的实践与研究的经验，同时使世界了解中国人权事业的进步和人权研究的进展，加强中欧双方在人权领域中的交流，具有重要的学术价值和现实意义。

35.《中国人权年刊》（第三卷2005）

作者：网络指导委员会编

出版社：社会科学文献出版社2007年版

《中国人权年刊》是由中国社会科学院法学研究所、国际法研究中心与人权研究中心主办的高水平的人权研究书刊，以中英双语同时出版，致力于刊登中外学者从法学、哲学、政治学、历史学、社会学、国际关系学等角度对人权的理论、规定、实践等各方面进行研究的最新成果。本刊分别从中国—欧洲的视角探讨了健康权与社会保障权、加强辩护权、公司的社会责任和性别与法律等方面的人权问题。本书对读者了解中国人权现状和人权研究最新进展以及欧洲相关理论和经验，具有重要的参考价值。

36.《中国人权年刊》（第四卷2006）

作者：孙世彦，毕小青主编

（孙世彦：中国社会科学院国际法研究中心研究员）

（毕小青：《环球法律评论》副译审、中国社会科学院研究生院博士）

出版社：中国社会科学出版社 2008 年版

《中国人权年刊》是由中国社会科学院法学研究所、国际法研究中心和人权研究中心主办的专门性人权研究学刊，以中英双语同时出版，刊登中外学者从法学、哲学、政治学、历史学、社会学、国际关系学等角度对人权的理论、规定、实践等各方面进行研究的最新成果。本刊为《中国人权年刊》第四卷，共收入论文 11 篇，分别涉及社会经济权利的可诉性，中国对《公民权利和政治权利国际公约》的批准、法治和人权、“轻罪”与人权、酷刑的界定、国际组织的人权责任、人权的司法保障、死刑问题、人权教育等方面。

37.《中国人权史：生存权篇》

作者：毛汉光著（台湾中正大学荣誉教授）

出版社：广西师范大学出版社 2006 年版

这是一本以科学实证为基础、综合多学科的学术著作。近年来，本书的作者一直从事于中国人权史之研究，在本书中，作者以历史学、政治学、社会学为背景，再辅以法学、经济学、考古学等理论与资料，由古至今贯穿中国历史的各个朝代，企图探讨人权在中国地区发展的情况。全书包含六篇论文：自然环境与生存权、生命定位与生存权、生产条件与生存权、生产关系与生存权、财富分配与生存权，以及敦煌、吐鲁番居民生存权之个案研究。

38.《刑事诉讼中的人权保障制度》

作者：柯葛壮主编（上海社会科学院法学研究所诉讼研究室主任、研究员）

出版社：上海交通大学出版社 2006 年版

近年来，随着国家政治民主和社会文明程序的逐步提高，我国对于人权保障问题越来越重视。我国政府相继于 1997 年和 1998 年签署加入《经济、社会和文化权利国际公约》与《公民权利和政治权利国际公约》。2004 年又在宪法修正案中特别补充规定了：“国家尊重和保障人权。”将保障人权提升为一项重要的宪法原则。人权入宪是我国社会主义民主和法制建设的重大发展，是社会主义人权发展的重大突破，必将对推进我国的人权事业，实现社会全面进步产生重大而深远的影响。保障人权原则只有具体法律制度中得以贯彻才有生命和活动，刑事诉讼人权保障应当以此为契机，翻译新的篇章。

本书以人权入宪为契机，结合联合国刑事司法准则，在刑事诉讼法再修改的大背景下，对于如何将人权保障的宪法精神在诉讼法中具体化、规范化，如何真正从司法程序上全面维护公民的合法权利等问题进行研讨。本书在参考和吸收国内外有关学术成果的基础上，分别从司法机关的人权保障功能、审判独立、无罪推定、辩护权、沉默权、遏制刑讯逼供、被害人权利、强制措施、犯人的人格权、死刑程序、刑事赔偿等各个方面探索加强刑事诉讼人权保障的新的途径和对策措施。这些探索是积极的、有益的，符合国际潮流，具有时代特色。

39.《刑事诉讼人权保障制度研究》

作者：田圣斌著（中国地质大学政法学院副教授）

出版社：法律出版社 2008 年版

近年来，人权研究在我国已经逐步得到社会各界的重视。我国已成立了中国人权法研究会。人权研究是一个涉猎广泛的领域，它关系着理念的重大转变，制度的改革完善与实践中具体矛盾的协调与解决。《刑事诉讼人权保障制度研究》一书，论述了刑事诉讼中的人权保障问题。刑事诉讼中的人权保障体现在诉讼过程中的各个环节。人权保障得当与否，对于实现刑事司法公正、促进社会和谐、稳定社会基础，有着十分重大的意义。

本书从刑事诉讼各参与人主体权利这一主线展开研究，考察分析了犯罪嫌疑人、被告人、被害人与辩护人、鉴定人、证人等诉讼参与人在刑事诉讼中应当享有的诉讼权利，指出我国当前的司法实践存在的具体问题，提出完善的对策，特别是结合联合国《儿童权利公约》以及我国相关立法，分析未成年人这一特殊主体的相关权利保障问题。作者的观点值得法学理论界借鉴和参考，也足以引起司法实务部门的警示和反思。

40.《刑事审前程序与人权保障》

作者：陈卫东主编（中国人民大学法学院教授、诉讼制度与司法改革研究中心主任）

出版社：中国法制出版社 2008 年版

本书是作者承担的教育部人文社会科学项目“刑事审前程序中人权保障问题研究”的最终成果。中国人民大学诉讼制度与司法改革研究中心自成立以来，一直致力于促进中国诉讼制度改革和人权保障事业的发展，在该领域进行了一系列卓有成效的研究，本书是在作者《刑事审前程序研究》、《羁押制度与人权保障》等多部著作的研究基础上，专门就刑事审前程序中人权保障的理论、原则和制度所进行的系统和深入的研究，该书对我国刑事审前程序中完善人权保障机制的研究产生了重要的意义。

41.《刑事审判与人权保障》

作者：岳礼玲著（中国政法大学刑事司法学院教授）

出版社：法律出版社 2010 年版

刑事审判在当今世界遇到许多挑战，其中重要的挑战之一就是如何平衡准确裁判与保障基本权利以及其他重要价值间的关系。《刑事审判与人权保障》一书以国际人权法为视角，介绍了与刑事审判程序相关的国际人权法的发展；从比较的角度介绍了他国贯彻国际人权法的立法和实践经验；并对我国相关的立法和实践状况进行了介绍和评论。本书不仅会对研究、学习刑事法律，特别是刑事诉讼程序法以及人权法的学者、学生有裨益，而且也会为立法者提供最新的立法参考并为刑事法律的实施者提供重要的执法原则。

42.《公安执法与人权保障》

作者：萧伯符等编著（中南财经政法大学法学院教授、湖北警官学院副院长）

出版社：公安大学出版社 2006 年版

第十届全国人民代表大会第二次会议通过的宪法修正案，将“国家尊重和保障人权”第一次载入了具有最高法律效力的我国的根本大法，此乃我国人权事业发展进程中的一个重要的里程碑。公安机关作为我国人民民主专政的重要工具，作为武装性质的国家治安力量和刑事司法力量，肩负着打击敌人、保护人民、惩罚犯罪、服务群众、维护国家安全和社会稳定的重要使命，担负着巩固共产党的执政地位、维护国家长治久安、保障人民安居乐业的重大政治责任和社会责任。因此，“尊重和保障人权”，既是对公安执法的法治要求，又是公安执法的根本目的。同时，作为国际社会的一员，我国已参加了有关国际人权公约，在公安执法中“尊重和保障人权”也是我们履行国际公约的需要。基于此种认识，结合公安执法与人权保障的实际，湖北警官学院和湖北省公安厅几位有志趣于此问题的同仁编写了本书。

全书共分“理论篇”与“实务篇”两大部分：“理论篇”主要阐述了“人权概述”、“人权保障”、“公安执法”、“人权保障与公安执法”；“实务篇”主要阐述“公安刑事执法与人权保障”、“公安行政执法与人权保障”。本书可作为公安相关人员的学习读本。

43.《公民基本人权法律制度研究》

作者：林喆主著（中央党校政法部教授）

出版社：北京大学出版社 2006 年版

本书对人权理论进行了全面、深刻而独到的研究，分析了公民基本人权的概念及其内涵，区别了人权与权利、公民基本权利、法律权利诸概念，说明了公民基本人权的主要类别、内涵、本质和渊源，以及人权保障的理由、历史教训和现实途径。作者立足于理论前沿，对中国社会转型期公民基本人权保障法律建设实践领域的热点问题进行了研究，尤其是特殊群体人权保障法律建设的现状，以及存在的主要问题，涉及选举权、劳动权、信访权、立法听证权、环境权、知情权、隐私权、受义务教育权、迁徙自由等，以及特殊群体人权保障法制建设的一系列问题。并对中国公民基本人权保障的难点与对策，近年来公民基本人权保障的社会热点话题及中外维权典型案件进行了分析。

44.《隐私权的宪法保护》

作者：王秀哲著（山东工商学院法学院副教授）

出版社：社会科学文献出版社2007年版

本书是国内第一本深入研究隐私权的宪法保护的学术著作。传统上，中国人以讲隐私、存隐私为不齿，隐私不仅见不得人而且不正大光明，直到改革开放，这种观念才有所改变。如今，隐私作为一种权利主张急需得到法律保护。在当代中国，隐私权的法律保护研究一向被认为是民法学界的任务，隐私权的宪法保护鲜有人关注。本书选取美国和德国的隐私权宪法保护为比较对象，从隐私权宪法保护的发展历史、基础、宪法保护的效力等几个方面阐述了普遍人权意义上的隐私权宪法保护问题。

45.《国际法上的贸易与人权问题研究》

作者：李春林著（福州大学法学院教授）

出版社：武汉大学出版社2007年版

本书主要以贸易与人权在国际法上的关系问题为中心，着重对经济全球化背景下国际法的贸易与人权问题的诸多方面进行了认真的比较分析与探讨，无论从选题思路还是从研究的模式上都大大突破了传统。对经济全球化与国际体系的变动，贸易与人权在体制价值上的沟通，贸易与人权法功能性整合，都填补了我国在此方面的空白，为国际法研究上的一本较有价值的著作。

46.《人权保障法与中国》

作者：莫纪宏主编（中国社会科学院法学所研究员）

出版社：法律出版社2008年版

本书的选题属于莫纪宏教授与阿登纳基金会合作的“宪政研究”总项目的一个分支。该选题的缘起是2004年的宪法修正案。2004年宪法修改时将“国家尊重和保障人权”写进了宪法。

本书对于《中华人民共和国人权保障法》这样一部保障人权的基本法律可能会涉及到的重大理论问题进行了立法前的论证性研究，获得了一些研究成果。这些基础性的研究成果内容涉及到国际人权公约与中国的关系、如何通过国内法的途径来贯彻实施国际人权公约的规定、基本权利的限制、基本权利的类型和基本权利竞合、正当程序如何引入基本权利的保护领域、一些重要的权利如隐私权和不可克减的权利等如何在基本权利保障体系中得到体现等等。

47.《被追诉人的人权保障研究》

作者：屈新著（中国政法大学刑事司法学院副教授）

出版社：中国政法大学出版社2008年版

刑事诉讼发展的历史是以人权保障为指导思想的历史。人权保障是现代刑事诉讼改革和完善的主题、展开的线索和基本的指导思想。人权的核心是权利，权利是利益在法律上的表述。只有充分地保障被追诉人在刑事诉讼中的权利，才能充分地体现被追诉人的利益。被追诉人利益优先选择是构建刑事诉讼人权保障机制的基础。人权保障已成为我国刑事诉讼改革的出发点和目标。本书从人权的基本理念、人权与法治的辩证关系以及刑事诉讼中保障被诉讼人人权的必要性入手，从层次性（被追诉人宪法保障）、静态（刑事诉讼结构）和动态（正当法律程序问题）等多角度讨论了刑事诉讼中被追诉人人权保障问题。认为被追诉人利益优先选择是构建刑事诉讼人权保障机制的基础。本书在目前我国积极讨论修改刑事诉讼大背景下，从制度和理念上有一定的建树。

48.《人权保障与权力制约》

作者：肖金明主编（山东大学法学院教授）

出版社：山东大学出版社2007年版

本书收集了由山东大学法学院承办的“第一届全国公法学博士生论坛”上关于“人权保障与权力制约”的论文共29篇，这些论文让人充分鉴赏了公法学博士生激扬文字的生动神态，也领略了公法学教授指点法治的大气胸怀，其具体内容包括《自由与权力：普布利乌斯的思想世界》、《也论有限政府——历史面貌与现实选择》、《当代中国司法权理论发展之透视》、《人权保障的公益诉讼路径分析》等。该书可作为各大院校教材使用，也可作为从事相关工作的人员参考使用。

49.《人权法的若干理论问题》

作者：李步云，龚向和等著

（李步云：中国社会科学院荣誉学部委员、广州大学人权研究中心主任）

（龚向和：东南大学法学院副院长、教授，宪政与人权法研究所所长）

出版社：湖南人民出版社 2007 年版

本书主要研究“中国的人权理论与制度构建”方面的问题，书中详细探讨、研究了什么是人权法、契约精神与宪政、人权的两重性及其基本矛盾、人权的本性与价值位阶、行政权力与公民权利的关系、权利与义务的辩证统一等方面的课题。

50.《人权概念起源：权利的历史哲学》

作者：夏勇著（国家保密局局长）

出版社：中国社会科学出版社 2008 年版

本书是一部在中国的语境下从社会与文化的角度研究人权的历史哲学著作。作者通过阐释人权概念孕育和生长的历史，对人权的含义，权利的起源、基础、要素及发展规律，人权思想的逻辑结构，近代权利理论和权利制度变革的经验，以及近代人权概念的属性、要素与矛盾等重大问题，提出了若干独到的见解。从学理上阐释人权的价值和起因，并就中国传统与人权的关系作了较深入的比较研究，提出用和谐精神来改造、统摄已有的人权概念。作者主张“内发内求”，努力建立和发展中国的人权理论和人权制度。

本书初版于 1992 年 6 月，后重印 5 次，并于 1993 年部分修订。本书于 1993 年获第七届“中国图书奖”，1995 年获中国社会科学院第二届中青年优秀学术著作一等奖。书中部分章节在海外被译成英、德、日、韩等文字发表。本次修订除全面的审改外，还增加了一篇论文、一篇再版后记，几篇英日译文选辑以及重要内容索引和主要人名索引。

51.《人性·人道·人权》

作者：丁启文著（中国残联副研究员）

出版社：华夏出版社 2008 年版

本书是关于研究“残疾人社会福利事业”的专著，书中具体包括了：关于人道主义的笔记、残疾人解放的基本模式、残疾人参与残疾人事业管理、理论研讨不容忽视、让新残疾人观成为一种生活、新奥运与新残疾人观、一个感动世界的请求等内容。

52.《结社自由及其限制》

作者：刘培峰著（北京师范大学法学院副教授）

出版社：社会科学文献出版社 2007 年版

本书为《民权学子文丛》中的一本著作。

结社立会古已有之，文人相聚以诗，志士相会以义，扶危救困，道义相续；血缘、地缘、业缘组织，因缘而起，缘尽而散。近代以降，社会分化，市场化国家渐次扩张，人非组织无以规避市场风险，无以对抗公权恣意，传统解体，斯文既丧，国家非组织化无以整合社会，公民非组织无以有序表达。结社在此巨变中实现了由自愿结社向自由结社的转换，成为捍卫民主与人权之重器。本书系统研究结社自由之理念、制度演进之逻辑、限度与限制问题。指出多元的、多样性社团既根植于人之基本需求，又回应社会结构之变迁。结社自由对维护国家的长治久安，实现社会民主，促进人权保护具有重要的意义。现代社会既要善待结社问题，又要慎待结社问题。

53.《社会性别与妇女权利》

作者：薛宁兰著（中国社会科学院法学所研究员）

出版社：社会科学文献出版社 2008 年版

"妇女问题"的实质是什么？中国妇女在法律上的解放是"超前"还是"滞后"了？本书以社会性别为视角，通过对女性政治参与代表性不足、就业性别歧视、性骚扰以及家庭暴力问题的揭示和对我国现行相关法律法规的性别分析，回答了这些问题。作者认为"妇女问题"的实质是社会性别问题，中国的性别立法还处在由两性形式平等向实质平等过渡的阶段。

54.《弱者的权利——社会弱势群体保护的法理研究》

作者：余少祥著（中国社会科学院法学所副研究员）

出版社：社会科学文献出版社2008年版

本书为《民权学子文丛》中的一本著作。

弱势群体的存在是一切国家和社会制度不可避免的现象。新时期我国随着社会经济的迅猛发展，农民工、下岗工人等弱势群体凸现，如何保护这些弱势群体的权利，不仅是维护社会稳定和安定团结的问题，更是关乎社会公正的实现。《弱者的权利》一书通过探究有关弱势群体产生根源、弱势群体现象、各国对弱势群体的法律保护等问题，全面系统探讨了现阶段我国对弱势群体的保护问题。本书也是我国从人权角度研究社会弱势群体问题的第一本专著。

55.《中国人身权的法律保护及其改革》

作者：陈斯喜主编（全国人大常委会法制工作委员会国家法室主任，香港和澳门基本法委员会办公室主任）

出版社：社会科学文献出版社2007年版

本书是"人身权与法治"课题的研究成果之一，是我国第一部对人身权的法律保护进行跨法学部门研究的著作，改变了以往只有民法研究人身权的状况。该书从宪法、民法、刑法、行政法、诉讼法等各个不同方面对我国人身权的法律保护状况进行全面、系统的研究，提出存在的问题和改进的建议，对于推动人身权法律保护的改革具有积极的意义。

56.《人身权与法治》

作者：王家福主编（中国社会科学院法学所研究员）

出版社：社会科学文献出版社2007年版

本书是2005年6月在北京召开的"人身权法律保护与法制改革"国际研讨会的论文集粹。书中围绕人身权保护与法治探讨了人身权概念与人身权保护的意义、人身权保护与法治发展、人身权的宪法保护、人身权的民事法律保护、人身权的行政法律保护、人身权的刑事法律保护、不良行为违法行为的行政控制与矫正的法治化、人身权的保护与法治改革等问题，角度各异，但都深入调研，获得了富有见地的结论与建议。

57.《人权伦理学》

作者：甘绍平著（中国社会科学院哲学所研究员）

出版社：中国发展出版社2009年版

人权是人际文明相处的准则，是国家合法性的标准，是国内宪法和国际法律条约的基石。作为国际社会政治与道德的重叠共识的核心，人权既是一个法律概念，也是一个道德概念。在人权的坚硬的法律外壳的里面，蕴涵着深厚的伦理内核。以人权的法律形式为研究对象者，为人权法学。以人权的道德意蕴为研究对象者，为人权伦理学。

本书不仅涵盖人权的内涵、人权的论证以及人权间的冲突等基本内容，凸显了人权作为主观权利的本质特征以及普世性、基础性、道德适用性的重要性质，揭示了人权与东方文化、人权与尊严、人权与民主、人权与法律之间的复杂关系，而且还从人权的视角，对平等、公正、关爱等重要伦理范畴以及功利主义、契约主义、德性论、责任伦理、康德形式化的道德法则（义务论）等伦理学派的价值旨趣进行了阐释与解析，同时也展现了应用伦理学的勃兴对于深化人权的伦理学研究所起的重要作用。

58.《人权与和谐世界》

作者：董云虎，陈振功，王林霞主编

（董云虎：中国人权研究会副会长兼秘书长）

（陈振功：中国人权研究会副秘书长）

（王林霞：中国人权研究会秘书处处长）

出版社：团结出版社2007年版

2006年11月22日至24日，中国人权研究会在北京举办“尊重和促进人权与建设和谐世界”国际研讨会。与会人士围绕尊重和促进人权与建设和谐社会、和谐世界的研讨会主题进行了讨论，普遍认为，人类历史进入到21世纪，世界面临诸多艰巨挑战，如霸权主义、强权政治、单边主义、恐怖主义、军备竞赛以及南北贫富悬殊、自然环境破坏等，都是对人权的严重危害和破坏，也是造成世界不和谐的主要原因和建设和谐世界的主要障碍。后将会议收到的论文60篇编辑成书，取名《人权与和谐世界》，内容按主题分为总论和六个部分，供读者阅读学习。

59.《人权报道读本》

作者：李希光，郭晓科主编

（李希光：清华大学新闻与传播学院常务副院长、教授，清华大学国际传播研究中心主任）

（郭晓科：清华大学健康传播研究所副所长、讲师）

出版社：清华大学出版社2007年版

本书是以中国视角向世界阐述中国的人权观和人权进展的一部著作，其目的在于提高中国新闻媒体在人权报道上的职业意识和专业水平，激发编辑记者对人权报道、新闻公正、新闻准确、新闻真实、人权法律等话题的敏感性和准确把握，使新闻报道更加贴近人民的生活实际。全书共18章，前2章全面介绍了中国的人权理念和国际人权法律，接下来16章分别从摆脱贫困权、妇女权利、儿童权利等方面介绍应该从哪些角度来关注和报道中国的人权问题和维权进展。本书既可以作为从事社会、政治、法制、犯罪、妇女、儿童、民工、环境、卫生等报道的记者工作所需的实用读物，也可作为大学新闻写作、新闻理论和新闻伦理课的补充教材，此外，还可作为政治、法律、公共事务与管理课的补充教材和参考读物。

60.《欧洲联盟对外关系法中的“人权条款”问题研究》

作者：张华著（南京大学法学院讲师）

出版社：法律出版社2010年版

中国和欧盟目前正在进行《中欧伙伴关系与合作协定》的谈判工作，“人权条款”将成为中欧双方无法回避的焦点议题。然而，目前国内尚缺乏一部系统介绍欧盟“人权条款”的著作；同时，作为欧盟与国际法发生“正面接触”的法律部门，欧盟对外关系法一直没有受到国内学界应有的重视。本书系统研究了“人权条款”的演变历程、构成要素、法律基础、与欧共体缔约的关联性，以及在实施机制中所暴露出来的国际法和欧盟法问题，全面剖析了该条款在欧盟对外关系中的现实作用，同时探讨了“人权条款”的改革动向，最后为中国应对欧盟“人权条款”提供法律层面的技术支持。

61.《中国近百年人权思想》

作者：杜钢建著（湖南大学法学院院长、教授）

出版社：汕头大学出版社2007年版

本书是中国学者第一本讨论中国近百年主要思潮代表人物的人权思想的专著。该书展示，从清末变法派的沈家本，改良派的康有为，严复和梁启超，革命派领袖孙中山，自由主义旗手胡适，到中共领袖陈独秀、李大钊，以及民主党派的马叙伦、钱端升和马哲民，他们创千古绝流，开一代风气，从不同立场出发为中国现代人权思想的崛起前驱先路。作者力图将展示这些先锋人物人权主张的曲折与当代人权争论的焦点问题结合起来，以警示后人，启迪读者：自由主义人权观与集体本位主义人权观之间的搏斗远未结束。该书不仅适合于对中国现代思想问题感兴趣的读者，而且没有系统人权知识的读者更能从中获益。

62.《大家西学人权二十讲》

作者：何海波（清华大学法学院副教授）

出版社：天津人民出版社2008年版

人们赋予人权太多的内容，寄寓人权太多的希望，又让人权背负太多的争议。本书展示了人权的起源、发展和今天的状况。对人权观念的反思和批评，任重道远。争取人权的斗争和落实人权的实践，权衡着一个世界公民的良知。

63.《**中国人权建设60年**》

作者：董云虎，常健主编

（董云虎：中国人权研究会副会长兼秘书长）

（常健：南开大学人权研究中心副主任、南开大学周恩来政府管理学院副院长）

出版社：江西人民出版社2009年版

本书客观记录了新中国60年波澜壮阔的伟大实践，全面展示了新中国60年来社会主义中国、中国人民和中国共产党的面貌所发生的深刻变化，深刻总结了马克思主义中国化的宝贵经验，生动宣传了新中国60年来我国各方面所取得的伟大成就及社会主义中国对人类社会发展进步所做出的伟大贡献。该书系所记录的新中国60年的奋斗业绩和伟大实践，所载入的以爱国主义为核心的民族精神和以改革创新为核心的时代精神，都将永远激励我们沿着中国特色社会主义道路奋勇前进。

64.《**〈经济、社会和文化权利国际公约〉若干问题研究**》

作者：杨松才等著（广州大学人权研究与教育中心执行主任、教授）

出版社：湖南人民出版社2009年版

本书系李步云教授主编的《人权研究丛书》中的一部著作。

21世纪是人权受到空前尊重的世纪。人活在这个世界上，都希望自己活得好，都有自己的种种需求，都企盼过着越来越幸福的生活。在人类共同生活的这个世界里，人的各种利益，就具体表现为人权。依据“以人为本”的理念，人的价值高于一切。社会上的各种主义、政策、法律与制度，都是为人而存在，是为人服务的。在物质文明、制度文明、精神文明高度发展的当今时代，人权受到空前的尊重，“保护和促进人权和基本自由是各国政府的首要责任”。中华人民共和国成立以来，国家在尊重和保障人权问题上，曾走过一条十分曲折的道路，1978年以后，我国进入了改革开放的新时代，但在很长一个时期里，主流舆论仍将人权看做是一个“资产阶级的口号”。这种情况直到1991年才开始发生根本性变化。

本书通过十一个篇章介绍了《经济、社会和文化权利国际公约》的起源及其基本原则、北欧国家的理论与实践，劳动基本权研究，中国妇女、儿童的权利保护，中国社会保障法律制度，中国公民的最低生活保障权、论公民健康权，中国残疾人的社会权利及其实现，中国公民的受教育权，文化权利的内涵及其保障的国家义务，经济社会和文化权利国际公约的监督与执行。

65.《**人权的原理与保障**》

作者：陈佑武著（广州大学人权研究与教育中心副主任、教授）

出版社：湖南人民出版社2008年版

本书系李步云教授主编的《人权研究丛书》中的一部著作。

本书具体包括了：中国当代人权理论的主要内容、人权问题的客观性与主观性、人权证成中的困惑与指引、人权理论研究两种范式、中国当代人权保障的社会基础等内容。

66.《**〈公民权利和政治权利国际公约〉若干问题研究**》

作者：邓成明，杨松才主编

（邓成明：广州大学法学院院长、教授）

（杨松才：广州大学人权研究与教育中心执行主任、教授）

出版社：湖南人民出版社2007年版

本书系李步云教授主编的《人权研究丛书》中的一部著作。

《公民权利和政治权利国际公约》是联合国制定的重要人权宪章之一。公约的制定对战后世界人权事业的发展产生了深远的影响，当今世界越来越多的国家加入了公约，并以此作为本国确认公民权利和政治权利的最低标准。我国政府于1998年10月签署了该公约，表明了我国政府保障人权的坚定决心和信心。本书的研究内容包括：信息公开、迁徙自由、我国劳动教养制度及其改革、公民的选举权和参政议政权、国际刑法与人权保障、死刑问题、非法证据排除规则、一事不再理原则等相关人权保障。

67.《发展权论》

作者：姜素红著（中南林业科技大学法学院教授）

出版社：湖南人民出版社2006年版

本书系李步云教授主编的《人权研究丛书》中的一部著作。

该著作从人权与法治、发展权与和谐社会构建的关系入手，对发展权的由来，发展权的主体、内容，发展权的特征，发展权的自由、平等、和谐价值作了深入阐述，通过分析近现代法律思想、法律观念、法律重心的变化，论证了发展权应成为当代中国法制建设的重心，并紧密结合当代中国法制实践，提出了发展权法律制度的基本构想。分析了权利倾斜、平等保护、尊重生态自然、尊重和关怀弱者等基本原则，阐述了发展权法律规范的内容和方式、发展权法律责任的形式，并提出了发展权实现的有效途径。该书出版后，在学术界产生了一定的影响。

68.《中华苏维埃共和国人权建设研究》

作者：罗惠兰等著（中共江西省委党校党史党建教研部教授）

出版社：湖南人民出版社2007年版

本书系李步云教授主编的《人权研究丛书》中的一部著作。

本书是关于“中华苏维埃共和国人权建设研究”的专著，具体包括了：中华苏维埃共和国人权建设成就与问题的提出、新世纪研究中华苏维埃共和国人权建设的意义、中华苏维埃共和国人权建设成就与问题发生的源头和理论、中华苏维埃共和国人权建设的伟大开端等方面的内容。

69.《中国现代人权论战》

作者：刘志强著（广州大学人权研究中心副教授）

出版社：社会科学文献出版社2009年版

本书充分利用大量的史料，对罗隆基的人权理论作出了客观的考察与批评。作者认为，罗隆基系统构建的人权理论体系，是那个时代的一座丰碑。罗隆基的人权理论既是他一生全部政治思想的核心，也是他一生政治活动的基础。罗隆基以“人权论战”起家，强烈抨击国民党“党治”下的中国没有人权，幻想对其加以改造，走上宪政国家道路，为此提出“第三条路线”等政治主张。尽管罗隆基的人权理论有或可商榷之处，但其精华仍对现代中国具有启迪作用。

70.《论人权》

作者：李步云著（中国社会科学院荣誉学部委员、广州大学人权研究与教育中心主任）

出版社：社会科学文献出版社2010年版

本书撷选了李步云教授30年来有关人权问题的文章39篇，记录了作者在此问题上的基本观点和理论体系，包括人权的主体、内容、存在形态、本原、属性、分类、实现途径以及若干具体人权的见解。我们从中既可领略作者的敏锐思维，也可感悟到我国进入改革开放新时代以来人权理论与实践的重大进步。书中讨论的许多问题，今天仍然是我国学术界和实务界关注的热点。李步云教授的观点，对我们未来进一步解放思想，落实“国家尊重和保障人权”的宪法原则，具有重要的启迪意义。

71.《论法治》

作者：李步云著（中国社会科学院荣誉学部委员、广州大学人权研究与教育中心主任）

出版社：社会科学文献出版社2008年版

《论法治》撷选李步云先生三十年来有关

法治问题的文章五十余篇。记录了先生在法治与人治、法治入宪、法治国家基本标准、执政党依法执政等问题上的观点和理论体系。我们从中既可领略先生敏锐的思想，也可感悟中国三十年来法治的重大进步。书中讨论的许多问题，依然属于中国目前的热点问题，李步云的观点，对我们在新时期进一步解放思想、推进依法治国有着重要的启发意义。

72.《人权与教育》

作者：湛卫清著（武汉市教育科学研究院科研规划管理指导中心主任）

出版社：北京师范大学出版社2009年版

本书通过教育来改进和提升人权状况，人权与教育的共同任务在于创造人类的尊严与价值，彼此相互含摄。人权若无教育，就像马车有车无马，寸步难移；教育若无人权，则如马车有马无车，空行无物。本书以教育现场为对象，从人权的视野讨论教育范围的人权问题，并期望更多的人权能够落实到现实的层面，成为现实性人权。

73.《人权法学》（第二版）

作者：杨春福主编（南京大学法学院副院长、教授）

出版社：科学出版社2010年版

本书以人权、人权法律制度及人权法律思想为中心进行考察。全书共分三编。第一编是人权的基本理论，从理论层面上分析了人权的定义、属性和分类，回顾和剖析了人权的历史和发展，提出了人权保障的原则及方式。第二编是人权的基本内容，重点讲述了人权的基本内容，即人身人格权、自由权、平等权、民主权利、劳动权、环境权与发展权、人道权等。第三编是人权的国际保护，研究和分析了国际人权文件、人权国际保护的机构及人权国际保护的实施制度。

本书适合高等院校法律专业的高年级本科生及法学硕士研究生、全日制法律硕士和在职法律硕士作为参考教材，也适合从事相关法律工作的人士参考。

74.《国际人权法视野下的人权教育》

作者：王孔祥著（东南大学法学院副教授）

出版社：时事出版社2008年版

本书系作者对《联合国人权教育十年行动（1995—2004年）》和《世界人权教育纲领（第一阶段）（2005—2007年）》的一个回应。主要介绍了世界人权教育的概况、人权教育的法理基础、人权教育与国家的关系、人权教育与国际人权条约、人权教育与国际人权机构以及中国的人权教育等内容。书中认为，人权教育是国家依《联合国宪章》、《世界人权宣言》和有关国际人权文书所应承担的一项义务；人权教育权构成每个人都享有的一项特别人权；人权教育有利于国际人权条约更好地实施。各种国际性的人权机构都有义务推动人权教育在世界各国的开展。

本书适合于从事国际人权法学教学、科研的相关人员使用。

75.《人权论证范式的变革》

作者：严海良著（南京师范大学法学院讲师）

出版社：社会科学文献出版社2008年版

本书系《民权学子文丛》中的一本著作。

这是一个权利的时代。人权是时代的普遍观念，是唯一被共同接受的道德与政治语言。然而，人权话语的盛行并没有能够有效兑现呵护人的尊严的承诺，在人世间实现正义。通过追溯人权史，本书认为，根本原因在于，传统的人权理论都是从主体性哲学出发的，从而都属于主体性人权论证理论。在后形而上学的多元化时代，要指望通过人权有效保障人的尊严，建立和谐秩序，须实现人权论证范式由主体性到关系性的转向。归根到底，人是一种关系性存在，人权则是一种人际社会关系中的要求。人权表达的就是如何通过主体间的规范共识，保障每个人平等的权利与自由，实现美好生活的理念。

76.《人权法原理》

作者：徐显明主编（中国政法大学校长、教授）

出版社：中国政法大学出版社 2008 年版

达成对人权的普遍共识，是尊重与保障人权的前提；而达成对人权的普遍共识，有赖于一种全新的文化——即人权文化的形成。人权教育的主要功能之一就是培养人权态度，形成人权文化。由此人权教育也应该分为两类，一类是养成式的人权教育，另一类是系统化的人权教育，或称研究式的人权教育。研究式的人权教育不仅需要包括人权制度与人权救济的内容，更重要的是要对人权法原理予以清晰说明。

在我国，人权研究和人权教育尽管已经取得了显著的成绩，但基本上还处于起步阶段。人权研究是人权教育的前提和基础，人权研究中人权法原理的研究又具有基础性的意义和作用。近几年来，国内已经出版了几部人权法学与国际人权法教材，在中国的人权教育史上留下了可书的一笔，对推动人权研究、人权教育和人权实践发挥了积极的作用。与前述人权法教材相比，本教材具有鲜明的独特性。《人权法原理》一书重在从法理层面论述人权法的基本原理，而不详细论述具体人权的法律保护。长期以来，法学界对人权的研究分散在各个学科之中。法哲学、法理学研究人权的本原，国际法学研究国际人权法规范，而各个部门法学研究相应部门法领域的具体权利保护。这样一种分散式的研究并不利于人权法教学与研究的发展，也无法彰显人权法学在法学中的地位。所以，有必要创立人权法原理这门课程，统摄人权法的基础理论研究，以区别于研究具体人权保护的国际人权法学和各部门人权法学。

77.《人权与法治》

作者：蓝潮永，关今华著

（蓝潮永：漳州师范学院政法系副教授）

（关今华：福建省社科院副研究员）

出版社：厦门大学出版社 2008 年版

本书是关于研究“人权与法治”的专著，书中在重点论述了法治和人权的一些基本问题时，改变以往教材式的写书思维，采取一般论证和实证分析相结合的方法，既有一般的理论阐释，又有大量的实证论述，从而达到理性和感性的有机契合，让读者从不同角度去体悟人权和法治的主题。

78.《欧洲人权的理论与实践：以欧洲社会现代化进程为视角》

作者：杜仕菊著（华东理工大学教授）

出版社：浙江人民出版社 2009 年版

当今世界，尊重和保障人权已成为世界各国在哲学、伦理、政治、法律等领域广泛交流、增进理解和扩大合作的重要渠道，人权问题的研究也成了一个热点。《欧洲人权的理论与实践（以欧洲社会现代化进程为视角）》一书试以欧洲社会现代化发展为视角，从理论与实践两个方面对欧洲的人权现状进行阐述，从中说明欧洲人权的发展过程。

本书的主要内容包括：欧洲人权的理论渊源，近代欧洲人权的理论与实践，欧洲人权机制的确立，公平、公正审判与人权，社会保障与人权——欧洲的社会保障权保护，经济全球化背景下欧洲社会保障权保护面临的困境与改革，教育与人权——欧洲受教育权的保护，环境与人权——欧洲环境权的理论和实践等等。

79.《司法保障人权的限度：经济和社会权利可诉性问题研究》

作者：黄金荣著（中国社会科学院法学所副研究员）

出版社：社会科学文献出版社 2009 年版

本书系《民权学子文丛》中的一本著作。该书系统整理归纳了中国人权思想的由来及发展的脉络，分析介绍了“马克思主义人权观”的核心思想，并且特别列出章节及相关篇幅，论述了现当代中国的“人权思想”的形成发展过程。

本书通过大量史料，证明在中国传统文化基础上形成的人权思想，提示出中国的人权思想发展过程的不同的阶段具有的鲜明特点等内容。

80.《走向人权的探索》

作者：李林著（中国社会科学院法学所所长、研究员）

出版社：法律出版社 2010 年版

本书是关于研究“人权”的专著，也是《西南政法大学六十周年校庆系列文库》中《西南政法大学学子文库》中的一部著作。书中包括了：改革开放以来关于人权问题的讨论、跨文化的普遍人权、保障人民的生存权和维护国家的独立权、中国现实中的家庭生活权及其存在的问题、中国国内法与《公民权利和政治权利国际公约》等内容。本书所涵纳的六十部作品刻录下在我国改革开放的历史进程中，特别是在我国社会主义民主法治建设进程中，西南法学及其他相关学科发出的一种声音、沉淀的一种思考。

81.《人权全球化基本理论研究》

作者：何志鹏著（吉林大学法学院副教授）

出版社：科学出版社 2008 年版

人权问题是全球化时代一个具有理论争议和实践影响的重要问题。人权的全球化以人权观念的全球化为先导，以人权制度的一体化和趋同化为主体，以联合国各机构为核心，形成了普遍性人权体制和区域性人权体制共存的局面。从理论上说，人权并不天然具有全球性，是人类的生活方式使得人权从“地方性知识”变为“全球普适价值”。在实践领域，主要的矛盾是国家主权与人权之间的关系。应当将两者的理想与现实区分开来，进而分析人权和主权的多方面接触，以法治的手段去理顺两者之间的关系。应当本着人道主义的理念，贯彻权利本位的原则，以不同文明间共存的宽容态度，朝向人类社会的持续发展。

《人权全球化基本理论研究》一书从关于人权全球化的纷争引入问题，通过厘定全球化、人权全球化的概念，分析人权全球化的前提与基础、人权全球化的现实、人权全球化过程中的人权主权关系，进而预测人权全球化的前景，构建全球化的共同人权标准。该著作适用于国际法、国际关系和人权领域的师生和研究者阅读，也适合于外交和人权领域的实践工作者。

82.《被害人陈述问题研究》

作者：欧卫安著（广州大学法学院教授）

出版社：法律出版社 2009 年版

本书深入探讨了被害人陈述的概念及其证据特征，阐述了被害人陈述与证人证言的异同。作者认为，被害人陈述是诉讼角色分派紧张下的诉讼证据，是独立的法定证据种类。被害人陈述应当受到意见证据规则及传闻证据规则的合理限制，并就其证明力确立证据补强规则。本书还批判了现行制度下被害人陈述的调查模式，主张在保留职权询问的同时，明确交叉询问作为被害人陈述的基本调查方式。

83.《公民权利救济论》

作者：陈焱光著（湖北大学政法与公共管理学院副院长、副教授）

出版社：中国社会科学出版社 2008 年版

公民权利救济是法治建设和人权保障事业中最为关键的问题之一，甚至可以说是瓶颈式问题。本书从宪法与宪政的视角较系统地探讨了公民权利救济的基本问题。本书综合运用了概念分析、历史分析、规范分析和价值分析等方法，阐释了公民权利救济的概念、特征、价值和应坚持的原则，比较了不同救济方式以及国内救济与国际救济不同体系之间的关系，提出了完善我国公民权利救济制度的基本构想。本书在重新界定救济权概念的内涵和外延、确立有侵害必有救济原则等方面有独到的观点。本书的研究表明：公民权利救济不仅仅是对有争议的权利与义务的判断和矫正，更是人们对一种法治文化的认同，对良好人际关系的理性维护和人类在最小消耗情况下以最安全的方式追求个人幸福和社会共同繁荣的综合社会调控机制。

84.《中国农民工权利保障》

作者：谢建社等著（广州大学发展研究院

副院长、教授，广州大学人权研究与教育中心副主任）

出版社：社会科学文献出版社 2009 年版

权利保障是农民工问题的核心，农民工的权利保障实质上就是农民工融入城市问题的根本，所以，农民工的权利保障应该是全方位的，既包括农民工的劳动就业权利、生命健康权利，还包括政治经济权利、文化教育权利和社会发展权利等。有鉴于此，本书在广泛调查分析的基础上，通过对文献资料和调查数据的统计和分析，从社会学与法学的视角，分别就农民工的政治权利、经济权利、社会权利、教育权利和消费权利等方面的现状、问题、原因及其解决问题的可操作性对策展开研究。

85.《国际人权公约与和谐人权观》

作者：唐健飞著（江西财经大学法学院讲师）

出版社：社会科学文献出版社 2010 年版

本书是一部在中国的语境下从文化与治理的角度研究人权的理论著作。面对当前国际人权公约的实施背景，作者通过阐释人权普适—冲突的基本原理，论证了人权价值与制度冲突的实质根源。在对中国人权建设进行批判反思的基础上，作者主要阐释了和谐人权观与社会主义中道治理模式。基于信守人权的文化自主，本书展现了作者深厚的本土文化情怀。立足于中国的文化与治理语境，作者对中国人权理论的中西问题、传统与现代等问题都进行了较为深刻的思考。

本书适合政府有关部门官员，法学、政治学研究者，大专院校相关专业师生等学习参考。

86.《刑事程序人权的宪法保障》

作者：岳悍惟著（北京航空航天大学法学院副教授）

出版社：法律出版社 2010 年版

本书认为，我国宪法与刑事诉讼法纵深改革所面临的一个亟待解决的重大问题，即是刑事程序人权的宪法化问题。该书以犯罪嫌疑人、被告人之人权保障为主线，深入探讨了我国刑事程序人权保障与宪政发达国家存在的差距，并很好地论证了刑事程序人权宪法化的几个关键问题，即为什么要在宪法中赋予犯罪嫌疑人、被告人程序人权，应该赋予哪些程序人权以及如何在刑事司法中保障这些权利的实现等。

87.《紧急状态下人权克减研究》

作者：李卫海著（中国政法大学法学院军事法研究所副教授）

出版社：中国法制出版社 2007 年版

自 20 世纪 80 年代末以来，先后有 100 多个国家实施过紧急状态，危机治理日益成为各国政府面临的难题。我国 2004 年宪法修正案已表明国家为应对各类危机或突发性事件将要构建统一的《紧急状态法》。当前，人权保护已蔚然成风，因此，如何构建或改进国内外机制以更好地规范紧急状态下的人权克减问题便再次引起了国际社会的高度关注，这也是我国《紧急状态法》中一个不可回避的基本问题。

本书对人权课题进行了深入的研究，可以说是开辟了人权研究的新领域。作者基于普遍主义与特色理论相结合的学术立场，旨在探讨与紧急状态下的人权保障相关的一系列重大理论问题：紧急状态下的人权克减是否具有正当性；若具有，则要满足什么条件；若不具有，其原因为何等等。作者对这一特殊领域人权理论的研究，相信会对我国的人权事业产生积极的影响。

88.《人权知识干部读本》

作者：全国干部培训教材编审指导委员会组织编写

出版社：人民出版社、党建读物出版社 2006 年版

为大力推进党的执政能力建设和先进性建设，认真落实中央提出的大规模培训干部、大幅度提高干部素质的战略任务，全国干部培训教材编审指导委员会在组织编写首批全国干部学习培训教材的基础上，组织编写了第二批 15 种全国干部学习培训教材，《人权知识干部读本》即为本套教材的其中之一。本教材主要介

绍了人权思想及其历史演变、中国人民争取和实现人权的历程、中国对人权的基本观点、基本人权在中国的实践、中国对少数民族的权利保障、中国对妇女、儿童、老年人的权利保障、中国对残疾人的权利保障、中国人权的法治保障、中国为国际人权事业作出的努力和贡献、美国人权外交和中美人权斗争、联合国人权文书和有关机构以及党政干部要做尊重和保障人权的模范。通过以上内容的阐述，表明尊重和保障人权，是我们党和国家的一贯宗旨。这部教材对于切实提高人民群众特别是干部对人权的认识，以及对于贯彻实施宪法的规定具有重要的意义。

89.《中国改革开放与人权发展30年》

作者：中国人权研究会编

出版社：人民日报出版社2009年版

2008年12月，中国人权研究会在京举办“中国改革开放与人权发展30年”学术研讨会。本书是此次研讨会的论文集。收录了国务院新闻办公室主任王晨、中国人权研究会会长罗豪才和中国人权研究会副会长李君如等领导在会上的讲话，和陈志尚、李步云等专家学者的论文40余篇。

90.《艾滋病与人权保护》

作者：蔡高强著（湘潭大学法学院副教授）

出版社：中国法制出版社2008年版

本书作者从考察艾滋病的流行与蔓延开始，研究了艾滋病对基本人权的侵害以及艾滋病妇女儿童面临的人权灾难，并进一步分析了以联合国为首的国际社会积极采取国际行动，制定防治艾滋病的国际人权规范，共同应对艾滋病及其产生的人权问题。在此基础上，作者对当前艾滋病人的基本人权保护现状进行了研究，提出了从人权保护的视角来防治艾滋病的新路径。

91.《刑事法治与人权保障》

作者：曲伶俐主编（山东政法学院刑事司法学院院长、教授）

出版社：中国法制出版社2006年版

宪法所规定的法治原则有赖于部门法的贯彻落实。刑事法律以追究犯罪人刑事责任、惩罚犯罪为己任，而其惩罚手段又直接针对公民的人身权利和财产权利，性质也极具强制性，用之得当，国家和社会两受其益；用之不当，极易侵犯人权。不容置疑的是，我国目前在这一领域中的人权保障从立法到司法，乃至观念上存在着许多缺陷和不足，也导致了我国刑事司法实践中出现了像刘涌从死缓到死刑执行，佘祥林从有罪到无罪这样在理论研究上、制度构建上，以及司法实践中都值得深思的案件。

本书是关于研究“刑事法治与人权保障”的专著，书中具体收录了：《论刑法对公私财产权的平等保护》、《以人权保障为视角谈刑罚轻缓化》、《论刑法中的推定犯及其证明责任》、《我国人权的刑事法律保障》、《人权视野之下的卧底侦查若干问题探析》等文章。

92.《人权与税权的制度博弈》

作者：梁文永著（中国政法大学法学教育研究与评估中心副主任、教授）

出版社：中国社会出版社2008年版

本书研究了人权与税权的内在逻辑关联，运用人权与税权的二元博弈分析框架，考察了我国人权与税权制度博弈机制的现状，对税制运行的制度绩效进行了实证分析，从博弈论视角分析了税制逆优化（恶化、劣化）的成因，并得出结论——财政宪政是构建有效的人权与税权制度博弈机制的现实路径。

93.《发展·安全·人权》

作者：董云虎，陈振功主编

（董云虎：中国人权研究会副会长兼秘书长）

（陈振功：中国人权研究会副秘书长）

出版社：五洲传播出版社2008年版

2008年4月21日至23日，中国人权研究会在北京召开首届“北京人权论坛”，会议的主题是“发展·安全·人权”。会议共收到论文82篇，本书即为此次论坛的论文汇编。本书的内容按主题分为致辞、发展与人权、安全与人权、文明多样性与人权、中国人权保障与发展及国际人权保障与发展共六个部分。中国人权研究会希望藉此书表达纪念《世界人权宣言》发表60周年之意和推动世界人权事业健康发展、促进国际人权合作的良好意愿。

94.《国际人权法：美洲区域的理论与实践》

作者：谷盛开著（中国人权研究会）

出版社：山东人民出版社2007年版

本书是国内对美洲人权机制进行系统研究的第一部专门性论著。对美洲人权机制的历史渊源、法律基础、机构职能、运作程序以及美洲人权机制不同于其他区域性人权保护机制的特征及其历史、文化传统以及政治、经济与社会根源进行了系统深入的理论归纳和总结。

95.《作为人权的社会权》

作者：龚向和著（东南大学法学院副院长、教授，宪政与人权法研究所所长）

出版社：人民出版社2007年版

《作为人权的社会权》一书将社会权作为人权，就其所引起争论的问题进行全面的分析。该书主要内容包括：社会权的概念及历史演变、社会权与自由权区别主流理论及批判、社会权的效力、社会权的可诉性；法理分析、社会权的可诉性；立法实践分析、社会权的可诉性；司法实践分析。

96.《人权案例选编》

作者：李步云，孙世彦主编

（李步云：中国社会科学院荣誉学部委员、广州大学人权研究中心主任）

（孙世彦：中国社会科学院国际法研究中心研究员）

出版社：高等教育出版社2008年版

本书为全国高等学校法学专业课程案例分析教材，是我国首部专门用于人权法教学的案例资料汇编，旨在作为各类人权法教材的配套资料，用于大学的人权法教学，也可以用做法学研究人员、法学实践人员了解人权的参考资料。本书围绕根据核心国际人权公约选定的28项基本权利以及1个与人权的享有和形式有密切联系的问题，选择了146个典型人权案例加以评述。上述案例包括联合国人权机构的56个案例、区域人权机制的22个案例，各国国内5个案例以及中国的63个案例。在按国际通行惯例排序的每一项权利之下，均根据国际人权公约标准阐明了该权利的基本要素，列举了规定该权利的主要国际人权文本以及我国法律的相关规定，其后是对具体案例的评述。对每一个案例，均先扼要述其基本案情，后根据国际人权标准对其加以评析，以加强对国际人权标准的内容及其在实践中具体适用的理解。

97.《中国人权研究机构与人权教育》

作者：杨松才，陈佑武主编

（杨松才：广州大学人权研究与教育中心执行主任、教授）

（陈佑武：广州大学人权研究与教育中心副主任、教授）

出版社：中国检察出版社2010年版

2009年5月12日至13日，由中国人权研究会主办，广州大学人权研究现与教育中心承办的全国人权研究机构第一届工作经验交流会在广州大学召开。本书的内容即选自于与会人权机构代表提交的交流与汇报材料。

本书所介绍的机构包括：深圳大学宪政与人权研究中心、上海交通大学原法学院人权法研究中心、汕头大学法学院人权研究中心、山东大学法学院人权研究中心、南京大学人权法研究所、吉林大学理论法学研究中心人权研究所、湖南大学法治与人权研究中心、武汉大学社会弱者权利保护中心与武汉大学公益与发展法律研究中心等等。

98.《“人权入宪”与人权法制保障》

作者：中国人权研究会编

出版社：团结出版社2006年版

2004年12月23—24日，中国人权研究会与中国法学会联合举办"'人权入宪'与人权法制保障"理论研讨会。会议围绕"人权入宪"对中国人权法制建设提出的新任务、新要求以及如何根据宪法原则将人权法制保障落到实处等问题进行了深入研讨。本书辑录了人权学者和法学专家的29篇论文和6篇领导讲话，涉及"人权入宪"对中国人权法制建设的基本要义、"人权入宪"与国内法律的修订、衔接和落实、"人权入宪"与国际人权公约国内适用的关系问题等方面的内容，对中国的人权法制建设及理论研究具有一定的参考借鉴意义。

99.《中国改革开放与人权发展30年》

作者：中国人权研究会编

出版社：人民日报出版社2009年版

为纪念《世界人权宣言》发表60周年和中国实行改革开放30周年，中国人权研究会在北京举办了"中国改革开放与人权发展30年"学术研讨会。来自全国各地的人权专家学者60余人出席了会议并提交了论文。本书即为此次学术研讨会的论文集。

100.《马克思恩格斯人权理论及其当代价值》

作者：苗贵山著（河南科技大学政治与社会学院副教授）

出版社：人民出版社2007年版

本书对马克思恩格斯的人权理论及其当代价值进行了较为系统的分析。在全书体系的建构上，作者首先梳理了马克思恩格斯人权理论形成的一般历史过程及其实践性、科学性与革命性特征。然后，作者勾勒了马克思恩格斯人权理论的基本内容。以此为基础，作者对马克思恩格斯人权理论在实践中的发展作了具体的探讨。最后，作者阐述了马克思恩格斯人权理论的当代价值，包括马克思恩格斯人权理论对资本主义政治经济与人权理论变革的影响，从马克思恩格斯人权理论的角度看西方当代"民主与人权全球化"的实质，以及马克思恩格斯人权理论对当代社会主义人权理论建设和我国社会主义和谐社会构建的指导作用。

101.《人权与WTO法律制度》

作者：刘敬东著（中国社会科学院国际法研究所副研究员）

出版社：社会科学文献出版社2010年版

本书系2008年中国社会科学院重点课题"人权与WTO法律制度的关系研究"的最终成果，是作者在2008—2009年赴美国哥伦比亚大学访学期间收集国际最新资料的基础上研究完成。作者考察了国际上对于人权与贸易之间关系的主要学术观点，深入研究了"人权入世"思潮产生的国际背景、人权与WTO法律制度之间的联系、WTO协定对人权保护的机制和作用、WTO处理与贸易有关的人权问题的实践等问题，并提出WTO协调和解决未来面临的人权事务应采取的途径和方式。该著作对我国参与联合国和WTO等国际组织对人权与贸易关系问题的讨论以及WTO规则修订工作，特别是在防范和抵制西方国家利用人权问题损害我国贸易利益、干涉我国人权事业方面具有重要参考价值。

102.《人权论集》

作者：邱本著（中国社科院法学所研究员）

出版社：吉林大学出版社2009年版

本书讲述了：人权是人的基本权利，它直接关切到人的生存和发展，因而一般说来是人就会关心人权，因为我们每个人都是人，都会关心人的问题和处境、人的生存和发展、人的权利和命运，只是关心的程度和方式有所不同而已，如有的是本能的意识，有的是朴素的认识，有的是系统的知识，有的是专门的研究，有的是具体的实践，但都是对人权的关心。而人们只要关心人权，就应对人权有发言权。因此，人权是十分大众化的，它会得到大家的关心，也需要大家去研究。一切真正的研究都应该探究天地人、追求真善美，都是为了使人更加成之为人。人类的一切学问，其使命都是"问道"，而"道不远人，远人非道"，因此，它们所问之道都是"人道"。

“人道”是人权的基础和核心，既然要追问“人道”，那么就应该研究人权。研究人权是人的一种责任，尤其是一个学者的责任，因为只有研究人权，才能真正认识人、尊重人、做好人；也才能研究好学问，因为一切学问归根结底都是有关人的学问，都是“人学”，研究人和人权是研究其他一切学问的前提和始基；也只有认识了人、研究好了人权，才能研究好其他学问，其他一切学问才有人性，因为人和人权是其他一切学问的最终目标。

103.《“中澳少数民族地区消除贫困与人权事业发展研讨会”论文集》

作者：国家民委政法司编

出版社：中国农业科学技术出版社 2009 年版

本书系将“中澳少数民族地区消除贫困与人权事业发展研讨会”的相关发言及论文汇编成册的论文集。

2008 年 11 月 20—23 日，国家民委与澳大利亚人权委员会在湖南省张家界市联合召开了“中澳少数民族地区消除贫困与人权事业发展研讨会”。这次会议是在中澳两国人权对话框架下，按照 2008—2009 年度中澳人权技术合作总揽方案，由两国的外交部门主导，由国家民委和澳大利亚人权委员会共同主办、由湖南省民委、张家界市共同承办的。参加会议的人员共约 40 人，其中中方人员主要包括 15 个省、自治区民委从事政策法规或扶贫工作的同志、国家民委、国务院扶贫办以及有关高校的同志；澳方参加人员有澳大利亚人权委员会国际项目经理白书亚、新南威尔士州土著事务司司长佐蒂布鲁恩等 4 人。此次研讨会安排了 4 个讨论专题，中澳双方的主旨发言人作了精彩的演讲。

104.《人权研究》（第 6 卷）

作者：徐显明主编（中国政法大学校长、教授）

出版社：山东人民出版社 2007 年版

本集刊为人权论文集，其中收录的文章从不同角度对世界各国在不同时代的人权理论、人权问题进行了深入、广泛的研究，也阐述了作者们对人权问题的观点、理论。

第六卷收录了《试论设立国家人权机构的必要性》、《胡适自由主义人权观研究》、《功利主义权利观研究》、《英国 1998 年〈人权法案〉研究》、《住宅不受侵犯权研究》、《中国囚犯人权保障研究》等六部分内容。

105.《人权研究》（第 7 卷）

作者：徐显明主编（山东大学校长、教授）

出版社：山东人民出版社 2008 年版

本集刊收录的文章从不同角度对世界各国在不同时代的人权理论、人权问题进行了深入、广泛的研究，也阐述了作者们对人权问题的观点、理论。

第 7 卷收录了《实现物权的平等保护是向常识性法理的回归》、《理性与自由：康德论人权的确立》、《宪法基本权利水平效力研究》、《适足住房权研究》、《隐私权研究》、《国家人权机构导论》共六部分内容。

106.《人权研究》（第 8 卷）

作者：徐显明主编（山东大学校长、教授）

出版社：山东人民出版社 2009 年版

本集刊收录的文章从不同角度对世界各国在不同时代的人权理论、人权问题进行了深入、广泛的研究，也阐述了作者们对人权问题的观点、理论。

第 8 卷收录了《改革开放 30 年人权原理主要学说》、《胡适人权观的实验主义进路及其价值》、《基本权利的两面性：现象及其基础政治哲学对哈贝马斯法律商谈理论的一个说明》、《当代违宪审查制度一个综合的视角》、《论我国公民基本权利体系的完善》、《安乐死权研究》、《山东省妇女权益保障状况实证考察》、《贫困者的权利与国家的义务公法视野中的福利权研究》、《犯罪嫌疑人权利救济论》、《欧洲区域组织对紧急状态下权利的保障和救济》、《〈世界人权宣言〉两个中文本语言差异研究》

等文章。

107.《人权研究》(第9卷)

作者：徐显明主编（山东大学校长、教授）

出版社：山东人民出版社 2010 年版

本集刊收录的文章从不同角度对世界各国在不同时代的人权理论、人权问题进行了深入、广泛的研究，也阐述了作者们对人权问题的观点、理论。

第 9 卷收录了《权利本位理论：语境、局限与价值》、《论〈世界人权宣言〉的实体内容及历史局限性》、《学术史论：罗隆基人权理论研究考察》、《宪法基本权利规范的中国特色——以私有财产权条款为例》、《三种典型的财产权观念研究》、《时代变迁中的美国联邦宪法第九修正案》、《关于宗教或信仰自由的国际法律标准》、《人体试验受试者权利保护研究》、《论环境权的规范效力》、《逮捕权司法实践研究——以捕后轻刑为视角》、《健康权的可诉性研究》、《农民信贷权益的保障问题——以对村镇银行资金短缺困局的分析为例》、《论灭绝种族罪及其国内法化》、《权利与义务"一致性"的观念史考察——以当代中国法学界为对象》、《国际工运的发展趋势与中国工会——以劳工权益保护为中心》、《人权的相对普遍性》、《内容中立作为言论自由的核心：在联邦最高法院适用的若干问题》、《道路交通事故社会救助基金的价值分析》共十八篇文章。

108.《中国人权年鉴（2000—2005）》

作者：中国人权研究会编

出版社：团结出版社 2007 年出版

本年鉴共分为五部分，法律法规、重要文件、理论研究、国际交流和人权大事记，涵盖了 2000 年至 2005 年的中国人权情况。本年鉴全面系统地展示了 2000—2005 年国际国内人权发展的历程和状况，为国内外关心人权的人们提供一份权威的信息资料，以推动中国人权理论研究和中国人权事业的进一步发展，促进中国与世界各国在人权领域交流与合作，推进国际人权事业的全面发展。

109.《软法与公共治理》

作者：罗豪才等著（北京大学法学教授）

出版社：北京大学出版社 2006 年出版

本书收录了相关论文十余篇，对于实践中大量涌现出来的软法现象，从多视角、多学科、多层面加以全面探讨，特别关注了软法的结构、功能，软法与公共权力、国家权威、民主政治以及与公共治理等的关系。

110.《软法与协商民主》

作者：罗豪才等著（北京大学法学教授）

出版社：北京大学出版社 2007 年出版

本书收录了相关论文二十余篇，从协商民主与软法的相互关系着手，进而探讨我国协商民主的完善对我国软法未来发展的重大影响，主要目的是将法治发展特别是宪政发展与协商民主联系起来，并进而以协商民主的兴起作为探讨软法未来发展的时代背景和内在动力。

111.《软法亦法——公共治理呼唤软法之治》

作者：罗豪才，宋功德著

（罗豪才：北京大学法学教授）

（宋功德：国家行政学院法学部教授）

出版社：法律出版社 2009 年出版

本书的两位作者试图通过将传统"法"定义修正为"体现公共意志的、由国家制定或认可、依靠公共强制或自律机制保障实施的规范体系"，主张软法亦法，这样一来，不仅丰富了法的内涵，还拓展了法的外延，更有助于回应推行公共治理的现实需要。作者特别指出强调软法之治不可或缺不能被曲解为硬法之治不再重要，法治化需要的是软硬并举、"一元多样的混合法"，既依靠国家来推动法治社会的建设，更要依靠社会依据符合法治精神的软法来进行自我规制，全面回应多主体、多样化的利益诉求，全方位实现公共性强弱不等的多样化法治化目标。该书是我国公法学界第一本系统研究软法的理论专著，于 2011 年底获第二届"中国法学优秀成果奖”一等奖。

112.《软法的理论与实践》

作者：罗豪才主编（北京大学法学教授）

出版社：北京大学出版社 2010 年出版

本书收录的文章中既有对软法的支持、探索，也有对软法的反思、质疑；既有在一般理论层面对软法的探讨，也有在具体领域如规划、标准化、社团章程等方面的研究；既有国内软法的讨论，也有国际软法的探究。本书以软法为主题，阐明了两个基本观点：一方面，现代社会公共治理中，软法的存在是一个客观现象，要实现公共治理的法治化和“善治”目标，不能不研究软法；另一方面，公共治理也不能仅依靠软法不依靠硬法，宪法之下的软硬法混合模式才是公共治理的恰当模式。

113.《行政法平衡理论讲演录》

作者：罗豪才等（北京大学法学教授）

出版社：北京大学出版社 2011 年出版

本书除前言外，共分十四讲和七篇附文，收录了多位知名专家学者关于平衡论的演讲和点评。内容主要涉及了中国行政法的平衡理论、行政法的关系视角、行政主体与相对方地位平等、行政法的哲学基础、行政法理论基础回眸、行政法机制和制度结构、行政立法与公共选择、行政过程、行政诉讼和司法审查以及行政法平衡理论的研究方法等。总体来看，整个讲演录逻辑结构比较完整，主线基本明确，前后观点相对连贯，也有较多新意。

114.《软法的挑战》

作者：罗豪才，毕洪海主编

（罗豪才：北京大学法学教授）

（毕洪海：北京航空航天大学法学院助理教授）

出版社：商务印书馆 2011 年出版

本卷共收录了来自美国、加拿大、荷兰、日本、芬兰等国学者的八篇学术论文，关注的主要是软法在国内领域的广泛采用。所选择的题材在内容上各有侧重，总体上偏重于软法的一般性的认知框架，但是也均结合具体领域的软法素材展开。本卷以“软法的挑战”为名，显示的是一种反思性的风格，希望突出软法不同于硬法的特点与运作逻辑。

115.《行政法的新视野》

作者：罗豪才，毕洪海主编

（罗豪才：北京大学法学教授）

（毕洪海：北京航空航天大学法学院助理教授）

出版社：商务印书馆 2011 年出版

本卷收录的五篇论文都是来自普通法背景的国家，而以美国为主。前四篇都是整体性的思考，且具有方法论层面的反思意义；最后一篇比较具体，从美国总统行政命令的角度出发讨论《信息自由法》中国家安全的界定和发展，但并没有以司法审查为中心。

第四部分

国际交流

一、中国政府代表在联合国及其他有关国际会议上的发言摘要

（一）国家领导人在有关国际会议上的讲话

坚持改革开放 坚持和平发展

——在第63届联合国大会一般性辩论上的发言

中华人民共和国国务院总理 温家宝

（2008年9月24日）

主席先生：

今年，对于中国来说，是不平凡的一年。我们经历了两件大事：第一件事是汶川特大地震灾害造成了巨大的生命财产损失。中国人民在灾难面前表现了坚强、勇敢、团结和不屈不挠的精神。目前，受灾群众得到了妥善安置，恢复重建工作正在有条不紊地展开。第二件事是北京奥运会成功举办。这一体育盛会不仅为来自世界各地的运动员展示风采创造了良好的条件，而且让世界更多地了解中国，让中国更多地了解世界。在抗震救灾和举办奥运会的过程中，我们得到了国际社会的广泛理解、支持和帮助。在此，我代表中国政府和人民表示诚挚的感谢。

世界都在关注北京奥运会后中国政治经济走向。我可以明确地告诉大家，中国将继续坚定不移地走和平发展道路，继续坚持改革开放不动摇，继续贯彻独立自主的和平外交政策。这符合中国人民的根本利益，也符合世界人民的根本利益，顺应世界潮流。

这次北京奥运会是在中国这样一个最大的发展中国家举行的。国际社会对中国政府和人民为此做出的努力给予了高度评价。奥运会的成功举办，使中国人民受到了极大的鼓舞，增强了实现现代化的信心和力量。同时，我们清醒地看到，中国有13亿人口，虽然经济总量已经位居世界前列，但人均收入水平仍排在世界100位之后，城乡发展和区域发展很不平衡，农村特别是西部地区农村还很落后，还有数以千万计的人口没有解决温饱。中国仍然是一个发展中国家，生产力不发达的状况没有根本改变，进一步发展还受到资源、能源、环境等瓶颈的制约。中国的社会主义市场经济体制还不完善，民主法制还不健全，一些社会问题还比较突出。中国实现现代化的任务还很繁重，道路还很漫长。摆在我们面前的机遇和挑战都是空前的。抓住机遇，迎接挑战，聚精会神搞建设，一心一意谋发展，这就是中国政府和中国人民的理念和行动。

中国发展靠什么？靠改革开放。今年是中国改革开放30周年。改革开放从根本上改变了中国长期封闭落后和沉闷僵化的状况，打破了束缚人们的思想桎梏，调动了亿万人民群众的积极性，大大解放了生产力，有力地推动了经济社会的大发展，给中国大地带来了蓬勃生机和活力。中国30年的变化，得益于改革开放。中国要实现富强民主文明和谐的现代化目标，仍然要靠改革开放。改革开放是决定当代中国命运的关键抉择，也是决定中国未来前途的战略方向。中国坚持改革开放的政策是坚定不移

的。中华民族自古以来就有崇尚革新、兼收并蓄、博采众长的优秀传统和智慧。今天，中国人更从30年改革开放的切身经验中体会到，只有不断而深入地推进经济体制、政治体制等各项改革，才是经济发展和社会进步的永恒动力；只有全面而持久地扩大对外开放，才是国家富强和民族繁荣的正确道路。这不但是实践探索的结论，也是历史经验的总结。

主席先生，世界需要和平，和平才能发展。中国要实现自己的发展目标，渴望有一个和平的国际环境。中国政府坚定不移地奉行独立自主的和平外交政策，愿同各国加强合作，共同促进人类和平与发展的崇高事业。

尊重主权和互不干涉内政是国与国之间发展关系的前提。近代屈辱的历史使中国人民懂得，一个国家丧失主权，人民就没有尊严和地位。中国坚决捍卫来之不易的国家主权和领土完整，决不允许任何外来干涉。同时，中国坚持平等相待，尊重别国的主权和领土完整，尊重各国人民自主选择的社会制度和发展道路。

中国愿意在平等互利基础上，同所有国家发展友好关系，不以意识形态和社会制度定亲疏。在国际事务中，我们依照事情本身的是非曲直独立作出判断，根据国家利益和世界人民的福祉决定自己的立场，不盲从，不屈服于任何势力。在国际关系中，中国不结盟，更不当头，而且永远不结盟、不当头。

和平解决国际争端是联合国的宗旨，也是国际法的基本原则。中国坚持以对话和协商的方式处理与其他国家的历史遗留问题和现实分歧。同时，作为联合国安理会常任理事国，中国将一如既往地为推动和平解决国际热点问题和地区冲突发挥积极的建设性作用。

中国的发展是和平的发展，不会损害任何人，也不会威胁任何人。中国现在不称霸，将来也绝不称霸。中国保持和发展适当的军事力量，完全是为了维护国家主权和领土完整。当代中华民族的自信和荣光是建立在经济发展、社会公正、国民素质和道德力量的基础之上的。中国将以自身的发展促进世界的和平与发展。

主席先生，在人类漫长的发展史上，世界各国的命运从未像今天这样紧密相连，休戚与共。面对气候变暖、环境恶化、资源紧缺、疫病和自然灾害频发、恐怖主义蔓延等一系列威胁人类生存和发展的全球性问题，面对当前金融、能源、粮食三大难题交织爆发的严峻局面，任何一个国家都无法置身其外，也难以单独应对。特别是当前国际金融动荡，已经波及许多国家，影响还会加剧，各国应当通力合作，迎接挑战。全世界的人们，包括各国的领导者，只要消除敌视、隔阂和偏见，以包容开放的胸怀坦诚相待，携手前行，人类一定会战胜各种困难，也一定会拥有一个更加光明美好的未来。中国作为一个负责的发展中大国，愿与国际社会一道，加强合作，共同分享机遇，应对挑战，为推动实现世界的和谐与可持续发展贡献力量。

谢谢大家！

在联合国千年发展目标高级别会议上的讲话

中华人民共和国国务院总理　温家宝

（2008年9月25日）

主席先生、秘书长先生，女士们、先生们：

八年前的今天，联合国庄严通过了《千年宣言》，世界上广大贫困人口从中看到了新的希望。

中国是世界上人口最多的国家。1978年以来，中国主要依靠自己努力，改革开放，加快发展，在不到30年时间内使绝对贫困人口从2.5亿减少到1500万；在全国特别是农村实行了九年制义务教育；在8亿农民中建立了政府投入为主的新型合作医疗制度；同时还建立了农村村民和城市居民自治制度，实行政务公开、民主监督和基层直接选举。

当代中国人的一切努力，归根到底都是为了一件事——消灭贫困，及在此基础上实现富强民主文明和谐的现代化。

中国作为一个负责任的发展中大国，尽管并不富裕，但已兑现对《千年宣言》的承诺，为世界上一些最不发达国家作出了力所能及的贡献。截至2008年6月底，中国累计免除亚非等49个重债穷国和最不发达国家债务247亿元；提供各类援款2065亿元，其中无偿援助908亿元；对42个最不发达国家的商品给予零关税待遇，税目为736～1115个，占最不发达国家对中国出口贸易额的98％。中国还为非洲培训了15000名各类人才，派遣100名高级农业技术专家，派出医疗队，援建30所医院、100所农村学校，无偿提供防治疟疾药物。2007年底中国为增强非洲的自我发展能力，决定提供23.77亿元的无偿援助和7亿元的无息贷款。

去年世界银行公布的数据表明，过去25年全球脱贫事业成就的67％来自中国。联合国《千年宣言》的要求，正在中国广袤土地上逐步变为现实。这也是当代中国人应尽的最重大国际责任。

但是不能不看到，世界上还有10亿左右人口生活在贫困线以下，数亿人在饥饿中煎熬。中国也面对人口资源环境的压力，存在城乡区域经济社会发展不平衡和广大低收入群体的问题。

全球实现《千年宣言》目标，任重道远，不容乐观。

女士们、先生们，从今天算起，实现《千年宣言》提出的到2015年底世界上每日收入低于1美元的人口比例减半和挨饿人口比例减半等目标，还剩下7年；到2020年底使至少1亿贫民窟居民的生活得到重大改善，也只有12年，任务十分艰巨。我希望同今天到会的各国领导人一道，负起作为政治家的更大责任，把更多的目光和关爱投向世界上的贫穷地区和贫困人口。

为此，我倡议：

——坚持政府第一要务是发展的理念。不发达国家要把通过发展来消除贫困作为中心任务，发达国家要为不发达国家提供有利于发展的条件。发展，首先是经济发展，教育、文化和社会建设也要放到重要位置。

——坚持鼓励和支持各个国家走适合本国国情的发展道路，探索有利于本国发展和消除贫困的发展模式。要把尊重各国人民自主选择发展道路和模式的权利，作为民主政治的基础和前提。

——坚持用和平方法而不是武力解决地区冲突和种族矛盾。努力实现国际关系民主化，推动各个国家平等协商、求同存异，互利共赢、和谐相处。

——坚持加强国际援助，发达国家尤其要承担起帮助不发达国家的责任，援助应当是无私的和不附加任何条件的。特别要加大对最不发达国家和地区的援助力度，重点解决饥饿、医疗和儿童求学问题。倡议各捐助国在未来五年内将其向世界粮食计划署捐款增加一倍。国际社会应进一步减免最不发达国家债务，给予最不发达国家出口产品零关税待遇。

——坚持完善联合国《千年宣言》发展目标的工作机制。协调国际组织，共同应对发展中国家面临的困难，包括当前油价、粮价上涨等急迫问题，制定规划、筹集援助资金并切实落实。

为促进千年目标的实现，中国愿意做出以下行动：

一、中国在未来五年内将援建发展中国家的农业技术示范中心数量翻一番，增至30个；对外派遣的农业专家和技术人员数量也翻一番，增加1000人；同时为发展中国家提供3000人次的来华农业培训。

二、中国向联合国粮农组织捐款3000万美元设立信托基金，用于帮助发展中国家提高农业生产能力的项目和活动。

三、向粮食紧缺的国家增加出口和援助。

四、在未来五年内，中国向发展中国家新增10000个来华留学奖学金名额，同时专门为非洲国家培训1500名校长和教师；为对非洲国家援建的30所医院配备适当数量的医生和医疗设备，同时为有关受援国培训医生、护士和管理人员1000名。

五、中国将免除最不发达国家2008年底对华到期未还的无息贷款，给予有关最不发达国家95％的产品零关税待遇。

六、在未来五年内，为发展中国家援建100个小水电、太阳能、沼气等小型清洁能源项目。

女士们、先生们，世界4/5的人口在发展中国家，发达国家人口只占1/5。人人都有平等的生存权利。如果广大发展中国家继续贫困，说明当今世界是不公平、不和谐的，也注定是不稳定的。

想想那些骨瘦如柴的母亲和嗷嗷待哺的儿童，我们还有什么分歧不能搁置，什么障碍不能超越？只要各国政府怀有强烈的责任感和使命感，各国人民富于同情心和爱心，地不分南北，人不分种族，团结起来，共克时艰，我们一定能够实现千年目标。

我希望有一天，贫困的人们不再受饥饿的折磨，都能靠自己的勤劳和节俭丰衣足食；所有的孩子都能好好上学，每个人都享受良好的医疗条件；大家都能生活在一个民主、自由的社会里，人人都有追求幸福的机会和权利；人们不再因肤色、种族和信仰的不同而受到歧视，人类的大家庭更加和谐。

我相信，这不单是我的希望，也是今天这里每一个人的共同希望。让我们在《千年宣言》的目标下行动起来，迎接这一天的早日来临。

同舟共济　共创未来

——在第64届联合国大会一般性辩论时的讲话

中华人民共和国主席　胡锦涛

（2009年9月23日）

主席先生，各位同事，女士们，先生们：

当今世界正处在大发展大变革大调整时期，和平、发展、合作的时代潮流更加强劲。世界多极化、经济全球化深入发展，多边主义和国际关系民主化深入人心，开放合作、互利共赢成为国际社会广泛共识，国与国相互依存更加紧密。

同时，国际金融危机影响仍在持续，世界经济复苏前景还不明朗，全球失业和贫困人口数量上升，发展不平衡更加突出，气候变化、粮食安全、能源资源安全、公共卫生安全等全球性问题进一步显现，恐怖主义、大规模杀伤性武器扩散、跨国有组织犯罪、重大传染性疾病等非传统安全威胁依然存在，一些热点问题长期得不到解决，地区局部冲突此起彼伏，国际形势中的不稳定不确定因素给世界和平与发展带来严峻挑战。

面对前所未有的机遇和挑战，国际社会应该继续携手并进，秉持和平、发展、合作、共赢、包容理念，推动建设持久和平、共同繁荣的和谐世界，为人类和平与发展的崇高事业不懈努力。

第一，用更广阔的视野审视安全，维护世界和平稳定。在人类历史上，各国安全从未像今天这样紧密相连。安全内涵不断扩大，传统安全威胁和非传统安全威胁相互交织，涉及政治、军事、经济、文化等诸多领域，对各国构成共同挑战，需要采用综合手段共同应对。安全不是孤立的、零和的、绝对的，没有世界和地区和平稳定，就没有一国安全稳定。

我们应该坚持互信、互利、平等、协作的新安全观，既维护本国安全，又尊重别国安全，促进人类共同安全。坚持联合国宪章宗旨和原则，坚持用和平方式解决地区热点问题和国际争端，反对任意使用武力或以武力相威胁。支持联合国在国际安全领域继续发挥重要作用。坚持平等、互利、合作精神，保障全球经济金融稳定。坚持反对一切形式的恐怖主义、分裂主义、极端主义，不断深化国际安全合作。

全面禁止和彻底销毁核武器，建立无核武器世界，是中国的一贯主张。国际社会应该切实推进核裁军进程，消除核武器扩散风险，促进核能和平利用及其国际合作。

第二，用更全面的观点看待发展，促进共同繁荣。在经济全球化深入发展的大背景下，各国发展息息相关。没有发展中国家普遍发展和平等参与，就没有世界共同繁荣，就无法建立更加公正合理的国际经济秩序。受国际金融危机冲击，发展中国家外部发展环境恶化，经济增长普遍减速，发展遇到严重困难。

我们应该把促进共同发展作为解决全球发展不平衡和实现可持续发展的重要途径。联合国应该加大对发展问题的投入，促进经济全球化朝着均衡、普惠、共赢方向发展，努力营造有利于发展中国家发展的国际环境。国际金融机构应该把新增资源首先用于帮助发展中国家脱困，以更加灵活多样、更加便利快捷的方式提供贷款支持。国际金融体系改革应该着力提高发展中国家代表性和发言权。

我们应该采取负责任的应对国际金融危机举措，坚定反对保护主义，积极推动多哈回合谈判早日取得全面、均衡的成果。发达国家应该向发展中国家开放市场、减免关税，兑现官方发展援助和减债承诺，特别是加大对最不发达国家援助力度，重点解决其面临的饥饿、医疗、教育等问题。

发展中国家应该立足自主发展，探索有利于实现发展、消除贫困的发展模式。发展中国家之间应该扩大贸易和投资合作，相互开放市场，提升南南合作水平。

第三，用更开放的态度开展合作，推动互利共赢。在气候变化、粮食安全、能源资源安全、公共卫生安全等全球性挑战面前，任何国家都不可能独善其身。加强国际合作，是应对挑战、确保和睦安宁的必由之路。我们应该树立共赢理念，把本国人民利益同世界人民共同利益结合起来，扩大各方利益汇合点。

气候变化是人类生存和发展面临的严峻挑战之一。国际合作是应对气候变化的关键。我们应该坚持《联合国气候变化框架公约》及其《京都议定书》主渠道地位，坚持共同但有区别的责任原则，坚持“巴厘路线图”的授权，推动哥本哈根大会取得成功，努力实现互利共赢。

粮食和能源问题事关各国民生、发展、稳定。我们应该加大农业投入，发展先进技术，抑制市场投机，增加粮食援助，加强农业和粮食合作。加强能源开发利用方面的互利合作，加紧研发新能源和可再生能源，构建先进能源技术研发和推广体系，实现能源供应多元化。

甲型流感持续蔓延，已成为国际社会共同面临的全球性公共卫生挑战。中国愿为发展中国家防控甲型流感提供力所能及的帮助。

第四，用更宽广的胸襟相互包容，实现和谐共处。不同文明交流借鉴、兼容并蓄，是社会进步的不竭动力。国家不分大小、强弱、贫富一律平等。我们应该承认各国文化传统、社会制度、价值观念的差异，尊重各国自主选择发展道路的权利。积极促进和保障人权，加强对话，消除隔阂。倡导开放包容精神，使不同文明和发展模式在竞争比较中取长补短、在求同存异中共同发展。

主席先生、各位同事！

中国人民即将迎来中华人民共和国成立60周年。60年前，中国人民经过长期艰苦奋斗实现了民族独立、人民解放，建立起人民当家做主的新中国。30年前，中国人民开始了改革开放和社会主义现代化建设的伟大历史征程。中国社会迸发出前所未有的活力和创造力。而今的中国，综合国力显著增强，人民生活总体上达到小康水平。中国发展对世界和平与发展作出了重大贡献。

历史是继续前进的基础，是开创未来的启示。我们清醒地认识到，中国仍然是发展中国家，我们在发展进程中遇到的矛盾和问题无论规模还是复杂性都世所罕见。中国要全面建成惠及十几亿人口的更高水平的小康社会，进而基本实现现代化、实现全体人民共同富裕，还有很长的路要走。中国将继续从本国国情出发，坚持走中国特色社会主义道路，坚持以经济建设为中心，坚持改革开放，全面推进经济建设、政治建设、文化建设、社会建设以及生态文明建设，真正做到发展为了人民、发展依靠人民、发展成果由人民共享，努力实现以人为本、全面协调可持续的科学发展。

中国的前途命运日益紧密地同世界的前途命运联系在一起。中国越是发展，对世界的贡献就越大，给世界带来的机遇也越大。中国将始终不渝走和平发展道路，始终不渝奉行互利共赢的开放战略，坚持在和平共处五项原则的基础上同所有国家发展友好合作。中国过去、现在、将来都是维护世界和平、促进共同发展的积极力量。

中国作为一个负责任的发展中大国，历来把促进共同发展作为外交政策的重要内容，尽力向其他发展中国家提供支持和帮助，已兑现对联合国《千年宣言》所作承诺。截至目前，中国向120多个国家提供了援助，累计免除49个重债穷国和最不发达国家债务，对40多个最不发达国家的商品给予零关税待遇。

国际金融危机发生以来，中国在面临巨大困难的情况下，保持人民币汇率基本稳定，为维护国际贸易健康发展发挥了重要作用。我们积极参与国际金融公司贸易融资计划，向国际货币基金组织提供融资支持并主要用于帮助发展中国家。我们同有关发展中国家签署双边货币互换协议。我们设立“中国—东盟投资合作基金”，为上海合作组织成员国提供信贷支持，积极参与东亚区域外汇储备库建设。

为进一步帮助发展中国家，中国还将采取以下举措。

——继续加强对受国际金融危机影响严重的发展中国家的支持，认真落实有关增资融资计划，加强贸易和投资合作，增强有关国家抵御金融风险和可持续发展能力。

——继续落实中国在联合国千年发展目标高级别会议上提出的帮助发展中国家加快发展的举措，促进联合国千年发展目标的实现。

——继续落实中非合作论坛北京峰会确定的各项援非举措，增加对非援助，减免非洲重债穷国和最不发达国家债务，扩大对非贸易和投资，在农业、卫生、教育、防灾减灾等领域向非洲国家提供人力和技术支持，加大面向非洲的人力资源培训。

——继续参与和推动地区货币金融合作，维护地区金融和经济形势稳定，促进地区金融合作和贸易发展。

主席先生、各位同事！

同舟共济、互利共赢是时代对我们的客观要求，也是实现各国共同发展繁荣的必由之路。让我们携起手来，共同分享发展机遇，共同应对各种挑战，为建设持久和平、共同繁荣的和谐世界而不懈努力！

谢谢各位。

认识一个真实的中国

——在第65届联合国大会一般性辩论上的讲话

中华人民共和国国务院总理　温家宝

（2010年9月23日）

主席先生，各位同事：

中国是联合国大家庭中的一员，中国的发展变化受到国际社会的高度关注。我愿就如何认识一个真实的中国，谈谈我的看法。

中华人民共和国成立以来，特别是改革开放30多年来，中国这个古老的东方大国发生了翻天覆地的变化。国家经济实力和综合国力大为增强，人民生活显著改善，社会文明程度大幅提升，国际交流与合作不断扩大。中国已经实现了由解决温饱到总体上达到小康的历史性跨越。

中国对自己通过艰苦奋斗而取得的成就感到自豪。同时，我们对今天中国在世界上的位置和作用，也有着清醒的认识。

中国国内生产总值位居世界第三，但人均水平较低，只相当于发达国家的1/10左右。中国经济已保持30多年的快速增长，但进一步发展受到能源、资源和环境的制约。中国若干重要产品产量位居世界前列，但总体上仍处于全球产业链的低端。中国已经成为国际贸易大国，但出口产品技术含量和附加值低，核心技术仍然大量依赖进口。中国沿海地区和一些大中城市呈现出现代化的繁荣，但中西部和广大农村的不少地方仍然相当落后，还有1.5亿人口生活在联合国设定的贫困线之下。中国民生有了很大改善，但社会保障体系不健全，就业压力很大。中国社会政治生活日趋活跃，公民基本权利得到较好的维护，但民主法制还不够健全，社会不公和贪污腐败等问题依然存在。

中国现代化走到今天，先进落后并存，新旧矛盾交织，面临诸多前所未有的挑战。中国仍然处于社会主义初级阶段，仍然属于发展中国家。这就是我国的基本国情，这就是一个真实的中国。

主席先生，各位同事！

中国的战略目标是到本世纪中叶，基本实现现代化。展望今后几十年，中国人民将坚定不移地沿着改革开放、和平发展的道路前进。这条道路改变了中国的命运，给全体人民带来了福祉。我们必须坚持它、完善它，而没有任何理由改变它。

中国将继续集中精力发展经济。发展仍然是中国的第一要务，是解决一切问题的基础。中国的发展主要依靠自己的力量。中国工业化城镇化的推进，数以亿计农民进入城镇，将创造有史以来最为巨大的国内需求，开辟极其广阔的市场和发展空间，为中国和世界经济增长提供持久而强劲的动力。中国将下大力转变经济发展方式，调整经济结构，走出一条均衡和可持续的发展道路。

中国将继续深化体制改革。我们要不断完善社会主义市场经济体制。毫不动摇地巩固和发展公有制经济，毫不动摇地鼓励、支持、引导非公有制经济发展。更加注重保障和改善民生，改革收入分配制度，完善养老、医疗、失业等社会保障体系，扭转城乡、地区和贫富差距扩大的趋势，使每一个公民都能够分享改革开放和发展的成果。在深化经济体制改革的同时，要推进和搞好政治体制改革。只有这样，经济体制改革才能最终成功，现代化建设才能不断发展。我们要尊重和保障人权，维护社会公平正义，实现人的自由和全面发展，这是民主法治国家的重要标志，也是国家长治久安的基本保障。

中国将继续扩大对外开放。互利共赢，是我们必须长期坚持的开放战略。我们要遵循国际通行的规则，扩大同世界各国的经贸往来。我们要进一步改善外商投资环境，优化利用外资结构，创新对外投资与合作方式。中国致力于推动建设公正公平、包容有序的国际金融新秩序和开放自由的国际贸易体系，反对各种形式的保护主义。在中国现代化的进程中，我们不仅要在经济和科技领域继续吸收和利用世界先进的东西，而且要在社会管理和文化建设等领域大胆借鉴人类文明的成果。

我们将继续发展教育科技。中国缩小同世界先进水平的差距，增强发展的后劲，根本靠什么？一靠教育，二靠科技。中国已经制订了发展教育、发展科技的两个中长期规划纲要。我们要着力抓好这两个规划纲要的实施，争取在2020年左右，基本建成人力资源强国和创新型国家。

我们将继续弘扬中华优秀文化。国家发展、民族振兴，不仅需要强大的经济力量，更需要强大的文化力量。五千年中华文明所凝结的道德和智慧，属于中国，也属于世界。我们要大力发展文化事业，加快建立与社会主义现代化建设相适应、与中华民族传统美德相承接的思想道德体系。我们尊重世界文明的多样性，加强不同文明之间的对话与交流，构建人类共有的精神家园。中华民族不仅能够创造经济奇迹，也一定能够创造新的文化辉煌。

主席先生，各位同事！

人类进入21世纪，世界并不太平。但靠战争最终解决问题已经过时了。和平与发展，仍然是当今世界的两大主题。

中国将坚定不移地走和平发展道路。和平发展的精髓是什么？就是争取和平的国际环境来发展自己，又以自己的发展促进世界的和平。这也是中国特色社会主义的题中应有之义。

中国在追求自身发展的进程中，将继续以促进人类的共同发展和繁荣为己任。中国将继续寻求和扩大同世界各国的利益交汇点。中国的发展，不会损害任何人，也不会威胁任何人。中国绝不走"国强必霸"的路子。

中国讲友好，也讲原则，坚定不移地维护国家的核心利益。在涉及主权、统一及领土完整的问题上，中国决不退让，决不妥协。

中国坚定不移地支持联合国在国际事务中发挥主导作用。中国将继续遵守《联合国宪章》，认真履行国际公约的各项义务。中国将一如既往地加强同发展中国家的合作，支持扩大发展中国家在国际事务中的发言权。中国永远是发展中国家的好伙伴、好兄弟！

中国的稳定和发展，有利于建设和平的国际环境，有利于建设民主的国际秩序，有利于建设繁荣的世界经济，也有利于建设和谐的文明世界。中国发展，世界机遇；中国好了，世界得利。历史将会进一步证明这一点。

主席先生，各位同事！

一个和平发展的中国，一个充满活力的中国，一个敢于担当的中国，永远与世界同行。让我们携起手来，为世界的持久和平与繁荣而奋斗！

谢谢大家！

为实现千年发展目标而奋斗

——在联合国千年发展目标高级别会议上的讲话

中华人民共和国国务院总理　温家宝

（2010年9月22日）

主席先生，各位同事：

十年前，就是在这间庄严肃穆的大厅里，召开了联合国千年首脑会议，各国领导人向全世界立下誓言，一定要使每一个人实现发展权，并使全人类免于饥饿和贫困。千年峰会吹响了消除全球贫困的号角，成为推动人类共同发展的里程碑。

弹指一挥间，十年过去了。在国际社会的共同努力下，大批遭受饥饿的人们基本解决了温饱，众多因贫困而失学的儿童走进了梦寐以求的校园，越来越多艾滋病患者得到社会关爱和及时救治。同时也要看到，千年发展目标在不同地区和领域的落实还不平衡，许多国家在改善妇幼健康、实现男女平等和保护生态环境等方面进展不明显，不少发展中国家受到国际金融危机、自然灾害和粮食、能源市场波动的严重冲击，全球饥饿人口又有新的增加，实现千年发展目标依然任重道远。

中国始终积极响应联合国的倡议，为实现千年发展目标作出了不懈的努力。1978年以来，中国绝对贫困人口减少两亿多人，占发展中国家减贫人数的75%。我们注重从制度上保障和改善民生，在全国城乡实行九年制义务教育，对8亿农民实行新型农村合作医疗，启动新型农村社会养老保险试点，低收入群体就业、子女入学、居住条件等问题也都得到很大改善。

我们清醒地认识到，中国人口多、底子薄，发展不平衡，目前还不富裕，人均GDP位居世界100位左右，发展经济、改善民生的任务还很重。按中国政府现行扶贫标准，还有数以千万计的贫困人口。我们正在制定国民经济和社会发展“十二五”规划、新十年扶贫开发纲要，扶贫开发力度将进一步加大。我们坚信，千年发展目标在中国大地上一定能够如期实现。

扶危济困、守望相助是中华民族的传统美德。新中国成立60多年来，我们一直本着国际主义和人道主义精神，竭尽所能向发展中国家提供形式多样、真诚无私的援助，促进了发展中国家的经济发展和民生改善，加深了中国与广大发展中国家的友谊，树立了南南合作的典范。今后，中国政府将进一步加强和改进援外工作，为全人类早日实现千年发展目标做出应有的贡献。

第一，推动发展中国家民生事业发展。这是中国对外援助的首要目标。迄今为止，中国为发展中国家援建了150多所学校、近百所医院、70多项饮水设施、60多个体育场馆；向近70个国家派遣了医疗队，累计派出两万多名医务人员，治愈了数以亿计的患者。今后五年，中国将再为发展中国家建设200所学校；派遣3000名医疗专家，培养5000名医务人员，为100所医院提供医疗器械、药品等，重点用于妇幼卫生及防治疟疾、结核、艾滋病等疾病；援建200个清洁能源和环保项目；加强对小岛屿发展中国家防灾减灾的援助，帮助他们提高应对气候变化能力。我愿在此宣布，今后三年内，中国将向全球艾滋病、结核病和疟疾基金捐款1400万美元。

第二，减免最不发达国家债务负担。截至2009年底，中国政府免除了50个重债穷国和最不发达国家的256亿元人民币债务。中国将进一步免除这些国家2010年到期未还的政府无息贷款。

第三，深化与发展中国家的金融合作。为帮助发展中国家应对国际金融危机，中国已向非洲国家提供100亿美元的优惠贷款，向越南、柬埔寨、老挝、印尼等东盟国家提供150亿美元信贷支持；还向国际货币基金组织增资500亿美元，明确要求将资金优先用于最不发达国家。今后中国将继续向发展中国家提供一定规模的优惠贷款和优惠出口买方信贷融资支持。

第四，拓展与发展中国家的经贸关系。中国坚持通过减免关税等多种途径，为发展中国家对华出口各类产品创造条件。中国已经承诺逐步给予有关最不发达国家95％税目的产品零关税待遇。从2010年7月起，中国已对33个最不发达国家的4700多个税目的输华产品实施零关税，优惠范围已包括这些国家绝大多数对华出口商品。今后，我们还将继续扩大输华零关税产品范围和受惠国家范围，并鼓励国内企业扩大对发展中国家的投资。

第五，加强与发展中国家的农业合作。中国在发展中国家已建成200多个农业合作项目，派出大批农业技术专家，有力地推动了当地农业发展。今后五年，中国将再派遣3000名农业专家和技术人员，提供5000个来华农业培训名额，并重点加强在农业规划、杂交水稻、水产养殖、农田水利、农业机械等方面的合作。

第六，帮助发展中国家开发人力资源。中国已经为发展中国家举办了4000多期培训班，培训了12万名各类管理和技术人才，为受援国积累了比黄金更为珍贵的人力资源。今后五年，中国将为发展中国家再培训8万名各类人员。同时，将增加发展中国家来华留学奖学金名额和在职人员硕士学历教育名额，并为3000名校长和教师提供来华培训机会。

今年7月以来，巴基斯坦遭受严重洪灾，造成重大人员伤亡和财产损失。作为友好邻邦，中国人民感同身受。为支持巴基斯坦抗击洪灾、重建家园，中国已提供了3.2亿元人民币的人道主义援助，并向巴灾区派出救援队。我愿借此机会宣布，在已有援助的基础上，中国将再提供2亿美元的无偿援助。

主席先生，各位同事，未来五年是实施千年发展目标的关键阶段。国际社会应增强紧迫感和责任感，携手共进，扎实工作。

——明确工作重点。联合国要把推动千年发展目标如期实现作为首要议题，确保这一目标不受其他议题的干扰和延误。国际社会要把帮助非洲发展和脱贫作为主攻方向，加大对最不发达国家的扶持力度。发展中国家要把通过发展消除贫困作为中心任务，不断提高自我发展能力。

——兑现官方承诺。拿出一个面包比开一张空头支票更有用。发达国家要切实履行自己的诺言，承担起援助发展中国家的主要责任，尽快将官方发展援助占国民收入的比重提高到千分之七，向发展中国家提供长期、稳定、可预期的资金援助，援助应当是无私的和不附加任何条件的。

——健全实施机制。制度是实现千年发展目标的重要保障。应继续发挥联合国在国际发展合作领域的核心作用。尽快建立千年发展目标评估机制。国际多边机构应加强与地区多边组织的协调与合作，形成扶贫开发的合力。

——维护和平环境。没有国家的长治久安，就难有人民的安居乐业；没有世界的和平稳定，就难有人类的发展进步。国家之间、民族之间都应摒弃前嫌，化干戈为玉帛，以和平手段解决纷争。

主席先生，各位同事，《千年宣言》的发表，使全世界在贫困中煎熬的人们看到了曙光。这是人类的希望之光，良知之光，仁爱之光。今天我们在这里重新相聚，就是要让这一光明普照全球，温暖每一个生活在贫困中的人。此时此刻，无数双充满期待的眼睛，正在从非洲大陆，从亚洲和拉美，从世界仍在饥饿和贫困笼罩下的地方默默注视着我们。我们没有理由让他们失望。让我们以更加积极的姿态、更加精诚的合作，为如期实现千年发展目标、促进全人类的发展和进步而努力奋斗！

谢谢大家！

实现千年发展目标国际社会义不容辞

——在第三次世界议长大会上的书面发言

全国人大常委会委员长　吴邦国

（2010 年 7 月 19 日）

主席先生，各位同事：

在联合国千年发展目标提出 10 周年之际，我们在这里举行第三次世界议长大会，回顾后续行动的执行情况，共商新形势下发挥议会作用、促进发展合作等重大问题，对推动建设持久和平、共同繁荣的和谐世界具有重要意义。

10 年前，当人类跨入新千禧年的重要时刻，各国领导人肩负着世界人民求和平谋发展促合作的重托，齐聚纽约联合国总部，共同推出具有远见卓识的联合国千年发展目标，为国际发展合作确立了路线图和时间表。10 年来，国际社会为实现这一目标作出了积极努力，取得了一定成效，但总体进展缓慢，地区发展不平衡，广大发展中国家尤其是最不发达国家困难加剧，南北差距和贫富悬殊拉大，特别是受国际金融危机严重影响，实现千年发展目标的任务更加紧迫、更加艰巨。这里，我想着重就这个问题讲几点意见，与各位同事共同探讨。

一要坚定信心。坚定信心是实现千年发展目标的重要前提。千年发展目标提出的消灭贫穷饥饿、普及初等教育、促进两性平等、降低儿童死亡率、改善产妇保健、与疾病作斗争、确保环境可持续发展、加强全球伙伴关系等 8 个方面的目标任务，体现了人类的基本需求，反映了基本人权。落实千年发展目标是国际社会的庄严承诺，是维护人类尊严、平等、公平的重要举措，是实现人类共同发展亟待解决的首要问题。国际金融危机的确给千年发展目标的落实带来不容忽视的影响，但要看到，把千年发展目标落实好，有利于全球经济复苏和平衡增长；尽快摆脱国际金融危机的影响，有利于更好地推动千年发展目标的实现。因此，落实千年发展目标同应对国际金融危机并不矛盾。相反，在国际金融危机深层次影响尚未消除、世界经济系统性和结构性风险仍存在不确定性的今天，加快实现千年发展目标进程显得更为重要，国际社会落实千年发展目标的决心和信心只能加强、不能削弱，更不能轻言退却。

二要加强合作。加强合作是实现千年发展目标的有效途径。虽然千年发展目标主要为促进发展中国家的发展而设计，但在经济全球化深入发展的今天，各国利益相互交织，发展相互影响，只有利益共享、责任共担、互利共赢，才最符合国际社会的共同利益。要看到，没有发展中国家的普遍发展和平等参与，就谈不上世界的共同繁荣，就无法建立公正合理的国际经济新秩序。国际社会应增强责任感，认真倾听发展中国家和最不发达国家的呼声与诉求，加大对发展问题的投入，增加发展中国家在国际金融体系中的发言权和代表性，推动世界经济朝着均衡、普惠、共赢的方向发展。发达国家应切实兑现官方发展援助承诺，开放市场、减免债务、加大对发展中国家的资金和技术支持，帮助发展中国家提高自我发展能力。世界银行、国际货币基金组织等国际金融机构的资源应该优先用于帮助发展中国家尤其是最不发达国家。发展中国家应结合本国国情，吸收世界文明成果，积极探索有利于实现发展、消除贫困的发展方式，相互开放市场，扩大经贸合作，提升南南合作水平，为实现千年发展目标作出不懈努力。

三要维护和平。维护和平是实现千年发展目标的根本保障。人类社会发展历程反复昭示，和平稳定是福，动荡战乱是祸。没有和平稳定的环境，就谈不到发展，国家长治久安、人民安居乐业更无从谈起。珍惜和营造和平安宁的发展环境是国际社会的共同责任。应遵循联合国宪章宗旨和原则，坚持互信、互利、平等、协作的新安全观，既维护本国安全，又考虑别国安全关切，妥善处理分歧，坚持用和平方式解决地区热点问题和国际争端，反对一切形式的恐怖主义、分裂主义、极端主义。应尊重世界文明的多样性，尊重国家主权和领土完整，尊重各国根据本国国情选择的发展道路，反对以任何方式和借口干涉别国内政。应弘扬民主、和睦、协作、共赢精神，促进国际关系民主化，国家不分大小、强弱、贫富都是国际社会平等的一员，都应受到国际社会的尊重，各国内部事务只能由本国人民自己决定，世界上的事情应该由各国平等协商解决，反对以大欺小、以强凌弱、以富压贫。

主席先生、各位同事！

倾听人民呼声、传达人民意愿、维护人民权益是世界各国议会的崇高职责。我们应把握时代脉搏、顺应发展潮流，做实现千年发展目标的积极推动者，做世界和平稳定的坚定维护者。应发挥议会职能作用，督促和支持本国政府切实履行千年发展目标承诺，实施和平友好的外交政策，妥善处理双边关系和国际关系中的敏感问题，加强对话，增信释疑，推动国际社会形成发展和平合作的强大合力。应发挥议会联系广泛、人才荟萃、信息密集的特点和优势，为加强政府、政党、地方和民间的友好交往献计献策，为促进经贸合作牵线搭桥，为推动人文交流添砖加瓦，促进国家关系发展和国际关系民主化作出新的更大的贡献。

我们高兴地看到，各国议会联盟作为当今世界历史悠久、规模庞大、最有代表性的国际议会间组织，作为各国议会开展多边合作的重要舞台，在国际事务中发挥着越来越重要的作用。长期以来，各国议会联盟不断加强与联合国的实质互动与协调，致力于建立更加紧密的工作关系，在维护世界和平与安全、推动国际关系民主化、促进各国经济发展、维护人权和妇女儿童权益等方面做了大量卓有成效的工作，得到国际社会的广泛好评。更为可喜的是，这些年来，议联建立并不断完善世界议长大会机制，为各国议会深入探讨重大国际问题搭建重要平台，并以宣言形式表达议联的声音，为推动实现联合国千年发展目标发挥了不可替代的作用。

主席先生、各位同事！

中国作为世界上最大的发展中国家，坚持把发展作为第一要务，坚持走和平发展道路，坚持男女平等、节约资源和保护环境这些宪法确定的基本国策，以实际行动为推动实现千年发展目标作出积极贡献。中国成功解决了13亿人的吃饭问题，农村贫困人口减少了2.4亿人，占发展中国家减贫人数的75％，九年制义务教育全面普及，青壮年文盲基本扫除，在校大学生人数从1978年的86万人增加到2009年的2285.2万人，平均预期寿命从1949年前的35岁上升到73岁。中国在加快自身发展的同时，积极兑现承诺，尽力向发展中国家提供支持和帮助。我们还倡导成立中非合作论坛、中阿合作论坛、中国—东盟社会发展与减贫论坛、中国—太平洋岛国经济发展合作论坛、中国—加勒比经贸合作论坛等机制，在亚洲开发银行设立中国减贫和区域合作基金，在北京成立中国国际扶贫中心等。已免除50个重债穷国和最不发达国家债务380笔，逐步给予非洲同中国建交的最不发达国家95％的产品零关税待遇，为发展中国家援建2100多个成套项目，其中包括150所学校、61所医院、200多个农业项目，培训各类人才12万名。中国的发展不仅解决着自身的问题，而且还给世界的发展带来机遇。自2001年加入世界贸易组织以来，中国每年平均进口6870亿美元的商品，为相关国家和地区创造约1400多万个就业岗位。面对国际金融危机冲击，中国坚持把促进经济平稳较快发展作为首要任务，在全球率先实现经济回升向好，2008年对世界经济增长的贡献率超过20％，对全球贸易增长的贡献率超过9％，为推动世界经济复苏作出了重要贡献。

主席先生、各位同事！

联合国千年发展目标凝聚着国际社会普遍共识，承载着世界各国人民共同期盼。中国全国人大愿与世界各国议会一道，充分利用各国议会联盟这个重要舞台，积极开展各种形式的多边合作，共同应对挑战，携手开辟未来，为实现联合国千年发展目标，为推动建设持久和平、共同繁荣的和谐世界而努力奋斗。

（二）中国政府代表在联合国有关人权会议上的发言

2006年

和谐合作　开创国际人权事业新局面

——外交部副部长杨洁篪在联合国人权理事会首届会议上的讲话

（2006年6月20日）

主席先生：

请允许我代表中国政府，对阁下荣任首届人权理事会主席表示衷心祝贺。我相信，在你的杰出领导下，本届会议将取得成功。

主席先生，本届会议的开幕翻开了国际人权事业新的一页。6月16日，理事会的前身——人权委员会正式退出历史舞台。在其60年历程中，人权会在制订国际人权文书、反对殖民主义和种族隔离制度、普及人权理念和文化等方面做了大量工作。但是，它未能摆脱“冷战”思维的阴影，长期受政治对抗困扰，选择性和双重标准盛行，信誉严重受损。这种违背历史潮流的状况不能再继续下去了。

当今世界，和平与发展两大课题均未解决。一些国家和地区的人民在战乱、冲突和贫困中备受煎熬。国际社会从未像今天这样强烈地认识到，和平、发展和人权是集体安全与福祉的基础，三者相辅相成，密不可分。

人权理事会的成立，是国际社会根据时代要求作出的共同选择，是联合国人权机制的重大改革。联合国大会第60/251号决议赋予理事会更高的地位、更广泛的授权和更强的行动能力。新生的理事会能否不辱使命？全世界正拭目以待。

联合国全体会员国，尤其是理事会成员国，有责任拿出政治意愿，采取实际行动，共建一个真正有活力、有效率的理事会。为此，中国政府愿提出以下主张：

第一，享受人权需要和平的环境。理事会应继续重点关注武装冲突引发的大规模粗暴侵犯人权现象，支持国际社会在预防冲突、重建和平和打击各种形式恐怖主义方面加倍努力。我们支持理事会继续优先关注被占巴勒斯坦领土的人权状况，使当地人民早日实现包括民族自决权在内的各项人权。

第二，享受人权需要可持续的发展。经济全球化的发展并未使各国公平受益，贫困、疾病和环境恶化等问题严重制约了许多发展中国家人民享受各项人权的水平。理事会应纠正人权会在促进经社文权利方面虚多实少的弊端，动员国际社会和联合国各机构采取有效措施，支持各国实现发展权的努力，特别是帮助最不发达国家消除贫困，实现《发展权宣言》提出的所有人民积极参与和公平受益的发展。

第三，享受人权需要和谐包容的社会。在世界许多地方，基于种族、肤色、性别、语言、宗教等各种原因的歧视和偏见依然存在。理事会应继续特别关注妇女、儿童、残疾人、移民工人和少数民族等弱势群体的权利，致力于普及人权教育，培养人权文化，构建和谐社会，使所有人享受同等的尊严。我们支持理事会在充分磋商的基础上尽快通过《土著人民权利宣言》。

第四，享受人权需要建设性对话与合作。政治对抗是导致人权会信誉下降的根源。理事会未来工作的成败，很大程度上取决于不同社会制度和发展水平的国家之间，能否建立平等、互信关系，以建设性方式处理分歧。为此，我们需要克服许多障碍。国别人权审议机制必须改革，以确保其仅适用于大规模粗暴侵犯人权现象。普遍定期审议应确保所有国家，不论大小强弱，都受到公正、公平的对待，其历史、文化、宗教背景和差异得到同等尊重。

第五，享受人权需要有效的机制保障。人权会为我们留下了一整套国际人权保护体系。理事会应在保留现有机制积极方面的基础上大胆改革，更好地服务于现实需要。我们主张整合原人权会特别机制，明确其行为准则，提高其可信度、公正性和工作效率。我们支持加强人权高专办公室，希望高专办提高职员地区代表性和专业性，更好地为成员国提供咨询服务和技术援助，并以开放和透明的态度接受成员国监督。

主席先生，中华民族历史上曾长期遭受列强入侵、军阀混战，在战争、动乱和贫困中历尽磨难，深知和平之不易、发展之重要、人权之宝贵。新中国的成立，从根本上改变了中国的命运，迎来了人民当家做主的新时代。28年前，中国开始了改革开放和现代化建设的伟大历程。短短28年间，中国走过了许多国家上百年走完的路。人民生活实现了由贫困到温饱、由温饱到小康的两次历史性跨越；人民在迁徙、择业、资讯、信仰和选择生活方式等各方面享受着前所未有的自由。中国为世界人权事业的发展做出了重要贡献。

中国是最大的发展中国家。沉重的历史负担，巨大的人口、资源和环境压力，决定了包括人权在内的各项事业不可能一蹴而就。中国政府根据国情和时代要求，贯彻以人为本、全面协调可持续的科学发展观，努力构建和谐社会。我们坚持发展为了人民、发展依靠人民、发展成果由人民共享；我们更加关注人的价值、权益和自由，关注人的生活质量、发展潜能和幸福指数，致力于实现人的全面发展；我们更加注重社会公平，保护弱势群体的利益；我们更加重视民主与法治建设，根据中国的国情积极、稳妥地推进政治体制改革。我们将"国家尊重和保障人权"庄严地载入了国家的根本大法宪法。我们将根据这一宪法原则，继续全面推进本国人权事业，认真履行国际人权公约义务，在平等和相互尊重的基础上与世界各国广泛开展人权对话与交流。

主席先生，中国有句古诗："人事有代谢，往来成古今"。我们期待人权理事会在正确的道路上比人权会走得更远，为人类福祉作出更多贡献。本届理事会将确定未来发展的方向。中国愿与其他成员国携手合作，本着高度负责和建设性态度，在协商的基础上制定合理的议事规则，探索正确的工作方法，为理事会的工作创造一个良好的开端。

谢谢主席先生。

全国妇联副主席赵少华在联合国第50届妇女地位委员会会议上的发言

（2006年2月27日）

主席女士：

首先，请允许我代表中国代表团祝贺您和主席团其他成员当选。妇女地位委员会设立60年来，为制定促进妇女进步的政策、推动全球性别平等发挥了巨大作用。我们相信，妇地会将通过集中交流和方式创新等焕发更大的活力，也相信在您的领导下，本届会议一定会取得成功。

主席女士，60年来，国际社会在推进男女平等方面做出巨大努力，取得不少进展。各国各界日益认识到男女平等与更广泛领域内的平等，与全球和地方发展及和平密不可分；认识到男女平等不等同于“妇女问题”，而是社会问题，必须采取主流化策略和综合措施“双头战略”加以实现。

然而，今天还不是我们相互庆贺的时候，严峻的挑战仍然摆在我们面前。持续的贫困、歧视、暴力、武装冲突、全球化的负面影响，以及艾滋病和环境恶化等非传统安全因素严重阻碍着男女平等的实现。为此，我们必须不断完善我们的应对策略和行动，致力于维护世界和平，促进共同发展，加强国际合作，缩小区域差距，尽早实现联合国千年发展目标。

主席女士，在过去的一年里，中国政府为积极履行对《北京行动纲领》和妇女问题特别联大成果文件的承诺，执行《消除对妇女一切形式歧视公约》，进一步加强了对主流化策略和综合措施的实施。

在立法方面，我们修改了1992年颁布的《中国妇女权益保障法》，着重解决妇女权益保障方面的新情况、新问题。在深入调查研究、认真总结实施经验的基础上，经广泛征求各方意见，2005年8月，中国第十届全国人大常委会审议通过了《关于修改〈中华人民共和国妇女权益保障法〉的决定》，并定于2005年12月1日起实施。修正案将男女平等基本国策写入总则，从政治、文化教育、劳动和社会保障、财产、人身及婚姻家庭权益等方面多方完善了关于妇女合法权益保障规定，强化了政府的法律责任。今年，各省/区/市人大将制定配套法规或实施细则，使其更具有可操作性，使《妇女权益保障法》切实发挥作用。

主席女士，中国政府于2005年8月29日至9月1日在北京举办了纪念第四次世界妇女大会十周年会议。来自90多个国家和地区的近千名代表，包括国家元首和政府首脑、妇女事务部长、联合国高级官员和非政府组织领导人，齐聚一堂，就加速执行《北京行动纲领》、促进性别平等的进一步行动和策略进行了热烈坦诚的交流。会议一致通过了《北京+10宣言：团结合作，实现性别平等、发展与和平》，提出了应对挑战的新策略。《宣言》已由中国政府提交第60届联大（A/60/371）。

此外，中国还继续实施和加强了反对对妇女暴力行为，妇女参政、就业、脱贫，保护母亲健康和救助艾滋病病人，完善指标监测等领域的措施和行动，并取得进展。中国香港和澳门特区政府为推动落实《北京行动纲领》和第

23届特别联大成果文件也做出了积极努力。

主席女士，近年来，中国经济快速发展，法制和民主建设日新月异，为促进妇女进步、实现男女平等创造了良好的条件和环境。然而，经济的发展并不代表妇女地位的自然提高，同许多国家一样，我们也面临区域发展不平衡，经济发展与男女平等进步不同步等诸多问题。作为人口众多的发展中国家，中国在实现男女平等进程中仍任重而道远。我们愿继续加强在促进性别平等领域的合作和交流，吸收好的国际经验，与各国姐妹们一道为实现男女两性平等和谐发展，为建设一个持久和平、共同繁荣的和谐世界而共同努力奋斗。

谢谢主席女士。

中国常驻联合国副代表张义山在第60届联大通过人权理事会决议草案后的解释性发言

（2006年3月15日）

2006年3月15日，第60届联大应美国要求，以表决方式通过人权理事会决议草案，包括中国在内的170个国家投票支持该草案。据此，人权理事会将取代业已存在60多年的联合国人权委员会，联合国人权机构由经社会职司委员会升级为大会附属机构。理事会将由47个成员国组成，在公平地域分配原则基础上，以大会绝对多数选出。理事会首届会议将在今年6月举行。联大主席埃里亚松在介绍案文时，赞扬各国在磋商中表现出的求同存异精神。中国常驻联合国代表王光亚大使出席会议，副代表张义山大使在表决后作了解释性发言。发言全文如下：

主席先生，中国代表团愿在此就L48号决议草案作解释性发言。

去年9月，首脑会议通过成果文件，要求我们尽快成立人权理事会。经过5个多月的30多场磋商，联大今天终于通过了人权理事会决议草案，正式宣告人权理事会的成立。这是一个充满争议和挑战的艰难进程。为完成各国首脑交给我们的神圣任务，各国代表团在磋商中付出了巨大和艰辛的努力，表现出真诚的相互尊重和求同存异的精神。中国代表团也认真地参与了有关文件的磋商并为之做出了积极贡献。在此，我谨代表中国政府，向主席先生及主持磋商数月的两主席、南非和巴拿马大使和各国代表团表示感谢和祝贺。

主席先生，成立人权理事会是一个历史性的时刻。从今以后，联合国人权会将被人权理事会取代，由经社会职司委员会升级为大会附属机构，人权在联合国系统中的地位将进一步提升。国际社会和各国人民对人权理事会寄予厚望，希望人权理事会能够发挥其应有的作用，在世界范围内进一步有效地促进所有人的人权和基本自由。

主席先生，中国代表团赞赏L48号决议草案重申了重要的人权原则，即在促进和保护人权的过程中，应尊重各国、各地区的历史、文化和宗教背景，促进不同文明、文化和宗教间对话，公民政治权利、经社文权利和发展权不可分割，同等重要。尤其应指出的是，案文在序言和执行段中数次提及以公正和非选择的方式处理人权问题，避免双重标准和政治化，促进人权领域建设性的对话与合作。中国代表团认为，上述原则应成为未来理事会工作的指导方针，以避免重蹈人权会政治对抗的覆辙。

此外，L48号决议草案根据公平地域分配原则，重新分配了各地区组席位，纠正了长期以来亚洲国家在人权会代表性不足的问题。草案规定了理事会将根据联大48/141号决议，对人权高专办工作进行指导。草案指出非政府组织参与理事会工作将根据经社会1996/31号决定做出安排。中国代表团对于上述表示支持和赞赏。

主席先生，中国代表团同时亦须指出，L48号决议草案未能充分反映包括中国在内的许多发展中国家在人权问题上的关切。首先，草案未能针对人权会顽疾，即国别提案引起的政治对抗，从机制上予以避免或提供有效保障。第二，案文创建的普遍定期审议机制，易与联合国人权公约机构及特别机制职能重叠，增加发展中国家的报告负担。第三，根据中方理解，案文中规定的人权理事会的建议权仅限于大会，不涉及其他联合国机构。中方将在理事会成立后的有关磋商中，进一步反映上述关切。

主席先生，中国政府一向高度重视人权问题。在促进和保护本国人民人权的同时，积极支持并参与国际人权合作与对话，支持联合国在人权领域发挥更大作用。基于上述，中方支持根据首脑会成果文件建立人权理事会，提升人权在联合国工作中的地位。今后，随着人权会的结束和人权理事会的建立，有关联合国人权领域改革的工作还在继续。中方愿本着积极和开放的姿态，与各方密切合作，积极参与人权理事会，确保联合国的人权机构能够真正摒弃对抗，致力于对话与合作，从而促使各国人民所孜孜追求的崇高的人权事业能有较大的健康的发展。

谢谢主席。

中国国家人口计生委副主任王国强在联合国人口与发展委员会第39届会议上的发言

（2006年4月4日）

尊敬的主席先生：

首先，请允许我代表中国代表团对您当选为本届会议主席表示热烈的祝贺。同时也感谢联合国人口与发展委员会为本届大会所作的组织工作。

本届会议的主题是国际移徙和发展，联合国秘书长向大会作了一个内容非常丰富和详细的报告。当今国际人口移徙数量的增长是经济全球化的直接产物，国际人口的移徙对接受国和原籍国的经济发展和社会生活都会产生重要的影响，这种影响既有积极的，也有消极的，随着经济全球化的加速发展将会进一步加大国际人口移徙的规模和范围。我们同意秘书长报告中提出的观点：“国际移徙是一项全球性问题，必须成为全球发展议程的一项中心内容，对于实现《千年发展目标》的努力，国际移徙既是机遇，也是挑战。”赞同联合国就国际移徙开展高级别的对话，促进推动解决国际移徙问题上的国际合作。

主席先生，10年来，中国政府按照联合国人口与发展大会和千年首脑会议精神，结合本国国情，认真履行对国际人发大会《行动纲领》和联合国千年发展目标的承诺，确立了实现人口与经济、社会、资源、环境协调发展和可持续发展的目标，在实施人口与计划生育方案中，坚持以人为本，提供安全有效的计划生育和生殖保健服务，有效地控制了人口过快增长，实现了人口再生产类型的历史性转变，进入稳定低生育水平时期。根据中国国家统计局2005年1%人口抽样调查数据，2005年11月1日零时，中国大陆总人口为130628万（未包括中国的香港、澳门和台湾省），与2000年第五次人口普查结果相比，增加了4045万，年平均增长率为0.63%。虽然中国已实现了低生育水平，但由于人口增长的惯性作用，在今后的几十年中中国人口将继续以每年800万~1000万的速度增长。稳定目前的低生育水平，实现国际人发大会《行动纲领》确立的目标和联合国千年发展目标，中国仍然面临许多困难和挑战。人口老龄化呈现出速度快、规模大的特点；出生人口性别比居高不下，人口素质总体不高，大量农村劳动力转移等等。人口数量、人口素质、人口结构和人口分布问题相互交织、相互影响，使得人口与资源环境的矛盾日趋尖锐，给中国经济社会可持续发展构成巨大压力。我们将继续坚持计划生育基本国策，坚持国际人发大会和千年首脑会议的承诺，坚持以人为本的服务理念，以人的全面发展为目标，用科学发展观统筹解决好我们面临的人口问题。

主席先生，近年来，特别是中国加入世界贸易组织以来，中国政府坚持改革开放，不断完善社会主义市场经济体制，一个经济发展，社会稳定，文化繁荣，人民幸福，和平崛起的中国展现在世人面前。随着各领域的改革的不断深化和开放程度的不断扩大，中国政府按照执政为民的理念和 WTO 等国际规则，不仅重视维护我涉外同胞和法人的合法权益，也为来华工作学习的外国人提供更大的便利，中国与世界各国的人员往来规模也迅速扩大。根据我国有关部门的统计，2005 年中国内地居民出境人数达 3103 万人次，因私出国 2514 人次，外国人入境人数为 2026 万人次。2004 年各类出国留学人员总数为 114663 人，各类留学回国人员 25116 人。从 1978 年到 2004 年底，各类出国人员总数达到 814884 人，留学回国人员总数达到 197884 人，目前在国外的留学人员有 617000 人。2004 年共有 110844 名来华留学人员，在中国 31 个省的 420 所高等学校和科研机构学习，累计来华留学生总数已超过 63 万人。2005 年中国派出各类劳务人员 27.4 万人，2005 年底在外各类劳务人员总数为 56.5 万人。全年完成营业额 217.6 亿美元。截至 2005 年 7 月有将近 10 万外国人在中国大陆工作，主要来自日本、韩国、新加坡、美国和欧洲各国，大部分布在上海、北京、广东、江苏、浙江等地，从事技术、管理等工作。国际间人员交往渠道的增多和人员规模的扩大，促进中国与世界各国在经济、文化、教育、科技等领域的交流与合作，加深了中国人民同世界其他国家人民的了解和友谊。这不仅有利于中国经济社会的发展，也给其他国家的发展提供了机遇。

主席先生，虽然中国经济发展取得了巨大成就，但中国仍是世界上最大的发展中国家，人口多、底子薄，发展不平衡，实现国家现代化和人民共同富裕、构建和谐社会任重而道远，需要我们长期艰苦奋斗。中国有 13 亿人口，农村劳动力有 5 亿多，其中 1.4 亿富余劳动力已经从农村流入城市，随着中国城市化和工业化的发展，还需要从农村转移出大量劳动力人口。中国的人口问题，只能通过统筹城乡和区域发展，加快社会主义新农村建设，统筹解决中国工业化、城镇化、现代化发展过程中的人口迁移问题。同时，我们也支持和鼓励中国公民和企业走出国门，在经济和文化领域开展交流与合作，为地区和世界经济发展做出自己的贡献。我们提出以下主张：

国家无论大小、贫富和强弱，都应一律平等，友好相处。各国应在互利的基础上加强和扩大经济、科技和文化交流与合作，促进共同发展与繁荣。各国在处理国际移徙事务中，只有遵循平等协商、友好合作的民主精神，才能有效地增进共识，扩大共同利益，应对共同挑战。

各国在国际移徙问题上的合作，应努力实现互利共赢，鼓励彼此开放而不是相互封闭，公平竞争而不是损人利己，优势互补而不是以邻为壑。国际社会应加强协调，尽量减少或消除国际移徙的消极作用，扩大国际移徙的积极作用，推动经济全球化朝着有利于共同繁荣的方向发展，保证发展中国家在国际经济事务中的平等参与和有利于发展中国家的经济发展。

中国主张维护和尊重世界的多样性。世界文明的多样性是人类社会的共同遗产和走向昌盛的宝贵源泉，应努力加以维护。各种文明之间的竞争和交流是人类社会历史发展的重要推动力。各国在交流与合作过程中，在平等的基础上，相互借鉴、取长补短，共同构建和谐的世界。

要尊重国际移徙人群的基本人权，制定和完善相关法律，消除歧视性政策，保护国际移徙人群在接受国应当享有的各项合法权益。

主席先生，中国将继续高举和平、发展、

合作的旗帜，推动世界政治多极化，倡导国际关系民主化和发展模式多样化，促进经济全球化朝着有利于各国共同繁荣的方向发展。中国将全面加强经济、文化、教育和科技等方面的国际交流与合作，积极维护中国公民和法人涉外合法权益。以互信、互利、平等、协作的态度，进一步发展同其他国家的关系，努力寻求和扩大共同利益的汇合点，妥善处理分歧。中国政府和中国人民愿与世界各国人民一道，共同为维护和促进人类的和平、发展与进步事业而不懈努力。

谢谢主席！谢谢各位代表！

中国常驻联合国副代表刘振民大使在安理会关于“儿童与武装冲突问题”公开辩论会上的发言

（2006年7月24日）

主席先生：

首先，中国代表团感谢秘书长特别代表库马拉斯瓦米女士，联合国儿童基金会执行主任维尼曼女士，以及联合国开发计划署和世界银行的代表所作的通报。

儿童是人类的未来和希望，儿童的安全、生存和发展是人类进步的先决条件，直接关系到一个国家和民族的前途与命运。然而，令人遗憾的是，目前世界上有30多个国家的儿童受到武装冲突的各种侵害。有的在无情的战火中被杀害；有的被迫卷入武装冲突，成为作战工具；有的则被绑架，或受到各种人身侵害。他们本该坐在课堂里学习知识，但实际上则成了武装冲突的牺牲品。需要特别提及的是，黎以冲突近来骤然升级，不少儿童丧生于空袭或炮击之中。我们对此表示震惊，强烈呼吁有关各方严格遵守国际人道主义法，避免伤及无辜，尤其是儿童，并为国际救援提供一切所需的便利和帮助。

主席先生，各国、各方都有尽力保护儿童免受武装冲突伤害的义务。近年来，联合国在促进武装冲突中保护儿童方面采取了一系列措施，并取得了积极成果。安理会7年来连续通过6个决议，为在武装冲突中开展儿童保护工作提供了比较完善的框架。联合国部分维和行动也把保护儿童作为一项重要工作，在帮助驻在国开展解除武装、复员和重返社会计划中，充分考虑儿童的特殊需要。一些经由联合国推动或参与达成的和平协定，也包含了保护儿童的条款。有关国家积极采取行动，通过立法为儿童保护问题提供保障。这些在一定程度上缓解了武装冲突对儿童的伤害，值得肯定。中国对世界上不同地区存在的武装冲突对儿童的侵害问题高度关注。我们支持联合国、包括安理会为促进武装冲突中保护儿童做出的各项努力。在此，我愿强调以下几点：

第一，安理会应加大预防冲突和维护和平的力度，从源头上制止、减少武装冲突，以在客观上达到保护儿童的效果。安理会负有维持国际和平与安全的首要责任，其他机制都无法替代。任何武装冲突，一旦爆发，作为弱势群体的儿童，最容易受到这样、那样的伤害。安理会应从解决冲突的角度，在其职权范围内，采取切实行动，减少武装冲突，同时进一步加强维和行动的有效性，以改善冲突地区的人道主义形势。这样，包括儿童、平民等在内的各个群体将有一个更安全的生存环境，可以从根源上避免很多悲剧的发生。

第二，在应对“儿童与武装冲突问题”时，要时刻尊重、支持当事国政府的作用。安理会第1612号决议“强调各国政府在有效保护和拯救受武装冲突影响的儿童方面的首要作用”。该决议的执行部分也多次指出当事国政府的重要作用。各个冲突局势特点不同，成因复杂。在适用"监督汇报机制"收集信息和开展实地工作时，要与当事国政府合作，共同努力应对武装冲突对儿童的伤害问题。目前，很多有冲突局势的当事国政府都制定了禁止招募儿童兵以及在冲突中保护儿童的各种战略和计划，在开展国际合作过程中，这些因素都要加以考虑。

第三，要进一步改进和完善安理会有关儿童与武装冲突问题的"监督汇报机制"和工作组的工作。该机制是根据第1612号决议设立的，一年来，已经取得了一些进展，希望秘书长能总结该机制的成绩和不足，以便在下一步工作中进行改进。该机制的主要任务在于收集信息，具体行动应由工作组讨论后做出。在法国作为主席的协调下，工作组开展了一年的活动，在职权范围、工作方案等基本规则方面取得了一致，并开始了实质性工作。中方希望工作组能发挥其专业知识，通过合作的方式和建设性的讨论向安理会提出在武装冲突中保护儿童的有效建议。

第四，在武装冲突中保护儿童是一项大规模任务，需要各方集体努力。中方赞赏秘书长特别代表的工作，包括她与各当事国政府开展的合作。同时，包括联合国儿基会在内的各专门机构和联合国驻地机构也在此负有各自的重要职责。中方认为，有关各方应加强协调与合作，共同帮助有关当事国增强保护儿童的能力。此外，一些民间社会组织和人道机构也参与了很多保护儿童的工作，它们有时在危险的环境中工作，我们对它们的辛勤工作表示肯定，同时希望它们能够奉行公正、中立和人道原则，帮助推动当地的和平进程。

主席先生，最后，中方再次敦促所有武装冲突的各冲突方切实履行有关义务，尊重并维护儿童应有权利。国际社会在推动冲突后重建时，应将儿童重返家庭、学校和社会作为优先事项加以解决，并应为此提供充足的资源保障。中国政府一直将保护儿童事业作为一项工作重点，早在2002年即批准了《〈儿童权利公约〉关于儿童卷入武装冲突问题的任择议定书》。我们呼吁更多的国家加入该议定书，并希望该议定书关于入伍年龄的规定能得到各方遵守。中国希望通过各方努力，能够给全世界的儿童提供一个美好的生存与发展环境，还给他们一个美好的明天。

谢谢主席先生。

中国代表郭晓梅在第61届联大三委关于儿童权利（议题62）的发言

（2006年10月11日）

主席先生：

中国代表团高兴地看到，在国际社会、各国政府和民间力量的持续不断的努力下，促进和保护儿童权利的事业不断取得进展。在这方面，各国政府、联合国有关机构均做了许多工作，我们对此表示赞赏，并希望借此机会，感谢联合国暴力侵害儿童行为问题独立专家、联合国儿童权利委员会、联合国秘书长关于儿童与武装冲突问题特别报告员等向本次会议提交的报告。

同时我们也看到，在世界范围内，儿童权利保护事业仍然面临很多挑战。贫困、饥饿、疾病、灾害、童工、毒品、性侵犯、暴力、战争和武装冲突仍然侵蚀着成千上万名儿童的生命和健康，损害着他们的权利。为此，国际社会仍然需要加强合作，采取有效措施，进一步促进和保护儿童权利，消除损害儿童权利现象产生的根源。在这方面，中国政府呼吁发达国家承担更多的责任和义务，通过提供资金、技术等手段向发展中国家提供帮助，共同为全世界儿童的健康成长创造良好的环境。

主席先生，中国自古就有尊老爱幼的传统。中国儿童人口占全世界儿童人口的1/5，中国政府在促进和保护儿童权利方面担负着重要的责任，也做了大量工作。目前，中国已基本上形成了以宪法、民法、收养法、未成年人保护法、义务教育法等法律构成的保护儿童权利的国内法律法规体系；基本建立了以国务院妇女儿童工作委员会为主、各有关政府部门参与、全国范围内较为完整的儿童工作机构体系。中国政府正在以《2001—2010年中国儿童发展十年纲要》为指导，努力落实第27届儿童问题特别联大的目标承诺，在儿童与健康、儿童与教育、儿童与法律保护、儿童与环境等各领域开展各项具体工作。

自第60届联大以来，中国在保护儿童权利方面又取得了新进展。今年6月，中国完成了《中华人民共和国义务教育法》的修订工作，新法已于今年9月1日施行。新法对于进一步保障义务教育经费，合理配置义务教育资源和采取措施促进学校均衡发展等方面都作了明确规定，将极大地促进中国义务教育事业的开展。

目前，中国正在进行《中华人民共和国未成年人保护法》的修订工作，修订草案已于今年8月提交全国人大常委会审议。该草案明确了“儿童优先”和“儿童最大利益”原则，确认未成年人享有生存权、发展权、受保护权、参与权和受教育权等基本权利。

主席先生，早在1991年，中国政府就批准了《儿童权利公约》；此后，中国政府相继批准和参加了《禁止和立即行动消除最恶劣形式的童工劳动公约》、《儿童权利公约关于买卖儿童、儿童卖淫和儿童色情制品问题的任择议定书》、《跨国收养方面保护儿童及合作公约》等公约，并正积极研究《儿童权利公约关于儿童卷入武装冲突的任择议定书》的批准事宜。

中国政府一贯认真履行所承担的各项公约义务。2005年9月19日至20日，儿童权利委员会中国提交的执行《儿童权利公约》的第二次报告和执行《〈儿童权利公约〉关于买卖儿童、儿童卖淫和儿童色情制品问题的任择议定书》的首次报告进行了审议。委员会对中国报告给予了高度评价，并对中国继续促进儿童权利事业的发展提出了一些建议。中国政府正在采取一系列具体措施落实委员会的有关建议，并就《儿童权利公约》履约报告审议后续行动问题，与联合国儿童基金会开展着卓有成效的合作。

主席先生，中国政府重视并尊重儿童权利委员会的工作，愿意继续与委员会真诚合作，同时也希望委员会在秉持客观、公正态度的前提下，慎重对待来自各种渠道的相关信息，防止因不实信息而对委员会的工作形成误导和干扰。

主席先生，中国正处于经济、社会转型时期，城乡差距、地区差异和各种社会问题仍然比较明显。中国政府清醒地认识到，在儿童权利保护方面，还有很多工作要做。中国政府将继续努力，并与国际社会一道，共同构建一个“适合儿童生长的世界”。

谢谢主席先生。

中国常驻联合国副代表刘振民大使在第61届联大三委关于“人权文书的执行”（议题66a）的发言

（2006年10月17日）

主席先生：

中国代表团认为，国际人权文书对于促进和保护人权发挥了积极作用。中国政府一贯高度重视国际人权文书对促进和保护人权的作用。

迄今，中国已是《经济、社会和文化权利国际公约》、《儿童权利公约》、《禁止酷刑公约》、《消除一切形式种族歧视国际公约》、《消除对妇女一切形式歧视公约》等重要国际人权条约的缔约国，签署了《公民权利和政治权利国际公约》和《〈儿童权利公约〉关于儿童卷入武装冲突的任择议定书》，并在认真研究后两项文书的批准事宜。

中国政府一贯认真履行根据国际人权条约所承担的各项义务。迄今，已先后就执行《经济、社会和文化权利国际公约》提交了首次报告，就《消除一切形式种族歧视国际公约》提交了9次报告，就《消除对妇女一切形式歧视公约》提交了6次报告，就《禁止酷刑公约》提交了5次报告，就《儿童权利公约》提交了2次报告，就《〈儿童权利公约〉关于买卖儿童、儿童卖淫和儿童色情制品问题的任择议定书》提交了首次报告。在这些报告的审议过程中，中国政府与人权条约机构保持了良好的对话与沟通。中国代表团认为，认真准备执行有关人权条约的报告，既是总结和评估中国政府促进人权活动的良好机会，也是接受咨询并改进我们促进人权工作的良好机会。因此，中国政府高度评价与各个人权条约机构的合作。

自香港和澳门回归祖国以来，中国政府按照“一国两制”的原则，积极支持香港特区政府和澳门特区政府开展人权保护工作和履行有关公约义务。对分别适用于香港和澳门特区的有关人权文书，中国政府在提交履约报告时均将两个特区政府自行撰写的履约情况作为中国报告的组成部分。

目前，中国政府正在进行《消除一切形式种族歧视国际公约》第10～13次合并报告的撰写工作，希望能于明年的适当时间提交联合国消除种族歧视委员会。

主席先生，多年来，各人权条约机构根据有关条约授权，做了不少有益的工作，对此应予充分肯定。同时，中国代表团认为，由于现行报告制度过于复杂、提交报告间隔时间短、不同条约机构的某些职责重叠等原因，出现缔约国提交报告负担过重的问题，重复劳动的情况也很突出。联合国秘书长曾在2002年“加强联合国：进一步改革纲领”报告（A/57/387）中明确指出了这一问题。人权条约机构主席间会议和人权条约机构委员会会议就此提出了改革建议。2006年3月，联合国人权高专办就此提出“统一的人权条约机构”的设想。中国政府注意到这些建议，并对这些努力表示赞赏。中国代表团认为，人权条约机构改革涉及很多复杂的法律问题，将是一个较长的过程，需要在国家间进行广泛磋商，以寻求广泛协商一致的妥善解决办法。同时，我们认为，任何改革举措应当符合简化报告机制、提高效率和节约资源的原则，避免重复审议，以切实减轻缔约国尤其是作为发展中国家的缔约国在撰写履约报告方面的负担。中国代表团愿意并将积极参与有关讨论和磋商。

主席先生，人权条约机构审议缔约国履约报告，是与缔约国进行平等对话和交流的过程。人权条约机构的结论性意见与建议，对缔约国而言具有重要的参考价值。为此，人权条约机构所提出的结论性意见和建议本身应当更加贴近缔约国现实情况，具有针对性和可操作性。人权条约机构在审议缔约国履约报告过程中，也应当始终遵循客观、公正、合作和对话的原则，避免被怀有政治目的的团体或个人所利用。对于来自外界的各种信息，人权条约机构应当谨慎对待，鉴别真伪，避免根据不实信息对缔约国政府提出指责和批评。

主席先生，不断改进人权条约机构的工作程序和提高其效率既是各个条约机构自身的责任，也是各成员国政府的职责。中国政府愿与各国一道为此而努力。

谢谢主席先生。

中国常驻联合国副代表刘振民大使在第61届联大三委关于人权问题（议题66 b，c）的发言

（2006年10月18日）

主席先生：

今年是联合国人权领域具有重要意义的一年。在广大成员国的努力下，联大通过了成立人权理事会的决议。人权理事会的成立为各方以新思维、新方式处理人权问题提供了历史性机遇。如何抓住这一历史机遇，实现从理念到机制的彻底变革，开创国际人权领域新局面，是联合国全体成员国的共同责任。在此，我愿提出几点看法：

第一，要普遍实现人权，国际和平与安全应得到切实维护。环顾世界各个地区，暴力、动乱甚至武装冲突和流血仍在困扰国际社会，践踏着无辜人们的基本人权。联合国应在预防冲突、重建和平和打击各种形式恐怖主义方面加倍努力。人权理事会应优先关注武装冲突、特别是国际武装冲突造成的大规模侵犯人权局势。

第二，要普遍实现人权，发展中国家的正当诉求应得到合理关注。经济全球化带来的巨大财富并未惠及所有国家。许多发展中国家，特别是最不发达国家仍受制于贫困、疾病和环境恶化等问题，缺乏实现人的尊严、自由和人权的最基本条件。国际社会，特别是发达国家应信守承诺，采取切实措施帮助发展中国家落实千年发展目标。我们赞赏人权高专在其报告中将促进发展权、消除贫困作为未来工作的首要任务，希望两类人权发展不平衡问题能切实得到纠正。

第三，要普遍实现人权，弱势群体的权益应得到特殊尊重。当今世界，基于国籍、种族、肤色、性别、语言、宗教等各种原因的歧视和偏见依然存在，妇女、儿童、残疾人、移民工人、土著人和少数民族等弱势群体仍是侵犯人权行为的经常受害者。我们欢迎最近几个月相继通过《土著人权利宣言》和《残疾人权利公约》，希望这些文书能尽快转化成各国的实际行动。

第四，要普遍实现人权，对话与合作应得到大力倡导。社会制度、发展水平、宗教传统和意识形态的多元是世界现实。人权会的教训告诉我们：强权不符合民主原则，对抗产生不了人权文化。不同社会制度和发展水平的国家应相互尊重、相互学习，通过对话与合作取长补短，共同进步。

主席先生，人权理事会正处于建章立制的重要阶段，需要各方既拿出决心，又显示耐心，共同营造平等协商、互信合作的氛围，为今后理事会的工作创建良好的开端，奠定扎实的基础。

我们认为，普遍定期审议应坚持公正、公平、客观和非选择性原则，促进各国就人权问题开展建设性对话，而不是相互指责和攻击。人权特别机制应以民主、透明的方式产生，其活动应严格遵守人权理事会的授权和明确的行为准则。人权条约机构改革应着眼于减轻缔约国负担，提高工作效率，避免重复审议，节省经费和资源。人权高专办应根据授权开展工作，提高职员地区代表性和专业性，以更加开放和透明的态度接受成员国监督。作为人权理事会成员国，中方愿与各方共同努力，本着积极和建设性态度参与上述问题的磋商，推动各方在协商一致的基础上达成公正、合理方案，共建一个有信誉、有活力、有效率的人权理事会。

主席先生，中国政府始终将促进和保护人权视作自己重要的责任。中国政府促进和保护人权的总体目标是，根据“国家尊重和保障人

权”的宪法原则，坚持以人为本的科学发展观，努力构建和谐社会，实现人的全面发展。我们重视扶助弱势群体，今年1月1日开始全部免除实行了2000多年的农业税，减轻8亿农民的负担。我们修改了《义务教育法》，计划用两年时间，全部免除农村义务教育阶段的学杂费，更好地保障1亿6千万农村孩子的受教育权。我们不断完善人权立法，健全基层民主，正在修改三大诉讼法（即刑事诉讼法、民事诉讼法、行政诉讼法），推进司法改革，加强司法监督。我们积极开展人权领域的国际交流、合作和对话，正与人权高专办认真落实人权技术合作《谅解备忘录》。

当然，中国作为拥有13亿人口的发展中国家，在促进和保护人权方面还有许多工作要做。我们有决心、有信心继续努力，实现本国人权事业不断进步。我们愿与世界各国加强合作，共同推动国际人权事业的健康发展。

谢谢主席先生。

中国代表团顾问郭嘉昆在第61届联大三委关于反对种族主义问题和民族自决权问题（议题65、66）的发言

（2006年11月6日）

主席先生：

中国代表团完全赞同南非代表77国集团和中国的发言。我们感谢秘书长和反对种族主义、种族歧视、仇外心理和有关不容忍行为特别报告员分别向本届联大提交的报告。

中国代表团认为，种族主义、种族歧视和仇外现象是对人权的极大侵犯，是国际社会应拿出勇气和政治意愿尽快加以解决的重要课题。2001年世界反对种族主义大会通过的《德班宣言和行动纲领》是国际社会打击种族主义的纲领性文件。但五年来，《德班宣言》的执行情况喜忧参半。为此，我们呼吁各国支持开展“《德班宣言及行动纲领》回顾审查（Durban Review Process）”的建议。这不仅有助于国际社会进一步明确目标，找出差距，加强行动协调，而且有助于关注和解决新近出现的现代形式的种族主义和种族歧视。我们高兴地注意到，秘书长在其报告中反映了联合国、成员国及非政府组织在反对种族主义领域采取的具体措施。

中国代表团研读了种族歧视问题特别报告员提交的报告（A/61/335），注意到报告员指出了当前种族主义现象蔓延的严重趋势，包括排斥多元文化，仇视伊斯兰教，种族主义、种族歧视和仇外心理日益走向正当化等。种族歧视和对少数族裔的暴力、排外现象在发达国家尤为突出。我们赞赏报告员提出的颇具价值的建议，特别是应采取双管齐下的战略，即政治、法律战略和道德、思想和文化战略。

主席先生，民族自决权是一项重要而不可替代的人权，是各国人民反对外来侵略和干涉，维护国家主权、独立和人民尊严的一项庄严的政治权利。国际社会应全面遵守《联合国宪章》和有关国际法原则，充分保护和促进民族自决权的实现，推动和平、发展与人权的和谐进步。

当前中东形势和巴勒斯坦的人道主义形势令人担忧。中国代表团支持巴勒斯坦人民为实现民族自决权而进行的不懈斗争，希望国际社会发挥更加积极的作用，全面、公正地解决巴勒斯坦问题，早日实现中东地区的持久和平与稳定。

谢谢主席先生。

中国代表团郭嘉昆在第61届联大三委关于难民问题（议题41）的发言

（2006年11月7日）

主席先生：

中国代表团愿就难民高专报告发表如下评论：

在过去一年，随着非洲和阿富汗等地的难民群继续返乡，全球难民人数保持下降势头，减少至830万左右。这是国际社会在“国际团结、负担分担”精神下共同努力所取得的可喜成绩。难民署全体工作人员和有关政府及人道救援组织为取得这一成绩做出了重要贡献。中国代表团对此予以高度赞赏。

另一方面，全球难民形势依然严峻。不少地区的内战和冲突在不断产生大量的新难民群和国内流离失所人员（internal displaced persons），难民署关注人员总数仍然高达约2千万。许多发展中国家以及欠发达国家仍然因为接收大规模的难民群而承受沉重的负担。各国应继续按照在去年联大峰会成果文件中所做承诺，切实贯彻“国际团结、负担分担”原则，加大力度、标本兼治，努力寻求难民问题的永久解决。

近年来，在难民人数下降的同时，国内流离失所人员数目日益增加，已高达约6百万，引起了国际社会关注。联合国各人道救援机构、其他国际援助机构和团体加强协调，组成为国内流离失所人员提供保护和援助的机制，并确定了难民署在该机制中的领导作用。难民署本身亦在人事、财政等方面增加了对保护国内流离失所人员的投入。我们注意到难民署这些努力，同时也希望难民署介入IDP的活动应严格遵守有关联大决议、而且不对难民署保护难民这一主要职责产生消极影响。

非正常的人口混合流动（irregular mixed population movements）给难民国际保护体制提出了严峻挑战：如何确保庇护体制不被各类违法流动人员滥用，同时为真正符合条件的难民提供及时、有效的保护？今年6月，难民署提出了“应对混合移民流动：10点行动计划”（Addressing Mixed Migratory Movement，A 10-Point Plan of Action），其中包括一些有价值的建议，同时也有需进一步改善的地方。更重要的是，主权国家在管理人口流动方面负主要职责，上述行动计划的实施应在和有关国家充分磋商、征求国家同意的前提下进行。

在今年9月举行的联大“移民和发展高级别对话会”上，各国一致认识到当前全球移民流动的复杂性和重要性，达成了加强合作、综合治理的基本共识。在此方面，我们欢迎难民署继续参与高级别对话的后续进程，在其自身职责范围内为促进全球人口有序和安全流动做出贡献。

难民高专上任后发起了“体制和管理改革进程”（Structural and management change process），以逐步调整内部人事结构和资源配置、加强难民署在实地的保护和援助力量。这充分体现了高专的实干和创新精神。希望这一改革在透明和广泛磋商的基础上顺利推进，使难民署能更为有效地应对新时期的难民问题。

中国重视并积极参与难民领域的国际合作和交流。中国于2005年和2006年连续担任“亚太难民、流离失所人员和移民问题政府间磋商机制”（APC，Inter-governmental Asia-pacific consultations on refugees，displaced persons and migrations）协调员，并在难民署协助下承办了若干研讨会和APC年会。中国愿进一步和亚太地区各国及难民署加强在难民及相关问题上的交流，促进APC进一步得到加强和发展。

谢谢主席。

中国代表团白永洁参赞在第61届联大关于议题57：消除贫困及其他发展问题的发言

（2006年11月10日）

主席女士：

中国代表团感谢秘书长就该议题提出的报告，支持南非代表“77国集团和中国”所作的发言。

主席女士，关于议题57（a）：联合国第一个消除贫困十年的执行情况。

摆脱贫困、免于匮乏，是人类世代努力奋斗的目标。今年是联合国第一个消除贫困十年的结束之年，回顾取得的成绩，展望未来的方向具有特殊意义。

过去十年，国际社会为消除贫困所做的努力是前所未有的。制定和实施减贫战略成为各国政府、民间社会和国际组织的共同行动。消除贫困成为联合国千年发展目标之首，受到全社会的普遍重视。许多资金投入、行动倡议都以帮助贫困人群为目标，声势浩大，产生了强大的动力。许多贫困人口脱贫，过上了体面的生活，这些成绩都来之不易，值得肯定。

然而，值得注意的是，在全球技术不断进步、财富大量积累的今天，贫富悬殊和南北差距仍在扩大，饥饿和贫困依然在许多发展中国家肆虐。目前全球仍有10亿人生活在极端贫困线以下，每年约500多万儿童因饥饿和营养不良而夭折。根据最乐观的估计，按照目前的减贫速度，到2015年全球赤贫人口只能降至7.35亿，尚无法达到千年发展目标提出的减半目标。

从过去十年的经历中，我们可以得到以下启示：

第一，消除贫困的挑战将是长期的。贫困的存在有很深的历史原因和社会原因，具体情况多种多样，不会在短时间内消失。各方应将消除贫困作为一项长期的任务，坚持不懈地抓下去。正因为如此，我们认为应总结第一个十年的经验教训，结合千年发展目标，制定第二个消贫十年，以保持各方的关注和积极性，确保取得成效。

第二，消除贫困应以经济发展为中心。消除贫困归根到底要靠发展经济。只有保持经济增长，才会保持全社会的活力，才能获得宝贵的资金、就业机会，以利于贫弱者摆脱困境。发展中国家经济发展起点低，基础弱，是消除贫困的重点和难点。国际社会特别是发达国家应更多地关注这些国家的特殊困难，尽早落实在资金援助、技术转让、债务减免和市场准入等方面做出的承诺，为发展中国家的经济增长创造良好的外部环境。

第三，消除贫困需要制定综合政策。消除贫困是一项系统工程。经验提示人们，片面追求经济扩张，不顾社会公平和大众福利，将加剧贫富分化，恶化贫困人口的处境。为此，在保持经济稳步增长的同时，应制定有利于穷人的政策，确保其公平分享发展成果。应将扶贫开发与发展科学、教育、卫生等各项事业相结合，努力提高贫困人口的综合素质，实现全方位治理贫困。

第四，消除贫困必须广泛动员社会力量。消除贫困是全社会的共同责任，政府部门应与私营部门、民间社会等结成伙伴关系，充分发挥各方的长处，各司其职，相互配合，各方应调动资源，创新机制，强化举措，丰富手段，为减贫事业注入生机和活力。

主席女士，中国作为最大的发展中国家，是全球减贫事业的积极参与者。近年来，中国政府以促进经济增长、提高全民的生活水平为目标，取得了显著成绩。从20世纪80年代开始，中国政府实施了大规模、持久和富有成效的扶贫开发计划，解决了2亿多农村贫困人口的温饱问题。到2005年底，全国贫困人口减少到2365万人。在取得显著进步的同时，中国仍面临人均收入水平较低、发展不平衡的突出问题，消除贫困的难度相当大。目前中国正在积极致力于全面建设小康社会，其核心是以人为本，公正、和谐，使改革和发展所创造的财富为全体人民所共享。相信这些政策将促进中国消除贫困的进程，尽快解决贫困人口的温饱问题。

中国积极参与全球消除贫困事业。去年5月，中国政府与联合国开发计划署等组织联合发起并共同组建了中国国际扶贫中心，旨在创新扶贫理论、促进政策转换、增强国际互动、推动南南合作。目前，中心已经运转工作。中国政府愿与世界各国共享减贫经验，开展务实有效、互利共赢的合作，为全球实现消除贫困的目标作出新贡献。

主席女士，关于议题57（b）：工业发展合作。

工业发展是推动发展中国家和经济转型国家消除贫困、实现持续经济增长的强劲动力，加强企业生产力建设、创造生产性就业机会、消除管制障碍、增加贸易出口和市场竞争力，是实现可持续发展的重要组成部分，而通过培训和生产活动向发展中国家和经济转型国家传播技术则是使之获得实际能力的有效手段。中国代表团支持工发组织根据不同地区、不同国家的发展优先和具体情况，制定有针对性的合作战略和援助方案，同时赞赏工发组织把提高能源效率和环境保护作为可持续工业发展的重要组成部分纳入发展战略。中国代表团认为，工发组织把提高企业生产力、增加贸易能力和提高能源效率作为机构的工作重点，这一定位是准确的。我们希望工发组织进一步加强工业发展领域的南南合作，继续发展与非洲国家的“新伙伴关系”，为促进广大发展中国家有效参与全球经济、扩大它们之间在贸易、投资和技术合作方面的收益发挥更积极的作用。

谢谢主席女士。

中国常驻联合国副代表刘振民大使在第61届联大通过《残疾人权利公约》后的发言

（2006年12月13日）

主席女士：

第61届联大刚刚通过了《残疾人权利公约》。这是残疾人权益保护史上的里程碑。公约凝聚了各方的政治意愿和辛勤劳动，体现了所有参与谈判方的建设性合作态度。

中国政府高度重视残疾人的权益保护和社会福利工作。根据最新的全国残疾人抽样调查结果，中国现有近8300万残疾人。多年来，中国政府致力于建立并逐步完善残疾人人权保障体系，以帮助残疾人平等地参与社会生活，共享经济社会发展成果。今年，中国政府颁布实施了《2006—2010年中国残疾人事业发展纲要》，着手实现残疾人“人人享有康复服务”等目标。

主席女士，中国是最早推动制定残疾人公约的国家之一。过去五年里，中国代表团积极参与公约的起草工作，做出了自己应有的贡献。为如期完成公约起草工作，包括中国代表团在内的许多代表团在磋商中对公约中一些存在争议的问题上显示了灵活性。我们深信，公约的通过，将为国际社会保护残疾人权益提供有益的观念、政策和法律框架。

谢谢主席。

2007年

中国常驻联合国副代表刘振民大使在联合国第45届社发会关于“促进充分就业和人人有体面的工作”的发言

（2007年2月8日）

主席先生：

首先，请允许我祝贺你当选本届会议主席。相信在你的杰出领导下，本届会议定能取得圆满成功。中国代表团将全力支持你的工作，为会议成功做出贡献。

主席先生，就业是各国经济社会发展过程中面临的普遍问题。实现充分就业和体面劳动是所有劳动者的共同愿望，也是各国政府的重要职责和使命。在经济全球化深入发展、各国经济联系日趋紧密的今天，本届社发会在优先主题下审议充分就业和体面劳动问题具有积极和现实意义。中国代表团认真研读了秘书长报告，认为这为会议讨论奠定了良好基础。在此，我愿就会议主题发表如下意见：

一、增强就业与经济增长的良性互动是促进充分就业和实现体面劳动的前提。各国政府应善用本国的比较优势，有重点地发展经济，创造更多的就业机会。同时，还要加大人力资源投资力度，为劳动者提供更好的教育和培训，提高其就业技能，在此基础上完善劳动力市场服务体系，营造良好的就业和创业环境。

二、适合本国国情的社会保障制度是促进充分就业和实现体面劳动的保障。在发展经济的同时，各国政府不能忽视社会公平和公正原则，应保证社会弱势群体能够分享发展成果。实现体面劳动是我们的共同奋斗目标，但各国国情不同，发展阶段不同，达成目标的方式与进程也不尽相同，在实践中应尊重多样性。需要强调的是，除了政府在保障劳动者权益方面负有主要责任外，跨国公司也应承担不可推卸的社会责任。

三、解决农村地区人口就业问题是促进充分就业和实现体面劳动不可或缺的重要组成部分。农村人口约占全球总人口的一半，各国政府应加大对农村和农业发展的投入，为农民提供更多的资源、技术和培训机会，同时应在城市化进程中创造更多就业机会，解决好农村剩余劳动力的就业问题。

四、鼓励中小企业发展是促进充分就业和实现体面劳动的新亮点。广大中小企业是全球经济发展中最具活力和创新精神的组成部分，它们在创造就业方面发挥的重要作用应得到更多重视。各国政府应发挥中、小企业灵活多样的特点，在政策和税收方面给予支持。

五、良好的国际环境是促进充分就业和实现体面劳动的有利支持。发达国家应在帮助发展中国家摆脱贫困、创造就业方面持更加积极的态度。我们呼吁发达国家放弃不明智和不公正的贸易保护主义，特别是取消针对发展中国家劳动密集型产品的贸易壁垒。我们呼吁发达国家在促进技术转让方面采取积极政策，特别是应加大对清洁生产、低排放、高能效技术的转让，以帮助发展中国家增加环境友好型产业的就业。

主席先生，中国是世界上人口最多的发展中国家，就业问题比任何一个国家都繁重、复杂。这既关系劳动者个人的合法权益，也是构建和谐社会的重要组成部分。中国政府将就业作为民生之本，把扩大就业摆在经济社会发展中更加突出的位置，并列为国民经济和社会发展的宏观调控目标。

我们实施了积极的就业政策，主要包括：第一，发展经济，增加就业机会，调整经济结构以及发展小企业创造就业，将扩大就业与经济增长相结合；第二，为下岗失业人员提供就业服务和职业培训，将提高就业质量与人力资源开发相结合；第三，完善社会保障和实施再就业援助，帮助就业困难群体再就业，将促进就业与建立社会保障制度相结合；第四，推进城乡统筹就业，将城乡协调发展与建立平等就业制度相结合。

主席先生，由于中国人口众多，劳动力供大于求的矛盾将长期存在，经济体制转轨、产业结构调整任务相当繁重。城镇新增劳动力、农村富余劳动力、下岗失业人员重新就业将是我国面临的三大就业问题。在当前及今后相当长的时期内，促进就业任务相当艰巨。因此，在中国推动实现“促进充分就业和人人有体面工作”将是一个任重道远的过程。

我们愿与国际社会一道，继续为促进全球经济社会协调发展、实现劳动者充分就业、享有体面劳动的目标、为构建和谐世界而共同努力。

谢谢主席先生。

国家人口计生委副主任江帆在联合国人口与发展委员会第40届会议上关于议题3的发言

（2007年4月9日）

主席先生：

首先，请允许我代表中国代表团对您当选为本届会议主席表示衷心祝贺。我也热烈祝贺主席团其他成员的当选。感谢会议秘书处为本届会议所作的出色的准备工作。

中国代表团支持巴基斯坦代表团代表77国集团+中国的发言。中国代表团高度赞赏秘书长提交本届会议的报告。报告描述了当今世界人口年龄结构变化及其对社会经济发展的影响，介绍了联合国人口基金为协助各国应对人口老龄化挑战而开展的人口方案。报告为本届会议讨论关于人口结构变化及其对发展的影响奠定了很好的基础。

主席先生，目前世界上许多国家正在经历前所未有的人口转变高峰，人口快速老龄化，国际社会和各国政府正在积极应对人口老龄化带来的各种新的挑战。中国代表团对于人口年龄结构的变化及其对发展的影响，有以下几点看法和建议。

一、积极应对人口老龄化。人口老龄化是人类社会经济发展的必然趋势。联合国机构和国际组织应协助有关国家特别是发展中国家予以积极应对。发展中国家在应对老龄化方面面临的挑战尤为严重。我们欣赏联合国人口基金在支持各国积极应对老龄化挑战方面所开展的人口方案。

二、制定科学的人口规划。我们应积极应对人口老龄化带来的在社会、经济和医疗保健方面的挑战，将老龄问题纳入国家发展战略和扶贫战略的主流，把人口老龄化作为发展中的一个重要因素。

三、减少老年贫困。老人是所有社会中最贫穷的人，贫困是老年人福祉的主要威胁。我们应该结合千年发展目标的落实，努力使老年人的需求得到满足，尤其是贫困老人，特别是贫困老年妇女的需求。

四、重视人口数据的收集和人口研究。经济社会发展面临的所有重大问题，都与人口数量、结构、素质、分布密切相关。在人口问题上的任何失误都将对经济社会发展带来难以逆转的长期影响。所以我们应该进一步加强对人口数据的收集和人口战略研究，特别重视关于老年人数据的收集和研究，为制订有效政策，迎接人口老化带来的挑战提供建议和依据。我们希望联合国人口基金和经社理事会人口司能够利用自身优势，开展更多的比较研究。

五、加强国际合作与交流。我们希望联合国人口与发展委员会、联合国人口基金、联合国人口司能充分利用和合理整合现有的资源，在积极应对人口年龄结构变化及其对发展的影响的政策对话、经验交流、信息提供和项目合作方面发挥更大的作用，同时呼吁国际社会加强在这方面的南南合作。发展中国家面临相同或相似的问题，应该加强这方面政策对话和经验交流。我们呼吁支持和帮助人口领域发展中国家政府间国际组织——人口与发展南南合作伙伴组织在这方面发挥其应有的作用。

六、加强发展中国家能力建设。联合国机构和国际组织应加强与发展中国家的交往，对决策者和方案管理者进行积极的倡导并提供足够的培训，帮助决策者提高对于与人口老龄化相关问题的认识。将老龄问题纳入社会和经济规划的主流，加强政府制定和执行实事求是的战略计划和政策的能力。发达国家在应对人口老龄化方面有丰富的经验，希望发达国家在加强能力建设方面给予发展中国家更多的帮助。

主席先生，中国是世界人口最多的发展中国家，已进入老龄化社会，拥有世界最多的老龄人口，经历着人口快速老龄化带来的一系列挑战。中国老龄事业的发展目标是，实现“老有所养、老有所医、老有所教、老有所学、老有所为、老有所乐”。中国政府愿意与世界其他国家，特别是其他发展中国家一起在人口年龄结构变化及其对发展的影响方面，加强对话，交流经验，探讨对策，为促进共同发展、构建和谐世界做出贡献。

谢谢大家！

中国常驻联合国副代表刘振民大使在第61届联大议程46：第26届特别会议成果的后续行动：《关于艾滋病毒/艾滋病问题的承诺宣言》的执行情况的发言

（2007年5月21日）

主席女士：

中国代表团感谢秘书长就该议题提交的报告。

艾滋病的流行给人类健康带来巨大威胁。在许多发展中国家，艾滋病的肆虐已严重阻碍了他们的经济社会发展。2001年，联合国召开艾滋病问题特别联大，通过了艾滋病控制承诺宣言。2006年，联大艾滋病问题高级别会议宣布到2010年实现普遍获得艾滋病毒的预防、治疗、护理和支助服务的目标，进一步加强了各国政府落实承诺宣言的努力。过去的一年，国际社会在艾滋病防治领域作出了许多积极努力。然而，要实现到2015年“制止并开始扭转艾滋病毒/艾滋病的蔓延”的目标，困难和挑战依然艰巨，需要国际社会进一步加大投入，从落实预防措施和开展抗病毒治疗两方面作出不懈努力。从中国的实际情况和工作经验出发，中国代表团愿强调以下几点：

一、高度重视预防性教育工作。倡导减少婚前性行为、婚后多性伴侣性行为及对青少年进行忠贞教育可以减少性行为对象更换的频率，是减低艾滋病持续流行的措施之一。我们希望，国际社会提高对预防性教育重要性的认识，并将措施落到实处。

二、高度重视流动人口。流动人口的自身特点使其成为艾滋病传播的高危群体和脆弱性群体，应成为有关艾滋病防治的工作重点。我们建议联合国和有关国际机构进一步加强对流动人口艾滋病防治的关注，给予更多投入，切实有效地加强对流动人口的艾滋病防治工作。

三、加强信息交流和工作指导。联合国有关机构在艾滋病防治领域拥有众多专家，经验丰富。我们希望联合国及其他国际机构采取措施，进一步积极支持和推动艾滋病防治工作，加强艾滋病的信息交流工作和对成员国的指导。例如可通过联合国有关机构驻地代表处将艾滋病防治的技术指南、最佳实践等介绍给所在国，以便更好地将国际实践与各国工作有效结合。

主席女士，近年来，中国政府采取一系列积极行动，全面落实艾滋病防治的各项措施。我们正在全面落实《艾滋病防治条例》和《中国遏制与防治艾滋病（2006—2010年）行动计划》，已基本形成由政府组织领导、部门各负其责、全社会共同参与的艾滋病防治工作机制。中国各级政府正在采取积极措施，加强宣传教育，普及艾滋病防治知识，力争到2010年，15～49岁人口艾滋病知识知晓率，城市达到85％以上，农村达到75％以上。同时，中国政府认真落实“四免一关怀”政策，依法保护艾滋病患者的合法权益，反对社会歧视，并对重点人群实施以安全套推广、美沙酮维持治疗等为主要手段的干预措施，力争到2010年，使有效干预措施基本覆盖主要高危人群和流动人口。

我们清醒地认识到，尽管我们作出了巨大努力，但艾滋病疫情还没有得到有效遏制，仍面临资金短缺、技术缺乏、药物和诊断试剂昂贵等诸多困难。我们希望国际社会通过各种途径，对我国的艾滋病防治工作提供更多切实有效的支持。中国政府希望，在国际社会的支持和帮助下，在防治艾滋病方面取得积极成果。

谢谢主席女士。

中国常驻联合国副代表刘振民大使在第62届联大三委关于儿童权利议题（议题66）的发言

（2007年10月17日）

主席先生：

中国代表团高兴地看到，在国际社会、各国政府和民间力量的持续不断的努力下，促进和保护儿童权利的事业不断取得进展。各国政府、联合国有关机构为此做了许多工作，我们表示赞赏。

同时我们也看到，在世界范围内，儿童权利保护事业仍然面临很多挑战。贫困、饥饿、疾病、灾害、童工、毒品、性侵犯、暴力、战争和武装冲突仍然侵蚀着成千上万名儿童的生命和健康，损害着他们的权利。为此，国际社会仍然需要加强合作，采取有效措施，进一步促进和改善儿童权利。落实保护儿童权利，需要各国政府采取立法、行政及司法措施，也有赖于不断改进各国的经济和社会条件，同时需要重视消除损害儿童权利现象产生的根源。中国政府呼吁发达国家承担更多的责任和义务，通过提供资金、技术等手段向发展中国家提供帮助，共同为全世界儿童的健康成长创造良好的环境。

主席先生，中国儿童人口占全世界儿童人口的1/5，中国政府在促进和保护儿童权利方面担负着重要责任。在落实千年发展目标的过程中，中国政府始终坚持“儿童优先”的原则，以实际行动履行国际承诺，不遗余力地促进中国儿童的生存、发展、保护和参与。2001年，中国政府颁布实施了《中国儿童发展十年纲要（2001—2010）》。该《纲要》既是中国政府促进儿童事业发展的国家级行动计划，也是中国落实千年发展目标和儿童问题特别会议目标所采取的后续行动。2006年国务院妇女儿童工作委员会的评估结果显示，截至2005年，《纲要》实施情况总体良好。

目前，中国已形成了以宪法、民法、收养法、未成年人保护法、义务教育法等法律构成的保护儿童权利的国内法律法规体系，建立了以国务院妇女儿童工作委员会为主、各有关政府部门参与的全国范围儿童工作机构体系。

中国政府还采取专项行动计划，解决儿童发展的重点难点问题，加强了对孤残和流浪儿童的服务和保护，妥善解决了流动儿童权利保护问题，并开展预防和控制艾滋病，以及对艾滋病致孤儿童的救助安置工作，采取切实措施保护儿童免遭虐待、剥削和暴力，尤其是加强了对女童的保护。

主席先生，早在1991年，中国政府就批准了《儿童权利公约》；此后，中国政府相继批准和参加了《禁止和立即行动消除最恶劣形式的童工劳动公约》、《〈儿童权利公约〉关于买卖儿童、儿童卖淫和儿童色情制品问题的任择议定书》、《跨国收养方面保护儿童及合作公约》等公约。今年以来，中国政府积极推动批准《〈儿童权利公约〉关于儿童卷入武装冲突问题的任择议定书》的事宜，目前批准该议定书的前期研究工作已经完成，我们希望在不久的将来中国全国人大常委会将就批准议定书进行审议。

中国政府一贯认真履行所承担的各项公约义务，先后两次提交了执行《儿童权利公约》的报告和执行《〈儿童权利公约〉关于买卖儿童、儿童卖淫和儿童色情制品问题的任择议定书》的首次报告，儿童权利委员会对中国的报告给予了高度评价，并对中国继续促进儿童权利事业的发展提出了一些建议。中国政府正在采取一系列具体措施落实委员会的有关建议，并就履约报告审议后续行动问题，继续与联合国儿童基金会开展着卓有成效的合作。今年6月，新修订的《中华人民共和国未成年人保护法》颁布实施。修订后的法律吸纳了《儿童权利公约》中有关规定，明确了“儿童优先”和“儿童最大利益”原则，确认未成年人享有生存权、发展权、受保护权、参与权和受教育权等基本权利。这些规定将对促进中国儿童保护事业发挥积极作用。

主席先生，中国正处于经济、社会转型时期，城乡差距、地区差异等问题仍然比较明显。中国政府清醒地认识到，在儿童权利保护方面，还有很多工作要做。中国政府将继续努力，与国际社会一道，为共同构建一个“适合儿童生长的世界”而不懈努力。

谢谢主席先生。

中国代表刘玉印在第62届联大关于议题58“消除贫穷和其他发展问题”的发言

（2007年11月6日）

主席女士：

中国代表团感谢秘书长就该议题提出的报告。支持巴基斯坦代表“77国集团和中国”所作的发言。

主席女士，贫困问题是当今人类面临的最严峻挑战之一。联合国第一个消除贫困十年以来，各国政府和相关国际组织加强了减贫领域的合作，取得了积极的进展。减贫成为全球首脑会议和各种会议的支配性主题。各国政府承诺消除贫穷，并将此视为人类必须履行的道义、社会、政治和经济责任。截止到2007年1月，已经有64个国家提交了有关《减贫战略文件》的文件。全世界贫困人口总数有了一定的下降。

但是，我们必须看到，世界绝对贫困人口数量依然巨大，特别是撒哈拉以南非洲国家，实现千年发展目标到2015年贫困人口减半的目标仍面临巨大的困难。从总体来看，全球减贫事业仍任重而道远。因此，中方认为，联合国第一个消除贫困十年的结束，不代表减贫事业也随之结束。国际社会应在联合国第一个消除贫困十年取得的成就的基础上，加大投入，更上一层楼。为此，并结合自身的减贫实践，中方认为：

第一，经济增长是消除贫困的关键。发展是硬道理。没有经济的持续、快速增长，消除贫困就没有动力与源泉。对发展中国家而言，最重要的是发展经济，通过经济发展给贫困人口脱贫创造机会。

第二，应注意提高贫困者的自我发展能力。贫困者最缺乏的是资源和机会，应大力提供资源，创造机会，充分发挥贫困人口的主动性和创造性，以加快减贫进程并有效防止脱贫后返贫。

第三，和谐、统一的社会建设是消除贫困的保障。要采取措施，充分调动企业、民间社会、妇女和青年等社会各界的积极性，把消除贫困作为促进社会正义与公平的重要举措，形成全社会共同参与扶贫的局面。

第四，国际社会的通力合作是消除贫困的重要途径。各方均应共同行动，落实“千年发展目标”和“蒙特雷共识”的承诺。发展中国家要坚持自力更生，充分发挥全体人民的聪明才智和创造力，努力改变贫穷落后的面貌；发达国家有义务和责任向发展中国家提供足够的资金和其他形式的援助，支持发展中国家实现减贫战略。联合国和世界银行等国际组织应采取切实行动，多做贡献。

主席女士，消除贫困和实现全体人民共同富裕，是中国政府始终不渝的宗旨和工作重点。中国政府坚持把扶贫开发纳入各级政府重要议事日程，动员和组织各方面社会力量，参与贫困地区的开发建设，鼓励和支持贫困群众在政府和社会各界帮助下，艰苦奋斗，依靠自身努力改变落后面貌，同时，按照科学发展观的要求，全方位治理贫困，把自然资源开发和人力资源开发结合起来，把扶贫开发与生态环境保护建设结合起来。在这条符合中国国情的扶贫开发思路的指引下，中国减贫事业取得了举世瞩目的成就。农村绝对贫困人口由1978年的2.5亿减少至2006年的2148万。贫困发生率从30.7%下降到2.3%。低收入人口从2000年的6213万减少到2006年的3550万，低收入人口占农村人口比例从6.7%下降到3.7%。

主席女士，中国扶贫开发为世界减贫做出了重要贡献。一方面，中国提前实现了联合国千年发展目标中使贫困人口比例减半的目标；另一方面，中国积极参与国际扶贫行动，努力推动南南合作，在力所能及的范围内，逐步增加对其他发展中国家的发展援助，设立了“中国减贫与区域合作基金”，成立了中国国际扶贫中心，并以此为重要平台，积极开展国际减贫培训、交流和研究，累计为58个国家培训了191名中高级扶贫官员，先后组织了7次国际扶贫交流会议，为国际减贫事业做出自己的贡献。

主席女士，消除贫困、实现富裕，是人类梦寐以求的理想，是所有国家和国际社会的神圣责任。中国政府愿同各国和国际机构一道，为了创造一个没有贫困、共同富裕的美好世界而不懈努力。

谢谢主席女士。

中国代表团团长李保东大使在人权理事会第六次会议纪念《世界人权宣言》通过60周年仪式上的发言

（2007年12月10日）

主席先生：

59年前的今天，联合国大会通过了联合国第一部纲领性人权文书——《世界人权宣言》。《宣言》的通过，是联合国人权史的里程碑，具有跨时代的历史意义。

《宣言》诞生于第二次世界大战的阴霾之中，它既是人类在经历血雨腥风之后对战争与暴行的深刻反省，也是劫后重生的幸存者们为免后世于“恐惧与匮乏”而勾画的蓝图。和平、自由、平等、公平与正义，我们的前辈们早在半个多世纪以前就确立的最朴素的普世人权价值，直到21世纪的今天，依然散发着不朽的文明之光、人性之光和理想之光。

主席先生，促进和保障人权本身是一项永无止境的进程，任何国家在发展人权的道路上都面临着独特或共同的挑战。在形形色色的挑战面前，人权理事会肩负着责无旁贷的历史使命。而只有一个公正、客观、团结的理事会，才能真正不负重托，向需要帮助的人们发出统一而有力的声音。为此，脱胎于前人权委员会的理事会，必须摒弃傲慢与偏见，学会和而不同、互信互重。

主席先生，历史不仅见证了中国人权事业的伟大进步，也见证了中国政府为促进国际人权领域的对话与合作所付出的努力。为了实现《世界人权宣言》所载的“普通人民的最高愿望”，中国政府将继续秉持《宣言》所倡导的合作精神，与各国一道，为缔造一个和谐、友好、公平、公正的人权文化而努力。

主席先生，不久前结束的中国共产党第十七次全国代表大会是中国改革发展关键阶段召开的重要会议。大会将科学发展观确立为党的指导思想，将“尊重和保障人权”写入党章，并就促进和保护人权提出了明确的目标与措施。大会要求扩大社会主义民主，建设法治社会，深化司法体制改革，进一步促进经社文权利的发展。我们有决心也有信心，将中国的人权事业再推上一个新的发展阶段。

谢谢主席先生。

中国常驻联合国副代表刘振民大使在第51届联合国妇女地位委员会关于世妇会后续行动议题的发言

（2007年3月2日）

主席女士：

中国支持巴基斯坦代表七十七国集团加中国所做的发言。中国代表团愿全力配合您和主席团其他成员的工作，推动本届会议取得务实成果。

主席女士，12年前，各国领导人在北京对

促进妇女进步、维护妇女人权做出庄严承诺。自此，国际社会同心协力，为加速实现性别平等做出巨大努力。

中国一直认真落实《北京行动纲领》和妇女问题特别联大《成果文件》，积极履行《消除对妇女一切形式歧视公约》，不断从多个层面和角度完善了政策和措施，促进妇女进步。

2006年，中国政府与妇女组织联合就2005年修改通过的《妇女法》开展宣传倡导工作，广泛进行公众和媒体讨论，积极推动各省制定实施细则。目前，已有5省/市出台了实施办法，18个省/市将妇女法实施办法纳入本地立法规划。此外，中国进一步完善了保障合法权益受到侵害的贫困妇女和儿童都能得到无偿法律援助的制度。

2006年，全国人民代表大会审议通过的《2006—2010年国民经济和社会发展规划纲要》，对“保障妇女儿童权益”作了专门规定。同年，中国认真开展了《中国妇女发展纲要(2001—2010)》执行情况中期评估。评估结果显示，妇女纲要超过半数的指标提前达标。妇女就业、教育、社会保障、参与决策、妇女健康及建设有利于男女平等的环境等方面均有不同程度的进步，但在切实保护流动妇女的权益和预防、治疗艾滋病、推进区域平衡等方面仍面临严峻挑战。

为进一步完善监测和落实工作，2006年，国家统计局正式将分性别指标纳入国家统计制度，中央和地方政府都在统计部门建立了妇女发展监测评估机构，形成了分级、动态、全面检测评估妇女发展状况的监测评估体系。

主席女士，妇女的权利和女童的权利相互依存。只有在妇女享有平等权利的社会，女童才能获得平等权利。《中国妇女发展纲要(2001—2010)》和《中国儿童发展纲要(2001—2010)》均有专门关于女童的规定，包括逐步提高女童保健覆盖率、将性别平等意识纳入教育内容、切实保障女童受教育的权利、禁止虐待溺弃儿童包括女童和病残儿童等。

中国政府高度重视出生人口性别比偏高问题，已提出到2015年出生人口性别比实现自然平衡的战略。2001年颁布的《人口与计划生育法》明确禁止非医学需要的胎儿性别鉴定和选择性别的人工终止妊娠；2002年政府明确了各相关部门的职责和任务，对因政府监管不力而存在出生人口性别比持续偏高的地区的政府实行“问责制”；自2003年始，国家在部分地区开展了关爱女孩行动试点，营造有利于女孩生存和发展的社会环境；2004年，国家制定了关于农村计划生育家庭奖励扶助的政策，对农村年满60周岁、只有一个子女或两个女孩的家庭，发放奖励扶助金；2005年，政府在全国广泛开展了关爱女孩行动，综合治理出生人口性别比偏高问题。

2006年6月修订的《义务教育法》强调保障女童平等教育权。为进一步保障儿童的教育权，2005年，中央和地方财政安排资金70多亿元，对全国约3400万名中小学生免除学杂费、书本费，解决了一些贫困家庭送子女入学的后顾之忧。截至2005年底，小学学龄男女童入学率分别为99.16%和99.14%，相差0.02个百分点。自2006年起国家分步骤免除农村义务教育阶段学费，以彻底解决贫困造成的女童失学和辍学问题。

此外，中国加强了性别平等领域的国际合作和援助。近年来，中国为56个国家的妇女组织和机构提供了无偿物资和技术援助，专门帮助这些国家的妇女掌握技术，改善生活，积极参加社区建设和灾后、战后重建。今年，我们将在北京举办东盟10国加中、日、韩的“性别主流化”培训等活动。

谢谢主席女士。

中国常驻联合国副代表刘振民大使在第61届联大关于“性别平等与女性赋权”非正式辩论的发言

（2007年3月6日）

主席女士：

中国代表团对联大就“性别平等和女性赋权”这一重要问题进行非正式辩论表示赞赏和欢迎，相信通过本次辩论国际社会将进一步加强有关促进性别平等、构建和谐世界的承诺与行动。

提高妇女地位，维护妇女权益，实现男女平等是国际社会的广泛共识。我们高兴地看到，第四次世界妇女大会以及妇女问题特别联大以来，性别平等与女性赋权意识已在各国政策制订中得以体现，联合国系统及其他国际组织在逐步落实性别主流化目标。但各国妇女及女童地位的总体形势仍令人忧虑。女性仍未拥有与男性平等的社会地位，不能平等享有经济和社会的各项权利。实现性别平等与女性赋权，国际社会仍任重而道远。

主席女士，中国政府一贯主张男女平等，重视提高妇女地位，发挥妇女在政治、经济和社会等各个领域的积极性和创造性，致力于保护妇女权益。

《中华人民共和国妇女权益保障法》明确规定，实行男女平等是中国的基本国策，反对针对妇女的一切形式的歧视。2001年5月，为履行《北京宣言和行动纲领》等有关国际承诺，中国政府颁布了促进性别平等的第二部国家行动纲领——《2001—2010年中国妇女发展纲要》，提出了21世纪头十年中国妇女发展的34项主要目标和100项政策措施。2006年《纲要》实施情况中期评估结果显示，《纲要》执行情况良好，表现为妇女就业人数增加，就业结构发生变化，妇女参政比重上升，受教育程度提高，健康状况逐步改善。各级政府也将妇女发展问题纳入到经济、社会发展总体规划，努力完善有关法律法规，并加强对各项性别指标的动态统计监测。但在经济全球化背景下，中国经济和社会发展面临的问题也给妇女发展带来了挑战。加大消除贫困工作力度、提高妇女参政议政水平、提高妇女受教育水平以及改善妇女健康状况等将是我们今后的工作重点。

主席女士，中国作为第四次世界妇女大会的承办国和《消除对妇女一切形式歧视公约》的缔约国，愿与各国政府及国际社会共同努力，落实第四次世界妇女大会和妇女问题特别联大有关承诺，推动实现两性平等，促进妇女权益保障事业不断向前发展。

谢谢主席女士。

中国代表团团长李保东大使在人权理事会第六次会议审议高专报告时的发言

（2007年9月）

主席先生：

中国代表团感谢人权高专阿博尔女士所做的介绍，并对过去一年中高专办为理事会建章立制工作提供的高质量技术支持和后勤服务表示赞赏。中方也感谢高专本人所做的努力和贡献。

主席先生，根据高专办2006年度报告提供的数据，高专办共设立了47个国家、区域或次区域机构，并向一些和平建设援助团派驻人权顾问，耗资近4000万美元。高专女士也在发言中介绍了开设驻地机构的新进展。中方注意到，这些驻地机构和代表主要设在发展中国家。中方赞赏高专办对发展中国家人权状况的关心以及给予技术支持的积极性，希望高专办能以更全球、更开阔、更平衡的视角，同等关注南方与北方的人权状况。

地区代表性不足是困扰高专办多年的痼疾，我们注意到高专女士为矫正这一问题采取了一系列举措。在高专办大规模扩大编制的有利条件下，这些措施并未达到立竿见影的效果。高专办作为联合国负责人权事务的秘书处，应该为体现多元文化做出表率。高专办应彻底梳理和改革招聘体制，从根本上革除阻碍发展中国家人员应聘的制度和非制度性障碍，并为增加亚非地区的代表性建立长效机制。

普遍定期审议是联大60/251号决议赋予人权理事会的重要使命，高专本人亦表示“联合国人权系统的信誉与审议的圆满进行息息相关”。正因此，许多国家认为应给予首批受审国充分的准备时间，以保证提供的报告和审议的高质量和严肃性。唯此，审议才能不负国际社会的厚望，理事会的信誉方可得以维护。

根据理事会6月通过的建章立制文件，高专办将编撰其他人权机制和非政府组织的报告。本次会议即将通过的普遍定期审议指导原则也同样适用于高专办编撰的报告。中方希望在高专的正确领导下，高专办的报告能公正、客观、平衡反映受审国在人权领域的成绩和挑战，为审议创造对话与合作的气氛发挥建设性作用。

随着高专办预算的不断增加，高专办的业务能力也在不断提升。能力越大，责任也就越大。在此大背景下，并根据联大48/141号决议以及理事会有关决议，高专办应经常向理事会、成员国通报资金来源、使用情况以及主要活动，理事会也应对高专办工作进行经常性评估，为高专办更好地履行职责提供更明确的指导。

主席先生，中方一贯重视高专办为促进和保护人权所发挥的独特作用，将继续在平等和相互尊重基础上与高专办发展合作关系，并将一如既往地支持高专办的工作。

谢谢主席先生。

中国代表团团长刘振民大使在“妇女、和平与安全问题”安理会公开辩论上的发言

（2007年10月23日）

主席先生：

我感谢您来纽约亲自主持今天的会议，感谢秘书长提交的报告，欢迎秘书长出席今天的会议并发言，我还要感谢格诺副秘书长、玛燕嘉女士和桑德勒女士等的发言。

今年是安理会第1325号决议通过七周年。该决议在妇女、和平与安全领域具有里程碑意义，奠定了有关各方进行合作的基础。安理会围绕该决议采取了不少后续行动，各有关成员国也根据该决议要求积极采取了相关措施。秘书长于2005年制定了《联合国全系统行动计划》，两年多来，就落实第1325号决议的各个方面取得了积极进展。

然而，我们需要客观看待目前已经取得的成绩和存在的不足。正如秘书长报告所述，在预防冲突、早期预警、缔造和平、建设和平、

维持和平、人道救援、冲突后重建及恢复、实施解甲归田计划、预防及应对各种性暴力等各个领域，都有不同程度的进展，但各层面的能力建设不足、缺乏足够资金、国际合作与国家行动配合不紧密等各项挑战影响了全面落实第1325号决议的效果。安理会应进一步重视落实第1325号决议的工作，以推动妇女、和平与安全领域的问题取得全面进展。为实现这一目标，各方应特别重视以下几方面工作：

首先，安理会可在妇女、和平与安全领域发挥自身独特作用，联合国各机构宜各司其职，并加强协调与合作。保护妇女，提高妇女地位，维护妇女权益，实现男女平等是国际社会的广泛共识，是一项综合性的重要事业，联合国在该领域取得了不少成果。安理会作为维护国际和平与安全的首要机构，要从做好本职工作角度出发，侧重于做好预防冲突、维持和平及冲突后重建等方面的相关工作。联合国大会、经社理事会、人权理事会和建设和平委员会等机构在促进妇女权益方面有各自任务和作用，安理会不应重复或替代它们的工作。

其次，要加强妇女在和平进程各个阶段中的参与，重视她们的地位和作用，为巩固和平及实现持久和平奠定坚实基础。尊重和保护妇女是社会文明和进步的表现，也是一个成熟的社会制度应有的要素。要将尊重和保护妇女贯穿于和平进程的始终，照顾其特殊需要和关切，发掘她们的潜力和作用，赋予她们更多参与和决策权，并在制度上予以保障。近年来，秘书处在增加女性高官及维和特派团女性团长及职员比例方面采取了不少积极举措，今后需继续努力。

第三，鼓励各有关国家根据各自国情制定落实第1325号决议的国家行动计划或策略，联合国及国际社会应提供大力协助。第1325号决议的全面落实离不开成员国的国家行动，然而最需要采取落实行动的国家，尤其是涉及武装冲突或冲突后国家，往往缺乏落实该决议的能力，而且还面临着各自的特殊情况与困难。国际社会和各捐助方应慷慨解囊，联合国也要提供各种帮助，使有关当事国政府和人民充分发挥自主作用，加强其能力建设，而不是代替其行动或强加于人。

主席先生，世界首脑会议成果文件强调，妇女的进步是全人类的进步，在和平与安全领域也是如此。对第1325号决议的全面落实是实现这一目标的重要保障。我们支持秘书长继续落实《联合国全系统行动计划》。中国政府一贯重视保护妇女权益和提高妇女地位，我们愿与各国共享我们的成功经验和良好实践，今后我们愿与国际社会一道，为进一步推动在世界范围内落实妇女、和平与安全领域的各项目标共同努力。

谢谢主席。

中国代表团团长刘振民大使在第62届联大“宗教和文化间合作”高级别对话会上的发言

（2007年10月5日）

主席先生：

中国支持本届联大举行由巴基斯坦和菲律宾倡议的“宗教和文化间合作”高级别对话会。

宗教和文化多样性是人类社会的宝贵财富，也是人类社会创新和进步的重要动力。全球化深入发展进一步拉近了不同宗教与文化间的距离。当今世界，各类宗教和文化既面临相互学习借鉴的良好机遇，也经历着前所未有的碰撞。人类历史发展告诉我们，差异是对话的动力和起点，平等是交流的前提和基础，坦诚、务实的对话与交流是维护和平、促进发展的推动力。

中国政府一贯坚持“和而不同”，鼓励“平等对话”，反对极端主义，反对把自己的信仰或价值观强加于人，反对基于宗教、种族等各种原因的歧视、偏见和排外现象。在当前国际形势下，联大举行“宗教和文化间合作”为主题的对话会具有重要的现实意义。推动宗教和文化间对话与合作有利于增进各国人民之间的相互理解及和睦相处，有利于促进世界多样化发展和人类共同进步。

主席先生，中国五千年文明的传承发展证明宗教和文化可以成为和谐发展的积极因素。中华文化的开放性和包容性使各类宗教和文化在中国交相辉映。土生土长的道教，外来传入的佛教、伊斯兰教、基督教、天主教等世界主要宗教都能在中国和平共处并不断壮大。五大宗教自身得到发展，同时也丰富了中华文化的内涵。“和为贵、兼相爱”是中华文化的传统主张。中国认为，只要各类宗教和文化能够不自以为是、不存主观偏见，相互宽容和理解，就能够避免因宗教问题导致的对抗与冲突。

中国政府尊重宗教信仰自由，坚持独立自主办教的政策。据不完全统计，中国现有各种宗教信徒1亿多人，宗教活动场所10万余处，宗教教职人员约30万人，宗教团体3000多个，培养宗教教职人员的宗教院校74所。中国政府积极支持中国宗教界参与国际合作，通过交流与合作增进了解，促进发展。今年6月，中国政府在南京承办了第三届亚欧会议不同信仰间对话会。会议通过的《南京宣言》为促进不同信仰间对话提出了建议。该宣言已作为本届联大正式文件散发。

主席先生，为推动不同宗教和文化和睦相处，国际社会应在以下三方面采取行动：

第一，以“和而不同”的观点处理国际事务。“和而不同”就是和谐而又不千篇一律，不同而又不彼此冲突。坚持“和而不同”的观点，不仅有利于我们善待友邦，化解矛盾，也有利于我们推进宗教和文化对话，共同维护和平与安全。

第二，加强教育和公众认知。应将尊重不同宗教和文化引入教科书，开展文化交流和教育合作，倡导宗教和文化平等、包容、相互尊重和和睦共处。

第三，发挥媒体的积极作用。媒体在促进容忍、和平、公正、和谐方面负有特殊责任，我们鼓励媒体发挥积极作用，传播不同文化和宗教共同接受的和平价值观，促进和谐、理解和相互尊重。

主席先生，行动胜于雄辩，开展宗教和文化间对话与合作已成为国际社会普遍共识。各类倡议和机制相继在联合国内形成，我们希望这些倡议与机制能互为补充，形成合力，利用联合国这个代表多民族、多文化、多宗教的平台，构架沟通与合作的桥梁，促进人类社会共同发展，推动建立美好的和谐世界。

谢谢主席先生。

2008 年

中国代表团团长刘振民大使在联合国第46届社发会上关于“促进充分就业和人人有体面的工作”的发言

（2008年2月7日）

主席先生：

首先，请允许我祝贺你当选本届会议主席。相信在你的杰出领导下，本届会议定能取得圆满成功。中国代表团将全力支持并配合你的工作，为会议成功做出贡献。

主席先生，当前，国际形势总体保持稳定，但全球经济失衡加剧，国际安全形势更加复杂，人类面临诸多难题和挑战。如何在促进可持续发展中，加快实现充分就业和人人有体面的工作，共同创建和谐世界、公正世界，这是我们共同面临的重要问题和艰巨任务。在全球化深入发展、各国经济联系日趋紧密的今天，本届社发会在优先主题下继续探讨充分就业和体面劳动问题具有积极的现实意义。中国代表团认真研读了秘书长报告，认为这为会议讨论奠定了良好基础。在此，我愿就优先主题发表如下意见：

一、以经济增长带动就业突破

发展经济是解决就业的根本出路。经济全球化给各国发展带来了难得机遇。推动经济全球化朝着均衡、普惠、共赢的方向发展，努力使国际经济、贸易、金融体系为各国特别是发展中国家的发展创造有利条件，使21世纪真正成为人人享有发展的世纪，这是各国广大劳动者实现充分就业和体面劳动的重要条件。各国还要创造有利的宏观经济环境，促进企业发展，提高生产力，创造更多的就业机会。

二、坚持可持续发展

可持续发展是各国广大劳动者实现体面劳动的重要前提。保护人类共同的地球家园，事关各国人民的根本利益。只有坚持生产发展、生活富裕、生态良好的文明发展道路，在同自然和谐相处中实现经济社会永续发展，才能为广大劳动者提供良好的工作和生活环境，这也是实现可持续发展的根本目的。劳动者应以实际行动推动企业、政府和社会在经济社会发展中做到节约资源、保护环境，更加积极、主动地推动可持续发展。

三、建立健全社会保障制度

实现充分就业和体面工作，离不开完善的社会保障制度。各国政府应本着社会公平和公正原则，以制度保证就业中性别平等，劳动者尊严得到维护，各群体分享发展成果。目前，各国的卫生保健体系由于人口老龄化、医疗保健费用上涨等，承受着巨大压力，各类保险福利的门槛不断提高。同时，各国历史文化、社会制度、发展阶段不同，只有建立适合本国国情、切实有效的社会保障制度，才能促进本国充分就业和实现体面劳动。

四、重视农业和中小企业

农村人口占世界人口的近一半，解决农村地区人口就业问题是促进充分就业和实现体面劳动不可或缺的重要组成部分。各国政府应加大对农村和农业发展的投入，为农民提供更多的资源、技术和培训机会，同时应在城市化进程中创造更多就业机会，解决好农村剩余劳动力的就业问题。

鼓励中小企业发展是促进充分就业和实现体面劳动的新亮点。广大中小企业是全球经济发展中最具活力和创新精神的组成部分，企业发展是创造就业的关键，各国政府应发挥中、小企业灵活多样的特点，采取有利于企业创造、促进生产力和企业文化创新的措施，在信贷、技术援助、政策和税收方面给予支持。

五、关注发展中国家

对于广大发展中国家来说，实现体面劳动的关键是促进充分的生产性就业，改善弱势地位劳动群体的就业环境和工作条件，尊重和保护他们的基本工作权利。为此，发展中国家需要从本国国情出发，制定适合自身的社会经济政策，促进生产性就业，尽快摆脱贫困，提高自我发展能力。国际社会应从全人类共同利益出发，关注发展中国家的需求，加强技术和资金支持，帮助发展中国家摆脱贫困、创造就业机会，实现合作共赢。

主席先生，中国政府提出了社会就业更加充分的目标，实施扩大就业的发展战略，促进以创业带动就业。多年来，我们在促进经济发展和社会进步方面进行了不懈努力，综合国力显著增强，人民生活水平不断提高。中国政府将就业作为民生之本，把扩大就业摆在经济社会发展中的突出位置，采取了一系列政策措施积极促进就业，比如调整经济结构、鼓励小企业创造就业、为下岗失业人员提供就业服务和职业培训、实施再就业援助和完善社会保障体系等，基本实现了经济发展与社会进步的良好结合。

主席先生，我们制订了全面建设小康社会和构建社会主义和谐社会的目标，其中就包括到2020年实现社会就业比较充分，但由于经济体制转变、人口众多等原因，中国目前仍面临着严峻的就业形势。在中国推动实现“促进充分就业和人人有体面工作”仍将是一个长期过程。

让所有劳动者得到平等的工作机会和工作保障，是国际社会面临的共同课题。我们愿与国际社会一道，为促进全球经济社会发展、实现劳动者充分就业、体面劳动的目标、为构建和谐世界而共同努力。

谢谢主席先生。

中国代表团团长刘振民大使在安理会“儿童与武装冲突问题”公开辩论会上的发言

（2008年2月12日）

主席先生：

中国代表团感谢你来纽约主持这次会议，欢迎法国外长库什内先生出席会议，感谢秘书长特别代表库马拉斯瓦米女士所作通报。

中国高度关注世界上一些国家存在的武装冲突对儿童的侵害问题，反对招募和使用儿童兵，反对武装冲突中其他侵犯儿童权益的行为。我们支持联合国、包括安理会为促进武装冲突中保护儿童做出的各项努力。在此，我愿强调以下几点：

第一，安理会应加大预防冲突和维护和平的力度，从源头上防止、减少、解决武装冲突，为儿童提供保护。武装冲突中保护儿童问题产生于武装冲突本身。安理会应从解决冲突的角度出发，在其职权范围内采取行动，减少武装冲突，同时进一步加强维和行动的有效性，改善冲突地区的人道主义形势。从当前的现实情况看，部分冲突地区的局势升级，使当地儿童沦为牺牲品；而其他一些地区的和平进程取得积极进展，则为儿童的未来带来希望。这再次证明安理会应更多关注冲突问题本身。

第二，在应对“儿童与武装冲突问题”

时，要时刻尊重、支持当事国政府的作用。安理会第1612号决议反复强调，当事国政府在保护本国儿童方面负有首要责任，有关方面在开展工作时须与当事国政府合作，共同应对武装冲突对儿童的伤害。安理会及其工作组应多与当事国政府进行沟通，肯定和支持它们采取的积极措施，以不断增进彼此互信。同时应避免将儿童问题政治化，以保护儿童为借口对当事国内部事务进行干预。

第三，应继续以第1612号决议为基础，改进和完善"监督汇报机制"和工作组的工作。"监督汇报机制"的主要任务是收集信息，在实地开展工作时，要注意与当事国政府合作。希望秘书长总结该机制的成绩和不足，在下一步工作中加以改进。在法国作为主席的协调下，工作组已经审议了不少国别儿童问题并向安理会提交了有关建议。希望该工作组今后能继续保持其专业性，通过与当事国政府合作的方式和建设性讨论协商解决有关问题，并向安理会提出有效建议。

主席先生，中方一贯主张通过对话解决有关问题，不赞成安理会动辄使用制裁或以制裁相威胁，在儿童与武装冲突问题上尤其需要慎重对待制裁问题。各冲突局势情况不同，不能一概而论或以一种方法套用所有局势。

中方再次敦促所有武装冲突的当事方切实履行有关义务，遵守国际人道主义法，尊重并维护儿童应有的权利。国际社会在推动冲突后重建时，应将儿童重返家庭、学校和社会作为优先事项加以解决，并应为此提供充足的资源保障。

主席先生，解决儿童与武装冲突问题，仅靠安理会的努力是远远不够的，我们鼓励联合国儿童基金会、世界银行等国际机构在帮助有关国家防止儿童卷入武装冲突方面发挥更大作用，我们也欢迎非政府组织在这方面发挥积极作用。

最后，我想通报的是，中国政府最近已经批准《〈儿童权利公约〉关于儿童卷入武装冲突问题的任择议定书》，成为该议定书的缔约方。我们呼吁更多的国家批准和加入该议定书。中方希望通过各方努力，真正改善武装冲突中儿童的境遇，还给他们一个美好的明天。

谢谢主席先生。

中国代表团团长、中国常驻联合国副代表刘振民大使在联合国妇女地位委员会第52届会议一般性辩论上的发言

（2008年3月3日）

主席先生：

中国支持安提瓜和巴布达代表七十七国集团加中国的集团发言。中国代表团祝贺您和主席团其他成员当选，并将积极支持主席团的工作，促进本届会议成功。

主席先生，国际社会在加强性别平等的立法和机制建设以及促进女童教育等方面已经取得可喜进展。但是，全球化、城市化进程加剧，区域发展不平衡、人口迁徙等因素相互作用和影响，性别平等受到冲击。旧的问题尚未彻底解决，新的问题不断出现，实现性别平等的任务比以往更为艰巨。

为性别平等和妇女赋权筹措资金是实现男女平等的重要因素，又是一个瓶颈，是重点也是难点。国际社会应切实采取行动，充分有效落实《蒙特雷共识》，加强性别意识，增加援助，减免债务，开放市场，改革国际经济、金融、贸易体制，克服发展筹资的体制性障碍，完善和健全全球伙伴关系。

主席先生，在中国经济快速发展的同时，

中国政府更加重视经济、社会、政治、文化的协调发展，越来越重视加快以改善民生为重点的社会建设，提出了促进以人为本的全面协调可持续发展，采取了一系列重大举措，消除各种不平等现象，促进科学发展，共建共享和谐社会，为加速中国的男女平等事业发展创造了有利的环境。

2007 年，中国政府继续深入执行《北京行动纲领》和特别联大成果文件以及《消除对妇女一切形式歧视公约》（以下简称《消歧公约》），加快落实联合国千年发展目标。我们采取的具体举措有：

第一，继续加强立法中的性别视角，在《物权法》、《就业促进法》等新法律中就保障妇女权利和性别平等做出进一步规定；发布九部委联合签署的《关于预防和制止家庭暴力的若干意见》；制定《中国反对拐卖妇女儿童行动计划（2008—2012 年》；健全妇女的利益诉求、利益调节和利益救济机制；建立各级妇女法律帮助中心；成立妇女庇护所；在法院、司法行政、公安、民政部门以及卫生系统普遍建立妇女维权点。

第二，深入执行《消歧公约》。举办《消歧公约》结论性意见后续行动国家研讨会，组织国务院有关部委、妇女组织、新闻媒体和联合国驻华系统代表就进一步落实《消歧公约》进行积极、务实的对话和研讨。在《中国妇女发展纲要》中期审评基础上，结合《消歧公约》进一步调整纲要指标。

第三，关注农村妇女、流动妇女、留守儿童包括女童等弱势群体，加强专项调研和跨部委合作，积极开展培训和维权行动，强化社会支持体系，促进其参与发展并从发展中平等获益。

第四，加强性别预算和性别指标工作，针对财政、计划、统计、审计等部门人员和妇女工作者开展性别预算培训，举办性别统计和性别指标研讨，并推动将性别指标纳入建设小康社会综合指标。加强男性和青年群体参与性别平等，开展全国十佳“时代男性”评选活动，在大学校园举办面向青年的“消除对妇女暴力”宣传。

在保障性别平等和妇女赋权工作的融资方面，中国主要做法包括：（1）增加各项社会事业投入并加大对妇女事业的投入，改善与妇女利益直接相关的公共服务条件，妇幼保健、教育、扶贫经费不断增加。（2）加强各方合作，创新融资模式。加强政府、民间组织、私营部门和国际组织的合作，加强区域间合作和帮扶行动，完善和扩展妇女基金的融资能力，促进妇女生产的产品与国际市场的衔接。（3）深化国际合作，积极开展促进性别平等的小额援助，创新模式，促进互惠平等交流。我们期待与与会各国进一步分享经验，就落实《蒙特雷共识》与《北京行动纲领》进行坦诚、务实的交流，更好地促进性别平等，促进实现联合国千年发展目标。

主席先生，国际社会早已认识到世界和人类的发展应该是以人为本的可持续发展，而男女平等是发展的核心内容。中国愿进一步加强国际交流与合作，共促科学发展，共建和谐世界。

谢谢主席先生。

中国代表团团长刘振民大使在安理会“武装冲突中保护平民问题”公开辩论上的发言

（2008 年 5 月 27 日）

主席先生：

中国代表团感谢霍尔姆斯副秘书长的通报，赞赏他上任一年多来所做努力及开展的大量实地工作。我们也对联合国各有关机构多年来在人道领域的工作表示肯定。

安理会对“武装冲突中保护平民”问题的讨论已近 10 年，通过了包括第 1674 号决议在内的多项决议和主席声明，构建了安理会应对该问题的法律框架。然而，随着冲突特点的改变及各类复杂因素的交织，仍有大量平民受到武装冲突的伤害和影响，上述法律的执行面临挑战。我们对武装冲突中平民的生命与财产受到威胁深表关切，敦促有关冲突方遵守国际人道法和安理会有关决议，保护平民的生命、财产和正当权益。

在此，我愿就改进武装冲突中保护平民工作强调以下几点：

第一，安理会应加大预防冲突和维护和平的力度。平民是武装冲突中的弱势群体，预防和减少冲突的发生，是对平民的最好保护。安理会应从预防和解决冲突的角度出发，在其职权范围内采取行动，避免和减少武装冲突，进一步加强维和行动的有效性，改善冲突地区的人道主义形势。同时，安理会不能孤立看待平民问题本身，而应将其放在冲突所处的和平进程和政治局势中综合处理。

第二，要尊重并支持各国政府在保护平民中的作用。保护平民的责任首先在于各国政府。国际社会和外部力量可提供建设性帮助，但要符合《联合国宪章》规定，充分尊重当事国的意愿，不能损害当事国主权和领土完整，更不能强行干涉。

第三，安理会在讨论“武装冲突中保护平民问题”时，要慎重看待和运用“保护的责任”概念。2005 年世界首脑会议成果文件中用较大篇幅对“保护民众免受大屠杀、战争罪、种族灭绝和反人类罪的责任”进行了十分谨慎的表述，并明确将由联大讨论这一概念。目前，很多成员国对“保护的责任”问题存在较大关切，有关讨论应继续在联大框架下进行。安理会不能任意解释或扩大“保护的责任”这一概念，更要避免滥用。

第四，开展人道救援工作，需要坚持公正、中立、客观和独立原则。人道救援工作对保护平民具有重要现实意义。人道机构在危险的环境下为受武装冲突影响的平民提供扶助，值得赞赏与肯定。同时，人道救援工作应确保其可信度和人道主义性质，符合国际人道法，遵守公正和中立原则，避免介入当地政治纷争或发生影响和平进程的行为。

主席先生，解决武装冲突中保护平民问题，仅靠安理会的努力是远远不够的，我们期待联大、经社理事会、人权理事会发挥更大作用，我们鼓励联合国开发计划署、世界银行等国际机构及非盟等地区组织在帮助有关国家发展经济、解决冲突和推进重建等方面发挥作用，我们也欢迎非政府组织在这方面发挥积极作用。

中方愿与国际社会其他成员一道，通过务实、有效的努力，推动“武装冲突中保护平民”工作取得更多建设性成果。

谢谢主席先生。

中国代表团团长刘振民大使在“妇女、和平与安全问题”安理会公开辩论上的发言

（2008年6月19日）

主席女士：

我要感谢您来纽约亲自主持今天的会议。我代表杨洁篪外长参加今天的讨论，我想转达杨外长向您的亲切问候。我也要感谢潘基文秘书长所作发言。

主席女士，安理会通过第1325号决议已近八年。该决议奠定了有关各方在妇女、和平与安全领域进行合作的基础。然而，随着冲突特点的改变及各类复杂因素的交织，该决议尚未得到全面、充分的落实。在当今许多冲突中，女性仍是最直接的受害者，针对妇女的性暴力问题仍十分严重。

中方谴责冲突中针对妇女的一切暴力行为、包括性暴力行为，敦促冲突各方遵守国际人道法和人权法。我们呼吁各国政府调查并惩治那些对妇女犯下罪行的人。我们敦促所有国家采取措施尽早加入《消除对妇女一切形式歧视公约》。我们支持秘书长对维和人员性剥削行为实行“零容忍”政策。我们希望出兵国加强对维和人员的培训和监督，使联合国有关行为准则得到切实遵守和执行。

在此，我愿就改进武装冲突中保护妇女工作强调以下几点：

第一，安理会可在应对性暴力问题上发挥自身独特作用，但联合国各机构宜加强协调与合作。冲突中的性暴力问题与武装冲突密切相关。安理会作为维护国际和平与安全的主要机构，应重点做好预防冲突、维持和平及冲突后重建等工作，将性暴力问题放在其所处的和平进程和政治局势中综合处理，避免孤立看待该问题，或只关注问题的表面现象。此外，安理会还应加强与大会、经社理事会、秘书处及有关条约机构的协商，以共同努力解决针对妇女的暴力问题。

第二，各国政府在保护本国妇女问题上负有主要责任，国际社会应提供大力协助。落实第1325号决议，保护本国妇女的责任首先在于各国政府。然而，无论是冲突中还是冲突后国家，其自身往往面临各类困难，国际社会和各捐助方应慷慨解囊，帮助它们加强能力建设。同时，外部支持应符合《联合国宪章》原则，尊重当事国意愿，避免损害当事国的主权。

第三，要加强妇女在和平进程各个阶段的参与，重视她们的地位和作用。尊重和保护妇女是社会文明和进步的表现，也是一个成熟的社会制度应有的要素。要将尊重和保护妇女权利贯穿于和平进程的始终，照顾其特殊需要和关切，赋予她们更多的参与和决策权。近年来，秘书处在增加女性高官及维和特派团女性团长及职员比例方面采取了不少积极举措，今后需继续努力。

第四，应继续鼓励支持民间社会参与保护妇女的工作。不少非政府组织的同事们，在艰苦的条件下，在实地开展保护妇女权益的活动，他们的工作值得赞赏。中方支持他们在武装冲突中保护妇女问题上继续发挥建设性作用，鼓励他们多与联合国其他机构，特别是那些直接涉及妇女问题的机构保持联系，提出合理建议。

主席女士，我们高兴地注意到，在您的亲自指导下，美国代表团在本议题下提交了一项关于消除一切形式性暴力的决议草案，我们支持通过该决议。该决议请求秘书长于2009年6月30日前提交一份关于决议执行情况的报告。在此，我想指出的是，几个月前，第62届联大就同一问题通过了第62/134号决议，请求秘书长就决议执行情况向第63届联大提交报告。为

了节约资源、避免重复劳动，我们希望秘书长加强协调，利用好所有信息，向安理会和大会均提交一份高质量的报告。

主席女士，2005年世界首脑会议成果文件强调，妇女的进步是全人类的进步，在和平与安全领域也是如此。对第1325号决议的全面落实是实现这一目标的重要保障。我们支持秘书长继续落实《联合国全系统行动计划》。中国政府一贯重视保护妇女权益和提高妇女地位，我们愿与国际社会一道，为进一步在世界范围内减少性暴力行为，落实妇女、和平与安全领域的各项目标共同努力。

谢谢主席。

中国代表团姚文龙公参在经社理事会2008年实质性会议上关于人道主义事务议题的发言

（2008年7月15日）

主席先生：

中国代表团感谢秘书长为人道主义事务议题提交的报告，感谢霍尔姆斯副秘书长所做介绍。中国代表团支持安提瓜和巴布达代表“77国集团和中国”所作发言。

主席先生，今年5月12日，我国的四川省汶川发生了8.0级特大地震，造成了重大的人员伤亡和财产损失。许多国家的政府和人民、联合国有关组织和机构在灾区人民最困难的时候伸出了援助之手。在此，我愿代表中国政府和人民，向为我国汶川大地震灾区提供人道主义援助的各方表示衷心的感谢。

2007年，世界各地的自然灾害频繁发生。联合国发起了15次紧急救灾呼吁，创造了新的历史纪录；武装冲突、气候变化和粮价飙升使全球人道主义形势更加严峻。国际社会如何进一步加强合作、努力提高人道主义救援的反应能力、并在各级增强减灾和备灾能力显得更为重要和紧迫。秘书长报告中提出的有关结论和建议值得我们深入思考和研究。

联大第46/182号决议确定的人道主义基本原则为有效实施人道主义救援工作提供了全面的政策指导。历史经验证明，受灾国政府在灾害发生后肩负着领导、发起、组织、协调和实施其国内的人道主义救援工作的首要责任。各国政府和联合国系统应当遵照人道、中立和公正的原则，尊重受灾国主权和领土完整，为受灾国提供及时和必要的援助。

近年来，随着各国政府、国际机构、非政府组织以及私营部门日益深入地参与人道主义援助事务，加强协调的重要性日益突出。在联合国系统内部，应当加强人道主义事务协调办公室的协调职能和作用。在国家一级，应当进一步完善人道主义驻地协调员制度。中国代表团建议联合国系统加强对人道主义驻地协调员的培训和指导，并建立相关的问责制度。作为联合国系统人道主义事务改革的组成部分，分组领导方法有助于加强各机构间的协调与互补，应该在总结经验的基础上进一步改善。中方支持人道主义事务协调办公室不断拓展伙伴关系，在受灾国政府的认同和支持下，加强与当地非政府组织和私营部门的合作。

当前，全球人道主义救援资源紧缺，分配不均情况严重。中国代表团希望联合国系统进一步加强筹资努力，不断拓展筹资渠道，鼓励捐助方增加非指定用途捐款，以确保援助资金按灾情的轻重缓急，安排在最需要的地方。中方认为，中央紧急应对基金的建立增强了联合国系统人道主义救援工作的反应能力，为一些突发的重大人道主义危机提供了必要的启动资金，也缓解了救援初期资金不足的问题，应该得到国际社会的广泛支持。中国代表团希望捐助方在对中央紧急应对基金慷慨捐款的同时，对联合国系统人道主义紧急呼吁能够做出同样积极的反应。

中国代表团支持联合国系统帮助容易遭受自然灾害的国家和地区在各级加强防灾、减灾和救灾的能力，呼吁国际社会增强对各级能力建设的支持力度，通过增加资金投入、促进技术转让和开展交流培训，帮助它们建立早期预警系统、增加救灾物资储备并提高其快速反应能力。中国代表团认为，只有将防灾、救灾能力建设作为人道主义援助的重要目标之一，才能切实帮助受灾国增强抵御自然灾害的能力，使其尽早脱离困境，实现从救济向发展阶段的过渡。

主席先生，中国是一个自然灾害多发的发展中国家，防灾、减灾和紧急救灾是中国各级政府每年都要面对的任务。今年中国先后遭遇了严重的雪灾、地震和水灾，在救灾方面面临着沉重的负担。中国政府高度重视人道主义援助领域的国际合作，并根据有关受灾国政府的要求和国际社会的呼吁，积极参与国际救援行动。一年来，中国政府在力所能及的范围内通过多边和双边渠道，向巴基斯坦、秘鲁、玻利维亚、苏丹和缅甸等受灾国家提供了及时和多种形式的人道主义援助，体现了中国政府和人民对受灾国政府和人民的同情、支持和关怀。中国政府将一如既往，继续支持联合国系统和国际社会在防灾、减灾和救灾方面的努力，并愿为帮助受灾国战胜灾害、重建家园做出我们的贡献。

谢谢主席先生。

中国常驻联合国代表王光亚大使在安理会“儿童与武装冲突问题”公开辩论会上的发言

（2008年7月17日）

主席先生：

中国代表团感谢你专程来纽约主持这次会议。感谢秘书长特别代表库马拉斯瓦米女士和联合国儿童基金会执行主任维尼曼女士所做通报。

中国高度关注世界上一些国家存在的武装冲突对儿童的侵害问题，反对招募和使用儿童兵，反对武装冲突中其他侵犯儿童权益的行为。我们支持联合国、包括安理会为促进武装冲突中保护儿童做出的各项努力。在此，我愿强调以下几点：

第一，安理会应坚持履行其维护国际和平与安全的首要责任。任何武装冲突都不可避免会对儿童等弱势群体带来伤害和影响。安理会若能从源头上预防、减少、解决冲突，就可以为儿童提供最好的保护，其意义和作用远远大于冲突爆发后再进行补救。从今年的现实情况看，阿富汗等地区的安全形势恶化，使许多儿童沦为武装冲突的牺牲品，而科特迪瓦等其他地区的和平进程取得积极进展，为儿童的未来带来了希望。这再次证明安理会应更多关注冲突问题本身。

第二，在应对“儿童与武装冲突问题”时，要时刻尊重、支持当事国政府的作用。安理会第1612号决议强调，当事国政府在保护本国儿童方面负有首要责任，有关各方在开展工作时须与当事国政府合作。安理会儿童与武装冲突问题工作组应多与当事国政府进行沟通，肯定和支持它们采取的积极措施，不断增进彼此互信；避免将儿童问题政治化，以保护儿童为借口对当事国内部事务进行干预。联合国秘书处亦应加强与当事国的沟通与合作，确保信息准确、客观，不断提高报告质量。

第三，应继续以第1612号决议为基础，改进和完善“监督汇报机制”和工作组的工作。“监督汇报机制”投入使用以来，在收集信息方面取得一定进展，但在不少国家和地区，该机制仍处于初创阶段，需要在实践中不断完善，应避免步伐太快或仓促行事。在法国作为主席的协调下，工作组已审议了不少国别儿童问题。希望工作组继续保持专业性和客观性，通过与当事国政府合作的方式和建设性讨论，协商解决有关问题，并向安理会提出有效建议。中方支持工作组继续讨论工作方法问题，不断提高工作效率和透明度。

主席先生，中方一向不赞成安理会动辄使用制裁或以制裁相威胁，在儿童与武装冲突问题上尤其需要慎重对待该问题。各冲突局势情况不同，不能一概而论或以一种方法套用所有局势。

中方再次敦促所有武装冲突的当事方切实履行有关义务，遵守国际人道主义法，尊重并维护儿童应有的权利。国际社会在推动冲突后重建时，应将儿童重返家庭、学校和社会作为优先事项加以解决，并应为此提供充足的资源保障。

主席先生，解决儿童与武装冲突问题，仅靠安理会的努力是不够的，我们鼓励联合国儿童基金会、世界银行等国际机构在帮助有关国家防止儿童卷入武装冲突方面发挥更大作用，我们也欢迎非政府组织在这方面发挥积极作用。

中国已经批准《〈儿童权利公约〉关于儿童卷入武装冲突问题的任择议定书》，成为该议定书的缔约方。我们呼吁更多的国家批准和加入该议定书。中方希望通过各方努力，真正改善武装冲突中儿童的境遇，还给他们一个美好的明天。

谢谢主席先生。

中国常驻联合国代表王光亚大使在联合国发起支持中国汶川地震灾区早期恢复呼吁会议上的讲话

（2008 年 7 月 25 日）

卡默尔·德尔维斯署长先生，各位大使阁下，女士们、先生们：

首先，我愿代表中国政府和人民，对联合国发起支持中国汶川地震灾区早期恢复的呼吁表示感谢。

5 月 12 日发生的四川汶川地震是新中国成立以来破坏性最强、涉及范围最广、救灾难度最大的一次特大地震灾害。此次地震震级达 8 级，最大烈度达 11 度，余震累计发生 1. 3 万多次。截至 7 月 17 日，因灾死亡 69197 人、失踪 18237 人、受伤 37 万多人，受灾人口达 4600 多万；倒塌房屋 796. 1 万间，受灾面积达 44 万平方公里，涉及 10 个省（市）417 个县。

地震发生后，中国政府立即组织救援工作。温家宝总理在第一时间赶赴灾区指导救灾工作；中国国务院成立了抗震救灾总指挥部，从抢险救灾、群众生活、地震监测、卫生防疫、宣传、生产恢复、水利、社会治安、基础设施保障和灾后重建九个方面全面指导抗震救灾工作。中方克服重重困难，在第一时间救治伤员，紧急转移安置被困群众；用最短的时间打通交通线，恢复通信和电网，化解堰塞湖等重大次生灾害险情，并及时组织灾区人民开展生产自救工作，确保灾区社会安定，人心稳定。

灾害发生后，中国政府为应急抢险和灾后的恢复重建两方面的需要首先拨付了抢险救灾资金 250 亿元（约 36. 5 亿美元），安排了本年度恢复重建资金 700 亿元（约 102 亿美元），明后年还将继续做出安排。截至 7 月 15 日，各级政府共投入抗震救灾资金 590 .59 亿元（约 86 亿美元），其中中央财政投入 536. 96 亿元（约 78 亿美元），地方财政投入 53. 63 亿元（约 8

亿美元）。

在抗震救灾过程中，约170个国家、20多个国际和地区组织向中方提供了援助。联合国以最快速度从中央紧急应对基金向中方提供了800万美元的紧急援助。潘基文秘书长于5月24日亲赴灾区走访慰问，支持并赞扬中国的抗震救灾工作。联合国有关组织和机构纷纷向中国灾区紧急调拨了帐篷、医疗设备、净水设备、食品等物资，援助总额达1700万美元。来自各方的慰问和支援充分体现了人类同舟共济、患难与共的人道主义精神，也是对中国政府和人民抗震救灾的有力支持。在此，我谨代表中国政府和人民，对联合国系统和国际社会为"5. 12"中国汶川特大地震灾害提供人道主义援助再次表示衷心的感谢。

7月3日，中国国务院还发布了《关于做好汶川地震灾后恢复重建工作的指导意见》，这是指导整个灾后重建工作的纲领性文件，对灾后重建规划工作的指导思想、基本原则和主要任务提出了更加明确的要求。我们将优先恢复灾区群众的基本生活条件和公共服务设施，尽快恢复生产条件，合理调整城镇乡村、基础设施和生产力布局，逐步恢复生态环境。我们将在科学规划的基础上，统筹安排，有计划、分步骤地开展恢复重建工作；广泛动员社会各界力量，采取多种形式，力争用三年左右时间完成灾后恢复重建，使灾区群众的基本生活生产条件达到或超过灾前的水平，并为可持续发展奠定坚实的基础。

作为对中国实施庞大的灾后重建计划的一种补充和支持，中方赞赏联合国就支持汶川地震的早期恢复向国际社会发出呼吁。中方将与联合国密切配合，使联合国的援助与中国灾后恢复重建工作紧密结合起来，发挥最大的效益。

谢谢署长先生。

中国常驻联合国副代表刘振民大使在第63届联大三委关于执行人权文书问题的发言

（2008年10月21日）

主席先生：

中国政府一贯高度重视国际人权文书对促进和保护人权的作用。中国是《经济、社会和文化权利国际公约》、《儿童权利公约》、《禁止酷刑公约》、《消除一切形式种族歧视国际公约》、《消除对妇女一切形式歧视公约》等重要国际人权条约的缔约国。2007年12月，中国批准了《〈儿童权利公约〉关于儿童卷入武装冲突问题的任择议定书》，该议定书于今年3月2日对中国生效。今年6月，中国批准了《残疾人权利公约》，该公约于今年8月31日对中国生效。

对于已参加的国际人权文书，中国政府认真履行条约义务，在国内通过立法、执法和行政措施认真履行，重视向条约机构提交履约报告的工作。中国已就《经济、社会和文化权利国际公约》提交了首次报告，就《消除一切形式种族歧视公约》提交过6次共13期报告，就《消除对妇女一切形式歧视公约》提交过4次共6期报告，就《禁止酷刑公约》提交过4次5期报告，就《儿童权利公约》提交过2次报告，就《〈儿童权利公约〉关于买卖儿童、儿童卖淫和儿童色情制品问题的任择议定书》提交了首次报告。

中国政府重视人权条约机构的重要作用，与人权条约机构保持了良好的对话与沟通。在审议过程中，注重与委员会建立良好互动的对话关系；同时，中国政府充分考虑委员会提出的意见并结合中国国情予以采纳和落实。

自香港和澳门回归后，中国政府按照"一

国两制”的原则，积极支持香港特区政府和澳门特区政府开展人权保护工作、履行有关条约义务。

主席先生，今年是《世界人权宣言》通过六十周年。《世界人权宣言》是第一个在国际领域内系统地提出保护和尊重人权的国际人权文书，规定了要平等对待各项人权，特别是承认了经济、社会和文化权利，成为国际人权文书的理论依据和思想基础。《世界人权宣言》通过六十年以来，世界人权事业取得重大进展，中国政府以实际行动履行了对《世界人权宣言》的庄严承诺，中国的人权保护事业不断取得进步。

中国政府希望，为共同推动和加强人权事业的发展，各国应在平等和相互尊重的基础上，恪守《世界人权宣言》的精神，通过对话增进了解，求同存异，减少分歧，扩大共识。

主席先生，中国代表团认为，国际人权文书对于促进和保护人权发挥了积极的作用，各人权条约机构根据条约授权，做了不少有益的工作，这是值得肯定的。

与此同时，现行报告制度也存在过于复杂和报告负担过重的问题，不同条约机构重复劳动的情况也很突出，某些条约机构在行使职权时超出条约授权范围也时有发生，为响应联合国秘书长的改革建议，2006 年 3 月，联合国人权高专办提出概念文件“统一的人权条约机构”，以解决当前人权条约机构的弊端，提高工作效率。2007 年 4 月，人权高专办向各国介绍了《根据国际人权条约提交报告的协调准则，包括编写核心文件、提交具体条约报告的准则》。中国政府注意到这些建议，对人权高专办及有关方面为此所做出的努力表示赞赏。我们认为，改革应以简化报告机制和提高效率为目标，避免对缔约国提出更为复杂和烦琐的要求，切实减轻缔约国负担。我们还认为，各条约机构应严格遵守条约的授权以及议事规则，对报告及审议内容的要求不应超出条约规定的范畴，在与缔约国对话中恪守公正、客观和中立的原则，谨慎对待来自不可靠渠道未经证实的信息。中国政府将继续支持人权条约机构及条约报告制度的改革。同时，中国政府希望人权高专办和各条约机构继续加强与缔约国的交流与对话，通过广泛征求意见达成协商一致。

谢谢主席先生。

中国代表团白永洁参赞在第 63 届联大二委关于“消除贫穷和其他发展问题”议题的发言

（2008 年 10 月 22 日）

主席女士：

中国代表团感谢秘书长就本议题提出的报告，支持安提瓜和巴布达代表 77 国集团和中国所作的发言。

关于议题 53（a）：联合国第二个消除贫穷十年（2008—2017 年）的执行情况

主席女士，消除贫穷、摆脱匮乏事关人的尊严与幸福，是人类社会进步的重要条件。贫穷是一个顽疾，尽管经过一代又一代人的努力，财富积累、科技进步使人类的总体生存状态有了很大变化，但仍有不少国家和人民未能告别贫穷。贫穷如同陷阱，使身处其中的人难以自拔。如何走出贫穷的恶性循环，不仅是穷人的期待，也是对全社会的共同挑战。

联合国第一个消除贫穷十年在引起社会各界对贫穷的重视、形成减少贫穷的战略方面取得了一定进展，千年发展目标的第一项就是在 2015 年将每天收入不足一美元的贫困人口减半。这一具体目标为减少贫穷规定了可衡量、有时限的阶段性目标。现在的关键是如何将具体的目标落到实处。为此，宣布联合国第二个消除贫穷十年十分必要。当前，金融动荡、粮食危机和能源危机并发，气候变化影响广泛，国际社会进入了一个新旧矛盾交织，新挑战导致全球发展失序的困难时期，特别是广大发展中国家摆脱贫穷的努力受到更大的限制与束缚，消除贫穷难度大大增加。因此我们认为，第二个消除贫穷十年的主线应是"在危机的形势下关注贫穷人口，推动消除贫困"。

消除贫穷需要全社会的关注，需要持之以恒的努力，也需要有针对性的政策和行动。我们应充分利用第二个消除贫穷十年的机会，继续大力开展各方面的行动，一方面巩固已有成果，另一方面争取有所突破。

首先，国际社会应共同努力，调动资源，探讨多种形式的合作模式，营造有利于消除贫穷的国际环境。大面积的贫穷存在于发展中国家，多个危机同时爆发受害最大的地区也在发展中国家，因此必须加倍努力，营造一种有利于促进经济增长和创造就业的国际经济环境，最大限度地帮助发展中国家少受冲击，保持经济增长与稳定。

第二，国际社会应面向行动，在消除贫穷和饥饿问题上切实承担责任，推动全球减贫进程。发展中国家要根据自身特点，制定适合本国国情的减贫战略，实事求是地制定扶贫阶段性目标，采取有效措施，大力促进经济发展，并通过综合措施治理贫穷。发达国家则应遵守承诺，提供资金援助和其他形式的援助。近期，我们听到一些发达国家表示，将继续致力于实现千年发展目标，保持国际援助的规模。希望这些表态起到确保国际扶贫资金和其他投入的作用。联合国要发挥领导协调作用，指定专门机制来推动、资助并监测联合国第二个消除贫穷十年的落实。

第三，应广泛动员各方力量，相互补充，开展一场对贫穷的围剿。除政府发挥主导作用外，还应充分调动企业、民间社会、妇女和青年等社会各界的积极性，各展所长，共同推进减贫事业。

主席女士，中国经过自己的努力，已提前实现千年发展目标的减贫目标。但我们清醒地认识到，尽管上述进展对全球减贫事业做出了贡献，但它只是阶段性成果。只有不断努力，才能够使更多的人摆脱贫困，共享发展的成果。中国一直在南南合作框架内，积极支持其他发展中国家的减少贫穷。在不久前举行的联合国千年发展目标高级别会议上，温家宝总理宣布了中国帮助其他发展中国家发展的新举措。通过这些举措，中国将进一步为国际减贫事业做出自己的贡献。

消除贫困和实现全体人民共同发展是中国政府始终不渝的宗旨和工作重点。中国政府愿同各国和国际机构一道，为了创造一个没有贫困、共同富裕的美好世界而不懈努力。

关于议题53（b）：工业发展合作

工业发展是实现经济增长和创造财富的主要动力，对帮助发展中国家摆脱贫困、加强生产力建设、创造生产性就业机会和促进可持续发展具有重要推动作用。工业发展与产业获得并高效利用能源、中小企业增加贸易竞争力、环境保护等方面的工作密切相关，需要各行各业的支持与协调。中国代表团高兴地看到联合国工发组织利用自身专门知识和资源并通过加强伙伴关系，在推动工业发展方面做了有益的工作，支持工发组织根据不同地区、不同国家的发展优先和优势，制定并实施有针对性的合作战略和援助方案，使发展中国家中小企业能够通过增加生产活动和贸易能力实现减贫。

能源是工业发展和经济增长的先决条件之一，也是全球污染的一个主要来源，我们赞赏工发组织把提高能源效率和环境保护作为可持续工业发展的重要组成部分，期待工发组织利用已有的技能和经验，在既确保安全和可靠地获得能源、又最大限度地降低工业化对环境的破坏方面发挥作用。

在工业发展领域的南南合作方面，我们支持工发组织继续发展与非洲国家的"新伙伴关系"，为促进广大发展中国家有效参与全球经济，扩大其在贸易、投资和技术合作的收益方面发挥更积极的作用。

谢谢主席。

中国常驻联合国副代表刘振民大使在第63届联大三委关于人权议题的发言

（2008年10月28日）

主席先生：

2008年对于国际人权事业有着不平凡的意义。再过两个月，联合国第一部纲领性人权文书——《世界人权宣言》将迎来60周年华诞，联合国及很多地区和国家将以各种方式庆祝这一历史性人权文书的诞生。

回顾60年，联合国在人权领域取得了很多成就：建立了以九大核心人权公约为基础、相对完整的国际人权文书体系；自20世纪80年代起，相继设立了30多个人权特别机制，涵盖经济、社会、文化、政治和公民权利等各个领域；2006年，人权理事会取代广遭诟病的前人权委员会，各国经济艰苦谈判完成理事会建章立制，理事会工作逐渐步入正轨；普遍定期审议机制已顺利运作，成员国对审议进程基本满意。

同时，我们不得不承认，联合国人权系统仍存在很多不尽如人意的地方：

第一，人权理事会气氛离联大60/251号决议所倡导的精神还有相当距离。为了避免重蹈人权委员会的覆辙，60/251号决议明确提出理事会的工作应消除政治化、选择性和双重标准。令人遗憾的是，理事会在很多问题上，尤其是在涉及国别人权问题上并未走出前人权委员会的误区，一些国家仍热衷于选择性点名羞辱其他国家。

第二，发展中国家在联合国人权领域的代表性仍然不足。发展中国家在高专办组成中代表性严重不足，联检组提出的一些建议迄未得到落实。一些特别机制代表长期由西方国家人选担任，不同文化和法律制度的特性未能在特别机制的工作中得到充分考虑。参与国际人权领域活动的发展中国家非政府组织数量偏少，难以反映这些国家民众的真正诉求。要解决上述问题，高专办及联合国招聘系统等必须彻底根除机制性和非机制性壁垒，切实落实公平地域分配原则，联合国相关部门应继续帮助发展中国家非政府组织能力建设，支持更多发展中国家非政府组织参与人权领域活动。

第三，发展中国家对发展权的诉求仍难以实现。《发展权宣言》虽已通过20余年，但我们离《宣言》所确立的目标仍很遥远。南北经济差距不断扩大，贸易壁垒层出不穷，外援条件越发苛刻，气候变化带来恶劣影响，这均使发展中国家的发展变得日益艰难。前不久举行的联合国千年发展目标高级别会议提示世界各国离实现千年发展目标还有较大距离。国际社会应拿出政治诚意，在资金、技术层面帮助发展中国家实现发展，切实推进发展权的实现。

主席先生，2008年对于中国也是极不平凡的一年。今年，中国既经历了四川汶川特大地震造成的悲痛，也与世界各国热爱和平的人们共享了北京奥运会和残奥会带来的喜悦。在悲痛面前，中国政府领导人民迅速反应，有效组织抗震救灾和灾后重建工作。生命至上的执政理念，举国动员的生死营救，及时通畅的信息传递，充分显示中国政府重视和维护人权，始终把人的生命放在第一位。北京奥运会和残奥会的成功举办，充分展示了中国在各领域取得的成就，也将进一步促进中国的发展与进步。

2008年是中国改革开放30周年。自1978年以来，中国主要依靠自己努力，改革开放，加快发展，在不到30年时间内使绝对贫困人口从2.5亿减少到1500万左右；在全国特别是农村地区实行了9年免费义务教育；在8亿农民中建立了政府投入为主的新型合作医疗制度；

同时还建立了农村村民和城市居民自治制度，实行政务公开、民主监督和基层直接选举。为落实人权保障的宪法原则，中国政府正在制定《2009—2010年国家人权行动计划》，全面规划、协调政府各部门今后2年促进和保护人权的目标和措施。

中国将于明年2月接受人权理事会普遍定期审议。中方高度重视，成立了由外交部牵头，30多家立法、司法、行政部门组成的《国家人权报告》起草工作组，在撰写过程中广泛征询了中国非政府组织和学术机构意见，并上网征求公众意见。目前有关筹备工作进展顺利，报告初稿已经完成。中方期待着与理事会成员国开展建设性对话。

改革开放30年来，中国在促进和保护人权方面取得巨大进步。但我们清醒地认识到，中国仍然是一个发展中国家，有13多亿人口，城乡之间、地区之间、经济与社会发展之间仍不平衡，农村特别是西部农村地区还很落后，在人权领域还有许多工作要做。中国政府将继续根据国家尊重和保障人权的宪法原则，认真贯彻以人为本的科学发展观，努力构建和谐社会，不断推动中国人权事业发展。同时，中国将继续致力于国际人权领域对话与合作，为促进国际人权事业的健康发展做出贡献。

主席先生，中方已提名杨佳教授参选残疾人权利委员会。杨佳教授毕业于哈佛大学，是中国第一位在高等学府任职的盲人女性，长期从事残疾人权利促进和保护工作。我们认为，她的当选必将对残疾人权利委员会的工作做出贡献。

谢谢主席先生。

中国常驻联合国代表团副代表刘振民大使在《残疾人权利公约》首届缔约国大会上的发言

（2008年10月31日）

主席先生：

值此《残疾人权利公约》第一届缔约国大会召开之际，我谨代表中国代表团向主席和主席团全体成员顺利当选表示衷心祝贺。

残疾人是社会大家庭的平等成员，他们的权益保障需要政府和全社会更多的关注与行动。《残疾人权利公约》在不到5年时间内就完成起草、签署并在今年5月3日开始生效，这充分展示了各国保障和促进残疾人权利的强烈意愿。这是人类文明进步的标志，将对各国残疾人状况的改善产生积极影响。

中国有8300万残疾人。中国政府始终把促进残疾人事业发展、改善残疾人状况作为全面建设小康社会和构建和谐社会的一项重要而紧迫的任务。中国积极倡导、支持联合国制定《残疾人权利公约》，于2007年3月成为《公约》首批签约国。中国全国人大常委会于今年6月正式批准了《残疾人权利公约》。我们并根据《公约》修订了《残疾人保障法》，实现了国内法与公约的衔接。这再次表明中国政府积极促进残疾人事业的坚定决心。中国政府已提名盲人教授杨佳竞选残疾人权利委员会。杨佳女士现为中国盲人协会副主席，曾任世界盲联理事、北京残奥会顾问。她长期致力于促进和保护残疾人权益，是女性残疾人的杰出代表。中方相信，如能当选，她将对委员会的工作做出积极贡献。

今年9月，第13届残奥会在北京隆重举行。此次盛会不仅推动了国际残疾人奥林匹克运动的发展，也成为全球残疾人的节日和宣传《残疾人权利公约》良好契机。北京残奥会期间，在残奥村广场上设立了《残疾人权利公约》纪念墙前，中国政府领导人和来自147个国家和地区的残奥选手、残疾人组织负责人一起，共同呼吁国际社会更加关注残疾人，以实际行动支持《残疾人权利公约》。

主席先生，残疾人权利保护工作不仅是人权问题，更是发展问题。我想请问专家，如何在公约落实过程中，更好地协调这两方面的关系。

谢谢主席先生。

中国代表团副代表钱波在人权理事会第七次会议上关于欧盟和非政府组织涉我发言的答辩

（2008 年 3 月 16 日）

主席先生：

中国代表团坚决拒绝欧盟对中国人权状况的无端指责。

中国人权状况如何，中国人民最有发言权。近 30 年来，中国经济社会快速发展，民主法制不断完善，人民享受人权的水平不断提高。中国政府的人权政策得到中国全体人民的衷心拥护。中国政府将继续根据中国人民的意愿促进和保护人权。

中国宪法和法律保障公民的各项人权和自由。中国政府支持和鼓励非政府组织和个人从事促进和维护人权的活动，但不会允许个别人在外国的支持下，以维权的名义从事违法犯罪活动。

中国政府奉劝欧盟，特别是其中的个别国家，与其无端指责其他国家，破坏人权理事会对话与合作的气氛，不如认真反省一下自己的人权记录，采取切实措施，解决种族歧视、宗教不容忍、歧视移民工人等问题。

主席先生，关于非政府组织 International Fellowship Reconciliation 等组织的发言，我愿在此重申，西藏是中国领土不可分割的一部分，中国政府将继续依法促进和保护包括西藏人民在内的全体中国人民的各项基本人权与自由，但决不容许任何分裂祖国领土的活动。

谢谢主席先生。

中国代表团团长李保东大使在人权理事会粮食危机特别会议上的发言

（2008 年 5 月 22 日）

主席先生：

今年是《世界人权宣言》通过六十周年，《宣言》开宗明义即表示，一个免于恐惧和匮乏的世界，是普通人民的最高愿望。生存权和发展权，是最基本的两项人权。中国古语道：仓廪实而知礼节，衣食足而知荣辱。联合国秘书长潘基文先生也表示，“第一要优先解决的问题是让饿肚子的人吃上饭”。

自去年年中以来，全球粮食价格不断上涨，给世界各国，尤其是发展中国家和最不发达国家人民的粮食安全造成重大威胁，严重阻碍了发展中国家实现千年发展目标的努力。在过去两年间，全球已有上亿人因粮价上涨陷入贫困。危机在非洲、亚洲和加勒比海地区的数十个国家和地区引发了骚乱和冲突，给社会安定带来极大威胁。人权理事会在此时召开特别会议显得尤为必要，充分说明理事会有能力集体、迅速应对紧急人权问题。在此，我们感谢古巴代表团提出这一及时、重要的倡议。

主席先生，粮食问题既是一个发展和安全问题，也是一个基本人权问题。《经济、社会和文化权利国际公约》第十一条尤其阐述了粮食权的重要性，强调“人人享有免于饥饿的基本权利”，“人人有权为他们和家庭获得相当的生活水准，包括足够的食物”。各项人权相互关联、相互依存，各国只有在保障人民粮食安全并不断发展的基础上，才能切实保护他们在其他方面的人权与基本自由。

作为负责人权事务的联合国主要机构，人权理事会在粮食权问题上负有特殊的责任和使命。粮食权作为最基本的人权之一应得到理事会、人权高专办和相关特别机制的高度重视。高专办应全面、深入研究此次危机对实现粮食权的短期和中长期影响，提出可操作性的应对策略。同时，加强与联合国有关机构密切合作，互为补充。有关特别报告员也可根据其职责和授权就此开展研究。

应对粮食危机，需要国际社会和各国共同努力与合作。我们支持联合国秘书长和其他国际机构为解决此次粮食危机所做的努力。我们呼吁国际社会加强对粮食安全问题的宏观监测和管理，防止投机炒作，并采取更为负责任的政策。同时，我们呼吁发达国家和联合国有关机构切实帮助发展中国家加强粮食生产能力，提供资金和技术援助，以平等实现粮食权。

主席先生，中国是世界上最大的发展中国家，历来高度重视粮食问题。我们用占世界7％的耕地养活了占世界22％的人口，贫困人口从1978年的2.5亿下降到2006年底的2148万人，贫困发生率由30％降至2.3％，成为全球第一个实现联合国千年发展目标中使贫困人口减半的国家。经过多年的不懈努力，中国已经较好地解决了人民的粮食权问题，对于一个拥有13亿人口的发展中国家而言，这是对国际社会解决粮食问题做出的最宝贵贡献。

中国愿意继续与各方加强合作，合力应对粮食危机，也希望即将在罗马举行的世界粮食安全问题高级别会议取得积极成果。

谢谢主席先生。

中国代表团团长李保东大使在人权理事会第八次会议上关于高专报告的发言

（2008年6月2日）

尊敬的高专女士，主席先生：

中国代表团感谢阿博尔女士所做的报告。阿博尔女士在担任人权高专的四年时间里，积极推动国际社会平等对待两类人权，注重弱势群体权利，倡导国际社会在人权领域开展对话与合作。在任期间，阿博尔女士表现了一位人权高专应具备的敬业和务实精神。中方衷心祝愿阿博尔女士在今后的生活和事业中一切顺利，并希望阿博尔女士继续关注和支持国际人权事业的发展。

尊敬的高专女士，主席先生，前不久，人权理事会顺利召开了粮食危机问题特别会议，这是各方努力的结果。会议虽已结束，但粮食危机的消极影响仍将长期存在，发展中国家面临的困境需要我们持续关注。希望高专办密切跟踪这一问题，切实落实相关决议要求，敦促发达国家和相关国际组织从保护人权的角度向发展中国家提供人道和能力建设方面的援助，并重审可能对发展中国家粮食安全造成不利影响的政策。

中方赞赏高专办在国别人权审查机制工作组头两轮审议过程中提供的良好技术服务，希望高专办今后在为受审国编撰报告时，在反映各国面临的困难和挑战的同时，更充分地反映他们取得的成绩和有益实践，这将有助于各国更好地学习和借鉴成功经验。

中方赞赏阿博尔女士上周就《2007年年度活动与成果报告》与理事会进行坦诚对话，这应是理事会未来工作的一项重要内容，必将进一步密切高专办与理事会的关系。中方欢迎高专办在平等和相互尊重基础上与各国开展技术合作，希望高专办在有关技术合作中重点加强对经济、社会及文化权利合作项目的投入，配合发展中国家实现千年发展目标的努力。

尊敬的高专女士，主席先生，《世界人权宣言》虽已通过60周年，但人权问题政治化、双重标准、选择性以及将非人权问题人权化等做法仍然相当盛行。以上弊端若得不到根除，《宣言》所描绘的人权蓝图就难以真正实现。我们希望高专和高专办能在此方面发挥建设性作用，积极倡导“和而不同、和谐共存”的文化，为《宣言》目标的早日实现创造更为有利和宽松的国际环境。

中方感谢阿博尔女士以及埃及代表非洲组、俄罗斯、印度、斯里兰卡和孟加拉等国对中国四川汶川地震遇难者表达的同情与哀悼以及国际社会为中国救灾工作给予的支持。当前，中国政府坚持“以人为本”理念，正举全国之力进行抗震救灾，抢救幸存者，医治伤员，并开始灾后重建工作。我们相信，在中国政府和人民的共同努力下，在世界各国与国际组织的大力支持下，我们一定能取得此次抗震救灾的最后胜利，重建家园。

谢谢主席先生。

中国代表团团长李保东大使在禁止酷刑委员会审议中国第四、五次履约报告会议上的介绍性发言

（2008年11月7日）

尊敬的格罗斯曼主席先生，尊敬的各位委员：

首先，我代表中国代表团向委员会各位专家表示问候和敬意。委员会为促进公约的宗旨和原则，在全球推动禁止和预防酷刑事业做了大量工作，发挥了重要作用，中国政府对此表示赞赏，并将一如既往对委员会的工作予以支持。

今天，我很高兴率中国代表团就中国执行《禁止酷刑公约》第四、五次报告和委员会进行对话。中国代表团由中央政府和香港、澳门两个特别行政区政府的相关部门共32人组成。中国政府派出由这么多部门的专家参加审议，充分说明对委员会和此次审议高度重视。代表团将本着合作、坦诚和负责任的态度，与各位委员开展建设性对话。

主席先生，中国一贯反对酷刑。自1988年批准公约以来，中国不断在立法、执法和司法等方面作出努力，禁止、预防和惩治各类酷刑行为。中国政府认真履行公约规定的履约报告义务。本次审议的第四、五次合并报告是在广泛征求国家机关、政府部门以及有关非政府组织意见的基础上起草的。该报告遵循了委员会《关于定期报告的格式与内容指南》的要求，按照公约各具体条款顺序，详细介绍了自1999年提交第三次报告以后中国为执行公约所采取的新举措和取得的新进展；同时，还说明了中国政府认真考虑和采纳委员会在审议中国第三次定期报告结论性意见中提出的相关建议情况。

今年6月下旬，在收到委员会提出的“审议前问题清单”后，中国政府立即广泛了解和收集相关信息和材料，在较短时间内提交了详细的书面答复。

主席先生，近年来，中国坚持以“以人为本”为核心的科学发展观，在不断发展经济提高人民生活水平的同时，大力加强民主法制建设，树立法治理念，保障和促进公民各项人权，积极构建和谐社会。2004 年，中国修改宪法时增加规定了“国家尊重和保护人权”的原则。2006 年 3 月颁布的《中华人民共和国国民经济和社会发展第十一个五年规划纲要》（2006—2010 年）重申了这一宪法原则，并第一次在这样的文件中明确提出“促进人权事业全面发展”目标，使保障和促进人权成为国家发展战略的重要部分。在这一背景下，全国各级立法、行政和司法机关不断采取有效措施，改革和完善相关制度，规范执法和司法行为，加强监督和制约，推动执法和司法公正，在禁止和预防酷刑领域取得了新进展。我愿借此机会，就中国在禁止酷刑领域的最新进展作一概括介绍。

中国近年来的立法工作贯穿了以人为本、保护人权的指导原则，对于更加有效地预防和遏制酷刑意义重大。这里举两个突出例子：

第一，《治安管理处罚法》。

治安管理处罚权是较为直接和广泛涉及公民权益的一项行政权。为进一步在治安管理案件中做好预防和禁止酷刑工作，同时也考虑到委员会提出的“加强对司法领域以外酷刑行为的预防和惩处”的建议，2005 年 8 月 28 日全国人大常委会通过了《治安管理处罚法》。该法明确将“尊重和保障人权，保护公民的人格尊严”和“公开、公正”作为公安机关办理治安案件、实施治安管理处罚的基本原则。在具体规定中，加强对公安机关执法行为的规范、制约和监督，强化对公民合法权益的保护，包括：明确规定“以刑讯逼供或者威胁、引诱、欺骗等非法手段收集的证据不得作为处罚的根据”，第一次以国家法律形式确定了非法证据排除规则；专门规定“执法监督”一章，对民警办理案件时应当遵守的基本行为规范和保护人权基本标准作出规定，禁止打骂、虐待或者侮辱等各类酷刑和不人道行为，若有违反，视情节轻重依法给予行政处分或刑事制裁。

第二，《律师法》修订。

2007 年 10 月，全国人大常委会通过了《律师法》修订案。修订后的律师法中吸纳了委员会提出的相关合理建议，强调了人权保护原则，促进了有效打击犯罪和充分保护人权两个目标的协调统一。该法在原有《律师法》基础上，对律师在侦查阶段会见犯罪嫌疑人的权利、与犯罪嫌疑人和被告人交流的权利、律师的调查取证权、辩护权以及律师职业豁免等相关权利进一步作了明确规定，有助于进一步保障律师在刑事诉讼各阶段有效履行各项职责，更加有效地保护犯罪嫌疑人和被告人的合法权益，以及加强对侦查、起诉、审判及刑罚执行各阶段司法权力的制约，防止诉讼参与人受到酷刑和其他不人道待遇。该法已于 2008 年 6 月 1 日施行。

主席先生，除立法措施外，中国各主管机关还着重在预防和惩治酷刑两方面做出了努力：

第一，预防酷刑。

中国政府继续把从源头制止和遏制酷刑作为工作重点。

提高执法人员素质是预防酷刑的根本。委员会在上次审议中提出“继续加大努力，向执法官员提供国际人权标准方面的培训”的建议，中国政府对此十分重视。2005 年以来，全国的执法和司法系统广泛开展以“公平正义”为核心价值的法治和人权保护理念教育。人民法院、人民检察院、公安机关和监狱管理机关还重视加强对工作人员的业务培训，将包括《禁止酷刑公约》在内的联合国人权保护文书作为培训的重要内容。上述机关还和联合国人权机构、外国人权组织和专家通过举办座谈会、研讨会以及授课培训等形式开展交流和合作。

制度建设是预防酷刑的保障。中国执法和司法机关不断出台一系列新的重要规章制度。例如，2005 年以来，公安部修改了《公安机关办理行政案件程序规定》和《公安机关办理刑事案件程序规定》，制定了《公安机关适用刑事羁押期限规定》和其他规章。最高人民检察院公布了《关于渎职侵权犯罪案件立案标准的规定》、《人民检察院监狱检察办法》、《人民检察院看守所检察办法》，司法部发布了《2006—2010 年监狱劳教人民警察队伍建设规划纲要》、《监狱人民警察六条禁令》等，在执法和司法程序各个重要环节建立和加强了预防机制。

监督和制约是预防的关键。各执法和司法机关继续大力提高执法工作透明度，不断完善警务公开、检务公开、审判公开和狱务公开，加强和完善监督机制。中国公安机关坚持开展执法质量考评，对刑讯逼供致人重伤、死亡，或者殴打、体罚、虐待被监管人导致其重伤、死亡的，滥用警械武器致人死亡的，实行考评“一票否决”，该公安机关年度考评结果定为不达标。连续两年不达标的，单位行政首长应当辞职或者被免职。截至2007年末，检察机关在全国98％以上的监狱、拘留所和看守所设置了派驻检察机构，在大型监狱或监狱集中地区已设立77个派出检察院，在中小型监狱、看守所设立3300多个派驻检察室。约见检察官制度在全国许多地方的监所实施，被羁押人和被监管人有权直接约见派驻检察人员谈话，反映问题或提出投诉。

公众参与是监督和制约的重要环节。各级执法和司法机关积极接受社会各界的监督，普遍设立投诉热线和举报信箱；加强和民间组织的交流，听取意见和建议；重视民众在媒体和互联网上表达的关注和呼吁，对于其中反映的问题予以认真调查和处理。有关部门还建立了特邀监督员制度。在一些酷刑案例中，正是通过公众和媒体反映的情况，司法机关及时发现和查处了违法犯罪。

第二，惩治酷刑。

对于少数人员违法乱纪，对公民实施酷刑的指控，中国各级主管机关均予以认真调查；查证属实的，依法给予处分，构成犯罪的，依法追究刑事责任。2007年颁布的《行政机关公务员处分条例》中明确规定，以殴打、体罚、非法拘禁等方式侵犯公民人身权利的，视情节轻重，给予记过直至开除的处分。

公安机关以《公安机关人民警察执法过错责任追究规定》、《公安机关内部执法监督工作规定》及其他相关规章为基础，建立了较为完善的执法监督制度。2005年至2007年，全国公安民警因刑讯逼供受到行政纪律处分的137人，因虐待被监管人受到行政纪律处分的48人。

2006年7月，最高人民检察院颁布《关于渎职侵权犯罪案件立案标准的规定》。2006年至2007年，中国检察机关依据该《规定》，重点查办了国家机关工作人员利用职权侵犯公民人身权利和民主权利的案件，包括刑讯逼供、虐待被监管人、暴力取证案件160件，涉案人员258人。

超期羁押是极易导致酷刑的温床。2003年，中国开展清理和纠正超期羁押专项活动，并建立了纠、防超期羁押的长效机制，使这一问题得到有效解决。超期羁期案件从2003年24921人次大幅下降到2007年的85人次。此外，全国执法、司法部门还根据实际需要，经常性地开展执法检查和针对刑讯逼供等问题的专项整治工作，坚决查处执法、司法人员违法违纪案件，严肃追究领导责任，均取得了很大成效。

在查处各类酷刑案件中，中国法院严格根据案情性质、情节轻重和法律的规定予以定罪量刑。例如，2004年底某地方民警在侦办案件时暴力攻击一证人，致其死亡，经检察院提起公诉，法院判处该民警无期徒刑，剥夺政治权利终身。

经过上述努力，酷刑案件的数量呈大幅下降趋势。2006年，中国法院审结刑讯逼供案64件，涉案119人；2007年审结数量下降为40件，涉案82人。暴力取证、虐待被监管人犯罪仍保持较少数目，2006年和2007年均仅为个位数。

主席先生，彻底根除酷刑需要付出长期不懈的努力。为此目的，中国政府将不断完善法制，在教育、预防和惩治酷刑等环节进一步加大工作力度，认真落实公约的各项规定，使反酷刑工作不断取得新进展。在此过程，中国政府愿与委员会、有关国际机构和各有关国家开展密切合作，交流经验，为实现公约的宗旨和目标共同努力。

主席先生，中国政府自1997年7月1日恢复对香港行使主权，1999年12月20日恢复对澳门行使主权以来，《禁止酷刑公约》分别适用于香港特别行政区和澳门特别行政区。根据香港特区基本法和澳门特区基本法，中国政府对两特区实行“一国两制”、高度自治、港人治港、澳人治澳的方针政策，两个特区的履约情况由特区政府自行撰写。

下面请允许我请来自香港特别行政区的欧礼义先生、澳门特别行政区的高德志先生分别发言，向委员会介绍各自的履约情况并回答各位委员的提问。

谢谢主席先生。

中国代表团团长李保东大使在禁止酷刑委员会审议第二次会议上的发言

（2008年11月10日）

尊敬的格罗斯曼主席先生和各位委员：

在第一次会议上，中国代表团与委员会就中国的履约报告进行了初步对话。许多委员对中方的履约工作发表了重要意见，并提出了一些建设性建议。中国代表团对委员们的认真负责态度和专业精神表示赞赏，对于你们肯定中国政府在履约方面所做的努力和取得的成绩表示感谢。在我回答有关提问前，我愿谈三点看法：

第一，中方认为，与委员会的对话十分必要和有益。我们在禁止酷刑和保护人权方面有着共同的目标。同时我们也要看到，世界各国在文化传统、发展水平、法律制度、司法体制等方面的差异性。在一个多样化的世界，存在这些差异是正常的。通过对话和交流，我们可以加深彼此间的了解，以共同促进公约宗旨的实现。中华民族自古以来就有崇尚革新、兼收并蓄、博采众长的优秀传统和智慧。作为一个发展中国家，中国近年来已在司法人权领域取得了重要进步，但仍需要不断改进，需要不断加强国际交流与合作，需要不断借鉴和吸收世界文明的成果，也需要听取在座的专家的意见和建议。中国的进步是一个渐进的过程，但中国政府在消除酷刑方面的决心与努力是坚定的，决不会动摇。

第二，中国政府一向真诚地与委员会合作，尽了最大努力收集并向委员会提供材料。中国政府在禁止和消除酷刑方面意愿是明确的，目标是清晰的，措施也是坚决的。我们绝不容忍酷刑行为，为此，我们一直在司法系统内开展各种禁止酷刑宣传、教育和培训，努力克服文化和传统等方面的障碍。我们开展了宏伟的司法改革，对司法人员的执法行为进行统一严格规范。目前，禁止酷刑的观念正在被司法人员广泛接受，实施酷刑的相关人员亦受到严格惩处。关于统计数据，我们需要做的工作的确很多，有些工作还需要继续做，因为中国是一个面积大，人口比美国、日本、俄罗斯、整个欧洲之和还要多、各地情况差异巨大的发展中国家，人力财力资源有限。但委员提出的建议和要求十分重要，我们将认真研究。改革开放是中国的基本国策，需要一个过程，但我们会尽可能加快这一过程，尽可能协调好各相关部门的工作。

第三，一些委员在提问时援引了非政府组织和其他某些组织的材料。我愿在此强调，非政府组织一直是我们依赖和合作的对象，也是我们工作的基础。它们在促进和保护人权方面发挥着重要和不可或缺的作用，我们对此表示敬意。中方与许多非政府组织均有良好的合作关系。对于委员会与它们建立联系，我们一直持开放和支持态度。但同时应该看到，在全球化、国际化的大背景下，仍存在各种复杂因素。暴力、恐怖、从事违反《联合国宪章》、种族仇视和排外、颠覆合法政权、破坏公共秩序等情况和活动仍然存在，且十分严重，其中也有针对中国的活动。极少数别有用心的组织打着“人权”的旗号，歪曲事实真相，编造谎言，散步所谓“中国普遍存在酷刑”等不实之词，试图误导委员会，干扰委员会审议工作，以达到不可告人的政治目的。我们相信委员会能够坚持客观公正的立场，严格甄别有关材料，不受毫无根据材料的误导，避免审议活动被别有用心的组织利用和政治化。

下面，我和我的同事回答各位委员提出的具体问题。我们代表团对委员会在第一次会议上提出的问题进行了认真梳理，归为22类问题，将分别由主管部门的专家进行回答。同时，我们还准备了非正式的英文译本，供委员会参考。

2009 年

中国常驻联合国副代表刘振民大使在安理会关于“维护国际和平与安全：尊重国际人道法”问题非公开辩论会上的发言

（2009 年 1 月 29 日）

主席先生：

我首先要对美国新任常驻代表苏珊·赖斯大使表示欢迎，我还要对乌干达新任常驻代表鲁贡达大使表示欢迎。我们期待进一步加强与美国代表团和乌干达代表团的密切合作。

我要欢迎联合国法律部、人道事务协调部、联合国难民署、联合国人权高专办及国际红十字会的代表出席今天的会议并发言。

主席先生，遵守国际人道法、特别是在武装冲突中保护平民是一个古老的问题。包括1949 年四个日内瓦公约和 1977 年两个附加议定书在内的国际人道法对此做了充分规定。当今世界，国际人道法条约已得到普遍接受，但在执行中仍面临诸多挑战。我们对有关武装冲突中平民的生命财产受到威胁的情况深表关切，我们敦促有关冲突的当事方认真遵守国际人道法，对平民予以充分的保护，避免给他们的生命和财产造成损害。

安理会高度重视遵守国际人道法和武装冲突中保护平民问题，安理会通过的许多决议中都提到了遵守国际人道法。当前，安理会面临的不仅是国际人道法未得到全面遵守，而且面临其决议得到尊重和执行的问题。在此，我愿强调以下几点：

第一，按照一般国际法，冲突的各个当事方，无论是一国政府，还是叛军组织，均有尊重和遵守国际人道法的义务。因此，鉴于当今世界武装冲突的特点，对国际人道法违法行为的监督，不仅应监督当事国政府，也应监督叛军组织的行为。

第二，按照《联合国宪章》和国际人道法，保护平民的责任首先在于当事国政府。国际社会和外界可提供帮助与支持，督促有关冲突的当事方认真执行人道法，避免伤及平民，但不能损害当事国主权与领土完整，也不能跨过当事国政府强行干涉。

第三，安理会既应重视遵守国际人道法问题，还应设法解决产生冲突的根源性问题，实现标本兼治。安理会的主要职能是维护国际和平与安全，如能有效预防和解决各种冲突，就可以为广大平民提供最好的保护。近年来的一些突发事件表明，如果对冲突的爆发听之任之，再有效的事后保护措施，在突如其来的暴力和冲突面前，也显得苍白无力。安理会应积极探讨预防冲突的办法，同时需要对发生的冲突做出积极应对，以为平民提供安全、可靠的生存环境，这将是对平民的最好保护。

第四，关于“保护的责任”概念，2005年世界首脑会议成果文件用较大篇幅对“保护民众免受种族灭绝、战争罪、种族清洗和反人类罪的责任”进行了十分谨慎的描述，并规定继续由联大探讨这一概念。鉴于很多成员国对此有关切或表示担心，安理会不能对“保护的责任”这一概念做扩大或任意解释，更要避免滥用。我们期待联大的讨论能就此达成一致。

第五，关于确立联合国设施的保护地位问题，我们赞同联合国法律顾问的意见，这应该成为今后编纂和发展国际人道法的一部分。

第六，我们希望各方在落实安理会决议过程中，高度重视遵守国际人道法问题，真正实现保护平民的目标。

谢谢主席先生。

中国代表团团长刘振民大使在联合国第47届社会发展委员会“社会融合”议题下的发言（议题3a）

（2009年2月5日）

主席女士：

首先，请允许我祝贺你当选本届会议主席。中国代表团赞成苏丹代表77国集团和中国所作发言。

主席女士，当前全球金融危机不断加深，世界经济形势急剧变化，给各国经济稳定和社会发展造成严峻挑战。如何减少金融危机的冲击，维护社会公平正义，是摆在各国政府面前的艰巨挑战。本届社发会在优先主题下讨论社会融合问题，特别是社会融合与减贫、实现充分就业和体面劳动的关系，具有积极的现实意义。

我愿就优先主题发表如下意见：

第一，各国应建立和完善社会保障制度。社会保障是民生之盾。促进社会融合，必须为处于弱势的特殊群体提供必要的社会保护，避免他们被社会边缘化。在目前形势下，穷人、残疾人、老年人、青年、移民等特殊群体的社会保护问题比以前任何时候都更突出。如何使他们业有所就、老有所养、病有所医、贫有所济，对促进社会融合具有重要意义。各国政府应采取积极措施，缩小贫富差距，建立和完善适合本国国情的社会保障制度，为特殊群体提供有效保护。

第二，应通过稳定经济拉动就业。就业是民生之本，与经济发展紧密相连，在金融危机的冲击下，稳定宏观经济成为各国政府面临的首先任务。只有保持国民经济平稳发展，才能稳定就业形势。各国政府应采取有力的宏观经济政策，稳定促进就业岗位增长，同时实施更加积极的就业政策，优先照顾处于弱势的特殊群体的需求。

第三，应关注发展中国家的困难处境。经济基础较为薄弱的发展中国家在金融危机中遭受沉重打击，在减贫、促进就业、完善社会保障体系等方面面临着比发达国家更为严峻的形势。发达国家应承担应尽的责任和义务、在制订应对政策时充分考虑发展中国家的利益和关切，不将自身困难转嫁其他国家。在当前形势下，发达国家更应认真履行对发展中国家的官方发展援助承诺，切实减免最不发达国家的债务，避免采取有损发展中国家利益的贸易保护主义措施，与发展中国家携手合作，共渡难关。

主席女士，中国改革开放30年来，不断加快经济社会协调发展，取得显著成就。我们提前实现了绝对贫困人口和饥饿人口比例减半的目标，绝对贫困人口从2.5亿减少到1500万。全国普及九年免费义务教育。我们建立了城市社会保险制度和城乡医疗救治制度，全面实施城镇最低生活保障制度，建立农村最低生活保障制度，改革农村新型合作医疗制度。

中国政府高度重视老龄、青年和残疾人工作。我们把老龄事业纳入国民经济和社会发展总体规划，优先消除老年人贫困，改善老年人的健康状况；采取各种措施加强青年能力建设，解决他们的就业问题。我们签署并批准了《残疾人权利公约》、修订了《残疾人保障法》，以更好地保障残疾人的基本生活，促进残疾人全面发展。

为了应对金融危机的挑战，中国政府在促进经济社会发展、改善民生方面采取了一系列新举措。我们实行更加积极的就业政策，全方位促进就业增长，确保就业形势基本稳定，重视强化创业培训和服务，完善就业援助制度。同时稳步推进医疗卫生体制改革，减轻居民医疗负担、提高退休人员基本养老金和城乡低保水平，扩大养老和基本医疗保险覆盖面，不断完善城乡社会保障体系。

主席女士，通过减贫、促进充分就业和体面劳动实现社会正义与平等，创建一个人人共享的社会，这是所有社会群体和个人的共同诉求，也是世界各国社会发展的共同目标。我们愿与国际社会一道，保持坚定信心，勇于承担责任，通力合作，共度时艰，为实现社会融合、构建和谐世界的理想而共同努力。

谢谢主席女士。

中国代表团团长、中国常驻联合国副代表刘振民大使在联合国妇女地位委员会第53届会议一般性辩论时的发言

（2009年3月6日）

主席先生：

中国支持苏丹代表七十七国集团和中国的发言。中国代表团愿借此机会介绍中国在促进性别平等方面做出的新努力，取得的新进展。

过去一年，面对自然灾害和金融危机的挑战，中国政府认真落实《北京宣言和行动纲领》以及妇女问题特别联大成果文件，采取积极措施，努力稳定经济，注重改善民生，促进妇女权益，深化性别平等。中国政府在即将公布的《国家人权行动计划》中，设立专门章节规定推动妇女权利保护。同时，中国政府启动了农村妇女远程教育项目，进一步完善了城乡妇女教育培训网络；以及在全国推广了“女大学生创业导师行动”等活动，进一步完善了对妇女的小额贷款以及减免税费等服务；发布了《关于预防和制止家庭暴力的若干意见》，并与联合国机构合作，探索和推动反对家庭暴力国家立法。

在促进男性分担家庭责任和向男女提供家庭建设支持方面，中国政府也进行了不少积极努力。第一，与媒体合作，开展“时代男性”评选，树立榜样，推广男性参与性别平等的理念；第二，与妇女组织合作，举办家庭文化艺术节，提升家庭凝聚力和幸福感；第三，开通家庭教育网络，举办规范和提升家政工作的联席会议，为男女承担家庭责任提供专业支持等。

针对人口移徙和艾滋病/艾滋病毒蔓延，中国进一步加强了对农村留守儿童的调研和保护，开展了对艾滋孤儿的救助和心理关怀，并与妇女组织合作在28个省推广了妇女预防艾滋病“面对面”宣传教育项目。

主席先生，2008年5月12日发生的汶川特大地震造成了巨大的财产、经济损失和人员伤亡。我们十分感谢各国政府和国际社会向中国

提供的宝贵支援。目前，灾后重建工作正在紧张有序地进行。妇女工作是灾后重建的一项重要内容。我们正在灾区积极开展妇女心理援助以及经济增收等项目，并努力探索将性别意识纳入减灾全过程。今年4月，我们将与联合国国际减灾战略合作，在北京举办性别与减灾国际会议，欢迎各位朋友关注并积极参与这次会议。

主席先生，2010年是《北京宣言和行动纲领》通过15周年和妇女问题特别联大成果文件通过10周年，在落实上述文件方面，国际社会仍面临艰巨任务和巨大挑战，需要坚持不懈地努力，需要各国拿出实际行动。中国代表团主张：

第一，在尊重各国国情和发展道路的基础上，深化国际合作，加速推进全面落实《北京宣言和行动纲领》以及妇女问题特别联大成果文件。

第二，充分认识金融危机对妇女的影响，在应对政策、方案和活动中加强性别意识，并在有关决策中充分听取不同妇女群体的意见。

第三，关注照料经济的贡献和作用，完善社会保障体系，加强和谐家庭建设，促进男女社会性别角色的转变，推进男女分担责任。

谢谢主席先生。

中国国家人口和计划生育委员会主任李斌在联合国人口与发展委员会第42届会议上关于议题4的发言

（2009年3月31日）

尊敬的主席女士：

首先，请允许我代表中国代表团对您当选本届会议主席表示热烈的祝贺。相信本次会议一定会取得丰硕成果。中国代表团高度赞赏秘书长提交本届会议的报告，这对促进各国政府实现人口与发展具有重要意义。中国代表团愿介绍在这方面所做的努力。

主席女士，中国政府认真履行对国际人发大会行动纲领和千年发展目标的承诺，坚定走中国特色统筹解决人口问题的道路，坚持人口与发展综合决策，努力实现人口长期均衡发展和全面协调可持续发展；全面认识人口与经济社会资源环境的关系，积极促进发展方式的转变，促进人口大国向人力资源强国转变；注重通过利益引导、服务关怀和宣传倡导，把人口和计划生育纳入改善民生的总体部署，加强部门协调与区域协作，推动工作机制和方法的创新；加强计划生育/生殖健康领域的科技创新，鼓励不同地区因地制宜探索服务管理的新模式。经过30多年坚持不懈的努力，中国创造了在发展中的人口大国实现经济快速增长、人口全面发展的成就，为稳定世界人口做出了积极贡献。

第一，坚持改革开放，为全球消除贫困做出积极贡献。中国从1978年全面推行改革开放以来，经济连续30年保持年均9.8％的高速增长，为改善人民生活奠定了重要的物质基础。中国将扶贫战略与人口发展战略紧密结合，实施整村推进、劳动力转移培训、产业化扶持和移民扶贫等开发式全面扶贫政策。从1978年到2007年，全国城镇居民人均可支配收入从343元增加到13786元，农民人均纯收入从134元增加到4140元，人民群众生活实现了由贫困到温饱再到总体小康的历史性飞跃。农村贫困人口从2.5亿减少到4007万，提前实现了千年发展目标，加速了全球减贫进程。

第二，坚持计划生育基本国策，统筹解决人口问题。人口过多是中国面临的首要问题。经过30年的计划生育，中国妇女总和生育率已经从1970年的5.8下降到1991年的更替水平以下，并一直稳定在1.8左右。目前中国总人口为13.28亿。中国如果不实行计划生育基本国策，2008年的总人口就会超过17亿。2008年，中国65岁以上的人口比重已从1990年的5.6%，上升到2008年的8.3%，老年人口数量多、老龄化速度加快。在农村，加快建立广覆盖、补贴式的新型农村社会养老保险制度，将农村部分计划生育家庭奖励扶助标准由人均600元提高到720元。进一步完善农村公共服务设施，逐步提高农村老年人口的生活质量；在城镇，扩大基本养老保险覆盖范围，构建以居家养老为基础、社区服务为依托、机构照料为补充的养老服务体系。补助农民参加新型农村合作医疗，已达8.14亿人，参合率达到91.5%。完善国家助学制度，资助学生超过2000万人。今后3年，政府财政将投入8500亿元，努力建成覆盖全国城乡的基本医疗卫生制度，初步实现人人享有基本医疗卫生服务。

中国人口平均期望寿命从改革开放之初的68岁提高到目前的73岁，婴儿死亡率和5岁儿童死亡率下降至14.9‰和24‰，孕产妇死亡率下降至34.2/10万；2007年，15岁以上国民人均受教育水平从4.5年提高到8.5年，全国普及九年义务人口覆盖率达到99.3%，都提前实现了千年发展目标。中国的人类发展指数由1990年全球的第105位上升至2007年的第81位。

第三，促进性别平等，不断满足人民群众计划生育和生殖健康的需求。中国政府将妇女发展事业纳入国家经济社会发展总体规划，认真落实妇女发展纲要，大力实施“妇女就业促进行动”、“妇女儿童权益维护行动”、“和谐家庭创建行动”、“妇女成材支持行动”，保障妇女发展的权利。在全国广泛开展“关爱女孩行动”，制定和落实有利于社会性别平等、女孩成长的经济社会政策，采取严禁非医学需要的胎儿性别鉴定等综合措施解决出生人口性别比偏高的问题。

同时，将生殖健康和促进社会性别平等引入人口和计划生育方案，大力开展计划生育和生殖健康优质服务，政府免费提供计划生育公共服务和现代避孕方法，积极推进避孕方法的知情选择。普遍开展以社区为基础的出生缺陷人群干预工作，定期为孕产妇做产前检查和产后访视，在农村妇女中开展妇科疾病定期检查，在全国农村实行住院分娩补助政策，为3岁以下婴幼儿做生长发育检查。中国政府高度重视艾滋病预防工作，直接用于艾滋病的防治经费达到35.5亿元人民币，制定了一系列支持性政策性文件。注意加强青少年性与生殖健康教育，开设青春期保健门诊，提供咨询服务，创造条件帮助青少年得到相应的生殖健康服务。通过有效的工作，广大人民群众实行计划生育的自觉性进一步增强，人民群众对生殖健康工作的满意程度不断提高。

第四，努力促进人口有序流动和合理分布，为流动人口提供同等的公共服务。中国正经历着人类历史上最大规模的人口迁移。据2005年全国1%人口抽样调查，全国流动人口达1.47亿。全国流动人口聚集地区基本建立了区域协作的有效形式，农民工关怀关爱活动深入开展，流动人口免费计划生育服务覆盖面不断扩大，合法权益得到较好维护。未来二三十年，我国人口迁移流动的速度还将进一步加快。中国政府将通过协调落实人口发展功能区规划，研究制订人口有序转移、统筹城乡发展的政策措施，加快构建流动人口统一管理、优质服务的新体制。

第五，坚持实施可持续发展战略，促进人口、资源环境协调发展。中国政府努力探索人与自然、人与社会和谐发展的道路，把实现人口长期均衡发展，人口与经济、社会、资源、环境协调发展作为全面建设小康社会重要目标，努力建设资源节约型、环境友好型社会，大力推进节能减排，为应对全球气候变化做出了积极努力。中国由于实行了计划生育使总人口规模缩减了22%，减轻了人口对全球资源的压力和对环境的影响，为人类的可持续发展做出了积极的贡献。中国愿同国际社会一道，继续坚持依靠技术进步，为应对气候变化做出不懈努力。

主席女士，中国在人口和发展领域虽然取得了显著的成就，但仍然面临许多困难和挑战。21世纪上半叶，将迎来总人口、劳动年龄人口、老年人口高峰，流动迁移人口还将持续增加。总的看，人口资源环境约束不断增强，人口数量问题仍然是长期制约经济社会发展的关键性问题之一；从更长的时期看，人口素质、结构和分布问题将逐渐成为影响经济社会协调和可持续发展的重要因素，加上计划生育和生殖健康尚未完全有效覆盖经济欠发达地区、青少年和流动人口，统筹解决人口问题的任务十分艰巨。

主席女士，中国作为占世界人口 19.5％、拥有 13 亿人口的发展中国家，保持人口均衡、实现经济发展、扩大城乡就业、改善人民生活的难度很大，努力做好中国自己的事情本身就是对全人类实现千年发展目标做出的最大贡献。在此，希望国际社会用发展的眼光看中国的人口和社会发展事业。中国政府将继续认真履行国际承诺，首先继续把自己的事情办好，坚持“平等互利、注重实效、长期合作、共同发展”的原则，进一步加强南南合作、加强和扩大与世界各国在人口与发展领域的国际交流与合作，为改善人类福祉、促进建立繁荣美好的和谐世界而努力！

谢谢主席！

中国常驻联合国代表团公使衔参赞腊翊凡在安理会“儿童与武装冲突问题”公开辩论会上的发言

（2009 年 4 月 29 日）

主席女士：

首先，欢迎你专程来纽约主持此次关于儿童与武装冲突问题的公开辩论会。我感谢潘基文秘书长和米吉罗常务副秘书长参加本次会议，感谢秘书长特别代表库马拉斯瓦米女士、负责维和事务的副秘书长勒罗伊和联合国儿童基金会执行主任维尼曼女士所作通报。

安理会确定了武装冲突中六大侵害儿童的行为，包括违反国际法招募和使用儿童兵、杀害和致残儿童、强奸和其他严重的性暴力、绑架、阻碍儿童获得人道主义救援以及对学校和医院的袭击。对这六类侵害儿童的行为，安理会应予同样的关注和重视。我们支持联合国、包括安理会为促进武装冲突中对儿童的保护做出的各项努力。在此，我愿强调以下几点：

第一，在武装冲突中保护儿童，保证儿童在冲突后恢复正常生活，这是联合国各有关机构的共同任务，需要安理会、联大、人权理事会、经社理事会及其他有关机构采取综合手段，共同应对。对安理会来说，应从解决冲突的角度出发，重点通过预防武装冲突、消除武装冲突的根源来保护儿童免遭武装冲突危害。近年来，一些冲突地区的局势升级，使当地儿童深受其害。而在其他一些地区，和平进程取得积极进展，为儿童的未来带来希望。这说明安理会应更多关注冲突的本身，把着力点放在预防冲突上。

第二，在保护武装冲突中的儿童时，要尊重、鼓励当事国政府发挥主要作用。安理会第 1612 号决议强调，当事国政府在保护本国儿童方面负有首要责任。有关方面在开展保护儿童的工作时，应与当事国政府充分合作，共同消除武装冲突对儿童的伤害。安理会及其工作组应多与当事国政府沟通，肯定和支持其采取的积极措施，不断增进彼此互信。

第三，安理会应继续改进和完善“监督汇报机制”和儿童与武装冲突工作组的工作。目前秘书长报告附件国家均已建立“监督汇报机制”。这一机制的主要任务是收集信息，工作中应与当事国政府加强沟通与合作。儿童与武装冲突工作组自成立以来做了大量工作，中方感到满意。我们希望工作组与当事国政府加强合作，协商解决有关问题，向安理会提出切实可行的建议。工作组目前任务很重，工作量很大，希望工作组明确重点，提高工作效率。

主席女士，解决儿童与武装冲突问题，仅靠安理会的努力是远远不够的。我们欢迎区域组织在解决该问题中扮演更重要的角色。此外，我们鼓励联合国儿童基金会、世界银行等国际机构在帮助有关国家防止儿童卷入武装冲突方面发挥更大作用，我们也欢迎非政府组织贡献更大力量。

中方关注武装冲突对儿童的长期影响，认为应采取长期措施使受冲突影响的儿童重返社会，恢复正常生活。国际社会在推动冲突后重建时，应将儿童重返家庭、学校和社会作为优先事项，并为此提供充足的资源保障。

主席女士，中国高度重视保护儿童权益，已批准《〈儿童权利公约〉关于儿童卷入武装冲突问题的任择议定书》，成为该议定书的缔约方。我们呼吁更多国家批准和加入该议定书。希望通过各方的共同努力，真正改善武装冲突中儿童的境遇，使所有孩子都能拥有美好的明天。

谢谢主席。

中国常驻联合国副代表刘振民大使在第63届联大关于艾滋病议题的发言

（2009年6月16日）

主席先生：

中国代表团认真阅读了秘书长就此议题提交的报告，高度赞赏联合国为促进全球共同行动、抗击艾滋病所作的努力。

主席先生，中国政府高度重视艾滋病防治工作，将其作为关系经济发展、社会稳定、国家安全和民族兴衰的战略问题纳入政府工作议事日程，初步建立了适合中国国情的艾滋病防治机制，防治工作取得显著进展。中国政府制定并落实了“四免一关怀”政策，也就是说，国家实施艾滋病自愿免费血液初筛检测、对农民和城镇经济困难人群中的艾滋病患者实行免费抗病毒治疗、对艾滋病患者遗孤实行免费就学、对孕妇实施免费艾滋病咨询、筛查和抗病毒药物治疗、将生活困难的艾滋病患者及其家庭纳入政府救助范围，实现艾滋病预防、治疗和关怀服务的全面可及。加大艾滋病综合防治干预力度，扩大干预工作的覆盖面，减少新发感染。进一步加强国际交流与合作，并做到依法防治、科学防治。同时，中国政府将继续积极承担国际义务，支持其他发展中国家开展艾滋病防治工作，提供援助和技术支持，并继续积极参与跨国、跨地区艾滋病防治合作。

与很多发展中国家一样，中国地区间经济、社会、文化发展不平衡，人均可用于艾滋病防治的资源十分有限，防治投入远不能满足防治工作的实际需要。为此，我们期待联合国机构进一步采取行动，支持发展中国家开展艾滋病防治工作。我愿对联合国机构今后有关工作强调以下两点：

第一，继续加大资金和技术支持力度。随着普遍获得预防、治疗、关怀支持目标的逐步落实，中国卫生系统基础设施和服务能力都面临巨大挑战。希望联合国机构今后在资金和技术方面提供更多支持，帮助中国解决防治工作中的实际问题，如抗病毒治疗成本高、药品短缺等。

第二，加强各国际组织间的协调。为保证资源有效配置，各项目有序开展，希望联合国机构利用自身优势和影响力，更好地发挥国际组织间的协调作用，促进各国际组织项目在受援国内的整合。同时，希望联合国艾滋病规划署加强与国际禁毒、扶贫等组织在艾滋病防治方面的协调合作，对优先工作领域给予重点投入。

主席先生，艾滋病是全人类的共同敌人，战胜艾滋病是我们的共同目标。我们愿意与国际社会一道，共同探讨研究防治艾滋病的策略和措施，切实履行《关于艾滋病毒/艾滋病的承诺宣言》，为全球有效遏制艾滋病做出新的贡献。

谢谢主席先生。

中国常驻联合国副代表刘振民大使在“妇女、和平与安全问题”安理会公开辩论会上的发言

（2009 年 8 月 7 日）

主席先生：

我欢迎潘基文秘书长出席会议并发言。我感谢他依据安理会第 1820 号决议提交报告。

主席先生，十年前，安理会通过了关于妇女、和平与安全问题的第 1325 号决议。去年 6 月，安理会就打击性暴力问题通过第 1820 号决议。这两项决议奠定了安理会在和平与安全领域应对相关妇女问题的基础。近年来，在联合国、会员国、各区域组织和民间社会的共同努力下，性别平等、向妇女赋权、防止和打击性暴力等观念日益深入人心，有关工作取得了不少成果。然而，残酷的现实表明，在当今许多冲突中，女性仍是最直接的受害者，针对妇女的性暴力问题仍很严重。国际社会在保护妇女、维护妇女权益方面仍有很多工作要做。

中国谴责有关武装冲突中针对妇女的一切暴力行为、包括性暴力行为，敦促冲突各方遵守国际人道法和人权法。我们呼吁有关国家政府调查并惩治那些在武装冲突中对妇女犯下罪行的人。我们敦促尚未加入《消除对妇女一切形式歧视公约》的国家尽早加入该公约。我们支持秘书长对维和人员性剥削行为实行“零容忍”政策，希望出兵国加强对维和人员的培训、监督和问责，使联合国有关行为准则得到切实遵守。

在此，我愿就加强武装冲突中保护妇女工作谈几点看法：

第一，安理会可发挥自身独特作用，联合国各有关机构应各司其职，加强协调与合作。秘书长在其报告中分析了性暴力问题的诸多特点，其中最重要的一点就是该问题与武装冲突密切相关。安理会作为维护国际和平与安全的首要机构，要将保护妇女问题放在有关政治局势和和平进程中处理，重点做好预防冲突、维持和平及冲突后重建等工作，为缓解和消除性暴力营造良好的政治、安全和法制环境。联大、经社理事会、人权理事会、秘书处及有关条约机构也应根据各自职责各有侧重，发挥自己应有的作用。安理会应与上述机构加强沟通与合作，形成整体合力，共同应对。

我们一向不赞成安理会动辄使用制裁或以制裁相威胁，在打击性暴力问题上也需慎用制裁。

第二，在和平进程的各个阶段，应重视妇女的地位和作用，形成重视和尊重妇女的意识和文化。要重视妇女在预防冲突、维和、建设和平等不同阶段的特殊需要和关切，使妇女在和平进程中享有充分的参与权和决策权，为妇女生存和发展创造良好环境。这有助于从根本上改变妇女的弱势地位，切实维护妇女权益。

第三，各国政府在保护本国妇女问题上负有主要责任，国际社会应提供建设性协助。落实安理会有关决议，保护本国妇女的责任首先在于各国政府。各国国情不同，国际社会应尊重当事国政府根据本国情况制定和采取的应对措施，使有关当事国政府充分发挥自主作用。需要强调的是，无论是冲突中还是冲突后国家，其自身往往面临各类困难，国际社会应在遵守

《联合国宪章》原则、尊重当事国意愿的基础上帮助它们加强能力建设。

第四，应继续鼓励支持民间社会参与保护妇女的工作。不少非政府组织的同事们，在艰苦的条件下，在实地开展保护妇女权益的活动，他们的工作值得赞赏。中方支持他们在武装冲突中保护妇女问题上继续发挥建设性作用，鼓励他们多与联合国其他机构，特别是那些直接涉及妇女问题的机构保持联系，提出合理建议。

主席先生，我们注意到，秘书长建议针对苏丹、刚果（金）和乍得问题设立调查委员会，以调查有关性暴力事件，并向安理会提出有效打击有罪不罚问题的建议。我们建议秘书长就此与有关国家进行充分的沟通与协调，事先征得当事国同意。同时，在处理有关性暴力问题上，应注意区分政府的行为与叛军组织的行为。我们敦促有关各方综合、平衡地看待武装冲突中针对妇女的所有暴力行为。

主席先生，安理会在讨论妇女、和平与安全问题时，不仅要将妇女看做是武装冲突中的受害者，更重要的是，要高度重视妇女在和平进程中可发挥的重要作用。去年10月，在中国担任安理会轮值主席期间，安理会围绕妇女在和平进程中的作用进行了认真讨论，取得很好效果。我们希望安理会今后继续重视这一问题。

主席先生，中国政府一贯重视保护妇女权益和提高妇女地位，我们愿与国际社会一道，为进一步在世界范围内减少性暴力行为，提高妇女在有关国家和平进程中的地位，落实妇女、和平与安全领域的各项目标共同努力。

谢谢主席。

中国常驻联合国代表张业遂大使在“妇女、和平与安全问题”安理会公开辩论会上的发言

（2009年10月5日）

主席先生：

我感谢越南政府倡议举行今天的安理会公开辩论会，并感谢你亲自主持这次会议。

主席先生，九年前，安理会通过了第1325号决议。这一具有里程碑意义的文件奠定了国际社会在妇女、和平与安全领域开展合作的基础。安理会围绕该决议采取了不少后续行动，各有关成员国也根据决议要求积极采取了相关措施。妇女已越来越多地肩负起维护世界和平的使命，在世界各地的缔造和平、维持和平及建设和平过程中发挥着重要作用。这正应了中国的一句俗语——“妇女能顶半边天”。

然而，由于冲突特点的改变和各种复杂因素的交织，全面切实落实1325号决议，国际社会仍有许多工作要做。联合国各相关机构、组织间应根据各自授权，分工合作，发挥整体优势，以取得最佳效果。在此，我愿强调如下两点：

第一，在冲突后和平重建中重视妇女需求并发挥妇女的作用是全面、充分落实1325号决议的重要一环。尊重和保护妇女是社会文明和进步的表现，也是一个成熟的社会制度应有的要素。要将尊重和保护妇女权利贯穿于和平进程的始终，照顾其特殊需求和关切，赋予她们更多的参与权和决策权，并在制度上予以保障。冲突后国家的和平往往比较脆弱，为了实现持久和平和长期的社会稳定，不能没有妇女的有效参与，她们应该在冲突后的和平建设和国家发展进程中享有充分决策权和参与权，她们可以为来之不易的和平提供坚定的支持。

第二，当事国承担着应对冲突后妇女需求、全面落实1325号决议的首要责任。世界各地武装冲突的起因、性质各有不同，而最了解当地妇女需求的是当事国政府和人民。冲突后的国

家往往百废待兴，面临各类困难。国际社会应慷慨解囊，提供资金、技术等援助，帮助它们加强能力建设。在提供外部支持的同时，国际社会和各捐助方应尊重当事国意愿，依靠当地政府，充分激发当地妇女的热情，鼓励她们以"主人翁"精神投身和平重建事业。

主席先生，安理会刚刚通过了第1889号决议。我感谢越南在决议起草和磋商过程中做出的努力。第1889号决议要求秘书长2010年向安理会提交两份报告，一份有关第1325号决议落实情况，另一份针对冲突后妇女需求问题。几天前，安理会刚刚通过第1888号决议，要求秘书长就打击武装冲突中性暴力问题继续提交报告。我们希望秘书处重视两个决议的要求，加强内部协调，既要避免重复劳动和浪费资源，又要利用好相关信息，向安理会提交高质量的报告。

谢谢主席。

中国常驻联合国副代表刘振民大使在第64届联大三委关于执行人权文书（议题69A）的发言

（2009年10月20日）

主席先生：

中国一贯高度重视国际人权文书在促进和保护人权方面的重要作用。迄今，中国已是各个重要的国际人权条约的缔约国，包括《经济、社会和文化权利国际公约》、《儿童权利公约》、《禁止酷刑公约》、《消除一切形式种族歧视国际公约》、《消除对妇女一切形式歧视公约》等。中国已签署《公民权利和政治权利国际公约》。目前，我们正在进行一系列立法、司法和行政改革，使国内法更好地与公约规定相衔接，为批约创造条件。

中国认真履行根据国际人权条约所承担的各项义务，重视向条约机构提交履约报告的工作。中国已就《经济、社会和文化权利国际公约》执行情况提交了首次报告，就《消除一切形式种族歧视国际公约》提交过6次共13期报告，就《消除对妇女一切形式歧视公约》提交过4次共6期报告，就《禁止酷刑公约》提交过4次共5期报告，就《儿童权利公约》提交过2次报告，就《儿童权利公约关于买卖儿童、儿童卖淫和儿童色情制品问题的任择议定书》提交了首次报告。在这些报告的审议过程中，中国与人权条约机构保持了良好的对话与沟通。中国代表团认为，认真准备执行有关人权条约的报告，既是对中国政府促进人权活动的总结和评估，也是接受咨询并改进我们促进人权工作的良好机会。因此，中国高度评价与各人权条约机构的合作。

自香港和澳门回归以来，中国政府按照"一国两制"的原则，积极支持香港特区政府和澳门特区政府履行有关条约义务，开展人权保护工作。

目前，中国正在撰写《儿童权利公约》第3和第4期合并报告，力争今年年底前后提交儿童权利委员会。

主席先生，中国赞赏人权条约机构为促进和保护人权所发挥的积极作用，支持各条约机构基于形势变化进行必要改革，通过简化程序、统一工作方法提高效率。

现行报告制度存在过于复杂和报告负担过重的问题，不同条约机构某些职责重叠，重复劳动的情况很突出。联合国秘书长和人权条约机构委员会会议都曾就此提出改革建议。中国对人权高专办及有关方面为改革所做出的努力表示赞赏。

主席先生，中国历来重视人权条约机构的作用，与人权条约机构保持了良好的对话和沟通。无论是在审议过程中，还是落实审议结论性建议的后续工作中，中国政府都十分注重与委员会的良好互动。中国尊重并积极考虑委员会提出的建设性意见，并结合中国国情予以采纳和落实。同时，为增加人权条约机构专家对中国人权公约履行状况的了解，中国政府还多次邀请有关专家委员到中国进行实地考察，以听取委员们的建议。

中国认为，总体而言，各委员会均能按照公正、客观和中立的原则开展工作，但需要引起注意的是，某些条约机构在行使职权时超出公约授权的情况时有发生，甚至出现个别委员滥用职权的现象。我们认为，各条约机构应维护其工作的严肃性和合法性，严格遵守条约的授权以及议事规则，谨慎对待来自不可靠渠道且未经证实的信息，同时，委员会提出的结论性意见应当切合缔约国实际情况，具有针对性和可操作性，避免条约监督工作的政治化和选择性。

主席先生，中国政府希望人权高专办和各条约机构继续加强与缔约国的交流与对话，充分听取并尊重缔约国意见。不断改进人权条约机构的工作程序和提高效率既是条约机构自身的责任，也是各缔约国政府的职责。中国愿与各国一道努力，继续支持人权条约机构及条约报告制度根据形势需要进行改革。

谢谢主席先生。

中国常驻联合国副代表刘振民大使在第64届联大三委关于人权问题（议题69 b，c）的发言

（2009年10月26日）

主席先生：

当前，人权与安全和发展问题并列为联合国工作的“三大支柱”，得到国际社会前所未有的重视。人权领域对话与合作已成为国际潮流。

同时，世界人权事业的发展仍面临诸多挑战。国际金融危机影响仍在持续，全球发展不平衡更加突出，战乱和贫困仍然是导致大规模侵犯人权现象的主要因素，种族歧视和排外现象依然严重。自联合国第一部纲领性人权文书——《世界人权宣言》诞生以来，60多年里，联合国在人权领域取得了很多成就，但联合国人权系统仍存在不尽如人意之处。

推动国际人权事业健康发展是联合国全体会员国的共同责任。我们应在以下几个方面进一步做出努力：

第一，正视不同文明的差异，尊重各国根据本国国情和人民意愿选择的发展道路。由于历史文化传统、经济发展程度以及社会制度不同，各国在人权领域所面临的挑战和优先任务不尽相同，不应强求用同一模式来促进和保护人权。应用客观、发展的眼光看待一国人权状况，继续大力倡导人权对话与合作，推动不同文明、宗教之间，不同社会制度和发展水平的国家之间相互尊重、相互学习。

第二，重视发展中国家对发展权的诉求。受国际金融危机冲击，发展中国家外部发展环境恶化，经济增长普遍减速，发展遇到严重困难。没有发展中国家普遍发展和平等参与，就没有世界共同繁荣，就无法建立更加公正合理的国际经济秩序，确保人人享有平等权利。国际社会应拿出政治诚意和实际行动，努力缩小南北发展差距，实现共同发展。发达国家应承担更大责任，加大对发展中国家的资金和技术支持，切实履行对发展中国家的官方发展援助承诺。

第三，推动建设和谐包容的社会。当前，基于种族、肤色、性别、语言、宗教等各种原因的歧视和偏见依然存在。旧的种族主义未彻底清除，新形式的种族主义层出不穷。国际社

会应继续关注并切实执行对种族主义的“零容忍”政策，致力于构建和谐社会，确保人人享有尊严和公正。我们支持联大协商一致通过德班反对种族主义世界大会审议大会成果文件。

第四，改进联合国系统人权保护机制。人权理事会气氛离联大60/251号决议所倡导的精神还有相当距离，理事会、联大三委及有关人权条约机构等工作有待于彻底消除政治化和双重标准。发展中国家在联合国人权机构代表性严重不足问题亟待更正。人权高专办应尽快落实联检组建议，解决高专办工作人员地域分配严重失衡问题，同时恪守客观、公正原则，以开放和透明的态度接受成员国监督。应改进特别机制人选产生办法，使不同文化和法律制度的特性在特别机制任命中得到充分体现。应支持更多发展中国家非政府组织参与国际人权领域活动，帮助其加强能力建设。

主席先生，国别人权审查机制是人权理事会创新机制，自启动以来总体运作良好。各方应继续共同努力，推动该机制在正确的轨道上运行，使之成为各国就促进和保护人权交流看法、分享经验、加强合作的机制。

今年2月，中国政府首次接受人权理事会国别人权审查，与各国进行了开放、坦诚的对话。我们重视各国在审查时提出的看法和建议，将结合中国政治、经济发展战略和规划落实已经接受的建议。

人权理事会成立三年多来，总体运作顺利，对抗性有所减少，对突发人权状况的反应能力有所加强。再过一年多，理事会将面临地位重审和工作审查。我们希望各方根据联大60/251号决议授权，对理事会进行评估和改进，坚持联合国各机构合理分工，提高工作效率，推动理事会以更加公正、客观和非选择性方式处理人权问题。

主席先生，今年是中华人民共和国成立60周年。60年来，中国发生了历史性变化，中国人权事业取得了跨越式发展。人均寿命从35岁提高到73岁，亿万人脱贫过上了小康生活。扫除了文盲2亿多人，1.6亿学生享受九年免费义务教育。稳步推进民主法治建设和政治体制改革，通过现行有效法律231件，加入25项国际人权公约，经注册登记的社会团体已达40万，公民日益广泛参与管理国家和社会事务。纵观60年变化，最深刻的变化是人的变化，观念的变化，是人的生活水平和尊严、价值的显著提升。

在欣喜于发展成就的同时，我们也清醒地认识到，中国仍然是世界上最大的发展中国家，在人权领域还面临很多挑战。为此，中国政府提出以人为本的科学发展观，不断探索促进和保护人权的新途径和新措施。面对金融危机，我们出台4万亿一揽子经济刺激计划，其中用于民生事业的投资占一半以上。继续加大扶贫力度，从今年起实施新的标准，扶贫对象扩大近1.6倍，将覆盖4007万人。颁布新医改方案，确立到2011年，基本医疗保障制度全面覆盖城乡居民，到2020年实现全民医保。今年4月，中国政府在广泛吸纳民间社会意见的基础上，颁布了首份两年期《国家人权行动计划》，表明了中国政府坚定促进人权的决心。中国政府各个部门正切实采取各项措施，认真落实行动计划。在致力于本国人权事业发展的过程中，中国愿继续加强与各国在人权领域的交流与合作，共同推动国际人权事业进步。

谢谢主席先生。

中国常驻联合国副代表刘振民大使在第64届联大三委审议人权理事会报告时的发言

（2009年10月29日）

主席先生：

中国代表团感谢人权理事会主席莫文大使介绍理事会报告，赞赏他及理事会前任主席、尼日利亚常驻日内瓦代表乌莫比大使一年来为人权理事会的顺利运作所做出的积极努力。

过去一年来，人权理事会总体运作平稳，审议了理事会日程上的全部10项议题，讨论了实质性人权问题，国别人权审查机制、来文申诉机制、人权特别机制、咨询委员会等各项机制全面运作，取得不少成绩。特别是面对当前的全球性危机，人权理事会分别举行了金融危机问题和粮食危机问题特别会议，从促进和保护经社文权利和发展权的角度就上述问题进行全面讨论并协商一致通过相关决议，体现了对深受金融危机和粮食危机影响的发展中国家及弱势群体的生存权和发展权等基本人权的关注，值得肯定。

当然，人权理事会成立仅三年多，各项机制仍处在磨合期，仍需逐渐完善。值得强调的是，为了落实60/251号决议的精神，履行联大赋予的职责，人权理事会必须彻底摒弃其前身人权委员会的政治化和双重标准等弊病，坚持客观、公正、非选择性的基本原则，尊重不同观点与看法，通过对话增进相互理解与合作，以建设性方式审议人权议题。只有这样，人权理事会才能不辜负国际社会的期望。

根据联大60/251决议的规定，人权理事会应在建立5年后重新审查其地位及运作情况。我们认为，重审工作的目的不是重起炉灶将理事会推倒重来，而是为了查找理事会运作过程中的不足，并进行改进和完善。因此，我们支持理事会第12次会议通过建立重审工作政府间工作组的决议，希望各方以建设性态度参加工作组会议，加强相互交流与沟通，使重审工作顺利进行。

主席先生，自人权理事会成立以来，中国一直是理事会成员。我们在坚持不懈地促进本国人权事业发展的同时，始终认真负责地履行理事会成员国的职责，积极参加各项人权议题的审议，致力于促进国际人权对话与合作，为促进理事会以客观、公正、非选择性的原则处理各项人权问题而做出自己的贡献。我们将继续与理事会成员加强对话与合作，为实现促进与保护人权的崇高目标而共同努力。

谢谢主席先生。

中国代表刘玉印在第64届联大二委关于“可持续发展”议题的发言

（2009年11月2日）

主席先生：

首先，感谢秘书长就可持续发展问题提出的有关报告。中国代表团支持苏丹代表77国集团和中国的发言。

关于议题53（a）：《21世纪议程》、《进一步执行21世纪议程方案》和可持续发展世界首脑会议结果的执行情况

近年来，国际社会和各国政府为实施《21世纪议程》、实现可持续发展作出了许多努力，推动经济、社会、环境的协调发展迈出了重要步伐。但同时，受一系列危机影响，可持续发展所有重大方面的进展都出现逆转倾向，包括世界经济增长率放缓、发展中国家遭受重大冲击，气候、能源、水等各方面的挑战加剧。在此情况下，《21世纪议程》、《约翰内斯堡执行计划》和千年首脑会议的目标岌岌可危。

面对当前这场前所未有的“发展危机”，国际社会必须进一步努力，加强合作，促进可持续发展。国际社会特别是发达国家应兑现其在资金、技术等方面的承诺，增加发展援助，转让环境友好型技术，帮助发展中国家提高实现可持续发展的能力，并就此建立监督和促进机制。联合国可持续发展委员会是联合国系统内唯一综合审议经济、社会和环境问题的机构，其作用应得到进一步加强，各国应继续向可持续发展委员会提供支持。联合国各系统应在贯彻执行可持续发展问题世界首脑会议成果的后续行动方面提高效率和效益。发展中国家应不断加强其自主发展能力，探索有利于适合本国国情的发展模式，持之以恒地走可持续发展之路。中国政府支持在2012年举办一次关于可持续发展的高级别会议，全面审查和评价《21世纪议程》所面临的障碍和取得的进展，支持巴西政府承诺主办此次高级别活动。

中国政府高度重视可持续发展问题，确立以人为本、全面、协调、可持续发展的发展战略，统筹经济与社会发展、人与自然和谐发展，统筹当前利益和长远利益，全面建设资源节约型、环境友好型社会，实现经济发展与人口资源环境相协调，全面建设人与自然和谐相处的小康社会。实现这些目标，将既造福于中国人民，也将对世界的可持续发展做出重要贡献。

关于议题53（b）：进一步执行《毛里求斯战略》的后续行动和执行情况

小岛屿发展中国家在实现可持续发展方面面临特殊的困难。国际社会，特别是发达国家，在落实《毛里求斯战略》时，必须充分考虑到它们的特点及脆弱性，通过提供资金援助、转让适用技术和支持能力建设加大支持的规模，增强小岛屿发展中国家实现可持续发展的能力。

目前，《毛里求斯战略》五年期审评的筹备工作正在有序进行。联合国应继续发挥领导作用，动员更多力量和支援，推动对小岛屿发展中国家当前和未来的经济、社会和环境脆弱性进行检查和评估，形成多种形式、多方参与的伙伴关系，帮助小岛屿发展中国家实现经济、社会、环境的协调、可持续发展。

帮助小岛屿发展中国家实现可持续发展是中国南南合作的组成部分。多年来，中国政府不断深化和拓展同小岛屿发展中国家的合作，向其提供了力所能及的援助。我们愿与各方一道，进一步加强国际合作，实现《毛里求斯战略》的有关目标。

关于议题53（c）：国际减灾战略

自然灾害是世界可持续发展的一大障碍。近年来，各类气象灾害频繁，极端天气气候事

件增多。在这种形势下，防范、应对自然灾害必须加强国际和区域合作。第一，要切实落实《2005—2015年兵库行动纲领》，推动在减灾领域的国际和区域合作，完善以联合国为核心的合作体系。第二，在救灾合作中坚持“人道、中立和公正”的原则，尊重受灾国自主权和参与权，将紧急救援与灾后重建与发展相结合。第三，加强减灾科技与信息交流，建立重大自然灾害监测、预警和评估的区域合作机制，最大程度降低灾害的危害性。第四，要确保长期、稳定与可预测的减灾核心资金，加强对发展中国家的有关支持，帮助它们加强减灾能力建设。

关于议题53（d）：为今世后代保护全球气候

应对气候变化，实现可持续发展，是摆在各国面前一项紧迫而又长期的任务，事关人类生存环境和各国发展前途，需要各国进行不懈努力。

当前，通往哥本哈根的道路并不平坦，谈判耽搁在一些基本原则问题的争论上。其核心是要不要坚持《公约》、《议定书》和“巴厘路线图”，发达国家要不要率先减排，如何体现共同但有区别的责任原则和公平原则。

主席先生，世界期待着我们就事关人类生存和发展的气候变化问题作出抉择。各国应本着对各自国家和人类社会负责任的态度，立足现实，着眼未来，坚持《联合国气候变化框架公约》及其《京都议定书》的主渠道地位，坚持共同但有区别的责任原则，坚持“巴厘路线图”的授权，切实履行各自的责任，促进共同发展，实现互利共赢。

中国是最易遭受气候变化不利影响的国家之一，并且正处在工业化、城镇化加快发展的阶段，面临着发展经济、消除贫穷、改善民生、保护环境的多重任务。尽管如此，中国政府仍高度重视气候变化问题，本着对人类长远发展高度负责的精神，坚定不移地走可持续发展道路，相继发布实施了应对气候变化的国家计划，采取了积极应对气候变化的强有力的政策、措施和行动，为应对气候变化作出不懈努力和贡献。今年9月22日，胡锦涛主席在联合国气候变化峰会上宣布了中国进一步应对气候变化的四项措施。中国政府愿继续同各国共同努力，为子孙后代创造更加美好的未来。

关于议题53（e）：《联合国防治荒漠化公约》的执行情况

荒漠化是人类社会可持续发展面临的重大问题。今年5月，联合国可持续发展委员会就荒漠化问题进行了充分的讨论。今年10月举行了《联合国防治荒漠化公约》第九次缔约方会议。国际社会应借此势头，切实采取行动，履行《联合国防治荒漠化公约》，加大对荒漠化问题投入，推动“十年战略计划”的落实。发达国家应切实履行对《公约》的资金承诺，为执行“十年战略计划”提供充足、可预测和及时的财政资源，推动防治荒漠化问题取得进展。

关于议题53（i）：促进新能源和可再生能源

节约能源、发展新能源与可再生能源，是能源产业发展的必然趋势，是事关世界各国发展大计的重要内容。国际社会应树立“互利合作、多元发展、协调保障”的新能源安全观，加强对话与合作，共同维护世界能源安全。国际社会要本着相互依存的精神，推动能源开发利用和互利合作，促进新能源和可再生能源的发展，加大先进能源技术的推广应用。在当前金融和经济危机背景下，发达国家要切实履行在技术、资金等方面的承诺，帮助发展中国家发展新能源、提高能源利用效率，支持发展中国家的人才和能力建设。

中国政府一贯重视对新能源和可再生能源的开发、使用，把发展新能源和可再生能源放在重要战略位置。我们愿继续本着平等互惠、互利双赢的原则，继续积极参与能源合作，为维护全球能源安全和可持续发展做出努力。

谢谢主席先生。

中国常驻联合国代表张业遂大使在第64届联大全会审议人权理事会第12次特别会议报告时的发言

（2009年11月4日）

主席先生：

中国代表团感谢你根据人权理事会第12次特别会议的建议召开此次会议。我们希望今天的会议有助于唤起国际社会对巴勒斯坦被占领土特别是加沙地带人权和人道局势的关注，有助于尽早结束巴勒斯坦人民的苦难，有助于推动中东和平进程向前迈出一步。

主席先生，中国政府对巴勒斯坦被占领土特别是加沙地带的人道局势表示严重关注。加沙地带长期以来遭受的封锁及去年底、今年初的军事行动给巴勒斯坦人民造成了严重的人道危机，导致大量无辜平民死伤。我们对巴勒斯坦人民的艰难处境深表同情。我们理解以色列的安全关切，对以色列平民的死伤同样感到痛心，但这种关切不应成为过度使用武力、伤害无辜平民的理由。巴以人民均应享有平等的生存权和人身安全保障。我们反对任何针对平民的暴力行为，敦促有关各方遵守国际人道法和人权公约。

为切实改善巴被占领土人道局势，我们希望以色列回应国际社会呼声，开放加沙过境口岸，允许人道与重建物资顺畅进入加沙，停止修建定居点和隔离墙的行动，停止强拆房屋和限制巴勒斯坦人正常活动与行动自由的举动。我们希望国际社会继续在政治上和道义上支持巴勒斯坦人民，并加大提供经济、财政和技术援助，缓解他们当前仍面临的困境。有关各方应尽快兑现今年3月在埃及沙姆沙伊赫捐助大会上所做的援助承诺，帮助巴勒斯坦人民恢复正常且有尊严的生活。

主席先生，当前，中东和平进程正处于重要关头，巴勒斯坦被占领土的人道和人权局势仍是恢复中东和平进程的一大挑战。国际社会应持续关注这一局势，并提供实实在在的帮助。我们注意到人权理事会国际独立真相调查团报告及其建议，其中不乏针对性、可操作的步骤。我们呼吁有关方面同联合国有关机构保持合作，对违反国际人道法和人权公约的行为展开独立、可信的调查并对违法者予以处置。同时，联合国各机构应各司其职，严格按照各自的授权开展工作。

主席先生，政治谈判是解决中东问题的唯一途径，“以暴易暴”没有出路。有关各方应保持克制，避免任何可能使局势紧张升级的举动。我们希望巴以双方坚持和谈信念，根据联合国有关决议、阿拉伯和平倡议和“土地换和平”原则，实现巴以两个国家和平共处的目标。

主席先生，中国政府始终致力于支持中东和平进程，支持并积极参与推进中东地区和平、稳定与发展的努力，积极向巴勒斯坦人民提供人道主义援助，支持包括联合国人权理事会在内的有关联合国机构发挥积极作用。中国将继续同国际社会一道，为实现中东地区全面、公正和持久和平继续做出不懈努力。

谢谢主席先生。

中国代表团团长李保东大使在接受联合国人权理事会国别人权审查时的发言

（2009年2月9日）

主席先生，人权高专女士，各位代表，女士们，先生们：

我非常荣幸代表中国政府作介绍性发言。中国高度重视接受审议。去年7月，我们成立了近30家立法、司法、行政部门组成的跨部门工作组，撰写《国家人权报告》。在撰写过程中，我们征询了近20家非政府组织和学术机构的意见，并上网广泛征求公众意见，最大程度确保报告全面、客观和权威。中国政府派出高级别、跨部门代表团参加审议，愿以开放、坦诚、负责任的态度与各方开展对话。

在本次审议前，一些国家向中方提出书面问题。下面，我先结合这些问题介绍情况。

主席先生，1949年，中华人民共和国成立，中国人民实现了民族独立和解放，建立起促进和保护人权的基本社会政治制度。1978年，中国开始了改革开放和现代化建设的伟大历程，人权事业翻开了新的一页。

中国实现了人民生活从贫困到温饱、从温饱到小康的两次历史性跨越，农村贫困人口从2.5亿减少到1400多万，城镇居民人均可支配收入增长了39倍，中国已成为全球最早实现联合国千年发展减贫目标的国家。

中国确立了“科教兴国”战略。2000年底，中国基本普及九年义务教育、基本扫除青壮年文盲，提前实现联合国千年发展目标“普及初级教育”及“在小学和初中教育中消除两性差异”的目标。

中国人均期望寿命已达73岁，比世界人均高出7岁。孕产妇死亡率降至36.6/10万，比改革开放前下降了60%。

中国农村和城镇居民人均住房面积比30年前增长了4倍，12个城市获得联合国“人居奖”。去年5月，四川汶川大地震发生后，中国政府3个月内保障1000余万受灾群众获得过渡安置，6个月内建成永久性住房近13万套。

中国稳步推进法律制度建设。改革开放以来，全国人大及其常委会共制定了近250项保护人权的法律，特别是1999年和2004年，全国人大先后将“依法治国”和“国家尊重和保障人权”写入宪法。

中国不断推进民主政治建设，完善人民代表大会制度，加强政治协商，建立了农村村民和城市居民自治制度。以选举民主、协商民主和自治民主相结合的中国特色民主模式已初步形成。

中国逐步改革和健全司法体制，加强司法独立和公正。死刑二审案件已实行开庭审理，死刑复核权收归最高人民法院行使，检察机关推广讯问职务犯罪全程同步录音录像制度，人民陪审员和人民监督员制度不断完善，司法、执法监督得到加强。

中国不断推进依法行政和政务公开，颁布《行政诉讼法》、《行政复议法》、《国家赔偿法》、《政府信息公开条例》等，确保公民依法行使知情权、参与权、监督权。从中央到地方，对事关国计民生的重大决策均实行公示和听证制度。

中国充分发挥非政府组织在促进和保护人权方面的作用。经注册登记的社会团体已达40万，他们活跃在扶贫、卫生、教育、环保、维权等各个领域，成为影响中国政治和社会生活的一支重要力量。

中国确立了民族平等和民族区域自治政策，在政治、经济、文化、教育等领域给予少数民族特别照顾。中国政府在民族学校大力推行双语和多语教学，先后帮助13个少数民族创建和改进了文字，并投入巨资保护少数民族的宗教、文化特性和遗产。

中国积极倡导和参与国际人权领域交流与合作。中国已参加了25项国际人权公约，与近20个国家开展了人权对话与交流，与人权高专办公室和特别机制保持了良好合作关系。中国欢迎人权高专皮雷女士在双方方便的时候访华，愿在今年考虑邀请一位特别报告员访华。

主席先生，在提交《国家人权报告》后的短短数月内，中国又采取了一些促进人权的重要措施。

去年10月，中国共产党十七届三中全会通过了推进农村改革发展的决定，提出到2020年消除农村绝对贫困现象、农民人均收入比2008年翻一番，逐步实现农民工与城镇居民同等待遇、切实保障农民民主权利等一系列目标和举措。

去年底，中国决定继续深化司法体制和工作机制改革，提出了60项司法改革措施，包括完善职务犯罪侦查监督、人民参与监督司法的法律制度、宽缓处理轻微犯罪和未成年人犯罪等。

为应对突如其来的金融危机，中国政府决定采取十项措施促进经济增长，65％的项目直接关联改善民生，包括加快农村民生工程，加快医疗卫生、教育、文化等社会事业发展，加快灾后恢复重建工作，提高居民收入等。中国政府应对金融危机的举措实际上也是保护人权之举、促进民生之举。

主席先生，我们清醒地认识到，中国是世界上最大的发展中国家，在人权领域还面临许多问题和挑战。中国有13亿人口，8亿多农民，每年要解决2400万人的就业问题，人均生产总值还排在世界100位之后，贫困人口和低收入人口仍有相当数量，城乡、区域发展不平衡。医疗卫生和社会保障制度仍不能满足人民的需求。

面对问题和挑战，中国政府正全力贯彻以人为本、全面协调可持续的科学发展观，努力构建以“民主法治、公平正义”为主要特征的和谐社会。我们将更加注重解决民生问题，关注人的价值和权益、社会的平等和自由。

当前，中国政府50多个部门正在联合制定《2009—2010年国家人权行动计划》，不久即将公布。该计划是中国首个国家人权行动计划，将全面规划、协调中国政府各部门未来两年在人权领域将实现的目标和采取的具体措施，使中国人权事业迈上新的台阶。

主席先生，中国政府于1997年和1999年相继对香港和澳门恢复行使主权，成立香港和澳门特别行政区，实行“一国两制”。

《中华人民共和国香港特别行政区基本法》确保了香港特区的人权和自由。《香港人权法案条例》、《种族歧视条例》、《独立监察警方处理投诉委员会条例》等本地条例及15项适用于香港的国际人权公约进一步提供了人权的法律保障。特区通过妇女委员会、儿童议会计划、儿童权利论坛、少数族裔人士论坛等机制保护特殊群体权利。香港特区政府将继续努力，推进人权保障工作。

《中华人民共和国澳门特别行政区基本法》确保了澳门特区的人权和自由。推广和保障人权、维护法治成为澳门特区政府的施政重点。特区政府倡导和谐、反偏见的共融社会，确保澳门社会的多元民族文化。特区政府不断加强居民的社会权利，尤其注意保障残疾人、老龄人、儿童、妇女及被羁押人等弱势社群的各项权利。特区政府将继续逐步加强政府行政问责和倡导社会融合理念，推进人权事业发展。

香港、澳门特区政府分别撰写了中国《国家人权报告》的涉港、澳部分，并派遣高级别代表出席今天的审议。他们将在互动式对话中分别回答涉港、澳的问题。

主席先生，由于时间的关系，我不能详尽介绍中国为促进和保护人权所做的所有努力，也无法逐一列举我们面临的困难与挑战，逐一回答全部书面问题。在接下来的互动对话中，中国代表团愿以坦诚开放的精神回答各国提问，包括尚未回答的书面问题，以认真负责的态度回应各国建议。

谢谢主席先生。

中国代表团团长李保东大使在联合国人权理事会通过我接受国别人权审查报告时的发言

（2009 年 2 月 11 日）

主席先生，各位代表，女士们，先生们：

首先，我代表中国代表团，包括香港特别行政区和澳门特别行政区的代表，感谢印度大使格平纳坦阁下代表三位报告员向工作组介绍中国首次接受国别人权审查的报告，感谢理事会秘书处为撰写报告提供的技术支持和付出的辛勤劳动。

在过去两天里，三位报告员本着独立、公正、透明的原则撰写了该报告，我对你们的敬业精神和辛勤付出表示敬意。

根据人权理事会 5/1 号决议，中国代表团参与了报告的撰写工作。中国代表团以实事求是的态度对待各国的评论，以开放坦诚的精神对待有关建议。我们接受符合中国实际情况、具有可操作性的建议，并将在今后的工作中切实予以落实。对于一些不符合中国国情或不具备操作性的建议，我们也坦率表明了立场。还有一些建议我们需要进一步研究，将在人权理事会全会核准工作组报告时反馈立场。

中国代表团认为，三位报告员提交的报告客观、平衡、全面反映了工作组对中国进行审议的情况，遵循了建章立制有关原则和工作组惯例，为工作组以及理事会全会的顺利通过奠定了良好基础。

主席先生，今年是中国建国 60 周年。经过 60 年艰苦卓绝的努力，今天的中国迎来了思想解放、政治昌明、经济发展、社会和谐、科学进步、文艺繁荣的局面。回顾 60 年我们走过的不平凡历程，我们最深刻的感受就是要选择符合中国国情的发展道路和民主模式，依靠自己的力量艰苦奋斗，同时借鉴其他国家有益的经验。

我们为已经取得的成就感到自豪，同时清醒地认识到前进道路上还面临着许多困难和挑战。中国政府将继续坚持科学发展观和以人为本的执政理念，切实落实依法治国和保障人权的宪法原则。我相信，四年之后当中国再次接受审议之时，世界将看到一个经济更加繁荣、民主更加健全、法制更加完善、社会更加和谐、人民更加幸福的中国。

最后，我愿再次代表中国代表团感谢主席先生的卓越领导，感谢三位报告员的杰出工作，感谢秘书处工作人员、各位翻译的辛勤付出，尤其要感谢各国代表的积极参与。

谢谢主席先生！

中国代表团团长李保东大使在人权理事会第十次会议一般性辩论中的发言

（2009年3月4日）

主席先生：

三年前，各国代表齐聚日内瓦，以坚定的信念和超然的政治智慧为国际人权事业翻开了新的篇章。人权理事会的成立为各国建立了对话与合作的平台，为促进和保护人权规划了美好蓝图。理事会如今已进入第三个年头，我们满意地看到，理事会各项工作基本迈入正轨，运行总体平稳。我们期待着理事会进一步规范和改进工作，为国际人权事业做出更大的贡献。

主席先生，当前，金融危机、气候变化、粮食危机和能源危机等多重危机波及全球，失业、贫困、饥荒和疾病现象进一步加剧，威胁着世界各国特别是发展中国家和最不发达国家的最基本人权。发展中国家实现联合国千年发展目标变得愈加困难。与此同时，中东及其他地区冲突不断，战乱中的人民仍在苦难中挣扎，种族歧视和排外主义愈演愈烈，人权领域的挑战依然严峻。作为联合国负责人权事务的主要机构，人权理事会应认真、全面履行联大所赋予的职责，不断总结经验，妥善应对和处理上述挑战。

人权不是一个抽象的概念。对人权的看法与理解也因各国具体国情、宗教文化传统的迥异而各有差异，实现人权理想的方式、途径与进程也会有所区别。正因为这样，我们必须相互尊重、通过对话与合作，增进相互理解，逐步实现促进和保护人权的共同目标。在当前情况下，对于广大发展中国家而言，促进和保护经社文权利和发展权尤为重要。历史证明，选择性和政治化只会削弱理事会的声誉，干扰我们共同促进和保护人权的努力，应该坚决摒弃。

主席先生，为应对当前严峻的金融危机，中国政府制定并出台了一系列促进经济平稳较快发展的计划，除了推出总额达4万亿元人民币，相当于5900亿美元的两年期刺激计划外，还将大幅度提高社会保障水平，包括：提高企业退休人员基本养老金，提高失业保险金和工伤保险金标准，提高城乡低保、农村五保等保障水平；积极推进医药卫生体制改革，力争用三年时间基本建成覆盖全国城乡的基本医疗卫生制度，初步实现人人享有基本医疗卫生服务；坚持优先发展教育，正在制定《国家中长期教育改革和发展规划纲要》；实施更加积极的就业政策，重点解决高校毕业生和农民工就业问题。开辟就业岗位，缓解就业压力。

主席先生，上个月，中国本着开放、建设性的姿态接受了人权理事会国别人权审查，中方将积极落实我们接受的建议，继续坚定不移地致力于促进和提高中国人民享受各项人权的水平。我们为已经取得的成就感到自豪，同时清醒地认识到，作为一个发展中国家，中国在促进和保护人权方面仍然面临着许多困难和挑战。中国政府愿与各国一道，共同推进国际人权事业的发展，为实现促进与保护人权的崇高目标而不懈努力。

谢谢主席先生。

中国代表团团长李保东大使在人权理事会第十次会议上与高专对话时的发言

（2009 年 3 月 5 日）

主席先生、高专女士：

中国代表团感谢人权高专皮雷女士刚才所做的全面报告。我也愿借此机会感谢前任高专阿博尔女士所做的工作。皮雷女士担任人权高专半年多来，平等对待公民政治权利和经社文权利，重视国际反种事业并大力支持德班审议大会筹备进程，呼吁国际社会关注弱势群体的权益，倡导人权领域的对话与合作。这些都充分表明了皮雷女士认真履行职责，全面、平衡推进各项人权工作的专业和务实精神，中方对此表示高度赞赏。

主席先生，人权理事会成立三年来，高专办为理事会的各项工作提供了高质量的技术支持和服务，为理事会的正常运作做出了重要贡献。中方鼓励高专办在工作中继续坚持中立、客观和公正的原则，平衡推进两类人权的促进和保护。同时，充分尊重各国特别是发展中国家的不同国情，与各国开展平等对话与合作。中方支持高专办协助各条约机构统一工作方法，希高专办就此加强与广大缔约国的沟通和协调，并严格遵循经社理事会的有关规定。我们高兴地注意到，高专自上任以来，已加强了与理事会各地区组的沟通和协调，希高专继续保持上述做法。

刚才，皮雷女士详细介绍了高专办的工作重点和方向。中方赞赏高专将反对种族主义和种族歧视作为工作重点之一。德班审议大会是继 2001 年世界反种大会后又一次重要的反种会议，受到国际社会的高度关注。我们支持高专女士作为审议大会的秘书长继续发挥积极作用，推动各方建设性地参与审议大会筹备进程。我们呼吁各国本着消除种族主义的共同目标，尽早就审议大会成果文件达成协商一致，从而为下一阶段的反种工作掀开新的篇章。

主席先生，中方注意到，高专办在平衡其工作人员地域代表性问题上采取了一些措施，希望高专办继续重视发展中国家的关切，从根本上解决发展中国家人员在高专办代表性不足的状况，营造高专办平等、多元的氛围，以更好地为联合国全体成员国服务。

前不久，人权理事会召开了金融危机问题特别会议。我们赞赏高专呼吁各方从人权的角度来应对金融危机，特别是关注危机对发展中国家经社文权利和发展权的影响。希望高专办密切跟踪这一问题，关注社会弱势群体所面临的困难，并加强与其他相关国际组织的协调与配合，共商应对之策。

主席先生，中方一贯重视高专办在促进和保护人权方面所发挥的独特作用，并与高专办开展了良好的合作。目前，双方《2006—2008 年技术合作备忘录》已落实完毕，并进行了相关评估工作。中方将继续在平等和相互尊重的基础上推进与高专办的合作关系，支持皮雷女士和高专办根据联大赋予的职责积极开展工作。

谢谢主席先生。

中国代表团团长李保东大使在德班反对种族主义世界大会审议大会上的发言

（2009年4月24日）

主席先生：

首先，请允许我代表中国代表团祝贺你担任本次会议的主席。相信在你的卓越领导下，本次会议议定会取得预期的成果。我也愿借此机会感谢人权高专皮雷女士为会议的顺利召开所发挥的重要作用，赞赏她长期致力于国际反种事业。

八年前，各国代表齐聚南非德班，举行联合国反对种族主义、种族歧视、仇外和相关不容忍现象世界大会，深刻剖析种族主义的根源和表现形式，全面制定反对种族主义的行动计划。今天，我们克服各种阻力和困难，再次聚首，具有十分重要的现实意义。德班大会后，尽管国际社会在反种领域做出了努力，但《德班宣言及行动纲领》的执行情况并不令人满意，国际反种斗争的形势仍不容乐观。

历史上的奴隶贸易、殖民主义、外国侵略、种族隔离曾给广大非洲、亚洲和拉美国家和人民带来深重灾难，是当今种族主义和歧视的重要根源。但时至今日，一些国家仍不能正视历史，拒绝承认历史责任，非洲人后裔的生存状况并未得到根本改善。将恐怖主义与特定民族挂钩，媒体丑化、诽谤特定宗教等，不仅增加了不同宗教间的误解和仇恨，也对世界和平、稳定与发展带来负面影响。反恐和言论自由不应成为种族歧视和宗教诽谤的借口。

主席先生，种族主义是人类社会肌体的毒瘤，是全人类的共同敌人。中方愿就反种工作提出三点主张：

第一，携手合作，结成强有力的统一战线。各方应深刻认识种族主义对各类人权、国际安全和人类发展造成的巨大危害，以更大的诚意、更积极主动的姿态，在国家和国际两个层面切实执行对种族主义的“零容忍”政策。同时，加强对话与交流，消除政治分歧，不以任何理由为任何形式的种族主义提供生存和发展的土壤。

第二，整合资源，加强后续机制的实际效力。德班大会后，联大和人权理事会成立了多个后续执行机制。但一些机制受重视程度不够、参与率不高。我们应以此次审议大会为契机，对有关机制进行梳理，加强协调和互补，提高效率。中方支持各后续机制与人权理事会特别机制和消除种族歧视委员会加强沟通，充分利用各自优势和资源，形成合力。

第三，与时俱进，及时更新补充国际标准。自《消除一切形式种族歧视国际公约》通过以来，各类新形式的种族主义层出不穷，金融、粮食、能源危机以及气候变化等新问题给国际反种工作带来新的挑战，因此，有必要对种族主义国际标准进行更新和补充。但种族主义的范畴不应无限扩大，否则将影响国际社会打击种族主义斗争的针对性和有效性。

主席先生，中国是一个有56个民族的多民族国家。千百年来，各民族和谐共存，繁衍生息，共同缔造了灿烂多姿、博大精深的中华文明。中国政府反对一切形式的种族主义，积极参与国际反种活动，为促进各民族平等，帮助提高少数民族政治、经济、文化、社会等各项人权作出了巨大努力。中国政府将促进和保护少数民族权利纳入了《2009—2010年国家人权行动计划》，计划在未来两年进一步保护少数民族权利方面的立法，加强对少数民族人才的培养，促进少数民族文化教育，提高少数民族的生活水平。

中方愿与各国和民间社会一道，以此次审

议大会为契机，为创造一个免于歧视、仇恨、恐惧和偏见的世界共同努力。

谢谢主席先生。

中国代表团团长、卫生部部长陈竺在第62届世界卫生大会一般性辩论的发言

（2009 年 5 月 18 日）

主席先生、各位部长、各位同事：

本届卫生大会在国际金融危机席卷全球，甲型 H1N1 流感拉响了全球公共卫生警报的时刻召开，具有特别重要的意义。我相信，本次会议将有利于国际社会凝聚共识，协调行动，增进理解，提高全球卫生系统应对危机的能力，加快推进千年发展目标的实现。

2009 年 3 月中旬以来，一些国家发生甲型 H1N1 流感疫情。疫情扩散速度快。截至 5 月 17 日，已经有 39 个国家发现确诊病例 8480 例，死亡 72 例。疫情发生后，国际社会快速反应，积极动员，采取各种措施遏制疫情的播散。在此过程中，世界卫生组织及时向成员国通报疫情信息，提供病例定义、实验室诊断、临床治疗等技术指南，并协调有关国家提供病毒毒株。我代表中国政府，感谢并赞赏世界卫生组织在应对突发公共卫生事件方面发挥的领导作用。中国愿意与国际社会加强合作，共同努力，控制大流感的蔓延。

中国是发展中国家，人口众多且密度很大，地区发展不平衡，卫生基础设施薄弱。本次甲型 H1N1 流感疫情出现后，中国政府汲取 2003 年非典疫情的惨痛教训，给予高度重视，密切关注疫情的发展。政府各部门、各级政府本着“做最坏的设想，做最好的准备”的原则，迅速行动，建立了多部门参与的联防联控工作机制，中央政府新拨款 50 亿元，及时采取果断防范措施，保障人民群众的健康。在发现输入性病例后，我们按照《国际卫生条例（2005）》要求，在第一时间向世卫组织及有关国家和地区通报，及时与有关方面保持密切沟通，提供航班、乘客等详细信息，积极开展接触者追踪工作。为防止疫情进一步扩散，维护群众健康和卫生安全，本着依法科学防治的原则，我们对少数航班旅客采取了必要的医学观察措施，加强了与东盟和日韩应对甲型 H1N1 流感的区域合作，并承诺举办实验室诊断技术培训班，为地区防控提供力所能及的帮助。

主席先生，甲型 H1N1 流感疫情再次告诉我们，一个稳固的公共卫生体系是应对各种新发、突发传染病疫情的有力保障。然而，当前的国际金融危机正在侵蚀着全球公共卫生体系建设。中国政府充分认识到，加快医疗卫生事业发展，不仅有利于扩大投资，拉动相关产业发展，促进经济增长，而且有助于改善人们的消费预期，增强消费信心，既是保障民生的优先重点，又是应对危机的有效手段。中国政府把深化医药卫生体制体制改革作为拉动内需和保障民生的结合点，采取措施加快医疗卫生事业发展。2008 年底，我们新增 58 亿元用于农村卫生服务体系建设。2009 年 4 月，中国政府决定启动新一轮卫生改革方案，计划在未来三年新增 8500 亿元，着力推进五项工作：一是将基本医疗保障覆盖率提高到 90 % 以上，并提高受益水平，完善医疗救助制度；二是健全基层医疗卫生服务体系；三是促进基本公共卫生服务逐步均等化。2009 年，人均公共卫生服务经费不低于 15 元，2011 年提高到不低于 20 元，对城乡居民免费提供基本公共卫生服务，并支持实施传染病防治等重大公共卫生服务项目，致力于改善健康公平；四是初步建立国家基本药物制度；五是推进公立医院改革试点，减轻群

众看病负担。

主席先生，目前发生的甲型 H1N1 流感疫情与世界金融危机重合，对全球经济和社会发展的冲击不容低估，特别是对发展中国家。发展中国家财力拮据，公共卫生系统匮乏和脆弱，应对疫情更加困难。疫情可能造成发展中国家出口减少，外资撤离，财政赤字。全球卫生，特别是发展中国家的卫生工作面临巨大挑战。为此，我提出以下建议：

第一，必须开展国际合作应对全球公共卫生危机。由于经济全球化发展，疫情蔓延呈现全球化态势。在严峻的形势面前，更好的方式是全球化的应对。各国必须开展合作，全球团结互助，加强信息沟通，分享技术和知识，相互理解和支持，同舟共济，携手前行，防范疫情造成新一轮经济、社会和人类发展的危机。我在此倡议，今年 7 月份在北京召开防控甲型 H1N1 流感国际研讨会，交流防控经验和措施，共同研讨如何提高应对流感大流行的能力，欢迎有关国家和地区积极派员参会。中国政府愿意与世界各国、各国际组织加强合作，实现信息、技术和防控经验共享，共同应对这场人类公共卫生安全挑战。

第二，必须加大对发展中国家发展卫生事业的支持。与卫生相关的千年发展目标虽然取得重要进展，但是形势不容乐观，挑战依然严峻。实现千年发展目标是各国政府的庄严承诺，也是国际社会的共同责任。实现千年发展目标仅剩 6 年的时间。我们要克服当前的困难，推进这一进程。国际社会应该高度关注，并采取切实行动尽量帮助减少危机对发展中国家的危害。发达国家和国际组织应该承担应尽的责任和义务，继续履行援助、减债等承诺，切实保持和增加对发展中国家援助，特别是卫生领域的支持和帮助。

第三，认真履行《国际卫生条例(2005)》。本次甲型 H1N1 流感疫情是自 2005 年《条例》修订以来，出现的第一次全球性的公共卫生危机。在《条例》的框架下，各国互通信息，密切配合，追踪病例和密切接触者，为遏制疫情的蔓延，维护社会的稳定，保持民众的信心，起到了极其重要的作用。当前的疫情虽然有所缓和，病毒的毒力比人们预料的温和，但是决不能放松警惕性，更要防范病毒在秋冬季卷土重来。各国应该支持 WHO 总干事和秘书处继续发挥其领导力，协调各方合力攻关，并提高发展中国家疫苗和抗病毒药物的可及性和可支付能力。我们也呼吁制药公司承担社会责任，为更多发展中国家的制药企业开放生产权，使其能生产或仿制销售。

主席先生、各位同事，积极妥善应对国际金融危机，防范甲型 H1N1 流感，保护人类健康，事关世界经济持续发展，事关世界各国和各国人民福祉。人人都有平等的生存权利，人人都有公平获得卫生服务，享受经济发展、社会进步带来成果的权利。我相信，只要各国政府、国际组织等国际社会践行强烈的责任感和使命感，地不分南北，人不分种族，我们一定能够通力合作、共度时艰。

谢谢大家！

中国代表团团长李保东大使在人权理事会核可我国别人权审查报告时的总结性发言

（2009 年 6 月 11 日）

主席先生：

中国代表团认真听取了各方发言。许多国家和非政府组织充分肯定中国以开放、坦诚和负责任的态度参加国别人权审查，接受了各国提出的大部分建议，并对中国落实有关建议的规划和初步进展给予积极评价。我谨代表中国政府感谢各方的支持和鼓励。

在刚才发言中，一些国家和非政府组织又提出了一些看法和建议，中国政府将认真予以研究。只要对促进和保护人权有益，无论批评和建议，都将成为我们制定人权政策时的重要参考因素。我们欢迎善意的批评和建设性的建议，但坚决反对出于政治目的和偏见的攻击、指责，甚至诽谤。为正视听，我想作以下澄清：

第一，关于涉藏问题。50年前，西藏废除了腐朽黑暗、政教合一的封建农奴制，实现了西藏经济社会发展的历史性跨越。今天西藏人民享有的人权和自由是达赖喇嘛统治下的旧西藏农奴不可想象的。中央政府与达赖私人代表接触商谈的态度是认真的，目前障碍是达赖集团始终没有放弃其实质上搞“西藏独立”的主张，也没有停止分裂活动。

第二，关于1989年政治风波。中国政府和人民早已作出明确的结论。改革开放30多年来，中国经济社会发展取得重大成就。事实证明，我们所走的中国特色社会主义道路，是符合中国国情和中国最广大人民根本利益的。

主席先生，工作组审议中，中国没有接受部分建议，原因比较复杂。一些建议完全出于政治目的和偏见，中国不得不予以拒绝。更多的建议有合理因素，但或不完全符合中国的国情，或中国目前难以做到，或措辞上存在一些问题，或属于国际人权领域见仁见智的问题。对于这些建议，中国将进一步予以研究，采纳其中的合理部分，或向着建议要求的方向努力。

主席先生，“国家尊重和保护人权”是中国的宪法原则。中国政府高度重视各国在国别人权审查时提出的看法和建议，将结合中国政治、经济和社会发展战略和规划，全面落实已经接受建议及其他建议中的合理部分。我相信，四年之后当中国再次接受国别人权审查时，中国的国家人权报告将是一份令人振奋的人权进步的成绩单。

最后，我再次代表中国政府感谢各方积极参与，感谢主席先生的卓越领导，感谢报告员、秘书处的辛勤工作。

谢谢主席先生！

中国代表团团长段洁龙在联合国消除种族歧视委员会审议中国第十至十三次履约报告会议

（2009年8月7日）

尊敬的主席女士，尊敬的报告员先生和各位委员：

首先，请允许我代表中国代表团向你们表示诚挚的问候和敬意。委员会为促进公约的宗旨和目标，推动消除一切形式的种族歧视做了大量工作，发挥了重要作用，中国政府对此表示赞赏，并将一如既往对委员会的工作予以支持。

今天，我和中国代表团的同事们很高兴来到日内瓦，向委员会介绍中国执行《消除一切形式种族歧视国际公约》的最新情况。中国代表团由中央政府和香港、澳门两个特别行政区政府的相关部门共30多人组成。中央政府的成员包括来自西藏自治区、新疆维吾尔自治区和云南省三个少数民族聚居地方的少数民族官员(分别来自藏族、维吾尔族和白族)。中国代表团将以合作、坦诚和负责任的态度，本着促进公约更好实施的目的，与各位委员进行建设性对话。

主席女士，禁止一切形式的种族歧视是中国的一项重要宪法原则。自1981年批准公约以来，中国不断在政治、经济、社会、文化等方面作出努力，禁止、预防和惩治各类种族歧视行为。中国政府提交的第十至十三次合并报告详细介绍了自2001年委员会上次审议以来，中国为执行公约所采取的新举措和取得的新进展，说明了中国政府认真考虑和采纳委员会提出的相关建议的情况。该报告遵循了委员会《关于定期报告的格式与内容指南》的要求，在撰写过程中，广泛征求了中国立法、行政、司法机关、有关非政府组织以及相关领域专家的意见。今年6月中旬，在收到委员会提出的“问题清单”后，中国政府广泛了解和收集相关信息和材料，在短时间内提交了详细的书面答复。

主席女士，中国是一个统一的多民族国家，有56个民族，各民族一律平等。除汉族外，其他55个民族为少数民族。少数民族共有一亿多人口，占全国总人口8％以上。为实现各民族的共同繁荣与进步，中国政府始终高度重视促进少数民族政治、经济、文化等各项事业的发展，切实保护少数民族公民的各项权利。为此，中国政府不断完善相关法律，制定了一系列优惠政策，采取了许多特殊的扶持措施，使广大少数民族群众共享改革发展的成果，形成了各民族共同团结奋斗、共同繁荣发展的良好局面。平等、团结、互助、和谐是当前中国民族关系的主要特征。在此，我愿特别说明的是，中国促进和保护少数民族权利工作主要有以下特点：

第一，坚持民族平等。

民族平等、禁止歧视是中国民族政策的基石。中国《宪法》明确规定：“中华人民共和国各民族一律平等。国家保障各少数民族的合法的权利和利益，维护和发展各民族的平等、团结和互助关系。禁止对任何民族的歧视和压迫，禁止破坏民族团结和制造民族分裂的行为。”国家的《民族区域自治法》和有关法律中也都贯穿了民族平等原则。根据上述法律，各少数民族都有平等参与管理国家事务和本民族事务的权利，有使用和发展本民族语言文字的权利，有保持或改革本民族风俗习惯的自由。中国公民不分民族、种族和宗教信仰，在经济、政治、社会、文化等方面都享有同等的权利。国家还对少数民族公民在许多方面实行优惠政策和待遇。

第二，实行民族区域自治。

民族区域自治制度是中国的一项基本政治制度。目前，中国有5个自治区，30个自治州，120个自治县（旗），共155个民族自治地方；此外还建立了1100多个民族乡，作为民族区域自治的补充。民族区域自治地方依法成立了自治机关，自治机关在维护国家统一和领土完整前提下，依法享有广泛的自治权，包括政治、经济、教育、科学、文化、卫生等各项事业的自主管理权。除《宪法》、《民族区域自治法》等全国性法律和国务院及其职能部门制定的行政法规外，民族自治地方还结合当地实际情况，制定137个自治条例，510个单行条例，75件变通和补充规定，为实现民族区域自治提供了坚实的法律保障。

第三，促进各民族共同繁荣发展。

国家根据民族地区的实际情况，制定和采取了一系列特殊政策和措施，帮助、扶持民族地区经济和社会可持续发展。2007年，国务院专门制定了《少数民族事业“十一五”规划》，以解决少数民族和民族自治地方经济社会发展中的突出问题和特殊困难为切入点，以实现基本公共服务均等化为目标，从经济、扶贫、文化、医疗、社会福利、教育、人才培养、法制建设、民族和谐等广泛领域，就未来五年少数民族事业发展和少数民族权利保障提出了十一项主要任务和十一项重点工程的具体目标。近年来，为加快少数民族和民族地区的发展，国家还采取了以下三项重大措施，一是实施西部大开发战略，二是开展“兴边富民”行动，三是重点扶持人口在10万人以下的少数民族。2009年4月中国颁布的《国家人权行动计划（2009—2010年）》，对在经济、政治、教育、文化、社会等广泛领域保障和促进少数民族的权利也提出了明确目标。

第四，重视保护和发展少数民族文化。

文化是民族之魂。中国各少数民族独特的传统文化，是辉煌灿烂的中华文化的重要组成部分，是中国各族人民共同的宝贵精神财富。中国政府一直高度重视少数民族文化的传承和发展，制定了相关法律，设立专门机构，加大资金投入，推动少数民族文化事业繁荣发展，在加强少数民族公共文化基础设施和机构建设、培养少数民族文化人才，抢救和保护少数民族非物质文化遗产，抢救和整理少数民族古籍，推动少数民族文化对外交流等方面取得了突出成绩。例如，在去年举世震惊的汶川大地震后，中国政府立即把保护羌族传统文化作为重建工作的重要内容，迅速采取了各项保护措施。就在两个月前，国务院又召开少数民族文化保护工作会议，通过了《关于进一步繁荣发展少数民族文化事项的若干意见》，确定了进一步保护和发展少数民族文化的目标和任务。

第五，维护民族团结和国家统一。

维护国家统一和全国各民族团结是《宪法》规定的公民义务。在漫长的历史进程中，中国各族人民密切交往，相互依存，休戚与共，形成了中华民族多元一体的格局，共同推动了国家发展和社会进步。各族人民和睦相处，和衷共济，和谐发展，“汉族离不开少数民族，少数民族离不开汉族，各少数民族之间也相互离不开”的思想观念深入人心。为维护国家统一和民族团结，国家制定法律，严禁煽动种族和民族仇恨、民族歧视和民族分裂，对于民族分裂势力、宗教极端势力、暴力恐怖势力制造的严重暴力犯罪活动依法必须惩罚，以维护法律的尊严，保障各族人民群众的生命和财产安全和正常生产生活环境。

主席女士，去年是中国改革开放30周年，中国还成功举办了盛况空前的奥林匹克运动会。今年是新中国成立60周年。在全国各族人民的共同努力和团结奋斗之下，波澜壮阔的30年改革开放，卓越不凡的60年国家发展，推动了整个中华民族的腾飞进步，少数民族地区也有了沧海桑田的剧变。近三十年来，中国少数民族地区的富庶、开放、进步主要表现为：

——民族地区经济实现历史性跨越。民族地区（指内蒙古、广西、西藏、宁夏、新疆5个自治区和贵州、云南、青海3个多民族省，下同）GDP总量由1978年的324亿元人民币增加到2008年的30626亿元，按可比价格计算增长了17.4倍，民族地区人均GDP从1978年的248元增加到2008年的16057元。农牧业、工业和服务业三大产业分布由1978年的38：41：21变为16：47：37，农牧业比重明显下降，工业和服务业比重显著上升，实现了经济结构的历史性转变。

——民族地区基础设施建设成绩斐然。国家不断加大对民族地区基础设施建设的投入，民族地区的全社会固定资产投资从1978年的77亿元增加到2007年的1.8万多亿元。国家相继在民族地区安排了一批重大项目，修建了机场、铁路、高速公路、水利枢纽及城乡基础设施等，民族地区的基础设施得到了普遍改善，城乡面貌焕然一新。例如，2006年通车的青藏铁路，全长1956公里，是目前世界上海拔最高的铁路，被称为“天路”，对于加快青海、西藏两省区的经济、社会发展，增进民族团结，造福各族人民，具有重大意义。

——民族地区人民生活水平显著提高。民族地区城镇居民人均可支配收入由1978年的307元增加到2008年的13170元，增长了41.9倍。民族地区农村居民人均纯收入从1978年的138元增加到2008年的3389元，增长了23.6倍，贫困人口减少近4000万。人民生活基本实现了从大面积贫困到解决温饱再到总体小康的两次飞跃。

——民族地区教育、卫生事业取得重大成就。2007年，民族地区的各类学校（包括高等学校、中等学校、小学）共70457所，专任教师151万人，在校学生达2852万人，基本实现了普及九年制义务教育和扫除青壮年文盲的目标。现在，全国有12个省、自治区的1万余所学校使用少数民族语言或双语授课，在校生达600多万人。民族地区的城乡基层卫生组织得到了建立和健全，新型农村合作医疗制度实现了全面覆盖，地方病和传染病得到有效控制。从1978年到2007年，民族地区卫生机构、卫生机构床位数、卫生技术人员都增长了近1倍。民族医药事业重新焕发生机，全国民族医院已达100多所，民族医药专业人员有1万多人，藏医、蒙医、维医、傣医、朝医先后被纳入了国家医师资格考试。

——少数民族干部队伍不断壮大。截至2006年底，全国共有少数民族干部299.4万人，是1978年的3.8倍。在155个民族自治地方的人大常委会中，都有实行区域自治的民族干部担任主任或副主任，自治区主席、自治州州长、自治县县长全部由实行区域自治的民族干部担任，每一个少数民族都有1名全国人大代表，少数民族平等参与管理国家事务和自主管理本地区本民族内部事务的各项权利得到切实尊重和保障。

——少数民族文化得到保护和弘扬。大批珍贵的口头和非物质文化遗产得到了抢救、挖掘和整理。“新疆维吾尔木卡姆艺术”和“蒙古族长调民歌”被联合国教科文组织列为第三批“人类口头和非物质遗产代表作”。西藏布达拉宫、云南丽江古城、云南“三江并流”景观等5处分布在民族地区的文化和自然遗产被列入世界遗产名录。2005年以来，中国政府先后公布了两批国家级非物质文化遗产名录，共1028项，其中少数民族项目有367项，占总数的35.7%。中国政府先后命名了三批共1488名国家级非物质文化遗产项目代表性传承人，其中少数民族传承人有393名，占26%。另外，国家不断投入巨资对拉萨三大寺（哲蚌寺、色拉寺、甘丹寺）、克孜尔千佛洞、布达拉宫等民族地区大批国家重点文物古迹进行维修，并投资修建了一批博物馆，抢救、整理少数民族古籍取得丰硕成果。据不完全统计，全国各地抢救、整理的散藏在民间的少数民族古籍有约百万种（不含馆藏及寺院藏书）。国家民委组织实施的《中国少数民族古籍总目提要》的编纂工程，以民族为卷，总字数将数以百亿计，目前基本出齐。民族地区广播、电视覆盖率分别超过85%和90%。在行政、司法、图书报刊出版、广播影视、文学艺术、信息化等领域，少数民族语言文字都得到了广泛运用和发展。民族地区有艺术表演团体525个，文化馆630个，群众艺术馆83个，图书馆591个，每十万人拥有的文化单位（艺术表演团体，文化馆和群众艺术馆，公共图书馆）数高于全国平均水平。

主席女士，促进少数民族经济和社会发展，更好地保护少数民族权利需要坚持不懈的努力。由于地理条件限制、发展基础薄弱等原因，中国民族地区的发展面临着不少困难，中国政府清楚地认识到，同沿海发达地区相比，民族地区实现全面建设小康社会的目标，仍需要持续不断地付出更大努力。中国政府将继续按照公约的要求，采取更加得力的政策和法律措施，加快少数民族和民族地区经济社会发展，逐步缩小发展差距，实现区域协调发展，最终实现全国各族人民共同富裕，提高享受各项人权的水平。

主席女士，最后，我还想提及，去年3月14日和今年7月5日，在西藏自治区拉萨及邻近地区和新疆维吾尔自治区乌鲁木齐先后发生打砸抢烧严重暴力犯罪案件，造成大量无辜群众受伤和死亡，财产被损害和抢夺。事实充分证明，这两起事件都是由中国境外的分裂势力遥控指挥煽动，境内分裂分子组织实施，有预谋有组织的严重暴力犯罪活动，旨在制造民族分裂和民族仇恨，破坏民族地区和谐发展的大好局面，破坏国家统一和领土完整。这些暴力犯罪不仅严重违反了中国法律，也严重违背了公约的宗旨和原则，受到了全国各族人民的共同谴责。在全国各民族人民的强烈要求和支持下，中国政府迅速采取相关措施，依法制止这些犯罪活动，保护公民的生命权和财产权，很快恢复了社会秩序，维护了民族团结。中国政府有信心有能力按照《公约》的宗旨和原则，维护好民族地区和谐稳定的社会局面，坚持各民族共同团结奋斗、共同繁荣发展，使少数民族的权利和利益得到更好的保障。

主席女士，根据香港特别行政区基本法和澳门特别行政区基本法，中国政府对两特区实行“一国两制”、高度自治的方针政策，两个特区的履约情况分别由特区政府自行撰写。下面，请允许我邀请香港特区的代表何健华先生和澳门特区的代表高德志先生分别介绍港澳特区的情况。

中国代表团团长李保东大使在人权理事会第12次会议上与高专对话时的发言

（2009年9月14日）

主席先生，高专女士：

中方注意到人权高专皮雷女士刚才所做的报告，对高专在其报告中不顾事实，对许多主权国家事务指手画脚的做法表示遗憾，对高专办的指导原则及与理事会的关系，特别是能否和如何为人权理事会及各人权机制正常运作提供支持表示严重关切。

人权高专办作为联大设立的联合国人权机构，肩负着促进和保护人权的重要责任，也承载着国际社会的期望。因此，高专办应时刻严守中立、客观和公正的原则，严格遵守联大授权。只有这样，高专办才能更好地履行职责，维护信誉，真正致力于促进和保护人权，并协助各国在平等和相互尊重的基础上开展人权交流与合作。

当前，金融危机、粮食危机和贫困等问题十分严峻，危及联合国千年发展目标的落实，严重影响发展中国家的人民实现各项人权，尤其是弱势群体的人权。中方希望高专办采取切实措施，平衡推进两类人权的促进和保护，尤其在消除贫困、实现发展权、保护经社文权利方面采取具体行动。

中方支持人权理事会加强对高专办各项工作的监督和指导，确保联大授权得到忠实履行。欢迎《联合国检查组对人权高专办的管理审查第二次后续评估报告》，希望高专办积极落实相关建议，制定相应改进目标和时间表，在改善职员地域组成失衡问题上产生具体成效，并定期向理事会报告进展情况。

主席先生，今年10月1日是新中国成立60周年。60年来，在中央和全国各地的大力支持下，中国各少数民族地区进入了经济社会快速发展、综合实力明显增强、群众得到实惠最多的时期，各族人民享受人权的水平大幅提高。事实证明，中国政府所推行的民族平等和团结的自治政策是完全正确的。

在此我愿特别指出，近来发生在中国乌鲁木齐市的“7·5”事件和去年拉萨“3·14”事件，是两起由境内外反华敌对势力精心策划组织的打砸抢烧严重暴力犯罪事件，给各族群众生命财产造成极大损失，给社会稳定造成严重破坏。其目的是制造恐慌，破坏稳定，挑拨民族关系，进而达到不可告人的目的。上述暴力事件与中国的民族政策无关。它们不是人权、宗教和民族问题，而是暴力和恐怖犯罪行为，关系到分裂与维护统一的问题，完全是中国内政。保护少数民族权益绝不意味着可以放纵少数犯罪分子的暴力活动，也不意味着中国政府不能依法办事，保护绝大多数民众的权益，维护国家统一和领土完整。中方希望包括人权高专办在内的国际社会尊重事实，尊重中国主权，理解并支持中国政府为维护民族团结、社会稳定、保障各族民众基本人权的合法举措。

谢谢主席先生。

中国代表团在人权理事会第12次会议国别议题下的答辩

（2009年9月22日）

主席先生：

中国代表团对美国在伊拉克、阿富汗等地侵犯人权、美国内种族主义问题根深蒂固表示严重关注，要求美立即停止在伊拉克、阿富汗等地侵犯人权，尊重有关国家的主权和领土完整，解决并消除国内种族主义的根源。中国一贯高度重视非政府组织在保护和促进人权中的积极作用，认真听取其合理的意见和建议，但坚决拒绝“受威胁人社会”等个别非政府组织歪曲事实、带有明显政治动机的无理指责。

新中国成立60年特别是改革开放30年来，中国民族地区经济社会发展与全国其他地区一样取得了很大的成绩。民族地区人民的生活从大面积贫困到温饱再到总体小康，实现了历史性跨越。2008年，民族地区GDP已达到30626亿元，按可比价格计算比1978年增长了17.4倍，比1952年增长了92.5倍。新疆从没有一寸铁路到铁路运营里程3000多公里。西藏从没有一条公路到通车里程5.13万公里。民族地区从没有一所现代意义的学校到今天各类学校72711所，广播电视覆盖率分别超过85%和90%，医疗卫生机构4.7万个。中国政府还投入巨资，大力抢救和保护少数民族文化遗产，推动少数民族文化的传承和发展。

主席先生，刚才一些国家和非政府组织代表提及新疆乌鲁木齐“7·5”事件和西藏“3·14”事件，我愿在此强调，这是两起由境内外反华敌对分裂势力精心策划组织的打砸抢烧严重暴力犯罪事件，给各族群众生命财产造成极大损失，给社会稳定造成严重破坏。其目的是制造恐慌，破坏稳定，挑拨民族关系，进而达到不可告人的目的。它们不是人权、宗教和民族问题，而是暴力和恐怖犯罪行为。保护少数民族权益绝非放纵少数犯罪分子的暴力活动，也不意味着中国政府不能依法办事，保护绝大多数民众的权益，维护国家统一和领土完整。

谢谢主席先生。

中国代表团在人权理事会粮食危机和金融危机问题特别会议后续一般性辩论上的发言

（2009年9月18日）

主席先生：

粮食危机和金融危机是当前国际社会高度关注的两大问题。我们对粮食权特别报告员舒特先生的工作表示赞赏，欢迎其就应对全球粮食危机提出报告。我愿谈三点：

第一，促进发展是解决危机的根本办法。无论粮食危机，还是金融危机，归根结底都是发展问题。只有实现农业发展，增加粮食产量，才能从根本上解决粮食危机。国际社会应加大农业生产投入，加强农业合作，增加对发展中国家特别是最不发达国家的农业援助，提供资金、技术等方面的支持，帮助它们发展农业，努力提高粮食生产水平。

目前国际金融市场和各国实体经济出现企稳向好迹象，但世界经济复苏基础仍不牢固，应对金融危机还需长期不懈努力。全球经济不平衡的根源是发展不平衡。只有解决全球发展不平衡的问题，金融危机才能得到持久、稳定解决。国际社会应努力缩小南北发展差距，实现共同发展。发达国家应承担更大责任，加大对发展中国家的资金和技术支持，切实履行对发展中国家的官方发展援助承诺。

第二，维护人权是解决危机的必要条件。粮食危机和金融危机与人权问题紧密关联。危机对人权的负面影响已经显现。粮价飙升，全球失业率居高不下，对移民工人的歧视增加，贸易保护主义上升，使人民的经社文权利和发展权受到严重影响。

应对这两大危机必须始终牢记“以人为本”，维护和促进人民的各项基本人权和自由，特别是经社文权利和发展权，保障民生。唯有如此，应对危机才能得到人民的支持。人权理事会在应对粮食危机和金融危机问题上能发挥独特作用。舒特先生在报告中指出，应以实现粮食权为中心，应对全球粮食危机，要加强社会保障等，我对此表示赞同。人权理事会、高专办和特别机制应密切跟踪粮食危机和金融危机的发展，从促进和保护人权的角度提出建议，服务于全球应对危机的大局。

第三，加强全球治理是应对危机的主要途径。任何国家都无力单独应对粮食危机和金融危机。各国必须共同努力，加强多边合作，改善全球治理。舒特先生在报告中强调，应加强多边主义，完善全球治理，并提出具体建议，值得我们积极考虑。应加强和完善全球经济治理机制，积极推动国际金融机构改革，大幅提高新兴市场和发展中国家的代表性和发言权。

主席先生，在中文里“危机”一词既包含“挑战”，也蕴涵“机遇”。我们愿继续与各方加强合作，携手应对粮食危机和金融危机，努力化“挑战”为“机遇”，提高人民享受经社文权利和其他各项人权的水平。

谢谢主席先生。

中国代表团在人权理事会第12次会议国别议题下的发言

（2009年9月22日）

主席先生：

中国代表团对欧盟一些国家长期存在的违反人权问题表示严重关注。欧盟国家的人权状况与其标榜和承诺的有很大差距。大量证据表明，罗姆人等少数族裔在瑞典等欧盟国家遭受歧视和不公正待遇情况十分严重。在许多欧盟国家，外国移民在就业、社会保障和司法保护等方面遭受不同程度的歧视，他们的人权没有得到应有的保障。煽动宗教仇恨、反恐中违反人权等情况在欧盟国家比较普遍。我们呼吁欧盟有关国家认真反思上述问题的根源，立即采取实际行动，纠正本国长期存在的问题，尊重并保护上述人员的所有人权，包括经社文权利。我们对欧盟国家在反种、中东和反恐中违反人权等问题上采取双重标准表示关切。

主席先生，今年10月1日是新中国成立60周年。60年来，中国人民经过艰苦卓绝的斗争，孜孜探索，找到了一条有中国特色的发展道路，面貌发生了翻天覆地的变化，人民生活水平有了极大的提高。上述每一个积极变化都是人权的进步，是有目共睹的，是任何不怀偏见的人所不能否认的。今年以来，中国政府积极应对国际金融危机，采取切实措施改善民生，继续推进民主政治建设，深化司法体制改革。今年4月，中国还颁布了首个两年期《国家人权行动计划》，正在认真予以落实。

作为一个拥有13亿人口的发展中大国，中国已经和正在从事的现代化事业以及所面临的巨大困难和挑战是前无古人，是其他国家所无法比拟的。事实证明，中国目前所走的发展道路是完全正确的。我们将坚定不移地走自己的路，继续与各国和国际社会开展平等、友好交流与合作，共同推进包括人权在内的各项事业的发展。我们将继续推动人权理事会成为一个开展建设性对话的平台。

谢谢主席先生。

2010 年

中国代表团团长何亚非大使在人权理事会第13次会议一般性辩论中的发言

（2010年3月3日）

主席先生：

首先，请允许我祝贺你担任本次会议的主席。相信在你的卓越领导下，会议一定能顺利完成各项任务。我也愿借此机会代表中国政府和人民，对海地和智利地震给当地人民和国际社会造成的巨大伤亡和损失表示深切同情和哀悼。

人权理事会成立近4年来，工作已基本步入正轨。虽然仍存在这样和那样的问题与不足，但理事会所做的工作和取得的成绩有目共睹。理事会各项议题均得到审议，实质性人权问题得以及时应对，各人权机制全面运作，特别是国别人权审查机制已顺利完成了对112个联合国成员国的审查。因此，评估理事会工作的目标并不是要重开谈判，而是有针对性地加以完善，使其各项工作更加符合联大60/251号决议的要求与精神。

当前，金融危机的影响仍在持续，世界各国尤其是发展中国家的外部发展环境继续恶化，发展面临严重困难，最基本人权亦受到严重威胁。危机突显了促进和保护经社文权利，特别是发展权的重要性。不从根本上消除贫困，实现发展，促进和保护人权就只能是海市蜃楼。我们呼吁发达国家承担起应有的责任，切实履行官方发展援助承诺，加大对发展中国家的资金与技术支持，努力缩小南北差距，以实现共同繁荣与发展，确保人人享有所有权利。

主席先生，当今世界是一个多样化的世界。各国的历史、宗教和文化传统各异，决定了对人权的看法与理解会有所不同。社会制度和发展水平的不同，决定了各国实现人权理想的方式、途径与进程也会有所区别。世界需要兼容并蓄的心胸，理解并尊重这些不同和差异。通过对话与合作，相互学习，和谐共生，逐步实现促进和保护人权的共同目标。在此过程中，各方应彻底摒弃政治化和双重标准。

主席先生，2009年是新中国成立60周年。与60年前相比，如今的中国面貌焕然一新。60年来，中国人均寿命从35岁提高到73岁，扫除文盲2亿人，1.6亿学生享受九年制义务教育，2.1亿农民摆脱了贫困。与此同时，中国稳步推进民主和法制建设，逐步改革和健全司法体制，加强司法独立和公正。中国依法保障公民享有言论自由权利，现有互联网用户3.84亿，公民可以通过互联网等多种渠道获取资讯，就政治和社会问题发表见解。可以说，在促进和保护人权方面，中国取得了显著的进步。

作为一个拥有13亿人口的世界上最大的发展中国家，中国在人权领域仍面临许多困难和挑战。近日，中国国务院总理温家宝在给全国各族人民拜年的讲话中强调，中国政府将大力推进改革开放，保持经济平稳较快发展，促进就业并解决民生问题，让人民生活得更加幸福、更有尊严。这是中国政府做出的庄严承诺。

当前，中国政府各部门正积极落实《国家人权行动计划》和国别人权审查的成果。我们愿继续加强与各国在人权领域的平等交流与合作，为实现促进和保护人权的崇高目标而不懈努力。

谢谢主席先生。

中国代表团团长何亚非大使在人权理事会第13次会议上与高专对话时的发言

（2010年3月4日）

主席先生：

中国代表团感谢人权高专皮雷女士所做的年度报告，赞赏高专办在皮雷女士的领导下为理事会各项工作提供的技术支持和服务。

中方欢迎高专办前期就《2010—2011双年度战略管理计划》与各方进行交流，原则支持高专办将消除歧视、打击有罪不罚、促进经社文权利、保护移民权利、保护武装冲突中的人权、加强国际人权机制等作为未来两年的工作重点，平衡推进公民政治权利和经社文权利。希望高专办与人权理事会进一步加强沟通与协调，在制定有关战略管理计划时，认真听取并采纳理事会的意见。

主席先生，反对各种形式的种族歧视是国际社会当前面临的重大挑战。中方希望高专办切实采取措施，推动有效落实德班审议大会的成果文件，进一步推进国际反种事业。为支持高专办在反对种族歧视方面的工作，中方已连续两年向德班审议会议及后续落实进行了捐款。

主席先生，人权理事会作为联合国负责人权事务的主要机构，在促进和保护人权方面负有主要责任。联大有关决议对理事会加强对高专办工作的指导有明确规定。人权理事会重审工作即将启动。如何加强理事会对高专办工作的指导和监督是各方关注的一项重要内容。希望高专办以开放、积极的姿态，与理事会成员就此进行讨论，以更好地维护高专办的中立性和客观性，维护高专办的信誉。

中方欢迎高专办在平衡其工作人员地域代表性问题上所做的努力，但对此问题未得到根本改善表示遗憾。希望高专办重视发展中国家的关切，采取有效措施，营造高专办平等、多元的氛围。

主席先生，中国政府高度重视高专办在促进和保护人权方面所发挥的独特作用，重视与高专办开展建设性对话与合作。中方将认真研究独立专家对双边技术合作的评估报告，愿继续在平等和相互尊重的基础上推进与高专办的合作。中方将邀请粮食权问题报告员于今年适当时候访华。

谢谢主席先生。

中国代表团祁小夏参赞在人权理事会第13次会议上与反恐中保护人权、酷刑问题特别报告员互动对话的发言

（2010年3月8日）

主席先生：

作为《禁止酷刑公约》最早的签约国之一，中国政府坚决反对酷刑。中国已形成完备的司法体系，完善了对酷刑的预防、监督、惩处和赔偿等机制。中国去年出台的首份《2009—2010年国家人权行动计划》，再次重申了严厉打击酷刑的决心并提出具体措施。当前，中国政府正不断深化司法体制改革，加强权力制衡和监督，进一步改善监管场所条件，以更好地防止和惩治酷刑。主席先生，中国政府重视与特别机制开展工作，于2005年底接待了酷刑问题特别报告员访华，其间对报告员查访要求予以最大限度配合，不存在所谓对他访问进行监视和妨碍其独立查访问题。中方对报告员在报告中关于中国的评论感到遗憾。中国代表团注意到酷刑问题特别报告员在报告中详细分析了产生酷刑的原因，包括司法腐败、羁押场所条件恶劣等，并提出应对建议，其中提到各国和国际社会应提供必要资源，发展国家司法管理体系，预防司法腐败，确保司法公正，从源头上防止酷刑。我们对此表示赞同。但需要指出的是，广大发展中国家的总体经济和社会发展水平不高，发达国家在此领域应向发展中国家提供更多的经济上的援助。报告员也建议建立国家人权保护体系全球基金，请问报告员，该基金如何利用有限资源帮助贫困国家改善司法体系。

主席先生，恐怖主义仍是当今世界面临的严峻挑战。中国也是恐怖活动的受害国。在依法打击恐怖主义活动的同时，中国政府主张反恐应当遵守《联合国宪章》和国际法原则，在反恐行动中始终注意保护公民的各项合法权利。中国代表团注意到人权与反恐问题特别报告员报告专门研究了反恐中保护隐私权问题，并建议各国通过立法加强在反恐中对隐私、家族、住宅和通信权利的保护，呼吁人权理事会就起草全球数据保护和数据隐私宣言提出建议。中国代表团愿与各方就此进行讨论。

谢谢主席先生。

中国代表团副代表祁小夏参赞在人权理事会第13次会议上与任意拘留、强迫失踪问题工作组互动对话的发言

（2010年3月9日）

主席先生：

中国代表团注意到强迫失踪问题工作组主席Jevemy Sarkin先生、任意拘留问题工作组主席Hadji Malick Sow先生、国内流离失所者人权问题特别代表瓦尔特·卡林先生向理事会提交的报告，并认真听取了三位报告员所做的发言。

任意拘留、强迫失踪是执法中侵犯人权的极端行为。中国是法治国家，坚决反对上述行为的发生。中国宪法和法律明确规定，公民享有人身自由，任何组织、单位和人员不得非法限制他人人身自由。《行政处罚法》和《治安管理处罚法》明确规定，被拘留人对处罚决定不服的，可以依法申请行政复议或者提起行政诉讼。中国代表团注意到任意拘留工作组报告提及特别关注审讯室录像录音监控等，并建议扩大报告员授权，以关注被拘留者和囚犯的人权。中国代表团认为，上述问题是酷刑问题特别报告员、酷刑委员会等机制关注的重点，建议报告员在考虑扩大授权时要避免与上述机制职权重叠。

我们赞赏特别代表卡林先生为推动 IDP 问题的解决所付出的努力。近年来，由于战乱、自然灾害等原因，IDP 的数量不断上升，他们的基本生存权、健康权、教育权等各项人权均受到严重影响。我们支持卡林先生在职权范围内继续积极努力，加强与有关国家和国际社会的交流与合作，推动一些久拖不决的 IDP 问题早日找到解决方案，帮助 IDPs 早日重返家园。

主席先生，中国政府重视特别机制在促进和保护人权方面的作用，长期以来支持并积极配合特别机制的工作，建设性地与特别机制开展合作。中国政府对于包括强迫失踪、任意拘留问题工作组等所有特别机制的每一封来函都予以及时、认真地调查和答复。近年来，中国接待了许多特别机制访华，如我们两次接待任意拘留问题工作组主席访华，2005 年接待酷刑问题特别报告员访华，并对有关报告员的查访要求予以最大限度的配合，充分体现了中国政府的合作态度。

人权理事会通过的 5/2 号决议关于特别机制行为准则明确规定，特别机制在行使职权中应全面考虑各种信息，特别是各国政府提供的信息，在做出任何评论时应公正地反映当事国政府的有关答复，鼓励特别机制与各国政府开展建设性对话。中国政府希望特别机制严格遵循上述行为准则和自身授权开展工作，特别是与各国政府建立良性的合作关系。中国政府愿继续本着建设性态度与特别机制保持合作。

谢谢主席先生。

中国代表团副代表祁小夏参赞在人权理事会第 13 次会议上关于消除儿童性侵害问题的发言

（2010 年 3 月 10 日）

主席先生：

中国代表团感谢出席会议的 5 位儿童问题专家所做的发言。今年是《儿童权利公约》生效 20 周年。20 年来，国际社会、各国政府、民间社会和非政府组织一直共同努力，创造一个“适合儿童生长的世界”，并取得巨大进展，我们对此表示高度赞赏。

然而，儿童权利保护仍然面临许多困难，贫困、饥饿、疾病、灾害、非法雇佣童工、毒品等侵害儿童权利的现象仍然大量存在。其中，对儿童的性侵害和剥削问题十分严重，对国际社会和各国政府保护儿童权利的努力形成严峻挑战。

主席先生，消除对儿童的性侵害和剥削，我们有如下主张：

第一，必须认真研究儿童性侵害和剥削产生的根源并对症下药。贫困、饥饿、灾害、战乱等为儿童性侵害和剥削提供了滋生的土壤。对此，各国政府应积极发展经济并提高人民生活水平，增进社会和谐，消除战乱的危险。国际社会应积极向发展中国家提供资金和技术援助，帮助发展中国家实现共同繁荣与发展。

第二，各国应根据《儿童权利公约》并结合本国实际积极出台相关法律，完善应对此问题的立法和执法体系。应在全社会积极加强儿童权利保护的宣传和教育。应加强对网络色情的监管与打击，坚决防止网络被利用来实施儿童性侵害和剥削。

第三，国际社会必须开展合作，交流在消除儿童性侵害与剥削问题上的经验与最佳做法；增强执法部门间的合作，共同打击跨国有组织贩卖儿童的罪行。

主席先生，中国拥有全世界1/5的儿童人口。保护亿万儿童的健康成长是国家的根本大计，也是中国政府和全社会肩负的重大责任。中国已加入《儿童权利公约》及相关议定书，一贯认真履行所承担的各项条约义务。

中国目前正在努力实施《中国儿童发展纲要（2001—2010）》，我们有信心全面实现纲要规定的目标。中国政府不断强化司法对未成年人的保护，预防和打击拐卖儿童犯罪，建立完善的救助机制，采取切实措施保护弱势儿童的权利，尤其是加强对女童的保护。中国政府还与联合国儿童基金会和民间社会开展了卫生与营养、教育、儿童保护与社区服务、贫困地区儿童规划与发展等一系列合作。

中国政府将继续积极努力促进并保护儿童的各项权利，为儿童创造一个健康成长的环境和美好的未来。

谢谢主席先生。

中国代表团顾问刘金光在联合国人权理事会第13次会议上与宗教自由、人权卫士特别报告员互动对话的发言

（2010年3月11日）

主席先生：

中国代表团注意到宗教信仰自由特别报告员贾汗吉尔女士和人权卫士特别报告员赛卡格亚女士向理事会提交的报告，并认真听取了两位报告员所作的发言。

宗教歧视和不容忍是导致社会不和谐的重要原因之一。《公民权利和政治权利国际公约》第20条第2款明确规定禁止构成煽动歧视、敌视或暴力的宗教仇恨行为。中国政府重视促进和保护公民的宗教信仰自由，反对宗教歧视和宗教不容忍，倡导不同宗教间和谐相处。根据中国法律规定，中国公民享有信教和不信教的自由，享有信仰这种或那种宗教的自由。在中国，从古到今各宗教享有平等地位，彼此之间相互尊重，和睦相处，从未发生过宗教战争。我们鼓励不同宗教间开展对话，各宗教为构建和谐社会发挥积极的建设性作用，反对以宗教信仰为由制造社会矛盾和民族分裂。

近年来，世界上宗教歧视和不容忍事件时有发生。正如贾汗吉尔女士所指出的，当前国际社会应对以下宗教或信仰歧视现象给予特别关注：（1）以保护言论自由为名放任宣扬宗教仇恨，甚至是诋毁和亵渎某一宗教，激化不同种族和宗教间的矛盾；（2）利用互联网传播、鼓吹宗教歧视、敌视和暴力信息；（3）在其他国家制造宗教和民族矛盾；（4）将打击恐怖主义与特定宗教挂钩。我们赞同报告员就应对当代宗教歧视提出的一些建议，包括国家通过立法禁止宗教歧视和煽动宗教仇恨，鼓励开展宗教间对话论坛，支持媒体、宗教领袖、民间社会在鼓励宗教容忍方面发挥积极作用等，加强教育宣传创造宗教和谐气氛等。中国代表团希望就如何平衡言论自由和反对煽动宗教歧视和仇恨、如何避免外来势力利用宗教在一国制造社会分裂和种族仇恨，进一步听取报告员的看法。

赛卡格亚女士的报告和发言重点谈及了为人权卫士的安全和保护问题。中国政府重视非

政府组织和个人在促进和保护人权、构建和谐社会中发挥积极作用。随着中国经济社会的快速发展和人民观念的日益更新，有越来越多的非政府组织和个人活跃在扶贫、教育、司法、维权等各个领域，他们的活动得到政府的鼓励和支持。每年中国都对在推动人权和法治领域做出杰出贡献的人士授予奖项。对赛卡格亚女士的报告，中国代表团有两点看法：（1）中国认为，促进和保护人权主要责任应由国家承担，任何组织或个人在维护本人或他人权利时，也应该遵守国家的法律，这是法治社会的基本要求。《公民权利和政治权利国际公约》也规定在自由行使权利时应受到法律规定的限制。（2）联大1998年通过的《人权卫士宣言》并未对“人权卫士”做出明确的定义，判定“人权卫士”存在很大随意性，一些被某些国家认定的“人权卫士”往往是另一国家认定的恐怖分子或刑事罪犯。中国代表团希望就上述问题与报告员交流看法。

谢谢主席。

中国代表团在人权理事会第13次会议关于国别人权问题的发言

（2010年3月15日）

主席先生：

中国代表团对一些欧盟国家存在的侵犯人权的问题表示严重关切。在过去的一年中，罗姆人等少数族裔在欧盟国家备受排挤，遭到系统性歧视。罗姆人享受不到社会福利保障，遭到强制驱赶，甚至被袭击致死。在部分欧盟国家，移民在教育、就业和司法保护方面遭到不同程度的歧视，权利得不到充分的保障。穆斯林群体在欧盟国家遭受各种不平等待遇，无法融入当地社会。我们呼吁欧盟有关国家采取切实行动，从根本上解决上述侵犯人权问题。

主席先生，中国代表团对美国的人权状况也表示严重关切。美国国内暴力犯罪严重，贫富差距悬殊，种族歧视司空见惯，土著人权利受到系统侵犯，移民境遇悲惨。2009年，美国失业率创26年新高，贫困人口创11年新高，挨饿人口居14年来最高。美国不仅国内人权纪录十分糟糕，而且是世界上许多人权灾难的主要根源。美国对古巴进行长达50年的经济、商业和金融封锁。伊拉克战争和阿富汗战争给伊、阿两国人民的生命财产造成了巨大损失。特别是在全世界人民正遭受由美国次贷危机引发的国际金融危机导致的严重人权灾难的时候，美国政府仍不正视自身存在的严重人权问题，热衷于谴责别国，这是十分令人遗憾的。

主席先生，中国政府一直将促进和保护人权放在首位，并为此做出了不懈努力。去年，我国发布《国家人权行动计划》，明确了2009年至2010年中国政府在此方面的工作目标。一年来，中国政府坚持以人为本，克服金融危机挑战，采取一系列政策措施，促进增长，改善民生，保持了经济社会的平稳较快发展，有效地维护了人民的生存权、发展权等各项权利。去年底，我国就行动计划的实施进行了中期评估，从评估情况看，行动计划各项目标任务和具体指标均如期得到落实，为全面落实行动计划目标打下了良好的基础。

中国在人权领域取得的成绩证明，中国目前所走的发展道路是完全正确的。虽然我们仍然面临人口多、底子薄、发展不平衡等诸多因素的制约，但我们将坚定不移地走中国特色的发展道路，坚定不移地致力于促进和保护人权，使我们的人民生活得更有尊严，更加幸福。

谢谢主席先生。

中国代表团在人权理事会第13次会议关于涉我问题的答辩

（2010年3月15日）

主席先生：

中国代表团坚决拒绝刚才德国、捷克代表和非政府组织受威胁人民社会代表的涉华言论。这些言论肆意歪曲真相，毫无事实根据，与人权根本无关。

主席先生，中国有许多为人民福祉辛勤工作的非政府组织、律师、记者，他们活跃在扶贫、教育、维权等各个领域。中国政府鼓励和支持他们的活动。任何人不会因为以正当手段维护自己或他人合法权利而被判罪。但对触犯法律的犯罪分子，超出了自由言论的行为，中国司法机关依法惩处，这完全符合国际人权公约的有关规定和国际惯例。

对于任何不怀偏见的人士而言，中国政府在促进和保护少数民族权利方面所做的巨大努力有目共睹，可与任何国家媲美。我愿再次强调，新疆乌鲁木齐“7.5”事件和西藏“3.14”事件是由境内外反华敌对分裂势力精心策划组织的严重暴力犯罪事件，给各族群众生命财产造成极大损失，给社会稳定造成严重破坏。其目的是制造恐慌，破坏稳定，挑拨民族关系，进而达到不可告人的目的。他们不是人权、宗教和民族问题，而是暴力和恐怖犯罪行为。保护少数民族权益绝非是放纵少数犯罪分子的暴力活动，也不意味着中国政府不能依法办事，保护绝大多数民众的权益，维护国家统一和领土完整。

谢谢主席先生。

中国代表团在人权理事会第13次会议第6议题UPR一般性辩论时的发言

（2010年3月22日）

主席先生：

国别人权审查机制迄今已顺利举行了7轮审查，审议了112个国家的人权状况。各国对审议的关注不断提高，多数国家展示出建设性姿态，积极参与互动对话。根据理解，已接受审议的国家可在第6议题一般性辩论下自愿通报审议成果的落实进展。在此，中方愿本着建设性的负责任态度，自愿通报中国落实审议成果和国家人权行动计划的情况。

主席先生，自2009年2月中国接受国别人权审查后，中国政府结合审查成果于4月发布了首份以人权为主题的《国家人权行动计划》，这是全面推动中国人权事业继续发展的阶段性政策文件，意义重大。一年来，面对金融危机的严重影响，面对国内经济社会发展的各种挑战，中国政府克服各种巨大困难，认真落实审议成果和行动计划。

中国政府采取一系列重大措施，扩大内需，调整结构，促进增长，改善民生。我们着力解决就业、医疗、社会保障、农民增收、教育等；

社会保险制度进一步完善；国家加大教育投入，大力发展义务教育，保障公民受教育权。

中国加强民主法治建设和政治文明建设，努力扩大公民有序和政治参与，依法保障公民的知情权与参与权等。在行政执法和司法中强化人权保障。持续开展预防、惩治刑讯逼供等侵权案件的专案治理。

少数民族、妇女、儿童、老年人、残疾人的权利得到了进一步保障。国务院召开首次全国少数民族文化工作会议，出台一系列促进少数民族文化事业、扶持少数民族发展的政策措施。国家还开展打击拐卖妇女儿童犯罪专项行动，建立了全国拐卖案件DNA数据库；国家并加强残疾人社会保障和服务体系建设。

总的看来，有关落实工作正按计划进行，也取得阶段性成果。但由于金融危机的持续影响，中国经济社会发展仍然面临较大困难，再加上中国人口多、发展水平低和发展不平衡等各种因素的影响，我们在落实方面还面临许多困难与挑战。中国政府将继续克服困难，全面推进人权行动计划和审议成果的落实，使人民的生活更加幸福、更有尊严。

谢谢主席先生。

中国代表团顾问柯友生在人权理事会第13次会议反对种族主义议题一般性辩论中的发言

（2010年3月23日）

主席先生：

中国代表团感谢非洲裔人工作组主席、有效执行德班宣言工作组主席、反种补充国际标准特设委员会主席所提交的报告，赞赏三个工作组和反对种族主义报告员为消除种族主义、种族歧视及相关不容忍现象并促进落实德班宣言所作的积极努力。

非洲裔人工作组是关注非洲裔人的人权状况的重要人权机制。历史上，非洲深受殖民主义的危害，非洲人民被殖民者残酷奴役、剥削和杀害，人权遭受粗暴侵犯，非洲裔人也成为臭名昭著的大西洋贩奴贸易的主要受害者。然而直至今天，非洲裔人仍在遭受各种歧视。我们希望非洲裔人工作组切实发挥积极作用，积极促进消除对非洲裔人的歧视。

德班宣言是为国际反对种族主义事业指明了前进的方向，德班审议大会更为反种事业竖立了新里程碑。但是达成这些重要文件远远不够，更重要的是加强落实并真正消除歧视。我们期待着有效落实德班宣言工作组继续发挥积极努力，促进落实德班宣言和德班审议大会成果文件。

主席先生，促进和保护人权应是全面的、平衡的，不能重视某一类人权，而忽视另一些人权。消除种族歧视是最基本最重要人权之一，不应被忽视。《世界人权宣言》第一条明确规定，“人人生而自由，在尊严和权利上一律平等”。然而，种族主义却是对这一人权基本原则的完全背离，是对平等、自由、尊严和正义等价值的践踏，对文化多样性的严重威胁。

自2001年世界反种大会在德班召开以来，国际社会虽然在消除种族主义方面取得一定成绩，但前景不容乐观。各种新形式的种族主义却不断出现，煽动种族和宗教仇恨屡屡发生，排外主义和歧视外来移民的问题愈发严重。消除种族主义，仍然任重而道远。有鉴于此，中方支持特设委员会的工作，赞赏特设委员会主席、阿尔及利亚大使所付出的努力，赞赏尼日利亚代表非洲组在此方面发挥的领导作用。

国际社会应本着促进和保护人权的根本目标，真正重视消除种族主义，拿出政治意愿，以切实努力促进德班宣言和审议大会成果的落实，致力于消除种族主义，促进不同种族的和谐共生，维护世界的多样化。

谢谢主席先生。

中国代表团团长何亚非大使在人权理事会重审非正式会议上的发言

（2010年5月26日）

主席先生：

中方欢迎莫文主席召开本次会议，赞赏主席就人权理事会工作的评估方式问题充分听取各方意见，感谢主席散发的非文件。希望本次会议有助于主席团制定出合理、务实并符合有关决议精神的工作路线图。我也愿借此机会感谢俄罗斯、阿尔及利亚、瑞士等有关各方此前召集的非正式研讨会和磋商。上述努力为下一步工作打下了良好的基础。

主席先生，中方高度重视理事会及其重审工作。理事会成立4年来，工作逐步步入正轨。虽然仍存在一些不足和问题，但总体运作良好，为推进国际社会的人权事业作出了努力。因此，此次评估的目标应是确保理事会按照各方确定的原则框架继续履行自己的使命，同时有针对性地改进存在的不足。有关工作应紧凑、高效，不应干扰和影响理事会的正常工作。

中方认为，理事会建章立制方案框架是建立在各方共识基础上的重要文件，这四年的实践表明，参照建章立制方案框架来开展评估是较为务实和可行的选择。与政府间工作组相关的任何工作应在新任主席产生后再适时启动。中方同意由新任主席任命5名代表各地区组的协调员，负责汇总和协调各方意见，为工作组会议做准备。支持有关磋商进程保持公开、透明和包容，并确保中小国家充分参与。支持维护评估政府间进程的性质。

总之，中方将本着积极、务实态度，建设性参与理事会评估工作，支持主席和协调员的工作。期待与各方加强沟通与协调，为顺利完成此次评估，逐步实现促进和保护人权的神圣目标而共同努力。

谢谢主席先生。

中国代表团在人权理事会第15次会议维也纳宣言和行动纲领落实和后续议题下的发言

（2010年9月24日）

主席先生：

十几年前，各国领导人以卓绝的政治智慧和不懈的努力向世界承诺，为促进和保护各项人权，决心向国际社会的承诺迈出坚定的一步，庄严通过《维也纳宣言和行动纲领》。

《宣言》明确指出，一切人权都是普遍的、不可分割、相互依存、相互联系的，国际社会必须以公正、平等的态度全面对待人权。中方高度重视平衡推进公民政治权利和经社文权利，注重从制度上保障和改善各项权利。迄今，中国在全国城乡实行9年免费义务教育，对8亿农民实行新型农村合作医疗，全面启动新的医药卫生体制改革，目标是建立覆盖城乡全体居民的基本医疗卫生制度，实现人人享有基本医疗卫生服务，低收入群体就业、子女入学、居住条件等也都得到很大改善。

主席先生，《宣言》重申发展权是一项普遍的、不可分割的权利，是基本人权的一个组成部分。但时至今日，仍有不少发展中国家受到国际金融危机、自然灾害和粮食、能源市场波动的严重冲击，全球饥饿人口又有新的增加，实现全面可持续发展仍然任重道远。中方欢迎今年4月发展权工作组会议取得的进展和刚刚结束的联合国千年发展目标会议通过的成果文件，呼吁国际社会扶危济困、守望相助，加大扶持力度，兑现官方承诺，为促进广大发展中国家发展创造良好的外部环境。

主席先生，《宣言》正确地指出，在对待人权问题上，必须要考虑民族特性和地域特征，以及不同的历史、文化和宗教背景。历史和经验一再证明，在国别人权问题上进行“点名”和“羞辱”，不按议事规则办事，不能解决任何问题。而理事会正值重审其工作和运作之关键时期，各方更应在此方面遵守公正、客观原则，摒弃双重标准和政治化，加强建设性对话与合作，以维护理事会的声誉。

谢谢主席先生。

二、中国与外国及国际组织签订的涉及人权内容的国际文件和相关政策性文件

2006年

中华人民共和国和阿拉伯埃及共和国建交50周年联合新闻公报

2006年11月7日，中国和埃及7日在北京发表联合新闻公报。公报全文如下：

一、应中华人民共和国主席胡锦涛的邀请，阿拉伯埃及共和国总统穆罕默德·胡斯尼·穆巴拉克于2006年11月3日至7日对中华人民共和国进行访问。其间，穆巴拉克总统出席了11月4日至5日召开的中非合作论坛北京峰会，并于11月6日至7日对中国进行了国事访问。中国国家主席胡锦涛、全国人民代表大会常务委员会委员长吴邦国、国务院总理温家宝分别与穆罕默德·胡斯尼·穆巴拉克总统举行了会谈和会见。根据两国1999年建立的战略合作关系和2006年6月签署的《关于深化两国战略合作关系的实施纲要》，并基于对双边合作及对各种地区和国际问题进行磋商的一贯重视，两国元首就共同关心的重大问题深入交换了意见。

二、双方强调，阿拉伯埃及共和国是第一个承认中华人民共和国的非洲和阿拉伯国家，并于1956年5月30日与中国建交，这为中国开启与阿拉伯和非洲国家的关系发挥了积极的、重要的作用。两国建交50周年之际，双方回顾了这段历史，决心继续共同努力，深化两国战略合作关系，为双边合作开辟更加广阔的领域，并积极探讨建立中国、阿拉伯世界及非洲的有效的三方合作方式，使之成为南南合作中相互尊重、互惠互利的独特范例。双方愿充分利用埃及在阿拉伯世界和非洲的经验以及中国不断发展所带来的机遇，服务于各项发展事业，造福两国人民。

三、埃方对中国政府和人民在建设国家进程中所取得的成就表示赞赏，支持中国为促进发展中国家团结和合作所做出的努力。埃及愿充分利用其能力和经验及其在阿拉伯、伊斯兰和非洲范围内的独特地位，实现发展中国家在国际秩序中发挥有效作用的期望。

四、双方回顾了两国政治关系的顺利发展历程，表示愿进一步密切两国各层次的互访，保持双方在各领域的磋商与协调。双方对2006年6月签署的《中埃两国外交部建立战略对话机制的谅解备忘录》表示欢迎，强调愿就共同关心的重大国际和地区问题保持磋商与协调。

五、双方认为，经贸和投资合作是两国关系中最重要的组成部分之一。双方将积极努力，拓展合作领域，其中包括采取有效措施促进双边贸易的均衡发展。同时，双方鼓励加强相互投资，以全面提升双边经贸合作水平。

六、双方对两国在苏伊士湾西北经济区项目合作取得积极进展及埃方为在区内开展各类投资项目提供适宜环境表示高兴，强调将继续鼓励双方企业在该经济区以及其他合格工业区

内建立工业项目，并愿为此提供必要便利。

七、双方认为，加强两国在农业、科技、金融、旅游、环境、医疗、能源、和平利用核能、航天技术、信息及通讯技术等各个领域的合作具有重大意义，符合两国人民的利益，有利于增强两国的综合国力，促进两国的社会和经济发展。双方对两国在多个领域里堪称典范的合作表示欢迎，并特别指出，双方在旅游领域的合作富有成效，并将致力于深化该领域的合作，以造福于两国人民。

八、埃方重申恪守一个中国原则，不与台湾建立任何官方关系，反对任何形式的“台湾独立”和将台湾地区从中国分裂出去的企图，坚决反对台湾加入任何只有主权国家才能加入的国际或地区组织，强调埃及支持中国为实现两岸统一所制定的法律和做出的努力。中方对埃方在此问题上的一贯立场表示高度赞赏。

九、双方对中阿合作论坛取得的积极进展、特别是对2006年5月至6月间在北京召开的论坛第2届部长级会议取得的成果深表满意，并表示愿共同促进论坛建设。

十、双方对2006年11月3日中非合作论坛第3届部长级会议、4日至5日论坛北京峰会及其他各项重要活动取得的成果表示欢迎，强调重视利用现有资源，在一些重要领域开展三方合作，以促进非洲国家和中非关系的进一步发展。

十一、双方认为，当前国际形势正经历着深刻的变化。和平、发展、合作成为当今时代的潮流。但世界并不太平，传统安全与非传统安全威胁相互交织，影响和平与发展的不稳定不确定因素增多。双方主张，为实现各国和各国人民追求维护和平、稳定和发展的崇高目标，迫切需要在相互尊重、平等互利、尊重文化多样性以及和平解决争端的基础上，推动国际政治经济秩序向更加公正、合理的方向发展。

十二、双方认为，应在国际法和联合国有关决议的基础上，根据“土地换和平”原则和阿拉伯和平倡议，在中东实现全面、公正、持久的和平。

十三、双方希望，伊拉克民选政府在与伊拉克问题有关各方的合作下，为伊拉克人民实现民族团结创造良好的氛围，从而维护伊拉克的独立、主权与领土完整。

十四、双方谴责各种形式的恐怖主义，致力于加强两国有关部门在反恐及反恐立法方面业已存在的合作，探讨建立双方合作机制。

十五、双方认为，国际防扩散体系应毫无例外地适用于所有国家和地区。针对当前不法使用武力或威胁使用武力的行为，以及双重标准给国际政治、经济、军事、社会秩序造成的破坏，埃方于1990年提出建立中东无大规模杀伤性武器及其运载工具区的倡议，中方对此表示欢迎。

十六、双方对朝鲜进行的核试验及朝鲜半岛局势升级深表忧虑，希望有关各方采取理智和和平手段处理这一问题，避免使用武力或以武力相威胁，避免施加使人民遭受最大伤害的制裁，从而实现朝鲜半岛无核化、保障核不扩散机制持续性及全球普遍性的既定目标。

十七、双方一致认为，在当今世界各种争端与动荡频发的情况下，联合国在维护国际和平与安全方面的作用越来越重要。双方支持对联合国进行改革，使之更好地应对世界面临的新挑战，并增强其作用和威信，促使其在发展问题和实现千年发展目标方面发挥更大作用，这其中也包括改革和扩大安理会，以增加发展中国家，尤其是非洲国家的代表性。双方愿就此保持磋商和协调。双方亦对联合国建立建设和平委员会和人权理事会表示欢迎。

十八、双方完全尊重有关人权的各项国际公约。双方认为，经济、社会及文化权利与公民和政治权利同等重要。双方支持国际社会消除贫困、饥饿和疾病及扩大自由方面所做的努力，但前提是不干涉别国内政、尊重各国自行选择社会制度、发展道路的权利，并考虑到各国人民的不同文化和社会特性。

十九、穆罕默德·胡斯尼·穆巴拉克总统邀请胡锦涛主席访问埃及。胡锦涛主席愉快地接受了邀请。

二〇〇六年十一月七日于北京

中法联合声明 共同建设更加安全、繁荣、和谐与团结的世界

应中华人民共和国主席胡锦涛的邀请，法兰西共和国总统雅克·希拉克于2006年10月25日至28日对中国进行了国事访问。

会谈中，两国元首认为，1997年和2004年发表的中法联合声明是两国友好关系的指导原则和持久动力，两国决心深化全面战略伙伴关系。

10年来，两国政治互信日益巩固，战略对话不断深入，经贸合作加速发展，文化交流更加活跃。中法文化年、青年交流等活动加深了两国人民的相互了解和友谊。中法关系已经成为不同历史背景、文化传统和发展水平的国家之间友好合作的典范，其紧密性、示范性、战略性日益突出。两国元首对此深感满意。

面对当前复杂多变的国际形势，作为负有重要国际责任的国家，中法建立长期稳定的双边关系，有利于建设一个更加安全、繁荣、和谐与团结的世界。为此，两国元首一致同意在下列领域采取行动：

一、政治

（一）加强双边交往，扩大战略对话

双方决定继续加强双边各层次交往。

1. 保持两国国家元首或政府首脑年度会晤机制，规划和指导双边关系发展方向并就重大国际问题进行沟通与协调。中方将认真研究法方关于建立两国政府联席会议机制的建议。

2. 实现议会交流机制化，加强中国全国人民代表大会与法国国民议会和参议院领导人之间定期互访，并就议会外交、法规体系和议会对行政机关的监督等问题举办研讨会。同时，加强中国人民政治协商会议与法国议会以及中国经济社会理事会与法国经济社会理事会的交流与合作。

3. 采取务实、有效的方式，使2006年至2007年举办的青年交流活动长期化，并不断丰富创新。

4. 通过2005年10月在武汉举行的中法地方政府合作高层论坛的后续工作，促进地方交流与合作。双方同意，论坛的第二次会议将于2007年在波尔多举行。

5. 中法战略对话频繁且卓有成效，有力促进了双方在重大战略问题上的沟通，推动了两国各领域务实合作的发展。双方同意，在已经就军控、防扩散和非洲等问题进行了富有成果的协调的基础上，战略对话的议题可包括对非援助和发展等其他全球性问题。

法方重申一个中国原则，反对加剧台海紧张和导致“台湾独立”的任何举动，希望通过对话和平解决台湾问题。中方对法方坚持一个中国原则表示赞赏，并重申在台湾问题上的原则立场。

（二）促进多边主义，共同应对全球性挑战

双方重申，在地区和全球范围，特别是在联合国系统内坚持多边主义体系。双方认为，为增强联合国权威，提高联合国效率，对其进行改革仍是当务之急。双方重申必须遵守《联合国宪章》的宗旨和原则，欢迎成立人权理事会，呼吁切实实现千年发展目标，希望根据双方一致赞同的国际人道法的原则，在武装冲突中加强对平民的保护。

中法两国重申坚决反对大规模杀伤性武器及其运载工具的扩散，并愿为此在国际组织，包括在联合国安理会中进行合作。

双方欢迎2006年9月19日联合国大会开幕期间，由5个创始国元首和政府首脑以及联合国秘书长正式启动的“国际药品采购机制”。这一机制已获得国际社会大部分成员的原则支持，2006年2月在巴黎举行的相关会议获得成功即证明了这一点。中方认为这是一个有益的尝试，并

愿与包括法方在内的有关各方加强磋商。

双方赞同加强联合国的作用，以改善国际环境管理。

在经济方面，双方同意加强与有关多边经济磋商机制的联系。

在文化方面，双方认为，批准联合国教科文组织《保护和促进文化表现形式多样性公约》，是国际社会在承认世界文化多元性和丰富性的道路上迈出的决定性一步。

双方表示将保持经常性磋商，共同致力于解决国际危机，并重申，应努力建立可持续发展、和平与稳定、经济增长的国际秩序。

双方高兴地看到，为解决地区危机，中法在安理会进行了密切合作。

从进一步加强在这方面的交流与合作出发，双方：

1. 对共同参与联合国驻黎巴嫩临时部队表示满意，希望黎巴嫩冲突找到持久的解决办法；

2. 呼吁遵守安理会第1696号决议，同意共同努力，继续推动和平解决伊朗核问题，并就此保持经常性密切接触；

3. 对朝鲜民主主义人民共和国宣布2006年10月9日进行了核试验表示严重关切，认为这一举动有悖于朝鲜半岛无核化目标，有悖于国际社会加强国际防扩散体制的努力。双方支持安理会第1718号决议，敦促朝鲜恪守朝鲜半岛无核化承诺，希望有关各方坚持通过对话协商和平解决问题，争取尽早重开六方会谈，引导形势向好的方向发展。双方同意继续密切协调，为早日实现朝鲜半岛无核化、维护半岛和东北亚的和平稳定而共同努力。

（三）为双方外交和领事机构的发展提供便利

根据双边关系的发展需要，双方决定尽快实现中国在留尼汪和法国在沈阳设立领事机构，以进一步发展双边领事关系。

双方同意为两国在对方首都建设新的使馆馆舍相互提供必要的便利。

双方满意地注意到，作为法国公共机构的法国海外教育署将按照中方有关法律的规定，尽快完成北京法国国际学校的审批和注册手续，以使该校迁入新址，满足法国在华侨民不断增加的需求。

二、中欧关系

（一）进一步推动中欧伙伴关系

双方愿意继续致力于加强中欧全面战略伙伴关系。双方高兴地看到，2006年9月9日举行的中欧第九次领导人会晤取得成功，并宣布启动商签中欧伙伴合作协定的谈判。

双方认为，欧盟应该根据欧盟与中国伙伴关系的发展得出正确结论，尤其是取消在目前形势下已不合时宜的对华军售禁令，尽快承认中国的完全市场经济地位。

双方认为，中欧应充分发挥现有经贸合作机制的作用，并根据世界贸易组织规则，通过平等对话和协商，妥善解决双边经贸关系中出现的问题。

（二）加强在人权领域的建设性对话

中法两国强调，促进和保护人权应遵守《联合国宪章》的宗旨和原则以及人权的普遍性，认为各国有义务在考虑到本国特殊性的前提下，促进和保护一切人权和基本自由。

法方欢迎中国为早日批准《公民权利和政治权利国际公约》进行积极准备。双方重申将与联合国人权机制合作。

法方对中国政府表示将履行申奥承诺，为外国新闻机构的工作提供便利表示欢迎。

双方欢迎中欧人权对话机制的建设性作用。为此，双方表示愿在平等和相互尊重的基础上就共同关心的问题进行讨论，以便加强合作和谅解。

三、司法

双方同意，在律师、法官和公证人培训交流取得成果的良好基础上，将法律合作纳入双方合作的有关各领域。两国还将进一步深化知识产权领域的合作，加强知识产权保护。

鉴于中方已经批准中法刑事司法协助协定，法方承诺加速履行相关程序，以使协议尽快生效。双方同意启动双边引渡条约的谈判。

四、安全

根据两国警务合作协议，双方重申愿在打

击非法移民、打击经济和金融领域的犯罪、打击毒品走私和有组织犯罪、打击恐怖主义以及执法人员培训等方面开展合作。

五、经济合作

（一）开展长期的经济合作

双方决定在战略对话的框架内，促进建立两国企业间真正的工业和技术伙伴关系，这一伙伴关系将超越传统的客户关系，其长远目标是，为了两国的经济和国民利益，建立持久的互利合作关系。

（二）建立更紧密的工业和金融伙伴关系

中法在2004年建立了密切的伙伴关系；2005年，两国又在战略对话框架下设立了由中国国家发展和改革委员会副主任和法国对外贸易部长级代表共同主持的相应分组，积极推进了双方在以下三个领域的合作：

1. 核能方面：双方将加强工业合作，包括在双方同意的领域开展合资、合营等形式的合作；

2. 航空和航天方面：2005年12月，温家宝总理访问法国期间，双方签订的合作文件为两国建立紧密和堪称典范的战略合作伙伴关系开辟了道路；

3. 铁路方面：双方就扩大长期合作关系进行了磋商。

在这些成果的基础上，两国元首决定将战略性的交流扩大到以下七个领域：

能源：核能、石油和电力；

航空与航天：飞机、直升机和卫星；

铁路；

通信；

金融服务：银行和保险；

农业和食品加工；

环境保护。

此外，两国元首对两国企业，特别是中小企业之间增加交往表示满意。双方承诺继续支持两国企业，特别是中小企业之间的交流。

双方将继续开展对话和建设性合作，进一步发展双边贸易和投资。

六、人文

2003年至2005年举办的中法文化年是两国关系史上的里程碑。双方对扩大文化交流的倡议感到高兴。

（一）继续中法文化年的势头

为继续中法文化年的势头，双方将分别在对方国家定期举办“中国艺术节”和“法中文化交流之春”活动。

双方鼓励各自的文化中心与驻在国当地伙伴合作，向公众提供优质、普及性的文化项目，并将为对方文化中心在驻在国举办活动提供必要的帮助。

双方支持两国博物馆之间的交流与合作，并继续积极探讨蓬皮杜国家艺术文化中心在中国上海设立分馆的可能性。

（二）加强高等教育和科技合作

双方同意优先进行大学合作与高等院校的留学生交流，以加强高水平科研合作和高层次人才培养，如中法博士生学院项目的合作。

双方认为，“中国—欧盟学生交流奖学金项目”对促进双方青年学生的交流与相互了解具有重要意义。双方支持在本国学习和教授对方语言，中方确定法语为中国高考选择科目。

双方还愿意扩大在生命科学、空间技术、应用数学、信息科技和环保等领域的科技合作。双方将加速落实2004年10月签署的关于新生疾病的政府间协议，使用法国技术在武汉建立具有高安全性能的实验室。双方将通过在上海和香港建立的巴斯德研究所进行科技合作。

（三）2008年奥运会和2010年世博会合作

双方同意，中法两国将利用2008年北京奥运会和2010年上海世博会，向世界展示其共同的文化创造与科技创新能力。因此，双方决定推动在上述领域的合作项目，并着重加强筹办工作的交流。本着同一精神，法国感谢中方将根据《奥林匹克宪章》和主办城市的承诺，在北京奥运会期间给予法语应有的地位。

中华人民共和国主席　胡锦涛（签字）

法兰西共和国总统　雅克·希拉克（签字）

二〇〇六年十月二十六日于北京

第九次中欧领导人会晤联合声明

（2006年9月9日，赫尔辛基）

2006年9月9日，第九次中欧领导人会晤在芬兰首都赫尔辛基结束后发表了《第九次中欧领导人会晤联合声明》。全文如下：

1. 第九次中欧领导人会晤于2006年9月9日在芬兰赫尔辛基举行。中华人民共和国国务院总理温家宝代表中国出席了会晤。欧洲理事会主席芬兰总理马蒂·万哈宁和欧盟委员会主席若泽·曼努埃尔·巴罗佐代表欧盟出席了会晤。

2. 双方领导人认为，中国和欧盟在过去10年中都发生了重大变化，中欧关系也逐渐深化并发展成全面战略伙伴关系。双方认为，加强中国和欧盟关系对中欧长远利益、亚欧合作及世界和平、稳定与发展具有重要意义。

3. 双方领导人强调了高级别政治对话和各级别磋商对增进理解与信任、扩大共识和提升双边关系的重要性。双方领导人欢迎新近建立的定期战略对话机制。这一机制已被证明是双方就重大国际和地区问题以及共同关心的双边问题坦率深入交换意见的有益渠道。

4. 为全面反映当前中欧全面战略伙伴关系的广度和深度，双方同意启动有关伙伴合作协定的谈判。新协定将涵盖双边关系的全部领域，包括加强政治事务合作。考虑到中欧战略伙伴关系的整体目标，谈判也将完善1985年《中国与欧共体贸易和经济合作协定》，并将以相对独立的方式执行。

5. 欧盟重申继续坚持一个中国政策，希望台湾问题通过建设性对话和平解决。中方赞赏欧盟坚持一个中国政策，并重申了在台湾问题上的原则立场。

6. 双方领导人也讨论了欧盟军售禁令问题。中方重申，解除军售禁令有助于中欧关系的健康发展，并敦促欧盟尽早解禁。欧盟承认此问题的重要性，并确认愿在2004年中欧领导人会晤联合声明以及此后的欧盟首脑理事会结论的基础上，向解除禁令的目标推进工作。

7. 双方领导人重申愿在防扩散和裁军领域，特别是在为2006年11月《禁止生物武器公约》审议大会成功举行以及下一次《不扩散核武器条约》审议大会筹备委员会而进行的准备工作中开展合作。他们将继续以2004年中欧领导人会晤期间达成的《中华人民共和国与欧洲联盟关于防扩散和军备控制问题的联合声明》为基础，保持和加强对话与合作。双方对目前在出口管制领域开展的务实合作感到非常满意。

8. 双方领导人强调了努力改革联合国系统的重要性，表示大力支持建立一个公平、公正、以规则为基础、联合国发挥中心作用的多边国际体系。他们重申致力于促进世界和平、稳定、可持续发展和人权，这些目标为2005年联合国首脑会议成果文件所承认。双方表示支持旨在加强联合国应对新生和现有威胁及挑战能力的改革，并将致力于以协商一致的方式在改革方面取得进展，承诺通过与建设和平委员会以及人权理事会等新成立的联合国各机构开展合作等方式，确保充分落实2005年联合国首脑会议的成果。

9. 双方强调致力于保护和促进人权，高度重视中欧人权对话。双方强调在人权领域采取具体步骤的重要性，努力取得更有意义和积极的实际成果，重申致力于在平等和相互尊重的基础上进一步加强该领域的合作与交流。欧盟欢迎中方承诺尽快批准《公民权利和政治权利国际公约》。双方确认与联合国人权机制合作，尊重有关国际人权文书中的国际人权标准，包括少数民族的权利。在打击种族灭绝、战争犯罪和反人类犯罪的全球斗争中，双方也注意到国际刑事法院的重要性。双方致力于支持联合国人权理事会的工作，根据联大251号决议，加强在该领域的沟通与协调。

10. 双方领导人对联合国安理会通过1701号决议、促成以色列和真主党停止敌对行动表示欢迎。1701号决议为政治解决危机确定了必要的框架。获得增援的联合国驻黎巴嫩临时部队将对政治解决危机予以支持，欧盟成员国在其中发挥着主导作用。双方领导人敦促地区各方发挥建设性作用，以助决议得到迅速执行。他们还强调了为黎人民提供人道主义援助的决心。

11. 双方领导人强调，中东需要一个全面的和平计划。他们重申，在联合国安理会有关决议及路线图所定原则等现有共识的基础上，支持谈判解决巴以冲突。

12. 双方领导人注意到国际原子能机构总干事关于伊朗核计划的报告以及联合国安理会1696（2006）号决议。他们呼吁伊朗执行联合国安理会1696（2006）号决议以及国际原子能机构理事会的决议。法国、德国和英国提出建议，在相互尊重与信任的基础上与伊朗达成一个长期、全面的安排。该建议得到美、俄、中的认可，以及欧盟高级代表的支持。双方领导人对此表示欢迎。

13. 双方领导人重申了他们为朝鲜半岛的持久和平与稳定，包括和平解决朝鲜半岛核问题而共同努力的坚定决心。领导人强调，希望尽早恢复六方会谈，并在落实2005年9月19日《共同声明》方面取得进展。他们也对朝鲜最近多次发射导弹深表关注，强烈呼吁各方采取灵活务实态度，为六方会谈尽快恢复创造条件。

14. 领导人对达尔富尔不断恶化的安全和人道主义局势表示严重关注，强调非盟在达区的维和行动过渡为联合国行动将有利于维护达区和平。

15. 双方领导人重申致力于千年发展目标与全球可持续发展。实现千年发展目标需要各方迅速行动，包括更为宏伟的国家发展战略与努力，以及更多、更有效的国际支持，特别是对非洲的支持。

双方领导人还强调了各自与非洲关系的重要性，承诺一起为非洲的和平、稳定、可持续发展作出努力。欧方强调了其对非战略中所包括的良政和人权原则的重要性。中方强调坚持和平共处五项原则，特别是互不干涉内政原则。

双方同意建立非洲问题对话机制，并探索与非洲伙伴开展务实合作的渠道，包括支持非洲发展新伙伴计划，以实现千年发展目标。领导人欢迎中国通过中非合作论坛与非洲开展机制化合作。中欧都是关于援助有效性的《巴黎宣言》的签署国。双方将继续促进《巴黎宣言》中包含的有效性原则。

16. 双方领导人还期待着2006年9月10日至11日举行的第六次亚欧首脑会议取得成功。他们将亚欧会议视为亚欧对话与合作的有益框架，并认为此次首脑会议的召开恰逢亚欧会议成立10周年，将推动这一进程向前发展。双方同意继续紧密合作，促进亚欧会议发展，并欢迎中国于2008年主办第七次亚欧首脑会议。

17. 双方再次确认要致力于打击恐怖主义，并重申，反恐行动必须符合联合国宪章的宗旨和原则以及相关的国际法准则，并充分尊重人权。双方强调联合国在反恐斗争中的领导作用以及所有有关反恐的联合国安理会决议、联合国公约和议定书得到普遍执行的重要性。双方继续致力于就联合国关于国际恐怖主义全面公约寻求协商一致，并呼吁联合国大会根据首脑会议授权，加紧通过反恐战略。

18. 双方关注禽流感疫情在世界范围内的进一步蔓延，高度赞赏中国、欧盟委员会和世界银行三方今年年初共同在北京举办的禽流感防控国际筹资大会。双方承诺共同落实有关后续行动，同意进一步加强在防控禽流感等传染病方面的合作，并欢迎近期世界卫生组织关于国际卫生条例的决议。除禽流感和其他诸如非典型性肺炎的新发传染病外，双方领导人还强调了增强抗击艾滋病合作的重要性。他们特别强调，在这些问题上需要透明和非歧视。

19. 可持续发展是中欧合作的重要领域之一。双方领导人同意加强经验交流，以建立一个资源节约型、环境友好型社会。在此背景下，欧盟将加强与中国的合作，支持中国在经济快速发展中发展循环经济和保护自然资源，包括保护生物多样性的努力。双方领导人认为，可持续生产和消费以及能效等领域的许多挑战依然存在。领导人同意在上述领域以及制止非法采伐等具体问题上加强合作，为保护自然资源做出重要贡献。

20. 双方领导人欢迎在落实中欧气候变化伙伴关系方面取得的进展。这一伙伴关系为加强中欧伙伴关系所包含的领域内的对话与合作提供了良好的基础。他们同意进一步加强这方面的对话与合作，包括在联合国气候变化框架公约进程内进一步促进国际气候变化政策发展；同意为进一步落实伙伴关系积极制定一个从2007年到2010年的滚动工作计划。双方领导人欢迎在《京都议定书》清洁发展机制方面开展更紧密的合作，欢迎启动通过二氧化碳捕获与封存实现近零排放发电技术的研究合作。双方领导人强调大幅降低关键技术及其转让、使用和推广成本的重要性，以及采取步骤鼓励和促进消费和生产的可持续方式，以减少气候变化的成因和负面影响。为此，他们强调加强能力建设合作的重要性。双方领导人相信，一个处理气候变化和能源问题的整体方案至关重要，强调有必要在促进能源安全、可持续能源供应、创新和减少温室气体排放之间进行充分协调与配合，以确保实现《联合国气候变化框架公约》最终目标与能源政策目标之间的一致性。

21. 全球能源安全，关系经济命脉和民生大计，对维护世界和平稳定、促进各国共同发展至关重要。中欧双方在确保可靠、经济的和可持续的能源供应方面有着共同的关切。鉴此，领导人强调双方将采取适当措施，进一步加强能源对话与合作，为可持续经济社会发展营造稳定、安全、经济和清洁的能源环境。

双方领导人强调中欧高级别能源工作组以及定期中欧能源合作大会的战略意义，双方强调继续加强务实合作的重要性，特别是在清洁煤行动计划和能效与可再生能源行动计划框架内加强合作。

22. 双方决心紧密合作，尽快重启世界贸易组织多哈发展议程谈判，以期达成一项包含宏伟并均衡成果的协定。双方强调了达成这样一项协定的重要性，重申所有世贸组织成员需做出相应的贡献。

23. 双方领导人强调了完全履行对世贸组织所作出承诺的重要性。他们指出中国大多数过渡期将于2006年12月到期，满意地承认已经取得的进展，并认知未来工作的重要性。双方强调了在充分尊重国际权利和义务的基础上为解决双边贸易问题开展对话与合作的重要性。

双方领导人忆及了一个透明、开放和可预测的监管环境对服务业的重要性，因为开放和有效的服务业市场可促进更广泛的经济活动。

24. 双方重申将致力于对话，通过改善双方的市场准入和增加投资机会来实现贸易关系中相互利益的最大化。

25. 双方对有关市场经济地位问题对话、技术工作组的进展表示满意，注意到向领导人会晤提交的有关市场经济地位的联合报告。双方期待欧盟委员会于2006年底前更新2004年市场经济地位报告，以加深双方在有关突出问题上的沟通，这将有助于解决市场经济地位问题。

26. 双方领导人重申了保护知识产权的重要性。双方尤其达成共识，有必要对盗版行为保持适当威慑，并有效执行知识产权法律。双方对一年来中欧知识产权对话和知识产权工作组项下的交流与合作情况表示满意，愿意进一步加强在知识产权领域的交流与合作。双方还重申，愿进一步加强在地理标志领域的合作与交流。

双方认识到技术在经济发展中的重要性，愿意就该领域知识产权保护加强交流与合作，并支持企业间在公平、合理、无歧视的条件下的技术转让的合同自由。

27. 双方领导人强调透明、公开、可预测的监管环境的重要性，并强调了在起草技术法规及相关工作中积极促进利益攸关者参与的价值。中欧于2006年1月签署了《中华人民共和国国家质量监督检验检疫总局与欧盟委员会健康与消费者保护总司关于管理合作安排的谅解备忘录》，并且为便于落实谅解备忘录，双方随后就建立“中欧食品和消费品安全联合委员会”达成了协议。领导人对此表示欢迎，并期望谅解备忘录，连同磋商机制以及其他双方已建立的关于食品安全和SPS问题以及TBT/工业品安全的合作，将推进双边贸易的持续发展。为此，双方领导人同意积极努力，通过诸如采用国际标准等方式减少在TBT和SPS领域的技术壁垒和贸易障碍。

28. 双方领导人欢迎中欧工商峰会将于2006年9月12日在赫尔辛基举行。双方领导人认为，工商峰会将为加强中欧经济联系和改善商业环境提供重要机会。双方强调了更积极地让利益攸关者参与中欧贸易投资相关对话的重要性。领导人欢迎中欧产业界在工商峰会期间开展对话，并认识到中欧就促进创新和可持续发展，包括就发展环境技术与服务进行合作的重要性。

29. 双方表达了持续深化中欧科技伙伴关系的共同意愿。双方认识到，中国国家中长期科技发展规划和欧盟第七个框架计划为双方开展战略性合作提供了新的契机。在此方面，他们赞赏中方机构参与欧盟出资的欧洲与中国联合研究协调计划，该计划于2005年5月在北京启动，为期五年，为中欧未来科技合作确定重点与合适的渠道。双方宣布，“中欧科技年”活动将于2006年10月在布鲁塞尔正式启动，以进一步促进科技合作，不断使双方获益。双方将为该活动的成功举办创造必要条件。

双方继续强调欧洲共同体及其成员国与中华人民共和国之间的伽利略计划合作协定的重要性。

双方期待与其他各方一道，尽快落实国际热核聚变试验反应堆计划（ITER），并继续扩大和加强双方在相关领域的合作。

30. 双方领导人鼓励中欧主管部门之间加强对话与合作。双方将积极利用现有对话机制，继续在环境保护、劳动和社会事务、农业和农村发展、海关等多个领域开展交流与合作。

双方充分肯定2005年9月签署的中国—欧盟能源和交通领域战略对话谅解备忘录以及2006年3月召开的首次中欧能源交通战略对话，并强调继续加强中欧能源和交通领域合作的重要性。

双方领导人对中欧在交通领域的合作表示满意。强调要继续在中欧海运协定的框架下保持政策对话，支持中欧海运企业在对方境内开展业务，加强在包括国际海事组织和世界贸易组织在内的国际组织中的立场协调与协作。双方期待中欧交通主管部门在道路运输和内河合作谅解备忘录框架下，深化在上述领域的交流与合作。

双方领导人欢迎2006年5月25日在北京举行的第二次中欧财金对话。双方重申了在宏观经济、金融和监管领域加强合作与协调的重要性，并同意将于2007年在布鲁塞尔举行第三次中欧财金对话。

双方领导人欢迎近期建立的地区政策合作对话，并对在北京举办的中国—欧盟区域经济发展研讨会表示满意，强调要务实开展中国国家发展和改革委员会—欧盟委员会区域政策合作谅解备忘录框架下的合作，并期待着在这一框架下于2007年在布鲁塞尔举行下一次会议。

双方对中欧信息社会对话机制取得的进展表示满意，希望通过加强合作，特别是中欧高速网络基础设施及其重大应用战略合作，推动中国和欧盟信息社会的建设。

双方领导人欢迎启动关于易制毒化学品的双边协定的谈判。

31. 双方领导人注意到第八次中欧领导人会晤以来中欧在民航合作领域取得的进展，并重申了加强在民航领域合作的重要前景。在这方面，双方领导人强调了恢复中华人民共和国和欧盟成员国之间双边航空运输协定的法律确定性问题的必要性。为此，双方领导人要求按照有关方面的共识继续将此作为工作重点进行讨论。双方领导人强调，加强在航空安全、航空保安、空中交通管理和空运市场监管领域的技术合作是重要的，也符合双方的利益。

32. 双方领导人强调，便利人员往来和打击非法移民是双方优先考虑的问题。他们强调了在7月中欧高级别磋商中达成的良好相互理解。领导人还讨论了遣返和签证便利问题。他们重申愿就各自关切的问题开始谈判，同意尽早就相关问题开始具体合作。领导人还欢迎在履行旅游目的地协议（ADS）方面所取得的重大进展，并鼓励在适当层次进一步加强合作。

33. 双方认为，加强教育领域的合作是促进中欧全面战略伙伴关系持续发展的社会和人文基础。中欧双方将在更深层次、更广领域开展教育合作，共同研究未来合作的机制和优先合作领域，并使合作制度化。中方表示有意在将来达成一项中国—欧盟教育交流合作协定。双方领导人赞同合作举办中欧法学院，欢迎欧方的赞助。双方有关部门将继续就此协商尽快达成协议。中方将设立为期五年的“中国—欧盟学生交流奖学金项目”，从2007年开始每年向100名欧盟青年学生提供政府奖学金，为欧方学生学习汉语提供更多的机会。

34. 双方领导人还认识到文化多样性对可持续发展的重要性，并欢迎联合国教科文组织的《保护和促进文化表现形式多样性公约》。双方领导人支持中国与欧盟成员国之间增加文化交流与往来，特别是鼓励表演团体和艺术家之间的互访，以加强中欧文化界的联系。

35. 双方领导人认识到一个健康发展的公民社会对中欧各自持续改革进程的重要性。领导人认为，中国经社理事会与欧盟经社委员会的交流与合作是中欧关系的组成部分。为加强现有关系，双方赞同并鼓励建立一个定期圆桌会议机制，为充实和发展中欧全面战略伙伴关系做出贡献。

36. 双方领导人支持加强中国全国人大与欧洲议会以及政党、媒体和智库之间的交往，支持在亚欧会议进程和其他框架下，扩大并深化青年交流，并鼓励中欧青年组织开展合作。

中华人民共和国和格鲁吉亚关于进一步发展友谊与合作的联合声明

应中华人民共和国主席胡锦涛的邀请，格鲁吉亚总统米哈伊尔·萨卡什维利于2006年4月10至15日对中华人民共和国进行了国事访问。两国元首就进一步发展双边关系及共同关心的国际和地区问题进行了富有成果的会谈，达成广泛共识。

一、双方认为，此次访问揭开了中格传统友好关系的新篇章，对加强两国政治互信，推动和深化双方各领域互利合作具有重要意义。

二、双方指出，自1992年建交以来，两国根据相互尊重主权和领土完整、互不侵犯、互不干涉内政、平等互利、和平共处的原则，政治上平等相待，经济上互利合作，在国际事务中相互支持，合作领域拓展，取得积极成果，符合两国和两国人民的根本利益。

三、格鲁吉亚重申奉行一个中国政策，承认中华人民共和国政府是代表全中国的唯一合法政府，台湾是中国领土不可分割的一部分。格方反对包括“法理台独”在内的任何形式的“台湾独立”、反对台湾地区加入任何必须由主权国家参加的国际和地区组织。格方不与台湾建立官方关系、不进行任何官方往来。中方对此表示高度赞赏。

中方重申支持格鲁吉亚的独立、主权和领土完整，赞赏并欢迎格方为保持国内稳定、发展民族经济所作的努力。中方认为，阿布哈兹和南奥塞梯问题是格鲁吉亚的内部事务，应在尊重格国家主权和领土完整的基础上通过和平谈判妥善解决。中方支持格鲁吉亚政府为此所作的各种努力。

四、双方积极评价2005年12月19日至21日在北京举行的中格政府间经贸合作委员会第二次会议所取得的成果。双方将采取有效措施，不断挖掘潜力，以提高中格经贸合作的规模和水平。

双方表示将进一步改善投资环境，鼓励和支持各自企业在平等互利基础上拓展农业、通讯、交通、机械制造、能源、基础设施等领域的合作。

中方欢迎格方参与中国西部大开发和东北老工业基地振兴。

中国和格鲁吉亚同为世界贸易组织成员，

愿进一步加强在世贸组织中的合作与配合，维护双方的根本利益。

五、双方高度重视发展交通领域合作，鼓励两国相关部门在这一领域内开展合作。

双方将扩大中格民航合作关系，于2006年下半年谈判签署中格航空运输协定。

六、双方高度重视发展两国议会间的友好关系，表示愿促进包括议会领导人、各专门委员会和友好小组间多渠道、多层次的交流，增进了解，不断巩固和扩大中格合作基础。双方相信，相互交流立法工作经验有助于双边关系的进一步发展。

七、双方认为，两国在文教、科技、新闻、体育、卫生等各领域的合作潜力巨大，决心认真落实已签署的各项协定，继续开展友好交流与互利合作。双方鼓励两国地方和民间机构进行直接交往。

八、双方认为，当前国际形势继续发生深刻复杂的变化。和平、发展、合作是当今时代的主要潮流，也是世界各国人民的共同愿望。国际社会应加强磋商，维护世界的多样性，促进世界不同文明和不同发展模式相互交流和借鉴。人类社会面临的突出问题必须在公认的国际法原则和准则的基础上，通过平等协商妥善解决。

九、双方一致谴责和坚决反对任何形式的恐怖主义、分裂主义和极端主义，愿在《联合国宪章》及有关国际反恐条约的框架下加强打击“三股势力”的合作，并为两国有关部门开展执法与安全合作提供有力的支持和协助。

十、双方指出，人权具有普遍性。世界各国应尊重《世界人权宣言》中规定的人权和基本自由，促进保障和维护人权，在平等和相互尊重的基础上通过对话和合作消除分歧。国际人权保护应建立在坚定维护各国主权平等和互不干涉内政的原则基础之上。

十一、双方强调，联合国是世界上最具普遍性、代表性和权威性的国际组织，其地位和作用不可替代。联合国的改革应当是全方位和多领域的，目的是加强联合国在国际事务中的主导作用，提高效率，增强应对新挑战与威胁的能力。推进改革应以充分协商为原则，体现各成员国的共同利益。

十二、双方声明，保持和发展中华人民共和国和格鲁吉亚的友好合作不针对任何第三国，也不损害第三国的利益。

中华人民共和国主席　胡锦涛

格鲁吉亚总统　米哈伊尔·萨卡什维利

二○○六年四月十一日于北京

中华人民共和国和加纳共和国联合公报

2006年6月19日，中华人民共和国和加纳共和国在阿克拉发表联合公报。联合公报全文如下：

一、应加纳共和国总统约翰·阿吉耶库姆·库福尔邀请，中华人民共和国国务院总理温家宝于2006年6月18日至19日对加纳共和国进行正式访问。

二、访问期间，温家宝总理同库福尔总统就中加共同关心的问题举行会谈。为进一步加强双边真诚友好的关系，两国领导人就共同关心的双边、地区和国际问题达成广泛共识。会谈后，双方签署了涉及经贸、电信、文教、卫生等领域的合作文件。

三、两国领导人对近年来两国友好合作关系稳步发展表示满意，愿进一步密切两国高层交往和各层次的友好往来，深化各领域的合作，促进两国业已存在的友谊，深化并扩大中加互利合作。

四、双方承诺在涉及国家主权和领土完整的问题上相互支持。加方重申坚持奉行一个中国政策，承认台湾是中国领土不可分割的一部分。加方声明支持中国的和平统一大业。中方对加方上述立场表示高度赞赏。

五、双方表示愿共同努力，挖掘两国经贸合作潜力，进一步加强在基础设施建设、电信和人力资源开发等领域的合作。两国政府将继续鼓励双方企业增加往来，扩大合作，并为双方的贸易和投资创造有利条件。中方同意继续在力所能及的范围内向加方提供援助，为加经济、社会发展做出贡献。中方愿就布维水电站项目与加方进行探讨，寻找双方可以接受的互利共赢的解决办法。

六、双方同意进一步密切两国在卫生、文教、旅游等领域的交流与合作。中方将向加方派遣医疗队，双方将加强在疟疾等传染病防治领域的合作。中方支持加方发展教育事业，将继续向加方提供奖学金和各类专业培训名额。中方宣布开放加纳为中国公民组团出境旅游目的地。

七、双方决定继续加强在国际事务中的合作，在减贫、债务、联合国改革、人权、反恐等重大国际问题上，根据需要，进行定期或不定期磋商与协调，共同维护发展中国家的权益，促进世界的和平与发展事业。

八、双方高度评价中非友好合作关系，愿共同致力于构筑中非政治上平等互信、经济上合作共赢、文化上交流互鉴的新型战略伙伴关系。双方愿加强磋商、密切配合，为中非合作论坛北京峰会的成功召开做出积极贡献。温家宝总理转达了中国国家主席胡锦涛对库福尔总统出席峰会的邀请，库福尔总统接受了邀请。

九、双方对温家宝总理此访取得的成果表示满意。温家宝总理对库福尔总统以及加纳政府和人民的热情友好接待表示感谢。

二〇〇六年六月十九日于阿克拉

中华人民共和国和土库曼斯坦联合声明

2006年4月3日，国家主席胡锦涛与来访的土库曼斯坦总统尼亚佐夫签署了《中华人民共和国和土库曼斯坦联合声明》。全文如下：

一、应中华人民共和国主席胡锦涛的邀请，土库曼斯坦总统萨·阿·尼亚佐夫2006年4月2日至7日对中华人民共和国进行了国事访问。

两国元首就进一步发展双边关系及共同关心的国际和地区问题进行了富有成果的会谈，达成广泛共识。

二、双方一致认为，中土传统友谊是宝贵财富。中土友好符合两国和两国人民的共同愿望和根本利益，也有利于促进地区和世界的和平与发展。

三、双方全面回顾了中土建交14年来双边关系的发展历程，高度评价两国各领域合作取得的成果，愿继续保持和开展包括高层在内的各级别交往，积极落实双方业已达成的各项协议，扩大两国在政治、经贸、能源、人文等领域的交流与合作，将中土关系提高到新的水平。

四、土方重申奉行一个中国政策，强调中华人民共和国政府是代表全中国的唯一合法政府，台湾是中国领土不可分割的一部分。土方反对包括“法理台独”在内的任何形式的“台湾独立”，反对制造“两个中国”或“一中一台”的企图，反对台湾加入任何必须由主权国家参加的国际组织。土方不与台湾建立任何形式的官方关系和进行官方往来。中方对土方这一原则立场表示高度赞赏。中方重申支持土库曼斯坦为维护国家独立、主权和领土完整、发展民族经济、保持国内稳定所作的努力。支持土方奉行永久中立的外交政策，认为这对保持地区局势健康稳定发展具有积极意义。

五、中土两国不允许第三国利用本国领土损害另一方的国家主权、安全和领土完整。

双方不允许在本国领土上成立和存在旨在损害另一方主权、安全和领土完整的组织和团体。

六、双方决定进一步采取有效措施，深入

挖掘经贸合作潜力，发挥互补优势，不断提高合作水平。双方表示将进一步改善贸易和投资环境，积极支持两国企业在对方国家开展生产和经济贸易活动。

双方愿在平等互利基础上优先拓展能源、电信、机电、纺织、化工、基础设施等领域的合作。

七、双方重申加强两国能源领域合作符合双方利益，将采取切实措施深化这一合作。两国有关部门将加快研究和实施中土天然气管道项目，支持中方企业参与土天然气领域的勘探开发。

八、双方指出，恐怖主义、分裂主义、极端主义是本地区安全与稳定的主要威胁。此次访问期间签署的《中华人民共和国和土库曼斯坦关于打击恐怖主义、分裂主义、极端主义的合作协定》，对指导双方在安全领域开展有效合作，打击地区“三股势力”具有重要意义。

双方认为，打击“东突”恐怖势力是国际反恐斗争的重要组成部分。双方将根据上述协定，加强两国执法安全部门的协作，共同打击包括“东突”在内的一切形式的恐怖主义，维护两国及本地区的和平与安宁。

九、双方认为，人权具有普遍性，各国应尊重《世界人权宣言》中规定的人权和基本自由，根据本国国情促进保障和维护人权，在平等和相互尊重的基础上通过对话与合作解决分歧。国际人权保护应建立在坚定维护各国主权平等和不干涉内政的原则基础之上。

十、双方认为，当前国际形势继续发生深刻复杂的变化，和平与发展仍是当今时代主题。只有以公认的国际法原则和准则为基础，在公正、合理的国际政治经济秩序下，才能解决人类面临的问题。应充分保障各国根据本国国情选择发展道路的权利、平等参与国际事务的权利和平等发展的权利。必须和平解决分歧与争端，不采取单边行动，不采取强迫政策，不使用武力或以武力相威胁。

十一、双方强调，联合国是世界上最具普遍性、代表性和权威性的国际组织，其地位和作用不可替代。联合国的改革应当是全方位和多领域的，目的是加强联合国在国际事务中的主导作用，提高效率，增强应对新挑战与威胁的能力。推进改革应以协商一致原则为基础，充分体现广大成员国的共同利益。

十二、尼亚佐夫总统邀请胡锦涛主席对土库曼斯坦进行国事访问，胡锦涛主席感谢邀请，并表示将在双方方便的时候访问土库曼斯坦。

中华人民共和国主席　胡锦涛

土库曼斯坦总统　萨·尼亚佐夫

二〇〇六年四月三日于北京

中华人民共和国和希腊共和国关于建立全面战略伙伴关系的联合声明

应中华人民共和国国务院总理温家宝的邀请，希腊共和国总理卡拉曼利斯于2006年1月19日至21日对中国进行了正式访问。访问期间，卡拉曼利斯总理会见了胡锦涛主席、吴邦国委员长、全国政协主席贾庆林，与温家宝总理举行了会谈。双方就双边关系及共同关心的国际和地区问题坦诚深入地交换了意见。

双方共同回顾了中希传统友好关系。一致认为，1972年建交以来，两国关系一直顺利发展。当前，双方政治关系基础牢固，各领域合作富有成果，进一步扩大和深化双边关系前景广阔。

双方决定建立中希全面战略伙伴关系。

一、政治对话

（一）双方承诺，深化两国政治对话，加

强各级别人员的互访和各种形式的交流。进一步落实2000年签署的两国政治磋商协议，以更好地促进双方在各领域的合作。推动签署双方感兴趣领域的各种协议。从而体现全面战略伙伴关系的实质与内涵。

（二）双方指出，在当前国际形势下，中希应该加强合作，促进不同文明的人民之间的相互了解和接近，为世界的和平与发展做出贡献。

（三）双方认为，国际社会应在联合国框架内应对当今时代的威胁和挑战，通过谈判和协商寻求国际争端的政治解决。双方认为，联合国应进行合理、必要的改革，以提高其应对威胁和挑战的能力。改革应通过民主协商，循序渐进，争取达成广泛一致。双方相信，在联合国框架内的双边合作将有助于两国从各方面更好地应对时代的挑战，以维护世界和平、安全和稳定，建立更加公平的国际秩序，应对包括恐怖主义在内的全球性问题。

（四）双方重申，根据《联合国宪章》和公认的国际法准则以及相关的联合国决议，各国应坚持相互尊重国家主权和领土完整的原则，联合国决议应该得到尊重和执行。

（五）双方应采取共同行动，推动落实联合国千年发展目标，以消除贫困、饥饿、疾病、各种形式的歧视、文盲，避免破坏环境，保护自然资源，实现可持续发展。

（六）双方将加强在联合国框架内的配合与协调，提高维和行动的效率，推动在军控以及防止大规模杀伤性武器扩散方面取得实质进展。希腊支持中国在朝鲜半岛核问题六方会谈中所发挥的建设性作用。

（七）双方希望塞浦路斯问题能以联合国有关决议为基础，早日得到公正、持久、切实可行的解决。支持联合国秘书长为解决塞浦路斯问题所作努力，主张安理会和国际社会采取的任何措施都应有利于促进塞浦路斯问题的解决。

（八）双方表示，愿意根据《世界人权宣言》及有关国际条约，促进对人权的保护，继续中国与欧盟间的建设性对话。

（九）着眼于中欧全面战略伙伴关系和欧盟首脑会议有关结论，希腊重申赞同欧盟解除对华军售禁令。希将继续在欧盟内部为推动尽早解禁而努力。

（十）希腊政府重申，将继续恪守一个中国原则，反对"台独"，希望台湾问题得到和平解决。

（十一）希腊认识到完全市场经济地位对中国具有重要意义，并注意到中国已经是世贸组织成员，在加快完善市场经济体制等方面取得很大进步。希腊支持中国和欧盟开展对话，并将为欧盟尽早承认中国的完全市场经济地位而积极努力。

二、经贸合作

（十二）为进一步推动经济、贸易和投资合作，加强两国企业界的相互了解，双方强调定期召开中希经贸混委会的必要性，并对2005年11月29日在北京召开的第九届经贸混委会取得的成果表示满意。双方同意成立中希经贸合作论坛，每年召开一次会议。

（十三）双方将支持两国企业实施共同感兴趣的合作项目，支持中小企业的发展和科技合作，推动在农业特别是橄榄油和柑橘类水果、环境、可再生能源、农产品加工、市政服务及基础设施、电信、汽车、运输、金融等领域开展合作。

（十四）双方愿加强在质量监督检验检疫方面的合作，并由两国主管部门在充分开展合作的基础上，争取早日签署有关合作协议。

（十五）鉴于造船和航运在两国经贸关系中发挥着独特的作用，双方决心为两国港务主管部门及其他涉及运输、安全及港口建设等部门间的合作提供便利。双方鼓励两国港口、航运企业开展合作，共同促进两国间的直达海运及经对方港口到邻近国家或地区的海上中转运输。

三、旅游

（十六）双方表示愿意相互提供必要的便利，以进一步促进两国旅游业的发展，并表达了开通北京到雅典直达航线的意愿。

四、奥运合作

（十七）双方同意加强以下业已存在的合作：

1. 2005 年 7 月 11 日，双方在北京签署了《中国国家体育总局、文化部、第二十九届奥运会组委会和希腊文化部关于成立中希奥运合作联委会的意向书》，并于 2005 年 12 月 13 日在北京召开了联委会第一次会议。双方将支持联委会开展工作，指导和协调中希两国在奥运领域的形式多样合作。

2. 2005 年 11 月 3 日，双方在北京就奥运安全合作签署了《中华人民共和国北京第二十九届奥运会安全保卫协调小组与希腊共和国公共秩序部关于北京 2008 年奥运会及残奥会安全合作谅解备忘录》，北京奥组委安保协调小组和希腊公共秩序部进行了合作。

五、教育合作

（十八）双方同意为两国学生和教师提供更多的奖学金和交流机会，并加强两国大学间共同开发研究项目。希方欢迎中方将奥运课程纳入学校教材中。

六、文化

（十九）中希两国均拥有丰富的文化遗产，表示愿加强文化交流，促进两国人民间的相互理解与友谊。两国主管部门可以就互设文化中心的前景进行商议。

（二十）双方同意，希方将同中方合作于 2008 年在华举办“希腊文化年”。具体事宜将由两国主管部门协商确定。

七、中希地方和民间交往

（二十一）双方还鼓励两国地方政府、学术界、研究机构、新闻机构、友好组织、民间机构加强接触和交流，以进一步扩大和增强中希全面战略伙伴关系的社会基础。

八、双边协议

（二十二）访问期间，两国签署了以下协议：

1.《中华人民共和国商务部与希腊共和国外交部关于中小企业合作的谅解备忘录》；

2.《关于在华举办“希腊文化年”的谅解备忘录》；

3.《中国国际贸易促进委员会与希腊—中国商务理事会合作谅解备忘录》；

4.《中国从希腊进口 60000 吨磷肥的意向协议》。

中华人民共和国政府代表、国务院总理　温家宝

希腊共和国政府代表　科斯塔斯·卡拉曼利斯

二〇〇六年一月十九日于北京

2007 年

第十次中欧领导人会晤联合声明

第十次中欧领导人会晤于 2007 年 11 月 28 日在中国北京举行。中华人民共和国国务院总理温家宝代表中国，欧洲理事会主席葡萄牙共和国总理索克拉特斯和欧盟委员会主席巴罗佐代表欧盟出席了会晤。

双方领导人全面回顾 1998 年中欧建立领导

人会晤机制以来双边关系的发展历程，一致认为，10年来，中欧关系实现历史性跨越。双方领导人对中欧全方位、宽领域、多层次的合作局面以及日趋成熟的全面战略伙伴关系表示满意。

双方领导人对中欧政治关系的发展表示欢迎，认为双方建立的全面有效的政治对话机制对于增进相互理解与信任、扩大共识与合作发挥了积极作用，是中欧政治互信不断提升的重要基础。

中欧领导人回顾了双方深化和扩大的经贸合作，强调经过双方10年努力，中欧正成为相互最重要的经贸伙伴，双方经贸合作已经成为加强中欧全面战略伙伴关系最重要的动力之一。双方领导人讨论了为维持更平衡的经贸关系需采取的行动。

双方领导人全面总结了中欧各领域全方位合作成就，指出中欧日益密切的行业对话已成为双方政策协调的有效平台，为促进互利合作发挥了积极有益的推动作用。

双方领导人指出，中欧在重大国际和地区问题，特别是非洲、缅甸、朝鲜半岛、伊朗、中东和科索沃问题以及有关亚欧会议的磋商与协调，是双方全面战略伙伴关系的重要组成部分，为促进世界和平、稳定与可持续发展发挥了重要影响。

双方分别介绍了各自最新发展情况。中方欢迎欧盟一体化建设取得新的重要进展。这是欧方就新的改革条约达成一致的结果，条约进一步加强了欧洲的全球地位。欧方欢迎中国共产党第十七次全国代表大会召开，欢迎中方贯彻落实科学发展观，奉行互利共赢的开放战略，坚定不移地走和平发展道路。双方领导人认为，当今世界正在发生广泛而深刻的变化，中欧作为全面战略伙伴，同处于发展的关键阶段，双方将弘扬民主、和睦、协作、共赢的精神，继续共同致力于推进国际关系民主化，推动经济全球化朝着均衡、普惠、共赢方向发展，促进人类文明繁荣进步，坚持用和平方式解决国际争端，相互帮助，协力推进，共同呵护人类赖以生存的地球家园。双方重申致力于保护环境，支持可持续发展，推动建设持久和平、共同繁荣的和谐世界。这不仅符合双方根本利益，也有利于世界和平、稳定与发展和人权。为此，双方领导人一致同意：

1. 进一步加强各级政治对话和磋商，继续就重大国际和地区问题保持磋商与协调，增进政治互信，扩大战略共识。

2. 双方领导人均对成功启动并开始伙伴合作协定谈判表示满意。该协定将涵盖双边关系的全部领域，包括加强政治事务合作。考虑到中欧战略伙伴关系的整体目标，谈判也将完善1985年《中国与欧共体贸易和经济合作协定》，并将以相对独立的方式执行。

3. 欧盟重申坚持一个中国政策，希望台湾问题通过建设性对话和平解决。欧盟对企图搞“以台湾名义加入联合国”的公投再次表示忧虑，因为这将导致单方面改变台海现状，欧盟对此表示反对。在此背景下，欧盟对台北当局关于台湾岛未来地位的图谋表示关切。

4. 双方领导人还讨论了欧盟军售禁令问题。中方重申，解除军售禁令有助于中欧关系的健康发展，并敦促欧盟尽早解禁。欧盟承认此问题的重要性，并确认愿在2004年中欧领导人会晤联合声明以及此后的欧洲理事会结论基础上，向解禁的目标推进工作。

5. 双方领导人重申愿在防扩散和裁军领域开展合作。双方将继续以中欧防扩散和军控联合声明为基础，并基于出口管制等领域的现有成功合作，加强对话，深化务实合作。

6. 双方强调致力于促进和保护人权，继续高度重视中欧人权对话，包括配套的司法研讨会。双方领导人强调在人权领域采取具体措施的重要性，重申愿在平等和相互尊重的基础上进一步加强该领域的对话与合作，同时争取取得更有意义的、积极的现实成果。欧盟欢迎中方致力于尽快批准《公民权利和政治权利国际公约》。在全球打击种族灭绝、战争犯罪和反人类犯罪方面，双方也注意到国际刑事法院的重要性。

双方确认致力于同联合国人权机制合作，尊重有关国际人权文书中的国际人权标准，包括少数民族的权利。双方致力于支持联合国人权理事会以可信、客观、非选择性的方式开展工作处理人权问题。双方同意根据联大60/251号决议加强此领域的交流与协调。

7. 双方领导人强调有效多边主义至关重要，表示大力支持建立一个公平、公正、以规则为基础、由联合国发挥中心作用的多边国际体系。双方重申致力于促进和平、安全、发展和人权，这些目标已被2005年联合国首脑会议成果文件所承认。双方表示支持联合国系统改革，以加强联合国应对新旧威胁及挑战的能力、效率及效力。双方认为，多边主义是解决国际争端的重要手段，将继续本着互信、互利、平等、协作的精神推动建立公平有效的集体安全机制，以和平方式通过外交手段解决分歧和争端。双方支持联合国，承认联合国通过安理会处理国际事务的首要作用。安理会在维护世界和平与安全方面负有主要责任。

8. 双方重申谴责任何形式的、无限定表现形式的、由任何人在任何时间出于任何目的发起的恐怖主义。双方重申，承认联合国是打击恐怖主义的唯一真正的全球性论坛。联合国大会和联合国成员国于2006年9月8日协商一致通过联合国全球反恐战略，表明其团结反恐的决心。中欧支持反恐执行工作组协调全球战略的执行。双方期待2008年进行相关审议，加强国际社会迄今所取得的共识。双方还强调将继续致力于推动尽早就联合国《关于国际恐怖主义全面公约》达成一致。

双方强调多边主义在打击恐怖主义方面的重要性，并强调普遍遵守、全面执行关于恐怖主义行为的所有联合国公约和议定书的重要性。

双方认为需要关注导致恐怖主义传播的环境，支持不将恐怖主义与特定宗教和文明挂钩、反恐应保持一致性等观点。

双方领导人认为任何旨在防止和打击恐怖主义的措施都必须符合国际法、特别是国际人权法、难民法和人道主义法的规定。有效反恐措施和保护人权互不矛盾，其目标互为补充，相互促进。

9. 双方领导人积极评价非洲在和平与发展领域取得的进展及非洲国家和非盟为推动非洲一体化进程所做的努力，重申致力于实现千年发展目标和全球均衡、协调和可持续发展。双方领导人回顾了自上次领导人会晤以来，在各层面就国际社会促成达尔富尔危机解决方案所进行的成功合作，强调有必要在达尔富尔和平谈判以及实施全面和平协定方面进一步取得进展。双方希望看到非盟与联合国混合部队的“混合行动”不久得以实施。双方领导人注意到联合国驻中非、乍得边境维和部队和欧盟驻中非、乍得边境部队的准备取得进展，强调共同致力于达尔富尔及周边地区的和平与稳定。

10. 双方领导人欢迎中欧通过各自现有机制，如中非合作论坛、欧非峰会，进一步与非洲在平等互利的基础上开展务实合作，为非洲的和平、稳定与可持续发展作出应有贡献。双方同意继续进行中欧非洲问题对话，并积极探索在适当领域开展中欧非三方合作的有效方式和途径。欧盟邀请中方作为观察员出席欧盟—非洲首脑会议。中方邀请欧盟委员会发展委员访华。

11. 中欧全力支持联合国秘书长缅甸特别顾问伊布拉辛·甘巴里教授的斡旋努力。双方赞同缅甸需要推进民主。双方同意有必要通过包括有关各方参与的对话，看到缅国内进程取得切实的进展。

12. 双方领导人重申致力于朝鲜半岛的持久和平与稳定，包括实施有效的半岛无核化。双方欢迎六方会谈在采取2007年2月和10月达成共识的步骤，以落实2005年9月19日的《共同声明》方面所取得的重要进展。双方欢迎朝鲜关闭宁边核设施，期待将其完全去功能化和拆除，并期待朝鲜全面、准确地申报其所有核计划。双方领导人对10月朝韩首脑会晤达成的共识及关于最终签署和平条约、实现经济融合和半岛统一的后续行动表示欢迎。

13. 双方领导人注意到国际原子能机构总干事关于伊朗核项目及联合国安理会1696（2006），1737（2006）和1747（2007）号决议执行情况的最新报告，重申致力于以外交途径通过谈判与对话寻求一项全面、长期、妥善的解决方案。双方再次肯定2007年9月28日中、法、德、俄、英和美外长所发表并得到欧盟共同外交与安全政策高级代表支持的联合声明，敦促伊朗全面遵守联合国安理会1737号和1747

号决议。

14. 双方领导人重申支持在现有协议，包括联合国相关决议和路线图所确定原则的基础上，谈判解决巴以冲突。在此背景下，双方领导人欢迎奥尔默特总理和阿巴斯主席正在进行的双边会谈，希望这将有助于各方推动建立一个独立、民主、有自主生存发展能力的巴勒斯坦国，并与以色列及其他邻国和平共处。双方领导人支持最近在安纳波利斯召开的国际会议，希望会议是朝着全面解决阿以冲突迈出的第一步。双方确认国际社会愿对解决该问题的政治进程，包括对其中关键的执行阶段予以支持。

15. 双方领导人就科索沃问题交换了意见，重申支持包括欧盟在内的国际社会的斡旋努力。

16. 关于新出现的亚洲区域机制，欧盟欢迎中国对加强开放和透明的亚洲地区合作所作出的贡献，赞赏中国在此方面所发挥的建设性积极作用。中方欢迎欧盟对亚太地区政治机制所做的建设性贡献。中欧支持东南亚国家联盟、东盟地区论坛等区域合作进一步发展，支持加强欧盟与东盟关系。中方对欧盟有意推动东亚地区合作进程并加入《东南亚友好合作条约》（TAC）的计划表示欢迎。

17. 双方认为，亚欧会议是亚欧开展多边对话和政治、经济、社会、文化合作的重要框架，认为加强经济合作是亚欧关系的关键内涵。双方领导人重申致力于通过开展建设性对话和务实项目，加强合作进程，确保2006年亚欧会议未来发展赫尔辛基宣言得到落实，2008年在中国举行的第七届亚欧首脑会议取得成功。

18. 双方领导人同意加强合作，确保2008年北京奥运会顺利举行。

19. 双方领导人同意在经济社会可持续发展领域，特别是贸易与商务交流、气候变化、环境与能源、人力资源开发与公共管理等方面加强对话与合作。双方将加大支持企业社会责任和可持续发展的力度，如采用可持续的生产和消费模式和提高自然资源使用效率。

20. 双方领导人同意深化环境保护合作，重点加强在可持续生产与消费、污染控制与管理、自然资源管理、流域治理、生物多样性保护、国际环境治理、环境事故紧急处理、化学品管理、危险废物处置与管理等领域的合作。双方同意推进有利于合作的清洁技术转让，鼓励在相互投资过程中采用更严格的环境标准。双方决心继续共同打击非法采伐，为保护自然资源和生物多样性、减缓气候变化和发展木材生产国经济作出重要贡献。

21. 双方领导人强调高度重视气候变化问题，愿继续加强合作共同应对气候变化带来的严峻挑战。气候变化紧迫性已被“政府间气候变化专门委员会”（IPCC）的最新科学结论所确认。中欧根据“共同但有区别的责任”和各自能力，共同致力于将大气中温室气体浓度稳定在一个防止气候系统受到危险的人为干扰的水平上。

双方领导人回顾了中欧气候变化伙伴关系下的双边合作，呼吁在通过二氧化碳捕获与封存实现煤近零排放发电技术研究，通过开发具体合作项目加强中国参与《京都议定书》清洁发展机制等方面取得进展。

双方同意进一步加大技术开发与转让等方面的双边合作力度。中欧同意将积极落实业已达成的2008年至2009年“中欧气候变化伙伴关系滚动工作计划”，就中国省级气候变化项目、气候变化适应战略和公共意识倡议等开展合作。

双方重申对于《联合国气候变化框架公约》和《京都议定书》的承诺，强调根据“共同但有区别的责任”和各自能力，发达国家在2012年后应继续率先减少温室气体排放，并协助发展中国家为应对气候变化作出更大贡献。双方致力于在联合国系统内继续努力，呼吁所有各方积极并建设性地参与2007年12月在巴厘岛举行的联合国气候变化会议。双方欢迎在“开展长期合作、加强公约实施、解决气候变化对话”方面取得的进展，并同意在今年巴厘缔约方会议上，推动启动关于2012年后全面安排进程，以促进公约实施并尽快但不迟于2010年完成这一进程下的工作。双方强调在《京都议定书》下确定发达国家2012年后进一步减排义务特设工作组谈判尽快取得实质性进展的重要性，希望于2009年底结束这一进程的所有工作。双方重申，统筹解决气候变化和能源问题至关重要，特别强调需要协调处理好促进能源安全、改善空气质量和应对温室气体排放之间的关系，以确保在达到《联合国气候变化框架公约》最终目标和各自能源政策目标之间保持一致性。双方均认识到鼓励私营部门参与并投资处理气候变化问题以及为此提供激励措施的重要性，认为中欧在此领域开展合作面临重要的、潜在的经济机遇。

22. 双方领导人认识到技术在应对气候变化，特别是减少温室气体排放和加强适应方面的关键作用。双方认为，技术是应对气候变化的主要手段，强调就2012年后达成协议，在《联合国气候变化框架公约》和《京都议定书》的框架下，通过技术转让、应用和传播帮助发展中国家用得上和用得起的清洁技术，加强国际碳市场，加强适应不断恶化的气候变化负面影响方面开展合作的重要性。欧洲投资银行将向中华人民共和国提供用于应对气候变化项目的5亿欧元框架贷款，双方领导人见证了协议的签署。

23. 双方认为，能源是全球性问题，与各国经济社会发展密切相关。中欧均认识到加强双边能源交流与合作的重要性，并一致同意采取切实措施，继续推进能源领域的互利务实合作。双方将积极筹备2008年第七次中欧能源合作大会，并将共同努力确保第二次中欧能源交通战略对话取得积极成果。双方领导人支持双方在提高整个煤价值链效率方面开展更密切合作，支持双方在开发研究煤近零排放技术方面取得进一步进展。这将有助于双方从煤技术和实践的最新发展中获取经济和环境收益。

双方领导人支持在建立中欧清洁能源中心方面加强合作。双方将继续就此加强磋商，以期于2008年达成协议并建成中心。双方未来合作可涵盖提高能源效率的有关项目和倡议。

24. 双方同意中国国务院和欧盟委员会于2008年3月底前成立副总理级的中欧经贸高层对话机制，讨论中欧贸易、投资和经济合作战略，协调双方在重点领域的项目与研究并制定规划。对话将涵盖影响到贸易不平衡的问题，包括有效市场准入、知识产权、环境、高技术和能源等，以找到具体的途径促进贸易平衡发展。为此，中国商务部长和欧盟贸易委员将视情举行会晤以筹备这一机制及其议程。

25. 中欧经贸高层对话机制将审议中方关切，包括市场经济地位问题在其他场合取得的进展。

26. 双方同意加强在宏观经济政策方面的合作，促进双方政府部门在经济、社会管理和公共服务方面的经验交流。双方将继续深化财金对话，就中欧宏观经济形势、财金政策以及金融领域改革和监管进行交流和合作。

27. 双方欢迎中方和欧元集团代表于11月27日至28日在北京举行的宏观经济问题磋商。中方与欧元集团代表认为应共同努力，采取综合性措施，加大经济结构调整力度，防止汇率剧烈波动，为有序调整全球经济失衡作出应有贡献。双方注意到，中国人民银行和欧洲中央银行将组成工作小组就汇率有关问题进行磋商。

28. 双方领导人认为，高水平的产品安全对消费者信心和互惠贸易至关重要。为此，双方相关部门近年来建立了全面的合作关系，开展了良好、密切和富有成效的合作与交流。双方愿继续并深化建设性对话，定期交换信息，并致力于可衡量和持续的改善。

29. 双方将充分利用中欧农业及农村对话机制，继续加强动物疫病防控、农产品质量安全、农业贸易和转基因生物安全管理领域的合作。

30. 双方领导人同意进一步通过竞争政策对话机制，保持密切磋商与对话，在反垄断法执法领域和国际竞争政策上加强合作。欧盟祝贺中国在2007年8月通过反垄断法。欧盟非常重视竞争对话，将继续支持中方相关竞争实体和权力机构执行反垄断法。

31. 双方领导人对2007年11月27至28日在北京举行的中欧工商峰会表示欢迎。双方强调更积极地推动利益攸关方参与中欧贸易和投资对话机制的重要性，承诺将支持双方工商界的合作，为企业创造更多商机，拓宽发展空间。

32. 双方同意进一步为欧盟中小企业在中国和中国中小企业在欧盟经营提供便利，以利于创造良好的贸易环境。因此，双方欢迎欧盟提议就在中国设立欧盟中心，帮助欧盟中小企业在中国进行投资、向中国出口提供信息和帮助，促进与中国政府机构、商业协会和经济实体的交流进行可行性研究。

33. 双方领导人强调，“中欧科技年”在聚集研究人员、业界、包括中小企业和学术界方面取得的积极成果，表示愿继续加强现有科技合作，探讨新的双边合作机制，共同确定优先合作领域。双方领导人重申认识到开展可持续的、互利的科技合作的重要性。

双方领导人对2007年11月14日在北京举办的中欧科技协定第六届指导委员会会议闭幕表示欢迎。双方同意通过启动中欧共同研究项目开展更有战略性的科学合作。这些项目将由双方资助，完全符合中欧资助原则，法律和规定。

双方领导人确认中方研究人员接受首次邀请参与第七个科技框架计划的重要性。双方同意为欧盟研究人员参与中方资助的项目提供便利。双方领导人鼓励实施便于双方研究人员往来的计划。

双方将采取一切必要步骤，适时对2009年12月到期的中欧科技协定进行续约，作为朝此方向努力的第一步，宣布在更新协定前对双方合作进行评估。

34. 双方对2007年10月24日国际热核聚变试验反应堆计划（ITER）生效及国际热核聚变试验反应堆计划理事会于2007年11月27日至28日召开首次正式会议表示满意。双方同意开始讨论，以在核聚变能源研究领域，达成一项中国和欧洲原子能机构间的双边协定，作为对ITER计划的补充。

双方对就和平使用核能研发协定完成讨论表示满意，希望协定尽早生效，以开展核裂变领域的合作。鉴此，双方注意到中国和欧洲原子能机构均为第四代国际论坛的积极成员，这有助于促进双边合作。

35. 双方将继续通过中欧信息社会对话机制，推动务实合作。

36. 双方同意在《中华人民共和国政府与欧洲共同体关于海关事务的合作与行政互助协定》框架内，进一步规范和加强体现对等原则的合作，继续加强在知识产权执法领域的海关合作，并实施旨在保障中欧贸易供应链安全与便利的“安全智能贸易航线试点计划”。

37. 双方领导人对最近在道路运输和内河航道领域签署谅解备忘录感到满意，并期待尽快实施。双方欢迎中国与欧盟成员国批准海运协定，以及在鹿特丹举行的关于实施2002年中欧海运协定第四次会议所取得的成果，支持进一步深化相关领域的合作。

38. 双方领导人回顾了在民用航空领域合作的进展，强调中欧在此重要领域有必要进一步密切合作，共同推动寻求应对全球航空业面临共同挑战的解决途径。

双方领导人重申有必要照顾彼此关切，通过共同努力，加强磋商，恢复双边航空服务协定法律效力。双方领导人同意在更广阔的航空领域加强技术和科技合作，呼吁尽快签署一项协定，为中欧未来技术合作提供一个全面框架。这些合作领域包括航空安全、安全保障、环境、经济管理和空中运输管理，包括探讨中国参与欧洲新一代空中运输管理系统SESAR计划。

39. 双方强调中欧文化关系，尤其是在实施联合国教科文组织《保护和促进文化表现形式多样性公约》过程中的重要性。欢迎中国和欧盟委员会于2007年10月签署的文化联合声明。该声明明确表达了双方对文化在社会和全球化世界中作用的强烈共识，重申双方坚定致力于进一步增进合作并在文化领域建立政策对话机制。

40. 双方强调，将认真履行世界卫生组织《国际卫生条例（2005）》，维护公众健康，继续关注艾滋病、人感染高致病性禽流感及其他新发传染病疫情的蔓延。双方将保持和促进在此领域的信息交换和技术交流与合作，并加强在食品卫生安全和卫生人力培训方面的合作与交流。双方期待着中国和欧盟委员会签署动物卫生领域的谅解备忘录，及为促进对禽流感的科学认识在指定实验室交换禽流感病毒。

41. 双方领导人对中欧在就业和社会事务领域的合作表示满意，这是双方可持续发展和体面劳动对话的重要组成部分。双方领导人强调2007年6月柏林第二届社会保障高级别圆桌会议的成果及其对中国当前改革的贡献。双方领导人为劳动法方面的合作所鼓舞，特别是2007年11月在北京举行了就解决劳动争端交换经验的双边活动。双方领导人大力支持在劳动健康和安全生产领域建立对话机制，鼓励双方在2008年年初就此签署谅解备忘录。

双方同意加强在社会救助、社会福利和社会事务等方面的合作。

42. 双方领导人认识到一个健康、不断发展的公民社会对中欧改革进程的可持续性非常重要。双方领导人认为中国经社理事会和欧盟经社委员会不断交流和务实合作是双边关系的一部分。希望加强双方公民社会对话，落实两次中欧圆桌会议声明内容。

43. 中欧将继续致力于进一步加强和拓展法律和司法领域的交流和合作，以增进相互了解和友谊。

44. 双方同意加强在反恐、打击跨国有组织犯罪、偷渡和贩卖人口、毒品犯罪领域的合作。

45. 双方领导人强调便利人员往来和打击非法移民仍是双方的优先考虑，讨论了遣返和便利签证问题，重申就各自关切问题进行磋商的意愿，同意在相关问题上尽快开展具体合作。双方领导人对执行旅游目的地国地位谅解备忘录所取得的显著进展表示欢迎，鼓励双方进一步加强合作。

46. 双方领导人同意尽快启动中欧青年部长级会晤机制。

双方领导人支持并鼓励中欧学者和智库之间加强交流与合作。中国和欧盟强调承诺通过进一步鼓励双方学术机构、学生和学者参与“伊拉斯莫斯世界”（ERASMUS MUNDUS）及其“对外合作窗口”和“中国政府奖学金项目（欧盟窗口）”来加强中欧学术交流与合作。欧盟欢迎中方启动“中欧语言交流（欧盟窗口）项目”。

双方对2007年10月签署的教育与职业培训联合声明表示欢迎。该声明将为双方政策对话机制奠定基础，以便双方定期交流最佳做法、回顾政策发展和面临的挑战，推动知识建设、共享中欧部门内及行业间感兴趣的问题。

双方领导人对在华成立中欧法学院的合作表示欢迎。

双方领导人欢迎中欧商业管理培训项目成功启动。

47. 双方领导人欢迎中欧发展合作项目取得的进展。双方满意地注意到欧方近期出台了《2007—2010年多年指导计划》，从欧盟委员会预算中划拨1.28亿欧元用于支持行业对话涉及的环境、能源和气候变化及人力资源发展等领域的合作。

2007—2017年东盟与中日韩合作工作计划

为实现东盟与中日韩领导人于11月20日通过的第二份《东亚合作联合声明》提出的“深化东盟与中日韩合作基础”的目标和目的，制定本《工作计划》作为一个总体规划，使东盟与中日韩在未来10年（2007—2017）的关系和合作得到全面和共赢的发展。本《工作计划》也支持于2015年前建成东盟共同体。

根据上述要求，依照各国法律和法规，通过加强各部门的磋商和协调，东盟与中日韩将致力于以下共同行动、措施及能力建设活动：

A部分　政治和安全合作

1. 深化政治和安全合作

1.1　以东盟与中日韩合作进程作为构建相互了解、信任和团结的框架。10+3国家应积极采取建设性措施，以更加坦率和透明的态度，交流战略展望、国内和地区形势评估，以及各自对重大问题的应对战略和计划。

1.2　继续每年与东盟峰会背靠背举行10

+3 领导人会议。

1.3　继续在政治和安全领域召开 10 +3 高级别磋商，加强各国官员交流。

1.4　在包括联合国在内的多边框架内，通过合作加强多边体系，扩大和深化互动与协调。

1.5　通过政策对话和能力建设以及相关社会部门的参与决策，促进包括加强法制，促进人权，增强管理效力、效率和透明度等良政方面的合作。

1.6　在国内和国际法可适用框架内，加强包括杜绝给公职腐败分子提供避风港的反腐合作。

1.7　致力于逐步增加防务官员之间的交流与合作，增加军事培训院校间互访，以促进相互了解与信任。

1.8　加强在专家交流、联合研究项目以及联合学术讨论等方面的合作，以增强 10 +3 政府所属政策和战略研究机构间的相互联系。

1.9　增强技术支持和能力建设，以解决传统和非传统安全问题。

2. 地区和平与稳定合作

2.1　为确保地区和平、安全与稳定，通过东盟地区论坛和 10 +3 进程，加强合作与磋商。

2.2　分享建设和平行动经验，进行专家及学术界有关和平研究的交流，以促进和平建设。

2.3　在裁军和防止大规模杀伤性武器及其运载工具和相关材料的扩散问题上加强多边和地区合作。

2.4　采取务实措施密切合作，通过民间社会和工业部门的参与，制定和实施有效的出口控制，以阻止大规模杀伤性武器扩散，在裁军问题上，根据各国立法及国际法，致力于彻底消除包括核武器在内的所有大规模杀伤性武器。

3. 反恐合作

3.1　加强边境管理合作，应对包括伪造身份和旅行证件等共同关切的问题。利用相关技术，有效阻止恐怖分子和犯罪分子的流动，监控和阻断其行动途径。加强合作，防止任何组织、煽动和支持旨在破坏 10 +3 国家安全和稳定的行动。

3.2　在分享恐怖分子和跨国犯罪组织信息方面加强合作，包括在其头目和成员、活动方法及配套设施、联系网，以及犯罪活动等方面的信息共享。

3.3　按照金融行动工作组（FATF）建议，采取相应措施打击洗钱及为恐怖主义筹资活动。

3.4　努力消除小武器和轻型武器走私，并将其作为国家和国际打击恐怖主义努力的重要组成部分。

3.5　支持实施《东盟反恐公约》。

3.6　支持实施和加入有关反恐的国际公约和议定书，并支持完成联合国《关于国际恐怖主义的全面公约》的制定。

3.7　确保任何反恐措施都依照国际法，特别是要考虑有关人权、流离失所者和人道主义关切。

3.8　支持旨在提高生活质量，法治，良政和社区意识的发展倡议，以减少恐怖分子可乘之机。

4. 海上合作

4.1　通过执行有关国际和地区条约和协定以及加强信息共享，开展技术合作，如有关部门人员互访和搜救及其他领域的人员培训，加强有关航行安全的海上合作。

4.2　按照国际法规定并在不侵犯 10 +3 各国国家主权和领土完整的前提下，加强合作，打击海盗、武装抢劫船只、劫机和走私等犯罪活动。

5. 其他非传统安全问题

5.1　支持东盟实现 2015 年东盟无毒品目标。

5.2　依照 10 +3 国家国内法律及其他有关条约，在引渡和司法互助方面，加强执法机构间合作。

5.3　加强执法机构间打击贩卖人口的合作，积极支持全面实施《东盟打击贩卖人口特别是妇女和儿童宣言》。

5.4　加强包括执法机构间打击和制止网络犯罪的合作及互助，并考虑各国在制定有关应对网络犯罪法律方面的需要。

B 部分　经济和金融合作

1. 贸易和投资

1.1　根据各自时间表，完成东盟 +1 自由贸易区谈判，并确保其顺利实施，以提高有利于经贸往来的整体经济增长和发展。

1.2　继续努力促进和加强东亚地区的经济合作，包括区域范围的自由贸易协议的设想，同时参考已经完成或正在开展的相关研究建议。

1.3　根据世贸组织谈判结果及有关自贸协定/经济伙伴协定谈判，逐步取消10+3国家关税和非关税壁垒，确保货物自由流动。继续给予发展中国家和最不发达国家普遍优惠制（普惠制）地位和优惠待遇。

1.4　根据各国自身情况，鼓励对劳动力流动及其对经济和其他相关问题影响的讨论。

1.5　加强在多边贸易体系，特别是世界贸易组织（WTO）中的合作，并支持老挝尽早加入世贸组织。

1.6　共同推动多哈发展议程（DDA）谈判取得成功，并努力确保全面的一揽子计划体现多哈发展议程中的发展问题，并使所有发展中国家从中获得公平、有效和实实在在的发展利益。

1.7　通过完善海关程序，如促进抵关前海关手续办理/货物通关、海关管控审计，关税价值评估和来源地判定的标准化，实现贸易便利化。

1.8　以“东盟单一窗口”为基础，努力加快通关和放行。

1.9　为提高管理和服务水平，在海关领域推广使用信息通信技术（ICT）。

1.10　提高政策透明度，以促进贸易和扩大投资，包括那些有利于改善商业环境，增加商业流动性和扩大贸易融资的政策。

1.11　鼓励服务自由流动，并按照世贸组织谈判结果及符合世贸组织规则和原则的相关自贸协定/经济伙伴协定谈判结果，逐步实现服务贸易自由化。

1.12　加强东亚商务理事会在推进东亚经济合作中的作用，同时鼓励采取适当措施，促进本地区的商务交往。

1.13　通过分享经验、相互鼓励、满足投资者需求、提供技术支持以及交流统计信息等方式，为培育一个具有吸引力的投资环境提供地区支持。

1.14　考虑对通过扩大东盟投资区建立一个东亚投资区的可行性进行全面研究。

1.15　加强投资促进机构间合作，推动各国工商界采取相互投资促进行动。

1.16　增进各国对彼此涉及或与贸易、竞争政策、服务、投资和产业有关的政策、法律、法规的理解，并在10+3国家间分享经验和最佳实践。

2. 金融合作

2.1　通过清迈倡议多边化，建立区域流动性支持机制。

2.2　进一步促进亚洲债券市场倡议的发展。

2.3　强化监督机制，加强国内金融体系和促进金融市场的发展和有序一体化建设。

3. 标准和一致性

3.1　合作支持东盟在必要和遵循世贸组织原则情况下，采纳并使用国际标准作为技术法规、合格评定程序和动植物卫生检疫措施（SPS）标准的基础。

3.2　促进与东盟在有关标准、技术法规以及合格评定程序的制定和各自国内执行世贸组织技术贸易壁垒协议方面的信息交流。

3.3　采取适当措施，确保东盟成员国更多地参与国际和地区组织有关标准和一致性问题事务，并做出更大贡献。

4. 知识产权

4.1　加强知识产权的创造、使用、保护、商业化和执法以及其他共同关心的问题上的意见、经验和信息交流。

4.2　根据WTO与贸易相关的知识产权协定（TRIPS）的有关规定，采取适当措施，加强知识产权体系，并在教育、相关产业、知识财产商业化、知识财产信息使用和技术转让等领域，提高公众对知识财产和知识产权问题的认识。

4.3　在可能情况下，促进知识产权法律及体系的协调，以加强本地区贸易和投资并推动知识产权注册。

4.4　通过合作，提高更多政府部门官员和知识产权业界人员的知识水平，使其为推动商业增长和发展做出贡献。

4.5 致力于鼓励本地区跨国公司制定技术转让政策。

5. 交通运输

5.1 密切合作，加强交通基础设施、网络和运行建设，包括空运、海运、公路、铁路运输和多种形式的联运，在东盟成员国及10+3国家之间实现快速、高效和安全的人员及货物流动和清洁城市交通运输。

5.2 加强新运输系统开发，如“智能运输系统”（ITS），推进公共交通、道路网络和结构建设、开展环境友好型维护、技术开发和法规、道路安全管理等方面的合作。

5.3 促进在交通政策、规划和法规领域有关能力建设和人力资源开发方面的合作，并在双方商定的领域开展技术转让和分享。

5.4 在考虑到相关国际法和遵守10+3各国国内法律的情况下，加强在遵守有关海、陆、空运输安全方面的合作。

5.5 在各方认为适当的情况下加强合作，加强10+3国家在运输，特别是航空运输方面的联系。

5.6 加快完成新加坡—昆明铁路（SKRL）项目。

6. 旅游

6.1 为发展可持续旅游业，通过在适当情况下促进实施东盟环境管理标准和认证方案，推动优质旅游的发展，并在文化和生态旅游、游轮旅游、青年交流、人力资源开发、旅游联合营销和推介、品质保证以及游客安全措施等领域进行务实合作。

6.2 在旅游信息交流、人力资源开发和危机通讯等方面加强联系与合作，并加强各国旅游部门和培训机构的合作，鼓励私营部门参与此类合作。

7. 食品、农业、渔业和林业

7.1 在研究和开发技术、植物栽培、生物技术应用、肥料、农业基础设施、收获后技术、畜牧、渔业、水产养殖、有机农业以及农业合作社等重点农业领域加强互利合作。

7.2 加强政府有关部门以及10+3国家农业与食品相关研究机构间在有共同利益的关键领域的联系。

7.3 合作加强农产品市场，促进有关农业部门的联系与合作，以扩大东盟农产品对全球市场的准入。

7.4 促进在农村金融机构，如农业银行和小额融资安排上的合作。

7.5 为东盟的农民、包括青年农民及参与农业经济的民众提供机会，通过培训和与中日韩国家农民开展信息交流，学习和发展更有效的耕作方法和管理技能。

7.6 通过培训班、研讨会、讲习班、就业实习和奖学金计划，在有重大共同利益的农业领域加强能力建设和人力资源开发。

7.7 在主要食品、食品处理和食品安全方面加强信息交流，促进在食品安全问题上更密切的合作。

7.8 共同致力于通过加强打击非法采伐及相关贸易的执法机制，防止森林火灾，退化土地造林及分阶段进行认证等促进可持续森林管理方面合作，并深化在亚洲森林合作伙伴关系（AFP）上的合作，以其作为一种有效方式应对亚洲森林管理面临的挑战。

7.9 在渔业和林业产品的开发和推广计划上进行合作。

7.10 推动负责任的渔业行为准则的区域化。

8. 矿产

8.1 推动矿产部门的互利贸易和投资，并加强矿产部门能力建设方面的合作。

8.2 加强研发力度以实现矿产部门可持续发展。

8.3 在与本地区矿产资源的可持续开发相关的项目和活动开展并/或落实合作方面，鼓励私营部门参与以及公共—私营部门协作。

8.4 推动在东盟矿产数据库的开发、地球科学的科技研发以及矿产资源的可持续开发方面的技术信息、经验和最佳范例交流。

9. 中小企业

9.1 鼓励在公共和私营部门就有关中小企业的政策和支持项目、综合管理、融资、市场营销、商业开发服务和生产技术以及包括但不限于研究和最佳范例方面分享知识和经验，从而培育一个良好的商业环境。

9.2　通过彼此同意的技术转让、指导、市场研究、管理技能培训、有潜力的中小企业间的会议和交流以及在中日韩三国的培训项目，促进本地区中小企业合作。

9.3　促进电子商务合作，增进10+3国家中小企业的协作、伙伴关系和国际化。

9.4　共同确认并克服中小企业商业伙伴关系在包括市场开发和共同市场准入等方面的发展障碍。

9.5　促进中小企业在东盟国家的投资，并使中小企业了解这些国家的市场机遇。

10. 信息通讯技术

10.1　促进合作活动，尤其在缩小数字鸿沟、远程医疗、电子政务、电子商务、远程教育、网络安全和网络监控等领域，以及跨境交易电子签名的相互承认方面。

10.2　在东盟和中日韩三国之间，通过各种措施，如制定有关下一代网络（NGN）、Ipv6、无线宽带的政策和法规以及适用新型技术的应用，增进互联、大容量、适应性强的信息技术设施的合作与开发。

10.3　推进监管框架的合作，以便支持信息通信技术领域的贸易、投资和商业活动、频率协调、产品/服务的标准和互操作性以及消费者保护。

11. 开发合作

11.1　支持东盟一体化倡议（IAI）和其他次区域的努力，如三河流域经济合作战略（ACMECS）、东盟—湄公河流域开发合作（AMBDC）、文莱—印度尼西亚—马来西亚—菲律宾东盟东部增长区（BIMP-EAGA）、柬埔寨—老挝—越南（CLV）开发三角、大湄公河次区域（GMS）、印度尼西亚—马来西亚—泰国增长三角（IMT-GT）以及东部—西部经济走廊（EWEC），为加速地区一体化而缩小东盟内部发展差距。

11.2　继续联合开发增长区的资源和基础设施，并继续调动和探究财政资源的扩展，同时鼓励私有部门积极参与其中。

11.3　根据国际标准、规则和秩序，促进开发合作。

C部分　能源和可持续发展合作

1. 能源合作

1.1　坚持能源安全、可持续发展和集约型经济增长，同时考虑到具体的多样化的国内环境。

1.2　通过对诸如太阳能、风能、潮汐和海浪、水力、地热、清洁煤技术、生物燃料、生物质能、汽油和沼气及其他可供选择的、可再生新能源开发进行信息交流和研究，促进能源多样化，同时需考虑到每个国家具体的国内环境；对那些选择这样做的成员国来说，还包括民用核能的使用，但要谨慎适当地注意安全、环境、健康和国际公认的能源安全标准。

1.3　促进能源节约和能效提高以及诸如新汽车技术之类的清洁和环境友好型技术的使用。

1.4　努力创造更有利的市场环境，着眼于创造富有效率的能源市场、便利地区能源生产和贸易、促进能源基础设施和设备的投资。

1.5　在可能的情况下，通过设定单独目标、制订行动计划，提高所有部门的能效，例如工业、运输业、住宅业/商业和电力部门。

1.6　通过充分利用10+3能源安全通讯系统，增进在应对突发事件方面的合作。

1.7　促进更大范围的合作和市场透明度，包括通过联合石油数据方案的方式，同时在可能的情况下，加强能源数据的交流以及在自愿基础上的国家能源政策交流。

1.8　探索支持有关东盟成员国国内农村电气化项目的方法。

1.9　支持东盟能源中心的工作。

1.10　考虑在诸如东亚峰会和亚太经合组织等不同地区进程下提出的关于能源问题的具体项目和建议。

1.11　促进与中东油气生产国开展对话，以增进石油生产国和消费国之间的理解与合作。

1.12　促进能源运输途径多样化的合作，以增强能源安全。

2. 环境和可持续发展

2.1　在保护环境和促进自然资源的可持续使用方面形成更密切的合作。

2.2　在10+3国家间形成更密切的合作来

减缓和适应气候变化。

2.3 此外，加强在技术开发、转让和推广方面的合作，以提高10+3国家应对气候变化的能力。

2.4 在下列领域形成更密切的合作：

（1）减轻跨界环境污染，尤其是跨界烟霾；

（2）生物多样性和自然遗产保护；

（3）先进环境友好型技术和最优做法的应用；

（4）可持续水资源管理，包括地下水；

（5）海岸和海洋环境；

（6）可持续森林管理，包括打击非法侵占和毁坏森林资源相关的行为；

（7）城市环境管理和控制，尤其是东盟"城市环境可持续化倡议"；

（8）合理的矿物开发；

（9）公共意识和环境教育；

（10）多边环境协议，尤其是与气候变化、化学品和化学废弃物相关的公约和伙伴关系；

（11）空气质量管理。

2.5 通过下列措施增进环境领域能力建设方面的合作：

（1）政府部门、机构和专家间的信息和经验交流；

（2）提供培训课程和奖学金；

（3）在研究或学术机构开展联合研发并实现网络化；

（4）技术转让。

2.6 促进3R（减量化、再利用、再循环）和废弃物无害化环境管理。

2.7 促进可持续发展成为减轻发展对环境负面影响的一种手段。

D部分 社会文化合作

1. 开展为实现"联合国千年发展目标"的合作活动。

2. 加强东亚文化遗产网络（NEACH）、东亚论坛（EAF）、东亚思想库网络（NEAT）和东亚研究网络（NEAS）的作用，并考虑将其建议作为以研究和部门间咨询为基础的政策制定的补充信息源。

3. 扶贫

3.1 根据多边或双边协议和安排，向较贫困居民的产品开放10+3国家的市场，包括协助营销其产品，并提供教育、技能培训、公共卫生、工作环境保护以及建立有效的国家和团体机构方面的协助。

3.2 设定基准点并建立监控机制来衡量"千年发展目标"取得的进展，延长援助使这些进展得以实现，例如"扶贫协调员"、与贫困相关的数据收集系统以及减贫项目监控体系的网络化。

3.3 通过信息和经验分享活动、人员交流项目和培训课程，在农村开发和消除贫困领域，形成政府官员、专家和职业者的能力建设方面更密切的合作。

3.4 监控贸易自由化和经济一体化对农村发展和扶贫项目的影响，包括社会保护体系和作为农村发展和扶贫工具的信息通讯技术。

4. 促进弱势群体发展

4.1 支持关怀和提高弱势群体，包括儿童、青年、妇女、老人和残疾人自强能力的努力。

4.2 支持为确保残疾人享有机会并免受各种形式歧视而付出努力，包括促进其人权。

4.3 通过消除各种形式的歧视，支持在发展进程中促进妇女公平参与和公正的利益分配而付出努力。

4.4 加强在解决对妇女和儿童使用暴力方面的合作。

5. 文化和民间交流

5.1 在促进民间交流方面开展合作，尤其是涉及国会议员、政府官员、学术界、青年、媒体、文化专家、体育人士以及商界、工业界和思想库机构的代表。

5.2 推进各宗教温和派的教育、享有公正和自强能力，同时促进不同信仰间和文化间的对话，增进不同文化和宗教间的理解，并发扬宗教适度和容忍的普世理想。

5.3 支持民间社会致力于形成一个以人为本的东盟共同体而付出努力。

5.4 通过定期举办文化节、电影节、艺术展、研讨会和其他诸如东亚周之类的活动，促进文化理解和更多地了解彼此的文化。

5.5 促进参与文化事务的政府部门、文化机构、博物馆、档案馆和图书馆以及艺术家、专家和剧院、音乐、杂技、舞蹈、民间艺术和电影摄影从业者间的互动、网络化沟通和互访。

5.6 为保护、保存和修复有形的和无形的文化历史遗产而彼此给予协助和开展合作，根据每个国家的法律法规，拓展打击掠夺、非法交易和走私可移动的文化财富活动的合作。

5.7 促进文化、创意和设计产业之间更密切的合作和协作，包括建立联合企业和共同生产。

5.8 促进新闻业领域的交流与合作，包括报刊业、广播业和电视业。

5.9 着眼于就学到的经验和最优方法进行交流，促进关于全球化、现代化以及信息通讯技术变革对青年影响的研究和政策对话。

5.10 为增进彼此了解、形成大同意识，加强青年交流并继续举办10+3青年领导人论坛。

6. 教育

6.1 鼓励对教育和培训的投资，增加辍学儿童和青年的学习机会，并改善教育机构的质量，包括教师、学者和管理人员的人力资源开发。

6.2 促进教育机构和政府教育主管部门的合作、网络化工作和研发。

6.3 促进高等教育合作，通过东盟大学网（AUN）增进大学间的联系，并鼓励10+3国家大学间的学分转移。

6.4 支持对10+3关系感兴趣的10+3国家的学者和专业人员开展研究活动并进行交流。

6.5 根据现有国家法规，对东盟成员国的学生和知识分子出于学术目的到中日韩三国的旅行，继续努力加速其签证申请程序进程。

6.6 通过促进本地区的东盟研究和东亚研究，塑造东亚认同感。

7. 科技

7.1 扩大和拓展10+3国家科技团体间的交流与合作。

7.2 在涵盖研发和知识产权管理、技术商业化、公共—私有部门合作以及科学、技术和创新指标等问题的技术转让和技术管理领域开展合作。

7.3 促进有商业应用潜力领域的研究和技术开发，例如生物技术、食品技术、新材料、微电子和信息技术、海洋资源、新能源和可再生能源以及太空技术。

7.4 加强在处理气候信息和预测服务、天气观测和气候变化方面的气象合作。

7.5 通过参加东盟食品大会、东盟科技周、科技青年营以及其他相关的各种活动，提高诸如私有部门和青年等社团特定人员对科技的觉悟。

8. 公共卫生

8.1 加强能力建设合作，增进政府部门、私有部门成员、民间社会机构、实验室以及公共环境卫生领域专家之间的合作与技术援助。

8.2 加强在政府公共卫生突发灾难管理工作人员的能力建设方面的合作。

8.3 促进10+3国家政府部门和私有部门单位间的网络化建设，包括实验室、研究机构和专家。

8.4 促进与公共卫生相关领域的研发和人力资源开发，包括联合研发、研究班、研讨会、培训课程和学习参观以及官员、卫生领域的专业人员和专家在参观和奖学金方面的互换。

8.5 增进全球和地区层面的合作、研究和技术援助，以预防、控制和减少传染性流行疾病的影响，如艾滋病、非典、禽流感、肺结核、登革出血热，同时改善母亲、儿童和新生儿的健康和福利。

8.6 有效实施10+3新发传染病项目，并继续支持与艾滋病、肺结核和疟疾做斗争的全球基金。

8.7 继续改进东盟应对流行病暴发的紧急准备工作，包括信息共享和早期预警体系、东盟抗病毒药物和个人防护设备现有库存即时转移到流行病暴发的地点，并建立抗病毒药物库存网。

8.8 增加获取安全、无假冒、买得起和有效的药物的渠道。

9. 灾害管理和应急

9.1 加强在洪水、山崩、地震和其他灾害领域的合作，例如协助支持国家和地区海啸和其他灾害的早期预警体系网，包括通过实时信息共享和公共认知活动等方式。

9.2 提供援助来实施东盟关于灾害管理和应急的协议。

9.3 增进在减灾方面的军民合作。

E 部分　机制支持和后续

1. 开发 10 +3 合作基金模式。

2. 继续加强东盟秘书处 10 +3 小组的工作，以改善 10 +3 国家间的磋商和协调。

3. 实施联合项目来促进本计划目标的实现，而且在适当的情况下，鼓励促进本工作计划设定的目标和目的实现的次区域活动与合作努力。

4. 东盟秘书处制订实施工作计划的进度表和时间框架，并须经 10 +3 国家认可。

5. 通过现有机制定期回顾本工作计划的实施情况，以 10 +3 司局长会议作为监控机制。

6. 向年度 10 +3 领导人会议递交关于工作计划实施情况的简明进展报告。

中华人民共和国政府和乌兹别克斯坦共和国政府联合公报

2007 年 11 月 3 日，中华人民共和国政府和乌兹别克斯坦共和国政府发表联合公报。公报全文如下：

应乌兹别克斯坦共和国总理米尔济约耶夫邀请，中华人民共和国国务院总理温家宝 2007 年 11 月 3 日对乌兹别克斯坦共和国进行了正式访问。

访问期间，温家宝总理会见了乌兹别克斯坦共和国总统伊·阿·卡里莫夫、最高会议参议院主席伊·马·萨比罗夫、最高会议立法院主席叶·哈·哈利洛夫，同沙·米·米尔济约耶夫总理举行了会谈。两国领导人在相互理解和友好的气氛中就中乌关系以及共同关心的地区和国际问题深入交换意见，达成广泛共识。

中华人民共和国政府和乌兹别克斯坦共和国政府（以下简称“双方”）达成以下共识：

一、双方回顾了中乌建交十五年来双边关系的发展历程，高度评价各领域合作取得的成果，一致认为，2005 年 5 月 25 日签署的《中华人民共和国和乌兹别克斯坦共和国友好合作伙伴关系条约》具有重要意义，标志着中乌关系迈上更高发展水平。双方愿恪守条约确定的方针和原则，进一步加强包括高层互访在内的各层次交往，扩大两国政府各部门之间的联系，深化两国在政治、经济、人文、安全等各领域务实合作，推动中乌关系不断迈上新台阶。

二、双方决心在维护国家独立、主权、安全等重大问题上相互支持对方的政策和行动。乌方重申坚持奉行一个中国政策，承认中华人民共和国政府是代表全中国的唯一合法政府，台湾是中国领土不可分割的一部分。乌方反对包括“法理台独”在内的任何形式的“台湾独立”，反对任何制造“两个中国”、“一中一台”的图谋，反对台湾加入任何必须由主权国家参加的国际和地区组织。乌方确认不同台湾建立任何形式的官方关系和进行任何官方往来，支持中国政府为实现国家统一所做的一切努力。中方对此表示高度赞赏。

中方重申支持乌兹别克斯坦共和国及其领导人为维护国家独立、主权、领土完整和民族尊严以及为保持国内稳定、发展民族经济所做的努力，反对以“人权”为借口干涉乌的内政。

三、双方表示，相互尊重对方根据本国国情选择的发展道路，不允许第三国利用本国领土从事损害另一方国家主权、安全和领土完整的任何活动，不允许在本国领土上成立和存在旨在损害另一方主权、安全和领土完整的组织和团体。

双方将与中亚地区其他国家一道，继续共同致力于维护本地区安全与稳定、促进共同发展和繁荣。

四、双方指出，恐怖主义、分裂主义、极端主义仍是本地区安全与稳定的主要威胁，打击“东突”、“乌伊运”、“伊扎布特”和其他极端恐怖势力是国际反恐斗争的重要组成部分。双方将根据《打击恐怖主义、分裂主义和极端主义上海公约》和《中华人民共和国和乌兹别克斯坦共和国关于打击恐怖主义、分裂主义和极端主义的合作协定》的规定，加强两国有关部门的协调与合作，并在上海合作组织框架内继续采取有力措施，共同打击恐怖主义、分裂主义和极端主义，维护两国及本地区的和平与安宁。

五、双方积极评价近年来中乌经贸合作取得的成果，认为保持两国贸易额持续增长、推动中乌经济技术项目合作是当前两国经贸合作的重点方向。为此，双方决定进一步采取有效措施，挖掘合作潜力，充分发挥两国政府经贸合作委员会的作用，在平等互利基础上进一步扩大在能源、交通、电信、农业、化工、采矿、基础设施建设等传统领域的合作，并不断开辟新的合作领域，优化贸易投资环境，为双方企业从事生产经营、开展经贸合作创造有利条件。

六、双方表示，进一步扩大交通运输领域的合作对促进双边务实合作具有重要意义。双方同意尽快修复和开通中国—吉尔吉斯斯坦—乌兹别克斯坦跨国公路，积极推进中吉乌铁路项目，在航空运输方面相互提供便利。

七、双方认为，能源和矿产资源合作是两国经贸合作的重要内容。乌方支持中国企业在乌兹别克斯坦境内进行能源和矿产资源勘探开发。双方将为两国有关部门和企业开展上述项目合作提供便利和支持。

八、双方将继续发展教育、科技、文化、卫生、体育和旅游等领域的合作，将积极促进两国青年团体、妇女组织的联系，鼓励两国高校和科研机构扩大交流与合作，支持民间和地方开展友好交往，进一步加深两国人民的相互了解和友谊。中方同意将乌兹别克斯坦列为中国公民出境旅游目的地国，两国有关部门将就中国公民旅游团队赴乌旅游实施方案进行磋商。

九、为加强中乌伙伴关系，扩大和深化各领域全面互利合作，中华人民共和国国务院总理温家宝和乌兹别克斯坦共和国总理米尔济约耶夫已责成相关部门制定《中华人民共和国和乌兹别克斯坦共和国友好合作伙伴关系条约》5年落实纲要草案。

十、双方指出，上海合作组织当前发展势头良好，已成为维护成员国共同利益、推动成员国共同发展的有效机制，在地区和国际事务中发挥着重要的建设性作用。双方强调，2007年8月上海合作组织比什凯克峰会期间签署的《上海合作组织成员国长期睦邻友好合作条约》为成员国开展长期互利合作奠定了坚实的法律基础，在上海合作组织发展过程中具有里程碑意义。双方决心与其他成员一道，认真落实该条约，推动上海合作组织安全、经济、人文等各领域合作不断深化。

十一、中华人民共和国国务院总理温家宝对乌兹别克斯坦共和国领导人和政府给予中方代表团的热情友好接待表示感谢，并邀请乌兹别克斯坦共和国总理沙·米·米尔济约耶夫在双方方便时访华。具体时间将通过外交途径商定。

二〇〇七年十一月三日于塔什干

中华人民共和国外交部与荷兰王国外交部关于加强双边合作的联合声明

荷兰王国外交大臣马克西姆·费尔哈根应邀于2007年5月16日至17日对中华人民共和国进行了正式访问。杨洁篪外长与费尔哈根外交大臣在友好坦诚的气氛中，就双边关系和共同关心的问题深入交换了意见并达成广泛共识。

两国外长一致认为，1972年5月16日《中华人民共和国政府和荷兰王国政府建立外交关系的联合公报》为两国关系发展奠定了基石，确立了指导原则。35年来，中荷关系日益巩固，政治互信逐步加深，经贸合作不断扩大，教育、科技、文化、卫生、农业、水利等各领域合作富有成果。双方对此表示满意。

面对当前复杂多变的国际形势，中荷进一步加强政治互信，深化各领域务实合作，符合两国和两国人民的根本利益，有利于建设一个持久和平、共同繁荣的和谐世界。双方一致同意以两国建交35周年为契机，推动建立中荷全面互惠伙伴关系，突出两国关系的重要战略意义。双方同意在以下领域采取共同行动：

一、双方建议通过定期互访、双边会晤、互致信函等方式继续保持和加强两国高层交往势头，规划并指导双边关系未来发展方向；支持继续开展并加强在经贸、科技、农业、环境、能源、气候变化、水资源管理、卫生和教育等各领域的交流与合作；采取务实、有效的方式，提高中荷地方交往与合作水平。

双方同意建立两国外交部定期高级别磋商与交流机制。具体包括：两国外长原则上将在双边场合举行年度会晤，根据需要也可在多边场合举行；轮流在北京和海牙举行副部级或司局级年度磋商。

在此基础上，着眼于双方其他各领域的交流、磋商与合作，双方可探讨新形势下符合双边关系发展需要的合作机制，包括两国政府领导人在双边或多边场合经常性会晤。

双方欢迎充分利用中欧外交官研讨班和中荷青年外交官研讨会等形式，加强两国外交部之间的沟通和了解。

荷兰政府将坚持一个中国原则，并重申承认中华人民共和国政府是中国的唯一合法政府。中方对荷方坚持一个中国原则表示赞赏，并重申了中方在台湾问题上的原则立场。

二、双方认为中欧全面战略伙伴关系在促进中荷关系发展方面发挥着重要作用。双方支持中欧开展高层对话和各层次磋商，欢迎启动《中欧伙伴合作协定》的谈判，新协定将涵盖双边关系的全部领域，包括加强政治事务合作。考虑到中欧战略伙伴关系的整体目标，谈判也将完善1985年《中国与欧共体贸易和经济合作协定》，并将以相对独立的方式执行。

着眼于中欧全面战略伙伴关系，荷方确认将在2004年中欧领导人会晤联合声明和此后欧盟首脑理事会结论的基础上，继续为欧盟解除对华军售禁令贡献力量的政治意愿。荷方认识到完全市场经济地位对中国的重要意义。双方认为应进一步加强中欧之间关于中国市场经济地位的对话。

三、中荷两国完全支持建立一个公平、公正、法治的国际多边体系，支持联合国在处理全球事务及通过磋商和谈判寻求国际冲突的政治解决方面发挥核心作用。双方支持联合国改革，以提高其应对威胁和挑战的能力。双方重申将继续致力于推动世界和平、安全、可持续发展和人权事业，建立有效的多边主义，推动解决国际社会面临的全球性挑战。双方承诺将执行联合国2005年首脑会议成果，并与新成立的建设和平委员会、人权理事会等联合国机构开展合作。

双方将携手推动实现“千年发展目标”和全球可持续发展。这些目标包括：根除极度贫困和饥饿，普及初级教育，性别平等和赋予妇女权利，降低儿童死亡率，改善孕产妇健康，防治艾滋病、疟疾和其他疾病，保护环境和可持续发展以及建立全球发展伙伴关系。双方一致认为非洲面临尤为严重的挑战，为此，国际社会需开展密切合作与协调。实现“千年发展目标”需要各方采取紧急行动，包括增加官方发展援助预算和提供更加有效的国际支持。

双方同意启动有关联合国机构和国际金融机构的定期磋商，以加深在该领域的合作。

双方强调将继续致力于保障和促进人权，并同意继续在人权领域开展磋商。双方强调按照《世界人权宣言》及有关国际人权条约在人权方面采取切实行动的重要性，重申两国将在平等和相互尊重基础上致力于进一步加强在该领域的合作与交流，并努力推动取得更有意义、更积极的切实进展。双方强调了中荷法律合作计划在此领域的积极作用。

本声明于2007年5月16日在北京签署，一式两份。每份都由中文和荷兰文写成，两种文本同等作准。

中华人民共和国外交部长　杨洁篪

荷兰王国外交大臣　马克西姆·费尔哈根

2008年

可持续发展北京宣言

2008年10月24日至25日，北京

2008年10月24日至25日，我们16个亚洲国家和27个欧盟国家的国家元首和政府首脑以及欧盟委员会主席和东盟秘书长在中国北京举行的第七届亚欧首脑会议上：

认识到当前全球人口不断增长与环境持续恶化、资源迅速枯竭及生态环境承载能力减弱的矛盾在许多国家和地区日益凸显，实现可持续发展是全人类共同面临的严峻挑战和重大紧迫任务；亚欧会议成员愿本着互利共赢的精神加强合作，为实现可持续发展作出积极贡献；

重申可持续发展关系人类的现在和未来，关系各国的生存与发展，关系世界的稳定与繁荣，各国在追求经济增长的同时应努力保持和改善环境质量，充分考虑子孙后代的需求；

认识到经济发展、社会进步和环境保护是可持续发展的三大支柱，三者相互依存、相辅相成，强调国际商定的发展目标，特别是联合国千年发展目标、应对气候变化和保证能源安全、社会和谐是实现可持续发展需特别关注的问题；

重申必须全面实施联合国环境与发展大会通过的《里约宣言》和《21世纪议程》、国际发展筹资大会确定的《蒙特雷共识》、《联合国气候变化框架公约》第13届缔约方大会通过的“巴厘路线图”以及可持续发展首脑会议通过的《约翰内斯堡实施计划》等一系列文件中确定的目标、原则和行动规划；

忆及第六届亚欧首脑会议将可持续发展，特别是千年发展目标、气候变化、环境和能源列为亚欧会议第二个十年优先合作领域。

决定发表以下宣言：

一、千年发展目标

我们重申联合国千年发展目标和约翰内斯

堡目标是国际可持续发展合作的基础，欢迎亚欧会议成员为实现联合国千年发展目标和其他国际商定的发展目标所做努力，认识到全球如期实现目标所面临的严峻挑战。

我们对粮价飙升加大全球减贫压力，阻碍消灭极端贫穷和饥饿的步伐表示关切。我们呼吁从短期及中长期出发，采取充分协调和综合的策略，并通过务实合作稳定国际商品市场解决这一问题。我们呼吁加强发展合作，从而促进农业生产、贸易便利化和技术转让。我们呼吁各方提高可持续农业生产力和粮食生产，减少扭曲市场的农业补贴，加大对农业和农村发展投入，为低收入者创造更多就业机会，提高其收入水平，从而有效减少饥饿和贫困问题，确保粮食安全。

我们认识到，实现国际商定的发展目标，特别是联合国千年发展目标任重道远。我们欢迎联合国 9 月举行的千年发展目标高级别会议所进行的实质性讨论和达成的共识，呼吁各成员显示更强政治意愿，采取行动，切实兑现对目标的承诺，推动千年发展目标在全球范围内如期实现。

我们重申对建立真正意义上的全球发展合作伙伴关系的承诺，强调联合国在协调国际发展合作和确定可持续发展问题国际共识中的主导作用。我们认识到实现国际商定的发展目标，特别是联合国千年发展目标需要各界广泛参与，鼓励民间社会和工商部门发挥积极作用。在此背景下，我们强调应采用以性别为基础的方式应对发展问题。我们强调各国对自身发展负有首要责任，同时应辅之以有利的国际发展环境。我们呼吁发达国家增加对发展的投入，落实 2015 年前官方发展援助占国民总收入 0.7％的承诺目标，提高援助有效性。我们强调亚欧会议是国际社会为加强全球发展伙伴关系所作努力的一个重要补充，包括亚欧政府间和多部门的倡议。

我们强调发展筹资是实现千年发展目标的重要因素，国际社会应尽快落实《蒙特雷共识》。我们期待 2008 年在卡塔尔多哈举行的发展筹资问题后续行动国际会议就发展筹资国际合作取得实质进展。

二、气候变化及能源安全

我们重申在可持续发展的框架下应对气候变化问题。我们重申要实现可持续发展就必须根据《联合国气候变化框架公约》（以下简称《公约》）确定的最终目标应对气候变化。我们认识到气候变化政府间委员会评估报告的重要性，尤其是第四次评估报告。

我们强调《公约》和《京都议定书》（以下简称《议定书》）是气候变化国际谈判和合作的主渠道，重申对《公约》和《议定书》的目标、宗旨和原则，尤其是“共同但有区别的责任”原则和各自能力的承诺。我们认识到亚欧会议成员愿在《公约》和《议定书》框架下共同寻求长期多边的解决办法，应对气候变化问题。我们欢迎巴厘行动计划的有关决定，它们包含了达成有雄心、有效和全面的一致成果的所有要素，用于目前阶段、2012 年前及 2012 年之后开展长期的应对气候变化国际合作。我们致力于在 2009 年底前结束有关谈判。

我们认识到妥善应对气候变化的重要性，强调发达国家应继续率先行动，采取可衡量、可报告、可核实的适合本国国情的减缓承诺，包括进行量化的限排和减排目标，及在适当的情况下，以行业方式作为实施其减排目标的工具，并向发展中国家提供资金和转让技术。发展中国家则要在可持续发展框架下采取适合本国国情的减缓行动，这种行动应得到可衡量、可报告、可核实的技术、资金和能力建设支持，以实现有别于通常排放的结果。

我们强调需有一个进行长期合作行动的共同愿景，包括全球长期减排目标，以确保实现《公约》最终目标，根据《公约》原则和规定，特别是“共同但有区别的责任”的原则和各自能力，并在考虑到经济、社会条件和其他相关因素的条件下，使《公约》得以全面、有效和持续实施。我们进一步强调，为使这个共同愿景可信，要求发达国家带头承诺有雄心的、具有可比性的、有法律拘束力的减排目标。我们呼吁国际社会考虑气候变化政府间委员会第四次报告中的最具雄心的一系列目标。

我们认识到减排行动可为减少温室气体排

放和生物多样性保护做出重要贡献。这些行动包括减少毁林和森林退化，通过促进造林和再造林增加碳汇，实施森林可持续管理，促进合理使用土地，采纳可持续生产和消费模式以及采取适当措施打击非法采伐和相关贸易等。我们亦重申支持巴厘会议的决定，即采取相关政策方法和激励措施，减少毁林和森林退化导致的排放并支持在发展中国家实行森林保护和可持续管理及提升森林碳汇储存的作用。

我们认识到适应气候变化对于各国，特别是发展中国家、最不发达国家和小岛屿发展中国家应对无法避免的气候变化带来的影响以及气候变化造成的不良后果至关重要，强调亚欧会议成员应根据《公约》承诺，共同努力提高发展中国家适应气候变化的能力，包括脆弱性评估，确定和加强实施适应行动，评估资金需求，提供技术援助，加强能力建设，加强危机管理，制定应对策略，并将适应纳入到发展政策和战略中。

我们强调技术，技术合作及向发展中国家转让技术的关键作用。我们将共同致力于在特定经济部门的技术合作，推动有关减缓信息和行业能效分析的交流，确定国家技术需求和自愿的、面向行动的国际合作，根据《公约》研究合作性行业方法和行业行动的作用。我们呼吁加强技术开发和转让，以支持减排和适应行动，并促进可负担的适应和减缓技术的开发、应用、推广和转让。我们欢迎在现有、新型和创新的清洁技术方面的研究、开发、示范和运用方面的合作，开辟双赢合作。我们强调，加强与发展中国家的技术合作与转让将为其应对气候变化创造必要条件。

我们注意到应对气候变化需要筹集更多公共和私营部门的国内和国际资金，我们支持加大对发展中国家的资金支持。我们还支持建立激励机制，鼓励发展中国家实施国家减排和适应战略与行动，促进公共和私营部门筹资和投资。

我们对气候变化引发的极端天气给成员国带来巨大的人员和财产损失表示关切，呼吁各成员落实第六届首脑会议的决定，加强成员间应对自然灾害管理的信息交流体系建议，并探讨建立早期预警机制的可能性。

我们强调在2008年波兰波兹南举行气候变化大会上下决心采取紧急行动，并为2009年底在丹麦哥本哈根举行的气候变化大会就目前阶段、2012年前及2012年后长期合作行动达成有雄心、有效和全面的一致成果。

我们认识到，能源与气候变化问题紧密相关，应统筹解决，充分考虑保障能源安全、改善能源结构、提高能源效率和节约能源等问题。我们支持进一步开发安全、可持续的低碳发展模式以及如何将其纳入可持续发展政策。

我们重申，能源安全同世界经济的稳定发展和各国的可持续发展紧密相关，强调各国应享有充分以及可持续利用能源与资源促进自身发展的权利，同时应充分考虑生态系统的承载能力和地区环境保护。我们鼓励亚欧会议成员加强能源开发利用的互利合作，为保障全球能源安全做出贡献。我们欢迎将于2009年上半年在布鲁塞尔举行的第一届亚欧能源安全部长级会议以及今年12月将在伦敦举行的吉达国际能源大会后续会议。

我们呼吁实现能源供应多元化、可持续性和安全性。

我们呼吁各成员努力提高能源节约和使用效率，优化能源消费结构，开发和使用可再生和清洁能源，包括不影响粮食安全、不造成环境危害的可持续生物能源，推动向发展中成员转让和推广先进的环境友好型能源技术。

我们强调，能源合作需与国际扶贫合作及环境保护相结合，通过能源扶贫帮助发展中国家，特别是最不发达国家加强基础设施建设、减少贫困、实现可持续发展。我们认识到加强联合国环境规划署在环保领域作用的重要性。

我们对当前国际油价及其变化趋势表示强烈关注，强调亚欧会议成员应共同努力，对石油市场的稳定性、透明度和可预见性做出贡献。

三、社会和谐

我们认识到一个平等和包容的社会必须通过统一的战略和政策来解决经济增长、社会发展和环境问题。我们强调可持续发展和社会和谐相得益彰，应通过可持续发展增加社会财富、改善人民生活、尊重人权，保障和促进社会公平正义和社会和谐。

我们强调，亚欧会议成员愿通过对话与合作促进社会和谐，为实现全球化下的社会可持续发展做出有效贡献。我们认识到在全球化背景下，亚欧会议成员面临缩小贫富差距、在保持多样文化的同时维护社会和谐、增加就业、提供医疗和社会保障等挑战，同意加强合作促进社会和谐，确保人人从全球化中受益。我们欢迎在德国和印尼举行的亚欧劳动和就业部长会议以及在布鲁塞尔举行的首届亚欧社会伙伴论坛成果。

我们认识到社会公平对于社会和谐的重要性，强调人人有权享受教育的重要性。我们强调亚欧会议成员应加大人力资源投入，优化人力资源使用，为所有人提供义务教育，扩大中等和高等教育覆盖面，提高教学质量，促进职业教育，鼓励终身学习。

我们认识到促进充分和生产性就业及体面工作对于保障和提高人民生活、实现社会和谐、落实联合国千年发展目标十分重要。我们认识到制定合理的就业和社会政策，加强良政及充分尊重和有效实施 1998 年《国际劳工组织工作中的基本原则和权利宣言》和 2008 年《国际劳工组织关于促进社会正义和实现公平全球化宣言》中提出的核心劳工标准，有助于实现一个经济上包容、和谐的社会，从而为包括弱势群体在内的每个人提供体面工作的机会、更好的生活条件、有效的社会和医疗保障、基本社会保障体系及工作环境的健康和安全。我们认识到社会保障体系的必要性，用以提供社会保障和支持劳工市场参与。我们强调公平合理的收入分配制度有助于实现社会平等。我们欢迎加强国际劳工组织在推动《体面劳动议程》及《国际劳工组织关于促进社会正义和实现公平全球化宣言》方面的能力。我们强调建立在互信和共同目标基础上的良好工业关系和有效社会对话，对于可持续发展和变化管理可发挥关键作用。我们鼓励亚欧会议成员加强劳动、就业和社会领域的互利合作。我们欢迎并支持 2008 年 10 月在印尼举行的第二届亚欧会议劳动及就业部长级会议通过的《关于更多和更好工作——战略合作和伙伴关系巴厘宣言》中建议开展的，旨在促进互利性体面工作和全球劳工市场的活动和项目。

我们注意到，要确保社会和谐，减少一国内部和国家之间的经济和社会不平衡，需提供合理、充分和可持续的社会保障，确保消费者安全，建立覆盖城乡正式和非正式部门的社会保障体系。我们强调依靠社区自身及社区间互利合作的重要性。

我们认识到国际移民有利于各方，有助于解决亚欧会议成员面临的人口和劳动力市场问题，帮助各国，特别是发展中国家实现可持续发展。我们注意到移民融入社会对实现社会和谐的重要性，呼吁亚欧会议成员制定综合措施应对移民问题，包括促进合法移民、有效解决非常规移民问题和推动移民与发展间的联系。亚欧会议成员还探讨政策对话、合作和推动建立人口流动伙伴关系，以及在国际移民方面进行合作的可能性。我们强调今年 10 月在菲律宾马尼拉举行第二届全球移民和发展论坛对于切实加强移民管理十分重要。

我们认识到人口老龄化已成为发达和发展中国家所共同面临的一个严峻挑战，强调亚欧会议成员应致力于实现《马德里国际老龄行动计划》所确定的目标和承诺以及相关地区战略。

我们认识到社会和谐包括人与自然和谐，生态文明是社会和谐不可或缺的组成部分，生态城代表环境友好和资源节约的文化趋势，欢迎中国提出的亚欧生态城网络倡议，并鼓励亚欧会议成员踊跃参与。

我们认识到企业社会责任与环境保护、劳工和人权、风险评估、公司治理和社区发展相关。鼓励亚欧会议成员在国内和国际层面促进企业社会责任。我们鼓励工商界自愿承担社会责任，遵循相应的国内情况及国际准则和法律，并为构建一个繁荣、和谐和富有社会责任感的商业环境做出贡献。

结束语

我们重申联合国在可持续发展领域确定的原则和目标，以及亚欧会议在该领域达成的共识的指导意义。我们欢迎亚欧会议现有可持续发展倡议，鼓励各成员开展更多活动落实本宣言。

中华人民共和国政府和丹麦王国政府关于建立全面战略伙伴关系的联合声明

应中华人民共和国国务院总理温家宝的邀请，丹麦王国首相安诺斯·福格·拉斯穆森阁下于2008年10月20日至25日来华出席第七届亚欧首脑会议并对中国进行正式访问。访问期间，胡锦涛主席会见了拉斯穆森首相，温家宝总理同拉斯穆森首相举行了会谈。

双方领导人回顾了两国自1950年建交以来双边关系的长足发展及在政治、经济、文化、教育、科技等领域富有成果的合作，认为双边关系得到稳步提升，政治互信和相互尊重日益增强，经贸合作不断拓展。

双方一致认为，在双边、多边和全球事务上开展合作符合两国共同利益。为彰显此种互利关系，双方同意建立涵盖双边关系所有领域的全面战略伙伴关系，并采取以下措施加强两国在双边和多边领域的合作：

一、双方同意加强双边政治和经济对话。保持高层互访势头，加强两国政府、立法机构和地方政府间不同形式、不同级别的友好往来，增进相互了解，建立实质性合作。

促进两国外交部间加强政治对话，开展更为密切的磋商与合作，继续保持副部级政治磋商机制，力争在北京和哥本哈根轮流举行年度会晤。

在有关交往、双边磋商和会见中，双方可探讨加强合作的新途径，包括政府领导人或外交部长在双边或多边场合进行会晤。

双方将共同努力，推动在2010年通过适当的高层互访等方式庆祝两国建交60周年。

丹麦重申坚定奉行一个中国政策，不支持台湾加入仅限主权国家参加的国际组织，不与台湾进行官方往来。中方对丹方这一原则立场表示赞赏。丹方表达了希望通过建设性对话和平解决台湾问题的愿望。中方重申了在台湾问题上的原则立场。

双方均对中欧关系的良好发展感到高兴，愿继续为深化中欧全面战略伙伴关系做出贡献。丹麦确认，愿基于2004年中欧领导人会晤发表的联合声明和欧洲理事会随后的结论，继续朝着促成欧盟解除对华军售禁令的方向前进。

二、中丹两国均完全支持公平、公正、建立在规则基础之上的多边国际体系，支持联合国在处理全球事务，以及通过协商与谈判寻求政治解决国际争端中发挥核心作用。双方支持联合国进行合理、必要的改革。鉴此，双方将加强在联合国、亚欧会议、中欧关系领域及其他多边和地区机制内的合作。

双方同意在联合国及其维和任务框架内加强经验交流。

三、双方一致谴责任何形式以及任何人、在任何时间、出于任何目的所策划的恐怖主义活动。双方决定加强在反恐领域的磋商与交流，重申联合国应在打击恐怖主义中发挥主导作用。反对在反恐问题上将恐怖主义与特定的民族、宗教挂钩。

四、双方领导人均表示愿在防扩散领域加强交流与合作。

五、双方重申了关于促进和保护人权的承诺，继续重视在平等和相互尊重的基础上开展人权交流与合作。双方均强调在人权领域采取实质性步骤的重要性。

六、双方承诺继续支持非洲的持续发展。中丹将在支持非洲发展方面加强交流，以探讨更有效地开展对非合作。双方表示将全力支持实现千年发展目标和全球可持续发展。

七、双方同意继续在气候变化、能源、环境、研究、创新和教育领域加强合作。丹麦将通过积极落实在首相访华期间发表的《丹麦—

中国：互利伙伴关系》行动计划中的优先领域来实现这一目标。中方对丹方关于加强合作的建议表示赞赏。

双方均强调应对气候变化的重要性，支持《联合国气候变化框架公约》作为全球应对气候变化的主渠道，在“共同但有区别的责任”等原则基础上，共同推动在2009年哥本哈根联合国气候变化框架公约第15次缔约方会议上达成各方接受的结果并通过一项决定。双方同意将在各个级别保持密切联系，加强合作，力争实现这一目标。

丹麦支持中国风能行业的发展，将在2009年启动一个旨在支持中国发展可再生能源国家规划的项目，包括可再生能源中心的组建，以及通过中丹研发部门和私营部门的合作转让和开发新的、创新型的可再生能源技术。两国领导人共同见证了中丹在可再生能源领域总额1亿丹麦克朗的新项目意向书的签字仪式。

在环境领域，双方将加强在水污染防治、空气污染防治以及废物管理领域的合作。

双方同意加强在高等教育、研究和创新领域的合作，共同提高两国促进经济社会发展的竞争力和知识水平。双方将根据2007年9月签订的《关于加强中丹科技合作的谅解备忘录》，通过支持建立研究伙伴关系、鼓励科研人才交流实现这一目标。两国领导人共同见证了中科院与丹麦科技创新部签订的《关于建立“中丹教育与研究中心”的谅解备忘录》。

八、双方将继续深化和扩大经贸互利合作，充分利用并不断改善中丹经贸联委会以及其他现有的磋商与合作机制，加强在贸易、投资和技术等领域的对话，鼓励两国企业界特别是中小企业间的交流与合作。双方将在发展经贸关系的同时，支持企业积极承担社会责任。

丹麦支持中国希望尽早得到欧盟承认其完全市场经济地位的愿望，并将在双方找到达成这一决定的合适框架时积极促成此事。中方对丹麦一贯支持自由贸易、反对贸易保护主义的立场表示赞赏。

九、双方将扩大在文化和旅游领域的合作，支持两国人民之间的接触与交流。

第63届联合国大会中国立场文件

一、联合国作用

当今世界正处在大变革大调整之中。和平与发展仍然是时代主题，求和平、谋发展、促合作成为各国政府和人民的共同诉求。国与国相互依存日益紧密，国际形势总体稳定。同时，世界仍很不安宁，局部冲突和热点问题时起时伏，全球经济失衡加剧，南北差距拉大，传统安全威胁和非传统安全威胁相互交织，世界和平与发展面临诸多难题和挑战。

多边主义是各国共享发展机遇，共同应对各种挑战，推进人类和平与发展崇高事业的必然选择。联合国是践行多边主义，实现互利共赢、建设持久和平、共同繁荣的和谐世界的重要平台。中国坚定支持联合国在国际事务中继续发挥核心作用，坚定支持维护和加强联合国的有效性和权威性。

二、联合国改革

中国支持联合国通过必要、合理的改革，加强权威，提高效率，更好地履行《联合国宪章》赋予的责任。这是联合国自身发展的需要，也是广大会员国的普遍共识。2005年联合国首脑会议通过了成果文件，为改革指明了方向。中方欢迎联合国改革取得的积极成果。安全、发展和人权是联合国的三大支柱。改革应在这三大领域平衡推进，特别是推动在发展领域取得成果，从机制和资源上对发展给予必要保障，推动落实千年发展目标，让广大发展中国家从中受益。

中国支持安理会进行合理、必要的改革，以提高其权威和效率。我们一直支持发展中国家在联合国、包括安理会发挥更大作用，主张优先增加发展中国家、特别是非洲国家在安理会的代表性。改革事关联合国未来发展及各国共同利益，应通过广泛、民主讨论，兼顾各方利益和关切，达成最广泛一致。中国愿与各方一道推动安理会改革朝有利于联合国会员国整体利益、维护和增进会员国团结的方向发展。

三、安全领域

（一）联合国维和行动

联合国维和行动是实践多边主义、维护集体安全的重要有效手段。当前，联合国维和行动规模不断扩大，授权日趋广泛，面临挑战也在增多。中国支持对联合国维和行动进行合理改革，进一步优化资源配置，提高维和行动快速反应和部署能力，遵守《联合国宪章》精神和公认的维和行动准则，加强联合国各部门之间及安理会、秘书处和广大会员国，特别是维和行动当事国之间的沟通与协调，并增进联合国与相关地区组织的合作。

（二）建设和平

建设和平是涉及联合国全系统的任务。建设和平委员会是连接和平与发展领域工作的重要纽带，应充分发挥其作用。中国认为委员会应重视三方面工作：一是既要在受援国开展速效项目，也要着眼其长远发展；二是充分尊重受援国的意见，确定好优先领域；三是发挥好在各相关机构之间的协调作用，并加强与联大、安理会、经社理事会等机构的合作。中国支持委员会在建设和平方面发挥更大作用，已承诺向建设和平基金捐款300万美元。

（三）武装冲突中保护平民

中国对平民生命、财产安全在武装冲突中受影响和威胁深表关切，敦促各方认真遵守国际人道法和安理会有关决议，充分保护平民。

根据《联合国宪章》和国际人道法，保护平民的责任首先在于当事国政府。人道救援工作应坚持公正、中立、客观和独立原则，尊重当事国主权与领土完整，避免介入当地政治纷争或影响和平进程。

保护平民工作重在预防，安理会应加大预防冲突和维护和平的力度。在冲突后和平重建中也应重视保护平民。联合国各有关机构应加强协调，形成合力。

（四）反对恐怖主义

中国支持打击一切形式的恐怖主义。国际社会的反恐努力应以《联合国宪章》和其他公认的国际法准则为基础，充分发挥联合国及其安理会的领导与协调作用。

中国欢迎并支持联合国通过《全球反恐战略》，支持安理会反恐委员会及联大反恐执行工作组发挥积极作用，协调各国打击恐怖主义活动。

反恐必须标本兼治。联合国应发挥资源优势，在消除贫困等滋生恐怖主义的根源问题上发挥积极作用，促进不同文明之间对话，帮助发展中国家加强反恐能力建设。中国反对将恐怖主义与特定的国家、民族或宗教挂钩，或采取双重标准。

中国支持并积极参与制定《关于国际恐怖主义的全面公约》，希望各方本着建设性的合作态度继续进行协商，尽早达成一致。

（五）朝鲜半岛核问题

和平、稳定、发展、繁荣的朝鲜半岛符合包括中国在内的地区国家和国际社会的共同利益。继续推进六方会谈进程，早日实现9·19共同声明确定的各项目标，是国际社会普遍期待。

作为六方会谈主席国，中国将继续发挥建设性作用，加强同各方的沟通与协调，争取尽快全面均衡落实第二阶段剩余行动，推动会谈进程步入新阶段。

（六）缅甸问题

中国希望看到缅甸保持和平与稳定，实现民主与民族和解。缅甸问题本质上属于一国内部事务，国际社会应向缅甸提供建设性帮助，制裁施压无助于问题的解决。中国支持联合国秘书长及其特别顾问的斡旋，这一努力是一个过程，应展现耐心并持之以恒。中国支持充分发挥东盟—联合国—缅甸三方机制作用，帮助缅尽快完成强台风灾害后的重建工作。

（七）阿富汗问题

阿富汗局势事关国际和地区的和平与稳定，也事关国际反恐斗争的顺利进行。阿富汗重建进程已取得积极进展，但仍面临诸多挑战。阿重建首先需要阿政府的坚定努力，也需要国际社会的有力支持。

中国一贯支持并积极参与阿富汗和平重建，赞赏阿富汗制定《国家发展战略》，欢迎“支持阿富汗国际会议”发表的《巴黎宣言》，支持继续推进落实《阿富汗契约》。我们呼吁国际社会给予阿持续关注和投入，并加强彼此间协调和配合。中国支持联合国继续在解决阿富汗问题方面发挥主导作用。

（八）伊朗核问题

中国支持维护国际核不扩散体系。通过对话与谈判妥善解决伊朗核问题，维护地区和平稳定，符合各方利益。

当前，伊朗核问题处于关键阶段，启动复谈面临难得机遇。有关各方应加大外交努力，体现灵活，争取尽快启动对话与谈判，寻求全面、长期、妥善解决伊核问题。中国一直致力于劝和促谈，愿继续为推动和平解决伊朗核问题发挥建设性作用。

（九）中东问题

中国一贯主张在联合国有关决议、“土地换和平”原则、中东和平“路线图”计划、“阿拉伯和平倡议”基础上，中东问题有关各方通过对话与协商，妥善解决彼此争端。

安纳波利斯中东问题国际会议取得积极进展，希巴以双方抓住机遇，稳步推进和谈进程。中国同时欢迎和支持有关各方为推动叙以、黎以复谈所作努力。国际社会应在尊重阿拉伯国家的宗教和民族特性的基础上，兼顾中东地区的文化、历史与现实，建立平衡有效的促和机制，推动中东问题的公正、持久和全面解决。

（十）伊拉克问题

中国始终主张维护伊拉克的主权、独立和领土完整，支持伊拉克的团结、稳定和发展，支持伊拉克政府在稳定安全局势、推进民族和解、开展重建工作等方面所做的努力，鼓励伊拉克与邻国构建互信、合作的睦邻关系。

中国认为应充分发挥联合国在解决伊拉克问题方面的重要作用。国际社会应共同努力，尽快落实对伊援助的承诺，帮助伊拉克早日走上和平、稳定与发展的道路。

（十一）苏丹达尔富尔问题

苏丹达尔富尔问题成因复杂，解决这一问题首先应充分尊重苏丹的主权和领土完整。中方主张“双轨”战略，平衡推进维和部署和政治谈判进程，充分发挥非盟、联合国和苏丹政府“三方机制”主渠道作用。同时，应帮助苏丹改善达尔富尔地区的人道和安全局势，尽快实现该地区的和平、稳定与发展。

中国重视“有罪不罚”问题。我们对国际刑事法院检察官起诉苏丹总统巴希尔事表示严重关切，认为有关各方针对达尔富尔问题的举措应有助于维护苏丹局势的稳定和促进达问题的妥善解决。

中国为推动达问题的妥善解决做出了自己的努力。中国派往达区的315人维和工兵分队已全部部署到位。中国迄今向达区提供了1.4亿元人民币的人道主义物资援助，向非盟维和行动捐款230万美元，向有关“联合国信托基金”捐款50万美元。中国将继续为解决达尔富尔问题发挥建设性作用。

（十二）津巴布韦问题

中国关注津巴布韦局势，希望津尽快恢复国内稳定和发展。中方对津巴布韦有关各方通过对话和谈判解决选举争议，就组建民族团结政府达成协议表示赞赏和欢迎。

津问题是津内政，目前出现的问题应主要由津人民自主解决。国际社会应多做有助于促进津和平与稳定的事情，可在鼓励对话、推动和解等方面发挥建设性作用。中方欢迎非盟、南部非洲发展共同体和南非总统姆贝基积极斡旋津问题，支持其继续在津问题上发挥重要作用。

（十三）科索沃问题

妥善解决科索沃问题，建设多族裔和谐共存的科索沃是国际社会的共同目标。塞尔维亚政府和科索沃当局通过谈判达成彼此均可接受的方案，是解决科索沃地位问题的最佳途径，也是国际社会应继续努力的方向。

四、发展问题

（一）"千年发展目标"

联合国千年发展目标是指导国际发展合作的纲领性文件。近年来，国际社会在落实千年发展目标方面取得了一定进展，但要在2015年按时实现这一目标任重道远。

联合国将于9月召开高级别会议，对千年发展目标进行中期评审。国际社会应以此为契机，加倍努力，推动千年发展目标在全球范围内取得全面、均衡的进展。为此，国际社会应建立真正的全球发展伙伴关系；应为发展中国家提供强有力支持；应高度重视非洲发展，加大对非援助力度。

联合国等国际组织应制定全面、客观的进展监督与评估框架，既要审议各国落实千年发展目标的情况，也要评估发达国家兑现承诺的情况。

（二）非洲发展

非洲是世界上发展中国家最集中的大陆，发展问题是非洲面临的紧迫而艰巨的任务。维护非洲的稳定和发展是国际社会共同责任。为帮助非洲国家实现更大发展，国际社会应切实履行援非承诺；应积极协助非洲预防和解决冲突，为发展提供保障；应尊重非洲国家自主选择发展模式；应加强南南合作，形成对南北合作的有益补充。

中国一直是非洲和平与发展事业的坚定支持者。在2006年11月举行的中非合作论坛北京峰会上，胡锦涛主席代表中国政府宣布了扩大对非援助、免债、免关税以及增加对非洲社会发展领域的帮助和投入等一系列支持非洲发展的政策措施。中国正认真落实上述承诺，确保非洲国家和人民尽早从中受益。中国愿与非洲国家和国际社会一道，继续为非洲的发展事业做出自己的贡献。

（三）粮食安全

粮食安全不仅是经济和民生问题，也是发展和安全问题。各方应本着共同发展的理念，积极有效协调政策和行动，共同妥善应对粮食安全问题。中国主张：

——加大援助力度，支持联合国发挥协调作用，努力稳定粮价，帮助发展中国家渡过难关；

——制定长远的国际粮食合作战略，重视粮食生产，提高粮食产量，增加粮食库存；

——营造有利的国际农产品贸易环境，建立公平合理的国际农产品贸易秩序；

——加强宏观协调，抑制过度投机，形成以联合国为主导的国际合作机制，建立集早期预警、监测监督、宏观调控、紧急救援为一体的全球粮食安全保障体系；

——用相互联系的眼光看待粮食问题，在金融、贸易、援助、环境、知识产权、技术转让等各个领域多管齐下，为维护粮食安全营造有利条件。

导致粮价持续上涨的原因是多方面的，把全球粮食价格上涨归咎于发展中国家的发展，或归咎于某个国家的某项政策，既不符合事实，也不是解决问题的建设性态度。

中国是维护世界粮食安全的积极力量。近10年来，中国粮食自给率一直保持在95％以上。中国用世界9％左右的耕地解决了世界20％左右人口的粮食问题，这是对世界粮食安全的重大贡献。中国还一直在力所能及的范围内向发展中国家提供帮助。

（四）能源安全

能源安全同世界经济的稳定发展、各国人民的福祉息息相关。各国应树立互利合作、多元发展、协同保障的新能源安全观，加强对话与合作，共同维护世界能源安全。国际社会应本着相互依存的精神，推动能源开发利用的互利合作，促进新能源和可再生能源的发展，促进先进能源技术推广应用；加强能源领域的务实合作，推动国际能源市场健康发展，保障国际运输通道安全；统筹国际能源合作与国际发展合作，应首先保证发展中国家的发展权，着眼于促进全球共同发展，应与国际扶贫合作相结合，通过能源扶贫帮助发展中国家加强基础设施建设、减少贫困、发展经济、改善民生。

中国愿本着平等互惠、互利共赢的原则，继续积极参与国际能源合作，与各国一起共同维护世界能源安全。

（五）气候变化

气候变化是当今世界面临的重大挑战，需各国合作应对。气候变化主要是发达国家长期历史排放和当前高人均排放造成的，发达国家对气候变化负有不可推卸的责任，应在2012年后继续率先减排，并切实履行《联合国气候变化框架公约》及其《京都议定书》规定的向发展中国家提供资金和转让技术的义务。发展中国家是气候变化的主要受害者，虽然面临发展和消除贫困的紧迫任务，仍将通过走可持续发展道路为共同应对气候变化做出贡献。

气候变化问题从根本上说是发展问题，应在可持续发展的框架内解决。气候变化国际合作应坚持“共同但有区别的责任”原则，维护《联合国气候变化框架公约》及其《京都议定书》的主渠道作用。

“巴厘路线图”进一步确认了《联合国气候变化框架公约》及其《京都议定书》是国际社会应对气候变化的有效框架。当前，落实“巴厘路线图”的谈判正处于关键时期。为在2009年底前取得积极成果，需要各国在公约和议定书的原则和框架下，拿出政治诚意，把口号转化为行动。尤其是发达国家应按“共同但有区别的责任”原则继续率先大幅量化减排，并在资金、技术、适应、能力建设方面向发展中国家提供支持，切实帮助发展中国家提高应对气候变化的能力。发展中国家也将在此前提下，在可持续发展框架下为应对气候变化做出力所能及的努力。

（六）南南合作

南南合作是发展中国家间取长补短、实现共同发展的重要渠道，是发展中国家相互帮助，携手应对各种发展挑战的重要途径。近年来，南南合作取得积极进展，南方国家之间贸易、投资活跃。发展中国家间还建立了一些新机制或倡议，为南南合作注入新活力。各方应共同努力，深化各领域合作，有效利用多边机制，维护共同利益，进一步拓展南南合作的深度和广度。

中国重申，南南合作是南北合作的补充，而非替代。全球化的发展使世界各国相互依存日益加深，发达国家应与发展中国家携手合作，推动实现普遍繁荣和共同发展。

（七）发展筹资

资金是推动国际发展合作的重要保障。长期以来，资金匮乏严重阻碍了发展中国家的经济和社会发展。当前，千年发展目标进展缓慢，发展中国家亟须国际社会在资金和技术等方面的支持，而官方发展援助不升反降，令人担忧。

国际社会应该重点推动落实《蒙特雷共识》，推动建立全球发展伙伴关系，监督和促进国际合作和发展援助承诺的落实。一是切实兑现承诺，增加官方发展援助，实现官方发展援助占发达国家国民总收入0.7％的目标。二是鼓励和支持发展中国家加强能力建设，加强其动员国内资金和吸引国际资金的能力。三是创造良好的外部环境，充分发挥贸易作为发展引擎的作用，推动国际金融体制改革，实现发展政策与贸易、金融等政策的统一协调。

今年底，发展筹资问题后续国际会议将在卡塔尔多哈举行。各方应该共同努力，推动会议在动员发展资源、保证充足、可预测的发展资金等方面取得实质成果。

（八）多哈回合谈判

多哈回合谈判取得成功，有利于维护世界经济的稳定和发展，有利于国际贸易有序进行，符合各方利益。

中国主张努力推动多哈回合谈判早日取得全面、平衡的结果，抑制贸易保护主义。应确保实现多哈回合的发展目标，充分照顾发展中国家尤其是最不发达国家的利益和关切，确保发展中国家充分有效参与多边贸易体制并从中切实受益。中国始终致力于推动建设公正、合理、非歧视的多边贸易体制。中国在加入世贸组织时在市场开放方面已做出了很大贡献，将继续做出与新成员地位和发展中成员地位相符的贡献，愿与各方共同努力，推动多哈回合谈判尽快取得成功，为重振世界经济注入强劲的动力和信心。

（九）国际金融体系改革

当前，国际金融市场动荡，世界经济面临的不确定性增加。各方都希望对国际金融体系进行必要的改革，以妥善应对当前世界经济面临的挑战。

国际金融体制改革的核心应是反映世界经济格局变化，增加发展中国家发言权和代表性，减少他们参与经济全球化的风险，塑造有利于世界经济健康、可持续发展的体制框架。改革的重点应是建立稳定、有序、合理的国际金融体系。

国际货币基金组织已在增加发展中国家发言权和代表性方面取得一些进展，下一步要重点加大对国际金融市场监管，特别要加强对具有系统重要性的储备货币发行国经济脆弱性和政策稳健性的监管，防范金融危机，妥善应对金融动荡。世界银行作为一个以减少贫困为宗旨的多边开发机构，应该着眼于发展中国家的长远利益，不但要进一步加大对发展问题的投入，而且还要在增加发展中国家发言权和代表性问题上尽快采取实际行动，切实反映发展中国家的关切，并动员更多发展资源帮助发展中国家实现千年发展目标。

五、军控、裁军与防扩散

中国一贯重视并支持国际军控与裁军努力，主张全面禁止和彻底销毁核武器、生物武器和化学武器等各类大规模杀伤性武器。

中国坚决反对大规模杀伤性武器及其运载工具的扩散。为实现防扩散目标，各国应致力于建设一个合作、互信的全球安全环境，实现各国的普遍安全；努力通过政治外交手段解决扩散问题；充分发挥联合国等国际组织的核心作用；处理好防扩散与和平利用之间的关系。

中国从不回避自己在核裁军方面应尽的责任和义务，一贯支持就全面禁止和彻底销毁核武器缔结国际法律文书。中国在核武器的规模和发展方面始终采取极为克制的态度，始终恪守在任何时候和任何情况下都不首先使用核武器，无条件不对无核武器国家和无核武器区使用或威胁使用核武器的承诺。

中国坚定支持《全面禁止核试验条约》，并积极推动条约早日生效。中国支持裁谈会尽快达成全面平衡的工作计划，早日启动“禁产条约”谈判。

中国认为，《不扩散核武器条约》是国际核不扩散机制的基石。在当前形势下，应继续维护和加强《不扩散核武器条约》的权威性和普遍性，使条约在防止核武器扩散，推动核裁军和促进和平利用核能方面发挥更大作用。

中国支持《禁止化学武器公约》和《禁止生物武器公约》的宗旨和目标，全面、严格履行两公约义务，支持不断加强两公约的普遍性，呼吁化武拥有国和遗弃国进一步加大工作力度，加快销毁进度。

中国一贯主张和平利用外空，反对外空武器化和外空军备竞赛。谈判制定相关国际法律文书是实现这一目标的最佳途径。

中国重视军事透明问题，致力于增进与世界各国的军事互信。从2007年起，中国参加了联合国军费透明制度，并恢复参加联合国常规武器登记册。

中国支持联合国在解决导弹、常规武器贸易等问题上的重要作用，以建设性态度参加了历届政府专家组的工作。有关工作应继续在联合国框架下，以全面、平衡和尊重各方关切的方式妥善进行。

中国重视军控领域的人道主义问题，严格履行《特定常规武器公约》及所附议定书，积极参加《特定常规武器公约》政府专家组工作。中国积极参与国际扫雷援助活动，帮助有关国家摆脱雷患困扰。中国积极支持打击小武器非法贸易的国际努力，认真落实联合国小武器《行动纲领》和《识别与追查非法小武器国际文书》。

六、人权问题

世界各国政府均有义务按照《联合国宪章》的宗旨和原则及国际人权文书的有关内容，结合本国国情，促进和保护人权。国际社会应尊重各类人权的不可分割性，同等重视经济、社会和文化权利以及公民权利和政治权利两类人权和发展权的实现。由于国情不同，各国在人权问题上采取不同的做法和模式，不应强求以同一模式来促进和保护人权。

中国倡导国际人权领域合作，主张在平等和相互尊重的基础上，通过对话与合作解决在人权问题上的分歧，增进了解，相互借鉴，共同发展，反对将人权问题政治化和搞双重标准。

中国以建设性态度参与联合国人权理事会工作，愿与各国共同努力，推动理事会以公正、客观和非选择性方式处理人权问题，促进国际人权领域的建设性对话与合作。

七、社会问题

（一）跨国犯罪

制贩毒品、走私、贩卖人口及洗钱等跨国犯罪活动日益猖獗，并经常和恐怖主义活动联系，严重危害各国经济发展和社会秩序，给地区稳定甚至世界和平带来挑战。

加强国际合作，预防和打击跨国有组织犯罪，不仅是国际社会共同的需要，也是各国共同的责任。联合国《打击跨国有组织犯罪公约》是国际社会在打击跨国犯罪领域的重要文件。国际社会应根据公约宗旨，认真履行公约义务，在"互信、互利、平等、协作"的基础上加强合作。

（二）反洗钱

洗钱犯罪与恐怖主义等其他跨国犯罪相互交织，对各国金融稳定和经济安全构成严重威胁。开展反洗钱国际合作有利于构建健康的国际金融体系，推动国际社会和谐发展。

中国高度重视打击洗钱犯罪活动，积极推动和参与国际和地区反洗钱合作。2007 年 6 月，中国成为金融行动特别工作组正式成员。中国将一如既往与国际社会一道，进一步开展反洗钱国际合作，推动构建健康有序的国际金融体系。

（三）公共卫生安全

公共卫生问题关系各国人民身体健康和生命安全。2007 年 6 月 15 日正式生效的《国际卫生条例》是防范疾病国际传播的重要国际法律文书。各国政府应通过发展经济，不断加强公共卫生能力建设，为人民健康生活提供有力保障，促进经济、社会的协调、可持续发展。

在中国的倡议下，第 58 届、第 59 届和第 60 届联大均一致通过"加强全球公共卫生能力建设"决议，充分表明国际社会对公共卫生能力建设问题的重视。发展中国家在重大传染病防治方面困难重重，国际社会应为发展中国家加强疾病防治能力建设提供更大帮助。

（四）反腐败

《联合国反腐败公约》为各国共同惩治和预防腐败规定了共同适用的法律原则和规则。各国应当在相互尊重主权和平等互利的基础上，切实加强反腐败国际合作。应将引渡、司法协助和资产追回等作为履约工作的重点和优先事项。技术援助应重点照顾发展中国家的需求，协助发展中国家加强能力建设，但不应附加额外条件。各国应尽量减少国内法对公约规定的合作措施的限制，提高合作效率。

八、联合国财政问题

联合国所有会员国应根据《联合国宪章》的精神，根据联大决议确定的支付能力原则，继续认真履行联合国财政义务，及时、足额、无条件地缴纳联合国会费和维和摊款，确保联合国具有坚实、稳定的财政基础。

联合国资源的利用应根据资源与方案相结合的原则，进一步提高资源的使用效率，并充分考虑和照顾发展中国家的合理关切和要求。

会员国应进一步协调与沟通，提高工作效率，加强在方案协调和财政预算方面对秘书处工作的指导。

九、法治问题

（一）国际和国内两级法治

实现国内和国际两级法治是各国普遍追求的目标。各国有权自主选择适合本国国情的法治模式。各国的法治模式可以相互借鉴、取长补短和共同发展。在加强国际法治方面，必须维护《联合国宪章》的权威，严格遵循公认的国际法原则和规则，坚持国际法的统一适用，避免采用双重标准，并不断完善国际立法，促进国际关系民主化。

（二）打击"有罪不罚"

中国谴责一切侵犯人权和违反国际人道法的犯罪行为，支持国际社会推动解决冲突地区"有罪不罚"问题。国际社会惩治犯罪的努力，不应干扰冲突地区正在进行的和平进程，不应妨碍冲突地区促进民族和解，实现持久和平。只有在有关地区局势缓和、政治稳定的前提下，才能更好地解决有罪不罚问题。

（三）国际法院

中国支持加强国际法院在和平解决国际争端方面的作用，支持法院不断改进其工作方法。各国自由选择和平解决争端方式的权利应得到尊重。

（四）国际刑事法院

中国支持建立一个独立、公正、有效和具有普遍性的国际刑事司法机构，以惩治最严重的国际罪行。国际刑事法院的工作应避免干扰有关和平进程。中国会继续关注国际刑事法院的工作。

（五）海洋与海洋法事务

中国高度重视海洋事务和海洋法，主张国际社会应加强合作和协调，建立和维护一个和谐的国际海洋秩序。我们主张：

第一，我们需要维护人类与海洋之间的和谐，使海洋永久造福人类，人类持续回报海洋。途径是兼顾对海洋的合理利用与科学保护。

第二，我们需要在海洋条件优越国与不利国、发达国家与发展中国家间公平分配海洋利益，分担保护责任，共同呵护海洋这一人类共同的家园。

第三，维护和谐的海洋秩序，应加强国际法治，仍需以《联合国海洋法公约》为法律基础。《公约》是国际社会经过长期谈判取得的成果，较均衡地反映了各方关切，为和谐的海洋秩序奠定了法律基础和框架，是在海洋领域解决新问题、处理新挑战的重要依据。

第四，科学合理划定200海里以外大陆架外部界限，不仅是沿海国依国际法所享有的权利，同时还牵涉到作为全人类共同继承财产的国际海底区域的范围，国际社会应确保大陆架界限委员会工作的严肃性、科学性和准确性。

上海合作组织成员国元首杜尚别宣言

2008年8月28日，上海合作组织成员国元首理事会第八次会议在杜尚别举行，与会元首共同签署并发表了《上海合作组织成员国元首杜尚别宣言》。宣言全文如下：

上海合作组织（以下简称“本组织”）成员国元首在杜尚别举行元首理事会会议，讨论了重大国际问题和地区局势，发表声明如下：

一、21世纪各国相互依存极大提高，安全和发展日益不可分割。当前，任何一个国际问题都不可能通过武力解决，这在客观上降低了武力因素在全球和地缘政治中的作用。

企图单纯依靠武力解决问题是完全行不通的。这只会阻碍局部冲突的综合解决；只有充分考虑各方利益，将各方纳入谈判进程，而不是将其孤立，才能全面解决现存问题。以损害其他国家安全为代价巩固自身安全的企图不利于维护全球安全和稳定。

元首们重申，必须尊重每个国家和每个民族的历史和文化传统，以及根据国际法为维护国家统一和领土完整、促进各民族和睦相处、共同发展所作的努力。

二、应在恪守《联合国宪章》和公认的国际法准则基础上，寻求应对全球性共同威胁和挑战的有效途径，并通过各国共同努力来实现。应发挥多边外交的作用，摒弃对抗思维、集团政治和单边主义。

本组织成员国认为，在当代条件下，国际安全应建立在互信、互利、平等、协作的原则基础上。建立全球反导系统不利于维护战略平衡、国际社会就军控和核不扩散作出的努力、增强国家间信任和地区稳定。

三、本组织成员国对不久前围绕南奥塞梯问题引发的紧张局势深表担忧，呼吁有关各方通过对话和平解决现有问题，致力于劝和促谈。

本组织成员国欢迎2008年8月12日在莫斯科就解决南奥塞梯冲突通过六点原则，并支持俄罗斯在促进该地区和平与合作中发挥积极作用。

四、本组织成员国重申，将推动开展预防性外交，将其作为有效解决安全和发展问题的重要手段，加强联合国在预防危机方面的关键作用。

本组织成员国认为，预防冲突应遵守《联合国宪章》、安理会有关决议及国际法基本准则。联合国安理会对维护世界和平与安全负有主要责任，在该领域具有主导作用。

鉴于地区组织潜力不断增长，在预防性外交领域发挥着日益积极的作用，本组织成员国主张根据《联合国宪章》第8章规定，全面发展和完善联合国与地区组织的合作。

五、本组织成员国主张，在解决人类资源需求问题上进行广泛国际合作，不以破坏环境为代价，应寻求全球共同发展，包括在保障所有国家平等享受全球化带来的益处基础上消除国家间的技术差距、消除贫困。

在世界经济增长放缓的情况下，执行负责任的金融货币政策、对资本流动进行监控、保障粮食和能源安全具有特殊意义。

六、本组织成员国对本组织框架内打击恐怖主义、分裂主义和极端主义的合作不断巩固表示满意，将发挥地区反恐怖机构的作用，使成员国安全合作提高到一个新水平。

本组织成员国重申，应维护联合国在国际反恐斗争中的核心协调作用，坚定不移地推进《联合国全球反恐战略》，尽快商定《打击国际恐怖主义全面公约》。

本组织成员国将坚决打击恐怖主义对意识形态领域的渗透，愿进行密切合作，落实联合国安理会第1624号决议，并开展文明和文化间对话。在此情况下，依靠公民社会、实业界、媒体和非政府组织的力量十分重要。

七、元首们强调，第62届联合国大会通过62/17号决议——《从国际安全角度看信息和电信领域的发展》具有重要意义，愿共同推动落实文件中提出的建议。

元首们指出，本组织框架内在建立保障国际信息安全合作的国际法基础和具体合作机制方面的工作富有成果。

八、元首们支持本组织与联合国，以及独联体、东盟、欧亚经济共同体、集体安全条约组织、经济合作组织和联合国亚太经社会根据已签订的谅解备忘录深化合作。

九、元首们强调，在考虑到各方关切的前提下，本组织成员国就有效合理利用水能资源开展对话十分重要。

在应对全球气候变化的背景下，成员国密切合作开发新型能源技术具有特殊意义。因此，本组织成员国高度重视制定共同立场，应对气候变化带来的消极后果，发展环保清洁型能源。

十、本组织成员国重申恪守保护和促进人权领域的基本文件和标准：

（一）根据所承担的国际义务和本国法律保障人的基本权利、自由和少数民族的权利；

（二）就履行人权领域的国际条约问题交流经验；

（三）落实人文领域现行的多边和双边条约；

（四）加强在联合国人权领域的磋商与合作；

（五）就人文合作和促进保障人权问题与其他地区组织和一体化机制合作。

十一、本组织成员国指出，中亚的地缘政治、经济意义日益上升。本组织的蓬勃发展将促进本地区巩固战略稳定、维护和平与安全、开展经济和人文等多领域合作。

十二、安全领域面临的外部威胁与挑战成为扰乱本地区局势的因素。阿富汗局势仍在发展，毒品走私规模扩大，跨国有组织犯罪猖獗，因此必须加强合作，建立对上述威胁和挑战进行共同分析、预防和反应的机制。

元首们认为，联合国安理会授权的驻阿富汗国际安全援助部队应与阿富汗伊斯兰共和国政府、邻近国家及其他有关国家合作，更加关注打击阿富汗毒品生产和走私问题。元首们建议，在联合国安理会例行讨论阿富汗局势时将这一任务列入国际安全援助部队的权限。

本组织成员国将继续共同努力，与有关国家和地区性国际组织紧密合作，建立广泛的伙伴关系网，应对恐怖主义和毒品威胁。

元首们强调，在对阿富汗工作方面，应加强上海合作组织—阿富汗联络组的工作，筹备召开本组织倡导的阿富汗问题特别国际会议，讨论共同打击恐怖主义、非法贩运毒品和有组织犯罪问题。

十三、元首们认为，建立中亚无核武器区是巩固国际核不扩散条约体系的重要步骤。2006年塞米巴拉金斯克条约将促进地区和平与稳定，有助于打击国际核恐怖主义，防止非国家实体掌握核材料、核技术。

十四、上海合作组织奉行开放原则，愿与所有赞成本组织宗旨和原则的国际和地区组织进行建设性对话，并根据《联合国宪章》和国际法准则开展自身活动。鉴此，本组织愿研究与其他国际组织建立合作关系的可能性，以保障地区稳定、安全与和谐发展，最大限度地惠及本组织成员国。

哈萨克斯坦共和国总统　努尔苏丹·纳扎尔巴耶夫

中华人民共和国主席　胡锦涛

吉尔吉斯共和国总统　库尔曼别克·巴基耶夫

俄罗斯联邦总统　德米特里·梅德韦杰夫

塔吉克斯坦共和国总统　埃莫马利·拉赫蒙

乌兹别克斯坦共和国总统　伊斯兰·卡里莫夫

二〇〇八年八月二十八日于杜尚别

中韩联合公报

2008年8月25日，中国和韩国在首尔发表《中韩联合公报》。联合公报全文如下：

一、应大韩民国总统李明博邀请，中华人民共和国主席胡锦涛于2008年8月25日至26日对韩国进行国事访问。访问期间，胡锦涛主席同李明博总统举行会谈，达成广泛共识。

二、两国元首对1992年中韩建交以来，两国关系在政治、经济、社会、文化等各领域取得的巨大发展表示满意，认为这不仅促进了两国的发展，也为亚洲乃至世界的和平与发展做出了积极贡献。

三、李明博总统对中国成功举办北京奥运会表示祝贺。胡锦涛主席对李明博总统专程出席北京奥运会开幕式以及韩方对北京奥运会的支持表示感谢。

四、双方一致认为，中韩关系对双方而言均是重要的双边关系。双方决定在2008年5月李明博总统访华时双方发表的《中韩联合声明》基础上，全面推进中韩战略合作伙伴关系。双方将以实现长期共同发展为基本目标，全方位扩大和深化相互合作，加强在地区和国际重大问题上的协调，为推动建设持久和平、共同繁荣的世界，为人类的发展与进步贡献力量。为此，双方决定从以下方向推动两国关系发展：

（一）增进政治信任，相互支持和平发展。保持并加强两国高层往来。扩大和深化两国政府、议会、政党的交流与对话。加强防务对话与交流。

（二）深化互利合作。本着优势互补、互利共赢的原则，不断发掘双方新的合作领域，拓展合作的广度和深度，通过务实合作，促进两国的可持续发展。

（三）促进人文交流。以双方悠久的交往历史和深厚的人文纽带为依托，广泛开展交流，加深两国人民的相互理解和友好感情。

（四）加强在地区及全球性问题上的协调与合作。共同致力于维护朝鲜半岛及东北亚的和平与稳定。积极参与亚洲区域合作。加强在国际多边舞台上的对话与合作。就攸关人类生存与发展的重大问题积极开展合作。

五、韩方表示将通过和解与合作发展相生共荣的南北关系。中方重申继续支持南北双方推进和解与合作进程，改善关系，最终实现和平统一。在台湾问题上，韩方重申2008年5月《中韩联合声明》中的立场，继续坚持一个中国政策。

六、为发展两国关系，双方决定重点在以下具体方面开展合作：

（一）政治领域

1. 两国高层领导人将保持经常性互访和接触。

2. 于2008年内举行首次外交部门高级别战略对话，以此启动旨在就涉及两国共同利益的重大问题交换意见的战略对话机制。将两国外交部工作层业务磋商机制化，以加强在对外政策及国际形势方面的沟通。

3. 由两国专家学者就全面推进中韩交流与合作开展联合研究，并向两国政府提交相关报告。

4. 开展两国防务当局高层互访，加强相互联络机制，开展多层次、多领域交流合作。

5. 尽早解决中韩海域划界问题对于两国关系的长期稳定发展具有重要意义，为此将加快协商。

（二）经贸领域

6. 共同努力将双边年贸易额达到2000亿美元的目标提前至2010年实现，为此在贸易投资便利化、质量检验检疫、贸易救济、知识产权等领域加强合作。

7. 根据2008年5月两国元首达成的共识，继续推进《中韩经贸合作中长期发展规划联合研究报告》的调整和补充工作。

8. 为扩大两国经贸合作，进一步加强两国经贸磋商和贸易实务合作机制。

9. 进一步加强在环保、信息通信、金融、物流、能源等重点领域的合作。

10. 扩大相互投资有利于两国经济互利发展，为此加强政府层面的合作与支持，努力营造良好的投资环境。

11. 在中韩自贸区官产学联合研究的基础上，根据互惠原则，积极研究推进中韩自贸区进程。

12. 为成功举办2010年上海世界博览会和2012年丽水世界博览会，双方签署《中国2010年上海世博会与韩国2012年丽水世博会合作交流谅解备忘录》等协议，加强合作，分享经验，交流信息。

13. 根据两国政府间协议，启动雇佣许可制劳务合作，保护两国劳务人员的合法权益。

14. 欢迎双方金融领域互利合作所取得的成果，在两国金融机构进入对方金融市场方面加强合作。

15. 两国有关部门和企业签署《关于信息技术创新合作的谅解备忘录》，进一步加强和发展在信息技术领域的合作。

16. 为建设环境友好型、资源节约型社会相互开展积极合作。

17. 加强在应对地震、海啸、台风等自然灾害领域的交流与合作。

18. 签署《开展节能领域合作的谅解备忘录》，推进节能咨询、人员交流、技术开发等合作。

19. 双方共同意识到保护地球生态环境的重要性，一致同意签署《防治沙漠化科学技术合作的谅解备忘录》，通过开展合作研究、专家交流和信息交换等方式，促进和加强双方在防治沙漠化领域的科学技术合作。

20. 签署《合作运行与维护中韩经贸合作网站的谅解备忘录》，开通两国经贸合作网站，提供最新贸易投资信息。

21. 签署《高技术领域合作的谅解备忘录》，今后5年在电子信息、通信技术、新能源等领域开展合作，积极发掘高技术合作项目。

22. 签署《进出口水产品卫生管理协议》，加强在水产品进出口检验检疫、法律信息交流、水产品检疫人员互访等卫生管理方面的合作。

（三）人文交流领域

23. 将目前600万人次左右的年人员往来规模进一步扩大，为此提供一切必要的便利，包括研究采取签证便利化措施。

24. 将2010年和2012年分别定为中国访问年和韩国访问年，届时举办旅游等多种双边交流活动，促进两国人员往来。

25. 中方宣布将中国驻韩国大使馆驻光州领事办公室升格为中国驻光州总领事馆，韩方对此表示欢迎。

26. 签署《2008—2010年教育交流与合作协议》，将互换政府奖学金生名额从每年40名增加至60名，每年邀请青少年互访，实施青少年交流计划。

27. 活跃两国文化界、媒体、友城、学术界、民间团体间的交流，增进相互理解，支持两国民间团体在文化和媒体领域开展交流活动，支持两国学术机构开展历史、文化等领域交流。

28. 签署《中国赠送朱鹮以及朱鹮繁殖和种群重建合作的谅解备忘录》，中方决定向韩方赠送一对朱鹮，韩方对此表示感谢，双方决定加强拯救濒危物种朱鹮的合作。

（四）地区和国际事务

29. 继续加强在六方会谈框架内的沟通与合作，推动尽快全面均衡落实第二阶段行动，为全面落实9·19共同声明做出建设性努力。

30. 在东盟与中韩日（10+3）、中韩日、东亚峰会、东盟地区论坛、亚太经合组织、亚洲合作对话会、亚欧会议、东亚—拉美论坛、亚洲—中东对话、亚非峰会等方面保持协调与合作。

31. 建立两国外交部门联合国事务磋商机制，加强在联合国事务中的相互理解与合作。

32. 推进在国际人权领域的对话与合作。

33. 在防止大规模杀伤性武器扩散和打击国际恐怖主义、毒品、金融经济犯罪、高科技犯罪、海盗等问题上加强合作。

34. 与国际社会一道，为应对气候变化这一全球共同关心的问题做出不懈努力。

七、双方一致同意，为认真落实上述各领域共识，充分利用两国外交部门高级别战略对话、经贸联委会、旅游部长会议等双边机制，进行具体规划并予有效推进。

八、中方对韩方在胡锦涛主席访韩期间给予的热情友好接待表示感谢。

二〇〇八年八月二十五日于首尔

中华人民共和国和俄罗斯联邦关于重大国际问题的联合声明

中华人民共和国和俄罗斯联邦（以下简称“双方”），基于作为联合国安理会常任理事国对世界和平与发展所负的责任以及对重大国际问题所持的一致立场，恪守1997年4月23日《中华人民共和国和俄罗斯联邦关于世界多极化和建立国际新秩序的联合声明》和2005年7月1日《中华人民共和国和俄罗斯联邦关于21世纪国际秩序的联合声明》，强调中俄建立战略协作伙伴关系和2001年7月16日签署《中华人民共和国和俄罗斯联邦睦邻友好合作条约》具有重要历史意义。

声明如下：

一、当今世界正处在大变革之中。求和平、谋发展、促合作已经成为时代的要求。世界多极化趋势不可逆转，经济全球化深入发展，科技进步速度加快，全球合作和区域合作方兴未艾。同时，在世界上单边主义和强权政治依然存在，民族和宗教矛盾引发的局部冲突此起彼伏，全球经济失衡加剧，新威胁、新挑战层出不穷。

鉴此，世界各国应携手努力，有效应对共同威胁和挑战，建设持久和平、共同繁荣的和谐世界。应遵循《联合国宪章》宗旨和原则，严格遵守互相尊重主权和领土完整、互不侵犯、互不干涉内政、平等互利、和平共处的原则及国际法和其他公认的国际关系准则，摒弃“冷战思维”和集团政治，弘扬平等、民主、协作精神。

二、双方支持联合国在国际事务中发挥主导作用。联合国在维护世界和平、促进各国合作、推动共同发展中的作用不可替代。双方一致赞同联合国进行必要、合理的改革，加强其权威，提高其效率，以增强应对新威胁、新挑战的能力。改革应本着循序渐进、协商一致的原则。

三、双方谴责一切形式的恐怖主义。双方指出，恐怖主义正企图在思想上进行扩张，同跨国有组织犯罪和贩毒的联系越来越紧密。双方对此表示关切。国际社会应以《联合国宪章》和公认的国际关系准则为基础，在多边框架内共同打击恐怖主义。反恐应摒弃双重标准，不能借反恐之名达到同维护国际稳定与安全任务相悖的目的。

为此，双方将共同致力于加强联合国在国际社会打击恐怖主义和应对其他新威胁和挑战过程中的中心协调作用，落实联合国重要反恐文件，包括《联合国全球反恐战略》，推动各方尽快就《关于国际恐怖主义的全面公约》达成一致。双方将采取积极措施，广泛动员包括非政府组织和实业界人士在内的社会力量，遏制恐怖主义思潮，消除新的威胁和挑战。

双方重申将坚定不移地在地区组织和论坛，首先是上海合作组织、东盟地区论坛、亚太经合组织及其他多边机构框架内加强合作，打击恐怖主义、贩毒和犯罪。双方将继续共同努力，在亚太地区建立国际地区组织及其反恐机构的伙伴网络。

四、双方愿共同推动经济全球化朝着均衡、普惠、共赢方向发展，呼吁国际社会，特别是发达国家增加发展援助，全面履行向发展中国家提供援助的承诺，为其发展营造有利的国际环境。

双方支持奉行互利共赢的开放战略，支持推动南北对话和南南合作，缩小南北差距。为此应完善国际贸易和金融体制，反对贸易保护主义和投资保护主义，通过平等磋商与合作解决经贸摩擦问题。

五、双方认为，为维护持久和平，世界各国应共同努力，以《联合国宪章》及互信、彼此照顾对方利益、平等合作、公开性、可预测性等原则为基础，推动国际安全体系向更符合时代要求和各国共同利益的方向发展。

双方认为，国际安全是全面的和不可分割的。不能以一些国家的安全为代价，保障另一些国家的安全，包括扩大军事政治同盟。双方强调，必须充分尊重和照顾有关国家的利益和关切。

双方愿在各国安全不受减损的前提下继续积极推进国际军控进程，努力促进多边军控和防扩散条约的普遍性和有效性。双方主张在国际法框架内，通过政治和外交手段解决大规模杀伤性武器及其运载工具的扩散问题，促进国际安全。

双方认为，建立全球导弹防御系统，包括在世界一些地区部署该系统或开展相关合作，不利于维护战略平衡与稳定，不利于国际军控和防扩散努力，不利于国家间互信和地区稳定。双方对此表示关切。

双方主张和平利用外空，反对外空武器化和外空军备竞赛，强调在日内瓦裁军谈判会议框架内谈判缔结防止在外空部署武器相关国际法律文书的重要性。

六、双方认为，可持续发展是国际合作的重要领域。各国应加强经验交流，保护自然资源和生物多样性，努力建立环境友好型、资源节约型社会。

双方高度重视气候变化问题，重申全面履行《联合国气候变化框架公约》及其《京都议定书》的义务，愿严格依据公约原则，特别是“共同但有区别的责任”原则和各自的能力，在这一领域开展对话与合作。发达国家应向发展中国家提供资金和技术支持，提高发展中国家应对气候变化的能力。

七、双方呼吁各国本着平等互惠的原则加强能源对话与协调，以稳定和完善国际能源供需市场，共同维护全球能源安全。双方支持树立和落实互利合作、多元发展、协同保障的新能源安全观，加快研发和推广有利于环境保护的新能源技术。

八、双方积极评价朝鲜半岛核问题六方会谈取得的进展，呼吁各方坚持对话谈判和平解决的方向，继续相向而行，显示灵活，推进六方会谈进程，早日实现半岛无核化，实现有关国家关系正常化，实现东北亚地区的长治久安。双方愿继续为此发挥积极作用。

双方主张，通过对话和平等协商解决伊朗核问题、伊拉克和阿富汗重建问题以及中东、科索沃、苏丹（达尔富尔）及其他紧迫的国际问题，呼吁各方在解决上述问题时，着眼全球和地区安全，致力于外交努力，避免使用武力和其他极端方式，谨慎对待使用制裁问题，并照顾当事国利益。

九、双方认为，文明、文化的多样性是人类进步的重要动力。各国应本着平等和相互尊重原则，加强不同文明、不同文化、不同宗教的对话，实现各种文明和文化的和谐发展和兼容并蓄。

十、双方重申，尊重人权的普遍性原则，同时认为，各国有权根据本国国情促进和保护人权。在人权问题上，各国应在主权平等和不干涉内政的基础上，通过对话与合作消除摩擦，反对将人权问题政治化和搞双重标准，反对借人权问题干涉别国内政，推动国际社会以客观和非选择性方式处理人权问题。

十一、双方愿共同致力于加强“八国集团”与发展中国家领导人对话，加强“金砖四国”、中俄印外长会晤等国际合作机制，愿在利益一致的基础上，推动建立和进一步发展上述及其他国际合作机制，针对全球、地区安全和可持续发展面临的挑战和威胁，寻找协商一致的解决办法。

双方欢迎地区一体化机构之间建立协作机制，特别是加强东亚地区的协作，扩大该地区政治对话、经济合作、社会和文化交往。中国支持俄罗斯更积极地融入东亚一体化进程。

双方认为，上海合作组织已成为巩固战略稳定、维护和平与安全、发展欧亚地区多种经济与人文合作的极为重要的因素。双方重申，将进一步巩固上海合作组织的团结。双方认为，为解决当代的紧迫问题并使各方都能够接受，在开放和不针对第三国的原则基础上深化上海合作组织同有关国家、国际组织和论坛的对话是非常重要的。

中华人民共和国主席　胡锦涛（签字）

俄罗斯联邦总统　德·阿·梅德韦杰夫（签字）

二〇〇八年五月二十三日于北京

中华人民共和国、俄罗斯联邦和印度共和国外交部长会晤联合公报

2008年5月15日，中国、俄罗斯和印度三国外长在俄罗斯叶卡捷琳堡举行三方会晤，并发表《中华人民共和国、俄罗斯联邦和印度共和国外交部长会晤联合公报》。全文如下：

2008年5月15日，中华人民共和国、俄罗斯联邦和印度共和国外交部长在俄罗斯叶卡捷琳堡举行第八次会晤。

三国外长满意地指出，作为历史和文化悠久、快速发展的多民族国家，中俄印之间的协作不断加强；强调三方协作有助于建立稳定与和谐的多极世界，推动国际关系民主化和国际秩序朝着更加公正合理的方向发展。

三国外长对三方根据2007年10月24日哈尔滨会晤取得的成果努力挖掘合作潜力予以积极评价。

三国外长高度评价今年2月在莫斯科举行的中俄印外交部地区司司长首次磋商。在此级别上就落实中俄印外长会晤达成的共识、筹备外长会晤等一系列问题开始定期交换意见。2008年4月28日在北京举行的中俄印农业合作论坛是促进三方农业领域合作的重要一步。三方还启动了建立减灾救灾、医药卫生主管部门间合作的具体工作，商定2008年举行这些领域的首次对口会晤。

三国外长指出，加强中俄印企业界之间的联系具有重要意义，积极评价2007年12月在新德里举行的三方企业家首次会议。2008年秋，中国国际贸易促进委员会、俄罗斯工商会和印度工商会的代表将在莫斯科举行会晤。三方企业家第二次会议将于2009年在中国举行。

三国外长认为，今年3月在新德里举行的三国官员和专家地缘战略趋势研讨会，进一步推动了三国政府和学术界的多领域对话。

三国外长表示，将积极深化三国对话与协

作，三方高度重视人文领域的巨大合作潜力。三国外长认为，在促进和保护人权及基本自由方面开展国际合作意义重大，该合作应充分考虑到每个国家的历史和文化特点，尊重不同文明的传统价值观，以意识形态、价值观和地缘标准划线的做法无益于和平与和谐共存。三国外长强调，国际人道援助应集中在救灾和重建等方面，避免干预一国内政。

三国外长详细讨论了国际形势和主要的国际及地区问题，重申三国立场广泛一致。

三国外长重申，当今世界秩序的基础应是国际法治、加强多边主义和发挥联合国的中心作用。三国外长重申，需要对联合国进行全面改革，以提高其工作效率，更有效地应对当今各种全球性挑战。中俄两国外长重申，两国重视印度在国际事务中的地位，理解并支持印度在联合国发挥更大作用的愿望。

三国外长重申对《联合国气候变化框架公约》和《京都议定书》的承诺，强调需要进一步加强国际协作应对全球气候变化。三国外长声明，三国愿做出一切必要的努力落实《巴厘行动计划》。

三国外长认为，在联合国框架下确定应对新挑战和新威胁的一致立场具有特殊意义。三国外长确信，应在联合国系统和区域组织框架内积极支持三国反恐合作，呼吁所有联合国会员国遵守有关国际反恐公约及其相关议定书和安理会反恐决议。三国外长支持落实联合国全球反恐战略，强调所有会员国应齐心协力，尽快完成联合国全面反恐公约的起草，重申将致力于进一步加强三国间打击恐怖主义的合作。

三国外长研究了亚太局势后指出，亚太各国谋求和平和经济可持续发展是地区形势主流。应奉行多边主义和平安全的原则，构建互信、互利、平等、协作的地区安全体系。三国外长支持在互惠和非歧视基础上，根据开放的地区主义原则扩大亚太经济一体化。

三国外长重申，中俄印三国愿扩大同中亚国家的多领域合作，包括打击恐怖主义、分裂主义、极端主义、毒品走私、跨国犯罪。三国外长同意探索三方合作的不同形式，促进该地区发展。中俄外长欢迎印度作为观察员国在上海合作组织框架内发挥更大作用的愿望。

三国外长欢迎阿富汗重建进程取得进展，对恐怖袭击持续不断、塔利班和“基地”组织卷土重来导致阿富汗安全局势不断恶化表示担忧。强调应协助阿富汗政府解决保障安全、完善国家政权机构和发展社会经济等任务，应严格遵守对列入联合国安理会 1267 委员会名单中阿富汗极端主义首领及其他个人和实体的制裁，严厉打击阿富汗境内的恐怖和极端主义势力，进一步加大对阿富汗毒品威胁的遏制力度。三国外长指出，应发挥联合国核心协调作用，吸收阿富汗邻国参与，建立综合性的环阿富汗禁毒安全带。

三国外长指出，应继续谈判，通过政治和外交途径早日解决伊朗核问题。谈判旨在寻求各方均能接受的长期、全面的解决办法，恢复国际社会对伊朗核计划和平性质的信任，保障伊朗享有和平利用核能的权利，为与伊朗开展更广泛国际合作开辟道路。

三国外长呼吁有关各方继续积极推动朝鲜半岛核问题六方会谈，和平、彻底地实现朝鲜半岛无核化，使各方尽快履行此前在北京就此达成的各项协议。

三国外长指出根据国际法准则、由联合国发挥领导作用、以各方达成共识为基础解决科索沃地位问题的重要性。科索沃单方面宣布独立有悖于联合国安理会第 1244 号决议。在联合国做出新决定之前，该决议仍应作为解决科索沃问题的法律基础。三国外长呼吁贝尔格莱德和普里什蒂纳在国际法框架内行事，以通过谈判寻找解决问题的合适办法。俄罗斯和印度外长重申，两国支持北京奥运会，愿为其成功举办做出努力。

三国外长对会晤成果表示满意，决定下次会晤在印度举行。

二〇〇八年五月十五日于叶卡捷琳堡

中日两国政府关于加强交流与合作的联合新闻公报

2008年5月7日，中华人民共和国政府和日本国政府发表关于加强交流与合作的联合新闻公报。公报全文如下：

应日本国政府邀请，中华人民共和国主席胡锦涛于2008年5月6日至10日对日本进行国事访问，与福田康夫内阁总理大臣举行了富有成果的会谈，双方发表了《中日关于全面推进战略互惠关系的联合声明》。为落实上述联合声明，双方达成如下共识：

一、日方邀请胡锦涛主席出席今年7月在北海道洞爷湖举行的八国集团同有关国家领导人对话会议，中方表示将认真积极研究。

二、中方邀请福田康夫首相出席今年10月在北京举行的第七届亚欧首脑会议，日方表示将认真积极研究。

三、日方提议今年秋天在日本举行中日韩领导人会议，中方表示将认真积极研究。

四、双方积极评价中日战略对话为推动中日关系改善与发展所发挥的重要作用，将继续重视这一对话。

五、在今年4月东京召开的中日外交部发言人磋商中，双方一致认为，为进一步增进两国人民相互了解，双方应在报道和宣传方面进行合作，加强两国宣传报道部门的直接联络机制，共同努力向两国媒体提供客观、准确的信息。双方对此表示欢迎，将在双方方便的时候在北京举行下次磋商。

六、为增进两国防务部门之间的相互信任，日本防卫大臣将于年内访华。

七、双方对今年3月举行的中日防务安全磋商表示欢迎。为加深两国防务部门之间的相互理解，将继续举行高级别防务安全磋商。

八、继今年2月日本联合参谋长访华后，中国人民解放军空军司令员将于今年6月访日，海军司令员、副总参谋长将于今年下半年分别访日。

九、继中国人民解放军海军舰艇去年11月访日后，日本海上自卫队舰艇将于今年6月访华。

十、为防止海上发生不测事态，建立中日防务部门海上联络机制首轮专家组磋商于4月下旬在北京举行，双方对此表示欢迎，将继续为早日建立该机制作出努力。

十一、双方将就扩大军兵种、防务相关教育机构、研究机构间的交流进行探讨。

十二、双方将探讨在联合国维和行动（PKO）、灾害救援等领域合作的可能性。

十三、为加深两国防务部门之间的相互理解和对对方国家的了解，双方同意加强中国人民解放军青年军官和日本自卫队年轻干部互访，年内将相互邀请约15名尉官级干部访问对方国家一周左右。

十四、新一届中日友好21世纪委员会在两国领导人的关心下，为推动中日关系改善和发展提出了有益建议，双方对此表示积极评价，期待该委员会今年底提交最终报告。

十五、双方积极评价中日共同历史研究发挥的作用，同意继续开展这一研究。

十六、双方对去年两国人员往来达到500万人次表示欢迎，今后将继续扩大人员交往，为增进相互理解进行密切合作。

十七、双方对“中日青少年友好交流年”顺利启动表示满意。双方确认，今后4年每年开展4000人规模的青少年交流，并将为最大限度有效开展青少年交流作出努力。

十八、双方一致同意持之以恒地开展青少年友好交流，呼吁两国各界为促进青少年交流加强合作。

十九、双方一致认为，进一步加强两国中青年干部交流具有积极意义，今后将继续支持开展这一领域的交流与合作。

二十、双方一致希望北京奥运会取得成功，

希望以北京奥运会为契机，进一步促进两国人民交流，增进相互理解和友谊。

二十一、双方对签署两国关于互设文化中心的协定表示欢迎，期待该中心为促进两国人民的相互理解发挥积极作用。

二十二、双方积极致力于人文领域的交流与合作，鼓励相关部门和社会团体在文化遗产保护等领域开展共同研究。

二十三、去年12月福田首相访华时，日方提出加强北京大学对日交流的计划，双方对有关准备工作取得进展表示欢迎，将继续为进一步加强知识界交流进行合作。

二十四、中日经济高层对话首次会议去年12月在北京召开，两国有关部长们会聚一堂，就各自宏观经济政策、包括气候变化问题在内的节能环保、贸易投资、检验检疫、地区及国际经济问题等开展跨部门直接对话，增进了相互理解，并为今后解决问题和推进合作指明了方向。双方对此表示高度评价。下次对话拟于今年秋天在东京举行。

二十五、两国相关部门签署了《关于互利共赢推动可持续经济发展一揽子合作的框架协议》、《关于继续加强节能环保领域合作的备忘录》和《关于推进中小企业领域合作备忘录》三个协议。双方对此表示欢迎，并一致同意继续推动上述合作。

二十六、双方对当前的原油价格表示忧虑。双方一致同意继续开展中日部长级能源政策对话，探讨能源领域互惠合作。

二十七、双方表示，在煤炭领域技术合作方面，推动中方煤炭火力发电厂的设备诊断、设备改造、人才培训。双方将继续开展通过捕集和封存煤炭火力发电厂产生的二氧化碳（CCS）提高石油采收率（EOR）方面的实证研究。双方对继续开展钢铁、水泥领域的节能环境诊断表示欢迎。

二十八、双方认为，“中日节能环保商务示范项目”进展顺利，将与中国地方政府共同努力，进一步推进该项目，加强项目挖掘和成果普及。

二十九、双方高度评价通过日方培训节能人才在中国的节能法及节能政策方面取得的进展和成果。双方同意，今后在开展政策研修的同时，日方向中国派遣节能监测领域的有关专家，并对中方进一步加强节能体制建设和企业的能源管理提供支持。

三十、双方将推动建设与环境相关的研究生院网络，促进环境人才培养。

三十一、双方对福田康夫首相访华时确定的“中日节能环保合作咨询窗口”今年4月正式启动表示欢迎，并将努力通过这一窗口促进两国节能环保产业的发展。

三十二、双方同意，鉴于核能发电对保障能源安全及防止地球变暖的重要性，将加强在该领域的合作。

三十三、双方认为，包括双方在内的主要能源消费国，有必要就节能方面的政策措施等广泛交换意见，共享信息。

三十四、双方对天津市和北九州市、神户市在循环经济、节能环保方面开展合作表示欢迎，并将继续给予支持。

三十五、双方对两国环保部门签署合作实施小城镇分散型污水处理示范项目备忘录表示欢迎。

三十六、双方对两国合作推动沙尘暴共同研究取得进展表示评价，将继续促进亚洲国家在包括二氧化硫等大气环境领域的交流与合作。

三十七、双方将促进关于兼顾防治公害和减缓气候变化协同效应的具体合作。

三十八、双方对两国主管部门起草关于促进中国农村地区饮水安全供给及介绍并推广日本在普及简易自来水管道方面的成功经验等的备忘录表示欢迎，并将为实施备忘录进行合作。

三十九、关于有效管理水资源、预防水污染、治理水灾等水资源领域合作，双方认为，水是最易受地球变暖影响的资源，将从应对气候变化角度出发，进一步加强上述领域合作。

四十、双方积极评价两国政府间林业合作及中日民间绿化合作委员会的扎实工作。同时，将针对全球森林减少及退化问题，加强植树造林、打击非法采伐，促进亚洲地区森林恢复与可持续经营。

四十一、双方在坚持“不与人争粮、不与粮争地”的原则下，就发展生物燃料开展信息交换与技术交流。

四十二、双方高兴地看到，中方向日方提供的朱鹮正在顺利繁殖，今后将继续加强在朱鹮保护和野外放飞方面的合作。

四十三、为增进中日两国人民的友好感情，中方同意向日方提供一对大熊猫，共同开展合作研究，日方对此表示感谢。

四十四、双方愿继续进行矿物资源领域的对话，开展建设性讨论。双方达成共识，年内在双方认为方便的时间举行中日稀土交流会议，以便进一步深化该领域的交流与合作。

四十五、双方将继续加强知识产权领域的合作，利用两国知识产权交流的现有工作机制，交换知识产权立法、执法及行政审批的信息；增强双方企业间知识产权保护和利用的经验交流；共同开展各类人才的知识产权培训，扩大知识产权制度的影响力。

四十六、双方对中日韩改善商务环境行动计划达成一致表示欢迎。同时，双方对签署《关于就贸易投资相关法律制度开展研究交流的备忘录》表示欢迎，将加强贸易投资法律的交流与合作。

四十七、双方对两国有关部门签署《关于促进技术贸易顺利发展的合作备忘录》表示欢迎。

四十八、双方对两国有关部门签署《关于促进中小企业顺利开展海外业务的合作备忘录》表示欢迎，今后将创造更为宽松的商务环境，进一步推动中小企业合作。

四十九、双方将为保护两国人民生命和健康进一步加强合作。对于此次出现的冷冻加工食品中毒案件，双方将为尽早查明真相进一步加强调查与合作。

五十、双方对迄今为止在动植物检疫领域内的合作予以积极评价，并愿意进一步加强双方的合作和交流。妥善解决存在的技术问题，促进贸易的顺利发展。中方允许日本精米正式对华出口，日方对此表示欢迎。日方允许中国新鲜南瓜对日出口，中方对此表示欢迎。

五十一、双方积极评价信息通信领域开展的政策磋商，并将致力于共同促进信息通信领域的合作。

五十二、双方积极评价近期中日在加强金融及金融监管领域合作方面取得的成果，包括东京证券交易所开设北京代表处等，并表示今后将继续加强在该领域的合作。

五十三、双方对中日迄今为止的农业合作予以积极评价，愿进一步在现有机制下加强合作。

五十四、双方将进一步扩大旅游交流，积极推进在铁道、物流、海运、航空等领域的合作。

五十五、双方在去年年底官民访华团取得的成果的基础上继续开展癌症防治合作，促进中日医学交流，继续派遣官民使节团进行交流。双方将加强医药领域的信息交换。

五十六、双方将加快关于地球观测和预测的工作进度，共享数据和成果，努力构筑全球地球观测系统（GEOSS）。双方将推进气候变化领域的科学技术研究交流。

五十七、双方对草签中日领事协定表示欢迎，将争取尽快正式签署并完成生效手续。

五十八、双方将为《中日刑事司法协助条约》早日生效而加倍努力。

五十九、双方将开始关于缔结中日罪犯引渡条约的谈判，同时酌情尽早开始关于缔结中日被判刑人移管条约的谈判，争取同时签署两个条约。

六十、双方将根据《禁止化学武器公约》的规定，进一步加强合作，尽早销毁中国境内日本遗弃化学武器。

六十一、为实现亚洲经济持续稳定增长，双方认为开展清迈倡议多边化、亚洲债券市场倡议等区域财金合作十分重要，将共同推动这一合作取得更大进展。

六十二、日方表示，将按照日朝平壤宣言，解决包括核问题和人道问题在内的有关悬而未决问题，清算不幸的历史，实现日朝邦交正常化。双方确认日朝关系取得进展的重要性，中方表示，愿提供必要协助。

六十三、双方今年4月在北京举行了联合国改革问题司长级磋商，就联合国包括安理会改革问题等交换了意见，并一致同意今后继续进行磋商。

六十四、双方对签署中日关于应对气候变化合作的联合声明表示欢迎。

六十五、双方去年11月在北京举行了向第三国援助问题司局级对话，探讨了分享援外经验及在援外领域开展合作的可能性，并将继续开展工作层面的对话。

六十六、双方去年9月在东京举行了非洲政策司局级磋商，就各自对非政策及非洲形势等坦率交换了意见，并同意继续就开展可能的合作加强磋商。中方期待今年5月在日本召开的第4次非洲发展东京国际会议（TICAD）为促进非洲发展取得更大成果。

六十七、双方于今年4月在北京举行了湄公河政策对话，并就湄公河次区域现状、各自对湄公河次区域政策和促进湄公河次区域开发、贸易投资等问题展开了广泛讨论，双方对此表示欢迎。

六十八、双方去年5月在东京举行了中日军控与防扩散磋商，就当前国际军控和防扩散领域的主要问题广泛交换了意见，并将继续进行磋商。

六十九、双方同意在平等和相互尊重的基础上就人权问题进行对话，推动国际人权领域的对话与合作。

七十、双方认为，目前全球经济面临许多新的课题和困难，年内成功结束多哈回合谈判符合各方的共同利益，有助于加强多边贸易体制，维护世界经济的稳定和增长。双方将继续合作，推动多哈谈判达成广泛和平衡的协议，实现发展目标。

二〇〇八年五月七日于东京

中华人民共和国和印度共和国关于二十一世纪的共同展望

中华人民共和国国务院总理温家宝和印度共和国总理曼莫汉·辛格于2008年1月14日在北京举行会晤，决心通过发展两国面向和平与繁荣的战略合作伙伴关系，推动建设持久和平、共同繁荣的和谐世界。

中国和印度（以下简称“双方”）是世界上两个最大的发展中国家，人口超过世界总人口的1/3。双方认识到，中印都肩负着确保两国经济社会全面协调可持续发展，推动亚洲和世界和平与发展的重要历史责任。

双方确信，应该面向未来，在平等的基础上建立友好和互信的关系，充分理解彼此的关切和愿望。双方重申，中印友谊和共同发展将对国际体系的未来产生积极影响。中印关系不针对任何第三国，也不影响各自同其他国家的友好关系。

双方相信，在新世纪中，和平共处五项原则，即“潘查希拉”，应继续成为各国发展友好关系、为人类实现和平与发展创造条件的基本指导原则。一个建立在这些原则之上的国际体系将是公平、合理、平等和互利的，有助于促进持久和平与共同繁荣，创造平等机会，消除贫困和歧视。

双方认为，应尊重各国在确保基本人权和法治的基础上，自主选择自身社会、经济及政治发展道路的权利。一个建立在包容和尊重多样性基础上的国际体系，将推进和平事业，减少使用武力或以武力相威胁。双方倡导开放和包容的国际体系，相信以意识形态、价值观和地理标准划线的做法无益于和平与和谐共存。

双方相信，不断推进国际关系民主化和多边主义是新世纪的重要目标。应肯定和加强联合国在促进国际和平、安全和发展上的核心作用。双方支持对联合国进行全方位的改革，包括优先增加发展中国家在安理会的代表性。印方重申其成为安理会常任理事国的愿望。中方高度重视作为发展中大国的印度在国际事务中的地位，理解并支持印度在联合国，包括安理会中发挥更大作用的愿望。

双方支持和鼓励区域一体化进程，认为这是形成中的国际经济体系的重要特征，为发展提供了互利机遇。双方积极看待彼此参与区域合作进程，同意在包括东亚峰会在内的各个地区合作机制中加强协调和磋商，并同其他国家一道，建立更为紧密的亚洲区域合作新架构，共同努力推进亚洲的区域一体化进程。双方将加强在亚欧会议框架下的协调，共同致力于巩固和深化亚欧全面伙伴关系。

双方积极看待彼此参与观点相似国家间的次区域多边合作进程，包括南亚区域合作联盟、环孟加拉湾多领域经济技术合作倡议和上海合作组织。双方认为这不影响各自同其他国家间业已存在的友好关系或合作。

双方欢迎经济全球化的积极面，正视并妥善应对其挑战，愿意同各国一道努力，推动经济全球化朝着均衡和互利方向发展。双方相信建立一个开放、公平、平等、透明和以规则为基础的多边贸易体系是各国的共同愿望。双方支持早日结束多哈发展回合谈判，并将影响最贫困人口的问题放在核心位置。双方决心加强同其他发展中国家的协调，确保实现他们的共同目标。

双方坚信，建立公平、平等、安全、稳定、普惠的国际能源秩序，符合国际社会的共同利益。双方致力于共同努力，促进全球能源结构多元化，提高清洁和可再生能源比例，满足所有国家的能源需求。

双方欢迎两国杰出科学家在国际热核聚变实验反应堆项目上开展合作，这对于以环境上可持续的方式应对全球能源挑战具有重大潜在意义。作为拥有先进科技能力的国家，双方承诺，在同各自国际承诺一致的前提下，促进民用核能领域的双边合作。这将对能源安全和应对气候变化有关风险做出贡献。

双方认识到气候变化给人类带来的挑战。双方重视气候变化问题，重申愿与国际社会共同努力，为应对气候变化做出积极贡献。双方也愿加强两国间技术合作。双方欢迎2007年12月在巴厘岛举行的《联合国气候变化框架公约》大会的成果，同意在“巴厘路线图”所确立的公约长期合作行动的谈判进程中紧密合作。双方强调按照《联合国气候变化框架公约》及其《京都议定书》的各项原则和规定，特别是“共同但有区别的责任”原则应对气候变化的重要性。

双方呼吁国际社会致力于推进多边军控、裁军与防扩散进程。外层空间是人类的共同财富。所有发展航天事业的国家都应致力于和平利用外空。双方明确反对外空武器化和外空军备竞赛。

双方强烈谴责世界上任何地区、任何形式及任何表现的恐怖主义。双方承诺共同努力并与国际社会一道，长期、持续和全面地加强全球反恐框架。

双方相信，文化和宗教包容以及不同文明和民族间的对话有助于世界总体和平与稳定。双方赞赏所有促进不同文明和不同信仰间对话的努力。

双方相信，中印双边关系在本世纪将具有重要的地区和全球影响。因此，双方将继续积极发展两国战略合作伙伴关系。作为本地区经济大国，双方相信，中印经贸关系的强劲增长势头对双方有利。双方欢迎两国区域贸易安排可行性研究的完成。可行性研究报告认为，中印区域贸易安排将使双方受益。在亚洲区域经济一体化进程加快的背景下，双方同意就关于启动互惠和高质量的区域贸易安排谈判的可能性问题进行探讨，相信这一安排符合两国的共同愿望，也将惠及本地区。

双方将通过稳步增进国防领域联系，不断加强建立信任措施。因此，双方欢迎中印防务与安全磋商启动，对2007年12月双方顺利完成首次陆军联合反恐训练表示满意。2002年以来，两国在跨境河流问题上的合作树立了典范，双方对此表示欢迎。中国向印度提供汛期水文资料，为印度确保有关河流沿岸地区人民的安全提供了帮助，印方对此表示高度赞赏。双方认为这对增进相互理解和信任产生了积极意义。

双方将继续坚定地致力于通过和平谈判解决包括边界问题在内的遗留分歧，同时确保这些分歧不会影响双边关系的积极发展。双方重申，决心以2005年4月共同达成的关于解决边界问题政治指导原则的协定为基础，寻求公平合理和双方都能接受的方式解决问题，构建和平与友好的边界。双方特别代表应在该协定基础上尽早达成解决框架。

印方忆及印度是最早承认一个中国的国家之一，其一个中国的政策没有改变。印方表示，将继续遵守一个中国的政策，反对任何违背一个中国原则的活动。中方对印方立场表示赞赏。

双方认识到两国对国际社会所肩负的责任和义务。双方决心加强中印人民间的相互理解和友谊，创造两国和全人类更加光明美好的未来。

中华人民共和国国务院总理　温家宝（签字）

印度共和国总理　曼莫汉·辛格（签字）

二〇〇八年一月十四日于北京

2009 年

中加联合声明

（2009 年 12 月 3 日）

一、应温家宝总理邀请，加拿大总理斯蒂芬·哈珀于 2009 年 12 月 2 日至 6 日对中国进行正式访问，先后访问北京、上海和香港特别行政区。

二、胡锦涛主席、温家宝总理分别与哈珀总理会见、会谈，全国人大常委会吴邦国委员长将会见哈珀总理。双方就中加关系及共同关心的重大国际和地区问题深入、坦诚、富有成果地交换了意见，达成许多共识。访问期间，双方签署了一系列旨在促进气候变化、矿产资源、文化和农业教育等领域双边合作的协议（详见附件）。

三、双方对中加建交 39 年来双边关系的发展给予积极评价，认为中加同为亚太地区有重要影响的国家，拥有广泛共同利益和广阔合作前景。以诺尔曼·白求恩大夫等人物以及加拿大拥有 130 万华裔公民的事实为象征的中加友好关系源远流长。在相互尊重和平等互利基础上发展长期稳定的合作关系，符合中加两国和两国人民的根本利益。在中加关系进入新时期之际，双方同意共同努力，进一步促进在双边和国际事务各领域中的合作。

四、双方一致认为，包括领导人在内的经常性交往对推动中加关系发展十分重要。双方同意加强战略工作组这一于 2005 年建立的旨在促进定期、高级别交流的双边机制的作用。双方副部长级官员将于 2010 年尽早举行该工作组会议，讨论促进该机制及包括贸易与投资、能源和环境、卫生以及治理在内的可能的重点议题。双方还同意充分发挥业已建立的四十多个双边磋商机制的作用，加强各领域对话与沟通。

五、双方致力于保持中加关系稳定积极向前发展的势头，重申尊重彼此主权和领土完整、核心利益和重大关切这一根本原则，任何一方均不支持任何势力破坏以上原则的任何行动。中方强调，台湾问题事关中国主权和领土完整。加方重申建交时确立的长期一贯的一个中国政策，强调支持台湾海峡两岸关系和平发展，包括两岸加强经济、政治及其他领域对话与互动的努力。

六、双方承认各国及各国人民有权选择自己的道路，各国应该尊重彼此对发展模式的选择。双方承认不同的历史和国情会使彼此在人权等问题上产生一些不同看法。双方同意在平等和相互尊重的基础上就人权问题加强对话与交流，按照国际人权文书促进和保护人权。

七、双方一致认为，中国和加拿大经贸互补性很强。双方应加强务实合作，扩大两国贸易与投资。双方重申保持开放的投资与贸易政策，反对任何形式的保护主义，减少投资壁垒并鼓励两国企业合作。加拿大欢迎中国赴加投资。中国欢迎加拿大来华投资。双方承诺加快《中加投资保护协定》谈判，为增强投资者信心提供可预测及稳定的法律框架，以造福中加两国。双方同意有必要在现有水平上促进双边贸易进一步增加，扩大在能源资源、基础设施、电讯交通、先进技术、旅游、农业、金融服务等各领域的货物和服务贸易。双方同意加强双边科技关系。中加双方还同意加强清洁能源合作。哈珀总理宣布为亚太清洁发展和气候伙伴关系提供第二批资助。

八、两国领导人一致认为，促进教育、文化、商业及人民之间联系、增进两国人民相互了解将有利于中加关系的长远发展。双方同意以建交四十周年为契机，扩大两国各界交往。中加双方欢迎旨在增进两国人民交往的两个新的渠道，即中国在蒙特利尔设立总领事馆，以及中方在访问期间宣布加拿大为中国公民出境旅游目的地，以进一步促进中加之间游客、学生及商务人士的往来。

九、近年来，中加通过2008年建立的双边司法执法合作定期磋商机制以及警务合作等渠道，不断扩大双边司法执法合作。双方重申愿根据各自国家法律在打击跨国犯罪和遣返逃犯方面加强合作。双方还同意早日签署《打击犯罪合作谅解备忘录》，并同意就签署分享犯罪所得协定进行谈判。双方表示愿就上述及其他双方将在今后考虑的相关问题保持沟通，以进一步扩大在该领域的合作。

十、双方就当前世界经济金融形势深入交换了看法，认为世界经济出现企稳回升的积极迹象，但这一复苏仍旧脆弱。双方同意加强宏观经济金融政策对话与协调，不断增强二十国集团在全球经济治理中的作用，支持二十国集团强劲、可持续和平衡增长框架。双方还同意继续进行必要的金融管理改革，抵制保护主义，为国际金融体系改革做出贡献。中方欢迎加拿大2010年6月主办二十国集团峰会。双方表示愿与其他各方一道努力，推动峰会取得积极成果。双方同意有必要与其他伙伴共同推动世界贸易组织多哈回合谈判取得成功。

十一、加方欢迎中国通过主持六方会谈进程对地区和平与安全做出的贡献，并希望这一旨在实现朝鲜半岛无核化的机制能够很快得以恢复。双方注意到彼此在阿富汗问题上发挥的积极作用，希望看到阿富汗实现和平、稳定和发展，并愿为此继续作出努力。双方一致认为，中加在促进地区和世界和平、安全及可持续发展方面拥有重要的共同利益。为推动实现上述目标，两国领导人同意加强在联合国、亚太经合组织和其他多边机构及在核安全、核不扩散和裁军、粮食安全、全球卫生威胁、气候变化及其他重大国际和地区问题上的协调和合作。

十二、双方讨论了当前迫切的全球卫生问题以及加强多、双边合作应对甲型H1N1流感等快速扩散的新发及再发疾病问题。双方还同意继续就医疗改革、食品安全和公共卫生等两国重要的卫生问题进行合作。双方应继续重点加强在卫生领域的务实合作。

十三、双方认为气候变化问题是人类面临的共同挑战，国际合作应对这一挑战至关重要。各方应在已取得的进展基础上，共同推动哥本哈根大会达成符合《联合国气候变化框架公约》确立的原则，特别是共同但有区别的责任原则以及各自能力和“巴厘路线图”的协商一致的结果。双方也同意在气候变化问题上和清洁能源技术领域加强政策对话与双边合作，作为对《联合国气候变化框架公约》及其《京都议定书》的补充。

十四、展望新的一年，双方欢迎一个基础深厚、充满活力并不断发展的中加关系。中方注意到奥运会火炬已经传递给加拿大，欢迎即将到来的2010年温哥华冬季奥运会。中方将派出大规模体育代表团参加温哥华冬季奥运会。加方重申支持上海2010年世博会。自2010年5月起，加拿大展馆将为大量的中国公民参观欣赏众多的加拿大艺术、文化及其他公共活动提供机会，同时也借此纪念两国建交四十周年，继续增进中加相互理解和友谊。

附件

一、《中华人民共和国国家发展和改革委员会与加拿大环境部、加拿大外交和国际贸易部和加拿大自然资源部关于气候变化合作的谅解备忘录》

二、《中华人民共和国国家发展和改革委员会与加拿大自然资源部关于建立矿产资源合作对话机制的谅解备忘录》

三、《中华人民共和国政府和加拿大政府文化协定2010—2012年度合作计划》

四、《中华人民共和国教育部和加拿大农业与农业食品部关于科学技术合作与人才培养的谅解备忘录》

第11次中欧领导人会晤联合新闻公报

（2009年5月20日，布拉格）

2009年5月20日，第十一次中欧领导人会晤在捷克首都布拉格举行，会后双方发表了《第十一次中欧领导人会晤联合新闻公报》。新闻公报全文如下：

一、第十一次中欧领导人会晤于2009年5月20日在布拉格举行。中华人民共和国国务院总理温家宝代表中国出席了会晤。捷克共和国总统瓦茨拉夫·克劳斯，欧盟委员会主席若泽·曼努埃尔·巴罗佐以及欧盟理事会秘书长兼欧盟共同外交与安全政策高级代表哈维尔·索拉纳代表欧盟出席了会晤。

二、双方领导人回顾了中欧关系发展历程，对自1998年首次领导人会晤以来双方全球性、战略性和互惠性伙伴关系迅速拓展并且更加深入和巩固表示满意。欧盟欢迎中国的发展，支持中国继续走和平发展道路。中方重申支持欧盟一体化进程，欢迎欧盟在国际事务中发挥建设性作用。随着中欧领导人会晤步入第二个十年，双方重申坚定不移地致力于发展中欧全面战略伙伴关系，愿以向前看的态度，本着相互尊重、平等互信、互利共赢的原则，努力推动共同发展。

三、双方强调，面对复杂多变的国际形势，中欧关系正日益超越双边范畴，具有更加重要的国际意义。双方重申积极致力于世界的和平、稳定、安全、繁荣和可持续发展，主张通过对话和平解决争端，支持有效多边主义和发挥联合国的作用。

四、会晤主要讨论了中欧关系、全球经济和金融危机、气候变化与能源安全，并就朝鲜半岛、缅甸、伊朗、斯里兰卡、阿富汗和巴基斯坦等地区问题交换了看法。中欧领导人决心加强合作，进一步携手应对金融危机、气候变化等全球性挑战，积极致力于加强在国际事务中的协调与合作。

五、双方对第二次中欧经贸高层对话于5月7日至8日在布鲁塞尔成功举行表示满意。双方将通过适当的对话和工作组机制对经贸高层对话的议题进行后续讨论。双方领导人承诺将全面执行伦敦金融峰会领导人声明，抵御和反对各种形式的保护主义，致力于多哈发展回合谈判尽早达成具有雄心的、均衡的和全面的结果。

六、会晤期间，双方签署了《中欧清洁能源中心联合声明》、《中欧科技伙伴关系计划》和《中欧中小企业合作共识文件》等合作协议。

七、领导人同意于今年下半年在北京再次举行会晤。

八、领导人对捷克共和国政府和人民的热情接待及出色举办这一成功会晤表示感谢。

第12次中国—欧盟领导人会晤联合声明

（2009年11月30日）

2009年11月30日，第十二次中欧领导人会晤在中国江苏省南京市举行。中华人民共和国国务院总理温家宝代表中国出席了会晤。欧洲理事会主席瑞典首相弗雷德里克·赖因费尔特和欧盟委员会主席若泽·曼努埃尔·巴罗佐代表欧盟出席了会晤。

一、双方领导人认为，国际社会面临严峻挑战，需要全球共同应对。气候变化、金融危机、能源资源安全、粮食安全、环境以及公共卫生安全等全球性问题日益显现，恐怖主义、大规模杀伤性武器扩散、跨国有组织犯罪、重大传染性疾病等非传统安全威胁已成为全球共同关切，国际形势中的不稳定不确定因素给世界和平与发展带来挑战。国际社会密切合作、协调应对全球性挑战的使命更加迫切。

二、双方强调，在当前国际形势复杂多变的背景下，中欧关系日益超越双边范畴，具有国际意义。中欧作为全面战略伙伴，在国际问题上拥有诸多共识，积极应对全球性挑战，推动实现世界的和平、可持续发展和繁荣。实现上述目标，离不开中欧双方的密切合作和共同努力。中欧关系有广泛的战略基础，中欧合作的重要意义日益突出。双方重申积极致力于世界的和平和可持续发展，主张和平解决争端。双方强调有效多边主义的重要性，支持联合国在国际事务中的中心作用。

三、双方积极评价中欧关系发展成就，对中欧全面战略伙伴关系日臻成熟和深入表示满意，认为双方政治互信不断提升，经贸等各领域务实合作不断扩大和深化，人文交流的水平不断提高。双方表示将继续支持彼此的和平和可持续发展。中方欢迎《里斯本条约》获得批准，祝贺欧盟推选出新领导人和欧盟机构调整，重申将继续坚定支持欧盟一体化建设。欧方积极评价新中国60年取得的成就，欢迎中国继续改革开放政策。欧方重申支持中国的和平发展，尊重中国的主权和领土完整。双方强调中欧合作潜力巨大，双方关系前景广阔。双方决心继续坚持中欧关系的战略定位，在相互尊重、平等互利、开放和合作共赢的基础上，全力推动中欧全面战略伙伴关系在新形势下取得更大发展。

四、领导人强调中欧政治和行业对话在促进双方战略关系方面的重要作用，特别是领导人会晤机制对中欧关系的战略引领作用。双方表示决心就双边及国际和地区问题加强政治对话与合作，进一步增进了解，扩大共识，构筑稳定的战略互信。

双方认为，2008年欧盟委员会主席偕委员访华和温家宝总理2009年回访欧盟总部以战略性和前瞻性的方式全面推进了双方关系，同意应继续保持此类互访。

五、双方领导人肯定中欧伙伴合作协定谈判/完善1985年中欧经贸合作协定谈判取得的进展，鼓励工作层加速谈判，争取早日达成一致。

六、欧盟重申坚持一个中国政策，支持两岸关系和平发展。

七、双方重申坚持防扩散和裁军等领域的国际条约体系，同意在裁谈会等有关国际会议中开展建设性合作。双方特别强调《全面禁止核试验条约》早日生效的重要性。双方坚决反对一切形式的恐怖主义，认为任何防止和打击恐怖主义的措施都必须遵守国际法规定的义务。双方同意加强防扩散和反恐等专题对话。

八、双方强调致力于促进和保护人权，推进法治建设，在平等和相互尊重的基础上，加强在人权领域的对话与合作。双方高度重视中欧人权对话，包括配套的司法研讨会，愿共同努力推动对话不断取得切实进展。欧盟欢迎中国承诺尽早批准《公民权利和政治权利国际公约》。双方确认将与联合国人权机制开展合作。

九、双方认为气候变化是当今国际社会面临的最重大挑战之一，需立即采取合作行动加以应对，同意进一步加强该领域的务实合作。双方将按照《联合国气候变化框架公约》、《京都议定书》和“巴厘路线图”的要求，在“共同但有区别的责任”原则基础上，同国际社会一道推动2009年12月在哥本哈根举行的联合国气候变化会议达成全面、公平和具有雄心的结果。

双方认为，发达国家大幅提高对发展中国家的资金支持，并就向发展中国家转让技术做出安排，将是哥本哈根会议的重要成果。双方强调，发达国家承担具有雄心的、透明的温室气体减排指标，发展中国家在发达国家资金、技术和能力建设支持下采取适当国内减缓行动，以促进向低碳经济转型，对进一步致力于应对气候变化至关重要。

欧方欢迎并赞赏中方决定设立限制碳排放强度的国内量化行动目标，以及其他数字目标和政策措施，为应对气候变化做出贡献。

中方欢迎并赞赏欧方在应对气候变化方面已经发挥的引领作用和作出的很大努力。

十、双方肯定中欧在气候变化领域开展的全面合作，同意通过加强协调与合作进一步落实《中欧气候变化联合宣言》，并同意提升气候变化伙伴关系。双方将在伙伴关系框架下，强化气候变化领域的政策对话和务实合作，包括但不限于可再生能源、能效、气候友好技术的联合开发、示范与转让、可持续城市发展、能力建设和区域合作，以促进伙伴关系不断向前发展。双方认识到，向低碳经济过渡是实现可持续发展的重要途径。

在此框架下，双方欢迎近期就能源问题深化对话，以促进清洁、可持续能源的利用和全球能源安全。双方同时欢迎在可再生能源、清洁煤炭、生物燃料和能源效率领域开展的具体合作。为此，双方希望进一步深化能源领域的合作。

十一、双方重申，在中国和欧盟成员国境内通过二氧化碳捕获与封存技术，开发和示范先进的近零排放发电技术。

中方欢迎欧盟环境理事会2009年10月21日关于中欧近零排放发电合作项目的结论，以及欧盟委员会承诺向该项目提供高达5700万欧元的资金。

十二、领导人欢迎双方外长就朝鲜半岛无核化、伊朗核问题以及缅甸、斯里兰卡、阿富汗和巴基斯坦局势等共同关心的国际和地区问题进行充分讨论。双方强调了亚欧会议作为亚洲和欧洲对话与合作的平台所发挥的重要作用。

十三、中国和欧盟欢迎中国、欧盟和非洲三边对话，同意探讨合作的适当领域。双方重申支持全面、及时地实现千年发展目标，支持非洲可持续发展和经济早日复苏。

十四、双方积极评价二十国集团（G20）前三次峰会在应对国际金融危机方面发挥的重要作用，支持G20作为国际经济合作的主要论坛，继续关注世界经济、金融和发展问题。双方同意本着平等伙伴的精神，就G20峰会未来发展问题保持密切沟通与合作，并表示致力于同全球其他国家和地区共同努力，建立公平、公正、包容、富有韧性和稳定的国际金融体系。双方同意切实支持各自所在地区和全球经济可持续增长，特别是要抵制一切形式的保护主义，保持开放和自由的贸易，加强对发展中国家的支持。按照G20三次金融峰会公报精神，双方领导人重申将加强国际金融机构的有效性、代表性和合法性，并在规定的时限内落实G20领导人关于国际金融机构治理结构改革的目标。双方同意进一步加强国际金融监管，表示支持金融稳定理事会的重要作用，愿意确保充分、及时地实施各自改革计划。双方同意进一步开展宏观经济政策协调与合作，支持G20新达成的“强劲、可持续和平衡增长框架”，改革国际金融机制，为全球经济复苏和实现可持续增长做出贡献。

十五、双方领导人欢迎11月29日欧元区代表与中国有关部门在南京就宏观经济政策问题开展讨论。

十六、双方认识到中欧在世界贸易中的重要作用和责任，一致认为经贸关系是中欧全面战略伙伴关系重要且不可分割的组成部分。为应对当前经济金融危机，双方同意进一步促进贸易和投资，扩大有效市场准入。欧盟赞赏经济下行期间中国向欧盟派遣贸易投资促进团的努力。

十七、双方领导人决心努力于2010年完成关于多哈发展议程的谈判，达成有雄心、全面和平衡的协议。双方认为应根据多哈回合授权及在包括有关模式在内的进展基础上结束多哈回合谈判。双方呼吁世界贸易组织（WTO）全体成员共同努力，以在2010年前结束多哈回合谈判。

十八、双方重申致力于中欧高层经贸对话，并认为对话的战略性、前瞻性和规划性有助于推动双方经贸关系。高层经贸对话为现有的双边经济对话和机制注入强大政治动力，促进其寻求具体措施推动贸易和投资的平衡发展。中国和欧盟认为，采取各种途径促进经济开放非常重要，同意改善双边关系和各自经济确保开放、稳定和可预测的环境，以创造新的商机。中国和欧盟将努力为中小企业贸易和投资提供便利，寻求在包括贸易融资和技术贸易在内的其他领域合作的可能性。在走向绿色经济发展过程中，双方将共同努力促进由此带来的贸易和投资机会。在此背景下，双方对第五届中欧工商峰会的召开并以“绿色经济、持续增长”为主题表示欢迎。

十九、中欧同意在对外资企业透明和非歧视的基础上，努力刺激需求。双方认为公开、非歧视的政府采购政策很重要，同意加大力度，增进双方在此领域的交流。欧盟表示支持中国努力加入世界贸易组织《政府采购协定》，鼓励中国准备改进出价清单。

二十、双方领导人认为需要建立一个积极、执法有效和运作良好的知识产权保护体系，推动经济持续发展。双方领导人致力于就知识产权保护加强合作，欢迎启动中欧地理标志双边合作协定的谈判。

二十一、双方领导人讨论了市场经济地位这一重要的政治议题。双方期待尽早更新上一份市场经济地位报告。双方领导人认为，中方在符合尚未解决的技术标准方面取得了重要进展，为此，欢迎启动关于中国会计标准执行情况的研究。

二十二、双方对11月“中欧战略伙伴关系研讨会”在北京成功举行表示欢迎。中国欢迎欧盟积极参加2010年上海世博会。

二十三、双方积极评价中欧在科技、人员往来、教育、文化、海关、卫生、应急管理等各领域开展富有成效的交流与合作，并对会晤相关配套活动以及会晤期间签署有关合作协议和备忘录表示欢迎和满意（附件1）。

二十四、双方同意加强各领域交流与合作，决定：

——深化海关合作，在当前经济危机和国际贸易放缓的形势下加强合作，促进和便利双方贸易，争取在实施海关知识产权保护合作行动计划方面取得稳步进展，争取中国和欧共体联合海关合作委员会就安全智能贸易航线试点计划下一阶段合作达成协议，加强经认证经营者项目（AEO）互认的合作；

——在就统计方法和实践开展对话的基础上，在相互视为优先的领域加强中欧间的统计合作；

——继续加强中欧在工业品安全、WTO/TBT、消费品安全、SPS和食品安全领域的更紧密的机制化合作，以保护消费者健康、增强公民信心并促进贸易；

——继续加强民航合作，包括调整欧盟成员国与中国的航空服务协定，以及加强在航空安全、安保、环境、经济法规和空中交通管理等方面的合作；

——在业已存在的良好文化关系的基础上进一步加强交流与合作，继续开展中欧文化政策对话，并在推动实施《保护和促进文化表现形式多样性公约》方面密切协作；

——继续推进教育政策对话磋商机制，加大对高层次人才培养、联合研究、各自国家/地区语言教学与培训以及师生交流方面的支持力度，大幅增加学生双向访问；

——启动2011中欧青年年，以进一步促进和深化中欧伙伴关系；

——支持中国经济社会理事会与欧盟经济社会委员会继续开展建设性对话；

——加强中欧智库间的高层次对话与交流，

推动并支持这一交流机制化；

二十五、欧方领导人对会晤举办地江苏省表示感谢。双方领导人支持包括江苏省在内的中欧之间不断增长的地方合作。

附件1：第十二次中欧领导人会晤期间签署的协议和谅解备忘录

——续签中欧科技合作协定

——签署启动近零排放碳项目第二阶段合作谅解备忘录

——签署关于建立工业领域对话磋商机制的谅解备忘录

——签署关于建筑能效与质量的合作框架谅解备忘录

——签署中欧环境治理项目财政协议

——签署“支持中国可持续贸易和投资体系”新贸易项目财政协议

中美联合声明

（2009年11月17日）

应中华人民共和国主席胡锦涛邀请，美利坚合众国总统贝拉克·奥巴马于2009年11月15日至18日对中国进行国事访问。两国元首就中美关系和其他共同关心的问题进行了深入、坦诚的会谈，成果丰富。双方积极评价中美建交30年来两国关系取得的巨大发展，并就推进新时期中美关系发展达成一致。奥巴马总统将分别与中国全国人大常委会委员长吴邦国、国务院总理温家宝举行会见。奥巴马总统还与中国青年人进行了交流并回答他们的提问。

一、中美关系

双方认为，两国领导人保持密切交往对确保中美关系长期健康稳定发展至关重要。双方认为两国元首今年以来的三次会晤和两国其他重要双边交往加强了两国关系。奥巴马总统邀请胡锦涛主席于明年访问美国，胡主席愉快地接受了邀请。两国领导人将继续通过互访、会晤、通话、书信等方式保持密切沟通。

双方高度评价中美战略与经济对话机制的重要作用，认为对话为两国增进理解、扩大共识、减少分歧、寻求对共同问题的解决办法提供了独特的平台。双方认为今年7月在华盛顿举行的首轮对话成果丰硕，同意切实履行双方在首轮对话中所作承诺并将于2010年夏天在北京举行第二轮对话。双方同意继续利用高层领导人的直接联系渠道就重大敏感问题保持及时沟通，将两国外长年度互访机制化，并鼓励两国其他部门高级官员经常互访。

双方积极评价中国中央军事委员会副主席徐才厚上将今年10月访美成果，表示将采取具体措施推进两军关系未来持续、可靠地向前发展。双方将共同做好2010年中国人民解放军总参谋长陈炳德上将访美和美国国防部长罗伯特·盖茨、美军参谋长联席会议主席迈克尔·马伦上将访华有关准备工作，积极落实两军已商定的各项交流与合作计划，包括提高两军交往的级别和频率。上述措施旨在加强双方开展务实合作的能力，增进对彼此意图和国际安全环境的理解。

双方同意在平等互利基础上深化反恐磋商与合作，加强执法合作。双方同意以对等的方式及时就执法事务交换证据和情报。双方将就共同关心的案件开展联合调查，并为对方提供调查协助。双方将加强在刑事调查方面的合作，深化在打击贪污、禁毒和前体化学品控制、打击非法移民活动方面的合作，加强在打击跨国犯罪和犯罪集团以及反洗钱和包括打击制造伪钞、追讨非法资金在内的反恐融资领域的共同努力，并打击走私和贩卖人口。

美方重申支持中国上海举办2010年世博会。

双方积极评价《中美科技合作协定》签署30年来两国科技合作与交流取得的丰硕成果，

同意通过中美科技合作联委会进一步提升两国在科技创新领域交流与合作的水平。

双方期待本着透明、对等和互利原则，就航天科学合作加强讨论并在载人航天飞行和航天探索方面开启对话。双方欢迎美国国家航空航天局局长和中方相应官员在2010年实现互访。

双方同意加强民用航空领域合作，确认愿扩大《中国民用航空局与美国联邦航空局民航技术合作协议备忘录》。双方欢迎两国公共和私营机构在高速铁路基础设施建设方面进行合作。

双方承诺将落实最近签署的《中美两国农业部关于农业合作的谅解备忘录》。

双方同意就卫生健康领域进一步开展联合研究，包括干细胞联合研究等。双方将深化在全球公共卫生领域的合作，包括甲型H1N1流感的预防、监控、报告和控制以及禽流感、艾滋病毒及艾滋病、肺结核、疟疾。双方还将加强在食品安全和产品质量方面的合作。

双方强调各国及各国人民都有权选择自身发展道路。各国应相互尊重对方对于发展模式的选择。双方都认识到，中国与美国在人权领域存在分歧。双方本着平等和相互尊重的精神处理有关分歧，并按照国际人权文书促进和保护人权，决定于2010年2月底前在华盛顿举行下一轮中美人权对话。双方认为在法律领域促进合作并就法治问题交流符合两国人民和政府的利益和需要。双方决定尽早举行中美法律专家对话。

双方认为，人文交流对促进更加紧密的中美关系具有重要作用。为促进人文交流，双方原则同意建立一个新的双边机制。双方高兴地看到近年来在彼此国家留学的人数不断增加。目前在美国的中国留学人员已接近十万人，美方将接受更多中国留学人员赴美学习并为中国留学人员赴美提供签证便利。美国在华留学人员约有两万名。美方将启动一个鼓励更多美国人来华留学的新倡议，今后四年向中国派遣十万名留学人员。中方欢迎美方上述决定。双方同意加紧商谈并于2010年续签《中华人民共和国政府和美利坚合众国政府文化协定2010—2012年执行计划》，并适时在美合作举办第二届“中美文化论坛”。

二、建立和深化双边战略互信

双方认为，21世纪全球性挑战日益增多，世界各国相互依存不断加深，对和平、发展与合作的需求增强。中美在事关全球稳定与繁荣的众多重大问题上，拥有更加广泛的合作基础，肩负更加重要的共同责任。两国应进一步加强协调与合作，共同应对挑战，为促进世界和平、安全、繁荣而努力。

双方认为，培育和深化双边战略互信对新时期中美关系发展至关重要。在双方讨论中，中方表示，中国始终不渝走和平发展道路，始终不渝奉行互利共赢的开放战略，致力于推动建立持久和平、共同繁荣的和谐世界。美方重申，美方欢迎一个强大、繁荣、成功、在国际事务中发挥更大作用的中国。美方表示，美国致力于与其他国家共同努力应对所面临的最困难的国际问题。中方表示，欢迎美国作为一个亚太国家为本地区和平、稳定与繁荣作出努力。双方重申致力于建设21世纪积极合作全面的中美关系，并将采取切实行动稳步建立应对共同挑战的伙伴关系。

双方强调台湾问题在中美关系中的重要性。中方强调，台湾问题涉及中国主权和领土完整，希望美方信守有关承诺，理解和支持中方在此问题上的立场。美方表示奉行一个中国政策，遵守中美三个联合公报的原则。美方欢迎台湾海峡两岸关系和平发展，期待两岸加强经济、政治及其他领域的对话与互动，建立更加积极、稳定的关系。

双方重申，互相尊重主权和领土完整这一根本原则是指导中美关系的中美三个联合公报的核心。双方均不支持任何势力破坏这一原则的任何行动。双方一致认为，尊重彼此核心利益对确保中美关系稳定发展极端重要。

双方认为，中美两国在共同应对全球挑战方面开展合作，有助于促进世界繁荣与安全。双方重申1998年6月27日作出的关于不把各自控制下的战略核武器瞄准对方的承诺。双方认为，两国在推动和平利用外空方面拥有共同利益，双方同意采取步骤加强外空安全。双方同意通过中美战略与经济对话、两军交往等渠道就具有战略重要性的问题进行讨论。

双方同意通过现有磋商和对话渠道，根据国际法准则，在相互尊重管辖权和利益的基础上妥善处理军事安全和海上安全问题。

三、经济合作和全球复苏

双方决心共同努力，推动全球经济实现更加可持续和平衡的增长。为此，双方注意到彼此强有力和及时的政策措施有助于遏制全球产出下降和稳定金融市场。双方同意延续现有举措以确保强健、可持续的全球经济复苏和金融体系。双方重申将继续在宏观经济政策领域加强对话与合作。双方承诺履行在首轮中美战略与经济对话、二十国集团峰会和在新加坡举行的亚太经合组织会议中作出的所有承诺。

双方积极评价二十国集团三次金融峰会在应对国际金融危机方面所发挥的重要作用，愿与二十国集团其他成员一道努力提高作为国际经济合作主要论坛的二十国集团的效力。双方同意共同努力，包括通过合作推动二十国集团的“相互评估进程”，推动二十国集团“为了实现强有力、可持续、平衡增长框架”取得成功。双方欢迎二十国集团近期达成的共识，即确保国际金融机构享有充分资源，改革其治理机制以提高国际金融机构的可信性、合法性和有效性。双方强调应及早落实国际金融机构份额和投票权量化改革目标，按照匹兹堡峰会领导人声明增加新兴市场和发展中国家在这些机构中的发言权和代表性。双方同意共同加强这些国际金融机构的能力，以防范和应对未来的危机。

双方将进一步加强宏观经济政策的沟通与信息交流，共同努力采取调整国内需求和相关价格的政策，促进更加可持续和平衡的贸易与增长。中方将继续落实政策，调整经济结构，提高家庭收入，扩大内需，增加消费对国内生产总值的贡献，改革社会保障体系。美国将采取措施提高国内储蓄占国内生产总值的比重，推动可持续的、非通货膨胀式的增长。为此，美方致力于将联邦预算赤字降到一个可持续发展的水平并采取措施鼓励私人储蓄。双方将采取前瞻性的货币政策，并适当关注货币政策对国际经济的影响。

双方认识到开放贸易和投资对本国经济和全球经济的重要性，并致力于共同反对各种形式的保护主义。双方同意本着建设性、合作性和互利性的态度，积极解决双边贸易和投资争端。双方将加快《双边投资协定》谈判。双方承诺推动多哈发展回合在2010年达成一个积极、富有雄心、平衡的最终成果。

双方积极评价第二十届中美商贸联委会会议成果。双方重申在会议中所作承诺并期待其得到全面落实。

四、地区及全球性挑战

双方认识到，在当前国际形势发生复杂深刻变化的情况下，中美在合作应对地区和全球安全挑战方面拥有共同责任。双方强调中美在亚太地区拥有广泛共同利益，支持构建和完善开放、包容、共赢的地区合作框架。双方将努力推动亚太经合组织在促进地区贸易投资自由化和经济技术合作以及东盟地区论坛在促进地区安全合作方面发挥更有效作用。

双方认为遵守《不扩散核武器条约》、国际原子能机构相关规定以及实施联合国安理会所有相关决议对两国合作阻止核武器扩散的努力取得成功至关重要。两国元首忆及2009年9月24日出席联合国安理会核不扩散与核裁军峰会，表示欢迎峰会成果并坚决支持联合国安理会1887号决议。

双方重申继续推动六方会谈进程并落实2005年“九·一九”共同声明的重要性，包括朝鲜半岛无核化、关系正常化及在东北亚地区建立永久和平机制。双方表示，愿与有关各方共同努力，通过协商对话，全面实现六方会谈宗旨和总体目标。中方对美朝开始高级别接触表示欢迎。双方希望六方会谈多边机制早日重启。

双方关切地注意到伊朗核问题的最新动向。双方同意，伊朗根据《不扩散核武器条约》拥有和平利用核能的权利，同时伊朗也应履行该条约规定的相应国际义务。六国与伊朗于10月1日在日内瓦举行的会晤对解决国际社会对伊朗核项目的关切是一个有希望的开端，双方对此表示欢迎，并表示愿尽快继续此类接触。双方强调应全力采取建立信任措施，呼吁伊朗对国际原子能机构总干事的提议作出积极反应。双方重申大力支持通过谈判寻求全面、长期解决伊核问题的办法，呼吁伊朗继续与六国进行建设性接触，并与国际原子能机构全面合作，以取得令人满意的结果。

双方欢迎一切有助于南亚和平、稳定、发展的努力，支持阿富汗、巴基斯坦为打击恐怖主义、维护国内稳定、实现经济社会可持续发展作出的努力，支持印度和巴基斯坦改善和发展关系。双方愿就南亚问题加强沟通、对话与合作，共同促进南亚和平、稳定和发展。

双方强调致力于最终实现无核武器世界。双方重申反对大规模杀伤性武器扩散，将共同维护国际核不扩散体系。双方同意在相互尊重和平等的基础上加强防扩散领域的合作。双方将共同努力确保 2010 年《不扩散核武器条约》审议大会取得成功。双方致力于尽早批准《全面禁止核试验条约》，并将共同努力推动该条约早日生效。双方支持日内瓦裁谈会尽早启动“禁止生产核武器用裂变材料条约”谈判，愿加强在核安全和打击核恐怖主义领域的沟通与合作。中方重视美方有关于 2010 年 4 月举行核安全峰会的倡议，将积极参加峰会筹备进程。

双方还讨论了联合国维和行动对维护国际和平与安全的重要性。

双方同意就发展问题加强对话，探讨双方就此开展协调与合作的领域，并确保两国有关努力有利于取得可持续成果。

五、气候变化、能源与环境

双方就气候变化问题进行了建设性和富有成效的对话。双方强调气候变化是我们时代的重大挑战之一。双方认为应对这一挑战需要强有力的回应，国际合作是不可或缺的组成部分。双方相信，应对气候变化应该尊重发展中国家把经济和社会发展作为优先事项，并相信向低碳经济转型是促进所有国家经济持续增长和可持续发展的机会。

关于即将召开的哥本哈根会议，双方同意，依据“巴厘行动计划”积极促进《联合国气候变化框架公约》全面、有效和可持续实施具有重要意义。双方决心根据各自国情采取重要减缓行动，并认识到两国在促成加强世界应对气候变化能力的可持续成果方面具有重要作用。双方决心支持这些承诺。

在此背景下，双方致力于在哥本哈根会议达成最终的法律协议，同时相信，在共同但有区别的责任原则和各自能力的基础上，达成的成果应包括发达国家的减排目标和发展中国家的国内适当减缓行动。该项成果也应实质性地增加给发展中国家的资金帮助，促进技术开发、推广和转让，尤其应该注意最贫穷国家和最脆弱国家适应气候变化的需要，促进保护和增强森林作用的措施，并在执行减缓措施以及提供资金、技术和能力建设支持方面保持充分的透明度。

双方将共同并与其他国家一道在未来几周内为哥本哈根会议的成功而努力。

双方一致认为，向绿色经济、低碳经济转型十分关键，未来数年清洁能源产业将为两国民众提供大量机会，欢迎在今年 7 月首轮中美战略与经济对话期间宣布并于奥巴马总统访华期间正式签署的《中美关于加强气候变化、能源和环境合作的谅解备忘录》基础上，双方为推进气候变化、能源和环境的政策对话和务实合作采取重要步骤。

双方认识到《能源和环境合作十年框架》的重要性，并致力于加强清洁的大气、水、交通、电力和资源保护领域的合作。根据在十年合作框架下新制订的中美能效行动计划，中美两国将通过技术合作、示范和政策交流，共同努力以成本效益高的方式提高工业、建筑和消费品领域的能效。注意到两国在能效领域的巨大投资，双方强调，通过能源节约将带来创造就业和促进经济增长的大量机遇。

双方欢迎《中国科技部、国家能源局与美国能源部关于中美清洁能源联合研究中心合作议定书》的签署。中美清洁能源联合研究中心将为两国科学家和工程技术人员从事清洁能源联合研发提供便利，并为两国研究人员提供交流平台。双方同意在未来五年对中美清洁能源联合研究中心投入至少1.5亿美元，两国各出资一半。中心在两国各设一总部。优先研究课题将包括建筑能效、清洁煤（包括碳捕集与封存）及清洁汽车。

双方欢迎启动中美电动汽车倡议，使两国在未来数年有几百万辆电动汽车投入使用。基于中美两国在电动汽车领域的巨大投资，两国政府宣布在十几个城市开展联合示范项目，并努力开发共同的技术标准以推动此产业规模快速增长。双方一致认为两国对清洁汽车的快速利用拥有很大的共同利益。

双方非常欢迎两国在发展21世纪煤炭技术方面的努力。双方同意促进大规模碳捕集与封存示范项目方面的合作，并就碳捕集与封存技术的开发、利用、推广和转让立即开展工作。双方欢迎中美两国企业、大学和研究机构最近就碳捕集与封存、煤炭高效利用技术开展合作达成的协议。

双方欢迎《中国国家发展和改革委员会与美国环境保护局关于应对气候变化能力建设合作备忘录》的签署。

双方欢迎中美可再生能源伙伴关系的启动。通过该伙伴关系，两国将就大规模利用风能、太阳能、先进生物燃料和现代电网制定路线，在设计和执行实现这一远景所需的政策和技术手段方面进行合作。鉴于两国相加市场规模巨大，中美可再生能源的加速利用将在全球范围内极大降低这些技术的成本。

双方欢迎建立中美能源合作项目——一种政府和产业间的伙伴关系，旨在加强能源安全和应对气候变化。该项目将利用私营部门资源和专长，加快清洁能源技术的应用。

双方对近期举办的第四届中美能源政策对话和第九届中美石油和天然气产业论坛表示赞许，并对加速中国非常规天然气资源发展的中美页岩气合作倡议的启动表示欢迎。该倡议旨在利用美国近期的经验，以提高中美两国能源安全，帮助中国向低碳经济转型。

双方同意促进核能和平利用的全球努力，并欢迎近期举行的全球核能伙伴关系第三次执行委员会会议，以及该伙伴关系寻求方法强化民用核能合作的国际框架的承诺。双方同意互相协商，以便寻找包括保障燃料供应和全程核燃料管理的办法，从而使各国在核扩散风险最小化的同时，能够和平利用核能。

2010年

中华人民共和国政府和塔吉克斯坦共和国政府联合公报

2010年11月25日，中国和塔吉克斯坦共同发表《中华人民共和国政府和塔吉克斯坦共和国政府联合公报》。公报全文如下：

应塔吉克斯坦共和国总理阿基尔·阿基洛夫邀请，中华人民共和国国务院总理温家宝2010年11月24日至25日对塔吉克斯坦共和国进行了正式访问。

温家宝总理会见了塔吉克斯坦共和国总统拉赫蒙，同阿基洛夫总理举行了正式会谈。两国领导人在亲切友好的气氛中就中塔关系以及共同关心的国际和地区问题深入交换意见，达成广泛共识。

中华人民共和国政府和塔吉克斯坦共和国政府（以下简称“双方”）：

一、双方全面回顾并高度评价双边关系发展成果，重申发展长期稳定的中塔睦邻友好合作关系符合两国人民根本利益。双方表示将恪守《中华人民共和国和塔吉克斯坦共和国睦邻友好合作条约》及建交以来两国签署的一系列政治文件所确立的各项原则和规定，加强高层交往，深化政治互信，积极落实双方业已达成的共识，扩大各领域交流与合作，推动中塔睦邻友好合作关系全面深入发展。

二、塔吉克斯坦共和国政府重申奉行一个中国政策，支持台海两岸关系和平发展和中国和平统一大业。中方对此表示高度赞赏。中华人民共和国政府重申尊重并支持塔吉克斯坦根据本国国情选择的发展道路，支持塔吉克斯坦为维护国家独立、主权、安全和领土完整以及促进社会稳定、发展民族经济、扩大对外交往所做的努力。

三、双方积极评价近年来中塔经贸合作取得的成果，认为保持两国贸易额持续稳定增长、推动中塔经济技术项目合作是当前两国经贸合作的重点方向。双方决定充分发挥两国政府间经贸合作委员会的作用，深入挖掘合作潜力，改善投资贸易环境，创新合作形式，扩大两国经贸合作规模，并采取切实措施保障对方国家公民和法人在本国境内的合法权益。双方将继续鼓励和支持两国有关部门和企业积极参加在对方境内举办的展览会、展销会及其他贸易投资促进活动。

四、双方强调，将充分发挥地理毗邻、经济互补优势，在平等互利基础上推进双方在交通、通信、电力、金融、矿产、口岸、农业等领域合作。

双方表示将进一步推动中塔公路、胡占德—艾尼高压输变电线等大型合作项目顺利实施，并为双方参与企业提供便利。塔方欢迎中方企业积极参与塔基础设施建设、矿产资源勘探开发。

五、双方表示，中塔口岸领域合作成效显著，为扩大两国经贸合作发挥了重要作用。双方表示将责成两国有关部门继续保持密切沟通，加快完善中塔卡拉苏—阔勒买口岸基础设施，改善通关条件，争取该口岸尽早实现全年开放。

六、双方表示将继续加强文化、教育、卫生、旅游、体育和新闻等领域的合作。双方将鼓励互办“文化日”、“文化节”等活动。双方将积极促进两国青年团体的交流，加强在互派教师、留学生方面的合作，鼓励两国高校及其科研机构扩大交流与合作。双方指出，塔吉克斯坦国立大学孔子学院在深化两国人文领域合作方面发挥了重要作用，表示将继续密切合作，不断改善孔子学院办学条件，扩大办学规模。

七、双方指出，今年6月拉赫蒙总统阁下对中国新疆维吾尔自治区成功进行工作访问，对促进中塔关系发展、深化两国地方合作具有重要意义。双方表示愿积极落实此访期间签署的有关协议，进一步加强中国新疆维吾尔自治区与塔吉克斯坦在经贸、交通、能源、农业以及人文等领域的合作。双方强调，中塔政府间经贸合作委员会新疆—塔吉克斯坦经贸合作分委会是指导和协调中国新疆维吾尔自治区同塔吉克斯坦务实合作的重要机制，双方愿积极研究尽早举行该合作分委会第一次会议。

八、双方认为，维护中亚地区的和平、安全与稳定，符合包括中塔两国在内的本地区各国的根本利益和长远利益，本地区各国和区域合作组织应为此发挥积极作用。双方指出，“三股势力”仍是本地区安全与稳定的严重威胁。双方将根据《打击恐怖主义、分裂主义和极端主义上海公约》和《中华人民共和国和塔吉克斯坦共和国关于打击恐怖主义、分裂主义和极端主义的合作协定》的规定，进一步深化两国执法安全部门的协调与合作，并在上海合作组织框架内继续采取有力措施，共同打击包括“东突”势力在内的一切形式的恐怖主义，维护两国及本地区的和平与安宁。

九、双方重申将认真落实《中华人民共和国政府和塔吉克斯坦共和国政府关于禁止非法贩运和滥用麻醉药品、精神药物和管制化学品前体的合作协议》以及《上海合作组织成员国关于合作打击非法贩运麻醉药品、精神药物及其前体的协议》，加强双方在双边和多边领域禁毒合作，严厉打击跨国贩毒活动。

十、双方认为，联合国在维护世界和平、促进共同发展、推进国际合作方面发挥着不可替代的重要作用。双方支持联合国进行合理、必要改革，扩大发展中国家的发言权和代表性。双方主张联合国会员国应通过广泛、民主讨论，就改革方案寻求协商一致。

双方积极评价两国在国际人权领域的交流与合作，强调各国应根据本国国情促进和保护人权。双方重申反对将人权问题政治化和搞双重标准，反对借人权问题干涉别国内政。

十一、双方高度评价上海合作组织杜尚别总理会议所取得的积极成果，一致认为，上海合作组织在加强成员国互利合作、促进地区稳定和发展方面发挥着重要的建设性作用。双方视发展上海合作组织框架内多边协作为本国对外政策的优先方向之一，将继续密切在此框架内的协调与配合，与其他成员国一道，共同推动上海合作组织在安全、经济、人文等领域的务实合作不断深化和拓展。

十二、中华人民共和国国务院总理温家宝对塔吉克斯坦共和国总理阿基尔·阿基洛夫和塔吉克斯坦共和国政府给予中方代表团的热情友好接待表示感谢，并邀请塔吉克斯坦共和国总理阿基尔·阿基洛夫在双方方便时访华。阿基洛夫总理愉快地接受了邀请。访问具体时间双方将通过外交途径协商。

中华人民共和国国务院总理　温家宝

塔吉克斯坦共和国总理　阿基洛夫

二〇一〇年十一月二十五日于杜尚别

中华人民共和国和法兰西共和国关于加强全面战略伙伴关系的联合声明

应法兰西共和国总统尼古拉·萨科齐邀请，中华人民共和国主席胡锦涛 2010 年 11 月 4 日至 6 日对法兰西共和国进行了国事访问。两国元首就双边关系和国际问题深入交换了意见，达成广泛共识。

建交 46 年来，中法关系取得了长足发展，体现了战略性、全球性和时代性。在中法建立全面伙伴关系 13 年后，两国决定为双边关系注入新的活力，建设互信互利、成熟稳定、面向全球的新型全面战略伙伴关系。

双方一致认为，在多极化、全球化深入发展的当今世界，全球治理体系面临深刻变革。新兴国家的快速发展有利于国际关系向更加合理均衡方向发展。

中法作为联合国安理会常任理事国和世界两大经济体，肩负着特殊责任。中法关系应当继续发挥示范作用。两国既要为世界的和平、稳定与发展做出重要贡献，也要按照联合国宪章的宗旨和原则，弘扬多边主义，相互尊重对方独立自主选择发展道路。应该建立平等合作、包容互利、面向未来的新型大国伙伴关系。

双方还应深化在国际事务中的协调与合作，共同应对全球重大威胁，尤其是大规模杀伤性武器及其运载工具扩散，致力于解决包括伊朗核问题、朝鲜半岛无核化问题和阿富汗等地区热点问题。

双方认为，二十国集团（G20）应在更加健康稳定的基础上重塑世界经济增长和国际金融体系，切实发挥 G20 作为国际经济合作主要论坛的作用。法国即将担任 G20 主席国，中国给予积极支持。双方强调各国应致力于推行协调、连续和稳定的宏观经济政策，进一步推进国际货币与金融体系改革，应对原材料价格过度波动。双方希望大力完善全球经济治理机制，支持包括国际货币基金组织在内的国际金融机构的改革，以顺应时代要求。

双方坚决反对各种形式的保护主义，愿在维护现有授权和基于已有进展的前提下，尽早完成多哈回合谈判，取得全面、均衡、富有雄心的成果。

双方希望即将在墨西哥坎昆召开的联合国气候变化会议，按照《联合国气候变化框架公约》及其《京都议定书》以及“巴厘路线图”的授权，达成能够应对挑战的协议。两国在环境保护、可持续发展和应对气候变化领域保持紧密合作，愿深化在应对气候变化方面的合作伙伴关系，加强对话、磋商与务实合作。

双方同意在发展问题上加强合作，重申支持实现千年发展目标的努力。

双方认为，在非洲开展经济合作有利于促进非洲经济发展，支持两国企业在非洲开展合作。

随着欧盟机构改革深化，中欧关系将进入新阶段。中国高度重视在政治、经济和文化领域同欧盟发展关系，愿继续致力于加强中欧全面战略伙伴关系。法国将继续为推动中欧关系发展发挥表率作用。双方一致认为，欧盟应取消对华军售禁令，尽早承认中国完全市场经济地位。

双方将继续密切高层交往，深入开展战略对话，促进相互理解和战略互信，加强双边合作。

双方重申高度重视中法关系，愿以战略和长远眼光、在相互尊重和重视彼此主权和领土完整、根本利益的基础上，共同推动中法全面战略伙伴关系取得更大发展。

双方肯定中欧人权对话取得的进展，愿在平等和相互尊重基础上加强对话和双边交流。

中法双边关系在贸易、投资、科技以及人文交流等领域取得长足发展。作为最早支持中国现代化的国家之一，法国与中国建立了多项具体合作项目。双方强调愿在互利共赢、共同发展原则指引下，建立更加紧密、可持续和创新的经贸关系。

中法在核能、航空航天和铁路领域的合作建立在平等互利的基础之上，是双方合作的重要组成部分。在30年成功合作的基础上，双方愿进一步深化核能领域合作，在推进现有合作项目基础上，拓展合作领域，共同开发包括第三方市场的新项目。鼓励双方相关企业开展务实深入的磋商，推进在核燃料循环领域的合作。法方重申愿深化与中方在铀矿开采、核燃料生产、在本国和第三方市场建设核电站以及乏燃料后处理/再循环等方面的合作。中方对法方这一意愿予以支持。

双方同意继续深化两国航空工业长期且富有成效的合作，体现在空客等法方企业与中国航空公司及工业企业合作、A320天津总装线运营、法国公司参与中国C919大飞机项目，以及中法正在联合研制中型多用途民用直升机（EC175/Z15）等方面。

铁路运输是中法传统合作领域，双方重申进一步推动铁路交通合作的意愿。

除传统合作领域外，双方愿在环境与可持续发展、农业及食品加工和金融服务等重点领域实现创新合作，并加强上述领域企业间合作。双方还愿在新能源、生物、新材料、电动汽车、循环经济以及低碳技术等新兴领域加强合作。

双方认识到新型商务合作关系只有在开放型经济的框架下才能得到充分的发展，同意将反对贸易保护主义列为工作重点。双方将努力加强知识产权保护。双方将平衡双边贸易关系。法方欢迎中方为加入世界贸易组织《政府采购协定》采取的努力。双方将尽快商签新的避免双重征税协定，支持中小企业合作及为其融资提供便利的项目。双方还将鼓励业已蓬勃发展的双向投资，为其提供有利和公平的环境。

中法双方期待中国与欧盟能就包括便利双方人员交流在内的移民与人员往来问题尽早完成谈判，并重申双方合作打击非法移民活动的决心。

为加深两国人民间的相互了解，双方决定进一步加强在文化、教育、科技领域的合作，鼓励地方政府进一步开展合作。支持两国文化机构建立长期、稳定的合作关系，鼓励各自的文化机构和个人参加在对方国家举办的艺术节等文化活动。双方同意继续执行今年稍早签署的合作拍摄电影协议，进一步推动广播、影视领域的交流与合作。

双方将积极推动两国院校间建立和发展伙伴关系，扩大互派青年留学生规模，支持中文在法国和法语在中国的推广。

双方将继续实施好科技研发合作项目，积极支持共建研发机构，加强“产学研”科研和创新合作。

中德总理会晤联合新闻公报

（2010年10月5日）

2010年10月5日，国务院总理温家宝和德国总理默克尔在德国梅泽贝格宫举行会晤，并发表中德总理会晤联合新闻公报。全文如下：

中华人民共和国国务院总理温家宝于2010年10月5日应德意志联邦共和国总理安格拉·默克尔邀请在德国梅泽贝格宫举行会晤。双方进行了深入、友好、坦诚的会谈。

此次会晤于10月6日在布鲁塞尔召开的中欧领导人会晤前夕举行，中心议题是中欧、中德关系。会晤中，双方高度评价双边关系的良好发展。中德愿加强宏观经济政策协调，共同反对贸易和投资保护主义。双方重视战略对话、法治国家对话和人权对话等对话机制对战略伙伴关系发展的重要意义。

双方表示，中欧应增进政治互信，深化战略协作。双方愿通过加强对话磋商和扩大互利合作促进中欧经济关系。德方将继续积极支持欧盟尽快承认中国完全市场经济地位，中国将与欧盟就此继续对话。

为准备二十国集团领导人首尔峰会，两国总理谈及应对国际经济、金融危机以及其他世界经济问题。双方一致认为，应从国际金融危机中汲取教训，促使经济稳定复苏和持续增长。双方还谈及气候变化坎昆会议的准备工作。双方再次强调坚持“共同但有区别的责任”原则，赞赏两国政府为应对气候变化采取的积极措施。双方一致认为，中国和欧盟应进一步努力，使坎昆会议能取得具体成果和进展。

双方确认2010年7月发表的《中德关于全面推进战略伙伴关系的联合公报》体现的共识。默克尔总理邀请温家宝总理于2011年赴德共同主持首轮中德政府磋商。

第65届联合国大会中国立场文件

一、联合国作用

当前，国际形势继续发生深刻、复杂的变化。世界多极化和经济全球化深入发展。和平、发展、合作的时代潮流更加强劲，世界各国谋和平、求发展、促合作的愿望愈发强烈。世界经济缓慢复苏，但基础尚不牢固，表现并不均衡；气候变化、能源安全、公共卫生等全球性问题依然突出，发展不平衡问题更加严峻；地区热点问题此起彼伏，局部动荡时有发生，安全形势更趋复杂多元。国际形势中存在诸多不稳定不确定因素，世界和平与发展仍面临一系列新困难、新挑战。

联合国作为最具普遍性、代表性和权威性的政府间国际组织，是实践多边主义最重要的舞台，自成立以来，为维护世界和平、促进共同发展、推动国际合作发挥了不可替代的重要作用。中国一贯重视联合国地位和作用，维护《联合国宪章》的宗旨和原则。中国支持联合国在当前形势下进一步发挥自身优势，在协调国际努力，妥善应对全球性威胁与挑战方面采取有效行动，继续在国际事务中发挥核心作用。

二、联合国改革

中国支持联合国根据国际形势的发展，进行必要、合理的改革，提高联合国权威和效率，增强其应对新威胁、新挑战的能力。改革应提高发展中国家在联合国事务中的发言权，使之能发挥更大的作用。2005 年以来，联合国采取了一系列改革措施，并取得重要成果，但同会员国期望相比仍有差距。联合国改革应是全方位、多领域的，在安全、发展、人权三大领域均有所建树。下阶段，国际社会应该在已有成果基础上，坚持通过民主、充分协商，全面推进各领域改革，特别是加大对发展领域的投入，推进如期实现千年发展目标，让广大发展中国家从中受益。

安理会改革是联合国改革的重要组成部分。中方支持通过改革增强安理会的权威和效率，更好地履行《联合国宪章》赋予的维护国际和平与安全的职责。改革应优先增加发展中国家、特别是非洲国家的代表性。应继续通过广泛、民主协商，兼顾各方利益和关切，寻求“一揽子”改革方案，并达成最广泛一致。中国愿同各国共同努力，推动安理会改革朝有利于联合国整体利益和会员国团结的方向发展。

三、安全领域

（一）联合国维和行动

联合国维和行动是联合国维护国际和平与安全的重要、有效手段。当前，联合国维和行动规模不断扩大，授权日趋广泛，面临挑战也在增多。中国坚定支持并积极参与联合国维和行动，支持联合国维和行动在坚持“哈马舍尔德”维和三原则基础上，进行合理改革与创新，突出战略设计，加强与当事国沟通和协调，改进后勤工作机制，优化资源配置，提高维和行动的效率和效力及其部署、规划和管理的水平。各方也应更加重视维和行动与缔造和平、建设和平的衔接及统筹。中国呼吁联合国继续重视加强与区域组织在维和领域的合作，尤其要关注非洲国家的需求。

（二）建设和平

建设和平是涉及联合国全系统的任务。建设和平委员会（PBC）是联合国改革的重要成果，是联合国系统内首个协调冲突后重建的机构，地位独特，作用突出。中方一贯支持联合国在冲突后重建工作中发挥领导作用，支持PBC及建设和平基金（PBF）工作。下阶段，PBC应进一步完善内部机制建设，加强与联合国其他机构协调，强化与当事国的伙伴关系，并更好地发挥 PBF 的作用。联大、安理会、经社会等相关机构均应结合各自特点发挥优势，为 PBC 工作提供支持。

（三）武装冲突中保护平民

中国对平民生命、财产安全在武装冲突中受影响和威胁深表关切，敦促各方认真遵守国际人道法和安理会有关决议，在武装冲突中充分保护平民。

根据《联合国宪章》和国际人道法，保护平民的责任首先在于当事国政府。国际社会和外部组织的帮助应坚持公正、中立和客观原则，获得当事国同意，并充分尊重当事国主权与领土完整，避免介入当地政治纷争或影响和平进程。

要把保护平民问题放在和平解决冲突的政治进程中加以处理。在冲突后和平重建中也应重视保护平民。联合国各有关机构应加强协调，形成合力。

（四）反对恐怖主义

中国支持打击一切形式的恐怖主义。国际社会的反恐努力应以《联合国宪章》、国际法和其他公认的国际关系准则为基础，充分发挥联合国及其安理会的领导与协调作用。

中国支持安理会反恐委员会及联大反恐执行工作组发挥积极作用，协调各国打击恐怖主义的努力。中国支持并积极参与制定《关于国际恐怖主义的全面公约》，希望各方本着建设性的合作态度继续进行协商，尽早达成一致。

中国主张反恐采取综合办法，标本兼治。联合国应发挥自身优势，在消除贫困等滋生恐怖主义的根源问题上发挥积极作用，促进不同文明之间对话，帮助发展中国家加强反恐能力建设。反对将恐怖主义与特定的国家、民族、宗教或文明挂钩，或采取双重标准。

中国一贯积极参与国际反恐合作进程，愿继续加强与各方的反恐交流合作，推动国际反恐合作不断取得新进展，维护地区和世界和平稳定。

（五）朝鲜半岛局势问题

当前朝鲜半岛局势仍然复杂敏感。和平、稳定、发展、繁荣的朝鲜半岛符合包括中国在内等地区国家及国际社会的共同利益。中国希望有关各方着眼长远，通过对话协商解决有关问题，继续推动六方会谈进程，共同致力于维护朝鲜半岛和平稳定，实现本地区的长治久安。

（六）缅甸问题

中国希望缅甸保持稳定，国内有关各方通过协商达成民族和解，顺利举行大选，实现民主与发展。缅甸问题本质上属于一国内部事务，国际社会应向缅甸提供建设性帮助，为缅全国大选的顺利举行和推进缅甸国内政治和解、逐步实现民主与发展创造宽松环境。制裁和施压无助于问题的解决。中国支持联合国秘书长及其特别顾问的斡旋努力。

（七）阿富汗问题

阿富汗局势事关国际和地区的和平与稳定，也事关国际反恐斗争的顺利进行。阿富汗重建进程已取得积极进展，但仍面临诸多挑战。阿重建首先需要阿政府的坚定努力，也需要国际社会的有力支持。

中国一贯支持并积极参与阿富汗和平重建，赞赏阿富汗政府制订《国家发展战略》，支持其确定的优先发展项目，支持继续推进落实《阿富汗契约》和“喀布尔进程”，尊重阿富汗政府和人民在该进程中的主导权。我们呼吁国际社会给予阿持续关注和投入，并加强彼此间的协调与配合。中国支持联合国继续在解决阿富汗问题方面发挥主导作用。

（八）伊朗核问题

中国支持维护国际核不扩散体系，维护中东地区的和平与稳定。中方认为，伊朗作为《不扩散核武器条约》的缔约国，享有和平利用核能的权利，同时也应履行相应的国际义务。

中方主张通过对话谈判解决伊朗核问题。有关各方应加大外交努力，尽快恢复有关对话，并采取灵活、务实的态度，共同推动对话取得积极进展。

中方一直致力于劝和促谈，愿继续为和平解决伊朗核问题发挥建设性作用。

（九）中东问题

中国一贯支持中东和平进程，主张中东问题有关各方在联合国有关决议、“土地换和平”原则、“阿拉伯和平倡议”和中东和平“路线图”计划等基础上，通过谈判妥善解决彼此争端，最终实现巴勒斯坦独立建国，以色列同所有阿拉伯国家关系正常化。

和平谈判是解决中东问题的唯一正确途径。希望巴以双方坚持谈判道路，以严肃认真和负责任的态度推动和谈不断向前发展。叙以、黎以两线是中东和平进程的重要组成部分，同样应予重视和推进。中国愿与国际社会一道，推动中东问题早日得到公正、全面、持久的解决。

（十）苏丹问题

中方支持苏丹北南和平进程，主张北南双方本着互谅互让的精神，通过对话和协商妥善解决有关分歧，全面落实北南《全面和平协议》（CPA）。中方注意到CPA强调应使统一具有吸引力，有关方面不应预设南方公投结果。国际社会应充分尊重苏丹的主权，尊重苏丹人民的意愿和选择，确保苏丹及地区的和平稳定大局。

中方支持达尔富尔问题的政治解决，主张应充分发挥联合国、非盟、苏丹政府“三方机制”的主渠道作用，平衡推进维和部署和政治谈判的“双轨”战略，特别是推动达尔富尔地区主要派别尽快加入政治谈判进程。同时，应帮助苏丹改善达尔富尔人道和安全局势，早日实现该地区的和平、稳定与发展。

中国重视“有罪不罚”问题。我们对国际刑事法院对苏丹总统巴希尔采取的行动表示严重关切，呼吁国际社会重视并尊重今年7月召开的非盟首脑会再次就此表明的立场，认为针对苏丹问题的举措应当有助于维护苏丹局势的稳定和促进苏丹问题的解决。

中方为推动苏丹问题的解决做出了自己的努力。中方向苏丹南方提供了6600万元人民币的无偿援助，并为南方培训人才，参与南方建设。中方向达尔富尔地区提供了1.8亿元人民币人道和发展援助，向非盟和联合国信托基金分别提供了230万美元和100万美元捐款。中方还积极参与联合国苏丹特派团和联合国/非盟达尔富尔特派团的维和行动。中方将继续为推动苏丹问题的妥善解决做出自己的努力。

（十一）索马里问题

中国对索马里局势表示关注，希望索有关各方以国家和人民的利益为重，通过对话和协商解决分歧，早日实现和平与稳定。中国支持索过渡联邦政府寻求民族和解以及非盟和有关地区组织为推动索和平进程所做的努力，呼吁国际社会加大对索马里过渡联邦政府和非盟在索维和行动的支持力度。近年来，中方多次向索过渡联邦政府和非盟在索维和行动提供援助。我们愿同国际社会一道，为推动索和平进程继续发挥建设性作用。

近来，国际合作打击索马里海盗的努力取得一定成效，但海盗袭击威胁远未铲除，需各国进一步加强协调与合作，共同努力予以打击。中国支持根据相关国际法和安理会决议打击索马里海域海盗，并就此开展国际合作，维护该海域航运秩序和安全。同时，国际社会还应重视解决滋生海盗的根源性问题，尽快实现索马里的和平稳定，不断加强索及其他沿岸国家的能力建设。

（十二）科索沃问题

妥善解决科索沃问题，建设多族裔和谐共存的科索沃是国际社会的共同目标。塞尔维亚政府和科索沃当局在安理会相关决议规定的框架内，通过谈判达成彼此均可接受的方案，是解决科索沃地位问题的最佳途径，也是国际社会应继续努力的方向。

尊重国家主权和领土完整是当代国际法制度的一项根本性原则，是当代国际法律秩序的基础。中方尊重塞尔维亚的主权和领土完整，注意到国际法院关于科索沃问题的咨询意见。我们认为，国际法院的咨询意见并不妨碍当事方在安理会相关决议内通过谈判妥善解决问题。

四、发展问题

（一）千年发展目标

联合国千年发展目标是指导国际发展合作的纲领性文件。10年来，国际社会在落实千年发展目标方面取得一定进展，但从全球来看，要在2015年如期实现各项目标任重道远。

联合国将于9月举行高级别会议，讨论如何在2015年6月前实现千年发展目标，并制订相应行动战略。国际社会应以此为契机，进一步凝聚政治共识，争取取得面向行动、可以落实的积极成果。国际社会应鼓励和支持各国走适合本国国情的发展道路，探索有利于发展和消除贫困的发展模式；建立平等、互利、共赢的全球发展伙伴关系；加强并完善联合国千年发展目标工作机制，既要加强协调、评估落实各项目标的进展情况，也要监督国际发展援助落实情况。国际社会需要拿出果断行动的决心和务实有效的举措，为发展中国家实现千年发展目标创造良好的外部环境，帮助发展中国国家、尤其是非洲国家早日实现千年发展目标。

（二）非洲发展

发展是非洲面临的紧迫而艰巨任务。国际社会特别是发达国家应高度重视非洲发展问题，继续加大对非洲的支持和帮助，切实履行援非承诺，通过开放市场、技术转让、增加投资等措施提升非洲国家自主发展能力；应帮助非洲维护和巩固和平稳定局面，尊重非洲国家自主选择发展模式，为非洲国家发展提供保障；应推动建立更加公正合理的国际政治经济新秩序，为非洲发展创造有利的外部条件；应加强南南合作，形成对南北合作的有益补充。

中国一直积极致力于非洲和平与发展事业。近年来，在自身遭受国际金融危机冲击的情况下，中国认真落实各项对非援助与合作举措，大幅增加对非援助，减免非洲重债穷国和最不发达国家债务，努力保持对非贸易和投资力度。去年11月，中国政府在中非合作论坛第四届部长级会议上宣布了一系列支持非洲发展的政策措施。中国正认真落实上述承诺，确保非洲国家和人民尽快受益。中国愿与非洲国家和国际社会一道，继续为非洲的发展事业做出自己的贡献。

（三）粮食安全

粮食安全是经济发展和社会稳定的基础，是国家自立与世界和平的重要前提。粮食问题归根结底是发展问题，国际社会应从人类生存和共同发展的高度看待和处理粮食问题，加强合作，共同维护全球粮食安全。中国主张：

——加大农业投入，提高粮食产量。保障粮食供给，使粮食供需保持大体平衡。

——推进机制改革，完善治理体系。推动建立公平、务实、均衡、可持续的全球粮食安全治理机制和保障体系。使世界粮食生产、储备和分配体系更具公平性和可持续性。

——着眼长远和全局，推动多哈农业谈判取得积极进展，并在与农产品有关的贸易、金融、知识产权等领域营造对发展中国家有利的国际环境。

——统筹兼顾，实现全面均衡发展。粮食安全与经济增长、社会进步以及气候变化、能源安全等密切相关。国际社会应采取统筹办法，综合应对，实现粮食安全的可持续发展。

（四）能源安全

能源安全同世界经济发展、各国人民福祉息息相关。特别是在国际金融危机发生后，维护全球能源安全对有效应对国际金融危机冲击、推动世界经济全面复苏和长远发展具有重要意义。

为此，国际社会应稳定能源价格，防止过度投机，保障各国特别是发展中国家能源需求；改善能源结构，加强开发新能源和可再生能源，及其相关合作；构建先进能源技术研发和推广体系，促进对发展中国家的技术转让和资金支持；促进国际能源合作同国际发展合作相结合，通过能源扶贫帮助发展中国家发展经济、改善民生。

（五）气候变化

气候变化是当今世界面临的重大挑战，需各国合作应对。气候变化主要是发达国家长期历史排放和当前高人均排放造成的，发达国家对气候变化负有不可推卸的责任，应在2012年后继续率先减排，并切实履行《联合国气候变化框架公约》及其《京都议定书》规定的向发展中国家提供资金和转让技术的义务。发展中国家是气候变化的主要受害者，虽然面临发展和消除贫困的紧迫任务，仍将通过走可持续发展道路为共同应对气候变化做出贡献。

气候变化问题从根本上说是发展问题，应在可持续发展的框架内解决。气候变化国际合作应坚持公平原则和“共同但有区别的责任”原则，维护《联合国气候变化框架公约》及其《京都议定书》的主渠道作用。发展中国家和发达国家所处的发展阶段、经济和社会发展水平有巨大差异，发展中国家的减缓行动与发达国家的量化减排义务有本质区别，这符合《联合国气候变化框架公约》的基本原则以及“巴厘路线图”的相关规定。

为推动年底墨西哥坎昆气候变化会议取得积极成果，各方应在哥本哈根会议成果基础上，沿着巴厘路线图确定的正确方向，充分尊重发展中国家的发展阶段和发展权，将《公约》和《议定书》的有关规定落到实处。我们希望发达国家充分展示政治诚意，切实履行义务和兑现承诺，为国际社会合作应对气候变化做出积极的贡献。

中国政府重视联合国在推动气候变化国际合作方面发挥的积极作用。中方愿本着积极、建设性态度就气候变化国际合作的重大问题与各方充分、坦诚交换意见，为气候变化国际合作注入新的动力。

（六）南南合作

南南合作是发展中国家间取长补短、实现共同发展的重要渠道，是发展中国家相互帮助，携手应对各种发展挑战的重要途径。近年来，南南合作取得积极进展，南方国家之间贸易、投资活跃。发展中国家间还建立了一些新机制和倡议，为南南合作注入新活力。

中方认为，发展中国家应在重大国际问题上积极开展磋商与协调，采取一致行动，共同维护正当权益；应根据形势发展和自身需要，本着平等互利原则，不断拓展合作渠道、丰富合作内涵、创新合作模式；还应加强协调，有效利用多边机制。受国际金融危机的影响，广大发展中国家面临的发展环境不容乐观，在此形势下，广大发展中国家更要加强南南合作，共同应对危机，促进经济健康持续增长。

（七）发展筹资

发展融资不足问题一直是国际发展领域面临的主要挑战，特别是在全球金融危机给低收入国家造成严重冲击的背景下，这一问题显得更加突出。

当务之急是建立并完善平等、互利、共赢

的全球发展伙伴关系，切实落实《蒙特雷共识》，确保如期实现千年发展目标。中国主张，重点从以下五方面做出努力：一是增加发展资源，加强发展机构。二是发达国家应兑现官方发展援助占国民总收入0.7%的承诺，并进一步对发展中国家减免债务和开放市场。三是努力减少金融危机对发展中国家特别是最不发达国家造成的损害，切实帮助其保持金融稳定和经济增长。四是抑制贸易保护主义，推动多哈回合谈判早日达成发展回合目标。五是为发展中国家创造良好外部发展环境，反对动辄对发展中国家采取经济、商业、金融封锁等措施。

（八）多哈回合谈判

多哈回合谈判取得成功，有利于提升国际贸易开放水平，抑制贸易保护主义，促进世界经济复苏和可持续发展，符合各方共同利益。

中国始终致力于建立公正、合理、非歧视的多边贸易体制，一直以建设性姿态积极参与多哈回合谈判。我们主张，按照“尊重谈判授权、锁定已有成果、以现有案文为基础”的原则，尽快解决遗留问题，推动多哈回合谈判取得全面、平衡的成果。

多哈回合是发展回合，应充分照顾发展中国家特别是最不发达国家的利益和关切，真正体现对他们的特殊和差别待遇。

（九）国际金融体系改革

国际金融危机充分暴露了现行全球经济治理体系的弊端和不足。加强全球经济治理，塑造一个有利于世界经济长期健康稳定发展的体制框架，符合国际社会共同利益。各方都希望对现有国际金融体系进行必要改革，目标是建立公平、公正、包容、有序的国际金融体系。中国主张：

——应完善国际金融治理体系，加快推进国际金融机构改革，提高新兴市场国家和发展中国家的发言权和代表性，确保二十国集团首尔峰会前完成国际货币基金组织份额改革目标。

——应完善全球金融监管体系，加强对具有重要金融中心的发达经济体及其宏观经济政策的监督，加强对系统重要性金融机构和评级机构的监管，加强对跨境资本流动的监督，制订全球统一的会计准则。

——应完善国际货币体系，健全储备货币发行调控机制，保持主要储备货币汇率相对稳定。

五、军控、裁军与防扩散

中国一贯重视并支持国际军控、裁军与防扩散努力，主张全面禁止和彻底销毁核武器、化学武器、生物武器等各类大规模杀伤性武器。

中国坚决反对大规模杀伤性武器及其运载工具的扩散，认真、严格履行中方承担的国际义务和相关承诺。为实现防扩散目标，各国应致力于营造互信、合作的国际和地区安全环境，消除大规模杀伤性武器扩散的动因；坚持通过政治外交手段解决防扩散问题；切实维护和加强国际防扩散机制；平衡处理防扩散与和平利用科学技术的关系，摒弃双重标准。

中国一贯主张并积极倡导全面禁止和彻底销毁核武器。中国坚定奉行自卫防御的核战略，始终恪守在任何时候、任何情况下不首先使用核武器，无条件不对无核武器国家和无核武器区使用或威胁使用核武器的承诺。中国在核武器的规模和发展方面始终采取极为克制的态度，不在别国部署核武器，从不参加任何形式的核军备竞赛，将继续把自身核力量维持在国家安全需要的最低水平。

中国坚定支持《全面禁止核试验条约》，并积极推动条约早日生效。中国支持裁谈会尽快达成全面平衡的工作计划，早日启动“禁产条约”谈判，并就防止外空军备竞赛、“无核安保”等议题开展实质性讨论。

中国始终认为，《不扩散核武器条约》是国际核不扩散机制的基石，欢迎条约2010年审议大会取得积极成果，希望各方共同努力，认真落实大会制定的最后文件。当前形势下，各方应继续维护和加强条约的普遍性、权威性和有效性，使条约在防止核武器扩散，推动核裁军和促进和平利用核能方面发挥更大作用。

中国重视核安全问题，反对核恐怖主义，支持加强相关国际合作，欢迎华盛顿核安全峰会在此方面取得的进展。

中国支持《禁止化学武器公约》和《禁止生物武器公约》的宗旨和目标，全面、严格履行两公约义务，支持不断加强两公约的普遍性。同时，呼吁化武拥有国和遗弃国进一步加大工作力度，加快销毁进度。

中国一贯主张和平利用外空，反对外空武器化和外空军备竞赛，认为谈判制定相关国际法律文书是维护外空永久和平与安全的最佳途径。

中国重视信息安全问题，支持联合国在此方面发挥主导作用，以建设性态度参加了历届联合国政府专家组工作。中国欢迎联合国信息安全问题政府专家组首次达成最后报告，认为这有助于国际社会共同应对信息安全领域的威胁与挑战。

中国重视军事透明问题，致力于增进与世界各国的军事互信。从2007年起，中国参加了联合国军费透明制度，并恢复参加联合国常规武器登记册。中国支持并将积极参与联合国军费透明政府专家组工作。

中国重视军控领域的人道主义问题，积极致力于增强《特定常规武器公约》及所附议定书的普遍性和有效性，于2010年4月批准了公约所附《战争遗留爆炸物议定书》，并以建设性姿态参加公约政府专家组有关集束弹药问题的谈判。中国积极参与国际扫雷援助活动，努力帮助有关国家摆脱雷患困扰。中国支持打击小武器非法贸易的国际努力，认真落实联合国小武器《行动纲领》和《识别与追查非法小武器国际文书》。

六、人权问题

世界各国政府均有义务按照《联合国宪章》的宗旨和原则以及国际人权文书的有关内容，结合本国国情，促进和保护人权。国际社会应尊重各类人权的不可分割性，同等重视经济、社会和文化权利以及公民权利和政治权利两类人权和发展权的实现。由于国情不同，各国在人权问题上采取不同的做法和模式，不应强求以同一模式来促进和保护人权。

中国政府积极倡导人权领域国际合作，主张在平等和相互尊重的基础上，通过对话与合作解决人权问题上的分歧，增进了解，相互借鉴，共同发展，反对将人权问题政治化和搞双重标准。

中国政府以建设性态度参与联合国人权理事会的工作，愿与各方共同努力，以人权理事会重审为契机，推动理事会提高工作效率，以更加公正、客观和非选择性的方式处理人权问题。

七、社会问题

（一）跨国犯罪

制贩毒品、拐卖人口、洗钱和腐败等跨国犯罪活动猖獗，并经常和恐怖主义活动勾连，严重危害各国经济发展和社会秩序，给地区稳定甚至世界和平带来挑战。

加强国际合作，预防和打击跨国有组织犯罪，不仅是国际社会维护和平与安全的共同需要，也是各国义不容辞的共同责任。《联合国打击跨国有组织犯罪公约》是国际社会在打击跨国犯罪领域的重要文件。国际社会应根据公约宗旨和精神，认真履行公约义务，相互尊重，平等协作。发达国家应重视发展中国家关切，避免成为腐败分子的庇护天堂。

（二）艾滋病

艾滋病严重威胁人类健康，影响各国经济社会发展。防治艾滋病是国际社会刻不容缓的任务，也是落实千年发展目标的重要方面。

国际社会尤其是发达国家应为发展中国家加强艾滋病防治能力建设提供更大帮助。联合国艾滋病规划署和全球防治艾滋病、结核和疟疾基金等国际机构应该加强相互协调，为帮助发展中国家防治艾滋病发挥更大作用。

中国政府采取一系列艾滋病防治措施，努力提高艾滋病人权利保障水平，增强全社会关心艾滋病感染者和患者的意识。中国积极参与艾滋病领域国际合作，愿与国际社会一道继续为减轻艾滋病危害做出贡献。

（三）公共卫生安全

公共卫生安全事关各国人民身体健康和生命安全。确保全球公共卫生安全是国际社会的共同责任。各国政府应通过不断加强公共卫生能力建设，为人民健康生活提供有力保障，促进经济社会协调和可持续发展。

中国政府坚持以人为本，高度重视公共卫

生建设，正在进一步深化医药卫生体制改革。中方愿同各方及有关国际组织加强信息、经验、技术交流共享，深化合作，为更好应对全球公共卫生挑战、促进人民身心健康而共同努力。

（四）反腐败

腐败问题影响各国经济和社会发展，受到国际社会普遍重视。加强全球范围内的国际反腐败合作，推动各国交流反腐败斗争经验，有利于促进世界各国和各地区的反腐败工作。

《联合国反腐败公约》作为第一部全球范围内的反腐败国际法律文书，为各国共同惩治和预防腐败规定了共同适用的法律原则和规则。各国应当在相互尊重主权和平等互利的基础上，切实加强反腐败国际合作。履约机制应重在发挥建设性作用，协助和促进缔约国更好地履约和开展国际合作。缔约国应提高参与国际反腐败合作的政治意愿，减少国内法和国内程序对引渡和资产追回的限制，在不附加任何政治条件的前提下通过技术援助加强发展中国家的履约能力。

八、联合国财政问题

联合国正常运转需要一个稳定的财政基础。联合国所有会员国都应根据《联合国宪章》精神，根据联大决议确定的支付能力原则，继续认真履行联合国财政义务，及时、足额、无条件地缴纳联合国会费和维和摊款，确保联合国有坚实、稳定的财政基础。

联合国资源的利用应根据资源与方案相结合的原则，进一步提高资金的使用效率，并充分考虑和照顾发展中国家的合理关切和要求。

会员国应进一步协调与沟通，提高工作效率，加强在方案协调和财政预算方面对秘书处的工作指导。

九、法治问题

（一）国际和国内两级法治

实现国内和国际两级法治是各国普遍追求的目标。各国有权自主选择适合本国国情的法治模式。各国的法治模式可以相互借鉴、取长补短和共同发展。在加强国际法治方面，必须维护《联合国宪章》的权威，严格遵循公认的国际法原则和规则，坚持国际法的统一适用，避免采取双重标准，并不断完善国际立法，促进国际关系民主化。

（二）打击“有罪不罚”

中国谴责一切形式的犯罪行为，支持各国为消除“有罪不罚”所做的努力，鼓励国际社会就此开展合作。国际社会为消除冲突地区“有罪不罚”的努力，应与保障冲突地区所有人员福祉的目标相一致，不应干扰冲突地区正在进行的和平进程，不应妨碍冲突地区促进民族和解，实现持久和平。只有在有关地区局势缓和、政治稳定的前提下，才能更好地解决有罪不罚。

（三）国际法院

中国支持加强国际法院在和平解决国际争端方面的作用，支持法院不断改进其工作方法，希望法院在维护国际秩序稳定、伸张正义方面发挥积极作用。各国自由选择和平解决争端方式的权利应得到尊重。

（四）国际刑事法院

中国支持建立一个独立、公正、有效和具有普遍性的国际刑事司法机构，以惩治最严重的国际罪行。国际刑事法院的工作应秉承促进国际和平与安全、维护全人类福祉的宗旨，与其他国际机制协调合作，避免干扰有关和平进程。中国会继续关注国际刑事法院的工作。

（五）海洋与海洋法事务

推动建设和谐海洋，是建设持久和平、共同繁荣的和谐世界的重要组成部分。为建立和维护和谐的国际海洋秩序，我们主张：

第一，兼顾对海洋的合理利用与科学保护。在促进海洋可持续利用为人类创造福祉的同时，加强对海洋的保护，实现人类与海洋之间的和谐。

第二，公平分配海洋利益，分担保护责任，特别要考虑发展中国家，特别是最不发达国家、小岛屿发展中国家的实际情况和关切。

第三，平衡沿海国权利和国际社会的整体利益。科学合理地划定200海里以外大陆架外部界限，在保障沿海国依国际法享有的权利的同时，要保护作为人类共同继承财产的国际海底区域。

第四，维护以《联合国海洋法公约》为基础的国际海洋法秩序。《公约》是在海洋领域解决新问题、处理新挑战的重要依据，是现代海洋秩序的法律基础。国际社会应确保《公约》的完整性和权威性得到维护。

中德关于全面推进战略伙伴关系的联合公报

2010 年 7 月 15 至 18 日，德国总理默克尔访问中国期间，中德双方发表了《中德关于全面推进战略伙伴关系的联合公报》。联合公报全文如下：

应中华人民共和国国务院总理温家宝邀请，德意志联邦共和国总理安格拉·默克尔于 2010 年 7 月 15 日至 18 日对中华人民共和国进行正式访问。胡锦涛主席和温家宝总理分别与默克尔总理举行会见和会谈，在诸多重要问题上达成共识。

在应对国际金融危机过程中，中德关系进一步深化。中德作为在各自地区和世界上具有重要影响的国家，作为第三和第四大经济体及重要贸易和出口国，有着广泛共同利益，在应对全球性挑战方面肩负着重要责任。

两国共同致力于进一步加强在各领域的互利合作，全面推进中德战略伙伴关系蓬勃发展，促进世界和平与可持续发展，为应对全球性挑战做出贡献。

一、政治领域

（一）双方重视高层交往对双边关系的重要作用，愿保持两国领导人经常性联系及总理年度会晤机制，密切最高层合作。

（二）双方强调，愿本着相互尊重、平等相待、积极合作、互利共赢的精神，照顾彼此核心利益，加强相互理解和政治互信，确保双边关系长期稳定发展。德方重申坚持一个中国政策，尊重中国领土完整，中方对此表示赞赏。

（三）双方重视战略对话、法治国家对话和人权对话等对话机制对加强战略伙伴关系的重要意义。双方同意提高中德战略对话级别。双方强调法治国家和保障人权对两国的发展均重要。双方认为十年来的法治国家对话十分成功并将定期开展该对话。

（四）中德将在联合国和国际金融机构等多边组织加强合作。双方支持联合国改革。中德将加强维和行动经验交流，继续合作支持阿富汗重建进程。

（五）双方强调，愿在中德军事合作框架内继续就安全和军事政策问题进行对话，以在此基础上深化互信，并逐步扩大两军交往。双方充分肯定在打击索马里海盗方面的共同努力。

（六）中方欢迎欧洲一体化进程取得进步和欧盟在国际事务中发挥积极作用。中德努力推动中国与欧盟伙伴合作协定谈判顺利完成，全面扩大和深化中欧关系。中德关系也将从中受益。

二、经济领域

（七）双方认为，国际金融危机没有改变世界经济增长的长期趋势，应从危机中吸取教训。当前世界经济逐步复苏，出现了企稳向好的趋势，但复苏的基础仍不牢固。

（八）双方将加强经济政策磋商和宏观经济领域合作，共同努力促进两国和世界经济全面、可持续和平衡增长。中方支持欧盟稳定经济和金融的举措，重视德国在这一过程中的重要作用，坚信欧元区国家将克服困难，实现经济稳定增长。德国将大力推动加强中欧经济关系。德方将积极支持欧盟尽快承认中国完全市场经济地位，中国将与欧盟就此继续对话。

（九）双方愿继续密切二十国集团内的沟通与协调，推进全球经济治理改革，加强二十国集团作为国际经济金融合作主要平台的作用，体现代表性、平等性和实效性。加强国际金融机构的发展和减贫职能，推动国际货币基金组织份额改革，同时兼顾其他治理结构改革，如期于首尔峰会前实现二十国集团领导人确定的目标。双方愿加强对具有重要金融中心的发达经济体宏观经济政策的监督，推进国际金融体系改革。

（十）双方反对一切形式的贸易和投资保护主义。两国共同致力于严格遵守世贸组织规则和减少贸易壁垒。多哈回合谈判取得成功将成为世界经济开放并获得增长动力的重要信号。德方欢迎中方为加入世贸组织《政府采购协定》方面所作的努力。

（十一）双方欢迎两国央行通过“中德金融稳定论坛”继续加强合作，共同维护金融稳定。

（十二）中方强调，欧洲市场始终是中国最重要的投资市场之一。德方尤为欢迎中国在德投资。双方欢迎继续扩大双向投资，加强出口融资领域交流与合作。

（十三）双方高度重视实体经济在经济发展中的作用。德方认为，中国政府采取的增强经济增长可持续性、扩大内需、促进区域经济发展等措施是中德企业更为紧密合作的重要机会。通过定期举办中德经济技术合作论坛等促进双边产业合作，促进在基础设施建设、提高工业生产能效、原材料、钢铁、汽车、医药、生物技术、能源和环境技术、化学、信息通信技术等领域的合作。双方愿加强在航空领域的合作。

（十四）双方将加强在中德经济合作联委会内的磋商，提升货物和服务贸易水平，增设服务贸易促进工作组。

（十五）双方将密切在标准化、食品安全、计量、产品安全、认证认可等领域的成功合作。

（十六）德方支持中国发展现代化、技术导向型经济。双方愿继续加强先进工业技术领域合作。技术转让应遵循自愿原则。知识产权保护符合双方利益，应继续坚持不懈予以推动。德方欢迎中方加大知识产权保护力度，双方愿继续深化该领域合作。

（十七）双方建立能源和环境合作伙伴关系。双方加强能源领域的技术合作与政策交流，推动在可再生能源领域的合作与应用示范。通过中德环境论坛、战略环境对话和中德经济技术合作论坛框架内的环保技术和循环经济、能源工作组以及中德经济合作联委会加强双方环保、循环经济、节能合作及在上述领域的经贸合作。加强全球生物多样性和生态保护领域的合作。双方将支持在中国国家级经济技术开发区内合作建设中德生态园区。从气候保护和能效角度加强建筑行业合作。双方积极评价《中德地学领域科学技术合作协议》框架内的合作，将在地学和矿产资源领域加强合作。

（十八）中小企业为两国经济增长和创造就业岗位做出了重要贡献。两国中小企业合作潜力巨大。双方将继续进行中小企业政策磋商，为解决实际问题指明方向，并加强合作。

（十九）妥善应对气候变化符合中德两国利益。双方重申坚持“共同但有区别的责任”原则，确认《联合国气候变化框架公约》及其《京都议定书》为应对气候变化国际合作的恰当和有效框架。双方赞赏两国政府为应对气候变化采取的积极措施。中德应对气候变化工作组首次会议将在2010年秋季举行。双方将扩大务实合作。

（二十）替代动力对解决气候、环境和交通问题具有重要意义。双方支持设立“中德替代动力平台”加强电动汽车领域合作。

（二十一）双方充分肯定近30年成功、充满信任的发展合作和财政合作对经济社会协调发展、应对气候变化和其他领域的积极作用，愿在环境、气候、能源、农业和粮食、金融、区域合作及法治国家对话等涉及未来双方重大共同利益的领域继续共同合作。在促进贷款方面与复兴信贷银行互利合作成功，下一步应重点在气候保护领域继续合作。双方同意由两国财政部商签《中华人民共和国财政部和德意志联邦共和国财政部关于加强财经合作的谅解备忘录》。

（二十二）双方将推进国际发展合作，坚持对发展中国家，尤其是最不发达国家和地区的支持和援助。共同推动今年联合国千年发展目标高级别会议取得面向行动的积极成果，使联合国千年发展目标在全球范围取得全面均衡进展。双方认为，加强农业和粮食领域的合作将对世界粮食安全产生积极意义。

三、文化和社会领域

（二十三）双方一致认为，推进中德战略伙伴关系需要不断扩大和深化两国人文领域的合作与交流。双方欢迎2010年5月签署的《中华人民共和国外交部和德意志联邦共和国外交部关于中德对话论坛的协议》。

（二十四）双方一致认为，“德中同行”系列活动极大增进了两国人民相互了解和友谊。两国元首共同担任2011年在北京举办的“启蒙的艺术”展监护人，其间将举行“关于启蒙的对话”系列论坛。德方支持中方2012年在德举办“中国文化年”活动。这再次体现了双方对文化交流的重视。双方愿继续扩大公共文化服务体系、文化产业和文化管理人员培训领域的交流与合作。

（二十五）双方高度赞赏“中德科教年”的成功举办，一致同意未来在科研领域进行更密切合作，鼓励在大学、研究机构、企业建立联合研究中心和实验室。双方将在中德科技合作联委会框架内加强各领域合作。

（二十六）双方愿不断加强现有大、中学生交流，继续建立学校伙伴关系，深化职业教育合作。双方愿通过促进汉语在德国的推广和德语在中国的推广及“学校：塑造未来的伙伴”倡议共同促进彼此理解。

（二十七）双方支持建立“中德未来之桥”论坛，使两国各界青年精英建立经常性联系。继续管理领域的交流。双方赞赏青年交流在促进两国关系长远发展中的积极作用，倡议和支持两国青年协会、青年组织和青年机构间巩固和扩大伙伴关系，增进青年一代的紧密友谊和合作。

（二十八）双方积极鼓励两国传媒界开展交流合作。双方同意建立记者、出版商、国家机构和经济界及其他媒体代表共同参与的媒体对话。

第13次中欧领导人会晤联合新闻公报

（2010年10月6日）

2010年10月6日，国务院总理温家宝在布鲁塞尔同欧洲理事会主席范龙佩、欧盟委员会主席巴罗佐共同主持第13次中欧领导人会晤，并发表了联合新闻公报。全文如下：

一、第十三次中欧领导人会晤于2010年10月6日在布鲁塞尔举行。中华人民共和国国务院总理温家宝代表中国出席了会晤。欧洲理事会主席赫尔曼·范龙佩和欧盟委员会主席若泽·曼努埃尔·巴罗佐代表欧盟出席了会晤。

二、领导人对双边关系在应对国际金融危机中得到加强表示满意，认为在当前金融危机对世界政治、经济、安全格局的影响逐渐显现，中欧各自步入重要发展阶段的背景下，中欧关系应站在新的起点，实现更大发展。值此中欧建立外交关系35周年之际，双方表示将充分利用包括《里斯本条约》带来的新的机遇，致力于开启中欧关系的新阶段。

三、双方同意本着平等、互惠、互利的精神，进一步加强全面战略伙伴关系，合作应对全球性挑战。为此，双方强调，在中欧领导人会晤的战略引领下，统筹中欧各领域、各级别对话与合作，特别要重视中欧在政治、经贸、宏观经济等领域开展战略对话的重要作用。双方充分认识到承认彼此重大关切对于推进中欧整体关系的重要性。

四、双方回顾了双边经贸关系，对2010年双边贸易和投资的快速回升表示满意。双方同意进一步探讨促进双边贸易、消除贸易壁垒和确保有利于中欧贸易和投资关系进一步发展的商业环境的途径。

五、双方注意到投资联合工作组所做的工作，强调推动该领域讨论可实现巨大潜力。联合工作组将向下一轮经贸高层对话提交报告。双方对第六届中欧工商峰会的召开表示欢迎。

六、领导人对10月4日至5日欧元集团“三驾马车”与中方就宏观经济问题进行的讨论表示欢迎，重申需进一步共同努力，实施适当的财政政策，确保公共财政既保持可持续性又有助于增长；加强结构性调整，实现更加可持续、更加平衡的增长；允许对经济基本面的发展变化做出灵活反应。双方的共同努力将使全球复苏更加牢固和更加可持续。

七、领导人强调二十国集团首尔峰会的重要性。届时，有必要采取协调一致的行动，确保全球经济复苏，通过多哈回合谈判达成协议等，为强劲、可持续和平衡增长奠定基础。领导人强调加强金融稳定和确保开放的贸易和投资环境仍是急需共同应对的挑战。领导人欢迎二十国集团关于实现全球增长需要缩小发展差距并减少贫困的共识。双方表示支持在二十国集团首尔峰会前实现IMF既定的份额改革目标。

八、领导人一致认为，需要采取适当的气候变化和能源政策，以支持双方在节能、提高能效和促进绿色低碳发展等方面的共同努力。领导人强调将进一步加强中欧气候变化伙伴关系和能源对话框架下的政策对话与务实合作。合作的重点应包括可再生能源、能效、智能电网和包括碳捕存在内的清洁煤技术。双方鼓励研究单位特别是中小企业开展能源研发合作，以促进节能减排。同时，领导人强调将继续致力于在“巴厘行动计划”指引下，开展气候谈判，推动坎昆会议取得全面、平衡的积极成果。

九、双方领导人讨论了共同关心的国际与地区问题。双方认为在亚丁湾就打击海盗开展合作是积极步骤，并同意探讨进一步合作的领域。双方同意在发展问题上加强合作，并重申支持实现千年发展目标。

十、领导人表示将全力支持2011年中欧青年交流年活动，并忆及其主要目标是促进文明对话，增进中欧青年间的相互理解和友谊。领导人对10月6日至7日在布鲁塞尔举行的首届中欧文化高峰论坛给予充分支持，宣布2012年为中欧文化间对话年。

十一、双方签署了关于海洋事务和2011年青年交流年的合作协定。

三、中国与欧盟及主要相关国家的人权对话

（一） 中国—欧盟人权对话

1. 中欧第21次人权对话

2006年5月25—26日，中国与欧盟第21次人权对话在维也纳举行。中国外交部国际司司长吴海龙和欧盟现任轮值主席国奥地利外交部法律顾问特劳特曼斯多夫共同主持了会议。会议期间，吴海龙向欧盟代表全面介绍了中国政府贯彻以人为本、尊重和保障人权、建立社会主义和谐社会的情况。特劳特曼斯多夫对中国在促进和保障人权方面取得的进展表示赞赏。双方在友好、坦率的气氛中深入讨论了批准和执行国际人权公约、联合国人权机制合作、非政府组织管理、人权教育等问题，并就新成立的联合国人权理事会工作交换了看法。双方一致认为，在平等和相互尊重基础上就人权问题开展对话反映了中欧关系的成熟和双方的高度互信。中欧第21次人权对话富有成果，加深了彼此了解，减少了分歧，扩大了共识，有助于推动中欧战略伙伴关系的进一步发展。

2. 中欧第22次人权对话

2006年10月19日，外交部国际司司长吴海龙与欧盟轮值主席国芬兰外交部大使格隆伯格在京共同主持中欧第22次人权对话。来自全国人大法工委、最高人民法院、最高人民检察院、国务院新闻办公室、司法部、公安部等单位以及欧盟“三驾马车”代表与会。吴介绍了我在推进司法改革、加强行政和司法监督和保护农民及弱势群体权益等方面取得的进展，结合中共十六届六中全会《关于构建社会主义和谐社会若干重大问题的决定》，阐述了中国政府积极落实人权保护的宪法原则及构建和谐社会理念，并表示作为联合国人权理事会成员国，中国有信心、有决心不断推进人权事业发展，愿借鉴包括欧盟国家在内的世界各国有益经验。格积极评价中国在人权领域取得的成就，赞赏中国领导人以人为本、构建和谐社会的治国理念，表示，中国是国际人权领域重要和负责任的一方，欧盟愿加强与中方在人权领域的沟通与合作。双方围绕人权领域新进展、反对种族主义、刑事司法中的人权保护、与联合国人权机制合作等议题进行了深入、坦诚和建设性讨论。

3. 中欧第23次人权对话

2007年5月15日至16日，外交部国际司司长吴海龙与欧盟轮值主席国德国外交部联合国和全球事务司司长维特希在柏林共同主持中欧第23次人权对话。最高人民法院、最高人民检察院、公安部、司法部和国务院新闻办公室和中国驻德国使馆及欧盟委员会、欧洲理事会、德国及下任欧盟轮值主席葡萄牙外交部官员参加。德外交部国务秘书西尔伯贝格礼节性会见中国代表团。双方分别介绍了去年10月上次对话以来在人权领域取得的新进展，并围绕刑事司法体系改革、言论自由、少数民族权利和移民工人权利保护以及中欧在联合国人权领域的合作等议题进行开放和坦诚的讨论，一致认为此次对话富有建设性，取得了一些积极进展。愿保持在人权领域对话与交流的良好势头，增进相互了解，推动中欧全面战略伙伴关系不断向前发展。

4. 中欧第24次人权对话

2007年10月17日，外交部国际司司长吴海龙与欧盟轮值主席国葡萄牙外交部大使热苏斯在京共同主持中欧第24次人权对话。来自中共中央统战部、最高人民法院、公安部、劳动和社会保障部、国家宗教事务局、国务院新闻办、全国总工会等单位以及欧盟“三驾马车”的代表与会。吴海龙介绍了我国在完善人权立法、推进司法改革、保障劳动者权益和建立社

会保障体系等9个方面取得的新进展。吴海龙指出，胡锦涛总书记在党的十七大开幕式报告中勾勒出中国今后一个时期保护人权、改善民生的宏伟蓝图。随着中国经济、社会和民主法治各项事业的全面发展，中国人权事业将不断取得新的进步。欧盟积极评价中国政府为促进和保护人权所作的努力，表示欧方愿加强与中方在国际人权领域的交流与合作。双方围绕刑事司法体系改革、言论和宗教信仰自由、劳动权、种族主义、中欧在国际人权领域的合作等议题进行了深入、坦诚和建设性讨论，增进了相互了解与理解。

5. 中欧第25次人权对话

2008年5月15日至16日，中国与欧盟在斯洛文尼亚首都卢布尔雅那举行第25次人权对话。对话由中国外交部国际司司长吴海龙与欧盟轮值主席国斯洛文尼亚外交部国际法和利益保护司总司长多基奇共同主持，最高人民法院、公安部、国务院新闻办公室、西藏自治区、中国藏学研究中心、中国驻斯洛文尼亚使馆及欧盟委员会、欧洲理事会、斯洛文尼亚及下任欧盟轮值主席国法国外交部官员参加。中国代表团会见了斯外交部国务秘书安德里·斯德尔，并走访斯少数民族聚居区。中欧双方分别介绍了各自在人权领域取得的新进展，并围绕言论自由与媒体责任、和平集会权利、少数民族权利、在国际人权领域的合作等问题进行深入讨论。吴海龙司长通过数据和实例，从民主、法治和民生三个方面，介绍了中国近期促进和保护人权的新举措，强调中国政府正全方位推进民主政治建设，深化司法体制改革，着力解决教育、医疗、社保等与老百姓生活息息相关的民生问题。欧盟介绍了其促进人权的新措施，表示，“新欧盟条约”《里斯本条约》引入实质性人权条款，该条约2009年1月1日生效后将使《欧盟基本人权宪章》具有法律约束力，《宪章》在《欧洲人权公约》基础上增加住房、清洁环境等第二、三代人权，新设立“基本权利监督局”，新制订关于儿童权利的指导原则等。欧方应询向中方介绍了在诋毁伊斯兰教、种族主义和排外等方面的立场和措施。双方一致认为此次对话富有建设性，增进了相互理解，有助于缩小分歧。双方同意在平等和相互尊重基础上继续开展人权对话与交流，促进中欧全面战略伙伴关系向前发展。

6. 中欧第27次人权对话

2009年5月14—15日，中国与欧盟第27次人权对话在捷克布拉格举行。中欧双方介绍了各自在人权领域取得的新进展，并围绕言论自由权、公民社会的作用、健康权及加强国际人权领域合作等问题深入交换了看法。参加本次中欧人权对话的中国外交部国际司司长吴海龙说，当前中欧关系恢复了稳定发展的势头良好，中欧领导人第11次会晤即将举行。中方愿与欧方通过建立在平等和相互尊重基础上的对话，增进了解，扩大共识，推动中欧关系健康发展。吴海龙重点介绍了中国制定的《国家人权行动计划（2009—2010年）》，强调这是中国首个以人权为内容的行动规划，反映了中国政府促进和保护人权的坚定决心。欧盟方面对中国制定该计划以及中国在人权领域取得的各项进展给予了积极评价，并介绍了欧盟促进人权事业发展的情况。中欧双方一致认为，此次对话富有建设性，增进了相互理解，缩小了分歧。双方同意在平等和相互尊重的基础上，继续开展人权对话与交流，促进中欧全面战略伙伴关系向前发展。双方原则同意今年下半年在北京举行下一轮人权对话。中国与欧盟第27次人权对话由吴海龙与欧盟现任轮值主席国捷克外交部政治总司长波韦希尔共同主持。

7. 中欧第28次人权对话

中国—欧盟第28次人权对话于2009年11月20日在北京举行。外交部副部长何亚非会见欧盟代表团一行。外交部国际司司长吴海龙与欧盟轮值主席国瑞典外交部人权大使诺德兰德共同主持对话。来自中欧双方相关部门代表参加。何亚非表示，中方重视欧盟在国际事务中的作用和影响，发展与欧盟的关系是中国外交政策重要组成部分。中方愿与欧方一道，共同推动中欧关系不断向前发展。人权对话是中欧以建设性方式处理人权问题的重要平台和渠道，双方应顺应国际合作的大势，切实遵循平等和相互尊重的原则，确保中欧人权对话的健康发展。欧方表示，欧盟高度重视对华关系，对即将举行的第12次欧中首脑会晤充满期待。人权对话是欧中关系的重要一环。欧方愿与中方继续开展对话与合作，推动双方人权和法治事业的发展。中欧双方在对话中介绍了各自在人权领域最新进展，并围绕法治、国际人权领域合作等议题进行了深入、坦诚的讨论。中方重点介绍了深化司法体制改革、确保司法公正及开展人权领域国际合作等方面的具体举措。欧盟积极评价中国在促进和保护人权方面所做的努力和取得的成就，介绍了欧盟国家促进人权方面的新立法和新措施。双方表示愿保持中欧人权对话与交流的良好势头，推动中欧全面战略伙伴关系健康发展。在京期间，欧盟代表团走访了最高人民法院、司法部、人力资源和社会保障部、北京市海淀区人民检察院及朝阳区法律援助中心。

8. 中欧第29次人权对话

2010年6月29日，中国与欧盟第29次人权对话在西班牙马德里举行。中国外交部国际司司长陈旭与欧盟轮值主席国西班牙外交部联合国与人权事务司司长多明戈共同主持对话。来自中国最高人民法院、公安部、司法部、卫生部、国务院新闻办和西班牙外交部、司法部、劳工部、欧盟理事会、欧盟委员会等中欧双方官员参加。西班牙外交国务秘书洛佩斯会见了中方代表团。中方积极评价中欧关系，表示今年是中欧建交35周年。中欧在推动多边主义、和平解决国际争端等方面拥有广泛共识。双方携手合作，不仅符合双方共同利益，也有助于国际社会共同应对各种全球性挑战。欧方表示，欧盟高度重视对华关系。人权对话是欧中关系的重要内容。欧方愿与中方继续开展人权领域的对话与合作。中欧双方介绍了各自在人权领域取得的新进展，就金融危机下的人权保护、双方在多边人权领域合作等问题广泛、深入地交换了意见。中方重点介绍了中国政府在克服国际金融危机影响、改善和发展民生、加强社会保障事业以及民主法治建设等方面采取的举措和取得的成就。中方强调，中国是法治国家，司法机关依法独立办案。欧方积极评价中国在人权领域取得的新进展，介绍了欧盟成员国在保护移民工人权利等方面采取的措施。双方一致认为此次对话坦诚、深入、富有建设性，表示愿在平等和相互尊重基础上开展人权领域对话与交流。

（二）中美人权对话

1. 中美第14次人权对话

2008年5月24日至28日，中美第14次人权对话在京举行。这是自2002年以来双方首次举行对话。中国外交部部长杨洁篪和部长助理刘结一分别会见和宴请美方代表团。外交部国际司司长吴海龙和美国国务院民主、人权与劳工事务助理国务卿克雷默主持对话。双方介绍了各自人权领域新进展，就言论自由、宗教自由、反对种族歧视、联合国人权领域合作等问题广泛、深入地交换了意见。双方一致认为对话坦诚、开放，富有建设性，增进了相互理解，有助于缩小分歧，有利于促进中美关系持续健康稳定发展。美方代表团还走访了中央统战部、司法部、国家宗教局、国家民委、国务院新闻办、藏学研究中心等，并与外交学院师生座谈。

2. 中美第15次人权对话

2010年5月13至14日，中美两国在华盛顿举行人权对话。中国外交部国际司司长陈旭与美国务院负责人权事务的助理国务卿波斯纳主持对话。来自统战部、最高人民法院、全国人大法工委、公安部、司法部、人力资源和社会保障部、国务院新闻办、国家宗教局等单位和美白宫、国务院、司法部、劳工部、国土安全部、商务部等部门高级官员参加。中方代表团还走访了美最高法院、联邦调解调停局等机构。在对话中，中美双方介绍了各自在人权领域取得的新进展，就联合国人权领域合作、法治、言论自由、劳动者权利、反对种族歧视等双方共同关心的问题广泛、深入地交换了意见。中方介绍了中国近年来在发展民主、加强法治和改善民生等领域采取的举措和取得的成就，强调司法机关将继续依法办案。中方并表示，愿在平等相待和相互尊重的基础上，继续与美国开展人权领域的对话与交流，进一步增进了解、减少分歧、扩大共识。美方积极评价中国在人权领域取得的新进展，表示愿致力于通过对话就人权问题与中方加强对话与交流。双方一致认为此次对话坦诚、开放，富有建设性，并同意2011年在华举行下一轮人权对话。

（三）中澳人权对话

1. 中澳第11次人权对话

2007年7月30日，外交部部长助理何亚非与澳大利亚外交贸易部副秘书长格雷在京共同主持中澳第11次人权对话。双方介绍了各自国家在保护和促进人权方面取得的新进展，围绕国家保护人权的举措、少数民族以及妇女、儿童和残疾人权利等议题广泛、深入地交换了意见，并核可了下年度中澳人权技术合作方案。对话在积极、坦诚和建设性的气氛中进行。双方表示将继续在相互尊重、平等相待、互不干涉内政的基础上开展人权领域的对话、交流与合作。对话结束后，何亚非和格雷共同会见中澳两国记者并回答了记者提问。

2. 中澳第12次人权对话

2009年2月10日，中国与澳大利亚第12次人权对话在澳大利亚结束。中国外交部部长助理刘结一与澳大利亚外交贸易部副秘书长伯德共同主持了对话。据中国驻澳大利亚大使馆官员介绍，中澳双方在对话中介绍了各自在人权领域取得的新成就，围绕国家保护人权举措、经济社会文化权利、少数民族妇女儿童和残疾人权利、国际人权合作等广泛议题深入交换了意见。据介绍，中澳人权对话气氛积极、坦诚，具有建设性。双方表示，将继续在相互尊重、平等对待、互不干涉内政的基础上开展人权领域的对话、交流与合作。中澳人权对话始于1997年，旨在加强相互信任，并寻求合作的具体方式。

3. 中澳第13次人权对话

2010年12月20日，外交部副部长崔天凯与澳大利亚外交贸易部副秘书长史密斯在京共同主持第13次中澳人权对话。双方积极评价当前的中澳关系，重点介绍了各自国家在保护和促进人权方面取得的新成就，并围绕国家保护人权的举措、国际人权合作等议题广泛、深入地交换了意见。双方对过去一年双边人权技术合作项目进行了评估，对合作成果表示满意。此次对话友好坦诚、富有建设性。双方表示将继续在相互尊重、平等相待的基础上开展人权领域的对话、交流与合作，推动中澳全面合作关系持续稳定健康向前发展。对话结束后，崔天凯和史密斯共同会见了中澳两国记者并回答了记者提问。

（四）中挪人权与司法圆桌会议

1. 中挪第9次人权与司法圆桌会议

2006年6月8—9日中国—挪威第九次人权与司法圆桌会议在北京举行。外交部部长助理崔天凯和挪威外交国务秘书约翰森主持会议。来自最高人民法院、最高人民检察院、统战部、外交部、公安部、司法部、国家宗教局、劳动和社会保障部、中华全国总工会、全国律师协会等单位以及挪威最高法院、外交部、司法部、工会联盟、律师协会等部门的代表与会。崔天凯表示，自1997年圆桌会议创建以来，双方本着平等和相互尊重的原则，不断深化合作，达到了增进理解，扩大共识的目的。中国政府提出并全面贯彻“以人为本”的执政理念和全面协调可持续的科学发展观，努力构建和谐社会。中国政府本着开放的精神积极借鉴国际上一切先进理念和有益经验，努力促进和保护中国人民的各项人权。作为新成立的联合国人权理事会首届成员国，我们将认真履行国际人权公约义务，为国际人权事业的进步发挥建设性作用。希望本次会议成为中挪深化和拓展相关领域交流与合作的新起点。约翰森国务秘书积极评价中国在人权领域取得的成就，认为中挪人权与司法圆桌会议不仅推动了双方在人权领域的合作，也密切了中挪两国关系。挪方愿与中方一道，推动圆桌会议不断取得新成果，促进双方共同进步。中挪双方代表围绕工人权利、囚犯权利、被羁押人员权利和少数民族权利四项议题进行了深入、坦诚的讨论。双方商定明年在挪威举行第十次中挪人权与司法圆桌会议。

2. 中挪第10次人权与司法圆桌会议

2007年10月18日至19日，中国—挪威第10次人权与司法圆桌会议暨年度政治磋商在挪威首都奥斯陆举行。中国外交部部长助理何亚非、挪威外交国务秘书约翰森共同主持了圆桌会议并在开幕式上致辞。何亚非首先积极评价了中挪人权与司法圆桌会议10年来所取得的成果，指出双方本着平等和相互尊重原则，交流看法和经验，增进了相互了解，促进了两国人权事业的进步。何亚非还全面介绍了过去10年中国取得的人权成就。何亚非说，作为一个有着13亿人口的发展中国家，中国在人权问题上仍然面临着许多困难和挑战。几天前，胡锦涛总书记在中国共产党第十七次全国代表大会所做的报告中，重申了要尊重和保障人权，并提出发展民主政治和改善民生的具体目标和措施。何亚非表示，中国政府将继续全面贯彻以人为本的科学发展观，努力构建和谐社会，使全体人民共享发展成果。何亚非部长助理还会见了挪威外交大臣斯特勒、国防部国务秘书艾德和陆军总监穆德少将等人，并与约翰森国务秘书就人权及国际、地区等问题举行了年度政治磋商。

3. 中挪第11次人权与司法圆桌会议

2008年10月30日至31日，中国与挪威在京举行第11次人权与司法圆桌会议。外交部部长助理刘结一和挪威外交国务秘书约翰森共同主持会议。刘结一介绍了改革开放30年来特别是过去一年来中国人权事业取得的进展，表示中国愿在平等和相互尊重基础上与各方加强人权交流和合作。刘结一说，中挪人权与司法圆桌会议已成为不同文明间开展平等和友好对话的平台，形式多样，参与广泛。通过法律层面的交流、实地考察以及后续技术合作，双方增进了相互理解，扩大了共识，共同促进了两国人权事业的发展。约翰森高度评价中国在人权领域取得的成就，赞赏双方在圆桌会议和合作过程中体现出的坦诚和开放精神。约翰森表示，圆桌会议有利于双方相互理解、相互借鉴，促进挪中两国关系的发展。挪方愿与中方一道，推动圆桌会议不断取得新成果。中挪双方代表围绕工人权利、囚犯权利、少数民族权利等议题进行了深入的讨论。双方商定明年在挪威举行第12次中挪人权与司法圆桌会议。最高人民法院、最高人民检察院、统战部、外交部、公安部、司法部、国家宗教局、人力资源和社会保障部、中华全国总工会、全国律师协会以及挪威最高法院、外交部、司法部、工会联盟、律师协会等单位和组织近60名代表参加了会议。

4. 中挪第12次人权与司法圆桌会议

2009年12月16日至17日，中挪第12次司法与人权圆桌会议在奥斯陆举行。中方代表团团长、外交部人权事务特别代表沈永祥在开幕式讲话中表示，中挪两国政府都高度重视人权问题。双方通过法律层面的交流、实地考察以及后续技术合作，不仅增进了相互了解，扩大了共识，而且相互学习、彼此借鉴，共同促进了两国人权事业的发展。挪方代表团团长、挪外交部联合国事务总司长彼得森积极评价中国在人权领域取得的进展，表示挪重视与中国在人权领域的合作与交流。双方介绍了近期在促进和保护人权方面取得的新进展并进行了分组讨论，挪外交部国务秘书拉尔森会见了沈永祥一行。唐国强大使出席了有关活动。

5. 中挪第13次人权与司法圆桌会议

2010年6月10日至11日，中国与挪威在北京举行第13次人权与司法圆桌会议，中国外交部部长助理刘振民和挪威外交国务秘书拉尔森共同主持。刘振民介绍了近年来中国在应对国际金融危机、改善民生和发展社会事业、进一步加强民主与法制建设等领域取得的新成就。刘振民表示，中挪人权与司法圆桌会议形式多样、参与广泛，经过13年的探索和发展，已成为不同社会制度国家之间和东西方文明之间开展平等交流、友好对话的成功实践。中国愿在平等和相互尊重的基础上，继续与包括挪威在内的各国加强人权对话与交流，增进了解、扩大共识，共同推动国际人权事业的健康发展。拉尔森高度评价中国在人权领域取得的巨大成就，表示挪中两国在人权领域的交流与合作发展平稳、效果显著，挪对此表示赞赏。圆桌会议已成为两国就人权问题深入交流的有益平台，促进了两国关系的发展。挪方愿与中方一道，推动圆桌会议不断取得积极成果。在为期两天的会议中，中挪两国代表围绕劳动者权利、被羁押人和囚犯权利、少数民族权利、媒体自由与社会责任等议题进行了深入讨论。会议期间，刘振民与拉尔森还举行了人权问题磋商，主要就言论自由、少数民族权利、非政府组织作用、人权理事会合作等问题深入交换了意见。中国全国人大法工委、最高人民法院、最高人民检察院、统战部、国家民委、工信部、公安部、司法部、人力资源和社会保障部等单位和中国社会科学院、清华大学、中国人民大学等学术机构及挪威最高法院、外交部、司法部、工会联盟、律师协会近70名代表出席了会议。

（五）与其他国家人权对话

1. 中俄人权磋商

2007年5月29日，外交部人权事务特别代表沈永祥与俄罗斯外交部人权和人道主义合作司司长马尔基诺夫在京共同主持中俄年度人权磋商。双方重点就联合国人权机制改革、人权理事会建章立制、中俄在人权理事会的协调与合作等问题深入交换看法。双方均积极评价此次磋商，认为有利于加强两国在国际人权领域的协调与合作。

2. 中荷第七次人权磋商

2009年1月15日，中荷第七次人权磋商在荷兰海牙举行。中国外交部人权事务特别代表沈永祥与荷兰外交部人权大使汉伯格共同主持。来自最高人民法院、最高人民检察院、公安部、国务院新闻办的代表参加。荷外交部秘书长克劳伦伯格会见中方代表团一行。驻荷大使张军及荷首相外事与国防顾问房欧东参加上述活动。双方在磋商中介绍了各自一年来在人权领域取得的最新进展，并就西藏、宗教自由、言论自由以及两国在联合国人权理事会的合作等共同关心的问题深入交换了看法。中方代表团一行还赴莱顿大学与荷中国问题学者就少数民族政策问题举行了会谈。双方均积极评价此次磋商，一致认为，中荷就人权等问题坦诚交换看法，有助于增进相互理解与信任，推动两国关系进一步发展。

3. 中英第18次人权对话

2010年3月18日，中英第18次人权对话在北京举行。外交部部长助理吴海龙会见英国对话代表团一行。外交部人权事务特别代表沈永祥与英外交部亚太司司长怀特曼共同主持对话。吴海龙表示，中方高度重视发展同英国的关系。米利班德外交大臣刚刚成功访华，中英双方提升了战略对话级别，访问将进一步推动中英关系发展。中方对人权对话一直持积极态度，相信此次对话有助于加深英方对中国国情和人权状况的了解，有利于双边关系的稳定发展。中方愿与英方共同努力，深化双边各领域务实合作，进一步加强在重大国际和地区问题上的沟通与协调，推动两国全面战略伙伴关系不断向前发展。怀表示，英政府高度重视发展对华关系，对中国经济建设与社会发展的巨大成就深感鼓舞，期待与中方进一步发展全面战略伙伴关系。在对话中，中英双方介绍了各自在人权领域最新进展，并围绕律师作用及其管理、双方共同关心的问题以及国际人权领域合作等议题进行了深入、坦诚的讨论。中方介绍了应对国际金融危机、保障民生所采取的措施和十一届全国人大三次会议修改《选举法》等重大举措。英方积极评价中国在促进和保护人权方面所做努力和取得的成就，介绍了英国促进人权方面的新立法、新措施以及律师管理体系等。双方认为此次对话坦诚、深入，增进了相互了解，取得积极成果。

（注：本部分资料限于国内媒体或外交部网站公开发表或发布的消息）

四、中国与联合国人权机构的关系

促进和保护人权与基本自由是《联合国宪章》的重要宗旨和原则，中国政府一贯支持联合国为此所做的努力，并积极参与联合国在人权领域的活动。

（一）自1971年恢复联合国合法席位后，中国开始参与联合国大会和经济及社会理事会（简称经社理事会）关于人权问题的讨论。

自1979年起，中国连续三年作为观察员出席联合国人权委员会（简称人权会）会议。1981年，中国在经社理事会组织会议上当选为人权会成员国。自1982年起，中国正式担任人权会成员国并一直连选连任，本着积极和建设性姿态参与人权会有关议题的讨论和磋商。

自1990年以来，美国等西方国家无视中国在促进和保护人权方面取得的巨大成就，先后十一次在人权会上提出所谓“中国人权状况”的反华提案，均因遭到多数成员国的反对而以失败告终。

2006年3月15日，第60届联合国大会通过第60/251号决议，决定成立人权理事会，取代人权会。5月9日，第60届联大选举产生理事会首届成员，中国成功当选，任期3年。6月19日至30日，理事会首届会议在瑞士日内瓦举行。中国外交部副部长杨洁篪作为贵宾出席会议并作综合发言，重点介绍中国“以人为本”的科学发展观和构建和谐社会理念，提出对人权理事会未来工作的五点主张。

中国常驻联合国日内瓦办事处和其他国际组织代表沙祖康大使率团出席人权理事会第二至第四次会议（第二次会议于2006年9月18日至10月6日举行，第二次会议续会于11月27日至28日举行，第三次会议于11月29日至12月8日举行，第四次会议于2007年3月12日至30日举行）。中国代表团广泛、深入地参与理事会工作，呼吁理事会以公正、客观和非选择性方式处理人权问题，避免重蹈人权委员会政治对抗的覆辙，在国别人权、人权机构改革、发展权、消除种族歧视等问题上积极支持发展中国家合理主张。

中国常驻联合国日内瓦办事处和其他国际组织副代表成竞业大使率团出席理事会第五次会议（2007年6月11日至18日）和组织会议（6月19日至22日）。会议协商一致通过主席案文，如期完成建章立制工作。中国代表团始终本着建设性态度参加磋商，推动各方在协商一致基础上就理事会建章立制安排达成公正、合理的方案。为维护理事会的信誉和权威，防止国别人权再度沦为人权问题政治化、选择性和双重标准的工具，中国和其他发展中国家在磋商中就国别提案提出建议，并在主席案文中得到反映。

（二）中国一贯重视联合国人权事务高级专员（简称人权高专）在促进和保护人权方面发挥的积极作用，与高专办公室保持着良好合作关系。第二任联合国人权高专罗宾逊夫人（Mary Robinson）曾应邀七次访华。2005年8月29日至9月2日，人权高专路易丝·阿博尔女士（Louise Arbour）访华。中国国家主席胡锦涛、全国人大常委会副委员长顾秀莲、国务委员唐家璇、外交部长李肇星等会见了阿博尔女士。阿博尔女士对双方合作进展情况表示满意，对中国政府在发展经济和加强法治方面取得的成就表示赞赏。

中国于2000年11月与高专办签署开展人权领域技术合作的《谅解备忘录》，并于2001年签署了第二阶段合作协议。在此框架下，双方开展了轻罪惩罚、监狱管理、人权教育以及人权奖学金等合作项目。阿博尔女士2005年访华期间，双方签署了新的合作《谅解备忘录》，为今后三年开展技术合作确立了框架。中国政府还分别于2000年和2005年与高专办共同举办了第8次和第13次亚太区域人权研讨会。

（三）中国重视国际人权文书对促进和保护人权的重要作用，重视与有关联合国条约机构的合作。目前，中国已加入25项国际人权公约，并认真履行公约义务。中国于1997年10月签署并于2001年2月批准《经济、社会和文化权利国际公约》。2005年4月，联合国经社文权利委员会对中国执行《经济、社会和文化权利国际公约》首次报告进行了审议。1998年10月，中国签署了《公民权利和政治权利国际公约》。目前中国政府正在为批准该公约进行积极准备。

五、2006—2010年中国参加的多边人权条约

（包括签署、批准、接受、加入及生效情况）

序号	多边条约名称	签订日期/地点/保存机关	生效日期	中国采取行动情况	备注
1	《儿童权利公约关于儿童卷入武装冲突问题的任择议定书》	2000年5月25日纽约联合国秘书长	2002年2月12日	2001年3月15日中国签署该议定书，2007年12月29日第十届全国人大常委会第三十一次会议决定批准	
2	《残疾人权利公约》	2006年12月13日纽约联合国秘书长	2008年5月3日	于2007年3月30日签署，2008年8月31日对中国生效	公约适用于香港和澳门特区
3	《联合国打击跨国有组织犯罪公约关于预防、禁止和惩治贩运人口，特别是妇女和儿童行为的补充议定书》	2000年11月15日纽约联合国秘书长	2003年9月29日	2009年12月26日第十一届全国人大常委会第12次会议决定批准	适用于澳门特区，暂不适用于香港特区

六、国际人权学术会议

第八届中德人权研讨会

2006年10月10日至11日，由中国人权发展基金会、中国国际交流协会、德国艾伯特基金会主办的第八届中德人权研讨会在德国柏林举行。出席会议的中德专家学者，立法、执法、司法机关和政府机构工作人员以及非政府组织负责人计50余人，研讨会以人权与司法为主题，围绕人权与立法、执法，人权与司法监督等问题，贴近我国和谐社会建设和德国不断发展的社会实际，理论与实践、历史与现实结合，相互尊重，平等交流，收到了解疑释惑、求同存异、增进友谊的良好效果。

双方一致认为，研讨会内容丰富，涉及中德两国和国际社会，以及人权、司法和整个法制建设，涉及政治、经济、文化和社会，以及青年、妇女和儿童，并呈现向更加专业化方向发展的趋势；中德双方会议代表和三个非政组织一致表示，一定要坚持不懈地把研讨会办下去，使之成为国际社会影响更加广泛的人权对话范例，在两国人权和世界人权进步事业中发挥更大的作用。

“尊重和促进人权与建设和谐世界”国际人权研讨会

2006年11月22日至24日，由中国人权研究会主办的“尊重和促进人权与建设和谐世界”国际研讨会在北京举行。来自阿根廷、巴西、南非、乌克兰、伊朗、印度尼西亚、古巴、越南、白俄罗斯、赞比亚、墨西哥、沙特阿拉伯、韩国、日本、希腊、瑞典、瑞士、美国等18个国家以及我国大陆和香港、澳门、台湾地区的70多名人权专家学者和官员参加了研讨会。全国人大常委会副委员长蒋正华、国务院新闻办公室主任蔡武在开幕式上致辞。全国政协副主席罗豪才在会议期间会见了出席研讨会的部分参会代表。中国人权研究会名誉会长朱穆之、会长周觉作大会主旨发言。乌克兰议会最高人权代表卡尔帕乔娃和巴西总统府人权特别秘书处负责人、人权部长保罗·万努希在开幕式上分别发表了讲话。

与会人士围绕尊重和促进人权与建设和谐社会、和谐世界的研讨主题进行了讨论，普遍认为，人类历史进入到21世纪，世界面临诸多艰巨挑战，如霸权主义、强权政治、单边主义、恐怖主义、军备竞赛以及南北贫富悬殊、自然环境破坏等，都是对人权的严重危害和破坏，也是造成世界不和谐的主要原因和建设和谐世界的主要障碍。与会人士特别强调，应当尊重文明的多样性，尊重人权发展模式的多样性，反对用所谓标准化人权模式去强迫具有不同历史背景、文化传统和不同经济社会发展水平的国家无条件地遵从和适用；世界上没有任何一种人权模式是十全十美的，是其他国家必须效仿的；在当今国际人权领域只有通过对话、交流与合作，才能实现人权和世界和谐的目标。不少与会人士还特别批评了某些国家的国际人权霸权主义行径和双重标准政策。与会人士也就人权的概念、权利与义务的关系、权利的分类、人权与主权的关系等进行了讨论。与会人士在发言中对中国的人权发展模式和取得的成就给予积极评价。

“发展、安全与人权”——首届“北京人权论坛”

2008年4月21日至23日，中国人权研究会在北京召开首届以“发展、安全与人权”为主题的北京人权论坛。来自中国、美国、加拿大、俄罗斯、瑞士、奥地利、澳大利亚、乌克兰、日本、南非、印度、印度尼西亚、伊朗、埃及、巴西、联合国、欧盟等31个国家及国际组织的110余名人权专家学者和官员参加了论坛。乌克兰、瑞士、秘鲁、乌兹别克斯坦、乌拉圭等国驻华使馆官员也参加了开幕式。国务院新闻办公室主任王晨，十届全国政协副主席、中国人权研究会会长罗豪才，联合国日内瓦办事处总干事谢尔盖·奥尔忠尼启则和乌克兰议会人权最高代表尼娜·卡尔帕乔娃分别在开幕式上致辞。

与会人士围绕“发展、安全与人权”的论坛主题进行了讨论，普遍认为，在联合国发表《世界人权宣言》60周年之际召开本次论坛，回顾总结《宣言》发表60年来世界人权发展的经验和教训，分析当前面临的机遇和挑战，积极谋求推动世界发展、安全与人权的良性互动和协调进步，具有特殊重要意义。与会人士认为，发展、安全和人权相互联系不可分割，发展权是一项不可剥夺的人权，发展是解决当代社会一切问题的关键，是实现安全和人权的重要基础和前提，在贫困、愚昧无知、环境恶化的社会中生活，既没有安全，也不符合人的尊严；安全既是一项重要的人权，也是实现发展和普遍人权的重要条件，在战争、冲突和暴力恐惧的国际国内环境下，是不可能实现发展和人权的；人是发展和安全的主体，发展和安全必须依靠人、为了人，发展和安全的成果必须以人权的充分实现为依归，没有人权的有效保障就不可能实现可持续的发展和长治久安。实现发展、安全和普遍的人权必须尊重文明、文化和人权发展模式的多样性。强权政治和霸权主义、冷战思维、不公正的国际秩序、选择性和双重标准是妨碍发展、安全和人权的重要根源。坚持《联合国宪章》的宗旨和原则，在主权平等基础上开展国际合作，是实现发展、安全和人权的基石。与会者对当前世界面临战争、冲突、大规模杀伤性武器、暴力恐怖活动和贫穷、致命性传染病、环境恶化等对发展、安全和人权的威胁共同给予了深切关注。与会者在发言中对中国的人权发展模式和取得的成就给予积极评价。

第九届中德人权研讨会

2008年10月21日至22日，由中国人权发展基金会、中国国际交流协会和德国艾伯特基金会共同主办的第九届中德人权研讨会在北京举行。德国联邦议员、人权及人道主义援助委员会主席格梅林率团与会。德方代表团一行七人，四人为联邦议员。全国政协副主席、中国人权发展基金会理事长黄孟复和国务院新闻办公室主任王晨分别会见了德国来宾。国务院新闻办公室副主任钱小芊、德国驻华大使施明贤出席会议开幕式并致辞。

会议以“人权与和谐社会”为主题，围绕个人权利、民主权利、司法保障等议题，紧贴我国和谐社会建设和德国不断发展的社会实际，双方在热烈、活跃、严谨、友好的气氛中，相互尊重，平等交流，求同存异，深入研讨，取得了积极成果。

双方一致认为，和谐社会、和谐世界的建设与人权密切相关，两者相辅相成、互相促进。中国“和谐社会”与德国“互助社会”的理念异曲同工，都有丰富的人权内涵。中国构建社会主义和谐社会，推动建设和谐世界，对促进中国乃至世界人权事业发展具有积极作用。

“和谐发展与人权”——第二届“北京人权论坛”

2009年11月2日至4日，中国人权研究会在北京成功举办第二届“北京人权论坛”，会议的主题是“和谐发展与人权”。来自中国、英国、瑞士、匈牙利、澳大利亚、秘鲁、乌克兰、白俄罗斯、印度尼西亚、菲律宾、伊朗、蒙古、肯尼亚、利比里亚等26个国家的近百名人权高级官员和专家学者参加了论坛，参会人员涵盖了亚洲、非洲、南北美洲、欧洲、大洋洲等，代表性广泛。国务院新闻办公室主任王晨，中国人权研究会会长罗豪才，乌克兰议会最高人权代表，利比里亚工程部部长，印度尼西亚法律人权部人权保护总司长等在开幕式上致辞。王晨同志在致辞和会见中，介绍了新中国成立60年来人权事业发展的巨大成就，介绍了中国政府妥善应对全球金融危机、有效维护和保障人民各项权利的政策措施，阐明了中国在人权问题上的基本观点。罗豪才会长在主旨发言中系统地论述了人权保障“中国模式”。中国人权研究会副会长叶小文、李君如、陈士球等出席了论坛。

与会人士普遍认为，本次论坛是在国际金融危机持续蔓延，对全球的发展构成前所未有的挑战，对人权的普遍享有构成严重威胁的背景下召开的，非常及时，很有意义。论坛以“和谐发展与人权”为主题，并设“国际金融危机背景下的人权保障”、“以人为本的发展与人权保障”、“消除贫困和人权保障”三个分议题，具有很强的针对性、必要性和紧迫性，也具有鲜明的实践性、前瞻性和吸引力。与会者认为，这是一次真正关心世界未来和人类命运的高级别专家会议，是一次凝聚国际社会智慧与思想、共谋世界人权发展大计的国际盛会。

与会人士认为，人权与和谐发展密切相关，国际金融危机呼唤新的发展观和人权观。发展史人类社会进步的内在要求，是实现国家强盛、民族振兴、社会和谐和人民幸福的物质基础，更是各国人民的一项不可剥夺的人权。各国在采取应对国际金融危机的政策措施时，应坚持把保障人权放在首位，确保出台的各项措施有助于解决普通百姓的就业、贫困、饥饿等紧迫问题，有助于保障弱势群体的基本生存权、发展权。要改革不合理、不公正的国际金融制度，建立公平、有效、透明和负责任的国际金融制度，从根本上防止金融危机对其人权的不利影响。与会人士对中国的人权保障模式以及论坛给予积极评价，认为北京人权论坛已逐步发展成为国际人权领域交流思想、探讨问题、增进理解、扩大共识的重要平台，希望论坛能在国际人权领域发挥更大的作用。

首届人权文博国际论坛

2009年11月12日，中国人权发展基金会主办、成都市对外文化交流协会承办的首届人权文博国际论坛在成都市成功举行。全国政协副主席、中国人权发展基金会理事长黄孟复致信祝贺，国务院新闻办公室副主任钱小芊出席并致辞。来自乌克兰、波兰、日本、韩国、缅甸等国二战纪念博物馆及中国人民抗日战争纪念馆、侵华日军南京大屠杀遇难同胞纪念馆等负责人、专家学者共40余人，围绕“尊重历史、珍爱和平、维护人权”的主题，就二战纪念博物馆进行历史人权和平教育情况、在国际人权交流合作中的作用、博物馆功能拓展议题进行了深入讨论，取得积极成果。

与会代表一致认为，首届人权文博国际论坛的召开证明这是国际上人权文博事业发展的迫切需要，明确了文博场馆特别是战争类博物馆、纪念馆与人权事业的紧密联系及其在人权教育中的重要作用。充分说明了正视历史、反省战争、保障和平，是维护和发展人权的基本前提和重要条件。与会代表一致希望，通过首届论坛的成功召开，使该论坛成为人权文博行业的知名论坛，为促进国际人权文博事业的进步发挥积极作用。

首届中美法治与人权研讨会

2009年12月12日至13日，由中国人权发展基金会与美国美中关系全国委员会共同主办的首届中美法治与人权研讨会在江苏省南通市成功举行。全国政协副主席、中国人权发展基金会理事长黄孟复出席研讨会并致辞。

来自中国全国人大、最高人民法院、最高人民检察院、司法部、国务院法制办公室、中国社会科学院、清华大学、北京京都律师事务所和美国联邦纽约南区法院、耶鲁大学、美国舒尔特·罗思—扎贝尔法律事务所等相关机构的中美代表60余人，围绕“加强法治、维护人权”的主题，就政务公开、审前羁押、行政处罚、律师作用等议题进行深入研讨。双方代表一致认为，两国虽然社会制度和文化传统不同，但有着广泛的共同利益，加强对话与合作，有利于加深两国间的相互理解和友谊，有利于中美关系保持勃勃生机与活力。美方代表普遍认为，中国人权法治建设的基本做法符合中国国情，人权原则在中国已经渗透到立法、执法和司法的各个环节，人权保障事业取得显著成绩。

“人权与发展：概念、模式、途径再思考”——第三届“北京人权论坛”

2010年10月19日至21日，中国人权研究会在北京成功举办第三届“北京人权论坛”。来自中国、美国、加拿大、英国、法国、意大利、澳大利亚、秘鲁、白俄罗斯、南非、肯尼亚、蒙古、韩国、越南、联合国等28个国家、国际组织及港澳台地区的近百名人权高级官员和专家学者出席论坛。中国人权研究会会长罗豪才，国务院新闻办公室主任王晨等出席论坛开幕式并致辞。泛美人权法庭庭长、秘鲁前司法部长、前外交部长迭戈·加西亚—萨扬，联合国人权高专办地区行动与技术合作司司长安德尔斯·孔巴斯，法国“新人权协会”会长皮埃尔·贝尔西斯等外宾也在开幕式上致辞。中国人权研究会副会长叶小文、李君如、董云虎等出席了论坛。

本届论坛的主题为“人权与发展：概念、模式、途径再思考”，下设“科学发展与人权”、“文化多样性与人权”、“全球治理与人权”三个分议题。与会人士围绕论坛主题进行了广泛、深入、热烈的讨论，普遍认为，本届论坛是在世界经济正在走出国际金融危机的阴影，进入后危机时代的背景下召开的，很有意义。国际金融危机促使人们再思考：什么样的发展理念更能促进世界和谐发展和普遍人权，什么样的发展模式更能让我们共同应对全球性挑战并创造人类更加美好的生活。论坛主题反映了当前国际社会对于准确理解人权与发展的相互关系、积极探索以科学发展促进人权这一重大问题的普遍关注。与会人士积极评价中国的发展道路及模式。与会人士认为，人权不是一个静止和绝对的概念，评价一国的人权状况不能简单地与他国进行横向比较，应该用历史的眼光加以评估。

第二届中美司法与人权研讨会

2010年12月7日至8日，第二届中美司法与人权研讨会在厦门举行，中美双方50多位专家学者就政务公开、开放社会、规范司法及律师作用等议题进行了研讨。全国政协副主席、中国人权发展基金会理事长黄孟复出席了此次研讨会并致辞。

本次研讨会由中国人权发展基金会、美国美中关系全国委员会主办，以“加强法治、维护人权”为主题，共商后金融危机时代人权法治建设的发展大计。黄孟复说：“中美司法与人权研讨会已成为中美两国人权法治建设领域一个具有公共性、开放性、互动性的交流平台，对两国法治与人权事业产生积极影响。”美中关系全国委员会会长斯蒂芬·欧伦斯在开幕式上致辞表示，作为非政府组织，可以在“第二轨道”促进民间层面的美中合作。今天的讨论对两国人民和两国政府都将带来裨益。

参加研讨会的30多位中方代表来自全国人大、最高人民检察院、司法部、国务院法制办公室及中国社会科学院、北京大学、清华大学、厦门大学等高等院校及律师事务所等机构。10多位美方代表来自美国联邦第二巡回上诉法院、美国联邦纽约南区法院及纽约大学、耶鲁大学、乔治·华盛顿大学、美利坚大学等高等院校。

第五部分

国家人权教育基地与国内人权研究机构

一、国家人权教育基地

南开大学人权研究中心

南开大学人权研究中心成立于2005年4月8日，是南开大学与中国人权研究会共建的人权研究中心，由中国人权研究会副会长兼秘书长董云虎教授和南开大学党委书记薛进文教授共同担任中心主任。2011年4月，教育部和国务院新闻办公室批准南开大学人权研究中心成为首批国家人权教育与培训基地。

建立国家人权教育与培训基地后，中心对组织结构进行了相应调整，南开大学党委书记薛进文教授担任中心主任，常健、夏静波担任副主任，董云虎、朱光磊担任学术委员会正副主任，刘杰、罗艳华、齐延平、薛进文、常健担任学术委员会委员。

中心是一个跨学科的综合研究平台，成员来自南开大学政治学、法学、社会学、民族学、历史学、管理学、传播学、哲学、宗教学、经济学等学科的专家学者。中心成立以来，与中国人权研究会合作编写出版了“中国人权在行动”（2003—2004、2005、2006—2007、2008—2009、2010年）系列丛书；承办了“第二次全国人权研究机构工作经验交流会”；中心专家参与了《国家人权行动计划》及其评估报告的起草工作，承担了《人权知识公民读本》的编写工作，在《人权》杂志和其他学术期刊上发表了多篇人权研究文章；还广泛开展了人权的教育和培训工作。

目前，中心承担了《中国人权发展报告》（蓝皮书）的编写组织工作，并继续开展“中国人权在行动”系列读物的编写工作。在人权教育方面，中心在南开大学已经开设的人权专业课的基础上，又增开了全校公共选修课，并培养人权专业方向的硕士和博士研究生。在人权研究方面，中心承担了国家社科基金重大项目“中国特色人权发展道路研究”，同时还承担了教育部基地重大项目和天津市社科基地重大项目。中心正在与有关方面联系，广泛开展人权培训工作和国际交流活动。

中国政法大学人权研究院

中国政法大学人权研究院（简称人权研究院）是教育部和国务院新闻办公室批准中国政法大学建立国家人权教育与培训基地，也是我国首批建立的三个国家人权教育与培训基地之一。

人权研究院的前身是2002年6月成立的人权与人道主义法研究所。2011年4月2日，教育部和国务院新闻办公室决定在中国政法大学共建国家人权教育与培训基地。2011年10月11日，中国政法大学校长办公会审议通过《中国政法大学国家人权教育与培训基地（中国政法大学人权研究院）建设方案和规划》和《中国政法大学国家人权教育与培训基地（中国政法大学人权研究院）管理办法》。2011年12月

15日，中国政法大学党委常委会批准成立人权研究院。

人权研究院是直属学校的正处级教学科研单位。研究院院长由中国政法大学校长兼任，现任院长为黄进教授。常务副院长为张伟副教授。副院长为班文战教授。

人权研究院设有学术委员会、研究所、教育与培训部、编辑部、办公室和资料室，有10个专职科研人员编制和3个行政人员编制。首届院学术委员会于2012年6月30日成立，主任委员为徐显明教授，副主任委员为班文战教授、夏吟兰教授和郑永流教授，委员为白桂梅教授、黄进教授、齐延平教授、杨宇冠教授和张伟副教授。

该院秉承宽容、平等、独立、负责、团结、协作、严谨、创新、奉献、进取等理念，致力于促进中国人权事业发展，努力促进国内人权理论的创新、人权教育的推广、人权知识的普及、人权意识的提高、人权制度的健全、人权文化的建立、人权状况的改善和人权事业的发展。

该院拥有科学研究、人才培养、学科建设、社会服务和学术交流等多项职能，主要任务是开展人权理论研究，推动大学人权教育，组织实施面向教师和实际工作者的人权培训，向公众传播普及人权知识，为政府部门和社会团体提供咨询服务，与国内外相关机构和个人进行学术交流与合作。

广州大学人权研究与教育中心

广州大学人权研究与教育中心，原名广州大学人权研究中心，成立于2004年7月，是直属于广州大学的科研机构。中心按照教育部重点学科基地和社会科学创新基地的模式组建和运行，它有单独的编制、固定的办公场所、专门的办公经费。2007年，中心被广东省教育厅授予广东省普通高等学校人文社会科学重点研究基地。2011年，被教育部与国务院新闻办公室批准为国家人权教育与培训基地。中心现任主任为李步云，执行主任为杨松才，副主任为陈佑武，现有专职科研人员10人，行政人员1人。

中心的具体任务主要有以下几个方面：开展人权学术研究；为政府提供人权有关的政策性建议；传播人权理念，在各级国家机关和社会团体的工作人员中开展人权教育；为社会组织、团体和个人提供与人权有关的法律咨询；为弱势群体提供法律援助；开展与人权有关的国际交流与合作；建立国内一流的人权图书资料中心和人权信息网站。

中心自成立以来，共主持各类科研项目45项，其中国家社科基金项目2项，国家重大项目子项目4项，教育部基地重点项目1项，广东省高校人文社科重点项目6项，省部级一般项目4项，国际合作项目10项，其他项目15项，各类科研项目到账经费超过400万元，出版专著15部，主编教材3部，发表论文173篇，向有关部门提交研究报告2份，获省部级以上奖励5项。

中心利用广州大学这一有利平台，有计划地开展形式多样的人权教育，普及和传播法律知识和人权知识。中心研究人员除了完成科研任务外，还开展人权法课程的教学。迄今为止，大约有2000名本科生和研究生接受了人权法的专门教育。中心始终秉持“传播人权知识与技能、塑造人权态度、培养人权文化”的理念，发展人权与法治大学教育与社会教育。自2007年以来，中心每年均选取若干案件提供法律援助，特别是2008年中心增加了4位成员，这极大地提高了中心的法律援助服务能力。中心积极开展与国内外同仁的合作，与北京大学人权研究中心、中国社会科学院法学研究所、中国政法大学人权与人道主义法研究所、湖南大学法治与人权研究中心、东南大学宪政与人权研究所、深圳大学宪政与人权研究中心等人权研究机构保持密切的学术联系。中心同丹麦人权研究所、瑞典罗尔·瓦伦堡人权与人道主义法研究所、挪威奥斯陆大学人权研究中心、亚洲人权委员会、香港大学法学院、加德满都法学院等国（境）外人权研究机构开展了长期学术交流与合作。

二、国内人权研究机构（按成立时间排序）

山东大学法学院人权研究中心

山东大学法学院人权研究中心成立于1990年6月。山东大学法学院的人权研究始于20世纪80年代末期。山东大学校长、原法学院院长徐显明教授为中心第一任主任，自2001年，法学院现任院长齐延平教授担任中心主任至今，2006年起曲相霏副教授和葛明珍副教授任中心副主任。中心现有专兼职研究人员20余人，以理论法学中从事人权理论与实务研究的人员为主，另有哲学中从事人学研究、政治学中从事国际组织研究、历史学中从事制度史研究及社会学中从事社会结构与规范研究的其他专业研究人员参与。

中心以培养人权基础理论方面的硕士研究生和博士研究生为主要学术特色，人权专业课包括“马克思主义人权理论”、“人权总论”、“人权分论”、“人权史论”、“国际人权法”、“西方人权理论”、“人权案例评析”等，现已基本形成稳定的人权专业研究人才的培养模式。邀请瑞典罗尔·瓦伦堡人权与人道主义法研究所教授为师生举办“欧洲人权保障机制”等讲座，组织学生及法学院教师义务进行法律援助活动。

该中心除了进行人权教学与科研活动之外，还组织学生及法学院教师义务进行法律援助活动，使中心的工作不仅面向学术，而且还面向人权实务。中心研究人员积极参与各个层次的人权培训。此外，中心积极开展与国内人权研究机构之间的合作。与中国社科院法学研究所人权研究中心、中国政法大学人权与人道主义法研究所有经常性的交流与合作，2006年12月与中国政法大学人权与人道主义法研究所在山东济南联合举办了“中国实施《经济、社会和文化权利国际公约》”学术研讨会。

中国社会科学院人权研究中心

中国社会科学院人权研究中心成立于1991年。中心的研究工作可以追溯到20世纪70年代末中国社会科学院建院之初。中国社会科学院法学研究所的研究人员，针对“文化大革命”期间中国的社会主义民主和法制遭到破坏、人权被践踏的状况，开始注重对人权理论的研究，并相继发表了《革命法制保障人民权利的传统及其历史经验》、《以法律保障作家的权利》、《公民权和人权》等人权理论文章十余篇。1991年初，为完成中央和领导同志交办的人权理论研究任务，在原人权理论研究课题组（20世纪80年代末成立）的基础上成立了人权研究中心。中心是中国社会科学院院属研究机构，主要由法学研究所和国际法研究所的研究员、副研究员、助理研究员共30余人组成，同时根据研究项目和工作需要，适当吸收院内外其他专家参加。现任联合主任为中国社科院学部委员王家福研究员和荣誉学部委员刘海年研究员。

在人权理论专题研究的基础上，中心编著和出版多部图书和论文集：《国际人权文件与国际人权机构》、《中国人权百科全书》两部工具书及《人权与国际关系》、《走向权利的时代》、《人权与科学技术发展》、《民权公约评注》、《经济、社会和文化的权利》、《妇女的人权：国家和国际的视角》、《妇女与国际人权法》等译著。

通过国内外考察和研究，中心先后撰写内部报告和对策建议几百份。中心在图书资料建设方面也取得了相应的成果：1995 年，中心下设的人权资料中心正式成立，它是当时国内唯一一家专门的人权资料中心。自成立以来，资料中心得到了来自联合国日内瓦人权中心、美国福特基金会、瑞典隆德大学罗尔·瓦伦堡人权研究所、荷兰乌特勒支大学人权研究所等众多机构的支持。资料中心现已成为法学所的一个部门。随着一系列人权研究项目的完成，中心不仅建立了人权理论学科，而且从人权保障切入，有力地促进了法学相关学科的建设。

武汉大学社会弱者权利保护中心

武汉大学社会弱者权利保护中心成立于 1992 年 5 月 20 日，并于 2003 年 1 月 24 日在湖北省民政厅正式注册，成为湖北省第一家注册的提供法律援助的民办非企业单位。中心由武汉大学法学院万鄂湘教授发起，并由该院教授、专家、律师和学生组成。中心设主任 1 人，副主任 3 人以及办公室主任 1 人，下设 6 个部门：妇女权益部、未成年人权益部、残疾人权益部、老年人权益部、劳工权益部和行政诉讼部。各部设部长、执行部长、专职律师。万鄂湘教授为中心创始主任，现任主任为莫洪宪教授。

中心充分利用高校所具有的专业人才优势、强大的理论队伍和丰富的人力资源，将法律援助与教学科研紧密结合起来，不仅为法律院校的学生提供了实践的窗口，促进了法学教学方式的改革，而且也是对法律援助作为一门专门的法律社会学学科的建立进行有益的探求，并编写了若干图书，如“社会弱者权利保护理论与实务丛书”，其中，《社会弱者权利论》、《未成年人保护法律常识》、《欧洲人权法院判例评选》、《法律文书大全》等书已经出版发行；由人民法院出版社出版的“百姓法律问答丛书”共 10 本于 2004 年全面发行。

中国人权研究会

中国人权研究会成立于 1993 年 1 月。中国人权研究会是中国人权领域最大的全国性学术团体，是在联合国经社理事会享有特别咨商地位的非政府组织和联合国非政府组织大会的成员，并被列入联合国教科文组织“世界人权研究和培训机构名录”。现任会长为罗豪才，副会长为叶小文、万鄂湘、李君如、董云虎、陈士球，秘书长由董云虎兼任，朱穆之为名誉会长。

研究会的宗旨是研究中外人权理论、历史和现状，普及和宣传人权知识，开展国际交流与合作，促进中国和世界人权事业的健康发展。研究会的最高权力机构为全国理事会，每五年召开一次全国理事会议，目前共有理事170名，分布在除港澳台之外的全国各省、直辖市和自治区。

研究会成立以来，积极组织开展人权理论研究。组织召开“人权入宪与人权法制保障”、“全国监狱人权保障”、“科学发展观与人权理论建设”、“中国人权理论与实践的发展和创新”等人权理论研讨会。就中国人权状况进行专题调研、设立课题开展专题研究，召开全国人权研究机构工作经验交流会。组织出版了多部专著和大量国外人权译著，如：《世界人权约法总览》、《新世纪中国人权》、《东方文化与人权发展》、《人权与和谐世界》、《论人权与主权》、《发展、安全与人权》、《中国人权事业发展报告》、《国家人权机构总览》、《人权百科全书》、《经济、社会和文化权利教程》等。研究会于1998年设立了“中国人权网”，包括中英文两个版本；于2002年2月创办了《人权》杂志（双月刊，中、英文两个版本）；定期出版研究报告《中国人权在行动》；不定期编撰出版《中国人权年鉴》。

研究会积极开展人权知识普及和教育，努力提高全社会的人权意识。曾与中央人民广播电台联合主办“话说人权”系列讲座，在《人民日报》开设“人权知识百题问答”专栏，在《人民日报·海外版》开辟“中国人权面面观”专栏，与光明日报社联合举办“人权知识竞赛”，举办“中国人权展”。编写出版《人权知识百题问答》、《人权基本文献要览》、《人权知识干部读本》等普及教材，开设人权专题研讨班，对各级政府官员、监狱执法人员进行人权培训。

研究会积极参与国际人权领域的交流与合作，先后举办四次“北京人权论坛”，组织召开“儒家传统与人权、民主思想”、“面向21世纪的世界人权”、“东方文化与人权发展”、“尊重和促进人权与建设和谐世界”等大型多边国际人权研讨会。派员参加联合国人权理事会及其他国际领域的人权会议和活动，组团出访美国、英国、法国、德国、奥地利、比利时、荷兰、瑞士、意大利、西班牙、澳大利亚、新西兰、摩洛哥、埃及等40多个国家和地区，积极邀请、接待联合国人权高专、联合国任意拘留工作组、欧洲议会以及美国、奥地利、荷兰、瑞士、德国、爱尔兰、乌克兰、埃及等国人权官员和专家学者的来访。

研究会的活动经费主要来源于中国人权发展基金会的资助和团体的捐赠、社会资助及其他合法收入。

中国人权发展基金会

中国人权发展基金会成立于1994年8月15日，是在民政部登记注册的全国性民间组织。基金会宗旨是“发展和完善中国人权事业，增进中国人民和世界人民在人权问题上的相互理解与合作，共同推进世界人权进步事业”。主要任务是“广泛募集资金，进行国际人权交流，开展和资助人权宣传、教育与研究，举办公益事业”。基本目标是建设成为国内外知名度较高、影响力较大的智库型、公益型、实力型基金会。现任理事长为全国政协副主席、全国工商联主席黄孟复，副理事长为杨正泉、吉佩定、林伯承（兼秘书长）。理事会现有理事21人，特邀理事和名誉理事80余人。

基金会与世界数十个国家和地区的有关非政府组织开展交流活动。2009年和2011年，由基金会发起并主办，先后在北京、重庆成功举办了两届世界大型基金会高峰论坛。作为两国政府“法律交流与合作”的长期项目，中德人权研讨会自1999年举办以来，有效增进了德方乃至欧盟对我国人权主张和人权发展成就的理解，在中德两国、欧盟及国际社会有较大影响。举办“东亚历史认知与和平论坛”，积极引导论坛发展成为中日韩三国非政府组织正确认识东亚历史、反思日本侵略战争、促进东亚和平与发展的重要平台。支持民间对日诉讼，先后设立了“正义基金”、“历史·人权·和平基金”等专项基金予以资助支持。

基金会代表团先后出访美国、德国、英国、澳大利亚、新西兰、法国、西班牙、葡萄牙、哈萨克斯坦等国，与所在国著名基金会、智库、媒体、政府机构及人权组织进行深入交流，在国际社会产生良好影响。基金会还成功主办首届人权文博国际论坛，向美国斯坦福大学胡佛研究所赠送张纯如塑像，与澳大利亚人权与机会均等委员会等国外人权机构开展双边人权研讨交流活动，与中国人权研究会共同主办中国人权展、北京人权论坛、东方文化与人权发展国际研讨会。

先后召开20多次专题研讨会，在宣传“国家尊重和保障人权”载入宪法的重大意义、科学发展观对推动人权发展的指导作用、社会主义和谐社会与人权建设的紧密关系、改革开放对中国人权发展的历史性贡献等方面起到积极作用。编辑出版《中国人权文库》（首批6册）、《人权发展与非政府组织》、《人权和公民社会》、《人权发展与法制建设》、《人权发展与青少年权益》、《人权保障的理论与实践》、《在变化着的社会中妇女的平等地位》、《外国人镜头中的八国联军》等图书，系统阐释中国人权的基本立场、观点，全面介绍中国人权发展现状，收到较好效果。策划拍摄我国首部人权专题片《召唤》、关于我国民间对日诉讼的电视政论片《未来之诉》，大型纪录片《日军虐待中国战俘录》等，并创办人权网。

积极围绕扶贫帮困、救灾助学、环境保护等与人权紧密相连的问题，组织实施了“汶川地震紧急救灾行动”、“华北四省区农村抗非典知识图书及医疗设备捐赠”、“千位书法名家捐助西部特困学生”、“百位国画名家捐助中西部失学儿童”、“消费养老”与“和谐家庭”等一系列大型公益活动。先后在湖北、黑龙江援建灾后新村，在江西、内蒙古、贵州等地捐建多所爱心小学。设立光标榜样基金、涉诉未成年人专项基金、和谐家庭专项基金等，彰显基金会人权公益事业鲜明特色。

中共中央党校人权研究中心

中共中央党校人权研究中心成立于1994年。20世纪90年代末以来，人权教育开始纳入中央党校面向新世纪的干部教育培训计划，成为提高干部素质和能力的重要内容，是我国最早建立的人权学术研究机构之一。目前，中心也是中央党校政治学法学教研部的人权教研室。中心依托政法部的师资力量，以中央党校和全国各级党校的人权研究工作者为主体，联络校内外有志于人权研究的专家学者，开展内容广泛的人权研究和人权教育工作。中心第一任主任为中国人权研究会副会长董云虎教授，现任主任为张晓玲教授。中心现有4位专职教师，2位教授，2位副教授。中心的任务为致力于对中高级领导干部的人权教育，研究重大人权理论和现实问题，开展人权学术交流。

中心自2000年开始为法学院的培训干部开设包括“人权观念的历史发展”、“劳动权利保障与社会稳定”、“人权保障的理论与实践”、“当代人权理论”、“中国人权保障热点问题研究”、“以人为本与人权”、“刑法与人权”、“当代世界人权保障制度研究”等课程。中心也为法学研究生开设了“人权法”课程。近年来，中心主持完成了2个国家课题，5个校级课题和有关部委的人权课题，主要有“完善我国人权法律制度”、“弱势群体全力保障与和谐社会法制构建研究”、“全面建设小康社会与人权”、

“当代国际人权问题研究”、“中国妇女人权保障机制研究”等，并出版了7部人权学术著作，目前正在编写人权法学教材。2006年，正式出版了人权教学参考书《人权理论基本问题》，作为领导干部学员教学参考书和法学专业学位研究生的教材。

中央党校人权研究中心与中国社会科学院人权研究中心、广州大学人权研究与教育中心、北京大学人权与人道法研究所、中国人民大学人权研究中心、中国政法大学人权与人道法研究所、山东大学人权研究中心等机构有着良好的学术交流与合作关系，这些机构的专家学者多次参加党校人权研究中心举办的人权学术研讨会和人权学术讲座，对人权中心的工作给予大力支持。中央党校也邀请国内著名人权专家如李步云教授、徐显明教授为党校学员讲授人权与法治课。

人权研究中心同国外的人权学术交流不断加强。2007年，经中央党校校委批准，党校人权研究中心与民主研究中心签订了三年合作协议。两年来，人权中心与加拿大人权与民主研究中心先后在中央党校和加拿大举办了3次人权学术研讨会，研讨会主题分别是“人权教育”、“人权与多元文化”、“人权法的实施”等。

汕头大学人权研究中心

汕头大学人权研究中心成立于1996年。当时由周伟副院长主持人权研究中心的研究工作。2004年以后汕头大学人权研究中心先后由任越教授和黎尔平教授主持工作。

中心分别给本科生和研究生开设了如“人权法学”、“百年中国人权史”、“法制宪政与人权保护”、“国际人权保护”、“国际人权两公约的实施”、“妇女儿童权利保护”、“人权国内保护”、“环境人权”和“人权非政府组织”等课程，并举办了“当前中国法学新动向”和“国家人权机构及国际权”等系列讲座。

中心积极开展人权知识培训。与广州大学人权研究中心合作，于2008年对汕头几百名公安干警进行人权知识培训。2009年11月13日至15日，与挪威奥斯陆大学人权研究中心、瑞典罗尔·瓦伦堡人权与人道主义法研究所合作举办了题为“跨学科人权研究方法培训”（第二次会议）讲座，来自国内法学、社会学、政治学、经济学、新闻与传播等领域的学者和实践工作者参加了讲座。

中心还开设了人权专刊。中国人民大学报刊资料中心发布了该中心2008年学术刊物转载统计，《太平洋学报》2008年发表的文章中有20篇被人大报刊资料转载，转载率达到了14%。与广州大学人权研究与教育中心合作，专门开设人权领域的栏目，如“人权研究——纪念《十届人权宣言》60周年”等。中心还针对少数民族权利进行了专题研讨。

北京大学法学院人权与人道法研究中心

北京大学法学院人权与人道法研究中心成立于1997年4月25日。中心是由法学院国际法学、刑事诉讼法、行政法学、比较法学等多种学科的教师组成的学术团体，原名为“北京大学人权研究中心”。中心现任主任为龚刃韧教授。

中心的宗旨是促进人权与人道法领域的国内外学术交流；促进人权与人道法的教育发展；提高中国公民的人权意识。中心的任务是开展人权与人道法领域的学术研究和教学。

自成立以来，中心与瑞典罗尔·瓦伦堡人权与人道主义法研究所共同举办了人权硕士项目。项目开设“人权与法治”、“国际人权宪章”、“国际人权保护机制”、“区域人权保护机制”、“商业与人权”、“国际人道法”、“难民法”、“少数者权利保护”、“妇女权利与儿童权利”等课程以及人权保护系列专题讲座。

中心举办了多次培训。如“提升法院系统领导素能高级研修班”（共10期）培训，培训对象为近百位广东省法院系统领导干部；“检察机关法学理论暨领导素能提升高级研修班”培训，培训对象为112名广东省检察机关公诉人；“广东省佛山法院领导素能提升高级研修班”培训，培训对象为广东省佛山法院领导干部；“广东省工会加快转变经济发展方式高级研修班”培训，培训对象为广东省工会领导干部等。

同时，中心多次举办有关人权问题的国际、国内学术论坛；向中国的立法、行政以及司法机关提供有关国际人权法的遵守和实施等方面的法律建议；组织编写和翻译人权问题的学术专著；编辑出版有关人权的文献资料。中心目前共出版了7本学术著作，涉及司法公正、刑事辩护制度、发展权等国际人权法的重要方面。

司法部预防犯罪研究所司法人权研究室

司法部预防犯罪研究所司法人权研究室成立于1999年，前身为“司法部司法人权研究中心”，属于司法部预防犯罪研究所，现任主任为冯建仓研究员。司法部预防犯罪研究所是1984年9月经国务院批准成立的法学科研机构，隶属于司法部，主要从事预防犯罪、犯罪矫治、监狱与劳动教养理论、司法人权及国外刑事司法等领域的研究。

该室主要研究国际人权理论和公约，了解和掌握外国在人权司法保障方面及国际人权斗争的新动向，为有关部门提供信息和咨询服务；组织论证有关人权领域的国际公约和国内立法，向有关部门提出有利于司法人权保障的建议；开展国内学术交流活动，宣传我国司法领域在依法保障人权方面的进展和成果。

吉林大学理论法学研究中心人权研究所

吉林大学理论法学研究中心人权研究所成立于2000年。中心作为教育部人文科学国家重点研究基地，设立人权研究所，专门从事人权理论的探讨并展开人权学术交流工作。现有研究人员6人，现任主任为孙世彦博士。

研究所为法学院本科生和硕士生开设“人权理论和制度”、“人权法”、“国际人权法”、“国际人权法与人权法”等课程。研究所与中国社会科学院法学所、北京大学人权研究中心、中国政法大学人权研究所以及广州大学人权研究与教育中心等国内人权研究机构建立了密切的工作关系，并和瑞典罗尔·瓦伦堡人权与人道主义法研究所、挪威奥斯陆大学人权法研究中心、丹麦人权研究所等国际人权研究机构有学术合作关系，曾共同举办了“北欧—中国人权法高级研修班”培训，“全球化语境中中国大学的人权法教学研讨会”等。

湖南大学人权研究与教育中心

湖南大学人权研究与教育中心（原名为“湖南大学法治与人权研究中心”）成立于2000年10月，是一个以研究人权理论、传播人权理念为宗旨的研究机构。李步云教授任中心主任，刘士平教授任中心副主任。十年来中心已经完成或正在进行的国际合作或国内部级研究项目共20余项；主持召开了3次全国性学术研讨会、2次省级研讨会。

在人权教育方面，举办了4期人权理论与实践研修班，1期人权法师资培训班。在本校人权教育方面，由最初的开设人权法讲座，到在本科生和研究生层次开设人权法课程、设立人权法专业方向。中心率先在全国高校中开设“人权原理”课程，并设有“国际人权法”双语课程，向大学本科生讲授人权法知识。2004年，在获得宪法行政法硕士专业学位授权的同时，该学位点开设了人权法专业方向。李步云教授主持编著了新中国成立以来教育部第一部《人权法》全国统编教材。

开设人权理论与实践研修班。人权理论与实践研修班是2001年中心与丹麦人权研究所签约的人权教育与培训项目。从2001年起至2003年10月，与丹麦人权研究所合作，举办了4期“人权理论与实践研修班”，分别培训了公检法机关、残联、政府机关及人大系统干部等近300名，产生了良好的社会影响。中心与丹麦、瑞典和挪威等国相关机构在2002年暑假期间举办了为期1周的“人权法师资暑期研修班”，来自北京大学、中国人民大学等高校的52位教师参加了研修，8位国内知名的人权法专家作了专题讲座。通过参加研修，与会人员对人权法的基本内容、重点和难点，人权法的基本体系以及它的教学方法有了一个基本的了解。

举办警察执法与人权保护培训。该项目是欧盟与中国一揽子法律合作项目的一部分。2003年对湖南省县级以上的大多数公安局长进行了每次为期10天、共3期、题为“警察执法与人权保护”的培训班。

上海社会科学院人权研究中心

上海社会科学院人权研究中心成立于2001年，采取跨学科、跨单位合作的方式运作，不设专职研究人员，迄今为止研究中心主任由刘杰研究员担任。中心的主要研究方向为人权理论和国际人权问题。自成立以来，先后出版了《国际人权体制——历史的逻辑与比较》、《美国与国际人权法》、《人权与国家主权》等多部学术专著；发表《论人权的多重属性》等学术论文数十篇；承担国家社科基金项目“人权及其与国家主权理论的相关性研究”、上海市社科规划项目“国际人权对话机制研究”等各类课题10余项；先后参加《国家人权行动计划(2009—2010)》、《国家人权行动计划评估报告》等国家重要人权事项的起草工作；曾先后受美国国务院邀请赴美国考察人权状况（2001年），受美国卡特中心之邀、国务院新闻办委派赴美国考察中期选举（2010年）；中心成员还先后出席过包括历届“北京人权论坛”在内的各种国际国内与人权相关的学术会议数十次。

复旦大学人权研究中心

复旦大学人权研究中心成立于2002年4月18日，是一个跨学科、跨院系（所）的校级研究机构。

复旦大学是国内最早开展人权研究的学校之一。早在20世纪80年代，该校政治学、法学等学科的专家学者就开始研究国际人权公约，出版了《国际人权》、《新人权论》等著作。90年代以来，包括经济、哲学、人口学等学科都积极开展了人权研究。尤其是在复旦大学北欧研究中心、欧洲研究中心的协调下，与欧洲著名人权机构开展了多年的合作研究。从1999年起连续举办了5次国际人权法研讨会，极大地推动了该校的人权研究，初步形成了一支理论研究队伍。

复旦大学人权研究中心积极开展人权问题的学术研究，增进与校内外、国内外人权研究机构的学术交流，促进依法治国、切实履行我国加入的国际人权公约，推进中国政治经济与社会文化的全面、可持续发展。自成立以来，先后组织开展了“与时俱进的马克思主义人权理论”、“政治外交与人权”、“国际人权法”、“社会经济发展与人权”、“文化伦理与人权”、“教育与人权”等课题的研究。出版了《克隆人：法律与社会》、《程序与公正》、《分配正义与社会保障》、《法的现象与观念》等。

中心聘请校内外人权研究专家学者为兼职研究员，并接受国内外访问学者。现任中心主任为复旦大学社会发展与公共政策学院院长彭希哲教授，副主任为复旦大学副校长林尚立教授、复旦大学知识产权研究中心主任张乃根教授（兼秘书长），以及复旦大学校长顾问、北欧中心主任陈寅章教授。中心决策机构为学术指导委员会，由复旦大学前党委书记秦绍德教授任主席，董云虎、沈国明等著名专家担任委员。

上海交通大学凯原法学院人权与人道法中心

上海交通大学凯原法学院人权法研究中心成立于2002年9月。其旨在回应国际国内社会面临的时代性命题，推进在人权法领域的观念性与制度性、国际性与国内性、理论性与实践性的研究，加强人权法教学、培训及人权知识的普及，促进人权研究与保护领域的国际、国内合作，为最需要法律帮助的社会弱势群体提供最优质的服务，2011年10月更名为“人权与人道法中心”。中心目前是法学院下设的跨学科研究中心。

上海交通大学人权与人道法课程体系下设：宪政与人权、武装冲突与国际人道法、人权法专题、国际人权法和人权与大国外交等不同主题。中心的人权课题研究项目包括：《现代权利理论研究：以“意志理论”与“利益理论”评析为起点》、国际人权公约国内实施问题研究、香港基本法与《公民权利公约》标准的审视、国际人权机构普选权案例对香港政制发展的影响研究、女权就业权的平等保护等。中心根据学校教师的个人研究方向制定了包括人权理论研究、国际人权法研究、反歧视问题研究、外国人在中国的人权问题、与企业的社会责任相关的人权问题研究等不同领域的学术研究。中心人员共发表以人权为主题的期刊论文近20篇，出版专著4本。主持国家哲学社会科学基金一般项目2项，主持上海市哲学社会科学规划课题1项、委托课题2项，主持其他相关课题3项。先后创办、出版了2期《人权法评论》。

中心积极开展国际合作与交流。2005年8月，中心承办，人权法研究中心与北欧三家人权机构共同举办题为“高校教师高级国际人权法研修班”的培训，培训对象为国内高校教师。2009年4月，中心与挪威奥斯陆大学人权研究中心与瑞典罗尔·瓦伦堡学院共同举办题为“跨学科人权研究方法”的培训，来自法学、社会学、政治学、经济学、新闻与传播等领域的学者和实践工作者等15名参加了培训。

中南大学司法与人权研究中心

中南大学司法与人权研究中心成立于2004年4月，是以中南大学法学院诉讼法研究所全体教研人员为基础组建而成的校级研究中心，挂靠法学院。2005年6月中心成为校级人文社科重点研究基地，同时确定为省级候补基地，也是中宣部登记备案的人权研究机构。中心以法学一级学科下辖的诉讼法学二级学科为核心研究领域，同时坚持“核心与特色并重、交叉与应用为主”的发展定位，积极探索在司法与人权、司法伦理、诉讼社会学等方面开展交叉研究，并培植新的特色研究方向。中心现有在职教研人员10人，现任主任为杨开湘教授。

中心为法学院师生举办了多次有关人权问题的讲座，如《刑事司法的内在规律与我国刑事诉讼法的修改》、《我国刑事诉讼法的若干难点与热点问题》。2006年以来，中心研究人员共出版个人专著6本，主编教材4部，参与其他著作10余部，发表论文50余篇，其中发表在CSSCI源刊以上的高水平专业论文22篇，并成功申报了两项国家社科基金课题《公共行政民营化法律问题研究》、《司法宽容研究》。

中心与德国、美国、英国、奥地利等国多所大学和人权研究机构，特别是德国联邦议会人权与人道主义委员会保持着广泛而密切的学术联系，并积极寻求与国内人权研究机构进行多种形式的合作。

四川大学人权法律研究中心

四川大学人权法律研究中心成立于2004年5月，是由四川大学建立的非营利性科研机构。研究领域主要包括公民基本权利法律救济、反歧视法律、人权法律、违宪审查等，并根据情况和需要对以上领域内的典型案件提供法律援助。中心主要由四川大学法学院资深专家和律师组成，现任主任为周伟教授。

中心的宗旨是通过学术研究和法律实践促进我国公民基本权利的法律保障、繁荣学术研究的领域，以构建社会主义和谐社会为宗旨，尤其关注社会弱势群体、少数群体，为促进和推动宪法规定的国家尊重和保障人权，促进宪法的实施、为实现社会公平和法律正义添砖加瓦。

中心的任务是通过理论研究与法律实务相结合的方式，对公民基本权利案件提供法律咨询并对典型案例提供法律帮助，进而在中国推动宪法基本权利的法律救济和批准的国际人权公约权利的保障。中心代理的主要法律案例有“身份歧视”、“峨眉山票价地域歧视”、“身高歧视”、“乙肝歧视”、“警察录用身体健康歧视”、“河南人歧视”、“六级英语考试与硕士学位挂钩”、“网络发帖言论自由”、“破产企业安置性别歧视”、“退休年龄性别歧视”、“年龄歧视”、“机票燃油费附加费”等在国内外有重大法律影响的实验诉讼。

中心设有 4 个部门，分别是理论研究部、法律咨询部、法律援助部、学术交流部，分别从事人权保障领域内的重要课题研究，为各类涉及公民权利的维权案件提供法律咨询，承接法律援助案件诉讼工作，进行与公民权利有关的国内外学术交流工作，推广人权法律研究和实施领域内的成果。中心还为法学院的硕士生开设了“人权法研究”、“人身权”、“国际人权法与人道法”等选修课。

西北政法大学人权法研究中心

西北政法大学人权法研究中心成立于 2004 年 7 月，属于不占学校正式编制的科研机构。成员以西北政法大学行政法学院宪法教研室为主体，吸收本校及校外有志于人权法研究的专家学者。现任主任为侯西勋。

中心针对不同的学生开设的课程有《人权法》、《国际人权法》、《人权法专题》、《国际人权法专题》，并举办了如“西部高校人权法师资培训班”、“反歧视的理论与实践”等人权培训和讲座。每年 12 月 10 日世界人权日，西北政法大学人权法研究中心都组织了法学院学生听取系列人权讲座。

中心积极派员参加国内高校人权法课程研讨会，保持与相关人权研究机构的友好往来；发表了《工作场所性骚扰法律调整之我见》、《法体系的规范性根基——基本必为性规范研究》、《警政革新与警察裁量权之规范》等专著。

中央民族大学民族区域自治与少数民族人权保障研究中心

中央民族大学民族区域自治与少数民族人权保障研究中心成立于 2004 年 11 月。中央民族大学一直以研究民族问题见长，并且在全国范围内具有领先优势，有着优良的学术传统，在国际人权（特别是少数人权利保障）、国际民族纠纷的法律解决机制、民族区域自治与其他类型自治的比较研究等方面展开积极的研究。

中心的各个项目都力图将人类学的田野调查、社会学定量分析等社会研究方法与法学的规范市政分析方法相结合，从而能够真正地发挥民族法制在整个“依法治国”方略中的重要作用，也能够切实解决民族地区在发展中面临的新问题、新情况。

目前，中心正进行三方面的研究：一是中国少数民族自治的历史演进；二是现代化进程中中国少数民族人权保障研究；三是民族区域自治法的实践与民族区域自治制度创新研究，还承担了一些其他科研项目，如：中国少数民族权利保障研究；西部大开发与民族区域自治制度的完善；民族区域经济法律制度研究，等等。同时，中心发表了一系列专著和论文，如《中国民族法制史论》、《中国近代民族自治法治研究》、《民族自治地方资源法治研究》、《大国地方：中国民族区域自治制度的新发展》、《中国少数民族：法律与医药》、《论少数民族古籍文献法律保护的独特性》、《民族自治地方机构及自治权及其行使探析》、《生存权和发展权的现实依据》等。

北京理工大学人权法研究中心

北京理工大学人权法研究中心成立于2005年，中心主任为杨成铭教授。

中心主任杨成铭教授多次参加国内外人权学术会议并作重要发言，主持中国人权研究会重点课题“国家人权机构研究”。在该课题的部分研究成果的基础上，法律系多名师生共同参与完成了《国家人权机构处理申诉程序比较研究》。

中国人民大学法学院人权研究中心

中国人民大学法学院人权研究中心成立于2005年底。中心是一个由法理学、宪法和行政法学、刑法学、诉讼法学、民商法学、国际法学和环境资源法学等多种学科的教师组成的学术研究机构。中心隶属于法学院，与学校的人权研究中心是合作关系，部分研究人员同时在这两个中心从事研究工作。中心主任为朱力宇教授，顾问为谷春德教授。

中心宗旨是以马列主义、毛泽东思想、邓小平理论、“三个代表”重要思想和科学发展观为指导，通过对中外人权理论和人权保障制度的历史和现状的比较研究，为建立中国的人权理论体系和完善中国的人权保障制度服务；探索和研究当代人权领域的重大理论和现实问题，阐释和宣传中国特色的社会主义人权理论；以实事求是的精神研究中国人权建设的成功经验、努力方向和存在的问题；以马克思主义人权观及党和国家人权政策为导向，进行人权教育，促进人权领域的国内外学术交流；致力提高中国公民的人权意识和推动中国人权事业的发展。

中心的研究任务为开展人权领域的学术研究和教学工作；举办有关人权问题的国际或国内学术论坛；向中国的立法、行政及司法机关提供有关人权法的遵守和实施等方面的法律咨询；组织编写和翻译人权问题的学术著作；编辑出版人权的文献资料。

中心举办了如“人格权理论新发展以及其立法展望、“女性权益保障中的法律问题”、“死刑存废论的新动向”、“欧洲人权保护机制”、“普遍人权的一般理论”、“中国死刑制度刑事一体化的改革”、“矿难事故与人权文化的培养”、“关塔那摩被羁押人与国际人权法”、“中国监狱改革与罪犯人权保障”、“死刑核准制度改革的若干问题”、“我国死刑制度的基本理念”、“欧洲人权保障机制”、“人格权，基本权利与言论自由”等众多讲座。

中心成立后，一直把积极开展人权理论研究作为头等重要任务，承担并完成了国家社科基金、中央部委和北京市委批准的4个人权项目。同时，人民大学法学院举办和与外单位联合举办的涉及人权问题的国内外研讨会、讲座和其他活动共43次，负责承担的国家、省级以及其他涉及人权问题的研究项目、课题共27项。人大法学院教师在国内外各种出版物上发表论文295篇。

深圳大学宪政与人权研究中心

深圳大学宪政与人权研究中心成立于2005年9月，是根据深圳大学由教学型大学向教学科研并重型大学战略转变的需要而成立的。中心通过整合深圳大学法学院宪法学、行政法学学科组、法理学学科组以及刑法学、诉讼法学等学科组的教学科研力量组成，由邹平学担任主任。

中心的宗旨和目的是致力于人权建设的重大理论和实践问题的研究，重点关注广东地区以及深圳本地的民主法治建设实践问题，通过开展各项理论研究、学术活动和社会服务活动，为广东和深圳地方经济社会发展服务，为推动和促进我国宪政建设、社会主义人权事业的完善和发展做出积极的贡献。

中心为没有固定编制的直属于法学院领导的学术研究机构，依托宪法学行政法学硕士学位点——组织宪法学、行政法学、国际人权法学、法理学、法史学等多学科研究力量，形成宪政、人权、行政法治以及港澳法治（2007年增设）四个研究方向。中心的学术顾问、学术委员会委员和专职兼职研究人员中均有香港澳门的学者，与港澳地区的高校和学者有较多的互动，发挥深圳大学的地缘优势，借助港澳地区的学术资源和力量开展宪政和人权的学术研究活动。

中心开设了面向法学本科生和宪法行政法专业硕士的“人权法”课程，还主办了“香港特区与台湾地区法治发展之比较”、“民主推荐：制度分析及启示”、“美国宪法上的个人权利与司法实践”等讲座，并举办了中心挂牌仪式暨人权法教学研讨会、“人大改革：民主与法治的逻辑”研讨会、“香港政治生态、政治发展与选举制度改革”研讨会等系列活动。同时，中心获得国家社会科学基金、教育部人文社会科学重大项目、司法部及广东省等纵向课题、政府机关和司法机关委托项目和国际合作项目等横向课题20多项；出版专著、教材10多部，发表论文数十篇；接待来访的外国学者近10批次。

广西大学人权与地方法治研究中心

广西大学人权与地方法治研究中心成立于2005年，并于2007年给本科生和硕士生开设“人权法”课程，由分属于不同学科的8位教师授课。

中心积极开展宪法与人权、行政法与人权、刑法与人权、民法与人权、国际法与人权等培训。开展的科研项目有：省部级纵向科研项目“规范宪法下的人性尊严”；省部级纵向科研项目“东盟国家宪法与人权保护制度研究”。

哈尔滨工业大学法学院人权法研究所

哈尔滨工业大学法学院人权法研究所成立于2006年2月。名誉所长为全国政协常委、民革中央副主席、最高人民法院副院长、武汉大学法学院博士生导师万鄂湘教授，所长为李滨教授。其宗旨和奋斗目标：迎接人权法发展的挑战和推动我国人权法特别是国家人权法研究的繁荣。

该所开展的专题研究包括：受教育权的可诉性问题；国家人权机构与国家立法、司法和行政机关的关系；义务教育法的修改与完善；废除死刑与人权保护；人权法的立法模式与结构；国际法与国内法的关系：国际人权法的视角；促进和保护受教育权的国际水平：欧洲国家与亚洲国家的比较；非洲国家对受教育权的保护：进展、挑战和对策；联合国新千年发展目标与世界受教育权的保护；中国的户籍制度改革与人权保护等专题研究，并创办了《国际人权法论丛》，出版了《欧洲联盟基本权利的法律保护》、《财产权的基本人权保障法律制度比较研究》等人权法研究系列论文和著作。

该所与国内外知名人权法研究机构开展交流，如北京大学人权与人道法研究所、中国人权研究会、中国政法大学人权与人道主义法研究所、中国社会科学院人权研究中心、中南财经政法大学法学院人权研究所、上海交通大学法学院人权中心及瑞典罗尔·瓦伦堡人权与人道主义法研究所、丹麦人权研究所、挪威奥斯陆大学人权研究中心等。

东南大学宪政与人权法研究所

东南大学宪政与人权法研究所成立于2007年6月。成立之初由李步云教授任所长，现任所长为龚向和教授，李步云教授为名誉所长。该所引进了一批年轻的博士作为研究员，引导原有教师从事人权法的研究，现形成一支老中青相结合的人权教学与研究团队。

近几年该所取得的研究成果包括：“十一五”国家级教材《人权法学》的立项、国家社科基金项目“社会权的可诉性及其程度研究”(2007年)、司法部项目“中国农民权利平等保护研究”(2008年)、江苏省人才项目“法治视野下的农民工民生保障体系研究”（2008年），出版了人权方面专著4本，并发表大量人权法论文。同时，该所开设“人权法”、“人权法专题”等课程，并举办了“人权的理论与实践”、“全球化背景下的中国人权与发展”等系列讲座。

武汉大学公益与发展法律研究中心

武汉大学公益与发展法律研究中心成立于2007年9月，是武汉大学校级人文社科研究机构，挂靠武汉大学法学院，并以武汉大学社会弱者权利保护中心为依托。中心名誉主任为武汉大学人文社会科学资深教授李龙教授，主任为武汉大学法学院张万洪副教授。

中心研究人员目前全部来自武汉大学法学院，秉承法学理论必须与实践相结合的理念，以公益和发展为切入点，从事有关人权的课题研究，提倡并从事跨学科的研究、从实践出发的研究、有“质感”的研究，发表了多篇专著，并启动多个人权项目。

中心设有掌舵委员会，指导有关公益、发展与人权的法律研究、教学、出版和倡导的进行。中心从事和将从事的具体活动：举办公益与发展圆桌讲座/论坛；开展公益法培训；开设新型法律诊所课程；鼓励和支持有关公益、发展与人权的法学研究；参与国内外学术交流。

中国地质大学（武汉）人权法研究所

中国地质大学（武汉）人权法研究所成立于2008年3月。该所挂靠政法学院，所长为田圣斌副教授。该所的目标为加强学校法学学科建设，扩大与海内外相关研究机构的学术交流与合作，提升学校在哲学领域的自然人权问题、宪法学领域的基本人权问题、诉讼法学领域的诉讼权问题以及相关社会学问题等方面的研究。

该研究所主办了如“强化强制措施监督，切实保障诉讼人权”和“联合国人权公约与我国刑事诉讼人权保障”等讲座，并举办了一些培训活动，如2010年4月，由湖北省社会主义学院主办、由湖北省委统战部承办的针对民主党派中处级骨干的“联合国人权公约与我国刑事诉讼人权保障”培训班。

南京大学人权研究所

南京大学人权研究所成立于2009年，前身是“南京大学亚太法研究所”，现任负责人为南京大学法学院副院长杨春福教授。该所主要人员包括法理学、法史学、宪法学与行政法学、刑法学、民商法学、经济法学、诉讼法学、国际法学的教师约18人。

该所的宗旨是以理论法学为基础，联合宪法与行政法和部分公法学，主要就传统、理论和比较三个层面展开研究，现在主要致力于人权法的理论研究和社会服务。

南京大学法学院积极开展人权法的教学。2004年开设“人权法学”课程，并在法学理论硕士专业中增设了人权法方向；2005年编辑出版了《人权法学》；由杨春福教授主编的《人权法学》已经列入国家级“十一五”规划教材，并发表了20余篇与人权教育相关的论文专著。

注重人权法理论研究。如，主持南京大学“985工程”特别研究项目“全球化背景下的法治与人权研究”、国家社科基金项目“经济社会和文化权利的法理学研究”、教育部人文社科重点研究基地重大招标项目“法治国家与司法权威”、教育部哲学社会科学研究重大课题攻关项目“中国特色社会主义法学理论体系研究”子课题；参与省社科基金项目“市场经济与法制建设”；主持南京大学文科校级规划项目“中国公民权利法律机制保障研究”；主持国家社会科学基金项目“法治化进程中公民权利保障机制研究”；主持教育部出国留学回国人员科研启动基金“法治化进程中人权的司法保障”等，出版了《全球化背景下的法治研究》论文集，并编辑出版了《全球化背景下的法治与人权研究年刊》（2008年卷）。

注重人权保障的社会服务。近3年来，南京大学法律援助中心和劳动法援助中心共提供了200多起法律援助，为弱势群体提供了有效的法律服务。

南京大学法学院与中国社科院国际法研究中心、瑞典隆德大学人权法研究所进行资料和信息的交换，现已接受人权法的图书资料捐赠近1000册。此外，与瑞典罗尔·瓦伦堡人权与人道主义法研究所中国项目建立有联系。

内蒙古大学法学院人权法与人道法研究中心

内蒙古大学法学院人权法与人道法研究中心成立于2009年5月17日，是内蒙古大学法学院下设的学术研究机构，成员由法学院国际法学科、宪法与行政法学科、法理学学科、诉讼法学科和社会法学科的教师组成。中心的宗旨是从事人权的学术研究和教学工作；促进人权领域的学术交流与合作；提高国内公民的人权意识；成为面向公众服务的人权与人道法研究的信息中心。

中心目前主要开展的工作：开展人权法的教学、社会宣传培训和国际交流，进行人权领域的研究，开办传播人权与人道法研究信息的网站，并出版了论文专著20余篇，并开设“人权法概论”、“人权法与国际人道法”、“人权法专题”等课程，并举办“Human Right—Limits and Developments of International Law”（人权——国际法的限制与发展）等讲座，取得内蒙古自治区教育厅项目“马克思人权思想研究”、科研项目“人权法与人道法课程建设及其时间新教学探索”等研究成果。自2005年以来，内蒙古大学法学院与北欧三国人权研究机构建立了人权法领域的交流合作关系，参与多项有关国际交流合作活动。

云南大学人权法研究所

云南大学人权法研究所成立于2009年8月。该所在课程开设方面的情况：2010年2月至7月，向法学本科生开设“人权法”的选修课；2008年2月至2010年7月，向法学院研究生开设“人权法”的选修课；2008年2月至2009年7月，向法学院研究生开设“人权理论”的选修课。

该所也举办了一些人权教育的培训。如，2008年11月12日至19日，由国家检察官学院云南分院、云南大学法学院、国家检察官学院、瑞典罗尔·瓦伦堡人权与人道交流研究所主办，对检察院系统的检察官和各大学的教师代表进行的“中国西部地区国际人权法”培训。

贵州民族学院人权教育与人权法研究所

贵州民族学院人权教育与人权法研究所成立于2009年，该所常务主任为陈孝平。该所参加了一、三、四、五期西部高校人权法教师研修班培训，并著有《人权法片论》和《“少数人权利”概念辨析》等书籍。研究所老师发表了《中国少数民族人权保障与少数民族犯罪问题分析》等论文。

该所开设了人权方面的课程。例如，2000年以来，给本科生开设了“人权法”选修课；2010年以后给在校研究生开设了“人权法学”和“刑事人权法”课程。

华东政法大学人权与人道主义法研究中心

华东政法大学人权与人道主义法研究中心成立于2010年12月。中心有兼职教授5名，副教授1名，讲师2名，管建强教授为中心主任。研究人员的学术背景主要以法学为主，并涉及历史和外交等学科。

中心的专业研究方向和特色主要体现为：在国际人道主义法领域，中心研究人员长期以来积极参与、帮助中国民间战争受害者对日索赔的维权诉讼，并致力于在理论和实践方面推动“（民间战争）受害者私权不受公权力剥夺之原则”成为未来国际社会普遍接受的国际人道法的原则。在人权法领域，注重国际人权与国内法相互关系的研究，致力于探索一套既符合普遍国际人权法规范，又适应中国文化、推动中国不断进步的人权理论体系。主要的研究成果为“中国民间战争受害者对日索赔的法律基础”和“跨越对日索赔的法律障碍”。

在对外交流方面，中心与日本律师辩联会，美国、加拿大抗日战争历史维持会，以及北欧人权机构有着长期的交流与合作。

中山大学法学院人权法研究中心

中山大学法学院人权法研究中心是一个由法理学、宪法学、国际法学、行政法学、诉讼法学、刑法学、劳动法学、环境法学、经济法学、民商法学等多种学科的教师组成的学术团体，旨在多形式多角度地开展人权法的学术研究，并积极组织申报有关人权法方面的研究项目，为国家人权事业的发展提供理论支持及决策；加强与国内外高校及机构在人权法领域的合作与学术交流，举办有关人权法的国际和国内学术论坛；促进人权教育的发展，提高学生的人权意识，确立以人为本的科学发展观。中心现任主任为黄瑶教授。

中山大学法学院在人权法领域既拥有厚实的基础，又有丰富的人权法资料。自20世纪末以来，欧洲罗尔·瓦伦堡人权中心不间断地向法学院捐赠资料，法学院图书馆还被确定为联合国资料托存图书馆。

西南政法大学人权教育与研究中心

西南政法大学人权教育与研究中心是一个直属学校，与学校其他院系平行独立设置，主要从事人权教育培训、人权理论研究与人权实践调研等方面工作的实体化机构。西南政法大学自20世纪80年代末开始人权教育与研究工作，并处于国内领先水平，经过新老交替、薪火相传，西南政法大学的人权教育与研究仍然以务实的精神在人权教育、人权理论研究和人权实证研究方面为中国的人权事业默默奉献。2000年以后，西南政法大学相继建立了7个以人权研究和实践为主的自主研究中心，并且在各自的领域从事人权理念的传播。为了更好地参与和落实国家人权行动计划，2011年10月学校按照教育部普通高等学校人文社会科学重点研究基地和人文社会科学创新基地的模式，将以上中心进行优化、整合，并实体化为“西南政法大学人权教育与研究中心”。中心主任由校长付子堂教授担任，张永和教授任执行主任。

中心依托西南政法大学在以法学为主的社会科学教育与研究优势，在人权理论研究、人权实践、对外交流等方面开展工作。中心现有管理和研究人员27人，其中正式编制暂定为7人。中心下设人权理论与历史研究室、经济与社会文化权利研究室、公民权利与政治权利研究室、中国人权发展研究室、特殊主体权利保障研究室、国际人权研究室等6个研究室和法律援助中心、教育培训部、信息部、行政办公室等4个部门，各研究室和部门设主任1名。

西南政法大学人权与研究中心的主要职能职责是：开展与人权相关的学术研究，为政府提供与人权相关的政策性建议，为社会各级组织相关人员、高等院校学生开展与人权相关的教育培训，为社会各级组织、个人和弱势群体提供与人权相关的法律咨询与法律援助，开展与人权相关的国际交流与合作，开展国内外与人权相关的各类咨询、资料、图书等信息集成工作。

当前，西南政法大学人权教育与研究中心正处于转型期，中心成员将以中国特色社会主义理论扩大民主、加强法制、改善民生、保障人权的思想为指导，将人权的普遍性原则与中国的具体国情相结合，建立一套能够为世界所接受的中国人权话语体系，为促进和保障中国人权发展尽绵薄之力。

第六部分

中国人权大事记

中国人权大事记

2006 年

1 月

1 日

《农业税条例》自即日起废止。在中国延续了 2600 年的农业税从此退出历史舞台。

1 日

"中国政府网"零时正式运营，受到各界广泛关注。作为国务院及其各部门在互联网上发布政务信息和提供在线服务的综合平台，政府网设置了政务信息区、办事服务区、互动交流区和应用功能区。

4 日

国务院总理温家宝主持召开国务院常务会议，讨论并原则通过《中华人民共和国义务教育法（修订草案）》。

8 日

国务院发布《国家突发公共事件总体应急预案》。

10 日

全国法律援助处长（主任）会议召开。会议认为，法律援助得到国家的高度重视，政府责任正得以明确并逐步落实，各级政府的法律援助经费投入逐年加大。2005 年，各地拨付法律援助经费为 26220 万元，中央财政还首次拨付 5000 万元专项资金支持贫困地区开展法律援助工作。

11 日

财政部宣布，启动西部地区农村义务教育经费保障新机制。为贯彻落实国务院关于深化农村义务教育经费保障机制改革精神，确保 2006 年春季学期开学时西部地区农村义务教育阶段中小学生能够全面享受免交学杂费、落实关于适当提高公用经费保障水平等政策，财政部向西部地区 12 个省（自治区、直辖市）、新疆生产建设兵团以及中部地区试点省份预拨专项资金 36.9 亿元。

12 日

联合国环境规划署一个 4 人专家小组应中国政府邀请对松花江苯污染事件进行实地调查后，公布了调查报告，并就今后预防和处理类似事件向中国提出了一系列具体建议。

17 日

"中国农民工维权网"正式开通。"中国农民工维权网"由北京市农民工法律援助工作站主持，网站开设了维权案例、维权人物、法律法规、维权常识、焦点新闻等栏目。该网是致力于帮助农民工维护合法权益的专业网站。

18 日

国务院总理温家宝主持召开国务院常务会议，审议并原则通过《国务院关于解决农民工问题的若干意见》。

19 日

劳动和社会保障部召开新闻发布会，会上宣布，截至"十五"期末，全国城乡就业人数达到 7.6 亿，比"九五"期末增加 4000 万人。有 1800 多万国有企业下岗失业人员实现了再就业。

25 日

卫生部公布《2005 年中国艾滋病疫情与防治工作进展》报告。报告显示：中国全面推进艾滋病综合防治措施，已建立免费自愿咨询检测门诊 2850 个。

25 日

中国卫生部与世界卫生组织、联合国艾滋病规划署联合公布：到 2005 年底，中国艾滋病毒感染总人数估计约为 65 万人，低于两年前估计的 84 万人。卫生组织和艾滋病规划署对中国正在完善监督系统的努力表示赞赏，并希望中国政府进一步加强对艾滋病的预防、治疗和对病毒感染者的关怀。

2 月

2 日

国家加大了对少数民族地区的扶贫投入，把少数民族地区列为新阶段扶贫开发工作的重点扶持区域。2005 年，国家共向内蒙古、广西、西藏、宁夏、新疆 5 个自治区和贵州、云南、青海 3 个少数民族人口较多的省份投入财政扶贫资金 48.4 亿元，比上年增加 4.7 亿元，占全年中央财政扶贫资金的 40.2％。

4 日

民政部发布消息：中国正在实施的“明天计划”，已让全国 1.3 万名残疾孤儿得到康复矫治，直接改善了他们的身体状况。据统计，在中国福利机构收养的 6.6 万名孤儿、弃婴中，有近一半人患有残疾。民政部于 2004 年 5 月启动了“残疾孤儿手术康复明天计划”，计划用 3 年的时间，筹集 6 亿元资金，为近 3 万名残疾孤儿实施手术矫治和康复，这是中国第一次对残疾孤儿实施全覆盖的手术矫治行动。

5 日

全国已有 10 个省级人民检察院、52 个州市人民检察院、305 个基层人民检察院成立了反渎职侵权局，其中湖南、浙江、贵州、湖北等省实现了在全省统一更名设局，检察力量得到充实。

7 日

自 2000 年一直担任联合国前南斯拉夫刑事法庭法官的刘大群现宣誓就任联合国卢旺达刑事法庭上诉庭法官。

8 日

国务院总理温家宝主持召开国务院常务会议，研究发展城市社区卫生服务工作，审议并原则通过《国务院关于发展城市社区卫生服务的指导意见》。

9 日

世界知识产权组织公布的数字显示，该组织 2005 年收到的中国企业的商标注册增加了 31％，使中国在全球的排名又上升一位至第八位，是前十名中唯一的发展中国家。同时，中国去年取代瑞士，成为新商标注册要求受保护的头号目的地国，显示更多外国公司对中国市场感兴趣。

12 日

国务院公布了温家宝总理签署的《艾滋病防治条例》。《条例》规定了各级政府防治艾滋病的责任，并明确了艾滋病感染者和艾滋病病人的权利和义务

14 日

中国政府公布了未来 15 年以防治各类污染为重点环境保护目标，要求各地各部门必须把环境保护摆在更加重要的战略位置，痛下决心解决环境问题。根据国务院发布的《关于落实科学发展观加强环境保护的决定》，到 2010 年，中国重点地区和城市的环境质量得到改善，生态环境恶化趋势基本遏制；到 2020 年，环境质量和生态状况明显改善。

20 日

全国老龄委办公室、国家发展和改革委员会、教育部、民政部等多个部门联合下发《关于加快发展养老服务业的意见》。《意见》指出要逐步建立以居家养老为基础、社区服务为依托、机构养老为补充的养老服务体系，并指出了今后发展养老服务业的六项重点工作。

22 日

最高人民法院院长肖扬表示 2006 年，包括“完善死刑案件二审程序和核准程序”在内的 8 项人民法院司法改革措施要取得实质性进展。

23 日

国家教育督导团首次发布国家教育督导报告。报告显示：我国东、中、西部及城乡之间拥有的义务教育公共资源的差距仍然较大，但总体趋势上正在缩小。义务教育正朝着均衡发展的方向迈进。

25 日

《中华人民共和国义务教育法（修订草案）》提请当日举行的全国人大常委会第二十次会议审议。这是《义务教育法》施行近 20 年来的首次修订。

27 日

全国深化村务公开民主管理工作座谈会暨全国深化村务公开民主管理示范单位命名表彰大会在武汉召开，会议提出在建设新农村的过程中要不断扩大农村基层民主，不断深化管理

民主，促进新农村各项目标任务的逐步实现。

3月

1日

中国第一本“妇女绿皮书”——《1995—2005年：中国性别平等与妇女发展报告》首发式在京举办。

7日

教育部出台《大力推进城镇教师支援农村教育工作六项措施》，以解决农村教师队伍建设面临的突出问题，加快社会主义新农村建设。

9日

国务院新闻办公室发表《2005年美国的人权纪录》。这是国务院新闻办公室针对美国一年一度的国别人权报告连续第7年发表美国的人权纪录。

14日

十届全国人大四次会议批准了《国民经济和社会发展第十一个五年规划纲要》。

17日

联合国难民事务高级专员古特雷斯对中国进行访问。期间他和中国商务部、公安部、外交部等部委的高级官员会晤，讨论外国人进入中国和申请庇护、中国参与在其他地区特别是非洲的人道主义援助行动、难民署在中国的采购中心工作情况等问题。这是联合国难民高专1997年来首次访华。

20日

《全民科学素质行动计划纲要（2006—2010—2020年)》向全社会公布。这说明我国公民科学素质建设正式纳入了党和国家工作大局，进入了政府推动、全民参与的新时期。

20日

《劳动合同法（草案)》向全社会公布，征求意见。

20日

由18名独立专家组成的、负责监督《公民权利和政治权利国际公约》执行情况的联合国人权事务委员会听取中国香港特区提交的报告。这是特区政府继1999年后第二次向委员会呈交报告。委员会赞扬了香港司法制度的独立性，中国香港特区政府也对委员会的建议予以积极回应。

27日

《国务院关于解决农民工问题的若干意见》发布。《意见》从中国国情出发，坚持以人为本，对涉及农民工利益的一系列问题作了具体规定。

30日

中国教育发展基金会在北京举行成立大会。该基金会由教育部、财政部共同支持发起，其宗旨是向海内外广泛募集资金，开展经常性的全国助学、助教等活动，资助贫困学生完成学业，并帮助贫困地区解决发展教育事业中遇到的特殊困难。

4月

3日

《公安部机关局级单位接待处理信访事项工作方案》开始实施，要求每个局级单位每个月至少有一名局级领导参加接访。公安部同时要求各级公安机关今年在开门接访的基础上，继续深入推进公安信访工作长效机制建设。

5日

由中国—欧盟村务管理培训项目主办的“中国村民自治的过去、现在和未来国际研讨会”在京举行。民政部基层政权和社区建设司巡视员戚锦芳在会上表示，截至目前，中国已有61.5万个村委会基本实现了村民自治。民政部今年将继续落实村民自治的核心，即“四个民主”：民主选举、民主决策、民主管理、民主监督。

11日

国务院扶贫办副主任王国良在“性别、扶贫和中国社会主义新农村建设研讨会”上表示，中国妇女贫困程度以及教育、就业和社会参与等方面的状况比10年前有很大改善。农村贫困妇女人数从1994年底的3500万人左右减少到2005年底的1200多万人。此次研讨会旨在寻求把性别问题结合到国家扶贫活动和政策干预中的适当方法。

13日

民政部、中央综治办、最高人民法院、国家发展和改革委员会、教育部、公安部、司法部、财政部、劳动和社会保障部、建设部、农业部、卫生部、人口计生委、共青团中央、全国妇联等共15个部门联合出台了《关于加强孤儿救助工作的意见》。

16日

国务院研究室发布《中国农民工调研报告》。

16日

中国保护知识产权成果展览会在中国人民革命军事博物馆正式开幕，这是我国首次举办以保护知识产权为内容的大型展览。

19日

中国互联网协会联合国内19家网站制定并发布《文明上网自律公约》，号召互联网从业者和广大网民从自身做起，在以积极态度促进互联网健康发展的同时，承担起应负的社会责任，始终把国家和公众利益放在首位，坚持文明办网，文明上网。

19日

中国常驻联合国代表王光亚向联合国秘书长安南交存中国参加《制止向恐怖主义提供资助的国际公约》的批准书。这个公约将于交存批准书之日后的第30日起对中国生效，并适用于香港和澳门特别行政区。

20日

联合国教科文组织宣布《保护非物质文化遗产公约》生效。该公约于2003年10月在教科文组织大会上获得通过。按规定，《公约》在第30个国家批准后3个月生效。中国于2004年8月28日批准了《保护非物质文化遗产公约》。

5月

8日

中国伊斯兰教第八次全国代表会议8日在北京召开，来自全国各地的回族、维吾尔族、哈萨克族、柯尔克孜族、乌孜别克族、塔塔尔族、塔吉克族、东乡族、撒拉族、保安族等少数民族的伊斯兰教界代表及教育、学术、经济、文艺等各界的穆斯林代表360余人出席会议。

9日

经过3轮无记名投票，第60届联合国大会选举出新建立的联合国人权理事会的首届47个成员，其中包括中国、法国、俄罗斯和英国4个联合国安理会常任理事国。

9日

世界卫生组织宣布，与中国卫生部联合推出中文版的《预防慢性病：一项至关重要的投资》报告，双方并在合作制定中国第一个防治慢性病的中长期（2005—2015）国家计划。

13—14日

中共中央统战部、全国政协、中国扶贫开发协会和北京大学在天津滨海新区联合举办“首届中国贫困地区可持续发展战略论坛”，以推动中国贫困地区可持续发展和可持续性减贫问题的研究，共享扶贫工作的各种经验。

14日

为了庆祝母亲节和国际家庭日，“关爱母亲，真情援助”行动暨北京妇女救助项目启动仪式在京举行。

16日

中华全国总工会有关部门负责人表示，截至目前，全国所有省、自治区、直辖市都建立了最低工资保障制度，并按有关规定适时调整最低工资标准。23个省、自治区、直辖市制定了小时最低工资标准，26个省、自治区、直辖市在制定最低工资标准时把劳动者应缴纳的社会保险费用、住房公积金作为参考因素。

16日

卫生部发出通知，要求各级地方卫生行政部门和各级各类医疗机构要高度重视解决农民工医疗保障问题，对农民工要公平对待，一视同仁，切实保护农民工的合法权益。通知要求，农民工输入地卫生行政部门和疾病预防控制机构要加强对农民工疾病预防控制工作，强化对农民工健康教育和聚居地的疾病监测，落实国家关于艾滋病、结核病、血吸虫病等特定传染病的免费治疗政策；把农民工子女预防接种工作纳入当地免疫规划，采取有效措施提高国家免疫规划疫苗的接种率。

18日

教育部、财政部、人事部和中央编办联合在京宣布，在今后5年实施农村义务教育阶段学校教师特设岗位计划。这项计划主要面向应届本科毕业及部分应届专科毕业生，在西部11个省（自治区、直辖市）以及纳入国家西部开发计划的湖北、海南省部分“两基”攻坚县和新疆生产建设兵团的部分团场实施。

19 日

民政部公布《2005 年民政事业发展统计报告》。《报告》显示 2005 年全国共有 4.7 亿农民参加了村委会选举，当年选举村委会 36.8 万个。以村委会直接选举为重点的农村基层民主建设成为中国民主政治建设一大“亮点”。

29 日

外交部举行领事司领事保护处成立仪式。

6 月

1 日

中华全国总工会正式发布《2005 年中国工会维护职工合法权益蓝皮书》。

5 日

国务院新闻办公室发表《中国的环境保护(1996—2005)》白皮书。

6 日

劳动和社会保障部出台措施，进一步加快推进农民工参加工伤保险进度，落实和完善农民工参保、工伤认定、劳动能力鉴定、工伤待遇支付方面等有关政策，方便农民工参保和享受相关待遇。劳动和社会保障部负责人介绍，2008 年年底前，中国将基本实现全部煤矿、非煤矿山企业和大部分建筑企业农民工参加工伤保险。

8 日

中国残疾人联合会公布《中国残疾人事业“十一五”发展纲要（2006—2010 年)》。《纲要》承诺，中国将努力在“十一五”期间实现“残疾人基本生活总体初步达到小康水平”。

8 日

中国法律援助基金会“老年人法律援助专项基金”设立。这项专项基金的设立，有利于通过法治渠道对中国老年人合法权益实施保护。

13 日

世界卫生组织与中国政府在广州联合成立“世界卫生组织新型传染病监控、研究和培训合作中心”。卫生组织表示，这个合作中心将为广东及其周边省份培训医务人员，并有望扩展到包括邻近国家的医务人员，以便与世界卫生组织与东亚地区的合作机制“亚太地区抗击新型疾病战略”接轨。

14 日

中华全国总工会、国家安全生产监督管理总局和国家煤矿安全监察局决定，联合开展“关爱农民工生命安全与健康特别行动”，这次特别行动重点是采掘、建筑和加工制造业。

19 日

联合国人权理事会首届会议在日内瓦开幕。中国外交部副部长杨洁篪在会议上发表讲话，提出开创国际人权事业新局面五项主张：享受人权需要和平的环境、享受人权需要可持续的发展、享受人权需要和谐包容的社会、享受人权需要建设性对话与合作、享受人权需要有效的机制保障。

19 日

联合国教科文组织公布了 2006 年“扫盲奖”（Literacy Prize）获奖者名单。中国云南省获得荣誉表彰。

24 日

《突发事件应对法（草案)》首次提请全国人大常委会审议。草案共 7 章 62 条，适用于突发事件的预防与应急准备、监测与预警、应急处置与救援、事后恢复与重建等应对活动。

29 日

十届全国人大常委会第 22 次会议通过修订的《中华人民共和国义务教育法》。该法自 2006 年 9 月 1 日起施行。

29 日

在日内瓦召开的联合国首届人权理事会，通过了具有里程碑意义的《强迫失踪问题公约》草案和《土著人民权利宣言》草案。中国均投赞成票。这两个公约草案将交 9 月开始的新一届联大审批。

7 月

1 日

被誉为“天路”的青藏铁路全线通车运营。青藏铁路从西宁至拉萨，全长 1956 公里，是世界上海拔最高、线路最长、穿越冻土里程最长的高原铁路。

4 日

北京市监狱局在北京市女子监狱举行“监狱开放日”启动仪式，这是北京监狱系统自新中国成立以来首次面向普通市民开放。

6 日

中华全国总工会副主席孙春兰在促进再就业工作的电视电话会议上表示，2006 年至 2008 年，各级工会将通过多种渠道和形式，帮助和扶持 100 万名下岗失业人员实现再就业，包括“通过推行创业培训、小额信贷和创业孵化相结合的创业模式，扶持 10 万名下岗失业人员成功创业，带动 25 万人就业”。

10 日

卫生部新闻发言人毛群安表示，截至 2006 年 3 月底，全国开展新型农村合作医疗试点的县（市、区）达到 1369 个，占全国总县（市、区）数的 47. 83 %；覆盖农业人口 47354. 02 万人，占全国农业人口的 53. 44 %；参加合作医疗的人口 37435. 85 万人，占全国农业人口的 42. 25 %，参合率为 79. 06 %。

11 日

“中央部属高校 2006—2010 学年国家助学贷款合作协议签约仪式”举行。国家助学贷款发放 6 年多以来，全国累计已审批贷款学生 230 万人，累计已审批合同金额 190. 9 亿元。

11 日

世界人口日。中国今年世界人口日确定的主题是“关爱女孩，行动起来”。

12 日

中国老龄协会召开“中国西部老年人及其社区扶贫项目”成果报告会。

20 日

世界粮食计划署称，中国曾经是该署的受援国长达 20 多年，但中国 2005 年停止接受联合国粮食援助的当年，就一举成为世界第三大粮食捐助方，仅次于美国和欧盟。

24 日

全国法律援助处长（主任）会议在北京召开。自从《国务院关于解决农民工问题的若干意见》2006 年 1 月正式下发后，我国各地法律援助部门都积极采取措施贯彻落实，通过放宽经济困难审查标准，简化审批程序等，努力创新工作方法，拓展服务领域，方便农民工申请并及时获得法律援助。

25 日

全国县乡两级人大换届选举开始，涉及 9 亿选民的换届选举正陆续在全国各地开展。这次换届选举是 2004 年宪法修正案将乡级人大任期由 3 年改为 5 年后，县乡两级人大同步进行的第一次换届选举。

25 日

中澳第 10 次人权对话在堪培拉举行。外交部部长助理崔天凯与澳大利亚联邦外交贸易部副秘书长戴维 · 里奇主持，双方就劳工权利、妇女和儿童权利、司法改革和国际人权合作等问题交换了意见，并核准了中澳 2006—2007 年度技术合作项目。双方认为，过去 10 年两国在平等和相互尊重基础上开展人权对话，进行了一系列技术合作项目，增进了双方的相互了解，促进了两国人权事业的发展。中国代表团还同澳方非政府组织代表举行了座谈。

26 日

最高人民检察院召开新闻发布会公布《最高人民检察院关于渎职侵权犯罪案件立案标准的规定》。《规定》共对检察机关管辖的 42 个渎职侵权罪名的立案标准作了具体规定。最高人民检察院副检察长王振川在会上称，新标准保障人权的价值取向更加突出。

27 日

为庆祝《中华人民共和国老年人权益保障法》颁布实施十周年，国务院全国老龄工作委员会办公室在北京国家博物馆举办“老龄事业发展成就展”。

28 日

民政部优抚安置局负责人介绍，国家从 2006 年 1 月 1 日算起，再次提高部分优抚对象抚恤补助标准，残疾军人（含伤残人民警察、伤残国家机关工作人员、伤残民兵民工）的残疾抚恤金、烈属（含因公牺牲军人遗属、病故军人遗属）的定期抚恤金、“三红”的生活补助标准，平均分别比 2005 年提高了 30 %、18 %、18 %。这是 1998 年以来的第 8 次提标。

29 日

最高人民检察院渎职侵权检察厅有关负责人称，今年 1 月至 6 月，全国检察机关共立案侦查渎职侵权犯罪案件 3406 件 4218 人，其中查办司法、行政执法工作人员2492人，占立案数的59.1%。

8月

1日

卫生部发布《关于全面推行医院院务公开的指导意见》的征求意见草案，这份征求意见稿建议，在2008年年底之前，全国各级医疗机构基本实现医院院务公开。

4日

农业部发布《全国农业和农村经济发展第十一个五年规划（2006—2010年）》。《规划》表示，"十一五"时期我国将努力确保主要农产品供给保持平稳增长，粮食年综合生产能力将达到5亿吨左右；培训农民达到1亿人；农民收入年均增长5%以上。

15日

联合国驻华系统和中非民间商会在北京召开"21世纪中非伙伴关系研讨会"，联合国千年项目负责人和秘书长千年发展目标特别顾问杰弗里·萨克斯和联合国驻华系统协调员兼联合国开发计划署驻华代表马和励在会上发言，对中国向非洲提供的援助做出了好评。

16日

中国卫生部副部长陈啸宏在13日至18日在多伦多召开的第16届世界艾滋病大会中国非政府组织论坛演讲时称，从2002年起，国务院防治艾滋病工作委员会正式设立国家艾滋病防治社会动员经费项目，每年拨出约600万元人民币支持非政府组织和社会各界团体、机构开展艾滋病防控。

18日

全国减轻农民负担工作座谈会在哈尔滨召开。国务院有关部门负责人表示，近年来中国减轻农民负担工作取得明显成效。今年取消农业税后，与1999年相比，减轻农民负担总额将超过1000亿元。2005年全国农民人均纯收入达到3255元，与1999年相比增长了47.3%。与此同时，涉及农民负担的案（事）件明显减少，涉及农民负担问题的信访也明显减少。

22日

由国务院扶贫开发领导小组办公室、国务院西部地区开发领导小组办公室、四川省人民政府及四川大学等主办，联合国开发计划署、世界银行协办的"反贫困与国际区域合作"国际研讨会在四川成都举行。国务院扶贫办主任刘坚在研讨会上表示，按照人均年收入85美元的标准，中国农村绝对贫困人口从1985年的1.25亿人，下降到2005年的2365万人，20年减少了1亿多人。

27日

《中华人民共和国各级人民代表大会常务委员会监督法》在十届全国人大常委会会议上获得通过。

28日

国务院办公厅印发《安全生产"十一五"规划》。《规划》指出了我国安全生产的现状与问题，提出了"十一五"期间我国安全生产的指导思想和目标、主要任务、规划实施的保障措施，并提出了需要实施的九项重点工程。这是新中国成立以来从国家层面组织编制的第一部安全生产专项规划，也是国办印发的第一部"十一五"专项规划，旨在切实保障工作人员的生命健康权。

29日

中国少数民族妇女/性别研究与培训基地在北京成立。参加培训班的成员是来自16个省市区18个民族的妇女干部。

29日

中华全国妇女联合会和越南妇女联合会在河内举办了首次儿童论坛，出席这次论坛的包括来自两国的120名11~18岁少年儿童、越南和中国政府官员以及群众组织、联合国儿童基金会和其他国际组织的代表。与会儿童有机会就如何防止妇女儿童被跨界贩运表示他们的看法并提出建议。

9月

1日

中国首部女性生活蓝皮书《2006年：中国女性生活状况报告》发表。

1日

新修订的《中华人民共和国义务教育法》开始实施，该法将进一步保障农村孩子、流动人口子女享受义务教育。

5日

国际移民组织与中国政府签署协议，该组织将在北京开设一个联络处，以帮助中国更好地管理跨境流动人口。

7日

国家民委发布消息显示，2005年，我国民族地区城镇居民可支配收入达到8897元，农村居民人均纯收入达到2412元，分别比2000年增加3270元和781元。

10日

中国社会科学院举行新闻发布会，对外发布我国首部新农村建设蓝皮书《中国新农村建设报告（2006）》。

14日

国务院残疾人工作委员会和国务院妇女儿童工作委员会在京举行座谈会，研究推动残疾儿童康复工作。

21日

国务院全国老龄工作办公室公布经国务院批准的《中国老龄事业发展“十一五”规划》（以下简称《规划》）。《规划》显示，面对人口老龄化的趋势，未来5年中国老龄事业将有较大的发展。

21日

联合国人类居住区规划署正式宣布2006年度“联合国人居奖”获奖名单。六个获奖单位和个人中，包括中国江苏省扬州市。

22日

中国外交部长李肇星在第61届联合国大会一般性辩论上发言，阐述了中国政府在包括朝核问题、伊核问题、黎以冲突在内的一系列国际问题上的立场，表示中国主张通过维护世界和平来发展自己，又通过自身的发展来促进世界和平。李肇星并宣布向联合国建设和平基金捐款300万美元。

23日

劳动和社会保障部部长田成平在召开的中国社会保障论坛首届年会上表示，随着改革不断深化，社保覆盖范围不断扩大，基金支撑能力逐步增强。2005年，全国5项社会保险基金总收入6968亿元，支出5401亿元，累计积累6066亿元。

10月

1日

国际老人节，也是中国第一部涉及老年人的专门性法律——《中华人民共和国老年人权益保障法》实施十周年的日子。

8—11日

中共十六届六中全会在北京召开，会议的主要议题是“研究构建社会主义和谐社会”。

12日

中华全国总工会发布消息：今年上半年全国新发展农民工工会会员650万人，用半年时间完成了全年预期目标的总数。

14日

农村基层党风廉政建设工作座谈会召开。据悉，目前全国已经有96%的村实行了财务公开，其中比较规范的村达到60%以上。

17日

“国际消除贫困日”。第二届中国消除贫困奖颁奖大会在人民大会堂举行。

19日

由国务院农民工工作联席会议办公室、全国妇联等12个部门共同组成的农村留守儿童专题工作组在北京成立。该工作组将致力于解决我国日益突出的农村留守儿童问题。

26日

劳动和社会保障部公布最新消息：前三季度，中国共实现城镇新增就业人员932万人，超额完成全年目标任务（900万人）。前三季度，中国下岗失业人员再就业392万人，完成全年目标任务（500万人）的78%；其中，帮助就业困难对象再就业99万人，完成全年目标任务（100万人）的99%。

11月

3日

全国国家助学贷款工作专题会议在河南郑州召开。会议透露，截至2006年6月底，全国高校已有240.5万名贫困大学生获得贷款资助，贷款合同金额达201.4亿元，其中65%是2004年国家助学贷款新机制实施后落实的。

4日

团中央等12部委联合下发了《关于深入实施“进城务工青年发展计划”，进一步加强青年农民工工作的意见》。《意见》明确提出当前服务进城务工青年要着力做好的10项重点工作。

4日

中非合作论坛北京峰会在人民大会堂隆重开幕。中国国家主席胡锦涛同论坛共同主席国埃塞俄比亚总理梅莱斯等48个非洲国家的元首、政府首脑或代表以及国际组织代表出席开幕式。胡锦涛作为论坛共同主席国元首在会上发表了重要讲话。

8日

中华全国总工会宣布，沃尔玛中国总部在深圳成立工会。至此，沃尔玛在中国的所有营运机构都成立了基层工会组织。

8日

劳动和社会保障部、国家发展和改革委员会制定的《劳动和社会保障事业发展“十一五”规划纲要（2006—2010年）》经国务院同意并批转各地、各部门贯彻执行。

9日

公安部表示，2006年以来，中国各地各相关部门高度重视，精心组织，围绕禁毒预防、禁吸戒毒、堵源截流、禁毒严打、禁毒严管五个战役，广泛开展禁毒宣传，推进国际禁毒合作，深入推进禁毒人民战争，取得了明显的阶段性成效。

10日

国家发展和改革委员会、国家人口和计划生育委员会联合发布《“十一五”期间农村基层计划生育服务体系建设规划》。

13日

联合国开发计划署发布的《2006年人类发展报告》显示，中国在短短的三年之内，人类发展指数超越了25个国家，上升到全球第81位。

17日

国务院新闻办公室、中国人权研究会和中国人权发展基金会联合举办的“中国人权展”在北京民族文化宫举行。“中国人权展”是我国举办的第一个以人权为主题的大型综合型展览。

21日

联合国开发计划署驻华代表处和中国政府共同发起的“中国绿色扶贫”项目在北京举行启动仪式。这个项目将在中国5个省、自治区推动用可持续发展方式减少贫困。

22—24日

中国人权研究会主办的“尊重和促进人权与建设和谐世界”国际人权研讨会在北京举行。来自19个国家的70多位中外人权专家、学者、官员参加了研讨会。

23日

劳动和社会保障部有关负责人介绍，目前全国已有27个省（区、市）成立了社会保障监督委员会。社会保障监督委员会是由政府领导任主任，有关部门和企业代表及专家构成的。它是协调各方面力量，统筹研究社会保障问题的有效形式，可以把劳动保障部门的行政监督与财政审计等部门专项监督和群众媒体等社会监督更好地结合起来。

12月

7日

全国卫生规划财务管理工作座谈会结束。今年中央财政补助地方卫生专项经费54.1亿元人民币，重点用于公共卫生、农村卫生、重点疾病预防控制等领域。此外中央财政还加大了对重大传染病免费救治和基层卫生能力建设力度，补助地方新型农村合作医疗42.7亿元，基本建设专项投入资金31.8亿元。

12日

国务院新闻办公室发布《中国老龄事业的发展》白皮书。

13日

第61届联合国大会在纽约联合国总部审议并通过《残疾人权利公约》。《残疾人权利公约》是联合国制定的旨在保障残疾人权益、促进残疾人事业发展的第一部具有法律约束力的国际公约。中国积极参加了该公约的制定工作。

15日

联合国儿童基金会在北京发布《2007年世界儿童状况》报告中文版。

18日

联合国开发计划署与中国政府合作，在北

京正式启动“中国环境意识项目”。

20 日

联合国开发计划署在北京与中国政府签订新协议，开展名为“通过农村土地政策改革和公共服务和行政管理制度的创新促进社会主义新农村建设”的合作项目。这一为期4年、预算资金500万美元的项目，将支持中国政府重新聚焦于农村发展，在政策、立法和制度改革方面为中国政府提出建议，帮助中国建设一个让8亿农民都能受惠的新农村。

22—23 日

中央农村工作会议在北京举行。会议首次明确提出，将积极探索建立覆盖城乡居民的社会保障体系，在全国范围建立农村最低生活保障制度。

26 日

国务院扶贫办副主任高鸿宾在国家民委委员全体会议上表示，目前我国继续加大对民族地区的扶贫投入。2006年，中央财政扶贫资金就向民族地区投入51.5亿元，比上年增加3.1亿元。国务院扶贫办还安排专项资金，对民族地区贫困农民进行实用技术培训。

2007 年

1 月

5 日

第七次全国民事审判工作会议在济南召开。最高人民法院院长肖扬在会议上作了题为《建设公正高效权威的民事审判制度，为促进社会和谐稳定发展提供有力司法保障》的主题报告，首次提出“司法和谐”理念，并要求全国各级人民法院努力创建和谐的诉讼秩序，着力维护和谐的司法环境。

17 日

国务院总理温家宝主持召开国务院常务会议，审议并原则通过《中华人民共和国政府信息公开条例（草案）》。

22 日

《中共中央国务院关于全面加强人口和计划生育工作统筹解决人口问题的决定》发布。

25 日

商务部表示，2006年中国在知识产权保护方面取得了一系列新的进展。截至2006年11月底，中国在50个城市中建立的综合性知识产权举报投诉服务中心共接收举报、投诉1014件，转交执法部门657件，已经办结286件，此外还解答了社会公众和企业咨询24221件。

25 日

国务院召开清理建设领域拖欠工程款电视电话会议。

26 日

国际劳工组织、美国劳工部与中国劳动和社会保障部共同参与的中国“国家工作场所艾滋病预防教育项目”在北京启动。这个由美国劳工部出资350万美元的项目，是《中国艾滋病遏制与防治行动计划（2006—2010）》中首个由劳动和社会保障部牵头、针对工作场所艾滋病展开的教育项目。

29 日

《中共中央国务院关于积极发展现代农业扎实推进社会主义新农村建设的若干意见》发布，即改革开放以来中央第九个一号文件。

2 月

9 日

农业部新闻办公室有关负责人表示，自1月份以来，农业部先后派出8个重大动物疫病防控定点联系制度工作组赴16个重点省份开展防控督查。督查结果显示，各地冬春季禽流感防控工作扎实推进，防控措施得到有效落实。

10 日

全国流动人口计划生育“关怀关爱”专项行动在上海启动。

12 日

卫生部发言人毛群安表示，截至2006年11月底，全国共有528个城市开展了社区卫生服务，占城市总数的81％。

12 日

中国和平友好发展基金会设立，热心中国农村发展的国内外友好组织、公司捐赠的专门为农民举办技能培训，培养农村致富带头人的农民培训基金在北京正式启动。这是中国第一个专门用于农民培训的公益性基金项目。

14 日

建设部发布消息：截至2006年底，全国

657个城市中，已经有512个城市建立了廉租住房制度，占城市总数的77.9%。

27日

国务院办公厅印发《少数民族事业"十一五"规划》。《规划》确立了发展少数民族事业的指导思想和总体目标，并提出了11项主要任务和11项重点工程。

27日

教育部新闻发言人王旭明在新闻发布会上宣布，2007年起国家对中、东部农村义务教育阶段的农村学生全部免除学杂费。这项政策将惠及全国约1.5亿名农村孩子。

28日

最高人民法院、最高人民检察院联合发布司法解释，进一步明确有关办理危害矿山生产安全刑事案件的法律适用问题，依法惩治危害矿山生产安全犯罪活动，规范矿山安全生产秩序，保障矿山生产安全，保护人民群众生命财产安全。

28日

全国群众体育工作会议在银川召开。国家体育总局领导在会上表示，我国从去年4月启动实施农民体育健身工程，截至今年1月底，全国31个省（区、市）共建设农民体育健身工程项目26159个，总投资达11.87亿元。

3月

8日

国务院新闻办公室发表《2006年美国的人权纪录》。这是国务院新闻办公室针对美国一年一度的国别人权报告连续第8年发表美国的人权纪录。

12日

卫生部发言人毛群安在新闻发布会上表示，截至2006年底，全国已有1451个县开展了新型农村合作医疗试点工作，占全国县（市、区）总数的50.7%。

16日

十届全国人大五次会议通过《中华人民共和国物权法》。该法规范了公权力在物权领域行使的范围和界限，提高了对公民财产权的保障水平。

21日

联合国开发计划署在中国启动题为"加强中国煤矿安全能力"的项目，该项目为期4年，预计投入1400万美元。

26日

"母亲健康快车·手拉手护平安工程"在京启动。

26日

联合国开发计划署、中国和挪威政府在北京签署谅解备忘录，支持中国地方政府制定和执行缓解和适应气候变化的战略。该项目将根据最近发布的中国《国家气候变化影响评估报告》，在七个省（区、市）支持地方政府帮助贫困和脆弱社区适应气候变化带来的不利影响。

27日

劳动和社会保障部副部长袁彦鹏透露，我国劳动保障监察制度已覆盖到2700多万个用人单位及3亿多劳动者。去年通过劳动监察执法，共责令用人单位为1243.4万劳动者补签了劳动合同，补发劳动者工资待遇等57.5亿元。

4月

1日

《诉讼费用交纳办法》施行。办法明确了"缓、减、免"交诉讼费具体情形，并在降低诉讼费用交纳标准方面作了6项规定。这将大大缓解老百姓反映强烈的"打不起官司"难题。

3日

卫生部部长高强表示：2005年6月启动的"万名医师支援农村卫生工程"，已组织中西部地区518所城市大中医院的一万名医务人员分赴592个国家扶贫开发重点县和西藏、新疆地区的部分县级医院和1300所基层卫生院，共诊治病人近200万人次。

5日

国务院总理温家宝签署第492号国务院令，公布1月17日国务院第165次常务会议通过的《中华人民共和国政府信息公开条例》（自2008年5月1日起施行）。

5日

继2004年12月最高人民法院、最高人民检察院联合出台司法解释，大幅降低知识产权犯罪刑事制裁“门槛”后，两司法机关再次联合出台新的办理侵犯知识产权刑事案件司法解释，进一步加大知识产权的刑事司法保护力度。

10 日

奥地利国民议会议员加布里埃尔·海尼施—霍谢克在京表示：中国对人权问题很坦率。由霍谢克率领的奥地利人权代表团应中国人权研究会邀请于 4 月 2 日至 10 日来华访问。短短一周内，他们走访了全国人大外事委员会、国家民委、国务院新闻办公室、国务院三峡工程建设委员会办公室、全国妇联等多个部门和单位，参观了北京、上海、西安三地的城乡社区，并与中国社区居民和农民面对面进行了交谈。

17 日

劳动和社会保障部副部长张小建在全国社会治安综合治理工作会议上表示，2006 年全国城镇新增就业首次突破 1000 万人。劳动和社会保障部门 2007 年还将进一步广辟就业渠道，促进社会局势的稳定和谐。

19 日

国家统计局发布的初步核算数据显示，一季度中国经济同比增长 11.1 %，国民经济继续保持平稳快速发展。自 2003 年以来，中国经济一直保持两位数加速增长的势头，从 2003 年到 2006 年中国的经济增长率依次为 10.0 %、10.1 %、10.4 %、10.7 %。

22 日

世界地球日。我国此次地球日的主题是：“善待地球——从节约资源做起”。

24 日

社会科学院农村发展研究所发布的《农村经济绿皮书》显示：2006 年，我国农民人均纯收入达到 3587 元，比上年增加 332 元，名义增长 10.2 %，扣除价格因素影响，实际增长 7.4 %。

25 日

《中国人类发展报告 2005》荣获联合国开发计划署人类发展奖。该报告由一组中国专家编写，由中国国家发展研究基金负责协调。报告对中国在应对造成不稳定的城乡财富差距方面所取得的进步进行了评估。

28 日

“困难老人援助基金”是由中国老龄事业发展基金会与北京菩提叶文化发展有限公司等企业联合建立。该基金将协助政府部门解决基本生活难以保障的老人，特别是我国西部、革命老区仍未摆脱贫困的老红军、老八路、志愿军、烈士的直系长辈，以及遭受意外伤害致使基本生活无法保障等特困老人的基本生活需求。

29 日

“阳光体育运动”全面启动。全国亿万学生集体锻炼 1 小时活动，以扩大全国亿万学生阳光体育运动的声势，形成全国联动、上下互动的体育活动氛围。

5 月

5 日

中华全国总工会在“世界安全生产与健康日”主题报告会表示，我国平均每年有 200 多万名职工接受劳动安全卫生知识的普及教育。

9 日

中国人权研究会编写的《中国人权年鉴（2000—2005 年）》由团结出版社出版。该书是 2000 年中国人权研究会出版的中国第一本《中国人权年鉴》的续编，是关于中国人权发展状况的第二本百科全书式的著作。

10 日

中国人权研究会第三届全国理事会 10 日在京举行第一次会议。全国政协副主席罗豪才在会议上当选为中国人权研究会新一届会长。

12 日

中华人民共和国第七届“残疾人运动会”在云南昆明开幕。

14 日

国家发展和改革委员会、民政部联合印发《“十一五”社区服务体系发展规划》。这是我国社区服务体系建设领域的第一个国家专项规划。

15 日

中华全国总工会发布《2006 年中国工会维护职工合法权益蓝皮书》。

16 日

国务院在北京召开全国家庭经济困难学生资助工作会议，对建立健全我国家庭经济困难学生资助政策体系工作进行全面部署。

19 日

民政部部长李学举在介绍“十一五”基层减灾救灾工作目标时提出，自然灾害发生 24 小时之内，灾民的生活得到基本救助。

21 日

中央宣传部、共青团中央联合举办未成年人保护行动情况介绍会称，新修订的《未成年人保护法》施行前夕，共青团中央联合中央宣传部、中央综治办、中央文明办等共同启动未成年人保护行动。

22 日

中国人民银行发布信息称，到今年 3 月末，全国已有 24 个省（区、市）开展了生源地助学贷款业务，其中有 13 个省（区、市）出台了生源地助学贷款管理办法。

23 日

民政部对外公布，截至 2006 年底，享受国家抚恤、补助各类重点优抚对象已达 462.6 万人，比上年增加 2.3 万人，增长 0.5%。

23 日

保护非物质文化遗产政府间委员会于 5 月 23～27 日在中国成都召开特别会议，讨论《保护非物质文化遗产国际公约》的运作情况。

25 日

最高人民检察院渎职侵权检察厅副厅长宋寒松表示，全国检察机关自 2006 年至今查处渎职侵权犯罪案件共有 600 余件。

26 日

国务院扶贫开发领导小组副组长刘坚在“东盟与中日韩（10+3）国家扶贫官员培训班”上表示，改革开放以来，中国坚持走政府主导、社会参与、自力更生、全面发展的扶贫道路，农村贫困人口数量减少 2.28 亿，为全球反贫困事业作出了重要贡献。

27 日

由共青团中央发起并主办、北京城市学院和北京民办教育协会共同承办的全国青年就业创业培训服务中心在北京成立。

28 日

国务院总理温家宝签署第 498 号国务院令，公布《农民专业合作社登记管理条例》（自 2007 年 7 月 1 日起施行）。《条例》旨在确认农民专业合作社的法人资格，规范农民专业合作社登记行为。

28 日

国家统计局、第二次全国残疾人抽样调查领导小组发布第二号调查公报，公布全国 31 个省、自治区、直辖市残疾人口数量和全国残疾人口性别、年龄、残疾等级构成及教育、就业和社会保障等方面的情况。

29 日

由国务院新闻办主办、江西省政府新闻办承办的“中央国家机关干部人权知识培训班”在南昌大学国际学术交流中心举行开班仪式。

29 日

国务院总理温家宝签署第 499 号国务院令，公布 5 月 23 日国务院第 177 次常务会议通过的《中华人民共和国行政复议法实施条例》。《条例》自 2007 年 8 月 1 日起施行。

31 日

国家发展和改革委员会、民政部日前印发了《“十一五”社区服务体系发展规划》。这是我国社区服务体系建设领域的第一个国家专项规划。

6 月

4 日

全面阐述 2010 年前中国应对气候变化对策的《中国应对气候变化国家方案》在北京正式发布。这是中国第一部应对气候变化的政策性文件，也是发展中国家的第一部国家方案。

4 日

教育部今天召开新闻发布会，正式公布国务院近日批转的《国家教育事业发展“十一五”规划纲要》。

7 日

教育部网站公布《二〇〇六年全国教育事业发展统计公报》指出，全国教育事业发展取得新进展，各级教育规模持续增长，入学机会进一步加大，教育资源配置水平有所提高，非义务民办教育发展尤为迅速。

11 日

文化部副部长周和平宣布：闽南文化生态保护实验区正式批准设立，成为中国首个国家级文化生态保护区。

13 日

由最高人民检察院举报中心主办，北京市人民检察院控告申诉检察处和北京市海淀区人民检察院协办的首届“维护举报人合法权益、构建和谐社会”研讨会在京召开。

14 日

中国红十字会正式启动“纪念《献血法》颁布10周年系列活动”，并宣布设立“红十字帮帮基金”，用于专项资助艾滋孤儿的学习和生活。

16 日

民政部会同财政部下拨1.01亿元中央自然灾害生活补助费，帮助近期遭受严重洪涝灾害的江西、湖南、广东、广西、重庆、四川、贵州7省（区、市）解决受灾群众生活困难。

20 日

财政部发布消息，中央财政已分别拨付了地方2007年第一批新型农村合作医疗补助资金和2007年城市社区公共卫生补助资金，这两项补助资金分别为93.96亿元和10.33亿元。

21 日

北京市劳动和社会保障局公布“一老一小”大病医疗保险制度具体实施细则。

29 日

十届全国人大常委会第28次会议通过《中华人民共和国劳动合同法》（自2008年1月1日起施行）。国家主席胡锦涛签署第65号主席令公布。

7 月

1 日

从今日开始，中国停止除必要用途之外的含氯氟烃和哈龙的生产，这标志着中国提前两年半完成了保护臭氧层的《蒙特利尔议定书》中约定的目标。

4 日

最高人民法院副院长张军在全国高级法院院长座谈会上表示：自今年1月1日起，最高人民法院开始统一行使死刑案件核准权，死刑核准制度改革顺利实施，总体实现了平稳过渡。

4 日

中国社区卫生协会在北京举行成立大会。

7 日

信息产业部农村信息化试点工程暨山东省农村信息化服务体系项目在济南启动。这标志着我国将以政府推动的形式整合社会资源，加快以信息技术改造传统农业，促进新农村信息化建设，增强农民增收致富的能力。此次农村信息化试点工程在全国16个省份展开。

7 日

中国企业医院大会在北京召开。据了解，截至今年5月底，全国参加医疗保障人数已达1.66亿元，以城镇职工医保、城镇居民医保和新型农村合作医疗为主体，以城乡社会医疗救助为托底的多层次医疗保障体系初步形成。

16 日

广西龙胜县社区教育管理中心及美国、尼日利亚、塞内加尔和坦桑尼亚的扫盲项目获得了2007年联合国教科文组织“扫盲奖”。

19 日

司法部法制宣传司副司长姜金方表示，目前全国已设立3149个法律援助机构，各地法律援助机构还在共青团组织设立了1132个法律援助工作站，为我国未成年人提供方便快捷的法律服务和法律援助。

20 日

劳动和社会保障部发布的数据显示，上半年中国累计实现新增城镇就业人员629万人，完成全年目标的70%，是实施积极就业政策以来同期最高水平。

23 日

国务院召开专门会议，部署我国城镇居民基本医疗保险试点工作，包括郑州、长春、哈尔滨等在内的大部分省会城市和无锡、上饶等79个城市都将作为试点城市启动城镇居民基本医疗保险工作。

24 日

卫生部表示：该部已会商财政部落实救灾防病专项补助经费3988万元人民币，用于支援安徽、河南、四川、重庆、湖南等省市灾区卫生部门开展卫生防疫和灾后恢复重建。

26 日

教育部发布消息：各地经过坚持不懈地开展扫盲教育，在总人口数量增长的情况下，我国文盲总量大幅度减少。2000 年如期实现了基本扫除青壮年文盲的目标。据 2000 年第五次全国人口普查结果显示，我国文盲人口（15 岁及不识字或识字很少的人）是 8507 万，同 1990 年第四次人口普查相比，10 年间成人文盲数量减少了近 1 亿，其中扫除青壮年文盲 4610 万，成人文盲率由 22.2 % 下降到 9.08 %，扫盲工作实现了历史性的突破。

26 日

中国第一个流动人口生殖健康项目在云南省昆明市西山区宣告完成。由世界卫生组织资助的此项目经过一年半的实践，探索出促进流动人口生殖健康的“西山模式”。

30 日

中澳第 11 次人权对话在北京举行，中国外交部部长助理何亚非与澳大利亚外交贸易部副秘书长格雷共同主持。

8 月

1 日

民政部、财政部、劳动和社会保障部、卫生部联合出台的《优抚对象医疗保障办法》今日开始实施。《办法》所称的优抚对象为：退出现役的残疾军人、在乡老复员军人、带病回乡退伍军人，以及享受国家抚恤和生活补助的烈士遗属、因公牺牲军人遗属、病故军人遗属等。

1 日

联合国大会就有关气候变化问题举行非正式专题辩论。中国常驻联合国副代表刘振民在会上介绍了中国对气候变化问题的应对措施。其中包括节能减排、植树造林、实行计划生育以及根据《联合国气候变化框架公约》的规定，制定《中国应对气候变化国家方案》，并且设立由国务院总理担任组长的国家应对气候变化领导小组等措施。

2 日

国务院法制办政府法制协调司有关负责人在“全国第五次地方行政执法责任制重点联系单位工作座谈会”上表示，目前，我国已有 20 个省（自治区、直辖市）相继开展了执法案卷评查制度，为进一步强化执法责任、提高执法质量提供了又一制度保障。

8 日

国家食品药品监督管理局举行例行新闻发布会。新闻发言人颜江瑛介绍，国家药监局着手研究和实施“食品药品监管系统基础设施建设规划项目”。项目总投资 88 亿元，中央政府投资 63 亿元，地方政府投资 25 亿元。

13 日

“中国健康知识传播激励计划（2007）”系列活动在京启动，本次活动是为了宣传血脂异常危害，传播相关疾病知识，提高公民的防治意识和知识。

15 日

劳动和社会保障部副部长胡晓义表示，从去年推进农民工参加大病医疗保险专项行动以来，已有 2600 多万农民工参加了大病医保，今年计划超过 3000 万人。

21 日

外交部发布《中国领事保护和协助指南（2007 年版）》，明确了驻外领事官员的职责，并列举了 19 种寻求领事保护的常见问题。

22 日

国务院总理温家宝今天主持召开国务院常务会议，研究做好城市饮用水安全保障工作。

23 日

国务院召开全国产品质量和食品安全专项整治工作电视电话会议。

23 日

外交部领事保护中心在北京正式成立。

24 日

中国老龄事业发展基金会主办的“关爱老人·长寿中国”慈善帮扶工程在京启动。

29 日

财政部、教育部、国家开发银行联合召开生源地信用助学贷款试点地区签约启动仪式。作为首批试点省市，甘肃、江苏、湖北、重庆、陕西等 5 省市日前获准率先开展生源地信用助学贷款试点工作。

30 日

第十届全国人民代表大会常务委员会表决通过了《中华人民共和国突发事件应对法》。

9月

5日

在国务院新闻办公室新闻发布会上，卫生部部长陈竺介绍了全国新型农村合作医疗制度运行的有关情况。陈竺表示，从今年开始新农合制度建设由试点阶段转入全面推进阶段，2007年新农合覆盖的县（市、区）要达到全国县（市、区）总数的80%，2008年基本覆盖全国所有县（市、区）。

8日

卫生部部长陈竺在8日开幕的2007年中国科协年会上公布了“健康护小康，小康看健康”的三步走战略，并公布了相关的行动计划。卫生部“健康护小康，小康看健康”的实施途径分三步走：到2010年，初步建立覆盖城乡居民的基本卫生保健制度框架，使中国进入实施全民基本卫生保健的国家行列；到2015年，使中国医疗卫生服务和保健水平进入发展中国家的前列；到2020年，保持中国在发展中国家前列的地位，东部地区的城乡和中西部的部分城乡接近或达到中等发达国家的水平。

11日

国家环保总局印发了《关于开展生态补偿试点工作的指导意见》，将在四个领域开展生态补偿试点。环保总局有关负责人表示，将通过试点工作，建立重点领域生态补偿标准体系，探索多样化的生态补偿方法模式，推动相关生态补偿政策法规的制定和完善，为全面建立生态补偿机制奠定基础。

11日

南宁市政府由于建立和发展了中国第一个城市应急联动系统而获得了联合国人居署2007年“联合国人居奖”。

13日

最高人民法院下发《关于进一步加强刑事审判工作的决定》，要求各级法院确保刑事审判质量与效率，深化刑事审判制度改革，宽严相济，惩罚犯罪与保障人权并重。

27日

中国发展研究基金会组织众多专家历时一年半时间编写的《中国发展报告2007：在发展中消除贫困》对我国反贫困的历史和现状做出了多角度评估。报告显示，从1981年到2004年间，中国贫困率从64%锐减到10%，减贫人数占了所有东亚国家的81%。统计显示，如果按照相同的贫困标准，1981年中国的贫困发生率比世界平均水平高出23.4%，而到2001年，中国的贫困率已经低于世界平均水平4.5%。

10月

1日

新制定的《中华人民共和国物权法》、修改后的《物业管理条例》等一批法律法规和部门规章今日正式施行，将对中国公众的生产生活产生重要影响。

2日

国家统计局最新发布的数据显示，农村参加新型合作医疗的人数达到4.1亿人，惠及全国近半数的农业人口。农村经济社会统筹发展的局面加速形成。

4日

为使青少年受益于网络，远离网络毒害，中国第一次推出了未成年人网络专属空间。

9日

精神卫生工作部际联席会议办公室、卫生部等单位联合在北京举办2007年“心的和谐——世界精神卫生日宣传活动”。活动除首发农民工心理健康读本外，还举行了赠送《精神卫生宣传教育核心信息和知识要点》手册、《2006年心理健康科普征文汇编》活动等。

9—25日

为全面贯彻落实全国质量工作会议精神和进一步推动整顿和规范药品市场秩序专项行动深入开展，根据国务院产品质量和食品安全领导小组的部署，组成6个药品整治督查小组，将对全国部分省（自治区、直辖市）的药品整治专项行动进行督导检查。

15日

中国共产党第十七次全国代表大会上午开幕。中共中央总书记胡锦涛在会上作题为《高举中国特色社会主义伟大旗帜，为夺取全面建设小康社会新胜利而奋斗》的报告。报告对保障全体社会成员的公民、政治权利，经济、社会和文化权利，生存和发展权利等作了充分论述。

16日

联合国粮农组织、中国农业部和国家粮食局在北京举办了世界粮食日和中国“爱惜粮食、节约粮食宣传周”活动。本届世界粮食日的主题是实现“食物权”；中国“爱惜粮食、节约粮食活动周”的主题是“保障食物权利、爱粮节粮、共创节约型社会”。

17日

为呼唤全社会参与消除贫困行动，建设和谐美好世界，中国扶贫基金会在10.17国际消除贫困日主题晚会上发起“参与月捐”行动。

17日

中欧第24次人权对话在京举行，中国外交部国际司司长吴海龙与欧盟轮值主席国葡萄牙外交部大使热苏斯共同主持。来自中共中央统战部、最高人民法院、公安部、劳动和社会保障部、国家宗教事务局、国务院新闻办公室、全国总工会等单位以及欧盟“三驾马车”的代表与会。

18日

中国藏语系高级佛学院第三届“拓然巴”（最高学位）高级学衔授予仪式在北京西黄寺举行。

19日

由民政部、中央文明办、新闻出版总署、国家广电总局联合主办的“夕阳红图书室”援建活动在青岛市启动。据介绍，“十一五”期间，我国将分三批完成共计3.8万个老年社会福利机构的图书室援建工作。

22日

劳动和社会保障部今天发布数据显示，在全国整治非法用工、打击违法犯罪专项行动中，17.6万户用人单位为269.3万名劳动者补签了劳动合同。

25日

首本面向未成年人上网导航书籍《网脉导图》和《未成年人网络自护手册》出版。

28日

十届全国人大常委会第三十次会议通过《全国人民代表大会常务委员会关于修改〈中华人民共和国民事诉讼法〉的决定》。国家主席胡锦涛签署第75号主席令公布，自2008年4月1日起施行。

28日

十届全国人大常委会第三十次会议表决通过修改后的律师法，专门规定了一些新措施破解律师执业“难题”，更好改善律师执业环境，保护律师执业权利。

31日

国务院总理温家宝主持召开国务院常务会议，讨论并原则通过《中华人民共和国食品安全法（草案）》，审议并原则通过《综合交通网中长期发展规划》。

11月

6日

2007年民政论坛在北京举行。民政部社会福利与社会事务司司长张明亮表示，明年中国将继续完善儿童福利设施建设，国家发展和改革委员会安排专项资金1.3亿元，民政部本级福利彩票公益金2亿元，重点建设83个儿童福利机构。

7日

劳动和社会保障部颁布《就业服务与就业管理规定》（劳动和社会保障部令第28号）。《就业服务与就业管理规定》共9章77条，对《就业促进法》中就业服务与管理、就业援助的相关制度做了进一步细化和完善。

14日

保险监督管理委员会（保监会）发布了《保险公司养老保险业务管理办法》。这标志着养老保险作为保险业重要的业务领域，有了专门的部门规章加以规范，也是国内保险法规中第一次提出养老保险权益归属的概念。

15日

国务院新闻办公室发表《中国的政党制度》白皮书。

19日

人口和计划生育委员会等14个部门联合发布《关于全面加强农村人口和计划生育工作的若干意见》。《意见》明确提出，我国将探索建立农村计划生育家庭养老保障制度，鼓励各地为独生子女户和双女户因地制宜地开展养老保障项目。探索开展农村养老保险的地区要优先考虑独生子女户和双女户。

26 日

为支持非盟联合国混合维和行动的实施，中国向达尔富尔派出首批联合国维和人员抵达南达尔富尔州首府尼亚拉。为解决达尔富尔问题，中国已提供了 8000 万元人民币的人道援助，南达尔富尔供水项目也已完成，并开始供水。

29 日

劳动和社会保障部发布了《近年来我国社会保险基本情况》。情况显示，截至 2006 年底，全国基本养老保险参保人数达到 18766 万人，城镇参加企业基本养老保险覆盖率为 76 %。我国城镇基本养老保险覆盖范围已从企业职工扩展到个体工商户、灵活就业人员等各类从业人员。

30 日

联合国开发计划署、中国全国人民代表大会教科文卫委员会和中国国际技术交流中心签署了合作协议，启动为期三年的“完善政策法律环境以应对艾滋病问题的挑战”项目。

12 月

1 日

首届中国残疾人事业发展论坛在北京举行。中国残联副理事长程凯在论坛上表示，自 1987 年第一次全国残疾人抽样调查以来，最近 20 年间，中国减少的残疾人数量至少为 1500 万人。

12 日

国务院新闻办公室主办的“中央国家机关干部人权知识培训班”在北京举行。来自中央国家机关和中央新闻单位的 40 余名工作者参加了培训。

20 日

国务院办公厅下发《中国反对拐卖妇女儿童行动计划（2008—2012 年）》。这是我国首个国家反拐行动计划。为期 5 年的行动计划自 2008 年 1 月 1 日起实施。

27 日

民政部部长李学举在全国民政工作会议上表示，随着农村低保制度在全国范围普遍建立和其他救助制度的不断完善，以城乡低保、农村五保、灾害救助、医疗救助为基础，以临时救助为补充，与廉租住房、教育、司法等专项救助制度衔接配套的覆盖城乡的社会救助制度体系全面建立。

2008 年

1 月

3 日

中国社会科学研究院召开《2008 年中国社会形势发展与预测》发布暨中国社会形势报告会

7 日

“2008 经济全球化与工会”国际论坛在京召开。

8 日

国家统计局公布了第七次全国群众安全感抽样调查。调查结果表明，群众对公共安全的感受稳中有升。

9 日

新闻出版总署署长柳斌杰表示，截至 2007 年底，中国已建成“农家书屋”约 2 万个，到 2008 年底，“农家书屋”的数量将增加到 5 万个左右。“农家书屋”工程是新闻出版总署等 8 部委于 2007 年初共同发起的一项惠及广大农民群众、推动农村文化建设的重大工程。

12 日

国家安全生产监督管理总局局长李毅中在全国安全生产工作会议上透露，在煤矿瓦斯治理和整顿关闭攻坚战推动下，2007 年全国煤矿事故死亡人数降至 3786 人。全国煤矿事故死亡人数 2007 年、2006 年分别同比下降 20. 2 %、20. 1 %。

16 日

国家发展和改革委员会公布了《关于对部分重要商品及服务实行临时价格干预措施的实施办法》，决定启动临时价格干预措施。列入临时价格干预范围的是极少数价格上涨较多的与居民基本生产生活关系密切的重要商品，主要包括成品粮及粮食制品、食用植物油、猪肉和牛羊肉及其制品、牛奶、鸡蛋、液化石油气等。

21 日

劳动和社会保障部透露，到去年底，我国基本养老保险、基本医疗保险参保人数首次超过2亿人，分别达到20107万人和22051万人。劳动者就业状况也进一步改善，全年城镇新增就业1204万人，为近年最好水平，27个省（区、市）对最低工资标准进行了上调。

28日

“人权知识竞赛”暨《人权》杂志优秀作品颁奖会在国务院新闻办公室发布厅举行。

30日

截至30日，中央财政为应对近期部分地区出现的罕见低温、雨雪冰冻极端天气给生产生活造成的严重影响，帮助受灾地区开展抗灾救灾工作，共下拨抗灾救灾专项资金2.93亿元。

31日

国务院总理温家宝签署第517号国务院令，公布《护士条例》。该《条例》于1月23日经国务院第206次常务会议通过，自2008年5月12日起施行。《条例》旨在维护护士的合法权益，规范护理行为，促进护理事业发展，保障医疗安全和人体健康。

2月

12日

中国和俄罗斯在日内瓦共同向裁军谈判会议全体会议提交了《防止在外空放置武器、对外空物体使用或威胁使用武力条约（草案）》。

19日

《国务院关于做好促进就业工作的通知》发布。

24日

最高人民法院发布消息，该院制定公布的《民事案件案由规定》将于今年4月1日起正式实施。

25日

教育部基础教育司司长姜沛民在例行新闻发布会上表示，我国西部地区“两基”攻坚已如期完成，主要目标全部实现。到2007年底，西部地区“两基”人口覆盖率达到98%，比2003年初的77%提高了21个百分点，超出计划目标（85%）13个百分点；西部各省、区、市初中毛入学率均超过计划提出的90%；西部地区到2007年底累计扫除600多万文盲，青壮年文盲率下降到5%以下。

26日

《中华人民共和国残疾人保障法（修订草案）》首次提请十届全国人大常委会第三十二次会议审议。

26日

中国外交部部长杨洁篪在北京钓鱼台国宾馆与当日到访的美国国务卿赖斯举行会谈。杨洁篪表示，中方愿意同美方进行各个领域的接触，愿意同美国恢复人权对话。

27日

世界知识产权组织数据显示，商标国际注册马德里体系2007年共受理了39945件国际商标申请，中国以1440件排在第八位；此外，中国仍是国际商标申请中被指定次数最多的目标国家。

28日

全国人民代表大会确认，日前当选的“打工妹”胡小燕等三位农民工十一届全国人大代表的代表资格有效。他们是中国首批农民工代表，数以亿计的农民工队伍从此在中国全国人大中有了最直接的政治代言人。这三位代表来自中国流动人口较集中的上海、广东和重庆三省市。

28日

国务院新闻办公室发表《中国的法治建设》白皮书。这部中国政府首次发表的法治建设白皮书全面介绍了新中国成立近60年来，特别是改革开放30年来，在建设中国特色社会主义的伟大实践中中国的法治建设取得的巨大成就。

28日

国务院煤电油运和抢险抗灾应急指挥中心公布《低温雨雪冰冻灾后恢复重建规划指导方案》。

3月

13日

国务院新闻办公室发表《2007年美国的人权纪录》。这是国务院新闻办公室针对美国一年一度的国别人权报告连续第9年发表美国的人权纪录。

18日

十一届全国人大第一次会议召开，新一届国家机构组成人员产生。

31日

奥林匹克圣火抵达第29届奥林匹克运动会主办城市中国首都北京。北京2008年奥运会圣火欢迎仪式暨火炬接力启动仪式随即在天安门广场隆重举行。中共中央总书记、国家主席胡锦涛在仪式上亲手点燃圣火盆，并宣布北京2008年奥运会火炬接力开始。

4月

7日

“中国/世界卫生组织气候变化与健康项目”在北京启动。这一项目由西班牙政府出资，支持联合国在华机构和相关部门在中国开展气候变化减缓和适应的有关工作。中国卫生部和世界卫生组织合作负责项目的环境与健康保护部分。

11日

外交部发言人姜瑜就美国国会众议院通过涉藏反华决议案发表谈话时表示，该决议案肆意歪曲西藏的历史和现实，粗暴干涉中国内政，中方对此表示强烈愤慨和坚决反对。

14日

卫生部在北京启动中西部六省区出生缺陷防治项目，以降低我国重大出生缺陷发生、提高出生人口素质。项目将覆盖神经管缺陷高发的山西、内蒙古、陕西、甘肃、青海、新疆6省区，共293个国家或省（区）重点扶持的贫困县。

14日

中华全国总工会开始向845个首批全国工会“职工书屋”示范点配送图书。

18日

世界银行执行董事会日前批准全球环境基金气候变化特别基金向中国提供500万美元赠款，用于帮助中国的水利和农业部门采取措施适应气候变化。

20日

根据十一届全国人大常委会第二次委员长会议的决定，全国人大常委会办公厅20日向社会全文公布《食品安全法（草案）》，广泛征求各方面意见和建议，以更好地修改、完善这部法律草案。这是新一届全国人大常委会向社会全文公布、广泛征求意见的第一部法律草案。

21日

由中国人权研究会主办，以“发展、安全与人权”为主题的北京人权论坛，于4月21日上午在北京开幕。各国人权专家学者、知名人士和官员110多人参加了这次大型的国际人权盛会。

24日

全国人大常委会通过了修订后的《残疾人保障法》，这部法律就无障碍环境作了专章规定。

5月

8日

中国向世界粮食计划署提供250万美元经常性捐款，并额外向该署捐赠200万美元以应对当前席卷全球的粮食危机。

12日

四川汶川发生8.0级特大地震。截至10月8日，全国各地伤亡汇总数字为：遇难69229人，受伤374643人，失踪17923人。地震发生后，我国政府积极实施救援，确保灾区重建工作顺利进行，努力保障受灾群众的各项权益。

12日

国务院颁布的《护士条例》今日正式实施，这是我国第一次为明确护士的权利和义务立法。

12日

“中国公民健康素养促进行动”启动仪式暨《健康66条——中国公民健康素养读本》首发式在北京人民大会堂举行。

15日

卫生部发布《抗震救灾卫生防疫工作方案》，方案从疫情监测、营养与食品卫生、饮水卫生、环境卫生、病媒生物防制、消毒处理、化学中毒预防和处理、尸体处理、心理危机干预等9方面，指导抗震救灾卫生防疫工作。

15日

中国常驻联合国代表王光亚大使在接受联合国电台专访时表示，中国欢迎国际社会对四川地震灾区进行帮助，并对联合国的援助意愿持开放政策。

18日

国务院发布公告宣布，为表达全国各族人

民对四川汶川大地震遇难同胞的深切哀悼，国务院决定，2008 年 5 月 19 日至 21 日为全国哀悼日。

23 日

《中俄联合声明》发表。《声明》第十条为：双方重申，尊重人权的普遍性原则，同时认为，各国有权根据本国国情促进和保护人权。在人权问题上，各国应在主权平等和不干涉内政的基础上，通过对话与合作消除摩擦，反对将人权问题政治化和搞双重标准，反对借人权问题干涉别国内政，推动国际社会以客观和非选择性方式处理人权问题。

24—28 日

中美第 14 次人权对话在北京举行。这是自 2002 年 12 月以来中美首次恢复人权对话。

6 月

1 日

新的《禁毒法》开始施行。该法明确规定禁毒是全社会的共同责任，改革完善中国戒毒工作体制，充分尊重和体现人权精神。

8 日

国务院总理温家宝 6 月 8 日签署第 526 号国务院令，公布《汶川地震灾后恢复重建条例》，自公布之日起施行。这是我国首个专门针对一个地方地震灾后恢复重建的条例，将灾后恢复重建工作纳入法制化轨道。

13 日

世界卫生组织数据显示，中国目前几乎实现了 100 % 自愿无偿献血，在降低由于不安全输血导致的感染方面取得了令人瞩目的进展，是值得其他国家学习的样板。

30 日

联合国开发计划署、中国国家发展和改革委员会和中国国际经济技术交流中心共同启动“中国省份应对气候变化方案”。

7 月

1 日

修改后的《中华人民共和国残疾人保障法》、《历史文化名城名镇名村保护条例》、《房屋登记办法》、《证券公司定向资产管理业务实施细则（试行）》和《证券公司集合资产管理业务实施细则（试行）》、《地质勘查资质管理条例》、《北京市实施〈中华人民共和国突发事件应对法〉办法》等一批法律法规施行。

2 日

国务院总理温家宝今天主持召开国务院常务会议，讨论并原则通过《国家粮食安全中长期规划纲要》和《吉林省增产百亿斤商品粮能力建设总体规划》。会议指出，中国保障粮食安全面临严峻挑战，必须加快构建符合国情的粮食安全保障体系。

3 日

国务院关于做好汶川地震灾后恢复重建工作的指导意见发布。意见分为：指导思想和基本原则、主要任务和工作要求、实施步骤和保障措施三部分。

17 日

公安部反恐怖局 17 日印发《公民防范恐怖袭击手册》，指导公民如何及时发现涉恐嫌疑迹象，在面对恐怖袭击时采取正确措施规避危险，掌握紧急情况下自救和互救知识，以最大限度地降低危害程度。

17 日

172 名中国维和工兵抵达苏丹南达尔富尔州首府尼亚拉执行维和任务。中国在达尔富尔的维和军人总数达到 315 名。

18 日

国务院新闻办公室发表《中国的药品安全监管状况》白皮书。这是中国政府首次发表药品安全监管状况方面的白皮书。

23 日

由中华全国总工会、中国文联等 8 家单位共同发起开展的“2008 全民健康志愿者行动”，日前在北京启动。活动自 2008 年 7 月至 12 月间，在北京、上海、广州、杭州等十大城市，以分站启动的形式相继展开。

24 日

中共中央纪委、监察部、人力资源和社会保障部、国家信访局在京，联合就颁布实施《关于违反信访工作纪律适用〈中国共产党纪律处分条例〉若干问题的解释》和《关于违反信访工作纪律处分暂行规定》举行新闻发布会。这是国家第一次就信访工作责任追究作出系统规定，也是近年来第一次对某一领域违纪行为，同时发布党纪、政纪处分规定，进行责任追究。

30日

首都残疾人信息无障碍交流温馨平台于30日在北京市残疾人活动中心正式启动，该平台能够提供盲人语音短信收听、聋人短信紧急呼叫、聋人固定电话与移动用户中转、通讯录自助管理等多种服务。

30日

国务院总理温家宝30日主持召开国务院常务会议，研究部署全面免除城市义务教育阶段学生学杂费工作，审议并原则通过《中华人民共和国专利法修正案（草案）》。

8月

4日

世界卫生组织和中国卫生部通过提供双方共同编写的《游客食品安全指南》和热线电话服务等方式，为奥运期间在京的游客提供健康特别是食品安全方面的帮助。

5日

环保部根据全国人大常委会法工委印发的《对违法排污行为适用行政拘留处罚问题的意见》下发通知，要求严惩恶意排污行为。对违法向水体排放、倾倒毒害性、放射性、腐蚀性物质等危险物质的，可依法给予行政拘留处罚。

6日

中国人权研究会副会长兼秘书长董云虎应约会见了德国外交部人权政策和人道主义援助专员京特·诺克一行。

8日

举世瞩目的第二十九届北京奥林匹克运动会开幕式在国家体育场隆重举行。

9日

国务院新闻办公室主办的“镜头中的中国人生活”主题展在北京民族文化宫隆重开幕。此次主题展从一个侧面反映了中国人权事业的重大进展。

11日

中华全国总工会正式印发了《工会法律援助办法》，明确规定“工会建立法律援助制度，为合法权益受到侵害的职工、工会工作者和工会组织提供无偿法律服务”。

13日

财政部发布消息称，中央财政近日下拨了秋季学期中央免费教科书专项资金86.4亿元。该批资金将确保秋季学期开学后，全国农村中小学生能够拿到国家规定课程的免费教科书。

13日

《国家汶川地震灾后恢复重建总体规划（公开征求意见稿）》今日公布。

15日

国务院法制办公室将《中华人民共和国社会救助法（征求意见稿）》全文公布，并发布通知征求社会各界意见，以便进一步研究、修改后报请国务院常务会议审议。

20日

“第四届环日本海地区女性论坛”在吉林省长春市开幕，来自中国、俄罗斯、日本、韩国和蒙古等国的女性工作者、女性理论研究者数百人参会，就推动“妇女的进步与发展”展开研讨。

23日

国务院决定，从2008年秋季学期开始，在全国范围内全面免除城市义务教育阶段学生学杂费。

24日

中国残疾人联合会理事长、北京奥组委执行副主席汤小泉在新闻发布会上介绍中国残疾人事业发展状况时表示，涉及残疾人权益保障的法律有50多部，形成以宪法为依据，以刑事、民事、诉讼等法律为基础，以《残疾人保障法》为核心，以行政法规、地方法规为支撑的保障残疾人权益的法律体系。

27日

国家发展和改革委员会副主任朱之鑫表示，2008年我国新型农村合作医疗已基本覆盖全国农村，参合农民超过8亿人。

30日

《残疾人权利公约》纪念墙在北京残奥村和平广场揭幕。

9月

1日

我国自今日起实现城乡义务教育全部免除学杂费。

1日

民政部公布《收养登记工作规范》。

8日

人力资源和社会保障部就业促进司司长于法鸣在“中国残疾人事业发展状况”新闻发布会上表示，中国政府高度重视残疾人就业工作，全国城镇残疾人就业人数已经达到433.7万人，农村残疾人就业人数达到了1696.6万人。

18日

国务院办公厅发布《关于废止食品质量免检制度的通知》。《通知》称，为了保证食品质量安全，维护人民群众身体健康，国务院决定废止1999年12月5日发布的《国务院关于进一步加强产品质量工作若干问题的决定》（国发［1999］24号）中有关食品质量免检制度的内容。

18日

国务院总理温家宝签署第535号国务院令，公布《中华人民共和国劳动合同法实施条例》。新华社受权播发这一条例。《条例》包括6章38条，旨在贯彻实施《中华人民共和国劳动合同法》，使《劳动合同法》更具操作性。

24日

中国政府24日在纽约联合国总部发布了2008年版《中国实施千年发展目标进展情况报告》。中国外交部副部长何亚非表示，中国将千年发展目标有机融入全面建设小康社会的发展规划中，提前实现了将贫困人口减半和普及初级教育两项目标，并有望在2015年前实现所有目标。

25日

国务院新闻办公室发表《西藏文化的保护与发展》白皮书。

10月

6日

国务院总理温家宝6日主持召开国务院常务会议，听取婴幼儿奶粉事件处置情况汇报，研究部署奶业整顿和振兴工作，审议并原则通过《乳品质量安全监督管理条例（草案）》。

6日

中国江苏省南京市政府获得了联合国人居奖特别荣誉奖，这是联合国人居署第一次将这一最高奖项颁发给一个城市而不是个人。此外，中国绍兴市政府、张家港市政府获得了联合国人居奖荣誉奖。

9日

为确保乳品质量安全提供有效的法律制度保障，国务院公布《乳品质量安全监督管理条例》。

9—12日

中国共产党第十七届中央委员会第三次全体会议在北京举行。全会听取和讨论了胡锦涛受中央政治局委托作的工作报告，审议通过了《中共中央关于推进农村改革发展若干重大问题的决定》。

14日

国家发展和改革委员会网站公布《关于深化医药卫生体制改革的意见（征求意见稿）》全文，向社会征求意见。

17—21日

中国工会第十五次全国代表大会在北京召开。截至2008年6月底，全国工会基层组织数达到170.24万个，覆盖单位达355.6万个；全国工会会员总数达到2.09亿人。

22日

国家发展和改革委员会发布《政府制定价格听证办法》。

27日

人力资源和社会保障部新闻发言人尹成基表示，今年1—9月，全国累计实现城镇新增就业人员936万人，为全年目标任务1000万人的94%。截至9月底，全国参加城镇基本养老保险人数为21474万人，比上年底增加1337万人。

28日

中国妇女第十次全国代表大会在北京正式召开，全国妇联副主席黄晴宜在报告中称，目前，女性就业人口已达全国就业人口总数的45.4%，全国女干部和女党员的数量不断增长，比例分别达到39%和20.4%。

28日

中国伊斯兰教协会副会长兼秘书长洪长有接受中新社记者采访时说，继去年有组织朝觐的穆斯林人数突破万人创造历史后，今年中国将有11800名穆斯林在政府帮助下，赴沙特麦加朝觐。这是中国穆斯林历史上有组织朝觐人数最多的一次。

28日

中国青少年研究中心发布《中国未成年人权益状况报告》。

29日

国务院新闻办公室发表《中国应对气候变化的政策与行动》白皮书。

11月

1日

208位专家参与研究的中国社会保障发展战略研究核心成果——《中国社会保障改革与发展战略——理念、目标与行动方案》与养老保障、医疗保障、社会救助发展战略三个分报告发布，旨在从理论上为国家构建覆盖城乡居民的社会保障体系及未来发展提供战略蓝图，供高层决策参考。

5日

中国与东盟各国就促进社会发展和减贫合作发表《南宁倡议》，呼吁有关发达国家积极承担责任，增加对发展中国家的援助，以实际行动推进联合国千年发展目标的实现。

8日

世界卫生组织在北京通过并发布《北京宣言》。《宣言》倡议全球促进传统医药发展。

13日

国家发展和改革委员会公布《国家粮食安全中长期规划纲要（2008—2020年）》。

22日

全国妇联、联合国儿童基金会合作的“四川省灾区儿童保护项目”在成都启动。该项目在四川灾区建立的40个“儿童友好家园”，大部分已经向灾区儿童开放。

25日

国际劳工组织及中国国务院艾滋病工作委员会、人力资源和社会保障部、中华全国总工会和企业联合会在北京共同发起了“老乡帮老乡，预防艾滋病”健康行动。

26日

联合国妇女发展基金、联合国开发计划署、联合国人口基金、联合国教科文组织将同中国卫生部、民政部、司法部、社会科学院和反家暴网络一道开展一个旨在防止和应对家庭暴力的项目。这个项目将历时三年，主要在湖南、甘肃和四川开展，重点围绕受家庭暴力影响的少数民族妇女和女童。

30日

联合国艾滋病规划署、红十字与红新月国际联合会和中国红十字会在北京奥林匹克公园举办“同一个梦想——一个没有歧视的世界”主题活动。

12月

1日

一批涉及国计民生的法律法规正式施行，包括：最高人民法院公布的《最高人民法院关于适用〈中华人民共和国民事诉讼法〉审判监督程序若干问题的解释》；国家发展和改革委员会发布的《政府制定价格听证办法》；民政部编制的第一个民政服务设施建设标准——《流浪未成年人救助保护中心建设标准》；证券监督管理委员会出台的《证券公司业务范围审批暂行规定》；国家工商总局公布的《工商行政管理执法证管理办法》等。

2日

为纪念《世界人权宣言》发表六十周年和中国实行改革开放三十周年，中国人权研究会在北京举办“中国改革开放与人权发展三十年”学术研讨会，来自全国各地的人权专家学者60余人出席了会议。

3日

共青团中央、司法部、全国普法办共同主办的“保护未成年人在行动——2008年青少年法制教育宣传周”正式启动。

4日

最高人民法院召开新闻发布会，发布《关于为维护国家金融安全和经济全面协调可持续发展提供司法保障和法律服务的若干意见》和《关于为推进农村改革发展提供司法保障和法律服务的若干意见》两个司法政策性文件。

9日

2008年“中国亿万农民健康知识竞赛”总决赛在北京举行，这是中国第一次以国家名义开展农民健康知识竞赛。此次竞赛的目的是在中国农民中传播健康素养知识。

10 日

中国人权研究会在北京举行纪念《世界人权宣言》发表 60 周年座谈会。中共中央总书记、国家主席胡锦涛致信中国人权研究会，指出中国人民将一如既往地加强国际人权合作，同世界各国人民一道，共同为推动世界人权事业健康发展，为建设持久和平、共同繁荣的和谐世界作出应有的贡献。

20 日

各大火车站开始执行铁道部下发的《关于调整儿童票身高的通知》。《通知》对符合购买半价条件的儿童身高做出调整，由 1.4 米提高到了 1.5 米。

22 日

十一届全国人大常委会第六次会议在北京举行。会议表决通过修订后的《防震减灾法》和《关于修改专利法的决定》，国家主席胡锦涛分别签署第 7 号、第 8 号主席令予以公布。

28 日

全国人大常委会办公厅向社会全文公布《社会保险法（草案）》及修改情况的汇报，广泛征求各方面意见和建议，以更好地修改、完善这部法律草案。

2009 年

1 月

6 日

人力资源社会保障部副部长杨志明称，截至 2008 年底，全国已建立 3515 个劳动争议仲裁机构。

8 日

2009 年全国卫生工作会议在京召开。目前我国新农合全面覆盖所有含农业人口的县市区，参加新农合人口超过 8.1 亿人，参合率达到 91.5 %。

15 日

中国社会科学院发布 2009 年《社会蓝皮书》，并举行中国社会形势报告会。

19 日

西藏自治区九届人大二次会议决定表决通过了《西藏自治区人民代表大会关于设立西藏百万农奴解放纪念日的决定》。《决定》将每年的 3 月 28 日设为西藏百万农奴解放纪念日。

20 日

人力资源和社会保障部召开新闻发布会，介绍 2008 年人力资源和社会保障工作进展情况。2008 年城镇新增就业 1113 万人，为全年目标任务 1000 万人的 111 %；全年下岗失业人员再就业 500 万人，为全年目标任务 500 万人的 100 %；就业困难人员实现就业 143 万人，为全年目标任务 100 万人的 143 %。四季度末全国城镇登记失业人数 886 万人，比三季度末增加 56 万人。

20 日

国务院新闻办公室发表《2008 年中国的国防》白皮书。

21 日

国务院总理温家宝主持召开国务院常务会议，审议并原则通过《关于深化医药卫生体制改革的意见》和《2009—2011 年深化医药卫生体制改革实施方案》。

24 日

人力资源和社会保障部称，2009 年国家为企业退休人员增加的基本养老金已全部发放到位，全国共有 4700 多万企业退休人员领取到调整后的基本养老金。

2 月

1 日

2009 年中央一号文件正式公布，明确提出扩大内需、实施积极财政政策，要把“三农”作为投入重点。

5 日

人力资源和社会保障部就《农民工参加基本养老保险办法》向社会公开征求意见。

9—11 日

在日内瓦举行的联合国人权理事会负责普遍定期审议工作组第四轮会议审议中国的人权发展状况。会上，大多数国家对中国在政治、经济、社会、文化、民主、法制等人权领域取得的巨大成就表示赞赏，希望分享中国的发展经验。会议顺利通过中国的人权审议报告。

15 日

《社会保险法（草案）》征求意见结束。草

案自2008年12月28日向社会公布征求意见以来，在社会上引起强烈反响，社会各界通过网络、报刊等媒体积极提出意见。

18日

最高人民法院公布《关于进一步加强司法便民工作的若干意见》，提出了努力解决司法为民中具体问题的17条意见。

26日

中国发展研究基金会在京发布了《中国发展报告2008/09：构建全民共享的发展型社会福利体系》。《报告》指出，构建发展型社会福利体系，要逐步缩小城乡居民保障待遇差距。报告提出，到2020年中国基本建成全覆盖的发展型社会福利体系。这一体系涵盖了养老、教育、健康、住房、就业、最低生活保障以及其他保障。

26日

国务院新闻办公室发表《2008年美国的人权纪录》。

3月

2日

国务院新闻办公室发表《西藏民主改革50年》白皮书。

3—12日

中国人民政治协商会议第十一届全国委员会第二次会议在人民大会堂召开。会议通过了政协第十一届全国委员会第二次会议关于常务委员会工作报告的决议等3个文件。

9日

中国人权研究会推出“西藏人权网”（域名为：www. tibet328. cn）。这是我国第一个以西藏人权为主题的专题网站。“西藏人权网”有中、英、法、德4个文种，设有西藏人权状况、真相与事实、藏人风采、西藏简况、历史与农奴制、文献、图片、影像、图书、评论等10多个板块。

23日

最高人民法院印发《最高人民法院关于贯彻实施国家知识产权战略若干问题的意见》，对人民法院贯彻实施国家知识产权战略作出全面部署和要求。

23日

中华全国总工会与人力资源和社会保障部联合发出了《关于支持工会开展千万农民工援助行动，共同做好稳定和促进就业工作的通知》，就落实更加积极的就业政策、搞好就业服务、做好返乡和进城农民工职业技能培训和维护农民工权益工作等提出明确要求。

24日

国家工商行政管理总局要求各地工商机关建立健全食品安全监管“六项制度”，积极构建流通环节食品安全监管长效机制。

25日

《人民法院第三个五年改革纲要（2009—2013）》发布。针对当前司法体制中存在的主要问题，系统部署了2009年至2013年法院改革各项措施。

28日

全国各地举行活动，隆重庆祝首个“西藏百万农奴解放纪念日”。

28日

第二届世界佛教论坛在江苏无锡开幕，来自世界50多个国家的千余名佛教界人士参加。本届论坛由中国佛教协会、国际佛光会、香港佛教联合会、中华宗教文化交流协会联合举办，是首次以民间形式跨两岸共同举办的大型国际性宗教多边论坛。

30日

中国藏学研究中心发表第一份《西藏经济社会发展报告》。该份《报告》逾2万字，由长期从事西藏发展研究的专家学者共同研究撰写完成，深具学术性，分为引言、增长与变化、人类发展、可持续发展、政府与市场、困难与挑战、结束语七部分，为关心西藏发展的人士提供一个全面认识、了解当代西藏经济社会发展状况的蓝本。

31日

国务院办公厅公布2008年政府信息公开工作基本情况，对主动公开的政府信息、公开的主要形式、制度建设、指导培训情况等方面进行了说明。

4月

1日

第二届世界佛教论坛在台北闭幕，来自世界各地约50个国家和地区的1000多位高僧大德、专家学者和社会各界人士出席。

6日

《中共中央、国务院关于深化医药卫生体制改革的意见》正式发布，《意见》提出了切实缓解看病难、看病贵的近期目标，也提出了建立健全覆盖城乡居民的基本医疗救助制度的长远目标。

8日

我国首家全国性社区居家养老服务中心——光彩居家养老服务中心在北京成立。

9日

国务院法制办公布《中华人民共和国救灾条例（征求意见稿）》。

13日

经国务院授权，国务院新闻办公室发布《国家人权行动计划（2009—2010年）》。这是我国第一次制定的以人权为主题的国家规划，《行动计划》明确了未来两年中国政府在促进和保护人权方面的工作目标和具体措施。

15日

中共中央办公厅、国务院办公厅转发《关于领导干部定期接待群众来访的意见》。

20日

最高人民检察院、公安部联合印发《全国看守所监管执法专项检查活动方案》，自4月20日起对全国看守所开展为期5个月的监管执法专项检查活动，全面排查严惩“牢头狱霸”，逐一检查在押人员体表情况，以维护在押人员合法权益。

5月

1日

广东省深圳市率先在全国创设辅助性法律援助制度。由市、区政府设立的法律援助机构组织法律援助人员，依法为不符合无偿法律援助条件但符合条例相关规定条件的当事人提供法律服务的活动。

4日

国务院下发《关于开展第六次全国人口普查的通知》。明确于2010年开展第六次全国人口普查，标准时点是2010年11月1日零时。主要调查人口和住户的基本情况，包括：性别、年龄、民族、受教育程度、行业、职业、迁移流动、社会保障、婚姻生育、死亡、住房情况等。

7日

国务院办公厅转发教育部、发展改革委、民政部、财政部、人力资源社会保障部、卫生部、中央编办、中国残联《关于进一步加快特殊教育事业发展的意见》。

8日

卫生部印发《甲型H1N1流感诊疗方案（试行版）》。

11日

国务院发布《流动人口计划生育工作条例》，自2009年10月1日起施行。1998年8月6日国务院批准、1998年9月22日原国家人口和计划生育委员会发布的《流动人口计划生育工作管理办法》同时废止。

11日

国务院新闻办公室发表《中国的减灾行动》白皮书，介绍中国减灾事业的发展状况。

11—12日

“全国人权研究机构工作经验交流会”在广州大学举行。全国43个人权理论研究机构的近百位代表参会。十届全国政协副主席、中国人权研究会会长罗豪才出席会议并讲话。

12日

第63届联合国大会第83次全体会议在美国纽约联合国总部举行。会议改选联合国人权理事会18个成员国，191个联合国会员国的代表出席并投票。经过一轮投票，中国以167票成功连任人权理事会成员，任期自2009年至2012年。美国以167票首次当选人权理事会成员。

12日

民政部发布《全国接收汶川地震抗震救灾捐赠款物及使用情况》公告。截至2009年4月30日，全国共接收国内外社会各界抗震救灾捐款659.96亿元，其中“特殊党费”97.3亿元；捐赠物资折价107.16亿元，已全部拨给灾区使用；捐赠款物合计767.12亿元。

13日

人力资源和社会保障部等20多个部委联合出台促进就业组合举措，帮助还没有找到工作的高校毕业生尽快实现就业。针对困难家庭的高校毕业生，除做好日常就业援助外，5—7月份还将开展“困难职工家庭高校毕业生阳光就业行动”，优先向他们提供职业培训和就业岗位。

15日

全国打击生产销售假药部际协调联席会议第一次会议在北京召开，卫生、公安、工商等13个部门将联手打击制售假药违法犯罪行为。

18日

最高人民法院公布《关于受理审查民事申请再审案件的若干意见》。

19日

中国社会工作协会和中国社会工作教育协会等在京发布《中国社会工作发展报告(1988—2008)》。该书全面描述和分析了20年来中国社会工作的发展历程，是我国第一部社会工作方面的蓝皮书。

20日

江苏省十一届人大常委会第九次会议批准了《无锡市刑事被害人特困救助条例》，这是全国首部有关对刑事被害人进行司法救助的地方立法。《条例》将于今年10月1日起施行。

24日

最高人民法院公布《关于审理建筑物区分所有权纠纷案件具体应用法律若干问题的解释》和《关于审理物业服务纠纷案件具体应用法律若干问题的解释》，并将于2009年10月1日起施行。这两部司法解释涉及建筑物区分所有权及物业服务纠纷案件审判实践中的若干热点、难点问题。

6月

1日

《中华人民共和国食品安全法》正式实施。

2日

《中国法治建设年度报告（2008年）》发布。这是我国首次就法治建设发布年度报告。

5日

全国环保举报热线“010—12369”开通，受理各地群众对环境污染问题的举报。

5日

环境保护部在世界环境日公布《2008年中国环境状况公报》。

10日

国际劳工组织北京局与云南省妇联于6月10—12日，在云南举办了“世界无童工日”研讨会和宣传倡导活动。

11日

联合国人权理事会第11次会议通过对中国人权普遍定期审议最后文件。阿拉伯联合酋长国、古巴、阿尔及利亚、巴基斯坦、斯里兰卡、俄罗斯等国代表在会上对中国发展人权取得的成果表示赞赏。

18日

深化医药卫生体制改革领导小组召开电视电话会议。会上卫生部副部长张茅宣布启动6项公共卫生项目。

18日

北京市法律咨询服务专线“148热线”——“要司法”热线，首次开通视频咨询。

22日

检察机关全国统一举报电话“12309”在最高人民检察院和部分省级检察院正式投入使用，其余省份将在年内陆续开通。

22日

全国人大常委会审议并通过《国家赔偿法修正案（草案)》，规定判决宣告无罪的被拘留逮捕者可获国家赔偿。

29日

卫生部出台新农合报销新政策，参加新型农村合作医疗的农民在省内定点医院住院都能即时结报补偿费用，新政策将帮助参合农民实现“在哪住院在哪报销，当天出院当天报销”的愿望。

7月

6日

卫生部和全国妇联在北京召开会议，对三大妇幼卫生项目进行部署。2009年起中国将在人口众多的农村地区实施农村妇女宫颈癌和乳腺癌检查、增补叶酸预防神经管缺陷、农村孕产妇住院分娩补助项目三个重大妇幼卫生项目，以提高农村妇女和儿童的健康水平，降低孕产妇和婴幼儿的死亡率。

8 日

国务院总理温家宝主持召开国务院常务会议，部署深化医药卫生体制改革工作，审议并原则通过《中华人民共和国食品安全法实施条例（草案）》。

16 日

民政部、公安部、财政部、住房城乡建设部和卫生部等五部委联合下发通知，要求进一步加强城市街头流浪乞讨人员救助管理和流浪未成年人解救保护工作。

24 日

中国人权研究会和中国人权发展基金会在《人民日报海外版》发表《"人权卫士"亵渎挑战人权的真面目　请看"人权观察"等组织关于"7·5"事件的谎言》一文。文章揭露了一贯以"人权卫士"自居的"人权观察"、"大赦国际"、"美国国际宗教自由委员会"、"自由之家"、"记者无国界"等境外人权组织，在乌鲁木齐"7·5"事件发生后散布的一系列谎言。

27 日

司法部下发《关于加强和改进法律援助工作的意见》，要求加强和改进法律援助工作。

28 日

中华全国总工会下发《关于加强企业工会女职工工作的意见》。

30 日

卫生部发布新版《尘肺病诊断标准》。新《标准》将自2009 年11 月1 日起实施，代替现行的2002 年版本。

30 日

卫生部政法司发出《托儿所幼儿园卫生保健管理办法（草案）》，并公开征求意见。草案拟给乙肝宝宝以正常待遇，要求托幼机构不得拒绝乙肝表面抗原阳性但肝功能正常的幼儿入园。

8 月

5 日

卫生部发布《医院投诉管理办法（征求意见稿）》。征求意见稿提出，医院应设立医患关系办公室或指定部门统一承担医院投诉管理工作，同时实行投诉接待"首诉负责制"。

6 日

卫生部公布《关于建立农村居民健康档案的工作方案（征求意见稿）》，要求以家庭与单位统一建立农村居民健康档案，档案包括农村居民个人健康档案和家庭健康档案。

16 日

中华全国总工会发出《关于在企业改制重组关闭破产中进一步加强民主管理工作的通知》，就企业改制中依法依规落实职工的知情权、参与权、决策权和监督权作出强调。

17 日

新《辞海》将有关法制、法律、人权的新词，如行政复议、听证制度、知情权、网络犯罪、弹性用工、生命权、健康权、无效婚姻、精神损害赔偿、国际人权法等收入其中。

19 日

国务院深化医药卫生体制改革领导小组办公室召开电视电话会议，启动和部署国家基本药物制度工作，同时公布《关于建立国家基本药物制度的实施意见》、《国家基本药物目录管理办法（暂行）》和《国家基本药物目录（基层医疗卫生机构配备使用部分）》（2009 年版），307 个基本药物纳入报销目录。这标志着我国建立国家基本药物制度工作正式实施。

20 日

卫生部办公厅公布《甲型 H1N1 流感病例密切接触者判定与管理方案（试行）》，对之前发布的《甲型流感病例密切接触者判定与管理方案》进行了修订。

25 日

中国人权研究会第三届全国理事会第二次会议在北京召开，来自全国各地的近百名理事出席了会议。十届全国政协副主席、中国人权研究会会长罗豪才，中央宣传部副部长、中央外宣办主任、国务院新闻办公室主任王晨出席会议并讲话。

27 日

北京市看守所向社会定期开放。西城看守所为首个开放单位，每月的第二个星期二对社会开放。北京市公安局监所管理处政委金志海表示，看守所对外开放，重在增加监督管理的透明，从居住环境、身心安全等方面保障被监管人员的人权。

9 月

1 日

国务院下发《关于开展新型农村社会养老保险试点的指导意见》，要求从今年开始在全国开展新农保试点工作，年底前覆盖全国 10％的县（市、区、旗），到 2020 年之前基本实现对农村适龄居民的全覆盖。

4 日

中央政法委、中央组织部、中央宣传部、教育部在人民大会堂联合举行《社会主义法治理念读本》首发式暨座谈会。

4 日

联合国儿童基金会与中国政府本周共同举办纪念活动，庆祝双方自 1979 年以来开展合作所取得的巨大成就，并回顾和总结了 30 年来中国儿童事业的丰硕成果和宝贵经验。中国是首个与联合国儿童基金会开展援助合作的亚洲国家。双方的正式合作始于 1979 年，合作项目涉及儿童卫生保健和营养、水和环境卫生、基础教育、儿童保护、艾滋病防治等各个领域。

8 日

中国社会科学院人口与劳动经济研究所和社科文献出版社联合举行教育改革和人力资源研讨会暨 2009 年《人口与劳动绿皮书》发布会。

9 日

针对全国低收入人群展开的“协作医疗救助计划”在北京启动。此次“协作医疗救助计划”是一项由媒体做先导、医院做核心、政府做参谋的长期性公益协作计划，是对国家医疗体制改革多元化的有益补充。其救助范围涉及呼吸、生殖、肝胆、心脑血管等十多个重大疾病领域，每年将选择一些重点学科，进行全国范围的救助医疗与技术帮扶。

11 日

卫生部发布《关于医师多点执业有关问题的通知》，明确了医师多点执业的定义，并特别规定医师受聘多点执业，地点不能超过 3 个，医师多点执业将分三类管理。

15 日

民政部与中国儿童少年基金会在京举行“孤儿保障大行动”——孤儿重大疾病公益保险新闻发布会，宣布我国建立孤儿重大疾病公益保险机制。

15—26 日

十届全国政协副主席、中国人权研究会会长罗豪才率领中国人权研究会代表团访问法国、比利时、欧盟以及冰岛，就保障人权方面的经验、人权对话与交流等重要议题进行了深入探讨。

17 日

中国红十字基金会在北京正式启动旨在关注农民工及其子女健康的专项公益基金——“众基金”，由该基金组织实施的面向全国农民工的“爱心医务室”、“爱心健康包”项目也同时启动。

21 日

卫生部印发《农村孕产妇住院分娩补助项目管理方案》，明确表示卫生部和财政部将继续实施农村孕产妇住院分娩补助项目，并将补助范围扩展到全国，以保障母婴安全，降低孕产妇死亡率和婴儿死亡率。

21 日

国务院新闻办公室发表《新疆的发展与进步》白皮书。

22 日

国家食品药品监督管理局印发《关于加强基本药物质量监督管理的规定》，提出对国家基本药物的药品标准逐一进行评估，对基本药物实行全品种覆盖抽查检验，并且要组织开展基本药物品种的再评价工作，还要全面建立基本药物药品不良反应报告制度。

24 日

卫生部出台“严格食品添加剂新品种的安全性审核”、“完善食品添加剂标准”、“加强食品风险监测和监督检查”等 5 条有针对性的监管措施，以规范食品添加剂的生产、经营和使用各个环节。

26日

中国残疾人联合会和财政部共同实施的“阳光家园计划——智力、精神和重度残疾人托养服务项目”正式启动。根据这一项目安排，2009年到2011年，中央财政每年安排2亿元人民币，用于补助各地开展残疾人托养服务工作。其中，资助居家托养残疾人家庭的资金支出比例不得低于资金总额的40％。

27日

国务院新闻办公室发表《中国的民族政策与各民族共同繁荣发展》白皮书。这是继1999年《中国的少数民族政策及其实践》、2005年《中国的民族区域自治》两个白皮书之后，中国政府发布的第三个关于中国民族政策的白皮书。

27日

民政部、财政部下发通知，从10月1日起，由中央财政负担的残疾军人（含伤残人民警察、伤残国家机关工作人员、伤残民兵民工）残疾抚恤金标准、烈属（含因公牺牲军人遗属和病故军人遗属）定期抚恤金标准、在乡退伍红军老战士生活补助标准，在现行基础上分别提高15％。调整后，一级因战、因公、因病残疾抚恤金标准为每人每年26080元、25250元、24430元。

10月

1日

首都各界庆祝中华人民共和国成立60周年大会在北京举行。

2日

国家发展与改革委员会公布国家基本药物的零售指导价格，共涉及2349个具体剂型规格品。调整后的价格从10月22号起执行。与现行规定价格比，有45％的药品降价，平均降幅为12％左右；有49％的药品价格没有做调整；有6％的短缺药品价格有所提高。

18日

第五届亚太生殖健康大会开幕。来自50多个国家的800余位代表将在4天的时间里，围绕“到2015年实现人人享有生殖健康目标”的主题深入研讨。会议20日通过了《北京行动宣言》。

11月

2日

中国人权研究会主办的第二届“北京人权论坛”在北京开幕。来自26个国家的近百名人权高级官员和专家学者出席论坛。此次论坛的主题是“和谐发展与人权”。

8日

中国社会福利教育基金会“瓷娃娃”罕见病关爱基金正式成立，救助贫困家庭的“瓷娃娃”患者。

9日

国务院法制办公室公布《拘留所条例（征求意见稿）》。

11日

“首届人权文博国际论坛”在成都开幕。来自乌克兰、波兰、韩国、日本、缅甸等国，以及中国人民抗日战争纪念馆、四川建川博物馆聚落等国内外十余家博物馆负责人和相关专家学者与会，就倡导和平发展、促进人权进步等问题进行探讨。

15日

最高人民法院公布《关于保护行政诉讼当事人诉权的意见》。《意见》要求，行政诉讼不仅要保护公民、法人和其他组织的人身权和财产权，也要保护法律、法规规定可以提起诉讼的与人身权、财产权密切相关的其他经济、社会权利。

20日

联合国大会通过《儿童权利公约》20周年纪念日。联合国儿童基金会和新华社在北京共同发布《世界儿童状况》中文版。

20日

中国—欧盟第28次人权对话在北京举行。

23日

国家发展和改革委员会、卫生部和人力资源和社会保障部联合发布了《改革药品和医疗服务价格形成机制的意见》。近期目标是，到2011年，药品价格趋于合理，医疗服务价格结构性矛盾明显缓解。

27日

联合国艾滋病规划署与中国卫生部、艾滋

病病毒感染者组织和其他合作伙伴一道，共同启动消除艾滋病相关歧视的宣传倡导行动。

30日

人力资源和社会保障部正式发布《国家基本医疗保险、工伤保险和生育保险药品目录（2009年版）》。工伤保险、生育保险药品目录全部可以报销。

30日

国家税务总局下发《关于纳税人权利与义务的公告》，首次以税收规范性文件的形式对纳税人的14项权利和10项义务进行了明确告知。

12月

1日

中共中央政治局常委、国务院总理温家宝和中共中央政治局常委、国务院副总理李克强来到位于北京地坛医院的北京红丝带之家，看望艾滋病感染者、医护人员和志愿者，并主持召开座谈会，听取专家对艾滋病防治工作的意见和建议。

1日

《国家人权行动计划（2009—2010年）》执行情况中期评估会在北京举行。评估显示，行动计划各项目标任务和具体指标均如期得到落实，大部分需两年完成的量化指标的落实程度达到50%，更高的达65%。各相关部门和单位负责人纷纷表示，对如期完成行动计划所确定的目标任务充满信心。

2日

中国残联、中国残疾人福利基金会联合开展的《2009年度全国残疾人状况及小康进程监测报告》在广州市发布。报告表明，残疾人生存状况得到改善，残疾人家庭人均可支配收入继续提高。

8日

中国民政部与联合国儿童基金会共同组建的中国儿童社会工作研究中心在北京成立。

10日

清华大学、中国人民大学、中国政法大学三校法学院联合在中国政法大学举行学术活动，纪念《世界人权宣言》通过61周年。

12日

首届“中美法治与人权研讨会”在江苏省南通市开幕，中美双方30多位专家学者就政务公开、行政处罚及律师的作用等议题进行了研讨。

18日

联合国人口基金驻华代表处和中国商务部共同举行纪念活动，庆祝人口基金和中国在人口与发展领域合作的30周年历程。作为在人口领域最大的多边援助机构，联合国人口基金自1979年起成为第一个为中国人口相关问题提供援助的国际组织。在过去的30年中，中国和联合国人口基金已经开展了6个周期国别方案的合作，至今已投入资金2.16亿美元。双方的合作涉及生殖健康和计划生育、人口与发展战略、社会、性别和南南合作等方面广泛议题。

26日

十一届全国人大常委会第十二次会议表决通过了《中华人民共和国侵权责任法》。侵权责任法明确规定了精神损害赔偿，这是我国法律中第一次明确精神损害赔偿；规定了因药品、消毒药剂、医疗器械的缺陷等造成患者损害的赔偿责任；确立了同命同价赔偿原则，体现了权利平等；对网络侵权进行规制，对个人隐私权加以保护，成为我国立法上一大进步。

29日

卫生部通报，我国已于近期制定取消入学就业体检中乙肝五项检查有关政策，明确禁止将携带乙肝病毒作为限制入学就业的条件。政策在出台之前将会通过有关部门向社会公开征集意见。

2010年

1月

1日

《城镇企业职工基本养老保险关系转移接续（暂行）办法》实施，包括农民工在内的参加城镇企业职工基本养老保险的所有人员，基本养老保险关系可在跨地区就业时随同转移。

10日

国务院办公厅发布《关于促进房地产市场平稳健康发展的通知》（简称“国十一条”），从增加保障性住房和普通商品住房有效供给、合理引导住房消费抑制投资投机性购房需求、加强风险防范和市场监管、加快推进保障性安居工程建设、落实地方各级人民政府责任等方面，进一步加强房地产市场调控。

14 日

《中华人民共和国侵权责任法》单行本由人民出版社出版，即日起在全国发行。《中华人民共和国侵权责任法》是我国一部重要的民事基本法律，是保障公民、法人的民事权益，维护经济秩序，构建和谐社会的基本规范。

14 日

《法治影响生活·2009 中国法治蓝皮书》在北京发布。

21 日

国务院办公厅发布《关于进一步做好农民工培训工作的指导意见》，进一步提高农民工技能水平和就业能力，促进农村劳动力向非农产业和城镇转移，推进城乡经济社会发展一体化进程。

24 日

中国政府决定再向海地地震灾区提供 1800 万元人民币无偿援助，并派遣一支医疗防疫救护队，提供一批灾区急需的药品和医疗器械等物资。至此，中国累计向海地提供 4800 万元人民币的物资和救护援助以及 360 万美元的现汇援助。

29 日

国务院法制办公布《国有土地上房屋征收与补偿条例（征求意见稿）》正式征求社会各界意见。

2 月

1 日

一部全面、系统分析中国性别平等现状与发展的《中国性别平等与妇女发展地图集》在北京出版。这是继英国出版的《世界妇女地图集》、美国出版的《美国妇女地图集》、印度出版的《印度女人和男人地图集》之后，中国第一本以性别为主题的地图集。

2 日

国务院总理温家宝主持召开国务院常务会议，讨论并原则通过《关于公立医院改革试点的指导意见》。

4 日

最高人民法院、最高人民检察院联合发布《关于办理利用互联网、移动通讯终端、声讯台制作、复制、出版、贩卖、传播淫秽电子信息刑事案件具体应用法律若干问题的解释（二）》，对内容涉及未成年人的淫秽信息予以从重打击，突出体现了对不满 14 周岁未成年人权益特殊保护原则。

8 日

司法部下发《关于充分发挥司法行政工作职能作用、促进解决企业拖欠农民工工资问题的通知》。

10 日

最高人民法院公布《关于贯彻宽严相济刑事政策的若干意见》。

10 日

人力资源和社会保障部、卫生部、教育部联合下发通知，进一步明确取消入学、就业体检中的乙肝检测项目。不仅卫生、教育、人社部门的“乙肝歧视”规定要立刻废止，即使地方政府做出的不合理政策，也要在 30 天内修改或废止。

23 日

卫生部等五部委联合《关于公立医院改革试点的指导意见》，决定在全国 16 个城市推行公立医院改革试点工作，我国新医改开始踏上“攻坚之旅”。

24 日

公安部召开新闻通气会宣布，自 2009 年 4 月全国公安机关部署开展打击拐卖儿童妇女犯罪专项行动，截至 2009 年底，全国公安机关打击拐卖儿童妇女犯罪专项行动共解救被拐卖儿童 3455 人、妇女 7365 人，合计超过万人。

25 日

由中国社会科学院法学研究所、社会科学文献出版社联合主办的“2010 年《法治蓝皮书》发布会”在北京举行。

28 日

《国家中长期教育改革和发展规划纲要》公开向社会征求意见。中国自 2008 年 8 月启动面向 2020 年的《国家中长期教育改革和发展规划纲要》制定工作，去年年初向社会公开征求意见。此次是《规划纲要》的第二轮征求民意工作。

3月

3日

世界卫生组织和中国卫生部在北京启动了“2010—2011年双年度合作规划”项目。这个项目涉及医疗卫生改革、环境卫生、食品安全、自然灾害应对、传染病和慢性病等重点领域，在中国内地的20多个省及自治区开展。

12日

国务院新闻办公室发表《2009年美国的人权纪录》。

14日

十一届全国人大三次会议审议通过《中华人民共和国全国人民代表大会和地方各级人民代表大会选举法修正案》。吴邦国发表讲话，指出：会议作出的关于修改选举法的决定，实行城乡按相同人口比例选举人大代表，符合党的十七大精神，符合我国国情和实际，符合各族人民的共同利益，更好地体现了人人平等、地区平等、民族平等的原则，对于坚持和完善人民代表大会制度、发展社会主义民主政治具有重要意义。

24日

世界银行在世界结核病日表示，由世行提供部分资金支持的中国结核病控制项目在本月完成了为期8年的实施工作。本项目是史上规模最大的结核病控制项目，取得了显著成果：总共避免了77万名结核病患者死亡和2000万人感染结核病。

4月

1日

公安部新修订的《机动车驾驶证申领和使用规定》正式施行，意味着将有更多残疾人可以申请驾驶机动车的资格。

14日

7时49分，青海省玉树藏族自治州玉树县发生7.1级地震，给当地人民群众生命财产造成严重损失。地震发生后，党中央、国务院高度重视，胡锦涛、温家宝分别作出重要指示，要求全力做好抗震救灾工作，千方百计救援受灾群众。

17日

国务院办公厅发布《国务院关于坚决遏制部分城市房价过快上涨的通知》（即10号文件）。

19日

国务院办公厅印发《医药卫生体制五项重点改革2010年度主要工作安排》。根据工作安排，2010年我国将开展儿童白血病、先天性心脏病等儿童重大疾病医疗保障试点，巩固扩大基本医疗保障覆盖面，进一步提高基本医疗保障水平。

24日

国务院常务会议公布施行《国务院关于修改〈中华人民共和国国境卫生检疫法实施细则〉的决定》和《国务院关于修改〈中华人民共和国外国人入境出境管理法实施细则〉的决定》。两个决定的实质内容是一致的，即：取消对患有艾滋病、性病、麻风病外国人的入境限制，并限定禁止入境的患有精神病和肺结核病外国人的范围。

28日

国务院总理温家宝主持召开国务院常务会议，审议并原则通过《关于2010年深化经济体制改革重点工作的意见》。

28日

以“人权研究机构在中国人权事业发展中的地位和作用”为主题的“第二次全国人权研究机构工作经验交流会”在南开大学举行。

29日

第十一届全国人民代表大会常务委员会第十四次会议表决通过了《关于修改〈中华人民共和国国家赔偿法〉的决定》，首次对国家赔偿法进行了修改，力保公民“索赔”“获赔”的权利。

29日

十一届全国人大常委会第十四次会议表决通过了《保守国家秘密法》修订草案。

30日

中国2010年上海世界博览会开幕式在上海世博文化中心隆重举行。

5月

5日

国务院总理温家宝主持召开国务院常务会

议，审议并通过《国家中长期教育改革和发展规划纲要（2010—2020年）》。

13日

中美第15次人权对话在华盛顿举行。

14日

教育部下发《关于组织申报国家教育体制改革试点的通知》，决定从2010年开始，在全国范围分区域、有步骤地开展国家教育体制改革试点。

31日

中国政府网公布《国务院批转发展改革委关于2010年深化经济体制改革重点工作意见的通知》。意见要求，深化户籍制度改革，加快落实放宽中小城市、小城镇特别是县城和中心镇落户条件的政策，进一步完善暂住人口登记制度，逐步在全国范围内实行居住证制度。

6月

8日

国务院新闻办公室发表《中国互联网状况》白皮书。

8日

住房和城乡建设部、国家发展和改革委员会、财政部、国土资源部、中国人民银行、国家税务总局、中国银行业监督管理委员会七部门联合制定并发布《关于加快发展公共租赁住房的指导意见》，旨在解决中国城市中等偏低收入家庭住房困难。

11日

联合国与中国政府启动“改善中国最弱势妇女和儿童群体的营养、食品安全和食品保障状况联合项目”，该项目由千年发展目标基金和中国政府共同出资，项目为期三年，将在陕西省的镇安和洛南、贵州省的盘县和正安、云南省的武定和会泽这六个最贫困的县展开。

14日

当地时间6月10日起，吉尔吉斯斯坦共和国部分地区发生严重暴力冲突。中国政府高度重视在吉中国公民的安全，从14日起连续派出包机赴奥什撤侨。直至16日晚9时40分中国政府派出的第9架包机搭载最后一批滞留在吉尔吉斯斯坦南部奥什地区的中国公民从奥什机场飞往中国乌鲁木齐。至此，中国政府撤侨工作阶段性任务已完成，共从吉南部骚乱地区安全撤离1300名公民。

21日

中共中央政治局召开会议，审议并通过《国家中长期教育改革和发展规划纲要（2010—2020年）》。

24日

最高人民法院正式向社会公布的《关于办理死刑案件审查判断证据若干问题的规定》明确指出，采用刑讯逼供等非法手段取得的被告人供述，不能作为定案的根据。

25日

十一届全国人大常委会第十五次会议表决通过《关于修改〈行政监察法〉的决定》。

29日

中国—欧盟第29次人权对话在西班牙首都马德里举行。双方一致认为此次对话坦诚、深入、富有建设性。欧盟与会代表积极评价中国在人权领域取得的新进展。

29日

联合国安理会与第64届联合国大会同时举行不记名投票，选举中国驻东盟大使薛捍勤担任国际法院法官，以填补中国籍法官史久镛辞职后出现的空缺。

7月

1日

《中华人民共和国侵权责任法》正式施行。这是我国一部重要的民事基本法律，是保障公民、法人的民事权益，维护经济秩序，构建和谐社会的基本规范。

1日

北京、河南、深圳、陕西、安徽、海南等多个省市同时提高最低工资标准，平均增幅多在20％以上。今年上调或计划上调最低工资标准的省区市共有27个。全国低收入者已经成为密集加薪期的最大受益者。

7日

中国政府向联合国提交了《经济、社会及文化权利国际公约》第二次国家履约报告。报告全面介绍了近年来中国在促进和保护人民经济、社会和文化权利方面取得的成就，并回答了联合国有关机构在审议中国首次履约报告时提出的问题。

8 日

公安部党委印发《公安部机关领导干部问责暂行办法》，指出，打击、报复举报人将被从重问责。

14 日

最高人民法院首次发布《人民法院工作年度报告（2009 年）》。

27 日

国务院新闻办公室主办的第七期“人权知识培训班”在北京开班。

29 日

《国家中长期教育改革和发展规划纲要(2010—2020 年)》公布。

8 月

7 日

23 时许，甘肃省甘南藏族自治州舟曲县城东北部山区突降特大暴雨，引发特大山洪泥石流灾害，造成大量房屋损坏、人员伤亡。8 日，国务院总理温家宝乘专机赶往舟曲灾区指导抗洪抢险救灾工作。

13 日

中华全国总工会再次发出《关于加强劳动保护监督检查做好防暑降温工作的紧急通知》，要求各级工会要切实采取措施加强劳动保护工作力量，履行好劳动安全卫生群众监督法定职责，维护好劳动者安全健康权益，继续做好防暑降温工作。

14 日

中央综治委预防青少年违法犯罪工作领导小组、最高人民法院、最高人民检察院、公安部、司法部、共青团中央等六部门联合出台了《关于进一步建立和完善办理未成年人刑事案件配套工作体系的若干意见》。该《意见》的出台是进一步贯彻落实对违法犯罪未成年人“教育、感化、挽救”的方针，完善我国保护未成年人的司法制度，以便更好地维护未成年人合法权益。

28 日

全国人大常委会审议通过《中华人民共和国人民调解法》，使调解这项具有中国特色化解矛盾、消除纷争的非诉讼纠纷解决方式步入法制化、规范化的轨道。

9 月

1 日

《自然灾害救助条例》实施。该《条例》对自然灾害的救助准备和灾后救助都做了明确规定，保障了受灾人员基本生活权，实现了公民的知情权，便于监督政府。

10 日

国务院新闻办公室发表《中国的人力资源状况》白皮书。这是新中国成立以来第一本专门阐述人力资源状况和政策的白皮书。

15 日

最高人民法院、最高人民检察院、公安部、司法部对外公布《关于依法严惩危害食品安全犯罪活动的通知》。该《通知》要求依法严惩危害食品安全犯罪活动。

20 日

中国外交部与联合国驻华机构共同编写的《中国实施千年发展目标进展情况报告》（2010年版）发表。报告介绍了中国积极采取措施应对国际金融危机、推动落实千年发展目标的情况，对千年发展目标在中国的进展情况进行了逐项评估，并提出了未来落实的具体建议。

25 日

《国务院关于进一步加强防震减灾工作的意见》发布。该《意见》称，力争在 2020 年做出具有减灾实效的临震预报。到 2015 年，破坏性地震发生后，2 小时内救援队伍能赶赴灾区开展救援。

26 日

国务院新闻办公室发表《 2009 年中国人权事业的进展》白皮书。《2009 年中国人权事业的进展》白皮书是中国政府自 1991 年以来发布的第九份人权白皮书。

10 月

9 日

中央综治委预防青少年违法犯罪工作领导小组、最高人民法院、最高人民检察院、共青团中央等六部门联合出台了《关于进一步建立和完善办理未成年人刑事案件配套工作体系的若干意见》。

19—21 日

中国人权研究会主办的第三届“北京人权

论坛”在京举行。来自28个国家和联合国等国际组织及港澳台地区的近百名人权高级官员和专家学者出席论坛。本届论坛的主题为“人权与发展：概念、模式、途径再思考”。

28日

十一届全国人大常务委员会第十七次会议通过《中华人民共和国社会保险法》。国家主席胡锦涛签署第35号主席令予以公布。该法自2011年7月1日起施行。

11月

9日

国务院下发《关于加强法治政府建设的意见》。该《意见》指出当前和今后一个时期，要全面推进依法执政，提高政府公信力和执行力，防止国家机关工作人员“以权压法”、“以言代法”的现象发生。其中“不得侵害执法对象的人格尊严”的提法被广为关注，专家解读为政府对人权认识的时代性提升。

19日

国务院下发《关于稳定消费价格总水平保障群众基本生活的通知》。该《通知》要求各地和有关部门及时采取16项措施，进一步做好价格调控监管工作，稳定市场价格，切实保障群众基本生活。

21日

国务院下发《关于当前发展学前教育的若干意见》。该《意见》要求积极发展学前教育，着力解决当前存在的“入园难”问题，满足适龄儿童入园需求，促进学前教育事业科学发展。

25日

全国妇联与联合国驻华系统在北京共同举办以“联合起来，制止对妇女的暴力”为主题的国际消除对妇女暴力日纪念活动。

12月

1日

修订后的《国家赔偿法》正式实施。该法修订后最大的亮点是修改了赔偿原则，不再强调是否“违法”。这将减少合法行为损害公民权益而得不到赔偿的情况。同时，精神损害也这第一次纳入《国家赔偿法》范围内。

8日

国务院常务会议在北京召开。会议决定对《工伤保险条例》和《中华人民共和国发票管理办法》作出修改。

15日

国务院法制办公布《国有土地上房屋征收与补偿条例（第二次公开征求意见稿）》。与现行的《城市房屋拆迁管理条例》和今年1月29日公布的《国有土地上房屋征收与补偿条例（征求意见稿）》相比，本次征求意见稿最大的亮点即拟取消行政强拆。

19日

广州亚残运会落下帷幕。7天时间里，残疾人和健全人共同书写了一部动人的“残健交融”华章。广州亚残运会的成功，将进一步扩大我国残疾人事业和残疾人体育事业的影响，使全社会对“人文、人道、人权”的理解更加深刻。

20日

中澳第13次人权对话在北京举行。中国外交部副部长崔天凯与澳大利亚外交贸易部副秘书长史密斯共同主持，双方围绕国家保护人权的举措、国际人权合作等议题广泛、深入地交换了意见。双方对过去一年双边人权技术合作项目进行了评估，对合作成果表示满意。此次对话友好坦诚、富有建设性。双方表示将继续开展人权领域的对话、交流与合作。

22日

国务院总理温家宝主持召开国务院常务会议，决定继续提高企业退休人员基本养老金，将未参保集体企业退休人员纳入基本养老保险，扩大大中专学校家庭经济困难学生资助范围、提高资助标准。这也是中国连续6年第7次提高养老金。

23日

最高人民法院发布《关于处理自首和立功若干具体问题的意见》，对新出现的自首和立功情节进行细化规定。

29日

国务院新闻办采用国际通用的形式，发布《中国的反腐败和廉政建设》白皮书，全面、客观地介绍中国共产党和中国政府在反腐败和廉政建设重大问题上的政策主张、主要做法以及所取得的成就。

后 记

《中国人权年鉴（2006—2010 年）》是 2006 年中国人权研究会主编出版的《中国人权年鉴（2000—2005 年）》的续编，也是关于中国人权发展状况的第三本百科全书式的著作。这对于进一步推动中国人权理论研究和实践，在全社会普及人权知识并自觉形成尊重和保障人权的文化，促进国际社会对我人权状况的真实了解具有重要意义。

《中国人权年鉴（2006—2010 年）》（以下简称为“年鉴”）总体上保持了与 2006 年出版的《中国人权年鉴（2000—2005 年）》的衔接和基本风格的一致。年鉴共分六个部分。第一部分“法律法规”，是关于最近 5 年我国颁布实施的有关人权的法律法规的文献汇编，共收入有关人权的法律法规共 95 份。第二部分“重要文献资料”，是反映我国人权立场和状况的一些政府重要文献的汇编，其中包括人权白皮书、文件、重要讲话等。第三部分“理论研究”，是对我国最近 5 年人权理论研究主要成果和基本状况的介绍，汇总了我国学术理论界出版发表的主要人权论文和著作。第四部分“国际交流”，是对我国人权领域对外交流与合作情况的介绍，包括我国与其他国家签署的涉及人权内容的国际文件，我国政府代表在联合国及其他有关国际会议上的发言摘要等。第五部分“国家人权教育与培训基地与人权研究机构”，是对 2011 年新成立的三个国家人权教育与培训基地以及 30 多个人权研究机构的系统介绍。第六部分是“中国人权大事记”，着重整理、归纳和记载了最近 5 年来我国有关人权的重大事件。

本年鉴的编撰，得到了国务院新闻办公室领导的亲切关怀和大力支持。国务院新闻办公室主任王晨同志担任了本书总顾问，并为本书的编撰提供了多方面的指导。王晨主任在百忙中为本书作序，崔玉英副主任多次就年鉴的编纂工作作出具体指导。

本年鉴的资料收集和编撰工作主要由国家人权教育与培训基地广州大学人权研究与教育中心承担。第一部分由杨松才、周露露编写；第二部分由袁兵喜、肖世杰、蒋银华编写；第三部分由陈佑武、王欢编写；第四部分由湖南大学聂资鲁、石玉英编写；第五部分由湖南大学刘士平、罗静编写；第六部分由刘志强、舒韡编写。感谢中国政法大学人权研究院班文战、张伟、徐爽和李若愚等老师对本年鉴提出的诸多宝贵意见和建议。中国人权研究会秘书处聂勋俐、任丹红和孙洪丽同志负责年鉴的归总和校订，最后由刘萱、陈振功同志审定。

本年鉴的出版得到了湖南大学出版社的大力支持。社领导高度重视，在很短的时间内组织力量，高质量完成了本年鉴编校和印刷出版工作。在此，我们谨表衷心的感谢！

由于我们的水平有限，也由于编撰本书的工作量大、时间紧，书中难免存在着不少遗漏或不准确处，希望读者不吝批评指正，以便在后续的《年鉴》中加以修正和补救。

中国人权研究会

2012 年 8 月

ISBN 978-7-5667-0271-5

定价：498.00元